DROIT DE L'URBANISME

ISBN 978-2-247-23486-8
Tour Lefebvre Dalloz
CS 90358
10, Place des Vosges
92072 Paris La Défense Cedex

SERVICE CLIENTÈLE
+33 (0)1 83 10 10 10
src@lefebvre-dalloz.fr

www.editions-DALLOZ.fr

@Dalloz_Action

DALLOZ ACTION

DROIT DE L'URBANISME

À JOUR AU 1er OCTOBRE 2024

OLIVIER LE BOT
Professeur de droit public
à l'université d'Aix-Marseille

Lefebvre Dalloz
DALLOZ

Sommaire

Table des matières

LIVRE

0. PRÉSENTATION GÉNÉRALE

SECTION 0
ORIENTEUR

0.00 Sommaire du livre.

TITRE

01. L'objet et les caractéristiques du droit de l'urbanisme

SECTION 0

ORIENTEUR

01.00 **Sommaire du titre.**

CHAPITRE

011. Objet du droit de l'urbanisme

SECTION 0
ORIENTEUR

011.00 **Sommaire du chapitre.**

011.03 **Bibliographie indicative.**

Thèse. M.-F. Delhoste, *Les polices administratives spéciales et le principe de l'indépendance des législations*, « Bibliothèque de droit public », t. 214, LGDJ, 2001.

Contribution. A. de Laubadère, « L'évolution de la notion juridique d'urbanisme », *Mél. Laborde-Lacoste*, éditions Bière, 1963, p. 275 s.

Articles. Y. Jégouzo, « L'impact de la loi SRU sur la nature du droit de l'urbanisme », *BJDU* 2001. 226 – J.-P. Lebreton, « L'urbanisme et les législations réputées indépendantes », *AJDA*, n° spéc., 1993. 20 – Ch. Vigouroux, « Sur le droit de l'urbanisme », *Droit et Ville* 2019/2. 93 – D. Labetoulle, « Grand témoin », *RFDA* 2023. 6.

011.04 **Questions essentielles.**

> Sur quels domaines porte le droit de l'urbanisme ?

* V. ss nos 011.11 s.

> Quelles relations le droit de l'urbanisme entretient-il avec les disciplines proches (droit de la construction, droit de l'environnement, etc.) ?

* V. ss nos 011.21 s.

SECTION 1
CHAMP DU DROIT DE L'URBANISME

011.11 **L'urbanisme : une action volontaire d'organisation de l'espace.** Le Grand Dictionnaire encyclopédique Larousse (1982-1985) définit l'urbanisme comme « l'art d'aménager et d'organiser les agglomérations humaines », plus précisément « l'art de disposer l'espace urbain ou rural au sens le plus large (bâtiments d'habitation, de travail, de loisirs, réseaux de circulation et d'échanges) pour obtenir son meilleur fonctionnement et améliorer les rapports sociaux ». Le Grand Larousse du XXe siècle (1927-1933) ajoutait : « de telle sorte que les fonctions et les relations entre des hommes s'exercent de la façon la plus commode, la plus économique et la plus harmonieuse ».

Comme le souligne l'urbaniste Pierre Merlin, il ressort de cette définition l'idée de « disposer avec ordre »[1]. En cela, l'urbanisme résulte « d'un acte volontaire qui vise à créer une situation ordonnée » de l'espace, « jugée à ce titre préférable à une situation résultant du jeu spontané des acteurs »[2].

On notera que le mot est récent puisque le terme urbanisme, dans son sens actuel, n'a fait son apparition dans la langue française qu'en 1910[3]. À l'étranger, le terme fut inventé en 1867 par l'ingénieur catalan Ildefonso Cerdà, contemporain de Haussmann et concepteur du plan d'extension de Barcelone en 1859[4].

1. P. Merlin, *L'urbanisme*, 12e éd., « Que sais-je ? », Puf, 2018, p. 4.
2. P. Merlin, *op. cit.*, p. 4.
3. P. Merlin, *op. cit.*, p. 51. Le terme fut employé par Pierre Clerget dans le *Bulletin de la Société neuchâteloise de Géographie*.
4. I. Cerdà, *Teoría general de la Urbanización*, Madrid, 1867 – POUR une traduction-synthétisation de cet ouvrage de 800 pages : *La théorie générale de l'urbanisation*, prés. et adapté par Antonio Lopez de Aberasturi, « Tranches de villes », Besançon, Les éd. de l'Imprimeur, 2005.

011.12 Le droit de l'urbanisme : les règles relatives à l'utilisation du sol. Le droit de l'urbanisme donne corps juridiquement à cette volonté d'organisation de l'espace.

Une définition de son périmètre est donnée par l'article L. 101-3 du code de l'urbanisme : le droit de l'urbanisme recouvre les règles régissant « l'utilisation qui est faite du sol ». La formule est large. Elle englobe « notamment », selon ce même article :

- la « localisation » des constructions ;
- la « desserte » des constructions ;
- « l'implantation » des constructions ;
- et « l'architecture » des constructions.

Si les constructions représentent le cœur du droit de l'urbanisme, celui-ci s'étend néanmoins à d'autres modes d'utilisation du sol comme les aires de stationnement, les lotissements, les clôtures ou encore le camping.

En outre, contrairement à ce que laisse supposer l'étymologie (le mot urbanisme vient du latin *urbs*, qui signifie « ville »), le droit de l'urbanisme n'est, aujourd'hui, pas uniquement un droit de la ville. Plus exactement, s'il est centré sur la ville, il s'applique néanmoins à *tous* les espaces [1] en attribuant une vocation à chacun d'entre eux (zone naturelle, zone agricole, zone d'urbanisation future, etc.).

En cela, les règles d'urbanisme « permettent la maîtrise, par les collectivités publiques, de l'occupation des sols et du développement urbain » [2].

011.13 Éléments exclus : les productions agricoles. L'article L. 101-3 du code de l'urbanisme précise que les « productions agricoles » ne relèvent pas du droit de l'urbanisme. Ce mode d'utilisation du sol relève d'autres branches du droit, en particulier le droit rural.

Il en résulte notamment que le PLU ne peut contenir de dispositions sur les questions de productions agricoles [3].

1. C. urb., art. L. 101-3, al. 2 : « La réglementation de l'urbanisme régit l'utilisation du sol sur l'ensemble du territoire français [...] », à l'exception des territoires d'outre-mer, conformément aux dispositions spécifiques qui les régissent.
2. Cons. const. 31 juill. 2020, n° 2020-853 QPC, *Antonio O. (M.)*, [Action en démolition d'un ouvrage irrégulièrement édifié ou installé], CONFORMITÉ, RÉSERVE, *JO* 1er août, n° 135 ; *AJDA* 2020. 1574 ; *D.* 2020. 1573 ; *RDI* 2020. 530, obs. G. Beaussonie.

SECTION 2

DROIT DE L'URBANISME ET DISCIPLINES VOISINES

§ 1

Distinction entre le droit de l'urbanisme et les disciplines voisines

011.21 Domaines voisins. Plusieurs branches du droit présentent un objet assez proche de celui du droit de l'urbanisme.

011.22 Droit de la construction. Le droit de la construction encadre la réalisation de la construction :

- les constructeurs (architectes, entrepreneurs, promoteurs, particuliers) ;
- les garanties et assurances des constructions ;
- les contrats (construction de maisons individuelles ; promotion immobilière ; vente en état futur d'achèvement ; engagements des entreprises de construction) ;
- les modalités d'exécution (règles de l'art ; normes professionnelles) ;
- ou encore la réception des travaux [4].

Les règles du droit de la construction se trouvent pour l'essentiel dans le code de la construction et de l'habitation mais aussi, pour une partie d'entre elles, dans le code civil.

Régissant des relations entre personnes privées, elles relèvent du droit privé alors que le droit de l'urbanisme relève, lui, du droit public.

011.23 Droit de l'environnement. Le « noyau central » du droit de l'environnement « est constitué par le droit de la nature, le droit des pollutions et des risques, le droit des monuments naturels, des sites et des paysages » [5]. Les règles qui le composent sont regroupées dans le code de l'environnement.

Depuis les années 2000, les préoccupations environnementales ont pris une importance croissante au sein du droit de l'urbanisme [6]. Pour autant, ce « verdissement » du droit de l'urbanisme n'a pas conduit celui-ci à se fondre dans le droit de l'environnement ou à devenir une composante de celui-ci. En effet, si le droit de l'urbanisme intègre de façon croissante les préoccupations environnementales, il poursuit également des finalités n'ayant aucun lien avec celles-ci, telles la recherche de la mixité sociale ou encore l'inclusion des personnes en situation de handicap [7].

3. V. ss n° 231.1801.
4. Ch. Gijsbers, *Droit de la construction*, « Dalloz Action », 2025.
5. M. Prieur *et alii*, *Droit de l'environnement*, 9e éd., « Précis », Dalloz, 2023, § 8.
6. V. ss nos 024.11 s.
7. Sur les objectifs du droit de l'urbanisme, v. ss nos 032.21 s.

011.24 **Aménagement du territoire.** L'aménagement du territoire désigne une politique plus qu'une branche du droit[1]. Il vise à une répartition harmonieuse des personnes et des activités sur le territoire national, envisageant ainsi l'occupation du sol à une échelle plus large que celle du droit de l'urbanisme.

En outre, l'aménagement du territoire est mis en œuvre au moyen d'instruments davantage axés sur l'orientation que la prescription, à l'image de son texte de référence : la loi du 4 février 1995 d'orientation pour l'aménagement et le développement du territoire[2].

§ 2
Relations entre le droit de l'urbanisme et les disciplines voisines

011.31 **Nombreuses relations.** Le droit de l'urbanisme entretient de nombreuses relations avec les disciplines voisines. Au sein du code de l'urbanisme, cette connexion se traduit par l'existence de multiples renvois vers d'autres codes, en particulier le code de l'environnement, le CCH et le code rural. S'agissant par ailleurs des documents d'urbanisme, le législateur a opéré en 2001 le choix du décloisonnement afin d'ouvrir ceux-ci sur des politiques publiques extérieures à l'urbanisme : s'y trouvent depuis lors intégrées des questions de transport, de logement ou encore d'environnement[3].

§ 3
Articulation entre le droit de l'urbanisme et les disciplines voisines

011.41 **Principe d'indépendance des législations et atténuation.** En principe, la législation d'urbanisme est indépendante des autres législations. Toutefois, lorsque plusieurs législations distinctes s'appliquent à un même projet, le législateur a parfois prévu des mécanismes destinés à assurer leur cohérence lors de la délivrance des autorisations d'urbanisme[4]. De même, en matière de documents d'urbanisme, les auteurs de ceux-ci doivent prendre en compte et respecter de nombreux instruments sectoriels portant sur des thématiques très variées (transport, logement, bruit des aérodromes, environnement, risques, etc.)[5].

1. Y. Madiot, « Urbanisme et aménagement du territoire », *AJDA* 1993. 108 – Y. Madiot, « L'aménagement du territoire et le droit », *RFDA* 1994. 891.
2. L. n° 95-115, 4 févr. 1995 d'orientation pour l'aménagement et le développement du territoire, *JO* 5 févr., p. 1973.
3. V. s^s^ n° 211.06.
4. V. s^s^ n°s 342.121 s.
5. V. s^s^ n° 211.71.

CHAPITRE

012. Caractéristiques du droit de l'urbanisme

SECTION 0 ORIENTEUR

012.00 Sommaire du chapitre.

012.03 Bibliographie indicative.

Monographie. S. Pérignon, *Le nouvel ordre urbanistique, Urbanisme, propriété, libertés, Defrénois* 2004.

Articles. J.-B. Auby, « Réflexions sur les caractères de la règle d'urbanisme », *RDI* 1995. 39 – J. Bernasconi, « Réflexions sur le zonage », *JCP* 1982. I. 3084 – É. Carpentier, « Le droit de l'urbanisme et la sécurité juridique », *in* V. Legrand (dir.), *Quel droit pour un urbanisme durable ?*, « Droit public », Mare et Martin, 2014, p. 19 – É. Carpentier, « La sanction de la règle d'urbanisme (Réflexion sur l'ineffectivité institutionnalisée du droit de l'urbanisme) », *RFDA* 2016. 877 – R. Noguellou, « L'effectivité du droit de l'urbanisme en question », *RDI* 2016. 237 – F. Priet, « Urbanisme et discrimination », *CRDF*, nov. 2016, n° 14, p. 11.

012.05 Caractéristiques inhérentes et contingentes. Certaines caractéristiques du droit de l'urbanisme résultent directement de son objet. D'autres, que l'on peut considérer comme négatives, résultent essentiellement de la façon dont il est actuellement organisé.

SECTION 1 CARACTÉRISTIQUES LIÉES À SON OBJET

012.11 Deux caractéristiques inhérentes. Par son objet même, le droit de l'urbanisme vient limiter le droit de propriété, présente un caractère discriminatoire et s'applique sur le terrain.

§ 1 Limitation du droit de propriété

012.21 Limitation. Parce qu'il vient (pour l'essentiel) encadrer l'acte de construire, il est de l'essence même du droit de l'urbanisme d'apporter des limitations aux droits du propriétaire.

L'existence même de ce droit signifie que le propriétaire d'un terrain n'est pas libre d'y construire comme il l'entend, ses prérogatives se trouvant restreintes, dans l'intérêt général, par la réglementation qui en résulte.

012.22 Évolution. L'existence d'intérêts opposés (intérêts du propriétaire d'une part, intérêt de la société d'autre part) implique d'assurer une conciliation entre les exigences en présence.

Pendant longtemps, la balance a nettement penché en faveur du droit de propriété. Il est vrai que celui-ci bénéficiait d'une conception absolue : l'article 17 de la Déclaration des droits de l'homme et du citoyen le qualifie de « droit inviolable et sacré » ; le code civil prolonge et conforte cette vision en affirmant que la propriété est « le droit de jouir et de disposer des choses de la manière la plus absolue »[1] et que le propriétaire peut faire sur ton terrain « toutes les plantations et constructions qu'il juge à propos »[2].

1. C. civ., art. 544.
2. C. civ., art. 552.

Les limitations apportées au droit de propriété étant difficilement admises dans un tel contexte, le droit de l'urbanisme se caractérisait par un laissez-faire.

Le curseur s'est déplacé avec la montée en puissance de considérations d'intérêt général qui ont favorisé l'émergence puis la consolidation d'un véritable droit de l'urbanisme. Il a été admis que pour permettre aux collectivités publiques d'assurer un aménagement de l'espace profitant à tous, un encadrement plus strict des possibilités de construire devait être assuré. À mesure que ces exigences d'intérêt général se sont développées (salubrité et esthétisme, préservation du patrimoine, développement du parc de logements...), les restrictions apportées au droit de propriété se sont renforcées [1].

§ 2
Caractère discriminatoire

012.31 **Différenciation des espaces.** Parce qu'il utilise les techniques du zonage et de la territorialisation, le droit de l'urbanisme ne traite pas toutes les propriétés de façon identique. Bien au contraire, il soumet des espaces différenciés à des règles propres à chacun d'eux et présente donc, par nature, un caractère discriminatoire.

012.32 **Le zonage.** Le zonage introduit des différenciations à l'échelle d'un territoire. Il consiste, par une opération d'ordre cartographique, à distinguer différents espaces parmi ceux couverts par un document d'urbanisme et à prévoir des règles spécifiques à chacun de ces espaces (constructible pour l'un, non-constructible pour l'autre, etc.). Il en résulte des différences très importantes entre propriétaires quant à l'étendue du droit de construire et, par suite, la valeur de leur terrain en fonction de la zone dont il relève.

012.33 **La territorialisation.** Si le zonage établit des différenciations au sein d'un territoire, la territorialisation crée pour sa part des différenciations entre territoires.

Cette territorialisation est une conséquence du principe selon lequel les règles régissant l'utilisation du sol sont définies au niveau local (par les communes et groupement de communes) dans le respect d'un cadre défini au niveau national.

Il en résulte que pour le citoyen, le droit de l'urbanisme est avant tout un droit local.

1. Pour une critique de cette évolution et l'affirmation du caractère excessif des atteintes apportées : S. Pérignon, *Le nouvel ordre urbanistique, Urbanisme, propriété, libertés, Defrénois* 2004.

§ 3
Application sur le terrain

012.41 **Droit s'appliquant à une réalité matérielle.** Nombreuses sont les branches du droit qui saisissent des réalités immatérielles : la justice (pour le droit processuel), des relations (pour le droit du travail ou le droit de la famille), la sécurité (pour le droit de la sécurité).

Le droit de l'urbanisme, lui, a pour objet de régir une réalité matérielle : le foncier, la terre. Il présente en cela un point commun avec le droit des mines ou le droit de la mer : il s'applique à un espace et agit directement sur celui-ci, d'une manière concrète et visible (création d'une construction, d'un lotissement, d'une ZAC...).

SECTION 2
CARACTÉRISTIQUES CONTINGENTES

012.51 **Deux caractéristiques contingentes.** Le droit de l'urbanisme se présente depuis de nombreuses années comme un droit complexe et instable, générant une insécurité juridique. Il s'agit toutefois de caractéristiques contingentes ou, plus exactement, non directement liées à sa nature ; de ce fait, elles pourraient être amenées à évoluer.

§ 1
Complexité

012.61 **Les raisons de la complexité.** Le droit de l'urbanisme se caractérise par une complexité relevée tant par la doctrine [2] que le Conseil d'État [3] et des rapports d'information parlementaires [4]. Il présente la réputation, qui est exacte, de ne pas se laisser facilement et immédiatement appréhender. À cela plusieurs raisons.

D'abord il connaît de techniques propres et d'un vocabulaire spécifique. C'est, il est vrai, le lot de toute

2. R. Christini, *Droit de l'urbanisme*, Economica, 1985, avant-propos, p. 1 : soulignant « la complexité et la technicité de la matière ».
3. Conseil d'État, *L'urbanisme, pour un droit plus efficace*, La Documentation française, 1992, p. 25 : « Ce droit a toujours été plutôt complexe et, au fil des ans, de nombreux raffinements juridiques ont été introduits qui ne facilitent pas la compréhension des règles ».
4. Sénat, *Rapport d'information de C. Belot sur « La maladie de la norme »*, n° 317, 16 févr. 2011, p. 13 : qualifiant ses règles de « pléthoriques, incohérentes et complexes » – ÉGALEMENT : Sénat, *Rapport d'information de F. Calvet et M. Daunis sur la simplification législative du droit de l'urbanisme, de la construction et des sols*, n° 720, 23 juin 2016, t. I.

branche du droit mais ce trait est vraisemblablement accentué pour ce qui le concerne.

Ensuite, les textes qui le régissent manquent parfois de cohérence ou de lisibilité. Cela est vrai pour le code de l'urbanisme rassemblant, dans un plan complexe, « des textes souvent amphigouriques »[1]. Le phénomène est plus marqué encore au niveau local : il n'est pas rare qu'au sein d'un document d'urbanisme, une disposition en contredise une autre (serait-ce parce que la loi impose aux autorités locales de poursuivre dans leurs documents d'urbanisme des objectifs difficilement conciliables[2]) ou présente un énoncé difficilement compréhensible même pour un juriste chevronné.

La troisième difficulté résulte de la juxtaposition des règles (communales, intercommunales, régionales, nationales), certaines réellement prescriptives, d'autres fixant des orientations et, qui plus est, se superposant selon des rapports variés (conformité, compatibilité, prise en compte).

Enfin, revers de la sophistication et de la souplesse de ce droit, il est fréquent que les textes aménagent des possibilités de dérogations, envisagent des alternatives ou emploient des formules ouvertes qui réservent, de ce fait, un important pouvoir d'appréciation aux autorités chargées de son application. Jusqu'à l'adoption par celles-ci d'une décision, le particulier demeure dans l'incertitude sur l'étendue de ses droits[3].

Comme l'indiquait la rapporteure publique Aurélie Bretonneau : « S'il fallait rattacher le droit de l'urbanisme à un style architectural, on sait qu'il tiendrait plus des édifices baroques que de la simplicité des chapelles romanes, tant s'y côtoient des normes de référence de portée différente, émanant d'autorités distinctes, et dont le nombre le dispute à la variété de leurs règles de superposition ou de juxtaposition »[4].

012.62 **Vers une simplification ?** Divers groupes de travail se sont penchés sur la question d'une simplification du droit de l'urbanisme[5].

On note toutefois, chez les parlementaires, une tendance à regarder la simplification du droit de l'urbanisme comme passant par un allégement des conditions posées pour la mise en œuvre des opérations (suppression de l'obligation de réaliser une étude d'impact[6], pilotage de l'urbanisme local par les objectifs plutôt que par les normes[7]) et une restriction des possibilités d'accès au juge[8] davantage que par une écriture plus sobre des énoncés normatifs.

En outre, la simplification s'avère une démarche difficile dont il n'est pas rare qu'elle conduise au résultat inverse à celui recherché. Le Conseil d'État l'avait bien relevé dans son rapport de 1992, à propos du passage du permis de construire unique à plusieurs régimes de permis[9].

§ 2
Instabilité

012.71 **Au niveau national.** Au niveau national, le caractère changeant du droit de l'urbanisme se manifeste par la succession des réformes votées à un rythme très rapide. Comme le relevait un rapport parlementaire : « Le rythme et l'importance des évolutions du droit dans le champ de l'urbanisme et de la construction ont été vertigineux au cours de la dernière décennie. Le nombre annuel de lois, ordonnances ou décrets ayant un impact sur le code de l'urbanisme, soit qu'ils modifient directement ce code, soit qu'ils modifient des législations connexes (environnementales, par exemple), mais avec un effet en retour sur les règles d'urbanisme, a connu une forte inflation, avec un pic de trente-quatre textes en 2014. En dix ans, on a compté 64 lois, 22 ordonnances et 104 décrets qui ont modifié le régime des plans locaux d'urbanisme, qui est le document central de l'urbanisme communal ou intercommunal »[10].

Ces changements s'expliquent par les alternances politiques (chaque majorité voulant coucher dans la

1. J. Morand-Deviller et S. Ferrari, *Droit de l'urbanisme*, 10e éd., « Mémentos », Dalloz, 2018, p. 11.
2. Sur ce point, v. ss nos 032.21 s.
3. É. Carpentier, « La sanction de la règle d'urbanisme (Réflexion sur l'ineffectivité institutionnalisée du droit de l'urbanisme) », *RFDA* 2016. 877.
4. A. Bretonneau, concl. sur CE, sect., 31 mars 2017, *Sarl Savoie Lac Investissements*, req. no 392186, *BJDU* 2017. 217.
5. Sénat, *Rapport d'information de F. Calvet et M. Daunis, op. cit.*, t. I – Sénat, *Rapport d'information de L. Althapé, « Simplifier et décentraliser : deux défis pour l'urbanisme »*, no 265, 15 mars 2000.
6. Sénat, *Rapport d'information de F. Calvet et M. Daunis, op. cit.*, t. I, p. 47.
7. Sénat, *Rapport d'information de F. Calvet et M. Daunis, op. cit.*, t. I, p. 48.
8. Sénat, *Rapport d'information de F. Calvet et M. Daunis, op. cit.*, t. I, p. 45.
9. Conseil d'État, *L'urbanisme, pour un droit plus efficace*, La Documentation française, 1992, p. 25 : « Même lorsque ces ajouts ont eu pour justification la simplification du droit, ils sont rarement arrivés à atteindre cet objectif. Un exemple résume bien ce dernier écueil. Il s'agit de la réforme du régime du permis de construire entreprise en 1986. Au motif qu'une procédure unique de permis applicable à tous les projets, quelle que soit leur importance, pénalisait les promoteurs de réalisations d'ampleur modeste, le régime du permis a été scindé en diverses branches, chacune d'entre elles correspondant à des projets d'importance variable. Cette apparente simplification a conduit en réalité à une très grande incertitude sur la nature de la procédure applicable à chaque projet particulier ».
10. Sénat, *Rapport d'information de F. Calvet et M. Daunis, op. cit.*, t. I, p. 38.

loi sa vision du droit de l'urbanisme) et par l'échec des lois précédentes (aux défauts desquels les nouvelles cherchent à remédier)[1].

Il en résulte une certaine volatilité du droit de l'urbanisme[2], qui se traduit de surcroît par une inflation de celui-ci, les réformes se faisant davantage par l'ajout de nouvelles dispositions que par la modification de celles déjà existantes.

012.72 Au niveau local. Le caractère « mouvant »[3] du droit de l'urbanisme est encore plus marqué au niveau local. Et ce pour une raison simple : l'évolution régulière des documents d'urbanisme est inhérente à leur nature[4].

Premièrement, il est prévu par le code de l'urbanisme que ces documents sont arrêtés pour une durée donnée. En conséquence, ceux-ci doivent être réexaminés et le cas échéant modifiés au terme de celle-ci.

Deuxièmement, le contenu des documents d'urbanisme est défini au regard d'une situation économique et démographique donnée, plus exactement l'anticipation de ce que sera cette situation à moyen terme. Les projections sont souvent démenties par les faits, obligeant à remettre le travail à l'ouvrage pour adapter le document local à la situation nouvelle ou permettre la réalisation d'une opération importante qui n'avait pu être anticipée.

Troisièmement, comme au niveau national (mais, il est vrai, de manière moins marquée qu'à celui-ci), les alternances politiques peuvent conduire les élus à vouloir modifier la réglementation locale pour la rendre davantage conforme à leur projet d'organisation du territoire.

Quatrièmement, des révisions doivent régulièrement intervenir pour tenir compte de l'évolution des règles législatives régissant les documents d'urbanisme et les répercuter sur ceux-ci.

§ 3
Insécurité

012.81 Une insécurité liée à l'instabilité normative. Le changement perpétuel des règles d'urbanisme[5] « a pour effet de désorganiser complètement les repères et les pratiques professionnelles des acteurs »[6] et « entretient une très forte insécurité juridique pour les autorisations individuelles et pour les documents d'urbanisme. La norme évolue en effet désormais selon une temporalité de court terme, de l'ordre de quelques mois, alors que l'élaboration des projets de construction et d'aménagement, ainsi que l'adoption des documents de planification, se déploient en général sur un horizon de plusieurs années »[7].

Conséquence : « il n'est pas rare qu'un projet de planification ou d'aménagement conséquent, commence sous un régime juridique donné et qu'il se termine avec un autre – quand il n'a pas, entre son commencement et son terme, dut intégrer aussi plusieurs évolutions juridiques intermédiaires ! Dans ce contexte mouvant, les dispositions transitoires se multiplient et se superposent. La jurisprudence n'a pas le temps de se stabiliser que les dispositions qu'elle est censée clarifier sont déjà abrogées »[8].

012.82 Une insécurité liée aux possibilités de recours ? Il est affirmé à longueur de rapports que l'insécurité du droit de l'urbanisme résulterait pour une part importante des risques contentieux auxquels se trouvent exposés les documents d'urbanisme et les autorisations d'urbanisme.

Il n'est pas douteux que l'exercice d'un recours est susceptible d'emporter annulation d'une décision illégale, et qu'il retardera souvent une opération – serait-elle parfaitement légale – tant que l'affaire n'a pas été jugée.

Pour autant, ne sont propres au droit de l'urbanisme ni le risque d'annulation d'une décision en raison de son illégalité, ni celui de retarder un projet du fait de l'introduction d'un recours à son encontre.

En outre et surtout, l'exercice d'un recours contre un acte en vue qu'un tribunal s'assure de sa légalité constitue un droit fondamental, un moyen de protection contre l'arbitraire administratif et une garantie de soumission de l'autorité publique au respect du droit.

Si l'on estime que le contentieux de l'urbanisme est plus sensible que d'autres à l'écoulement du temps, c'est au niveau des délais de jugement qu'il y a lieu d'intervenir – pas au niveau de l'accès au juge ni à celui des moyens invocables.

1. Sénat, *Rapport d'information de F. Calvet et M. Daunis, op. cit.*, t. I, p. 39, soulignant que ce sont « souvent les mêmes questions qui sont traitées dans les lois qui se succèdent, parfois pour compléter un aspect du problème qu'une analyse préalable insuffisante avait conduit à ignorer, parfois pour opérer un revirement complet de politique ».
2. EXEMPLE du régime des STECAL : Sénat, *Rapport d'information F. Calvet et M. Daunis, op. cit.*, n° 720, 23 juin 2016, t. I, p. 40.
3. H. Jacquot, F. Priet et S. Marie, *Droit de l'urbanisme*, 8e éd., « Précis », Dalloz, 2020, n° 19.
4. S. Marie, « Le principe de mutabilité et le droit de l'urbanisme », *Constr.-Urb.* 2015, ét. 13.
5. V. ss nos 012.71 s.
6. Sénat, *Rapport d'information de F. Calvet et M. Daunis, op. cit.*, t. I, p. 40.
7. Sénat, *Rapport d'information de F. Calvet et M. Daunis, op. cit.*, t. I, p. 40.
8. Sénat, *Rapport d'information de F. Calvet et M. Daunis, op. cit.*, t. I, p. 41 – ÉGALEMENT les résultats d'une consultation menée par le groupe de travail (p. 52 s.) : plus de 10 000 observations reçues, dont il ressort que la première préoccupation porte sur la connaissance et l'accès au droit. SUR CETTE QUESTION : É. Carpentier, « Le droit de l'urbanisme et la sécurité juridique », *in* V. Legrand (dir.), *Quel droit pour un urbanisme durable ?*, Mare et Martin, « Droit public », 2014, p. 19.

012.83 **Recherche de sécurité.** La préoccupation de sécurité juridique, de plus en plus prégnante dans notre droit, est particulièrement marquée dans le domaine de l'urbanisme en raison des intérêts en jeu (intérêts économiques, protection de la propriété, accès au logement). Aussi le législateur s'est-il efforcé de remédier à l'insécurité qui caractérise ce droit en explorant différentes voies :

– stabiliser les droits à construire (certificat d'urbanisme) ;

– limiter et encadrer les possibilités de dérogations individuelles pouvant confiner à l'arbitraire ;

– informer davantage sur les projets de construction (plus grande publicité des décisions d'urbanisme) ;

– rendre le droit plus clair[1] ;

– restreindre l'accès au juge administratif et développer ses pouvoirs de régularisation ;

– garantir les droits des propriétaires de terrains situés dans le périmètre d'une opération d'urbanisme.

1. NOT. par la réécriture du livre 1er du code de l'urbanisme : v. s^s n° 031.32.

TITRE

02. La formation historique du droit de l'urbanisme

SECTION 0 ORIENTEUR

02.00 Sommaire du titre.

02.03 Bibliographie indicative.

Monographie. J.-P. Demouveaux et J.-P. Lebreton, *La naissance du droit de l'urbanisme (1919-1935)*, Éd. des Journaux Officiels, 2007.

Contribution. M. Lacave, « L'évolution du droit de l'urbanisme en France depuis la seconde guerre mondiale », *Mél. Péquignot*, t. II, 1984.

Articles. Dossier « Le centenaire de la loi Cornudet... et du droit de l'urbanisme ? », *Droit et Ville* 2019. 5 et s ; Dossier « Le centenaire de la loi Cornudet », *Revue d'histoire des facultés de droit*, p. 413 et s.

02.05 Une préoccupation ancienne. Les préoccupations d'agencement de la Cité sont aussi anciennes que l'existence de celle-ci. Dès l'Antiquité, on trouve ainsi une réglementation de l'urbanisme[1] permettant l'émergence de villes au tracé organisé.

De manière générale, des ébauches de règles relatives à l'utilisation du sol peuvent être identifiées tout au cours de notre histoire[2].

02.06 Un avènement récent. Dans tous les pays, la constitution d'un véritable droit de l'urbanisme est un phénomène récent. Celui-ci apparaît dans la période fin XIXe – début du XXe siècle en conséquence du mouvement d'urbanisation.

En France, après des débuts difficiles, celui-ci a réellement vu le jour en 1943 avec sa prise en charge par l'État. Il connaîtra par la suite deux évolutions majeures : sa décentralisation au début des années 1980, et son « verdissement » à compter des années 2000.

1. Y. Madiot, « Urbanisme et aménagement du territoire », *AJDA* 1993. 108, notant que « la Grèce antique connaissait déjà une réglementation de l'urbanisme ».
2. G. Duby (dir.), *Histoire de la France urbaine*, Seuil, 1980, 5 vol. – J.-L. Harouel, *Histoire de l'urbanisme*, « Que sais-je ? », Puf, 1993.

CHAPITRE

021. Des débuts difficiles

SECTION 0

ORIENTEUR

021.00 **Sommaire du chapitre.**

SECTION 1

ABSENCE D'UN DROIT DE L'URBANISME JUSQU'EN 1919

021.11 Absence de réglementation générale. Jusqu'en 1919, le droit français ne comportait quasiment aucune disposition propre à l'urbanisme. Le mot urbanisme, d'ailleurs, n'existait pas encore[1].

Les quelques textes recensés par les historiens avaient un champ géographique limité, ne s'appliquant qu'à une ville, une place ou un quartier donné[2].

Sort néanmoins du lot le décret-loi du 26 mars 1852 relatif aux rues de Paris. Adopté pour permettre la réalisation des travaux souhaités par Haussmann, il confère à l'administration des pouvoirs d'expropriation étendus et – genèse d'un droit de l'urbanisme – subordonne la réalisation de constructions à l'obtention d'un permis de bâtir dont la délivrance dépend du respect de règles de sécurité, de salubrité et d'insertion de l'immeuble dans son environnement[3]. Son article 9 (d'ailleurs toujours en vigueur) prévoit que « tout ou partie des dispositions du présent décret pourront être rendues applicables, par arrêté préfectoral, à celles des villes qui en feraient la demande ». Plus de deux-cents villes utilisèrent cette possibilité.

Ce texte fait néanmoins figure d'exception. La période antérieure à 1919 se caractérise pour l'essentiel par un faible encadrement juridique et une absence de réglementation générale. Les questions d'aménagement urbain et de réglementation des constructions se trouvent traitées de façon extrêmement partielle, qui plus est par des procédés n'ayant pas directement cette vocation.

021.12 Utilisation de l'alignement individuel et de la police administrative. Avant que n'apparaisse un véritable droit de l'urbanisme, deux grands procédés – qui n'avaient pas directement cette vocation – ont pu être utilisés pour encadrer *a minima* l'utilisation du sol.

Le premier correspond à la procédure de l'alignement individuel. Celle-ci trouve son origine dans l'édit « de Sully » édicté par Henry IV le 16 décembre 1607. Elle avait pour objet, comme aujourd'hui, de déterminer les limites séparant la voie publique d'une propriété privée. Néanmoins, à l'occasion de sa mise en œuvre, l'autorité administrative pouvait imposer certaines contraintes architecturales aux constructeurs.

Le deuxième instrument utilisé fut celui de la police administrative. Ainsi, la police des édifices menaçant ruine, instituée dans la déclaration royale par lettres patentes des 18 juillet 1729 et 18 août 1730, a permis à l'autorité communale d'ordonner aux propriétaires la réparation ou la destruction des bâtiments en mauvais état risquant de s'effondrer sur les passants ou sur leurs occupants. De même, le décret impérial du 15 octobre 1810 relatif aux Manufactures et Ateliers qui répandent une odeur insalubre ou incommode a pu être utilisé pour maintenir les usines – et les pollutions qu'elles génèrent – à distance des quartiers d'habitation. Dans le même ordre d'idée, la loi du 15 février 1902 relative à la

1. Il n'apparaîtra qu'en 1910 : v. s[s] n° 011.11.
2. NOT. : J.-L. Harouel, *Le droit de la construction et de l'urbanisme dans la France du XVIIIe siècle*, th., Paris, 1974.
3. G. Vedel, « Les permis de bâtir », *RDP* 1937. 274.

protection de la santé publique a imposé aux maires l'adoption d'un règlement sanitaire comportant notamment des prescriptions destinées à assurer la salubrité des maisons et de leurs dépendances[1] et prévoyant que, dans les agglomérations de plus de 20 000 habitants, « aucune habitation ne peut être construite sans un permis du maire constatant que, dans le projet qui lui a été soumis, les conditions de salubrité prescrites par le règlement sanitaire, prévu à l'article 1°, sont observées »[2]. Peut enfin être mentionnée, à côté de ces polices spéciales visant à assurer la sécurité et la salubrité publiques, la loi du 30 mars 1887 sur la conservation des monuments historiques, dont l'objet était de sauvegarder les joyaux du patrimoine architectural en prévoyant, d'une part, qu'un immeuble classé ne peut être détruit et, d'autre part, que toute intervention sur l'ouvrage est soumise à accord ministériel.

SECTION 2

NAISSANCE DU DROIT DE L'URBANISME À PARTIR DE 1919

021.21 Une préoccupation nouvelle. En 1910, le mot urbanisme fait son apparition[3], avec les préoccupations qui vont de pair. Celles-ci vont se traduire, sur le plan politique, par l'adoption des premières lois relatives à l'utilisation du sol.

021.22 Niveau communal : les projets d'aménagement (loi Cornudet de 1919). C'est au niveau communal qu'est posée la première pierre du droit de l'urbanisme. S'appuyant sur plusieurs propositions de loi[4], elles-mêmes inspirées des législations adoptées quelques années plus tôt dans plusieurs pays européens[5], la commission de l'administration générale, départementale et communale présente, sous la direction de son rapporteur, le député Cornudet, un texte qui en synthétise les principaux éléments. Le texte, élaboré dès 1915, ne sera toutefois adopté qu'en 1919, après la fin de la première guerre mondiale. Cette loi du 14 mars 1919, dite « loi Cornudet », constitue la première législation française dans le domaine de l'urbanisme.

Son apport majeur tient à ce qu'elle prescrit l'adoption d'un projet d'aménagement, d'embellissement et d'extension des villes dans les communes de plus de 10 000 habitants, et ce dans un délai de trois ans. Le dispositif présente trois grandes caractéristiques.

Premièrement, il est décentralisé. La compétence pour élaborer les plans revient aux communes. Celles-ci doivent faire appel à des architectes urbanistes qu'il leur appartient de rémunérer. En cas de carence des communes, le préfet peut se substituer à elles.

Deuxièmement, le contenu du plan est large. Il ne se contente plus, comme les plans d'alignement, de délimiter la voirie. Il définit également les espaces verts, les emplacements réservés aux services publics et la nature des constructions selon les zones. Sur ce dernier point, le Conseil d'État admettra la légalité des zonages, c'est-à-dire la possibilité de délimiter des zones soumises à des règles différentes[6].

Troisièmement, le plan revêt un caractère obligatoire. Une fois déclaré d'utilité publique par décret en Conseil d'État, ses dispositions s'imposent aux constructeurs. Ceux-ci ne peuvent mettre en œuvre un projet qu'après avoir obtenu un permis de construire attestant de la conformité des travaux aux dispositions du plan.

021.23 Niveau infracommunal : la réglementation des lotissements. Le deuxième acte dans l'émergence d'un droit de l'urbanisme concerne le niveau infracommunal. Il vise à mettre un terme au développement anarchique des lotissements, qui constituent à l'époque la principale forme d'urbanisation. Pour cela, la loi du 24 juillet 1924 soumet leur mise en œuvre à un régime d'autorisation préalable. Elle prévoit que les projets de division d'un terrain en vue d'y établir des constructions ne peuvent être autorisés que s'ils comportent un plan d'aménagement du lotissement, un programme de viabilisation et un cahier des charges.

021.24 Niveau supracommunal : les projets régionaux d'urbanisme. Le troisième acte porte sur le niveau intercommunal. Un décret-loi du 25 juillet 1935 reconnaît aux communes la possibilité d'adopter à cette échelle (qualifiée de « région ») un projet régional d'urbanisme[7]. Celui-ci, comportant un plan directeur et un programme de servitudes, vise à coordonner et harmoniser leur action en la matière.

021.25 Insuffisances. Les trois textes qui viennent d'être cités forment, ensemble, la première légis-

1. L. 15 févr. 1902 relative à la protection de la santé publique, *JO* 19 févr., p. 1173, art. 1er.
2. L. 15 févr. 1902, art. 11.
3. V. ss no 011.11.
4. V. Gridauh, *La naissance du droit de l'urbanisme (1919-1935)*, Éd. des Journaux Officiels, 2007.
5. Suède (1874), Pays-Bas (1901), Grande-Bretagne (1909).
6. CE, ass., 23 févr. 1934, *Lainé*, *Lebon* 267 : arrêt indiquant que les plans d'urbanisme « peuvent prévoir une répartition du territoire des villes [...] en zones grevées de servitudes particulières dans l'intérêt de l'hygiène, de l'archéologie et de l'esthétique ».
7. Trois ans plus tôt, la loi du 14 mai 1932 avait prévu l'adoption d'un projet d'aménagement de la région parisienne, dont les prescriptions devaient s'imposer aux plans d'aménagement, d'embellissement et d'extension des communes relevant de son périmètre.

lation de droit de l'urbanisme en France. Leur application fut toutefois très insatisfaisante.

S'agissant des plans communaux, on ne comptait en 1940 (soit plus de vingt ans après l'adoption de la loi Cornudet) que 273 projets déclarés d'utilité publique alors que près de 2000 communes étaient tenues de se doter de cet instrument[1]. Ce faible nombre s'explique par deux facteurs : d'une part la réticence des communes, dépourvues des moyens de faire face à une procédure coûteuse, complexe et contraignante ; d'autre part l'absence d'exercice par l'État de son pouvoir de substitution.

L'échec s'est avéré plus grand encore pour les projets « régionaux » dont aucun n'a été adopté.

Enfin, la réglementation des lotissements était intervenue trop tardivement. De nombreux lotissements construits par les opérateurs privés avant son entrée en vigueur (donc en dehors de tout contrôle) étaient affectés de malfaçons au niveau, notamment, de l'évacuation des eaux usées[2].

1. L. Moine, « Vers une nouvelle charte française d'urbanisme », *Urbanisme* oct.-nov. 1941, n° 72, p. 60 s.

2. Pour remédier à ce problème, une loi fut adoptée le 15 mars 1928 afin d'assurer l'assainissement de ces lotissements.

CHAPITRE

022. Mise en place d'outils efficaces

SECTION 0

ORIENTEUR

022.00 Sommaire du chapitre.

022.05 Deux leviers. Après les débuts difficiles précédemment décrits, caractérisés par un manque d'effectivité, le droit de l'urbanisme va réellement prendre forme à compter des années 1940. L'État décide de prendre les choses en main : il établit des règles contraignantes et se dote des moyens de veiller à leur application. Pour accompagner l'explosion urbaine de l'après-guerre, cet urbanisme réglementaire sera complété quelques années plus tard d'outils opérationnels permettant de construire en masse de nombreux logements.

SECTION 1

PRISE EN MAIN PAR L'ÉTAT

022.11 Prendre le droit de l'urbanisme au sérieux. Les premières lois d'urbanisme s'étant révélées inefficaces, les pouvoirs publics, tirant les leçons de cet échec, ont décidé d'en changer les acteurs. Par l'importante « loi d'urbanisme » du 15 juin 1943, la responsabilité de la réglementation d'urbanisme est confiée à l'État, qui va prescrire des règles contraignantes et se doter des moyens de s'assurer de leur application.

022.12 Création d'une administration d'État spécifique. Le premier volet de la loi du 15 juin 1943 (correspondant à son titre I) consiste à instituer une administration d'État dédiée à l'urbanisme.

Auparavant, la compétence d'urbanisme relevait du ministère de l'intérieur, qui exerçait pour l'essentiel un rôle de tutelle (la responsabilité de l'urbanisme appartenant aux communes) et disposait d'un nombre limité d'agents qualifiés.

La loi de 1943 confiant la responsabilité première de l'urbanisme à l'État, elle le dote, pour lui permettre d'assumer ses compétences, d'une administration dédiée à leur exercice :

– au niveau central, la délégation à l'équipement national, comprenant en son sein la direction de l'urbanisme et de la construction immobilière ;

– au niveau déconcentré, des services régionaux dirigés par un inspecteur général de l'urbanisme.

022.13 Consécration du rôle de l'État dans l'adoption des projets d'aménagement. La loi du 15 juin 1943 (en ses titres II à IV) consacre le rôle premier de l'État dans l'adoption des projets d'aménagement. Ceux-ci sont au nombre de deux.

Le premier, qui remplace les projets régionaux d'urbanisme [1], intervient à un niveau intercommunal. Les « groupements d'urbanisme », qui regroupent plusieurs communes ayant un « intérêt commun » (en particulier parce qu'elles relèvent d'une même agglomération), sont institués à l'initiative des maires ou du délégué général à l'équipement national. Ensuite, l'élaboration du plan lui-même est conduite sous l'unique responsabilité de ce dernier : c'est le délégué général qui choisit l'architecte urbaniste chargé de son élaboration ; c'est lui qui, après avoir relu le projet élaboré par celui-ci, le soumet à enquête publique ; c'est lui enfin qui demande au Conseil d'État son approbation.

Le rôle prépondérant de l'État est tout aussi affirmé dans l'adoption des projets d'aménagements communaux. D'une part, l'architecte choisi par le maire pour élaborer le projet doit être agréé par le délégué général. Celui-ci peut en outre désigner d'office l'architecte en cas de carence du maire. D'autre part, la

1. Sur ces documents, v. s[s] n° 021.24.

procédure d'adoption est, comme pour les projets intercommunaux, placée sous la direction et le contrôle du délégué général. En conséquence de ce rôle premier dévolu à l'État, c'est lui qui prend désormais en charge les dépenses nécessaires à l'élaboration du plan.

022.14 Généralisation du permis de construire. Afin de permettre à l'État de s'assurer du respect des règles en vigueur, la loi de 1943 généralise le permis de construire. Celui-ci, qui doit être demandé, pour toutes les constructions nouvelles (et pour certaines autres opérations), est délivré par le préfet au nom de l'État.

022.15 Édiction du règlement national d'urbanisme. Poursuivant le mouvement d'étatisation du droit de l'urbanisme initié par la loi de 1943, le décret du 29 août 1955 [1] institue le règlement national d'urbanisme (RNU). Ce texte établit un corps de règles minimales, applicables sur l'ensemble du territoire national, relatives à la localisation, la desserte, le volume, l'implantation et l'aspect des constructions. Il garantit ainsi la présence d'une réglementation d'urbanisme dans toutes les communes, y compris celles – très nombreuses – non couvertes par un plan d'aménagement.

SECTION 2
MISE EN PLACE DE L'URBANISME OPÉRATIONNEL

022.21 Un urbanisme opérationnel complétant l'urbanisme réglementaire. L'urbanisme réglementaire établi par les textes précédemment cités a fixé les règles relatives à l'utilisation du sol et, en particulier, celles applicables aux constructions. Également qualifié d'urbanisme de sauvegarde, il consiste « à concevoir et à proposer la physionomie de la cité » [2].

Il dû être complété, dès la fin de la seconde guerre mondiale, par une approche plus concrète, matérielle et volontariste rendue nécessaire par le besoin de reconstruction et l'afflux des populations vers la ville. Pour faire face à la très forte demande de logements, à laquelle l'initiative privée ne pouvait pas spontanément répondre (et encore moins de façon cohérente), l'État ne pouvait plus se contenter de seulement encadrer l'action des constructeurs ; il lui fallait agir lui-même sur le foncier par une politique d'aménagement urbain permettant d'impulser et d'organiser des programmes de construction. C'est l'avènement d'une approche quantitative du droit de l'urbanisme. Dictée par les circonstances, elle vise à faire face, en mobilisant des moyens opérationnels, à l'explosion de la demande de logements.

Pour cela, la puissance publique va se voir dotée des moyens d'action nécessaires à la réalisation de gigantesques programmes de construction de nouveaux quartiers voire de nouvelles villes.

022.22 Acquérir et aménager. Plusieurs textes, adoptés principalement dans les années 1950, reconnaissent aux collectivités publiques les moyens d'acquérir des terrains et de les aménager pour y implanter des ensembles d'immeubles.

Première en date, la loi foncière du 6 août 1953 confère à l'autorité publique le pouvoir de prendre possession, y compris par l'expropriation, de terrains situés dans des périmètres délimités puis, après les avoir équipés, de les revendre à des constructeurs publics ou privés.

Sous la Ve République seront adoptés, le 31 décembre 1958, deux importants décrets, le premier relatif aux zones à urbaniser par priorité (ZUP), le second relatif à la rénovation urbaine.

La procédure de la ZUP vise, comme son nom l'indique, à urbaniser de façon rapide un périmètre déterminé situé, le plus souvent, à la périphérie des villes. La plupart des blocs d'immeubles construits dans les années 1960 l'ont été selon cette procédure. Celle-ci comportait plusieurs étapes : délimitation de la zone par arrêté ministériel ; signature d'une convention entre la collectivité publique et l'aménageur (établissement public ou SEM) ; acquisition des terrains par l'aménageur, au besoin en recourant à l'expropriation ou à la préemption ; équipement des terrains avec l'aide de l'État (qui finance l'essentiel de l'opération) puis revente de ceux-ci aux constructeurs (eux-mêmes soumis à un cahier des charges).

Le mécanisme de la rénovation urbaine suivait la même procédure. Elle poursuivait toutefois une finalité différente. Comme l'indique son intitulé, elle visait à rénover, c'est-à-dire à remplacer l'ancien par du neuf, en édifiant à la place des quartiers insalubres ou vétustes des immeubles modernes et équipés.

La loi du 26 juillet 1962 complète le dispositif au niveau du droit de préemption. D'une part, les possibilités d'exercer ce droit sont étendues au sein des ZUP. D'autre part et surtout, la loi permet son exercice dans des zones d'aménagement différé (ZAD) créées par l'État. Tournée vers la réalisation d'opérations futures, la ZAD permet de préempter des terrains avant que l'annonce de celles-ci ne conduise à augmenter le prix des terrains.

1. Décr. n° 55-1164, 29 août 1955 portant règlement d'administration publique pour l'application de l'article 91 du code de l'urbanisme et de l'habitation, *JO* 3 sept., p. 8616.
2. A. de Laubadière, « L'évolution de la notion juridique d'urbanisme », *in Mél. Laborde-Lacoste*, Éditions Bière, 1963, p. 275.

022.23 **Préserver.** À noter également durant cette période, bien qu'elle n'en constitue pas la caractéristique majeure (celle-ci correspondant à la recherche d'une urbanisation accélérée), une loi est adoptée pour préserver de ce mouvement les secteurs et immeubles présentant un intérêt particulier, notamment d'ordre historique ou esthétique. Cette loi du 4 août 1962, dite loi Malraux, permet de définir des secteurs sauvegardés en vue de les soumettre à un régime spécifique de protection et de mise en valeur[1].

1. V. s[s] n°s 532.05 s.

CHAPITRE

023. Décentralisation des compétences

SECTION 0 ORIENTEUR

023.00 Sommaire du chapitre.

023.03 Bibliographie indicative.

Thèse. F. Priet, *La décentralisation de l'urbanisme, essai sur la réforme de 1983-1985*, « Bibliothèque de droit de l'urbanisme et de l'environnement », t. 2, LGDJ, 1995.

Articles. F. Priet, « Les principes régissant l'attribution des compétences en matière d'urbanisme », *Constr.-Urb.* 2015, ét. 11 – Y. Jégouzo, « La décentralisation de l'urbanisme », *AJDA*, n° spéc., 1993. 173 – M. Soazic, « La décentralisation à l'épreuve des évolutions récentes du droit de l'urbanisme », *RFDA* 2012. 854.

023.05 Innovations. La période 1967-2000 comporte une réforme des documents d'urbanisme et certaines adaptations au niveau de l'urbanisme opérationnel. Toutefois, le changement majeur qui intervient au cours de celle-ci se situe sur un plan institutionnel avec le transfert de compétences d'urbanisme de l'État vers les communes.

SECTION 1 RÉFORME DES DOCUMENTS D'URBANISME ET DE L'AMÉNAGEMENT

023.11 Refonte des documents d'urbanisme locaux. La loi du 30 décembre 1967 d'orientation foncière[1] distingue deux documents d'urbanisme :

– le schéma directeur d'aménagement et d'urbanisme (SDAU) qui définit, au niveau intercommunal, les orientations générales de la planification urbaine ;

– le plan d'occupation des sols (POS) qui fixe, au niveau communal, les règles précises d'utilisation du sol.

Est ainsi mis fin au système antérieur issu d'un décret du 31 décembre 1958. Celui-ci avait remplacé les projets d'aménagement par des plans d'urbanisme. Surtout, il distinguait entre deux types de plans d'urbanisme : les plans directeurs, définissant les orientations générales pour l'agglomération ; et les plans de détails, fixant des règles précises par secteurs ou par quartiers. La difficulté tenait à ce que les plans directeurs ne se bornaient pas à la définition d'orientation mais comportait également des dispositions réglementaires.

La réforme de 1967 remplace les plans d'urbanisme de détails par les POS, et les plans d'urbanisme directeurs par les SDAU, en dissociant nettement :

– la fonction d'orientation (ou prospective) assumée par les seconds ;

– et la fonction de réglementation assumée par les premiers.

023.12 Amélioration des outils de maîtrise foncière. La loi du 30 décembre 1967[2] d'orientation foncière remplace les régimes des ZUP et de la rénovation urbaine par celui des zones d'aménagement concerté (ZAC). Comme l'indique son intitulé, ce nouvel instrument d'aménagement est axé sur la concertation, en l'occurrence entre la puissance publique et des promoteurs privés.

Par ailleurs, la loi du 31 décembre 1975 portant réforme de la politique foncière, dite « loi Galley »[3],

1. L. n° 67-1253, 30 déc. 1967 d'orientation foncière, *JO* 3 janv. 1968, p. 3.
2. L. n° 67-1253, 30 déc. 1967.
3. L. n° 75-1328, 31 déc. 1975 portant réforme de la politique foncière, *JO* 3 janv. 1976, p. 132.

confère aux communes le pouvoir d'exercer le droit de préemption sur l'étendue des zones urbaines délimitées par le POS [1]. La loi « Aménagement » de 1985 [2] remplacera ce régime par celui du droit de préemption urbain.

SECTION 2
TRANSFERT DE COMPÉTENCES AUX COMMUNES

023.21 Décentralisation des compétences d'urbanisme. Deux lois de 1983 [3] ont tiré les conséquences de la loi de décentralisation du 2 mars 1982 en détaillant matière par matière - notamment celle de l'urbanisme - les modalités des transferts de compétences de l'État vers les communes, départements et régions [4].

Jusqu'alors, l'urbanisme était une affaire d'État. Désormais, elle devient non pas une affaire de collectivités locales (car celles-ci n'exercent pas toutes les compétences) mais un domaine partagé (les compétences d'urbanisme étant exercées de façon conjointe entre l'État et les collectivités locales). Exprimant avec force cette idée, la loi [5] proclame en tête du code de l'urbanisme, à la première phrase de son premier article [6] : « Le territoire français est le patrimoine commun de la nation ». Cet article ajoute immédiatement : « Chaque collectivité publique en est le gestionnaire et le garant dans le cadre de ses compétences » [7].

La portée de cette formule, et de cette nouvelle répartition des compétences, doit être bien comprise.

Les communes gagnent de nouvelles compétences :

- elles peuvent élaborer leur POS (et les schémas directeurs) en association avec l'État ;

- elles statuent elles-mêmes, en leur nom, sur les demandes d'autorisation d'occupation du sol (dès l'instant où la commune est couverte par un document d'urbanisme approuvé) ;

- enfin, à la suite de la loi « Aménagement » de 1985 [8], elles exercent les compétences en matière d'urbanisme opérationnel sur leur territoire.

Pour autant, l'État n'abandonne pas toute responsabilité. Il doit être en mesure d'imposer ses vues sur les questions d'intérêt national. Il doit aussi pouvoir s'assurer de la cohérence entre les différents documents d'urbanisme locaux. Sur le papier, son rôle était clair. Toutefois, les instruments permettant de le réaliser ont manqué ou n'ont pas été suffisamment utilisés, aboutissant à une crise du droit de l'urbanisme directement provoquée par la décentralisation, plus exactement par un désengagement trop important de l'État.

023.22 Les problèmes générés. En raison des conditions dans lesquelles elle s'est opérée, la décentralisation a généré trois difficultés.

D'abord une complexification des règles et des procédures. Une hiérarchie des normes complexe se développe, en même temps que des mécanismes visant à permettre à l'État de faire prévaloir les intérêts nationaux et à assurer la cohérence des différents documents d'urbanismes locaux [9].

La deuxième difficulté correspond à la perte d'unité du droit de l'urbanisme. Faute de mise en œuvre par l'État des pouvoirs qui lui étaient reconnus à cet effet, celui-ci n'a pas été capable d'imposer aux différents acteurs locaux la mise en œuvre d'un projet commun et cohérent.

La troisième difficulté réside dans l'explosion du contentieux [10].

De fait, un sentiment diffus d'insécurité juridique se développe.

Pour retrouver la cohérence, un cadre plus uniforme s'imposait, avec une définition par la loi d'objectifs généraux qu'il appartiendrait aux documents d'urbanisme de mettre en œuvre. Ce fut l'un des objets de la très importante loi SRU qui, par une refonte de la rédaction de l'article L. 121-1 ancien du code de l'urbanisme (actuel article L. 101-2), impose aux documents d'urbanismes locaux la réalisation d'un certain nombre d'objectifs.

1. L. n° 75-1328, 31 déc. 1975, art. 25, insérant dans le code de l'urbanisme un article L. 211-1 relatifs aux « zones d'intervention foncière » instituées de plein droit sur l'ensemble des zones urbaines délimitées par le POS.
2. L. n° 85-729, 18 juill. 1985 relative à la définition et à la mise en œuvre de principes d'aménagement, *JO* 9 juill., p. 8152.
3. L. n° 83-8, 7 janv. 1983 relative à la répartition de compétences entre les communes, les départements, les régions et l'État, dite « loi Defferre », *JO* 9 janv., p. 215 ; – L. n° 83-663, 22 juill. 1983 complétant la loi n° 83-8, 7 janv. 1983 relative à la répartition de compétences entre les communes, les départements, les régions et l'État, *JO* 23 juill., p. 2286.
4. F. Priet, *La décentralisation de l'urbanisme, essai sur la réforme de 1983-1985*, « Bibliothèque de droit de l'urbanisme et de l'environnement », t. 2, LGDJ, 1995.
5. L. n° 83-8, 7 janv. 1983, art. 35.
6. C. urb., art. L. 110, devenu art. L. 101-1.
7. Sur cet article, v. s[s] n°s 032.211 s.
8. L. n° 85-729, 18 juill. 1985.
9. Peuvent être cités les lois d'aménagement et d'urbanisme (catégorie aujourd'hui disparue), les directives territoriales d'aménagement, les projets d'intérêt général ou encore les procédures spéciales de modification des documents d'urbanisme.
10. V. s[s] n°s 6.05 s. (partie sur le contentieux de l'urbanisme).

CHAPITRE

024. Verdissement du droit de l'urbanisme

SECTION 0

ORIENTEUR

024.00 Sommaire du chapitre.

024.03 Bibliographie indicative.

Monographie. Collectif, *La loi ÉLAN*, « Actualité », LexisNexis, 2019.

Contributions. H. Charles, « De l'urbanisme au renouvellement urbain, le droit des sols dans la tourmente », *Mél. Moderne*, Dalloz, 2004, p. 69 – M. Deguergue, « Les antilogies des lois Grenelle de l'environnement », *Mél. Fatôme*, Dalloz, 2011, p. 123 – T. Tuot, « Droit public et environnement : nouveaux concepts, nouveaux outils ? », *Mél. Fatôme*, Dalloz, 2011, p. 451 – M. Deguergue, « Brèves réflexions sur la solidarité dans ses rapports avec le renouvellement urbain », *Mél. Moreau*, Economica, 2003, p. 83.

> Articles

Loi SRU. Dossier sur la loi SRU, *DAUH* 2001. 13 s – Ph. Baffert et B. Phemolant, « Une nouvelle approche de l'aménagement et des questions de densité », *BJDU* 2000. 374 – J.-L. Bourgois, « Solidarité et urbanisme », *JCP N* 2001, n° 494 – Y. Jegouzo, « La loi solidarité et renouvellement urbain : présentation générale », *AJDA* 2001. 9 – D. Larralde et P. Wallut, « Modifications législatives du Code de l'urbanisme et pratique notariale », *JCP N* 2001. 327 – H. Perinet-Marquet, « Premier regard sur la loi solidarité et renouvellement urbains », *JCP* 2001, n° 233 – P. Soler-Couteaux, « Le droit de l'urbanisme après la loi SRU, ni tout à fait le même, ni tout à fait un autre », *RDI* 2001. 285 – Dossier sur la loi SRU, *Gaz. Pal.* 19-20 janv. 2001 – Dossier « Les vingt ans d'application de la loi SRU », *AJDA* 2020. 2407.

Loi UH. F. Bouyssou, « Les réformes apportées aux règles locales et à la fiscalité de l'urbanisme par la loi du 2 juillet 2003 », *JCP N* 2003, n° 1447 – J.-H. Driard, « Finances, droit des sols et gestion des espaces. La révolution discrète de la loi "Urbanisme et Habitat" », *JCP* 2003, n° 173 – Y. Jegouzo, « Les dispositions relatives à l'urbanisme de la loi du 2 juillet 2003 », *AJDA* 2003. 1607 – P. Lelouarn, « Les repentirs du législateur en matière d'urbanisme », *Dr. envir.* 2003. 114 – P. Soler-Couteaux, « Après la loi SRU, la loi Urbanisme et Habitat : continuité dans la lettre ; rupture dans l'esprit », *RDI* 2004. 1 – J. Tremeau, « La loi UH et la réforme du droit de l'urbanisme », *BJDU* 2003. 154.

Loi ENL. Ph. Billet, « La loi ENL et le droit de l'urbanisme », *JCP Adm.* 2007, n° 2020 – Y. Jegouzo, « La loi Engagement national pour le logement », *AJDA* 2006. 1534 – J.-P. Lebreton, « La mobilisation du droit de l'urbanisme pour le logement », *AJDA* 2006. 1540 – P. Soler-Couteaux, « L'impact de la loi ENL sur le droit de l'urbanisme », *RDI* 2006. 407.

Loi MOLLE. E. Carpentier, « L'urbanisme au service du logement, mais pas seulement… (Commentaire des dispositions relatives à l'urbanisme de la Loi de mobilisation pour le logement et la lutte contre l'exclusion, du 25 mars 2009, dite "loi Boutin") », *BJDU* 2009. 92 – G. Godfrin, « Le plan local d'urbanisme victime des politiques anticrise », *Constr.-Urb.* 2009, ét. 5 – Y. Jégouzo, « La loi du 25 mars 2009 sur le logement et la réaffirmation du rôle de l'État », *AJDA* 2009. 1282 – F. Zitouni, « La loi de mobilisation pour le logement et la lutte contre l'exclusion : vers un nouvel ordre urbain », *RDI* 2009. 328.

Loi ENE (Grenelle II). Dossier « La loi Grenelle II », *AJDA* 2010. 1681 – Ph. Baffert, « Loi engagement national pour l'environnement (Grenelle II) : l'urbanisme se met au vert », *BJDU* 2010. 412 – Ph. Billet, « Grenelle II de l'environnement : les principales mesures », *JCP Adm.* 2010, n° 2237 – D. Dutrieux, « Loi "Grenelle II" et droit de l'urbanisme », *JCP N* 2010, n° 1267 – Y. Jegouzo, « Où en est la mise en œuvre du Grenelle de l'environnement ? », *AJDA* 2012.246 – J.-F. Struillou, « L'intégration des préoccupations environnementales dans les documents de planification urbaine – L'apport de la loi Grenelle II », *RFDA* 2012. 872.

Loi ALUR. Dossier « ALUR : une grande loi une loi simplement volumineuse ? », *AJDA* 2014. 1071 – Dossier « ALUR et collectivités », *AJCT* 2014. 346 – Dossier « Loi ALUR », *Constr.-Urb.* 2014, dossier 1 – Dossier « La loi pour l'accès au logement et un urbanisme rénové », *RFDA* 2014. 553 – Dossier « Loi ALUR », *JCP Adm.* 2014, n° 2255 – Dossier « Loi ALUR », *DAUH* 2014. 16.

Loi ÉLAN. Dossier « La loi ÉLAN, aspects de droit public », *AJDA* 2019. 84 – Dossier « Les nouvelles dispositions sur l'urbanisme et le logement », *RFDA* 2019. 21 – Dossier « Loi ÉLAN », *JCP Adm.* 2019, n° 2013 – Dossier « Logement, construction, urbanisme : que change la loi Élan ? », *JCP N* 2019, n° 1369 – Dossier « Loi ÉLAN », *RDI* 2019. 132 – Dossier « Loi ÉLAN », *Constr.-Urb.* 2019, ét. 1 – Dossier « Loi ÉLAN », *AJCT* 2019. 7.

Loi Climat. Dossier « Loi Climat et résilience », *RDI* 2021. 512 – Dossier « Loi Climat et résilience », *JCP N* 2021, n° 1310 – Dossier « Loi Climat et résilience », *Constr.-Urb.* 2021, repère 8, ét. 10 et 13 – Dossier « Loi Climat et résilience », *AJCT* 2021. 564 et 2022. 7 – G. Lefevre, « Présentation de la loi "Climat et résilience" et de ses enjeux », *DAUH* 2022. 11 – J.-Ch. Rotoullié, « La loi n° 2021-1104 du 22 août 2021 portant lutte contre le dérèglement climatique et renforcement de la résilience face à ses effets », *RFDA* 2021. 949.

Loi ENR. O. Le Bot, « L'urbanisme et le développement des énergies renouvelables », *RFDA* 2023. 531 – J.-Ch. Rotoullié, « La loi n° 2023-175 du 10 mars 2023 relative à l'accélération de la production d'énergies renouvelables », *RDI* 2023. 268 – Dossier « Loi ENR », *JCP Adm.* 2023, n°s 2129 s.

Renouvellement urbain. J.-P. Demouveaux, « La notion de renouvellement urbain », *DAUH* 2002. 125 – B. Phémolant, « Les outils de l'urbanisme pour le renouvellement urbain », *DAUH* 2001. 233 – O. Piron, « Le renouvellement urbain : tentative d'approche systémique », *DAUH* 2001. 213 – L. Vasselin et C. Badlou, « L'action de l'État pour le renouvellement urbain », *Ét. fonc.* 2001, n° 93, p. 10.

Densification : S. Pérignon, « Densification, une vérité devenue folle… », *Constr.-Urb.* 2012, repère 8 – S. Pérignon, « Pour en finir avec les urbanistes », *BJDU* 2014. 163 – V. Zalewski-Sicard, « Loi Climat et densification », *JCP N* 2021, n° 1311 – T. Schellenberger, « Encadrer la densité et la consommation foncière dans les SCOT et les PLU. Réflexions sur le rôle et la place des normes en droit de l'urbanisme », *Droit et ville* n° 78, déc. 2014, p. 75.

Urbanisme tactique. M. Boul, « L'urbanisme tactique dans la roue de la domanialité publique », *Dr. adm.* 2021, ét. 1 – A. Gossement, « Urbanisme tactique : les questions posées aux juristes », *RDI* 2020. 345 – P. Lecroat, « L'urbanisme tactique en phase de test en Ile-de-France », *LPA* 2 juill. 2020, n° 132, p. 8 – H. Molinari, « Urbanisme tactique : le droit en question », *LPA* 24 juill. 2020, n° 148, p. 7.

Smart city. *Droit et ville* 2022. 171, dossier spécial sur la smart city.

Rapports. M. Sauvez, *La ville et l'enjeu du développement durable*, Rapport au ministre de l'Aménagement du territoire et de l'Environnement, La Documentation française, 2001.

SECTION 1
LE TOURNANT DE LA LOI SRU

024.11 **Genèse.** Les maux dont souffrait le droit de l'urbanisme dans les années 1980 (instabilité, insécurité, complexité, fragmentation) ont conduit le gouvernement, aux débuts des années 1990, à demander au Conseil d'État un audit du code de l'urbanisme afin de mettre en œuvre une réforme de celui-ci.

Le Conseil d'État a rendu en 1992 son rapport intitulé : « L'urbanisme : pour un droit plus efficace »[1]. Considéré comme une analyse de référence, ce rapport identifie les problèmes du droit de l'urbanisme et préconise des adaptations.

Le gouvernement annonce une réforme législative de grande ampleur reprenant les propositions du rapport, mais il doit remettre sa démission l'année suivante à la suite des élections législatives ayant porté au pouvoir une nouvelle majorité politique.

L'idée d'une réforme ambitieuse revient à l'ordre du jour après l'alternance de 1997[2]. Elle prendra corps avec la très importante loi du 13 décembre 2000[3] relative à la solidarité et au renouvellement urbains, dite « loi SRU ». Celle-ci marque un tournant dans le droit de l'urbanisme en réorientant celui-ci vers de nouveaux objectifs.

024.12 **Redéfinition des priorités.** L'objet de la loi SRU est ambitieux : il ne s'agit pas seulement de remédier aux insuffisances du droit de l'urbanisme mais de le réorienter vers de nouveaux objectifs.

Au sortir de la Seconde Guerre mondiale, la finalité était claire : construire, en masse, de nouveaux logements. Cet objectif a été largement atteint mais au prix de deux inconvénients :

– d'une part un étalement urbain (qui était encouragé[4]) et un mitage « générant gaspillage d'espace, dépérissement de certains quartiers existants, coût des infrastructures, croissance continue des transports individuels » (exposé des motifs de la loi SRU) ;

1. Conseil d'État, *L'urbanisme, pour un droit plus efficace*, « Les Études du Conseil d'État », La Documentation française, 1992.
2. En 1999, un groupe de travail sur la modernisation du droit de l'urbanisme est constitué au Sénat ; – VOIR SON RAPPORT : Sénat, *Rapport d'information de L. Althapé, « Simplifier et décentraliser : deux défis pour l'urbanisme »*, n° 265, 15 mars 2000 [en ligne].
3. L. n° 2000-1208, 13 déc. 2000 relative à la solidarité et au renouvellement urbains, *JO* 14 déc., n° 2.
4. En particulier par la technique du Plafond légal de densité (PLD). Institué en 1975 (L. n° 75-1328, 31 déc. 1975 portant réforme de la politique foncière, dite « loi Galley », *JO* 3 janv., p. 132), le VD-PLD (versement pour dépassement du PLD) taxait la sur-densité. Le PLD permettait à la commune de fixer un plafond au ratio surface de plancher / surface de terrain. Le constructeur ne devait pas dépasser ce plafond de densité (fixé par exemple à 1 ou 1,5). En cas de dépassement, le constructeur était redevable du VD-PLD. Cette participation était égale à la valeur des mètres carrés supplémentaires nécessaires au maintien de la densité en deçà du plafond. Elle avait donc pour effet de favoriser la consommation de l'espace, génératrice d'étalement urbain ▶

– d'autre part un « approfondissement des inégalités sociales, au sein d'une ségrégation spatiale » (exposé des motifs).

Pour lutter contre ces phénomènes, la loi SRU va tout miser sur un principe : celui de l'utilisation économe des sols. Pour reprendre une formule souvent employée, il s'agit de bâtir la ville sur la ville :

– densifier les espaces déjà urbanisés ;

– construire dans les zones déjà équipées ;

– renouveler les espaces urbains dégradés et, de ce fait, inutilisés.

Ces principes vont être solennellement proclamés à l'article L. 121-1 du code de l'urbanisme, devenu article L. 101-2 après l'ordonnance du 23 septembre 2015 [1, 2].

024.13 Refonte des documents d'urbanisme. Les documents d'urbanisme locaux sont repensés afin d'assurer la réalisation des nouveaux principes énoncés à l'article L. 121-1 (ancien) du code de l'urbanisme.

Les schémas directeurs sont remplacés par des schémas de cohérence territoriale (SCOT), et les plans d'occupation des sols (POS) par les plans locaux d'urbanisme (PLU). Au-delà du changement d'intitulé, c'est la philosophie même de ces instruments qui se trouve modifiée : les nouveaux documents ne visent plus seulement à encadrer l'utilisation du sol ; ils sont conçus comme de véritables projets devant intégrer les exigences du développement durable, de l'habitat, du développement économique, de la mixité sociale et de l'optimisation des transports.

Le droit de l'urbanisme connaît ainsi un « verdissement » que les réformes à venir ne feront que renforcer.

SECTION 2
RÉFORMES POSTÉRIEURES

024.21 Deux axes majeurs. Les réformes intervenues postérieurement à la loi SRU se sont principalement articulées autour de deux axes :

– répondre à la demande de logements ;

– accentuer la logique de développement durable.

024.22 Panorama des réformes. L'apport des différentes réformes intervenues sera examiné dans le corps de l'ouvrage. À ce stade, il importe seulement d'en présenter de façon synthétique l'économie générale.

La loi Urbanisme et Habitat, dite « loi UH » [3], du 2 juillet 2003, bien qu'adoptée par une nouvelle majorité, confirme les principes de la loi SRU. Le cap tracé par celle-ci est maintenu, signe que les orientations fondamentales arrêtées en 2000 continuent de faire consensus. Seules sont assouplies les dispositions perçues comme instaurant un carcan trop rigide pour les élus locaux.

En 2005 est mise en œuvre par voie d'ordonnance la réforme des autorisations d'urbanisme [4], complétée deux ans plus tard par décret [5]. Ces deux textes procèdent à une refonte complète des régimes d'autorisation et de déclaration.

L'année suivante, la loi du 13 juillet 2006 [6] portant engagement national pour le logement (dite « loi ENL ») vise – s'agissant de ses dispositions intéressant l'urbanisme – à favoriser la construction de logements, notamment en favorisant la mobilisation du foncier disponible et en sécurisant les autorisations d'urbanisme. Elle sera complétée par la loi du 25 mars 2009 [7] de mobilisation pour le logement et la lutte contre l'exclusion (loi « MOLLE »).

Les lois « Grenelle » accentuent pour leur part le verdissement du droit de l'urbanisme. La loi « Grenelle I » adoptée en 2009 fixe un cadre et définit des objectifs [8] ; la loi « Grenelle II » ou « Engagement national pour l'environnement » (ENE) adoptée l'année suivante après une large concertation les met en œuvre [9]. Elle ajoute à l'article L. 121-1 du code de l'urbanisme de nouvelles priorités environnementales, impose aux SCOT et aux PLU de prendre davantage en compte ces exigences et accroît les prérogatives de l'État pour en garantir le respect. Dans son

▶ avec toutes les conséquences qui en résultent : augmentation du coût des équipements collectifs (transports publics, voirie, réseaux et ramassage des ordures ménagères), diminution des espaces naturels et des zones agricoles et consommation énergétique élevée. – La montée en puissance des exigences environnementales a justifié la suppression de ce mécanisme : d'abord de façon partielle par la loi SRU (qui a autorisé le maintien du VD-PLD à titre transitoire dans les communes qui le souhaitaient (art. 46 et 50), ensuite de façon totale lors de la réforme de la fiscalité de l'urbanisme de 2010 qui a supprimé définitivement le mécanisme au 1er janvier 2015 (L. n° 2010-1658, 29 déc. 2010 de finances rectificative pour 2010, *JO* 30 déc., n° 2, art. 28).

1. Ord. n° 2015-1174, 23 sept. 2015 relative à la partie législative du livre Ier du code de l'urbanisme, *JO* 24 sept., n° 23.
2. Sur ces principes, v. s^s n°s 032.21 s.
3. L. n° 2003-590, 2 juill. 2003 urbanisme et habitat, *JO* 3 juill., n° 1.
4. Ord. n° 2005-1527, 8 déc. 2005 relative au permis de construire et aux autorisations d'urbanisme, *JO* 9 déc., n° 30.
5. Décr. n° 2007-18, 5 janv. 2007 pris pour l'application de l'ordonnance n° 2005-1527 du 8 décembre 2005 relative au permis de construire et aux autorisations d'urbanisme, *JO* 6 janv., n° 12.
6. L. n° 2006-872, 13 juill. 2006 portant engagement national pour le logement, *JO* 16 juill., n° 1.
7. L. n° 2009-323, 25 mars 2009 de mobilisation pour le logement et la lutte contre l'exclusion, *JO* 27 mars, n° 1.
8. L. n° 2009-967, 3 août 2009 de programmation relative à la mise en œuvre du Grenelle de l'environnement (loi Grenelle I), *JO* 5 août, n° 2.
9. L. n° 2010-788, 12 juill. 2010 portant engagement national pour l'environnement (loi Grenelle II), *JO* 13 juill., n° 1.

prolongement, la loi du 29 décembre 2010[1] de finances rectificative pour 2010 réforme la fiscalité de l'urbanisme dans un sens tenant davantage en compte la logique de développement durable. Enfin, prise en habilitation de l'article 25 de la loi Grenelle II, une ordonnance du 5 janvier 2012[2] vient clarifier et simplifier les procédures d'élaboration, de modification et de révision des documents d'urbanisme.

L'année suivante, le gouvernement fait adopter la loi du 1er juillet 2013[3] l'habilitant à adopter des mesures de nature législative pour accélérer les projets de construction. Plusieurs ordonnances sont prises sur son fondement, notamment l'ordonnance du 18 juillet 2013[4] relative au contentieux de l'urbanisme.

En 2014 puis en 2018 sont adoptées deux lois volumineuses : la loi ALUR en 2014[5], la loi ÉLAN en 2018[6]. Leur priorité est d'encourager la production de logements, notamment par une mobilisation du foncier disponible, une accélération des procédures administratives conduisant à la délivrance des autorisations d'urbanisme et une plus grande sécurisation de celles-ci. Deux ordonnances relatives au SCOT et à la hiérarchie des normes sont prises sur habilitation de la loi ÉLAN le 17 juin 2020[7].

Le rythme s'est depuis lors maintenu avec, notamment, la loi de finances pour 2021[8] (qui prolonge la réforme du financement de l'aménagement initié en 2010), la dématérialisation des autorisations d'urbanisme, la loi Climat et résilience[9] et la loi 3DS[10].

SECTION 3
URBANISME TACTIQUE ET SMART CITY

024.31 **Urbanisme tactique.** Une autre évolution s'inscrivant dans le verdissement de l'urbanisme s'incarne dans ce que l'on appelle « l'urbanisme tactique ». Également appelé urbanisme transitoire, expérimental ou « pop-up », il désigne des initiatives prises par les habitants pour s'emparer des espaces publics et les moduler de façon très rapide[11] afin de promouvoir les mobilités douces, améliorer le cadre de vie, préserver l'environnement ou encore dynamiser le centre-ville ou un quartier. Pour l'heure, ce phénomène s'opère en marge de la réglementation d'urbanisme.

024.32 **Smart city.** La smart city est définie comme une ville faisant usage des technologies de l'information et de la communication. La préservation de l'environnement ne constitue pas l'un de ses objectifs prioritaires mais elle est censée y contribuer grâce, notamment, à une meilleure collecte et exploitation des données, spécialement en matière de consommation d'énergie et de flux de personnes. Pour l'heure, sa capacité à contribuer à la préservation de l'environnement n'apparaît pas établie[12].

1. L. n° 2010-1658, 29 déc. 2010.
2. Ord. n° 2012-11, 5 janv. 2012 portant clarification et simplification des procédures d'élaboration, de modification et de révision des documents d'urbanisme, *JO* 6 janv., n° 14.
3. L. n° 2013-569, 1er juill. 2013 habilitant le Gouvernement à adopter des mesures de nature législative pour accélérer les projets de construction, *JO* 2 juill., n° 1.
4. Ord. n° 2013-638, 18 juill. 2013 relative au contentieux de l'urbanisme, *JO* 19 juill., n° 24.
5. L. n° 2014-366, 24 mars 2014 pour l'accès au logement et un urbanisme rénové, *JO* 26 mars, n° 1.
6. L. n° 2018-1021, 23 nov. 2018 portant évolution du logement, de l'aménagement et du numérique (ÉLAN), *JO* 24 nov., n° 1.
7. Ord. n° 2020-744, 17 juin 2020 relative à la modernisation des schémas de cohérence territoriale, *JO* 18 juin, n° 40 ; – Ord. n° 2020-745, 17 juin 2020 relative à la rationalisation de la hiérarchie des normes applicable aux documents d'urbanisme, *JO* 18 juin, n° 42.
8. L. n° 2020-1721, 29 déc. 2020 de finances pour 2021, *JO* 30 déc., n° 1.
9. L. n° 2021-1104, 22 août 2021 portant lutte contre le dérèglement climatique et renforcement de la résilience face à ses effets, *JO* 24 août, n° 1.
10. L. n° 2022-217, 21 févr. 2022 relative à la différenciation, la décentralisation, la déconcentration et portant diverses mesures de simplification de l'action publique locale, *JO* 22 févr., n° 3.
11. PAR EX. transformer une voie de circulation automobile en piste cyclable.
12. V. A.-S. Denolle, « La Smart city à l'heure du réchauffement climatique : un modèle fantasmé », *Droit et Ville* 2022. 203.

TITRE

03. Les sources et les objectifs du droit de l'urbanisme

SECTION 0

ORIENTEUR

03.00 **Sommaire du titre.**

03.05 **Sources et objectifs.** Les normes de droit de l'urbanisme trouvent leur origine dans diverses sources formelles. Les objectifs poursuivis par les collectivités en matière d'urbanisme sont définis à l'article L. 101-2 du code de l'urbanisme.

CHAPITRE

031. Sources du droit de l'urbanisme

SECTION 0 ORIENTEUR

031.00 Sommaire du chapitre.

031.03 Bibliographie indicative.

Contribution. J. Tremeau, « L'urbanisme et le Palais-Royal », *Mél. Genevois*, Dalloz, 2008, p. 1049.

Article. F. Balaguer, « Faut-il (encore) réformer le Code de l'urbanisme ? Assurément, oui ! », *JCP Adm.* 2022, nº 2185.

SECTION 1 CODE DE L'URBANISME

§ 1 Histoire du code de l'urbanisme

031.11 1954 : le code de l'urbanisme et de l'habitation. La première entreprise de codification du droit de l'urbanisme est intervenue sous la IVe République. Le décret du 26 juillet 1954[1] établit un « code de l'urbanisme et de l'habitation ». Ce texte regroupe les dispositions législatives (et uniquement législatives) relatives au droit de l'urbanisme, à l'habitation et à la construction.

031.12 1972-1973 : le code de l'urbanisme. La séparation en deux codes, l'un sur l'urbanisme, l'autre sur la construction et l'habitation, intervient dans les années 1970.

1. Décr. nº 54-766, 26 juill. 1954 portant codification des textes législatifs concernant l'urbanisme et l'habitation, *JO* 27 juill., p. 7080.

Le principe est acté en 1972. Les deux disciplines apparaissant de plus en plus distinctes, une loi habilite le gouvernement à procéder à leur séparation par voie de décret[1].

L'année suivante, deux décrets transfèrent vers un nouveau « code de l'urbanisme » créé à cet effet, les dispositions d'urbanisme jusque-là présentes dans le code de l'urbanisme et de l'habitation[2], participant ainsi à l'autonomisation du droit de l'urbanisme.

031.13 Mises à jour. Les modalités de codification et de mise à jour du code ont évolué avec le temps. Dans un premier temps, le travail était opéré par décret pour toutes les dispositions, qu'elles soient législatives ou réglementaires. Puis le décret ne s'est plus intéressé qu'aux dispositions réglementaires, les dispositions législatives étant codifiées et mises à jour par voie législative ou par voie d'ordonnance[3].

§ 2
Contenu du code de l'urbanisme

031.21 Peu de règles de fond. Matériellement, le code de l'urbanisme comporte relativement peu de règles de fond, laissant pour l'essentiel aux acteurs locaux le soin de définir celles-ci dans leurs documents d'urbanisme.

Pour cette raison, les règles de fond présentes dans le code de l'urbanisme se limitent principalement à celles du règlement national d'urbanisme ainsi qu'aux dispositions relatives au littoral et aux zones de montagne.

S'y ajoutent les objectifs généraux, très importants en ce qu'ils fixent les priorités que les collectivités territoriales doivent mettre en œuvre dans leurs documents d'urbanisme.

031.22 Essentiellement des règles de procédure. La grande majorité des articles du code de l'urbanisme portent sur la procédure d'urbanisme : modalités de dépôt des demandes d'autorisation d'urbanisme, règles d'instruction de celles-ci, pouvoirs de l'autorité compétente, règles d'élaboration et d'évolution des documents d'urbanisme, effets de ceux-ci, prérogatives de l'État, etc.

031.23 Des dispositions législatives et réglementaires. Le code de l'urbanisme est composé de dispositions législatives et réglementaires (quelques règlements autonomes[4] mais surtout des règlements d'application).

Les articles de nature législative sont précédés de la lettre « L ».

Les articles de nature réglementaire sont précédés d'une lettre accompagnée le cas échéant d'un astérisque :

– « R » pour les décrets délibérés en Conseil d'État ;
– « R* » pour les décrets délibérés en Conseil des ministres (après avis du Conseil d'État) ;
– « D » pour les décrets simples ;
– « A » pour les arrêtés ministériels.

Dans le cadre du présent ouvrage, les dispositions réglementaires seront toutes mentionnées sans astérisque[5]. D'une part, les normes concernées sont toutes dotées d'une même valeur – réglementaire. D'autre part, le code de l'urbanisme n'utilise pas systématiquement l'astérisque lorsqu'il renvoie à des dispositions qui le comportent[6].

031.24 Volume. Le volume du code de l'urbanisme ne cesse de croître. Entre 2002 et 2022, le nombre de mots qu'il contient est passé de 185 000 à 265 000, soit une augmentation d'environ 44 %[7].

§ 3
Plan du code de l'urbanisme

031.31 Six livres. Le code de l'urbanisme est divisé en six livres :

Livre	Intitulé
Livre Ier	Réglementation de l'urbanisme
Livre II	Préemption et réserves foncières
Livre III	Aménagement foncier
Livre IV	Régime applicable aux constructions, aménagements et démolitions
Livre V	Implantation des services, établissements et entreprises
Livre VI	Dispositions relatives au contentieux de l'urbanisme et dispositions diverses

1. L. n° 72-535, 30 juin 1972 relative à la codification des textes législatifs concernant l'urbanisme, la construction et l'habitation, l'expropriation pour cause d'utilité publique, la voirie routière, le domaine public fluvial et la navigation intérieure, *JO* 1er juill., p. 6747.
2. POUR LA PARTIE LÉGISLATIVE : Décr. n° 73-1022, 8 nov. 1973 relatif à la codification des textes législatifs concernant l'urbanisme (1re partie : Législative) et portant révision du code de l'urbanisme et de l'habitation, *JO* 13 nov., p. 12047 ; – POUR LA PARTIE RÉGLEMENTAIRE : Décr. n° 73-1023, 8 nov. 1973 portant codification des textes réglementaires concernant l'urbanisme (2e partie : Réglementaire), *JO* 13 nov., p. 12048.
3. SUR les modalités techniques de la codification et de la mise à jour : J.-P. Lebreton, « L'expérience française de la codification du droit de l'urbanisme », *Um codigo de urbanismo para Portugal*, Éd. Almedina, 2003, p. 187.
4. SUR la répartition entre le domaine de la loi et celui du règlement, v. ss nos 031.101 s.
5. DANS LE MÊME SENS : G. Kalflèche, *Droit de l'urbanisme*, « Thémis Droit », Puf, 2021.
6. PAR EX. : C. urb., art. R. 423-62 à R. 423-66, renvoyant à l'article « R. 423-59 » et non à l'article « R*423-59 ».
7. Rapp. S n° 289 relatif à la simplification des normes imposées aux collectivités territoriales, 26 janv. 2023, p. 24.

031.32 **Évolution.** Les cinq premiers livres étaient présents dès l'origine. Le livre VI, regroupant les dispositions relatives au contentieux, a été ajouté par la loi du 9 février 1994[1] portant diverses dispositions en matière d'urbanisme et de construction.

On notera qu'un éphémère livre VII, relative à Mayotte, avait été créé en 2005[2] avant d'être supprimé en 2012 en conséquence du changement de statut de la collectivité[3].

§ 4
Projet de refonte du code de l'urbanisme

031.41 **Une tâche difficile.** À deux reprises au moins, l'idée de refondre le code de l'urbanisme a été sérieusement envisagée par les pouvoirs publics.

La première initiative émanait de la commission supérieure de codification. Dans sa séance du 4 décembre 1995, définissant le programme général de codification pour les 4 années à venir, celle-ci avait identifié 16 codes « dont la refonte apparaît nécessaire »[4]. Le code de l'urbanisme faisait partie de la liste mais n'a pas fait l'objet de la refonte envisagée.

La seconde initiative portait sur la partie législative du code. Conformément à un souhait exprimé par le Président de la République, l'article 25 de la loi du 12 juillet 2010[5] portant engagement national pour l'environnement autorisait le gouvernement, dans un délai de 18 mois, « à procéder, par voie d'ordonnances, à une nouvelle rédaction des dispositions législatives du code de l'urbanisme afin d'en clarifier la rédaction et le plan ». Aucune ordonnance procédant à une telle clarification ne fut toutefois adoptée. La difficulté de la tâche eut là encore raison de la volonté de refonte.

031.42 **Réécriture du Livre Ier.** Le livre Ier – qui était devenu illisible avec le temps – a été réécrit par l'ordonnance du 23 septembre 2015[6] qui lui a offert un plan cohérent.

1. L. n° 94-112, 9 févr. 1994 portant diverses dispositions en matière d'urbanisme et de construction, *JO* 10 févr., p. 2271.
2. Ord. n° 2005-868, 28 juill. 2005 relative à l'actualisation et à l'adaptation du droit de l'urbanisme à Mayotte, *JO* 29 juill., n° 77.
3. Ord. n° 2012-787, 31 mai 2012 portant extension et adaptation à Mayotte du code de l'urbanisme, *JO* 1er juin, n° 8.
4. Programme annexé à : Circ. 30 mai 1996 relative à la codification des textes législatifs et réglementaires, *JO* 5 juin, p. 8263, NOR : PRMX9601534C.
5. L. n° 2010-788, 12 juill. 2010 portant engagement national pour l'environnement, *JO* 13 juill., n° 1.
6. Ord. n° 2015-1174, 23 sept. 2015 relative à la partie législative du livre Ier du code de l'urbanisme, *JO* 24 sept., n° 23.

SECTION 2
DISPOSITIONS LÉGISLATIVES ET RÉGLEMENTAIRES NON CODIFIÉES DANS LE CODE DE L'URBANISME

031.51 **Dispositions codifiées dans d'autres codes.** Certaines dispositions intéressant l'urbanisme sont codifiées dans un autre code que le code de l'urbanisme.

Tel est le cas, par exemple, des dispositions relatives :

– aux schémas régionaux d'aménagement et d'urbanisme (SRADDET, SAR, PADDUC), qui se trouvent codifiés dans le CGCT ;

– à l'urbanisme commercial et à l'implantation des cinémas, codifiées dans le code de commerce et dans le code du cinéma ;

– aux servitudes aéroportuaires, codifiées dans le code des transports ;

– à l'implantation des constructions à proximité des installations agricoles, codifiées dans le code rural[7].

031.52 **Dispositions non codifiées.** Certaines dispositions intéressant l'urbanisme ne sont pas codifiées, soit parce qu'elles présentent un caractère très spécifique[8], soit parce qu'elles s'appliquent pour une durée limitée, comme le décret du 19 décembre 2008 qui avait provisoirement prolongé d'un an la durée de validité des autorisations d'urbanisme[9].

SECTION 3
DOCTRINE ADMINISTRATIVE

031.61 **Circulaires et réponses ministérielles.** Le gouvernement précise sa lecture du droit applicable en édictant des circulaires et en répondant aux questions des parlementaires.

Généralement adoptées après une réforme, les circulaires en présentent l'économie générale, les objectifs poursuivis et fournissent un mode d'emploi aux autorités chargées de son application.

Les réponses ministérielles interviennent pour leur part sur un point de droit spécifique à la demande d'un parlementaire. Elles précisent de façon synthé-

7. V. s^s^ n°s 112.961 s.
8. PAR EX. : v. s^s^ n° 331.211, à propos du traitement de données SITADEL.
9. Décr. n° 2008-1353, 19 déc. 2008 prolongeant le délai de validité des permis de construire, d'aménager ou de démolir et des décisions de non-opposition à une déclaration préalable, *JO* 20 déc., n° 5, art. 1er : « Par dérogation aux dispositions figurant aux premier et troisième alinéas de l'article R. 424-17 et à l'article R. 424-18 du code de l'urbanisme, le délai de validité des permis de construire, d'aménager ou de démolir et des décisions de non-opposition à une déclaration intervenus au plus tard le 31 décembre 2010 est porté à trois ans ».

tique, en vingt à trente lignes, les règles et principes applicables sur une question déterminée. Le ministre compétent expose l'opinion de son administration centrale et, si elles existent, les solutions jurisprudentielles pertinentes.

031.62 Importance. La doctrine administrative présente une grande importance pratique en droit de l'urbanisme. Elle fait figure de référence pour les autorités administratives chargées d'appliquer les lois et règlements, spécialement lorsque les dispositions en cause n'ont pas encore fait l'objet d'une interprétation jurisprudentielle.

031.63 Valeur. La doctrine administrative ne lie pas le juge administratif. Celui-ci peut donc parfaitement donner à un texte une lecture différente de celle retenue par l'administration dans une circulaire ou une réponse ministérielle[1].

S'agissant plus spécifiquement des circulaires, édictées par les ministres, celles-ci ne s'imposent par hypothèse qu'aux autorités déconcentrées de l'État. Les autorités décentralisées, dont l'autonomie est protégée par le principe de libre administration des collectivités territoriales, ne sont pas juridiquement soumises à leur respect.

Ne pouvant adresser d'instructions aux collectivités territoriales, l'État recourt de plus en plus à des techniques plus incitatives, par exemple sous la forme de guides ou fiches techniques exposant de façon claire et pédagogique les textes et procédures applicables à un domaine déterminé[2].

SECTION 4
JURISPRUDENCE

031.71 Rôle d'interprétation. La jurisprudence assume traditionnellement deux fonctions : une fonction d'interprétation des textes et, en l'absence de dispositions législatives ou réglementaires, une fonction de suppléance.

La fonction de suppléance, particulièrement marquée en droit administratif général, joue relativement peu dans le domaine de l'urbanisme en raison du nombre et de la précision des textes régissant la matière.

En revanche, la fonction d'interprétation des énoncés normatifs (quel est leur sens ?), ou d'appréhension de ceux-ci (qu'est-ce qu'« un espace proche du rivage », « un espace remarquable », « une perspective monumentale » ? ...) présente un caractère essentiel pour déterminer leur signification, leur contenu et leur portée. Cette importance explique le nombre de décisions commentées dans ce domaine et l'existence d'une revue spécialement dédiée à l'analyse de la jurisprudence : le *Bulletin de jurisprudence de droit de l'urbanisme* (*BJDU*)[3].

031.72 Difficulté des systématisations. Rendues au cas par cas, au regard des circonstances particulières de l'espèce, les solutions jurisprudentielles intervenant dans le domaine de l'urbanisme peuvent être rétives aux efforts de systématisation.

031.73 Confirmation ou infirmation législative. Deux attitudes peuvent caractériser le législateur face à une solution jurisprudentielle donnée :

– l'acceptation : dans ce cas, soit le législateur ne fait rien (acquiesçant implicitement à cette solution), soit il la reprend dans la loi (consacrant ainsi la solution jurisprudentielle de façon expresse[4]) ;

– le rejet : dans ce cas, le législateur va infirmer la solution jurisprudentielle en adoptant une disposition législative y mettant fin[5].

SECTION 5
DOCUMENTS D'URBANISME

031.81 Source essentielle. Les documents d'urbanisme locaux constituent une source essentielle du droit de l'urbanisme. Dans la plupart des cas, ce sont eux qui, de façon directe et immédiate, permettent ou empêchent la réalisation d'un projet. La raison tient à ce que l'immense majorité des règles de fond sont définies au niveau local, les règles matérielles établies au niveau national étant à la fois peu nombreuses et – pour la plupart d'entre elles – d'application supplétive.

SECTION 6
CONSTITUTION ET INSTRUMENTS INTERNATIONAUX

031.91 Source subsidiaire mais supérieure. La Constitution comme les conventions internationales auxquelles la France est partie ne contiennent pas de dispositions propres au droit de l'urbanisme. Néanmoins, la matière est influencée par des règles et

1. POUR UN EX., v. s[s] n° 231.801.
2. POUR DES EX. : le *Guide pour l'instruction des demandes d'autorisations d'urbanisme pour les centrales solaires au sol*, ministère de l'écologie, 2020 (ecologie.gouv.fr), et les « fiches techniques » établies par le ministère de la cohésion des territoires concernant les dispositions du code de l'urbanisme propres au littoral et à la montagne ou encore celles relatives au PLU.
3. Publié depuis 1994 aux éditions EFE.
4. POUR UN EX., v. s[s] n° 113.343.
5. POUR DES EX., v. s[s] n° 231.801 (cas des STECAL, créés par la loi), n° 122.11 s. (constructions agricoles à proximité du littoral), n° 124.31 (implantation de stations d'épuration sur le littoral). POUR UN EX. d'infirmation réglementaire, v. s[s] n° 112.382 (champ de l'article R. 111-14, modifié par décret).

principes qu'ils consacrent, lesquels, en raison de leur valeur législative, s'imposent tant au législateur qu'à l'autorité administrative.

§ 1 Constitution

A. Autorité compétente

1° Répartition entre le domaine de la loi et le domaine du règlement

031.101 **Deux éléments.** Dans le domaine de l'urbanisme, la répartition entre le domaine de la loi et le domaine du règlement résultant des articles 34 et 37 de la Constitution est organisée autour de deux éléments[1].

031.102 **Compétence de principe de la loi.** La compétence initiale revient au parlement, tant pour édicter les règles de fond que pour déterminer les procédures applicables.

Cette compétence de principe du législateur dans le domaine de l'urbanisme résulte principalement de l'article 34 de la Constitution, réservant à la loi le soin de fixer les principes fondamentaux « du régime de la propriété ». Le droit de l'urbanisme venant, par sa vocation même, limiter le droit de propriété, l'article 34 de la Constitution requiert la compétence à titre initial du législateur[2].

D'autres articles de la Constitution peuvent également fonder cette compétence. Deux d'entre eux ont jusqu'à présent été mobilisés. Le premier correspond à l'article 72, qui impose l'adoption d'une loi pour introduire une disposition ayant un impact sur la libre administration des collectivités territoriales. Les collectivités territoriales exerçant de nombreuses attributions en la matière, la compétence du législateur s'impose pour encadrer les conditions essentielles d'exercice de leurs pouvoirs. Un second fondement a été utilisé après l'adoption de la Charte de l'environnement. Selon la jurisprudence, il résulte de son article 7 que doivent être déterminées par la loi conditions et les limites dans lesquelles s'exerce le droit d'accéder aux informations relatives à l'environnement détenues par les autorités publiques et de participer à l'élaboration des décisions publiques ayant une incidence sur l'environnement[3].

1. J. Trémeau, « Droit constitutionnel de l'urbanisme », *J.-Cl. adm.*, fasc. 1454.
2. Cons. const. 20 févr. 1973, nº 73-76 L, *Nature juridique de diverses dispositions relatives à l'urbanisme*, PARTIELLEMENT RÉGLEMENTAIRE, *JO* 25 févr., p. 2131, *Rec.* 29.

031.103 **Rôle de mise en œuvre du règlement.** Le gouvernement se trouve réduit à une compétence de mise en œuvre, par voie de règlements d'application, des règles et principes définis par le législateur.

Pour les règlements autonomes, qui sont rares, la compétence du gouvernement se trouve énoncée à l'article 37 de la Constitution, en vertu duquel les matières autres que celles relevant du domaine de la loi relèvent du domaine du règlement. Toutefois, même dans ce domaine, la loi est libre d'intervenir dans la mesure où le Conseil constitutionnel ne censure pas sur ce fondement une disposition législative qui empièterait sur la sphère de compétence du gouvernement[4]. Il estime qu'il appartient au gouvernement de mettre en œuvre les prérogatives que lui confère la Constitution pour s'opposer à une immixtion du législateur dans son domaine - prérogatives que le gouvernement, en pratique, n'exerce pas, laissant ainsi le champ libre au législateur. Il en résulte que le parlement, dans le domaine de l'urbanisme comme dans les autres domaines, peut largement s'affranchir des limites que le constituant a placé à sa compétence en intervenant s'il le souhaite dans les matières relevant du gouvernement.

2° Obligation de légiférer et d'adopter les décrets d'application

031.111 **Obligation de légiférer.** Il appartient au législateur d'épuiser sa compétence, c'est-à-dire de l'exercer de façon complète et effective sans en abandonner l'exercice au gouvernement. Cette jurisprudence sur l'incompétence négative conduit le Conseil constitutionnel à censurer les délégations de compétence trop étendues au profit du gouvernement ou, ce qui revient au même, les dispositions législatives présentant un caractère trop imprécis (de telles dispositions devant nécessairement être complétées par voie de décrets, aboutissant *de facto* à un transfert du pouvoir législatif vers le gouvernement)[5].

031.112 **Obligation de prendre les décrets d'application.** Lorsqu'une disposition législative prévoit l'adoption d'un décret d'application sans laisser

3. CE, ass., 3 oct. 2008, *Annecy (Cne)*, req. nº 297931, *Lebon* : annulation, pour incompétence, d'un décret de 2006 organisant une procédure de consultation et de participation entrant dans le champ de l'article 7 de la Charte.
4. Cons. const. 30 juill. 1982, nº 82-143 DC, *Loi sur les prix et les revenus, notamment ses articles 1, 3 et 4*, CONFORMITÉ, *JO* 31 juill., p. 2470, *Rec.* 57.
5. PAR EX., exerçant ce contrôle (sans toutefois prononcer de censure) : Cons. const. 1er juill. 1980, nº 80-115 DC, *Loi d'orientation agricole*, CONFORMITÉ, *JO* 3 juill., p. 1655, *Rec.* 34 – Cons. const. 17 juill. 1985, nº 85-189 DC, *Loi relative à la définition et à la mise en œuvre de principes d'aménagement*, CONFORMITÉ, *JO* 19 juill., p. 8200, *Rec.* 49.

la libre appréciation de son édiction au Premier ministre, il appartient au chef du gouvernement de prendre ce décret dans un délai raisonnable. À l'expiration de celui-ci, le juge administratif, saisi par tout intéressé, peut ordonner au gouvernement son adoption. Par exemple, à la demande d'une association de défense de l'environnement, le Conseil d'État a enjoint au Premier ministre de prendre un décret d'application de la loi Littoral qui, 14 ans après l'adoption de cette loi, n'avait pas encore été édicté[1].

3° Habilitation du gouvernement à légiférer par ordonnances

031.121 **Article 38 de la Constitution.** En vertu de l'article 38 de la Constitution, le gouvernement peut demander au parlement de l'autoriser à intervenir dans le domaine de la loi par voies d'ordonnances. Une fois l'habilitation donnée (pour une période définie), le gouvernement édicte les ordonnances. Après leur ratification par le parlement, celles-ci acquièrent force de loi.

031.122 **Banalisation.** Le domaine de l'urbanisme n'échappe pas au phénomène de banalisation du recours aux ordonnances observés au cours des dernières années.

Les réformes fondamentales - celles qui posent ou modifient les principes - continuent d'être adoptées par la voie parlementaire après un débat public et transparent.

Les réformes plus techniques, mais non moins importantes, sont fréquemment mises en œuvre par voie d'ordonnances, à l'image la refonte du régime des autorisations d'urbanisme opérée par l'ordonnance du 8 décembre 2005[2].

B. Droits, libertés et principes

031.131 **Règles de fond.** S'agissant des règles de fond, les normes constitutionnelles les plus importantes dans le domaine de l'urbanisme sont le droit de propriété, le droit à un recours juridictionnel effectif, la liberté contractuelle et le principe d'égalité.

031.132 **Droit de propriété.** Le droit de propriété bénéficie d'une double protection.

La privation, qui relève de l'article 17 de la DDHC, n'est admise qu'en cas de nécessité légalement constatée, et à l'issue d'une indemnisation du propriétaire dépossédé - indemnisation qui doit être juste (c'est-à-dire correspondre à la valeur du bien) et préalable (c'est-à-dire être versée au propriétaire avant qu'intervienne la dépossession)[3].

En vertu d'une solution prétorienne, l'atteinte au droit de propriété sans dépossession relève pour sa part de l'article 2 de la DDHC. Cette seconde forme d'atteinte au droit de propriété n'est conforme à la Constitution que si elle est justifiée par un motif d'intérêt général et proportionnée à l'objectif poursuivi[4].

031.133 **Droit au juge.** Le droit à un recours juridictionnel effectif conduit le juge constitutionnel à contrôler si les restrictions apportées, au nom de la sécurité juridique, à la possibilité, d'une part de former un recours, d'autre part d'invoquer des moyens, présentent un caractère justifié et proportionné[5].

031.134 **Liberté contractuelle.** La liberté contractuelle protège tant la possibilité de former des conventions que le respect des conventions légalement formées[6].

031.135 **Principe d'égalité.** Le principe d'égalité, spécialement le principe d'égalité devant les charges publiques, n'autorise des différenciations de traitement que pour un motif d'intérêt général, ou pour tenir compte d'une différence de situation[7].

031.136 **Principe de précaution.** Les dispositions de l'article 5 de la Charte de l'environnement, rela-

1. CE 28 juill. 2000, *Assoc. France nature environnement*, req. n° 204024, *Lebon* : arrêt ordonnant de prendre le décret d'application dans un délai de 6 mois.
2. Ord. n° 2005-1527, 8 déc. 2005 relative au permis de construire et aux autorisations d'urbanisme, *JO* 9 déc., n° 30.
3. PAR EX. : Cons. const. 22 sept. 2010, n° 2010-33 QPC, *Sté Esso SAF*, [Cession gratuite de terrain], NON-CONFORMITÉ TOTALE, *JO* 23 sept., p. 17292, *Rec.* 245 ; *AJDA* 2010. 1732 ; *AJDA* 2010. 2384, note F. Rolin ; *D.* 2011. 136, note E. Carpentier ; *D.* 2011. 2298, obs. B. Mallet-Bricout et N. Reboul-Maupin ; *AJDI* 2011. 111, chron. S. Gilbert ; *RDI* 2010. 574, obs. P. Soler-Couteaux ; *AJCT* 2010. 136, obs. A. Vincent ; *RFDA* 2010. 1257, chron. A. Roblot-Troizier et T. Rambaud – Cons. const. 6 oct. 2010, n° 2010-43 QPC, *A. (Épx)*, [Transfert de propriété des voies privées], CONFORMITÉ, *JO* 7 oct., p. 18155, *Rec.* 268 ; *AJDA* 2011. 223, note J. Trémeau ; *AJDA* 2010. 1858 ; *D.* 2011. 2298, obs. B. Mallet-Bricout et N. Reboul-Maupin ; *RDI* 2010. 612, obs. N. Foulquier ; *AJCT* 2010. 183, obs. J.-H. Driard.
4. PAR EX. : Cons. const. 12 nov. 2010, n° 2010-60 QPC, *M. Pierre B.* [Mur mitoyen], CONFORMITÉ, *JO* 13 nov., p. 20237 – Cons. const. 19 oct. 2018, n° 2018-740 QPC, *Mme Simone P. et autre* [Modification des documents d'un lotissement], CONFORMITÉ, RÉSERVE, *JO* 20 oct., n° 52.
5. PAR EX. : Cons. const. 21 janv. 1994, n° 93-335 DC, *Loi portant diverses dispositions en matière d'urbanisme et de construction*, NON-CONFORMITÉ PARTIELLE, *JO* 26 janv., p. 1382 – CE 27 juin 2014, *Society of architects and developers*, req. n° 380645, NP – CE 26 juill. 2018, *Conseil régional de l'ordre des architectes de Bretagne*, req. n° 418298, *Lebon T.* ; *JCP Adm.* 2019, n° 2035, chron. O. Le Bot.
6. PAR EX. : Cons. const. 19 oct. 2018, n° 2018-740 QPC.
7. PAR EX. : Cons. const. 26 janv. 1995, n° 94-358 DC, *Loi d'orientation pour l'aménagement et le développement du territoire*, NON-CONFORMITÉ PARTIELLE, *JO* 1er févr., p. 1706 – Cons. const. 17 juin 2011, n° 2011-138 QPC, *Assoc. Vivraviry* [Recours des associations], CONFORMITÉ, *JO* 18 juin, p. 10460.

tives au principe de précaution, s'imposent au législateur et aux autorités compétentes en matière d'urbanisme[1].

031.137 **Contrôles *a priori* et *a posteriori*.** S'agissant du contentieux constitutionnel, la méconnaissance des droits et libertés par une disposition législative peut être invoquée tant *a priori* (sur le fondement de l'article 61 de la Constitution) qu'*a posteriori* (au moyen de la procédure de la QPC prévue à l'article 61-1 de la Constitution[2]).

Les jurisprudences pertinentes seront évoquées dans les développements de cet ouvrage.

§ 2
Conventions internationales

031.141 **Droit de l'Union européenne.** L'urbanisme ne constitue pas directement une compétence de l'Union européenne. Néanmoins, les procédures d'urbanisme sont susceptibles d'être influencées par le droit de l'Union, spécialement à travers les règles de protection de l'environnement et celles visant à garantir une concurrence entre les opérateurs économiques.

S'agissant du premier volet, l'Union peut imposer la prise en compte d'exigences environnementales dans l'élaboration et la modification des documents d'urbanisme. Tel fut le cas, par exemple, de la directive 2001/42/CE du Parlement européen et du Conseil du 27 juin 2001 relative à l'évaluation des incidences de certains plans et programmes sur l'environnement. L'ordonnance du 3 juin 2004[3] qui la transpose en droit interne a soumis les documents d'urbanisme à la procédure de l'évaluation environnementale prévue par la directive[4].

Un deuxième vecteur d'influence du droit national par le droit de l'Union réside dans l'application des règles du droit de la concurrence[5].

031.142 **Convention européenne des droits de l'homme.** La convention européenne des droits de l'homme est susceptible d'emporter, à la marge, certains effets sur le droit de l'urbanisme[6].

D'abord – et principalement – à travers le droit au respect des biens, équivalent européen du droit de propriété consacré à l'article 1er du 1er protocole additionnel (A1P1). La prise en compte de cet article a par exemple conduit le Conseil d'État à apporter une exception jurisprudentielle au principe de non-indemnisation des servitudes d'urbanisme[7]. De même la Cour européenne des droits de l'homme a-t-elle pu condamner sur son fondement la mise en œuvre du régime des réserves foncières en l'absence d'utilisation du bien durant une très longue période[8].

Les principes de bonne justice[9] sont également de nature à exercer une influence sur le droit de l'urbanisme[10].

031.143 **Autres instruments internationaux.** D'autres instruments internationaux sont susceptibles d'exercer une influence en matière d'urbanisme. Tel pourrait être le cas de la convention d'Aarhus du 25 juin 1998 relative à l'accès à l'information, la participation du public au processus décisionnel et l'accès à la justice en matière d'environnement[11], même si aucune application ne peut pour l'heure être relevée.

SECTION 7
CONTRAT

031.151 **Une place réduite mais des possibilités d'extension.** Le contrat occupe une place réduite en droit de l'urbanisme[12], l'interdiction d'y recourir ne

1. V. ss no 342.104.
2. É. Carpentier (dir.), *La question prioritaire de constitutionnalité et l'aménagement du territoire*, « Les Cahiers du GRIDAUH », no 22, La Documentation française, 2011 – J. Trémeau, « L'utilisation de la question prioritaire de constitutionnalité dans le domaine de l'urbanisme », *DAUH* 2011. 25.
3. Ord. no 2004-489, 3 juin 2004 portant transposition de la directive 2001/42/ CE du Parlement européen et du Conseil du 27 juin 2001 relative à l'évaluation des incidences de certains plans et programmes sur l'environnement, *JO* 5 juin, no 23.
4. V. ss no 214.12.
5. POUR UN EX., en ce qui concerne la passation des concessions d'aménagement, v. ss no 523.71.
6. R. Abraham, « Les incidences de la Convention européenne des droits de l'homme sur le contentieux administratif français de l'utilisation des sols », *RFDA* 1990. 1063 – F. Bouyssou, « Respect du droit de propriété et droit de l'urbanisme », *AJDA* 2003. 2135 – J.-P. Costa, « Quelques observations sur le droit de l'urbanisme vu sous l'angle de la Convention européenne des droits de l'homme », *Mél. Jacquot*, Presses universitaires d'Orléans, 2006, p. 161.
7. Jurisprudence « Bitouzet », v. ss nos 623.51 s.
8. V. ss no 442.11.
9. Droit au procès équitable, reconnu à l'article 6§1 de la convention ; droit au recours, énoncé à l'article 13.
10. PAR EX., contrôlant la conventionalité d'une validation législative : CAA Lyon, 14 mars 2002, *Cté urbaine de Lyon*, req. no 02LY00292 ; *BJDU* 2002. 98, concl. E. Lastier.
11. B. Brodenko, « La convention d'Aarhus et le droit français », *RJ envir.* 1999, no spéc., p. 31.
12. E. Fatôme, « Droit de l'urbanisme et contrat », *Mél. Richer*, LGDJ, 2013, p. 91 – T. Tanquerel, J. Morand-Deviller, F. Alves Correia (dir.), *La contractualisation dans le droit de l'urbanisme*, « Les Cahiers du GRIDAUH », no 25, 2014 – É. Fatôme et R. Noguellou (dir.), « Contrat et urbanisme », ét. du GRIDAUH et de l'Ordre des géomètres-experts, 2014 [en ligne : https://www.gridauh.fr/] – É. Fatôme, « L'urbanisme contractuel », *AJDA* 1993, no spéc. « Droit de l'urbanisme », p. 63.

faisant l'objet que d'exceptions limitées. Des professionnels, soutenus par une partie de la doctrine, plaident néanmoins en faveur d'un élargissement des possibilités de recourir à cette technique.

§ 1
Interdiction du contrat dans le domaine de l'urbanisme

031.161 Raison juridique. Les collectivités publiques ne sont autorisées à contractualiser ni l'élaboration des règles d'urbanisme, ni la délivrance des autorisations d'occupation du sol. La justification est la suivante : lorsqu'un texte prescrit d'agir par voie d'acte unilatéral, la collectivité ne peut agir par voie de contrat[1]. Utiliser la technique contractuelle dans un tel cas de figure reviendrait pour la personne publique à renoncer à l'exercice de son pouvoir discrétionnaire. Dès lors, la personne publique ne peut recourir au contrat ni pour établir les règles d'urbanisme, ni pour déterminer les modalités d'exercice de ses compétences.

031.162 Réticences. Outre le motif juridique mentionné ci-dessus, les réticences à l'utilisation du contrat en matière d'urbanisme s'expliquent par deux considérations.

La principale tient au risque de dérogations à la règle d'urbanisme. L'urbanisme est considéré comme une matière d'intérêt général dont la sauvegarde doit constituer un monopole des collectivités publiques[2]. Autoriser des négociations avec des personnes privées expose au risque de leur accorder des concessions favorisant leurs intérêts privés au détriment de l'intérêt public.

La seconde raison est liée à la précédente : l'utilisation du contrat est soupçonnée faciliter la corruption, voire l'institutionnaliser en permettant d'acheter de façon officielle une clémence de la collectivité publique dans l'application de la règle d'urbanisme.

§ 2
Domaines dans lesquels le contrat est autorisé

031.171 Trois domaines. Le recours au contrat a été autorisé dans les domaines où son utilisation ne se heurte pas aux obstacles précédemment mentionnés.

031.172 La coopération entre personnes publiques pour la réalisation d'une opération d'aménagement. Deux lois ont autorisé les collectivités publiques à organiser par voie de contrats l'exercice de leurs compétences en matière d'urbanisme, plus exactement pour la réalisation d'opérations d'aménagement de grande envergure.

Le recours à cette technique a ainsi été autorisé :

– pour la création de ZAD dans le cadre du Grand Paris ou de GOU[3] ;

– pour la réalisation de projets d'intérêt majeur[4].

031.173 Les concessions d'aménagement. Un deuxième domaine se prête au recours au contrat, à savoir celui des opérations d'aménagement, dont les collectivités publiques peuvent attribuer par ce biais la réalisation à des opérateurs publics ou privés.

Historiquement, ce domaine a été le premier s'ouvrant à la technique contractuelle. L'utilisation du contrat constituait même la caractéristique première du régime de la ZAC lors de sa mise en place par la loi du 30 décembre 1967[5] d'orientation foncière.

Même lorsque l'opération est confiée à un opérateur privé, l'élaboration des règles et l'édiction des actes demeurent de la compétence de la personne publique. Il n'y a pas de privatisation des règles et décisions d'urbanisme par ce biais. Néanmoins, en pratique, l'opérateur économique sera en mesure de peser sur le cadre juridique lors de la négociation qui se déroule préalablement à la passation du contrat.

De façon plus spécifique, et même très spécifique, la loi du 3 juin 2010[6] relative au Grand Paris prévoit la faculté d'associer étroitement un opérateur privé (potentiellement un aménageur) à l'élaboration de la règle d'urbanisme. L'article 22, al. 1er, de ce texte dispose que les communes et EPCI « peuvent conclure avec une personne morale de droit public *ou privé* [...] un contrat portant à la fois sur la conception du projet d'aménagement global, *l'élaboration d'une proposition de révision ou de modification du document d'urbanisme* et la maîtrise d'ouvrage des travaux d'équipement concourant à la réalisation du projet d'aménagement ».

031.174 Les participations des constructeurs. Le montant et les modalités de la participation des cons-

1. EN MATIÈRE d'installations classées : CE 3 mars 1985, *Assoc. « Les amis de la terre »*, req. n° 24557, *Lebon*.
2. V. CENSURANT une association trop large d'acteurs privés à l'élaboration d'un document d'urbanisme : CE 3 mai 1979, *Assoc. pour la protection et l'embellissement du site de la Baule-Escoublac et autres*, req. n° 03168, *Lebon*.
3. V. ss nos 423.201 s.
4. V. ss nos 533.21 s.
5. L. n° 67-1253, 30 déc. 1967 d'orientation foncière, *JO* 3 janv. 1968, p. 3.
6. L. n° 2010-597, 3 juin 2010 relative au Grand Paris, *JO* 5 juin, n° 1.

tructeurs au financement des équipements publics peuvent être fixés par voie de contrat.

Tel est le cas, dans les ZAC exclues du champ d'application de la taxe d'aménagement, lorsque le constructeur n'a pas acquis son terrain de l'aménageur[1].

Tel est également et surtout le cas de la convention de projet urbain partenarial[2]. En pratique, la négociation précédant sa passation pourra conduire un opérateur privé à demander à la collectivité publique de modifier son document d'urbanisme si celui-ci ne permet pas l'opération envisagée.

§ 3
Opportunité d'élargir le recours au contrat

031.181 L'intérêt du contrat. Le recours au procédé contractuel est susceptible de présenter plusieurs avantages.

Premièrement, il est de nature à sécuriser les projets immobiliers. En donnant à un promoteur l'assurance de pouvoir réaliser une opération, le contrat lèvera les hésitations que celui-ci peut éprouver et donnera des garanties à ses partenaires financiers. Il serait en outre envisageable d'associer les riverains d'un projet à la négociation du contrat afin de prémunir le porteur du projet des risques contentieux.

Deuxièmement, le contrat permet de faire supporter par le constructeur les coûts générés par l'adaptation d'un document d'urbanisme en les mettant conventionnement à sa charge. Il arrive régulièrement qu'un PLU soit modifié ou révisé afin de permettre la réalisation d'un projet immobilier atteignant une certaine taille. L'adaptation du document d'urbanisme génère un coût pour la collectivité publique qu'il ne serait pas anormal de faire supporter par le constructeur qui en bénéficie.

Troisièmement, le contrat garantit une transparence. La situation actuelle se caractérise par l'existence de négociations secrètes. Leur officialisation permettrait d'informer les habitants et de mettre en place une délibération des élus locaux portant sur les éléments essentiels du contrat envisagé (légalité et opportunité d'une adaptation de la règle, garantie de délivrance d'une autorisation, coûts devant être supportés par l'opérateur privé).

031.182 L'éclairage du droit comparé. Plusieurs pays étrangers reconnaissent la possibilité de mettre en œuvre des négociations sur les règles et autorisations d'urbanisme, et de conclure à leur égard des contrats dotés d'une force contraignante[3].

1. V. s[s] n° 531.531.
2. V. s[s] n°s 553.101 s.

031.183 Le vœu des professionnels. Les professionnels de l'immobilier plaident en faveur d'une extension du procédé contractuel dans le domaine de l'urbanisme. À l'occasion de l'élection présidentielle de 2012, l'Ordre des géomètres-experts avait ainsi publié un livre blanc intitulé « douze propositions pour 2012 ». La proposition n° 4 visait à favoriser le recours au contrat, en conférant « aux rares outils contractuels existants (le PUP et le partenariat privé) une véritable dimension urbaine normative en complément de leur objet initial, simplement opérationnel et financier »[4].

Une partie de la doctrine se déclare favorable à une telle évolution[5].

SECTION 8
SERVITUDES D'URBANISME

§ 1
Notion de servitude d'urbanisme

A.
Des servitudes d'utilité publique

031.191 Des servitudes instaurées dans l'intérêt général. Les servitudes d'urbanisme constituent des servitudes d'utilité publique, c'est-à-dire qu'elles sont instaurées dans un but d'intérêt général. Elles se distinguent en cela des servitudes de droit privé.

031.192 Servitudes d'utilité publique (SUP). Les servitudes d'utilité publique (SUP) sont des limitations administratives au droit de propriété autorisées par la loi au bénéfice de personnes publiques ou de personnes privées exerçant une activité d'intérêt général (concessionnaires de services ou de travaux publics, concessionnaires d'énergie hydraulique, de canalisations de transport de produits chimiques, etc.). Elles constituent des charges qui grèvent de plein droit des immeubles (bâtiments ou terrains) et qui peuvent avoir pour effet soit :

3. É. Fatôme et R. Noguellou (dir.), « Contrat et urbanisme », *op. cit.*, p. 9 s. [en ligne : https://www.gridauh.fr/].
4. Ordre national des géomètres-experts, « 12 propositions pour 2012 ».
5. É. Fatôme et R. Noguellou (dir.), « Contrat et urbanisme », *op. cit.*, 2014, p. 19 s. [en ligne : https://www.gridauh.fr/]. Les auteurs recommandent toutefois qu'une telle évolution soit assortie de garde-fous : « Il convient naturellement de préciser d'emblée qu'il ne s'agit pas, ici, de prétendre que tout peut être sujet à négociation. Il est évident que la détermination du projet urbain, les partis pris d'aménagement doivent demeurer la prérogative de la collectivité publique. Mais dans le cadre des orientations générales définies par les pouvoirs publics, il paraît possible de laisser une place à la négociation, voire au contrat » (p. 20).

– d'interdire ou de limiter l'exercice par les propriétaires de leur droit d'occuper ou d'utiliser le sol ;

– d'obliger les intéressés à réaliser des travaux d'entretien, de réparation ou encore de démolition ;

– de contraindre les intéressés à laisser s'installer certains ouvrages ou s'exécuter certains travaux.

Ces servitudes ont un caractère d'ordre public. Aucun particulier ne peut y déroger unilatéralement et leur respect fait l'objet de contrôles, notamment lors de la délivrance d'autorisations d'urbanisme.

Il existe plus d'une soixantaine de SUP portant sur les domaines de la conservation du patrimoine, des équipements, des ressources, de la défense nationale, de la salubrité et de la sécurité publiques. Afin que les porteurs de projets aient connaissance de leur existence, ces servitudes doivent être annexées aux PLU et aux cartes communales [1].

À titre incident, le code impose le respect des SUP par le PLU [2].

031.193 Servitudes de droit privé. La servitude de droit privé est définie comme une charge imposée sur un fonds, dit fonds servant, au profit d'un autre fonds, dit fonds dominant, appartenant à un autre propriétaire [3]. Elle peut prendre la forme, par exemple, d'un droit de passage sur le fond servant afin de pouvoir accéder au fond dominant.

B.
Des servitudes trouvant leur origine dans le code de l'urbanisme

031.201 Un type particulier de SUP. Les servitudes d'urbanisme constituent un type particulier de servitudes d'utilité publique. Elles correspondent aux SUP qui trouvent leur origine dans le code de l'urbanisme. Il s'agit donc des servitudes qui :

– soit sont énoncées dans le code de l'urbanisme ;

– soit sont instaurées sur la base de ce code (comme c'est le cas, en particulier, des servitudes présentes dans les documents d'urbanisme).

L'expression « servitude d'urbanisme » demeure employée. Néanmoins, les textes les plus récents ont tendance à lui préférer l'expression « règle d'urbanisme ».

§ 2
Non-indemnisation des servitudes d'urbanisme

031.210 Renvoi. Le code pose un principe de non-indemnisation des servitudes d'urbanisme [4].

1. POUR LES PLU, V. s^s n°s 231.1651 s. ; – POUR LES CARTES COMMUNALES, V. s^s n° 241.121.
2. C. urb., art. L. 151-28, al. 1er, prévoyant que le règlement du PLU peut prévoir certains types de règles relatives aux constructions « dans le respect des autres règles établies par le document et notamment les servitudes d'utilité publique visées à l'article L. 151-43 [...] ».
3. C. civ., art. 637.
4. V. s^s n°s 623.11 s.

CHAPITRE

032. Objectifs et principes du droit de l'urbanisme

SECTION 0 ORIENTEUR

032.00 Sommaire du chapitre.

032.01 Textes applicables.

• **C. urb.**, art. L. 101-1 s. [Objectifs et principes généraux]

032.03 Bibliographie indicative.

Thèse. F. Balaguer, *Recherche sur l'effectivité des principes du droit de l'urbanisme*, Lextenso, 2023, 582 p.

Contributions. J.-B. Auby, « Quelques réflexions sur l'état du droit de l'urbanisme », *Mél. Jacquot*, PU Orléans, 2006, p. 31 – Y. Jégouzo, « Les principes du droit de l'urbanisme », *Mél. Fatôme*, Dalloz, 2011, p. 179 – I. Savarit-Bourgeois, « Remarques sur quelques dérives du droit de l'urbanisme », *Mél. Lachaume*, Dalloz, 2007, p. 940.

> Articles

Articles généraux. H. Jacquot, « Les nouveaux principes d'encadrement de la planification urbaine », *DAUH* 2001. 38 – H. Jacquot, « Où va le droit de l'urbanisme ? », *Constr.-Urb.* 2007, ét. 20 – I. Savarit, « Le patrimoine commun de la nation, déclaration de principe ou notion juridique à part entière ? », *RFDA* 1998. 305 – C. Groulier, « Quelle effectivité juridique pour le concept de patrimoine commun ? », *AJDA* 2005. 1034.

Objectifs. É. Carpentier, « Les objectifs des documents d'urbanisme », *RDI* 2011. 68 – *Droit et ville* 2022, n° 93, p. 5 et s., numéro spécial sur « Les objectifs du droit de l'urbanisme » – F. Balaguer, « Faut-il (encore) réformer le Code de l'urbanisme ? Assurément, oui ! », *JCP Adm.* 2022, n° 2185 – H. Périnet-Marquet, « L'article L. 101-2 donne-t-il une âme au droit de l'urbanisme ? », *Constr.-Urb.* 2023, repère 2.

Artificialisation des sols et ZAN. É. Carpentier, « Documents d'urbanisme et lutte contre l'artificialisation des sols », *JCP N* 2021, n° 1310 – M. Desrousseaux, « Objectif ZAN : la feuille de route de la loi Climat et résilience en matière d'urbanisme », *AJCT* 2022. 12 – J.-F. Giacuzzo et M. Poumarède, « Le droit immobilier de demain : l'imagination doit prendre le pouvoir ! », *RDI* 2022. 193, trib. – G. Kalflèche, « Le Zéro Artificialisation Nette (ZAN) et le droit de l'urbanisme », *DAUH* 2022. 35 – R. Noguelou, « La loi Climat et résilience et le droit de l'urbanisme : le zéro artificialisation nette », *AJDA* 2022. 160 – P. Soler-Couteaux et J.-Ph Strebler, « Les documents d'urbanisme à l'épreuve du zéro artificialisation nette : un changement de paradigme », *RDI* 2021. 512 – É. Brioude, « Structurer l'usage des terres pour limiter leur artificialisation », *Constr.-Urb.* 2022, étude 11 – M. Degoffe, « L'objectif zéro artificialisation nette », *RFDA* 2024. 149 – A. Leroux, S. Lambert et R. Léonetti, « Le ZAN ?... Restons zen ! », *JCP N* 2023, nº 1102.

032.04 Question essentielle.

> Quelle est l'opposabilité des objectifs d'urbanisme ?

* V. s[s] nº 032.201

032.05 Objectifs et principes. Le chapitre du code de l'urbanisme intitulé « objectifs généraux » consacre :

- d'une part, des objectifs ;
- et, d'autre part, des principes.

SECTION 1 OBJECTIFS DU CODE DE L'URBANISME

032.10 Plan. Institués par la loi SRU, les objectifs généraux d'urbanisme n'ont eu de cesse de s'enrichir avec le temps. Ils concernent au premier chef les documents d'urbanisme en fixant des orientations qui leur sont directement opposables.

§ 1 Consécration d'objectifs

032.21 Lois SRU et Grenelle. Afin de redonner une plus grande cohérence à la réglementation d'urbanisme, la loi SRU a gravé à l'article L. 121-1 ancien du code de l'urbanisme les objectifs vers lesquels doit tendre l'action des collectivités publiques en la matière[1].

La loi du 3 août 2009[2] de programmation relative à la mise en œuvre du Grenelle de l'environnement a ajouté d'autres objectifs mentionnés pour leur part à l'article L. 110 ancien du code.

032.22 Recodification. À la suite de la réécriture du Livre Ier du code de l'urbanisme par l'ordonnance du 23 septembre 2015[3], les objectifs mentionnés aux anciens articles L. 121-1 et L. 110 ont été transférés à un article L. 101-2 nouveau.

032.23 Ajouts de nouveaux objectifs. La liste des objectifs à atteindre s'enrichit à chaque réforme législative.

§ 2 Liste des objectifs d'urbanisme

A. Objectifs à respecter

032.31 Développement durable. L'action des collectivités publiques en matière d'urbanisme doit s'exercer « dans le respect des objectifs du développement durable »[4]. L'exercice des compétences d'urbanisme se trouve ainsi placé sous le signe de cette exigence.

B. Objectifs à atteindre

032.41 Neuf catégories. L'article L. 101-2 du code de l'urbanisme liste neuf catégories d'objectifs que l'action des collectivités publiques en matière d'urbanisme vise à atteindre, dans le respect des objectifs du développement durable. Les préoccupations environnementales y occupent une place de premier choix.

1. V. P. Soler-Couteaux, « Les objectifs des articles L. 101-2 et L. 101-2-1 du droit de l'urbanisme », *Droit et ville* 2022. 17 : « Pour comprendre les raisons de l'insertion par la loi SRU dans le code de l'urbanisme d'un article L. 121-1, première version de ce qui allait devenir l'article L. 101-2, il faut remonter à la décentralisation du droit de l'urbanisme dans les années 1980. Le diagnostic est bien connu : en substance, à partir de 1983, la planification locale devenait potentiellement l'affaire de quelques 30 000 communes aboutissant à un risque d'éclatement de la politique de l'urbanisme au plan national, chaque maire se percevant comme maître sur son territoire. À partir de la fin des années 1980, est apparue la nécessité de concevoir un cadre orientant le contenu des POS communaux et autres documents locaux d'urbanisme, les rares lois d'aménagement et d'urbanisme n'y suffisant évidemment pas. Ce constat a débouché sur l'audit du code de l'urbanisme et, à partir du constat du défaut d'encadrement normatif des documents locaux fait par le rapport Labetoulle : "L'urbanisme pour un droit plus efficace", sur la proposition de concevoir un outil sous l'espèce des Directives territoriales d'aménagement que la loi nº 95-115 du 4 février 1995 d'orientation pour l'aménagement du territoire allait mettre en place sous l'égide de l'État. En 2000, aucune DTA n'avait été approuvée ; si bien qu'il ait apparu nécessaire que la loi elle-même fixe le cadre dans lequel devraient s'inscrire les POS communaux et les schémas directeurs. Les "principes" énumérés par l'article L. 121-1 ont ainsi été pensés à l'origine comme ceux vers lesquels devaient converger les documents locaux d'urbanisme, nonobstant l'éclatement des entités qui avaient la charge de leur élaboration ».
2. L. nº 2009-967, 3 août 2009 de programmation relative à la mise en œuvre du Grenelle de l'environnement, *JO* 5 août, nº 2.
3. Ord. nº 2015-1174, 23 sept. 2015 relative à la partie législative du livre Ier du code de l'urbanisme, *JO* 24 sept., nº 23.
4. C. urb., art. L. 101-2, al. 1er.

1°
Objectif d'équilibre

032.51 Principe d'équilibre. Le premier objectif vise à atteindre « l'équilibre » entre[1] :

– « les populations résidant dans les zones urbaines et rurales » (a) ;

– « le renouvellement urbain, le développement urbain et rural maîtrisé, la restructuration des espaces urbanisés, la revitalisation des centres urbains et ruraux, la lutte contre l'étalement urbain » (b) ;

– « une utilisation économe des espaces naturels, la préservation des espaces affectés aux activités agricoles et forestières et la protection des sites, des milieux et paysages naturels » (c) ;

– « la sauvegarde des ensembles urbains et la protection, la conservation et la restauration du patrimoine culturel » (d) ;

– « les besoins en matière de mobilité » (e).

Ce « principe d'équilibre » (autrefois appelé « article d'équilibre ») impose aux autorités publiques non seulement de prendre en compte, lors de la définition de leur politique d'urbanisme, les multiples exigences mentionnées, mais aussi et surtout de les concilier sans en négliger aucune.

2°
Objectif de qualité urbaine, architecturale et paysagère

032.61 Formulation. Le deuxième objectif correspond à la « qualité urbaine, architecturale et paysagère, notamment des entrées de ville »[2].

3°
Objectif de diversité des fonctions urbaines et rurales et de mixité de l'habitat

032.71 Formulation. Le troisième objectif vers lequel doit tendre l'action des collectivités publiques dans le domaine de l'urbanisme tient à la « diversité des fonctions urbaines et rurales et la mixité sociale dans l'habitat »[3] :

– « en prévoyant des capacités de construction et de réhabilitation suffisantes pour la satisfaction, sans discrimination, des besoins présents et futurs de l'ensemble des modes d'habitat, d'activités économiques, touristiques, sportives, culturelles et d'intérêt général ainsi que d'équipements publics et d'équipement commercial » ;

– « en tenant compte en particulier des objectifs de répartition géographiquement équilibrée entre emploi, habitat, commerces et services, notamment les services aux familles, d'amélioration des performances énergétiques, de développement des communications électroniques, de diminution des obligations de déplacements motorisés et de développement des transports alternatifs à l'usage individuel de l'automobile ».

032.72 Deux objectifs principalement. Deux objectifs sont principalement mentionnés ici.

Le premier correspond à la mixité sociale. Faire coexister les différents milieux sociaux (à l'image des immeubles haussmanniens au moment de leur création) permet d'éviter la concentration des personnes défavorisées dans certains quartiers et les difficultés qui en résultent.

Le second objectif correspond à la mixité de la ville. Jusque dans les années 1990, l'organisation urbaine séparait les espaces : un espace pour les habitations, un espace pour les commerces, un autre pour les bureaux, etc. Il en a résulté des cités-dortoirs désertes en journée, des quartiers de bureaux vides le week-end, des zones commerciales disgracieuses et des temps de trajets très longs entre ces différents espaces. Faire coexister ces différentes fonctions dans les mêmes quartiers et dans les immeubles[4] permet d'éviter ces inconvénients tout en améliorant la qualité de vie des habitants. Cet objectif prend corps avec le concept de « ville du quart d'heure », selon lequel les différents lieux de vie d'une personne (son logement, son travail, les commerces, la crèche de ses enfants, les écoles, etc.) doivent se trouver à quinze minutes les uns des autres à pied et cinq minutes à vélo[5].

4°
Objectif de sécurité et salubrité publiques

032.81 Formulation et prise en compte. Le quatrième objectif correspond à « la sécurité et la salubrité publiques »[6].

Il justifie par exemple la mise en place d'études de sécurité publique préalablement à la réalisation de certaines opérations[7].

5°
Objectif de prévention des risques, des pollutions et des nuisances

032.91 Prévention. Le cinquième objectif vers lequel doit tendre l'action des collectivités publiques

1. C. urb., art. L. 101-2, 1°.
2. C. urb., art. L. 101-2, 2°.
3. C. urb., art. L. 101-2, 3°.
4. PAR EX. : rez-de-chaussée pour les commerces, premier étage pour les bureaux, étages suivants pour les habitations.
5. C. Moreno, *Droit de cité, de la « ville-monde » à la « ville du quart d'heure »*, éd. de L'Observatoire, 2020.
6. C. urb., art. L. 101-2, 4°.
7. V. s^s n°s 512.21 s.

dans le domaine de l'urbanisme tient à « la prévention »[1] :

– « des risques naturels prévisibles, des risques miniers, des risques technologiques » ;

– « des pollutions » ;

– « et des nuisances de toute nature ».

6°
Objectif de préservation des milieux et de l'écosystème

032.101 Préservation et protection. Le sixième objectif correspond à[2] :

– « la protection des milieux naturels et des paysages » ;

– « la préservation de la qualité de l'air, de l'eau, du sol et du sous-sol, des ressources naturelles, de la biodiversité, des écosystèmes, des espaces verts » ;

– ainsi que « la création, la préservation et la remise en bon état des continuités écologiques ».

7°
Objectif de lutte contre l'artificialisation des sols

a.
Formulation des objectifs

032.111 Deux objectifs. Issu de la loi Climat et énergie, le septième objectif vers lequel doit tendre l'action des collectivités publiques dans le domaine de l'urbanisme correspond à « la lutte contre l'artificialisation des sols, avec un objectif d'absence d'artificialisation nette à terme »[3].

Deux objectifs sont ainsi posés :

– d'une part, à court terme, la lutte contre l'artificialisation (en limitant immédiatement le phénomène) ;

– d'autre part, à moyen et long terme, le zéro artificialisation net ou ZAN (en mettant fin au phénomène à l'horizon 2050).

b.
Notion d'artificialisation

032.121 Artificialisation. L'artificialisation consiste à transformer un sol naturel, agricole ou forestier, par des opérations d'aménagement pouvant entraîner une imperméabilisation partielle ou totale, afin de les affecter notamment à des fonctions urbaines ou de transport (habitat, activités, commerces, infrastructures, équipements publics...).

La loi définit l'artificialisation comme « l'altération durable de tout ou partie des fonctions écologiques d'un sol, en particulier de ses fonctions biologiques, hydriques et climatiques, ainsi que de son potentiel agronomique par son occupation ou son usage »[4].

032.122 Artificialisation nette. L'artificialisation nette des sols est définie comme « le solde de l'artificialisation et de la renaturation des sols constatées sur un périmètre et sur une période donnés »[5].

032.123 Surface artificialisée et non artificialisée (documents d'urbanisme). Au sein des documents de planification[6] et d'urbanisme, lorsque la loi ou le règlement prévoit des objectifs de réduction de l'artificialisation des sols ou de son rythme, les objectifs précités sont fixés et évalués en considérant comme :

– *artificialisée* : « une surface dont les sols sont soit imperméabilisés en raison du bâti ou d'un revêtement, soit stabilisés et compactés, soit constitués de matériaux composites »[7] ;

– *non artificialisée* : « une surface soit naturelle, nue ou couverte d'eau, soit végétalisée, constituant un habitat naturel ou utilisée à usage de cultures »[8].

032.124 Mesure de l'artificialisation. Créés par décret du 20 avril 2022[9], l'article R. 101-1 du code de l'urbanisme et son annexe fournissent les critères de mesure de l'artificialisation des sols pour la fixation et le suivi des objectifs dans les documents de planification et d'urbanisme. Certaines dispositions de cet article et son annexe ont été annulés par le Conseil d'État dans une décision du 4 octobre 2023, au motif qu'ils ne déterminaient pas l'échelle à laquelle l'artificialisation des sols doit être appréciée dans les documents de planification et d'urbanisme[10]. Cette

1. C. urb., art. L. 101-2, 5°.
2. C. urb., art. L. 101-2, 6°.
3. C. urb., art. L. 101-2, 6° *bis*, créé par L. n° 2021-1104, 22 août 2021 ; – Sur cette loi, le dossier spécial à la *RDI* 2021. 512 et s. ; L. Santoni, « Extension du domaine de la lutte : l'avènement de l'objectif ZAN », *Constr.-urb.* 2021, ét. 10.
4. C. urb., art. L. 101-2-1, al. 9, créé par L. n° 2021-1104, 22 août 2021.
5. C. urb., art. L. 101-2-1, al. 11.
6. Les documents de planification renvoient aux schémas régionaux : SRADDET, PADDUC, SAR et SDRIF (c. urb., art. R. 101-1, IV).
7. C. urb., art. L. 101-2-1, a.
8. C. urb., art. L. 101-2-1, b.
9. Décr. n° 2022-763, 29 avr. 2022 relatif à la nomenclature de l'artificialisation des sols pour la fixation et le suivi des objectifs dans les documents de planification et d'urbanisme, *JO* 30 avr., n° 62. J.-Ph. Strebler, « La nomenclature de l'artificialisation des sols applicable pour les documents d'urbanisme… en 2031 : plus de peur que de mal ? Décret n° 2022-763 du 29 avril 2022 relatif à la nomenclature de l'artificialisation des sols pour la fixation et le suivi des objectifs dans les documents de planification et d'urbanisme », *RDI* 2022. 684.
10. CE 4 oct. 2023, *Asso. des maires de France*, req. n° 465341, NP ; *JCP Adm.* 2024, n° 2049, note E. Bornet.

annulation a conduit le pouvoir réglementaire à adopter un décret du 27 novembre 2023 modifiant l'article R. 101-1 et remplaçant son annexe par une nouvelle nomenclature[1].

Premièrement, les objectifs de lutte contre l'artificialisation des sols fixés dans les documents de planification et d'urbanisme portent sur « les surfaces terrestres », et ce « jusqu'à la limite haute du rivage de la mer »[2].

Deuxièmement, dans le cadre de la fixation et du suivi des objectifs de lutte contre l'artificialisation des sols, « le solde entre les surfaces artificialisées et les surfaces désartificialisées est évalué au regard des catégories listées par la nomenclature annexée » à l'article R. 101-1[3]. Pour cette évaluation, les surfaces sont qualifiées dans ces catégories « selon l'occupation effective du sol observée » et non selon les zones ou secteurs délimités par les documents de planification et d'urbanisme[4]. Ainsi, le classement doit s'attacher à la réalité de l'occupation du sol. Il revêt un caractère matériel et recognitif. Les zonages réalisés dans les documents d'urbanisme (zones U, N, etc.) ne sont pas pris en compte. En outre, l'occupation effective « est mesurée à l'échelle de polygones dont la surface est définie en fonction de seuils de référence fixés dans la nomenclature selon les standards du Conseil national de l'information géolocalisée »[5].

Troisièmement, peuvent être considérées comme des surfaces non artificialisées, au sens de cette nomenclature[6] :

– soit « les surfaces sur lesquelles sont implantées des installations de production d'énergie solaire photovoltaïque » qui respectent les critères fixés par le décret prévu au 6° du III de l'article 194 de la loi Climat, notamment celles relevant des dispositions prévues aux articles L. 111-27 et L. 111-29 (1°, précisant qu'elles peuvent être qualifiées en fonction de leur usage comme des surfaces relevant des catégories 6°, 7° ou 10° de la nomenclature) ;

– soit « les surfaces dont les sols sont végétalisés et à usage de parc ou de jardin public » (2°, précisant qu'elles peuvent être qualifiées comme des surfaces relevant des catégories 9° ou 10° à partir des mêmes seuils de référence applicables).

032.125 Observatoire de l'artificialisation. L'observatoire de l'artificialisation est, pour l'ensemble du territoire, la plateforme nationale pour l'accès dématérialisé aux données sur la consommation d'espaces naturels, agricoles et forestiers et sur l'artificialisation des sols, qui sont mises à disposition par l'État, notamment afin de permettre la fixation et le suivi des objectifs prévus dans les documents de planification et d'urbanisme[7].

c.
Enjeux

032.131 Proportion du territoire artificialisé. La part du territoire qui a été artificialisé se situe entre 9 et 10 %[8]. L'artificialisation des sols a fortement augmenté au cours des quarante dernières années, passant de 5,2 % en 1982 à 9 % en 2018[9].

032.132 Impact de l'artificialisation. La réduction des espaces naturels, agricoles et forestiers est préjudiciable à la biodiversité, au climat et à la vie terrestre en général. Elle génère notamment :

– une accélération de la perte de biodiversité (en modifiant ou faisant disparaître l'habitat des espèces animale ou végétale) ;

– un accroissement du réchauffement climatique (un sol artificialisé n'absorbant plus le CO_2) ;

– une amplification des risques d'inondations (un sol imperméabilisé n'absorbant pas l'eau de pluie) ;

– une réduction de la capacité des terres agricoles à nous nourrir.

d.
Moyens d'atteindre les objectifs

032.141 Moyens d'atteindre les deux objectifs. Le code détermine les moyens d'atteindre les objectifs de lutte contre l'artificialisation des sols puis de zéro artificialisation. Il indique que : « L'atteinte des objectifs mentionnés au 6° *bis* de l'article L. 101-2 résulte de l'équilibre entre »[10] :

– « la maîtrise de l'étalement urbain » (1°) ;

– « le renouvellement urbain » (2°) ;

– « l'optimisation de la densité des espaces urbanisés » (3°) ;

– « la qualité urbaine » (4°) ;

– « la préservation et la restauration de la biodiversité et de la nature en ville » (5°) ;

– « la protection des sols des espaces naturels, agricoles et forestiers » (6°) ;

– « la renaturation des sols artificialisés » (7°).

Aucune hiérarchie n'est formellement établie entre ces différents outils. Ceux-ci sont conçus comme devant être mis en œuvre de façon complémentaire.

1. Décr. nº 2023-1096, 27 nov. 2023 relatif à l'évaluation et au suivi de l'artificialisation des sols.
2. C. urb., art. R. 101-1, I.
3. C. urb., art. R. 101-1, II. Sur cette nomenclature, v. s[s] nº 8.13.
4. C. urb., art. R. 101-1, II.
5. C. urb., art. R. 101-1, II.
6. C. urb., art. R. 101-1, III.
7. C. urb., art. R. 101-2 ; créé par décr. nº 2023-1096, 27 nov. 2023.
8. Insee, « Statistiques et études. Artificialisation des sols », déc. 2021 [en ligne : https://www.insee.fr/].
9. Insee, « Statistiques et études. Artificialisation des sols », déc. 2021 [en ligne : https://www.insee.fr/].
10. C. urb., art. L. 101-2-1, al. 1er à 8.

Concernant le moyen n° 7 (la renaturation d'un sol, ou désartificialisation), celui-ci « consiste en des actions ou des opérations de restauration ou d'amélioration de la fonctionnalité d'un sol, ayant pour effet de transformer un sol artificialisé en un sol non artificialisé »[1].

e.
Déclinaison des objectifs dans les documents d'urbanisme

032.151 Déclinaison en cascade. Afin d'assurer la mise en œuvre des objectifs de lutte contre l'artificialisation des sols et de réduction de la consommation d'espaces naturels, agricoles et forestiers, le législateur a prévu l'intégration de ceux-ci dans les schémas régionaux puis les documents d'urbanisme. Les objectifs sont ainsi « appliqués de manière différenciée et territorialisée »[2]. Cela signifie que l'effort demandé ne sera pas exactement le même partout. Il est adapté au contexte local, notamment aux dynamiques démographiques ou économiques, au besoin de revitalisation ou de désenclavement, ainsi qu'aux gisements fonciers artificialisés mobilisables. Il s'agit en effet de concilier les objectifs des diverses politiques publiques dont celle du logement.

La loi a prévu que la déclinaison des objectifs se fasse en cascade, des schémas régionaux vers les documents d'urbanisme.

Dans un premier temps, les régions doivent modifier leurs schémas régionaux d'aménagement et d'urbanisme (SRADDET, PADDUC, SAR et SDRIF) afin d'y fixer une trajectoire et un rythme de réduction de l'artificialisation. La procédure doit être engagée avant le 22 août 2022 et l'approbation intervenir avant le 22 novembre 2024. La procédure de modification simplifiée peut être utilisée[3].

Dans un second temps, les SCOT ou, en leur absence, les PLU, les documents en tenant lieu ou les cartes communales doivent être modifiés ou révisés pour prendre en compte les objectifs fixés dans le schéma régional applicable. Cette mise en compatibilité avec les objectifs fixés par le schéma régional doit intervenir à l'occasion de la première modification ou révision qui suit la modification ou la révision de celui-ci[4]. Les évolutions du SCOT ou du PLU réalisées à cette fin peuvent l'être selon la procédure de modification simplifiée[5]. La mise en compatibilité doit intervenir :

– avant le 22 février 2027 pour les SCOT[6], à défaut de quoi « les ouvertures à l'urbanisation des secteurs définis à l'article L. 142-4 du code de l'urbanisme sont suspendues » jusqu'à l'entrée en vigueur du SCOT révisé ou modifié[7] ;

– et avant le 22 février 2028 pour les PLU et les cartes communales[8], à défaut de quoi « aucune autorisation d'urbanisme ne peut être délivrée », dans une zone à urbaniser du PLU ou dans les secteurs de la carte communale où les constructions sont autorisées, jusqu'à l'entrée en vigueur du PLU ou de la carte communale modifié ou révisé[9].

La loi Climat et résilience envisage l'hypothèse dans laquelle le schéma régional applicable n'aurait pas été modifié ou révisé dans les délais (c'est-à-dire avant le 22 novembre 2024). Si un tel cas de figure survient, et afin de ne pas retarder la mise en œuvre de l'objectif de lutte contre l'artificialisation des sols, le SCOT ou, en l'absence de SCOT, le PLU ou la carte communale « engagent l'intégration d'un objectif, pour les dix années suivant la promulgation de la présente loi » (soit pour la période 2021-2031), « de réduction de moitié de la consommation d'espaces naturels, agricoles et forestiers par rapport à la consommation réelle observée sur les dix années précédentes »[10]. Toutefois, si le document d'urbanisme (SCOT, PLU ou carte communale) intégrait déjà un objectif de diminution de la consommation foncière (de l'ordre d'un tiers), il est possible d'attendre l'adoption du nouveau schéma régional pour, une fois celui-ci adopté, se mettre en compatibilité avec lui[11].

1. C. urb., art. L. 101-2-1, al. 10.
2. L. n° 2021-1104, 22 août 2021 portant lutte contre le dérèglement climatique et renforcement de la résilience face à ses effets, *JO* 24 août, n° 1, art. 191, al. 2 ; – Circ. n° 6323-SG, 7 janv. 2022 relative à la mise en œuvre opérationnelle de la loi « Climat et Résilience » en matière de lutte contre l'artificialisation des sols, NOR : PRMX2206047C.
3. L. n° 2021-1104, 22 août 2021, art. 194, IV, 1° à 4°, mod. par L. n° 2022-217, 21 févr. 2022, art. 114 et L. n° 2023-630 du 20 juillet 2023.
4. L. n° 2021-1104, 22 août 2021, art. 194, IV, 5°.
5. L. n° 2021-1104, 22 août 2021, art. 194, IV, 5°, al. 3 et 7°, al. 2.
6. L. n° 2021-1104, 22 août 2021, art. 194, IV, 6°.
7. L. n° 2021-1104, 22 août 2021, art. 194, IV, 9° al. 1er.
8. L. n° 2021-1104, 22 août 2021, art. 194, IV, 7° al. 1er et 8°.
9. L. n° 2021-1104, 22 août 2021, art. 194, IV, 9°, al. 2.
10. L. n° 2021-1104, 22 août 2021, art. 194, IV, 5°, al. 2.
11. L. n° 2021-1104, 22 août 2021, art. 194, IV, 10° : « À une échéance maximale de dix ans après la promulgation de la présente loi, le deuxième alinéa du 5° du présent IV n'est pas applicable au schéma de cohérence territoriale, au plan local d'urbanisme, au document en tenant lieu ou à la carte communale approuvés depuis moins de dix ans à la date de la promulgation de la présente loi et dont les dispositions prévoient des objectifs chiffrés de réduction de la consommation d'espaces naturels, agricoles et forestiers d'au moins un tiers par rapport à la consommation réelle observée au cours de la période décennale précédant l'arrêt du projet de document lors de son élaboration ou de sa dernière révision ».

f.
Trois décennies pour atteindre le zéro artificialisation

032.161 **Calendrier.** La trajectoire de réduction de l'artificialisation des sols est progressive. Trois périodes de dix ans vont se succéder jusqu'en 2050 :

- 2021-2031 (réduction de la consommation d'espace de moitié par rapport à la décennie précédente) ;

- 2031-2041 (objectif non encore défini) ;

- 2041-2050 (objectif non encore défini).

Cette réduction progressive vise à « atteindre l'objectif national d'absence de toute artificialisation nette des sols en 2050 »[1].

032.162 **Période 2021-2031.** La période 2021-2031[2] est pour l'instant la seule pour laquelle l'objectif de réduction est fixé par la loi. La loi Climat et résilience prévoit que « le rythme de l'artificialisation des sols dans les dix années suivant la promulgation de la présente loi doit être tel que, sur cette période, la consommation totale d'espace observée à l'échelle nationale soit inférieure à la moitié de celle observée sur les dix années précédant cette date »[3].

S'agissant des modalités de calcul au cours de cette première tranche de dix années :

- le rythme d'artificialisation est traduit par un objectif de réduction de la consommation des espaces naturels, agricoles et forestiers par rapport « à la consommation réelle » de ces espaces observée au cours des dix années précédentes[4] ;

- la consommation des espaces naturels, agricoles et forestiers « est entendue comme la création ou l'extension effective d'espaces urbanisés sur le territoire concerné »[5].

En outre, pour cette première tranche, un espace naturel ou agricole occupé par une installation de production d'énergie photovoltaïque « n'est pas comptabilisé dans la consommation d'espaces naturels, agricoles et forestiers » dès lors[6] :

- que les modalités de cette installation permettent qu'elle « n'affecte pas durablement les fonctions écologiques du sol », en particulier ses fonctions biologiques, hydriques et climatiques ainsi que son potentiel agronomique ;

- et, le cas échéant, que l'installation n'est « pas incompatible avec l'exercice d'une activité agricole ou pastorale » sur le terrain sur lequel elle est implantée.

8°
Objectif de lutte contre le changement climatique et d'utilisation sobre des ressources

032.171 **Formulation.** Le huitième objectif correspond à[7] :

- « la lutte contre le changement climatique et l'adaptation à ce changement » ;

- « la réduction des émissions de gaz à effet de serre » ;

- « l'économie des ressources fossiles » ;

- « la maîtrise de l'énergie » ;

- et « la production énergétique à partir de sources renouvelables ».

9°
Objectif de conception universelle pour une société inclusive

032.181 **Société inclusive.** Le neuvième et dernier objectif correspond à « la promotion du principe de conception universelle pour une société inclusive vis-à-vis des personnes en situation de handicap ou en perte d'autonomie dans les zones urbaines et rurales »[8].

§ 3
Portée des objectifs énoncés à l'article L. 101-2

A.
Des exigences nombreuses et à concilier

032.191 **Difficulté.** L'article L. 101-2 du code de l'urbanisme énonce un nombre très important d'objectifs, parfois divergents, qu'il revient aux collectivités publiques de prendre en compte et de concilier. Comme le soulignait un rapport parlementaire : « L'objectif de construire un équilibre délicat, sinon improbable, entre des exigences plurielles constitue aujourd'hui le principe fondamental qui structure tout le code de l'urbanisme. Il est exprimé à l'article L. 101-2, dont la lecture montre bien que l'urbanisme est un exercice d'équilibriste »[9].

1. L. n° 2021-1104, 22 août 2021, art. 191, al. 1er.
2. Plus exactement 22 août 2021-22 août 2031 ; – L. n° 2021-1104, 22 août 2021, art. 194, III, 1°, indiquant que « La première tranche de dix années débute à la date de promulgation de la présente loi ».
3. L. n° 2021-1104, 22 août 2021, art. 191, al. 1er ; art. 194, III, 3°.
4. L. n° 2021-1104, 22 août 2021, art. 194, III, 2°.
5. L. n° 2021-1104, 22 août 2021, art. 194, III, 5°.
6. L. n° 2021-1104, 22 août 2021, art. 194, III, 5°, al. 2.
7. C. urb., art. L. 101-2, 7°.
8. C. urb., art. L. 101-2, 8°.
9. Sénat, *Rapport d'information de F. Calvet et M. Daunis sur la simplification législative du droit de l'urbanisme, de la construction et des sols*, n° 720, 23 juin 2016, t. I, p. 35-36.

B.
Opposabilité

032.201 **Inopposabilité aux autorisations d'urbanisme.** Les objectifs énoncés à l'article L. 101-2 du code de l'urbanisme ne sont pas opposables aux autorisations individuelles d'urbanisme[1].

032.202 **Opposabilité aux documents d'urbanisme.** Les objectifs d'urbanisme sont opposables aux documents d'urbanisme. Ils s'imposent à ces derniers dans un rapport de compatibilité[2]. Le juge administratif censure par exemple :

– une ouverture à l'urbanisation qui compromet la préservation des milieux naturels[3] ;

– une ouverture à l'urbanisation qui compromet la préservation des espaces naturels et des paysages[4] ;

– la création d'UTNS eu égard à leur impact négatif sur l'environnement[5].

032.203 **Inopposabilité à une OIN.** Les objectifs énumérés par l'article L. 101-2 du code de l'urbanisme ne peuvent, « eu égard à son objet, être invoqué à l'encontre d'un décret inscrivant un projet sur la liste des opérations d'intérêt national sur le fondement de l'article L. 102-12 du même code »[6].

1. CAA Nancy, 17 janv. 2013, *Sender*, req. n° 12NC00809, NP.
2. Cons. const. 7 déc. 2000, n° 2000-436 DC, *Loi relative à la solidarité et au renouvellement urbains*, NON-CONFORMITÉ PARTIELLE, *JO* 14 déc., p. 19840, pt 13 : décision soulignant que les dispositions de l'article L. 101-2 « doivent être interprétées comme imposant seulement aux auteurs des documents d'urbanisme d'y faire figurer des mesures tendant à la réalisation des objectifs qu'elles énoncent ; qu'en conséquence, il appartiendra au juge administratif d'exercer un simple contrôle de compatibilité entre les règles fixées par lesdits documents et les dispositions précitées de l'article L. 121-1 ; que, sous cette réserve, les dispositions critiquées ne sont pas contraires aux articles 34 et 72 de la Constitution ».
3. CAA Marseille, 2 juill. 2020, *Oraison (Cne)*, req. n° 19MA01419, NP : annulation d'une OAP d'un PLU.
4. CE 9 nov. 2015, *Porto-Vecchio (Cne)*, req. n° 372531, *Lebon* 388 ; *LPA* 23 mai 2016, n° 102, p. 9, note P.-L. Niel ; *JCP Adm.* 2016, n° 2376, note M. Sousse – ÉGALEMENT : CAA Nantes, 14 mai 2012, *Boissy-les-Perche (Cne)*, req. n° 10NT02174, NP.
5. TA Grenoble, ord., 9 avr. 2021, *FNE Auvergne Rhône Alpes*, req. n° 2101609, NP.
6. CE 1er déc. 2023, *Association Meuse Nature Environnement*, req. n° 467331, *Lebon T.* ; *BJDU* 2024. 147, concl. S. Hoynck.

SECTION 2
PRINCIPES DU CODE DE L'URBANISME

§ 1
Droit de l'urbanisme, une compétence partagée

032.211 **Une compétence de toutes les collectivités.** Le code proclame solennellement : « Le territoire français est le patrimoine commun de la nation »[7].

Et précise que les collectivités publiques « en sont les gestionnaires et les garantes dans le cadre de leurs compétences »[8].

Il en résulte que la détermination des règles applicables à celui-ci constitue une responsabilité partagée[9].

032.212 **Harmonisation de leur exercice.** « En vue de la réalisation des objectifs définis à l'article L. 101-2 », les collectivités publiques compétentes « harmonisent leurs prévisions et leurs décisions d'utilisation de l'espace dans le respect réciproque de leur autonomie »[10].

En d'autres termes, afin d'éviter la survenance d'incohérences ou de contradictions entre les règles édictées par les diverses autorités compétentes, une harmonisation de celles-ci doit être assurée. Cette harmonisation est principalement garantie :

– par l'État (qui assume une responsabilité spécifique en la matière, notamment par le porter à connaissance et le contrôle exercé sur les actes des autorités décentralisées)[11] ;

– par l'existence d'une hiérarchie des normes et d'une répartition des compétences ;

– et par le contrôle du juge administratif (sanctionnant la méconnaissance de celles-ci).

§ 2
Définition du droit de l'urbanisme

032.220 **Renvoi.** L'article L. 101-3 du code de l'urbanisme donne une définition du droit de l'urbanisme[12].

7. C. urb., art. L. 101-1, al. 1er.
8. C. urb., art. L. 101-1, al. 2.
9. V. ss n° 023.21.
10. C. urb., art. L. 101-1, al. 3.
11. V. ss nos 041.11 s.
12. V. ss n° 011.12.

CHAPITRE

033. Bibliographie générale

SECTION 0
ORIENTEUR

033.00 Sommaire du chapitre.

SECTION 1
TEXTES OFFICIELS ET JURISPRUDENCE

033.11 Codes de l'urbanisme commentés.

B. LAMORLETTE et D. MORENO, *Code de l'urbanisme commenté*, LexisNexis, 2024

V. GUINOT, S. MARIE ET O. SUT, *Code de l'urbanisme commenté*, 8e éd., Berger-Levrault, 2024

M.-CH. MEHL-SCHOUDER *et alii, Code de l'urbanisme annoté et commenté*, 30e éd., Dalloz, 2024.

SECTION 2
DOCTRINE

033.21 Dictionnaire.

Y. JEGOUZO et N. FOULQUIER (dir.), *Dictionnaire du droit de l'urbanisme*, « Dictionnaire pratique », 3e éd., Le Moniteur, 2019.

033.22 Encyclopédie.

Dictionnaire permanent Construction et urbanisme (DP constr.-urb.)

Juris-Classeur Construction-Urbanisme (J.-Cl. Constr.-Urb.)

Lexbase Droit de l'urbanisme

Lamy Droit immobilier.

033.23 Manuels.

J.-B. AUBY, H. PÉRINET-MARQUET et R. NOGUELLOU, *Droit de l'urbanisme et de la construction*, 12e éd., « Précis Domat », Montchrestien, 2020

B. DOBREŃKO, *Droit de l'urbanisme*, « Mémentos LMD », Gualino, 2024

Y. GOUJON, *Comprendre simplement le droit de l'urbanisme*, 2e éd., Le Moniteur, 2021

H. JACQUOT, F. PRIET et S. MARIE, *Droit de l'urbanisme*, 8e éd., « Précis », Dalloz, 2022

G. KALFLÈCHE, *Droit de l'urbanisme*, 3e éd., « Thémis », Puf, 2021

X. DE LESQUEN, *Dynamiques du droit de l'urbanisme*, « Systèmes pratique », LGDJ, 2018

J. MORAND-DEVILLER et S. FERRARI, *Droit de l'urbanisme*, 11e éd., « Mémentos », Dalloz, 2023

I. SAVARIT-BOURGEOIS, *L'essentiel du droit de l'urbanisme*, 20e éd., « Carrés Rouge », Gualino, 2023

P. SOLER-COUTEAUX et É. CARPENTIER, *Droit de l'urbanisme*, 8e éd., « Hypercours », Dalloz, 2022.

033.24 Monographies.

J. DUBOIS-MAURY et B. SCHMIT, *Du voulu au vécu : cinquante ans de politiques urbaines*, « Didact », Pur, 2022.

GRIDAUH, *Droit de l'aménagement, de l'urbanisme et de l'habitat* (anciennement *Annuaire français du droit de l'urbanisme et de l'habitat*), Le Moniteur [publication annuelle] (*DAUH*), sur la base CAIRN.

033.25 Revues spécialisées.

Actualité Juridique Droit Immobilier (AJDI)

Bulletin de jurisprudence de droit de l'urbanisme (BJDU)

Bulletin pratique immobilier (BPIM)

Construction et urbanisme (Constr.-Urb.)

Revue de droit immobilier (RDI).

TITRE

04. Les acteurs du droit de l'urbanisme

SECTION 0

ORIENTEUR

04.00 **Sommaire du titre.**

04.05 **De multiples acteurs.** L'élaboration puis l'application du droit de l'urbanisme mettent aux prises de nombreux acteurs (propriétaires, voisins, associations, élus locaux, État, promoteurs...) dont les intérêts peuvent être divergents.

CHAPITRE

041. L'État

SECTION 0
ORIENTEUR

041.00 **Sommaire du chapitre.**

041.04 **Questions essentielles.**

> Quel ministre exerce les compétences en matière d'urbanisme ?

* V. s[s] n° 041.21

> Quel est le rôle de la direction départementale des territoires (DDTm) ?

* V. s[s] n°s 041.41 s.

SECTION 1
COMPÉTENCES DE L'ÉTAT DANS LE DOMAINE DE L'URBANISME

041.11 **Questions d'intérêt national.** Depuis les lois de décentralisation, la compétence première en matière d'urbanisme revient aux collectivités territoriales. Le principal rôle conservé par l'État est celui de garant des intérêts nationaux.

Celui-ci passe d'abord par la définition du cadre juridique au sein duquel les collectivités territoriales vont exercer leur compétence : règles à respecter, procédures à suivre, dispositifs permettant d'assurer la cohérence des documents d'urbanisme et la mise en œuvre des objectifs généraux d'urbanisme.

Le rôle de garant des intérêts nationaux qui revient à l'État justifie également qu'il puisse définir :

– des opérations d'intérêt national (OIN) dans le périmètre desquels il exercera les compétences d'urbanisme sous un régime juridique adapté ;

– des projets d'intérêt général (PIG), que les collectivités territoriales doivent respecter.

Enfin, la fonction de garant des intérêts nationaux fonde l'exercice par l'État d'un contrôle de légalité sur les actes adoptés par les autorités décentralisées et une responsabilité particulière pour veiller au respect des objectifs généraux d'urbanisme par les documents d'urbanisme et à la cohérence entre ces documents.

041.12 **Assistance aux collectivités.** Une autre responsabilité de l'État, dans le domaine de l'urbanisme, consiste à assister les collectivités territoriales dans l'exercice de leurs compétences.

Cette assistance prend une forme financière à travers la dotation générale de décentralisation.

Elle peut aussi se matérialiser par une mise à disposition des services de l'État, cette assistance gratuite bénéficiant principalement aux collectivités de petites tailles[1].

041.13 **Compétences propres.** L'État continue d'exercer certaines compétences d'urbanisme non transférées aux collectivités territoriales.

D'une part, il établit ou approuve des documents d'urbanisme particuliers propres à certains espaces :

– établissement des DTADD ;

– approbation des schémas de mise en valeur de la mer (SMVM) et des plans de sauvegarde et de mise en valeur (PSMV) ;

1. V. s[s] n° 041.43.

– approbation de certains schémas régionaux d'aménagement et d'urbanisme (SDRIF, SRADDET).

D'autre part, l'État délivre certaines autorisations d'occupation du sol :

– les autorisations de droit commun dans les communes non couvertes par un PLU ou une carte communale[1] ;

– des autorisations plus spécifiques dans toutes les communes, par exemple les constructions réalisées pour le compte d'une organisation internationale[2].

SECTION 2
ORGANES DE L'ÉTAT DANS LE DOMAINE DE L'URBANISME

§ 1
Administration centrale

041.21 Ministre chargé de l'urbanisme. Au niveau gouvernemental, les attributions en matière d'urbanisme sont confiées à un ministre chargé de l'urbanisme dont les compétences ne se limitent jamais à cette seule matière. Celles-ci se trouvent exercées avec d'autres compétences regardées comme connexes, l'appréciation du lien entre les différentes matières dépendant de la composition du gouvernement et des priorités politiques de celui-ci. Selon les cas, les attributions en matière d'urbanisme pourront ainsi relever du ministre du logement, du ministre de l'environnement ou encore (même si la formule commence à dater) du ministre de l'équipement.

041.22 Services centraux. Au niveau administratif, les compétences en matière d'urbanisme relèvent de la direction de l'habitat, de l'urbanisme et des paysages (DHUP), elle-même rattachée à la direction générale de l'aménagement, du logement et de la nature (DGALN)[3].

La DHUP, au sein de laquelle travaillent environ trois cents agents, est divisée en six sous-directions, dont trois intéressent l'urbanisme.

La principale sous-direction disposant de compétences en ce domaine est la sous-direction de l'urbanisme réglementaire et des paysages, qui intervient en matière de planification urbaine et rurale, de législation de l'urbanisme (conception et mise en œuvre) et d'application du droit des sols et de la fiscalité associée.

La sous-direction de l'aménagement durable exerce également des compétences en matière d'urbanisme : opérations d'aménagement, politiques foncières, grandes opérations d'urbanisme.

La sous-direction des politiques de l'habitat joue également un rôle en ce domaine, d'une part au niveau des politiques locales de l'habitat, d'autre part à celui de la programmation et du renouvellement urbain.

041.23 Un organe pour la connaissance et l'information : le PUCA. Le Plan urbanisme construction architecture (PUCA) est une agence interministérielle créée en 1998[4]. Sa vocation est de faire progresser la connaissance sur les territoires et les villes et d'éclairer l'action publique. Dans différents domaines, dont celui de l'urbanisme[5], le PUCA finance des programmes de recherche et d'expérimentation et apporte son soutien à l'innovation et à la valorisation.

§ 2
Administrations déconcentrées

A.
Services départementaux

041.31 Échelon de base de l'administration déconcentrée. Dans le domaine de l'urbanisme comme dans les autres domaines, le département constitue la circonscription administrative de base pour l'action des services déconcentrés de l'État. On distingue, d'un côté, les services placés auprès du préfet et, d'un autre, l'unité départementale de l'architecture et du patrimoine (UDAP), qui constitue la ramification territoriale d'une direction régionale.

1°
Services placés auprès du préfet

041.41 Deux services. Deux services assistent le préfet dans l'exercice de ses attributions en matière d'urbanisme.

Le rôle le plus important revient à la direction départementale des territoires (DDT)[6]. Son périmètre d'intervention va bien au-delà de l'urbanisme et de l'aménagement : il porte également sur le développement durable, le logement, les transports ou encore la construction. Dans les départements du littoral, il prend le nom de direction départementale des terri-

1. V. s[s] n° 341.141.
2. V. s[s] n°s 341.111 s.
3. La DGALN connaît d'une seconde direction : la direction de l'eau et de la biodiversité, chargée des politiques de l'eau, des espaces naturels, de la biodiversité et des ressources minérales.
4. Arr. 23 avr. 1998 portant création du plan urbanisme construction architecture, NOR : EQUU9800369A.
5. Les autres domaines correspondent à l'aménagement des territoires, l'habitat, l'architecture et la construction.
6. Décr. n° 2009-1484, 3 déc. 2009 relatif aux directions départementales interministérielles, *JO* 4 déc., n° 1, art. 3.

toires et de la mer (DDTM) et son périmètre d'intervention s'étend, en plus, à la politique de la mer et du littoral.

Un second service est susceptible d'intervenir dans le domaine de l'urbanisme : celui en charge du contrôle de la légalité des actes des autorités décentralisées, lorsque cette compétence n'est pas exercée par la DDT.

041.42 Compétences propres. La DDT met en œuvre pour le préfet ses compétences directes en matière d'urbanisme, notamment :

- instruire et délivrer les autorisations d'occupation du sol relevant encore de la compétence de l'État ;
- porter à la connaissance des élus locaux l'élaboration des documents d'urbanisme en cours.

041.43 Assistance aux collectivités territoriales. La DDT exerce au nom du préfet une mission d'assistance - gratuite - aux collectivités territoriales.

Cette assistance concerne d'abord l'instruction des demandes d'autorisation d'occupation et d'utilisation du sol[1].

La mission d'assistance mis en œuvre par la DDT consiste également à accompagner les collectivités dans l'élaboration, la modification et la révision de leurs documents d'urbanisme[2].

041.44 Contrôle de légalité. La DDT, le service de légalité, ou les deux services conjointement assurent pour le compte du préfet le contrôle des actes adoptés par les collectivités territoriales dans le domaine de l'urbanisme[3].

En pratique, compte tenu du volume des actes adoptés par les communes et EPCI, et du faible nombre d'agents en charge de leur contrôle, la probabilité d'une action préfectorale contre un acte est faible. Les agents chargés du contrôle (800 sur toute la France, soit une moyenne de huit par département) ne sont pas assez nombreux pour contrôler les 5 millions d'actes - tous domaines confondus - qui leurs sont transmis chaque année. Les chiffres parlent d'eux-mêmes : un quart seulement des actes transmis à la préfecture font l'objet d'un contrôle, et seuls 0,1 % des actes *contrôlés* font l'objet d'un déféré[4].

Néanmoins, avec les contrats et la fonction publique, le domaine de l'urbanisme fait partie des matières donnant lieu aux contrôles les plus vigilants.

En cas d'illégalité suspectée, les services du préfet adressent une « lettre d'observations » à la collectivité auteure de l'acte, lui demandant d'y remédier en le modifiant ou en le retirant. Généralement, cette phase amiable suffit à obtenir la correction de celui-ci. À défaut, le préfet pourra introduire un déféré à l'encontre de l'acte critiqué, c'est-à-dire saisir le tribunal administratif d'une demande d'annulation.

1. V. s[s] n° 341.101.
2. V. s[s] n° 212.111.
3. F. Priet, « Le contrôle de légalité par le préfet », *in État de droit et urbanisme*, « Les Cahiers du GRIDAUH », n° 11, 2004, p. 54.
4. Cour des comptes, *Rapport public annuel*, 2016, p. 338.

2°
Unité départementale de l'architecture et du patrimoine (UDAP)

041.51 Une ramification de la DRAC. L'unité départementale de l'architecture et du patrimoine (UDAP) constitue une unité territoriale de la Direction régionale des affaires culturelles (DRAC) au niveau du département.

041.52 Rôle. L'UDAP a trois grandes missions :

- conseiller et promouvoir un urbanisme et une architecture de qualité ;
- contrôler et expertiser les projets menés dans les espaces protégés ;
- assurer la conservation des monuments historiques.

041.53 Compétences. L'UDAP exerce des compétences d'avis, de conseil, de sensibilisation et de contrôle. En particulier :

- elle émet des avis (sous l'angle architectural) sur les demandes d'autorisation d'occupation du sol ;
- elle veille à sensibiliser les autorités locales et le public à la qualité des constructions et à la mise en valeur des espaces naturels et bâtis ;
- elle conseille les maîtres d'ouvrage publics dans l'élaboration et la réalisation de leurs projets architecturaux ;
- elle prend part à la définition des orientations et à l'élaboration des documents d'urbanisme ;
- elle contrôle l'application de la législation sur la publicité extérieure et les enseignes.

L'UDAP est dirigée par un architecte des bâtiments de France (ABF) et placée sous l'autorité fonctionnelle du préfet de département.

041.54 Architecte des bâtiments de France. Au nombre de 120, les architectes des bâtiments de France (ABF) sont des agents publics, architectes de formation, rattachés au ministère de la culture.

Leur principale mission consiste à contrôler et veiller à la préservation des espaces protégés en participant à l'instruction des projets d'aménagement ou de travaux situés aux abords d'un monument historique ou en site protégé. À ce titre, les ABF délivrent des avis (simples, obligatoires ou conformes) sur les demandes d'autorisation d'occupation du sol ayant pour effet de modifier les espaces protégés.

Les ABF exercent par ailleurs deux autres missions :

- conseiller les particuliers et les collectivités locales en matière d'architecture, d'urbanisme, de paysage et plus généralement de cadre de vie ;

- conserver les monuments historiques.

B.
Services régionaux

041.61 Direction régionale des affaires culturelles. La direction régionale des affaires culturelles (DRAC) est investie d'une mission de préservation et valorisation de la culture, de l'architecture et du patrimoine. Ses compétences en matière d'urbanisme sont relativement réduites. Elles poursuivent principalement trois finalités[1] :

- contribuer à la prise en compte de la politique culturelle de l'État dans les actions relatives à l'aménagement du territoire ainsi que dans les politiques de la ville et du renouvellement urbain ;

- proposer, animer et coordonner les études relatives aux secteurs sauvegardés, aux zones de protection du patrimoine architectural, urbain et paysager et aux abords des monuments historiques, veiller à la préservation des espaces protégés ainsi que contribuer à leur mise en valeur ;

- mettre en œuvre la réglementation relative au patrimoine monumental et à l'architecture et contribuer, en collaboration avec les autres services déconcentrés de l'État, à l'application des réglementations concernant l'environnement, l'urbanisme et le renouvellement urbain dans un objectif de qualité durable des espaces naturels et urbains. À cet égard, la DRAC « communique au préfet les informations pour l'exercice du porter à connaissance de l'article L. 121-2 du code de l'urbanisme et de l'article L. 522-5 du code du patrimoine et en assure le suivi ».

041.62 Direction régionale de l'environnement, de l'aménagement et du logement. La direction régionale de l'environnement, de l'aménagement et du logement (DREAL) exerce certaines compétences en matière d'urbanisme, envisagées à travers le développement durable, l'aménagement du territoire et la politique du logement. Trois responsabilités lui reviennent à cet égard[2] :

- élaborer et mettre en œuvre les politiques de l'État en matière d'environnement, de développement et d'aménagement durables, notamment dans le domaine de l'urbanisme ;

- élaborer et mettre en œuvre les politiques de l'État en matière de logement, notamment le développement de l'offre de logements, la rénovation urbaine et la lutte contre l'habitat indigne ;

- veiller au respect des principes et à l'intégration des objectifs du développement durable, et réaliser ou faire réaliser l'évaluation environnementale de ces actions et assister les autorités administratives compétentes en matière d'environnement sur les plans, programmes et projets.

1. Décr. n° 2010-633, 8 juin 2010 relatif à l'organisation et aux missions des directions régionales des affaires culturelles, *JO* 10 juin, n° 72, art. 3, p^ts 5° à 7°.

2. Décr. n° 2009-235, 27 févr. 2009 relatif à l'organisation et aux missions des directions régionales de l'environnement, de l'aménagement et du logement, *JO* 28 févr., n° 1, art. 2, p^ts 1°, 2° et 4°.

CHAPITRE

042. Collectivités territoriales

SECTION 0
ORIENTEUR

042.00 Sommaire du chapitre.

SECTION 1
COMPÉTENCES DES COLLECTIVITÉS TERRITORIALES DANS LE DOMAINE DE L'URBANISME

042.11 Compétence quasi exclusive des communes et EPCI. Depuis les lois de décentralisation de 1982-1983[1], la compétence de principe en matière d'urbanisme revient aux communes et à leurs groupements. Le législateur a fait le choix de confier son exercice à la collectivité qui, par son ressort territorial, constitue la collectivité de proximité.

Sa compétence porte sur l'élaboration des documents d'urbanisme (PLU, carte communale, SCOT), la délivrance des autorisations d'occupation du sol (dès lors que la commune ou l'EPCI dispose d'un PLU ou d'une carte communale) et l'aménagement.

042.12 Compétence très limitée des départements et régions. Les départements et régions n'exercent quasiment aucune compétence propre dans le domaine de l'urbanisme. Doivent néanmoins être mentionnées :

– la compétence de la région Île-de-France pour élaborer un schéma directeur qui lui est propre (mais sous étroit contrôle de l'État qui l'approuve par décret, et décide seul de l'ouverture de sa révision[2]) ;

1. V. s[s] n° 023.21.

– et celle du département pour délimiter des périmètres d'intervention pour mener une politique de protection et de mise en valeur des espaces naturels sensibles[3] et des espaces agricoles et naturels périurbains[4].

En matière d'urbanisme, le rôle des départements et régions est essentiellement consultatif : divers textes prévoient de solliciter l'avis de ces collectivités préalablement à l'exercice par la commune ou l'EPCI d'une compétence déterminée.

SECTION 2
ORGANES DES COLLECTIVITÉS TERRITORIALES DANS LE DOMAINE DE L'URBANISME

042.21 Service de l'urbanisme. S'agissant de l'organisation administrative, trois formules peuvent se rencontrer pour l'exercice par les communes et EPCI de leurs compétences en matière d'urbanisme.

Les petites communes ne disposent pas de service spécifique ; elles font le plus souvent appel à l'assistance des services de l'État[5].

Les collectivités de taille intermédiaire (entre 10 et 20 000 habitants) disposent habituellement d'un service de l'urbanisme spécialisé dans ces questions.

Enfin, les grandes collectivités (plus de 100 000 habitants) sont dotées d'un service de l'urbanisme étoffé, divisé en bureaux spécialisés (planification, autorisations, aménagement). Celui-ci relèvera le cas échéant d'une direction plus large assumant également des compétences en matière de logement ou encore de développement durable.

2. Sur cette procédure, v. s[s] n°s 262.121 s.
3. V. s[s] n°s 152.05 s.
4. V. s[s] n°s 153.05 s.
5. V. s[s] n° 041.43.

CHAPITRE

043. Autres organismes administratifs

SECTION 0
ORIENTEUR

043.00 Sommaire du chapitre.

043.03 Bibliographie indicative.

Article. N. Lerousseau, « Les agences d'urbanisme », *DAUH* 2003. 109.

043.05 Diversité. Un nombre important de commissions ou de conseils administratifs ont été institués dans le domaine de l'urbanisme pour assister, accompagner et éclairer les autorités compétentes par la délivrance d'avis, la fourniture d'études ou l'exercice d'une activité de conciliation.

SECTION 1
ORGANISMES DE CONSEIL

043.11 Fourniture d'avis. Diverses commissions exercent une compétence consultative au niveau national ou local en vue de fournir un avis aux autorités compétentes. La plupart de ces commissions seront évoquées dans le corps de cet ouvrage. Certaines d'entre elles méritent néanmoins d'être mentionnées à ce stade en raison de leur sphère d'intervention étendue.

§ 1
Organes de conseils des autorités étatiques

043.21 Commissions compétentes en matière de protection du patrimoine culturel. La Commission nationale du patrimoine et de l'architecture est consultée en matière de création, de gestion et de suivi de servitudes d'utilité publique et de documents d'urbanisme institués dans un but de protection, de conservation et de mise en valeur du patrimoine culturel[1].

Les commissions régionales du patrimoine et de l'architecture exercent une mission identique à l'échelon régional[2].

043.22 Commissions compétentes en matière de protection des sites. La Commission supérieure des sites, perspectives et paysages (CSSPP) « conseille » le ministre chargé des sites pour l'élaboration et l'application sur l'ensemble du territoire d'une politique de protection, de conservation et de mise en valeur des monuments naturels, des sites et des paysages urbains et ruraux. Elle « émet un avis » sur les questions dont l'examen lui est confié par le code de l'environnement ainsi que sur toute question que lui soumet le ministre chargé des sites[3].

Au niveau déconcentré, la commission départementale de la nature, des paysages et des sites (CDNPS) émet les avis prévus par le code de l'urbanisme et est consultée sur les projets d'unités touristiques nouvelles[4].

043.23 Commissions compétentes en matière agricole et rurale. Des commissions ont été instituées afin de prendre en compte les intérêts du monde rural préalablement à l'adoption ou à la modification de documents d'urbanisme.

La plus importante d'entre elle[5], la commission départementale de la préservation des espaces naturels, agricoles et forestiers (CDPENAF) « peut être

1. C. patr., art. L. 611-1.
2. C. patr., art. L. 611-2.
3. C. env., art. R. 341-28.
4. C. env., art. R. 341-16.
5. ÉGALEMENT la commission départementale d'orientation de l'agriculture : C. rur., art. R. 313-1 s.

consultée sur toute question relative à la réduction des surfaces naturelles, forestières et à vocation ou à usage agricole et sur les moyens de contribuer à la limitation de la consommation des espaces naturels, forestiers et à vocation ou à usage agricole ». Elle émet, dans les conditions définies par le code de l'urbanisme, « un avis sur l'opportunité, au regard de l'objectif de préservation des terres naturelles, agricoles ou forestières, de certaines procédures ou autorisations d'urbanisme ». Elle peut également « demander à être consultée sur tout autre projet ou document d'aménagement ou d'urbanisme »[1].

Lorsqu'un projet d'élaboration, de modification ou de révision d'un PLU, d'un document d'urbanisme en tenant lieu ou d'une carte communale a pour conséquence, dans des conditions définies par décret, « une réduction substantielle des surfaces affectées à des productions bénéficiant d'une appellation d'origine protégée ou une atteinte substantielle aux conditions de production de l'appellation », l'autorité compétente de l'État saisit la commission du projet. Celui-ci ne peut être adopté qu'après « avis conforme » de cette commission[2]. Doivent être regardées comme des surfaces affectées à des productions bénéficiant d'une AOP les surfaces qui sont recensées comme étant effectivement exploitées à ce titre et non celles qui seraient susceptibles de l'être au regard des prescriptions d'urbanisme applicables[3].

043.24 Commissions compétentes en matière de sécurité. Le conseil départemental de l'environnement et des risques sanitaires et technologiques (CODERST) est consulté sur les déclarations d'insalubrité[4].

La commission consultative départementale de sécurité et d'accessibilité (CCDSA) est l'organisme compétent, à l'échelon du département, pour donner des avis à l'autorité investie du pouvoir de police. Ceux-ci portent notamment sur les matières suivantes[5] :

– la sécurité contre les risques d'incendie et de panique dans les établissements recevant du public et les immeubles de grande hauteur ;

– l'accessibilité aux personnes handicapées ;

– les études de sécurité publique prévues par le code de l'urbanisme.

§ 2
Organes de conseils des collectivités publiques et des particuliers

043.31 Conseils d'architecture, d'urbanisme et de l'environnement. Les conseils d'architecture, d'urbanisme et de l'environnement (CAUE) ont été créés par la loi sur l'architecture du 3 janvier 1977[6]. Ils sont régis par son titre II[7] et les statuts types prévus par le décret du 9 février 1978[8].

Chaque CAUE est constitué sous la forme d'une association dont les statuts types sont fixés par le décret précité.

Chaque conseil est composé d'une équipe pluridisciplinaire comprenant principalement des architectes et des urbanistes mais aussi, le cas échéant, des paysagistes, des énergéticiens ou encore des géographes.

Les CAUE offrent une expertise gratuite[9] aux particuliers[10] et aux collectivités territoriales[11] qui le souhaitent. En pratique, l'essentiel de leur activité est tourné vers l'assistance aux collectivités.

Les CAUE assument également une mission de formation et de sensibilisation à la qualité architecturale et environnementale des constructions et aménagements.

Les CAUE sont principalement financés sur les deniers publics. L'article 8 de la loi sur l'architecture prévoit que : « La loi de finances détermine le mode de financement des dépenses des conseils d'architecture, d'urbanisme et de l'environnement »[12].

1. C. rur., art. L. 112-1-1, al. 4.
2. C. rur., art. L. 112-1-1, al. 7 : cet alinéa ne s'applique pas dans le cadre d'une procédure de révision du PLU selon les modalités de l'article L. 153-34 du code de l'urbanisme ou d'une procédure de mise en compatibilité du PLU (C. rur., art. L. 112-1-1, al. 9).
3. CE 29 janv. 2024, *Ministre de la transition écologique et de la cohésion des territoires c/Commune de Thyez*, req. n° 470379, *Lebon T.*
4. NOT. : CSP, art. R. 1416-5.
5. Décr. n° 95-260, 8 mars 1995 relatif à la commission consultative départementale de sécurité et d'accessibilité, *JO* 10 mars, p. 3754, art. 2.
6. L. n° 77-2, 3 janv. 1977 sur l'architecture, *JO* 4 janv., p. 71.
7. L. n° 77-2, 3 janv. 1977, art. 6 à 8.
8. Décr. n° 78-172, 9 févr. 1978 portant approbation des statuts types des conseils d'architecture, d'urbanisme et de l'environnement mentionnés au titre II de la loi n° 77-2 du 3 janvier 1977 sur l'architecture, *JO* 18 févr., p. 764.
9. L. n° 77-2, 3 janv. 1977, art. 7, dernier al. : « Les interventions du conseil d'architecture, d'urbanisme et de l'environnement sont gratuites ».
10. L. n° 77-2, 3 janv. 1977, art. 7, al. 3 : « Il fournit aux personnes qui désirent construire ou rénover un bâtiment ou aménager une parcelle, les informations, les orientations et les conseils propres à saisir les enjeux paysagers des sites urbains et ruraux concernés et à assurer la qualité architecturale des constructions, sans toutefois se charger de la maîtrise d'œuvre ».
11. L. n° 77-2, 3 janv. 1977, art. 7, al. 4 : « Il est à la disposition des collectivités et des administrations publiques qui peuvent le consulter sur tout projet de paysage, d'urbanisme, d'architecture ou d'environnement ».
12. POUR plus d'informations : fncaue.com.

SECTION 2
ORGANISMES D'ÉTUDES

043.41 Intérêt. La mise en œuvre des compétences d'urbanisme nécessite la conception d'études préalablement à l'élaboration des documents d'urbanisme et à la réalisation des opérations d'aménagement.

Leur établissement peut être confié à des bureaux d'études privés. Il peut également être assumé par les organismes publics spécialement créés à cette fin.

043.42 Centre d'études et d'expertise sur les risques, l'environnement, la mobilité et l'aménagement (CEREMA). Le centre d'études et d'expertise sur les risques, l'environnement, la mobilité et l'aménagement (CEREMA) est un établissement public administratif de l'État créé par la loi du 28 mai 2013 portant diverses dispositions en matière d'infrastructures et de services de transports[1].

Il constitue « un centre de ressources et d'expertises scientifiques et techniques interdisciplinaires » apportant son concours « à l'élaboration, à la mise en œuvre et à l'évaluation des politiques publiques en matière d'aménagement durable, d'urbanisme, de transition écologique et de cohésion des territoires [...] »[2].

En lien avec ces domaines, l'établissement « développe et promeut des solutions aux enjeux climatiques, énergétiques, de préservation de l'environnement et de maîtrise de la consommation de ressources, y compris foncières », notamment au moyen d'une expertise et d'une ingénierie territoriale d'accompagnement des besoins des territoires en matière de transitions, de résilience et de revitalisation[3].

Il poursuit quatre missions[4] :

– « apporter une expertise technique » en appui des services de l'État, des collectivités territoriales et des acteurs territoriaux publics et privés pour permettre l'émergence, la réalisation et l'évaluation de projets, notamment de projets complexes, innovants, nécessitant une approche pluridisciplinaire ou répondant à de nouveaux enjeux, en particulier ceux liés à l'adaptation aux changements climatiques ;

– « conduire des activités de recherche et d'innovation » dans ses domaines d'activité, au bénéfice des territoires et favorisant le transfert d'innovations vers l'ingénierie opérationnelle publique et privée ;

– « promouvoir » aux échelons territorial, national, européen et international « les règles de l'art et le savoir-faire » développés dans le cadre de ses missions et en assurer la capitalisation ;

– assurer des interventions opérationnelles dans ses domaines d'activité.

Pour l'accomplissement de ses missions, l'établissement exerce des activités « de conseil, d'assistance, d'étude, de contrôle, d'innovation, d'expertise, d'essais, de recherche, de formation et d'intervention ». La liste est longue.

Ces activités sont assurées « essentiellement à la demande de l'État, des collectivités territoriales ou de leurs groupements adhérents du Cérema »[5]. Toutefois, « à titre accessoire », l'établissement peut réaliser ces prestations « pour le compte de tiers » autres que l'État, les collectivités territoriales et leurs groupements adhérents[6].

043.43 DREAL et DDT. Au niveau déconcentré, la fonction d'études peut être exercée par les directions régionales de l'environnement, de l'aménagement et du logement (DREAL) et les directions départementales des territoires (DDT), déjà mentionnées[7].

043.44 Agences d'urbanisme. Les collectivités territoriales peuvent, avec l'État et les établissements publics ou d'autres organismes qui contribuent à l'aménagement et au développement de leur territoire, créer des agences d'urbanisme[8].

SECTION 3
ORGANISME DE CONCILIATION

043.51 Commissions de conciliation. Une commission de conciliation est présente dans chaque département. Composée de six élus locaux et de six personnalités qualifiées, elle est chargée, à titre principal, de « rechercher un accord » entre l'autorité compétente pour élaborer les SCOT, les PLU ou les cartes communales et les autres personnes associées à cette élaboration ou de « formuler en tant que de besoin des propositions alternatives »[9].

1. L. n° 2013-431, 28 mai 2013 portant diverses dispositions en matière d'infrastructures et de services de transports, *JO* 29 mai, n° 1, art. 44 s.
2. L. n° 2013-431, 28 mai 2013, art. 44, al. 2, mod par L. n° 2022-217, 21 févr. 2022.
3. L. n° 2013-431, 28 mai 2013, art. 44, al. 3, mod par L. n° 2022-217, 21 févr. 2022.
4. L. n° 2013-431, 28 mai 2013, art. 44, 1°-4°, mod par L. n° 2022-217, 21 févr. 2022.
5. L. n° 2013-431, 28 mai 2013, art. 45, al. 3, mod par L. n° 2022-217, 21 févr. 2022.
6. L. n° 2013-431, 28 mai 2013, art. 45, dernier al., mod par L. n° 2022-217, 21 févr. 2022.
7. POUR LES DREAL, v. s[s] n° 041.62 ; – POUR LES DDT, v. s[s] n° 041.41.
8. V. s[s] n° 212.121.
9. C. urb., art. L. 132-14 – Pour une présentation détaillée de son rôle et de son fonctionnement, v. s[s] n°s 212.201 s.

CHAPITRE

044. Associations

SECTION 0
ORIENTEUR

044.00 **Sommaire du chapitre.**

044.05 **Différents types d'associations.** Dans le domaine de l'urbanisme et de l'environnement (le cadre de vie au sens large), toutes les associations ne se valent pas et, par conséquent, ne bénéficient de la même considération de la part des pouvoirs publics. La plupart d'entre elles suivent le régime défini par la loi de 1901 sans bénéficier de droits particuliers. D'autres, parce qu'elles ont démontré une vocation particulière, proche d'une mission d'intérêt général, se voient reconnaître le droit de participer plus activement au processus de définition des politiques d'urbanisme : tel est le cas des associations locales d'usagers agréées et des associations agréées de protection de l'environnement.

SECTION 1
ASSOCIATIONS LOCALES D'USAGERS AGRÉÉES

044.11 **Conditions de l'agrément.** En vertu de l'article R. 132-6 du code de l'urbanisme, les associations locales d'usagers peuvent être agréées dès lors qu'elles ont « un fonctionnement continu depuis trois ans au moins » et qu'elles « exercent des activités statutaires désintéressées en rapport avec l'urbanisme ». L'agrément ne peut être demandé que pour « le territoire de la commune où l'association a son siège social » et des « communes limitrophes ».

Il ressort de ces dispositions que trois conditions sont requises pour obtenir l'agrément :

– avoir un objet social en rapport avec l'urbanisme, comme la défense du cadre de vie, la lutte contre les pollutions et les nuisances, la défense ou l'animation d'un quartier, la défense des usagers des transports ;

– avoir été créé depuis trois ans au moins, ce qui exclut la délivrance d'un agrément aux associations *ad hoc* créées spécialement pour s'opposer à un projet déterminé ;

– avoir eu un fonctionnement continu durant cette période (réunion du bureau, de l'assemblée générale, organisations d'activités).

044.12 **Dossier d'agrément.** En vertu de l'article R. 132-7 du code de l'urbanisme, la demande d'agrément comporte trois séries d'éléments (qui permettront d'apprécier si les conditions posées à l'article R. 132-6 sont satisfaites) :

– une note de présentation de l'association indiquant le nombre des adhérents à jour de leur cotisation et retraçant ses principales activités au cours des trois années antérieures ;

– un exemplaire, à jour, des statuts ;

– le rapport moral et le rapport financier approuvés lors de la dernière assemblée générale. Le rapport financier doit comprendre un tableau retraçant les ressources et les charges financières de l'association et indiquer expressément le ou les montants des cotisations demandées aux membres de l'association ainsi que le produit de ces cotisations.

044.13 **Procédure d'agrément.** La procédure de délivrance de l'agrément est régie par l'article R. 132-7, al. 5 à 7, du code de l'urbanisme,

L'agrément est délivré par arrêté préfectoral après avis du maire ou des maires intéressés et, s'il y a lieu, du président de l'EPCI compétent pour l'élaboration des SCOT et des PLU. Faute de réponse dans un délai de deux mois, leur avis est réputé favorable.

La décision d'agrément est publiée au Recueil des actes administratifs de l'État dans le département.

L'agrément est réputé accordé si l'association n'a pas reçu notification de la décision du préfet dans les quatre mois qui suivent le dépôt de la demande ou des pièces complémentaires demandées. Dans ce cas, le préfet délivre, sur simple demande du président de l'association intéressée, une attestation constatant l'existence d'un agrément.

044.14 Effets de l'agrément. L'agrément confère aux associations locales d'usagers :

- le droit d'être consultées, à leur demande, pour l'élaboration des SCOT[1] et des PLU[2] ;
- le droit de saisir la commission de conciliation[3] ;
- le droit d'être entendues, à leur demande, par la commission de conciliation[4].

SECTION 2
ASSOCIATIONS AGRÉES DE PROTECTION DE L'ENVIRONNEMENT

044.21 Des conditions plus strictes pour des droits plus étendus. L'agrément des associations de protection de l'environnement obéit à des conditions plus strictes que pour les associations locales d'usagers. En contrepartie, les associations agrées au titre de la protection de l'environnement bénéficient de droits plus étendus.

§ 1
Conditions de l'agrément

044.31 Textes. Une association ne peut recevoir la qualité d'« association agrée de protection de l'environnement » que si elle satisfait aux conditions posées par les articles L. 141-1 et R. 141-2 du code de l'environnement.

044.32 Association déclarée et en activité depuis 3 ans. En vertu de l'article L. 141-1 du code de l'environnement, l'association qui sollicite l'agrément doit être régulièrement déclarée, ce qui exclut de conférer l'agrément à des associations de fait.

Par ailleurs, elle doit exercer son activité depuis au moins trois ans, cette condition visant à faire obstacle à la délivrance de l'agrément à une association de circonstance.

044.33 Objet. Selon l'article L. 141-1 du code de l'environnement, l'association doit exercer son activité statutaire dans le domaine de la protection de l'environnement.

Précisant cette dernière condition, l'article L. 141-1 donne une liste des activités qui en relèvent :

- la protection de la nature et la gestion de la faune sauvage ;
- l'amélioration du cadre de vie ;
- la protection de l'eau, de l'air, des sols, des sites et paysages ;
- l'urbanisme ;
- la lutte contre les pollutions et les nuisances.

Cette liste ne présente pas un caractère limitatif, l'article L. 141-1 ouvrant la possibilité d'agréer les associations qui « d'une manière générale », œuvrent « principalement pour la protection de l'environnement ».

La condition relative à l'objet appelle deux précisions complémentaires.

D'une part, il n'est pas requis que l'association en question exerce des activités dans tous les domaines listés. Son objet peut parfaitement se limiter à certains d'entre eux, ou même à un seul d'entre eux.

D'autre part, son activité n'a pas à se limiter à la seule protection de l'environnement. La loi exige seulement que l'association œuvre « principalement » à celle-ci. Cela signifie qu'elle peut poursuivre différentes activités, dès lors que celle consistant à protéger l'environnement constitue son activité principale[5]. En revanche, l'association ne satisfait pas à cette condition si la vocation environnementale ne présente qu'un aspect secondaire ou indirect de son activité[6].

L'article R. 141-2 du code de l'environnement précise les modalités selon lesquelles l'association doit établir qu'elle satisfait à cette condition. Il lui appartient de justifier de l'exercice « d'activités effectives et publiques » ou « de publications et travaux » dont « la nature » et « l'importance » attestent qu'elle œuvre à titre principal pour la protection de l'environnement. Ne satisfait pas à ces exigences une association qui, d'une part, pour justifier son objet de

1. V. s[s] n° 212.162.
2. V. s[s] n° 212.163.
3. C. urb., art. R. 132-16, 2°.
4. C. urb., art. R. 132-17.

5. PAR EX. : CAA Nantes, 30 mai 2003, *Assoc. Qualité de la vie à Larmor-Baden*, req. n° 99NT00528, *Lebon T.*
6. CE 30 déc. 2013, *Assoc. des familles victimes du saturnisme*, req. n° 359940, NP (intervention principale dans les domaines de la santé publique et de l'action sociale) ; – TA Paris, 22 mai 2003, *Féd. France Nature Environnement*, req. n° 0201119/7, NP ; *Dr. envir.* 2003, n° 114, p. 247, note Braud (intervention principale dans le domaine social).

préservation de l'environnement et de promotion des paysages, indique qu'elle conteste notamment des projets d'éoliennes et, d'autre part, mentionne d'autres actions qu'elle organise sans établir la proportion et l'importance de celles-ci dans ses activités[1].

044.34 **Autres conditions.** L'article R. 141-2 du code de l'environnement pose des conditions supplémentaires. L'association doit justifier :

- d'un nombre suffisant, eu égard au cadre territorial de son activité, de membres, personnes physiques, cotisant soit individuellement, soit par l'intermédiaire d'associations fédérées ;

- de l'exercice d'une activité non lucrative et d'une gestion désintéressée ;

- d'un fonctionnement conforme à ses statuts, présentant des garanties permettant l'information de ses membres et leur participation effective à sa gestion ;

- de garanties de régularité en matière financière et comptable.

044.35 **Conditions limitatives.** Les conditions énoncées aux articles L. 141-1 et R. 141-2 du code de l'environnement présentant un caractère limitatif, aucune autre condition ne peut être opposée à l'association présentant une demande d'agrément.

Ainsi, un refus d'agrément ne peut être fondé sur le fait :

- que la défense des sites et de l'environnement est déjà parfaitement assurée par les différents services administratifs[2] ;

- ou que l'association s'oppose à la politique d'aménagement de la commune[3].

§ 2
Modalités de l'agrément

044.41 **Cadre géographique de l'agrément.** S'agissant de son aire géographique, l'agrément est valable « dans un cadre déterminé en tenant compte du territoire sur lequel l'association exerce effectivement les activités » de protection de l'environnement[4]. Cette formule ouverte vise à reconnaître une souplesse dans la détermination du périmètre de l'agrément.

D'une part, la formule opère une dissociation entre le siège des organes de l'association et son lieu d'intervention effectif. Il en résulte que le champ géographique de l'agrément est déterminé en fonction du lieu d'exercice des activités, non celui de son siège.

D'autre part, le champ géographique de l'agrément sera plus ou moins étendu en fonction du territoire sur lequel l'association exerce ses activités. L'article R. 141-3 du code de l'environnement précise que l'agrément est délivré « dans un cadre départemental, régional ou national ». Ces trois échelons étant conçus comme limitatifs, l'agrément ne peut être délivré dans un cadre *infra*-départemental[5]. Saisie d'une demande d'agrément, il incombe à l'autorité administrative de déterminer à quel niveau – départemental, régional ou national – il peut être délivré[6].

L'autorité compétente ne peut exiger que l'association exerce son activité « dans l'ensemble du cadre territorial » pour lequel l'agrément est susceptible de lui être délivré. En revanche, elle peut légalement rejeter la demande lorsque les activités de l'association « ne sont pas exercées sur une partie significative de ce cadre territorial et qu'elles ne concernent que des enjeux purement locaux »[7].

§ 3
Procédures d'agrément

044.51 **Dossier d'agrément.** Les conditions de présentation et la composition du dossier de demande d'agrément sont fixées par un arrêté du ministre chargé de l'environnement[8].

La demande est adressée, par lettre recommandée avec demande d'avis de réception postal, par le représentant légal de l'association au préfet du département dans lequel l'association a son siège social. Cet envoi peut être remplacé par un dépôt contre décharge auprès du service désigné par le préfet à cet effet[9].

1. TA Clermont-Ferrand, 3 juin 2009, *Assoc. Préservation des paysages exceptionnels du Mezenc*, req. n° 082110, NP ; *Dr. envir.* 2010, n° 180, p. 225, note S. Deliancourt.
2. CE 25 sept. 1995, *Assoc. pour la protection de la Vallée de la Maine*, req. n° 129728, NP.
3. TA Rennes, 11 mars 1982, *Assoc. logonnaise pour la défense de l'environnement, Lebon* 475.
4. C. env., art. L. 141-1, al. 5.
5. CAA Nantes, 5 oct. 2017, *Min. Environnement, Énergie et Mer c/Assoc. « Sauvegarde du Trégor »*, req. n° 16NT01991, NP – CAA Marseille, 29 sept. 2017, *Min. Environnement, Énergie et Mer c/Assoc. Comité de sauvegarde de la baie de Cavalaire*, n° 16MA01004 NP.
6. CE 20 juin 2016, *Min. Écologie, Développement durable et Énergie c/Assoc. Dinard Côte d'Émeraude Environnement*, req. n° 389590, *Lebon T.*
7. CE 20 juin 2016, *Min. Écologie, Développement durable et Énergie c/Assoc. Dinard Côte d'Émeraude Environnement*, req. n° 389590, *Lebon T.*
8. C. env., art. R. 141-4 – Arr. 12 juill. 2011 relatif à la composition du dossier de demande d'agrément au titre de la protection de l'environnement, du dossier de renouvellement de l'agrément et à la liste des documents à fournir annuellement, NOR : DEVD1118525A.
9. C. env., art. R. 141-8.

044.52 Instruction de la demande, consultations d'autorités. Le préfet procède à l'instruction de la demande[1]. Il consulte pour avis :

– le directeur régional de l'environnement, de l'aménagement et du logement ;

– les chefs des services déconcentrés intéressés ;

– le procureur général près la cour d'appel dans le ressort de laquelle l'association a son siège social.

Le directeur régional de l'environnement, de l'aménagement et du logement transmet au préfet son avis motivé[2]. Les autres autorités consultées font connaître leur avis « dans un délai de deux mois ». Faute de réponse dans ce délai, leur avis « est réputé favorable ». Ces précisions n'étant apportées que pour les chefs des services déconcentrés et le procureur général, elles ne concernent pas le directeur régional de l'environnement. Aussi celui-ci doit-il transmettre son avis dans un délai qui ne saurait être supérieur à deux mois. En outre est-il tenu de donner son avis : il n'existe pas, à son égard, d'avis implicite.

Lorsque l'agrément est sollicité dans un cadre national, le préfet, après instruction de la demande, transmet le dossier, avec son avis, au ministre chargé de l'environnement[3].

§ 4
Décision sur la demande d'agrément

044.61 Autorité compétente. La compétence pour statuer sur la demande d'agrément relève :

– du préfet du département dans lequel l'association a son siège social lorsque l'agrément est sollicité dans un cadre départemental ou régional[4] ;

– du ministre chargé de l'environnement lorsque l'agrément est sollicité dans un cadre national[5].

044.62 Délai pour se prononcer, DIA. La décision est notifiée à l'association dans un délai de six mois à compter de la date à laquelle la demande est déclarée complète. Passé ce délai, l'agrément est réputé accordé[6].

044.63 Motivation de l'arrêté. L'arrêté doit être motivé, qu'il fasse droit à la demande d'agrément[7] ou la rejette[8]. L'arrêté qui accorde un agrément est insuffisamment motivé s'il ne précise pas les raisons pour lesquelles l'association remplit les conditions posées par la loi[9].

L'arrêté qui fait droit à la demande doit indiquer le cadre géographique pour lequel cet agrément est accordé[10].

044.64 Publicité de l'agrément et liste des associations agrées. L'article R. 141-17 organise la publicité de l'agrément afin, notamment, de permettre aux tiers de le contester.

La décision d'agrément est publiée au Journal officiel de la République française lorsqu'elle est prise au plan national et au Recueil des actes administratifs de la préfecture dans les autres cas. Le préfet de chaque département concerné en adresse copie aux greffes des tribunaux judiciaires intéressés.

Le ministre chargé de l'environnement met à la disposition du public la liste des associations bénéficiant d'un agrément national. Le préfet met à la disposition du public la liste des associations qui bénéficient d'un agrément départemental ou régional.

044.65 Durée, renouvellement et abrogation. L'agrément « est valable pour une durée limitée »[11], fixée par voie réglementaire à 5 ans[12].

À l'expiration de cette période, l'agrément peut être renouvelé[13]. Le dossier de renouvellement, l'instruction de la demande et la décision prise sont soumises aux conditions prévues pour la demande initiale[14]. La seule différence tient à l'existence d'un dossier allégé, dont le contenu précis est fixé par l'arrêté précité du ministre chargé de l'environnement[15]. La demande de renouvellement doit être adressée au préfet six mois au moins avant la date d'expiration de l'agrément. Le renouvellement de l'agrément est réputé accordé si aucune décision n'a été notifiée à l'association avant la date d'expiration de l'agrément en cours de validité[16].

L'agrément, qui peut cesser par l'arrivé de son terme, peut également être remis en cause par l'auto-

1. C. env., art. R. 141-9.
2. C. env., art. R. 141-10.
3. C. env., art. R. 141-11.
4. C. env., art. R. 141-12.
5. C. env. art. 141-13.
6. C. env., art. R. 141-15 ; mod par décr. n° 2023-169, 7 mars 2023. Avant le décret du 7 mars 2023, le silence emportait décision implicite de rejet.
7. C. env., art. L. 141-1, al. 1er et art. R. 141-16.
8. C. env., art. R. 141-14.
9. TA Paris, 22 mai 2003, *Féd. France Nature Environnement*, req. n° 0201119/7, NP ; *Dr. envir.* 2003, n° 114, p. 247, note Braud (arrêté se bornant à énoncer que l'association « remplit les conditions pour être agréée ») ; – ÉGALEMENT : TA Pau, 1er févr. 2011, *FNE Midi-Pyrénées*, req. n° 0901607, NP.
10. C. env., art. R. 141-16.
11. C. env., art. L. 141-1, al. 5.
12. C. env., art. R. 141-3, al. 1er.
13. C. env., art. L. 141-1, al. 5 ; art. R. 141-3.
14. C. env., art. R. 141-17-1.
15. Arr. 12 juill. 2011 relatif à la composition du dossier de demande d'agrément au titre de la protection de l'environnement, du dossier de renouvellement de l'agrément et à la liste des documents à fournir annuellement, NOR : DEVD1118525A.
16. C. env., art. R. 141-17-2, al. 2 ; mod par décr. n° 2023-169, 7 mars 2023. Avant le décret du 7 mars 2023, le silence emportait refus tacite d'agrément.

rité administrative. Il peut être abrogé lorsque l'association :

- ne satisfait plus aux conditions qui ont conduit à le délivrer[1] ;

- exerce son activité dans un cadre territorial plus limité que celui pour lequel elle bénéficie de l'agrément[2] ;

- n'a pas adressé les documents[3] qu'il lui appartient de transmettre chaque année aux autorités[4].

Une procédure contradictoire doit être mise en œuvre avant l'édiction d'une mesure d'abrogation[5].

§ 5
Effets de l'agrément

044.71 **Obligations de l'association agréée.** La qualité d'association agréée pour la protection de l'environnement conférant un statut privilégié auprès des pouvoirs publics, elle s'accompagne en contrepartie d'un certain nombre d'obligations déclaratives visant à permettre à ces derniers de s'assurer que l'agrément demeure justifié.

Le principe est posé à l'article R. 141-19 du code de l'environnement, précisant que les associations agréées adressent chaque année un certain nombre de documents à l'autorité qui a accordé l'agrément. La liste de ces documents est fixée par l'arrêté précité du ministre chargé de l'environnement[6].

Ces documents comprennent notamment :

- le rapport d'activité de l'association ;

- ainsi que les comptes de résultat et de bilan de l'association et leurs annexes.

L'autorité administrative accuse réception des documents adressés.

Afin d'assurer une transparence, ces documents « sont communicables à toute personne » sur sa demande et à ses frais.

044.72 **Droits de l'association agréée.** L'agrément confère à l'association qui en bénéficie une possibilité d'être associée plus étroitement à l'élaboration des politiques publiques ayant un impact sur l'environnement.

D'une part, à l'instar d'une association locale d'usager agréé, une association agréée de protection de l'environnement se voit reconnaître :

- le droit d'être consultée, à sa demande, pour l'élaboration des SCOT[7] et des PLU[8] ;

- le droit de saisir la commission de conciliation[9] ;

- le droit d'être entendue, à sa demande, par la commission de conciliation[10].

D'autre part, les associations agrées de protection de l'environnement, plus exactement certaines d'entre elles - celles satisfaisant à des exigences de représentativité[11] - peuvent être désignées « pour prendre part au débat sur l'environnement qui se déroule dans le cadre des instances consultatives » nationales, régionales ou départementales « ayant vocation à examiner les politiques d'environnement et de développement durable »[12].

L'agrément confère également à l'association qui en bénéficie un certain nombre de privilèges contentieux qui seront examinés ultérieurement[13].

044.73 **Union et fusion d'associations.** L'agrément se limite à l'association particulière qui l'a obtenu. Pour cette raison, « l'agrément d'une fédération ou d'une union d'associations n'entraîne pas de droit l'agrément des associations qui la composent »[14]. Pour la même raison, lorsque plusieurs associations dont l'une au moins est agréée se transforment en une seule, « l'agrément doit être à nouveau sollicité » pour la nouvelle association ainsi créée[15].

§ 6
Contentieux de l'agrément

044.81 **Un contentieux de pleine juridiction.** Les décisions relatives aux demandes d'agrément, de même que la décision d'abroger un agrément, peuvent être

1. C. env., art. L. 141-1, al. 5 ; art. R. 141-20, 1°.
2. C. env., art. R. 141-20, 2°.
3. Mentionnés s[s] n° 044.71.
4. C. env., art. R. 141-20, 3°.
5. C. env., art. R. 141-20, dernier al., prévoyant que : « L'association est préalablement informée des motifs susceptibles de fonder l'abrogation et mise en mesure de présenter ses observations ».
6. Arr. 12 juill. 2011 relatif à la composition du dossier de demande d'agrément au titre de la protection de l'environnement, du dossier de renouvellement de l'agrément et à la liste des documents à fournir annuellement, NOR : DEVD1118525A.
7. V. s[s] n° 212.162.
8. V. s[s] n° 212.163.
9. C. urb., art. R. 132-16, 3°.
10. C. urb., art. R. 132-17.
11. Les critères de représentativité sont énoncés à l'article R. 141-21 du code de l'environnement : – représenter un nombre important de membres, eu égard au ressort géographique de leur activité ; – justifier d'une expérience et de savoirs reconnus dans un ou plusieurs domaines relevant de l'environnement, illustrées par des travaux, recherches et publications reconnus et réguliers, ou par des activités opérationnelles ; – disposer de statuts, de financements ainsi que de conditions d'organisation et de fonctionnement qui ne limitent pas leur indépendance, notamment à l'égard des pouvoirs publics, des partis politiques, des syndicats, des cultes, ou d'intérêts professionnels ou économiques.
12. C. env., art. L. 141-3 – SUR la procédure de désignation, les conditions à satisfaire et la durée de la reconnaissance de « la vocation à prendre part au débat sur l'environnement » : les articles R. 141-21 s. du code de l'environnement.
13. V. s[s] n°s 6.05 s. (livre sur le contentieux de l'urbanisme).
14. C. env., art. R. 141-18, al. 1er.
15. C. env., art. R. 141-18, al. 2nd.

contestées par un recours de pleine juridiction[1]. Il en résulte que le juge administratif peut y exercer les pouvoirs les plus larges.

Si l'agrément a été illégalement refusé, le juge peut l'accorder lui-même[2] (dès lors que les pièces du dossier lui permettent d'apprécier que les conditions pour l'obtenir sont remplies). Lorsque les pièces du dossier ne lui permettent pas de déterminer si l'association satisfait aux conditions posées, le juge annule l'arrêté refusant l'agrément et ordonne au préfet de réexaminer la demande d'agrément.

Si l'agrément a été abrogé illégalement, le juge annule la mesure d'abrogation.

Si l'agrément a été illégalement accordé, le juge peut l'annuler[3].

044.82 **Intérêt à agir des tiers.** L'intérêt à agir des tiers (en particulier celui de la commune redoutant les actions de l'association, ou celui de l'association – déjà – agréée ne partageant pas la vision d'une autre association ou sa légitimité à être agréée) est difficilement reconnu.

S'agissant des recours formés par des communes, le Conseil d'État a posé qu'une commune figurant dans le ressort territorial d'une association recevant l'agrément n'a pas de ce seul fait intérêt pour agir contre la décision d'agrément[4].

S'agissant du recours formé par une association agréée contre l'agrément délivré à une autre association, l'intérêt à agir est plus facilement admis. Il peut dériver, notamment, du fait que les deux associations ne partagent pas la même vision de l'environnement[5]. L'intérêt à agir sera en revanche exclu si la délivrance de l'agrément à une autre association n'apparaît pas réellement susceptible de la léser[6].

1. C. env., art. L. 141-1, dernier al.
2. CAA Nantes, 30 mai 2003, *Assoc. Qualité de la vie à Larmor-Baden*, req. n° 99NT00528, *Lebon T.* 955.
3. CAA Nantes, 30 déc. 2003, *Assoc. Manche Nature*, req. n° 00NT02011, NP.
4. CE, sect., 13 déc. 2006, *Issy-les-Moulineaux (Cne)*, req. n° 264115, *Lebon*.
5. PAR EX., l'une est favorable à la réintroduction de l'ours, l'autre est hostile à cette réintroduction (TA Pau, 1er févr. 2011, *FNE Midi-Pyrénées*, req. n° 0901607, NP) ; l'une vise à maintenir en vie les animaux sauvages, l'autre souhaite les chasser (CAA Nantes, 30 déc. 2003, *Assoc. Manche Nature*, req. n° 00NT02011, NP).
6. CAA Paris, 22 mars 2007, *Assoc. Environnement 56*, req. n° 04PA03258, NP.

TITRE

05. Les moyens de l'État pour faire prévaloir l'intérêt public national

SECTION 0
ORIENTEUR

05.00 **Sommaire du titre.**

05.05 **Moyens juridiques permettant de s'imposer.** L'État est investi de la défense des intérêts nationaux, lesquels sont regardés comme supérieurs aux intérêts locaux. Pour que les intérêts définis au niveau national puissent prévaloir sur ceux définis au niveau local, les autorités étatiques disposent de moyens permettant d'imposer leur prise en compte ou leur respect dans les documents d'urbanisme et les opérations d'aménagement.

Ces procédés sont au nombre de deux :

- d'une part, les projets d'intérêt général (PIG) ;
- d'autre part, les opérations d'intérêt national (OIN).

Les directives territoriales d'aménagement (DTA) et directives territoriales d'aménagement et de développement durable (DTADD) s'inscrivent dans la même logique mais sous la forme d'une planification stratégique et de façon moins contraignante.

CHAPITRE

051. Projets d'intérêt général (PIG) et Opérations d'intérêt national (OIN)

SECTION 0

Orienteur

051.00 **Sommaire du chapitre.**

051.01 **Textes applicables.**

• C. urb.

art. L. 102-1 s. [PIG]

art. L. 102-12 s. [OIN]

051.03 **Bibliographie indicative.**

Contributions. J.-P. Lebreton, « Le flou du PIG », *Mél. Jacquot*, PU Orléans, 2006, p. 343.

> Articles

Généralités. J.-C. Helin et R. Hostiou, « Participation, décentralisation et déconcentration, une nouvelle donne en matière de grands projets », *AJDA* 2002. 298 – B. Phémolant, « Déclaration d'utilité publique, projets d'intérêt général et documents d'urbanisme », *AJDA* 2002. 1101 – E. Le Cornec, « Le clair-obscur des projets d'intérêt général », *Droit et ville* 1998, n° 45, p. 252 – G. Liet-Veaux, « Qu'est-ce qu'un projet d'intérêt général ? », *Géomètre* mai 1998, n° 5, p. 49 – A.-M. Tournepiche, « La pérennité des projets d'intérêt général dans un droit de l'urbanisme en mutation », *RDI* 2001. 313.

OIN de La Défense. J. Dubois-Maury, « Un cadre juridique sur mesure pour La Défense », *DAUH* 2008, n° 12, p. 71 – G. Godfrin, « Adaptation de la réglementation d'urbanisme au renouveau de La Défense », *Constr.-Urb.* 2007, n° 211 – J. Trémeau, « La victoire de l'urbanisme dérogatoire à La Défense », *AJDA* 2007. 2307 – M. Verpeaux, « Les collectivités territoriales et le nouvel établissement public de gestion de La Défense », *AJDA* 2007. 1072.

051.04 **Questions essentielles.**

> Quelles sont les deux formes de PIG ?
* V. s^s n°s 051.11 s.

> Quels sont les effets d'une OIN ?
* V. s^s n°s 051.181 s.

SECTION 1
PROJETS D'INTÉRÊT GÉNÉRAL (PIG)

§ 1
Origine, évolution, objet et formes

051.11 **Origine et évolution.** La procédure des PIG a été créée par la loi Defferre[1]. Ses modalités d'application ont été précisées dans une circulaire de 1985[2].

Son régime était essentiellement fixé par voie de dispositions réglementaires jusqu'en 2010. Depuis la loi du 12 juillet 2010[3] portant engagement national pour l'environnement, celui-ci se trouve principalement défini par des dispositions législatives.

1. L. n° 83-8, 7 janv. 1983 relative à la répartition de compétences entre les communes, les départements, les régions et l'État, dite « loi Defferre », *JO* 9 janv., p. 215.
2. Circ. 27 juin 1985 relative à l'application des dispositions du code de l'urbanisme relatives aux projets d'intérêt général en matière de documents d'urbanisme (schémas directeurs et plans d'occupation des sols), *JO* 3 août, p. 8876 ; NOR : DEVUP8500006C.
3. L. n° 2010-788, 12 juill. 2010 portant engagement national pour l'environnement, *JO* 13 juill., n° 1.

051.12 **Objet.** Pour empêcher qu'un document d'urbanisme local vienne contrarier les projets d'intérêt nationaux, la technique du PIG permet à l'État d'obliger les collectivités locales à prendre en compte dans ces documents les mesures permettant la réalisation de ces projets.

051.13 **Formes.** Le code de l'urbanisme distingue deux formes de PIG.

Le PIG de droit commun a pour objet sa prise en compte dans un document d'urbanisme et doit conduire à la révision ou la modification du document existant[4].

Le PIG DTADD a pour objet de permettre la mise en œuvre d'une DTADD.

§ 2
Reconnaissance d'un projet comme PIG

A.
Conditions pour reconnaître un projet comme PIG

051.21 **Base légale.** Les conditions permettant de reconnaître un projet comme PIG sont fixées :

– à l'article L. 102-1 du code de l'urbanisme pour le PIG de droit commun ;

– à l'article L. 102-2 pour le PIG DTADD.

1°
Conditions posées pour les PIG de droit commun

a.
Première condition : nature du projet

051.31 **Objet.** Le PIG de droit commun doit porter sur un « projet d'ouvrage, de travaux ou de protection »[5].

051.32 **Projet d'ouvrage ou de travaux.** Selon la circulaire de 1985, la notion d'ouvrage « désigne une réalisation d'une certaine ampleur et correspond plutôt à la création de quelque chose qui n'existait pas auparavant ou encore à une extension ou à une modification sensible d'un ouvrage existant : ainsi, la réalisation d'une route nationale, d'un chemin rural, d'ouvrages techniques tels que ponts ou viaducs, une déviation routière, une centrale électrique, une caserne, un bâtiment d'OPHLM »[6].

Selon la même circulaire, la notion de travaux « recouvre en partie celle d'ouvrage, des travaux peu-

4. CE 30 mars 2015, *S^té SITA Ile-de-France*, req. n° 375117, *Lebon T.* ; *BJDU* 2015. 242, concl. X. de Lesquen ; *Constr.-Urb.* 2015, comm. 66, note X. Couton.
5. C. urb., art. L. 102-1.
6. Circ. 27 juin 1985, NOR : DEVUP8500006C, p^t 1.1.3.

vent aboutir à un ouvrage, mais elle correspond également à celle d'entretien, de réparation et de confortement. Les travaux doivent présenter un caractère immobilier. Ils concerneront par exemple des travaux de construction, d'équipement, d'aménagement d'un bâtiment, de rectification d'un virage, de remembrement, de reboisement, etc. Dans la majeure partie des cas, il s'agira de travaux publics »[1].

051.33 **Projet de protection.** La notion de protection peut avoir pour objet le maintien en l'état d'un espace en évitant que les dispositions du PLU ne permettent des occupations ou utilisations du sol susceptibles de compromettre ou de rendre plus difficile la sauvegarde ou la mise en valeur de celui-ci. Un projet de protection peut également avoir pour objet d'édicter des règles d'éloignement pour accroître la sécurité publique des constructions ou installations susceptibles d'exposer à un risque naturel ou technologique[2].

Ont par exemple été regardés comme tels :

- l'instauration d'une zone de protection autour d'un aéroport[3] ;
- le projet de protection de la plaine des Maures, dans le Var[4] ;
- le projet de zone de protection autour d'une société produisant de l'ammoniaque liquéfié[5] ou d'un dépôt d'hydrocarbures[6].

La circulaire précise bien qu'« en règle générale, la procédure des projets d'intérêt général à des fins de protection ne doit être utilisée qu'à titre exceptionnel, par exemple pour la protection de certains ouvrages intéressant la défense nationale. L'utilisation du projet d'intérêt général ne saurait en aucun cas se substituer à l'engagement effectif de politique ou de mesures de protection »[7].

b.
Deuxième condition : finalité du projet

051.41 **Liste des finalités admises.** Le projet doit être destiné[8] :

- à la réalisation d'une opération d'aménagement[9] ou d'équipement[10] ;
- au fonctionnement d'un service public ;
- à l'accueil et au logement des personnes défavorisées ou de ressources modestes ;
- à la protection du patrimoine naturel ou culturel[11] ;
- à la prévention des risques[12] ;
- à la mise en valeur des ressources naturelles ;
- à l'aménagement agricole et rural ;
- ou à la préservation ou remise en bon état des continuités écologiques.

c.
Troisième condition : utilité publique du projet

051.51 **Utilité publique.** Ne peuvent être qualifiés de PIG que les projets « présentant un caractère d'utilité publique »[13].

Cette exigence s'apprécie comme en matière d'expropriation, c'est-à-dire en reprenant les critères fixés dans la jurisprudence « Ville Nouvelle Est ». Il en résulte « qu'une opération ne peut être déclarée d'utilité publique que si les atteintes à la propriété privée, le coût financier et éventuellement les inconvénients d'ordre social ou l'atteinte à d'autres intérêts publics qu'elle comporte ne sont pas excessifs eu égard à l'intérêt qu'elle présente »[14].

051.52 **Utilité publique reconnue.** À titre d'exemple, revêt un caractère d'utilité publique :

- le projet de zone de protection d'un rayon de 700 mètres autour d'une société produisant de l'ammoniaque liquide[15] ;
- le projet de zone de protection autour d'un dépôt d'hydrocarbures[16] ;

1. Circ. 27 juin 1985, NOR : DEVUP8500006C, p[t] 1.1.3.
2. Circ. 27 juin 1985, NOR : DEVUP8500006C, p[t] 1.1.3.
3. CE 8 oct. 2001, *Assoc. contre l'extension et les nuisances de l'aéroport de Lyon-Satolas*, req. n° 215736, NP.
4. CE 19 juill. 2010, *Cauvin et autres*, req. n° 318465, *Lebon T.*
5. CE 3 févr. 1992, *Soulom (C[ne])*, req. n° 107037, *Lebon*.
6. CE 1er juill. 1998, *SCI Simian et Assoc. pour la sauvegarde des pugetois et la défense de l'environnement*, req. n° 155864, NP.
7. Circ. 27 juin 1985, NOR : DEVUP8500006C, p[t] 1.1.3.
8. C. urb., art. L. 102-1, 1°.
9. Au sens de l'article L. 300-1 du code de l'urbanisme.
10. PAR EX. un centre de conférences internationales : CE, sect., 30 oct. 1992, *Min. Affaires étrangères et secrétaire d'État aux grands travaux c/Assoc. de sauvegarde du site Alma Champ de Mars*, req. n° 140220, *Lebon*.
11. PAR EX. la plaine des Maures, dans le Var : CE 19 juill. 2010, *Cauvin et autres*, req. n° 318465, *Lebon T.*
12. PAR EX. par l'instauration d'une zone de protection autour d'une société produisant de l'ammoniaque liquéfié : CE 3 févr. 1992, *Soulom (C[ne])*, req. n° 107037, *Lebon* ; – ou d'un dépôt d'hydrocarbures : CE 1er juill. 1998, *SCI Simian et Assoc. pour la sauvegarde des pugetois et la défense de l'environnement*, req. n° 155864, NP.
13. C. urb., art. L. 102-1, al. 1er.
14. PAR EX. : CE 30 mars 2015, *S[té] SITA Ile-de-France*, req. n° 375117, *Lebon T.* ; *BJDU* 2015. 242, concl. X. de Lesquen ; *Constr.-Urb.* 2015, comm. 66, note X. Couton.
15. CE 3 févr. 1992, *Soulom (C[ne])*, req. n° 107037, *Lebon* : le Conseil d'État précise que, compte tenu de la gravité des risques entraînés par la présence de cette société, « ni l'atteinte que ce projet porte à la propriété privée ou à d'autres intérêts publics, ni ses inconvénients d'ordre social ne sont excessifs eu égard à l'intérêt » que le projet présente.
16. CE 1er juill. 1998, *SCI Simian et Assoc. pour la sauvegarde des pugetois et la défense de l'environnement*, req. n° 155864, NP : le Conseil d'État souligne « que la présence de dépôts d'hydrocarbures d'une capacité de plus de 100 000 m^3 qu'il est prévu d'aménager sur le territoire de la commune de Puget-sur-Argens crée des risques d'une particulière ▶

- le projet d'implantation d'un centre de conférences internationales à Paris [1] ;

- le projet d'extension de l'installation de stockage de déchets non dangereux [2].

051.53 Utilité publique non reconnue. Il arrive que le juge administratif refuse de reconnaître l'utilité publique d'un projet. Ainsi, par exemple, le Conseil d'État a affirmé « qu'en dépit de l'intérêt qui s'attache à la réalisation du projet de l'autoroute A 16, les conditions dans lesquelles cet ouvrage se raccordera à l'autoroute A 1, les importantes nuisances qu'il est susceptible de provoquer, tant en ce qui concerne le bruit que la qualité de l'air, dans des parties très urbanisées de plusieurs communes traversées et l'atteinte qu'il porte au parc de la Courneuve constituent des inconvénients excessifs, de nature à lui retirer son caractère d'intérêt général » [3].

d.
Quatrième condition : état d'avancement du projet

051.61 Condition légale. Pour pouvoir être qualifié de PIG, le projet doit avoir fait l'objet [4] :

- soit « d'une décision d'une personne ayant la capacité d'exproprier, arrêtant le principe et les conditions de réalisation du projet, et mise à la disposition du public » (a) ;

- soit « d'une inscription dans un des documents de planification prévus par les lois et règlements, approuvée par l'autorité compétente et ayant fait l'objet d'une publication » (b).

Cette condition signifie qu'un projet d'intérêt général suppose au préalable l'existence d'un projet et que ce projet présente une certaine consistance. L'objectif essentiel étant que les dispositions du document d'urbanisme n'empêchent ou ne compromettent sa réalisation, il est nécessaire que le projet soit suffisamment défini. Il ne peut être une simple intention ou une première hypothèse.

051.62 Première possibilité : projet mis à la disposition du public. La première hypothèse permettant de regarder la consistance du projet comme établie est celle dans laquelle celui-ci a fait l'objet « d'une décision d'une personne ayant la capacité d'exproprier, arrêtant le principe et les conditions de réalisation du projet, et mise à la disposition du public » [5].

Conformément au code de l'expropriation, ont la qualité de « personne ayant la capacité d'exproprier » :

- les personnes publiques (État, collectivités locales, établissements publics) ;

- et, à certaines conditions, les personnes privées chargées d'une mission d'intérêt général.

051.63 Seconde possibilité : projet inscrit dans un document de planification. La seconde hypothèse permettant de regarder la consistance du projet comme établie est celle dans laquelle celui-ci a fait l'objet « d'une inscription dans un des documents de planification prévus par les lois et règlements, approuvée par l'autorité compétente et ayant fait l'objet d'une publication » [6].

2°
Conditions posées pour les PIG DTADD

051.71 Renvoi à l'article L. 102-5. Peuvent être qualifiées de PIG « les mesures nécessaires à la mise en œuvre » des DTADD dans les conditions fixées à l'article L. 102-5 [7].

B.
Acte qualifiant un projet de PIG

1°
Demande de qualification

051.81 Demande de la personne concernée. La personne publique (voire la personne privée) por-

▶ gravité ; que, dans ces conditions, l'institution de périmètres de protection autour de ces installations présente un caractère d'utilité publique ; que, ni les atteintes portées par le projet à la propriété privée, ni le fait que des lotissements sont situés en bordure des périmètres de protection et que les périmètres d'isolement existants ne seront pas étendus en l'absence de dispositions en ce sens de l'arrêté préfectoral attaqué, ne sont de nature à faire perdre à l'opération son caractère d'utilité publique ».

1. CE, sect., 30 oct. 1992, *Min. Affaires étrangères et secrétaire d'État aux grands travaux c/Assoc. de sauvegarde du site Alma Champ de Mars*, req. n° 140220, *Lebon* : le Conseil d'État relève que ce projet « est de nature à contribuer au renforcement du rayonnement diplomatique du pays et de sa capitale ; qu'il ne résulte pas de l'instruction que les sujétions qu'elle comportera pour les riverains, les nuisances qu'elle est susceptible d'engendrer pour l'environnement, les conditions de son insertion dans le site concerné et le coût des investissements nécessaires soient de nature à lui retirer son caractère d'utilité publique ».
2. CAA Marseille, 12 juill. 2016, *Le Cannet-Des-Maures (Cne)*, req. n° 16MA00043, NP : en l'espèce, le projet entend répondre, en l'absence de site alternatif immédiatement exploitable et pendant une durée limitée, à l'insuffisance des capacités des installations de stockage de déchets dans le département du Var. Seule une augmentation limitée de la surface de l'installation est concernée par le projet d'intérêt général. En outre, la faible surface d'emprise du projet, lequel ne se situe pas à l'intérieur de la zone naturelle d'intérêt écologique, faunistique et floristique et de la réserve naturelle nationale de la plaine des Maures, ne présente pas un fort enjeu écologique. La cour en déduit « qu'eu égard à ces éléments, les inconvénients du projet contesté résultant de l'extension d'une installation de stockage de déchets non dangereux dans une zone protégée à divers titres ne sont pas de nature à lui retirer son caractère d'utilité publique ».
3. CE 21 juin 1999, *La Courneuve (Cne)*, req. n° 179612, *Lebon*.
4. C. urb., art. L. 102-1, 2°.
5. C. urb., art. L. 102-1, 2°, a.
6. C. urb., art. L. 102-1, 2°, b.
7. C. urb., art. L. 102-2 – V. ss nos 052.41 s.

teuse du projet et qui se heurte pour sa réalisation aux dispositions d'un document d'urbanisme va demander au préfet de qualifier celui-ci de PIG.

2°
Décision du préfet

051.91 **Arrêté.** Les projets et mesures mentionnés respectivement aux articles L. 102-1 et L. 102-2 « sont qualifiés de projet d'intérêt général par arrêté préfectoral »[1]. L'arrêté n'est pris que si les conditions permettant de qualifier le projet de PIG sont remplies.

051.92 **Publicité.** Lorsqu'un document d'urbanisme doit permettre la réalisation d'un PIG, « l'arrêté est notifié à la personne publique qui élabore ce document »[2].

Lorsqu'un PLU doit permettre la réalisation d'un PIG postérieur à son approbation[3], le préfet en informe l'EPCI ou la commune[4].

051.93 **Durée de validité de l'arrêté.** L'arrêté préfectoral devient caduc à l'expiration d'un délai de trois ans à compter de la notification prévue au deuxième alinéa. Il peut être renouvelé[5].

3°
Contrôle juridictionnel

051.101 **Acte susceptible de recours.** Eu égard aux effets de la décision par laquelle le préfet qualifie une opération de PIG, cette décision a le caractère d'une décision faisant grief susceptible de faire l'objet d'un recours pour excès de pouvoir[6].

051.102 **Degré de contrôle.** Le juge de l'excès de pouvoir exerce :

– un contrôle normal sur l'arrêté préfectoral qualifiant un projet de PIG et même un contrôle du bilan sur la condition d'utilité[7] ;

– un contrôle restreint sur l'arrêté préfectoral refusant de qualifier une opération de PIG[8].

051.103 **Absence d'atteinte au droit de propriété.** Sous un angle contentieux, l'acte administratif portant déclaration d'un projet d'intérêt général s'impose aux documents d'urbanisme des personnes publiques auxquelles il est notifié, mais ce n'est que par la modification de ces documents qu'il a des effets juridiques sur l'utilisation des sols et il n'est pas directement opposable aux décisions d'urbanisme. Par suite, il ne porte pas en lui-même atteinte au droit au respect des biens garanti par l'article 1er du premier protocole additionnel à la CEDH[9].

§ 3
Effets de la qualification d'un projet comme PIG

A.
Opposabilité du PIG aux documents d'urbanisme

051.111 **Principe de l'opposabilité.** Un arrêté portant déclaration d'un projet d'intérêt général « s'impose aux documents d'urbanisme des personnes publiques auxquelles il est notifié »[10]. Tous les documents d'urbanisme sont concernés[11].

051.112 **Modalités de l'opposabilité.** Si le PIG existe au moment de l'élaboration du document d'urbanisme, celui-ci doit le prendre en compte.

Si le PIG intervient alors que le document d'urbanisme est déjà approuvé, une procédure de mise en compatibilité doit être mise en œuvre.

Ces procédures s'opèrent sous le contrôle du préfet[12]. Le représentant de l'État peut s'opposer à l'entrée en vigueur d'un document d'urbanisme qui ne prend pas en compte un PIG[13]. Il peut également se substituer aux autorités locales pour réaliser la mise en compatibilité[14].

B.
Inopposabilité du PIG aux autorisations d'urbanisme

051.121 **Inopposabilité aux autorisations d'urbanisme.** L'arrêté portant déclaration d'un PIG « n'est

1. C. urb., art. R. 102-1, al. 1er.
2. C. urb., art. R. 102-1, al. 2.
3. V. ss nos 235.241 s.
4. C. urb., art. R. 102-1, al. 3.
5. C. urb., art. R. 102-1, al. 4.
6. CE, sect., 30 oct. 1992, *Min. Affaires étrangères et secrétaire d'État aux grands travaux c/Assoc. de sauvegarde du site Alma Champ de Mars*, req. no 140220, *Lebon* ; – ÉGALEMENT, PAR EX. : CE 21 juin 1999, *La Courneuve (Cne)*, req. no 179612, *Lebon* ; – CE 30 mars 2015, *Sté SITA Ile-de-France*, req. no 375117, *Lebon T.* ; *BJDU* 2015. 242, concl. X. de Lesquen ; *Constr.-Urb.* 2015, comm. 66, note X. Couton.
7. PAR EX. : CE 1er juill. 1998, *SCI Simian et Assoc. pour la sauvegarde des pugetois et la défense de l'environnement*, req. no 155864, NP.
8. CE 7 févr. 2007, *Sté Sagace et Sté Méditerranéenne de Nettoiement*, req. no 287252, *Lebon T.* ; *BJCL* 2007. 205, concl. Y. Aguilla.
9. CE 4 juin 2010, *SARL du parc d'activités de Blotzheim et SCI Haselaecker*, req. no 340213, *Lebon T.*
10. CE 4 juin 2012, *SARL du parc d'activités de Blotzheim et SCI Haselaecker*, req. no 340213, *Lebon T.* ; *BJDU* 2012. 347, concl. D. Botteghi ; *Dr. adm.* 2012, comm. 87, note S. Traoré.
11. En pratique, l'obligation concerne principalement les PLU et les SCOT.
12. NOT. dans le cadre du porter à connaissance, v. ss no 212.33.
13. V. ss no 233.461 (PLU) et ss no 223.321 (SCOT).
14. V. ss nos 235.241 s. (PLU) et ss nos 224.181 s. (SCOT).

pas directement opposable aux autorisations d'urbanisme » car ce n'est que par la modification des documents d'urbanisme qu'il a des effets juridiques sur l'utilisation des sols[1].

§ 4
Absence de porter à connaissance d'un PIG initié par une collectivité territoriale

051.131 Porter à connaissance sans objet. « Les projets relevant de l'initiative des communes ou de leurs groupements compétents pour élaborer un document d'urbanisme ou des communes membres de ces groupements ne peuvent être qualifiés de projets d'intérêt général pour l'application de l'article L. 132-1 »[2]. Ces dispositions signifient tout simplement que lorsqu'une commune ou un EPCI est à l'origine d'un projet, le préfet n'a pas à lui signaler l'existence de ce projet lors du porter à connaissance réalisé à l'occasion de l'élaboration d'un document d'urbanisme. La commune étant à l'origine du projet en cause, elle en connaît nécessairement l'existence.

SECTION 2
OPÉRATIONS D'INTÉRÊT NATIONAL (OIN)

§ 1
Origine, évolution, objet et formes

051.141 Origine et évolution. La procédure des OIN a été créée par la loi Defferre[3]. Initialement, elle ne faisait pas l'objet d'une définition, le code de l'urbanisme se contentant d'en prévoir le principe et d'en fixer le régime. La loi ÉLAN est venue partiellement remédier à cette imprécision des textes[4].

051.142 Objet. La technique de l'OIN se rapporte à une opération d'aménagement. Elle vise, comme celle du PIG, à permettre à l'État de faire prévaloir les intérêts d'enjeux nationaux sur ceux présentant un caractère strictement local. Pour cela, elle conduit, dans le périmètre de l'OIN, à transférer à l'État l'exercice de compétences relevant normalement des autorités locales, en particulier la délivrance des autorisations d'urbanisme.

1. CE 4 juin 2012, *SARL du parc d'activités de Blotzheim et SCI Haselaecker*, req. n° 340213, *Lebon T.* ; *BJDU* 2012. 347, concl. D. Botteghi ; *Dr. adm.* 2012, comm. 87, note S. Traoré.
2. C. urb., art. L. 102-3.
3. L. n° 83-8, 7 janv. 1983.
4. V. s^s n° 051.151.

§ 2
Institution d'une OIN

A.
Conditions d'instauration d'une OIN

051.151 Conditions larges. Une définition de l'OIN est donnée depuis la loi ÉLAN. Il s'agit d'« une opération d'aménagement qui répond à des enjeux d'une importance telle qu'elle nécessite une mobilisation de la collectivité nationale et à laquelle l'État décide par conséquent de consacrer des moyens particuliers »[5].

La seule notion précise est celle d'« opération d'aménagement ». Les autres conditions (enjeux d'importance et nécessité d'une mobilisation de la collectivité nationale) présentent un caractère vague, conférant ainsi une importante latitude à l'État pour apprécier ce qui en relève.

B.
Procédure d'instauration d'une OIN

1°
Consultation préalable des autorités locales

051.161 Autorités consultées. Sont consultés sur le projet l'EPCI à fiscalité propre compétent en matière d'opérations d'aménagement ou la métropole de Lyon ainsi que les communes, les départements et les régions « dont le territoire est inclus en tout ou partie dans le périmètre de l'opération »[6].

051.162 Délai pour émettre l'avis. L'avis intervient « dans un délai de trois mois » à compter de la saisine. Cet avis « est réputé favorable s'il n'est pas intervenu avant l'expiration de ce délai »[7].

051.163 Force de l'avis. L'avis ne lie pas l'État. Par conséquent, celui-ci peut instaurer l'OIN malgré un ou plusieurs avis défavorables.

2°
Instauration par décret en Conseil d'État

051.171 Décret. Une opération d'aménagement est qualifiée d'OIN « par un décret en Conseil d'État »[8].

Le décret « l'inscrit sur la liste des opérations auxquelles cette qualité est reconnue »[9]. Cette inscrip-

5. C. urb., art. L. 102-12, al. 1er.
6. C. urb., art. L. 102-12, al. 2.
7. C. urb., art. L. 102-12, al. 2.
8. C. urb., art. L. 102-12, al. 1er.
9. C. urb., art. L. 102-12, al. 1er.

tion ne peut être contestée au regard des objectifs fixés à l'article L. 101-2 du code de l'urbanisme[1].

051.172 **Liste des opérations.** La liste des OIN est fixée à l'article R. 102-3 du code de l'urbanisme. Vingt-quatre opérations d'aménagement se sont vues reconnaître cette qualité. Celle-ci est reconnue aux travaux relatifs[2] :

– aux agglomérations nouvelles régies par le livre III de la cinquième partie du CGCT, dans leur périmètre d'urbanisation défini en application des articles L. 5311-1 et L. 5311-2 de ce code (1°) ;

– à l'opération d'aménagement du quartier d'affaires de La Défense (2°) ;

– aux domaines industrialo-portuaires d'Antifer, du Verdon et de Dunkerque (3°) ;

– à l'aménagement de la zone de Fos-sur-Mer (4°) ;

– à l'opération d'aménagement Euroméditerranée dans la commune de Marseille (5°) ;

– à l'opération d'aménagement de Nanterre et de La Garenne-Colombes (6°) ;

– à l'aménagement et au développement des aérodromes de Paris-Charles-de-Gaulle, de Paris-Orly et de Paris-Le Bourget (7°) ;

– à l'aménagement de Saint-Étienne (8°) ;

– à l'aménagement du secteur du Mantois-Seine aval (9°) ;

– à l'aménagement du secteur d'Orly-Rungis-Seine amont (10°) ;

– aux opérations d'aménagement de la Plaine du Var (11°) ;

– aux opérations d'aménagement du Plateau de Saclay (12°) ;

– à l'opération d'aménagement Bordeaux-Euratlantique dans les communes de Bordeaux, Bègles et Floirac (13°) ;

– à l'opération d'aménagement dite d'Alzette-Belval (14°) ;

– à l'opération d'aménagement dite « Villages Nature » sur la commune de Villeneuve-le-Comte (15°) ;

– à l'opération de requalification de copropriétés dégradées d'intérêt national du quartier dit du Bas-Clichy à Clichy-sous-Bois (16°) ;

– à l'opération d'aménagement de Grigny (17°) ;

– à l'opération de requalification de copropriétés dégradées d'intérêt national du quartier dit « Grigny 2 » à Grigny (18°) ;

– à l'aménagement des principaux pôles urbains de Guyane (19°) ;

– à l'opération d'aménagement dite de la Porte Sud du Grand Paris, sur les communes de Bondoufle, Courcouronnes, Corbeil-Essonnes, Évry, Fleury-Mérogis et Ris-Orangis (20°) ;

– à la réalisation, pour les jeux Olympiques et Paralympiques 2024 (21°) ;

– à l'opération de requalification de copropriétés dégradées d'intérêt national du quartier du « parc de la Noue » à Villepinte (22°) ;

– à l'opération de requalification de copropriétés dégradées d'intérêt national du quartier « Pissevin » à Nîmes (23°) ;

– à la réalisation du centre de stockage en couche géologique profonde de déchets radioactifs de haute activité et de moyenne activité à vie longue (24°).

Il ressort de cette liste le caractère hétéroclite des opérations qualifiées d'OIN. Cette qualification n'est plus réservée aux grandes opérations nationales d'aménagement du territoire. Y figurent par exemple des opérations de requalification de territoires, d'aménagement de quartiers ou de réalisation d'ouvrages pour les *Jeux Olympiques*.

§ 3
Régime applicable au sein d'une OIN

051.181 **Régime dérogatoire.** Les opérations d'aménagement qualifiées d'OIN bénéficient d'un régime dérogatoire. Son principal effet est de confier à l'État l'exercice de compétences relevant normalement des collectivités territoriales.

A.
Documents d'urbanisme et schémas d'aménagement régionaux

051.191 **Opposabilité.** Les OIN s'imposent aux documents d'urbanisme et aux schémas d'aménagement régionaux. Aucun texte ne le prévoit formellement et de manière générale. Néanmoins, cette obligation :

– d'une part, peut se déduire des dispositions relatives au porter à connaissance qui prévoient l'information des collectivités territoriales sur l'existence d'une OIN[3] ;

– d'autre part, est expressément prévue pour certains schémas d'aménagement régionaux[4].

Il en résulte que l'État peut contraindre les auteurs d'un document d'urbanisme à prendre en compte une OIN.

1. V. s^s^ n° 032.203.
2. C. urb., art. R. 102-3.
3. V. s^s^ n° 212.33.
4. PAR EX. le SDRIF (v. s^s^ n° 232.381) et le PADDUC (v. s^s^ n° 263.81).

B. Règle de la constructibilité limitée

051.201 Constructions autorisées, par dérogation. Par dérogation à l'article L. 111-3, posant la règle de la constructibilité limitée en l'absence des parties urbanisées[1], « les constructions et installations nécessaires à la réalisation de l'opération peuvent être autorisées en dehors des parties urbanisées de la commune »[2].

051.202 Avis de la CDPENAF le cas échéant. Si les constructions et installations nouvelles ont pour conséquence une réduction des surfaces sur lesquelles est exercée une activité agricole ou qui sont à vocation agricole ou si ces constructions ont pour conséquence une réduction des surfaces situées dans les espaces naturels et forestiers, l'autorisation est délivrée « après consultation de la commission départementale de préservation des espaces naturels, agricoles et forestiers »[3].

C. Délivrance des autorisations d'urbanisme

1° Autorité compétente

051.211 Principe : exercice de la compétence par le préfet. Au sein du périmètre d'une OIN, l'autorité administrative de l'État est compétente pour délivrer le permis de construire, d'aménager ou de démolir et pour se prononcer sur un projet faisant l'objet d'une déclaration préalable[4]. Il s'agit en principe du préfet, et dans certains cas du maire agissant au nom de l'État[5].

051.212 Dérogation. Par dérogation, la compétence pour délivrer le permis de construire, d'aménager ou de démolir et pour se prononcer sur un projet faisant l'objet d'une déclaration préalable peut s'exercer dans les conditions de droit commun « dans des secteurs particuliers et pour une période déterminée lorsque le stade de réalisation de l'aménagement ou la zone concernée ne justifient pas l'intervention de l'État »[6].

S'agissant des modalités, cette possibilité est ouverte par décret[7] :

- pour les nouvelles OIN, par le décret en Conseil d'État conférant la qualité d'OIN à l'opération ;

- pour les OIN existant à la date de publication de la loi ÉLAN, par un nouveau décret en Conseil d'État.

Les secteurs où s'applique la dérogation sont délimités, pendant la durée de l'OIN, par un arrêté du ministre chargé de l'urbanisme qui fixe la période pendant laquelle cette dérogation est applicable[8].

2° Sursis à statuer

051.221 Motif particulier de sursis. À l'intérieur du périmètre d'une OIN, lorsque des travaux, des constructions ou des installations « sont susceptibles de compromettre ou de rendre plus onéreuse la réalisation d'une opération d'aménagement », le sursis à statuer peut être prononcé dans les conditions définies à l'article L. 424-1 dès lors[9] :

- que « la mise à l'étude du projet d'aménagement a été prise en considération par le préfet » ;
- et que « les terrains affectés par ce projet ont été délimités ».

La décision de prise en considération « cesse de produire effet si, dans un délai de dix ans à compter de son entrée en vigueur, la réalisation de l'opération d'aménagement n'a pas été engagée »[10].

3° Permis d'innover

051.231 Faculté de recourir à cette technique. À l'intérieur du périmètre d'une OIN, il peut être dérogé aux règles applicables aux projets dans les conditions prévues pour le permis d'innover[11].

D. Procédés d'aménagement

051.241 Transfert de la compétence ZAC au préfet. Le préfet est compétent pour la création des ZAC situées en tout ou partie à l'intérieur d'un périmètre d'OIN, dans les conditions prévues au troisième alinéa de l'article L. 311-1[12].

051.242 Compétence du préfet pour la création d'AFU. À l'intérieur du périmètre d'une OIN, les AFU sont créées dans les conditions prévues à l'article L. 322-3-2[13].

Les périmètres de projet au sein desquels les propriétaires fonciers sont incités à se regrouper en AFU

1. V. s^s n°s 112.11 s.
2. C. urb., art. L. 102-13, 1°.
3. C. urb., art. L. 102-13, 1°.
4. C. urb., art. L. 102-13, 5°.
5. V. s^s n°s 341.121 s.
6. C. urb., art. L. 102-14, al. 1er.
7. C. urb., art. L. 102-14, al. 2.
8. C. urb., art. L. 102-14, al. 3.
9. C. urb., art. L. 102-13, 6°, al. 1er.
10. C. urb., art. L. 102-13, 6°, al. 2.
11. C. urb., art. L. 102-13, 7°. Sur le permis d'innover, v. s^s n°s 363.171 s.
12. C. urb., art. L. 102-13, 3° – V. s^s n°s 531.11 s.
13. C. urb., art. L. 102-13, 4°, al. 1er – V. s^s n° 542.91.

de projet et à mener leurs opérations de façon concertée sont délimités dans les conditions prévues à l'article L. 322-13 [1].

051.243 Intervention d'un établissement public d'aménagement. Dans le cadre d'une OIN, les EPA peuvent exercer certaines compétences en dehors du périmètre de compétence défini par leurs statuts [2].

E.
Procédés d'acquisition des terrains

1°
Droit de préemption et droit de priorité

051.251 Exclusion du DPU et DPZAD. À l'intérieur du périmètre d'une OIN, le DPU et le DPZAD ne peuvent pas s'exercer [3].

051.252 Droit de priorité. À l'intérieur du périmètre d'une OIN, le droit de priorité ne peut pas s'exercer [4].

051.253 Délimitation d'une ZAD au sein d'une OIN. Le décret de création d'une OIN peut délimiter une ZAD, sur tout ou partie du périmètre de l'OIN. Le droit de préemption afférent peut être exercé pendant une période de dix ans, renouvelable une fois [5].

2°
Prise de possession anticipée

051.261 Procédé. La prise de possession d'un ou de plusieurs immeubles bâtis ou non bâtis dont l'acquisition est nécessaire à l'opération peut être autorisée dans les conditions prévues au second alinéa de l'article L. 522-1 du code de l'expropriation (prise de position anticipée) [6].

F.
Financement de l'aménagement

051.271 Convention de PUP. Le préfet peut conclure avec les propriétaires des terrains, les aménageurs et les constructeurs des opérations d'aménagement ou de construction qui nécessitent la réalisation d'équipements autres que les équipements propres mentionnés à l'article L. 332-15 une convention de projet urbain partenarial prévoyant la prise en charge financière de tout ou partie de ces équipements, selon les modalités prévues à l'article L. 332-11-3 [7].

051.272 Exonération de la TA. Lorsque le coût des équipements a été mis à la charge des constructeurs ou des aménageurs, les constructions et aménagements sont exonérés de la part communale ou intercommunale de la taxe d'aménagement, en application de l'article L. 331-7 [8].

G.
Participation du public

051.281 Participation par voie électronique. Les projets répondant aux objectifs de l'opération et les évolutions de plan ou de programme nécessaires pour en permettre la réalisation peuvent faire l'objet de la procédure de participation du public par voie électronique [9].

§ 4
OIN de La Défense et du plateau de Saclay

051.291 Particularités des OIN de La Défense et de Paris-Saclay. Deux OIN sont soumises, en plus du régime prévu pour ces opérations, à des dispositions complémentaires qui leur sont propres :

– d'une part l'OIN de la Défense ;

– d'autre part l'OIN du plateau de Saclay.

Ce choix de l'urbanisme dérogatoire favorise une adaptation de la règle aux particularités de ces opérations mais génère dans le même temps une certaine complexification.

A.
OIN de La Défense

051.301 Régime spécifique. Le quartier d'affaires de La Défense est soumis, pour partie, à des règles d'urbanisme spécifiques.

Le recours à des règles propres a été envisagé au début des années 2000 dans l'objectif de rénover un centre d'affaires qui, construit cinquante ans plus tôt, commençait à devenir vieillissant. Deux considérations ont présidé au choix de règles adaptées :

– d'une part l'implantation du quartier d'affaires sur le territoire de quatre communes (Puteaux, Courbevoie, Nanterre et La Garenne-Colombes), rendant possible un blocage en l'absence de consensus ;

1. C. urb., art. L. 102-13, 4°, al. 2 – V. s^{s} n° 542.261.
2. V. s^{s} n° 541.152.
3. C. urb., art. L. 102-13, 2° – V. s^{s} n° 424.156.
4. C. urb., art. L. 102-13, 2° – V. s^{s} n° 461.71.
5. V. s^{s} n° 423.221.
6. C. urb., art. L. 102-13, 10° ; créé par L. n° 2024-322, 9 avr. 2024.
7. C. urb., art. L. 102-13, 8° – V. s^{s} n°s 553.111 s.
8. C. urb., art. L. 102-13, 9° – V. s^{s} n°s 552.331 s.
9. C. urb., art. L. 102-13, 11° ; créé par L. n° 2024-322, 9 avr. 2024.

– d'autre part le caractère d'intérêt national de l'opération d'aménagement.

Le principe d'un régime spécifique au quartier d'affaires a été acté par la loi du 27 février 2007[1]. L'article L. 123-24 du code de l'urbanisme, qui en est issu, constitue l'unique article législatif relatif au quartier de La Défense présent dans le code[2].

1°

Urbanisme réglementaire

051.311 Règles de droit commun et règles spécifiques. Dans le quartier de La Défense, l'urbanisme réglementaire correspond pour partie aux règles de droit commun (découlant notamment des PLU), pour partie à des règles spécifiques (les orientations générales d'urbanisme propres au secteur).

051.312 Les orientations générales d'urbanisme. Le code prévoit un large renvoi au pouvoir réglementaire en posant : « Un décret en Conseil d'État arrête les orientations générales d'urbanisme applicables dans le périmètre de l'opération d'intérêt national de La Défense et relatives à la modernisation et au développement de ce quartier »[3].

Ces orientations générales d'urbanismes ont été définies par un décret du 20 août 2007[4]. Les PLU des communes concernées doivent prendre en compte ces orientations[5].

2°

Urbanisme opérationnel (OIN et PIG)

051.321 Procédés dérogatoires pour l'aménagement. L'article L. 123-24 pose que : « La modernisation et le développement du quartier d'affaires de La Défense présentent un caractère d'intérêt national »[6]. Ces opérations bénéficient ainsi du régime prévu pour les OIN.

En outre, pour assurer la prise en compte des orientations générales d'urbanisme de cette opération d'intérêt national dans les documents d'urbanisme, les diverses composantes de ces orientations (« constructions, travaux, installations et aménagements nécessaires à leur mise en œuvre ») peuvent être qualifiées de projet d'intérêt général[7].

B.

OIN Paris-Saclay

051.331 Création d'une zone de protection. Afin de contenir l'urbanisation du plateau de Saclay a été définie, au sein du périmètre de cette opération d'intérêt national, une zone de protection naturelle, agricole et forestière insusceptible d'être urbanisée[8].

1. L. n° 2007-254, 27 févr. 2007 relative aux règles d'urbanisme applicables dans le périmètre de l'opération d'intérêt national de La Défense et portant création d'un établissement public de gestion du quartier d'affaires de La Défense, *JO* 28 févr., n° 1. La loi a été déclarée conforme à la Constitution : Cons. const. 22 févr. 2007, n° 2007-548 DC, *Loi relative aux règles d'urbanisme applicables dans le périmètre de l'opération d'intérêt national de La Défense et portant création d'un établissement public de gestion du quartier d'affaires de La Défense*, CONFORMITÉ, *JO* 28 févr., p. 3683.
2. J. Dubois-Maury, « Un cadre juridique sur mesure pour La Défense », *DAUH* 2008, n° 12, p. 71 – G. Godfrin, « Adaptation de la réglementation d'urbanisme au renouveau de La Défense », *Constr.-Urb.* 2007, n° 211 – J. Trémeau, « La victoire de l'urbanisme dérogatoire à La Défense », *AJDA* 2007. 2307 – M. Verpeaux, « Les collectivités territoriales et le nouvel établissement public de gestion de La Défense », *AJDA* 2007. 1072.
3. C. urb., art. L. 123-24, al. 2.
4. Décr. n° 2007-1222, 20 août 2007 relatif aux règles d'urbanisme applicables dans le périmètre de l'opération d'intérêt national de La Défense, *JO* 21 août, n° 1. À titre d'exemple, les trois premières orientations sont définies de la manière suivante : « Restructurer et densifier le quartier pour relancer les tours de bureaux obsolètes, créer de nouvelles tours et construire des logements pour maintenir la mixité fonctionnelle du quartier » ; « à l'occasion des restructurations et de la densification du quartier, reconsidérer l'ensemble de la trame viaire du quartier et des espaces publics » ; « Relier le quartier de la Défense aux villes limitrophes par l'organisation de voies nouvelles en liaison avec les voies urbaines des villes. [...] ».
5. CAA Versailles, 23 avr. 2015, *Synd. des copropriétaires de l'immeuble Tour CB 20-Les miroirs*, req. n° 12VE02851, NP.
6. C. urb., art. L. 123-24, al. 1er.
7. C. urb., art. L. 123-24, al. 3.
8. V. s[s] n°s 155.05 s.

CHAPITRE

052. Directives territoriales d'aménagement (DTA) et Directives territoriales d'aménagement et de développement durables (DTADD)

SECTION 0
ORIENTEUR

052.00 **Sommaire du chapitre.**

052.01 **Textes applicables.**

• **C. urb.**

art. L. 102-4 s. [DTADD]

art. L. 172-1 s. [DTA]

052.03 **Bibliographie indicative.**

Contributions. Dossier « Les directives territoriales d'aménagement », *Droit et Ville* 2000, n° spéc., t. 50 – J.-F. Joye, « Des DTA aux DTADD : le triomphe du droit souple ? », *Mél. J.-P. Lebreton*, « Les Cahiers du GRIDAUH », n° 29, 2015, p. 171 – P. Mayet, « La genèse et l'histoire du concept de directive territoriale d'aménagement », *in* J.-C. Némery (dir.), *Le renouveau de l'aménagement du territoire en France et en Europe*, Économica 1994, p. 273.

Articles. C. Bersani, « Les DTA ou le retour de l'État-gendarme », *Ét. fonc.* été 1999, n° 83, n° 8 – C. Bersani, « Le rôle majeur des directives territoriales d'aménagement », *RF décentr.* nov. 1995, n° 2 – J.-H. Driard, « La mauvaise application d'une bonne idée. Les directives territoriales d'aménagement », *Constr.-Urb.* 1999, ét. 6 – P. Hocreitère, « Les DTADD : une régression par rapport aux directives territoriales d'aménagement », *RDI* 2011. 74 – H. Jacquot, « Les effets des DTA à l'égard des documents et des autorisations d'urbanisme », *Droit et ville* n° 50, 2000, p. 53 – M. Miscopein, « Directives territoriales d'aménagement », *Ét. fonc.* mars 1995, n° 66 – H. Périnet-Marquet, « Le nouvel article L. 111-1-1 du Code de l'urbanisme et l'intégration des directives territoriales d'aménagement au sein des normes d'urbanisme », *RFDA* 1995. 906 – S. Traoré, « Le rendez-vous manqué des directives territoriales d'aménagement », *LPA* 26 janv. 1996, n° 2 – S. Traoré, « Les directives territoriales d'aménagement et de développement durables de la loi du 12 juillet 2010 et les critères des documents d'urbanisme », *JCP Adm.* 2010, n° 2286.

052.04 **Questions essentielles.**

> Quelle est la différence entre une DTA et une DTADD ?

* V. s^s n°s 052.05 et 052.21

> Quels sont les effets d'une DTA ?

* V. s^s n° 052.13

> Quels sont les effets d'une DTADD ?

* V. s^s n°s 052.41 s.

052.05 **Origine et évolution.** La DTA a été créée par la loi du 4 février 1995[1] d'orientation pour l'aménagement et le développement du territoire. Il s'agit d'un document de planification de l'État. Cet outil s'est avéré difficile à mettre en œuvre. En effet, la première DTA (celle des Alpes-Maritimes) n'a été adoptée qu'en 2003, et quatre ans plus tard seules sept DTA avaient été approuvées. Cet échec s'expli-

1. L. n° 95-115, 4 févr. 1995 d'orientation pour l'aménagement et le développement du territoire, *JO* 5 févr., p. 1973.

que par une réticence des collectivités territoriales face à ce document directement opposable et par les efforts qu'elles ont par conséquent déployées pour ralentir leur adoption et limiter les contraintes résultant de leur contenu.

Cette situation a conduit le législateur a supprimé la possibilité d'adopter de nouvelles DTA (tout en maintenant les effets des DTA déjà adoptées)[1]. Il les a remplacées par une nouvelle catégorie, les DTADD, dont la principale différence avec les DTA tient à leur absence d'opposabilité directe aux documents d'urbanisme locaux.

SECTION 1
DIRECTIVES TERRITORIALES D'AMÉNAGEMENT (DTA)

052.11 Objet. L'ancien article L. 111-1-1 du code de l'urbanisme, abrogé par la loi ENE du 12 juillet 2010, disposait que : « Des directives territoriales d'aménagement peuvent fixer, sur certaines parties du territoire, les orientations fondamentales de l'État en matière d'aménagement et d'équilibre entre les perspectives de développement, de protection et de mise en valeur des territoires. Elles fixent les principaux objectifs de l'État en matière de localisation des grandes infrastructures de transport et des grands équipements, ainsi qu'en matière de préservation des espaces naturels, des sites et des paysages. Ces directives peuvent également préciser pour les territoires concernés les modalités d'application des lois d'aménagement et d'urbanisme, adaptées aux particularités géographiques locales » (al. 2). Il ajoutait que : « Les directives territoriales d'aménagement sont élaborées sous la responsabilité de l'État et à son initiative » (al. 3).

052.12 Maintien des effets des DTA adoptées avant la loi ENE et possibilité d'évolution de celles-ci. Les dispositions relatives à l'adoption des DTA ayant été abrogées, plus aucune DTA ne peut être adoptée depuis la loi ENE. En revanche, le législateur a maintenu en vigueur les DTA adoptées avant cette loi[2] et prévu qu'elles puissent être :

- adaptées (par la procédure intégrée)[3] ;
- modifiées (à condition que la modification ne porte pas atteinte à leur économie générale)[4] ;
- et supprimées (par décret en Conseil d'État)[5].

En outre, lors de toute modification d'une DTA approuvée avant le 13 juillet 2010, « il peut être décidé de lui appliquer les dispositions applicables aux » DTADD[6].

052.13 Modalités d'application de la loi Littoral et de la loi Montagne. Les dispositions des DTA qui précisent les modalités d'application des dispositions particulières au littoral et aux zones de montagne (et qui ne peuvent méconnaître celles-ci[7]) « s'appliquent aux personnes et opérations qui y sont mentionnées »[8].

SECTION 2
DIRECTIVES TERRITORIALES D'AMÉNAGEMENT ET DE DÉVELOPPEMENT DURABLES (DTADD)

052.21 Objet. Les DTADD présentent deux différences principales par rapport aux DTA. D'une part, elles intègrent une dimension de développement durable. D'autre part, elles ne deviennent opposables aux documents d'urbanisme qu'à la condition d'être reprises par la technique du PIG.

052.22 Pratique. Aucune DTADD n'a pour l'heure été approuvée.

§ 1
Contenu de la DTADD

052.31 Contenu. Les DTADD peuvent déterminer « les objectifs et orientations de l'État » en matière[9] :

- d'urbanisme ;
- de logement ;
- de transports et de déplacements ;
- de développement des communications électroniques ;
- de développement économique et culturel ;
- d'espaces publics ;
- de commerce ;
- de préservation des espaces naturels, agricoles et forestiers, des sites et des paysages ;
- de cohérence des continuités écologiques ;
- d'amélioration des performances énergétiques et de réduction des émissions de gaz à effet de serre

1. L. n° 2010-788, 12 juill. 2010 portant engagement national pour l'environnement (loi dite Grenelle II), *JO* 13 juill., n° 1.
2. C. urb., art. L. 172-1 : « Les directives territoriales d'aménagement approuvées avant le 13 juillet 2010 restent en vigueur. / Elles sont soumises aux dispositions des articles L. 172-2 à L. 172-5 ».
3. C. urb., art. L. 172-3 ; – Sur la procédure intégrée, v. s[s] n°s 513.21 s.
4. C. urb., art. L. 172-4.
5. C. urb., art. L. 172-5.
6. C. urb., art. L. 172-4, al. 4.
7. Cons. const. 26 janv. 1995, n° 94-358 DC, *Loi d'orientation pour l'aménagement et le développement du territoire*, NON-CONFORMITÉ PARTIELLE, *JO* 1er févr., p. 1706, § 4 : « si les directives territoriales d'aménagement peuvent comporter des adaptations à des particularités géographiques locales, celles-ci qui ne concernent selon les termes de la loi que "les modalités d'application des lois d'aménagement et d'urbanisme" ne peuvent conduire à méconnaître les dispositions de ces dernières ».
8. C. urb., art. L. 172-2 – V. s[s] n°s 121.111 s.
9. C. urb., art. L. 102-4.

dans des territoires présentant des enjeux nationaux dans un ou plusieurs de ces domaines.

052.32 Rapport sur les incidences environnementales. Le rapport de présentation de la DTADD ou ses annexes doivent contenir un rapport sur les incidences environnementales[1].

§ 2 Effets de la DTADD

052.41 Effets subordonnés à la qualification de PIG. Par elle-même, la DTADD est dépourvue de force contraignante. S'apparentant à un acte de droit souple, elle permet seulement à l'État d'afficher ses objectifs et ses orientations au niveau territorial.

Néanmoins, le préfet peut qualifier de PIG les mesures nécessaires à la mise en œuvre de la DTADD. Les mesures ainsi qualifiées s'imposent alors aux documents d'urbanisme locaux.

052.42 Conditions. Les conditions permettant de qualifier de PIG les mesures nécessaires à la mise en œuvre des DTADD sont les suivantes[2].

En premier lieu, la qualification comme PIG doit intervenir dans un délai de douze ans suivant la publication de la DTADD.

En deuxième lieu, ne peuvent recevoir cette qualification que « les projets de protection des espaces naturels, agricoles et forestiers ou des espaces soumis à des risques, les constructions, les travaux, les installations et les aménagements nécessaires à la mise en œuvre de » la DTADD.

En troisième lieu, doivent être saisis pour avis[3] :

– d'une part, les collectivités territoriales concernées et leurs groupements ;

– d'autre part, les comités de massif concernés lorsque la DTADD concerne tout ou partie d'un ou plusieurs massifs tels que définis par la loi Montagne.

§ 3 Élaboration et évolution de la DTADD

A. Élaboration de la DTADD

1° Conduite de la procédure

052.51 Maîtrise de l'État. Le projet de DTADD « est élaboré par l'État »[4].

1. V. s^s^ n°s 214.281 s.
2. C. urb., art. L. 102-5.
3. Sur les modalités de la procédure consultative, v. s^s^ n° 052.72.
4. C. urb., art. L. 102-6.

2° Évaluation environnementale

052.61 Mise en œuvre. Une évaluation environnementale doit être réalisée lors de l'élaboration de la DTADD[5].

3° Consultations

052.71 Personnes associées. Le projet de DTADD est élaboré en association avec[6] :

– la région ;

– le département ;

– les métropoles, les communautés urbaines, les communautés d'agglomération, les communautés de communes compétentes en matière de SCOT et les communes non-membres d'une de ces communautés qui sont situées dans le périmètre du projet ;

– ainsi que les établissements publics mentionnés à l'article L. 143-16 et les comités de massifs concernés par le périmètre du projet.

Le projet de DTADD est soumis pour avis à ces collectivités territoriales et établissements publics[7].

052.72 Régime des avis. Les avis prévus aux articles L. 102-7 et L. 102-11 sont rendus dans un délai de trois mois à compter de la saisine. En l'absence de réponse à l'issue de ce délai, l'avis est réputé favorable[8].

052.73 Consultation de l'Autorité environnementale. L'Autorité environnementale est consultée, d'une part, sur le rapport sur les incidences environnementales et, d'autre part, sur le projet de DTADD[9].

4° Mise à disposition du public

052.81 Mise à disposition. Le projet de DTADD et les avis émis par les personnes associées sont mis à disposition du public pendant un mois, dans des conditions lui permettant de formuler ses observations. Ces observations sont enregistrées et conservées[10].

Les modalités de la mise à disposition sont précisées par l'autorité administrative et portées à la connaissance du public au moins huit jours avant le début de cette mise à disposition[11].

À l'issue de la mise à disposition, l'autorité administrative en établit le bilan[12].

5. V. s^s^ n° 214.91.
6. C. urb., art. L. 102-6.
7. C. urb., art. L. 102-7.
8. C. urb., art. R. 102-2.
9. V. s^s^ n°s 214.431 s.
10. C. urb., art. L. 102-8, al. 1er.
11. C. urb., art. L. 102-8, al. 2.
12. C. urb., art. L. 102-8, al. 3.

Le bilan de la mise à disposition du public du projet est rendu public au plus tard à la date de publication du décret approuvant la DTADD [1].

5°
Approbation

052.91 Décret. La DTADD est approuvée par décret en Conseil d'État [2].

B.
Évolution des DTADD

1°
Révision des DTADD

052.101 Renvoi à la procédure d'élaboration. Les DTADD peuvent être révisées dans les conditions définies pour leur élaboration aux articles L. 102-6 à L. 102-9 [3].

2°
Modification des DTADD

052.111 Modification en l'absence d'atteinte à l'économie générale. Les DTADD peuvent être modifiées « à condition que la modification ne porte pas atteinte à leur économie générale » [4].

052.112 Procédure de modification. Le projet de modification est soumis pour avis aux personnes mentionnées à l'article L. 102-6 [5].

Le projet de modification et, le cas échéant, les avis émis par les personnes associées mentionnées à l'article L. 102-6 sont mis à disposition du public dans les conditions définies à l'article L. 102-8 [6].

La modification est réalisée par décret en Conseil d'État [7].

3°
Évaluation environnementale

052.121 Évaluation environnementale requise selon les effets sur l'environnement des changements envisagés. Si les changements envisagés sont susceptibles d'avoir des effets notables sur l'environnement, il y a lieu de réaliser, soit une actualisation de l'évaluation environnementale, soit une nouvelle évaluation environnementale [8]. Le rapport sur les incidences environnementales devra être mis à jour en conséquence [9].

1. C. urb., art. L. 102-8, al. 4.
2. C. urb., art. L. 102-9.
3. C. urb., art. L. 102-10.
4. C. urb., art. L. 102-11, al. 1er.
5. C. urb., art. L. 102-11, al. 2.
6. C. urb., art. L. 102-11, al. 3.
7. C. urb., art. L. 102-11, al. 1er.
8. V. ss nos 214.111 s.
9. V. ss no 214.311.

LIVRE

1. LES RÈGLES NATIONALES D'URBANISME

SECTION 0
ORIENTEUR

1.00 **Sommaire du livre.**

1.05 **Règles du code.** En tant que garant des intérêts nationaux, l'État a inscrit dans le code de l'urbanisme un certain nombre de prescriptions applicables sur l'ensemble du territoire. Ces règles nationales sont désignées en tant que « règles générales d'aménagement et d'urbanisme à caractère obligatoire »[1].

1.06 **Diversité des règles.** Les règles nationales sont les suivantes :

- règles du RNU ;
- règles propres au littoral ;
- règles propres aux zones de montagne ;
- règles applicables à proximité des aérodromes ;
- règles applicables aux espaces protégés ;
- règles particulières relatives à l'implantation des activités.

1. VOIR, employant l'expression : C. urb., art. L. 123-2, al. 1er.

TITRE

11. Le règlement national d'urbanisme (RNU)

SECTION 0
ORIENTEUR

11.00 **Sommaire du titre.**

11.03 Bibliographie indicative.

Articles. AC, « Le nouveau règlement national d'urbanisme », *AJDA* 1962. 73 – R. Cristini, « Le nouveau RNU », *DAUH* 2008. 13 – G. Godfrin, « La réforme inaboutie du règlement national d'urbanisme », *Constr.-Urb.* 2007, ét. 3 – V. Le Grand, « Le nouveau règlement national d'urbanisme », *Constr.-Urb.* 2017, ét. 2 – Y. Jégouzo et M. Bailly, « Le nouveau règlement national d'urbanisme », *RD rur.* 1978. 146.

CHAPITRE

111. Présentation générale du RNU

SECTION 0 ORIENTEUR

111.00 Sommaire du chapitre.

111.03 Bibliographie indicative.

Encyclopédies. *DP constr.-urb., ét.* « Règlement national d'urbanisme » – *J.-Cl. Constr.-Urb.*, fasc. 11 : « Règles d'urbanisme applicables sur l'ensemble du territoire – Règlement national d'urbanisme », par S. Ferrari, mars 2018 ; fasc. 11-5 : « Règles d'urbanisme applicables sur l'ensemble du territoire – Règles générales d'urbanisme », par S. Ferrari, juill. 2020.

111.04 Questions essentielles.

> Quelles règles du RNU s'appliquent même en présence d'un document d'urbanisme ?

* V. s^s n°s 111.51 s.

> Quel texte prévaut lorsque s'appliquent à la fois le RNU et un document d'urbanisme local ?

* V. s^s n° 111.82

> Quel degré de contrôle le juge administratif exerce-t-il sur les règles permissives et impératives du RNU ?

* V. s^s n°s 111.131 s.

> Qu'est-ce qu'une friche ?

* V. s^s n°s 119.62 s.

SECTION 1 IDENTIFICATION DU RNU

111.11 Place dans le code. Le chapitre 1er du titre 1er du livre 1er du code de l'urbanisme est intitulé « Règlement national d'urbanisme ».

Il comprend des dispositions législatives[1] et des dispositions réglementaires[2].

111.12 Un RNU au sens strict auquel sont adjointes des dispositions législatives. En toute logique, le règlement national d'urbanisme est censé ne comprendre que des dispositions réglementaires.

Toutefois, il est également constitué de dispositions législatives. S'y trouve d'abord, et cela se conçoit parfaitement dans la mesure où il constitue sa base légale, un article qui habilite le pouvoir réglemen-

1. C. urb., art. L. 111-1 à L. 111-26.
2. C. urb., art. R. 111-1 à R. 111-53, et A. 111-1 à A. 111-10.

taire à l'édicter[1]. Y sont également présents des articles législatifs consacrant des règles de fond. Le rattachement de ces derniers au RNU soulève une difficulté tenant au fait qu'ils ne présentent pas de caractère réglementaire. Ce rattachement s'explique seulement par la raison que les règles en question ont un champ d'application national mais, au regard de l'architecture du code, ne trouvaient pas à s'insérer dans un autre chapitre de celui-ci.

Au regard de ce qui précède, on distinguera, au sein du chapitre relatif au RNU :

- d'une part le RNU au sens strict, correspondant aux dispositions réglementaires qu'il contient ;

- d'autre part les règles législatives plus ou moins artificiellement adjointes à celui-ci pour des raisons de commodité.

111.13 **119 articles.** Le RNU comprend 119 articles :
- 34 articles législatifs ;
- et 85 réglementaires.

SECTION 2

ORIGINE DU RNU

111.21 **Création (RNU au sens strict).** Le premier RNU a été édicté par le décret du 29 août 1955[2]. Il intervenait sur le fondement de l'article 91 du code de l'urbanisme et de l'habitation alors en vigueur, reconnaissant au gouvernement le pouvoir d'édicter « des règles générales applicables en dehors de la production agricole en matière d'utilisation du sol, notamment en ce qui concerne la localisation, la desserte, l'implantation et l'architecture des constructions [...] ».

Il fut remplacé par un nouveau RNU par décret du 30 novembre 1961[3,4].

111.22 **Codification (RNU au sens large).** Le RNU s'est trouvé codifié en 1973 dans un chapitre du code de l'urbanisme (chapitre 1er du titre 1er du livre 1er) intitulé « Règles générales de l'urbanisme » comprenant également des dispositions législatives[5].

Le terme « règlement national d'urbanisme » est en conséquence supprimé.

111.23 **Réformes ultérieures.** La formule « règlement national d'urbanisme » (qui, malgré sa suppression, avait continué à être utilisée par les praticiens et les auteurs) revoit le jour en 2007[6]. Elle désigne alors une section du code présente, au sein de la partie réglementaire, dans le chapitre relatif aux « Règles générales d'urbanisme ».

En 2015, le chapitre sur les « règles générales d'urbanisme » disparaît au profit d'un titre plus vaste intitulé « Règles applicables sur l'ensemble du territoire national »[7]. Ce nouveau titre, créé à l'occasion de la refonte du Livre 1er du code, comporte un chapitre sur le « Règlement national d'urbanisme ». Ce chapitre est constitué de dispositions réglementaires. Il est aussi, de façon non cohérente avec son intitulé[8], constitué de dispositions législatives correspondant aux anciennes « règles générales d'urbanisme » qui étaient présentes dans la partie législative du code.

On notera que la formule « règles générales d'urbanisme » demeure encore utilisée par des auteurs pour qualifier les règles législatives du RNU.

SECTION 3

JUSTIFICATION DU RNU

111.31 **Des règles à respecter en l'absence de documents locaux.** Le RNU a été institué pour fixer des règles s'imposant aux demandes d'utilisation du sol lorsqu'aucun document d'urbanisme n'existe au niveau local.

Cette situation n'est pas rare puisqu'aujourd'hui encore, près d'un quart des communes ne disposent ni d'un PLU, ni d'une carte communale[9].

Cette vocation supplétive du RNU explique que la plupart des règles qu'il édicte n'ont vocation à s'appliquer qu'en l'absence de réglementation locale.

1. C. urb., art. L. 111-2 – V. s[s] n° 111.41.
2. Décr. n° 55-1164, 29 août 1955 portant règlement d'administration publique pour l'application de l'article 91 du code de l'urbanisme et de l'habitation, *JO* 3 sept., p. 8816.
3. Décr. n° 61-1298, 30 nov. 1961 portant règlement d'administration publique pour l'application de l'article 91 du code de l'urbanisme et de l'habitation, *JO* 5 déc., p. 11169.
4. V. A.C., « Le nouveau règlement national d'urbanisme », *AJDA* 1962. 73.
5. Décr. n° 73-1022, 8 nov. 1973 relatif à la codification des textes législatifs concernant l'urbanisme (1re partie : Législative) et portant révision du code de l'urbanisme et de l'habitation, *JO* 13 nov., p. 12047 ; – Décr. n° 73-1023, 8 nov. 1973 portant codification des textes réglementaires concernant l'urbanisme (2e partie : Réglementaire), *JO* 13 nov., p. 12048.
6. Décr. n° 2007-18, 5 janv. 2007 pris pour l'application de l'ordonnance n° 2005-1527 du 8 décembre 2005 relative au permis de construire et aux autorisations d'urbanisme, *JO* 6 janv., n° 12, art. 1er.
7. Ord. n° 2015-1174, 23 sept. 2015 relative à la partie législative du livre Ier du code de l'urbanisme, *JO* 24 sept., n° 23 – Décr. n° 2015-1783, 28 déc. 2015 relatif à la partie réglementaire du livre Ier du code de l'urbanisme et à la modernisation du contenu du plan local d'urbanisme, *JO* 29 déc., n° 78.
8. V. s[s] n° 111.12.
9. Au 5 septembre 2024, 8 483 communes sur 35 010 [source : geoportail.fr].

SECTION 4
Base juridique du RNU au sens strict

111.41 **L'habilitation législative : article L. 111-2 du code de l'urbanisme.** Le RNU au sens strict (c'est-à-dire les dispositions réglementaires présentes dans le chapitre 1er du titre 1er du livre 1er du code de l'urbanisme) est édicté sur le fondement de l'article L. 111-2 du code de l'urbanisme, aux termes duquel : « Un décret en Conseil d'État précise les dispositions du règlement national d'urbanisme et prévoit les conditions et les procédures dans lesquelles l'autorité compétente pour délivrer le permis de construire peut accorder des dérogations aux règles édictées par ce règlement ».

L'habilitation ainsi conférée est pour le moins large.

Le Conseil d'État a estimé que les dispositions règlementaires prises sur le fondement de cette habilitation ne sont contraires ni au principe constitutionnel du droit de propriété, ni aux stipulations de l'article 1er du premier protocole additionnel à la convention européenne des droits de l'homme [1].

SECTION 5
Champ d'application du RNU au sens large

§ 1
Champ d'application territorial

A.
Règles supplétives et règles d'ordre public

111.51 **Un régime adapté à l'importance de la règle.** La plupart des dispositions du RNU présentent un caractère supplétif et, par suite, ne s'appliquent qu'en l'absence de réglementation locale.

Toutefois, certaines d'entre elles, parce qu'elles mettent en jeu des questions importantes (en particulier la sécurité ou la salubrité), s'appliquent même en présence d'une telle réglementation et, par conséquent, de façon complémentaire à celle-ci. Les auteurs les qualifient parfois de règles « d'ordre public ».

1. CE 17 mai 1991, *Quintin*, req. n° 100436, NP ; *RDP* 1991. 1429, concl. R. Abraham.

B.
Champ d'application des dispositions législatives et réglementaires du RNU

1°
Champ d'application des dispositions législatives du RNU

111.61 **Trois situations.** Le champ d'application territorial des dispositions législatives du RNU est fixé par l'article L. 111-1 du code de l'urbanisme. Celui-ci distingue trois situations.

En principe, ses dispositions s'appliquent sur « l'ensemble du territoire national » (al. 1er).

Toutefois, les articles L. 111-3 à L. 111-5 ne sont pas applicables dans les territoires où un PLU, un document d'urbanisme en tenant lieu ou une carte communale est applicable (al. 2).

Enfin, l'article L. 111-22 n'est pas applicable dans les territoires couverts par un PLU ou un document d'urbanisme en tenant lieu (al. 3).

Dans ces deux dernières hypothèses, l'existence d'un document d'urbanisme fait obstacle à l'application du RNU.

2°
Champ d'application des dispositions réglementaires du RNU

111.71 **Deux situations.** Le champ d'application territorial des dispositions réglementaires du RNU est fixé par l'article R. 111-1 du code de l'urbanisme.

Le premier alinéa prévoit l'application de principe de ces dispositions. Il en résulte qu'elles prévalent le cas échéant sur le document d'urbanisme contraire. En conséquence, une autorisation d'urbanisme doit être refusée si elle méconnaît une disposition réglementaire du RNU, alors même que le projet ne contrarie aucune disposition du PLU [2].

Par dérogation, son alinéa 2 pose que les articles R. 111-3, R. 111-5 à R. 111-19 et R. 111-28 à R. 111-30 ne sont pas applicables dans les territoires dotés d'un PLU ou d'un document d'urbanisme en tenant lieu. En présence d'un tel document, le moyen tiré de la violation des articles en cause du RNU est inopérant [3].

111.72 **Notion de document d'urbanisme tenant lieu de PLU.** Pour l'application de l'article R. 111-1,

2. CE 11 avr. 1986, *Seigneurie*, req. n° 51580, *Lebon T.* : commet une erreur manifeste le maire qui délivre le permis de construire d'une usine de traitement de viandes et déchets portant atteinte à la salubrité des lieux avoisinants en méconnaissance d'une disposition du RNU, alors même que le POS ne faisait pas obstacle à cette implantation.
3. CE 16 oct. 1996, *Catusse*, req. n° 134967, NP.

un plan sommaire d'urbanisme a été regardé comme un document d'urbanisme tenant lieu de POS[1].

En revanche, une carte communale n'a pas été considérée comme un document d'urbanisme tenant lieu de PLU[2].

C.
Hypothèses particulières

111.81 Hypothèse d'un document d'urbanisme non publié. Un document d'urbanisme non publié (et de ce fait inopposable aux tiers) équivaut à une absence de document d'urbanisme pour la mise en œuvre des articles L. 111-1 et R. 111-1[3]. Il en résulte que dans une telle hypothèse, les dispositions du RNU s'appliquent en lieu et place de ce document. Si un permis de construire a été refusé pour manquement au document d'urbanisme local (alors que celui-ci était inapplicable), le juge peut procéder à une substitution de base légale pour valider le refus au regard des dispositions du RNU.

111.82 Hypothèse dans laquelle s'appliquent à la fois le RNU et un document d'urbanisme local. Lorsque les dispositions d'un document d'urbanisme ont le même objet que celles d'un article réglementaire du RNU, la légalité du projet s'apprécie au regard du document d'urbanisme si ses exigences ne sont pas moindres que celles du RNU[4]. Le juge exerce alors un contrôle normal et non pas un contrôle restreint[5]. *A fortiori* la légalité d'un projet doit-elle s'apprécier au regard du document d'urbanisme si ses exigences sont plus strictes que celles du RNU. *A contrario*, sa légalité s'appréciera au regard du RNU si les dispositions du document d'urbanisme sont moins exigeantes que celui-ci[6]. En d'autres termes, l'administration ne dispose pas de liberté quant au choix de la norme juridique au regard de laquelle doit s'apprécier la légalité du projet : elle est tenue de confronter celui-ci à la norme la plus stricte ou, en cas d'équivalences, à celle contenue dans le document d'urbanisme.

Une conséquence particulière en a été tirée lorsque le règlement du PLU prévoit de manière détaillée le nombre de places de stationnements à réaliser et précise ainsi les exigences générales relatives au stationnement prévues par le RNU. Dans ce cas de figure, le permis de construire est regardé comme satisfaisant aux exigences du RNU dès lors qu'il impose le nombre de places prévu par le PLU[7].

111.83 PLUI. Les auteurs d'un PLUI peuvent expressément décider d'appliquer le RNU dans certaines zones U[8].

D.
Lexique national d'urbanisme

111.91 Définition des termes du RNU. Les termes utilisés par le RNU peuvent être définis par un lexique national d'urbanisme, pris par arrêté du ministre chargé de l'urbanisme[9].

Cet arrêté n'a pas encore été pris. Le ministère a seulement publié sur son site internet une « fiche technique »[10]. Celle-ci définit les termes employés par le RNU. Dans la mesure où elle n'a pas été adoptée par voie d'arrêté, cette fiche technique est dépourvue de valeur contraignante. Néanmoins, il y est parfois fait référence, à titre illustratif ou confortatif, dans les décisions du Conseil d'État et les conclusions des rapporteurs publics[11].

1. CE 20 janv. 1982, *Le Corre (Ép^x)*, req. n° 19820, *Lebon T.*
2. CE 13 juill. 2011, *Min. Écologie, Développement durable, Transports et Logement*, req. n° 335066, *Lebon T. ; BJDU* 2011. 271, concl. C. Landais.
3. CE 7 juill. 1976, *Arnaud (Ép^x)*, req. n° 00034 ; *JCP* 1977. II. 18596, note Liet-Veaux.
4. CE 20 avr. 2005, *S^{té} Bouygues Télécom*, req. n° 248233, *Lebon T. ;* – CE 19 juin 2015, *Grands magasins de La Samaritaine-Maison Ernest Cognacq et ville de Paris*, req. n° 387061, *Lebon T. ;* – CE 28 déc. 2018, *Assoc. du Vajra Triomphant Mandarom Aumisme*, req. n° 402321, *Lebon T.*, arrêt affirmant : « Dès lors que les dispositions du règlement d'un plan d'occupation des sols ou d'un plan local d'urbanisme ont le même objet que celles d'un article du code de l'urbanisme posant des règles nationales d'urbanisme et posent des exigences qui ne sont pas moindres, c'est par rapport aux dispositions du règlement du plan d'occupation des sols que doit être appréciée la légalité d'une décision délivrant ou refusant une autorisation d'urbanisme ».
5. CE 20 avr. 2005, *S^{té} Bouygues Télécom*, req. n° 248233, *Lebon T. ;* – CE 20 mars 2013, *Franzolini*, req. n° 348532, NP : les dispositions du POS ayant le même objet que celles de l'article R. 111-27 du code de l'urbanisme et posant, eu égard aux caractéristiques de la zone à laquelle elles s'appliquent, des exigences qui ne sont pas moindres, « c'est par rapport aux dispositions du règlement du plan d'occupation des sols que la cour devait apprécier la légalité de la décision attaquée, en opérant un plein contrôle du respect, par le projet de construction, du caractère de son environnement ».
6. CE 24 mars 2017, *S^{té} Free Mobile*, req. n° 404378, NP.
7. CE 29 oct. 2012, *Assoc. cultures et citoyenneté de Marne-la-Vallée*, req. n° 332257, *Lebon T. ; BJDU* 2013/3. 185, concl. C. Legras. En l'espèce, en l'absence de moyen tiré de ce que le PLU n'aurait lui-même pas adéquatement apprécié les besoins de stationnement mentionnés par le RNU, le juge ne peut qu'écarter le moyen tiré de ce que le permis qui satisfait aux exigences du PLU serait entaché d'erreur d'appréciation au regard des besoins de stationnement fixés par le RNU.
8. V. s^s n°s 231.571 s.
9. C. urb., art. R. 111-1, al. 3.
10. Fiche technique n° 13, « Lexique national d'urbanisme », 27 juin 2017 [en ligne : cerema.fr].
11. Par. ex. : CE 3 août 2022, *S^{té} RB Group*, req. n° 459436, NP.

§ 2
Champ d'application matériel

111.101 **Autorisations concernées.** L'article R. 111-1 du code de l'urbanisme prévoit que le RNU est applicable aux constructions et aménagements faisant l'objet :

- d'un permis de construire ;
- d'un permis d'aménager ;
- d'une déclaration préalable ;
- ainsi qu'aux « autres utilisations du sol » régies par le code de l'urbanisme.

111.102 **Autorisations non concernées.** Le RNU ne s'applique pas aux permis de démolir, non mentionnés à l'article R. 111-1[1].

SECTION 6
DISTINCTION ENTRE LES RÈGLES IMPÉRATIVES ET LES RÈGLES PERMISSIVES

111.111 **Deux catégories de règles.** Le RNU est constitué de deux règles de nature différente : d'une part les règles impératives, d'autre part les règles permissives.

§ 1
Deux types de règles conférant à l'administration un pouvoir différent

111.121 **Règles impératives.** Certaines règles du RNU sont dites impératives. Cela signifie que l'administration est tenue de refuser un projet s'il ne répond pas aux conditions posées par celles-ci.

La nature de règle impérative ressort de la rédaction qui lui est donnée par le code, sous la forme d'un devoir ou d'une interdiction.

Peut être mentionné, à titre d'exemple, l'article R. 111-9 du code de l'urbanisme, prévoyant que : « Lorsque le projet prévoit des bâtiments à usage d'habitation, ceux-ci doivent être desservis par un réseau de distribution d'eau potable sous pression raccordé aux réseaux publics ».

111.122 **Règles permissives.** L'essentiel des règles du RNU sont dites permissives. L'expression peut être trompeuse. Elle ne signifie pas que l'administration est libre d'en écarter l'application. Elle exprime en revanche l'idée que l'autorité administrative dispose d'un large pouvoir d'appréciation dans leur mise en œuvre : soit refuser le projet s'il ne peut être « sauvé » par la définition de prescriptions, soit l'autoriser en assortissant l'autorisation de prescriptions.

La nature de règle permissive ressort de la rédaction retenue, qui confère à l'autorité saisie de la demande d'autorisation un pouvoir d'adapter la norme en fonction des circonstances. Tel est le cas par exemple de l'article R. 111-27 du code de l'urbanisme, aux termes duquel : « Le projet peut être refusé ou n'être accepté que sous réserve de l'observation de prescriptions spéciales si les constructions [...] sont de nature à porter atteinte au caractère ou à l'intérêt des lieux avoisinants [...] ».

Il appartient à l'administration d'exercer ce pouvoir d'appréciation en tenant compte principalement de deux exigences. D'une part, les normes permissives ne permettent pas à l'administration de déroger à l'exigence d'une appréciation des demandes au cas par cas. Aussi ne peut-elle par exemple fonder un refus sur une prétendue impossibilité d'autoriser toute construction dans un site[2]. D'autre part, l'administration est tenue de vérifier si le projet, par lui-même contraire à une norme permissive, peut le cas échéant être autorisé en assortissant l'autorisation de prescriptions[3].

§ 2
Conséquences de la distinction sur le degré de contrôle du juge

111.131 **Règles permissives.** Saisi d'un moyen tiré de la méconnaissance d'une règle permissive, le juge exerce un contrôle asymétrique :

- contrôle normal sur les décisions de refus[4] ;
- contrôle restreint sur les autorisations[5].

111.132 **Règles impératives.** L'administration ne disposant pas de pouvoir d'appréciation pour la mise en œuvre des dispositions impératives du RNU, le juge exerce un contrôle normal sur celles-ci[6].

1. CAA Bordeaux, 5 avr. 2016, *D^pt^ de la Dordogne*, req. n° 14BX01555, NP (à propos de l'article R. 111-2).
2. CE 22 oct. 1982, *Le Queau*, req. n° 31661, *Lebon T.* Si les dispositions alors applicables du RNU permettent à l'administration de refuser un permis de construire si la construction est, notamment par sa situation, de nature à porter atteinte à la qualité d'un site, le préfet commet une erreur de droit en fondant son refus sur une prétendue impossibilité d'autoriser une quelconque construction sur la falaise et en négligeant ainsi de procéder à l'examen particulier du projet de construction qui lui était présenté (préfet ayant estimé, pour refuser le permis de construire une maison d'habitation sur une falaise, que « toute construction à cet endroit, par sa situation, serait de nature à porter atteinte à la qualité du site côtier »).
3. Le cas de l'article R. 111-2 est à cet égard significatif ; – V. s^s^ n° 112.436.
4. PAR EX. : CE 12 mai 1989, *Min. Équipement et Logement c/ SCI Azur Parc*, req. n° 96665, NP.
5. CE, ass., 29 mars 1968, *S^té^ du lotissement de la plage de Pampelonne*, req. n° 59004, *Lebon* 211, concl. Vught.
6. CE 3 févr. 1978, *Meppiel*, req. n° 4469, *Lebon*.

SECTION 7

NOTION DE FRICHE

§ 1

Définition législative

111.141 Définition. Créé par la loi Climat, l'article L. 111-26 donne une définition de la « friche » au sens du code de l'urbanisme[1]. Au sens de ce code, la notion de friche correspond à[2] :

– « tout bien ou droit immobilier » ;

– « bâti ou non bâti » ;

– « inutilisé » ;

– « et dont l'état, la configuration ou l'occupation totale ou partielle ne permet pas un réemploi sans un aménagement ou des travaux préalables ».

§ 2

Précisions réglementaires

111.151 Identification. Pour identifier une friche au sens des critères prévus par l'article L. 111-26, il est tenu compte notamment de l'un ou des éléments suivants[3] :

– une concentration élevée de logements vacants ou d'habitats indignes (1°) ;

– un ou des locaux ou équipements vacants ou dégradés en particulier à la suite d'une cessation définitive d'activités (2°) ;

– une pollution identifiée pour laquelle son responsable ou l'exploitant du site, son ayant-droit ou celui qui s'est substitué à lui a disparu ou est insolvable (3°) ;

– un coût significatif pour son réemploi voire un déséquilibre financier probable entre les dépenses d'acquisition et d'interventions, d'une part et le prix du marché pour le type de biens concernés, ou compte tenu du changement d'usage envisagé, d'autre part (4°).

111.152 Réemploi. L'aménagement ou les travaux préalables au réemploi d'un bien au sens de l'article L. 111-26 s'entendent comme les interventions permettant la remise en état, la réhabilitation ou la transformation du bien concerné[4].

Une activité autorisée à titre transitoire avant un réemploi prévu n'est pas de nature à remettre en cause la qualification d'une friche[5].

111.153 Terrains agricoles. Ne peuvent être considérés comme des friches au sens du code de l'urbanisme les terrains non bâtis à usage ou à vocation agricole ou forestier[6].

111.154 Inventaire. Les inventaires comprenant des données et cartographies relatives aux friches qui sont établis et mis à disposition par l'État, une collectivité territoriale ou son groupement, un établissement public ou une agence d'urbanisme sont réalisés d'après les standards du Conseil national de l'information géolocalisée[7].

Ces inventaires permettent d'alimenter un inventaire national des friches[8].

§ 3

Certificat de projet

111.161 Expérimentation. La loi Climat a prévu que, à titre expérimental et pour une durée de trois ans, le préfet peut établir un certificat de projet à la demande du porteur d'un projet intégralement situé sur une friche et soumis, pour la réalisation de son projet, à une ou plusieurs autorisations au titre du code de l'urbanisme, du code de l'environnement, du CCH, du CRPM, du code forestier, du code du patrimoine, du code de commerce et du code minier[9]. Son régime est fixé par l'article 212 de la loi Climat et par un décret d'application adopté en 2024[10]. L'expérimentation court à compter du 1er juin 2024.

Le certificat de projet a pour objet d'informer le porteur de projet sur les règles juridiques applicables à l'opération qu'il envisage de réaliser.

1. V. P. Durand, « Les friches industrielles », *DAUH* 2022. 53.
2. C. urb., art. L. 111-26 ; créé par L. n° 2021-1104, 22 août 2021.
3. C. urb., art. D. 111-54, I ; créé par décr. n° 2023-1259, 26 déc. 2023.
4. C. urb., art. D. 111-54, II, al. 1er.
5. C. urb., art. D. 111-54, II, al. 2.
6. C. urb., art. D. 111-54, III.
7. C. urb., art. D. 111-55, al. 1er ; créé par décr. n° 2023-1259, 26 déc. 2023.
8. C. urb., art. D. 111-55, al. 2.
9. L. n° 2021-1104, 22 août 2021, art. 212.
10. Décr. n° 2024-452, 21 mai 2024.

CHAPITRE

112. Règles du RNU relatives à la localisation, l'implantation et la desserte des constructions

SECTION 0
ORIENTEUR

112.00 **Sommaire du chapitre.**

112.01 **Textes applicables.**

• **C. urb.**

art. R. 111-2 s.

art. L. 111-3 s.

112.03 **Bibliographie indicative.**

Encyclopédies. *DP constr.-urb., ét.* : « Règlement national d'urbanisme » ; ét. : « Constructibilité limitée » – *J.-Cl. Constr.-Urb.*, fasc. 11 : « Règles d'urbanisme applicables sur l'ensemble du territoire – Règlement national d'urbanisme », par S. Ferrari, mars 2018 ; fasc. 11-5 : « Règles d'urbanisme applicables sur l'ensemble du territoire – Règles générales d'urbanisme », par S. Ferrari, juill. 2020 ; fasc. 7-30 : « Règles d'urbanisme applicables sur l'ensemble du territoire – Règle de la constructibilité limitée », par S. Ferrari, juill. 2020.

> Articles

Constructibilité limitée. C. Debouy, « Les outils de la protection des terres agricoles en milieu périurbain », *AJDA* 2011. 1419 – G. Godfrin, « La gestion économe du sol », *Constr.-Urb.* 2010, ét. 10 – P. Hocreitère, « Les aménagements à la règle de constructibilité limitée et aux cartes communales », *RFDA* 1987. 11 – H.-G. Hubrecht, « La constructibilité limitée en 1986 : l'adoption d'une nouvelle conception de la planification urbaine », *Droit et ville* 1987, n° 23, p. 146 – H. Périnet-Marquet, « La réforme de la règle de constructibilité limitée », *Defrénois* 1987. 148 – P. Soler-Couteaux, « Le renforcement des outils de lutte contre la consommation foncière et l'étalement urbain », *RDI* 2014. 376 – S. Traore, « Loi ALUR : la réforme de la règle de "l'urbanisation limitée" », *JCP Adm.* 2014, n° 2255 – Ph. Juen, « L'imprévisible application du principe de constructibilité limité est-elle encore acceptable au regard des enjeux de la lutte contre l'artificialisation ? », *JCP Adm.* 2024, n° 2142.

Inconstructibilité le long des grands axes routiers. P. Planchet, « L'article L. 111-1-4 du Code de l'urbanisme : une nouvelle contrainte d'urbanisme », *RFDA* 1998. 828.

112.04 **Questions essentielles.**

> Lorsque la commune n'est pas couverte par un PLU ou une carte communale, quelles sont les possibilités de construire en dehors des parties urbanisées ?

* V. ss nos 112.121 s.

> Peut-on construire dans une zone inondable ?

* V. ss nos 112.461 s.

> Peut-on construire sur un terrain enclavé ?

* V. ss n° 112.585

> Où une construction peut-elle être implantée par rapport à la voie et aux propriétés qui l'entourent ?

* V. ss nos 112.831 s.

112.05 **Une trentaine d'articles.** Les règles du RNU relatives à la localisation, l'implantation et la desserte des constructions et des aménagements se composent d'une trentaine d'articles. Ceux-ci définissent quatre types de règles.

112.06 **Règles relatives à la localisation.** Une première série de règles concerne la localisation des constructions. Celles-ci interdisent ou limitent la construction dans certaines zones si la commune n'est pas couverte par un document d'urbanisme :

– constructibilité limitée dans les parties non urbanisées de la commune ;

– inconstructibilité aux abords des grands axes routiers ;

– constructibilité limitée si le projet est de nature à favoriser une urbanisation dispersée incompatible avec la vocation des espaces naturels environnants, à compromettre les activités agricoles ou forestières ou à compromettre l'exploitation de ressources minières ;

– constructibilité limitée si le projet est susceptible d'être exposé à des nuisances graves.

112.07 Règles relatives à la desserte. Une deuxième série de règles porte sur la desserte des constructions, en particulier l'alimentation en eau potable et la desserte par des voies publiques.

112.08 Règles relatives à l'implantation. Une troisième série de règles concerne l'implantation des constructions : distance par rapport au fonds voisin, par rapport à la route, etc.

112.09 Autres règles. Une quatrième série de règles présente un caractère plus divers. Justifiées par des préoccupations d'ordre public ou d'intérêt général, elles concernent :

– la salubrité et la sécurité publiques ;

– la protection des sites archéologiques ;

– les espaces verts et aires de jeu ;

– l'impact des constructions sur la réalisation d'équipements publics.

SECTION 1
CONSTRUCTIBILITÉ LIMITÉE AUX ESPACES URBANISÉS

112.11 Règle de la constructibilité limitée. La première règle relative à la localisation des constructions est celle de la constructibilité limitée. Cette règle est posée à l'article L. 111-3 du code de l'urbanisme, aux termes duquel : « En l'absence de plan local d'urbanisme, de tout document d'urbanisme en tenant lieu ou de carte communale, les constructions ne peuvent être autorisées que dans les parties urbanisées de la commune ».

112.12 Origine et objectifs. La règle de la constructibilité limitée est particulièrement restrictive. Elle a été instituée en 1983 [1] avec deux objectifs toujours d'actualité [2] :

– d'une part, lutter contre le mitage ;

– d'autre part, inciter les communes à se doter d'un document d'urbanisme.

En effet, en l'absence d'un tel document, l'application de cette règle conduit à restreindre fortement les possibilités de construction en dehors des espaces déjà urbanisés, et ce faisant la liberté des communes d'autoriser des constructions là où elles le souhaitent.

§ 1
À quelles conditions s'appliquent la règle de la constructibilité limitée ?

112.21 Deux conditions. Il résulte des dispositions de l'article L. 111-3 que la règle de la constructibilité qu'elles posent s'applique à deux conditions :

– d'une part la commune n'est pas couverte par un document d'urbanisme ;

– d'autre part le secteur sur lequel porte le projet ne se trouve pas encore urbanisé.

A.
Première condition : commune non couverte par un document d'urbanisme

112.31 Les documents concernés. La règle de la constructibilité limitée ayant pour objectif principal d'inciter les communes à se doter d'un document d'urbanisme, elle ne s'applique qu'en l'absence d'un tel document.

Plus précisément, l'article L. 111-3 mentionne trois types de documents :

– le plan local d'urbanisme [3] ;

– tout document d'urbanisme tenant lieu de PLU ;

– la carte communale [4].

112.32 Notion de document d'urbanisme tenant lieu de PLU. La notion de document d'urbanisme tenant lieu de PLU semble aujourd'hui se limiter aux seuls plans de sauvegarde et de mise en valeur (PSMV).

Un arrêté de protection des sites à l'intérieur d'un espace naturel sensible [5] n'est pas considéré comme un document d'urbanisme tenant lieu de PLU [6].

112.33 Hypothèse de l'annulation d'un PLU et cas où une autorisation de lotir a été délivrée. L'annulation ou la déclaration d'illégalité d'un PLU, d'un document d'urbanisme en tenant lieu ou d'une

1. L. n° 83-8, 7 janv. 1983 relative à la répartition de compétences entre les communes, les départements, les régions et l'État, *JO* 9 janv., p. 215, art. 38.
2. Rép. min. n° 104578, *JOAN Q* 24 mai 2011, p. 5434.
3. PAR EX. : CAA Versailles, 29 juin 2017, *Assoc. Deux Rives Environnement et Services Publics*, req. n° 16VE00489, NP : inapplication de la règle en l'espèce, la commune étant dotée d'un PLU.
4. PAR EX. : CE 15 avr. 2016, *Murat*, req. n° 390113, *Lebon T.* : inapplication de la règle dans les communes dotées d'une carte communale.
5. V. s^{s} n° 152.53.
6. CE 5 juill. 1993, *Le Bail*, req. n° 107166, *Lebon T.* ; *BJDU* 1994. 17, concl. C. Vigouroux.

carte communale a pour effet de remettre en vigueur le document d'urbanisme immédiatement antérieur[1]. Celui-ci fera en conséquence obstacle à l'application de la règle de la constructibilité limitée. Toutefois, dans les hypothèses où il n'existe pas de document antérieur, où le document antérieur a été annulé ou a été déclaré illégal, l'article L. 111-3 trouvera - faute de document d'urbanisme - à s'appliquer. Il interdira ainsi la construction en dehors des parties urbanisées.

Une cour a néanmoins jugé qu'il en va différemment lorsque le terrain se trouve compris dans le périmètre d'un lotissement, si l'autorisation de lotir est devenue définitive et continue de produire ses effets. La cour administrative d'appel de Paris a ainsi jugé que si cette autorisation « ne crée en elle-même aucun droit à construire, elle a pour effet de conférer au terrain en cause une constructibilité faisant obstacle au rétablissement des règles relatives à la constructibilité limitée [...] »[2].

B.
Seconde condition : secteur non urbanisé

112.41 Notion de parties urbanisées. La règle édictée par l'article L. 111-3 du code de l'urbanisme ne s'applique qu'en dehors des « parties urbanisées de la commune » (jusqu'en 2015, le code parlait de « parties actuellement urbanisées » ou PAU).

112.42 Souplesse dans l'appréhension de la notion. La notion de « parties urbanisées » n'est définie ni par la loi ni par la jurisprudence.

S'agissant de la loi, le parlement a choisi de ne pas poser de définition ni de critères, ce afin de laisser aux autorités locales un certain pouvoir pour l'apprécier au niveau local.

Concernant la jurisprudence, le caractère éminemment factuel de la notion conduit, d'une part, à ne pas l'enserrer dans des critères trop précis et, d'autre part, à laisser au juge du fond le soin de l'apprécier au cas par cas. La notion, qui relève de leur appréciation souveraine, n'est ainsi pas susceptible d'être discutée devant le juge de cassation[3]. Ce dernier contrôle seulement l'erreur matérielle des faits, la dénaturation et l'erreur de droit.

Il résulte de cette souplesse dans l'appréhension de la notion une certaine difficulté à la systématiser. Le juge combine en effet différents critères en pondérant leur importance respective en fonction des caractéristiques des lieux.

112.43 Approche du juge. Le juge articule différents critères pour caractériser ou non un espace comme urbanisé[4].

Il appréhende principalement la notion de partie urbanisée en se fondant sur deux critères, puis affine au besoin son analyse en recourant à des critères complémentaires[5].

Comme l'indiquait le président Combrexelle, « les solutions retenues résultent de la combinaison de différents critères dont la pondération par le juge dépend beaucoup des circonstances de l'espèce et du souci de respecter l'intention du législateur d'empêcher une urbanisation dispersée »[6].

1°
Deux critères principaux

112.51 État du bâti et localisation du projet. Le juge se base principalement sur deux critères pour apprécier si le terrain concerné relève des « parties urbanisées » de la commune, entendues comme celles « qui comportent déjà un nombre et une densité significatifs de constructions »[7] : d'une part le nombre de constructions alentour, d'autre part la distance qui sépare le terrain du bourg ou d'un hameau[8].

112.52 Preuve par tout moyen. Le requérant peut justifier par tout moyen qu'il satisfait à ces critères, en particulier en produisant le plan cadastral et des photographies[9]. Exceptionnellement, le juge procèdera à une visite des lieux[10].

1. V. s^s n° 621.341.
2. CAA Paris, 15 févr. 2001, *Mesnil-le-Roi (C^ne)*, req. n° 99PA03161, NP ; *BJDU* 2001. 322, concl. J.-Y. Barbillon.
3. CE 26 juill. 1996, *Pruvost*, req. n° 160065, *Lebon* 314 ; *BJDU* 1996. 290, concl. J.-D. Combrexelle.
4. VOIR, énonçant ces critères : CAA Bordeaux, 1er mars 2018, *Biriatou (C^ne)*, req. n° 17BX02344, NP (arrêt devenu définitif en l'absence d'admission du pourvoi formé à son encontre : CE 5 avr. 2019, req. n° 420279, NP) : « Pour apprécier si un projet a pour effet d'étendre la partie actuellement urbanisée de la commune, il est notamment tenu compte pour l'application de ces dispositions de la géographie des lieux, de la desserte par des voies d'accès, de la proximité avec les constructions existantes situées dans les parties urbanisées de la commune, du nombre et de la densité des constructions projetées, du sens du développement de l'urbanisation, ainsi que de l'existence de coupures d'urbanisation, qu'elles soient naturelles ou artificielles » (p^t 9).
5. POUR UN EX. d'arrêt combinant de nombreux critères : CE 2 mars 1994, *Larrouy*, req. n° 140198, NP.
6. J.-D. Combrexelle, concl. sur CE 26 juill. 1996, *Pruvost*, req. n° 160065, *BJDU* 1996. 290.
7. CE 29 mars 2017, *Saint-Bauzille-de-Putois (C^ne)*, req. n° 393730, *Lebon T.*
8. VOIR, mentionnant les deux critères : CE 27 juin 1997, *Amsellem*, req. n° 163008, NP : arrêt affirmant « qu'en retenant, pour l'application des dispositions susmentionnées [...], un critère tiré, d'une part, de la distance qui séparait le terrain concerné du bourg, d'autre part, de l'insuffisance du nombre de constructions alentour, la cour n'a pas commis d'erreur de droit ».
9. PAR EX. : CE 30 oct. 1996, *Sengler*, req. n° 135442, NP.
10. PAR EX. : CE 18 oct. 2002, *Turbe*, req. n° 236338, NP – CE 28 janv. 1987, *Jouffray*, req. n° 67681, NP.

a.
Nombre de constructions

112.61 **Un secteur construit un minimum.** Pour la mise en œuvre de l'article L. 111-3, le juge ne retient pas une conception exigeante de la notion d'urbanisation. Celle-ci ne se limite pas au seul bourg. Elle s'étend également à un ensemble de constructions formant un hameau.

Ainsi, le juge se base sur l'état du bâti pour déterminer si le secteur considéré peut être regardé comme « urbanisé ». Aucune difficulté ne se pose dans deux cas extrêmes : d'une part le bourg, d'autre part les secteurs vides de toute construction. La difficulté intervient entre les deux, lorsqu'il s'agit de déterminer si plusieurs constructions forment un hameau.

112.62 **Premier cas de figure : le bourg.** En raison du nombre de constructions qu'il comporte et de la densité de celles-ci, le bourg relève par hypothèse des « parties urbanisées » de la commune.

112.63 **Deuxième cas de figure : l'absence de constructions.** Le deuxième cas de figure est tout aussi simple que le précédent : il correspond à l'absence de toute construction. Une telle zone est par nature extérieure aux « parties urbanisées » de la commune[1].

112.64 **Troisième cas de figure : quelques constructions.** Le troisième cas de figure est le plus délicat. Il correspond au secteur dans lequel se trouvent quelques constructions. Ce secteur sera regardé comme urbanisé si, ensembles, ces constructions forment un hameau.

Deux questions se posent à cet égard : combien de constructions sont nécessaires pour caractériser un hameau, et avec quel espacement entre celles-ci ?

Sur ces deux points, la jurisprudence est particulièrement casuistique.

S'agissant du premier, la plupart des décisions se contentent de souligner le nombre « insuffisant » de constructions[2], ou au contraire « suffisant »[3] (notamment dans le cas d'un lotissement)[4]. Une dizaine de maisons peuvent suffire[5].

Sur le second point, le juge exige que les constructions en cause soient groupées[6]. Cette exigence n'est pas satisfaite dans le cas :

– de trois constructions édifiées « de façon dispersée »[7] ;

– de quatre habitations dispersées de part et d'autre d'une route[8] ;

– « de quelques constructions isolées »[9] ;

– « de quelques constructions éparses »[10] ;

– de « quelques fermes ou maisons d'habitation » « disséminées »[11].

Elle est en revanche satisfaite dans le cas :

– d'un lieu-dit qui « regroupe » un nombre suffisant de constructions « le long d'une route départementale et des deux côtés de cette voie »[12] ;

– d'un secteur « où se trouvait déjà regroupé un nombre suffisant d'habitations »[13].

Si des constructions sont en cours, il convient de les prendre en compte[14].

Il arrive, pour de gros projets, que la notion de « parties urbanisées » soit appréciée à l'échelle non pas d'une commune mais le cas échéant également des communes limitrophes également concernées par celui-ci[15].

b.
Localisation du terrain

112.71 **Proximité avec la zone urbanisée et insertion dans celle-ci.** Il ne suffit pas d'identifier une zone comprenant des constructions. Il faut aussi que le terrain d'assiette du projet soit compris dans celle-ci ou, s'il se trouve en bordure de cette zone, puisse s'y intégrer.

En effet, la règle posée en 1983 est stricte et a été voulue comme telle : le texte de l'article L. 111-3 ne permet de nouvelles constructions que « dans » les parties urbanisées. Elle autorise une densification de l'urbanisation, pas une extension de celle-ci. Comme l'a posée la jurisprudence (assez tardivement d'ailleurs), la règle de la constructibilité limitée s'oppose à la réalisation des constructions qui ont pour effet « d'étendre » la partie urbanisée de la commune[16].

1. CE 10 juin 1992, *Accard*, req. n° 75095, NP.
2. CE 27 juin 1997, *Amsellem*, req. n° 163008, NP.
3. CE 30 oct. 1987, *Cadel*, req. n° 81236, *Lebon T.* ; – CE 22 mars 1991, *Velay*, req. n° 86811, NP ; – CE 25 avr. 1990, *Cuenin*, req. n° 86908, NP – CE 20 sept. 1991, *Peccoux*, req. n° 96501, NP.
4. CAA Nancy, 24 mars 1994, *Bongni*, req. n° 92NC00873, NP : soulignant que le lotissement « est composé d'un nombre suffisant d'habitations ».
5. CE 21 juin 1989, *Ronat*, req. n° 85604, NP.
6. CE 11 juill. 1988, *Min. Équipement c/Bricaud*, req. n° 85210, NP : évoquant « un secteur de constructions agglomérées ».
7. CE 27 avr. 1994, *Sollières-Sardières (Cne)*, req. n° 108061, NP.
8. VOIR, à l'aune des conclusions du commissaire du gouvernement (dernier paragraphe de celles-ci) : CE 14 déc. 1992, *Lanson*, req. n° 130261, *Lebon T.* ; *RFDA* 1993. 791, concl. S. Lasvignes.
9. CE 13 oct. 1993, *Garigout*, req. n° 131824, NP.
10. CE 30 oct. 1996, *Sengler*, req. n° 135442, NP.
11. CE 23 févr. 1990, *Boucharcourd*, req. n° 79728, NP.
12. CAA Lyon, 20 janv. 1998, *Romeas*, req. n° 97LY02011, NP.
13. CE 7 déc. 1990, *Bouvier*, req. n° 83454, NP – DANS LE MÊME SENS : CE 25 avr. 1990, *Cuenin*, req. n° 86908, NP.
14. CE 18 oct. 2002, *Turbe*, req. n° 236338, NP.
15. CE 29 juin 2005, *Sté Semmaris et min. Équipement, Transports, Aménagement du territoire, Tourisme et Mer*, req. n° 262328, *Lebon* ; *BJDU* 2005. 274, concl. F. Seners, obs. J.-C. B.
16. CE 29 mars 2017, *Saint-Bauzille-de-Putois (Cne)*, req. n° 393730, *Lebon T.*

112.72 **Premier élément : un terrain situé dans une zone urbanisée ou à proximité de celle-ci.** Le terrain doit se trouver à l'intérieur de la zone urbanisée ou à proximité immédiate de celle-ci.

Tel est le cas s'il se trouve situé :

- « en bordure » d'un secteur de constructions agglomérées [1] ;
- « à proximité immédiate » de celui-ci [2] ;
- ou qu'il le « jouxte » [3] ;
- « à la périphérie du bourg [...] et à proximité d'autres bâtiments » [4] ;
- « à moins de 100 mètres du bourg » avec plusieurs maisons « implantées à proximité immédiate » [5] ;
- « à proximité du centre de l'agglomération » [6].

Tel n'est pas le cas pour un terrain :

- « situé à l'écart du hameau [...] et séparé de celui-ci par une zone de jardins » [7] ;
- « nettement distinct de la zone urbanisée » [8] ;
- « distant de 700 mètres du village » [9] ;
- situé « à plus de 350 m du hameau » [10] ;
- « distant de plus de cent cinquante mètres de l'agglomération » [11].

112.73 **Second élément : un terrain s'insérant dans la zone urbanisée.** Quatre indices permettent d'apprécier l'insertion du terrain dans la partie urbanisée de la commune.

Le premier tient à ce que le projet de construction s'inscrit dans la continuité de l'urbanisation existante, ou au contraire en rupture avec celle-ci. La continuité a par exemple été reconnue à une parcelle n'occupant pas « un compartiment de terrain nettement différent » des parties urbanisées, bien qu'elles soient situées de l'autre côté d'une voie communale [12] ou d'un chemin départemental [13]. En revanche, ont été regardées comme des ruptures d'urbanisme, naturelles ou artificielles, la séparation des parties urbanisées :

- « par une zone de jardins » [14] ;
- « par une dénivellation de terrain d'environ 40 mètres et par une voie ferrée » [15] ;
- « par un chemin départemental et par un ruisseau » [16] ;
- par une voie de circulation [17] ;
- par un pont surplombant un ruisseau [18] ;
- « par une bande de terrain naturel d'environ 100 mètres » [19] ;
- « par des chemins qui, même privés, servent à relier ces habitations et délimitent des compartiments de terrain nettement différenciés qui marquent une rupture de continuité avec elles » [20].

Le deuxième indice pris en compte pour apprécier l'insertion du projet réside dans le sens dans lequel se développe le mouvement d'urbanisation [21].

Le troisième indice tient à ce que le terrain se trouve ou non entouré de parcelles déjà construites. Ainsi, dans le cas d'un permis de construire quatre entrepôts agroalimentaires, le juge relève que la zone d'implantation « est une friche partiellement viabilisée, entourée sur ses trois côtés par le marché d'intérêt national, sur la commune de Chevilly-Larue, par des habitations individuelles et des ateliers municipaux sur la commune de Rungis et, enfin, par une zone industrielle et des équipements sportifs sur la commune de Fresnes ; qu'elle doit être regardée comme "une partie actuellement urbanisée" de ces trois communes » [22]. Relève également des parties urbanisées de la commune une parcelle située au centre de la commune, « voisine sur trois côtés de parcelles déjà construites », même si elle jouxte « aussi un terrain à l'état champêtre » [23]. En revanche, un terrain « distant de 700 mètres du village [...] est situé en dehors des parties actuellement urbanisées de la commune » sans que cette qualification doive être remise en cause par « la circonstance qu'une construction, d'ailleurs unique, ait été autorisée juste à proximité quinze ans auparavant » [24].

1. CE 11 juill. 1988, *Min. Équipement c/Bricaud*, req. n° 85210, NP.
2. CE 20 sept. 1991, *Peccoux*, req. n° 96501, NP ; – CE 10 juin 1992, Préfet du Jura, req. n° 96537, NP.
3. CE 18 oct. 2002, *Turbe*, req. n° 236338, NP.
4. CE 20 mars 1992, *Jacquot*, req. n° 111606, NP.
5. CE 27 mai 1994, *Visine*, req. n° 139013, NP.
6. CE 7 déc. 1990, *Bouvier*, req. n° 83454, NP.
7. CE 27 avr. 1994, *Sollières-Sardières (Cne)*, req. n° 108061, NP.
8. CE 18 oct. 2002, *Turbe*, req. n° 236338, NP.
9. CE 5 janv. 1994, *Rennesson*, req. n° 136744, NP.
10. CE 19 nov. 1993, *Houllemare*, req. n° 125030, *Lebon T.*
11. CE 13 oct. 1993, *Garigout*, req. n° 131824, NP.
12. CE 27 mai 1994, *Visine*, req. n° 139013, NP.
13. CE 21 juin 1989, *Ronat*, req. n° 85604, NP : à propos d'une dizaine de maisons situées à moins de 200 mètres.
14. CE 27 avr. 1994, *Sollières-Sardières (Cne)*, req. n° 108061, NP.
15. CE 6 avr. 1990, *Montana*, req. n° 103293, NP.
16. CE 12 févr. 1990, *Caussade*, req. n° 83643, NP.
17. CE 4 oct. 1999, *Hays*, req. n° 108111, NP : relevant que certes, la parcelle « est desservie par l'eau et l'électricité » et « se situe en bordure d'une voie communale le long de laquelle sont disséminées quelques habitations », mais elle « se trouve du côté non urbanisé de cette voie » ; – ÉGALEMENT : CAA Lyon, 20 janv. 1998, *Romeas*, req. n° 97LY02011, NP : pas de rupture d'urbanisation, la route étant urbanisée des deux côtés.
18. CAA Marseille, 20 sept. 2007, *Cinesi*, req. n° 05MA007671, NP.
19. CAA Lyon, 15 févr. 2011, *MEDDTL c/Poncet*, req. n° 09LY02345, NP.
20. CAA Marseille, 30 mai 2013, *Rossi*, req. n° 11MA01200, NP.
21. CE 26 juill. 1996, *Pruvost*, req. n° 160065, *Lebon* 314 ; *BJDU* 1996. 290, concl. J.-D. Combrexelle : arrêt relevant « la localisation » du terrain « à l'écart de l'axe d'urbanisation qui se développe ».
22. CE 29 juin 2005, *Sté Semmaris et min. Équipement, Transports, Aménagement du territoire, Tourisme et Mer*, req. n° 262328, *Lebon ; BJDU* 2005. 274, concl. F. Seners, obs. J.-C. B.
23. CE 8 oct. 1993, *Grigny (Cne)*, req. n° 101681, NP.
24. CE 5 janv. 1994, *Rennesson*, req. n° 136744, NP.

Enfin, le quatrième indice pris en compte pour apprécier l'insertion du projet dans les parties urbanisées réside dans l'importance de celui-ci[1]. Un projet de construction impliquant une emprise modeste, telle une maison[2] ou un hangar[3], pourra être considéré comme se rattachant aux constructions déjà existantes, même s'il doit intervenir en bordure de celles-ci. Tel n'est pas le cas, en revanche, d'un vaste projet immobilier, comme la construction de huit villas[4] ou d'un complexe hôtelier[5].

112.74 **Parcelle importante.** Lorsque le projet porte sur une parcelle importante (plusieurs hectares), la proximité avec les constructions existantes s'apprécie non pas au regard des bordures du terrain mais en fonction de l'emplacement du lieu précisément choisi pour l'implantation de la construction[6].

2°
Autres critères

112.81 **Des critères complémentaires ou subsidiaires.** Les autres critères pris en compte par le juge présentent un caractère complémentaire ou subsidiaire. Ils ne sont jamais utilisés de façon autonome car, envisagés seuls, ils sont insuffisants pour conclure au caractère urbanisé ou non du secteur considéré. Le juge n'est même pas tenu d'y recourir[7]. Ils seront mobilisés, soit à titre confortatif des deux critères principaux, soit lorsque l'utilisation de ces derniers n'a pas permis de trancher à eux seuls la question (ils serviront alors d'ultimes référents pour conclure à la nature urbanisée ou non du secteur considéré).

a.
Desserte

112.91 **Desserte des constructions existantes.** Les décisions soulignent fréquemment que les habitations existantes sont desservies par des voies d'accès[8] ou encore des réseaux d'eau et d'électricité[9].

1. CE 26 juill. 1996, *Pruvost*, req. n° 160065, *Lebon*.
2. CE 27 mai 1994, *Visine*, req. n° 139013, NP.
3. CE 20 mars 1992, *Jacquot*, req. n° 111606, NP.
4. CE 9 juill. 1997, *S^té^ Colombier Associates*, req. n° 122472, NP.
5. CE 26 nov. 1990, *SA Sté hôtelière et immobilière Paris-Provence et SNC Cespo et Cie*, req. n° 87388, *Lebon T.*
6. CE 26 nov. 1990, *SA Sté hôtelière et immobilière Paris-Provence et SNC Cespo et Cie*, req. n° 87388, *Lebon T.*
7. PAR EX. : CE 18 oct. 2002, *Turbe*, req. n° 236338, NP : affirmant « que, contrairement à ce que soutient le requérant, la cour, en s'abstenant de rechercher si ces parcelles sont desservies par les réseaux publics de voirie et d'électricité pour apprécier si elles sont situées en dehors des parties actuellement urbanisées de la commune de Saint-Barthélémy, n'a pas commis d'erreur de droit ».
8. CE 30 oct. 1987, *Cadel*, req. n° 81236, *Lebon T.* ; – CE 22 mars 1991, *Velay*, req. n° 86811, NP – CE 20 sept. 1991, *Peccoux*, req. n° 96501, NP.
9. CE 25 avr. 1990, *Cuenin*, req. n° 86908, NP.

Ce critère présente toujours un caractère confortatif.

112.92 **Desserte du terrain concerné par le projet.** La desserte du terrain concerné par le projet est une condition nécessaire[10] mais elle n'est pas suffisante pour conclure que celui-ci relève d'une zone urbanisée. Ainsi, un terrain qui ne remplit pas les deux premiers critères demeure considéré comme extérieur aux parties urbanisées de la commune :

– « même si le terrain [...] était desservi par les réseaux de distribution d'eau, d'électricité et pouvait l'être, en raison de la proximité d'une voie publique, par les services de ramassage scolaire, d'enlèvement des ordures ménagères ou de lutte contre l'incendie »[11] ;

– « malgré la circonstance qu'il serait déjà desservi par des réseaux d'eau potable et d'assainissement »[12] ;

– « même si [la parcelle] est desservie par l'eau et l'électricité et si elle se situe en bordure d'une voie communale »[13].

b.
Sauvegarde d'un paysage ou du caractère rural ou agricole d'un secteur

112.101 **Géographie d'un site.** Il est possible de prendre en compte, là encore à titre complémentaire, l'insertion dans le paysage, le fait que le secteur accueille des activités agricoles ou qu'il présente un caractère rural (avec, implicitement, l'idée que ces éléments doivent être préservés).

Ainsi, ne relève pas des parties urbanisées de la commune un terrain « qui ne se trouvait pas dans la continuité immédiate d'une zone urbanisée » et qui, de surcroît, « était environné de parcelles à vocation agricole et forestière »[14].

C.
Absence d'application aux zones de montagne

112.111 **Des zones régies par les dispositions spécifiques.** L'article L. 111-3 du code de l'urbanisme ne s'applique pas aux communes classées en zones de montage. Celles-ci sont soumises à une

10. V. impl. CE 21 juin 1989, *Ronat*, req. n° 85604, NP.
11. CE 27 juin 1997, *Amsellem*, req. n° 163008, NP.
12. CE 26 nov. 1990, *SA Sté hôtelière et immobilière Paris-Provence et SNC Cespo et Cie*, req. n° 87388, *Lebon T.*
13. CE 4 oct. 1999, *Hays*, req. n° 108111, NP.
14. CE 27 janv. 1993, *Meslin*, req. n° 106055, *Lebon T.* – ÉGALEMENT, soulignant que « le terrain [...] se situe dans une zone de caractère rural » : CE 2 mars 1994, *Larrouy*, req. n° 140198, NP – AUSSI, prenant en compte ce critère à côté d'autres éléments : CAA Bordeaux, 12 mars 2013, *Min. Écologie, Développement durable, Transports et Logement*, req. n° 12BX00615, NP.

règle de constructibilité limitée spécifique[1] applicable que la commune soit ou non dotée de plan d'urbanisme[2].

§ 2
Portée de la règle : une constructibilité… limitée

112.121 Une constructibilité limitée. Comme son nom l'indique, la règle de la constructibilité « limitée » ne supprime pas totalement toute possibilité de construire. Elle l'a restreint en revanche drastiquement, l'interdiction de principe qu'elle édicte n'étant assortie que de dérogations limitées.

112.122 Appréciation de la commune. Il appartient à l'autorité administrative de raisonner en deux temps[3] :

- d'abord apprécier si le terrain d'emprise du projet se trouve, ou non, dans une partie urbanisée de la commune ;
- ensuite déterminer s'il est régi par les exceptions dont le principe d'inconstructibilité est assorti.

A.
Principe : l'inconstructibilité en dehors des parties urbanisées

112.131 Compétence liée de l'administration. L'article L. 111-3 du code de l'urbanisme emporte l'inconstructibilité des terrains situés en dehors des parties urbanisées de la commune. L'administration se trouve en situation de compétence liée pour refuser une autorisation d'occupation du sol sur ces terrains[4] (à moins bien sûr qu'ils ne relèvent de l'une des exceptions mentionnées à l'article L. 111-4[5]).

Il en va ainsi pour toutes les autorisations relatives à l'occupation ou l'utilisation du sol :

- permis de construire[6] ;
- autorisation de lotir[7] ;
- certificat d'urbanisme[8] ;
- demande d'autorisation de stationnement de caravanes[9] ;
- acte créant une ZAC[10].

112.132 Faculté de rejeter au titre de l'article R. 111-14 (urbanisation dispersée) une construction compatible avec la règle de la constructibilité limitée. La circonstance qu'une construction soit susceptible d'être autorisée sur le fondement de l'article L. 111-3 du code de l'urbanisme n'interdit pas par principe à l'autorité administrative, dès lors que la construction serait de nature à favoriser une urbanisation dispersée incompatible avec la vocation des espaces naturels environnants, de se fonder sur les dispositions de l'article R. 111-14 pour refuser de délivrer un permis de construire[11]. Ainsi, la circonstance que le terrain échappe à l'application de la règle de la constructibilité limitée ne garantit pas pour autant sa constructibilité, celle-ci pouvant être refusée au titre de l'article R. 111-14.

Cette jurisprudence, toutefois, ne paraît plus présenter de réelle importance. Elle a en effet été rendue en 2006, à un moment où le Conseil d'État estimait que l'article R. 111-14 était applicable dans les parties urbanisées de la commune. Le décret du 5 janvier 2007 ayant limité le champ de cet article aux parties non urbanisées de la commune[12], les perspectives d'interdire au titre de l'article R. 111-14 une construction qui serait autorisée sur le fondement de l'article L. 111-3 semblent particulièrement réduites.

B.
Exceptions à l'inconstructibilité

112.141 Six exceptions. L'article L. 111-4 du code de l'urbanisme mentionne six exceptions au principe de l'inconstructibilité dans les parties urbanisées de la commune. Les cinq premières sont liées à la nature de certaines constructions. La sixième résulte d'une faculté reconnue à la commune d'admettre exceptionnellement les constructions hors des parties urbanisées lorsque l'intérêt de la commune le justifie, notamment pour éviter une diminution de sa population.

1. C. urb., art. L. 122-5.
2. V. s^s n° 133.06.
3. CE 21 juill. 2009, *Min. Écologie c/Van Son*, req. n° 309501, NP.
4. CE 19 nov. 1993, *Houllemare*, req. n° 125030, *Lebon T.* – CE 17 janv. 1994, *Demesidon*, req. n° 131666, NP – CE 27 avr. 1994, *Sollières-Sardières (C^ne)*, req. n° 108061, NP.
5. CAA Bordeaux, 6 mars 2007, *Guerin*, req. n° 04BX01885, NP : *BJDU* 2007. 471, chron. E. Carpentier ; *Constr.-Urb.* 2008, n° 26, note Chambord.
6. PAR EX. : CAA Marseille, 23 nov. 2015, *SARL Casa di Petra*, req. n° 14MA00826, NP.
7. PAR EX. : CE 27 janv. 1993, *Meslin*, req. n° 106055, *Lebon T.* : compétence liée du maire pour refuser l'autorisation de lotir sollicitée pour un terrain situé hors des parties urbanisées de la commune, lorsque les constructions envisagées ne relèvent pas des exceptions prévues.
8. PAR EX. : CE 15 avr. 1996, *Coudie*, req. n° 87678, *Lebon T.* : administration tenue de délivrer un certificat d'urbanisme négatif.
9. PAR EX. : CE 28 janv. 2015, *Min. Égalité des territoires et Logement c/Gil*, req. n° 363197, *Lebon T.*
10. TA Versailles, 24 févr. 1998, *Assoc. des Propriétaires de l'Île de Migneaux*, req. n° 953023, NP.
11. CE 10 nov. 2006, *Min. Transports, Équipement, Tourisme et Mer c/Degrenne*, req. n° 283201, *Lebon T.* ; *BJDU* 2007. 64, concl. C. Verot ; *Constr.-Urb.* 2006, n° 245, note Godfrin.
12. V. s^s n° 112.382.

1°
Adaptation, changement de destination, réfection ou extension des constructions existantes

112.151 Texte. Le 1° de l'article L. 111-4 du code de l'urbanisme prévoit que peuvent être autorisés en dehors des parties urbanisées de la commune « l'adaptation, le changement de destination, la réfection, l'extension des constructions existantes ».

Cette première exception se justifie par le fait qu'elle ne modifie pas les dimensions des constructions existantes et, par suite, n'a pas pour effet d'accroître les constructions au sein d'une zone non urbanisée.

112.152 Notion de construction existante et méthode. Cette première exception suppose l'existence d'une construction sur le terrain. Elle autorise à lui apporter de légers aménagements.

Il convient de raisonner en deux temps :

- d'une part une construction est-elle présente sur le terrain ?

- d'autre part, en cas de réponse positive, les aménagements envisagés ont-ils la nature d'une adaptation, d'un changement de destination, d'une réfection ou d'une extension ?

Ne peut être considérée comme une construction existante qu'une construction suffisamment solide. Tel n'est pas le cas :

- d'une ruine[1] ;

- d'une construction de seulement environ 20 m^2 et en mauvais état[2].

En revanche, est considérée comme une construction existante « un ancien corps de ferme certes très ancien et en mauvais état mais non en ruine »[3].

112.153 Adaptation des constructions existantes. La notion d'adaptation des constructions n'a pas fait l'objet de précisions dans la jurisprudence. Elle est généralement, sinon toujours, employée en même temps que les autres notions utilisées au 1° de l'article L. 111-4 du code de l'urbanisme (réfection, changement de destination, etc.).

112.154 Changement de destination des constructions existantes. Le changement de destination d'un bâtiment est autorisé en dehors des parties urbanisées de la commune.

Cette exception a été introduite par la loi urbanisme et habitat du 2 juillet 2003[4]. Avant celle-ci, la jurisprudence avait autorisé des changements de destination en les regardant comme des « adaptations et réfection »[5].

Cette exception autorise par exemple la transformation d'un bâtiment agricole en bâtiment à usage d'habitation[6].

112.155 Réfection des constructions existantes. La réfection consiste à remettre en état une construction. Elle suppose donc l'existence d'une telle construction.

En conséquence, ne relèvent pas du champ de cette exception :

- la reconstruction totale de bâtiments en partie en ruine et désaffectés (qui avaient d'ailleurs cessé d'être imposés au titre des propriétés bâties depuis quinze ans)[7] ;

- des travaux sur des bâtiments en ruine[8] ;

- des travaux d'édification d'un bâtiment sur les fondations d'une ancienne construction[9].

En revanche, en relèvent :

- des travaux portant sur une ancienne grange, désignée dans l'acte de vente comme « maison d'habitation en mauvais état », comportant la réfection et une surélévation d'environ cinquante centimètres de la toiture, l'agrandissement des ouvertures de la façade, le percement de quelques ouvertures supplémentaires et un réaménagement des espaces intérieurs[10] ;

- « l'aménagement à usage d'habitation dans le volume préexistant d'un bâtiment dépendant d'un ancien corps de ferme certes très ancien et en mauvais état mais non en ruine »[11].

112.156 Extension des constructions existantes. L'extension n'est autorisée en dehors des parties urbanisées de la commune qu'à deux conditions.

D'une part, l'extension doit demeurer dans des proportions raisonnables. Cette exigence a été regardée comme satisfaite dans le cas des travaux qui ont pour objet de porter de 63 m^2 à 135 m^2 la surface de

1. CE 25 mars 1994, *Delmon*, req. n° 139070, NP ; – CAA Bordeaux, 17 déc. 2007, *Palm*, req. n° 05BX01811, NP : relevant qu'un cinquième des murs du bâtiment sur lequel porte le projet et la moitié de sa toiture sont détruits. Voir également les décisions mentionnées s[s] n° 112.155.
2. CAA Marseille, 20 sept. 2007, *Cinesi*, req. n° 05MA007671, NP.
3. CAA Lyon, 25 juin 1996, *Chatroux*, req. n° 94LY00375, NP.
4. L. n° 2003-590, 2 juill. 2003 urbanisme et habitat, *JO* 3 juill., n° 1, art. 34.
5. VOIR, à propos de la transformation d'une ancienne caserne en discothèque : CE 25 févr. 1998, *SCI Les Peupliers*, req. n° 159959, *Lebon* 62 : arrêt relevant que les travaux prévus, qui n'avaient pas pour effet de modifier les dimensions ou l'aspect général de la construction, consistaient seulement dans la suppression de quelques fenêtres et la modification de certains poteaux intérieurs.
6. CAA Nantes, 30 oct. 2001, req. n° 00NT00581, NP.
7. CE 13 mai 1992, *Fernandez*, req. n° 107914, NP.
8. TA Lyon, 15 juin 1990, *Voogden*, *Lebon T.* 1041.
9. TA Lyon, 15 juin 1990, *Tersigny*, req. n° 86-35.739, *Lebon T.* 1041.
10. CE 28 sept. 1994, *Min. Équipement, Transports et Tourisme*, req. n° 115541, NP : travaux regardés comme ayant pour objet « l'adaptation et la réfection d'une construction existante ».
11. CAA Lyon, 25 juin 1996, *Chatroux*, req. n° 94LY00375, NP.

plancher du bâtiment implanté sur le terrain [1] (alors même qu'ils conduisent à doubler cette surface). Elle a été regardée comme n'étant pas satisfaite dans les cas suivants :

- travaux portant de 20 à 146 m² la surface de plancher [2] ;
- transformation d'un chalet à usage d'abri de jardin d'une superficie de 20 m² en une maison d'habitation de 118 m² comportant un garage en sous-sol [3] ;
- transformation d'une construction légère de 20 m² en trois logements et un bar restaurant d'une surface de 440 mètres carrés [4] ;
- projet prévoyant non seulement une extension augmentant la surface habitable de 18 %, mais affectant en outre la structure du bâtiment (par l'élargissement des ouvertures existantes au rez-de-chaussée, la modification du volume, de l'aspect et des matériaux de la toiture) [5] ;
- travaux portant la surface de plancher de 160 à 270 m² et ayant pour objet la construction d'un nouveau bâtiment qui n'est relié à la construction déjà existante que par un couloir de 3,70 mètres de long sur 3 mètres de large [6].

Charles Touboul indiquait que l'extension doit demeurer « plus petite » que la construction existante « et représenter donc moins de 100 % la surface de celle-ci » [7].

D'autre part, l'extension doit se faire en continuité avec la construction existante. En effet, de manière générale, la jurisprudence interprète la notion d'extension comme devant être « attenante » à la construction existante [8]. Il en résulte que ne peuvent être autorisés, au titre du 1° de l'article L. 111-4 du code de l'urbanisme, les garages [9], abris de jardin et autres annexes qui ne seraient pas attenants à une habitation existante [10].

Systématisant ces exigences, le Conseil d'État a souligné trois éléments [11] :

- « peuvent être autorisés des projets qui, eu égard à leur implantation par rapport aux constructions existantes et à leur ampleur limitée en proportion de ces constructions, peuvent être regardés comme ne procédant qu'à l'extension de ces constructions » ;
- « Aucune disposition n'impose toutefois qu'une extension satisfaisant à ces critères doive en outre, pour pouvoir être autorisée au titre du 1° du I de l'article L. 111-1-2, présenter un caractère "mesuré" » (l'idée d'augmentation raisonnable est considérée comme incluse dans la notion d'extension) ;
- il résulte de l'article L. 111-4, « éclairé par les travaux parlementaires ayant conduit à l'adoption de la loi du 25 mars 2009, que la condition tendant au respect des traditions architecturales locales, résultant de cette loi [12], ne s'applique pas à l'extension des constructions existantes, mais seulement à la construction de bâtiments nouveaux ».

2°

Construction d'une maison au sein d'une ancienne exploitation agricole

112.161 **Texte.** Le 1° de l'article L. 111-4 du code de l'urbanisme prévoit que peuvent être autorisés en dehors des parties urbanisées de la commune « la construction de bâtiments nouveaux à usage d'habitation à l'intérieur du périmètre regroupant les bâtiments d'une ancienne exploitation agricole, dans le respect des traditions architecturales locales ».

Cette dérogation a été introduite par la loi du 25 mars 2009 de mobilisation pour le logement et la lutte contre l'exclusion [13] afin de « pallier le manque de foncier constructible et protéger le patrimoine rural en permettant sa réhabilitation » [14].

112.162 **Conditions de fond.** Peut être autorisée « la construction de bâtiments nouveaux à usage d'habitation, à la double condition qu'ils soient implantés à l'intérieur d'un périmètre regroupant les bâtiments d'une ancienne exploitation agricole et qu'ils respectent les traditions architecturales locales » [15].

1. CAA Nantes, 16 févr. 2010, *Roulland*, req. n° 09NT00832, NP.
2. CE 8 juin 1994, *Lecocq*, req. n° 136081, NP ; *BJDU* 1994. 46, concl. S. Fratacci.
3. CE 10 juin 1992, *Min. Équipement, Logement, Transports et Mer c/Wloka*, req. n° 109891, NP.
4. CE 15 avr. 1996, *Bonnet*, req. n° 98060, NP.
5. CAA Douai, 10 sept. 2015, *SCI Frencia*, req. n° 14DA01253, NP.
6. CAA Nantes, 4 oct. 2000, Javich, req. n° 98NT02652, NP (arrêt devenu définitif en l'absence d'admission du pourvoi formé à son encontre : CE 11 déc. 2020, req. n° 228006, NP).
7. Ch. Touboul, *BJDU* 2019. 313, concl. sur CE 29 mai 2019, *Min. Cohésion des territoires c/Priestley (M.)*, req. n° 419921, *Lebon T.*
8. CE 9 mai 2005, *Weber*, req. n° 262618, *Lebon T.* : tel n'est pas le cas d'une piscine non attenante à une maison.
9. CAA Bordeaux, 7 mars 1995, *Assoc. de sauvegarde de l'église de Castels et du château de Fages*, req. n° 93BX00665, NP : construction semi-enterrée de deux box-garages de 56 m² implantés à plus de 40 mètres de l'habitation.
10. Rép. min. n° 104578, *JOAN Q* 24 mai 2011, p. 5434.
11. CE 29 mai 2019, *Min. Cohésion des territoires c/Priestley (M.)*, req. n° 419921, *Lebon T. ; BJDU* 2019. 313, concl. Ch. Touboul.
12. V. s[s] n° 112.161.
13. L. n° 2009-323, 25 mars 2009, de mobilisation pour le logement et la lutte contre l'exclusion, *JO* 27 mars, n° 1, art. 36.
14. CAA Nantes, 16 févr. 2018, *Min. Logement et de l'habitat durable c/Priestley*, req. n° 16NT02317, NP ; – ARRÊT CONFIRMÉ PAR : CE 29 mai 2019, *Min. Cohésion des territoires c/Priestley (M.)*, req. n° 419921, *Lebon T. ; BJDU* 2019. 313, concl. Ch. Touboul.
15. CE 29 mai 2019, *Min. Cohésion des territoires c/Priestley (M.)*, req. n° 419921, *Lebon T. ; BJDU* 2019. 313, concl. Ch. Touboul.

La première condition tient à l'existence d'une « ancienne » exploitation agricole. Elle n'est pas remplie dans le cas d'une exploitation agricole qui se poursuit[1].

La seconde condition réside dans le respect des traditions architecturales.

112.163 Absence d'exigence d'un périmètre clos. Le bénéfice de cette exception « n'est pas réservé aux cas dans lesquels le périmètre constitué par les bâtiments d'une ancienne exploitation agricole est clos, mais peut aussi valoir pour les cas où les bâtiments nouveaux sont implantés dans un espace entouré de bâtiments agricoles suffisamment rapprochés pour pouvoir être regardés comme délimitant, même sans clôture ou fermeture, un périmètre regroupant les bâtiments d'une ancienne exploitation agricole »[2].

112.164 Avis de la CDPENAF. L'article L. 111-5, al. 1er, du code de l'urbanisme prévoit que : « La construction de bâtiments nouveaux mentionnée au 1° de l'article L. 111-4 [...] ayant pour conséquence une réduction des surfaces situées dans les espaces autres qu'urbanisés et sur lesquelles est exercée une activité agricole ou qui sont à vocation agricole doivent être préalablement soumis pour avis par l'autorité administrative compétente de l'État à la commission départementale de préservation des espaces naturels, agricoles et forestiers prévue à l'article L. 112-1-1 du code rural et de la pêche maritime ».

Selon la définition donnée dans une circulaire : « Les surfaces où sont exercées une activité agricole ou à vocation agricole sont celles où existe une activité agricole au sens de l'article L. 311-1 du code rural, mais également celles à l'état naturel où une telle activité agricole peut être exercée »[3].

Les avis de la commission « sont réputés favorables s'ils ne sont pas intervenus dans un délai d'un mois à compter de sa saisine par le préfet de département »[4].

L'avis ne lie pas les autorités administratives[5]. Celles-ci ne sont donc pas tenues de le suivre.

Les méthodes de travail de la commission sont détaillées dans la circulaire précédemment mentionnée[6].

1. CAA Marseille, 16 oct. 2015, *Beaufort*, req. n° 14MA01339, NP.
2. CE 29 mai 2019, *Min. Cohésion des territoires c/Priestley (M.)*, req. n° 419921, *Lebon T.* ; *BJDU* 2019. 313, concl. Ch. Touboul.
3. Circ. n° DGPAAT/SDB/C2012-3008, 9 févr. 2012 relative à la Commission départementale de consommation des espaces agricoles, NOR : AGRT1203924C, pt 2-2.
4. C. urb., art. R. 111-20.
5. Circ. n° DGPAAT/SDB/C2012-3008, 9 févr. 2012, pt 3-2.

3°
Constructions et installations nécessaires à certaines activités agricoles ou d'intérêt général

112.171 Texte. L'article L. 111-4, 2° du code de l'urbanisme prévoit que peuvent être autorisées en dehors des parties urbanisées de la commune les « constructions et installations » nécessaires :

– à l'exploitation agricole ;

– à des équipements collectifs dès lors qu'elles ne sont pas incompatibles avec l'exercice d'une activité agricole, pastorale ou forestière sur le terrain sur lequel elles sont implantées ;

– à la réalisation d'aires d'accueil ou de terrains de passage des gens du voyage ;

– à la mise en valeur des ressources naturelles ;

– et à la réalisation d'opérations d'intérêt national.

112.172 Avis de la CDPENAF. Les « projets de constructions, aménagements, installations et travaux » mentionnés aux 2° (y compris les « projets de méthanisation »), lorsqu'ils ont « pour conséquence une réduction des surfaces situées dans les espaces autres qu'urbanisés et sur lesquelles est exercée une activité agricole ou qui sont à vocation agricole », doivent être préalablement soumis pour avis par l'autorité administrative compétente de l'État à la CDPENAF[7].

a.
Constructions et installations nécessaires à l'exploitation agricole

112.180 Renvoi. La notion de « constructions et installations nécessaires à l'exploitation agricole » est également employée par les dispositions relatives aux cartes communales et aux PLU. Elle donne lieu à une appréciation commune[8].

112.181 Méthanisation. Sont considérées comme des constructions ou des installations nécessaires à l'exploitation agricole « les installations de production et, le cas échéant, de commercialisation, par un ou plusieurs exploitants agricoles, de biogaz, d'électricité et de chaleur par la méthanisation » (dès lors que ces installations respectent les conditions fixées à l'article L. 311-1 du code rural)[9].

6. Circ. n° DGPAAT/SDB/C2012-3008, 9 févr. 2012, not. pts 3-2 et 4.
7. Sur les modalités et la force de l'avis, v. ss n° 112.164.
8. V. ss nos 231.741 s.
9. C. urb., art. L. 111-4, al. 7 ; créé par L. n° 2023-175, 10 mars 2023. V. A. Debray, « La méthanisation et la loi relative à l'accélération de la production d'énergies renouvelables : la fin encourage les moyens », *JCP Adm.* 2023, n° 2137.

b.
Constructions et installations nécessaires à des équipements collectifs

112.191 **Texte.** L'article L. 111-4, 2° du code de l'urbanisme prévoit que peuvent être autorisées en dehors des parties urbanisées de la commune les constructions et installations nécessaires « à des équipements collectifs dès lors qu'elles ne sont pas incompatibles avec l'exercice d'une activité agricole, pastorale ou forestière sur le terrain sur lequel elles sont implantées ».

112.192 **Condition satisfaite.** A été regardé comme un équipement collectif au sens de l'article L. 111-4 du code de l'urbanisme :

– une usine d'incinération des ordures ménagères[1] ;

– un parc de loisirs qui suppose la réalisation d'un petit train, d'un terrain de golf miniature, d'un parcours de pilotage, d'une piste cyclable, d'une petite ferme et d'aires de jeux[2] ;

– une centrale photovoltaïque, dès lors qu'elle participe à la production publique d'électricité et ne sert pas au seul usage privé de son propriétaire ou de son gestionnaire[3].

112.193 **Condition non satisfaite.** Ont été regardés comme ne revêtant pas la nature d'un équipement collectif au sens de l'article L. 111-4 du code de l'urbanisme :

– trois logements et un bar restaurant d'une surface de 440 mètres carrés[4] ;

– la construction d'une salle d'animation au sein d'un camping[5].

112.194 **Respect des activités agricoles, pastorales et forestières du lieu d'implantation (énoncé de la condition).** L'article L. 111-4, 2° du code de l'urbanisme n'autorise les constructions et installations nécessaires à un équipement collectif que si elles ne sont pas « incompatibles » avec l'exercice d'une activité agricole, pastorale ou forestière « sur le terrain sur lequel elles sont implantées ».

Ces dispositions, éclairées par les travaux préparatoires, ont pour objet de conditionner ces constructions et installations « à la possibilité d'exercer des activités agricoles, pastorales ou forestières sur le terrain où elles doivent être implantées et à l'absence d'atteinte à la sauvegarde des espaces naturels et des paysages ». Pour vérifier si la première de ces exigences est satisfaite, « il appartient à l'administration, sous le contrôle du juge de l'excès de pouvoir, d'apprécier si le projet permet l'exercice d'une activité agricole, pastorale ou forestière significative sur le terrain d'implantation du projet, au regard des activités qui sont effectivement exercées dans la zone concernée du plan local d'urbanisme ou, le cas échéant, auraient vocation à s'y développer, en tenant compte notamment de la superficie de la parcelle, de l'emprise du projet, de la nature des sols et des usages locaux »[6].

Les dispositions de l'article L. 111-4, 2° « n'imposent pas le maintien d'une activité agricole identique à celle existant avant la mise en œuvre du projet »[7].

112.195 **Respect des activités agricoles, pastorales et forestières du lieu d'implantation (illustration avec les parcs photovoltaïques).** S'agissant par exemple d'un parc photovoltaïque :

– satisfait à l'exigence de respect des activités agricoles, pastorales et forestières du lieu d'implantation un projet s'étendant sur 7 hectares, prévoyant la poursuite d'un élevage d'alpagas et l'installation d'une activité apicole, les 7 hectares en cause ne représentent qu'une très petite partie de sa surface agricole utile de 110 hectares, ce qui n'entraînera ni abandon de l'élevage bovin, ni renonciation aux cultures fourragères, d'autant que sur les 7 hectares prévus pour l'implantation, les panneaux seront surélevés afin de prendre en compte les caractéristiques de l'élevage existant[8] ;

– ne satisfait pas à l'exigence de respect des activités agricoles, pastorales et forestières du lieu d'implantation un projet s'étendant sur une superficie de 10 hectares environ, qui implique la réalisation d'une piste intérieure de desserte et de manœuvre d'une largeur de 4 à 5 mètres ainsi qu'un cheminement de 4 mètres de large le long de la clôture, de même qu'un débroussaillage sur une zone de 50 mètres autour des panneaux photovoltaïques, compte tenu de la richesse floristique et faunistique du site, de l'importance de ce même site pour le maintien des zones de biodiversité et de l'abattage de 176 arbres[9] ;

– ne satisfait pas à l'exigence de respect des activités agricoles, pastorales et forestières du lieu d'implantation un projet visant à la réalisation d'un parc photovoltaïque au sol, comportant environ 45 000 panneaux photovoltaïques et les infrastructures asso-

1. CE 23 déc. 1988, *Assoc. de défense pour l'environnement de la région de Miremont*, req. n° 82863, NP.
2. CAA Paris, 17 mai 2001, *Min. Équipement, Transports et Logement, Lapère*, req. n° 00PA02365, NP ; *Ét. fonc.* 2001, n° 93, p. 42, chron. Delumeau.
3. Rép. min. n° 10333, *JO Sénat Q* 25 mars 2010, p. 751.
4. CE 15 avr. 1996, *Bonnet*, req. n° 98060, NP.
5. CAA Bordeaux, 5 oct. 2006, *Burlotel*, req. n° 03BX01946, NP.
6. CE 8 févr. 2017, *Min. Logement et Habitat durable c/Sté Photosol*, req. n° 395464, *Lebon*.
7. CAA Bordeaux, 15 mars 2018, *Marillac-le-Franc (Cne)*, req. n° 16BX02223, NP.
8. CAA Bordeaux, 15 mars 2018, *Marillac-le-Franc (Cne)*, req. n° 16BX02223, NP.
9. CAA Nantes, 22 déc. 2017, *SASU PV Le champ de manœuvre*, req. n° 16NT01068, NP.

ciées, d'une emprise de 26,6 hectares sur des parcelles d'une surface totale de 73 hectares, propriétés de plusieurs exploitants agricoles et classées en zone A par le PLU de la commune, située dans la plaine de la Beauce, qui entraînera la réduction de 26,6 hectares de surface agricole effectivement consacrée à la culture céréalière, tandis que l'activité de substitution prévue par le projet prendra la forme d'une jachère mellifère destinée à l'apiculture, qui ne peut être regardée comme correspondant aux activités ayant vocation à se développer dans la zone considérée[1].

c.
Constructions et installations nécessaires à la réalisation d'aires d'accueil ou de terrains de passage des gens du voyage

112.201 **Texte.** L'article L. 111-4, 2° du code de l'urbanisme prévoit que peuvent être autorisées en dehors des parties urbanisées de la commune les constructions et installations nécessaires « à la réalisation d'aires d'accueil ou de terrains de passage des gens du voyage ».

L'identification du champ de cette exception ne soulève pas de difficulté.

d.
Constructions et installations nécessaires à la mise en valeur des ressources naturelles

112.211 **Texte.** L'article L. 111-4, 2° du code de l'urbanisme prévoit que peuvent être autorisées en dehors des parties urbanisées de la commune les constructions et installations nécessaires « à la mise en valeur des ressources naturelles ».

112.212 **Notion.** La notion de mise en valeur des ressources naturelles est communément entendue comme visant l'exploitation de ces ressources. À ce titre pourra être autorisée la construction d'un bâtiment d'exploitation du bois (scierie) ou encore de matériaux.

e.
Constructions et installations nécessaires à la réalisation d'opérations d'intérêt national

112.221 **Texte.** L'article L. 111-4, 2° du code de l'urbanisme prévoit que peuvent être autorisées en dehors des parties urbanisées de la commune les constructions et installations nécessaires « à la réalisation d'opérations d'intérêt national ».

112.222 **Notion.** Les OIN sont celles visées à l'article L. 102-12 s. du code de l'urbanisme[2].

1. CE 31 juill. 2019, *S^té Photosol*, req. n° 418739, NP.
2. V. s^s n°s 051.141 s.

4°
Constructions et installations nécessaires à la transformation, au conditionnement et à la commercialisation des produits agricoles

112.231 **Texte.** Issu de la loi ÉLAN du 23 novembre 2018[3], le paragraphe 2° *bis* de l'article L. 111-4 du code de l'urbanisme prévoit que peuvent être autorisées en dehors des parties urbanisées de la commune les constructions et installations nécessaires « à la transformation, au conditionnement et à la commercialisation des produits agricoles ».

112.232 **Finalités.** Cette disposition vise à élargir le champ des exceptions à la règle de l'inconstructibilité pour un motif lié à l'exploitation agricole. Le 2° ne vise que les constructions « nécessaires » à l'exploitation agricole, ce que la jurisprudence a interprété, notamment, comme n'incluant pas les bâtiments visant à la commercialisation des produits de cette exploitation[4]. Le 2° *bis* se veut plus large en évoquant :

- la commercialisation de ces produits ;
- mais aussi leur transformation ;
- et leur conditionnement.

Sont donc visées les activités connexes à l'activité de production proprement dite.

112.233 **Conditions.** Le paragraphe 2° *bis* de l'article L. 111-4 du code de l'urbanisme n'autorise la construction qu'à plusieurs conditions.

Premièrement, la construction doit être nécessaire « à la transformation, au conditionnement et à la commercialisation des produits agricoles ».

Deuxièmement, ces activités (de transformation, conditionnement et commercialisation) doivent constituer « le prolongement de l'acte de production ». Ainsi, un bâtiment ne saurait être autorisé à ce titre s'il s'agit de transformer, conditionner ou commercialiser des produits agricoles provenant d'une autre exploitation.

Troisièmement, les activités mentionnées ne doivent pas être « incompatibles avec l'exercice d'une activité agricole, pastorale ou forestière sur le terrain sur lequel elles sont implantées ». Cette condition étant empruntée à l'exception relative aux équipements collectifs (paragraphe 2° de l'article L. 111-4)[5], les critères et la méthode retenus pour l'appréciation de cette exigence ont vocation à être repris à son paragraphe 2° *bis*.

3. L. n° 2018-1021, 23 nov. 2018 portant évolution du logement, de l'aménagement et du numérique, *JO* 24 nov., n° 1, art. 41.
4. CAA Marseille, 23 sept. 2004, *Nou*, req. n° 00MA00726, NP – V. s^s n° 231.753.
5. V. s^s n° 112.194.

Quatrièmement, les constructions et installations en cause « ne peuvent pas être autorisées dans les zones naturelles, ni porter atteinte à la sauvegarde des espaces naturels et des paysages ».

112.234 Avis de la CDPENAF. Le paragraphe 2° *bis* de l'article L. 111-4 du code de l'urbanisme dispose que « l'autorisation d'urbanisme » rendue sur son fondement « est soumise pour avis à la commission départementale de la préservation des espaces naturels, agricoles et forestiers ».

Cette rédaction appelle deux observations. D'une part, la notion d'autorisation d'urbanisme ne paraît pas devoir être entendue de façon trop stricte : à la lumière des travaux préparatoires, il y a lieu de considérer qu'elle s'étend également au certificat d'urbanisme. D'autre part, sous un angle purement légistique, le législateur aurait été inspiré, par souci de cohérence avec les autres exceptions prévues à l'article L. 111-4 du code de l'urbanisme de prévoir le recours à cet avis non pas dans le texte même de cet article mais, comme il l'a fait pour les autres, à l'article L. 111-5 [1].

5°
Constructions et installations incompatibles avec le voisinage des zones habitées

112.241 Texte. L'article L. 111-4, 3° du code de l'urbanisme prévoit que peuvent être autorisées en dehors des parties urbanisées de la commune :

- les constructions et installations « incompatibles avec le voisinage des zones habitées » ;

- et « l'extension mesurée » des constructions et installations existantes.

Cette exception à la règle de l'inconstructibilité concerne des installations industrielles ou agricoles qu'il convient de tenir à l'écart des zones d'habitation en raison des nuisances (olfactives, sonores ou autres) qu'elles sont susceptibles de générer ou des dangers qu'elles sont susceptibles de représenter.

Sont autorisées tant les constructions nouvelles que l'extension mesurée des constructions existantes.

112.242 Commune couverte pas un SCOT. L'exception ne s'applique que si la commune, non dotée d'un PLU, d'un document en tenant lieu ou d'une carte communale, est néanmoins couverte par un SCOT [2].

Cette limitation est susceptible d'être levée dans les conditions définies à l'article L. 142-5 [3].

112.243 Condition remplie. Ont été regardés comme des constructions et installations incompatibles avec le voisinage des zones habitées :

- un parc éolien, « eu égard à son importance et à sa destination » [4] ;

- une dépendance d'un aérodrome [5] ;

- une hutte de chasse comportant une salle de tir, « laquelle est par nature, incompatible avec le voisinage des zones habitées » [6] ;

- une zone d'activités, lorsqu'elle génère des nuisances [7].

112.244 Condition non remplie. La notion de « constructions et installations incompatibles avec le voisinage des zones habitées » ne s'applique pas à :

- une discothèque [8] ;

- ou un atelier de réparation automobile [9].

112.245 Avis de la CDPENAF. L'article L. 111-5, al. 1er, du code de l'urbanisme prévoit que « les projets de constructions, aménagements, installations et travaux mentionnés » au 3° de l'article L. 111-4 « ayant pour conséquence une réduction des surfaces situées dans les espaces autres qu'urbanisés et sur lesquelles est exercée une activité agricole ou qui sont à vocation agricole doivent être préalablement soumis pour avis par l'autorité administrative compétente de l'État à la commission départementale de préservation des espaces naturels, agricoles et forestiers prévue à l'article L. 112-1-1 du code rural et de la pêche maritime » [10].

6°
Constructions ou installations autorisées par une commune pour éviter la désertification

112.251 Texte. L'article L. 111-4, 4° du code de l'urbanisme prévoit que peuvent être autorisées en dehors des parties urbanisées de la commune « les constructions ou installations, sur délibération motivée du conseil municipal, si celui-ci considère que l'intérêt de la commune, en particulier pour éviter une diminution de la population communale, le justifie, dès lors qu'elles ne portent pas atteinte à la sauvegarde des espaces naturels et des paysages, à la salubrité et à la sécurité publiques, qu'elles n'entraînent pas un surcroît important de dépenses publiques et

1. Sur les modalités et la force de l'avis, v. ss n° 112.164.
2. V. ss n° 222.101 (principe d'urbanisation limitée en l'absence de SCOT).
3. V. ss nos 222.121 s.
4. CE 16 juin 2010, *Leloustre*, req. n° 311840, *Lebon T.* ; *BJDU* 2010. 173, concl. C. Roger-Lacan, obs. J. T.
5. CE 9 mars 2009, *Trimbach (Cne)*, req. n° 296538 ; *Envir.* 2009, n° 72, note Gillig.
6. CE 6 mars 2015, *SCI du Château de Bligny*, req. n° 380378, NP.
7. Rép. min. n° 4830, *JOAN Q* 13 déc. 1993, p. 4505.
8. CE 2 févr. 1996, *Luc (Cne)*, req. n° 138448, NP ; *BJDU* 1996. 82, concl. J. Arrighi de Casanova.
9. CAA Bordeaux, 1er mars 2016, *Duhayon*, req. n° 14BX00332, NP.
10. Sur les modalités et la force de l'avis, v. ss n° 112.164.

que le projet n'est pas contraire aux objectifs visés à l'article L. 101-2 et aux dispositions des chapitres I et II du titre II du livre Ier » (relatifs aux zones littorales et de montagnes) « ou aux directives territoriales d'aménagement précisant leurs modalités d'application ».

Le paragraphe 4° ouvre ainsi aux communes la faculté d'autoriser un projet de construction déterminé (exception dite « ponctuelle ») alors même qu'il ne relève pas des exceptions « par nature » listées aux paragraphes précédents. Il vise principalement à doter les communes rurales des moyens de remédier à une situation de déclin démographique. Il concerne ainsi les communes qui reçoivent très peu de demandes de permis de construire.

112.252 Type et nombre des constructions et installations autorisées. Sur le fondement de cette exception, les communes ont la possibilité d'autoriser :

- soit une construction isolée ;

- soit plusieurs constructions groupées (sous la forme d'un petit lotissement), en continuité du bâti existant ou en hameau nouveau.

L'autorisation concerne généralement des maisons d'habitation. Elle peut également porter sur des bâtiments ayant une vocation économique (par exemple un entrepôt[1]).

Même si le paragraphe 4° de l'article L. 111-4 ne fixe pas de limite au nombre de constructions, il résulte de l'esprit de ces dispositions que ne peuvent être autorisées sur leur fondement qu'un nombre limité de constructions. Par suite, la réalisation d'un ensemble de 65 logements, constituant au surplus la première tranche d'une vaste opération visant à la construction d'un centre de vacances et de loisirs de 350 logements, n'est pas au nombre des constructions qui peuvent légalement être entreprises sur le fondement de ces dispositions[2].

112.253 Commune couverte pas un SCOT. L'exception ne s'applique que si la commune, non dotée d'un PLU, d'un document en tenant lieu ou d'une carte communale, est néanmoins couverte par un SCOT[3].

Cette limitation est susceptible d'être levée dans les conditions définies à l'article L. 142-5[4].

112.254 Procédure. La procédure, prévue au paragraphe 4° de l'article L. 111-4 du code de l'urbanisme, comporte deux étapes après le dépôt de la demande de permis :

– d'abord l'adoption par le conseil municipal d'une délibération établissant l'intérêt communal ;

– ensuite, le cas échéant, la délivrance d'une autorisation si les conditions d'obtention de celle-ci[5] sont remplies.

Il résulte de cette procédure que le conseil municipal ne délivre pas lui-même l'autorisation[6]. Il ne fait qu'adopter une délibération (nécessaire mais non suffisante), sorte d'avis se déclarant favorable au projet et qui constitue une pièce du dossier examiné par l'autorité compétente pour statuer sur la demande de permis. À cet égard, s'agissant d'une hypothèse où la commune n'est pas dotée d'un PLU ou d'une carte communale, la décision de délivrer ou de ne pas délivrer l'autorisation est rendue au nom de l'État, soit par le maire agissant au nom de l'État (sous l'autorité du préfet), soit (exceptionnellement) par le préfet lui-même.

a. Première étape : la délibération établissant l'intérêt communal

112.261 Exigence d'un intérêt communal établi par délibération. La possibilité de construire en dehors des parties urbanisées de la commune au titre du paragraphe 4° de l'article L. 111-4 du code de l'urbanisme ne peut intervenir que « sur délibération motivée du conseil municipal, si celui-ci considère que l'intérêt de la commune, en particulier pour éviter une diminution de la population communale, le justifie ».

112.262 Une délibération ayant la nature d'un acte préparatoire. La délibération établissant l'intérêt de déroger à l'inconstructibilité constitue un acte préparatoire[7]. Elle représente une étape au sein du processus d'appréciation de la demande de permis de construire mais ne présente pas par elle-même un caractère décisoire. De ce fait, elle ne peut pas faire l'objet d'un recours pour excès de pouvoir. Néanmoins, sa légalité, en particulier au regard de l'intérêt retenu, pourra être contestée à l'appui d'un recours formé contre la décision délivrant le permis.

1. CE 29 juin 1994, *Pierard*, req. n° 126959, NP.
2. CE 2 avr. 1993, *Saint-Martial-d'Albarède (Cne)*, req. n° 110689, *Lebon T.* ; – DANS LE MÊME SENS : CAA Paris, 18 mars 1997, *Kaufman et Broad*, req. n° 95PA03441, NP.
3. V. ss n° 222.101 (principe d'urbanisation limitée en l'absence de SCOT).
4. V. ss nos 222.121 s.
5. NOT. celles posées par l'article L. 111-4.
6. CE 25 nov. 1988, *Min. Équipement, Logement, Aménagement du territoire et Transports c/Stauffer et autres*, req. n° 82175, NP : la compétence pour délivrer l'autorisation continue d'appartenir au maire agissant au nom de l'État (ou au préfet) ; les dispositions en cause n'ont pas pour effet de transférer cette compétence au conseil municipal.
7. TA Clermont-Ferrand, 7 nov. 2006, *Gungah*, req. n° 0601027 ; *Constr.-Urb.* 2007, n° 61, note S. Deliancourt ; *BJDU* 2007. 303, chron. É. Carpentier ; – DANS LE MÊME SENS : rép. min. n° 24117, *JO Sénat Q* 22 févr. 2001, p. 676.

112.263 Exigence d'une délibération sur un projet déterminé. L'article L. 111-4, 4° du code de l'urbanisme exige une délibération du conseil municipal reconnaissant l'intérêt communal d'un projet déterminé. Cette exigence n'est pas satisfaite :

– en l'absence de délibération ;

– ou si la demande de permis porte sur un projet différent de celui sur lequel le conseil municipal a délibéré[1].

112.264 Un intérêt apprécié par la commune. C'est la commune qui apprécie, sous le contrôle du juge, s'il y a lieu de déroger à la règle de la constructibilité limitée afin de permettre la réalisation d'un projet déterminé. Il résulte de la rédaction de l'article L. 111-4, 4° du code de l'urbanisme que le conseil municipal est seul juge de cet intérêt[2]. Il n'appartient pas au préfet (soit lorsqu'il statue sur la demande d'autorisation, soit en tant que supérieur hiérarchique du maire si ce dernier statue sur la demande) de substituer sa propre appréciation à celle de la commune.

112.265 Un intérêt devant être motivé. Le paragraphe 4° de l'article L. 111-4 du code de l'urbanisme exige une « délibération motivée » du conseil municipal.

Le conseil municipal « doit justifier de l'intérêt du projet pour la commune en précisant pour chaque construction, et d'une manière concrète, les raisons pour lesquelles il estime qu'il est de l'intérêt de la commune d'autoriser le projet »[3].

Une motivation abstraite, non centrée sur un projet déterminé, est tenue pour insuffisante[4].

112.266 Illustrations des intérêts reconnus. L'intérêt communal, qui « ne s'apprécie pas uniquement au regard des préoccupations démographiques de la commune »[5], peut tenir aux objectifs suivants :

– « éviter une diminution de la population communale »[6], notamment en permettant l'installation d'un jeune couple avec enfant (leur installation permettant de « pérenniser les services existants comme l'école »[7]) ou d'un agent des postes dans une commune comprenant un « faible nombre » d'habitants[8], ou en évitant le départ d'un couple[9] (la jurisprudence a précisé que la diminution de la population communale doit être établie[10] et que ne peut être assimilé à une diminution le simple ralentissement de la croissance de la population et l'absence de construction neuve dans la commune depuis plusieurs années[11]) ;

– favoriser la continuité du bâti (s'agissant de l'autorisation de construire sur une parcelle se trouvant entre deux constructions déjà existantes, situées chacune à une centaine de mètres de la parcelle[12]) ;

– créer des emplois (à propos de la construction d'un entrepôt devant créer une centaine d'emplois)[13].

Le juge administratif exerce un contrôle normal (et en pratique assez strict) sur l'existence d'un intérêt communal[14].

1. CAA Bordeaux, 12 juin 2014, *SCI de Bordeneuve*, req. n° 12BX01847, NP : en ce cas, l'autorité statuant sur la demande (en l'occurrence le préfet) ne prend pas en compte la délibération ; – ÉGALEMENT : CAA Bordeaux, 1er mars 2016, *Duhayon*, req. n° 14BX00332, NP.
2. TA Limoges, 12 nov. 1992, *Gaudin, Romagne c/Préfet de la Corrèze*, req. n° 90284, NP : soulignant que « le conseil municipal est seul juge de l'intérêt de la commune et de l'opportunité qu'il trouve à la suspension ponctuelle de la constructibilité limitée ».
3. Rép. min. n° 101600, *JOAN Q* 20 févr. 2007, p. 1963.
4. CAA Bordeaux, 6 mars 2007, *Guerin*, req. n° 04BX01885, NP : délibération se bornant à indiquer que « l'objectif essentiel de la commune est de lutter contre la désertification des campagnes, permettre aux jeunes de rester au pays… la population de Poupas étant au dernier recensement de 97 habitants ».
5. CAA Bordeaux, 4 juin 2007, *Demblans*, req. n° 05BX00707, NP : l'intérêt de la commune ne saurait être écarté au seul motif que sa population progresse régulièrement depuis quelques années.
6. AINSI que le prévoit le paragraphe 4° de l'article L. 111-4 depuis la loi SRU du 13 décembre 2000 – L. n° 2000-1208, 13 déc. 2000 relative à la solidarité et au renouvellement urbains, *JO* 14 déc., n° 2 ; – Cette précision a été apportée pour assouplir une jurisprudence rigoureuse.
7. CAA Nancy, 10 févr. 2011, *Indivision de Montrond*, req. n° 10NC00212, NP ; – En revanche, la perspective de fermeture d'une classe (et non d'une école) ne suffit pas à caractériser l'intérêt communal : CAA Lyon, 30 sept. 2014, *Beaujard*, req. n° 13LY01031, NP.
8. CE 25 nov. 1988, *Min. Équipement, Logement, Aménagement du territoire et Transports c/Stauffer et autres*, req.n° 82175, NP.
9. CE 16 mai 2018, *Saint-Donat (Cne) et a.*, req. n° 408623, NP.
10. CE 17 déc. 2007, *Min. Transports, Équipement, Tourisme et Mer c/Malot*, req. n° 295425, *Lebon T.* ; *BJDU* 2008. 6, concl. A. Courrèges, obs. J.-C. B. ; *Ét. fonc.* 2008, n° 132, p. 43, note Dutrieux ; *JCP Adm.* 2008, n° 2071, note Ph. Billet : arrêt affirmant « que, lorsque la commune s'est fondée, pour estimer par délibération motivée du conseil municipal qu'un intérêt communal justifiait l'octroi d'un permis de construire en application de ces dispositions, sur la nécessité d'éviter une diminution de sa population, il appartient au juge de vérifier, au vu de l'ensemble des données démographiques produites, que l'existence d'une perspective de diminution de cette population est établie » ; – PAR EX. : CAA Bordeaux, 10 déc. 2009, *Tauran c/MEEDDM*, req. n° 09BX00458, NP.
11. CE 17 déc. 2007, *Min. Transports, Équipement, Tourisme et Mer c/Malot*, req. n° 295425, *Lebon T.*
12. CAA Bordeaux, 4 juin 2007, *Demblans*, req. n° 05BX00707, NP.
13. CE 29 juin 1994, *Pierard*, req. n° 126959, NP.
14. PAR EX., annulant un permis faute d'intérêt communal : CE 12 oct. 1992, *Duyck*, req. n° 85663, NP : absence d'intérêt à autoriser la construction de maisons dans une zone à vocation exclusivement agricole ; – CAA Bordeaux, 2 sept. 2008, *Le Fieu (Cne)*, req. n° 06BX02378, NP.

b.
Seconde étape : la délivrance de l'autorisation

112.271 Appréciations de l'autorité statuant sur la demande d'autorisation. L'autorité statuant sur la demande d'autorisation (en principe le maire agissant au nom de l'État, exceptionnellement le préfet) n'est pas tenue de suivre l'avis favorable du conseil municipal[1]. Il a même l'obligation de refuser sa délivrance si la CDPENAF émet un avis défavorable sur le projet[2] ou si celui-ci méconnaît les dispositions du RNU ou les exigences spécifiquement posées au paragraphe 4° de l'article L. 111-4.

112.272 Conditions. L'avis favorable du conseil municipal sur le projet de construction ne suffit pas. Il faut encore que l'autorisation de construire respecte un certain nombre d'exigences.

D'une part, s'agissant d'une commune non couverte pas un PLU ou une carte communale, l'autorisation est soumise aux dispositions du RNU[3]. À ce titre, doivent être refusées, sur le fondement de l'article R. 111-14, 1° du code de l'urbanisme, les constructions de nature « à favoriser une urbanisation dispersée incompatible avec la vocation des espaces naturels environnants »[4].

D'autre part, le paragraphe 4° de l'article L. 111-4 ajoute certaines exigences spécifiques que le projet doit respecter :

– ne pas porter « atteinte à la sauvegarde des espaces naturels et des paysages »[5] ;

– ne pas porter atteinte « à la salubrité et à la sécurité publiques » (en raison notamment des conditions d'accès à la voie publique ou des conditions d'assainissement) ;

– ne pas entraîner « un surcroît important de dépenses publiques » (du fait du raccordement aux réseaux publics) ;

– ne pas être contraire « aux objectifs visés à l'article L. 101-2 » (objectifs d'urbanisme) ni aux dispositions des chapitres I et II du titre II du livre Ier » (relatives aux zones littorales et de montagnes) « ou aux directives territoriales d'aménagement précisant leurs modalités d'application ».

112.273 Avis (conforme) de la CDPENAF. L'article L. 111-5, al. 2, du code de l'urbanisme prévoit que : « La délibération mentionnée au 4° de l'article L. 111-4 est soumise pour avis conforme à » la commission départementale de préservation des espaces naturels, agricoles et forestiers (CDPENAF).

L'avis doit porter sur la délibération (qui mentionne le projet auquel elle se rapporte) et non la demande d'autorisation d'urbanisme ou de certificat d'urbanisme.

Du fait de l'exigence d'un avis « conforme », l'autorisation de construire ne peut être accordée qu'en cas d'avis favorable de la CDPENAF.

L'article L. 111-5, al. 2, prévoit que l'avis « est réputé favorable s'il n'est pas intervenu dans un délai d'un mois à compter de la saisine de la commission ».

SECTION 2
AUTRES RÈGLES LIMITANT LA CONSTRUCTIBILITÉ EN FONCTION DE LA LOCALISATION

112.281 Trois règles. À la règle de la constructibilité limitée dans les communes non couvertes par un document d'urbanisme s'ajoutent trois règles qui régissent, elles aussi, la localisation des constructions :

– l'inconstructibilité aux abords des grands axes routiers ;

– la constructibilité limitée si le projet est de nature à favoriser une urbanisation dispersée incompatible avec la vocation des espaces naturels environnants, à compromettre les activités agricoles ou forestières ou à compromettre l'exploitation de ressources minières ;

– la constructibilité limitée si le projet est susceptible d'être exposé à des nuisances graves.

§ 1
Projets le long de grands axes routiers

112.291 Recodification. Les dispositions relatives à la constructibilité le long des grands axes routiers sont codifiées aux articles L. 111-6 à L. 111-10 du

1. TA Amiens, 8 nov. 2005, *Prieux*, req. n° 0501266, NP ; *Constr.-Urb.* 2006, n° 92, obs. Godfrin ; *BJDU* 2006. 388, chron. É. Carpentier.
2. V. ss n° 112.273.
3. CE 29 janv. 1993, *Min. Équipement, Logement et Transports c/Prévost*, req. n° 100938, NP : « Considérant que le fait que la construction projetée soit de nature à développer l'emploi local a été pris en compte par le conseil municipal dans sa délibération motivée ; qu'il ne dispense pas pour autant la construction faisant l'objet du permis sollicité du respect des règles nationales d'urbanisme ».
4. CE 29 janv. 1993, *Min. Équipement, Logement et Transports c/Prévost*, req. n° 100938, NP ; – TA Amiens, 8 nov. 2005, Prieux, req. n° 0501266, NP ; *Constr.-Urb.* 2006, n° 92, obs. Godfrin ; *BJDU* 2006. 388, chron. É. Carpentier.
5. PAR EX. : TA Limoges, 12 nov. 1992, Gaudin, *Romagne c/ Préfet de la Corrèze*, req. n° 90284, NP : terrain situé dans un espace naturel, en surplomb de la vallée de la Dordogne, sur une colline inscrite dans le périmètre d'un site à protéger et où la réalisation de toute construction est de nature à porter atteinte à la sauvegarde des espaces naturels et des paysages, même s'il existe à proximité, mais dans une zone de parcelles distincte, deux habitations antérieurement autorisées ; – DANS LE MÊME SENS : CAA Douai, 30 juin 2011, *SCI Élysées les Haulles et a.*, req. n° 10DA00205, NP : projet de construction d'une résidence hôtelière au sein d'un espace naturel remarquable.

code de l'urbanisme. Avant la recodification opérée par l'ordonnance du 23 septembre 2015 [1], ces dispositions figuraient à l'article L. 111-1-4 du code, créé par la loi du 2 février 1995 relative au renforcement de la protection de l'environnement [2].

112.292 Un régime principalement conçu pour les entrées de ville. Les articles L. 111-6 à L. 111-10 du code de l'urbanisme ne régissent pas les seules zones urbanisées situées le long des grands axes de circulation. Toutefois, c'est principalement en considération de celles-ci que le régime qu'ils établissent a été défini, plus exactement dans l'objectif de canaliser le développement des zones commerciales qui défigurent les entrées de ville.

Ces dispositions ont en effet été adoptées en 1995 à la suite d'un rapport sénatorial sur les entrées de ville, les qualifiant de « vitrine dégradée » [3]. Une circulaire publiée l'année suivante expliquait clairement les enjeux :

« Les désordres urbains que l'on constate aujourd'hui le long des voies routières et autoroutières, notamment dans les entrées de villes, sont dus à une forte pression économique, essentiellement d'ordre commercial. Pour les acteurs économiques, plusieurs critères sont privilégiés pour rechercher une implantation : l'accessibilité, les disponibilités foncières et la visibilité, qui constituent ce que l'on appelle "l'effet vitrine". De ce fait, les acteurs économiques privilégient l'implantation le long des infrastructures à fort trafic, les sorties d'autoroutes, les intersections entre pénétrantes et rocades.

Ce processus se traduit par la prolifération de constructions à usage d'activité ou de service, implantées de façon linéaire en méconnaissance des préoccupations d'urbanisme, architecturales et paysagères, et en se préoccupant que du court terme. L'urbanisation s'organise de manière linéaire et monofonctionnelle, sans profondeur et sans structuration véritable au détriment de la cohérence et de la continuité urbaine, ainsi que des possibilités de mutations de ces zones. L'activité commerciale alliée à la fréquentation de la voie appelle souvent une excessive surenchère de la publicité et des enseignes. Les contradictions entre les deux fonctions de la voie (voie de transit et desserte locale) créent de nombreux dysfonctionnements en matière de circulation et de sécurité routière » [4].

112.293 Une inconstructibilité aménageable. Ainsi que l'a exposée une réponse ministérielle [5], le régime résultant des articles L. 111-6 à L. 111-10 du code de l'urbanisme « n'a pas pour objet d'interdire la construction mais d'inciter les communes à engager une réflexion préalable sur l'aménagement futur des abords des autoroutes, des voies express, des dérivations et des routes classées à grande circulation, afin d'améliorer la qualité de l'urbanisme, notamment aux entrées de ville ». Ce n'est qu'à défaut pour les communes « d'avoir mené cette réflexion et de l'avoir formalisée dans les documents d'urbanisme que la règle d'inconstructibilité aux abords des grandes infrastructures routières leur est opposable ».

Autrement dit, l'objectif n'est pas d'interdire les constructions aux abords des grands axes mais de favoriser une urbanisation de qualité de part et d'autre de ceux-ci. En outre, l'inconstructibilité ne se trouve pas mise à l'écart uniquement lorsque les communes ont engagé une réflexion sur ce point, elle est également écartée dans un certain nombre d'hypothèses dans lesquelles le législateur a considéré que certains types de construction devaient par nature être autorisées. Enfin, des aménagements mineurs peuvent être apportés aux constructions déjà existantes.

A. Principe d'inconstructibilité le long des grands axes

112.301 Texte. L'article L. 111-6 du code de l'urbanisme prévoit qu'en dehors des espaces urbanisés des communes, les constructions ou installations sont interdites :

– dans une bande de 100 mètres de part et d'autre de l'axe des autoroutes, des routes express et des déviations au sens du code de la voirie routière ;

– dans une bande de 75 mètres de part et d'autre de l'axe des autres routes classées à grande circulation.

1° Champ d'application

a. Voies concernées

112.311 Voies définies par le code de la voirie routière et le code de la route. Les axes de circulation

1. Ord. n° 2015-1174, 23 sept. 2015 relative à la partie législative du livre Ier du code de l'urbanisme, *JO* 24 sept., n° 23.
2. L. n° 95-101, 2 févr. 1995 relative au renforcement de la protection de l'environnement, *JO* 3 févr., p. 1840, art. 52.
3. A. Dupont, *Les entrées de villes ou redonner le goût de l'urbanisme*, Rapport au ministre de l'Environnement et au ministre de l'Équipement, des Transports et du Tourisme, oct. 1994.
4. Circ. n° 96-32, 13 mai 1996 relative à l'application de l'article 52 de la loi n° 95-101 du 2 février 1995 relative au renforcement de la protection de l'environnement créant un nouvel article L. 111-1-4 du code de l'urbanisme, *BO min. Équip.*, n° 96/16, NOR : EQUU9610077C, Intro., al. 1 et 2.
5. Rép. min. n° 17230, *JOAN Q* 8 déc. 2003, p. 9434 ; – DANS LE MÊME SENS : Circ. n° 96-32, 13 mai 1996, NOR : EQUU9610077C.

visés à l'article L. 111-6 du code de l'urbanisme sont appréhendées au regard des définitions qu'en donne :

– le code de la voirie routière (pour les autoroutes, routes express, déviations et voies communales) ;

– et le code de la route (pour les routes classées à grande circulation).

Les voies départementales relèvent de son champ d'application dès lors qu'elles ont été classées voies à grande circulation[1].

112.312 Des voies déjà existantes. L'article L. 111-6 est applicable aux seules voies ouvertes à la circulation[2]. En effet, au stade où le projet d'infrastructure figure en emplacement réservé dans le document d'urbanisme, ni le tracé, ni le statut de la voie ne sont définitifs.

112.313 Classement de la voie contrôlé d'office par le juge. Il appartient au juge administratif de vérifier que les dispositions invoquées devant lui sont applicables au litige qui lui est soumis. À ce titre, pour l'application de l'article L. 111-6 du code de l'urbanisme, qui dépend notamment de l'existence d'un classement opéré par un acte publié au Journal officiel, « il lui incombe de s'assurer, le cas échéant d'office, de l'existence d'un tel classement et d'en tirer les conséquences sur le litige dont il est saisi », après l'avoir soumis, s'agissant d'un acte dépourvu de caractère réglementaire, au débat contradictoire[3].

Une voie classée comme étant à grande circulation conserve cette qualité indépendamment de ses changements de numérotation et de son transfert, et ce tant qu'un acte abrogeant le classement n'a pas été pris[4].

b.
Règle s'appliquant uniquement en dehors des espaces urbanisés

112.321 Zones non urbanisées. La règle d'inconstructibilité énoncée par l'article L. 111-6 s'applique « en dehors des espaces urbanisés » situés le long des voies qu'il mentionne, sa vocation n'étant pas de remettre en cause les constructions déjà existantes.

Il en résulte qu'est illégal le classement d'un terrain dans une zone inconstructible en application de l'article L. 111-6, alors que ce terrain se situe dans une zone urbanisée[5].

1. CAA Nancy, 13 déc. 2001, *Debré*, req. n° 99NC00413, NP.
2. Circ. n° 96-32, 13 mai 1996, NOR : EQUU9610077C, p[t] 1.
3. CE 1er juin 2015, *Mareil-le-Guyon (C[ne])*, req. n° 368335, *Lebon T.*
4. CE 4 juill. 2022, Holtz, req. n° 447441, NP ; *Constr.-Urb.* 2022, comm. 90, note X. Couton.
5. TA Marseille, 21 sept. 2000, *Cioni*, req. n° 00-1067, NP : annulation du refus d'abroger cette disposition illégale du POS.

112.322 Notion d'espace urbanisé. Le caractère urbanisé d'un espace au sens de l'article L. 111-6 du code de l'urbanisme est appréhendé de deux manières.

D'une part, il « doit s'apprécier objectivement, indépendamment des règles d'urbanisme qui s'y appliquent »[6]. Cela signifie qu'il s'apprécie au regard de la « réalité physique » de l'occupation du sol et non en fonction « du zonage » opéré par le PLU[7]. Ainsi, une cour administrative d'appel ne commet pas d'erreur de droit en jugeant qu'un terrain n'est pas situé dans un espace urbanisé de la commune alors même qu'il est inclus par le POS en zone urbaine[8].

D'autre part, le caractère urbanisé d'un espace a vocation à s'apprécier en s'inspirant des critères utilisés par le juge pour l'application de la règle de la constructibilité limitée. C'est ce que recommande la circulaire de 1996[9], qui invite à appréhender la réalité physique de l'urbanisation au travers d'un faisceau d'indices : nombre de constructions existantes, distance du terrain en cause par rapport à ce bâti existant, contiguïté avec des parcelles bâties, niveau de desserte par les équipements. La jurisprudence a repris ces critères[10].

L'appréciation des juges du fond sur la notion d'« espaces urbanisés » n'est pas contrôlée en cassation[11]. Le contrôle se limite à l'erreur de droit dans les critères utilisés et la dénaturation des pièces du dossier.

2°
Conséquence : l'interdiction des constructions et installations

112.331 Marge de retrait. L'article L. 111-6 du code de l'urbanisme établit une « marge de recul »[12] le long des axes de circulation entrant dans son champ d'application.

6. CE 17 déc. 2004, *Laillevaux*, req. n° 257738, *Lebon* 464 ; *BJDU* 2005. 6, concl. D. Chauvaux, obs. J.-C. Bonichot.
7. Circ. n° 96-32, 13 mai 1996, NOR : EQUU9610077C, p[t] 2.
8. CE 17 déc. 2004, *Laillevaux*, req. n° 257738, *Lebon* 464 ; *BJDU* 2005. 6, concl. D. Chauvaux, obs. J.-C. Bonichot.
9. Circ. n° 96-32, 13 mai 1996, NOR : EQUU9610077C, p[t] 2.
10. PAR EX. : CE 17 déc. 2004, *Laillevaux*, req. n° 257738, *Lebon* 464 ; *BJDU* 2005. 6, concl. D. Chauvaux, obs. J.-C. Bonichot : la cour n'a pas commis d'erreur de droit en se fondant sur la situation de ce terrain à l'écart des parties agglomérées de la commune, elles-mêmes séparées du bourg, sur le caractère épars des constructions alentour et sur la vocation agricole des terres proches – ÉGALEMENT : CAA Nantes, 25 mars 2003, *Saint-Père-Marc-en-Poulet (C[ne])*, req. n° 99NT02190 ; *BJDU* 2003. 79, concl. Lalauze ; – TA Marseille, 21 sept. 2000, *Cioni*, req. n° 00-1067, NP.
11. CE 17 déc. 2004, *Laillevaux*, req. n° 257738, *Lebon* 464 ; *BJDU* 2005. 6, concl. D. Chauvaux, obs. J.-C. Bonichot.
12. L'expression est employée à l'article L. 111-10.

Selon le type de voie, cette marge de retrait, à l'intérieur de laquelle s'applique un principe d'inconstructibilité, est de 100 mètres ou de 75 mètres de part et d'autre de celle-ci[1]. L'article L. 111-6 précise que la distance se mesure par rapport à « l'axe » de la voie.

La bande d'inconstructibilité s'applique tout le long des voies mentionnées et non pas seulement aux entrées de ville (la loi ne comportant aucune limitation sur ce point).

Elle interdit tant les « constructions » que les « installations » (par exemple un parc de stationnement), qu'elles soient temporaires ou permanentes.

112.332 **Illégalité d'une opération dans la bande des 100 mètres ou 75 mètres.** Est par exemple entaché d'illégalité, pour méconnaissance de l'article L. 111-6 du code de l'urbanisme :

– la DUP portant sur la création d'une aire d'accueil des gens du voyage dans la bande des 75 mètres[2] ;

– le PLU autorisant des constructions au sein de la bande des 75 mètres[3].

B.
Exceptions législatives au principe d'inconstructibilité le long des grands axes

112.341 **Texte.** Aux termes de l'article L. 111-7 du code de l'urbanisme, l'interdiction de construire dans la bande des 100 mètres ou des 75 mètres le long des voies ne s'applique pas :

– aux constructions ou installations liées ou nécessaires aux infrastructures routières (1°) ;

– aux services publics exigeant la proximité immédiate des infrastructures routières (2°) ;

– aux bâtiments d'exploitation agricole (3°) ;

– aux réseaux d'intérêt public (4°) ;

– aux infrastructures de production d'énergie solaire, photovoltaïque ou thermique (5°)[4] ;

– à l'adaptation, au changement de destination, à la réfection ou à l'extension de constructions existantes (al. 7).

112.342 **Première série d'exceptions : les constructions nouvelles autorisées pour les infrastructures routières ou l'intérêt public.** Les exceptions listées aux paragraphes 1° à 5° concernent les constructions et installations que le législateur a autorisé en raison de leur nature. Une cour a relevé que ces exceptions « tiennent essentiellement compte des exigences de la présence des infrastructures routières ou de préoccupation d'intérêt public et sont ainsi liées à des considérations relatives à la situation et l'équipement des terrains concernés »[5].

Ces cinq exceptions sont les suivantes :

– les constructions ou installations liées ou nécessaires aux infrastructures routières (comme les stations d'essence, les stations de lavage, les aires de repos, les postes de sécurité) ;

– les services publics exigeant la proximité immédiate des infrastructures routières (comme les services d'exploitation des autoroutes, les services de secours, les services de recyclage des ordures ménagères[6]) ;

– les bâtiments d'exploitation agricole (cette exception étant, selon une cour, « limitée aux bâtiments nécessaires aux exploitations agricoles dont l'activité principale est exercée dans les espaces concernés par l'interdiction instaurée par le texte » ; par suite, elle ne peut jouer pour la construction d'un bâtiment de stockage de bois qui se situe sur une autre parcelle que le bois exploité[7]) ;

– les réseaux d'intérêt public (d'eau, d'électricité, de télécommunication, etc.) ;

– les infrastructures de production d'énergie solaire lorsqu'elles sont installées sur des parcelles déclassées par suite d'un changement de tracé des voies du domaine public routier ou de l'ouverture d'une voie nouvelle ou sur les aires de repos, les aires de service et les aires de stationnement situées sur le réseau routier.

Les bâtiments à usage d'habitation ne figurent pas au nombre des exceptions admises.

112.343 **Seconde série d'exceptions : l'adaptation des constructions déjà existantes.** Le septième alinéa de l'article L. 111-7 écarte la règle d'inconstructibilité dans la bande des 100 mètres ou des 75 mètres pour l'adaptation, le changement de destination, la réfection ou l'extension de constructions existantes.

Cette exception reprenant les termes employés à l'article L. 111-4, 4° du code de l'urbanisme, la jurisprudence rendue relativement à ce dernier peut utilement lui être transposée[8].

1. V. s[s] n° 112.301.
2. CAA Marseille, 7 mai 2003, *Béziers (C[ne])*, req. n° 00MA01251, NP : arrêt précisant que l'obligation légale de créer des aires de stationnement pour les gens du voyage ne saurait justifier une méconnaissance de l'article L. 111-6.
3. CAA Bordeaux, 11 avr. 2005, *Larruy*, req. n° 01BX01836, NP ; *BJDU* 2005. 221, chron. Phémolant et Raunet.
4. C. urb., art. L. 111-7, 5°, créé par L. n° 2019-1147, 8 nov. 2019, art. 44, mod par L. n° 2023-175, 10 mars 2023.
5. CAA Marseille, 18 juin 2009, *SARL Macagno*, req. n° 07MA02200, NP.
6. CAA Paris, 10 févr. 2011, *S[té] Gima*, req. n° 09PA03923, NP.
7. CAA Marseille, 18 juin 2009, *SARL Macagno*, req. n° 07MA02200, NP.
8. Pour une présentation des décisions rendues, v. s[s] n°s 112.151 s.

C. Dérogations pouvant être apportées par les collectivités territoriales

112.351 **Deux séries de dérogations.** Les articles L. 111-8 à L. 111-10 du code de l'urbanisme autorisent les collectivités territoriales à déroger à la règle d'inconstructibilité dans la bande des 100 mètres ou des 75 mètres :

- soit en définissant dans leurs documents d'urbanisme un projet d'urbanisation le long des voies ;
- soit en justifiant de contraintes géographiques.

1° Première dérogation : définition dans le document d'urbanisme d'un projet d'urbanisation le long des grands axes

112.361 **Possibilité d'écarter la règle.** Ainsi que cela a été exposé précédemment[1], la règle de l'inconstructibilité le long des grands axes ne vise pas à interdire les constructions autour des voies mais à inciter les communes à concevoir et organiser dans leur document d'urbanisme une urbanisation réussie de ces espaces.

Pour cette raison, les articles L. 111-8 (commune dotée d'un PLU ou d'un document en tenant lieu) et L. 111-9 (commune dotée d'une carte communale) autorisent les communes ou EPCI à « fixer des règles d'implantation différentes de celles prévues par l'article L. 111-6 ».

Les conditions de fond sont les mêmes pour les PLU (ainsi que les documents en tenant lieu) et les cartes communales. Les garanties de procédure sont plus développées pour les cartes communales.

112.362 **Conditions de fond.** Le document d'urbanisme ne peut fixer des règles d'implantation différentes de celles prévues par l'article L. 111-6 qu'après avoir réalisé une étude « justifiant, en fonction des spécificités locales, que ces règles sont compatibles avec la prise en compte des nuisances, de la sécurité, de la qualité architecturale, ainsi que de la qualité de l'urbanisme et des paysages »[2].

L'étude doit apporter des justifications sur chacun de ces points (nuisances, sécurité, qualité architecturale, qualité de l'urbanisme, qualité des paysages), à défaut de quoi la règle de l'inconstructibilité ne peut être écartée. De même une réglementation générale d'un secteur ne suffit pas si elle n'est pas accompagnée d'une justification appropriée[3]. La dérogation suppose donc : d'une part, la définition de règles d'urbanisation applicables aux abords des grands axes, d'autre part une justification de la compatibilité de celles-ci aux exigences mentionnées aux articles L. 111-8 et L. 111-9 (nuisances, sécurité, etc.). Ne satisfait pas à ces exigences un rapport de présentation précisant que le traitement des voies routières rapides sera travaillé dans le souci de s'intégrer au paysage rural environnant, notamment grâce à une végétation adéquate[4]. Y satisfait en revanche un PLU dont le règlement et le rapport de présentation intègrent, ensembles, les éléments requis[5].

Il n'est pas exigé que les documents cartographiques du plan fassent apparaître la zone sur laquelle la règle d'inconstructibilité serait censée s'appliquer si elle n'était pas écartée. Ainsi, la seule circonstance que les zones d'inconstructibilité visées par l'article L. 111-6 ne seraient pas représentées sur la carte accompagnant le plan d'urbanisme « ne saurait établir que ce plan aurait écarté la règle d'inconstructibilité »[6].

112.363 **Conditions supplémentaires pour les cartes communales.** Lorsque la commune ou l'EPCI est couvert par une carte communale, deux conditions supplémentaires sont requises par l'article L. 111-9.

D'une part, est exigé l'accord du préfet.

D'autre part, doit être sollicité l'avis de la CDNPS.

2° Seconde dérogation : mise à l'écart de la règle pour des raisons de contraintes géographiques

112.371 **Texte.** Depuis la loi du 23 février 2005[7] relative au développement des territoires ruraux, la règle d'inconstructibilité le long des axes de circula-

1. V. s^s^ n° 112.293.
2. C. urb., art. L. 111-8 et L. 111-9.
3. CE 17 déc. 2004, *Laillevaux*, req. n° 257738, *Lebon* 464 ; *BJDU* 2005. 6, concl. D. Chauvaux, obs. J.-C. Bonichot : les dispositions du POS qui ont pour objet d'interdire les constructions incompatibles avec la salubrité, la tranquillité, la sécurité ou la bonne tenue d'un quartier d'habitation et d'imposer des contraintes de volume et d'aspect garantissant une bonne intégration des constructions dans leur environnement, « ne permettaient pas d'écarter la règle d'inconstructibilité édictée à l'article » L. 111-6 du code de l'urbanisme « faute de comporter les justifications et motivations spécifiques » exigées par l'article L. 111-8. V., dans le même sens : CAA Douai, 3 févr. 2011, *Doullens (C^ne^)*, req. n° 09DA01706, NP – CAA Nantes, 25 mars 2003, *Saint-Père-Marc-en-Poulet (C^ne^)*, req. n° 99NT02190, NP ; *BJDU* 2003. 79, concl. Lalauze.
4. CAA Bordeaux, 11 avr. 2005, *Larruy*, req. n° 01BX01836 ; *BJDU* 2005. 221, chron. Phémolant et Raunet.
5. CAA Paris, 30 janv. 2001, *Fontainebleau (C^ne^), Institut européen d'administration des affaires*, req. n° 00PA02622 ; *BJDU* 2001. 258, concl. Massias.
6. CE 21 mai 2008, *Assoc. d'environnement Attainville ma campagne*, req. n° 296347, *Lebon T.* ; *BJDU* 2008. 94, concl. Y. Aguila.
7. L. n° 2005-157, 23 févr. 2005 relative au développement des territoires ruraux, *JO* 24 févr., n° 1.

tion peut être écartée en raison de contraintes géographiques[1].

Cette dérogation a été conçue relativement aux contraintes géographiques rencontrées en zones de montagne, les routes étant le plus souvent bordées, soit d'une montagne, soit d'un ravin.

112.372 Conditions. La dérogation est soumise à deux conditions de fond :

- d'une part, il est de l'intérêt de la commune de disposer de l'installation ou de la construction projetée ;

- d'autre part, les contraintes géographiques ne permettent pas d'implanter cette installation ou construction au-delà de la marge de recul prévue à l'article L. 111-6.

Par ailleurs, l'accord du préfet est exigé.

§ 2
Projets compromettant des espaces naturels, agricoles et miniers

112.381 Texte. L'article R. 111-14 du code de l'urbanisme prévoit qu'en dehors des parties urbanisées des communes, le projet « peut être refusé ou n'être accepté que sous réserve de l'observation de prescriptions spéciales » s'il est de nature, « par sa localisation ou sa destination » :

- à favoriser une urbanisation dispersée incompatible avec la vocation des espaces naturels environnants (1°) ;

- à compromettre les activités agricoles ou forestières (2°) ;

- à compromettre la mise en valeur de ressources minières (3°).

112.382 Champ d'application. L'article R. 111-14 s'applique en l'absence de PLU ou de document d'urbanisme en tenant lieu[2].

Les limitations qu'il édicte s'appliquent « en dehors des parties urbanisées des communes »[3]. Cette précision a été apportée par le décret du 5 janvier 2007[4] afin de mettre fin à une jurisprudence du Conseil d'État qui admettait son application même dans les parties urbanisées de la commune[5].

L'article R. 111-14 ne s'applique pas aux zones de montagne, celles-ci étant régies par des dispositions spécifiques[6].

112.383 Pouvoir d'appréciation. L'autorité administrative dispose d'un pouvoir d'appréciation dans la mise en œuvre de l'article R. 111-14 (celui-ci énonce que l'administration « peut » refuser l'autorisation ou délivrer une autorisation assortie de prescriptions). Pour autant, celui-ci apparaît relativement réduit, d'autant que l'on voit difficilement quels types de prescriptions permettraient de rendre légale une autorisation de nature à favoriser une urbanisation dispersée ou incompatible avec la vocation des espaces naturels environnants.

A.
Limitation des constructions de nature à favoriser une urbanisation dispersée

112.391 Articulation avec la règle de la constructibilité limitée. Issu d'un décret du 7 juillet 1977, le dispositif anti-mitage actuellement codifié au 1° de l'article R. 111-14 est antérieur à la règle de la constructibilité limitée instaurée par la loi du 7 janvier 1983[7]. La réforme de 1983 a conduit à rendre moins fréquente l'application de ce dispositif. La limitation de son champ d'application en 2007[8] n'a fait que renforcer cette tendance.

Avant que n'intervienne la réduction de son champ d'application en 2007, le Conseil d'État avait estimé que l'autorité administrative peut refuser au titre de l'article R. 111-14 un projet de construction qui serait susceptible d'être autorisé sur le fondement de l'article L. 111-3[9].

112.392 Deux conditions. Au titre du paragraphe 1° de l'article R. 111-14 du code de l'urbanisme, l'autorité administrative peut refuser un projet, ou ne l'accepter qu'en l'assortissant de prescriptions spéciales, si deux conditions sont remplies :

1. C. urb., art. L. 111-10.
2. CE 11 mai 1984, *Synd. agricole de Mollans*, req. n° 36672, NP – CE 13 juill. 2012, *Assoc. Engoulevent*, req. n° 345970 ; *Lebon T.* 778 – V. s^s n° 111.71.
3. Sur cette notion, v. s^s n°s 112.41 s.
4. Décr. n° 2007-18, 5 janv. 2007 pris pour l'application de l'ordonnance n° 2005-1527 du 8 décembre 2005 relative au permis de construire et aux autorisations d'urbanisme, *JO* 6 janv., n° 12.
5. CE 15 févr. 2006, *Bobot*, req. n° 268241, *Lebon T.* ; *BJDU* 2006. 162, concl. M. Guyomar ; *Constr.-Urb.* 2006, n° 92, comm. Godfrin : arrêt posant « que la circonstance qu'un terrain soit situé à l'intérieur des parties actuellement urbanisées de la commune, si elle fait obstacle à l'application des dispositions de l'article » L. 111-3 du code de l'urbanisme (constructibilité limitée), « n'interdit pas par principe à l'autorité administrative, dès lors qu'une construction sur ce terrain serait de nature à favoriser une urbanisation dispersée incompatible avec la vocation des espaces naturels environnants, de se fonder sur ce motif pour délivrer un certificat d'urbanisme négatif ».
6. CAA Lyon, 30 oct. 2012, *Assoc. de défense de l'envir. du Barrès et du Coiron*, req. n° 11LY03045, NP.
7. C. urb., art. L. 111-3.
8. V. s^s n° 112.382.
9. V. s^s n° 112.132.

– d'une part, le projet favorise une « urbanisation dispersée » (le projet se situant à l'écart de constructions existantes) ;

– d'autre part cette urbanisation dispersée est « incompatible avec la vocation des espaces naturels environnants, en particulier lorsque ceux-ci sont peu équipés ».

Il en résulte, ainsi que l'illustrent les exemples mentionnés ci-dessous, une appréhension relativement proche de celle prévalant pour la règle de la constructibilité limitée, avec néanmoins une attention particulière portée au caractère naturel des lieux environnants le projet.

112.393 **Projets pouvant être refusés sur le fondement de l'article R. 111-14, 1°.** A été regardé comme de nature à favoriser une urbanisation dispersée incompatible avec la vocation des espaces naturels environnants le projet concernant un terrain :

– situé à 1,4 km de l'agglomération, relativement éloigné des quelques habitations les plus proches, dans un secteur à vocation agricole et entouré de bois et de vignes [1] ;

– situé à 1,5 km du village et à 200 mètres des constructions les plus proches [2] ;

– situé dans une zone rurale à plusieurs kilomètres de l'agglomération la plus proche [3] ;

– situé dans une zone à vocation agricole ne comportant pas de constructions et séparée du bourg de la commune par une carrière [4] ;

– éloigné du centre de la commune, compte tenu du caractère naturel de la zone d'implantation des trois constructions envisagées, sans qu'y fasse obstacle la circonstance que deux maisons aient été construites dans le voisinage [5] ;

– distant du bourg d'environ 1 kilomètre, situé dans une zone rurale à vocation agricole, et notamment vinicole, ne comportant dans son environnement immédiat que trois constructions qui ne constituent pas un hameau (et que dès lors « toute construction nouvelle à cet endroit contribuerait à aggraver la dispersion de l'habitat dans la commune ») [6] ;

– situé dans une zone rurale à plus de trois kilomètres de l'agglomération principale [7] ;

– situé dans une zone boisée, en dehors de toute agglomération [8].

Par leur nature, les travaux de restauration d'un bien à l'identique ne peuvent être considérés comme favorisant une urbanisation [9].

112.394 **Projets ne pouvant légalement être refusés sur le fondement de l'article R. 111-14, 1°.** Un projet ne peut être refusé sur le fondement de l'article R. 111-14 du code de l'urbanisme lorsque le terrain :

– est desservi par des équipements publics suffisants et entouré de constructions [10] ;

– fait partie d'un ensemble d'habitations [11] ;

– se trouve dans un secteur où existent plusieurs bâtiments et est desservi par les réseaux de distribution d'eau potable et d'électricité et par des voies carrossables [12] ;

– n'est situé qu'à 200 mètres du groupe d'habitations le plus proche et en bordure d'un chemin [13] ;

– est situé à proximité d'autres constructions et desservis par les équipements, alors même qu'il est distant du village de 2 km environ et est compris dans une zone boisée [14].

B.
Limitation des constructions de nature à compromettre les activités agricoles ou forestières

112.401 **Texte.** Aux termes du paragraphe 2° de l'article R. 111-14 du code de l'urbanisme, l'autorité administrative peut refuser un projet, ou ne l'accepter qu'en l'assortissant de prescriptions spéciales, s'il est de nature à « compromettre les activités agricoles ou forestières », notamment en raison :

– de la valeur agronomique des sols ;

– des structures agricoles ;

– de l'existence de terrains faisant l'objet d'une délimitation au titre d'une appellation d'origine contrôlée ou d'une indication géographique protégée ;

– de l'existence de terrains comportant des équipements spéciaux importants ;

– de périmètres d'aménagements fonciers et hydrauliques.

112.402 **Projets pouvant être refusés sur le fondement de l'article R. 111-14, 2°.** Ont été regardés comme étant de nature à compromettre les activités agricoles ou forestières :

1. CE 27 oct. 1989, *Van Ginneken*, req. n° 83590, *Lebon T.*
2. CE 24 janv. 1990, *Torres*, req. n° 77140, NP.
3. CE 17 mai 1991, *Quintin*, req. n° 100436, NP ; *RDP* 1991. 1429, concl. R. Abraham.
4. CE 22 mai 1995, *Ponée*, req. n° 140491, NP.
5. CE 7 déc. 1990, *Joint*, req. n° 93163, NP.
6. CE 21 juill. 1989, *Marin*, req. n° 87257, NP.
7. CE 17 mai 1991, *Triaire*, req. n° 100280, NP.
8. CE 12 févr. 1990, *Puggioni*, req. n° 76485, NP.
9. CE 29 déc. 1993, *Delarue*, req. n° 137616, NP.
10. CE 22 juin 1990, *Siméon*, req. n° 92489, NP.
11. CE 11 mars 1996, *Kernoa*, req. n° 96598 ; *BJDU* 1996. 150.
12. CE 22 mars 1984, *Min. Environnement et Cadre de vie c/ Lahetoulle*, req. n° 34294, NP.
13. CE 12 janv. 1994, *Min. Équip. c/Lemaître*, req. n° 86912 ; *Lebon T.* 1255.
14. CE 28 déc. 1988, *Cambron*, req. n° 84793, NP.

- un projet de construction situé à 2 500 mètres d'une agglomération, dans une zone non urbanisée et essentiellement consacrée à la culture de la vigne (construction de nature à compromettre l'activité agricole du secteur en raison, notamment, de l'existence de terrains produisant un vin de qualité supérieure)[1] ;

- la construction d'un bâtiment à usage d'habitation et de chai vinicole, sur un terrain situé en dehors de tout hameau, dans une zone à vocation viticole classée en appellation d'origine contrôlée[2] ;

- une construction sur un terrain situé en dehors de toute agglomération, dans une zone à vocation agricole et se trouvant lui-même exploité[3] ;

- la création d'une centrale photovoltaïque, qui implique l'immobilisation de terres cultivables de bonne qualité[4].

112.403 Projets ne pouvant légalement être refusés sur le fondement de l'article R. 111-14, 2°. Les projets suivants ont été regardés comme n'étant pas de nature à compromettre les activités agricoles ou forestières :

- réalisation d'une maison d'habitation, compte tenu de son implantation dans une zone déjà partiellement construite et sur une parcelle dépourvue de valeur agronomique particulière[5] ;

- constructions de 9 éoliennes sur un terrain qui n'est ni cultivé ni entretenu, alors même qu'il est proche de vastes parcelles en nature de vigne (les éoliennes n'étant par elles-mêmes pas susceptibles de porter atteinte à la pérennité de ces cultures ou de les altérer)[6] ;

- création d'une centrale photovoltaïque dans un champ utilisé pour le pâturage d'ovins, dès lors que des dispositions ont été prises pour permettre de concilier l'exploitation des panneaux solaires avec la poursuite de cette activité sur le site, et que la mise en jachère du terrain pendant une période de vingt ans va améliorer sa fertilité[7] ;

- création d'une centrale photovoltaïque sur un terrain post-agricole (ancien vignoble), non identifié comme relevant d'un secteur bénéficiant d'une AOC, le permis étant assorti d'une prescription selon laquelle le projet est subordonné à la production d'une convention de gestion pendant l'ensemble de la période d'exploitation, avec un agriculteur local responsable d'un élevage ovin extensif pour entretenir par broutage les espaces situés sous les panneaux photovoltaïques et prévoyant que l'implantation des modules photovoltaïques dans le sol sera effectuée par des pieux et des vis, solution réversible permettant de rendre le terrain dans son état d'origine à la fin de la période d'exploitation du projet[8].

112.404 Absence de limitation de l'autorisation de construire aux activités agricoles. Les dispositions du paragraphe 2° de l'article R. 111-14 visent à prévenir des atteintes aux conditions d'exercice des activités agricoles ou forestières ; « elles n'ont ni pour objet ni pour effet de n'autoriser la délivrance de permis de construire qu'aux seuls exploitants agricoles »[9].

De même, l'administration ne peut se fonder sur le fait que la construction projetée n'est pas liée à l'exercice d'une activité agricole[10].

112.405 Incidence d'un classement en AOC. La circonstance que les terrains de la commune soient classés en zone viticole d'appellation d'origine contrôlée n'est pas de nature à faire regarder toute construction comme incompatible avec le paragraphe 2° de l'article R. 111-14 du code de l'urbanisme[11].

C.
Limitation des constructions de nature à compromettre l'exploitation de ressources minières

112.411 Texte. Aux termes du paragraphe 3° de l'article R. 111-14 du code de l'urbanisme, l'autorité administrative peut refuser un projet, ou ne l'accepter qu'en l'assortissant de prescriptions spéciales, s'il est de nature à « compromettre la mise en valeur des substances mentionnées à l'article L. 111-1 du code minier ou des matériaux de carrières inclus dans les zones définies à l'article L. 321-1 du même code ».

Ces dispositions permettent à l'autorité administrative de s'opposer à des projets de nature à faire obstacle à l'exploitation de mines et de carrières.

1. CE 21 déc. 1983, *Garcia*, req. n° 36300, NP.
2. CE 25 juill. 1986, *Min. Urbanisme, Logement et Transports c/Rolet*, req. n° 61660, NP.
3. CE 26 nov. 1986, *Min. Urbanisme, Logement et Transports c/Dufour*, req. n° 73909, NP.
4. CAA Bordeaux, 4 févr. 2016, *Min. Logement c/SAS Solar Enviro Partners*, req. n° 14BX03376, NP.
5. CE 9 déc. 1983, *Min. Urbanisme et Logement c/Senemaud*, req. n° 38540, *Lebon T.*
6. CAA Marseille, 15 janv. 2010, *Synd. du cru Minervois*, req. n° 07MA00756, NP.
7. TA Limoges, 2 oct. 2014, *Solar enviro partners*, req. n° 1200805, NP.
8. CAA Marseille, 9 mai 2018, *Assoc. Aire*, req. n° 16MA02057, NP (arrêt devenu définitif en l'absence d'admission du pourvoi formé à son encontre : CE 8 avr. 2019, req. n° 422102, NP).
9. CE 15 avr. 1996, *Min. Équipement c/Eydieux*, req. n° 126291, NP.
10. CE 3 oct. 1984, *Min. Urbanisme et Logement c/Masclaux*, req. n° 52597, NP.
11. CE 22 avr. 1983, *Grignet*, req. n° 35790, *Lebon* 161.

§ 3
Projets compromettant la salubrité ou la sécurité publique

112.421 Texte. Aux termes de l'article R. 111-2 du code de l'urbanisme : « Le projet peut être refusé ou n'être accepté que sous réserve de l'observation de prescriptions spéciales s'il est de nature à porter atteinte à la salubrité ou à la sécurité publique du fait de sa situation, de ses caractéristiques, de son importance ou de son implantation à proximité d'autres installations ».

Ces dispositions concernent pour l'essentiel la localisation du projet (même si elles évoquent également ses caractéristiques ou son importance) en ce qu'elles sont axées sur les risques qu'un projet est susceptible de provoquer sur son environnement proche.

112.422 Règle impérative. L'article R. 111-2 du code de l'urbanisme s'applique même en présence d'un PLU ou d'un document d'urbanisme en tenant lieu[1]. Il s'efface toutefois devant un PLU contenant des prescriptions au moins aussi exigeantes[2].

112.423 Contrôle de cassation. Le juge de cassation exerce un contrôle limité à la dénaturation sur l'appréciation par laquelle les juges du fond estiment qu'un projet de construction présente, compte tenu de sa nature, de son implantation et de la configuration des lieux, un risque pour la sécurité publique justifiant que soit opposé un refus de permis sur le fondement de l'article R. 111-2 du code de l'urbanisme[3].

A.
Pouvoirs de l'autorité administrative et critères mis en œuvre

112.431 Existence d'un risque. L'autorité administrative peut opposer les dispositions de l'article R. 111-2 à un projet pour prévenir toute cause, naturelle ou non, de nuisance ou d'accident, dès lors qu'un risque pour la sécurité ou la salubrité publique est avéré. Il appartient à l'autorité d'urbanisme compétente et au juge de l'excès de pouvoir, pour apprécier si les risques d'atteintes à la salubrité ou à la sécurité publiques justifient un refus de permis de construire sur le fondement de ces dispositions, « de tenir compte tant de la probabilité de réalisation de ces risques que de la gravité de leurs conséquences, s'ils se réalisent »[4].

Selon une réponse ministérielle, tout refus opposé sur la base de l'article R. 111-2 « doit être solidement motivé et doit bien identifier le risque menaçant la sécurité ou la salubrité publique ». Cette atteinte « doit être spécifiée au regard de la situation, des caractéristiques, de l'importance et de l'implantation de la construction envisagée ». Le risque « doit être apprécié au vu de ces quatre critères »[5].

Un risque minime, qui n'est pas de nature à porter atteinte à la sécurité publique, ne peut fonder ni un refus de permis de construire ni des prescriptions spéciales assortissant sa délivrance[6].

Les considérations relatives à la commodité du voisinage (comme un désagrément visuel lié à l'implantation d'éoliennes) ne relèvent pas de la salubrité publique au sens de ces dispositions[7].

112.432 Risques causés au projet ou par le projet. Les risques d'atteinte à la sécurité publique visés par l'article R. 111-2 concernent aussi bien ceux auxquels sont exposés les occupants de la construction pour laquelle le permis est sollicité que ceux qui peuvent être causés par ladite construction[8].

112.433 Cumul de risques et nuisances. Eu égard à l'objet et à la portée des dispositions de l'article R. 111-2 du code de l'urbanisme, pour apprécier si les atteintes à la salubrité ou à la sécurité publiques sont de nature à justifier un refus du permis de construire, l'autorité compétente doit tenir compte, le cas échéant, « de l'effet cumulé des différents risques et nuisances » auxquels serait exposée la construction projetée, « même s'ils ne sont pas directement liés entre eux ». Cette exigence « s'impose particulièrement dans le cas où la construction est destinée à l'habitation ». L'autorité compétente est

1. CAA Nancy, 26 janv. 2012, *Sté Business Property Developer*, req. n° 10NC01958, NP : « la circonstance qu'une commune s'est dotée d'un plan local d'urbanisme ne fait pas obstacle à ce qu'une autorisation de lotir un terrain situé dans cette commune soit refusée sur le fondement des dispositions précitées de l'article R. 111-2 du code de l'urbanisme » ; – V. ss n° 111.71.
2. V. ss n° 111.82.
3. CE 15 févr. 2016, *Nessmann*, req. n° 389103, *Lebon T. ; BJDU* 2016. 211, concl. B. Bourgeois-Machureau ; *JCP Adm.* 2016, n° 2231, note S. Defix ; – CE 3 oct. 1997, *SA des véhicules industriels havrais*, req. n° 159789, NP.
4. CE 16 juill. 2014, *Salaise-sur-Sanne (Cne)*, req. n° 356643, NP ; *BJDU* 2015. 98, concl. S. Von Coester – CE 1er mars 2023, Société Énergie Ménétréols, req. n° 455629, *Lebon T. ; BJDU* 2023. 173, concl. N. Agnoux ; *BJDU* 2023. 176, obs. S. Ferrari ; *JCP Adm.* 2023, n° 2164, note F. Polizzi ; *RDI* 2023. 252, obs. P. Soler-Couteaux.
5. Rép. min. n° 18426, *JOAN* 17 juin 2008, p. 5124.
6. CE 13 juill. 2012, *Assoc. Engoulevent*, req. n° 345970 ; *Lebon T.* 778.
7. CE 1er mars 2023, Société Énergie Ménétréols, req. n° 455629.
8. CE 3 oct. 1997, *SA des véhicules industriels havrais*, req. n° 159789, NP ; – CE 19 nov. 1999, *Port-la-Nouvelle (Cne)*, req. n° 190303, NP ; *BJDU* 1999. 436, concl. D. Chauvaux ; – CE 13 juill. 2006, *Min. Transports c/Begue*, req. n° 282937, NP ; *BJDU* 2006. 347, concl. B. Dacosta – CE 29 oct. 2008, *Min. Transports c/Tarascon (Cne)*, req. n° 304393, NP ; *BJDU* 2008. 333, concl. P. Collin.

fondée à refuser le permis sollicité dès lors que « l'addition de ces risques ou nuisances serait de nature à compromettre gravement les conditions et le cadre de vie des futurs occupants quand bien même aucun d'entre eux ne serait de nature, à lui seul, à justifier ce refus »[1].

112.434 **Éléments indifférents.** Lorsque le risque est établi, sont sans incidence les circonstances que :

- le terrain d'assiette du projet soit inclus dans un lotissement autorisé[2] (notamment, la cristallisation des droits à construire dans un lotissement ne fait pas obstacle à ce qu'un permis de construire soit refusé sur le fondement des dispositions de l'article R. 111-2[3]) ;
- d'autres certificats d'urbanisme positifs auraient été délivrés dans la même zone[4] ;
- le certificat d'urbanisme ayant précédé la demande ne mentionne pas les dispositions de l'article R. 111-2[5] ;
- le refus de permis comporterait de lourdes conséquences pour les requérants[6] ;
- la construction soit autorisée au titre de la législation sur les ICPE[7] ;
- le terrain d'assiette du projet soit situé dans une zone constructible du PLU[8] ;
- d'autres maisons d'habitation soient implantées à proximité[9].

112.435 **Éléments de preuve.** La démonstration du risque ou, au contraire, de l'absence de risque peut être établie par tout moyen :

- rapports d'expertise[10] ;
- études de services administratifs (Ademe, DDASS[11]) ;
- PPRNP en cours d'élaboration[12] ;
- cartes[13] ;
- documents annexés au PLU ;
- étude d'un bureau technique[14] ;
- photographies ;
- avis du SDIS, de l'ONF, de commissions de sécurité.

112.436 **Pouvoir d'appréciation et prescriptions.** L'exercice du pouvoir conféré par l'article R. 111-2 à l'autorité administrative de rejeter une demande de permis de construire ou d'assortir le permis accordé de prescriptions dans le cas où la construction envisagée porterait atteinte à la sécurité publique implique une appréciation des faits. Dès lors l'autorité administrative compétente ne se trouve pas, dans ce cas, dans une situation de compétence liée[15].

Par ailleurs, il résulte des dispositions de l'article R. 111-2 que, lorsqu'un projet de construction est de nature à porter atteinte à la salubrité ou à la sécurité publique, « le permis de construire ne peut être refusé que si l'autorité compétente estime [...] qu'il n'est pas légalement possible, au vu du dossier et de l'instruction de la demande de permis, d'accorder le permis en l'assortissant de prescriptions spéciales qui, sans apporter au projet de modification substantielle nécessitant la présentation d'une nouvelle demande, permettraient d'assurer la conformité de la construction aux dispositions législatives et réglementaires dont l'administration est chargée d'assurer le respect »[16]. En d'autres termes, lorsque le projet présenté risque de porter atteinte à la salubrité ou à la sécurité publiques mais qu'il est possible de prévenir un tel risque au moyen de prescriptions spéciales, ces dispositions « ne permettent pas à l'autorité saisie de la demande de se borner à refuser le permis de construire sollicité, mais doivent la conduire

1. CE 16 juill. 2014, *Salaise-sur-Sanne (Cne)*, req. n° 356643, NP ; *BJDU* 2015. 98, concl. S. Von Coester.
2. CAA Marseille, 16 avr. 2009, *Otarola*, req. n° 07MA01584, NP.
3. CAA Marseille, 12 mai 2017, *Allauch (Cne)*, req. n° 16MA01710, NP.
4. CAA Bordeaux, 13 déc. 2005, *Chaib*, req. n° 02BX00471, NP.
5. CAA Douai, 6 oct. 2005, *Van Buitenen*, req. n° 04DA00118, NP.
6. CAA Bordeaux, 13 déc. 2005, *Chaib*, req. n° 02BX00471, NP.
7. CAA Lyon, 2 mai 2001, *Min. Équipement*, req. n° 96LY02378, NP ; – ÉGALEMENT : CE 13 juill. 2006, *Min. Transports, Équipement, Tourisme et Mer c/Assoc. pour la protection de l'environnement du Lunellois*, req. n° 269720, *Lebon T.* ; *BJDU* 2006. 341, concl. Y. Aguila.
8. CE 19 nov. 1999, *Port-la-Nouvelle (Cne)*, req. n° 190303, NP ; *BJDU* 1999. 436, concl. D. Chauvaux – CAA Nantes, 7 mai 1997, *Sté Loire-Atlantique Habitations*, req. n° 95NT00283, NP.
9. CE 20 mai 1994, *Préfet du Rhône et de la région Rhône-Alpes*, req. n° 107878, *Lebon T.* ; *BJDU* 1994. 42, concl. R. Schwartz ; – CE 19 nov. 1999, *Port-la-Nouvelle (Cne)*, req. n° 190303, NP ; *BJDU* 1999. 436, concl. D. Chauvaux ; – CAA Nantes, 7 mai 1997, *Sté Loire-Atlantique Habitations*, req. n° 95NT00283, NP – CAA Douai, 31 oct. 2002, *Tatinghem (Cne)*, req. n° 00DA01003, NP.
10. CE 25 sept. 1987, *Min. Urbanisme, Logement et Transports c/Bourg-en-Bresse (Ville)*, req. n° 66734, *Lebon T.* 1013.
11. CAA Nancy, 1er avr. 2010, *Mougin c/Min. Écologie, Énergie, Développement durable et Mer*, req. n° 09NC00805, NP (études hydrogéologiques).
12. CAA Paris, 20 mai 2007, *Préfet de Seine-et-Marne*, req. n° 04PA04033, NP – CAA Lyon, 15 oct. 2013, *SCI La Papette*, req. n° 13LY00818, NP ; – DANS LE MÊME SENS : CAA Nantes, 15 avr. 2016, *Loyer*, req. n° 15NT00124, NP.
13. CAA Douai, 6 oct. 2005, *Van Buitenen*, req. n° 04DA00118, NP – CAA Douai, 17 janv. 2013, *Fasquel*, req. n° 12DA00885, NP (cartographie des zones inondables établie par la DDTM) ; – CE 9 juill. 2010, *La Roques-sur-Pernes (Cne)*, req. n° 304463, NP ; *Constr.-Urb.* 2011, n° 1, note J.-L. Seynaeve (cartographie aérienne).
14. CE 19 nov. 1999, *Port-la-Nouvelle (Cne)*, req. n° 190303, NP ; *BJDU* 1999. 436, concl. D. Chauvaux.
15. CE, avis, 23 févr. 2005, *Hutin*, req. n° 271270, *Lebon* 79 ; *BJDU* 2005. 16, concl. Y. Aguila, obs. J.-C. B. ; *Constr.-Urb.* 2005, n° 115, obs. P. Cornille.
16. CE 26 juin 2019, *Deville*, req. n° 412429, *Lebon* ; *BJDU* 2019. 325, concl. S. Hoynck ; *JCP Adm.* 2019, n° 2252, note F. Polizzi.

à assortir sa délivrance de prescriptions spéciales destinées à pallier ce risque »[1].

Le rapporteur public Stéphane Hoynck expliquait ainsi ce raisonnement : « De deux choses l'une : soit la prescription était nécessaire afin d'assurer la conformité des travaux projetés aux dispositions législatives et réglementaires dont l'administration est chargée d'assurer le respect, et elle était alors légale, soit elle apportait au droit de construire une restriction injustifiée et elle était illégale. L'administration n'a pas le choix entre autorisation "sèche" et autorisation assortie de prescriptions. Nous croyons donc qu'elle n'a pas davantage un choix discrétionnaire entre refuser un projet qui porte atteinte à la sécurité publique ou l'accepter en l'accompagnant de prescriptions spéciales pour pallier ces atteintes »[2].

112.437 Articulation avec un PPRNP. Les prescriptions d'un PPRNP, destinées notamment à assurer la sécurité des personnes et des biens exposés aux risques en cause et valant servitude d'utilité publique, « s'imposent directement aux autorisations de construire, sans que l'autorité administrative soit tenue de reprendre ces prescriptions dans le cadre de la délivrance du permis de construire »[3].

Le Conseil d'État a donné un mode d'emploi à l'autorité compétente pour délivrer une autorisation d'urbanisme en présence d'un PPRNP[4] :

– il lui appartient, dans tous les cas, « de vérifier que le projet respecte les prescriptions édictées par le plan de prévention » ;

– il lui revient, le cas échéant, « de préciser dans l'autorisation les conditions de leur application » ;

– si « les particularités de la situation l'exigent et sans apporter au projet de modifications substantielles nécessitant la présentation d'une nouvelle demande », l'autorité compétente « peut subordonner la délivrance du permis de construire sollicité à des prescriptions spéciales, s'ajoutant aux prescriptions édictées par le plan de prévention dans cette zone », si elles lui apparaissent « nécessaires pour assurer la conformité de la construction aux dispositions de l'article R. 111-2 du code de l'urbanisme » ;

– enfin, elle peut refuser de délivrer le permis, mais uniquement dans le cas où elle « estime, au vu d'une appréciation concrète de l'ensemble des caractéristiques de la situation d'espèce qui lui est soumise et du projet pour lequel l'autorisation de construire est sollicitée, y compris d'éléments déjà connus lors de l'élaboration du plan de prévention des risques naturels, qu'il n'est pas légalement possible d'accorder le permis en l'assortissant de prescriptions permettant d'assurer la conformité de la construction aux dispositions de l'article R. 111-2 du code de l'urbanisme ».

L'article R. 111-2 s'applique même en l'absence de PPRNP[5]. Il peut justifier un refus de permis de construire « alors même que le plan n'aurait pas classé le terrain d'assiette du projet en zone à risques ni prévu de prescriptions particulières qui lui soient applicables »[6].

Un PPRNP en cours d'élaboration peut être pris en compte en tant élément d'appréciation[7].

112.438 Mise en œuvre pour s'opposer au droit de reconstruire à l'identique. En instituant à l'article L. 111-15 du code de l'urbanisme un droit de reconstruire à l'identique un bâtiment détruit ou démoli[8], le législateur « n'a pas entendu donner le droit de reconstruire un bâtiment dont les occupants seraient exposés à un risque certain et prévisible de nature à mettre gravement en danger leur sécurité. Il en va notamment ainsi lorsque c'est la réalisation d'un tel risque qui a été à l'origine de la destruction du bâtiment pour la reconstruction duquel le permis est demandé. Dans une telle hypothèse, il y a lieu, pour l'autorité compétente [...] de refuser le permis de construire ou de l'assortir, si cela suffit à parer au risque, de prescriptions adéquates, sur le fondement de l'article R. 111-2 du code de l'urbanisme »[9].

B.
Risques pris en compte

112.441 Variété des risques. L'article R. 111-2 peut être opposé à un projet de construction pour des types de risques divers.

1. CAA Nantes, 3 avr. 2015, *SARL Espace Détente*, req. nº 13NT01609, NP ; – ÉGALEMENT : CE 9 juill. 2010, *La Roquessur-Pernes (Cne)*, req. nº 304463, NP ; *Constr.-Urb.* 2011, nº 1, note J.-L. Seynaeve – CAA Nancy, 22 nov. 2012, *SCI La Villa des Roses*, req. nº 12NC00308, NP.
2. S. Hoynck, *BJDU* 2019. 325, concl. préc.
3. CE 22 juill. 2020, *Sté Altarea Cogedim IDF*, req. nº 426139, *Lebon T. ; BJDU* 2020. 433, concl. O. Fuchs ; – ARRÊT PRÉCISANT deux arrêts antérieurs de 2011 et 2016 : CE 4 mai 2011, *Fondettes (Cne)*, req. nº 321357, *Lebon T. ; BJDU* 2011. 202, concl. E. Geffray ; – CE 15 févr. 2016, *Nessmann*, req. nº 389103, *Lebon T. ; BJDU* 2016. 211, concl. B. Bourgeois-Machureau ; *JCP Adm.* 2016, nº 2231, note S. Defix.
4. CE 22 juill. 2020, *Sté Altarea Cogedim IDF*, req. nº 426139.
5. CAA Marseille, 19 oct. 2017, *Bertagne*, req. nº 15MA03073, NP.
6. CE 15 févr. 2016, *Nessmann*, req. nº 389103, *Lebon T. ; BJDU* 2016. 211, concl. B. Bourgeois-Machureau ; *JCP Adm.* 2016, nº 2231, note S. Defix.
7. V. ss nº 112.435.
8. V. ss nos 113.281 s.
9. CE, avis, 23 févr. 2005, *Hutin*, req. nº 271270, *Lebon* 79 ; *BJDU* 2005. 16, concl. Y. Aguila, obs. J.-C. B. ; *Gaz. Pal.* 24-25 juin 2005, p. 22, note Graveleau ; *Constr.-Urb.* 2005, comm. nº 115, obs. Cornille.

1°
Incendies

112.451 **Risque établi.** L'article R. 111-2 fonde un refus d'autoriser une construction exposée à un risque d'incendie :

- constructions de 7 habitations nouvelles dans un lotissement exposé à un risque élevé d'incendie de forêt et difficile d'accès pour les engins de secours [1] ;

- construction d'une maison d'habitation au sein d'un massif forestier soumis à un risque d'incendie important et difficile d'accès pour les engins de secours, nonobstant les circonstances que deux constructions soient en cours de réalisation dans la zone, que le POS de la commune ne fasse pas mention de ce risque de feu et qu'aucun incendie ne se soit déclaré dans le secteur [2].

L'article R. 111-2 fonde également un refus d'autoriser une construction lorsque celle-ci ne pourra faire l'objet d'une intervention efficace des services de secours. Tel est le cas lorsque :

- les bouches d'incendie se trouvant à proximité ne présentent pas un débit suffisant [3] ;

- les travaux envisagés par le pétitionnaire pour limiter le risque (aire de retournement pour les véhicules de secours, piscine, élargissement des voies d'accès) sont insuffisants pour répondre aux risques encourus [4].

L'article R. 111-2 fonde pareillement, dans la mesure où il s'applique également aux risques susceptibles d'être provoqués par la construction [5], le refus de projets générant un risque d'incendies pour les tiers [6].

112.452 **Risque non établi.** Le maire refuse à tort une autorisation de lotir alors que le terrain ne se trouve pas dans un secteur à risques, est d'un accès facile pour les engins de secours et de lutte contre l'incendie et est situé à proximité de réserves d'eau (une canalisation d'eau municipale, un puits ainsi qu'un ruisseau) pouvant être utilisées par les services de secours en cas d'incendie sur la parcelle [7].

Le maire ne commet pas d'erreur manifeste d'appréciation en délivrant un certificat d'urbanisme sur des parcelles ne présentant pas de difficulté particulière d'accès pour les engins de lutte contre l'incendie [8].

112.453 **Prescriptions.** N'est pas entaché d'erreur manifeste d'appréciation le permis de construire :

- une centrale photovoltaïque située en aléa fort pour le feu de forêt dès lors que le permis comporte des prescriptions sur l'accessibilité des secours, la nécessité de prévoir une réserve à incendie ou encore le débroussaillage sur une bande de 50 mètres autour des installations [9] ;

- une station-service et une station de lavage, dès lors que le dossier de demande de permis de construire comprenait une « notice de sécurité » décrivant les moyens de défense contre l'incendie, dont ni le contenu, ni les prescriptions ne sont remises en cause par la requérante, que le permis délivré comporte des prescriptions relatives aux risques d'incendie, notamment en matière d'obligation de débroussaillement, d'entretien des espaces boisés situés autour de l'installation et de stockage de bois et, enfin, que le projet autorisé est séparé des parcelles voisines par une butte de terre [10].

Un maire ne peut refuser le permis de construire demandé mais doit assortir sa délivrance de prescriptions spéciales destinées à pallier les risques d'incendie lorsque le SDIS a émis un avis favorable au projet envisagé sous réserve de la réalisation, qu'il a estimé possible, d'une réserve d'eau de 30 m^3 située à moins de 50 mètres du bâtiment [11].

2°
Inondations

112.461 **Critères.** Il appartient à l'autorité d'urbanisme compétente et au juge de l'excès de pouvoir, pour apprécier si les risques d'atteintes à la salubrité ou à la sécurité publique justifient un refus de permis de construire sur le fondement de l'article R. 111-2, « de tenir compte tant de la probabilité de réalisation de ces risques que de la gravité de leurs conséquences, s'ils se réalisent » [12].

Pour l'application de cet article en matière de risque de submersion marine, « il appartient à l'auto-

1. CAA Marseille, 6 nov. 2009, *Allain*, req. n° 07MA03337, NP – VOIR la même affaire, en référé-suspension : CE 13 juill. 2006, *Min. Transports c/Begue*, req. n° 282937, NP ; *BJDU* 2006. 347, concl. B. Dacosta.
2. CAA Bordeaux, 29 déc. 2005, *S^té^ La forêt*, req. n° 02BX01671, NP.
3. CAA Douai, 19 janv. 2017, *SAS Le domaine sauvage*, req. n° 15DA00817, NP.
4. CE 5 déc. 2001, *Bordier*, req. n° 205813, NP.
5. CE 13 juill. 2006, *Min. Transports c/Begue*, req. n° 282937, NP ; *BJDU* 2006. 347, concl. B. Dacosta.
6. CE 1er mars 2004, *Villelaure (Cne)*, req. n° 209942, *Lebon* : extension d'une construction existante de 45 m^2 à 119 m^2 « de nature, en accroissant la capacité d'accueil de l'habitation à créer des risques supplémentaires d'incendie dans la zone qui entoure le terrain ».
7. CAA Marseille, 7 juill. 2008, *Fendaille (Cne)*, req. n° 06MA01062, NP.
8. CAA Bordeaux, 9 oct. 2018, *Assoc. de sauvegarde de l'église de Castels et du château de Fages*, req. n° 16BX00395, NP (arrêt devenu définitif en l'absence d'admission du pourvoi formé à son encontre : CE 4 oct. 2019, req. n° 428901, NP).
9. CAA Bordeaux, 3 avr. 2018, *Sepanso Dordogne*, req. n° 16BX00674, NP.
10. CAA Bordeaux, 26 mai 2016, *SAS Ranchère*, req. n° 14BX03568, NP.
11. CE 9 juill. 2010, *La Roques-sur-Pernes (Cne)*, req. n° 304463, NP ; *Constr.-Urb.* 2011, n° 1, note J.-L. Seynaeve.
12. CAA Bordeaux, 6 oct. 2015, *Préfet de la Charente-Maritime c/ Les Portes-en-Ré (Cne) et SCI BCM*, req. n° 14BX03682, NP.

rité administrative d'apprécier, en l'état des données scientifiques disponibles, ce risque de submersion en prenant en compte notamment la situation de la zone du projet au regard du niveau de la mer, sa situation à l'arrière d'un ouvrage de défense contre la mer, le cas échéant, le risque de rupture ou de submersion de cet ouvrage en tenant compte notamment de son état, de sa solidité et des précédents connus de rupture ou de submersion »[1].

Lorsque le risque apparaît établi, est sans incidence la circonstance que le terrain d'assiette du projet serait desservi par un chemin non inondable[2].

112.462 **Risque avéré.** Le permis doit être refusé sur le fondement de l'article R. 111-2 lorsque le risque d'inondation du terrain d'assiette du projet est avéré. Tel est le cas lorsque le terrain :

– est exposé à un risque de submersion marine[3] ;

– est situé dans un secteur inondable et que la construction ne relève pas de celles autorisées par le POS de la commune dans cette zone[4] ;

– est situé dans une zone inondable d'une rivière, qualifiée d'aléa fort, le plus élevé sur une échelle comportant trois niveaux[5] ;

– est exposé à d'importants risques d'inondation dus aux crues de ruisseaux, susceptibles de porter atteinte à la sécurité de la construction envisagée (si la requérante soutient que celle-ci pouvait néanmoins être autorisée en l'assortissant des mesures prescrites dans un rapport géologique joint à sa demande, il n'est pas contesté que lesdites mesures, consistant notamment en un recalibrage d'un ruisseau et un rehaussement de ses berges, auraient accentué les risques d'inondation pour les propriétés situées en aval de ce ruisseau)[6] ;

– est situé sur les berges d'une rivière sujette à des crues violentes et exposé aux crues de celle-ci (lors des inondations du 22 septembre 1992, la hauteur des eaux mesurées à quelques dizaines de mètres en amont s'est élevée à 75 cm ; si le projet autorisé prescrit, pour parer au risque d'inondation, la surélévation du plancher de la construction d'un mètre par rapport au niveau du terrain, cette prescription n'est pas suffisante, compte tenu des éléments sus-indiqués, pour exclure tout risque pour la sécurité publique)[7] ;

– se trouve pour une partie, en zone d'étalement des crues où la hauteur d'eau peut dépasser 1 m et, pour l'autre partie, en zone dite intermédiaire où la hauteur d'eau, en cas de crue, se situe entre 25 cm et 1 m (bien que l'implantation de la construction projetée soit envisagée dans la partie basse de cette zone intermédiaire et que le projet comporte un rez-de-chaussée surélevé, l'édification d'une maison d'habitation à cet endroit serait de nature à porter atteinte, à la fois, à la salubrité et à la sécurité publique)[8] ;

– est situé en bordure immédiate d'une rivière et soumis à inondation (en cas de crue exceptionnelle de périodicité centennale, la hauteur d'eau pourrait y atteindre 50 cm)[9].

L'administration commet une erreur manifeste d'appréciation en délivrant un permis de construire des serres d'une surface de 4 400 m^2 compte tenu de l'insuffisance des prescriptions figurant dans le permis. Ces prescriptions spéciales concernaient l'évacuation des eaux pluviales par l'ouverture d'un fossé avec collecte des eaux autour du projet. Compte tenu des dimensions de la construction, de la configuration des lieux et des caractéristiques géologiques des terrains avoisinants, la construction pouvait, en ce qu'elle est notamment susceptible d'aggraver les risques d'inondation dans la zone à proximité d'une voie publique, et malgré les prescriptions susmentionnées, porter atteinte à la sécurité publique[10].

112.463 **Risque non avéré.** N'est pas entaché d'erreur manifeste d'appréciation le permis de construire :

– trois gîtes ruraux à proximité du Rhône en raison, d'une part, de la présence de digues de protection contre les crues et l'absence d'inondation du terrain d'assiette depuis 1856, d'autre part, de la prescription dont est assorti ce permis de construire imposant un niveau refuge au-delà de 10,59 mètres NGF[11] ;

1. CE 23 mars 2016, *Min. du logement c/SNC Batimalo*, req. nº 390853, NP. V. également, employant une formule proche, CAA Bordeaux, 6 oct. 2015, *Préfet de la Charente-Maritime c/Les Portes-en-Ré (C^ne^) et SCI BCM*, req. nº 14BX03682, NP.
2. CAA Marseille, 16 avr. 2009, *Otarola*, req. nº 07MA01584, NP.
3. CE 28 déc. 2017, Teirlinck, req. nº 399629, NP – CAA Bordeaux, 6 oct. 2015, *Préfet de la Charente-Maritime c/Les Portes-en-Ré (C^ne^) et SCI BCM*, req. nº 14BX03682, NP – CAA Bordeaux, 4 févr. 2016, *Préfète de la Charente-Maritime*, req. nº 14BX00525, NP – CAA Nantes, 27 févr. 2017, *Mocaer*, req. nº 16NT00062, NP ; – CAA Nantes, 26 oct. 2018, *S^té^ civile VPSJ Torcy*, req. nº 16NT02365, NP – CAA Nantes, 1er juin 2022, Maigre, req. nº 21NT01547, NP (arrêt devenu définitif en l'absence d'admission du pourvoi formé à son encontre : CE 7 avr. 2023, req. nº 466235, NP).
4. CAA Bordeaux, 13 déc. 2005, *Chaib*, req. nº 02BX00471, NP.
5. CAA Lyon, 27 juill. 2004, *Cébazat (C^ne^)*, req. nº 02LY01552, NP.
6. CAA Lyon, 24 mars 1998, *Massa*, req. nº 95LY00217, NP.
7. CAA Marseille, 15 sept. 1998, *A. (Mme)*, req. nº 97MA00809, NP : annulation du permis pour erreur manifeste dans l'application de l'article R. 111-2.
8. CAA Nantes, 22 avr. 2003, *X. (Mme)*, req. nº 01NT01245, NP.
9. CAA Marseille, 16 avr. 2009, *Otarola*, req. nº 07MA01584, NP.
10. CE 7 févr. 2003, *Palau-del-Vidre (C^ne^)*, req. nº 193908, NP.
11. CE 29 oct. 2008, *Min. Transports c/Tarascon (C^ne^)*, req. nº 304393, NP ; *BJDU* 2008. 333, concl. P. Collin. Le sigle NGF signifie Nivellement général de la France : il s'agit du niveau zéro ou niveau de la mer. Dans le cas présent, la crue de 1856 était intervenue à 10,59 mètres NGF. La construction est assortie d'un refuge au-dessus de ce niveau, une trappe permettant d'accéder aux combles qui, eux se trouvent à la cote 12,40 mètres NGF.

- sur un terrain se trouvant en zone 2 du plan d'exposition aux risques naturels prévisibles, alors en cours d'élaboration, dès lors que la construction projetée n'est pas exposée à des risques de submersion et ne constituera pas un obstacle au libre écoulement des eaux, dont l'importance aurait justifié des prescriptions particulières [1] ;

- sur une parcelle qui n'est pas située dans une zone d'aléa fort, s'agissant tant de la hauteur d'eau (le terrain se situant à une altitude sensiblement plus élevée que la crue centennale) que de la vitesse d'écoulement [2].

112.464 **Tempête Xynthia.** Entre le 27 et le 28 février 2010, la tempête Xynthia, conjuguée avec de fortes marées, a provoqué une brutale et très forte submersion marine sur le littoral Atlantique, provoquant la mort d'une cinquantaine de personnes et d'importants dégâts.

Afin de prévenir une catastrophe similaire, une circulaire a ordonné aux préfets, sans attendre l'approbation ou la prescription de plans de prévention des risques naturels prévisibles, « de s'opposer à la délivrance d'autorisations d'urbanisme dans les zones à risque fort (dont les zones d'extrême danger [3]), et notamment dans les bandes de sécurité situées derrière les ouvrages de protection, sur la base des dispositions de l'article R. 111-2 du code de l'urbanisme » [4]. La circulaire a également invité les préfets à recourir à cet article dans des zones bleues de PPRN approuvés qui se sont révélées très vulnérables [5].

3°
Pollutions

112.471 **Pollution par le projet de construction (défaut d'assainissement).** L'autorité administrative refuse à bon droit la délivrance :

- d'un permis de construire « si les dimensions d'un terrain ne permettent pas de réaliser un assainissement conforme aux dispositions législatives et réglementaires » [6] ;

- d'un permis de construire lorsque le terrain d'assiette du projet se situe dans l'emprise du périmètre de protection rapprochée du captage d'une source [7] ;

- d'un permis de construire une maison individuelle lorsque le sol de la parcelle des requérants est peu épais et est de ce fait sujet à des risques d'infiltration rapide la rendant vulnérable à la pollution, laquelle pourrait s'étendre facilement au puits situé à proximité [8] ;

- d'un permis d'aménager lorsque le projet de lotissement, situé dans une zone inapte à l'assainissement autonome, était desservi par un réseau d'assainissement unitaire ne pouvant accueillir de nouveaux branchements [9].

L'autorité administrative accorde à tort un permis de construire :

- sans l'assortir de prescriptions spéciales, alors que le mode d'assainissement proposé par le pétitionnaire ne présentait pas de garanties d'efficacité suffisantes pour assurer la protection de la nappe alimentant une source d'eau de table située à proximité [10] ;

- sur une parcelle située dans un secteur exposé à des risques d'inondations résultant tant des crues d'un ruisseau que de remontées de la nappe phréatique, dès lors que le peu de profondeur de cette nappe phréatique aggrave les risques de pollution de l'environnement et aurait justifié des précautions particulièrement poussées en matière d'assainissement (en délivrant le permis de construire et notamment sans imposer des conditions précises quant aux caractéristiques du dispositif d'assainissement individuel prévu, le maire a commis une erreur manifeste d'appréciation) [11] ;

- sur une parcelle située dans le périmètre de protection rapproché des ouvrages de captage d'eau potable destinés à l'approvisionnement d'une agglomération, et à la limite du périmètre de protection immédiate dès lors que le peu de profondeur de la nappe aggravait le risque de pollution et aurait justifié l'interdiction de toute construction nouvelle, ou à tout le moins des précautions particulièrement poussées en matière d'assainissement (erreur manifeste de l'administration ayant délivré le permis de construire sans impo-

1. CAA Bordeaux, 16 oct. 1997, *SA Deval*, req. n° 95BX01121, NP ; *BJDU* 1997. 462.
2. CAA Marseille, 6 oct. 2009, *Préfet des Pyrénées-Orientales*, req. n° 09MA02231, NP ; *Constr.-Urb.* 2009, n° 139, obs. Cornille.
3. Zones identifiées dans la circulaire sur la base de trois critères provisoires (p^t 2) : plus d'un mètre de submersion lors de la tempête Xynthia ; habitation construite à moins de 100 m derrière une digue ; lorsque la cinétique de submersion lors de la tempête Xynthia a présenté un danger pour les personnes.
4. Circ. 7 avr. 2010 relative aux mesures à prendre suite à la tempête Xynthia du 28 février 2010, NOR : IOCK1005597J, p^t 6-1.
5. Circ. 7 avr. 2010, NOR : IOCK1005597J, p^t 6-1 – POUR un exemple d'annulation de permis sur déféré après cette catastrophe : CAA Bordeaux, 6 oct. 2015, *Préfet de la Charente-maritime c/Les Portes-en-Ré (C^ne) et SCI BCM*, req. n° 14BX03682, NP.
6. Rép. min. n° 1150, *JO Sénat Q* 11 oct. 2007, p. 1823.
7. CAA Marseille, 15 févr. 2018, req. n° 17MA00067, NP.
8. CAA Nancy, 1er avr. 2010, *Mougin c/Min. Écologie, Énergie, Développement durable et Mer*, req. n° 09NC00805, NP.
9. CAA Lyon, 29 nov. 2016, *AFUL de Leyriat*, req. n° 15LY00592, NP.
10. CE 25 juill. 1986, *De Talhouet*, req. n° 41690, NP ; *CJEG* 1987. 772.
11. CAA Nantes, 4 mars 2011, *Beaudoire*, req. n° 10NT00173, NP.

ser des conditions précises quant aux caractéristiques du dispositif d'assainissement) [1] ;

– un atelier de transformation alimentaire pouvant traiter quotidiennement 150 kg de produits carnés et dont les eaux usées seront épandues sur le terrain ou un autre terrain situé à proximité (erreur manifeste de l'administration ayant délivré le permis sur ces terrains situés au voisinage immédiat de cours d'eau alors que les déversements qui y sont envisagés peuvent menacer la qualité des eaux souterraines, lesquelles doivent être protégées même si elles n'ont pas juridiquement la qualification d'eaux potables) [2].

L'administration s'oppose à tort à un projet de construction :

– en se fondant sur les caractéristiques de l'assainissement autonome retenu, alors qu'il n'est pas établi que cet assainissement présenterait des risques pour la salubrité publique [3] ;

– en se fondant sur l'insuffisance de l'assainissement individuel, alors que le terrain se trouve dans un secteur résidentiel dans lequel les dispositifs d'assainissement individuels ne sont pas techniquement irréalisables [4].

112.472 Pollution du projet de construction. Un projet de construction doit être refusé si le sol du terrain d'assiette ou l'environnement dans lequel il se trouve exposera ses occupants à des pollutions menaçant leur santé. Tel est le cas, par exemple :

– du permis de construire des maisons d'habitations sur un terrain où se trouvaient auparavant une usine de fabrication de piles au manganèse puis une décharge publique [5] ;

– du permis de construire deux bâtiments de sept et neuf étages (à destination d'habitations, bureaux, commerces et services) au-dessus du périphérique parisien [6].

4°
Proximité avec certaines installations

112.481 Pouvoir de l'autorité administrative. L'autorité compétente peut refuser un projet lorsque la proximité avec certaines installations est de nature à provoquer des risques sur les habitants d'une construction en raison du bruit ou de la poussière.

a.
Proximité avec des installations agricoles ou agroalimentaires

112.491 Risque établi. Un projet de construction d'une installation agricole ou agroalimentaire doit être refusé lorsqu'il exposera les riverains à des risques pour la salubrité :

– construction à proximité immédiate de nombreuses habitations d'un atelier de traitement de viandes et abats qui porte atteinte à la salubrité des lieux avoisinants, alors même que le POS ne fait pas obstacle à l'implantation d'une telle installation dans cette zone [7] ;

– extension à proximité d'habitations, d'un silo de céréales dont les activités entraîneront une aggravation du bruit et une augmentation du volume des poussières dégagées à l'extérieur [8] ;

– construction d'un bâtiment à usage de dépôt, d'atelier de conditionnement et de bureaux situés à 30 mètres d'un silo à grains d'une capacité de 20 000 tonnes, compte tenu notamment des dangers pouvant résulter de l'incendie d'un silo [9] ;

– construction d'un local destiné à un élevage important de volailles contiguë à une maison d'habitation [10] ;

– construction d'un poulailler pour accueillir 49 volailles, eu égard aux nuisances inhérentes au bruit, et aux odeurs ainsi qu'à la présence d'une habitation à 4 mètres environ en aval et d'une autre à 13 mètres environ en amont [11].

Un projet de construction de logements doit être refusé lorsqu'il exposera ses habitants à des risques pour la salubrité :

– construction d'un lotissement à proximité immédiate d'une porcherie [12] ;

– construction d'un ensemble de 49 logements implantés à environ 65 mètres des installations d'élevage de bovins [13]. ;

– construction d'une maison d'habitation à moins de 50 mètres d'une exploitation abritant 80 vaches laitières, en raison des gênes olfactives et sonores inhérentes à ce type d'élevage [14] ;

1. CE 25 sept. 1987, *Min. Urbanisme, Logement et Transports c/Bourg-en-Bresse (Ville)*, req. n° 66734, *Lebon T.* 1013.
2. CE 28 févr. 1994, *Min. Équipement, Transports et Tourisme*, req. n° 134632, NP.
3. CE 3 juin 2013, *Lamastre (C^ne)*, req. n° 342673, *Lebon T.* 879.
4. CAA Marseille, 24 nov. 2011, *Peter c/Hyères-les-Palmiers (C^ne)*, req. n° 09MA04416, NP.
5. CAA Paris, 27 avr. 1999, req. n° 96PA01320, *Saint-Chéron (C^ne)*, NP.
6. CAA Paris, 6 oct. 2022, SCN Paris Ternes Villiers et Ville de Paris, req. n° 21PA04905, NP (arrêt devenu définitif en l'absence d'admission du pourvoi formé à son encontre : CE 30 oct. 2023, req. n°s 469405 et 469460, NP).
7. CE 11 avr. 1986, *Seigneurie*, req. n° 51580, *Lebon T.*
8. CE 22 juill. 1992, *S^té d'exploitation des établissements marchais (SODEM)*, req. n° 107490, NP.
9. CE 16 oct. 1992, *Beaumont-de-Lomagne (C^ne)*, req. n° 86494 ; *Lebon T.* 1391.
10. CE 24 juill. 1987, *Gouzou*, req. n° 56230, *Lebon T.* 1013.
11. CAA Lyon, 2 mai 2001, *Min. Équipement*, req. n° 96LY02378, NP.
12. CE 5 nov. 1984, *Lossouarn*, req. n° 41292, NP.
13. CE 16 juin 1999, Commune de la Chevrolière, req. n° 188816, NP.
14. CAA Douai, 31 oct. 2002, *Tatinghem (C^ne)*, req. n° 00DA01003, NP.

– aménagement d'un logement à proximité immédiate de bâtiments agricoles destinés à une importante activité d'élevage[1].

112.492 Risque non établi. Un projet de construction d'une installation agricole ou agroalimentaire ne peut pas être refusé sur le fondement de l'article R. 111-2 lorsqu'il ne comporte pas de risques pour la salubrité des riverains :

– construction d'une bergerie, compte-tenu des précautions prises pour atténuer les nuisances induites par ce type d'élevage, et nonobstant la circonstance que la construction envisagée sera située à environ 100 mètres du centre du village et 55 mètres d'un restaurant[2] ;

– construction d'un hangar destiné à abriter du matériel agricole et, en outre, quelques moutons pendant deux mois de l'année, alors même que le bâtiment litigieux est situé à proximité immédiate de maisons d'habitation[3] ;

– construction d'un bâtiment agricole destiné au stockage de fourrage, au remisage de matériels et à la stabulation libre de bovins, implanté à plus de 90 mètres de la maison d'habitation du requérant[4].

b.
Proximité avec des éoliennes

112.501 Refus de construction. L'autorité administrative peut sur le fondement de l'article R. 111-2 du code de l'urbanisme refuser la construction d'éoliennes présentant une menace pour la sécurité publique dans la mesure où elles sont susceptibles :

– de perturber le fonctionnement d'un radar militaire basse altitude[5] ou d'un radar météorologique[6] ;

– d'empêcher l'intervention des avions bombardier d'eau dans une zone difficilement accessible aux engins terrestres et se caractérisant par un niveau de risque d'incendie de forêt qualifié élevé à très élevé[7] ;

– d'entraîner un risque de collision avec des aéronefs civils[8].

En revanche, l'autorité administrative ne peut s'opposer à la construction si les risques pour la sécurité présentent un caractère hypothétique, tel le risque non établi de perturbation par des éoliennes :

– d'un réseau de télécommunication de la gendarmerie[9] ;

– ou de radars[10].

112.502 Autorisation de construire. En raison du risque de projection de pales dans un rayon de 500 mètres, en cas de ruptures de pales ou de mâts, méconnaît l'article R. 111-2 l'arrêté autorisant :

– l'implantation d'éoliennes de 120 m de haut et d'un diamètre de pales de 70 m à moins de 300 m d'habitations[11] ;

– l'implantation d'éoliennes de 80 m de haut et d'un diamètre de 70 m à 450 m d'une maison d'habitation, à 200 m d'un bâtiment à vocation d'habitation et à quelques dizaines de mètres d'une maison cantonnière utilisée en hiver par les services de l'équipement[12].

Le code de l'environnement impose une distance d'éloignement de 500 m par rapport aux constructions à usage d'habitation et aux zones destinées à l'habitation définies dans les documents d'urbanisme[13].

Ne méconnaît pas l'article R. 111-2 l'arrêté autorisant la construction d'éoliennes situées à une distance :

– de 750 mètres des habitations ou groupes d'habitations les plus proches[14] ;

– de 750 mètres des habitations les plus proches et à 110 mètres d'une route départementale peu fréquentée[15] ;

– de 500 mètres des habitations les plus proches[16] ;

– de 118 mètres d'une route départementale, dès lors que cette route n'implique aucune exposition permanente de ses usagers aux risques résultant des bris de pales[17].

1. TA Besançon, 18 janv. 1995, *GAEC des Vignottes c/Préfet de la Haute-Saône*, req.n° 940360, NP.
2. CAA Lyon, 8 oct. 1996, *Min. Équipement*, req. n° 95LY01106, *Lebon*.
3. CAA Douai, 27 avr. 2000, *Letombe*, req. n° 96DA01011, NP.
4. CE 10 juin 1996, *Perrin*, req. n° 127543, NP.
5. CAA Douai, 21 janv. 2010, *Min. Écologie*, req. n° 09DA00038, NP.
6. CE 30 déc. 2013, *Sté EDP Renewables France*, req. n° 352693, *Lebon T.* : arrêt soulignant le risque que les éoliennes empêchent la détection de phénomènes météorologiques dangereux.
7. CE 23 déc. 2015, *Min. Logement*, req. n° 386044, NP.
8. CE 26 juin 2019, Min. de la cohésion des territoires et des relations avec les collectivités territoriales, req. n° 419103, NP.
9. CAA Douai, 28 nov. 2012, *Min. Écologie*, req. n° 11DA01138, NP.
10. CAA Douai, 30 juin 2011, *Min. Écologie c/Sté française d'éoliennes*, req. n° 10DA00387, NP.
11. CE 27 juill. 2009, *Sté Boralex Avignonet SAS et min. d'État, min. Écologie, Énergie, Développement durable et Aménagement du territoire*, req. n° 317060, *Lebon T.*
12. CAA Lyon, 5 avr. 2005, *Assoc. pour la préservation des paysages exceptionnels du Mézenc*, req. n° 04LY00431, NP ; *JCP Adm.* 2005, n° 1316, note Ellenberg ; *Gaz. Pal.* 25 déc. 2005, p. 10, note Graveleau ; *RJ envir.* 2006. 49, note Monédiaire ; *BJDU* 2006. 151, chron. Phémolant et Raunet ; – ARRÊT CONFIRMÉ PAR : CE 6 nov. 2006, *Assoc. de préservation des paysages exceptionnels du Mézenc*, req. n° 281072, *Lebon T.*
13. C. envir., art. L. 515-44, al. 5.
14. CAA Bordeaux, 20 nov. 2018, *Allington*, req. n° 16BX03107, NP.
15. CAA Nantes, 1er juill. 2011, *Assoc. Tempête en Beauce*, req. n° 10NT02571, NP.
16. 29 janv. 2018, *Tresbœuf (Cne)*, req. n° 16NT02136, NP.
17. CAA Paris, 31 mai 2013, *Assoc. de protection du plateau du Gâtinais et a.*, req. n° 12PA01378, NP.

En raison du risque de projection de plaques de givres, qui ne constitue pas un phénomène occasionnel à une altitude de 1100 mètres, méconnaît l'article R. 111-2 l'arrêté autorisant l'implantation d'une éolienne, à cette altitude, à 120 mètres d'une voie de circulation [1].

En revanche en raison des risques purement potentiels pour les randonneurs empruntant le chemin de grande randonnée GR7 situé à proximité d'une éolienne en projet, l'autorisation de construire celle-ci ne méconnaît pas l'article R. 111-2 [2].

c.
Proximité avec d'autres installations

112.511 **Centrale à béton.** L'administration commet une erreur manifeste en autorisant l'implantation d'une centrale à béton à proximité immédiate d'une maison d'habitation alors que la centrale sera source de nombreuses et importantes nuisances, de bruit, de poussières, de trafic et de rejets d'eaux polluées [3].

112.512 **Aires de stockage.** Un maire fait une inexacte application de l'article R. 111-2 en s'opposant aux travaux de construction d'une aire de stockage destinée à des sociétés ou à des particuliers à l'exclusion de tout produit gazeux ou liquides, inflammables ou explosifs, qui n'impliquera pas, par suite des mouvements de circulation engendrés en dehors des heures habituelles d'activité, en soirée et en fin de semaine, des nuisances sonores de nature à fonder une opposition à ces travaux sur ce fondement [4].

112.513 **Installations industrielles.** Une autorisation peut être refusée pour la construction :

– d'un restaurant à proximité d'une raffinerie, qui l'expose à des risques d'effets mortels ou irréversibles en cas de rejet accidentel de gaz ou d'explosion, nonobstant la faible probabilité de ces risques [5] (le Conseil d'État a en revanche admis une construction similaire au motif exprès qu'elle se trouvait au « centre même » de l'agglomération [6], la persistance d'une telle solution jurisprudentielle étant toutefois très incertaine en raison de son décalage avec les exigences contemporaines) ;

– d'une maison d'habitation dans une zone où la présence d'installations de stockage de produits liquides ou de gaz liquéfiés expose ses habitants à des risques d'effets mortels en cas d'incendie ou d'explosion [7].

Une autorisation ne peut être refusée pour l'installation d'une centrale thermique en zone urbaine qui n'est pas de nature à créer un risque dès lors qu'elle applique une technologie éprouvée et comporte d'importants dispositifs de protection contre l'incendie et les pollutions accidentelles [8].

112.514 **Marché d'intérêt national.** En autorisant l'extension du marché de Rungis de 40 000 m^2, le préfet n'a pas entaché son arrêté d'erreurs manifestes dès lors qu'il ressort de l'étude d'impact que les nuisances potentielles du projet ont été étudiées et que les analyses réalisées ne font pas apparaître d'atteinte à la salubrité ou à la sécurité publique, compte tenu notamment des mesures envisagées pour limiter les inconvénients de l'installation, tant en ce qui concerne la pollution des eaux et de l'atmosphère que la pollution sonore, le traitement des déchets et l'accroissement de la circulation [9].

112.515 **Antennes-relais.** L'administration, « en tout état de cause », en l'état des connaissances scientifiques, n'entache pas sa décision d'erreur manifeste d'appréciation en ne s'opposant pas à une déclaration d'implantation d'une antenne-relais [10].

112.516 **Cabines de peinture.** L'administration refuse à bon droit le permis de construire une cabine de peinture qui était par sa destination (eu égard notamment à la nature des produits toxiques utilisés et des effluents rejetés), par ses dimensions et par son emplacement, susceptible à porter atteinte à la salubrité des lieux avoisinants [11].

112.517 **Cheminée d'une maison d'habitation.** L'administration ne commet pas d'erreur manifeste en autorisant l'installation d'une cheminée sur une maison d'habitation, malgré la gêne que ses fumées pourront provoquer sur le voisin dont le terrain se trouve à une distance de 6 mètres [12].

1. CAA Lyon, 12 avr. 2011, *Assoc. de préservation des paysages exceptionnels du Mézenc et a. c/Préfet de la Haute-Loire*, req. n° 09LY02777, NP (suspension de l'autorisation).
2. CE 13 juill. 2012, *Assoc. Engoulevent*, req. n° 345970 ; *Lebon T.* 778.
3. CE 29 déc. 1997, *Gimbert*, req. n° 90033, NP ; – DANS LE MÊME SENS : CE 28 avr. 1989, *Sté Béton contrôlé roujanais*, req. n° 99856, NP.
4. CAA Paris, 20 janv. 2000, *Grive*, req. n° 98PA02743, NP.
5. CE 20 mai 1994, *Préfet du Rhône et de la région Rhône-Alpes*, req. n° 107878, *Lebon T. ; BJDU* 1994. 42, concl. R. Schwartz.
6. CE 29 juill. 1994, *Préfet de la Seine-Maritime*, req. n° 115625, *Lebon T.*
7. CE 19 nov. 1999, *Port-la-Nouvelle (Cne)*, req. n° 190303, NP ; *BJDU* 1999. 436, concl. D. Chauvaux.
8. CE 9 juill. 2003, *Sté énergie grand littoral SNC*, req. n° 254434, NP.
9. CE 29 juin 2005, *Sté Semmaris et min. Équipement, Transports, Aménagement du territoire, Tourisme et Mer*, req. n° 262328, *Lebon ; BJDU* 2005. 274, concl. F. Seners, obs. J.-C. B.
10. CE 13 déc. 2006, *Caitucoli*, req. n° 284237, *Lebon T.*
11. CE 4 nov. 1983, *Dumesnil*, req. n° 41147, NP.
12. CE 27 mai 1991, *Mably (Cne)*, req. n° 112798, NP.

112.518 **Prescriptions.** Dans le cas d'un permis de construire se rapportant à une installation classée, l'autorité statuant sur la demande d'autorisation peut subordonner la délivrance du permis à des prescriptions spéciales, distinctes de celles susceptibles d'être imposées par le préfet au titre de la législation sur les installations classées [1].

5°

Risques de glissement de terrain

112.521 **Pouvoir.** Un permis de construire peut être refusé sur le fondement de l'article R. 111-2 du code de l'urbanisme si le terrain d'assiette du projet est soumis à un risque géologique lié à l'instabilité du terrain, à l'érosion, à l'existence de cavités ou à la présence d'anciennes mines, carrières ou marnières.

112.522 **Risque établi.** Un maire peut légalement refuser une demande de permis de construire au motif :

- qu'une partie du terrain se trouve inclus dans le périmètre de précaution de 60 mètres instauré à proximité d'une ancienne carrière [2] ;

- que le projet envisagé se situe dans une zone d'aléa fort, et qu'en l'absence de protection adéquate de la falaise, toute construction sur cette parcelle aurait une probabilité presque certaine de disparaître avant une centaine d'années [3] ;

- que la construction envisagée de 60 logements et 3 bassins d'infiltration à réaliser en bordure de falaise aura des incidences sur les terrains situés en contrebas de la falaise ainsi que sur le système hydraulique des circulations karstiques et par suite sur la stabilité de la falaise, laquelle est sensible, et est soumise à des mouvements de terrains, qui ont, par le passé, conduit à des éboulements de roches ou à des glissements de terrain [4].

112.523 **Risque non établi.** Un permis n'est pas entaché d'erreur manifeste d'appréciation lorsqu'il a été délivré au vu d'un rapport géologique qui permettait d'évaluer les risques liés à la nature du sous-sol et indiquait les conditions dans lesquelles ces risques pourraient être maîtrisés [5].

Un refus de permis justifié par le risque de chutes de blocs de pierre est entaché d'erreur manifeste si aucun élément ne permet d'établir l'existence de ce risque sur le terrain d'assiette du projet [6].

112.524 **Prescriptions.** Des prescriptions spéciales, comme la recherche de cavités et leur comblement, peuvent être exigées pour les autorisations d'urbanisme au titre de l'article R. 111-2 du code de l'urbanisme dans les zones menacées par l'effondrement de cavités souterraines [7].

6°

Autres risques

112.531 **Accès présentant un risque pour la sécurité routière, les usagers ou ne permettant pas l'intervention des services de secours.** Malgré les dispositions de l'article R. 111-5 du code de l'urbanisme, qui concernent spécifiquement la desserte du terrain et l'accès à celui-ci des engins de secours [8], l'autorité administrative peut se fonder sur l'article R. 111-2 du même code pour refuser un projet :

- présentant un risque pour la sécurité routière [9] ;
- difficilement accessible aux engins de secours [10] ;
- ou lorsque les conditions d'accès au terrain présentent un risque pour la sécurité des usagers de la voie publique ou les personnes utilisant cet accès [11] (le juge tenant compte, pour apprécier ce risque, de la visibilité dont disposent les automobilistes, de la vitesse de circulation autorisée et de la densité du trafic).

112.532 **Engins explosifs des guerres mondiales.** Selon une réponse ministérielle, les refus systématiques se fondant sur la présence potentielle dans le sous-sol d'engins explosifs ou de tranchées datant des deux guerres mondiales sont « abusifs » [12].

112.533 **Centre de tir à l'arc.** A été regardé comme présentant un risque avéré pour la sécurité des per-

1. CE 20 mars 2000, *S^té^ Carrefour France*, req. n° 191418, *Lebon T.* 1289 ; *Constr.-Urb.* 2000, n° 153, obs. Larralde ; *BJDU* 2000. 165, concl. Martin-Laprade.
2. TA Rouen, 16 juill. 2001, *Lemarchand*, req. n° 001812, NP ; *BJDU* 6/2001, p. 433.
3. CAA Douai, 6 oct. 2005, *Van Buitenen*, req. n° 04DA00118, NP.
4. CAA Nancy, 1er août 2013, *Office public de l'Habitat du dpt du Doubs*, req. n° 12NC02069, NP.
5. CE 19 juin 2002, *Beausoleil (Cne)*, req. n° 219648, NP ; *BJDU* 2002. 202.
6. CAA Lyon, 18 déc. 2012, *Weil*, req. n° 12LY00681, NP.
7. Rép. min. n° 11711 ; *JOAN Q* 26 févr. 2013, p. 2231.
8. V. ss nos 112.561 s.
9. CE 10 avr. 1974, *Min. Aménag. territ. c/Bole*, req. n° 92821, *Lebon*.
10. CAA Bordeaux, 30 mai 2017, *Mazzini*, req. n° 15BX02242, NP : arrêt soulignant que : « La méconnaissance de ces dispositions peut être utilement invoquée à l'encontre d'un projet qui ne serait pas desservi par des voies de circulation interne au terrain d'assiette assurant la sécurité des futurs occupants, notamment dans l'hypothèse où lesdites voies ne permettraient pas l'accès et la circulation des engins de secours et de lutte contre l'incendie ».
11. CAA Marseille, 30 oct. 2014, *Courjon*, req. n° 12MA00355, NP – CAA Nancy, 22 nov. 2012, *SCI La Villa des Roses*, req. n° 12NC00308, NP ; – POUR une absence de risque : CAA Lyon, 25 juin 2013, *Bellerive-sur-Allier (Cne)*, req. n° 12LY01926, NP – CAA Lyon, 19 mars 2013, *Domancy (Cne)*, req. n° 12LY02210, NP – CAA Douai, 6 avr. 2017, *Hecq*, req. n° 15DA01381, NP.
12. Rép. min. n° 18426 ; *JOAN Q* 17 juin 2008, p. 5124.

sonnes, permettant légalement de le refuser, le projet de construction d'un centre de tir à l'arc au sein d'une zone d'habitation, des maisons d'habitation étant situées à proximité immédiate du mur destiné à être implanté en fond de parcelle et à recevoir les cibles. Eu égard au danger particulier présenté par cette activité et aux caractéristiques de la zone où il était envisagé de la pratiquer, le maire a entaché d'une erreur manifeste d'appréciation le permis de construire litigieux en ne l'assortissant pas de prescriptions spéciales destinées, notamment, à assurer la sécurité des propriétés voisines[1].

112.534 Chenil. Le risque n'étant pas établi, l'administration ne peut refuser, en se fondant sur l'article R. 111-2 la construction d'un chenil répondant aux normes de sécurité et situé à 130 mètres d'une maison d'habitation[2].

§ 4
Projets exposés à des nuisances graves

112.541 Texte. Aux termes de l'article R. 111-3 du code de l'urbanisme : « Le projet peut être refusé ou n'être accepté que sous réserve de l'observation de prescriptions spéciales s'il est susceptible, en raison de sa localisation, d'être exposé à des nuisances graves, dues notamment au bruit ».

Ces dispositions visent à protéger le porteur d'un projet des troubles (sonores, olfactifs ou autres) qu'il pourrait subir à raison d'activités (notamment industrielles) existantes à proximité du terrain. Elles ne sont pas conçues comme pouvant être opposées à une entreprise demandant la construction d'un bâtiment dont l'activité est de nature à générer des nuisances envers les tiers[3].

Seules des nuisances « graves », c'est-à-dire atteignant un niveau élevé, permettent de s'opposer au projet.

1. CAA Paris, 23 juin 1998, *Noisy-le-Sec (C^ne)*, req. n° 96PA00734, NP.
2. CE 6 mars 1991, *Comte et Kuhn (Mme)*, req. n° 105487, *Lebon T.*
3. AINSI : TA Pau, 18 déc. 2008, *Fortinon*, req. n° 0502568, NP ; *DAUH* 2009. 315, n° 229, obs. Demouveaux : jugement affirmant « que ces dispositions n'ont pas pour effet de protéger les tiers à l'ouvrage autorisé ». De façon vraisemblablement erronée, une cour a pourtant vérifié au regard de ces dispositions les nuisances que la construction projetée risquait de générer pour les tiers (CAA Nancy, 29 nov. 2007, *Quatresols*, req. n° 06NC00892, NP ; *Envir.* 2008, n° 21, note Gillig ; *BJDU* 2008. 291, chron. É. Carpentier). Selon la cour, ne méconnaît pas l'article R. 111-3 le permis de construire un bâtiment d'exploitation abritant des matériels destinés à laver et à étiqueter les bouteilles eu égard d'une part aux dispositifs d'isolation phonique mis en œuvre par l'entreprise, d'autre part à l'utilisation épisodique de ces matériels (deux journées de 8 heures chaque mois) dans un village du vignoble champenois où de telles activités sont au surplus habituellement exercées.

112.542 Dispositions supplétives et permissives. L'article R. 111-3 s'applique en l'absence de PLU ou de document en tenant lieu[4]. Il s'efface toutefois devant un PLU contenant des prescriptions au moins aussi exigeantes[5].

Eu égard à sa rédaction (l'administration « peut »), il présente un caractère permissif.

112.543 Projet non regardé comme exposé à une menace grave. N'a pas été regardé comme exposé à une menace grave un projet de construction sur un terrain :

– situé à moins de 50 mètres d'une porcherie (permis de construire une maison d'habitation attaqué en l'espèce par les exploitants de la porcherie)[6] ;

– situé à proximité d'un élevage de pintades (permis de construire une maison d'habitation)[7] ;

– situé à distance d'une centrale à béton, des dispositions ayant en outre été prévues pour insonoriser ces constructions (permis de construire un ensemble de 11 logements)[8].

112.544 Projet autorisé sous réserve de prescriptions. L'autorité administrative peut autoriser le projet en l'assortissant de prescriptions si celles-ci sont de nature à lever les risques de nuisances graves. Tel peut être le cas, par exemple, de la mise en place de murs anti-bruit[9].

SECTION 3
RÈGLES RELATIVES À LA DESSERTE

112.551 Objet. Les règles relatives à la desserte du terrain concernent :

– l'accès au terrain et la desserte par les voies publiques ;

– l'alimentation en eau potable et l'évacuation des eaux usées ;

– et l'accès aux réseaux.

§ 1
Accès au terrain et desserte par les voies publiques

112.561 Textes. Les exigences en matière de desserte du terrain par les voies publiques sont fixées

4. V. s^s n° 111.71.
5. V. s^s n° 111.82.
6. CE 14 janv. 1981, *Min. Environnement c/Simon (Ép^x)*, req. n° 16920, *Lebon T.* 973.
7. CE 1er juin 1984, *Bonnardel*, req. n° 36561, NP.
8. CE 19 mars 1982, *Peyrard*, req. n° 24218, NP.
9. TA Nice, 4 juill. 1991, *Assoc. pour la défense de l'environnement et de la qualité de la vie de Golfe-Juan Vallauris*, req. n° 901119, NP.

aux articles R. 111-5 et R. 111-6 du code de l'urbanisme, s'agissant du régime de droit commun[1].

Ces articles s'appliquent en l'absence de PLU ou de document en tenant lieu[2].

112.562 Exigences. L'article R. 111-5 du code de l'urbanisme formule une double exigence :

- d'une part, une desserte par des voies répondant à l'importance ou à la destination du projet ;
- d'autre part, un accès ne présentant pas de risque pour la sécurité des usagers.

A. Desserte par des voies répondant à l'importance ou à la destination du projet

1° Présentation générale

112.571 Notion de desserte. L'existence d'une desserte signifie qu'une voie arrive aux abords immédiats du projet. Cette voie doit, au demeurant, être utilisable.

En ce sens, une réponse ministérielle indique que « La desserte renvoie à l'existence d'une voie de circulation dont les caractéristiques permettent de supporter le trafic induit par la construction »[3].

112.572 Texte. En vertu du premier alinéa de l'article R. 111-5 du code de l'urbanisme : « Le projet peut être refusé sur des terrains qui ne seraient pas desservis par des voies publiques ou privées dans des conditions répondant à son importance ou à la destination des constructions ou des aménagements envisagés, et notamment si les caractéristiques de ces voies rendent difficile la circulation ou l'utilisation des engins de lutte contre l'incendie ».

Selon une réponse ministérielle, cette disposition « a un objet limité à la sécurité »[4].

112.573 Application aux voies desservant le terrain et non aux voies desservant la construction. L'article R. 111-5 s'applique aux voies de desserte du terrain et non pas aux voies de desserte des constructions qui doivent y être implantées. Une cour fait une inexacte application de cet article en jugeant que les dispositions relatives à la largeur des voies publiques ou privées s'appliquaient à la voie de desserte interne du terrain d'assiette des constructions autorisées pour en déduire, au cas d'espèce, que la configuration des lieux et l'étroitesse de cette voie d'accès rendaient difficiles l'utilisation des engins de lutte contre l'incendie[5].

112.574 Appréciation du caractère adapté des voies, non de leur emplacement. Selon une réponse ministérielle, l'article R. 111-5 ayant « un objet limité à la sécurité », le maire ne peut pas imposer au pétitionnaire, sur son fondement « un accès à un endroit déterminé de la parcelle à bâtir, sauf pour des raisons de sécurité ou de conformité au règlement du PLU »[6].

112.575 Contrôle du juge. La méconnaissance du premier alinéa de l'article R. 111-5 n'est susceptible d'entraîner l'annulation pour excès de pouvoir d'une décision accordant un permis de construire que si cette appréciation est fondée sur des faits matériellement inexacts ou est entachée d'une erreur manifeste[7].

112.576 Deux dimensions. Le premier alinéa de l'article R. 111-5 impose :

- d'une part, une desserte suffisante du terrain au regard de l'importance et de la destination du projet ;
- d'autre part, une possibilité d'accès à celui-ci par les engins de secours.

Si le terrain dispose de plusieurs accès à la voie publique, il suffit qu'un seul d'entre eux réponde à ces exigences[8].

2° Première dimension : desserte suffisante au regard de l'importance et de la destination du projet

112.581 Prise en compte des voies ouvertes à la circulation publique. Pour apprécier la desserte suffisante du terrain, toutes les voies d'accès doivent être prises en compte, qu'elles soient privées ou publiques[9], dès lors qu'elles sont ouvertes à la circulation publique[10]. Tel est notamment le cas d'un chemin d'exploitation[11].

Il incombe à l'administration de s'assurer de l'existence d'une desserte suffisante de la parcelle par une voie ouverte à la circulation publique et, le cas échéant, de l'existence d'un titre créant une servitude de passage donnant accès à cette voie[12]. Toutefois, il ne lui

1. Sur le régime applicable aux voies spécialisées, v. s[s] n°s 112.631 s.
2. PAR EX. : CE 23 mai 2011, *Paris Habitat*, req. n° 339610, *Lebon T.* – V. s[s] n° 111.71.
3. Rép. min. n° 01754, *JO Sénat Q* 2 févr. 2023, p. 817.
4. Rép. min. n° 19683, *JO Sénat Q* 15 sept. 2016, p. 3958.
5. CE 26 oct. 2005, *Sceaux (C[ne])*, req. n° 265488, NP.
6. Rép. min. n° 19683, *JO Sénat Q* 15 sept. 2016, p. 3958.
7. CE 17 déc. 1982, *Calendini et autres*, req. n° 17683, *Lebon*.
8. VOIR à propos d'exigences similaires posées par un PLU : CE 23 févr. 2017, *Sarl Francimo*, req. n° 400440, NP.
9. CAA Bordeaux, 26 févr. 2013, *Daumard*, req. n° 11BX03098, NP.
10. EXIGENCE SATISFAITE, dans le cas d'une voie privée, lorsqu'elle dispose d'une servitude de passage : CE 29 juin 1990, *Celle*, req. n° 83542, NP.
11. CE 23 sept. 2021, de Buhan, req. n° 435616, NP.
12. CE 9 mai 2012, *Bartolo*, req. n° 335932, *Lebon T.* ; – CE 24 sept. 2012, *Assoc. des amis de Saint-Palais-sur-Mer*, req. n° 336598, *Lebon T.* ; *BJDU* 2013. 35, concl. A. Lallet ; *Constr.-Urb.* 2012, n° 11, p. 16, note L. Santoni – CE 26 févr. 2014, *Le Castellet (C[ne])*, req. n° 356571, *Lebon T.*

appartient de vérifier « ni la validité de cette servitude ni l'existence d'un titre permettant l'utilisation de la voie qu'elle dessert, si elle est privée, dès lors que celle-ci est ouverte à la circulation publique »[1].

112.582 Prise en compte des voies en cours de construction. Il convient de prendre en compte les voies en cours de construction dès lors que leur réalisation a été actée.

La réalisation d'une voie ne peut être tenue pour actée lorsque le pétitionnaire :

- fait état de projets d'élargissement de ces voies alors que la réalisation de ces projets n'a pas fait l'objet d'une programmation par les collectivités publiques compétentes[2] ;

- mentionne qu'un accès supplémentaire a été envisagé dans sa demande d'autorisation de lotir alors que ce projet ne se trouve assorti d'aucune précision quant à son calendrier de réalisation et à ses modalités de mise en œuvre[3] ;

- fait valoir qu'il existe un projet d'aménagement par la commune d'une voie publique permettant, dans des délais non précisés, la desserte du terrain[4] ;

- se base sur projet de déviation encore à l'étude[5].

En revanche, l'ouverture d'une voie est tenue pour établie lorsqu'un élargissement de la voie permettant de la réaliser est prévue par le permis de construire[6].

Dans les cas particuliers où, pour accorder une autorisation de lotir, l'administration se fonde sur la circonstance que, en raison de travaux en cours ou futurs, la desserte du lotissement répondra à brève échéance et de manière certaine aux exigences légales relatives à la desserte des terrains (existence d'une desserte suffisante de la parcelle par une voie ouverte à la circulation publique), les motifs de légalité susceptibles de faire obstacle à la réalisation de ces travaux peuvent être utilement invoqués devant le juge de l'excès de pouvoir au soutien de conclusions dirigées contre l'acte autorisant le lotissement[7].

1. CE 9 mai 2012, *Bartolo*, req. n° 335932, *Lebon T.* ; – CE 24 sept. 2012, *Assoc. des amis de Saint-Palais-sur-Mer*, req. n° 336598.
2. CE 28 juill. 2000, *Decines-Charpieu (Cne)*, req. n° 199325, NP ; – DANS LE MÊME SENS : CE 4 janv. 1995, *Bouquin*, req. n° 125796, NP : arrêt relevant « que si le conseil municipal, par délibération du 14 février 1990, antérieure à la décision attaquée, a décidé, en principe, de porter l'élargissement des chemins à six mètres, cette délibération ne fixait aucune date certaine pour sa réalisation ».
3. CE 28 juill. 2000, *Decines-Charpieu (Cne)*, req. n° 199325, NP.
4. CE 7 mai 1986, *Kindermans*, req. n° 59847, NP.
5. CE 14 mars 1986, *SARL Omnium promotion construction*, req. n° 48856, *Lebon T.*
6. CE 7 mars 1980, *Min. Environnement et du cadre de vie c/ consorts Macary*, req. n° 16653, NP.
7. CE 24 sept. 2012, *Assoc. des amis de Saint-Palais-sur-Mer*, req. n° 336598, *Lebon T.* ; *BJDU* 2013. 35, concl. A. Lallet ; *Constr.-Urb.* 2012, n° 11, p. 16, note L. Santoni.

112.583 Exemples de voies répondant à l'importance ou à la destination du projet. Ont été regardées comme des voies répondant à l'importance ou à la destination du projet :

- un chemin privé comportant deux files de circulation, pour la desserte d'une maison individuelle[8] ;

- une voie privée large de 8 mètres, empierrée et régulièrement entretenue, pour la desserte d'une maison individuelle[9] ;

- un chemin d'accès d'une largeur moyenne de 4 mètres qui, s'il se réduit à 3,20 mètres dans sa partie la plus étroite, comporte néanmoins des voies de garage permettant un croisement des véhicules en toute sécurité (en outre les voies d'accès au terrain d'assiette sont d'une largeur de 6 mètres et leur configuration ne présente aucun risque pour la sécurité), pour la desserte de deux immeubles comprenant 9 logements[10] ;

- une voie d'une longueur de soixante mètres et d'une largeur minimale de 4 mètres, pour la desserte d'un lieu de culte qui donnera lieu deux à trois fois par semaine au passage d'une cinquantaine de véhicules circulant dans le même sens (exigences de l'article R. 111-5 ainsi respectées « compte tenu de la largeur de la voie, de sa faible fréquentation et des caractéristiques du trafic ainsi occasionné »)[11] ;

- un chemin dont la largeur est au point le plus étroit d'environ 4 mètres, cette largeur étant suffisante eu égard à la faible densité de trafic du secteur et compte tenu du nombre de constructions desservies[12] ;

- une voie présentant en un point étroit une largeur de 2,38 m, pour la desserte d'une seule maison d'habitation (ce qui limite à un nombre de passages réduit la circulation à ce point), dès lors que sur le reste du parcours la largeur de la voie d'accès permet d'assurer sans restriction la commodité de la circulation automobile[13] ;

- un chemin dont la largeur est de 2,10 m, pour la desserte d'une maison individuelle dont le terrain d'assiette se trouve à environ 20 mètres de la voie principale, compte tenu en outre de la faible densité de trafic du secteur[14].

8. CE 31 mai 1978, *SCI « Nord Méditerranée »*, req. n° 03636, *Lebon T.* ; – ÉGALEMENT : CE 17 déc. 1982, *Calendini*, req. n° 17683, *Lebon* : condition satisfaite compte tenu de la faible importance et de la situation de l'immeuble projeté.
9. CE 29 juin 1990, *Celle*, req. n° 83542, NP.
10. CAA Marseille, 18 mars 1999, *Min. Équipement, Transports et Logement, SCI Vetricela, Min. Équipement, Transports et Logement*, req. n° 98MA00851, NP.
11. CAA Versailles, 11 févr. 2010, *Assoc. locale pour le culte des Témoins de Jéhovah d'Étampes*, req. n° 08VE01847, NP.
12. CAA Lyon, 22 déc. 2009, *Smith c/Échenevex (Cne)*, req. n° 07LY01032, NP.
13. CAA Bordeaux, 26 févr. 2013, req. n° 11BX03098, NP.
14. CAA Lyon, 27 avr. 2010, *Partourian c/Neyron (Cne)*, req. n° 08LY00737, NP.

112.584 **Exemples de voies ne répondant pas à l'importance ou à la destination du projet.** Ont été regardées comme des voies ne répondant pas à l'importance ou à la destination du projet :

- une autorisation de construire un lotissement comportant 55 lots, desservi au sud par une rue large de 3,70 m seulement et ne comportant pas de trottoirs mais un simple cheminement piétonnier, et à l'est par une impasse de desserte d'un autre lotissement, qui est dépourvue de trottoirs et dont la largeur n'est jamais supérieure à 4 mètres[1] ;

- une voie qui, à son débouché sur la voie publique, n'est large que de 2,98 mètres, pour la desserte de 9 logements[2] ;

- la voie de desserte de 9 immeubles comportant 88 logements, dont la largeur ne sera que de 4 mètres de large sur une longueur de 60 mètres depuis la voie publique[3] ;

- la voie de desserte de trois immeubles collectifs pour un total de 27 logements comportant, sur une longueur de 10 mètres, une section d'environ trois mètres de largeur[4].

112.585 **Terrain sans aucun accès sur la voie publique (terrain enclavé).** Lorsque le terrain est enclavé, c'est-à-dire ne dispose d'aucun accès à la voie publique, le code civil reconnaît au propriétaire du terrain enclavé un droit de passage sur une propriété voisine[5] mais il doit au préalable obtenir par convention ou judiciairement la reconnaissance de cette servitude[6].

Il en résulte que le permis doit être refusé lorsque le terrain ne dispose d'aucun accès direct sur la voie publique, ni d'une servitude de passage permettant un tel accès sur un fonds voisin[7]. De même, l'administration doit délivrer un CU négatif pour un projet de construction d'une maison dans une telle hypothèse[8].

3°
Seconde dimension : accessibilité aux engins de secours

112.591 **Voie accessible aux engins de secours.** Pour apprécier les possibilités d'accès au terrain des services de lutte contre l'incendie, il appartient seulement à l'administration de s'assurer que les « caractéristiques physiques d'une voie d'accès » permettent l'intervention de ces engins[9]. Ceux-ci ayant légalement le droit d'emprunter toutes les voies, qu'elles soient publiques ou privées, la circonstance qu'une voie donnée ne serait pas ouverte à la circulation publique ou grevée d'une servitude de passage est sans incidence sur l'appréciation à porter[10]. Seule compte la possibilité matérielle d'accès au terrain par les voies existantes, notamment au regard de leur largeur et de leur praticabilité.

112.592 **Exigence satisfaite.** L'exigence d'accessibilité aux engins de secours a été regardée comme satisfaite pour la construction :

- d'un bâtiment pour personnes âgées, malgré l'obstacle que peut constituer le stationnement irrégulier de véhicules dans les voies d'accès au bâtiment, dès lors que l'une de celles-ci est praticable par l'ensemble des véhicules du service communal de lutte contre l'incendie sans difficulté majeure et que la seconde voie d'accès peut être utilisée par des véhicules légers[11] ;

- d'une maison individuelle dès lors que le terrain est desservi par un chemin forestier dont la largeur

1. CE 28 juill. 2000, *Decines-Charpieu (Cne)*, req. n° 199325, NP.
2. CAA, 13 juin 1996, *X. (Mme)*, req. n° 94BX01111, NP : solution également justifiée par la configuration particulière des lieux.
3. CAA Lyon, 26 sept. 2000, *Assoc. des Hauts de Saint-Irénée*, req. n° 99LY00715, NP ; *Ét. fonc.* 2001, n° 91, p. 40, chron. Demouveaux : arrêt soulignant qu'une telle voie d'accès est « manifestement insuffisante pour assurer normalement la circulation d'un ensemble immobilier aussi important ».
4. CE 10 mai 1995, *Mulhouse (Ville)*, req. n° 122545, NP : juge soulignant « qu'eu égard à cette largeur, la voie privée » en question « ne saurait manifestement pas assurer la commodité de la circulation et des accès pour un ensemble d'immeubles de l'importance de celui autorisé par le permis attaqué ».
5. C. civ., art. 682 – Le propriétaire du terrain utilisé ne peut pas refuser de reconnaître ce droit à son voisin car il s'agit d'une servitude légale. Les voisins peuvent choisir d'établir ensemble l'organisation du droit de passage (trajet, indemnisation, ...). En cas de conflit (si le voisin fait obstruction au passage ou en l'absence d'accord amiable), le juge civil devra être saisi pour reconnaître et organiser le droit de passage.
6. CE 19 juin 1992, *Mouilleron*, req. n° 90109, NP : arrêt relevant que si le pétitionnaire « soutient que l'article 682 du code civil, lui permettait d'avoir une issue sur la voie publique grâce à une servitude de passage sur une parcelle communale voisine, il ne justifie d'aucun accord de la commune lui reconnaissant ce droit de passage et se borne à faire état de son intention d'en réclamer le bénéfice devant le tribunal compétent » ; – ÉGALEMENT : CE 17 déc. 2008, *Leprivey*, req. n° 314927, NP : arrêt indiquant « que la convention du 25 janvier 2008 précise elle-même que la servitude de passage qu'elle prévoit au bénéfice du terrain d'assiette du permis de construire litigieux est sans effet à défaut de son acceptation expresse par certains propriétaires indivisaires de ce terrain [...] ; que l'acte complémentaire du 5 février 2008 ne comporte pas cette acceptation expresse ; que, par suite, le nouveau permis délivré le 8 février 2008 au vu de ces documents méconnaît, comme le permis initial, l'article UD 3 du règlement du plan d'occupation des sols ».
7. CAA Nancy, 17 janv. 2013, *Wolfer*, req. n° 12NC00593, NP ; – CAA Nantes, 21 avr. 2009, *Bellanger*, req. n° 08NT01387, NP ; *BJDU* 2009. 322, chron. B. Phémolant et M. Raunet.
8. CAA Bordeaux, 17 déc. 2013, *Sansamat*, req. n° 12BX01977, NP – ÉGALEMENT, sur ce point : Rép. min. n° 39197, *JOAN Q* 22 oct. 2001, p. 6092.
9. CE 26 févr. 2014, *Le Castellet (Cne)*, req. n° 356571, *Lebon T.*
10. CE 26 févr. 2014, *Le Castellet (Cne)*, req. n° 356571, *Lebon T.*
11. CE 4 juin 1982, *Min. Environnement et du cadre de vie c/ Comité d'action et de coordination pour le développement économique de l'ouest varois*, req. n° 30135, *Lebon T.* 787.

est comprise entre 4 et 6 mètres, suffisante pour permettre le passage des véhicules de lutte contre l'incendie et leur croisement[1] ;

– d'un chalet comportant deux logements, malgré la desserte par un chemin non goudronné, en pente, non déneigé en hiver, de 3,40 à 3,70 m de largeur, dès lors que les services de secours peuvent emprunter un autre chemin, goudronné et déneigé en hiver, qui surplombe le terrain concerné[2].

112.593 Exigence non satisfaite. Un permis ne peut être délivré lorsque les caractéristiques des voies desservant le terrain rendent difficile la circulation ou l'utilisation des engins de secours. L'exigence d'accessibilité des engins de secours n'a pas été regardée comme satisfaite dans le cas :

– d'un terrain uniquement relié à la voirie communale par un chemin privé dont la largeur ne permet pas le passage des véhicules de lutte contre l'incendie[3] ;

– d'un chemin étroit, de 1,20 m de largeur, ne pouvant être emprunté sur 80 m que par des piétons[4] ;

– de la transformation d'un chalet à usage agricole en bâtiment à usage d'habitation dès lors que les lieux ne peuvent être atteints en hiver par les engins de lutte contre l'incendie et ne peuvent l'être en été que par des véhicules spécialement adaptés et en tout état de cause avec retard[5] ;

– de la construction d'un hôtel et un restaurant d'altitude, dès lors qu'en période hivernale, de novembre à mai, les engins de secours et de lutte contre l'incendie ne peuvent y accéder en raison de l'enneigement de la voie de desserte[6].

B. Accès ne présentant pas de risques pour la sécurité des usagers

1° Exigence

112.601 Texte. En vertu du second alinéa de l'article R. 111-5 du code de l'urbanisme, le projet peut « être refusé ou n'être accepté que sous réserve de prescriptions spéciales si les accès présentent un risque pour la sécurité des usagers des voies publiques ou pour celle des personnes utilisant ces accès. Cette sécurité doit être appréciée compte tenu, notamment, de la position des accès, de leur configuration ainsi que de la nature et de l'intensité du trafic ».

112.602 Critères. Plusieurs critères non limitatifs sont mentionnés à l'article R. 111-5, al. 2, pour apprécier la sécurité des accès : la position des accès, leur configuration, leur nature et l'intensité du trafic.

112.603 Indifférence de l'accessibilité du terrain. La circonstance que le terrain soit accessible aux engins de lutte contre l'incendie ne garantit nullement que son accès ne représente pas de risque pour la sécurité des usagers. En effet, il résulte des termes mêmes de l'article R. 111-5 que l'accessibilité du site aux engins de lutte contre l'incendie[7] « n'est que l'un des éléments qui peuvent justifier le refus d'un permis de construire ». Dès lors, « l'avis favorable des services de lutte contre l'incendie ne fait pas obstacle à ce qu'un permis soit refusé » sur le fondement de l'article R. 111-5 du code de l'urbanisme (al. 2) « si l'accès au site est dangereux pour un autre motif »[8].

112.604 Exclusion des risques naturels. Les risques naturels, tel le risque d'avalanche, ne sont pas au nombre de ceux visés par les dispositions de l'article R. 111-5, dont l'objet se limite à garantir la sécurité des conditions de la circulation, notamment en ce qui concerne l'accès à la construction projetée[9].

2° Illustrations

112.611 Accès présentant un risque pour la sécurité. En raison d'un risque pour la sécurité, ne peut être autorisé le projet de construction :

– d'un centre commercial au carrefour entre un chemin départemental et une route nationale qui supportent un trafic important, leurs accès débouchant les uns à quelques mètres du carrefour, les autres à quelques dizaines de mètres seulement, ce qui présente des risques graves tant pour la sécurité des usagers des voies publiques que pour celle des véhicules et des piétons utilisant ces accès[10] ;

1. CAA Bordeaux, 8 nov. 2011, *SCI La Garluche*, req. n° 11BX00190, NP ; *Constr.-Urb.* 2012, n° 10, obs. Gillig. : arrêt ajoutant que le recul de la clôture et du portail d'entrée facilite l'accès des engins de secours à la propriété, et leur retournement, et que la circonstance que le chemin d'accès ne soit pas goudronné ne constitue pas un obstacle à leur circulation.
2. CAA Lyon, 21 déc. 1999, *Mont-Valézan-la-Rosière (Cne)*, req. n° 94LY00847, NP ; *BJDU* 2000. 67.
3. CE, sect., 11 juin 1982, *Berjon*, req. n° 16567, *Lebon*.
4. CE 15 mars 1972, *Min. Équip. et Logement c/Pham Ngoc (Dame)*, req. n° 81648 ; *Lebon* 221.
5. CAA Lyon, 7 juill. 1995, *Le Grand-Bornand (Cne)*, req. n° 93LY01167, NP ; *BJDU* 1995. 227, concl. D. Gailleton.
6. CAA Marseille, 1er avr. 1999, *Grossan*, req. n° 97MA01607, NP.
7. Mentionnée à l'alinéa 1er.
8. CE 11 juill. 2001, *SCI Audibert-Ponte*, req. n° 213055, NP.
9. CE 9 juill. 2003, *Val d'Isère (Cne)*, req. n° 235325, *Lebon T.* ; *BJDU* 2004. 14, concl. L. Vallée ; *JCP Adm.* 2003, n° 1610, note Ph. Billet.
10. CE 14 mars 1986, *SARL Omnium promotion construction*, req. n° 48856, *Lebon T.*

- d'une école dont l'accès ne comporte aucune séparation des cheminements destinés aux piétons et aux automobiles et débouche directement sur la voie à un endroit dépourvu de trottoir, sans qu'aucune aire permettant la manœuvre et le stationnement des cars et des véhicules de livraison n'ait en outre été prévue[1] ;

- de 14 logements, en raison de la largeur du porche d'accès, de l'intensité du trafic sur la voie de débouché et de la visibilité insuffisante[2] ;

- d'une maison individuelle, la voie d'accès au terrain débouchant dans la courbe d'une route départementale qui supporte un trafic moyen de 3 800 véhicules par jour et admet une vitesse de 90 km/h, cette disposition des lieux présentant un caractère dangereux compte tenu à la fois de la visibilité limitée à gauche pour les véhicules sortant de la propriété et de la faible distance laissée aux véhicules empruntant la voie départementale pour réagir utilement à la présence d'un véhicule quittant cette voie d'accès et s'engageant sur la voie départementale[3] ;

- la construction de 42 logements, dès lors que la voie communale, d'une largeur de 3,90 mètres, est étroite, connaît déjà un trafic substantiel, est dotée de fossés profonds et est dépourvue de trottoirs permettant de protéger les piétons[4].

112.612 **Accès ne présentant pas un risque pour la sécurité.** N'a pas été regardé comme présentant un risque pour la sécurité l'accès à 4 entrepôts agroalimentaires, qui se fera par deux postes de péage et deux voies de circulation, la capacité de ces deux postes de péages dépassant largement la prévision de trafic routier maximum à l'heure de pointe[5].

C. Prescriptions pouvant être imposées au constructeur en matière de desserte

112.621 **Deux obligations.** Deux obligations peuvent être imposées au constructeur en matière de desserte.

112.622 **Réalisation de voies privées ou de tous autres aménagements particuliers.** Le permis ou la décision prise sur la déclaration préalable « peut imposer la réalisation de voies privées ou de tous autres aménagements particuliers nécessaires au respect des conditions de sécurité mentionnées au deuxième alinéa de l'article R. 111-5 »[6].

Par exemple, un permis de construire peut être assorti de prescriptions particulières relatives à l'obligation, pour le bénéficiaire du permis, de faire aménager une voie d'accès à la réserve d'eau depuis le chemin départemental, afin de permettre aux services de secours d'accéder à la réserve et d'organiser efficacement les secours[7].

112.623 **Limitation du nombre d'accès sur les voies publiques.** Le nombre des accès sur les voies publiques « peut être limité dans l'intérêt de la sécurité. En particulier, lorsque le terrain est desservi par plusieurs voies, le projet peut n'être autorisé que sous réserve que l'accès soit établi sur la voie où la gêne pour la circulation sera la moindre »[8].

D. Cas particulier : les propriétés riveraines des voies spécialisées

112.631 **Notion de voies spécialisées.** Sont considérées comme voies spécialisées les voies « non ouvertes à la circulation générale », notamment les « autoroutes, voies de défense de la forêt contre l'incendie, pistes pour cyclistes et sentiers de touristes »[9].

1° Principe : absence d'accès à la voie publique

112.641 **Texte.** L'article L. 111-13 pose dans son alinéa 1er que les riverains des voies spécialisées « ne jouissent pas des droits reconnus aux riverains des voies publiques », en particulier le droit d'accès à la voie publique.

112.642 **Pas d'accès, pas de permis.** Le terrain situé le long d'une voie spécialisée ne disposant pas d'un accès à la voie publique, l'autorité administrative doit refuser un permis de construire sur celui-ci[10]. Il en va bien sûr différemment si le terrain est bordé par une autre voie, non spécialisée, qui offre un accès à celle-ci.

112.643 **Indemnisation du propriétaire.** Le propriétaire du terrain peut être indemnisé au titre de la responsabilité sans faute de la puissance publique si

1. CAA Lyon, 5 févr. 2002, *Auger*, req. n° 99LY02575, NP.
2. CE 11 juill. 2001, *SCI Audbibert-Ponte*, req. n° 213055, NP.
3. CAA Marseille, 23 oct. 2009, *Tresques (Cne) c/Préfet du Gard*, req. n° 07MA03689, NP.
4. CAA Bordeaux, 6 avr. 2010, *Castelsarrasin (Cne) c/SCI Les Jardins de Léa*, req. n° 09BX01933, NP.
5. CE 29 juin 2005, *Sté Semmaris*, req. n° 262328, *Lebon* : annulation du jugement s'étant fondé sur ce que l'accès aux nouveaux entrepôts serait subordonné à un passage sur une seule file devant le poste de péage et risquerait de paralyser la circulation sur la route départementale.
6. C. urb., art. R. 111-16, al. 1er.
7. CE 22 avr. 2005, *Letouzey*, req. n° 257743, *Lebon T. ; BJDU* 2005. 174, concl. I. de Silva.
8. C. urb., art. R. 111-16, al. 2.
9. C. urb., art. L. 111-13.
10. CE 2 mai 1980, *SA Ocedisco*, req. n° 00489, *Lebon T.*

la perte du droit d'accès lui cause un préjudice anormal et spécial :

- fermeture d'un garage à la suite de la transformation d'une partie d'une rue en voie piétonne rendant l'emplacement impropre à l'activité exercée [1] ;
- fermeture d'une station-service et d'un garage à la suite de la transformation d'une route nationale en autoroute, aucun autre accès n'ayant été aménagé [2].

Le propriétaire ne dispose d'aucun droit à réparation s'il conserve un autre accès à la voie publique [3], même si cet accès est plus difficile durant l'hiver [4].

2°
Exceptions par DUP et décrets en Conseil d'État

112.651 **Deux exceptions.** Le second alinéa de l'article L. 111-3 prévoit que les « dispositions » applicables aux voies spécialisées, « notamment les conditions dans lesquelles l'exercice de certains droits pourra être accordé aux riverains » (notamment l'exercice du droit d'accès) « sont déterminées, soit par l'acte déclarant d'utilité publique l'ouverture de la voie, soit par décret en Conseil d'État » [5].

§ 2
Alimentation en eau potable et évacuation des eaux usées

112.661 **Dispositions supplétives.** Les articles R. 111-8 à R. 111-12 du code de l'urbanisme sont relatifs à l'alimentation et l'évacuation des eaux. Ils s'appliquent en l'absence de PLU ou de document en tenant lieu [6].

A.
Assainissement et évacuation des eaux

112.671 **Texte.** Aux termes de l'article R. 111-8 du code de l'urbanisme, « l'assainissement des eaux domestiques usées, la collecte et l'écoulement des eaux pluviales et de ruissellement ainsi que l'évacuation, l'épuration et le rejet des eaux résiduaires industrielles doivent être assurés dans des conditions conformes aux règlements en vigueur ».

1°
Champ d'application des dispositions et obligations de l'administration

112.681 **Champ d'application.** L'article R. 111-8 du code de l'urbanisme ne peut être opposé à un projet (et donc fonder un refus) lorsque la construction projetée peut être raccordée aux réseaux publics [7].

112.682 **Obligation de l'administration.** L'autorité administrative doit refuser l'autorisation si le projet ne respecte pas les dispositions réglementaires applicables [8].

La circonstance que l'exploitation litigieuse relève de la législation sur les installations classées ne dispense pas l'autorité chargée de délivrer le permis de construire de s'assurer de la conformité de la construction au regard des prescriptions de l'article R. 111-8 du code de l'urbanisme [9].

Il a également été jugé qu'en se bornant à prescrire « qu'aucun rejet d'eaux pluviales ou usées ne sera autorisé sur la voirie de desserte », sans assortir le permis de construire délivré de la réserve expresse que le système d'assainissement de la construction projetée devra être conforme à la réglementation en vigueur, un maire méconnaît l'article R. 111-8 [10].

2°
Hypothèse d'une absence de réseau public d'assainissement

112.691 **Conséquence sur un assainissement non collectif.** En l'absence de système de collecte des eaux usées, l'assainissement non collectif doit respecter les prescriptions techniques fixées en application de l'article R. 2224-17 du CGCT [11].

112.692 **Conséquence sur un assainissement collectif.** En l'absence de système de collecte des eaux usées, « les installations collectives sont établies de manière à pouvoir se raccorder ultérieurement aux réseaux publics » [12].

1. CE 16 oct. 1992, *SA Garage de Garches*, req. n° 95152, *Lebon*, T. 1380.
2. CE 29 mai 1974, *Reyboz*, req. n° 90043, *Lebon* 326.
3. CE 29 mai 1974, *Min. Aménag. terr. c/Piar*, req. n° 90058, *Lebon T.* : aménagement d'une voie latérale permettant l'accès au fonds de commerce.
4. CE 10 nov. 1989, *Wecker*, req. n° 57021, *Lebon T.*
5. PAR EX., reconnaissant un accès direct au Parc Astérix (sur un fondement juridique différent) : CE 21 juill. 1989, *Assoc. de défense contre Astérix-Land, SCI du Marais de la GrandeMare et regroupement des organismes de sauvegarde de l'Oise*, req. n° 90625, *Lebon T.*
6. PAR EX. : CAA Nancy, 26 janv. 2012, *Sté Business Property Developer*, req. n° 10NC01958, NP (à propos des articles R. 111-8 et R. 111-9). V. ss n° 111.71.
7. CE 29 janv. 1993, *Min. Équipement, Logement et Transports c/Prévost*, req. n° 100938, NP.
8. PAR EX., pour une annulation d'un permis délivré en méconnaissance de telles dispositions : CE 23 sept. 1988, *Min. Urbanisme c/Vendat (Cne)*, req. n° 76468, NP.
9. TA Amiens, 16 déc. 2008, *Graire-Favrel*, req. n° 0601457, NP ; *BJDU* 2009. 162, chron. Phémolant et Raunet.
10. TA Amiens, 16 déc. 2008, *Graire-Favrel*, req. n° 0601457, NP.
11. C. urb., art. R. 111-10, al. 2.
12. C. urb., art. R. 111-10, al. 3.

3°
Dérogations à l'obligation de réaliser des installations collectives pour l'assainissement

112.701 **Texte.** Des dérogations à l'obligation de réaliser des installations collectives peuvent être accordées pour l'assainissement lorsque, en raison de la grande superficie des parcelles ou de la faible densité de construction, ainsi que de la nature géologique du sol et du régime hydraulique des eaux superficielles et souterraines, l'assainissement individuel ne peut présenter aucun inconvénient d'ordre hygiénique[1].

112.702 **Illustrations.** La dérogation est par exemple :

- légale compte tenu de la taille des lots[2] ;
- illégale compte tenu de la superficie des parcelles et de la nature géologique du sol[3].

112.703 **Absence de décision distincte accordant la dérogation.** Aucune disposition législative ou réglementaire n'impose qu'une décision du maire de la commune portant dérogation à l'obligation de réaliser des installations collectives pour l'assainissement précède la délivrance du permis de construire[4].

4°
Évacuation des eaux résiduaires industrielles

112.711 **Texte.** Les eaux résiduaires industrielles et autres eaux usées de toute nature qui doivent être épurées ne doivent pas être mélangées aux eaux pluviales et aux eaux résiduaires industrielles qui peuvent être rejetées en milieu naturel sans traitement. Cependant, ce mélange est autorisé si la dilution qui en résulte n'entraîne aucune difficulté d'épuration[5].

L'évacuation des eaux résiduaires industrielles dans le système de collecte des eaux usées, si elle est autorisée, peut être subordonnée notamment à un prétraitement approprié[6].

Lorsque le projet porte sur la création d'une zone industrielle ou la construction d'établissements industriels groupés, l'autorité compétente peut imposer la desserte par un réseau recueillant les eaux résiduaires industrielles les conduisant, éventuellement après un prétraitement approprié[7] :

- soit au système de collecte des eaux usées, si ce mode d'évacuation peut être autorisé compte tenu notamment des prétraitements ;
- soit à un dispositif commun d'épuration et de rejet en milieu naturel.

1. C. urb., art. R. 111-11, al. 2.
2. CE 19 janv. 1990, *Min. Urbanisme, Logement et Transports c/Caillaud*, req. n° 70156, NP.
3. CE 9 nov. 1990, *Boyer*, req. n° 68022, NP.
4. CAA Nantes, 17 mai 2013, *Le Calvez*, req. n° 11NT03191, NP.
5. C. urb., art. R. 111-12, al. 1er.
6. C. urb., art. R. 111-12, al. 2.
7. C. urb., art. R. 111-12, al. 3.

B.
Alimentation en eau potable

112.721 **Texte.** Aux termes de l'article R. 111-8 du code de l'urbanisme, « l'alimentation en eau potable » doit être assurée « dans des conditions conformes aux règlements en vigueur ».

1°
Hypothèse normale : raccordement au réseau

112.731 **Texte.** Lorsque le projet prévoit des bâtiments à usage d'habitation, ceux-ci doivent être desservis par un réseau de distribution d'eau potable sous pression raccordé aux réseaux publics[8].

2°
Hypothèse d'une absence de réseau public d'eau potable

112.741 **Alimentation par un point d'eau.** En l'absence de réseau public de distribution d'eau potable et sous réserve que l'hygiène générale et la protection sanitaire soient assurées, l'alimentation est assurée par un seul point d'eau ou, en cas d'impossibilité, par le plus petit nombre possible de points d'eau[9].

Il résulte des articles R. 111-8, R. 111-9, R. 111-10 et R. 111-11 du code de l'urbanisme que lorsque le projet porte sur un bâtiment à usage d'habitation et ne peut pas être raccordé au réseau public de distribution d'eau potable, faute de desserte existante ou envisagée, l'alimentation en eau potable peut être assurée par un ou plusieurs points d'eau, sous réserve que ses modalités d'exploitation garantissent l'hygiène générale et la protection sanitaire et, en cas de dérogation à l'obligation de réaliser des installations collectives, la potabilité de l'eau et sa protection contre tout risque de pollution[10].

112.742 **Raccordement en attente pour les installations collectives.** En l'absence de réseau public de distribution d'eau potable, « les installations collectives sont établies de manière à pouvoir se raccorder ultérieurement aux réseaux publics »[11].

8. C. urb., art. R. 111-9.
9. C. urb., art. R. 111-10, al. 1er.
10. CAA Nancy, 8 juin 2017, *Jost*, req. n° 16NC01458, NP.
11. C. urb., art. R. 111-10, al. 3.

3°
Dérogations à l'obligation de réaliser des installations collectives de distribution d'eau potable

112.751 **Texte.** Des dérogations à l'obligation de réaliser des installations collectives de distribution d'eau potable peuvent être accordées, « à titre exceptionnel », « lorsque la grande superficie des parcelles ou la faible densité de construction ainsi que la facilité d'alimentation individuelle font apparaître celle-ci comme nettement plus économique, mais à la condition que la potabilité de l'eau et sa protection contre tout risque de pollution puissent être considérées comme assurées »[1].

§ 3
Obligation de refuser la délivrance d'une autorisation d'urbanisme en cas d'insuffisance des réseaux

A.
Refus de permis ou opposition à déclaration préalable en l'insuffisance de réseaux

112.761 **Dispositif.** Lorsque, compte tenu de la destination de la construction ou de l'aménagement projeté, des travaux portant sur les réseaux publics de distribution d'eau, d'assainissement ou de distribution d'électricité sont nécessaires pour assurer la desserte du projet, « le permis de construire ou d'aménager ne peut être accordé si l'autorité compétente n'est pas en mesure d'indiquer dans quel délai et par quelle collectivité publique ou par quel concessionnaire de service public ces travaux doivent être exécutés »[2].

Lorsqu'un projet fait l'objet d'une déclaration préalable, l'autorité compétente « doit s'opposer à sa réalisation » lorsque les conditions mentionnées au premier alinéa ne sont pas réunies[3].

112.762 **Finalité du dispositif.** Le Conseil d'État a indiqué que les dispositions de l'article L. 111-11 « poursuivent notamment le but d'intérêt général d'éviter à la collectivité publique ou au concessionnaire d'être contraints, par le seul effet d'une initiative privée, de réaliser des travaux d'extension ou de renforcement des réseaux publics et de garantir leur cohérence et leur bon fonctionnement, sans prise en compte des perspectives d'urbanisation et de développement de la collectivité »[4].

1. C. urb., art. R. 111-11, al. 1er.
2. C. urb., art. L. 111-11, al. 1er.
3. C. urb., art. L. 111-11, al. 2.
4. CE 11 juin 2014, *Champcella (Cne)*, req. nº 361074, *Lebon T.* ; *BJDU* 2014. 346, concl. S. Von Coester.

112.763 **Champ d'application du dispositif.** L'obligation de refuser l'autorisation d'urbanisme en l'insuffisance des réseaux s'applique :

– aux demandes de permis de construire et d'aménager[5] ;

– et aux déclarations préalables[6].

Elle ne s'applique pas aux opérations exemptées de formalités au titre du code de l'urbanisme[7].

De façon spécifique, le code précise que l'obligation s'applique aux demandes d'autorisation concernant les terrains aménagés pour permettre l'installation de résidences démontables constituant l'habitat permanent de leurs utilisateurs[8].

B.
Conditions de mise en œuvre

112.771 **Deux conditions.** Le maire refuse la délivrance du permis ou s'oppose à la déclaration préalable si deux conditions sont remplies. Il résulte des dispositions de l'article L. 111-11 qu'un permis de construire doit être refusé[9] :

– lorsque d'une part, des travaux d'extension ou de renforcement de la capacité des réseaux publics de distribution d'eau, d'assainissement ou d'électricité sont nécessaires à la desserte de la construction projetée ;

– et, d'autre part, lorsque l'autorité compétente n'est pas en mesure d'indiquer dans quel délai et par quelle collectivité publique ou par quel concessionnaire de service public ces travaux doivent être exécutés, après avoir, le cas échéant, accompli les diligences appropriées pour recueillir les informations nécessaires à son appréciation.

L'autorité compétente en matière d'autorisation d'urbanisme se trouve dans une situation de compétence liée pour refuser le permis ou s'opposer à la déclaration préalable si ces conditions sont remplies[10].

112.772 **Première condition : des travaux nécessaires.** La première condition tient à ce que le terrain d'assiette du projet ne pourra être desservi que si des

5. C. urb., art. L. 111-11, al. 1er.
6. C. urb., art. L. 111-11, al. 2.
7. CE 10 juill. 1995, *Bazin (Mme) et min. Équipement, Logement, Transports et Mer*, req. nº 118853, *Lebon T.* : inopposabilité des dispositions de l'article L. 111-11 à une construction exemptée de permis de construire.
8. C. urb., art. L. 111-11, al. 3 – À leur égard, le dossier de demande de permis ou de déclaration préalable comporte un engagement du demandeur ou du déclarant à respecter les conditions d'hygiène et de sécurité ainsi que les conditions de satisfaction des besoins en eau, assainissement et électricité des habitants, le cas échéant, fixées par le PLU (C. urb., art. L. 111-11, al. 4) ; – V. ss nº 371.141.
9. CE 4 mars 2009, *Matari*, req. nº 303867, *Lebon T.*
10. CE 22 mars 1978, *Min. Équipement c/Perrin*, req. nº 03566, *Lebon* ; – CE 28 janv. 1987, *Millot*, req. nº 55708, NP ; – CE 3 avr. 1987, *Tropel-Vermorel*, req. nº 63717, NP.

travaux sont réalisés sur les réseaux publics (de distribution d'eau, d'assainissement ou de distribution d'électricité).

Tel est le cas des travaux qui nécessitent une modification ou une extension de la capacité des réseaux[1], par exemple lorsque le terrain d'assiette du projet se trouve situé à 400 mètres du réseau existant[2].

Tel n'est pas le cas de travaux :

– qui constituent de simples raccordements aux réseaux publics[3] (par exemple lorsque le terrain se trouve à une quarantaine de mètres des points d'arrivée des réseaux publics[4]) ;

– et *a fortiori* de travaux ne nécessitant pas de raccordements (par exemple lorsque les travaux portent sur la réalisation d'un dispositif d'assainissement autonome[5] ; ou sur la restauration d'une maison située à l'écart de toute autre habitation dans un secteur du territoire communal où aucune extension des réseaux publics d'eau et d'assainissement n'était envisagée, dès lors que le pétitionnaire entendait assurer l'alimentation en eau potable de sa maison à partir d'un puits lui appartenant, que l'assainissement devait être réalisé par la mise en place d'un équipement individuel et le creusement d'une fosse septique et qu'un raccordement au réseau de distribution d'électricité n'était pas indispensable[6]).

112.773 Seconde condition : des travaux dont la date de réalisation ne peut être déterminée. La seconde condition tient à ce que la date de réalisation des travaux ne puisse être déterminée ou déterminable, ceux-ci n'étant pas prévus à un horizon proche ou la commune ne souhaitant pas les réaliser[7].

Ces dispositions signifient que « l'autorité compétente n'est pas en mesure d'indiquer dans quel délai et par quelle collectivité publique ou par quel concessionnaire de service public ces travaux doivent être exécutés, après avoir, le cas échéant, accompli les diligences appropriées pour recueillir les informations nécessaires à son appréciation »[8]. Le fichage de cette jurisprudence[9] comme son application par les cours[10] font du recueil préalable de ces informations une obligation. Un maire n'est pas regardé comme ayant accompli les diligences appropriées pour recueillir les informations nécessaires à son appréciation s'il dispose uniquement d'un avis du syndicat intercommunal des eaux se bornant à mentionner : « Le réseau est insuffisant pour desservir le projet »[11].

Le juge annule un refus de permis de construire s'il ne ressort pas des pièces du dossier qu'à la date où le maire a statué, la commune n'était pas à même de fixer un délai pour la réalisation des travaux d'extension des réseaux communaux de distribution d'eau et d'assainissement nécessités par les constructions projetées[12].

Il annule de même un arrêté délivrant un permis de construire s'il ne résulte pas de l'instruction qu'à la date de l'arrêté, la commune était en mesure d'indiquer le délai de réalisation des travaux d'extension du réseau communal d'assainissement nécessaire pour assurer la desserte de la construction projetée[13].

112.774 Absence d'incidence de travaux réalisés ou pouvant être réalisés par le pétitionnaire. Le pétitionnaire ne peut forcer la main à la commune en réalisant lui-même les travaux de raccordement. En effet, le Conseil d'État indique « qu'une modification de la consistance d'un des réseaux publics que ces dispositions mentionnent, notamment du réseau public de distribution d'eau, ne peut être réalisée sans l'accord de l'autorité administrative compétente ; que, pour le réseau public de distribution d'eau, une telle modification peut notamment consister en l'installation d'une canalisation d'une longueur importante traversant des terrains autres que celui du pétitionnaire ; que l'autorité compétente peut refuser de délivrer le permis de construire sollicité pour un projet qui exige une modification de la consistance d'un réseau public qui, compte tenu de ses perspectives d'urbanisation et de développement, ne correspond pas aux besoins de la collectivité ou lorsque des travaux de modification du réseau ont été réalisés sans son accord »[14]. Par suite, une cour

1. CE 7 oct. 1987, *Lorenceau*, req. n° 65935, NP.
2. CE 11 juin 2014, *Champcella (Cne)*, req. n° 361074, *Lebon T.* ; *BJDU* 2014. 346, concl. S. Von Coester.
3. CE 7 oct. 1987, *Lorenceau*, req. n° 65935, NP.
4. CE 7 oct. 1987, *Lorenceau*, req. n° 65935, NP.
5. CAA Bordeaux, 12 mai 2010, *Sté SODIAC*, req. n° 09BX01764, NP.
6. CE 30 oct. 1996, *Creignou*, req. n° 126150, *Lebon T.*
7. CE 29 janv. 1991, *Selier*, req. n° 87428, *Lebon T.* : arrêt relevant « que la commune n'avait pas l'intention de réaliser l'extension de son réseau pour desservir la parcelle de M. Selier située hors de la zone agglomérée de la commune » ; – C. urb., art. L. 111-11, al. 1er : « l'autorité compétente n'est pas en mesure d'indiquer dans quel délai et par quelle collectivité publique ou par quel concessionnaire de service public ces travaux doivent être exécutés ».
8. CE 4 mars 2009, *Matari*, req. n° 303867, *Lebon T.*
9. « Pour fonder un refus de permis de construire sur l'article L. 111-4 du code de l'urbanisme, l'autorité compétente qui n'est pas en mesure d'indiquer dans quel délai et par quelle collectivité publique ou par quel concessionnaire de services publics les travaux doivent être exécutés, doit avoir accompli les diligences appropriées pour recueillir les indications nécessaires à son appréciation relative à ces travaux sur les réseaux publics ».
10. CAA Douai, 13 août 2012, *Sailly-Labourse (Cne)*, req. n° 11DA01393, NP.
11. CAA Bordeaux, 28 nov. 2019, *Villeneuve-lès-Bouloc (Cne) c/ SARL Les terrains toulousains*, req. n° 17BX01950, NP ; – ARRÊT DEVENU DÉFINITIF, l'auteur du pourvoi formé à son encontre s'étant désisté : CE 31 déc. 2020, *Villeneuve-lès-Bouloc*, req. n° 437539, NP.
12. CE 23 oct. 1981, *Biarritz (Ville)*, req. n° 21837, *Lebon T.*
13. CE 5 nov. 1984, *Min. Urbanisme et Logement c/Assoc. « SOS Boulevard de Strasbourg »*, req. n° 49964, *Lebon T.*
14. CE 11 juin 2014, *Champcella (Cne)*, req. n° 361074, *Lebon T.* ; *BJDU* 2014. 346, concl. S. Von Coester.

commet une erreur de droit en se fondant, pour annuler un refus de permis de construire, sur la circonstance que l'intéressé avait déjà réalisé le branchement nécessaire en installant une conduite privée de quelque 400 mètres pouvant être raccordée au réseau existant et que la commune ne démontrait pas l'impossibilité technique de ce raccordement [1].

De même, est sans influence sur la légalité du refus de permis (lorsque les deux conditions sont satisfaites) la circonstance que le pétitionnaire, après l'édiction de ce refus :

– se soit engagé à réaliser lui-même les travaux de raccordement aux réseaux publics [2] ;

– ou ait envisagé la prise en charge à ses frais de ces travaux [3].

§ 4 Obligation de refuser un raccordement en cas d'irrégularité de la construction ou de l'installation

112.781 **Texte.** Les bâtiments, locaux ou installations soumis aux dispositions des articles L. 421-1 à L. 421-4 (projets soumis à permis ou déclaration préalable) ou L. 510-1 (opérations dont l'implantation est soumise à agrément) « ne peuvent, nonobstant toutes clauses contractuelles contraires, être raccordés définitivement aux réseaux d'électricité, d'eau, de gaz ou de téléphone si leur construction ou leur transformation n'a pas été, selon le cas, autorisée ou agréée en vertu de ces dispositions » [4].

Une QPC présentée contre ces dispositions a été regardée comme ne soulevant pas de question sérieuse au regard du droit de propriété [5].

A. Absence d'autorisation ou d'agrément

112.791 **Deux situations.** L'article L. 111-12 envisage deux situations entrant dans son champ d'application :

– d'une part l'absence d'autorisation d'urbanisme pour un projet soumis à permis ou déclaration préalable ;

– d'autre part l'absence d'agrément au titre de l'article L. 510-1 pour les opérations soumises à agrément.

Comme le souligne le Conseil d'État, Il résulte de l'article L. 111-12 du code de l'urbanisme « que le maire peut, dans le cadre de ses pouvoirs de police spéciale destinés à assurer le respect des règles d'utilisation des sols, s'opposer au raccordement définitif au réseau d'électricité, d'eau, de gaz ou de téléphone des bâtiments, locaux ou installations qui, faute de disposer de l'autorisation d'urbanisme ou de l'agrément nécessaire, sont irrégulièrement construits ou transformés » [6].

Le maire peut s'opposer au raccordement « alors même que l'infraction pénale constituée par la construction sans autorisation serait prescrite » [7].

L'irrégularité est caractérisée pour les bâtiments, locaux ou installations dont la construction ou la transformation [8] :

– « n'a pas été régulièrement autorisée ou agréée selon la législation en vigueur à la date de leur édification ou de leur transformation » ;

– « ni régularisée depuis lors ».

112.792 **Première situation : absence d'autorisation d'urbanisme.** La première situation entrant dans le champ de l'article L. 111-12 concerne les projets soumis à permis ou déclaration préalable mais n'ayant pas été autorisés.

Tel est le cas :

– d'une caravane mobile stationnant irrégulièrement, soit au regard des articles R. 443-1 et suivants du code de l'urbanisme, soit au regard du règlement du PLU [9] ;

– d'une caravane posée sur le sol ou sur des plots de fondation (et étant donc soumis à permis de construire) mais n'ayant pas fait l'objet d'un permis de construire [10] ;

– d'un cabanon ayant fait l'objet d'un changement de destination et d'importantes transformations soumises à autorisation de construire sans que ces travaux aient fait l'objet d'aucune autorisation [11].

1. CE 11 juin 2014, *Champcella (Cne)*, req. n° 361074.
2. CE 28 janv. 1987, *Millot*, req. n° 55708, NP.
3. CE 3 avr. 1987, *Tropel-Vermorel*, req. n° 63717, NP.
4. C. urb., art. L. 111-12 – Y. Goutal et Ph. Peynet, « L'interdiction de raccordement aux réseaux des constructions illégalement édifiées : une réforme indispensable », *JCP N* 2005, n° 1196 – L. Peironet, « Les insuffisances de l'article L. 111-6 du Code de l'urbanisme et les apports de la jurisprudence administrative », *RFDA* 1995. 766.
5. CE 23 mars 2016, *Liégeois*, req. n° 392638, NP.
6. CE 23 nov. 2022, Commune d'Esbly, req. n° 459043, *Lebon T.* ; *JCP Adm.* 2023, n° 2218, note J.-S. Boda.
7. CE 23 mars 2016, *Liégeois*, req. n° 392638, NP.
8. CE 23 mars 2016, *Liégeois*, req. n° 392638, NP.
9. CE, avis, 7 juill. 2004, *Herlemann (Épx) et autres*, req. n° 266478, *Lebon* ; – DANS LE MÊME SENS ET également pour illustration : CAA Versailles, 18 févr. 2016, *Frepillon (Cne) c/ Dario Costallat (M.) et Cora Rivat (Mme)*, req. n° 14VE02095, NP : arrêt précisant « que ces dispositions permettent au maire au regard du règlement du plan local d'urbanisme, de s'opposer au raccordement définitif aux réseaux publics de distribution d'électricité et d'eau, d'un terrain sur lequel sont édifiées des constructions non autorisées ou sur lequel stationnent irrégulièrement des caravanes mobiles ».
10. CE, avis, 7 juill. 2004, *Herlemann (Épx) et autres*, req. n° 266478, *Lebon*.
11. CAA Marseille, 25 nov. 2010, *Cornillon Confoux (Cne)*, req. n° 08MA4785, NP.

112.793 **Seconde situation : absence d'agrément au titre de l'article L. 510-1.** La seconde situation entrant dans le champ de l'article L. 111-12 concerne les locaux ou installations servant à des activités industrielles, commerciales, professionnelles, administratives, techniques, scientifiques ou d'enseignement soumis à agrément préalable en vertu de l'article L. 510-1 du code de l'urbanisme[1] mais n'ayant pas reçu cet agrément.

112.794 **Absence d'autres situations.** Le maire ne peut refuser un raccordement pour un motif autre que l'absence d'autorisation d'urbanisme ou le défaut d'agrément.

Ainsi, ne rentre pas dans le champ de l'article L. 111-12 (et ne peut donc fonder un refus de raccordement sur son fondement) :

- un changement de destination ne nécessitant pas de permis de construire[2] ;

- un changement d'aménagement intérieur ne nécessitant pas de permis de construire[3] ;

- une construction à usage d'habitation édifiée avant la loi du 15 juin 1943 sur le permis de construire et n'ayant pas fait l'objet des extensions alléguées par la commune[4] ;

- un terrain dépourvu de toute construction ou installation (terrain nu)[5].

B.
Refus de raccordement en cas d'irrégularité de la construction ou de l'installation

112.801 **Refus de raccordement.** L'article L. 111-12 dispose que les bâtiments, locaux ou installations entrant dans son champ d'application « ne peuvent [...] être raccordés définitivement aux réseaux d'électricité, d'eau, de gaz ou de téléphone ».

Il en va ainsi « nonobstant toutes clauses contractuelles contraires », c'est-à-dire même si le contrat conclu avec le fournisseur d'électricité, d'eau, de gaz ou de téléphonie admet la possibilité d'un raccordement pour une construction ou installation irrégulière.

Le maire se trouve dans une situation de compétence liée pour refuser le raccordement, sauf si une telle mesure porterait une atteinte disproportionnée au respect de la vie privée et familiale (par exemple en privant une famille d'électricité)[6].

112.802 **Notification du refus de raccordement.** La décision prise par le maire d'une commune de s'opposer au raccordement définitif d'un bâtiment en application de l'article L. 111-12 du code de l'urbanisme peut être notifiée[7] :

- tant à l'intéressé lui-même ;

- qu'au gestionnaire du réseau à l'occasion de l'avis qu'il sollicite au titre de la procédure d'extension du réseau.

112.803 **Absence de pouvoir de s'opposer à un raccordement provisoire.** Les dispositions de l'article L. 111-12 ne concernent que les raccordements définitifs. Elles ne confèrent pas au maire le pouvoir de s'opposer à un raccordement provisoire[8].

Une réponse ministérielle a souligné les difficultés entourant l'appréhension de la notion de provisoire[9].

L'appréciation du caractère provisoire ou définitif du raccordement relève du maire. La circonstance que le raccordement demandé « soit présenté comme provisoire ne fait pas obstacle à ce que le maire fasse usage des pouvoirs d'opposition qu'il tient de l'article L. 111-12 du code de l'urbanisme dès lors qu'il estime qu'au vu des circonstances de l'espèce, ce raccordement doit être regardé comme présentant un caractère définitif »[10].

Doit être regardé comme présentant un caractère définitif « un raccordement n'ayant pas vocation à prendre fin à un terme défini ou prévisible, quand bien même les bénéficiaires ne seraient présents que lors de séjours intermittents et de courte durée »[11].

112.804 **Absence de pouvoir de supprimer un raccordement existant.** Selon une réponse ministérielle, « les règles d'urbanisme ne permettent pas de fonder en droit une décision de suppression de branchement, qu'il soit provisoire ou définitif. Cette possibilité n'existe que dans le cas de l'exécution d'office d'une décision de la justice pénale ayant ordonné la démolition d'une construction illicite, en application de l'article L. 480-9 du code de l'urbanisme »[12].

1. Sur cet agrément, v. s[s] n°s 161.11 s.
2. CE 11 janv. 2008, *Giorgi*, req. n° 301373, *Lebon T.* ; *BJDU* 2008. 406, concl. F. Lenica.
3. CAA Versailles, 10 avr. 2019, *SCI Île-de-France*, req. n° 17VE03410, NP.
4. CAA Marseille, 22 nov. 2007, *La Roque d'Antheron (C[ne])*, req. n° 05MA1110, NP.
5. CAA Nancy, 23 juin 2005, *Arm*, req. n° 01NC00931, NP.
6. CE 15 déc. 2010, *Bayer*, req. n° 323250, *Lebon T.* ; *Constr.-Urb.* 2011, févr. 2011, p. 20, note L. Santoni ; *BJDU* 2011. 96, concl. N. Escaut ; – ÉGALEMENT, l'arrêt de renvoi, concluant à l'absence d'atteinte au cas d'espèce : CAA Paris, 7 mars 2013, *Bayer*, req. n° 12PA02446, NP.
7. CE 24 mars 2014, *SCI Les Verdures*, req. n° 359554, *Lebon T.*
8. CE 12 déc. 2003, *Cancy*, req. n° 257794, NP.
9. Rép. min. n° 49320, *JOAN Q* 22 sept. 2009, p. 9070.
10. CE 23 nov. 2022, Commune d'Esbly, req. n° 459043, *Lebon T.* ; *JCP Adm.* 2023, n° 2218, note J.-S. Boda.
11. CE 23 nov. 2022, Commune d'Esbly, req. n° 459043.
12. Rép. min. n° 49320, *JOAN Q* 22 sept. 2009, p. 9070.

§ 5
Possibilité d'un raccordement en l'absence de projet de construction

112.811 Cas d'un terrain situé en zone U d'un PLU. Une réponse ministérielle a précisé que le propriétaire d'un terrain situé dans une zone urbaine d'un PLU « peut parfaitement solliciter et obtenir un raccordement de ce terrain aux réseaux d'électricité, d'eau, de gaz ou de téléphone en l'absence de tout projet de construction »[1].

Elle indique que le classement en zones d'un PLU « est en principe sans lien juridique avec la possibilité, pour un usager, de solliciter auprès des services publics ou privés le raccordement à différents réseaux en l'absence d'un projet de construction ». Le règlement de zone d'un PLU peut toutefois préciser dans certains cas que le raccordement à certains réseaux ne peut être réalisé en fonction des circonstances locales. S'agissant du classement en zone urbaine, il concerne uniquement, en application de l'article R. 151-18 du code de l'urbanisme, les secteurs déjà urbanisés et les secteurs où les équipements publics existants ou en cours de réalisation ont une capacité suffisante pour desservir les constructions.

Le raccordement de certains terrains indépendamment d'un projet de construction « peut par ailleurs se justifier en vue de desservir des constructions existantes ou activités ne nécessitant pas de construction ». L'article L. 111-12 du code de l'urbanisme prévoit seulement que les bâtiments, locaux ou installations soumis aux dispositions des articles L. 421-1 à L. 421-4 ou L. 510-1 de ce code ne peuvent, nonobstant toutes clauses contraires des cahiers des charges de concession, d'affermage ou de régie intéressée, être raccordés définitivement aux réseaux d'électricité, d'eau, de gaz ou de téléphone si leur construction ou leur transformation n'a pas été, selon le cas, autorisée ou agréée en vertu des articles précités.

§ 6
Raccordement au réseau téléphonique

112.821 Absence d'obligation de raccordement. Aucune disposition du code de l'urbanisme n'impose que le terrain d'assiette soit raccordé au réseau téléphonique.

1. Rép. min. n° 12734, *JO Sénat Q* 5 août 2010, p. 2031.

SECTION 4
RÈGLES RELATIVES À L'IMPLANTATION DES CONSTRUCTIONS

112.831 Dispositions supplétives. Les règles du RNU relatives à l'implantation des constructions sont développées aux articles R. 111-15 à R. 111-18 du code de l'urbanisme. Ces articles s'appliquent en l'absence de PLU ou de document en tenant lieu[2].

112.832 Règles assorties de dérogations et tempéraments. L'article R. 111-19 du code de l'urbanisme permet d'apporter des dérogations et tempéraments aux règles d'implantation des constructions énoncées aux articles R. 111-15 à R. 111-18.

§ 1
Règles d'implantation

112.841 Règles de prospect. Les règles de prospect ont pour objet de déterminer l'implantation d'une construction :

– par rapport aux limites du terrain ;
– par rapport à la voie ;
– ou entre deux constructions situées sur un même terrain.

112.842 Justification des règles de prospects. Les règles d'implantation ont été établies pour des considérations esthétiques (assurer la cohérence des constructions), de protection de l'ordre public ainsi que de garanties de l'ensoleillement et de l'intimité du voisinage.

A.
Distance entre deux bâtiments implantés sur un même terrain

112.851 Texte. « Une distance d'au moins trois mètres peut être imposée entre deux bâtiments non contigus situés sur un terrain appartenant au même propriétaire »[3].

112.852 Des bâtiments. Il résulte de la lettre de l'article R. 111-15 du code de l'urbanisme que ses dispositions s'appliquent aux constructions de bâtiments.

112.853 Un propriétaire unique. L'article R. 111-15 ne s'applique qu'aux bâtiments implantés sur un terrain appartenant à un même propriétaire.

Par suite, il ne s'applique pas lorsque deux bâtiments sont situés sur des terrains distincts apparte-

2. VOIR, sous l'ancienne numérotation : CE 13 janv. 1984, *Aubry*, req. n° 34757, NP ; – CE 12 févr. 1988, *Valla*, req. n° 50640, NP ; – CE 19 févr. 1988, *Benoit (Ép^x^)*, req. n° 80900, *Lebon* – Civ. 3e, 20 févr. 2002, n° 00-17.412, P ; – V. s^s^ n° 111.71.
3. C. urb., art. R. 111-15.

nant à des propriétaires différents, nonobstant la circonstance qu'ils font partie d'un lotissement lequel a pu dans le passé appartenir à un même propriétaire [1].

En revanche, il s'applique à un ensemble d'immeubles en copropriété, lesquels sont considérés comme appartenant indivisément à l'ensemble des copropriétaires [2].

112.854 **L'article R. 111-15 ne permet pas de s'opposer à une construction en limite parcellaire.** L'article R. 111-15 n'interdit pas d'implanter une construction en limite parcellaire [3].

B. Distance par rapport aux voies

112.861 **Texte.** « Lorsque le bâtiment est édifié en bordure d'une voie publique, la distance comptée horizontalement de tout point de l'immeuble au point le plus proche de l'alignement opposé doit être au moins égale à la différence d'altitude entre ces deux points. Lorsqu'il existe une obligation de construire au retrait de l'alignement, la limite de ce retrait se substitue à l'alignement. Il en sera de même pour les constructions élevées en bordure des voies privées, la largeur effective de la voie privée étant assimilée à la largeur réglementaire des voies publiques » [4].

« Toutefois une implantation de la construction à l'alignement ou dans le prolongement des constructions existantes peut être imposée » [5].

112.862 **Dispositions supplétives.** L'article R. 111-16 s'applique en l'absence de PLU ou de document en tenant lieu [6].

Eu égard à sa rédaction, il présente un caractère impératif.

1° Champ d'application

112.871 **Bâtiments.** Il résulte de la lettre de l'article R. 111-16 du code de l'urbanisme que ses dispositions s'appliquent aux constructions de bâtiments. En conséquence ne s'applique-t-il pas, par exemple, à la construction d'éoliennes [7].

112.872 **Absence d'application aux ouvertures.** Les règles de prospect établies par l'article R. 111-16 concernent l'implantation de constructions à la limite de l'alignement ou dans le prolongement de constructions existantes. Par conséquent, elles ne s'appliquent pas à la création de nouvelles ouvertures [8].

112.873 **Voies publiques et voies privées.** Les règles de prospect établies par l'article R. 111-16 concernent l'implantation de constructions par rapport aux voies publiques mais aussi aux voies privées [9].

Les voies privées à prendre en compte sont celles qui « préexistent à la demande de permis de construire ou sont prévues dans un projet antérieurement approuvé par une autorité administrative » [10].

À titre d'exemple :

– constitue une voie privée un passage large de 4 mètres, bien qu'il soit situé sur une parcelle privée en vertu d'une servitude de droit privé [11] ;

– ne constitue pas une « voie privée » une impasse de 1,80 mètre en moyenne de largeur au tracé sinueux et qui ne donne accès à aucune parcelle [12].

2° Contenu des règles d'implantation par rapport à la voie

112.881 **Absence d'obligation de construire en retrait des voies.** L'article R. 111-16 n'impose pas de construire en retrait de l'alignement des voies publiques (non plus que des limites réelles des voies privées) [13].

112.882 **Distinction.** L'article R. 111-16 distingue le bâtiment situé en bordure de voie et celui situé en retrait de celle-ci.

Une construction est implantée en bordure de voie (« à l'alignement ») lorsque sa façade donne directement sur le domaine public routier (ou, par extension, sur une voie privée).

Elle est implantée à une certaine distance par rapport à la voie (« en retrait » de celle-ci) lorsqu'une marge de recul doit être respectée.

a. Première hypothèse : bâtiment édifié en bordure de voie (1er al., 1re phrase)

112.891 **Distance du bâtiment par rapport à l'alignement opposé.** Lorsque le bâtiment est édifié en bordure d'une voie, la règle est la suivante : « la distance comptée horizontalement de tout point de

1. CE 26 mai 1971, *Saly*, req. n° 76432, *Lebon* 385.
2. CE 14 avr. 1995, *Caen*, req. n° 142000, *Lebon T.*
3. CE 12 févr. 1988, *Valla*, req. n° 50640, NP.
4. C. urb., art. R. 111-16, al. 1er.
5. C. urb., art. R. 111-16, al. 2.
6. CE 13 janv. 1984, *Aubry*, req. n° 34757, NP ; – Civ. 3e, 20 févr. 2002, n° 00-17.412, P ; – V. ss n° 111.71.
7. CE 19 sept. 2014, *Assoc. Protégeons nos espaces pour l'avenir*, req. n° 357327, NP.
8. CE 19 févr. 1992, *Provins (Cne)*, req. n° 95096, *Lebon T.* 1377.
9. CE 30 déc. 2015, *Ciboure (Cne)*, req. n° 382368, NP.
10. CE, sect., 13 mars 1970, *Lauque (Épx)*, req. n° 74278, *Lebon*.
11. CE 25 nov. 1983, *Nazodier*, req. n° 34460, NP.
12. CE 26 juin 1991, *Rocca-Serra*, req. n° 81173, NP.
13. CE 19 janv. 1977, *Min. Aménag. terr. c/Genest*, req. n° 93841, *Lebon T.*

l'immeuble au point le plus proche de l'alignement opposé doit être au moins égale à la différence d'altitude entre ces deux points »[1].

Cela signifie que la distance minimale entre un bâtiment et le terrain lui faisant face de l'autre côté de la voie (D) doit être supérieure ou égale à la hauteur du bâtiment (H).

$D \geq H$

D : distance du bâtiment par rapport à l'alignement opposé.

H : hauteur du bâtiment.

Par exemple :

– si le bâtiment à construire est distant de l'autre côté de la voie de 4 mètres, le bâtiment ne doit pas être haut de plus de 4 mètres ;

– pour construire un bâtiment de 6 mètres, il devra être implanté à une distance de plus de 6 mètres par rapport à l'autre côté de la voie.

112.892 **Schéma.** Un schéma figurant dans les annexes permet de se représenter concrètement la règle $D \geq H$[2].

112.893 **Calcul de la hauteur.** La hauteur est mesurée à l'égout du toit[3].

Dans le cas d'un immeuble situé sur une voie en forte déclivité, il n'est pas possible de retenir, pour la comparer à la largeur de la voie, une hauteur moyenne calculée en milieu de façade[4].

112.894 **Illustrations.** La règle $D \geq H$ est respectée par un projet :

– lorsqu'il n'y a aucune différence d'altitude positive entre l'immeuble projeté et le point le plus proche de l'alignement opposé[5].

La règle $D \geq H$ est méconnue par un projet :

– lorsque, pour une partie de l'immeuble en projet, la distance comptée horizontalement du point de celui-ci au point le plus proche de l'alignement opposé, est inférieure à la différence d'altitude entre ces deux points[6] ;

– lorsque le bâtiment devrait atteindre, à l'égout du toit, une hauteur de 9,94 mètres alors que la rue présente, au niveau de la façade de ce bâtiment, une largeur de 5,61 mètres selon le constat d'huissier établi[7] ;

– faisant saillie sur la voie[8].

b.
Seconde hypothèse : bâtiment devant être édifié en retrait de l'alignement (1er al., 2e phrase)

112.901 **Règle de prospect adaptée.** Lorsqu'il existe une obligation de construire au retrait de l'alignement, « la limite de ce retrait se substitue à l'alignement »[9].

c.
Possibilité d'imposer une implantation à l'alignement ou dans le prolongement des constructions existantes (al. 2nd)

112.911 **Pouvoir.** Par dérogation à la règle de prospect précitée, l'administration peut imposer une implantation de la construction[10] :

– à l'alignement des constructions existantes ;

– ou dans le prolongement des constructions.

Cette possibilité peut être mise en œuvre à des fins d'harmonisation des constructions.

C.
Distance par rapport aux limites de propriété

112.921 **Construction nouvelle ou travaux sur un immeuble bâti existant.** Le code distingue la construction nouvelle[11] du projet portant sur un bâtiment déjà existant[12].

1°
Deux possibilités : bâtiment en limite de propriété ou à plus de trois mètres du fonds voisin

a.
Règles d'implantation

112.931 **Texte.** « À moins que le bâtiment à construire ne jouxte la limite parcellaire, la distance comptée horizontalement de tout point de ce bâtiment au point de la limite parcellaire qui en est le plus rapproché doit être au moins égale à la moitié de la différence d'altitude entre ces deux points, sans pouvoir être inférieure à trois mètres »[13].

1. C. urb., art. R. 111-16, al. 1er, 1re phrase.
2. V. ss no 8.31.
3. V. ss no 112.941.
4. CE 18 juill. 1973, *Robin*, req. no 86222, *Lebon*.
5. CE 2 déc. 1991, *Giacomoni*, req. no 108926, NP.
6. CE 26 mars 1990, *Clavel*, req. no 71960, NP ; – ÉGALEMENT : CE 25 nov. 1983, *Nazodier*, req. no 34460, NP ; – CE 18 juill. 1973, *Robin*, req. no 86222, *Lebon*.
7. CAA Bordeaux, 11 juill. 2013, *SCI Les Chevêches*, req. no 11BX02706, NP.
8. CE, sect., 13 mars 1970, *Raimond*, req. no 75490, *Lebon* : arrêt indiquant que les dispositions de la première phrase du premier alinéa de l'article R. 111-16 « doivent être entendues comme faisant obstacle à ce qu'un permis de construire soit accordé pour un bâtiment faisant saillie sur une voie privée, alors même qu'une hauteur suffisante serait laissée pour le passage et que la partie du sol de la voie privée au-dessus duquel doit être édifié le bâtiment appartiendrait également à celui qui demande le permis de construire ».
9. C. urb., art. R. 111-16, al. 1er, 2e phrase.
10. C. urb., art. R. 111-16, al. 2.
11. C. urb., art. R. 111-17.
12. C. urb., art. R. 111-18.
13. C. urb., art. R. 111-17.

112.932 **Option.** L'article R. 111-17 ouvre une option[1] pour déterminer l'implantation du bâtiment au regard du fonds voisin :

- soit édifier la construction en limite séparative[2] (qu'un bâtiment se trouve ou non implanté sur la parcelle voisine[3]), le cas échéant contre un mur mitoyen[4] ;

- soit respecter un recul au moins égal à la moitié de sa hauteur (R ≥ H/2), avec un minimum de 3 mètres.

La règle de recul ne s'applique pas lorsque le bâtiment a été implanté en limite séparative[5] ou à quelques centimètres de celle-ci[6] (une tolérance de quelques centimètres, mais pas davantage, a ainsi pu être admise).

La règle de recul impose seulement de respecter une distance minimale pour l'implantation de la construction par rapport au fonds voisin. Il en résulte que la distance retenue pour l'implantation de la construction peut être supérieure à ce minimum réglementaire[7]. En revanche, une distance inférieure à 3 mètres ne peut être accordée[8], de même qu'une distance inférieure à la moitié de la hauteur du bâtiment[9].

112.933 **Schéma.** Un schéma figurant dans les annexes permet de se représenter concrètement la règle d'implantation énoncée à l'article R. 111-7[10].

112.934 **Caractère impératif.** Eu égard à sa rédaction, l'article R. 111-17 présente un caractère impératif[11]. Il en résulte que l'administration est tenue de refuser le projet ne respectant pas ses dispositions[12].

112.935 **Finalités.** L'article R. 111-17 « a pour objet d'éviter que ne soient créés entre deux immeubles des passages étroits ne répondant pas aux exigences de l'hygiène, de la salubrité et de la sécurité »[13]. Il permet « de garantir une certaine intimité pour des constructions voisines, ainsi qu'un minimum d'ensoleillement et de sécurité »[14] tout en favorisant « un agencement harmonieux des constructions »[15].

112.936 **Champ d'application.** Il résulte de la lettre de l'article R. 111-17 du code de l'urbanisme que ses dispositions s'appliquent aux constructions de bâtiments. En conséquence ne s'applique-t-il pas, par exemple, à la construction d'éoliennes[16].

L'article R. 111-17 ne s'applique pas à la distance des immeubles par rapport aux voies publiques qui est exclusivement régie par l'article R. 111-16[17].

L'article R. 111-17 s'applique aux différentes parties de la construction envisagées comme un tout indissociable (à moins qu'elles ne soient implantées de façon isolée)[18]. Ainsi, eu égard à l'objet de l'article R. 111-17, il n'y a pas lieu de saucissonner les

1. CE 11 sept. 2006, *Couderc*, req. nº 243535, NP ; *Constr.-Urb.* 2006, nº 226, note Godfrin ; *BJDU* 2007. 305 : arrêt indiquant qu'il résulte de ces dispositions que le bâtiment projeté par le pétitionnaire « devait être implanté soit en limite séparative de sa parcelle soit en recul de 3 mètres par rapport à celle-ci ».
2. CE 28 janv. 1976, *Pascal*, req. nº 94068, *Lebon T.* 1178 ; – CE 12 févr. 1988, *Valla*, req. nº 50640, NP : les dispositions de l'article R. 111-7 permettent légalement d'autoriser l'implantation d'une construction « jusqu'à la limite parcellaire ». Le niveau de la limite parcellaire qui doit servir de référence pour l'application de ces dispositions est celui du fonds voisin (CE 19 janv. 1973, *Cuelhes*, req. nº 82491, *Lebon* 58), telle qu'elle existait à la date de la décision relative au projet de construction (CAA Bordeaux, 1er déc. 1994, *Jardin*, req. nº 93BX00232, *Lebon T.* 1227).
3. Dans sa version résultant du décret de 1955, le RNU interdisait l'implantation d'une construction en limite parcellaire, à moins que le bâtiment à construire ne soit construit en bordure d'un terrain non bâti. Ces dispositions ont été modifiées en 1961 « car il est apparu choquant, sur le plan des principes généraux, de faire dépendre les possibilités d'utilisation d'un terrain de l'usage que le voisin avait pu faire du sien » : Rép. min. nº 13388, *JOAN Q* 27 avr. 1987, p. 2426.
4. CE 29 juin 1983, *SCI L'Empereur*, req. nº 24522, *Lebon T.* 910 : arrêt indiquant que l'article R. 111-17 « n'a ni pour objet ni pour effet, dans le cas où deux parcelles se trouvent séparées par un mur mitoyen, d'interdire à l'un des copropriétaires de faire bâtir contre ce mur ».
5. CE 23 févr. 1990, *Charrier*, req. nº 66983, NP ; – CE 11 févr. 1991, *Decker*, req. nº 93439, NP ; – CE 19 juill. 1991, *Klein*, req. nº 105019, NP.
6. CAA Lyon, 12 nov. 2013, *Vidoni*, req. nº 13LY01123, NP.
7. CAA Nantes, 25 nov. 2011, *Gresillon*, req. nº 10NT01341, NP : arrêt indiquant que les dispositions de l'article R. 111-17 « ne s'opposent pas à ce que la distance de la construction par rapport aux limites séparatives excède la distance minimale qu'elles imposent ».
8. CE 13 nov. 1992, *Benoit*, req. nº 100900, NP ; – CAA Lyon, 25 avr. 2017, *Giraud*, req. nº 15LY01770, NP (arrêt devenu définitif en l'absence d'admission du pourvoi formé à son encontre : CE 11 oct. 2017, req. nº 411854, NP).
9. CE 27 juin 1997, *SCI Les Cambiadours*, req. nº 125508, NP : construction d'une hauteur de 13,75 m et comportant des façades latérales distantes des limites séparatives des fonds voisins respectivement de 6 m 58 côté nord et de 6 m 62 côté sud.
10. V. ss nº 8.32.
11. CE 3 févr. 1978, *Meppiel*, req. nº 04469, *Lebon* – CE, sect., 23 déc. 1976, *Min. Équip. c/Casseau*, req. nº 00296, *Lebon* 579.
12. CE 3 févr. 1978, *Meppiel*, req. nº 04469 ; – CE, sect., 23 déc. 1976, *Min. Équip. c/Casseau*, req. nº 00296.
13. CE 3 févr. 1978, *Meppiel*, req. nº 04469.
14. Rép. min. nº 84580, 14 nov. 2010 ; *JOAN* p. 13730.
15. Rép. min. nº 2897 ; *JO Sénat Q* 16 déc. 1993, p. 2414.
16. CAA Bordeaux, 2 nov. 2017, *SAS Énergie du Haut-Dourdou*, req. nº 15BX02976, NP (arrêt devenu définitif en l'absence d'admission du pourvoi formé à son encontre : CE 19 nov. 2018, req. nº 416897, NP).
17. CE 12 mai 1997, *Slingeneyer de Goeswin*, req. nº 135770, NP ; – CE 2 déc. 1991, *Giacomini*, req. nº 108926, NP.
18. CE 21 févr. 1986, *Murgia*, req. nº 53119, *Lebon T.*

différentes parties du projet. Par exemple, n'est pas dissociable du projet de rehaussement du niveau de la piscine et de la terrasse la construction d'un mur de soutènement dès lors que son édification a été rendue nécessaire par les remblaiements de terre effectués pour réaliser ce rehaussement par rapport au niveau du terrain naturel[1].

b. Modalités de calcul

112.941 Calcul de la hauteur. La hauteur doit être mesurée à l'égout du toit et non au faîtage[2].

Cette règle ne peut s'appliquer à une façade ne comportant pas de toiture (mur pignon) et par conséquent pas d'égout du toit face au point le plus rapproché de la limite parcellaire. Dans cette hypothèse, la hauteur se mesure au point le plus élevé du mur pignon[3].

112.942 Calcul de la distance entre l'immeuble et le fonds voisin. La distance se mesure entre deux points : le « point de la limite parcellaire qui en est le plus rapproché »[4] et « la partie la plus avancée de la construction »[5] :

– extrémité du balcon[6] ;

– avancée d'un toit (débord)[7].

2° Travaux sur un immeuble bâti existant

112.951 Texte. Lorsque, par son gabarit ou son implantation, un immeuble bâti existant n'est pas conforme aux prescriptions de l'article R. 111-17, le permis de construire ne peut être accordé que pour des travaux[8] :

– qui ont pour objet d'améliorer la conformité de l'implantation ou du gabarit de cet immeuble avec ces prescriptions ;

– ou pour des travaux qui sont sans effet sur l'implantation ou le gabarit de l'immeuble.

112.952 Première hypothèse : mettre en conformité. Sur la première hypothèse, sont regardés comme des travaux qui ont pour objet d'améliorer la conformité de l'implantation ou du gabarit de cet immeuble avec ces prescriptions :

– la construction d'une salle à manger d'été et d'une jardinière entre la maison du pétitionnaire et le mur mitoyen du fonds voisin[9] ;

– la prolongation du bâtiment jusqu'à la limite parcellaire, permettant de mettre fin à la situation illégale résultant du premier permis[10].

112.953 Seconde hypothèse : travaux sans effet sur l'implantation ou le gabarit. Sur la seconde hypothèse, sont par exemple regardés comme des travaux qui sont sans effet sur l'implantation ou le gabarit de l'immeuble des travaux portant sur la façade[11].

112.954 Absence d'autres hypothèses. L'article R. 111-18 ne mentionnant que deux hypothèses, l'administration ne saurait se baser sur d'autres considérations pour autoriser des travaux ou construction méconnaissant les exigences énoncées à l'article R. 111-7 (bâtiment en limite parcellaire ou à 3 mètres de celle-ci).

D. Distance entre un bâtiment agricole et une habitation

112.961 Règles d'implantation spécifiques. L'article L. 111-3 du code rural prévoit des règles de distance spécifiques entre un bâtiment agricole et une habitation.

1° Champ d'application

112.971 Applications dans les zones urbaines. L'article L. 111-3 du code rural ne s'applique pas uniquement dans les zones agricoles. Il s'applique également aux zones urbaines ou d'urbanisation future[12].

112.972 Absence d'application à la reconstruction d'un bâtiment. L'article L. 111-3 du code rural ne s'applique pas à la reconstruction d'un bâtiment détruit ou démoli[13].

112.973 Application aux bâtiments régulièrement édifiés et exploités. L'article L. 111-3 du code

1. CE 27 juin 2008, *Hyères-les-Palmiers (Cne)*, req. nº 290368, NP ; *BJDU* 2008. 321, concl. L. Derepas.
2. CE 24 févr. 1995, *Debord*, req. nº 115863, *Lebon T.* 1079 ; – CE 14 avr. 1995, SCI Les terrasses de la mer, req. nº 129479, *Lebon T.* – CAA Nancy, 18 avr. 2018, *SCI Marilou*, req. nº 17NC00151, NP.
3. CE 28 sept. 1998, *Saint-Bon-Tarentaise (Cne)*, req. nº 172656, *Lebon T.* ; *BJDU* 1998. 355.
4. C. urb., art. R. 111-17.
5. Rép. min. nº 2897, *JO Sénat Q* 16 déc. 1993, p. 2414.
6. CE 25 mai 1990, *Sté GEPI*, req. nº 52910, NP.
7. Rép. min. nº 2897, *JO Sénat Q* 16 déc. 1993, p. 2414.
8. C. urb., art. R. 111-18.
9. CE 29 avr. 1983, *Le Govic*, req. nº 38408, NP.
10. CE 29 oct. 1975, *Viguier*, req. nº 94198, *Lebon T.* 1328.
11. CE 14 janv. 1981, *Min. Environnement c/Simon (Épx)*, req. nº 16920, *Lebon T.* 973.
12. CAA Nancy, 23 mars 2006, *Franchevelle (Cne)*, req. nº 04NC00443, NP ; *Constr.-Urb.* 2006, nº 174, note Godfrin.
13. CAA Versailles, 15 mars 2007, *EARL Franquet c/Roissy-en-France (Cne)*, req. nº 03VE02338, NP ; *Constr.-Urb.* 2007, nº 124, comm. Cornille ; *BJDU* 2007. 471, chron. É. Carpentier.

rural s'applique aux seuls bâtiments agricoles régulièrement édifiés et exploités [1].

2°
Mise en œuvre

a.
Principe de réciprocité

112.981 **Réciprocité.** L'article L. 111-13 du code rural pose un principe de réciprocité en affirmant que lorsque des dispositions législatives ou réglementaires soumettent à des conditions de distance l'implantation ou l'extension de bâtiments agricoles vis-à-vis des habitations et immeubles habituellement occupés par des tiers, « la même exigence d'éloignement doit être imposée à ces derniers à toute nouvelle construction et à tout changement de destination précités à usage non agricole nécessitant un permis de construire, à l'exception des extensions de constructions existantes » (al. 1er).

Du fait de cette dérogation législative au principe de l'indépendance des législations, la règle de distance entre les bâtiments agricoles et les habitations édictée par l'article L. 111-13 du code rural est applicable aux permis de construire [2].

Dans le cas d'un élevage, « la détermination du point à partir duquel est fixée cette distance s'apprécie non à partir de la maison d'habitation de l'agriculteur, mais à partir des bâtiments destinés à accueillir des animaux ainsi qu'à partir des annexes » [3].

112.982 **Illustrations.** La règle particulière de distance peut résulter tant de dispositions législatives ou réglementaires nationales que d'un document d'urbanisme.

S'agissant de la première variante, la règle procède le plus souvent de la législation sur les ICPE. Comme l'a souligné le Conseil d'État, il résulte de l'article L. 111-3 du code rural que les règles de distance imposées, par rapport notamment aux habitations existantes, à l'implantation d'un bâtiment agricole en vertu, en particulier, de la législation relative aux ICPE sont également applicables, par effet de réciprocité, à la délivrance du permis de construire une habitation située à proximité d'un tel bâtiment agricole. Il appartient ainsi à l'autorité compétente pour délivrer le permis de construire un bâtiment à usage d'habitation « de vérifier le respect des dispositions législatives ou réglementaires fixant de telles règles de distance, quelle qu'en soit la nature » [4]. Est donc applicable à la délivrance d'un tel permis :

– la règle fixée par arrêté ministériel prévoyant une distance minimale de 100 mètres entre les bâtiments d'élevage de bovins et les habitations des tiers [5] ;

– la règle fixée par un règlement sanitaire départemental prévoyant une distance minimale de 50 mètres entre les bâtiments d'élevage autres que porcins et les maisons d'habitation [6] ;

– la règle fixée par un règlement sanitaire départemental prévoyant une distance minimale de 25 mètres entre des bâtiments d'élevage et les maisons d'habitation [7].

La règle particulière de distance peut également résulter d'un document d'urbanisme. Tel est le cas, par exemple, du règlement d'un PLU prévoyant que : « Toute implantation de bâtiments agricoles ne constituant pas une extension du siège de l'exploitation existant devra être implantée à un minimum de 100 mètres des bâtiments d'habitation existants ou des zones urbaines ou d'urbanisation future ». Les règles d'implantation ainsi énoncées « constituent des dispositions réglementaires au sens de l'article L. 111-3 sus rappelé du code rural au titre desquelles la règle de réciprocité s'impose » [8].

La circonstance que l'application d'un texte fixant une règle de distance pour les bâtiments agricoles soit différée est dépourvue d'incidence sur l'application de l'article L. 111-3 imposant des règles de distance aux nouvelles constructions à usage non agricole [9].

112.983 **Lotissement.** Les dispositions de l'article L. 111-3 du code rural sont opposables aux demandes d'autorisation de lotir dès lors que celles-ci prévoient des lots en vue de l'implantation de constructions nouvelles qui méconnaîtront nécessairement les règles de distance en question [10].

1. CAA Bordeaux, 4 mai 2006, *Min. Équipement, Transports et Logement c/Touchard et GAEC Mongazon*, req. n° 03BX00174, *Lebon T.* ; – ÉGALEMENT : CAA Bordeaux, 20 oct. 2008, *Laduche*, req. n° 07BX00171, NP : arrêt rappelant « que l'exigence d'éloignement résultant de ces dispositions ne s'applique que pour des bâtiments agricoles régulièrement édifiés et exploités ».
2. CE 24 févr. 2016, *EARL Enderlin Marcel*, req. n° 380556, *Lebon T.*
3. Rép. min. n° 18839, *JO Sénat Q* 23 mars 2017, p. 1216.
4. CE 24 févr. 2016, *EARL Enderlin Marcel*, req. n° 380556, *Lebon T.*
5. CE 24 févr. 2016, *EARL Enderlin Marcel*, req. n° 380556, *Lebon T.*
6. CAA Douai, 27 juill. 2007, *Ferment et Zemouri*, req. n° 06DA01753, NP ; *BJDU* 2008. 295, chron. É. Carpentier.
7. TA Strasbourg, 6 nov. 2007, *Scheltz*, req. n° 0502977, NP ; *BJDU* 2008. 295, chron. É. Carpentier.
8. CAA Nancy, 23 mars 2006, *Franchevelle (Cne)*, req. n° 04NC00443, NP ; *Constr.-Urb.* 2006, n° 174, note Godfrin : arrêt annulant l'autorisation de construire deux maisons d'habitation à moins de 100 mètres de bâtiments agricoles.
9. CE 8 juin 2016, *Min. Logement, Égalité des territoires et Ruralité c/Casavielle-Soule (M.)*, req. n° 383638, *Lebon T.*
10. CE 31 juill. 2009, *Combes et Centre d'équitation Soisy Val-de-Seine*, req. n° 296197, *Lebon T.* ; *BJDU* 2009. 349, concl. E. Glaser.

b.
Exceptions

112.991 **Trois exceptions.** L'article L. 111-3 du code rural aménage trois exceptions au principe de réciprocité qu'il énonce.

112.992 **Première exception : dérogation décidée par le conseil municipal dans les parties urbanisées.** Dans les parties actuellement urbanisées des communes [1], des règles d'éloignement différentes de celles qui résultent du premier alinéa « peuvent être fixées pour tenir compte de l'existence de constructions agricoles antérieurement implantées » [2].

Ces règles sont fixées :

- par le PLU ;
- ou, dans les communes non dotées d'un PLU, par délibération du conseil municipal, prise après avis de la chambre d'agriculture et enquête publique.

Dans les secteurs où des règles spécifiques ont été ainsi fixées, « l'extension limitée et les travaux rendus nécessaires par des mises aux normes des exploitations agricoles existantes sont autorisés, nonobstant la proximité de bâtiments d'habitations » [3].

112.993 **Deuxième exception : dérogation accordée par l'autorité qui délivre le permis.** Par dérogation aux dispositions du premier alinéa, une distance d'éloignement inférieure peut être autorisée par l'autorité qui délivre le permis de construire « pour tenir compte des spécificités locales » [4].

Cette autorisation est accordée après avis de la chambre d'agriculture.

La dérogation « n'est pas possible dans les secteurs où des règles spécifiques ont été fixées en application du deuxième alinéa » [5].

Ne sont pas regardées comme des « spécificités locales » pouvant justifier des dérogations aux distances d'éloignement prescrites par les dispositions législatives ou règlementaires en vigueur :

- la circonstance selon laquelle une construction d'une maison d'habitation à moins de cinquante mètres de l'exploitation agricole dont il s'agit a été autorisée quelques mois avant la délivrance du permis de construire litigieux [6] ;
- la circonstance selon laquelle les caractéristiques architecturales des bâtiments agricoles limiteraient, sans d'ailleurs aucune garantie à plus ou moins long terme, les nuisances inhérentes à cette exploitation agricole [7].

112.994 **Troisième exception : dérogation décidée par les intéressés.** Il peut être dérogé aux règles du premier alinéa, « sous réserve de l'accord des parties concernées », « par la création d'une servitude grevant les immeubles concernés par la dérogation, dès lors qu'ils font l'objet d'un changement de destination ou de l'extension d'un bâtiment agricole existant dans les cas prévus par l'alinéa précédent » [8].

E.
Absence d'autres règles d'implantation

112.1001 **Absence de règle spécifique protégeant l'ensoleillement des capteurs solaires (application du droit commun).** À un parlementaire, préoccupé de l'absence de disposition spécifique dans le RNU pour protéger l'ensoleillement des panneaux solaires installés sur les toits, en cas de projet de construction à proximité, une réponse ministérielle a indiqué que cette protection se réalisait dans le cadre des dispositions de droit commun [9].

D'une part, les projets de construction, tant dans le cas de l'installation de capteurs solaires sur un bâtiment existant que dans celui de la construction d'un bâtiment à proximité d'un bâtiment existant comportant des capteurs solaires, « doivent respecter les préoccupations environnementales et paysagères ». Sur les territoires non couverts par un document d'urbanisme, les autorisations d'occupation du sol sont délivrées sur le fondement des règles générales de l'urbanisme et des autres dispositions réglementaires, applicables au projet, « telles que celles relatives à la protection des sites et paysages ou des monuments historiques ». Sur ces territoires, l'État a toujours la possibilité, en application de l'article R. 111-27 du code de l'urbanisme, de refuser un projet ou de ne l'accepter que sous réserve de l'observation de prescriptions spéciales si les constructions, par leur situation, leur architecture, leurs dimensions ou l'aspect extérieur des bâtiments ou ouvrages à édifier ou à modifier, sont de nature à porter atteinte au caractère ou à l'intérêt des lieux avoisinants, aux sites, aux paysages naturels ou urbains ainsi qu'à la conservation des perspectives monumentales. Les articles R. 111-15 à R. 111-18 du code de l'urbanisme y réglementent les distances minimales à respecter entre les constructions ; l'article R. 111-28 prévoit aussi que dans les secteurs déjà partiellement bâtis, présentant une unité d'aspect et non compris dans des programmes de rénovation, l'autorisation de construire à une hauteur supérieure à la hauteur moyenne des constructions avoisinantes peut être refusée ou subordonnée à des prescriptions particulières.

1. Sur cette notion, v. s^s n°s 112.41 s.
2. C. rural, art. L. 111-3, al. 2.
3. C. rural, art. L. 111-3, al. 3.
4. C. rural, art. L. 111-3, al. 4.
5. C. rural, art. L. 111-3, al. 4.
6. CAA Douai, 27 juill. 2007, *Ferment et Zemouri*, req. n° 06DA01753, NP ; *BJDU* 2008. 295, chron. É. Carpentier.
7. CAA Douai, 27 juill. 2007, *Ferment et Zemouri*, req. n° 06DA01753.
8. C. rural, art. L. 111-3, al. 5.
9. Rép. min. n° 53429, *JOAN Q* 8 déc. 2009, p. 11719.

D'autre part, « une autorisation de construire est toujours délivrée sous réserve des droits des tiers, ce qui signifie que même si l'autorisation de construire est légale au regard des règles précitées, un voisin peut faire valoir les préjudices, par exemple liés à la perte d'ensoleillement, qu'il subit du fait de la construction ». Il peut en effet, se prévaloir de l'article 544 du code civil qui protège le droit d'utiliser sa propriété, par exemple en construisant mais que la jurisprudence interprète comme interdisant de causer à autrui un trouble anormal de voisinage. Ce trouble peut être la réalisation d'une construction causant au voisin un préjudice important, par exemple, une perte d'ensoleillement.

112.1002 **Absence de règle sur l'éclairement.** Jusqu'au 1er octobre 2007, le RNU comportait des règles d'implantation des constructions en fonction de l'éclairement des bâtiments [1]. Le décret du 5 janvier 2007 les a supprimées [2] au motif que ces questions relèvent davantage de droit de la construction que du droit de l'urbanisme.

On notera que de telles règles sont parfois présentes dans les PLU [3].

§ 2
Dérogations et aménagements aux règles d'implantation

A.
Dérogations

112.1011 **Texte.** L'article R. 111-19 du code de l'urbanisme autorise l'autorité compétente pour statuer sur la demande d'autorisation à apporter des dérogations aux règles édictées aux articles R. 111-15 à R. 111-18.

1°
Condition de fond : un motif d'intérêt général

112.1021 **Condition prétorienne.** Suppléant au silence de l'article R. 111-19 quant aux conditions d'octroi d'une dérogation sur ce fondement, le Conseil d'État a posé de façon prétorienne qu'elle « peut être légalement autorisée si les atteintes qu'elle porte à l'intérêt général que les prescriptions d'urbanisme ont pour objet de protéger ne sont pas excessives eu égard à l'intérêt général que présente cette dérogation » [4].

112.1022 **Appréciation de l'intérêt général.** Il convient de prendre en compte l'ampleur de la dérogation par rapport à l'importance des avantages qu'elle présente.

Une dérogation ne pourrait être accordée pour régulariser un permis de construire illégal [5].

112.1023 **Intérêt général suffisant.** Ont été admis comme des motifs d'intérêt général permettant de déroger aux articles R. 111-15 à R. 111-18 :

– la préservation d'une architecture locale et traditionnelle (dérogation aux règles d'implantation des constructions par rapport aux limites séparatives) [6] ;

– l'amélioration des capacités hôtelières d'une station thermale [7] ;

1. L'ancien article R. 111-16 imposait ainsi que les bâtiments situés soient implantés de telle manière que les baies éclairant les pièces principales ne soient masquées par aucune partie d'immeuble qui, à l'appui de ces baies, serait vue sous un angle de plus de 45° au-dessus du plan horizontal. Toutefois, pour la façade la moins ensoleillée, cet angle pouvait être porté à 60°, à condition que la moitié au plus des pièces principales prennent jour sur cette façade. L'ancien article R. 111-17 énonçait des exigences spécifiques pour les bâtiments comprenant au moins quinze logements (obligation de satisfaire à plusieurs conditions : la moitié au moins des façades percées de baies, servant à l'éclairage des pièces principales, devait bénéficier d'un ensoleillement de deux heures par jour pendant au moins deux cents jours par année ; chaque logement devait être disposé de telle sorte que la moitié au moins de ses pièces principales prennent jour sur les façades répondant à ces conditions ; les baies éclairant les autres pièces principales ne devaient être masquées par aucune partie d'immeuble qui, à l'appui de ces baies, serait vue sous un angle de plus de 60° au-dessus du plan horizontal).
2. Décr. n° 2007-18, 5 janv. 2007 pris pour l'application de l'ordonnance n° 2005-1527 du 8 décembre 2005 relative au permis de construire et aux autorisations d'urbanisme, *JO* 6 janv., n° 12.
3. V. s^s n° 231.1021.
4. CE 16 nov. 2016, *Pompéi*, req. n° 386298, *Lebon T.* ; – CE, sect., 16 déc. 1977, *Min. Équipement c/Cluzeau*, req. n° 91542, *Lebon* 509 ; – CE 24 févr 1978, *Min. Équipement c/Charrière*, req. n° 99177, *Lebon* ; – CE 17 nov. 1995, *Coudrier*, req. n° 121013, NP.
5. CE 3 mai 1974, *Barthes*, req. n° 87411, *Lebon T.* 1217 ; – ÉGALEMENT : CAA Bordeaux, 11 juill. 2013, *SCI Les Chevêches*, req. n° 11BX02706, NP : arrêt indiquant que « la dérogation prévue par ces dispositions ne peut être accordée qu'au moment de la délivrance du permis de construire initial et ne saurait avoir pour objet de régulariser une situation de fait résultant de la construction d'un immeuble édifié en vertu d'un permis de construire illégal ».
6. CE 9 mai 1980, *SCI Le toit Tulliste*, req. n° 13435, *Lebon T.* : selon cet arrêt, si les dérogations consenties lors de l'octroi du permis litigieux ont eu pour effet d'autoriser un important dépassement des limites de hauteur ou d'implantation de l'immeuble, et pour conséquence de laisser subsister des conditions difficiles d'accès et de stationnement pour les véhicules automobiles aux abords de cet immeuble, ces inconvénients ne sont pas excessifs eu égard à l'intérêt général que présentait l'édification d'une construction dont la surface au sol et la hauteur permettaient de respecter le caractère des immeubles et des voies du vieux quartier de la ville de Tulle.
7. CE 9 juill. 1993, *Martin*, req. n° 109370, *Lebon T.* : selon cet arrêt, eu égard aux déficiences de l'équipement hôtelier de la commune de Thonon-les-Bains, la construction d'un hôtel de 35 chambres appartenant à la catégorie trois étoiles ▶

– l'amélioration de l'habitabilité d'un immeuble (contribuant ainsi au maintien d'une famille nombreuse dans le village) et la meilleure insertion de l'immeuble dans l'habitat voisin (les travaux limitant certaines des différences de hauteur entre l'immeuble en cause et les immeubles mitoyens) [1] ;

– une meilleure habitabilité de la maison en cause et une meilleure harmonie des volumes dans cette partie du village (rehaussement portant une atteinte limitée aux règles de distance entre bâtiments opposés) [2] ;

– l'amélioration de l'aspect esthétique de l'immeuble en cause (en permettant de porter à l'alignement un niveau supérieur précédemment construit en retrait et en exigeant que la nouvelle façade reproduise la maçonnerie ancienne) tout en concourant à la rénovation d'un vieux village de montagne [3].

112.1024 Intérêt général insuffisant ou non établi. N'a pas été regardée comme un motif d'intérêt général suffisant :

– la circonstance qu'il conviendrait d'adapter la hauteur à l'égout du toit de la construction projetée avec la hauteur de la maison située sur la même unité foncière, nonobstant la circonstance qu'elle ait fait l'objet d'un avis favorable de l'architecte des bâtiments de France, alors qu'au surplus la construction autorisée comporte un étage de plus que l'ensemble des maisons contiguës (à propos d'une dérogation ayant eu pour effet d'autoriser un dépassement des hauteurs autorisées) [4] ;

– la circonstance que la plupart des constructions bordant la même rue dépasseraient la limite autorisée et que la surélévation de l'immeuble ne nuirait pas à l'ensemble architectural environnant [5] ;

– la circonstance que la nécessité d'assurer un libre écoulement des eaux de crues dans la zone concernée aurait rendu impossible une extension au sol de l'immeuble (et par conséquent que le seul moyen d'augmenter sa surface était sa surélévation) [6].

112.1025 Contrôle du juge de cassation. Le juge de cassation laisse à l'appréciation souveraine des juges du fond, sous réserve de dénaturation, l'appréciation de la légalité des dérogations accordées à la règle de distance applicable aux bâtiments édifiés en bordure d'une voie publique [7].

112.1026 Dérogation inutile (inopérance). Si la dérogation octroyée était inutile (en l'occurrence car le chemin bordant le terrain ne pouvait être qualifié de voie), le moyen tiré de son illégalité est inopérant à l'encontre du permis de construire [8].

2°
Conditions de forme

112.1031 Une décision expresse. La dérogation doit être expressément accordée ; elle « ne peut être implicite » [9].

112.1032 Une décision motivée. Aux termes de l'article R. 111-19 du code de l'urbanisme, la dérogation doit intervenir « par décision motivée ». A été jugée suffisante la motivation indiquant notamment que les dérogations sont justifiées par l'intérêt

► au centre de la ville correspond à un intérêt général qui, dans les circonstances de l'espèce et compte tenu de ce que le projet n'était pas susceptible d'affecter notablement l'aspect des voies riveraines, justifiait la dérogation aux prescriptions relatives à la hauteur des bâtiments construits en bordure d'une voie publique et à la distance des bâtiments par rapport aux limites parcellaires.

1. CE 16 nov. 2016, *Pompéi*, req. nº 386298, *Lebon T.* : travaux consistant en la surélévation de l'immeuble et en la fermeture d'une véranda ; – ARRÊT DE RENVOI : CAA Marseille, 11 avr. 2017, *Galdin-Gastaud*, req. nº 16MA04355, NP : « Considérant, en deuxième lieu, qu'il ressort des pièces du dossier que les travaux de surélévation autorisés par la dérogation en litige, qui portent sur la création d'une surface hors œuvre nette de 49 m² sont de nature, d'une part, à améliorer l'habitabilité de l'immeuble appartenant à M. Pompéi, d'autre part, à contribuer au maintien d'une famille nombreuse dans un petit village et, enfin, à assurer une meilleure insertion de cette maison dans l'habitat voisin en limitant certaines des différences de hauteur entre cet immeuble et les immeubles mitoyens ; que cette dérogation répond, par suite, à des préoccupations d'intérêt général d'ordre patrimonial, démographique et architectural ; que la circonstance que subsiste un écart de hauteur du côté de la façade sud de l'immeuble et que le raccordement ainsi réalisé n'est pas total, le toit de la maison de M. Pompéi ne pouvant être aligné qu'avec celui de l'un des deux bâtiments l'encadrant, n'est pas de nature à lui enlever ce caractère ; que si la surélévation dérogatoire d'un étage méconnaît la règle de prospect fixée à l'article R. 111-17 du code de l'urbanisme, les travaux autorisés portant à 9,60 mètres la hauteur de l'immeuble édifié en bordure de la voie publique large de 4 mètres, les atteintes ainsi portées à l'intérêt général poursuivi par ces prescriptions d'urbanisme ne sont pas excessives au regard de l'intérêt général d'ordre patrimonial, démographique et architectural qu'elle présente » ; – DANS LE MÊME SENS : CE 4 févr. 1983, *L'Hôpital*, req. nº 37940, NP : les inconvénients résultant de la surélévation d'une maison ne sont pas excessifs au regard de l'intérêt général résultant de l'amélioration de l'habitabilité de cette maison ainsi que de sa meilleure insertion dans l'habitat voisin ; – ÉGALEMENT : CE 4 févr. 1994, *Min. Équipement, Logement, Transports et Espace c/Casta*, req. nº 133351, *Lebon* : réalisation d'un balcon, utilisant une part de la surface de l'ancienne terrasse, et d'une toiture-terrasse surmontant la nouvelle pièce construite sur la surface restante, emportant un rehaussement limité.
2. CE 21 oct. 1983, *La Rosa*, req. nº 42099, NP.
3. CE 29 juin 1990, *Vve Raymond*, req. nº 88081, NP.
4. CE 12 déc. 1994, *SA d'HLM du Hainaut*, req. nº 138344, NP.
5. CE 18 juill. 1973, *Robin*, req. nº 86222, *Lebon*.
6. CE 23 nov. 1994, *Voituret*, req. nº 101959, NP.
7. CE 16 nov. 2016, *Pompéi*, req. nº 386298, *Lebon T.*
8. CE 26 juin 1991, *Rocca-Serra*, req. nº 81173, NP.
9. CE 26 mars 1990, *Clavel*, req. nº 71960, NP ; – CAA Lyon, 13 juin 2017, *Faure*, req. nº 15LY02085, NP.

présenté par le projet pour l'amélioration des équipements d'accueil et d'hébergement de la ville et ne portent pas atteinte à l'environnement urbain [1].

112.1033 Avis du maire lorsque la décision est prise par le préfet. L'avis du maire de la commune est requis lorsque celui-ci n'est pas l'autorité compétente pour statuer sur la demande d'autorisation [2].

B.
Aménagements

112.1041 Compétence du préfet. Le préfet « peut, après avis du maire, apporter des aménagements aux règles prescrites aux articles R. 111-15 à R. 111-18, sur les territoires où l'établissement de plans locaux d'urbanisme a été prescrit, mais où ces plans n'ont pas encore été approuvés » [3].

112.1042 Aménagements limités et compatibles avec le nouveau PLU. Ces aménagements sont conçus comme devant anticiper le nouveau PLU. Aussi doivent-ils être compatibles avec celui-ci [4].

Ils doivent en outre être limités dans leur portée [5].

§ 3
Règles d'implantation propres à l'outre-mer

112.1051 Collectivités concernées. Les règles spécifiques d'implantation des bâtiments prévues aux articles R. 111-52 et R. 111-53 du code de l'urbanisme s'appliquent en Guadeloupe, en Guyane, en Martinique et à La Réunion.

112.1052 Distance entre les bâtiments implantés sur un même terrain. En ce qui concerne les bâtiments situés sur un terrain appartenant au même propriétaire, « la distance entre les façades en vis-à-vis doit être au moins égale à la hauteur de la façade la plus élevée, sans pouvoir être inférieure à 4 mètres » [6].

112.1053 Orientation des bâtiments à usage d'habitation comprenant plusieurs logements. Lorsqu'il s'agit de bâtiments ou d'ensembles de bâtiments à usage d'habitation comprenant plusieurs logements, « chaque logement doit être disposé de telle sorte que la moitié au moins des pièces habitables prenne jour sur une façade exposée aux vents dominants » [7].

1. CE 9 juill. 1993, *Martin*, req. n° 109370, *Lebon T.*
2. C. urb., art. R. 111-19, al. 1er.
3. C. urb., art. R. 111-19, al. 2.
4. Rép. min. n° 18384, *JOAN Q* 29 juin 1987, p. 3798.
5. Rép. min. n° 18384, *JOAN Q* 29 juin 1987, p. 3798.
6. C. urb., art. R. 111-52.
7. C. urb., art. R. 111-53.

SECTION 5
Autres règles relatives aux constructions et aménagements

§ 1
Interdiction ou encadrement des projets de nature à compromettre la conservation ou la mise en valeur d'un site ou de vestiges archéologiques

112.1061 Texte. Le projet « peut être refusé ou n'être accepté que sous réserve de l'observation de prescriptions spéciales s'il est de nature, par sa localisation et ses caractéristiques, à compromettre la conservation ou la mise en valeur d'un site ou de vestiges archéologiques » [8].

112.1062 Dispositions impératives et permissives. L'article R. 111-4 s'applique même en présence d'un PLU ou d'un document en tenant lieu [9]. Il s'efface toutefois devant un PLU contenant des prescriptions au moins aussi exigeantes [10].

Eu égard à sa rédaction (l'administration « peut »), il présente un caractère permissif.

112.1063 Champ d'application. L'article R. 111-4 ne s'applique qu'en présence d'un site ou de vestige archéologique. Il ne saurait être utilement invoqué lorsque le site d'implantation du projet ne comprend pas un site ou des vestiges archéologiques [11].

De même, eu égard à son objet, il ne saurait être utilement invoqué à l'appui d'un moyen relatif à la protection des espèces animales et végétales [12].

112.1064 Contrôle restreint. Le juge exerce un contrôle de l'erreur manifeste sur la décision de l'administration de ne pas faire usage de l'article R. 111-4 [13].

112.1065 Prescriptions. N'est pas entaché d'erreur manifeste d'appréciation le permis de construire :

– qui comporte des prescriptions spécifiques (qui n'apparaissent pas manifestement insuffisantes ou inappropriées) pour la mise en valeur des vestiges se trouvant sur le terrain d'assiette de la construction et se réfère à un cahier des charges relatif à la conserva-

8. C. urb., art. R. 111-4.
9. V. ss n° 111.71.
10. V. ss n° 111.82.
11. CAA Marseille, 12 juin 2015, *Assoc. de défense du terrain des Nouradons et de ses environs*, req. n° 14MA03089, NP.
12. CAA Marseille, 12 juin 2015, *Assoc. de défense du terrain des Nouradons et de ses environs*, req. n° 14MA03089, NP.
13. CE 25 juill. 1985, *Maisons Lafitte (Cne), Lebon T.* 805 ; – CE 7 nov. 1990, *Fédération française de golf*, req. n° 112219, *Lebon*.

tion et à la préservation de certains des éléments des aqueducs[1] ;

– qui prévoit la réalisation d'un diagnostic archéologique sur les terrains concernés par le projet (la seule circonstance que le permis ait été délivré avant la réalisation de ce diagnostic ne révèle pas que cette autorisation serait entachée d'erreur manifeste d'appréciation alors surtout que son article 3 prévoit que les travaux projetés ne pourront débuter avant l'achèvement complet des prescriptions d'archéologie préventive)[2].

Lorsque le permis de construire, portant sur un terrain situé dans une « zone archéologique sensible », a été accordé sous la condition que le pétitionnaire fasse connaître à l'autorité administrative « le résultat des études de sol et le descriptif de la méthodologie envisagée pour l'établissement des fondations », la circonstance que le pétitionnaire se soit abstenu de communiquer les documents exigés, relative à une obligation à exécuter après l'intervention de l'arrêté de permis, est sans incidence sur la légalité de celui-ci[3].

§ 2
Possibilité d'exiger le maintien ou la création d'espaces verts ou la réalisation d'aires de jeux et de loisirs

112.1071 **Espaces verts.** Le permis ou la décision prise sur la déclaration préalable « peut imposer le maintien ou la création d'espaces verts correspondant à l'importance du projet »[4].

Par exemple, dans le cas d'un projet de construire 56 logements, lorsque le pétitionnaire a prévu dans son projet le maintien des deux arbres signalés par les requérants ainsi que la création d'espaces verts en nombre supérieur au nombre d'arbres abattus, le maire ne commet pas d'erreur manifeste en délivrant le permis de construire litigieux sans l'assortir de prescriptions spécifiques concernant la protection des deux arbres en cause et des espaces verts existant sur le terrain d'assiette[5].

112.1072 **Aires de jeux et de loisirs.** Lorsque le projet prévoit des bâtiments à usage d'habitation, l'autorité compétente « peut exiger la réalisation, par le constructeur, d'aires de jeux et de loisirs situées à proximité de ces logements et correspondant à leur importance »[6].

112.1073 **Dispositions permissives et supplétives.** L'article R. 111-7 s'applique en l'absence de PLU ou de document en tenant lieu[7].

Eu égard à sa rédaction (l'autorité administrative « peut »), il présente un caractère permissif.

§ 3
Possibilité de refuser le projet s'il impose la réalisation d'équipements publics trop coûteux pour la commune

112.1081 **Texte.** Aux termes de l'article R. 111-13 du code de l'urbanisme : « Le projet peut être refusé si, par sa situation ou son importance, il impose soit la réalisation par la commune d'équipements publics nouveaux hors de proportion avec ses ressources actuelles, soit un surcroît important des dépenses de fonctionnement des services publics ».

Ces dispositions permettent à l'autorité administrative de s'opposer à des projets induisant la réalisation d'équipements nouveaux présentant un coût excessif pour les deniers publics.

112.1082 **Dispositions permissives et supplétives.** L'article R. 111-13 s'applique en l'absence de PLU ou de document en tenant lieu[8].

Eu égard à sa rédaction (le projet « peut » être refusé), il présente un caractère permissif.

112.1083 **Critères et éléments d'appréciation.** L'existence d'une dépense « hors de proportion » avec les « ressources actuelles » de la collectivité s'apprécie à l'aune de plusieurs critères.

Elle tient principalement au coût des équipements, rapporté au budget de la collectivité pour l'année en cours[9].

D'autres paramètres peuvent être pris en compte :

– la circonstance que ces équipements serviront ou non à d'autres projets ;

1. CAA Paris, 25 mars 2004, *Assoc. Montsouris environnement*, req. n° 00PA02132, NP ; *BJDU* 2004. 413, concl. Heu.
2. CAA Bordeaux, 27 avr. 2017, *Assoc. St-Priest Env.*, req. n° 16BX03357, NP (arrêt devenu définitif en l'absence d'admission du pourvoi formé à son encontre : CE 6 oct. 2017, req. n° 411895, NP).
3. CE 4 nov. 1994, *Fortin*, req. n° 132654, NP.
4. C. urb., art. R. 111-7, al. 1er.
5. CAA Marseille, 30 juill. 2013, *Synd. des copropriétaires de la résidence Le Neptune*, req. n° 11MA02136, NP.
6. C. urb., art. R. 111-7, al. 2.
7. PAR EX. : CE 24 mai 1993, *Hyères (Cne)*, req. n° 115122, NP ; – CE 1er déc. 1993, *Saint-Cyprien (Cne)*, req. n° 129048, *Lebon* 333 – V. ss n° 111.71.
8. CE 28 nov. 1986, *Bignolas*, req. n° 42688, *Lebon T.* – V. ss n° 111.71.
9. CAA Bordeaux, 29 mai 2018, *Razouane*, req. n° 16BX01663, NP : arrêt affirmant que : « Pour l'application de ces dispositions, il y a lieu de tenir compte du seul coût des travaux d'équipement qu'entraînera la construction projetée rapporté aux ressources dont dispose la commune pendant l'année au cours de laquelle le maire se prononce sur la demande de permis de construire ».

– la proposition par le pétitionnaire d'une prise en charge de tout ou partie des frais occasionnés par leur réalisation et l'acceptation de celle-ci par la collectivité.

De façon discutable au regard de l'objet de l'article R. 111-3, la jurisprudence estime que la commune n'est pas tenue d'accepter que le pétitionnaire prenne à sa charge les équipements nouveaux [1].

Il y a lieu de tenir compte du seul coût des travaux d'équipement qu'entraînera la construction faisant l'objet de la demande de permis, et non de celui qui serait entraîné dans l'éventualité où d'autres projets semblables seraient acceptés [2].

L'article R. 111-3 ne peut être utilement invoqué pour des travaux de voirie financés par le pétitionnaire et non sur fonds publics [3].

Si les éléments du dossier ne sont pas suffisants, le juge peut prescrire une mesure d'instruction portant en particulier sur le budget de la commune, son évolution, les charges d'emprunts déjà contractés et les charges nouvelles susceptibles de résulter de la réalisation de nouveaux équipements [4].

112.1084 **Refus légal.** Sur le fondement de l'article R. 111-13, une commune peut par exemple s'opposer à un projet :

– rendant nécessaire des travaux d'aménagement du chemin rural qui dessert le terrain d'assiette ainsi que des travaux non seulement d'extension mais également de raccordement à la charge de la commune tant en électricité sur une distance légèrement inférieure à 100 mètres qu'au réseau d'eau potable sur une longueur d'au moins 30 mètres, alors que ces travaux n'auraient pas vocation à desservir un secteur déjà urbanisé de la commune ou susceptible de le devenir (le coût de ces travaux portant sur ces équipements publics nouveaux tel qu'il ressort des devis produits serait, pour une petite commune rurale de moins de 600 habitants, hors de proportion avec ses ressources actuelles ; au demeurant, le pétitionnaire ne s'était pas engagé à prendre financièrement en charge la réalisation des travaux de raccordement des réseaux) [5] ;

– rendant nécessaire la réalisation d'équipements hors de proportion avec son budget et ne pouvant légalement être mise à la charge du pétitionnaire [6] ;

– rendant nécessaire l'extension du réseau d'électricité de 900 mètres pour un coût de 62 000 euros, dans une commune rurale ne comptant que 700 habitants [7].

112.1085 **Refus illégal.** L'administration ne peut opposer l'article R. 111-13 à un projet de construction :

– s'il n'implique la réalisation d'aucun équipement public (commune se prévalant du coût de la réalisation d'équipements nouveaux concernant l'alimentation en eau et l'assainissement alors que la construction sera alimentée par un puits et dotée d'un système d'assainissement individuel) [8] ;

– rendant nécessaire l'extension du réseau d'électricité de 45 mètres, pour un coût de 5 800 euros, cette somme ne représentant que 4 % du total des dépenses d'équipement prévus au budget de la commune (la moitié, même, en intégrant sa capacité d'autofinancement) et 4 % de l'encours total de la dette communale, peu important que la commune ne compte que 97 habitants [9].

112.1086 **Autorisation illégale.** L'administration commet une erreur manifeste en autorisant un lotissement de 27 lots qui aurait entraîné une augmentation de la population saisonnière nécessitant, notamment, la modification de la situation d'épuration et du réseau d'adduction d'eau de la commune. Le coût des investissements rendus ainsi nécessaires excédait le montant du budget d'investissement de la commune pour l'année en cours, au cours de laquelle a été délivrée l'autorisation de lotir en litige, alors que la charge totale de la dette représentait d'ores et déjà, cette année-là, près d'un quart du budget de fonctionnement de la commune et, compte tenu des prévisions d'investissement de celle-ci elle n'était pas appelée à diminuer les années ultérieures. En outre, la taxe locale d'équipement étant instituée, la commune ne pouvait bénéficier d'une participation du constructeur aux dépenses d'équipement rendues nécessaires par le projet de lotissement [10].

1. CE 5 avr. 1991, *SCI du Moulin Moyen*, req. n° 87126, NP.
2. CE 14 nov. 1984, *Min. Urbanisme c/Pomarède*, req. n° 35989, NP ; *REDI* 1984, n° 109, p. 50, chron. F. Bouyssou ; *AJPI* 1986. 85, chron. R. Hostiou.
3. CAA Bordeaux, 27 avr. 2017, *Assoc. St-Priest Env.*, req. n° 16BX03357, NP (arrêt devenu définitif en l'absence d'admission du pourvoi formé à son encontre : CE 6 oct. 2017, req. n° 411895, NP).
4. CE 18 juill. 1973, *Min. Équip. c/SCI Le Moulin Bellanger*, req. n° 83745, *Lebon* 529.
5. CAA Douai, 30 nov. 2017, *Jouy-sur-Eure (C^ne)*, req. n° 17DA00755, NP.
6. CE 22 oct. 1982, *SCI Chanteloup Lieuville*, req. n° 13434, *Lebon* 786.
7. CAA Bordeaux, 27 avr. 2017, *Min. Logement, Égalité des territ. et Ruralité*, req. n° 15BX03725, NP.
8. CE 9 oct. 1970, *Min. Équip. c/Blanc*, req. n° 76007, *Lebon* 567.
9. CAA Bordeaux, 29 mai 2018, *Razouane*, req. n° 16BX01663, NP.
10. CE 12 févr. 1986, *SCI Les jonquilles*, req. n° 47104, NP.

CHAPITRE

113. Règles du RNU relatives à la densité et à la reconstruction des constructions

SECTION 0 ORIENTEUR

113.00 **Sommaire du chapitre.**

113.01 **Textes applicables.**

• **C. urb.**

art. L. 111-14 s.

art. R. 111-21 s.

113.03 **Bibliographie indicative.**

Encyclopédies. *DP constr.-urb.*, ét. : « Règlement national d'urbanisme » ; ét. : « Surface de plancher et surface hors œuvre » – *J.-Cl. Constr.-Urb.*, fasc. 11 : « Règles d'urbanisme applicables sur l'ensemble du territoire – Règlement national d'urbanisme », par S. Ferrari, mars 2018 ; fasc. 11-5 : « Règles d'urbanisme applicables sur l'ensemble du territoire – Règles générales d'urbanisme », par S. Ferrari, juill. 2020.

Monographies. F. Bourdon et S. Pérignon, *Surface de plancher et densité de construction*, Le Moniteur 2012.

Articles. Ph. Billet, « La rénovation des surfaces de plancher et de l'emprise au sol », *JCP Adm.* 2012, n° 2042 – F. Bourdon, « Nouvelle définition de la surface de plancher : objectifs et résultats », *BJDU* 2012. 97 – F. Boudon, « Surface et urbanisme », *Droit et ville* 2013/1, n° 75, p. 23 – G. Kalflèche, « Étude critique des nouvelles définitions des surfaces en droit de l'urbanisme », *Droit et ville* 2013/1, n° 75, p. 7 – B. Pavy, « La reconstruction à l'identique d'un bâtiment détruit par sinistre après la loi SRU », *Defrénois* 24/2001, p. 1129 – F. Priet, « La réforme de la définition de la surface de plancher », *AJDA* 2012. 630 – L. Santoni, « La complexe simplification du calcul de la surface de plancher », *Constr.-Urb.* 2012, comm. 59.

113.04 **Questions essentielles.**

> Comment se calcule la surface de plancher ?

* V. s^{s} n°s 113.51 s.

> Comment se calcule l'emprise au sol ?

* V. s^{s} n°s 113.241 s.

> À quelles conditions peut-on reconstruire à l'identique un bâtiment ?

* V. s^{s} n°s 113.291 s.

SECTION 1
RÈGLES RELATIVES À LA DENSITÉ DES CONSTRUCTIONS (CALCUL DES SURFACES ET NOTION DE SURFACE DE PLANCHER)

113.11 **Surface de plancher.** La notion de surface de plancher est définie aux articles L. 111-14 et R. 111-22 du code de l'urbanisme.

Elle sert de référence pour déterminer la superficie des constructions. Par exemple, pour la mise en œuvre des règles relatives au champ d'application des études d'impact, aux places de stationnement, pour déterminer si un projet est soumis à permis de construire, à déclaration préalable ou est dispensé de formalité, ou encore pour déterminer si le projet est soumis ou non l'intervention d'un architecte.

§ 1
Notion de surface de plancher ayant remplacé celles de SHON et de SHOB

A.
Réforme de 2011

113.21 **Abandon de la SHON et de la SHOB.** La notion de surface de plancher a remplacé, au 1er mars 2012, les anciennes notions de SHON (surface hors œuvre nette) et de SHOB (surface hors œuvre brute) qui étaient utilisées depuis la loi du 30 décembre 1967[1] d'orientation foncière.

La réforme a été opérée par une ordonnance du 16 novembre 2011[2] prise sur le fondement de la loi Grenelle II[3]. Elle fut complétée par un décret du

1. L. n° 67-1253, 30 déc. 1967 d'orientation foncière, *JO* 3 janv., p. 3.
2. Ord. n° 2011-1539, 16 nov. 2011 relative à la définition des surfaces de plancher prises en compte dans le droit de l'urbanisme, *JO* 17 nov. n° 6.
3. L. n° 2010-788, 12 juill. 2010 portant engagement national pour l'environnement (loi Grenelle II), *JO* 13 juill., n° 1, art. 25.

29 décembre 2011[1] ajoutant la notion d'« emprise au sol » pour sérier le champ d'application des autorisations d'urbanisme. Une circulaire de 2012 précise les modalités de calcul de ces deux notions[2].

113.22 Les inconvénients des anciennes notions de SHON et de SHOB. Sous l'ancien état du droit, la SHON était obtenue en déduisant de la SHOB (qui correspondait à la somme des surfaces de plancher de chaque niveau de la construction) un certain nombre d'éléments (surfaces de plancher des combles et des sous-sols non aménageables, des balcons, des loggias, etc.). Les éléments à déduire avaient été précisés par voie de circulaire et par une jurisprudence assez abondante.

Il en résultait une complexité du calcul de la SHON favorisant dans une certaine mesure la fraude. En outre, les notions de SHOB et SHON étaient peu représentatives de la surface des constructions et pénalisaient le recours à des procédés éco-responsables, notamment l'isolation des murs extérieurs.

113.23 Les objectifs de l'instauration de la notion de surface de plancher. Selon les termes de l'article 25 de la loi Grenelle II, l'instauration de la notion de surface de plancher a eu pour principal objectif d'« unifier et simplifier la définition des surfaces de plancher prises en compte dans le droit de l'urbanisme ».

De surcroît, dans la mesure où la nouvelle surface est globalement inférieure à la SHON, la notion vise à favoriser l'amélioration de la qualité environnementale des bâtiments et la densification des zones urbaines.

B. Application généralisée de la notion de surface de plancher

1° Principe

113.31 Application aux demandes d'autorisation. Depuis le 1er mars 2012, toutes les demandes d'autorisation d'urbanisme, qu'elles soient initiales ou modificatives, doivent exprimer les surfaces concernées en surface de plancher, tant pour celles des constructions existantes que celles projetées.

113.32 Modification automatique des notions dans les textes et documents. L'ordonnance[3] et le décret ont substitué, au 1er mars 2012, la notion de « surface de plancher » à celles de SHON et de SHOB figurant dans toutes les dispositions législatives et réglementaires.

S'agissant des documents d'urbanisme, l'ordonnance a permis la mise en œuvre de la procédure de modification simplifiée pour remplacer les anciennes notions de SHON et de SHOB par celle de surface de plancher. Elle a en outre prévu qu'à défaut de modification expresse, les valeurs encore exprimées en SHON et en SHOB dans les PLU, POS, PAZ et PPR doivent, depuis le 1er mars 2012, s'entendre en valeurs exprimées en surface de plancher[4].

2° Tempéraments

113.41 Dispositions transitoires pour les ZAC et lotissements antérieurs au 1er mars 2012. Dans les ZAC, les valeurs exprimées en SHON ou en SHOB dans les cahiers des charges de cession de terrains signés avant le 1er mars 2012 doivent s'entendre, depuis cette date, « en valeurs exprimées en surface de plancher »[5]. Cela signifie que le nombre de m^2 de surface constructible en surface de plancher est identique à celui exprimé en SHON dans le document d'origine. Toutefois, lorsque les droits à construire résultant du calcul en surface de plancher sont inférieurs aux droits à construire résultant du calcul en SHON, « l'acquéreur peut demander, lors de l'autorisation de construire, à bénéficier d'un droit à construire correspondant à celui résultant du calcul en » SHON[6]. Le bénéfice de cette mesure n'est possible que tant que les droits à construire du demandeur sont valables, à savoir jusqu'à l'achèvement de la ZAC.

Dans les lotissements autorisés avant le 1er mars 2012, lorsque la SHON a été répartie par le lotisseur, le nombre de mètres carrés de surface de plancher autorisé sur un terrain « est identique au nombre de mètres carrés de surface hors œuvre nette qui a été autorisé dans le cadre du permis d'aménager ou dans des attestations délivrées lors de la vente ou de la location des lots »[7]. Toutefois, lorsque les droits à construire résultant du calcul en surface de plancher sont inférieurs aux droits à construire résultant du calcul en SHON, « l'acquéreur peut demander, lors de l'autorisation de

1. Décr. n° 2011-2054, 29 déc. 2011 pris pour l'application de l'ordonnance n° 2011-1539 du 16 novembre 2011 relative à la définition des surfaces de plancher prises en compte dans le droit de l'urbanisme, *JO* 31 déc., n° 9 ; – ÉGALEMENT LE CORRECTIF : Décr. n° 2012-677, 7 mai 2012 relatif à une des dispenses de recours à un architecte ; – RECOURS REJETÉS contre ces décrets : CE 20 déc. 2013, *Fédération française des artisans coopérateurs du bâtiment*, req. n° 357198, *Lebon T.* ; – CE 29 déc. 2013, *Conseil national de l'ordre des architectes*, req. n° 360764, *Lebon T.*
2. Circ. 3 févr. 2012 relative au respect des modalités de calcul de la surface de plancher des constructions définie par le livre I du code de l'urbanisme, NOR : DEVL1202266C ; – ÉGALEMENT : Note techn. 3 févr. 2017 relative à la surface de plancher des surfaces verticales de stockage autoportantes ou « picking-tower », NOR : LHAL1702707N.
3. Ord. n° 2011-1539, 16 nov. 2011, art. 3.
4. Ord. n° 2011-1539, 16 nov. 2011, art. 4.
5. Ord. n° 2011-1539, 16 nov. 2011, art. 5, al. 3.
6. Ord. n° 2011-1539, 16 nov. 2011, art. 5, al. 3.
7. Ord. n° 2011-1539, 16 nov. 2011, art. 5, al. 4.

construire, à bénéficier d'un droit à construire correspondant à celui résultant du calcul en » SHON[1]. Le bénéfice de cette mesure n'est possible que tant que les droits à construire du demandeur sont valables, à savoir jusqu'au terme de validité du lotissement.

113.42 Calcul spécifique des surfaces pour la taxe d'aménagement. La notion de surface de plancher s'applique « sous réserve de l'article 1635 *quater* H du code général des impôts »[2]. Il s'ensuit que cette notion ne s'applique pas aux modalités de calcul de la taxe d'aménagement.

La taxe d'aménagement frappe la « surface de la construction », définie comme « la somme des surfaces de plancher closes et couvertes, sous une hauteur de plafond supérieure à 1,80 m, calculée à partir du nu intérieur des façades du bâtiment, déduction faite des vides et des trémies »[3].

Cette définition présente d'importantes similitudes avec celle de surface de plancher. Toutefois, à la différence de celle-ci, la définition retenue pour la taxe d'aménagement s'applique sans déduction des caves, celliers, combles et locaux techniques, sauf si leur hauteur est inférieure ou égale à 1,80 m. En outre, entrent dans son assiette des installations et aménagements tels que des aires de stationnement, des caravanes ou encore des piscines.

§ 2
Calcul de la surface de plancher

113.51 Définition légale. Selon le premier alinéa de l'article L. 111-14 du code de l'urbanisme, la surface de plancher de la construction s'entend de la somme des « surfaces de plancher » :

- « closes et couvertes » ;
- « sous une hauteur de plafond supérieure à 1,80 m » ;
- « calculée à partir du nu intérieur des façades du bâtiment »[4].

Le second alinéa de l'article L. 111-14 prévoit la déduction de certaines surfaces (vides et trémies, aires de stationnement, caves ou celliers, combles et locaux techniques ; et, dans les immeubles collectifs, une part forfaitaire des surfaces de plancher affectées à l'habitation) dans des conditions fixées par voie réglementaire[5].

La détermination de la surface de plancher implique donc de prendre en compte les éléments constitutifs du plancher, déduction faite de certaines surfaces.

A.
Éléments constitutifs (avant déduction)

1°
Notion de plancher

a.
Définition du plancher

113.61 Tous les niveaux. Selon la circulaire de 2012[6], doivent être prises en compte les surfaces de plancher, mesurées au-dessus des plinthes, de tous les niveaux :

- le rez-de-chaussée ;
- tous les étages ;
- tous les niveaux intermédiaires tels que les mezzanines ;
- les combles et sous-sol, aménageables ou non.

113.62 Indifférence de la nature et de la consistance du sol. Selon la circulaire de 2012[7], la nature et la consistance du plancher considéré n'entrent pas en ligne de compte. Il peut par exemple s'agir de terre battue (dans une buanderie ou un sous-sol) ou de graviers.

113.63 Exclusion des éléments ne formant pas de plancher. Selon la circulaire de 2012[8], sont à exclure de la surface les constructions ne formant pas de plancher, notamment :

- les pylônes ;
- les bassins (notamment ceux des piscines ou les bassins de décantation) ;
- les canalisations ;
- et certains ouvrages de stockage (citernes, silos, etc.). De ce fait, précise une réponse ministérielle, « les surfaces destinées au stockage des denrées d'un silo agricole ne sont pas constitutives de surface de plancher. Seuls les éventuels locaux techniques qui accompagnent ces silos doivent être considérés comme créant de la surface de plancher. En revanche, les silos à ensilage de plain-pied (ou silos couloirs) sont constitutifs d'emprise au sol dès lors qu'ils sont maçonnés et dotés de murs, quelle que soit la hauteur de ces derniers. Les silos de type "silo-tour" ou "silo-trépied" constituent également de l'emprise au sol »[9].

113.64 Escaliers et ascenseurs. Selon la circulaire de 2012[10], sont à exclure de la surface :

- les marches et paliers intermédiaires d'escalier ;

1. Ord. n° 2011-1539, 16 nov. 2011, art. 5, al. 4.
2. C. urb., art. L. 111-14, al. 1er ; mod. par ord. n° 2022-883, 14 juin 2022.
3. V. ss n° 552.562.
4. POUR une illustration : Circ. 3 févr. 2012, NOR : DEVL1202266C, croquis 1, p. 7.
5. En l'occurrence par l'article R. 111-22, v. ss n° 113.121.
6. Circ. 3 févr. 2012, NOR : DEVL1202266C, pt 1.1.
7. Circ. 3 févr. 2012, NOR : DEVL1202266C, pt 1.1.
8. Circ. 3 févr. 2012, NOR : DEVL1202266C, pt 1.1.
9. Rép. min. n° 8499, *JO Sénat Q* 23 janv. 2014, p. 227.
10. Circ. 3 févr. 2012, NOR : DEVL1202266C, pt 1.1.

– les cabines d'ascenseur ;
– les rampes d'accès intérieures.

En revanche, la surface de la partie du niveau inférieur servant d'emprise à un escalier, à une rampe d'accès ou la partie du niveau inférieur auquel s'arrête la trémie d'un ascenseur constituent de la surface de plancher.

b.
Cas des murs intérieurs

113.71 Principe : absence de déduction des murs intérieurs. La circulaire de 2012[1] précise que par principe et afin de simplifier la mesure de la surface de plancher, la surface correspondant à l'ensemble des murs intérieurs (porteurs ou constituant de simples cloisonnements) ne doit pas être déduite de la surface de plancher de la construction.

113.72 Cas particulier des murs intérieurs séparant un local constitutif de surface de plancher d'un local non constitutif de surface de plancher. Selon la circulaire de 2012[2], un mur intérieur qui sépare un local constitutif de surface de plancher d'un autre local qui n'est pas constitutif de surface de plancher « est compris dans la surface de plancher totale de la construction ».

Cela signifie, par exemple, que dans le cas d'un garage (non constitutif de surface de plancher) accolé à une maison, la surface de plancher de la construction se calcule en déduisant la seule superficie du garage de la surface totale de la construction[3].

De cette façon, l'épaisseur du mur séparant la partie dédiée au logement de la partie à usage de garage est automatiquement comprise dans la surface de plancher.

Le calcul de la surface de plancher totale de la construction est le même qu'il s'agisse d'un projet de construction portant à la fois sur la partie habitation et sur le garage ou d'un projet d'extension du logement existant portant sur le seul garage. Dans les deux cas, il convient de procéder à la seule déduction de la superficie du local non constitutif de surface de plancher.

113.73 Cas particulier des murs intérieurs qui séparent deux locaux non constitutifs de surface de plancher. Selon la circulaire de 2012[4], un mur intérieur qui sépare deux locaux non constitutifs de surface de plancher « peut être exclu de la surface de plancher totale de la construction ». En effet, les cloisons pouvant être déplacées ou supprimées, leur surface au sol n'a pas à être prise en compte. De plus, dans le cas où une construction ou un niveau d'une construction comprend, dans une partie du bâtiment clairement identifiée, uniquement des locaux non constitutifs de surface de plancher, la surface des circulations qui les desservent exclusivement peut être déduite de la surface de plancher dès lors que ces locaux peuvent apparaître comme isolés du reste de la construction.

Toutefois, lorsqu'une construction comprend des locaux non constitutifs de surface de plancher disséminés sur plusieurs niveaux et qu'ils sont parfois isolés, parfois regroupés, « il est possible, afin de simplifier les mesures à réaliser, de calculer la surface de plancher de la construction de la même façon que dans le cas décrit » au paragraphe précédent[5]. N'est ainsi déduite de la surface totale de la construction que la superficie des locaux non constitutifs de surface de plancher, sans avoir à mesurer l'épaisseur des murs séparant ces locaux entre eux lorsqu'ils sont regroupés. La surface au sol des murs concernés est alors de fait comprise dans la surface de plancher[6].

2°
Notion de surface considérée comme close et couverte

a.
Surface considérée comme close et couverte

113.81 Construction dotée de systèmes de fermeture. Selon la circulaire de 2012[7], est d'abord considérée comme une surface close et couverte toute construction ou élément de construction (situé en saillie – de type oriel – ou à l'intérieur du gros œuvre, en rez-de-chaussée, étage ou sous-sol), dès lors qu'il est doté de systèmes de fermeture (couverture de la toiture et menuiseries extérieures posées).

113.82 Construction dotée d'un dispositif de fermeture. Selon la circulaire de 2012[8], sont également considérées comme des surfaces closes et couvertes les surfaces des niveaux non fermés en permanence dès lors qu'un obstacle est mis au passage ou à la circulation, indépendamment du caractère totalement hermétique et étanche du système de fermeture installé.

Tel est le cas de tout local doté d'un dispositif technique permettant l'installation d'éléments de fermeture, comme par exemple les locaux dont la fermeture est assurée par le biais d'une grille ou de tout dispositif amovible[9].

1. Circ. 3 févr. 2012, NOR : DEVL1202266C, p^{t} 1.1.
2. Circ. 3 févr. 2012, NOR : DEVL1202266C, p^{t} 1.1.1.
3. POUR une illustration : Circ. 3 févr. 2012, NOR : DEVL1202266C, croquis 2, p. 9.
4. Circ. 3 févr. 2012, NOR : DEVL1202266C, p^{t} 1.1.2.
5. V. s^{s} n° 113.72.
6. VOIR EX. illustré : Circ. 3 févr. 2012, NOR : DEVL1202266C, annexe 2.
7. Circ. 3 févr. 2012, NOR : DEVL1202266C, p^{t} 1.2.
8. Circ. 3 févr. 2012, NOR : DEVL1202266C, p^{t} 1.2.
9. POUR une illustration : Circ. 3 févr. 2012, NOR : DEVL1202266C, croquis 3, p. 10.

Sont notamment considérés comme des dispositifs de fermeture d'un local (dont la superficie doit être incluse dans la surface de plancher), que ces dispositifs soient fixes ou non :

- une porte ;
- une fenêtre ou une baie vitrée ;
- une porte-fenêtre ;
- une toiture amovible ;
- un simple volet ;
- une jalousie ;
- un rideau métallique ajouré ou non ;
- une persienne ;
- un contrevent.

b.
Surface non considérée comme close et couverte

113.91 **Constructions ouvertes.** Selon la circulaire de 2012[1], est considéré comme non clos et donc comme ne constituant pas une surface de plancher tout niveau d'une construction dont le périmètre ne serait pas totalement clos en raison :

- de l'absence totale ou partielle de mur de façade[2] ;
- de l'existence d'un muret, garde-corps, garde-fou ou parapet d'une hauteur inférieure à la hauteur sous plafond ;
- ou de l'absence d'une porte de nature à empêcher le passage ou la circulation de type galerie[3].

Ces espaces sont véritablement ouverts puisqu'ils ne sont pas susceptibles d'être fermés sans l'intervention de travaux supplémentaires soumis à autorisation ou déclaration.

113.92 **Illustrations.** Du fait de leur caractère ouvert, sont par exemple exclus de la surface de plancher d'une construction :

- les toitures terrasses ;
- les balcons ;
- les loggias ;
- les terrasses ;
- les coursives extérieures[4].

3°
Notion de nu intérieur

113.101 **Critère.** La surface de plancher d'un niveau se calcule au nu intérieur des murs extérieurs de la construction.

1. Circ. 3 févr. 2012, NOR : DEVL1202266C, p^{t} 1.2.
2. POUR une illustration : Circ. 3 févr. 2012, NOR : DEVL1202266C, croquis 4, p. 10.
3. POUR une illustration : Circ. 3 févr. 2012, NOR : DEVL1202266C, croquis 5, p. 10.
4. POUR une illustration : Circ. 3 févr. 2012, NOR : DEVL1202266C, croquis 6, p. 11.

113.102 **Éléments non pris en compte.** Selon la circulaire de 2012[5], au regard du critère précité[6], ne sont pas pris en compte dans le calcul de la surface de plancher :

- l'épaisseur des murs extérieurs, porteurs ou non, quel que soit le matériau dont ils sont constitués (brique, verre, pierre, etc.) ;
- l'épaisseur des matériaux isolants (en particulier les plaques de plâtre) ;
- les vides dans le cas des murs capteurs ou Trombe[7] ;
- ou encore les piliers isolés dans les murs périphériques[8].

4°
Notion de façade

113.111 **Murs ou parois de pourtour.** Selon la circulaire de 2012[9], les façades d'une construction « doivent s'entendre de l'ensemble des murs ou parois de pourtour, pignons inclus ».

113.112 **Prise en compte de tous les murs extérieurs.** Selon la circulaire de 2012[10], sont considérées comme des façades « tous les murs extérieurs d'une construction » (par exemple, ses quatre côtés lorsqu'elle est rectangulaire ou carrée), y compris :

- les murs mitoyens ;
- les murs accolés à une autre construction ;
- les murs donnant sur un patio intérieur non couvert[11] ;
- les murs extérieurs d'une construction souterraine ou semi-enterrée.

Il en va de même lorsqu'une demande de permis concerne la construction de plusieurs maisons accolées.

113.113 **Transformation d'un mur extérieur en mur intérieur.** Selon la circulaire de 2012[12], si des travaux d'extension conduisent à ce qu'un mur extérieur devienne un mur intérieur, « son emprise doit être incluse dans la surface de plancher totale de la construction »[13].

5. Circ. 3 févr. 2012, NOR : DEVL1202266C, p^{t} 1.3.
6. V. s^{s} n° 113.101.
7. POUR une illustration : Circ. 3 févr. 2012, NOR : DEVL1202266C, croquis 7, p. 11.
8. POUR une illustration : Circ. 3 févr. 2012, NOR : DEVL1202266C, croquis 8, p. 11.
9. Circ. 3 févr. 2012, NOR : DEVL1202266C, p^{t} 1.4.
10. Circ. 3 févr. 2012, NOR : DEVL1202266C, p^{t} 1.4.
11. POUR une illustration : Circ. 3 févr. 2012, NOR : DEVL1202266C, croquis 9, p. 12.
12. Circ. 3 févr. 2012, NOR : DEVL1202266C, p^{t} 1.4.
13. POUR une illustration : Circ. 3 févr. 2012, NOR : DEVL1202266C, croquis 10, p. 12.

B.
Éléments déduits de la surface de plancher

113.121 **Texte.** L'article R. 111-22 du code de l'urbanisme dispose que la surface de plancher se calcule après déduction :

– des surfaces correspondant à l'épaisseur des murs entourant les embrasures des portes et fenêtres donnant sur l'extérieur (1°) ;

– des vides et des trémies afférentes aux escaliers et ascenseurs (2°) ;

– des surfaces de plancher d'une hauteur sous plafond inférieure ou égale à 1,80 mètre (3°) ;

– des surfaces de plancher aménagées en vue du stationnement des véhicules motorisés ou non, y compris les rampes d'accès et les aires de manœuvres (4°) ;

– des surfaces de plancher des combles non aménageables pour l'habitation ou pour des activités à caractère professionnel, artisanal, industriel ou commercial (5°) ;

– des surfaces de plancher des locaux techniques nécessaires au fonctionnement d'un groupe de bâtiments ou d'un immeuble autre qu'une maison individuelle au sens de l'article L. 231-1 du CCH, y compris les locaux de stockage des déchets (6°) ;

– des surfaces de plancher des caves ou des celliers, annexes à des logements, dès lors que ces locaux sont desservis uniquement par une partie commune (7°) ;

– d'une surface égale à 10 % des surfaces de plancher affectées à l'habitation telles qu'elles résultent le cas échéant de l'application des alinéas précédents, dès lors que les logements sont desservis par des parties communes intérieures (8°).

1°
Épaisseur des murs entourant les embrasures des portes et fenêtres donnant sur l'extérieur

113.131 **Déduction.** Selon la circulaire de 2012 [1], lorsqu'un niveau constitutif de surface de plancher est doté de portes et/ou fenêtres donnant sur l'extérieur, la surface, au niveau des embrasures des ouvertures, doit être mesurée « dans le prolongement du nu intérieur du mur de façade », c'est-à-dire, sans prendre en compte l'épaisseur de celui-ci [2].

113.132 **Finalité de cette déduction.** Cette déduction vise à simplifier le calcul de la surface et à éviter que le nombre et l'importance des ouvertures augmentent la surface de plancher de la construction.

1. Circ. 3 févr. 2012, NOR : DEVL1202266C, p^{t} 2.1.
2. POUR une illustration : Circ. 3 févr. 2012, NOR : DEVL1202266C, croquis 11, p. 13.

2°
Vides et trémies afférentes aux escaliers et ascenseurs

113.141 **Les vides.** Selon la circulaire de 2012 [3], tous les vides, qui par définition ne constituent pas de surface de plancher, doivent être déduits de la surface de plancher. Tel est notamment le cas des vides occasionnés par :

– les mezzanines ;

– les puits de lumière ;

– les trémies d'escalier, d'ascenseur ou de monte-charge [4].

113.142 **Le cas des gaines et conduits.** En principe, la surface correspondant au vide nécessaire au passage des gaines techniques ou conduits (cheminées, canalisations, etc.) intérieurs à la construction ne doit pas être déduite de la surface de plancher.

Toutefois, lorsque la gaine ou le conduit (par exemple, un conduit de désenfumage) a un encombrement significatif – car il doit permettre le passage d'une personne –, le vide qu'il crée à chaque niveau traversé peut être déduit de la surface de plancher de la construction [5].

3°
Surfaces d'une hauteur sous plafond inférieure ou égale à 1,80 mètre

113.151 **Déduction.** Les surfaces de plancher des locaux ou parties de locaux qui correspondent à des hauteurs sous toiture ou sous plafond inférieures ou égales à 1,80 mètre sont exclues du calcul de la surface de plancher.

113.152 **Combles.** Dans les combles, la hauteur se mesure :

– soit sous plafond ;

– soit sous toiture, c'est-à-dire, à partir de la face interne de la toiture (sans prendre en compte ni l'épaisseur des tuiles, ni celle des matériaux isolants, etc.) [6].

113.153 **Fenêtres de toit.** Pour ce qui est des surfaces de plancher au droit des fenêtres de toit, la hauteur doit être mesurée sans prendre en compte l'épaisseur de la toiture au niveau de leur embrasure [7].

113.154 **Piscines couvertes.** En ce qui concerne les piscines couvertes (à toiture amovible ou non),

3. Circ. 3 févr. 2012, NOR : DEVL1202266C, p^{t} 2.2.
4. POUR une illustration : Circ. 3 févr. 2012, NOR : DEVL1202266C, croquis 12, p. 13.
5. Circ. 3 févr. 2012, NOR : DEVL1202266C, p^{t} 2.2.
6. Circ. 3 févr. 2012, NOR : DEVL1202266C, p^{t} 2.3.
7. Circ. 3 févr. 2012, NOR : DEVL1202266C, p^{t} 2.3 ; – POUR une illustration : Circ. 3 févr. 2012, NOR : DEVL1202266C, croquis 13, p. 14.

la margelle, terrasse ou dallage entourant le bassin constitue de la surface de plancher dès lors que la hauteur sous la couverture est supérieure à 1,80 mètre.

En revanche, le bassin quant à lui ne constitue pas de la surface de plancher[1].

4°

Surfaces aménagées en vue du stationnement des véhicules

a.

Déduction des surfaces exclusivement destinées au stationnement des véhicules

113.161 Aire de stationnement des véhicules. Les surfaces concernées[2] sont celles effectivement destinées au stationnement des véhicules, qu'il s'agisse :

- de véhicules automobiles ;
- de caravanes ;
- de remorques ;
- de bateaux ;
- d'avions ;
- de deux roues (vélos ou motos) ;
- de voitures d'enfants ;
- ou encore de voitures de personnes à mobilité réduite[3].

113.162 Surfaces liées au stationnement. Outre les aires de stationnement proprement dites, sont également déduites :

- les rampes d'accès ;
- les voies de circulation permettant l'accès aux emplacements de stationnement ;
- les aires nécessaires aux manœuvres des véhicules ;
- les sas de sécurité (ces derniers sont assimilés aux rampes d'accès).

113.163 Indifférence d'autres critères. Les surfaces précitées ne sont pas constitutives de surface de plancher :

- qu'elles soient ou non destinées à faire l'objet d'une gestion à caractère commercial ;
- quel que soit leur niveau dans une construction (sous-sol, rez-de-chaussée ou étage) ;
- qu'il s'agisse d'une construction isolée (de type parking en silo par exemple).

b.

Absence de déduction des surfaces qui ne sont pas exclusivement destinées au stationnement des véhicules

113.171 Éléments non déduits. Constituent de la surface de plancher (donc non déduites) toutes les surfaces non exclusivement destinées au stationnement de véhicules. Tel est le cas, par exemple,

- des surfaces des locaux de stockage ou des réserves de matériaux ou produits liés aux véhicules ;
- des lieux d'exposition de véhicules ;
- des surfaces affectées à la réparation des véhicules ou des surfaces utilisées pour entreposer les véhicules à réparer ou réparés en attente de leur réception par leur propriétaire ;
- des surfaces destinées à entreposer des véhicules, neufs ou d'occasion, en attente de vente, de location ou de livraison.

5°

Combles non aménageables

113.181 Combles non aménageables. Les combles d'une construction sont considérés comme non aménageables (et donc ne sont pas pris en compte dans la surface de plancher, même lorsque leur hauteur est supérieure à 1,80 m), uniquement dans les cas suivants[4] :

- soit en raison de l'impossibilité pour le plancher de supporter des charges liées à des usages d'habitation ou d'activité (à caractère professionnel, artisanal, industriel, commercial, etc.) ;
- soit en raison de l'encombrement de la charpente[5].

113.182 Combles aménageables. Lorsque les combles sont aménageables, seule la surface de plancher d'une hauteur sous plafond supérieure à 1,80 mètre est incluse[6].

6°

Locaux techniques nécessaires au fonctionnement d'un groupe de bâtiments ou d'un immeuble autre qu'une maison individuelle

113.191 Notion de groupe de bâtiments ou immeuble autre qu'une maison individuelle. L'article L. 231-1 du CCH définit la maison individuelle comme « un immeuble à usage d'habitation ou un immeuble à usage professionnel et d'habitation ne

1. Circ. 3 févr. 2012, NOR : DEVL1202266C, p^t 2.3 – POUR une illustration : Circ. 3 févr. 2012, NOR : DEVL1202266C, croquis 14, p. 15.
2. POUR une illustration : Circ. 3 févr. 2012, NOR : DEVL1202266C, croquis 15, p. 15.
3. Circ. 3 févr. 2012, NOR : DEVL1202266C, p^t 2.4.
4. Circ. 3 févr. 2012, NOR : DEVL1202266C, p^t 2.5.
5. POUR une illustration : Circ. 3 févr. 2012, NOR : DEVL1202266C, croquis 16, p. 16.
6. POUR une illustration : Circ. 3 févr. 2012, NOR : DEVL1202266C, croquis 17, p. 17.

comportant pas plus de deux logements destinés au même maître de l'ouvrage ».

Ainsi, un bâtiment abritant un ou deux logements destinés au même maître d'ouvrage doit être considéré comme une maison individuelle et ne peut par conséquent pas bénéficier de la déduction liée aux locaux techniques.

En revanche, sont concernés par la déduction les locaux exclusivement affectés :

- à un groupe de bâtiments, quelle que soit leur destination ;
- à un immeuble d'habitat collectif ;
- ou encore à un immeuble collectif mixte [1].

113.192 Locaux concernés par la déduction. Les surfaces de plancher concernées par la déduction sont celles :

- des locaux de recueil et de stockage des ordures ménagères et autres déchets ;
- des locaux techniques.

Tel est le cas, par exemple :

- des chaufferies ;
- des locaux électriques ;
- des locaux abritant les systèmes d'air conditionné, les machineries d'ascenseurs, les systèmes de filtrage de l'eau distribuée dans l'immeuble, les groupes électrogènes et autres transformateurs ;
- les locaux de sécurité incendie imposés par la réglementation dans les établissements recevant du public et les immeubles de grande hauteur.

La déduction doit être effectuée quel que soit le niveau où se situe le local concerné (sous-sol, rez-de-chaussée, étage ou comble).

7°
Caves ou celliers

113.201 Déduction en l'absence d'accès direct au logement. La déduction énoncée au 7° concerne les caves ou celliers des constructions collectives à usage d'habitation, quel que soit le niveau où ces locaux se trouvent, dès lors qu'ils sont desservis exclusivement par une partie commune, intérieure ou extérieure.

Les caves et celliers concernés doivent être sans accès direct avec le logement et desservis par des parties communes à usage collectif. Ces parties communes peuvent notamment être des aires de circulation tels que les halls d'entrée, les couloirs ou les paliers, y compris les cours et aménagements extérieurs (pelouses, rampes d'accès, etc.) [2].

113.202 Absence de déduction en cas d'accès direct au logement. Faute de relever de la déduction mentionnée au 7°, sont constitutifs de surface de plancher :

- les caves ou celliers ayant un accès direct avec le logement auquel ils sont rattachés ;
- ainsi que les caves et celliers des maisons individuelles.

8°
Déduction forfaitaire de 10 % pour les immeubles collectifs

113.211 Immeubles d'habitat collectif. La déduction forfaitaire de 10 % ne concerne que les immeubles d'habitat collectif comprenant des parties communes intérieures à usage collectif : halls d'entrée, couloirs, paliers, etc.

113.212 Immeubles mixtes. Dans le cas d'immeubles mixtes abritant en partie seulement des logements, la surface des parties communes à prendre en compte dans la surface de plancher affectée à l'habitation est calculée au prorata de la surface cumulée des logements par rapport à la surface totale [3].

§ 3
Notion d'emprise au sol complétant celle de surface de plancher

113.221 Notion (complémentaire) d'emprise au sol. L'article R. 420-1 du code de l'urbanisme [4] définit l'emprise au sol, au sens du livre IV du code, comme « la projection verticale du volume de la construction, tous débords et surplombs inclus » (al. 1er). Son alinéa second [5] en exclut toutefois :

- les ornements tels que les éléments de modénature et les marquises ;
- ainsi que les débords de toiture lorsqu'ils ne sont pas soutenus par des poteaux ou des encorbellements.

A.
Une notion limitée au champ d'application des permis de construire et déclaration préalable

113.231 Notion circonscrite à l'appréciation des seuils pour les autorisations d'urbanisme et le recours à un architecte. Il résulte de la lettre de

1. Circ. 3 févr. 2012, NOR : DEVL1202266C, pt 2.6.
2. Circ. 3 févr. 2012, NOR : DEVL1202266C, pt 2.7.
3. Circ. 3 févr. 2012, NOR : DEVL1202266C, pt 2.8 ; – POUR UN EX. chiffré de calcul de cette déduction : Circ. 3 févr. 2012, NOR : DEVL1202266C, annexe 3.
4. C. urb., art. R. 420-1, créé par décr. n° 2011-2054, 29 déc. 2011.
5. C. urb., art. R. 420-1, al. 2, créé par décr. n° 2014-253, 27 févr. 2014, art. 4.

l'article R. 420-1 du code de l'urbanisme que la définition qu'il donne de l'emprise au sol ne vaut qu'« aux sens » du livre IV du code, c'est-à-dire pour la seule mise en œuvre des dispositions relatives aux constructions, aménagements et démolitions. Elle « a donc pour seul objet de s'appliquer, d'une part, aux articles R. 421-1 et suivants qui fixent le champ d'application des autorisations d'urbanisme et, d'autre part, à l'article R. 431-2 qui concerne les modalités du recours à l'architecte »[1].

Le rapport accompagnant le décret du 29 décembre 2011 le confirme. La notion d'emprise au sol sert de critère cumulatif avec celui de la surface de plancher pour déterminer « si un projet de construction n'est soumis à aucune formalité au titre du droit de l'urbanisme, requiert une déclaration préalable ou doit faire l'objet d'une demande de permis de construire ». Elle sert également « à apprécier si un projet de construction soumis à permis de construire peut être dispensé de l'obligation de recourir à un architecte ». Selon le rapport, l'objectif est de « maintenir, compte tenu de leur importance, un contrôle préalable sur certaines constructions qui sont exclues du calcul de la surface de plancher, telles les constructions non closes comme les hangars ou les constructions dédiées au stationnement ».

113.232 Absence d'application de la notion en dehors des questions d'autorisation d'urbanisme et de recours à un architecte. La définition de l'emprise au sol donnée à l'article R. 420-1 du code de l'urbanisme ne s'impose pas en dehors du livre IV du code de l'urbanisme. Elle « est dépourvue de valeur générale et ne remet pas en cause celles qui peuvent être retenues le cas échéant par les documents d'urbanisme et par les plans de prévention des risques naturels pour l'application de leurs dispositions »[2].

S'agissant ainsi des documents d'urbanisme, la notion « ne sert ainsi pas de référence, par exemple, pour l'application des coefficients d'emprise au sol ou des règles de prospect »[3].

B. Calcul de l'emprise au sol

113.241 Définition légale. Pour mesurer l'emprise au sol[4], les débords et surplombs doivent être pris en compte à l'exception :

– des éléments de modénature tels que bandeaux et corniches ;

– et des simples débords de toiture, sans encorbellement ni poteaux de soutien[5].

113.242 Prise en compte des murs extérieurs. Contrairement à la surface de plancher, l'emprise au sol de la construction comprend l'épaisseur des murs extérieurs (matériaux isolants et revêtements extérieurs compris)[6].

113.243 Exclusion des constructions en sous-sol. Une construction enterrée « ne constitue pas d'emprise au sol. En effet, seuls les éléments aériens éventuels d'une telle construction, sont constitutifs d'emprise au sol »[7].

113.244 Terrasses. Les terrasses de plain-pied ne constituent pas d'emprise au sol dès lors qu'aucun élément ne dépasse du niveau du sol et que par conséquent, il est impossible d'en réaliser une projection verticale. La superficie d'une terrasse de plain-pied n'entre ainsi pas en compte pour déterminer à quel type d'autorisation est soumis un projet comprenant une telle terrasse.

Les terrasses qui, sans être strictement de plain-pied, ne présentent « ni une surélévation significative par rapport au terrain, ni des fondations profondes » doivent également être considérées comme non constitutives d'emprise au sol[8]. En effet, en l'absence de surélévation significative de la terrasse par rapport au sol, il n'est pas possible d'en opérer une projection verticale.

Une réponse ministérielle[9] a précisé la notion de « surélévation significative » employée par la circulaire de 2012. Le ministre rappelle qu'avait été fixé, par le passé, un critère altimétrique à 0,60 mètre mais qui s'était révélé trop rigide. La fixation de ce critère « a ainsi conduit à des effets de seuil. Par ailleurs, elle avait pour inconvénient majeur de ne pas prendre en considération les topographies parfois accidentées des terrains ».

À titre d'exemple, une terrasse peut comporter une hauteur au-dessus du sol excédant 0,60 mètre à l'un de ses côtés, sans toutefois modifier l'aspect architectural du bâtiment auquel elle est rattachée. Dans ce cas, « il n'y a pas lieu de considérer que la terrasse est constitutive d'emprise au sol ».

En revanche, une terrasse réalisée sur pilotis, afin par exemple de compenser un fort dénivelé, va nécessairement modifier la façade du bâtiment. Il est en

1. Rép. min. n° 37704, *JOAN Q* 21 janv. 2014, p. 692.
2. Rép. min. n° 37704, *JOAN Q* 21 janv. 2014, p. 692.
3. Circ. 3 févr. 2012, NOR : DEVL1202266C, p[t] III. 1.
4. Circ. 3 févr. 2012, NOR : DEVL1202266C, p[t] III. 1 : les exclusions, énoncées par la circulaire dès son édiction, ont été intégrées dans le code de l'urbanisme par le décret du 27 février 2014.
5. POUR une illustration : Circ. 3 févr. 2012, NOR : DEVL1202266C, croquis 18, p. 23.
6. POUR une illustration : Circ. 3 févr. 2012, NOR : DEVL1202266C, croquis 19, p. 23.
7. Rép. min. n° 941, *JO Sénat Q* 20 sept. 2012, p. 2050.
8. Circ. 3 févr. 2012, NOR : DEVL1202266C, p[t] III. 1.
9. Rép. min. n° 11764, *JO Sénat Q* 9 oct. 2014, p. 2302.

outre alors possible d'en opérer une projection verticale. Dans ce cas « la terrasse soutenue doit être considérée comme constitutive d'emprise au sol ».

L'appréciation du caractère significatif ou non de la surélévation de la terrasse « doit donc s'apprécier au regard des caractéristiques particulières des constructions et de leur terrain d'assiette. Elle doit nécessairement faire l'objet d'une analyse au cas par cas. Il ne peut pas dès lors être considéré par avance que toute terrasse comportant une surélévation de 60 centimètres ou plus est nécessairement constitutive d'emprise au sol »[1].

113.245 Autres exemples. À titre d'exemple, constitue de l'emprise au sol :

- une rampe d'accès extérieure ;
- le bassin d'une piscine (intérieure ou non, couverte ou non) ;
- ou encore d'un bassin de rétention.

En revanche, ne constitue pas de l'emprise au sol :

- une aire de stationnement extérieure non couverte[2] ;
- une dalle bétonnée, visant à accueillir une antenne de téléphonie-mobile, qui ne dépasse pas le niveau du sol naturel[3].

C.
Utilisation de la notion d'emprise au sol

1°
Seuil pour déterminer l'autorisation d'urbanisme exigée

113.251 Surface de plancher et emprise au sol : deux notions pour déterminer les seuils. Une construction nécessite une autorisation d'urbanisme dans la mesure où elle crée soit de l'emprise au sol, soit de la surface de plancher. En d'autres termes, lorsque les champs d'application du permis de construire et de la déclaration préalable sont fixés en fonction de la surface créée par le projet, il convient de prendre en compte à la fois la surface de plancher et l'emprise au sol. Ainsi conçue, la notion d'emprise au sol sert à maintenir un contrôle préalable sur les constructions présentant une certaine importance, alors mêmes qu'elles sont exclues du calcul de la surface de plancher (par exemple les hangars ou les constructions dédiées au stationnement).

113.252 Méthode. Afin de déterminer à quel type d'autorisation est soumis un projet, il convient dans un premier temps d'examiner sa surface de plancher par rapport au seuil prévu par les textes puis, si besoin, son emprise au sol par rapport à ce même seuil[4].

Selon les cas :

- soit il suffit que l'une ou l'autre des valeurs dépasse ou n'atteigne pas un certain seuil ;
- soit il convient de s'assurer que les deux valeurs sont bien conformes à ce seuil[5].

Ainsi, à titre d'exemple, les constructions nouvelles d'une hauteur inférieure à 12 mètres sont dispensées de toute formalité tant que ni leur emprise au sol, ni leur surface de plancher ne dépasse 5 m^2[6].

2°
Seuil de recours obligatoire à un architecte

113.261 Surface de plancher et emprise au sol : deux notions pour déterminer les seuils. Un projet de construction nécessite le recours à un architecte lorsque les travaux conduisent soit l'emprise au sol, soit la surface de plancher, à dépasser l'un des seuils fixés par l'article R. 431-2 du code de l'urbanisme[7].

§ 4
Calcul de la densité

113.271 Densité de la construction. La densité de construction est définie « par le rapport entre la surface de plancher de cette construction et la surface de terrain sur laquelle elle est ou doit être implantée »[8].

La superficie des terrains cédés gratuitement en application de l'article R. 332-16 « est prise en compte pour la définition de la densité de construction »[9].

SECTION 2
RECONSTRUCTION DES BÂTIMENTS DÉTRUITS OU DÉMOLIS

113.281 Droit de reconstruire à l'identique. L'article L. 111-15 du code de l'urbanisme prévoit que : « Lorsqu'un bâtiment régulièrement édifié vient à être détruit ou démoli, sa reconstruction à l'identique est autorisée dans un délai de dix ans nonobstant toute disposition d'urbanisme contraire, sauf si la carte communale, le plan local d'urbanisme ou le plan de prévention des risques naturels prévisibles en dispose autrement ».

1. Rép. min. nº 11764, *JO Sénat Q* 9 oct. 2014, p. 2302.
2. Circ. 3 févr. 2012, NOR : DEVL1202266C, pt III. 1.
3. CAA Marseille, 30 juin 2017, *Fabrègues (Cne)*, req. nº 16MA00614, NP.
4. Circ. 3 févr. 2012, NOR : DEVL1202266C, pt III. 2.
5. POUR un tableau récapitulatif : Circ. 3 févr. 2012, NOR : DEVL1202266C, p. 25-26.
6. V. ss nº 321.253.
7. V. ss nº 361.22.
8. C. urb., art. R. 111-21, al. 1er.
9. C. urb., art. R. 111-21, al. 2.

113.282 **Consécration du droit.** Le droit de reconstruire à l'identique a été instauré par la loi SRU[1] pour des motifs d'équité et, de façon plus conjoncturelle, pour faciliter la réparation des dégâts causés par la tempête de décembre 1999. Il permet de reconstruire un bâtiment tel qu'il avait été initialement autorisé nonobstant d'éventuelles évolutions plus restrictives des règles d'urbanisme postérieurement à son autorisation.

Le champ de ce droit a été élargi par des modifications législatives successives. Il fut recodifié en 2015 à l'article L. 111-15 du code de l'urbanisme.

113.283 **Un droit dérogatoire et subsidiaire.** Le droit de reconstruire à l'identique est dérogatoire : il permet de reconstruire à l'identique un bâtiment alors même que sa construction ne serait plus légalement possible en application des règles d'urbanisme en vigueur.

Par là même, il présente un caractère subsidiaire : il n'a vocation à jouer que lorsque, précisément, les travaux envisagés se trouveraient interdits par les règles d'urbanisme applicables.

Il consacre ainsi, eu égard à l'antériorité de la construction, un régime plus favorable à celui résultant des règles de droit commun.

113.284 **Possibilité de dérogation au PLU.** À côté de ce droit (opposable comme tel) de reconstruire à l'identique, le code de l'urbanisme reconnaît à l'autorité compétente en matière d'autorisation d'urbanisme la faculté de déroger aux règles du PLU pour reconstruire des bâtiments détruits ou endommagés à la suite d'une catastrophe naturelle[2].

§ 1 Conditions du droit de reconstruire à l'identique

A. Conditions de fond

113.291 **Cinq conditions.** Il résulte des dispositions de l'article L. 111-15 du code de l'urbanisme telles qu'interprétées par la jurisprudence que le droit de reconstruire à l'identique est subordonné à la réunion de cinq conditions de fond :

- les travaux doivent porter sur un bâtiment ;
- le bâtiment doit avoir été régulièrement édifié ;
- il doit avoir été détruit ou démoli depuis moins de dix ans ;
- le PLU ou la carte communale ne doit pas avoir exclu la possibilité de reconstruction ;
- la reconstruction ne doit pas présenter un risque pour la sécurité.

Aucune condition n'est posée relativement au statut du pétitionnaire.

1° Des travaux portant sur un bâtiment

113.301 **Exigence.** Le droit de reconstruire à l'identique ne peut s'exercer que sur un « bâtiment »[3].

113.302 **Absence d'application à la reconstruction d'un mur de clôture.** Un mur, qui n'a pas pour objet de supporter une construction mais a pour unique finalité de clôturer le terrain du propriétaire ne saurait eu égard à sa nature et à sa destination, être regardé comme constituant un bâtiment au sens des dispositions de l'article L. 111-15[4].

113.303 **Absence d'application à une ruine.** Le droit à reconstruction énoncé à l'article L. 111-15 « ne peut être mis en œuvre que dans l'hypothèse dans laquelle le bâtiment démoli peut être regardé comme une véritable construction et ne constitue pas une simple ruine »[5].

113.304 **Application à un pylône.** Un pylône est regardé comme un bâtiment pour la mise en œuvre des dispositions de l'article L. 111-15 du code de l'urbanisme[6].

2° Un bâtiment régulièrement édifié

113.311 **Exigence.** Le droit à reconstruction d'un bâtiment détruit ou démoli ne s'applique que si le bâtiment avait été « régulièrement édifié »[7].

113.312 **Bâtiment regardé comme régulièrement édifié.** Selon une réponse ministérielle, un bâtiment régulièrement édifié s'entend « soit d'un bâtiment qui a été édifié conformément à une autorisation d'urbanisme devenue définitive soit d'un bâtiment qui a été édifié avant l'institution des autorisations d'urbanisme »[8]. Dans le même sens, la cour administrative de Marseille regarde comme un bâtiment régulièrement édifié celui qui « avait été autorisé par un permis de construire ou édifié avant l'entrée en vigueur de la loi susvisée du 15 juin 1943, à une

1. C. urb., art. L. 111-13 ; créé par L. n° 2000-1208, 13 déc. 2000 relative à la solidarité et au renouvellement urbains, *JO* 14 déc., n° 2, art. 208.
2. V. s[s] n°s 232.161 s.
3. C. urb., art. L. 111-15.
4. CAA Bordeaux, 14 mars 2017, *S[té] Bush Holding*, req. n° 15BX01157, NP.
5. CAA Lyon, 1er oct. 2013, *Gomar*, req. n° 13LY00315, NP.
6. CE 13 déc. 2006, *Caitucoli*, req. n° 284237, *Lebon T.*
7. C. urb., art. L. 111-15.
8. Rép. min. n° 65052, *JOAN Q* 28 janv. 2002, p. 472.

date à laquelle le droit de construire n'était pas subordonné à l'obtention d'une autorisation expresse »[1].

Ainsi, un bâtiment est regardé comme régulièrement édifié :

– si sa construction a été autorisée par un permis de construire ou n'a pas fait l'objet d'une opposition à déclaration préalable ;

– s'il a été construit avant l'entrée en vigueur de la loi du 15 juin 1943 qui soumet le droit de construire à la délivrance d'une autorisation expresse (donc antérieurement à l'instauration de cette exigence). Dans ce cas de figure, il revient au pétitionnaire d'établir que le bâtiment en cause a été construit avant cette date[2].

La preuve du caractère « régulièrement édifié » du bâtiment incombe au pétitionnaire[3]. Cette preuve est parfois difficile à établir. Pour autant, saisi d'une QPC, le Conseil d'État a estimé que le législateur « n'était pas tenu de réserver la situation du pétitionnaire de bonne foi ayant acquis un bien irrégulièrement édifié ou se trouvant dans l'impossibilité d'apporter la preuve de la régularité de la construction initiale »[4].

113.313 **Bâtiment non regardé comme régulièrement édifié.** Un bâtiment n'est pas « régulièrement édifié » s'il a été construit[5] :

– sans autorisation ;

– en méconnaissance de l'autorisation obtenue[6] (notamment de la destination[7]) ;

– sur le fondement d'une autorisation annulée ;

– sur le fondement d'une autorisation retirée.

La circonstance qu'un bâtiment irrégulièrement construit bénéficie de la prescription décennale prévue à l'article L. 421-9[8] ne lui confère pas celle de bâtiment « régulièrement édifié » au sens de l'article L. 111-15[9].

113.314 **Hypothèse d'un permis de construire suspecté d'être illégal.** La circonstance qu'un bâtiment ait été édifié sur la base d'un permis illégal ou suspecté de l'être ne lui enlève pas son caractère « régulièrement édifié » dès lors que cette illégalité n'a pas été constatée par le juge (par l'annulation du permis) ou par l'administration (par le retrait de celui-ci).

Ainsi, la prétendue illégalité du permis initial (non constatée par le juge ni ayant conduit à son retrait) ne permet :

– ni à un tiers de contester l'autorisation délivrée sur le fondement de l'article L. 111-15[10] ;

– ni à l'administration d'opposer sur ce motif un refus de reconstruction à l'identique.

3°
Un bâtiment détruit ou démoli depuis moins de 10 ans

a.
Un bâtiment détruit ou démoli

113.321 **Exigence.** Le droit à reconstruction suppose que le bâtiment à reconstruire ait été « détruit ou démoli »[11].

113.322 **Indifférence de l'origine de la destruction ou de la démolition.** Depuis la loi de simplification du 12 mai 2009[12], il n'est plus exigé que la destruction ou la démolition soit intervenue du fait d'un sinistre.

De la sorte, le droit à reconstruction s'applique notamment aux bâtiments volontairement démolis[13], par exemple un bâtiment que son propriétaire :

– juge trop vétuste pour être rénové ;

– estime trop dangereux en l'état ;

– souhaite reprendre de fond en comble pour le mettre au goût du jour (équipements, aménagement intérieur, performance énergétique, etc.).

113.323 **Démolition ordonnée par le juge pénal.** En cas de démolition ordonnée par le juge pénal, il appartient à l'administration d'apprécier si une régu-

1. CAA Marseille, 13 janv. 2015, *Pradel*, req. n° 12MA03644, NP.
2. CAA Marseille, 13 janv. 2015, *Pradel*, req. n° 12MA03644, NP (condition non satisfaite ; arrêt devenu définitif en l'absence d'admission du pourvoi formé à son encontre : CE 18 déc. 2015, req. n° 388647, NP) ; – CAA Marseille, 30 janv. 2018, n° 16MA01168, NP (condition non satisfaite) – CAA Marseille, 6 avr. 2017, *Saint-Raphaël (Cne)*, req. n° 15MA01104, NP (condition satisfaite).
3. CE 7 juin 2019, *Fitzer*, req. n° 426966, NP.
4. CE 7 juin 2019, *Fitzer*, req. n° 426966, NP : non renvoi de la QPC faisant valoir une atteinte au droit de propriété.
5. CE 9 mai 2012, *Tomino (Cne)*, req. n° 341259, *Lebon T.* ; *BJDU* 2012. 277, concl. C. Roger-Lacan.
6. CAA Marseille, 21 mai 2015, *Ferrari*, req. n° 13MA03563, NP : construction ne correspondant pas au permis de construire délivré, notamment pour ce qui est de sa surface et des matériaux utilisés ; – DANS LE MÊME SENS : CAA Marseille, ord., 14 août 2009, *Assoc. bonifacienne Comprendre et défendre l'environnement*, req. n° 09MA01884, NP.
7. CAA Bordeaux, 31 mai 2007, *Sté Cabane au sel*, req. n° 04BX02084, NP.
8. V. ss nos 343.111 s.
9. CAA Marseille, 21 mai 2015, *Ferrari*, req. n° 13MA03563, NP.
10. CE 5 mars 2003, *Lepoutre*, req. n° 252422, *Lebon* ; – CE 13 déc. 2006, *Caitucoli*, req. n° 284237, *Lebon T.* ; – CE 9 mai 2012, *Tomino (Cne)*, req. n° 341259, *Lebon T.* ; *BJDU* 2012. 277, concl. C. Roger-Lacan.
11. C. urb., art. L. 111-15.
12. L. n° 2009-526, 12 mai 2009 de simplification et de clarification du droit et d'allègement des procédures, *JO* 13 mai, n° 1, art. 9.
13. CAA Lyon, 1er oct. 2013, *Gomar*, req. n° 13LY00315, NP : le maire commet une erreur de droit en opposant au projet de reconstruction le motif tiré de ce que la démolition du bâtiment litigieux a été réalisée volontairement.

larisation est possible, notamment au titre du droit à reconstruction prévu à l'article L. 111-15[1]. Dans ces conditions, l'autorité administrative ne peut opposer au projet de reconstruction, par principe et sans faire usage de son pouvoir d'appréciation, le fait qu'il existe sur le terrain, à la place du bâtiment dont la reconstruction est demandée, une construction non autorisée dont la démolition a été ordonnée par une décision définitive du juge pénal[2].

b. Un bâtiment détruit ou démoli depuis moins de 10 ans

113.331 Délai de prescription. La loi de simplification du 12 mai 2009[3] a limité à 10 ans la possibilité de reconstruire à l'identique un bâtiment détruit ou démoli.

Il résulte de cette prescription extinctive que le droit de reconstruire à l'identique se trouve éteint si la demande de reconstruction n'est pas déposée dans les 10 ans qui suivent la démolition ou la destruction du bâtiment[4].

4° Une possibilité de reconstruction n'ayant pas été expressément écartée par un document d'urbanisme

113.341 Mise à l'écart du droit à reconstruction. Selon l'article L. 111-15 du code de l'urbanisme, le pétitionnaire bénéficie d'un droit à reconstruction à l'identique « sauf si la carte communale, le plan local d'urbanisme ou le plan de prévention des risques naturels prévisibles en dispose autrement ».

Il ressort ainsi du texte même de l'article L. 111-15 que le droit de reconstruire « n'a pas un caractère absolu dès lors que le PLU, une carte communale ou le PPRNP peuvent y faire échec par des dispositions spéciales relatives à la reconstruction »[5].

Cette mise à l'écart ne s'applique que si elle est expresse et prévue par l'un des trois documents d'urbanisme mentionnés.

113.342 Première condition de la mise à l'écart : elle doit être expresse. Selon le Conseil d'État, « seules des dispositions expresses de la réglementation locale d'urbanisme prévoyant l'interdiction de la reconstruction à l'identique de bâtiments détruits [...] ou démolis peuvent faire légalement obstacle à sa reconstruction »[6]. Il en résulte que seule une disposition spéciale et expresse du document concerné peut mettre à l'écart la possibilité de reconstruction. En d'autres termes, le droit à la reconstruction ne peut être implicitement écarté par telle ou telle disposition.

Ainsi, il n'est pas écarté par une disposition :

– prévoyant « l'inconstructibilité » au sein d'une zone[7] (et non l'interdiction de reconstruire) ;

– énonçant que « Toutes les constructions sont interdites »[8] ;

– autorisant la reconstruction des bâtiments détruits[9] (cette précision ne peut être interprétée comme interdisant implicitement la reconstruction des bâtiments démolis ; seule une disposition expresse écartant expressément la possibilité de reconstruire les bâtiments démolis peut avoir cet effet).

113.343 Seconde condition de la mise à l'écart : elle doit être posée dans un PLU, une carte communale ou un PPRNP. Aux termes de l'article L. 111-15 du code de l'urbanisme, seules les dispositions d'un PLU, d'une carte communale ou d'un PPRNP[10] peuvent légalement faire obstacle au droit de reconstruire à l'identique.

Aucun autre document ne peut en écarter l'application[11].

113.344 Contenu, date et justification de l'interdiction. Le document d'urbanisme n'a pas à désigner individuellement les bâtiments visés par l'interdiction de reconstruire à l'identique[12].

Il ne peut porter au droit de l'article L. 111-15 que des atteintes justifiées[13]. Aussi l'interdiction de

1. V. s[s] n° 615.702.
2. CAA Lyon, 1er oct. 2013, *Gomar*, req. n° 13LY00315, NP.
3. L. n° 2009-526, 12 mai 2009, art. 9.
4. Le Conseil d'État a précisé que pour les démolitions et destructions intervenues avant son instauration, ce délai a couru à compter de l'entrée en vigueur de la loi du 12 mai 2009, c'est-à-dire au 14 mai 2009 : CE 21 janv. 2015, *S[té] EURL 2B*, req. n° 382902, *Lebon T. ; BJDU* 2015. 70, concl. M. Vialettes.
5. CE, avis, 23 févr. 2005, *Hutin*, req. n° 271270, *Lebon* 79 ; *BJDU* 2005. 16, concl. Y. Aguila, obs. J.-C. B. ; *Gaz. Pal.* 24-25 juin 2005, p. 22, note Graveleau ; *Constr.-Urb.* 2005, n° 115, obs. Cornille.
6. CE 8 nov. 2017, *S[té] Battos*, req. n° 403599, *Lebon T. ; BJDU* 2018. 27, concl. X. Domino.
7. Rép. min. n° 65052 ; *JOAN Q* 28 janv. 2002, p. 472 ; – Rép. min. n° 87605, *JOAN Q* 7 nov. 2006, p. 11674.
8. CE 26 avr. 2017, *EURL 2B*, req. n° 400457, NP.
9. CE 8 nov. 2017, *S[té] Battos*, req. n° 403599, *Lebon T. ; BJDU* 2018. 27, concl. X. Domino.
10. PAR EX., pour un PPRNP : Crim. 7 nov. 2017, n° 16-87.303, NP – La possibilité pour un PPRNP d'écarter le droit de reconstruire à l'identique a d'abord été reconnue par la jurisprudence (CE 17 déc. 2008, *Falcoz*, req. n° 305409, *Lebon ; BJDU* 2009. 21, concl. I. de Silva). Elle a ensuite été inscrite dans le texte même de l'article L. 111-15 par la loi Grenelle II.
11. V., pour une zone de protection du patrimoine architectural, urbain et paysager (ZPPAUP), alors même qu'elle doit être annexée au PLU : CE 23 nov. 2005, *Bagnères de Bigorre (C[ne])*, req. n° 279721, NP ; *BJDU* 2006. 92, concl. C. Devys, obs. J.-C. B.
12. Rép. min. n° 65052 ; *JOAN Q* 28 janv. 2002, p. 472.
13. J.-C. B., obs. s[s] CE 23 nov. 2005, *Bagnères de Bigorre (C[ne])*, *BJDU* 2006. 18.

reconstruire dans telle ou telle zone doit-elle être justifiée « par des raisons d'urbanisme, en fonction de la situation de la zone concernée »[1]. Une telle interdiction ne peut être motivée « que par la nécessité d'une protection spéciale du lieu, par exemple un espace situé dans la bande littorale des cent mètres ou pour des raisons de sécurité »[2].

113.345 Possibilité de soumettre à des conditions plus strictes le droit de reconstruire ? Les autorités locales peuvent écarter totalement le droit de reconstruire prévu à l'article L. 111-15. Peuvent-elles également, sans l'exclure, l'encadrer plus strictement en soumettant son exercice à des conditions complémentaires ou plus sévères ?

Suivant l'idée selon laquelle qui peut le plus peut le moins, les cours l'ont admis en affirmant qu'un POS ou un PLU « peuvent également soumettre la reconstruction d'un bâtiment [...] au respect de prescriptions particulières »[3], par exemple la viabilité suffisante[4].

Il avait également été admis, avant la loi de simplification du 12 mai 2009[5] reconnaissant la possibilité d'exercer le droit à reconstruction dans un délai de 10 ans, que le POS ou le PLU pouvait enfermer son exercice dans un délai plus court[6].

5°
Une reconstruction ne présentant pas un risque pour la sécurité

113.351 Mise en œuvre de l'article R. 111-2. L'article L. 111-15 du code de l'urbanisme prévoit que lorsqu'un bâtiment régulièrement édifié vient à être détruit ou démoli, « sa reconstruction à l'identique est autorisée [...] nonobstant toute disposition d'urbanisme contraire ».

Le Conseil d'État considère toutefois que cette réserve ne s'applique pas, eu égard à leur objet, aux dispositions de l'article R. 111-2 du code de l'urbanisme. Selon le Conseil, le législateur « n'a pas entendu donner le droit de reconstruire un bâtiment dont les occupants seraient exposés à un risque certain et prévisible de nature à mettre gravement en danger leur sécurité. Il en va notamment ainsi lorsque c'est la réalisation d'un tel risque qui a été à l'origine de la destruction du bâtiment pour la reconstruction duquel le permis est demandé. Dans une telle hypothèse, il y a lieu, pour l'autorité compétente [...] de refuser le permis de construire ou de l'assortir, si cela suffit à parer au risque, de prescriptions adéquates, sur le fondement de l'article R. 111-2 du code de l'urbanisme »[7].

Après la tempête Xynthia ayant frappé le littoral Atlantique en 2010, une circulaire a instamment invité les maires, sous le contrôle du préfet, à s'opposer à la délivrance d'autorisations d'urbanisme dans les zones à risque fort, y compris en cas de demande de reconstruction[8].

L'article R. 111-2 ne peut fonder un refus de reconstruction que si le risque est caractérisé[9]. Tel est le cas, par exemple, du projet de reconstruction :

– d'un chalet exposé au risque d'avalanche[10] ;

– d'une maison détruite par un incendie de forêt et exposée à un risque majeur d'incendie[11] ;

– d'une maison endommagée par une crue et exposée à un risque d'inondation[12].

En revanche, le projet ne peut être refusé en l'absence de risque avéré, par exemple :

– lorsque l'absence de raccordement au réseau d'eau potable n'apparaît pas de nature à exposer les occupants de la maison à reconstruire à un risque grave au regard de l'hygiène et de la salubrité publique[13] ;

– lorsqu'il n'apparaît pas que le risque présenté par la structure gonflable objet de la demande de permis présente un risque[14].

1. Rép. min. n° 65052, *JOAN Q* 28 janv. 2002, p. 472.
2. Rép. min. n° 87605, *JOAN Q* 7 nov. 2006, p. 11674.
3. CAA Douai, 17 janv. 2013, *SCI Figaro de Crête*, req. n° 12DA00717, NP ; – DANS LE MÊME SENS : CAA Lyon, 11 juin 2013, *Monney*, req. n° 12LY01625, NP : affirmant que « le plan local d'urbanisme peut déroger au droit ainsi reconnu au propriétaire ou en réglementer différemment l'exercice, en y apportant davantage de restrictions » ; – ÉGALEMENT : Rép. min. n° 90267, *JOAN Q* 21 déc. 2010, p. 13741 : indiquant que le droit de procéder à reconstruction d'un bâtiment « doit être envisagé conformément aux règles techniques édictées par la carte communale ou le PLU ».
4. CAA Lyon, 11 juin 2013, *Monney*, req. n° 12LY01625, NP.
5. L. n° 2009-526, 12 mai 2009.
6. CAA Bordeaux, 21 nov. 2005, *Silvana Assier de Pompignan*, req. n° 02BX01600, NP ; *BJDU* 2006. 11, concl. Pouzoulet, obs. J.-C. B. ; *Constr.-Urb.* 2006, n° 94, note G. Godfrin.
7. CE, avis, 23 févr. 2005, *Hutin*, req. n° 271270, *Lebon* 79 ; *BJDU* 2005. 16, concl. Y. Aguila, obs. J.-C. B. ; *Gaz. Pal.* 24-25 juin 2005, p. 22, note Graveleau ; *Constr.-Urb.* 2005, n° 115, obs. Cornille.
8. Circ. 7 avr. 2010 relative aux mesures à prendre suite à la tempête Xynthia du 28 février 2010, NOR : IOCK1005597J, p^t 6-1 et annexe 4 – SUR cette circulaire, plus largement, v. s^s n° 112.464.
9. CAA Marseille, 6 avr. 2017, *Saint-Raphaël (C^ne^)*, req. n° 15MA01104, NP.
10. CE 23 nov. 2005, *Bagnères de Bigorre (C^ne^)*, req. n° 279721, NP ; *BJDU* 2006. 92, concl. C. Devys, obs. J.-C. B.
11. CAA Marseille, 29 mars 2007, *Guérin*, req. n° 05MA02547, NP.
12. CAA Marseille, 13 nov. 2008, *Min. Transports, Équipement, Tourisme et Mer*, req. n° 06MA00883, NP.
13. CAA Lyon, 26 avr. 2007, *Candelon*, req. n° 06LY01049, NP : pétitionnaire prévoyant d'assurer l'alimentation en eau de son habitation à partir d'un système de récupération et de filtration de l'eau de pluie à installer par une société spécialisée et dont l'efficacité n'est pas contestée.
14. CE 26 avr. 2017, *EURL 2B*, req. n° 400457, NP.

6°
Absence de condition relative au pétitionnaire

113.361 Statut indifférent. Ni les textes ni la jurisprudence ne posent de conditions relatives au statut du pétitionnaire[1]. Ainsi, il n'est pas exigé que celui-ci :

- ait été bénéficiaire de l'autorisation de construire le bâtiment initial[2] ;
- ait été propriétaire de celui-ci avant sa démolition ou sa destruction ;
- exerce une activité agricole pour la reconstruction d'un ancien bâtiment à usage agricole.

B.
Condition de forme : obtenir une autorisation d'urbanisme

113.371 Permis de construire ou déclaration préalable. Les dispositions de l'article L. 111-15 du code de l'urbanisme « n'ont pour objet ou pour effet de dispenser la personne désireuse d'édifier une construction de solliciter un permis de construire avant d'entreprendre les travaux »[3]. De même la Cour de cassation affirme que la reconstruction d'un bâtiment, dans les conditions prévues par l'article L. 111-15 du code de l'urbanisme, « est soumise à l'obtention préalable d'un permis de construire, afin notamment de permettre le contrôle du projet de reconstruction, y compris lorsque la démolition [...] est intervenue au cours d'une opération de réhabilitation, autorisée par un précédent permis de construire »[4].

Il en résulte qu'il appartient à l'intéressé de déposer soit une demande de permis de construire, soit une déclaration préalable en fonction de la nature et de l'importance des travaux.

Une simple lettre du maire autorisant à « mettre en place provisoirement une structure démontable de 50 m^2 » ne peut être regardée, faute de demande et compte tenu de ses termes, comme valant autorisation de construire[5].

En l'absence d'une telle autorisation, il appartient au maire d'ordonner l'interruption des travaux entrepris[6].

113.372 Règles de droit commun pour le dépôt et l'instruction de la demande. Les autorisations d'urbanisme visant à reconstruire un bâtiment sur le fondement de l'article L. 111-15 sont présentées et instruites selon les règles de droit commun. En effet, « cette disposition n'a ni pour objet ni pour effet de dispenser le pétitionnaire et l'autorité d'urbanisme du respect des formalités prévues par les textes en ce qui concerne la présentation et l'instruction des demandes de permis de construire, quand bien même elles avaient été accomplies lors de la délivrance du permis initial et ce dernier fût-il récent »[7].

Tout comme une demande de construction, une demande de reconstruction :

- doit être présentée au moyen d'un dossier complet[8] ;
- doit être instruite en sollicitant le cas échéant les avis et accords requis par les textes[9].

Un requérant ne peut utilement se prévaloir des dispositions de l'article L. 111-15 du code de l'urbanisme lorsqu'il n'a pas sollicité ni *a fortiori* obtenu une autorisation de construire[10].

§ 2
Étendu du droit de reconstruire

113.381 Un droit de reconstruire nonobstant toute disposition contraire. Lorsque les conditions qu'il énonce sont satisfaites, l'article L. 111-15 du code de l'urbanisme ouvre un droit de reconstruire « à l'identique » (et pas davantage). Ce droit est reconnu « nonobstant toute disposition contraire ».

A.
Un droit applicable « nonobstant toute disposition contraire »

1°
Principe : possibilité de reconstruire malgré des dispositions contraires

113.391 Inopposabilité. La formule selon laquelle le droit à reconstruction s'applique « nonobstant toute

1. Rép. min. n° 90267, *JOAN Q* 21 déc. 2010, p. 13741.
2. Rép. min. n° 66640, *JOAN Q* 20 sept. 2005, p. 8816 : « le permis de construire étant attaché à un projet et non à une personne, lorsque la construction a été régulièrement édifiée, le nouveau propriétaire peut obtenir un permis de construire sur le fondement de cet article ».
3. CE 20 févr. 2002, *Plan*, req. n° 235725, NP.
4. Crim. 30 juin 2009, n° 08-88.022, P ; *BJDU* 2010. 70, chron. É. Carpentier ; – ÉGALEMENT : Crim. 7 nov. 2017, n° 16-87.303, NP.
5. CE 20 févr. 2002, *Plan*, req. n° 235725, NP.
6. CAA Marseille, 12 avr. 2012, *Sillac*, req. n° 10MA02192, NP : maire ayant pris à bon droit un arrêté interruptif de travaux.
7. CAA Lyon, 19 mars 2013, *Sté Plein Vent*, req. n° 12LY01618, NP.
8. CAA Marseille, 20 mars 2014, *Franceschi*, req. n° 12MA01085, NP : caractère opérant, au soutien de la demande tendant à l'annulation du permis de construire attaqué, du moyen tiré de ce que le dossier de la demande de permis de construire est incomplet.
9. CAA Lyon, 12 oct. 2010, *Sixt-Fer-à-Cheval (Cne)*, req. n° 08LY02827, NP : précisant que les dispositions de l'article L. 111-15 du code de l'urbanisme « sont sans effet sur l'application des règles de procédure ou de compétence » ; – ÉGALEMENT : CAA Bordeaux, 31 mai 2007, *Min. Transports*, req. n° 04BX00013, NP – CAA Bordeaux, 31 mai 2007, *Seguette*, req. n° 06BX02290, NP.
10. CAA Marseille, 31 janv. 2007, *Sasso*, req. n° 06MA01827, NP.

disposition contraire » signifie que ce droit est reconnu (dès lors que les conditions énoncées à l'article L. 111-15 sont satisfaites) même si le projet méconnaît des dispositions du code de l'urbanisme ou celles de documents d'urbanisme. Ces dispositions, qui rendraient impossibles un projet de construction, ne peuvent faire échec à un projet de reconstruction.

De la sorte, sur le fondement de cet article, « l'autorité responsable peut délivrer un permis de construire un ouvrage ne respectant pas les dispositions d'urbanisme en vigueur à la date à laquelle il est accordé »[1]. Il en va ainsi alors même que les règles du document d'urbanisme local « auraient évolué de manière plus restrictive qu'à la date à laquelle l'autorisation de construire initiale a été accordée »[2].

113.392 **Illustrations.** Par exemple, le projet de reconstruction ne peut être refusé au motif :

– qu'il comporte un nombre de niveaux supérieurs à celui autorisé par le POS[3] ;

– que le terrain d'assiette du projet de reconstruction se situe dans un espace remarquable ou dans la bande des 100 m[4] ;

– qu'il méconnaîtrait le principe d'urbanisation en continuité en zone de montagne[5] ;

– qu'il porte atteinte au site environnant au sens de l'article R. 111-27 du code de l'urbanisme[6] ;

– qu'il méconnaît plusieurs dispositions du code de l'urbanisme[7] ;

– qu'il méconnaît l'article L. 111-3 du code rural imposant le respect de distances à respecter entre les bâtiments agricoles et les habitations[8] (lequel ne vise en outre que les « nouvelles constructions » et non les reconstructions).

2°
Exception : possibilité d'opposer l'article R. 111-2

113.401 **Refus d'une construction pour motif de sécurité.** Un seul article du code de l'urbanisme est susceptible d'être opposé à un projet de reconstruction afin d'y faire obstacle : l'article R. 111-2, qui confère à l'autorité administrative le pouvoir de refuser un projet pour des motifs tirés de la sécurité[9].

B.
Un droit de reconstruire « à l'identique »

113.411 **Exigence d'une reconstruction à l'identique.** L'article L. 111-15 n'ouvre la possibilité d'une reconstruction du bâtiment qu'« à l'identique », c'est-à-dire avec des caractéristiques (notamment d'implantation, de volume, d'architecture ou d'aspect extérieur) semblables à la construction initiale. Une réponse ministérielle indique que le droit de procéder à reconstruction d'un bâtiment « doit être entendu comme une obligation de reconstruction stricte de l'immeuble détruit selon la même implantation, la même surface et le même volume »[10].

Pour apprécier s'il y a reconstruction à l'identique, le juge prend en compte l'ensemble des travaux[11].

113.412 **Exigence générale.** L'article L. 111-15 n'a entendu autoriser « que les reconstructions à l'identique des bâtiments détruits, sans prévoir d'exception à cette règle en faveur des terrains situés en zone agricole, qu'ils fassent ou non l'objet d'un classement en espace boisé à protéger, et alors même que les besoins de l'exploitation impliqueraient la modification des bâtiments »[12].

113.413 **Inapplication de l'article L. 111-15 en l'absence de reconstruction à l'identique.** Lorsque le projet est différent de la construction initiale, le droit à reconstruction ne peut trouver à s'appliquer. Le projet doit alors s'apprécier au regard des règles d'urbanisme en vigueur lors de la reconstruction[13].

Celles-ci sont généralement plus strictes.

Mais il peut arriver que les règles du PLU autorisent une reconstruction à des conditions plus favorables que celles fixées à l'article L. 111-15. Dès lors, la circonstance qu'un projet ne respecte pas les conditions posées par l'article L. 111-15 (par exemple parce qu'il présente un volume plus important que

1. CAA Versailles, 15 janv. 2009, *Aubin de Malicorne*, req. n° 06VE025621, NP.
2. Rép. min. n° 65052 ; *JOAN Q* 28 janv. 2002, p. 472.
3. CAA Nancy, 1er juin 2006, *Alves Dinis*, req. n° 04NC00320, NP.
4. CAA Marseille, 6 avr. 2017, *Saint-Raphaël (Cne)*, req. n° 15MA01104, NP : arrêt indiquant « que sauf les cas de risque d'atteinte à la sécurité des biens et des personnes, les dispositions de l'article L. 146-4 III du code de l'urbanisme, en vertu desquelles en dehors des espaces urbanisés, les constructions ou installations sont interdites sur une bande littorale de cent mètres, ne peuvent justifier un refus de permis de construire délivré sur le fondement des dispositions » de l'article L. 111-15.
5. CAA Lyon, 26 avr. 2007, *Candelon*, req. n° 06LY01049, NP.
6. CE 23 nov. 2005, *Bagnères de Bigorre (Cne)*, req. n° 279721, NP ; *BJDU* 2006. 92, concl. C. Devys, obs. J.-C. B.
7. CE 5 mars 2003, *Lepoutre*, req. n° 252422, *Lebon*.
8. CAA Versailles, 15 mars 2007, *EARL Franquet c/Roissy-en-France (Cne)*, req. n° 03VE02338, NP ; *Constr.-Urb.* 2007, n° 124, comm. Cornille ; *BJDU* 2007. 471, chron. É. Carpentier.
9. V. ss n° 113.351.
10. Rép. min. n° 90267 ; *JOAN Q* 21 déc. 2010, p. 13741.
11. CE 30 déc. 2014, *Gaillot*, req. n° 360082, NP.
12. CAA Versailles, 6 avr. 2006, *Jannez*, req. n° 05VE00396, NP ; *BJDU* 2006. 483, chron. É. Carpentier ; *Constr.-Urb.* 2006, n° 175, note G. Godfrin ; *Constr.-Urb.* 2006, n° 199, note P. Cornille.
13. CAA Marseille, 7 févr. 2008, *Douay*, req. n° 05MA00811, NP : maire ayant à bon droit opposé des dispositions du POS dès lors que le pétitionnaire ne pouvait se prévaloir de l'article L. 111-5 du code de l'urbanisme ; – DANS LE MÊME SENS : CAA Marseille, 29 juin 2006, *Estepa*, req. n° 03MA00448, NP ; – Rép. min. n° 90267, *JOAN Q* 21 déc. 2010, p. 13741.

le projet initial) n'entache pas le permis d'illégalité si le projet satisfait aux exigences résultant de l'application du PLU[1].

113.414 Reconstruction considérée comme à l'identique en l'absence de différence entre les deux projets. Le projet est regardé comme identique à la construction initiale lorsqu'il présente les mêmes caractéristiques que celui-ci. Par exemple, le projet « qui porte sur une surface de plancher identique à l'existant et ne modifie ni le volume, ni l'implantation ni la destination de la construction initiale, concerne une reconstruction à l'identique du bâtiment »[2].

113.415 Reconstruction considérée comme à l'identique en cas de différences mineures. Le projet doit être strictement identique. Néanmoins, la jurisprudence peut tolérer des différences avec le projet initial dès lors qu'elles restent mineures, par exemple :

- l'ajout d'une nouvelle fenêtre[3] ;
- le remplacement d'un velux par un chien assis[4] ;
- des aménagements mineurs au regard des menuiseries (en dépit d'une légère augmentation de la surface de plancher)[5] ;
- la légère surélévation d'un pylône[6].

113.416 Reconstruction non considérée comme à l'identique en cas de différences notables. Un projet présentant des différences notables avec le bâtiment initial ne saurait être regardé comme une reconstruction. Ainsi, n'est pas regardé comme une reconstruction « à l'identique » le projet :

- prévoyant un doublement du volume par rapport à la construction initiale[7] ;
- étendant les surfaces de 364 m² à 408 m²[8] ;
- qui diffère de la construction initiale par son volume (21 % inférieur), les matériaux et les couleurs utilisés et son implantation (déplacée de quelques décimètres)[9] ;
- qui diffère considérablement de l'ancienne bastide par son aspect extérieur, sa configuration architecturale, ses volumes et ses dimensions[10] ;
- ayant pour objet de remplacer par un seul hangar trois anciennes bâtisses détruites lors d'une tempête[11] ;
- prévoyant l'implantation du bâtiment sur une parcelle différente du terrain d'assiette du bâtiment initial[12].

§ 3
Régime dérogatoire pour reconstruire les immeubles détruits lors des émeutes de 2023

113.421 Régime dérogatoire. À la suite de la mort d'un jeune automobiliste lors d'un contrôle de police au début de l'été 2023, des émeutes ont éclaté en France, provoquant la destruction ou la dégradation de milliers de bâtiments publics et privés (en particulier des mairies, écoles, postes de police et commerces). Pour favoriser une reconstruction rapide de ces derniers a été adoptée une ordonnance établissant un régime dérogatoire visant à accélérer la délivrance et la mise en œuvre des autorisations d'urbanisme[13].

Il s'applique aux demandes d'autorisation déposées dans les dix-huit mois suivant son entrée en vigueur, intervenue le 14 septembre 2023[14].

113.422 Droit reconnu. Par dérogation à l'article L. 111-15 du code de l'urbanisme, la reconstruc-

1. CE 16 mai 2018, *Houis*, req. n° 406645, NP, *BJDU* 2018. 381, concl. G. Odinet : arrêt relevant « que la circonstance que cette partie de la maison ait été auparavant affectée par un incendie d'origine électrique ne saurait avoir pour effet d'interdire des travaux conduisant à augmenter l'emprise ou le volume de la construction, dès lors que ces travaux respectent les prescriptions fixées par le plan d'occupation des sols ; que c'est par suite à tort que le tribunal administratif de Poitiers s'est fondé sur la circonstance que les travaux autorisés impliquaient nécessairement une augmentation du volume de la construction pour juger que le permis méconnaissait les dispositions de l'article UB 1 du plan d'occupation des sols relatives aux reconstructions après sinistre ».
2. CAA Marseille, 6 avr. 2017, *Saint-Raphaël (C^ne^)*, req. n° 15MA01104, NP.
3. CAA Lyon, 1er oct. 2013, *Gomar*, req. n° 13LY00315, NP.
4. CAA Nancy, 1er juin 2006, *Alves Dinis*, req. n° 04NC00320, NP.
5. TA Caen, 15 oct. 2013, *Serme*, req. n° 1300860, NP.
6. CE 13 déc. 2006, *Caitucoli*, req. n° 284237, *Lebon T.*
7. CAA Versailles, 6 avr. 2006, *Jannez*, req. n° 05VE00396, NP ; *BJDU* 2006. 483, chron. É. Carpentier ; *Constr.-Urb.* 2006, n° 175, note G. Godfrin ; *Constr.-Urb.* 2006, n° 199, note P. Cornille.
8. CAA Marseille, 31 janv. 2007, *Sasso*, req. n° 06MA01827, NP.
9. CAA Douai, 30 mars 2006, *Beaucousin*, req. n° 05DA00122, NP.
10. CAA Marseille, 7 févr. 2008, *Douay*, req. n° 05MA00811, NP.
11. CAA Douai, 17 janv. 2013, *Vallette*, req. n° 12DA00852, NP.
12. CAA Marseille, 20 nov. 2009, *Blanc-Garin*, req. n° 07MA03486, NP.
13. Ord. n° 2023-870, 13 sept. 2023 tendant à l'accélération de la délivrance et la mise en œuvre des autorisations d'urbanisme permettant la reconstruction et la réfection des bâtiments dégradés au cours des violences urbaines survenues du 27 juin au 5 juillet 2023. V. également, habilitant à prendre cette ordonnance : L. n° 2023-656, 25 juill. 2023 relative à l'accélération de la reconstruction et de la réfection des bâtiments dégradés ou détruits au cours des violences urbaines survenues du 27 juin au 5 juillet 2023. Pour une présentation du dispositif, v. D. Gillig, « Reconstruction à l'identique – Des dérogations aux règles d'urbanisme après les violences urbaines de l'été 2023 », *Constr.-Urb.* 2023, alerte 94 ; F. Balaguer, « Déroger pour reconstruire vite », *AJDA* 2023. 2393 ; L. Peyen, « Reconstruire facilement et rapidement après les violences urbaines : une "urgence républicaine" », *JCP Adm.* 2023, n° 2330.
14. Ord. n° 2023-870, 13 sept. 2023, art. 8.

tion ou la réfection, à l'identique ou avec les adaptations ou améliorations prévues par l'ordonnance, « est autorisée, sous réserve qu'ils aient été régulièrement édifiés, nonobstant toute disposition d'urbanisme contraire, y compris lorsqu'un plan local d'urbanisme, tout document en tenant lieu ou la carte communale en dispose autrement »[1].

Les travaux, installations ou aménagements nécessaires à cette reconstruction ou à cette réfection « peuvent comporter des adaptations de la construction initiale, dans la limite d'une diminution ou d'une augmentation de 5 % de son gabarit initial ». En outre, lorsqu'elle est justifiée par un objectif d'amélioration de la performance énergétique, d'accessibilité ou de sécurité, cette diminution ou cette augmentation « peut dépasser 5 % du gabarit initial, à proportion des modifications du bâtiment nécessaires à la réalisation du ou des objectifs invoqués ». Toutefois, ces adaptations et améliorations « ne peuvent avoir pour effet de modifier la destination ou la sous-destination initiale du bâtiment »[2].

Ce droit à reconstruction ou à réfection, que celle-ci comporte ou non des modifications du bâtiment initial, s'exerce[3] :

- dans les limites des règles applicables en matière de risques naturels, technologiques ou miniers auxquelles la reconstruction ou la réfection ne peut contrevenir ;
- et, le cas échéant, sous réserve des prescriptions de sécurité dont l'autorité compétente peut assortir le permis.

113.423 Engagement de certains travaux dès l'obtention de l'autorisation. Les opérations et travaux de « démolition », de « terrassement » et de « fondation » peuvent être engagés dès le dépôt, selon le cas, de la demande ou de la déclaration préalable[4]. Le projet de loi d'habilitation autorisait la réalisation des travaux dès le dépôt de la demande d'autorisation d'urbanisme. Toutefois, suite à l'avis du Conseil d'État, cette faculté a été limitée aux travaux et opérations préliminaires.

113.424 Demande d'autorisation. La demande d'autorisation d'urbanisme précise que le projet est soumis au régime dérogatoire prévu par l'ordonnance du 13 septembre 2023[5].

Le cas échéant, les adaptations et améliorations qu'il est envisagé d'apporter au bâtiment initial font l'objet d'une motivation spécifique[6].

Le maire procède, « dans les meilleurs délais et pendant toute la durée de l'instruction », à l'affichage en mairie ou à la publication par voie électronique, « sur le site internet de la commune », d'un avis de dépôt de demande de permis ou de déclaration préalable précisant les caractéristiques essentielles du projet[7].

Le récépissé de dépôt de la demande est affiché « sans délai » sur le terrain, de manière visible de l'extérieur, par les soins du demandeur[8].

113.425 Instruction accélérée. Le délai d'instruction de la demande de permis est limité à un mois. Celui de la déclaration préalable est limité à quinze jours[9].

L'autorité compétente dispose d'un délai de cinq jours à compter de la réception du dossier pour notifier, le cas échéant, au demandeur que son dossier est incomplet, en lui indiquant les pièces et informations manquantes[10].

Les délais prévus pour les consultations sont également réduits[11].

1. Ord. n° 2023-870, 13 sept. 2023, art. 2, I.
2. Ord. n° 2023-870, 13 sept. 2023, art. 2, II.
3. Ord. n° 2023-870, 13 sept. 2023, art. 2, III.
4. Ord. n° 2023-870, 13 sept. 2023, art. 3.
5. Ord. n° 2023-870, 13 sept. 2023, art. 4, al. 1er.
6. Ord. n° 2023-870, 13 sept. 2023, art. 4, al. 2.
7. Ord. n° 2023-870, 13 sept. 2023, art. 4, al. 3.
8. Ord. n° 2023-870, 13 sept. 2023, art. 4, al. 4.
9. Ord. n° 2023-870, 13 sept. 2023, art. 5, al. 1er.
10. Ord. n° 2023-870, 13 sept. 2023, art. 5, al. 3.
11. V. ord. n° 2023-870, 13 sept. 2023, art. 6.

CHAPITRE

114. Règles du RNU relatives aux performances environnementales et énergétiques

SECTION 0

ORIENTEUR

114.00 **Sommaire du chapitre.**

114.01 **Textes applicables.**

• **C. urb.**

art. L. 111-16 s.

art. R. 111-24

114.03 **Bibliographie indicative.**

Encyclopédies. *DP constr.-urb.*, ét. : « Règlement national d'urbanisme » – *J.-Cl. Constr.-Urb.*, fasc. 11 : « Règles d'urbanisme applicables sur l'ensemble du territoire – Règlement national d'urbanisme », par S. Ferrari, mars 2018 ; fasc. 11-5 : « Règles d'urbanisme applicables sur l'ensemble du territoire – Règles générales d'urbanisme », par S. Ferrari, juill. 2020.

Article. N. Marcon, « Autorisations d'urbanisme et sobriété énergétique », *JCP Adm.* 2024, n° 2255 – M. Plaidy, « Le principe d'inopposabilité des règles d'urbanisme interdisant les dispositifs écologiques », *BJDU* 2011. 352.

114.04 **Question essentielle.**

> Une construction écoresponsable peut-elle être autorisée alors qu'elle méconnaît les dispositions du PLU ?

* V. ss n° 114.11 s.

SECTION 1

INOPPOSABILITÉ DES DOCUMENTS D'URBANISME POUR LES PROJETS DE CONSTRUCTIONS ÉCORESPONSABLES

114.11 **Promouvoir les constructions durables.** L'article L. 111-16 du code de l'urbanisme, dont les dispositions sont issues de la loi Grenelle II, vise à encourager le recours aux constructions durables. Pour cela, il prévoit la mise à l'écart des règles contenues dans les documents d'urbanisme qui feraient obstacle à l'utilisation d'une technique de construction écoresponsable. Cette mise à l'écart cédera toutefois dans les secteurs protégés et les périmètres d'exclusion délimités par la commune ou l'EPCI.

§ 1 Le principe de l'inopposabilité

A. Mise à l'écart des règles incompatibles

114.21 **Règles inopposables.** L'article L. 111-16 du code de l'urbanisme prévoit que : « Nonobstant les règles relatives à l'aspect extérieur des constructions » des PLU, des POS, des PAZ et des règlements des lotissements, le permis de construire ou d'aménager ou la décision prise sur une déclaration préalable « ne peut s'opposer » :

– à l'utilisation « de matériaux renouvelables » ;

– à l'utilisation « de matériaux ou procédés de construction permettant d'éviter l'émission de gaz à effet de serre » ;

– à l'installation de dispositifs « favorisant la retenue des eaux pluviales ou la production d'énergie renouvelable, y compris lorsque ces dispositifs sont installés sur les ombrières des aires de stationnement »[1].

114.22 Règles relatives à l'aspect extérieur des constructions. Les dispositions de l'article L. 111-16 du code de l'urbanisme « n'ont ni pour objet, ni pour effet » d'écarter l'application des « dispositions réglementaires d'un PLU relatives à l'aspect extérieur des constructions » qui, sans interdire l'utilisation de matériaux ou procédés permettant d'éviter l'émission de gaz à effet de serre ou l'installation de dispositifs destinés à la production d'énergie renouvelable ou favorisant la retenue des eaux pluviales, « imposent la bonne intégration des projets dans le bâti existant et le milieu environnant ». Par suite, l'article d'un PLU qui n'interdit pas la pose de panneaux solaires sur les toitures mais exige que leur insertion soit cohérente avec l'architecture de la construction sur laquelle ils sont installés n'est pas inopposable à une demande d'installation de panneaux solaires thermiques[2].

114.23 Interdiction des toitures plates. Les dispositions de l'article L. 111-16 du code de l'urbanisme « n'ont pas pour effet d'écarter celles d'un plan local d'urbanisme qui interdisent les toitures plates ». Dès lors, lorsqu'un PLU impose des toitures à deux pans, est entaché d'illégalité le permis qui autorise une toiture végétalisée plate alors que cette forme de toiture n'est pas la seule qui permet la mise en œuvre de couvertures végétalisées[3].

114.24 Possibilité d'assortir l'autorisation de prescriptions sur l'insertion du projet dans son environnement. Le permis de construire ou d'aménager ou la décision prise sur une déclaration préalable peut « comporter des prescriptions destinées à assurer la bonne intégration architecturale du projet dans le bâti existant et dans le milieu environnant »[4].

B. Matériaux et procédés concernés

114.31 Liste. Les dispositifs, matériaux ou procédés concernés par l'article L. 111-16 sont les suivants[5] :

– les bois, végétaux et matériaux biosourcés utilisés en façade ou en toiture (1°) ;

– les systèmes de production d'énergie à partir de sources renouvelables, lorsqu'ils correspondent aux besoins de la consommation domestique des occupants de l'immeuble ou de la partie d'immeuble concernée (2°)[6] ;

– les équipements de récupération des eaux de pluie, lorsqu'ils correspondent aux besoins de la consommation domestique des occupants de l'immeuble ou de la partie d'immeuble concernée (3°) ;

– les pompes à chaleur (4°) ;

– les brise-soleil (5°).

114.32 Toitures végétales. Selon une réponse ministérielle[7], les toitures végétales favorisant la retenue des eaux pluviales relèvent à un double titre de la liste dressée par l'article R. 111-23. D'une part, elles constituent des matériaux d'isolation thermique, au sens du 1° de l'article R. 111-23 qui évoque expressément les végétaux en toiture. D'autre part, une toiture végétale destinée à retenir les eaux de pluie constitue un équipement de récupération des eaux de pluie correspondant à des besoins de consommation domestique, au sens du 3° de ce même article.

§ 2 Inopposabilité écartée dans des secteurs protégés

114.41 Rétablissement de l'opposabilité. Dans un objectif de préservation du patrimoine et de la qualité des sites, le législateur a écarté le principe d'inopposabilité dans les secteurs classés. Il a également reconnu aux autorités locales la possibilité d'écarter ce principe dans des périmètres délimités à la condition de le justifier.

1. Dans sa rédaction antérieure à la loi n° 2019-1147 du 8 novembre 2019 relative à l'énergie et au climat, l'article L. 111-16 limitait la mesure aux dispositifs correspondant « aux besoins de la consommation domestique des occupants de l'immeuble ou de la partie d'immeuble concernés ». Dans la rédaction issue de cette loi (art. 45), tous les dispositifs sont concernés, qu'ils aient pour objet l'autoconsommation ou la revente. La mesure a en outre été étendue aux ombrières des aires de stationnement.
2. CE 4 oct. 2023, Candelier, req. n° 467962, *Lebon T.* ; *BJDU* 2023. 404, concl. N. Agnoux ; *Constr.-Urb.* 2023, comm. 123, note L. Santoni.
3. CAA Nancy, 22 nov. 2018, *Wunenburger*, req. n° 17NC02952, NP.
4. C. urb., art. L. 111-16.
5. C. urb., art. R. 111-23.
6. Le petit 2° prévoit qu'un arrêté du ministre chargé de l'urbanisme précise les critères d'appréciation des besoins de consommation en question ; – VOIR : Arr. 19 déc. 2014 relatif aux caractéristiques des systèmes de production d'énergie à partir de sources renouvelables mentionnés à l'article R. 111-50 du code de l'urbanisme, NOR : ETLL1414148A.
7. Rép. min. n° 3140, *JOAN Q* 8 janv. 2013, p. 201.

A.
Inopposabilité écartée dans les secteurs classés

114.51 Protection spéciale de certains sites et monuments. Aux termes du 1° de l'article L. 111-17 du code de l'urbanisme, les dispositions de l'article L. 111-16 ne sont pas applicables :

- aux abords des monuments historiques ;
- dans le périmètre d'un site patrimonial remarquable ;
- dans un site inscrit ou classé ;
- à l'intérieur du cœur d'un parc national ;
- aux travaux portant sur un immeuble classé ou inscrit au titre des monuments historiques ou sur un immeuble protégé en application des articles L. 151-18 et L. 151-19.

114.52 Régime applicable. Les projets de construction ou de travaux concernant les sites et monuments mentionnés sont pleinement soumis aux règles relatives aux aspects extérieurs des bâtiments quand bien même ils utiliseraient des procédés de développement durable.

B.
Inopposabilité pouvant être écartée par la commune

114.61 Délibération. Aux termes du 2° de l'article L. 111-17 du code de l'urbanisme, les dispositions de l'article L. 111-16 ne sont pas applicables « dans des périmètres délimités » par délibération du conseil municipal ou de l'organe délibérant de l'EPCI compétent en matière de PLU.

114.62 Conditions. Deux conditions, l'une de fond, l'autre de forme, sont exigées [1] :

- d'une part, la délibération doit être « motivée par la protection du patrimoine bâti ou non bâti, des paysages ou des perspectives monumentales et urbaines » ;
- d'autre part, elle ne peut être adoptée qu'« après avis de l'architecte des Bâtiments de France ».

L'avis est réputé favorable s'il n'est pas rendu par écrit dans les deux mois [2].

114.63 Association du public et publicité. La délibération par laquelle la commune ou l'EPCI délimite le périmètre fait l'objet des procédures d'association du public et de publicité prévues aux articles L. 153-47 et R. 153-20 [3].

C.
Motivation particulière de toute règle nouvelle interdisant ou limitant l'utilisation des matériaux et procédés verts

114.71 Exigence de motivation. Toute règle nouvelle qui, à l'intérieur d'un des périmètres visés aux 1° et 2° de l'article L. 111-17 (secteurs classés et secteurs délimités par la commune), interdit ou limite l'installation des dispositifs énumérés à l'article L. 111-16 fait l'objet d'une motivation particulière [4].

SECTION 2
RACCORDEMENT À UN RÉSEAU DE CHALEUR OU DE FROID

114.81 Exigence de raccordement. Le code de l'énergie prévoit que dans les zones délimitées par le ou les périmètres de développement prioritaire, « toute installation d'un bâtiment neuf ou faisant l'objet de travaux de rénovation importants, qu'il s'agisse d'installations industrielles ou d'installations de chauffage de locaux, de climatisation ou de production d'eau chaude excédant un niveau de puissance de 30 kilowatts, doit être raccordée au réseau concerné » [5].

114.82 Refus du projet ne respectant pas l'exigence de raccordement. Le projet peut être refusé ou n'être accepté que sous réserve de l'observation de prescriptions spéciales « lorsqu'il contrevient à l'obligation de raccordement à un réseau de chaleur ou de froid » prévue à l'article L. 712-3 du code de l'énergie [6].

1. C. urb., art. L. 111-17, 2°.
2. C. urb., art. R. 111-24, al. 2.
3. C. urb., art. R. 111-24, al. 1er.
4. C. urb., art. L. 111-18.
5. C. énergie, art. L. 712-3, al. 1er.
6. C. urb., art. R. 111-24-1, mod. et obligation créée par décr. nº 2022-666, 26 avr. 2022.

CHAPITRE

115. Règles du RNU relatives à la réalisation d'aires de stationnement

SECTION 0
ORIENTEUR

115.00 **Sommaire du chapitre.**

115.01 **Textes applicables.**

• **C. urb.**

art. L. 111-19 s.

art. R. 111-25 s.

115.03 **Bibliographie indicative.**

Encyclopédies. *DP constr.-urb.*, ét. : « Règlement national d'urbanisme » – *J.-Cl. Constr.-Urb.*, fasc. 11 : « Règles d'urbanisme applicables sur l'ensemble du territoire – Règlement national d'urbanisme », par S. Ferrari, mars 2018 ; fasc. 11-5 : « Règles d'urbanisme applicables sur l'ensemble du territoire – Règles générales d'urbanisme », par S. Ferrari, juill. 2020.

115.04 **Questions essentielles.**

> Quel est le nombre de places de parking devant être prévu par construction ?

* V. s[s] n°s 115.21 s.

> Quel est le nombre de places de parking autorisé pour les centres commerciaux et cinémas ?

* V. s[s] n°s 115.151 s.

SECTION 1
RÈGLES GÉNÉRALES

115.11 **Texte spécifique.** Jusqu'en 2015, les règles relatives à la réalisation d'aires de stationnement ne faisaient pas l'objet d'un article spécifique au sein du RNU. Elles relevaient des anciens articles R. 111-4 et R. 111-16 du code de l'urbanisme, qui traitaient à la fois des questions de stationnement et de desserte (le premier énonçant les règles, le second exposant les obligations pouvant être mises à la charge du constructeur).

À l'occasion de la recodification du titre premier du code de l'urbanisme intervenue en 2015, les dispositions relatives à la réalisation d'aires de stationnement ont été isolées dans un nouvel article R. 111-25.

115.12 **Application même en présence d'un PLU.** L'article R. 111-25 du code de l'urbanisme s'applique même en présence d'un PLU ou d'un document d'urbanisme en tenant lieu[1]. Il s'efface toutefois

1. V. s[s] n° 111.71.

devant un PLU contenant des prescriptions au moins aussi exigeantes [1].

§ 1
Possibilité d'imposer la réalisation d'aires de stationnement

115.21 Texte. Le permis ou la décision prise sur la déclaration préalable « peut imposer la réalisation d'installations propres à assurer le stationnement hors des voies publiques des véhicules correspondant aux caractéristiques du projet » [2].

115.22 Nombre insuffisant de places. Le juge annule le permis de construire prévoyant un nombre insuffisant de places au regard des « caractéristiques du projet », par exemple :

- 7 emplacements de véhicules pour un immeuble de 12 logements [3] ;
- 25 places de stationnement pour une mosquée prévoyant une fréquentation de 500 personnes [4] ;
- extension de la capacité d'accueil d'une discothèque de 486 personnes à 779, sans subordonner la délivrance de l'autorisation à la création de places de stationnement alors qu'avant extension, les besoins en stationnement ne pouvaient déjà être satisfaits et entraînaient un stationnement illicite gênant généralisé sur les voies publiques aux abords de l'établissement [5].

En revanche, est illégal un refus fondé sur l'impossibilité de réaliser des aires de stationnement dans un cas où celles-ci ne sont pas nécessaires [6].

115.23 Prise en compte des places effectivement utilisables et affectées au projet. Il n'y a lieu de tenir compte que des seules places de stationnement effectivement utilisables et affectées au projet faisant l'objet de la demande. Par suite, il ne peut être tenu compte d'emplacements situés dans un passage trop étroit pour être utilisés, ni d'emplacements devant répondre aux besoins d'un autre immeuble [7].

En revanche, il peut être tenu compte :

- des possibilités de stationnement résultant, d'une part, de l'existence d'un terrain de 200 m² appartenant au pétitionnaire aux abords immédiats du terrain et, d'autre part, d'une aire de stationnement qu'il loue pour l'instant mais peut récupérer dès qu'il le souhaite [8] ;
- d'une promesse de vente d'une parcelle distante de 300 m du terrain d'assiette de la construction et destinée au stationnement [9].

115.24 Des places qui ne peuvent être prévues sur la voie publique. Si le projet de construction ou d'aménagement crée de nouveaux besoins de stationnement, l'autorité compétente ne peut subordonner l'octroi de l'autorisation à l'aménagement de places de stationnement sur les voies publiques ; il ne peut qu'exiger la création de telles places hors des voies publiques. Par suite, un arrêté qui subordonne l'octroi du permis à l'aménagement de places de stationnement sur la voie publique est entaché d'erreur de droit [10].

115.25 Dimension des emplacements. Selon une réponse ministérielle : « La réglementation actuellement en vigueur relative aux parcs de stationnement ne concerne pas que les problèmes de sécurité et de protection contre l'incendie. Les caractéristiques dimensionnelles des emplacements réservés au stationnement ne sont pas réglementées. Elles résultent de règles de l'art qui, en moyenne, conduisent à retenir 25 mètres carrés hors œuvre par véhicule dont 12 à 13 mètres carrés pour l'emplacement lui-même, le reste étant destiné aux circulations » [11].

115.26 Cession postérieure des emplacements. Une réponse ministérielle indique que « postérieurement à la réalisation de ces aires de stationnement, leur cession éventuelle, en propriété ou en jouissance, relève du droit privé et ne saurait être contrôlée au titre d'une réglementation de droit public, telle que celle de l'urbanisme » [12].

§ 2
Règles assouplies pour les logements aidés

115.31 Construction de logements : plafonnement à une place obligatoire par logement. Il ne peut être exigé la réalisation « de plus d'une aire de stationnement par logement » lors de la construction de logements locatifs financés avec un prêt aidé par l'État [13].

1. CONCERNANT la création de places de stationnement : CE 29 oct. 2012, *Assoc. cultures et citoyenneté de Marne-la-Vallée*, req. n° 332257, *Lebon T.* ; *BJDU* 2013. 185, concl. C. Legras – V. s^s^ n° 111.82.
2. C. urb., art. R. 111-25, al. 1er.
3. CE 12 févr. 1977, *SCI Faidherbe Lepère*, req. n° 01472, *Lebon* 1004.
4. CE 15 oct. 2014, *SCI des Fins et Annecy (C^ne^)*, req. n° 359175, *Lebon T.* ; *BJDU* 2015. 42, concl. M. Vialettes.
5. CAA Nancy, 4 oct. 2001, *Perret du Cray*, req. n° 97NC00788, NP.
6. CE 8 juill. 1983, *Babalian*, req. n° 32959, *Lebon T.*
7. CE 12 févr. 1977, *SCI Faidherbe Lepère*, req. n° 01472, *Lebon* 1004.
8. CE 13 mai 1987, *Min. Urbanisme c/Coulange*, req. n° 66866, NP.
9. CAA Paris, 19 juin 1996, *Bansard*, req. n° 94PA01439, *Lebon T.*
10. CE 15 janv. 1982, *SA Les maisons Bruno Petit*, req. n° 23109, *Lebon T.*
11. Rép. min. n° 19419, *JOAN Q* 11 févr. 1980, p. 519 – VOIR la norme NF P91-100 pour les parkings accessibles au public et la norme NF P91-120 pour les parcs de stationnements privés.
12. Rép. min. n° 10463, *JOAN Q* 20 juill. 1992, p. 3275.
13. C. urb., art. R. 111-25, al. 2.

115.32 Transformation ou amélioration des bâtiments. L'obligation de réaliser des aires de stationnement n'est pas applicable aux travaux « de transformation ou d'amélioration » de bâtiments affectés à des logements locatifs financés avec un prêt aidé par l'État »[1].

Cette exclusion s'applique y compris dans le cas où ces travaux s'accompagnent de la « création de surface de plancher », dans la limite, dans ce cas, d'un plafond de 50 % de la surface de plancher existant avant le commencement des travaux[2].

SECTION 2

PARKINGS EXTÉRIEURS DE PLUS DE 500 M²

§ 1

Présentation générale

115.41 Innovation de la loi Climat. La loi Climat a imposé que les grands parkings comportent des dispositifs de gestion des eaux pluviales et d'ombrage, et que les grands bâtiments comportent un toit végétalisé ou des panneaux solaires. L e champ d'application et les obligations concernées résultent d'une lecture combinée de dispositions du CCH et du code de l'urbanisme, avec renvois réciproques de l'un à l'autre ne favorisant pas la lisibilité du dispositif. Un décret d'application du 18 décembre 2023[3] et trois arrêtés (deux du 19 décembre 2023[4] et un du 5 mars 2024[5]) en ont précisé les détails[6].

115.42 Obligations prévues par le CCH. L'article L. 171-4 du CCH prévoit que les bâtiments ou parties de bâtiments mentionnés au II[7] doivent intégrer soit un procédé de production d'énergies renouvelables, soit un système de végétalisation basé sur un mode cultural ne recourant à l'eau potable qu'en complément des eaux de récupération, garantissant un haut degré d'efficacité thermique et d'isolation et favorisant la préservation et la reconquête de la biodiversité, soit tout autre dispositif aboutissant au même résultat[8].

Les aires de stationnement associées à ces bâtiments, lorsqu'elles sont prévues par le projet, doivent également intégrer « des revêtements de surface, des aménagements hydrauliques ou des dispositifs végétalisés favorisant la perméabilité et l'infiltration des eaux pluviales ou leur évaporation et préservant les fonctions écologiques des sols »[9].

115.43 Obligations prévues par le code de l'urbanisme. L'article L. 111-19-1 du code de l'urbanisme prévoit que les parcs de stationnement extérieurs de plus de 500 m² associés aux bâtiments ou parties de bâtiment auxquels s'applique l'obligation prévue à l'article L. 171-4 du CCH ainsi que les nouveaux parcs de stationnement extérieurs ouverts au public de plus de 500 m² « doivent intégrer sur au moins la moitié de leur surface des revêtements de surface, des aménagements hydrauliques ou des dispositifs végétalisés favorisant la perméabilité et l'infiltration des eaux pluviales ou leur évaporation ». Ces mêmes parcs doivent également intégrer « des dispositifs végétalisés ou des ombrières concourant à l'ombrage desdits parcs sur au moins la moitié de leur surface », dès lors que l'un ou l'autre de ces dispositifs n'est pas incompatible avec la nature du projet ou du secteur d'implantation et ne porte pas atteinte à la préservation du patrimoine architectural ou paysager[10].

Si lesdits parcs comportent des ombrières, celles-ci intègrent un procédé de production d'énergies renouvelables sur la totalité de leur surface[11].

§ 2

Parcs de stationnement concernés

A.

Définition législative

115.51 Code de l'urbanisme. L'article L. 111-19-1 du code de l'urbanisme prévoit que les obligations

1. C. urb., art. R. 111-25, al. 3.
2. C. urb., art. R. 111-25, al. 3.
3. Décr. nº 2023-1208, 18 déc. 2023 portant application de l'article L. 171-4 du CCH et de l'article L. 111-19-1 du code de l'urbanisme.
4. Arrêté du 19 décembre 2023 portant application de l'article L. 171-4 du CCH, fixant la proportion de la toiture du bâtiment couverte par un système de végétalisation ou de production d'énergies renouvelables, et précisant les conditions économiquement acceptables liées à l'installation de ces systèmes, NOR : TREL2313126A ; Arrêté du 19 décembre 2023 portant application de l'article L. 171-4 du code de la construction et de l'habitation et fixant les caractéristiques minimales que doivent respecter les systèmes de végétalisation installés en toiture, NOR : TREL2309051A.
5. Arrêté du 5 mars 2024 portant application du décret nº 2023-1208 du 18 décembre 2023 portant application de l'article L. 171-4 du code de la construction et de l'habitation et de l'article L. 111-19-1 du code de l'urbanisme régissant les parcs de stationnement, NOR : TREL2323577A.
6. V. J. Leplat, « Obligation de solarisation ou végétalisation : du principe à la mise en œuvre », *Énergie – Environnement – Infrastructures* 2024, étude 14 – J.-M. Petit, Grenellisation des toitures et stationnements : un dispositif exposé… mi-ombre, mi-soleil, *Constr.-Urb.* 2024, étude 9.
7. V. s[s] nº 115.52.
8. CCH, art. L. 171-4, I, al. 1er ; créé par L. nº 2021-1104, 22 août 2021 ; mod. par L. nº 2023-175, 10 mars 2023.
9. CCH, art. L. 171-4, I, al. 2.
10. C. urb., art. L. 111-19-1, al. 1er ; créé par L. nº 2021-1104, 22 août 2021.
11. C. urb., art. L. 111-19-1, al. 2.

qu'il édicte s'imposent à deux catégories de parcs de stationnement extérieurs[1] :

– d'une part, les parcs de stationnement extérieurs de plus de 500 m² associés aux bâtiments ou parties de bâtiment auxquels s'applique l'obligation prévue à l'article L. 171-4 du CCH ;

– d'autre part les nouveaux parcs de stationnement extérieurs ouverts au public de plus de 500 m².

115.52 **CCH.** L'article L. 171-4 du CCH prévoit que les obligations qu'il énonce s'appliquent[2] :

– aux constructions de bâtiments ou parties de bâtiment à usage commercial, industriel ou artisanal, aux constructions de bâtiments à usage d'entrepôt, aux constructions de hangars non ouverts au public faisant l'objet d'une exploitation commerciale et aux constructions de parcs de stationnement couverts accessibles au public, lorsqu'elles créent plus de 500 m² (1°) ;

– aux constructions de bâtiments ou parties de bâtiment à usage de bureaux, lorsqu'elles créent plus de 1 000 m² d'emprise au sol (2°).

Il ajoute que ces obligations s'appliquent également aux « extensions et rénovations lourdes » de bâtiments ou parties de bâtiment lorsque ces extensions ou les rénovations concernées ont une emprise au sol de plus de 500 m², pour les bâtiments mentionnés au 1° du présent II, et de plus de 1 000 m², pour les bâtiments mentionnés au 2°, ainsi qu'aux aires de stationnement associées mentionnées au I lorsqu'il est procédé à des rénovations lourdes sur ces aires ou à l'occasion de la conclusion d'un nouveau contrat de concession de service public, de prestation de service ou de bail commercial, ou de son renouvellement[3].

B.
Précisions réglementaires

115.61 **Champ d'application.** Les obligations d'équipement définies ci-après[4] s'appliquent aux parcs de stationnement[5] :

– « qui ne sont pas intégrés à un bâtiment », tel que défini au 2° de l'article L. 111-1 du CCH ;

– et qui sont assujettis, d'une part, « à l'obligation d'intégrer des revêtements de surface, des aménagements hydrauliques ou des dispositifs végétalisés favorisant la perméabilité et l'infiltration des eaux pluviales ou leur évaporation » mentionnée au deuxième alinéa du I de l'article L. 174-1 du CCH et à l'article L. 111-19-1 du code de l'urbanisme et, d'autre part, « à l'obligation d'intégrer des dispositifs végétalisés concourant à l'ombrage de ces parcs ou des ombrières intégrant un procédé de production d'énergies renouvelables » mentionnée à l'article L. 111-19-1 du code de l'urbanisme.

Les obligations auxquelles sont soumis les bâtiments en application du premier alinéa du I de l'article L. 171-4 du CCH ne peuvent être réalisées en tout ou partie sur les ombrières surplombant les parcs de stationnement associés aux bâtiments en cause que si ces parcs de stationnement satisfont également aux obligations résultant de l'article L. 111-19-1 du code de l'urbanisme[6].

115.62 **Notion de rénovation lourde.** Est considérée comme une rénovation lourde d'un parc de stationnement, au sens du II de l'article L. 171-4 du CCH, le remplacement total du revêtement de surface au sol sur une superficie représentant au moins la moitié de la superficie du parc de stationnement[7].

Le parc de stationnement dont la somme des superficies faisant l'objet d'un remplacement total du revêtement de surface au sol, entrepris sur une période de quinze ans, est supérieure à la moitié de la superficie totale, est soumis aux obligations résultant de l'article L. 111-19-1 du code de l'urbanisme[8].

C.
Exonérations

115.71 **Détermination par décret.** L'article L. 111-19-1 prévoit que les obligations « ne s'appliquent pas aux parcs de stationnement qui, en raison de contraintes techniques, de sécurité, architecturales ou patrimoniales, ne permettent pas l'installation des procédés et dispositifs, ou lorsque cette obligation ne peut être satisfaite dans des conditions économiquement acceptables du fait de contraintes techniques »[9]. Le décret d'application du 18 décembre 2023 est venu préciser les cas d'exonérations.

§ 3
Dispositifs de gestion des eaux pluviales

115.81 **Calcul de la superficie.** La superficie d'un parc de stationnement soumis à l'obligation d'intégrer des revêtements de surface, des aménagements hydrauliques ou des dispositifs végétalisés favorisant

1. C. urb., art. L. 111-19-1, al. 1er.
2. CCH, art. L. 171-4, II, al. 1er à 3.
3. CCH, art. L. 171-4, II, al. 4.
4. V. ss nos 115.81 s.
5. C. urb., art. R. 111-25-1, I ; créé par décr. n° 2023-1208, 18 déc. 2023.
6. C. urb., art. R. 111-25-1, II ; créé par décr. n° 2023-1208, 18 déc. 2023.
7. C. urb., art. R. 111-25-2 ; créé par décr. n° 2023-1208, 18 déc. 2023.
8. C. urb., art. R. 111-25-2.
9. C. urb., art. L. 111-19-1, al. 3.

la perméabilité et l'infiltration des eaux pluviales ou leur évaporation comprend [1] :

– les emplacements destinés au stationnement des véhicules et de leurs remorques, situés en dehors de la voie publique, au sein d'un périmètre compris entre la ou les entrées et la ou les sorties du parc (1°) ;

– les voies et les cheminements de circulation, les aménagements et les zones de péage permettant l'accès à ces emplacements, au sein d'un périmètre compris entre la ou les entrées et la ou les sorties du parc (2°) ;

– les espaces prévus pour l'intégration des revêtements de surface, des aménagements hydrauliques ou des dispositifs végétalisés mentionnés à l'article L. 111-19-1 inclus dans le périmètre du parc (3°).

En revanche, ne sont pas compris dans la superficie les espaces verts ne satisfaisant pas à l'exigence mentionnée au 3°, les espaces de repos, les zones de stockage, les espaces logistiques, de manutention et de déchargement [2].

115.82 Exonérations en raison de contraintes techniques. N'est pas soumis à l'obligation d'installation des procédés et dispositifs mentionnés au premier alinéa de l'article R. 111-25-3 [3], le parc de stationnement pour lequel il est démontré que l'installation de chacun de ces procédés et dispositifs est impossible en raison [4] :

– de contraintes techniques liées à la nature du sol, telles que la composition géologique ou l'inclinaison de celui-ci (1°) ;

– de l'impossibilité technique de ne pas aggraver, en conséquence d'une telle installation, un risque naturel, technologique ou relatif à la sécurité civile, au sens de l'article L. 112-1 du CSI (2°) ;

– de contraintes techniques liées à l'usage du parc de stationnement, le rendant incompatible avec une telle installation (3°).

115.83 Réalisation des travaux sauf accord ou autorisation de ne pas les réaliser. Les parcs de stationnement implantés dans une zone ou un immeuble mentionné au 1° de l'article L. 111-17 « sont soumis à l'obligation » d'intégrer des revêtements de surface, des aménagements hydrauliques ou des dispositifs végétalisés favorisant la perméabilité et l'infiltration des eaux pluviales ou leur évaporation « sous réserve de l'obtention de l'accord ou de l'autorisation de l'autorité compétente pour la réalisation des travaux en cause » [5].

115.84 Exonérations en raison d'un coût excessif. N'est pas soumis à l'obligation d'installation des procédés et dispositifs mentionnés au premier alinéa de l'article R. 111-25-3 [6], le parc de stationnement pour lequel il est démontré que l'installation de chacun de ces procédés et dispositifs est impossible [7] :

– en raison de ce que les coûts totaux hors taxes des travaux liés au respect de l'obligation compromettent la viabilité économique du propriétaire du parc de stationnement ;

– ou, lorsque ces coûts, parce qu'ils sont renchéris par une contrainte technique, s'avèrent excessifs.

Le caractère excessif du coût des travaux est établi par le dépassement d'un rapport entre le coût total hors taxes des travaux liés au respect de l'obligation et [8] :

– soit le coût total hors taxes des travaux de création ou de rénovation du parc incluant la mise en œuvre de cette obligation hors contrainte technique particulière ;

– soit la valeur vénale de ce parc au jour de la demande d'exonération lorsqu'il s'agit d'un parc existant et que les travaux ont pour seul objectif de satisfaire à cette obligation à l'occasion de la conclusion d'un nouveau contrat de concession de service public, de prestations de service ou de bail commercial, ou de son renouvellement.

Le coût des travaux liés à l'obligation couvre notamment la fourniture des équipements et des matériaux, l'installation et la mise en œuvre, la réalisation des raccordements éventuels, et, dans le cas d'un parc de stationnement existant, les coûts afférents à l'adaptation du parc de stationnement qui sont nécessaires pour la réalisation de l'obligation. Il inclut le coût des travaux rendus nécessaires pour surmonter la difficulté technique, y compris lorsque ces travaux sont induits par le respect d'une réglementation [9].

§ 4
Dispositifs d'ombrage

A.
Calcul de la superficie

115.91 Critères. La superficie d'un parc de stationnement soumis à l'obligation d'installation des

1. C. urb., art. R. 111-25-3, al. 1er à 4 ; créé par décr. nº 2023-1208, 18 déc. 2023.
2. C. urb., art. R. 111-25-3, al. 5.
3. V. ss nº 115.81.
4. C. urb., art. R. 111-25-4 ; créé par décr. nº 2023-1208, 18 déc. 2023.
5. C. urb., art. R. 111-25-5 ; créé par décr. nº 2023-1208, 18 déc. 2023.
6. V. ss nº 115.81.
7. C. urb., art. R. 111-25-6, al. 1er ; créé par décr. nº 2023-1208, 18 déc. 2023.
8. C. urb., art. R. 111-25-6, al. 2 à 4.
9. C. urb., art. R. 111-25-6, dernier al.

dispositifs végétalisés concourant à l'ombrage de ce parc ou d'ombrières intégrant un procédé de production d'énergies renouvelables, prévue à l'article L. 111-19-1 comprend[1] :

– les emplacements destinés au stationnement des véhicules et de leurs remorques, situés en dehors de la voie publique, au sein d'un périmètre compris entre la ou les entrées et la ou les sorties du parc (1°) ;

– les voies et les cheminements de circulation, les aménagements et les zones de péage permettant l'accès à ces emplacements, au sein d'un périmètre compris entre la ou les entrées et la ou les sorties du parc (2°).

Ne sont pas compris dans la superficie mentionnée au premier alinéa les espaces verts, les espaces de repos, les zones de stockage, les espaces logistiques, de manutention et de déchargement[2].

B. Modalités

115.101 Ombrage par des arbres. Lorsque l'ombrage du parc de stationnement est assuré par des arbres, l'obligation mentionnée à l'article R. 111-25-7[3] est satisfaite par la plantation d'arbres à canopée large, répartis sur l'ensemble du parc, à raison d'un arbre pour trois emplacements de stationnement[4].

C. Exonérations

115.111 Plusieurs exonérations. Le code de l'urbanisme prévoit plusieurs exonérations à l'obligation d'installation des dispositifs d'ombrage (dispositifs végétalisés ou ombrières intégrant un procédé d'énergies renouvelables) mentionnée à l'article R. 111-25-7.

115.112 Contraintes techniques. N'est pas soumis à l'obligation d'installation des dispositifs d'ombrage le parc de stationnement pour lequel il est démontré que l'installation de chacun de ces dispositifs est impossible en raison[5] :

– de contraintes techniques liées à la nature du sol, telles que la composition géologique ou l'inclinaison de celui-ci (1°) ;

– de l'impossibilité technique de ne pas aggraver, en conséquence d'une telle installation, un risque naturel, technologique ou relatif à la sécurité civile, au sens de l'article L. 112-1 du CSI (2°) ;

– de contraintes techniques liées à l'usage du parc de stationnement, le rendant incompatible avec une telle installation (3°).

115.113 Monument protégé. Les parcs de stationnement implantés dans une zone ou un immeuble mentionné au 1° de l'article L. 111-17 ne sont pas soumis à l'obligation relative à l'installation d'ombrières intégrant un procédé de production d'énergies renouvelables. Ils sont en revanche soumis à l'obligation d'installation des autres dispositifs d'ombrage sous réserve de l'obtention de l'accord ou de l'autorisation de l'autorité compétente pour la réalisation des travaux en cause[6].

115.114 Rentabilité de l'installation. N'est pas soumis à l'obligation relative à l'installation d'ombrières intégrant un procédé de production d'énergies renouvelables, le parc de stationnement pour lequel il est démontré qu'une telle installation est impossible en raison de contraintes techniques ou d'un ensoleillement insuffisant engendrant des coûts d'investissement portant atteinte de manière significative à la rentabilité de cette installation[7].

La rentabilité de l'installation est affectée de manière significative lorsque le coût actualisé de l'énergie produite par cette installation sur une durée de vingt ans est supérieur à la valeur du tarif d'achat ou du tarif de référence utilisé pour le calcul des revenus pouvant être obtenus par la vente de l'électricité produite par l'installation, multiplié par un coefficient[8]. La valeur de ce coefficient ainsi que le calcul du coût actualisé et des revenus sont définis par l'arrêté ministériel du 5 mars 2024[9].

115.115 Viabilité économique du parc. N'est pas soumis à l'obligation d'installation des dispositifs d'ombrage, le parc de stationnement pour lequel il est démontré que l'installation de chacun de ces dispositifs est impossible en raison de ce que les coûts totaux hors taxes des travaux engendrés par ces obligations compromettent la viabilité économique du propriétaire du parc[10].

115.116 Coûts excessifs en raison d'une contrainte technique (dispositifs d'ombrage). N'est pas soumis à l'obligation d'installation de dispositifs végé-

1. C. urb., art. R. 111-25-7, al. 1er à 3 ; créé par décr. nº 2023-1208, 18 déc. 2023.
2. C. urb., art. R. 111-25-7, al. 4.
3. V. ss nº 115.91.
4. C. urb., art. R. 111-25-8 ; créé par décr. nº 2023-1208, 18 déc. 2023.
5. C. urb., art. R. 111-25-9 ; créé par décr. nº 2023-1208, 18 déc. 2023.
6. C. urb., art. R. 111-25-10 ; créé par décr. nº 2023-1208, 18 déc. 2023.
7. C. urb., art. R. 111-25-11, al. 1er ; créé par décr. nº 2023-1208, 18 déc. 2023.
8. C. urb., art. R. 111-25-11, al. 2.
9. V. arrêté du 5 mars 2024, NOR : TREL2323577A, art. 2.
10. C. urb., art. R. 111-25-12 ; créé par décr. nº 2023-1208, 18 déc. 2023.

talisés concourant à l'ombrage, le parc de stationnement pour lequel il est démontré que l'installation de ces dispositifs est impossible en raison de ce que les coûts totaux hors taxes des travaux engendrés par cette obligation s'avèrent excessifs parce qu'ils sont renchéris par une contrainte technique[1].

Le caractère excessif du coût des travaux est établi par le dépassement d'un rapport entre le coût total hors taxes des travaux liés au respect de cette obligation et[2] :

– soit le coût total hors taxes des travaux de création ou de rénovation d'un parc incluant la mise en œuvre de l'obligation hors contrainte technique particulière ;

– soit la valeur vénale de ce parc au jour de la demande d'exonération lorsqu'il s'agit d'un parc existant et que les travaux ont pour seul objectif de satisfaire à cette obligation à l'occasion de la conclusion d'un nouveau contrat de concession de service public, de prestations de services ou de bail commercial, ou de son renouvellement.

115.117 Coûts excessifs en raison d'une contrainte technique (ombrières intégrant un procédé d'énergies renouvelables). N'est pas soumis à l'obligation relative à l'installation d'ombrières intégrant un procédé de production d'énergies renouvelables, le parc de stationnement pour lequel il est démontré qu'une telle installation est impossible en raison des coûts totaux hors taxes des travaux engendrés par cette obligation qui s'avèrent excessifs[3].

Le caractère excessif du coût des travaux est établi par le dépassement d'un rapport entre le coût total hors taxe des travaux liés au respect de ces obligations et[4] :

– soit le coût total hors taxe des travaux de création ou de rénovation d'un parc n'incluant pas la mise en œuvre de cette obligation ;

– soit la valeur vénale de ce parc au jour de la demande d'exonération lorsqu'il s'agit d'un parc existant et que les travaux ont pour seul objectif de satisfaire à cette obligation à l'occasion de la conclusion d'un nouveau contrat de concession de service public, de prestations de services ou de bail commercial, ou de son renouvellement.

Pour l'établissement du caractère excessif du coût des travaux, lorsque le coût des travaux est supporté par le propriétaire, le coût des travaux liés à l'installation de ces ombrières est diminué des revenus actualisés pouvant être obtenus par la vente de l'électricité produite durant vingt ans, déterminés sur la base d'une évaluation du productible de l'installation et des mécanismes de soutien à la production d'électricité, selon une méthode définie par l'arrêté ministériel du 5 mars 2024. Lorsque le coût des travaux est supporté par un tiers-investisseur, le coût des travaux liés à l'installation de ces ombrières correspond au reste à charge éventuellement demandé par le tiers-investisseur au propriétaire[5].

§ 5
Dispositions communes

A.
Démolition ou modification du parc

115.121 Exonération. N'est pas soumis aux obligations prévues à l'article L. 111-19-1, le parc de stationnement pour lequel il est démontré que l'installation des revêtements de surface, des aménagements hydrauliques ou des dispositifs végétalisés favorisant la perméabilité et l'infiltration des eaux pluviales ou leur évaporation, et des dispositifs d'ombrage mentionnés par le même article, est impossible en raison de la suppression ou de la transformation totale ou partielle prévue de ce parc, pour laquelle une première autorisation d'urbanisme a été délivrée avant le 1er juillet 2023[6].

À défaut d'engagement des travaux pendant la durée de validité de cette autorisation, la présente exonération est caduque. Le propriétaire du parc est alors tenu de satisfaire aux obligations prévues à l'article L. 111-19-1 dans un délai de deux ans à compter de la caducité de l'exonération[7].

Lorsque le parc de stationnement est transformé en partie, les obligations s'appliquent sur la partie restante de ce parc[8].

115.122 Exemption. Une exemption temporaire peut être accordée par le préfet de département pour le parc de stationnement dont la suppression ou la transformation totale ou partielle est programmée dans le cadre d'une action ou d'une opération d'aménagement mentionnée à l'article L. 300-1[9] :

– faisant l'objet d'un PPA (1°) ;

– faisant l'objet d'une convention d'ORT (2°) ;

– nécessaire à la réalisation d'une OIN (3°) ;

– s'inscrivant dans une OAP d'un PLU approuvé (4°).

1. C. urb., art. R. 111-25-13, al. 1er ; créé par décr. no 2023-1208, 18 déc. 2023.
2. C. urb., art. R. 111-25-13, al. 2 à 4.
3. C. urb., art. R. 111-25-14, al. 1er ; créé par décr. no 2023-1208, 18 déc. 2023.
4. C. urb., art. R. 111-25-14, al. 2 à 4.
5. C. urb., art. R. 111-25-14, al. 5.
6. C. urb., art. R. 111-25-16, al. 1er ; créé par décr. no 2023-1208, 18 déc. 2023.
7. C. urb., art. R. 111-25-16, al. 2.
8. C. urb., art. R. 111-25-16, al. 3.
9. C. urb., art. R. 111-25-17, al. 1er à 5 ; créé par décr. no 2023-1208, 18 déc. 2023.

Cette exemption temporaire peut également être accordée pour les parcs situés dans le périmètre d'une action ou opération d'aménagement mentionnée au 1°, 2°, 3° et 4°, ou dans une ZAC dont l'un des lots ou parcelles limitrophes est destiné à une construction susceptible, par son emprise et son gabarit, de constituer l'une des contraintes techniques mentionnées à l'article R. 111-25-4 et à l'article R. 111-25-9[1].

Cette exemption ne peut excéder une durée de cinq ans. Elle ne peut être prorogée qu'une fois, pour une durée maximale de deux ans. À défaut d'engagement des travaux dans la durée de validité de l'autorisation octroyant le report, cette dernière est caduque. Les obligations prévues à l'article L. 111-19-1 devront alors être satisfaites dans un délai de deux ans à compter de la caducité de l'autorisation de report[2].

B.
Appréciation et justification des exceptions

115.131 **Appréciation.** Lorsqu'elles s'appliquent à un parc de stationnement existant, les exceptions prévues aux articles R. 111-25-6, R. 111-25-12, R. 111-25-13 et R. 111-25-14 s'apprécient en prenant en compte les coûts engendrés par « l'ensemble » des obligations mentionnées à l'article R. 111-25-1[3].

115.132 **Justifications.** Il appartient au propriétaire du parc de stationnement de justifier des exceptions prévues aux articles R. 111-25-4, R. 111-25-6, R. 111-25-9 à R. 111-25-14 par une attestation jointe à la demande d'autorisation d'urbanisme. Celle-ci comprend, en plus des éléments qu'il estime nécessaires de produire, un résumé non technique[4].

Dans le cas d'une demande d'exception de l'installation d'ombrières comportant des panneaux photovoltaïques, cette attestation comprend une étude technico-économique réalisée par une entreprise disposant d'une qualification appropriée[5].

C.
Valeur du rapport

115.141 **Arrêté ministériel.** La valeur du rapport mentionné aux articles R. 111-25-6, R. 111-25-13 à R. 111-25-15 permettant de démontrer que les obligations définies à l'article L. 111-19-1 ne peuvent être satisfaites dans des conditions économiquement acceptables est fixée par l'arrêté ministériel du 5 mars 2024[6].

115.142 **Durée de validité de l'autorisation d'urbanisme.** Par dérogation au deuxième alinéa de l'article R. 424-17, le permis de construire ou d'aménager ou la décision de non-opposition à déclaration préalable portant sur un projet visant à satisfaire aux obligations de l'article L. 111-19-1 auxquelles il est soumis, est périmé si, passé le délai mentionné au premier alinéa de l'article R. 424-17, les travaux sont interrompus pendant « un délai supérieur à deux années »[7].

SECTION 3
Centres commerciaux et cinémas

115.151 **Règles communes et règles spécifiques.** Certaines règles relatives aux aires de stationnement sont communes aux centres commerciaux et aux cinémas. D'autres sont propres à chacune de ces deux catégories de bâtiments.

115.152 **Règles n'empêchant pas la réfection, l'amélioration ou l'extension limitée des anciens bâtiments.** Les règles relatives à la réalisation d'aires de stationnement aux abords des centres commerciaux et cinémas « ne font pas obstacle aux travaux de réfection et d'amélioration ou à l'extension limitée des bâtiments commerciaux existant le 15 décembre 2000 »[8].

§ 1
Règles communes

115.161 **Plafonnement de la surface des aires de stationnement.** L'emprise au sol des surfaces, bâties ou non, affectées aux aires de stationnement annexes d'un commerce soumis à autorisation d'exploitation commerciale (autorisation prévue aux 1° et 4° du I de l'article L. 752-1 du code de commerce et à l'autorisation prévue au 1° de l'article L. 212-7 du code du cinéma) « ne peut excéder un plafond correspondant aux 3/4 de la surface de plancher des bâtiments affectés au commerce »[9].

Cette règle, qui vise à éviter un étalement trop important des parkings autour des centres commer-

1. C. urb., art. R. 111-25-17, al. 6.
2. C. urb., art. R. 111-25-17, al. 7.
3. C. urb., art. R. 111-25-18.
4. C. urb., art. R. 111-25-19, al. 1er ; créé par décr. n° 2023-1208, 18 déc. 2023.
5. C. urb., art. R. 111-25-19, al. 2. Sur cette exigence de qualification, v. arrêté du 5 mars 2024 (NOR : TREL2323577A), art. 3.
6. V. Arrêté du 5 mars 2024 (NOR : TREL2323577A), art. 1er.
7. C. urb., art. R. 424-17-1 ; créé par décr. n° 2023-1208, 18 déc. 2023.
8. C. urb., art. L. 111-21.
9. C. urb., art. L. 111-19.

ciaux et des cinémas, s'applique « nonobstant toute disposition contraire du PLU »[1].

Une réponse ministérielle a précisé le sens de la notion d'« aire de stationnement » au sens de l'article L. 111-19 du code de l'urbanisme. Elle rappelle que cet article utilise distinctivement deux termes : « l'aire de stationnement » et « la place de stationnement ». Elle précise ensuite que, « Sans ambiguïté, le terme "place de stationnement" désigne l'espace sur lequel se situe un véhicule stationné ». Elle en tire la conclusion qu'« Ainsi, et au regard de l'objectif poursuivi par cette disposition législative, le terme "aire de stationnement" ne peut que désigner l'ensemble de l'espace utilisé pour le stationnement des véhicules, voies d'accès comprises ». Ce terme est ici équivalent à « parc de stationnement » ou « parking ». Il en résulte que la surface des voies permettant l'accès aux places de stationnement doit être intégrée au calcul de l'emprise au sol des surfaces affectées aux aires de stationnement[2].

115.162 Déductions visant à favoriser les espaces paysagers et les moyens de transport les moins polluants. Afin de favoriser l'utilisation des transports en commun, le co-voiturage, les véhicules propres et les espaces paysagers, l'article L. 111-19 du code de l'urbanisme prévoit que sont déduits de l'emprise au sol des surfaces affectées au stationnement :

- les espaces paysagers en pleine terre ;
- les surfaces des aménagements relevant de l'article L. 3114-1 du code des transports (aménagements destinés à faciliter la prise en charge ou la dépose de passagers des services réguliers de transport routier) ;
- les surfaces réservées à l'auto-partage ;
- et les places de stationnement destinées à l'alimentation des véhicules électriques ou hybrides rechargeables.

§ 2
Règles spécifiques aux centres commerciaux

115.171 Favoriser les dispositifs drainants. Afin de favoriser les places de parking non imperméabilisées (dotées de propriétés drainantes), l'article L. 111-19 prévoit que la surface de telles places de stationnement « compte pour la moitié de leur surface »[3].

§ 3
Règles spécifiques aux cinémas

115.181 Une place pour trois. Lorsqu'un cinéma (soumis à l'autorisation prévue aux articles L. 212-7 et L. 212-8 du code du cinéma) n'est pas installé sur le même site qu'un commerce soumis aux autorisations d'exploitation commerciale prévues à l'article L. 752-1 du code de commerce, « l'emprise au sol des surfaces, bâties ou non, affectées aux aires de stationnement annexes de cet établissement de spectacles cinématographiques ne doit pas excéder une place de stationnement pour trois places de spectateur »[4].

1. C. urb., art. L. 111-19.
2. Rép. min. n° 10502, *JOAN Q* 31 oct. 2023, p. 9795.
3. C. urb., art. L. 111-19.
4. C. urb., art. L. 111-20.

CHAPITRE

116. Règles du RNU relatives à la préservation des éléments présentant un intérêt architectural, patrimonial, paysager ou écologique

SECTION 0
ORIENTEUR

116.00 **Sommaire du chapitre.**

116.01 **Textes applicables.**

• **C. urb.**

art. L. 111-22 s.

art. R. 111-26 s.

116.02 **Jurisprudence de référence.**

> Pour apprécier l'atteinte à un site, l'administration doit d'abord d'évaluer la qualité du site puis apprécier l'impact de la construction sur celui-ci (C. urb., art. R. 111-27)

• **CE 13 juill. 2012,** *Assoc. Engoulevent*, req. n° 345970, *Lebon T.*

116.03 **Bibliographie indicative.**

Articles. P. Planchet, « L'article R. 111-27, le PLU et la préservation des paysages », *DAUH* 2018. 41.

Encyclopédies. *DP constr.-urb.*, ét. : « Règlement national d'urbanisme » – *J.-Cl. Constr.-Urb.*, fasc. 11 : « Règles d'urbanisme applicables sur l'ensemble du territoire – Règlement national d'urbanisme », par S. Ferrari, mars 2018 ; fasc. 11-5 :

« Règles d'urbanisme applicables sur l'ensemble du territoire – Règles générales d'urbanisme », par S. Ferrari, juill. 2020.

116.04 Questions essentielles.

> Dans quels cas l'autorité compétente peut-elle s'opposer à un projet au motif qu'il porterait atteinte au lieu dans lequel il doit s'insérer ?

* V. s[s] n°s 116.51 s.

> À quelles conditions l'autorité compétente peut-elle imposer à un bâtiment industriel la plantation d'un écran de verdure ?

* V. s[s] n°s 116.211 s.

SECTION 1

IMPACT DE LA CONSTRUCTION SUR L'ENVIRONNEMENT

116.11 Champ d'application de l'article R. 111-26. L'article R. 111-26 du code de l'urbanisme s'applique même en présence d'un PLU ou d'un document d'urbanisme en tenant lieu[1]. Il s'efface toutefois devant un PLU contenant des prescriptions au moins aussi exigeantes[2].

116.12 Deux séries de dispositions. L'article R. 111-26 comporte deux séries de dispositions. La première phrase concerne la soumission des projets aux préoccupations environnementales. La seconde confère à l'autorité administrative le pouvoir d'assortir une autorisation d'urbanisme de prescriptions destinées à préserver l'environnement.

§ 1

Projet devant respecter les préoccupations d'environnement

116.21 Texte. Le permis ou la décision prise sur la déclaration préalable « doit respecter les préoccupations d'environnement définies aux articles L. 110-1 et L. 110-2 du code de l'environnement »[3]. Au nombre de celles-ci figurent notamment le maintien de la biodiversité et le développement durable.

116.22 Texte vidé de sa portée. Le contenu extrêmement large des préoccupations environnementales a conduit le Conseil d'État à neutraliser la portée de la première phrase de l'article R. 111-26 en affirmant que ses dispositions « ne permettent pas à l'autorité administrative de refuser un permis de construire »[4].

Cette solution repose sur la rédaction retenue : à la différence d'autres articles du RNU (par exemple les articles R. 111-2, -3, -4, -5 et -14), l'article R. 111-26 ne mentionne pas que « le projet peut être refusé ».

Pour autant, la solution donnée par le Conseil d'État enlève tout intérêt à la première phrase de cet article : le permis ou la déclaration préalable doivent respecter les préoccupations environnementales, mais l'administration ne peut s'opposer à un projet de construction qui ne les respecterait pas.

§ 2

Projet pouvant être assorti de prescriptions s'il est dommageable à l'environnement

A.

Pouvoir de l'autorité compétente

116.31 Texte. Le projet peut n'être accepté que « sous réserve de l'observation de prescriptions spéciales » si, par son importance, sa situation ou sa destination, « il est de nature à avoir des conséquences dommageables pour l'environnement »[5]. Ces prescriptions spéciales « tiennent compte, le cas échéant, des mesures mentionnées à l'article R. 181-43 du code de l'environnement »[6].

Il résulte de ces dispositions qu'elles ne permettent pas à l'autorité administrative de refuser un permis de construire, mais seulement de l'accorder sous réserve du respect de prescriptions spéciales relevant de la police de l'urbanisme, telles que celles relatives à l'implantation ou aux caractéristiques des bâtiments et de leurs abords, si le projet de construction est de nature à avoir des conséquences dommageables pour l'environnement[7].

L'autorisation est entachée d'illégalité si une prescription qui aurait dû être édictée ne l'a pas été.

116.32 Cas d'un bâtiment relevant de la législation sur les ICPE. Lorsque le bâtiment faisant l'objet de la demande de permis relève de la législation sur les ICPE, en raison du principe d'indépendance des législations, il n'appartient pas à l'autorité statuant sur la demande « d'assortir le permis de construire délivré pour une installation classée de prescriptions relatives à son exploitation et aux nuisances qu'elle est susceptible d'occasionner »[8]. Il lui incombe, en revanche, le cas échéant, de tenir compte des pres-

1. V. s[s] n° 111.71.
2. V. s[s] n° 111.82.
3. C. urb., art. R. 111-26, 1re phrase.
4. CE 6 déc. 2017, *Mathon*, req. n° 398537, *Lebon T.*
5. C. urb., art. R. 111-26, 2e phrase.
6. C. urb., art. R. 111-26, 3e phrase.
7. CE 15 avr. 2021, *S[té] pour la protection des paysages et de l'esthétique de la France et autres*, req. n° 430497, NP ; Dr. env. 2021. 207, concl. S. Hoynck.
8. CE 6 déc. 2017, *Mathon*, req. n° 398537, *Lebon T.*

criptions édictées au titre de la police des installations classées ou susceptibles de l'être[1].

116.33 Appréciations des conséquences du projet. Pour l'appréciation des conséquences que le projet est de nature à avoir pour l'environnement, « l'autorité qui délivre le permis doit tenir compte tant des garanties apportées par le pétitionnaire lui-même que des prescriptions dont l'administration est en droit d'assortir l'autorisation nécessaire à l'exploitation des installations concernées par la demande de permis de construire »[2].

116.34 Nature des prescriptions. Comme l'a indiqué le Conseil d'État[3], les prescriptions spéciales susceptibles d'être imposées par l'autorité compétente pour statuer sur la demande d'autorisation d'urbanisme peuvent notamment être relatives :

- à l'implantation des bâtiments ;
- aux caractéristiques des bâtiments ;
- aux abords des bâtiments.

B. Illustrations jurisprudentielles

116.41 Absence de violation en l'absence d'atteinte à l'environnement. La définition de prescriptions n'est pas requise si le projet ne porte pas d'atteinte à l'environnement. Ainsi, le moyen tiré de la violation de l'article R. 111-26 doit être écarté :

- dans le cas d'un terrain compris dans le périmètre d'un parc naturel régional, inséré dans un corridor écologique humide et dans un réservoir de biodiversité reposant sur un réseau de mares, dès lors qu'il ne ressort pas des pièces du dossier que le projet (consistant en la transformation à usage d'habitation et l'agrandissement d'une ancienne remise), d'ampleur très limitée, aurait des incidences sur la faune et la flore, ni qu'il porterait atteinte au fonctionnement du corridor écologique ou à la mare située à l'intérieur de la propriété[4] ;

- dans le cas d'un projet consistant en la rénovation de la toiture d'une citerne, sur les toits de laquelle doivent être fixés des panneaux photovoltaïques, sans que le volume, l'implantation et la destination du bâti existant soit modifié, dès lors qu'il n'est nullement établi que le projet, qui n'induit que des modifications de faible importance, serait susceptible de porter atteinte au biotope d'un étang situé à une dizaine de mètres[5] ;

- dans le cas d'un terrain qui ne caractérise pas une continuité écologique, qui n'est pas situé dans un secteur d'une richesse écologique, faunistique et floristique et qui ne bénéficie pas d'une quelconque protection environnementale au titre de sa richesse écologique ni n'appartient à un espace remarquable[6].

116.42 Absence de violation en raison de prescriptions suffisantes pour prévenir les atteintes à l'environnement. Dans le cas d'un projet de nature à avoir des conséquences dommageables pour l'environnement, l'autorisation d'urbanisme est légale si elle se trouve assortie de prescriptions permettant d'y parer :

- permis de construire imposant au bénéficiaire la fermeture des façades Nord et Ouest et la plantation de haies vives en limite de propriété, ces prescriptions étant destinées à limiter les nuisances sonores[7] ;

- projet consistant à créer, outre un hangar agricole à usage de bergerie, une laiterie et une fromagerie, dès lors que, pour le traitement des effluents laitiers, des prescriptions tenant au respect du règlement sanitaire départemental ont été imposées par le permis de construire et que l'étude PMBE (Plan de modernisation des bâtiments d'élevage) décrit précisément le procédé de traitement destiné à limiter l'impact éventuel sur l'environnement[8].

116.43 Protection des oiseaux contre les éoliennes. N'est pas entaché d'erreur manifeste d'appréciation l'arrêté autorisant la construction d'éoliennes sans l'assortir de prescriptions spéciales destinées à protéger l'avifaune :

- si, malgré une orientation perpendiculaire par rapport à l'axe de progression des oiseaux migrateurs, il n'apparaît pas que la présence de ces machines présenterait pour ces derniers des dangers particuliers, compte tenu de la hauteur de vol des oiseaux et de la configuration du secteur d'implantation du projet, qui est très ouvert et ne présente pas de reliefs particuliers, de sorte que les risques de collision, selon les informations disponibles sur le sujet, demeurent rares[9] ;

- s'il n'existe pas de corridor biologique favorisant un passage massif des espèces patrimoniales protégées, en particulier des grues cendrées (le flux migratoire se répartissant essentiellement sur les extérieurs du site d'implantation des éoliennes) et si les

1. CE 15 avr. 2021, *Sté pour la protection des paysages et de l'esthétique de la France et autres*, req. n° 430497.
2. CE 15 janv. 1999, *Sté Omya*, req. n° 181652, NP ; – ÉGALEMENT, sur ce point : CE 6 déc. 2017, *Mathon*, req. n° 398537, *Lebon T.*
3. CE 6 déc. 2017, *Mathon*, req. n° 398537, *Lebon T.*
4. CAA Douai, 19 mai 2016, *Min. Logement, Égalité du territ. et Ruralité*, req. n° 14DA01925, NP.
5. CAA Bordeaux, 7 févr. 2017, *Coll. terr. d'outre-mer de St-Barthélémy*, req. n° 14BX02793, NP.
6. CAA Marseille, 6 juill. 2017, *Vinay*, req. n° 15MA02398, NP.
7. CE 30 oct. 1996, *Sengler*, req. n° 135442, NP.
8. CAA Bordeaux, 12 juill. 2016, *Penman*, req. n° 14BX03489, NP.
9. CE 16 oct. 2015, *Humbaire*, req. n° 385114, *Lebon T.*

deux éoliennes implantées perpendiculairement à l'axe de passage des oiseaux n'exposent pas ces derniers à un risque significatif de collision (eu égard à la distance qui les sépare, à la hauteur de vol des grues et à la propension de ces dernières à éviter les éoliennes) [1] ;

– si leur implantation en parallèle avec l'axe de migration principal des oiseaux doit permettre de limiter les risques de collision, le pétitionnaire ayant en outre prévu des mesures compensatoires ou réductrices qu'il s'est engagé à respecter (notamment le renforcement des haies, la conservation des territoires de chasse des chiroptères, l'acquisition d'un site d'hibernation et la mise en place d'un suivi) [2].

En revanche, est entaché d'erreur manifeste d'appréciation l'arrêté autorisant la construction d'éoliennes sans l'assortir de mesure contraignante de nature à prévenir les impacts négatifs du projet sur les oiseaux et chiroptères présents sur le site lors de l'exploitation des machines [3].

SECTION 2
IMPACT DE LA CONSTRUCTION SUR L'INTÉRÊT D'UN SITE OU D'UN PAYSAGE

116.51 **Texte.** Aux termes de l'article R. 111-27 du code de l'urbanisme, le projet peut être « refusé » ou n'être « accepté que sous réserve de l'observation de prescriptions spéciales » si les constructions, par leur situation, leur architecture, leurs dimensions ou l'aspect extérieur des bâtiments ou ouvrages à édifier ou à modifier, sont de nature à porter atteinte :

– au caractère ou à l'intérêt des lieux avoisinants ;

– aux sites ;

– aux paysages naturels ou urbains ;

– ainsi qu'à la conservation des perspectives monumentales.

116.52 **Préoccupations d'esthétisme.** L'article R. 111-27 du code de l'urbanisme est souvent présenté comme une prise en compte de l'esthétisme et du qualitatif dans les prescriptions d'urbanisme. Il confère à l'administration un certain pouvoir d'appréciation pour soumettre les constructions au bon goût, à l'esthétisme, à la mesure et à l'harmonie.

Historiquement, cette faculté a été reconnue à l'administration par la loi du 13 juillet 1911 imposant au pétitionnaire de « se soumettre aux prescriptions qui lui seront faites dans l'intérêt de la sûreté publique, de la salubrité ainsi que de la conservation des perspectives monumentales et des sites » [4]. Son champ a ensuite été étendu à d'autres hypothèses.

L'article R. 111-27 du code de l'urbanisme est en pratique très utilisé.

116.53 **Dispositions permissives.** Les dispositions de l'article R. 111-27 laissent à l'autorité administrative une « marge d'appréciation » pour accorder un permis de construire [5].

116.54 **Exemple de prescriptions.** L'autorité administrative peut par exemple autoriser la construction sous réserve de l'obligation, pour le constructeur, de se conformer à certaines prescriptions destinées à harmoniser le projet avec le bâti existant [6].

§ 1
Champ d'application

116.61 **Dispositions applicables même en présence d'un PLU.** L'article R. 111-27 du code de l'urbanisme s'applique même en présence d'un PLU ou d'un document d'urbanisme en tenant lieu [7]. Il s'efface toutefois devant un PLU contenant des prescriptions au moins aussi exigeantes [8].

1. CAA Nancy, 14 déc. 2017, *Assoc. de défense de l'environnement à Tiercelet*, req. n° 16NC02218, NP.
2. CAA Lyon, 3 mai 2018, *Assoc. Éolienne s'en naît trop*, req. n° 16LY02520, NP.
3. POUR UN SITE d'implantation abritant des espèces remarquables, menacées et particulièrement sensibles au risque de collisions avec les pâles des éoliennes : CAA Bordeaux, 15 nov. 2016, *Sté Escandorgue Énergie Éolienne*, req. n° 14BX02531, NP ; – Après cet arrêt, un nouvel arrêté préfectoral a autorisé le projet en l'assortissant cette fois de prescriptions jugées suffisantes : CAA Bordeaux, 23 févr. 2021, *Assoc. pour la conservation des ressources naturelles et des paysages caussenards*, req. n° 19BX00936, NP.
4. Décr. 26 mars 1852, art. 4, mod. par L. 13 juillet 1911, art. 118 : « Il devra pareillement adresser à l'Administration un plan et des coupes cotées des constructions qu'il projette, et se soumettre aux prescriptions qui lui seront faites dans l'intérêt de la sûreté publique, de la salubrité ainsi que de la conservation des perspectives monumentales et des sites, sauf recours au Conseil d'État par la voie contentieuse » ; – Le célèbre arrêt « Gomel » a été rendu au visa de cet article, le Conseil d'État jugeant que « la place Beauveau ne saurait être regardée dans son ensemble comme formant une perspective monumentale » (CE 4 avr. 1914, *Gomel*, req. n° 55125, *Lebon* : annulation de l'arrêté préfectoral ayant refusé sur ce motif l'autorisation de construire).
5. CE 11 oct. 2017, *Cté de cnes du pays de Longny-au-Perche*, req. n° 401355, NP.
6. CE 29 nov. 1996, *Huas*, req. n° 116282, *Lebon T.*
7. PAR EX. : CAA Bordeaux, 29 juin 2017, *SASU G1*, req. n° 15BX02459, NP – V. ss n° 111.71.
8. CE 20 avr. 2005, *Sté Bouygues Télécom*, req. n° 248233, *Lebon T.* ; – CE 9 mai 2012, *Saint-Pierre-Quiberon (Cne) c/SCI de Guévald*, req. n° 343721, NP ; – CE 20 mars 2013, *Franzolini*, req. n° 348532, NP : les dispositions du POS ayant le même objet que celles de l'article R. 111-27 du code de l'urbanisme et posant, eu égard aux caractéristiques de la ▶

116.62 Application au littoral. L'article R. 111-27 du code de l'urbanisme s'applique au littoral nonobstant l'existence d'une législation spécifique ayant pour objet la protection de celui-ci.

Par exemple, le juge annule l'arrêté autorisant la construction de 10 maisons à proximité immédiate du littoral, derrière une dune, dans un secteur inscrit à l'inventaire des sites, inclus dans un périmètre sensible et ayant conservé son caractère naturel (en dépit de la présence de plusieurs villas édifiées avant que le schéma directeur d'aménagement et d'urbanisme ne vienne exclure les constructions en matériaux durs) [1].

En revanche, le juge annule le refus d'autoriser la construction d'une villa sur un terrain en pente situé à proximité de la mer, dans le champ de visibilité d'un site inscrit et devant être flanquée d'un mur de soutènement de terre. Estimant qu'il n'apparaît pas que le projet, d'ailleurs comparable à des constructions existantes dans le lotissement soit susceptible, par ses caractéristiques, de porter atteinte au site dans lequel il devait être inséré, le Conseil d'État annule pour manque de base légale l'arrêté préfectoral en tant qu'il se fonde, pour refuser le permis, sur le motif que « le projet est incompatible avec la préservation de la qualité de l'environnement du fait de sa mauvaise insertion dans le site » [2].

§ 2
Mode d'emploi de l'article R. 111-27

A.
Apprécier la qualité du site puis évaluer l'éventuelle atteinte

116.71 Une approche en deux étapes. Pour apprécier si, en application de l'article R. 111-27 du code de l'urbanisme, il y a lieu de refuser le permis de construire ou l'assortir de prescriptions spéciales, l'autorité compétente doit procéder en deux temps [3].

Il lui appartient dans un premier temps d'évaluer la qualité du site au regard des motifs mentionnés par cet article. Elle doit ainsi rechercher si les lieux présentent un intérêt spécial :

- les lieux avoisinants sont-ils emprunts de caractères ou d'intérêts [4] ?

- le projet se trouve-t-il à proximité de sites particuliers (par leur histoire [5], leur beauté, leur architecture ou autres) ?

- le paysage naturel ou urbain environnant le terrain est-il fait de bric et de broc [6] ou contraire harmonieux ?

- le secteur offre-t-il des perspectives monumentales ?

Dans un second temps, il revient à l'autorité compétente d'évaluer l'impact que la construction, compte tenu de sa nature, de son aspect ou de ses effets, pourrait avoir sur le site ou, en d'autres termes, la façon dont elle va s'insérer dans son environnement :

- va-t-elle affecter les caractères ou l'intérêt des lieux avoisinants ?

- risque-t-elle de dénaturer un site ?

- va-t-elle rompre avec le paysage naturel ou urbain environnant ?

- remet-elle en cause l'existence d'une perspective monumentale ?

Ainsi, l'existence d'un site de qualité ne suffit pas. Il appartient également d'établir l'impact que la construction va emporter sur celui-ci. Tel n'est pas le cas lorsque la commune, pour s'opposer à un projet :

- fait état de ce que la construction est située à proximité du centre touristique, qui présente une grande homogénéité architecturale, mais n'indique pas en quoi les caractéristiques du projet seraient de

▶ zone à laquelle elles s'appliquent, des exigences qui ne sont pas moindres, « c'est par rapport aux dispositions du règlement du plan d'occupation des sols que la cour devait apprécier la légalité de la décision attaquée, en opérant un plein contrôle du respect, par le projet de construction, du caractère de son environnement » ; – L'article R. 111-27 s'applique en revanche si le PLU pose des exigences moindres : CE 24 mars 2017, *Sté Free Mobile*, req. nº 404378, NP – V. sˢ nº 111.82.

1. CE 3 févr. 1992, *SA « Maison Familiale Constructeur » et Saint-Pierre d'Oléron (Cne) c/Assoc. « Sté de protection des paysages de l'Île d'Oléron »*, req. nº 80416, NP : erreur manifeste du maire dans l'appréciation de l'atteinte portée au caractère et à l'intérêt des lieux avoisinants.
2. CE 8 juill. 1991, *SCI particulière « L'Esquirou »*, req. nº 86189, NP.
3. PAR EX., distinguant clairement les deux étapes : CE 26 oct. 2011, *Groupement agricole d'exploitation en commun Lefebvre et Fils*, req. nº 328241, *Lebon T.* ; – CAA Douai, 26 nov. 2015, *Min. Logement et Égalité des territoires*, req. nº 14DA01125, NP.
4. PAR EX. : CE 8 sept. 1995, *SIVOM du Larzac*, req. nº 106184, NP ; *BJDU* 1995. 369, concl. J.-C. Bonichot : arrêt soulignant que le site « présente un intérêt exceptionnel ».
5. CAA Lyon, 12 nov. 2013, *Sté Éole-Res*, req. nº 12LY02801, NP : arrêt soulignant « que, contrairement à ce que soutient la société requérante, le caractère et l'intérêt des lieux avoisinants, au sens de cette disposition, ne résident pas seulement dans l'attrait esthétique d'un paysage naturel ou urbain, mais peuvent aussi s'entendre de la valeur historique et culturelle d'un site ».
6. PAR EX. : CAA Nantes, 26 déc. 2003, *Roudaut*, req. nº 02NT01147, NP : arrêt relevant la présence, à proximité du terrain d'assiette du projet, de nombreuses constructions sans intérêt architectural particulier ; – DE MÊME : CE 15 déc. 2015, *Saint-Cergues (Cne)*, req. nº 374026, *Lebon T.* : soulignant que le terrain d'assiette du projet se trouve dans un quartier largement gagné par l'urbanisation et dont ni le bâti ni le paysage naturel ne présentaient d'intérêt particulier.

nature à porter atteinte aux monuments historiques avec lesquels il est en covisibilité[1] ;

– fait valoir que le projet ne prend pas en compte l'aspect architectural du quartier qui est composé d'un habitat de maisons de ville, généralement de trois étages, datant du XVIIIe siècle, mais n'apporte pas d'élément de nature à établir que le projet en cause, qui consiste à transformer une partie d'un ancien garage en maison d'habitation de trois étages, ne pourrait, par son aspect ou ses matériaux, s'insérer harmonieusement dans le bâti environnant[2] ;

– fait état de ce que la construction est située dans un secteur qui présente des « atouts considérables », en permettant notamment d'avoir « un beau point de vue sur le paysage urbain environnant », et de ce que les qualités particulières du site de la « pointe Meuse » dans lequel cette construction s'inscrit font l'objet d'un programme de mise en valeur par la communauté de communes, de tels éléments généraux n'étant pas de nature à établir que le projet en cause serait tel qu'il porterait atteinte au caractère ou à l'intérêt des lieux avoisinants[3] ;

– fait état de la présence, à proximité du projet, de plusieurs sites protégés, mais n'apporte à aucun moment de précision sur la nature ou l'ampleur des atteintes que le projet aurait été susceptible de leur porter[4].

116.72 Une approche d'abord formalisée pour apprécier l'atteinte à un paysage naturel. L'approche en deux temps dans la mise en œuvre de l'article R. 111-27 a d'abord été dégagée par le Conseil d'État relativement à l'un des motifs qu'il mentionne, en l'occurrence l'insertion de la construction dans un paysage naturel[5].

Le Conseil affirmait que pour rechercher l'existence d'une atteinte à un paysage naturel de nature à fonder le refus de permis de construire ou les prescriptions spéciales accompagnant la délivrance de ce permis, il appartient à l'autorité administrative de procéder en deux temps.

Dans un premier temps, il lui revient d'apprécier « la qualité » du site naturel sur lequel la construction est projetée ».

Dans un second temps, il lui appartient d'évaluer « l'impact » que cette construction, compte tenu de sa nature et de ses effets, pourrait avoir sur le site.

116.73 Une approche ensuite formalisée pour tous les motifs mentionnés à l'article R. 111-27, y compris en cas de démolition. L'approche en deux temps a par la suite été étendue aux autres motifs mentionnés à l'article R. 111-27.

Il « n'en va pas différemment lorsqu'il a été fait usage de l'article L. 451-1 du code de l'urbanisme permettant que la demande de permis de construire porte à la fois sur la construction et sur la démolition d'une construction existante, lorsque cette démolition est nécessaire à cette opération ». Dans un tel cas, indique-t-il, « il appartient à l'administration d'apprécier l'impact, sur le site, non de la seule démolition de la construction existante mais de son remplacement par la construction autorisée »[6].

116.74 Nécessité de suivre les deux étapes du raisonnement. L'administration (comme le juge qui contrôle le cas échéant sa décision) ne peut faire l'économie de la première étape et se prononcer directement sur la deuxième.

Par exemple, une atteinte à l'intérêt des lieux avoisinants ou aux paysages naturels ou urbains « ne peut être appréciée qu'eu égard à l'intérêt et aux éléments caractéristiques de ces lieux avoisinants ou paysages ». Il convient donc, dans un premier temps, de caractériser cet intérêt ou ces caractères particuliers. Un tribunal commet une erreur de droit en affirmant qu'un projet de construction porte atteinte au « tissu urbain » environnant « quand bien même ce dernier serait dépourvu de caractère particulier »[7].

116.75 Établissement de la qualité d'un site. L'existence d'une protection constitue un élément important pour reconnaître la qualité d'un site. Aussi le juge tient-il compte des classements dont il a fait l'objet : zone natura 2000, classement par l'UNESCO au titre du patrimoine commun de l'humanité[8], espace remarquable, site classé[9], monument historique[10].

Toutefois, la circonstance qu'une construction intervienne dans un tel site ou à proximité de celui-ci n'emporte pas automatiquement reconnaissance d'une atteinte à celui-ci[11].

1. CAA Nancy, 10 oct. 2013, *Verdun (Cne)*, req. no 13NC00030, NP ; *Envir.* 2013, no 12, comm. 86, obs. D. Gillig.
2. CAA Nancy, 10 oct. 2013, *Verdun (Cne)*, req. no 13NC00030.
3. CAA Nancy, 10 oct. 2013, *Verdun (Cne)*, req. no 13NC00030.
4. CE 3 oct. 2016, *Bellegarde (Cne)*, req. no 390716, NP.
5. CE 13 juill. 2012, *Assoc. Engoulevent*, req. no 345970, *Lebon T. ; BJDU* 2012. 362, concl. X. de Lesquen.
6. CE 12 mai 2022, *Sté Léane*, req. no 453959, *Lebon T. ; JCP Adm.* 2022, no 2219, concl. M. Sirinelli ; *Constr.-Urb.* 2022, comm. 78, note X. Couton ; *RDI* 2022. 421, obs. P. Soler-Couteaux.
7. CE 1er juill. 2009, *Pierre*, req. no 319143, NP.
8. CAA Bordeaux, 29 juin 2017, *SASU G1*, req. no 15BX02459, NP.
9. CE 1er sept. 1992, *SCI Juan-les-Pins Centre*, req. no 116491, NP.
10. CAA Douai, 7 mars 2013, *Sté E. On énergies renouvelables*, req. no 12DA00065, NP.
11. CAA Lyon, 12 nov. 2013, *Assoc. Chambaran sans éolienne industrielle*, req. no 13LY00173, NP : arrêt précisant que « la présence, dans l'aire d'étude, de onze sites inscrits et deux sites classés, ainsi que deux zones de protection du patrimoine architectural, urbain et paysager, ne suffit pas à caractériser l'atteinte que le projet serait susceptible d'y porter ».

En outre, les dispositions de l'article R. 111-27 « peuvent trouver application alors même que les lieux avoisinants n'auraient fait l'objet d'aucune décision administrative mettant en œuvre une procédure de protection »[1]. L'intérêt du site peut en effet ressortir de ses caractéristiques propres (caractère sauvage, préservé, qualité architecturale des constructions existantes, esthétisme d'un paysage, valeur historique et culturelle, etc.).

116.76 Examen particulier des circonstances, exclusion des considérations générales. Il appartient à l'administration de procéder à un examen particulier des circonstances et de justifier de façon précise, au regard de celles-ci, les raisons pour lesquelles elle estime que le projet est de nature à porter atteinte à la qualité du site. Elle ne peut se fonder sur des considérations trop générales.

En conséquence, le juge censure le refus de permis de construire fondé :

– sur une prétendue impossibilité d'autoriser une quelconque construction sur la falaise, négligeant ainsi de procéder à l'examen particulier du projet de construction qui lui était présenté[2] ;

– sur ce que l'implantation d'une habitation à l'endroit projeté « est de nature à porter atteinte au caractère ou à l'intérêt du site », édictant ainsi une prétendue impossibilité de construire quelque habitation que ce soit à cet endroit[3].

116.77 Approche relative : appréhension du projet au regard de son environnement. La possibilité pour l'autorité administrative de mettre en œuvre des dispositions de l'article R. 111-27 dépend de l'environnement dans lequel doit être implantée la construction.

Si cet environnement n'a aucun caractère ou intérêt, s'il ne comporte que des bâtiments sans aucune unité ou qualité architecturale, l'autorité compétente ne pourra pas s'en prévaloir pour s'opposer au projet[4], à moins que le projet tranche véritablement avec cet environnement.

En revanche, dans un environnement urbain ou naturel doté de caractère, l'autorité publique pourra refuser une construction qui viendrait y porter atteinte.

Il résulte de cette approche relative qu'un même projet (comme la construction un village vacances à proximité du littoral) peut être autorisé dans un cas[5] et refusé dans un autre[6], du fait de la différence d'intérêt des sites d'implantation ou plus largement de la façon dont la construction s'insérera dans son environnement.

116.78 Monument historique. Pour apprécier aussi bien « la qualité du site » que « l'impact » de la construction projetée sur ce site, il appartient à l'autorité administrative « de prendre en compte l'ensemble des éléments pertinents et notamment, le cas échéant, la covisibilité du projet avec des bâtiments remarquables, quelle que soit la protection dont ils bénéficient par ailleurs au titre d'autres législations »[7].

Cette formule signifie que le mode d'emploi décrit dans la jurisprudence « Engoulevent » doit être mis en œuvre en lui-même, indépendamment des protections résultant d'autres législations. En particulier, la législation du code du patrimoine n'évince pas la réglementation du code de l'urbanisme, et ce pour une raison simple : ni les textes, ni la jurisprudence n'ont conçu ces deux régimes comme étant exclusifs l'un de l'autre. En premier lieu, les deux dispositifs peuvent s'appliquer simultanément. Le Conseil d'État a ainsi estimé que l'article R. 111-27 peut s'appliquer lorsque l'immeuble est situé dans le périmètre d'un monument historique[8]. En second lieu, l'inapplication de l'un n'entraîne pas l'inapplication de l'autre. Il a ainsi été jugé que l'article R. 111-27 peut s'appliquer même lorsque l'immeuble se trouve situé en dehors du périmètre d'un monument historique[9].

L'article R. 111-27 implique donc d'apprécier la qualité du site et l'impact qui lui est porté sans prendre en compte d'autres considérations. Il en résulte, concrètement, que tout élément du site doit être pris en compte peu importe le classement dont il bénéficie – ou non – par ailleurs[10]. D'une part, pour

1. CE, sect., 6 mai 1970, *SCI Résidence Reine Mathilde*, req. n° 72946, *Lebon* 308, concl. G. Guillaume ; *RDP* 1971. 232, note M. Waline ; – DANS LE MÊME SENS : CE 21 mars 2001, *Courrège*, req. n° 190043, NP ; *Constr.-Urb.* 2001, n° 184, obs. Léon – CAA Marseille, 15 janv. 2010, *S^té^ Trelans Lozère énergie*, req. n° 07MA00898, NP.
2. CE 22 oct. 1982, *Le Queau*, req. n° 31661, *Lebon T.* 786.
3. CE 9 nov. 1983, *Ody (Ép^x^)*, req. n° 33179, NP.
4. PAR EX. : CE 29 janv. 1993, *Min. Équipement, Logement et Transports c/Prévost*, req. n° 100938, NP ; – CE 4 mars 1994, *Davin*, req. n° 97336, NP ; – CE 10 juill. 1996, *S^té^ Hôtel de la Rade*, req. n° 136973, NP.
5. CE, sect., 31 déc. 1976, *Assoc. « Les amis de l'île de Groix »*, *Lebon* 585.
6. CE 9 mai 1979, *SCI « Résidence de Castellon »*, *Lebon* 201.
7. CE 22 sept. 2022, *Ministre de la transition écologique et de la cohésion des territoires c/Société Ferme éolienne de Seigny*, req. n° 455658, *Lebon T.*, *Actu-juridique.fr*, 5 janv. 2023, note O. Le Bot ; *RDI* 2022. 610, obs. P. Soler-Couteaux ; *BJDU* 2022. 15, concl. N. Agnoux ; *BJDU* 2023. 17, note D. Botteghi ; *Revue de droit rural* 2023, comm. 41, note V. Doebelin ; *Constr.-Urb.* 2022, comm. 118, note X. Couton. Sur le critère de la covisibilité, v. p. ex. CE 24 mars 2023, *Association Paysages et forêts de l'Armançon*, req. n° 460474, NP ; CE 23 févr. 2024, *S^té^ La Champagne*, req. n° 474269, NP.
8. CE 7 nov. 1980, *Min. Environnement et du cadre de vie et SCI Alvarado*, req. n° 15459, *Lebon*.
9. V. en ce sens CE 12 oct. 2018, *S^té^ Néoen*, req. n° 412104, *Lebon T.* ; *JCP Adm.* 2019, n° 2077, chron. O. Le Bot.
10. V. s^s^ n° 116.75.

apprécier *la qualité* du site (première étape de la jurisprudence « Engoulevent »), un tel classement constitue seulement un indice. D'autre part, pour apprécier *l'impact* sur le site (seconde étape de la jurisprudence « Engoulevent »), le classement constitue un élément indifférent. Ainsi, l'existence d'un régime de protection n'emporte pas automatiquement reconnaissance d'une atteinte. Inversement, l'absence de régime de protection n'empêche pas de caractériser l'atteinte. Par exemple, la circonstance que deux châteaux se trouvant en situation de co-visibilité avec un projet se situent à 5 kilomètres de celui-ci (donc en dehors du champ de protection des monuments historiques) n'empêche nullement de regarder la construction des éoliennes comme affectant la qualité du site au sens de l'article R. 111-27[1].

B.
Nature de l'atteinte

116.81 Une atteinte visible. Les dispositions de l'article R. 111-27 visent les projets qui « portent une atteinte visible à leur environnement naturel ou urbain »[2].

116.82 Inapplication aux constructions non visibles depuis l'extérieur. Les dispositions de l'article R. 111-27 ne sont pas applicables aux travaux « dont les effets ne sont pas visibles de l'extérieur du bâtiment qu'ils concernent »[3] comme, par exemple :

– les travaux de construction d'une galerie et d'un escalier dans la cour d'un château, qui ne sont susceptibles de porter atteinte qu'à l'apparence intérieure du bâtiment[4] ;

– les travaux sur un pavillon, alors même qu'il romprait l'équilibre et l'unité architecturale du bâtiment, dès lors le volume créé ne sera pas visible de la rue et du reste de la copropriété dans laquelle il se situe[5].

Ainsi, ces dispositions ne peuvent pas être utilisées pour les atteintes que le projet se porte à lui-même si cette atteinte n'a pas d'incidences sur son environnement. Elles s'appliquent aux atteintes générées par la construction mais non aux atteintes portées à la construction.

116.83 Application possible aux travaux concernant l'aspect d'un bâtiment. Les dispositions de l'article R. 111-27 visent tout projet portant une atteinte à son environnement. Ainsi que l'indique le Conseil d'État, ses dispositions peuvent « s'appliquer à des travaux qui affectent l'aspect du bâtiment lui-même sur lequel ils sont exécutés, notamment lorsque, ce bâtiment contribuant au caractère monumental d'une perspective, il est porté atteinte à celle-ci »[6]. Par exemple, est entachée d'erreur manifeste d'appréciation l'autorisation de procéder à des travaux d'ouverture en façade sud d'un château dès lors qu'ils portent atteinte à la perspective monumentale qui s'offrait sur cette même façade[7].

En revanche, l'article R. 111-27 ne peut être mis en œuvre pour une atteinte au bâtiment lui-même, sans impact sur son environnement. En d'autres termes, ses dispositions ne permettent pas au maire de se faire les arbitres du bon goût. Ainsi, et par exemple, un refus de construction ne peut être fondé sur la circonstance qu'elle ne respecterait pas la vérité « archéologique » du bâtiment[8].

C.
Intérêts protégés

116.91 Quatre intérêts limitativement énumérés. Les dispositions de l'article R. 111-27 ne peuvent être opposées à un projet que pour assurer la protection des intérêts qu'elles mentionnent expressément :

- caractère ou intérêt des lieux avoisinants ;
- sites ;
- paysages naturels ou urbains ;
- conservation des perspectives monumentales.

Elles ne peuvent pas être utilisées à une autre fin. Comme l'indique le Conseil d'État, les dispositions de l'article R. 111-27 « excluent qu'il soit procédé [...] à une balance d'intérêts divers en présence, autres que ceux visés » par cet article[9].

116.92 Absence de prise en compte d'autres intérêts ni de mise en œuvre d'une politique d'urbanisme. En dépit de la tentation que peuvent avoir les autorités publiques, l'article R. 111-27 du code de

1. CE 22 sept. 2022, *Ministre de la transition écologique et de la cohésion des territoires c/Société Ferme éolienne de Seigny*, req. n° 455658.
2. CE 1er juill. 2009, *SCI Château de Ledeuix*, req. n° 309133, *Lebon T. ; BJDU* 2009. 263, concl. A. Courrèges ; – CE 1er juill. 2009, *Pierre*, req. n° 319143, NP ; – CE 13 mars 2020, *Sté Cogedim Grand Lyon et Lyon (Ville)*, req. n° 427408, *Lebon T.*
3. CE 1er juill. 2009, *SCI Château de Ledeuix*, req. n° 309133.
4. CE 1er juill. 2009, *SCI Château de Ledeuix*, req. n° 309133.
5. CE 1er juill. 2009, *Pierre*, req. n° 319143, NP.
6. CE 1er juill. 2009, *SCI Château de Ledeuix*, req. n° 309133.
7. CE 1er juill. 2009, *SCI Château de Ledeuix*, req. n° 309133.
8. CE, sect., 16 mars 1973, *Min. Équipement et Logement et min. d'État chargé des affaires culturelles c/Guiral*, req. n° 80344, *Lebon* 228.
9. CE 13 juill. 2012, *Assoc. Engoulevent*, req. n° 345970, *Lebon T. ; BJDU* 2012. 362, concl. X. de Lesquen ; – CE 12 mai 2022, *Sainte-Léane*, req. n° 453959, *Lebon T. ; JCP Adm.* 2022, n° 2219, concl. M. Sirinelli ; *Constr.-Urb.* 2022, comm. 78, note X. Couton ; *RDI* 2022. 421, obs. P. Soler-Couteaux.

l'urbanisme ne peut pas être utilisé à d'autres fins que celles qu'il mentionne. Aussi ne peut-il servir pour :

– lutter contre l'urbanisation linéaire le long des principales voies de circulation, ou encore préserver les « respirations paysagères » et les vues latérales offertes sur le relief, de telles finalités relevant de considérations générales sur le développement de l'urbanisation qu'il appartenait à la commune de traduire dans son plan local d'urbanisme[1] ;

– préserver le maintien de tel ou tel type d'activité économique[2] ;

– maintenir la vocation agricole d'un secteur[3] ;

– préserver les fonctionnalités bioclimatiques d'une habitation (à laquelle un projet de construction allait faire de l'ombre)[4] ;

– protéger les vues des habitations voisines[5] ou leur ensoleillement[6].

116.93 Absence de prise en compte de l'intérêt s'attachant à la réalisation du projet. Pour l'application de l'article R. 111-27 du code de l'urbanisme, l'atteinte au caractère ou à l'intérêt des lieux avoisinants, aux sites, aux paysages et à la conservation des perspectives monumentales doit être appréciée en tant que telle par l'autorité d'urbanisme, sous le contrôle du juge, « indépendamment de l'intérêt général éventuellement attaché à la réalisation du projet en cause »[7]. Dès lors, l'administration ne commet pas d'erreur de droit en s'abstenant de mettre en balance l'atteinte aux paysages avoisinants et l'intérêt du projet au regard d'intérêts publics tels que le développement des énergies renouvelables[8].

§ 3
Contrôle juridictionnel

116.101 Étendu du contrôle. Le juge exerce un contrôle asymétrique sur la mise en œuvre de l'article R. 111-27.

Sur la décision délivrant l'autorisation de construire, il exerce un contrôle de l'erreur manifeste d'appréciation[9] car « lorsqu'elle accorde le permis de construire demandé, l'autorité administrative exerce en opportunité le pouvoir que lui reconnaît » l'article R. 111-27[10]. Le Conseil d'État censure en conséquence un arrêt dans lequel la cour administrative d'appel a exercé un contrôle normal à la place du contrôle restreint[11].

Sur la décision refusant la délivrance du permis de construire, le juge exerce un contrôle normal[12].

116.102 Éléments du dossier. Pour forger son appréciation, le juge prend en compte les éléments produits par les parties : photographies, cartes, vues aériennes, plan cadastral, avis émis par les autorités consultées[13] (sans être lié par ceux-ci[14]), plan du permis de construire, prescriptions dont il est assorti[15].

Le cas échéant, il procède à une visite des lieux[16].

116.103 Contrôle du juge de cassation. Le juge de cassation laisse à l'appréciation souveraine des juges du fond, sous réserve de dénaturation, l'appréciation de la qualité des lieux et de l'impact porté à ceux-ci par la construction[17].

Il contrôle également l'erreur de droit[18].

1. CAA Lyon, 15 oct. 2013, *Saint-Cergues (Cne)*, req. n° 13LY01052, NP ; – POUR LE REJET DU POURVOI formé contre cet arrêt : CE 15 déc. 2015, *Saint-Cergues (Cne)*, req. n° 374026, *Lebon T.*
2. CE 27 févr. 1980, *Min. Environnement et Rouxel c/Guedes*, req. n° 12956, *Lebon* 115.
3. CE 11 mai 1984, *Synd. agricole de Mollans*, req. n° 36672, NP.
4. CE 13 mars 2020, *Sté Cogedim Grand Lyon et Lyon (Ville)*, req. n° 427408, *Lebon T.*
5. CE 11 janv. 1984, *Allard*, req. n° 23174, *Lebon T.* 776 – CE 14 nov. 1984, *Paillard*, req. n° 52203, *Lebon T.* ; – CE 29 déc. 1993, *Montagne*, req. n° 126651, NP.
6. CE 9 janv. 1991, *Colombes (Cne)*, req. n° 91162, NP.
7. CAA Douai, 26 nov. 2015, *Min. Logement et Égalité des territoires*, req. n° 14DA01125, NP.
8. CAA Douai, 26 nov. 2015, *Min. Logement et Égalité des territoires*, req. n° 14DA01125, NP – DANS LE MÊME SENS : CAA Paris, 3 déc. 2015, *Sté EDF Énergies Nouvelles France*, req. n° 14PA00378, NP.
9. PAR EX. : CE 26 oct. 2011, *Groupement agricole d'exploitation en commun Lefebvre et Fils*, req. n° 328241, *Lebon T.*
10. CE 18 mai 1984, *Sté d'étude, de réalisations et de documentation immobilières*, req. n° 20893, NP.
11. CE 11 oct. 2017, *Cté de cnes du pays de Longny-au-Perche*, req. n° 401355, NP.
12. CE 25 janv. 1974, *Rouquette (Dame)*, req. n° 89483, *Lebon T.* 1214.
13. CAA Marseille, 15 janv. 2010, *Sté Trelans Lozère énergie*, req. n° 07MA00898, NP.
14. CE 5 juin 2002, *Chabauty*, req. n° 222390, *Lebon T.* 902.
15. CE 26 juin 1991, *Rocca-Serra*, req. n° 81173, NP : le projet ayant fait l'objet d'un avis favorable de l'architecte des bâtiments de France sous réserve de prescriptions particulières, le juge estime que, dans les circonstances de l'espèce, l'autorisation délivrée n'est, « de ce chef », pas entachée d'une erreur manifeste d'appréciation ; – ÉGALEMENT : CE 19 juill. 2010, *Assoc. du quartier Les Hauts de Choiseul*, req. n° 328687, *Lebon ; JCP G* 2011, comm. 55, note D. Del Prete et J.-V. Borel : *Dr env.* 2010. 396, note K. Duhamel ; *JCP Adm.* 2011, comm. 2119, note P. Billet : l'autorisation d'installer un pylône de relais de téléphonie n'est pas entachée d'erreur manifeste d'appréciation compte tenu des prescriptions dont l'ABF a assorti son avis (prescription que l'antenne reçoive une teinte sombre dans le ton des sapins qui l'entourent) et eu égard à la nature de l'ouvrage en cause.
16. PAR EX. : CE, sect., 31 déc. 1976, *Assoc. « Les amis de l'île de Groix »*, *Lebon* 585 ; – CE 1er déc. 1978, *Drouet*, req. n° 05092, *Lebon T.* 973.
17. CE 9 févr. 2004, *Jadeau*, req. n° 217224, NP ; *BJDU* 2004. 214, concl. T. Olson, obs. J.-C. B ; – CE 27 sept. 1999, *Sté Abil et Charbonneau*, req. n° 180322, *Lebon T.* 1084.
18. PAR EX. : CE 12 oct. 2018, *Sté Néoen*, n° 412104, *Lebon T.* ; *JCP Adm.* 2019, n° 2077, chron. O. Le Bot ; – CE 21 mars 2001, *Courrège*, req. n° 190043, NP ; *Constr.-Urb.* 2001, n° 184, obs. Léon.

§ 4
Illustrations jurisprudentielles

A.
Hangars, usines, bâtiments techniques

116.111 Insertion entre des bâtiments agricoles déjà existants. Le projet de construction d'un bâtiment destiné à l'élevage de lapin, dans une zone où se trouvent d'autres exploitations agricoles et alors qu'il existait déjà entre le bâtiment projeté, et l'extrémité du village deux autres bâtiments à usage d'élevage de lapin n'est pas de nature à porter atteinte au caractère ou à l'intérêt des lieux avoisinants, malgré la présence entre l'extrémité du village et l'élevage de lapin existant d'un terrain à usage récréatif aménagé par des particuliers[1].

116.112 Imposant bâtiment agricole dans un massif boisé. Est entachée d'erreur manifeste d'appréciation l'autorisation de construire un hangar occupant une emprise au sol de 56 m par 31 pour une hauteur maximale proche de 8 m au sein d'un site boisé inscrit[2].

Le juge relève dans un premier temps les qualités du site : le terrain d'assiette du projet de construction est situé à l'intérieur des limites du site de la Montagnette, inscrit par arrêté ministériel sur la liste des monuments naturels et des sites dont la conservation ou la préservation présente, au point de vue artistique, historique, scientifique, légendaire ou pittoresque un intérêt général ; cet ensemble de collines boisées forme le décor naturel de la commune de Tarascon vers le nord et l'est, notamment le long d'une route départementale.

Le juge souligne dans un second temps que le projet autorisé est de nature à porter atteinte « au caractère et à l'intérêt » de cette partie du site inscrit de la Montagnette :

– par l'implantation et les dimensions du hangar ;

– par l'incidence de cette construction sur la perception du paysage de la Montagnette depuis la route départementale, depuis laquelle il barre la perspective ;

– par son incidence sur le caractère des abords de ce massif.

116.113 Petite usine masquée par le bois. N'est pas entachée d'erreur manifeste d'appréciation le permis de construire une usine dans le massif des Maures, dès lors que son volume n'excède pas celui d'une grosse maison, qu'elle n'est pas visible depuis la route, le massif étant boisé et depuis laquelle on n'aperçoit que 3 maisons, dont une en ruine, les deux autres se trouvant à 600 mètres[3].

116.114 Bâtiment pour hélicoptères (changement de destination sans modification visuelle). N'est pas entachée d'erreur manifeste d'appréciation le permis de construire de construire un hangar supplémentaire et des locaux techniques et d'hébergement sur le site de l'héliport de Chamonix, dès lors que si le permis a pour objet et pour effet d'autoriser la construction d'installations nouvelles sur le site de l'hélistation, il n'a pas pour effet d'en changer la destination ni de modifier, de manière substantielle, l'impact de ces installations sur le site environnant[4].

116.115 Hangar dans un quartier d'habitation. La seule circonstance que le hangar autorisé soit situé dans une zone à vocation pavillonnaire alors qu'il existerait une zone industrielle dans la commune ne suffit pas à établir que l'autorité administrative aurait commis une erreur manifeste dans son appréciation de l'atteinte portée au caractère ou à l'intérêt des lieux avoisinants[5].

116.116 Hangar dans une partie non urbanisée. La circonstance qu'une parcelle soit située dans une partie actuellement non urbanisée de la commune ne permet pas à elle seule à l'autorité administrative de motiver sa décision par l'atteinte que la construction d'un hangar agricole porterait au caractère ou à l'intérêt des lieux avoisinants, aux sites, aux paysages naturels dans lequel s'inscrit cette parcelle[6].

B.
Éoliennes et parcs photovoltaïques

1°
Application de l'article R. 111-27 nonobstant un PLU autorisant les ouvrages d'énergie renouvelable

116.121 Opposition à un projet dénaturant un site même si le PLU autorise leur implantation. L'article R. 111-27 du code de l'urbanisme pouvant s'appliquer dans les territoires dotés d'un PLU, les dispositions d'un PLU autorisant la construction des installations de production d'énergie renouvelable ne font pas obstacle à ce que le préfet refuse l'auto-

1. CE 22 juill. 1994, *Auboue (Cne)*, req. nº 132789, NP ; *BJDU* 1994. 45, concl. F. Loloum.
2. CE 26 oct. 2011, *Groupement agricole d'exploitation en commun Lefebvre et Fils*, req. nº 328241, *Lebon T.*
3. CE 7 nov. 1990, *Foncin*, req. nº 74181, NP : à la lumière des conclusions du commissaire du gouvernement.
4. CE 23 oct. 2002, *Chamonix-Mont-Blanc (Cne)*, req. nº 219663, NP ; *BJDU* 2002. 367, concl. P. Collin.
5. CE 20 oct. 1993, *Estevez*, req. nº 89215, *Lebon T.* 1105.
6. CAA Marseille, 17 déc. 2010, *Berna*, req. nº 09MA00790, NP.

risation demandée en se fondant sur la méconnaissance des dispositions du code de l'urbanisme relatives à l'insertion dans le site[1].

2°
Éoliennes

116.131 Critères d'appréciation. Pour apprécier l'insertion des éoliennes dans leur environnement[2], sont notamment pris en compte :

- leur taille ;
- leur nombre ;
- leur position ;
- leur lieu d'implantation ;
- leur impact visuel (sur les paysages naturels, sur des bâtiments classés, la construction d'éoliennes pouvant conduire à un effet d'écrasement de ceux-ci) ;
- leurs effets sur la faune ;
- la circonstance que des éoliennes existent déjà dans le paysage (la construction de nouveaux aérogénérateurs pouvant aboutir à un effet de saturation).

L'appréciation s'effectuant uniquement au regard de l'insertion de la construction dans un site, ne constitue pas un critère l'intérêt qui s'attache au développement des énergies renouvelables[3].

Le contentieux est abondant, les permis de construire des éoliennes étant, tout comme les refus, systématiquement attaqués.

116.132 Projet portant atteinte au site. L'autorité administrative s'oppose à bon droit à la construction d'éoliennes dénaturant un paysage :

- construction de deux éoliennes d'une hauteur de 91 mètres pales comprises à proximité immédiate de la route des crêtes des Vosges, compte-tenu de l'intérêt qui s'attache à la préservation de ce paysage naturel typique, qui n'est à présent affecté que par quelques fermes auberges éparses et, au niveau du point d'implantation prévu, que par le tronçon supérieur de deux téléskis de modeste dimension[4] ;
- construction de six éoliennes de près de 80 mètres de haut dans un espace essentiellement agricole et vierge de toute construction, en continuité avec le littoral constitué par des sites remarquables faisant partie intégrante du patrimoine touristique le plus emblématique de la Guadeloupe, de nature à transformer la perception du paysage observé depuis les points de vue les plus déterminants[5] ;
- construction de six éoliennes, non dissimulées par le relief (et de ce fait nettement visibles notamment depuis la pointe du Touquet) créant une barrière visuelle longue d'environ 3 kilomètres (cette disposition ne pouvant qu'accentuer et diffuser la présence d'engins de type industriel dans un paysage qui mérite, de par sa qualité, d'être préservé d'atteintes significatives et pérennes)[6] ;
- construction de six éoliennes d'une hauteur de 145 mètres, qui plus est sur une petite crête, dans un paysage vallonné permettant d'avoir des vues lointaines, dans un site emblématique des Vosges, à proximité de la station thermale de Vittel et de 18 monuments historiques qui seront dans une situation de visibilité ou de covisibilité[7] ;
- construction de dix éoliennes qui, compte tenu de leur implantation, de leurs grandes dimensions et du phénomène de covisibilité, provoqueront un effet d'écrasement de l'église de nature à porter atteinte à son intérêt et à son caractère[8].

Le juge annule le permis de construire des éoliennes qui dénature un paysage :

- construction de huit éoliennes dans un site qui présente une unité paysagère marquée par une succession de vastes étendues planes, très peu altérée par l'activité humaine, et pour lequel, en raison de ces caractéristiques naturelles remarquables, il existe un intérêt touristique important (annulation du projet d'édification, sur une ligne de plus d'un kilomètre, de huit éoliennes d'une hauteur de plus de 50 mètres, constituant une rupture notable dans les perspectives du paysage et altérant la qualité des lieux avoisinants le projet)[9] ;
- construction de six éoliennes, eu égard à leur dimension et à leur implantation à quelques mètres

1. CAA Bordeaux, 29 juin 2017, *SASU G1*, req. nº 15BX02459, NP.
2. J. Bonneau et L. Daydie, « L'insertion paysagère des installations de production d'énergies renouvelables », *Envir.* 2015, ét. nº 13 – M. Heinis, « Le contentieux de l'impact visuel des éoliennes dans la jurisprudence du Conseil d'État », *AJDA* 2022. 2517.
3. CAA Douai, 26 nov. 2015, *Min. Logement et Égalité des territoires*, req. nº 14DA01125, NP ; – DANS LE MÊME SENS : CAA Paris, 3 déc. 2015, *Sté EDF Énergies Nouvelles France*, req. nº 14PA00378, NP.
4. CAA Nancy, 30 oct. 2008, *Min. Écologie c/La Bresse (Cne)*, req. nº 07NC01531, NP : arrêt regardant le projet, par la dimension et la localisation des éoliennes en cause, comme portant atteinte aux paysages naturels.
5. CAA Bordeaux, 7 mai 2015, *Sté Énergie Portlands*, req. nº 14BX00077, NP : arrêt indiquant qu'eu égard à la topographie des lieux, caractérisée notamment par le caractère linéaire des falaises remarquables associé à un vaste paysage naturel verdoyant et vierge de toute construction, l'exécution du projet litigieux « aurait sur ces sites naturels d'une beauté remarquable, un impact particulièrement fort ».
6. CAA Douai, 26 nov. 2015, *Min. Logement et Égalité des territoires*, req. nº 14DA01125, NP.
7. CAA Nancy, 9 juin 2011, *Aquilon Énergies SAS*, req. nº 10NC01414, NP.
8. CAA Douai, 7 mars 2013, *Sté E. On énergies renouvelables*, req. nº 12DA00065, NP.
9. CAA Marseille, 15 janv. 2010, *Sté Trelans Lozère énergie*, req. nº 07MA00898, NP.

en contrebas d'une ligne de crête, dans un site naturel remarquable[1].

116.133 **Projet ne portant pas atteinte au site.** N'est pas entaché d'erreur manifeste d'appréciation le permis de construire :

– douze éoliennes d'une hauteur maximale de 98 mètres, éloignées du cours même du Rhône et du défilé de Donzère, et s'inscrivant, sans lui porter atteinte, dans un site traversé par une ligne TGV et une autoroute où s'est largement développée une urbanisation diffuse tant en ce qui concerne l'habitation que les activités artisanales et industrielles[2] ;

– quatre éoliennes dans un vaste espace agricole remembré, ne présentant pas de caractère particulier et distant de plus de 700 mètres des habitations les plus proches[3] ;

– seize éoliennes dans un paysage largement ouvert et de très grande qualité, alors même que la présence sur cette ligne de crête d'éoliennes dont la hauteur maximale excède 110 mètres modifiera l'aspect de ces paysages, dès lors que les distances et la topographie des lieux combinées avec des perspectives largement ouvertes atténuent la perception des éoliennes dans ces paysages, qu'ils soient proches ou plus lointains[4] ;

– cinq éoliennes, alors même que le projet sera visible depuis le bourg, à partir notamment de la place située devant une église classée monument historique, dès lors que l'atteinte que ce projet est susceptible de porter au paysage ou à l'environnement visuel demeure limitée[5] ;

– dix-sept éoliennes, dès lors que le lieu d'implantation du projet ne fait l'objet d'aucune protection au titre du patrimoine naturel et ne figure pas parmi les paysages emblématiques du Morbihan répertoriés par l'atlas des paysages de ce département, et que l'impact visuel est maîtrisé par le choix de leur implantation et par leur disposition[6].

3° Parcs photovoltaïques

116.141 **Refus en cas de dénaturation d'un site.** L'autorité administrative peut s'opposer à la délivrance d'une autorisation d'installer un parc photovoltaïque s'il s'avère que le projet est de nature à porter atteinte au caractère ou à l'intérêt des lieux environnants[7].

C. Complexes touristiques

116.151 **Atteinte.** Est entaché d'erreur manifeste d'appréciation l'arrêté autorisant la construction :

– d'un important complexe touristique d'une centaine de mètres de longueur au bord même du plateau surplombant le Cirque de Navacelles, site naturel classé présentant « un intérêt exceptionnel », dès lors qu'il aurait pour effet « de porter gravement atteinte au caractère des lieux »[8] ;

– d'un hôtel de plus de 20 000 m², dans le site inscrit de Juan-les-Pins et à proximité du site classé du cap d'Antibes, qui impliquerait la disparition totale d'un parc boisé et l'arasement d'une butte naturelle, et contribuerait ainsi de manière notable à la détérioration d'un paysage protégé[9].

D. Constructions d'inspiration contemporaine

116.161 **Maison d'habitation.** N'est pas entachée d'erreur manifeste l'autorisation de construire une maison d'inspiration contemporaine compte tenu, d'une part, de sa hauteur réduite ne dépassant pas la ligne de crête et, d'autre part, de son intégration paysagère, grâce, notamment, aux plantations prévues (absence d'atteinte à l'intérêt des lieux avoisinants caractérisés par la présence de nombreuses constructions sans intérêt architectural particulier, absence d'atteinte au site inscrit des rives de l'aber Wrac'h)[10].

116.162 **Bâtiment communal.** N'est pas entachée d'erreur manifeste l'autorisation de construire dans un village un bâtiment communal d'aspect contemporain « compte tenu de l'hétérogénéité des bâtiments, dont certains sont neufs, dans l'environnement immédiat du projet litigieux »[11].

1. CE 11 juill. 2012, *Sté Juwi Énergies renouvelables c/Assoc. « Vents de folie »*, req. n° 347001 ; *Lebon T.* 919.
2. CAA Lyon, 3 févr. 2004, *Min. Équipement c/Sté Éole Res*, req. n° 03LY01697, NP.
3. CAA Nancy, 26 nov. 2009, *Devaux et a. c/Préfet de la Marne*, req. n° 08NC01095, NP.
4. CAA Lyon, 5 avr. 2005, *Assoc. pour la préservation des paysages exceptionnels du Mézenc*, req. n° 04LY00431, NP ; *JCP Adm.* 2005, n° 1316, note Ellenberg ; *Gaz. Pal.* 25 déc. 2005, p. 10, note Ph. Graveleau ; *RJ envir.* 2006. 49, note G. Monédiaire ; *BJDU* 2006. 151, chron. B. Phémolant et M. Raunet.
5. CE 16 oct. 2015, *Humbaire*, req. n° 385114, *Lebon T.*
6. CE 15 avr. 2021, *Sté pour la protection des paysages et de l'esthétique de la France et autres*, req. n° 430497, NP ; Dr. env. 2021. 207, concl. S. Hoynck.
7. Circ. 18 déc. 2009 relative au développement et au contrôle des centrales photovoltaïques au sol, NOR : DEVU0927927C.
8. CE 8 sept. 1995, *SIVOM du Larzac*, req. n° 106184, NP ; *BJDU* 1995. 369, concl. J.-C. Bonichot.
9. CE 21 juill. 1989, *Fédération des assoc. du Sud-Est pour l'environnement (FASE) et Synd. de défense du Cap d'Antibes et autre*, req. n° 95755, *Lebon T.* ; – POUR une nouvelle annulation : CE 1er sept. 1992, *SCI Juan-les-Pins Centre*, req. n° 116491, NP.
10. CAA Nantes, 26 déc. 2003, *Roudaut*, req. n° 02NT01147, NP.
11. CE 7 févr. 2013, *Assoc. Avenir d'Alet*, req. n° 348473, NP.

E. Ensembles immobiliers

116.171 Absence d'atteinte. L'administration fait une inexacte application de l'article R. 111-27 en refusant sur son fondement l'autorisation de construire un ensemble immobilier composé de 25 maisons individuelles et 3 bâtiments d'habitation collectif, dès lors[1] :

- que le terrain d'assiette du projet se situe dans un quartier largement gagné par l'urbanisation et dont ni le bâti ni le paysage naturel ne présentent d'intérêt particulier ;

- et que les immeubles projetés, dont ne résulterait pas une densité d'habitat rompant de manière significative avec le tissu bâti environnant, n'affecteront pas sensiblement la qualité des vues sur le paysage lointain.

N'est pas entaché d'erreur manifeste d'appréciation le permis de construire :

- 50 logements, répartis en immeubles de petite taille suivant la pente à flanc de colline[2] ;

- un village de vacances sur l'île de Groix, eu égard aux précautions prises par les auteurs du projet tant en ce qui concerne l'implantation des bâtiments que leurs dimensions et leur aspect extérieur[3] ;

- 7 maisons individuelles et 3 immeubles collectifs de 25 logements, le tissu urbain environnant étant constitué tant de maisons individuelles que de petits immeubles de deux étages et d'entrepôts[4] ;

- 1 immeuble d'habitation à Juan-les-Pins, compte tenu du fait que le projet se situe à proximité d'autres immeubles de même taille, et alors même que quelques parcelles voisines du terrain d'assiette du projet ne comportent qu'un habitat de type pavillonnaire[5] ;

- 1 immeuble d'habitation sur une parcelle située à proximité d'autres immeubles collectifs et dans une zone assez largement urbanisée, qui préserve les vues sur le lac d'Annecy, d'ailleurs situé à plus de 1,6 kilomètre et utilise le dénivelé du terrain afin de limiter son impact visuel[6].

116.172 Atteinte. Est entaché d'erreur manifeste l'arrêté autorisant la construction :

- d'un complexe formé de 240 logements, répartis en 34 bâtiments, sur des terrains jouxtant immédiatement les marais salants de Guérande, compte tenu, d'une part des caractéristiques architecturales de cet ensemble de bâtiments et, notamment, des matériaux choisis qui ne sont pas en harmonie avec l'habitat avoisinant, et, d'autre part, de la réalisation envisagée d'un front bâti regroupant les immeubles ayant la plus grande hauteur en limite immédiate des marais (la construction autorisée est de nature à porter atteinte aux caractères du site avoisinant et, en particulier, au site particulièrement sensible et exceptionnel que constituent les marais salants)[7] ;

- d'un ensemble de 300 logements sur les rives du lac de Sainte Croix, en dépit des dimensions modérées de chacune des constructions et du style provençal prévu pour les bâtiments, dès lors qu'il aurait profondément altéré, par son importance, le paysage avoisinant dont l'aspect sauvage en fait la spécificité et la valeur[8].

F. Maison d'habitation

116.181 Couleur des façades. Le maire s'oppose à tort à un ravalement de façade en couleur jaune, alors même que la maison d'habitation est située à Quiberon sur une avenue proche de la mer essentiellement bordée de maisons aux enduits blancs ou blanc cassé, dès lors que de telles teintes ne constituent pas une caractéristique remarquable des lieux[9].

116.182 Construction isolée. Est entaché d'erreur manifeste l'arrêté autorisant la construction d'une maison d'habitation, eu égard à sa situation en surplomb de l'estuaire de la Gironde, à l'aspect du paysage et à la faible densité de l'habitat individuel[10].

116.183 Paysage sauvage. L'administration s'oppose à bon droit au projet de construction de cinq maisonnettes groupées autour d'une piscine, dès lors que le site présente un caractère et un intérêt particuliers, que le terrain se situe à environ 180 m de la mer, en surplomb d'une vaste zone littorale naturelle, comprenant des terrains boisés, vierges de constructions, et un marais salant et dont l'accès se ferait par une route qui devrait longer ledit marais salant, porterait atteinte au paysage avoisinant dont l'aspect sauvage en fait la spécificité et la valeur[11].

1. CE 15 déc. 2015, *Saint-Cergues (Cne)*, req. n° 374026, *Lebon T.*
2. CE 9 juin 1982, *Irigny (Cne)*, req. n° 16025, NP.
3. CE, sect., 31 déc. 1976, *Assoc. « Les amis de l'île de Groix »*, *Lebon* 585.
4. CAA Bordeaux, 31 déc. 2012, *Sté SCALIS*, req. n° 11BX02638, NP.
5. CE 30 juill. 2003, *Synd. de défense du Cap-d'Antibes*, req. n° 203766, NP ; *BJDU* 2003. 401, concl. D. Piveteau, obs. J.-C. B.
6. CE 21 mars 2003, *Assoc. de défense du site d'Annecy-le-Vieux*, req. n° 222855, NP ; *BJDU* 2003. 339, concl. S. Austry.
7. CE 3 mai 2004, *Barrière*, req. n° 251534, *Lebon T.*
8. CE 9 mai 1979, *SCI « Résidence de Castellon »*, *Lebon* 201.
9. CE 9 mai 2012, *St-Pierre-Quiberon (Cne) c/SCI de Guévald*, req. n° 343721, NP.
10. CE 9 févr. 2004, *Jadeau*, req. n° 217224, NP ; *BJDU* 2004. 214, concl. T. Olson, obs. J.-C. B.
11. CE 21 mars 2001, *Courrège*, req. n° 190043, NP ; *Constr.-Urb.* 2001, n° 184, obs. Léon.

116.184 Modification de l'aspect d'une maison dans un secteur sans cachet particulier. Le maire fait une inexacte application de l'article R. 111-27 en refusant les modifications d'une maison d'habitation ordinaire, ne présentant aucune caractéristique architecturale particulière, dans un style plus moderne et sobre, dès lors que le secteur dans lequel elle se trouve n'a fait l'objet d'aucune mesure de protection spécifique et ne présente pas, eu égard à ses caractéristiques architecturales, un intérêt particulier[1].

SECTION 3
HAUTEUR DE LA CONSTRUCTION AU REGARD DES CONSTRUCTIONS AVOISINANTES

116.191 Limitation de la hauteur. Dans les secteurs déjà partiellement bâtis, présentant une unité d'aspect et non compris dans des programmes de rénovation, l'autorisation de construire « à une hauteur supérieure à la hauteur moyenne des constructions avoisinantes » peut être refusée ou subordonnée à des prescriptions particulières »[2].

116.192 Dispositions supplétives et permissives. L'article R. 111-28 s'applique en l'absence de PLU ou de document en tenant lieu[3].

Eu égard à sa rédaction (l'administration « peut »), il présente un caractère permissif.

116.193 Champ d'application. Aux termes de l'article R. 111-28, la possibilité offerte à l'autorité administrative de refuser la construction ou de l'autoriser en l'assortissant de prescriptions ne lui est ouverte que dans les secteurs présentant deux caractéristiques :

– d'une part être « partiellement bâtis » ;

– d'autre part présenter « une unité d'aspect »[4].

Par exemple, ne présente pas une unité d'aspect le secteur dans lequel :

– les maisons ont des dimensions et des formes variées, comportent des nombres d'étages différents ; les formes et couleurs des façades et des toits sont hétérogènes, tout comme leur implantation par rapport à la voie publique[5] ;

– ne contient pas que des pavillons mais aussi des immeubles collectifs comprenant deux étages[6].

Toujours selon la lettre de cet article, la possibilité est exclue dans les secteurs compris dans des programmes de rénovation.

116.194 Calcul de la hauteur des constructions. Sauf disposition réglementaire contraire, la hauteur de la construction se mesure à l'égout du toit[7].

116.195 Contrôle restreint. Saisi d'un moyen tiré de la méconnaissance de l'article R. 111-28 du code de l'urbanisme, le juge administratif se limite à un contrôle de l'erreur manifeste sur la décision délivrant l'autorisation[8].

SECTION 4
ASPECT DES MURS SÉPARATIFS ET DES MURS AVEUGLES

116.201 Murs séparatifs et murs aveugles s'harmonisant aux façades. Les « murs séparatifs » et les « murs aveugles » apparentés d'un bâtiment doivent, « lorsqu'ils ne sont pas construits avec les mêmes matériaux que les murs de façades principales », avoir un aspect « qui s'harmonise avec celui des façades »[9].

Les termes de cet article n'imposent pas l'harmonisation d'un mur du pignon qui n'est ni séparatif ni aveugle[10].

116.202 Intensité du contrôle du juge. Conformément au principe d'un contrôle asymétrique sur la mise en œuvre des dispositions permissives du RNU[11], le juge de l'excès de pouvoir exerce :

– un contrôle normal sur le respect par un permis de construire des dispositions de l'article R. 111-29 du code de l'urbanisme[12] ;

– un contrôle restreint lorsque l'administration s'est abstenue d'opposer les prescriptions de cet article.

1. CAA Marseille, 13 janv. 2005, *Armand*, req. n° 02MA02479, NP ; *Ét. fonc.* 2005, n° 113, p. 41, chron. J.-P. Demouveaux.
2. C. urb., art. R. 111-28.
3. CE 22 févr. 1984, *Min. Urbanisme et Logement c/Mollière*, req. n° 36741, NP ; – CE 19 févr. 1988, *Benoit (Épx)*, req. n° 80900, *Lebon* 81 – V. ss n° 111.71.
4. PAR EX., sans motivation autres que celle tirées des « pièces du dossier » : CE 23 févr. 1990, *Charrier (Épx)*, req. n° 66983, NP ; – CE 29 nov. 1996, Huas, req. n° 116282, *Lebon T.*
5. CAA Nancy, 18 avr. 2018, *SCI Marilou*, req. n° 17NC00151, NP.
6. VOIR, à la lumière des conclusions du commissaire du gouvernement : CE 18 oct. 2000, *Nougarou (Épx)*, req. n° 600217, NP ; *BJDU* 2000. 280, concl. G. Bachelier, obs. J.-C. Bonichot.
7. CE 6 mai 1981, *Bergeron*, req. n° 9964, *Lebon T.* : principe énoncé à propos d'une règle de hauteur présente dans un POS ; – Dans le même sens, à propos des règles de prospect, v. ss n° 112.941.
8. PAR EX. : CE 18 oct. 2000, *Nougarou (Épx)*, req. n° 600217, NP ; *BJDU* 2000. 280, concl. G. Bachelier, obs. J.-C. Bonichot.
9. C. urb., art. R. 111-29.
10. Poitiers, 23 mars 2011, req. n° 09/01522, NP.
11. V. ss n° 111.131.
12. PAR EX. : CE 2 déc. 1988, *Tresch*, req. n° 72577, *Lebon T.* 1085.

SECTION 5
IMPACT VISUEL DES BÂTIMENTS INDUSTRIELS ET DES CONSTRUCTIONS LÉGÈRES

116.211 **Limitation de l'impact visuel.** La création ou l'extension d'installations ou de bâtiments à caractère industriel ainsi que de constructions légères ou provisoires « peut être subordonnée à des prescriptions particulières, notamment à l'aménagement d'écrans de verdure ou à l'observation d'une marge de reculement »[1].

116.212 **Dispositions supplétives et permissives.** L'article R. 111-30 s'applique en l'absence de PLU ou de document en tenant lieu[2].

Eu égard à sa rédaction (l'administration « peut »), il présente un caractère permissif.

116.213 **Absence d'application aux éoliennes.** Les éoliennes ne sont pas regardées comme des « installations ou bâtiments industriels » ou « constructions légères » au sens de l'article R. 111-30 du code de l'urbanisme[3].

116.214 **Contrôle restreint sur une autorisation.** Saisi d'un moyen tiré de la méconnaissance de l'article R. 111-30 du code de l'urbanisme, le juge administratif se limite à un contrôle de l'erreur manifeste sur la décision délivrant l'autorisation[4].

116.215 **Illustrations.** À titre d'illustration, n'est pas entachée d'erreur manifeste l'autorisation de construire un pool-house abrité par une treille en bois ajourée[5].

SECTION 6
RESTAURATION D'UN BÂTIMENT ABÎMÉ PRÉSENTANT UN INTÉRÊT ARCHITECTURAL OU PATRIMONIAL

116.221 **Texte.** Afin de favoriser la restauration de bâtiments vétustes, faciliter la restauration de ruines et ainsi lutter contre l'abandon de certains hameaux[6], l'article L. 111-23 du code de l'urbanisme[7] dispose que : « La restauration d'un bâtiment dont il reste l'essentiel des murs porteurs peut être autorisée, sauf dispositions contraires des documents d'urbanisme et sous réserve des dispositions de l'article L. 111-11, lorsque son intérêt architectural ou patrimonial en justifie le maintien et sous réserve de respecter les principales caractéristiques de ce bâtiment ».

§ 1
Conditions

116.231 **Quatre conditions.** L'autorité compétente en matière d'autorisations d'urbanisme peut autoriser la restauration d'un bâtiment à quatre conditions[8] :

– il reste au bâtiment « l'essentiel des murs porteurs » ;

– « son intérêt architectural ou patrimonial en justifie le maintien » ;

– l'opération conduit à « respecter les principales caractéristiques de ce bâtiment » ;

– le document d'urbanisme ne l'interdit pas.

Il n'est pas exigé que le pétitionnaire se soit expressément prévalu de ces dispositions[9].

116.232 **Exigence d'un bâtiment dont il reste l'essentiel des murs porteurs.** L'article L. 111-23 n'autorise que la « restauration » d'un bâtiment et non sa reconstruction. Aussi le projet doit-il porter sur un bâtiment existant et non sur une ruine. L'article L. 111-23 exige, en ce sens, que le bâtiment ait conservé « l'essentiel des murs porteurs ».

À titre d'exemple, la restauration ne peut pas être autorisée si le bâtiment :

– est constitué de murs à l'état de ruine[10] ;

– avait perdu, avant la réalisation par l'intéressé de travaux confortatifs non autorisés, l'essentiel de ses murs porteurs[11] ;

– présente les caractéristiques d'une ruine[12].

En revanche, elle peut l'être, par exemple, lorsqu'il ressort des pièces du dossier, en particulier des photographies et des plans de masse et de façade joints au dossier de demande de permis de construire, que

1. C. urb., art. R. 111-30.
2. CE 4 mars 1991, Dupin, req. n° 96444, NP – V. s[s] n° 111.71.
3. TA Clermont-Ferrand, 24 mars 2009, *ATEVE*, req. n° 080073, NP ; – CONFIRMÉ PAR : CAA Lyon, 30 août 2011, *ATEVE*, req. n° 09LY01220, NP.
4. PAR EX. : CE 4 mars 1994, *Davin*, req. n° 97336, NP.
5. CAA Marseille, 18 janv. 2021, *SCI Onyx*, req. n° 18MA04571, NP.
6. Rapp. AN, n° 717 sur le projet de loi portant diverses dispositions relatives à l'urbanisme, à l'habitat et à la reconstruction, 1re partie, J. Ploriol, 28 mars 2003, p. 9.
7. C. urb., art. L. 111-23, créé par L. n° 2003-590, 2 juill. 2003.
8. C. urb., art. L. 111-23.
9. CE 4 août 2021, *M. Lugagne-Delpon*, req. n° 433761, *Lebon T.* ; *BJDU* 2021. 419, concl. S. Hoynck ; *JCP N* 2023, n° 1056, obs. C. Gueydan : arrêt indiquant que lorsqu'un projet répond aux conditions posées à l'article L. 111-23, « il appartient à l'autorité administrative [...] de l'autoriser, y compris si le pétitionnaire ne s'est pas expressément prévalu » de ces dispositions « au soutien de sa demande de permis de construire [...] » (à moins que d'autres dispositions applicables y fassent légalement obstacle).
10. TA Nantes, 28 août 2008, *Dumontier*, req. n° 065912, NP.
11. CAA Lyon, 30 nov. 2010, *Les Vans (C[ne])*, req. n° 08LY01513, NP.
12. CAA Bordeaux, 16 juin 2020, *Espelette (C[ne]) c/préfet des Pyrénées-Atlantiques*, req. n° 18BX03135, NP.

le projet porte sur un édifice constituant une ancienne grange dont la toiture est inexistante et le sol recouvert de végétation, mais dont l'essentiel des murs porteurs, d'une hauteur de trois mètres environ, persiste [1].

116.233 Exigence d'un intérêt architectural ou patrimonial du bâtiment. Ne suffit pas à établir que le bâtiment présente un intérêt architectural ou patrimonial en justifiant le maintien :

– la circonstance que le mas litigieux serait une bâtisse antérieure à l'époque napoléonienne [2] ;

– la circonstance que le bâtiment est construit en pierres et daterait de 1732 [3].

La condition n'est *a fortiori* pas satisfaite lorsque le pétitionnaire n'invoque aucun intérêt architectural ou patrimonial pour justifier le maintien du bâtiment [4].

En revanche, la condition est par exemple satisfaite dans le cas d'un édifice constituant une construction traditionnelle en pierres sèches du XVIIIe siècle [5].

116.234 Exigence de respecter les principales caractéristiques du bâtiment. L'administration et le juge doivent s'assurer que le projet respecte les principales caractéristiques du bâtiment [6].

116.235 Exigence que la faculté de restauration ne soit pas écartée par les documents d'urbanisme. Aux termes de l'article L. 111-23, la restauration peut être autorisée « sauf dispositions contraires des documents d'urbanisme ».

Il résulte de ces dispositions « que le droit de procéder à la restauration d'un bâtiment dont il reste l'essentiel des murs porteurs n'a pas un caractère absolu, le plan local d'urbanisme pouvant y faire échec par des dispositions particulières relatives à la reconstruction. Il suit de là que les auteurs du plan local d'urbanisme disposent d'un pouvoir d'appréciation dans la mise en œuvre de ce droit à la reconstruction » [7]. Ainsi, par exemple, les auteurs du PLU peuvent légalement imposer :

– que les bâtiments dont la restauration est autorisée soient répertoriés sur la liste des éléments remarquables et identifiés sur les documents graphiques du plan [8] ;

– que le bâtiment ait conservé le clos et le couvert [9].

Dans le même sens, un tribunal administratif a estimé que les « dispositions contraires » des documents d'urbanisme auxquelles se réfère cet article « ne se limitent pas à celles écartant expressément les possibilités de reconstruction » permises par celui-ci [10]. La notion s'étend également aux dispositions qui encadrent cette possibilité en la soumettant à certaines conditions.

Un POS qui n'admet dans la zone NC que les logements nécessaires aux activités agricoles et les bâtiments liés à ces activités est regardé comme excluant la faculté de restauration d'un bâtiment pour un usage autre qu'agricole [11].

§ 2
Possibilité de refuser le projet à un autre titre

116.241 Desserte par les réseaux. L'article L. 111-23 du code de l'urbanisme prévoit expressément que la possibilité d'autoriser la restauration d'un bâtiment n'existe que « sous réserve des dispositions de l'article L. 111-11 » [12].

Ainsi, l'autorité administrative est tenue de s'opposer au projet lorsque des travaux portant sur les réseaux publics de distribution d'eau, d'assainissement ou de distribution d'électricité sont nécessaires pour assurer la desserte de celui-ci si l'autorité compétente n'est pas en mesure d'indiquer dans quel délai et par quelle collectivité publique ou par quel concessionnaire de service public ces travaux doivent être exécutés [13].

116.242 Méconnaissance de la loi Littoral. La question de savoir si un projet satisfaisant aux conditions posées à l'article L. 111-23 peut néanmoins être refusé pour méconnaissance de la loi littoral a donné lieu à des jurisprudences divergentes. La cour administrative d'appel de Marseille exclut la restauration d'un bâtiment se trouvant dans la bande des cent mètres [14]

1. CAA Bordeaux, 9 févr. 2021, *Faxel*, req. n° 19BX00134, NP.
2. TA Nîmes, 7 nov. 2017, *Veve*, req. n° 1602071, NP.
3. CAA Bordeaux, 17 déc. 2007, *Palm*, req. n° 05BX01811, NP.
4. TA Montpellier, 6 mars 2008, *Erre*, req. n° 0505120, NP (mazet à l'état de ruine).
5. CAA Bordeaux, 9 févr. 2021, *Faxel*, req. n° 19BX00134, NP.
6. PAR EX., jugeant cette condition satisfaite : CAA Bordeaux, 9 févr. 2021, *Faxel*, req. n° 19BX00134, NP.
7. CAA Marseille, 2 févr. 2021, *Saint-Côme-et-Maruéjols (C^{ne})*, req. n° 18MA03170, NP.
8. CAA Marseille, 2 févr. 2021, *Saint-Côme-et-Maruéjols (C^{ne})*, req. n° 18MA03170, NP.
9. CAA Lyon, 22 déc. 2009, *Duclaux de l'Estoille*, req. n° 08LY00036, NP.
10. TA Toulon, 21 avr. 2016, *Préfet du Var*, req. n° 1303652, NP.
11. TA Nantes, 28 août 2008, *Dumontier*, req. n° 065912, NP.
12. Sur ces dispositions, v. s^{s} n°s 112.761 s.
13. PAR EX. : CAA Marseille, 24 nov. 2011, *Allix*, req. n° 11MA00328, NP (arrêt devenu définitif en l'absence d'admission du pourvoi formé à son encontre : CE 15 mars 2013, req. n° 356089, NP) ; – CAA Marseille, 2 févr. 2021, *Saint-Côme-et-Maruéjols (C^{ne})*, req. n° 18MA03170, NP.
14. CAA Marseille, 16 avr. 2009, *Min. Transports, Équipement, Tourisme et Mer*, req. n° 06MA03505, NP : dès lors que la localisation du bâtiment dans la bande des 100 mètres s'oppose à la nouvelle destination envisagée, le pétitionnaire n'est pas fondé à invoquer les dispositions de l'article L. 111-23 du code de l'urbanisme.

alors que la cour administrative d'appel de Nantes l'admet[1].

SECTION 7
IDENTIFICATION ET PROTECTION PAR LE CONSEIL MUNICIPAL D'ÉLÉMENTS D'INTÉRÊT PATRIMONIAL, PAYSAGER OU ÉCOLOGIQUE

116.251 Pouvoir. Sur un territoire non couvert par un PLU ou un document d'urbanisme en tenant lieu, le conseil municipal peut[2] :

– « identifier et localiser un ou plusieurs éléments présentant un intérêt patrimonial, paysager ou écologique » ;

– et « définir, si nécessaire, les prescriptions de nature à assurer leur protection ».

Pour cela, le conseil municipal adopte une délibération prise après enquête publique.

Ces dispositions, portant sur le RNU, ont une rédaction et un objet similaires à celles de l'article L. 151-19 concernant les PLU[3].

116.252 Champ d'application. Les dispositions de l'article L. 111-22 s'appliquent « sur un territoire non couvert par un PLU ou un document d'urbanisme en tenant lieu »[4].

116.253 Portée. L'identification d'un élément comme devant être protégé conduit à soumettre les travaux portant sur celui-ci à un régime de déclaration ou d'autorisation préalable :

– permis de démolir pour la démolition d'une construction[5] ;

– déclaration préalable pour les travaux autres que ceux exécutés sur des constructions existantes ayant pour effet de modifier ou de supprimer un élément identifié comme présentant un intérêt patrimonial, paysager ou écologique[6] ;

– déclaration préalable pour les travaux exécutés sur des constructions existantes ayant pour effet de modifier ou de supprimer un élément identifié comme présentant un intérêt patrimonial, paysager ou écologique[7].

1. CAA Nantes, 10 janv. 2023, *Asso. Les amis du Golfe du Morbihan*, req. n° 21NT00096, NP (arrêt devenu définitif en l'absence d'admission du pourvoi formé à son encontre : CE 30 oct. 2023, req. n° 472040, NP) ; – CAA Nantes, 9 avr. 2024, *Sudry*, req. n° 22NT01781, NP ; *AJDA* 2024. 1399, concl. A. Franck.
2. C. urb., art. L. 111-22.
3. V. s^s n° 231.1061.
4. C. urb., art. L. 111-22 ; – ÉGALEMENT : C. urb., art. L. 111-1, 2° : « Les dispositions de l'article L. 111-22 ne sont pas applicables dans les territoires où un plan local d'urbanisme ou un document d'urbanisme en tenant lieu est applicable ».
5. V. s^s n° 324.72.
6. V. s^s n° 323.302.
7. V. s^s n° 322.103.

CHAPITRE

117. Règles du RNU relatives à la mixité sociale et fonctionnelle

SECTION 0

ORIENTEUR

117.00 Sommaire du chapitre.

117.01 Texte applicable.

• **C. urb.**, art. L. 111-24

117.03 Bibliographie indicative.

Encyclopédie. *DP constr.-urb.*, ét. : « Règlement national d'urbanisme » ; ét. : « Surface de plancher et surface hors œuvre » – *J.-Cl. Constr.-Urb.*, fasc. 11 : « Règles d'urbanisme applicables sur l'ensemble du territoire – Règlement national d'urbanisme », par S. Ferrari, mars 2018 ; fasc. 11-5 : « Règles d'urbanisme applicables sur l'ensemble du territoire – Règles générales d'urbanisme », par S. Ferrari, juill. 2020.

SECTION 1

PLANCHER DE 30 % DE LOGEMENTS SOCIAUX POUR LES NOUVEAUX IMMEUBLES DANS LES COMMUNES CARENCÉES

117.11 Obligation pesant sur les communes en état de carence. Le code de la construction et de l'habitation[1] prévoit qu'un arrêté de carence peut être pris par le préfet à l'encontre des communes qui ne remplissent pas leurs objectifs en matière de construction de logements sociaux (25 % du parc disponible). Son édition emporte plusieurs conséquences pour la commune. Au nombre de celles-ci figure l'obligation de prévoir qu'au moins 30 % des logements familiaux soient des logements sociaux dans toute opération de construction d'immeuble de plus de douze logements ou de plus de 800 m² de surface de plancher[2].

Cette obligation ne s'impose pas aux logements financés avec un prêt locatif social[3].

Elle est en outre réduite à 25 % pour les communes qui ne sont pas situées dans une agglomération ou un EPCI dans lesquels le nombre de demandes de logements sociaux par rapport au nombre d'emménagements annuels est inférieur à un seuil fixé par décret[4].

117.12 Notion de logement familial. Une réponse ministérielle affirme que pour l'application de l'article L. 302-9-1-2 du CCH, les logements familiaux sont constitués de « l'ensemble des logements à l'exclusion des logements-foyers définis à l'article L. 633-1 du code de la construction et de l'habitation »[5].

SECTION 2

DÉROGATION ET EXCEPTION

117.21 Dérogation à l'obligation compte tenu du contexte local. Sur demande motivée de la commune, le préfet peut déroger à l'obligation de prévoir 30 % de logements sociaux ou familiaux dans les nouveaux immeubles, dans les communes en état de carence, pour tenir compte de « la typologie des logements situés à proximité de l'opération »[6].

1. CCH, art. L. 302-9-1.

2. CCH, art. L. 302-9-1-2, rappelé *in* C. urb., art. L. 111-24, al. 1er.
3. CCH, art. L. 302-9-1-2, rappelé *in* C. urb., art. L. 111-24, al. 1er.
4. CCH, art. L. 302-5, III *ter*, al. créé par L. n° 2022-217 21 févr. 2022 ; rappelé *in* C. urb., art. L. 111-24, al. 2.
5. Rép. min. n° 54158, *JOAN Q* 5 août 2014, p. 6773.
6. CCH, art. L. 302-9-1-2, rappelé *in* C. urb., art. L. 111-24, al. 1er.

117.22 **Exception pour le logement des militaires.** Les obligations de construire 30 % ou 25 % de logements sociaux ne sont pas opposables aux opérations soumises à autorisation d'urbanisme tendant à la réalisation, sur des terrains affectés aux besoins du ministère de la défense, de logements destinés à ses agents [1].

1. C. urb., art. L. 111-24, al. 3, créé par L. n° 2022-217, 21 févr. 2022 ; – et : art. L. 152-6-3, créé par L. n° 2022-217, 21 févr. 2022.

CHAPITRE

118. Règles du RNU relatives à l'habitat léger (tente, caravane, mobile-home, bungalow...)

SECTION 0

ORIENTEUR

118.00 Sommaire du chapitre.

118.01 **Textes applicables.**

• **C. urb.**

art. L. 111-25

art. R. 111-31 s.

118.03 **Bibliographie indicative.**

Encyclopédie. *DP constr.-urb.*, ét. : « Habitat de loisirs » – *J.-Cl. Constr.-Urb.* fasc. 11-62 : « Camping, caravanage et habitats légers de loisirs », par N. Baillon, févr. 2023.

Article. C. Maugüé, « La réorganisation des dispositions relatives au tourisme », *BJDU* 2007. 82.

118.04 **Questions essentielles.**

> Dans quels lieux la pratique du camping est-elle autorisée ?

* V. s[s] n°s 118.21 s.

> Où est-il possible d'installer un mobil-home (RML) ?

* V. s[s] n°s 118.211 s.

> Où est-il possible d'installer une caravane ou un camping-car ?

* V. s[s] n°s 118.271 s.

> Où est-il possible d'installer un bungalow ou une yourte (HLL) ?

* V. s[s] n°s 118.171 s.

> Où est-il possible d'installer l'habitat léger résidentiel ?

* V. s[s] n°s 118.361 s.

118.05 **Habitat de loisir et habitat résidentiel.** On distingue, au sein de l'habitat léger :

– l'habitat de loisir, d'une part ;

– et l'habitat résidentiel, d'autre part.

SECTION 1
HABITAT LÉGER DE LOISIR

118.11 **Trois catégories d'habitats de loisirs.** Le code de l'urbanisme distingue trois catégories d'habitats de loisirs :

– la caravane ;

– la résidence mobile de loisirs (RML, correspondant au mobil-home) ;

– l'habitation légère de loisirs (HLL, type chalet ou bungalow).

Le camping n'est réglementé qu'à travers *l'activité* de camping.

Les trois catégories d'habitats envisagés par le code présentent deux caractéristiques communes :

– d'une part, ils présentent un caractère nomade (ils peuvent être déplacés d'un endroit à un autre) ;

– d'autre part, ils sont destinés à une utilisation temporaire ou saisonnière à usage de loisirs.

Par ailleurs, on distingue :

– d'un côté la caravane et la RML, qui présentent un caractère mobile[1] (la caravane étant autorisée à circuler sur la route mais non la RML) ;

– d'un autre côté l'HLL, qui constitue une construction.

Les autres formes d'habitats de loisirs (tels que tipis, yourtes et cabanes dans les arbres) ne sont pas soumises à un statut propre. Elles sont rattachées, en fonction de leurs caractéristiques, à l'une des trois catégories d'habitats de loisirs mentionnées par le code. Lorsqu'elles ne sont pas utilisées à des fins de loisirs mais comme résidences permanentes, elles relèvent d'un statut spécial[2].

118.12 **Renvoi au règlement.** L'article L. 111-25 du code de l'urbanisme prévoit que sont fixées par décret en Conseil d'État les conditions dans lesquelles peuvent être installées ou implantées des caravanes, résidences mobiles de loisirs (RML) et habitations légères de loisirs (HLL). Ce décret détermine :

– les catégories de terrains aménagés sur lesquels les RML et les HLL peuvent être installées ou implantées ;

– ainsi que les dérogations aux règles qu'il fixe en vue de permettre le relogement provisoire des personnes victimes de catastrophes.

Ces dispositions réglementaires sont codifiées aux articles R. 111-31 à R. 111-50 du code de l'urbanisme.

118.13 **Absence d'application aux foires, marchés, voies publiques, places publiques, aires d'accueil des gens du voyage.** L'article R. 111-31 du code de l'urbanisme prévoit que les articles R. 111-32 à R. 111-50 ne sont pas applicables :

– sur les foires, marchés, voies et places publiques ;

– sur les aires d'accueil des gens du voyage.

1. Si une caravane ou une RML perd sa mobilité, elle sera soumise au régime des HLL à condition de conserver sa vocation de loisirs (ce qu'attestera son implantation sur un terrain aménagé). Si elle n'a plus cette vocation, elle est soumise au régime de droit commun des constructions.
2. V. s[s] n°s 118.361 s.

Ces lieux sont régis par des dispositions qui leur sont propres[1].

§ 1. Pratique du camping

A. Principe de liberté dans la pratique du camping

118.21 Principe de liberté. L'article R. 111-32 du code de l'urbanisme prévoit que « le camping est librement pratiqué, hors de l'emprise des routes et voies publiques [...] avec l'accord de celui qui a la jouissance du sol, sous réserve, le cas échéant, de l'opposition du propriétaire ».

Il résulte des dispositions précitées que le consentement du propriétaire est nécessaire[2].

L'activité de camping se pratique dans les conditions fixées aux articles R. 111-33 à R. 111-35.

B. Cas d'interdiction de la pratique du camping et de la création de terrains de camping

1° Interdiction du camping et de la création de terrains de camping dans les espaces protégés

118.31 Un principe susceptible de dérogations. Afin d'assurer la protection des espaces protégés, l'article R. 111-33 du code de l'urbanisme interdit la pratique du camping ainsi que la création de terrains de camping dans les espaces protégés. Il prévoit notamment la possibilité pour l'autorité administrative de déroger à cette interdiction en accordant au cas par cas des autorisations.

Ainsi, cet article ne fait pas obstacle à l'implantation d'habitations légères de loisirs dans les espaces protégés mais subordonne l'installation de tels équipements à une autorisation administrative[3].

1. POUR les aires d'accueil des gens du voyage : CE 9 nov. 2018, *Allait*, req. n° 411010, *Lebon T.* : arrêt indiquant que les articles R. 111-42 du code de l'urbanisme, réglementant l'installation des résidences mobiles de loisirs, et R. 111-49 du même code, réglementant l'installation des caravanes, ne sont pas applicables à l'installation des résidences mobiles qui constituent l'habitat permanent de gens du voyage.
2. CE 15 nov. 1993, *Canal*, req. n° 91278, NP.
3. CAA Bordeaux, 2 déc. 2014, *Assoc. Vive la Forêt*, req. n° 13BX02278, NP ; – ÉGALEMENT : CAA Bordeaux, 6 déc. 2004, *Assoc. de sauvegarde de l'église de Castels et du château de Fages*, req. n° 00BX01437, NP : l'existence d'un espace protégé « ne fait pas obstacle, par elle-même, à ce que soit délimité en son sein un espace destiné à l'implantation d'un camping ».

a. Principe : interdiction du camping et de la création de terrains de camping dans les espaces protégés

118.41 Quatre espaces protégés. L'article R. 111-33 du code de l'urbanisme prévoit que le camping pratiqué isolément ainsi que la création de terrains de camping sont interdits (sauf dérogation[4]) :

– sur les rivages de la mer et dans les sites inscrits en application de l'article L. 341-1 du code de l'environnement (1°) ;

– dans les sites classés ou en instance de classement en application de l'article L. 341-2 du code de l'environnement (2°) ;

– dans le périmètre des sites patrimoniaux remarquables classés en application de l'article L. 631-1 du code du patrimoine, et dans les abords des monuments historiques définis à l'article L. 621-30 du code du patrimoine (3°) ;

– dans un rayon de 200 mètres autour des points d'eau captée pour la consommation (4°, ajoutant que cette interdiction s'applique sans préjudice des dispositions relatives aux périmètres de protection délimités en application de l'article L. 1321-2 du code de la santé publique). Cette disposition ne s'applique pas à un puits sans captage[5].

118.42 Conditions de l'interdiction. Pour les espaces mentionnés aux points 1° à 3°, l'interdiction de la pratique du camping et de la création de terrains de camping s'applique dès lors :

– que le périmètre a fait l'objet d'une mesure administrative de protection[6] (ou, pour les sites classés, lorsqu'ils se trouvent en instance de classement[7]) ;

– que cette mesure de protection a fait l'objet de mesures de publicité[8] ;

– et que le terrain se trouve à l'intérieur du périmètre protégé[9].

118.43 Caravane. L'article R. 111-48, 1° du code de l'urbanisme interdit l'installation d'une caravane, quelle qu'en soit la durée, dans les secteurs où l'activité de camping est interdite en vertu de l'article R. 111-33[10].

4. Sur les dérogations, v. s[s] n°s 118.51 s.
5. CE 11 avr. 1986, *Carjeat*, req. n° 55782 ; *Lebon T.* 735.
6. CE 23 mai 1984, *De Beaunay*, req. n° 36319, NP : l'interdiction ne s'applique pas lorsque le site n'a pas encore été classé.
7. Le point 2° évoque en effet les sites « classés ou en instance de classement ».
8. Crim. 23 mars 1999, n° 98-82.707, NP.
9. CE 23 mai 1984, *De Beaunay*, req. n° 36319, NP : l'interdiction ne peut être opposée à un terrain qui se trouve en dehors du périmètre de protection.
10. V. s[s] n° 118.291.

b.

Dérogations à l'interdiction du camping et de la création de terrains de camping dans les espaces protégés

118.51 Possibilité de dérogations. L'article R. 111-33 du code de l'urbanisme reconnaît à l'autorité administrative la possibilité de déroger à la règle d'interdiction qu'il énonce. Afin d'encadrer ce pouvoir, l'article R. 111-33 prévoit que la dérogation ne peut être accordée qu'après avis d'organismes qualifiés.

118.52 Consultation d'organismes (pts 1° à 3°). Aux termes de l'article R. 111-33 du code de l'urbanisme, l'autorité administrative ne peut accorder une dérogation à l'interdiction du camping et de la création de terrains de camping dans les espaces protégés qu'après avis :

– de l'architecte des Bâtiments de France et de la CDNPS (pour les points 1° à 3°[1]) ;

– de la CDNPS (pour le point 2°[2]).

Les avis émis par ces organismes sont des avis simples qui ne lient pas l'autorité administrative[3].

118.53 Accord (pt 4°). Aux termes de l'article R. 111-33 du code de l'urbanisme, l'autorité administrative ne peut accorder une dérogation à l'interdiction du camping et de la création de terrains de camping dans un rayon de 200 mètres autour des points d'eau captée pour la consommation, qu'après avis favorable du conseil départemental de l'environnement et des risques sanitaires et technologiques (point 4°)[4].

118.54 Obligation d'accorder la dérogation ? Une cour a considéré que l'autorité administrative était soumise à une obligation d'accorder la dérogation lorsque les caractéristiques des lieux le justifient[5]. Le projet litigieux, qui portait sur un terrain situé dans un site inscrit, avait pour objet de créer, sur un terrain vierge de toute affectation, un terrain de camping doté de 25 emplacements. La cour observe :

– que le terrain d'assiette du projet est situé entre des terrains existants affectés au camping, déjà autorisé, exploité par le requérant et une zone étendue occupée par de nombreuses habitations de loisirs ;

– qu'une route longe l'ensemble de ces terrains ;

– et que trois parkings sont desservis par cette route, dont l'un est situé à proximité immédiate du terrain d'assiette du projet litigieux.

Elle en déduit « que, dans ces conditions, en refusant d'autoriser ce projet d'extension, qui avait reçu l'avis favorable de l'architecte des bâtiments de France », le maire « a commis une erreur d'appréciation dans l'exercice du pouvoir de dérogation qui lui est accordé ».

2°

Possibilité pour la commune d'interdire la pratique du camping en dehors des terrains de camping

a.

Interdiction par le conseil municipal

118.61 Pouvoir. La pratique du camping « en dehors des terrains aménagés à cet effet » peut « être interdite dans certaines zones par le plan local d'urbanisme ou le document d'urbanisme en tenant lieu »[6].

118.62 Interdiction limitée à certaines zones. Il résulte des termes de l'article R. 111-34 du code de l'urbanisme que l'interdiction de l'activité de camping ne peut être édictée que « dans certaines zones ». Par conséquent, le conseil municipal ne peut pas prévoir que l'activité de camping en dehors des terrains aménagés sera interdite dans l'ensemble des zones (ce qui reviendrait à l'interdire sur l'ensemble du territoire de la commune)[7].

b.

Interdiction par le maire

118.71 Pouvoir. L'article R. 111-34 du code de l'urbanisme prévoit que le maire peut également interdire, par arrêté, la pratique du camping en dehors des terrains aménagés à cet effet. Il ne peut prendre une telle mesure (au titre de ses pouvoirs propres, donc indépendamment d'une délibération du conseil municipal) que lorsque cette activité est de nature à porter atteinte[8] :

– à la salubrité, à la sécurité ou à la tranquillité publiques ;

– aux paysages naturels ou urbains ;

– à la conservation des perspectives monumentales ;

– à la conservation des milieux naturels ;

– ou à l'exercice des activités agricoles et forestières.

Par exemple, le maire a pu prendre une mesure d'interdiction dans un secteur donné au motif qu'il n'est pas desservi par des réseaux d'eau potable et d'assainissement, ne comporte pas de collecte

1. Rivages de la mer ; sites inscrits ; sites patrimoniaux remarquables classés ; abords des monuments historiques.
2. Sites classés ou en instance de classement.
3. CAA Bordeaux, 18 juin 2007, *Pelletier*, req. n° 04BX00030, NP.
4. PAR EX. : CE 2 févr. 1979, *Karwacka*, req. n° 01252 ; *Lebon T.* 899.
5. CAA Bordeaux, 18 juin 2007, *Pelletier*, req. n° 04BX00030, NP.
6. C. urb., art. R. 111-34, al. 1er.
7. TA Nantes, 3 oct. 1989, *Assoc. tranchaise de défense des campeurs et caravaniers sur parcelles*, NP ; *Rev. jur. Ouest* 1990. 106, obs. Ph. Graveleau.
8. C. urb., art. R. 111-34, al. 1er.

d'ordures ménagères, ne possède aucun moyen de lutte contre l'incendie, que l'installation de plusieurs caravanes porterait atteinte au paysage naturel et qu'elle serait de nature à gêner l'exercice des activités agricoles [1].

c.
Publicité de l'interdiction

118.81 Condition de l'opposabilité. Les interdictions édictées par le conseil municipal ou par le maire « ne sont opposables que si elles ont été portées à la connaissance du public par affichage en mairie et par apposition de panneaux aux points d'accès habituels aux zones visées par ces interdictions » [2]. L'opposabilité des mesures d'interdiction est subordonnée à ce double affichage.

La réglementation limitant ou interdisant le stationnement des caravanes est portée à la connaissance des usagers « par un affichage permanent » à la mairie de la commune concernée [3].

Des panneaux, conformes au modèle annexé à l'arrêté du 28 septembre 2007 [4], implantés sur les principales voies d'accès à la commune signalent l'existence de cette réglementation [5].

§ 2
Catégories de structures dédiées à l'accueil des habitats de loisirs

A.
Terrains de camping

118.91 Enjeu économique. Comme l'a souligné une réponse ministérielle, « l'hôtellerie de plein air joue un rôle de premier plan dans le secteur de l'hébergement touristique en France ». Les 7 500 campings de l'Hexagone (dont 6 100 classés) restent en effet le mode d'hébergement préféré des Français, mais aussi de nos voisins européens, qui représentent près du tiers de leur clientèle. Ce succès du secteur repose en grande partie sur le renouvellement de l'offre et la montée en gamme de nombreuses exploitations. Les professionnels ont notamment investi dans des hébergements de qualité, en développant une offre locative – ou parfois résidentielle – (résidence mobile de loisirs, roulotte, cabane, tente aménagée, etc.), qui répond aux attentes toujours plus exigeantes des vacanciers en matière de confort. Ces hébergements, qui génèrent plus de chiffre d'affaires pour les campings, permettent aussi d'allonger les saisons, en réduisant les conséquences des aléas climatiques [6].

1°
Notion de terrain de camping

118.101 Définition dans le code du tourisme. L'article D. 331-1-1 du code du tourisme définit « les terrains aménagés de camping et de caravanage » sur la base de quatre critères :

– premièrement, ils sont destinés à l'accueil de tentes, de caravanes, de RML et d'HLL ;

– deuxièmement, ils sont constitués d'emplacements nus ou équipés de l'une de ces installations ainsi que d'équipements communs ;

– troisièmement, ils font l'objet d'une exploitation permanente ou saisonnière ;

– quatrièmement, ils accueillent une clientèle qui n'y élit pas domicile.

2°
Création de terrains de camping

118.111 Secteurs dans lesquels la création de camping est interdite par le code de l'urbanisme. La création de terrains de camping est interdite dans les espaces protégés [7].

3°
Normes d'urbanisme, d'insertion dans les paysages, d'aménagement, d'équipement et de fonctionnement

118.121 Renvoi à des arrêtés ministériels. L'article R. 111-35 du code de l'urbanisme prévoit que les terrains de camping sont soumis à des normes « d'urbanisme, d'insertion dans les paysages, d'aménagement, d'équipement et de fonctionnement » fixés par des arrêtés conjoints des ministres chargés de l'urbanisme, de l'environnement, de la santé publique et du tourisme. Ces arrêtés peuvent prévoir des règles particulières pour les terrains aménagés pour une exploitation saisonnière en application de l'article R. 443-7.

L'arrêté, en date du 28 septembre 2007, est codifié aux articles A. 111-7 et A. 111-8 du code de l'urbanisme.

118.122 Agencement du terrain de camping à l'aune de 5 objectifs. L'article A. 111-7 du code de l'urbanisme prévoit que les aménagements et installations des terrains de camping doivent prévoir des

1. CE 17 oct. 1997, *S^té^ Sati*, req. n° 162275, NP.
2. C. urb., art. R. 111-34, al. 2.
3. C. urb., art. A. 111-4.
4. Arr. 28 sept. 2007 relatifs à l'implantation des habitations légères de loisirs, à l'installation des résidences mobiles de loisirs et des caravanes et au camping et modifiant le code de l'urbanisme, *JO* 6 oct. 2007, n° 10, NOR : DEVU0764243A.
5. C. urb., art. A. 111-5.
6. Rép. min. n° 21176, *JO Sénat Q* 2 juin 2016, p. 2351.
7. V. s^s^ n°s 118.31 s.

mesures appropriées à l'environnement et au site, à ses caractéristiques climatiques et topographiques pour satisfaire aux cinq objectifs qu'il énonce.

118.123 **Limiter l'impact visuel (1°).** Le premier objectif consiste à « limiter l'impact visuel depuis l'extérieur » :

- d'une part « des hébergements » tels que tentes, HLL, RML et caravanes (a) ;
- d'autre part « des aménagements autres que les bâtiments installés sur le périmètre de l'établissement » (b), au moyen de haies arbustives, de bandes boisées, de talus, de matériaux naturels, de constructions ou de tout autre moyen permettant d'y parvenir.

Les mesures prises pour limiter l'impact visuel depuis l'extérieur « tiennent compte des caractéristiques de la végétation locale ». Elles doivent aboutir, en période estivale, et lorsque la végétation est arrivée à maturité, « à ce que les façades des caravanes, résidences mobiles de loisirs, habitations légères de loisirs ne représentent pas plus d'un tiers de ce qui est visible depuis l'extérieur du terrain ».

L'article A. 111-8 du code prévoit que si des contraintes environnementales, topographiques ou architecturales ne permettent pas de respecter cette limitation, « le permis d'aménager peut exceptionnellement accorder une dérogation, à condition d'imposer des prescriptions particulières, notamment en ce qui concerne les teintes des façades et des toits ».

118.124 **Répartir les emplacements (2°).** Le deuxième objectif devant présider à l'agencement du terrain de camping consiste à « répartir les emplacements ou groupes d'emplacements au sein d'une trame paysagère ». Pour cela, il convient notamment d'éviter « tout alignement excessif des hébergements » tels que caravanes, RML, HLL sur le périmètre du camping et visibles de l'extérieur.

118.125 **Limiter à 30 % l'occupation d'un emplacement (3°).** Le troisième paramètre devant présider à l'agencement du camping a pour objet de « limiter l'occupation maximale des hébergements » tels que tentes, caravanes, RML, HLL (auvents et terrasses amovibles exclus) « à 30 % de la surface totale de l'emplacement qui leur est affecté ».

118.126 **Insertion dans le paysage (4°).** Le quatrième objectif est celui d'assurer « l'insertion des équipements et des bâtiments ». Cette insertion réussie dans le paysage se réalise par :

- une homogénéité de mobilier urbain, de couleur, de matériaux naturels ;
- ou par tout autre moyen.

118.127 **Organiser la circulation (5°).** Le cinquième objectif mentionné par l'article A. 111-7 du code de l'urbanisme consiste à « organiser les circulations à l'intérieur du terrain dans le respect de son environnement, des impératifs de sécurité et de la mobilité des installations » par :

- des voies d'un gabarit suffisant ;
- des parkings intégrés au site ;
- une signalétique et un éclairage homogènes et appropriés.

B.
Parcs résidentiels de loisirs

1°
Notion

118.131 **Définition dans le code du tourisme.** Aux termes de l'article D. 333-4 du code de tourisme les parcs résidentiels de loisirs exploités sous régime hôtelier présentent trois caractéristiques :

- premièrement, ils sont destinés à l'accueil d'HLL, de RML et de caravanes ;
- deuxièmement, ils sont constitués d'emplacements nus ou équipés de l'une de ces installations, destinés à la location pour une durée pouvant être supérieure au mois, ainsi que d'équipements communs ;
- troisièmement, ils accueillent une clientèle qui n'y élit pas domicile.

En pratique, conformément à leur spécialisation historique, les PRL accueillent principalement des HLL. La différence avec les terrains de camping tient précisément à ce que le pourcentage d'HLL autorisé dans ces derniers se trouve plafonné afin de demeurer très minoritaire[1].

2°
Normes d'urbanisme, d'insertion dans les paysages, d'aménagement, d'équipement et de fonctionnement

118.141 **Renvoi à des arrêtés ministériels.** L'article R. 111-36 du code de l'urbanisme prévoit les parcs résidentiels de loisirs sont soumis à « des normes d'urbanisme, d'insertion dans les paysages, d'aménagement, d'équipement et de fonctionnement » définies par des arrêtés conjoints des ministres chargés de l'urbanisme, de la santé publique et du tourisme.

L'arrêté, en date du 28 septembre 2007, est codifié aux articles A. 111-9 et A. 111-10 du code de l'urbanisme.

118.142 **Dispositions identiques à celles applicables aux terrains de campings.** Les dispositions prévues aux articles A. 111-9 et A. 111-10 du code de l'urbanisme pour les PRL sont identiques à ceux

1. V. s^{s} n° 118.181.

prévus aux articles A. 111-7 et A. 111-8 pour les terrains de camping. Il convient donc de se référer aux développements ci-dessus[1].

Seules deux différences existent entre les deux régimes.

D'une part, alors que les dispositions relatives aux terrains de camping mentionnent quatre types d'hébergement (tentes, habitations légères de loisirs résidences mobiles de loisirs et caravanes), les dispositions relatives aux PRL n'en mentionnent que trois (les tentes n'étant pas prévues dans ce genre de structure).

D'autre part, et il s'agit là de la seule différence de fond, le coefficient d'occupation de la surface par l'hébergement installé est fixé à 20 % dans les PRL[2] alors qu'il est fixé à 30 % dans les terrains de camping[3].

C.
Villages de vacances et maisons familiales de vacances

118.151 Définition du village de vacances. Est considéré comme village de vacances tout centre d'hébergement, faisant l'objet d'une exploitation globale de caractère commercial ou non, destiné à assurer des séjours de vacances, selon un prix forfaitaire comportant, outre la pension, l'usage d'équipements communs, d'installations sportives et de distractions collectives[4]. Un certain nombre d'exigences mentionnées aux articles D. 325-2 et suivants du code du tourisme doivent en outre être satisfaits pour obtenir cette dénomination.

En principe, un village de vacances comporte des bâtiments construits[5]. Toutefois, il peut comprendre en totalité ou en partie des locaux d'hébergement dépourvus de fondations, démontables, transportables ou tractables[6]. Ces locaux doivent être installés par l'exploitant sur des emplacements fixes pendant toute la durée d'ouverture annuelle du village de vacances. Le village est, dans ce cas, dénommé « village de vacances » avec la mention « hébergement léger ».

118.152 Définition de la maison familiale de vacances. Les maisons familiales de vacances sont des établissements sans but lucratif, à caractère social, familial et culturel qui ont pour principale vocation l'accueil des familles pendant leurs vacances et leurs loisirs. Elles sont, en priorité, ouvertes aux familles ayant des revenus modestes. Elles peuvent accueillir, notamment en dehors des vacances scolaires, d'autres catégories d'usagers[7].

§ 3
Conditions d'installation des habitations légères, résidences mobiles et caravanes utilisées à des fins de loisirs

A.
Habitations légères de loisirs

1°
Notion d'habitation légère de loisirs

118.161 Définition. Selon la définition donnée à l'article R. 111-37 du code de l'urbanisme, les HLL sont des constructions présentant trois caractéristiques :

– elles sont « démontables ou transportables » ;

– elles sont destinées à une « occupation temporaire ou saisonnière » ;

– elles sont destinées à « un usage de loisirs ».

S'agissant de la première caractéristique (caractère démontable ou transportable) et à titre d'exemple :

– celle-ci n'est pas satisfaite dans le cas de constructions de 80 m^2 de surface de plancher qui doivent être recouvertes de bardage de bois sur leur façade et fixées sur des superstructures[8] ;

– celle-ci demeure satisfaite en cas d'ajout d'éléments accessoires amovibles, même nécessitant des travaux de désolidarisation[9].

118.162 Illustrations. Constituent par exemple des HLL :

– des petits chalets[10] ;

– des bungalows ;

– des mobile-homes ayant perdu leurs moyens de déplacement[11] ;

1. V. s[s] n°s 118.122 s.
2. C. urb., art. A. 111-9, 3°.
3. V. s[s] n° 118.125.
4. C. tourisme, art. D. 325-1, al. 1er.
5. C. tourisme, art. D. 325-3-1.
6. C. tourisme, art. D. 325-3-3.
7. C. tourisme, art. D. 325-13.
8. CAA Marseille, 14 avr. 2011, *Sommières (C[ne])*, req. n° 09MA00794, NP.
9. Rép. min. n° 35613, *JOAN Q* 3 déc. 2013, p. 12705.
10. CAA Lyon, 26 janv. 2016, *Verdan*, req. n° 14LY01905, NP : petit chalet préfabriqué d'une surface de 20 m^2 et d'une hauteur de 3,20 m, comportant une double porte vitrée, deux fenêtres oscillo-battantes et une fenêtre horizontale ; destiné à une occupation temporaire ou saisonnière et pas seulement au rangement de matériel de jardin ou à un usage de serre ; et transportable (il repose sur des parpaings disposés en pilotis, non ancrés dans le sol).
11. PAR EX. : CAA Bordeaux, 29 avr. 2004, *Féd. départementale de l'hôtellerie de plein air*, req. n° 02BX00839, NP.

– des « cabanes dans des arbres » implantées à des fins de loisirs [1] (à condition, faudrait-il préciser, qu'elles soient réellement démontables) ;

– des yourtes et tipis s'ils comportent des équipements intérieurs tels que blocs cuisine ou sanitaires [2].

2°
Implantation des habitations légères de loisirs

118.171 Lieux d'implantation. Les HLL ont vocation à être implantées dans les lieux dédiés à leur accueil. Elles peuvent également être implantées sur un terrain privé mais en suivant le régime de droit commun applicable aux constructions.

a.
Implantation des HLL dans des lieux dédiés

118.181 Quatre sites d'implantation privilégiés. Aux termes de l'article R. 111-38 du code de l'urbanisme, les HLL peuvent être implantées :

– dans les PRL spécialement aménagés à cet effet (1°) ;

– dans les villages de vacances classés en hébergement léger en application du code du tourisme (2°) ;

– dans les dépendances des maisons familiales de vacances agréées en application du code du tourisme (3°) ;

– dans les terrains de camping régulièrement créés [3] (4°, qui en exclut toutefois deux catégories de camping régulièrement créés : d'une part ceux créés sous le régime applicable avant la réforme des autorisations d'urbanisme [4], d'autre part ceux relevant de la catégorie des « aires naturelles de camping » [5]).

Pour les campings, précise le dernier alinéa de l'article R. 111-38, le nombre d'HLL doit demeurer inférieur :

– à 35 lorsque le terrain comprend moins de 175 emplacements ;

– à 20 % du nombre total d'emplacements dans les autres cas.

En outre, le point 4° prévoit que l'installation des HLL n'est pas autorisée dans les campings :

– créés « par une déclaration préalable » (c'est-à-dire dans les campings permettant l'accueil de moins de vingt personnes ou de moins de six hébergements) ;

– créés sans autorisation d'aménager, « par une déclaration en mairie », sur le fondement des dispositions du code de l'urbanisme en vigueur avant le 1er octobre 2007 ;

– ni ceux « constituant des aires naturelles de camping ».

118.182 Auvents, rampes d'accès et terrasses amovibles. Dans l'enceinte des lieux définis à l'article R. 111-38 [6], les auvents, rampes d'accès et terrasses amovibles « peuvent être accolés aux habitations légères de loisirs » [7]. Cela signifie que ces installations accessoires sont dispensées d'autorisation.

Afin que soit maintenu le caractère nomade de l'HLL, ces installations accessoires « ne doivent pas être tenues au sol par scellement ou toute autre fixation définitive » et « doivent pouvoir être, à tout moment, facilement et rapidement démontables » [8].

b.
Implantation d'HLL dans les terrains non dédiés

118.191 Soumission au régime de droit commun des constructions. En dehors des emplacements prévus à l'article R. 111-38 (dédiés à l'accueil des HLL), l'implantation des HLL « est soumise au droit commun des constructions » [9], à la fois « en termes d'implantation et de soumission à formalité au titre du code de l'urbanisme » [10]. Ils ne bénéficient alors plus de leur régime d'autorisation spécifique [11].

118.192 Soumission au régime de droit commun s'étendant aux emplacements cédés ou loués à long terme. Afin de lutter contre le phénomène de résidentialisation des terrains de camping [12], le décret du 29 septembre 2011 [13] soumet au régime de droit commun l'implantation d'une HLL sur un emplacement situé à l'intérieur du périmètre d'un terrain de camping, village de vacances ou dépendance de maison familiale dès lors qu'il a fait l'objet [14] :

– d'une cession en pleine propriété ;

– de la cession de droits sociaux donnant vocation à son attribution en propriété ou en jouissance ;

1. Rép. min. n° 84689, *JOAN Q* 29 déc. 2015, p. 10808 ; – Rép. min. n° 07189, *JO Sénat Q* 14 mai 2009, p. 1216.
2. Rép. min. n° 07189, *JO Sénat Q* 14 mai 2009, p. 1216 : réponse ministérielle précisant qu'à défaut d'équipements intérieurs, les yourtes et tipis sont considérés comme des tentes.
3. C'est-à-dire autorisés par permis d'aménager : Rép. min. n° 92927, *JOAN Q* 13 sept. 2016, p. 8219.
4. Les terrains de camping « créés par une déclaration préalable ou créés sans autorisation d'aménager, par une déclaration en mairie, sur le fondement des dispositions du code de l'urbanisme dans leur rédaction antérieure au 1er oct. 2007 ».
5. SUR cette catégorie : C. tourisme, art. D. 332-1-2.
6. V. ss n° 118.181.
7. C. urb., art. R. 111-39, al. 1er.
8. C. urb., art. R. 111-39, al. 2.
9. C. urb., art. R. 111-40, al. 1er.
10. Rép. min. n° 92927 ; *JOAN Q* 13 sept. 2016, p. 8219.
11. Rép. min. n° 13650 ; *JOAN Q* 5 mars 2019, p. 2116.
12. Circ. 28 nov. 2011 relative à l'installation des hébergements légers de loisirs (habitations légères de loisirs, résidences mobiles de loisirs et caravanes), au permis d'aménager de mise aux normes paysagères des terrains de camping existants et à la suppression dans le code de l'urbanisme de l'obligation de classement des terrains de camping et des parcs résidentiels de loisirs, NOR : DEVL1130129C, préambule.
13. Décr. n° 2011-1214, 29 sept. 2011 portant adaptation des dispositions du code de l'urbanisme relatives aux terrains de camping et aux parcs résidentiels de loisirs, *JO* 1er oct., n° 9.
14. C. urb., art. R. 111-40, al. 2.

– ou d'une location pour une durée supérieure à deux ans.

Toutefois, afin de ne pas remettre en cause les situations existantes, le décret a prévu que ces dispositions (prévoyant la soumission au régime de droit commun) ne sont pas applicables [1] :

– dans les terrains de camping constitués en société dont les parts ou les droits sociaux donnent vocation à l'attribution d'un emplacement en propriété ou en jouissance, enregistrée avant le 1er octobre 2011 (date de publication du décret) ;

– dans les emplacements de terrains de camping, de villages de vacances classés en hébergement léger au sens du code du tourisme ou de dépendances de maisons familiales de vacances agréées au sens du code du tourisme ayant fait l'objet d'une cession en pleine propriété ou de la cession de droits sociaux donnant vocation à son attribution en propriété ou en jouissance avant le 1er octobre 2011 ;

– jusqu'au terme du contrat, dans les emplacements de terrains de camping, de villages de vacances classés en hébergement léger au sens du code du tourisme ou de dépendances de maisons familiales de vacances agréées au sens du code du tourisme ayant fait l'objet d'une location d'une durée supérieure à deux ans avant le 1er octobre 2011.

B.
Résidence mobile de loisirs (RML)

1°
Notion de résidence mobile de loisirs (mobile-homes)

118.201 Définition. Selon la définition donnée par l'article R. 111-41 du code de l'urbanisme, sont regardés comme des RML :

– les véhicules terrestres habitables ;

– qui sont destinés à une occupation temporaire ou saisonnière à usage de loisirs ;

– qui conservent des moyens de mobilité leur permettant d'être déplacés par traction ;

– mais que le code de la route interdit de faire circuler.

Cette définition correspond à celle des mobile-homes. Elle correspond aussi à celle des roulottes installées dans les PRL et villages de vacances [2]. Elle pourrait également correspondre aux habitats écologiques de type « tiny houses » [3].

Pour l'application de l'article R. 111-41, sont regardés comme résidences mobiles de loisirs les véhicules répondant à la norme NF « S 56 410 résidences mobiles : Définition et modalités d'installation », ainsi que les véhicules qui dérogent à la surface maximale fixée par cette norme, sous réserve [4] :

– que leur surface ne dépasse pas 50 mètres carrés (a) ;

– qu'ils soient aménagés pour l'accueil des personnes à mobilité réduite et permettent, dans des conditions normales de fonctionnement, à l'ensemble des personnes susceptibles d'y accéder avec la plus grande autonomie possible, de circuler, d'accéder aux locaux, d'utiliser les équipements, de se repérer, de s'orienter, de communiquer et de bénéficier des prestations en vue desquelles ils ont été conçus (b).

La preuve de la conformité à cette norme incombe aux constructeurs, installateurs ou importateurs [5].

2°
Implantation des résidences mobiles de loisirs

118.211 Absence d'application aux gens du voyage. L'article R. 111-42 du code de l'urbanisme, réglementant l'installation des RML, n'est pas applicable à l'installation des résidences mobiles qui constituent l'habitat permanent de gens du voyage [6].

a.
Implantation des RML limitée aux lieux dédiés

118.221 Trois lieux d'implantation limitativement énumérés. Aux termes de l'article R. 111-42 du code de l'urbanisme, les RML ne peuvent être installées que dans trois lieux ayant vocation à les recevoir :

– dans les PRL spécialement aménagés à cet effet (1°, qui en exclut toutefois, afin d'éviter la transformation de ces parcs en lieux d'habitat permanent, ceux créés après le 1er octobre 2007 et exploités par cession d'emplacements ou par location d'emplacements d'une durée supérieure à un an) ;

– dans les villages de vacances classés en hébergement léger en application du code du tourisme (2°) ;

– dans les terrains de camping régulièrement créés (3°, qui en exclut toutefois deux catégories de camping régulièrement créés : d'une part ceux créés sous le régime applicable avant la réforme des autorisations d'urbanisme [7], d'autre part ceux relevant de la catégorie des « aires naturelles de camping » [8]).

1. C. urb., art. R. 111-40, 1° à 3°.
2. Rép. min. n° 53392, *JOAN Q* 29 juin 2010, p. 7378.
3. Rép. min. n° 8720, *JO Sénat Q* 27 juin 2019, p. 3420.
4. C. urb., art. A. 111-2 ; mod par arr. 8 avr. 2024.
5. C. urb., art. A. 111-3.
6. CE 9 nov. 2018, *Allait*, req. n° 411010, *Lebon T.* – V. ss n° 118.13.
7. Les terrains de camping « créés par une déclaration préalable ou créés sans autorisation d'aménager, par une déclaration en mairie, sur le fondement des dispositions du code de l'urbanisme dans leur rédaction antérieure au 1er oct. 2007 ».
8. SUR cette catégorie : C. tourisme, art. D. 332-1-2.

Aucune autorisation d'urbanisme n'est requise pour l'installation de RML dans ces lieux[1]. Cela s'explique par le fait qu'ils leur sont dédiés mais aussi que le contrôle du respect des règles d'urbanisme a déjà été opéré au moment de leur aménagement[2].

118.222 Interdiction d'implantation en dehors des trois lieux mentionnés. En dehors des emplacements situés sur les terrains aménagés visés à l'article R. 111-42, « il n'est pas possible d'installer une RML sur un terrain privé, quelle que soit la zone dont il s'agit »[3]. Toute implantation d'une RML en dehors de ces emplacements dédiés « est par conséquent interdite et ne peut faire l'objet d'aucune autorisation au titre du code de l'urbanisme »[4].

118.223 Auvents, rampes d'accès et terrasses amovibles. Dans l'enceinte des lieux définis à l'article R. 111-42[5], les auvents, rampes d'accès et terrasses amovibles « peuvent être accolés aux résidences mobiles de loisirs »[6]. Leur mise en place est d'ailleurs dispensée d'autorisation[7].

Ces installations accessoires « ne doivent pas être tenues au sol par scellement ou toute autre fixation définitive », car elles « doivent pouvoir être, à tout moment, facilement et rapidement démontables »[8].

b.
Implantation limitée dans la durée

118.231 Principe applicable aux implantations postérieures au 1er octobre 2011. Aux termes du premier alinéa de l'article R. 111-44 du code de l'urbanisme, les RML ne peuvent être installées « sur un emplacement » situé à l'intérieur du périmètre d'un terrain de camping ou d'un village de vacances « ayant fait l'objet » :

– d'une cession « en pleine propriété » ;

– de la cession de droits sociaux donnant vocation à son attribution « en propriété ou en jouissance » ;

– ou d'une « location pour une durée supérieure à deux ans ».

Ces dispositions avaient été introduites par le décret du 29 septembre 2011[9] après qu'il a été constaté que la pratique des locations de longues durées, en moyenne de dix années, constituait un facteur favorisant le phénomène de résidentialisation des terrains de camping, dont la vocation première est le tourisme et le loisir. De fait, ces dispositions relatives à la durée de location ont pour objet « de lutter contre la transformation des terrains de camping et des hébergements de loisirs en lieux d'habitat permanent et en lotissements de fait »[10].

L'article R. 111-44 limite à deux ans la durée de la location sans empêcher le renouvellement de ces contrats de location.

118.232 Principe non applicable aux implantations antérieures au 1er octobre 2011. Afin de ne pas remettre en cause les situations constituées avant son entrée en vigueur, le décret a prévu que les dispositions posées au premier alinéa de l'article R. 111-44 ne sont pas applicables :

– dans les terrains de camping constitués en société dont les parts ou les droits sociaux donnent vocation à l'attribution d'un emplacement en propriété ou en jouissance, enregistrée avant le 1er octobre 2011, date de publication du décret (1°) ;

– dans les emplacements de terrains de camping, de villages de vacances classés en hébergement léger ayant fait l'objet d'une cession en pleine propriété ou de la cession de droits sociaux donnant vocation à son attribution en propriété ou en jouissance avant le 1er octobre 2011 (2°)[11].

c.
Exception : implantation pouvant être autorisée sur tout terrain pour reloger les victimes d'une catastrophe naturelle ou technologique

118.241 Dérogation préfectorale. Afin de permettre le relogement provisoire des personnes victimes d'une catastrophe naturelle ou technologique, le préfet, par dérogation aux règles précédemment mentionnées, peut autoriser l'installation de RML, « à titre temporaire », sur tout terrain[12].

1. V. rép. min. n° 122183 ; *JOAN Q* 17 avr. 2012, p. 3047 : « L'installation d'une résidence mobile de loisirs sur les emplacements autorisés est dispensée de toute formalité au titre du code de l'urbanisme ». V. également TA Caen, 22 déc. 2020, *Corbel*, req. n° 1901139, NP : « il ne ressort d'aucune disposition du code de l'urbanisme que les résidences mobiles de loisirs doivent faire l'objet d'une autorisation pour être implantées sur des terrains de camping ».
2. V. ss n° 323.61.
3. Rép. min. n° 56788, *JOAN Q* 16 juin 2015, p. 4594.
4. Rép. min. n° 2380, *JOAN Q* 6 août 2013, p. 8489 – Une telle implantation peut ainsi constituer une infraction : Crim. 13 déc. 2005, n° 04-87.274, NP : infraction aux règles sur les autorisations d'urbanisme (v. ss n° 615.21), le mobil-home ayant été transformé en chalet en changeant la toiture et en créant un soubassement maçonné de l'ensemble des murs, doublé d'une infraction aux règles du PLU (v. ss n° 615.31) ; – ÉGALEMENT : rép. min. n° 13650, *JOAN Q* 5 mars 2019, p. 2116.
5. V. ss n° 118.221.
6. C. urb., art. R. 111-43, al. 1er.
7. V. ss n° 321.151.
8. C. urb., art. R. 111-43, al. 2.
9. Décr. n° 2011-1214, 29 sept. 2011.
10. Rép. min. n° 39772, *JOAN Q* 26 mai 2015, p. 3977.
11. Le 3° n'a plus d'objet. Il prévoit que les dispositions ne s'appliquent pas, « jusqu'au terme du contrat, dans les emplacements de terrains de camping, de villages de vacances classés en hébergement léger au sens du code du tourisme ayant fait l'objet d'une location d'une durée supérieure à deux ans avant le 1er octobre 2011 ».
12. C. urb., art. R. 111-46.

3°
Entrepôt des RML dans l'attente de leur utilisation

118.251 Lieux d'entrepôt autorisés. Aux termes de l'article R. 111-45 du code de l'urbanisme, les RML « peuvent être entreposées, en vue de leur prochaine utilisation » (c'est-à-dire entre deux utilisations) :

– sur les terrains affectés au garage collectif des caravanes et RML ;

– les aires de stationnement ouvertes au public ;

– et les dépôts de véhicules [1].

Le garage des RML dans ces lieux n'est pas soumis à une limite de durée.

C.
Caravanes

1°
Notion de caravane

118.261 Définition. Selon la définition donnée à l'article R. 111-47 du code de l'urbanisme, sont regardés comme des caravanes :

– les véhicules terrestres habitables ;

– qui sont destinés à une occupation temporaire ou saisonnière à usage de loisirs ;

– qui conservent en permanence des moyens de mobilité leur permettant de se déplacer par eux-mêmes ou d'être déplacés par traction ;

– et que le code de la route n'interdit pas de faire circuler.

Correspondent à cette définition :

– les caravanes ;

– les camping-cars [2] ;

– et le cas échéant (si elles conservent un moyen de mobilité) les « tiny houses » [3].

La condition de mobilité est déterminante pour la qualification. Par suite, ne relève plus de cette catégorie une caravane entourée de terrasses en bois et raccordées aux réseaux de distribution d'électricité, d'eau potable et d'assainissement [4].

2°
Implantation des caravanes

118.271 Champ d'application des règles relatives à l'installation des caravanes. Les articles R. 111-48 et R. 111-49 fixant les règles d'implantation des caravanes ne sont pas applicables :

– aux caravanes utilisées à des fins professionnelles [5] ;

– aux résidences mobiles qui constituent l'habitat permanent de gens du voyage [6].

a.
Principe de liberté d'installation des caravanes

118.281 Régime de liberté. À la différence du régime applicable aux HLL et RML, l'installation des caravanes est régie par un principe de liberté. Cela signifie que par défaut, les caravanes peuvent être installées dans tout secteur et, notamment, en dehors des structures d'accueil dédiées tels que les campings.

Ce principe de liberté n'est pas formellement posé par les dispositions du code de l'urbanisme. Il résulte de ce que les dispositions qui régissent leur installation :

– d'une part, ne limitent pas celle-ci à des emplacements déterminés ;

– d'autre part, en mentionnant les cas dans lesquels cette installation peut être interdite, reconnaissent implicitement un principe de liberté d'installation.

b.
Installation interdite dans les espaces protégés

118.291 Interdiction. Aux termes de l'article R. 111-48, 1° du code de l'urbanisme, l'installation des caravanes, quelle qu'en soit la durée, est interdite dans les secteurs où le camping pratiqué isolément et la création de terrains de camping sont interdits en vertu de l'article R. 111-33, c'est-à-dire dans des espaces protégés [7].

L'interdiction s'oppose tant à l'installation qu'au maintien d'une caravane.

Il en résulte plusieurs conséquences :

– le propriétaire d'un terrain concerné par l'interdiction doit enlever la caravane qui se trouve sur son terrain dès que la mesure d'interdiction a fait l'objet de mesures de publicité (et ce même si elle n'a pas été notifiée individuellement aux propriétaires) [8] ;

– l'autorité administrative refuse à bon droit l'installation d'une caravane sur un site inscrit (et ce sans avoir l'obligation d'inviter l'intéressé à présenter une demande de dérogation) [9] ;

– l'installation ou le maintien d'une caravane dans un espace protégé constitue une infraction exposant son auteur à une condamnation par le juge pénal [10].

1. Mentionnés au j) de l'article R. 421-19 et au e) de l'article R. 421-23.
2. Rép. min. n° 1773, *JOAN Q* 1er juill. 2014, p. 5515.
3. Rép. min. n° 8720, *JO Sénat Q* 27 juin 2019, p. 3420.
4. CE 8 juin 2010, *Bertran*, req. n° 306609, NP.
5. Rép. min. n° 3129, *JOAN Q* 8 janv. 2013, p. 218 – L'article R. 111-49, al. 2, le prévoit expressément : v. ss n° 118.312.
6. CE 9 nov. 2018, *Allait*, req. n° 411010, *Lebon T.* – V. ss n° 118.13.
7. V. ss n° 118.41.
8. Crim. 23 mars 1999, n° 98-82.707, NP.
9. CAA Lyon, 14 mai 2002, *Martin*, req. n° 97LY02110, NP.
10. Crim. 23 sept. 2014, n° 13-85.458, NP : installation d'une caravane sur un site inscrit ou classé de l'île de Ré.

c.
Installation interdite dans les sites boisés et parcs classés

118.301 Interdiction. Aux termes de l'article R. 111-48, 2° du code de l'urbanisme, l'installation des caravanes, quelle qu'en soit la durée, est interdite :

- dans les bois, forêts et parcs classés par un PLU comme espaces boisés à conserver, sous réserve de l'application éventuelle des articles L. 113-1 à L. 113-5 ;
- ainsi que dans les forêts de protection classées (en application de l'article L. 141-1 du code forestier).

L'interdiction s'oppose tant à l'installation qu'au maintien d'une caravane.

Il en résulte plusieurs conséquences :

- l'autorité administrative ne peut autoriser l'installation dans ces sites ;
- l'installation d'une caravane dans ces derniers a le caractère d'une infraction [1].

d.
Installation interdite dans les secteurs où la pratique du camping a été interdite par les autorités municipales

118.311 Interdiction. L'installation des caravanes, quelle qu'en soit la durée, est interdite dans les secteurs où la pratique du camping a été interdite par les autorités municipales dans les conditions prévues à l'article R. 111-34 [2].

L'interdiction n'est opposable que si elle a été portée à la connaissance du public par affichage en mairie et par apposition de panneaux aux points d'accès habituels aux zones visées par ces interdictions [3].

118.312 Interdiction non applicable aux caravanes utilisées à des fins professionnelles, sauf existence de terrains aménagés. Le deuxième alinéa de l'article R. 111-49 prévoit que « sauf circonstance exceptionnelle », l'interdiction d'installer une caravane dans les secteurs où la pratique du camping a été interdite par les autorités municipales « ne s'applique pas aux caravanes à usage professionnel lorsqu'il n'existe pas, sur le territoire de la commune, de terrain aménagé ».

118.313 Dérogation à l'interdiction. Un arrêté du maire peut autoriser l'installation des caravanes dans les secteurs où la pratique du camping a été interdite par les autorités municipales, « pour une durée qui peut varier selon les périodes de l'année et qui ne peut être supérieure à quinze jours ». L'arrêté doit préciser « les emplacements affectés à cet usage » [4].

e.
Installation interdite au titre des pouvoirs de police administrative générale

118.321 Fondement résiduel. L'autorité de police administrative générale peut prendre une mesure d'interdiction de stationnement afin d'assurer la sécurité publique, en pratique en interdisant l'installation de caravanes dans les lieux exposés à un risque pour les personnes, tel un risque d'inondation [5].

f.
Installation interdite dans les zones inconstructibles

118.331 Doctrine administrative. Une réponse ministérielle a indiqué qu'« il n'est pas possible d'installer une caravane, même à titre provisoire, sur un terrain classé inconstructible par un document d'urbanisme » [6].

3°
Entrepôt des caravanes dans l'attente de leur utilisation

118.341 Lieux d'entrepôt autorisés. L'article R. 111-50 du code de l'urbanisme prévoit que, « nonobstant les dispositions des articles R. 111-48 et R. 111-49 » (c'est-à-dire y compris dans les secteurs soumis à une interdiction d'installation), les caravanes « peuvent être entreposées, en vue de leur prochaine utilisation » (c'est-à-dire entre deux utilisations) :

- sur les terrains affectés au garage collectif des caravanes et RML (1°) ;
- sur les aires de stationnement ouvertes au public (1°) ;
- sur les dépôts de véhicules mentionnés au j de l'article R. 421-19 et au e de l'article R. 421-23 (1°) ;
- dans les bâtiments et remises et sur le terrain où est implantée la construction constituant la résidence de l'utilisateur (2°).

Le garage des caravanes dans ces lieux n'est pas soumis à une limite de durée.

4°
Aménagement d'aire d'accueil pour les camping-cars

118.351 Aires d'accueil et aires de stationnement. Les collectivités locales convaincues des retombées économiques de cette forme de tourisme sur l'activité de leur commune mettent en œuvre une politique d'accueil des camping-cars notamment par l'aménagement d'aires de services et de stationne-

1. V. s^s n°s 615.891 s.
2. C. urb., art. R. 111-49, al. 1er – V. s^s n°s 118.61 s.
3. C. urb., art. R. 111-49, al. 1er – Sur cette exigence de publicité, v. s^s n° 118.81.
4. C. urb., art. R. 111-49, al. 3.
5. CE 31 janv. 1997, *Sarl Camping Les Clos*, req. n° 156276, NP ; – CE 17 mars 1997, *Pierrelongue (C^{ne})*, req. n° 162075, NP.
6. Rép. min. n° 1379 ; *JO Sénat Q* 21 juin 2018, p. 3149.

ment. Comme le souligne une réponse ministérielle, « ces espaces ne font l'objet d'aucune définition réglementaire »[1]. Dans la pratique, on distingue l'aire de stationnement de l'aire de services.

L'aire de stationnement « est un espace réservé au stationnement ouvert aux camping-cars de jour comme de nuit »[2]. Au-delà de 50 places, elle est soumise au permis d'aménager pour les parkings[3].

L'aire de services « est un dispositif sanitaire technique proposé aux camping-caristes afin d'effectuer les opérations nécessaires comme la vidange des eaux usées et l'approvisionnement en eau potable »[4].

SECTION 2
HABITAT LÉGER RÉSIDENTIEL

§ 1
Définition

118.361 Notion. La notion d'habitat léger résidentiel recouvre :

– d'une part, les résidences démontables constituant l'habitat permanent de leurs utilisateurs ;

– d'autre part, les résidences mobiles constituant l'habitat des gens du voyage.

118.362 Résidences démontables constituant l'habitat permanent de leurs utilisateurs. L'article R. 111-51 du code de l'urbanisme définit comme des résidences démontables constituant l'habitat permanent de leurs utilisateurs « les installations sans fondation disposant d'équipements intérieurs ou extérieurs et pouvant être autonomes vis-à-vis des réseaux publics. Elles sont destinées à l'habitation et occupées à titre de résidence principale au moins huit mois par an ».

L'article R. 111-51 prévoit que « ces résidences ainsi que leurs équipements extérieurs sont, à tout moment, facilement et rapidement démontables ».

Cette catégorie, créée par la loi ALUR, s'applique notamment :

– aux yourtes ;

– aux tipis ;

– et aux habitats écologiques de type « tiny house » dans les cas où ils ne disposent pas en permanence de moyens de mobilité propres[5].

118.363 Résidences mobiles constituant l'habitat des gens du voyage. Les résidences mobiles constituant l'habitat des gens du voyage sont définies à l'article 1er de la loi du 5 juillet 2000[6] relative à l'accueil et à l'habitat des gens du voyage.

§ 2
Implantation

118.371 Implantation sur des terrains constructibles. Le code impose que soient « situés dans des secteurs constructibles »[7] les terrains aménagés pour l'installation :

– de résidences mobiles ou démontables constituant l'habitat permanent de leurs utilisateurs ;

– ou de résidences mobiles au sens de l'article 1er de la loi du 5 juillet 2000[8] relative à l'accueil et à l'habitat des gens du voyage.

118.372 Possibilité d'implantation dans des STECAL. Ces terrains peuvent être autorisés dans des STECAL, dans les conditions prévues à l'article L. 151-13[9].

1. Rép. min. n° 1773, *JOAN Q* 1er juill. 2014, p. 5515.
2. Rép. min. n° 1773, *JOAN Q* 1er juill. 2014, p. 5515.
3. V. ss n° 323.81.
4. Rép. min. n° 1773, *JOAN Q* 1er juill. 2014, p. 5515.
5. Rép. min. n° 8720, *JO Sénat Q* 27 juin 2019, p. 3420. Si elle perd ses moyens de mobilité, la tiny house peut relever de la catégorie des caravanes (v. ss n° 118.261) ou des RML (v. ss n° 118.201).
6. L. n° 2000-614, 5 juill. 2000 relative à l'accueil et à l'habitat des gens du voyage, *JO* 6 juill., n° 1.
7. C. urb., art. L. 444-1.
8. L. n° 2000-614, 5 juill. 2000.
9. C. urb., art. L. 444-1 – Sur le régime des STECAL, v. ss nos 231.801 s.

CHAPITRE

119. Implantation de panneaux photovoltaïques sur les terrains agricoles

SECTION 0

ORIENTEUR

119.00 **Sommaire du chapitre.**

119.01 **Textes applicables.**

• **C. urb.**

art. L. 111-27 s.

art. R. 111-56 s.

119.03 **Bibliographie indicative.**

Articles. B. Grimonprez, « L'agrivoltaïsme à la lumière du droit », *AJDA* 2023. 1168 – O. Le Bot, « L'urbanisme et le développement des énergies renouvelables », *RFDA* 2023. 531 – R. Sageloli, « L'implantation des installations PV au sol : mode d'emploi », *JCP Adm.* 2024, n° 2185 – R. Radiguet, « L'agrivoltaïsme dans la loi relative à l'accélération de la production d'énergies renouvelables : "je veux du soleil" ? », *Énergie – Environnement – Infrastructures* 2023, étude 9.

119.04 **Question essentielle.**

> Est-il possible de se placer sous le régime de l'agrivoltaïsme sans exercer d'activité agricole ?

* V. s^s n° 119.32

119.05 **Origine.** La loi ENR[1] a introduit dans le code de l'urbanisme une nouvelle section comprenant huit nouveaux articles (art. L. 111-27 à L. 111-34) destinés à favoriser l'implantation de panneaux photovoltaïques sur les terrains agricoles, naturels et forestiers. Ses dispositions ont été précisées par un décret du 8 avril 2024[2].

SECTION 1

LES INSTALLATIONS CONCERNÉES

119.11 **Deux types d'installations.** Deux types d'installations sont distinguées :

– d'une part, les « installations agrivoltaïques » ;

– d'autre part, les « installations compatibles avec l'exercice d'une activité agricole ».

1. L. n° 2023-175, 10 mars 2023 relative à l'accélération de la production d'énergies renouvelables.
2. Décr. n° 2024-318, 8 avr. 2024 relatif au développement de l'agrivoltaïsme et aux conditions d'implantation des installations photovoltaïques sur des terrains agricoles, naturels ou forestiers.

§ 1
Installations agrivoltaïques

A.
Notion

119.21 Code de l'énergie. La loi ENR fait rentrer la notion dans le code de l'énergie en définissant l'installation agrivoltaïque comme « une installation de production d'électricité utilisant l'énergie radiative du soleil et dont les modules sont situés sur une parcelle agricole où ils contribuent durablement à l'installation, au maintien ou au développement d'une production agricole »[1].

B.
Régime

119.31 Installations regardées comme nécessaires à une activité agricole. L'article L. 111-27 du code de l'urbanisme dispose que les installations agrivoltaïques « sont considérées comme nécessaires à l'exploitation agricole, pour l'application des articles L. 111-4, L. 151-11 et L. 161-4 du présent code [...] »[2]. En conséquence peuvent-elles être implantées en zone agricole d'une commune, que celle-ci soit soumise au RNU, dotée d'un PLU ou couverte par une carte communale.

119.32 Exercice effectif d'une activité. Afin d'éviter un détournement du procédé, l'article L. 111-28 prévoit que l'installation des serres, des hangars et des ombrières à usage agricole supportant des panneaux photovoltaïques « doit correspondre à une nécessité liée à l'exercice effectif d'une activité agricole, pastorale ou forestière significative »[3]. Cette exigence empêche ainsi les installations d'opportunité, c'est-à-dire celles qui seraient mises en place dans le seul but de produire de l'énergie solaire mais ne répondraient pas à un besoin pour l'exercice d'une activité agricole, pastorale ou forestière. Comme le soulignait la commission des affaires économiques du Sénat, l'agrivoltaïsme a pour objet d'« encourager les projets alliant véritablement production électrique secondaire et production agricole principale, tout en prévenant les risques de conflits d'usages et de projets alibis »[4].

1. C. énergie, art. L. 314-36, I.
2. C. urb., art. L. 111-27 ; créé par L. n° 2023-175, 10 mars 2023.
3. C. urb., art. L. 111-28 ; créé par L. n° 2023-175, 10 mars 2023.
4. Avis com. aff. éco S, n° 80, 26 oct. 2022, p. 12.

C.
Contrôles et sanctions

119.41 Modalités. Lors d'une visite effectuée par les personnes mentionnées à l'article L. 461-1 s'il est constaté que l'une des installations prévues à l'article L. 111-28, n'est pas ou plus exploitée ou que les conditions de compatibilité avec l'activité agricole, pastorale ou forestière ne sont plus réunies, elles en informent l'autorité compétente en matière d'autorisation d'urbanisme[5].

Cette dernière notifie à l'exploitant de l'installation les obligations de mise en conformité de l'installation et peut, après avoir invité l'intéressé à présenter ses observations, le mettre en demeure d'y procéder dans un délai qu'elle détermine et qui ne peut excéder six mois.

À défaut de mise en conformité dans le délai imparti, l'autorité compétente peut, après avoir invité l'intéressé à présenter ses observations, en prescrire le démantèlement.

§ 2
Installations compatibles avec l'exercice d'une activité agricole

A.
Localisation

119.51 Document-cadre. Les installations compatibles avec l'exercice d'une activité agricole ne peuvent être implantées que sur des surfaces identifiées par le préfet dans un « document-cadre »[6].

1°
Adoption et évolution du document-cadre

119.61 Compétence du préfet. Le document-cadre est pris par le préfet[7].

119.62 Procédure d'adoption. Le préfet se prononce sur la base d'une proposition émise par la chambre départementale d'agriculture et après avis de la CDPENAF, des organisations professionnelles intéressées et des collectivités territoriales concernées[8].

À réception de la proposition émise par la chambre départementale d'agriculture, le préfet la transmet pour avis[9] :

5. C. urb., art. R. 463-4 ; créé par décr. n° 2024-318, 8 avr. 2024.
6. C. urb., art. L. 111-29, al. 1er ; créé par L. n° 2023-175, 10 mars 2023.
7. C. urb., art. L. 111-29, al. 1er.
8. C. urb., art. L. 111-29, al. 1er.
9. C. urb., art. R. 111-61 ; créé par décr. n° 2024-318, 8 avr. 2024.

- aux représentants des organisations professionnelles agricoles intéressées ;
- aux représentants des professionnels des énergies renouvelables ;
- aux représentants des collectivités concernées ;
- et à la CDPENAF.

À l'expiration d'un délai de deux mois à compter de leur saisine, leur avis est réputé favorable[1].

L'arrêté préfectoral doit être pris au plus tard six mois après la proposition de la chambre départementale[2].

119.63 Procédure de révision. Le document-cadre est révisé au moins tous les cinq ans dans les mêmes conditions[3].

2°
Contenu du document-cadre

119.71 Contenu. Le document-cadre « définit notamment les surfaces agricoles et forestières ouvertes à un projet d'installation [...] ainsi que les conditions d'implantation dans ces surfaces »[4].

Deux paramètres sont énoncés à cet égard.

D'une part, les surfaces en question « sont définies en veillant à préserver la souveraineté alimentaire »[5].

D'autre part, seuls peuvent être identifiés au sein de celles-ci[6] :

- « des sols réputés incultes » ;
- ou des sols « non exploités depuis une durée minimale ».

Le code ajoute que les sols ainsi identifiés – et cela est conforme à leur objet – « sont intégrés en tout ou partie dans les zones d'accélération [...] »[7].

3°
Critères d'identification

119.81 Notion de sol inculte et de sol non exploité. Un sol est réputé inculte lorsqu'il est satisfait à l'une des conditions suivantes[8] :

- « l'exploitation agricole ou pastorale y est impossible au regard du territoire environnant » en raison de ses caractéristiques topographiques, pédologiques et climatiques ou à la suite d'une décision administrative (1°, précisant que cette appréciation peut notamment se fonder sur un indice pédologique départemental) ;
- « il n'entre dans aucune des catégories de forêts » définies par arrêté des ministres chargés des forêts, de l'environnement et de l'énergie, comme « présentant de forts enjeux de stock de carbone, de production sylvicole ou d'enjeux patrimoniaux sur le plan de la biodiversité et des paysages » (2°).

Un sol est regardé comme non exploité s'il a été inexploité durant au moins dix ans[9].

119.82 Élément inclus. Sans préjudice des conditions mentionnées aux articles R. 111-56 et R. 111-57[10], sont ouverts à un projet d'installation photovoltaïques au sol et sont inclus dans le document-cadre les surfaces répondant à l'une des caractéristiques suivantes[11] :

- les surfaces sont situées en zone agricole, non exploitées et situées à moins de cent mètres d'un bâtiment d'une exploitation agricole (1°) ;
- le site est un site pollué ou une friche industrielle (2°) ;
- le site est une ancienne carrière, sauf lorsque la remise en état agricole ou forestière a été prescrite, ou une carrière en activité dont la durée de concession restante est supérieure à 25 ans (3°) ;
- le site est une ancienne carrière faisant l'objet de prescriptions de remise en état agricole ou forestière datant de plus de 10 ans mais dont la réalisation est insatisfaisante en dépit du respect des prescriptions de cessation d'activité (4°) ;
- le site est une ancienne mine, y compris d'anciens terril, bassin, halde ou terrain dégradé par l'activité minière, sauf lorsque la remise en état agricole ou forestier a été prescrite (5°) ;
- le site est une ancienne installation de stockage de déchets dangereux ou une ancienne installation de stockage de déchets non dangereux ou une ancienne installation de stockage de déchets inertes, sauf lorsque la remise en état agricole ou forestier a été prescrite (6°) ;
- le site est un ancien aérodrome, délaissé d'aérodrome, un ancien aéroport ou un délaissé d'aéroport incorporé au domaine public ou privé d'une personne publique (7°) ;
- le site est un délaissé fluvial, portuaire, routier ou ferroviaire incorporé au domaine public ou privé d'une personne publique (8°) ;
- le site est situé à l'intérieur d'une installation classée pour la protection de l'environnement soumise à autorisation, à l'exception des carrières et des parcs éoliens (9°) ;

1. C. urb., art. R. 111-61.
2. C. urb., art. L. 111-29, al. 1er.
3. C. urb., art. R. 111-61-1 ; créé par décr. nº 2024-318, 8 avr. 2024.
4. C. urb., art. L. 111-29, al. 1er.
5. C. urb., art. L. 111-29, al. 1er.
6. C. urb., art. L. 111-29, al. 1er.
7. C. urb., art. L. 111-29, al. 2.
8. C. urb., art. R. 111-56 ; créé par décr. nº 2024-318, 8 avr. 2024.
9. C. urb., art. R. 111-57 ; créé par décr. nº 2024-318, 8 avr. 2024.
10. V. ss nº 119.11.
11. C. urb., art. R. 111-58 ; créé par décr. nº 2024-318, 8 avr. 2024.

– le site est un plan d'eau (10°) ;

– le site est dans une zone de danger d'un établissement classé SEVESO pour laquelle le niveau de gravité des conséquences humaines d'un accident à l'extérieur de l'établissement est au moins qualifié d'important selon l'échelle d'appréciation de la gravité définie par l'annexe 3 de l'arrêté du 29 septembre 2005 relatif à l'évaluation et à la prise en compte de la probabilité d'occurrence, de la cinétique, de l'intensité des effets et de la gravité des conséquences des accidents potentiels dans les études de dangers des installations classées soumises à autorisation (11°) ;

– le site est en zone d'aléa fort ou très fort d'un PPRT (12°) ;

– le site est un terrain militaire, ou un ancien terrain militaire, faisant l'objet d'une pollution pyrotechnique (13°) ;

– le site est situé dans un secteur effectivement délimité en tant que zone favorable à l'implantation de panneaux photovoltaïques dans le PLU de la commune ou de l'intercommunalité (14°).

119.83 **Élément exclus.** Sont exclus du document-cadre[1] ;

– les zones agricoles protégées au titre de l'article L. 112-2 du code rural (1°) ;

– les périmètres dans lesquels le conseil départemental ou son président a ordonné la mise en œuvre d'un aménagement foncier agricole et forestier en application de l'article L. 121-14 du code rural (2°) ;

– la zone de protection naturelle, agricole et forestière du plateau de Saclay (3°) ;

– les périmètres dans lesquels le conseil départemental ou son président a clos les opérations d'un aménagement foncier agricole et forestier au cours des dix années précédant la date de publication du décret n° 2024-318 du 8 avril 2024 (4°) ;

– les fonds dont la commission départementale d'aménagement foncier avait prononcé à la date de publication de ce décret l'état d'inculture ou de sous-exploitation manifeste en application de l'article L. 125-1 du code rural ou dont le conseil départemental a arrêté cet état en application de l'article L. 125-5 du code rural depuis moins de 10 années avant la date de la publication du décret (5°).

4°
Échelle d'identification

119.91 **Identification à la parcelle.** Les surfaces définies dans le document-cadre sont identifiées à l'échelle des parcelles cadastrales à l'exception des surfaces mentionnées à l'article R. 111-58 et au 2° de l'article R. 111-56[2].

1. C. urb., art. R. 111-59 ; créé par décr. n° 2024-318, 8 avr. 2024.

B.
Implantation

119.101 **Conditions.** Pour pouvoir s'implanter dans les espaces identifiés dans le document-cadre, les ouvrages de production d'électricité à partir de l'énergie solaire doivent respecter les exigences fixées par celui-ci.

Elles doivent en outre être compatibles « avec l'exercice d'une activité agricole, pastorale ou forestière »[3]. Sur ce point, le code précise que ce rapport de compatibilité « s'apprécie à l'échelle de l'ensemble des terrains d'un seul tenant, faisant partie de la même exploitation agricole, pastorale ou forestière, au regard des activités agricoles, pastorales ou forestières qui y sont effectivement exercées ou, en l'absence d'activité effective, qui auraient vocation à s'y développer »[4].

Enfin, il ajoute que les modalités techniques retenues « doivent permettre que ces installations n'affectent pas durablement les fonctions écologiques du sol, en particulier ses fonctions biologiques, hydriques et climatiques ainsi que son potentiel agronomique »[5].

119.102 **Sanctions.** Pour l'application de l'article L. 111-30, lorsque le rapport mentionné à l'article R. 463-1[6] relève que les conditions de compatibilité avec l'activité agricole, pastorale ou forestière ne sont plus réunies, l'autorité compétente en matière d'autorisation d'urbanisme[7] :

– notifie à l'exploitant de l'installation les obligations de mise en conformité de l'installation ;

– et le met en demeure d'y procéder dans un délai qu'elle détermine et qui ne peut excéder six mois.

Si à l'expiration du délai imparti, un nouveau rapport de contrôle réalisé dans les conditions fixées à l'article R. 463-1 et justifiant que l'installation a été mise en conformité n'a pas été transmis, l'autorité administrative :

– peut mettre en œuvre les sanctions prévues au titre VIII du livre IV[8] ;

2. C. urb., art. R. 111-60 ; créé par décr. n° 2024-318, 8 avr. 2024.
3. C. urb., art. L. 111-30 ; créé par L. n° 2023-175, 10 mars 2023. Plus exactement, cet article exige que « l'installation ne soit pas incompatible » avec l'exercice d'une telle activité.
4. C. urb., art. L. 111-29, al. 1er.
5. C. urb., art. L. 111-30 ; créé par L. n° 2023-175, 10 mars 2023. Ces modalités techniques sont les modalités d'implantation et les caractéristiques techniques prévues par le décret pris en application du 6° du III de l'article 194 de la Climat (c. urb., art. R. 111-20-1 ; créé par décr. n° 2024-318, 8 avr. 2024).
6. V. s^s n° 119.112.
7. C. urb., art. 463-2, al. 1er ; créé par décr. n° 2024-318, 8 avr. 2024.
8. C. urb., art. 463-2, al. 2. Sur ces sanctions, v. s^s n°s 615.05 s.

– et également prescrire le démantèlement de l'installation dans un délai qu'elle détermine[1].

C. Contrôle des installations

119.111 **Objet.** Les installations sont soumises à un contrôle préalable à leur mise en service[2].

Six ans après l'achèvement des travaux, elles sont soumises à un contrôle du respect des dispositions des articles L. 111-30 et L. 111-32 afin de s'assurer notamment que les fonctions écologiques du sol, en particulier ses fonctions biologiques, hydriques et climatiques ainsi que son potentiel agronomique ne sont pas durablement affectées par l'installation[3].

119.112 **Modalités.** La réalisation des contrôles est effectuée par un organisme scientifique, un institut technique agricole, une chambre d'agriculture ou un expert foncier et agricole mentionné à l'article L. 171-1 du code rural. L'exploitant de l'installation transmet ce rapport de contrôle à l'autorité compétente en matière d'autorisation d'urbanisme[4].

Un arrêté des ministres chargés de l'énergie, de l'urbanisme et de l'agriculture précise le contenu du rapport ainsi que les conditions de compétence et d'indépendance de l'organisme contrôleur[5].

SECTION 2 Dispositions communes

119.121 **Trois séries de règles.** Trois séries de règles sont communes aux deux catégories d'installations.

§ 1 Consultation de la CDPENAF

119.131 **Avis.** La CDPENAF émet un avis sur les projets[6].

Celui-ci revêt la nature d'un « avis conforme » (sauf pour les projets situés à l'intérieur des surfaces identifiées dans le document-cadre, pour lesquels est prévu un « avis simple »[7]) et « vaut pour toutes les procédures administratives nécessaires aux projets d'installations agrivoltaïques ».

Avant de rendre son avis, la commission « auditionne le pétitionnaire »[8].

§ 2 Durée limitée de l'installation et remise en état

A. Durée limitée de l'installation

119.141 **Durée.** Les ouvrages de production d'électricité solaire « sont autorisés pour une durée limitée et sous condition de démantèlement au terme de cette durée ou au terme de l'exploitation de l'ouvrage s'il survient avant »[9].

Plus précisément, les installations, ouvrages ou constructions « sont autorisés pour une durée maximale de quarante ans »[10], pouvant être portée à cinquante ans[11].

119.142 **Réversibilité.** Compte tenu de la durée limitée des ouvrages, ceux-ci doivent présenter « des caractéristiques garantissant la réversibilité de leur installation »[12].

B. Remise en état

1° Obligations

a. Enlèvement et remise en état

119.151 **Délai.** Le propriétaire du terrain d'assiette est tenu d'enlever dans un délai raisonnable l'ouvrage et de remettre en état le terrain[13] :

1. C. urb., art. 463-2, al. 3.
2. C. urb., art. R. 463-1, al. 1er ; créé par décr. n° 2024-318, 8 avr. 2024.
3. C. urb., art. R. 463-1, al. 2.
4. C. urb., art. R. 463-1, al. 3.
5. C. urb., art. R. 463-1, al. 4.
6. C. urb., art. L. 111-31 ; créé par L. n° 2023-175, 10 mars 2023.
7. C. urb., art. L. 111-31. V. DANS LE MÊME SENS : C. urb., art. L. 111-29, al. 2.
8. C. urb., art. L. 111-31.
9. C. urb., art. L. 111-32, al. 1er ; créé par L. n° 2023-175, 10 mars 2023.
10. C. urb., art. R. 111-62, al. 1er ; créé par décr. n° 2024-318, 8 avr. 2024.
11. C. urb., art. R. 111-62, al. 2 : « Au plus tard six mois avant l'échéance de l'autorisation, l'autorité compétente pour délivrer l'autorisation d'urbanisme peut, sur demande de son bénéficiaire, disposant lorsqu'il est requis de l'accord du propriétaire, la proroger pour dix ans lorsque l'installation présente encore un rendement significatif. Dans ce cas, l'autorité compétente procède à une actualisation du montant des garanties financières dans les conditions prévues à l'article R. 111-64 ».
12. C. urb., art. L. 111-32, al. 1er ; créé par L. n° 2023-175, 10 mars 2023.
13. C. urb., art. L. 111-32, al. 2 à 4.

– lorsque l'ouvrage n'est pas ou plus exploité ou lorsqu'il est constaté que les conditions de compatibilité avec l'activité agricole, pastorale ou forestière ne sont plus réunies (1°) ;

– au plus tard, à l'issue de la durée accordée (2°).

b.
Contrôle et sanctions

119.161 **Rapport de contrôle.** Qu'ils soient exécutés en raison de l'atteinte de l'échéance de la durée fixée à l'article R. 111-60, de l'absence d'exploitation ou de la décision mentionnée à l'article R. 463-2[1], les travaux de démantèlement et de remise en état du site mentionnés à l'article L. 111-32 font l'objet d'un rapport de contrôle réalisé dans les conditions fixées à l'article R. 463-1[2] établissant un relevé technique du terrain qui est transmis sans délai à l'autorité compétente en matière d'autorisation d'urbanisme[3].

Un arrêté des ministres chargés de l'énergie, de l'urbanisme et de l'agriculture précise le contenu du rapport mentionné au premier alinéa, notamment les éléments de relevé technique du terrain[4].

119.162 **Mise en demeure.** En cas d'absence de démantèlement ou de remise en état du site dans les conditions définies aux articles R. 111-62 et R. 111-63 ou dans le délai indiqué dans la décision mentionnée à l'article R. 463-2 ou en l'absence de transmission du rapport mentionné à l'alinéa précédent ou lorsque celui-ci ne permet pas d'attester du respect des dispositions de l'article R. 111-63, l'autorité compétente en matière d'autorisation d'urbanisme « met en demeure la personne à laquelle incombe l'obligation d'y satisfaire dans un délai qu'elle détermine »[5].

119.163 **Exécution d'office.** Si, à l'expiration du délai imparti, il n'a pas été déféré à la mise en demeure, l'autorité compétente « procède d'office aux travaux nécessaires au démantèlement et à la remise en état du site ». Elle met en œuvre, le cas échéant, les garanties financières constituées dans les conditions définies à l'article R. 111-64 et fait supporter au propriétaire du terrain d'assiette le coût du dépassement éventuel par ces travaux du montant de ces garanties financières[6].

La mise en œuvre des garanties financières par l'autorité compétente ne fait pas obstacle à l'application des sanctions prévues au titre VIII du livre IV[7].

1. V. s[s] n° 119.102.
2. V. s[s] n° 119.112.
3. C. urb., art. R. 463-3, al. 1er ; créé par décr. n° 2024-318, 8 avr. 2024.
4. C. urb., art. R. 463-3, al. 5.
5. C. urb., art. R. 463-3, al. 2.
6. C. urb., art. R. 463-3, al. 3.

2°
Garanties financières

119.171 **Procédé.** Pour avoir l'assurance que ces opérations seront bien réalisées, il est prévu que lorsque le projet requiert la délivrance d'un permis de construire ou d'une décision de non-opposition à déclaration préalable, « sa mise en œuvre peut être subordonnée à la constitution préalable de garanties financières, notamment lorsque la sensibilité du terrain d'implantation ou l'importance du projet le justifie »[8].

Les installations sur bâtiment ne sont pas soumises à garanties financières[9].

119.172 **Détermination par l'autorisation d'urbanisme.** L'autorité compétente pour délivrer l'autorisation d'urbanisme peut subordonner la mise en œuvre de celle-ci à la constitution de garanties financières par le bénéficiaire de l'autorisation. Ces garanties financières couvrent le coût prévisionnel des opérations prévues à l'article R. 111-63 en cas de défaillance du propriétaire du terrain d'assiette sur lequel ces installations, ouvrages ou constructions sont implantés[10].

Le montant des garanties financières est fixé par l'arrêté d'autorisation d'urbanisme, sur la base d'un barème forfaitaire fixé par arrêté des ministres chargés de l'agriculture et de l'énergie[11].

119.173 **Consignation d'une somme d'argent.** Les garanties financières exigées résultent d'une consignation, par le bénéficiaire de l'autorisation d'urbanisme, entre les mains de la Caisse des dépôts et consignations[12].

La consignation est reçue sur présentation de l'autorisation d'urbanisme fixant le montant de la garantie, accompagnée de la déclaration de consignation dument remplie, et de tout document visant à justifier l'identité et la qualité du bénéficiaire de l'autorisation d'urbanisme[13].

119.174 **Envoi du récépissé de consignation.** Le bénéficiaire de l'autorisation d'urbanisme adresse au maire le récépissé de consignation délivré par la Caisse des dépôts et consignations au plus tard lors de la transmission de la déclaration d'ouverture de chantier pour les projets soumis à permis de construire ou d'aménager, et dans tous les cas avant le démarrage des travaux. À défaut, ou si les travaux ont

7. C. urb., art. R. 463-3, al. 4.
8. C. urb., art. L. 111-32, al. 5.
9. C. urb., art. R. 111-64, al. 9 ; créé par décr. n° 2024-318, 8 avr. 2024.
10. C. urb., art. R. 111-64, al. 1er.
11. C. urb., art. R. 111-64, al. 2.
12. C. urb., art. R. 111-64, al. 3.
13. C. urb., art. R. 111-64, al. 4.

démarré avant la transmission de ce récépissé, le maire peut en prescrire l'interruption [1].

Le récépissé de consignation délivré par la Caisse des dépôts et consignations est transmis sans délai par le maire à l'autorité compétente en matière d'autorisation d'urbanisme [2].

119.175 Déconsignation. Lorsque les travaux de démantèlement et de remise en état du site ont été partiellement ou totalement réalisés, l'autorité compétente en matière d'autorisation d'urbanisme détermine, à la vue de l'attestation mentionnée au dernier alinéa de l'article R. 111-63 et par décision motivée, la date à laquelle peut être levée, en tout ou en partie, l'obligation de garanties financières [3].

La déconsignation est faite sur présentation, par le bénéficiaire des fonds, de la décision de l'autorité compétente en matière d'autorisation d'urbanisme fixant les modalités de levée totale ou partielle de la garantie, le montant à déconsigner et la désignation du ou des bénéficiaires, accompagné de tout document visant à justifier l'identité et la qualité du demandeur [4].

3°
Autorisation d'urbanisme

119.181 Garanties et délai de remise en état. L'autorisation d'urbanisme impose la remise en état en précisant le délai pour y procéder [5].

119.182 Opérations de démantèlement. Les opérations de démantelement sont dispensées de toute formalité au titre du code de l'urbanisme [6].

§ 3
Implantation en zone forestière

119.191 Conditions. Les constructions et les installations de production d'électricité à partir de l'énergie solaire implantées sur les sols ne sont pas autorisées dans les zones forestières lorsqu'elles nécessitent un défrichement soumis à évaluation environnementale systématique [7].

1. C. urb., art. R. 111-64, al. 5.
2. C. urb., art. R. 111-64, al. 6.
3. C. urb., art. R. 111-64, al. 7.
4. C. urb., art. R. 111-64, al. 8.
5. V. s[s] n° 344.73.
6. V. s[s] n° 321.201.
7. C. urb., art. L. 111-33.

TITRE

12. Les règles particulières applicables au littoral (« loi Littoral »)

SECTION 0
ORIENTEUR

12.00 Sommaire du titre.

12.03 Bibliographie indicative.

> Monographies

Ouvrages anciens. J.-M. Becet, *Le droit de l'urbanisme littoral*, « Didact », PUR, 2002 – N. Calderaro et J. Lacrouts, *Le littoral*, 2e éd., Le Moniteur, 2005 – N. Calderaro, *Loi Littoral et loi Montagne*, « Guide de jurisprudence commentée », EFE, 2005 – H. Coulombié et C. Le Marchand, *Droit du littoral et de la montagne*, « Litec Professionnels », 2009.

Ouvrages récents. O. Sut, *La loi Littoral : décryptage du volet urbanisme au travers des décisions du juge administratif*, « Les indispensables », Berger Levraut, 2021 – J.-F. Struillou et N. Huten (dir.), *Le juge administratif, le littoral et la mer* *après la loi Élan*, LexisNexis, 2021, 125 p. – J.-L. Pissaloux et A. Rainaud, *Les trente ans de la loi Littoral*, L'Harmattan, 2017.

> Articles

Loi du 3 janv. 1986. Dossier, « La loi du 3 janvier 1986 relative à l'aménagement, la protection et la mise en valeur du littoral », *RFDA* 1986. 675 – Ph. Godfrin, « La loi du 3 janvier 1986 relative à l'aménagement, la protection et la mise en valeur du littoral », *AJDA* 1986. 359.

Anniversaires de la loi du 3 janv. 1986. Dossier « Les 10 ans de la loi littoral », *RJ envir.*, 1997, n° spéc. – M. Sousse, « 10 ans d'application de la loi Littoral », *Envir.* 2012, ét. n° 14. – Dossier « Les 25 ans de la Loi Littoral », *RJ envir.*, 2012, n° spéc. – L. Bordereaux, « Bientôt trente ans de loi littoral », *AJDA* 2015. 1881.

Loi ÉLAN. P. Cornille et M. Cornille, « Réforme de la loi Littoral par la loi ÉLAN », *Constr.-urb.* 2019, ét. 1 – T. Gilliock, « La loi ÉLAN et l'opportunité d'une refonte globale de la loi littoral », *JCP Adm.* 2019, n° 3015 – N. Huten, « Le nouveau rôle du SCOT dans la mise en œuvre de la loi Littoral », *BJDU* 2020. 76 – J.-F. Rouhaud, « Les modifications apportées par la loi ÉLAN aux dispositions d'urbanisme particulières au littoral », *BJDU* 2019. 79 – L. Prieur et R. Léost, « Le schéma de cohérence territoriale et la loi Littoral depuis la loi ELAN », *JCP Adm.* 2020, n° 2254 – P. Soler-Couteaux, « Après la loi ÉLAN, la loi littoral plus intelligente et plus intelligible », *RDI* 2019. 149.

Autres. J.-C. Le Coustumer, « Loi littoral et constructibilité », *RDI* 2019. 544.

12.05 Origine. Les dispositions propres au littoral ont pour origine la loi du 3 janvier 1986 relative à l'aménagement, la protection et la mise en valeur du littoral, dite « loi Littoral »[1]. Cette loi a été adoptée à la suite d'une réflexion engagée dans les années 1970 dont il résultait une nécessité de préserver le littoral d'une urbanisation massive et anarchique[2].

Certaines de ses dispositions ont été codifiées dans le code de l'urbanisme[3], d'autres dans le code de l'environnement[4].

On continue communément de qualifier les dispositions législatives propres au littoral codifiées dans le code de l'urbanisme de « loi Littoral ».

12.06 Économie générale. Le dispositif mis en place par la loi Littoral vise à concilier protection, aménagement et mise en valeur de celui-ci[5]. L'objectif de protection étant, depuis l'origine, conçu comme prioritaire, le régime juridique défini se caractérise par un encadrement strict des possibilités d'urbanisation.

Le dispositif retenu, faisant prévaloir la protection sur la mise en valeur, est parfois perçu comme instaurant une contrainte excessive, notamment de la part d'élus locaux et de professionnels de l'immobilier.

Pour autant, malgré le lobbying mené en faveur d'un assouplissement, les orientations retenues dans la loi de 1986 ont pour l'essentiel été conservées. Les réformes intervenues, la dernière en date étant celle de la loi ÉLAN, ont apporté certains assouplissements au dispositif initial mais n'en ont pas remis en cause l'économie générale.

12.07 11 % du territoire. 1 200 communes entrent dans le champ d'application de la loi Littoral, représentant 11 % du territoire national et 12 % de la population française.

12.08 Recodification en 2015. Lors de la recodification du Livre Ier du code de l'urbanisme en 2015, les dispositions du code de l'urbanisme relatives au littoral ont été déplacées des articles L. 146-1 s. aux articles L. 121-1 s.

12.09 Rapport triennal sur l'application de la loi Littoral. Le Gouvernement dépose tous les trois ans devant le Parlement un rapport établi en concertation avec le Conseil national du littoral[6] sur l'application de la loi Littoral et sur les mesures spécifiques prises en faveur du littoral[7].

12.10 Plan. La présentation des dispositions du code de l'urbanisme propres au littoral implique d'examiner successivement :

– le champ d'application et l'opposabilité de ces dispositions ;

1. L. n° 86-2, 3 janv. 1986 relative à l'aménagement, la protection et la mise en valeur du littoral, *JO* 4 janv., p. 200.
2. VOIR : M. Piquard, *Perspectives pour l'aménagement du littoral français*, Rapport, DATAR, La documentation française, 1974 ; – et : Instr. 4 août 1976 concernant la protection et l'aménagement du littoral et des rivages des grands lacs, *JO* 6 août, p. 4758.
3. C. urb., art. L. 121-1 s.
4. C. envir., art. L. 321-1 s.
5. L'article L. 321-1 du code de l'environnement, reprenant les dispositions de l'article 1er de la loi Littoral, indique que le littoral est une « entité géographique » qui « appelle une politique spécifique d'aménagement, de protection et de mise en valeur » (I). – Selon son paragraphe II, la réalisation de cette politique d'intérêt général implique « une coordination des actions de l'État et des collectivités locales, ou de leurs groupements », ayant quatre objets : la mise en œuvre d'un effort de recherche et d'innovation portant sur les particularités et les ressources du littoral (1°) ; la protection des équilibres biologiques et écologiques, la lutte contre l'érosion, la prévention des risques naturels liés à la submersion marine, la préservation des sites et paysages et du patrimoine (2°) ; la préservation et le développement des activités économiques liées à la proximité de l'eau, telles que la pêche, les cultures marines, les activités portuaires, nautiques et balnéaires, la construction et la réparation navales et les transports maritimes (3°) ; le maintien ou le développement, dans la zone littorale, des activités agricoles ou sylvicoles, des activités aquacoles, de l'industrie, de l'artisanat et du tourisme (4°).
6. Sur cet organe, v. s^s^ n°s 128.11 s.
7. L. n° 86-2, 3 janv. 1986, art. 41.

– le régime d'urbanisation prévu pour le littoral ;
– le régime de préservation des espaces remarquables ;
– les règles propres à certains ouvrages, aux routes et aux campings ;
– les servitudes administratives applicables sur le littoral ;
– les documents d'urbanisme des communes littorales ;
– les règles de protection du littoral propres aux collectivités d'outre-mer ;
– le conseil national de la mer et des littoraux.

CHAPITRE

121. Champ d'application et opposabilité des dispositions du code de l'urbanisme propres au littoral

SECTION 0
ORIENTEUR

121.00 Sommaire du chapitre.

121.01 Textes applicables.

• **C. urb.**

art. L. 121-1 s.

art. R. 121-1 s.

121.02 Jurisprudence de référence.

> Le PLU ne fait pas écran à la loi Littoral

• **CE, sect., 31 mars 2017,** *Sarl Savoie Lac Investissements*, req. n° 392186, *Lebon.*

121.03 Bibliographie indicative.

Encyclopédies. *DP constr.-urb.*, ét. : « Littoral » – *J.-Cl. Constr.-Urb.*, fasc. 9-5 : « Loi littoral – Cadre juridique de l'application de la loi Littoral », par H. Coulombié et Th. Gilliocq, févr. 2020.

Monographies. O. Sut, *La loi Littoral : décryptage du volet urbanisme au travers des décisions du juge administratif*, « Les indispensables », Berger Levraut, 2021 – J.-F. Struillou et N. Huten (dir.), *Le juge administratif, le littoral et la mer après la loi Élan*, LexisNexis, 2021 – J.-L. Pissaloux et A. Rainaud, *Les trente ans de la loi Littoral*, L'Harmattan, 2017.

121.04 Questions essentielles.

> Quelles sont les communes relevant des dispositions du code de l'urbanisme propres au littoral ?

* V. s^s n°s 121.11 s.

> La loi Littoral est-elle directement applicable aux projets et demandes d'autorisation ?

* V. s^s n°s 121.91 s.

> En quoi consiste le rôle de précision de la loi Littoral dévolu au SCOT ?

* V. ss nos 121.131 s.

SECTION 1

CHAMP D'APPLICATION DES DISPOSITIONS PROPRES AU LITTORAL

§ 1
Communes soumises à l'ensemble des dispositions propres au littoral

A.
Définition législative des communes concernées

121.11 Renvoi au code de l'environnement. L'article L. 121-1 du code de l'urbanisme prévoit que les dispositions propres au littoral s'appliquent :

– d'une part dans les communes littorales définies à l'article L. 321-2 du code de l'environnement (1°) ;

– d'autre part dans les communes qui participent aux équilibres économiques et écologiques littoraux, lorsqu'elles en font la demande auprès de l'autorité administrative compétente de l'État (2°, précisant que la liste de ces communes est fixée par décret en Conseil d'État, après avis du conservatoire de l'espace littoral et des rivages lacustres).

Aucune commune n'étant à ce jour concernée par le 2°, ne relèvent du champ d'application des dispositions propres au littoral que les communes littorales définies à l'article L. 321-2 du code de l'environnement.

121.12 Définition du code de l'environnement. Aux termes de l'article L. 321-2 du code de l'environnement, sont considérées comme communes littorales les communes de métropole et des départements d'outre-mer :

– riveraines des mers et océans, des étangs salés, des plans d'eau intérieurs d'une superficie supérieure à 1 000 hectares (1°) ;

– riveraines des estuaires et des deltas lorsqu'elles sont situées en aval de la limite de salure des eaux et participent aux équilibres économiques et écologiques littoraux (2°, précisant que la liste de ces communes est fixée par décret en Conseil d'État, après consultation des conseils municipaux intéressés).

B.
Première catégorie : communes riveraines des mers et océans, des étangs salés, des plans d'eau intérieurs d'une superficie supérieure à 1 000 hectares

121.21 Critère de la localisation. En vertu du 1° de l'article L. 131-2 du code de l'environnement, sont regardées comme littorales les communes :

– riveraines des mers ;
– riverains des océans ;
– riveraines des étangs salés ;
– et celles riveraines des plans d'eau intérieurs d'une superficie supérieure à 1 000 hectares.

Le critère de la localisation est suffisant. Il emporte de plein droit l'appartenance à la catégorie des communes littorales sans qu'aucune autre exigence ne soit requise.

121.22 Question des embouchures. Lorsqu'un cours d'eau vient se jeter dans la mer, la commune qui le jouxte relève-t-elle du 2° de l'article L. 131-2 (auquel cas un décret lui reconnaissant la qualité de commune « littorale » est nécessaire) ou de son 1° (auquel cas la qualification de commune « littorale » s'applique de plein droit) ?

La réponse à cette question implique de déterminer la frontière séparant, à l'embouchure, d'un côté un fleuve ou une rivière et, d'un autre côté, une mer (cette notion incluant l'océan).

Le Conseil d'État a posé que cette frontière correspond « à la limite transversale de la mer »[1] telle que définie par le droit de la domanialité publique[2], qui marque la frontière de la mer à l'embouchure des fleuves et des rivières.

Ainsi, dans cette affaire, une commune du Finistère dont une (infime) partie du territoire est située dans un estuaire a été regardée non pas comme riveraine d'un estuaire mais comme riveraine de la mer, pour l'intégralité de son territoire, en application d'une limite transversale fixée par un décret de 1930 et bien qu'elle soit située à plusieurs kilomètres du grand large[3].

Dans un arrêt ultérieur, le Conseil d'État a précisé que « la délimitation de la mer à l'embouchure des cours d'eaux repose sur l'observation combinée de plusieurs indices, tels que la configuration des côtes et notamment l'écartement des rives, la proportion respective d'eaux fluviales et d'eaux de mer,

1. CE 14 nov. 2012, *Sté Neo Plouvien*, req. n° 347778, *Lebon T.* ; *BJDU* 2013. 23, concl. X. de Lesquen.
2. CGPPP, art. R. 2111-5 à R. 2111-14.
3. DANS LE MÊME SENS, par rapport à un décret de 1899 : CE 12 nov. 2014, *Pont-Aven (Cne)*, req. n° 369147, *Lebon* ; *BJDU* 2015. 48, concl. M. Vialette ; *JCP Adm.* 2015, n° 2342, note Ph. Hansen.

l'origine des atterrissements, le caractère fluvial ou maritime de la faune et de la végétation ». La « part relative de chacun de ces indices, dont se dégage l'influence prépondérante ou non de la mer, doit être appréciée en fonction des circonstances propres à chaque espèce »[1].

Eu égard au caractère recognitif d'un acte de délimitation, « la délimitation à laquelle il procède peut être contestée à toute époque »[2].

C.
Seconde catégorie : communes riveraines des estuaires et des deltas

121.31 Critères d'appartenance. En vertu du 2° de l'article L. 131-2 du code de l'environnement, sont regardées comme littorales les communes :

- riveraines des estuaires ;
- ou riveraines des deltas.

Outre ce critère géographique, le 2° n'inclut dans cette catégorie que les communes (riveraines des estuaires ou des deltas) qui satisfont à deux exigences :

- d'une part, elles doivent être situées « en aval de la limite de salure des eaux » ;
- d'autre part, elles doivent participer « aux équilibres économiques et écologiques littoraux ».

121.32 Classement par décret. L'article L. 131-2 du code de l'environnement prévoit que la liste des communes relevant du 2° est fixée par décret en Conseil d'État, après consultation des conseils municipaux intéressés.

Le décret n'a été adopté qu'en 2014[3] après que le Conseil d'État ait, sur recours d'une association, ordonné au Premier ministre son édiction[4]. Avant son adoption, les dispositions de la loi Littoral étaient inapplicables aux estuaires et deltas.

121.33 Liste des communes. La liste des communes considérées comme communes « littorales » au sens du 2° de l'article L. 321-2 est dressée à l'article R. 321-1 du code de l'environnement (reprenant le décret précité de 2014).

QUATRE-VINGT-SEPT COMMUNES SONT CONCERNÉES, RELEVANT DE QUINZE DÉPARTEMENTS :

Département	Communes
Pas-de-Calais	Wimille et Outreau
Seine-Maritime	La Cerlangue et Tancarville
Eure	Quillebeuf-sur-Seine, Marais-Vernier, Saint-Samson-de-la-Roque, Foulbec, Conteville et Berville-sur-Mer
Calvados	Bénouville, Osmanville et Isigny-sur-Mer
Manche	Saint-Côme-du-Mont, Angoville-au-Plain, Vierville, Orval, Saint-Quentin-sur-le-Homme et Poilley
Côtes-d'Armor	Saint-Lormel, Quemper-Guézennec, Ploëzal, Trédarzec, Troguéry, Minihy-Tréguier, Tréguier et Pouldouran
Finistère	Saint-Martin-des-Champs, Pont-de-Buis-lès-Quimerch et Clohars-Fouesnant
Morbihan	Arzal et Camoël
Loire-Atlantique	Montoir-de-Bretagne, Donges, La Chapelle-Launay, Lavau-sur-Loire, Bouée, Frossay, Saint-Viaud, Paimboeuf, Corsept et Bourgneuf-en-Retz
Vendée	Brem-sur-Mer, L'Ile-d'Olonne et Angles
Charente-Maritime	Saint-Laurent-de-la-Prée, Vergeroux, Rochefort-sur-Mer, Tonnay-Charente, Saint-Hippolyte, Échillais, Soubise, Saint-Nazaire-sur-Charente, Meschers-sur-Gironde, Arces-sur-Gironde, Talmont-sur-Gironde, Barzan, Chenac-Saint-Seurin-d'Uzet, Mortagne-sur-Gironde, Floirac, Saint-Romain-sur-Gironde, Saint-Fort-sur-Gironde, Saint-Dizant-du-Gua, Saint-Thomas-de-Conac, Saint-Sorlin-de-Conac
Gironde	Saint-Ciers-sur-Gironde, Braud-et-Saint-Louis, Saint-Androny, Fours, Saint-Genès-de-Blaye, Blaye, Cussac-Fort-Médoc, Saint-Julien-Beychevelle, Pauillac, Saint-Estèphe, Saint-Seurin-de-Cadourne, Saint-Yzans-de-Médoc, Saint-Christoly-de-Médoc, Bégadan, Valeyrac, Jau-Dignac-et-Loirac, Saint-Vivien-de-Médoc et Talais
Pyrénées-Atlantiques	Boucau et Bayonne
Haute-Corse	Vescovato
Gard	Vauvert

D.
Cas des communes nouvelles

121.41 Principe : application partielle. En cas de création d'une commune nouvelle en application de

1. CE 26 mars 2008, *Assoc. pour la défense et la protection du site de la rivière de Crach*, req. n° 279917, *Lebon T.* : en l'espèce, le régime hydraulique de la rivière concernée, aux points considérés, est essentiellement soumis aux mouvements des marées, et les mesures de salinité effectuées traduisent une prépondérance des eaux marines et ce jusqu'au fond de l'estuaire. Cette prépondérance est corroborée par les atterrissements provenant des apports d'eau de mer, ainsi que par le caractère marin de la flore (chantiers ostréicoles en particulier) et la présence d'une végétation semblable à celles des grèves maritimes voisines.
2. CE 12 nov. 2014, *Pont-Aven (Cne)*, req. n° 369147, *Lebon ; BJDU* 2015. 48, concl. M. Vialette ; *JCP Adm.* 2015, n° 2342, note Ph. Hansen.
3. Décr. n° 2004-311, 29 mars 2004 fixant la liste des communes riveraines des estuaires et des deltas considérées comme littorales en application de l'article L. 321-2 du code de l'environnement et la liste des estuaires les plus importants au sens du IV de l'article L. 146-4 du code de l'urbanisme.
4. CE 28 juill. 2000, *Assoc. France Nature Environnement*, req. n° 204024, *Lebon : BJDU* 2000. 306, concl. F. Lamy ; *LPA* 17 nov. 2000, p. 14, note A. Laquièze.

l'article L. 2113-2 du CGCT, les règles relatives aux communes littorales s'appliquent normalement « au seul territoire des anciennes communes la composant précédemment considérées comme communes littorales »[1].

121.42 Dérogation : application totale. S'il le souhaite, le conseil municipal peut demander à ce que « l'ensemble du territoire de la commune nouvelle » soit soumis aux règles relatives aux communes littorales[2].

§ 2
Communes soumises à certaines dispositions de la loi Littoral

121.51 Communes et dispositions concernées. Les dispositions relatives aux espaces proches du rivage[3] et à la bande littorale[4] « s'appliquent aux rives des estuaires les plus importants, dont la liste est fixée par décret en Conseil d'État »[5].

121.52 Estuaires identifiés. Les estuaires les plus importants au sens des articles L. 121-15 et L. 121-20 sont les estuaires de la Seine, de la Loire et de la Gironde[6].

§ 3
Communes soumises à la fois à la loi Montagne et la loi Littoral

121.61 Données du problème. Certaines communes entrent à la fois dans le champ d'application de la loi Littoral et celui de la loi Montagne[7]. Il résulte de l'application cumulée de ces deux régimes un encadrement particulièrement strict de l'utilisation du sol. En cas de divergence entre les deux régimes, la règle la plus stricte doit être appliquée[8].

Le cumul des deux régimes rendant quasiment impossible toute possibilité de construction et d'aménagement, le législateur a apporté des assouplissements en dispensant les communes concernées de certaines obligations résultant de la loi Montagne.

A.
Régime général

121.71 Inapplication de certaines dispositions de la loi Montagne dans les espaces proches du rivage (communes maritimes). Dans les espaces proches du rivage des communes riveraines de la mer et incluses dans le champ d'application de la loi Montagne, l'article L. 121-2 rend inapplicables certaines dispositions du code de l'urbanisme propres à la montagne :

– d'une part, les dispositions prévues aux articles L. 122-5 à L. 122-10[9], L. 122-12 et L. 122-13[10] ;

– d'autre part, les dispositions relatives aux unités touristiques nouvelles[11].

121.72 Absence de dispositif similaire pour les communes proches des lacs. Le dispositif précité, issu de la loi de 1986, ne concerne que les communes maritimes.

Le dispositif similaire qu'avait reconnu le législateur en 2005[12] au profit des communes littorales riveraines des plans d'eau intérieurs a été abrogé par loi Grenelle II[13].

B.
Corse (PADDUC)

121.81 Inapplication de l'article L. 121-8 (urbanisation en continuité). Un quart des communes corses sont soumises à la fois à la loi Littoral et à la

1. C. urb., art. L. 131-2, al. 4.
2. C. urb., art. L. 131-2, al. 4.
3. C. urb., art. L. 121-13.
4. C. urb., art. L. 121-16 à L. 121-19.
5. C. urb., respectivement art. L. 121-15 et L. 121-20.
6. C. urb., art. R. 121-3.
7. Sont concernées les communes de montagne riveraines des dix lacs de plus de 1 000 hectares suivants : les lacs d'Annecy, du Bourget, du Léman, de Serre-Ponçon, de Naussac, de Vassivière, de Vouglans (deux communes pour ce lac), de Granval, de Pareloup et de Sainte-croix. Elle concerne également des communes des Alpes-Maritimes, des Pyrénées-Orientales ainsi que 69 communes corses, l'île comptant 360 communes – Circ. 12 oct. 2018 relative aux dispositions particulières à la montagne du code de l'urbanisme, NOR : TERL1826263J, fiche n° 1, p^t 1.4.
8. CAA Marseille, 9 mai 2017, *SAS Staneco*, req. n° 15MA03181, NP.
9. Régime d'urbanisation en zone de montagne, v. s^s n°s 133.05 s.
10. Inconstructibilité des rives, v. s^s n°s 134.221 s.
11. C. urb., art. L. 122-15 s.
12. L. n° 2005-157, 23 févr. 2005 relative au développement des territoires ruraux, *JO* 24 févr., n° 1, instaurant à l'article L. 145-1 ancien, un alinéa 2, rédigé comme suit : « Toutefois, autour des lacs de montagne d'une superficie supérieure à 1 000 hectares, un décret en Conseil d'État délimite, après avis ou sur proposition des communes riveraines, en tenant notamment compte du relief, un secteur dans lequel les dispositions particulières au littoral figurant au chapitre VI du présent titre s'appliquent seules. Ce secteur ne peut pas réduire la bande littorale de 100 mètres définie au III de l'article L. 146-4. Dans les autres secteurs des communes riveraines du lac et situées dans les zones de montagne mentionnées au premier alinéa, les dispositions particulières à la montagne figurant au présent chapitre s'appliquent seules ». Le décret n° 2006-993, 1er août 2006 fixant une méthodologie pour délimiter les zones concernées avait été annulé par le Conseil d'État pour incompétence, en raison d'une méconnaissance de la charte de l'environnement (CE, Ass., 3 oct. 2008, *Annecy (C^ne)*, req. n° 297931, *Lebon*).
13. L. n° 2010-788, 12 juill. 2010 portant engagement national pour l'environnement (loi Grenelle II), *JO* 13 juill., n° 1, art. 21.

loi Montagne. Pour atténuer la rigueur résultant de l'application simultanée de ces deux régimes, la loi ÉLAN a prévu que dans les communes soumises simultanément aux deux régimes, l'article L. 121-8 du code de l'urbanisme « ne s'applique pas dans les secteurs, situés en dehors des espaces proches du rivage, déterminés par le plan d'aménagement et de développement durable de Corse et délimités par le plan local d'urbanisme. La détermination de ces secteurs est soumise à l'accord du représentant de l'État dans le département après avis du conseil des sites de Corse »[1].

SECTION 2
OPPOSABILITÉ DE LA LOI LITTORAL

§ 1
Opposabilité de la loi Littoral aux projets dans un rapport de conformité

121.91 Opposabilité la plus large. Les dispositions du code de l'urbanisme propres au littoral bénéficient de l'opposabilité la plus large. Selon l'article L. 121-3 du code de l'urbanisme, ces dispositions « sont applicables » :

- « à toute personne publique ou privée » ;
- « pour l'exécution de tous travaux, constructions, défrichements, plantations, aménagements, installations et travaux divers » ;
- « la création de lotissements » ;
- « l'ouverture de terrains de camping ou de stationnement de caravanes » ;
- « l'établissement de clôtures » ;
- « l'ouverture des carrières, la recherche et l'exploitation des minerais et les installations classées pour la protection de l'environnement ».

Il en résulte que :

- d'un point de vue organique, la loi Littoral s'impose tant aux personnes privées qu'aux personnes publiques à qui il appartient de respecter et faire respecter ses dispositions ;
- d'un point de vue matériel, tous les modes d'utilisation du sol, mais aussi les ICPE, y sont soumis.

121.92 Opposabilité directe aux demandes d'occupation et d'utilisation du sol. Les dispositions du code de l'urbanisme propres au littoral sont directement opposables aux autorisations individuelles d'urbanisme.

Ainsi que l'indique le Conseil d'État, il appartient à l'autorité administrative chargée de se prononcer sur une demande d'autorisation d'occupation ou d'utilisation du sol de s'assurer, sous le contrôle du juge, « de la conformité du projet avec les dispositions du code de l'urbanisme particulières au littoral »[2] (précisées par le SCOT[3] et le cas échéant par une DTA[4]). Selon une formule générale, « il appartient dans tous les cas à l'autorité administrative chargée de se prononcer sur une demande d'autorisation d'occupation ou d'utilisation du sol d'en assurer le respect »[5].

Ainsi, nonobstant l'existence d'un PLU[6], les dispositions du code de l'urbanisme propres au littoral sont directement opposables (et le cas échéant peuvent fonder un refus) aux demandes :

- de permis de construire[7] ;
- de certificat d'urbanisme[8] ;
- d'autorisation de défrichement[9] ;
- ou de création de ZAC[10].

Elles sont tout autant opposables à une déclaration d'utilité publique[11].

1. CGCT, art. L. 4424-12, II *bis*, paragr. créé par L. n° 2018-1021, 23 nov. 2018.
2. CE, sect., 17 juill. 2010, *Min. d'État, min. Écologie, Énergie, Développement durable et Mer, en charge des technologies vertes et des négociations sur le climat c/S^té « Les Casuccie »*, req. n° 313768, *Lebon ; BJDU* 2010. 268, concl. G. Dumortier ; – CE, sect., 31 mars 2017, *Sarl Savoie Lac Investissements*, req. n° 392186, *Lebon ; BJDU* 2017. 217, concl. A. Bretonneau ; *Constr.-Urb.* 2017, comm. 81, note L. Santoni.
3. V. s^s n°s 121.131 s.
4. V. s^s n° 121.111.
5. VOIR, utilisant cette formule à propos de l'interdiction de construire dans la bande des 100 mètres : CE 12 oct. 2016, *Kerwer*, req. n° 387308, *Lebon ; BJDU* 2017. 7, concl. R. Decout-Paolini.
6. V. s^s n° 121.143.
7. CE 19 juill. 1994, *Frontignan (C^ne) c/SNC Nebot*, req. n° 85532, *Lebon* : annulation du permis de construire méconnaissant les dispositions sur l'extension limitée de l'urbanisation, qui « sont directement applicables aux autorisations individuelles d'urbanisme telle que les permis de construire ».
8. CE 3 oct. 2016, *Le Brun*, req. n° 391750, *Lebon T. ; BJDU* 2016. 674, concl. X. Domino : un certificat d'urbanisme négatif peut être légalement justifié par le fait que l'opération envisagée méconnaît les dispositions relatives à l'extension limitée de l'urbanisation, alors même que la carte communale en vigueur prévoit que le terrain d'assiette est constructible, dès lors qu'une carte communale ne saurait méconnaître les dispositions du code de l'urbanisme.
9. CE 11 mars 1998, *Min. Agriculture et développement rural c/Pouyau*, req. n° 144301, NP ; *Constr.-Urb.* 1998, n° 237, obs. Larralde : annulation de l'autorisation de défrichement sur un site protégé en vertu de la loi Littoral.
10. CE, sect., 12 févr. 1993, *Gassin (C^ne) et SA Sagic*, req. n° 128251, *Lebon* : annulation de l'arrêté préfectoral qui autorise, dans un espace proche du rivage, une opération de construction ne constituant pas une extension limitée de l'urbanisation ; – DANS LE MÊME SENS : CE 29 nov. 1996, *S^té de développement du Dramont-Agay*, req. n° 129241, NP ; *BJDU* 1997. 74, concl. D. Piveteau.
11. CAA Nantes, 27 déc. 2002, *Mary*, req. n° 98NT02744, NP : annulation de l'arrêté déclarant d'utilité publique le projet de restauration et d'aménagement du site mégalithique de Carnac, pour méconnaissance des dispositions sur l'extension limitée de l'urbanisation.

121.93 Inopposabilité à un projet des dispositions qui concernent uniquement les documents d'urbanisme. Naturellement, une disposition de la loi Littoral qui ne concerne pas les projets ne peut, eu égard à son objet, être opposé à un projet. Il en résulte que l'article L. 121-21 du code de l'urbanisme, qui ne vise que les documents, ne peut être directement opposé à une décision relative à l'utilisation du sol[1].

§ 2
Opposabilité de la loi Littoral aux documents d'urbanisme dans un rapport de compatibilité

A.
Anciennes DTA : un rôle historique de précision de la loi Littoral

1°
Présentation des DTA littorales

121.101 Sept DTA. Sur les sept DTA approuvées, quatre comportent des secteurs littoraux :

- DTA des Alpes-Maritimes ;
- DTA de l'estuaire de la Seine ;
- DTA de l'estuaire de la Loire ;
- DTA des Bouches-du-Rhône.

Rappelons que les DTA ont été mises en extinction par la loi du 12 juillet 2010 mais demeurent en vigueur à titre transitoire[2].

Le caractère peu prescriptif des DTA approuvées avait pu être souligné[3].

121.102 Soumission à la loi Littoral. Les DTA ne peuvent méconnaître les dispositions de la loi Littoral[4].

121.103 Précision des modalités d'application de la loi Littoral. Les DTA peuvent comporter des dispositions précisant les modalités d'application de la loi Littoral. Cette faculté leur était reconnue dans leur régime initial[5]. Les DTA ont ainsi pu délimiter les espaces proches du rivage[6].

2°
Opposabilité des DTA littorales

121.111 Opposabilité aux autorisations d'urbanisme dans un rapport de conformité. Les dispositions des DTA qui précisent les modalités d'application des dispositions particulières au littoral « s'appliquent aux personnes et opérations qui y sont mentionnées »[7].

Ainsi, dans le cas où le territoire de la commune est couvert par une DTA, la conformité du projet avec les dispositions du code de l'urbanisme particulières au littoral « doit s'apprécier au regard des éventuelles prescriptions édictées par ce document d'urbanisme » (précisant les dispositions de la loi Littoral), sous réserve que les dispositions qu'il comporte sur les modalités d'application des dispositions des articles L. 121-1 et suivants du code de l'urbanisme « soient, d'une part, suffisamment précises et, d'autre part, compatibles avec ces mêmes dispositions »[8].

Partant, lorsqu'une DTA précise les modalités d'application de la loi littoral dans la zone qu'elle régit, la loi Littoral et les précisions de la DTA compatibles avec elles forment, ensembles, un tout indissociable, « si bien que ce n'est qu'au prisme de la DTA que s'apprécie la légalité des autorisations individuelles au regard des prescriptions propres au littoral, dans un rapport de conformité à la DTA »[9]. La DTA joue ce faisant un rôle d'écran entre la loi et les

1. CE 15 oct. 1999, *Logonna-Daoulas (Cne)*, req. n° 198578, *Lebon T. ; BJDU* 1999. 341, concl. L. Touvet.
2. V. s[s] n° 052.12.
3. À propos de la DTA des Alpes-Maritimes, le commissaire du gouvernement Yann Aguilla relevait ainsi : « Ce qui frappe le juriste, à la lecture de ce document, c'est le mélange de trois registres de discours : celui de la simple description, celui des explications, et celui des prescriptions – ces dernières étant d'ailleurs à faible portée normative, puisqu'il s'agit le plus souvent de fixer des "orientations" et des "objectifs" » (Y. Aguilla, concl. sur CE 27 juill. 2005, *Comité de sauvegarde du port Vauban Vieille-Ville et Antibes-Est*, req. n° 264336, *BJDU* 2005. 243).
4. Cons. const. 26 janv. 1995, n° 94-358 DC, *Loi d'orientation pour l'aménagement et le développement du territoire*, NON-CONFORMITÉ PARTIELLE, *JO* 1er févr., p. 1706, § 4 : « si les directives territoriales d'aménagement peuvent comporter des adaptations à des particularités géographiques locales, celles-ci qui ne concernent selon les termes de la loi que "les modalités d'application des lois d'aménagement et d'urbanisme" ne peuvent conduire à méconnaître les dispositions de ces dernières ».
5. C. urb., anc. art. L. 111-1-1, al. 2, dans sa rédaction résultant de la loi n° 95-115 du 4 février 1995 : « Ces directives peuvent également préciser pour les territoires concernés les modalités d'application des lois d'aménagement et d'urbanisme, adaptées aux particularités géographiques locales ».
6. V. s[s] n° 122.291.
7. C. urb., art. L. 172-2.
8. CE, sect., 17 juill. 2010, *Min. d'État, min. Écologie, Énergie, Développement durable et Mer, en charge des technologies vertes et des négociations sur le climat c/Sté « Les Casuccie »*, req. n° 313768, *Lebon ; BJDU* 2010. 268, concl. G. Dumortier ; – CE, sect., 31 mars 2017, *Sarl Savoie Lac Investissements*, req. n° 392186, *Lebon ; BJDU* 2017. 217, concl. A. Bretonneau ; *Constr.-Urb.* 2017, comm. 81, note L. Santoni ; – CE 19 nov. 2021, Cne de Théoule-sur-Mer, req. n° 435153, NP.
9. A. Bretonneau, concl. préc. sur CE, sect., 31 mars 2017, *Sarl Savoie Lac Investissements*, req. n° 392186.

autorisations individuelles d'urbanisme : la DTA est directement opposable aux autorisations d'urbanisme et la loi cesse de l'être[1].

Ce statut particulier de la DTA est la conséquence du choix opéré par le législateur d'en faire un texte d'application de la loi Littoral (il constituait, jusqu'à la loi ÉLAN qui est venu reconnaître cette qualité aux SCOT, le seul texte d'application de la loi Littoral).

121.112 Inopposabilité aux PLU et cartes communales. L'ordonnance du 17 juin 2020[2] a supprimé l'obligation pour les SCOT et, en l'absence de SCOT, les PLU et les cartes communales, d'être compatibles avec les dispositions des DTA particulières au littoral et aux zones de montagne[3].

B. SCOT : un rôle aujourd'hui premier de concrétisation de la loi Littoral

1° Soumission du SCOT à la loi Littoral

121.121 Respect de la loi Littoral. Le SCOT doit être compatible avec les dispositions du code de l'urbanisme propres au littoral[4].

2° Précision des modalités d'application de la loi Littoral

121.131 Pouvoir de précision. Introduit par la loi ÉLAN[5], le second alinéa de l'article L. 121-3 dispose que le SCOT « précise, en tenant compte des paysages, de l'environnement, des particularités locales et de la capacité d'accueil du territoire, les modalités d'application des dispositions » du code de l'urbanisme propres au littoral[6]. Il ajoute, en ce qui concerne l'urbanisation en continuité, que le SCOT « détermine les critères d'identification des villages, agglomérations et autres secteurs déjà urbanisés prévus à l'article L. 121-8, et en définit la localisation »[7].

Comme l'avait souligné le rapporteur public Vincent Villette à propos des DTA (mais il en va de même pour les SCOT), le pouvoir de préciser les modalités d'application des dispositions du code de l'urbanisme propres au littoral consiste « en quelque sorte » à « contextualiser, à la lumière des spécificités géographiques du territoire en cause, les notions générales contenues dans ces dispositions – à l'instar, pour la loi littoral, des notions d'espaces proches du rivage ou de coupures d'urbanisation – notamment en précisant l'échelle à laquelle les apprécier »[8].

Dans le même sens, la rapporteure du projet de loi ÉLAN au Sénat expliquait qu'il « s'agit de permettre au SCOT de jouer un rôle de déclinaison des dispositions générales de la loi littoral en fonction des réalités locales, en particulier selon les spécificités des structures urbaines existantes. Ce document intégrateur, qui s'imposera aux PLU dans un rapport de compatibilité, participera ainsi de la territorialisation de la loi littoral, tout en garantissant une cohérence régionale à son application »[9].

Le juge prend en compte l'objet de dispositions pour déterminer si elles visent à préciser les modalités d'application de la loi littoral[10].

121.132 Corse. Dans les communes de la collectivité de Corse n'appartenant pas au périmètre d'un SCOT, le PADDUC peut se substituer à ce schéma pour l'application du second alinéa de l'article L. 121-3 du code de l'urbanisme[11]. Le pouvoir de préciser les modalités d'application des dispositions propres au littoral ne confère pas à la collectivité de Corse le pouvoir d'y déroger[12].

121.133 Justifications. La volonté de conférer au SCOT un rôle de précision des modalités d'application de la loi Littoral est apparue avant la loi ÉLAN.

1. Néanmoins, devant un juge, la compatibilité de la DTA avec la loi pourra toujours être mise en cause par voie d'exception.
2. Ord. n° 2020-745,17 juin 2020 relative à la rationalisation de la hiérarchie des normes applicable aux documents d'urbanisme, *JO* 18 juin, n° 42.
3. V. s[s] n° 211.51.
4. V. s[s] n° 211.51.
5. L. n° 2018-1021, 23 nov. 2018 portant évolution du logement, de l'aménagement et du numérique, *JO* 24 nov., n° 1, art. 42.V.
6. C. urb., art. L. 121-3.
7. Pour l'utilisation de ce pouvoir concernant l'identification des espaces proches du rivage, v. s[s] n° 122.291.
8. V. Villette, concl. (inédites) sur CE 19 nov. 2021, *Théoule-sur-Mer (C[ne])*, req. n° 435153, NP.
9. D. Estrosi Sassone, *Projet de loi portant évolution du logement, de l'aménagement et du numérique*, Doc. parl., Sénat, Rapp. n° 630, 4 juill. 2018, p. 178-179.
10. VOIR, à propos d'une DTA : CE 19 nov. 2021, *Théoule-sur-Mer (C[ne])*, req. n° 435153, NP.
11. Pour l'identification des villages et agglomérations, v. s[s] n° 122.41 ; – Pour l'identification des autres secteurs urbanisés, v. s[s] n° 122.111.
12. CAA Marseille, 12 mai 2021, *Sarl La Vallicella*, req. n° 19MA02503, NP : « En assimilant par nature les "villages de vacances" à des espaces urbanisés, indépendamment des critères qu'il fixe lui-même par ailleurs pour identifier de tels espaces, relatifs au nombre et à la densité des constructions, au voisinage immédiat, à la nature et à la fonction de l'urbanisation, à l'accès et à l'équipement du secteur, le PADDUC ne s'est pas borné à préciser les modalités d'application des dispositions du code de l'urbanisme particulières au littoral, mais a entendu leur apporter une dérogation pour ces activités économiques lorsqu'elles sont situées dans les zones d'urbanisation diffuse éloignées des agglomérations et villages existants. Ces prescriptions ne sont donc pas compatibles avec les dispositions du code de l'urbanisme particulières au littoral ».

Une circulaire de 2015 indiquait en ce sens qu'« un aménagement équilibré du littoral supposant un champ d'application des dispositions de la loi Littoral sur des entités géographiques cohérentes, cet enjeu devra, en premier lieu, être porté à une échelle intercommunale dans les schémas de cohérence territoriale (SCOT) et les PLU intercommunaux. Le schéma de cohérence territoriale reste l'outil à privilégier pour décliner les principes de la loi Littoral. En effet, son échelle permet de concevoir une urbanisation associant interface terre-mer, zone côtière et espaces rétro-littoraux, en dépassant une logique strictement communale. En outre, son objet lui permet de concilier de nombreuses politiques publiques sectorielles qui ont un impact sur l'aménagement »[1]. À cet égard, le ministre invitait les préfets à veiller à ce que les SCOT :

– déterminent les capacités d'accueil des espaces urbanisés et à urbaniser et identifient les espaces proches du rivage, les coupures d'urbanisation et les espaces remarquables et caractéristiques du littoral ;

– définissent les critères de qualification des agglomérations, villages et hameaux au regard des spécificités locales et précisent les secteurs qui, dans les espaces proches du rivage, peuvent faire l'objet d'une extension limitée de l'urbanisation.

Il affirmait que « cette traduction des notions de la loi Littoral à l'échelle des SCOT, qui sera ensuite précisée à l'échelle des PLU, est une garantie majeure pour la sécurité juridique des documents d'urbanisme et des autorisations de construire »[2].

121.134 Portée. La reconnaissance de ce pouvoir aux auteurs de SCOT revêt une importance fondamentale puisqu'elle leur permet d'identifier les secteurs pouvant faire l'objet d'une urbanisation sur le littoral. À la différence des DTA, les SCOT ne font pas écran entre l'autorisation d'urbanisme et le code de l'urbanisme. Ils sont pris en compte dans l'appréciation de la légalité de l'autorisation[3].

Le rapporteur public Olivier Fuchs expliquait en ces termes cette différence : « Une différence importante demeure toutefois avec ce qui prévalait pour les DTA qui est qu'aucune disposition législative n'indique plus désormais que la confrontation de l'autorisation d'urbanisme avec les dispositions législatives ne vaut qu'à défaut de DTA. Il est clair, et le rejet d'un amendement en ce sens le prouve, que le législateur n'a pas entendu remettre en cause la possibilité de confrontation directe entre l'autorisation d'urbanisme et les dispositions littorales. Le SCOT, pour le dire autrement, ne peut pas faire écran. Mais le législateur a toutefois souhaité remédier aux difficultés nées de l'imprécision des notions de la loi littoral non pas en les définissant lui-même, mais en laissant aux SCOT le soin de le faire ». Il poursuivait : « Le SCOT n'est donc pas un écran faisant disparaître la loi, il est un filtre, au sens photographique du terme, qui est appliqué sur la loi et qui la colore. Il constitue la clé d'interprétation de cette loi. Les précisions apportées par le SCOT à la loi littoral sont bien entendu importantes en tant qu'elles se répercuteront, par le truchement du rapport de compatibilité entre documents d'urbanisme, au PLU et, par suite, aux autorisations d'urbanisme. Mais nous croyons que les précisions apportées par le SCOT doivent aussi être prises en compte lors de la confrontation directe entre la loi littoral, telle que colorée par le SCOT, et l'autorisation d'urbanisme, pour éclairer les notions indécises, qui sont en fait autant de standards juridiques, de la loi »[4].

Abondant en ce sens, le rapporteur public Nicolas Agnoux a indiqué que le SCOT n'est « pas assimilable à un texte réglementaire d'application de la loi, qui ferait écran avec elle et sur la seule base duquel s'exercerait le contrôle de conformité de l'autorisation d'urbanisme. Il appartient au juge de confronter l'autorisation d'urbanisme directement aux prescriptions de la loi Littoral, le SCOT constituant un élément venant s'ajouter à la norme de référence en orientant son interprétation, et non la norme de référence du contrôle elle-même »[5].

C. PLU et cartes communales

121.141 Compatibilité avec la loi Littoral. En l'absence de SCOT, les PLU et les documents en tenant lieu ainsi que les cartes communales doivent être compatibles avec les dispositions du code de l'urbanisme propres au littoral[6].

Dans le cas où le territoire concerné est couvert par un SCOT, le PLU doit être compatible avec le SCOT, notamment avec les dispositions de ce document relatives au littoral[7].

121.142 Absence d'obligation de réitérer les dispositions de la loi Littoral. Le PLU « n'est pas tenu de réitérer » les dispositions du code de l'urbanisme propres au littoral[8]. Celles-ci s'imposant sans cette mention, elles n'ont besoin pas d'être reprises ni rappelées.

1. Instr. 7 déc. 2015 relative aux dispositions particulières au littoral du code de l'urbanisme, NOR : ETLL1511660J, pt 1.
2. Instr. 7 déc. 2015, NOR : ETLL1511660J, pt 1.
3. Extension de l'urbanisation limitée dans les espaces proches du rivage, v. ss no 122.404 ; – Extension de l'urbanisation en continuité avec les agglomérations et villages existants, v. ss no 122.112.
4. O. Fuchs, concl. sur CE 9 juill. 2021, *Commune de Landéda*, req. no 445118, *BJDU* 2021. 311.
5. N. Agnoux, concl. sur CE 21 avr. 2023, *Cne de Ploemeur*, req. no 456788, *BJDU* 2023. 239.
6. V. ss no 211.181.
7. V. ss no 211.151.
8. CE 12 oct. 2016, *Kerwer*, req. no 387308, *Lebon ; BJDU* 2017. 7, concl. R. Decout-Paolini,

121.143 Les PLU et cartes communales ne font pas écran à l'application de la loi littoral. Eu égard, d'une part, au « seul rapport de compatibilité » prévu le code de l'urbanisme entre les documents d'urbanisme qu'il mentionne et entre ces documents et les règles spécifiques à l'aménagement et à la protection du littoral et, d'autre part, « au rapport de conformité » qui prévaut entre les décisions individuelles relatives à l'occupation ou à l'utilisation du sol et ces mêmes règles, « la circonstance qu'une telle décision respecte les prescriptions du plan local d'urbanisme ne suffit pas à assurer sa légalité au regard des dispositions directement applicables » des articles L. 121-1 et suivants de ce code[1].

Cette solution confirme une jurisprudence forgée dès l'entrée en vigueur de la loi Littoral[2] et appliquée de façon constante par la suite[3]. Elle met fin aux hésitations résultant de l'arrêt « Commune de Porto-Vechio »[4], dont la rédaction semblait par *a contrario* consacrer une théorie du PLU-écran.

Ainsi, il convient de confronter directement le projet aux dispositions du code de l'urbanisme propres au littoral, nonobstant l'existence d'un PLU ou d'une carte communale. Une autorisation d'urbanisme qui méconnaît une disposition de la loi Littoral est entachée d'illégalité alors même qu'elle respecterait le PLU ou la carte communale. Ce document ne fait pas écran à l'application de la loi Littoral. Par exemple, un certificat d'urbanisme négatif peut être légalement justifié par le fait que l'opération envisagée méconnaît l'article L. 121-8, alors même que la carte communale en vigueur prévoit que le terrain d'assiette est constructible[5].

1. CE, sect., 31 mars 2017, *Sarl Savoie Lac Investissements*, req. n° 392186, *Lebon ; BJDU* 2017. 217, concl. A. Bretonneau ; *Constr.-Urb.* 2017, comm. 81, note L. Santoni.
2. CE 24 juill. 1994, *Frontignan (Cne)*, req. n° 85532, *Lebon* 409 ; – CE 15 oct. 1999, *Logonna-Daoulas (Cne)*, req. n° 198578, *Lebon T. ; BJDU* 1999. 341, concl. L. Touvet.
3. NOT. : CE 10 mai 1996, *Assoc. « Défense du patrimoine sétois »*, req. n° 88904, *Lebon T.* ; – CE 10 mai 1996, *Sté du port de Toga SA*, req. n° 140799, *Lebon* 174 ; – CE 29 juin 1998, *Chouzenoux*, req. n° 160256, T. p. 1213 ; – CE 27 sept. 2006, *Le Lavandou (Cne)*, req. n° 275922, *Lebon T. ; BJDU* 2007. 40, concl. C. Devys ; *Dr. env.* 2006, n° 144, p. 369, note L. Bordereaux ; – CE 21 mai 2008, *Min. Transports, Équipement, Tourisme et Mer c./ Assoc. pour le libre accès aux plages et la défense du littoral et Rousseau*, req. n° 297744, *Lebon T.*
4. CE 9 nov. 2015, *Porto-Vecchio (Cne)*, req. n° 372531, *Lebon* 388 ; *LPA* 23 mai 2016, n° 102, p. 9, note P.-L. Niel ; *JCP Adm.* 2016, n° 2376, note M. Sousse.
5. CE 3 oct. 2016, *Le Brun*, req. n° 391750, *Lebon T. ; BJDU* 2016. 674, concl. X. Domino.

CHAPITRE

122. Régime d'urbanisation du littoral

SECTION 0

Orienteur

122.00 Sommaire du chapitre.

122.01 Textes applicables.

• **C. urb.**

art. L. 121-7 s.

art. R. 121-2 s.

122.02 Jurisprudence de référence.

> En l'absence de SCOT, de SAR ou de SMVM, un projet ne peut pas être réalisé sans l'accord du préfet dans les espaces proches du rivage

• **CE, ass., 26 oct. 2001,** *Eisenchteter*, req. n° 216471, *Lebon*.

> Appréciation du caractère limité de l'extension de l'urbanisation dans un espace proche du rivage

• **CE, sect., 26 mars 1999,** *Sté d'aménagement de Port Léman*, req. n° 185841, *Lebon*.

> Limite de la bande littorale en présence d'une falaise

• **CE 22 oct. 1999,** *Penestin-sur-Mer (Cne)*, req. n° 180422, *Lebon T.*

122.03 Bibliographie indicative.

Encyclopédies. *DP constr.-urb.*, ét. : « Littoral » – *J.-Cl. Constr.-Urb.*, fasc. 9-10 : « Loi littoral.– Règles d'aménagement et de protection », par H. Coulombié et Th. Gilliocq, déc. 2014.

Monographies. O. Sut, *La loi Littoral : décryptage du volet urbanisme au travers des décisions du juge administratif*, « Les indispensables », Berger Levraut, 2021 – J.-F. Struillou et N. Huten (dir.), *Le juge administratif, le littoral et la mer après la loi Élan*, LexisNexis, 2021 – J.-L. Pissaloux et A. Rainaud, *Les trente ans de la loi Littoral*, L'Harmattan, 2017.

Contributions. A. Graboygrobesco, « Le droit du littoral et la notion d'espace proche du rivage », *Mél.* A.-H. Mesnard, LGDJ, 2006, p. 49 – Y. Pittard, « Peut-on encore construire sur le littoral ? », *Mél.* A.-H. Mesnard, LGDJ, 2006, p. 59.

Articles. H. Coulombié et V. Le Coq, « La notion et le régime juridique des espaces proches du rivage dans la loi n° 86-2 du 3 janvier 1986 », *RFDA* 1994. 101 – T. Gilliocq, « La constructibilité en zone agricole littorale », *JCP Adm.* 2017, n° 2051 – N. Huten, « Le nouveau rôle du SCOT dans la mise en œuvre de la loi Littoral », *BJDU* 2020. 76 – J.-C. Le Coustumer, « Littoral et constructibilité », *RDI* 2019. 544 – S. Ferrari, « La loi Littoral entre deux eaux », *RFDA* 2017. 1161 – L. Prieur et R. Léost, « Le schéma de cohérence territoriale et la loi Littoral depuis la loi ELAN », *JCP Adm.* 2020, n° 2254 – P. Soler-Couteaux, « Après la loi ELAN, la loi Littoral plus intelligente et plus intelligible », *RDI* 2019. 149 – N. Huten, « Le nouveau rôle du SCOT dans la mise en œuvre de la loi Littoral », *BJDU* 2020. 76.

122.04 Questions essentielles.

> Quels types de constructions et installations sont autorisés dans la bande littorale des 100 mètres ?

* V. s[s] n°s 122.481 s.

> Quels types de constructions et installations sont autorisés dans les espaces proches du rivage ?

* V. s[s] n°s 122.301 s.

> Dans les communes littorales, quel régime d'urbanisation s'impose en dehors de la bande des 100 mètres et des espaces proches du rivage ?

* V. s[s] n°s 122.11 s.

122.05 Trois espaces. Le code de l'urbanisme distingue trois espaces en vue d'appliquer à chacun d'eux un régime spécifique :

– sur l'ensemble du territoire communal, un régime d'extension de l'urbanisation en continuité des zones urbanisées ou en densification de celles-ci ;

– dans les espaces proches du rivage, un régime d'extension de l'urbanisation limitée, justifiée et motivée ;

– enfin, dans la bande littorale des 100 mètres, une urbanisation interdite.

SECTION 1
SUR L'ENSEMBLE DU TERRITOIRE COMMUNAL, UN RÉGIME D'EXTENSION DE L'URBANISATION EN CONTINUITÉ DES ZONES URBANISÉES OU EN DENSIFICATION DE CELLES-CI

§ 1
Principe d'une urbanisation en continuité ou en densification dans les communes littorales

122.11 Urbanisation en continuité ou en densification. Dès lors qu'une commune entre dans le champ d'application de la loi Littoral, l'extension de l'urbanisation ne peut se réaliser, dans le régime de droit commun (c'est-à-dire hors espaces proches du rivage et bande littorale, qui suivent un régime plus strict) qu'en continuité des zones déjà urbanisées ou en densification de celles-ci. Ce régime de droit commun s'applique ainsi à « tout terrain situé sur le territoire d'une commune littorale, que ce terrain soit ou non situé à proximité du rivage »[1].

Plus précisément, l'article L. 121-8, dans sa rédaction résultant de la loi ÉLAN, distingue trois situations :

– celle des agglomérations et villages existants (secteurs dans lesquels est admise une extension de l'urbanisation en continuité) ;

– celle des secteurs déjà urbanisés autres que les agglomérations et villages existants (secteurs dans lesquels est seulement admise la densification de l'urbanisation, et à certaines conditions) ;

– enfin celle des secteurs non urbanisés (secteurs dans lesquels l'urbanisation n'est pas admise).

A.
Première situation : agglomérations et villages existants

122.21 Urbanisation en continuité. L'article L. 121-8, al. 1er, dispose : « L'extension de l'urbanisation se réalise en continuité avec les agglomérations et villages existants ».

1°
Notion d'agglomérations et villages existants

a.
Critères

122.31 Village. La notion de village s'avère relativement bien balisée.

1. CE 27 sept. 2006, *C[ne] du Lavandou*, req. n° 275924, *Lebon T.* – CE 19 oct. 2007, *Grima*, req. n° 306074, NP ; *BJDU* 2007. 262, concl. T. Olson.

Par villages existants, indique une réponse ministérielle du 16 août 2005, « il faut entendre un ensemble de constructions organisées comprenant, ou au moins ayant compris dans le passé récent, des équipements publics ou privés créant une vie de village, par exemple des commerces ou des services publics. Le fait que ces équipements communs aient pu cesser d'exister dans la dernière période ne fait pas perdre à ce groupe de constructions son caractère de village »[1].

Dans le même sens, une réponse ministérielle du 27 août 2009 ajoute que les villages représentent de « petites agglomérations rurales » ; ils « sont plus importants que les hameaux et comprennent ou ont compris des équipements ou lieux collectifs administratifs, cultuels ou commerciaux, même si, dans certains cas, ces équipements ne sont plus en service, compte tenu de l'évolution des modes de vie »[2].

122.32 Agglomération. La notion d'agglomération s'avère pour sa part plus discutée.

Elle est aujourd'hui conçue, au sens commun, comme un ensemble urbanisé plus large que le village, c'est-à-dire présentant les mêmes caractéristiques – notamment la présence d'équipements collectifs – mais sur une échelle plus large. Toutefois, son sens initial – celui qui prévalait au moment de l'adoption de la loi Littoral – s'avère nettement différent et correspond, tout simplement, à des bâtiments qui se trouvent agglomérés. Témoignant de ce sens initial, le décret n° 72-541 du 30 juin 1972 avait introduit dans le code de la route la définition selon laquelle le terme agglomération s'entend d'« un espace sur lequel sont groupés des immeubles bâtis rapprochés [...] »[3].

La doctrine administrative comme la jurisprudence sont demeurées fidèles à cette acception initiale (ce qui explique d'ailleurs que leur appréhension de la notion puisse apparaître en décalage avec l'acception contemporaine de celle-ci). Une réponse ministérielle indique ainsi que, par agglomération, « le législateur a entendu viser toutes les urbanisations d'une taille supérieure ou de nature différente » à un village. Cela « peut concerner de nombreux secteurs : une zone d'activité, un ensemble de maisons d'habitation excédant sensiblement la taille d'un hameau ou d'un village, mais qui n'est pas doté des équipements ou lieux collectifs qui caractérisent habituellement un bourg ou un village et, bien sûr, une ville ou un bourg important, constituent notamment une agglomération »[4].

1. Rép. min. n° 49985, *JOAN Q* 16 août 2005, p. 7902.
2. Rép. min. n° 7848, *JO Sénat Q* 27 août 2009, p. 2046. Pour un exemple en jurisprudence, v. CAA Nantes, 29 nov. 2013, C^ne^ de Fermanville, req. n° 12NT01794, NP.
3. C. route, art. R. 110-2 actuel ; ancien art. R. 1er.
4. Rép. min. n° 7848, *JO Sénat Q* 27 août 2009, p. 2046.

122.33 Zones urbanisées et d'une certaine densité. La jurisprudence entend la notion d'« agglomération et village existants » comme correspondant aux « secteurs déjà urbanisés caractérisés par un nombre et une densité significatifs de constructions »[5].

Outre les critères qu'elle pose pour identifier un village ou une agglomération – à savoir le nombre et la densité significatifs de constructions –, on retient de cette formule jurisprudentielle l'absence de référence à des équipements collectifs. En d'autres termes, l'existence d'une urbanisation suffit ; aucune exigence tenant à la présence de services publics, de commerces ou d'un centre historique n'est imposée. Cette interprétation large a été retenue par le juge administratif afin d'admettre l'urbanisation en continuité de toute zone urbanisée et non pas des seuls ensembles urbains comprenant un centre-bourg et des villages[6].

En raison de cette approche basée uniquement sur l'existence d'une urbanisation, la jurisprudence a admis la possibilité de regarder un lotissement comme constituant un « village ou une agglomération existants ». En ce sens, le Conseil indique que

5. CE 22 avr. 2022, *Office public de l'habitat des Pyrénées-Atlantiques*, req. n° 450229, *Lebon T.* ; *BJDU* 2022. 255, concl. L. Domingo ; *BJDU* 2022. 259, obs. X. de Lesquen ; *RDI* 2022. 359, obs. P. Soler-Couteaux. La formule antérieure à cet arrêt était similaire, la seule différence tenant à ce qu'elle utilisait l'expression « *zones* déjà urbanisées » au lieu de « secteurs déjà urbanisés » : CE 9 nov. 2015, *Porto-Vecchio (C^ne^)*, req. n° 372531, *Lebon* 388 ; *LPA* 23 mai 2016, n° 102, p. 9, note P.-L. Niel ; *JCP Adm.* 2016, n° 2376, note M. Sousse ; – CE, sect., 31 mars 2017, *Sarl Savoie Lac Investissements*, n° 392186, *Lebon* ; *BJDU* 2017. 217, concl. A. Bretonneau ; *Constr.-Urb.* 2017, comm. 81, note L. Santoni – CE 11 juill. 2018, *Min. Cohésion des territoires*, req. n° 410084, *Lebon T.* ; *BJDU* 2018. 411, concl. A. Bretonneau ; *RDI* 2018. 520, obs. M. Revert. ; – CE 22 oct. 2018, *de Fondaumière*, req. n° 400779, *Lebon T.* (v. également, pour une formule proche, CE 19 oct. 2007, *Grima*, req. n° 306074, NP ; *BJDU* 2007. 262, concl. T. Olson).
6. V. p. ex. CE 12 juin 2023, Société Bouygues Immobilier, req. n° 459918, *Lebon T.*, *Constr.-Urb.* 2023, comm. 97, note O. Le Bot ; *RDI* 2023. 488, obs. P. Soler-Couteaux. Le Conseil affirme que la cour a commis une erreur de droit « en prenant en considération l'éloignement » du secteur d'implantation du projet « par rapport au centre historique de la commune, situé dans un autre secteur urbanisé » (p^t^ 3). Cette solution s'inscrit dans la lignée de l'interprétation jurisprudentielle de la notion d'agglomération. Celle-ci s'entend en effet de tout secteur urbanisé et non pas de la seule zone urbaine environnant le centre-bourg. Par suite, cette notion ne se limite pas au cœur historique de la commune mais peut s'appliquer, le cas échéant, à chaque quartier ou pôle de celle-ci présentant une densité et un nombre de constructions suffisants. Dans ces conditions, la cour ne pouvait prendre comme référence, pour apprécier la condition relative à l'urbanisation en continuité, le seul centre-bourg de la commune. Il lui appartenait de tenir compte d'autres pôles d'urbanisation se trouvant, le cas échéant, à proximité.

« La nature de l'opération foncière ayant présidé à la création d'un secteur est sans incidence pour apprécier s'il caractérise une agglomération ou un village existant au sens de l'article L. 121-8 du code de l'urbanisme ». Il en déduit qu'« Un projet de construction situé en continuité avec un secteur urbanisé issu d'une opération de lotissement peut, ainsi, être autorisé si le nombre et la densité des constructions de ce lotissement sont suffisamment significatifs pour qu'il caractérise une agglomération ou un village existant au sens de l'article L. 121-8 »[1]. Ainsi, la façon dont un secteur s'est trouvé urbanisé (ZAC, lotissement, développement progressif...) est indifférente. Seules comptent les caractéristiques de celui-ci, à savoir qu'il comporte – ou non – un nombre et une densité significatifs de constructions. Cette approche n'est d'ailleurs pas tout à fait inédite puisque, dans un arrêt rendu en 1996, le Conseil d'État avait vérifié si un lotissement se trouvant à proximité d'une ZAC constituait une agglomération ou un village au sens des dispositions précitées du code de l'urbanisme[2]. Il en résulte qu'en fonction de ses caractéristiques propres (densité des constructions et nombre de celles-ci), un lotissement pourra constituer un secteur urbanisé ayant la nature d'une agglomération – voire d'un village – dans certaines hypothèses et non dans d'autres. Le cas échéant, il est tout à fait possible qu'il fasse partie d'un secteur urbanisé sans constituer, à lui seul, un tel secteur.

122.34 Lien avec la notion d'espace urbanisé au sens des dispositions sur la bande littorale. Un espace urbanisé au sens de l'article L. 121-16 (interdisant toute construction dans la bande littorale des 100 mètres « en dehors des espaces urbanisés ») « appartient, par nature, à une agglomération ou à un village existant » au sens de l'article L. 121-8. Il en résulte qu'un terrain localisé en espace urbanisé par un jugement revêtu de l'autorité de la chose jugée doit être regardé comme étant en continuité d'une agglomération ou d'un village existant[3].

b.
Identification par les SCOT

122.41 Identification et localisation. Le SCOT « détermine les critères d'identification des villages, agglomérations [...] prévus à l'article L. 121-8, et en définit la localisation »[4].

1. CE 12 juin 2023, Société Bouygues Immobilier, req. nº 459918,
2. CE 3 juill. 1996, *SCI Mandelieu Maure-Vieil*, req. nº 137623, *Lebon* 261.
3. CE 22 févr. 2008, *Bazarbachi*, req. nº 280189, *Lebon T.* ; *BJDU* 2008. 89, concl. Y. Aguila.
4. C. urb., art. L. 121-3, al. 2, créé par L. nº 2018-1021, 23 nov. 2018, art. 42, I.

122.42 Corse. Dans les communes de la collectivité de Corse n'appartenant pas au périmètre d'un SCOT, le PADDUC peut se substituer à ce schéma pour l'application du second alinéa de l'article L. 121-8 du code de l'urbanisme[5].

c.
Illustrations

122.51 Éléments constituant un village ou une agglomération. Par exemple, a été regardée comme un village (la notion d'agglomérations ne semblant pas présenter par elle-même de difficulté d'identification) une localité composée d'environ une centaine de constructions regroupées de manière dense et continue le long d'une voie communale et des chemins adjacents à cette voie[6].

122.52 Éléments ne constituant pas un village ou une agglomération. N'ont pas été regardés comme des villages ou agglomérations :

– les pistes d'un aéroport[7] ;

– une zone d'urbanisation diffuse dans laquelle se trouve, d'un côté, une caserne de pompiers, d'un autre côté une déchèterie et plus loin plusieurs maisons[8] ;

– un hameau[9] ;

– trois hameaux dispersés[10] ;

– un lieu-dit qui comporte un habitat diffus d'une vingtaine de maisons le long du littoral[11] ;

– quelques maisons implantées sur de grandes parcelles, constructions caractéristiques d'un habitat de type pavillonnaire[12].

122.53 Campings. Par lui-même, un camping ne peut être regardé comme constituant une agglomération ou un village[13].

5. L. nº 2018-1021, 23 nov. 2018, art. 42, IV.
6. CAA Nantes, 9 mars 2012, *Saint-Coulomb (Cne)*, req. nº 10NT01691, NP ; *Envir.* 2012, nº 59, note F. Sousse.
7. CE 28 juill. 2017, *Sté EARL Clos Canarelli*, req. nº 397783, NP.
8. CE 19 juin 2013, *Gaume*, req. nº 342061, NP.
9. CE 27 juill. 2009, *Le Bono (Cne)*, req. nº 306946, *Lebon T.* ; – ÉGALEMENT : CAA Nantes, 26 oct. 2012, *Theix (Cne)*, req. nº 12NT00846, NP.
10. CE 27 juill. 2009, *Le Bono (Cne)*, req. nº 306946, *Lebon T.*
11. CAA Lyon, 12 juin 2001, *Assoc. Lac d'Annecy Environnement*, req. nº 00LY01431, *Lebon T.* ; *BJDU* 2003. 66.
12. CAA Lyon, 21 déc. 2004, *Préfet de la Haute-Savoie*, req. nº 03LY01801, NP.
13. CAA Nantes, 15 janv. 2016, *Bourdin*, req. nº 14NT01028, NP ; – CAA Nantes, 12 févr. 2018, *Locquirec (Cne)*, req. nº 16NT02409, NP (arrêt devenu définitif en l'absence d'admission du pourvoi formé à son encontre : CE 25 mars 2019, *Locquirec (Cne)*, req. nº 419834, NP) – CAA Lyon, 26 mai 2015, *Sté Savoie Lac Investissement*, req. nº 13LY02304, NP (pourvoi contre cet arrêt rejeté par CE, sect., 31 mars 2017, *Sarl Savoie Lac Investissements*, req. nº 392186, *Lebon* ; *BJDU* 2017. 217, concl. A. Bretonneau ; *Constr.-Urb.* 2017, comm. 81, note L. Santoni).

Néanmoins, un projet de construction peut être regardé comme réalisé en continuité avec une agglomération existante lorsqu'il se situe à proximité immédiate d'un camping et que deux conditions sont remplies [1] :

– d'une part, les constructions soumises à autorisation qui se trouvent dans le camping assurent la continuité avec l'ensemble des constructions avoisinantes ;

– d'autre part, la construction projetée est elle-même dans la continuité des constructions du camping.

2°
Régime : urbanisation en continuité (des agglomérations et villages existants)

122.61 **Deux principes.** Il résulte des dispositions de l'article L. 121-8 du code de l'urbanisme [2] :

– « que les constructions peuvent être autorisées dans les communes littorales en continuité avec les zones déjà urbanisées, caractérisées par une densité significative des constructions » ;

– « mais qu'aucune construction ne peut en revanche être autorisée, même en continuité avec d'autres constructions dans les zones d'urbanisation diffuse éloignées des agglomérations ».

Le régime ainsi défini « n'a pas vocation à bloquer l'urbanisation des communes littorales, mais seulement à l'ordonner, en l'obligeant à passer par une densification concentrique à partir des noyaux d'urbanisation existant » [3].

a.
Admission d'une urbanisation en continuité

122.71 **Exigence.** Dans les communes littorales, l'extension de l'urbanisation n'est autorisée qu'« en continuité avec les agglomérations et villages existants » [4]. Il en résulte que les constructions ne peuvent être autorisées qu'« en continuité avec les zones déjà urbanisées » [5].

122.72 **Exigence satisfaite en l'absence *d'extension* de l'urbanisation.** L'exigence est satisfaite en l'absence d'« extension » de l'urbanisation.

Tel est le cas lorsqu'un bâtiment existant est transformé sans augmentation de son emprise au sol, par exemple en cas de construction d'un musée – en l'occurrence le MUCEM de Marseille – à la place d'un ancien hangar maritime de même superficie [6].

Il en va de même pour « la restauration d'une construction existante » [7].

122.73 **Exigence satisfaite en cas d'extension de l'urbanisation *en continuité*.** L'exigence est également satisfaite lorsque l'extension de l'urbanisation se réalise « en continuité ». Tel est le cas, par exemple :

– d'un projet de village de vacances se situant dans la continuité de la partie agglomérée de la commune, même si un accès routier a été prévu dans sa partie Nord qui est la plus éloignée de l'agglomération existante [8] ;

– d'un projet d'implantation de panneaux photovoltaïques, même fixés sur supports métalliques à plus d'un mètre du sol, et la construction des bâtiments annexes nécessaires au raccordement de l'électricité produite, dans un cas où cette extension se fait en continuité avec, au Nord, les bâtiments industriels d'une usine sucrière et, au Sud, avec une zone résidentielle qui présente une densité élevée de construction et doit de ce fait être regardée comme une agglomération (juge prenant également en compte le caractère limité de l'urbanisation, la superficie des bâtiments étant réduite à 150 mètres carrés de surface de plancher, et le caractère réversible de l'implantation des supports de panneaux) [9].

122.74 **Exigence satisfaite pour un simple agrandissement.** Dans une décision « Fontenay contre commune de l'île de Batz » rendue le 3 avril 2020, le Conseil d'État, après avoir rappelé les dispositions du premier alinéa de l'article L. 121-8 du code de l'urbanisme, a affirmé que « le simple agrandissement d'une construction existante ne peut être regardé comme une extension de l'urbanisation au sens de

1. CE 11 juill. 2018, *Min. Cohésion des territoires*, req. n° 410084, *Lebon T. ; BJDU* 2018. 411, concl. A. Bretonneau ; *RDI* 2018. 520, obs. M. Revert.
2. CE 19 oct. 2007, *Grima*, req. n° 306074, NP ; *BJDU* 2007. 262, concl. T. Olson ; – CE 17 déc. 2014, *Piersanti*, req. n° 367134, *Lebon T. ; BJDU* 2015. 90, concl. X. de Lesquen ; – CE 22 oct. 2018, *de Fondaumière*, req. n° 400779, *Lebon T.*
3. A. Bretonneau, concl préc., *BJDU* 2018. 411. Aurélie Bretonneau ajoute que « Ce sont les dispositions relatives aux espaces proches du rivage qui ont vocation à freiner l'urbanisation, en posant le principe de son extension non pas seulement en continuité, mais également limitée ».
4. C. urb., art. L. 121-8, al. 1er.
5. CE 19 oct. 2007, *Grima*, req. n° 306074, NP ; *BJDU* 2007. 262, concl. T. Olson ; – CE 17 déc. 2014, *Piersanti*, req. n° 367134, *Lebon T. ; BJDU* 2015. 90, concl. X. de Lesquen ; – CE 22 oct. 2018, de Fondaumière, req. n° 400779, *Lebon T.*
6. CAA Marseille, 18 mars 2010, *Féd. des comités d'intérêt de quartier du 2e arrondissement de Marseille*, req. n° 10MA00627, NP ; *Envir.* 2010, n° 137, note F. Sousse.
7. CE 4 août 2021, *M. Lugagne-Delpon*, req. n° 433761, *Lebon T. ; BJDU* 2021. 419, concl. S. Hoynck.
8. CAA Nancy, 27 mai 1993, *Saint-Étienne-au-Mont (Cne)*, req. n° 92NC00885, *Lebon T.*
9. CAA Bordeaux, 4 avr. 2013, *Assoc. Pour la sauvegarde du patrimoine martiniquais*, req. n° 12BX00153, NP.

ces dispositions »[1]. Dans cette affaire, il avait considéré qu'un projet accroissant la surface de plancher d'une villa de 40 %, en la faisant passer de 105 m^2 à 147 m^2, ne constituait pas une « une extension de l'urbanisation prohibée par les dispositions citées ci-dessus ».

Le tempérament ainsi admis par le Conseil d'État (et qu'avait reconnue, plus de vingt ans auparavant, la cour administrative d'appel de Nantes[2]) est fondé, en substance, sur l'absence d'équivalence entre la notion de construction et celle d'urbanisation. Les deux notions étant différentes, le Conseil d'État en avait déduit, dans le cadre du régime applicable aux espaces proches du rivage, qu'une construction – et même une opération de construction – ne génère pas nécessairement de l'urbanisation. Il avait affirmé que « la seule réalisation dans un quartier urbain d'un ou plusieurs bâtiments qui est une simple opération de construction ne peut être regardée comme constituant une extension au sens de la loi »[3]. Comme le soulignait le commissaire du gouvernement ayant conclu sur cette affaire, « La notion d'extension de l'urbanisation suppose une dimension suffisamment importante »[4] que n'a pas nécessairement une construction. L'arrêt Fontenay, qui concerne le régime applicable sur l'ensemble du territoire de la commune, s'inscrit dans le prolongement de cette logique en retenant qu'il en va de même, et *a fortiori*, pour le « simple agrandissement » d'une construction – les dimensions de celui-ci étant en règle générale inférieures à celles d'une construction nouvelle. Ainsi, une fois admis que la réalisation d'une construction peut ne pas constituer de l'urbanisation, il était logique d'estimer qu'il en va de même pour opérer un simple agrandissement.

La jurisprudence Fontenay a fait l'objet d'une double précision dans un avis contentieux rendu le 30 avril 2024[5].

La première concerne la notion de « simple agrandissement » d'une construction existante qui, au sens de cette jurisprudence, doit s'entendre d'« une extension présentant un caractère limité au regard de sa taille propre, de sa proportion par rapport à la construction et de la nature de la modification apportée ».

Avant tout, le projet d'extension envisagé doit être limité au regard « de sa proportion par rapport à la construction » existante. Il convient donc de confronter la construction existante à l'extension envisagée et, plus exactement, de comparer la taille de la construction existante à celle de l'extension projetée. La formule employée étant similaire à celle d'« extension mesurée » ou « limitée » employée dans certains PLU, la limite à ne pas dépasser devrait être similaire, à savoir ne pas représenter plus de 50 % de la construction existante[6]. À cet égard, le Conseil d'État a censuré l'ordonnance d'un juge des référés ayant qualifié de simple agrandissement, pour la mise en œuvre de la jurisprudence Fontenay, un projet consistant à accroître la surface de plancher d'une villa de 65 % (celle-ci passant de 85 à 140 m^2) et à construire une piscine de 30 m^2 à proximité immédiate du bâti existant[7].

Le caractère limité de l'extension envisagée ne s'apprécie pas seulement en proportion de la construction existante, c'est-à-dire en valeur relative. Il s'apprécie également « au regard de sa taille propre », indique l'avis contentieux commenté. Cela signifie que si la construction existante présente déjà une dimension importante, sa présence n'autorise pas à réaliser un agrandissement qui, limité en valeur relative, serait néanmoins important en valeur absolue. Pour reprendre une illustration donnée par le rapporteur public ayant conclu sur cet avis contentieux, « il ne s'agit pas d'autoriser la construction d'une piscine olympique au motif qu'elle jouxterait un grand hôtel plutôt qu'une villa »[8].

Le dernier critère à prendre en compte pour apprécier le caractère limité de l'agrandissement réside, selon l'avis contentieux, dans « la nature de la modification apportée ». À la différence des précédents, ce critère ne repose pas sur la surface de plancher ou l'emprise au sol de l'élément ajouté. Il se rapporte à sa forme, son aspect ou encore son usage, et plus exactement au point de savoir si ceux-ci vont connaître une évolution par rapport à l'état antérieur de la construction. Si le changement visuel, architectural ou fonctionnel est réduit, le critère sera regardé comme satisfait. Tel sera par exemple le cas, s'agissant d'une maison d'habitation, d'un projet portant sur la construction d'un garage, l'ajout d'une cham-

1. CE 3 avr. 2020, *Fontenay c/Cne de l'Île de Batz*, req. nº 419139, *Lebon T. ; Énergie-Environnement-Infrastructures* 2020, comm. 27, note M. Guérin ; *JCP Adm.* 2020, comm. 2271, note S. Colmant ; *LPA* 23 oct. 2020, nº 213, p. 10, note P.-L. Niel ; *BJCL* 2020. 350, concl. S. Hoynck ; *AJDA* 2021. 1431, chron. C. Malverti et C. Beaufils.
2. CAA Nantes, 16 déc. 1998, Cne de Préfaille, req. nº 97NT02003, NP ; *BJDU* 1999. 312 : agrandissement d'une maison d'habitation existante de 44 m^2 par l'adjonction d'une pièce de 8 m^2 et la reconstruction d'un bâtiment annexe de 12 m^2.
3. CE 7 févr. 2005, Sté soleil d'or, req. nº 264315, *Lebon T. ; BJDU* 2005. 10, concl. Y. Aguila. V. ss nº 122.372.
4. Y Aguilla, concl. préc.
5. CE, avis, 30 avr. 2024, Mme Delahaye, req. nº 490405, *Lebon ; RFDA* 2024. 781, note O. Le Bot ; *Constr.-Urb.* 2024, comm. 68, note L. Santoni ; *RDI* 2024. 364, obs. P. Soler-Couteaux.
6. V. ss nº 231.1605.
7. CE 9 nov. 2023, *Ministre de la transition écologique et de la cohésion des territoires c/Cne de Figari*, req. nº 470858, NP.
8. N. Agnoux, concl. (inédites) sur CE, avis, 30 avr. 2024, Mme Delahaye, req. nº 490405.

bre, la réalisation d'une cave ou la mise en place d'une véranda.

La seconde précision apportée sur la jurisprudence Fontenay concerne l'état de la construction existante à prendre en compte dans l'appréciation mise en œuvre. Pour apprécier si l'extension réalisée demeure dans les limites du simple agrandissement, il convient de comparer l'état de la construction existante avant travaux et celui qu'elle aura après leur réalisation. Sur ce point, deux situations sont distinguées par le Conseil d'État.

La première concerne les constructions édifiées après l'entrée en vigueur de la loi Littoral. Pour celles-ci, « Le caractère de l'agrandissement envisagé s'apprécie par comparaison avec l'état de la construction initiale, sans qu'il y ait lieu de tenir compte des éventuels agrandissements intervenus ultérieurement ». C'est donc à la construction initiale, telle qu'autorisée par le permis de construire – et mise en œuvre par le bénéficiaire conformément à celui-ci – qu'il convient de confronter le projet d'agrandissement.

La prise en compte de l'état initial soulève toutefois une difficulté pour les constructions réalisées avant la loi Littoral. En effet, celles-ci ont été édifiées à un moment où, par hypothèse, les limites résultant de ce texte n'existaient pas. Elles ne sauraient donc leur être appliquées de façon rétroactive. En outre, prendre en compte leur état initial alors qu'elles ont pu, au cours des décennies, voire des siècles, connaître de substantiels changements, les excluraient bien souvent du bénéfice de la jurisprudence Fontenay. Pour ces raisons, le Conseil d'État envisage une seconde situation, propre aux « constructions antérieures à la loi du 3 janvier 1986 ». Pour ces dernières, « le caractère de l'agrandissement envisagé s'apprécie par comparaison avec l'état de la construction à la date d'entrée en vigueur de cette loi ». Ainsi, si elles ont connu des agrandissements entre leur édification et 1986, c'est la version consolidée de la construction, telle qu'elle existe à la date d'entrée en vigueur de la loi Littoral, qui doit être prise en considération.

Le point commun à ces deux situations tient à ce que, dans un cas comme dans l'autre, il n'y a pas lieu de tenir compte des agrandissements réalisés postérieurement à la date de référence. La raison en est simple : il s'agit d'éviter un contournement de la loi en procédant à des agrandissements successifs. En effet, le principe d'urbanisation en continuité se trouverait passablement affaibli si les différents agrandissements réalisés pouvaient se cumuler. Il suffirait à un pétitionnaire de scinder son projet en plusieurs tranches pour pouvoir étendre la construction existante dans des proportions considérables.

122.75 Reconstruction à l'identique d'un bâtiment détruit ou démoli. Lorsqu'un bâtiment a été détruit ou démoli, il peut être reconstruit à l'identique sans que soit opposable au pétitionnaire les dispositions du code de l'urbanisme propres au littoral [1].

b. Interdiction de l'urbanisation diffuse et des constructions isolées

122.81 Interdiction. En dehors des secteurs déjà urbanisés, toute construction est interdite, c'est-à-dire aussi bien – et naturellement – une construction « isolée », dans un espace vierge [2], qu'une construction « en continuité avec d'autres », dans un espace d'urbanisation diffuse [3]. Sur ce dernier point, la rigueur dont fait preuve le Conseil d'État « se justifie par la nécessité d'éviter le mitage progressif des zones concernées par de nouvelles constructions, à rebours de l'objectif du législateur visant à ne pas étendre davantage les éléments d'urbanisation diffus » [4].

122.82 Illustrations. À titre d'exemple, méconnaît les dispositions de l'article L. 121-8 et, par conséquent, ne peut être autorisé, le projet :

– de construction d'une maison d'habitation dans un secteur qui ne constitue ni une agglomération ni un village, est éloigné de la partie agglomérée de la commune et supporte une urbanisation diffuse [5] ;

– d'un club house d'une surface de plancher de 500 m² au sein d'un parcours de golf, associé à un parking de 120 places d'une superficie de 700 m², projet qui « constitue à lui seul une extension de l'urbanisation » et se situe dans un espace faiblement urbanisé qui n'est pas en continuité avec une agglomération ou un village existant [6] ;

– de construction d'une centrale de production d'électricité photovoltaïque, « qui doit être regardée

1. V. s^s n° 113.392.
2. CE 28 juill. 2017, *S^té EARL Clos Canarelli*, req. n° 397783, NP – CE 15 oct. 1999, *Logonna-Daoulas (C^ne)*, req. n° 198578, *Lebon T.* ; *BJDU* 1999. 341, concl. L. Touvet.
3. CE 22 oct. 2018, *de Fondaumière*, req. n° 400779, *Lebon T.* : arrêt affirmant qu'il résulte des dispositions du premier alinéa de l'article L. 121-8 (qui n'admettent l'urbanisation qu'en continuité des agglomérations et villages), « éclairées par les travaux préparatoires de la loi du 3 janvier 1986 dont elles sont issues, [...] qu'aucune construction ne peut [...] être autorisée, même en continuité avec d'autres, dans les zones d'urbanisation diffuse éloignées de ces agglomérations et villages ». Le Conseil d'État l'a confirmé après l'entrée en vigueur de la loi ÉLAN : CE 22 avr. 2022, *Office public de l'habitat des Pyrénées-Atlantiques*, req. n° 450229, *Lebon T.* ; *BJDU* 2022. 255, concl. L. Domingo ; *BJDU* 2022. 259, obs. X. de Lesquen ; *RDI* 2022. 359, obs. P. Soler-Couteaux.
4. N. Agnoux, concl. (inédites) sur CE, avis, 30 avr. 2024, Mme Delahaye, req. n° 490405.
5. CE 19 oct. 2007, *Grima*, req. n° 306074, NP ; *BJDU* 2007. 262, concl. T. Olson.
6. CAA Nantes, 23 déc. 2008, *Saint-Jean-de-la-Rivière (C^ne)*, req. n° 08NT01438, NP.

comme une extension de l'urbanisation », qui ne se situe pas en continuité d'une agglomération ou d'un village existant[1] ;

– de construction de trois maisons d'habitation sur un terrain situé dans une zone naturelle distante d'environ 100 m de la partie agglomérée du village, distante de 25 mètres de trois maisons d'habitation (qui ne sont pas elles-mêmes en continuité dudit village), et qui n'est entouré, pour le reste, que de parcelles ne supportant aucune construction[2] ;

– de création d'une zone d'activité sur une parcelle située en plein cœur de terres viticoles, recouvrant un espace boisé vierge de toute construction et se trouvant séparée de terrains urbanisés par de vastes parcelles non bâties[3] ;

– de division foncière en vue d'édifier une construction dès lors que la parcelle en cause est située dans un secteur s'étendant jusqu'aux contreforts des Maures, bordée à l'ouest par une parcelle vierge de toute construction, elle-même bordée par une très vaste zone grevée d'une servitude d'espace boisé classé ; que la parcelle est bordée à l'est par un vaste espace vierge de toute construction, au nord par une vaste parcelle comportant une seule petite construction et, au sud, par une vaste zone boisée ne comportant que deux seules petites constructions ; qu'elle est située dans un secteur d'urbanisation diffuse éloignée de l'agglomération et que l'ensemble de ce secteur est proche de la mer et forme un couloir naturel et boisé[4].

Est également annulé l'acte déclarant d'utilité publique le projet de restauration et d'aménagement du site mégalithique de Carnac (création d'une aire de stationnement, d'une aire de pique-nique et d'une aire de restauration légère, ainsi que la construction d'un bâtiment d'accueil du public d'une surface de 1 640 m²), qui constitue une extension de l'urbanisation dans une zone restée à l'état naturel et ne comprenant que quelques constructions éparses, et qui dès lors ne sera pas réalisé en continuité avec une agglomération ou un village existant[5].

B.
Seconde situation : secteurs urbanisés autres que les agglomérations et village existants

122.91 Régime issu de la loi ÉLAN. Avant la loi ÉLAN, l'article L. 121-8 du code de l'urbanisme envisageait deux possibilités d'urbanisation dans les communes littorales : d'une part en continuité des agglomérations et village existants, d'autre part en hameaux nouveaux intégrés à l'environnement[6]. La loi ÉLAN a supprimé cette seconde faculté en la remplaçant par un régime propre aux secteurs urbanisés autres que les agglomérations et village existants, au sein duquel n'est admise qu'une densification de l'urbanisation.

1°
Identification des secteurs urbanisés autres que les agglomérations et village existants

a.
Critères législatifs

122.101 Éléments d'identification. Le deuxième alinéa de l'article L. 121-8, créé par la loi ÉLAN, se réfère à la notion de « secteurs déjà urbanisés autres que les agglomérations et villages ».

Ces secteurs « se distinguent des espaces d'urbanisation diffuse par, entre autres », les quatre éléments suivants[7] :

– la densité de l'urbanisation ;

– la continuité de l'urbanisation ;

– la structuration du secteur par des voies de circulation et des réseaux d'accès aux services publics de distribution d'eau potable, d'électricité, d'assainissement et de collecte de déchets ;

– la présence d'équipements ou de lieux collectifs[8].

b.
Identification par les SCOT

122.111 Identification et localisation. Les secteurs déjà urbanisés autres que les agglomérations et villages sont[9] :

– « identifiés » par le SCOT ;

– et « délimités » par le PLU.

Le SCOT « détermine les critères d'identification » de ces secteurs « et en définit la localisation »[10].

1. CE 28 juill. 2017, *Sté EARL Clos Canarelli*, req. n° 397783, NP.
2. CAA Nantes, 19 févr. 2002, *Bangor (Cne)*, req. n° 99NT02273, NP.
3. CAA Marseille, 2 juill. 2015, *Frontignan (Cne)*, req. n° 13MA05165, NP ; *BJDU* 2015. 437.
4. CE 17 déc. 2014, *Piersanti*, req. n° 367134, *Lebon T. ; BJDU* 2015. 90, concl. X. de Lesquen.
5. CAA Nantes, 27 déc. 2002, *Mary*, req. n° 98NT02744, NP.
6. SUR l'appréhension jurisprudentielle de cette notion : CE 3 avr. 2014, *Bonifacio (Cne)*, req. n° 360902, *Lebon T. ; BJDU* 2014. 189, concl. X. de Lesquen ; *Dr. env.* 2014, n° 223, p. 186, note L. Bordereaux.
7. C. urb., art. L. 121-8, al. 2.
8. POUR UN EX. de secteur répondant à ces caractéristiques : CAA Nantes, 6 mars 2020, *Cahu*, req. n° 19NT02933, NP.
9. C. urb., art. L. 121-8, al. 2.
10. C. urb., art. L. 121-3, al. 2 et art. L. 121-3, al. 2 – La loi ÉLAN avait établi un régime transitoire applicable pendant trois ans en l'absence de SCOT. Elle a prévu que jusqu'au 31 décembre 2021, « des constructions et installations qui n'ont pas pour effet d'étendre le périmètre du bâti existant, ni de modifier de manière significative les caractéristiques de ce bâti, peuvent être autorisées avec l'accord de l'autorité administrative compétente de l'État, après avis de la commission ▶

122.112 **Prise en compte du SCOT.** Il appartient à l'autorité administrative chargée de se prononcer sur une demande d'autorisation d'urbanisme de s'assurer de la conformité du projet avec les dispositions du code de l'urbanisme particulières au littoral, notamment celles de l'article L. 121-8 du code de l'urbanisme qui prévoient que l'extension de l'urbanisation ne peut se réaliser qu'en continuité avec les agglomérations et villages existants. À ce titre, « l'autorité administrative s'assure de la conformité d'une autorisation d'urbanisme avec l'article L. 121-8 de ce code compte tenu des dispositions du schéma de cohérence territoriale applicable, déterminant les critères d'identification des villages, agglomérations et autres secteurs déjà urbanisés et définissant leur localisation, dès lors qu'elles sont suffisamment précises et compatibles avec les dispositions législatives particulières au littoral »[1].

Deux éléments ressortent de cette formule. En premier lieu, il revient seulement à l'autorité compétente de tenir compte des dispositions du SCOT. Cela signifie que la demande d'autorisation d'urbanisme est confrontée non pas au SCOT lui-même mais à l'article L. 121-8 éclairé par le SCOT. En d'autres termes, le SCOT n'a pas pour effet d'évincer le code de l'urbanisme ou de se substituer à lui comme norme de référence ; il ne fait pas écran entre le code de l'urbanisme et l'autorisation d'urbanisme. En revanche, il constitue un référent pour l'interprétation de l'article L. 121-8 dans le périmètre couvert par le SCOT. Comme l'indiquait le rapporteur public Olivier Fuchs, il représente une « clé d'interprétation » dans l'application des dispositions de celuici[2]. Toutefois, et en second lieu, il n'y a lieu de prendre en compte les dispositions du SCOT que si celles-ci sont, d'une part, suffisamment précises et, d'autre part, compatibles avec les dispositions législatives propres au littoral.

Ainsi, par exemple, un juge des référés ne commet pas d'erreur de droit en retenant comme propre à créer un doute sérieux sur la légalité d'un permis le moyen tiré de la méconnaissance de l'article L. 121-8 en tenant compte des orientations du SCOT applicable (les estimant implicitement mais nécessairement suffisamment précises et compatibles avec ces dispositions législatives), en relevant que ce schéma ne retenait pas le lieu-dit où se situait le terrain d'assiette du projet litigieux parmi les agglomérations, villages et autres secteurs urbanisés[3].

En revanche, un juge d'appel commet une erreur de droit en ne tenant pas compte du SCOT applicable, et ce sans justifier des raisons pour lesquelles il l'écarte[4]. Comme l'indique le Conseil d'État, pour juger que le permis d'aménager litigieux méconnaissait l'article L. 121-8 du code de l'urbanisme, la cour administrative d'appel de Nantes « n'a pas tenu compte des dispositions du schéma de cohérence territoriale du Pays de Lorient, alors que ces dispositions, invoquées devant elle, classaient expressément le lieu-dit "Kerpape" parmi les villages ». Or, « la cour devait tenir compte des dispositions de ce schéma ou, si elle entendait les écarter comme n'étant pas suffisamment précises ou comme étant incompatibles avec les dispositions particulières au littoral, devait le justifier de manière explicite ». Ainsi, pour qualifier juridiquement la zone d'implantation du projet, la cour ne pouvait se fonder exclusivement sur les critères jurisprudentiels d'identification d'un village au regard de l'article L. 121-8 (pour, en l'occurrence, refuser cette qualification à la zone concernée) ; il lui appartenait de prendre en compte les dispositions du SCOT classant le secteur comme faisant partie d'un village.

En outre, si elle entendait écarter les dispositions du SCOT au motif que celles-ci sont insuffisamment précises ou incompatibles avec les dispositions du code de l'urbanisme, il lui appartenait de le justifier « de manière explicite ». On note là une différence entre l'hypothèse dans laquelle le juge estime que les dispositions du SCOT sont applicables et celles dans laquelle il considère qu'elles sont inapplicables. Dans le premier cas, il n'a pas à le justifier (affaire Commune de Landéda). Dans le second, il a l'obligation de le justifier (arrêt Commune de Ploemeur) en indiquant les raisons pour lesquelles il estime que les dispositions du schéma sont contraires à celles de l'article L. 121-8 du code de l'urbanisme. Il est à noter que le juge peut exercer d'office le contrôle de la compatibilité du SCOT aux dispositions du code de l'urbanisme, c'est-à-dire même si les parties n'ont pas mis en cause cette compatibilité[5].

▶ départementale de la nature des paysages et des sites, dans les secteurs mentionnés au deuxième alinéa de l'article L. 121-8 du code de l'urbanisme, dans sa rédaction résultant de la présente loi, mais non identifiés par le schéma de cohérence territoriale ou non délimités par le plan local d'urbanisme en l'absence de modification ou de révision de ces documents initiée postérieurement à la publication de la présente loi » (L. n° 2018-1021, 23 nov. 2018, art. 42, III). Dans les communes de la collectivité de Corse n'appartenant pas au périmètre d'un SCOT, le PADDUC pouvait se substituer à ce schéma pour l'application de cet article (L. n° 2018-1021, 23 nov. 2018, art. 42, IV).

1. CE 9 juill. 2021, *Landéda (Cne)*, req. n° 445118, *Lebon T. ; BJDU* 2021. 311, concl. O. Fuchs. Cet arrêt reprend pour les SCOT la formule jurisprudentielle employée pour les DTA (v. ss n° 121.111).
2. V. ss n° 121.134.
3. CE 9 juill. 2021, *Landéda (Cne)*, req. n° 445118.
4. CE 21 avr. 2023, *Commune de Ploemeur*, req. n° 456788, *Lebon T. ; BJDU* 2023. 239, concl. N. Agnoux ; *JCP Adm* 2023, n° 2315, note O. Le Bot ; *RDI* 2023. 367, obs. P. Soler-Couteaux.
5. CE 21 avr. 2023, *Commune de Ploemeur*, req. n° 456788.

2°
Régime : une urbanisation encadrée et admise uniquement sous la forme d'une densification

122.121 Conditions. Dans les secteurs urbanisés autres que les agglomérations et villages, des constructions et installations « peuvent être autorisées », selon l'article L. 121-8, al. 2, à trois séries de conditions portant sur :

- la localisation du terrain ;
- la finalité du projet ;
- et les effets de celui-ci.

122.122 Condition relative à la localisation du terrain. La première condition porte sur la localisation du terrain d'assiette du projet. Celui-ci doit être situé[1] :

- en dehors de la bande littorale de cent mètres ;
- et en dehors des espaces proches du rivage.

122.123 Conditions relatives à la finalité. La deuxième série de conditions concerne la finalité des constructions et installations. Celles-ci doivent poursuivre exclusivement l'une des deux fins suivantes[2] :

- l'« amélioration de l'offre de logement ou d'hébergement » (satisfait à cette exigence la construction de logements ou de structures hôtelières mais, non, par exemple, de commerces ou d'entrepôts) ;
- l'« implantation de services publics ».

122.124 Conditions relatives à l'effet. La troisième série de conditions porte sur les effets des constructions et installations considérées. Celles-ci ne doivent avoir pour effet[3] :

- ni « d'étendre le périmètre bâti existant » (seule une densification est permise) ;
- ni « de modifier de manière significative les caractéristiques de ce bâti ».

L'objectif est essentiellement de combler les « dents creuses ».

L'article L. 121-8 précise en outre que ces constructions et installations doivent être réalisées « en continuité » du bâti existant. À cet égard, le respect du « principe de continuité » s'apprécie « en resituant [...] le terrain d'assiette du projet dans l'ensemble de son environnement », sans s'en tenir aux constructions situées sur les seules parcelles limitrophes de ce terrain[4].

1. C. urb., art. L. 121-8, al. 2.
2. C. urb., art. L. 121-8, al. 2.
3. C. urb., art. L. 121-8, al. 2.
4. CE 22 avr. 2022, *Office public de l'habitat des Pyrénées-Atlantiques*, req. n° 450229, *Lebon T.* ; *BJDU* 2022. 255, concl. L. Domingo ; *BJDU* 2022. 259, obs. X. de Lesquen ; *RDI* 2022. 359, obs. P. Soler-Couteaux.

C.
Troisième situation : secteurs non urbanisés

122.131 Interdiction de l'urbanisation. Les parcelles qui ne relèvent ni de la première situation (villages et agglomérations) ni de la deuxième (secteurs déjà urbanisés), pour lesquelles l'urbanisation est autorisée à certaines conditions, relèvent d'une troisième situation, à savoir celle des secteurs non urbanisés.

L'article L. 121-8 n'autorise pas l'urbanisation de ces secteurs car celle-ci prendrait nécessairement la forme d'une urbanisation diffuse[5].

D.
Obligations de consulter la CDNPS et de refuser les projets de nature à porter atteinte à l'environnement ou aux paysages

122.141 Consultation de la CDNPS. L'autorisation d'urbanisme est soumise pour avis à la CDNPS[6].

122.142 Projet refusé en cas d'atteinte à l'environnement ou aux paysages. L'autorisation d'urbanisme est refusée lorsque les constructions et installations envisagées « sont de nature à porter atteinte à l'environnement ou aux paysages »[7].

Ces exigences font écho aux termes employés dans le RNU[8]. Elles ont donc vocation à être interprétées d'une manière sensiblement identique.

§ 2
Exceptions au principe d'une urbanisation en continuité ou en densification dans les communes littorales

122.151 Deux exceptions générales. L'exigence d'une urbanisation en continuité ou en densification connaît deux exceptions :

- la première concerne les constructions agricoles, forestières ou marines ;
- la seconde porte sur l'implantation d'éoliennes.

Une exception spécifique est par ailleurs propre à la Corse.

5. V. s^s^ n°s 122.81 s.
6. C. urb., art. L. 121-8, al. 3, créé par L. n° 2018-1021, 23 nov. 2018.
7. C. urb., art. L. 121-8, al. 3, créé par L. n° 2018-1021, 23 nov. 2018.
8. C. urb., art. R. 111-27 – V. s^s^ n°s 116.51 s.

A. Constructions agricoles, forestières ou marines

1° Mise en place des constructions et installations

122.161 Constructions et installations concernées. L'article L. 121-10 prévoit la possibilité d'autoriser, par dérogation à l'article L. 121-8, « les constructions ou installations nécessaires aux activités agricoles ou forestières ou aux cultures marines »[1].

Cette exception a été mise en place par la loi d'orientation agricole du 9 juillet 1999[2] pour surmonter la solution retenue par un tribunal administratif puis par une cour administrative (et qui sera ensuite confirmée par le Conseil d'État[3]) selon laquelle la loi Littoral interdit toute opération de construction isolée, « fût-ce à usage agricole », dans les communes du littoral.

122.162 Conditions de procédure (consultations et accord). Les constructions ne peuvent être autorisées par la commune qu'avec l'accord du préfet[4].

Deux commissions doivent en outre être consultées[5] :

– d'une part la commission départementale de la nature, des paysages et des sites ;

– d'autre part la commission départementale de la préservation des espaces naturels, agricoles et forestiers.

Ces avis ne sont pas soumis à une obligation de motivation[6].

Ils ne lient pas le préfet[7].

122.163 Conditions de fond. Les constructions et installations concernées « ne peuvent être autorisées qu'en dehors des espaces proches du rivage, à l'exception des constructions ou installations nécessaires aux cultures marines »[8].

En outre, l'accord du préfet « est refusé si les constructions ou installations sont de nature à porter atteinte à l'environnement ou aux paysages »[9].

122.164 Interdiction des changements de destination. L'autorisation n'est délivrée que pour la mise en œuvre d'une activité particulière (agricole, forestière ou de culture marine). Il en résulte que le changement de destination des constructions ou installations autorisées au titre de ces dispositions « est interdit »[10]. Ainsi, pour éviter les détournements de cette dérogation, un bâtiment à usage agricole ou forestier ne saurait être transformé en bâtiment à usage d'habitation.

2° Travaux de mise aux normes

122.171 Travaux admis. Les dispositions de l'article L. 121-8 « ne font pas obstacle à la réalisation de travaux de mise aux normes des exploitations agricoles, à condition que les effluents d'origine animale ne soient pas accrus »[11].

Il en va ainsi pour tout bâtiment d'une exploitation agricole, que sa construction ait été autorisée sous le régime dérogatoire prévu à l'article L. 121-10 ou qu'elle soit antérieure à la mise en place de celuici par la loi du 9 juillet 1999.

B. Implantation d'éoliennes

122.181 Dérogation pour les éoliennes. Les ouvrages nécessaires à la production d'électricité à partir de l'énergie mécanique du vent ne sont pas soumis aux dispositions de l'article L. 121-8 « lorsqu'ils sont incompatibles avec le voisinage des zones habitées »[12], ce qui, eu égard aux risques de rupture de pâles, est le cas de toutes les éoliennes.

Les dispositions de l'article L. 121-12 sont issues de la loi Transition énergétique du 17 août 2015[13]. Elles ont été adoptées afin de permettre l'implantation d'éoliennes dans les communes littorales. L'état du droit antérieur y faisait obstacle :

– d'une part, les éoliennes ne peuvent, pour des raisons de sécurité, être implantées à proximité des zones urbanisées ;

– d'autre part, l'article L. 121-8 n'autorise l'urbanisation (donc, notamment, la construction d'éoliennes) qu'en continuité avec les zones urbanisées[14].

1. C. urb., art. L. 121-10, al. 1er.
2. L. n° 99-574, 9 juill. 1999 d'orientation agricole, *JO* 10 juill., n° 1, art. 109.
3. CE 15 oct. 1999, *Logonna-Daoulas (Cne)*, req. n° 198578, *Lebon T.* ; *BJDU* 1999. 341, concl. L. Touvet : annulation de l'autorisation de construire un poulailler pour méconnaissance de l'article L. 121-8.
4. C. urb., art. L. 121-10, al. 1er.
5. C. urb., art. L. 121-10, al. 1er.
6. CE 14 nov. 2014, *Assoc. interdépartementale et intercommunale pour la protection du lac de Sainte-Croix, de son environnement et des lacs et sites du Verdon*, req. n° 359457, NP.
7. CE 14 nov. 2014, *Assoc. interdépartementale et intercommunale pour la protection du lac de Sainte-Croix, de son environnement et des lacs et sites du Verdon*, req. n° 359457, NP.
8. C. urb., art. L. 121-10, al. 2.
9. C. urb., art. L. 121-10, al. 3.
10. C. urb., art. L. 121-10, al. 4.
11. C. urb., art. L. 121-11, précision introduite par L. n° 2005-157, 23 févr. 2005.
12. C. urb., art. L. 121-12, al. 1er.
13. L. n° 2015-992, 17 août 2015 relative à la transition énergétique pour la croissance verte, *JO* 18 août, n° 1, art. 138.
14. CE 14 nov. 2012, *Sté Neo Plouvien*, req. n° 347778, *Lebon T.* ; *BJDU* 2013. 23, concl. X. de Lesquen.

122.182 Conditions de procédure (autorité compétente et consultation). Les ouvrages de production d'énergie éolienne peuvent être implantés[1] :

– après délibération favorable de l'organe délibérant de l'EPCI compétent en matière de PLU ou, à défaut, du conseil municipal de la commune concernée par l'ouvrage ;

– et après avis de la commission départementale de la nature, des paysages et des sites.

122.183 Conditions de fond. Les ouvrages de production d'énergie éolienne ne peuvent pas être implantés « s'ils sont de nature à porter atteinte à l'environnement ou aux sites et paysages remarquables »[2].

122.184 Zones littorales concernées. La dérogation aux dispositions de l'article L. 121-8 s'applique « au-delà d'une bande d'un kilomètre à compter de la limite haute du rivage ou des plus hautes eaux pour les plans d'eau intérieurs désignés à l'article L. 321-2 du code de l'environnement »[3].

Néanmoins, le PLU « peut adapter, hors espaces proches du rivage, la largeur de la bande d'un kilomètre »[4].

122.185 Éoliennes insulaires (renvoi). Le régime d'implantation d'éoliennes sur les petites îles (moins de 10 km de largeur) obéit à des règles plus souples définies par la loi ÉLAN[5].

C.
Ouvrages de production d'énergie solaire

122.191 Exception. Reprenant un article contenu dans la loi Climat mais censuré par le Conseil constitutionnel en tant que cavalier législatif[6], la loi ENR a introduit dans le code de l'urbanisme un article L. 121-12-1 qui ajoute une dérogation à l'article L. 121-8 en autorisant l'implantation de panneaux solaires au sol ou d'hydrogène renouvelable sur des friches ou sur des stocks de saumures.

1°
Panneaux solaires

122.201 Emplacements. Les ouvrages nécessaires à la production d'énergie solaire photovoltaïque ou thermique peuvent être autorisés sur deux types d'emplacements.

Le premier correspond aux « friches »[7]. La liste des friches éligibles est « fixée par décret » après concertation avec le Conservatoire du littoral et avis des associations représentatives des collectivités territoriales concernées[8]. Une vingtaine de sites sont concernés[9], en particulier d'anciennes carrières, des sites dégradés et d'anciennes décharges.

Le second emplacement correspond aux « bassins industriels de saumure saturée »[10], qui sont identifiés selon la même procédure[11]. Constituent de tels bassins les étangs de Lavalduc et d'Engrenier situés dans le département des Bouches-du-Rhône[12].

122.202 Procédure et conditions. L'autorisation d'implantation des ouvrages de production d'énergie solaire est accordée au cas par cas. La compétence appartient au ministre chargé de l'urbanisme[13], qui se prononce sur les demandes après avis de la CDNPS[14].

S'agissant des conditions de délivrance, il est exigé « que le projet ne soit pas de nature à porter atteinte à l'environnement, notamment à la biodiversité ou aux paysages et à la salubrité ou à la sécurité publiques, en fonctionnement normal comme en cas d'incident ou d'accident »[15]. En outre, dans le cas des friches, il appartient au pétitionnaire de justifier « que le projet d'installation photovoltaïque ou thermique est préférable, pour des motifs d'intérêt général, à un projet de renaturation, lorsque celui-ci est techniquement réalisable », étant précisé que cette démonstration « peut tenir compte notamment du coût d'un tel projet de renaturation, des obstacles pratiques auxquels est susceptible de se heurter sa mise en œuvre, de sa durée de réalisation ainsi que des avantages que comporte le projet d'installation photovoltaïque ou thermique »[16].

Dans tous les cas, l'instruction de la demande s'appuiera « sur une étude fournie par le pétitionnaire permettant de s'assurer que les conditions mentionnées [...] sont remplies »[17].

Le silence gardé par le ministre chargé de l'urbanisme sur les demandes d'autorisation formées sur le fondement de l'article L. 121-12-1 vaut décision

1. C. urb., art. L. 121-12, al. 2.
2. C. urb., art. L. 121-12, al. 3.
3. C. urb., art. L. 121-12, al. 4.
4. C. urb., art. L. 121-12, al. 4.
5. V. s[s] n°s 124.41 s.
6. CC, déc. n° 2021-825 DC du 13 août 2021, p[ts] 26, 36 et 37.
7. Sur la notion de friche, v. s[s] n° 119.62.
8. C. urb., art. L. 121-12-1, I, al. 1er ; créé par L. n° 2023-175, 10 mars 2023.
9. V. décr. n° 2023-1311, 27 déc. 2023, art. 1er.
10. Il s'agit d'étendues d'eaux salines (saturées en sel) utilisées par l'industrie.
11. C. urb., art. L. 121-12-1, I, al. 2.
12. Décr. n° 2023-1311, 27 déc. 2023, art. 2.
13. C. urb., art. R. 121-3-1 ; créé par décr. n° 2023-517, 28 juin 2023.
14. C. urb., art. L. 121-12-1, I, al. 3.
15. C. urb., art. L. 121-12-1, I, al. 4.
16. C. urb., art. L. 121-12-1, I, al. 5.
17. C. urb., art. L. 121-12-1, I, al. 6.

implicite de rejet[1]. La DIR naît à l'expiration d'un délai de quatre mois[2].

2°
Projets spécifiques

122.211 Régime. Le paragraphe II de l'article L. 121-12-1, conçu sur mesure pour un projet de parc solaire flottant situé dans le bassin industriel de Fos-sur-mer[3] (même s'il pourra, le cas échéant, servir à d'autres projets), concerne les « installations de stockage par batterie ou de production d'hydrogène renouvelable ou bas-carbone [...] couplées, aux fins d'alimentation électrique, avec des ouvrages de production d'énergie solaire photovoltaïque ou thermique situés sur des bassins industriels de saumure saturée ». De telles installations « peuvent être autorisées dans des friches » dans les conditions prévues au paragraphe I[4].

À l'appui de sa demande, il appartient au pétitionnaire de démontrer que l'implantation de ces installations sur une friche située à proximité des ouvrages de production d'énergie photovoltaïque ou thermique « est justifiée par des contraintes impératives, notamment environnementales, techniques ou économiques »[5].

3°
Stockage

122.221 Même site d'implantation. Concernant spécifiquement les installations de stockage d'énergie, le paragraphe III prévoit que celles-ci ne peuvent être autorisées (sur les sites et dans les conditions définis au I) qu'à la condition que l'énergie stockée ait été produite par des ouvrages nécessaires à la production d'énergie solaire présents « sur le même site d'implantation »[6]. Autrement dit, ces installations ne peuvent servir qu'à stocker l'énergie produite sur place et non celle provenant d'autres emplacements.

D.
Absence d'exception concernant les antennes-relais

122.231 Soumission au principe d'extension de l'urbanisation en continuité. Il résulte des dispositions du code de l'urbanisme[7] que le législateur « a entendu ne permettre l'extension de l'urbanisation dans les communes littorales qu'en continuité avec les agglomérations et villages existants » et « a limitativement énuméré les constructions, travaux, installations ou ouvrages pouvant néanmoins y être implantés sans respecter cette règle de continuité ». L'implantation d'une infrastructure de téléphonie mobile comprenant une antenne-relais et ses systèmes d'accroche ainsi que, le cas échéant, les locaux ou installations techniques nécessaires à son fonctionnement « n'est pas mentionnée au nombre de ces constructions ». Par suite, « elle doit être regardée comme constituant une extension de l'urbanisation soumise au principe de continuité avec les agglomérations et villages existants au sens de l'article L. 121-8 du code de l'urbanisme »[8].

E.
Corse

122.241 Inapplication de l'article L. 121-8 en cas d'application simultanée de la loi Littoral et de la loi Montage. La loi ÉLAN a prévu que l'application de l'article L. 121-8 peut être écartée par le PADDUC en cas d'application simultanée de la loi Littoral et de la loi Montage[9].

SECTION 2
DANS LES ESPACES PROCHES DU RIVAGE, UN RÉGIME D'EXTENSION DE L'URBANISATION LIMITÉE, JUSTIFIÉE ET MOTIVÉE

122.251 Objectif. Le régime défini pour les « espaces proches du rivage » a pour objet d'éviter une urbanisation linéaire le long du littoral et d'inciter à réaliser l'urbanisation nouvelle à l'arrière des urbanisations existantes[10].

§ 1
Notion d'espace proche du rivage

A.
Appréhension jurisprudentielle de la notion

1°
Critères d'appréciation

122.261 Trois critères. Le Conseil d'État indique « que pour déterminer si une zone peut être quali-

1. C. urb., art. R. 121-3-2 ; créé par décr. n° 2023-517, 28 juin 2023.
2. C. urb., art. R. 121-3-3 ; créé par décr. n° 2023-517, 28 juin 2023.
3. Étude d'impact de la loi ENR, art. 9, pt 1.1, p. 88. V. également Rapp. AN n° 526, 26 nov. 2022, t. 1, p. 224.
4. C. urb., art. L. 121-12-1, II, al. 1er.
5. C. urb., art. L. 121-12-1, II, al. 2.
6. C. urb., art. L. 121-12-1, III.
7. C. urb., art. L. 121-8, L. 121-10, L. 121-11 et L. 121-12, al. 1er.
8. CE, avis, 11 juin 2021, *Le Bleis (Mme) et Berrehouc (M.)*, req. n° 449840, *Lebon T.* ; *BJDU* 2021. 254, concl. S. Roussel ; *JCP Adm.* 2021, n° *2266, note Th. Gilliocq et C.* Gauci.
9. V. ss n° 121.81.
10. Rép. min. n° 26817, *JOAN* 15 juin 2004, p. 4490.

fiée d'espace proche du rivage au sens des dispositions précitées, trois critères doivent être pris en compte, à savoir la distance séparant cette zone du rivage, son caractère urbanisé ou non et la covisibilité entre cette zone et le plan d'eau »[1].

122.262 Critères cumulatifs. Ces trois critères devant être utilisés, commet une erreur de droit la une cour administrative d'appel qui, après avoir « mentionné les trois critères sur lesquels devait reposer son appréciation », se fonde « exclusivement sur la distance séparant ce terrain du rivage de la mer, sans s'interroger sur les conséquences à tirer de l'existence ou de l'absence d'une covisibilité entre le terrain et la mer ni sur les caractéristiques des espaces l'en séparant »[2].

122.263 Prise en compte dans sa totalité d'un territoire dont le développement urbain forme un ensemble cohérent. L'objectif d'urbanisation limitée visé par l'article L. 121-13 « implique que soit retenu dans sa totalité, comme espace proche du rivage, un territoire dont le développement urbain forme un ensemble cohérent ». Dès lors, si le critère de covisibilité est à prendre en compte pour la définition d'un tel espace proche du rivage, « il n'implique [...] pas que chacune des parcelles situées au sein de l'espace ainsi qualifié soit situé en covisibilité de la mer, dès lors que ces parcelles ne peuvent être séparées de l'ensemble cohérent dont elles font partie »[3].

2°
Illustrations jurisprudentielles

122.271 Secteurs constituant des espaces proches du rivage. Ont été regardés comme des espaces proches du rivage :

– une zone contiguë au rivage et visible depuis celui-ci dans toute son étendue, sans qu'aucun accident de terrain y fasse obstacle[4] ;

– des terrains compris dans l'emprise d'un port de plaisance, même si certains d'entre eux doivent faire l'objet de travaux de remblaiement en vue de leur exondement (sortie hors des eaux)[5] ;

– un terrain distant de 100 mètres du lac d'Annecy, séparé de sa rive par une bande de terrain assez faiblement urbanisée, et ayant une vue sur le lac[6] ;

– un secteur dont la partie urbanisée constitue un ensemble cohérent, distinct de l'agglomération, n'est séparé du rivage que par le massif dunaire et des parcelles demeurées à l'état naturel et s'étend de la mer jusqu'à 800 mètres à l'intérieur des terres, et ce alors même que certaines parcelles qui y sont incluses ne seraient pas en situation de covisibilité en raison de la hauteur des dunes et du boisement important de ce secteur[7].

122.272 Secteurs ne constituant pas des espaces proches du rivage. N'ont pas été regardés comme des espaces proches du rivage :

– des terrains distants d'environ 350 mètres du rivage de la mer dont ils sont séparés par une zone comportant de nombreux pavillons et des immeubles collectifs édifiés sur une dune d'environ 30 mètres de hauteur, qui interdisent toute covisibilité entre ces terrains d'assiette et la mer[8] ;

– des terrains situés dans le prolongement immédiat d'une zone entièrement urbanisée, qui les sépare du rivage de la mer, distant d'environ 800 mètres, et interdit toute covisibilité entre ces terrains et la mer[9] ;

– une zone située à 1 kilomètre du rivage, qui en est séparée par des zones urbanisées, de sorte qu'il n'existe pas de covisibilité entre la zone litigieuse et le rivage[10].

B.
Assimilation aux espaces proches du rivage des rives et estuaires les plus importants

122.281 Soumission au régime des espaces proches du rivage. Les dispositions de l'article L. 121-13 « s'appliquent aux rives des estuaires les plus importants, dont la liste est fixée par décret en Conseil d'État »[11]. Il s'agit des estuaires de la Seine, de la Loire et de la Gironde[12].

C.
Délimitations par les SCOT et DTA des espaces proches du rivage

122.291 Pouvoir de délimitation. Depuis la loi ÉLAN, le SCOT « précise, en tenant compte des pay-

1. CE 3 juin 2009, *Rognac (Cne)*, req. no 310587, *Lebon T. ; BJDU* 2009. 208, concl. M. Guyomar, obs. J.-C. Bonichot.
2. CE 3 mai 2004, *Barrière*, req. no 251534, *Lebon T. ; BJDU* 2004. 86, concl. M.-H. Mitjavile.
3. CE 3 juin 2009, *Rognac (Cne)*, req. no 310587.
4. CE 27 juill. 2005, *Comité de sauvegarde du port Vauban Vieille-Ville et Antibes-Est*, req. no 264336, *Lebon ; BJDU* 2005. 243, concl. Y. Aguila.
5. CE 10 mai 1996, *Sté du port de Toga SA*, req. no 140799, *Lebon T. ; BJDU* 1996. 309, concl. S. Fratacci.
6. CAA Lyon, 9 avr. 2013, *Talloires (Cne)*, req. no 12LY02144, NP ; *BJDU* 2013. 383.
7. CAA Nantes, 23 mars 2012, *Synd. des propriétaires de Keremma*, req. no 10NT01519, NP.
8. CAA Nantes, 18 avr. 2006, *Sté Investimmo Régions*, req. no 04NT01390, NP.
9. CE 3 mai 2004, *Barrière*, req. no 251534, *Lebon T. ; BJDU* 2004. 86, concl. M.-H. Mitjavile.
10. CAA Bordeaux, 16 mai 2011, *Assoc. pour la protection du patrimoine rochelais*, req. no 10BX01652, NP ; *Envir.* 2011, no 119, obs. F. Sousse.
11. C. urb., art. L. 121-15.
12. C. urb., art. 121-3.

sages, de l'environnement, des particularités locales et de la capacité d'accueil du territoire, les modalités d'application des dispositions » du code de l'urbanisme relatives au littoral[1]. Il est considéré que cette formule confère aux auteurs de SCOT le pouvoir de délimiter les espaces proches rivage. La jurisprudence a estimé qu'elle lui permet de préciser les conditions d'extension de l'urbanisation dans ces espaces[2].

Le même pouvoir avait été reconnu aux auteurs des anciennes DTA[3].

122.292 Principes encadrant le pouvoir de délimitation. La jurisprudence forgée relativement à la délimitation des espaces proches du rivage par les DTA conserve son intérêt car les mêmes principes ont vocation à s'appliquer à la réalisation de cette opération par les SCOT.

Le premier principe est le suivant : pour déterminer si une zone peut être qualifiée d'espace proche du rivage dans ce document, les trois critères posés par la jurisprudence doivent être pris en compte, à savoir la distance séparant cette zone du rivage, son caractère urbanisé ou non et la covisibilité entre cette zone et le plan d'eau[4]. Ainsi, dans la mesure où doit être retenu dans sa totalité, comme espace proche du rivage, un territoire dont le développement urbain forme un ensemble cohérent[5], la circonstance que certaines parcelles qui y sont incluses par une DTA ne seraient pas en situation de covisibilité n'empêche pas de qualifier d'espace proche du rivage « l'ensemble » de la partie urbanisée ainsi délimitée, dès lors qu'elle forme eu égard à sa consistance, à sa topographie et aux éléments qui la séparent du reste de l'agglomération, un ensemble urbanisé cohérent, qui se déploie en pente douce vers la mer[6].

Second principe dégagé pour les DTA (et ayant vocation à être transposé au SCOT) : sa légalité au regard des articles L. 121-8 et suivants du code de l'urbanisme « doit s'apprécier à l'échelle du territoire qu'elle couvre et compte tenu de l'ensemble de ses orientations et prescriptions », et notamment des différentes catégories d'espaces qu'elle distingue[7]. C'est en fonction de ces principes que doit, en particulier, être examiné le mérite d'un moyen tiré de ce que certaines prescriptions de la directive (ou du SCOT) seraient contraires aux dispositions de l'article L. 121-13 (relatives à l'urbanisation dans les espaces proches du rivage)[8]. En l'espèce, la DTA des Alpes-Maritimes distinguait trois types d'espaces proches du rivage en les soumettant à des régimes différents (les espaces urbanisés sensibles, les espaces neutres, et les espaces enjeux)[9]. Dans l'un des espaces enjeux, la DTA prévoyait l'implantation d'une antenne universitaire. Le Conseil d'État estime « que ces dispositions ont [...] pour objet de préciser les modalités d'application des dispositions particulières au littoral figurant » dans le « code de l'urbanisme, adaptées aux particularités géographiques locales ; que les documents d'urbanisme applicables à ce secteur et les autorisations d'urbanisme qui y seront délivrées devront, respectivement, être compatibles avec ces dispositions de la directive et y être conformes ; qu'en prévoyant, dans ces termes, un tel "espace enjeu" et en imposant d'apprécier l'extension de l'urbanisation qui en résultera au regard de l'agglomération dans son ensemble et compte tenu des orientations de la directive, tant en matière de protection que d'aménagement, pour l'ensemble du territoire qu'elle couvre, celle-ci n'a pas méconnu l'article L. 121-13 du code de l'urbanisme ».

§ 2
Régime d'urbanisation applicable dans les espaces proches du rivage

122.301 Une extension limitée de l'urbanisation, devant être prévue par le PLU. L'article L. 121-13 du code de l'urbanisme n'autorise qu'une « extension limitée de l'urbanisation » dans les espaces proches du rivage et à la condition que celle-ci ait été prévue par le PLU ou admise par le préfet.

S'agissant de leur champ d'application, ces dispositions « sont applicables indépendamment du caractère urbanisé ou non de l'espace dans lequel se situent les constructions envisagées »[10].

1. C. urb., art. L. 121-3, al. 2.
2. CE 11 mars 2020, *Confédération Environnement Méditerranée et autre*, req. n° 419861, *Lebon T. ; BJDU* 2020. 163, concl. L. Dutheillet de Lamothe.
3. V. s[s] n° 052.11.
4. CE 3 juin 2009, *Rognac (C[ne])*, req. n° 310587, *Lebon T. ; BJDU* 2009. 208, concl. M. Guyomar, obs. J.-C. Bonichot (à propos de la DTA des Bouches-du-Rhône).
5. V. s[s] n° 122.263.
6. CE 3 juin 2009, *Rognac (C[ne])*, req. n° 310587.
7. CE 27 juill. 2005, *Comité de sauvegarde du port Vauban Vieille-Ville et Antibes-Est*, req. n° 264336, *Lebon ; BJDU* 2005. 243, concl. Y. Aguila.
8. CE 27 juill. 2005, *Comité de sauvegarde du port Vauban Vieille-Ville et Antibes-Est*, req. n° 264336.
9. On notera qu'une classification semblable avait été retenue par le SCOT Provence Méditerranée – CE 11 mars 2020, *Confédération Environnement Méditerranée et autre*, req. n° 419861, *Lebon T. ; BJDU* 2020. 163, concl. L. Dutheillet de Lamothe.
10. CE 27 sept. 1999, *Bidart (C[ne])*, req. n° 178866, *Lebon* (revenant sur la jurisprudence antérieure dont il résultait que l'exigence d'une extension limitée ne trouvait pas à s'appliquer dans les espaces déjà urbanisés : PAR EX. : CE 10 mai 1989, *Assoc. Défense du patrimoine sétois*, req. n° 88904, *Lebon T.*) – DANS LE MÊME SENS : CE 30 juill. 2003, *Synd. de défense du Cap-d'Antibes*, req. n° 203766, NP ; *BJDU* 2003. 401, concl. D. Piveteau, obs. J.-C. B.

A. L'extension de l'urbanisation doit être prévue par le PLU ou admise par le préfet

122.311 Décision de la commune ou de l'État. L'urbanisation ne peut intervenir dans les espaces proches du rivage qu'à la condition d'être prévue par le PLU. Exceptionnellement, elle peut être autorisée par l'État.

1° Urbanisation prévue par le PLU

122.321 Deux situations. Lorsque l'urbanisation dans les espaces proches du rivage est décidée par la commune, l'article L. 121-3 distingue selon que cette urbanisation soit conforme ou non conforme à un SCOT, un SAR ou un SMVM.

a. Urbanisation non conforme à un SCOT, un SAR ou un SMVM

122.331 Urbanisation au regard de la configuration des lieux ou pour des activités économiques exigeant la proximité immédiate de l'eau. Lorsque la commune n'est pas couverte par un SCOT, un SAR ou un SMVM, ou que le parti qu'elle prend d'urbaniser les espaces proches du rivage n'est pas « conforme » ou « compatible » avec les orientations de ce document (conforme, dans le cas d'un SCOT ou d'un SAR ; compatible, dans le cas d'un SMVM), la décision d'urbaniser ces espaces doit être « justifiée et motivée » dans le PLU, selon des critères liés[1] :

– « à la configuration des lieux » (notamment, selon un rapporteur public, en cas de « reliefs escarpés, qui ne permet que difficilement à la commune de s'étendre à l'arrière du littoral »[2]) ;

– ou « à l'accueil d'activités économiques exigeant la proximité immédiate de l'eau » (par exemple l'urbanisation destinée pour l'essentiel à accueillir des activités économiques liées à un port[3]).

b. Urbanisation conforme à un SCOT, un SAR ou un SMVM

122.341 Simple exigence de conformité à ce document. Lorsque la commune est couverte par un SCOT, un SAR ou un SMVM, et que le parti qu'elle prend d'urbaniser les espaces proches du rivage « est conforme » ou « compatible » avec les dispositions de ce schéma (conforme, dans le cas d'un SCOT ou d'un SAR ; compatible, dans le cas d'un SMVM), la décision d'urbaniser ces espaces doit être justifiée et motivée dans le PLU, sans que cette justification et cette motivation n'aient à reposer sur des critères liés à la configuration des lieux ou à l'accueil d'activités économiques exigeant la proximité immédiate de l'eau[4]. La simple conformité ou compatibilité au schéma suffit.

Aussi, d'un point de vue contentieux, lorsque l'urbanisation satisfait à l'un des critères posés à l'alinéa 1er (configuration des lieux ou accueil d'activités économiques exigeant la proximité immédiate de l'eau), le moyen tiré de la méconnaissance d'un SCOT est inopérant[5].

2° Urbanisation admise par le préfet

122.351 Accord de l'État. En l'absence de SCOT, de SAR ou de SMVM, « l'urbanisation peut être réalisée avec l'accord de l'autorité administrative compétente de l'État »[6], c'est-à-dire du préfet. Il s'agit là de l'ultime solution pour réaliser un projet lorsque :

– le PLU ne justifie pas de l'urbanisation des espaces proches du rivage ;

– la commune n'est pas couverte pas un SCOT, un SAR ou un SMVM ;

– ou, si l'un de ces documents existe, le projet envisagé n'est pas conforme à ses orientations[7].

Dans un tel cas de figure, l'accord du préfet est nécessaire si le projet procède à une extension de l'urbanisation dans un secteur non urbanisé[8]. À l'inverse, il n'y a pas lieu de rechercher l'accord du préfet si le secteur en cause est déjà urbanisé et que le projet ne procède pas à une extension de l'urbanisation[9].

122.352 Demande d'accord. La demande d'accord est adressée par la commune au préfet. La demande ne peut être transmise par le maire qu'après y avoir été habilité par le conseil municipal[10].

1. C. urb., art. L. 121-13, al. 1er.
2. L. Dutheillet de Lamothe, *BJDU* 2020. 163, concl. sur CE 11 mars 2020, *Confédération Environnement Méditerranée et autre*, req. n° 419861, *Lebon T.*
3. CE 25 mars 1998, *Saint-Quay-Portrieux (Cne)*, req. n° 159040, NP.
4. C. urb., art. L. 121-13, al. 2.
5. CE 25 mars 1998, *Saint-Quay-Portrieux (Cne)*, req. n° 159040, NP.
6. C. urb., art. L. 121-13, al. 3.
7. VOIR, exposant ce caractère subsidiaire : CE, ass., 26 oct. 2001, *Eisenchteter*, req. n° 216471, *Lebon* : arrêt affirmant « qu'en l'absence dans le plan d'occupation des sols de l'île d'Yeu de critère justifiant l'extension limitée de l'urbanisation de tels espaces et en l'absence d'un schéma directeur, d'un schéma d'aménagement régional ou d'un schéma de mise en valeur de la mer, il appartenait, au préfet, après avis de la commission des sites, d'apprécier si une telle extension pouvait être autorisée ».
8. CE 19 juill. 1994, *Frontignan (Cne) c/SNC Nebot*, req. n° 85532, *Lebon*.
9. CE 31 juill. 1996, *Assoc. des Amis de St-Palais-sur-Mer*, req. n° 129549, NP.
10. CE 30 déc. 2009, *Le Borgne*, req. n° 323069, *Lebon T.*

122.353 **Consultation de la CDNPS.** Le préfet prend sa décision après avis de la commission départementale de la nature, des paysages et des sites, à qui il revient d'apprécier « l'impact de l'urbanisation sur la nature »[1].

La décision prise en l'absence de consultation de la commission est entachée d'un vice de procédure[2].

122.354 **Légalité de l'accord.** Le préfet ne peut donner son accord que si le projet respecte les dispositions du code de l'urbanisme. Aussi doit-il être refusé, notamment, lorsque le projet :

- se situe dans un espace remarquable au sens de l'article L. 121-23 du code de l'urbanisme[3] ;

- méconnaît la règle de l'extension limitée de l'urbanisation[4].

122.355 **Nature de l'accord.** L'accord du préfet revêt la nature d'un avis conforme[5]. Il en résulte que le maire ne peut pas délivrer un permis de construire :

- si le préfet refuse de donner son accord[6] ;

- et *a fortiori* si son accord n'a pas été sollicité[7].

Sur le plan contentieux, l'avis ne constituant pas un acte décisoire, il ne peut pas faire l'objet d'un recours pour excès de pouvoir[8]. Néanmoins, « des moyens tirés de sa régularité et de son bien-fondé peuvent, quel que soit le sens de la décision prise par l'autorité compétente pour statuer sur la demande d'autorisation, être invoqués devant le juge saisi de cette décision »[9].

122.356 **Respect de l'accord par le PLU.** Lorsque le préfet délivre son accord à un projet d'urbanisation, le PLU « respecte les dispositions de cet accord »[10].

1. C. urb., art. L. 121-13, al. 3.
2. CE 27 avr. 1994, *OPHLM de Vannes*, req. n° 133084, NP ; *BJDU* 1995, concl. F. Loloum ; – CE 28 juill. 2000, *Fédération pour les espaces naturels et l'environnement catalan*, req. n° 173229, *Lebon T.*
3. CE 7 févr. 2003, *Secrétaire d'État au logement c/SNC Empain Graham*, req. n° 223882, *Lebon T.* ; – Sur ce régime, v. s[s] n°s 123.05 s.
4. CAA Nantes, 13 nov. 2001, *Grandcamp Maisy (C[ne])*, req. n° 00NT01526, NP.
5. CE, ass., 26 oct. 2001, *Eisenchteter*, req. n° 216471, *Lebon.*
6. CE, ass., 26 oct. 2001, *Eisenchteter*, req. n° 216471, *Lebon* : arrêt soulignant que « le refus d'un tel accord [...] s'impose à l'autorité compétente pour statuer sur la demande d'autorisation »,
7. CE 19 juill. 1994, *Frontignan (C[ne]) c/SNC Nebot*, req. n° 85532, *Lebon* : annulation du permis.
8. CE, ass., 26 oct. 2001, *Eisenchteter*, req. n° 216471, *Lebon* : arrêt affirmant que « le refus d'un tel accord [...] ne constitue pas une décision susceptible de recours ».
9. CE, ass., 26 oct. 2001, *Eisenchteter*, req. n° 216471, *Lebon.*
10. C. urb., art. L. 121-13, al. 3.

B. L'extension de l'urbanisation doit être limitée

1° La notion d'extension de l'urbanisation

a. Critères généraux

122.361 **Construction et densification.** Selon le Conseil d'État[11], doivent être regardées comme une extension de l'urbanisation au sens des dispositions de l'article L. 121-13 :

- non seulement l'ouverture à la construction de zones non urbanisées ;

- mais aussi la densification significative de zones déjà urbanisées.

122.362 **Prise en compte de critères quantitatifs.** Le juge peut se fonder sur des critères quantitatifs pour apprécier l'existence d'une extension de l'urbanisation[12].

b. Appréciation de l'extension de l'urbanisation dans les zones déjà urbanisées

122.371 **Exigence que l'opération présente une certaine ampleur.** Selon le Conseil d'État[13], une opération qu'il est projeté de réaliser en agglomération ou, de manière générale, dans des espaces déjà urbanisés ne peut être regardée comme une « extension de l'urbanisation » au sens de l'article L. 121-13 du code de l'urbanisme que si elle conduit :

- « à étendre ou à renforcer de manière significative l'urbanisation de quartiers périphériques » ;

- ou « si elle modifie de manière importante les caractéristiques d'un quartier, notamment en augmentant sensiblement la densité des constructions ».

122.372 **Exclusion des simples constructions.** La seule réalisation dans un quartier urbain « d'un ou plusieurs bâtiments » qui est une simple opération de construction ne peut être regardée comme constituant une extension au sens de la loi[14]. Il en résulte que le comblement d'une « dent creuse » ne constitue pas en principe une extension de l'urbanisation. Par suite, ne peut être regardée comme une extension de l'urbanisation :

- la réalisation, sur quatre parcelles réunies d'une superficie totale inférieure à 4 000 m² située dans la

11. CE 11 avr. 2018, *Annecy (C[ne])*, req. n° 399094, *Lebon T.* ; *BJDU* 2018. 243, concl. J. Burguburu.
12. CE 11 avr. 2018, *Annecy (C[ne])*, req. n° 399094.
13. CE 7 févr. 2005, *S[té] soleil d'or*, req. n° 264315, *Lebon T.* ; *BJDU* 2005. 10, concl. Y. Aguila.
14. CE 7 févr. 2005, *S[té] soleil d'or*, req. n° 264315.

partie urbanisée de la commune, d'un immeuble collectif de 3 à 5 étages, comportant 41 logements, construit par décrochages successifs à l'arrière d'une villa de caractère réhabilitée et entouré de deux immeubles de 7 étages[1] ;

– l'édification d'une maison d'habitation, d'une portée limitée quant aux volumes et surfaces créés, qui prend place dans une zone densément construite, que le PLU décrit comme correspondant aux quartiers périphériques de développement récent de type pavillonnaire et destinée principalement à recevoir des constructions à usage d'habitation[2] ;

– la réalisation d'un lotissement sur un terrain de 19 000 m², avec autorisation de construire 9 700 m² de surface de plancher et 4 000 m² dévolus à des espaces verts, qui est entouré de terrains déjà bâtis et se situe dans un quartier d'habitat balnéaire dense à proximité immédiate du centre bourg[3] ;

– la création de deux bâtiments (un EHPAD et une résidence pour séniors) d'une surface de plancher de 4 300 m², sur un terrain de 9 000 m², dans une zone très majoritairement pavillonnaire et un quartier comportant déjà trois immeubles de logements collectifs aux dimensions comparables[4].

c.
Appréciation de l'extension de l'urbanisation en dehors des zones déjà urbanisées

122.381 Urbanisation constituée à la moindre construction. En dehors des zones urbanisées, toute construction, même d'importance modeste, est regardée comme participant à une « extension de l'urbanisation ».

122.382 Illustrations. A été regardée comme une extension de l'urbanisation :

– l'édification, dans une zone non urbanisée qui ne comprend que quelques habitations dispersées, d'un bâtiment d'une surface de plancher de 30 m², comportant une porte d'entrée et trois fenêtres[5] ;

– la construction, dans un espace faible urbanisé, d'un bâtiment d'une surface de plancher de 500 m² auquel est associé un parking de 120 places d'une superficie de 3 700 m²[6].

1. CE 7 févr. 2005, *S^té^ soleil d'or*, req. n° 264315.
2. CAA Nantes, 5 févr. 2016, *Paimpol (C^ne^)*, req. n° 15NT00369, NP.
3. CE 1er juin 2022, Asso. Equi Environnement et habitat, req. n° 440917, NP.
4. CE 13 déc. 2021, Juanola, req. n° 443815, NP.
5. CAA Nantes, 19 avr. 2005, *Arradon (C^ne^)*, req. n° 03NT00810, NP.
6. CAA Nantes, 23 déc. 2008, *Saint-Jean-de-la-Rivière (C^ne^)*, req. n° 08NT01438, NP.

2°
L'exigence d'une extension de l'urbanisation « limitée »

a.
Énoncé de l'exigence d'une extension de l'urbanisation « limitée »

122.391 Urbanisation contenue. Outre les exigences précédemment mentionnées, l'urbanisation n'est admise, dans les espaces proches du rivage, qu'à la condition d'être « limitée »[7] « car l'objectif de la loi est que l'extension se fasse à l'arrière, pour préserver les parties du littoral non construites aux abords des villes »[8].

122.392 Exigence applicable en toute hypothèse. Dans les espaces proches du rivage, « seule » est autorisée une extension limitée de l'urbanisation[9].

Il en résulte que l'accord du préfet donné au titre du troisième alinéa de l'article L. 121-13[10] « ne peut permettre de déroger au caractère limité de cette extension »[11].

Il en résulte également que l'aménagement et l'ouverture de terrains de camping ou de stationnement de caravanes doivent respecter « les dispositions de l'article L. 121-13 relatives à l'extension limitée de l'urbanisation »[12].

b.
Appréciation du caractère « limité » de l'urbanisation

122.401 Critères retenus. Le caractère limité de l'extension de l'urbanisation dans un espace proche du rivage, au sens des dispositions de l'article L. 121-13 du code de l'urbanisme, « s'apprécie eu égard à l'implantation, à l'importance, à la densité, à la destination des constructions envisagées et à la topographie des lieux »[13].

Des précisions ont été apportées sur ces critères.

Tout d'abord, le critère reposant sur l'implantation des constructions implique de situer le projet dans son contexte territorial. À cet égard, et par exem-

7. C. urb., art. L. 121-13, al. 1er.
8. L. Dutheillet de Lamothe, *BJDU* 2020. 163, concl. sur CE 11 mars 2020, *Confédération Environnement Méditerranée et autre*, req. n° 419861, *Lebon T.*
9. CE, sect., 12 févr. 1993, *Gassin (C^ne^) et SA Sagic*, req. n° 128251, *Lebon.*
10. V. s^s^ n°s 122.351 s.
11. CE 29 mars 1993, *Argelès-sur-Mer (C^ne^)*, req. n° 128204, *Lebon* 1078 ; – DANS LE MÊME SENS : CE 25 mai 1998, *Assoc. de défense de Juan-les-Pins et de ses pinèdes*, req. n° 128956, *Lebon T.*
12. C. urb., art. L. 121-14.
13. CE 5 avr. 2006, *S^té^ Les Hauts de Saint-Antoine*, req. n° 272004, *Lebon T.* ; *BJDU* 2006. 166, concl. Y. Struillou ; – ÉGALEMENT : CE 28 juill. 2000, *Fédération pour les espaces naturels et l'environnement catalan*, req. n° 173229, *Lebon T.* ; – CE 5 déc. 2001, *S^té^ Intertouristik Holiday AG*, req. n° 237294, *Lebon T.*

ple, dans le cas d'un classement en zone U d'une partie du centre-ville par le règlement de PLU, le juge n'est pas tenu de porter son appréciation à l'échelle de l'ensemble du centre-ville de la commune ni de la totalité du territoire couvert par le PLU[1].

Ensuite, le critère tenant à l'importance des constructions repose non seulement sur la surface de plancher mais aussi, plus largement, sur l'emprise au sol résultant notamment des places de stationnement et de la voirie[2].

Enfin, s'agissant de la topographie des lieux (les « caractéristiques topographiques de la partie concernée de la commune »[3]), ce critère invite notamment à prendre en compte la « nature » des terrains concernés, en particulier en présence de terrains à usage agricole ou boisés[4] ou encore à l'état naturel.

122.402 **Critères non retenus.** Pour apprécier le caractère limité de l'extension de l'urbanisation, il n'y a pas lieu de prendre en compte[5] :

- la qualité architecturale des bâtiments ;
- ni leur insertion dans l'environnement.

122.403 **Prise en compte de l'ensemble de l'opération.** L'appréciation se fait de façon globale, à l'échelle de l'ensemble de l'opération, et non permis par permis, lorsqu'un projet est autorisé par plusieurs permis successifs[6]. En l'espèce, une opération immobilière avait été autorisée par un premier permis de construire au titre de l'îlot n° 1 d'un lotissement. Pour apprécier la légalité de l'arrêté autorisant la réalisation d'un second groupe d'habitations dans l'îlot n° 2 du lotissement au regard de l'article L. 121-13, il convient « de prendre en compte l'ensemble des circonstances de l'espèce à la date d'édiction de cet arrêté » (cette prise en compte des deux îlots portant la surface de plancher de 3 000 à 5 500 m^2[7]).

Il en va de même lorsqu'un permis autorise la construction de plusieurs immeubles se rapportant à une même opération[8].

122.404 **Prise en compte du SCOT.** Lorsqu'un SCOT (ou un SAR, ou un SMVM) comporte des dispositions suffisamment précises, et compatibles avec l'article L. 121-13, qui précisent les conditions de l'extension de l'urbanisation dans l'espace proche du rivage dans lequel une opération est envisagée, le caractère limité de l'urbanisation qui résulte de cette opération s'apprécie en tenant compte de ces dispositions du SCOT[9].

Le rapporteur public proposant cette évolution l'exposait en ces termes : « Lorsqu'un SCOT ou un autre document est venu définir les extensions limitées souhaitables dans les espaces proches du rivage, l'exigence d'urbanisation limitée s'appliquerait alors seulement à travers le SCOT, qui ferait écran à la loi, ou sinon, à tout le moins, à la lumière du SCOT, qui pourrait détendre quelque peu l'exigence législative, à condition de rester compatible avec l'objectif de la loi »[10].

En l'espèce, la prise en compte du SCOT a conduit le juge administratif à valider un projet de grande ampleur qui, à défaut, aurait été censuré[11].

122.405 **Contrôle de cassation.** La notion d'extension limitée de l'urbanisation relève de l'appréciation souveraine des faits qui, en l'absence de dénaturation, n'est pas susceptible d'être discutée devant le juge de cassation[12].

1. CE 11 avr. 2018, *Annecy (Cne)*, req. n° 399094, *Lebon T. ; BJDU* 2018. 243, concl. J. Burguburu.
2. CE 5 avr. 2006, *Sté Les Hauts de Saint-Antoine*, req. n° 272004, *Lebon T.* ; – CAA Nantes, 23 déc. 2008, *Saint-Jean-de-la-Rivière (Cne)*, req. n° 08NT01438, NP.
3. CE 14 nov. 2003, *Bonifacio (Cne)*, req. n° 228098, NP.
4. CE, sect., 26 mars 1999, *Sté d'aménagement de Port Léman*, req. n° 185841, *Lebon ; BJDU* 1999. 141, concl. J.-C. Bonichot.
5. CE, sect., 26 mars 1999, *Sté d'aménagement de Port Léman*, req. n° 185841.
6. CE 30 déc. 2009, *Assoc. pour la protection du littoral rochelais*, req. n° 315966, *Lebon ; JCP N* 2010, n° 1225, note Ph. Billet.
7. V. (rendu sur renvoi) : CAA Bordeaux, 24 juin 2010, *Assoc. pour la protection du littoral Rochelais*, req. n° 10BX00051, NP.
8. CE 10 mai 1996, *Sté du port de Toga SA*, req. n° 140799, *Lebon T. ; BJDU* 1996. 309, concl. S. Fratacci.
9. CE 11 mars 2020, *Confédération Environnement Méditerranée et autre*, req. n° 419861, *Lebon T. ; BJDU* 2020. 163, concl. L. Dutheillet de Lamothe – CE 21 avr. 2023, *Commune de Ploemeur*, req. n° 456788, *Lebon T. ; BJDU* 2023. 239, concl. N. Agnoux ; *JCP Adm* 2023, n° 2315, note O. Le Bot ; *RDI* 2023. 367, obs. P. Soler-Couteaux – DE MÊME, pour le PADDUC : CAA Marseille, 17 juill. 2020, *Giamarchi*, req. n° 19MA02718, NP ; CAA Marseille, 24 janv. 2022, *Préfète de la Corse-du-Sud*, req. n° 20MA01137, NP (arrêt devenu définitif en l'absence d'admission du pourvoi formé à son encontre : CE 28 oct. 2022, req. n° 462731, NP) : arrêt précisant que les prescriptions du PADDUC « apportent des précisions et sont compatibles avec les dispositions du code de l'urbanisme particulières au littoral ; elles ne se substituent pas aux dispositions de l'article L. 121-8 du code de l'urbanisme qui demeurent applicables ».
10. L. Dutheillet de Lamothe, *BJDU* 2020. 163, concl. préc.
11. CE 11 mars 2020, *Confédération Environnement Méditerranée et autre*, req. n° 419861, *Lebon T. ; BJDU* 2020. 163, concl. L. Dutheillet de Lamothe : arrêt indiquant qu'« après avoir relevé [...] que, selon les dispositions du SCOT Provence Méditerranée alors en vigueur, une extension de l'urbanisation pouvait être réalisée dans la zone du "Bois sacré", terrain d'assiette du projet, "de manière significative par rapport aux caractéristiques du bâti existant", le tribunal administratif a pu écarter, sans dénaturer les pièces des dossiers qui lui étaient soumis, le moyen tiré de ce que la décision attaquée méconnaîtrait la règle de l'extension limitée de l'urbanisation des espaces proches du rivage eu égard aux caractéristiques du projet litigieux qui lui était soumis, qui tend à la réalisation, sur environ six hectares, d'un ensemble immobilier comprenant sept bâtiments d'habitation collectifs destinés à accueillir 344 logements, huit villas et des locaux d'activité, pour une surface de plancher créée de 23 781,22 m^2, ainsi qu'aux caractéristiques du bâti environnant ». V. de même, pour une opération d'une surface comparable, CAA Nantes, 26 mar 2024, Asso. Tarz Heol, req. n° 23NT01185, NP.
12. CE 11 avr. 2018, *Annecy (Cne)*, req. n° 399094, *Lebon T. ; BJDU* 2018. 243, concl. J. Burguburu.

c.
Illustrations : exigence d'extension limitée de l'urbanisation regardée comme satisfaite

122.411 Autorisations d'urbanisme. Dans la jurisprudence, ont par exemple été regardés comme satisfaisant à l'exigence d'une extension de l'urbanisation limitée les projets de construction suivants :

– réalisation d'un ensemble de trois immeubles de 4 étages, conduisant à la création de 143 appartements pour une surface de plancher de 15 00 m² sur une parcelle de même superficie, sur un terrain (très partiellement boisé) situé entre une zone à l'urbanisation diffuse et une zone fortement urbanisée (« l'extension de l'urbanisation » qu'implique l'opération « doit être regardée, en dépit de sa densité, mais eu égard à son implantation, son importance et à la destination des constructions envisagées, comme présentant un caractère limité ») [1] ;

– construction d'un hôtel de 3 étages, d'une surface de plancher de 3 600 m², sur une superficie totale de 32 000 m², localisé en continuité d'un hameau ancien [2] ;

– construction d'un ensemble immobilier d'une superficie de 8 000 m² et d'une surface de plancher de 32 000 m², sur un terrain qui supportait des constructions dont la démolition a été autorisée et qui, bien que proche du rivage, est situé dans une zone déjà très fortement urbanisée [3] ;

– réalisation d'un bâtiment de 600 m² sur un terrain de 5 000 m² situé en périphérie de l'agglomération et de l'autoroute (en raison de la dimension de la construction ainsi autorisée, le projet ne conduit pas, par lui-même, à étendre de manière significative l'urbanisation de quartiers périphériques de la commune) [4].

Un projet de grande ampleur peut être validé au motif qu'il s'inscrit dans les orientations du SCOT [5].

122.412 Documents d'urbanisme. Ont par exemple été regardées comme satisfaisant à l'exigence d'une extension de l'urbanisation limitée les dispositions d'un POS [6] :

– qui ne permettent pas la réalisation, en continuité avec l'habitat groupé existant, d'opérations d'urbanisation importantes ;

– précisent que la densité de la zone, principalement affectée à l'habitation, autorise de petits ensembles collectifs ;

– et prévoient que les constructions nouvelles doivent donner à la zone un caractère relativement aéré, et être en harmonie avec les bâtiments existants et le site.

d.
Illustrations : exigence d'extension limitée de l'urbanisation regardée comme méconnue

122.421 Ensembles immobiliers. Ont été regardés comme méconnaissant l'exigence d'extension limitée de l'urbanisation les projets suivants :

– édification d'un ensemble immobilier destiné à des activités d'hôtellerie, de commerce et de bureau comportant une emprise au sol de 18 000 m² (« en raison de son importance, l'opération envisagée [...] ne peut être regardée comme une extension limitée de l'urbanisation ») [7] ;

– édification d'un ensemble immobilier comprenant un hôtel de 103 chambres et neuf bâtiments à usage d'habitation collective de 293 logements dont certains bâtiments ont un linéaire de façade parallèle au rivage supérieur à 150 mètres, développant une surface de plancher de 27 000 m² (« en raison des caractéristiques de cette opération de construction, et notamment de sa densité élevée qui nécessitera d'importants travaux de terrassement compte tenu de la configuration des lieux susdécrite, l'extension de l'urbanisation qu'elle réalise ne peut être regardée comme présentant un caractère limité ») [8] ;

– construction, sur un terrain de 39 000 m², de 19 bâtiments comprenant 61 logements, essentiellement à vocation de résidences secondaires, pour une surface de plancher de 3 000 m² (opération ne pouvant être regardée comme une extension limitée de l'urbanisation eu égard à son importance et à sa localisation dans un secteur constitué d'habitat pavillonnaire ou de petits bâtiments collectifs, au milieu d'un espace encore boisé) [9].

122.422 ZAC. Ont été regardés comme méconnaissant l'exigence d'extension limitée de l'urbanisation les projets suivants :

– acte de création d'une ZAC autorisant une importante opération de construction, d'une surface de plancher de 45 000 m² [10] ;

– plan d'aménagement de la zone ayant pour effet de porter de 12 000 m² à 53 000 m² la surface de

1. CE 30 juill. 2003, *Synd. de défense du Cap-d'Antibes*, req. nº 203766, NP ; *BJDU* 2003. 401, concl. D. Piveteau, obs. J.-C. B.
2. CE 20 mars 1998, *de la Rochefoucauld*, req. nº 158178, *Lebon T.*
3. CAA Marseille, 6 juill. 2000, *Nice (Ville)*, req. nº 99MA01146, NP.
4. CE 27 juill. 2005, *Narbonne (Cne)*, req. nº 273815, NP ; *BJDU* 2006. 47, concl. D. Chauvaux, obs. L. Touvet.
5. V. ss nº 122.404.
6. CE 26 févr. 2001, *Dorwing-Carter*, req. nº 211318, NP.
7. CE 10 mai 1996, *Sté du port de Toga SA*, req. nº 140799, *Lebon T.* ; *BJDU* 1996. 309, concl. S. Fratacci.
8. CAA Lyon, 8 avr. 1997, *Sté au service du développement*, req. nº 94LY00151, NP.
9. CE 2 oct. 2006, *SA Marcellesi*, req. nº 271327, *Lebon T.* ; *BJDU* 2007. 103, concl. Y. Aguila.
10. CE, sect., 12 févr. 1993, *Gassin (Cne) et SA Sagic*, req. nº 128251, *Lebon* 26.

plancher, sur une partie centrale de 15 ha, et comportant la création de 500 à 600 logements, de 2 000 m² de commerces et de certains équipements (« compte tenu du caractère diffus du bâti existant et des caractéristiques générales de la commune, une opération d'une telle ampleur ne peut être regardée comme une extension limitée de l'urbanisation »)[1] ;

– acte de création d'une ZAC autorisant une importante opération de construction comportant environ mille logements en résidences individuelles et collectives et des hôtels, sur une surface de 70 000 m²[2] ;

– acte de création d'une ZAC prévoyant la construction dans la zone de 1800 logements et de locaux touristiques, commerciaux et artisanaux, dont le total atteint environ 170 000 m² de surface de plancher[3] ;

– plan d'aménagement de la zone prévoyant dans le quartier de Fréjus-plage la réalisation d'un programme de construction de près de 175 000 m² de surface de plancher[4] ;

– construction dans une ZAC de plusieurs bâtiments comportant en particulier plus de 380 logements et dont la surface de plancher s'élevait à 35 000 m²[5] ;

– plan d'aménagement de la zone prévoyant la construction de 1800 logements et de locaux touristiques, commerciaux et artisanaux, dont le total atteint 170 000 m² de surface de plancher (« une telle opération, eu égard à son importance et alors même qu'elle se situe dans une commune fortement urbanisée, ne saurait être regardée comme une extension limitée de l'urbanisation »)[6].

122.423 **PLU.** Ont été regardés comme méconnaissant l'exigence d'extension limitée de l'urbanisation les dispositions de POS ou de PLU décidant :

– la création d'une zone dans un espace proche du rivage (terrains dominant le littoral et étant distants de celui-ci de 500 mètres) dont les dispositions permettent d'édifier sur les terrains litigieux des constructions d'une surface de plancher totale de 43 000 m²[7] ;

– la création d'une zone de 36 hectares, proche du rivage pour une grande partie, dont les dispositions permettent de porter d'un étage à trois étages la hauteur des immeubles (« la densification des constructions qui en résultera à terme constitue une extension de l'urbanisation qui ne peut être regardée comme étant limitée »)[8] ;

– la création d'une zone dans un secteur peu urbanisé, dont les dispositions encadrant son urbanisation l'exposaient à l'implantation d'installations susceptibles d'en modifier très significativement le caractère, sur une surface importante[9].

122.424 **Parc aquatique.** Méconnaît l'exigence d'une extension limitée de l'urbanisation le permis de construire autorisant l'extension de Marineland, situé à une distance d'environ 200 mètres du rivage de la mer et non loin d'un étang, cet agrandissement consistant en la création de nouveaux bassins bordés de gradins pouvant accueillir 3 600 spectateurs, d'un bâtiment destiné à héberger des animaux marins, d'un restaurant de 400 places, d'une aire de repos, de locaux techniques et de nouveaux parcs de stationnement, le tout représentant une surface de plancher de 5 500 m² représentant un accroissement de 75 % de la surface initiale[10].

SECTION 3

DANS LA BANDE LITTORALE DES 100 MÈTRES, UN RÉGIME D'INTERDICTION DE L'URBANISATION

122.431 **Protection maximale.** Un régime de protection maximale s'applique dans la bande littorale des 100 mètres. Dans les limites de celles-ci, l'urbanisation est en principe interdite.

§ 1

Délimitation de la bande littorale des 100 mètres

A.

Largeur de la bande littorale

1°

Une bande littorale de 100 mètres par détermination de la loi

122.441 **Code de l'urbanisme.** La bande littorale est fixée à une largeur de « cent mètres » dans le code de l'urbanisme[11].

Il s'agit là de la largeur de droit commun. Elle représente un minimum qui peut être porté à plus de 100 mètres par les autorités locales si des motifs le justifient.

1. CE 10 févr. 1997, *Labenne (Cne)*, req. n° 155396, *Lebon T.*
2. CE 1er juill. 1994, *Min. Équipement et Le Lavandou (Cne)*, req. n° 119879, NP.
3. CE 25 mai 1998, *Assoc. de défense de Juan-les-Pins et de ses pinèdes*, req. n° 128956, *Lebon T.*
4. CE 27 févr. 1995, *Assoc. de défense des quartiers de Fréjus, Fréjus-Plage, Villepey et Saint-Aygulf*, req. n° 118644, *Lebon T.*
5. CE 10 juill. 1995, *Sté du golf du Pardigon et La Croix-Valmer (Cne)*, req. n° 138588, *Lebon T.*
6. CE 5 févr. 2001, *Sté d'aménagement d'Antibes*, req. n° 211877, NP.
7. CE 14 nov. 2003, *Bonifacio (Cne)*, req. n° 228098, NP.
8. CAA Bordeaux, 13 mars 2003, *Assoc. pour la sauvegarde de Capbreton*, req. n° 99BX01969, NP.
9. CE 11 avr. 2018, *Annecy (Cne)*, req. n° 399094, *Lebon T.* ; *BJDU* 2018. 243, concl. J. Burguburu.
10. CE 22 nov. 2006, *Sté Marineland*, req. n° 278571, NP.
11. C. urb., art. L. 121-16.

2°
Une bande littorale pouvant être portée à plus de 100 mètres par le PLU ou la carte communale

122.451 PLU : motif reposant sur la sensibilité des milieux ou l'érosion des côtes. Le PLU peut porter la largeur de la bande littorale « à plus de cent mètres », lorsque « des motifs liés à la sensibilité des milieux ou à l'érosion des côtes le justifient »[1].

Le juge exerce un contrôle normal sur l'usage que les auteurs d'un PLU font de cette faculté[2].

122.452 PLU et carte communale : communes exposées au recul du trait de côte. Dans les communes exposées au recul du trait de côte[3], « lorsque la projection du recul du trait de côte à l'horizon de trente ans le justifie », le PLU ou le document en tenant lieu ou la carte communale « porte la largeur de la bande littorale mentionnée à l'article L. 121-16 à plus de cent mètres »[4].

Cette bande correspond aux parties situées en dehors des espaces urbanisés de la zone définie au 1° de l'article L. 121-22-2[5], c'est-à-dire la zone exposée au recul du trait de côte à l'horizon de trente ans[6].

122.453 Faculté d'instituer une zone naturelle en bordure du littoral. Une autre faculté offerte aux autorités locales, cette fois par la jurisprudence, consiste, sans modifier la largeur de la bande littorale, à instituer une zone naturelle sur les terrains situés en bordure de littoral afin de soumettre ceux-ci au régime applicable aux zones N. La largeur de cette zone par rapport au littoral peut alors être nettement plus importante que 100 mètres. Par exemple, une commune a pu instituer « des zones naturelles à protéger, couvrant la plus grande partie du territoire de la commune, où la construction est soit interdite, soit réservée aux besoins de l'activité agricole »[7].

B.
Points à partir desquels se mesure la distance

122.461 Cent mètres à partir de la limite haute du rivage. La bande des 100 mètres se mesure « à compter de la limite haute du rivage ou des plus hautes eaux pour les plans d'eau intérieurs [...] »[8].

Cette limite haute constitue le « point jusqu'où les plus hautes mers peuvent s'étendre en l'absence de perturbations météorologiques exceptionnelles »[9].

122.462 Présence d'une falaise. En présence d'une falaise, la limite haute du rivage se mesure « à l'élévation à la verticale du point » précité[10], c'est-à-dire à la verticale du point, au pied de la falaise, jusqu'où les plus hautes mers peuvent s'étendre en l'absence de perturbations météorologiques exceptionnelles.

122.463 Point du projet de construction pris en compte. Pour apprécier si un projet de construction fait partie de la bande des 100 mètres, la distance se mesure « de tout point des façades des constructions litigieuses »[11] et non pas au regard des limites du terrain d'assiette du projet[12].

122.464 Contrôle de cassation. La détermination de la limite haute du rivage relève de l'appréciation souveraine des juges du fond. En l'absence de dénaturation, cette appréciation n'est pas susceptible d'être discutée devant le juge de cassation[13].

C.
Application aux estuaires les plus importants

122.471 Régime de la bande littorale. Le régime défini pour la bande littorale des 100 mètres s'applique aux rives des estuaires les plus importants[14], c'est-à-dire les estuaires de la Seine, de la Loire et de la Gironde[15].

§ 2
Régime applicable dans la bande littorale des 100 mètres

A.
Principe : interdiction des constructions en dehors des espaces urbanisés

122.481 Texte. À l'intérieur de la bande littorale, « les constructions ou installations sont interdites » « en dehors des espaces urbanisés »[16].

1. C. urb., art. L. 121-19, al. 1er.
2. CE 17 juin 1998, *Assoc. de défense des propriétaires longevillais*, req. n° 169463, *Lebon T.* ; *BJDU* 1998. 333, concl. J.-C. Bonichot.
3. V. s[s] n°s 126.291 s.
4. C. urb., art. L. 121-19, al. 2.
5. C. urb., art. L. 121-19, al. 2.
6. V. s[s] n° 126.331.
7. CE 21 avr. 1997, *Conan*, req. n° 137565, NP.
8. C. urb., art. L. 121-16.
9. CE 22 oct. 1999, *Pénestin-sur-Mer (C[ne])*, req. n° 180422, *Lebon T.*
10. CE 22 oct. 1999, *Pénestin-sur-Mer (C[ne])*, req. n° 180422.
11. CE 22 oct. 1999, *Pénestin-sur-Mer (C[ne])*, req. n° 180422.
12. CE 21 juin 2018, *Le Berre*, req. n° 416564, *Lebon T.* : arrêt soulignant que l'article L. 121-16 est inapplicable en l'espèce car si la limite nord de la parcelle est distante de moins de cent mètres de la limite haute du rivage, la construction litigieuse, implantée en retrait de 4 mètres de la limite nord de cette parcelle, est située à l'extérieur de la bande littorale de cent mètres.
13. CE 12 mai 1997, *S[té] Coprotour*, req. n° 151359, *Lebon* ; *BJDU* 1997. 214, concl. J.-D. Combrexelle.
14. C. urb., art. L. 121-20.
15. C. urb., art. R. 121-3 – V. s[s] n° 121.52.
16. C. urb., art. L. 121-16.

1°
Une interdiction s'appliquant en dehors des espaces urbanisés

122.491 Inapplication de l'interdiction. L'article L. 121-16 s'appliquant, selon ses termes, « en dehors des espaces urbanisés », la règle d'interdiction qu'il édicte ne s'applique pas aux espaces déjà urbanisés.

a.
Notion d'espaces urbanisés

122.501 Critères. Selon une réponse ministérielle, l'existence d'une urbanisation « s'apprécie localement, au cas par cas, essentiellement en fonction de l'occupation effective de l'espace »[1].

Plus exactement, le Conseil d'État a posé que les espaces urbanisés, au sens de l'article L. 121-16 du code de l'urbanisme, sont ceux « caractérisés par un nombre et une densité significatifs de constructions »[2]. Précisant le critère de la densité, une cour a affirmé « que l'espace à prendre en considération pour déterminer si un projet de construction se situe dans un espace caractérisé par une densité significative des constructions est constitué par l'ensemble des espaces entourant le sol sur lequel doit être édifiée la construction envisagée ou proche de celuici »[3]. Dans le même sens, le Conseil d'État estime que le juge peut prendre en compte le caractère diffus de l'habitat existant pour en déduire le caractère non urbanisé des lieux[4].

De manière générale, on peut considérer que les critères pris en compte pour apprécier l'urbanisation au sens de l'article L. 121-16 sont identiques à ceux utilisés pour sérier la notion de partie urbanisée de la commune au sens de l'article L. 111-3[5].

Un terrain qui ne répond pas à ces critères demeure considéré comme non urbanisé même s'il est limitrophe d'une zone de constructions diffuses[6].

122.502 Appréciation au regard du voisinage immédiat. Eu égard au but en vue duquel le législateur a posé la règle d'interdiction des constructions et installations en dehors des espaces urbanisés, « l'espace à prendre en considération pour déterminer s'il était en fait urbanisé à la date de délivrance du permis de construire doit être regardé comme constitué par le voisinage immédiat du terrain d'assiette du projet de construction »[7].

122.503 Contrôle de cassation. La notion d'espace urbanisé relève de l'appréciation souveraine des juges du fond. En l'absence de dénaturation, cette appréciation n'est pas susceptible d'être discutée devant le juge de cassation[8].

b.
Illustrations

122.511 Espace urbanisé. À par exemple été regardé comme situé dans un espace urbanisé, au sens de l'article L. 121-16 du code de l'urbanisme :

– un terrain entouré de constructions et desservi par un accès sur la voie publique longeant la mer[9] ;

– un terrain d'assiette entouré de parcelles déjà construites, situé sur une corniche qui, à cet endroit de la côte, est presqu'entièrement urbanisée et constitue une zone d'habitat de densité moyenne[10] ;

– un terrain bordé côté sud sur sa plus grande longueur, soit environ 200 mètres, par des immeubles collectifs de plusieurs étages, constructions réalisées quasiment en continu tout au long de l'avenue St-Maurice, dont il est parallèle ; bordé sur l'un de ses petits côtés par un centre de vacances composé d'environ 150 bungalows en dur et de bâtiments à usage commun ; et enfin desservi par les réseaux d'alimentation en eau et électricité et d'évacuation des eaux usées[11] ;

– une parcelle qui jouxte un terrain déjà construit et une voie publique aménagée, et qui se trouve dans un secteur où, dans un rayon de moins de 200 mètres, sont implantées plus d'une dizaine de constructions[12] ;

– une parcelle située en bordure d'une agglomération, dans un lotissement comportant plusieurs maisons individuelles et à proximité immédiate d'un ensemble d'immeubles collectifs d'habitation[13] ;

1. Rép. min. n° 12940, *JO Sénat Q* 4 avr. 1991, p. 716.
2. CE 21 juin 2018, *Le Berre*, req. n° 416564, *Lebon T.*
3. CAA Nantes, 1er juin 2015, *Arzon (Cne)*, req. n° 14NT01268, NP.
4. CE 30 déc. 2002, *Talloires (Cne), SARL Semnoz Immobilier et autres c/Assoc. Lac d'Annecy Environnement*, req. nos 237392 et 237397, *Lebon* 511.
5. Sur l'appréhension de cette notion, v. ss nos 112.41 s.
6. CE 29 déc. 1993, *Le Gall*, req. n° 132481, NP ; *BJDU* 1994. 16, concl. S. Fratacci.
7. CAA Lyon, 29 juin 1993, *Préfet de la Haute-Corse*, req. n° 92LY01477, *Lebon* 460.
8. CE 12 mai 1997, *Sté Coprotour*, req. n° 151359, *Lebon ; BJDU* 1997. 214, concl. J.-D. Combrexelle ; – CE 13 mars 1998, Bellay, req. n° 178041, NP ; – CE 30 déc. 2002, *Talloires (Cne), SARL Semnoz Immobilier et autres c/Assoc. Lac d'Annecy Environnement*, req. nos 237392 et 237397, *Lebon* 511.
9. CAA Paris, 29 sept. 1995, *Delacroix*, req. n° 93PA00130, *Lebon T.*
10. CAA Bordeaux, 23 mars 1995, *Perez-Habiba*, req. n° 93BX00604, NP.
11. CAA Bordeaux, 16 juin 1996, *Comité de liaison pour la vie des étangs montpelliérains (CLIVEM)*, req. n° 95BX01147, *Lebon T.*
12. CAA Nantes, 4 mai 1994, *Crozon (Cne)*, req. n° 92NT00675, *Lebon T. ; BJDU* 1994. 3, concl. H. Isaïa ; *LPA* 20 juill. 1994, p. 4, concl.
13. CE 27 janv. 1997, *Djerelian*, req. n° 125842, NP.

– un secteur enclavé de toutes parts entre des zones denses d'habitations à la fois pavillonnaires et collectives, un fort et le port[1].

122.512 Espace non urbanisé. N'a pas été regardé comme situé dans un espace urbanisé :

– un terrain qui s'intègre à un ensemble de plusieurs hectares de bois et de taillis restés à l'état naturel et se trouve séparé, par une route et un chemin rural, des constructions dispersées qui ont été édifiées en bord de mer au sud et au-sud-est du terrain[2] ;

– un terrain distant de 200 mètres des deux zones d'habitation les plus proches, alors même qu'il serait desservi par certains équipements publics[3] ;

– un terrain situé dans un ensemble de plusieurs hectares de landes resté à l'état naturel ne comportant que quelques constructions individuelles[4] ;

– un terrain isolé des quelques constructions les plus proches, alors même que les constructions existantes sont implantées du même côté d'une route départementale que ce terrain[5] ;

– un terrain de plus de 3 ha, qui n'était pas bâti antérieurement, qui est bordé à l'ouest par une route nationale au-delà de laquelle n'existent que quelques bâtiments agricoles, au nord par une zone de végétation d'environ 80 mètres de large et au sud par une bande marécageuse d'environ 40 mètres de large protégée par le POS puis une zone boisée la prolongeant abritant un camping[6] ;

– un terrain dont l'habitat environnant se caractérise par un habitat diffus inséré dans un massif couvert de végétation, qui n'est pas relié au réseau public d'assainissement, alors même qu'il est intégré dans un lotissement et qu'il avait supporté quelques années auparavant une construction ultérieurement démolie[7].

c.
Régime applicable dans les espaces urbanisés

122.521 Une possibilité de construire mais pas de densifier de façon significative. L'article L. 121-16 n'interdisant les constructions et installations qu'en dehors des espaces urbanisés, ces constructions et installations ne sont pas interdites dans les espaces urbanisés[8]. Néanmoins, ajoutant une limite par rapport au texte de l'article L. 121-16, le Conseil d'État a posé que les constructions et installations ne sont admis dans ces espaces urbanisés qu'« à la condition qu'ils n'entraînent pas une densification significative de ces espaces »[9].

2°
Une interdiction faisant obstacle à toute construction ou installation

122.531 Interdiction large. Il résulte des termes mêmes de l'article L. 121-16 du code de l'urbanisme que l'interdiction qu'il édicte s'applique (en dehors des exceptions limitativement prévues[10]) aux « constructions et installations ».

a.
Constructions et installations interdites

122.541 Application à tout projet. Toutes les constructions et installations se trouvent interdites dans la bande littorale (dans les zones non urbanisées), notamment :

– la construction d'une maison individuelle[11] ;
– l'implantation d'éoliennes[12] ;
– la création de parkings[13] ;
– la création d'une terrasse bétonnée[14] ;
– la création d'une ZAC[15] ;
– la création d'un lotissement[16].

122.542 Application tant aux constructions ou installations nouvelles qu'aux extensions. Il n'y a pas lieu de distinguer, pour l'application de l'article L. 121-16, « entre les constructions ou installations nouvelles et celles portant extension d'une construc-

1. CE 27 juill. 2005, *Comité de sauvegarde du port Vauban Vieille-Ville et Antibes-Est*, req. n° 264336, *Lebon ; BJDU* 2005. 243, concl. Y. Aguila.
2. CE 13 mars 1998, *Bellay*, req. n° 178041, NP.
3. CE 15 janv. 1997, *Malfatto*, req. n° 125937, NP.
4. CE 22 oct. 1999, *Pénestin-sur-Mer (Cne)*, req. n° 180422, *Lebon T.*
5. CE 9 oct. 1996, *Union départementale Vie et Nature 83*, req. n° 161555, *Lebon T.*
6. CAA Lyon, 29 juin 1993, *Préfet de la Haute-Corse*, req. n° 92LY01477, *Lebon* 460.
7. CAA Marseille, 10 avr. 2003, *Lorenzetti*, req. n° 98MA01651, NP.
8. CE 6 janv. 1997, *Assoc. des amis de St-Palais-sur-Mer*, req. n° 97305, *Lebon* 4.
9. CE 21 juin 2018, *Le Berre*, req. n° 416564, *Lebon T.* Pour une censure d'un PLU sur ce fondement, v. p. ex. CE 7 mars 2022, *Assoc. Cucq Trepied Stella 2020*, req. n° 443804, NP ; *Constr.-urb.* 2022, comm. 40, note L. Santoni ; *RDI* 2022. 423, obs. P. Soler-Couteaux ; *AJDA* 2022. 1117, note O. Sut.
10. Sur ces exceptions, v. ss nos 122.561 s.
11. CE 29 déc. 1993, *Le Gall*, req. n° 132481, NP ; *BJDU* 1994. 16, concl. S. Fratacci.
12. Circ. 10 sept. 2003, *Promotion de l'énergie éolienne terrestre*, NOR : DEVD0320347C, § 3.3.8, b.
13. CAA Lyon, 27 févr. 2001, *Bianco*, req. n° 95LY01244, NP : en l'espèce, deux emplacements.
14. CAA Nantes, 30 avr. 2014, *Assoc. Les amis des chemins de Ronde du Morbihan*, req. n° 12NT02766, NP : illégalité du permis d'aménager un camping autorisant la construction d'une dalle de béton de 100 m² destinée à accueillir une guinguette.
15. CE 4 juill. 1997, *Cabourg (Cne)*, req. n° 152629, *Lebon T.*
16. Civ. 3e, 10 nov. 1998, n° 97-11.128 ; *JCP* 1999, n° 10007, note G. Liet-Veaux.

tion ou d'une installation existante »[1]. Ainsi, une cour administrative d'appel ne commet pas d'erreur de droit en jugeant que ces dispositions s'opposaient à la délivrance du permis ayant pour objet l'extension d'une maison d'habitation[2].

122.543 Application aux PLU. Il a été jugé qu'un POS ne peut pas classer, dans une zone destinée à l'urbanisation future, un terrain situé dans la bande littorale, quand bien même le règlement du plan prévoit l'interdiction de toute construction ou installation dans la bande littorale en cause[3]. De même, a été annulée la modification d'un PLU rendant possible, dans la bande littorale, la construction d'équipements et installations liés à l'activité balnéaire, touristique et de loisirs ainsi que la construction des équipements d'infrastructure et de superstructure[4].

Pour examiner un moyen tiré de ce qu'un PLU est incompatible avec les dispositions de l'article L. 121-16 du code de l'urbanisme, le juge n'a pas à rechercher si le PLU comporte des dispositions particulières imposant le respect de l'interdiction prévue par ces dispositions, dès lors, d'une part, que le PLU n'est pas tenu de réitérer ces dispositions et que le requérant ne faisait état d'aucune méconnaissance par le plan litigieux de l'interdiction en cause et, d'autre part, qu'il appartient dans tous les cas à l'autorité administrative chargée de se prononcer sur une demande d'autorisation d'occupation ou d'utilisation du sol d'en assurer le respect[5].

122.544 Interdiction des terrains de camping et du stationnement de caravanes dans la bande littorale. L'aménagement et l'ouverture de terrains de camping ou de stationnement de caravanes « sont interdits dans la bande littorale »[6].

b.
Absence d'interdiction des travaux et aménagements légers

122.551 Travaux et aménagements non visés par l'interdiction. L'article L. 121-6 du code de l'urbanisme interdit dans la bande littorale « les constructions ou installations ». Dans la mesure où les travaux et aménagements légers n'ont la nature ni de constructions ni d'installations, ils ne tombent pas sous le coup de ces dispositions.

122.552 Travaux confortatifs. Un PLU ne peut pas interdire la rénovation des bâtiments existants sans réserver le cas des travaux qui ont pour seul objet la conservation de ces bâtiments[7]. Il s'ensuit que les travaux purement confortatifs ne tombent pas sous le coup de l'interdiction édictée à l'article L. 121-16 du code de l'urbanisme.

Comme l'indique une réponse ministérielle en s'appuyant sur cette jurisprudence, « des travaux confortatifs sur les bâtiments sinistrés peuvent être autorisés dans la bande des 100 mètres, à la condition que l'on ne soit pas en présence d'un bâtiment totalement détruit, ne subsistant plus qu'à l'état de ruine »[8].

122.553 Aménagement d'un mur existant. Le simple aménagement d'un mur existant ne tombe pas sous le coup de l'article L. 121-16 du code de l'urbanisme[9].

122.554 Aménagement de chemins piétonniers et d'espaces verts. Les aménagements de chemins piétonniers ou d'espaces verts ne constituent pas des « constructions ou installations » au sens des dispositions de l'article L. 121-16[10].

122.555 Aménagements paysagers. Selon une réponse ministérielle : « Des aménagements paysagers peuvent être autorisés dans la bande littorale de cent mètres, en particulier lorsqu'ils s'insèrent dans une démarche d'entretien et de mise en valeur de ces espaces littoraux. Les dispositions [...] du code de l'urbanisme ne font donc pas obstacle à la réalisation d'un jardin d'agrément dans la mesure où les règles du plan local d'urbanisme sont respectées »[11].

B.
Exceptions au principe d'interdiction des constructions en dehors des espaces urbanisés

1°
Exception principale : activités exigeant la proximité immédiate de l'eau

122.561 Dérogation à l'inconstructibilité. L'interdiction de construire dans la bande littorale

1. CE 21 mai 2008, *Min. Transports, Équipement, Tourisme et Mer c/Assoc. pour le libre accès aux plages et la défense du littoral et Rousseau*, req. nº 297744, *Lebon T.* ; *BJDU* 2008. 175, concl. Y. Aguila.
2. CE 21 mai 2008, *Min. Transports, Équipement, Tourisme et Mer c/Assoc. pour le libre accès aux plages et la défense du littoral et Rousseau*, req. nº 297744, *Lebon T.* ; *BJDU* 2008. 175, concl. Y. Aguila – DANS LE MÊME SENS : CAA Nantes, 12 oct. 2016, *Morvan*, req. nº 15NT01033, NP.
3. CAA Nantes, 13 nov. 2001, *Grandcamp Maisy (Cne)*, req. nº 00NT01526, NP.
4. CAA Douai, 30 nov. 2006, *Préfet du Nord c/Cté urbaine de Dunkerque*, req. nº 06DA00629, NP.
5. CE 12 oct. 2016, *Kerwer*, req. nº 387308, *Lebon.*
6. C. urb., art. L. 121-18.
7. CE, sect., 30 sept. 1988, *Martres*, req. nº 70904, *Lebon.*
8. Rép. min. nº 31116 ; *JOAN Q* 29 janv. 1996, p. 525.
9. Civ. 3e, 7 juin 2011, nº 10-21.221, NP : arrêt concernant un rehaussement de 80 centimètres qui était nécessaire (pour équilibrer les deux pentes du toit) et n'a pas créé de surface de plancher supplémentaire.
10. CAA Lyon, 27 févr. 2001, *Bianco*, req. nº 95LY01244, NP.
11. Rép. min. nº 49242, *JOAN Q* 20 sept. 2005, p. 8815.

« ne s'applique pas aux constructions ou installations nécessaires à des services publics ou à des activités économiques exigeant la proximité immédiate de l'eau »[1].

a.
Activités considérées comme exigeant la proximité immédiate de l'eau

122.571 Bâtiments nécessaires à des activités économiques. Dans la jurisprudence, ont été regardés comme exigeant la proximité immédiate de l'eau (et par conséquent, pouvant être implantés ou réalisés dans la bande littorale des 100 mètres) :

– un atelier de mareyage (qui a pour fonction le stockage et la découpe des poissons ayant été pêchés, avant leur expédition)[2] ;

– une ferme aquacole[3] ;

– un établissement conchylicole destiné principalement à l'expédition de coquillages vivants et non à leur conservation ou leur traitement (« la proximité immédiate de l'eau est nécessaire à cette activité économique notamment pour des raisons sanitaires »)[4].

122.572 Bâtiments nécessaires à des services publics. Dans la jurisprudence, ont été regardés comme exigeant la proximité immédiate de l'eau (et par conséquent, pouvant être implantés ou réalisés dans la bande littorale des 100 mètres) :

– des sanitaires publics et des objets mobiliers destinés à l'accueil du public dans les casemates existantes[5] ;

– un local secours-sanitaire en bordure du lac d'Annecy[6] ;

– diverses installations destinées aux loisirs nautiques (« slip way » ou cale en pente douce, tour de vigie, bâtiment des sanitaires et vestiaires de la base de planche à voile)[7].

122.573 Jonctions et canalisations. Les jonctions et canalisations sont expressément considérées, par l'article L. 121-17, comme des installations exigeant la proximité immédiate de l'eau.

De façon explicite, le deuxième alinéa de l'article L. 121-17 prévoit que : « La dérogation prévue au premier alinéa est notamment applicable, dans les communes riveraines des mers, des océans, des estuaires et des deltas mentionnées à l'article L. 321-2 du code de l'environnement, à l'atterrage des canalisations et à leurs jonctions, lorsque ces canalisations et jonctions sont nécessaires à l'exercice des missions de service public définies à l'article L. 121-4 du code de l'énergie ou à l'établissement des réseaux ouverts au public de communications électroniques ».

Dans l'objectif de limiter leur impact écologique, il ajoute : « Les techniques utilisées pour la réalisation de ces ouvrages sont souterraines et toujours celles de moindre impact environnemental. L'autorisation d'occupation du domaine public ou, à défaut, l'approbation des projets de construction des ouvrages mentionnée au 1° de l'article L. 323-11 du code de l'énergie est refusée si les canalisations ou leurs jonctions ne respectent pas les conditions prévues au présent alinéa. L'autorisation ou l'approbation peut comporter des prescriptions destinées à réduire l'impact environnemental des canalisations et de leurs jonctions ».

122.574 Interdiction des changements de destination (non conformes à un usage nécessitant la proximité immédiate de l'eau). Les constructions et installations entrant dans le champ d'application de l'exception prévue au premier alinéa de l'article L. 121-17 n'en bénéficient qu'eu égard à leur destination (activité économique ou service public exigeant la proximité immédiate de l'eau). Il en résulte que l'autorisation est délivrée en conséquence de cet usage ; elle ne permet pas l'utilisation ultérieure du bâtiment à une autre fin, notamment la transformation de celui-ci en logement.

Seul est possible un changement de destination qui continue de relever des exceptions prévues (activité économique ou service public exigeant la proximité immédiate de l'eau). Ainsi que l'affirme le Conseil d'État, « des changements de destination ne sont possibles que dans le cadre de l'exception ci-dessus rappelée »[8]. Par suite, une cour ne commet pas d'erreur en estimant que le PLU pouvait autoriser le réaménagement des casemates « pour une utilisation à caractère public ou liée à une activité primaire », dès lors que la nouvelle affectation de ces constructions correspond à des services publics ou à des activités économiques exigeant la proximité immédiate de l'eau[9].

1. C. urb., art. L. 121-17, al. 1er.
2. CE 23 juill. 1993, *Plouguerneau (Cne)*, req. n° 127513, NP ; *BJDU* 1994. 3, concl. M. Pochard.
3. CE 11 févr. 2004, *SA France Travaux*, req. n° 212855, *Lebon T. ; BJDU* 2004. 35, concl. D. Chauvaux.
4. CAA Bordeaux, 24 avr. 2003, *Angoulins-sur-Mer (Cne)*, req. n° 99BX00960, NP ; *BJDU* 2004. 72.
5. CE 8 oct. 2008, *Baboeuf*, req. n° 293469, *Lebon T.* : arrêt précisant que « que les impératifs de sécurité et de santé publique liés à une fréquentation estivale importante des plages peuvent requérir l'implantation d'installations nécessaires au public ; que dans le cas d'aménagement de constructions existantes, de telles installations peuvent être regardées comme nécessaires à des services publics exigeant la proximité immédiate de l'eau [...] ».
6. CAA Lyon, 27 févr. 2001, *Bianco*, req. n° 95LY01244, NP.
7. CAA Lyon, 27 févr. 2001, *Bianco*, req. n° 95LY01244, NP.
8. CE 8 oct. 2008, *Baboeuf*, req. n° 293469, *Lebon T.*
9. CE 8 oct. 2008, *Baboeuf*, req. n° 293469, *Lebon T.*

b.
Activités non considérées comme exigeant la proximité immédiate de l'eau

122.581 **Illustrations.** N'ont pas été regardés comme exigeant la proximité immédiate de l'eau :

- un centre de thalassothérapie (il « ne saurait être regardé, eu égard aux possibilités de la technique, comme une installation exigeant, impérativement, la proximité immédiate de l'eau ») [1] ;
- un bar-restaurant (qui « n'est pas nécessaire à des activités économiques exigeant la proximité immédiate de l'eau », et « ne saurait non plus être regardée comme nécessaire à des services publics exigeant la proximité immédiate de l'eau nonobstant les obligations mises par la commune à la charge de [la requérante] pour favoriser la sécurité des baigneurs ») [2] ;
- les éoliennes [3] ;
- la création de deux parkings, dont l'un est situé à côté d'une base de planches à voile et de dériveurs (si cette base nautique « nécessite une aire de déchargement et de retournement, elle n'implique pas la présence à proximité immédiate d'une aire de stationnement » ; « de même un parking n'a pas à être situé nécessairement à moins de 100 mètres de l'accès à la promenade piétonnière ») [4] ;
- un restaurant (« une telle construction n'est pas nécessaire à des activités économiques exigeant la proximité immédiate de l'eau » ; « elle ne saurait non plus être regardée comme nécessaire à des services publics exigeant la proximité immédiate de l'eau, nonobstant les possibilités d'approvisionnement en denrées et en matériel d'accastillage offertes aux plaisanciers ») [5].

c.
Réalisation d'une enquête publique

122.591 **Enquête publique préalable.** La réalisation des constructions, installations, canalisations et jonctions mentionnées à l'article L. 121-17 est soumise à enquête publique réalisée dans les conditions posées au chapitre III du titre II du livre Ier du code de l'environnement [6].

La construction ou l'installation ne peut bénéficier d'un permis de construire tacite dès lors que la procédure d'instruction prévoit la mise en œuvre d'une telle enquête [7]. Il en résulte que le silence de l'administration sur la demande vaut rejet tacite de celle-ci.

2°
Autres exceptions

a.
Stations d'épuration et ouvrages nécessaires à des activités d'intérêt général

122.601 **Exception générale.** Le code prévoit des exceptions spécifiques pour l'implantation de stations d'épuration [8] et la construction d'ouvrages ou installations nécessaires à des activités d'intérêt général [9]. Ces exceptions ne sont pas propres à la bande des 100 mètres (elles concernent également les espaces proches du rivage et, plus largement, tout le territoire des communes littorales). Néanmoins, c'est relativement à la bande littorale qu'elles ont spécialement été conçues et reçoivent le plus grand nombre d'applications.

b.
Schéma d'aménagement des plages autorisant le maintien ou la reconstruction de bâtiments antérieurs à 1986

122.610 **Renvoi.** Le schéma d'aménagement de plage peut, à titre dérogatoire, autoriser le maintien ou la reconstruction d'une partie des équipements ou constructions existants à l'intérieur de la bande littorale dès lors que ceux-ci sont de nature à permettre de concilier les objectifs de préservation de l'environnement et d'organisation de la fréquentation touristique [10].

c.
Aménagements légers et constructions non permanentes en Corse

122.621 **PADDUC.** En Corse, le PADDUC peut, par une délibération particulière et motivée de l'Assemblée de Corse, « déterminer », en tenant compte de la fréquentation touristique de certains sites et de la préservation de l'environnement, « les espaces situés dans la bande littorale [...] dans lesquels peuvent être autorisés », indépendamment des dérogations prévues à l'article L. 121-17 du même code et « dans les conditions que le plan précise », « des aménagements légers et des constructions non permanentes destinés à l'accueil du public », « à l'exclusion de

1. TA Nice, 17 déc. 1987, *Mouvement niçois pour la défense des sites*, req. n° 1452/87/II, NP.
2. CE 9 oct. 1996, *Union départementale Vie et Nature 83*, req. n° 161555, *Lebon T.*
3. Circ. 10 sept. 2003 relative à la promotion de l'énergie éolienne terrestre, NOR : DEVD0320347C, § 3.3.8, b.
4. CAA Lyon, 27 févr. 2001, *Bianco*, req. n° 95LY01244, NP.
5. CAA Marseille, 8 sept. 2005, *Cargèse (Cne)*, req. n° 02MA00145, NP : à propos d'un projet de crêperie sur le terre-plein du port de plaisance.
6. C. urb., art. L. 121-17, al. 3.
7. C. urb., art. R. 424-2 – CE 11 févr. 2004, *SA France Travaux*, req. n° 212855, *Lebon T. ; BJDU* 2004. 35, concl. D. Chauvaux.
8. V. ss nos 124.31 s.
9. V. ss nos 124.21 s.
10. V. ss n° 126.243.

toute forme d'hébergement », « dans le respect des paysages et des caractéristiques propres à ces sites »[1].

d. Reconstruction à l'identique

122.631 Reconstruction d'un bâtiment détruit ou démoli. Il était considéré traditionnellement que si un bâtiment atteint l'état de ruine du fait d'un abandon ou du fait d'un sinistre, sa reconstruction ne peut pas être autorisée s'il se trouve dans la bande littorale[2]. L'article L. 111-15 du code de l'urbanisme a remis en cause cette solution[3] puisqu'il autorise la reconstruction à l'identique d'un bâtiment détruit ou démoli « nonobstant toute disposition d'urbanisme contraire »[4].

3° Absence d'autres exceptions

122.641 Caractère limitatif des exceptions admises. Le principe d'interdiction énoncé à l'article L. 121-16 du code de l'urbanisme ne connaît d'autres exceptions que celles limitativement mentionnées par le code.

Ainsi que le souligne une cour administrative d'appel, il ressort de la comparaison entre le régime prévu dans les espaces proches du rivage et celui défini relativement à la bande littorale « que si le législateur a prévu, dans les conditions de fond et de procédure qu'il a définies une possibilité d'extension de l'urbanisation des espaces proches du rivage, il a en revanche, s'agissant de la bande littorale de cent mètres à compter de la limite haute du rivage, interdit, sous réserve des exceptions limitativement énumérées, les constructions et installations en dehors des espaces en fait urbanisés »[5].

122.642 Absence de construction en dehors des exceptions admises. Faute de relever des exceptions limitativement énumérées, ne sont pas de nature à rendre possible une construction les circonstances suivantes :

- le terrain d'assiette du projet est inclus dans un secteur dont l'urbanisation a été autorisée par le préfet[6] ;
- le terrain d'assiette du projet est classé par le POS en zone urbanisable[7] ;
- le schéma d'aménagement de la Corse (ancêtre du PADDUC) place la zone où est situé le projet de création d'un complexe touristique dans une aire de station touristique[8] ;
- des voisins sont intervenus au soutien du bénéficiaire du permis[9] ;
- des constructions en situation analogue auraient été autorisées[10].

C. Obligation de préserver le libre accès du public au rivage

122.651 Maintenir l'accès au rivage. Les opérations d'aménagement admises à proximité du rivage « organisent ou préservent le libre accès du public à celui-ci »[11].

Ces dispositions n'ont pas pour effet ni pour but de constituer au profit des particuliers riverains du rivage, un droit acquis d'accès à celui-ci[12].

Dans le cas où un projet qui autorise la réalisation d'équipements dans un camping n'a par lui-même aucune incidence sur les conditions de desserte publique de la plage située à proximité et qu'ils ne feront pas obstacle ni ne gêneront l'accès public au plan d'eau, le pétitionnaire n'était pas tenu de prévoir, dans sa demande, comment organiser et préserver l'accès à la plage[13].

1. CGCT, art. L. 4424-12, II.
2. CAA Nantes, 11 juin 1997, *Riou*, req. n° 95NT00526, NP – Rép. min. n° 31116, *JOAN Q* 29 janv. 1996, p. 525.
3. Rép. min. n° 49243 ; *JOAN Q* 4 oct. 2005, p. 9294.
4. V. s[s] n°s 113.281 s.
5. CAA Lyon, 29 juin 1993, *Préfet de la Haute-Corse*, req. n° 92LY01477, *Lebon* 460.
6. CAA Lyon, 29 juin 1993, *Préfet de la Haute-Corse*, req. n° 92LY01477.
7. CE 29 déc. 1993, *Le Gall*, req. n° 132481, NP ; *BJDU* 1994. 16, concl. S. Fratacci.
8. CAA Lyon, 29 juin 1993, *Préfet de la Haute-Corse*, req. n° 92LY01477.
9. CE 29 déc. 1993, *Le Gall*, req. n° 132481, NP ; *BJDU* 1994. 16, concl. S. Fratacci.
10. CE 29 déc. 1993, *Le Gall*, req. n° 132481.
11. C. urb., art. L. 121-7.
12. TA Grenoble, 7 avr. 1995, *Banet*, req. n° 913235, NP.
13. TA Pau, 26 janv. 2016, *Assoc. S[té] des amis de Navarrosse*, req. n° 1401876, NP.

CHAPITRE

123. Préservation des espaces remarquables du littoral

SECTION 0 ORIENTEUR

123.00 Sommaire du chapitre.

123.01 **Textes applicables.**

• **C. urb.**

art. L. 121-23 s.

art. R. 121-4 s.

123.02 **Jurisprudence de référence.**

> Le caractère remarquable du site résulte de ses caractéristiques propres ; les classements ne constituent que des indices de sa qualité environnementale

• **CE 20 mai 2011,** *Cté d'agglo. du lac du Bourget*, req. nº 325552, *Lebon*.

> La protection instituée implique par elle-même l'inconstructibilité des espaces caractéristiques du littoral

• **CE 27 septembre 2006,** *Le Lavandou (Cne)*, req. nº 275922, *Lebon T.*

123.03 **Bibliographie indicative.**

Encyclopédie. *DP constr.-urb.*, ét. : « Littoral » – *J.-Cl. Constr.-Urb.*, fasc. 9-10 : « Loi littoral.– Règles d'aménagement et de protection », par H. Coulombié et Th. Gilliocq, déc. 2014.

Monographies. O. Sut, *La loi Littoral : décryptage du volet urbanisme au travers des décisions du juge administratif*, « Les indispensables », Berger Levraut, 2021 – J.-F. Struillou et N. Huten (dir.), *Le juge administratif, le littoral et la mer après la loi Élan*, LexisNexis, 2021 – J.-L. Pissaloux et A. Rainaud, *Les trente ans de la loi Littoral*, L'Harmattan, 2017.

Articles. R. Hostiou, « Espaces remarquables du littoral : le changement dans la continuité », *AJDA* 2005. 370 – R. Léost, « Les aménagements légers des espaces remarquables du littoral – entre clarification et régression », *AJDA* 2020. 337.

123.04 **Questions essentielles.**

> À quoi correspondent les « espaces remarquables » ?

* V. ss nos 123.11 s.

> Quels projets et opérations sont autorisés dans les espaces remarquables ?

* V. ss nos 123.141 s.

123.05 **Des règles protectrices de l'environnement directement opposables.** Les articles L. 121-23 et suivants du code de l'urbanisme, directement opposables aux documents et aux décisions d'urbanisme, fixent un régime protecteur des espaces remarquables ou caractéristiques du patrimoine naturel et culturel.

SECTION 1

Identification des espaces remarquables

§ 1

Notion d'espaces remarquables

A.

Définition textuelle

123.11 **Définition législative des espaces remarquables.** Le premier alinéa de l'article L. 121-23 du code de l'urbanisme soumet au régime protecteur qu'il édicte :

– d'une part « les espaces terrestres et marins, sites et paysages remarquables ou caractéristiques du patrimoine naturel et culturel du littoral » ;

– d'autre part « les milieux nécessaires au maintien des équilibres biologiques ».

L'article R. 121-24 y ajoute les sites ou paysages qui « présentent un intérêt écologique »[1].

La présence de l'un de ces trois espaces suffit pour que s'applique le régime de sauvegarde prévu par l'article L. 121-23[2]. La circonstance que le territoire concerné relève de deux d'entre d'eux, voire des trois, ne fait que renforcer la nécessité de l'appliquer[3].

123.12 **Liste réglementaire d'espaces remarquables.** Le second alinéa de l'article L. 121-23 du code de l'urbanisme prévoit : « Un décret fixe la liste des espaces et milieux à préserver, [...] en fonction de l'intérêt écologique qu'ils présentent »[4].

1. V. ss nº 123.12.
2. CAA Lyon, 24 oct. 1995, *Sté Rest AG*, req. nº 94LY00913, NP : la qualification de la parcelle d'assiette comme appartenant à un paysage caractéristique du patrimoine naturel du littoral méditerranéen suffit à emporter l'application du régime défini par l'article L. 121-23 « sans qu'il y ait lieu de rechercher si elle constitue également un milieu nécessaire au maintien des équilibres biologiques et présente un intérêt écologique ».
3. PAR EX. : CE 25 nov. 1998, *Grimaud (Cne)*, req. nº 168029, *Lebon T. ; BJDU* 1999. 15, concl. C. Maugüé : l'arrêt souligne que le secteur concerné est constitué du massif des Maures, « site remarquable dominant le rivage de la mer, ainsi que de milieux présentant un intérêt écologique pour la faune et la flore ; qu'ainsi, ces espaces sont au nombre de ceux dont l'article L. [121-23] du code de l'urbanisme exige la préservation ».
4. Encadrant le renvoi au pouvoir réglementaire, cet alinéa précise que la liste établie par décret devra notamment comprendre « les dunes et les landes côtières, les plages et lidos, les forêts et zones boisées côtières, les îlots inhabités, les parties naturelles des estuaires, des rias ou abers et des caps, les marais, les vasières, les zones humides et milieux temporairement immergés ainsi que les zones de repos, de nidification et de gagnage de l'avifaune désignée par la directive 79/409 CEE du 2 avril 1979 concernant la conservation des oiseaux sauvages ».

La liste figure à l'article R. 121-4 du code de l'urbanisme, prévoyant que « sont préservés, dès lors qu'ils constituent un site ou un paysage remarquable ou caractéristique du patrimoine naturel et culturel du littoral et sont nécessaires au maintien des équilibres biologiques ou présentent un intérêt écologique », les huit catégories d'espaces qu'il mentionne :

- les dunes, les landes côtières, les plages et les lidos, les estrans, les falaises et les abords de celles-ci (1°) ;
- les forêts et zones boisées proches du rivage (2°) ;
- les îlots inhabités (3°) ;
- les parties naturelles des estuaires, des rias ou abers et des caps (4°) ;
- les marais, les vasières, les tourbières, les plans d'eau, les zones humides et milieux temporairement immergés (5°) ;
- les milieux abritant des concentrations naturelles d'espèces animales ou végétales telles que les herbiers, les frayères, les nourriceries et les gisements naturels de coquillages vivants, ainsi que les espaces délimités pour conserver les espèces en application de l'article L. 411-2 du code de l'environnement et les zones de repos, de nidification et de gagnage de l'avifaune désignée par la directive 2009/147/CE concernant la conservation des oiseaux sauvages (6°) ;
- les parties naturelles des sites inscrits ou classés en application des articles L. 341-1 et L. 341-2 du code de l'environnement, des parcs nationaux créés en application de l'article L. 331-1 du code de l'environnement et des réserves naturelles instituées en application de l'article L. 332-1 du code de l'environnement (7°) ;
- les formations géologiques telles que les gisements de minéraux ou de fossiles, les stratotypes, les grottes ou les accidents géologiques remarquables (8°).

123.13 Une liste réglementaire non limitative. La jurisprudence considère que la liste mentionnée à l'article R. 121-4 du code de l'urbanisme ne présente pas un caractère limitatif. Par exemple, cet article ne vise que les « estrans » sans évoquer les abords de ceux-ci : l'absence de mention de ces abords n'empêche pas de considérer, dans un cas d'espèce, que la côte qui les borde doit elle aussi être considérée comme un espace remarquable[1].

123.14 Exigence d'être caractéristique d'un espace remarquable. Il ressort de la rédaction de l'article R. 121-4 qu'il ne suffit pas qu'une parcelle ou un secteur relève de l'une des huit catégories que cet article mentionne pour entrer dans son champ d'application. Pour être soumis à son régime, il faut encore qu'il constitue un site ou un paysage remarquable ou caractéristique du patrimoine naturel et culturel du littoral et soit nécessaire au maintien des équilibres biologiques ou présente un intérêt écologique[2].

B. Précisions jurisprudentielles

1° Incidence de l'urbanisation partielle d'un site

123.21 La partie urbanisée du site ne peut être considérée comme un espace naturel. Un site partiellement urbanisé ne peut pas être considéré, pour sa partie urbanisée, comme un espace naturel à protéger[3]. Seule sa partie non urbanisée pourra, le cas échéant, être considérée comme constituant un tel espace.

123.22 Constructions irrégulières. Les constructions dont le permis de construire a été annulé et qui n'ont pas fait l'objet d'une régularisation ne doivent pas être prises en compte pour apprécier le caractère urbanisé ou naturel de la zone d'implantation[4].

1. CAA Nantes, 24 nov. 1994, *Jacob et Monchoix*, req. n° 93NT00416, *Lebon* 670 ; Quot jur. 11 mai 1995, n° 38, p. 7 ; *BJDU* 1995. 120 : « Considérant, en second lieu, que l'estran de Pommelin, qui constitue un espace naturel où vivent une grande variété d'animaux marins et d'oiseaux et où se développent des activités d'aquaculture, serait mis en danger par l'urbanisation de la partie de la côte qui le borde ; que cette partie de la côte, d'où l'on découvre l'ensemble de la baie de Pommelin, présente un grand intérêt paysager ; qu'en conséquence et compte tenu de la configuration des lieux, cette zone doit être protégée sur une profondeur d'environ 150 mètres ; que, par suite, l'ensemble formé par cet espace de terre et l'estran de Pommelin doit être regardé comme un site remarquable au sens des dispositions des articles [L. 121-23] et [R. 121-4] du code de l'urbanisme ».
2. VOIR de façon particulièrement nette : CAA Marseille, 3 avr. 2015, *Assoc. de défense de l'environnement de Bormes et du Lavandou*, req. n° 13MA00684, NP : « Considérant que si les deux parcelles assiettes des villas étaient boisées, elles font partie [...] d'un lotissement et ne constituent pas en elle-même un site ou un paysage remarquable ou caractéristique du patrimoine naturel et culturel du littoral ; qu'il n'est pas justifié de ce que ces deux parcelles seraient nécessaires au maintien des équilibres biologiques ou présenteraient un intérêt écologique, quand bien même le rivage abriterait à cet endroit une espèce végétale protégée ; que les moyens tirés de la méconnaissance des dispositions de l'article [L. 121-23] du code de l'urbanisme doivent être écartés » ; – DANS LE MÊME SENS : CAA Bordeaux, 28 oct. 1999, *Assoc. des cinq cantons La Barre et Assoc. pays basque écologie*, req. n° 96BX00112, NP ; *BJDU* 1999. 399.
3. CE 25 nov. 1998, *Grimaud (Cne)*, req. n° 168029, *Lebon T. ; BJDU* 1999. 15, concl. C. Maugüé : arrêt indiquant « qu'il ressort des pièces du dossier que la ZAC des Restanques, située dans le périmètre de la révision partielle contestée, qui a été créée et confiée à un aménageur antérieurement aux délibérations attaquées, est, pour partie, urbanisée ; que, par conséquent, dans sa partie urbanisée, elle ne constitue pas un espace naturel à protéger au sens des dispositions de l'article L. [121-23] du code de l'urbanisme ».
4. CE 27 sept. 2006, *Le Lavandou (Cne)*, req. n° 275922, *Lebon T. ; BJDU* 2007. 40, concl. C. Devys ; *Dr. env.* 2006, n° 144, p. 369, note L. Bordereaux.

Un tribunal a également considéré que ne devaient pas être prises en compte les constructions précaires de type « bidonville » implantées sans droit ni titre en bordure d'une plage remarquable faisant partie du domaine public, sans autorisation d'urbanisme et alors que le projet de réalisation de la plage prévoit leur entière démolition[1].

123.23 Constructions insuffisantes pour remettre en cause le caractère naturel d'un site. N'est pas de nature à remettre en cause le caractère naturel du site :

– la présence de quelques maisons anciennes intégrées dans la végétation et implantées de manière très dispersée sur de grands domaines[2] ;

– la circonstance que des travaux de terrassement importants aient été réalisés lors de l'aménagement d'une piste de moto-cross[3] ;

– la proximité de quelques constructions, et la desserte du secteur par les différents réseaux publics[4].

123.24 Constructions dont le nombre et la densité font obstacle à la reconnaissance comme espace remarquable. Ne caractérisent pas un secteur remarquable :

– des parcelles séparées du rivage par une route côtière et par un ensemble de constructions de type pavillonnaire, enserrées dans une zone totalement urbanisée, alors même que la zone naturelle dont elles font partie constituerait une ouverture, au demeurant réduite, sur la mer[5] ;

– un lotissement ancien, autorisé dès 1949 et dont tous les lots sont actuellement construits, même si la répartition relativement aérée des villas dans le lotissement et l'ancienneté de cette opération d'urbanisation a permis le maintien ou la reconstitution d'un environnement végétal de qualité[6] ;

– des parcelles séparées des marais par des terrains accueillant des équipements publics, des parcs de stationnement et des concessions automobiles, ne constituant pas elles-mêmes une zone de marais, n'accueillant aucune espèce protégée et ne faisant pas partie de la zone naturelle d'intérêt écologique, faunistique et floristique (ZNIEFF) des marais[7].

2° Incidence des classements opérés par l'autorité administrative

a. Principe : classement ayant la valeur d'un indice

123.31 Un indice. Le caractère remarquable du site « résulte de ses caractéristiques propres » ; il ne dépend pas de classements opérés par l'autorité administrative, qui « constituent de simples indices de la qualité environnementale d'un site »[8].

123.32 Absence de nécessité d'un classement. Le classement d'un site par l'autorité administrative n'est pas nécessaire à sa reconnaissance comme espace remarquable. Il en résulte deux conséquences.

D'une part, l'absence de classement d'un espace boisé dans un document d'urbanisme (dans le cas présent le schéma d'aménagement de la Corse) ne fait pas obstacle à ce qu'il soit regardé comme un espace remarquable[9].

D'autre part, le déclassement d'un site par l'autorité administrative ne lui ôte pas *ipso facto* sa qualité d'espace remarquable[10].

123.33 Classement favorisant la reconnaissance. Le classement d'un site par l'autorité administrative favorise sa reconnaissance comme espace remarquable.

Pour autant, il n'emporte pas *ipso facto* la reconnaissance comme espace remarquable et par conséquent, ne supprime pas la nécessité de porter une appréciation sur les caractéristiques mêmes du site pour retenir ou non cette qualification. Ainsi, une cour ne commet qui prend « en compte l'intégration du terrain dans les deux zones naturelles d'intérêt écologique, faunistique et floristique et son inscription aux sites Natura 2000 » ne commet pas d'erreur de droit dès lors qu'« elle a fondé son appréciation, ainsi qu'il ressort de la motivation de l'arrêt, sur l'intérêt écologique de la zone et ses caractéristiques propres au regard des critères définissant les espaces remarquables, pour en déduire que le terrain litigieux était inclus dans des zones qui constituent des espaces remarquables devant bénéficier de la pro-

1. TA Nice, 23 déc. 1996, *Assoc. « Vivre dans la presqu'île de Saint-Tropez » et autres c/Ramatuelle (Cne)*, req. n° 94-3088, NP ; *BJDU* 1998. 2, concl. M.-C. Mehl-Schouder.
2. CAA Lyon, 24 oct. 1995, *Sté Rest AG*, req. n° 94LY00913, NP.
3. CAA Bordeaux, 18 nov. 1999, *ASALDEN*, req. n° 96BX00491, NP.
4. CAA Nantes, 30 déc. 2009, *Guérande (Cne)*, req. n° 08NT02583, NP ; *Envir.* 2010, n° 81, obs. F. Sousse ; *BJDU* 2010. 317, chron. É. Carpentier : arrêt concernant les marais salants de Guérande.
5. CAA Nantes, 8 déc. 2001, *de La Motte*, req. n° 00NT01238, NP ; *BJDU* 2002. 152 : annulation du classement en zone N.
6. CAA Lyon, 6 juin 2000, *Hyères-les-Palmiers (Cne)*, req. n° 95LY00062, NP : absence de violation de l'article L. 121-23.
7. CE 28 nov. 2011, *Assoc. pour la protection du littoral rochelais*, req. n° 329461, NP.
8. CE 20 mai 2011, *Cté d'agglo. du lac du Bourget*, req. n° 325552, *Lebon* ; *BJDU* 2011. 362, concl. M. Guyomar ; *Dr. adm.* août-sept. 2011, n° 8-8, p. 80, note Ch. Roux ; *JCP Adm.* 2011, n° 2297, note F. Dunyach et A. Izembard.
9. CAA Lyon, 19 avr. 1994, *Préfet de la Corse du Sud*, req. n° 93LY01262, *Lebon T.*
10. CE 20 mai 2011, *Cté d'agglo. du lac du Bourget*, req. n° 325552, *Lebon* ; *BJDU* 2011. 362, concl. M. Guyomar ; *Dr. adm.* août-sept. 2011, n° 8-8, p. 80, note Ch. Roux ; *JCP Adm.* 2011, n° 2297, note F. Dunyach et A. Izembard.

tection prévue par les dispositions précitées de l'article L. [121-23] »[1].

b.
Exception : classement emportant qualification d'espace remarquable par détermination de la loi

123.41 **Six classements.** Il résulte des termes de l'article R. 121-4 du code de l'urbanisme que certains classements opérés par l'autorité administrative emportent reconnaissance automatique de la qualification d'espace remarquable. Mentionnés aux points 6 et 7 de l'article R. 121-4, les classements concernés sont les suivants :

- espaces délimités pour conserver les espèces en application de l'article L. 411-2 du code de l'environnement (6°) ;
- zones de repos, de nidification et de gagnage de l'avifaune désignée par la directive 2009/147/CE du Parlement européen et du Conseil du 30 novembre 2009 concernant la conservation des oiseaux sauvages (6°) ;
- parties naturelles des sites inscrits ou classés en application des articles L. 341-1 et L. 341-2 du code de l'environnement (7°) ;
- parcs nationaux créés en application de l'article L. 331-1 du code de l'environnement (7°) ;
- réserves naturelles instituées en application de l'article L. 332-1 du code de l'environnement (7°).

123.42 **Classement suffisant pour la qualification.** Un secteur bénéficiant d'un ou plusieurs des classements mentionnés ci-dessus[2] est de plein droit considéré comme un espace remarquable, sans qu'il y ait lieu de porter une appréciation sur ses caractéristiques propres.

Ainsi, le juge peut affirmer « qu'eu égard aux différentes protections applicables au territoire de la commune de Saint-Jean-Cap-Ferrat, notamment les classements résultant de l'arrêté interministériel du 30 juin 1972 et du décret du 15 juillet 1975, pris en application de la loi du 2 mai 1930 modifiée, les dispositions susrappelées du code de l'urbanisme s'appliquaient au lieu-dit "La Carrière" où a été réservé un emplacement afin de réaliser une aire de jeux et de sport »[3].

123.43 **Cas des espaces naturels des sites inscrits ou classés.** La présomption de caractère remarquable établie par le point 7° de l'article R. 121-4 au profit des sites inscrits ou classés ne concerne que les « espaces naturels » qui s'y trouvent. Aussi, lorsqu'un terrain se trouve situé dans un site inscrit ou classé, il revient de déterminer s'il constitue ou non un espace naturel. Si tel est le cas, la présomption s'applique. Dans le cas contraire celle-ci ne joue pas.

Le juge de cassation s'assure que le juge du fond a opéré cette appréciation. Dans un arrêt concernant la commune de Ramatuelle, il relève « que, pour déterminer si la plage de Pampelonne constituait une partie naturelle de ce site inscrit, la cour administrative d'appel a, contrairement à ce que soutiennent les requérants, recherché, tant sur la plage elle-même que dans son environnement immédiat, l'existence d'un certain degré d'urbanisation ou d'autres altérations liées à l'activité humaine ; qu'en estimant, au terme d'une appréciation souveraine, que l'existence d'un lotissement situé à l'arrière de la plage et de quelques bâtiments sur la plage elle-même ne pouvait suffire à ôter à cette dernière son caractère naturel, la cour administrative d'appel n'a pas dénaturé les faits de l'espèce ; que, sans commettre d'erreur de droit, elle a pu déduire de ce constat, dès lors que les parties naturelles des sites inscrits sont présumées constituer des sites ou paysages remarquables et que cette qualification présumée n'était en l'espèce pas contestée devant elle, que la plage de Pampelonne et son cordon dunaire constituaient l'un des espaces remarquables dont le législateur a entendu assurer la préservation »[4].

Il ressort du dernier segment de cet extrait (« cette qualification présumée n'était en l'espèce pas contestée ») que la présomption en cause présente un caractère simple. Elle peut être renversée s'il est établi qu'elle n'apparaît pas justifiée.

Outre l'arrêt précité relatif à la plage de Pampelonne, ont été regardés comme des « espaces naturels » (emportant leur reconnaissance comme espaces remarquables) :

- une plage du Var inscrite sur l'inventaire des sites pittoresques, qui est exempte de tout élément d'urbanisation, à l'exception du bâtiment de l'école de voile situé au fond de la plage[5] ;
- une parcelle, située dans un site inscrit de la presqu'île de Giens, qui se trouve détachée d'un lotissement et isolée du secteur pouvant être regardé comme urbanisé[6] ;

1. CE 3 sept. 2009, *Canet-en-Roussillon (Cne) et Seran*, req. n° 306298, *Lebon T. ; BJDU* 2010. 440, concl. R. Keller.
2. V. s[s] n° 123.41.
3. CE 20 oct. 1995, *Saint-Jean-Cap-Ferrat (Cne)*, req. n° 151282, *Lebon T. ; BJDU* 1995. 365, concl. S. Daël ; – DANS LE MÊME SENS, de façon plus implicite : CE 13 févr. 2009, *Cté de cnes du canton de Saint-Malo de la Lande*, req. n° 295885, *Lebon T. ; BJDU* 2009. 31, concl. E. Geffray.
4. CE 13 nov. 2002, *Ramatuelle (Cne), Min. Équipement, Transports, Logement, Tourisme et Mer*, req. n° 219034, *Lebon T.*
5. CE 12 mars 2007, *Min. Transports c/Assoc. Vivre dans la presqu'île de Saint-Tropez*, req. n° 289031, NP ; *BJDU* 2007. 346, concl. P. Collin ; *Dr. env.* mai 2007, p. 123, note L. Bordereaux.
6. TA Nice, 6 nov. 1997, *Anders c/Hyères (Cne), Préfet du Var*, req. n° 93-3196, NP ; *BJDU* 1998. 28, concl. A. Poujade.

– ou encore un secteur de la côte normande, inscrit à l'inventaire des sites pittoresques, dans une zone naturelle d'intérêt écologique, faunistique et floristique de type I, ainsi que dans une zone importante pour la conservation des oiseaux, en application de la directive du 2 avril 1979, situé dans une zone non urbanisée[1].

En revanche, faute de faire partie des espaces naturels d'un site classé, une parcelle ne peut être regardée du fait de ce seul classement comme figurant dans un espace remarquable[2].

Le juge peut valablement se fonder sur des critères relatifs au caractère urbanisé de la zone pour déterminer si la parcelle en cause est comprise dans la partie naturelle d'un site classé[3].

3°
Cas des espaces boisés

123.51 Deux conditions. Un espace boisé proche du rivage ne bénéficie de la protection résultant de l'article L. 121-23 du code de l'urbanisme qu'à deux conditions. Il doit :
- d'une part, se situer à proximité du rivage ;
- d'autre part, présenter un caractère remarquable.

123.52 Proximité avec le rivage. Ainsi que cela ressort du texte même de l'article R. 121-4 du code de l'urbanisme (point 2°), seules les forêts et zones boisées « proches du rivage » relèvent de son champ d'application et non pas toutes les forêts et zones boisées présentes sur le territoire communal[4].

Le critère de proximité avec le rivage, au sens de l'article R. 121-4, s'apprécie selon les mêmes modalités que pour la notion d'« espaces proches du rivage » utilisé à l'article L. 121-13[5].

123.53 Caractère remarquable. Les forêts et zones boisées proches du rivage ne relèvent du régime de protection prévu par l'article L. 121-23 que si elles présentent un caractère remarquable.

Tel est le cas, par exemple, d'un vaste espace naturel surplombant le littoral rocheux de la commune qui est occupé sur près de 300 ha par un peuplement de genévriers de Phénicie, cette juniperaie constituant, en raison de sa superficie, de la densité, la taille et la forme des arbres qui la composent, l'un des ensembles les plus représentatifs de ce type de végétation méditerranéenne en Corse[6].

Tel n'est pas le cas, en revanche, d'un secteur qui, « eu égard à la configuration des lieux, aux caractéristiques de la végétation du secteur et aux constructions déjà implantées à proximité », ne peut être regardé « comme inséré au sein d'une zone boisée constituant un site ou un paysage remarquable ou caractéristique du patrimoine naturel du littoral au sens des dispositions précitées »[7].

123.54 Site endommagé par un incendie. La circonstance qu'une zone située sur un contrefort du massif des Maures et recouverte de chênes lièges et d'une végétation typique de la flore méditerranéenne a été gravement endommagée par un incendie n'est pas de nature à lui faire perdre son caractère de zone boisée à préserver au sens des dispositions des articles L. 121-23 et R. 121-4 du code de l'urbanisme[8].

1. CE 6 nov. 2006, *C^té^ de cnes du Pays de Honfleur*, req. n° 282539, NP ; *BJDU* 2006. 419 : cour ayant pu se fonder sur cette seule circonstance pour en inférer la qualité d'espace remarquable.
2. CAA Nantes, 4 mai 1994, *Crozon (C^ne^)*, req. n° 92NT00675, *Lebon T. ; BJDU* 1994. 3, concl. H. Isaïa ; *LPA* 20 juill. 1994, p. 4, concl. : cour soulignant « que cette parcelle, qui jouxte un terrain déjà construit et une voie publique aménagée, et qui se trouve dans un secteur où, dans un rayon de moins de 200 mètres, sont implantées plus d'une dizaine de constructions, se situe, par suite, dans la partie urbanisée du village de Kerroux ; que, dans ces conditions, et alors même que ce village est inclus dans le périmètre du site du Cap de la Chèvre classé en application de la loi du 2 mai 1930 modifiée, ladite parcelle n'est pas comprise dans la partie naturelle de ce site, au sens des dispositions précitées » ; – ARRÊT CONFIRMÉ PAR : CE 29 juin 1998, *Chouzenoux*, req. n° 160256, *Lebon T.* 1213.
3. CE 29 juin 1998, *Chouzenoux*, req. n° 160256, T. p. 1213.
4. CE 30 déc. 2009, *Le Lavandou (C^ne^)*, req. n° 307893, *Lebon ; Dr. env.* 2010, n° 178, note B. Cenno ; *JCP Adm.* 2010, n° 2191, note Ph. Billet.
5. V. s^s^ n°s 122.261 s. – CE 25 nov. 1998, *Grimaud (C^ne^)*, req. n° 168029, *Lebon T. ; BJDU* 1999. 15, concl. C. Maugüé : arrêt soulignant que le que le massif concerné constitue un site remarquable « dominant le rivage de la mer ». Dans ses conclusions, le commissaire du gouvernement Christine Maugüé indiquait : « La commune fait valoir que les zones boisées du secteur concerné par la révision du POS – il s'agit de zones boisées des contreforts du massif des Maures – ne peuvent être regardées comme des zones boisées proches du rivage dans la mesure où la majeure partie d'entre elles sont situées à plus d'un kilomètre du rivage – le point le plus éloigné se situe à 5 kms de la plage. Mais pour apprécier si des forêts et zones boisées sont proches du rivage de la mer, le seul critère de la distance par rapport au rivage ne suffit pas. Votre jurisprudence telle qu'elle s'est développée depuis votre décision de Section *Commune de Gassin* (12 févr. 1993, p. 26) a une approche empirique et tient compte d'une pluralité de critères : la visibilité appréciée depuis le rivage aussi bien que depuis l'intérieur des terres ; la distance ; le relief et la configuration particulière des lieux. En l'espèce, le secteur s'étend sur 16 kilomètres en longueur et sur 6 kilomètres en largeur ; ce secteur est très pentu et domine en grande partie la mer ; il est par conséquent visible tant depuis le rivage que depuis l'arrière-pays. Dans ces conditions, nous estimons que le secteur révisé doit être considéré comme proche du rivage au sens de la loi littoral ».
6. CAA Lyon, 19 avr. 1994, *Préfet de la Corse du Sud*, req. n° 93LY01262, *Lebon T.*
7. CAA Lyon, 18 oct. 1994, *S^té^ Adrien et Suto Celindano*, req. n° 93LY01275, NP ; – ÉGALEMENT : CE 14 janv. 1994, *Le Rayol-Canadel (C^ne^)*, req. n° 127025, *Lebon T.* 1229 : à propos de boisement de qualité variable.
8. CAA Lyon, 31 mai 1994, *SCI La Cascatelle*, req. n° 93LY01253, *Lebon T.*

123.55 Articulation avec le régime des espaces boisés classés. Les espaces boisés ne relevant pas du régime des espaces remarquables peuvent néanmoins être classés au titre des espaces boisés les plus significatifs[1].

4°
Terrain situé dans un lotissement

123.61 Divisibilité. Un lot d'un lotissement présentant les caractéristiques d'un espace remarquable doit être soumis au régime applicable à ces espaces, quand bien même il constitue le seul lot non construit du lotissement[2].

5°
Parcelles situées à proximité ou en continuité d'un espace remarquable

a.
Parcelles en continuité

123.71 Unité paysagère. Pour apprécier si les parcelles en cause présentent le caractère de site ou paysage remarquable à protéger, l'autorité compétente ne peut se fonder sur leur seule continuité avec un espace présentant un tel caractère, sans rechercher si elles constituent avec cet espace « une unité paysagère » justifiant dans son ensemble cette qualification de site ou paysage remarquable à préserver[3].

Cette qualification est par conséquent :
- exclue en l'absence d'unité paysagère[4] ;
- retenue en présence d'une unité paysagère[5].

123.72 Contrôle de cassation. Le juge de cassation exerce un contrôle de qualification juridique des faits sur le point de savoir si une parcelle forme avec un espace remarquable une unité paysagère justifiant dans son ensemble cette qualification de site ou paysage remarquable à préserver[6].

b.
Parcelles à proximité

123.81 Non-qualification d'espace remarquable. Un terrain situé à proximité d'un espace remarquable mais en dehors de celui-ci n'entre pas dans le champ des prévisions de l'article L. 121-23 du code de l'urbanisme. Par suite, le moyen tiré de la violation de cet article est inopérant pour contester le permis qui y a été délivré[7].

§ 2
Identification des espaces remarquables par les communes

A.
Opération d'identification des espaces remarquables

123.91 Opération nécessaire. Pour décider d'un zonage ou statuer sur une demande d'autorisation, la commune doit nécessairement apprécier si les terrains en cause relèvent ou non d'un espace remarquable dans la mesure où cette caractéristique détermine le régime d'urbanisation – plus exactement exclut dans quasiment tous les cas les possibilités de construction. Si une commune rend une zone constructible ou délivre une autorisation de construire, cela signifie implicitement qu'elle estime ne pas être en présence d'un espace remarquable. Si la commune autorise la construction dans un espace remarquable, la décision d'occupation ou d'utilisation du sol[8] ou le document d'urbanisme[9] est entaché d'illégalité.

123.92 Identification dans les documents d'urbanisme. Une circulaire a indiqué : « Il appartient en premier lieu aux communes d'identifier et de délimiter les espaces remarquables lors de l'élaboration ou de la révision de leur plan local d'urbanisme (PLU) »[10].

1. V. s^s n°s 151.21 s.
2. CAA Nantes, 25 janv. 1996, *La Richardais (C^ne) et SCI Les Millières*, req. n° 94NT00303, *Lebon T.* ; *BJDU* 1996. 453.
3. CE 30 mai 2018, *Sète (C^ne)*, req. n° 408068, *Lebon T.* ; *Constr.-Urb.* 2018, n° 135, note L. Santoni.
4. PAR EX. : CE 7 avr. 2021, *Sète (C^ne)*, req. n° 428233, *Lebon T.* ; *BJDU* 2021. 247, concl. S. Hoynck.
5. PAR EX. : CE 28 sept. 2020, *Leclerc*, req. n° 423120, NP.
6. CE 7 avr. 2021, *Sète (C^ne)*, req. n° 428233, *Lebon T.* ; *BJDU* 2021. 247, concl. S. Hoynck.
7. CE 30 juill. 2003, *Synd. de défense du Cap-d'Antibes*, req. n° 203766, NP ; *BJDU* 2003. 401, concl. D. Piveteau, obs. J.-C. B.
8. CAA Lyon, 19 avr. 1994, *Préfet de la Corse du Sud*, req. n° 93LY01262, *Lebon T.* : annulation d'un permis de construire ; la cour souligne « qu'il résulte des dispositions précitées, que la protection dont bénéficient les zones de ce type est directement assurée à l'occasion de l'examen des demandes de permis de construire ».
9. PAR EX. : CAA Marseille, 21 mai 2010, *Assoc. Bonifacienne comprendre et défendre l'environnement*, req. n° 07MA03641, NP ; *BJDU* 2010. 257, concl. B. Bachoffer : arrêt relevant « que deux zones, parmi celles critiquées par l'ABCDE dans le secteur de Rondinara-Fiminiccio, respectivement classées AUL1a et AUL3a, se situent dans le paysage remarquable de l'anse de Rondinara, dans un espace proche du littoral et quasiment vierge de toute construction ; que dans ces conditions, et même si le règlement du secteur AUL1a prévoit une urbanisation en forme de hameau nouveau, le classement de ces zones est entaché d'une erreur manifeste d'appréciation au regard des dispositions de l'article [L. 121-23] et doit être annulé ».
10. Circ. 20 juill. 2006 relative à la protection de l'environnement littoral, NOR : DEVD0650371C, § 1.

Cette obligation peut être inférée de l'alinéa 1er de l'article L. 121-23, aux termes duquel : « Les documents [...] relatifs à la vocation des zones ou à l'occupation et à l'utilisation des sols préservent » les espaces remarquables du littoral. Elle est confirmée par les premiers mots de l'article R. 121-4, dernier al. : « Lorsqu'ils identifient des espaces ou milieux relevant du présent article, les documents d'urbanisme précisent [...] »[1].

Les préfets avaient reçu comme instructions d'exercer un contrôle vigilant à cet égard tout en accompagnant les communes dans cette démarche[2].

Le juge annule le classement opéré dans un PLU au titre de l'article L. 121-23 d'un site qui, au regard de ses caractéristiques, ne peut être regardé comme remarquable[3]. Inversement, il annule l'ouverture à la constructibilité d'un site qui, au regard de ses caractéristiques, aurait dû être classé comme remarquable[4].

123.93 Indication des activités et équipements nécessaires. Lorsqu'ils identifient des espaces remarquables, « les documents d'urbanisme précisent, le cas échéant, la nature des activités et catégories d'équipements nécessaires à leur gestion ou à leur mise en valeur notamment économique »[5].

B.
Contrôle juridictionnel sur l'identification des espaces remarquables

1°
Contrôle du juge administratif sur l'appréciation administrative

a.
Intensité du contrôle du juge administratif

123.101 Contrôle normal. Le juge exerce un contrôle normal sur l'existence d'un espace remarquable[6].

Dès lors, il se met à la place de l'administration pour apprécier si les lieux considérés doivent ou non être regardés comme remarquables. Il en résulte une rédaction particulièrement détaillée de ses décisions pour justifier la qualification qu'il retient[7].

b.
Appréciations du juge administratif s'imposant au juge judiciaire

123.111 Compétence du juge administratif. La cour d'appel de Paris a affirmé « que la constructibilité d'une parcelle découle de diverses dispositions administratives [...] dont la légalité est soumise au contrôle des juridictions administratives, étant observé qu'en l'absence d'une liste exhaustive des sites et paysages remarquables [...], la question de savoir si tel ou tel lieu constitue un site ou un paysage remarquable à conserver est une question d'appréciation relevant de la compétence des juridictions administratives »[8]. La cour d'appel de Paris s'est appuyée, en conséquence, sur les appréciations réalisées par le Conseil d'État[9] dans l'affaire dont elle se trouvait saisie.

2°
Contrôle du juge de cassation sur les décisions du juge du fond

123.121 Qualification juridique des faits. Le juge de cassation contrôle la qualification juridique des faits permettant de regarder un site comme un espace remarquable au sens et pour l'application de l'article L. 121-23 du code de l'urbanisme[10].

1. V. ss no 123.93.
2. Circ. 20 juill. 2006, NOR : DEVD0650371C, § 1 : « l'État doit avoir sa propre vision des espaces à qualifier de remarquables afin de pouvoir exercer pleinement son rôle, dans les réunions d'associations notamment. Les études réalisées au sujet des espaces protégés susceptibles de relever d'une qualification d'espaces remarquables pourront utilement être communiquées aux communes dans le cadre du "porter à connaissance" [...]. Vous veillerez avec fermeté à la prise en compte effective des principes visant à la préservation de ces espaces lors de l'élaboration ou de la révision des documents d'urbanisme et exercerez, si nécessaire, le contrôle de légalité. D'une façon générale, les communes littorales devant mettre leur document d'urbanisme en conformité avec la loi littoral ».
3. CAA Nantes, 8 déc. 2001, *de La Motte*, req. no 00NT01238, NP ; *BJDU* 2002. 152.
4. V. ss no 123.91.
5. C. urb., art. R. 121-4, dernier alinéa.
6. CE 14 janv. 1994, *Le Rayol-Canadel (Cne)*, req. no 127025, *Lebon T.* 1229.
7. VOIR, de façon particulièrement nette, la motivation de la cour contrôlée par le juge de cassation dans : CE 20 mai 2011, *Cté d'agglo. du lac du Bourget*, req. no 325552, *Lebon ; BJDU* 2011. 362, concl. M. Guyomar ; *Dr. adm.* août-sept. 2011, no 8-8, p. 80, note Ch. Roux ; *JCP Adm.* 2011, no 2297, note F. Dunyach et A. Izembard.
8. Paris, 27 mars 1997, *Sté Gérémi c/SNC Empain-Graham et Compagnie*, NP ; *LPA* 21 nov. 1997, p. 17, note G. Liet-Veaux.
9. CE 14 janv. 1994, *Le Rayol-Canadel (Cne)*, req. no 127025, *Lebon T.* 1229.
10. CE 3 sept. 2009, *Canet-en-Roussillon (Cne) et Seran*, req. no 306298, *Lebon T. ; BJDU* 2010. 440, concl. R. Keller – CE 14 nov. 2011, *Sté Les Hauts du golf*, req. no 333675, NP ; *BJDU* 2012. 105, concl. J.-P. Thiellay ; – CE 20 mai 2011, *Cté d'agglo. du lac du Bourget*, req. no 325552, *Lebon ; BJDU* 2011. 362, concl. M. Guyomar ; *Dr. adm.* août-sept. 2011, no 8-8, p. 80, note Ch. Roux ; *JCP Adm.* 2011, no 2297, note F. Dunyach et A. Izembard.

SECTION 2
RÉGIME APPLICABLE AUX ESPACES REMARQUABLES

§ 1
Un régime opposable à tout document et toute décision, applicable sur l'ensemble du territoire communal

123.131 Opposabilité à tout document et toute décision. L'article L. 121-23 du code de l'urbanisme prévoit que : « Les documents et décisions relatifs à la vocation des zones ou à l'occupation et à l'utilisation des sols préservent » les espaces remarquables[1]. Il résulte de cette rédaction que l'obligation de préservation s'impose, de façon directe :

- aux décisions d'urbanisme (permis de construire[2] ; DUP[3] ; création d'une ZAC[4] ; autorisation de défrichement[5] ; arrêté préfectoral autorisant une association de remembrement urbain[6]) et plus largement aux décisions administratives (p. ex. un arrêté préfectoral autorisant une course de moto sur des dunes[7] ou une concession de plage[8]) ;
- aux documents d'urbanisme (notamment les PLU[9], SCOT et SMVM[10]).

123.132 Applicabilité sur tout le territoire des communes littorales. Le régime de préservation des espaces remarquables défini à l'article L. 121-23 du code de l'urbanisme « est applicable à tout terrain situé sur le territoire d'une commune littorale et ayant les caractéristiques définies à cet article, que ce terrain soit ou non situé à proximité du rivage »[11].

S'appliquant sur l'ensemble du territoire des communes littorales, il n'est pas limité aux espaces proches du rivage[12] (sauf pour les espaces boisés[13]).

§ 2
Un régime de préservation des espaces remarquables

123.141 Un principe d'inconstructibilité assorti d'exceptions limitées. La localisation d'une parcelle au sein d'un espace remarquable emporte une obligation de préserver celui-ci, c'est-à-dire de ne pas modifier ses caractéristiques. Cette obligation se traduit le plus souvent par un principe d'inconstructibilité, même si d'autres effets sont concevables, par exemple une interdiction de défrichement[14] ou l'interdiction d'une course de moto sur des dunes[15]. Le principe d'inconstructibilité connaît d'un certain nombre d'exceptions limitées, la plus importante concernant la réalisation d'aménagements légers à condition que leur implantation ne porte pas atteinte au caractère remarquable du site.

A.
Une obligation de préservation faisant obstacle à la constructibilité dans les espaces remarquables

1°
Un principe de préservation interprété comme une règle d'inconstructibilité

123.151 Inconstructibilité. La formule législative selon laquelle les documents et décisions relatifs à la vocation des zones ou à l'occupation et à l'utilisation des sols « préservent » les espaces, sites, paysages et milieux[16] est censée impliquer une appréciation au cas par des cas afin de vérifier si un projet conduit à remettre en cause les caractères d'un espace remarquable. Le juge avait retenu cette interprétation littérale dans un premier temps[17], estimant que préserver n'est pas interdire.

1. C. urb., art. L. 121-23, al. 1er.
2. CE 13 nov. 2002, *Ramatuelle (Cne), Min. Équipement, Transports, Logement, Tourisme et Mer*, req. n° 219034, *Lebon T.* (annulation) – ÉGALEMENT : CAA Lyon, 19 avr. 1994, *Préfet de la Corse du Sud*, req. n° 93LY01262, *Lebon T.*
3. CE 30 déc. 1996, *Sté de protection de la nature de Sète-Frontignan-Balaruc*, req. n° 102023, *Lebon.*
4. CAA Marseille, 20 janv. 2000, *Cavalaire-sur-Mer (Cne)*, req. n° 96MA02164, NP (annulation).
5. CE 11 mars 1998, *Min. Agriculture et Développement rural c/Pouyau*, req. n° 144301, NP ; *Constr.-Urb.* 1998, n° 237, obs. Larralde (annulation).
6. CAA Marseille, 22 nov. 2001, *Bes*, req. n° 97MA11677, *Lebon T.* (annulation).
7. TA Lille, 11 déc. 2003, *France Nature Environnement*, req. n° 03-3215, NP ; *AJDA* 2004. 1483, note S. Damarey (annulation de l'*Enduro* du Touquet).
8. CE 12 mars 2007, *Min. Transports c/Assoc. « Vivre dans la presqu'île de Saint-Tropez »*, req. n° 289031, NP ; *BJDU* 2007. 346, concl. P. Collin ; *Dr. env.* mai 2007, p. 123, note L. Bordereaux (annulation).
9. CE 10 juin 1992, *Sté pour l'étude et la protection de la nature en Bretagne*, req. n° 112389, *Lebon T.* (annulation).
10. CE 7 juill. 1997, *Madaule*, req. n° 170375, *Lebon T.* (absence d'annulation en l'espèce).
11. CE 27 sept. 2006, *Le Lavandou (Cne)*, req. n° 275922, *Lebon T. ; BJDU* 2007. 40, concl. C. Devys ; *Dr. env.* 2006, n° 144, p. 369, note L. Bordereaux.
12. CAA Marseille, 30 août 2001, *Sté Ryans de Lys*, req. n° 98MA00564, NP : espaces situés en l'espèce à une distance comprise entre 2 et 7 km du rivage.
13. V. ss n° 123.52.
14. V. ss n° 123.221.
15. V. ss n° 123.171.
16. C. urb., art. L. 121-23, al. 1er.
17. VOIR, de façon significative, la rédaction de CE 29 juill. 1998, *Synd. intercommunal du golf de l'Adour*, req. n° 158543, *Lebon T. ; BJDU* 1998. 344, concl. J. Arrighi de Casanova : arrêt soulignant « que les équipements et constructions prévus dans le plan d'aménagement de la zone et dans le programme d'équipements publics approuvés par la même ►

Il a par la suite durci son approche, considérant désormais que la notion de préservation emporte par elle-même interdiction de toute construction dans les espaces remarquables. Le Conseil d'État affirme ainsi « que la protection instituée par l'article [L. 121-23] du code de l'urbanisme implique par elle-même l'inconstructibilité des espaces caractéristiques du littoral [...] »[1], sous réserve des exceptions prévues aux articles suivants. Dès lors que la protection résultant de l'article L. 121-23 « implique par elle-même l'inconstructibilité des espaces en cause », une cour ne commet pas d'erreur de droit « en déduisant l'illégalité de l'autorisation de lotir de la qualification d'espace caractéristique du patrimoine du littoral portée sur le terrain d'assiette du projet »[2].

123.152 Obstacle à la poursuite de l'urbanisation. Les dispositions de l'article L. 121-23 « ne prévoient pas que le principe de l'inconstructibilité doit être écarté pour les zones qui [...] font déjà l'objet d'une urbanisation partielle ». Dès lors qu'elles revêtent la nature d'espace remarquable « la circonstance qu'une partie, d'ailleurs peu importante, de ces zones serait urbanisée ne peut justifier la poursuite de l'urbanisation alors qu'il appartient à la commune de protéger et sauvegarder » ces espaces en application de ses dispositions[3].

123.153 Éléments indifférents. N'est pas de nature à rendre le projet légal :

– la circonstance que les zones destinées à faire l'objet d'une urbanisation se situent à proximité de terrains hors périmètre de la ZAC, eux-mêmes déjà fortement urbanisés[4] ;

– le fait que les communes pourraient être amenées à verser des indemnités à l'aménageur à raison de l'impossibilité de réaliser l'opération d'aménagement projetée[5] ;

– la circonstance que la procédure d'identification ou de sélection des espaces remarquables diligentée par les services de l'État n'aurait pas été achevée à la date de délivrance du permis de construire contesté[6] ;

– le fait que le conseil municipal se serait opposé au projet élaboré par les services de l'État[7] ;

– le fait que le terrain litigieux serait viabilisé et classé en zone constructible par le règlement du PLU[8].

2°
Illustrations par types d'espace

a.
Espaces boisés

123.161 Permis de construire. Est entaché d'illégalité le permis de construire :

– une maison d'habitation dont le terrain d'assiette se trouve situé au sein d'un espace boisé relevant d'un espace remarquable[9] ;

– un ensemble immobilier d'une longueur totale d'environ 200 mètres pour une hauteur de 10 mètres et devant comporter 6 300 m² de surface de plancher[10].

123.162 Plan local d'urbanisme. En raison du caractère remarquable d'un espace boisé, est entaché d'illégalité :

– un POS classant ce secteur en zone constructible[11] ;

– un POS dont le classement permet l'urbanisation du secteur, l'implantation d'un golf ainsi que la réalisation d'une route[12] ;

– un POS autorisant des constructions dans ce secteur[13].

123.163 ZAC. Par exemple, est entaché d'illégalité un plan d'aménagement de la zone autorisant l'agrandissement d'un golf dès lors que l'extension de l'urbanisation dans une partie de la forêt dite « de protection » (qui constitue, à la fois, un paysage caractéristique du patrimoine naturel du littoral landais et, en raison de son rôle actif dans la protection de la forêt située plus à l'intérieur des terres, ainsi que dans la stabilisation des sols sableux, une zone nécessaire au maintien des équilibres biologiques) porte atteinte à la préservation de cet espace[14].

► délibération, sont de nature à porter atteinte à la préservation de ce paysage et de ces milieux ».

1. CE 27 sept. 2006, *Le Lavandou (Cne)*, req. nº 275922, *Lebon T.* ; *BJDU* 2007. 40, concl. C. Devys ; *Dr. env.* 2006, nº 144, p. 369, note L. Bordereaux.
2. CE 14 nov. 2011, *Sté Les Hauts du golf*, req. nº 333675, NP ; *BJDU* 2012. 105, concl. J.-P. Thiellay.
3. CAA Bordeaux, 20 déc. 2001, *Soorts-Hossegor (Cne)*, req. nº 98BX01019, NP.
4. CAA Marseille, 20 janv. 2000, *Cavalaire-sur-Mer (Cne)*, req. nº 96MA02164, NP.
5. CAA Marseille, 20 janv. 2000, *Cavalaire-sur-Mer (Cne)*, req. nº 96MA02164, NP.
6. CAA Nantes, 24 nov. 1994, *Jacob et Monchoix*, req. nº 93NT00416, *Lebon* 670 ; *Quot jur.* 11 mai 1995, nº 38, p. 7 ; *BJDU* 1995. 120.
7. CAA Nantes, 24 nov. 1994, *Jacob et Monchoix*, req. nº 93NT00416.
8. CAA Nantes, 24 nov. 1994, *Jacob et Monchoix*, req. nº 93NT00416.
9. CAA Lyon, 19 avr. 1994, *Préfet de la Corse du Sud*, req. nº 93LY01262, *Lebon T.*
10. CAA Lyon, 24 oct. 1995, *Sté Rest AG*, req. nº 94LY00913, NP.
11. CE 14 janv. 1994, *Le Rayol-Canadel (Cne)*, req. nº 127025, *Lebon T.* 1229 ; – SUR la procédure judiciaire qui a suivi : Paris, 27 mars 1997, *Sté Gérémi c/SNC Empain-Graham et Compagnie*, NP ; *LPA* 21 nov. 1997, p. 17, note G. Liet-Veaux.
12. CE 25 nov. 1998, *Grimaud (Cne)*, req. nº 168029, *Lebon T.* ; *BJDU* 1999. 15, concl. C. Maugüé.
13. CAA Lyon, 31 mai 1994, *SCI La Cascatelle*, req. nº 93LY01253, *Lebon T.*
14. CE 30 avr. 1997, *Synd. intercommunal du port d'Albret*, req. nº 158945, NP.

b.
Dunes

123.171 **Course de moto-cross.** Est entaché d'illégalité l'arrêté préfectoral qui autorise l'*Enduro* du Touquet, épreuve motocycliste ouverte à mille concurrents, attirant un public d'environ 300 000 personnes et impliquant divers travaux d'aménagement du circuit, long de 15 kilomètres, et de sécurité (aménagement de buttes de sable, de chicanes, de cinq tunnels sous les buttes du circuit, d'un fossé), alors que le préfet n'a pas repris dans le dispositif de sa décision les mesures précises de restauration du milieu naturel devant être mises en œuvre après le déroulement des épreuves autorisées, qu'il s'agisse des travaux de fixation de dunes sur le cordon dunaire, des travaux de réhabilitation des pannes humides et des travaux de débroussaillage de fourrés dunaires[1].

123.172 **Plan local d'urbanisme.** Est entaché d'illégalité le POS classant constructibles des zones constituées de dunes vives, lesquelles abritent des espèces de plantes rares et protégées. La circonstance qu'une partie, d'ailleurs peu importante, de ces zones serait urbanisée ne peut justifier la poursuite de l'urbanisation alors qu'il appartient à la commune de protéger et sauvegarder les dunes en application des dispositions de l'article L. 121-23 du code de l'urbanisme[2].

123.173 **Permis de construire.** Sont entachés d'illégalité les permis qui autorisent la construction d'un village de vacances (composé de 750 villas réparties sur une superficie de 30 hectares, d'une pyramide, d'un hôtel et d'un équipement central occupant une surface d'environ quatre hectares, ainsi que de trois parkings de tailles différentes couvrant ensemble quatre hectares). Eu égard à son importance et à sa destination, ce village de vacances est susceptible de compromettre la préservation des dunes et des landes côtières sur lesquelles il s'étend pour partie, et dont l'intérêt biologique a justifié le classement en zone naturelle d'intérêt écologique, faunistique et floristique (ZNIEFF) de type I, ainsi que des sites dont il est voisin et qui abritent un patrimoine biologique naturel de grande valeur[3].

c.
Zones humides

123.181 **Opération interdite.** Méconnaît l'article L. 121-23 du code de l'urbanisme l'arrêté préfectoral qui autorise l'extension d'un golf sur plus de 30 hectares et la réalisation de travaux qui auront notamment pour effet d'assécher plus de 8 hectares de zones humides[4].

123.182 **Opération admise.** En 1996[5], le Conseil d'État a jugé que l'acte déclarant d'utilité publique la construction d'une déviation passant à l'extrémité d'un étang ne méconnaît pas l'article L. 121-23, et ce pour deux raisons :

– d'une part, le « caractère très limité de la partie du tracé du projet qui affecte une zone humide » (la commissaire du gouvernement Christine Maugüé notait que « la partie du tracé du projet qui affecte l'espace marin est de toute façon très limitée : l'emprise totale de l'infrastructure routière sur l'herbier, qui constitue à cet endroit le peuplement végétal de l'étang, représente 1,7 hectare sur une superficie totale de 65 hectares, soit une emprise de l'ordre de 2,6 % ; et la bordure de l'étang ne s'est trouvée décalée que d'une dizaine de mètres par rapport à la limite antérieure ») ;

– d'autre part, les « mesures de protection qui ont été prévues pour éviter la formation de terres et gravats ».

Il est à noter que cette solution a été rendue avant que la jurisprudence n'appréhende plus strictement la notion de préservation des espaces[6]. Elle pourrait donc être différente aujourd'hui.

d.
Milieux abritant des concentrations naturelles d'espèces animales et végétales

123.191 **Opération interdite.** Méconnaît l'article L. 121-23 l'arrêté autorisant les travaux d'extension d'un port de plaisance sur une plage dès lors qu'ils ont porté atteinte et sont susceptibles de porter atteinte aux herbiers de posidonies et de cymodocées présents à proximité du site[7].

e.
Parties naturelles de sites inscrits ou classés et de parcs nationaux

123.201 **Aménagement de plage.** Sont entachés d'illégalité les arrêtés préfectoraux qui, aux fins d'aménagements de plages, autorisent la concession de celles-ci et la réalisation de constructions alors qu'elles relèvent d'espaces remarquables[8].

1. TA Lille, 11 déc. 2003, *France Nature Environnement*, req. n° 03-3215, NP ; *AJDA* 2004. 1483, note S. Damarey.
2. CAA Bordeaux, 20 déc. 2001, *Soorts-Hossegor (Cne)*, req. n° 98BX01019, NP.
3. CAA Nancy, 27 mai 1993, *Saint-Étienne-au-Mont (Cne)*, req. n° 92NC00885, *Lebon T.*
4. TA Caen, 12 mai 1998, *Assoc. Manche Nature*, req. n° 97-14, NP.
5. CE 30 déc. 1996, *Sté de protection de la nature de Sète-Frontignan-Balaruc*, req. n° 102023, *Lebon.*
6. V. s[s] n° 123.151.
7. CE 30 déc. 2002, *Six-Fours-Les-Plages (Cne)*, req. n° 245621, *Lebon T.*
8. CE 13 nov. 2002, *Ramatuelle (Cne), Min. Équipement, Transports, Logement, Tourisme et Mer*, req. n° 219034, *Lebon T.* ; – CE 12 mars 2007, *Min. Transports c/Assoc. Vivre dans la presqu'île de Saint-Tropez*, req. n° 289031, NP ; *BJDU* 2007. 346, concl. P. Collin ; *Dr. env.* mai 2007, p. 123, note L. Bordereaux.

123.202 **Maison d'habitation.** Est entaché d'illégalité le permis de construire une maison d'habitation sur un terrain situé au sommet de l'extrémité d'un promontoire rocheux s'avançant dans la mer, inséré dans un espace naturel du site inscrit de la presqu'île de Giens[1].

123.203 **Zone industrialo-portuaire.** Méconnaît l'article L. 121-23 du code de l'urbanisme le POS autorisant la réalisation d'un site industrialo-portuaire à Honfleur dans un site remarquable, aucun aménagement, quel qu'il soit, ne pouvant y être implanté[2].

123.204 **Structures hôtelières et touristiques.** Méconnaît l'article L. 121-23 du code de l'urbanisme :

– l'acte de création d'une ZAC dans un site remarquable, caractéristique du patrimoine naturel et culturel du littoral varois (les dispositions de cet article font obstacle à la réalisation de l'opération projetée, qui porte sur des constructions à usage hôtelier et de logement représentant une surface de 35 000 m^2)[3] ;

– le POS autorisant les équipements destinés à l'accueil, à l'hébergement hôtelier, para hôtelier, aux établissements type-restaurant, aux équipements de loisirs et de tourisme, dans un site remarquable[4] ;

– l'acte déclarant d'utilité publique l'aménagement touristique et portuaire d'un site remarquable, consistant dans la réalisation, sur une emprise totale de 16 000 m^2, d'aires de jeux et de loisirs et d'un bassin de 4 500 m^2 d'une capacité de 60 bateaux de plaisance, l'ensemble s'accompagnant de la création d'aires de stationnement et de la construction d'un pavillon à usage de capitainerie et bloc sanitaire (le juge annule la DUP et ordonne la démolition des ouvrages réalisés et la remise en état du site)[5].

f.
Estrans

123.211 **Permis de construire.** Est entaché d'illégalité le permis de construire une maison individuelle sur la côte longeant un estran présentant les caractéristiques d'un espace naturel, où vivent une grande variété d'animaux marins et d'oiseaux et présentant un grand intérêt paysager[6].

B.
Une obligation de sauvegarde faisant obstacle au défrichement dans les espaces remarquables

123.221 **Interdiction du défrichement.** L'appartenance d'un terrain à un espace remarquable fait obstacle à ce qu'une autorisation de défrichement soit délivrée sur celui-ci[7].

En l'espèce, une autorisation de défrichement a été accordée dans un secteur remarquable :

– d'une part, la zone, boisée, est voisine d'un étang dont l'intérêt écologique tient à la fois à son aspect paysager, aux espèces végétales rares qu'elle recèle et à son rôle de protection de la bande littorale de l'étang ;

– d'autre part, elle présente une grande fragilité biologique.

Le juge en a déduit que l'ensemble de ce secteur, alors même qu'une partie en serait déboisée, entre dans le champ d'application de l'article L. 121-23 et devait, par suite, être préservé. Dès lors, aucune autorisation de défrichement ne pouvait être accordée.

§ 3
Exceptions au principe d'inconstructibilité dans les espaces remarquables

123.231 **Trois exceptions.** Les exceptions au principe d'inconstructibilité dans les espaces remarquables concernent :

– l'implantation d'aménagements légers ;

– la pose de canalisations ;

– et les travaux de conservation ou protection de ces espaces.

A.
Aménagements légers

123.241 **Admission d'aménagements légers.** L'article L. 121-24 du code de l'urbanisme prévoit que « des aménagements légers », dont « la liste limitative et les caractéristiques sont définies par décret en Conseil d'État », peuvent être implantés dans les espaces remarquables lorsqu'ils sont nécessaires à leur gestion, à leur mise en valeur notamment éco-

1. TA Nice, 6 nov. 1997, *Anders c/Hyères (C^{ne})*, req. n° 93.3196, NP.
2. CE 6 nov. 2006, *C^{té} de cnes du Pays de Honfleur*, req. n° 282539, NP ; *BJDU* 2006. 419 : cour ayant pu se fonder sur cette seule circonstance pour en inférer la qualité d'espace remarquable.
3. CAA Marseille, 20 janv. 2000, *Cavalaire-sur-Mer (C^{ne})*, req. n° 96MA02164, NP.
4. CAA Bordeaux, 18 nov. 1999, *ASALDEN*, req. n° 96BX00491, NP.
5. CE 20 mai 2011, *C^{té} d'agglo. du lac du Bourget*, req. n° 325552, *Lebon ; BJDU* 2011. 362, concl. M. Guyomar ; *Dr. adm.* août-sept. 2011, n° 8-8, p. 80, note Ch. Roux ; *JCP Adm.* 2011, n° 2297, note F. Dunyach et A. Izembard.
6. CAA Nantes, 24 nov. 1994, *Jacob et Monchoix*, req. n° 93NT00416, *Lebon* 670 ; *Quot. jur.* 11 mai 1995, n° 38, p. 7 ; *BJDU* 1995. 120.
7. CE 11 mars 1998, *Min. Agriculture et Développement rural c/Pouyau*, req. n° 144301, NP ; *Constr.-Urb.* 1998, n° 237, obs. Larralde.

nomique ou, le cas échéant, à leur ouverture au public, et qu'ils ne portent pas atteinte au caractère remarquable du site.

1°
Conditions de fond

a.
Première condition de fond : aménagements figurant dans la liste limitative établie

123.251 **Liste limitative.** La loi ÉLAN a durci le dispositif d'implantation des aménagements légers au sein des espaces remarquables.

Auparavant, le décret d'application définissait la « nature » et les « modalités de réalisation » de ces aménagements. La liste établie par décret présentait un caractère indicatif[1].

Désormais, il est expressément prévu à l'article L. 121-24 que la liste établie par décret[2] présente un caractère limitatif. Cela signifie que l'exception ne vaut que pour les seuls aménagements qui s'y trouvent mentionnés, et à condition qu'ils répondent aux caractéristiques qu'il énonce. Par exemple, dans la mesure où un restaurant de plage, même démontable, ne figure pas dans la liste des aménagements admis, il ne saurait être implanté dans un espace remarquable[3].

123.252 **Équipements légers et démontables nécessaires à la gestion ou à l'ouverture des espaces remarquables au public (1°).** La première catégorie d'aménagements légers autorisés dans les espaces remarquables ou milieux nécessaires au maintien des équilibres biologiques concerne, lorsqu'ils « sont nécessaires à la gestion ou à l'ouverture au public »[4] :

– les équipements légers et démontables nécessaires à leur préservation et à leur restauration ;

– les cheminements piétonniers et cyclables et les sentiers équestres ni cimentés, ni bitumés ;

– les objets mobiliers destinés à l'accueil ou à l'information du public ;

– les postes d'observation de la faune ;

– ainsi que les équipements démontables liés à l'hygiène et à la sécurité tels que les sanitaires et les postes de secours lorsque leur localisation dans ces espaces est rendue indispensable par l'importance de la fréquentation du public.

Ces aménagements « doivent être conçus de manière à permettre un retour du site à l'état naturel »[5].

123.253 **Aires de stationnement (2°).** La deuxième catégorie d'aménagements légers autorisés concerne « les aires de stationnement »[6] :

– indispensables à la maîtrise de la fréquentation automobile et à la prévention de la dégradation de ces espaces par la résorption du stationnement irrégulier ;

– sans qu'il en résulte un accroissement des capacités effectives de stationnement ;

– à condition que ces aires ne soient ni cimentées ni bitumées et qu'aucune autre implantation ne soit possible.

Ces aménagements « doivent être conçus de manière à permettre un retour du site à l'état naturel »[7].

123.254 **Réfection des bâtiments existants et extension limitée des bâtiments et installations nécessaires à l'exercice d'activités économiques (3°).** La troisième catégorie d'exception concerne[8] :

– la réfection des bâtiments existants ;

– et l'extension limitée des bâtiments et installations nécessaires à l'exercice d'activités économiques.

Ces extensions « doivent être conçus de manière à permettre un retour du site à l'état naturel »[9].

123.255 **Aménagements nécessaires aux activités économiques marines et canalisations (4°).** La quatrième catégorie d'aménagements légers autorisés dans les espaces remarquables concerne les activités marines et les canalisations. Ces aménagements sont autorisés[10] :

– à l'exclusion de toute forme d'hébergement ;

– et à condition qu'ils soient en harmonie avec le site et les constructions existantes.

Trois aménagements sont prévus :

– « les aménagements nécessaires à l'exercice des activités agricoles, pastorales et forestières » dont à la fois la surface de plancher et l'emprise au sol au sens de l'article R. 420-1 n'excèdent pas 50 mètres carrés (a) ;

– dans les zones de pêche, de cultures marines ou lacustres, de conchyliculture, de saliculture et d'éle-

1. CE 6 févr. 2013, *Gassin (C^ne^)*, req. n° 348278, *Lebon T.* ; *BJDU* 2013. 177, concl. F. Lambolez ; *Dr. env.* avr. 2013, p. 211, p. 140, note L. Bordereaux : arrêt posant que les aménagements nécessaires à la lutte contre l'incendie, alors même qu'ils ne sont pas mentionnés dans le décret d'application, entrent néanmoins dans le champ d'application de l'exception prévue à l'article L. 121-24.
2. Décr. n° 2019-482, 21 mai 2019 relatif aux aménagements légers autorisés dans les espaces remarquables ou caractéristiques du littoral et des milieux nécessaires au maintien des équilibres biologiques, *JO* 22 mai, n° 28, modifiant l'article R. 121-5 du code de l'urbanisme.
3. Rép. min. n° 918 ; *JOAN Q* 17 janv. 2023, p. 509.
4. C. urb., art. R. 121-5, 1°.
5. C. urb., art. L. 121-5, dernier al.
6. C. urb., art. R. 121-5, 2°.
7. C. urb., art. L. 121-5, dernier al.
8. C. urb., art. R. 121-5, 3°.
9. C. urb., art. L. 121-5, dernier al.
10. C. urb., art. R. 121-5, 4°.

vage d'ovins de prés salés, « les constructions et aménagements exigeant la proximité immédiate de l'eau » liés aux activités traditionnellement implantées dans ces zones, à la condition que leur localisation soit rendue indispensable par des nécessités techniques (b) ;

– à la condition que leur localisation dans ces espaces corresponde à des nécessités techniques, « les canalisations nécessaires aux services publics ou aux activités économiques », dès lors qu'elles sont enfouies et qu'elles laissent le site dans son état naturel après enfouissement, et que l'emprise au sol des aménagements réalisés n'excède pas cinq mètres carrés (c).

Ces aménagements « doivent être conçus de manière à permettre un retour du site à l'état naturel »[1].

123.256 Aménagements nécessaires à la gestion et à la remise en état d'éléments de patrimoine bâti classé ou inscrit (5°). La cinquième catégorie d'aménagements légers autorisés dans les espaces remarquables concerne « les aménagements nécessaires à la gestion et à la remise en état d'éléments de patrimoine bâti »[2] :

– reconnus par un classement au titre de la loi du 31 décembre 1913 ;

– ou localisés dans un site inscrit ou classé au titre des articles L. 341-1 et L. 341-2 du code de l'environnement.

123.257 Équipements nécessaires à la sécurité des populations et à la préservation des espaces (6°). La sixième catégorie d'aménagements légers autorisés dans les espaces remarquables concerne « les équipements d'intérêt général » nécessaires[3] :

– à la sécurité des populations ;

– et à la préservation des espaces et milieux.

b. Seconde condition de fond : aménagements ne portant pas atteinte au caractère remarquable du site

123.261 Absence d'atteinte. L'article L. 121-24 exige que les aménagements légers « ne portent pas atteinte au caractère remarquable du site »[4].

Cette condition est précisée à l'article R. 121-5, énonçant que les aménagements légers peuvent être implantés « à condition que leur localisation et leur aspect »[5] :

– ne dénaturent pas le caractère des sites ;

– ne compromettent pas leur qualité architecturale et paysagère ;

– et ne portent pas atteinte à la préservation des milieux.

2° Conditions de procédure (enquête publique ou mise à disposition du public)

123.271 Projets soumis à évaluation environnementale : enquête publique. Dans les cas visés au 1° du I de l'article L. 123-2 du code de l'environnement (projets devant comporter une évaluation environnementale), les projets d'aménagement légers sont soumis, préalablement à leur autorisation[6] :

– à enquête publique réalisée conformément au chapitre III du titre II du livre Ier du code de l'environnement ;

– et à l'avis de la CDNPS.

123.272 Projets non soumis à évaluation environnementale : mise à disposition du public. Dans les autres cas (projets ne devant pas comporter évaluation environnementale), les projets sont soumis à une mise à disposition du public pendant une durée d'au moins quinze jours, dans des conditions permettant à celui-ci de formuler ses observations[7].

Ces observations sont enregistrées et conservées[8].

La nature des documents communiqués au public et les modalités de leur mise à disposition sont précisées par l'autorité administrative compétente pour délivrer l'autorisation et portées à la connaissance du public au moins huit jours avant le début de cette mise à disposition[9]. L'arrêté pris à cet effet est affiché[10] :

– dans la ou les mairies des communes intéressées et, le cas échéant, au siège de l'EPCI compétent en matière de PLU, de document en tenant lieu ou de carte communale ;

– ainsi que sur le lieu où est projetée l'implantation de l'aménagement, dans des conditions qui garantissent le respect du site ou du paysage concerné.

À l'issue de la mise à disposition et avant de prendre sa décision, l'autorité administrative en établit le bilan[11].

B. Canalisations (électricité, communications électroniques)

123.281 Atterrage des canalisations. À l'instar de l'exception prévue au niveau de la bande littorale

1. C. urb., art. L. 121-5, dernier al.
2. C. urb., art. R. 121-5, 5°.
3. C. urb., art. R. 121-5, 6°.
4. C. urb., art. L. 121-24, al. 1er.
5. C. urb., art. R. 121-5, al. 1er.
6. C. urb., art. L. 121-24, al. 2.
7. C. urb., art. L. 121-24, al. 2.
8. C. urb., art. L. 121-24, al. 2.
9. C. urb., art. L. 121-24, al. 2 ; art. R. 121-6, al. 1er.
10. C. urb., art. R. 121-6, al. 2.
11. C. urb., art. L. 121-24, al. 2.

des 100 mètres[1], l'article L. 121-25[2] prévoit que dans les communes riveraines des mers, des océans, des estuaires et des deltas mentionnées à l'article L. 321-2 du code de l'environnement, « l'atterrage des canalisations et leurs jonctions peuvent être autorisées, lorsque ces canalisations et jonctions sont nécessaires »[3] :

- soit à l'exercice des missions de service public définies à l'article L. 121-4 du code de l'énergie (afin de permettre le raccordement à des installations de production d'énergies marines offshore, qu'elles soient éoliennes ou solaires) ;

- soit à l'établissement des réseaux ouverts au public de communications électroniques (dans l'objectif de favoriser le développement de la fibre optique).

123.282 Moindre impact écologique. Dans l'objectif de limiter leur impact écologique, les techniques utilisées pour la réalisation de ces ouvrages électriques et de communications électroniques doivent être « souterraines et toujours celles de moindre impact environnemental »[4].

123.283 Enquête publique. La réalisation de ces ouvrages électriques et de communications électroniques est soumise à enquête publique réalisée en application du chapitre III du titre II du livre Ier du code de l'environnement[5].

123.284 Autorisation ou approbation. L'autorisation d'occupation du domaine public ou, à défaut, l'approbation des projets de construction des ouvrages mentionnée au 1° de l'article L. 323-11 du code de l'énergie est refusée si les canalisations ou leurs jonctions :

- ne respectent pas les conditions prévues au présent article ;

- ou sont de nature à porter atteinte à l'environnement ou aux sites et paysages remarquables[6].

L'autorisation ou l'approbation peut comporter des prescriptions destinées à réduire l'impact environnemental des canalisations et de leurs jonctions[7].

C.
Travaux de conservation ou de protection

123.291 Sauvegarde des espaces. La réalisation de travaux ayant pour objet la conservation ou la protection des espaces remarquables peut être admise, après enquête publique réalisée conformément au chapitre III du titre II du livre Ier du code de l'environnement[8].

Ces dispositions peuvent notamment servir de fondement à des travaux de consolidations de dunes visant à lutter contre l'érosion.

1. V. ss no 122.573.
2. Dont les dispositions ont été introduites par : L. no 2013-312, 15 avr. 2013 visant à préparer la transition vers un système énergétique sobre et portant diverses dispositions sur la tarification de l'eau et sur les éoliennes, *JO* 16 avr., no 1.
3. C. urb., art. L. 121-25, al. 1er.
4. C. urb., art. L. 121-25, al. 2.
5. C. urb., art. L. 121-25, al. 3.
6. C. urb., art. L. 121-25, al. 4.
7. C. urb., art. L. 121-25, al. 4.
8. C. urb., art. L. 121-26.

CHAPITRE

124. Règles relatives au littoral propres à certains ouvrages, aux routes et aux campings

SECTION 0
ORIENTEUR

124.00 Sommaire du chapitre.

124.03 Bibliographie indicative.

Encyclopédies. *DP constr.-urb.*, ét. : « Littoral » – *J.-Cl. Constr.-Urb.*, fasc. 9-10 : « Loi littoral.– Règles d'aménagement et de protection », par H. Coulombié et Th. Gilliocq, déc. 2014.

Monographies. O. Sut, *La loi Littoral : décryptage du volet urbanisme au travers des décisions du juge administratif*, « Les indispensables », Berger Levraut, 2021 – J.-F. Struillou et N. Huten (dir.), *Le juge administratif, le littoral et la mer après la loi Élan*, LexisNexis, 2021, 125 p. – J.-L. Pissaloux et A. Rainaud, *Les trente ans de la loi Littoral*, L'Harmattan, 2017.

124.04 Questions essentielles.

> À quelles conditions des ouvrages et installations d'intérêt général peuvent-ils être construits dans les communes littorales ?

* V. s[s] n°s 124.11 s.

> De nouvelles routes peuvent-elles être construites près du littoral ?

* V. s[s] n°s 124.81 s.

SECTION 1
RÉGIME DÉROGATOIRE À LA LOI LITTORAL POUR LES OUVRAGES D'INTÉRÊT GÉNÉRAL ET LES OUVRAGES DE PRODUCTION D'ÉNERGIE RENOUVELABLE

124.11 Régimes dérogatoires. Certains ouvrages bénéficient, dans l'intérêt général ou pour favoriser la production d'énergie renouvelable, d'un régime totalement ou partiellement dérogatoire aux dispositions du code de l'urbanisme propres au littoral.

§ 1
Ouvrages nécessaires à la sécurité, à la défense, ou au fonctionnement des ports et aéroports

124.21 Inapplication de la loi Littoral, en cas de motif impératif. Le chapitre du code de l'urbanisme relatif au littoral ne s'applique pas aux « installations, constructions, aménagements de nouvelles routes et ouvrages », à deux conditions[1].

D'une part, ces installations, constructions, routes et ouvrages doivent être « nécessaires » :

- à la sécurité maritime et aérienne ;
- à la défense nationale ;
- à la sécurité civile ;
- ou au fonctionnement des aérodromes et des services publics portuaires autres que les ports de plaisance[2].

D'autre part, leur localisation dans un périmètre normalement exclu de constructions par les dispositions du code relatives au littoral doit répondre « à une nécessité technique impérative ». Pour l'appréciation de cette dernière condition, il peut être tenu compte des contraintes résultant de l'urbanisation[3].

124.22 Illustrations. Les conditions posées par l'article L. 121-4 ont été regardées comme satisfaites s'agissant du projet de contournement de l'agglomération cherbourgeoise par l'Est, destiné à relier le port de commerce de Cherbourg au réseau routier national[4]. D'une part, ce contournement est devenu nécessaire au fonctionnement du service public portuaire, en raison du développement du trafic maritime à travers la Manche. D'autre part, sa localisation à proximité du littoral, dans sa partie terminale, répond à la nécessité de desservir le port ; le tracé est en outre tributaire des contraintes résultant de l'urbanisation.

Ces conditions ont également été regardées comme satisfaites dans le cas d'un projet d'ouvrages de rejet dans la darse d'un port ostréicole en vue d'y évacuer les eaux décantées en provenance des bassins de décantation des produits de dragage[5]. Le tribunal considère que ces installations portuaires ayant pour objet de ne pas être tributaires des marées, elles doivent être regardées comme « nécessaires à la sécurité maritime ». Aussi peuvent-elles, par dérogation, être installées dans un espace proche du rivage.

§ 2
Stations d'épuration

124.31 Admission à titre exceptionnel. L'article L. 121-5 du code de l'urbanisme prévoit : « À titre exceptionnel, les stations d'épuration d'eaux usées, non liées à une opération d'urbanisation nouvelle, peuvent être autorisées par dérogation aux dispositions » du code de l'urbanisme propres au littoral[6].

Ces dispositions avaient été introduites pour contourner une jurisprudence du Conseil d'État déclarant illégale l'implantation de stations d'épuration sur le littoral au motif que ces installations n'exigent pas la proximité immédiate de l'eau (et par conséquent ne pouvaient bénéficier de l'exception prévue à l'article L. 121-17 du code de l'urbanisme pour les « constructions ou installations nécessaires à des services publics ou à des activités économiques exigeant la proximité immédiate de l'eau »)[7].

Il résulte de ces dispositions que le projet d'implantation d'une station d'épuration dans un espace proche du rivage (et plus largement sur le territoire d'une commune littorale) n'est pas soumis aux règles et limites résultant de la loi Littoral[8].

124.32 Conditions de fond. L'article L. 121-5 du code de l'urbanisme ne subordonne la délivrance d'une autorisation d'installation d'une station d'épuration dans les communes littorales à aucune condition de fond.

Néanmoins, tirant la conséquence du caractère « exceptionnel » de cette autorisation, inscrit dans le texte même de cet article, une circulaire[9] indique qu'« il résulte de la loi et des débats parlementaires que la réalisation de telles stations d'épuration ne peut être autorisée que :

- pour les seules stations d'épuration des eaux usées avec rejet en mer ;

1. C. urb., art. L. 121-4.
2. POUR l'inapplication à un port de plaisance : TA Nice, 28 déc. 2010, *UDVN 83*, req. n° 0602259, NP ; *BJCL* 2011. 188, concl. Laso : ne peuvent être regardées comme « nécessaires à la sécurité maritimes » ou nécessaires au « fonctionnement des services publics portuaires » des installations qui conduisent à une extension et à un réaménagement d'un port de plaisance.
3. CE 29 déc. 1999, *Mautalent*, req. n° 197720, *Lebon T.*
4. CE 29 déc. 1999, *Mautalent*, req. n° 197720.
5. TA Bordeaux, 8 févr. 2001, *Assoc. pour la sauvegarde du site naturel des Quinconces*, req. n° 972369, NP.
6. C. urb., art. L. 121-5.
7. CE 19 mai 1993, *Assoc. Les Verts Var*, req. n° 124983, *Lebon* ; – CE 20 oct. 1995, *Saint-Jean-Cap-Ferrat (Cne)*, req. n° 151282, *Lebon T.* ; *BJDU* 1995. 365, concl. S. Daël.
8. CAA Nantes, 27 juill. 2007, *SIVOM de Combrit-Saint Marine-île Tudy*, req. n° 06NT00017, NP : annulation pour erreur de droit du jugement par lequel le tribunal administratif, pour annuler le permis de construire délivré par le maire à un SIVOM, s'est fondé sur le motif tiré de ce que ce permis avait été délivré en méconnaissance des dispositions de l'article L. 121-13 du code de l'urbanisme.
9. Circ. n° 94-38, 22 avr. 1994 sur les modalités d'application des dispositions en matière d'urbanisme de la loi n° 94-112 du 9 février 1994, § 4. 3. 1.

– dans les villes anciennes, sans équipement d'épuration, et en aucun cas pour des zones d'urbanisation nouvelle ;

– lorsque la station ne peut à moins de dépenses vraiment excessives, sinon irréalisables, être placée ailleurs ;

– lorsque les atteintes à l'environnement sont telles qu'elles ne peuvent perdurer ».

124.33 **Procédure.** La procédure d'instruction et de délivrance des autorisations d'implantation de stations d'épuration dans les communes littorales (le cas échéant en bordure de rivage) a été définie pour tenir du caractère « exceptionnel » que le législateur a entendu conférer à ces autorisations.

D'une part, doit être mise en œuvre la procédure d'évaluation environnementale (au cas par cas) lorsque le lieu d'implantation se situe dans la bande littorale ou dans un espace remarquable du littoral[1], ainsi que d'une enquête publique[2].

D'autre part, l'autorisation prévue à l'article L. 121-5 est délivrée conjointement par les ministres chargés de l'urbanisme et de l'environnement[3]. Une autorisation délivrée par le maire sans cette autorisation est entachée d'incompétence[4].

§ 3
Ouvrages de production d'énergies renouvelables

A.
Dans les îles

124.41 **Îles concernées.** Un dispositif dérogatoire d'implantation d'éoliennes et de panneaux photovoltaïques (et plus largement de tout ouvrage nécessaire à la production d'électricité à partir d'énergies renouvelables, ce qui peut inclure l'énergie marémotrice) a été introduit par la loi ÉLAN[5] au profit :

– des petites îles (moins de 10 km de largeur) ;

– qui ne sont pas connectées au réseau électrique métropolitain continental.

124.42 **Dérogation à la loi Littoral.** Les ouvrages de production d'énergies renouvelables peuvent être implantés par dérogation aux dispositions du code de l'urbanisme propres au littoral[6]. Cela signifie qu'ils peuvent le cas échéant être autorisés dans la bande littorale des 100 mètres ou les espaces proches du rivage.

124.43 **Procédure.** Les ouvrages sont autorisés par la commune après accord du préfet de région[7].

L'autorisation d'urbanisme est soumise pour avis à la commission départementale de la nature, des paysages et des sites[8].

B.
Implantation des postes et lignes électriques sur le littoral

124.51 **Enjeu.** Dans les années à venir, le réseau de transport d'électricité va devoir considérablement se développer dans les communes littorales sous l'effet de trois facteurs : le déploiement des parcs éoliens en mer, la décarbonation (et donc l'électrification) d'industries polluantes situées sur la côte, notamment dans les grandes places portuaires (Dunkerque, Fos-sur-Mer, zone portuaire du Havre et vallée de la Seine) et, de manière plus générale l'électrification croissante des usages. Or, l'application des dispositions du code de l'urbanisme relatives au littoral, conjuguée à la rareté du foncier disponible, rend complexe, voire parfois impossible, une implantation du réseau dans les communes soumises à leur application. C'est la raison pour laquelle la loi ENR a prévu la possibilité d'autoriser au cas par cas, par arrêté ministériel, l'implantation des postes et des lignes électriques.

124.52 **Régimes.** Deux régimes sont définis, l'un pérenne, l'autre provisoire.

1°
Régime pérenne

124.61 **Délivrance des autorisations.** La délivrance des autorisations fait l'objet d'un encadrement rigoureux[9].

D'abord, la compétence revient aux « ministres chargés de l'urbanisme et de l'énergie » et non pas aux autorités décentralisées ou déconcentrées, ce qui met en relief le caractère dérogatoire de ce régime. En outre, et le confirmant, il est expressément posé que les autorisations ne peuvent être délivrées qu'« à titre exceptionnel ».

1. C. env., art. R. 122-2, 24°, b, annexe.
2. C. env., art. L. 123-2.
3. C. urb., art. R. 121-1.
4. CAA Nantes, 27 juill. 2007, *SIVOM de Combrit-Saint Marine-île Tudy*, req. n° 06NT00017, NP : arrêt affirmant « qu'il ressort des pièces du dossier que le permis de construire contesté a été délivré sans l'autorisation interministérielle préalable requise […] ; que, dès lors, ce permis est entaché d'un vice qui affecte la compétence de l'autorité qualifiée pour le prendre ».
5. C. urb., art. L. 121-5-1, créé par L. n° 2018-1021, 23 nov. 2018, art. 44.
6. C. urb., art. L. 121-5-1, al. 1er.
7. C. urb., art. L. 121-5-1, al. 1er.
8. C. urb., art. L. 121-5-1, al. 2.
9. C. urb., art. L. 121-5-2, al. 1er ; créé par L. n° 2023-175, 10 mars 2023.

Quant aux conditions, celles-ci sont au nombre de trois :

– les ouvrages en cause doivent contribuer à atteindre les objectifs nationaux stratégiques pertinents en matière d'énergie[1] (cette exigence sera notamment regardée comme satisfaite s'ils ont un lien avec la production d'énergie renouvelable ou contribuent à la décarbonation d'un site) ;

– ils ne peuvent être implantés dans les zones exposées au recul du trait de côte (ce qui permet d'assurer leur longévité en les soustrayant au risque d'érosion côtière) ;

– enfin, l'autorisation doit être « justifiée par un bilan technique, financier et environnemental ».

Les ministres contrôlent au cas par cas si les projets qui leur sont soumis satisfont aux exigences ainsi posées. Ils sont pour cela éclairés par les avis que doivent rendre l'EPCI ou la commune compétent en matière de PLU et la CDNPS.

Le silence gardé par les ministres chargés de l'urbanisme et de l'énergie sur les demandes d'autorisation formées sur le fondement de l'article L. 121-5-2 vaut décision implicite de rejet[2]. La DIR naît à l'expiration d'un délai de quatre mois[3].

124.62 **Lignes électriques.** S'agissant spécifiquement des lignes électriques, le code prévoit, afin de limiter leur impact sur l'environnement, que ces lignes doivent en principe être « souterraines ». Elles ne peuvent être aériennes que si leur enfouissement « s'avère plus dommageable pour l'environnement », « techniquement excessivement complexe » ou « financièrement disproportionné » par rapport à l'installation de lignes aériennes[4].

124.63 **Bande des cent mètres et espaces remarquables.** Un régime plus strict s'applique sur les zones les mieux protégées du littoral, à savoir la bande des cent mètres et les espaces remarquables. En plus des conditions précédemment indiquées, le code prévoit que l'autorisation ne peut être accordée « que pour le passage de lignes électriques » (ce qui exclut l'installation de postes électriques dans ces zones[5]) et uniquement « lorsque leur localisation répond à une nécessité technique impérative démontrée ». En outre, l'autorisation devra être refusée si le projet est de nature à « porter une atteinte excessive » aux espaces remarquables[6].

1. Objectifs définis par le code de l'énergie.
2. C. urb., art. R. 121-1-1 ; créé par décr. n° 2023-517, 28 juin 2023.
3. C. urb., art. R. 121-1-2 ; créé par décr. n° 2023-517, 28 juin 2023.
4. C. urb., art. L. 121-5-2, al. 2.
5. Les postes électriques ne pourront être installés dans les espaces remarquables que sous le régime provisoire prévu à l'article 27 de la loi (sur ce régime, v. s^s n°s 124.71 s.).

2°
Régime provisoire

124.71 **Durée d'application.** La loi ENR comporte un article 27 définissant un régime provisoire applicable pour une durée maximale de quatre ans. Il s'applique aux projets présentés dans les deux ans suivants l'entrée en vigueur de la loi, délai pouvant être prorogé de deux ans supplémentaires par décret en Conseil d'État[7].

124.72 **Champ d'application.** Seuls sont concernés, d'une part, les projets « de production ou de stockage d'hydrogène renouvelable ou bas-carbone » et, d'autre part, les projets « de modifications d'installations industrielles ayant pour objectif le remplacement de combustibles fossiles pour la production d'énergie, l'amélioration de l'efficacité énergétique ou la diminution significative des émissions de gaz à effet de serre »[8]. En outre, les projets en question « doivent concourir de manière directe à une réduction significative des émissions de gaz à effet de serre » des installations industrielles soumises à autorisation, au titre du code de l'environnement, pour les émissions carbone résultant de leurs activités ; et ces dernières doivent représenter, en elles-mêmes ou pour l'ensemble territorial qu'elles représentent, des émissions supérieures à 250 000 tonnes par an[9]. La liste des sites concernés est fixée par décret.

124.73 **Mise en œuvre.** Une fois les sites déterminés, il revient au gestionnaire du réseau public de transport de l'électricité (RTE) de décider de faire usage des dérogations reconnues par l'article 27 en fonction des besoins associés à chaque projet, et seulement « lorsque l'application des règles de droit commun est incompatible avec la finalité poursuivie par ces projets », notamment en ce qui concerne la date de mise en service[10].

Pour ce qui intéresse l'urbanisme, il pourra, à cette fin, solliciter l'implantation de postes électriques dans les espaces remarquables du littoral[11] (là où le régime pérenne n'y admet l'implantation que de « lignes électriques »). Les conditions de fond et de procédure pour autoriser cette implantation sont les mêmes que dans le régime pérenne[12], si ce n'est que

6. C. urb., art. L. 121-5-2, al. 3.
7. L. 2023-175, 10 mars 2023, art. 27, I, al. 4.
8. L. 2023-175, 10 mars 2023, art. 27, I, al. 1er.
9. L. 2023-175, 10 mars 2023, art. 27, I, al. 2.
10. L. 2023-175, 10 mars 2023, art. 27, I, al. 4.
11. Cette dérogation est prévue au paragraphe V de l'article 27. Les autres dérogations portent notamment sur la mise en œuvre d'une procédure de concertation préalable en lieu et place de celle de participation du public (II) et la possibilité de décider une dispense d'évaluation environnementale (III).
12. V. L. 2023-175, 10 mars 2023, art. 27, V, al. 2, 3 et 4.

les dérogations doivent être « strictement proportionnées » aux besoins des projets [1].

SECTION 2
CRÉATION DE NOUVELLES ROUTES SUR LE LITTORAL

§ 1
Limitation ou interdiction de la création de nouvelles routes sur le littoral

A.
Routes de transit

124.81 Éloignement des côtes. Les nouvelles routes de transit doivent être localisées « à une distance minimale de 2 000 mètres du rivage » [2]. Cette exigence ne concerne que les côtes ; elle « ne s'applique pas aux rives des plans d'eau intérieurs » [3].

124.82 Notion de « création » d'une « route de transit ». L'article L. 121-6, al. 1er, concerne uniquement la création d'une nouvelle route de transit. Il ne s'applique pas :

– aux simples aménagements apportés à une voie existante sans création de voie [4] ;

– aux voies n'ayant qu'une fonction de desserte [5].

Le caractère de route de transit relève de l'appréciation souveraine des juges du fond [6].

124.83 Règle devant être respectée par le PLU. La création d'un emplacement réservé au profit de la commune en vue d'ouvrir une voie publique de liaison entre deux quartiers susceptibles d'accueillir un trafic important et située pour l'essentiel à moins de 2 000 mètres du rivage, viole les dispositions de l'article L. 121-6 du code de l'urbanisme [7].

1. L. 2023-175, 10 mars 2023, art. 27, I, al. 4.
2. C. urb., art. L. 121-6, al. 1er.
3. C. urb., art. L. 121-6, al. 1er – Jusqu'à la loi nº 2003-590 du 2 juillet 2003 urbanisme et habitat, cette exigence concernait également les plans d'eau intérieurs.
4. CE 10 déc. 2001, *Queven (Cne) c/Premier ministre*, req. nº 218331, *Lebon T. ; BJDU* 2001. 418, concl. I. De Silva : aménagements prenant la forme, en l'espèce, du réaménagement de la voie au niveau d'une commune et du doublement de la voie existante lors du franchissement d'une rivière, qui ne changent pas la destination de la voie malgré la présence de constructions nouvelles.
5. CE 29 nov. 1996, *Sté de développement du Dramont-Agay*, req. nº 129241, NP ; *BJDU* 1997. 74, concl. D. Piveteau.
6. CE 12 déc. 2007, *Sene (Cne)*, req. nº 290312, NP ; *BJDU* 2007. 451, concl. M. Guyomar.
7. CE 10 mars 1995, *Union départementale pour la sauvegarde de la vie, de la nature et de l'environnement dans le Var (UDVN 83)*, req. nº 128290, *Lebon T.* : annulation de la délibération approuvant le POS.

B.
Routes de desserte

124.91 Interdiction de création. La création de nouvelles routes de desserte locale « est interdite » [8] :

– sur les plages ;

– sur les cordons lagunaires ;

– sur les dunes ;

– ou en corniche.

124.92 Positionnement par rapport au rivage. Les nouvelles routes de desserte locale ne peuvent [9] :

– d'une part, être établies sur le rivage ;

– d'autre part, longer le rivage.

§ 2
Dérogations aux limitations et interdictions de création de nouvelles routes sur le littoral

A.
Dérogation générale : contraintes liées à la configuration des lieux ou à l'insularité

1°
Condition de fond

a.
Existence d'une contrainte

124.101 Construction de routes admise en cas de contraintes particulières. Les interdictions précédemment mentionnées (posées par les alinéas 1, 2 et 3 de l'article L. 121-6) « ne s'appliquent pas en cas de contraintes » liées [10] :

– à la « configuration des lieux » ;

– ou, le cas échéant, « à l'insularité ».

Il en résulte la possibilité de créer, dans les secteurs concernés, de nouvelles routes sur le rivage, voire sur les plages.

b.
Illustrations

124.111 Condition satisfaite. Dans les circonstances de l'espèce [11], le tracé d'un boulevard urbain est regardé comme procédant de contraintes liées à la configuration des lieux lorsqu'il apparaît comme constituant la moins mauvaise des options :

8. C. urb., art. L. 121-6, al. 2.
9. C. urb., art. L. 121-6, al. 3.
10. C. urb., art. L. 121-6, al. 4.
11. CAA Bordeaux, 6 avr. 2010, *Cté d'agglo. de La Rochelle c/ Assoc. pour la protection du littoral rochelais et autres*, req. nº 09BX02248, NP.

– le premier tracé alternatif empiète davantage sur la marge des 2 000 mètres mais affecte une zone de forte densité urbaine, ce qui entraîne les contraintes topographiques liées au caractère de cette zone ;

– le second tracé alternatif conduit à rapprocher une partie significative de la voie d'un marais, dans un secteur où l'instabilité du sol ne le permet pas, et aussi à diviser une coupure verte, ce qui en réduit fortement l'intérêt urbanistique et environnemental, et, en outre, oblige à détruire des haies d'arbustes qui ont une fonction écologique ;

– à l'inverse, le tracé retenu, certes à l'intérieur de la coupure verte mais en bordure de celle-ci, permet de conserver ces haies et, s'il aboutit à réduire ladite coupure, celle-ci subsiste de manière substantielle et sans solution de continuité.

De même, eu égard au caractère fortement urbanisé de la zone comprise entre le mont Saint-Clair et l'étang de Thau, et aux contraintes d'ordre topographique en résultant, la réalisation d'une voie routière de contournement en bordure de l'étang de Thau entre dans le champ des prévisions du quatrième alinéa de l'article L. 121-6[1].

124.112 **Condition non satisfaite.** La présence d'un aéroport au nord-ouest d'une agglomération, ainsi que l'existence entre cet ouvrage et la commune d'une zone en cours d'urbanisation ne sauraient constituer des contraintes liées à la configuration des lieux conduisant à prévoir obligatoirement un contournement de l'agglomération par l'Est, d'autant qu'il ressort des pièces du dossier qu'un tracé alternatif empruntant l'assiette d'une voie ferrée désaffectée et située à l'ouest de l'agglomération avait été initialement retenu[2].

2°
Condition de procédure

124.121 **Consultation de la CDNPS.** La CDPNS doit être consultée sur l'impact, sur la nature, de l'implantation de nouvelles routes sur les rivages ou sur la plage[3], pour des motifs liés à la configuration des lieux ou à l'insularité.

Est entaché d'un vice de procédure l'acte adopté sans consultation préalable de cette commission[4].

B.
Dérogation spécifique à la bande littorale des 100 mètres : aménagement de routes dans des espaces urbanisés ou pour les besoins de services publics et activités économiques exigeant la proximité immédiate de l'eau

124.131 **Routes dans la bande littorale.** L'aménagement des routes dans la bande littorale des 100 mètres est possible dans deux cas de figure[5] :

– d'une part, « dans les espaces urbanisés » ;

– d'autre part, lorsque ces routes sont « nécessaires à des services publics ou à des activités économiques exigeant la proximité immédiate de l'eau ».

124.132 **Notion d'aménagement de routes.** L'article L. 121-6, al. 5, autorise, aux conditions qu'il mentionne, l'« aménagement » de routes. La notion se situe entre la création de routes et l'entretien de routes.

D'une part, cet alinéa n'autorise pas la création de routes nouvelles.

D'autre part, il ne peut être opposé à de simples travaux d'entretien et de préservation des routes existantes[6].

C.
Dérogation concernant les routes nécessaires à la sécurité, à la défense, et au fonctionnement des ports et aéroports

124.141 **Inapplication de la loi Littoral.** Les dispositions de la loi Littoral sont inapplicables aux routes nécessaires à la sécurité, à la défense, et au fonctionnement des ports et aéroports[7].

SECTION 3
TERRAINS DE CAMPINGS ET STATIONNEMENT DES CARAVANES DANS LES COMMUNES SOUMISES À LA LOI LITTORAL

124.151 **Secteurs dédiés délimités par le PLU.** L'aménagement et l'ouverture de terrains de camping ou de stationnement de caravanes en dehors

1. CE 30 déc. 1996, *Sté de protection de la nature de Sète-Frontignan-Balaruc*, req. n° 102023, *Lebon*.
2. CE 4 oct. 1996, *Assoc. Défense et protection de l'environnement de Pleurtuit*, req. n° 159456, *Lebon* 382 – ÉGALEMENT : CE 25 nov. 1998, *Grimaud (Cne)*, req. n° 168029, *Lebon T.* ; *BJDU* 1999. 15, concl. C. Maugüé : arrêt relevant que « l'existence de telles contraintes ne résulte pas des pièces du dossier ».
3. C. urb., art. L. 121-6, al. 4.
4. CE 15 juin 1992, *Sté du Canal de Provence*, req. n° 132416, *Lebon*.
5. C. urb., art. L. 121-6, al. 5.
6. CE 21 août 1996, *Assoc. des riverains des bois de Rys et de la Maladerie*, req. n° 144082, *Lebon T.* : des travaux de conservation et d'entretien d'un chemin rural existant, tels que le goudronnage de ce chemin en vue de réduire les nuisances dues à la poussière soulevées par le passage de camions, ne peuvent être regardés comme des travaux d'aménagement de routes au sens de ces dispositions, dès lors qu'ils n'ont pas pour objet de modifier la nature ou l'utilisation du chemin concerné.
7. V. ss nos 124.21 s.

des espaces urbanisés sont subordonnés à la « délimitation de secteurs prévus à cet effet » par le PLU[1].

La délimitation de ces secteurs doit respecter les principes d'urbanisation posés par les dispositions du code de l'urbanisme propres au littoral[2]. Aussi, ces secteurs ne peuvent figurer :

– en aucun cas dans la bande littorale des 100 mètres[3] ;

– dans les espaces proches du rivage, que si l'urbanisation est limitée, justifiée et motivée ;

– dans d'autres zones du territoire communal, qu'en continuité de l'urbanisation déjà existante[4].

1. C. urb., art. L. 121-9.
2. V. s[s] n°s 122.05 s.
3. CE 25 sept. 1996, *Sangatte (C[ne])*, req. n° 138197, NP ; – CAA Nantes, 28 févr. 2014, *EURL Campimer*, req. n° 12NT03093, NP ; *Envir.* 2014, n° 51, note F. Sousse (compétence liée pour refuser le permis d'aménager).
4. CE 16 déc. 2016, *Pénestin (C[ne])*, req. n° 389079, *Lebon T.* ; *BJDU* 2017. 84, concl. X. de Lesquen – CE 25 sept. 1996, *Sangatte (C[ne])*, req. n° 138197, NP.

CHAPITRE

125. Servitudes administratives applicables sur le littoral

SECTION 0
ORIENTEUR

125.00 Sommaire du chapitre.

125.01 Textes applicables.

> Servitudes de passage

• **C. urb.**

art. L. 121-31 s.

art. 121-9 s.

> Servitudes de visibilité des amers, des feux et des phares

• **L. n° 87-954, 27 nov. 1987** relative à la visibilité des amers, des feux et des phares et au champ de vue des centres de surveillance de la navigation maritime, *JO* 28 nov., p. 13887.

• **Décr. n° 91-400, 25 avr. 1991** pris pour l'application de la loi n° 87-954 du 27 novembre 1987 relative à la visibilité des amers, des feux et des phares et au champ de vue des centres de surveillance de la navigation maritime, *JO* 27 avr., p. 5701.

125.03 Bibliographie indicative.

Encyclopédies. *DP constr.-urb.*, ét. : « Littoral » – *J.-Cl. Constr.-Urb.*, fasc. 266 : « Servitudes.– Servitude de passage des piétons sur le littoral », par N. Le Rudulier, nov. 2011, mis à jour juin 2018.

Monographies. O. Sut, *La loi Littoral : décryptage du volet urbanisme au travers des décisions du juge administratif*, « Les indispensables », Berger Levraut, 2021 – J.-F. Struillou et N. Huten (dir.), *Le juge administratif, le littoral et la mer après la loi Élan*, LexisNexis, 2021 – J.-L. Pissaloux et A. Rainaud, *Les trente ans de la loi Littoral*, L'Harmattan, 2017.

Articles. B. Genevois, « La servitude de passage des piétons sur le littoral », *AJDA* 1979. 628.

125.04 Questions essentielles.

> Quelles sont les deux formes de servitude de passage sur le littoral ?

* V. s[s] n°s 125.11 s.

> Le propriétaire soumis à une servitude de passage sur le littoral peut-il prétendre à une indemnisation de son préjudice ?

* V. s[s] n°s 125.291 s.

> Quel sont les effets attachés aux servitudes de visibilité des amers, des feux et des phares et des centres de surveillance de la navigation maritime ?

* V. s[s] n°s 125.371 s.

125.05 Deux types de servitudes. Les propriétés privées situées en bordure de littoral peuvent être grevées de deux types de servitudes :

– des servitudes de passage, destinées à favoriser le passage des piétons sur le littoral ;

– des servitudes de visibilité des amers, des feux et des phares, destinées à assurer la sécurité de la navigation maritime.

SECTION 1
SERVITUDES DE PASSAGE SUR LE LITTORAL

125.11 Accès des piétons au littoral. Pour permettre aux piétons d'accéder au littoral, ont été instituées :

– une servitude de passage longitudinale, bordant celui-ci ;

– et une servitude de passage transversale, garantissant l'accès au littoral à travers des voies et chemins privés.

§ 1
Servitude de passage longitudinale (le long du littoral)

125.21 Texte. En vertu de l'article L. 121-31 du code de l'urbanisme : « Les propriétés privées riveraines du domaine public maritime sont grevées sur une bande de trois mètres de largeur d'une servitude destinée à assurer exclusivement le passage des piétons ».

Ces dispositions ont été introduites par la loi du 31 décembre 1976[1] portant réforme de l'urbanisme.

A.
Objet et assiette de la servitude de passage longitudinale

1°
Objet : un passage piétonnier sur le littoral

125.31 Droit de passage réservé aux piétons. La servitude de passage longitudinale sur les propriétés riveraines du domaine public maritime est « destinée à assurer exclusivement le passage des piétons » le long du littoral[2].

1. L. n° 76-1285, 31 déc. 1976 portant réforme de l'urbanisme, *JO* 1er janv. 1977, p. 4.
2. C. urb., art. L. 121-31.

Son objet est ainsi d'instaurer « un droit de passage » le long du littoral, lequel est « réservé aux piétons »[1].

125.32 **Rôle exceptionnel de desserte.** Même si cela ne constitue pas son objet, la bande de passage peut « avoir pour effet, dans certaines circonstances, d'assurer la desserte d'une parcelle »[2]. Dans ce cas, l'exigence (posée par le PLU ou le RNU) que le terrain soit desservi par la voie publique pourra s'apprécier au regard de la bande de passage existante[3].

2°
Assiette de la servitude de passage

a.
Largeur de la bande de passage

125.41 **Bande de 3 mètres.** La servitude de passage longitudinale des piétons a pour assiette une bande de trois mètres de largeur[4].

Lorsqu'un chemin littoral s'y trouve, il est communément appelé « sentier des douaniers »[5].

b.
Point à partir duquel se calcule la bande de passage

125.51 **Domaine public maritime.** L'assiette de la servitude de passage est « calculée à compter de la limite du domaine public maritime »[6].

125.52 **Détermination de la limite du domaine public maritime.** La limite à partir de laquelle est mesurée l'assiette de la servitude de passage longitudinale est, selon le cas, l'une des quatre suivantes[7] :

– la limite haute du rivage de la mer, tel qu'il est défini par le 1° de l'article L. 2111-4 du CGPPP (1°) ;

– la limite, du côté de la terre, des lais et relais de la mer compris dans le domaine public maritime naturel, par application du 3° de l'article L. 2111-4 du CGPPP (2°) ;

– la limite des terrains soustraits artificiellement à l'action du flot compris dans le domaine public maritime naturel, en application du dernier alinéa de l'article L. 2111-4 du CGPPP (3°) ;

– la limite des terrains qui font partie du domaine public maritime artificiel tel qu'il est défini par l'article L. 2111-6 du CGPPP (4°).

125.53 **Demande de délimitation du domaine public maritime.** Tout propriétaire riverain (et uniquement un propriétaire riverain[8]) peut demander au préfet qu'il soit procédé à la délimitation du domaine public maritime au droit de sa propriété dans deux cas de figure :

– en l'absence d'acte administratif de délimitation[9] ;

– dans le cas où, depuis une délimitation antérieure, des phénomènes naturels non liés à des perturbations météorologiques exceptionnelles ont eu pour effet de modifier le niveau des plus hautes eaux[10].

Le préfet se trouve en situation de compétence liée pour procéder à la délimitation[11].

B.
Terrains concernés par la servitude longitudinale

1°
Principe : application à toutes les propriétés riveraines du littoral

125.61 **Propriétés concernées.** La servitude s'applique de plein droit à toutes les propriétés privées riveraines du domaine public maritime.

2°
Exception : régime dérogatoire pour certains terrains ou maisons d'habitation antérieurs à 1976

a.
Inapplication de principe

125.71 **Critère d'antériorité à 1976.** Sont exclues du champ d'application de la servitude[12], et cette dérogation est importante :

– d'une part, les terrains situés à moins de quinze mètres des bâtiments à usage d'habitation édifiés avant le 1er janvier 1976 ;

1. CE 21 juin 2018, *Le Berre*, req. n° 416564, *Lebon T.*
2. CE 21 juin 2018, *Le Berre*, req. n° 416564.
3. CE 21 juin 2018, *Le Berre*, req. n° 416564 : condition satisfaite dans le cas d'un terrain situé sur l'île de Houat. Eu égard à la quasi-absence de véhicules motorisés autorisés à y circuler, une desserte s'effectuant exclusivement à pied (le cas échéant par le chemin littoral) est regardée comme suffisante.
4. C. urb., art. L. 121-31 ; art. R. 121-9.
5. Ce nom vient du fait que ce sentier était emprunté, à partir de la Révolution française, par les agents des douanes luttant contre la contrebande.
6. C. urb., art. R. 121-9.
7. C. urb., art. R. 121-10.
8. Une association de protection de l'environnement est dépourvue de cette qualité : CE 13 févr. 2002, *Min. Équip., Logement et Transport c/Assoc. pour la défense de l'environnement et de la qualité de la vie de Golfe-Juan Vallauris*, req. n° 235326, *Lebon T. ; Constr.-Urb.* 2002, n° 152, note Ph. Benoit-Cattin.
9. C. urb., art. R. 121-11, al. 1er.
10. C. urb., art. R. 121-11, al. 2.
11. CAA Marseille, 15 oct. 2009, *Susini*, req. n° 08MA00421, NP : arrêt affirmant « qu'il résulte de ces dispositions que, saisi d'une demande en ce sens par les propriétaires riverains, le préfet est tenu de procéder à la délimitation du domaine public maritime au droit de leur propriété lorsqu'il n'existe aucune délimitation ou lorsque les conditions naturelles justifient qu'il soit procédé à une nouvelle délimitation ».
12. C. urb., art. L. 121-33.

– d'autre part les terrains attenants à des maisons d'habitation et clos de murs au 1er janvier 1976.

En excluant du champ d'application de la servitude qu'il instituait les propriétés sur lesquelles ont été édifiées des habitations avant le début de l'année civile au cours de laquelle la disposition contestée a été discutée et adoptée par le Parlement, « le législateur a entendu prendre en compte la situation des propriétaires qui ont légalement édifié leur habitation à une époque où l'institution d'une telle servitude n'était pas envisagée »[1].

La jurisprudence a apporté des précisions sur les notions employées.

En premier lieu, la notion de bâtiments à usage d'habitation s'entend des bâtiments ayant conservé leur usage d'habitation à la date de la décision administrative[2].

En deuxième lieu, le juge peut prendre en considération tout élément pour estimer que le bâtiment était habité ou non. Il peut ainsi se fonder sur un acte notarié (décrivant le bâtiment comme ne comportant aucun équipement intérieur, en particulier sanitaire) et l'absence d'imposition au titre de la taxe d'habitation pour estimer qu'un moulin n'était pas habité avant 1976[3].

En troisième lieu, le juge du fond se livre à une appréciation souveraine sur la notion de bâtiment affecté à un usage d'habitation avant 1976. En l'absence de dénaturation, cette appréciation n'est pas susceptible d'être discutée devant le juge de cassation[4].

125.72 **Réduction de la distance de 15 mètres.** La distance de 15 mètres par rapport aux bâtiments à usage d'habitation peut être réduite dans quatre cas de figure.

Les trois premiers sont prévus à l'article R. 121-14 du code de l'urbanisme :

– lorsque le bâtiment à usage d'habitation est, en raison de la configuration des lieux, situé à un niveau sensiblement plus élevé que celui de l'emprise de la servitude (1°) ;

– s'il existe déjà, dans cet espace de 15 mètres, un passage ouvert à la libre circulation des piétons (2°) ;

– si le mur clôturant le terrain sur lequel est situé le bâtiment est lui-même à moins de 15 mètres dudit bâtiment (3°).

Le quatrième cas de figure correspond à la réduction de la distance avec l'accord du propriétaire[5]. La servitude devient alors conventionnelle.

125.73 **Constitutionnalité de l'exception.** Saisi d'une QPC critiquant la différence de régime entre les propriétaires de terrains bâtis et clôturés avant le 1er janvier 1976 et ceux dont les terrains l'ont été après cette date, le Conseil d'État a estimé que le moyen tiré de la méconnaissance du principe d'égalité ne présentait pas un caractère sérieux[6].

b.
Application rétablie si la servitude est nécessaire à la circulation des piétons

125.81 **Exception à l'exception.** La servitude retrouve à s'appliquer si elle constitue « le seul moyen d'assurer la continuité du cheminement des piétons ou leur libre accès au rivage de la mer »[7].

C.
Modification du tracé ou des caractéristiques de la servitude longitudinale

125.91 **Objet.** L'État peut modifier le tracé ou les caractéristiques de la servitude longitudinale à certaines conditions de fond, de forme et de procédure.

La modification du tracé consiste à ne pas suivre strictement la bande des 3 mètres.

La modification des caractéristiques peut consister, par exemple, à appliquer cette servitude à un terrain qui n'est pas riverain du domaine public maritime.

125.92 **Modification spontanément réalisée par l'administration ou opérée à la demande d'un propriétaire.** La modification d'une servitude, tout comme sa suspension, peut être réalisée spontanément par l'administration. Elle peut également intervenir à l'initiative d'un propriétaire qui, estimant qu'il y a lieu de modifier ou suspendre la servitude à son égard, adresse une demande en ce sens au préfet[8].

1°
Conditions de fond

125.101 **Deux motifs.** L'autorité administrative compétente de l'État (en l'occurrence le préfet) peut

1. CE 12 déc. 2014, *Morvan*, req. n° 377571, NP : non renvoi de la QPC.
2. CE 13 mars 1996, *Consorts Gauthier*, req. n° 136746, *Lebon T.* ; *BJDU* 1996. 8, concl. J. Arrighi de Casanova.
3. CAA Nantes, 6 oct. 1999, *Henaff*, req. n° 97NT00004, NP.
4. CE 13 févr. 2002, *Min. Équipement, Transports et Logement c/Assoc. Les amis des chemins de ronde du Morbihan*, req. n° 215151, *Lebon T.*
5. C. urb., art. R. 121-15, précisant que cet accord doit résulter d'une convention passée avec une collectivité publique ou un groupement de collectivités publiques.
6. CE 12 déc. 2014, *Morvan*, req. n° 377571, NP : non renvoi de la QPC.
7. C. urb., art. L. 121-33.
8. Un éventuel refus pourra être contesté devant le juge administratif, PAR EX. : CE 18 déc. 1987, *Loyer*, req. n° 65365, *Lebon* – CAA Nantes, 13 mai 2003, *Hemon*, req. n° 00NT00963, NP.

« modifier le tracé ou les caractéristiques de la servitude » pour deux motifs [1] :

– d'une part, assurer, compte tenu notamment de la présence d'obstacles de toute nature, « la continuité du cheminement des piétons » ou leur « libre accès au rivage de la mer » ;

– d'autre part, « tenir compte des chemins ou règles locales préexistants ».

a.
Premier motif : assurer la continuité du cheminement et le libre accès au rivage

125.111 **Finalités.** Le premier motif permettant de modifier le tracé ou les caractéristiques de la servitude longitudinale correspond à la nécessité d'« assurer [...] la continuité du cheminement des piétons » ou leur « libre accès au rivage de la mer » [2].

125.112 **Causes.** Les obstacles nécessitant une modification peuvent être « soit des obstacles de droit soit des obstacles naturels » [3].

Les obstacles juridiques résultent principalement du respect des constructions ou terrains antérieurs à 1976 [4]. Ainsi la modification du tracé peut-elle intervenir lorsque le tracé de droit devrait passer à moins de 15 mètres de bâtiments à usage d'habitation édifiés avant le 1er janvier 1976, ou lorsqu'il devrait passer dans un terrain attenant à une maison d'habitation et clos de murs au 1er janvier 1976 [5] et que, dans le même temps, il n'est pas légalement possible de réduire cette distance de 15 mètres [6].

Les obstacles naturels (le 1° de l'article L. 121-32 fait référence à « la présence d'obstacles de toute nature ») peuvent tenir, par exemple :

– aux risques d'instabilité et d'éboulement des sols [7], lesquels concernent principalement les côtes rocheuses (aussi sur une côte découpée ou une falaise, le tracé peut-il être modifié pour des raisons de sécurité [8]) ;

– au caractère impraticable d'un chemin (celui-ci étant recouvert par les eaux à marée haute) [9].

1. C. urb., art. L. 121-32, 1°.
2. C. urb., art. L. 121-32, 1°.
3. Circ. n° 78-144, 20 oct. 1978 relative à la servitude de passage des piétons sur le littoral, *BOMET* 78/46 *bis*, pt 2.1.1.
4. V. ss n° 125.71.
5. CE 25 nov. 1988, *Min. Urbanisme et Logement c/Assoc. pour la sauvegarde du Pays Fouesnantais*, req. n° 72482, *Lebon* 427 : pour assurer la continuité du cheminement des piétons sur le littoral compte tenu de la présence d'un groupe de maisons d'habitation rapprochées et situées à moins de 15 mètres du littoral, le préfet pouvait légalement modifier le tracé de la servitude de passage longitudinale.
6. Sur les cas permettant de réduire cette distance, v. ss n° 125.72.
7. CAA Nantes, 1er mars 2013, *Min. Écologie c/SCI Jeac*, req. n° 11NT02409, NP.
8. Circ. n° 78-144, 20 oct. 1978, pt 2.1.1.2°.c.
9. CE 18 déc. 1987, *Loyer*, req. n° 65365, *Lebon*.

b.
Second motif : tenir compte des chemins ou règles locales préexistants

125.121 **Mettre le droit en relation avec la pratique.** Le préfet est autorisé à modifier le tracé ou les caractéristiques de la servitude longitudinale afin de « tenir compte des chemins ou règles locales préexistants » [10].

Ainsi, lorsqu'existent des usages et chemins préexistants permettant au public de circuler le long du rivage, le préfet peut modifier les caractéristiques et le tracé de la servitude pour lui faire emprunter ces lieux de passage et l'y adapter.

Selon la circulaire de 1978 [11], ce sera le cas notamment :

– des chemins privés utilisés par le public depuis au moins 30 ans sans qu'il y ait eu opposition des propriétaires (constitution d'un droit d'usage au profit de la commune) ;

– des chemins et sentiers d'exploitation appartenant aux riverains et qui mettent en communication des parcelles privées avec la voie publique, à condition que cette superposition de la servitude ne gêne pas les exploitants agricoles. Cette éventualité peut se présenter par exemple dans le cas de prairies jouxtant le littoral.

c.
Possibilité que le nouveau tracé s'applique à des propriétés non riveraines du domaine public

125.131 **Possibilité exceptionnelle.** Lorsque cela s'avère nécessaire à la continuité du cheminement, voire à l'accès au rivage, le tracé modifié « peut grever exceptionnellement des propriétés non riveraines du domaine public maritime » [12].

La circulaire précitée précise que, dans ce cas, il convient « de réduire au maximum la largeur du passage pour diminuer le plus possible la gêne éventuelle occasionnée au propriétaire concerné » [13].

d.
Exigence de proportionnalité dans l'usage du pouvoir

125.141 **Exigence exprimée par la doctrine administrative et la jurisprudence.** La circulaire de 1978 souligne à diverses reprises que l'atteinte portée aux propriétés privées ne doit pas excéder ce qui est stric-

10. C. urb., art. L. 121-32, 1°.
11. Circ. n° 78-144, 20 oct. 1978, pt 2.1.2.3°.
12. C. urb., art. L. 121-32, 1° – PAR EX. : CE 25 nov. 1988, *Min. Urbanisme et Logement c/Assoc. pour la sauvegarde du Pays Fouesnantais*, req. n° 72482, *Lebon* 427 : en l'espèce, possibilité de faire passer l'assiette de la servitude par des parcelles non bâties alors même que celles-ci n'étaient pas riveraines du domaine public maritime.
13. Circ. n° 78-144, 20 oct. 1978, pt 2.1.2.1°.

tement nécessaire à l'objectif poursuivi, et ne peut être mise en œuvre que si elle constitue la seule solution possible[1].

La jurisprudence a repris cette exigence en affirmant que la faculté de modifier le tracé ou les caractéristiques de la servitude longitudinale n'est ouverte à l'autorité administrative « que dans la stricte mesure nécessaire au respect des objectifs ainsi fixés par la loi »[2].

125.142 **Conséquence : l'adaptation privilégiée à la modification.** Il résulte du principe de proportionnalité que l'administration doit privilégier l'adaptation de la servitude à la modification du tracé de celle-ci lorsque cela s'avère suffisant pour atteindre l'objectif poursuivi.

En conséquence, le juge administratif annule l'arrêté préfectoral décidant de modifier le tracé d'une servitude lorsque la continuité du cheminement des piétons pouvait, tout en respectant les dispositions législatives interdisant de grever de cette servitude les terrains situés à moins de quinze mètres des bâtiments à usage d'habitation édifiés avant le 1er janvier 1976, être assurée par un simple aménagement des caractéristiques de ladite servitude[3].

De même, une modification est jugée illégale si la continuité du cheminement des piétons pouvait être assurée par un simple aménagement d'un chemin préexistant qui était ouvert au public en bordure du littoral[4].

125.143 **Conséquence : pas de mise en œuvre par anticipation.** Il résulte du principe de proportionnalité que l'autorité administrative ne saurait faire usage de son pouvoir par anticipation, c'est-à-dire avant même que les conditions auxquelles se trouve subordonné son exercice soient satisfaites. Ainsi que l'a indiqué une cour administrative d'appel, « si un chemin préexistant ouvert au public présente des garanties suffisantes de sécurité et de stabilité, et permet la continuité du cheminement des piétons, une modification de la servitude de passage grevant des parcelles privées ne peut être décidée par anticipation, au cas où ces conditions ne seraient plus remplies »[5].

Néanmoins, l'article R. 121-12 du code de l'urbanisme admet une démarche préventive en prévoyant que la modification du tracé ou des caractéristiques de la servitude peut intervenir « pour tenir compte de l'évolution prévisible du rivage afin d'assurer la pérennité du sentier permettant le cheminement des piétons »[6].

e. Absence de contrôle de l'opportunité du tracé

125.151 **Choix du tracé.** Il n'appartient pas au juge administratif de se prononcer sur le choix du tracé retenu par l'administration parmi ceux qui auraient été légalement possibles[7].

2° Garanties de forme et de procédure

a. Enquête publique

125.161 **Exigence d'une enquête publique.** La modification du tracé de la servitude ou de ses caractéristiques est prise « au vu du résultat d'une enquête publique » réalisée conformément au chapitre IV du titre III du livre Ier du CRPA sous réserve des dispositions particulières prévues par le code de l'urbanisme[8].

125.162 **Contenu du dossier.** Le chef du service maritime adresse au préfet, pour être soumis à enquête, un dossier qui comprend les quatre éléments suivants[9] :

– une notice explicative exposant l'objet de l'opération prévue (1°) ;

– le plan parcellaire des terrains sur lesquels le transfert de la servitude est envisagé, avec l'indication du tracé à établir et celle de la largeur du passage (2°) ;

– la liste par communes des propriétaires concernés par le transfert de la servitude, dressée à l'aide d'extraits des documents cadastraux délivrés par le service du cadastre ou à l'aide des renseignements délivrés par le conservateur des hypothèques au vu du fichier immobilier, ou par tous autres moyens (3°) ;

– l'indication des parties de territoire où il est envisagé de suspendre l'application de la servitude, notamment dans les cas mentionnés à l'article R. 121-13, ainsi que les motifs de cette suspension, et celle des parties de territoire où le tracé de la servitude a été modifié par arrêté préfectoral en application de l'article R. 121-12 (4°).

Il résulte de ces dispositions que le dossier « doit permettre à la population de connaître les motifs des pro-

1. Circ. n° 78-144, 20 oct. 1978, pt 2.1.
2. CE 7 mai 1986, *Min. Urbanisme, Logement et Transports c/ Noël*, req. n° 52647, *Lebon* ; – CE 31 mars 1989, Guyon, req. n° 70784, NP ; – CAA Nantes, 1er mars 2013, *Min. Écologie c/SCI Jeac*, req. n° 11NT02409, NP ; – ÉGALEMENT : CE 18 déc. 1987, *Loyer*, req. n° 65365, *Lebon*.
3. CE 7 mai 1986, *Min. Urbanisme, Logement et Transports c/ Noël*, req. n° 52647, *Lebon*.
4. CE 31 mars 1989, *Guyon*, req. n° 70784, NP.
5. CAA Nantes, 1er mars 2013, *Min. Écologie c/SCI Jeac*, req. n° 11NT02409, NP.
6. C. urb., art. R. 121-12.
7. CE 13 mars 1996, *Liebault*, req. n° 136746, NP ; *BJDU* 1996. 8, concl. J. Arrighi de Casanova ; – CAA Nantes, 18 déc. 1996, *Gosset*, req. n° 94NT01166, *Lebon T.* ; *BJDU* 1997. 148.
8. C. urb., art. L. 121-32, al. 1er.
9. C. urb., art. R. 121-16.

jets de modification du tracé ou des caractéristiques de la servitude de passage longitudinale. À cette fin, il doit notamment indiquer la nature et la localisation des obstacles qui justifient la modification du tracé »[1].

Outre ces pièces, le dossier soumis à enquête doit comprendre « la justification du bien-fondé du tracé retenu », au regard des dispositions des articles L. 121-32, R. 121-13 et R. 121-14, si le tracé envisagé pour la servitude a l'un des deux effets suivants[2] :

– grever des terrains attenants à des maisons d'habitation qui, au 1er janvier 1976, étaient clos de murs en matériaux durables et adhérant au sol (1°) ;

– réduire, par rapport aux bâtiments à usage d'habitation édifiés au 1er janvier 1976, la distance de quinze mètres prévue à l'article L. 121-33 (2°).

Dans ces deux cas, « la largeur du passage à établir ne peut en aucun cas excéder trois mètres »[3].

Enfin, lorsque le tracé est modifié en application de l'article R. 121-12, le dossier contient « les observations et informations fournies par des procédés scientifiques qui motivent le nouveau tracé »[4].

125.163 Contrôle juridictionnel sur le contenu du dossier. Saisi d'un moyen en ce sens, le juge administratif s'assure que le dossier d'enquête publique contenait les documents exigés.

Il accueille le moyen lorsque, par exemple, aucune des pièces du dossier soumis à l'enquête publique ne comportait de justification du passage de la servitude[5].

Il écarte le moyen lorsque le dossier était composé des pièces exigées[6], même s'il comportait en plus des pièces non exigées[7].

b.
Autres exigences de forme et de procédure

125.171 Motivation. L'arrêté préfectoral procédant à la modification du tracé de la servitude ou de ses caractéristiques est pris « par décision motivée »[8].

Satisfait par exemple à cette exigence un arrêté qui comporte en annexe un dossier comprenant une notice explicative où figurent les éléments de droit et de fait et, en particulier, les documents graphiques qui servent de fondement à chaque modification du tracé de la servitude[9].

125.172 Consultation des conseils municipaux. L'arrêté préfectoral est pris « après avis de la ou des communes intéressées »[10].

Le préfet soumet à la délibération des conseils municipaux des communes intéressées le tracé et les caractéristiques du projet de servitude. Cette délibération est réputée favorable si elle n'est pas intervenue dans un délai de deux mois[11].

125.173 Approbation et publicité. Les règles d'approbation et de publicité sont communes à la servitude longitudinale et à la servitude transversale[12].

D.
Suspension exceptionnelle de la servitude longitudinale

1°
Conditions de fond

125.181 Une suspension exceptionnelle. Si le code de l'urbanisme envisage la possibilité de suspendre une servitude de passage longitudinale, il précise que cette mesure ne peut être prise qu'« à titre exceptionnel »[13].

125.182 Cas dans lesquels la suspension peut être décidée. L'article R. 121-13 du code de l'urbanisme prévoit que la servitude de passage longitudinale peut « notamment » être suspendue dans les hypothèses qu'il mentionne. Ces hypothèses, en raison de l'adverbe « notamment », ne présentent pas un caractère limitatif.

Ces hypothèses sont au nombre de six[14] :

– lorsque les piétons peuvent circuler le long du rivage de la mer grâce à des voies ou passages ouverts au public (1°)[15] ;

1. CE 29 juin 2020, *Consorts Letulle et Min. Cohésion des territoires et des relations avec les collectivités territoriales*, req. n° 433662, *Lebon T.*
2. C. urb., art. R. 121-17.
3. C. urb., art. R. 121-17, dernier al.
4. C. urb., art. R. 121-18.
5. CE 25 nov. 1988, *Min. Urbanisme et Logement c/Assoc. pour la sauvegarde du Pays Fouesnantais*, req. n° 72482, *Lebon* 427.
6. CAA Nantes, 12 oct. 2021, *SCI de la Salinette*, req. n° 20NT01812, NP (arrêt devenu définitif en l'absence d'admission du pourvoi formé à son encontre : CE 19 juill. 2022, req. n° 459370, NP).
7. CAA Marseille, 19 oct. 2006, *Assoc. de défense de l'environnement de Bormes et du Lavandou*, req. n° 02MA00428, NP.
8. C. urb., art. L. 121-32, al. 1er.
9. CE 18 déc. 1987, *Loyer*, req. n° 65365, *Lebon*. V. dans le même sens CAA Nantes, 12 oct. 2021, *SCI de la Salinette*, req. n° 20NT01812, NP (arrêt devenu définitif en l'absence d'admission du pourvoi formé à son encontre : CE 19 juill. 2022, req. n° 459370, NP).
10. C. urb., art. L. 121-32, al. 1er.
11. C. urb., art. R. 21-23, al. 2.
12. V. ss nos 125.241 s.
13. C. urb., art. L. 121-32, 2° ; art. R. 121-13, al. 1er – VOIR, rappelant cette exigence : CE 29 juin 2020, *Consorts Letulle et Min. Cohésion des territoires et des relations avec les collectivités territoriales*, req. n° 433662, *Lebon T.*
14. C. urb., art. R. 121-13.
15. Tel n'est pas le cas lorsque ces voies et passages sont submergés par les eaux lors des marées et, par suite, n'offre pas la continuité nécessaire : CE 18 déc. 1987, *Loyer*, req. n° 65365, *Lebon* ; – CE 25 nov. 1988, *Min. Urbanisme et Logement c/Assoc. pour la sauvegarde du Pays Fouesnantais*, req. n° 72482, *Lebon* 427.

– si le maintien de la servitude de passage fait obstacle au fonctionnement soit d'un service public, soit d'un établissement de pêche bénéficiaire d'une concession, soit d'une entreprise de construction ou de réparation navale (2°) ;

– à l'intérieur des limites d'un port maritime (3°) ;

– à proximité des installations utilisées pour les besoins de la défense nationale (4°) ;

– si le maintien de la servitude de passage est de nature à compromettre soit la conservation d'un site à protéger pour des raisons d'ordre écologique ou archéologique, soit la stabilité des sols (5°)[1] ;

– si l'évolution prévisible du rivage est susceptible d'entraîner un recul des terres émergées (6°).

2°
Garanties de forme et de procédure

125.191 Trois garanties. Les garanties de forme et de procédure sont celles prévues pour la modification de la servitude : enquête publique, motivation de l'arrêté, consultation des conseils municipaux[2].

125.192 Approbation et publicité. Les règles d'approbation et de publicité sont communes à la servitude longitudinale et à la servitude transversale[3].

1. SUR ce motif de suspension : CE 29 juin 2020, *Consorts Letulle et Min. Cohésion des territoires et des relations avec les collectivités territoriales*, req. n° 433662, *Lebon T.* : le Conseil d'État affirme que, dans l'hypothèse où le maintien de la servitude de passage est de nature à compromettre soit la conservation d'un site à protéger pour des raisons d'ordre écologique ou archéologique, soit la stabilité des sols, l'administration ne peut légalement décider de suspendre, jusqu'à nouvel ordre, la servitude, que si elle justifie que ni la définition de la servitude, ni une modification de son tracé dans les conditions et limites prévues par la loi, ne peuvent, même après la réalisation des travaux qu'implique la mise en état du site pour assurer le libre passage et la sécurité des piétons, garantir la conservation d'un site à protéger pour des raisons d'ordre écologique ou archéologique, ou, dans l'intérêt tant de la sécurité publique que de la préservation des équilibres naturels et écologiques, la stabilité des sols. Pour un exemple de dossier où le risque allégué par les requérants n'a pas été regardé comme établi, v. CAA Nantes, 12 oct. 2021, *SCI de la Salinette*, req. n° 20NT01812, NP (arrêt devenu définitif en l'absence d'admission du pourvoi formé à son encontre : CE 19 juill. 2022, req. n° 459370, NP).
2. V. s^s n°s 125.161 s.
3. V. s^s n°s 125.241 s.

§ 2
Servitude de passage transversale (accès au littoral)

A.
Objet et implantation de la servitude de passage transversale

125.201 Objet. La servitude de passage transversale « a pour but de relier la voirie publique au rivage de la mer ou aux sentiers d'accès immédiat à celuici, en l'absence de voie publique située à moins de cinq cents mètres et permettant l'accès au rivage »[4].

Elle est destinée à permettre l'accès des piétons – et uniquement des piétons – aux portions mal desservies du rivage. Est illégal l'arrêté instituant une servitude de passage transversale qui autorise le passage des vélos sur les fonds grevés par la servitude[5].

Avant la recodification du livre Ier du code de l'urbanisme (partie réglementaire) par le décret du 28 décembre 2015[6], un article du code déterminait les modalités de calcul de cette distance de 500 mètres[7]. Cet article s'appliquait tant en métropole que dans les collectivités d'outre-mer. Depuis la recodification, les modalités de calcul ne sont plus prévues que pour les collectivités d'outre-mer, en l'occurrence à l'article R. 121-42[8].

125.202 Implantation. La servitude de passage des piétons transversale au rivage, peut être instituée « sur les voies et chemins privés d'usage collectif existants » ; elle ne peut être instituée sur ceux « réservés à un usage professionnel »[9].

Il ressort également de cette rédaction que la servitude ne peut être instituée sur les chemins privés d'usage individuel.

B.
Instauration d'une servitude de passage transversale

125.211 Enquête publique. L'arrêté préfectoral instaurant une servitude de passage transversale est pris « au vu du résultat d'une enquête publique réalisée conformément au chapitre IV du titre III du

4. C. urb., art. L. 121-34, al. 2.
5. CAA Marseille, 21 avr. 2015, *SCI Rosma*, req. n° 13MA03416, NP ; *JCP adm.* 2015, n° 2343, concl. S. Deliancourt.
6. Décr. n° 2015-1783, 28 déc. 2015 relatif à la partie réglementaire du livre Ier du code de l'urbanisme et à la modernisation du contenu du plan local d'urbanisme, *JO* 29 déc., n° 78.
7. C. urb., anc. art. R. 160-16.
8. V. s^s n° 127.151.
9. C. urb., art. L. 121-34, al. 1er.

livre Ier » du CRPA, sous réserve des dispositions particulières prévues par le code de l'urbanisme [1].

En vue de l'établissement du tracé et des caractéristiques de la servitude de passage transversale au rivage, le chef du service maritime adresse au préfet, pour être soumis à enquête, un dossier comprenant quatre éléments [2] :

- une notice explicative exposant l'objet de l'opération et justifiant que le projet soumis à enquête respecte les conditions mentionnées à l'article L. 121-34 (1°) ;
- le plan de l'itinéraire permettant l'accès au rivage (2°) ;
- le plan parcellaire des terrains sur lesquels la servitude est envisagée (3°) ;
- la liste par commune des propriétaires concernés par l'institution de la servitude, dressée à l'aide d'extraits de documents cadastraux délivrés par le service chargé du cadastre ou à l'aide des renseignements délivrés par le conservateur des hypothèques au vu du fichier immobilier, ou par tous autres moyens (4°).

125.212 Motivation. L'arrêté préfectoral instaurant une servitude de passage transversale est pris « par décision motivée » [3].

125.213 Consultation des conseils municipaux. L'arrêté préfectoral est pris « après avis de la ou des communes intéressées » [4].

Le préfet soumet à la délibération des conseils municipaux des communes intéressées le tracé et les caractéristiques du projet de servitude. Cette délibération est réputée favorable si elle n'est pas intervenue dans un délai de deux mois [5].

125.214 Approbation et publicité. Les règles d'approbation et de publicité sont communes à la servitude longitudinale et à la servitude transversale [6].

§ 3
Procédure de création et de modification des servitudes de passage sur le littoral

A.
Enquête publique

1°
Renvoi au droit commun de l'enquête publique

125.221 Procédure définie par le CRPA. L'enquête mentionnée aux articles R. 121-16 et R. 121-19 a lieu dans les formes prévues par le chapitre IV du titre III du livre Ier du CRPA [7], sous réserve des dispositions particulières édictées aux articles R. 121-21 et R. 121-22 [8].

2°
Règles spécifiques

125.231 Visite des lieux. Le commissaire enquêteur ou la commission d'enquête « peut décider de procéder à une visite des lieux » [9].

Dans ce cas, le commissaire enquêteur ou le président de la commission « avise le maire et convoque sur place les propriétaires intéressés ainsi que les représentants des administrations » [10]. Les propriétaires intéressés « s'entendent des seuls propriétaires des parcelles concernées soit par les modifications envisagées par l'autorité administrative du tracé ou des caractéristiques de la servitude soit par la suspension de celle-ci » [11]. En outre, l'obligation de convoquer à la visite des lieux les propriétaires intéressés « n'est pas limitée aux seuls propriétaires ayant exprimé le souhait qu'il soit procédé à une visite des lieux » [12].

Après avoir entendu les propriétaires intéressés et les représentants des administrations, le commissaire enquêteur ou le président de la commission « dresse procès-verbal de la réunion » [13].

125.232 Rectifications proposées à l'issue de l'enquête. Si le commissaire enquêteur ou la commission d'enquête propose de rectifier le tracé ou les caractéristiques de la servitude qui ont été soumis à enquête, et si ces rectifications tendent à appliquer la servitude à de nouveaux terrains [14] :

- les propriétaires de ces terrains en sont avisés par lettre ;
- un avis au public est affiché à la mairie ;
- et un délai de quinze jours au moins, en sus de celui fixé par l'arrêté prescrivant l'ouverture de l'enquête, est accordé à toute personne intéressée pour prendre connaissance à la mairie des rectifications proposées et présenter des observations.

125.233 Transmission au préfet. À l'expiration du délai d'enquête, le commissaire enquêteur ou le président de la commission d'enquête transmet le dossier avec ses conclusions au préfet [15].

1. C. urb., art. L. 121-34, al. 1er.
2. C. urb., art. R. 121-19.
3. C. urb., art. L. 121-34, al. 1er.
4. C. urb., art. L. 121-34, al. 1er.
5. C. urb., art. R. 21-23, al. 2.
6. V. ss nos 125.241 s.
7. C. urb., art. R. 121-20.
8. V. ss nos 125.231 s.
9. C. urb., art. R. 121-21.
10. C. urb., art. R. 121-21.
11. CE 28 déc. 2012, *Assoc. U Levante*, req. n° 349059, *Lebon T.*
12. CE 28 avr. 2017, *Min. Logement et habitat durable c/Cherest-Lancesseur (Mme) et a.*, req. n° 397015, *Lebon T. ; BJCL* 2017. 358, concl. S. Von Coester.
13. C. urb., art. R. 121-21.
14. C. urb., art. R. 121-22, al. 1er.
15. C. urb., art. R. 121-22, al. 2.

B. Approbation du tracé et des caractéristiques de la servitude

1° Forme de la décision

125.241 Arrêté préfectoral ou décret. La forme de l'acte approuvant le tracé et les caractéristiques de la servitude dépend du sens des avis émis par les conseils municipaux.

La décision est prise[1] :

– par arrêté préfectoral, en l'absence d'opposition de la ou des communes intéressées ;

– par décret en Conseil d'État, en cas d'opposition d'une ou plusieurs communes.

2° Publicité de la décision

125.251 Large publicité. Afin que les intéressés, notamment les propriétaires, aient connaissance de l'acte approuvant le tracé et les caractéristiques de la servitude et, le cas échéant, puissent le contester, le code a prévu qu'il fasse l'objet d'une large publicité.

125.252 Publication. Deux formes de publications sont prévues.

La première correspond à une publication officielle : l'acte d'approbation est publié[2] :

– au *JORF* s'il s'agit d'un décret ;

– et au recueil des actes administratifs de la ou des préfectures intéressées, s'il s'agit d'un arrêté préfectoral.

La seconde publication intervient dans la presse locale : une mention de l'acte d'approbation doit être insérée en caractères apparents dans deux journaux régionaux ou locaux diffusés dans le ou les départements concernés[3].

125.253 Affichage. Une copie de l'acte d'approbation est déposée à la mairie de chacune des communes concernées. Avis de ce dépôt est donné par affichage à la mairie pendant un mois[4]. À défaut d'affichage (comme, du reste, de publication au Journal officiel ou au recueil des actes de la préfecture) le délai de recours n'est pas déclenché à l'encontre des propriétaires des terrains concernés par cette servitude[5].

125.254 Publicité foncière. L'acte d'approbation fait l'objet de la publicité prévue au 2° de l'article 36 du décret du 4 janvier 1955[6] portant réforme de la publicité foncière[7].

La publication, pour l'information des usagers, est réalisée au service chargé de la publicité foncière de la situation des immeubles, par les soins de l'administration compétente.

Il résulte du rapprochement de l'article 36 et des autres dispositions du décret du 4 janvier 1955 que l'obligation ainsi faite à l'administration, dans l'intérêt de l'information des usagers, de publier au bureau des hypothèques de la situation de l'immeuble concerné les décisions relatives à la servitude n'est pas une condition de l'opposabilité de ces décisions. Par suite, le défaut d'une telle publication est sans effet sur le délai de recours[8].

125.255 Absence d'exigence d'une notification aux propriétaires concernés. Aucune disposition, ni aucun principe n'impose à l'autorité administrative de notifier au propriétaire concerné l'arrêté par lequel elle institue ou modifie une servitude de passage sur le littoral[9]. L'absence de notification a un effet sur le délai de recours dont dispose le propriétaire mais non sur l'opposabilité de l'acte d'approbation[10].

125.256 Annexion au PLU. Il appartient à la commune d'annexer à son PLU la servitude créée ou modifiée[11].

§ 4 Effets des servitudes de passage sur le littoral

A. Effets pour les propriétaires

125.261 Trois obligations. La servitude entraîne trois obligations pour les propriétaires des terrains et leurs ayants droit[12] :

– l'obligation de laisser aux piétons le droit de passage (1°) ;

– l'obligation de n'apporter à l'état des lieux aucune modification de nature à faire, même provisoirement, obstacle au libre passage des piétons (2°) ;

1. C. urb., art. R. 121-23, al. 3 à 5.
2. C. urb., art. R. 121-24, al. 1 à 3.
3. C. urb., art. R. 121-24, al. 4.
4. C. urb., art. R. 121-24, al. 4.
5. CE 29 janv. 1988, *Min. Équipement, Logement, Aménagement du territoire et Transports c/de Taisne (Mlle)*, req. n° 65688, *Lebon T.*
6. Décr. n° 55-22, 4 janv. 1955 portant réforme de la publicité foncière, *JO* 7 janv., p. 346.
7. C. urb., art. R. 121-24, al. 5.
8. CE 29 janv. 1988, *Min. Équipement, Logement, Aménagement du territoire et Transports c/de Taisne (Mlle)*, req. n° 65688, *Lebon T.*
9. CE 4 févr. 2015, *Sarzeau (C^ne)*, req. n° 366861, *Lebon T.* ; *BJDU* 2015. 128, concl. A. Bretonneau.
10. CE 4 févr. 2015, *Sarzeau (C^ne)*, req. n° 366861.
11. V. s^s n° 231.1661.
12. C. urb., art. R. 121-26.

– l'obligation de laisser l'administration compétente établir la signalisation prévue à l'article R. 121-25 et effectuer les travaux nécessaires pour assurer le libre passage et la sécurité des piétons, sous réserve d'un préavis de quinze jours sauf cas d'urgence (3°).

125.262 Contravention en cas de manquement. Le manquement à ces obligations est pénalement sanctionné : le code punit de l'amende prévue pour les contraventions de la 5e classe toute personne qui aura enfreint les dispositions de l'article R. 121-26 ou fait obstacle à leur application[1].

125.263 Autorisation préfectorale de modifier les lieux. Sur autorisation préalable accordée par le préfet, qui ne saurait excéder 6 mois, le propriétaire peut apporter à l'état des lieux des modifications de nature à faire obstacle au libre passage des piétons[2]. L'autorisation peut notamment être délivrée pour réaliser des travaux d'entretien, d'aménagement ou de construction (clôture, travaux de défense contre la mer, etc.).

125.264 Opposabilité aux décisions d'urbanisme. La cour administrative d'appel de Marseille a jugé que la servitude de passage longitudinale est dotée d'une « opposabilité directe ». Elle en a déduit « qu'il ne peut ainsi être porté atteinte à ses effets par les autorisations d'urbanisme délivrées sur les parties non construites des terrains situées dans la limite instaurée par la loi »[3].

B. Effets pour les piétons

125.271 Usage conforme. La servitude entraîne, pour toute personne qui emprunte le passage, l'obligation de n'utiliser celui-ci que conformément aux fins définies par les articles L. 121-31 ou L. 121-34[4], c'est-à-dire une utilisation, uniquement par des piétons, pour longer le rivage de la mer[5] ou accéder à celui-ci[6].

125.272 Contravention en cas de manquement. Le manquement à l'obligation d'utiliser le passage conformément aux fins prévues est pénalement sanctionné : sera punie d'une amende pour les contraventions de la 4e classe toute personne qui aura enfreint les dispositions de l'article R. 121-27[7].

1. C. urb., art. R. 121-32, al. 1er.
2. C. urb., art. R. 121-26, 2°.
3. CAA Marseille, 9 déc. 2010, *Demedardi*, req. n° 09MA01130, NP.
4. C. urb., art. R. 121-27.
5. Pour la servitude longitudinale, v. ss n° 125.31.
6. Pour la servitude de passage, v. ss n° 125.201.
7. C. urb., art. R. 121-32, al. 2.

C. Effets pour l'autorité administrative

125.281 Signalisation de la servitude. Le maire doit prendre toute mesure de signalisation nécessaire en vue de préciser l'emplacement de la servitude de passage. En cas de carence du maire, le préfet se substitue après mise en demeure restée sans effet[8].

125.282 Suppression des obstacles. Il appartient au préfet de prendre des mesures pour éliminer les obstacles entravant la servitude de passage sur le littoral. Le cas échéant, le juge lui ordonne de prendre ces mesures[9].

125.283 Financement des dépenses. Les dépenses nécessaires pour assurer le libre passage et la sécurité des piétons sont prises en charge par l'État. Néanmoins, les collectivités locales et tous organismes intéressés peuvent, s'ils le souhaitent, participer spontanément à ces dépenses[10].

Il ressort de la rédaction de l'article R. 121-28 que l'État n'a l'obligation de prendre en charge que les dépenses nécessaires pour assurer le libre passage et la sécurité des piétons. Tel n'est pas le cas, par exemple, de travaux d'entretien de la terrasse d'une résidence privée grevée d'une servitude de passage des piétons sur le littoral[11].

§ 5 Indemnisation des servitudes de passage sur le littoral

125.291 Principe d'une indemnisation. L'établissement d'une servitude de passage sur un terrain privé vient limiter la valeur et les possibilités d'usage de celui-ci. Aussi le législateur a-t-il prévu que cette mesure, prise dans l'intérêt général, donne lieu à une compensation du préjudice subi par les propriétaires concernés.

A. Conditions de l'indemnisation

125.301 Caractères du dommage. Les servitudes instituées aux articles L. 121-31 et L. 121-34 n'ouvrent un droit à indemnité que s'il en résulte pour le pro-

8. C. urb., art. R. 121-25.
9. CE 11 juin 1997, *Assoc. pour la défense de l'environnement d'Antibes et de sa région*, req. n° 95151, NP : injonction prononcée à la demande d'une association.
10. C. urb., art. R. 121-28.
11. CAA Bordeaux, 14 mars 2006, *Synd. des copropriétaires de la résidence Itsasoan*, req. n° 02BX01304, NP.

priétaire « un dommage direct, matériel et certain »[1].

Ce régime légal de responsabilité est exclusif de tout autre[2].

125.302 Caractères satisfaits. A été regardé comme un dommage satisfaisant aux exigences posées par l'article L. 121-35 :

– le coût résultant de la pose d'une haie nécessaire afin de mettre les intéressés à l'abri de la vue des usagers de la servitude et d'interdire la pénétration des promeneurs dans leur jardin d'agrément[3] ;

– la privation de jouissance[4].

125.303 Caractères non satisfaits. À titre d'exemple, a été regardée comme un dommage ne satisfaisant pas aux exigences posées par l'article L. 121-35 la perte de valeur vénale du terrain qui n'a pas pour origine l'instauration de la servitude de passage[5].

B. Procédure d'indemnisation

1° Demande d'indemnisation

125.311 Délai pour présenter la demande. La demande d'indemnité doit, à peine de forclusion, parvenir au préfet dans le délai de six mois à compter de la date où le dommage a été causé[6].

Le point de départ du délai est[7] :

– soit l'institution de la servitude ;

– soit, au plus tard, la date à laquelle les travaux destinés à la matérialiser ont été achevés sur la parcelle.

125.312 Contenu de la demande. La demande doit comprendre trois éléments[8] :

– tout document attestant que le demandeur est propriétaire du terrain grevé par la servitude (1°) ;

– toutes précisions justifiant l'étendue du préjudice causé par la servitude (2°) ;

– le montant de l'indemnité sollicitée (3°).

125.313 Forme de la demande. La demande doit être[9] :

– adressée au préfet par lettre recommandée avec demande d'avis de réception postal ;

– ou être déposée contre décharge à la préfecture.

2° Décision sur la demande d'indemnisation

125.321 Personne publique responsable. La servitude ayant été instituée par l'État, l'indemnité allouée le cas échéant est à la charge de l'État[10].

125.322 Indemnisation amiable ou contentieuse. L'indemnité est fixée soit à l'amiable, soit, en cas de désaccord, par le tribunal administratif[11].

125.323 Avis. Le préfet statue sur la demande après avoir recueilli l'avis du directeur départemental ou, le cas échéant, régional des finances publiques[12].

125.324 Exclusion. Ne donne pas lieu à indemnité la suppression des obstacles placés en violation des dispositions de l'article R. 121-26 ou édifiés en infraction aux règles d'urbanisme ou d'occupation du domaine public[13].

125.325 Calcul de l'indemnité de privation de jouissance. Le montant de l'indemnité de privation de jouissance est calculé compte tenu de l'utilisation habituelle antérieure du terrain[14].

125.326 Répétition de l'indemnité. L'indemnité allouée est sujette à répétition partielle ou totale dans le cas où le préjudice se trouve atténué ou supprimé en raison de la suspension de la servitude ou de la modification de son tracé ou de ses caractéristiques[15].

§ 6 Responsabilité en cas de dommage subi par un usager de la servitude

125.331 Absence de responsabilité du propriétaire privé. La responsabilité civile des propriétaires des terrains, voies et chemins grevés par les servitudes définies aux articles L. 121-31 et L. 121-34 ne saurait être engagée au titre de dommages causés ou subis par les bénéficiaires de ces servitudes, c'est-à-dire des piétons qui l'empruntent[16].

1. C. urb., art. L. 121-35.
2. CAA Nantes, 20 déc. 2013, *Barbier*, req. nº 11NT02272, NP : rejet, en tout état de cause, d'une demande indemnitaire au titre de la rupture d'égalité devant les charges publiques.
3. CAA Nantes, 18 janv. 2013, *Buet*, req. nº 11NT01464, NP (indemnisation totale).
4. CAA Nantes, 18 janv. 2013, *Buet*, req. nº 11NT01464, NP ; – ÉGALEMENT : C. urb., art. L. 121-36, al. 2 (mentionnant l'indemnité de privation de jouissance).
5. CAA Nantes, 18 janv. 2013, *Buet*, req. nº 11NT01464, NP.
6. C. urb., art. R. 121-29, al. 1er.
7. CE 30 sept. 2011, *Lenoel*, req. nº 336664, *Lebon T.* ; *BJDU* 2012. 58, concl. C. Landais.
8. C. urb., art. R. 121-29, al. 2 à 5.
9. C. urb., art. R. 121-29, al. 1er.
10. C. urb., art. R. 121-30, al. 2.
11. C. urb., art. L. 121-36, al. 1er.
12. C. urb., art. R. 121-30, al. 1er.
13. C. urb., art. R. 121-31, al. 1er.
14. C. urb., art. L. 121-36, al. 2.
15. C. urb., art. R. 21-31, al. 2.
16. C. urb., art. L. 121-37.

125.332 **Responsabilité de l'État.** La responsabilité pèse sur l'État. Il lui revient d'indemniser le piéton ayant subi un préjudice en raison du défaut d'entretien normal du passage ou des dangers présentés par celui-ci.

SECTION 2
SERVITUDES DE VISIBILITÉ ET DE SURVEILLANCE

125.341 **Objet.** Les servitudes de visibilité des amers, des feux et des phares et au champ de vue des centres de surveillance de la navigation maritime ont pour objet d'assurer la sécurité de la navigation maritime.

125.342 **Textes.** Ces servitudes sont régies par deux textes :

– d'une part la loi du 27 novembre 1987[1] relative à la visibilité des amers, des feux et des phares et au champ de vue des centres de surveillance de la navigation maritime (dont l'article 1er dispose : « Le champ de vue des centres de surveillance de la navigation, la perception visuelle des amers, des feux et des phares, l'identification de ces repères à partir de leurs caractères ou des signaux lumineux émis sont protégés par des servitudes instituées conformément à la présente loi ») ;

– d'autre part son décret d'application du 25 avril 1991[2].

§ 1
Instauration des servitudes

A.
Phase préparatoire

125.351 **Élaboration d'un projet.** Le projet d'établissement des servitudes fait l'objet d'une instruction administrative au niveau local conduite par le chef du service déconcentré de l'État désigné par le préfet du département dans lequel est situé l'établissement concerné[3].

125.352 **Consultations.** La commission nautique locale est consultée[4].

Il est recueilli l'avis de la direction départementale de l'équipement, de la direction départementale de l'agriculture et de la forêt, de la direction régionale de l'industrie et de la recherche, du représentant de la marine nationale et de la délégation régionale à l'architecture et à l'environnement. Dans le cas où les avis des services sont recueillis par correspondance, ceux qui n'ont pas été adressés à l'issue d'un délai de trois mois à compter de la réception de la demande d'avis sont réputés favorables[5].

125.353 **Enquête publique.** Le projet élaboré sous la direction du préfet est soumis à enquête publique effectuée conformément aux dispositions des articles R. 11-4 à R. 11-14 du code de l'expropriation pour cause d'utilité publique[6].

Le dossier soumis à enquête publique comprend quatre éléments[7] :

– une notice explicative justifiant l'intérêt nautique de l'institution de la servitude (1°) ;

– un plan de situation permettant de se rendre compte du rôle nautique de l'ouvrage ou de l'établissement dont la visibilité ou le champ de vue est à protéger et de localiser la zone assujettie à servitude (2°) ;

– un plan détaillé des terrains soumis à servitude, où sont portées les limites du périmètre de la zone et, le cas échéant, les limites des différents secteurs soumis à contraintes particulières (3°) ;

– un document précisant les contraintes prévues, différenciées, le cas échéant, selon les secteurs (4°).

Le cas échéant, le projet peut être modifié pour tenir compte des avis recueillis[8].

125.354 **Transmission au ministre.** Le projet élaboré sous la direction du préfet est adressé au ministre chargé des phares et balises et de la navigation[9].

B.
Décision établissant les servitudes

125.361 **Forme de l'acte.** Les servitudes sont normalement instituées par décret simple. Un décret en Conseil d'État est toutefois exigé lorsque le commissaire enquêteur ou la commission d'enquête a émis un avis défavorable[10].

125.362 **Contenu de l'acte.** Le décret fixe, pour chaque amer, feu, phare et centre de surveillance de la navigation, deux éléments[11] :

1. L. n° 87-954, 27 nov. 1987 relative à la visibilité des amers, des feux et des phares et au champ de vue des centres de surveillance de la navigation maritime, *JO* 28 nov., p. 13887.
2. Décr. n° 91-400, 25 avr. 1991 pris pour l'application de la loi n° 87-954 du 27 novembre 1987 relative à la visibilité des amers, des feux et des phares et au champ de vue des centres de surveillance de la navigation maritime, *JO* 27 févr., p. 5701.
3. Décr. n° 91-400, 25 avr. 1991, art. 1er, al. 1.
4. Décr. n° 91-400, 25 avr. 1991, art. 1er, al. 2.
5. Décr. n° 91-400, 25 avr. 1991, art. 1er, al. 3.
6. L. n° 87-954, 27 nov. 1987, art. 2 – ; Décr. n° 91-400, 25 avr. 1991, art. 1er, al. 4.
7. Décr. n° 91-400, 25 avr. 1991, art. 1er, al. 5 à 9.
8. Décr. n° 91-400, 25 avr. 1991, art. 1er, al. 10.
9. Décr. n° 91-400, 25 avr. 1991, art. 1er, al. 10.
10. L. n° 87-954, 27 nov. 1987, art. 2.
11. L. n° 87-954, 27 nov. 1987, art. 2.

– les limites des zones soumises aux servitudes ;

– et la nature des contraintes[1].

125.363 Publicité. Les décrets instituant les servitudes font l'objet d'une large publicité[2] :

– publication au Journal officiel de la République française ;

– insertion au Recueil des actes administratifs de la préfecture ;

– mention dans deux journaux locaux ;

– affichage en mairie pendant une durée minimale de quinze jours.

125.364 Suppression ou modification des zones soumises à servitudes. Les zones soumises à servitude peuvent être réduites ou supprimées par décret[3].

§ 2
Effets des servitudes

A.
Obligations imposées

1°
Nature des obligations

125.371 Interdiction des constructions. Les décrets instaurant les servitudes peuvent prescrire que dans tout ou partie des zones délimitées, aucune construction ne sera édifiée ou agrandie sans l'autorisation du ministre chargé des phares et balises et de la navigation[4].

125.372 Interdiction des éléments gênants. Les décrets instaurant les servitudes peuvent, dans tout ou partie des zones délimitées, interdire, les éléments susceptibles de gêner le rôle ou l'activité des amers, feux et phares et les vues depuis les centres de surveillance. Plus précisément, la loi prévoit la possibilité d'interdire quatre éléments[5] :

– laisser croître les plantations à une hauteur telle que la visibilité et l'identification des amers, feux et phares ou que les vues depuis les centres de surveillance puissent être gênées (1) ;

– propager à partir d'installations permanentes des fumées gênantes pour la visibilité, l'identification des amers, feux et phares et les vues depuis les centres de surveillance de la navigation (2) ;

– utiliser, pour les revêtements extérieurs des constructions, des couleurs ou des matériaux réfléchissants de nature à réduire l'effet de contraste des amers, des feux et des phares (3) ;

– mettre en place tout dispositif visuel de nature à créer une confusion avec les amers, feux et phares (4).

2°
Sanction des manquements

125.381 Contravention de grande voirie. Les infractions aux obligations mentionnées aux articles 3 et 4 de la loi constituent des contraventions de grande voirie poursuivies et réprimées par la voie administrative[6].

125.382 Constat des infractions. Les infractions aux dispositions des articles 3 et 4 sont recherchées et constatées par trois catégories d'agents publics[7] :

– les officiers et agents de police judiciaire (1) ;

– les fonctionnaires des services chargés des phares et balises et de la navigation, dûment assermentés (2) ;

– les officiers et officiers mariniers de la marine nationale, dûment assermentés (3).

125.383 Remise en état. La contravention de grande voirie vise au rétablissement des lieux dans leur état initial.

Dans un délai fixé par la mise en demeure et qui, sauf péril imminent, ne peut être inférieur à un mois, les contrevenants sont tenus de démolir les constructions mentionnées à l'article 3 indûment exécutées et de faire cesser les gênes mentionnées à l'article 4, le tout à leurs frais[8].

125.384 Amende. La contravention de grande voirie vise également à condamner le contrevenant.

L'amende auquel il peut être condamné ne peut excéder le maximum prévu pour les contraventions de police[9]. Le taux des amendes est celui des contraventions de 5e classe[10].

B.
Suppression ou modification des éléments gênants

125.391 Ordre de supprimer ou modifier des éléments gênants. Le préfet peut ordonner la suppression ou la modification des éléments gênants énumérés à l'article 4 et existant à la date d'institution de chaque servitude[11].

1. V. s^{s} n°s 125.371 s.
2. Décr. n° 91-400, 25 avr. 1991, art. 2.
3. L. n° 87-954, 27 nov. 1987, art. 2.
4. L. n° 87-954, 27 nov. 1987, art. 3.
5. L. n° 87-954, 27 nov. 1987, art. 4.
6. L. n° 87-954, 27 nov. 1987, art. 6, al. 5.
7. L. n° 87-954, 27 nov. 1987, art. 6, al. 1 à 4.
8. L. n° 87-954, 27 nov. 1987, art. 6, dernier al.
9. L. n° 87-954, 27 nov. 1987, art. 6, dernier al.
10. Décr. n° 91-400, 25 avr. 1991, art. 3.
11. L. n° 87-954, 27 nov. 1987, art. 5.

125.392 Indemnisation de la suppression ou modification des éléments gênants. La loi prévoit que la suppression ou la modification des éléments gênants est indemnisée[1].

L'indemnité doit couvrir les frais exposés en vue de la suppression ou de la modification des éléments gênants visés à l'article 4 et réparer les dommages qui pourraient en résulter.

À défaut d'accord amiable, cette indemnité est fixée comme en matière d'expropriation pour cause d'utilité publique[2].

1. L. n° 87-954, 27 nov. 1987, art. 5.

2. Sur ces règles, v. s^{s} n°s 424.771 s.

CHAPITRE

126. Documents d'urbanisme des communes littorales

SECTION 0

ORIENTEUR

126.00 **Sommaire du chapitre.**

126.01 **Textes applicables.**

> Documents d'urbanisme des communes littorales

• **C. urb.**, art. L. 121-21 s.

> Stratégie nationale pour la mer et le littoral

• **C. env.**

art. L. 219-1 s.

art. R. 219-1 s.

> Schéma de mise en valeur de la mer (SMVM)

• **L. nº 83-8, 7 janv. 1983** relative à la répartition de compétences entre les communes, les départements, les régions et l'État, *JO* 9 janv., p. 215, art. 57.

• **Décr. nº 86-1252, 5 déc. 1986** relatif au contenu et à l'élaboration des schémas de mise en valeur de la mer, *JO* 9 déc., p. 14791.

126.03 **Bibliographie indicative.**

Encyclopédies. *DP constr.-urb.*, ét. : « Littoral » – *J.-Cl. Constr.-Urb.*, fasc. 9-10 : « Loi littoral.– Règles d'aménagement et de protection », par H. Coulombié et Th. Gilliocq, déc. 2014.

126.04 **Questions essentielles.**

> Quelle est la portée du Document stratégique de façade ou de bassin maritime ?

* V. ss nºs 126.61 s.

> Quelle est l'opposabilité du SMVM ?

* V. ss nºs 126.181 s.

> Peut-on construire, et à quels risques, dans une zone exposée au recul du trait de côte ?

* V. ss nºs 126.421 s.

SECTION 1
STRATÉGIE NATIONALE POUR LA MER ET LE LITTORAL

126.11 **Origine.** La loi Grenelle II[1] a prévu la définition d'une stratégie nationale pour la mer et le littoral dans un document spécifique. Elle fait en partie écho à la volonté de gestion intégrée des zones côtières (GIZC) recommandée par l'Union européenne[2].

1. L. nº 2010-788, 12 juill. 2010 portant engagement national pour l'environnement (loi Grenelle II), *JO* 13 juill., nº 1.
2. Recomm. nº 32002H0413, Parlement européen et Conseil, 30 mai 2002 relative à la mise en œuvre d'une stratégie de gestion intégrée des zones côtières en Europe, *JOUE* 6 juin, p. 24.

§ 1
Contenu et élaboration de la stratégie nationale

A.
Contenu de la stratégie nationale pour la mer et le littoral

126.21 **Des principes et orientations générales.** Selon l'article L. 219-1 du code de l'environnement : « La stratégie nationale pour la mer et le littoral est définie dans un document qui constitue le cadre de référence pour » les éléments suivants :

- la protection du milieu ;
- la réalisation ou le maintien du bon état écologique ;
- l'utilisation durable des ressources marines ;
- et la gestion intégrée et concertée des activités liées à la mer et au littoral, à l'exception de celles qui ont pour unique objet la défense ou la sécurité nationale.

Ce document « en fixe les principes et les orientations générales » qui concernent, tant en métropole qu'outre-mer :

- les espaces maritimes sous souveraineté ou sous juridiction nationale ;
- les fonds marins ;
- et le sous-sol de la mer.

B.
Élaboration de la stratégie nationale pour la mer et le littoral

126.31 **Élaboration par l'État.** La stratégie nationale pour la mer et le littoral est élaborée par l'État en concertation avec les collectivités territoriales, la communauté scientifique, les acteurs socio-économiques et les associations de protection de l'environnement concernés[1].

Elle est adoptée par décret[2].

La première stratégie nationale pour la mer et le littoral a été approuvée par le décret du 23 février 2017[3].

126.32 **Mise à disposition du public et avis.** Avant son adoption par décret, le projet de stratégie nationale, accompagné d'une synthèse de son contenu, est mis à la disposition du public, selon la procédure prévue à l'article L. 123-19-1[4].

Le projet est soumis à l'avis du Conseil national de la mer et des littoraux[5].

126.33 **Révision et modification.** La stratégie nationale pour la mer et le littoral est révisée tous les six ans, dans les formes prévues pour son élaboration[6].

Elle peut être modifiée en cours d'application, dès lors que son économie générale n'est pas remise en cause par ces modifications[7].

§ 2
Mise en œuvre dans des documents stratégiques de façade ou de bassin maritime

A.
Déclinaison des principes et orientations générales fixés dans la stratégie nationale

126.41 **Déclinaison locale.** Le document définissant la stratégie nationale pour la mer et le littoral est mis en œuvre dans les « façades maritimes métropolitaines » et dans les « bassins maritimes ultramarins »[8].

126.42 **Détermination des façades et bassins maritimes.** Les façades et bassins maritimes « sont définis par les caractéristiques hydrologiques, océanographiques, biogéographiques, socio-économiques et culturelles des espaces concernés »[9].

Quatre façades métropolitaines ont été identifiées[10] :

- façade « Manche Est-mer du Nord » ;
- façade « Nord Atlantique-Manche Ouest » ;
- façade « Sud Atlantique » ;
- façade « Méditerranée » (incluant la Corse).

B.
Document stratégique de façade ou de bassin maritime

1°
Contenu du document stratégique de façade ou de bassin maritime

126.51 **Des objectifs et des dispositions.** Un document stratégique définit les objectifs de la gestion

1. C. env., art. L. 219-2, al. 1er.
2. C. env., art. R. 219-1-4.
3. Décr. n° 2017-222, 23 févr. 2017 Stratégie nationale pour la mer et le littoral, *JO* 24 févr., n° 5.
4. C. env., art. L. 219-2, al. 2.
5. C. env., art. R. 219-1-4.
6. C. env., art. L. 219-2, al. 3.
7. C. env., art. R. 219-1-6, al. 2.
8. C. env., art. L. 219-1, al. 4 ; et : art. R. 219-1.
9. C. env., art. L. 219-1, al. 5.
10. C. env., art. R. 219-1-7.

intégrée de la mer et du littoral et les dispositions correspondant à ces objectifs, pour chacune des façades maritimes et des bassins maritimes ultramarins, dans le respect des principes et des orientations définis par la stratégie nationale pour la mer et le littoral[1].

Il décline les orientations de la stratégie nationale pour la mer et le littoral au regard des enjeux économiques, sociaux et écologiques propres à cette façade[2].

126.52 **Quatre parties.** Le document stratégique comporte quatre parties, qui font l'objet d'une élaboration échelonnée et de décisions d'adoption successives[3] :

- la situation de l'existant dans le périmètre de la façade maritime ;
- la définition des objectifs stratégiques et des indicateurs associés (ces objectifs sont environnementaux, sociaux et économiques ; ils sont assortis de la définition et de la justification des conditions de coexistence spatiale et temporelle des activités et des usages considérés et de l'identification, dans les espaces maritimes, des zones cohérentes au regard des enjeux et objectifs généraux qui leur sont assignés, tant par le document que par ceux issus d'autres processus ; ils font l'objet de représentations cartographiques) ;
- les modalités d'évaluation de la mise en œuvre du document stratégique (cette partie comprend la définition d'un ensemble de critères et d'indicateurs pertinents) ;
- un plan d'action.

126.53 **Contenu précis.** Le contenu précis des documents stratégiques est déterminé à l'article R. 219-1-23 du code de l'environnement.

Il traite des quatre thèmes suivants ;

- la protection des milieux, des ressources, des équilibres biologiques et écologiques ainsi que la préservation des sites, des paysages et du patrimoine ;
- la prévention des risques et la gestion du trait de côte ;
- la connaissance, la recherche et l'innovation ainsi que l'éducation et la formation aux métiers de la mer ;
- le développement durable des activités économiques, maritimes et littorales et la valorisation des ressources naturelles minérales, biologiques et énergétiques.

Il peut en outre préciser l'application des éléments propres à la gouvernance prévue par les conventions et accords internationaux, en fonction des spécificités du bassin.

1. C. env., art. L. 229-3, al. 1er.
2. C. env., art. R. 219-1-7, II.
3. C. env., art. R. 219-1-7, III.

Le document stratégique de bassin maritime décrit la situation de l'existant dans le périmètre du bassin, notamment l'état de l'environnement tant en mer que sur le littoral. Il expose également les conditions d'utilisation de l'espace marin et littoral, les activités économiques liées à la mer et à la valorisation du littoral, ainsi que les principales perspectives d'évolution socio-économiques et environnementales et les activités associées.

Il définit et justifie les orientations retenues en matière de développement des activités maritimes, de protection des milieux, de surveillance et de contrôle, d'équipement et d'affectation des espaces aux différents usages, en mer comme sur le littoral, ainsi que les mesures destinées à les mettre en œuvre. Il peut dans ce cadre définir la vocation particulière de zones déterminées.

Le document stratégique de bassin maritime peut comporter des dispositions spécifiques par sous-ensemble géographique.

Le document stratégique de bassin maritime comporte un rapport et des annexes, auxquels peuvent être joints des documents graphiques.

2°
Portée du document stratégique de façade ou de bassin maritime

126.61 **Compatibilité.** Selon l'article L. 219-4, I du code de l'environnement, doivent être « compatibles », ou « rendus compatibles », avec les objectifs et dispositions du document stratégique de façade ou de bassin maritime :

- les plans, les programmes et les schémas relatifs aux activités exclusivement localisées dans les espaces mentionnés au deuxième alinéa de l'article L. 219-1 (1°) ;
- dans ces mêmes espaces, les projets de travaux, d'ouvrages ou d'aménagements, publics et privés, soumis à l'étude d'impact mentionnée à l'article L. 122-1 du code de l'urbanisme et les décisions mentionnées aux articles L. 122-1 et L. 132-2 du code minier lorsqu'elles concernent des substances minérales autres que celles énumérées à l'article L. 111-1 du même code (2°) ;
- les schémas de mise en valeur de la mer (3°) ;
- les schémas régionaux de développement de l'aquaculture marine prévus à l'article L. 923-1-1 du code rural (4°) ;
- les SCOT et, à défaut, les PLU, les documents en tenant lieu et les cartes communales, notamment lorsqu'ils sont susceptibles d'avoir des incidences significatives sur la mer (5°).

126.62 **Prise en compte.** À l'exclusion de ceux mentionnés au I de l'article L. 219-4, lorsqu'ils sont susceptibles d'avoir des incidences significatives sur la mer, les plans, les programmes et les schémas applicables aux espaces et territoires mentionnés aux deuxième et troisième alinéas de l'article L. 219-1 du code de l'environnement prennent en compte le document stratégique de façade ou le document stratégique de bassin maritime[1].

3°
Élaboration

126.71 **Procédure.** Les documents stratégiques de façade sont élaborés selon les modalités fixées aux articles R. 219-1-8 et suivants du code de l'environnement.

126.72 **Mise à jour.** Les parties du document stratégique de façade sont mises à jour tous les six ans à compter de la date de leur adoption initiale selon la procédure applicable à leur élaboration[2].

Une modification peut intervenir dans l'intervalle si elle ne remet en cause l'économie générale du document[3].

SECTION 2
SCHÉMA DE MISE EN VALEUR DE LA MER (SMVM)

126.81 **Origine.** Le schéma de mise en valeur de la mer (SMVM) a été institué en 1983 par la loi Defferre[4]. L'adoption des SMVM présentant un caractère facultatif, un faible nombre de schémas ont été adoptés.

126.82 **SMVM et SCOT valant SMVM.** L'échec des SMVM a conduit le législateur à assouplir la procédure d'adoption en 2005[5]. Aux SMVM classiques qui nécessitent une procédure d'adoption spécifique, le législateur a ajouté la possibilité pour les SCOT de comporter des dispositions valant SMVM (donc sans nécessité de mettre en œuvre une procédure propre). Il en résulte que les dispositions valant SMVM peuvent être adoptées de deux manières :

– soit dans un SMVM (par une procédure propre) ;

– soit dans un SCOT (en profitant de la procédure d'adoption de ce document).

126.83 **Périmètre des SMVM.** Le périmètre des SMVM est celui des « zones côtières »[6].

Un SMVM porte sur une partie du territoire qui constitue une « unité géographique et maritime » et « présente des intérêts liés, concurrents ou complémentaires, au regard de l'aménagement, de la protection et de la mise en valeur du littoral »[7].

126.84 **Objet des SMVM.** Les SMVM fixent « les orientations fondamentales de l'aménagement, de la protection et de la mise en valeur du littoral »[8].

À cet effet, ils déterminent « la vocation générale des différentes zones » et notamment les zones affectées au développement industriel et portuaire, aux cultures marines et aux activités de loisirs. Ils précisent « les mesures de protection du milieu marin »[9].

Ils déterminent également « les vocations des différents secteurs de l'espace maritime » et « les principes de compatibilité applicables aux usages correspondants, ainsi que les conséquences qui en résultent pour l'utilisation des divers secteurs de l'espace terrestre qui sont liés à l'espace maritime ». Ils peuvent, en particulier, « édicter les sujétions particulières intéressant les espaces maritime, fluvial ou terrestre attenant, nécessaires à la préservation du milieu marin et littoral »[10].

126.85 **Documents insulaires valant SMVM.** Valent SMVM :

– le plan d'aménagement et de développement durable de Corse (PADDUC)[11] ;

– le schéma d'aménagement régional (SAR) de certaines collectivités d'outre-mer[12].

§ 1
Élaboration et révision du SMVM

126.91 **Deux procédures.** Deux procédures d'élaboration du SMVM sont envisageables :

– soit une procédure conduite par le préfet, en cas d'élaboration d'un SMVM ;

– soit une procédure conduite par les collectivités territoriales, en cas d'élaboration d'un SCOT comportant des dispositions valant SMVM.

1. C. env., art. L. 219-4, II.
2. C. env., art. R. 219-1-14.
3. C. env., art. R. 219-1-28.
4. L. n° 83-8, 7 janv. 1983 relative à la répartition de compétences entre les communes, les départements, les régions et l'État, *JO* 9 janv., p. 215, art. 57 ; – ÉGALEMENT, le décret d'application : Décr. n° 86-1252, 5 déc. 1986 relatif au contenu et à l'élaboration des schémas de mise en valeur de la mer, *JO* 9 déc., p. 14791.
5. L. n° 2005-157, 23 févr. 2005 relative au développement des territoires ruraux, *JO* 24 févr., n° 1.
6. L. n° 83-8, 7 janv. 1983, art. 57, al. 1er : « Dans les zones côtières peuvent être établis des schémas de mise en valeur de la mer ».
7. Décr. n° 86-1252, 5 déc. 1986, art. 1er.
8. L. n° 83-8, 7 janv. 1983, art. 57, al. 1er.
9. L. n° 83-8, 7 janv. 1983, art. 57, al. 2.
10. L. n° 83-8, 7 janv. 1983, art. 57, al. 3.
11. V. ss n° 263.131.
12. V. ss n° 264.53.

A.
Élaboration et révision du SMVM *stricto sensu*

126.101 **Procédure étatique.** L'élaboration du SMVM est conduite par l'État[1]. Elle comporte plusieurs étapes.

1°
Délimitation du périmètre du SMVM

126.111 **Arrêté préfectoral.** Un arrêté du préfet, pris après accord du préfet maritime, détermine la liste des communes incluses dans le périmètre du schéma[2].

126.112 **Consultations préalables des communes intéressées.** L'arrêté préfectoral est précédé de la consultation[3] :

- des conseils municipaux des communes incluses dans le projet de périmètre ;

- le cas échéant des organes délibérants des groupements de communes compétents en matière de SCOT ou de PLU situés dans le même périmètre ;

- des conseils municipaux des communes limitrophes ;

- des conseils départementaux et des conseils régionaux concernés.

L'avis est réputé favorable passé un délai de deux mois à compter de la réception de la demande par l'organe délibérant compétent[4].

126.113 **Publicité.** Afin d'assurer la publicité de l'arrêté, celui-ci est[5] :

- notifié aux maires des communes incluses dans son périmètre et le cas échéant, aux présidents des EPCI ;

- publié au recueil des actes administratifs de la préfecture de chacun des départements concernés ;

- et mentionné dans un journal régional ou local diffusé dans ces départements.

2°
Élaboration du projet de schéma

126.121 **Évaluation environnementale.** Le SMVM fait l'objet de l'évaluation environnementale prescrite par le code de l'environnement, aux conditions posées par les articles L. 122-4 à L. 122-11 et R. 122-17 à R. 122-24 du code de l'environnement[6].

126.122 **Association des collectivités et organismes intéressés.** Le préfet associe, outre les services de l'État concernés et le préfet maritime, les représentants des communes concernées, et le cas échéant, des groupements de communes compétents en matière de SCOT ou de PLU, des départements et des régions, désignés par l'assemblée délibérante en son sein, ainsi que des représentants des conseils de gestion des parcs naturels marins concernés et des organes de gestion des parcs nationaux et des parcs naturels régionaux concernés[7].

Les organisations professionnelles de la mer, notamment celles liées aux cultures marines et à la pêche, les chambres d'agriculture, les chambres de commerce et d'industrie territoriales, les chambres de métiers et de l'artisanat de région, les autres organisations professionnelles intéressées et les établissements publics concernés sont également associés à leur demande et désignent leurs représentants. Il en est de même des associations locales d'usagers agréées mentionnées à l'article L. 121-5 du code de l'urbanisme, ainsi que des associations agréées mentionnées à l'article L. 141-1 du code de l'environnement[8].

Peut être également recueilli l'avis de tout organisme ou association compétent en matière de navigation, d'environnement, d'urbanisme ou d'aménagement du territoire[9].

3°
Avis et enquête publique

126.131 **Consultation.** Le projet de schéma, accompagné du rapport environnemental visé à l'article L. 122-6 du code de l'environnement, est communiqué par les soins du préfet, pour avis, aux conseils municipaux des communes concernées et, le cas échéant, aux organes délibérants des groupements de communes compétents en matière de SCOT ou de PLU, aux conseils départementaux et régionaux concernés, aux chambres consulaires, aux comités régionaux de la conchyliculture, aux comités régionaux de pêches maritimes et élevages marins intéressés, à l'Agence française pour la biodiversité si un parc naturel marin se situe tout ou partie dans le périmètre du schéma, ainsi qu'aux établissements publics et aux organes de gestion des parcs nationaux et des parcs naturels régionaux concernés[10].

Une délibération ou un avis est réputé favorable passé un délai de deux mois à compter de la réception de la demande par l'organisme intéressé[11].

1. L. n° 83-8, 7 janv. 1983, art. 57, al. 5 : « Ces schémas sont élaborés par l'État ».
2. Décr. n° 86-1252, 5 déc. 1986, art. 6, al. 1er.
3. Décr. n° 86-1252, 5 déc. 1986, art. 6, al. 2.
4. Décr. n° 86-1252, 5 déc. 1986, art. 6, al. 3.
5. Décr. n° 86-1252, 5 déc. 1986, art. 8.
6. Décr. n° 86-1252, 5 déc. 1986, art. 9.
7. Décr. n° 86-1252, 5 déc. 1986, art. 10, al. 1er.
8. Décr. n° 86-1252, 5 déc. 1986, art. 10, al. 2.
9. Décr. n° 86-1252, 5 déc. 1986, art. 10, al. 3.
10. Décr. n° 86-1252, 5 déc. 1986, art. 11, al. 1er.
11. Décr. n° 86-1252, 5 déc. 1986, art. 11, al. 2.

126.132 **Enquête publique.** À l'issue de la consultation, le projet, assorti des avis, de l'accord du préfet maritime, et du rapport environnemental est soumis à enquête publique[1].

4°
Approbation du SMVM

126.141 **Procédure normale.** Le SMVM, éventuellement modifié pour tenir compte notamment des observations du public, est approuvé par arrêté préfectoral. Cet arrêté fait alors l'objet des mesures de publicité prévues à l'article 8 du décret[2].

126.142 **Procédure dérogatoire (refus des communes).** En cas d'avis défavorable des deux tiers au moins des communes concernées représentant plus de la moitié de la population locale ou de la moitié au moins des communes concernées représentant les deux tiers de la population totale de celles-ci, le schéma est approuvé par décret en Conseil d'État[3].

5°
Révision du SMVM

126.151 **Procédure.** Les SMVM sont mis en révision par arrêté du préfet publié au recueil des actes administratifs de la préfecture de chacun des départements concernés, notifié aux maires des communes concernées, et, le cas échéant, aux présidents des groupements de communes compétents en matière de SCOT ou de PLU, et mentionné dans un journal régional ou local diffusé dans ces départements. La révision s'effectue dans les conditions prévues par les articles 9 à 13 du décret[4].

126.152 **Révision tous les 10 ans.** Les SMVM doivent faire l'objet d'une révision dans un délai de dix ans à compter de leur approbation[5].

126.153 **Mise en compatibilité avec la charte d'un parc national ou d'un PNR.** Lorsque la charte d'un parc national ou d'un parc naturel régional est approuvée après l'approbation d'un SMVM, ce dernier doit, si nécessaire, être rendu compatible dans un délai de trois ans avec les objectifs de protection définis par la charte du parc national pour le cœur de parc et avec les orientations et les mesures de la charte du parc naturel régional concerné[6].

1. Décr. n° 86-1252, 5 déc. 1986, art. 12.
2. Décr. n° 86-1252, 5 déc. 1986, art. 13.
3. Décr. n° 86-1252, 5 déc. 1986, art. 13.
4. Décr. n° 86-1252, 5 déc. 1986, art. 14.
5. L. n° 83-8, 7 janv. 1983, art. 57, al. 7.
6. Décr. n° 86-1252, 5 déc. 1986, art. 15.

B.
Élaboration et révision du chapitre valant SMVM d'un SCOT

126.161 **Procédure décentralisée.** Depuis 2005[7] est offerte aux établissements publics compétents la possibilité de prévoir dans leur SCOT un chapitre valant SMVM.

Ce mode d'adoption est plus simple puisqu'au lieu de mettre en œuvre une procédure dédiée à l'adoption d'un SMVM, les acteurs locaux profitent de l'adoption ou de la révision d'un SCOT pour y insérer des dispositions valant SMVM.

La commodité qui en résulte explique que cette procédure soit, de loin, la plus utilisée.

Dans la mesure où elle consiste à insérer dans un SCOT un chapitre valant SMVM, elle obéit en totalité à la procédure d'élaboration et de révision des SCOT.

§ 2
Contenu du SMVM

126.171 **Trois parties.** Un SMVM comporte un rapport auquel sont joints des documents graphiques et des annexes[8].

126.172 **Le rapport.** Le contenu du rapport est défini à l'article 3 du décret n° 86-1252 du 5 décembre 1986[9].

Le rapport décrit la situation existant dans le périmètre délimité par le schéma, notamment l'état de l'environnement et les conditions de l'utilisation de l'espace marin et littoral. Il indique les principales perspectives d'évolution de ce milieu.

Il définit et justifie les orientations retenues en matière de développement, de protection et d'équipement à l'intérieur du périmètre. À cet effet, il détermine la vocation générale des différentes zones, et notamment de celles qui sont affectées au développement industriel et portuaire, aux cultures marines et aux activités de loisirs. Il précise les vocations des différents secteurs de l'espace maritime et les conséquences qui en résultent pour l'utilisation des diverses parties de littoral qui lui sont liées. Il définit les conditions de la compatibilité entre les différents usages de l'espace maritime et littoral.

Il mentionne les projets d'équipement et d'aménagement liés à la mer tels que les créations et extensions de ports et les installations industrielles et de loisirs, en précisant leur nature, leurs caractéristiques

7. V. s^s n° 126.82.
8. Décr. n° 86-1252, 5 déc. 1986, art. 2.
9. Décr. n° 86-1252, 5 déc. 1986, art. 3.

et leur localisation ainsi que les normes et prescriptions spéciales s'y rapportant.

Il précise les mesures de protection du milieu marin. Il peut prescrire des sujétions particulières portant sur des espaces maritime, fluvial et terrestre attenant, si elles sont nécessaires à la préservation du milieu marin et littoral et particulièrement au maintien des équilibres biologiques.

Il précise les modalités de suivi et d'évaluation dont fait l'objet le schéma une fois approuvé.

Le juge de l'excès de pouvoir exerce un contrôle restreint sur les partis d'urbanisme retenus par les auteurs d'un SMVM[1].

126.173 Les documents graphiques. Les documents graphiques décrivent, dans le périmètre intéressé, les cinq éléments suivants[2] :

- les caractéristiques du milieu marin (1°) ;
- l'utilisation des espaces maritimes et terrestres (2°) ;
- la vocation des différents secteurs (3°) ;
- les espaces bénéficiant d'une protection particulière (4°) ;
- l'emplacement des équipements existants et prévus (5°).

126.174 Les annexes. Les annexes comprennent trois éléments[3] :

- la liste et la description sommaire des principales études exécutées en vue de l'élaboration du schéma (1°) ;
- une note rappelant le résultat des études consacrées à la qualité des eaux, les conséquences qui en découlent et les objectifs retenus (2°) ;
- une note sur l'érosion marine (3°).

§ 3
Place du SMVM dans la hiérarchie des normes

126.181 Soumission à la loi Littoral. Les dispositions du SMVM doivent se conformer aux dispositions du code de l'urbanisme propres au littoral[4]. Aussi un SMVM ne peut-il déroger à la loi Littoral[5].

126.182 PLU et cartes communales devant être compatibles avec les SMVM. Les PLU et cartes communales doivent être compatibles avec les SMVM[6].

126.183 Inopposabilité aux autorisations d'urbanisme. La loi Defferre ne comporte pas de dispositions relatives à l'opposabilité du SMVM aux demandes d'autorisation d'urbanisme. Une telle opposabilité paraît donc exclue.

SECTION 3
SCOT ET PLU

§ 1
SCOT

126.191 Chapitre du SCOT valant SMVM. Les auteurs d'un SCOT ont la possibilité de prévoir au sein de celui-ci un chapitre individualisé valant SMVM[7].

126.192 Rôle fondamental de précision des notions de la loi Littoral. Le rôle des SCOT dans les communes littorales s'est trouvé considérablement valorisé par la loi ÉLAN. Désormais, les SCOT précisent les modalités d'application des dispositions du code de l'urbanisme propre au littoral. Ce pouvoir revêt une importance fondamentale puisqu'elle leur permet de localiser les interstices pouvant faire l'objet d'une urbanisation sur le littoral[8].

§ 2
PLU et cartes communales

126.201 Soumission à la loi Littoral, sans rôle d'écran. Les PLU et cartes communales sont soumis aux dispositions du code de l'urbanisme propres au littoral. Ils ne jouent pas de rôle d'écran entre celles-ci et les autorisations d'occupation et d'utilisation du sol[9].

126.202 Classement des espaces boisés les plus significatifs. L'article L. 121-27 du code de l'urbanisme impose aux communes du littoral une obligation de classement des espaces boisés les plus significatifs[10].

§ 3
Préservation des coupures d'urbanisation

126.211 Obligation s'imposant aux SCOT et PLU. Les SCOT et les PLU « doivent prévoir des espaces naturels présentant le caractère d'une coupure d'urbanisation »[11].

1. CE 7 juill. 1997, *Madaule*, req. n° 176414, *Lebon T.* ; *BJDU* 1997. 315, concl. J.-C. Bonichot.
2. Décr. n° 86-1252, 5 déc. 1986, art. 4.
3. Décr. n° 86-1252, 5 déc. 1986, art. 5.
4. CE 7 juill. 1997, *Madaule*, req. n° 176414.
5. CE 3 mars 2008, *Laporte*, req. n° 278168, *Lebon* 73.
6. V. s[s] n° 211.151.
7. V. s[s] n° 126.161.
8. V. s[s] n°s 121.131 s.
9. V. s[s] n°s 121.141 s.
10. V. s[s] n°s 151.21 s.
11. C. urb., art. L. 121-22.

126.212 Appréciation à l'échelle d'une partie significative du territoire couvert. L'obligation de prévoir des espaces naturels présentant le caractère d'une coupure d'urbanisation ne peut s'apprécier que lorsque le plan porte sur une partie significative du territoire auquel il s'applique[1].

Ainsi, dans le cas d'un POS partiel ne portant que sur quatre secteurs éloignés les uns des autres et ayant chacun une superficie réduite, il n'y a pas lieu de faire application, dans chacun de ces secteurs limités, des dispositions de l'article L. 121-22 du code de l'urbanisme[2].

126.213 Coupure d'urbanisation. L'exigence de prévoir des coupures d'urbanisation est satisfaite dans le cas où deux zones urbanisées sont séparées :

– dans le POS, par une zone ND dite « de site protégé » et NDa dite « de loisirs et de sports »[3] ;

– par une parcelle, qui, si elle bénéficie d'éléments de raccordement à la voirie et aux réseaux publics, et jouxte une zone urbanisée, ne comporte cependant aucune construction et se trouve dans la partie la plus étroite d'une zone non urbanisée[4] ;

– par une parcelle dépourvue de toute construction, située à proximité du littoral, dont elle est séparée par un large espace boisé classé, au sein duquel est situé un site inscrit, et comportant sur une partie de celle-ci un espace naturel sensible[5].

126.214 Absence de coupure d'urbanisation. N'est pas entaché d'illégalité le classement en zone urbanisée de parcelles qui ne sont pas au nombre des espaces naturels susceptibles de constituer une coupure d'urbanisation[6].

SECTION 4
DIRECTIVES TERRITORIALES D'AMÉNAGEMENT (DTA)

126.221 Anciennes DTA. Les anciennes DTA, dont les effets sont maintenus, ont pu préciser les modalités d'application de la loi Littoral[7].

1. CE 21 sept. 1992, *Assoc. de défense de Juan-les-Pins et de ses pinèdes*, req. n° 110165, *Lebon T.*
2. CE 21 sept. 1992, *Assoc. de défense de Juan-les-Pins et de ses pinèdes*, req. n° 110165.
3. CE 6 avr. 1992, *Assoc. des Amis de Saint-Palais-sur-Mer*, req. n° 104454, *Lebon T.*
4. CE 31 juill. 1996, *Levavasseur*, req. n° 144990, *Lebon T.*
5. CAA Marseille, 23 oct. 2008, *SARL immobilière Bernard*, req. n° 06MA02241, NP : légalité du classement en zone ND.
6. CE 1er oct. 1997, *Pornic (Cne)*, req. n° 173184 : *BJDU* 1997. 459 ; – CE 15 oct. 2001, *Sevet*, req. n° 219883, NP ; *BJDU* 2001. 414, concl. S. Boissard.
7. V. ss nos 121.101 s.

SECTION 5
SCHÉMAS INTERRÉGIONAUX DU LITTORAL

126.231 Instrument interrégional. Les conseils régionaux des régions littorales limitrophes peuvent coordonner leurs politiques du littoral et élaborer un schéma interrégional de littoral[8].

Ce schéma veille à la cohérence des projets d'équipement et des actions de l'État et des collectivités territoriales qui ont une incidence sur l'aménagement ou la protection du littoral. Il respecte les orientations des schémas de services collectifs prévus à l'article 2 de la loi du 4 février 1995[9] d'orientation pour l'aménagement et le développement du territoire et celles des schémas régionaux d'aménagement et de développement du territoire établis par les régions concernées et prévus à l'article 34 de la loi du 7 janvier 1983[10] relative à la répartition de compétences entre les communes, les départements, les régions et l'État[11].

SECTION 6
SCHÉMAS D'AMÉNAGEMENT DE PLAGE (SAP)

126.241 Possibilité d'établir un SAP. Afin de réduire les conséquences « sur une plage et les espaces naturels qui lui sont proches », de nuisances ou de dégradations liées à la présence d'équipements ou de constructions réalisés avant le 5 janvier 1986, une commune ou un EPCI peut établir un schéma d'aménagement[12]. Cette possibilité a été conçue sur mesure pour une plage bien précise, à savoir la plage de Pampelonne, sur la Côte d'Azur, compte tenu du nombre des concessions de plage qui s'y trouvent et de l'importance de sa fréquentation, mais aussi et surtout de la présence d'équipements antérieurs à l'adoption de la loi Littoral et de la nécessité de les faire évoluer tout en préservant les espaces naturels qui la jouxtent. Elle résulte d'un article de la loi SRU adopté sur proposition d'un député du Var[13].

8. L. n° 86-2, 3 janv. 1986 relative à l'aménagement, la protection et la mise en valeur du littoral, *JO* 4 janv., p. 200, art. 40 A, al. 1er.
9. L. n° 95-115, 4 févr. 1995 d'orientation pour l'aménagement et le développement du territoire, *JO* 5 févr., p. 1973.
10. L. n° 83-8, 7 janv. 1983.
11. L. n° 86-2, 3 janv. 1986, art. 40 A, al. 2.
12. C. urb., art. L. 121-28.
13. Art. 42 de la loi n° 2000-1208, 13 déc. 2000 relative à la solidarité et au renouvellement urbains. L'amendement dont il est issu (amendement AN n° 614) était justifié de la manière suivante : « Il existe, dans certains secteurs très touristiques, des aménagements antérieurs à la loi du 3 janvier 1986. Certains élus cherchent à réduire l'emprise de ces derniers et à améliorer la protection du littoral, conformément à ▶

126.242 Procédure d'élaboration du SAP. L'élaboration du SAP doit faire l'objet d'une évaluation environnementale si le schéma est susceptible d'avoir des incidences notables sur l'environnement[1].

Le SAP est approuvé, après enquête publique réalisée conformément au chapitre III du titre II du livre Ier du code de l'environnement, par décret en Conseil d'État, après avis de la commission départementale de la nature, des paysages et des sites[2].

La procédure d'élaboration est détaillée à l'article R. 121-8 du code de l'urbanisme.

Le projet de schéma est arrêté, selon le cas, par le conseil municipal ou l'organe délibérant de l'EPCI compétent en matière de PLU (al. 1er). La délibération du conseil municipal ou de l'organe délibérant de l'EPCI a pour seul objet d'arrêter le projet de schéma, sans emporter par elle-même d'autre effet juridique que de permettre cette approbation. Elle revêt, dès lors, le caractère d'une mesure préparatoire insusceptible de faire l'objet d'un recours pour excès de pouvoir[3].

Le projet de schéma, auquel est joint l'avis de la commission départementale de la nature, des paysages et des sites, est soumis à enquête publique par le préfet dans les conditions prévues par les articles R. 123-1 et suivants du code de l'environnement (al. 2).

Le décret en Conseil d'État approuvant le schéma fait l'objet des mesures de publicité définies à l'article R. 153-21 (al. 3).

Le schéma approuvé est annexé au PLU (al. 4).

126.243 Faculté d'autoriser le maintien ou la reconstruction, dans la bande littorale, de bâtiments antérieurs à 1986. Afin « d'améliorer les conditions d'accès au domaine public maritime », le SAP peut, à titre dérogatoire, « autoriser le maintien ou la reconstruction d'une partie des équipements ou constructions existants » à l'intérieur de la bande littorale, dès lors que ceux-ci sont de nature à permettre de « concilier les objectifs de préservation de l'environnement et d'organisation de la fréquentation touristique »[4].

Ces équipements et constructions doivent être précisément identifiés dans le SAP[5].

126.244 Contenu du SAP. Le contenu du SAP est précisé à l'article R. 121-7 du code de l'urbanisme.

En premier lieu, il comporte, pour le territoire qu'il délimite, « une analyse de l'état initial du site », portant notamment sur les paysages, les milieux naturels, les conditions d'accès au domaine public maritime et les équipements et constructions réalisés avant le 5 janvier 1986 (1°).

En deuxième lieu, le SAP définit les « conditions d'aménagement des plages et des espaces naturels qui leur sont proches » ainsi que les « modalités de desserte et de stationnement des véhicules ». Il fixe les mesures permettant « d'améliorer l'accès au domaine public maritime, de réduire les dégradations constatées et d'atténuer les nuisances » (2°).

En troisième lieu, il « justifie les partis d'aménagement retenus » et « évalue leur incidence sur l'environnement », au regard des objectifs définis à l'article L. 121-28 (3°).

En quatrième lieu, le SAP détermine, dans la bande littorale des cent mètres, « les équipements ou constructions dont le maintien ou la reconstruction peuvent être autorisés » par dérogation aux articles L. 121-1 et suivants, « ainsi que leur implantation »[6]. Il « indique ceux qui doivent être démolis et fixe les conditions de la remise en état du site » (4°). Le SAP définit dans un chapitre distinct les prescriptions qui pourront être imposées aux bénéficiaires de ces autorisations « afin que ces équipements et constructions ne dénaturent pas le caractère du site et ne compromettent pas la préservation des paysages et des milieux naturels » (dernier alinéa).

126.245 Compatibilité avec le SCOT. Le schéma d'aménagement de plage doit être compatible avec les prescriptions du SCOT[7].

126.246 Un seul SAP adopté. Un seul SAP a été approuvé : le schéma d'aménagement de la plage de Pampelonne[8].

▶ l'esprit de la loi "littoral". Toutefois, ils sont dans l'impossibilité absolue de le faire et les choses restent en l'état. Il est donc proposé, sous le contrôle étroit de l'État, de permettre aux communes d'établir des schémas d'aménagement ayant vocation à réduire les atteintes actuellement portées à l'environnement en procédant au réaménagement de ces sites ».

1. V. ss no 214.101.
2. C. urb., art. L. 121-29.
3. CE 9 oct. 2017, *Assoc. des exploitants de la plage de Pampelonne*, req. no 396801, *Lebon T.*
4. C. urb., art. L. 121-30.
5. V. ss no 126.244.
6. V. ss no 126.243.
7. CE 9 oct. 2017, *Assoc. des exploitants de la plage de Pampelonne*, req. no 396801, *Lebon T.*
8. Décr. no 2015-1675, 15 déc. 2015 portant approbation du schéma d'aménagement de la plage de Pampelonne à Ramatuelle (Var), *JO* 17 déc., no 5. Sur le rejet du recours formé à son encontre, v. CE 9 oct. 2017, *Assoc. des exploitants de la plage de Pampelonne*, req. no 396801, *Lebon T.*

SECTION 7

CRITÈRES À PRENDRE EN COMPTE POUR DÉTERMINER LES CAPACITÉS D'ACCUEIL DES ESPACES URBANISÉS ET À URBANISER

§ 1

Énoncé des critères

126.251 Quatre paramètres. Pour déterminer la capacité d'accueil des espaces urbanisés ou à urbaniser, les documents d'urbanisme des communes littorales doivent tenir compte de quatre éléments[1] :

– la préservation des espaces remarquables (1°)[2] ;

– de l'existence de risques littoraux, notamment ceux liés à la submersion marine, et de la projection du recul du trait de côte (1° *bis*) ;

– de la protection des espaces nécessaires au maintien ou au développement des activités agricoles, pastorales, forestières et maritimes (2°) ;

– les conditions de fréquentation par le public des espaces naturels, du rivage et des équipements qui y sont liés (3°).

126.252 Respect. Un projet de POS révisé respecte les dispositions de l'article L. 121-21 s'il tient compte des impératifs précités. La circonstance qu'il serait susceptible d'entraîner une fréquentation accrue de la commune et de ses sites n'est pas, par elle-même, de nature à en entacher la légalité[3].

De même, n'est pas entaché d'illégalité le POS qui n'a pas classé comme espaces naturels des secteurs qui n'avaient pas à l'être du fait de leur caractère en partie urbanisé[4].

§ 2

Portée des dispositions de l'article L. 121-21 énonçant les critères

126.261 Inapplication aux autorisations d'urbanisme. Les dispositions de l'article L. 121-21 ne visant que les « documents d'urbanisme », leur méconnaissance ne peut utilement être invoquée à l'appui d'un recours contre un permis de construire[5].

126.262 Absence de gel des espaces agricoles. S'agissant de la protection des activités agricoles, les dispositions de l'article L. 121-21 ne sauraient être regardées comme interdisant de modifier, lors de la révision d'un PLU et en fonction des nécessités du développement de l'agglomération à laquelle ce document s'applique, l'affectation de certaines zones et, en particulier, d'ouvrir à l'urbanisation des terrains jusqu'alors consacrés à des activités agricoles[6].

126.263 Absence d'obstacle aux opérations de rénovation, réhabilitation, amélioration, extension et reconstruction. Dans les espaces urbanisés, les dispositions précitées déterminant les critères à prendre en compte pour déterminer la capacité d'accueil des espaces urbanisés ou à urbaniser « ne font pas obstacle à la réalisation des opérations de rénovation des quartiers ou de réhabilitation de l'habitat existant, ainsi qu'à l'amélioration, l'extension ou la reconstruction des constructions existantes »[7].

SECTION 8

COMMUNES EXPOSÉES AU RECUL DU TRAIT DE CÔTE

126.271 S'adapter au recul du trait de côte. La loi Climat et résilience[8] a introduit dans le code de l'environnement et le code de l'urbanisme des dispositions permettant d'adapter les territoires littoraux au recul du trait de côte, qui est un phénomène amplifié par le changement climatique avec la hausse du niveau des océans et la multiplication des évènements climatiques extrêmes.

§ 1

Identification des communes et des zones exposées au recul du trait de côte

126.281 Identification en deux temps. L'identification des secteurs exposés au recul du trait de côte se fait en deux temps :

– d'abord par un décret qui opère un classement des communes concernées ;

– ensuite par une localisation, au sein des documents d'urbanisme locaux, des zones précisément exposées.

1. C. urb., art. L. 121-21.
2. Sur ces espaces remarquables (et milieux nécessaires au maintien des équilibres biologiques), v. s[s] n°s 123.05 s.
3. CE 6 avr. 1992, *Assoc. des Amis de Saint-Palais-sur-Mer*, req. n° 104454, *Lebon T.*
4. CE 1er oct. 1997, *Pornic (C[ne])*, req. n° 173184 : *BJDU* 1997. 459.
5. CE 15 oct. 1999, *Logonna-Daoulas (C[ne])*, req. n° 198578, *Lebon T.* ; *BJDU* 1999. 341, concl. L. Touvet.
6. CE 2 déc. 1991, *Chambre dptale d'agriculture des Alpes-Maritimes*, req. n° 95067, *Lebon T.*
7. C. urb., art. L. 121-21, dernier al.
8. L. n° 2021-1104, 22 août 2021 portant lutte contre le dérèglement climatique et renforcement de la résilience face à ses effets, *JO* 24 août, n° 1.

A.
Classement des communes exposées

1°
Établissement de la liste des communes exposées

126.291 Établissement par décret. Les communes dont l'action en matière d'urbanisme et la politique d'aménagement « doivent être adaptées aux phénomènes hydrosédimentaires entraînant l'érosion du littoral » sont identifiées dans une « liste fixée par décret »[1].

126.292 Critères d'identification des communes concernées. La liste des communes exposées est élaborée « en tenant compte de la particulière vulnérabilité de leur territoire au recul du trait de côte »[2].

Cette vulnérabilité est déterminée « en fonction de l'état des connaissances scientifiques » résultant notamment[3] :

- de l'indicateur national de l'érosion littorale mentionné à l'article L. 321-13 ;
- et de la connaissance des biens et activités exposés à ce phénomène.

126.293 Consultation des communes. La liste est établie après[4] :

- consultation des conseils municipaux des communes qu'il est envisagé d'y faire figurer ;
- avis du Conseil national de la mer et des littoraux ;
- et avis du comité national du trait de côte.

2°
Révision de la liste des communes exposées

126.301 Mise à jour régulière. La liste est révisée « au moins tous les neuf ans »[5].

Elle peut « à tout moment » être complétée à la demande d'une commune souhaitant adapter son action en matière d'urbanisme et sa politique d'aménagement aux phénomènes hydrosédimentaires entraînant l'érosion du littoral, sous réserve de l'avis favorable[6] :

- de l'autorité compétente dont elle est membre mentionnée, selon le cas, au 1° de l'article L. 153-8 ou à l'article L. 163-3 du code de l'urbanisme ;
- et de l'EPCI à fiscalité propre dont elle est membre lorsqu'il n'est pas cette autorité.

1. C. env., art. L. 321-15, al. 1er.
2. C. env., art. L. 321-15, al. 1er.
3. C. env., art. L. 321-15, al. 1er.
4. C. env., art. L. 321-15, al. 2.
5. C. env., art. L. 321-15, al. 3.
6. C. env., art. L. 321-15, al. 3.

3°
Liste des communes

126.311 Liste. Un décret adopté le 29 avril 2022 a établi la liste des communes exposées[7]. Cette liste a été actualisée en 2024[8], portant leur nombre de 126 à 317.

B.
Report du classement et délimitation des zones exposées dans les documents d'urbanisme locaux

1°
Élaboration d'une carte locale d'exposition au recul du trait de côte

126.321 Cas où la commune n'est pas couverte par un PPRL : obligation d'adopter une carte. Les communes incluses dans la liste des communes exposées dont le territoire n'est pas couvert, à la date d'entrée en vigueur de la liste, par un plan de prévention des risques littoraux (PPRL) prescrit ou approuvé comportant des dispositions relatives au recul du trait de côte « établissent une carte locale d'exposition de leur territoire au recul du trait de côte » dans les conditions prévues aux articles L. 121-22-1 s.[9]

126.322 Cas où la commune est couverte par un PPRL : possibilité d'adopter une carte. Les communes incluses dans la liste des communes exposées dont le territoire est couvert, à la date d'entrée en vigueur de la liste, par un PPRL prescrit ou approuvé comportant des dispositions relatives au recul du trait de côte « peuvent établir une carte locale de projection du recul du trait de côte » dans les conditions prévues aux articles L. 121-22-1 s.[10]

126.323 Élaboration par un EPCI le cas échéant. Si une ou plusieurs des communes exposées appartiennent à un EPCI compétent en matière de PLU, de document en tenant lieu ou de carte communale, la carte locale d'exposition au recul du trait de côte est établie par cet EPCI[11].

7. Décr. n° 2022-750, 29 avr. 2022 établissant la liste des communes dont l'action en matière d'urbanisme et la politique d'aménagement doivent être adaptées aux phénomènes hydrosédimentaires entraînant l'érosion du littoral, *JO* 30 avr., n° 6.
8. Décr. n° 2024-531, 10 juin 2024.
9. C. urb., art. L. 121-22-1, al. 1er.
10. C. urb., art. L. 121-22-1, al. 2.
11. C. urb., art. L. 121-22-1, al. 3.

2°
Délimitation des zones exposées dans le PLU

a.
Délimitation des zones exposées

126.331 Délimitation dans les documents graphiques. Le document graphique du règlement du PLU ou du document en tenant lieu applicable dans les communes exposées délimite sur le territoire de ces communes[1] :

– la zone exposée au recul du trait de côte à l'horizon de trente ans (1°) ;

– la zone exposée au recul du trait de côte à un horizon compris entre trente et cent ans (2°).

126.332 Explications dans le rapport de présentation. Le rapport de présentation du PLU ou du document en tenant lieu comprend[2] :

– « une synthèse des études techniques » prises en compte pour délimiter les zones exposées[3] dans le document graphique ;

– et, si elles ont été prises en compte pour procéder à cette délimitation, « une synthèse des actions de lutte contre l'érosion côtière et des actions issues des stratégies locales de gestion intégrée du trait de côte » mises en œuvre par les collectivités territorialement compétentes.

b.
Procédure d'évolution du PLU pour délimiter les zones exposées

126.341 Engagement de la procédure de révision ou de modification. Lorsque le PLU ou le document en tenant lieu inclut le territoire d'au moins une commune exposée, l'autorité compétente[4] engage l'évolution de ce plan par délibération de son organe délibérant, afin d'y délimiter les zones exposées[5].

Cette délibération[6] :

– correspond à celle prévue à l'article L. 153-32[7], lorsque l'évolution du plan est effectuée selon la procédure de révision ;

– ou tient lieu de l'engagement prévu à l'article L. 153-37[8], lorsque l'évolution du plan est effectuée selon la procédure de modification de droit commun ou selon la procédure de modification simplifiée.

126.342 Délai d'un an pour engager la procédure lorsque la commune n'est pas couverte par un PPRL. Pour les communes non couvertes par un PPRL[9], la procédure d'évolution du PLU ou du document en tenant lieu est engagée au plus tard un an après la publication du décret de classement des communes sur la liste des communes exposées[10].

126.343 Délai de trois ans pour approuver l'évolution (communes sans PPRL) ; à défaut adoption d'une carte de préfiguration des zones exposées. Si le PLU délimitant les zones exposées[11] n'entre pas en vigueur à l'expiration d'un délai de trois ans à compter de l'engagement de la procédure d'évolution[12], et que le territoire n'est pas couvert par un PPRL approuvé comportant des dispositions relatives au recul du trait de côte, l'organe délibérant de l'autorité compétente adopte « une carte de préfiguration » des zones exposées avant cette échéance, cette carte étant applicable jusqu'à l'entrée en vigueur du PLU intégrant ces zones[13].

c.
Sursis à statuer sur les projets se rapportant aux zones préfigurées

126.351 Conditions de mise en œuvre. L'autorité compétente peut décider de surseoir à statuer, dans les conditions et délais prévus à l'article L. 424-1, sur les demandes d'autorisation concernant des travaux, des constructions ou des installations qui sont « situés dans les zones préfigurées »[14] et qui sont « de nature à compromettre ou à rendre plus onéreuse l'exécution du futur plan », dès lors qu'a été publiée la délibération d'adoption de la carte de préfiguration[15].

3°
Délimitation des zones exposées dans les cartes communales

a.
Délimitation des zones exposées

126.361 Délimitation dans la carte communale. La carte communale applicable dans les communes exposées « délimite sur le territoire de ces communes les zones mentionnées aux 1° et 2° de l'article L. 121-22-2 »[16], c'est-à-dire :

1. C. urb., art. L. 121-22-2, al. 1er à 3.
2. C. urb., art. L. 121-22-2, al. 4.
3. V. ss no 126.331.
4. Mentionnée à l'article L. 153-8 – V. ss nos 233.211 s.
5. C. urb., art. L. 121-22-3, al. 1er – Sur ces zones, v. ss no 126.331.
6. C. urb., art. L. 121-22-3, al. 2.
7. V. ss no 235.41.
8. V. ss no 235.121.
9. V. ss no 126.321.
10. C. urb., art. L. 121-22-3, al. 3 – V. ss no 126.291.
11. V. ss no 126.331.
12. V. ss no 126.341.
13. C. urb., art. L. 121-22-3, al. 4.
14. V. ss no 126.343.
15. C. urb., art. L. 121-22-3, al. 5.
16. C. urb., art. L. 121-22-6, al. 1er.

- les zones (1°) exposées au recul du trait de côte à l'horizon de trente ans ;

- et celles (2°) exposées au recul du trait de côte à un horizon compris entre trente et cent ans [1].

126.362 Explications dans le rapport de présentation. Le rapport de présentation de la carte communale comprend [2] :

- « une synthèse des études techniques » prises en compte pour délimiter dans le document graphique les zones exposées au recul du trait de côte ;

- et, si elles ont été prises en compte pour procéder à cette délimitation, « une synthèse des actions de lutte contre l'érosion côtière et des actions issues des stratégies locales de gestion intégrée du trait de côte » mises en œuvre par les collectivités territorialement compétentes.

b.

Procédure d'évolution de la carte communale pour délimiter les zones exposées

126.371 Engagement de la procédure de révision. Lorsque la carte communale inclut le territoire d'au moins une commune exposée, l'autorité compétente [3] engage la révision de la carte communale afin d'y délimiter les zones mentionnées aux 1° et 2° de l'article L. 121-22-2 [4].

126.372 Délai pour engager la procédure lorsque la commune n'est pas couverte par un PPRL. Pour les communes non couvertes par un PPRL [5], la procédure de révision est engagée au plus tard un an après la publication du décret de classement des communes sur la liste des communes exposées [6].

126.373 Délai de trois ans pour approuver l'évolution (communes sans PPRL) ; à défaut adoption d'une carte de préfiguration des zones exposées. Si la carte communale délimitant les zones exposées [7] n'entre pas en vigueur à l'expiration d'un délai de trois ans à compter de l'engagement de la procédure de révision [8] et que le territoire n'est pas couvert par un PPRL approuvé comportant des dispositions relatives au recul du trait de côte, l'organe délibérant de l'autorité compétente adopte « une carte de préfiguration » des zones exposées avant cette échéance, cette carte étant applicable jusqu'à l'entrée en vigueur du document d'urbanisme délimitant ces zones [9].

c.

Sursis à statuer sur les projets se rapportant aux zones préfigurées

126.381 Conditions de mise en œuvre. L'autorité compétente peut décider de surseoir à statuer, dans les conditions et délais prévus à l'article L. 424-1, sur les demandes d'autorisation concernant des travaux, des constructions ou des installations qui sont « situés dans les zones préfigurées » [10] et qui sont « de nature à compromettre ou à rendre plus onéreuse l'exécution de la future carte », dès lors qu'a été publiée la délibération d'adoption de la carte de préfiguration [11].

d.

Réexamen de la situation tous les six ans

126.391 Réexamen six ans après l'entrée en vigueur de la carte communale. Dans un délai de six ans à compter de l'entrée en vigueur de la carte communale révisée en application de l'article L. 121-22-7 [12] ou adoptée en application de l'article L. 121-22-10 [13], l'organe délibérant de la commune ou de l'EPCI compétent, après avoir sollicité l'avis de ses communes membres, décide, « si la projection du recul du trait de côte le justifie » [14] :

- soit d'engager la révision de la carte communale ;

- soit de maintenir la carte communale en vigueur ;

- soit de prescrire l'élaboration d'un PLU établissant une carte locale d'exposition de son territoire au recul du trait de côte.

126.392 Réexamen tous les six ans. L'autorité compétente délibère de nouveau, tous les six ans, soit après l'entrée en vigueur de la carte révisée en application du premier alinéa du présent article, soit après la délibération décidant son maintien en vigueur en application du même premier alinéa, en vue de prendre l'une des décisions mentionnées audit premier alinéa [15].

126.393 Procédure applicable en cas de révision. Les deux derniers alinéas de l'article L. 121-22-7 [16] sont applicables lorsque l'autorité compétente engage la révision de la carte communale en application du présent article [17].

1. V. s^s n° 126.331.
2. C. urb., art. L. 121-22-6, al. 2.
3. Mentionnée à l'article L. 163-3 – V. s^s n° 243.11.
4. C. urb., art. L. 121-22-7, al. 1er.
5. V. s^s n° 126.321.
6. C. urb., art. L. 121-22-7, al. 2 – V. s^s n° 126.291.
7. V. s^s n° 126.331.
8. V. s^s n° 126.371.
9. C. urb., art. L. 121-22-7, al. 3.
10. V. s^s n° 126.373.
11. C. urb., art. L. 121-22-7, al. 4.
12. V. s^s n°s 126.371 s.
13. V. s^s n° 126.412.
14. C. urb., art. L. 121-22-11, al. 1er.
15. C. urb., art. L. 121-22-11, al. 2.
16. V. s^s n°s 126.373 et 126.381.
17. C. urb., art. L. 121-22-11, al. 3.

4°
Cas où la commune n'est pas couverte par un PLU ou une carte communale

a.
Élaboration d'un PLU ou d'une carte communale

126.401 Obligation de se doter d'un tel document. L'autorité compétente prescrit l'élaboration d'un PLU ou engage l'élaboration d'une carte communale lorsque la commune, si elle est compétente, ou au moins une commune du territoire de l'EPCI compétent est mentionnée à l'article L. 121-22-1[1] et n'est couverte par aucun de ces documents d'urbanisme[2].

126.402 Délai d'engagement de la procédure dans les communes non couvertes par un PPRL. Pour les communes non couvertes par un PPRL[3], la procédure d'élaboration du PLU ou de la carte communale est engagée au plus tard un an après la publication du décret de classement des communes sur la liste des communes exposées[4].

b.
Procédure d'élaboration du PLU ou de la carte communale

126.411 PLU. Sans préjudice de la section 3 du chapitre III du titre V du livre Ier[5], l'élaboration du PLU s'effectue dans les conditions prévues par le paragraphe du code relatif au recul du trait de côte et à l'adaptation des documents d'urbanisme[6].

126.412 Carte communale. Sans préjudice de la section 3 du chapitre III du titre VI du livre Ier[7], l'élaboration de la carte communale s'effectue dans les conditions prévues par le paragraphe du code relatif au recul du trait de côte et à l'adaptation des documents d'urbanisme[8].

§ 2
Régime des constructions et aménagements dans les communes exposées au recul du trait de côte

126.421 Dispositions spécifiques s'ajoutant aux dispositions de droit commun. Dans les communes exposées au recul du trait de côte[9], le chapitre du code de l'urbanisme propre au littoral est applicable, sous réserve des dispositions propres à ces communes prévues aux articles L. 121-22-4 s.[10]

Le code distingue le régime applicable aux communes couvertes :

– par un PLU[11] ;

– par une carte communale[12].

Les deux régimes sont très largement similaires.

§ 3
Régime des constructions et aménagements dans les communes exposées au recul du trait de côte couvertes par un PLU

A.
Régime applicable dans la zone exposée au recul du trait de côte à l'horizon de 30 ans (zone 1)

1°
Opérations autorisées dans les espaces urbanisées

126.431 Trois séries d'opérations. Dans les espaces urbanisés de la zone exposée au recul du trait de côte à l'horizon de 30 ans[13], seuls peuvent être autorisés les opérations suivantes[14] :

– les travaux de réfection et d'adaptation des constructions existantes à la date d'entrée en vigueur du PLU délimitant les zones exposées (1°) ;

– les constructions ou installations nouvelles nécessaires à des services publics ou à des activités économiques exigeant la proximité immédiate de l'eau, à condition qu'elles présentent un caractère démontable (2°) ;

– les extensions des constructions existantes à la date d'entrée en vigueur du PLU délimitant les zones exposées, à condition qu'elles présentent un caractère démontable (3°).

L'objectif est d'éviter l'urbanisation de secteurs exposés à un risque d'érosion à un horizon de moins de trois décennies.

126.432 Condition commune : ne pas augmenter la capacité d'habitation. Les opérations précitées sont soumises à une condition commune : elles ne doivent pas « augmenter la capacité d'habitation des constructions »[15].

1. Liste établie par décret des communes exposées, v. s^s n°s 126.291 s.
2. C. urb., art. L. 121-22-10, I, al. 1er.
3. V. s^s n° 126.321.
4. C. urb., art. L. 121-22-10, I, al. 2.
5. Dispositions sur la procédure d'élaboration du PLU, v. s^s n°s 233.221 s.
6. C. urb., art. L. 121-22-10, II.
7. Dispositions sur la procédure d'élaboration de la carte communale, v. s^s n°s 243.31 s.
8. C. urb., art. L. 121-22-10, III.
9. V. s^s n°s 126.291 s.
10. C. urb., art. L. 121-22-1, al. 4.
11. V. s^s n°s 126.431 s.
12. V. s^s n°s 126.531 s.
13. Zone délimitée en application du 1° de l'article L. 121-22-2, v. s^s n° 126.361.
14. C. urb., art. L. 121-22-4, I.
15. C. urb., art. L. 121-22-4, I, al. 1er.

2°
Opérations autorisées dans les espaces non urbanisées

126.441 Services publics et activités exigeant la proximité immédiate de l'eau. Dans les espaces non urbanisés de la bande littorale exposés au recul du trait de côte à l'horizon de 30 ans, « seules les constructions ou installations nécessaires à des services publics ou à des activités économiques exigeant la proximité immédiate de l'eau peuvent être autorisées », en dehors des espaces remarquables « et à condition qu'elles présentent un caractère démontable » [1].

B.
Régime applicable dans la zone exposée au recul du trait de côte à un horizon compris entre 30 et 100 ans (zone 2)

126.450 Plan. Le régime défini ci-dessous ne s'applique pas aux constructions nouvelles ou extensions de constructions existantes réalisées dans le cadre d'un bail réel d'adaptation à l'érosion côtière [2].

1°
Obligation de démolir les constructions nouvelles lorsque la sécurité des occupants vient à être menacée

126.461 Sécurité menacée à trois ans. Dans la zone exposée au recul du trait de côte à un horizon compris entre 30 et 100 ans [3], la « démolition » de « toute construction nouvelle » à compter de la date d'entrée en vigueur du PLU intégrant les zones exposées ou du document d'urbanisme en tenant lieu et celle « des extensions de constructions existantes » à compter de cette même date, ainsi que « la remise en état du terrain », « sous la responsabilité et aux frais de leur propriétaire », « sont obligatoires lorsque le recul du trait de côte est tel que la sécurité des personnes ne pourra plus être assurée au-delà d'une durée de trois ans » [4].

126.462 Obligation de démolition ordonnée par le maire. L'obligation de démolition et de remise en état est ordonnée par arrêté du maire dans les conditions fixées au III du présent article [5].

2°
Obligation de consigner par anticipation une somme d'argent correspondant au coût prévisionnel d'une démolition

126.471 Obligation de consignation. Lorsque le projet requiert la délivrance d'un permis de construire, d'un permis d'aménager ou d'une décision de non-opposition à déclaration préalable, leur mise en œuvre est subordonnée, en application de l'article L. 425-16, « à la consignation » entre les mains de la Caisse des dépôts et consignations « d'une somme, correspondant au coût prévisionnel de la démolition et de la remise en état » mentionnées au I du présent article [6], dont le montant est fixé par l'autorisation d'urbanisme [7].

Ainsi, si l'érosion vient à menacer la sécurité des occupants et, par conséquent, que la démolition et la remise en état s'imposent, assurance est donnée que le propriétaire des lieux (ou le cas échéant l'autorité publique qui s'y substitue) disposera des moyens financiers de faire face aux frais occasionnés.

126.472 Mise en œuvre et régime de la consignation. Le bénéficiaire de l'autorisation d'urbanisme adresse au maire le récépissé de consignation délivré par la Caisse des dépôts et consignations avant la mise en œuvre de celle-ci [8].

Par dérogation à l'article L. 518-24 du code monétaire et financier, le délai de trente ans mentionné aux premier et avant-dernier alinéas du même article L. 518-24 est porté à cent ans et la période de trente années mentionnée à l'avant-dernier alinéa dudit article L. 518-24 est portée à cent années [9].

Le taux de rémunération est fixé dans les conditions prévues à l'article L. 518-23 du même code, en tenant compte du délai de déchéance [10].

La consignation des sommes correspondant au coût prévisionnel de la démolition et de la remise en état emporte affectation spéciale et légale et droit de préférence, au sens de l'article 2333 du code civil [11].

Les sommes consignées sont insaisissables, au sens de l'article L. 112-2 du code des procédures civiles d'exécution [12].

1. C. urb., art. L. 121-22-4, II, mod. par ord. n° 2022-489, 6 avr. 2022.
2. C. urb., art. L. 121-22-5, VII, créé par ord. n° 2022-489, 6 avr. 2022 ; – Sur ce bail, v. s[s] n° 442.21.
3. Zone délimitée en application du 2° de l'article L. 121-22-2, v. s[s] n° 126.291.
4. C. urb., art. L. 121-22-5, I, al. 1er.
5. C. urb., art. L. 121-22-5, I, al. 2 – Sur ces conditions, v. s[s] n°s 126.481 s.
6. V. s[s] n° 126.461.
7. C. urb., art. L. 121-22-5, II, al. 1er.
8. C. urb., art. L. 121-22-5, II, al. 2.
9. C. urb., art. L. 121-22-5, II, al. 3.
10. C. urb., art. L. 121-22-5, II, al. 4.
11. C. urb., art. L. 121-22-5, II, al. 5.
12. C. urb., art. L. 121-22-5, II, al. 6.

3°
Prononcé et mise en œuvre de la démolition

a.
Prononcé de la démolition

126.481 Ordre de démolir. Pour toute construction soumise à l'obligation de démolition et de remise en état, le maire, dans les conditions prévues au I[1], « ordonne l'exécution de ces obligations dans un délai déterminé, qui ne peut être inférieur à six mois »[2].

126.482 Mise en demeure de démolir. Lorsque l'arrêté ordonnant la démolition n'a pas été exécuté dans le délai fixé, « le maire met en demeure le propriétaire de procéder à cette exécution dans un délai déterminé, qui ne peut être inférieur à un mois »[3].

b.
Démolition d'office en l'absence de démolition par le propriétaire

126.491 Prise en main par le maire. Si, à l'issue du délai fixé dans la mise en demeure ordonnant des travaux de démolition et de remise en état du site, ceux-ci n'ont pas été accomplis par le propriétaire, « le maire peut faire procéder d'office à tous les travaux nécessaires en lieu et place de la personne mise en demeure et aux frais de celle-ci »[4].

« En cas d'absence ou d'insuffisance des sommes consignées, les frais de toute nature avancés sont recouvrés comme en matière de contributions directes » en application de l'article L. 1617-5 du CGCT. Si l'immeuble relève du statut de la copropriété, le titre de recouvrement est émis à l'encontre de chaque copropriétaire pour la fraction de créance dont il est redevable[5].

c.
Déconsignation des sommes pour la réalisation des travaux

126.501 Déconsignation décidée par le maire. La somme consignée attachée au bien et, le cas échéant, les intérêts échus « peuvent être déconsignés [...] sur décision du maire au bénéfice »[6] :

– du propriétaire, « au fur et à mesure de l'exécution des travaux de démolition et de remise en état » ;

– ou du comptable de la commune, « pour financer la réalisation d'office des travaux ».

1. V. s[s] nº 126.471.
2. C. urb., art. L. 121-22-5, III, al. 1er.
3. C. urb., art. L. 121-22-5, III, al. 1er.
4. C. urb., art. L. 121-22-5, IV.
5. C. urb., art. L. 121-22-5, IV.
6. C. urb., art. L. 121-22-5, V.

d.
Absence d'indemnisation des titulaires de droits réels ou de baux

126.511 Occupation à leurs risques et frais. Les titulaires de droits réels ou de baux de toute nature portant sur des constructions créées ou aménagées dans une zone exposée au recul du trait de côte à un horizon compris entre 30 et 100 ans « ne peuvent prétendre à aucune indemnité de la part de l'autorité qui a fait procéder à la démolition et à la remise en état »[7].

Il en va ainsi « nonobstant toutes dispositions contraires »[8] qui figurerait dans le contrat liant les intéressés au propriétaire.

e.
Information des acquéreurs ou locataires

126.521 Obligation d'information. Toute promesse de vente, tout contrat de vente ou de location ou tout contrat constitutif de droits réels portant sur des constructions soumises aux obligations prévues à l'article L. 121-22-5 « doit les mentionner »[9].

Cette obligation d'information est prescrite « à peine de nullité » de la promesse ou du contrat concerné[10].

§ 4
Régime applicable dans les communes exposées au recul du trait de côte couvertes par une carte communale

A.
Régime applicable dans la zone exposée au recul du trait de côte à l'horizon de 30 ans

126.531 Même régime que pour les PLU. Dans les espaces urbanisés de la zone exposée au recul du trait de côte à l'horizon de 30 ans[11], « l'article L. 121-22-4 est applicable »[12]. Il en résulte que le régime des constructions défini par celui-ci lorsque la commune est couverte par un PLU[13] s'applique lorsque la commune est couverte par une carte communale.

Comme l'article L. 121-22-4[14], l'article L. 121-22-8 prévoit que les constructions ne doivent pas « augmenter la capacité d'habitation des constructions »[15].

7. C. urb., art. L. 121-22-5, VI.
8. C. urb., art. L. 121-22-5, VI.
9. C. urb., art. L. 121-22-5, VI.
10. C. urb., art. L. 121-22-5, VI.
11. V. s[s] nº 126.361.
12. C. urb., art. L. 121-22-8.
13. V. s[s] nº 126.431.
14. V. s[s] nº 126.432.
15. C. urb., art. L. 121-22-8.

B.
Régime applicable dans la zone exposée au recul du trait de côte à un horizon compris entre 30 et 100 ans

126.541 **Même régime que pour les PLU.** Dans la zone exposée au recul du trait de côte à un horizon compris entre 30 et 100 ans[1], « l'article L. 121-22-5 est applicable »[2]. Il en résulte que le régime défini par celui-ci lorsque la commune est couverte par un PLU[3] s'applique lorsque la commune est couverte par une carte communale.

1. V. s^s n° 126.361.
2. C. urb., art. L. 121-22-9.
3. V. s^s n°s 126.461 s.

CHAPITRE

127. Règles de protection du littoral propres aux collectivités d'outre-mer

SECTION 0 ORIENTEUR

127.00 Sommaire du chapitre.

127.01 Textes applicables.

• **C. urb.**

art. L. 121-38 s.

art. R. 121-33 s.

127.03 Bibliographie indicative.

Encyclopédie. *DP constr.-urb.*, ét. : « Littoral » – *J.-Cl. Constr.-Urb.*, fasc. 9-20 : « Aménagement et protection du littoral.– Dispositions particulières aux régions, départements et collectivités d'Outre-Mer », par H. Coulombié, août 2013.

127.04 Questions essentielles.

> Quelles adaptations ont été apportées au régime d'urbanisation du littoral en outre-mer ?

* V. s^{s} n°s 127.11 s.

> Quelles différences les servitudes de passage d'outre-mer présentent-elles avec les servitudes du territoire métropolitain ?

* V. s^{s} n°s 127.131 s.

127.05 Application de principe de la loi Littoral. Le code prévoit l'application de principe des dispositions propres au littoral. Selon l'article L. 121-38, y sont soumises :

- les communes littorales en Guadeloupe, en Guyane, en Martinique et à La Réunion ;
- toutes les communes à Mayotte.

127.06 Adaptations. Certaines règles ne sont pas adaptées aux particularités de ces collectivités d'outre-mer. Aussi le législateur a-t-il prévu deux types d'aménagements [1].

D'une part, certains articles du code ne s'y appliquent pas. Il s'agit des articles des articles L. 121-12, L. 121-13, L. 121-16, L. 121-17 et L. 121-19.

D'autre part, certains autres articles du code relatifs au littoral s'y appliquent de façon particulière. Ces particularités concernent :

- le régime d'urbanisation ;
- la préservation des espaces remarquables ;
- et les servitudes de passage.

1. C. urb., art. L. 121-38.

SECTION 1
ADAPTATIONS CONCERNANT LE RÉGIME D'URBANISATION

127.11 Trois adaptations. Les adaptations apportées au régime d'urbanisation concernent les trois espaces prévues par la loi Littoral :

- les espaces urbanisés ;
- les espaces proches du rivage ;
- et la bande littorale (qui, dans ces collectivités, est une « bande des 50 pas géométriques » et non pas une bande des 100 mètres).

§ 1
Zones urbanisées

A.
Implantation d'éoliennes

127.21 Possibilité d'implantation dans le voisinage de zones habitées. La seule exception concernant les zones urbanisées des communes littorales, par rapport au régime de droit commun, a trait à la possibilité d'implanter des éoliennes.

Par dérogation aux dispositions de l'article L. 121-8, l'implantation des éoliennes qui sont incompatibles avec le voisinage des zones habitées peut être autorisée[1].

127.22 Conditions de fond. L'implantation d'éoliennes ne peut être autorisée sur le fondement de ces dispositions qu'« en dehors des espaces proches du rivage »[2].

Par ailleurs, l'autorisation est refusée si les constructions ou installations[3] :

- sont de nature à porter atteinte à l'environnement ou aux sites et paysages remarquables ;
- ou si elles sont incompatibles avec l'exercice d'une activité agricole, pastorale ou forestière.

127.23 Consultations. Sont consultés sur le projet :

- la commission départementale de la nature, des paysages et des sites[4] ;
- et les ministres chargés de l'urbanisme, de l'environnement et de l'énergie[5].

En l'absence de réponse dans un délai de deux mois, les avis des ministres chargés de l'urbanisme, de l'environnement et de l'énergie et de la commission départementale de la nature, des paysages et des sites sont réputés favorables[6].

127.24 Autorité compétente. La décision est prise par le préfet de région[7].

B.
Implantation d'installations de production d'énergie renouvelable ou de traitement des déchets

127.31 Installations pouvant être autorisées. Par dérogation à l'article L. 121-8, en Guyane, à Mayotte, à La Réunion, en Martinique et en Guadeloupe, « les constructions ou installations liées aux activités de stockage, de traitement ou de valorisation des déchets et celles nécessaires à la production d'eau potable et à l'assainissement des eaux usées qui sont incompatibles avec le voisinage des zones habitées » ainsi que « les installations de production d'électricité à partir d'énergies renouvelables ou d'énergie solaire thermique et les installations de stockage d'énergie couplées aux fins d'alimentation électrique avec ces installations de production d'électricité » peuvent être autorisées, avec « l'accord de l'autorité administrative compétente de l'État », après avis de la CDNPS[8].

127.32 Conditions. S'agissant de son champ d'application géographique, la dérogation s'applique[9] :

- en dehors des espaces proches du rivage ;
- et, à l'exception de Mayotte, au-delà d'une bande de trois kilomètres à compter de la limite haute du rivage ou des plus hautes eaux pour les plans d'eau intérieurs mentionnés à l'article L. 321-2 du code de l'environnement.

Le préfet refuse de donner son accord si les constructions ou installations envisagées « sont de nature à porter atteinte à l'environnement »[10].

127.33 Changement de destination. Le changement de destination de ces constructions ou installations n'est autorisé « que vers les destinations et les sous-destinations incompatibles avec le voisinage des zones habitées »[11].

1. C. urb., art. L. 121-39, al. 1er.
2. C. urb., art. L. 121-39, al. 1er.
3. C. urb., art. L. 21-39, al. 2.
4. C. urb., art. L. 21-39, al. 1er.
5. C. urb., art. R. 121-33, al. 1er.
6. C. urb., art. R. 121-33, al. 2.
7. C. urb., art. R. 121-33, al. 1er.
8. C. urb., art. L. 121-39-1, al. 1er, mod. par L. no 2023-973, 23 oct. 2023.
9. C. urb., art. L. 121-39-1, al. 2, mod. par L. no 2022-217, 21 févr. 2022.
10. C. urb., art. L. 121-39-1, al. 1er.
11. C. urb., art. L. 121-39-1, al. 1er, mod. par L. no 2022-217, 21 févr. 2022.

§ 2
Espaces proches du rivage

A.
Régime d'urbanisation

127.41 Urbanisation autorisée de plein droit. Par dérogation au régime de droit commun[1], l'urbanisation est autorisée de plein droit dans deux hypothèses :

– d'une part, l'extension de l'urbanisation est autorisée « dans les secteurs déjà occupés par une urbanisation diffuse »[2] ;

– d'autre part, sont autorisées les opérations d'aménagement préalablement prévues par le chapitre particulier valant SMVM du SAR prévu par l'article L. 4433-7 du CGCT[3].

127.42 Urbanisation autorisée à titre exceptionnel. En dehors des deux hypothèses précédemment mentionnées, c'est-à-dire en dehors des secteurs déjà occupés par une urbanisation diffuse et en l'absence de SAR approuvé, l'urbanisation peut être réalisée « à titre exceptionnel »[4] avec l'accord des ministres chargés de l'urbanisme, de l'environnement et de l'outre-mer[5].

La commune doit motiver sa demande[6].

Doivent être consultés, sur le projet :

– la région, qui donne son avis sur la compatibilité de l'urbanisation envisagée avec les orientations du SAR[7] ;

– la commission départementale de la nature, des paysages et des sites, qui apprécie l'impact de l'urbanisation sur la nature[8].

Les communes limitrophes peuvent également faire connaître leur avis dans le délai de deux mois suivant le dépôt de la demande d'accord[9].

Si les ministres donnent leur accord, le PLU doit respecter les dispositions de cet accord[10].

B.
Coupures d'urbanisation

127.51 Espaces naturels entre les zones urbanisables. Des espaces naturels « ouverts sur le rivage » et « présentant le caractère d'une coupure d'urbanisation » sont ménagés entre les zones urbanisables[11].

Le juge annule l'autorisation d'urbanisme délivrée dans un espace en méconnaissance de ces dispositions[12].

C.
Pentes proches du littoral

127.61 Préservation des paysages. Les constructions et aménagements sur les pentes proches du littoral sont interdits « quand leur implantation porte atteinte au caractère paysager des mornes »[13], c'est-à-dire des reliefs.

D.
Limite propre à Mayotte

127.71 Préservation des plages, mangroves, lagons et récifs. À Mayotte, les constructions et aménagements sont interdits sur le littoral « quand leur implantation porte atteinte aux plages de sable, aux mangroves, aux lagons ou aux récifs coralliens »[14].

§ 3
Bande littorale

127.81 Bande des 50 pas géométriques. Dans les collectivités d'outre-mer concernées, la bande littorale présente une largeur qui n'est pas de 100 mètres

1. CE 18 oct. 2006, *Min. d'État, min. Intérieur et Aménagement du territoire c/Bègue et Saint-Leu (Cne)*, req. n° 264292, *Lebon T.* ; *BJCL* 2006. 816, concl. M. Guyomar : arrêt précisant que, dans les collectivités d'outre-mer concernées, les articles L. 121-40 et suivants du code de l'urbanisme « se substituent » à celles de l'article L. 121-13 « pour ce qui regarde les conditions dans lesquelles, dans les espaces proches du rivage, peuvent être autorisées l'extension de l'urbanisation et la réalisation d'opérations d'aménagement ».
2. C. urb., art. L. 121-40, 1° – Sur la notion d'urbanisation diffuse, PAR EX. : CAA Paris, 29 sept. 1995, *Delacroix*, req. n° 93PA00130, *Lebon T.* ; *BJDU* 1995. 414 : terrain situé dans une zone d'urbanisation diffuse dès lors qu'il est entouré de constructions et desservi par la voie publique ; – CAA Bordeaux, 15 mars 2001, *Brin*, req. n° 97BX02362, NP ; *BJDU* 2002. 152, chron. Phémolant et Raunet : terrain non situé dans une zone d'urbanisation diffuse dès lors qu'il supporte un bâtiment sur un seul côté.
3. C. urb., art. L. 121-40, 2°.
4. C. urb., art. L. 121-41, al. 1er.
5. C. urb., art. R. 121-34, al. 1er – POUR l'annulation d'un projet d'aménagement en l'absence de SAR valant SMVM et d'accord ministériel : CAA Bordeaux, 4 mars 1999, *Saint-Leu (Cne)*, req. n° 96BX32410, NP ; *RJ envir.* 2000. 243, note B. Drobenko.
6. C. urb., art. R. 121-34, al. 2.
7. C. urb., art. L. 121-41, al. 1er.
8. C. urb., art. L. 121-41, al. 1er.
9. C. urb., art. R. 121-34, al. 3.
10. C. urb., art. L. 121-41, al. 2.
11. C. urb., art. L. 121-42.
12. CAA Bordeaux, 17 mai 2001, *SCI Le Lagon*, req. n° 97BX30463, NP.
13. C. urb., art. L. 121-43.
14. C. urb., art. L. 121-44.

(comme dans le régime de droit commun) mais de 50 pas géométriques[1].

À défaut de délimitation de la réserve domaniale des 50 pas géométriques, ou lorsque la réserve domaniale n'a pas été instituée, cette bande présente une largeur de 81,20 mètres à compter de la limite haute du rivage[2].

Dans les communes classées par décret comme exposées à un risque de recul du trait de côte, lorsque la projection du recul du trait de côte à l'horizon de trente ans le justifie, le PLU ou le document en tenant lieu porte la largeur de la bande littorale au-delà de la limite supérieure de la réserve domaniale, lorsque celle-ci a été instituée et, à défaut de délimitation, à plus de 81,20 mètres à compter de la limite haute du rivage[3]. Cette bande correspond à la zone définie au 1° de l'article L. 121-22-2[4], c'est-à-dire aux secteurs exposés au recul du trait de côte un horizon de 30 ans[5].

127.82 **Trois régimes.** Trois régimes sont prévus dans la bande littorale des 50 pas géométriques :

- un régime concernant les parties non urbanisées ;
- un régime concernant les parties urbanisées ;
- et les secteurs concernés par une urbanisation diffuse.

A. Régime applicable dans les parties non urbanisées de la bande littorale

127.91 **Inconstructibilité.** Les parties non urbanisées de la bande littorale sont soumises à un régime d'inconstructibilité[6].

127.92 **Admission des services publics, activités et équipements collectifs liés à l'usage de la mer.** Seules sont autorisées, dans les parties non urbanisées de la bande littorale, les installations nécessaires à des services publics, à des activités économiques ou à des équipements collectifs, lorsqu'ils sont liés à l'usage de la mer[7].

Ces installations doivent organiser ou préserver l'accès et la libre circulation le long du rivage[8].

B. Régime applicable dans les parties urbanisées de la bande littorale

127.101 **Préservation de certains espaces.** À l'intérieur des parties urbanisées de la bande littorale, doivent être « préservés » (c'est-à-dire, sont soumis à un régime d'inconstructibilité) :

- d'une part, les terrains à l'usage de plages, d'espaces boisés, de parcs ou de jardins publics[9] ;
- d'autre part, les espaces restés naturels[10].

À titre d'exemple, une parcelle située dans la bande littorale, dans une partie déjà urbanisée de la commune, plantée d'arbres et affectée à l'usage de promenade publique en bordure de plage, entre dans le champ d'application du premier alinéa. Par suite, le conseil municipal ne peut légalement, ni autoriser sa location en vue de l'implantation d'un restaurant et de ses dépendances, ni décider l'application par anticipation du nouveau classement en zone urbaine de cette parcelle, laquelle était d'ailleurs classée auparavant en zone naturelle[11].

De même, est soumis au second alinéa un terrain situé dans la bande littorale et dans une zone actuellement urbanisée de la commune, qui n'a supporté jusque-là aucune construction et n'a jamais fait l'objet ni d'aménagement, ni d'entretien particuliers. Dans ces conditions, nonobstant son classement en zone UT par le POS, ce terrain doit être regardé comme naturel. Le règlement du POS se borne à indiquer que la zone UT a pour objet d'assurer le développement touristique en favorisant notamment l'accroissement des structures hôtelières. Pour le juge, ce règlement ne justifie donc d'aucun intérêt public particulier. Par suite, le permis de construire délivré sur le terrain litigieux est entaché d'illégalité[12].

127.102 **Urbanisation très limitée des autres espaces.** Le premier alinéa de l'article L. 121-48 du code de l'urbanisme prévoit qu'en dehors des espaces préservés en application de l'article L. 121-47[13], les secteurs urbanisés de la bande littorale, et les zones se trouvant au droit de ces secteurs peuvent, dès lors qu'ils étaient déjà « équipés ou occupés » au 1er janvier 1997 (ou, à Mayotte, au 29 juillet 2005) être délimités par le PLU pour être affectés :

- à des services publics ;
- à des équipements collectifs ;

1. C. urb., art. L. 121-45, al. 1er.
2. C. urb., art. L. 121-45, al. 2.
3. C. urb., art. L. 121-45, al. 3.
4. C. urb., art. L. 121-45, al. 3.
5. V. ss no 126.331.
6. C. urb., art. L. 121-46, *a contrario* – POUR un exemple de sursis à exécution d'un permis de construire délivré en méconnaissance de ces dispositions : CAA Paris, 5 avr. 1994, *Le Robert (Cne)*, req. no 93PA00006, NP.
7. C. urb., art. L. 121-46.
8. C. urb., art. L. 121-46.
9. C. urb., art. L. 121-47, al. 1er.
10. C. urb., art. L. 121-47, al. 2, prévoyant une exception lorsqu'un « intérêt public », exposé au PLU, « justifie une autre affectation ».
11. CE 4 févr. 1994, *Saint-Leu (Cne)*, req. no 140052, *Lebon* 51.
12. CAA Bordeaux, 6 juin 2002, *Sté de mission et de coordination immobilière*, req. no 98BX00647, NP ; *BJDU* 2002. 315, chron. Phémolant et Raunet.
13. V. ss no 127.101.

– à des opérations de réaménagement de quartier, de logement à caractère social et de résorption de l'habitat insalubre ;

– à des commerces, des structures artisanales, des équipements touristiques et hôteliers ainsi qu'à toute autre activité économique dont la localisation à proximité de la mer est justifiée par son usage ou par une nécessité économique de desserte par voie maritime.

Le régime d'urbanisation est strict. Dans les secteurs délimités par le PLU, ne sont autorisés par l'article L. 121-48 (al. 3) que :

– l'adaptation des constructions existantes ;

– le changement de destination des constructions existantes ;

– la réfection des constructions existantes ;

– la reconstruction des constructions existantes ;

– et l'extension limitée des constructions existantes.

Enfin, deux garanties sont prévues :

– d'une part, des mesures compensatoires doivent être mises en œuvre pour garantir « le maintien de l'équilibre du milieu marin et terrestre »[1] ;

– d'autre part, les installations construites doivent organiser ou préserver l'accès et la libre circulation le long du rivage[2].

C.
Régime applicable dans les secteurs de la bande littorale occupés par une urbanisation diffuse

127.111 **Urbanisation très limitée.** Le premier alinéa de l'article L. 121-49 prévoit que les secteurs de la bande littorale occupés par une urbanisation diffuse au 1er janvier 1997 (ou, à Mayotte, au 29 juillet 2005) et situés à proximité des parties urbanisées de la commune, peuvent, sous réserve de leur identification dans le chapitre particulier du SAR valant SMVM, être affectés :

– à des services publics ;

– à des équipements collectifs ;

– à des programmes de logements à caractère social ;

– à des commerces ;

– à des structures artisanales ;

– ainsi qu'à des équipements touristiques et hôteliers.

Le régime d'urbanisation applicable dans ces secteurs est strict. N'y sont autorisés par l'article L. 121-49 (al. 3) que :

– l'adaptation des constructions existantes ;

– le changement de destination des constructions existantes ;

– la réfection des constructions existantes ;

– la reconstruction des constructions existantes ;

– et l'extension limitée des constructions existantes.

Enfin, deux garanties sont prévues :

– d'une part, des mesures compensatoires doivent être mises en œuvre pour garantir « le maintien de l'équilibre du milieu marin et terrestre »[3] ;

– d'autre part, les installations construites doivent organiser ou préserver l'accès et la libre circulation le long du rivage[4].

127.112 **Préservation de certains espaces.** De manière incidente, l'article L. 121-49 impose « la préservation des plages et des espaces boisés ainsi que des parcs et jardins publics ».

À la différence du régime applicable dans les parties urbanisées de la bande littorale[5], cette exigence de préservation n'est pas consacrée dans un article spécifique. Elle n'en revêt pas moins la même portée, à savoir impose l'inconstructibilité dans les plages, les espaces boisés, les parcs et les jardins publics.

SECTION 2
ADAPTATIONS CONCERNANT LA PRÉSERVATION DES ESPACES REMARQUABLES

127.121 **Prise en compte des récifs coralliens, lagons et mangroves.** Les récifs coralliens, les lagons et les mangroves figurent dans la liste des espaces remarquables et milieux à préserver au sens de l'article L. 121-23[6].

SECTION 3
ADAPTATIONS CONCERNANT LES SERVITUDES DE PASSAGE

127.131 **Adaptations.** Le régime de droit commun défini pour les servitudes de passage sur le littoral[7] s'applique sous réserve des règles particulières présentées ci-dessous.

§ 1
Servitude de passage longitudinale

127.141 **Assiette.** En Guadeloupe, en Guyane, en Martinique, à La Réunion et à Mayotte, l'assiette de la servitude de passage est, sur les propriétés privées situées pour tout ou partie dans la zone comprise entre la limite du rivage de la mer et la limite

1. C. urb., art. L. 121-48, al. 1er.
2. C. urb., art. L. 121-48, al. 2.
3. C. urb., art. L. 121-49, al. 1er.
4. C. urb., art. L. 121-49, al. 2.
5. V. ss no 127.101.
6. C. urb., art. L. 121-50 ; art. R. 121-35.
7. V. ss nos 125.05 s.

supérieure de la zone des 50 pas géométriques, « calculée à partir de la limite haute du rivage », sous réserve de la modification et de la suspension de la servitude ainsi que de l'application des articles R. 121-39 à R. 121-40[1].

La limite haute du rivage « s'entend de celle des plus hautes mers hors les marées cycloniques »[2].

127.142 Modification du tracé et des caractéristiques (cas particulier). En Guadeloupe, en Guyane, en Martinique, à La Réunion et à Mayotte, des règles particulières de modification sont prévues lorsqu'existent, dans les zones classées comme naturelles ou forestières par les documents d'urbanisme ainsi que dans les espaces naturels de la zone des 50 pas géométrique, des voies situées sur le domaine privé, limitrophe du domaine public maritime, de l'État, des collectivités territoriales ou des établissements publics qui permettent la circulation des piétons le long ou à proximité du rivage de la mer.

Dans ce cas, « la modification du tracé et de ses caractéristiques peut être prononcée par un arrêté préfectoral qui constate l'ouverture au public des cheminements existants au titre de la servitude de passage des piétons sur le littoral, par voie de convention passée avec la collectivité ou l'établissement public propriétaire ou gestionnaire de l'espace concerné »[3].

127.143 Exclusion de certains bâtiments et constructions antérieurs à 2010. En Guadeloupe, en Guyane, en Martinique, à La Réunion et à Mayotte, et sauf lorsque l'institution de la servitude est le seul moyen d'assurer la continuité du cheminement des piétons ou leur libre accès au rivage de la mer, la servitude ne peut grever deux types de terrains[4] :

- d'une part les terrains situés à moins de dix mètres des bâtiments à usage d'habitation édifiés avant le 1er août 2010 ;

- d'autre part les terrains attenants à des maisons d'habitation et clos de murs au 1er août 2010.

Ces dispositions ne sont toutefois applicables aux terrains situés dans la zone comprise entre la limite du rivage de la mer et la limite supérieure de la zone dite des 50 pas géométriques que si les terrains ont été acquis de l'État avant le 1er août 2010 ou en vertu d'une demande déposée avant cette date[5].

127.144 Réduction de la distance de 10 mètres par rapport aux bâtiments à usage d'habitation. Sans préjudice de l'application du 1° de l'article L. 121-32, la distance de dix mètres par rapport aux bâtiments à usage d'habitation mentionnée à l'article R. 121-39 peut être réduite dans cinq hypothèses.

Les quatre premières sont prévues par décret[6] :

- lorsque le bâtiment à usage d'habitation est, en raison de la configuration des lieux, situé à un niveau sensiblement plus élevé que celui de l'emprise de la servitude (1°) ;

- s'il existe déjà, dans cet espace de dix mètres, un passage ouvert à la libre circulation des piétons (2°) ;

- si le mur clôturant le terrain sur lequel est situé le bâtiment est lui-même à moins de dix mètres dudit bâtiment (3°) ;

- sur les terrains mentionnés à l'article R. 121-39 afin d'assurer une rectitude minimale au tracé (4°).

Une cinquième hypothèse résulte de la conclusion d'une convention. En dehors des quatre cas précédemment mentionnés, la distance de dix mètres peut en effet être réduite avec l'accord du propriétaire du bâtiment. Cet accord doit résulter d'une convention passée avec une collectivité publique ou un groupement de collectivités publiques[7].

127.145 Tracé emportant passage de la servitude à moins de 10 mètres de maisons d'habitation ou grevant des terrains attenants à des maisons d'habitation clos de murs au 1er août 2010. Le dossier soumis à enquête comprend, outre les pièces prévues à l'article R. 121-16, la justification du bien-fondé du tracé retenu (au regard des dispositions des articles L. 121-32, R. 121-13, R. 121-39 et R. 121-40) si le tracé envisagé pour la servitude a l'un des deux effets suivants[8] :

- grever des terrains attenants à des maisons d'habitation qui, au 1er août 2010, étaient clos de murs en matériaux durables et adhérant au sol (1°) ;

- réduire, par rapport aux bâtiments à usage d'habitation édifiés au 1er août 2010, la distance de dix mètres prévue par l'article R. 121-39, sous réserve, dans la zone comprise entre la limite du rivage de la mer et la limite supérieure de la zone dite des 50 pas géométriques, que les terrains d'assiette aient été acquis de l'État avant le 1er août 2010 ou en vertu d'une demande déposée avant cette date (2°).

Dans les cas prévus aux 1° et 2°, la largeur du passage à établir ne peut en aucun cas excéder trois mètres[9].

§ 2
Servitude de passage transversale

127.151 Champ plus large que sous le régime de droit commun. Dans le régime de droit commun, la

1. C. urb., art. R. 121-37, al. 1er.
2. C. urb., art. R. 121-37, al. 2.
3. C. urb., art. R. 121-38.
4. C. urb., art. R. 121-39.
5. C. urb., art. R. 121-39.
6. Plus exactement l'article R. 121-40.
7. C. urb., art. R. 121-40, dernier al.
8. C. urb., art. R. 121-41, al. 1 à 3.
9. C. urb., art. R. 121-41, dernier al.

servitude transversale peut être instituée sur les voies et chemins privés d'usage collectif existants[1].

En Guadeloupe, en Guyane, en Martinique, à La Réunion et à Mayotte, elle peut également être instituée sur les propriétés limitrophes du domaine public maritime par création d'un chemin situé à une distance d'au moins 500 mètres de toute voie publique d'accès transversale au rivage[2].

Cette distance se mesure en ligne droite entre le débouché sur le rivage de la mer de la voie ou chemin privé servant d'assise à la servitude ou, le cas échéant, des sentiers d'accès immédiat qui les prolongent, et tout accès au rivage par une voie publique ou un chemin rural[3].

127.152 Caractéristiques de la servitude instituée sur les propriétés limitrophes du domaine public maritime. L'emprise de cette servitude est de trois mètres de largeur maximum[4].

Elle est distante d'au moins dix mètres des bâtiments à usage d'habitation édifiés avant le 1er août 2010. Cette distance n'est toutefois applicable aux terrains situés dans la zone comprise entre la limite du rivage de la mer et la limite supérieure de la zone des 50 pas géométriques que si les terrains ont été acquis de l'État avant le 1er août 2010 ou en vertu d'une demande déposée avant cette date[5].

127.153 Dossier de l'enquête publique. La notice explicative mentionnée au 1° de l'article R. 121-19 justifie que le projet soumis à enquête respecte les conditions mentionnées aux articles L. 121-51 et R. 121-42[6].

1. V. ss no 125.202.
2. C. urb., art. L. 121-51.
3. C. urb., art. R. 121-42.
4. C. urb., art. L. 121-51.
5. C. urb., art. L. 121-51.
6. C. urb., art. R. 21-43.

CHAPITRE

128. Conseil national de la mer et des littoraux

SECTION 0

ORIENTEUR

128.00 Sommaire du chapitre.

128.01 Texte applicable.

- **C. env.,** art. L. 219-1 A

SECTION 1

ORIGINE ET OBJET

128.11 Origine. Créé par la loi du 13 juillet 2006[1] portant engagement national pour le logement, le Conseil national de la mer et des littoraux (CNML) a remplacé le Conseil national du littoral et le comité de suivi du Grenelle de la Mer.

En 2021, les dispositions qui le régissent ont été transférées de la loi du 3 janvier 1986 relative à l'aménagement, la protection et la mise en valeur du littoral[2] au code de l'environnement[3]. L'article L. 219-1 A dispose qu'« Il est créé un conseil national pour l'aménagement, la protection et la mise en valeur de la mer et des littoraux et la gestion intégrée des zones côtières, dénommé Conseil national de la mer et des littoraux »[4].

1. L. n° 2006-872, 13 juill. 2006 portant engagement national pour le logement, *JO* 16 juill., n° 1.
2. L. n° 86-2, 3 janv. 1986 relative à l'aménagement, la protection et la mise en valeur du littoral, *JO* 4 janv., p. 200, art. 43.
3. C. env., art. L. 219-1 A, créé par L. n° 2021-1104, 22 août 2021, art. 238.
4. C. env., art. L. 219-1 A, al. 1er.

128.12 Objet. Le Conseil national de la mer et des littoraux constitue l'instance de dialogue et de réflexion stratégique pour les politiques relatives à la mer et aux littoraux.

Il est présidé par le Premier ministre ou, en son absence, par le ministre chargé de la mer[5].

SECTION 2

ORGANISATION ET FONCTIONNEMENT DU CNML

128.21 Objet. La composition et le fonctionnement du CNML sont fixés par décret[6].

SECTION 3

COMPÉTENCES DU CNML

128.31 Avis et propositions. Le CNML peut être consulté dans le cadre de la rédaction des textes législatifs ou réglementaires relatifs à la mer et aux littoraux. Il est consulté sur les priorités d'intervention et les conditions générales d'attribution des aides de l'État. Il peut être consulté sur les projets définis en application des contrats passés entre l'État et les régions[7].

Le conseil a également un rôle de proposition auprès du Gouvernement, qui peut le saisir pour avis de tout sujet relatif à la mer et aux littoraux[8].

Il contribue par ses avis et propositions à la coordination des actions publiques en mer et dans les territoires littoraux[9].

5. C. env., art. L. 219-1 A, al. 1er.
6. C. env., art. L. 219-1 A, al. 1er.
7. C. env., art. L. 219-1 A, al. 2.
8. C. env., art. L. 219-1 A, al. 3.
9. C. env., art. L. 219-1 A, al. 3.

128.32 Suivi de politiques. Le CNML est associé au suivi de la mise en œuvre de la loi du 3 janvier 1986[1] relative à l'aménagement, la protection et la mise en valeur du littoral et des textes pris pour son application ainsi que des contrats initiés par l'Union européenne et intéressant le littoral. Il assure le suivi de la mise en œuvre de la stratégie nationale de la mer et des littoraux[2].

128.33 Travaux de prospective, d'observation et d'évaluation. Le CNML participe aux travaux de prospective, d'observation et d'évaluation conduits sur le littoral aux niveaux européen, national et interrégional[3].

1. L. n° 86-2, 3 janv. 1986.

2. C. env., art. L. 219-1 A, al. 3.
3. C. env., art. L. 219-1 A, al. 4.

TITRE

13. Les règles particulières applicables aux zones de montagne

SECTION 0
ORIENTEUR

13.00 Sommaire du titre.

13.03 Bibliographie indicative.

Monographies. N. Calderaro, *Loi Littoral et loi Montagne*, « Guide de jurisprudence commentée », EFE, 2005 – H. Coulombié et C. Le Marchand, *Droit du littoral et de la montagne*, « Litec Professionnels », 2009 – J.-P. Henry et Ph. Ségur (dir.), *L'avenir de la loi montagne. évolution des conditions d'application*, PU Perpignan, 1999 – O. Sulpice, *L'urbanisation des stations de ski face au juge administratif – Une plongée dans la fabrique de la jurisprudence en matière d'urbanisme*, Mare et Martin, 2024.

> Articles

Loi du 9 janv. 1985 (Montagne I). J. Audier, « La loi sur le développement et la protection de la montagne dans les départements d'outre-mer », *RFDA* 1985. 818 – P. Preau, « La montagne constitue une entité géographique spécifique », *RFDA* 1985. 467 – J. Ravanel, « La loi sur la montagne : démarche novatrice ou coquille vide ? », *RFDA* 1985. 462 – P. Subra de Bieusses, « Développement et protection de la montagne », *AJDA* 1985. 385 – P. Subra de Bieusses, « Développement et protection de la montagne : la protection négligée », *RJ envir.* 1985. 163.

Anniversaires de la loi Montagne. Association française de droit de l'urbanisme, « Montagne et droit. Dix ans d'application de la loi montagne et actualité législative », *LPA* 21 févr. 1996, n° 23 – P.-P. Danna, « Vingt ans après, que faire de la loi Montagne ? », *DAUH* 2006. 29 – P. Juen, « Loi Montagne : la crise de la trentaine », Opérations immobilières, *Le Moniteur*, n° 47, juill.-août 2015, p. 20 – N. Kada, « La loi Montagne, 20 ans après », *Pouvoirs locaux* 2005. 133.

Loi du 28 déc. 2016 (Montagne II). Dossier *AJDA* 2017. 780 – C. Devès, « L'aménagement de la montagne après la loi du 28 décembre 2016 de modernisation, de développement et de protection des territoires de montagne », *AJCT* 2017. 202 – N. Kada, « Gouvernance et adaptation des normes en montagne, Une réforme à deux versants », *AJDA* 2017. 784 – J.-F. Joye, « Construire et aménager en montagne après la loi du 28 décembre 2016 : les communes face à leurs responsabilités », *RJ envir.* 2017. 209 – Ph. Juen, « L'acte II de la loi Montagne en matière d'urbanisation : de l'érosion du principe d'équilibre à la hiérarchisation des priorités », *RDI* 2017. 176 – G. Mollion, « Tourisme et aménagement, quelques apports de la loi Montagne II », *JCP Adm.* 2017, n° 2093.

Autres. Ph. Billet, « Le droit à l'assaut de la montagne : de la directive "montagne" à la loi sur le développement des territoires ruraux », *Envir.* 2005, chron. 9. – H. Charles, « Urbanisme et montagne », *AJDA*, n° spéc., 1993. 125 – Ph. Juen, « L'érosion des principes d'urbanisation issus de la loi Montagne », *Constr.-Urb.* 2012, ét. n° 10 – J.-F. Joye, « Encadrer localement l'urbanisme en zone de montagne : recours au droit adapté aux massifs ou crédibilité du droit commun ? », *Constr.-Urb.* 2012, ét. n° 11.

13.05 Loi Montagne. Le régime juridique applicable aux zones de montagne trouve son origine dans la loi Montagne du 9 janvier 1985[1].

L'essentiel de ses dispositions relatives à l'urbanisme ont été insérées dans le code de l'urbanisme[2].

La loi Montagne comporte également des dispositions sur d'autres domaines intéressant la montagne, aussi variés que l'artisanat, le travail saisonnier, les services de secours ou encore les sections de communes.

13.06 Concilier protection et mise en valeur. La problématique des règles d'urbanisme dans les zones de montagne est la même que celle observée pour le littoral, à savoir la recherche d'un équilibre entre protection des espaces et mise en valeur ou développement de ceux-ci.

La loi Montagne proclame en son article 1er (al. 2) que : « Le développement équitable et durable » des territoires de montagne « constitue un objectif d'intérêt national en raison de leur rôle économique, social, environnemental, paysager, sanitaire et culturel ».

13.07 20 % du territoire. Environ 5 600 communes entrent dans le champ d'application de la loi Montagne, représentant 30 % du territoire et 15 % de la population[3].

13.08 Principe d'adaptation. La loi Montagne pose un principe d'adaptation des normes générales (d'urbanisme, de construction, mais aussi d'éducation, de transport, de numérique et autres) « à la spécificité de la montagne ou à la situation particulière de chaque massif ou partie de massif »[4], cette adaptation pouvant être renforcée pour les collectivités d'outre-mer[5].

13.09 Plan. La présentation des dispositions du code de l'urbanisme relatives à aux zones de montagne implique d'examiner successivement :

– le champ d'application et l'opposabilité de ces dispositions ;

– les institutions et organismes spécifiques aux zones de montagne ;

– le régime d'urbanisation prévu ;

– la préservation des espaces naturels et agricoles de ces zones ;

– l'organisation du développement touristique et les unités touristiques nouvelles ;

– les règles particulières à certains ouvrages, installations et routes ;

– et enfin les documents d'urbanisme en zones de montagne.

1. L. n° 85-30, 9 janv. 1985 relative au développement et à la protection de la montagne, *JO* 10 janv., p. 320.
2. C. urb., art. L. 122-1 s.
3. https://www.cohesion-territoires.gouv.fr/ (mars 2021).
4. L. n° 85-30, 9 janv. 1985, art. 8.
5. L. n° 85-30, 9 janv. 1985, art. 8 *ter* : « Les spécificités des zones de montagne dans les collectivités régies par l'article 73 de la Constitution, soumises à un cumul de contraintes, sont prises en compte dans l'adaptation des dispositions de portée générale, des politiques publiques et de leurs mesures d'application ».

CHAPITRE

131. Champ d'application et opposabilité des dispositions

SECTION 0
ORIENTEUR

131.00 Sommaire du chapitre.

131.01 Textes applicables.

• **C. urb.**

art. L. 122-1 s.

art. R. 122-1 s.

131.03 Bibliographie indicative.

Encyclopédies. *DP constr.-urb.*, ét. : « Montagne » – *J.-Cl. Construction-urbanisme*, fasc. 9-30 : « Montagne.– Droit et organisation administrative », par J.-F. Joye, févr. 2018.

131.04 Questions essentielles.

> Qu'est-ce qu'une zone de montagne ?

* V. s^{s} n°s 131.21 s.

> Quelle est l'opposabilité aux documents d'urbanisme et aux projets des dispositions du code de l'urbanisme propres aux zones de montagne ?

* V. s^{s} n°s 131.111 s.

SECTION 1
CHAMP D'APPLICATION DES DISPOSITIONS PROPRES À LA MONTAGNE

131.11 Zones de montagne. Les dispositions du code de l'urbanisme propres à la montagne s'appliquent aux « zones de montagne »[1].

§ 1
Notion de « zones de montagne »

131.21 Définition donnée par la loi Montagne. Le code de l'urbanisme renvoie, pour sérier la notion

1. C. urb., art. L. 122-1.

de « zones de montagne », à la définition qu'en donnent les articles 3 et 4 de la loi Montagne.

131.22 Une définition reposant sur les handicaps résultant de l'altitude. L'article 3 de la loi Montagne dispose que : « Les zones de montagne se caractérisent par des handicaps significatifs entraînant des conditions de vie plus difficiles et restreignant l'exercice de certaines activités économiques »[1].

Cette notion de handicap sert de référence pour appréhender la notion de « zones de montagne » en métropole[2] et en outre-mer[3]. La loi définit ainsi la notion de zone de montagne au regard de différents critères liés aux handicaps naturels dont souffrent ces territoires.

A.
Les « zones de montagne » en métropole

131.31 Critères. L'article 3 de la loi Montagne définit la notion de « zones de montagne » concernant les massifs se trouvant en métropole.

Elles comprennent « les communes ou parties de communes caractérisées par une limitation considérable des possibilités d'utilisation des terres et un accroissement important des coûts des travaux dus » à l'une des trois formes de handicap suivantes :

- soit l'existence, « en raison de l'altitude », de « conditions climatiques très difficiles » se traduisant par une période de végétation sensiblement raccourcie (1°) ;
- soit la présence, « à une altitude moindre », dans la majeure partie du territoire, « de fortes pentes » telles que la mécanisation ne soit pas possible ou nécessite l'utilisation d'un matériel particulier très onéreux (2°) ;
- soit « la combinaison de ces deux facteurs » lorsque l'importance du handicap, résultant de chacun d'eux pris séparément, est moins accentuée ; dans ce cas, « le handicap résultant de cette combinaison doit être équivalent à celui qui découle des situations visées aux 1° et 2° » (3°).

B.
Les « zones de montagne » dans les collectivités d'outre-mer

131.41 Espaces considérés comme des zones de montagne. Dans les départements d'outre-mer, les zones de montagne comprennent de plein droit les communes et parties de communes situées à une certaine altitude[4] :

- altitude supérieure à 500 mètres dans le département de la Réunion ;
- altitude supérieure à 350 mètres dans les départements de la Guadeloupe et de la Martinique.

131.42 Espaces pouvant être considérés comme des zones de montagne. Dans les départements d'outre-mer, peuvent être classées comme zones de montagne, outre les communes qui y figurent de plein droit[5], les communes et parties de communes situées à des altitudes supérieures à 100 mètres, dont la majeure partie du territoire présente des pentes de 15 % au moins[6].

Il ressort de ces dispositions que le classement opéré sur leur fondement présente un caractère facultatif, l'autorité administrative disposant d'un pouvoir d'appréciation pour décider de classer ou de ne pas classer comme zones de montagne les communes et parties de communes qui satisfont aux deux critères qu'elles énoncent (à savoir l'altitude supérieure à 100 mètres et le degré d'inclinaison des pentes).

§ 2
Classement des zones de montagne

A.
Classement des zones de montagne en métropole

131.51 Délimitation. Chaque zone de montagne est délimitée par arrêté interministériel[7].

131.52 Rattachement à un massif. En métropole, chaque zone de montagne est rattachée par décret à l'un des massifs visés à l'article 5[8].

Constituent un massif chaque zone de montagne et les zones qui lui sont immédiatement contiguës et forment avec elle une même entité géographique, économique et sociale[9].

Les massifs sont au nombre de six[10] :

- Alpes ;
- Corse ;
- Massif central ;
- Massif jurassien ;
- Pyrénées ;
- Massif vosgien.

1. L. n° 85-30, 9 janv. 1985 relative au développement et à la protection de la montagne, *JO* 10 janv., p. 320, art. 3, al. 1er.
2. L. n° 85-30, 9 janv. 1985, art. 3.
3. L. n° 85-30, 9 janv. 1985, art. 4.
4. L. n° 85-30, 9 janv. 1985, art. 4, al. 1er.
5. V. ss n° 131.41.
6. L. n° 85-30, 9 janv. 1985, art. 4, al. 2.
7. L. n° 85-30, 9 janv. 1985, art. 3, al. 5.
8. L. n° 85-30, 9 janv. 1985, art. 3, al. 5.
9. L. n° 85-30, 9 janv. 1985, art. 5, al. 1er.
10. L. n° 85-30, 9 janv. 1985, art. 5, al. 2.

La délimitation de chaque massif est faite par décret et peut être modifiée après avis du comité de massif concerné et de la commission permanente du Conseil national de la montagne[1].

B. Classement des zones de montagne en outre-mer

131.61 Délimitation. Chaque zone est délimitée par arrêté interministériel[2].

131.62 Rattachement à un massif. En outre-mer, chaque zone de montagne est rattachée par décret à l'un des massifs visés à l'article 5[3].

Dans les départements d'outre-mer, il y a un massif par département. Il comprend exclusivement les zones de montagne[4].

Les massifs ultramarins sont au nombre de trois[5] :

- La Réunion ;
- la Martinique ;
- et la Guadeloupe.

C. Régime contentieux de l'arrêté de classement (exception d'illégalité)

131.71 Absence d'exception d'illégalité. L'acte de classement d'une commune ou partie de commune en zone de montagne revêt la nature d'une décision d'espèce, et non pas d'un acte réglementaire. Dès lors une commune ne peut, en tout état de cause, utilement exciper de l'illégalité de l'arrêté qui a procédé au classement de l'intégralité de son territoire en zone de montagne, pour soutenir que les dispositions du code de l'urbanisme relatives au littoral ne lui étaient pas applicables[6].

D. Maintien du classement en cas de création d'une commune nouvelle

131.81 Classement maintenu. En cas de création d'une commune nouvelle en application de l'article L. 2113-2 du CGCT, le classement en zone de montagne est maintenu pour les parties de la commune nouvelle correspondant au territoire des anciennes communes précédemment classées en zone de montagne[7].

SECTION 2 Dispositions propres à la montagne pouvant être complétées par des prescriptions particulières de massif (et les anciennes DTA)

§ 1 DTA (DTA des Alpes-Maritimes)

131.91 Précision des modalités d'application de la loi Montagne et prescriptions particulières de massif. S'agissant de leur contenu, il était prévu que les DTA puissent comporter des dispositions précisant les modalités d'application de la loi Montagne. Cette faculté leur était reconnue dans leur régime initial[8]. Ses modalités d'exercice avaient été précisées dans une réponse ministérielle[9]. Une seule DTA, la DTA des Alpes-Maritimes, a précisé les modalités d'application des dispositions du code de l'urbanisme propres à la montagne.

§ 2 Prescriptions particulières de massif (en l'absence de prescriptions par la DTA)

131.101 Prescriptions par décrets en l'absence de prescriptions par DTA. Lorsque les DTA n'y ont pas déjà pourvu, ou en l'absence de DTA, des décrets en Conseil d'État peuvent définir des prescriptions particulières sur tout ou partie des massifs[10].

Ces prescriptions peuvent porter sur trois objets[11] :

– adapter en fonction de la sensibilité des milieux concernés les seuils et critères des études d'impact

1. L. n° 85-30, 9 janv. 1985, art. 5, al. 3.
2. L. n° 85-30, 9 janv. 1985, art. 4, al. 3 – Arr. 6 sept. 1985 délimitant la zone de montagne dans les départements d'outre-mer, *JO* 18 sept., p. 10713.
3. L. n° 85-30, 9 janv. 1985, art. 3, al. 5.
4. L. n° 85-30, 9 janv. 1985, art. 5, dernier al.
5. Arr. 6 sept. 1985.
6. CE 10 mai 2007, *Saint-Cézaire-sur-Siagne (Cne)*, req. n° 272288, NP.
7. L. n° 85-30, 9 janv. 1985, art. 3, al. 6.
8. C. urb., anc. art. L. 111-1-1, al. 2, dans sa rédaction résultant de la loi n° 95-115 du 4 février 1995 : « Ces directives peuvent également préciser pour les territoires concernés les modalités d'application des lois d'aménagement et d'urbanisme, adaptées aux particularités géographiques locales ».
9. Rép. min. n° 20471, *JO Sénat Q* 2 juin 1997, p. 1628 ; – ÉGALEMENT : Rép. min. n° 20135, *JO Sénat Q* 2 mai 1997, p. 1375 : précisant que si les DTA peuvent préciser pour les territoires concernés les modalités d'application des lois d'aménagement et d'urbanisme adoptées aux particularités géographiques locales, « elles n'ont pas pour objet de modifier la loi ni les dispositions réglementaires prises pour son application. L'objectif de la DTA n'est ni d'assouplir, ni de déroger à la loi "montagne", mais de tenir compte des particularités géographiques locales dans les modalités de son application ».
10. C. urb., art. L. 122-26, al. 1er.
11. C. urb., art. L. 122-26, al. 2 à 4.

spécifiques aux zones de montagne fixés en application des articles L. 122-1 à L. 122-3 du code de l'environnement, ainsi que les seuils et critères d'enquête publique spécifiques aux zones de montagne fixés en application du chapitre III du titre II du livre Ier du même code (1°) ;

– désigner les espaces, paysages et milieux les plus remarquables du patrimoine naturel et culturel montagnard, notamment les gorges, grottes, glaciers, lacs, tourbières, marais, lieux de pratique de l'alpinisme, de l'escalade et du canoë-kayak ainsi que les cours d'eau de première catégorie, au sens du 10° de l'article L. 436-5 du code de l'environnement, et leurs abords, et définir les modalités de leur préservation (2°) ;

– préciser, en fonction des particularités de tout ou partie de chaque massif, les modalités d'application des articles L. 122-5 à L. 122-11 du code de l'urbanisme (3°).

131.102 **Procédure.** Le décret fixant les prescriptions particulières sur un massif est pris sur proposition du comité de massif. Il est adopté après organisation :

– d'une évaluation environnementale[1] ;

– et d'une enquête publique[2].

Pour l'élaboration des propositions de prescriptions particulières de massif, les comités de massif peuvent recourir gratuitement, en tant que de besoin, aux services techniques de l'État ainsi qu'aux conseils d'architecture, d'urbanisme et de l'environnement[3].

SECTION 3
OPPOSABILITÉ DES DISPOSITIONS DU CODE PROPRES À LA MONTAGNE

§ 1
Opposabilité de la loi Montagne aux documents d'urbanisme dans un rapport de compatibilité

131.111 **En présence d'un SCOT.** Le SCOT doit être compatible avec les dispositions du code de l'urbanisme propres aux zones de montagne[4]. Les PLU et cartes communales doivent également être compatibles avec ces dispositions, interprétées à la lumière du SCOT[5].

131.112 **En l'absence de SCOT.** En l'absence de SCOT, les règles du code de l'urbanisme propres aux zones de montagne s'imposent directement aux PLU et aux cartes communales[6].

Par exemple, un classement est annulé s'il méconnaît :

– l'article L. 122-5, qui exige que l'urbanisation se fasse en continuité avec les bourgs et villages existants[7] ;

– ou l'article L. 122-10, qui impose la préservation des terres agricoles, pastorales et forestières[8].

§ 2
Opposabilité de la loi Montagne aux projets dans un rapport de conformité

131.121 **Opposabilité la plus large.** Les dispositions du code de l'urbanisme propres à la montagne bénéficient de l'opposabilité la plus large.

Selon l'article L. 122-2 du code de l'urbanisme, qui reprend pour l'essentiel la formule utilisée à l'article L. 121-3 pour le littoral[9], ces dispositions « sont applicables » :

– « à toute personne publique ou privée » ;

– « pour l'exécution de tous travaux, constructions, défrichements, plantations, aménagements, installations et travaux divers » (ce qui inclut par exemple les travaux de réalisation d'une ligne électrique aérienne[10]) ;

– « la création de lotissements » ;

– « l'ouverture de terrains de camping ou de stationnement de caravanes » ;

– « l'établissement de clôtures » ;

– « la réalisation de remontées mécaniques et l'aménagement de pistes » ;

– « l'ouverture des carrières, la recherche et l'exploitation des minerais et les installations classées pour la protection de l'environnement ».

Il en résulte que :

– d'un point de vue organique, les dispositions du code de l'urbanisme propres à la montagne s'imposent tant aux personnes privées qu'aux personnes publiques à qui il appartient de respecter et faire respecter ces dispositions ;

– d'un point de vue matériel, tous les modes d'utilisation du sol, mais aussi les ICPE, y sont soumis.

131.122 **Opposabilité directe aux demandes d'occupation et d'utilisation du sol.** Les dispositions du code de l'urbanisme issues de la loi Montagne

1. V. ss nos 214.91 s.
2. C. urb., art. L. 122-26, al. 1er.
3. C. urb., art. L. 122-27.
4. V. ss no 211.51.
5. V. ss no 211.151.
6. V. ss no 211.181.
7. CE 18 mai 1998, *Allonzier-la-Caille (Cne)*, req. no 163708, *Lebon T. ; BJDU* 1998. 178, concl. J.-C. Bonichot.
8. CE 6 févr. 1998, *Faverges (Cne)*, req. no 161812, *Lebon* 45 ; *BJDU* 1998. 37, concl. L. Touvet.
9. V. ss no 121.91.
10. CE 9 juin 2004, *Peille (Cne)*, req. no 254691, *Lebon*.

sont directement applicables aux demandes d'autorisations d'urbanisme.

Il appartient à l'autorité administrative chargée de se prononcer sur une demande de s'assurer, sous le contrôle du juge, de la conformité du projet avec les dispositions du code de l'urbanisme propres à la montagne.

Ainsi, nonobstant l'existence d'un PLU[1], les dispositions de la loi Montagne sont directement opposables (et le cas échéant peuvent fonder un refus) aux demandes :

- de permis de construire[2] ;
- de certificat d'urbanisme[3] ;
- d'autorisation de défrichement ;
- de création de ZAC.

Elles sont tout autant opposables à une déclaration d'utilité publique[4].

131.123 **Absence de PLU-écran.** Les dispositions du code de l'urbanisme propres aux zones de montagne s'appliquent à toutes les communes situées dans leur périmètre alors même qu'elles seraient couvertes par un PLU ou une carte communale[5].

131.124 **Cas où une DTA a été adoptée (Alpes-Maritimes).** Les DTA « qui précisent les modalités d'application des dispositions particulières au littoral et aux zones de montagne prévues aux chapitres Ier et II du titre II du présent livre s'appliquent aux personnes et opérations qui y sont mentionnées »[6].

La formule étant commune aux DTA montagnes et aux DTA littorales, la jurisprudence forgée relativement aux effets des DTA littorales[7] a vocation à être transposée aux DTA montagnes. Ainsi, dans le cas où le territoire de la commune est couvert par une DTA (hypothèse qui ne concerne que les Alpes-Maritimes), la conformité du projet avec les dispositions du code de l'urbanisme propres aux zones de montagne doit s'apprécier au regard des éventuelles prescriptions édictées par ce document d'urbanisme, sous réserve que les dispositions qu'il comporte sur les modalités d'application des articles L. 122-5 et suivants du code de l'urbanisme soient suffisamment précises et compatibles avec ces mêmes dispositions.

1. La solution dégagée à l'égard des dispositions du code de l'urbanisme propres au littoral est transposable aux dispositions de ce code propres à la montagne – V. ss no 121.143.
2. CE 9 juill. 1997, *Morand*, req. no 123341, *Lebon T.* : annulation d'un permis de construire pour méconnaissance de l'obligation de préserver les terres agricoles.
3. CE 5 janv. 1994, *Cribier*, req. no 129646, *Lebon T.*
4. PAR EX. : CE 30 déc. 2013, *Min. Intérieur*, req. no 356338, *Lebon T.* (annulation).
5. CAA Bordeaux, 17 janv. 2002, *Isabal*, req. no 99BX00487, NP : après avoir rappelé que les dispositions de la carte communale doivent respecter les prescriptions de l'article L. 122-5 du code de l'urbanisme, la cour affirme que le requérant n'est par suite « pas fondé à invoquer le classement de son terrain en zone constructible, opéré par la carte communale ».
6. C. urb., art. L. 172-2.
7. V. ss no 121.111.

SECTION 4
COMMUNES SOUMISES À LA FOIS À LA LOI MONTAGNE ET À LA LOI LITTORAL

131.131 **Dispense de certaines obligations.** Certaines communes entrent à la fois dans le champ d'application de la loi Littoral et celui de la loi Montagne. Il résulte de l'application cumulée de ces deux régimes un encadrement particulièrement strict de l'utilisation du sol qui rend quasiment impossible toute possibilité de construction et d'aménagement. Aussi le législateur a-t-il apporté des assouplissements en dispensant les communes concernées de certaines obligations résultant de la loi Montagne[8].

SECTION 5
PARTICULARITÉS DE L'OUTRE-MER ET DE LA CORSE

§ 1
Outre-mer

131.141 **Inapplication de nombreuses dispositions.** Ne sont applicables dans les départements de la Guadeloupe, de la Martinique et de la Réunion[9] :

- ni l'article 7 de la loi Montagne (sur les comités de massif) ;
- ni les articles L. 122-1 à L. 122-25 du code de l'urbanisme (c'est-à-dire l'ensemble des règles matérielles propres à la montagne).

131.142 **Inapplication de certaines dispositions législatives.** L'article 98 de la loi Montagne ayant rendu inapplicables aux massifs d'outre-mer les dispositions du code de l'urbanisme propres à la montagne[10], son article 99 prévoit l'adoption de règles spécifiques à ces territoires : « Dans les départements d'outre-mer, les conditions d'aménagement des zones de montagne font l'objet de prescriptions particulières établies sur proposition ou après avis des communes ou groupements de communes concernés dans des conditions fixées par décret en Conseil d'État en application de l'article L. 111-2 du code de l'urbanisme »[11].

8. V. ss nos 121.61 s.
9. L. no 85-30, 9 janv. 1985, art. 98.
10. V. ss no 131.141.
11. L. no 85-30, 9 janv. 1985, art. 99.

§ 2
Corse

131.151 **Île-montagne.** Sans préjudice de la présente loi, et pour l'application et l'interprétation de celle-ci notamment, « la spécificité de la Corse, territoire montagneux et insulaire présentant le caractère d'"île-montagne", par suite soumise à un cumul de contraintes, est prise en considération conformément à l'article 174 du traité sur le fonctionnement de l'Union européenne »[1].

La Corse est le seul territoire à bénéficier de cette qualification, qui implique une prise en compte des difficultés particulières auxquelles elle se trouve soumise du fait de son caractère de « montagne dans la mer ».

131.152 **Principe d'adaptation mis en œuvre avec le concours des acteurs locaux.** L'État et la collectivité territoriale de Corse, en concertation avec les collectivités territoriales et établissements publics de l'île, veillent conjointement à la mise en œuvre en Corse du principe d'adaptation prévu à l'article 8[2].

1. L. n° 85-30, 9 janv. 1985, art. 8 *bis*, al. 1er, créé par L. n° 2016-1888, 28 déc. 2016, art. 5.
2. L. n° 85-30, 9 janv. 1985, art. 8 *bis*, al. 2 – Sur ce principe, v. ss n° 13.08.

CHAPITRE

132. Institutions et organismes spécifiques aux zones de montagne

SECTION 0
ORIENTEUR

132.00 **Sommaire du chapitre.**

132.01 **Textes applicables.**

• **L. nº 85-30, 9 janv. 1985** relative au développement et à la protection de la montagne, *JO* 10 janv., p. 320, art. 6 s.

132.03 **Bibliographie indicative.**

Encyclopédies. *DP constr.-urb.*, ét. : « Montagne » – *J.-Cl.Constr.-Urb.*, fasc. 9-30 : « Montagne. Droit et organisation administrative », par J.-F. Joye, févr. 2018.

132.05 **Institutions spécifiques à la montagne.** Plusieurs organismes exercent une compétence spécifique dans les zones de montagne :

- le Conseil national de la montagne ;
- les comités de massif ;
- et les ententes de massif.

SECTION 1
CONSEIL NATIONAL DE LA MONTAGNE (CNM)

132.11 **Rôle.** Le conseil national de la montagne (CNM) est le lieu de concertation privilégié entre le gouvernement et les représentants de la montagne sur l'avenir des territoires de montagne et sur les politiques publiques à mettre en œuvre[1].

132.12 **Composition.** Le CNM est composé de 80 membres :

- parlementaires ;
- représentants des régions et départements ;
- représentants des six massifs métropolitains et des trois massifs ultramarins ;
- représentants socioprofessionnels (représentants des chambres consulaires et des syndicats patronaux et de salariés) ;
- représentants du monde associatif.

Sa composition précise est fixée par décret[2].

132.13 **Attributions.** Le CNM « définit les objectifs et précise les actions qu'il juge souhaitables pour le développement, l'aménagement et la protection de la montagne. Il a notamment pour objet de faciliter, par ses avis et ses propositions, la coordination des actions publiques dans les zones de montagne »[3].

Plus précisément, le CNM est consulté :

- d'une part, sur les projets de loi et de décret spécifiques à la montagne ;
- d'autre part, sur les priorités d'intervention et les conditions générales d'attribution des aides accordées aux zones de montagne par le Fonds national d'aménagement et de développement du territoire[4].

En outre, il est informé des investissements de l'État mis en œuvre dans les conventions interrégionales et les programmes européens spécifiques aux massifs de montagne ainsi que du bilan d'activité des comités de massif[5].

132.14 **Fonctionnement.** Le CNM est présidé par le Premier ministre ou, en son absence, par le ministre chargé de l'aménagement du territoire[6].

Il se réunit au moins une fois par an[7].

1. L. nº 85-30, 9 janv. 1985 relative au développement et à la protection de la montagne, *JO* 10 janv., p. 320, art. 6, al. 2.
2. Décr. nº 2017-754, 3 mai 2017 relatif à la composition et au fonctionnement du Conseil national de la montagne, *JO* 5 mai, nº 103, art. 2, mod. par ord. nº 2022-583, 20 avr. 2022.
3. L. nº 85-30, 9 janv. 1985, art. 6, al. 7.
4. L. nº 85-30, 9 janv. 1985, art. 6, al. 8.
5. L. nº 85-30, 9 janv. 1985, art. 6, al. 9.
6. L. nº 85-30, 9 janv. 1985, art. 6, al. 3.
7. L. nº 85-30, 9 janv. 1985, art. 6, al. 11.

Une commission permanente constituée en son sein peut exercer tout ou partie de ses compétences[1].

SECTION 2
COMITÉS DE MASSIF

132.21 Un comité par massif. Chaque massif est (sauf en outre-mer[2]) doté d'un comité de massif[3].

132.22 Composition. Chaque comité de massif est composé de plusieurs dizaines de membres[4].

Il comprend en majorité, des représentants des régions, des départements et des communes et de leurs groupements, notamment des communes forestières.

Il comprend également deux députés et deux sénateurs ainsi que des représentants des trois établissements publics consulaires, des parcs nationaux et naturels régionaux, des organisations socioprofessionnelles et des associations concernées par le développement, l'aménagement et la protection du massif[5].

132.23 Fonctionnement. Chaque comité est doté d'une commission permanente, composée en majorité de représentants des collectivités territoriales et de leurs groupements. Cette commission élit son président en son sein[6].

Le comité se réunit au moins une fois par an[7].

132.24 Présidence. Chaque comité est coprésidé par le préfet coordonnateur de massif et par le président de la commission permanente[8]. En Corse, la présidence est assurée par le président du conseil exécutif de Corse[9].

La fonction de préfet coordonnateur de massif est exercée par le préfet de région. Elle vise à assurer la coordination des services de l'État dans le massif[10].

132.25 Corse. La composition et les règles de fonctionnement du comité de massif de Corse sont fixées par délibération de l'Assemblée de Corse[11].

1. L. n° 85-30, 9 janv. 1985, art. 6, al. 12.
2. V. s[s] n° 131.141.
3. L. n° 85-30, 9 janv. 1985, art. 7, I, al. 1er.
4. De 57 pour le plus petit (Vosges) à 89 pour le plus grand (Massif central) – Décr. n° 2017-755, 3 mai 2017 relatif à la composition et au fonctionnement des comités pour le développement, l'aménagement et la protection du massif des Alpes, du Massif central, du massif du Jura, du massif des Pyrénées et du massif des Vosges, *JO* 5 mai, n° 104, art. 2.
5. L. n° 85-30, 9 janv. 1985, art. 7, I, al. 2.
6. L. n° 85-30, 9 janv. 1985, art. 7, I, al. 3.
7. Décr. n° 2017-755, 3 mai 2017, art. 7.
8. L. n° 85-30, 9 janv. 1985, art. 7, I, al. 4.
9. L. n° 85-30, 9 janv. 1985, art. 7, I, al. 4, mod. par L. n° 2022-217, 21 févr. 2022.
10. L. n° 85-30, 9 janv. 1985, art. 7, I, al. 4.
11. L. n° 85-30, 9 janv. 1985, art. 7, IV.

132.26 Attributions. Le comité de massif « définit les objectifs » et « précise les actions qu'il juge souhaitables » pour le développement, l'aménagement et la protection du massif. Il a notamment pour objet de faciliter, par ses avis et ses propositions, « la coordination des actions publiques dans le massif et l'organisation des services publics »[12].

En premier lieu, le comité exerce une fonction consultative. Il est consulté :

– sur l'élaboration des prescriptions particulières de massif, sur les projets de DTADD et sur les projets de SCOT[13] ;

– sur tout projet de modification de la délimitation de ces massifs[14] ;

– et sur les conventions interrégionales et les programmes européens spécifiques au massif ainsi que sur les contrats de plan conclus entre l'État et les régions et les programmes opérationnels européens des régions concernées en tout ou partie par le massif[15].

En deuxième lieu, le comité de massif est associé à l'élaboration des SRADDET dans les conditions prévues au I de l'article L. 4251-5 du CGCT[16].

En troisième lieu, le comité de massif peut saisir la commission permanente du Conseil national de la montagne de toute question concernant son territoire[17].

En quatrième lieu, il prépare le schéma interrégional d'aménagement et de développement de massif[18].

En cinquième lieu, il élabore un plan stratégique d'adaptation au changement climatique, identifiant notamment les voies de diversification des activités économiques et touristiques face à l'augmentation du niveau moyen des températures en zones de montagne[19].

En sixième lieu, il peut être associé à l'élaboration du schéma régional de développement économique, d'innovation et d'internationalisation[20].

En septième et dernier lieu, le comité de massif peut proposer une modification de la délimitation des massifs[21].

132.27 Information. Pour exercer sa mission en disposant de tous les éléments indispensables, le comité de massif est informé au moyen d'un rapport annuel établi par le préfet coordonnateur de massif

12. L. n° 85-30, 9 janv. 1985, art. 7, II, al. 1.
13. L. n° 85-30, 9 janv. 1985, art. 7, II, al. 6.
14. L. n° 85-30, 9 janv. 1985, art. 7, II, al. 8.
15. L. n° 85-30, 9 janv. 1985, art. 7, II, al. 9.
16. L. n° 85-30, 9 janv. 1985, art. 7, II, al. 9.
17. L. n° 85-30, 9 janv. 1985, art. 7, II, al. 2.
18. L. n° 85-30, 9 janv. 1985, art. 7, II, al. 3.
19. L. n° 85-30, 9 janv. 1985, art. 7, II, al. 4.
20. L. n° 85-30, 9 janv. 1985, art. 7, II, al. 10.
21. L. n° 85-30, 9 janv. 1985, art. 7, II, al. 8.

des décisions d'attribution des crédits inscrits dans les conventions interrégionales de massif et par le responsable de l'autorité de gestion concernée des décisions d'attribution des crédits inscrits dans les programmes européens interrégionaux en vigueur sur le territoire du massif[1].

Il est également informé de tout projet d'inventaire et de son résultat, du classement des espaces naturels définis au livre III du code de l'environnement, de la désignation des sites Natura 2000 et des conditions de gestion de ces espaces[2].

SECTION 3
ENTENTES DE MASSIF

132.31 **Création.** Une entente de massif peut être constituée par les régions dont le territoire est compris en totalité ou en partie dans un massif, sous la forme d'une entente interrégionale chargée de mener pour le compte de ses membres la politique de massif ou d'un syndicat mixte ayant le même objet et associant les départements du massif[3].

132.32 **Incidences.** Si toutes les régions intéressées ont adhéré à l'entente de massif, celle-ci désigne les représentants des régions au comité de massif et signe la convention interrégionale de massif passée avec l'État[4].

Si tous les départements intéressés ont adhéré à l'entente de massif, celle-ci désigne les représentants des départements au comité de massif[5].

1. L. n° 85-30, 9 janv. 1985, art. 7, II, al. 5.
2. L. n° 85-30, 9 janv. 1985, art. 7, II, al. 8.
3. L. n° 85-30, 9 janv. 1985, art. 6 *bis*, al. 1er, précisant que lorsque la formule du syndicat mixte est choisie, les départements et régions participent solidairement au financement de toutes les opérations d'intérêt interrégional mises en œuvre par l'entente selon la règle fixée par la décision institutive.
4. L. n° 85-30, 9 janv. 1985, art. 6 *bis*, al. 2.
5. L. n° 85-30, 9 janv. 1985, art. 6 *bis*, al. 3.

CHAPITRE

133. Régime d'urbanisation des zones de montagne

SECTION 0
ORIENTEUR

133.00 Sommaire du chapitre.

133.01 **Textes applicables.**

• **C. urb.**

art. L. 122-5 s.

art. R. 122-1 s.

133.03 **Bibliographie indicative.**

Monographies. J.-F. Joye (dir.), *L'urbanisation de la montagne (observations depuis le versant juridique)*, Lextenso, 2013.

Encyclopédies. *DP constr.-urb.*, ét. : « Montagne » – *J.-Cl. Constr.-Urb.*, fasc. 9-31 : « Montagne.– Urbanisme – Foncier », par J.-F. Joye, févr. 2018.

133.04 **Questions essentielles.**

> En quoi consiste l'exigence d'extension de l'urbanisation en continuité ?
* V. s^s n°s 133.11 s.

> Quelles sont les dérogations prévues par le code de l'urbanisme à l'exigence d'une urbanisation en continuité ?
* V. s^s n°s 133.161 s.

> À quelles conditions les autorités locales peuvent-elles admettre des exceptions au principe d'extension de l'urbanisation en continuité ?
* V. s^s n°s 133.231 s.

133.05 **Logique de préservation.** Afin « d'assurer le maintien des activités agricoles et la protection des paysages particulièrement sensibles en montagne »[1], le code de l'urbanisme prévoit un principe d'urbanisation en continuité de l'urbanisation existante. Ce principe exprime également « la volonté du législateur d'éviter le mitage de l'espace. Le développement de ce mitage aurait en effet des conséquences importantes sur le paysage et sur les financements publics, qui doivent supporter la charge de la réalisation et de l'entretien des routes et des réseaux »[2].

133.06 **Un régime de constructibilité limitée propre à la montagne.** Les dispositions des articles L. 122-5 à L. 122-7 « régissent entièrement la situation des communes classées en zone de montagne pour l'application de la règle de constructibilité limitée, qu'elles soient ou non dotées d'un plan d'urbanisme ». Il en résulte l'inapplication à celles-ci des dispositions du RNU fixant le régime de droit commun de la constructibilité limitée[3].

133.07 **Un principe assorti de dérogations et d'exceptions.** Le principe d'extension en continuité de l'urbanisation existante est assorti de dérogations prévues par le législateur. Les collectivités locales sont en outre autorisées à y apporter des exceptions dans les conditions fixées par la loi.

1. Rép. min. n° 30400, *JO Sénat Q* 5 juill. 2001, p. 2254.
2. Rép. min. n° 11998, *JOAN Q* 20 juin 1994, p. 3153.
3. CE 16 avr. 2012, *Min. Écologie*, req. n° 323555, *Lebon T.* – CE 23 juill. 2012, *Assoc. Pour la promotion économique et le développement durable du plateau de l'Aubrac*, req. n° 345202, NP.

SECTION 1

PRINCIPE D'EXTENSION DE L'URBANISATION EN CONTINUITÉ DE L'URBANISATION EXISTANTE

133.11 **Énoncé du principe.** L'article L. 122-5 du code de l'urbanisme pose que : « L'urbanisation est réalisée en continuité avec les bourgs, villages, hameaux, groupes de constructions traditionnelles ou d'habitations existants [...] ».

Par ces dispositions, « le législateur a entendu interdire toute construction isolée en zone de montagne »[4]. L'objectif est d'éviter le développement des constructions dispersées dans les zones de montagne, et de préserver les espaces et paysages montagnards, ainsi que les terres nécessaires aux activités agricoles, pastorales et forestières.

133.12 **Principe assoupli par rapport à la rédaction initiale.** Dans sa rédaction initiale, la loi Montagne n'admettait l'urbanisation qu'en continuité aux « bourgs et villages existants ». Il en résultait une grande rigueur du principe, limitant considérablement les possibilités de constructions nouvelles.

Le principe a été assoupli en deux temps :

– d'abord par la loi du 4 février 1995[5], qui a étendu les possibilités d'urbanisation aux « hameaux »[6] afin de tenir compte de l'habitat rural traditionnel constitué sous cette forme ;

– ensuite par la loi Urbanisme et habitat du 2 juillet 2003[7], qui a étendu les possibilités d'urbanisation aux « groupes de constructions traditionnelles et d'habitations existants », c'est-à-dire à des ensembles moins vastes que des hameaux.

133.13 **Opposabilité directe du principe.** Le principe d'urbanisation en continuité posé par l'article L. 122-5 du code de l'urbanisme est directement opposable :

- aux documents d'urbanisme[8] ;
- aux autorisations d'urbanisme[9] ;

4. CE 16 juin 2010, *Leloustre*, req. n° 311840, *Lebon T.* ; *BJDU* 2010. 173, concl. C. Roger-Lacan, obs. J. T. – CE 16 juill. 2010, *Assoc. Pour la protection des paysages et ressources de l'Escandorgue*, req. n° 324515, NP.
5. L. n° 95-115, 4 févr. 1995 d'orientation pour l'aménagement et le développement du territoire, *JO* 5 févr., p. 1973.
6. Ce qu'avait exclu la jurisprudence : CE 14 déc. 1992, *Saint-Gervais-les-Bains (C^ne)*, req. n° 115359, *Lebon T.*
7. L. n° 2003-590, 2 juill. 2003 urbanisme et habitat, *JO* 3 juill., n° 1.
8. CE 23 oct. 1996, *Combloux (C^ne)*, req. n° 159473, NP (annulation du POS) ; – CE 14 déc. 1992, *Saint-Gervais-les-Bains (C^ne)*, req. n° 115359, *Lebon T.* (annulation du POS).
9. CAA Bordeaux, 17 janv. 2002, *Isabal*, req. n° 99BX00487, NP ; *Constr.-Urb.* 2002, n° 177, obs. Ph. Benoit-Cattin (annulation d'un permis de construire). – CE 5 janv. 1994, *Cribier*, req. n° 129646, *Lebon T.* (certificat d'urbanisme).

– à la délibération approuvant le programme d'équipements publics d'une ZAC [1].

§ 1
Notion d'urbanisation existante

133.21 Trois ensembles. L'article L. 122-5 regarde comme caractérisant une urbanisation existante :

– les bourgs et villages ;

– les hameaux ;

– et les groupes de constructions traditionnelles ou d'habitations.

A.
Bourgs et villages

133.31 Bourg. Le bourg désigne le chef-lieu de la commune [2].

133.32 Village. Selon une réponse ministérielle, « les villages sont plus importants que les hameaux et comprennent ou ont compris dans le passé des équipements ou lieux collectifs administratifs, cultuels ou commerciaux, même si, dans certains cas, ces équipements ne sont plus en service, compte tenu de l'évolution des modes de vie » [3].

Des constructions implantées de manière disséminée le long d'une route ne peuvent être regardées comme constituant un village [4].

133.33 Lieu-dit. Un lieu-dit ne comportant qu'un nombre limité de constructions ne constitue ni un bourg ni un village [5].

B.
Hameaux

133.41 Notion. On entend par hameau « un petit groupe d'habitations (une dizaine ou une quinzaine de constructions au maximum), pouvant comprendre également d'autres constructions telles que des bâtiments d'exploitation agricole en zone de montagne, isolés et distincts du bourg ou du village. Il n'est nullement nécessaire, pour qu'un groupe de constructions soit qualifié de hameau, qu'il comprenne un commerce, un café ou un service public. À l'inverse, l'existence de tels équipements ne suffit pas à estimer qu'on est en présence d'un hameau ou d'un village. Ce qui caractérise le hameau, c'est une taille relativement modeste et le regroupement des constructions. La taille et le type d'organisation des hameaux dépendent très largement des traditions locales et aucune définition générale et nationale ne peut y être apportée » [6].

Le critère reposant sur le regroupement des constructions se retrouve dans la jurisprudence. Ainsi, quelques habitations dispersées ne sauraient constituer un hameau [7]. De même, six constructions distantes les unes des autres de trente mètres ne caractérisent pas un hameau de montagne du fait du caractère éparse de cette implantation [8]. À l'inverse, forment un hameau six constructions principales proches les unes des autres regroupées dans un lieu-dit autour d'un carrefour de chemins et d'une fontaine [9].

Un lieu-dit qualifié localement de hameau ne constitue pas nécessairement un hameau au sens de l'article L. 122-5 [10]. De même, est indifférent le fait que le lieu serait habituellement désigné comme un hameau et qualifié de hameau sur le site internet de la commune [11].

133.42 Appréciation locale. Selon une réponse ministérielle, « le législateur a souhaité maintenir un caractère appréciatif à la notion de "hameau", laissant une certaine marge d'interprétation pour les zones montagne et qui lui paraissait mieux respecter les particularismes de chaque commune : végétation, relief, paysage, type d'habitat, tradition culturelle... Tous ces paramètres, dont la liste n'est pas exhaustive, doivent permettre aux acteurs locaux d'appréhender la notion de hameau de leur commune en harmonie avec la ou les communes voisines et de concevoir les limites précises, hautes et basses, de ce terme » [12].

1. CAA Toulouse, 13 oct. 2022, *Association nouvelle Dynamique Montoise*, req. n° 19TL01591, NP ; *AJDA* 2023. 81, obs. M. Torelli ; *Constr.-Urb.* 2022, comm. 128, note L. Santoni (annulation de la délibération).
2. CAA Lyon, 18 févr. 1997, *SCI Cret du Four*, req. n° 95LY00005, NP.
3. Rép. min. n° 109091, *JOAN Q* 20 mars 2007, p. 3023.
4. CAA Lyon, 18 févr. 1997, *SCI Cret du Four*, req. n° 95LY00005, NP.
5. CE 14 déc. 1992, *Saint-Gervais-les-Bains (Cne)*, req. n° 115359, *Lebon T.*
6. Rép. min. n° 109091, *JOAN Q* 20 mars 2007, p. 3023 ; – DANS LE MÊME SENS, pour la notion de hameau qui était employée par les dispositions du code de l'urbanisme propres au littoral : rép. min. n° 83002 ; *JOAN Q* 25 avr. 2006, p. 4544 ; – POUR UN EX. illustré : Circ. 12 oct. 2018 relative aux dispositions particulières à la montagne du code de l'urbanisme, NOR : TERL1826263J, fiche n° 2, p. 7.
7. CE 10 avr. 1996, *Artis*, req. n° 116165, NP ; – CE 12 janv. 2007, *Tourette-sur-Loup (Cne)*, req. n° 285063, NP.
8. CE 5 févr. 2001, *Secrét. d'État au Logement c/Saint-Gervais (Cne)*, req. n° 217796, *Lebon T.* ; *BJDU* 2001. 74, concl. L. Touvet.
9. CAA Lyon, 18 déc. 2003, *Min. Équipement c/Gemin*, req. n° 00LY00600, NP.
10. CAA Lyon, 8 juill. 2004, *Fournier*, req. n° 00LY00019, NP.
11. CAA Marseille, 6 févr. 2023, Santoni, req. n° 21MA01181, NP.
12. Rép. min. n° 5489, *JO Sénat Q* 28 mai 1998, p. 1720.

C.
Groupe de constructions traditionnelles ou d'habitations

133.51 Des bâtiments appartenant à un même ensemble. Les cours administratives d'appel ont jugé que par groupe « de constructions traditionnelles ou d'habitations existants », il convient d'entendre « un groupe de plusieurs bâtiments qui, bien que ne constituant pas un hameau, se perçoivent, compte tenu de leur implantation les uns par rapport aux autres, notamment de la distance qui les sépare, de leurs caractéristiques et de la configuration particulière des lieux, comme appartenant à un même ensemble »[1]. Le Conseil d'État a repris ce critère en affirmant que l'existence d'un tel groupe « suppose plusieurs constructions qui, eu égard notamment à leurs caractéristiques, à leur implantation les unes par rapport aux autres et à l'existence de voies et de réseaux, peuvent être perçues comme appartenant à un même ensemble »[2].

La notion de groupe suppose l'existence de plusieurs bâtiments. Aussi un bâtiment isolé ne peut-il à lui seul caractériser un groupe de constructions ou d'habitations[3].

Elle suppose également que les constructions « qui le composent soient suffisamment proches les unes des autres pour former un ensemble homogène »[4]. Tel n'est pas le cas d'un ensemble de bâtiments qui s'étale sur plus de 400 mètres linéaires et constitue un mitage diffus[5].

133.52 Illustrations. Forment par exemple un groupe « de constructions traditionnelles ou d'habitations existants » cinq bâtiments disposés de la manière suivante : un chalet en bordure d'une voie communale, deux corps de fermes situés à 50 mètres du chalet vers le nord, deux autres maisons d'habitations récentes situées à 50 mètres en suivant la voie communale vers le sud[6]. Une fiche technique fournit un exemple illustré[7].

1. CAA Lyon, 22 juin 2006, *Préfet de la Haute-Savoie*, req. n° 05LY01465, NP ; – CAA Marseille, 4 déc. 2012, *Assoc. interdépartementale et intercommunale pour la protection du lac de Sainte-Croix, de son environnement, des lacs, sites et villages du Verdon*, req. n° 12MA01910, NP.
2. CE 2 oct. 2019, *Le Broc (Cne) et SCI La Clave*, req. n° 418666, *Lebon T. ; BJDU* 2020. 8, concl. R. Decout-Paolini.
3. CAA Marseille, 4 déc. 2012, *Assoc. interdépartementale et intercommunale pour la protection du lac de Sainte-Croix, de son environnement, des lacs, sites et villages du Verdon*, req. n° 12MA01910, NP.
4. CAA Marseille, 1er juin 2015, *Casara*, req. n° 13MA01586, NP.
5. CAA Marseille, 1er juin 2015, *Casara*, req. n° 13MA01586, NP.
6. CAA Lyon, 22 juin 2006, *Préfet de la Haute-Savoie*, req. n° 05LY01465, NP.
7. Circ. 12 oct. 2018 relative aux dispositions particulières à la montagne du code de l'urbanisme, NOR : TERL1826263J, fiche n° 2, p 8.

À l'inverse, un projet n'est pas situé en continuité avec un groupe d'habitations existant lorsque les habitations existantes dans le secteur, au nombre d'une dizaine, sont espacées de 25 à 40 mètres et que le secteur n'était pas desservi par les réseaux d'eau et d'assainissement[8].

§ 2
Exigence d'urbanisation en continuité

A.
Notion d'urbanisation

133.61 Toute construction. La notion d'urbanisation, au sens de l'article L. 122-5 du code de l'urbanisme, n'est définie ni par la loi ni par la jurisprudence. Dans leur pratique, les juges retiennent une acception large de la notion. Elle ne nécessite pas plusieurs constructions ni une densité particulière de celles-ci.

133.62 Parcs éoliens et centrales photovoltaïques. Sont regardées comme une opération d'urbanisation au sens de l'article L. 122-5 du code de l'urbanisme :

- l'implantation d'un parc éolien[9] ;
- la construction d'une centrale photovoltaïque[10].

B.
Notion d'urbanisation en continuité

133.71 Signification. Le principe d'urbanisation en continuité « signifie que les constructions nouvelles doivent se situer dans le prolongement direct des zones bâties existantes sans que, visuellement, il y ait création d'un nouveau point d'urbanisation »[11].

1°
Critères

a.
Critères législatifs

133.81 Trois critères. Le code de l'urbanisme pose que le principe de continuité de l'urbanisation s'apprécie au regard de trois critères[12] :

- « les caractéristiques locales de l'habitat traditionnel » ;

8. *CE 2 oct. 2019, Le Broc (Cne) et SCI La Clave*, req. n° 418666, *Lebon T. ; BJDU* 2020. 8, concl. R. Decout-Paolini.
9. CE 16 juin 2010, *Leloustre*, req. n° 311840, *Lebon T. ; BJDU* 2010. 173, concl. C. Roger-Lacan, obs. J. T. (cinq éoliennes) – CE 16 juill. 2010, *Assoc. pour la protection des paysages et ressources de l'Escandorgue*, req. n° 324515, NP. (sept éoliennes).
10. TA Marseille, 2 avr. 2012, *Comité de sauvegarde du site de Clarency-Valensole*, req. n° 0900689, NP.
11. Rép. min. n° 30400, *JO Sénat Q* 5 juill. 2001, p. 2254.
12. C. urb., art. L. 122-5-1, créé par L. n° 2016-1888, 28 déc. 2016, art. 74.

– « les constructions implantées » (notamment leur distance par rapport au projet[1]) ;

– et « l'existence de voies et réseaux ».

Ces critères ont été repris de la jurisprudence.

133.82 Articulation des critères. Le principal critère est celui de la distance. Une distance trop élevée empêche de remplir la condition de continuité.

Concernant le critère tiré de la présence de voies et réseaux, celui-ci ne constitue qu'un indice. La seule existence de voies et réseaux n'est pas par elle-même synonyme d'urbanisation. Toutefois, si cette présence s'accompagne de constructions, elle constitue un indice complémentaire à l'appui de la qualification d'urbanisation existante.

133.83 Prise en compte des critères. Les notions de « hameaux » et « groupes de constructions traditionnelles ou d'habitations existants » présentent un caractère hétérogène.

Dans ces conditions, « il est important, pour assurer la sécurité juridique des autorisations de construire et rendre plus opérationnels les documents d'urbanisme, que les collectivités précisent ces notions dans leur document d'urbanisme. Ainsi, au titre de ses compétences générales d'aménagement du territoire, le SCOT pourra donner des indications utiles, voire même prévoir une localisation globale des formes d'urbanisation en continuité desquelles il sera possible de construire. La délimitation graphique précise relève par contre du PLU ou de la carte communale »[2]. Lorsqu'un document d'urbanisme se saisit de cette possibilité pour prévoir une extension de l'urbanisation les caractéristiques traditionnelles de l'habitat, les constructions et voies et réseaux existants doivent être pris en compte[3].

Pour les communes qui ne sont dotées ni d'un PLU ni d'une carte communale, les notions de hameaux, groupes de constructions traditionnelles ou d'habitations existants doivent être interprétées en tenant compte des mêmes critères[4].

b.
Précisions résultant de la jurisprudence et de la doctrine administrative

133.91 Prise en compte du relief et de coupures physiques. Le principe d'urbanisation en continuité « est à apprécier au cas par cas selon les situations locales de relief, d'unités paysagères ou de coupures physiques telles qu'une rivière ou une route »[5].

1. Rép. min. n° 11998 ; *JOAN Q* 20 juin 1994, p. 3153.
2. Circ. 12 oct. 2018, NOR : TERL1826263J, fiche n° 2, pt 1.2.
3. C. urb., art. L. 122-5-1, a.
4. C. urb., art. L. 122-5-1, b.
5. Rép. min. n° 30400 ; *JO Sénat Q* 5 juill. 2001, p. 2254.

133.92 Appréciation de la continuité pour les groupes de constructions traditionnelles ou d'habitations existants. Avant que le code ne donne une définition législative des critères de l'urbanisation en continuité, des cours administratives d'appel avaient posé, s'agissant des groupes de constructions traditionnelles ou d'habitations existants, « que pour déterminer si un projet de construction réalise une urbanisation en continuité par rapport à un tel groupe, il convient de rechercher si, par les modalités de son implantation, notamment en termes de distance par rapport aux constructions existantes, ce projet sera perçu comme s'insérant dans l'ensemble existant »[6].

c.
Éléments indifférents

133.101 Éléments sans incidence. Ne sont pas de nature à faire regarder une parcelle comme située en continuité de l'urbanisation existante :

– la circonstance qu'elle soit située après le panneau de signalisation routière indiquant l'entrée de la commune[7] ;

– la circonstance qu'elle soit en partie close d'un mur de pierres sèches[8] ;

– la circonstance qu'elle soit bordée d'une voie départementale dotée d'un éclairage public[9] ;

– la circonstance qu'elle soit desservie par les équipements publics nécessaires à sa viabilisation[10] ;

– la circonstance qu'elle soit classée en zone constructible par le PLU ou la carte communale[11].

2°
Appréciation

133.111 Appréciation locale. Selon la doctrine administrative, « la notion de continuité ou discontinuité de l'urbanisation a [...] un caractère appréciatif et ne peut recevoir une définition uniforme applicable à toutes les montagnes du territoire national »[12]. Elle « est à apprécier au cas par cas selon les situations locales [...] »[13].

133.112 Appréciation à l'échelle d'un espace (et non d'une commune). Il y a lieu de prendre en compte toutes les constructions alentours, quand

6. CAA Lyon, 22 juin 2006, *Préfet de la Haute-Savoie*, req. n° 05LY01465, NP ; – CAA Marseille, 4 déc. 2012, *Assoc. interdépartementale et intercommunale pour la protection du lac de Sainte-Croix, de son environnement, des lacs, sites et villages du Verdon*, req. n° 12MA01910, NP.
7. CAA Lyon, 15 mars 1994, *Brunet*, req. n° 93LY00559, NP.
8. CAA Lyon, 15 mars 1994, *Brunet*, req. n° 93LY00559, NP.
9. CAA Lyon, 15 mars 1994, *Brunet*, req. n° 93LY00559, NP.
10. CAA Lyon, 15 mars 1994, *Brunet*, req. n° 93LY00559, NP.
11. V. ss n° 131.123.
12. Rép. min. n° 5489, *JO Sénat Q* 28 mai 1998, p. 1720.
13. Rép. min. n° 30400, *JO Sénat Q* 5 juill. 2001, p. 2254.

bien même elles seraient situées sur le territoire d'une autre commune[1].

En effet, il ne résulte pas des dispositions applicables « que la continuité de l'urbanisation doive être appréciée au regard des seuls bourgs, villages, hameaux, groupes de constructions traditionnelles ou d'habitations existants situés sur le territoire de la même commune ». Par suite, une cour commet une erreur de droit en appréciant la continuité de l'urbanisation au regard de la seule commune sur laquelle se situe le terrain d'assiette du projet, au lieu de rechercher si les opérations prévues par celui-ci s'inscrivaient, dans leur ensemble, dans la continuité de l'urbanisation existante, y compris sur le territoire d'autres communes[2].

133.113 Appréciation différente pour un projet ponctuel ou une zone entière. La doctrine administrative distingue deux situations[3] :

- dans le cas d'un projet ponctuel, le principe de continuité « n'exige pas une véritable contiguïté de quelques mètres mais seulement que le projet en cause soit suffisamment proche de l'urbanisation existante » ;
- dans le cas de l'ouverture à l'urbanisation d'une zone, « les nouvelles zones constructibles devront être attenantes à des zones déjà urbanisées ».

133.114 Appréciation souveraine des juges du fond. L'appréciation portée par le juge du fond sur le caractère d'urbanisation continue ou discontinue relève de son appréciation souveraine. En l'absence de dénaturation, elle n'est pas susceptible d'être discutée en cassation[4].

3°
Illustrations d'urbanisation en continuité satisfaite

133.121 Projet de construction. Le principe de continuité de l'urbanisation est respecté lorsque le terrain d'assiette du projet est situé à proximité immédiate de plusieurs parcelles qui supportent des habitations et sont desservies par des voies d'accès et par des réseaux d'eau et d'électricité[5].

133.122 Projet de zonage (document d'urbanisme). L'exigence d'urbanisation en continuité est satisfaite dans le cas du zonage suivant[6] :

- délimitation d'une zone NAc, d'une surface de 4,4 hectares située en continuité avec le vieux village ;
- délimitation d'une zone NAb réservée à des activités artisanales formant avec le secteur de la zone UC un ensemble avec un lotissement préexistant ;
- délimitation d'une zone NB en complément d'un hameau existant formant une unité avec celui-ci.

Dans une autre affaire, le juge a estimé que la création d'un « pôle bois » par le POS ne méconnaît pas l'exigence d'urbanisation en continuité dès lors que le projet se trouve situé face à la gare, en continuité avec deux zones antérieurement classées UV et UZ[7].

Une circulaire fournit un exemple illustré[8].

4°
Illustrations d'urbanisation en continuité non satisfaite

a.
Document d'urbanisme

133.131 Zonage. Un PLU est annulé lorsqu'il ouvre à l'urbanisation des parcelles ne se trouvant pas en continuité avec des espaces déjà urbanisés :

- zones qui n'incluent que peu ou pas d'habitations et ne sont entourées que d'un faible nombre d'immeubles bâtis[9] ;
- secteur situé à plusieurs kilomètres tant d'un bourg que d'un village[10] ;
- lieu-dit pratiquement libre de constructions, situé à 3 km du bourg dont il est séparé par une zone ND, de protection de site[11].

Une circulaire fournit un exemple illustré[12].

b.
Permis de construire

133.141 Projet distant et séparé des constructions existantes. Ne respecte pas l'exigence de continuité le projet distant des constructions existantes et/ou séparé de celles-ci par des coupures naturelles ou artificielles (coupures physiques) :

- parcelle située à plus d'un kilomètre du village[13] ;
- parcelle située à une faible distance des maisons du bourg mais construction elle-même implantée sur la partie du terrain la plus éloignée des dernières maisons du village, dont elle sera séparée par toute l'étendue du terrain, un ruisseau et un chemin et

1. CE 5 janv. 1994, *Cribier*, req. n° 129646, *Lebon T.*
2. CE 30 déc. 2013, *Min. Intérieur*, req. n° 356338, *Lebon T.*
3. Circ. 12 oct. 2018, NOR : TERL1826263J, fiche n° 2, p^t 1.1.
4. CE 28 juill. 1999, *Fédération pour les espaces naturels et l'environnement catalans*, req. n° 180467, NP.
5. CE 5 janv. 1994, *Cribier*, req. n° 129646, *Lebon T.*
6. CE 7 déc. 1990, *Ampus (C^ne)*, req. n° 110508, NP.
7. CE 11 déc. 1996, *Commission de protection des eaux de Franche-Comté*, req. n° 161883, NP.
8. Circ. 12 oct. 2018, NOR : TERL1826263J, fiche n° 2, p 4.
9. CE 23 oct. 1996, *Combloux (C^ne)*, req. n° 159473, NP.
10. CE 14 déc. 1992, *Saint-Gervais-les-Bains (C^ne)*, req. n° 115359, *Lebon T.*
11. CE 18 mai 1998, *Allonzier-la-Caille (C^ne)*, req. n° 163708, *Lebon T. ; BJDU* 1998. 178, concl. J.-C. Bonichot.
12. Circ. 12 oct. 2018, NOR : TERL1826263J, fiche n° 2, p. 5.
13. CE 12 janv. 2007, *Tourettes-sur-Loup (C^ne)*, req. n° 285063, NP.

séparée du hameau le plus proche par des étendues de terres agricoles[1] ;

– parcelle située à 600 mètres de la construction la plus proche, qui se situe sur l'autre rive d'un cours d'eau ; à 2,8 kilomètres du hameau, dont elle est séparée par des champs, des bois vierges de toute construction ainsi que par une route départementale ; et à 2 km du village dont elle se trouve séparée par le même cours d'eau et par la route départementale[2] ;

– parcelle située à plus de 600 mètres de l'agglomération, dont elle est séparée par des terres à usage agricole, alors même que plusieurs bâtiments à usage industriel et commercial ont été construits à proximité[3] ;

– parcelle distante de 80 mètres de la maison la plus proche d'un groupe de plusieurs constructions existantes[4] ;

– parcelle distante de 75 mètres de la construction la plus proche située de l'autre côté de la voie[5] ;

– parcelle située dans un site naturel à plus de 350 mètres des premières habitations du village le plus proche et dont elle est séparée par un projet de déviation avec échangeur[6].

c. ZAC

133.151 Projet distant et séparé des constructions existantes. N'est pas conforme à l'article L.122-5 du code de l'urbanisme l'extension d'une zone d'activités économiques existante séparée de la ville par « par une bande importante de terrain sans construction » et qui ne se situe pas elle-même en continuité d'un bourg, village, hameau, groupe de constructions traditionnelles ou d'habitations existants[7].

1. CAA Bordeaux, 17 janv. 2002, *Isabal*, req. nº 99BX00487, NP.
2. CAA Marseille, 4 déc. 2012, *Assoc. interdépartementale et intercommunale pour la protection du lac de Sainte-Croix, de son environnement, des lacs, sites et villages du Verdon*, req. nº 12MA01910, NP : cour affirmant que « dans ces conditions, compte tenu de la configuration des lieux et des distances séparant les différentes constructions existantes, l'urbanisation qui résulte du projet ainsi décrit ne peut être regardée comme réalisée en continuité des villages, hameaux ou groupes de constructions existants ».
3. CE 25 juin 2003, *Saillagouse (Cne)*, req. nº 233119, *Lebon T. ; BJDU* 2003. 304, chron. B. Phémolant et M. Raunet.
4. CAA Lyon, 18 févr. 1997, *SCI Cret du Four*, req. nº 95LY00005, NP : cour affirmant qu'« une telle distance ne permet pas de regarder le terrain d'assiette du projet comme situé dans la continuité desdites constructions ». Solution identique, pour une même distance de 80 mètres, dans CAA Lyon, 13 juill. 1993, *Dedevens*, req. nº 92LY00898, NP.
5. CAA Lyon, 15 mars 1994, *Brunet*, req. nº 93LY00559, NP.
6. Rép. min. nº 30400 ; *JO Sénat Q* 5 juill. 2001, p. 2254.
7. CAA Toulouse, 13 oct. 2022, *Association nouvelle Dynamique Montoise*, req. nº 19TL01591, NP ; *AJDA* 2023. 81, obs. M. Torelli ; *Constr.-Urb.* 2022, comm. 128, note L. Santoni.

SECTION 2

DÉROGATIONS PRÉVUES PAR LE CODE DE L'URBANISME À L'EXIGENCE D'URBANISATION EN CONTINUITÉ

133.161 Trois dérogations. Par dérogation au principe qu'il énonce, l'article L. 122-5 du code de l'urbanisme prévoit que l'exigence d'urbanisation en continuité ne s'applique pas à trois séries d'opérations :

– l'adaptation, le changement de destination, la réfection ou l'extension limitée des constructions existantes ;

– la construction d'annexes, de taille limitée, à ces constructions ;

– la réalisation d'installations ou d'équipements publics incompatibles avec le voisinage des zones habitées.

Ces dérogations présentent un caractère limitatif[8]. Il en résulte que les opérations qui n'en relèvent pas sont pleinement soumises à l'exigence d'urbanisation en continuité[9] (à moins que les autorités locales aient, dans les conditions fixées par la loi, ménagées des exceptions à leur égard[10], ou que le projet concerne une installation ou un ouvrage dispensé de manière générale du respect des dispositions du code de l'urbanisme propres à la montagne[11]).

Des dispositions générales relevant d'autres régimes permettent également, le cas échéant, d'y déroger.

§ 1

Première dérogation : modification des constructions existantes

133.171 Quatre modifications autorisées. L'article L. 122-5 du code de l'urbanisme dispense de l'exigence d'urbanisation en continuité :

– l'« adaptation » des constructions existantes ;

– le « changement de destination » des constructions existantes ;

– la « réfection » des constructions existantes ;

– ou l'« extension limitée » des constructions existantes.

8. CE 16 juin 2010, *Leloustre*, req. nº 311840, *Lebon T. ; BJDU* 2010. 173, concl. C. Roger-Lacan, obs. J. T. ; – CE 16 juill. 2010, *Assoc. pour la protection des paysages et ressources de l'Escandorgue*, req. nº 324515, NP.
9. CE 16 juin 2010, *Leloustre*, req. nº 311840, *Lebon T. ; BJDU* 2010. 173, concl. C. Roger-Lacan, obs. J. T. ; – CE 16 juill. 2010, *Assoc. pour la protection des paysages et ressources de l'Escandorgue*, req. nº 324515, NP.
10. Sur ces exceptions, v. ss nos 133.231 s.
11. V. ss nos 136.11 s.

133.172 **Cas de l'« extension » d'une construction.** Selon le lexique national d'urbanisme[1], l'extension peut être horizontale ou verticale (par surélévation, excavation ou agrandissement), et doit présenter un lien physique et fonctionnel avec la construction existante.

Concernant son ampleur, la notion d'extension d'une construction « implique nécessairement d'apporter des limites raisonnables à l'accroissement de surface envisagé »[2].

Le seuil à partir duquel ces « limites raisonnables » sont dépassées est malaisé à définir. Il peut difficilement être déterminé *a priori* et, selon la doctrine administrative, « relève plutôt de l'appréciation au cas par cas »[3].

À cet égard, pour apprécier le caractère limité ou non de l'extension d'une construction, « il importe de prendre notamment en compte le site, l'implantation du bâtiment existant, son importance, son emprise au sol, l'état de la construction ainsi que la nature et l'importance des extensions envisagées, la modification des volumes, l'impact sur l'existant, l'aspect architectural global, etc. »[4].

En tout état de cause, la partie ajoutée « doit rester subsidiaire par rapport à l'existant »[5], raison pour laquelle le Conseil d'État censure par exemple un accroissement de la surface existante de 55 %[6].

§ 2
Deuxième dérogation : construction d'annexe de taille limitée

133.181 **Annexe de taille limitée.** L'article L. 122-5 du code de l'urbanisme dispense de l'exigence d'urbanisation en continuité « la construction d'annexes, de taille limitée », aux constructions déjà existantes[7].

Au titre de cette exception, « peuvent être autorisées des constructions secondaires de taille limitée, détachées des constructions existantes, qui, eu égard à leur implantation par rapport aux constructions principales existantes et à leur ampleur elle-même limitée en proportion de ces dernières, peuvent être regardées comme constituant des annexes de taille limitée au sens des dispositions de l'article L. 122-5 du code de l'urbanisme »[8].

A.
Notion d'annexe

133.191 **Définition.** Le Conseil d'État définit les annexes comme « des constructions secondaires [...] détachées des constructions existantes », tout en prenant en compte leur « implantation » et leur « ampleur » par rapport au bâtiment principal[9]. Cette définition fait écho à celle donnée par le lexique national de l'urbanisme[10].

B.
Exigence d'une taille limitée

133.201 **Taille limitée.** Le caractère « limité » des annexes s'apprécie en tenant compte de « leur ampleur [...] limitée en proportion » des constructions principales[11]. Cela signifie que le respect de cette exigence s'apprécie en confrontant la taille du bâtiment principal existant à celle de l'annexe envisagée.

Deux éléments doivent ainsi être pris en compte. Le premier tient à la taille de la construction principale (voire des constructions principales). Sur ce point, même si la jurisprudence ne le précise pas, il est vraisemblable que la taille considérée se limite uniquement à celle de ce bâtiment et non pas aux annexes qu'il peut, le cas échéant, déjà comporter. Le second élément à prendre en compte correspond à la taille de l'annexe envisagée.

Le calcul, ou plus exactement l'appréciation, s'opère ensuite en comparant ces deux données : l'annexe sera regardée comme présentant une taille limitée si sa surface s'avère d'une ampleur réduite en proportion de la construction principale existante. Il résulte de cette méthode d'appréciation que l'exigence tenant à la taille « limitée » de l'annexe présente une certaine relativité. Il s'agit d'un standard juridique dont le contenu se module au cas par cas. Si le bâtiment principal présente une dimension restreinte, l'annexe ne pourra revêtir qu'une dimension très limitée. En revanche, si le bâtiment principal présente une grande dimension, l'annexe pourra comporter davantage de

1. V. s^s n° 111.91.
2. Rép. min. n° 6083, *JOAN Q* 16 févr. 1998, p. 936.
3. Rép. min. n° 6083, *JOAN Q* 16 févr. 1998, p. 936.
4. Rép. min. n° 6083, *JOAN Q* 16 févr. 1998, p. 936.
5. Rép. min. n° 6083, *JOAN Q* 16 févr. 1998, p. 936.
6. CE 30 mars 1994, *Daguet*, req. n° 134550, NP ; *BJDU* 1994. 37, concl. G. Bachelier.
7. Dispense introduite par : L. n° 2016-1888, 28 déc. 2016 de modernisation, de développement et de protection des territoires de montagne, *JO* 29 déc., n° 2, art. 73.
8. CE 12 juin 2023, *Ministre de la transition écologique et de la cohésion des territoires c/SCI Mornans*, req. n° 466725, *Lebon T.*, *JCP G* 2023, n° 911, note O. Le Bot ; *BJDU* 2023. 399, concl. Th. Janicot ; *Constr.-Urb.* 2023, étude 7 ; *RDI* 2023. 560, obs. P. Soler-Couteaux.
9. CE 12 juin 2023, *Ministre de la transition écologique et de la cohésion des territoires c/SCI Mornans*, req. n° 466725.
10. Pour plus de précisions sur la notion d'annexe, v. s^s n° 231.1575.
11. CE 12 juin 2023, *Ministre de la transition écologique et de la cohésion des territoires c/SCI Mornans*, req. n° 466725.

mètres carrés. Le Conseil d'État ne détermine pas quel doit être ce pourcentage : 15 % ? 20 % ? 30 % ? Ce ratio sera susceptible de varier selon les configurations, notamment en fonction de la nature de l'annexe projetée et de ses effets.

133.202 Construction de plusieurs annexes. Lorsque le projet de construction porte sur la construction de plusieurs annexes, l'exigence d'un caractère « limité » s'apprécie de façon globale et non pas annexe par annexe[1].

§ 3
Troisième dérogation : installations ou d'équipements publics incompatibles avec le voisinage des zones habitées

133.211 Dérogation. L'article L. 122-5 du code de l'urbanisme dispense de l'exigence d'urbanisation en continuité « la réalisation d'installations ou d'équipements publics incompatibles avec le voisinage des zones habitées ».

133.212 Conditions cumulatives. Les deux conditions posées par l'article L. 122-5 sont cumulatives. La dérogation ne concerne que :

- les installations ou équipements publics ;
- et seulement s'ils sont incompatibles avec le voisinage des zones habitées, ce « en raison des nuisances ou des risques qu'ils génèrent [...] (stations d'épuration, déchetteries, installations ICPE avec distance d'éloignement...) »[2].

Il en résulte que la dérogation :

- « ne peut pas être utilisée pour autoriser l'implantation de constructions n'ayant pas un caractère "d'installation ou d'équipement public", même si ces constructions sont source de nuisances qui imposent de les éloigner des parties habitées »[3] ;
- ne joue pas pour les installations ou équipements publics qui ne sont pas incompatibles avec le voisinage des zones habitées[4].

133.213 Cas des éoliennes. Les éoliennes sont considérées comme des installations ou équipements publics, même lorsqu'elles sont réalisées sous maîtrise d'ouvrage privée. En effet, elles contribuent à la satisfaction d'un besoin collectif dans la mesure où l'électricité produite ne fait pas l'objet d'une consommation privée mais sert à alimenter le réseau général de distribution d'électricité[5]. *A contrario*, une éolienne destinée à une consommation purement privée ne devrait pas pouvoir être regardée comme un équipement public ni, par conséquent, bénéficier de la dérogation.

Concernant la seconde condition, l'incompatibilité des éoliennes avec le voisinage des zones habitées s'apprécie, selon la jurisprudence, au regard de leur « importance » et de leur « destination »[6]. Si la formule jurisprudentielle est prudente, il est à penser que, du fait des risques de rupture de pâles, une éolienne sera toujours considérée comme incompatible avec le voisinage des zones habitées.

La jurisprudence a clairement reconnu à des parcs éoliens le bénéfice de la dérogation[7].

133.214 Zone d'activité comprenant des installations incompatibles. La doctrine administrative a souligné qu'il est « possible d'aménager une zone d'activité située en continuité des bourgs et villages. Il convient, alors, de réserver les lots les plus proches des quartiers habités, à des activités qui ne sont pas source de nuisances, les autres activités devant être installées dans la partie de la zone la plus éloignée du bourg. Une commune ne peut prévoir une zone d'activité située en discontinuité de l'urbanisation existante, que si celle-ci est exclusivement destinée à regrouper des équipements publics qui sont incompatibles avec la proximité des habitations »[8].

§ 4
Autres dérogations

133.221 Ouvrages et installations dispensés de manière générale du respect des dispositions propres à la montagne. Certains ouvrages et installations sont dispensés de manière générale du respect des dispositions du code de l'urbanisme propres à la montagne[9]. Cette dispense générale concerne notamment l'exigence d'urbanisation en continuité.

133.222 UTN. Les unités touristiques nouvelles ne sont pas soumises au principe d'urbanisation en continuité[10].

1. CE 12 juin 2023, *Ministre de la transition écologique et de la cohésion des territoires c/SCI Mornans*, req. n° 466725.
2. Ministère de la Cohésion des territoires, *L'extension de l'urbanisation en continuité de l'urbanisation existante*, « Fiches techniques Montagne et urbanisme », n° 2, oct. 2018, p. 10.
3. Rép. min. n° 38850, *JOAN Q* 29 juin 2010, p. 7256.
4. VOIR, à propos d'un parc photovoltaïque : CE 7 oct. 2015, *Sté ECRCF*, req. n° 380468, NP (absence de risque pour la sécurité et gêne visuelle limitée pour les riverains).
5. CE 19 sept. 2014, *Assoc. Protégeons nos espaces pour l'avenir*, req. n° 357327, NP.
6. CE 16 juin 2010, *Leloustre*, req. n° 311840, *Lebon T.* ; *BJDU* 2010. 173, concl. C. Roger-Lacan, obs. J. T.
7. CE 23 juill. 2012, *Assoc. pour la promotion économique et le développement durable du plateau de l'Aubrac*, req. n° 345202, NP ; – CE 26 févr. 2014, *Assoc. Forum des Monts d'Orb*, req. n° 345011, NP ; – CAA Bordeaux, 24 janv. 2013, *Assoc. « Bien vivre en Trémouillais, Pays du Lévézou et Haut Ségala »*, req. n° 12BX00095, NP.
8. Rép. min. n° 38850 ; *JOAN Q* 29 juin 2010, p. 7256.
9. V. ss nos 136.11 s.
10. C. urb., art. L. 122-19 – V. ss n° 135.07.

133.223 **Reconstruction à l'identique.** L'article L. 111-15 du code de l'urbanisme autorise la reconstruction à l'identique d'un bâtiment détruit ou démoli depuis moins de dix ans « nonobstant toute disposition d'urbanisme contraire »[1]. Cet article permet ainsi de reconstruire à l'identique un bâtiment situé en discontinuité de l'urbanisation existante.

SECTION 3
EXCEPTIONS AU PRINCIPE D'EXTENSION DE L'URBANISATION EN CONTINUITÉ POUVANT ÊTRE APPORTÉES PAR LES COLLECTIVITÉS LOCALES

133.231 **Quatre exceptions.** L'article L. 122-7 du code de l'urbanisme permet aux autorités locales d'apporter quatre séries d'exceptions au principe d'extension de l'urbanisation en continuité :

- le SCOT ou le PLU peut, après une étude le justifiant, autoriser l'urbanisation en discontinue de certaines zones (I, al. 1er) ;
- le PLU ou la carte communale peuvent autoriser la création de hameaux nouveaux et de zones d'urbanisation future (I, al. 2) ;
- la carte communale peut autoriser la réalisation d'ouvrages de production d'énergie solaire (II) ;
- les autorités compétentes peuvent autoriser un projet déterminé dans les conditions prévues sous le régime de la constructibilité limitée (III).

§ 1
Première exception : l'urbanisation en discontinue justifiée par le SCOT ou le PLU

A.
Conditions

133.241 **Étude justifiant des zones à urbaniser.** Le principe d'urbanisation en continuité ne s'applique pas lorsque le SCOT ou le PLU « comporte une étude justifiant, en fonction des spécificités locales, qu'une urbanisation qui n'est pas située en continuité de l'urbanisation existante est compatible » avec les exigences suivantes[2] :

- tout d'abord le respect des objectifs de « protection des terres agricoles, pastorales et forestières » ;
- ensuite la « préservation des paysages et milieux caractéristiques du patrimoine naturel »[3] ;
- enfin la « protection contre les risques naturels »[4].

La démonstration doit être effectuée au regard des spécificités locales. Il est donc souhaitable que cette étude « comporte notamment une analyse des caractéristiques du site et de l'urbanisation existante, de la configuration des lieux, une description précise du projet et du parti d'aménagement et de l'intégration de ce projet dans l'environnement »[5].

L'étude de discontinuité sera intégrée dans un SCOT ou un PLU selon les procédures de droit commun en matière d'évolution de ces documents d'urbanisme.

L'étude doit être soumise à l'avis de la CDNPS[6].

En l'absence d'étude, la commune ne peut se prévaloir de la dérogation prévue à l'article L. 122-7 du code de l'urbanisme[7].

133.242 **Délimitation des zones à urbaniser.** Une fois l'étude réalisée et l'avis de la CDNPS rendu, le PLU ou la carte communale « délimite les zones à urbaniser dans le respect des conclusions de cette étude »[8].

La non-application du principe d'urbanisation en continuité ne vaut que pour les secteurs visés par l'étude. Le reste du territoire de la commune demeure soumis à l'application de ce principe.

Si l'étude réalisée met en évidence que la poursuite du développement du secteur concerné est compatible avec les grands objectifs de protection, la commune pourra choisir de le classer en zone U ou en secteur constructible de la zone N s'il s'agit d'un STECAL[9].

133.243 **Cartes communales non concernées par cette exception.** La possibilité de réaliser une étude de discontinuité est limitée au PLU et au SCOT. Elle n'est pas reconnue de manière générale dans le cadre d'une carte communale[10]. Néanmoins, si la commune est couverte par un SCOT comportant une telle étude, la carte communale peut délimiter des zones constructibles en fonction de celle-ci, dans le

1. V. ss nos 113.281 s.
2. C. urb., art. L. 122-7, I, al. 1er.
3. Régime de préservation prévu aux articles L. 122-9 et L. 122-10 du code de l'urbanisme – V. ss nos 134.05 s.
4. POUR une étude suffisamment motivée au regard de ces exigences : CAA Bordeaux, 10 mars 2015, *Rabat-les-Trois-Seigneurs (Cne)*, req. no 14BX02519, NP.
5. Circ. 12 oct. 2018, NOR : TERL1826263J, fiche no 2, pt 2.5.
6. C. urb., art. L. 122-7, I, al. 1er ; art. R. 122-1.
7. CAA Marseille, 26 mai 2014, *Saint-Julien-le-Montagnier (Cne)*, req. no 12MA00688, NP.
8. C. urb., art. L. 122-7, I, al. 1er.
9. Rép. min. no 14718, *JOAN Q* 7 sept. 2004, p. 7019. La réponse ministérielle précise que, dans le cas contraire, « ou si la commune choisit de renoncer à poursuivre ce développement, elle pourra le classer en zone N, en permettant dans le règlement la réfection et l'extension limitée des constructions existantes ».
10. Elle n'est reconnue que dans un cas spécifique, qui concerne l'implantation d'ouvrages de production d'énergie solaire (v. ss no 133.301).

cadre du rapport de compatibilité existant entre ces deux documents[1].

B. Illustrations

133.251 Conditions satisfaites. À titre d'exemple, les exigences posées à l'article L. 122-7, I, al. 1er, sont satisfaites dans le cas d'un projet d'urbanisation d'une commune de montagne qui connaît une croissance démographique imposant d'offrir de nouveaux espaces constructibles, qui ne dispose pas, eu égard à sa localisation, en particulier son environnement montagneux, d'autres secteurs que ceux qui ont été retenus, pour permettre l'édification d'équipements publics et la construction de nouvelles maisons d'habitation, et alors que les espaces à vocation d'urbanisation résidentielle soustraient à l'espace agricole ne font pas l'objet d'exploitation et ne sont pas significatifs au regard des surfaces restantes et que la création de la nouvelle zone ne porte pas atteinte aux paysages et milieux caractéristiques du patrimoine naturel et culturel montagnard[2].

§ 2 Deuxième exception : la création de hameaux nouveaux et de zones d'urbanisation future par le PLU ou la carte communale

133.261 Deux possibilités. En l'absence d'étude justifiant de l'urbanisation de zones en discontinuité[3], le PLU ou la carte communale peut délimiter[4] :

– « des hameaux et des groupes d'habitations nouveaux intégrés à l'environnement » ;

– ou « des zones d'urbanisation future de taille et de capacité d'accueil limitées » (ZUFTECAL), qui peuvent avoir une destination autre que de l'habitat[5] et, notamment, concerner des zones d'activités commerciales ou artisanales[6].

A. Condition commune : nécessité d'une urbanisation en discontinuité

133.271 Discontinuité nécessaire pour la sécurité ou la sauvegarde du paysage. La délimitation des hameaux et zones d'urbanisation future peut être réalisée si l'urbanisation en discontinuité est nécessaire pour[7] :

– le respect des dispositions prévues aux articles L. 122-9 et L. 122-10[8] ;

– ou la protection contre les risques naturels[9].

Comme l'explique la doctrine administrative, « ces zones peuvent être créées, comme les hameaux nouveaux intégrés à l'environnement, en discontinuité des zones bâties dès lors qu'une extension en continuité compromettrait la préservation des terres agricoles et des paysages ou se trouverait exposée à des risques naturels »[10].

133.272 Condition satisfaite. Dans le cas de secteurs ouverts à l'urbanisation par le POS, le juge relève que si ces secteurs « sont en discontinuité avec les espaces bâtis existants, ce choix, imposé par le respect des activités agricoles, des espaces naturels et du site protégé du village », n'est pas contraire aux orientations définies par l'article L. 122-7 « dès lors que, compte tenu des immeubles déjà édifiés dans les secteurs dont s'agit, il conduit à délimiter des hameaux nouveaux intégrés à l'environnement »[11].

De même, si un projet de lotissement a pour conséquence de créer une nouvelle zone urbanisée en dehors du bâti existant, sa localisation sur un terrain caillouteux, pentu, non irrigable et de faible valeur agricole permet de préserver des terres plus proches du bourg, mais de meilleure qualité agricole[12].

133.273 Condition non satisfaite. La condition tenant au respect des articles L. 122-9 et L. 122-10 n'est pas satisfaite dans le cas d'un zonage prévoyant de donner aux espaces destinés à l'urbanisation une

1. Circ. 12 oct. 2018, NOR : TERL1826263J, fiche n° 2, pt 2.5.
2. CAA Bordeaux, 10 mars 2015, *Rabat-les-Trois-Seigneurs (Cne)*, req. n° 14BX02519, NP.
3. V. ss n° 133.241.
4. C. urb., art. L. 122-7, I, al. 2.
5. Rép. min. n° 64873, *JOAN Q* 19 nov. 2001, p. 6645.
6. Rép. min. n° 30400, *JO Sénat Q* 5 juill. 2001, p. 2254.
7. C. urb., art. L. 122-7, I, al. 2.
8. Instaurant un régime de préservation des paysages et milieu caractéristiques, préservation des terres agricoles, pastorales et forestières – V. ss nos 134.05 s.
9. VOIR la formule de l'article L. 122-7, I, al. 2, permettant cette délimitation « si le respect des dispositions prévues aux articles L. 122-9 et L. 122-10 ou la protection contre les risques naturels imposent une urbanisation qui n'est pas située en continuité de l'urbanisation existante ».
10. Rép. min. n° 64873, *JOAN Q* 19 nov. 2001, p. 6645 ; – DANS LE MÊME SENS : CE 22 sept. 1997, *Eygliers (Cne)*, req. n° 137416, *Lebon T.* ; *BJDU* 1997. 397, concl. R. Abraham : l'urbanisation des communes de montagne doit être réalisée en continuité avec le bâti existant sauf si la création d'un nouvel espace urbanisé est nécessaire pour permettre la réalisation des objectifs énoncés aux articles L. 122-9 et L. 122-10 et notamment pour maintenir et développer les activités agricoles, pastorales et forestières.
11. CE 7 déc. 1990, *Ampus (Cne)*, req. n° 110508, NP ; – DANS LE MÊME SENS : CE 10 mai 1995, *Saint-Blaise (Cne)*, req. n° 149485, NP ; *BJDU* 1995. 259.
12. CE 22 sept. 1997, *Eygliers (Cne)*, req. n° 137416, *Lebon T.* ; *BJDU* 1997. 397, concl. R. Abraham.

capacité d'accueil incompatible avec la préservation des espaces naturels et agricoles de la commune[1].

B.
Conditions propres à la délimitation de hameaux et groupes d'habitations nouveaux

133.281 Dimension d'un hameau. Un hameau ou un groupe d'habitation ne peut être prévu par le PLU ou la carte communale que s'il présente réellement les caractères d'un hameau. Cela implique que, d'un point de vue quantitatif, il se limite à quelques habitations.

Cette exigence n'est pas satisfaite dans le cas d'un projet de grande ampleur[2].

133.282 Insertion dans l'environnement. Il résulte des termes de l'article L. 122-7, I, al. 2, que le hameau nouveau ou le groupe d'habitations nouveau ne peut être autorisé par le PLU ou la carte communale que s'il est « intégré à l'environnement ». Cela signifie que sa création ne doit pas apporter de rupture avec l'environnement dans lequel il s'insère. Les choix d'emplacement doivent être les moins impactants possibles.

C.
Conditions propres à la délimitation de zones d'urbanisation future (ZUFTECAL)

133.291 Conditions de fond. La délimitation d'une zone d'urbanisation future de taille et de capacité d'accueil limitées (ZUFTECAL) est soumise par l'article L. 122-7, I, al. 2, à deux conditions de fond :

– d'une part, elle n'est admise qu'« à titre exceptionnel » ;

– d'autre part, elle doit présenter une taille et une capacité d'accueil limitées (qui doivent être adaptées « aux besoins locaux »[3]).

133.292 Conditions de forme. La délimitation d'une ZUFTECAL ne peut être décidée par la commune ou l'EPCI qu'avec l'accord de deux organismes[4] :

– d'une part, la chambre d'agriculture ;

– d'autre part, la CDNPS.

1. CE 10 juin 1998, *Cipières (C^ne^)*, req. n° 168718, NP ; *BJDU* 1998. 252, concl. G. Bachelier.
2. CE 10 juin 1998, *Cipières (C^ne^)*, req. n° 168718, NP : arrêt soulignant « que, eu égard à leur ampleur et au règlement qui leur est applicable », les zones dont le classement était contesté « ne peuvent avoir pour objet de permettre la réalisation de hameaux nouveaux intégrés à l'environnement ».
3. Rép. min. n° 30400, *JO Sénat Q* 5 juill. 2001, p. 2254.
4. C. urb., art. L. 122-7, I, al. 2.

§ 3
Troisième exception : les ouvrages de production d'énergie solaire

133.301 Carte communale non couverte par un SCOT. Dans les communes qui ne sont pas couvertes par un SCOT comportant une étude mentionnée au I, la carte communale peut comporter une étude, établie dans les conditions mentionnées au premier alinéa du même I[5], relative « à la réalisation d'ouvrages de production d'énergie solaire photovoltaïque ou thermique installés sur le sol en discontinuité de l'urbanisation existante ». La carte communale « délimite alors les secteurs où les constructions sont autorisées dans le respect des conclusions de cette étude »[6].

Ces dispositions reconnaissent ainsi la possibilité d'admettre l'implantation de centrales solaires dans les communes de montagne qui, jusqu'à présent, étaient les seules à ne pas disposer de cette faculté. L'impact d'une telle mesure devrait néanmoins être limité : d'une part, elle ne concerne que 821 communes de montagne[7] ; d'autre part, compte tenu du coût des études de discontinuité[8] et, surtout, de la difficile insertion des fermes solaires dans le paysage de montagne, elle ne devrait pas être fréquemment utilisée[9].

§ 4
Quatrième exception : l'autorisation d'un projet dans les conditions prévues par les dispositions sur la constructibilité limitée

133.311 Autorisation par le conseil municipal. Empruntant une technique mise en œuvre dans le régime de la constructibilité limitée, le paragraphe III de l'article L. 122-7 permet au conseil municipal d'autoriser un projet de construction déterminé qui ne se situe pas en continuité avec les bourgs, villages, hameaux, groupes de constructions traditionnelles ou d'habitations existants.

5. V. s^s^ n° 133.241.
6. C. urb., art. L. 122-7, II ; créé par L. n° 2023-175, 10 mars 2023.
7. Étude d'impact de la loi ENR, art. 10, p^t^ 1.1, p. 95.
8. Entre 10 000 et 15 000 euros, selon l'étude d'impact (p. 97-98).
9. V. NOT., sur ce point : rapp. S n° 82, 26 oct. 2022, p. 97, soulignant que la mesure « ne devait profiter qu'à quelques cas ponctuels ».

A.
Champ d'application : une commune non couverte par un document d'urbanisme

133.321 Absence de PLU ou de carte communale. L'exception prévue par le paragraphe III de l'article L. 122-7 s'inscrit dans le régime de la constructibilité limitée. Par conséquent, il est expressément prévu que « la commune ou les parties de commune concernées ne doivent pas être couvertes par un PLU ou une carte communale »[1].

B.
Conditions résultant du renvoi au régime de la constructibilité limitée

133.330 Renvoi. L'autorisation de construire en dehors des espaces déjà bâtis est autorisée « dans les conditions définies au 4° de l'article L. 111-4 et à l'article L. 111-5 »[2], qui ouvrent aux communes non couvertes par un document d'urbanisme la faculté d'admettre, à titre dérogatoire, un projet de construction déterminé[3].

Il résulte de ce renvoi une double exigence.

133.331 Première exigence résultant du renvoi : adoption d'une délibération justifiée. Il résulte de l'application de l'article L. 111-4, 4°, l'obligation de suivre une procédure déterminée et de respecter des conditions de fond.

D'une part, l'autorisation de construire est décidée par voie de délibération motivée du conseil municipal[4].

D'autre part, cette délibération, autorisant un projet :

- doit être justifiée par l'intérêt de la commune, en particulier pour éviter une diminution de la population communale ;
- ne doit pas porter atteinte à la sauvegarde des espaces naturels et des paysages, à la salubrité et à la sécurité publiques ;
- ne doit pas entraîner un surcroît important de dépenses publiques ;
- ne doit pas être contraire aux objectifs visés à l'article L. 101-2 et aux dispositions du code de l'urbanisme relatives au littoral et à la montagne ou aux DTA précisant leurs modalités d'application[5].

133.332 Seconde exigence résultant du renvoi : avis conforme de la CDPENAF. Il résulte de l'application de l'article L. 111-5 l'obligation d'obtenir l'accord de la commission départementale de préservation des espaces naturels, agricoles et forestiers[6].

Cet avis est réputé favorable s'il n'est pas intervenu dans un délai d'un mois à compter de la saisine de la commission[7].

C.
Conditions ajoutées par rapport au régime de la constructibilité limitée

133.341 Deux conditions. Le paragraphe III de l'article L. 122-7 ajoute aux conditions posées par le 4° de l'article L. 111-5 deux conditions spécifiques[8] :

- d'une part, la commune ne doit pas subir de pression foncière due au développement démographique ou à la construction de résidences secondaires ;
- d'autre part, la dérogation envisagée ne doit pas être incompatible avec les objectifs de protection des terres agricoles, pastorales et forestières et avec la préservation des paysages et milieux caractéristiques du patrimoine naturel prévus aux articles L. 122-9 et L. 122-10[9].

SECTION 4

CAPACITÉ D'ACCUEIL DES ESPACES DESTINÉS À L'URBANISATION

133.351 Compatibilité avec la préservation des espaces naturels et agricoles. La capacité d'accueil des espaces destinés à l'urbanisation doit être « compatible avec la préservation des espaces naturels et agricoles mentionnés aux articles L. 122-9 et L. 122-10[10] »[11].

Cela signifie que lorsqu'elles déterminent le nombre de constructions pouvant être autorisées sur leur territoire, les communes situées dans des zones de montagne doivent fixer un seuil permettant la préservation des espaces naturels et agricoles.

1. C. urb., art. L. 122-7, III.
2. C. urb., art. L. 122-7, III.
3. V. s[s] n°s 112.251 s.
4. CE 30 déc. 2013, *Min. Intérieur*, req. n° 356338, *Lebon T.* : arrêt précisant que cette délibération doit être votée avant la délivrance de l'autorisation litigieuse.
5. Circ. 12 oct. 2018 relative aux dispositions particulières à la montagne du code de l'urbanisme, NOR : TERL1826263J, fiche n° 2, p. 15.
6. C. urb., art. L. 111-5, al. 2.
7. C. urb., art. L. 111-5, al. 2.
8. C. urb., art. L. 122-7, III.
9. Sur ce régime, v. s[s] n°s 134.05 s.
10. V. s[s] n°s 134.05 s.
11. C. urb., art. L. 122-8.

CHAPITRE

134. Préservation des espaces naturels et agricoles des zones de montagne

SECTION 0
ORIENTEUR

134.00 **Sommaire du chapitre.**

134.01 **Textes applicables.**

• **C. urb.**

art. L. 122-9 s.

art. R. 122-3 s.

134.03 Bibliographie indicative.

Encyclopédies. *DP constr.-urb.*, ét. : « Montagne » – *J.-Cl. Constr.-Urb.*, fasc. 9-31 : « Montagne.– Urbanisme – Foncier », par J.-F. Joye, févr. 2018.

Articles. J.-F. Joye, « Le chalet d'alpage : nouvel enjeu d'urbanisation des pâturages », *Constr.-Urb.* 2015, ét. 4.

134.04 Questions essentielles.

> Qu'emporte pour les documents d'urbanisme et les projets l'exigence de préservation des espaces, paysages et milieux caractéristiques du patrimoine naturel et culturel montagnard ?

* V. s[s] n°s 134.11 s.

> Qu'emporte pour les documents d'urbanisme et les projets l'exigence de préservation des terres nécessaires au maintien et au développement des activités agricoles, pastorales et forestières ?

* V. s[s] n°s 134.101 s.

> Une construction peut-elle être édifiée à proximité d'un lac de montagne ?

* V. s[s] n°s 134.201 s.

134.05 Trois régimes de protection. Trois régimes de protection sont prévus par les dispositions du code de l'urbanisme propres à la montagne :

– la préservation des espaces, paysages et milieux caractéristiques du patrimoine naturel et culturel montagnard ;

– la préservation des terres nécessaires au maintien et au développement des activités agricoles, pastorales et forestières ;

– la préservation des rives des plans d'eau.

SECTION 1
PRÉSERVATION DES ESPACES, PAYSAGES ET MILIEUX CARACTÉRISTIQUES DU PATRIMOINE NATUREL ET CULTUREL MONTAGNARD

134.11 Exigence. Les documents et décisions relatifs à l'occupation des sols doivent comporter « les dispositions propres à préserver les espaces, paysages et milieux caractéristiques du patrimoine naturel et culturel montagnard »[1].

§ 1
Identification des espaces, paysages et milieux caractéristiques du patrimoine montagnard

134.21 Absence de définition. La notion d'« espaces, paysages et milieux caractéristiques du patrimoine montagnard » ne fait pas l'objet d'une définition dans le code de l'urbanisme.

134.22 Classements constituant des indices. Les protections existantes constituent des indices en faveur de la reconnaissance d'espaces, paysages et milieux caractéristiques du patrimoine naturel et culturel montagnard[2] :

– classement au titre des monuments historiques ;
– sites classés et inscrits ;
– parcs nationaux et réserves naturelles ;
– continuités écologiques constituant la trame verte et bleue ;
– inscription sur la liste du patrimoine mondial de l'Unesco ;
– identification par les prescriptions particulières de massif (notamment les gorges, grottes, glaciers, lacs, tourbières, marais, lieux de pratique de l'alpinisme, de l'escalade et du canoë-kayak) ;
– inventaires divers (inventaires ZNIEFF, atlas des paysages).

134.23 Classement non nécessaire. La seule circonstance qu'un espace, paysage ou milieu ne soit inclus dans le périmètre d'aucun parc national ou d'aucune réserve naturelle ne fait pas obstacle à ce qu'il figure au nombre des espaces, paysages et milieux caractéristiques du patrimoine naturel et culturel montagnard[3].

134.24 Exclusion des espaces déjà urbanisés. Une zone réservée à des activités industrielles et commerciales et comportant déjà des bâtiments à usage industriel et commercial ne peut être qualifiée d'espace caractéristique du patrimoine naturel et culturel montagnard[4].

134.25 Protection indirecte des animaux (habitat). Il résulte des termes mêmes de l'article L. 122-9 du code de l'urbanisme qu'il n'a « pas pour objet de prévenir les risques que le projet faisant l'objet de la décision relative à l'occupation des sols serait susceptible de causer à une espèce animale caractéristique de la montagne ». En revanche, une atteinte « aux milieux montagnards et, par suite, aux habitats naturels qui s'y trouvent situés » relève du champ d'application de ses dispositions[5].

1. C. urb., art. L. 122-9.

2. Circ. 12 oct. 2018 relative aux dispositions particulières à la montagne du code de l'urbanisme, NOR : TERL1826263J, fiche n° 7, p[t] 2.
3. CE 9 juin 2004, *Peille (C[ne])*, req. n° 254691, *Lebon*.
4. CE 28 juill. 1999, *Fédération pour les espaces naturels et l'environnement catalans*, req. n° 180467, NP.
5. CE 17 janv. 2024, Association Bien vivre en pays d'Urfé, req. n° 462638, *Lebon T.* ; *BJDU* 2024. 90, concl. M. Lange ; *JCP Adm.* 2024, n° 2136, chron. O. Le Bot.

§ 2
Régime applicable aux espaces, paysages et milieux caractéristiques du patrimoine montagnard

134.31 Exigence de compatibilité des documents et autorisations d'urbanisme. L'article L. 122-9 du code de l'urbanisme ne pose pas un principe d'inconstructibilité des espaces, milieux et paysages concernés, mais une obligation de compatibilité entre les documents et décisions relatifs à l'occupation des sols et les exigences de préservation de ces espaces et milieux.

Selon la formule jurisprudentielle, il résulte des dispositions de l'article L. 122-9 que, dans les espaces, milieux et paysages caractéristiques du patrimoine naturel et culturel montagnard, les documents et décisions relatifs à l'occupation des sols « doivent être compatibles avec les exigences de préservation de ces espaces » [1]. Pour satisfaire à cette exigence de compatibilité, les documents et décisions d'urbanisme « doivent comporter des dispositions de nature à concilier l'occupation du sol projetée et les aménagements s'y rapportant avec l'exigence de préservation de l'environnement montagnard prévue par la loi » [2].

A. Opposabilité aux décisions d'urbanisme

134.41 Prise en compte de l'insertion du projet dans le site. Il appartient à l'autorité administrative, sous le contrôle du juge de l'excès de pouvoir, « de rechercher si l'insertion du projet dans le site » est, « en elle-même, de nature à préserver l'environnement montagnard protégé par la loi » [3].

134.42 Amélioration d'un site ne signifie pas préservation de celui-ci. L'exigence de préservation s'imposant aux décisions d'urbanisme est appréciée de façon stricte. Ainsi, la circonstance qu'une décision d'urbanisme soit par elle-même de nature à diminuer les atteintes portées à un site de montagne par la pratique existante ne suffit pas à assurer la compatibilité entre l'occupation du sol projetée et la préservation des espaces de montagne [4].

Ainsi, la cour commet une erreur de droit en jugeant, pour en déduire l'absence de méconnaissance des dispositions de l'article L. 122-9, que, par elle-même, l'autorisation d'aménager un camping était de nature à diminuer les atteintes portées à un site par la pratique préexistante du camping sauvage [5].

134.43 Bergerie insérée dans son environnement. Le projet de construction d'une bergerie situé dans un espace où l'agropastoralisme s'exerce traditionnellement entre dans le champ de l'article L. 122-9. L'exigence de préservation est regardée comme satisfaite lorsque des dispositions ont été prises pour assurer l'insertion du projet dans son environnement [6].

134.44 Appréciation souveraine des juges du fond. Le juge du fond procède à une appréciation souveraine :

– d'une part, sur l'appartenance d'une zone à « un espace, paysage ou milieu caractéristique du patrimoine naturel et culturel montagnard » ;

– d'autre part sur l'existence d'une atteinte.

En l'absence de dénaturation, ces appréciations ne sont pas susceptibles d'être discutées en cassation [7].

B. Opposabilité aux documents d'urbanisme

134.51 Classement compatible avec l'exigence de préservation. Les documents d'urbanisme doivent, à peine d'illégalité, respecter l'exigence de préserva-

1. CE 24 avr. 2012, *Assoc. interdépartementale et intercommunale pour la protection du lac de Sainte-Croix*, req. n° 346439, *Lebon T.* – CE 14 nov. 2014, *Assoc. interdépartementale et intercommunale pour la protection du lac de Sainte-Croix, de son environnement et des lacs et sites du Verdon*, req. n° 359457, NP.
2. CE 24 avr. 2012, *Assoc. interdépartementale et intercommunale pour la protection du lac de Sainte-Croix*, req. n° 346439, *Lebon T.* – CE 14 nov. 2014, *Assoc. interdépartementale et intercommunale pour la protection du lac de Sainte-Croix, de son environnement et des lacs et sites du Verdon*, req. n° 359457, NP.
3. CE 24 avr. 2012, *Assoc. interdépartementale et intercommunale pour la protection du lac de Sainte-Croix*, req. n° 346439, *Lebon T.*
4. CE 24 avr. 2012, *Assoc. interdépartementale et intercommunale pour la protection du lac de Sainte-Croix*, req. n° 346439, *Lebon T.*
5. CE 24 avr. 2012, *Assoc. interdépartementale et intercommunale pour la protection du lac de Sainte-Croix*, req. n° 346439, *Lebon T.*
6. CE 14 nov. 2014, *Assoc. interdépartementale et intercommunale pour la protection du lac de Sainte-Croix, de son environnement et des lacs et sites du Verdon*, req. n° 359457, NP : arrêt soulignant « qu'un soin particulier a été, à la demande du préfet, apporté à l'intégration paysagère de cette construction, avec la plantation parallèlement à la route et à la bergerie, d'essences locales, telles que des chênes truffiers, chênes verts et chênes blancs mélangés à des cèdres de l'Atlas, ainsi que des genévriers, cade, lavande et thym ; qu'en raison de l'environnement naturel assez arboré du site, le bâtiment devrait à terme se fondre dans le paysage ; que la qualité des matériaux utilisés, charpente en bois, tuiles, parpaings recouverts d'un enduit ocre, favorise cette intégration ».
7. CE 9 juin 2004, *Peille (Cne)*, req. n° 254691, *Lebon.*

tion des espaces, milieux et paysages caractéristiques du patrimoine naturel et culturel montagnard.

Afin de satisfaire l'exigence de compatibilité, les espaces et milieux caractéristiques du patrimoine naturel montagnard devront être classés :

– en zones agricole (A) ou naturelle (N) des PLU ;

– et dans les secteurs non constructibles des cartes communales.

Cependant, ces espaces pourront accueillir certaines constructions si ces dernières sont compatibles avec les exigences de préservation.

134.52 **Exemple d'atteinte.** Après avoir relevé que le secteur en cause (ouvert à l'urbanisation par le POS) doit être regardé comme un espace, paysage et milieu caractéristique du patrimoine naturel et culturel montagnard, notamment du fait de son classement en site inscrit, le juge affirme que, par suite, et alors même que 43 % du territoire de la commune est recouvert par la forêt et que les espaces naturels représentent 67 % du territoire communal, le POS « devait comporter les dispositions propres à préserver l'espace délimité par la zone UZb ». Par conséquent, c'est à tort que le conseil municipal a classé en zone d'activités UZb une partie de ce site [1].

134.53 **Exemples d'absence d'atteinte.** Ne méconnaît pas l'article L. 122-9 :

– le PLU qui permet (ou plus exactement n'interdit pas par principe) la construction d'éoliennes en zone de montagne [2] ;

– le POS qui prévoit la création d'un pôle bois sur 25 ha représentant environ 6 % du territoire forestier de la commune en vue du développement d'activités économiques liées à la filière bois [3] ;

– le PLU qui institue une zone à urbaniser dans un secteur de faible pente en nature de prairie, supportant les vestiges de l'ancienne église communale ainsi que des murets de pierres sèches susceptibles d'abriter des espèces animales protégées, dès lors, d'une part, que la commune a pris en compte la sensibilité archéologique particulière de la zone en précisant notamment dans une OAP que les projets devront respecter des prescriptions d'archéologie préventive et que le site de l'ancienne église devra être mis en valeur au sein d'un espace public paysager et, d'autre part, que le règlement comme cette OAP imposent que les murets de pierres sèches identifiés par le plan soient préservés et que, si des raisons techniques rendaient nécessaires leur destruction ou leur réaménagement ponctuels, un linéaire équivalent devrait alors être recréé [4].

C.
Préservation par des outils réglementaires du PLU et des procédures de classement

134.61 **Outils réglementaires du PLU.** Certains outils réglementaires du PLU sont parfaitement adaptés à la préservation des espaces, paysages et milieux caractéristiques du patrimoine montagnard, notamment leur identification et localisation au titre de l'article L. 151-19 du code de l'urbanisme, qui permet en outre de définir des prescriptions nécessaires à leur préservation [5].

134.62 **Procédures de classement.** La protection du patrimoine naturel et culturel montagnard et la préservation des paysages peut être assurée « par les procédures de classement ou d'inscription à l'inventaire des sites, de création de parcs nationaux, de parcs naturels régionaux ou encore de réserves naturelles » [6].

SECTION 2
PRÉSERVATION DES TERRES NÉCESSAIRES AU MAINTIEN ET AU DÉVELOPPEMENT DES ACTIVITÉS AGRICOLES, PASTORALES ET FORESTIÈRES

134.71 **Principe de préservation.** L'article L. 122-10 du code de l'urbanisme prévoit que : « Les terres nécessaires au maintien et au développement des activités agricoles, pastorales et forestières, en particulier les terres qui se situent dans les fonds de vallée, sont préservées ».

§ 1
Identification des terres agricoles, pastorales et forestières

A.
Principes

134.81 **Vocation agricole, pastorale ou forestière.** Les dispositions de l'article L. 122-10 concernent uniquement les terres agricoles, pastorales et forestières.

1. TA Nice, 11 mai 1995, *Assoc. de défense et de sauvegarde des sites de Peille et autres*, req. n° 94-3407, NP ; *BJDU* 1995. 198, concl. N. Calderaro.
2. CE 19 sept. 2014, *Assoc. Protégeons n^os espaces pour l'avenir*, req. n° 357327, NP.
3. CE 11 déc. 1996, *Commission de protection des eaux de Franche-Comté*, req. n° 161883, NP.
4. CAA Toulouse, 2 févr. 2023, *Asso. Frene 66 et autres*, req. n° 21TL00566, NP.
5. Circ. 12 oct. 2018 relative aux dispositions particulières à la montagne du code de l'urbanisme, NOR : TERL1826263J, fiche n° 7, p^t 3.1.
6. Rép. min. n° 12296, *JO Sénat Q* 10 janv. 1991, p. 63.

Elles ne peuvent être invoquées pour contester un projet portant sur un terrain « en partie boisé et en partie en friche », qui « ne fait pas l'objet d'une exploitation agricole » et qui ne présente pas une « vocation agricole, pastorale ou forestière » [1].

B.
Critères d'appréciation

134.91 Critères d'identification. Le code de l'urbanisme ne fournit pas de critères d'identification des terres concernées. Néanmoins, différents indicateurs peuvent être utilisés [2] :

- le statut de zone agricole protégée ;
- la présence sur la zone d'un signe officiel d'identification de la qualité et de l'origine, de type label rouge, AOP/AOC, agriculture bio ;
- la pente (un terrain pentu étant plus difficilement mécanisable) ;
- les besoins de l'élevage et de la fauche.

Les CDPENAF et les chambres d'agriculture constituent des interlocuteurs privilégiés pour aider à l'identification des terres concernées.

134.92 Exclusion des espaces déjà urbanisés. Une zone réservée à des activités industrielles et commerciales et comportant déjà des bâtiments à usage industriel et commercial ne peut être qualifiée de terres nécessaires aux activités agricoles, pastorales et forestières [3].

134.93 Fonds de vallée. Depuis la loi du 28 décembre 2016 [4] de modernisation, de développement et de protection des territoires de montagne, l'article L. 122-10 du code de l'urbanisme comporte une mention expresse sur la préservation des terres situées dans les fonds de vallée, c'est-à-dire les terres de déclivité faible ou nulle. Une attention particulière doit par conséquent être portée à ces terres, qui sont les plus fertiles, les plus menacées par l'étalement urbain et qui constituent des pâtures privilégiées lorsque les alpages ou la moyenne montagne ne sont pas disponibles à cause de l'enneigement, des températures, de l'absence d'herbe ou de possibilités de vêlage.

1. CE 5 janv. 1994, *Cribier*, req. n° 129646, *Lebon T.*
2. Circ. 12 oct. 2018, NOR : TERL1826263J, fiche n° 6, p[t] 2.
3. CE 28 juill. 1999, *Fédération pour les espaces naturels et l'environnement catalans*, req. n° 180467, NP.
4. L. n° 2016-1888, 28 déc. 2016, de modernisation, de développement et de protection des territoires de montagne, *JO* 29 déc., n° 2.

§ 2
Régime applicable aux terres agricoles, pastorales et forestières

A.
Exigence de préservation

1°
Règles générales

134.101 Principe de préservation. L'article L. 122-10 du code de l'urbanisme prévoit que doivent être « préservées » les terres « nécessaires au maintien et au développement des activités agricoles, pastorales et forestières ».

134.102 Nécessité et proportionnalité de l'urbanisation. Si les prescriptions de l'article L. 122-10 « ne sauraient être regardées comme interdisant de classer », dans un PLU, « des terres agricoles dans des zones réservées à des activités économiques autres que l'agriculture ou à l'habitat, elles impliquent de n'admettre l'urbanisation de ces terres que pour satisfaire des besoins justifiés et dans une mesure compatible avec le maintien et le développement des activités agricoles, pastorales et forestières » [5].

134.103 Critères pris en compte. La nécessité de préserver les terres nécessaires au maintien et au développement des activités agricoles, pastorales et forestières s'apprécie au regard de cinq critères [6] :

- leur rôle et de leur place dans les systèmes d'exploitation locaux ;
- leur situation par rapport au siège de l'exploitation ;
- leur relief ;
- leur pente ;
- et leur exposition.

134.104 Absence de critères tenant à la pression foncière. L'absence de pression foncière dans la commune ne figure pas parmi les critères devant être pris en compte pour apprécier la nécessité de préserver des terres [7].

134.105 Contrôle d'une DUP. Le moyen tiré de la méconnaissance de l'article L. 122-10 du code de l'urbanisme peut utilement être soulevé à l'encontre de la déclaration d'utilité publique de travaux de construction d'une déviation routière. Le juge exerce un contrôle de proportionnalité en vérifiant si le projet porte à la nécessité de préserver les terres agri-

5. CE 6 févr. 1998, *Faverges (C[ne])*, req. n° 161812, *Lebon* 45 ; *BJDU* 1998. 37, concl. L. Touvet.
6. C. urb., art. L. 122-10.
7. CE 7 févr. 2013, *Min. Écologie*, req. n° 354681, *Lebon T.*

coles une atteinte excessive par rapport à l'objet de l'opération[1].

134.106 **Classement.** Les terres identifiées devront être classées en zones agricole (A) ou naturelle (N) des PLU et dans les secteurs non constructibles des cartes communales, où peuvent notamment être autorisées les constructions et installations nécessaires à l'exploitation agricole, pastorale et forestière[2].

2°
Illustrations

134.111 **Préservation assurée.** Ne méconnaît pas l'exigence de préservation :

- le classement d'un terrain constituant une prairie de fauche d'une superficie de 4 300 m^2 à proximité immédiate du village, en emplacement réservé, en vue de la création d'une aire de stationnement et d'équipements sportifs (le juge affirme « que, compte tenu de l'existence, dans la commune, d'un millier d'hectares de prairies de fauche destinées à l'élevage ovin, le rôle et la place de ce terrain dans le système d'exploitation local ne faisait pas obstacle à son classement »)[3] ;
- la DUP autorisant une déviation qui ne fait disparaître que 5 hectares de prairies alors que la surface agricole totale de la commune est d'environ 260 hectares[4].

134.112 **Exigence de préservation méconnue.** L'exigence de préservation des terres agricoles est méconnue :

- par la délivrance d'un permis de construire sur des parcelles situées dans une zone dédiée aux activités agricoles et pastorales et devant à ce titre être préservées de toute urbanisation[5] ;
- par un classement prévoyant la délimitation de deux zones d'urbanisation future, respectivement de 50 et 30 hectares, situées dans la plaine alluviale qui ne représente que 12 % des 2 500 hectares du territoire de cette commune de montagne et s'étendent principalement sur des terres agricoles plates et de bonne valeur agronomique (le juge prend en compte deux éléments : « d'une part, l'affectation à l'agriculture de terres présentant ces qualités est une condition du maintien et du développement des exploitations agricoles ayant leur siège » dans la commune concernée et dans les communes limitrophes ; d'autre part, en ce qui concerne l'une des deux zones, il n'existe pas dans la commune « des besoins en matière d'habitat ou de développement des activités économiques non agricoles tels qu'ils justifient la constitution de zones NA aussi étendues dans la plaine alluviale » ; il en déduit « qu'ainsi, eu égard à la rareté des bonnes terres agricoles disponibles, l'approbation, par la délibération attaquée, de la constitution de ces zones d'urbanisation future, ne peut être regardée, compte tenu de leur situation et de leurs dimensions, comme compatible avec les prescriptions de l'article [L. 122-10] précitées »)[6].

B.
Exceptions à l'exigence de préservations des terres agricoles, pastorales et forestières

134.121 **Trois exceptions.** Le principe de préservation des terres agricoles pastorales et forestières ne présente pas un caractère absolu. Le code prévoit que certains types de constructions et aménagements doivent être considérés comme n'étant pas incompatibles avec lui :

- les constructions nécessaires aux activités agricoles, pastorales et forestières ;
- les équipements sportifs ;
- les chalets d'alpage.

Des dispositions générales relevant d'autres régimes permettent également, le cas échéant, d'y déroger.

1°
Première exception : les constructions nécessaires aux activités agricoles, pastorales et forestières

134.131 **Bâtiments nécessaires à l'activité agricole, pastorale ou forestière.** Peuvent être autorisés, sur les terres nécessaires au maintien et au développement des activités agricoles, pastorales et forestières, « les constructions nécessaires aux activités agricoles, pastorales et forestières »[7].

Une construction est regardée comme nécessaire à l'activité agricole lorsqu'elle « nécessite la présence rapprochée et permanente du chef d'exploitation »[8]. Cette jurisprudence peut être transposée à l'activité pastorale et forestière.

134.132 **Exclusion des activités de restauration.** L'autorisation de construire ne concerne que les activités agricoles, pastorales et forestières. Elle ne s'étend pas aux activités de restauration. Par suite, une extension à usage de salle de restaurant ne saurait être légalement autorisée au titre du 1° de l'article L. 122-11[9].

1. CE 21 mars 2001, *Sté Eurofaft*, req. n° 209459, *Lebon T.*
2. V. ss nos 231.731 s.
3. CE 10 juin 1998, *Cipières (Cne)*, req. n° 168718, NP ; *BJDU* 1998. 252, concl. G. Bachelier.
4. CE 21 mars 2001, *Sté Eurofaft*, req. n° 209459, *Lebon T.*
5. CE 9 juill. 1997, *Morand*, req. n° 123341, *Lebon T.*
6. CE 6 févr. 1998, *Faverges (Cne)*, req. n° 161812, *Lebon* 45 ; *BJDU* 1998. 37, concl. L. Touvet.
7. C. urb., art. L. 122-11, 1°.
8. CE 14 mai 1986, *Loberot*, req. n° 56622, NP.
9. CAA Nancy, 31 oct. 1996, *Alsace Nature*, req. n° 95NC01291, NP.

2°
Deuxième exception : les équipements sportifs

134.141 Construction d'équipements sportifs. Peuvent être autorisés, sur les terres nécessaires au maintien et au développement des activités agricoles, pastorales et forestières, « les équipements sportifs liés notamment à la pratique du ski et de la randonnée »[1].

134.142 Notion d'équipement sportif. La notion d'« équipement sportif » ne fait pas l'objet d'une définition. Seuls deux exemples (précédés de l'adverbe « notamment », et donc non limitatifs[2]) sont mentionnés par l'article L. 122-11 :

– d'une part, la pratique du ski (selon une circulaire, il s'agit ici du ski sous ces différentes formes : « ski nordique, ski de randonnée, ski de fond, "skating", biathlon, combiné nordique, saut à ski... »[3]) ;

– d'autre part la randonnée.

D'autres équipements sportifs en relèvent, par exemple :

– le saut en parapente ;

– le VTT ;

– ou encore la construction par la commune d'équipements collectifs comme un terrain de tennis ou une piscine[4].

Un restaurant d'altitude ne saurait être regardé comme un équipement nécessaire à la pratique de sports de montagne alors même qu'il serait lié au domaine skiable et utile à de telles activités[5].

134.143 Équipement devant préserver les terres. Si des équipements sportifs peuvent être autorisés en zone de montagne, « c'est uniquement à la condition qu'ils ne portent pas atteinte à la préservation des terres nécessaires au maintien et au développement des activités agricoles, pastorales et forestières »[6]. Un maire refuse à un bon droit des aménagements envisagés pour l'activité de quad, qui consistent en la réalisation d'affouillements et d'exhaussements du sol, entraînant d'importantes modifications du profil du terrain, « de nature à porter atteinte à la préservation de ces terres, plantées dans leur partie Sud de vergers et de boisements divers depuis plusieurs décennies et dont la partie Nord reste identifiée comme terre agricole, laquelle constitue un enjeu pour la commune compte tenu de la rareté de ces espaces sur son territoire »[7].

134.144 Terres devant être les seules disponibles. La doctrine administrative, en se basant sur les travaux préparatoires de la loi Montagne, estime « que ces équipements sportifs ne pourront être réalisés sur ces terres agricoles que s'il s'agit des seuls terrains qui se prêtent à leur réalisation (par exemple parce que ce sont les seuls terrains plats) »[8].

3°
Troisième exception : les chalets d'alpage

134.151 Restauration, reconstruction, extension. Peuvent être autorisés, sur les terres nécessaires au maintien et au développement des activités agricoles, pastorales et forestières, « la restauration ou la reconstruction d'anciens chalets d'alpage ou de bâtiments d'estive, ainsi que les extensions limitées de chalets d'alpage ou de bâtiments d'estive existants »[9].

La notion de chalet d'alpage désigne les « constructions situées en alpage qui traditionnellement servaient d'habitat saisonnier dans le cadre d'activités pastorales »[10]. Une construction qui constituait initialement un chalet d'alpage ne peut plus être regardée comme telle si « elle ne présente pas, par son architecture actuelle, compte tenu notamment de sa transformation en gîte rural, le caractère patrimonial d'un ancien chalet d'alpage », et ce alors même que le PLU identifierait la construction litigieuse comme un « chalet d'alpage »[11].

La reconstruction ne peut être autorisée qu'au même emplacement[12].

a.
Conditions de fond

134.161 Respect du patrimoine montagnard. Les travaux doivent poursuivre « un objectif de protection et de mise en valeur du patrimoine montagnard »[13].

1. C. urb., art. L. 122-11, 2°.
2. CAA Nancy, 4 juin 1998, *Chauvin*, req. n° 95NC01029, NP.
3. Circ. 12 oct. 2018, NOR : TERL1826263J, fiche n° 2, p^t^ 2.4.2.
4. J. Faure, *Projet de loi relatif au développement à la protection de la montagne*, Doc. parl., Sénat, Rapp. n° 41, 17 oct. 1984, p. 150 : la commission des affaires économiques indiquait que l'objet de cette disposition n'est « pas de permettre la construction de nombreux bâtiments, mais de donner la possibilité à une commune de construire une piscine ou un tennis sur une terre agricole (c'est-à-dire généralement sur terrain plat) lorsqu'elle n'a aucune autre possibilité technique de réaliser cet équipement sur son territoire ».
5. CAA Lyon, 23 mars 2004, *Constant-Marmillon*, req. n° 00LY00071, NP.
6. CAA Marseille, 6 avr. 2017, *Tirand*, req. n° 15MA01070, NP.
7. CAA Marseille, 6 avr. 2017, *Tirand*, req. n° 15MA01070, NP.
8. Circ. 12 oct. 2018, NOR : TERL1826263J, fiche n° 2, pt 2.4.2.
9. C. urb., art. L. 122-11, 3° – J.-F. Joye, « Le chalet d'alpage : nouvel enjeu d'urbanisation des pâturages », *Constr.-Urb.* 2015, étude 4.
10. Rép. min. n° 25880, *JOAN Q* 24 mai 1999, p. 3191 – J.-F. Joye, « Le chalet d'alpage : nouvel enjeu d'urbanisation des pâturages », *Constr.-Urb.* 2015, ét. 4.
11. CAA Lyon, 30 avr. 2024, Cne de La Clusaz, req. n° 22LY00989, NP.
12. CE 27 mai 2013, n° 349262, *Zardo*, NP : préfet ayant à bon droit refusé d'autoriser la construction d'un chalet dès lors que le projet, qui se trouve sur un emplacement distinct de l'ancien chalet détruit, ne peut être regardé comme une reconstruction.
13. C. urb., art. L. 122-11, 3°.

Cette condition fait par exemple obstacle à la restauration d'un chalet d'alpage avec des matériaux et une toiture ne correspondant pas aux caractéristiques des chalets situés dans la région[1].

134.162 Destination du chalet. La destination du chalet d'alpage « est liée à une activité professionnelle saisonnière »[2].

Selon la doctrine administrative, cette destination peut être celle d'un « logement saisonnier » ou d'une « activité professionnelle saisonnière » ; « Il s'agit en priorité des activités traditionnelles agricoles de montagne mais des activités touristiques peuvent être envisagées (gîte d'étape, point d'information nature...) »[3].

En outre, rien n'empêche un changement de destination par rapport à l'utilisation antérieure[4].

b. Conditions de forme et de procédure

134.171 Autorisation préfectorale. L'autorisation est délivrée par le préfet[5].

La doctrine administrative a précisé que « l'autorisation préfectorale a pour objet de s'assurer que la valeur patrimoniale du chalet justifie la dérogation au principe selon lequel l'urbanisation doit être réalisée en continuité des bourgs, villages et hameaux existants. Elle ne se substitue pas au permis de construire »[6].

Cette autorisation doit être obtenue préalablement à la délivrance du permis de construire.

134.172 Avis. Le projet doit être soumis au préalable, pour avis, à deux organismes[7] :

– d'une part, la commission départementale de la préservation des espaces naturels, agricoles et forestiers ;

– d'autre part, la commission départementale de la nature, des paysages et des sites.

c. Condition propre aux chalets d'alpage non desservis par les voies et réseaux

134.181 Exigence d'une servitude. Lorsque les chalets d'alpage ou bâtiments d'estive, existants ou anciens, « ne sont pas desservis par les voies et réseaux », ou « lorsqu'ils sont desservis par des voies qui ne sont pas utilisables en période hivernale », l'autorisation « est subordonnée à l'institution, par l'autorité compétente pour délivrer le permis de construire ou prendre la décision sur la déclaration préalable, d'une servitude administrative, publiée au fichier immobilier, interdisant l'utilisation du bâtiment en période hivernale ou limitant son usage pour tenir compte de l'absence de réseaux. Cette servitude précise que la commune est libérée de l'obligation d'assurer la desserte du bâtiment par les réseaux et équipements publics. Lorsque le terrain n'est pas desservi par une voie carrossable, la servitude rappelle l'interdiction de circulation des véhicules à moteur édictée par l'article L. 362-1 du code de l'environnement »[8].

S'agissant de sa nature, la décision établissant la servitude constitue une décision réglementaire ; elle est distincte de l'autorisation d'urbanisme et ne saurait s'analyser comme une prescription de celle-ci[9]. Une fois publiée, elle demeure en vigueur et n'est pas affectée par la délivrance d'autorisations d'urbanisme ultérieures sur le même bâtiment. En revanche et sans égard à la délivrance d'une nouvelle autorisation d'urbanisme, elle devra être atténuée ou supprimée si les conditions de desserte du terrain évoluent[10].

134.182 Autorisation devant être délivrée de façon expresse. Si une servitude a été instaurée, l'autorisation de construire peut être délivrée. Elle doit faire l'objet d'une décision « expresse »[11]. Elle ne saurait ainsi résulter du silence de l'administration face à une demande qui lui est adressée.

Le préfet dispose d'un délai de quatre mois, à compter de la date de réception de la demande, pour statuer sur la demande d'autorisation expresse[12]. Faute de délivrance de l'autorisation dans ce délai, la demande est réputée rejetée[13].

134.183 QPC. Le dernier alinéa de l'article L. 122-11 a fait l'objet d'une QPC. Le Conseil constitutionnel a relevé que la servitude poursuit deux objectifs d'intérêt général : d'une part, libérer la commune de son obligation d'assurer la desserte de bâtiments isolés par les réseaux et équipements publics, d'autre part, garantir la sécurité des personnes en période hivernale. Il en a déduit que ces dispositions ne portaient pas d'atteinte inconstitutionnelle au droit de propriété[14].

1. CAA Lyon, 9 nov. 2010, *Min. Écologie*, req. n° 10LY01293, NP.
2. C. urb., art. L. 122-11, 3°.
3. Rép. min. n° 25880, *JOAN Q* 24 mai 1999, p. 3191.
4. Rép. min. n° 25880, *JOAN Q* 24 mai 1999, p. 3191 : soulignant « que la loi Montagne n'interdit en aucune façon la rénovation des bâtiments existants ni le changement éventuel de leur affectation dans le respect de la qualité des paysages montagnards ».
5. C. urb., art. L. 122-11, 3°.
6. Rép. min. n° 25880, *JOAN Q* 24 mai 1999, p. 3191.
7. C. urb., art. L. 122-11, 3°.
8. C. urb., art. L. 122-11, dernier al.
9. CAA Lyon, 19 mai 2011, *Gazet*, req. n° 09LY01441, NP.
10. CAA Lyon, 19 mai 2011, *Gazet*, req. n° 09LY01441, NP.
11. C. urb., art. L. 122-11, dernier al.
12. C. urb., art. R. 122-3-1, al. 1er.
13. C. urb., art. R. 122-3-1, al. 2.
14. Cons. const. 10 mai 2016, n° 2016-540 QPC, *Sté civile Groupement foncier rural Namin et Co*, [Servitude administrative grevant l'usage des chalets d'alpage et des bâtiments d'estive], CONFORMITÉ, *JO* 12 mai, n° 39 ; *Constitutions* 2016. 466, chron. O. Le Bot.

4°
Autres exceptions

134.191 Ouvrages et installations dispensés de manière générale du respect des dispositions propres à la montagne. Certains ouvrages et installations sont dispensés de manière générale du respect des dispositions du code de l'urbanisme propres à la montagne[1]. Cette dispense générale concerne notamment l'exigence de préservation des terres agricoles, pastorales et forestières.

134.192 Reconstructions à l'identique. L'article L. 111-15 du code de l'urbanisme autorise la reconstruction à l'identique d'un bâtiment détruit ou démoli depuis moins de dix ans « nonobstant toute disposition d'urbanisme contraire »[2]. Cet article permet ainsi de reconstruire à l'identique un bâtiment situé sur des terres agricoles, pastorales ou forestières.

SECTION 3
PRÉSERVATION DES RIVES DES PLANS D'EAU

134.201 Distinction selon la superficie du plan d'eau. Les plans d'eau d'une superficie supérieure à 1 000 hectares sont soumis aux dispositions du code de l'urbanisme propres au littoral. Les plans d'eau d'une superficie inférieure sont soumis à un régime de protection spécifique aux zones de montagne.

§ 1
Plans d'eau d'une superficie supérieure à 1 000 hectares

134.211 Application de la loi Littoral. Les plans d'eau d'une superficie supérieure à 1 000 hectares, qui sont au nombre de dix[3], entrent dans le champ d'application des dispositions du code de l'urbanisme propres au littoral[4].

Les rives de ces plans d'eau sont par conséquent soumises au régime protecteur établit par ces dispositions :

– l'inconstructibilité dans la bande des 100 mètres, l'urbanisation limitée et justifiée dans les espaces proches des rives et l'urbanisation en continuité sur l'ensemble du territoire communal[5] ;

– la préservation des espaces remarquables[6] ;

– les coupures d'urbanisation[7] ;

– le classement des espaces boisés les plus significatifs de la commune[8].

Toutefois, ce régime ne s'applique pas aux ouvrages et installations pour lesquels cette application viendrait compromettre leur objet[9].

134.212 Communes soumises à la fois à la loi Littoral et à la loi Montagne. Lorsqu'une commune entre à la fois dans le champ d'application de la loi Littoral et celui de la loi Montagne, le législateur a prévu des assouplissements en dispensant les communes concernées de certaines obligations résultant de la loi Montagne[10].

En outre, aux fins de simplification et d'unification des procédures, il a prévu que les autorisations prévues aux articles L. 122-20 et L. 122-21 sur les UTN « valent accord de l'autorité administrative compétente de l'État » au titre de l'exigence d'extension limitée de l'urbanisation dans les espaces proches du rivage[11].

§ 2
Plans d'eau d'une superficie inférieure à 1 000 hectares

134.221 Inconstructibilité des rives. L'article L. 122-12 du code de l'urbanisme pose un principe d'inconstructibilité dans une bande de 300 mètres autour des rives des plans d'eau d'une superficie inférieure à mille hectares. Ce principe est assorti d'exceptions.

A.
Principe d'inconstructibilité dans une bande de 300 mètres

1°
Champ d'application de l'inconstructibilité

a.
Rives et plans d'eau concernés par le principe

134.231 Plans d'eau naturels ou artificiels inférieure à 1 000 hectares. La protection concerne les

1. V. s[s] n°s 136.11 s.
2. V. s[s] n°s 113.281 s.
3. Lac du Bourget (Savoie) ; Lac Léman (Haute-Savoie) ; Lac d'Annecy (Haute-Savoie) ; Lac de Serre-Ponçon (Hautes-Alpes et Alpes-de-Haute-Provence) ; Lac de Granval (Cantal) ; Lac de Naussac (Lozère) ; Lac de Vassivière (Corrèze, Creuse, Haute Vienne) ; Lac de Vouglans (Jura) ; Lac de Sainte-Croix (Var et Alpes-de-Haute-Provence) ; Lac de Pareloup (Aveyron).
4. V. s[s] n° 121.21.
5. V. s[s] n°s 122.05 s.
6. V. s[s] n°s 123.05 s.
7. V. s[s] n°s 126.211 s.
8. V. s[s] n°s 151.21 s.
9. V. s[s] n°s 136.11 s.
10. V. s[s] n°s 121.61 s.
11. C. urb., art. L. 121-13, al. 3.

plans d'eau « naturels ou artificiels » dont la superficie est « inférieure à mille hectares »[1].

134.232 Plans d'eau situés entièrement ou partiellement en zones de montagne. Le régime de protection s'applique aux plans d'eau situés en zone de montagne, même s'ils ne sont que « partiellement » situés dans une telle zone[2].

134.233 Caractère naturel des rives. La protection concerne uniquement les « parties naturelles des rives des plans d'eau »[3]. Elle ne s'applique pas aux parties d'un plan d'eau ne se trouvant pas dans un état naturel.

Une urbanisation limitée ne remet pas en cause le caractère naturel d'une rive. Ainsi, une rive reste naturelle :

– malgré des travaux de terrassements importants effectués[4] ;

– en dépit de la présence d'une aire de stationnement à proximité du rivage, dès lors qu'elle constitue une coupure verte qui contribue à conserver un caractère naturel au paysage du lac[5] ;

– en dépit de l'existence, à proximité du terrain d'un parking goudronné et de deux bâtiments agricoles désaffectés, et de la présence sur des parcelles plus éloignées d'un moulin et d'une maison en partie restaurée, et de la circonstance que le terrain soit desservi par les réseaux d'électricité et de téléphone[6] ;

– en dépit de la présence d'une route départementale, de deux chalets d'alpage construits dans les années 1950 présentant une surface de plancher de 300 m², de la présence d'une aire de pique-nique, d'une station de relevage et d'un chalet en ruine, dès lors qu'elle contribue à conserver un caractère naturel au paysage du lac[7].

En revanche, l'urbanisation significative d'une rive fait obstacle à la reconnaissance de son caractère naturel :

– rives bordées par une route nationale et une voie ferrée désaffectée[8] ;

– rives sur laquelle est présente l'excavation résultant de l'exploitation d'une carrière ainsi que des installations nécessaires à celle-ci[9] ;

– rives présentant du fait des constructions qui s'y trouvent implantées, « le caractère d'une zone urbanisée »[10] ;

– terrain, en bordure de rive, sur lequel se trouve déjà implantée une maison d'habitation et une piscine[11].

La reconnaissance du caractère naturel d'une partie des rives d'un plan d'eau relève de l'appréciation souveraine des juges du fond et ne peut donc, en l'absence de dénaturation, être discutée devant le juge de cassation[12].

b. Plans d'eau pouvant être exclus du champ d'application

134.241 Exclusion par l'État. Peuvent être exclus du régime de protection, par arrêté du préfet coordonnateur de massif, « les plans d'eau dont moins du quart des rives est situé dans la zone de montagne »[13].

S'agissant de sa publication, l'arrêté :

– est affiché pendant un mois en mairie dans la ou les communes intéressées, mention de cet affichage étant insérée en caractères apparents dans un journal diffusé dans le département[14] ;

– fait l'objet d'une publication au recueil des actes administratifs de l'État dans le département[15].

L'arrêté est annexé, le cas échéant, au PLU, et tenu à disposition du public en mairie et en préfecture[16].

134.242 Exclusion par un document d'urbanisme. Peuvent être exclus du régime de protection, par un SCOT, un PLU ou une carte communale, « certains plans d'eau en fonction de leur faible importance »[17].

Lorsqu'une telle décision a été prise, le règlement du PLU désigne les plans d'eau concernés[18].

2° Principe d'inconstructibilité

134.251 Bande d'inconstructibilité de 300 mètres. Les rives entrant dans le champ d'application de l'article L. 122-12 « sont protégées sur une distance de trois cents mètres à compter de la rive »[19].

1. C. urb., art. L. 122-12, al. 1er.
2. C. urb., art. L. 122-12, al. 1er.
3. C. urb., art. L. 122-12, al. 1er.
4. CE 9 oct. 1989, *Fédération des sociétés pour l'étude et l'aménagement de la nature dans le Sud-Ouest*, req. nº 82094, NP.
5. CE 28 juill. 2004, *Doucier*, req. nº 171733, *Lebon T.*
6. CAA Bordeaux, 4 mai 2006, *Chassaing*, req. nº 03BX01875, NP.
7. CAA Lyon, 15 nov. 2016, *Assoc. vivre en tarentaise et autres*, req. nº 14LY03771, NP.
8. CE 23 oct. 1995, *Assoc. Artus*, req. nº 154401, *Lebon T.*
9. CE 28 juill. 2004, *Sté Thomas*, req. nº 256154, *Lebon T.*
10. CAA Bordeaux, 29 juin 1995, *Min. Équipement*, req. nº 93BX01020, NP.
11. CAA Nancy, 20 oct. 2005, *Card*, req. nº 03NC00898, NP : illégalité du refus d'autoriser une structure destinée à la couverture de la piscine.
12. CE 28 juill. 2004, *Sté Thomas*, req. nº 256154, *Lebon T.* : décision censurant en l'espèce l'arrêt de cour entaché de dénaturation.
13. C. urb., art. L. 122-12, 1°.
14. C. urb., art. R. 122-3, al. 1er.
15. C. urb., art. R. 122-3, al. 2.
16. C. urb., art. R. 122-3, al. 3.
17. C. urb., art. L. 122-12, 2°.
18. C. urb., art. R. 122-2.
19. C. urb., art. L. 122-12, al. 1er.

Y sont interdites les opérations suivantes[1] :

- toutes constructions et installations (par exemple un bâtiment à usage d'habitation et de commerce[2] ou une UTN[3]) ;
- toutes routes nouvelles ;
- toutes extractions et tous affouillements (la jurisprudence a précisé qu'un tunnel ne peut être regardé comme une extraction ou un affouillement[4]).

La règle d'inconstructibilité ne s'applique pas au-delà de la bande des 300 mètres[5].

B. Exceptions au principe d'inconstructibilité dans la bande des 300 mètres

1° Constructions autorisées par la loi

134.261 Liste des constructions autorisées. L'article L. 122-13 du code de l'urbanisme autorise les constructions nouvelles suivantes dans la bande des 300 mètres :

- bâtiments à usage agricole, pastoral ou forestier ;
- refuges et gîtes d'étapes ouverts au public pour la promenade et la randonnée ;
- aires naturelles de camping ;
- équipement culturel dont l'objet est directement lié au caractère lacustre des lieux (cette notion ne visant, selon une réponse ministérielle, « que des musées ou des écomusées »[6]) ;
- installations à caractère scientifique si aucune autre implantation n'est possible ;
- équipements d'accueil et de sécurité nécessaires à la pratique de la baignade, des sports nautiques, de la promenade ou de la randonnée.

L'article L. 122-13 autorise également les projets visés au 1° de l'article L. 111-4, c'est-à-dire :

- d'une part l'adaptation, le changement de destination, la réfection, l'extension des constructions existantes[7] ;
- d'autre part la construction de bâtiments nouveaux à usage d'habitation à l'intérieur du périmètre regroupant les bâtiments d'une ancienne exploitation agricole dans le respect des traditions architecturales locales[8].

134.262 Cas des refuges. Un refuge doit s'entendre, indépendamment de la définition qu'en donne l'arrêté modifié du 25 juin 1980 relatif à la sécurité contre l'incendie, comme « un établissement situé dans un endroit isolé et difficilement accessible, offrant un hébergement sommaire à des randonneurs de passage dans des conditions différentes de l'hôtellerie traditionnelle »[9].

Tel est le cas d'un refuge de 30 places dans lequel certaines pièces seraient réservées à l'usage privatif du gardien[10].

Tel n'est pas le cas d'un soi-disant refuge constituant en réalité un hôtel-restaurant d'altitude visant à attirer la clientèle la plus large dans des conditions identiques à celles de l'hôtellerie traditionnelle[11].

2° Constructions autorisées par un document d'urbanisme avec l'accord du préfet

134.271 Exigence de spécificités locales. Dans la bande des 300 mètres, et par dérogation au principe d'inconstructibilité, « des constructions et aménagements peuvent être admis, en fonction des spécificités locales, dans certains secteurs »[12].

134.272 Constructions autorisées par un SCOT ou un PLU. Les constructions peuvent être autorisées par un PLU ou un SCOT[13]. Dans ce cas, sont exigées :

- d'une part l'accord du préfet ;

1. C. urb., art. L. 122-12, al. 1er.
2. PAR EX. : CAA Bordeaux, 29 juin 1995, *Min. Équipement*, req. n° 93BX01020, NP.
3. CAA Lyon, 15 nov. 2016, *Assoc. vivre en tarentaise et autres*, req. n° 14LY03771, NP.
4. CE 23 oct. 1995, *Assoc. Artus*, req. n° 154401, *Lebon T.*
5. CE 23 oct. 1995, *Assoc. Artus*, req. n° 154401, *Lebon T.*
6. Rép. min. n° 21729, *JOAN Q* 6 janv. 2004, p. 84. La réponse ministérielle ajoute que le porteur du projet d'équipement « doit justifier à la fois son caractère culturel (musée, écomusée) et les thèmes choisis (nature, faune, flore, paysage, histoire et coutumes locales) doivent mettre en valeur le lac aux abords duquel il est construit ».
7. V. ss nos 112.151 s.
8. V. ss nos 112.161 s.
9. CE 3 mai 2004, *Risoul (Cne)*, req. n° 253524, *Lebon T.* ; *BJDU* 2004. 365, concl. E. Glaser.
10. CE 8 mars 2002, *Comité écologique ariégeois*, req. n° 239067, NP ; *BJDU* 2002. 89, concl. S. Austry (solution donnée en référé).
11. CE 3 mai 2004, *Risoul (Cne)*, req. n° 253524, *Lebon T.* ; *BJDU* 2004. 365, concl. E. Glaser : le Conseil d'État relève que le refuge « est prévu pour n'héberger à l'étage que 19 personnes la nuit alors qu'il comporte au rez-de-chaussée un restaurant d'une centaine de places, non comprises les places aménageables sur les terrasses ; que ce bâtiment est situé dans un endroit facilement accessible par télésiège en période d'enneigement et par tous véhicules pendant les autres saisons ; que l'hébergement est prévu pour l'essentiel dans des chambres de deux à trois personnes, équipées chacune d'une salle d'eau privative ; que le seul dortoir est une chambre comportant 5 lits individuels également équipée d'une salle d'eau ; qu'aucun emplacement n'est prévu pour la cuisson de leurs vivres par les randonneurs ».
12. C. urb., art. L. 122-14.
13. C. urb., art. L. 122-14, 1° ; – POUR UN EX. : Circ. 12 oct. 2018 relative aux dispositions particulières à la montagne du code de l'urbanisme, NOR : TERL1826263J, fiche n° 4, p. 8.

– d'autre part une étude réalisée et approuvée dans les conditions prévues au premier alinéa du I de l'article L. 122-7[1].

134.273 Constructions autorisées par une carte communale. Les constructions peuvent être autorisées par une carte communale[2]. Dans ce cas, sont exigées :

– l'accord du préfet ;

– la consultation pour avis de la commission départementale de la nature, des paysages et des sites ;

– une étude justifiant que l'aménagement et l'urbanisation de ces secteurs sont compatibles avec la prise en compte de la qualité de l'environnement et des paysages.

En outre, chaque permis de construire devra être soumis pour avis à la commission départementale de la nature, des paysages et des sites.

3°

Constructions autorisées pour certains ouvrages et installations

134.281 Dispense générale. Certains ouvrages et installations sont dispensés de manière générale du respect des dispositions du code de l'urbanisme propres à la montagne[3]. Cette dispense générale concerne notamment l'inconstructibilité dans la bande des 300 mètres.

1. V. s[s] n° 133.241.
2. C.urb., art. L. 122-14, 2° ; – POUR UN EX. : Circ. 12 oct. 2018, NOR : TERL1826263J, fiche n° 4, p. 7.
3. V. s[s] n°s 136.11 s.

CHAPITRE

135. Développement touristique et unités touristiques nouvelles

SECTION 0 ORIENTEUR

135.00 Sommaire du chapitre.

135.01 Textes applicables.

• **C. urb.**

art. L. 122-15 s.

art. R. 122-4

135.03 Bibliographie indicative.

Encyclopédies. *DP constr.-urb.*, ét. : « Montagne » – *J.-Cl. Constr.-Urb.*, fasc. 9-36 : « Montagne.– Unité touristique nouvelle », par J.-F. Joye, févr. 2018.

Articles. J.-F. Davignon et G. Mollion, « Aménagements touristiques en zone de montagne : des précisions nécessaires… mais insuffisantes ! », *AJDA* 2007. 345 – D. Gillig, « La réforme de la procédure des unités touristiques nouvelles : le changement dans la continuité », *Constr.-Urb.* 2017, alerte 8 – C. Le Marchant, « Le nouveau régime des UTN », *Constr.-Urb.* 2007, comm. 62 – G. Mollion, « Tourisme et aménagement, quelques apports de la loi Montagne II », *JCP Adm.* 2017, ét. n° 2093 – J.-M. Pastor, « La procédure de création des unités touristiques nouvelles évolue », *AJDA* 2017. 1025.

135.04 Questions essentielles.

> Sur la base de quels critères distingue-t-on l'UTNS et l'UTNL ?
* V. s^s n°s 135.21 s.

> Quelles autorités disposent du pouvoir d'instaurer des UTN ?
* V. s[s] n°s 135.131 s.
> L'UTN vaut-elle autorisation de construire ?
* V. s[s] n°s 135.271 s.

135.05 Opérations d'aménagement. Dans les zones de montagne, les opérations d'aménagement touristiques sont réalisées sous un régime spécifique qui est celui des « unités touristiques nouvelles » (UTN). La mise en œuvre de l'opération s'effectue sous le contrôle d'une commune ou d'un EPCI, dans le cadre d'un « contrat d'aménagement touristique ».

135.06 Objectifs et critères à prendre en compte. En vertu de l'article L. 122-15 du code de l'urbanisme, le développement touristique, et en particulier, la création ou l'extension des unités touristiques nouvelles[1] :

– « prennent en compte les communautés d'intérêt des collectivités territoriales concernées et la vulnérabilité de l'espace montagnard au changement climatique » ;

– « contribuent à l'équilibre des activités économiques et de loisirs, notamment en favorisant la diversification des activités touristiques ainsi que l'utilisation rationnelle du patrimoine bâti existant et des formules de gestion locative des constructions nouvelles ».

Ces dispositions revêtent une portée prescriptive, le juge acceptant d'examiner un moyen tiré de la violation de l'atteinte aux communautés d'intérêts des collectivités concernées. Il a ainsi affirmé que la circonstance que le domaine skiable créé par une UTN soit relié à celui d'une station d'un pays étranger et que les commerces de cette station puissent bénéficier d'une partie de la clientèle fréquentant la future station n'est pas de nature à faire regarder le projet comme ne prenant pas en compte l'intérêt des collectivités locales françaises concernées par le projet[2]. De même, la circonstance que la création de résidences touristiques s'exercerait dans un cadre concurrentiel ne suffit pas à démontrer une atteinte aux communautés d'intérêt des collectivités concernées[3].

135.07 Absence d'application du principe d'urbanisation en continuité. Les UTN ne sont pas soumises au principe d'urbanisation en continuité[4]. Elles sont en revanche soumises aux autres dispositions du code de l'urbanisme propres aux zones de montagne[5].

1. C. urb., art. L. 122-15.
2. CE 28 juill. 2004, *Assoc., Féd. pour les espaces naturels et l'environnement catalan, Assoc. Cerdagne notre terre*, req. n° 246750, *Lebon T.*
3. CAA Bordeaux, 8 févr. 2010, *Assoc. UMINATE-65*, req. n° 09BX00896, NP.
4. C. urb., art. L. 122-19.
5. C. urb., art. L. 122-19.

SECTION 1

DÉFINITION DES UNITÉS TOURISTIQUES NOUVELLES (UTN)

135.11 Outil particulier aux zones de montagne. Les unités touristiques nouvelles (UTN) sont une des spécificités de l'urbanisme en zone de montagne. Il s'agit de projets de constructions, d'équipements ou d'aménagements touristiques dont la caractéristique principale est de pouvoir s'implanter sans être soumis au principe d'urbanisation en continuité.

135.12 Définition légale. La notion d'UTN est large. Il s'agit de « toute opération de développement touristique effectuée en zone de montagne et contribuant aux performances socio-économiques de l'espace montagnard »[6].

Par rapport aux opérations d'aménagement de droit commun[7], la notion d'UTN présente deux différences : d'une part elle se limite aux zones de montagne, d'autre part elle porte exclusivement sur le développement touristique.

135.13 Non-limitation aux sports d'hiver. Initialement, la notion d'UTN était axée sur les aménagements dédiés à la pratique du ski. La loi Montagne II du 28 décembre 2016[8] a considérablement élargi la définition des UTN. En supprimant la référence aux remontées mécaniques, elle en fait un instrument d'aménagement qui, tout en demeurant centrée sur les sports d'hiver (notamment dans les dispositions réglementaires définissant son champ d'application), vise néanmoins au développement d'activités touristiques de montagne praticables en toute saison.

135.14 Liste des UTN. La liste des UTN figure aux articles R. 122-8 et R. 122-9 du code de l'urbanisme :

– l'article R. 122-8 concerne les UTN structurantes (UTNS), qui correspondent aux opérations les plus importantes ;

– l'article R. 122-9 concerne les UTN locales (UTNL), qui constituent des opérations de dimension plus modeste.

Cette liste peut être complétée par des documents d'urbanisme :

– par le SCOT pour les UTNS ;

– par le PLU pour les UTNL.

Les caractéristiques de ces deux catégories d'UTN sont présentées dans des développements spécifiques[9].

6. C. urb., art. L. 122-16.
7. C. urb., art. L. 300-1 s. – V. s[s] n°s 5.05 s.
8. L. n° 2016-1888, 28 déc. 2016 de modernisation, de développement et de protection des territoires de montagne, *JO* 29 déc., n° 2, art. 71.
9. V. s[s] n°s 135.31 s.

135.15 Exclusion des constructions, installations et aménagements touristiques d'une superficie inférieure aux seuils UTN. Les créations et extensions inférieures aux seuils fixés par décret ne sont pas soumises au régime des UTN.

S'agissant des créations, les constructions, installations et aménagements touristiques ressortant de catégories UTN mais n'atteignant pas les seuils les plus bas (ceux concernant les UTNL) ne sont pas soumis aux dispositions relatives aux UTN[1]. Aussi sont-ils soumis au droit commun de l'urbanisme montagnard et donc au principe d'urbanisation en continuité posé à l'article L. 122-5[2]. S'il s'avère nécessaire de les implanter en discontinuité de l'urbanisation, l'étude de discontinuité prévue à l'article L. 122-7 sera nécessaire.

S'agissant des extensions de constructions ou installations existantes, ne sont pas soumises au régime des UTN « les extensions limitées » inférieures aux seuils de créations d'UTN fixés par décret[3]. Ces extensions limitées sont, en vertu des dispositions des articles L. 122-16 et L. 122-19, soumises aux dispositions de l'article L. 122-5 exigeant une urbanisation en continuité[4]. Toutefois, elles sont « réputées constituer des extensions limitées des constructions existantes » au sens de l'article L. 122-5[5].

SECTION 2
CATÉGORIES D'UNITÉS TOURISTIQUES NOUVELLES : UTNS ET UTNL

§ 1
Définition législative

135.21 Définition formelle. Les dispositions législatives du code de l'urbanisme donnent une définition purement formelle des UTNS et UTNL.

Constituent des UTNS[6] :

- celles dont la liste est fixée par décret en Conseil d'État (1°) ;

- le cas échéant, celles définies comme structurantes pour son territoire par le DOO du SCOT, dans les conditions prévues à l'article L. 141-11 (2°).

Constituent des UTNL[7] :

- celles dont la liste est fixée par décret en Conseil d'État (1°) ;

- le cas échéant, celles définies par le PLU, dans les conditions prévues au II de l'article L. 151-7 (2°).

1. C. urb., art. R. 122-5, al. 1er.
2. C. urb., art. R. 122-5, al. 2.
3. C. urb., art. L. 122-16, al. 2.
4. C. urb., art. R. 122-5, al. 2.
5. C. urb., art. R. 122-5, al. 2.
6. C. urb., art. L. 122-17.
7. C. urb., art. L. 122-18.

135.22 Différence d'ampleur. La distinction entre UTNS et UTNL tient à l'ampleur de l'opération en cause. La notion d'UTNS est conçue pour les opérations de grande envergure alors que celle d'UTNL renvoie à des opérations de dimension plus modeste.

Les seuils des deux catégories sont fixés par décret[8] ou, le cas échéant, les documents d'urbanisme.

135.23 Calcul des seuils. Les seuils à retenir pour l'application de l'article R. 122-8 et R. 122-9 « sont ceux du programme général de l'opération, en cas de réalisation fractionnée d'une unité touristique nouvelle »[9].

Cela signifie qu'en cas de réalisation fractionnée d'une même opération, il convient de prendre en compte la surface totale de l'opération pour déterminer la soumission au régime UTN.

La circulaire de 2018 donne des exemples de calculs de seuils[10].

135.24 Calcul des surfaces. Les articles R. 122-8 et R. 122-9 se réfèrent à diverses reprises à des surfaces de plancher pour déterminer si une opération constitue une UTN et, le cas échéant, si elle relève du régime des UTNS ou des UTNL.

En cas d'opération de reconstruction d'hébergements et d'équipements touristiques ou de refuges de montagne consécutive à une démolition, les surfaces à retenir pour l'application de l'article R. 122-8 et R. 122-9 sont celles « correspondant à l'augmentation de la surface de plancher »[11].

Les seuils ne sont applicables qu'en cas de création de surface ou d'installations nouvelles. Ainsi, par exemple, les démolitions-reconstructions ou les réhabilitations de surface de plancher à usage initialement touristique ne sont pas considérées comme des UTN si les surfaces reconstruites ou réhabilitées restent à usage touristique et de taille constante.

135.25 Tableau récapitulatif. La circulaire de 2018 comporte un tableau récapitulant le champ d'application de chaque UTN[12].

§ 2
Unités touristiques nouvelles structurantes (UTNS)

135.31 Identification par décret et SCOT. Les UTN structurantes sont celles qualifiées comme telles par voie de décret (codifié à l'article R. 122-8) ou par un SCOT.

8. C. urb., art. R. 122-8 et R. 122-9.
9. C. urb., art. R. 122-6, 1°.
10. Circ. 12 oct. 2018, NOR : TERL1826263J, fiche n° 5, annexe 3.
11. C. urb., art. R. 122-6, 2°.
12. Circ. 12 oct. 2018, NOR : TERL1826263J, fiche n° 5, annexe 1.

A. UTNS en application de l'article R. 122-8

135.41 Huit opérations. L'article R. 122-8 du code de l'urbanisme énumère huit opérations dont la mise en œuvre constitue une UTNS.

Ces opérations peuvent se répartir en trois groupes.

1° Pistes et remontées mécaniques

135.51 Remontées mécaniques. Constituent des UTNS « la création, l'extension ou le remplacement de remontées mécaniques », lorsque ces travaux ont l'un des effets suivants [1] :

– la création d'un nouveau domaine skiable alpin (a) ;

– l'augmentation de la superficie totale d'un domaine skiable alpin existant, dès lors que cette augmentation est supérieure ou égale à 100 hectares (b).

Constitue également une UTNS « la création d'une remontée mécanique n'ayant pas pour objet principal de desservir un domaine skiable, pouvant transporter plus de dix mille voyageurs par jour sur un dénivelé supérieur à 300 mètres » [2].

135.52 Pistes. Constituent des UTNS, en vertu de l'article R. 122-8 :

– les liaisons entre domaines skiables alpins existants (2°) ;

– les travaux d'aménagement de pistes pour la pratique des sports d'hiver alpins, situés en « site vierge » au sens du tableau annexé à l'article R. 122-2 du code de l'environnement d'une superficie supérieure à 4 hectares (7°).

L'article R. 122-2 du code de l'environnement (annexe, rubrique 43) considère comme « site vierge » :

– soit un site « non accessible gravitairement depuis les remontées mécaniques ou du fait de la difficulté du relief » ;

– soit un site « accessible gravitairement depuis les remontées mécaniques mais ne revenant pas gravitairement sur une piste de ski ou un départ de remontée mécanique du même domaine skiable ».

135.53 Notion de « piste de ski ». La notion de ski alpin est définie comme « un parcours sur neige réglementé, délimité, balisé, contrôlé et protégé des dangers présentant un caractère anormal ou excessif, éventuellement aménagé et préparé, réservé à la pratique du ski alpin et des activités de glisse autorisées » [3].

135.54 Notion de « domaine skiable ». La notion de domaine skiable est définie comme « une piste de ski alpin ou un ensemble de pistes qui ont le même point de départ ou qui communiquent entre elles ou qui communiquent par le seul intermédiaire d'une ou de plusieurs remontées mécaniques » [4].

La surface du domaine skiable prise en compte est « la somme des surfaces des pistes de ski alpin » [5].

Un domaine skiable « peut s'étendre sur le territoire de plusieurs communes » [6].

Une commune peut en outre « comporter plusieurs domaines skiables » [7].

2° Hébergements et équipements touristiques

135.61 Surface importante. Constituent des UTNS « les opérations de construction ou d'extension d'hébergements et d'équipements touristiques d'une surface de plancher totale supérieure à 12 000 mètres carrés » [8].

En sont exclus les « logements à destination des personnels saisonniers ou permanents des équipements et hébergements touristiques » [9].

3° Équipements de loisirs

135.71 Golf et camping. Constituent des UTNS :

– l'aménagement, la création et l'extension de « terrains de golf » d'une superficie supérieure à 15 hectares [10] ;

– l'aménagement de « terrains de camping » d'une superficie supérieure à 5 hectares [11].

Ces activités constituent par nature des loisirs s'exerçant en dehors de la période hivernale.

135.72 Sports motorisés. Constitue une UTNS l'aménagement de « terrains pour la pratique de sports ou de loisirs motorisés » d'une superficie supérieure à 4 hectares [12].

À défaut de limitation, la notion renvoie tant aux loisirs d'été (motocross) qu'aux loisirs d'hiver (motoneige).

Articulant ces dispositions avec celles du code de l'environnement, le Conseil d'État a précisé « que le législateur a entendu encadrer strictement les condi-

1. C. urb., art. R. 122-8, 1°.
2. C. urb., art. R. 122-8, 8°.
3. C. urb., art. 122-4, 1°.
4. C. urb., art. 122-4, 1°.
5. C. urb., art. 122-4, al. 4.
6. C. urb., art. 122-4, al. 5.
7. C. urb., art. 122-4, al. 5.
8. C. urb., art. 122-4, 3°.
9. C. urb., art. 122-4, 3°.
10. C. urb., art. R. 122-8, 4°.
11. C. urb., art. R. 122-8, 5°.
12. C. urb., art. R. 122-8, 6°.

tions dans lesquelles peut être autorisé l'aménagement en zone de montagne de "terrains" pour la pratique de sports ou de loisirs motorisés en vue de l'utilisation, à des fins de loisirs, d'engins conçus pour la progression sur neige ; qu'il a, en particulier, entendu empêcher la création d'itinéraires, mêmes balisés, lesquels ne peuvent être regardés comme des "terrains" au sens de la loi »[1].

En conséquence, est entaché d'illégalité l'arrêté préfectoral autorisant une UTN consistant en deux boucles d'une dizaine de kilomètres, autour d'espaces de 570 et 424 hectares, dans des zones demeurées essentiellement naturelles, empruntant des pistes situées sur le domaine skiable (ces circuits constituant des itinéraires balisés et non des terrains)[2].

B.
UTNS en application du SCOT

135.81 **Ajouts à la liste fixée à l'article R. 122-8.** Conformément aux dispositions du 2° de l'article L. 122-17, le SCOT (dans son document d'orientation et d'objectifs) peut définir comme UTNS deux séries d'opérations sur le territoire où il s'applique :

- d'une part les opérations prévues par l'article R. 122-8 en abaissant les seuils qui y figurent[3] ;
- d'autre part des opérations autres que celles prévues par l'article R. 122-8 « effectuées en zone de montagne et contribuant aux performances socio-économiques de l'espace montagnard »[4].

§ 3
Unités touristiques nouvelles locales (UTNL)

135.91 **Identification par décret et PLU.** Les UTN locales sont celles qualifiées comme telles par voie de décret (codifié à l'article R. 122-9) ou par un PLU.

A.
UTNL en application de l'article R. 122-9

135.101 **Cinq opérations.** L'article R. 122-9 du code de l'urbanisme énumère cinq opérations dont la mise en œuvre constitue une UTNL.

135.102 **Remontées mécaniques.** Constituent des UTNL « la création, l'extension ou le remplacement de remontées mécaniques », lorsqu'ils ont pour effet une augmentation du domaine skiable alpin existant comprise entre 10 et 100 hectares[5].

135.103 **Terrain de golf.** Constituent des UTNL « l'aménagement, la création et l'extension de terrains de golf d'une superficie inférieure ou égale à 15 hectares »[6].

135.104 **Hébergements ou équipements touristiques.** Constituent des UTNL « la création ou l'extension, sur une surface de plancher totale supérieure à 500 mètres carrés, d'hébergements touristiques ou d'équipements touristiques », lorsque l'opération n'est pas située dans un secteur urbanisé ou dans un secteur constructible situé en continuité de l'urbanisation[7].

135.105 **Terrains de camping.** Constituent des UTNL « l'aménagement de terrains de camping d'une superficie comprise entre 1 et 5 hectares », lorsque l'opération n'est pas située dans un secteur urbanisé ou dans un secteur constructible situé en continuité de l'urbanisation[8].

135.106 **Refuge.** Constituent des UTNL « la création de refuges de montagne [...], ainsi que leur extension pour une surface de plancher totale supérieure à 200 mètres carrés » lorsque l'opération n'est pas située dans un secteur urbanisé ou dans un secteur constructible situé en continuité de l'urbanisation[9].

B.
UTNL en application du PLU

135.111 **Ajouts à la liste fixée à l'article R. 122-9.** Conformément aux dispositions du 2° de l'article L. 122-18, le PLU (dans ses orientations d'aménagement et de programmation) peut définir comme UTNL « des opérations de développement touristique effectuées en zone de montagne et contribuant aux performances socio-économiques de l'espace montagnard qui ne sont pas identifiées par la liste de l'article R. 122-9 », sous réserve qu'elles ne puissent être considérées comme structurantes en application de l'article R. 122-8 ou du SCOT[10].

§ 4
Requalification des opérations d'aménagement

135.121 **Opération répondant aux caractères d'une UTN.** La réalisation d'un télésiège sous l'empire du régime d'aménagement de droit commun est requa-

1. CE 5 nov. 2014, *Saint-Martin-de-Belleville (Cne)*, req. n° 365121, *Lebon T.*
2. CE 5 nov. 2014, *Saint-Martin-de-Belleville (Cne)*, req. n° 365121.
3. C. urb., art. R. 122-7, 1°.
4. C. urb., art. R. 122-7, 2°.
5. C. urb., art. R. 122-9, 1° – Sur la notion de domaine skiable, v. ss n° 135.54.
6. C. urb., art. R. 122-9, 2°.
7. C. urb., art. R. 122-9, 3°, a.
8. C. urb., art. R. 122-9, 3°, b.
9. C. urb., art. R. 122-9, 3°, c.
10. C. urb., art. R. 122-7, al. 4.

lifiée en UTN si l'opération répond aux caractéristiques d'une telle unité[1]. Il s'ensuit la soumission au régime applicable aux UTN, notamment quant au respect de la qualité des sites et des grands équilibres naturels[2].

De même, constitue une UTN une opération consistant en la construction, d'une part, de dix grands chalets d'habitation et, d'autre part, d'un immeuble de 75 logements, pour une surface totale de 10 000 m²[3]. Le juge annule l'opération, les règles d'implantation de l'UTN n'ayant pas été respectées (en particulier l'obtention d'une autorisation préfectorale, la commune n'étant pas couverte pas un SCOT).

SECTION 3
PLANIFICATION DES UNITÉS TOURISTIQUES NOUVELLES

135.131 Programmation dans le document d'urbanisme ou accord de l'État. Les UTN doivent être planifiées dans le cadre des documents d'urbanisme (SCOT pour les UTNS, PLU pour les UTNL). Lorsque la commune n'est pas couverte par un tel document, elles doivent être autorisées par le préfet.

Dans les deux cas, le fait de prévoir une UTN ne dispense pas de l'obligation de demander et d'obtenir un permis de construire (ou de procéder à une déclaration préalable) pour chaque projet de construction ou d'installation considéré isolément[4].

§ 1
Planification des UTN dans les documents d'urbanisme

135.141 Assurer un équilibre à l'échelle du territoire. La démarche de planification des UTN par les documents d'urbanisme vise notamment à « contribuer au nécessaire équilibre des activités économiques et de loisirs en zone de montagne »[5].

A.
Planification des UTNS par le SCOT

135.151 Programmation par le SCOT. La création et l'extension d'UTNS sont prévues par le SCOT qui en définit les caractéristiques conformément à l'article L. 141-11[6].

La programmation d'une UTNS s'effectue à l'occasion de l'élaboration ou de la modification du SCOT.

135.152 Éléments de la programmation. La planification des UTNS comporte deux aspects.

Le premier correspond au diagnostic. Celui-ci, qui s'appuie le rapport de présentation du SCOT, est établi au regard des besoins en matière d'UTNS[7].

Le second correspond au document d'orientation et d'objectifs (DOO). Ce document fixe les caractéristiques des UTNS[8] :

– leur « localisation » ;

– leur « nature » ;

– leur « capacité globale d'accueil et d'équipement », notamment en matière de logement des salariés, y compris les travailleurs saisonniers.

Contrairement à la délimitation, la localisation ne nécessite pas d'identifier les secteurs d'implantation avec une précision à la parcelle.

135.153 Modification du champ des UTNS par le SCOT. Le cas échéant, le SCOT peut modifier le champ d'application des UTNS pour y faire entrer des opérations de développement touristique qui n'en relèvent pas en application des seuils et critères fixés à l'article R. 122-8[9].

135.154 Avis du comité de massif. Le projet de SCOT qui prévoit la création d'une ou de plusieurs UTNS doit être soumis pour avis à la commission spécialisée compétente du comité de massif[10].

En l'absence d'avis dans le délai de trois mois suivant la saisine, celui-ci est considéré comme favorable[11].

135.155 Analyse des résultats. L'analyse des résultats de l'application du SCOT porte sur les UTNS[12].

B.
Planification des UTNL par le PLU

135.161 Programmation par le PLU. La création et l'extension d'UTNL sont prévues par le PLU qui en définit les caractéristiques[13].

La programmation d'une UTNL s'effectue à l'occasion de l'élaboration ou de la modification du PLU.

1. TA Grenoble, 12 févr. 2013, *Féd. Rhône-Alpes de protection de la nature (FRAPNA)*, req. n° 1101160, NP.
2. V. s^s n° 135.263.
3. CAA Marseille, 20 juin 2013, *Min. Écologie*, req. n° 11MA00594, NP *BJDU* 2013. 382.
4. V. s^s n°s 135.271 s.
5. Rép. min. n° 20135, *JO Sénat Q* 2 mai 1997, p. 1375.
6. C. urb., art. L. 122-20, al. 1er.
7. C. urb., art. L. 141-3.
8. C. urb., art. L. 141-23.
9. V. s^s n° 135.81.
10. POUR le projet d'adoption : C. urb., art. L. 143-20, 5° ; – POUR le projet de modification : C. urb., art. L. 143-33.
11. C. urb., art. R. 143-4.
12. V. s^s n° 224.21.
13. C. urb., art. L. 122-21, al. 1er.

135.162 **Éléments de la programmation.** La planification des UTNL comporte deux aspects.

Le premier correspond au diagnostic. Celui-ci, sur lequel s'appuie le rapport de présentation du PLU, est établi au regard des besoins en matière d'UTN [1].

Le second correspond aux orientations d'aménagement et de programmation (OAP) [2]. Celles-ci définissent les caractéristiques des UTNL [3] :
- leur « localisation » ;
- leur « nature » ;
- leur « capacité globale d'accueil et d'équipement ».

Contrairement à la délimitation, la localisation ne nécessite pas d'identifier les secteurs d'implantation avec une précision à la parcelle.

135.163 **Conseils pour la rédaction du PLU.** Les OAP et le règlement du PLU permettent d'encadrer le développement des projets de construction concourant à la réalisation du parti d'aménagement défini par le PLU. Cependant, ces outils recouvrent des forces d'opposabilité différentes. Ainsi, le règlement s'impose dans un rapport de stricte conformité, alors que les OAP s'imposent dans un rapport de compatibilité.

Aussi, en fonction du projet de développement touristique de la commune ou de l'EPCI compétent en matière de PLU comme des circonstances locales, des OAP peuvent être élaborées avec ou sans règlement, selon que les auteurs du PLU optent pour un encadrement strict ou pour plus de souplesse et d'incitation à l'émergence de projet.

135.164 **Modification du champ des UTNL par le PLU.** Le cas échéant, le PLU peut modifier le champ d'application des UTNL pour y faire entrer des opérations de développement touristique qui n'en relèvent pas en application des seuils et critères fixés à l'article R. 122-9 [4].

135.165 **Avis de la CDNPS.** Le projet de PLU qui prévoit la création d'une ou de plusieurs UTNL doit être soumis pour avis à la commission départementale de la nature, des paysages et des sites [5].

En l'absence d'avis dans le délai de trois mois suivant la saisine, celui-ci est considéré comme favorable [6].

135.166 **Analyse des résultats.** L'analyse des résultats de l'application du PLU porte sur les UTN [7].

1. C. urb., art. L. 151-4, al. 3.
2. POUR UN EX. d'OAP d'un PLU pour une UTNL : Circ. 12 oct. 2018, NOR : TERL1826263J, fiche n° 5, annexe 4.
3. C. urb., art. L. 151-7, II.
4. V. s^s n° 135.111.
5. C. urb., art. L. 153-16.
6. C. urb., art. R. 153-4.
7. V. s^s n° 234.22.

§ 2
Autorisation par le préfet en l'absence de document d'urbanisme

A.
Autorisation préfectorale

135.171 **Autorisation *ad hoc*.** Lorsque le projet de création ou d'extension d'une UTN est situé dans une commune qui n'est pas couverte par un document d'urbanisme nécessaire (SCOT pour une UTNS, PLU pour une UTNL), il doit être autorisé par le préfet. Cette autorisation est qualifiée d'autorisation *ad hoc* ou « autorisation UTN ».

135.172 **UTNS.** Dans les communes qui ne sont pas couvertes par un SCOT, la création et l'extension des UTNS sont soumises à autorisation du préfet coordonnateur de massif [8].

135.173 **UTNL.** Dans les communes qui ne sont pas couvertes par un PLU, la création et l'extension des UTNL sont soumises à autorisation du préfet de département [9].

B.
Procédure de délivrance de l'autorisation

135.181 **Schéma récapitulatif.** La procédure de délivrance de l'autorisation UTN est précisément détaillée par le code de l'urbanisme. Un schéma récapitulatif de la procédure figure dans la circulaire de 2018 [10].

1°
Présentation de la demande

a.
Demande

135.191 **Une ou plusieurs opérations.** La demande d'autorisation de créer une unité touristique peut porter simultanément sur plusieurs opérations [11].

135.192 **Évaluation environnementale.** Préalablement à la demande d'autorisation, la personne publique responsable qui y est mentionnée saisit le cas échéant l'autorité environnementale, pour avis conforme, dans les conditions prévues aux articles R. 104-33 à R. 104-37 [12].

8. C. urb., art. L. 122-20, al. 2 ; art. R. 122-10.
9. C. urb., art. L. 122-21, al. 2 ; art. R. 122-11.
10. Circ. 12 oct. 2018, NOR : TERL1826263J, fiche n° 5, annexe 6.
11. C. urb., art. R. 122-12.
12. C. urb., art. R. 122-12-1 – V. s^s n°s 214.251 s.

135.193 Forme de la demande. La demande d'autorisation de créer une UTN, qu'elle relève de l'article R. 122-8 (UTNS) ou de l'article R. 122-9 (UTNL), est présentée au préfet du département par la ou les communes ou l'EPCI compétent en matière de PLU sur le territoire desquels s'étend l'emprise du projet[1].

La demande à laquelle sont jointes les délibérations des organes délibérants de la ou des communes ou de l'EPCI pétitionnaires est adressée par LRAR ou déposée contre décharge à la préfecture[2].

135.194 Absence d'exigence que la commune soit propriétaire des terres. Il n'est nullement requis que la commune d'implantation du projet ait la maîtrise foncière des terrains d'assiette dudit projet[3].

b.
Contenu du dossier

135.201 Un dossier exigeant. Les opérations touristiques ont très souvent un impact important sur les milieux naturels, les sites et les paysages, du fait des ouvrages et aménagements réalisés ainsi que de la fréquentation qu'elles induisent. C'est pourquoi la procédure UTN est particulièrement exigeante dans ce domaine.

La circulaire de 2018 indique que « le dossier doit démontrer la robustesse de l'équilibre économique du projet, y compris au regard de l'évolution défavorable de l'enneigement consécutive au changement climatique »[4].

135.202 Contenu du dossier lorsque l'évaluation environnementale n'est pas obligatoire. Lorsque la création ou l'extension d'une UTN ne fait pas l'objet d'une évaluation environnementale en application des articles L. 104-2 ou L. 104-2-1, la demande est accompagnée d'un dossier comportant un rapport et des documents graphiques précisant cinq éléments[5] :

– l'état des milieux naturels, des paysages, du site et de son environnement, comprenant le cas échéant l'historique de l'enneigement local, l'état du bâti, des infrastructures et des équipements touristiques existants avec leurs conditions de fréquentation, ainsi que les principales caractéristiques de l'économie locale (1°) ;

– les caractéristiques principales du projet et, notamment, de la demande à satisfaire, des modes d'exploitation et de promotion des hébergements et des équipements, ainsi que, lorsque le projet porte sur la création ou l'extension de remontées mécaniques, les caractéristiques du domaine skiable, faisant apparaître les pistes nouvelles susceptibles d'être créées (2°) ;

– les risques naturels auxquels le projet peut être exposé ainsi que les mesures nécessaires pour les prévenir (3°)[6] ;

– les effets prévisibles du projet sur le trafic et la circulation locale, l'économie agricole, les peuplements forestiers, les terres agricoles, pastorales et forestières, les milieux naturels, les paysages et l'environnement, notamment la ressource en eau et la qualité des eaux, ainsi que les mesures pour éviter, réduire et en dernier lieu compenser les incidences négatives notables sur l'environnement qui n'auront pu être ni évitées ni réduites, et l'estimation de leur coût (4°) ;

– les conditions générales de l'équilibre économique et financier du projet (5°)[7].

Le dossier comprend également[8] :

– la décision mentionnée à l'article R. 104-37[9] ;

– ainsi que l'avis conforme mentionné à l'article R. 104-35 ou la mention de son caractère tacite[10].

135.203 Contenu du dossier lorsque l'évaluation environnementale est obligatoire. Lorsque la création ou l'extension d'une UTN fait l'objet d'une évaluation environnementale en application des articles L. 104-2 ou L. 104-2-1, la demande est accompagnée des cinq éléments suivants[11] :

– le rapport environnemental prévu à l'article R. 104-18 (1°) ;

– les informations prévues aux 2°, 3° et 5° du I du présent article (2°)[12] ;

– des informations relatives, le cas échéant, à l'historique de l'enneigement local, à l'état du bâti, aux infrastructures et aux équipements touristiques exis-

1. C. urb., art. R. 122-13, al. 1er.
2. C. urb., art. R. 122-13, al. 2.
3. CAA Bordeaux, 8 févr. 2010, *Assoc. UMINATE-65*, req. n° 09BX00896, NP.
4. Circ. 12 oct. 2018, NOR : TERL1826263J, fiche n° 5, pt 3.2.2.
5. C. urb., art. R. 122-14, I, al. 1er à 6.
6. POUR l'annulation d'une autorisation UTN pour méconnaissance de cette exigence : CE 11 mars 1996, *Orelle (Cne)*, req. n° 140275, *Lebon T.*
7. POUR une annulation sur ce point : CAA Nancy, 20 nov. 2003, *Xonrupt-Longemer (Cne)*, req. n° 99NC00632, NP (omission de chiffrer le coût des canons à neige) ; – POUR un rejet du recours : CE 28 juill. 2004, *Assoc., Féd. pour les espaces naturels et l'environnement catalan, Assoc. Cerdagne notre terre*, req. n° 246750, *Lebon T.* : juge relevant qu'« il ne ressort pas des pièces du dossier que les données relatives au montant des dépenses et des recettes de l'opération doivent être regardées comme erronées, insincères ou à ce point irréalistes que, de ce fait, elles entachent d'irrégularité le dossier au vu duquel la décision d'autorisation a été prise ».
8. C. urb., art. R. 122-14, al. 7.
9. Décision de la personne publique responsable de réaliser ou non l'évaluation environnementale (v. ss n° 214.281) – en l'occurrence de ne pas la réaliser.
10. Avis de l'Autorité environnementale sur la réalisation ou non d'une évaluation environnementale (v. ss n° 214.265).
11. C. urb., art. R. 122-14, II.
12. V. ss n° 135.202.

tants avec leurs conditions de fréquentation, ainsi que les principales caractéristiques de l'économie locale (3°) ;

- des effets prévisibles du projet sur le trafic et la circulation locale, l'économie agricole, les peuplements forestiers, les terres agricoles, pastorales et forestières, les milieux naturels, les paysages et l'environnement, notamment la ressource en eau et la qualité des eaux (4°) ;

- de l'avis conforme mentionné à l'article R. 104-35[1], le cas échéant (5°).

2°
Évaluation environnementale

135.211 Cas où l'évaluation environnementale est requise. La création ou l'extension d'une UTNL doit faire l'objet d'une évaluation environnementale si le projet est susceptible d'avoir des incidences notables sur l'environnement[2].

3°
Examen de la demande

135.221 Transmission de la demande. Lorsque le dossier est complet, le préfet du département l'adresse sans délai au préfet coordonnateur de massif si la demande relève de l'article R. 122-8[3].

Que la demande relève de l'article R. 122-8 ou de l'article R. 122-9, le préfet du département notifie aux collectivités ou établissements pétitionnaires, dans les quinze jours de la réception de la demande ou des pièces complémentaires, par LRAR, la date à laquelle la demande sera examinée par l'organisme consultatif concerné[4].

Dans le même délai, il transmet la demande et le dossier à la commission compétente[5].

135.222 Avis de l'organisme consultatif compétent (délai). Si la première réunion de la commission compétente se tient moins de trois mois après la date de la notification prévue au premier alinéa, la commission dispose d'un délai supplémentaire de trois mois à compter de la date de cette première réunion pour se réunir et examiner la demande[6].

Si la première réunion de la commission compétente se tient plus de trois mois après la date de la notification prévue au premier alinéa, la commission doit examiner la demande lors de cette première réunion[7].

135.223 Mise à disposition du public. Le projet de création d'UTN fait l'objet d'une procédure de participation du public par voie électronique, dans les conditions prévues à l'article L. 123-19 du code de l'environnement[8].

Lorsque l'état de la couverture numérique du territoire est susceptible de ne pas permettre la participation effective du public par voie électronique, un exemplaire du dossier est consultable sur support papier à compter de l'ouverture de la procédure dans des lieux et des conditions déterminés par l'autorité compétente. Celle-ci peut en outre prévoir des modalités complémentaires de mise à disposition de ce dossier lorsqu'elles s'avèrent nécessaires[9].

Dès transmission de l'avis de la commission compétente mentionnée à l'article R. 122-15 et, le cas échéant, de l'avis mentionné à l'article R. 104-25 par la personne publique responsable de la demande d'autorisation, le représentant de l'État (préfet coordinateur de massif ou, pour les projets soumis à autorisation en application de l'article L. 122-21, préfet de département) prescrit par arrêté la participation du public par voie électronique[10].

Le dossier de demande d'autorisation prévu à l'article R. 122-14 est mis à la disposition du public par voie électronique dans les conditions prévues par l'article R. 123-46-1 du code de l'environnement[11].

135.224 Faculté de demander un pré-avis. L'avis revêtant une certaine importante pour éclairer le préfet titulaire du pouvoir de décision, le décret du 10 mai 2017 a reconnu aux communes ou EPCI la possibilité de solliciter des organismes consultatifs compétents un avis préalable sur leur projet. L'article R. 122-18, créé par ce décret, prévoit que lorsqu'une ou plusieurs communes, ou un EPCI compétent en matière de PLU sur le territoire duquel s'étend l'emprise du projet, envisagent de créer une UTN, « ils peuvent, préalablement au dépôt de la demande d'autorisation, demander au préfet que les orientations générales de leur projet soient examinées par la commission compétente »[12]. Ce pré-avis leur permettra le cas échéant de procéder à certaines adaptations avant

1. Avis de l'Autorité environnementale sur la réalisation ou non d'une évaluation environnementale (v. s[s] n° 214.265).
2. V. s[s] n°s 214.101 s.
3. C. urb., art. R. 122-15, al. 1er.
4. Commission spécialisée du comité de massif territorialement compétent, pour les UTNS (C. urb., art. L. 122-20, al. 2 ; art. R. 122-15, al. 1er) ; formation spécialisée des UTN de la commission départementale de la nature, des paysages et des sites, pour les UTNL (C. urb., art. L. 122-21, al. 2 ; art. R. 122-15, al. 1er).
5. C. urb., art. R. 122-15, al. 2.
6. C. urb., art. R. 122-15, al. 3.
7. C. urb., art. R. 122-15, al. 3.
8. C. urb., art. L. 122-22, al. 1er.
9. C. urb., art. L. 122-22, al. 2.
10. C. urb., art. R. 122-16.
11. C. urb., art. R. 122-16.
12. C. urb., art. 122-18, créé par décr. n° 2017-1039, 10 mai 2017, art. 5.

de présenter la demande définitive et renforcer ainsi les chances d'obtenir un avis favorable.

4°
Décision préfectorale

135.231 Autorité compétente. La décision est prise par l'autorité compétente[1] :

– par arrêté du préfet coordonnateur de massif pour les UTNS (1°) ;

– par arrêté du préfet du département pour les UTNL (2°).

Néanmoins, une autorisation n'est pas illégale du seul fait qu'elle a été délivrée par le préfet coordonnateur de massif alors qu'elle porte sur un projet d'UTN d'une taille inférieure au seuil fixé à l'article R. 122-8[2].

135.232 Notification de la demande (délai). La décision est notifiée aux demandeurs dans le délai d'un mois à compter de la synthèse de la participation du public par voie électronique[3].

135.233 Motivation. En cas de rejet de la demande ou si l'autorisation est assortie de prescriptions (par exemple en imposant la réalisation de logements pour les travailleurs saisonniers), la décision est motivée[4].

Elle est en outre motivée au regard des éléments mentionnés au dernier alinéa de l'article R. 104-39[5].

135.234 Prise en compte des besoins en logement et de l'accès aux pistes des skieurs. Les autorisations UTN « prennent en compte les besoins de logements destinés aux salariés de la station », notamment les travailleurs saisonniers, et peuvent, le cas échéant, en imposer la réalisation[6].

Elles peuvent prévoir des dispositions « pour l'accueil et l'accès aux pistes des skieurs non-résidents »[7].

135.235 Publication. Le préfet de département s'assure de la publication de la décision[8] :

– il procède à la publication de la décision au recueil des actes administratifs de l'État dans le département ;

– il en fait, en outre, inscrire mention dans un journal diffusé dans le département.

C.
Effets de l'autorisation UTN

1°
Durée de validité de l'autorisation UTN

135.241 Durée de cinq ans. Les autorisations de création ou d'extension d'une UTN deviennent caduques si, dans un délai de cinq ans à compter de leur notification au bénéficiaire, les équipements et les constructions autorisés n'ont pas été engagés. En cas de recours, le délai de caducité est suspendu pendant la durée des instances[9].

Lorsque les travaux d'aménagement ou de construction ont été interrompus pendant une durée supérieure à cinq ans, cette caducité ne s'applique qu'à l'égard des équipements et constructions qui n'ont pas été engagés[10].

La règle de caducité des autorisations UTN est conçue comme « une protection contre le risque que constituerait la réalisation d'opérations ne correspondant sans doute plus au besoin du marché ou bien aux projets des collectivités locales »[11].

135.242 Prorogation. L'autorisation UTN peut être prorogée une seule fois, pour une durée de cinq ans, par l'autorité qui l'a délivrée[12].

2°
Inapplication de l'article L. 142-4

135.251 Inapplication du principe d'urbanisation limitée dans les communes non couvertes par un SCOT. Lorsque l'UTN a été autorisée par voie préfectorale, elle n'est pas soumise à l'article L. 142-4[13], c'est-à-dire au principe d'urbanisation limitée en l'absence de SCOT[14].

§ 3
Respect des sites et des équilibres naturels

135.261 Exigence environnementale. La localisation, la conception et la réalisation d'une UTN « doivent respecter la qualité des sites et les grands équilibres naturels »[15].

1. C. urb., art. R. 122-17, al. 1er à 3.
2. C. urb., art. R. 122-17, al. 4.
3. C. urb., art. R. 122-17, al. 5.
4. C. urb., art. R. 122-17, al. 6.
5. C. urb., art. R. 122-17, al. 6.
6. C. urb., art. L. 122-23.
7. C. urb., art. L. 122-23.
8. C. urb., art. R. 122-17, al. 7.
9. C. urb., art. L. 122-24, al. 1er.
10. C. urb., art. L. 122-24, al. 2.
11. Rép. min. n° 20135, *JO Sénat Q* 2 mai 1997, p. 1375.
12. C. urb., art. L. 122-24, al. 2.
13. POUR LES UTNS : C. urb., art. L. 122-20, al. 2 ; – POUR LES UTNL : C. urb., art. L. 122-21, al. 2.
14. V. ss nos 222.101 s.
15. C. urb., art. L. 122-15, al. 2.

135.262 Contrôle juridictionnel. Le juge de l'excès de pouvoir exerce un contrôle entier sur le respect des conditions tenant au respect de la qualité des sites et aux grands équilibres naturels [1].

135.263 Atteinte. Porte une atteinte illégale à la qualité du site et des grands équilibres naturels :

– le projet d'UTN situé sur le territoire d'une commune dont le village et une partie des abords sont inscrits à l'inventaire des sites, qui se situe partiellement dans le périmètre d'un site classé, qui prévoit 95 000 m^2 de surfaces de plancher et l'édification d'un bâtiment en forme de balle de golf de 70 mètres de diamètre, qui impliquerait la disparition d'activités agricoles et dont les besoins en eau pourraient excéder les ressources disponibles [2] ;

– le projet d'UTN qui aura un impact très important sur un site sensible des plus pittoresques du massif et altérera profondément et de manière irréversible les paysages, la flore et la faune qui comporte des espèces rares et expose à des risques d'avalanches d'une importance inhabituelle [3] ;

– le projet d'UTN consistant en la réalisation d'un télésiège, dans un site vierge de tout aménagement et qui présente un grand intérêt écologique, qui aura une incidence négative sur la faune, la flore et les paysages (le juge souligne qu'en particulier, tant les travaux nécessaires à la réalisation du projet que ses conséquences quant à la fréquentation du site en hiver, sur et en dehors de la piste, sont susceptibles de porter atteinte à un bas marais alcalin classé d'intérêt communautaire, à des zones humides abritant notamment deux espèces de libellules mentionnées dans la fiche ZNIEFF, ainsi que plusieurs espèces d'amphibiens et de reptiles, à des espèces végétales protégées régionalement, à une importante zone de reproduction du tétras-lyre, espèce patrimoniale, sans préjuger d'impacts éventuels sur des espèces protégées qui n'auraient pas été identifiées en raison de l'insuffisance des études d'impact) [4] ;

– le projet d'UTN portant à une zone dépourvue de construction, boisée et comprenant des espèces protégées une atteinte grave, compte tenu du dimensionnement du projet, et irrémédiable aux milieux naturels [5].

1. CE 15 mai 1992, *Cruseilles (Cne)*, req. n° 118573, *Lebon.*
2. CE 10 déc. 1993, *Min. Équip. c/ARPON*, req. n° 110697, *Lebon* 363.
3. CE 4 juill. 1994, *Vaujani (Cne)*, req. n° 129898, NP.
4. TA Grenoble, 12 févr. 2013, *Féd. Rhône-Alpes de protection de la nature (FRAPNA)*, req. n° 1101160, NP.
5. TA Grenoble, 30 mai 2023, *Association VNEA*, req. n° 2002427, NP ; *JCP Adm.* 2023, n° 2321, note P. Benezech-Sarron : annulation du SCOT pour erreur d'appréciation, mais également pour violation du principe d'équilibre compte-tenu de la contradiction entre l'objectif affiché de développement touristique en dehors de la saison hivernale et un parti d'aménagement reposant sur le tout ski.

135.264 Absence d'atteinte. Ne méconnaît pas les dispositions du second alinéa de l'article L. 122-15 un projet d'UTN :

– compte tenu, d'une part, de sa situation, qui n'affecte qu'une partie très limitée du massif, et du parti adopté en ce qui concerne la nature des constructions et leur insertion dans le site ; et, d'autre part, des mesures prises pour sauvegarder le régime d'écoulement des eaux et la faible importance des déboisements et des suppressions de prairies naturelles qu'elle entraîne [6] :

– compte tenu, d'une part de l'urbanisation existante et de l'existence d'une voie supportant un important trafic routier et, d'autre part, des mesures prises pour préserver les secteurs naturels les plus sensibles [7] ;

– compte tenu de sa situation qui n'affecte qu'une très faible partie de la zone des Puys et du parti adopté en ce qui concerne la construction du centre et de la faiblesse des déboisements [8].

§ 4 Réalisation des UTN programmées ou autorisées

135.271 Nécessité d'une autorisation de construire. Les UTN prévues par un document d'urbanisme (PLU ou SCOT) ou autorisées par le préfet ne valent pas en elles-mêmes autorisation de construire.

135.272 UTNS autorisées. Pour la réalisation des UTNS autorisées, l'article L. 122-25, 1° exige que la commune soit dotée d'un PLU pour que l'autorisation d'occupation du sol correspondante puisse être délivrée.

Cette exigence ne s'impose pas lorsque la commune est couverte par un SCOT [9]. En l'absence de PLU, il conviendra néanmoins que la commune ait mis en œuvre le mécanisme dit de la « délibération motivée » [10].

6. CE 15 mai 1992, *Cruseilles (Cne)*, req. n° 118573, *Lebon.*
7. CE 28 juill. 2004, *Assoc., Féd. pour les espaces naturels et l'environnement catalan, Assoc. Cerdagne notre terre*, req. n° 246750, *Lebon T.*
8. CAA Lyon, 16 juill. 1999, *Assoc. Puy-de-Dôme nature*, req. n° 98LY01475, *Lebon T.* ; *RJ envir.* 2000. 115, conc. Veslin : arrêt concernant le projet Vulcania (Centre européen du volcanisme), qui porte sur une opération de 16 000 m^2, le centre devant être en grande partie enterré ou semi enterré et ses parkings cachés par des arbres permettant de trouver une continuité avec la végétation du Puy de Côme. Si ce projet prévoit qu'il attirera, dans la zone des Puys déjà très fréquentée, un nouveau et nombreux public, il n'est pas établi que, eu égard notamment aux capacités d'accueil de ce public à l'intérieur du centre, et de la surfréquentation déjà constatée de certains sites proches, cet afflux modifiera les grands équilibres naturels à l'extérieur du centre.
9. C. urb., art. L. 122-25, 1°.
10. V. ss nos 133.311 s.

135.273 UTNL autorisées. Dans le cas des UTNL autorisées, l'article L. 122-25, 2° exige que la commune soit dotée d'un PLU ou d'une carte communale pour que l'autorisation d'occupation du sol correspondante puisse être délivrée.

Cette exigence ne s'impose pas lorsque la commune est couverte par un SCOT[1]. En l'absence de PLU ou de carte communale, il conviendra néanmoins que la commune ait mis en œuvre le mécanisme dit de la « délibération motivée »[2].

135.274 Tableau récapitulatif. La circulaire de 2018 comporte un tableau récapitulant les autorisations requises[3].

SECTION 4 CONTRATS D'AMÉNAGEMENT TOURISTIQUE

135.281 Contrat particulier. En zone de montagne, la mise en œuvre des opérations d'aménagement touristique « s'effectue sous le contrôle d'une commune, d'un groupement de communes ou d'un syndicat mixte regroupant des collectivités territoriales »[4].

Sauf recours à la formule de la régie, cette mise en œuvre s'effectue dans les conditions suivantes[5] :

- chaque opérateur doit contracter avec la commune ou le groupement de communes ou le syndicat mixte compétent (1°) ;

- chacun des contrats porte sur l'un ou plusieurs des objets constitutifs de l'opération touristique : études, aménagement foncier et immobilier, réalisation et gestion des équipements collectifs, construction et exploitation du réseau de remontées mécaniques, gestion des services publics, animation et promotion (2°).

135.282 Contenu du contrat. Les contrats établis et, si un contrat porte sur plusieurs des objets constitutifs, pour chacun de ces objets prévoient à peine de nullité cinq éléments[6] :

- l'objet du contrat, sa durée et les conditions dans lesquelles il peut éventuellement être prorogé ou révisé (1°) ;

- les conditions de résiliation, de déchéance et de dévolution, le cas échéant, des biens en fin de contrat ainsi que les conditions d'indemnisation du cocontractant dont, le cas échéant, celles relatives aux biens financés par l'aménageur ou l'exploitant et non amortis en fin de contrat (2°, ajoutant que dans le cas des conventions de remontées mécaniques, l'indemnisation pour les biens matériels est préalable à la résiliation du contrat) ;

- les obligations de chacune des parties et, le cas échéant, le montant de leurs participations financières (3°) ;

- les pénalités ou sanctions applicables en cas de défaillance du cocontractant ou de mauvaise exécution du contrat (4°) ;

- pour ceux ayant pour objet l'aménagement foncier, la réalisation et la gestion d'équipements collectifs, la gestion de services publics, les modalités de l'information technique, financière et comptable qui doit être portée à la connaissance des communes ou de leur groupement ou du syndicat mixte ; à cet effet, le cocontractant doit notamment fournir chaque année un compte rendu financier comportant le bilan prévisionnel des activités et le plan de trésorerie faisant apparaître l'échéancier des recettes et des dépenses (5°).

135.283 Durée du contrat. Conformément aux dispositions de l'article 34 de l'ordonnance du 29 janvier 2016[7] relative aux contrats de concession, « la durée de ces contrats est modulée en fonction de la nature et de l'importance des investissements consentis par l'aménageur ou l'exploitant »[8].

Lorsque la durée résiduelle d'un contrat portant sur le service des remontées mécaniques est insuffisante pour permettre l'amortissement normal d'investissements supplémentaires demandés par la personne publique délégante pour moderniser les infrastructures existantes, « les parties peuvent convenir, par voie d'avenant, des conditions d'indemnisation du délégataire pour lesdits investissements qui ne seraient pas amortis au terme du contrat. La personne publique peut se faire rembourser tout ou partie du montant de cette indemnisation par le nouveau cocontractant désigné pour poursuivre l'exploitation du service »[9].

135.284 Conclusion de plusieurs contrats. Lorsque la mise en œuvre de l'opération d'aménagement suppose la conclusion de plusieurs contrats, les relations de la commune, du groupement de communes ou du syndicat mixte et des différents opérateurs « sont organisées par un protocole d'accord préalable »[10]. Celui-ci peut :

- prévoir l'échéancier général de l'opération ;

- déterminer l'objet des différents contrats particuliers ;

1. C. urb., art. L. 122-25, 2°.
2. V. s[s] n°s 133.311 s.
3. Circ. 12 oct. 2018, NOR : TERL1826263J, fiche n° 5, annexe 5.
4. C. tourisme, art. L. 342-1.
5. C. tourisme, art. L. 342-1.
6. C. tourisme, art. L. 342-2.
7. Ord. n° 2016-65, 29 janv. 2016 relative aux contrats de concession, *JO* 30 janv., n° 66.
8. C. tourisme, art. L. 342-3, al. 1er.
9. C. tourisme, art. L. 342-3, al. 2.
10. C. tourisme, art. L. 342-4.

– et fixer les conditions générales de réalisation, de gestion et de transfert entre les parties des équipements collectifs et des services publics ainsi que les principes régissant les obligations financières entre les parties.

Les contrats particuliers conclus pour chaque objet « respectent les dispositions du protocole d'accord »[1].

1. C. tourisme, art. L. 342-4.

CHAPITRE

136. Règles particulières à certains ouvrages, installations et routes

SECTION 0

ORIENTEUR

136.00 **Sommaire du chapitre.**

136.01 **Textes applicables.**

• **C. urb.,** art. L. 122-3 s.

136.03 **Bibliographie indicative.**

Encyclopédies. *DP constr.-urb.*, ét. : « Montagne » – *J.-Cl. Constr.-Urb.*, fasc. 9-31 : « Montagne – Urbanisme – Foncier », par J.-F. Joye, févr. 2018.

SECTION 1

LOI MONTAGNE ÉCARTÉE POUR CERTAINES INSTALLATIONS ET OUVRAGES

136.11 **Inapplication.** Les dispositions du code de l'urbanisme propres aux zones de montage ne s'appliquent pas aux ouvrages et installations pour lesquels cette application viendrait compromettre leur objet[1].

136.12 **Installations et ouvrages concernés.** Sont concernés les installations et ouvrages nécessaires[2] :

– aux établissements scientifiques (par exemple un site d'observation astronomique) ;

– à la défense nationale ;

– aux recherches et à l'exploitation de ressources minérales d'intérêt national ;

– à la protection contre les risques naturels ;

– à l'établissement de réseaux de communications électroniques ouverts au public ;

– et aux services publics autres que les remontées mécaniques.

136.13 **Conditions pour l'inapplication des dispositions propres à la montagne.** Les installations et ouvrages précités ne sont pas soumis aux dispositions du code de l'urbanisme propres aux zones de montagne si leur localisation dans ces espaces[3] :

– « correspond à une nécessité technique impérative » ;

– ou, dans le cas des communications électroniques, « est nécessaire pour améliorer la couverture du territoire » (cette dernière formule, introduite par la loi ÉLAN, remplace à l'égard des lignes nécessaires aux communications électroniques, l'exigence – plus stricte – de nécessité technique impérative).

Des considérations financières ne suffisent pas à démontrer une nécessité technique impérative[4].

En revanche, la localisation en zone de montagne d'une ligne électrique à très haute tension destinée à relier la France à l'Espagne correspond à une nécessité technique impérative dans la mesure où toute autre solution que celle retenue aurait été incertaine au plan technique et d'un coût prohibitif. En conséquence, les dispositions du code de l'urbanisme relatives aux zones de montagne ne trouvent pas à s'appliquer à ce projet[5].

1. C. urb., art. L. 122-3.
2. C. urb., art. L. 122-3.
3. C. urb., art. L. 122-3.
4. CE 9 juin 2004, *Peille (Cne)*, req. n° 254691, *Lebon*.
5. CAA Bordeaux, 11 janv. 1996, *EDF*, req. n° 95BX00203, *Lebon T.* ; *CJEG* 1996. 122, note O. Sachs. Pour un exemple contraire en l'absence de nécessités impératives, v. CAA Toulouse, 19 janv. 2023, *Haïli*, req. n° 19TL00620, NP.

SECTION 2
VOIES DE CIRCULATION

§ 1
Interdiction de construire des routes nouvelles

A.
Interdiction

136.21 **Texte.** La création de routes nouvelles « de vision panoramique, de corniche ou de bouclage » est interdite dans « la partie des zones de montagne située au-dessus de la limite forestière »[1].

136.22 **Notions de route de vision panoramique, de corniche ou de bouclage.** Par route de vision panoramique, on peut entendre « une route tracée exclusivement ou principalement pour le tourisme automobile, sans desserte d'une agglomération existante »[2].

La route de corniche peut quant à elle désigner « une route en élévation, en bordure de falaise ou de paroi, au-dessus d'un lac ou au-dessus de la vallée »[3].

Enfin, la route de bouclage a été définie durant les travaux préparatoires comme une route « permettant de relier deux points, en particulier deux villages, eux-mêmes déjà desservis par le réseau routier »[4].

136.23 **Notion de limite forestière.** La notion de limite forestière « est écologique et non juridique : il s'agit de l'altitude au-dessus de laquelle les forêts ne poussent plus. Cette limite peut donc varier selon l'exposition, le massif concerné, ou la topographie des lieux »[5].

B.
Exceptions

136.31 **Deux exceptions.** L'interdiction de créer des routes nouvelles connaît de deux exceptions[6]. Une route nouvelle peut être construite pour :

- d'une part, le désenclavement d'agglomérations existantes ou de massifs forestiers ;

- d'autre part, des considérations de défense nationale ou de liaison internationale[7].

§ 2
Bande d'inconstructibilité le long des grands axes routiers

136.41 **Une règle du RNU.** Le RNU pose une règle d'inconstructibilité le long des grands axes routiers[8]. La bande d'inconstructibilité présente une largeur de 75 ou 100 mètres[9].

136.42 **Application de la règle dans les vallées.** Un parlementaire s'était inquiété de ce que la règle d'inconstructibilité pourrait être pénalisante pour les zones de montagne aux vallées étroites, risquant de réduire en certain point à zéro toute possibilité de construction[10].

Néanmoins, les articles L. 111-8 à L. 111-10 du code de l'urbanisme autorisent les collectivités territoriales à déroger à la règle d'inconstructibilité le long des axes routiers[11] :

- soit en définissant dans leurs documents d'urbanisme un projet d'urbanisation le long des voies ;

- soit en justifiant de contraintes géographiques.

Il suffit par conséquent aux communes situées dans une zone de montagne de se doter, dans leur PLU ou leur carte communale, de dispositions spécifiques et justifiées, pour pouvoir adapter cette règle d'inconstructibilité ou y déroger.

1. C. urb., art. L. 122-4.
2. Circ. 12 oct. 2018 relative aux dispositions particulières à la montagne du code de l'urbanisme, NOR : TERL1826263J, fiche n° 9.
3. Circ. 12 oct. 2018, NOR : TERL1826263J, fiche n° 9.
4. J. Faure, *Projet de loi relatif au développement à la protection de la montagne*, Doc. parl., Sénat, Rapp. n° 41, 17 oct. 1984, p. 155.
5. Circ. 12 oct. 2018, NOR : TERL1826263J, fiche n° 9.
6. C. urb., art. L. 122-4.
7. POUR UN EX. de route justifiée par une liaison internationale : CE 23 oct. 1995, *Assoc. Artus*, req. n° 154401, *Lebon T.* (tunnel du Somport, reliant la France à l'Espagne).
8. C. urb., art. L. 111-6.
9. V. s^s n°s 112.291 s.
10. Rép. min. n° 18698, *JO Sénat Q* 30 janv. 1997, p. 295.
11. V. s^s n°s 112.351 s.

CHAPITRE

137. Documents d'urbanisme en zone de montagne

SECTION 0

Orienteur

137.00 Sommaire du chapitre.

137.03 Bibliographie indicative.

Encyclopédies. *DP constr.-urb.*, ét. : « Montagne » – *J.-Cl. Constr.-Urb.*, fasc. 9-31 : « Montagne.– Urbanisme – Foncier », par J.-F. Joye, févr. 2018.

SECTION 1

Documents d'urbanisme de droit commun

§ 1

DTA, SCOT, PLU et cartes communales

137.10 Renvoi. Les zones de montagne sont couvertes par :

– des documents d'urbanisme de droit commun (SCOT, PLU, cartes communales) ;

– et le cas échéant des DTA.

§ 2

PPRNP

A.

Existence d'un PPRNP

137.20 Renvoi. Lorsqu'un PPRNP a été adopté en zone de montagne, il produit les effets habituellement attachés à ce document et doit être annexé au PLU.

B.

Prise en compte du risque en l'absence de PPRNP

137.31 Prise en compte du risque pour les documents et projets. Dans les zones de montagne, en l'absence de PPNRP, les documents d'urbanisme ainsi que les projets de travaux, constructions ou installations soumis à une demande d'autorisation ou à une décision de prise en considération « tiennent compte des risques naturels spécifiques à ces zones, qu'il s'agisse de risques préexistants connus ou de ceux qui pourraient résulter des modifications de milieu envisagées »[1].

Cette prise en compte s'apprécie en fonction des informations dont peut disposer l'autorité compétente[2].

137.32 Prise en compte du risque pour les UTN et remontées mécaniques. Les représentants de l'État visés à l'article L. 122-19 du code de l'urbanisme pour les UTN et aux articles L. 472-1 à L. 472-5 pour les remontées mécaniques « tiennent compte des risques naturels pour la délivrance des autorisations correspondantes »[3].

1. C. env., art. L. 563-2, al. 1er.
2. C. env., art. L. 563-2, al. 2.
3. C. env., art. L. 563-2, al. 3.

SECTION 2
DOCUMENTS D'URBANISME INTERRÉGIONAUX

137.41 Deux instruments pour une politique de massif interrégionale. Les massifs de montagne s'étendant sur plusieurs régions font l'objet de politiques interrégionales[1]. Deux instruments sont prévus pour en traduire juridiquement les orientations :

- d'une part le schéma interrégional de massif, qui fixe un cadre juridique ;
- d'autre part la convention interrégionale de massif, qui le met en œuvre par des mesures concrètes.

§ 1
Schéma interrégional de massif

137.51 Objet. Les politiques interrégionales relatives aux massifs de montagne « sont retracées dans un schéma interrégional d'aménagement et de développement de massif qui constitue le document d'orientation stratégique du massif »[2].

137.52 Contenu. Le schéma interrégional de massif comprend d'abord des « volets transversaux »[3]. Ceux-ci portent sur deux séries d'objets :

- d'une part les mobilités, l'eau, le climat, l'air et l'énergie, la prévention et la gestion des déchets, l'usage durable des ressources et les continuités écologiques ;
- d'autre part le développement économique, l'innovation, l'internationalisation et le développement de l'aménagement numérique.

Ces volets transversaux peuvent être complétés par des « chapitres sectoriels »[4]. Ceux-ci sont consacrés à des questions relatives à l'agriculture, notamment pastorale, à la forêt, à l'industrie, à l'artisanat, au tourisme ou aux services.

137.53 Élaboration. Le schéma interrégional de massif est préparé par le comité de massif et approuvé par les conseils régionaux concernés, après avis des conseils départementaux concernés[5].

137.54 Instruments et orientations pris en compte. Le schéma interrégional de massif prend en compte :

- les chartes de parc national ou de parc naturel régional[6] ;
- les orientations nationales pour la préservation et la remise en bon état des continuités écologiques[7] et les schémas directeurs d'aménagement et de gestion des eaux (SDAGE : C. env., art. L. 212-1), « tout en veillant à ce qu'ils soient adaptés aux spécificités des zones de montagne »[8].

Par ailleurs, le cinquième alinéa de l'article 9 *bis* prévoit que les politiques interrégionales de massif (donc les schémas interrégionaux de massifs qui les mettent en œuvre) doivent s'inscrire dans les orientations définies :

- par la loi Montagne ;
- et par les schémas de services collectifs[9].

137.55 Portée. S'agissant de la portée des schémas interrégionaux de massif, la loi prévoit que les SRADDET doivent les prendre en compte[10].

§ 2
Convention interrégionale de massif

137.61 Contenu. La convention interrégionale de massif est un contrat conclu, pour chaque massif, entre l'État et les régions concernées. Elle comporte deux objets[11] :

- d'une part elle traduit « les priorités » de l'action de l'État et des régions concernées en faveur du développement économique, social et culturel, de l'aménagement et de la protection du massif ;
- d'autre part, elle prévoit « les mesures et les financements » mis en œuvre dans ce cadre.

137.62 Élaboration. Sont consultés, lors de l'élaboration de la convention :

- les départements et les métropoles concernés en tout ou partie par le massif[12] ;
- le comité de massif[13].

1. L. nº 85-30, 9 janv. 1985 relative au développement et à la protection de la montagne, *JO* 10 janv., p. 320, art. 9 *bis*, al. 1er.
2. L. nº 85-30, 9 janv. 1985, art. 9 *bis*, al. 1er.
3. L. nº 85-30, 9 janv. 1985, art. 9 *bis*, al. 3.
4. L. nº 85-30, 9 janv. 1985, art. 9 *bis*, al. 3.
5. L. nº 85-30, 9 janv. 1985, art. 9 *bis*, al. 2.
6. L. nº 85-30, 9 janv. 1985, art. 9 *bis*, al. 2.
7. C. env., art. L. 371-2.
8. L. nº 85-30, 9 janv. 1985, art. 9 *bis*, al. 4, ajoutant que les schémas d'aménagement et de gestion des eaux mentionnés à l'article L. 212-3 du code de l'environnement « peuvent être adaptés aux spécificités des zones de montagne ».
9. Prévus à l'article 2 de la loi nº 95-115 du 4 février 1995 d'orientation pour l'aménagement et le développement du territoire.
10. L. nº 85-30, 9 janv. 1985, art. 9 *bis*, al. 5.
11. L. nº 85-30, 9 janv. 1985, art. 9, al. 1er.
12. L. nº 85-30, 9 janv. 1985, art. 9, al. 2.
13. L. nº 85-30, 9 janv. 1985, art. 7, II, al. 9.

TITRE

14. Les règles particulières applicables à proximité des aérodromes

SECTION 0
ORIENTEUR

14.00 Sommaire du titre.

14.03 Bibliographie indicative.

Article. R. Goy, « La loi du 11 juillet 1985 relative à l'urbanisme aux abords des aérodromes », *RFDA* 1986. 934.

14.05 Deux objets. Les règles d'urbanisme régissant l'utilisation du sol à proximité des aérodromes poursuivent deux finalités distinctes :

– d'une part assurer la tranquillité des riverains par rapport aux nuisances sonores ;

– d'autre part garantir la sécurité de la navigation aérienne.

La première finalité fait l'objet de règles présentes dans le code de l'urbanisme, la seconde de règles développées dans le code des transports.

14.06 Plan. Seront successivement présentées :

– les règles visant à assurer la tranquillité des riverains ;

– les règles visant à assurer la sécurité de la navigation aérienne ;

– et les règles régissant la construction et l'extension des aérodromes.

CHAPITRE

141. Plan d'exposition au bruit (PEB)

SECTION 0 ORIENTEUR

141.00 **Sommaire du chapitre.**

141.01 Textes applicables.

• **C. urb.**

art. L. 112-3 s.

art. R. 112-1 s.

141.02 Jurisprudence de référence.

> Le PEB constitue un document d'urbanisme

• **CE 7 juill. 2000,** *Secrétaire d'État au logement*, req. nº 200949, *Lebon*.

141.03 Bibliographie indicative.

Encyclopédies. *DP constr.-urb.*, ét. : « Aérodromes (servitudes) » – *J.-Cl. Constr.-Urb.*, fasc. 9-40 : « Zones de bruit autour des aérodromes », par S. Ferrari, déc. 2020.

141.04 Questions essentielles.

> Comment sont délimitées les différentes zones d'un PEB ?

* V. s^s n°s 141.81 s.

> Quelles sont les possibilités de construire dans les zones d'un PEB ?

* V. s^s n°s 141.181 s.

141.05 Plan d'exposition au bruit (PEB). Les mesures limitant les possibilités d'utilisation du sol à proximité des aérodromes sont prévues par le plan d'exposition au bruit (PEB). Les dispositions qui le régissent trouvent leur origine dans la loi du 11 juillet 1985[1] relative à l'urbanisme au voisinage des aérodromes. Elles sont précisées dans une circulaire du 19 janvier 1988[2].

1. L. nº 85-696, 11 juill. 1985 relative à l'urbanisme au voisinage des aérodromes, *JO* 12 juill., p. 7860.

SECTION 1

OBJET, NATURE ET CHAMP D'APPLICATION DU PEB

141.11 Objet. Le PEB a pour objet de contenir l'urbanisation à proximité des aérodromes afin de prévenir l'installation de population dans le voisinage de ceux-ci. Il vise à maintenir les constructions nouvelles à distance du périmètre où la nuisance sonore est la plus forte.

141.12 Nature. Le PEB constitue un document d'urbanisme[3].

141.13 Des dispositions propres aux aérodromes complétant les règles générales d'urbanisme. Les servitudes d'urbanisme résultant des PEB établissent des prescriptions propres aux zones se situant à proximité des aérodromes. Elles sont conçues comme complétant les dispositions générales d'urbanisme. L'article L. 112-3 du code de l'urbanisme indique que les dispositions propres aux aéroports « complètent les règles générales instituées en application de l'article L. 101-3 »[4].

Il en résulte que les dispositions propres aux aérodromes n'excluent pas, par exemple, d'encadrer l'urbanisation au voisinage d'un aérodrome par un PIG[5].

2. Circ. 19 janv. 1988 relative à l'urbanisme au voisinage des aérodromes, NOR : EQUU8800024C.
3. CE 7 juill. 2000, *Secrétaire d'État au logement*, req. nº 200949, *Lebon ; BJDU* 2000. 266, concl. L. Touvet : arrêt affirmant « que les plans d'exposition au bruit, documents comportant un rapport et des plans graphiques établis par l'autorité administrative, ont pour objet et pour effet de déterminer, aux abords des aérodromes, des zones de bruit à l'intérieur desquelles s'appliquent des contraintes d'urbanisme ; que ces contraintes s'imposent directement aux personnes publiques qui doivent notamment réviser, s'il y a lieu, les plans d'occupation des sols en vigueur pour assurer leur compatibilité, ainsi qu'aux personnes privées dont les autorisations individuelles de construction doivent, dès l'approbation du plan, respecter les prescriptions impératives » ; – DANS LE MÊME SENS : CAA Nancy, 19 avr. 2017, *Reguisheim (C^ne)*, nº 05NC00632, NP : indiquant « que les plans d'exposition au bruit qui sont des documents comportant un rapport et des plans graphiques établis par l'autorité administrative, ont pour objet et pour effet de déterminer, aux abords des aérodromes, des zones de bruit à l'intérieur desquelles s'appliquent des contraintes d'urbanisme ; que ces contraintes s'imposent directement aux personnes publiques qui doivent notamment réviser, s'il y a lieu, les plans d'occupation des sols en vigueur pour assurer leur compatibilité, ainsi qu'aux personnes privées dont les autorisations individuelles de construction doivent, dès l'approbation du plan, en respecter les prescriptions impératives ».
4. C. urb., art. L. 112-3.
5. CE 8 oct. 2001, *Assoc. contre l'extension et les nuisances de l'aéroport de Lyon-Satolas*, req. nº 215736, NP ; *BJDU* 2001. 406, concl. E. Prada-Bordenave, obs. L. T.

141.14 Champ d'application : les aérodromes concernés. Les dispositions relatives aux PEB sont applicables aux aérodromes suivants[1] :

– les aérodromes classés selon le code de l'aviation civile en catégories A, B et C (1°) ;

– les aérodromes civils ou militaires figurant sur une liste établie par l'autorité administrative compétente de l'État (2°)[2] ;

– tout nouvel aérodrome à réaliser ayant vocation à accueillir le trafic commercial de passagers en substitution d'un aérodrome mentionné au 1°, dont la réalisation a nécessité des travaux déclarés d'utilité publique (3°).

Un PEB doit être établi pour chacun de ces aérodromes[3].

141.15 Évaluation environnementale. Le PEB est soumis à évaluation environnementale[4].

SECTION 2
CONTENU DU PLAN D'EXPOSITION AU BRUIT

141.21 Des règles pour chaque zone. Le PEB procède à une cartographie des zones en fonction de leur degré d'exposition au bruit, afin de soumettre chacune d'entre elles à des prescriptions adaptées.

§ 1
Présentation formelle

141.31 Documents. Le PEB comprend un rapport de présentation et des documents graphiques[5]. Il comporte en outre, pour les grands aérodromes, une carte de bruit et un plan de prévention du bruit dans l'environnement.

A.
Rapport de présentation

141.41 Justification des choix. Le rapport de présentation a pour objet d'expliquer et de justifier les choix arrêtés.

Ne saurait être considéré comme un rapport de présentation[6] :

– ni une note (note d'hypothèse de calcul portant sur l'estimation du trafic aérien et indiquant la valeur retenue pour la courbe extérieure de la zone C) ;

– ni la notice explicative figurant dans le dossier soumis à l'enquête publique.

141.42 Importance. Le rapport de présentation joue un rôle essentiel car les contraintes résultant des PEB sont souvent mal acceptées. Elles peuvent impliquer une nouvelle démarche de réflexion globale sur l'organisation du développement des communes, sur l'amélioration et l'extension des zones urbanisées ou en voie de l'être et bouleverser profondément des projets antérieurs, voire contrarier des opérations engagées, notamment en ce qui concerne les équipements publics.

Aussi la circulaire du 19 janvier 1988 souligne-t-elle sur son importance : le rapport de présentation, indique-t-elle, doit « exposer clairement et objectivement, dans un style et un vocabulaire accessibles aux non-spécialistes, c'est-à-dire en évitant chaque fois que cela est possible d'utiliser des termes ou des formules techniques (et, dans le cas où ils sont inévitables, en ayant soin de les définir et de les expliquer) les éléments pris en compte pour évaluer, à partir des objectifs de développement des fonctions de l'aérodrome et, éventuellement, d'extension de ses infrastructures, les conséquences au niveau de la gêne due au bruit des aéronefs, qui en résulteront pour les territoires concernés. [...]. Ce document comporte donc un aspect pédagogique qu'il importe de traiter très soigneusement, car il est essentiel pour la bonne application des dispositions de la loi »[7].

141.43 PEB illégal en l'absence de rapport de présentation. Un PEB est illégal s'il ne comporte pas de rapport de présentation[8].

141.44 Absence d'éléments relatifs au secret de la défense nationale. Lorsque le PEB concerne un aérodrome dont le ministère chargé de la défense est affectataire à titre exclusif, principal ou secondaire, le rapport de présentation « ne comporte pas les éléments soumis à des règles de protection du secret de la défense nationale »[9].

B.
Documents graphiques

141.51 Échelle. Le PEB est établi par un seul document cartographique à l'échelle du 1/25 000[10].

1. C. urb., art. L. 112-5.
2. La liste des aérodromes devant être dotés d'un PEB en application du 2° est fixée par un arrêté du 28 mars 1988 mis à jour à chaque fois que nécessaire. Cette liste recense une centaine d'aérodromes – Arr. interm. 28 mars 1988 fixant la liste des aérodromes non classés en catégories A, B ou C devant être dotés d'un plan d'exposition au bruit, NOR : TRSA8800090A.
3. C. urb., art. L. 112-6, al. 1er.
4. CE 28 oct. 2021, *Assoc. de défense contre les nuisances aériennes*, req. n° 447123, *Lebon T.* ; *BJDU* 2022. 3, concl. S. Roussel.
5. C. urb., art. L. 112-7, al. 1er.
6. CE 5 déc. 1995, *Boe (Cne)*, req. n° 9400575, NP.
7. Circ. 19 janv. 1988, NOR : EQUU8800024C, ch. 1er, pt 3.1.
8. CE 5 déc. 1995, *Boe (Cne)*, req. n° 9400575, NP.
9. C. urb., art. R. 112-6.
10. C. urb., art. R. 112-4, al. 1er.

Cette échelle est retenue afin de laisser une certaine marge d'adaptation dans le dispositif, justifié par la nature du phénomène « bruit », pour lequel une application à la parcelle serait inadaptée[1].

141.52 Mention des zones et des indices correspondants. Le PEB fait apparaître le tracé des limites des zones de bruit : zones A, B, C et, le cas échéant, D[2].

Il rappelle les valeurs d'indice retenues pour définir les zones A et D et précise la valeur d'indice servant à définir la limite extérieure des zones B et C[3].

Différents plans peuvent compléter à titre informatif cette partie du dossier, dans la mesure où ils facilitent la lecture sur le terrain des prescriptions arrêtées[4].

C.
Cartes de bruit et plan de prévention du bruit dans l'environnement (grands aérodromes)

141.61 Documents spécifiques. Les grands aérodromes doivent être dotés, en plus du PEB, de deux documents spécifiques ayant pour objet d'évaluer, de prévenir et de réduire le bruit émis dans l'environnement[5] :

– d'une part les cartes de bruit ;
– d'autre part le plan de prévention du bruit dans l'environnement (PPBE).

Ces documents sont prévus par le code de l'environnement[6].

141.62 Aérodromes concernés. L'obligation s'impose aux aérodromes civils dont le trafic annuel est supérieur à 50 000 mouvements, hors les mouvements effectués exclusivement à des fins d'entraînement sur des avions légers[7].

La liste de ces aérodromes est fixée par arrêté ministériel[8]. Elle comprend une dizaine d'aéroports.

141.63 Élaboration et réexamen. Les données, objectifs et mesures constitutifs des cartes de bruit et du plan de prévention du bruit dans l'environnement sont élaborés, soit à l'occasion de la révision du PEB, soit indépendamment de celle-ci dans les conditions prévues par les articles R. 572-9 à R. 572-11 du code de l'environnement[9].

Ces données, objectifs et mesures sont réexaminés en cas d'évolution significative des niveaux de bruit identifiés et, en tout état de cause, au moins tous les cinq ans[10].

Après leur réexamen et s'il y a lieu, les données, objectifs et mesures sont actualisés selon l'une ou l'autre des procédures prévues pour leur établissement au 1°[11].

Le réexamen périodique des PPBE, qui doivent comporter l'ensemble des éléments prévus par les dispositions du code de l'environnement rendues applicables aux PEB, implique nécessairement que soient régulièrement évalués la mise en œuvre et les résultats des plans d'action[12].

141.64 Annexion au rapport de présentation du PEB. Les données, objectifs et mesures constitutifs des cartes de bruit et du PPBE sont annexés au rapport de présentation du PEB de l'aérodrome[13].

D.
Absence de plan de masse ou d'étude de capacité

141.71 Documents non requis. Aucune disposition n'impose de faire précéder un PEB d'un avant-projet de plan de masse de l'aéroport (lequel, lorsqu'il est réalisé, a seulement la valeur d'une étude préliminaire interne à l'administration) ni d'une étude de capacité aéroportuaire[14].

§ 2
Cartographie des zones de bruit

A.
Objet du zonage

141.81 Définition de zones. Le PEB définit « des zones diversement exposées au bruit engendré par les aéronefs »[15].

Les zones sont classées, de façon décroissante, en fonction de l'intensité du bruit[16]. La zone A est la plus exposée, la zone D la moins exposée.

1. Circ. 19 janv. 1988, NOR : EQUU8800024C, ch. 1er, pt 3.2.
2. C. urb., art. R. 112-4, al. 1er.
3. C. urb., art. R. 112-4, al. 2.
4. Circ. 19 janv. 1988, NOR : EQUU8800024C, ch. 1er, pt 3.2.
5. C. urb., art. R. 112-5, al. 2, mod. par décr. n° 2021-1633, 14 déc. 2021.
6. C. env., art. R. 572-4, R. 572-5, R. 572-6, R. 572-6-1, R. 572-6-2 et R. 572-8.
7. C. urb., art. R. 112-5, al. 1er, mod. par décr. n° 2021-1633, 14 déc. 2021.
8. Arr. 24 avr. 2018 fixant la liste des aérodromes mentionnés à l'article R. 112-5 du code de l'urbanisme, NOR : TRAA1803609A, *JO* 26 avr., n° 45.
9. C. urb., art. R. 112-5, 1°.
10. C. urb., art. R. 112-5, 3°.
11. C. urb., art. R. 112-5, 4°.
12. CE 7 mars 2018, *Assoc. Nuisances aériennes et autres*, req. n° 410043, *Lebon T.*
13. C. urb., art. R. 112-5, 2°.
14. CE 16 avr. 2010, *Assoc. contre l'extension et les nuisances de l'aéroport de Satloas*, req. n° 324001, *Lebon T.*
15. C. urb., art. L. 112-7, al. 1er.
16. C. urb., art. L. 112-7, al. 1er.

141.82 **Zones A, B, C, et éventuellement D.** Les zones A et B correspondent aux « zones de bruit fort »[1].

La zone C correspond à une « zone de bruit modéré »[2].

La zone D correspond à une exposition au bruit inférieur à la zone D. Elle est facultative, sauf pour les aérodromes relevant de l'un des groupes mentionnés à l'article L. 6360-1 du code des transports[3], c'est-à-dire les dix plus grands aérodromes.

141.83 **Deux zones seulement (A et B) pour Orly.** Un article du code de l'urbanisme prévoit que le PEB « des aérodromes dont le nombre de créneaux horaires attribuables fait l'objet d'une limitation réglementaire sur l'ensemble des plages horaires d'ouverture ne comprend que des zones A et B »[4].

L'aéroport d'Orly est actuellement le seul concerné par cette situation. Du fait de son implantation au milieu d'un ensemble urbain dense, il fait l'objet d'une limitation réglementaire sur l'ensemble des plages horaire d'ouverture, en particulier une interdiction de circulation la nuit.

Ces dispositions, introduites en 2009[5], ont d'ailleurs été conçues spécialement pour cet aéroport. Elles ont été adoptées, avec l'avis défavorable du gouvernement, au motif que l'application du nouvel indice réglementaire de délimitation des zones aurait conduit à soumettre à une inconstructibilité plusieurs milliers d'hectares de terrains situés aux alentours de l'aéroport d'Orly.

Si elles suppriment formellement la zone C, elles prévoient néanmoins le maintien des contraintes d'urbanisme qui découlaient de celle-ci avant sa suppression[6]. Au sein de cette zone, « une augmentation de la capacité de logements et de la population [...] est autorisée dans une limite définie dans l'acte de création de ces secteurs ou dans une décision modificative »[7]. Une urbanisation limitée se trouve ainsi autorisée.

B.
Règles de délimitation des zones de bruit

141.91 **Une marge d'appréciation réduite.** La délimitation des zones présente un caractère principalement recognitif : l'administration constate que tel périmètre est soumis à tel niveau de bruit. Une certaine marge d'appréciation lui est néanmoins reconnue puisque les textes l'invitent à prendre en compte l'évolution prévisible du trafic.

1°
Délimitation mathématique des zones

141.101 **Définition des zones étroitement encadrée.** L'opération de définition des zones (A, B, C, D) est étroitement encadrée par les dispositions du code de l'urbanisme.

Il incombe à l'administration de prendre en compte les « procédures de circulation aérienne »[8], c'est-à-dire les axes de passage des aéronefs.

Par ailleurs, s'agissant de la mesure proprement dite du bruit, les zones « sont définies en fonction des valeurs d'indices évaluant la gêne due au bruit des aéronefs fixées par décret en Conseil d'État »[9].

a.
L'indice Lden

141.111 **Valeur de l'indice.** La valeur de l'indice de bruit « Lden » représente le niveau d'exposition totale au bruit des avions en chaque point de l'environnement d'un aérodrome[10]. Elle est exprimée en décibels (dB).

141.112 **Calcul de la valeur de l'indice.** La valeur de l'indice de bruit « Lden » est calculée conformément à la formule suivante[11] :

Lden = 10 × log [1/24 × (12 × 10 Ld / 10 + 4 × 10 (Le + 5)/10 + 8 × 10 (Ln + 10)/10)]

Ld = niveau sonore moyen à long terme pondéré A tel que défini par la norme ISO 1996-2:1987, déterminé sur l'ensemble des périodes de jour d'une année. La période de jour s'étend de 6 heures à 18 heures.

Le = niveau sonore moyen à long terme pondéré A tel que défini par la norme ISO 1996-2:1987, déterminé sur l'ensemble des périodes de soirée d'une année. La période de soirée s'étend de 18 heures à 22 heures.

Ln = niveau sonore moyen à long terme pondéré A tel que défini par la norme ISO 1996-2:1987, déterminé sur l'ensemble des périodes de nuit d'une année. La période de nuit s'étend de 22 heures à 6 heures le lendemain.

141.113 **Modulation des valeurs des indices.** Les valeurs des indices peuvent « être modulées compte tenu de la situation des aérodromes au regard de leur

1. C. urb., art. L. 112-7, al. 1er.
2. C. urb., art. L. 112-7, al. 1er.
3. C. urb., art. L. 112-7, al. 2.
4. C. urb., art. L. 112-9, al. 1er.
5. L. n° 2009-323, 25 mars 2009 de mobilisation pour le logement et la lutte contre l'exclusion, *JO* 27 mars, n° 1, art. 41.
6. C. urb., art. L. 112-9, al. 2 : « les dispositions prévues aux 1°, 2° et 5° de l'article L. 112-10 restent applicables à l'intérieur du périmètre défini par la zone C du plan d'exposition au bruit en vigueur au 19 février 2009 sur les aérodromes mentionnés au premier alinéa ».
7. C. urb., art. L. 112-9, al. 2.
8. C. urb., art. L. 112-7, al. 1er.
9. C. urb., art. L. 112-7, al. 1er.
10. C. urb., art. R. 112-1, al. 1er.
11. C. urb., art. R. 112-1.

utilisation, notamment pour la formation aéronautique, et de leur insertion dans les milieux urbanisés »[1].

S'agissant de la zone C, la modulation de l'indice servant à la détermination de sa limite extérieure se fait à l'intérieur d'une plage de valeurs fixées par décret[2].

141.114 Prise en compte des jours de trafic effectif. Pour les aérodromes dont le trafic est limité (le nombre annuel de mouvements commerciaux n'excède pas 10 000 dans l'une des trois hypothèses de court, moyen ou long terme) et qui sont caractérisés par une forte variation saisonnière ou hebdomadaire de l'activité aérienne, l'indice Lden est déterminé « au regard des périodes de trafic effectif »[3].

Le nombre de jour retenu est le nombre annuel estimé de jours au cours desquels, pour chacune des activités commerciale, militaire ou générale, « l'activité aérienne est significative »[4]. Il est compris entre 180 et 365[5].

L'activité aérienne significative et les prévisions de trafic justifiant de l'application de ces dispositions sont explicitées dans le rapport de présentation du PEB[6].

Ces dispositions ne concernent pas les aéroports militaires[7].

b.
Établissement des zones au regard de l'indice Lden

141.121 Zonage fonction de l'indice. Chaque zone est définie en fonction de l'importance de la valeur de l'indice. L'article R. 112-3 du code de l'urbanisme fixe les différents seuils. Il confère un choix d'indice pour la limite inférieure de la zone C.

La zone de bruit fort A est « la zone comprise à l'intérieur de la courbe d'indice Lden 70 »[8].

La zone de bruit fort B est « la zone comprise entre la courbe d'indice Lden 70 et la courbe d'indice Lden 62. Toutefois, pour les aérodromes mis en service avant le 28 avril 2002, la valeur de l'indice servant à la délimitation de la limite extérieure de la zone B est comprise entre 65 et 62 »[9].

La zone de bruit modéré C est « la zone comprise entre la limite extérieure de la zone B et la courbe correspondant à une valeur de l'indice Lden choisie entre 57 et 55 »[10]. Pour les aérodromes mentionnés à l'article R. 112-2, la zone de bruit modéré C est « la zone comprise entre la limite extérieure de la zone B et la courbe correspondant à une valeur de l'indice Lden choisie entre 57 et 52 »[11].

La zone D est « la zone comprise entre la limite extérieure de la zone C et la courbe d'indice Lden 50 »[12].

Zone	Valeur de l'indice Lden
A	Supérieur à 70
B	Entre 62 et 70 (principe) Entre 62 et 65 (aérodromes mis en service avant le 28 avril 2002)
C	Principe : entre une valeur de l'indice Lden choisie entre 57 et 55 et la limite extérieure de la zone B (70 ou 65) Aérodromes au trafic limité et irrégulier : entre une valeur de l'indice Lden choisie entre 57 et 52 et la limite extérieure de la zone B (70 ou 65)
D	Inférieur à 50

141.122 Cas des aérodromes militaires. Le calcul du bruit émis par les aérodromes militaires est soumis à des règles dérogatoires[13].

D'une part, les dispositions de l'article R. 112-2 ne s'appliquent pas[14]. Il n'y a donc pas lieu de prendre en compte l'importance du trafic.

D'autre part, les seuils des zones B et C sont différents de deux applicables aux aéroports civils :

– la zone de bruit fort B « est la zone comprise entre la limite extérieure de la zone A et la courbe correspondant à une valeur d'indice Lden choisie entre 68 et 62 » ;

– la zone de bruit modéré C « est la zone comprise entre la limite extérieure de la zone B et la courbe correspondant à une valeur de l'indice Lden choisie entre 64 et 55 ».

2°
Prise en compte de l'évolution possible du trafic

141.131 Prévisions. La définition des zones (A, B, C et D) prend en compte les prévisions de développement de l'activité aérienne et de l'extension prévisible des infrastructures[15]. Exprimant cette même démarche de planification, l'article R. 112-4 énonce que l'élaboration du PEB, de manière générale, « prend en compte l'ensemble des hypothèses à court, moyen et long terme de développement et d'utilisation de l'aérodrome concerné »[16].

Ces dispositions confèrent une certaine marge d'appréciation à l'administration pour arrêter, au

1. C. urb., art. L. 112-8.
2. C. urb., art. L. 112-8 – V. ss no 141.121.
3. C. urb., art. R. 112-2, al. 1er.
4. C. urb., art. R. 112-2, al. 2.
5. C. urb., art. R. 112-2, al. 1er.
6. C. urb., art. R. 112-2, al. 2.
7. C. urb., art. R. 112-3, al. 5.
8. C. urb., art. R. 112-3, al. 1er.
9. C. urb., art. R. 112-3, al. 2.
10. C. urb., art. R. 112-3, al. 3.
11. C. urb., art. R. 112-3, al. 4.
12. C. urb., art. R. 112-3, al. 6.
13. C. urb., art. R. 112-3, al. 5.
14. V. ss no 141.114.
15. C. urb., art. L. 112-7, al. 1er.
16. C. urb., art. R. 112-4, al. 3.

regard des indices sonores, les limites précises de chaque zone.

3°
Absence de prise en compte du relief

141.141 Critère non pris en compte. Les dispositions du code de l'urbanisme fixant le mode de calcul du niveau d'exposition totale au bruit des avions en chaque point de l'environnement d'un aérodrome, ne prévoient pas que le relief de la zone concernée devrait être pris en compte dans ce calcul[1].

SECTION 3
EFFETS DU PLAN D'EXPOSITION AU BRUIT

§ 1
Opposabilité du PEB

A.
Opposabilité aux demandes d'autorisations d'urbanisme

141.151 Opposabilité directe. Les dispositions du code de l'urbanisme relatives aux zones de bruit des aéroports (et, par suite, les PEB pris sur leur fondement) « sont opposables à toute personne publique ou privée » pour[2] :

– l'exécution de tous travaux, constructions, aménagements, affouillements ou exhaussements des sols ;

– la création de lotissements ;

– et l'ouverture des ICPE.

141.152 Opposabilité dépendant toutefois de la précision du plan. Le PEB est opposable aux demandes d'utilisation et d'occupation du sol. Toutefois, il importe pour cela que la délimitation des zones soient précises. Par suite, lorsqu'un PEB comporte des zones d'incertitudes (en l'occurrence des parties apparaissant en grisée sur le plan, dont il n'est pas possible de déterminer si elles relèvent d'une zone A, d'une zone B ou d'une zone C), le PEB est inopposable aux demandeurs de permis de construire dont les terrains sont situés dans les parties grisées de ce plan[3].

B.
Respect par les documents d'urbanisme

141.161 Exigence de compatibilité avec le PEB. Doivent être compatibles avec les dispositions du code de l'urbanisme relatives aux zones de bruit des aéroports (et, par suite, aux PEB pris sur leur fondement) :

– les SCOT[4] ;

– les PLU (ainsi que les documents en tenant lieu) et les cartes communales, en l'absence de SCOT[5].

C.
Absence d'opposabilité à un arrêté définissant les conditions d'utilisation d'un aéroport

141.171 Inopposabilité. Le PEB ne s'impose pas à un arrêté ministériel définissant les conditions d'utilisation d'un aéroport[6].

§ 2
Restriction des possibilités de construire

141.181 Une maîtrise particulièrement contenue de l'urbanisation. Les restrictions à l'utilisation du sol résultant de l'existence d'un PEB sont prévues à l'article L. 112-10 du code de l'urbanisme.

Cet article pose un principe général en son alinéa 1er : « Dans les zones définies par le plan d'exposition au bruit, l'extension de l'urbanisation et la création ou l'extension d'équipements publics sont interdites lorsqu'elles conduisent à exposer immédiatement ou à terme de nouvelles populations aux nuisances de bruit ».

Il décline ensuite ce principe dans les alinéas suivants.

A.
Règles applicables aux zones A, B et C

1°
Constructions à usage d'habitation

a.
Principe d'inconstructibilité

141.191 Interdiction de construire. Les constructions à usage d'habitation « sont interdites » dans les zones définies par le PEB[7].

1. CE 30 déc. 2003, *Assoc. contre l'extension et les nuisances de l'aéroport de Lyon-Satolas*, req. n° 249908, NP.
2. C. urb., art. L. 112-4.
3. CE 29 déc. 2000, *Grele*, req. n° 206685, *Lebon T.*
4. V. s^s n° 211.72.
5. V. s^s n° 211.181.
6. CE 23 oct. 1998, *Assoc. de défense Environnement et Cadre de vie*, req. n° 177404, NP.
7. C. urb., art. L. 112-10, 1° ; – PAR EX., annulant le permis de construire une maison d'habitation en zone B : CAA Marseille, 10 mars 2021, *C^ne de Calvi*, req. n° 19MA02279, NP.

b.
Exceptions au principe d'inconstructibilité

141.201 1re exception : habitations nécessaires à l'activité aéronautique. Dans les zones définies par le PEB, sont autorisées les constructions à usage d'habitation « qui sont nécessaires à l'activité aéronautique ou liées à celle-ci »[1].

141.202 2e exception : logements de fonction et activité agricole. Deux types de constructions peuvent être autorisées dans les zones B et C du PEB, et dans les secteurs déjà urbanisés situés en zone A[2] :

– d'une part « des logements de fonction » nécessaires aux activités industrielles ou commerciales admises dans la zone (selon la circulaire de 1988, sont ici visés « les logements de fonction au sens strict, c'est-à-dire ceux mis à disposition du salarié par l'employeur, les logements de gardien et les logements individuels d'artisans ou de commerçants »[3]) ;

– d'autre part « des constructions directement liées ou nécessaires à l'activité agricole ».

Cette dernière formule est ambiguë. D'un côté, elle se présente comme une exception au principe d'interdiction des constructions à usage d'habitation. D'un autre côté, elle se réfère de façon nettement plus large à toutes « constructions » liées ou nécessaires à l'activité agricole, ce qui inclut par exemple des entrepôts ou bâtiments de stockage. Eu égard à l'objet du principe d'inconstructibilité (préserver les riverains du bruit), cette dernière lecture peut être privilégiée car ces bâtiments n'ont vocation à abriter ni des personnes ni des animaux.

141.203 3e exception : constructions individuelles et reconstructions. En zone C du PEB, sont autorisées « des constructions individuelles non groupées »[4], ce qui exclut les immeubles collectifs quelle qu'en soit l'importance, les parcs résidentiels de loisirs ou toute autre forme d'opération groupée, telle que lotissement ou association foncière urbaine.

Deux conditions sont posées :

– les constructions doivent se situer « dans des secteurs déjà urbanisés et desservis par des équipements publics » ;

– et elles ne doivent entraîner « qu'un faible accroissement de la capacité d'accueil d'habitants exposés aux nuisances » (ce qui requiert un examen précis de l'impact du projet par rapport à la densité actuelle du secteur concerné)[5].

En zones A et B du PEB, sont autorisées « des opérations de reconstruction rendues nécessaires par une opération de démolition », à trois conditions[6] :

– elles n'entraînent pas d'accroissement de la population exposée aux nuisances ;

– les normes d'isolation acoustique fixées par l'autorité administrative sont respectées ;

– et le coût d'isolation est à la charge exclusive du constructeur.

2°
Rénovation, réhabilitation, amélioration, extension mesurée et reconstruction

141.211 Condition. La rénovation, la réhabilitation, l'amélioration, l'extension mesurée ou la reconstruction des constructions existantes « peuvent être admises lorsqu'elles n'entraînent pas un accroissement de la capacité d'accueil d'habitants exposés aux nuisances »[7].

Constitue par exemple une extension mesurée le projet, portant sur une maison d'habitation existante de 80 m² située en zone B, qui consiste en un agrandissement de la partie séjour-cuisine par l'ajout de 37 mètres carrés de surface en utilisant l'espace extérieur situé entre l'actuelle salle à manger et le garage. Ce projet, qui n'a pour objet que l'amélioration du confort des pièces existantes, ne créée pas de capacités de logement supplémentaires sur la même unité foncière[8].

3°
Équipements publics ou collectifs

a.
Enjeu

141.221 Penser les équipements en fonction des capacités d'accueil souhaitées. Comme le souligne la circulaire de 1988, « un aérodrome constitue un pôle d'attraction pour les installations industrielles, commerciales ou de bureaux. Une réflexion préalable sur l'organisation rationnelle du territoire situé dans son voisinage doit nécessairement être conduite, afin d'éviter que des permis de construire ne soient délivrés de

1. C. urb., art. L. 112-10, a.
2. C. urb., art. L. 112-10, b.
3. Circ. 19 janv. 1988 relative à l'urbanisme au voisinage des aérodromes, NOR : EQUU8800024C, ch. 2, pt 1.1.
4. C. urb., art. L. 112-10, c.
5. PAR EX. : CAA Paris, 28 juill. 1998, *Chretien*, req. n° 96PA02969, *Lebon T.* : condition satisfaite dans le cas de la réalisation d'une maison d'une surface de 113 m², qui n'entraîne qu'un faible accroissement de la capacité d'accueil d'habitants exposés au bruit ; – et : CE 21 juill. 1989, *Villeneuve-Saint-Georges (Cne)*, req. n° 87133, *Lebon* : condition non satisfaite dans le cas de l'extension d'un pavillon d'une surface de 24 m² en un pavillon de plusieurs pièces avec étage d'une surface de 99 m².
6. C. urb., art. L. 112-10, c.
7. C. urb., art. L. 112-10, 2°.
8. CAA Marseille, 25 oct. 2013, *Saint-Victoret (Cne)*, req. n° 11MA04013, NP.

manière désordonnée, au coup par coup, en fonction d'opportunités économiques ou foncières et, après quelques années, qu'on ne puisse plus endiguer la construction de quartiers d'habitation, ne serait-ce que pour amortir et rentabiliser les équipements »[1].

b.
Régime

141.231 **Zones A et B.** Dans les zones A et B, les équipements publics ou collectifs « ne sont admis » que dans deux hypothèses[2] :

- soit s'ils sont nécessaires à l'activité aéronautique ;
- soit s'ils sont indispensables aux populations existantes.

N'est pas regardée comme « indispensable aux populations existantes » la construction d'un nouveau pavillon destiné à l'accueil de 41 résidents d'une maison de retraite[3].

141.232 **Zones C et D.** Les dispositions précitées[4] ne faisant aucune référence à la zone C, les équipements publics ou collectifs sont admis sans aucune restriction au sein de celle-ci.

Il en va *a fortiori* de même pour la zone D.

141.233 **Notion d'équipements publics et collectifs.** Le 3° de l'article L. 112-10 ne vise que les équipements publics et collectifs. Elle ne s'étend pas aux équipements nécessaires à des activités économiques et commerciales[5].

4°
Réhabilitation et réaménagement urbain

141.241 **Opérations autorisées.** Le PEB peut « délimiter des secteurs où, pour permettre le renouvellement urbain des quartiers ou villages existants, des opérations de réhabilitation et de réaménagement urbain peuvent être autorisées »[6].

141.242 **Conditions.** Les opérations de réhabilitation et de réaménagement urbain sont autorisées à deux conditions[7].

D'une part, elles doivent concerner une zone C. *A contrario*, elles ne peuvent intervenir dans les zones A et B.

D'autre part, elles ne doivent pas entraîner « d'augmentation de la population soumise aux nuisances sonores ». Néanmoins, une telle augmentation est possible si elle intervient dans le cadre des opérations du Grand Paris[8].

141.243 **Procédure.** L'opération doit normalement être prévue lors de l'approbation du PEB.

Néanmoins, postérieurement à la publication de celui-ci, à la demande de la commune ou de l'EPCI compétent en matière de PLU, de tels secteurs peuvent également être délimités par l'autorité administrative compétente de l'État après réalisation d'une enquête publique[9].

5°
Autres types de construction

141.251 **Absence de restriction.** Le premier alinéa de l'article L. 112-10 du code de l'urbanisme dispose que dans les zones définies par le PEB, « l'extension de l'urbanisation » est interdite lorsqu'elle conduit « à exposer immédiatement ou à terme de nouvelles populations aux nuisances de bruit ». *A contrario*, l'urbanisation est admise dès lors qu'elle ne conduit pas à exposer de nouvelles populations aux nuisances de bruit.

En ce sens, la circulaire de 1988 indique que : « Les constructions, notamment à usage industriel, commercial, de bureaux, peuvent être admises en toutes zones de bruit si elles sont compatibles avec une utilisation rationnelle des terrains et des infrastructures situés autour de l'aérodrome et qu'elles ne risquent pas d'entraîner, dans l'immédiat ou à terme, l'implantation d'une population permanente »[10].

B.
Régime applicable aux zones D

141.261 **Constructions autorisées sous réserve d'isolation acoustique.** Dans les zones D (qui sont facultatives, sauf pour les grands aéroports), « les constructions sont autorisées mais doivent faire l'objet des mesures d'isolation acoustique prévues à l'article L. 112-12 »[11].

Le régime applicable est ainsi proche de celui de droit commun, la seule différence par rapport à celui-ci consistant en l'obligation de procéder à une isolation phonique des bâtiments.

1. Circ. 19 janv. 1988, NOR : EQUU8800024C, ch. 2, p^{t} 2.
2. C. urb., art. L. 112-10, 3°.
3. CE 25 mars 1994, *Stern*, req. n° 117991, *Lebon T.*
4. C. urb., art. L. 112-10, 3°.
5. CE 28 mars 2011, *Groupement des usagers de l'aérodrome de Saint-Cyr-l'école*, req n° 312282, *Lebon T.*
6. C. urb., art. L. 112-10, 5°.
7. C. urb., art. L. 112-10, 5°.
8. C. urb., art. L. 112-10, 5°, visant les « opérations prévues par le I de l'article 166 de la loi n° 2014-366 du 24 mars 2014 pour l'accès au logement et un urbanisme rénové, dans les conditions fixées aux I et II dudit article ».
9. C. urb., art. L. 112-10, 5°.
10. Circ. 19 janv. 1988, NOR : EQUU8800024C, ch. 2, p^{t} 1.2.
11. C. urb., art. L. 112-10, 4°.

§ 3
Information du locataire ou de l'acquéreur

141.271 Remise d'un document d'information. Lorsque des immeubles bâtis à usage d'habitation ou à usage mixte professionnel et d'habitation et des immeubles non bâtis constructibles situés dans l'une des zones de bruit définies par un PEB font l'objet de location ou de vente[1], un document informant de cette situation est communiqué au futur acquéreur ou locataire[2].

Ce document est[3] :

– intégré au dossier de diagnostic technique annexé, selon le cas, à la promesse de vente ou, à défaut de promesse, à l'acte authentique de vente et au contrat de location ou annexé à ces actes si la vente porte sur un immeuble non bâti (1°) ;

– annexé à l'acte authentique de vente et, le cas échéant, au contrat préliminaire en cas de vente en l'état futur d'achèvement (2°).

En cas de manquement à l'obligation prévue au II, l'acquéreur peut poursuivre la résolution du contrat ou demander au juge une diminution du prix[4].

141.272 Contenu du document d'information. Le document d'information comprend trois éléments[5] :

– l'indication claire et précise de la zone de bruit (1°) ;

– l'adresse du service d'information en ligne permettant de consulter le PEB (2°) ;

– la mention de la possibilité de consulter le PEB à la mairie de la commune où est sis l'immeuble (3°).

141.273 Portée du document d'information. L'acquéreur ou le locataire ne peut se prévaloir à l'encontre du vendeur ou du bailleur des informations contenues dans ce document qui n'a qu'une valeur indicative[6].

§ 4
Performance acoustique des constructions autorisées

141.281 Isolation acoustique. Toutes les constructions qui sont autorisées dans les zones de bruit conformément aux dispositions de l'article L. 112-10 « font l'objet de mesures d'isolation acoustique », dans les conditions prévues par les dispositions législatives et réglementaires en matière d'urbanisme, de construction ou d'habitation[7].

141.282 Normes et recommandations. Les normes d'isolation acoustique, dont le respect est exigé par les constructions qui seront autorisées dans les zones de bruit résultent de l'arrêté du 6 octobre 1978 relatif à l'isolement acoustique des bâtiments contre les bruits de l'espace extérieur, modifié par l'arrêté du 23 février 1983.

Cet arrêté ne comporte de dispositions que pour la zone de bruit C. Il prévoit, pour les habitations exceptionnellement admises dans les zones exposées au bruit des aérodromes, que « l'isolement acoustique des pièces principales et des cuisines vis-à-vis des bruits extérieurs doit être égal à 35 dB (A) en zone C »[8].

Ainsi que l'indique la circulaire de 1988, cet article doit être complété pour préciser les normes applicables pour chaque zone de bruit dans le cadre d'une modification plus large de l'arrêté du 6 octobre 1978[9]. Il ne l'a pas encore été.

Dans l'attente de ces modifications, la circulaire comporte un tableau qui présente les recommandations d'isolation acoustique (qui n'ont valeur de normes que pour la zone de bruit C).

141.283 Normes et recommandations d'isolation acoustique par types de zones et de constructions.

	Zones de bruit			
	A	B	C	Extérieur immédiat de la zone C
Constructions à usage d'habitation exceptionnellement admises	45 dB (A)	40 dB (A)	35 dB (A)	30 dB (A)
Locaux d'enseignements et de soins	47 dB (A)	40 dB (A)	35 dB (A)	30 dB (A)
Locaux à usage de bureaux ou recevant du public	45 dB (A)	40 dB (A)	35 dB (A)	30 dB (A)

Source : Circ. 19 janv. 1988[10].

1. Les locations concernées sont celles soumises à la loi n° 89-462 du 6 juillet 1989 tendant à améliorer les rapports locatifs et portant modification de la loi n° 86-1290 du 23 décembre 1986 (C. urb., art. L. 112-11, I, al. 6).
2. C. urb., art. L. 112-11, I, al. 1er.
3. C. urb., art. L. 112-11, II.
4. C. urb., art. L. 112-11, III, al. 2.
5. C. urb., art. L. 112-11, I, al. 2 à 5.
6. C. urb., art. L. 112-11, III, al. 1er.
7. C. urb., art. L. 112-12.
8. Arr. 6 oct. 1978 relatif à l'isolement acoustique des bâtiments d'habitation contre les bruits de l'espace extérieur, *JO* 11 nov., p. 8543, art. 2, al. 1er.
9. Circ. 19 janv. 1988, NOR : EQUU8800024C, annexe.
10. Circ. 19 janv. 1988, NOR : EQUU8800024C, annexe.

§ 5
Certificat d'urbanisme

141.291 **Renseignements.** Le certificat d'urbanisme signale « l'existence de la zone de bruit » et « l'obligation de respecter les règles d'isolation acoustique »[1].

SECTION 4
ÉLABORATION ET ÉVOLUTION DU PLAN D'EXPOSITION AU BRUIT

§ 1
Procédure applicable

141.301 **Une procédure étatique.** Le PEB « est établi par l'autorité administrative compétente de l'État »[2]. La procédure est conduite sous l'autorité du préfet.

A.
Décision d'établir ou de réviser le plan

1°
Prescription du plan

141.311 **Décision préfectorale.** La décision d'établir ou de réviser un PEB est prise par le préfet[3].

141.312 **Décision interpréfectorale.** Lorsque l'emprise d'un aérodrome où les communes concernées ou susceptibles d'être concernées par le PEB d'un aérodrome sont situées sur le territoire de plusieurs départements, la décision est prise conjointement par les préfets de ces départements[4].

141.313 **Recommandation de révision par la *CCE*.** La commission consultative de l'environnement peut recommander au préfet de mettre en œuvre une révision[5].

2°
Mesures préalables à la décision d'établir ou de réviser le plan

a.
Accord des ministres compétents

141.321 **Accords pouvant être nécessaires.** Pour certaines catégories d'aérodromes, le préfet doit obtenir l'accord préalable des ministres compétents.

141.322 **Ministre de la défense.** Avant de prendre la décision d'établir ou de réviser le PEB, le préfet doit obtenir l'accord exprès du ministre chargé de la défense en ce qui concerne les aérodromes affectés à titre exclusif ou principal à ce département ministériel[6].

141.323 **Ministre chargé de l'aviation civile.** Avant de prendre la décision d'établir ou de réviser le PEB, le préfet doit obtenir l'accord exprès du ministre chargé de l'aviation civile pour deux types d'aérodromes[7] :

- les aérodromes classés dans la catégorie des investissements d'intérêt national lorsque le ministère de la défense n'en est pas l'affectataire principal ;
- les aérodromes situés en territoire étranger dont les nuisances de bruit affectent le territoire français.

b.
Mise à l'étude du projet de plan

141.331 **Services concernés.** Une fois obtenu, le cas échéant, l'accord du ministre compétent, et recueilli, le cas échéant, l'avis de la *CCE*, le préfet demande la mise à l'étude d'un projet de plan :

- au ministre chargé de la défense pour les aérodromes à affectation exclusive ou principale « défense » ;
- à Aéroports de Paris pour les aérodromes relevant de sa compétence ;
- au directeur régional de l'aviation civile ou au chef de service de l'aviation civile dans les autres cas.

Ces autorités, en liaison avec les services techniques compétents, font alors procéder au recueil des informations utiles à l'élaboration du projet de plan[8].

141.332 **Projet élaboré.** Le projet de document graphique comporte les éléments suivants[9] :

- l'indication des pistes actuelles ou prévues de l'aérodrome ;
- le tracé des courbes isopsophiques 96 et 89 représentant les limites des deux zones de bruit fort (zones A et B) pour leur partie extérieure à l'emprise de l'aérodrome ;
- les courbes isopsophiques 84 et 78 ainsi que plusieurs courbes intermédiaires dont le nombre variera en fonction de leur lisibilité sur le plan. C'est entre ces deux valeurs que sera ultérieurement fixée la limite extérieure de la zone C.

Dès que le préfet a reçu ce projet, auquel sont jointes toutes les pièces annexes utiles à sa compréhension, il lui appartient de choisir la courbe isopsophique qu'il lui paraît souhaitable de retenir comme limite extérieure de la zone C[10].

1. C. urb., art. L. 112-13.
2. C. urb., art. L. 112-16, al. 1er.
3. C. urb., art. R. 112-8, al. 1er.
4. C. urb., art. R. 112-8, al. 1er.
5. V. ss no 141.452.
6. C. urb., art. R. 112-8, al. 2.
7. C. urb., art. R. 112-8, al. 3.
8. Circ. 19 janv. 1988, NOR : EQUU8800024C, ch. 1er, pt 4.1.
9. Circ. 19 janv. 1988, NOR : EQUU8800024C, ch. 1er, pt 4.2.
10. Circ. 19 janv. 1988, NOR : EQUU8800024C, ch. 1er, pt 4.2.

c.
Avis de la Commission consultative de l'environnement (*CCE*)

141.341 Valeur de l'indice Lden. La commission consultative de l'environnement (*CCE*), lorsqu'elle existe, est consultée par le préfet sur les valeurs de l'indice Lden à prendre en compte pour déterminer la limite extérieure de la zone C et, le cas échéant, celle de la zone B dans le projet de plan avant qu'intervienne la décision de l'établir ou de le réviser[1].

La circulaire recommande que l'avis soit recueilli à ce stade de la procédure, c'est-à-dire une fois le projet établi[2] et, comme l'exige l'article R. 112-11, avant que soit prise la décision prescrivant l'établissement ou la révision du plan.

Aucune disposition n'impose que la commission soit destinataire, à l'occasion de cette consultation, d'un projet de PEB réalisé à l'échelle 1/25 000[3].

3°
Publicité de la décision d'établir ou de réviser le plan

141.351 Notification. La décision d'établir ou de réviser le PEB est notifiée par le préfet, accompagnée d'un projet de plan, aux maires des communes concernées et, s'il y a lieu, aux présidents des EPCI compétents[4].

141.352 Publication. Mention de la décision d'établir ou de réviser le PEB est insérée en caractères apparents dans deux journaux à diffusion régionale ou locale dans le département[5].

141.353 Affichage. La décision d'établir ou de réviser un PEB fait l'objet d'un affichage pendant un mois dans chacune des mairies concernées et, s'il y a lieu, aux sièges des EPCI compétents[6].

B.
Consultations et enquête publique

1°
Consultation des conseils municipaux

141.361 Avis. À compter de la notification de la décision d'établir ou de réviser un PEB, les conseils municipaux des communes concernées et, le cas échéant, les organes délibérants des EPCI compétents disposent d'un délai de deux mois pour faire connaître leur avis sur le projet communiqué[7].

À défaut de réponse dans le délai imparti, l'avis est réputé favorable[8].

2°
Consultations de commissions administratives

141.371 Organismes concernés. Dès réception des avis (ou, à défaut, dès l'expiration du délai de deux mois reconnu aux conseils municipaux ou organes délibérants des EPCI pour émettre leur avis), le projet de PEB accompagné des avis des conseils municipaux et, le cas échéant, des organes délibérants des EPCI compétents est transmis pour avis[9] :

– à l'Autorité de contrôle des nuisances aéroportuaires (ACNUA) pour les grands aéroports (aérodromes mentionnés à l'article L. 6360-1 du code des transports), qui recueille au préalable l'avis de la commission consultative de l'environnement concernée (1°) ;

– à la commission consultative de l'environnement (*CCE*), lorsqu'elle existe, pour les autres aérodromes (2°).

141.372 Délai pour délibérer. La *CCE* dispose d'un délai de deux mois à compter de la date de la saisine, soit par le préfet, soit par l'Autorité de contrôle des nuisances aéroportuaires, pour formuler son avis sur le projet communiqué[10].

L'ACNUA dispose d'un délai de quatre mois à compter de la date de la saisine par le préfet pour émettre son avis sur le projet communiqué[11].

Lorsque plusieurs départements sont concernés, le délai court à compter de la date de la dernière saisine[12].

À défaut de réponse dans les délais impartis, ces avis sont réputés favorables[13].

3°
Enquête publique

141.381 Procédure normale. Le projet de PEB, éventuellement modifié pour tenir compte des avis exprimés, est soumis à enquête publique par le préfet et organisée dans les conditions prévues aux articles R. 571-59 et suivants du code de l'environnement[14].

1. C. urb., art. R. 112-11.
2. Circ. 19 janv. 1988, NOR : EQUU8800024C, ch. 1er, pt 4.2.
3. CE 7 août 2008, *Collectif inter-associatif du refus des nuisances aériennes dans le Nord-Ouest*, req. n° 306109, NP ; *BJCL* 2008. 737, concl. M. Guyomar.
4. C. urb., art. R. 22-10, al. 1er.
5. C. urb., art. R. 22-10, al. 2.
6. C. urb., art. R. 112-12.
7. C. urb., art. R. 112-13, al. 1er.
8. C. urb., art. R. 112-13, al. 2.
9. C. urb., art. R. 112-14, al. 1er à 3.
10. C. urb., art. R. 112-14, al. 4.
11. C. urb., art. R. 112-14, al. 5.
12. C. urb., art. R. 112-14, al. 6.
13. C. urb., art. R. 112-14, al. 6.
14. C. urb., art. R. 112-15, al. 1er.

141.382 **Procédure spéciale pour les aérodromes militaires.** Lorsque le PEB concerne un aérodrome affecté à titre exclusif, principal ou secondaire au ministère chargé de la défense, la procédure d'enquête est conduite dans le respect des limites et des conditions posées par les articles L. 123-19-8, L. 123-19-9 et R. 123-46 du code de l'environnement[1].

141.383 **Participation du public (absence d'application de la convention d'Aarhus).** Si les paragraphes 2, 3 et 7 de l'article 6 de la convention d'Aarhus sur l'accès à l'information, la participation du public au processus décisionnel et l'accès à la justice en matière d'environnement du 25 juin 1998 produisent des effets directs en droit interne, ces stipulations ne régissent la participation du public au processus décisionnel en matière d'environnement que pour les activités particulières mentionnées à l'annexe 1 à cette convention, laquelle n'inclut pas les documents d'urbanisme visant la protection des populations exposées aux nuisances du bruit au voisinage des aérodromes[2].

C. Approbation du plan

1° Acte d'approbation

141.391 **Arrêté préfectoral.** Le PEB, éventuellement modifié pour tenir compte des résultats de l'enquête publique, est approuvé par arrêté du préfet ou, si plusieurs départements sont intéressés, par arrêté conjoint des préfets desdits départements[3].

141.392 **Accord ministériel.** Le cas échéant, un accord ministériel est exigé dans les mêmes conditions que celles prévues pour l'acte décidant l'élaboration ou la révision du plan[4]. Selon l'article R. 112-16, al. 2, l'arrêté approuvant le PEB est pris :

- avec l'accord exprès du ministre chargé de la défense en ce qui concerne les aérodromes à affectation exclusive ou principale audit ministère ;
- et avec l'accord exprès du ministre chargé de l'aviation civile, en ce qui concerne les aérodromes classés dans la catégorie des investissements d'intérêt national lorsque le ministère de la défense n'en est pas l'affectataire principal, et pour les aérodromes situés en territoire étranger lorsque les nuisances de bruit affectent le territoire français.

141.393 **Motivation.** L'arrêté approuvant le PEB « doit être motivé dans tous les cas, notamment au regard de l'activité prévue pour l'aérodrome et de son incidence sur l'environnement »[5].

2° Publicité de l'acte d'approbation

141.401 **Notification aux communes.** Le préfet notifie aux maires des communes concernées et, le cas échéant, aux présidents des EPCI compétents copie de l'arrêté et du plan d'exposition au bruit approuvé[6].

141.402 **Mise à disposition du public.** L'arrêté et le PEB sont tenus à la disposition du public à la mairie de chacune des communes concernées, le cas échéant aux sièges des EPCI compétents, ainsi qu'à la préfecture[7].

Mention des lieux où les documents peuvent être consultés est insérée dans deux journaux à diffusion régionale ou locale dans le département et affichée dans les mairies et, le cas échéant, aux sièges des EPCI compétents[8].

§ 2 Déploiement des effets du PEB

A. Application dans le temps

1° Principe : maintien de l'ancien PEB pendant toute la procédure de révision

141.411 **PEB maintenu.** En cas de révision du PEB, ce plan demeure en vigueur jusqu'à la date à laquelle l'approbation de la révision a fait l'objet des mesures de publicité mentionnées à l'article R. 112-17[9].

2° Exceptions : application anticipée de certains changements

141.421 **Dispositions pouvant être mises en application dès la décision d'élaborer ou de réviser un PEB.** À compter de la décision d'élaborer ou de réviser un PEB, le préfet peut délimiter les territoires à l'intérieur desquels s'appliqueront par anticipation, pour une durée maximale de deux ans renouvelable une fois, les dispositions de l'article L. 112-

1. C. urb., art. R. 112-15, al. 2.
2. CE 6 juin 2007, *Groslay (Cne)*, req. n° 292942, *Lebon* 237.
3. C. urb., art. R. 112-16, al. 1er.
4. V. ss nos 141.322 s.
5. C. urb., art. R. 112-16, al. 3.
6. C. urb., art. R. 112-17, al. 1er.
7. C. urb., art. R. 112-17, al. 2.
8. C. urb., art. R. 112-17, al. 3.
9. C. urb., art. R. 112-7.

10 concernant les zones C et D[1], c'est-à-dire les zones les moins exposées aux nuisances sonores.

La décision par laquelle le préfet met en œuvre de façon anticipée et provisoire le projet de création ou de révision du PEB peut être prise dès que cette autorité a délimité les zones du plan[2].

D'un point de vue contentieux, l'arrêté décidant l'application anticipée d'un plan soumis à révision ne constitue pas une mesure d'application de l'arrêté emportant mise en révision de ce plan. Par suite, l'illégalité de l'arrêté emportant mise en révision du plan ne saurait être invoquée par voie d'exception à l'appui d'un recours dirigé contre l'arrêté décidant son application anticipée[3].

141.422 Dispositions pouvant être mises en application à compter de la publication de l'acte portant mise en révision d'un PEB. À compter de la publication de l'acte administratif portant mise en révision d'un PEB, le préfet peut décider l'application des dispositions de l'article L. 112-10 concernant la zone C, pour la durée de la procédure de révision, dans les communes et parties de communes incluses dans le périmètre d'un plan de gêne sonore institué en vertu de l'article L. 571-15 du code de l'environnement, mais non comprises dans le périmètre des zones A, B et C du plan jusque-là en vigueur[4].

Cette possibilité n'est pas reconnue pour les aérodromes dont le nombre de créneaux horaires attribuables fait l'objet d'une limitation réglementaire sur l'ensemble des plages horaires d'ouverture[5], c'est-à-dire, actuellement, le seul aéroport d'Orly[6].

B.
Annexion du PEB à certains documents d'urbanisme

141.431 Documents concernés. Le plan d'exposition au bruit est annexé au PLU, au plan de sauvegarde et de mise en valeur et à la carte communale[7].

C.
Contentieux

141.441 Compétence juridictionnelle. Aucune disposition n'attribue compétence au Conseil d'État pour connaître en premier ressort de conclusions tendant à l'annulation de décisions relatives à l'adoption ou à la modification des PEB, ni des PPBE approuvés qui s'y trouvent annexés. De telles conclusions ressortissent à la compétence des tribunaux administratifs[8].

141.442 Indépendance des législations. Les dispositions du code de l'environnement, qui prévoient, pour certains aérodromes, l'institution d'un plan de gêne sonore pour déterminer les riverains pouvant prétendre à une aide financière, et celles du code de l'urbanisme relatives au plan d'exposition au bruit, « constituent des législations distinctes poursuivant des objets différents ». Il s'ensuit que la méconnaissance du plan de gêne sonore ne peut être invoqué à l'encontre d'un PEB[9].

D.
Réexamen périodique du plan par la *CCE*

141.451 Réexamen au moins quinquennal. Sans préjudice du pouvoir du préfet de décider la mise en révision du PEB d'un aérodrome en application de l'article R. 112-8, la commission consultative de l'environnement, lorsqu'elle existe, « examine tous les cinq ans au moins la pertinence des prévisions ayant servi à l'établissement du plan au regard de l'activité aérienne constatée »[10].

141.452 Proposition de révision. La *CCE* peut proposer au préfet la mise en révision du plan[11].

1. C. urb., art. L. 112-14.
2. CE 22 janv. 2003, *Jonage (Cne)*, req. n° 235174, *Lebon T.*
3. CE 6 juin 2007, *Groslay (Cne)*, req. n° 292942, *Lebon.*
4. C. urb., art. L. 112-15, al. 1er.
5. C. urb., art. L. 112-15, al. 2.
6. V. ss n° 141.83.
7. C. urb., art. L. 112-6, al. 2.
8. CE 7 mars 2018, *Assoc. Nuisances aériennes et autres*, req. n° 410043, *Lebon T.*
9. CE 30 déc. 2003, *Assoc. contre l'extension et les nuisances de l'aéroport de Lyon-Satolas*, req. n° 249908, NP.
10. C. urb., art. R. 112-9.
11. C. urb., art. R. 112-9.

CHAPITRE

142. Sécurité de la navigation aérienne

SECTION 0 ORIENTEUR

142.00 Sommaire du chapitre.

142.01 Textes applicables.

• **C. trans.**, art. L. 6350-1 s.

142.03 Bibliographie indicative.

Encyclopédies. *DP constr.-urb.*, ét. : « Aérodromes (servitudes) » – *J.-Cl. Constr.-Urb.*, fasc. 9-40 : « Zones de bruit autour des aérodromes », par S. Ferrari, déc. 2020.

142.05 Règles du code des transports. Des servitudes établies par le code des transports ont pour objet d'assurer la sécurité de la navigation aérienne[1]. Ces servitudes viennent limiter les possibilités d'utilisation du sol aux abords des aérodromes et soumettre à autorisation spéciale les projets de construction présentant une certaine hauteur.

142.06 Aérodromes concernés. Les sujétions aux abords des aérodromes s'appliquent aux quatre catégories suivantes[2] :

– les aérodromes destinés à la circulation aérienne publique ou créés par l'État (1°) ;

– dans des conditions fixées par voie réglementaire, certains aérodromes non destinés à la circulation aérienne publique et créés par une personne autre que l'État ainsi qu'aux aérodromes situés en territoire étranger pour lesquels des zones de dégagement doivent être établies sur le territoire français (2°) ;

– les installations d'aides à la navigation aérienne, de télécommunications aéronautiques et aux installations de la météorologie intéressant la sécurité de la navigation aérienne, sans préjudice de l'application des dispositions des articles L. 54 à L. 64 et R. 21, R. 24 à R. 28, R. 30 à R. 38, R. 40 à R. 42 du code des postes et des communications électroniques relatives aux servitudes établies dans l'intérêt des transmissions et réceptions radioélectriques (3°) ;

– certains emplacements correspondant à des points de passages préférentiels pour la navigation aérienne (4°).

SECTION 1 SERVITUDES AÉRONAUTIQUES

142.11 Deux types de servitudes. Des servitudes spéciales, dites servitudes aéronautiques, sont créées afin d'assurer la sécurité de la circulation des aéronefs. Ces servitudes relèvent de deux catégories[3] :

– d'une part des « servitudes aéronautiques de dégagement », comportant l'interdiction de créer ou l'obligation de supprimer les obstacles susceptibles de constituer un danger pour la circulation aérienne ou nuisibles au fonctionnement des dispositifs de sécurité établis dans l'intérêt de la navigation aérienne (1°) ;

– d'autre part des « servitudes aéronautiques de balisage », comportant l'obligation de pourvoir certains obstacles ainsi que certains emplacements de dispositifs visuels ou radioélectriques destinés à signaler leur présence aux navigateurs aériens ou à en per-

1. C. trans., art. L. 6350-1 s.
2. C. trans., art. L. 6350-1.
3. C. trans., art. L. 6351-1.

mettre l'identification ou de supporter l'installation de ces dispositifs (2°).

§ 1
Servitudes aéronautiques de dégagement

142.21 Établissement d'un plan de servitudes aéronautiques de dégagement. Un plan de servitudes aéronautiques de dégagement est établi pour les aérodromes et installations définis à l'article L. 6350-1[1].

Dans le cas où, dans le cadre de la procédure d'instruction d'une servitude, il est nécessaire d'accéder aux propriétés privées pour la réalisation de mesures, les propriétaires, titulaires de droits réels ou occupants sont tenus de laisser libre cet accès[2].

Le plan de servitudes aéronautiques de dégagement fait l'objet d'une enquête publique dans les conditions prévues au code de l'expropriation pour cause d'utilité publique. Les conditions dans lesquelles il est approuvé et rendu exécutoire sont fixées par décret en Conseil d'État[3].

Le plan des servitudes aéronautiques de dégagement est modifié selon la même procédure ; toutefois l'enquête publique n'est pas nécessaire lorsque la modification a pour objet de supprimer ou d'atténuer les servitudes prévues par le plan[4].

142.22 Application et portée de la servitude. Les servitudes définies par le plan « grèvent les fonds intéressés à dater du jour de leur publication »[5].

À dater du même jour, « aucun travail de grosses réparations ou d'amélioration exempté du permis de construire ne peut être effectué sur les bâtiments et autres ouvrages frappés de servitude sans l'autorisation de l'autorité administrative »[6].

Par ailleurs, « les constructions, les plantations et les obstacles de toute nature, dont l'implantation est projetée dans une zone grevée de servitudes aéronautiques de dégagement, doivent être conformes aux prescriptions établies en application de l'article D. 241-4, aux dispositions particulières du plan de servitudes aéronautiques de dégagement et aux mesures provisoires de sauvegarde »[7].

142.23 Mesures provisoires de sauvegarde. En cas d'urgence, l'autorité administrative peut prendre « des mesures provisoires de sauvegarde ». Celles-ci sont adoptées après enquête publique.

Elles cessent d'être applicables si, dans un délai de deux ans à compter de leur adoption, elles n'ont pas été reprises dans un plan de dégagement régulièrement approuvé[8].

142.24 Indemnisation des servitudes. Les frais et indemnités qui résultent de l'instauration des servitudes aéronautiques de dégagement « incombent à l'État, sous réserve des cas où la convention mentionnée à l'article L. 6321-3 prévoit que son signataire prendra en charge tout ou partie des dépenses engagées par l'État au titre des frais et indemnités instituées dans l'intérêt de la navigation aérienne et des dispositions particulières concernant les aérodromes mentionnés au 2° de l'article L. 6350-1 »[9].

§ 2
Servitudes aéronautiques de balisage

142.31 Objet. Aux termes de l'article L. 6351-6 du code des transports, l'autorité administrative peut prescrire :

– le balisage de tous les obstacles qu'elle juge dangereux pour la navigation aérienne (1°) ;

– l'établissement de dispositifs visuels ou radioélectriques d'aides à la navigation aérienne (2°) ;

– la suppression ou la modification de dispositifs visuels de nature à créer une confusion avec les aides visuelles à la navigation aérienne (3°).

142.32 Prise en charge des frais. Sous réserve des dispositions particulières concernant le balisage sur l'emprise de l'aérodrome ou concernant certains aérodromes non ouverts à la circulation aérienne publique, « les frais d'installation, d'entretien et de fonctionnement des balisages aéronautiques sont à la charge de l'État, sauf lorsque le balisage s'applique aux lignes électriques d'une tension égale ou supérieure à 90 000 volts ou aux installations mentionnées au premier alinéa de l'article L. 6352-1, auquel cas les frais sont à la charge de l'exploitant des lignes ou du propriétaire des installations »[10].

142.33 Prérogatives de l'administration pour réaliser les droits de balisage. Pour la réalisation des balisages mentionnés à l'article L. 6351-6, l'administration dispose des droits d'appui, de passage, d'abattage d'arbres, d'ébranchage ainsi que du droit d'installation des dispositifs sur les murs extérieurs et les toitures. Ces droits pourront être exercés par les personnes privées éventuellement chargées du balisage[11].

1. C. trans., art. L. 6351-2, al. 1er.
2. C. trans., art. L. 6351-5, renvoyant à CPCE, art. L. 55.
3. C. trans., art. L. 6351-2, al. 2.
4. C. trans., art. L. 6351-2, al. 3.
5. C. trans., art. L. 6351-3, al. 1er.
6. C. trans., art. L. 6351-3, al. 2.
7. C. aviat., art. Art. D. 242-7.
8. C. trans., art. L. 6351-4.
9. C. trans., art. L. 6351-5.
10. C. trans., art. L. 6351-7.
11. C. trans., art. L. 6351-8.

§ 3
Annexion au PLU

142.41 Annexion au PLU. Les servitudes aéronautiques de dégagement et de balisage doivent être annexées au PLU[1].

SECTION 2
AUTORISATION SPÉCIALE POUR LES INSTALLATIONS PRÉSENTANT UNE CERTAINE HAUTEUR

142.51 Pouvoir. À l'extérieur des zones grevées de servitudes de dégagement, « l'établissement de certaines installations qui, en raison de leur hauteur, pourraient constituer des obstacles à la navigation aérienne, est soumis à l'autorisation spéciale de l'autorité administrative »[2].

142.52 Installations concernées. Les catégories d'installations et les conditions auxquelles peuvent être soumises leur établissement sont fixées par décret en Conseil d'État[3].

Contrairement à ce que prescrit ce texte, le règlement d'application a été pris par voie d'arrêté et non par voie de décret[4].

L'arrêté précise que les installations dont l'établissement à l'extérieur des zones grevées de servitudes aéronautiques de dégagement est soumis à autorisation du ministre chargé de l'aviation civile et du ministre chargé des armées comprennent (arrêté préc., art. 1er) :

– en dehors des agglomérations, les installations dont la hauteur en un point quelconque est supérieure à 50 mètres au-dessus du niveau du sol ou de l'eau (a) ;

– dans les agglomérations, les installations dont la hauteur en un point quelconque est supérieure à 100 mètres au-dessus du niveau du sol ou de l'eau (b).

Le même article ajoute deux éléments de définition :

– sont considérées comme « installations » toutes constructions fixes ou mobiles ;

– sont considérées comme « agglomérations » les localités figurant sur la carte aéronautique au 1/500 000 (ou son équivalent pour l'outre-mer) et pour lesquelles des règles de survol particulières sont mentionnées.

1. V. s^s n° 231.1661.
2. C. trans., art. L. 6352-1, al. 1er.
3. C. trans., art. L. 6352-1, al. 2.
4. Arr. 25 juill. 1990 relatif aux installations dont l'établissement à l'extérieur des zones grevées de servitudes aéronautiques de dégagement est soumis à autorisation, NOR : EQUA9000474A, *JO* 21 nov., p. 14314.

CHAPITRE

143. Construction et extension des aérodromes

SECTION 0
ORIENTEUR

143.00 **Sommaire du chapitre.**

143.01 **Textes applicables.**

• **C. trans.,** art. L. 6353-1 s.

143.03 **Bibliographie indicative.**

Encyclopédies. *DP constr.-urb.*, ét. : « Aérodromes (servitudes) » – *J.-Cl. Constr.-Urb.*, fasc. 9-40 : « Zones de bruit autour des aérodromes », par S. Ferrari, déc. 2020.

143.05 **Règles du code des transports.** Le code des transports fixe certaines règles relatives à l'utilisation du sol pour la construction à l'extension des aérodromes.

143.06 **Champ d'application.** Les aérodromes concernés sont ceux mentionnés à l'article L. 6350-1 du code des transports[1].

SECTION 1
RÉSERVATION DE TERRAINS

143.11 **Pouvoir de réservation.** Lorsque, pour les besoins du trafic aérien, l'autorité administrative décide l'extension ou la création d'aérodromes ou d'installations destinées à assurer la sécurité de la navigation aérienne, les terrains nécessaires, s'ils n'ont pas été réservés à cette destination par un PLU approuvé ou un plan d'aménagement communal ou intercommunal pris en considération ou approuvé, peuvent être déclarés réservés (dans des conditions prévues par décret en Conseil d'État) après enquête publique dans les formes fixées au code de l'expropriation[2].

143.12 **Procédure.** Lorsque la déclaration de réservation a été prise, les dispositions du titre III du livre II du code de l'urbanisme (sur les réserves foncières) sont applicables[3].

143.13 **Institution de servitudes aéronautiques.** La réserve des terrains peut être complétée par l'institution de servitudes aéronautiques conformément à un plan de dégagement établi dans des conditions fixées à l'article L. 6351-2[4].

SECTION 2
DÉLAISSEMENT DE TERRAINS

§ 1
Délaissement de terrains en cas de réalisation d'un nouvel aérodrome

143.21 **Pouvoir des propriétaires d'exiger l'acquisition de leur bien.** Préalablement à la réalisation de tout nouvel aérodrome, un décret définit un périmètre et détermine les catégories d'immeubles liées à l'habitation ou aux activités en lien immédiat avec les habitants, et dont les propriétaires peuvent mettre en demeure l'État de procéder à l'acquisition de

1. V. s[s] n° 142.06.

2. C. trans., art. L. 6353-1, al. 1er.
3. C. trans., art. L. 6353-1, al. 2.
4. C. trans., art. L. 6353-1, al. 3.

leurs biens dans les conditions définies par les articles L. 230-1 et suivants du code de l'urbanisme. Les catégories d'aérodromes auxquelles s'appliquent les dispositions du présent alinéa sont déterminées par voie réglementaire[1].

143.22 Date de référence pour l'application de l'article L. 322-2 du code de l'expropriation. Pour l'application de l'article L. 322-2 du code de l'expropriation, la date de référence est, en l'absence de plan local d'urbanisme, celle de la publication du décret mentionné au premier alinéa[2].

143.23 Mise en demeure. Pour l'application du mécanisme d'acquisition à la demande des propriétaires, la mise en demeure est déposée, au plus tard, deux ans après la date d'ouverture de l'aérodrome à la circulation aérienne publique[3].

143.24 Fixation de l'indemnité ou du prix. Lors de l'acquisition par l'État ou par tout organisme agissant pour son compte, sous quelque forme que ce soit, d'un bien immobilier situé à l'intérieur du périmètre défini par le premier alinéa, l'indemnité ou le prix sont fixés sans qu'il soit tenu compte de la dévalorisation éventuelle due à la décision d'implanter le nouvel aéroport[4].

§ 2 Délaissement de terrains en cas de réaménagement d'un aérodrome (aéroport de Nantes-Atlantique)

143.31 Un droit de délaissement conçu pour l'aéroport de Nantes-Atlantique. Un droit de délaissement spécifique a été institué pour les propriétés riveraines de l'aéroport de Nantes-Atlantique. Ce régime a été mis en place en 2019 suite à la décision d'agrandir cet aéroport après l'abandon en 2018 du projet de construction d'un nouvel aérodrome à Notre-Dame-des-Landes[5]. Les conditions posées par la loi sont conçues sur mesure pour cet aéroport et ne devraient *a priori* jouer pour aucun autre. Elles tiennent à ce que l'État « a successivement »[6] :

- « projeté de transférer l'un de ses aérodromes ouverts à la circulation aérienne publique sur un autre site » ;
- « approuvé un contrat de concession aux fins de création d'un nouvel aérodrome sur ce site » ;
- « puis annoncé le maintien et le réaménagement de l'aérodrome existant ».

143.32 Conditions d'exercice du droit. Les conditions d'exercice du droit de délaissement prévu à l'article L. 6353-3 sont déterminées à la fois par :

- l'article L. 6353-3 du code des transports ;
- et les mesures réglementaires prises pour son application[7].

Ce décret instaure également un dispositif d'aide à la revente pour les riverains de l'aéroport.

1. C. trans., art. L. 6353-2, al. 1er.
2. C. trans., art. L. 6353-2, al. 2.
3. C. trans., art. L. 6353-2, al. 3.
4. C. trans., art. L. 6353-2, al. 4.
5. L. n° 2019-1479, 28 déc. 2019 de finances pour 2020, *JO* 29 déc., n° 1, ayant créé C. transp., art. L. 6353-3.
6. C. trans., art. L. 6353-3, al. 1er.
7. Décr. n° 2021-471, 19 avr. 2021 portant création d'un dispositif d'aide à la revente aux propriétaires d'immeubles d'habitation riverains de certains aérodromes appartenant à l'État à la suite de l'abandon de leur transfert sur un autre site, *JO* 20 avr., n° 83 – Arr. 19 avr. 2021 fixant la liste des parcelles cadastrales, NOR : TRAA2109789A.

TITRE

15. Les règles particulières applicables aux espaces protégés (boisés, naturels, agricoles et de continuité écologique)

SECTION 0
ORIENTEUR

15.00 **Sommaire du titre.**

15.05 **Quatre régimes.** Le code de l'urbanisme définit des règles particulières à cinq types d'espaces protégés :

– les espaces boisés classés ;
– les espaces naturels sensibles ;
– les espaces naturels et agricoles périurbains ;
– les espaces de continuité écologique ;
– la zone de protection naturelle, agricole et forestière du plateau de Saclay.

CHAPITRE

151. Espaces boisés classés

SECTION 0

ORIENTEUR

151.00 **Sommaire du chapitre.**

151.01 **Textes applicables.**

• C. urb.

art. L. 113-1 s.

art. R. 113-1 s.

151.03 Bibliographie indicative.

Encyclopédies. *DP constr.-urb.*, ét. : « Espaces boisés classés (EBC) » – *J.-Cl. Constr.-Urb.*, fasc. 11-100 : « Espaces boisés », par M. Sousse, mars 2020.

151.04 Questions essentielles.

> La qualification d'EBC est-elle réservée aux boisements de valeur ?
* V. s[s] n°s 151.11 s.

> Est-il possible de construire sur un terrain classé en EBC ?
* V. s[s] n°s 151.121 s.

> Quelles compensations sont offertes au propriétaire d'un terrain classé en EBC ?
* V. s[s] n°s 151.221 s.

151.05 Objet. Le régime des espaces boisés classés (EBC) vise à identifier dans le PLU des espaces boisés afin de les soumettre à un régime protecteur.

151.06 Constitutionnalité du régime. Saisi d'une QPC mettant en cause la constitutionnalité du régime des espaces boisés classés, le Conseil d'État a estimé qu'il ne méconnaissait ni le droit de propriété, ni le principe d'égalité devant les charges publiques[1].

SECTION 1
CLASSEMENT DES ESPACES BOISÉS

§ 1
Types d'espaces pouvant (ou devant) faire l'objet d'un classement

A.
Types d'espaces pouvant être classés

151.11 Deux éléments. L'article L. 113-1 du code de l'urbanisme permet de classer comme espaces boisés deux types d'éléments.

151.12 Bois, forêts, parcs. Le classement a principalement pour vocation de concerner[2] :

- des bois ;
- des forêts ;
- des parcs.

L'article L. 113-1 précise que des bois, forêts et parcs peuvent bénéficier d'un classement :

- qu'ils soient à conserver, à protéger ou à créer ;
- qu'ils relèvent ou non du régime forestier ;
- qu'ils soient enclos ou non ;
- qu'ils soient attenants ou non à des habitations.

1. CE 17 févr. 2011, *Dore*, req. n° 344445, *Lebon T.* ; *BJDU* 2011. 189, concl. M. Vialettes, obs. J. Trémeau ; *JCP Adm.* 2011, n° 2313, chron. R. Vandermeeren ; *JCP* 2011. 232, chron. H. Périnet-Marquet.
2. C. urb., art. L. 113-1.

151.13 Arbres, haies, plantations d'alignements. Même si cela ne constitue pas sa vocation principale, le classement comme espace boisé peut également s'appliquer, selon l'article L. 113-1 :

- à des arbres isolés[3] ;
- à des haies ou réseaux de haies :
- ou encore à des plantations d'alignements.

B.
Types d'espaces devant être classés (communes littorales)

151.21 Texte. L'article L. 121-27 du code de l'urbanisme impose aux communes du littoral une obligation de classement des espaces boisés les plus significatifs.

Cet article dispose que le PLU doit classer en espaces boisés, au titre de l'article L. 113-1, « les parcs et ensembles boisés existants les plus significatifs » de la commune ou du groupement de communes, après avis de la commission départementale de la nature, des paysages et des sites[4].

151.22 Obligation limitée aux communes littorales. Seules les communes entrant dans le champ d'application des dispositions propres au littoral sont concernées[5].

Doivent ainsi faire l'objet du classement les forêts et zones boisées proches :

- du rivage de la mer ;
- et des plans d'eau intérieurs d'une superficie supérieure à 1 000 hectares[6].

L'obligation s'impose à toutes les communes littorales. Il en résulte que le régime de classement applicable à une commune littorale est celui (obligatoire) défini à l'article L. 121-27 à l'exclusion de celui (facultatif) prévu à l'article L. 113-1[7].

151.23 Obligation limitée aux espaces boisés les plus significatifs. L'obligation de classement se limite aux parcs et ensembles boisés existants « les plus significatifs »[8].

Tel est le cas, par exemple :

3. PAR EX. : CE 20 janv. 1984, *Angers (Ville)*, req. n° 34945, NP (classement des arbres d'une place publique).
4. C. urb., art. L. 121-27.
5. POUR une confirmation : CAA Marseille, 17 sept. 2020, *Cotton*, req. n° 19MA03078, NP (arrêt devenu définitif en l'absence d'admission du pourvoi formé à son encontre : CE 7 juill. 2021, req. n° 446641, NP) : inopérance du moyen tiré de la violation de l'article L. 121-27 à l'encontre du PLU d'une commune non littorale – CAA Nantes, 23 avr. 2024, *Gauter*, req. n° 22NT01037, NP.
6. C. urb., art. R. 121-4, 2°.
7. CAA Marseille, 8 déc. 2011, *SARL La Colle d'Azur*, req. n° 09MA04830, NP ; *Envir.* 2012, n° 18, note M. Sousse.
8. C. urb., art. L. 121-27.

– d'un bois qui apparaît, au regard du rapport de présentation du PLU, ainsi que d'un avis de l'ONF, comme faisant, dans sa totalité, partie des ensembles boisés existants les plus significatifs de la commune[1] ;

– d'un parc d'1,5 hectare situé en centre-ville, formant un espace planté à la fin du XIXᵉ siècle, qui comporte des essences d'arbres exotiques et des arbres plus classiques représentatifs des parcs français de l'époque, et constituant ainsi un ensemble d'arbres centenaires particulièrement remarquable[2].

En revanche, tel n'est pas le cas (et n'est donc pas soumis à l'obligation de classement) :

– d'un boisement de 8 000 m^2, sur un terrain de 15 000 m^2 constitué de chênes-lièges et de mimosas qui ne peut être regardé, eu égard à la configuration des lieux, qui constituent une zone d'habitats collectifs, et au caractère de son boisement par rapport à d'autres espaces boisés de la commune d'Ajaccio, comme faisant partie des parcs et ensembles boisés les plus significatifs[3] ;

– d'une parcelle située dans un secteur d'habitat dispersé caractérisé par des constructions disséminées dans les bois et desservie par les équipements publics, et alors qu'il ressort du rapport de présentation du POS que le bois qui la jouxte n'est pas au nombre des espaces boisés significatifs de la commune[4].

C.
Possibilité de classements multiples

151.31 Superposition de classements sur une même parcelle. Plusieurs classements peuvent le cas échéant s'appliquer sur une même parcelle. Par exemple, un ancien parc peut être classé à la fois en espace boisé et en zone à protéger (zone N)[5].

D.
Degré de contrôle sur le classement

151.41 Contrôle variable. Le juge de l'excès de pouvoir exerce :

– un contrôle normal sur le classement d'un espace boisé au titre de l'article L. 121-27 du code de l'urbanisme (puisque les communes littorales se trouvent en situation de compétence liée) ;

– et un contrôle restreint dans les autres cas.

§ 2
Critères du classement en espaces boisés

A.
Critères pris en compte

1°
Préserver un espace boisé

151.51 Motif essentiel. Le critère le plus courant de classement d'un espace boisé réside dans la volonté des autorités communales d'assurer sa préservation. Le classement peut aussi – mais plus rarement – être justifié par la volonté de créer un tel espace[6].

151.52 Classement justifié. À titre d'illustration, n'est pas entaché d'erreur manifeste d'appréciation le classement en espace boisé :

– d'une parcelle qui comporte une allée de pins centenaires et un verger et a, par ailleurs, à l'époque de la révision du POS, fait l'objet, à l'initiative des propriétaires, d'une procédure d'inscription au titre des sites pittoresques[7] ;

– d'un terrain, déjà en partie boisé, compte tenu notamment de la présence de deux cèdres de grande taille, qui jouxte un bassin d'ornement et constitue un espace vert dans un secteur urbanisé[8] ;

– des parcelles boisées, classées par le précédent PLU, et, au demeurant, répertoriées par le SCOT comme au nombre des « massifs forestiers et principaux boisements à conserver » et dont le commissaire enquêteur a constaté qu'elles constituaient « un espace boisé important qui participe pleinement au paysage vallonné de cette partie de la commune »[9] ;

– de parcelles situées entre un vaste espace forestier et une route se présentant comme une limite entre la partie urbanisée d'une commune à l'est et la forêt domaniale à l'ouest, alors même que quatre maisons d'habitation ont été construites du côté de cette forêt (arrêt indiquant « que, compte tenu de cette configuration, notamment du nombre très limité des constructions, les auteurs du plan local d'urbanisme, qui ont entendu privilégier l'urbanisation de la partie est de la voie et limiter la constructibilité

1. CAA Douai, 27 nov. 2014, *Assoc. Pour la sauvegarde du site de Sainte-Adresse*, req. n° 13DA00373, NP.
2. CE 17 févr. 2023, *Cne de Pléneuf-Val-André*, n° 450707, *Lebon T.* ; *JCP Adm.* 2023, n° 2181, chron. O. Le Bot.
3. CE 15 oct. 2001, *Sevet*, req. n° 219883, NP ; *BJDU* 2001. 414, concl. S. Boissard : arrêt indiquant que la commune n'a pas commis d'erreur en s'abstenant de classer ce boisement.
4. CAA Nantes, 5 févr. 2002, *Loyer*, req. n° 00NT00761, NP : arrêt annulant la délibération approuvant la révision du POS en tant qu'elle classe cette parcelle comme espace boisé significatif.
5. CE 7 déc. 1990, *Touzery*, req. n° 97451, NP.
6. V. sˢ n° 151.81.
7. CE 18 déc. 1996, *Klein*, req. n° 144648, NP.
8. CAA Marseille, 4 déc. 2014, *Sarl Espace création Provence*, req. n° 13MA01331, NP.
9. CAA Nantes, 17 avr. 2015, *Lionel de Goüyon Matignon*, req. n° 13NT01925, NP.

aux abords immédiats de la forêt domaniale en vue de préserver une zone naturelle, ont pu, sans erreur manifeste d'appréciation, adopter un tel classement ») [1] ;

– d'une parcelle boisée qui s'inscrit dans le prolongement d'un vaste ensemble boisé (classement en espace boisé à conserver épousant le parti pris d'aménagement retenu par les auteurs du POS consistant à préserver la qualité des paysages et des vues et à maintenir les grands espaces boisés) [2] ;

– d'une parcelle dépourvue de toute construction, plantée d'une dizaine d'arbres et voisine d'une parcelle densément boisée avec laquelle elle forme une trame boisée à l'intérieur du territoire communal (classement cohérent avec le parti d'aménagement retenu par la commune, et notamment avec le rapport de présentation qui expose que les parcelles nouvellement classées en espace boisé « correspondent à des trames boisées existantes et qu'il convient de respecter et de préserver au titre du patrimoine vert de la commune ») [3].

151.53 Classement non justifié. Est entaché d'erreur manifeste d'appréciation le classement d'une parcelle en espace boisé :

– alors qu'elle ne comporte pas de plantations présentant un quelconque intérêt et qu'il n'est pas prévu d'y implanter des végétaux dans un futur prévisible [4] ;

– alors qu'elle appartient à un lotissement et se trouve bordée par deux autres terrains déjà bâtis dont l'un supporte une maison et l'autre un immeuble collectif de plusieurs étages [5].

2°
Autres critères justifiant le classement

151.61 Motifs d'urbanisme. Le classement d'un site boisé peut également être justifié par tout motif d'urbanisme, par exemple la volonté :

– de séparer par un espace vert des zones urbanisées [6] ;

– de préserver un espace de respiration au sein d'une zone urbaine [7].

151.62 Proximité avec un espace boisé classé. La circonstance qu'un terrain soit situé à proximité d'un espace boisé constitue un paramètre favorable à son inclusion dans celui-ci.

Le Conseil d'État indique ainsi que sur le fondement de l'article L. 113-1, « peut être classé comme espace boisé un terrain qui, sans disposer, à la date de l'établissement du plan local d'urbanisme, de toutes les caractéristiques d'un bois, d'une forêt ou d'un parc, est situé à proximité d'espaces boisés avoisinants » [8].

Par exemple, la commune ne commet pas d'erreur manifeste d'appréciation en classant en espace boisé classé :

– des parcelles qui ne sont pas elles-mêmes boisées, dès lors qu'elles jouxtent des espaces boisés d'une certaine importance [9] ;

– d'une parcelle qui n'est pas entièrement plantée d'arbres, dès lors qu'elle est située à proximité d'un important massif forestier dont elle n'est séparée que par un chemin rural [10].

3°
Compatibilité avec d'autres servitudes d'utilité publique

151.71 Compatibilité entre le classement et des servitudes d'utilité publique. Il ne résulte pas des dispositions des articles L. 151-28 (qui imposent au PLU le respect des servitudes d'utilité publique) et L. 113-1 du code de l'urbanisme, « qui répondent à des finalités différentes, qu'elles interdisent par principe de classer en espace boisé un terrain grevé d'une servitude d'utilité publique affectant l'utilisation du sol ». Il appartient toutefois à l'autorité administrative compétente « de s'assurer, sous le contrôle du juge, que la servitude, compte tenu de ses caractéristiques et des obligations, notamment d'entretien, qui en découlent, n'est pas inconciliable avec ce classement ». Par suite, un juge peut estimer qu'une servitude de passage d'une canalisation de gaz sur une bande de 4 mètres instituée depuis trente ans sur une parcelle ne faisait pas obstacle à son classement en espace boisé, compte tenu de ce que les coupes et abattages d'arbres imposés par la servitude demeuraient possibles dans le cadre des dispositions du code de l'urbanisme [11].

151.72 Compatibilité entre le classement et la création d'un emplacement réservé. Il est possible de procéder à la création d'un emplacement réservé dans un document d'urbanisme (qui a pour seul objet de protéger un terrain d'opérations qui seraient sus-

1. CAA Bordeaux, 25 févr. 2014, *Guérin*, req. n° 13BX00139, NP.
2. CAA Marseille, 22 déc. 2016, *Winterberger*, req. n° 16MA01015, NP (arrêt devenu définitif en l'absence d'admission du pourvoi formé à son encontre : CE 19 juill. 2017, req. n° 408368, NP).
3. CAA Nantes, 10 juill. 2015, *Vallet*, req. n° 14NT01922, NP.
4. CAA Lyon, 25 févr. 2014, *Chazal*, req. n° 13LY01505, NP.
5. CE 17 juin 1988, *Metral*, req. n° 66703, NP.
6. CE 19 févr. 1993, *Assoc. synd. libre des propriétaires des parcs de Saint-Tropez*, req. n° 97202, NP.
7. CAA Marseille, 13 mars 2023, *SCI Kennedy*, req. n° 21MA02148, NP.
8. CE 28 nov. 2011, *Pavesi*, req. n° 328080, NP.
9. CAA Bordeaux, 17 nov. 2015, *SCI Laurabili*, req. n° 15BX00480, NP.
10. CAA Versailles, 24 nov. 2005, *SCI Les hommeries des bois*, req. n° 03VE03975, NP.
11. CE 29 oct. 2013, *Jeannin*, req. n° 348682, *Lebon T.*

ceptibles de compromettre la réalisation future d'un ouvrage ou d'un aménagement présentant un intérêt général) concernant une parcelle classée en espace boisé, à condition que la création de cet emplacement réservé ne soit pas contradictoire avec le classement[1].

Par exemple, n'est pas entachée d'erreur manifeste la délibération classant un ancien parc en secteur boisé et réservant celui-ci au développement des activités sportives dans la commune[2].

151.73 **Servitudes liées à l'implantation d'une ligne à haute tension.** Le passage d'une ligne à haute tension « est incompatible, compte tenu des servitudes qu'il entraîne, avec le classement des terrains surplombés comme espaces boisés protégés »[3].

B.
Critères non pris en compte

151.81 **Existence du boisement.** Les dispositions de l'article L. 113-1 du code de l'urbanisme ne subordonnent pas le classement d'un terrain comme espace boisé à la condition qu'il possède tous les caractères d'un bois, d'une forêt ou d'un parc à la date d'établissement du PLU[4], ni plus largement à l'existence d'un boisement[5]. La jurisprudence le justifie par la considération que le PLU exprime des prévisions et détermine les zones d'affectation des sols selon l'usage principal qui devra en être fait à l'avenir[6]. Peut s'y ajouter un argument de texte : l'article L. 113-1 reconnaissant la possibilité de classer des bois, forêts et parcs « à créer », il reconnaît par là son application à des bois, forêts et parcs n'ayant pas encore d'existence matérielle.

En raison de ce qui précède, ne saurait faire obstacle au classement la circonstance qu'un terrain :

- ne soit pas entièrement planté d'arbres[7] ;
- voire constitue une prairie dépourvue d'arbres[8].

151.82 **Valeur du boisement.** Le classement au titre de l'article L. 113-1 du code de l'urbanisme n'est pas subordonné « à la valeur du boisement existant »[9].

1. CE 29 oct. 2013, *Jeannin*, req. n° 348682, NP.
2. CE 7 déc. 1990, *Touzery*, req. n° 97451, NP.
3. CE 13 oct. 1982, *Roumare (Cne)*, req. n° 23553, *Lebon T.*
4. CE 14 déc. 1984, *Cordier*, req. n° 43338, *Lebon T.* ; – CE 19 févr. 1993, *Assoc. synd. libre des propriétaires des parcs de Saint-Tropez*, req. n° 97202, NP ; – CE 15 janv. 1999, *Romand*, req. n° 164737, NP.
5. CE 31 juill. 1996, *Moyal*, req. n° 129551, NP.
6. CE 14 déc. 1984, *Cordier*, req. n° 43338, *Lebon T.* ; – CE 15 janv. 1999, *Romand*, req. n° 164737, NP.
7. CE 14 déc. 1984, *Cordier*, req. n° 43338, *Lebon T.*
8. CE 15 janv. 1999, *Romand*, req. n° 164737, NP.
9. CE 5 déc. 1986, *Guillerot*, req. n° 55448, NP.

Dès lors, ne saurait faire obstacle au classement :

- la qualité médiocre des arbres[10] ;
- la situation d'une parcelle dans une zone déjà partiellement urbanisée[11], voire urbaine[12] ;
- la situation d'une parcelle entre une voie ferrée, une route nationale et une déviation de la route nationale[13] ;
- la circonstance qu'un terrain serait pauvre et de mauvaise qualité, qu'il reposerait sur un sol acide et de faible profondeur et qu'il serait clairsemé[14] ;
- la circonstance qu'un terrain soit pollué[15].

De la même manière, les dispositions de l'article L. 113-1 « ne réservent pas aux seuls espaces boisés d'arbres de haute tige le bénéfice du classement qu'elles prévoient, mais peuvent s'appliquer à des espaces accueillant tout type de végétation »[16].

151.83 **Espaces verts.** Le régime des EBC étant distinct de celui des espaces verts, une commune ne commet pas d'erreur manifeste d'appréciation en classant des terrains comme espaces boisés alors qu'ils ne constituent pas des espaces verts au sens de l'article 151-41 du code de l'urbanisme[17].

Pour la même raison, le bien-fondé d'un classement en secteur boisé ne dépend pas de la présence d'autres espaces verts dans le secteur[18].

10. CE 5 déc. 1986, *Guillerot*, req. n° 55448, NP ; – ÉGALEMENT : CAA Nantes, 10 juill. 2015, *Vallet*, req. n° 14NT01922, NP (terrain ne comportant pas d'arbres d'une qualité particulière).
11. CE 5 déc. 1986, *Guillerot*, req. n° 55448, NP ; – CE 31 juill. 1996, *Moyal*, req. n° 129551, NP ; – AUSSI : CAA Marseille, 4 déc. 2014, *Sarl Espace création Provence*, req. n° 13MA01331, NP ; – ÉGALEMENT : CAA Bordeaux, 25 févr. 2014, *Guérin*, req. n° 13BX00139, NP : arrêt indiquant « que la seule circonstance que les parcelles dont s'agit soient entourées au nord et au sud de terrains construits, au demeurant distants d'environ 100 mètres, ne fait pas obstacle, par elle-même, à leur classement en espace boisé » ; – ÉGALEMENT : CAA Versailles, 6 avr. 2006, *Jannez*, req. n° 05VE00396, NP ; *BJDU* 2006. 483, chron. É. Carpentier ; *Constr.-Urb.* 2006, n° 175, note G. Godfrin ; *Constr.-Urb.* 2006, n° 199, note P. Cornille : arrêt indiquant que la circonstance que le terrain d'assiette du projet ne comporterait pas de boisement et ne constituerait pas un bois ne permet pas, en elle-même, d'établir que le classement en espace boisé est entaché d'erreur manifeste d'appréciation.
12. CAA Nantes, 10 juill. 2015, *Vallet*, req. n° 14NT01922, NP ; – CAA Marseille, 12 mai 2021, *Scaletta*, req. n° 19MA01416, NP.
13. CE 5 déc. 1986, *Guillerot*, req. n° 55448, NP.
14. CAA Nantes, 17 avr. 2015, *Lionel de Goüyon Matignon*, req. n° 13NT01925, NP.
15. CAA Paris, 10 déc. 2020, *Connan*, req. n° 18PA02061, NP (arrêt devenu définitif en l'absence d'admission du pourvoi formé à son encontre : CE 28 oct. 2021, req. n° 449631, NP).
16. CE 28 sept. 2020, *Carrère (M.) et autres*, req. n° 423129, *Lebon T.* : en l'espèce, le juge valide le classement en EBC qui porte pour l'essentiel sur une garrigue et un maquis ras.
17. CE 19 mai 1989, *Sté Clamageran et cie*, req. n° 73646, NP.
18. CAA Marseille, 4 déc. 2014, *Sarl Espace création Provence*, req. n° 13MA01331, NP.

151.84 Autres éléments indifférents. Ne font pas davantage obstacle au classement d'une parcelle comme espace boisé :

- l'usage de cette parcelle par le public[1] ;
- le risque allégué d'éboulement et de glissement de terrain du fait de la proximité d'une ancienne carrière[2] ;
- la faible superficie d'un terrain[3] ;
- la circonstance que d'autres parcelles de la commune comportant des arbres n'auraient pas été classées en espaces boisés[4] ;
- l'ampleur du classement (en l'espèce 75 % du territoire communal)[5].

§ 3
Procédure de classement des espaces boisés

151.91 Procédure PLU. Un espace boisé peut être classé lors de :

- l'élaboration du PLU ;
- la modification du PLU, le cas échéant selon la procédure simplifiée ;
- la révision du PLU.

Une délibération qui se borne à informer les propriétaires du régime applicable aux parcelles classées n'a pas par elle-même pour effet de classer des parcelles[6].

151.92 Report sur les documents graphiques du PLU. Dans les zones U, AU, A et N, les documents graphiques du règlement font apparaître les espaces boisés classés[7].

Une erreur matérielle entachant la représentation graphique du zonage d'une parcelle, en ce qu'elle englobe à tort dans l'espace boisé la partie de la parcelle permettant d'accéder à la voie publique, n'est pas de nature à remettre en cause, dans son ensemble, le bien fondé du classement de la parcelle en espace boisé[8].

Il avait été jugé que le classement n'est opposable que s'il figure à la fois dans le règlement du PLU et les documents graphiques[9]. Désormais, le code prévoit qu'un classement réalisé uniquement dans un document graphique est possible si la partie écrite du règlement le mentionne expressément[10].

Il avait également été jugé qu'en cas de divergence entre le règlement et les documents graphiques (en l'espèce : règlement portant la mention « espaces boisés classés : néant » ; documents graphiques faisant apparaître des espaces boisés classés), le règlement prévaut (et, par conséquent, dans le cas présent, le classement est inopposable aux demandes d'autorisation)[11].

151.93 Zone du PLU concernée. Un espace boisé classé peut être instauré dans n'importe quelle zone du PLU[12].

151.94 Information du Centre national de la propriété forestière (CNPF). Le maire ou le président de l'EPCI informe le Centre national de la propriété forestière des décisions prescrivant l'établissement du PLU ou du document d'urbanisme en tenant lieu, ainsi que de classements d'espaces boisés intervenus en application de l'article L. 113-1[13].

§ 4
Déclassement des espaces boisés

A.
Régime de droit commun

151.101 Possibilité d'un déclassement. Les dispositions régissant le classement en espace boisé « ne font pas obstacle à la modification ou à la suppression du classement » dans les conditions fixées pour la révision des PLU[14].

151.102 Procédure. Les modifications et suppressions d'un classement ne peuvent intervenir que dans le cadre de la révision du PLU ou sa mise en compatibilité[15].

Elles ne peuvent être réalisées par une simple modification du PLU.

1. CAA Marseille, 4 déc. 2014, *Sarl Espace création Provence*, req. n° 13MA01331, NP ; – ÉGALEMENT : CAA Nantes, 17 avr. 2015, *Lionel de Goüyon Matignon*, req. n° 13NT01925, NP.
2. CAA Nantes, 17 avr. 2015, *Lionel de Goüyon Matignon*, req. n° 13NT01925, NP.
3. CE 14 déc. 1984, *Cordier*, req. n° 43338, *Lebon T.* ; – CAA Nantes, 10 juill. 2015, *Vallet*, req. n° 14NT01922, NP.
4. CAA Nantes, 10 juill. 2015, *Vallet*, req. n° 14NT01922, NP.
5. CE 28 sept. 2020, *Carrère (M.) et autres*, req. n° 423129, *Lebon T.*
6. CE 6 mai 1996, *Gros*, req. n° 152516, NP.
7. C. urb., art. R. 151-31, 1°.
8. CAA Nantes, 10 juill. 2015, *Vallet*, req. n° 14NT01922, NP.
9. CE 19 nov. 2008, *Waze*, req. n° 297382, *Lebon T.* ; *BJDU* 2009. 39, concl. F. Séners, obs. J.-C. B. ; *Constr.-Urb.* 2009, n° 6, note P. Cornille.
10. V. s[s] n° 231.431.
11. CE 17 nov. 1999, *Fotso*, req. n° 186258, *Lebon T.* ; *BJDU* 2000. 18, concl. A. Seban, obs. L.T. ; *Constr.-Urb.* 2000, n° 41, note D. Larralde.
12. CE 13 oct. 1982, *Roumare (C[ne])*, req. n° 23553, *Lebon T.* : arrêt indiquant qu'il appartient aux auteurs d'un POS de définir, d'une part, le zonage du territoire concerné et, d'autre part, à l'intérieur de chacune des zones, les espaces protégés au titre de l'article L. 113-1 du code de l'urbanisme.
13. C. urb., art. R. 113-1.
14. CE 2 mai 1980, *Assoc. pour la défense de l'environnement de la Vendée*, req. n° 8697, NP.
15. C. urb., art. L. 153-31, 2° – V. s[s] n° 235.21.

La procédure accélérée de révision peut être utilisée si la révision du PLU a uniquement pour objet de réduire un espace boisé classé[1].

151.103 **Conditions.** La commune ou l'EPCI est libre de remettre en cause le classement en espace boisé s'il lui apparaît que celui-ci a perdu sa justification. La commune ou l'EPCI n'est, dans son appréciation, pas liée par le classement antérieur[2].

151.104 **Contrôle juridictionnel.** Il appartient aux auteurs d'un PLU de déterminer le parti d'aménagement à retenir pour le territoire concerné par le plan, en tenant compte de la situation existante et des perspectives d'avenir, et de fixer en conséquence le zonage et les possibilités de construction. S'ils ne sont pas liés, pour déterminer l'affectation future des différents secteurs, par les modalités existantes d'utilisation des sols, dont ils peuvent prévoir la modification dans l'intérêt de l'urbanisme, leur appréciation peut cependant être censurée par le juge administratif au cas où elle serait entachée d'une erreur manifeste ou fondée sur des faits matériellement inexacts[3].

À titre d'exemple, n'est pas entachée d'erreur manifeste d'appréciation la suppression du classement en espace boisé :

- d'une parcelle déjà construite[4] ;
- d'une partie d'un terrain sur laquelle se trouve un très petit nombre d'arbres et ayant été reclassée en zone d'espaces verts à créer[5].

En revanche, est entaché d'erreur manifeste d'appréciation le maintien du classement d'une parcelle en espace boisé alors qu'elle est équipée d'un réseau d'assainissement en vue d'une urbanisation future, qu'elle est située à proximité immédiate de voies et qu'elle jouxte un important lotissement érigé sur des terrains ayant, eux, fait l'objet d'un déclassement[6].

B.
Communes littorales

151.111 **Possibilité d'un déclassement.** Une commune littorale est soumise à une interdiction stricte de déclasser les espaces boisés figurant parmi les espaces boisés les plus significatifs de la commune[7].

1. C. urb., art. L. 153-34, 1° – V. s^{s} n° 235.71.
2. CAA Nantes, 22 déc. 2015, *Chazelas*, req. n° 14NT02244, NP.
3. CAA Nantes, 22 déc. 2015, *Chazelas*, req. n° 14NT02244, NP.
4. CAA Nantes, 22 déc. 2015, *Chazelas*, req. n° 14NT02244, NP.
5. CE 23 oct. 1989, *Copropriété de l'immeuble Arpège*, req. n° 79875, NP.
6. CE 28 avr. 1989, *Silhol*, req. n° 68402, NP.
7. PAR EX., pour une censure : CAA Douai, 27 nov. 2014, *Assoc. Pour la sauvegarde du site de Saint Adresse*, req. n° 13DA00373, NP.

151.112 **Procédure.** La commission départementale de la nature, des paysages et des sites (CDNPS) doit être consultée pour avis préalablement à un déclassement[8].

SECTION 2
EFFETS DU CLASSEMENT EN ESPACE BOISÉ

151.121 **Deux effets.** Le classement en espace boisé établit une servitude sur les parcelles concernées[9]. Son effet est double[10] :

- d'une part, il interdit tout changement d'affectation ou tout mode d'occupation du sol de nature à compromettre la conservation, la protection ou la création des boisements ;
- d'autre part, il entraîne le rejet de plein droit de la demande d'autorisation de défrichement prévue par le code forestier.

À certaines conditions, il est fait exception à ces interdictions pour l'exploitation des produits minéraux[11].

§ 1
Principe : classement limitant les changements d'affectation et de modes d'occupation du sol, et interdisant les défrichements

A.
Limitation des changements d'affectation et de modes d'occupation du sol

151.131 **Travaux et aménagements interdits.** Le classement interdit « tout changement d'affectation ou tout mode d'occupation du sol » lorsqu'il est « de nature à compromettre la conservation, la protection ou la création des boisements »[12].

Ainsi, ne sont pas interdits tout changement d'affectation ou tout changement dans les modes d'occupation du sol, mais uniquement ceux qui compromettent l'objet du classement (soit la conservation, soit la protection, soit la création des boisements). La circonstance qu'une parcelle figure dans un espace boisé classé n'empêche pas à elle-seule un changement d'affectation ou un changement dans les modes d'occupation du sol.

8. CAA Bordeaux, 6 janv. 2009, *l'Étang salé (C^{ne})*, req. n° 07BX00389, NP.
9. CAA Marseille, 4 déc. 2014, *Sarl Espace création Provence*, req. n° 13MA01331, NP.
10. C. urb., art. L. 113-2, al. 1 et 2.
11. C. urb., art. L. 113-2, al. 3.
12. C. urb., art. L. 113-2, al. 1er.

1° Appréciation de l'autorité administrative

151.141 Nécessité d'une appréciation. Pour refuser un permis de construire ou une autorisation de travaux sur la base de l'article L. 113-2 du code de l'urbanisme, « il appartient à l'autorité administrative, sous le contrôle du juge, d'apprécier si la construction ou les travaux projetés sont de nature à compromettre la conservation, la protection ou la création des boisements »[1].

Un tribunal administratif commet une erreur de droit en estimant que le maire était tenu de s'opposer aux travaux déclarés par le pétitionnaire pour l'extension de son habitation du seul fait qu'ils étaient situés dans un espace boisé classé, sans rechercher si ceux-ci compromettaient la conservation ou la protection de cet espace boisé[2].

De même, commet une erreur de droit le maire qui se borne à citer l'article L. 113-2 pour refuser un permis de construire, cette seule mention ne suffisant pas à établir qu'il a apprécié si la construction ou les travaux projetés étaient de nature à compromettre la conservation, la protection ou la création des boisements[3].

151.142 Critères d'appréciation. Pour apprécier si un projet est compatible avec le classement en espace boisé, le premier critère est celui des coupes ou abattages d'arbres qu'il nécessite le cas échéant. Un projet qui suppose coupe ou abattage d'arbres est *ipso facto* regardé comme de nature à compromettre les boisements.

Un projet qui ne nécessite pas la coupe ou l'abattage d'arbres n'est pas pour autant compatible avec le classement. Sa compatibilité avec la conservation, la protection ou la création des boisements s'apprécie au regard de ses caractéristiques, de son implantation, de l'importance (ou du caractère limité) de l'emprise sur l'espace boisé ou encore, le cas échéant, de l'ajout de nouveaux arbres.

151.143 Servitude conventionnelle. Le classement d'une zone en espace boisé interdit tout changement d'affectation ou tout mode d'occupation du sol de nature à compromettre la conservation, la protection ou la création de boisements, y compris en vertu d'une servitude conventionnelle créée avant le classement en zone protégée mais dont la réalisation est ordonnée postérieurement à ce classement[4].

1. CE 31 mars 2010, *Ven*, req. n° 310774, *Lebon T. ; BJDU* 2010. 188, concl. C. Roger-Lacan.
2. CE 31 mars 2010, *Ven*, req. n° 310774.
3. CAA Marseille, 9 févr. 2015, *SCI Château de Saint Jeannet*, req. n° 13MA00368, NP – CAA Bordeaux, 30 juin 2011, *Merignac*, req. n° 10BX03047, NP.
4. Civ. 3e, 15 mars 2018, n° 17-14.366, P.

2° Illustrations

a. Constructions

151.151 Exemples de projets qui ne sont pas de nature à compromettre un EBC. A été regardé comme n'étant pas de nature à compromettre un espace boisé classé :

– le projet de rénovation d'un hôtel prévoyant la conservation et la réhabilitation des deux parties du jardin de l'hôtel ainsi que la suppression du stationnement des véhicules en surface par la création d'un parking souterrain (le projet augmente les surfaces végétales de plus de 25 % et réduit les surfaces minérales, hors bâtiments, de près de 30 % ; il conserve les arbres « intéressants » du jardin et double les arbres « vieillissants » par des plantations nouvelles portant sur une centaine d'arbres supplémentaires ; le juge estime que « si le projet prévoit la création, devant certains bâtiments, de terrasses végétalisées en gazon dit "renforcé", ces aménagements, qui visent à permettre des cheminements vers le jardin, contribuent à l'aménagement du jardin sans traduire de changement de mode d'occupation du sol de nature à compromettre la conservation des boisements »)[5] ;

– le projet de création d'une aire de stationnement ainsi que d'aménagement et d'extension d'une terrasse et d'une piscine et d'un pool-house sur une emprise incluse dans un espace boisé classé, dès lors que ces extensions de l'emprise de la construction restent suffisamment limitées[6] ;

– le projet de construction d'un abri pour chevaux ne nécessitant pas l'abattage d'arbres, accolé à la limite séparative et situé en fond de parcelle, qui prend la forme de structures légères en bois, ouvertes côté terrain et non raccordées aux réseaux (projet compatible avec les espaces boisés classés compte tenu de ses caractéristiques et de sa localisation sur le terrain).

151.152 Exemples de projets de nature à compromettre un EBC. A été regardé comme étant de nature à compromettre un espace boisé classé :

– l'implantation d'une maison sur une partie du terrain située en espace boisé classé[7] ;

– la construction d'un parc de stationnement comportant une rampe en béton d'une longueur de 23 mètres, implantée sur une place publique classée comme espace boisé et destinée à permettre l'accès des véhicules au premier étage de l'ouvrage, même si elle ne nécessite aucune coupe ou abattage d'arbre[8] ;

5. CE 9 déc. 2015, *SAS Hôtel Métropole*, req. n° 391019, NP.
6. CAA Marseille, 12 mai 2015, *SCI Pearl*, req. n° 13MA03667, NP.
7. CE 22 juill. 1994, *Reding*, req. n° 138212, NP ; – CAA Nantes, 10 juill. 2015, *Vallet*, req. n° 14NT01922, NP.
8. CE 20 janv. 1984, *Angers (Ville)*, req. n° 34945, NP.

– la construction d'une mosquée empiétant sur une bande de terrain relevant d'un espace boisé classé, où doivent en outre être construits dix places de stationnement, l'accès au parc de stationnement souterrain et un transformateur[1] ;

– l'aménagement d'un terrain de camping, alors même qu'il n'entraîne pas de coupe ou abattages d'arbres[2] ;

– la construction d'une piscine, d'un garage et d'un auvent pour une surface de 300 m[2][3] ;

– le projet consistant à changer la destination d'un bâtiment agricole pour le transformer en restaurant, à agrandir ce bâtiment et à créer une aire de stationnement de 150 m², alors même que le projet n'impliquerait pas des coupes ou abattages d'arbres[4] ;

– la création d'une piscine couverte se trouvant dans un espace boisé classé, même si sa construction ne suppose aucune coupe ou abattage d'arbres et se situe à l'emplacement d'un ancien potager[5].

b. Lotissement

151.161 Lotissement compatible avec un EBC. À titre d'exemple, a été regardée comme n'étant pas de nature à compromettre un espace boisé classé la création d'un lotissement, eu égard à la modicité de l'emprise (une centaine de mètres carrés sur l'espace boisé) et à la circonstance que le demandeur entend créer des espaces verts englobant la zone boisée protégée par le POS[6].

c. Voies de circulation

151.171 Une appréciation au cas par cas pour le juge administratif. Le juge administratif apprécie au cas par cas si la création de voies de circulation est de nature à compromettre un EBC[7].

A été regardée comme constituant un changement d'affectation du sol de nature à compromettre un EBC la réalisation, à travers un espace boisé, de deux voies pour l'accès des véhicules au parc de stationnement prévu au projet, même si elle ne suppose aucune coupe ou abattage d'arbres[8].

En revanche, a été regardé comme ne compromettant pas un EBC :

– la réalisation d'une voie longue de 66 m et large de 4 m, traversant la zone classée comme espace boisé le long de la limite séparative du terrain, en vue de rejoindre la voie publique, dès lors que la création de la voie d'accès ne nécessite aucun abattage ni aucune coupe d'arbre, que cette partie du terrain est composé essentiellement d'arbres fruitiers décrits comme morts ou en voie de dépérissement que ces arbres n'étaient pas entretenue par l'ancien propriétaire du terrain (ce qui avait favorisé son utilisation comme aire de stationnement et de dépôt de matériaux divers ; à l'inverse le projet de construction, qui inclut une clôture du terrain, contribuera à un meilleur entretien des boisements subsistants et à la création de boisements nouveaux)[9] ;

– le projet de construction prévoyant l'utilisation d'un chemin piétonnier préexistant qui traverse un espace boisé classé pour servir d'issue de secours des établissements commerciaux de la construction projetée et également pour pouvoir assurer l'entretien des boisements et des jardins, qui ne nécessite aucun abattage ni aucune coupe d'arbre[10].

151.172 Une atteinte automatique selon la Cour de cassation. Alors que le juge administratif apprécie au cas par cas si la construction d'une route est de nature à compromettre ou non un EBC, la Cour de cassation retient une position plus exigeante en estimant « que la réalisation d'une voie de circulation, même si elle ne suppose aucune coupe ou abattage d'arbres, constitue un changement d'affectation du sol de nature à compromettre la conservation, la protection ou la création de boisements dans un espace classé »[11].

B. Interdiction des défrichements

151.181 Rejet de plein droit de la demande de défrichement. L'article L. 113-2, al. 2, du code de l'urbanisme, prévoit que : « Nonobstant toutes dispositions contraires », le classement d'une parcelle en espace boisé « entraîne le rejet de plein droit de la demande d'autorisation de défrichement prévue au chapitre Ier du titre IV du livre III du code forestier ». Il en résulte que le préfet se trouve dans une situa-

1. CE 31 oct. 1986, *Assoc. culturelle lyonnaise islamo-française*, req. n° 62424, NP.
2. CE 30 nov. 1994, *Merle*, req. n° 140611, NP.
3. CAA Marseille, 20 nov. 2009, *Jean-Pierre A.*, req. n° 08MA02126, NP ; *Envir.* 2010, n° 49, note M. Sousse.
4. CAA Lyon, 30 sept. 2014, *Bonneau*, req. n° 12LY21178, NP.
5. CAA Nantes, 15 avr. 1998, *Préfet d'Indre-et-Loire*, req. n° 97NT01909, NP.
6. TA Orléans, 20 mai 1986, *Verseux*, req. n° 833533, NP.
7. CE 29 déc. 1999, *SNC du Capon*, req. n° 198021, *Lebon T.* : arrêt indiquant que « la cour, qui a porté sur le cas dont elle se trouvait saisie une appréciation tenant compte des circonstances particulières de l'espèce, n'a pas entendu juger que toute création de voie à l'intérieur d'un espace boisé classé était, de façon générale, interdite ; qu'ainsi elle n'a entaché ses arrêts d'aucune erreur de droit ».
8. CE 13 mars 1989, *SCI Boulevard des Lions*, req. n° 61117, *Lebon T.*
9. CAA Paris, 6 mai 2003, *Perrier*, req. n° 00PA03950, NP.
10. CAA Marseille, 12 mars 2015, *Bore de Loisy*, req. n° 13MA00671, NP.
11. Civ. 3e, 11 janv. 2018, n° 17-14.173, NP.

tion de compétence liée pour refuser la demande de défrichement d'une parcelle figurant dans un espace boisé classé[1].

Le code forestier définit le défrichement comme « toute opération volontaire ayant pour effet de détruire l'état boisé d'un terrain et de mettre fin à sa destination forestière »[2]. Il précise que constitue également un défrichement « toute opération volontaire entraînant indirectement et à terme les mêmes conséquences » (mettre fin à sa destination forestière), sauf si elle est entreprise en application d'une servitude d'utilité publique[3].

Une coupe d'arbres d'une ampleur telle qu'elle menace la destination forestière d'une parcelle est assimilée à un défrichement et, par suite, doit être refusée en application de l'article L. 113-2, al. 2, du code de l'urbanisme[4].

151.182 Absence d'autorisation tacite. Les dispositions de l'article L. 113-2, al. 2, du code de l'urbanisme s'opposent à ce que soit appliquée aux demandes d'autorisation de défrichement concernant les terrains classés comme espaces boisés, la procédure d'autorisation tacite prévue le code forestier[5]. Dès lors, est inopérant, à l'encontre d'un arrêté préfectoral rejetant (de plein droit) la demande de défrichement d'un terrain, le moyen tiré de l'existence d'une autorisation tacite de défrichement[6].

151.183 Rejet de la demande de construction ou d'aménagement impliquant un défrichement. L'autorité administrative doit rejeter la demande de construction ou d'aménagement impliquant un défrichement. Ainsi, doit être annulé l'arrêté autorisant l'extension d'un terrain d'un golf impliquant nécessairement le défrichement d'un bois classé présentant une forte densité[7].

C.
Ordre de rétablir le boisement en cas de travaux illicites

151.191 Remise des lieux en nature de bois. Le préfet peut, dans les trois ans qui suivent l'année au cours de laquelle des déboisements ou des travaux illicites ont été exécutés, ordonner le rétablissement des lieux en nature de bois. Faute par le propriétaire de faire la plantation ou le semis dans le délai prescrit par le préfet, il y est pourvu par l'administration aux frais du propriétaire. La contribution de celui-ci est recouvrée comme en matière de contributions directes[8].

Cette même procédure est applicable au cas où des travaux dont l'exécution a été prescrite n'ont pas été exécutés, le délai de trois ans partant de la fin de l'année au cours de laquelle ils auraient dû l'être[9].

§ 2
Dérogation pour l'exploitation de produits minéraux

151.201 Dérogation pour les deux interdictions prévues. Le troisième alinéa de l'article L. 113-2 du code de l'urbanisme prévoit qu'il est fait exception aux interdictions prévues à l'alinéa 1er (changement d'affectation ou mode d'occupation du sol de nature à compromettre la conservation, la protection ou la création des boisements) et à l'alinéa 2 (défrichement) « pour l'exploitation des produits minéraux importants pour l'économie nationale ou régionale, et dont les gisements ont fait l'objet d'une reconnaissance par un plan d'occupation des sols rendu public ou approuvé avant le 10 juillet 1973 ou par le document d'urbanisme en tenant lieu approuvé avant la même date »[10].

Il ajoute que l'autorisation (de réaliser des travaux ou de procéder à un défrichement) ne peut être accordée que si le pétitionnaire :

– s'engage préalablement à réaménager le site exploité ;

– et si les conséquences de l'exploitation, au vu de l'étude d'impact, ne sont pas dommageables pour l'environnement.

§ 3
Interdiction des coupes et abattages d'arbres lors de l'élaboration d'un PLU

151.211 Interdiction sur tout ou partie du territoire couvert. La délibération prescrivant l'élaboration d'un PLU « peut soumettre à déclaration préalable, sur tout ou partie du territoire couvert par ce plan, les coupes ou abattages d'arbres isolés, de haies ou réseaux de haies et de plantations d'alignement »[11].

1. CE, sect., 28 juill. 1995, *SA Plâtres-Lambert-Productions*, req. n° 139725, *Lebon* 336.
2. C. for., art. L. 341-1, al. 1er.
3. C. for., art. L. 341-1, al. 2.
4. CE 11 mai 1994, *SCI du golf de Poligny et min. Agriculture et Forêt*, req. n° 145441, *Lebon T.* : demande d'autorisation de coupe de bois portant sur une surface de 24 hectares et visant en réalité à créer un parcours de golf.
5. CE 13 mai 1991, *Sté immobilière de Verneuil-Vernouillet*, req. n° 44283, NP.
6. CE 13 mai 1991, *Sté immobilière de Verneuil-Vernouillet*, req. n° 44283, NP.
7. CAA Versailles, 25 févr. 2010, *Assoc. Les Amis de la Terre du val d'Ysieux*, req. n° 08VE03963, NP ; *BJDU* 2010. 314.
8. C. urb., art. R. 113-2, al. 1er.
9. C. urb., art. R. 113-2, al. 2.
10. Tel n'est pas le cas d'un document d'urbanisme n'ayant jamais été approuvé : CE, sect., 28 juill. 1995, *SA Plâtres-Lambert-Productions*, req. n° 139725, *Lebon* 336.
11. C. urb., art. L. 113-2, al. 4.

SECTION 3

MESURES DE COMPENSATION DU CLASSEMENT EN ESPACE BOISÉ

151.221 Compensation du classement. Le propriétaire d'un terrain situé dans un espace boisé classé fait face à une limitation des possibilités d'usage de son bien. Aussi des mesures lui permettant de se défaire de celui-ci au profit de l'autorité publique ont-elles été instituées. Elles profitent tant au propriétaire (qui trouve une porte de sortie pour un bien qu'il ne peut plus utiliser) qu'à la collectivité publique (qui acquière un terrain pouvant être affecté à l'intérêt général).

Leur mise en œuvre constitue une faculté pour les collectivités publiques et non une obligation[1].

151.222 Deux modes de transfert. L'article L. 113-3 du code de l'urbanisme prévoit deux modalités de transfert à la collectivité d'un terrain classé en espace boisé :

- d'une part la cession du terrain en contrepartie d'un terrain à bâtir ;
- d'autre part la cession d'une partie du terrain en contrepartie du droit de construire sur la partie que le propriétaire conserve.

§ 1

Première modalité : céder le terrain boisé classé en contrepartie d'un terrain à bâtir

A.

Mécanisme d'échange de terrains

151.231 Échange d'un terrain boisé contre un terrain à bâtir. Certaines collectivités publiques (État, départements, communes et établissements publics ayant pour objet la réalisation d'opérations d'urbanisme) « peuvent offrir, à titre de compensation, un terrain à bâtir aux propriétaires qui consentent à leur céder gratuitement un terrain classé en application de l'article L. 113-1 »[2].

B.

Conditions posées pour l'échange de terrains

151.241 Trois conditions. L'article L. 113-3 du code de l'urbanisme subordonne les transferts qu'il prévoit à trois conditions.

En premier lieu, ils ne peuvent être mis en œuvre que « pour sauvegarder les espaces boisés et sites naturels situés dans les agglomérations ou leurs environs et pour en favoriser l'aménagement »[3].

En deuxième lieu, la dernière acquisition à titre onéreux dont le terrain classé a fait l'objet doit dater de 5 ans au moins[4].

En troisième lieu, la collectivité doit être gagnante dans l'opération, ou plus exactement ne saurait être perdante : la valeur du terrain à bâtir offert en application du 1° ou le surcroît de valeur pris, du fait de l'autorisation de construire, par la partie du terrain classé conservée par le propriétaire en application du 2°, « ne doit pas dépasser la valeur du terrain cédé à la collectivité »[5]. En d'autres termes, la valeur du terrain obtenu par le particulier (1°), ou celle du terrain qu'il conserve (2°) ne peut pas être supérieure à celle du terrain qu'il transfère à la collectivité.

Sur ce point, la valeur du terrain à bâtir offert en compensation, la valeur du terrain classé cédé gratuitement à la collectivité et le surcroît de valeur pris, du fait de l'autorisation de construire, par la partie du terrain conservée par le propriétaire sont fixés conformément aux évaluations fournies par le directeur départemental ou, le cas échéant, régional des finances publiques qui, en ce qui concerne ce dernier terme, tient compte notamment des possibilités de construction[6].

151.242 Un engagement. L'article L. 111-5 du code de l'urbanisme ajoute un quatrième élément qui ne constitue pas formellement une condition : les collectivités publiques qui ont acquis la propriété d'espaces verts, boisés ou non, dans les conditions prévues à l'article L. 113-3 « s'engagent à les préserver, à les aménager et à les entretenir dans l'intérêt du public ».

§ 2

Seconde modalité : céder le terrain boisé classé en contrepartie d'un droit à construire

A.

Mécanisme de cession gratuite contre un droit à construire

151.251 Céder 90 % d'un terrain en contrepartie d'une autorisation de construire sur les 10 % que le propriétaire conserve. Selon la seconde modalité, l'État (ce qui exclut les autres collectivités publiques) « peut accorder au propriétaire une autorisation de construire sur une partie du terrain

1. CE 17 mars 1995, *Laugier*, req. n° 123386, NP.
2. C. urb., art. L. 113-3, 1°.
3. C. urb., art. L. 113-3, al. 1er.
4. C. urb., art. L. 113-3, al. 4.
5. C. urb., art. L. 113-3, al. 5.
6. C. urb., art. R. 113-5.

classé en application de l'article L. 113-1 n'excédant pas un dixième de la superficie dudit terrain, à titre de compensation de la cession du surplus »[1].

Les proportions sont librement définies par les parties (90/10 ; 95/5 ; 99/1, par exemple) à condition que 90 % au moins du terrain soit cédé à la collectivité.

B. Conditions de fond

151.261 Conditions communes à la première modalité. La seconde modalité de transfert d'un terrain boisé à la collectivité publique obéit aux mêmes conditions que celles posées pour la première modalité[2].

151.262 Condition supplémentaire : compatibilité avec le SCOT. L'autorisation de construire doit être compatible avec les dispositions du SCOT[3].

C. Procédure

151.271 Demande d'autorisation. L'autorisation de construire sur la partie du terrain destiné à être conservé par son propriétaire est demandée au préfet[4].

La demande est accompagnée des pièces justifiant[5] :

– que son auteur a la qualité de propriétaire ;

– d'un plan de situation du terrain classé ;

– d'un plan parcellaire de la propriété dans laquelle ce terrain est compris ;

– d'un état des plantations ;

– ainsi que de l'étude d'impact définie à l'article R. 122-5 du code de l'environnement.

151.272 Instruction de la demande. Selon l'article R. 113-4 du code de l'urbanisme, la demande est instruite par le préfet. Le représentant de l'État dans le département consulte le directeur départemental ou, le cas échéant, régional des finances publiques.

Il établit un rapport comportant notamment les éléments suivants :

– la localisation et l'étendue du terrain à déclasser ;

– la nature et à l'importance des constructions pouvant être autorisées ;

– une présentation des conséquences d'un éventuel défrichement au regard des dispositions de l'article L. 341-5 du code forestier.

Si, à ce stade, il apparaît que la demande ne peut être accueillie, le préfet en informe le pétitionnaire[6].

151.273 Accord des communes concernées. L'autorisation est subordonnée à l'accord de la ou des communes sur le territoire desquelles est situé le terrain classé[7].

Sauf s'il apparaît que la demande ne peut être accueillie, le préfet saisit du dossier le maire de chacune des communes intéressées en vue de la délibération du conseil municipal sur l'accord prévu. Si le conseil municipal ne s'est pas prononcé dans les quatre mois de cette saisine, l'accord est réputé refusé[8].

Lorsque la demande fait l'objet d'un désaccord d'une commune ou de plusieurs communes, le préfet en informe le pétitionnaire[9].

151.274 Transmission au ministre. Sauf en cas de désaccord des communes intéressées, le préfet transmet le dossier avec son avis et ses propositions, au ministre chargé de l'urbanisme[10].

D. Décision

1° Délivrance de l'autorisation

151.281 Décret. L'autorisation de construire en espace boisé est donnée par décret pris sur le rapport du ministre chargé de l'urbanisme, du ministre de l'intérieur et du ministre de l'agriculture[11].

151.282 Contenu du décret. Le décret qui fait droit à la demande[12] :

– désigne la personne publique bénéficiaire de la cession gratuite du terrain ;

– approuve les dispositions proposées par celle-ci en vue de préserver le terrain qui lui est cédé, de l'aménager et de l'entretenir dans l'intérêt du public ;

– délimite la partie du terrain classé sur laquelle porte l'autorisation de construire ;

– et prononce le déclassement de cette partie de terrain.

En outre, ce décret tient lieu, pour la partie déclassée, de l'autorisation de défrichement prévue à l'article L. 341-3 du code forestier[13].

Enfin, sans préjudice de l'application des autres dispositions du code de l'urbanisme relatives notamment aux constructions, « ce décret fixe les possibi-

1. C. urb., art. L. 113-3, 2°.
2. V. s^{s} n°s 151.241 et 151.242.
3. C. urb., art. L. 113-4, al. 1.
4. C. urb., art. R. 113-3, al. 1er.
5. C. urb., art. R. 113-3, al. 2.
6. C. urb., art. R. 113-13.
7. C. urb., art. L. 113-4, al. 3.
8. C. urb., art. R. 113-8.
9. C. urb., art. R. 113-13.
10. C. urb., art. R. 113-7.
11. C. urb., art. R. 113-8, al. 1er.
12. C. urb., art. R. 113-9, al. 1er.
13. C. urb., art. R. 113-9, al. 2.

lités de construction accordées » en application du 2° de l'article L. 113-3[1].

151.283 **Publicité.** Le décret fait l'objet d'une mention au Journal officiel de la République française[2].

Le préfet fait en outre insérer cette mention, aux frais du pétitionnaire, dans deux journaux régionaux ou locaux diffusés dans le département[3].

151.284 **Prise d'effet de la décision.** L'autorisation ne produit ses effets qu'après le transfert de propriété. Celui-ci doit intervenir au plus tard dans les deux ans qui suivent la publication du décret[4].

151.285 **Mise à jour du PLU.** Après que le transfert de propriété soit intervenu, le PLU est mis à jour conformément à l'article R. 153-18 du code de l'urbanisme[5].

2°
Refus d'autorisation

151.291 **Refus exprès ou tacite.** L'autorité administrative peut, par une décision exprès, opposer un refus à l'opération.

Un rejet peut également intervenir de façon implicite. En l'absence de décret accordant l'autorisation dans un délai de deux mois à compter de l'envoi du dossier par le préfet, l'autorisation est réputée refusée[6].

151.292 **Communication du refus au pétitionnaire.** Lorsque l'autorisation est refusée, soit explicitement, soit en conséquence du silence gardé dans le délai de deux mois prévu à l'article R. 113-8, le préfet en informe le pétitionnaire[7].

E.
Changement d'affectation du terrain

151.301 **Changement opéré par décret.** La portion de terrain cédée par le propriétaire ne peut faire l'objet d'un changement d'affectation qu'après autorisation donnée par décret[8].

151.302 **Exigence de compatibilité avec le SCOT.** Le changement d'affectation ne peut être autorisé qu'à la condition de respecter les dispositions du SCOT[9].

SECTION 4
OUVERTURE AU PUBLIC DES ESPACES BOISÉS CLASSÉS

151.311 **Donnant-donnant.** Selon la même inspiration que les mécanismes de transferts de terrains boisés classés à la collectivité, en contrepartie d'un terrain à bâtir ou d'un droit à construire[10], le code de l'urbanisme permet aux propriétaires de ces terrains (grevés d'une servitude limitant drastiquement les possibilités de construction) de les valoriser néanmoins. À la différence des mécanismes précédents, la valorisation se traduit ici par une ouverture des terrains au public en contrepartie d'avantages contractuellement négociés avec la collectivité[11].

151.312 **Conclusion de conventions.** En vertu de l'article L. 111-36 du code de l'urbanisme, les collectivités territoriales ou leurs groupements (ainsi que le conservatoire de l'espace littoral et des rivages lacustres) peuvent passer avec les propriétaires de bois, parcs et espaces naturels deux types de conventions :

- d'une part des conventions tendant à l'ouverture au public de ces bois, parcs et espaces naturels ;
- d'autre part des conventions pour l'exercice des sports de nature, notamment en application du titre Ier du livre III du code du sport.

Les conventions peuvent prévoir :

- la prise en charge totale ou partielle par les collectivités du financement des dépenses d'aménagement, d'entretien, de réparation et des coûts d'assurances nécessités par l'ouverture au public de ces espaces ;
- et le versement au propriétaire d'une rémunération pour service rendu.

151.313 **Espace boisé excédant les limites de la collectivité.** Dans le cas où les bois, parcs et espaces naturels sont situés dans des territoires excédant les limites territoriales de la collectivité contractante ou du groupement, le projet de convention est soumis pour avis à la ou aux collectivités intéressées ou à leur groupement[12].

Cet avis est réputé favorable si un refus n'est pas intervenu dans un délai de trois mois[13].

1. C. urb., art. R. 113-10.
2. C. urb., art. R. 113-11, al. 1er.
3. C. urb., art. R. 113-11, al. 2.
4. C. urb., art. R. 113-12.
5. C. urb., art. R. 113-12.
6. C. urb., art. R. 113-8, al. 2.
7. C. urb., art. R. 113-13.
8. C. urb., art. L. 113-4, al. 2.
9. C. urb., art. L. 113-4, al. 2.
10. V. ss nos 151.221 s.
11. Y. Prats, « L'ouverture des forêts au public citadin », *AJDA* 1979. 53.
12. C. urb., art. L. 113-7.
13. C. urb., art. R. 113-14.

CHAPITRE

152. Espaces naturels sensibles (ENS)

SECTION 0 ORIENTEUR

152.00 Sommaire du chapitre.

152.01 Textes applicables.

• **C. urb.**

art. L. 113-8 s.

art. R. 113-15 s.

152.03 Bibliographie indicative.

Thèse. P. Couttenier, *Du périmètre sensible à l'espace naturel sensible. Contribution à l'étude d'une évolution législative*, th. Montpellier I, 1990.

Encyclopédie. *DP constr.-urb.*, ét. : « Espaces naturels sensibles (ENS) ».

> Articles

Généralités. Dossier « Espaces naturels sensibles », *RJ envir.* 2006. 153 – R. Cristini, « Le département et l'aménagement urbain : les espaces naturels sensibles », *RFDA* 1986. 304 – Y. Jégouzo, Pour une politique départementale de protection et de gestion des espaces naturels sensibles, dossier, *RJ envir* 1997. 169 – P. Le Louarn, « Du périmètre à l'espace : Une évolution attendue de la législation des périmètres sensibles », *RJ envir.* 1986. 14 – M. Prieur, « Pour une véritable politique départementale de protection et de gestion des espaces naturels », *RJ envir.* 1997. 171.

Droit de préemption ENS. Ph. Billet, « Droit de préemption et protection de l'environnement », *Constr.-Urb.* 2009, ét. 14 – B. Drobenko, « Le droit de préemption des espaces naturels sensibles comme technique de maîtrise foncière environnementale », *RJ envir.* 2006. 125 – C. Dubois-Sallon, « Le droit de préemption sur les espaces naturels », *JCP N* 2011, n° 1263 – H. Périnet-Marquet, « Le droit de préemption dans les espaces naturels sensibles », *RJ envir.* 1997. 173 – M. Saint-Supery et D. Kacete, « Le droit de préemption dans les espaces naturels sensibles », *Constr.-Urb.* 2018, ét. 12 – R. Vandermeeren, « Les droits de préemption en matière d'urbanisme : innovations législatives et actualité jurisprudentielle », *AJDA* 2002. 1104.

152.04 Questions essentielles.

> Qu'est-ce qu'un ENS ?

* V. s[s] n° 152.14

> Quelles mesures de protection peuvent être prises au titre de la politique ENS ?

* V. s[s] n°s 152.51 s.

152.05 Origine. Le régime des « espaces naturels sensibles des départements » (ENS) a été institué par loi du 18 juillet 1985[1]. Avant lui s'appliquait celui des « périmètres sensibles », qui avaient été généralisés en 1976[2]. La loi de 1985 a transféré l'exercice de cette compétence de l'État aux départements.

152.06 Une politique. Le régime des ENS constitue un instrument singulier en droit de l'urbanisme.

1. L. n° 85-729, 18 juill. 1985 relative à la définition et à la mise en œuvre de principes d'aménagement, *JO* 19 juill., p. 8152, art. 12 – Décr. n° 86-516, 14 mars 1986 modifiant le code de l'urbanisme et relatif au droit de préemption urbain, aux zones d'aménagement différé, aux espaces naturels sensibles des départements et au contrôle de certaines divisions foncières, *JO* 16 mars, p. 4382, art. 7.
2. B. Toulemonde, « Les périmètres sensibles », *AJDA* 1978. 645.

Il constitue une politique ne nécessitant pas de délimitation préalable d'un espace et ne reposant pas sur un document d'urbanisme.

152.07 **Moyens.** La politique départementale des ENS s'exerce au moyen de trois outils :

- un outil foncier, le droit de préemption ;
- un outil fiscal, la part départementale de la taxe d'aménagement, qui sert à financer la mise en œuvre de cette politique (sous la forme, par exemple, de financement de personnels, de réalisation d'études, de subvention à des tiers ou encore d'actions de sensibilisation) ;
- un outil juridique, le pouvoir d'appliquer des mesures de protection.

SECTION 1
CARACTÈRES DE LA POLITIQUE DES ENS

152.11 **Une politique.** Les dispositions du code de l'urbanisme relatives aux ENS confèrent au département une compétence pour mettre en œuvre une politique. En vertu de l'article L. 113-8 du code de l'urbanisme : « Le département est compétent pour élaborer et mettre en œuvre une politique » :

- de « protection » des ENS ;
- de « gestion » des ENS ;
- et « d'ouverture au public » des ENS.

Cette politique ne repose pas sur un document d'urbanisme.

152.12 **Une politique mise en œuvre par le département.** Depuis la loi du 18 juillet 1985, la compétence en matière d'ENS appartient aux départements. Un transfert de cette compétence aux régions a été envisagé lors de la discussion du projet de loi pour la reconquête de la biodiversité, de la nature et des paysages [1].

152.13 **Une politique que la charte des espaces naturels sensibles a cherché à rationaliser.** En 2006, l'Assemblée des départements de France a adopté la « Charte des espaces naturels sensibles » afin d'assurer une cohérence des politiques départementales et de favoriser la mise en place de schémas départementaux des ENS [2].

Selon le texte de présentation qui l'accompagne, la charte précise certains éléments qui ne figuraient pas initialement dans le texte de loi, mais qui en découlent logiquement, comme la possibilité de financer les études, les personnels dédiés, les actions d'animation, de communication, d'éducation et de sensibilisation à la politique des ENS.

La charte prévoit, dans le cadre de la mise en place d'une politique ENS, l'appui d'un conseil scientifique et l'élaboration d'une procédure d'évaluation, fondée sur des indicateurs (nombre d'habitats et d'espèces prioritaires préservés par la politique ENS, nombre de nouveaux sites, nombre de plans de gestion réalisés...).

Elle invite également chaque département à adopter un schéma départemental des ENS : « Sur la base d'un état des lieux des richesses naturelles et paysagères du Département, le Conseil départemental définit les critères relatifs à sa politique et établit un schéma départemental des Espaces Naturels Sensibles qui définit les objectifs et moyens d'intervention à court et long terme » [3].

152.14 **Une politique portant sur les « espaces naturels sensibles ».** La notion d'espace naturel sensible n'est pas définie par le code de l'urbanisme. L'article L. 113-8 précise seulement que la notion ne se limite pas aux espaces boisés. Le législateur a ainsi laissé aux départements le soin d'apprécier les espaces qui relèvent de la notion d'ENS.

Afin d'harmoniser l'approche de la notion par les différents départements, la charte des espaces naturels sensibles indique que la notion correspond aux sites qui ont et auront pour caractéristiques :

- de présenter un fort intérêt ou une fonction biologique et/ou paysagère ;
- d'être fragiles et/ou menacés et devant de ce fait être préservés ;
- de faire l'objet de mesures de protection et de gestion ;
- d'être des lieux de découverte des richesses naturelles.

Selon une réponse ministérielle, la notion renvoie aux « espaces naturels qui présentent un intérêt patrimonial important reconnu scientifiquement, soit parce qu'ils sont situés dans un site classé ou inscrit ou susceptible de l'être, soit parce qu'ils contiennent des milieux naturels intéressants ou des espèces protégées faunistiques ou floristiques » [4].

Ainsi, en s'en tenant à ses caractéristiques déterminantes, doivent être regardés comme des ENS :

- les espaces naturels (ce qui exclut les espaces « artificiels » comme les bâtiments), boisés ou non ;
- qui présentent un intérêt particulier ;
- et se caractérisent par une certaine fragilité [5].

1. Rép. min. n° 12854, *JO Sénat Q* 27 août 2015, p. 2022.
2. Assemblée des Départements de France, *Espaces naturels sensibles, Une politique des Départements en faveur de la nature et des paysages*, juin 2015 [en ligne : http://www.departements.fr/wp-content/uploads/2016/11/ENS_2015V1_0.pdf].
3. Charte des espaces naturels sensibles, art. 4.
4. Rép. min. n° 24825, *JOAN Q* 28 mai 2001, p. 3077.
5. SUR l'appréhension jurisprudentielle de la notion, v. s^s^ n°s 431.22 s.

152.15 Une politique poursuivant des objectifs identifiés. Selon l'article L. 113-8 du code de l'urbanisme, la politique départementale de protection, de gestion et d'ouverture au public des ENS est destinée :

– d'une part, à « préserver la qualité des sites, des paysages, des milieux naturels et des champs naturels d'expansion des crues » ;

– et, d'autre part, à « assurer la sauvegarde des habitats naturels selon les principes posés à l'article L. 101-2 ».

152.16 Une politique devant être compatible avec les documents et servitudes d'urbanisme. L'article L. 113-9 du code de l'urbanisme prévoit que la politique du département en matière d'ENS doit être compatible avec :

– les dispositions particulières au littoral et aux zones de montagne prévues par le code de l'urbanisme (1°) ;

– les dispositions particulières aux zones de bruit des aérodromes prévues à l'article L. 112-3 (2°) ;

– le schéma régional de cohérence écologique prévu à l'article L. 371-3 du code de l'environnement (2° *bis*)[1] ;

– les SCOT (3°) ;

– les chartes intercommunales de développement et d'aménagement (4°) ;

– les directives territoriales d'aménagement (5°).

SECTION 2
MISE EN ŒUVRE DE LA POLITIQUE DES ENS

152.21 Trois leviers. La politique départementale en faveur des ENS est mise en œuvre au moyen de trois outils :

– le droit de préemption ;

– le prélèvement d'une taxe destinée à financer des actions ;

– le pouvoir d'appliquer des mesures de protection.

§ 1
Instrument foncier : le droit de préemption ENS

152.31 Pouvoir. Pour mettre en œuvre sa politique en faveur des ENS, « le département peut créer des zones de préemption dans les conditions définies aux articles L. 215-1 et suivants »[2].

Ce droit lui permet d'acquérir des terrains présentant les caractères d'un espace naturel sensible en vue d'en assurer leur préservation et leur ouverture au public[3].

152.32 Conditions d'instauration. Les zones de préemption ne peuvent être instaurées que dans les espaces qui le justifient, et uniquement pour la mise en œuvre des finalités relevant de la politique ENS[4].

§ 2
Instrument fiscal : le financement d'actions ENS

152.41 Fraction de la taxe d'aménagement (TA). Pour mettre en œuvre la politique ENS, « le département peut instituer une part départementale de la taxe d'aménagement destinée à financer les espaces naturels sensibles, dans les conditions définies à l'article L. 331-3 »[5]. La taxe d'aménagement (TA) est instituée par délibération de l'assemblée départementale et exclusivement affectée à cette politique en complément du budget général.

Les dépenses que son produit est susceptible de financer sont limitativement énumérées à l'article L. 331-3 du code de l'urbanisme[6].

152.42 Présentation budgétaire. Lorsque la part départementale de la taxe d'aménagement destinée à financer les ENS « a été instituée par la collectivité territoriale compétente, un tableau annexe au budget de cette collectivité fait le bilan des recettes et des emplois de cette taxe »[7].

§ 3
Instrument juridique : l'application de mesures de protection

A.
Mesures concernées

152.51 Deux mesures. Au titre de sa politique en faveur des ENS, le département dispose du pouvoir d'adopter deux types de mesures de protection :

– l'une tendant à la protection des espaces boisés ;

1. Ce paragraphe 2 *bis* a été ajouté par la loi n° 2016-1087 pour la reconquête de la biodiversité, de la nature et des paysages du 8 août 2016 (art. 57). Il a pour objectif d'améliorer la préservation des trames vertes et bleues au niveau départemental, notamment la protection des continuités écologiques.

2. C. urb., art. L. 113-14.
3. Pour une présentation détaillée de son régime, v. s[s] n°s 431.05 s.
4. V. s[s] n°s 431.11 s.
5. C. urb., art. L. 113-10.
6. V. s[s] n° 552.132.
7. C. urb., art. R. 113-18.

– l'autre visant à la sauvegarde des sites et paysages.

152.52 **Protection des espaces boisés.** Le président du conseil départemental peut, par arrêté, « déterminer les bois, forêts et parcs », relevant ou non du régime forestier, enclos ou non, attenants ou non à des habitations, « dont la préservation est nécessaire et auxquels est applicable le régime des espaces boisés classés » défini par l'article L. 113-1 et les textes pris pour son application [1].

Le président du conseil départemental peut ainsi appliquer aux ENS le régime des espaces boisés classés, dont il résulte, d'une part, l'interdiction des défrichements et, d'autre part, l'interdiction des changements d'affectation ou des modes d'occupation du sol de nature à compromettre la conservation, la protection ou la création des boisements [2].

L'arrêté ne peut être mis en œuvre qu'à compter de la décision du département de percevoir la taxe départementale d'aménagement [3].

152.53 **Protection des sites et paysages compris dans les zones de préemption.** Selon l'article L. 113-12 du code de l'urbanisme, le président du conseil départemental « peut édicter les mesures nécessaires à la protection des sites et paysages compris dans une zone de préemption » délimitée en application de l'article L. 113-14 [4]. Il peut notamment instituer deux interdictions :

– d'une part une interdiction « de construire ou de démolir » ;

– d'autre part une interdiction « d'exécuter certains travaux, constructions ou installations affectant l'utilisation du sol, à l'exception des travaux visant à l'amélioration des exploitations agricoles ».

L'article R. 113-15 du code de l'urbanisme mentionne d'autres mesures susceptibles d'être édictées à ce titre :

– l'arrêté peut « édicter les mesures de protection des sites et paysages et prévoir les règles d'utilisation du sol, notamment les mesures limitant les ouvertures de chemins et les adductions d'eau, lorsque ces travaux sont réalisés par des particuliers et n'ont pas pour objet d'assurer la desserte des bâtiments existants ou d'améliorer des exploitations agricoles » (1°) ;

– l'arrêté peut « interdire ou soumettre à des conditions particulières l'aménagement et l'ouverture des terrains destinés à accueillir de manière habituelle des tentes, des caravanes ou des habitations légères de loisirs » (2°).

1. C. urb., art. L. 113-11.
2. V. s[s] n°s 151.121 s.
3. C. urb., art. L. 113-11.
4. V. s[s] n° 152.32.

B.
Champ d'application

152.61 **Communes non couvertes par un PLU.** Les mesures de protection ne peuvent s'appliquer que sur le territoire des communes qui ne sont pas dotées d'un PLU opposable [5].

Les arrêtés qui les mettent en place « cessent d'être applicables dès qu'un plan local d'urbanisme est approuvé sur le territoire considéré » [6].

C.
Règles de forme et de procédure

152.71 **Arrêté du président du conseil départemental.** Les mesures de protection, d'une part des espaces boisés, d'autre part des sites et paysages sont prises par arrêté [7].

Le président du conseil départemental peut prendre un arrêté commun [8]. Il peut également édicter deux arrêtés distincts : un premier portant sur la protection des espaces boisés, un second portant sur la protection des sites et paysages [9].

152.72 **Initiative.** Les mesures de protection, d'une part des espaces boisés, d'autre part des sites et paysages sont prises par arrêté sur proposition du conseil départemental [10].

152.73 **Consultation des communes concernées.** Les arrêtés sont pris après délibération des communes concernées [11].

Le projet est soumis, par le préfet, aux communes et EPCI concernés. Ce rôle du préfet est directement prévu pour les mesures de protection des espaces boisés [12] ; elle l'est indirectement pour la protection des sites et paysages [13].

L'avis du conseil municipal ou de l'organe délibérant de l'EPCI compétent doit être transmis au préfet dans les trois mois à compter du jour où le maire

5. C. urb., art. L. 113-11.
6. C. urb., art. L. 113-13.
7. C. urb., art. L. 113-11 et L. 113-12.
8. C. urb., art. L. 113-12.
9. C. urb., art. L. 113-12.
10. C. urb., art. L. 113-11 et L. 113-12.
11. C. urb., art. L. 113-11 et L. 113-12.
12. C. urb., art. R. 113-15, al. 1er : « Pour l'application des mesures de protection prévues à l'article L. 113-12, le préfet, sur proposition du conseil départemental, saisit pour avis le conseil municipal de la commune intéressée ou l'organe délibérant de l'établissement public de coopération intercommunale compétent [...] d'un projet tendant à déterminer les bois, forêts et parcs à soumettre au régime des espaces boisés classés en application de l'article L. 113-1 et des textes pris pour son application ».
13. C. urb., art. L. 113-12, qui renvoie, quant à la procédure, aux règles prévues pour la protection des espaces boisés.

ou le président de l'EPCI a reçu la demande d'avis. Il est réputé favorable si aucune réponse n'a été donnée dans ce délai[1].

152.74 Consultation de la CDNPS (mesures concernant les espaces boisés). Le projet de classement d'un ENS au titre du régime sur les espaces boisés classés est soumis pour avis, par le préfet, à la CDNPS[2].

152.75 Arrêté préfectoral fixant les mesures de protection. Au vu des avis recueillis, « le préfet fixe par arrêté les mesures de protection »[3].

L'arrêté préfectoral fait l'objet d'une publication au recueil des actes administratifs du département et d'une mention dans deux journaux régionaux ou locaux diffusés dans le département[4].

Les effets juridiques attachés à l'arrêté du préfet ont pour point de départ l'exécution de l'ensemble de ces mesures de publicité[5].

Un dossier comportant l'arrêté et un document graphique est tenu à la disposition du public dans les mairies des communes intéressées, à la préfecture, au siège du conseil départemental et au service de l'État chargé de l'urbanisme dans le département[6].

D.

Sanction de la méconnaissance des règles de protection

152.81 Infractions. Constitue une infraction l'exécution de travaux ou l'utilisation du sol en infraction aux dispositions des articles L. 113-11 et L. 113-12 relatifs à la protection des espaces naturels sensibles des départements[7].

1. C. urb., art. R. 113-16, al. 1er.
2. C. urb., art. R. 113-15, al. 1er.
3. C. urb., art. R. 113-16, al. 2.
4. C. urb., art. R. 113-17, al. 1er.
5. C. urb., art. R. 113-17, al. 2.
6. C. urb., art. R. 113-17, al. 3.
7. V. ss no 615.32.

CHAPITRE

153. Espaces agricoles et naturels périurbains (EANP)

SECTION 0 ORIENTEUR

153.00 Sommaire du chapitre.

153.01 Textes applicables.

• **C. urb.**

art. L. 113-15 s.

art. R. 113-19 s.

153.03 Bibliographie indicative.

> Articles

Généralités. J.-C. Car et J. Tremeau, « La protection et la mise en valeur de l'espace périurbain après la loi du 23 février 2005 relative au développement des territoires ruraux », *BJDU* 2005. 82 – D. Dutrieux, « La loi relative au développement des territoires ruraux : les dispositions concernant le droit de l'urbanisme », *JCP N* 2005, n° 176 – J.-F. Struillou, « La protection des espaces périurbains après la loi sur le développement des territoires ruraux. De la planification à l'intervention foncière », *DAUH* 2005. 43.

Droit de préemption dans les EANP. J.-P. Meng et J.-J. Férec, « Le droit de préemption spécifique dans les espaces agricoles et naturels périurbains », *Defrénois* 15 janv. 2007, p. 24, n° AD2007DEF0024N1 (1re partie), 30 janv. 2007, p.107, n° AD2007DEF0107N1 (2nde partie).

153.04 **Question essentielle.**

> Par quels procédés peuvent être acquis des terrains au titre du régime des EANP ?

* V. s[s] n°s 153.81 s.

153.05 **Origine.** Le régime de protection des espaces agricoles et naturels périurbains a été institué par la loi du 23 février 2005[1] relative au développement des territoires ruraux[2].

153.06 **Compétence du département et des EPCI porteurs de SCOT.** La compétence pour mettre en œuvre la politique de protection des espaces agricoles et périurbains appartient aux départements ainsi qu'aux EPCI porteurs de SCOT[3].

La compétence du département se justifie par le fait que cette collectivité exerce déjà une compétence en matière d'espaces naturels sensibles. L'exercice de ces deux compétences par une seule et même collectivité lui permet d'en coordonner la mise en œuvre.

153.07 **Objet.** Ce régime vise à la protection et la mise en valeur des espaces agricoles et naturels situés en périphérie des villes. Il s'agit en particulier d'empêcher la spéculation foncière dans des espaces encore non constructibles qui y sont particulièrement exposés.

Sa mise en œuvre passe par la délimitation de « périmètres d'intervention associés à des programmes d'action »[4] consistant, principalement, à acquérir des biens au sein de ce périmètre.

SECTION 1
DÉLIMITATION D'UN PÉRIMÈTRE D'INTERVENTION ASSOCIÉ À DES PROGRAMMES D'ACTION

§ 1
Périmètre d'intervention

153.11 **Définition d'une politique.** Il appartient au département ou à l'EPCI de définir le périmètre d'intervention au sein duquel il mettra en œuvre une politique cohérente de protection des espaces agricoles et naturels périurbains.

1. L. n° 2005-157, 23 févr. 2005 relative au développement des territoires ruraux, *JO* 24 févr., n° 1.
2. Le régime était défini, avant la recodification du code de l'urbanisme en 2015, aux articles L. 143-1 et suivants.
3. C. urb., art. L. 113-16, al. 1er.
4. C. urb., art. L. 113-16, al. 1er.

A.
Élaboration du périmètre d'intervention

1°
Procédure

153.21 **Projet de périmètre.** Selon l'article R. 311-19 du code de l'urbanisme, le projet de création d'un périmètre de protection et de mise en valeur des espaces agricoles et naturels périurbains (PPEANP) comprend :

- un plan de délimitation ;
- et une notice. La notice analyse l'état initial de ces espaces et expose les motifs du choix du périmètre, notamment les bénéfices attendus de son institution sur l'agriculture, la forêt et l'environnement.

153.22 **Association des communes.** La délimitation des périmètres d'intervention est effectuée avec l'accord de la ou des communes concernées ou des EPCI compétents en matière de PLU[5].

Le président du conseil départemental leur soumet le projet pour accord[6].

153.23 **Autorités consultées.** Le projet doit être soumis pour avis :

- dans tous les cas, à la chambre départementale d'agriculture[7] ;
- et, lorsque le périmètre est délimité par le département, à l'établissement public porteur de SCOT[8].

Le président du conseil départemental leur soumet le projet pour avis. Les avis, s'ils ne sont pas exprimés dans le délai de deux mois à compter de la saisine, sont réputés favorables[9].

153.24 **Enquête publique.** Le code impose la réalisation préalable d'une enquête publique dans les conditions posées au chapitre III du titre II du livre Ier du code de l'environnement[10].

Lorsqu'un établissement public porteur de SCOT est à l'initiative de l'élaboration du périmètre, les enquêtes publiques préalables à la création de ce périmètre et du SCOT peuvent être menées conjointement[11].

Le projet de création du périmètre, assorti d'un plan de situation et de l'ensemble des accords et avis recueillis, est soumis à enquête publique selon la procédure prévue aux articles R. 123-7 à R. 123-23 du code de l'environnement, par le président du conseil départemental qui exerce les compétences attribuées au préfet par ces dispositions[12].

5. C. urb., art. L. 113-16, al. 1er.
6. C. urb., art. R. 113-20.
7. C. urb., art. L. 113-16, al. 1er.
8. C. urb., art. L. 113-16, al. 2.
9. C. urb., art. R. 113-20.
10. C. urb., art. L. 113-16, al. 1er.
11. C. urb., art. L. 113-16, al. 3.
12. C. urb., art. R. 113-21.

Une enquête publique doit également être réalisée en cas d'extension du périmètre[1].

153.25 **Adoption.** La création du périmètre est décidée par une délibération du conseil départemental[2].

153.26 **Publicité.** L'article R. 113-22, al. 2, prévoit que la délibération instituant le périmètre, accompagnée des plans de situation et de délimitation, est :

- publiée au recueil des actes administratifs du département ;
- affichée pendant un mois à l'hôtel du département, dans les mairies des communes incluses dans le périmètre et, le cas échéant, au siège de l'EPCI compétent en matière de PLU ;
- et fait l'objet d'une mention dans un journal diffusé dans le département.

Ces publications et affichages indiquent les lieux où le dossier peut être consulté.

La délibération devient exécutoire dès le premier jour où l'affichage est effectué.

153.27 **Transmission à certaines autorités.** La délibération instituant le périmètre, accompagnée des plans de situation et de délimitation, est simultanément transmise à diverses autorités[3] :

- le directeur départemental des finances publiques ;
- le Conseil supérieur du notariat ;
- la chambre départementale des notaires ;
- les barreaux constitués près les tribunaux judiciaires dans le ressort desquels est institué le périmètre de protection ;
- les greffes de ces tribunaux judiciaires.

153.28 **Mise à disposition du public.** Les périmètres approuvés et les programmes d'action associés sont tenus à la disposition du public[4].

153.29 **Extension du périmètre.** Toute décision portant extension du périmètre est prise après une enquête publique effectuée dans les seules communes intéressées par l'extension[5].

2°
Limites s'imposant à la définition du périmètre

a.
Limites territoriales

153.31 **Terrains ne pouvant être inclus.** Les périmètres d'intervention ne peuvent inclure des terrains situés[6] :

- dans une zone U ou AU délimitée par un PLU (1°) ;
- dans un secteur constructible délimité par une carte communale (2°) ;
- dans un périmètre ou un périmètre provisoire de zone d'aménagement différé (3°).

De même, les périmètres d'intervention ne peuvent inclure les terrains situés, en vue de la réalisation d'une infrastructure de transport de l'État, d'un de ses établissements publics, d'une collectivité territoriale ou de l'un de ses établissements publics[7] :

- dans un secteur faisant l'objet d'un arrêté de prise en considération au titre du 6° de l'article L. 102-13 (a) ;
- dans un secteur faisant l'objet d'un PIG (b) ;
- à l'intérieur du plan général des travaux d'une opération déclarée d'utilité publique au titre du code de l'expropriation (c).

L'établissement public en charge du SCOT ne peut définir un périmètre d'intervention que sur le territoire des communes qui le composent[8].

153.32 **Terrains visant à la réalisation d'une infrastructure de transport pouvant être inclus dans le périmètre en cas d'antériorité à la loi du 24 décembre 2019[9].** Dans le cas où des périmètres de protection et de mise en valeur des EANP ont été créés avant la date de publication de la loi du 24 décembre 2019[10] d'orientation des mobilités (soit le 26 décembre 2019), les périmètres d'intervention peuvent inclure, préalablement à l'instauration ou à la modification du périmètre, en vue de la réalisation d'une infrastructure de transport de l'État, d'un de ses établissements publics, d'une collectivité territoriale ou de l'un de ses établissements publics, des terrains situés[11] :

- dans un secteur faisant l'objet d'un arrêté de prise en considération au titre du 6° de l'article L. 102-13 (1°) ;
- dans un secteur faisant l'objet d'un PIG (2°) ;
- à l'intérieur du plan général des travaux d'une opération déclarée d'utilité publique au titre du code de l'expropriation (3°).

La mise en œuvre d'infrastructures de transport de l'État, d'un de ses établissements publics, d'une collectivité territoriale ou de l'un de ses établissements publics est autorisée dès lors que le projet, situé en tout ou partie à l'intérieur d'un périmètre de protection et de mise en valeur des espaces agricoles et naturels périurbains créé avant la date de publication de la loi du 24 décembre 2019[12] d'orientation des mobilités (soit le 26 décembre 2019), a

1. V. s[s] n° 153.29.
2. C. urb., art. R. 113-22, al. 1er.
3. C. urb., art. R. 113-22, al. 3.
4. C. urb., art. L. 113-16, al. 4.
5. C. urb., art. R. 111-23.
6. C. urb., art. L. 113-17, I, al. 1er à 4.
7. C. urb., art. L. 113-17, I, 4°.
8. C. urb., art. L. 113-17, I, al. 9.
9. L. n° 2019-1428, 24 déc. 2019 d'orientation des mobilités, *JO* 26 déc., n° 1.
10. L. n° 2019-1428, 24 déc. 2019, *JO* 26 déc., n° 1.
11. C. urb., art. L. 113-17, II.
12. L. n° 2019-1428, 24 déc. 2019, *JO* 26 déc., n° 1.

fait l'objet préalablement à l'instauration ou à la modification du périmètre[1] :

– d'un arrêté de prise en considération au titre de l'article L. 102-13 ;

– d'un projet d'intérêt général au sens de l'article L. 102-1 ;

– d'une déclaration de projet au sens du code de l'environnement ;

– ou d'une déclaration d'utilité publique au titre du code de l'expropriation.

b.
Limite matérielle

153.41 Compatibilité avec le SCOT. Les périmètres d'intervention doivent être compatibles avec le SCOT[2].

3°
Procédures d'évolution du périmètre

153.51 Procédure de droit commun. Des modifications peuvent être apportées par le département ou par l'établissement public mentionné à l'article L. 143-16 au périmètre de protection et de mise en valeur des EANP avec l'accord des seules communes intéressées par la modification et après avis de la chambre départementale d'agriculture[3]. Cette procédure concerne l'hypothèse d'une modification du périmètre sans retrait de terrains et sans lien avec une infrastructure de transport.

153.52 Procédure applicable en cas de lien avec une infrastructure de transport. Les modifications, y compris par retrait d'un ou plusieurs terrains, peuvent être mises en œuvre par l'acte de déclaration d'utilité publique ou la déclaration de projet d'une infrastructure de transport de l'État, d'un de ses établissements publics, d'une collectivité territoriale ou de l'un de ses établissements publics, pris après enquête publique conduite, suivant le cas, au titre de l'article L. 123-2 du code de l'environnement ou de l'article L. 1 du code de l'expropriation[4].

Le dossier présenté à l'enquête publique décrit les modifications à apporter au périmètre et indique les mesures prises pour éviter, réduire ou compenser l'impact du projet d'infrastructure sur le périmètre concerné et le programme d'action associé[5].

Le périmètre de protection et de mise en valeur des EANP, modifié pour être mis en compatibilité avec un projet d'infrastructure de transport est soumis[6] :

– à l'avis de la chambre départementale d'agriculture, du département ou de l'établissement public mentionné à l'article L. 143-16 du code de l'urbanisme et des communes intéressées ;

– ainsi qu'à l'accord des ministres chargés de l'urbanisme et de l'agriculture pour un projet d'infrastructure de transport de l'État ou d'un de ses établissements publics.

153.53 Autre procédure avec retrait de terrain. Toute autre modification du périmètre ayant pour effet d'en retirer un ou plusieurs terrains ne peut intervenir que par décret[7]. Cette procédure plus exigeante concerne l'hypothèse d'une modification du périmètre emportant retrait de terrains et n'ayant pas de lien avec une infrastructure de transport.

Le décret est pris sur le rapport des ministres chargés de l'agriculture, de l'urbanisme et de l'environnement[8].

B.
Inconstructibilité des terrains compris dans le périmètre d'intervention

153.61 Effets sur les PLU et cartes communales. Aux termes de l'article L. 113-20 du code de l'urbanisme, les terrains compris dans un périmètre d'intervention ne peuvent être inclus :

– ni dans une zone U ou AU délimitée par un PLU ;

– ni dans un secteur constructible délimité par une carte communale.

§ 2
Programme d'action

153.71 Objet. Aux termes du premier alinéa de l'article L. 113-21, l'autorité compétente (département ou EPCI) élabore un « programme d'action » qui précise « les aménagements et les orientations de gestion destinés à favoriser », au sein du périmètre d'intervention :

– l'exploitation agricole ;

– la gestion forestière ;

– la préservation et la valorisation des espaces naturels et des paysages.

153.72 Association des communes ou EPCI. Le programme est élaboré « en accord » avec la ou les communes ou EPCI compétents[9].

1. C. urb., art. L. 113-17, III.
2. C. urb., art. L. 113-18.
3. C. urb., art. L. 113-19, al. 1er.
4. C. urb., art. L. 113-19, al. 2.
5. C. urb., art. L. 113-19, al. 2.
6. C. urb., art. L. 113-19, al. 3.
7. C. urb., art. L. 113-19, al. 4.
8. C. urb., art. R. 113-24.
9. C. urb., art. L. 113-21, al. 1er.

Formellement, le projet de programme d'action pour la protection et la mise en valeur des EANP dans un périmètre dont la création est projetée ou dont la délimitation a été approuvée « est soumis pour accord par le président du conseil départemental aux communes incluses dans le périmètre ou aux établissements publics de coopération intercommunale compétents en matière de plan local d'urbanisme »[1].

153.73 Consultations et informations. Le projet de programme d'action est soumis pour avis :

- à l'agence des espaces verts de la région d'Ile-de-France, pour les départements ou EPCI situés dans son ressort[2] ;
- à l'organe de gestion du parc, lorsque le périmètre d'intervention inclut une partie du territoire d'un parc national ou d'un parc naturel régional[3].

Le projet de programme d'action est également adressé :

- à la chambre départementale d'agriculture[4] ;
- ainsi qu'à l'Office national des forêts si le périmètre comprend des parcelles soumises au régime forestier[5].

Leurs avis, s'ils ne sont pas exprimés dans le délai de deux mois à compter de la saisine, sont réputés favorables[6].

153.74 Compatibilité avec la charte d'un parc naturel ou d'un PNR. Lorsque le périmètre d'intervention inclut une partie du territoire d'un parc national ou d'un parc naturel régional, le programme d'action doit être compatible avec la charte de ce parc[7].

153.75 Adoption. Le programme d'action est adopté par une délibération du conseil départemental[8].

153.76 Publicité. Les modalités de publicité prévues pour la délibération adoptant le programme d'action sont identiques à celles prévues pour la délibération délimitant le périmètre d'intervention[9].

153.77 Modification du programme d'action. Selon l'article L. 113-23 du code de l'urbanisme, des modifications peuvent être apportées par le département au programme d'action :

- avec l'accord des seules communes intéressées par la modification ;
- et après avis de la chambre départementale d'agriculture.

1. C. urb., art. R. 113-25, al. 1er.
2. C. urb., art. L. 113-21, al. 1er.
3. C. urb., art. L. 113-22.
4. C. urb., art. L. 113-21, al. 2.
5. C. urb., art. L. 113-21, al. 2.
6. C. urb., art. R. 113-25, al. 2 – L'avis favorable à l'expiration d'un délai de deux mois est prévu pour l'organe de gestion du parc (parc national ou PNR), la chambre départementale d'agriculture et l'ONF. Il n'est pas prévu pour l'agence des espaces verts.
7. C. urb., art. L. 113-22.
8. C. urb., art. R. 113-26, al. 1er.
9. C. urb., art. R. 113-26, al. 2 – Sur ces modalités, v. ss no 153.26.

SECTION 2
ACQUISITION DE TERRAINS DANS LE PÉRIMÈTRE D'INTERVENTION

§ 1
Opérations d'acquisition

A.
Finalités et procédure de l'acquisition de terrains

153.81 Finalité. Les acquisitions de terrains « se font en vue de la protection et de la mise en valeur des espaces agricoles et naturels périurbains »[10]. Le département réalise ainsi des acquisitions foncières dans l'objectif de maintenir la vocation agricole ou naturelle des espaces concernés.

153.82 Information des communes et EPCI. Les acquisitions de terrains se font après information des communes et des EPCI concernés[11].

§ 2
Modes d'acquisition des terrains

A.
Acquisition amiable

153.91 Département, autre collectivité territoriale et EPCI. Le premier alinéa de l'article L. 113-24 du code de l'urbanisme prévoit qu'à l'intérieur d'un périmètre d'intervention, les terrains peuvent être acquis à l'amiable :

- par le département ;
- ou, avec l'accord de celui-ci, par une autre collectivité territoriale ou un EPCI.

Ces personnes publiques peuvent également acquérir les terrains par voie d'expropriation[12].

153.92 Agence des espaces verts d'Île-de-France. Dans la région Ile-de-France, l'Agence des espaces verts prévue à l'article L. 4413-2 du CGCT peut, avec

10. C. urb., art. L. 113-26.
11. C. urb., art. L. 113-26.
12. V. ss no 153.101.

l'accord du département, acquérir à l'amiable des terrains situés dans le périmètre[1].

Ce mode d'acquisition constitue le seul prévu pour l'Agence des espaces verts. Il en résulte que l'agence ne peut acquérir de terrains par voie d'expropriation.

B. Acquisition par voie d'expropriation

153.101 Département, autre collectivité territoriale et EPCI. Le premier alinéa de l'article L. 113-24 du code de l'urbanisme prévoit qu'à l'intérieur d'un périmètre d'intervention, les terrains peuvent être acquis par voie d'expropriation :

– par le département ;

– ou, avec l'accord de celui-ci, par une autre collectivité territoriale ou un EPCI.

C. Acquisition par voie de préemption

153.111 Procédure complexe. Le département et d'autres collectivités publiques, seuls ou par l'intermédiaire d'organismes spécialisés, peuvent acquérir par voie de préemption des terrains situés à l'intérieur d'un périmètre d'intervention.

1° Dans les espaces naturels sensibles : droit de préemption ENS

153.121 Département. À l'intérieur d'un périmètre d'intervention, les terrains peuvent être acquis « par le département » par exercice du droit de préemption ENS[2].

2° En dehors des espaces naturels sensibles

153.131 Deux droits de préemption. Deux droits de préemption, conçus comme relevant principalement de la SAFER, peuvent être exercés en dehors des espaces naturels sensibles. Ils sont prévus à l'article L. 143-2 du code rural :

– d'une part un droit EANP prévu par le 9° de cet article ;

– d'autre part les autres droits de préemption du SAFER prévus aux 1° à 8° de cet article.

1. C. urb., art. L. 113-24, al. 2.
2. C. urb., art. L. 113-25, 1° – Sur ce droit de préemption, v. s[s] n° 152.31.

a. Droit de préemption EANP

153.141 Quel droit de préemption ? Le 9° de l'article L. 143-2 du code rural instaure un droit de préemption visant à la préservation des EANP tel que prévu par le code de l'urbanisme, aux articles L. 113-15 s.

Symétriquement, le code de l'urbanisme renvoie au 9° de l'article L. 143-2 du code rural pour déterminer le régime applicable à ce droit, tout en élargissant son exercice à d'autres autorités que la SAFER[3].

Ce double renvoie, aussi peu éclairant qu'il soit, confirme seulement que le droit de préemption concerné est celui visant à la préservation des EANP se trouvant à l'intérieur d'un périmètre d'intervention mais en dehors des espaces naturels sensibles.

153.142 Quel titulaire ? Plusieurs autorités peuvent exercer le droit de préemption EANP, toujours avec l'accord du département.

Le droit de préemption EANP est conçu comme devant normalement être exercé par la SAFER. Celle-ci agit « à la demande et au nom du département »[4].

Ce droit de préemption peut également être exercé par un établissement public foncier (établissement foncier de l'État mentionné à l'article L. 321-1 ou établissement public foncier local mentionné à l'article L. 324-1). Celui-ci agit[5] :

– soit à la demande et au nom du département ;

– soit à la demande et au nom d'une autre collectivité territoriale ou d'un EPCI, mais avec l'accord du département.

Le droit de préemption peut enfin être exercé par le département lui-même. Cette hypothèse est conçue comme résiduelle : elle intervient en l'absence de SAFER compétente et si le département n'a pas donné mandat à un établissement public foncier[6].

b. Autres droits de préemption de la SAFER

153.151 Quels droits de préemption ? L'article L. 143-2 du code rural mentionne, aux numéros 1° à 8°, huit finalités permettant à la SAFER d'exercer son droit de préemption (maintien des agriculteurs, lutte contre la spéculation foncière, etc.).

153.152 Droits pouvant être exercés lorsque le département décide de ne pas faire usage du droit de préemption EANP. Lorsque le département décide de ne pas faire usage du droit de préemption EANP[7],

3. C. urb., art. L. 113-25, al. 1er à 5.
4. C. urb., art. L. 113-25, 2°.
5. C. urb., art. L. 113-25, 3°.
6. C. urb., art. L. 113-25, al. 5.
7. Prévu au 9° de l'article L. 143-2 du code rural.

la SAFER demeure libre d'exercer le droit de préemption prévu par les 1° à 8° de cet article[1].

SECTION 3
RÉGIME DES TERRAINS ACQUIS

§ 1
Affectation des biens

153.161 **Propriété publique.** Selon le premier alinéa de l'article L. 113-27 du code de l'urbanisme, les biens acquis sont intégrés :

- dans le domaine privé de la collectivité territoriale ou de l'établissement public qui les a acquis ;
- ou dans le domaine propre du Conservatoire de l'espace littoral et des rivages lacustres lorsque celui-ci les a acquis en application des articles L. 215-2, L. 215-5 ou L. 215-8.

§ 2
Utilisation des terrains

A.
Finalité de l'utilisation

153.171 **Utilisation pour réaliser les objectifs du programme d'action.** Les terrains acquis « ne peuvent être utilisés qu'en vue de la réalisation des objectifs définis par le programme d'action »[2].

B.
Possibilité d'une utilisation par un tiers

153.181 **Deux procédés.** Les terrains acquis peuvent être cédés de gré à gré, loués ou concédés temporairement à des tiers. Ils peuvent également être mis à la disposition de la SAFER. Dans les deux cas, des garanties sont prévues afin d'assurer que le terrain sera utilisé conformément aux objectifs du programme d'action.

1°
Vente, location, concession temporaire

153.191 **Faculté admise.** Les terrains acquis peuvent être « cédés de gré à gré », « loués » (conformément aux dispositions du titre Ier du livre IV du code rural) ou « concédés temporairement » à des personnes publiques ou privées[3].

153.192 **Deux garanties.** Deux garanties sont prévues afin d'assurer une utilisation du terrain conforme aux objectifs définis par le programme d'action.

1. C. urb., art. L. 113-25, al. 6.
2. C. urb., art. L. 113-27, al. 2.
3. C. urb., art. L. 113-28, al. 1er.

a.
Première garantie : appel à candidature

153.201 **Avis d'appel à candidature.** Afin d'assurer une transparence, la cession, la location ou la concession temporaire d'un terrain fait l'objet d'un appel de candidatures qui est précédé de l'affichage d'un avis à la mairie du lieu de situation de ce bien pendant quinze jours au moins[4].

153.202 **Mentions de l'avis.** L'avis d'appel à candidature doit comporter un certain nombre d'informations[5] :

- description du terrain ;
- résumé des principales clauses du cahier des charges ;
- indication du prix proposé ;
- précision du délai dans lequel les candidatures doivent être présentées ;
- indication des moyens d'obtenir des renseignements complémentaires.

b.
Seconde garantie : respect d'un cahier des charges

153.211 **Finalisation de l'utilisation.** La cession, la location ou la concession temporaire d'un terrain à des personnes publiques ou privées n'est possible qu'« à la condition que ces personnes les utilisent aux fins prescrites par le cahier des charges »[6].

Le cahier des charges est annexé à l'acte de vente, de location ou de concession temporaire[7].

153.212 **Clauses-types.** Les clauses-types du cahier des charges sont approuvées par décret en Conseil d'État[8].

Les cahiers des charges (qui doivent être annexés aux actes de vente, de location et de concession temporaire) comportent les clauses types annexées à l'article R. 113-29 du code de l'urbanisme[9].

2°
Mise à disposition de la SAFER

153.221 **Faculté admise.** Les terrains acquis peuvent être mis à la disposition de la SAFER par les collectivités territoriales et établissements publics pro-

4. C. urb., art. R. 113-27, al. 1er.
5. C. urb., art. R. 113-27, al. 2.
6. C. urb., art. L. 113-28, al. 1er.
7. C. urb., art. L. 113-28, al. 1er.
8. C. urb., art. L. 113-28, al. 1er. Le second alinéa précise que les cahiers des charges précisent notamment les conditions selon lesquelles les cessions, locations ou concessions temporaires sont consenties et résolues en cas d'inexécution des obligations du cocontractant.
9. V. ss no 8.23.

priétaires, dans le cadre des conventions prévues par l'article L. 142-6 du code rural[1].

153.222 **Deux garanties.** Deux garanties sont prévues afin d'assurer que le terrain soit utilisé par la SAFER conformément aux objectifs définis par le programme d'action.

a.
Première garantie : conclusion d'une convention

153.231 **Engagement contractuel d'une utilisation conforme.** Les conventions de mise à disposition « assurent que l'usage agricole du bien sera maintenu ou rétabli, dans le respect des exigences environnementales »[2].

b.
Seconde garantie : respect d'un cahier des charges

153.241 **Clauses-types.** Les conventions de mise à disposition comportent un cahier des charges contenant les clauses types prévues par l'article R. 113-29[3].

1. C. urb., art. R. 113-28, al. 1er.
2. C. urb., art. R. 113-28, al. 2.
3. Sur ces clauses-type, v. ss no 153.212.

CHAPITRE

154. Espaces de continuités écologiques

SECTION 0
ORIENTEUR

154.00 **Sommaire du chapitre.**

154.01 **Textes applicables.**

• **C. urb.**, art. L. 113-29 s.

154.03 **Bibliographie indicative.**

Monographie. M. Bonnin, *Les corridors écologiques, vers un troisième temps du droit de la protection de la nature ?*, « Droit du patrimoine culturel et naturel », L'Harmattan, 2008, 274 p.

Article. R. Peylet, « La trame verte et la trame bleue », *Envir.* 2011, dossier 14.

154.05 **Origine.** La loi du 8 août 2016 pour la reconquête de la biodiversité, de la nature et des paysages [1] a prévu la possibilité de classer des espaces de continuités écologiques dans les PLU.

SECTION 1
CLASSEMENT DES ESPACES DE CONTINUITÉ ÉCOLOGIQUE

154.11 **Pouvoir de classement.** Les PLU peuvent classer en espaces de continuités écologiques « des éléments des trames verte et bleue » définies aux II et III de l'article L. 371-1 du code de l'environnement, « qui sont nécessaires à la préservation ou à la remise en bon état des continuités écologiques » [2].

154.12 **Trames vertes et trames bleues.** La trame verte et la trame bleue « ont pour objectif d'enrayer la perte de biodiversité » [3].

Pour cela, elles participent « à la préservation, à la gestion et à la remise en bon état des milieux nécessaires aux continuités écologiques ». Elles prennent également en compte « les activités humaines, et notamment agricoles, en milieu rural ainsi que la gestion de la lumière artificielle la nuit » [4].

154.13 **Trame verte.** Selon l'article L. 371-1, II, du code de l'environnement, la trame verte comprend :

– tout ou partie des espaces protégés au titre du livre du code de l'environnement (espaces naturels) et du titre Ier du livre IV (protection du patrimoine naturel) ainsi que les espaces naturels importants pour la préservation de la biodiversité (1°) ;

– les corridors écologiques constitués des espaces naturels ou semi-naturels ainsi que des formations végétales linéaires ou ponctuelles, permettant de relier les espaces mentionnés au 1° (2°) ;

– les surfaces mentionnées au I de l'article L. 211-14 (3° : maintien d'une couverture végétale permanente d'une largeur d'au moins 5 mètres le long des cours d'eau et plans d'eau de plus de 10 hectares).

154.14 **Trame bleue.** Selon l'article L. 371-1, III, du code de l'environnement, la trame bleue comprend :

– les cours d'eau, parties de cours d'eau ou canaux figurant sur les listes établies en application de l'article L. 214-17 (1°) ;

– tout ou partie des zones humides dont la préservation ou la remise en bon état contribue à la réalisation des objectifs visés au IV de l'article L. 212-1, et

1. L. n° 2016-1087, 8 août 2016 pour la reconquête de la biodiversité, de la nature et des paysages, *JO* 9 août, n° 2, art. 85.
2. C. urb., art. L. 113-29.
3. C. env., art. L. 371-1, I.
4. C. env., art. L. 371-1, I.

notamment les zones humides mentionnées à l'article L. 211-3 (2°) ;

– les cours d'eau, parties de cours d'eau, canaux et zones humides importants pour la préservation de la biodiversité et non visés aux 1° ou 2° du présent III (3°).

SECTION 2
PROTECTION DES ESPACES DE CONTINUITÉ ÉCOLOGIQUE

154.21 **Instruments.** La protection des espaces de continuités écologiques est assurée non pas par des outils spécifiques mais en mettant en œuvre des instruments d'ores-et-déjà existants dans le code de l'urbanisme. Ces instruments sont mentionnés à l'article L. 113-30 du code de l'urbanisme. Il s'agit :

– des régimes de protection des espaces protégés (espaces boisés classés [1], espaces naturels sensibles [2], espaces agricoles et naturels périurbains [3]) ;

– du règlement du PLU, notamment sur les matières qu'il traite ou peut traiter en vertu des articles L. 151-22 (possibilité d'imposer une part minimale de surfaces non imperméabilisées ou éco-aménageables) [4], L. 151-23 (possibilité d'identifier et de localiser des éléments de paysage ainsi que des sites et secteurs à protéger pour des motifs d'ordre écologique, et de définir le cas échéant les prescriptions de nature à assurer leur préservation) [5] ou encore L. 151-41 (possibilité d'identifier et localiser les éléments de paysage et définir les prescriptions de nature à assurer leur préservation) [6] ;

– des OAP du PLU, en application de l'article L. 151-7 (qui permettent de définir les actions et opérations nécessaires pour mettre en valeur l'environnement).

154.22 **Prise en compte des activités humaines.** La mise en œuvre de ces instruments aux fins de protection des espaces de continuité écologique se fait « en tenant compte des activités humaines, notamment agricoles » [7].

1. V. s[s] n°s 151.05 s.
2. V. s[s] n°s 152.05 s.
3. V. s[s] n°s 153.05 s.
4. V. s[s] n° 231.1081.
5. V. s[s] n°s 231.1082 et 231.1083.
6. V. s[s] n° 231.1061.
7. C. urb., art. L. 113-30, reprenant la formule employée à l'article L. 371-1, I du code de l'environnement.

CHAPITRE

155. Zone de protection naturelle, agricole et forestière du plateau de Saclay

SECTION 0
ORIENTEUR

155.00 Sommaire du chapitre.

155.01 Textes applicables.

• **C. urb.**

art. L. 123-25 s.

art. R. 123-4 s.

155.03 Bibliographie indicative.

Encyclopédie. *J.-Cl. Constr.-Urb.*, fasc. 11-15 : « Règles d'urbanisme applicables à la région Île-de-France », par G. Ricard, mai 2017.

155.04 Question essentielle.

> Des possibilités de construction sont-elles admises au sein de la zone de protection Paris-Saclay ?

* V. s^s n°s 155.91 s.

155.05 Origine. La loi du 3 juin 2010 relative au Grand Paris[1] a créé une zone de protection naturelle, agricole et forestière (ZPNAF) à Paris-Saclay[2].

155.06 Objet. Situé à une vingtaine de kilomètres au sud de Paris, le plateau de Saclay abrite un important pôle technologique et scientifique dont le développement est appelé à se poursuivre. Pour contenir l'urbanisation de ce territoire, a été définie une vaste zone de plus de 4 000 hectares rendue non urbanisable. Ce régime est unique en France.

1. L. n° 2010-597, 3 juin 2010 relative au Grand Paris, *JO* 5 juin, n° 1.
2. C. urb., art. L. 123-25 : « Il est créé une zone de protection naturelle, agricole et forestière dans le périmètre de l'opération d'intérêt national du plateau de Saclay et de la petite région agricole de ce plateau qui comprend les communes dont la liste figure à l'annexe B à la loi n° 2010-597 du 3 juin 2010 relative au Grand Paris » – Cette liste comprend quinze communes.

SECTION 1
DÉLIMITATION DE LA ZONE DE PROTECTION

§ 1
Établissement du périmètre

A.
Condition de fond

155.11 **Superficie.** La zone de protection doit comprendre « au moins 2 300 hectares de terres consacrées à l'activité agricole » situées sur les communes figurant à l'annexe B à la loi du 3 juin 2010 relative au Grand Paris[1].

B.
Procédure

1°
Élaboration du projet

155.21 **Autorité compétente.** Le projet de délimitation de la zone de protection naturelle, agricole et forestière est élaboré par l'Établissement public d'aménagement de Paris-Saclay[2].

155.22 **Contenu.** Le dossier comprend trois éléments[3] :

– un document graphique indiquant le périmètre envisagé (1°) ;

– une notice qui expose les motifs ayant présidé au choix de ce périmètre et décrit l'état actuel de la zone ainsi délimitée (2°) ;

– la carte prévue au dernier alinéa de l'article L. 123-28, qui précise le mode d'occupation du sol à la date du 6 juin 2010 dans le périmètre ainsi délimité (3°).

2°
Phase de concertation et d'enquête publique

a.
Concertation

155.31 **Consultation.** Le projet est transmis pour avis au comité consultatif institué auprès du conseil d'administration de l'Établissement public d'aménagement de Paris-Saclay[4].

Il est également transmis pour avis aux personnes, autorités et organismes énumérés à l'article L. 123-28[5] :

– la région d'Ile-de-France (1°) ;

– les départements de l'Essonne et des Yvelines (2°) ;

– les quinze communes situées dans le périmètre de l'opération d'intérêt national (3°) ;

– les EPCI compétents en matière de SCOT situés dans le périmètre de l'opération d'intérêt national (4°) ;

– la chambre interdépartementale d'agriculture d'Ile-de-France (5°) ;

– la société d'aménagement foncier et d'établissement rural de l'Ile-de-France (6°) ;

– l'Office national des forêts (7°) ;

– les associations agréées pour la protection de l'environnement présentes dans le périmètre d'intervention de l'Établissement public d'aménagement de Paris-Saclay (8°).

Le comité consultatif, et les personnes, autorités et organismes énumérés à l'article L. 123-28 disposent de deux mois à compter de la réception du dossier pour faire connaître leur avis[6].

À défaut de réponse dans le délai de deux mois, les avis sont réputés favorables[7].

155.32 **Mise à disposition des associations agréées.** À compter de la date de transmission du projet au comité consultatif institué auprès du conseil d'administration de l'Établissement public d'aménagement de Paris-Saclay, le dossier est mis à disposition des associations pour la protection de l'environnement agréées (plus exactement les associations agrées à cette date par les préfets des départements de l'Essonne et des Yvelines ainsi que par le ministre chargé de l'environnement présentes dans le périmètre d'intervention de l'Établissement public d'aménagement de Paris-Saclay), au siège et sur le site internet de cet établissement, pendant une durée de deux mois, pour permettre à ces associations, après les avoir informées de cette possibilité par courrier, d'exprimer leur avis dans ce délai[8].

b.
Projet arrêté par l'organe délibérant

155.41 **Projet.** Le projet de délimitation de la zone de protection naturelle, agricole et forestière est, compte tenu des avis recueillis, arrêté par délibération du conseil d'administration de l'Établissement public d'aménagement de Paris-Saclay[9].

c.
Enquête publique

155.51 **Objet de l'enquête publique.** L'enquête publique porte sur deux éléments[10] :

– d'une part le projet de délimitation ;

1. C. urb., art. L. 123-26.
2. C. urb., art. R. 123-4.
3. C. urb., art. R. 123-5.
4. C. urb., art. R. 123-6, al. 1er.
5. C. urb., art. R. 123-6, al. 1er.
6. C. urb., art. R. 123-6, al. 1er.
7. C. urb., art. R. 123-6, al. 2.
8. C. urb., art. R. 123-7.
9. C. urb., art. R. 123-8.
10. C. urb., art. L. 123-29.

– d'autre part, le cas échéant, sur la ou les mises en compatibilité des PLU.

155.52 Procédure de l'enquête publique. L'enquête publique sur le projet de délimitation de la zone de protection naturelle, agricole et forestière est ouverte et organisée dans les formes prévues par les articles R. 123-7 à R. 123-23 du code de l'environnement, par le préfet de département (Yvelines ou Essonne) désigné par le préfet de la région d'Ile-de-France [1].

155.53 Dossier d'enquête. Le dossier d'enquête, établi et transmis par l'Établissement public d'aménagement de Paris-Saclay, comprend [2] :

– les éléments énumérés par l'article R. 123-5 [3] ;

– un tableau parcellaire établi d'après les documents cadastraux donnant, pour chaque parcelle ou partie de parcelle incluse dans la zone à protéger, le territoire communal, la section et le numéro de la matrice cadastrale, la durant la phase concertation (1°) ;

– les avis recueillis en application des articles R. 123-6 et R. 123-7 (2°) ;

– la délibération du conseil d'administration de l'Établissement public d'aménagement de Paris-Saclay arrêtant le projet de délimitation de la ZPNAF (3°) ;

– les documents d'urbanisme qui doivent être mis en compatibilité (4°).

d.
Nouvelles consultations

155.61 Circonstances justifiant de nouvelles consultations. En cas de modifications importantes apportées à la délimitation du périmètre à l'issue de la procédure d'enquête, il est procédé de nouveau aux consultations prévues par les articles R. 123-6 et R. 123-7 [4].

155.62 Délai de consultation. Le délai prévu pour la délivrance des avis est ramené à un mois [5].

3°
Adoption de l'acte de délimitation

155.71 Décret de délimitation. À l'issue de la concertation et de l'enquête publique, la ZPNAF est délimitée par décret en Conseil d'État [6].

Une carte précisant le mode d'occupation du sol est annexée au décret [7].

155.72 Publicité. Le décret et la carte précisant le mode d'occupation du sol qui lui est annexée sont affichés pendant deux mois dans chacune des communes dont tout ou partie du territoire est inclus dans la zone de protection [8].

La publication au Journal officiel de ce décret fait l'objet d'une mention dans deux journaux diffusés dans les départements de l'Essonne et des Yvelines [9].

155.73 Décret du 27 décembre 2013. La ZNPAF délimitée par le décret du 27 décembre 2013 [10] représente 4 115 hectares protégés dont :

– 2 469 hectares consacrés exclusivement aux activités agricoles ;

– et 1 646 hectares composés de forêts, cours d'eau, espaces naturels et rigoles.

§ 2
Révision du périmètre

155.81 Procédure identique à celle prévue pour son établissement. La révision du périmètre de la zone est prononcée selon la même procédure que celle prévue pour son établissement [11].

SECTION 2
EFFETS DE LA ZONE DE PROTECTION

§ 1
Un régime de non-urbanisation

155.91 Inconstructibilité. Un régime de non-urbanisation s'applique à l'intérieur de la zone de protection. Le code pose que la zone est « non urbanisable » [12]. Il prévoit encore que s'applique à l'intérieur de son périmètre une « interdiction d'urbaniser » [13].

L'interdiction d'urbaniser dans la zone de protection « vaut servitude d'utilité publique » [14].

§ 2
Conséquences pour les communes et établissements intéressés

155.101 Communes. La servitude d'inconstructibilité résultant de la ZNPAF doit être annexée aux PLU ou aux cartes communales des communes intéressées [15].

1. C. urb., art. R. 123-9.
2. C. urb., art. R. 123-10.
3. C. urb., art. R. 123-10, al. 1er.
4. C. urb., art. R. 123-11.
5. C. urb., art. R. 123-11.
6. C. urb., art. L. 123-28, al. 1er.
7. C. urb., art. L. 123-28, al. 10.
8. C. urb., art. R. 123-12, al. 1er.
9. C. urb., art. R. 123-12, al. 2.
10. Décr. n° 2013-1298, 27 déc. 2013 délimitant la zone de protection naturelle, agricole et forestière du plateau de Saclay, *JO* 31 déc., n° 37.
11. C. urb., art. L. 123-30.
12. C. urb., art. L. 123-28, al. 1er.
13. C. urb., art. L. 123-31.
14. C. urb., art. L. 123-31.
15. C. urb., art. L. 123-31.

Les communes intéressées disposent d'un délai de six mois à compter de la publication du décret de délimitation pour mettre en compatibilité leur PLU[1].

155.102 Établissement public d'aménagement de Paris-Saclay. L'organe délibérant de l'Établissement public d'aménagement de Paris-Saclay, à qui il revient de définir les secteurs indispensables au développement du pôle scientifique et technologique, ne peut inclure ces secteurs dans la zone de protection[2].

SECTION 3
PROGRAMME D'ACTION AU SEIN DE LA ZONE DE PROTECTION

§ 1
Objet du programme d'action

155.111 Protection des secteurs inclus dans le périmètre. Au sein de la zone de protection, « un programme d'action » est établi. Il précise « les aménagements et les orientations de gestion » destinés à favoriser[3] :

– l'exploitation agricole ;

– la gestion forestière ;

– la préservation et la valorisation des espaces naturels et des paysages.

155.112 Exigences environnementales. Le programme d'action doit être « cohérent, pour les espaces régis par les dispositions des livres III et IV du code de l'environnement compris dans son périmètre, avec les objectifs, orientations ou mesures définis pour la préservation ou la gestion de ces espaces »[4].

§ 2
Élaboration du programme d'action

A.
Responsabilité de l'Établissement public d'aménagement de Paris-Saclay

155.121 Procédure conduite par l'établissement public. Le programme d'action est élaboré par l'Établissement public d'aménagement de Paris-Saclay[5].

1. C. urb., art. L. 123-32.
2. C. urb., art. L. 123-27.
3. C. urb., art. L. 123-33.
4. C. urb., art. R. 123-13.
5. C. urb., art. L. 123-33 – Sur cet établissement, v. s^s n°s 541.421 s.

B.
Concertations

155.131 Communes et EPCI. Le programme est établi en concertation avec les communes ou EPCI situés dans la zone de protection[6].

155.132 Chambre interdépartementale d'agriculture d'Ile-de-France. Lorsqu'il concerne la gestion agricole, le programme est établi après consultation de la chambre interdépartementale d'agriculture d'Ile-de-France[7].

Celle-ci dispose de deux mois à compter de la réception du programme d'action pour donner son avis sur ce programme en tant qu'il concerne la gestion agricole[8].

À défaut de réponse dans ce délai, l'avis est réputé favorable[9].

155.133 Office national des forêts et Centre régional de la propriété forestière d'Ile-de-France et du Centre. Lorsqu'il concerne la gestion forestière, le programme est établi en accord avec l'ONF et le centre régional de la propriété forestière d'Ile-de-France et du Centre[10].

Ces deux organismes disposent de deux mois à compter de la réception du programme d'action pour se prononcer sur ce programme en tant qu'il concerne la gestion forestière[11].

Le défaut de réponse dans un délai de deux mois vaut accord[12].

C.
Approbation du programme d'action

155.141 Approbation. Le programme d'action est approuvé par le conseil d'administration de l'Établissement public d'aménagement de Paris-Saclay[13].

155.142 Publication. La délibération et le programme d'action font l'objet d'une mention au recueil des actes administratifs des préfectures de l'Essonne et des Yvelines et sont affichés pendant deux mois dans les mairies de chacune des communes dont tout ou partie du territoire est inclus dans le périmètre de la zone de protection[14].

6. C. urb., art. L. 123-33.
7. C. urb., art. L. 123-34.
8. C. urb., art. R. 123-14, al. 1er.
9. C. urb., art. R. 123-14, al. 2.
10. C. urb., art. L. 123-35, al. 1er.
11. C. urb., art. R. 123-15, al. 1er.
12. C. urb., art. R. 123-15, al. 2.
13. C. urb., art. R. 123-16, al. 1er.
14. C. urb., art. R. 123-16, al. 2.

Le programme d'action est en outre mis à la disposition du public au siège de l'établissement public et par voie électronique[1].

§ 3
Effets du programme d'action

155.151 Documents forestiers. Les documents d'orientation et de gestion des forêts concernées élaborés en application du code forestier « sont adaptés, si nécessaire, en fonction des orientations retenues, et valent aménagement et orientation de gestion au titre de l'article L. 123-33 »[2].

1. C. urb., art. R. 123-16, al. 3.

2. C. urb., art. L. 123-35, al. 2.

TITRE

16. Les règles particulières relatives à l'implantation des activités

SECTION 0
ORIENTEUR

16.00 **Sommaire du titre.**

16.05 **Objectifs.** Le code de l'urbanisme encadre l'implantation de certaines activités, soit parce qu'elles sont dangereuses, soit pour éviter leur concentration en région parisienne.

CHAPITRE

161. Implantation des services, établissements et entreprises

SECTION 0

ORIENTEUR

161.00 **Sommaire du chapitre.**

161.01 **Textes applicables.**

• **C. urb.**

art. L. 510-1 s.

art. R. 510-1 s.

161.03 **Bibliographie indicative.**

Encyclopédies. *DP constr.-urb.*, ét. : « Locaux d'activité en Ile-de-France (agrément-taxe) » – *J.-Cl. Constr.-Urb.*, fasc. 11-15 : « Règles d'urbanisme applicables à la région Île-de-France », par G. Ricard, mai 2017.

Article. S. Lamy Willing et A. Robbes, « L'agrément pour locaux d'activités en Île-de-France », *Constr.-Urb.* 2022, étude 10.

161.04 **Question essentielle.**

> Quelles opérations sont soumises à agrément ?

* V. s[s] n°s 161.41 s.

161.05 **Agrément et soutien financier.** Pour limiter la concentration des activités en région parisienne, le code prévoit :

– d'une part, un mécanisme de contrôle préalable pour l'implantation de locaux d'activité dans cette région ;

– d'autre part, un mécanisme d'aides financières pour la décentralisation industrielle d'activités en dehors de celle-ci.

SECTION 1

AGRÉMENT DES LOCAUX D'ACTIVITÉ (ÎLE-DE-FRANCE)

161.11 **Mécanisme.** Afin d'éviter une trop grande concentration des activités en Île-de-France, un mécanisme d'agrément des locaux d'activité est prévu par les articles L. 510-1 s. du code de l'urbanisme.

Ses modalités d'application ont été précisées par voie de circulaires [1].

1. Circ. n° 96-38, 14 juin 1996 la réforme de la procédure d'agrément des locaux d'activités économiques en Ile-de-France, *BO min. Équip.* n° 96/19 – Circ. 25 avril 2002 relative à l'implantation territoriale des emplois publics, NOR : PRMX0205811C.

§ 1
Champ d'application du mécanisme

A.
Champ d'application *rationae loci*

1°
Limitation à l'Île-de-France

161.21 Application par détermination de la loi. C'est la loi elle-même qui rend applicable à l'Île-de-France le régime d'agrément des locaux d'activité[1].

161.22 Territoires exclus. Sont dispensés d'agrément :

– les zones franches urbaines-territoires entrepreneurs[2] ;

– les territoires figurant sur une liste dressée à l'article R. 510-6.

2°
Possibilité d'étendre le mécanisme à d'autres régions

161.31 Extension par décret. Le régime d'agrément des locaux d'activité peut être étendu à d'autres régions que l'Île-de-France par décret[3].

B.
Champ d'application *rationae materiae*

1°
Opérations soumises à agrément

161.41 Champ large. Dans la région d'Ile-de-France, sont soumis à agrément « toute opération entreprise par toute personne physique ou morale de droit privé, ou de droit public lorsque le champ d'action de la personne morale relève en majeure partie du secteur concurrentiel, tendant à la construction, la reconstruction, la réhabilitation ou l'extension de tous locaux ou installations servant à des activités industrielles, commerciales, professionnelles, administratives, techniques, scientifiques ou d'enseignement »[4].

Ces opérations sont soumises à agrément « quelle que soit l'affectation des locaux existants et indépendamment de la qualité de leur propriétaire et quelles que soient les conditions juridiques de l'utilisation »[5].

1. C. urb., art. L. 510-1, III.
2. C. urb., art. L. 510-1, IV, al. 3.
3. C. urb., art. L. 510-1, IV, al. 1er.
4. C. urb., art. R. 510-1, al. 1er.
5. C. urb., art. R. 510-1, al. 2.

2°
Opérations dispensées d'agrément

161.51 Champ de la dispense. Sont dispensés d'agrément :

– les transferts à titre gratuit[6] ;

– les opérations entreprises par les collectivités locales sur leur territoire pour les besoins de leurs propres services publics[7] ;

– les opérations portant sur des locaux de magasin de vente[8], à usage industriel par un utilisateur déterminé, à usage de salles de spectacles cinématographiques ou à usage d'équipement hospitalier[9] ;

– les opérations portant sur la reconstruction ou la réhabilitation de bureaux sans extension de surface[10] ;

– les opérations qui, ajoutées à celles éventuellement réalisées sur le même site au cours des douze mois précédents, portent sur une surface de plancher inférieure à un certain seuil[11] ;

– les opérations portant sur des locaux d'internat à usage scolaire ou sur des résidences universitaires[12].

§ 2
Procédure d'agrément

A.
Autorité compétente pour délivrer l'agrément

161.61 Préfet de département lorsqu'une convention d'équilibre a été conclue avec la commune. La décision relative à l'agrément est prise par le préfet du département pour toute opération de construction, reconstruction ou extension, lorsqu'une convention d'équilibre a été conclue avec la commune ou l'EPCI compétent[13].

Cette convention détermine les modalités locales du respect des objectifs mentionnés au second alinéa du I[14]. La convention est conclue entre le préfet et la commune ou l'EPCI compétent en matière d'aménagement et d'urbanisme[15].

6. C. urb., art. R. 510-1, al. 2.
7. C. urb., art. R. 510-4.
8. V. p. ex. CE 11 févr. 2022, *Synd. des copropriétaires du 111 boulevard de la Villette et du 2-4 Square Jean-Falck*, NP.
9. C. urb., art. R. 510-6, 2.
10. C. urb., art. R. 510-6, 3.
11. C. urb., art. R. 510-6, 4 : 1 000 mètres carrés pour la construction de locaux destinés à un usage technique, scientifique, d'enseignement ou de bureaux ; 5 000 mètres carrés pour la construction de locaux destinés à un usage industriel sans utilisateur déterminé ou à un usage d'entrepôt.
12. C. urb., art. R. 510-6, 6.
13. C. urb., art. L. 510-1, II ; art. R. 510-2, 1°.
14. V. s^s n° 161.82.
15. C. urb., art. L. 510-1, II – SUR ces conventions, également : C. urb., art. R. 510-5 et R. 510-15.

161.62 Préfet de région en l'absence de convention d'équilibre. Lorsqu'aucune convention d'équilibre n'a été conclue dans le périmètre de l'opération, la compétence pour prendre la décision relative à l'agrément revient au préfet de région [1].

B. Demande d'agrément

161.71 Auteur de la demande. L'agrément doit être demandé par le service de l'État ou la personne publique ou privée soumise à son contrôle qui va réaliser l'opération de construction, reconstruction, réhabilitation, extension, réhabilitation ou qui va utiliser des locaux [2].

161.72 Formulaire. La demande doit être déposée selon le modèle annexé à la circulaire de 2002 [3].

C. Décision prise sur la demande d'agrément

161.81 Délai pour statuer. L'autorité compétente « dispose d'un délai de trois mois à compter de la réception de la demande pour statuer ». En l'absence de réponse dans ce délai, « l'agrément est réputé accordé dans les termes où il a été demandé » [4].

Toutefois, l'autorité compétente « peut prendre une décision motivée d'ajournement pour complément d'instruction. Elle dispose alors de trois mois à compter de la réception de cette décision par le demandeur pour statuer. Faute de décision dans ce délai, l'agrément est réputé accordé dans les termes où il a été demandé » [5].

161.82 Critères d'appréciation. La décision d'agrément prend en compte [6] :

- les orientations définies par la politique d'aménagement et de développement du territoire national ;

- les orientations définies par la politique de la ville relatives notamment au développement du logement social et de la mixité sociale ;

- ainsi que la nécessité d'un équilibre entre les constructions destinées à l'habitation et celles destinées aux activités mentionnées à l'alinéa précédent.

L'article R. 510-7 ajoute que le préfet de la région d'Ile-de-France et les préfets de département veillent, chacun en ce qui le concerne, à ce que les opérations qui leur sont soumises et les agréments délivrés soient compatibles [7] :

- avec les orientations fixées par les DTA et le SDRIF ;

- avec les orientations de la politique d'aménagement et de développement du territoire ;

- ainsi qu'avec celles de la politique de la ville et notamment celles qui ont été approuvées en comité interministériel d'aménagement et de développement du territoire et en comité interministériel de la ville.

161.83 Décision expresse ou tacite. La décision sur la demande d'agrément est normalement prise de façon expresse. Toutefois, le demandeur bénéficie d'un agrément tacite dans l'hypothèse où l'autorité compétente ne prend pas de décision dans le délai qui lui est imparti pour statuer [8].

Une décision expressément prise est publiée :

- au recueil des actes administratifs de la préfecture si elle est prise par le préfet [9] ;

- au recueil des actes administratifs de la préfecture de région si elle est prise par le préfet de région [10].

161.84 Contenu de la décision. La décision relative à l'agrément peut consister :

- en un refus d'agrément ;
- en une délivrance de l'agrément ;
- en un agrément conditionné [11].

La décision accordant l'agrément :

- fixe la surface de plancher autorisée et détermine les conditions et réserves auxquelles est subordonnée l'opération [12] ;

- fixe un délai de validité pendant lequel doit intervenir, selon le cas, soit le dépôt de la demande de permis de construire, soit la passation des actes juridiques dont l'utilisation des locaux et installations dépend, soit l'utilisation effective des locaux et installations [13]. À l'expiration de ce délai, et sauf prolongation accordée par l'autorité compétente pour délivrer l'agrément, la décision d'agrément est caduque [14].

1. C. urb., art. R. 510-2, 1°.
2. Circ. 25 avr. 2002, NOR : PRMX0205811C, pt I. 3.1.
3. Circ. 25 avr. 2002, NOR : PRMX0205811C, pt I. 3.2.
4. C. urb., art. R. 510-2, al. 5.
5. C. urb., art. R. 510-2, al. 6.
6. C. urb., art. L. 510-1, I, al. 2.
7. C. urb., art. R. 510-7.
8. V. ss no 161.81.
9. C. urb., art. R. 510-2, 1°.
10. C. urb., art. R. 510-2, 2°.
11. C. urb., art. R. 510-9, al. 2 : « La décision peut, soit subordonner la réalisation de l'opération à l'exécution effective d'engagements souscrits par le bénéficiaire, notamment quant à la création ou l'extension d'activités hors de la zone définie à l'article R. 510-1, soit imposer des conditions concernant notamment la nature des activités susceptibles d'être exercées dans les locaux ou installations en cause, la durée pendant laquelle elles peuvent être exercées, la localisation des bâtiments et installations, la désaffectation, l'abandon ou la démolition de certains locaux ou installations, l'effectif qui pourra être employé ».
12. C. urb., art. R. 510-9, al. 1er.
13. C. urb., art. R. 510-10, al. 1er.
14. C. urb., art. R. 510-10, al. 2.

Le code prévoit la possibilité de délivrer un agrément à titre précaire[1].

161.85 **Motivation de la décision.** Tout refus d'agrément ou agrément sous condition doit être motivé[2].

§ 3
Effets de l'agrément

161.91 **Nécessité pour réaliser un projet.** Dans le cas où l'agrément est requis, « l'accord préalable et le permis de construire ne peuvent être délivrés, les fonds publics ne peuvent être engagés et l'affectation des bâtiments ne peut être prononcée que sur production de la décision d'agrément »[3].

Un permis de construire délivré sans l'agrément requis est entaché d'illégalité[4].

161.92 **Hypothèse d'une opération réalisée sans l'agrément requis.** En cas d'application des dispositions de l'article L. 510-1, « le tribunal ordonnera l'évacuation des locaux irrégulièrement occupés et leur remise dans leur état antérieur dans un délai qui ne pourra excéder un an. La démolition des constructions irrégulières sera ordonnée dans les mêmes conditions »[5].

Passé ce délai, « il est procédé, aux frais du délinquant, à l'expulsion des occupants et à l'exécution des travaux de remise en état ou de démolition par les services du ministère chargé de l'urbanisme »[6].

Les contrats et conventions conclus en violation des dispositions subordonnant à un agrément préalable la création ou l'extension d'une installation industrielle ou de ses annexes ou d'un établissement scientifique ou technique ou l'occupation dans ce but de locaux vacants, ainsi que la construction de bureaux, « ne sont pas opposables à l'administration lorsqu'elle procède, conformément à l'article L. 510-2, à l'expulsion des occupants, à la remise en état des locaux ou à la démolition des constructions »[7].

SECTION 2
PRÊTS ACCORDÉS OU GARANTIS PAR L'ÉTAT POUR L'IMPLANTATION HORS DE LA RÉGION PARISIENNE DE CERTAINES ACTIVITÉS

161.101 **Encourager la décentralisation industrielle.** Le ministre de l'économie et des finances « est autorisé à octroyer des prêts, des bonifications d'intérêts ou la garantie de l'État pour faciliter le financement des opérations de décentralisation »[8]. Ce pouvoir vise à favoriser l'implantation hors de la région parisienne de certaines activités.

161.102 **Régime.** Le pouvoir d'accorder des prêts, des bonifications d'intérêts ou des garanties d'emprunts en vue d'encourager la décentralisation industrielle est régi par les articles L. 530-1 s. et R. 530-1 s. du code de l'urbanisme.

Un régime spécifique est en outre prévu, en faveur des entreprises industrielles en vue d'opérations de création, d'extension ou de transfert réalisées dans le cadre de la décentralisation industrielle, ayant pour objet d'accorder aux chambres de commerce, établissements publics qualifiés ou SEM ainsi qu'aux collectivités territoriales pour acquérir ou construire des bâtiments à usage industriel en vue de leur cession ou de leur location[9].

Ces dispositions ne concernent pas le droit de l'urbanisme *stricto sensu.*

161.103 **Infractions.** Les infractions à la réglementation relative à la décentralisation industrielle sont constatées et poursuivies selon les règles fixées à l'article L. 480-1[10].

1. C. urb., art. R. 510-11 : « L'agrément peut n'être accordé qu'à titre précaire et pour une durée limitée, en ce qui concerne tant l'utilisation de locaux ou d'installations existants que la construction ou la reconstruction de locaux ou d'installations. Dans ces derniers cas, le permis de construire peut être délivré dans les conditions fixées aux articles L. 423-2 à L. 423-5 ».
2. C. urb., art. R. 510-2, al. 4.
3. C. urb., art. R. 510-8.
4. CE 16 nov. 1984, *RATP*, req. n° 43130, *Lebon T.*
5. C. urb., art. L. 510-2, al. 1er.
6. C. urb., art. L. 510-2, al. 2.
7. C. urb., art. L. 510-2, al. 3.
8. C. urb., art. L. 530-1.
9. C. urb., art. L. 540-1 s.
10. C. urb., art. L. 550-1 – POUR les agents habilités à dresser des procès-verbaux : C. urb., art. R. 550-1.

ses dans le code. Le fait qu'elles n'aient pas été réintroduites est révélateur de la non-utilisation de ce pouvoir. Il a d'ailleurs été envisagé de supprimer ce pouvoir spécial du préfet.

CHAPITRE

162. Périmètre de protection autour des ICPE et lieux de stockage de produits dangereux

SECTION 0

ORIENTEUR

162.00 **Sommaire du chapitre.**

162.01 **Textes applicables.**

• **C. urb.**, art. L. 112-1 s.

SECTION UNIQUE

DÉLIMITATION D'UN PÉRIMÈTRE ET DÉFINITION DES RÈGLES

162.11 **Établissement d'un périmètre soumis à des règles de constructions particulières.** L'article L. 112-1 du code de l'urbanisme[1] prévoit qu'en dehors des zones couvertes par un PLU ou un document d'urbanisme en tenant lieu, le préfet peut délimiter un périmètre de protection contre les risques résultant :

– de la présence d'ICPE ;

– ou de l'existence d'activités régies par le code minier relevant du régime légal des mines (notamment de stockage souterrain de gaz naturel ou d'hydrocarbures).

À l'intérieur de ce périmètre, l'exécution de travaux nécessitant un permis de construire « est soumise à des règles particulières » destinées à prévenir les risques.

Le maire est incompétent pour édicter un tel périmètre[2].

162.12 **Pouvoir inapplicable aux ICPE et stockages faisant l'objet de dispositifs spécifiques.** L'article L. 112-2 prévoit que ce pouvoir ne peut être mis en œuvre aux installations suivantes faisant déjà l'objet d'un régime de protection spécifique[3] :

– les ICPE à hauts risques (auxquelles sont applicables les articles L. 515-8 à L. 515-12 du code de l'environnement) ;

– les stockages souterrains relevant du deuxième alinéa de l'article L. 264-1 du code minier ;

– les activités régies par le code minier relevant du régime légal des mines auxquelles est applicable l'article L. 174-5-1 du code minier.

Il ajoute que le permis de construire mentionne explicitement, le cas échéant, les servitudes instituées en application des dispositions mentionnées ci-dessus du code de l'environnement et du code minier[4].

162.13 **Un pouvoir inutilisé.** Le pouvoir d'établir un périmètre de protection a été très peu utilisé par les préfets. Cette faible utilisation s'explique par la circonstance qu'il ne peut être exercé que dans les communes non couvertes par un PLU alors que l'essentiel des ICPE se trouvent implantées dans des communes couvertes par un tel document.

Par erreur, les dispositions réglementaires d'application (qui prévoyaient notamment l'information du conseil municipal et la réalisation d'une enquête publique) ont été abrogées lors de la réforme des autorisations d'urbanisme de 2007 sans être repri-

1. C. urb., art. L. 112-1, mod. par ord. n° 2022-534, 13 avr. 2022. Les dispositions de cet article figuraient initialement à l'article L. 421-8 du code de l'urbanisme. Elles ont été transférées à l'article L. 111-1-5 à la suite de la réforme des autorisations d'urbanisme de 2007, puis à l'actuel article L. 112-1 après la recodification du livre Ier du code intervenue en 2015.

2. CE 29 sept. 2003, *Houillères du bassin de Lorraine*, req. n° 218217, *Lebon T.*

3. C. urb., art. L. 112-2, al. 1er, mod. par ord. n° 2022-534, 13 avr. 2022.

4. C. urb., art. L. 112-2, al. 2, mod. par ord. n° 2022-534, 13 avr. 2022.

LIVRE

2. LES DOCUMENTS D'URBANISME ET LES SCHÉMAS RÉGIONAUX

SECTION 0
ORIENTEUR

2.00 Sommaire du livre.

2.03 Bibliographie indicative.

Thèses. J.-F. Inserguet, *La spécificité du régime des actes administratifs en droit de l'urbanisme : l'exemple du plan d'occupation des sols*, th. droit, Limoges, 1997 – V. Le Coq, *Contribution à l'étude de la norme locale d'urbanisme*, PULIM, 2004.

> Articles

Notion. J.-P. Lebreton, « Document d'urbanisme : l'émergence d'une notion jurisprudentielle », *AFDUH* 1998. 33 – E. Le Cornec, « Les critères du document d'urbanisme : une analyse critique », *Dr. adm.* 1997, chron. 174 – S. Traoré, « Les documents d'urbanisme : plaidoyer pour une étude systématique de la notion », *RLCT* 2012. 2238.

Loi ÉLAN. P. Soler-Couteaux et J.-P. Strebler, « La loi ÉLAN et les documents d'urbanisme : les modifications adoptées et les évolutions annoncées », *RDI* 2019. 132 – S. Traoré, « Les documents d'urbanisme après la loi ÉLAN », *AJCT* 2019. 8.

Loi Climat et résilience. É. Carpentier, « Documents d'urbanisme et recul du trait de côté », *JCP N* 2021, n° 1317 – O. Herrenberger, « Encadrement des constructions et travaux dans les communes exposées au recul du trait de côte », *JCP N* 2021, n° 1318 – L. Santoni, « Extension du domaine de la lutte : l'avènement de l'objectif ZAN », *Constr.-urb.* 2021, ét. 10 – N. Sudres, « Loi Climat et résilience : quels outils pour les communes littorales confrontées au risque d'érosion côtière ? », *AJCT* 2022. 16 – V. Zalewski-Sicard, « Loi Climat et densification », *JCP N* 2021, n° 1311 – N. Huten, « Planification urbaine et recomposition spatiale des territoires exposés au recul du trait de côte », *RFDA* 2022. 452.

Évolution de la planification. F. Bouyssou, « Plan d'urbanisme ou projet d'urbanisme ? La planification urbaine à bout de souffle », *AJDA* 2013. 1493 – F. Bouyssou, « Les cinq crises de la planification urbaine », *JCP N* 2014, n° 2199 – É. Fatôme, « À propos de l'urbanisme de projet », *BJDU* 2013. 167 – G. Godfrin, « Plans locaux d'urbanisme et projet », *BJDU* 2013. 3 – S. Pérignon, « L'hyper-planification », *Constr.-Urb.* 2012, repère 2 – R. Noguellou, « Où en est l'urbanisme de projet ? », *RFDA* 2020. 962.

2.05 Planification territoriale. Les documents d'urbanisme[1] et les schémas régionaux constituent des instruments de planification territoriale. Comportant des dispositions écrites et des cartes, ils traduisent une vision politique dans un projet de territoire.

2.06 Échelle. Les documents d'urbanisme et les schémas régionaux s'appliquent à l'échelle d'un territoire :

– celui de la commune ou de l'intercommunalité (pour les PLU et les cartes communales) ;

– celui du bassin d'emploi (pour les SCOT) ;

– celui de la région (pour les schémas régionaux).

2.07 Contenu et portée. Les documents d'urbanisme et les schémas régionaux peuvent avoir deux vocations bien distinctes.

Certains ont pour objet de fixer des règles. C'est le cas des PLU et des cartes communales. Ces instruments déterminent les règles d'urbanisme applicables au niveau de la parcelle. Ils ont ainsi pour objet la réglementation de l'utilisation du sol. Leurs dispositions sont, par conséquent, directement opposables aux demandes d'autorisation d'urbanisme.

Les autres (à savoir les schémas régionaux et le SCOT) définissent des objectifs et des orientations, qui sont ensuite déclinées dans les PLU et les cartes communales. Ces instruments jouent ainsi un rôle de planification stratégique. Du fait du contenu et de la vocation de ces instruments, les dispositions qu'ils comportent ne sont pas opposables aux demandes d'autorisation d'urbanisme (toutefois, par tempérament à ce principe, certains projets doivent les respecter dans un rapport de prise en compte, par exemple la création d'une ZAC ou l'implantation d'une grande surface commerciale). Pour le praticien, ces schémas n'ont pour l'essentiel d'intérêt que pour s'assurer que les documents qui y sont soumis les respectent (dans un rapport de compatibilité ou de prise en compte) ; en cas de contrariété, ils peuvent demander au juge d'en écarter l'application par voie d'exception.

2.08 Typologie et plan. Les documents d'urbanisme et les schémas régionaux peuvent être distingués en fonction de leur vocation (stratégique ou réglementaire). Cette classification conduit à distinguer, d'un côté, le SCOT et les schémas régionaux et, d'un autre, les PLU et cartes communales.

Pour mieux épouser la structure du code de l'urbanisme (ainsi que les dispositions du CGCT[2]) et la logique de leur articulation, une autre distinction sera privilégiée, opposant :

– d'un côté, les documents d'urbanisme (SCOT, PLU, carte communale) ;

– d'un autre, les schémas régionaux.

Par suite, seront successivement présentées :

– les règles communes aux trois documents d'urbanisme (ainsi que l'articulation entre tous ces instruments) ;

– les règles propres à chaque document d'urbanisme (SCOT, PLU, carte communale) ;

– les règles relatives aux schémas régionaux.

1. Pour une définition, v. CE 7 juill. 1997, *Association Sauvegarde de l'étang des Mouettes et de l'environnement*, req. n° 170406, *Lebon T.* : « l'expression "document d'urbanisme" (...) doit être entendue comme désignant les documents élaborés à l'initiative d'une collectivité publique et ayant pour objet de déterminer les prévisions et règles touchant à l'affectation et à l'occupation des sols, opposables aux personnes publiques ou privées ». V. J.-P. Lebreton, « Document d'urbanisme : l'émergence d'une notion jurisprudentielle », *AFDUH* 1998. 33.

2. Sur les quatre schémas régionaux, trois sont régis par le CGCT ; un seul (le SDRIF) est régi par le code de l'urbanisme.

TITRE

21. Les règles communes aux documents d'urbanisme

SECTION 0
ORIENTEUR

21.00 **Sommaire du titre.**

21.05 **Trois types de règles.** Le code de l'urbanisme comporte trois types de règles communes à l'ensemble des documents d'urbanisme ou devant être examinées ensemble :

- la hiérarchie entre les différents documents d'urbanisme ;
- l'élaboration des documents d'urbanisme ;
- et l'accès aux documents d'urbanisme.

CHAPITRE

211. Hiérarchie entre les différents documents d'urbanisme

SECTION 0
ORIENTEUR

211.00 **Sommaire du chapitre.**

211.01 Textes applicables.

• **C. urb.**, art. L. 131-1 s.

211.03 Bibliographie indicative.

Contributions. J.-C. Bonichot, « Compatibilité, cohérence, prise en compte : jeux de mots ou jeux de rôle ? », *Mél. H. Jacquot*, PU Orléans 2006, p. 49 – H. Jacquot, « Sur la règle de compatibilité limitée en droit de l'urbanisme », *Mél. Y. Jégouzo*, Dalloz, 2009, p. 607 – R. Noguellou, « Les nouveaux schémas régionaux "pris en compte" », *Mél. J.-P. Lebreton*, « Les Cahiers du Gridauh », n° 29, hors-série, 2015, p. 243.

> Articles

Généralité. W. Coulet, « La notion de compatibilité dans le droit de l'urbanisme », *AJDA* 1976. 291 – H. Jacquot, « La notion de prise en compte d'un document de planification spatiale », *DAUH* 2005. 71 – J.-P. Lebreton, « La compatibilité en droit de l'urbanisme », *AJDA* 1991. 491 – P. Baffert et O. Bonneau, « La "prise en compte" par les SCOT et les PLU des documents de programmation indépendants du droit de l'urbanisme : de la nécessité de bien s'entendre sur les mots », *BJDU* 2012. 260.

Réforme de 2020. N. Boukheloua, « La hiérarchie des normes applicable aux documents d'urbanisme. Quels changements ? », *BJDU* 2020. 325 – É. Carpentier, « La rationalisation de la hiérarchie des normes d'urbanisme est-elle réussie ? », *Droit et Ville* 2020. 143 – É. Carpentier et R. Noguellou, « Que tout change pour que rien ne change », *AJDA* 2020. 2258 – J. Martin, « La rationalisation de la hiérarchie des normes applicable aux documents d'urbanisme », *JCP Adm.* 2021, n° 2174 – P. Soler-Couteaux et J.- P. Strebler, « La hiérarchie des normes applicable aux documents d'urbanisme : rationalisation à défaut de (forte) réduction… mais avec une effectivité améliorée », *RDI* 2020. 509 – J.-G. Sorbara, « Les ordonnances du 17 juin 2020 entre rénovation et rationalisation des normes d'urbanisme », *RFDA* 2021. 127.

211.04 Questions essentielles.

> Comment s'apprécient les rapports de compatibilité et de prise en compte ?
* V. s[s] n°s 211.11 s.
> Quelles normes s'imposent au SCOT ?
* V. s[s] n°s 211.41 s.
> Quelles normes s'imposent au PLU ?
* V. s[s] n°s 211.151 s.

211.05 Sur la base de quels éléments a été définie la hiérarchie des normes ? Afin d'assurer la coordination entre les différentes – et nombreuses – normes d'urbanisme, une articulation entre celles-ci est organisée sous la forme d'une hiérarchie. Quatre grands traits la caractérisent.

Tout d'abord, pour les documents de planification, la norme ayant un champ géographique large prévaut sur la norme géographique ayant un champ géographique plus restreint. Pour prendre un exemple simple, si un document supérieur prévoit la préservation du caractère naturel d'une zone, le document inférieur ne peut en autoriser l'urbanisation totale.

Ensuite, un document d'urbanisme n'est en principe tenu de respecter que la norme qui lui est immédiatement supérieure. C'est ce que la doctrine appelle le principe de la « compatibilité limitée »[1]. Il ne s'agit pas d'un principe juridique mais d'un principe explicatif des dispositions du code de l'urbanisme telles qu'elles organisent la hiérarchie des normes en droit de l'urbanisme depuis 1995[2]. Ce principe ne présente pas un caractère absolu car le document immédiatement supérieur ne fait pas toujours écran avec les normes situées au-dessus de lui. D'une part, s'il ne respecte pas ces normes, son application pourra, à l'occasion d'un contentieux, être écartée par le juge par la voie de l'exception. Par exemple, si un SCOT ne respecte pas le SRADDET sur une question donnée, le PLU ne sera pas soumis aux dispositions litigieuses de ce SCOT. D'autre part, le document

1. H. Périnet-Marquet, « Le nouvel article L. 111-1-1 du Code de l'urbanisme et l'intégration des directives territoriales d'aménagement au sein des normes d'urbanisme », *RFDA* 1995. 906.
2. Ce principe remonte à l'article 4 de la loi n° 95-115 du 4 février 1995, lui-même inspiré du rapport du Conseil d'État intitulé « L'urbanisme : pour un droit plus efficace » publié en 1992 (v. initialement : C. urb., art. L. 111-1-1 ; aujourd'hui : C. urb., art. L. 131-1 et s.). Avant cette réforme, les communes devaient tenir compte, pour l'élaboration du POS ou de la carte communale, de l'ensemble des documents d'urbanisme. Aux fins de simplification, la réforme y a substitué, autant que faire se peut, le respect du seul document immédiatement supérieur. Les exigences posées par le code de l'urbanisme se déversent ainsi « en cascade jusqu'au PLU par le prisme des documents intermédiaires » (A. Bretonneau, concl. sur CE, sect., 31 mars 2017, *Sarl Savoie Lac Investissements*, req. n° 392186, *Lebon ; BJDU* 2017. 217).

immédiatement supérieur joue parfois davantage le rôle d'un prisme que d'un écran. Cette configuration concerne les dispositions du code propres au littoral et à la montagne : celles-ci sont directement opposables aux SCOT (de façon immédiate), et elles sont opposables aux PLU à travers le prisme des SCOT (de façon médiate : le SCOT ne fait pas écran ; il agit plutôt comme une lentille[1]).

Par ailleurs, il existe deux rapports possibles entre la norme inférieure et la norme supérieure : soit un rapport de compatibilité, soit un rapport de prise en compte (le rapport de conformité n'existe pas entre dispositions d'urbanisme ; il ne concerne que la relation entre une autorisation d'urbanisme et une disposition d'urbanisme, par exemple le rapport entre un permis de construire et un PLU ou un permis de construire et un article du RNU).

Enfin, il existe extrêmement peu de dispositions nationales opposables aux documents d'urbanisme. Ne sont en effet opposables à ces derniers que les objectifs généraux d'urbanisme et les dispositions du code propres au littoral et à la montagne. Ainsi, et en particulier, si les dispositions du RNU sont opposables aux autorisations d'urbanisme, elles ne le sont pas aux documents d'urbanisme.

211.06 **Complexité.** La complexité résulte principalement de l'ouverture des documents d'urbanisme à des questions extérieures à l'urbanisme. En effet, le législateur a fait le choix en 2001[2] de décloisonner le droit de l'urbanisme en intégrant dans les documents de planification des politiques publiques qui lui sont liées : transport, habitat, sécurité, environnement, aménagement commercial... Cela a conduit le SCOT et le PLU à devoir respecter de nombreux instruments sectoriels (même si – et cela est de nature à réduire la complexité – la plupart de ceux-ci sont « intégrés » dans le SCOT au sens où leurs exigences sont prises en compte par celui-ci, ce qui permet au PLU de n'avoir à se soucier pour l'essentiel que de sa compatibilité avec le SCOT).

211.07 **Réforme de 2020.** Deux ordonnances du 17 juin 2020[3] prises sur le fondement de la loi ÉLAN ont eu pour objet de rationaliser et simplifier la hiérarchie des normes. Pour cela, le rôle intégrateur du SCOT a été renforcé, les dispositions régissant cette hiérarchie (dont certaines se trouvaient dans d'autres parties du code de l'urbanisme voire dans d'autres codes) ont été regroupées dans le chapitre dédié et les cas dans lesquels s'impose un rapport de prise en compte ont été strictement réduits.

SECTION 1
DÉFINITION DES DIFFÉRENTS RAPPORTS (COMPATIBILITÉ, PRISE EN COMPTE)

§ 1
Définition du rapport de « compatibilité »

211.11 **Notion.** Le rapport de compatibilité est un rapport de non-contrariété. Comme le souligne la doctrine administrative, « un document est compatible avec un document de portée supérieure lorsqu'il n'est pas contraire aux orientations ou principes fondamentaux de ce document et qu'il contribue, même partiellement, à sa réalisation »[4].

Ainsi, dans le cas du rapport entre un PLU et un SCOT, le Conseil d'État indique ainsi que « pour apprécier la compatibilité d'un plan local d'urbanisme avec un schéma de cohérence territoriale, il appartient au juge administratif de rechercher, dans le cadre d'une analyse globale le conduisant à se placer à l'échelle de l'ensemble du territoire couvert en prenant en compte l'ensemble des prescriptions du document supérieur, si le plan ne contrarie pas les objectifs qu'impose le schéma, compte tenu des orientations adoptées et de leur degré de précision, sans rechercher l'adéquation du plan à chaque disposition ou objectif particulier »[5].

Comme le soulignait le rapporteur public, « la simple contrariété à une orientation du SCOT ne suffit pas à établir l'incompatibilité avec un document qui doit s'apprécier globalement et dont les orientations propres doivent être conciliées non seulement entre elles mais avec le parti d'urbanisme qu'il appartient à la commune de retenir dans ce cadre, sans nécessité d'une adéquation parfaite point par point, orientation par orientation »[6].

Il en va de même, par exemple, dans le rapport entre un PLU et :

- le PADDUC[7] ;
- le SDRIF[8].

Deux traits caractérisent ainsi le rapport de compatibilité. D'une part, il s'apprécie de façon souple.

1. V. s^s n° 211.151.
2. L. n° 2000-1208, 13 déc. 2000 relative à la solidarité et au renouvellement urbains, *JO* 14 déc., n° 2.
3. Ord. n° 2020-744, 17 juin 2020 relative à la modernisation des schémas de cohérence territoriale, *JO* 18 juin, n° 40 – Ord. n° 2020-745, 17 juin 2020 relative à la rationalisation de la hiérarchie des normes applicable aux documents d'urbanisme, *JO* 18 juin, n° 42, art. 7, al. 1er.
4. Rép. min. n° 419, *JO Sénat Q* 5 sept. 2002, p. 1956.
5. CE 18 déc. 2017, *Le Regroupement des organismes de sauvegarde de l'Oise et a.*, req. n° 395216, *Lebon T.* ; *BJDU* 2018. 94, concl. J. Burguburu ; *LPA* 5 sept. 2018, n° 177, p. 5, note P.-L Niel ; *Dr. adm.* 2019, comm. 16, note J.-S. Boda.
6. J. Burguburu, concl. préc.
7. CAA Marseille, 18 janv. 2021, *Propriano (C^ne)*, req. n° 19MA05405, NP.
8. V. s^s n°s 262.41 s.

Il « traduit une exigence plus lâche que la conformité, puisqu'il implique seulement que la norme inférieure ne compromette pas l'application de la norme supérieure »[1]. Pour cette raison, il est privilégié lorsque la norme supérieure est rédigée sous la forme d'objectifs ou de façon programmatique. Les objectifs « qu'elle fixe – souvent imprécis, du moins généraux – s'accommoderaient mal à un rapport exigeant de conformité »[2]. D'autre part, le rapport de compatibilité s'apprécie dans le cadre d'une analyse globale le conduisant à se placer à l'échelle de l'ensemble du territoire couvert.

Le rapport de compatibilité emporte des conséquences sur l'étendue du pouvoir reconnu à l'autorité en charge du document supérieur en lui interdisant de recourir à des rédactions trop précises qui, de fait, priveraient de toute latitude l'autorité en charge du document inférieur[3].

211.12 Cas d'une norme quantitative. Compte tenu de la souplesse résultant du rapport de compatibilité, la seule méconnaissance d'une norme quantitative (notamment un taux ou un pourcentage) posée par le document supérieur n'entache pas d'illégalité le document inférieur. Dans un tel cas de figure, le document inférieur n'est incompatible avec le document supérieur que si cette méconnaissance fait obstacle aux orientations fixées par celui-ci.

Tel est le cas tant pour les documents d'urbanisme[4] que pour les autorisations d'urbanisme[5].

211.13 Cas de la délimitation d'une zone. Lorsque le document supérieur établit un zonage, le rapport de compatibilité autorise que le document inférieur ne procède pas à un décalque strict de celui-ci. Ainsi, sous l'ancien état du droit, le commissaire du gouvernement Henri Savoie avait indiqué que « Des discordances entre schéma directeur et POS sont (...) admises dès lors qu'elles portent sur de faibles superficies ou qu'elles résultent d'une rectification limitée de la délimitation des zones respectives du schéma et du POS »[6].

211.14 Exemple de compatibilité (avec un critère quantitatif). Par exemple, le PLU qui prévoit un rythme de construction de 15 nouveaux logements par an, entraînant de ce fait une augmentation de la population supérieure au taux de 1 % de croissance démographique fixé par le SCOT pour cette commune, et dépassant même le seuil dérogatoire de 1,15 % retenu pour d'autres communes, n'est pas incompatible avec le SCOT. Si elle conduit au dépassement des seuils de croissance démographique fixés par le SCOT, elle respecte en revanche l'objectif de maîtrise de l'urbanisation fixée par le schéma[7].

211.15 Différence avec le rapport de conformité. Le rapport de compatibilité est moins strict qu'un rapport de conformité. L'exigence de conformité implique une stricte identité entre le document inférieur et le document supérieur[8].

§ 2
Définition du rapport de « prise en compte »

211.21 Notion. L'obligation de prise en compte implique que l'opération ou le document qui s'y trouve soumis ne doit pas en principe « s'écarter des orientations fondamentales » du document supérieur « sauf, sous le contrôle du juge, pour un motif tiré de l'intérêt de l'opération envisagée et dans la mesure où ce motif le justifie ». Cette définition a été donnée par le Conseil d'État en droit de l'environnement, plus précisément relativement au schéma directeur d'aménagement et de gestion des eaux (SDAGE)[9]. Le commissaire du gouvernement affirmait : « La nécessité de prise en compte nous paraît traduire un degré d'exigence moindre que celui qu'implique un rapport de compatibilité. Que cela signifie-t-il concrètement ? À tout le moins, la prise en considération des orientations générales du schéma et la recherche, autant que faire ce peut, d'une conciliation entre les dispositions du schéma et celles de la décision administrative. Nous ne croyons toutefois pas que l'exigence posée par le dernier alinéa de l'article L. 212-1 du code de l'environnement aille jusqu'à imposer, dans tous les cas, l'absence de contrariété. Il va de soi qu'en prin-

1. A. Bretonneau, concl. sur CE, sect., 31 mars 2017, *Sarl Savoie Lac Investissements*, req. n° 392186, *Lebon ; BJDU* 2017. 217.
2. V. Villette, concl. sur CE 6 oct. 2021, Commune de Montmorency, req. n° 441847, *Lebon T. ; BJDU* 2022. 13.
3. Pour le cas du SDRIF, v. s^{s} n° 262.52. Pour le cas du PADDUC, v. s^{s} n° 263.72.
4. V. s^{s} n° 211.14.
5. V. s^{s} n° 712.171.
6. H. Savoie, concl. sur CE 10 juin 1998, *C^{ne} de Balma*, req. n° 167284, NP, *BJDU* 1998. 246, citées par M. Sousse, « Sur le contrôle effectué par le juge administratif sur le plan local d'urbanisme d'une commune littorale », *JCP Adm.* 2015, n° 2376.
7. CE 18 déc. 2017, *Le Regroupement des organismes de sauvegarde de l'Oise et a.*, req. n° 395216, *Lebon T. ; BJDU* 2018. 94, concl. J. Burguburu ; *LPA* 5 sept. 2018, n° 177, p. 5, note P.-L Niel ; *Dr. adm.* 2019, comm. 16, note J.-S. Boda.
8. V. s^{s} n° 232.42.
9. CE 28 juill. 2004, *Assoc. de défense de l'environnement et a.*, req. n° 256511, *Lebon T. ; BJCL* 2004. 613 concl. M. Guyomar ; *DAUH* 2005. 71, note H. Jacquot – CE 17 mars 2010, *Min. Écologie, Développement et Aménagement du territoire et min. Intérieur, Outre-mer et Collectivités territoriales*, req. n° 311443, *Lebon T.* – P. Baffert et O. Bonneau, « La "prise en compte" par les SCOT et les PLU des documents de programmation indépendants du droit de l'urbanisme : de la nécessité de bien s'entendre sur les mots », *BJDU* 2012. 260.

cipe, les décisions administratives prises au titre de législations distinctes de celle de l'eau ne doivent pas s'écarter des orientations fondamentales du SDAGE. Mais en recourant aux termes "prise en compte", le législateur a entendu, selon nous, ne pas exclure la possibilité d'une dérogation aux dispositions du schéma directeur. Certes, cette dérogation, soumise au contrôle du juge, ne peut être décidée que pour un motif tiré de l'intérêt de l'opération envisagée et dans la stricte mesure où ce motif le justifie »[1].

La définition du rapport de prise en compte ainsi donnée en droit de l'environnement a vocation à être reprise en droit de l'urbanisme.

SECTION 2
NORMES S'IMPOSANT AU SCOT ET PROCÉDURE DE MISE EN COMPATIBILITÉ AVEC CELLES-CI

211.30 Plan. La hiérarchie des normes et les procédures décrites ci-dessous s'appliquent aux SCOT dits « modernisés », c'est-à-dire, d'une part, ceux dont l'élaboration ou la révision a été engagée à compter du 1er avril 2021[2] et, d'autre part, ceux dont la procédure d'élaboration ou de révision était en cours avant cette date qui ont décidé de se placer sous le nouveau régime (à condition, dans ce cas, que le schéma soit entré en vigueur à compter du 1er avril)[3].

§ 1
Dispositions et documents avec lesquels le SCOT doit être compatible ou qu'il doit prendre en compte

211.41 SCOT intégrateur. Le SCOT joue un rôle d'interface entre :

– d'un côté, toute une série de dispositions et de documents (en particulier les dispositions du code de l'urbanisme propres à la montagne et au littoral, les schémas régionaux d'aménagement et d'urbanisme, et de nombreux documents sectoriels) ;

– et, d'un autre côté, les PLU et les cartes communales.

Ainsi, le SCOT intègre les exigences résultant des documents supérieurs (on parle de SCOT « intégrateur ») et il s'impose aux documents inférieurs (PLU et cartes communales).

Il joue de la sorte un rôle de pivot ou d'écran entre deux niveaux normatifs. En présence d'un SCOT, les PLU et cartes communales ne se réfèrent juridiquement qu'à lui sur ces questions[4] (ce qui simplifie le travail de rédaction). En l'absence de SCOT, les dispositions et documents supérieurs sont directement opposables aux PLU et cartes communales (ce qui multiplie les documents à respecter).

A.
Dispositions et documents avec lesquels le SCOT doit être compatible

1°
Dispositions mentionnées au point 1° (dispositions du code de l'urbanisme relatives à la montagne et au littoral)

211.51 Dispositions concernées. Les SCOT doivent être compatibles avec « les dispositions particulières au littoral et aux zones de montagne prévues aux chapitres Ier et II du titre II »[5].

2°
Documents mentionnés aux points 2° à 16°

a.
Schémas régionaux d'aménagement et d'urbanisme

211.61 Documents concernés. Les SCOT doivent être compatibles avec :

– les règles générales du fascicule des SRADDET « pour celles de leurs dispositions auxquelles ces règles sont opposables »[6] ;

– le SDRIF[7] ;

– les SAR[8] ;

– le PADDUC[9].

1. M. Guyomar, concl. préc.
2. Ord. n° 2020-745, 17 juin 2020 relative à la rationalisation de la hiérarchie des normes applicable aux documents d'urbanisme, *JO* 18 juin, n° 42, art. 7, al. 1er.
3. Ord. n° 2020-745, 17 juin 2020, art. 7, al. 2 – Sur le régime antérieur, qui continue de s'appliquer à titre transitoire aux SCOT non « modernisés », v. ss n° 8.14.
4. Les documents supérieurs ne sont pas opposables, leur invocation à l'encontre d'un PLU ou d'une carte communale étant par conséquent inopérante (CE 21 mai 2008, *Assoc. d'environnement Attainville ma campagne*, req. n° 296347, *Lebon T.* ; *BJDU* 2008. 94, concl. Y. Aguila).
5. C. urb., art. L. 131-1, 1° – Dans sa rédaction antérieure à l'ordonnance n° 2020-745 du 17 juin 2020, ce petit 1° précisait que le SCOT doit être compatible avec les dispositions particulières au littoral et aux zones de montagne prévues aux chapitres I et II du titre II « ou les modalités d'application de ces dispositions particulières lorsqu'elles ont été précisées pour le territoire concerné par une directive territoriale d'aménagement prévue par l'article L. 172-1 ». Du fait de la nouvelle rédaction, les DTA ne sont plus opposables aux SCOT.
6. C. urb., art. L. 131-1, 2°.
7. C. urb., art. L. 131-1, 3°.
8. C. urb., art. L. 131-1, 4°.
9. C. urb., art. L. 131-1, 5°.

b. Documents sectoriels

211.71 Documents concernés. Les SCOT doivent être compatibles avec toute une série de documents sectoriels.

211.72 Documents prévus par le code de l'urbanisme. Les SCOT doivent être compatibles avec les dispositions particulières aux zones de bruit des aérodromes prévues à l'article L. 112-4[1].

211.73 Documents prévus par le code de l'environnement. Les SCOT doivent être compatibles avec :

– les chartes des parcs naturels régionaux prévues à l'article L. 333-1 du code de l'environnement, « sauf avec les orientations et les mesures de la charte qui seraient territorialement contraires au » SRADDET[2] ;

– les objectifs de protection et les orientations des chartes des parcs nationaux prévues à l'article L. 331-3 du code de l'environnement[3] ;

– les orientations fondamentales d'une gestion équilibrée de la ressource en eau et les objectifs de qualité et de quantité des eaux définis par les schémas directeurs d'aménagement et de gestion des eaux prévus à l'article L. 212-1 du code de l'environnement[4] ;

– les objectifs de protection définis par les schémas d'aménagement et de gestion des eaux prévus à l'article L. 212-3 du code de l'environnement[5] ;

– les objectifs de gestion des risques d'inondation définis par les plans de gestion des risques d'inondation pris en application de l'article L. 566-7 du code de l'environnement, ainsi qu'avec les orientations fondamentales et les dispositions de ces plans définies en application des 1° et 3° du même article[6] ;

– les schémas régionaux des carrières prévus à l'article L. 515-3 du code de l'environnement[7] ;

– les objectifs et dispositions des documents stratégiques de façade ou de bassin maritime prévus à l'article L. 219-1 du code de l'environnement[8] ;

– le schéma régional de cohérence écologique prévu à l'article L. 371-3 du code de l'environnement[9] ;

211.74 Documents prévus par le code minier. Les SCOT doivent être compatibles avec le schéma départemental d'orientation minière en Guyane prévu à l'article L. 621-1 du code minier[10].

211.75 Documents prévus par le CCH. Les SCOT doivent être compatibles avec le schéma régional de l'habitat et de l'hébergement prévu à l'article L. 302-13 du CCH[11].

3° Documents mentionnés aux points 17° et 18°

211.81 Autres documents sectoriels. Les SCOT doivent être compatibles avec deux autres documents sectoriels.

211.82 Plan de mobilité d'Ile-de-France. Les SCOT doivent être compatibles avec le plan de mobilité d'Ile-de-France prévu à l'article L. 1214-9 du code des transports[12].

211.83 Directives de protection et de mise en valeur des paysages. Les SCOT doivent être compatibles avec les directives de protection et de mise en valeur des paysages prévues à l'article L. 350-1 du code de l'environnement[13].

B. Dispositions et documents que le SCOT doit prendre en compte

1° Objectifs des SRADDET

211.91 Prise en compte. Les SCOT doivent prendre en compte « les objectifs » des SRADDET[14].

2° Programmes d'équipement

211.101 Prise en compte. Les SCOT doivent prendre en compte les programmes d'équipement[15] :

– de l'État ;

– des collectivités territoriales ;

– et des établissements et services publics.

1. C. urb., art. L. 131-1, 11°.
2. C. urb., art. L. 131-1, 6° – Toutefois, en Guadeloupe, Guyane, Martinique, à La Réunion et Mayotte : « Sauf mention contraire dans la charte, l'obligation de compatibilité avec la charte d'un parc national faite aux schémas de cohérence territoriale en application de l'article L. 131-1 et, en l'absence de schéma de cohérence territoriale, aux plans locaux d'urbanisme et aux cartes communales en application de l'article L. 131-6 n'est pas applicable à l'aire d'adhésion du parc national » (C. urb., art. L. 135-1).
3. C. urb., art. L. 131-1, 7°.
4. C. urb., art. L. 131-1, 8°.
5. C. urb., art. L. 131-1, 9°.
6. C. urb., art. L. 131-1, 10°.
7. C. urb., art. L. 131-1, 12°.
8. C. urb., art. L. 131-1, 13°.
9. C. urb., art. L. 131-1, 15°.
10. C. urb., art. L. 131-1, 14°.
11. C. urb., art. L. 131-1, 16°.
12. C. urb., art. L. 131-1, 17°.
13. C. urb., art. L. 131-1, 18°.
14. C. urb., art. L. 131-2, 1°.
15. C. urb., art. L. 131-2, 2°.

§ 2
Mise en compatibilité du SCOT avec les dispositions ou documents supérieurs

A.
Analyse de compatibilité et de prise en compte

211.111 Analyse (de compatibilité et de prise en compte) et délibération. L'établissement en charge du SCOT procède à une analyse de compatibilité et de prise en compte[1] :

- analyse de la compatibilité du SCOT avec les documents énumérés à l'article L. 131-1 ;

- analyse de la prise en compte des documents prévus à l'article L. 131-2.

Ensuite, il « délibère sur son maintien en vigueur ou sur sa mise en compatibilité »[2]. Deux hypothèses sont possibles.

Soit le SCOT respecte le rapport de compatibilité ou de prise en compte des documents supérieurs. Dans ce cas, l'établissement en charge du SCOT décide le maintien du SCOT.

Soit le SCOT ne respecte pas le rapport de compatibilité ou de prise en compte avec ou un plusieurs documents supérieurs. Dans ce cas, l'établissement décide la mise en compatibilité du SCOT.

Les personnes publiques associées mentionnées aux articles L. 132-7 et L. 132-8 qui élaborent ou approuvent des documents avec lesquels le SCOT doit être compatible ou qu'il doit prendre en compte sont informées de cette délibération[3].

211.112 Périodicité de l'exercice. La délibération précitée[4] « est prise au plus tard trois ans après »[5] :

- soit « l'entrée en vigueur » du SCOT faisant suite à son élaboration ou sa révision ;

- soit « la délibération portant maintien en vigueur ou mise en compatibilité », en application du présent article, de ce schéma.

Le calendrier d'analyse est donc celui du SCOT et non celui des documents avec lesquels le schéma doit être compatible ou qu'il doit prendre en compte[6]. Tous les trois ans, l'établissement en charge du SCOT examine si de nouveaux documents (s'imposant à lui) ont été adoptés ou ont évolué et adapte en une seule fois le schéma.

211.113 Documents concernés par l'analyse. L'analyse de compatibilité et de prise en compte[7] porte sur les documents « entrés en vigueur ou révisés » après l'intervention de la délibération qui[8] :

- soit adopte le SCOT ;

- soit révise le SCOT ;

- soit le maintien en vigueur ou le met en compatibilité en application du présent article.

B.
Absence d'illégalité du SCOT avant l'expiration de la période de mise en compatibilité

211.121 Admission d'une contrariété provisoire. Jusqu'à la fin de la période précitée prévue pour adopter la délibération de maintien ou de mise en compatibilité[9], le SCOT « n'est pas illégal du seul fait que certaines de ses dispositions » ne prendraient pas en compte les documents mentionnés à l'article L. 131-2 ou ne seraient pas compatibles avec les documents mentionnés à l'article L. 131-1 « qui seraient entrés en vigueur dans les conditions prévues au troisième alinéa »[10].

Ainsi, durant cette période, et jusqu'au terme de celle-ci, la méconnaissance du rapport de compatibilité ou de prise en compte n'entache pas d'illégalité le SCOT. Alors même que le SCOT est incompatible avec un document supérieur ou ne le prend pas en compte, cette contrariété n'est pas illégale et, par conséquent, ne peut pas être sanctionnée. En revanche, une fois cette période expirée, le SCOT devient illégal s'il n'a pas été remédié à l'incompatibilité ou à l'absence de prise en compte.

C.
Mise en compatibilité

211.131 Procédure de modification simplifiée. La mise en concordance avec un document supérieur (pour respect du rapport de compatibilité ou de prise en compte) « s'effectue conformément aux dispositions des articles L. 143-37 à L. 143-39 »[11], c'est-à-dire selon la procédure de modification simplifiée[12], quelle que soit l'ampleur des changements à effectuer.

1. C. urb., art. L. 131-3, al. 1er.
2. C. urb., art. L. 131-3, al. 1er.
3. C. urb., art. L. 131-3, al. 4.
4. V. s[s] no 211.111.
5. C. urb., art. L. 131-3, al. 2.
6. La logique était inversée avant l'ordonnance no 2020-745 du 17 juin 2020. Le SCOT devait être modifié dans un délai de trois ans à compter de l'approbation ou de la révision de chaque document avec lequel il doit être compatible ou qu'il doit prendre en compte. Ce système créait donc autant d'échéances de mise en compatibilité que de documents supérieurs. Il en résultait des modifications incessantes du SCOT, affectant sa stabilité.
7. V. s[s] no 211.111.
8. C. urb., art. L. 131-3, al. 3.
9. V. s[s] no 211.112.
10. C. urb., art. L. 131-3, al. 5.
11. C. urb., art. L. 131-3, al. 1er.
12. V. s[s] nos 224.141 s.

SECTION 3
Normes s'imposant au PLU et à la carte communale et procédure de mise en compatibilité avec celles-ci

211.140 **Plan.** La hiérarchie des normes et les procédures décrites ci-dessous s'appliquent aux PLU et aux cartes communales dits « modernisés », c'est-à-dire ceux dont l'élaboration ou la révision a été engagée à compter du 1er avril 2021[1].

§ 1
Dispositions et documents avec lesquels le PLU ou la carte communale doit être compatible ou qu'il doit prendre en compte

A.
Dispositions et documents avec lesquels le PLU ou la carte communale doit être compatible dans tous les cas (avec ou sans SCOT)

211.151 **Documents.** Les PLU et les documents en tenant lieu ainsi que les cartes communales doivent être compatibles avec :

- les SCOT[2] ;
- les SMVM[3] ;
- les plans de mobilité[4] ;
- les PLH[5]. Sur ce dernier point, le PLU « n'est pas illégal du seul fait qu'il autorise la construction de plus de logements que les obligations minimales du programme local de l'habitat n'en prévoient »[6].

Cette liste ne fait pas mention d'une obligation de compatibilité avec les dispositions du code relatives au littoral et à la montagne. Ce silence laisserait ainsi entendre qu'en présence d'un SCOT, les dispositions du code relatives au littoral et à la montagne ne s'appliquent pas directement aux PLU et aux cartes communales mais que seul le SCOT est opposable à ces documents dans ces matières. Toutefois, la jurisprudence a estimé que le SCOT joue davantage ici le rôle d'un filtre que d'un écran. Le Conseil d'État avait ainsi affirmé avant la réforme de la hiérarchie des documents d'urbanisme par l'ordonnance du 17 juin 2020[7] (mais la solution a vocation à demeurer en l'absence d'évolution de la formule législative employée) que dans le cas où le territoire concerné est couvert par un SCOT, la compatibilité du PLU avec les dispositions propres au littoral « s'apprécie en tenant compte des dispositions de ce document relatives à l'application des dispositions du code de l'urbanisme particulières au littoral, sans pouvoir en exclure certaines au motif qu'elles seraient insuffisamment précises, sous la seule réserve de leur propre compatibilité avec ces dernières »[8]. Il en résulte que :

- les dispositions du code relatives au littoral et à la montagne sont opposables aux PLU et cartes communales mais à travers le prisme du SCOT[9] ;
- les auteurs du PLU ne peuvent s'affranchir des dispositions du SCOT relatives au littoral au prétexte qu'elles seraient insuffisamment précises ;
- ils ne sont pas tenus de respecter les dispositions du SCOT qui seraient elles-mêmes contraires aux dispositions du code de l'urbanisme propres au littoral.

La même solution s'impose concernant les dispositions du code de l'urbanisme propres à la montagne.

On ajoutera que les prescriptions relatives aux anciennes ZPPAUP ne s'imposent pas aux PLU[10]. Ceci vaudra également pour les SPR (sites patrimoniaux remarquables) qui les ont remplacés avec la loi n° 2016-925 du 7 juillet 2016 relative à la liberté de la création, à l'architecture et au patrimoine.

211.152 **Servitudes *non aedificandi* autour des enceintes fortifiées de Paris et Lille.** Une loi du 18 juillet 1985[11] prévoit en son article 42 qu'autour des enceintes fortifiées de Paris et Lille, plus exactement dans les zones de servitudes *non aedificandi* délimitées (dans le I du même article), « l'implantation des constructions, c'est-à-dire la surface hors œuvre brute du niveau édifié sur le sol, ne peut couvrir une surface totale supérieure à 20 p. 100 de la superficie globale de chacune de ces zones »[12].

1. Ord. n° 2020-745, 17 juin 2020, art. 7, al. 1er. Sur le régime antérieur, qui continue de s'appliquer à titre transitoire aux PLU et cartes communales non « modernisés », v. ss n° 8.15.
2. C. urb., art. L. 131-4, 1°.
3. C. urb., art. L. 131-4, 2°.
4. C. urb., art. L. 131-4, 3°.
5. C. urb., art. L. 131-4, 4°.
6. C. urb., art. L. 131-4, al. 6.
7. Ord. n° 2020-745, 17 juin 2020.
8. CE 28 sept. 2020, *Le Lavandou (Cne), Assoc. de défense de l'environnement de Bormes et du Lavandou (ADEBL)*, req. n° 423087, *Lebon T. ; BJDU* 2020. 421, concl. O. Fuchs.
9. Comme l'indiquait le rapporteur public Olivier Fuchs, « En dépit du principe de compatibilité limitée, nous croyons que les dispositions du SCOT et celles du code de l'urbanisme spécifique au littoral coexistent, ce document intermédiaire ayant plus un effet de prisme ou de lentille que d'écran » (O. Fuchs, *BJDU* 2020. 421, concl. sur CE 28 sept. 2020, *Le Lavandou (Cne), Assoc. de défense de l'environnement de Bormes et du Lavandou (ADEBL)*, req. n° 423087, *Lebon T.*). Dans ses conclusions sur une autre affaire, Olivier Fuchs a également utilisé l'image d'un filtre au sens photographique (v. ss n° 121.134).
10. CE 24 sept. 2021, *Mme Grand et a.*, req. n° 444673, *Lebon T. ; BJDU* 2022. 21, concl. L. Domingo ; *JCP Adm.* 2022, n° 2384, chron. O. Le Bot.
11. L. n° 85-729, 18 juill. 1985 relative à la définition et à la mise en œuvre de principes d'aménagement, *JO* 19 juill., p. 8152.
12. L. n° 85-729, 18 juill. 1985, art. 42, IV, al. 1er.

Les PLU des territoires concernés « doivent être compatibles avec ces dispositions »[1].

B. Documents avec lesquels le PLU doit être compatible dans tous les cas (avec ou sans SCOT)

211.161 **Documents concernés.** Les PLU et les documents en tenant lieu doivent être compatibles avec[2] :

– le plan climat-air-énergie territorial (PCAET)[3] ;

– les plans locaux de mobilité prévus à l'article L. 1214-13-2 du code des transports ;

– et les plans locaux de mobilité prévus pour la région d'Ile-de-France à l'article L. 1214-30 du code des transports.

C. Dispositions et documents avec lesquels le PLU ou la carte communale doit être compatible ou qu'il doit prendre en compte en l'absence de SCOT

211.171 **Logique du SCOT-écran.** Du fait de son rôle intégrateur, le SCOT, lorsqu'il existe, est directement opposable aux PLU et cartes communales dans les matières se rapportant aux documents dont il intègre les exigences[4]. Dans la même logique, en l'absence de SCOT (jouant le rôle d'écran), c'est aux PLU et cartes communales que ces dispositions et documents s'imposent.

1° Dispositions s'imposant au PLU et à la carte communale dans un rapport de compatibilité

211.181 **Exigence de compatibilité avec les dispositions du code relatives au littoral et à la montagne.** En l'absence de SCOT, les PLU, les documents en tenant lieu et les cartes communales doivent être compatibles avec les dispositions mentionnées au 1° de l'article L. 131-1[5], c'est-à-dire les dispositions du code de l'urbanisme relatives au littoral et aux zones de montagne[6].

Ainsi, une carte communale « ne saurait en tout état de cause » méconnaître les dispositions du code de l'urbanisme[7]. De même, le Conseil d'État a jugé, dans le cas d'un PLU, qu'« il appartient à ses auteurs de s'assurer [...] de sa compatibilité avec les dispositions du code de l'urbanisme particulières au littoral »[8].

211.182 **Exigence de compatibilité avec les documents sectoriels.** En l'absence de SCOT, les PLU, les documents en tenant lieu et les cartes communales doivent être compatibles avec les documents énumérés aux 2° à 16° de l'article L. 131-1[9].

2° Documents s'imposant au PLU et à la carte communale dans un rapport de prise en compte

211.191 **Exigence de prise en compte.** En l'absence de SCOT, les PLU, les documents en tenant lieu et les cartes communales doivent prendre en compte les documents mentionnés à l'article L. 131-2[10].

3° Documents s'imposant au PLU dans un rapport de compatibilité

211.201 **Exigence de compatibilité.** En l'absence de SCOT, les PLU et les documents en tenant lieu doivent être compatibles avec les documents énumérés aux 17° et 18° de l'article L. 131-1[11].

§ 2 Mise en compatibilité du PLU ou de la carte communale avec les dispositions ou documents supérieurs

A. Analyse de compatibilité et de prise en compte

211.211 **Analyse (de compatibilité et de prise en compte) et délibération.** L'EPCI compétent ou la commune « procède à une analyse de la compatibilité » du PLU, du document en tenant lieu ou de la

1. L. n° 85-729, 18 juill. 1985, art. 42, IV, al. 2.
2. C. urb., art. L. 131-5.
3. V. X. de Lesquen, « Le plan climat-air-énergie territorial (PCAET) et sa déclinaison dans les documents d'urbanisme locaux », *JCP Adm.* 2024, n° 2250.
4. V. ss n° 211.41.
5. C. urb., art. L. 131-6, al. 1er.
6. V. ss n° 211.51.
7. CE 3 oct. 2016, *Le Brun*, req. n° 391750, *Lebon T.* ; *BJDU* 2016. 674, concl. X. Domino : à propos de l'article L. 121-8 relatif à l'urbanisation en continuité.
8. CE 28 sept. 2020, *Le Lavandou (Cne), Assoc. de défense de l'environnement de Bormes et du Lavandou (ADEBL)*, req. n° 423087, *Lebon T.* ; *BJDU* 2020. 421, concl. O. Fuchs.
9. V. ss nos 211.61 s.
10. C. urb., art. L. 131-6, al. 2 – Sur ces documents, v. ss nos 211.91 s.
11. C. urb., art. L. 131-6, al. 3 – Sur ces documents, v. ss nos 211.72 et 211.82.

carte communale « avec les documents mentionnés à l'article L. 131-4 et à l'article L. 131-5 »[1].

Ensuite, il « délibère sur son maintien en vigueur, ou sur sa mise en compatibilité »[2]. Deux hypothèses sont possibles. Soit le PLU, le document en tenant lieu ou la carte communale respecte le rapport de compatibilité avec des documents supérieurs. Dans ce cas, la commune ou l'EPCI décide le maintien du PLU, du document en tenant lieu ou de la carte communale. Soit le PLU, le document en tenant lieu ou la carte communale ne respecte pas le rapport de compatibilité avec ou un plusieurs documents supérieurs. Dans ce cas, la commune ou l'EPCI décide la mise en compatibilité du PLU, du document en tenant lieu ou de la carte communale.

En l'absence de SCOT, « cette analyse et cette délibération portent également » :

– « sur la compatibilité avec les documents mentionnés aux premier et troisième alinéas de l'article L. 131-6 »[3] ;

– « et sur la prise en compte des documents mentionnés au deuxième alinéa de l'article L. 131-6 »[4].

Les personnes publiques associées mentionnées aux articles L. 132-7 et L. 132-9 qui élaborent ou approuvent des documents avec lesquels le plan local d'urbanisme, le document en tenant lieu ou la carte communale doit être compatible ou qu'il doit prendre en compte sont informées de cette délibération[5].

211.212 Périodicité de l'exercice. La délibération précitée[6] « est prise au plus tard trois ans après »[7] :

- soit « l'entrée en vigueur » du PLU, du document en tenant lieu ou de la carte communale faisant suite à son élaboration ou sa révision ;

- soit « la délibération portant maintien en vigueur ou mise en compatibilité », en application du présent article, de ces documents d'urbanisme.

Lorsqu'elle porte sur l'analyse de la compatibilité du PLU, du document en tenant lieu ou de la carte communale avec le SCOT, la délibération « est prise au plus tard un an après »[8] :

- soit « l'entrée en vigueur » du SCOT faisant suite à son élaboration ou sa révision ;

- soit « la délibération portant maintien en vigueur ou mise en compatibilité de ce schéma » en application de l'article L. 131-3[9].

1. C. urb., art. L. 131-7, al. 1er – V. ss nos 211.151 et 211.161.
2. C. urb., art. L. 131-7, al. 1er.
3. V. ss nos 211.181 et 211.201.
4. C. urb., art. L. 131-7, al. 1er – V. ss no 211.191.
5. C. urb., art. L. 131-7, al. 4.
6. V. ss no 211.211.
7. C. urb., art. L. 131-7, al. 2.
8. C. urb., art. L. 131-7, al. 5.
9. V. ss no 211.111.

Dans tous les cas, le calendrier d'analyse est celui du PLU, du document en tenant lieu ou de la carte communale et non celui des documents avec lesquels le PLU, le document en tenant lieu ou la carte communale doit être compatible ou qu'il doit prendre en compte[10]. Tous les trois ans (ou tous les ans dans le cas du rapport entre le PLU et le SCOT), l'établissement en charge du PLU ou de la carte communale examine si de nouveaux documents (s'imposant à lui) ont été adoptés ou ont évolué et adapte en une seule fois le PLU ou la carte communale.

211.213 Documents concernés par l'analyse. L'analyse de compatibilité et de prise en compte[11] porte sur les documents « entrés en vigueur ou révisés après » l'intervention de la délibération qui[12] :

– soit adopte le PLU, le document en tenant lieu ou la carte communale ;

– soit révise le PLU, le document en tenant lieu ou la carte communale ;

– soit le maintien en vigueur ou le met en compatibilité en application du présent article.

B. Absence d'illégalité du PLU ou de la carte communale avant l'expiration de la période de mise en compatibilité

211.221 Admission d'une contrariété provisoire. Jusqu'à la fin de la période précitée prévue pour adopter la délibération de maintien ou de mise en compatibilité[13], le PLU, le document en tenant lieu ou la carte communale « n'est pas illégal du seul fait que certaines de ses dispositions ne prendraient pas en compte ou ne seraient pas compatibles avec les documents qui seraient entrés en vigueur dans les conditions prévues au cinquième alinéa pour le schéma de cohérence territoriale et au troisième alinéa pour les autres documents »[14].

Ainsi, durant cette période, et jusqu'au terme de celle-ci, la méconnaissance du rapport de compatibilité ou de prise en compte n'entache pas d'illégalité le PLU, le document en tenant lieu ou la carte

10. La logique était inversée avant l'ordonnance no 2020-745 du 17 juin 2020. Le PLU, le document en tenant lieu ou la carte communale devait être modifié dans un délai de trois ans à compter de l'approbation ou de la révision de chaque document avec lequel il doit être compatible ou qu'il doit prendre en compte. Ce système créait donc autant d'échéances de mise en compatibilité que de documents supérieurs. Il en résultait des modifications incessantes du PLU ou de la carte communale, affectant sa stabilité.
11. V. ss no 211.211.
12. C. urb., art. L. 131-7, al. 3.
13. V. ss no 211.212.
14. C. urb., art. L. 131-7, al. 6.

communale. Alors même que le PLU, le document en tenant lieu ou la carte communale est incompatible avec un document supérieur ou ne le prend pas en compte, cette contrariété n'est pas illégale et, par conséquent, ne peut pas être sanctionnée. En revanche, une fois cette période expirée, le PLU, le document en tenant lieu ou la carte communale devient illégal s'il n'a pas été remédié à l'incompatibilité ou à l'absence de prise en compte.

C.
Mise en compatibilité

211.231 **Procédure mise en œuvre.** La mise en concordance avec un document supérieur (pour respect du rapport de compatibilité ou de prise en compte) s'effectue conformément aux dispositions[1] :

– des articles L. 153-45 à L. 153-48 pour le PLU et le document en tenant lieu, c'est-à-dire selon la procédure de modification simplifiée[2], quelle que soit l'ampleur des changements à effectuer ;

– et de l'article L. 163-8 pour la carte communale, c'est-à-dire selon la procédure de révision[3].

SECTION 4
NORMES S'IMPOSANT AU PLUI TENANT LIEU DE PLAN DE MOBILITÉ OU DE PLH ET PROCÉDURE DE MISE EN COMPATIBILITÉ AVEC CELLES-CI

§ 1
PLUI tenant lieu de plan de mobilité

A.
Documents avec lesquels le PLUI tenant lieu de plan de mobilité doit être compatible

211.241 **Documents concernés.** Les dispositions relatives aux transports et aux déplacements des OAP et du programme d'orientations et d'actions du PLU tenant lieu de plan de mobilité[4] doivent être compatibles[5] :

– avec le « schéma régional du climat, de l'air et de l'énergie » prévu à l'article L. 222-1 du code de l'environnement (ou avec les orientations du « chapitre particulier fixant la stratégie du territoire en matière d'adaptation au changement climatique et d'amélioration de la qualité de l'air » du SAR) ;

– et, lorsqu'un « plan de protection de l'atmosphère » prévu à l'article L. 222-4 du code de l'environnement couvre tout ou partie du périmètre de l'EPCI, avec les objectifs fixés par ce plan pour chaque polluant.

B.
Mise en compatibilité avec les documents supérieurs

1°
Analyse de compatibilité

211.251 **Analyse de compatibilité et délibération.** L'EPCI compétent ou la commune « procède à une analyse de la compatibilité » des dispositions relatives aux transports et aux déplacements des OAP et du programme d'orientations et d'actions du PLU tenant lieu de plan de mobilité, avec les documents mentionnés au premier alinéa[6].

Ensuite, il « délibère sur le maintien en vigueur du plan, ou sur sa mise en compatibilité »[7]. Deux hypothèses sont possibles.

Soit le PLUI tenant lieu de plan de mobilité est compatible avec les documents supérieurs. Dans ce cas, l'EPCI compétent ou la commune décide le maintien du plan.

Soit le PLUI tenant lieu de plan de mobilité est incompatible avec les documents supérieurs. Dans ce cas, l'EPCI compétent ou la commune décide la mise en compatibilité du plan.

Les personnes publiques associées mentionnées aux articles L. 132-7 et L. 132-9 chargées de l'élaboration, de la gestion et de l'approbation des documents avec lesquels le PLU tenant lieu de plan de mobilité doit être compatible sont informées de cette délibération[8].

211.252 **Périodicité de l'exercice.** La délibération précitée[9] « est prise au plus tard trois ans après »[10] :

– soit « l'entrée en vigueur » de ce plan faisant suite à son élaboration ou sa révision ;

– soit « la délibération portant maintien en vigueur ou mise en compatibilité de ce plan » en application du présent article.

211.253 **Documents concernés par l'analyse.** L'analyse de compatibilité[11] porte sur le schéma régional du climat, de l'air et de l'énergie et le plan de

1. C. urb., art. L. 131-7, al. 1er.
2. V. ss nos 235.191 s.
3. V. ss nos 243.131 s.
4. Sur ce programme, v. ss no 231.1751.
5. C. urb., art. L. 131-8, al. 1er.
6. V. ss no 211.241. – C. urb., art. L. 131-8, al. 2.
7. C. urb., art. L. 131-8, al. 2.
8. C. urb., art. L. 131-8, al. 5.
9. V. ss no 211.251.
10. C. urb., art. L. 131-8, al. 3.
11. V. ss no 211.251.

protection de l'atmosphère « entrés en vigueur ou révisés » après la délibération qui[1] :

- soit adopte le PLUI tenant lieu de plan de mobilité ;
- soit révise le PLUI tenant lieu de plan de mobilité ;
- soit le maintien en vigueur ou le met en compatibilité, en application du présent article.

2°
Absence d'illégalité du PLUI tenant lieu de plan de mobilité avant l'expiration de la période de mise en compatibilité

211.261 **Admission d'une contrariété provisoire.** Jusqu'à la fin de la période prévue pour adopter la délibération précitée[2], le PLUI tenant lieu de plan de mobilité « n'est pas illégal du seul fait que certaines de ses dispositions ne seraient pas compatibles avec les documents mentionnés au premier alinéa qui seraient entrés en vigueur dans les conditions prévues au quatrième alinéa »[3].

Ainsi, durant cette période, et jusqu'au terme de celle-ci, la méconnaissance du rapport de compatibilité n'entache pas d'illégalité le PLU tenant lieu de plan de mobilité. Alors même que le PLUI tenant lieu de plan de mobilité est incompatible avec un document supérieur, cette contrariété n'est pas illégale et, par conséquent, ne peut pas être sanctionnée. En revanche, une fois cette période expirée, le PLUI tenant lieu de plan de mobilité devient illégal s'il n'a pas été remédié à l'incompatibilité ou à l'absence de prise en compte.

3°
Mise en compatibilité

211.271 **Procédure de modification simplifiée.** La mise en compatibilité avec un document supérieur « s'effectue conformément aux dispositions des articles L. 153-45 à L. 153-48 »[4], c'est-à-dire selon la procédure de modification simplifiée[5], quelle que soit l'ampleur des changements à effectuer.

§ 2
Normes s'imposant au PLUI tenant lieu de PLH et procédure de mise en compatibilité avec celles-ci

211.281 **Délai de prise en compte des obligations nouvelles.** Les dispositions du PLUI tenant lieu de PLH « prennent en compte toute nouvelle obligation applicable aux communes du territoire intercommunal » en application des articles L. 302-5 et suivants du CCH[6] :

- « dans un délai de deux ans » ;
- « ou de trois ans si cette mise en compatibilité implique une révision » du PLUI.

211.282 **Modification.** Lorsque, dans les délais précités, l'EPCI « n'a pas modifié ou révisé » le PLUI tenant lieu de PLH, « ou lorsqu'il a explicitement notifié au préfet sa volonté de ne pas procéder à cette modification ou révision », « il est fait application du dernier alinéa du II de l'article L. 302-4 » du CCH, « pour les prélèvements opérés sur les communes du territoire intercommunal en application de l'article L. 302-7 dudit code »[7], c'est-à-dire que les prélèvements opérés sont versés à l'établissement public foncier compétent.

SECTION 5
DOCUMENTS ET NORMES À PRENDRE EN COMPTE POUR LES DOCUMENTS D'URBANISME APPLICABLES AUX TERRITOIRES TRANSFRONTALIERS

211.291 **Prise en compte de l'occupation des sols.** Les documents d'urbanisme applicables aux territoires frontaliers « prennent en compte l'occupation des sols dans les territoires des États limitrophes »[8].

1. C. urb., art. L. 131-8, al. 4.
2. V. s[s] n° 211.252.
3. C. urb., art. L. 131-8, al. 6.
4. C. urb., art. L. 131-8, al. 2.
5. V. s[s] n°s 235.191 s.
6. C. urb., art. L. 131-9.
7. C. urb., art. L. 131-9.
8. C. urb., art. L. 131-10.

CHAPITRE

212. Élaboration des documents d'urbanisme

SECTION 0 ORIENTEUR

212.00 **Sommaire du chapitre.**

212.01 Textes applicables.

• **C. urb.**

art. L. 132-1 s.

art. R. 132-1 s.

212.03 Bibliographie indicative.

Article. O. Sulpice, « L'écriture des plans locaux d'urbanisme par les urbanistes et les avocats : nouvelle expression de l'externalisation en matière juridique », *Droit et société* 2022. 621.

212.04 Questions essentielles.

> Quels éléments sont communiqués dans le cadre du porter à connaissance ?

* V. s^s n°s 212.11 s.

> De quels droits disposent les PPA ?

* V. s^s n°s 212.151 s.

> À quelles conditions une collectivité publique peut-elle recourir à un cabinet de conseil ?

* V. s^s n°s 212.311 s.

> Qu'est-ce qu'un conseiller « intéressé » ?

* V. s^s n°s 212.331 s.

212.05 Objet. Certaines règles sont communes à l'élaboration des différents documents d'urbanisme. Elles portent sur le rôle des acteurs (préfet, élus, personnes associées et consultées, commissions de conciliation, cabinets de conseil, agences d'urbanisme, services de l'État), le financement de l'opération et l'évaluation environnementale.

SECTION 1
INFORMATIONS PORTÉES À LA CONNAISSANCE DES COMMUNES OU DE LEURS GROUPEMENTS COMPÉTENTS PAR L'ÉTAT

212.11 Objet du porter à connaissance. Le porter à connaissance constitue une procédure de transmission d'informations aux collectivités locales par l'État. Par cette procédure, l'État « veille au respect des principes définis à l'article L. 101-2 et à la prise en compte des projets d'intérêt général ainsi que des opérations d'intérêt national »[1].

Le porter à connaissance vise ainsi à assurer le respect des normes supérieures, des projets et opérations prioritaires, et la cohérence des actions des différentes collectivités publiques exerçant des compétences dans le domaine de l'urbanisme.

§ 1
Informations portées à connaissance de plein droit

A.
Informations générales

212.21 Informations générales portées à connaissance. Les informations générales que le préfet porte à la connaissance des communes ou de leurs groupements compétents sont de deux sortes[2] :

– d'une part le cadre législatif et règlementaire à respecter (1°) ;

– d'autre part les projets des collectivités territoriales et de l'État en cours d'élaboration ou existants (2°).

Le préfet leur transmet à titre d'information l'ensemble des études techniques dont il dispose et qui sont nécessaires à l'exercice de leur compétence en matière d'urbanisme[3].

S'agissant du degré de précision attendue, ni les textes ni la jurisprudence ne fournissent d'indications. En pratique, les préfets se contentent d'informer de l'existence d'une loi ou d'un régime particulier sans détailler le contenu de celui-ci.

B.
Informations transmises en cas d'élaboration ou de révision d'un SCOT, d'un PLU ou d'une carte communale

212.31 Trois éléments. Le préfet porte trois éléments d'information à la connaissance de la commune, de l'EPCI ou du syndicat mixte qui a décidé d'élaborer ou de réviser un SCOT, un PLU ou une carte communale.

212.32 Premier élément : dispositions législatives et réglementaires applicables. Premièrement, le préfet porte à la connaissance de la commune ou du groupement en charge de l'élaboration ou de la révision du document « les dispositions législatives et réglementaires applicables au territoire concerné », notamment[4] :

– les DTADD ;

– les dispositions du code de l'urbanisme propres au littoral et aux zones de montagne ;

1. C. urb., art. L. 132-1.

2. C. urb., art. L. 132-2.
3. C. urb., art. L. 132-2, al. 4.
4. C. urb., art. R. 132-1, 1°.

– les servitudes d'utilité publique ;

– le schéma régional de cohérence écologique ;

– le plan régional de l'agriculture durable ;

– le plan pluriannuel régional de développement forestier ;

– et les dispositions du plan de gestion du ou des biens inscrits au patrimoine mondial.

212.33 Deuxième élément : projets des collectivités territoriales et de l'État (notamment PIG et OIN). Deuxièmement, le préfet porte à la connaissance de la commune ou de l'EPCI « les projets des collectivités territoriales et de l'État », notamment les PIG et les OIN [1]. Cette information vise à prévenir les risques de contradictions entre les documents d'urbanisme et ces projets.

Par exemple, dans le cas où les prévisions d'un PLU rendraient impossible l'affectation de terrains à l'activité portuaire, alors que seul le port autonome peut décider de cette affectation, il appartient au préfet de porter à la connaissance du maire ou du président de l'EPCI les PIG dont la mise en œuvre exige la conformité du PLU en cours d'élaboration ou de révision [2].

La jurisprudence peut faire preuve de souplesse quant à la forme que doit revêtir le porter à connaissance. Par exemple, le juge considère que le préfet, en faisant connaître à la commune son opposition à une éventuelle suppression d'emplacements réservés décidée par la commune pour un PIG (en l'occurrence l'élargissement de voies) est considéré comme ayant satisfait à l'obligation de porter à connaissance [3].

212.34 Troisième élément : études techniques. Troisièmement, le préfet porte à la connaissance de la commune ou de l'EPCI « les études techniques nécessaires à l'exercice par les collectivités territoriales de leur compétence en matière d'urbanisme dont dispose l'État », notamment les études en matière de prévention des risques et de protection de l'environnement [4]. Ces études constituent des références importantes pour déterminer les zones constructibles.

C. Informations transmises au titre de la législation sur la préservation du patrimoine

212.41 Délimitation d'un périmètre au titre de la législation sur les monuments historiques. Lorsque la délimitation d'un périmètre au titre de la législation sur les monuments historiques est effectuée conjointement à l'élaboration, à la révision ou à la modification d'un PLU, d'un document d'urbanisme en tenant lieu ou d'une carte communale, le préfet porte à la connaissance du président de l'EPCI ou du maire la proposition de périmètre délimité des abords de l'architecte des Bâtiments de France en application du premier alinéa de l'article L. 621-31 du code du patrimoine [5].

212.42 Biens inscrits au patrimoine mondial. Lorsque l'autorité compétente en matière de SCOT ou de PLU engage l'élaboration ou la révision d'un SCOT ou d'un PLU, le préfet porte à sa connaissance les dispositions du plan de gestion du bien afin d'assurer la protection, la conservation et la mise en valeur du bien et la préservation de sa valeur exceptionnelle [6].

D. Transmission du schéma départemental d'organisation sociale et médico-sociale

212.51 Transmission au maire ou président de l'EPCI. Dans le délai de trois mois suivant la publication du schéma départemental d'organisation sociale et médico-sociale mentionné à l'article L. 312-4 du CASF, le préfet le notifie au président de l'EPCI compétent ou au maire [7]. Il est alors tenu compte de ce schéma lors de la plus prochaine révision du PLU.

E. Informations propres à l'Île-de-France

212.61 Élaboration des SCOT. Pour l'élaboration des SCOT en région Ile-de-France, outre les éléments mentionnés à l'article R. 132-1 [8], le préfet communique au président de l'établissement public compétent les éléments pertinents pour l'aménagement et l'urbanisation du territoire concerné tels qu'ils résultent notamment du SDRIF [9].

212.62 Élaboration des PLU. Pour l'élaboration des PLU en région Ile-de-France, outre les éléments mentionnés à l'article R. 132-1 [10], le préfet communique au maire ou au président de l'EPCI compétent les éléments pertinents pour l'aménagement et l'urbanisation du territoire concerné tels qu'ils résultent notamment du SDRIF [11].

1. C. urb., art. R. 132-1, 2°.
2. CE 28 juill. 2000, *Port autonome de Saint-Nazaire*, req. n° 135835, *Lebon* 334.
3. CE 4 févr. 1991, *Val-de-Marne (Dpt) c/Saint-Maur-des-Fossés (Cne)*, req. n° 81587, *Lebon* 36.
4. C. urb., art. R. 132-1, 3°.
5. C. urb., art. R. 132-2, al. 1er.
6. C. patrimoine, art. L. 612-1, al. 4.
7. C. urb., art. R. 132-2, al. 2.
8. V. ss n° 212.31.
9. C. urb., art. R. 132-3, al. 1er.
10. V. ss n° 212.31.
11. C. urb., art. R. 132-3, al. 2.

F.
Risques d'incendies

212.71 **Recommandations.** Dans les territoires dont les bois et forêts sont classés à risque d'incendie, au sens de l'article L. 132-1 du code forestier, ou sont réputés particulièrement exposés aux risques d'incendie, au sens de l'article L. 133-1 du même code, le préfet adresse aux communes ou à leurs groupements compétents « des recommandations techniques » permettant de réduire la vulnérabilité des constructions aux incendies de forêt, de surfaces agricoles et de végétation [1].

§ 2
Informations portées à connaissance des communes et EPCI à leur demande

A.
Liste des immeubles

212.81 **Situation de l'habitat.** Le préfet transmet aux maires et aux présidents d'EPCI compétents en matière de politique locale de l'habitat qui en font la demande la liste des immeubles situés sur le territoire des communes où ils exercent leur compétence et appartenant à l'État et à ses établissements publics [2].

B.
Note d'enjeux

212.91 **Note d'enjeux.** À la demande du groupement de communes compétent, le préfet lui transmet une « note d'enjeux » [3].

Le rapport au Président de la République relatif à l'ordonnance du 17 juin 2020 [4] indique que ce document « permet de renforcer le dialogue entre l'État et la collectivité en amont de l'élaboration du document d'urbanisme ». La note « favorise la compréhension partagée des enjeux issus des différents documents opposables au document d'urbanisme et permet à l'État d'exprimer les enjeux qu'il identifie, en une seule fois, à l'amont de l'élaboration du document ».

S'agissant de sa portée, il est précisé que cette note, « outil d'échange et de dialogue entre l'État et l'auteur du document, n'a pas vocation à constituer un acte de procédure de l'élaboration du document d'urbanisme ni à avoir de portée juridique contraignante, y compris vis-à-vis de l'État, qui exercera son contrôle de légalité sans lien avec le contenu de cette note ».

212.92 **Contenu de la note d'enjeux.** Au niveau de son contenu, la note d'enjeux « fait état des politiques à mettre en œuvre sur le territoire concerné par le document d'urbanisme dont » le groupement de communes est l'auteur [5]. Elle « synthétise, en particulier, les enjeux à traduire dans le document d'urbanisme » [6] :

– « pour le mettre en compatibilité » avec les documents mentionnés aux articles L. 131-1, L. 131-4, L. 131-5 et L. 131-8 ;

– et « pour qu'il prenne en compte » les documents mentionnés à l'article L. 131-2.

212.93 **Demande de transmission de la note d'enjeux.** La demande de transmission de la note d'enjeux est effectuée [7] :

– par l'établissement chargé de l'élaboration du SCOT (dans ce cas, la demande est effectuée à l'occasion de la notification prévue à l'article L. 143-17) ;

– et, en l'absence de SCOT, par l'EPCI compétent (dans ce cas, la demande est effectuée à l'occasion de la notification prévue à l'article L. 153-11).

§ 3
Régime du porter à connaissance

212.101 **Retard ou omission dans la transmission des informations.** Afin de neutraliser les effets d'une erreur commise par les services préfectoraux sur la régularité d'un document d'urbanisme, le code prévoit que tout retard ou omission dans la transmission des informations par le préfet « est sans effet sur les procédures engagées » par les communes ou leurs groupements [8].

Il en va de même pour la transmission de la note d'enjeux [9].

1. C. urb., art. L. 132-4-2 ; créé par L. n° 2023-580, 10 juill. 2023.
2. C. urb., art. L. 132-4.
3. C. urb., art. L. 132-4-1, al. 1er – Cet article a été introduit par l'ordonnance n° 2020-745 du 17 juin 2020 afin d'institutionnaliser la note d'enjeux qui, jusqu'alors, existait sans fondement légal. La note d'enjeux était née d'une pratique des services déconcentrés de l'État pour accompagner les collectivités territoriales dans l'élaboration de leurs documents d'urbanisme.
4. Ord. n° 2020-745, 17 juin 2020 relative à la rationalisation de la hiérarchie des normes applicable aux documents d'urbanisme, *JO* 18 juin, n° 42.
5. C. urb., art. L. 132-4-1, al. 1er.
6. C. urb., art. L. 132-4-1, al. 1er.
7. C. urb., art. L. 132-4-1, al. 2.
8. C. urb., art. L. 132-2, al. 5.
9. V. ss n° 212.91 – C. urb., art. L. 132-4-1, al. 3.

212.102 Responsabilité du préfet pour défaut ou omission de transmission. Le préfet commet une faute en omettant de transmettre à la commune l'ensemble des informations qu'il était tenu de porter à sa connaissance[1].

212.103 Accès du public aux informations transmises. Les informations portées à connaissance sont tenues à la disposition du public par les communes ou leurs groupements compétents[2].

En outre, tout ou partie de ces pièces peut être annexé au dossier d'enquête publique[3].

SECTION 2
MISE À DISPOSITION DES SERVICES DE L'ÉTAT

212.111 Assistance. Les services déconcentrés de l'État peuvent être mis gratuitement et en tant que de besoin à la disposition des communes ou des groupements de communes compétents, pour élaborer, modifier ou réviser les SCOT, les PLU ou tout autre document d'urbanisme[4].

212.112 Absence d'effets sur le pouvoir des collectivités de décider et le pouvoir du préfet de déférer. Le concours qui peut être ainsi apporté aux communes ou à leurs groupements[5] :

– n'a pas pour effet de les priver de leurs pouvoirs de décision ;

– et est sans influence sur le pouvoir du préfet de déférer les actes de ces collectivités au tribunal administratif.

SECTION 3
AGENCES D'URBANISME

212.121 Création. Les collectivités territoriales peuvent, avec l'État et les établissements publics ou d'autres organismes qui contribuent à l'aménagement et au développement de leur territoire, créer des agences d'urbanisme.

La France compte 50 agences d'urbanisme[6]. Leur périmètre d'intervention s'étend en général à un bassin de population, au-delà de la seule agglomération.

Les ensembles urbains de taille inférieure ont pu recourir à la formule des « ateliers d'urbanisme ».

212.122 Objet. Régies par l'article L. 132-6 du code de l'urbanisme, les agences d'urbanisme sont des « organismes de réflexion, et d'études et d'accompagnement des politiques publiques » (al. 1er). Mutualisant les moyens mis à leur disposition par les collectivités partenaires, afin de proposer une expertise transdisciplinaire, ces organismes constituent des « agences d'ingénierie partenariale » (al. 2).

212.123 Missions. Les agences d'urbanisme ont notamment pour missions[7] :

– de suivre les évolutions urbaines et de développer l'observation territoriale (1°) ;

– de participer à la définition des politiques d'aménagement et de développement et à l'élaboration des documents d'urbanisme et de planification qui leur sont liés, notamment les SCOT et les PLUI (2°) ;

– de préparer les projets d'agglomération métropolitains et territoriaux, dans un souci d'approche intégrée et d'harmonisation des politiques publiques (3°) ;

– de contribuer à diffuser l'innovation, les démarches et les outils du développement territorial durable et la qualité paysagère et urbaine (4°) ;

– d'accompagner les coopérations transfrontalières et les coopérations décentralisées liées aux stratégies urbaines (5°) ;

– de contribuer à la mise en place des observatoires de l'habitat et du foncier prévus au III de l'article L. 302-1 du CCH (6°) ;

– d'apporter ponctuellement une ingénierie, dans le cadre d'un contrat de projet partenarial d'aménagement ou d'une convention d'opération de revitalisation de territoire, dans les territoires qui sont situés à proximité de leur périmètre d'action (7°).

212.124 Forme juridique et représentation de l'État. Les agences d'urbanisme peuvent prendre la forme d'association ou de groupement d'intérêt public[8].

Un commissaire du Gouvernement est nommé auprès du groupement lorsque la part de la participation de l'État excède un certain montant déterminé par décret[9].

1. CE 21 juin 2000, *Min. Équipement, Transports et Logement c/Roquebrune-Cap-Martin (C[ne])*, req. n° 202058, *Lebon* 236 ; *BJDU* 2000. 191, concl. L. Touvet.
2. C. urb., art. L. 132-3.
3. C. urb., art. L. 132-3.
4. C. urb., art. L. 132-5 – Rép. min. n° 118758, *JOAN Q* 15 mai 2007, p. 4654, rappelant notamment le caractère gratuit de cette assistance.
5. CE 28 nov. 1997, *Synd. intercommunal à vocation multiple du Lac du Bourget*, req. n° 161572, NP.
6. VOIR le site internet de la fédération nationale des agences d'urbanisme : https://www.fnau.org – ÉGALEMENT : N. tech., 30 avr. 2015 relative aux agences d'urbanisme : NOR : ETLL1509571N.
7. C. urb., art. L. 132-6, al. 2 à 9.
8. C. urb., art. L. 132-6, al. 10.
9. C. urb., art. L. 132-6, al. 11.

SECTION 4
ASSOCIATION DES PERSONNES PUBLIQUES INTÉRESSÉES À L'ÉLABORATION DES SCOT ET DES PLU

212.131 **Objet de l'association.** Le législateur a posé que certaines personnes publiques sont, par leurs compétences, leurs fonctions ou leur situation, intéressées par l'élaboration d'un SCOT ou d'un PLU : par exemple, pour l'État, parce qu'il est en charge des intérêts nationaux et de la cohérence des politiques d'urbanisme ; pour les autres collectivités, parce qu'elles sont susceptibles d'être impactées par ce document. Aussi a-t-il prévu d'associer ces personnes publiques au processus d'élaboration. En permettant aux personnes publiques intéressées de faire valoir leur point de vue avant l'adoption du document, et même au cours de sa réalisation, le processus favorise une prise en compte de celui-ci tout en réduisant les risques de recours ultérieurs.

Seules des personnes publiques sont associées à l'élaboration d'un document d'urbanisme, à l'exclusion de personnes privées.

§ 1
Personnes publiques associées (PPA)

212.141 **Personnes publiques associées à l'élaboration des deux documents.** Sont associées à l'élaboration des SCOT et des PLU (dans les conditions définies au titre IV pour les SCOT, et au titre V pour les PLU), les personnes publiques suivantes[1] :

- l'État ;
- les régions ;
- les départements ;
- les autorités organisatrices prévues à l'article L. 1231-1 du code des transports ;
- les EPCI compétents en matière de programme local de l'habitat ;
- les collectivités territoriales ou les établissements publics mentionnés à l'article L. 312-3 du code de l'urbanisme (relatif au projet partenarial d'aménagement) ;
- les établissements publics chargés d'une opération d'intérêt national ;
- les organismes de gestion des parcs naturels régionaux et des parcs nationaux ;
- les chambres de commerce et d'industrie territoriales, les chambres de métiers, les chambres d'agriculture et, dans les communes littorales au sens de l'article L. 321-2 du code de l'environnement, les sections régionales de la conchyliculture. Ces organismes assurent les liaisons avec les organisations professionnelles intéressées ;
- le gestionnaire d'infrastructure ferroviaire ayant au moins un passage à niveau ouvert au public dans l'emprise du SCOT ou du PLU.

1. C. urb., art. L. 132-7.

212.142 **Personnes publiques associées à l'élaboration des SCOT.** Outre les personnes publiques mentionnées s[s] n° 212.141, sont associées à l'élaboration des SCOT et dans les mêmes conditions, les personnes publiques suivantes[2] :

- les syndicats mixtes de transports créés en application de l'article L. 1231-10 du code des transports, lorsque le schéma est élaboré par un établissement public qui n'exerce pas les compétences définies aux articles L. 1231-10 et L. 1231-11 du même code (1°) ;
- les établissements publics chargés de l'élaboration, de la gestion et de l'approbation des SCOT limitrophes (2°) ;
- les groupements de collectivités territoriales mentionnés aux I et II de l'article L. 213-12 du code de l'environnement (3°), c'est-à-dire les établissements publics territoriaux de bassin.

212.143 **Personnes publiques associées à l'élaboration des PLU.** Outre les personnes publiques mentionnées s[s] n° 212.141, sont associées à l'élaboration des PLU et dans les mêmes conditions, les personnes publiques suivantes[3] :

- les syndicats d'agglomération nouvelle (1°) ;
- l'établissement public chargé de l'élaboration, de la gestion et de l'approbation du SCOT lorsque le territoire objet du plan est situé dans le périmètre de ce schéma (2°) ;
- les établissements publics chargés de l'élaboration, de la gestion et de l'approbation des SCOT limitrophes du territoire objet du plan lorsque ce territoire n'est pas couvert par un SCOT (3°).

212.144 **Association de l'État.** De façon quelque peu redondante avec l'article L. 132-7, qui mentionne l'État parmi les personnes publiques associées au processus d'élaboration des SCOT et des PLU, l'article L. 132-10 prévoit de nouveau l'association de celui-ci : « À l'initiative de l'autorité chargée de l'élaboration du schéma de cohérence territoriale ou du plan local d'urbanisme, ou à la demande de l'autorité administrative compétente de l'État, les services de l'État sont associés à l'élaboration du schéma ou du plan »[4].

L'association de l'État au stade de la confection du document d'urbanisme s'avère utile au moins à deux égards. D'une part, les services spécialisés de l'État apportent leur expertise et leur éclairage aux collectivités concernées, ce qui permet d'apporter au stade de

2. C. urb., art. L. 132-8.
3. C. urb., art. L. 132-9.
4. C. urb., art. L. 132-10.

l'élaboration du projet des améliorations à celui-ci. D'autre part, il confère à l'État la possibilité de faire valoir son point de vue à ce stade afin qu'il soit pris en compte. Cela évite qu'il n'ait à mettre en œuvre une fois le document adopté les procédés plus contraignants lui permettant de faire prévaloir ses positions, en particulier la demande de modification ou le déféré.

§ 2
Droits des personnes publiques associées

212.151 Information. Les personnes associées reçoivent notification de la délibération prescrivant l'élaboration du SCOT ou du PLU[1].

212.152 Consultation. Les personnes publiques associées disposent de deux droits pour faire valoir leur point de vue auprès des autorités chargées de l'élaboration du document d'urbanisme concerné :

– d'une part elles peuvent, tout au long de cette élaboration, demander à être consultées sur le projet de SCOT ou de PLU[2] ;

– d'autre part elles émettent un avis, qui est joint au dossier d'enquête publique, sur le projet de schéma ou de plan arrêté[3].

212.153 De simples avis. Les avis émis par les PPA, tant au cours du processus que sur le projet de document, ne lient pas l'autorité chargée de son élaboration. Par suite, une commune commet une incompétence négative en s'estimant liée par une demande de classement présentée par le préfet dans ce cadre[4].

SECTION 5
CONSULTATIONS

§ 1
Consultation d'organismes à leur demande

212.161 Demande de l'organisme concerné. Le code dresse une liste d'organismes qui peuvent demander à être consultés par la personne publique en charge de l'élaboration d'un SCOT ou d'un PLU.

212.162 Organismes pouvant demander à être consultés pour les SCOT. Trois personnes morales sont consultées à leur demande pour l'élaboration des SCOT[5] :

– les associations locales d'usagers agréées (1°) ;

– les associations de protection de l'environnement agréées (2°) ;

– la commission départementale des espaces naturels agricoles et forestiers (3°).

Une association syndicale autorisée a la nature d'un établissement public ; elle ne constitue pas une association locale agréée et ne peut, par suite, demander à être consultée[6].

Seule une association agréée bénéficie du droit d'être consultée à sa demande. Une association non agréée ne dispose pas de ce droit[7].

212.163 Organismes pouvant demander à être consultés pour les PLU. Pour l'élaboration des PLU, sont consultés à leur demande[8] :

– les associations locales d'usagers agréées (1°) ;

– les associations de protection de l'environnement agréées (2°) ;

– l'EPCI à fiscalité propre dont la commune en charge de l'élaboration du plan est membre, lorsque cet établissement n'est pas compétent en matière de PLU (3°) ;

– les EPCI voisins compétents en matière d'élaboration du plan d'urbanisme (4°) ;

– le représentant de l'ensemble des organismes HLM[9] propriétaires ou gestionnaires de logements situés sur le territoire de la commune ou de l'EPCI compétent (5°) ;

– les représentants des professions et des usagers des voies et modes de transport ainsi que les associations de personnes handicapées ou dont la mobilité est réduite lorsque le PLU tient lieu de plan de mobilité (6°) ;

– les communes limitrophes (7°).

§ 2
Sollicitation d'avis et de conseils par la collectivité publique

212.171 Conseil d'architecture, d'urbanisme et de l'environnement. Les communes ou établissements publics compétents peuvent avoir recours aux

1. C. urb., art. L. 132-11, 1°.
2. C. urb., art. L. 132-11, 2°.
3. C. urb., art. L. 132-11, 3°.
4. CE 27 août 2014, *Offemont (Cne)*, req. nº 370886, NP. Un conseil municipal commet une incompétence négative en classant un secteur en zone naturelle au seul motif que l'État le lui a demandé. En l'espèce, la commune avait affirmé qu'en retenant ce zonage dans le secteur concerné, elle ne faisait « que se conformer aux instructions qui lui sont données ». Le juge administratif en a déduit que la commune n'avait pas procédé au classement litigieux dans le cadre d'un parti d'aménagement choisi par son conseil municipal mais s'était cru liée par la demande du préfet de classement de ces parcelles en zone N.
5. C. urb., art. L. 132-12.
6. CE 30 déc. 1998, *Assoc. synd. autorisée des arrosants de la Foux*, req. nº 149988, NP.
7. CE 8 juill. 1987, *Union des commerçants de La Palmyre*, req. nº 68725, NP.
8. C. urb., art. L. 132-13.
9. Mentionnés à l'article L. 411-2 du CCH.

conseils du conseil d'architecture, d'urbanisme et de l'environnement lors de l'élaboration, de la révision ou de la modification de leurs documents d'urbanisme[1].

212.172 Organismes ou associations spécialisés. Les communes ou groupements compétents peuvent recueillir l'avis de tout organisme ou association compétent en matière d'aménagement du territoire, d'urbanisme, d'environnement, d'architecture, d'habitat et de déplacements[2].

212.173 Consultation d'autorités et organismes étrangers. Les communes ou groupements compétents peuvent consulter les collectivités territoriales des États limitrophes ainsi que tout organisme étranger compétent en matière d'aménagement du territoire, d'urbanisme, d'environnement, d'architecture, d'habitat et de déplacements[3].

§ 3
Désignation de contributeurs

212.181 Organismes consultés à leur demande ou sur sollicitation de la collectivité publique. L'établissement public en charge de l'élaboration du SCOT peut, « sous réserve de leur accord ou à leur demande », désigner des représentants « d'organismes publics ou privés » qui, « du fait de leur activité ou de leur taille, ont vocation à contribuer à l'élaboration ou à la mise en œuvre » du SCOT[4].

§ 4
Consultation en cas de création de communes

212.191 Communes nouvelles. Lorsque, lors de l'élaboration, de la révision ou de la modification du PLU, il y a lieu, par application des dispositions du CGCT, de procéder à la consultation des conseils de communes déléguées dans les communes nouvelles, il est procédé à cette consultation dans les conditions prévues à l'article R. 134-1 pour les conseils d'arrondissement[5].

SECTION 6
COMMISSION DE CONCILIATION

212.201 Fonction. Il existe, dans chaque département, une « commission de conciliation en matière d'élaboration de documents d'urbanisme » (formule employée à l'article R. 132-10). Cette commission est chargée, à titre principal, de « rechercher un accord » entre l'autorité compétente pour élaborer les SCOT, les PLU ou les cartes communales et les autres personnes associées à cette élaboration ou « de formuler en tant que de besoin des propositions alternatives »[6].

§ 1
Composition et fonctionnement de la commission de conciliation

A.
Composition de la commission de conciliation

1°
Nombre de membres

212.211 Douze membres titulaires. La commission de conciliation est composée de douze membres[7] :

– six élus communaux représentant au moins cinq communes différentes et à Paris au moins cinq arrondissements (1°) ;

– six personnes qualifiées en matière d'aménagement, d'urbanisme, d'architecture ou d'environnement (2°).

212.212 Douze membres suppléants. Il est prévu un suppléant pour chaque membre. En cas d'absence ou d'empêchement d'un membre titulaire, il est fait appel à son suppléant[8].

2°
Désignation des membres

a.
Élection des élus communaux

212.221 Élection par un collège. Les élus communaux et leurs suppléants sont élus, après chaque renouvellement général des conseils municipaux, par le collège, dans le département, des maires et des présidents des EPCI compétents en matière de SCOT et de PLU[9].

À Paris, les élus communaux sont désignés en son sein par le conseil de Paris[10].

212.222 Modalités du scrutin. L'élection a lieu à l'initiative et sous la présidence du préfet de dépar-

1. C. urb., art. R. 132-4.
2. C. urb., art. R. 132-5, al. 1er.
3. C. urb., art. R. 132-5, al. 2.
4. C. urb., art. L. 132-12-1.
5. C. urb., art. R. 132-8.
6. C. urb., art. L. 132-14.
7. C. urb., art. R. 132-10.
8. C. urb., art. R. 132-10, al. 4.
9. C. urb., art. R. 132-11, al. 1er.
10. C. urb., art. R. 132-11, al. 4.

tement à la représentation proportionnelle à la plus forte moyenne[1].

Le préfet peut décider que les opérations de vote auront lieu par correspondance[2].

212.223 Un mandat lié au mandat principal. Le mandat de membre de la commission de conciliation est accessoire du mandat d'élu local. Par conséquent, les élus communaux cessent d'exercer leur mandat lorsqu'ils ont perdu la qualité pour laquelle ils ont été désignés[3].

b.
Nomination des personnalités qualifiées

212.231 Nomination par le préfet. Les personnalités qualifiées et leurs suppléants sont nommés par arrêté du préfet[4].

212.232 Durée du mandat. Les personnalités qualifiées sont nommées après chaque renouvellement général des conseils municipaux. Leur mandat se termine au renouvellement général suivant[5].

c.
Vacance

212.241 Même procédure que pour la désignation initiale. En cas de vacance, pour quelque cause que ce soit, il est procédé selon les mêmes modalités à la désignation d'un nouveau membre titulaire et de son suppléant pour la durée restant à courir avant le prochain renouvellement général des conseils municipaux[6].

B.
Fonctionnement de la commission de conciliation

212.251 Élection du président de la commission. Dès que ses membres ont été désignés, la commission de conciliation est convoquée par le préfet et procède à l'élection d'un président et d'un vice-président choisis parmi les élus communaux[7].

212.252 Publicité de la liste des membres. La liste des membres de la commission est publiée au Recueil des actes administratifs de l'État dans le département à la diligence du préfet et insérée dans un journal diffusé dans le département[8].

212.253 Siège de la commission. Le siège de la commission de conciliation est la préfecture du département[9].

212.254 Règlement intérieur. La commission de conciliation établit son règlement intérieur[10].

212.255 Convocation. La commission de conciliation se réunit sur convocation de son président[11].

212.256 Secrétariat. Le secrétariat de la commission est assuré par le service de l'État dans le département chargé de l'urbanisme[12].

§ 2
Rôle de la commission de conciliation

A.
Rôle de la commission de conciliation en cas de différend lors de l'élaboration de documents d'urbanisme

212.261 Saisine de la commission. La commission peut être saisie du projet de document d'urbanisme arrêté ou du document d'urbanisme approuvé, par[13] :

– les personnes publiques associées mentionnées aux articles L. 132-7, L. 132-8 et L. 132-9 ;

– les associations locales d'usagers agréées ;

– les associations de protection de l'environnement agréées.

212.262 Procédure. La commission entend, à leur demande, les parties intéressées ainsi que les représentants des associations locales d'usagers agréées et des associations de protection de l'environnement agréées[14].

Lorsque la commission de conciliation est saisie, « l'objet de la saisine, la date et le lieu de la première séance consacrée à cet objet » sont affichés à la préfecture et à la mairie de la commune ou des communes intéressées ou au siège de l'établissement public compétent et, dans ce cas, aux mairies des communes membres concernées[15].

212.263 Propositions. Les propositions de la commission, formulées dans le délai de deux mois à compter de sa saisine, « sont notifiées » à la personne publique chargée de l'élaboration du document d'urbanisme faisant l'objet de la procédure de

1. C. urb., art. R. 132-11, al. 2.
2. C. urb., art. R. 132-11, al. 3.
3. C. urb., art. R. 132-11, al. 5.
4. C. urb., art. R. 132-12.
5. C. urb., art. R. 132-12.
6. C. urb., art. R. 132-13.
7. C. urb., art. R. 132-14, al. 1er.
8. C. urb., art. R. 132-14, al. 2.
9. C. urb., art. R. 132-14, al. 3.
10. C. urb., art. R. 132-15, al. 1er.
11. C. urb., art. R. 132-15, al. 1er.
12. C. urb., art. R. 132-15, al. 2.
13. C. urb., art. R. 132-16.
14. C. urb., art. R. 132-17.
15. C. urb., art. R. 132-18.

conciliation, ainsi qu'à la personne publique qui a saisi la commission[1]. La référence à la personne « publique » qui a saisi la commission doit s'entendre, plus largement, de toute personne (y compris s'il s'agit d'une association) qui a saisi la commission.

Les propositions de la commission « sont affichées et tenues à la disposition du public » à la préfecture, à la ou aux mairies ou au siège de l'établissement public chargé de l'élaboration du document et, dans ce cas, aux mairies des communes membres concernées[2].

Ces propositions « sont également jointes au document d'urbanisme soumis à l'enquête publique »[3].

B. Rôle de la commission de conciliation en matière de dotation financière de l'État

212.271 Rôle consultatif. Le collège des élus de la commission de conciliation donne son avis sur les collectivités susceptibles de bénéficier du concours particulier de l'État pour l'élaboration de leurs documents d'urbanisme[4].

SECTION 7 DÉPENSES EXPOSÉES POUR L'ÉLABORATION D'UN DOCUMENT D'URBANISME

§ 1 Prise en charge des dépenses

A. Prise en charge des dépenses par les communes et EPCI

212.281 Dépenses pesant sur la collectivité responsable. Les dépenses entraînées par les études et l'établissement des documents d'urbanisme « sont prises en charge par les communes ou groupements de communes compétents pour leur élaboration »[5].

L'auteur de l'acte en assume ainsi la charge financière.

Toutefois, les communes peuvent demander une assistance technique aux services déconcentrés de l'État[6]. Elles bénéficient en outre d'une dotation financière de l'État[7].

1. C. urb., art. R. 132-19, al. 1er.
2. C. urb., art. R. 132-19, al. 2.
3. C. urb., art. R. 132-19, al. 3.
4. CGCT, art. R. 1614-44 : v. ss no 212.293.
5. C. urb., art. L. 132-15.
6. V. ss no 041.43.

B. Compensation des dépenses par l'État

212.291 Principe d'une dotation de l'État. Les dépenses exposées par les communes et EPCI pour l'établissement de leurs documents d'urbanisme « font l'objet d'une compensation par l'État »[8].

Le versement d'une dotation financière s'effectue dans les conditions définies par le CGCT[9].

212.292 Appellation et objet de la dotation. La dotation est qualifiée de « concours particulier au titre de l'établissement et de la mise en œuvre des documents d'urbanisme ». Elle est créée au sein de la dotation générale de décentralisation[10].

La dotation est destinée à compenser les charges qui résultent, pour les communes et EPCI, de l'établissement de SCOT, de PLU et de cartes communales ainsi que de la modification, de la révision ou de la mise en compatibilité de ces documents[11].

212.293 Répartition de la dotation. La dotation est d'abord répartie au niveau national entre les préfets de région[12].

Elle est ensuite répartie par chaque préfet de région entre les différents préfets de département[13].

Elle est enfin répartie par chaque préfet entre les communes et établissements concernés. Le préfet arrête chaque année, après avis du collège des élus de la commission de conciliation[14], la liste des communes, EPCI et syndicats mixtes susceptibles de bénéficier du concours particulier en tenant compte notamment de la poursuite des procédures en cours et de l'établissement des documents d'urbanisme qui sont rendus nécessaires pour l'application des dispositions particulières mentionnées au 4° de l'article R. 1614-42 ou par l'existence de risques[15].

212.294 Montant de la dotation. La dotation revenant à chaque commune ou à chaque EPCI bénéficiaire « est destinée à compenser les dépenses matérielles et les dépenses d'étude et de conduite de l'opération »[16].

Cette dotation est calculée selon un barème fixé chaque année par arrêté du préfet après avis du collège des élus de la commission de conciliation, qui

7. V. ss nos 212.291 s.
8. C. urb., art. L. 132-15, al. 2.
9. CGCT, art. L. 1614-1 et L. 1614-3 – Ou, à Mayotte, le titre VII du livre Ier de la sixième partie du CGCT (C. urb. art. L. 135-2).
10. CGCT, art. R. 1614-41.
11. CGCT, art. R. 1614-41.
12. CGCT, art. R. 1614-42, fixant les modalités de répartition.
13. CGCT, art. R. 1614-43, fixant les modalités de répartition.
14. V. ss no 212.271.
15. CGCT, art. R. 1614-44.
16. CGCT, art. R. 1644-45, al. 1er.

tient compte de l'état d'avancement des procédures engagées et de la nature des documents à établir. Ce barème peut prévoir des majorations pour compenser les dépenses d'études liées à la complexité des documents à établir[1].

Les EPCI compétents sont directement bénéficiaires du concours particulier en lieu et place de leurs communes membres. Le montant ainsi alloué ne peut être supérieur à la somme des dotations que recevrait chacune des communes membres[2].

212.295 **Versement de la dotation.** Le montant de la dotation revenant à chaque bénéficiaire fait l'objet d'un versement unique[3].

§ 2
Inscription comptable des dépenses

212.301 **Dépenses inscrites en section d'investissement.** Les dépenses exposées par les communes et les EPCI pour les études, l'élaboration, la modification et la révision de leurs documents d'urbanisme ainsi que pour la numérisation du cadastre sont inscrites en section d'investissement de leur budget[4].

212.302 **Attributions du fonds de compensation de la TVA.** Les dépenses exposées par les communes et les EPCI ouvrent droit aux attributions du fonds de compensation pour la TVA[5].

SECTION 8
CABINETS DE CONSEIL

212.311 **Recours à des cabinets de conseil.** Les communes et leurs établissements peuvent recourir à des cabinets de conseils pour les assister dans l'élaboration et l'évolution de leurs documents d'urbanisme[6].

212.312 **Passation des marchés.** Avant l'entrée en vigueur du code de la commande publique, une réponse ministérielle avait indiqué que le droit des marchés publics ne s'oppose à ce qu'un marché unique soit passé pour faire élaborer des documents d'urbanisme, dès lors que ceux-ci présentent entre eux une cohérence d'ensemble telle qu'il ne s'agit pas de prestations distinctes[7].

Le juge exerce sur ce point un contrôle de l'erreur manifeste d'appréciation[8].

SECTION 9
DROITS ET OBLIGATIONS DES ÉLUS LOCAUX

§ 1
Droit à l'information

212.321 **Droit à l'information.** Aux termes de l'article L. 2121-13 du CGCT, applicable aux EPCI en vertu de l'article L. 5211-1 du même code : « Tout membre du conseil municipal a le droit, dans le cadre de sa fonction, d'être informé des affaires de la commune qui font l'objet d'une délibération ». En application de ces dispositions, le maire est tenu de communiquer aux membres du conseil municipal les documents nécessaires pour qu'ils puissent se prononcer utilement sur les affaires de la commune soumises à leur délibération[9].

Lorsqu'un membre du conseil municipal demande, sur le fondement de ces dispositions du CGCT, la communication de documents, il appartient au maire, d'une part, d'apprécier si cette communication se rattache à une affaire de la commune qui fait l'objet d'une délibération du conseil municipal et, d'autre part, de s'assurer qu'aucun motif d'intérêt général n'y fait obstacle, avant de procéder, le cas échéant, à cette communication selon des modalités appropriées. Il en va de même des demandes de communication adressées au président d'un EPCI par les membres du conseil communautaire[10].

212.322 **Note de synthèse.** Dans les communes de plus de 3 500 habitants et les EPCI, une note explicative de synthèse sur les affaires soumises à délibération doit être adressée avec la convocation aux membres de l'organe délibérant[11].

Cette obligation, qui doit être adaptée à la nature et à l'importance des affaires, doit permettre aux conseillers municipaux de connaître le contexte et de comprendre les motifs de fait et de droit ainsi que les implications des mesures envisagées[12]. Elle n'impose pas de joindre à la convocation adressée

1. CGCT, art. R. 1644-45, al. 2.
2. CGCT, art. R. 1644-46.
3. CGCT, art. R. 1644-47.
4. C. urb., art. L. 132-16, al. 1er.
5. C. urb., art. L. 132-16, al. 2.
6. V. O. Sulpice, « L'écriture des plans locaux d'urbanisme par les urbanistes et les avocats : nouvelle expression de l'externalisation en matière juridique », *Droit et société* 2022. 621.
7. Rép. min. nº 80515, *JOAN Q* 18 oct. 2016, p. 8648.
8. CE 21 mai 2010, *Ajaccio (Cne)*, req. nº 333737, *Lebon T.*
9. CE 5 avr. 2019, *Cté intercommunale des villes solidaires (CIVIS)*, req. nº 416542, *Lebon T.*
10. CE 5 avr. 2019, *Cté intercommunale des villes solidaires (CIVIS)*, req. nº 416542, *Lebon T.*
11. CGCT, art. L. 2121-12, al. 1er.
12. CE 12 oct. 2016, *Kerwer (M.)*, req. nº 387308, *Lebon T.* ; *JCP Adm.* 2017, nº 2111, note D. Tasciyan ; *JCP Adm.* 2017, nº 2070, concl. R. Decout-Paolini.

aux intéressés une justification détaillée du bien-fondé des propositions qui leur sont soumises[1].

Cette exigence est par exemple satisfaite, dans le cas de la révision d'un PLU, lorsque :

- la commune a adressé aux membres du conseil municipal une note relative à la révision du PLU synthétisant les différentes étapes de sa procédure d'adoption, mentionnant l'avis favorable du commissaire enquêteur et proposant de tenir compte de certaines observations des personnes consultées à l'issue de l'enquête publique ;

- et que cette note était notamment accompagnée d'un document portant sur les modifications pouvant être apportées au plan pour donner suite à ces différentes remarques, dont une rubrique mentionnait le projet de création d'un secteur Nx autorisant les affouillements et exhaussements de sol au titre des installations et travaux divers et proposait une modification du règlement du plan par l'adjonction d'un article N 2-8 ainsi rédigé : « Sont admis dans les seuls secteurs Nx (...) les dépôts de matériaux inertes à l'exclusion de toute structure technique destinée à l'accueil des déchets ».

Le Conseil d'État estime que la communication de ces éléments suffit à répondre aux exigences de l'article L. 2121-12, alors même que les membres du conseil municipal n'ont pas reçu communication des motifs du choix de ce secteur ni disposé d'éléments permettant d'apprécier le bien-fondé de l'emplacement retenu pour ce site d'accueil de déchets inertes[2].

§ 2
Obligation de neutralité

212.331 Illégalité de la délibération dans laquelle un élu a un intérêt. Le CGCT pose que : « Sont illégales les délibérations auxquelles ont pris part un ou plusieurs membres du conseil intéressés à l'affaire qui en fait l'objet, soit en leur nom personnel, soit comme mandataires »[3].

Deux conditions doivent être remplies pour entacher d'illégalité la délibération adoptée.

D'une part, l'élu doit être regardé comme « intéressé à l'affaire ». Sur ce point, par exemple, n'ont pas la qualité de « conseiller intéressé » deux élus, anciens membres d'un collectif de riverains opposés à la présence d'une usine, qui ont participé au vote de la délibération ayant précisément pour objet de modifier le règlement du PLU pour interdire, dans le secteur concerné, les installations classées, dès lors qu'il n'apparaît pas que ces élus auraient influencé le conseil municipal pour des motifs d'intérêt personnel[4].

D'autre part, l'élu concerné[5] :

- soit a participé au vote de la délibération ;

- soit a participé aux travaux préparatoires et aux débats précédant l'adoption d'une telle délibération (alors même que cette participation préalable ne serait pas suivie d'une participation au vote de la disposition litigieuse) dès lors qu'il a été en mesure d'exercer une influence effective sur la délibération litigieuse.

212.332 Illustrations (carte communale). Est illégale l'approbation d'une carte communale alors que le maire ou un conseiller municipal avait la qualité de conseiller intéressé. Tel est le cas, par exemple :

- lorsque le maire était propriétaire de deux parcelles devenant constructibles à l'occasion de cette approbation et a pris une part active à l'élaboration du document d'urbanisme en présidant les réunions de la commission municipale chargée de son élaboration, en rapportant le projet devant l'assemblée délibérante de la commune et en dirigeant les débats au cours de la délibération se prononçant sur son approbation (la seule circonstance qu'il n'a pas pris part au vote final n'est pas de nature à faire regarder sa participation comme dépourvue d'influence sur la délibération de l'assemblée communale)[6] ;

- lorsque le fils d'un conseiller municipal est propriétaire d'une vaste parcelle que la carte communale a classé en secteur constructible et que ce conseiller a pris une part très active à sa confection[7] ;

- lorsque l'adjoint à l'urbanisme est propriétaire d'une exploitation agricole autour de laquelle le périmètre de protection rendant impossible toute construction a été étendu de 50 à 100 mètres par la carte communale, et qu'il a contribué à l'élaboration de la carte communale en participant à des réunions de la commission municipale restreinte créée pour l'élaboration du projet et a participé à plusieurs délibérations du conseil municipal relatives à ce projet, alors même qu'il s'est retiré lors du débat et du vote concernant l'extension du périmètre de protection autour de son exploitation agricole[8].

1. CE 12 oct. 2016, *Kerwer (M.)*, req. n° 387308, *Lebon T.*
2. CE 14 nov. 2012, *Mandelieu-la-Napoule (Cne)*, req. n° 342327, *Lebon T. ; BJDU* 2013. 43, concl. X. de Lesquen.
3. CGCT, art. L. 2131-11 – E. Salaun, « Le document local d'urbanisme et l'intérêt personnel des élus », *BJDU* 2013. 335.
4. CE 22 févr. 2016, *Sté Entreprise routière du Grand Sud et a.*, req. n° 367901, *Lebon T. ; BJCL* 2016. 181, concl. S. von Coester.
5. CE 21 nov. 2012, *Chartier*, req. n° 334726, *Lebon T.*
6. CAA Bordeaux, 25 mars 2008, req. n° 06BX00274, NP : arrêt concluant que la délibération litigieuse est entachée d'illégalité en tant que la carte communale approuvée à cette occasion classe en zone constructible les parcelles dont la maire était propriétaire.
7. CAA Nancy, 8 nov. 2007, *Dyssli*, req. n° 06NC00702, NP.
8. CE 21 nov. 2012, *Chartier*, req. n° 334726, *Lebon T. ;* – ARRÊT DE RENVOI : CAA Bordeaux, 16 juill. 2013, *Chartier*, req. n° 13BX00065, NP.

212.333 **Illustrations (PLU).** Est illégale l'approbation d'un PLU alors que l'organe exécutif ou un membre de l'organe délibérant avait la qualité de conseiller intéressé. Tel est le cas, par exemple, lorsque le maire de la commune, intéressé au classement de parcelles, a rapporté le projet de délibération ayant conduit à l'adoption du plan, laquelle est intervenue lors d'une séance du conseil municipal à laquelle il participait[1].

212.334 **Aspects contentieux.** Le moyen tiré de la violation de l'article L. 2131-11 du CGCT relève de la légalité externe[2], plus précisément de l'incompétence dans la mesure où le maire « intéressé » a l'obligation de désigner un autre membre du conseil municipal pour le remplacer[3]. Par suite, il est entre dans le champ de l'article L. 600-1 du code de l'urbanisme limitant le jeu de l'exception d'illégalité[4] et bénéficie ainsi de la sécurisation prévue par ce mécanisme.

En outre, si le conflit d'intérêts se limite uniquement au classement de certaines parcelles, l'illégalité n'affectera le document d'urbanisme qu'en tant qu'il opère le classement litigieux[5].

1. CE 6 nov. 2006, *Assoc. Les amis du château d'Henonville*, req. n° 277829, NP ; *BJDU* 2007. 146, concl. C. Devys.

2. CE 21 nov. 2012, *Chartier*, req. n° 334726, *Lebon T.* – ÉGALEMENT, l'arrêt de renvoi : CAA Bordeaux, 16 juill. 2013, *Chartier*, req. n° 13BX00065, NP.
3. CE 31 juill. 1996, *Cne de Courpalay*, req. n° 116500, *Lebon*.
4. V. ss nos 621.151 s.
5. V. ss n° 621.322.

CHAPITRE

213. Concertation et participation du public hors procédure particulière

SECTION 0 ORIENTEUR

213.00 Sommaire du chapitre.

213.01 Textes applicables.

• **C. urb.**

art. L. 103-1 s.

art. R. 103-1 s.

213.02 Jurisprudence de référence.

> La concertation doit se dérouler avant que le projet ne soit arrêté dans sa nature et ses options essentielles et que ne soient pris les actes conduisant à la réalisation effective de l'opération

• **CE, sect., 6 mai 1996,** *Assoc. « Aquitaine Alternatives »*, req. n° 121915, *Lebon.*

> Le résultat de la concertation ne lie pas l'autorité compétente

• **CE, sect., 3 déc. 1993,** *Paris (Ville) c/Parent et autres*, req. n° 146710, *Lebon.*

213.03 Bibliographie indicative.

Encyclopédie. *DP constr.-urb.*, ét. : « Débat public, concertation et consultation locale ».

Monographies. R. Bourny, *Guide du commissaire-enquêteur ou Du bon usage de l'enquête publique*, Compagnie nationale des commissaires-enquêteurs, 2007 – F. Diday, *L'enquête publique. Champ d'application et déroulement*, « Dossiers d'experts », Territorial éditions, 2016.

Contributions. A. de Laubadère, « L'administration concertée », *Mél. Stassinopoulos*, LGDJ, 1974, p. 407 – Y. Jégouzo, « L'enquête publique en débat », Mélanges René Hostiou, Litec 2008, p. 273.–R. Hostiou et J.-F. Struillou (dir.), La participation du public aux décisions de l'administration en matière d'aménagement et d'environnement, « Les Cahiers du GRIDAUH », n° 17/2007 – J.-F. Struillou, « La concertation de l'article L. 300-2 du code de l'urbanisme à l'épreuve du droit », *Mél. J.-Cl. Hélin*, Litec, 2004, p. 489.

Articles. B. Delaunay, « Les principes en droit de l'urbanisme. Le principe de participation du public », *Constr.-Urb.* 2015, ét. 14 – J. Bétaille, « La contribution du droit aux effets de la participation du public : de la prise en considération des résultats de la participation », *RJ envir.* 2010. 197 – P. Bijou, « Le recours à la concertation en urbanisme », *Droit et ville* n° 54/2002, p. 103 – I. Cassin, « La concertation en matière d'aménagement : l'introuvable concept », *BJDU* 1997. 2 – C. Huglo et I. Cassin, « La concertation en matière d'aménagement », *LPA* 18 mars 1994, p. 9 – Y. Jégouzo, « De la "participation du public" à la "démocratie participative" ? », *AJDA* 2006. 2314 – P. Soler-Couteaux, « Le décret n° 2015-1782 du 28 décembre 2015 organise les modalités de la concertation sur les projets de travaux ou d'aménagement soumis à permis de construire ou d'aménager », *RDI* 2016. 160 – J.-F. Struillou, « La participation du public en matière d'environnement : le changement dans la continuité », *AJDA* 2018. 1392.

213.04 Questions essentielles.

> Quels documents d'urbanisme et opérations d'aménagement et de construction sont soumis à concertation ?

* V. s^s n°s 213.11 s.

> Quelles formes peut prendre la concertation ?

* V. s^s n°s 213.171 s.

213.05 Procédure de concertation et participation du public hors procédure particulière. Une procédure de concertation obligatoire est prévue pour :

– l'adoption (et l'évolution) des documents d'urbanisme ;

– et les opérations d'aménagement de grande ampleur.

Pour les projets non soumis à une procédure de concertation mais ayant néanmoins une incidence sur l'environnement, une procédure résiduelle doit être mise en œuvre.

SECTION 1

PROCÉDURE DE CONCERTATION OBLIGATOIRE

§ 1

Champ d'application de la procédure de concertation obligatoire

A.

Documents d'urbanisme

213.11 PLU, SCOT et carte communale. S'agissant des documents d'urbanisme, sont soumises à la procédure de concertation obligatoire [1] :

– l'élaboration et la révision du SCOT et du PLU (a) ;

– la modification du SCOT et du PLU soumise à évaluation environnementale (b) ;

– la mise en compatibilité du SCOT et du PLU soumise à évaluation environnementale (c) ;

– l'élaboration et la révision de la carte communale soumises à évaluation environnementale (d).

B.

Opérations d'aménagement ou de construction

1°

Opérations concernées par la procédure de concertation obligatoire

213.21 Trois opérations. Trois catégories d'opérations d'aménagement ou de construction relèvent de la procédure de concertation obligatoire.

a.

Création d'une ZAC

213.31 Concertation obligatoire. Relève de la procédure de concertation obligatoire la création d'une zone d'aménagement concerté [2].

b.

Projet modifiant de façon substantielle le cadre de vie

213.41 Principe. Relèvent de la procédure de concertation obligatoire les projets et opérations d'aménagement ou de construction « ayant pour effet de modifier de façon substantielle le cadre de vie », notamment ceux susceptibles d'affecter l'environnement, au sens de l'article L. 122-1 du code de l'environnement, ou l'activité économique, dont la liste est fixée à l'article R. 103-1 [3].

1. C. urb., art. L. 103-2, 1°.
2. C. urb., art. L. 103-2, 2°.
3. C. urb., art. L. 103-2, 3°.

213.42 Liste des opérations concernées. La liste des opérations soumises à concertation en application du 3° de l'article L. 103-2 sont les suivantes[1] :

- l'opération ayant pour objet, dans une commune non dotée d'un PLU ou d'un document d'urbanisme en tenant lieu, ayant fait l'objet d'une enquête publique, la création de plus de 5 000 mètres carrés de surface de plancher ou la restauration, dans les conditions définies à l'article L. 313-4-1, d'un ensemble de bâtiments ayant au moins cette surface (1°) ;

- la réalisation d'un investissement routier dans une partie urbanisée d'une commune d'un montant supérieur à 1 900 000 euros, et conduisant à la création de nouveaux ouvrages ou à la modification d'assiette d'ouvrages existants (2°) ;

- la transformation d'une voie existante en aire piétonne d'une superficie supérieure à 3 000 mètres carrés ou la suppression d'une aire piétonne d'une même superficie (3°) ;

- la création d'une gare ferroviaire ou routière de voyageurs, de marchandises ou de transit ou l'extension de son emprise, lorsque le montant des travaux dépasse 1 900 000 euros (4°) ;

- les travaux de modification de gabarit, de détournement ou de couverture de cours d'eau dans une partie urbanisée d'une commune, lorsque le montant des travaux dépasse 1 900 000 euros (5°) ;

- les travaux de construction ou d'extension d'infrastructures portuaires des ports fluviaux ou du secteur fluvial d'un grand port fluvio-maritime situés dans une partie urbanisée d'une commune, lorsque le montant de ces travaux dépasse 1 900 000 euros, ainsi que la création d'un port fluvial de plaisance d'une capacité d'accueil supérieure à 150 places ou l'extension d'un port de plaisance portant sur au moins 150 places (6°) ;

- dans une partie urbanisée d'une commune, la création d'un port maritime de commerce, de pêche ou de plaisance, les travaux d'extension de la surface des plans d'eau abrités des ports maritimes de commerce ou de pêche d'un montant supérieur à 1 900 000 euros, ainsi que les travaux ayant pour effet d'accroître de plus de 10 % la surface du plan d'eau abrité des ports maritimes de plaisance (7°) ;

- les ouvrages et travaux sur une emprise de plus de 2 000 mètres carrés réalisés sur une partie de rivage, de lais ou relais de la mer située en dehors des ports et au droit d'une partie urbanisée d'une commune (8°).

213.43 Appréciation des seuils pour une opération fractionnée. Lorsqu'une opération mentionnée à l'article R. 103-1 est réalisée en plusieurs tranches, dans un intervalle de temps de moins de cinq ans, « la totalité de l'opération est prise en compte pour l'application des seuils » définis à l'article R. 103-1[2].

c.
Projets de renouvellement urbain

213.51 Concertation obligatoire. Relèvent de la procédure de concertation obligatoire les projets de renouvellement urbain[3]. Faute de définition juridique, la notion de renouvellement urbain est nimbée d'un certain flou[4]. La jurisprudence, pour l'heure peu fournie, estime qu'elle ne concerne que les projets « au sens de la loi n° 2003-710 du 1er août 2003 d'orientation et de programmation pour la ville et la rénovation urbaine »[5].

2°
Possibilité d'une concertation facultative pour les opérations de moindre ampleur

213.60 Renvoi. Une concertation spontanée peut être mise en œuvre, selon une autre procédure, pour les opérations d'aménagement (voire de construction) de moindre ampleur[6].

C.
Documents d'urbanisme et opérations exclus de la procédure de concertation obligatoire

1°
Documents d'urbanisme et opération intéressant la défense ou la sécurité nationale

a.
Opérations exclues

213.71 Opérations sensibles. Sont exclus de la procédure de concertation obligatoire les projets et opérations d'aménagement ou de construction ayant reçu la qualification[7] :

- « d'opération sensible intéressant la défense nationale » en application de l'article L. 2391-1 du code de la défense ;

- ou celle « d'opération sensible intéressant la sécurité nationale » en application de l'article L. 112-3 du code de la sécurité intérieure.

1. C. urb., art. R. 103-1.

2. C. urb., art. R. 103-2.
3. C. urb., art. L. 103-2, 4°.
4. J.-P. Demouveaux, « La notion de renouvellement urbain », Droit de l'aménagement, de l'urbanisme et de l'habitat, éd. Le Moniteur, 2002, études, p. 125 et s.
5. CAA Paris, 10 juill. 2018, *Grenier*, req. n° 17PA00190, NP ; – CAA Lyon, 23 avr. 2019, *Cne de Ternay*, req. n° 18LY01916, NP. V. L. Santoni, « Concertation et projets de renouvellement urbain », *Constr.-urb.* 2020, comm. 48.
6. V. ss n° 512.261.
7. C. urb., art. L. 103-7, al. 2.

Cette exclusion s'étend aux servitudes et, le cas échéant, aux plans de prévention des risques technologiques associés à ces projets et opération[1].

213.72 Installations et activités nucléaires intéressant la défense. Sont exclus de la procédure de concertation obligatoire les opérations relatives aux installations et activités nucléaires intéressant la défense énumérées à l'article L. 1333-15 du code de la défense, sous réserve des dispositions de l'article L. 123-19-10[2].

213.73 Installations ou zones de stockage militaires. Sont exclus de la procédure de concertation obligatoire les aménagements et travaux relatifs aux des établissements, installations ou zones de stockage militaires ainsi que les servitudes et, le cas échéant, les plans de prévention des risques technologiques qui leur sont associés, « lorsque tout ou partie des informations qui s'y rapportent sont soumises à des règles de protection du secret de la défense nationale et que ces informations sont essentielles à la compréhension du dossier »[3].

b.

Documents d'urbanisme exclus de la procédure

213.81 Exclusion concernant les documents d'urbanisme. Sont exclus de la procédure de concertation obligatoire la révision, la modification ou la mise en compatibilité du SCOT ou du PLU lorsque cette révision, cette modification ou cette mise en compatibilité « ont pour objet exclusif de permettre la réalisation d'une opération ayant reçu la qualification »[4] :

- « d'opération sensible intéressant la défense nationale » en application de l'article L. 2391-1 du code de la défense ;
- ou celle « d'opération sensible intéressant la sécurité nationale » en application de l'article L. 112-3 du code de la sécurité intérieure.

213.82 Autres exclusions. Sont exclus du champ d'application de la procédure de concertation obligatoire l'approbation, la modification, la révision ou la mise en compatibilité d'un document d'urbanisme, « lorsque cette approbation, cette modification, cette révision ou cette mise en compatibilité a pour objet exclusif de permettre la réalisation d'une opération entrant dans le champ d'application » de l'article L. 123-19-8 du code de l'environnement[5].

2°

Travaux d'entretien et grosses réparations

213.91 Exclusion. Ne sont pas soumis à la procédure de concertation obligatoire les travaux « d'entretien » et de « grosses réparations », et ce « quels que soient les ouvrages et aménagements auxquels ils se rapportent »[6].

§ 2
Déroulement de la procédure de concertation obligatoire

A.
Personnes associées à la concertation

213.101 Population. La concertation associe « pendant toute la durée de l'élaboration du projet, les habitants, les associations locales et les autres personnes concernées »[7].

B.
Fixation des modalités de la concertation

1°
Autorité compétente pour déterminer les modalités de la concertation

a.

Principe

213.111 Compétence de l'État ou de SNCF Réseau. Les objectifs poursuivis et les modalités de la concertation sont précisés par :

- l'autorité administrative compétente de l'État lorsque la révision du document d'urbanisme ou l'opération sont à l'initiative de l'État[8] ;
- le représentant légal de la société SNCF Réseau mentionnée à l'article L. 2111-9 du code des transports ou de sa filiale mentionnée au 5° du même article lorsque l'opération est à l'initiative de l'une de ces deux sociétés[9].

213.112 Compétences des collectivités locales. Les objectifs poursuivis et les modalités de la concertation sont précisés par l'organe délibérant de la collectivité ou de l'établissement public dans les autres cas[10].

1. C. env., art. L. 123-19-8, 1°, auquel renvoie C. urb., art. R. 103-3, al. 2.
2. C. env., art. L. 123-19-8, 2°, auquel renvoie C. urb., art. R. 103-3, al. 2.
3. C. env., art. L. 123-19-8, 3°, auquel renvoie C. urb., art. R. 103-3, al. 2.
4. C. urb., art. L. 103-7, al. 1er.
5. C. env., art. L. 123-19-8, 4°, auquel renvoie C. urb., art. R. 103-3, al. 2.
6. C. urb., art. R. 103-3, al. 1er.
7. C. urb., art. L. 103-2, al. 1er.
8. C. urb., art. L. 103-3, 1°.
9. C. urb., art. L. 103-3, 2°.
10. C. urb., art. L. 103-3, 3°.

b.
Hypothèses où la concertation concerne une ZAC, un projet modifiant de façon substantielle le cadre de vie ou est organisée sans être obligatoire

213.121 Organisation pouvant être confiée à la collectivité locale. Les objectifs poursuivis et les modalités de la concertation peuvent être précisés par le président de l'organe délibérant de la collectivité ou de l'établissement public compétent[1] :

- lorsque la concertation est rendue nécessaire en application du 2° ou du 3° de l'article L. 103-2 (c'est-à-dire lorsque la concertation concerne une ZAC ou un projet modifiant de façon substantielle le cadre de vie) ;

- ou lorsqu'elle est organisée alors qu'elle n'est pas obligatoire.

c.
Hypothèse d'une concertation unique à une opération d'aménagement et à la révision d'un document d'urbanisme

213.131 Possibilité d'une concertation unique. Lorsqu'une opération d'aménagement doit faire l'objet d'une concertation en application des 2° ou 3° de l'article L. 103-2 (c'est-à-dire lorsqu'elle concerne une ZAC ou un projet modifiant de façon substantielle le cadre de vie) et nécessite une révision du SCOT ou du PLU, la commune ou l'EPCI compétent peut décider que la révision du document d'urbanisme et l'opération font l'objet d'une concertation unique[2].

213.132 Autorité compétente. En cas de concertation unique, les objectifs poursuivis et les modalités de celle-ci sont précisés par la commune ou l'EPCI[3].

2°
Incompétence négative

213.141 Délégation de l'organisation au maire. Le conseil municipal dispose de la faculté d'instituer une commission auprès de laquelle les personnes intéressées feront connaître leurs réactions aux informations que la commune se propose de diffuser. Toutefois, il ne peut, sous peine de commettre une incompétence négative, laisser au maire le soin de désigner les membres de cette commission sans définir les catégories appelées à y être représentées[4].

1. C. urb., art. L. 103-3, al. 5.
2. C. urb., art. L. 103-4.
3. C. urb., art. L. 103-4.
4. CE 24 mai 1995, *Meudon (Ville)*, req. n° 150360, *Lebon*.

C.
Moment et durée de la concertation

1°
Moment de la concertation

213.151 Antériorité par rapport au projet. La concertation doit se dérouler avant que le projet ne soit arrêté dans sa nature et ses options essentielles et que ne soient pris les actes conduisant à la réalisation effective de l'opération[5].

Au nombre de ces actes figurent notamment les marchés de maîtrise d'œuvre de travaux, les déclarations d'utilité publique et les décisions arrêtant le dossier définitif du projet. Dans ces conditions, est illégale la délibération par laquelle une communauté urbaine autorise la conclusion du marché de maîtrise d'œuvre des travaux de construction de ce métro sans avoir préalablement mis en œuvre la concertation[6].

2°
Durée de la concertation

213.161 Concertation pendant toute la durée d'élaboration du projet. La concertation doit se dérouler « pendant toute la durée de l'élaboration du projet »[7].

213.162 Concertation pendant une durée suffisante. La concertation doit se dérouler « pendant une durée suffisante »[8].

Le juge contrôle la durée suffisante de la concertation[9].

D.
Modalités de la concertation

213.171 Principes. Les modalités de la concertation doivent permettre « selon des moyens adaptés au regard de l'importance et des caractéristiques du projet, au public d'accéder aux informations relatives au projet et aux avis requis par les dispositions législatives ou réglementaires applicables et de formuler des observations et propositions qui sont enregistrées et conservées par l'autorité compétente »[10].

5. CE, sect., 6 mai 1996, *Assoc. « Aquitaine Alternatives »*, req. n° 121915, *Lebon*.
6. CE, sect., 6 mai 1996, *Assoc. « Aquitaine Alternatives »*, req. n° 121915, *Lebon*.
7. C. urb., art. L. 103-2, al. 1er.
8. C. urb., art. L. 103-4.
9. Admettant une concertation d'une durée de trois semaines pour un projet de modernisation d'une ligne ferroviaire : CE 27 juin 2005, *Goislard de Monsabert et a.*, req. n° 262028, *Lebon T.*
10. C. urb., art. L. 103-4.

Il résulte de ces dispositions que l'autorité compétente dispose d'une grande liberté pour définir les modalités selon lesquelles se déroule la concertation.

213.172 Formes de la concertation. La concertation peut se dérouler sous la forme :

– de réunions[1] ;

– d'une exposition publique dans les mairies concernées avec présence d'un registre pour recueillir les observations des personnes intéressées[2] ;

– d'une commission d'urbanisme élargie et de la tenue d'une assemblée générale dans un quartier contigu au projet de ZAC[3] ;

– d'un avis dans le bulletin d'information municipal informant les habitants du projet et de l'existence d'un registre ouvert pendant un mois à la mairie[4] ;

– de la diffusion d'un bulletin auprès de tous les habitants de la commune, de la tenue d'une exposition itinérante ayant donné lieu à un débat public dans chacun des trois lieux où elle a été présentée et d'une rencontre entre la commune et les habitants puis d'une exposition publique avec débat[5] ;

– de deux réunions publiques relatives au projet de ZAC qui ont fait l'objet d'un affichage sur des panneaux publicitaires lumineux de la ville et d'un communiqué dans un quotidien local[6] ;

– d'expositions, de permanences et de mise à disposition de registres d'observations dans toutes les communes concernées, annoncées par affichage et par publication dans des journaux locaux[7].

Le juge vérifie que les modalités définies pour la concertation soient suffisantes au regard de l'importance et des caractéristiques du projet[8].

213.173 Complétude du dossier. Le dossier de présentation du projet mis à disposition du public doit être complet[9] afin de permettre aux personnes intéressées de s'informer sur le projet d'ensemble[10].

E.
Bilan de la concertation

213.181 Établissement d'un bilan. À l'issue de la concertation, l'autorité compétente (celle qui en a organisé les modalités) « en arrête le bilan »[11].

213.182 Annexion du bilan au dossier d'une éventuelle enquête publique. Lorsque le projet fait l'objet d'une enquête publique réalisée conformément au chapitre III du titre II du livre Ier du code de l'environnement, « le bilan de la concertation est joint au dossier de l'enquête »[12].

§ 3
Adoption du projet

213.191 Projet ne pouvant être substantiellement différent de celui soumis à concertation. L'autorité compétente peut adopter le projet à l'issue de la concertation.

Afin de respecter les objectifs de la concertation, le projet adopté ne peut être substantiellement différent de celui soumis à concertation. Si le projet a considérablement évolué, il doit de nouveau être soumis à concertation.

En revanche, l'autorité compétente peut légalement adopter un projet comportant des modifications par rapport aux prévisions antérieures, si ces modifications n'affectent ni la nature ni les options essentielles de l'opération d'aménagement envisagée.

213.192 Influence de la concertation. Le résultat de la concertation ne lie pas l'autorité compétente[13].

§ 4
Incidence d'une concertation irrégulière

213.201 Absence d'incidence sur une autorisation d'urbanisme délivrée ultérieurement. Les autorisations d'urbanisme ne sont pas illégales du seul fait des vices susceptibles d'entacher la délibération définissant les modalités de la concertation ou les modalités de son exécution[14].

213.202 Absence d'incidence en cas d'irrégularité vénielle. Le juge administratif applique la jurisprudence Danthony aux irrégularités affectant le déroulement de la concertation préalablement à l'adoption ou l'évolution d'un document d'urbanisme.

1. Par exemple deux réunions générales et des réunions spécifiques sur des points particuliers : CE 10 déc. 1993, *Assoc. pour l'aménagement de la ZAC Dupleix*, req. n° 134235, *Lebon*.
2. CE 28 juill. 1993, *Min. équipement c/Perrin*, req. n° 130566, NP.
3. CE 24 févr. 1993, *Roncari*, req. n° 116219, NP.
4. CE 13 mars 1992, *Savenay (Cne)*, req. n° 122786, NP.
5. CE 10 mars 1997, *Assoc. seine-et-marnaise de sauvegarde de la nature*, req. n° 163959, *Lebon T.*
6. CE 3 sept. 1997, *Lamy*, req. n° 171916, NP.
7. CE 7 févr. 2003, *Sté Rungis Delta*, req. n° 228883, NP.
8. CE 24 févr. 1993, *Roncari*, req. n° 116219, NP.
9. CE 15 mars 1996, *Chambre d'agriculture des Alpes Maritimes et a.*, req. n° 161963, *Lebon T.*
10. CE 27 juin 2005, *Goislard de Monsabert et a.*, req. n° 262028, *Lebon T.*
11. C. urb., art. L. 103-6, al. 1er.
12. C. urb., art. L. 103-6, al. 1er.
13. CE, sect., 3 déc. 1993, *Paris (Ville) c/Parent et a.*, req. n° 146710, *Lebon*.
14. V. ss n° 611.777.

Il en résulte qu'un vice entachant la procédure n'entache d'irrégularité le document adopté que s'il a privé le public d'une garantie ou exercé une influence sur le sens de la délibération [1].

SECTION 2
CONCERTATION UNIQUE PROJET-MISE EN COMPATIBILITÉ

213.211 Champ d'application. La procédure de concertation unique a été instituée par la loi ENR. Elle concerne l'hypothèse dans laquelle le projet (l'action, l'opération d'aménagement, le programme de construction, l'installation de production d'énergies renouvelables ou de stockage d'électricité, l'installation de production d'hydrogène renouvelable ou bas-carbone, l'ouvrage de raccordement de ces installations ou l'ouvrage du réseau public de transport ou de distribution d'énergie faisant l'objet d'une déclaration de projet) « est soumis à la concertation du public » en application de l'article L. 300-2 [2].

213.212 Procédure unique. Dans cette hypothèse, une procédure de concertation unique peut être réalisée en amont de l'enquête publique, « portant à la fois sur le projet et sur la mise en compatibilité du document d'urbanisme » [3].

Le choix de recourir à cette procédure intervient [4] :

– à l'initiative de l'autorité compétente pour adopter la déclaration de projet ;

– ou, avec l'accord de cette autorité, à l'initiative du maître d'ouvrage concerné.

Par dérogation aux quatrième et cinquième alinéas de l'article L. 300-2, les projets devant faire l'objet d'une évaluation environnementale sont soumis à enquête publique dans les conditions prévues à l'article L. 300-6 [5].

Les objectifs poursuivis et les modalités de la concertation sont précisés par l'organe délibérant de la collectivité territoriale ou de l'établissement public compétent, dans les conditions prévues à l'article L. 103-4 [6].

Le bilan de la concertation est joint au dossier d'enquête publique dans les conditions définies à l'article L. 103-6 [7].

SECTION 3
PARTICIPATION DU PUBLIC HORS PROCÉDURE PARTICULIÈRE

213.221 Procédure résiduelle. Une procédure résiduelle de participation du public est prévue lorsque « des décisions » des autorités publiques « ayant une incidence sur l'environnement » relevant du code de l'urbanisme « n'appartiennent pas à une catégorie de décisions pour lesquelles des dispositions législatives particulières ont prévu les cas et conditions dans lesquelles elles doivent être soumises à participation du public » [8]. Dans cette hypothèse, le principe de participation du public, prévu à l'article 7 de la Charte de l'environnement, s'exerce dans les conditions prévues par les articles L. 123-19-1 à L. 123-19-6 du code de l'environnement.

1. CE 7 mars 2022, *Assoc. Cucq Trepied Stella 2020*, req. nº 443804, NP ; *Constr.-urb.* 2022, comm. 40, note L. Santoni ; *RDI* 2022. 423, obs. P. Soler-Couteaux.
2. C. urb., art. L. 300-2, dernier al., créé par L. nº 2023-175, 10 mars 2023.
3. C. urb., art. L. 300-2, dernier al.
4. C. urb., art. L. 300-2, dernier al.
5. C. urb., art. L. 300-2, dernier al.
6. C. urb., art. L. 300-2, dernier al.
7. C. urb., art. L. 300-2, dernier al.
8. C. urb., art. L. 103-1.

CHAPITRE

214. Évaluation environnementale

SECTION 0
ORIENTEUR

214.00 Sommaire du chapitre.

214.01 **Textes applicables.**

• **C. urb.**, art. L. 104-1 s.

214.03 **Bibliographie indicative.**

Thèse. T. Aoustin, *L'évaluation environnementale des plans et programmes*, th. Limoges 2015.

Encyclopédie. *DP constr.-urb.*, ét. : « Évaluation environnementale des documents d'urbanisme »,

Monographies. Th. Garancher, M. Nicolas, P. Pessoa, *Mener une évaluation environnementale. Principes, acteurs, champ d'application, procédure*, 2e éd., « Pratique du droit », Le Moniteur, 2019.

Contributions. Dossier « L'environnement dans le droit de l'urbanisme en Europe », « Les Cahiers du GRIDAUH », n° 18/2008 – P. Soler-Couteaux, « Droit de l'urbanisme et droit de l'environnement : réflexions sur la production de la norme d'urbanisme », *Mél. G. Wiederkehr*, Dalloz, 2009, p. 763.

Articles. L. Ceccarelli-Le Guen, « Réforme de l'évaluation environnementale des projets : le casse-tête des projets urbains », *BJDU* 2018. 77 – X. Couton, « Dispositions relatives aux autorisations d'urbanisme et aux évaluations environnementales », *Constr.-urb.* 2020, comm. 7 – P. Planchet, « Quand les droits de l'urbanisme et de l'environnement font cause commune », *AJDA* 2015. 2193 – A. Van Lang, « L'évaluation environnementale des documents d'urbanisme après la loi Grenelle II : une nouvelle couche de vert ? », *RDI* 2013. 138 – J.-Ph. Strebler, « Effets juridiques de l'évaluation environnementale des documents d'urbanisme », *RJE* 2023, numéro spécial, p. 255.

Rapports. CGDD, *Guide sur l'évaluation environnementale des documents d'urbanisme*, nov. 2019.

214.04 **Questions essentielles.**

> Quels sont les documents soumis à évaluation environnementale ?

* V. s^s^ n°s 214.91 s.

> Quel est le contenu du rapport sur les incidences environnementales ?

* V. s^s^ n°s 214.341 s.

> Quel organisme exerce la fonction d'autorité environnementale ?

* V. s^s^ n°s 214.431 s.

> Sur quoi porte le contrôle exercé par l'autorité environnementale ?

* V. s^s^ n° 214.481

> Quelle est l'influence concrète de l'évaluation environnementale ?

* V. s^s^ n° 214.501

SECTION 1
PRÉSENTATION GÉNÉRALE DE L'ÉVALUATION ENVIRONNEMENTALE

§ 1
Objet et variantes de l'évaluation environnementale

A.
Objet de l'évaluation environnementale

214.11 **Apprécier les incidences sur l'environnement.** L'évaluation environnementale vise à apprécier les incidences sur l'environnement de certains travaux et projets d'aménagements, ainsi que des documents de planification.

214.12 **Procédure résultant du droit de l'UE.** La procédure de l'évaluation environnementale a été introduite en droit français afin de transposer la directive européenne 2001/42/CE du 27 juin 2001 relative à l'évaluation des incidences des plans et programmes sur l'environnement et de la directive 92/43/CEE du 21 mai 1992 relative à la conservation des habitats naturels, de la faune et de la flore.

La transposition a été réalisée par une ordonnance du 3 juin 2004[1]. Les dispositions qui en sont issues ont été plusieurs fois modifiées afin de mieux satisfaire aux exigences européennes.

B.
Variantes de l'évaluation environnementale

214.21 **Deux variantes.** Le code de l'environnement distingue l'évaluation environnementale des travaux et aménagements, d'une part, et l'évaluation environnementale des documents de planification d'autre part. Ces deux formes d'évaluations environnementales sont proches mais font l'objet de définitions et de modalités sensiblement différentes.

1°
L'évaluation environnementale des travaux et aménagements

214.31 **Définition.** La définition de l'évaluation environnementale relative aux travaux, ouvrages et aménagements est donnée à l'article L. 122-1, III du code de l'environnement. Il est indiqué que l'évaluation environnementale « est un processus constitué de l'élaboration, par le maître d'ouvrage » :

- « d'un rapport d'évaluation des incidences sur l'environnement, dénommé (...) "étude d'impact" » ;

- « de la réalisation des consultations prévues à la présente section » ;

- « ainsi que de l'examen, par l'autorité compétente pour autoriser le projet, de l'ensemble des informations présentées dans l'étude d'impact et reçues dans le cadre des consultations effectuées et du maître d'ouvrage ».

Il précise que l'évaluation environnementale « permet de décrire et d'apprécier de manière appropriée, en fonction de chaque cas particulier, les incidences notables directes et indirectes d'un projet sur les facteurs suivants :

1° La population et la santé humaine ;

2° La biodiversité, en accordant une attention particulière aux espèces et aux habitats protégés au titre de la directive 92/43/ CEE du 21 mai 1992 et de la directive 2009/147/ CE du 30 novembre 2009 ;

3° Les terres, le sol, l'eau, l'air et le climat ;

4° Les biens matériels, le patrimoine culturel et le paysage ;

5° L'interaction entre les facteurs mentionnés aux 1° à 4°.

Les incidences sur les facteurs énoncés englobent les incidences susceptibles de résulter de la vulnérabilité du projet aux risques d'accidents majeurs et aux catastrophes pertinents pour le projet concerné ».

L'évaluation environnementale est un processus ; l'étude d'impact est un rapport.

214.32 **Champ d'application.** La liste des projets soumis à évaluation environnementale (soit de façon systématique, soit après un examen au cas par cas) figure dans un tableau annexé à l'article R. 122-2 du code de l'environnement[2].

En particulier, la rubrique 39 soumet à évaluation environnementale systématique :

- les travaux et constructions créant une emprise au sol de plus de 40 000 m^2 (a) ;

- les opérations d'aménagement dont le terrain d'assiette est supérieur ou égal à 10 ha (b) ;

- et les opérations d'aménagement créant une emprise au sol de plus de 40 000 m^2 (c) ;

La même rubrique 39 soumet par ailleurs à un examen au cas par cas :

- les travaux et constructions qui créent une surface de plancher ou une emprise au sol de plus de 10 000 m^2 (a) ;

- et les opérations d'aménagement dont le terrain d'assiette est compris entre 5 et 10 ha, ou dont la surface de plancher ou l'emprise au sol est supérieure à 10 000 m^2 (b).

214.33 **Dossier.** Pour les projets soumis à évaluation environnementale, les dispositions du code de l'urbanisme relatives aux autorisations d'urbanisme prévoient que figurent au dossier de demande de permis ou de déclaration préalable, soit l'étude d'impact, soit la décision de l'autorité environnementale dispensant d'évaluation environnementale[3].

1. Ord. n° 2004-489, 3 juin 2004 portant transposition de la directive 2001/42/ CE du Parlement européen et du Conseil du 27 juin 2001 relative à l'évaluation des incidences de certains plans et programmes sur l'environnement, *JO* 5 juin, n° 23.

2. C. env., art. R. 122-2, I, al. 1er.
3. Pour le permis de construire, v. ss nos 361.321 s. – Pour le permis d'aménager de droit commun, v. ss nos 371.81 s. – Pour le permis d'aménager un terrain de camping, v. ss nos 373.61 s. – Pour la demande d'autorisation de travaux portant sur des remontées mécaniques, v. ss n° 391.51 – Pour la demande d'aménagement de pistes de ski, v. ss n° 392.31.

2°
L'évaluation environnementale des documents de planification

214.41 Définition. La définition de l'évaluation environnementale relative aux « plans, schémas, programmes et autres documents de planification » est donnée à l'article L. 122-4, I, 2° du code de l'environnement. Il est indiqué que l'évaluation environnementale est « un processus constitué » de :

- « l'élaboration d'un rapport sur les incidences environnementales » (rapport qui est qualifié d'« étude d'impact » dans l'autre variante d'évaluation environnementale[1]) ;
- « la réalisation de consultations » ;
- « la prise en compte de ce rapport et de ces consultations lors de la prise de décision par l'autorité qui adopte ou approuve le plan ou programme » ;
- ainsi que « la publication d'informations sur la décision, conformément aux articles L. 122-6 et suivants ».

214.42 Champ d'application. La liste des documents de planification soumis à évaluation environnementale (soit de façon systématique, soit après un examen au cas par cas) est fixée à l'article R. 122-17 du code de l'environnement[2]. Au nombre de ceux-ci figurent des documents d'urbanisme.

De façon redondante, et dans le souci d'éviter toute difficulté dans la détermination de ce champ d'application, le code de l'urbanisme détermine également les documents soumis à cette évaluation environnementale[3].

§ 2
Distinction et articulation avec l'évaluation Natura 2000

A.
Objet de l'évaluation Natura 2000

214.51 Apprécier les incidences sur un site Natura 2000. L'évaluation Natura 2000[4] a pour objet d'apprécier les incidences d'un projet ou d'un document de planification sur les sites Natura 2000. Elle vise à mesurer « leurs incidences au regard des objectifs de conservation du site »[5].

B.
Variantes de l'évaluation Natura 2000

1°
Champ d'application

214.61 Projets ou documents ayant une influence significative. Le code de l'environnement impose la mise en œuvre d'une évaluation Natura 2000 pour certaines catégories de projets ou documents « lorsqu'ils sont susceptibles d'affecter de manière significative un site Natura 2000, individuellement ou en raison de leurs effets cumulés »[6].

Sont notamment concernées les catégories de projets ou documents suivants :

- d'une part, « les documents de planification qui, sans autoriser par eux-mêmes la réalisation d'activités, de travaux, d'aménagements, d'ouvrages ou d'installations, sont applicables à leur réalisation »[7] ;
- d'autre part, « les programmes ou projets d'activités, de travaux, d'aménagements, d'ouvrages ou d'installations »[8].

Ces documents et projets doivent faire l'objet d'une évaluation Natura 2000 s'ils sont susceptibles d'affecter de manière significative un site Natura 2000.

Les documents et projets concernés sont toutefois dispensés de cette évaluation s'ils sont prévus par les contrats Natura 2000 ou pratiqués selon les engagements spécifiques définis par une charte Natura 2000[9].

214.62 Projets ou documents figurant sur une liste (notamment PLU et SCOT). Les documents de planification, programmes ou projets soumis à un régime administratif d'autorisation, d'approbation ou de déclaration au titre d'une législation ou d'une réglementation distincte de Natura 2000 font l'objet d'une évaluation des incidences Natura 2000 s'ils figurent sur une liste nationale établie par décret en Conseil d'État[10].

Cette liste figure à l'article R. 414-19 du code de l'environnement, qui place notamment dans la « liste nationale des documents de planification, programmes ou projets [...] qui doivent faire l'objet d'une évaluation des incidences sur un ou plusieurs sites Natura 2000 en application du 1° du III de l'article L. 414-4 »[11] :

- les plans et programmes faisant l'objet d'une évaluation environnementale systématique ou après

1. V. s[s] n° 214.31.
2. C. env., art. R. 122-17 – La liste est établie sur la base des critères énoncés à l'article L. 122-4 du code de l'environnement.
3. V. s[s] n°s 214.91 s.
4. L'expression complète est « évaluation des incidences Natura 2000 ».
5. C. env., art. L. 414-4, I, al. 1er.
6. C. env., art. L. 414-4, I, al. 1er.
7. C. env., art. L. 414-4, I, 1°.
8. C. env., art. L. 414-4, I, 2°.
9. C. env., art. L. 414-4, II.
10. C. env., art. L. 414-4, III, 1°.
11. C. env., art. R. 414-19, I ; mod par décr. n° 2022-1757, 30 déc. 2022.

examen au cas par cas en application de l'article R. 122-17 du code de l'environnement et des articles R. 104-1 et suivants du code de l'urbanisme (1°) ;

– les projets faisant l'objet d'une évaluation environnementale systématique ou d'un examen au cas par cas en application des articles R. 122-2 et R. 122-2-1 du code de l'environnement (2°) ;

– les projets soumis à évaluation environnementale au titre du tableau annexé à l'article R. 122-2[1] (3°).

2°
Évaluation Natura 2000 des projets

214.71 Illustration. À titre d'exemple, entre dans le champ de l'évaluation Natura 2000 le projet de construction d'un gigantesque entrepôt sur des terrains agricoles situés à faible distance des limites d'une zone spéciale de conservation (ZPS), à moins d'un kilomètre d'une seconde ZPS, à l'intérieur d'une zone importante pour la conservation des oiseaux (ZICO) et dans un secteur riche en chiroptères protégés. Le juge annule le permis de construire cet entrepôt qui n'a pas été précédé d'une évaluation Natura 2000[2].

3°
Évaluation Natura 2000 des documents de planification

214.81 Articulation avec l'évaluation environnementale. L'évaluation environnementale mentionnée au 1° et au 2° du I de l'article R. 414-19 ainsi que, selon les cas, l'étude d'incidence environnementale prévue à l'article R. 181-14 et le document d'incidences prévu à l'article R. 214-32 tiennent lieu de dossier d'évaluation des incidences Natura 2000 s'ils satisfont aux prescriptions de l'article R. 414-23[3]. Ces dispositions permettent de simplifier les procédures en intégrant l'évaluation Natura 2000 dans l'évaluation environnementale.

214.82 Opposition du préfet. Le préfet s'oppose à tout document de planification si l'évaluation[4] :

– « n'a pas été réalisée » ;

– « se révèle insuffisante » ;

– ou si elle révèle une « atteinte aux objectifs de conservation d'un site Natura 2000 ».

214.83 Illustration. Un arrêt rendu par la CAA de Marseille illustre que l'absence d'évaluation Natura 2000 (ou d'évaluation environnementale intégrant l'évaluation Natura 2000) entache d'illégalité le document d'urbanisme concerné. En l'espèce, est en cause la modification d'un PLU constituée par la redéfinition du zonage et des règles applicables sur une île entièrement incluse dans une zone Natura 2000 et une ZNIEFF de type 1 et entourée par une autre zone Natura 2000 et une réserve naturelle, qui permet une constructibilité encadrée dans certaines des zones urbaines et naturelles, notamment sur la base d'un relevé des constructions inachevées, et rend possible une augmentation de la fréquentation de l'île, est susceptible d'entraîner des incidences significatives sur un site Natura 2000. Cette modification devait donc être précédée d'une évaluation environnementale, alors même qu'elle se substitue à un précédent document d'urbanisme encore plus favorable à l'urbanisation qui n'avait pas davantage fait l'objet d'une telle évaluation. L'absence d'évaluation des incidences du document de planification ne saurait être palliée par l'obligation de faire précéder la délivrance des autorisations de construire sur l'île d'une évaluation environnementale par projet de construction. Cette carence a été de nature, en l'espèce, à nuire à l'information complète du public et susceptible d'exercer une influence sur le contenu de la décision finale de l'autorité administrative[5].

SECTION 2
L'ÉVALUATION ENVIRONNEMENTALE DES DOCUMENTS D'URBANISME

§ 1
Champ d'application de l'évaluation environnementale des documents d'urbanisme

A.
Documents d'urbanisme couvrant de grands territoires

214.91 Évaluation environnementale systématique lors de leur élaboration. Dans les conditions prévues par la directive 2001/42/ CE ainsi que ses annexes, et par le chapitre du code de l'urbanisme relatif à l'évaluation environnementale, font l'objet d'une évaluation environnementale les documents suivants :

– les DTADD[6] ;

– le SDRIF[7] ;

1. V. s[s] n° 214.32.
2. CAA Marseille, 29 nov. 2018, *Schmitt*, req. n° 16MA04520, NP.
3. C. env., art. R. 414-22, al. 1er ; mod par décr. n° 2022-1757, 30 déc. 2022.
4. C. env., art. L. 414-4, VI, al. 1er.
5. CAA Marseille, 26 sept. 2016, *S[té] Cueva Azul Limited*, req. n° 15MA03849, NP (arrêt devenu définitif en l'absence d'admission du pourvoi formé à son encontre : CE 12 juill. 2017, req. n° 405485, NP).
6. C. urb., art. L. 104-1, 1° ; art. R. 104-3, 1°.
7. C. urb., art. L. 104-1, 2° ; art. R. 104-4, 1°.

- les SCOT[1] ;
- les PLU[2] ;
- les prescriptions particulières de massif prévues à l'article L. 122-26[3] ;
- les SAR[4] ;
- le PADDUC[5].

B. Documents d'urbanisme relatifs à de petites zones

214.101 Évaluation environnementale systématique ou au cas par cas. Font également l'objet de l'évaluation environnementale prévue à l'article L. 104-1[6] les documents suivants qui déterminent l'usage de petites zones au niveau local[7] :

- les cartes communales « qui sont susceptibles d'avoir des incidences notables sur l'environnement » (au sens de l'annexe II à la directive 2001/42/CE) « au regard, notamment, de la superficie du territoire auquel elles s'appliquent, de la nature, de la sensibilité et de l'étendue des territoires couverts par les secteurs qu'elles déterminent » (2°)[8] ;
- les schémas d'aménagement de plage (3°)[9] ;
- la création et l'extension d'UTNL soumises à autorisation en application du second alinéa de l'article L. 122-21[10] « qui sont susceptibles d'avoir des effets notables sur l'environnement » (4°)[11].

C. Évaluation environnementale en cas d'évolution des documents d'urbanisme précités

1° Principes

214.111 Cas où les changements ne sont pas susceptibles d'avoir des effets notables sur l'environnement. Dans le cas où elles ne prévoient que des changements « qui ne sont pas susceptibles d'avoir des effets notables sur l'environnement » (au sens de l'annexe II à la directive 2001/42/ CE), les procédures d'évolution des documents mentionnés aux articles L. 104-1[12] et L. 104-2[13] ne requièrent ni une nouvelle évaluation environnementale, ni même une actualisation de l'évaluation environnementale réalisée lors de leur élaboration[14].

214.112 Cas où les changements sont susceptibles d'avoir des effets notables sur l'environnement. Lorsque les procédures d'évolution des documents mentionnés aux articles L. 104-1 et L. 104-2 prévoient des changements qui sont susceptibles d'avoir des effets notables sur l'environnement, il y a lieu de réaliser[15] :

- soit une nouvelle évaluation environnementale ;
- soit une actualisation de l'évaluation environnementale réalisée lors de leur élaboration.

2° Mise en œuvre

a. DTADD

214.121 Révision. Les DTADD font l'objet d'une évaluation environnementale à l'occasion de leur révision[16].

214.122 Modification. Les DTADD font l'objet d'une évaluation environnementale à l'occasion de leur modification[17] :

- lorsque celle-ci permet la réalisation de travaux, aménagements, ouvrages ou installations susceptibles d'affecter de manière significative un site Natura 2000 (a) ;
- s'il est établi, après un examen au cas par cas réalisé par l'autorité environnementale[18], qu'elle est susceptible d'avoir des incidences notables sur l'environnement au regard des critères de l'annexe II de la directive 2001/42/CE du 27 juin 2001 (b).

214.123 Mise en compatibilité. Les DTA font l'objet d'une évaluation environnementale à l'occasion de leur mise en compatibilité, dans le cadre d'une procédure intégrée en application de l'article L. 300-6-1, si l'étude d'impact du projet n'a pas inclus l'analyse de l'incidence de ces dispositions sur l'environnement[19].

1. C. urb., art. L. 104-1, 3° ; art. R. 104-7, 1°.
2. C. urb., art. L. 104-1, 3° *bis* ; art. R. 104-11, 1°.
3. C. urb., art. L. 104-1, 4°.
4. C. urb., art. L. 104-1, 5° ; art. R. 104-5, 1°.
5. C. urb., art. L. 104-1, 6°.
6. V. s^s n° 214.91.
7. C. urb., art. L. 104-2.
8. V. s^s n° 214.182.
9. V. s^s n° 214.191.
10. V. s^s n° 135.173.
11. S'agissant des UTNS, un décret en Conseil d'État détermine les critères en fonction desquels celles-ci font l'objet d'une évaluation environnementale systématique ou après un examen au cas par cas (C. urb., art. L. 104-2-1). Sur le champ d'application de l'évaluation environnementale sur les UTN, v. s^s n°s 214.201 s.
12. V. s^s n° 214.91.
13. V. s^s n° 214.101.
14. C. urb., art. L. 104-3, al. 1er.
15. C. urb., art. L. 104-3, al. 1er.
16. C. urb., art. R. 104-3, 2°.
17. C. urb., art. R. 104-3, 3° ; art. R. 172-1, 1°.
18. Examen réalisé dans les conditions définies aux articles R. 104-28 à R. 104-32 – V. s^s n°s 214.221 s.
19. C. urb., art. R. 172-1, 2°.

b.
SDRIF

214.131 **Révision.** Le SDRIF fait l'objet d'une évaluation environnementale à l'occasion de sa révision[1].

214.132 **Modification.** Le SDRIF fait l'objet d'une évaluation environnementale à l'occasion de sa modification[2] :

– lorsque celle-ci permet la réalisation de travaux, aménagements, ouvrages ou installations susceptibles d'affecter de manière significative un site Natura 2000 (a) ;

– s'il est établi, après un examen au cas par cas réalisé par l'autorité environnementale[3], qu'elle est susceptible d'avoir des incidences notables sur l'environnement au regard des critères de l'annexe II de la directive 2001/42/CE (b).

214.133 **Mise en compatibilité.** Le SDRIF fait l'objet d'une évaluation environnementale à l'occasion de sa mise en compatibilité, dans le cadre d'une déclaration d'utilité publique ou d'une déclaration de projet[4] :

– lorsque celle-ci permet la réalisation de travaux, aménagements, ouvrages ou installations susceptibles d'affecter de manière significative un site Natura 2000 (a) ;

– lorsque celle-ci a les mêmes effets qu'une révision (b) ;

– s'il est établi, après un examen au cas par cas réalisé par l'autorité environnementale[5], qu'elle est susceptible d'avoir des incidences notables sur l'environnement au regard des critères de l'annexe II de la directive 2001/42/CE (c).

Lorsque la mise en compatibilité intervient dans le cadre d'une procédure intégrée prévue à l'article L. 300-6-1, le SDRIF fait l'objet d'une évaluation environnementale lorsqu'en application des conditions définies au V de cet article l'étude d'impact du projet n'a pas inclus l'analyse de l'incidence des dispositions concernées sur l'environnement[6].

c.
SAR

214.141 **Révision.** Le SAR fait l'objet d'une évaluation environnementale à l'occasion de sa révision[7].

214.142 **Modification.** Le SAR fait l'objet d'une évaluation environnementale à l'occasion de sa modification[8] :

– lorsque celle-ci permet la réalisation de travaux, aménagements, ouvrages ou installations susceptibles d'affecter de manière significative un site Natura 2000 (a) ;

– s'il est établi, après un examen au cas par cas réalisé par l'autorité environnementale[9], qu'elle est susceptible d'avoir des incidences notables sur l'environnement au regard des critères de l'annexe II de la directive 2001/42/ CE (b).

214.143 **Mise en compatibilité.** Le SAR fait l'objet d'une évaluation environnementale à l'occasion de sa mise en compatibilité dans le cadre d'une déclaration d'utilité publique ou d'une déclaration de projet[10] :

– lorsque celle-ci a les mêmes effets qu'une révision (a) ;

– s'il est établi, après un examen au cas par cas réalisé par l'autorité environnementale[11], qu'elle est susceptible d'avoir des incidences notables sur l'environnement au regard des critères de l'annexe II de la directive 2001/42/ CE (b).

Lorsque la mise en compatibilité intervient dans le cadre d'une procédure intégrée prévue à l'article L. 300-6-1, le SAR fait l'objet d'une évaluation environnementale lorsqu'en application des conditions définies au V de cet article l'étude d'impact du projet n'a pas inclus l'analyse de l'incidence des dispositions concernées sur l'environnement[12].

d.
PADDUC

214.151 **Révision.** Le PADDUC fait l'objet d'une évaluation environnementale à l'occasion de sa révision[13].

214.152 **Modification.** Le PADDUC fait l'objet d'une évaluation environnementale à l'occasion de sa modification[14] :

– lorsque celle-ci permet la réalisation de travaux, aménagements, ouvrages ou installations suscepti-

1. C. urb., art. R. 104-4, 2°.
2. C. urb., art. R. 104-4, 3°.
3. Examen réalisé dans les conditions définies aux articles R. 104-28 à R. 104-32 – V. s[s] n°s 214.221 s.
4. C. urb., art. R. 104-4, 4°.
5. Examen réalisé dans les conditions définies aux articles R. 104-28 à R. 104-32 – V. s[s] n°s 214.221 s.
6. C. urb., art. R. 104-4, 5°.
7. C. urb., art. R. 104-5, 2°.
8. C. urb., art. R. 104-5, 3°.
9. Examen réalisé dans les conditions définies aux articles R. 104-28 à R. 104-32 – V. s[s] n°s 214.221 s.
10. C. urb., art. R. 104-5, 5°.
11. Examen réalisé dans les conditions définies aux articles R. 104-28 à R. 104-32 – V. s[s] n°s 214.221 s.
12. C. urb., art. R. 104-5, 4°.
13. C. urb., art. R. 104-5, 2°.
14. C. urb., art. R. 104-5, 3°.

bles d'affecter de manière significative un site Natura 2000 (a) ;

- s'il est établi, après un examen au cas par cas réalisé par l'autorité environnementale[1], qu'elle est susceptible d'avoir des incidences notables sur l'environnement au regard des critères de l'annexe II de la directive 2001/42/ CE (b).

214.153 **Mise en compatibilité.** Le PADDUC fait l'objet d'une évaluation environnementale à l'occasion de sa mise en compatibilité dans le cadre d'une procédure intégrée prévue à l'article L. 300-6-1, lorsqu'en application des conditions définies au V de cet article l'étude d'impact du projet n'a pas inclus l'analyse de l'incidence des dispositions concernées sur l'environnement[2].

e. SCOT

214.161 **Révision.** Les SCOT font l'objet d'une évaluation environnementale à l'occasion de leur révision[3].

214.162 **Modification.** Les SCOT font l'objet d'une évaluation environnementale à l'occasion[4] :

- de leur modification prévue à l'article L. 143-32, lorsque celle-ci permet la réalisation de travaux, aménagements, ouvrages ou installations susceptibles d'affecter de manière significative un site Natura 2000 (1°) ;

- de leur modification simplifiée prévue à l'article L. 131-3, lorsque celle-ci emporte les mêmes effets qu'une révision (2°) ;

- de leur modification prévue à l'article L. 143-32, autre que celle mentionnée aux 1° et 2°, s'il est établi, après un examen au cas par cas réalisé par la personne publique responsable[5], qu'elle est susceptible d'avoir des incidences notables sur l'environnement au regard des critères de l'annexe II de la directive 2001/42/ CE (3°).

Ces dispositions ne sont pas applicables aux procédures de modification ayant pour seul objet la rectification d'une erreur matérielle[6]. Il en résulte que la modification n'est pas soumise à évaluation environnementale lorsqu'elle est mise en œuvre pour rectifier une erreur matérielle.

1. Examen réalisé dans les conditions définies aux articles R. 104-28 à R. 104-32 – V. s^s^ n°s 214.221 s.
2. C. urb., art. R. 104-5, 4°.
3. C. urb., art. R. 104-7, 2°.
4. C. urb., art. R. 104-8, al. 1er à 4.
5. Examen réalisé dans les conditions définies aux articles R. 104-33 à R. 104-37 – V. s^s^ n°s 214.251 s.
6. C. urb., art. R. 104-8, al. 4.

214.163 **Mise en compatibilité.** Les SCOT font l'objet d'une évaluation environnementale à l'occasion de leur mise en compatibilité[7] :

- lorsque celle-ci permet la réalisation de travaux, aménagements, ouvrages ou installations susceptibles d'affecter de manière significative un site Natura 2000 (1°) ;

- lorsque celle-ci emporte les mêmes effets qu'une révision, au sens de l'article L. 143-29 (2°) ;

- dans le cadre d'une procédure intégrée prévue à l'article L. 300-6-1, lorsqu'en application des conditions définies au V de cet article l'étude d'impact du projet n'a pas inclus l'analyse de l'incidence des dispositions concernées sur l'environnement (3°).

Lorsque la mise en compatibilité n'entre pas dans le champ d'application de l'article R. 104-9, les SCOT font l'objet d'une évaluation environnementale à l'occasion de leur mise en compatibilité, s'il est établi qu'elle est susceptible d'avoir des incidences notables sur l'environnement au regard des critères de l'annexe II de la directive 2001/42/ CE[8] :

- après un examen au cas par cas réalisé par l'autorité environnementale[9], lorsque le SCOT est mis en compatibilité en application du second alinéa de l'article L. 143-42, dans le cadre d'une déclaration d'utilité publique en application de l'article L. 143-44, ou dans le cadre d'une déclaration de projet en application des articles R. 143-12 et R. 143-13 (1°) ;

- après un examen au cas par cas réalisé par la personne publique responsable[10], dans les autres cas (2°).

f. PLU

214.171 **Révision.** Les PLU font l'objet d'une évaluation environnementale à l'occasion de leur révision[11] :

- lorsqu'elle permet la réalisation de travaux, aménagements, ouvrages ou installations susceptibles d'affecter de manière significative un site Natura 2000 (a) ;

- lorsque l'EPCI compétent ou la commune décide de changer les orientations définies par le PADD (b) ;

- dans tous les autres cas où une révision est requise en application de l'article L. 153-31 (c).

7. C. urb., art. R. 104-9.
8. C. urb., art. R. 104-10.
9. Examen réalisé dans les conditions définies aux articles R. 104-28 à R. 104-32 – V. s^s^ n°s 214.221 s.
10. Examen réalisé dans les conditions définies aux articles R. 104-33 à R. 104-37 – V. s^s^ n°s 214.251 s.
11. C. urb., art. R. 104-11, I, 2°.

Par dérogation aux dispositions du (c), les PLU font l'objet, à l'occasion de leur révision, d'une évaluation environnementale après un examen au cas par cas réalisé par la personne publique responsable[1], s'il est établi que cette révision est susceptible d'avoir des incidences notables sur l'environnement au regard des critères de l'annexe II de la directive 2001/42/ CE, lorsque[2] :

– l'incidence de la révision porte sur une ou plusieurs aires comprises dans le territoire couvert par le plan local d'urbanisme concerné, pour une superficie totale inférieure ou égale à un millième (1 ‰) de ce territoire, dans la limite de cinq hectares (1°) ;

– l'incidence de la révision porte sur une ou plusieurs aires comprises dans le territoire couvert par le plan local d'urbanisme intercommunal concerné, pour une superficie totale inférieure ou égale à un dix-millième (0,1 ‰) de ce territoire, dans la limite de cinq hectares (2°).

214.172 **Modification.** Les PLU font l'objet d'une évaluation environnementale à l'occasion[3] :

– de leur modification prévue à l'article L. 153-36, lorsqu'elle permet la réalisation de travaux, aménagements, ouvrages ou installations susceptibles d'affecter de manière significative un site Natura 2000 (1°) ;

– de leur modification simplifiée prévue aux articles L. 131-7 et L. 131-8, lorsque celle-ci emporte les mêmes effets qu'une révision (2°) ;

– de leur modification prévue à l'article L. 153-36, autre que celle mentionnée aux 1° et 2°, s'il est établi, après un examen au cas par cas réalisé par la personne publique responsable[4], qu'elle est susceptible d'avoir des incidences notables sur l'environnement au regard des critères de l'annexe II de la directive 2001/42/ CE.

Ces dispositions ne sont pas applicables aux procédures de modification ayant pour seul objet[5] :

– de réduire la surface d'une zone urbaine ou à urbaniser en application du 3° de l'article L. 153-41 ;

– ou la rectification d'une erreur matérielle.

214.173 **Mise en compatibilité.** Les PLU font l'objet d'une évaluation environnementale à l'occasion de leur mise en compatibilité[6] :

– lorsque celle-ci permet la réalisation de travaux, aménagements, ouvrages ou installations susceptibles d'affecter de manière significative un site Natura 2000 (1°) ;

– lorsque celle-ci emporte les mêmes effets qu'une révision, au sens de l'article L. 153-31, et que cette révision concerne l'un des cas mentionnés au I de l'article R. 104-11 (2°) ;

– dans le cadre d'une procédure intégrée prévue à l'article L. 300-6-1, lorsqu'en application des conditions définies au V de cet article l'étude d'impact du projet n'a pas inclus l'analyse de l'incidence des dispositions concernées sur l'environnement (3°).

Lorsque la mise en compatibilité n'entre pas dans le champ d'application de l'article R. 104-13, les PLU font l'objet d'une évaluation environnementale à l'occasion de leur mise en compatibilité, s'il est établi qu'elle est susceptible d'avoir des incidences notables sur l'environnement au regard des critères de l'annexe II de la directive 2001/42/ CE[7] :

– après un examen au cas par cas réalisé par l'autorité environnementale[8], lorsque le PLU est mis en compatibilité en application du second alinéa de l'article L. 153-51, dans le cadre d'une déclaration d'utilité publique en application de l'article L. 153-54, ou dans le cadre d'une déclaration de projet en application des articles R. 153-16 et R. 153-17 (1°) ;

– après un examen au cas par cas réalisé par la personne publique responsable[9], dans les autres cas (2°).

g. Carte communale

214.181 **Constructions susceptibles d'affecter un site Natura 2000.** Les cartes communales font l'objet d'une évaluation environnementale à l'occasion de leur élaboration ou de leur révision lorsqu'elles permettent la réalisation de travaux, aménagements, ouvrages ou installations susceptibles d'affecter de manière significative un site Natura 2000[10].

214.182 **Incidences notables sur l'environnement.** En dehors des cas prévus à l'article R. 104-15[11], les cartes communales font l'objet d'une évaluation environnementale à l'occasion de leur élaboration ou révision, s'il est établi, après un examen au cas par cas réalisé par la personne publique responsable[12], qu'elles sont susceptibles d'avoir des

1. Examen réalisé dans les conditions définies aux articles R. 104-33 à R. 104-37 – V. s^s n°s 214.251 s.
2. C. urb., art. R. 104-11, II.
3. C. urb., art. R. 104-12, al. 1er à 4.
4. Examen réalisé dans les conditions définies aux articles R. 104-33 à R. 104-37 – V. s^s n°s 214.251 s.
5. C. urb., art. R. 104-12, al. 5.
6. C. urb., art. R. 104-13.
7. C. urb., art. R. 104-14.
8. Examen réalisé dans les conditions définies aux articles R. 104-28 à R. 104-32 – V. s^s n°s 214.221 s.
9. Examen réalisé dans les conditions définies aux articles R. 104-33 à R. 104-37 – V. s^s n°s 214.251 s.
10. C. urb., art. R. 104-15.
11. V. s^s n° 214.181.
12. Examen réalisé dans les conditions définies aux articles R. 104-33 à R. 104-37 – V. s^s n°s 214.251 s.

incidences notables sur l'environnement au regard des critères de l'annexe II de la directive 2001/42/CE[1].

h.
Schéma d'aménagement de plage

214.191 Élaboration et révision. Les schémas d'aménagement de plage font l'objet d'une évaluation environnementale à l'occasion[2] :

- de leur élaboration (1°) ;
- de leur révision (2°).

i.
UTN dans les communes non couvertes par un SCOT ou par un PLU

214.201 Constructions susceptibles d'affecter un site Natura 2000. Les UTN soumises à autorisation en application du second alinéa des articles L. 122-20 et L. 122-21 font l'objet d'une évaluation environnementale à l'occasion de leur création et de leur extension lorsqu'elles permettent la réalisation de travaux, aménagements, ouvrages ou installations susceptibles d'affecter de manière significative un site Natura 2000[3].

214.202 Incidences notables sur l'environnement (UTNS). En dehors des cas prévus à l'article R. 104-17-1[4], les UTN structurantes soumises à autorisation en application du second alinéa de l'article L. 122-20 font l'objet d'une évaluation environnementale à l'occasion de leur création ou de leur extension[5] :

- lorsqu'elles concernent les opérations visées aux 1°, 5°, 7° et 8° de l'article R. 122-8 (a) ;
- lorsqu'elles concernent des opérations visées aux 4° et 6° de l'article R. 122-8, s'il est établi, après un examen au cas par cas réalisé par la personne publique responsable[6], qu'elles sont susceptibles d'avoir des incidences notables sur l'environnement au regard des critères de l'annexe II de la directive 2001/42/CE (b) ;
- lorsqu'elles concernent les opérations relevant du 2° et du 3° de l'article R. 122-8, soit de façon systématique, soit après un examen au cas par cas, suivant la répartition prévue respectivement aux rubriques 43 a et 39 a de l'annexe à l'article R. 122-2 du code de l'environnement. Lorsque l'opération relève d'un examen au cas par cas, il est réalisé par la personne publique responsable[7] (c).

214.203 Incidences notables sur l'environnement (UTNL). En dehors des cas prévus à l'article R. 104-17-1[8], les UTN locales soumises à autorisation en application du second alinéa de l'article L. 122-21 font l'objet d'une évaluation à l'occasion de leur création ou de leur extension, s'il est établi, après un examen au cas par cas réalisé par la personne publique responsable[9], qu'elles sont susceptibles d'avoir des incidences notables sur l'environnement au regard des critères de l'annexe II de la directive 2001/42/ CE[10].

D.
Procédures d'examen au cas par cas

214.211 Objet. La procédure d'examen au cas par cas est mise en œuvre lorsque le code de l'urbanisme le prévoit. Elle confère à l'Autorité environnementale[11] ou à la personne publique responsable du document d'urbanisme le pouvoir de décider de soumettre ou non à une évaluation environnementale la procédure d'évolution de ce document.

1°
Examen au cas par cas réalisé par l'Autorité environnementale

a.
Transmission du dossier à l'Autorité environnementale

214.221 Contenu du dossier. La personne publique responsable transmet à l'Autorité environnementale[12] un dossier comprenant les éléments suivants[13] :

- une description des caractéristiques principales du document (1°) ;
- une description des caractéristiques principales, de la valeur et de la vulnérabilité de la zone susceptible d'être touchée par la mise en œuvre du document (2°) ;
- une description des principales incidences sur l'environnement et la santé humaine de la mise en œuvre du document (3°).

1. C. urb., art. R. 104-16.
2. C. urb., art. R. 104-17.
3. C. urb., art. R. 104-17-1.
4. V. s^s n° 214.201.
5. C. urb., art. R. 104-17-2, 1°.
6. Examen réalisé dans les conditions définies aux articles R. 104-33 à R. 104-37 – V. s^s n°s 214.251 s.
7. Examen réalisé dans les conditions définies aux articles R. 104-33 à R. 104-37 – V. s^s n°s 214.251 s.
8. V. s^s n° 214.201.
9. Examen réalisé dans les conditions définies aux articles R. 104-33 à R. 104-37 – V. s^s n°s 214.251 s.
10. C. urb., art. R. 104-17-2, 2°.
11. V. s^s n°s 214.431 s.
12. Plus exactement à la formation Ae de l'IGEDD ou, lorsque la MRAe de l'IGEDD est compétente, au service régional chargé de l'environnement (appui à la MRAe).
13. C. urb., art. R. 104-29, al. 1er à 4.

214.222 **Date d'envoi du dossier.** Le dossier est transmis[1] :

– « à un stade précoce » ;

– et avant la réunion d'examen conjoint prévue aux articles L. 123-22, L. 123-23, L. 143-44 et L. 153-54 du code de l'urbanisme ainsi qu'aux articles L. 4424-15-1, L. 4433-10-6 et L. 4433-10-7 du CGCT ou avant la soumission pour avis aux personnes publiques associées.

b.
Instruction

214.231 **Accusé de réception.** Dès réception du dossier[2], l'Autorité environnementale[3] :

– en accuse réception, en indiquant la date à laquelle est susceptible de naître la décision implicite mentionnée à l'article R. 104-32 ;

– et consulte sans délai les autorités mentionnées à l'article R. 104-24.

Le service régional chargé de l'environnement (appui à la MRAe) informe sans délai la MRAe de l'IGEDD des demandes qui lui sont présentées[4].

214.232 **Consultations.** La consultation des autorités mentionnées à l'article R. 104-24[5] est réputée réalisée en l'absence de réponse de l'autorité consultée dans un délai d'un mois à compter de sa saisine par l'Autorité environnementale[6].

En cas d'urgence, le délai peut être réduit par l'Autorité environnementale[7] sans pouvoir être inférieur à dix jours ouvrés[8].

c.
Décision de l'Autorité environnementale

214.241 **Critères pris en compte.** L'Autorité environnementale décide de soumettre ou non à une évaluation environnementale les procédures relevant de l'examen au cas par cas[9].

Elle prend sa décision au regard[10] :

– des informations fournies par la personne publique responsable mentionnées à l'article R. 104-29[11] (1°) ;

– des critères de l'annexe II de la directive 2001/42/CE (2°).

Lorsque l'Autorité environnementale est la MRAe de l'IGEDD, le service régional chargé de l'environnement (appui à la MRAe) instruit le dossier et transmet son avis à la mission régionale qui prend alors sa décision[12].

214.242 **Délai pour se prononcer, formes de la décision et obligation de motivation.** L'Autorité environnementale dispose d'un délai de deux mois à compter de la réception du dossier mentionné à l'article R. 104-29 pour notifier à la personne publique responsable, la décision de soumettre ou non à une évaluation environnementale la procédure d'évolution du document[13].

Cette décision est motivée[14].

L'absence de décision au terme de ce délai vaut obligation de réaliser une évaluation environnementale[15].

214.243 **Publicité de la décision (mise en ligne).** La décision de l'Autorité environnementale ou la mention de son caractère tacite est mise en ligne. Elle est jointe au dossier d'enquête publique ou de mise à disposition[16].

Lorsque la MRAe de l'IGEDD est compétente, le service régional chargé de l'environnement (appui à la MRAe) effectue pour son compte la mise en ligne sur internet[17].

214.244 **Recours contre la décision.** La décision imposant la réalisation d'une évaluation environnementale est « un acte faisant grief susceptible d'être déféré au juge de l'excès de pouvoir »[18].

En revanche, tel n'est pas le cas de l'acte par lequel l'Autorité environnementale décide de dispenser d'évaluation environnementale un plan, schéma, programme ou autre document de planification mentionné à l'article L. 122-4 du code de l'environnement. Un tel acte « a le caractère d'une mesure préparatoire » à l'élaboration de ce plan, schéma, programme ou document, insusceptible d'être

1. C. urb., art. R. 104-29, al. 5.
2. V. s^{s} n° 214.221.
3. Plus exactement la formation Ae de l'IGEDD ou, lorsque la MRAe de l'IGEDD est compétente, le service régional chargé de l'environnement (appui à la MRAe) – C. urb., art. R. 104-30, al. 1er.
4. C. urb., art. R. 104-30, al. 1er.
5. V. s^{s} n°s 214.451 s.
6. Plus exactement par la formation Ae de l'IGEDD ou, lorsque la MRAe de l'IGEDD est compétente, par le service régional chargé de l'environnement (appui à la MRAe) – C. urb., art. R. 104-30, al. 2.
7. Plus exactement par la formation Ae de l'IGEDD ou, lorsque la MRAe de l'IGEDD est compétente, par le service régional chargé de l'environnement (appui à la MRAe).
8. C. urb., art. R. 104-30, al. 2.
9. Procédures relevant de l'examen au cas par cas en application des articles R. 104-3 à R. 104-5, du 1° des articles R. 104-10 et R. 104-14 et de l'article R. 172-1 – C. urb., art. R. 104-28, al. 1er.
10. C. urb., art. R. 104-28, al. 1er à 3.
11. Sur ces informations, v. s^{s} n° 214.221.
12. C. urb., art. R. 104-28, al. 4.
13. C. urb., art. R. 104-31, al. 1er.
14. C. urb., art. R. 104-31, al. 2.
15. C. urb., art. R. 104-31, al. 3.
16. C. urb., art. R. 104-32, al. 1er.
17. C. urb., art. R. 104-32, al. 2.
18. CE 6 avr. 2016, *Tavernier (M.)*, req. n° 395916, *Lebon T.* ; *Dr. env.* 2016. 155, note D. Deharbe ; *BJDU* 2016. 273, concl. X. de Lasquen.

déférée au juge de l'excès de pouvoir, eu égard tant à son objet qu'aux règles particulières prévues au IV de l'article R. 122-18 du code de l'environnement pour la décision imposant la réalisation d'une évaluation environnementale. La décision de dispense d'évaluation environnementale « pourra, en revanche, être contestée à l'occasion de l'exercice d'un recours contre la décision approuvant le plan, schéma, programme ou document »[1].

2°
Examen au cas par cas réalisé par la personne publique responsable

a.
Prise de décision

214.251 **Deux modes de décision.** Dans les cas mentionnés par le code[2], lorsqu'elle estime que l'élaboration de la carte communale, la création ou l'extension de l'UTN ou l'évolution du SCOT, du PLU ou de la carte communale est susceptible d'avoir des incidences notables sur l'environnement, la personne publique responsable décide de réaliser une évaluation environnementale dans les conditions prévues aux articles R. 104-19 à R. 104-27[3].

Si tel n'est pas le cas, elle saisit l'Autorité environnementale pour avis conforme dans les conditions prévues aux articles R. 104-34 à R. 104-37[4] et, au vu de cet avis conforme, prend une décision relative à la réalisation ou non d'une évaluation environnementale[5].

b.
Avis de l'Autorité environnementale

214.261 **Contenu du dossier.** En application du second alinéa de l'article R. 104-33, la personne publique responsable transmet à l'autorité environnementale un dossier comprenant deux éléments.

D'une part, le dossier comprend « une description » de la carte communale, de la création ou de l'extension de l'UTN ou des évolutions apportées au SCOT, au PLU ou à la carte communale[6].

D'autre part, le dossier comprend « un exposé »[7]. Celui-ci décrit notamment :

- les caractéristiques principales du document d'urbanisme ou, le cas échéant, pour l'UTN, les éléments mentionnés aux 2°, 3° et 5° du I de l'article R. 122-14 (a) ;
- l'objet de la procédure d'élaboration ou d'évolution (b) ;
- les caractéristiques principales, la valeur et la vulnérabilité du territoire concerné par la procédure (c) ;
- les raisons pour lesquelles son projet ne serait pas susceptible d'avoir des incidences notables sur l'environnement, au regard des critères de l'annexe II de la directive 2001/42/ CE et, par conséquent, ne requerrait pas la réalisation d'une évaluation environnementale (d).

L'exposé « est proportionné aux enjeux environnementaux de la procédure menée »[8].

La liste détaillée des informations devant figurer dans l'exposé est définie dans un formulaire dont le contenu est précisé par arrêté du ministre chargé de l'urbanisme[9].

214.262 **Transmission du dossier.** Le dossier mentionné à l'article R. 104-34 est transmis à un stade précoce et, au plus tard, avant l'examen conjoint, la soumission pour avis ou la notification aux personnes publiques associées, au service régional chargé de l'environnement (appui à la MRAe), qui en accuse réception[10].

214.263 **Appréciation de la complétude du dossier.** L'Autorité environnementale[11] dispose d'un délai de quinze jours à compter de la réception du dossier pour demander à la personne publique responsable de compléter le dossier. À défaut d'une telle demande dans ce délai, le dossier est réputé complet[12].

214.264 **Possible consultation de l'ARS.** Le service régional chargé de l'environnement (appui à la MRAe), lorsque la lorsque la MRAe de l'IGEDD est compétente, ou la formation Ae de l'IGEDD, peut consulter le directeur général de l'agence régionale de santé en précisant le délai, qui ne peut être inférieur à dix jours ouvrés, au-delà duquel cette consultation est réputée réalisée en l'absence de réponse de sa part[13].

1. CE 6 avr. 2016, *Tavernier (M.)*, req. n° 395916, *Lebon T.*
2. Cas mentionnés à l'article R. 104-8 (modification du SCOT : v. s^{s} n° 214.162), au 2° de l'article R. 104-10 (mise en compatibilité du SCOT : v. s^{s} n° 214.163), au II de l'article R. 104-11 (révision du PLU : v. s^{s} n° 214.171), à l'article R. 104-12 (modification du PLU : v. s^{s} n° 214.172), au 2° de l'article R. 104-14 (mise en compatibilité du PLU : v. s^{s} n° 214.173), à l'article R. 104-16 (carte communale ayant des incidences notables sur l'environnement : v. s^{s} n° 214.182) et à l'article R. 104-17-2 (UTN ayant des incidences notables sur l'environnement : v. s^{s} n°s 214.202 s.).
3. C. urb., art. R. 104-33, al. 1er.
4. V. s^{s} n°s 214.261 s.
5. C. urb., art. R. 104-33, al. 2.
6. C. urb., art. R. 104-34, 1°.
7. C. urb., art. R. 104-34, 2°.
8. C. urb., art. R. 104-34, al. 8.
9. C. urb., art. R. 104-34, al. 9.
10. C. urb., art. R. 104-35, al. 1er.
11. Plus exactement le service régional chargé de l'environnement (appui à la MRAe), lorsque la MRAe d de l'IGEDD est compétente, ou la formation Ae d de l'IGEDD lorsqu'elle est compétente en application de l'article R. 104-21.
12. C. urb., art. R. 104-35, al. 2.
13. C. urb., art. R. 104-35, al. 3.

214.265 Avis de l'Autorité environnementale. Au regard du dossier mentionné à l'article R. 104-34, l'autorité environnementale rend un avis conforme, dans un délai de deux mois à compter de la réception initiale du dossier, sur l'absence de nécessité de réaliser une évaluation environnementale et le transmet à la personne publique responsable. En l'absence de réponse dans ce délai, l'avis de l'autorité environnementale est réputé favorable à l'exposé mentionné au 2° de l'article R. 104-34[1].

214.266 Publicité de l'avis. L'avis ou la mention de son caractère tacite, ainsi que, dans ce dernier cas, le formulaire mentionné à l'article R. 104-34 sont mis en ligne sur le site internet de l'autorité environnementale et joints au dossier d'enquête publique ou de mise à disposition du public[2].

c.
Décision relative à la réalisation de l'évaluation environnementale

214.271 Organe compétent. La décision mentionnée à l'article R. 104-33 (décision relative à la réalisation de l'évaluation environnementale) est prise[3] :

– par l'organe délibérant de l'établissement public mentionné à l'article L. 143-16 lorsque le SCOT est modifié ou mis en compatibilité en application de l'article R. 143-11 (1°) ;

– par l'organe délibérant de l'EPCI compétent mentionné à l'article L. 153-8, le conseil de territoire mentionné à l'article L. 134-13 ou le conseil municipal lorsque le PLU est révisé, dans le cas mentionné au II de l'article R. 104-11, modifié ou mis en compatibilité en application de l'article R. 153-15 (2°) ;

– par l'organe délibérant de l'EPCI compétent mentionné à l'article L. 163-3 ou le conseil municipal pour la carte communale (3°) ;

– par l'organe délibérant de la ou des communes concernées ou de l'EPCI compétent en matière de PLU mentionnés à l'article R. 122-13 pour les UTN.

214.272 Motivation et publication. La décision mentionnée à l'article R. 104-33 est motivée et publiée dans les conditions prévues aux articles R. 143-15 et R. 153-21, lequel s'applique également aux UTN pour l'application du présent paragraphe, ainsi qu'à l'article R. 163-9[4].

1. C. urb., art. R. 104-35, al. 4.
2. C. urb., art. R. 104-35, al. 4.
3. C. urb., art. R. 104-36.
4. C. urb., art. R. 104-37.

§ 2
Contenu du rapport sur les incidences environnementales et place de celui-ci dans le document d'urbanisme

A.
Rapport sur les incidences environnementales

214.281 Une pièce maîtresse du processus. Le processus d'évaluation environnementale des documents d'urbanisme[5] implique la réalisation d'un rapport sur les incidences environnementales du projet. Celui-ci sera transmis à l'Autorité environnementale pour avis[6].

1°
Contenu du rapport sur les incidences environnementales

214.291 Éléments devant figurer dans le rapport. Le rapport sur les incidences environnementales « identifie, décrit et évalue »[7] :

– « les effets notables que peut avoir la mise en œuvre du plan ou du programme sur l'environnement » ;

– ainsi que « les solutions de substitution raisonnables tenant compte des objectifs et du champ d'application géographique du plan ou du programme ».

Ce rapport présente[8] :

– « les mesures prévues pour éviter les incidences négatives notables que l'application du plan ou du programme peut entraîner sur l'environnement » ;

– « les mesures prévues pour réduire celles qui ne peuvent être évitées » ;

– et « les mesures prévues pour compenser celles qui ne peuvent être évitées ni réduites ».

Il expose[9] :

– « les autres solutions envisagées » ;

– et « les raisons pour lesquelles, notamment du point de vue de la protection de l'environnement, le projet a été retenu ».

Il « définit les critères, indicateurs et modalités retenus pour suivre les effets du plan ou du programme sur l'environnement » afin « d'identifier notamment, à un stade précoce, les impacts négatifs imprévus et envisager, si nécessaire, les mesures appropriées »[10].

5. V. s[s] n° 214.41.
6. V. s[s] n° 214.441.
7. C. env., art. L. 122-6, al. 1er.
8. C. env., art. L. 122-6, al. 1er.
9. C. env., art. L. 122-6, al. 1er.
10. C. env., art. L. 122-6, al. 1er.

214.292 Informations exigibles. Le rapport sur les incidences environnementales « contient les informations qui peuvent être raisonnablement exigées, compte tenu »[1] :

- des connaissances et des méthodes d'évaluation existant à la date à laquelle est élaboré ou révisé le plan ou le programme ;
- de son contenu et de son degré de précision ;
- et, le cas échéant, de l'existence d'autres plans ou programmes relatifs à tout ou partie de la même zone géographique ou de procédures d'évaluation environnementale prévues à un stade ultérieur.

2°
Rédaction du rapport sur les incidences environnementales

214.301 Proportionnalité. Le rapport de présentation, ou le rapport environnemental, « est proportionné »[2] :

- à l'importance du document d'urbanisme ;
- aux effets de sa mise en œuvre ;
- ainsi qu'aux enjeux environnementaux de la zone considérée.

214.302 Possibilité de se référer à d'autres études, plans et documents. Le rapport peut se référer aux renseignements relatifs à l'environnement figurant dans d'autres études, plans ou documents[3].

214.303 Consultation possible de l'autorité environnementale sur le degré de précision attendu. L'autorité environnementale définie à l'article R. 104-21 est consultée, en tant que de besoin, sur le degré de précision des informations que doit contenir le rapport[4].

Lorsque l'autorité environnementale est la mission régionale d'autorité environnementale de l'IGEDD[5] :

- la demande est adressée au service régional de l'environnement (appui à la mission régionale d'autorité environnementale) qui prépare et met en forme toutes les informations nécessaires pour que la mission régionale puisse rendre son avis (1°) ;
- l'avis est transmis pour information au préfet de région lorsque le périmètre du document d'urbanisme est régional ou aux préfets des départements concernés dans les autres cas (2°).

1. C. env., art. L. 122-6, al. 2.
2. C. urb., art. R. 104-19, al. 1er.
3. C. urb., art. R. 104-19, al. 2.
4. C. urb., art. R. 104-19, al. 3.
5. C. urb., art. R. 104-19, al. 4 à 6.

3°
Rapport complété en cas de révision ou de modification du document

214.311 Mise à jour. En cas de modification, de mise en compatibilité ou de révision du document, le rapport de présentation, ou le rapport environnemental mentionné à l'article R. 104-18, est complété, le cas échéant, par l'exposé des motifs des changements apportés[6].

4°
Cas où le rapport sur les incidences environnementales intègre une évaluation Natura 2000

214.321 Obligation de réaliser une évaluation Natura 2000. Les documents d'urbanisme soumis à évaluation environnementale sont soumis à l'obligation de réaliser une évaluation Natura 2000[7].

214.322 Contenu de l'évaluation Natura 2000. L'évaluation Natura 2000 doit contenir les éléments exigés par le code de l'environnement[8].

214.323 Possibilité d'intégrer l'évaluation Natura 2000 dans l'évaluation environnementale. Les auteurs du document d'urbanisme peuvent intégrer l'évaluation Natura 2000 dans le rapport sur les incidences environnementales, qu'il s'agisse du rapport de présentation ou du rapport environnemental[9]. L'évaluation Natura 2000 doit, dans ce cas, apparaître dans une section ou un paragraphe qui lui est dédié.

B.
Place du rapport sur les incidences environnementales au sein du document d'urbanisme

214.331 Deux situations. Lorsque le document d'urbanisme comporte un rapport de présentation, le rapport sur les incidences environnementales prend place au sein de celui-ci (sauf pour le SCOT)[10].

Lorsque le document d'urbanisme ne comporte pas de rapport de présentation, mais aussi dans le cas du SCOT, les incidences environnementales sont évaluées au sein d'un « rapport environnemental » annexé au document d'urbanisme[11].

6. C. urb., art. R. 104-20.
7. V. s^s n°s 214.62 s.
8. C. env., art. R. 414-23.
9. V. s^s n° 214.81.
10. V. s^s n°s 214.341 s.
11. V. s^s n°s 214.421 s.

1°
Première formule : le rapport sur les incidences environnementales figure dans le rapport de présentation du document d'urbanisme

a.
Règles communes aux documents comportant un rapport de présentation (sauf SCOT)

214.341 Incidences environnementales évaluées dans le rapport de présentation. Pour les documents d'urbanisme qui comportent un rapport de présentation (sauf le SCOT), le rapport sur les incidences environnementales prend place au sein de cette partie du document.

214.342 Éléments devant figurer dans le rapport de présentation. Le rapport de présentation du document d'urbanisme concerné doit comporter trois éléments[1] :

– il décrit et évalue les incidences notables que peut avoir le document sur l'environnement (1°) ;

– il présente les mesures envisagées pour éviter, réduire et, dans la mesure du possible, compenser ces incidences négatives (2°) ;

– il expose les raisons pour lesquelles, notamment du point de vue de la protection de l'environnement, parmi les partis d'aménagement envisagés, le projet a été retenu (3°).

214.343 Degré de précision attendue. Au titre de l'évaluation des incidences sur l'environnement, le rapport de présentation contient les informations « qui peuvent être raisonnablement exigées », compte tenu des éléments suivants[2] :

– les connaissances et les méthodes d'évaluation existant à la date à laquelle est élaboré ou révisé le document ;

– le contenu et le degré de précision du document ;

– le cas échéant, l'existence d'autres documents ou plans relatifs à tout ou partie de la même zone géographique ou de procédures d'évaluation environnementale prévues à un stade ultérieur.

b.
Règles propres à chaque document

214.351 Contenu. Les dispositions réglementaires régissant l'élaboration des documents d'urbanisme concernés définissent pour chacun d'eux les éléments que doit comporter le rapport de présentation au titre de l'évaluation des incidences environnementales.

b1)
PLU

214.361 Éléments devant figurer dans le rapport au titre de l'évaluation environnementale. Les éléments que le rapport de présentation du PLU doit contenir au titre de l'évaluation environnementale sont définis à l'article R. 151-3 du code de l'urbanisme. Ces éléments sont au nombre de sept. Le rapport de présentation :

– décrit l'articulation du plan avec les autres documents d'urbanisme et les plans ou programmes mentionnés aux articles L. 131-4 à L. 131-6, L. 131-8 et L. 131-9 avec lesquels il doit être compatible ou qu'il doit prendre en compte (1°) ;

– analyse l'état initial de l'environnement et les perspectives de son évolution en exposant, notamment, les caractéristiques des zones susceptibles d'être touchées de manière notable par la mise en œuvre du plan (2°) ;

– analyse les incidences notables probables de la mise en œuvre du plan sur l'environnement, notamment, s'il y a lieu, sur la santé humaine, la population, la diversité biologique, la faune, la flore, les sols, les eaux, l'air, le bruit, le climat, le patrimoine culturel architectural et archéologique et les paysages et les interactions entre ces facteurs, et expose les problèmes posés par l'adoption du plan sur la protection des zones revêtant une importance particulière pour l'environnement, en particulier l'évaluation des incidences Natura 2000 mentionnée à l'article L. 414-4 du code de l'environnement (3°) ;

– explique les choix retenus mentionnés au premier alinéa de l'article L. 151-4 au regard notamment des objectifs de protection de l'environnement établis au niveau international, communautaire ou national, ainsi que les raisons qui justifient le choix opéré au regard des solutions de substitution raisonnables tenant compte des objectifs et du champ d'application géographique du plan (4°) ;

– présente les mesures envisagées pour éviter, réduire et, si possible, compenser, s'il y a lieu, les conséquences dommageables de la mise en œuvre du plan sur l'environnement (5°) ;

– définit les critères, indicateurs et modalités retenus pour l'analyse des résultats de l'application du plan mentionnée à l'article L. 153-27 et, le cas échéant, pour le bilan de l'application des dispositions relatives à l'habitat prévu à l'article L. 153-29. Ils doivent permettre notamment de suivre les effets du plan sur l'environnement afin d'identifier, le cas échéant, à un stade précoce, les impacts négatifs imprévus et envisager, si nécessaire, les mesures appropriées (6°) ;

– comprend un résumé non technique des éléments précédents et une description de la manière dont l'évaluation a été effectuée (7°).

1. C. urb., art. L. 104-4.
2. C. urb., art. L. 104-5.

214.362 **Proportionnalité.** Le rapport de présentation au titre de l'évaluation environnementale est « proportionné »[1] :

- à l'importance du PLU ;
- aux effets de sa mise en œuvre ;
- ainsi qu'aux enjeux environnementaux de la zone considérée.

214.363 **PLU valant création de ZAC (évaluation commune).** Lorsque l'approbation du PLU vaut création d'une ZAC, la « procédure d'évaluation environnementale commune » valant à la fois évaluation d'un plan ou d'un programme et d'un projet prévu au II de l'article R. 122-25 du code de l'environnement est mise en œuvre[2].

b2)
Carte communale

214.371 **Éléments devant figurer dans le rapport au titre de l'évaluation environnementale.** Les éléments que le rapport de présentation de la carte communale doit contenir au titre de l'évaluation environnementale sont définis à l'article R. 161-3 du code de l'urbanisme. Ces éléments sont au nombre de sept. Le rapport de présentation :

- décrit l'articulation de la carte avec les autres documents d'urbanisme et les plans ou programmes mentionnés aux articles L. 131-4 et L. 131-6 avec lesquels il doit être compatible ou qu'il doit prendre en compte (1°) ;
- analyse les perspectives de l'évolution de l'environnement en exposant, notamment, les caractéristiques des zones susceptibles d'être touchées de manière notable par la mise en œuvre de la carte (2°) ;
- analyse les incidences notables probables de la mise en œuvre de la carte sur l'environnement, notamment, s'il y a lieu, sur la santé humaine, la population, la diversité biologique, la faune, la flore, les sols, les eaux, l'air, le bruit, le climat, le patrimoine culturel architectural et archéologique et les paysages et les interactions entre ces facteurs, et expose les problèmes posés par l'adoption de la carte sur la protection des zones revêtant une importance particulière pour l'environnement, en particulier l'évaluation des incidences Natura 2000 mentionnée à l'article L. 414-4 du code de l'environnement (3°) ;
- expose les motifs de la délimitation des secteurs, au regard notamment des objectifs de protection de l'environnement établis au niveau international, communautaire ou national, et, le cas échéant, les raisons qui justifient le choix opéré au regard des solutions de substitution raisonnables tenant compte des objectifs et du champ d'application géographique de la carte (4°) ;
- présente les mesures envisagées pour éviter, réduire et, si possible, compenser, s'il y a lieu, les conséquences dommageables de la mise en œuvre de la carte sur l'environnement (5°) ;
- rappelle que la carte fera l'objet d'une analyse des résultats de son application, notamment en ce qui concerne l'environnement, au plus tard à l'expiration d'un délai de six ans à compter de son approbation ou de sa révision. Il définit des critères, indicateurs et modalités qui devront être retenus pour suivre les effets de la carte sur l'environnement afin d'identifier, le cas échéant, à un stade précoce, les impacts négatifs imprévus et envisager, si nécessaire, les mesures appropriées (6°) ;
- comprend un résumé non technique des éléments précédents et une description de la manière dont l'évaluation a été effectuée (7°).

214.372 **Proportionnalité.** Le rapport de présentation est « proportionné »[3] :

- à l'importance de la carte communale ;
- aux effets de sa mise en œuvre ;
- ainsi qu'aux enjeux environnementaux de la zone considérée.

214.373 **Révision de la carte communale.** En cas de révision de la carte communale, le rapport de présentation est complété, le cas échéant, par l'exposé des motifs des changements apportés[4].

214.374 **Possibilité de se référer à d'autres études, plans et documents.** Le rapport de présentation peut se référer aux renseignements relatifs à l'environnement figurant dans d'autres études, plans ou documents[5].

b3)
SDRIF

214.381 **Éléments devant figurer dans le rapport au titre de l'évaluation environnementale.** Les éléments que le rapport de présentation du SDRIF doit contenir au titre de l'évaluation environnementale sont définis à l'article R. 123-1 du code de l'urbanisme. Ces éléments sont au nombre de sept. Le rapport de présentation :

- présente les objectifs du schéma et, s'il y a lieu, son articulation avec les autres documents d'urbanisme et les plans ou programmes mentionnés à l'article L. 122-4 du code de l'environnement avec lesquels il doit être compatible ou qu'il doit prendre en considération (1°) ;
- analyse l'état initial de l'environnement et les perspectives de son évolution en exposant, notamment, les caractéristiques des zones susceptibles d'être

1. C. urb., art. R. 151-3, al. 9.
2. C. urb., art. R. 151-3, al. 10.
3. C. urb., art. R. 161-3, al. 9.
4. C. urb., art. R. 161-3, al. 10.
5. C. urb., art. R. 161-3, al. 11.

touchées de manière notable par la mise en œuvre du schéma (2°) ;

– analyse les incidences notables probables de la mise en œuvre du schéma sur l'environnement, notamment, s'il y a lieu, sur la santé humaine, la population, la diversité biologique, la faune, la flore, les sols, les eaux, l'air, le bruit, le climat, le patrimoine culturel architectural et archéologique et les paysages et les interactions entre ces facteurs, et expose les problèmes posés par son adoption sur la protection des zones revêtant une importance particulière pour l'environnement, en particulier l'évaluation des incidences Natura 2000 mentionnée à l'article L. 414-4 du code de l'environnement (3°) ;

– expose les motifs pour lesquels le schéma a été retenu au regard notamment des objectifs de protection de l'environnement établis au niveau international, communautaire ou national et les raisons qui justifient le choix opéré au regard des solutions de substitution raisonnables tenant compte des objectifs et du champ d'application géographique du schéma (4°) ;

– présente les mesures envisagées pour éviter, réduire et, si possible, compenser s'il y a lieu, les conséquences dommageables de la mise en œuvre du schéma sur l'environnement (5°) ;

– rappelle que le schéma fera l'objet d'une analyse des résultats de son application au plus tard à l'expiration d'un délai de dix ans à compter de son approbation. Il définit des critères, indicateurs et modalités qui devront être retenus pour suivre les effets du schéma sur l'environnement afin d'identifier, le cas échéant, à un stade précoce, les impacts négatifs imprévus et envisager, si nécessaire, les mesures appropriées (6°) ;

– comprend un résumé non technique des éléments précédents et une description de la manière dont l'évaluation a été effectuée (7°).

214.382 Modification du SDRIF. En cas de modification du SDRIF, le rapport est complété, le cas échéant, par l'exposé des motifs des changements apportés[1].

214.383 Possibilité de se référer à d'autres études, plans et documents. Le rapport de présentation peut se référer aux renseignements relatifs à l'environnement figurant dans d'autres études, plans ou documents[2].

b4)
PADDUC

214.391 Éléments devant figurer dans le rapport au titre de l'évaluation environnementale. Les éléments que le rapport de présentation du PADDUC doit contenir au titre de l'évaluation environnementale sont définis à l'article R. 4424-6-1 du CGCT. Ces éléments sont au nombre de six. Le rapport de présentation :

– présente les objectifs du plan et, s'il y a lieu, son articulation avec les autres documents d'urbanisme et les plans ou programmes mentionnés à l'article L. 122-4 du code de l'environnement avec lesquels il doit être compatible ou qu'il doit prendre en considération (1°) ;

– analyse l'état initial de l'environnement et les perspectives de son évolution en exposant, notamment, les caractéristiques des zones susceptibles d'être touchées de manière notable par la mise en œuvre du plan (2°) ;

– analyse les incidences notables prévisibles de la mise en œuvre du plan sur l'environnement (notamment, s'il y a lieu, sur la santé humaine, la population, la diversité biologique, la faune, la flore, les sols, les eaux, l'air, le bruit, le climat, le patrimoine culturel architectural et archéologique et les paysages et les interactions entre ces facteurs[3]) et expose les problèmes posés par son adoption sur la protection des zones revêtant une importance particulière pour l'environnement telles que celles désignées conformément aux articles R. 414-3 à R. 414-7 du code de l'environnement ainsi qu'à l'article 2 du décret du 8 novembre 2001 relatif à la procédure de désignation des sites Natura 2000[4] (3°) ;

– expose les motifs pour lesquels le plan a été retenu au regard notamment des objectifs de protection de l'environnement établis au niveau international, communautaire ou national et les raisons qui justifient le choix opéré au regard des autres solutions envisagées (4°) ;

– présente les mesures envisagées pour éviter, réduire et, si possible, compenser s'il y a lieu, les conséquences dommageables du plan sur l'environnement et rappelle que le plan fera l'objet d'une analyse des résultats de son application au plus tard à l'expiration d'un délai de dix ans à compter de son approbation (5°) ;

– comprend un résumé non technique des éléments précédents et une description de la manière dont l'évaluation a été effectuée (6°).

214.392 Possibilité de se référer à d'autres études, plans et documents. Le rapport de présentation peut se référer aux renseignements relatifs à l'envi-

1. C. urb., art. R. 123-1, al. 9.
2. C. urb., art. R. 123-1, al. 10.
3. Précision – ici mentionnée entre parenthèses – ajoutée par : Décr. n° 2021-1345, 13 oct. 2021 portant modification des dispositions relatives à l'évaluation environnementale des documents d'urbanisme et des unités touristiques nouvelles, *JO* 15 oct., n° 69.
4. Décr. n° 2001-1031, 8 nov. 2001 relatif à la procédure de désignation des sites Natura 2000 et modifiant le code rural, *JO* 9 nov., n° 60.

ronnement figurant dans d'autres études, plans ou documents[1].

b5)
DTA

214.401 **Éléments devant figurer dans le rapport au titre de l'évaluation environnementale.** Les éléments que le rapport de présentation des anciennes DTA doit contenir au titre de l'évaluation environnementale sont définis à l'article R. 172-2 du code de l'urbanisme.

b6)
SAR

214.411 **Éléments devant figurer dans le rapport au titre de l'évaluation environnementale.** Les éléments que le rapport des SAR doit contenir au titre de l'évaluation environnementale sont définis par le CGCT[2].

2°
Seconde formule : le rapport sur les incidences environnementales figure dans les annexes du document d'urbanisme

214.421 **Établissement d'un « rapport environnemental » annexé au document.** Un certain nombre de documents d'urbanisme ne sont pas soumis, par les dispositions qui les régissent, à l'obligation de comporter un rapport de présentation. Concernant ces documents, l'évaluation environnementale (lorsqu'elle est prescrite) prend place dans un « rapport environnemental » qui accompagne le document[3].

Il en va de même pour les SCOT depuis 2021[4].

214.422 **Contenu du rapport.** Le rapport environnemental doit comprendre sept éléments[5] :

– une présentation résumée des objectifs du document, de son contenu et, s'il y a lieu, de son articulation avec les autres documents d'urbanisme et les autres plans et programmes mentionnés à l'article L. 122-4 du code de l'environnement avec lesquels il doit être compatible ou qu'il doit prendre en compte (1°) ;

– une analyse de l'état initial de l'environnement et des perspectives de son évolution en exposant notamment les caractéristiques des zones susceptibles d'être touchées de manière notable par la mise en œuvre du document (2°) ;

– une analyse exposant : a) Les incidences notables probables de la mise en œuvre du document sur l'environnement, notamment, s'il y a lieu, sur la santé humaine, la population, la diversité biologique, la faune, la flore, les sols, les eaux, l'air, le bruit, le climat, le patrimoine culturel architectural et archéologique et les paysages et les interactions entre ces facteurs ; b) Les problèmes posés par l'adoption du document sur la protection des zones revêtant une importance particulière pour l'environnement, en particulier l'évaluation des incidences Natura 2000 mentionnée à l'article L. 414-4 du code de l'environnement (3°) ;

– l'exposé des motifs pour lesquels le projet a été retenu au regard des objectifs de protection de l'environnement établis au niveau international, communautaire ou national et les raisons qui justifient le choix opéré au regard des solutions de substitution raisonnables tenant compte des objectifs et du champ d'application géographique du document (4°) ;

– la présentation des mesures envisagées pour éviter, réduire et, si possible, compenser s'il y a lieu, les conséquences dommageables de la mise en œuvre du document sur l'environnement (5°) ;

– la définition des critères, indicateurs et modalités retenus pour suivre les effets du document sur l'environnement afin d'identifier, notamment, à un stade précoce, les impacts négatifs imprévus et envisager, si nécessaire, les mesures appropriées (6°) ;

– un résumé non technique des éléments précédents et une description de la manière dont l'évaluation a été effectuée (7°).

§ 3
Avis de l'Autorité environnementale sur le rapport sur les incidences environnementales et le projet de document d'urbanisme

A.
Identification de l'Autorité environnementale (Ae)

214.431 **Un service de l'État.** L'Autorité environnementale constitue un service de l'État. Il est assuré par l'inspection générale de l'environnement et du développement durable (IGEDD).

Elle a remplacé en 2022[6] le CGEDD (conseil général de l'environnement et du développement durable), lequel avait été créé en 2008[7].

1. CGCT, art. R. 4424-6-1, dernier al.
2. V. s^s n° 264.71.
3. C. urb., art. R. 104-18, al. 1er.
4. C. urb., art. R. 141-9, mod. par décr. n° 2021-639, 21 mai 2021 : « Au titre de l'évaluation environnementale, les annexes comportent le rapport environnemental prévu par l'article R. 104-18 ».
5. C. urb., art. R. 104-18.
6. Décr. n° 2022-1165, 20 août 2022 portant création et organisation de l'IGEDD.
7. Décr. (abrogé) n° 2008-679, 9 juill. 2008 relatif au Conseil général de l'environnement et du développement durable.

214.432 Documents relevant de la « formation d'autorité environnementale »de l'IGEDD. L'Autorité environnementale est la formation d'autorité environnementale (Ae) de l'inspection générale de l'environnement et du développement durable (IGEDD) pour les documents suivants[1] :

- les DTA ;
- les DTADD ;
- le SDRIF ;
- les SAR ;
- les prescriptions particulières de massif ;
- les schémas d'aménagement des plages ;
- ainsi que les SCOT, les PLU, les cartes communales et les UTN soumises à autorisation en application du second alinéa des articles L. 122-20 et L. 122-21 lorsque leur périmètre excède les limites territoriales d'une région.

214.433 Documents relevant de la « mission régionale d'autorité environnementale » de l'IGEDD. L'Autorité environnementale est la mission régionale d'autorité environnementale de l'IGEDD pour les documents suivants[2] :

- les SCOT ;
- les PLU ;
- les cartes communales ;
- le PADDUC ;
- et les UTN soumises à autorisation en application du second alinéa des articles L. 122-20 et L. 122-21.

Toutefois, le ministre de l'environnement peut, par décision motivée au regard de la complexité et des enjeux environnementaux du dossier, confier à la formation d'autorité environnementale de l'IGEDD la charge de se prononcer en lieu et place de la MRAe territorialement compétente[3]. Dans ce cas, la MRAe transmet, sans délai, le dossier à la formation d'autorité environnementale (Ae) de l'IGEDD. Les délais prévus aux articles R. 104-25 et R. 104-31 courent à compter de la date de réception du dossier par la formation d'autorité environnementale (Ae) de l'IGEDD. Celle-ci notifie à la personne publique responsable ce nouveau délai[4].

214.434 Autorité consultée pour l'évolution des documents. L'Autorité environnementale compétente lors de l'élaboration d'un document (c'est-à-dire soit la formation d'Ae, soit la MRAe de l'IGEDD) l'est également pour les procédures d'évolution affectant ces documents[5].

Toutefois, lorsqu'une déclaration de projet adoptée par l'État procède, dans le cadre de la mise en compatibilité d'un PLU ou d'un SCOT, aux adaptations nécessaires d'un règlement ou d'une servitude mentionnés au deuxième alinéa de l'article L. 300-6, « l'autorité environnementale est celle qui est consultée sur l'évaluation environnementale de ce règlement ou de cette servitude »[6].

B.
Saisine de l'autorité environnementale

1°
Forme et objet de la saisine

214.441 Forme de la saisine. L'autorité environnementale est saisie par la personne publique responsable d'un dossier comprenant[7] :

- le projet de document (1°) ;
- le rapport environnemental lorsque le document ne comporte pas de rapport de présentation (2°) ;
- les avis rendus sur le projet de document à la date de la saisine (3°).

Lorsque la MRAe de l'IGEDD est compétente, la personne publique responsable de l'élaboration ou de l'évolution du document d'urbanisme saisit le service régional chargé de l'environnement (appui à la MRAe) qui prépare et met en forme toutes les informations nécessaires pour que la MRAe puisse rendre son avis. Le service régional chargé de l'environnement (appui à la MRAe) informe sans délai la MRAe des demandes reçues[8].

2°
Consultations mises en œuvre par l'autorité environnementale

a.
Consultation des autorités de santé

214.451 Consultation du ministre de la santé. Le ministre de la santé est consulté pour les documents suivants[9] :

- les DTADD ;
- le SDRIF ;
- les schémas d'aménagement régionaux des régions d'outre-mer.

Dès que l'Autorité environnementale reçoit de la part de la part de la personne responsable les documents devant lui être transmis (projet de document et rapport), la demande d'avis est transmise au ministre par la formation Ae de l'IGEDD[10].

1. C. urb., art. R. 104-21, 1°.
2. C. urb., art. R. 104-21, 2°.
3. C. urb., art. R. 104-21, al. 4.
4. C. urb., art. R. 104-21, al. 5.
5. C. urb., art. R. 104-22, al. 1er.
6. C. urb., art. R. 104-22, al. 2.
7. C. urb., art. R. 104-23, al. 1er à 4.
8. C. urb., art. R. 104-23, al. 5.
9. C. urb., art. R. 104-24, 1°.
10. C. urb., art. R. 104-24, al. 1er.

214.452 **Consultation de l'ARS.** Le directeur général de l'agence régionale de santé (ARS) est consulté pour les autres documents que ceux visés au 1° [1].

Dès que l'Autorité environnementale reçoit de la part de la part de la personne responsable les documents devant lui être transmis (projet de document et rapport), la demande d'avis est transmise au directeur général de l'ARS [2] :

- soit par la formation Ae de l'IGEDD ;
- soit, lorsque la MRAe de l'IGEDD est compétente, par le service régional chargé de l'environnement (appui à la MRAe).

Celui-ci dispose d'un délai pour émettre son avis :

- ce délai est en principe d'un mois (à défaut d'avis émis dans ce délai, la consultation est réputée réalisée) ;
- le délai peut être réduit par l'autorité environnementale, sans que le délai réduit puisse être inférieur à dix jours ouvrés.

b.
Consultation du conseil des sites (Corse)

214.461 **PADDUC.** Pour l'évaluation environnementale du PADDUC, le conseil des sites de Corse est consulté [3].

c.
Consultations transfrontalières

214.471 **Consultations d'un État limitrophe.** Les documents d'urbanisme soumis à évaluation environnementale dont la mise en œuvre est susceptible de produire des effets notables sur l'environnement d'un autre État membre de l'Union européenne sont transmis aux autorités de cet État, à la demande de celles-ci ou à l'initiative des autorités françaises [4].

L'autorité compétente pour approuver le document en informe le ministère des affaires étrangères [5], le public, l'Autorité environnementale et, le cas échéant, les autorités des autres États membres de l'Union européenne consultés, et met à leur disposition le rapport de présentation établi en application des articles L. 104-4 et L. 104-5, qui comporte notamment des indications relatives à la manière dont il a été tenu compte des consultations auxquelles il a été procédé ainsi que les motifs qui ont fondé les choix opérés par le plan ou le document, compte tenu des diverses solutions envisagées [6].

Lorsque l'autorité compétente n'est pas un service de l'État, elle saisit le préfet qui procède à la transmission [7].

Lors de la transmission, il est indiqué aux autorités consultées le délai, qui ne peut dépasser trois mois, dont elles disposent pour formuler leur avis [8]. En l'absence de réponse dans ce délai, l'avis est réputé émis [9].

Cette consultation, propre au régime de l'évaluation environnementale, ne fait pas obstacle à la mise en œuvre des consultations prévues à l'article R. 132-5, permettant aux communes et groupements de communes de consulter les collectivités territoriales des États limitrophes ainsi que tout organisme étranger compétent en matière d'aménagement du territoire, d'urbanisme, d'environnement, d'architecture, d'habitat et de déplacements [10].

214.472 **Hypothèse inverse d'une consultation des autorités françaises par un État étranger.** Lorsqu'un autre État membre de l'Union européenne saisit pour avis une autorité française d'un plan ou document d'urbanisme en cours d'élaboration susceptible d'avoir des incidences notables sur l'environnement en France, l'autorité saisie transmet le dossier au préfet du département intéressé qui peut décider de consulter le public [11].

Le préfet convient d'un délai avec les autorités de l'État à l'origine de la saisine et communique les résultats de la consultation à l'État à l'origine de la saisine [12]. Il en informe le ministre des affaires étrangères [13].

3°
Avis de l'autorité environnementale

214.481 **Objet de l'avis.** L'Autorité environnementale « formule un avis » [14] :

- sur le rapport de présentation ou, à défaut, le rapport environnemental ;
- et sur le projet de document.

214.482 **Délai pour émettre l'avis.** L'avis est rendu dans les trois mois suivant la date de réception du dossier mentionné à l'article R. 104-23 [15].

214.483 **Avis émis.** L'avis est, dès son adoption, mis en ligne et transmis à la personne publique responsable [16].

1. C. urb., art. R. 104-24, 2°.
2. C. urb., art. R. 104-24, al. 1er.
3. C. urb., art. R. 104-24, al. 4.
4. C. urb., art. L. 104-7, al. 1er.
5. C. urb., art. R. 104-26, al. 2.
6. C. urb., art. L. 104-7, al. 1er.
7. C. urb., art. R. 104-26, al. 3.
8. C. urb., art. R. 104-26, al. 1er.
9. C. urb., art. L. 104-26, al. 1er.
10. C. urb., art. R. 104-26, al. 4.
11. C. urb., art. R. 104-27, al. 1er ; art. L. 104-8.
12. C. urb., art. R. 104-27, al. 2.
13. C. urb., art. R. 104-27, al. 3.
14. C. urb., art. R. 104-25, al. 1er.
15. C. urb., art. R. 104-25, al. 1er.
16. C. urb., art. R. 104-25, al. 2.

Lorsqu'il est rendu par la MRAe de l'IGEDD, il est transmis pour information au préfet de région lorsque le périmètre du document d'urbanisme est régional ou aux préfets de départements concernés dans les autres cas[1].

L'avis est joint au dossier d'enquête publique ou mis à la disposition du public[2]. L'avis de l'Ae étant joint au dossier d'enquête publique[3], il doit être obtenu avant la mise en œuvre de celle-ci.

214.484 **Avis non émis.** À défaut de s'être prononcée dans le délai indiqué au premier alinéa, l'Autorité environnementale est réputée n'avoir aucune observation à formuler. Une information sur cette absence d'avis figure sur son site internet[4].

C.
Procédures communes et coordonnées

214.491 **Possibilité de procédures communes et coordonnées.** Les documents soumis à évaluation environnementale en application des articles L. 104-1, L. 104-2 et L. 104-2-1 peuvent faire l'objet des procédures communes et coordonnées prévues aux articles R. 122-25, R. 122-26, R. 122-26-1 et R. 122-27 du code de l'environnement[5].

214.492 **Modalités des procédures communes et coordonnées.** Pour l'application de la procédure commune prévue à l'article R. 122-27 du code de l'environnement, l'étude d'impact du projet comprend l'ensemble des éléments constitutifs du rapport de présentation au titre de l'évaluation environnementale ou du rapport environnemental prévu à l'article R. 104-18 lorsque le document ne comporte pas de rapport de présentation[6].

§ 4
L'évaluation environnementale après l'adoption du document

214.501 **Information et mise à disposition.** Lorsque les plans ou les documents faisant l'objet d'une évaluation environnementale en application des articles L. 104-1, L. 104-2 et L. 104-2-1 ont été adoptés ou, le cas échéant, autorisés, l'autorité compétente pour cette adoption ou cette autorisation en informe le public, l'autorité environnementale et, le cas échéant, les autorités consultées en application de l'article L. 104-7[7].

Elle met à leur disposition le plan ou le document, qui comporte notamment[8] :

– des indications relatives à la manière dont il a été tenu compte des consultations auxquelles il a été procédé ;

– ainsi que les motifs qui ont fondé les choix opérés par le plan ou le document compte tenu des diverses solutions envisagées[9].

Pour les UTN mentionnées aux articles L. 104-2 et L. 104-2-1, les indications relatives à la manière dont il a été tenu compte des consultations ainsi que les motifs qui ont fondés les choix opérés font l'objet d'une motivation de l'arrêté prévu à l'article R. 122-17[10].

214.502 **Modalités de l'information et de la mise à disposition.** Cette information et cette mise à disposition sont réalisées, le cas échéant, dans les conditions et selon les formalités particulières prévues pour assurer la mise à disposition du public de ces plans ou documents et pour assurer la publicité de l'acte les adoptant ou les autorisant[11].

214.503 **Finalités de l'information et de la mise à disposition.** La transparence autour de l'évaluation environnementale vise à exercer une pression sur l'autorité en charge du document d'urbanisme durant la procédure d'adoption de celui-ci afin qu'elle tienne compte tant du rapport sur les incidences environnementales qu'elle a elle-même rédigé que de l'avis de l'Ae rendu sur son projet.

Une insuffisante prise en compte des exigences environnementales pourra justifier l'annulation du document par le juge administratif.

1. C. urb., art. R. 104-25, al. 2.
2. C. urb., art. R. 104-25, al. 2.
3. C. env., art. R. 123-8, 1°, c.
4. C. urb., art. R. 104-25, al. 3.
5. C. urb., art. R. 104-38, al. 1er.
6. C. urb., art. R. 104-38, al. 2.
7. Autorités d'un autre État membre de l'Union européenne consultés lorsque le document est susceptible de produire des effets notables sur l'environnement de celui-ci. – C. urb., art. R. 104-39, al. 1er.
8. C. urb., art. R. 104-39, al. 1er.
9. DANS LE MÊME SENS : C. env., art. L. 122-9.
10. C. urb., art. R. 104-39, al. 3.
11. C. urb., art. R. 104-39, al. 2.

CHAPITRE

215. Accès aux documents d'urbanisme

SECTION 0

ORIENTEUR

215.00 **Sommaire du chapitre.**

215.01 **Textes applicables.**

• **C. urb.**

art. L. 133-1 s.

art. R. 133-1 s.

215.03 **Bibliographie indicative.**

Article. M.-C. Mehl-Schouder, « La communication des documents des collectivités en matière d'urbanisme », *AJCT* 2024. 278.

SECTION 1

CONSULTATION DES DOCUMENTS PRÉPARATOIRES

215.11 **Communicabilité.** Les documents préparatoires à l'élaboration ou à la révision d'un document d'urbanisme constituent des documents administratifs communicables à tout administré en vertu de l'article L. 311-3 du CRPA.

Au visa de ce texte, la commission d'accès aux documents administratifs (CADA) a émis plusieurs avis relatifs au caractère communicable des documents relatifs à l'élaboration ou la modification d'un document d'urbanisme. Une réponse ministérielle a rappelé leur portée [1] en soulignant que l'ouverture du droit à communication se fait en plusieurs phases :

– les documents directement liés à la préparation du projet ne sont pas communicables avant l'adoption du projet de plan par l'organe délibérant ;

– après l'adoption du projet et jusqu'à l'ouverture de l'enquête publique, la quasi-totalité des documents du dossier deviennent communicables, à l'exception de la proposition de la commission départementale de conciliation ;

– durant l'enquête publique, seuls les éléments du dossier soumis à l'enquête sont communicables ;

– enfin, après la clôture de l'enquête et avant l'approbation du plan par l'organe délibérant, le droit à communication s'applique pleinement pour l'ensemble des documents.

SECTION 2

CONSULTATION DES DOCUMENTS APPROUVÉS

215.21 **Deux modalités de consultation.** L'accès aux documents d'urbanisme et aux servitudes d'urbanisme est organisé sur une plateforme électronique appelée le « géoportail de l'urbanisme ». En outre, les SCOT, PLU et cartes communales peuvent également être consultées au siège de la collectivité responsable.

1. Rép. min. n° 69896, *JOAN Q* 13 avr. 2010, p. 4296.

§ 1
Consultation en ligne : le géoportail de l'urbanisme

A.
Création du géoportail de l'urbanisme

215.31 **Création.** Le principe d'une publication en ligne de l'ensemble des documents d'urbanisme et des servitudes d'utilité publique a été décidé par une ordonnance du 19 décembre 2013 [1]. Le site internet dédié a été créé en avril 2016.

Il est dénommé le « géoportail de l'urbanisme » [2]. Le code l'appelle le « portail national de l'urbanisme » [3].

215.32 **Objet.** Le site internet offre un libre accès aux documents d'urbanismes et aux servitudes d'utilité publique.

B.
Alimentation du site internet

1°
Obligation de transmission des documents d'urbanisme et des servitudes d'utilité publique

215.41 **Transmission des documents d'urbanisme.** Les communes ou leurs groupements compétents transmettent à l'État sous format électronique, au fur et à mesure des modifications de leurs dispositions [4] :

– les SCOT applicables sur leur territoire ;

– les PLU et les documents en tenant lieu applicables sur leur territoire ;

– les cartes communales applicables sur leur territoire ;

– ainsi que les cartes de préfiguration définies aux articles L. 121-22-3 et L. 121-22-7 applicables sur leur territoire (pour les communes exposées au recul du trait de côte).

Est incluse dans la transmission de ces documents les délibérations les ayant approuvés [5].

La publication sur Géoportail constitue une modalité réglementaire de publication ou d'affichage du document.

215.42 **Transmission des servitudes d'utilité publique.** Tout gestionnaire d'une servitude d'utilité publique affectant l'utilisation du sol et figurant sur une liste dressée par décret en Conseil d'État [6] transmet à l'État, sous format électronique en vue de son insertion dans le portail national de l'urbanisme, la servitude dont il assure la gestion [7].

L'insertion de ces servitudes dans le portail national de l'urbanisme ne doit pas porter atteinte à la conduite de la politique extérieure de la France, à la sécurité publique ou à la défense nationale [8].

Cette transmission en vue d'une publication sur le Géoportail ne fait pas obstacle à ce que l'ensemble des servitudes demeurent transmises à l'État puis portées à la connaissance des communes et à leurs groupements dans le cadre de l'exercice de leurs compétences en matière d'urbanisme conformément aux dispositions de l'article L. 132-2 [9].

2°
Modalités de transmission des documents d'urbanisme et servitudes d'utilité publique

215.51 **Modalités de transmission.** Un arrêté du ministre chargé de l'urbanisme précise les modalités de la transmission des documents d'urbanisme et des servitudes d'utilité publique prévue aux articles L. 133-2 et L. 133-3 [10].

215.52 **Transmission par échange électronique.** Les transmissions des SCOT, PLU et cartes communales arrêtés ou approuvés peuvent être effectuées par échange électronique [11].

La transmission de tout ou partie de ces documents s'effectue sur une plate-forme d'échange respectant le référentiel général de sécurité et le référentiel général d'interopérabilité définis par l'ordonnance du 8 décembre 2005 [12] relative aux échanges électroniques entre les usagers et les autorités administratives et entre les autorités administratives ou par la production de supports physiques électroniques [13].

1. Ord. n° 2013-1184, 19 déc. 2013 relative à l'amélioration des conditions d'accès aux documents d'urbanisme et aux servitudes d'utilité publique – N. Lecarpentier et F. Dunyach, « La création d'un portail national de l'urbanisme dématérialisé », *JCP Adm.* 2014, n° 2171 – P. Giraud, « Création du portail national de l'urbanisme », *BJDU* 2015. 15.
2. https://www.geoportail-urbanisme.gouv.fr.
3. C. urb., art. L. 133-1 : « Le portail national de l'urbanisme est, pour l'ensemble du territoire, le site national pour l'accès dématérialisé, à partir d'un point d'entrée unique, aux documents d'urbanisme et aux servitudes d'utilité publique, ainsi qu'aux cartes de préfiguration définies aux articles L. 121-22-3 et L. 121-22-7 […] ».
4. C. urb., art. L. 133-2.
5. C. urb., art. L. 133-2.
6. Il s'agit, à défaut de précision, de la liste des servitudes publiques devant être annexées au PLU. Sur cette liste, v. s[s] n° 231.1661.
7. C. urb., art. L. 133-3, al. 1er.
8. C. urb., art. L. 133-3, al. 2.
9. C. urb., art. L. 133-3, al. 3.
10. C. urb., art. R. 133-1.
11. C. urb., art. L. 133-5.
12. Ord. n° 2005-1516, 8 déc. 2005 relative aux échanges électroniques entre les usagers et les autorités administratives et entre les autorités administratives, *JO* 9 déc., n° 9.
13. C. urb., art. R. 133-3.

215.53 Modalités de numérisation des documents. La numérisation des documents d'urbanisme, des servitudes d'utilité publique et des cartes de préfiguration s'effectue en principe selon un standard de numérisation (C. urb., art. R. 133-2[1], al. 1er, prévoyant que la numérisation s'effectue conformément aux standards de numérisation validés par la structure de coordination nationale prévue par les articles 18 et 19, paragraphe 2, de la directive 2007/2/CE du Parlement européen et du Conseil du 14 mars 2007 établissant une infrastructure d'information géographique dans la Communauté européenne).

Si aucun standard de numérisation n'a été validé, la numérisation des documents est effectuée dans un format de fichiers largement disponible[2].

C.
Utilisation du site

215.61 Accès libre et gratuit. L'accès au site géoportail de l'urbanisme est libre et gratuit.

215.62 Outils proposés. Le site permet aux individus, aux professionnels (notamment les bureaux d'études) et aux collectivités publiques :

- de consulter et imprimer tout ou partie des documents d'urbanisme (données géographiques et pièces écrites) du territoire national ;

- d'afficher en superposition des couches d'information (sélection des servitudes d'utilité publique, fond cadastral, photo aérienne...) ;

- en zoomant, faire apparaître et interroger le zonage ainsi que les prescriptions qui s'appliquent sur le territoire visualisé ;

- de télécharger les données (zonages, règlement...) ;

- de localiser précisément un terrain (recherche à la parcelle ou zoom de la cartographie) ;

- de créer et diffuser sa propre carte (sélection des SUP à représenter, outils de dessin, etc.).

§ 2
Consultation au siège de la collectivité publique

215.71 SCOT, PLU et cartes communales. Les SCOT, les PLU et les cartes communales sont consultables au siège de l'établissement public compétent et dans les mairies des communes concernées[3].

1. Article pris sur le fondement de l'article L. 133-4 du code de l'urbanisme.
2. C. urb., art. R. 133-2, al. 2.
3. C. urb., art. L. 133-6.

TITRE

22. Le Schéma de cohérence territoriale (SCOT)

SECTION 0
ORIENTEUR

22.00 **Sommaire du titre.**

22.03 **Bibliographie indicative.**

Monographies. S. Traoré, *Les schémas de cohérence territoriale de la loi SRU du 13 décembre 2000*, « Administration et Aménagement du Territoire », L'Harmattan, 2001 – J.-Ph. Strebler, Le SCOT, Le Moniteur, 2017, 240 p.

Contributions. C. Denizeau, « Des SDAU aux SCoT : évolution des objectifs des politiques d'urbanisme », *in* Mélanges J.-P. Lebreton, Les Cahiers du GRIDAUH n° 29, 2015, hors série, p. 61.

> Articles

Généralité. J.-C. Bonichot, « Les nouveaux schémas de cohérence territoriale, pari risqué ou ambition raisonnée ? », *DAUH* 2001. 47 – M. David, « Le caractère prescriptif des SCOT, Évolutions et interrogations », *AJDA* 2011. 483 – G. Godfrin, « Le nouveau schéma de cohérence territoriale », *DAUH* 2011. 53 – P. Soler-Couteaux, « L'ardente obligation du schéma de cohérence territoriale », *AJDA* 2003. 1528 – P. Soler-Couteaux et J.-Ph. Strebler, « L'ardente obligation de grenelliser le SCOT », *RDI* 2013. 70 – J.-Ph. Strebler, « Grenelle II et SCOT : des ambitions renforcées et une présence plus forte de l'État », *RDI* 2011. 78 – J.-Ph. Strebler, « Changements d'ALUR modérés pour les SCOT », *RDI* 2014. 300 – J.-Ph. Strebler, « La loi ALUR et les schémas de cohérence territoriale », *AJCT* 2014. 355.

Réforme de 2020. E. Carpentier et R. Noguellou, « Que tout change pour que rien ne change. Les ordonnances du 17 juin 2020 en matière d'urbanisme », *AJDA* 2020. 2258 – A. Cocquière, « La modernisation des schémas de cohérence territoriale », *JCP Adm.* 2021, n° 2173 – P. Soler-Couteaux et J.-Ph. Strebler, « La modernisation des SCOT : le projet, toujours le projet, encore le projet », *RDI* 2020. 502 – J.-G. Sorbara, « Les ordonnances du 17 juin 2020 entre rénovation et rationalisation des normes d'urbanisme », *RFDA* 2021. 127.

22.05 **Origine et objet.** Le schéma de cohérence territoriale (SCOT ou SCoT) a été institué par la loi SRU[1] en remplacement du schéma directeur[2]. Il

1. L. n° 2000-1208, 13 déc. 2000 relative à la solidarité et au renouvellement urbains, *JO* 14 déc., n° 2.
2. Lui-même créé par L. n° 67-1253, 30 déc. 1967 d'orientation foncière.

s'agit d'un document de planification stratégique à long terme (environ 20 ans).

Comme son nom l'indique, le SCOT vise à assurer, à l'échelle de son territoire, la cohérence des politiques mises en œuvre dans différentes matières (urbanisme, habitat, aménagement, transport, environnement, commerces...).

22.06 **Nombre de SCOT.** En septembre 2024, 421 SCOT étaient approuvés ou en cours d'approbation, couvrant 65 % des communes[1].

22.07 **Réformes.** Le régime applicable au SCOT a fait l'objet de plusieurs modifications, notamment par la loi Grenelle et la loi ALUR. La dernière réforme en date a été opérée par l'ordonnance du 17 juin 2020[2] relative à la modernisation des SCOT. La réforme a eu pour objet « de réduire l'aspect formel et technique du SCoT afin de lui redonner une vigueur politique »[3]. Elle est entrée en vigueur le 1er avril 2021 avec une possibilité d'application anticipée aux SCOT en cours d'élaboration ou de révision à cette date[4]. Les SCOT qui s'y trouvent soumis sont dits « modernisés ».

22.08 **Plan.** Seront successivement envisagés les points suivants :

- le contenu du SCOT ;
- les effets du SCOT et sa place dans la hiérarchie des normes ;
- la procédure d'élaboration du SCOT ;
- les procédures d'évaluation et d'évolution du SCOT.

1. https://www.geoportail-urbanisme.gouv.fr/statistics/france/
2. Ord. nº 2020-744, 17 juin 2020 relative à la modernisation des schémas de cohérence territoriale, *JO* 18 juin, nº 40.
3. J.-G. Sorbara, « Les ordonnances du 17 juin 2020 entre rénovation et rationalisation des normes d'urbanisme », *RFDA* 2021. 127.
4. Sur les détails de l'entrée en vigueur : Ord. nº 2020-744, 17 juin 2020 relative à la modernisation des schémas de cohérence territoriale, *JO* 18 juin, nº 40, art. 7.

CHAPITRE

221. Contenu du SCOT

SECTION 0
ORIENTEUR

221.00 **Sommaire du chapitre.**

221.01 **Textes applicables.**

• **C. urb.**, art. L. 141-1 s.

221.03 **Bibliographie indicative.**

Encyclopédies. *DP constr.-urb.*, ét. : « Schéma de cohérence territoriale (SCOT) » – *J.-Cl. Constr.-Urb.*, fasc. 7-20 : « Schémas de cohérence territoriale », par J.-Ph. Strebler, sept. 2014.

221.04 **Question essentielle.**

> Quelle est la nature des dispositions contenues dans le SCOT ?
* V. s^s^ n° 221.06

221.05 **Trois parties.** Le contenu du SCOT a été simplifié par l'ordonnance du 17 juin 2020 afin d'alléger son contenu et de lui redonner sa vocation programmatique et stratégique. Il comprend trois parties[1] :

- un projet d'aménagement stratégique (1°) ;
- un document d'orientation et d'objectifs (2°) ;
- des annexes (3°).

Chacun de ces éléments peut comprendre un ou plusieurs documents graphiques[2].

221.06 **Nature des dispositions.** La plupart des dispositions du SCOT ont la nature d'orientations et d'objectifs formulés de façon très générale. Le SCOT comporte néanmoins un certain nombre de prescriptions plus précises, comme celles fixant de manière chiffrée les objectifs de modération de la consommation d'espaces naturels ou précisant les notions de la loi Littoral.

SECTION 1
LE PROJET D'AMÉNAGEMENT STRATÉGIQUE (PAS) DU SCOT

§ 1
Les objectifs du PAS

A.
Objectifs de développement et d'aménagement du territoire

221.11 **Objectifs à 20 ans.** Le projet d'aménagement stratégique constitue le projet politique du SCOT. Il « définit les objectifs de développement et d'aménagement du territoire à un horizon de vingt ans »[3].

Ces objectifs « peuvent être représentés graphiquement »[4].

221.12 **Objectifs établis sur la base du diagnostic territorial.** Les objectifs figurant dans le projet d'aménagement stratégique sont définis « sur la base d'une synthèse du diagnostic territorial et des enjeux qui s'en dégagent »[5].

221.13 **Critères de définition des objectifs.** Les objectifs « concourent à la coordination des politiques publiques sur les territoires, en favorisant »[6] :

- « un équilibre et une complémentarité des polarités urbaines et rurales » ;
- « une gestion économe de l'espace » limitant l'artificialisation des sols, notamment en tenant compte de l'existence de friches ;
- « les transitions écologique, énergétique et climatique » ;
- « une offre d'habitat, de services et de mobilités adaptés aux nouveaux modes de vie » ;
- « une agriculture contribuant notamment à la satisfaction des besoins alimentaires locaux,

1. C. urb., art. L. 141-2, al. 1er à 4.

2. C. urb., art. L. 141-2, al. 5.
3. C. urb., art. L. 141-3, al. 1er.
4. C. urb., art. L. 141-3, al. 1er.
5. C. urb., art. L. 141-3, al. 1er.
6. C. urb., art. L. 141-3, al. 1er.

ainsi qu'en respectant et mettant en valeur la qualité des espaces urbains comme naturels et des paysages ».

La référence à la « coordination » des politiques publiques renvoie au rôle intégrateur du SCOT.

B. Objectif de réduction du rythme de l'artificialisation

221.21 Objectifs fixés par tranche de 10 ans. Le PAS fixe par tranches de dix années, un objectif de réduction du rythme de l'artificialisation[1].

C. Objectifs complémentaires lorsque le SCOT vaut PCAET

221.30 Renvoi. Le PAS mentionne des objectifs spécifiques relatifs au changement climatique lorsque le SCOT tient lieu de PCAET[2].

§ 2 PAS pouvant tenir lieu de « projet de territoire » pour un PETR

221.41 Condition. Le PAS « peut tenir lieu de projet de territoire pour un pôle d'équilibre territorial et rural [...] dès lors que le périmètre du schéma inclut celui du pôle d'équilibre territorial et rural »[3].

SECTION 2 LE DOCUMENT D'ORIENTATION ET D'OBJECTIFS (DOO) DU SCOT

§ 1 Présentation générale du DOO

A. Détermination des conditions d'application du PAS

221.51 Concrétisation. Le DOO constitue la pièce centrale du SCOT. Il « détermine les conditions d'application du projet d'aménagement stratégique »[4].

B. Définition d'orientations générales

1° Définition d'orientations générales concernant l'organisation de l'espace, la coordination des politiques publiques et la valorisation des territoires

221.52 Trois orientations principales. Le DOO fixe des « orientations générales ». En relèvent non seulement des dispositions très générales ayant sans conteste la nature d'orientations mais aussi, dans certains cas, des dispositions plus précises prenant la forme d'objectifs chiffrés ou de zonages.

S'agissant des matières concernées, le code de l'urbanisme dispose que le DOO « définit les orientations générales »[5] :

- d'organisation de l'espace ;
- de coordination des politiques publiques ;
- et de valorisation des territoires.

221.53 Critères de définition de ces trois orientations. L'ensemble des orientations du DOO « s'inscrit dans un objectif de développement équilibré du territoire et des différents espaces, urbains et ruraux, qui le composent »[6]. Il repose sur « la complémentarité entre »[7] :

– « les activités économiques, artisanales, commerciales, agricoles et forestières » (1°) ;

– « une offre de logement et d'habitat renouvelée, l'implantation des grands équipements et services qui structurent le territoire, ainsi que l'organisation des mobilités assurant le lien et la desserte de celui-ci » (2°) ;

– « les transitions écologique et énergétique », qui impliquent la lutte contre l'étalement urbain et le réchauffement climatique, l'adaptation et l'atténuation des effets de ce dernier, le développement des énergies renouvelables, ainsi que la prévention des risques naturels, technologiques et miniers, la préservation et la valorisation de la biodiversité, des ressources naturelles, des espaces naturels, agricoles et forestiers ainsi que des paysages, dans un objectif d'insertion et de qualité paysagères des différentes activités humaines, notamment des installations de production et de transport des énergies renouvelables (3°).

1. C. urb., art. L. 141-3, al. 2.
2. V. s[s] n° 221.291.
3. C. urb., art. L. 145-1 – SUR le projet de territoire : CGCT, art. L. 5741-2.
4. C. urb., art. L. 141-4, al. 1er.
5. C. urb., art. L. 141-4, al. 1er.
6. C. urb., art. L. 141-4, al. 2.
7. C. urb., art. L. 141-4, al. 2 à 5 ; mod. par L. n° 2023-973, 23 oct. 2023.

2°
Possibilité de définir des orientations générales dans d'autres domaines

221.61 Liste ouverte. Les orientations générales ne se limitent pas aux trois domaines mentionnés ci-dessus[1]. En effet, le code prévoit que le DOO « peut décliner toute autre orientation nécessaire à la traduction du projet d'aménagement stratégique » à condition qu'ils relèvent[2] :

– d'une part, des objectifs énoncés à l'article L. 101-2[3] ;

– et, d'autre part, de la compétence des collectivités publiques en matière d'urbanisme.

Cette liste ouverte, proche d'une clause générale de compétence, confère potentiellement aux auteurs de SCOT la possibilité de définir des orientations dans de très nombreux domaines. Toutefois, afin de respecter la répartition des compétences fixées par le code de l'urbanisme, ils devront être attentifs à ne pas empiéter sur les matières relevant des PLU et cartes communales.

3°
Orientations générales relatives au changement climatique lorsque le SCOT tient lieu de PCAET

221.71 Orientations spécifiques. Lorsque le SCOT tient lieu de PCAET, le DOO décline les objectifs en matière de changement climatique[4].

§ 2
Les orientations et objectifs en matière d'activités économiques, agricoles et commerciales

A.
Orientations et objectifs concernés

221.81 Trois domaines. Le DOO fixe les orientations et les objectifs en matière de[5] :

– « développement économique et d'activités », en intégrant les enjeux d'économie circulaire et en visant une répartition équilibrée entre les territoires (1°) ;

– « préservation et développement d'une activité agricole » respectant les sols ainsi que l'environnement et tenant compte des besoins alimentaires (2°) ;

– « localisations préférentielles des commerces » dans les polarités existantes et à proximité des lieux de vie, des secteurs de revitalisation des centres-villes, des transports et préservation environnementale, paysagère et architecturale des entrées de villes (3°).

221.82 Principe de gestion économe du sol. Ces trois orientations et objectifs[6] sont fixés dans « un principe de gestion économe du sol »[7].

B.
Document d'aménagement artisanal, commercial et logistique

221.91 DAACL. Le DOO comprend un « document d'aménagement artisanal, commercial et logistique »[8]. La définition de son contenu ne doit pas conduire à empiéter sur la compétence des CDAC (en ajoutant des critères à ceux fixés par le code de commerce) ni sur celle des auteurs de PLU[9].

1°
Contenu obligatoire du DAACL

a.
Conditions d'implantation des équipements commerciaux importants

221.101 Équipements commerciaux concernés. Le DAACL détermine « les conditions d'implantation des équipements commerciaux qui, en raison de leur importance, sont susceptibles d'avoir un impact significatif » sur[10] :

– l'aménagement du territoire ;

– le commerce de centre-ville ;

– et le développement durable.

221.102 Critères de détermination des conditions d'implantation. Le DAACL détermine les conditions d'implantation des constructions commerciales et des constructions logistiques commerciales en fonction des critères suivants[11] :

– leur surface ;

– leur impact sur l'artificialisation des sols ;

– et leur impact sur les équilibres territoriaux, notamment au regard du développement du commerce de proximité, de la fréquence d'achat ou des flux générés par les personnes ou les marchandises.

1. V. s[s] n° 221.52.
2. C. urb., art. L. 141-4, al. 6.
3. V. s[s] n°s 032.31 s.
4. V. s[s] n° 221.292.
5. C. urb., art. L. 141-5.
6. V. s[s] n° 221.81.
7. C. urb., art. L. 141-5, al. 1er.
8. C. urb., art. L. 141-6, al. 1er.
9. CAA Nantes, 6 déc. 2022, *Syndicat mixte du SCOT du Pays de Lorient*, req. n° 21NT01065, NP ; *RDI* 2023. 258, obs. J.-Ph. Strebler (arrêt devenu définitif en l'absence d'admission du pourvoi formé à son encontre : CE 10 nov. 2023, req. n° 474571, NP).
10. C. urb., art. L. 141-6, al. 1er.
11. C. urb., art. L. 141-6, al. 2.

En outre, les conditions d'implantation définies « privilégient »[1] :

– la consommation économe de l'espace, notamment en entrée de ville, par la compacité des formes bâties ;

– la protection des sols naturels, agricoles et forestiers ;

– l'utilisation prioritaire des surfaces vacantes et des friches ;

– et l'optimisation des surfaces consacrées au stationnement.

Enfin, pour les équipements commerciaux, les conditions d'implantation portent également sur[2] :

– la desserte de ces équipements par les transports collectifs et leur accessibilité aux piétons et aux cyclistes ;

– ainsi que sur leur qualité environnementale, architecturale et paysagère, notamment au regard de la performance énergétique et de la gestion des eaux.

On relève que les conditions d'implantation susceptibles d'être définies sont nombreuses et se caractérisent par leur grande précision, donnant ainsi aux auteurs du SCOT la possibilité de mener une politique forte en ce domaine.

b. Localisation des secteurs à enjeux spécifiques et détermination dans ceux-ci des conditions d'implantation

221.111 Localisation des secteurs à enjeux spécifiques. Le DAACL localise les secteurs d'implantation périphérique ainsi que les centralités urbaines, qui peuvent inclure tout secteur, notamment centre-ville ou centre de quartier, caractérisé par un bâti dense présentant une diversité des fonctions urbaines, « dans lesquels se posent des enjeux spécifiques du point de vue des objectifs mentionnés au 3° de l'article L. 141-5 »[3].

221.112 Détermination des conditions d'implantation. Dans les secteurs à enjeux spécifiques qu'il a identifiés, le DAACL prévoit[4] :

– les conditions d'implantation des équipements commerciaux spécifiques à ces secteurs ;

– leur type d'activité ;

– et leur surface de vente maximale.

c. Localisation des secteurs d'implantation des équipements logistiques commerciaux

221.121 Critères. Pour les équipements logistiques commerciaux, le DAACL localise « les secteurs d'implantation privilégiés » au regard[5] :

– des besoins logistiques du territoire ;

– de la capacité des voiries, existantes ou en projet, à gérer les flux de marchandises ;

– et des objectifs mentionnés au second alinéa de l'article L. 141-3.

2° Contenu facultatif du DAACL

221.131 Éléments complémentaires pouvant être déterminés par le DAACL. En plus des éléments qu'il doit contenir à titre obligatoire[6], le DAACL peut également[7] :

– définir les conditions permettant le développement ou le maintien du « commerce de proximité » dans les centralités urbaines et au plus près de l'habitat et de l'emploi, en limitant son développement dans les zones périphériques (1°) ;

– prévoir les conditions permettant le développement ou le maintien de la « logistique commerciale de proximité » dans les centralités urbaines afin de limiter les flux de marchandises des zones périphériques vers les centralités urbaines (2°).

3° Incidence d'une révision ou d'une annulation du DAACL sur les autres documents du SCOT

221.141 Absence d'incidence. Afin de limiter les conséquences résultant d'une révision ou d'une annulation du DAACL, le code prévoit qu'une telle révision ou annulation « est sans incidence » sur les autres documents du SCOT[8].

§ 3 Les orientations et objectifs en matière d'offre de logements, de mobilité, d'équipements, de services et densification

A. Fixation des objectifs

221.151 Présentation générale. « Dans le respect d'une gestion économe de l'espace, afin de lutter contre l'artificialisation des sols, et pour répondre aux besoins en logement des habitants », le DOO « définit les objectifs et les principes de la politique de l'habitat participant à l'évolution et à l'optimisation de l'usage des espaces urbains et ruraux, en cohérence avec les perspectives démographiques et

1. C. urb., art. L. 141-6, al. 2 ; mod. par L. n° 2023-973, 23 oct. 2023.
2. C. urb., art. L. 141-6, al. 3.
3. C. urb., art. L. 141-6, al. 4 – Sur ces objectifs, v. s[s] n° 221.81.
4. C. urb., art. L. 141-6, al. 4.
5. C. urb., art. L. 141-6, al. 5.
6. V. s[s] n°s 221.101 s.
7. C. urb., art. L. 141-6, al. 6 à 8.
8. C. urb., art. L. 141-6, al. 9.

économiques du territoire, en privilégiant le renouvellement urbain »[1].

Il « décline l'exigence de mixité sociale, en prenant en compte »[2] :

- « l'évolution démographique et économique » ;

- ainsi que « les projets d'équipements et de desserte en transports collectifs ».

221.152 Objectifs et orientations fixés. Le DOO « fixe » les objectifs et orientations suivants[3] :

- les objectifs « d'offre de nouveaux logements », répartis, le cas échéant, entre les EPCI ou par secteur géographique (1°) ;

- les objectifs de « la politique d'amélioration et de la réhabilitation du parc de logements existant public ou privé », au regard des enjeux de lutte contre la vacance, de dégradation du parc ancien, de revitalisation et de baisse des émissions de gaz à effet de serre (2°) ;

- les orientations de « la politique de mobilité » dans un objectif de diminution de l'usage individuel de l'automobile (3°) ;

- les « grands projets d'équipements, de réseaux et de desserte nécessaires au fonctionnement des transports collectifs et des services » (4°) ;

- les « objectifs chiffrés de densification » en cohérence avec l'armature territoriale et la desserte par les transports collectifs (5°).

Le SCOT est ainsi en mesure d'imposer aux PLU des obligations de densité des habitations et de renouvellement urbain qui constituent, sur la question particulière du logement, un levier dans la lutte contre l'artificialisation des sols.

B.
Possibilité de décliner les objectifs par secteurs géographiques pour la réalisation des objectifs de réduction de l'artificialisation des sols

221.161 Pouvoir. Pour la réalisation des objectifs de réduction de l'artificialisation des sols mentionnés à l'article L. 141-3, le DOO peut décliner « par secteur géographique » les objectifs en matière d'offre de logements, de mobilité, d'équipements, de services et densification[4].

221.162 Critères. Pour décliner géographiquement les objectifs en matière d'offre de logements, de mobilité, d'équipements, de services et densification, le DOO tient compte des éléments suivants[5] :

- les besoins en matière de logement et des obligations de production de logement social résultant de la législation applicable, en lien avec la dynamique démographique du territoire (1°) ;

- les besoins en matière d'implantation d'activité économique et de mutation et redynamisation des bassins d'emploi (2°) ;

- le potentiel foncier mobilisable dans les espaces déjà urbanisés et à urbaniser et l'impact des législations relatives à la protection du littoral, de la montagne et des espaces naturels sur la disponibilité du foncier (3°) ;

- la diversité des territoires urbains et ruraux, les stratégies et les besoins liés au développement rural ainsi qu'à la revitalisation des zones rurales et des communes rurales caractérisées comme peu denses ou très peu denses au sens des données statistiques de densité établies par l'INSEE (4°) ;

- les efforts de réduction de la consommation d'espaces naturels, agricoles et forestiers déjà réalisés par les collectivités compétentes en matière d'urbanisme au cours des vingt dernières années et traduits au sein de leurs documents d'urbanisme (5°) ;

- les projets d'envergure régionale dont la consommation d'espaces naturels, agricoles et forestiers ou l'artificialisation des sols peut ne pas être prise en compte pour l'évaluation de l'atteinte des objectifs mentionnés au second alinéa de l'article L. 141-3, dès lors que cette consommation ou cette artificialisation est mutualisée dans le cadre des objectifs prévus par les documents mentionnés à l'article L. 123-1 du code de l'urbanisme ou aux articles L. 4251-1, L. 4424-9 et L. 4433-7 du CGCT (6°) ;

- les projets d'intérêt communal ou intercommunal (7°).

221.163 Précisions. Lorsque les objectifs de réduction de l'artificialisation des sols sont déclinés par secteur géographique, il est tenu compte de la surface minimale de consommation communale d'espaces naturels, agricoles ou forestiers prévue au premier alinéa du 3° *bis* du III de l'article 194 de la loi Climat[6].

Il est également tenu compte des spécificités propres aux communes littorales et aux zones de montagne[7].

C.
Possibilité de subordonner à une évaluation environnementale toute ouverture à l'urbanisation

221.171 Condition. Le DOO peut, « en fonction des circonstances locales », « subordonner toute

1. C. urb., art. L. 141-7, al. 1er.
2. C. urb., art. L. 141-7, al. 1er.
3. C. urb., art. L. 141-7, al. 2 à 6.
4. C. urb., art. L. 141-8, al. 1er.
5. C. urb., art. L. 141-8, al. 2 à 8 ; mod. par L. no 2023-630, 20 juill. 2023.
6. C. urb., art. R. 141-6-1, al. 1er ; créé par décr. no 2023-1097, 27 nov. 2023.
7. C. urb., art. R. 141-6-1, al. 2.

ouverture à l'urbanisation d'un secteur nouveau » à la réalisation préalable d'une « évaluation environnementale », dans les conditions prévues par l'article L. 122-1 du code de l'environnement[1].

§ 4
Les orientations et objectifs en matière de transition écologique et énergétique, valorisation des paysages, objectifs chiffrés de consommation d'espaces naturels, agricoles et forestiers

221.181 Enjeux en cause. Le DOO définit les orientations et objectifs en matière de transition écologique et énergétique, valorisation des paysages, objectifs chiffrés de consommation d'espaces naturels, agricoles et forestiers « au regard des enjeux en matière »[2] :

– de préservation de l'environnement et des ressources naturelles ;

– de prévention des risques naturels ;

– et de transition écologique, énergétique et climatique.

Le SCOT ne peut, au titre de l'objectif de préservation de l'environnement et des ressources naturelles, inciter les communes à prévoir dans leur PLU une limitation des emplacements occupés par des résidences mobiles de type « mobile homes » dans les terrains de camping autorisés. Le SCOT qui prévoit une telle incitation institue « une sujétion à la charge des aménageurs qu'aucune disposition du code de l'urbanisme ne prévoit »[3].

221.182 Orientations et objectifs définis. Au regard des enjeux précités[4], le DOO définit[5] :

– les « objectifs chiffrés de consommation économe de l'espace et de lutte contre l'étalement urbain par secteur géographique » (1°) ;

– les « orientations en matière de préservation des paysages, les espaces naturels, agricoles, forestiers ou urbains à protéger », notamment en raison de leur participation à l'amélioration du cadre de vie (2°, ajoutant qu'il transpose les dispositions pertinentes des chartes de parcs naturels régionaux à une échelle appropriée) ;

– « les modalités de protection des espaces nécessaires au maintien de la biodiversité et à la préservation ou à la remise en bon état des continuités écologiques et de la ressource en eau » (3°, précisant qu'il peut identifier à cette fin des zones préférentielles pour la renaturation, par la transformation de sols artificialisés en sols non artificialisés ainsi que des zones propices à l'accueil de sites naturels de compensation, de restauration et de renaturation) ;

– les « orientations qui contribuent à favoriser la transition énergétique et climatique », notamment la lutte contre les émissions territoriales de gaz à effet de serre et de polluants atmosphériques, et l'accroissement du stockage de carbone dans les sols et les milieux naturels (4°).

La possibilité de définir des « objectifs chiffrés » et de déterminer des zonages confèrent un caractère particulièrement prescriptif aux dispositions du SCOT prises dans ce cadre.

221.183 Documents graphiques. Les documents graphiques localisent[6] :

– les espaces ou sites à protéger ;

– ainsi que, le cas échéant, les zones préférentielles pour la renaturation en application des 2° et 3° de l'article L. 141-10.

Le cas échéant, les documents graphiques « permettent d'identifier les biens inscrits au patrimoine mondial et leur zone tampon »[7].

§ 5
Les orientations et objectifs dans les zones de montagne et zones littorales

A.
Zones de montagne

221.191 Localisation, nature et capacité d'accueil des UTNS. En zone de montagne, le DOO « définit la localisation, la nature et la capacité globale d'accueil et d'équipement », notamment en matière de logement des salariés, y compris les travailleurs saisonniers, des unités touristiques nouvelles structurantes[8].

221.192 Réhabilitation et diversification de l'immobilier de loisir. En zone de montagne, le DOO « définit, si besoin au regard des enjeux de préservation du patrimoine naturel, architectural et paysager spécifique à la montagne », « les objectifs de la politique de réhabilitation et de diversification de l'immobilier de loisir »[9].

221.193 Exclusion des plans d'eau de faible importance du régime de protection de la loi montagne. En zone de montagne, le DOO « désigne, le

1. C. urb., art. L. 141-9.
2. C. urb., art. L. 141-10, al. 1er.
3. CAA Bordeaux, 22 nov. 2022, *Sté Arnaoutchot*, req. nº 21BX01132, NP.
4. V. ss nº 221.181.
5. C. urb., art. L. 141-10, al. 1er à 5 ; mod. par L. nº 2023-973, 23 oct. 2023.
6. C. urb., art. R. 141-6, al. 1er.
7. C. urb., art. R. 141-6, al. 2.
8. C. urb., art. L. 141-11, al. 1er.
9. C. urb., art. L. 141-11, al. 2.

cas échéant, les plans d'eau de faible importance auxquels il est décidé de faire application du 2° de l'article L. 122-12 »[1], c'est-à-dire les plans d'eau que les auteurs du SCOT décident d'exclure du régime de protection prévu par la loi montagne[2].

B.
Zones littorales

221.201 Orientations en matière d'aménagement, de protection et de mise en valeur. Lorsqu'ils comprennent une ou des communes littorales, les SCOT « peuvent fixer les orientations fondamentales de l'aménagement, de la protection et de la mise en valeur de la mer et du littoral »[3].

221.202 Modalités d'application de la loi Littoral. Le DOO[4] :

– « détermine les critères d'identification des villages, agglomérations et autres secteurs déjà urbanisés » prévus à l'article L. 121-8[5] ;

– et « en définit la localisation ».

221.203 Équilibre, accès au littoral, gestion des milieux aquatiques, prévention des risques. Le DOO définit[6] :

– les « orientations en matière d'équilibre entre les enjeux environnementaux et climatiques, d'une part, et les activités notamment économiques, résidentielles et touristiques, d'autre part » (1°) ;

– les « orientations relatives à l'accès au littoral et au partage des usages », notamment dans le cadre du développement des énergies marines renouvelables, du maintien et du développement des activités de loisirs, aquacoles ou halieutiques (2°) ;

– les « orientations de gestion des milieux aquatiques, de prévention des risques naturels liés à la mer et d'adaptation des territoires au recul du trait de côte ». À ce titre, il peut « identifier des secteurs propices à l'accueil d'ouvrages de défense contre la mer pour protéger des secteurs habités denses ou des équipements d'intérêt général ou publics ». Il peut également « identifier des secteurs visant à accueillir des installations et des constructions pour des projets de relocalisation. Les secteurs de relocalisation se situent au-delà de la bande littorale et des zones délimitées en application de l'article L. 121-22-2[7] et en dehors des espaces remarquables du littoral » (3°).

1. C. urb., art. R. 141-7.
2. V. s^s^ n° 134.242.
3. C. urb., art. L. 141-12.
4. C. urb., art. L. 141-13, al. 1er.
5. V. s^s^ n°s 121.131 s.
6. C. urb., art. L. 141-13, al. 2 à 4.
7. Zones exposées au risque de recul du trait de côte – V. s^s^ n° 126.331.

221.204 Usages de l'espace maritime, protection du milieu marin, localisation des équipements industriels et portuaires, aquaculture et activités de loisirs. Le DOO précise, « dans une perspective de gestion intégrée de la zone côtière »[8] :

– « les vocations des différents secteurs de l'espace maritime » ;

– « les conditions de la compatibilité entre les différents usages de ces derniers » ;

– « et les conséquences qui en résultent » pour l'utilisation des diverses parties du littoral qui sont liées à cet espace.

Le DOO précise les « mesures de protection du milieu marin »[9].

Il définit les orientations et principes de « localisation des équipements industriels et portuaires », s'il y a lieu[10].

Il mentionne les orientations relatives « à l'aquaculture marine et aux activités de loisirs »[11].

§ 6
Les autres orientations et objectifs

221.211 Éléments complémentaires. Le DOO du SCOT peut comprendre d'autres orientations et objectifs[12].

SECTION 3
LES ANNEXES DU SCOT

§ 1
Éléments systématiquement présents dans les annexes du SCOT

A.
Diagnostic de territoire

221.221 Contenu. Les annexes du SCOT comprennent le diagnostic du territoire.

Celui-ci « présente, notamment au regard des prévisions économiques et démographiques, les besoins en termes »[13] :

– d'aménagement de l'espace ;
– de ressource en eau ;
– d'équilibre social de l'habitat ;
– de mobilités ;

8. C. urb., art. L. 141-14, al. 1er.
9. C. urb., art. L. 141-14, al. 2.
10. C. urb., art. L. 141-14, al. 3.
11. C. urb., art. L. 141-14, al. 4.
12. V. s^s^ n°s 221.61 et v. s^s^ n° 221.71.
13. C. urb., art. L. 141-15, 1°.

– d'équipements ;
– et de services.

221.222 Méthode. Le diagnostic du territoire « prend en compte »[1] :

– la localisation des structures et équipements existants ;
– les besoins globaux en matière d'immobilier ;
– la maîtrise des flux de personnes ;
– les enjeux de consommation économe de l'espace et de préservation de l'environnement, notamment en matière de biodiversité et de potentiel agronomique, des paysages et du patrimoine architectural ;
– les enjeux relatifs à la prévention des risques naturels et l'adaptation au changement climatique.

En zone de montagne, ce diagnostic « est établi également au regard des besoins en matière »[2] :

– de réhabilitation de l'immobilier de loisir ;
– et d'unités touristiques nouvelles structurantes.

221.223 Dispositions complémentaires si le SCOT comprend des communes littorales. Lorsque le SCOT comprend une ou des communes littorales, le diagnostic du territoire[3] :

– « décrit les conditions de l'utilisation de l'espace » marin et terrestre du littoral ;
– « indique les perspectives d'évolution » de ce milieu ;
– et « explique les orientations retenues », en matière de développement, de protection et d'équipement.

B.
Évaluation environnementale

221.231 Rapport sur les incidences environnementales. Les annexes du SCOT comprennent l'évaluation environnementale[4].

Au titre de l'évaluation environnementale, les annexes comportent le rapport environnemental prévu par l'article R. 104-18[5].

C.
Justification des options du PAS et du DOO

221.241 Justifications. Les annexes du SCOT comprennent la justification des choix retenus pour établir[6] :

– le projet d'aménagement stratégique ;
– et le document d'orientation et d'objectifs.

1. C. urb., art. L. 141-15, 1°.
2. C. urb., art. L. 141-15, 1°.
3. C. urb., art. R. 141-8.
4. C. urb., art. L. 141-15, 2°.
5. V. s^s n°s 214.281 s.
6. C. urb., art. L. 141-15, 3°.

D.
Limitation de la consommation d'espaces naturels

221.251 Analyse et objectifs chiffrés. Les annexes du SCOT comprennent[7] :

– « l'analyse » de la consommation d'espaces naturels, agricoles et forestiers au cours des dix années précédant le projet de schéma ;
– et « la justification » des objectifs chiffrés de limitation de cette consommation définis dans le DOO.

§ 2
Éléments présents dans les annexes du SCOT lorsque celui-ci vaut plan climat-air-énergie territorial (PCAET)

A.
SCOT pouvant valoir PCAET

1°
Le PCAET

221.261 Objet. Le plan climat-air-énergie territorial (PCAET) est prévu à l'article L. 229-26 du code de l'environnement.

Il s'agit d'un outil de planification qui a pour but[8] :

– d'atténuer le changement climatique ;
– de le combattre efficacement ;
– et s'y adapter.

221.262 Contenu. Le PCAET comprend :

– les objectifs stratégiques et opérationnels ;
– un programme d'actions ;
– un dispositif de suivi et d'évaluation des résultats.

L'étendue des questions sur lesquelles porte le programme d'actions dépend pour partie des compétences exercées par la collectivité qui l'élabore.

2°
Possibilité que le SCOT tienne lieu de PCAET

221.271 Possibilité de confier l'élaboration du PCAET à l'établissement public en charge du SCOT. Si l'ensemble des EPCI délibèrent pour transférer l'élaboration du PCAET à l'établissement public en charge du SCOT, ce dernier peut tenir lieu de PCAET[9].

7. C. urb., art. L. 141-15, 4°.
8. C. env., art. L. 229-26, II, 1°.
9. C. urb., art. L. 141-16, al. 1er.

221.272 **Incidences sur la délibération de prescription du SCOT.** Si l'ensemble des EPCI délibèrent pour transférer l'élaboration du PCAET à l'établissement public en charge du SCOT, la délibération de prescription est notifiée à l'ensemble des collectivités territoriales et leurs groupements mentionnés à l'article L. 229-25 du code de l'environnement, incluses dans le périmètre du SCOT qui doivent décider si elles intègrent leur bilan d'émission de gaz à effet de serre, ainsi que leur plan de transition dans le SCOT, en application de ce même article[1].

La délibération de prescription du SCOT précise si l'établissement public en charge du SCOT est également chargé[2] :

- du suivi et de l'évaluation du PCAET, prévus au IV de l'article L. 229-26 du code de l'environnement ;
- et de la fonction de coordinateur de la transition énergétique, définie à l'article L. 2224-34 du CGCT.

La délibération prescrivant l'élaboration du SCOT et précisant les objectifs poursuivis et les modalités de concertation prévue par l'article L. 143-17 est notifiée, outre aux personnes mentionnées au second alinéa de cet article[3] :

- au préfet de région ;
- aux représentants des autorités organisatrices mentionnées à l'article L. 2224-31 du CGCT ;
- ainsi qu'aux gestionnaires de réseaux d'énergie présents dans le périmètre du schéma.

Dans les deux mois à compter de la transmission de cette information, le préfet de région et le président du conseil régional adressent à l'EPCI ou au groupement de collectivités territoriales compétent les informations qu'ils estiment utiles à l'élaboration des dispositions valant PCEAT du SCOT[4].

221.273 **Consultations.** Lorsque le SCOT tient lieu de PCAET, le projet de schéma arrêté est soumis pour avis, outre aux personnes et organismes mentionnés à l'article L. 143-20, au préfet de région dans les conditions prévues par l'article R. 229-54 du code de l'environnement[5].

B.
Contenu du SCOT tenant lieu de PCAET

221.281 **Objectifs poursuivis.** Le SCOT tenant lieu de PCAET poursuit les objectifs énoncés au 1° du II de l'article L. 229-26 du code de l'environnement[6].

1°
Contenu du PAS et des DOO

221.291 **Contenu du PAS.** Lorsque le SCOT tient lieu de PCAET, le projet d'aménagement stratégique définit les objectifs poursuivis[7].

Il présente la stratégie territoriale mentionnée au II de l'article R. 229-51 du code de l'environnement[8].

221.292 **Contenu des DOO.** Lorsque le SCOT tient lieu de PCAET, les objectifs définis en la matière par le PAS[9] sont « déclinés dans le document d'orientation et d'objectifs »[10].

2°
Contenu des annexes

221.301 **Mise en œuvre et suivi des objectifs.** Lorsque le SCOT tient lieu de PCAET, les annexes du SCOT comprennent les éléments énumérés au II de l'article L. 229-26 du code de l'environnement et relatifs à la mise en œuvre et au suivi des objectifs définis par le PAS[11].

221.302 **Trois éléments.** Les annexes comportent[12] :

- dans le diagnostic du territoire, le diagnostic prévu au I de l'article R. 229-51 du code de l'environnement et réalisé dans les conditions prévues au R. 229-52 du même code (a) ;
- dans le programme d'actions, le programme d'actions prévu au III de l'article R. 229-51 du code de l'environnement, l'indication des acteurs et collectivités chargés d'en assurer la mise en œuvre et, le cas échéant, l'animation et la coordination (b) ;
- le dispositif de suivi et d'évaluation prévu au IV de l'article R. 229-51 du code de l'environnement (c).

C.
Mise à jour et adaptation du PCAET

221.311 **Mise à jour et adaptation sans révision ou modification du SCOT.** Pour faciliter les procédures, le PCAET et les documents le composant peuvent être mis à jour, le cas échéant, ou adaptés, conformément aux articles L. 229-25 et L. 229-26

1. C. urb., art. L. 141-16, al. 2.
2. C. urb., art. L. 141-16, al. 3.
3. C. urb., art. R. 141-12, al. 1er.
4. C. urb., art. R. 141-12, al. 2.
5. C. urb., art. R. 141-13.
6. C. urb., art. L. 141-17, al. 1er – Sur ces objectifs, v. ss n° 221.261.
7. C. urb., art. L. 141-17, al. 1er – Sur ces objectifs, v. ss n° 221.281.
8. C. urb., art. R. 141-11, 1°.
9. V. ss n° 221.291.
10. C. urb., art. L. 141-17, al. 1er.
11. C. urb., art. L. 141-17, al. 2 – Sur ces objectifs, v. ss n° 221.281.
12. C. urb., art. R. 141-11, 2°.

du code de l'environnement, sans qu'il soit nécessaire de réviser ou de modifier l'ensemble du SCOT[1].

221.312 **Procédure définie par le code de l'environnement.** S'il n'a pas été mis à jour à l'occasion d'une révision du SCOT, le volet PCAET du schéma est mis à jour conformément à l'article L. 141-18 du code de l'urbanisme, dans les conditions prévues par l'article R. 229-55 du code de l'environnement[2].

D. Rapport sur la mise en œuvre du PCAET

221.321 **Rapport.** La mise en œuvre du volet PCAET du SCOT fait l'objet d'un rapport, dans les conditions prévues au IV de l'article R. 229-51 du code de l'environnement[3].

§ 3 Éléments présents de manière facultative dans les annexes du SCOT

A. Éléments utilisés pour élaborer le SCOT

221.331 **Possibilité de les reproduire en annexe.** Peuvent figurer dans les annexes « tous documents, analyses, évaluations et autres éléments utilisés pour élaborer le schéma que l'établissement public estime nécessaire de présenter à titre indicatif »[4].

B. Programme d'actions

221.341 **Possibilité d'un programme d'actions.** Le SCOT peut comprendre « un programme d'actions visant à accompagner sa mise en œuvre »[5].

Il figure alors dans les annexes du SCOT[6].

221.342 **Contenu du programme d'actions.** Le programme d'actions « précise les actions prévues sur le territoire pour mettre en œuvre la stratégie, les orientations et les objectifs » du SCOT, « que ces actions soient portées » par la structure en charge de l'élaboration du SCOT, les EPCI membres de cette structure, ou tout autre acteur public ou privé du territoire concourant à la mise en œuvre du SCOT ou associé à son élaboration, en prenant en compte les compétences de chacun[7].

Ce programme peut également identifier « les actions prévues relatives aux objectifs nationaux de l'État et aux objectifs régionaux », ou « les mesures prévues dans les conventions ou contrats qui les concernent », quand ils existent, « dès lors que ceux-ci concourent à la mise en œuvre » du SCOT[8].

La finalité de ce programme est ainsi de déterminer les actions qu'il revient aux acteurs locaux de mettre en œuvre afin de décliner les orientations du SCOT sur leur territoire ou dans leurs domaines de compétence. Il constitue une sorte de mode d'emploi, semble-t-il dépourvu de caractère contraignant, à l'attention des personnes, organismes et autorités tenus de le respecter.

§ 4 Mise à jour des annexes en cas d'évolution du SCOT

221.351 **Annexes complétées.** En cas de révision, de modification ou de mise en compatibilité du SCOT, « les annexes sont complétées par l'exposé des motifs des changements apportés »[9].

SECTION 4 LE CAS DES ANCIENS « SCHÉMAS DE SECTEURS »

221.361 **Notion.** Le schéma de secteur constitue un document d'aménagement de l'espace qui vient détailler certaines dispositions du SCOT sur une partie de son territoire présentant des enjeux spécifiques.

221.362 **Maintien provisoire.** Les schémas de secteurs ont été abrogés en 2014 par la loi ALUR[10]. Le législateur a néanmoins décidé le maintien en vigueur des schémas déjà approuvés ou en cours d'élaboration[11].

221.363 **Régime.** Le schéma de secteur est régi par les dispositions applicables aux SCOT[12].

Il peut tenir lieu de PLUI s'il porte sur le périmètre d'un EPCI compétent en matière de PLUI[13].

1. C. urb., art. L. 141-18.
2. C. urb., art. R. 141-15.
3. C. urb., art. R. 141-14.
4. C. urb., art. L. 141-15, al. 7.
5. C. urb., art. L. 141-19, al. 1er.
6. C. urb., art. L. 141-15, al. 7.
7. C. urb., art. L. 141-19, al. 2.
8. C. urb., art. L. 141-19, al. 3.
9. C. urb., art. R. 141-10.
10. L. n° 2014-366, 24 mars 2014 pour l'accès au logement et un urbanisme rénové, *JO* 26 mars, n° 1.
11. C. urb., art. L. 173-1, al. 1er ; art. L. 173-4, al. 1er.
12. C. urb., art. L. 173-2, al. 1er – Toutefois, lorsqu'un schéma de secteur concerne le territoire d'une seule commune ou d'un seul EPCI, celui-ci exerce les compétences de l'établissement public en charge du SCOT (C. urb., art. L. 173-2, al. 2).
13. C. urb., art. L. 173-3.

CHAPITRE

222. Effets du SCOT et place dans la hiérarchie des normes

SECTION 0

ORIENTEUR

222.00 Sommaire du chapitre.

222.01 Textes applicables.

• **C. urb.**

art. L. 142-1 s.

art. R. 142-1 s.

222.03 Bibliographie indicative.

Encyclopédies. *DP constr.-urb.*, ét. : « Schéma de cohérence territoriale (SCOT) » – *J.-Cl. Constr.-Urb.*, fasc. 7-20 : « Schémas de cohérence territoriale », par J.-Ph. Strebler, sept. 2014.

Articles. J.-P. Henry et P. Capsié, « L'ouverture à l'urbanisation des zones AU », *DAUH* 2002. 105 – S. Traoré, « Loi ALUR : la réforme de la règle de "l'urbanisation limitée" », *JCP Adm.* 2014, n° 2255.

222.04 Questions essentielles.

> Quels documents et opérations doivent être compatibles avec le SCOT ?

* V. ss nos 222.31 s.

> Quelle est la portée de la règle de la constructibilité en l'absence de SCOT et à quelles conditions est-il possible d'y déroger ?

* V. ss nos 222.81 s.

SECTION 1

TEXTES ET DOCUMENTS S'IMPOSANT AU SCOT

§ 1 Respect des principes généraux code de l'urbanisme

222.11 Principes généraux. Le SCOT « respecte les principes énoncés aux articles L. 101-1 à L. 101-3 »[1].

1. C. urb., art. L. 141-1 – Sur les principes généraux du droit de l'urbanisme, v. ss nos 032.05 s.

Il en résulte que le respect de ces principes doit guider les dispositions définies par les auteurs du SCOT. La méconnaissance de ceux-ci peut entacher le SCOT d'illégalité[1].

§ 2
Exigence de compatibilité ou de prise en compte des normes supérieures

222.20 **Renvoi.** Le SCOT doit respecter les dispositions et documents supérieurs dans un rapport de compatibilité ou de prise en compte[2].

SECTION 2
PORTÉE DU SCOT

§ 1
Documents, opérations et autorisations devant être compatibles avec le SCOT

222.31 **Distinction en fonction de la partie du SCOT.** Le code n'attache pas la même opposabilité :
- au DOO du SCOT ;
- et au SCOT envisagé dans son ensemble.

A.
Exigence de compatibilité avec le DOO du SCOT

1°
Documents, opérations et autorisations concernées

222.41 **PLH et plan de mobilité.** Doivent être compatibles avec le DOO du SCOT :
- les programmes locaux de l'habitat[3] ;
- les plans de mobilité[4].

222.42 **Périmètres d'intervention.** Doit être compatible avec le DOO du SCOT « la délimitation des périmètres d'intervention prévus à l'article L. 113-16 »[5], c'est-à-dire des périmètres de protection et de mise en valeur des espaces agricoles et naturels périurbains[6].

1. V. p. ex. CAA Nancy, 11 avr. 2024, *Synd. mixte pour le SCOT de l'agglomération Thionvilloise*, req. n° 23NC00784, NP (SCOT prévoyant des constructions de logements nettement supérieures aux besoins en se basant sur des données démographiques erronées).
2. V. s[s] n°s 211.41 s.
3. C. urb., art. L. 142-1, 1°.
4. C. urb., art. L. 142-1, 2°.
5. C. urb., art. L. 142-1, 3°.
6. V. s[s] n°s 153.41 et s.

222.43 **Opérations foncières et d'aménagement.** Doivent être compatibles avec le DOO du SCOT « les opérations foncières et les opérations d'aménagement définies par décret »[7]. Les opérations concernées sont les suivantes[8] :

- les ZAD et les périmètres provisoires de ZAD (1°) ;
- les ZAC (2°) ;
- les lotissements, les remembrements réalisés par des associations foncières urbaines et les constructions soumises à autorisations, lorsque ces opérations ou constructions portent sur une surface de plancher de plus de 5 000 mètres carrés (3°) ;
- la constitution, par des collectivités et établissements publics, de réserves foncières de plus de cinq hectares d'un seul tenant (4°).

222.44 **Autorisations d'exploitation commerciale et d'implantation d'un cinéma.** Doivent être compatibles avec le DOO du SCOT :

- les autorisations prévues par l'article L. 752-1 du code de commerce[9] ;
- les autorisations prévues par l'article L. 212-7 du code du cinéma[10] ;
- les permis de construire tenant lieu d'autorisation d'exploitation commerciale prévus à l'article L. 425-4[11].

222.45 **Inopposabilité aux autres opérations et autorisations.** Les autres opérations et autorisations que celles précédemment mentionnées ne sont pas soumises au DOO du SCOT. Celui-ci est donc en principe (en dehors des hypothèses précédemment mentionnées) inopposable aux demandes d'utilisation et d'occupation du sol[12].

2°
Mise en compatibilité avec le SCOT

222.51 **PLH et plan de mobilité.** Lorsqu'un SCOT est approuvé après l'approbation d'un programme local de l'habitat ou d'un plan de mobilité, « ces derniers sont, le cas échéant, rendus compatibles dans un délai de trois ans »[13].

7. C. urb., art. L. 142-1, 4°.
8. C. urb., art. R. 142-1.
9. C. urb., art. L. 142-1, 5°.
10. C. urb., art. L. 142-1, 6°.
11. C. urb., art. L. 142-1, 7°.
12. CAA Marseille, 6 avr. 2016, *SARL immobilière Chêne Roc*, req. n° 15MA03273, NP (arrêt devenu définitif en l'absence d'admission du pourvoi formé à son encontre : CE 7 juin 2016, req. n° 400486, NP) : la cour indique « que le permis de construire n'est pas au nombre des décisions administratives dont la légalité doit s'apprécier par référence aux dispositions d'un SCOT ».
13. C. urb., art. L. 142-2.

B. Exigence de compatibilité avec le SCOT envisagé dans son ensemble

1° Documents concernés

222.61 **PLU et cartes communales.** Les PLU et les documents en tenant lieu ainsi que les cartes communales doivent être compatibles avec les SCOT[1].

2° Mise en compatibilité avec le SCOT

222.70 **Renvoi.** Le PLU (ainsi que le document en tenant lieu) ou la carte communale incompatible avec le SCOT doit faire l'objet d'une mise en compatibilité[2].

§ 2 Urbanisation limitée dans les communes non couvertes par un SCOT

A. La règle de l'urbanisation limitée en l'absence de SCOT

222.81 **Origine et objet.** La règle de l'urbanisation limitée en l'absence de SCOT trouve son origine dans la loi SRU. En empêchant toute nouvelle ouverture à l'urbanisation dans les communes non couvertes par un SCOT, elle visait à inciter les communes et EPCI à rejoindre un SCOT ou à se doter d'un tel document - ce qui a parfaitement fonctionné.

222.82 **Règle concernant le SCOT, les SAR, le SDRIF et le PADDUC.** Tiennent lieu de SCOT, pour l'application de la règle de l'urbanisation limitée en l'absence de SCOT :

- le SCOT[3] ;
- les SAR[4] ;
- le SDRIF[5] ;
- et le PADDUC[6].

Il s'ensuit que la règle de l'urbanisation limitée en l'absence de SCOT ne s'applique pas dans les communes couvertes par l'un de ces documents.

B. Effets de la règle de l'urbanisation limitée

1° Effets sur les documents d'urbanisme

222.91 **PLU.** Dans les communes où un SCOT n'est pas applicable, « les zones à urbaniser délimitées après le 1er juillet 2002 » ainsi que « les zones naturelles, agricoles ou forestières » d'un PLU ou d'un document en tenant lieu « ne peuvent être ouvertes à l'urbanisation à l'occasion de l'élaboration ou d'une procédure d'évolution d'un document d'urbanisme »[7].

222.92 **Carte communale.** Dans les communes où un SCOT n'est pas applicable, les « secteurs non constructibles » des cartes communales « ne peuvent être ouverts à l'urbanisation à l'occasion de l'élaboration ou d'une procédure d'évolution de la carte communale »[8].

222.93 **Notion d'ouverture à l'urbanisation.** La notion d'ouverture à l'urbanisation s'apprécie par rapport à la constructibilité d'une zone. Il n'y a pas d'« ouverture à l'urbanisation » si une zone était déjà constructible mais change seulement d'affectation[9].

2° Effets sur les communes non couvertes par un document d'urbanisme

222.101 **Commune soumise au RNU.** Dans les communes où un SCOT n'est pas applicable, les « secteurs situés en dehors des parties urbanisées des communes non couvertes par un document d'urbanisme ne peuvent être ouverts à l'urbanisation pour autoriser les projets mentionnés aux 3° et 4° de l'article L. 111-4 »[10].

Cela signifie que l'absence de SCOT empêche les communes soumises au RNU d'admettre des constructions au titre du 3°[11] ou du 4° de l'article L. 111-4[12].

3° Effets sur les autorisations d'exploitation commerciale ou d'implantation d'un cinéma

222.111 **Autorisation d'exploitation commerciale ou d'implantation d'un cinéma.** Dans les com-

1. V. ss no 211.151.
2. V. ss no 211.211.
3. C. urb., art. L. 142-4, al. 1er.
4. C. urb., art. L. 142-4, al. 6.
5. C. urb., art. L. 142-4, al. 6.
6. C. urb., art. L. 142-4, al. 6.
7. C. urb., art. L. 142-4, 1°.
8. C. urb., art. L. 142-4, 2°.
9. CE 14 nov. 2007, *Guitteny-Moreau (Mme)*, req. no 290147, *Lebon T. ; BJDU* 2007. 355, concl. A. Courrèges.
10. C. urb., art. L. 142-4, 3°.
11. V. ss nos 112.241 s.
12. V. ss nos 112.251 s.

munes où un SCOT n'est pas applicable, « à l'intérieur d'une zone ou d'un secteur rendu constructible après la date du 4 juillet 2003, il ne peut être délivré »[1] :

– d'autorisation d'exploitation commerciale en application de l'article L. 752-1 du code de commerce ;

– ou d'autorisation en application des articles L. 212-7 et L. 212-8 du code du cinéma.

C. Dérogation préfectorale à la règle de l'urbanisation limitée

222.121 Possibilité de dérogation. Il peut être dérogé à la règle de la constructibilité limitée en l'absence de SCOT avec l'accord du préfet.

1° Conditions de forme

a. Accord du préfet

222.131 Accord du préfet. La dérogation à la règle de la constructibilité ne peut être réalisée qu'avec l'accord du préfet[2]. Celui-ci doit donc être saisi d'une demande d'accord :

– par la commune, lorsque celle-ci n'est pas couverte par un document d'urbanisme, ou lorsqu'elle est couverte par une carte communale ;

– par la commune ou l'ECI compétent dans le cas d'un PLU ;

– ou par le demandeur de l'autorisation lorsque la demande de dérogation concerne une autorisation d'exploitation commerciale ou d'implantation d'un cinéma[3].

222.132 Délai pour se prononcer. Le préfet dispose d'un délai de quatre mois pour se prononcer.

S'il ne s'est pas prononcé dans les quatre mois suivant la date de sa saisine, il est réputé avoir donné son accord[4].

222.133 Cas où un projet de permis a été spontanément soumis à la CDAC. Lorsque le projet a été soumis pour avis à la commission départementale d'aménagement commercial en application de l'article L. 752-4 du code de commerce[5], « la dérogation doit être obtenue avant l'examen du projet par ladite commission »[6].

b. Consultations préalables à la décision du préfet

222.141 Consultations de la CDPENAF. Le préfet prend sa décision après avis de la commission départementale de la préservation des espaces naturels, agricoles et forestiers[7] :

L'avis de la CDPENAF « est réputé favorable s'il n'est pas intervenu dans un délai de deux mois à compter de la saisine du préfet »[8].

Pour simplifier les procédures, l'avis de cette même commission, requis de façon concomitante dans le cadre d'une procédure d'élaboration ou de révision d'un PLU ou d'une carte communale, « tient lieu de l'avis demandé au titre de l'application de l'article L. 142-5, dès lors qu'il porte sur les mêmes secteurs »[9].

222.142 Consultations de l'EPCI en charge du SCOT. Est également consulté, le cas échéant, l'établissement public en charge du SCOT[10].

Lorsqu'il est requis, l'avis de cet établissement public « est réputé favorable s'il n'est pas intervenu dans un délai de deux mois à compter de sa saisine »[11].

2° Conditions de fond

222.151 Quatre conditions. La dérogation ne peut être accordée que si l'urbanisation envisagée[12] :

– « ne nuit pas à la protection des espaces naturels, agricoles et forestiers ou à la préservation et à la remise en bon état des continuités écologiques » ;

– « ne conduit pas à une consommation excessive de l'espace » ;

– « ne génère pas d'impact excessif sur les flux de déplacements » ;

– « et ne nuit pas à une répartition équilibrée entre emploi, habitat, commerces et services ».

1. C. urb., art. L. 142-4, 4°.
2. C. urb., art. L. 142-5.
3. C. urb., art. R. 142-3 – V. s^s n° 222.111.
4. C. urb., art. R. 142-2, al. 1er.
5. V. s^s n°s 712.11 s.
6. C. urb., art. R. 142-2, al. 3.
7. C. urb., art. L. 142-5.
8. C. urb., art. R. 142-2, al. 2.
9. C. urb., art. R. 142-2, al. 2.
10. C. urb., art. L. 142-5.
11. C. urb., art. R. 142-2, al. 4.
12. C. urb., art. L. 142-5.

CHAPITRE

223. Procédure d'élaboration du SCOT

SECTION 0 ORIENTEUR

223.00 **Sommaire du chapitre.**

223.01 **Textes applicables.**

• **C. urb.**

art. L. 143-1 s.

art. R. 143-1 s.

223.03 **Bibliographie indicative.**

Encyclopédies. *DP constr.-urb.*, ét. : « Schéma de cohérence territoriale (SCOT) » – *J.-Cl. Constr.-Urb.*, fasc. 7-20 : « Schémas de cohérence territoriale », par J.-Ph. Strebler, sept. 2014.

223.04 **Questions essentielles.**

> Comment est délimité le périmètre du SCOT ?

* V. s[s] n°s 223.11 s.

> Quel est l'établissement public en charge du SCOT ?

* V. s[s] n°s 223.181 s.

> À quel moment le SCOT acquiert-il son caractère exécutoire ?

* V. s[s] n°s 223.311 s.

SECTION 1 Périmètre du SCOT

§ 1 Règles et critères de détermination du périmètre

223.11 **Règles et critères.** Le périmètre du SCOT est déterminé en fonction :

- de règles, qui s'imposent de façon absolue ;
- et de critères, qui doivent être pris en compte.

A. Règles

223.21 **Première règle : un territoire d'un seul tenant et sans enclave.** Le périmètre du SCOT « délimite un territoire d'un seul tenant et sans enclave »[1]. Il en résulte qu'il ne saurait présenter un caractère discontinu ni comprendre de territoire enclavé.

223.22 **Seconde règle : couverture de l'ensemble du territoire des EPCI compétents en matière de SCOT.** Lorsque le périmètre concerne des EPCI compétents en matière de SCOT, « il recouvre la totalité du périmètre de ces établissements »[2].

Cela signifie qu'il doit recouvrir la totalité du territoire de ces EPCI. Aucune commune membre de ces établissements ne peut être exclue du périmètre du schéma.

B. Critères

223.31 **Critères principaux.** Le périmètre du SCOT « prend en compte »[3] :

- les déplacements et modes de vie quotidiens au sein du bassin d'emploi ;
- les besoins de protection des espaces naturels et agricoles ;
- ainsi que les besoins et usages des habitants en matière de logements, d'équipements, d'espaces verts, de services et d'emplois.

Ces dispositions incitent à retenir un périmètre proche du bassin d'emploi ou de mobilité. Celui-ci est plus large que le bassin de vie, avec pour objectif d'aboutir à une extension du périmètre des SCOT « modernisés ». Le SCOT tend ainsi à passer d'un périmètre intercommunal à un périmètre devant être davantage inter-intercommunal.

223.32 **Autres critères.** Le périmètre du SCOT « prend également en compte »[4] :

- les périmètres des groupements de communes, des pays et des parcs naturels, ainsi que les périmètres déjà définis des autres SCOT, des bassins de mobilité au sens de l'article L. 1215-1 du code des transports, des plans de mobilité, des programmes locaux de l'habitat et des chartes intercommunales de développement et d'aménagement[5] ;
- les déplacements urbains, notamment les déplacements entre le domicile et le lieu de travail et de la zone de chalandise des commerces, ainsi que les déplacements vers les équipements culturels, sportifs, sociaux et de loisirs[6].

De façon spécifique, il prend en compte, dans les zones de montagne, la communauté d'intérêts économiques et sociaux à l'échelle d'une vallée, d'un

1. C. urb., art. L. 143-2, al. 1er.
2. C. urb., art. L. 143-2, al. 2.
3. C. urb., art. L. 143-3, al. 1er.
4. C. urb., art. L. 143-3, al. 2.
5. C. urb., art. L. 143-3, 1°.
6. C. urb., art. L. 143-3, 2°.

pays, d'un massif local ou d'une entité géographique constituant une unité d'aménagement cohérent[1].

223.33 Hiérarchie entre critères. Les critères énoncés au premier alinéa de l'article L. 143-3 sont plus importants que ceux exposés aux alinéas qui suivent. En effet, lorsqu'il arrête le périmètre, le préfet est tenu de s'assurer du respect des premiers mais non des seconds[2].

§ 2
Procédure de délimitation du périmètre du SCOT

A.
Délimitation du périmètre à l'initiative du ou des EPCI

1°
Situation ordinaire

223.41 Projet de périmètre. Un projet de périmètre est déterminé, selon les cas, par l'organe délibérant du ou des EPCI compétents, à la majorité[3] :

- soit des deux tiers au moins des communes représentant plus de la moitié de la population totale de celles-ci (1°) ;

- soit de la moitié au moins des communes représentant les deux tiers de la population totale (2°).

Pour le calcul de la majorité, les EPCI comptent pour autant de communes qu'ils comprennent de communes membres[4].

223.42 Communication du projet au préfet et consultations. Le projet de périmètre est communiqué au préfet qui recueille l'avis du ou des départements concernés[5].

L'avis du ou des départements sur le projet de périmètre est rendu dans un délai de trois mois à compter de la saisine. À défaut de réponse dans ce délai, l'avis est réputé favorable[6].

223.43 Détermination du périmètre par arrêté préfectoral. Le préfet arrête le périmètre du SCOT « sous réserve que le périmètre retenu »[7] :

- prenne en compte les critères mentionnés au premier alinéa de l'article L. 143-3[8] ;

- et permette la mise en cohérence des questions d'urbanisme, d'habitat, de développement économique, de déplacements et d'environnement.

Il « est tenu compte »[9] :

- des situations locales ;

- et des autres périmètres arrêtés ou proposés.

2°
Cas particuliers

223.51 Périmètre à cheval sur plusieurs départements. Lorsque le périmètre d'un SCOT englobe un territoire s'étendant sur deux ou plusieurs départements, l'arrêté de délimitation du périmètre est un arrêté conjoint des préfets des départements intéressés[10].

Le préfet responsable de la procédure d'élaboration, de révision ou, le cas échéant, de modification de ce schéma est désigné par un arrêté conjoint des préfets des départements intéressés ou, le cas échéant, par l'arrêté mentionné à l'alinéa précédent[11].

223.52 SCOT englobant une commune littorale ou avec un projet de chapitre valant SMVM. Lorsque le SCOT englobe une ou des communes littorales et dans le cas où l'établissement public chargé de la procédure d'élaboration décide d'élaborer un chapitre individualisé valant SMVM, « le préfet est consulté sur la compatibilité du périmètre de ce schéma avec les enjeux d'aménagement, de protection et de mise en valeur du littoral »[12], intervenant ainsi en amont de la procédure.

B.
Délimitation (ou extension) du périmètre à l'initiative du préfet

1°
Pouvoir du préfet d'imposer un périmètre

223.61 Deux formes. Le préfet dispose du pouvoir d'imposer le périmètre d'un SCOT. Ce pouvoir peut prendre deux formes.

223.62 Première forme : l'adoption du périmètre d'un SCOT. Le préfet peut imposer « de déterminer un périmètre » de SCOT lorsqu'il « constate, notamment du fait d'un nombre important de demandes de dérogation émises sur le fondement de l'article

1. C. urb., art. L. 143-3, 3°.
2. V. s^{s} n° 223.43.
3. C. urb., art. L. 143-4, al. 1er à 3.
4. C. urb., art. L. 143-4, al. 4.
5. C. urb., art. L. 143-5.
6. C. urb., art. R. 143-1, II.
7. C. urb., art. L. 143-6.
8. V. s^{s} n° 223.31.
9. C. urb., art. L. 143-6.
10. C. urb., art. L. 143-1, I, al. 1er.
11. C. urb., art. L. 143-1, I, al. 2.
12. C. urb., art. L. 143-9.

L. 142-5 que l'absence de schéma de cohérence territoriale »[1] :

– nuit gravement à la cohérence des politiques publiques d'urbanisme, d'habitat, de développement économique, de développement rural, de transports et de déplacements et de protection des espaces naturels, agricoles et forestiers ;

– nuit gravement à la préservation et à la remise en bon état des continuités écologiques ;

– ou conduit à une consommation excessive de l'espace.

223.63 Seconde forme : l'extension du périmètre d'un SCOT. Le préfet peut imposer « de délibérer sur l'extension d'un périmètre existant » lorsqu'il « constate que le périmètre d'un schéma de cohérence territoriale ne permet pas d'atteindre les objectifs définis à l'article L. 143-6 »[2].

2°
Procédure applicable

a.
Demande du préfet

223.71 Demande de détermination d'un périmètre ou d'extension d'un périmètre. Le préfet demande aux EPCI compétents en matière de SCOT ou aux établissements publics prévus à l'article L. 143-16 et aux communes non membres d'un tel établissement, susceptibles d'être concernés[3] :

– soit de déterminer un périmètre de SCOT (1°) ;

– soit de délibérer sur l'extension d'un périmètre existant (2°).

223.72 Délai de six mois pour se prononcer. À compter de la réception de la lettre du préfet, les EPCI et les communes disposent d'un délai de six mois pour délibérer[4], selon les cas, sur la délimitation d'un périmètre de SCOT ou sur l'extension du périmètre existant. Deux possibilités s'ouvrent alors.

b.
Première possibilité : proposition adoptée dans les six mois

223.81 Proposition adoptée. Le premier cas de figure est celui dans lequel les EPCI et communes adoptent une proposition (de délimitation d'un périmètre de SCOT ou d'extension du périmètre existant) dans le délai de six mois.

La proposition doit être adoptée selon les règles de double majorité posées à l'article L. 143-4[5].

Dans ce cas, la procédure poursuit son cours comme si elle avait été initiée par le ou les EPCI[6].

c.
Seconde possibilité : proposition non adoptée dans les six mois

223.91 Projet de périmètre. Le second cas de figure est celui dans lequel les EPCI et communes n'adoptent pas de proposition dans le délai de six mois. Dans ce cas, « le préfet arrête [...] un projet de périmètre »[7].

Cet arrêté est pris après avis de la commission départementale de la coopération intercommunale prévue par l'article L. 5211-42 du CGCT[8].

L'arrêté dresse la liste des EPCI et des communes concernés[9].

223.92 Délibération des EPCI et communes. À compter de la notification de l'arrêté, l'organe délibérant de chaque EPCI et le conseil municipal de chaque commune concernée disposent d'un délai de trois mois pour se prononcer[10].

À défaut de délibération dans ce délai, celle-ci est réputée favorable[11].

223.93 Délimitation ou extension du périmètre. À l'issue du délai de trois mois accordé aux EPCI et communes pour se prononcer[12], « le périmètre peut être délimité ou étendu par arrêté de l'autorité administrative compétente de l'État, avec l'accord des établissements publics de coopération intercommunale compétents et des communes concernés »[13] Cet accord « est exprimé dans les conditions de majorité définies à l'article L. 143-4 »[14].

Le même arrêté[15] :

– crée l'établissement public chargé de son élaboration et de son approbation prévu aux 1° et 2° de l'article L. 143-16[16] en cas de délimitation d'un nouveau périmètre de SCOT ;

– ou étend le périmètre de l'établissement public chargé de son suivi prévu aux 1° et 2° de l'article

1. C. urb., art. L. 143-7, al. 1er et 1°.
2. C. urb., art. L. 143-7, al. 1er et 2° – Sur les objectifs définis à l'article L. 143-6, v. ss no 223.43.
3. C. urb., art. L. 143-7, al. 1er.
4. C. urb., art. L. 143-7, al. 4.
5. C. urb., art. L. 143-7, al. 4 – V. ss no 223.41.
6. Sur cette procédure, v. ss nos 223.41 s.
7. C. urb., art. L. 143-7, al. 4.
8. C. urb., art. L. 143-7, al. 4.
9. C. urb., art. L. 143-7, al. 4.
10. C. urb., art. L. 143-7, al. 5.
11. C. urb., art. L. 143-7, al. 5.
12. V. ss no 223.92.
13. C. urb., art. L. 143-7, al. 6.
14. C. urb., art. L. 143-7, al. 6 – Sur la double majorité qualifiée requise, v. ss no 223.41.
15. C. urb., art. L. 143-7, al. 7.
16. V. ss no 223.182.

L. 143-16[1] en cas d'extension d'un périmètre de SCOT existant.

C.
Extension du périmètre à la demande des EPCI

223.101 Initiative des EPCI. Tout établissement public prévu à l'article L. 143-16[2] et tout EPCI compétent en matière de SCOT « peuvent proposer au préfet d'engager la procédure prévue à l'article L. 143-7 »[3] en vue de « l'extension du périmètre » de son SCOT[4].

Dans ce cas, la proposition « précise le nom des communes concernées »[5].

223.102 Réponse du préfet. Le préfet n'est pas tenu « par la liste des communes établie par l'établissement public à l'initiative de la proposition »[6].

Il dispose d'un délai de trois mois à compter de la réception de la proposition pour répondre à celle-ci[7].

S'il refuse d'engager la procédure, il doit motiver son refus[8].

§ 3
Situations particulières

223.111 Influence sur le périmètre du SCOT des modifications du périmètre des intercommunalités. La modification du périmètre intercommunal emporte des conséquences sur le périmètre du SCOT.

A.
Extension et réduction du périmètre de l'établissement public porteur de SCOT

1°
Extension du périmètre de l'établissement

223.121 Extension du périmètre de l'établissement emportant extension du périmètre du SCOT. Lorsque le périmètre de l'établissement public prévu aux 1° et 2° de l'article L. 143-16[9] est étendu[10] à une ou plusieurs communes ou à un ou plusieurs EPCI, « la décision d'extension emporte extension du périmètre du schéma de cohérence territoriale »[11].

Dans le cas prévu au 3° de l'article L. 143-16, lorsqu'une commune ou un EPCI compétent en matière de SCOT adhère, dans les conditions définies par le CGCT, au syndicat mixte pour la compétence d'élaboration, de suivi et de révision du SCOT, « la décision d'adhésion emporte extension du périmètre du schéma de cohérence territoriale »[12]. Il en va de même « lorsque le périmètre du syndicat mixte est étendu en application des articles L. 143-12 ou L. 143-13 »[13].

223.122 Effets sur les procédures en cours et les procédures de modification ou de mise en compatibilité. Dans les cas précédemment mentionnés[14], l'établissement public peut[15] :

– « achever les procédures d'élaboration et d'évolution en cours » sur le ou les périmètres antérieurs à l'extension, lorsque le débat prévu à l'article L. 143-18, s'il est requis, a eu lieu avant l'extension du périmètre (1°) ;

– « engager les procédures de modification ou de mise en compatibilité » des schémas approuvés, dont il assure le suivi (2°).

223.123 Mise en concordance avec le périmètre étendu. L'établissement public prescrit, au plus tard lors de la délibération qui suit l'analyse des résultats de l'application du schéma en vigueur prévue à l'article L. 143-28, « l'élaboration d'un schéma ou la révision, ou la modification de l'un des schémas en vigueur », ce « pour couvrir l'intégralité du périmètre étendu » de SCOT[16].

2°
Réduction du périmètre de l'établissement

223.131 Réduction du périmètre de l'établissement emportant réduction du périmètre du SCOT. Lorsqu'une commune ou un EPCI se retire de l'établissement public prévu à l'article L. 143-16[17], « la décision de retrait emporte »[18] :

– « réduction du périmètre » du SCOT ;

– et « abrogation des dispositions du schéma sur la commune ou l'établissement public de coopération intercommunale retiré ».

1. V. s^{s} n° 223.182.
2. V. s^{s} n° 223.182.
3. V. s^{s} n°s 223.61 s.
4. C. urb., art. L. 143-8, al. 1er.
5. C. urb., art. L. 143-8, al. 2.
6. C. urb., art. L. 143-8, al. 2.
7. C. urb., art. L. 143-8, al. 2.
8. C. urb., art. L. 143-8, al. 2.
9. V. s^{s} n° 223.182.
10. Dans les conditions définies par le CGCT, aux articles 35 et 40 de la loi n° 2015-991 du 7 août 2015 portant nouvelle organisation territoriale de la République ou aux articles L. 143-12 ou L. 143-13 du code de l'urbanisme.
11. C. urb., art. L. 143-10, I, al. 1er.
12. C. urb., art. L. 143-10, I, al. 2.
13. C. urb., art. L. 143-10, I, al. 2.
14. V. s^{s} n° 223.121.
15. C. urb., art. L. 143-10, II, al. 1er à 3.
16. C. urb., art. L. 143-10, II, al. 4.
17. Dans les conditions définies par le CGCT, aux articles 35 et 40 de la loi n° 2015-991 du 7 août 2015 portant nouvelle organisation territoriale de la République ou aux articles L. 143-12 ou L. 143-13 du code de l'urbanisme.
18. C. urb., art. L. 143-11, al. 1er.

223.132 Cas où le périmètre d'un EPCI est entièrement compris dans celui d'un SCOT. Par dérogation aux dispositions des articles L. 5215-22, L. 5216-7 et L. 5217-7 du CGCT, lorsque le périmètre d'un EPCI à fiscalité propre est entièrement compris dans celui d'un SCOT, cet EPCI à fiscalité propre « est substitué de plein droit à ses communes membres ou à l'établissement dont il est issu dans l'établissement public prévu à l'article L. 143-16 »[1]. « Ni les attributions de l'établissement public ni le périmètre dans lequel il exerce ses compétences ne sont modifiés »[2].

B. Couverture partielle d'un EPCI à fiscalité propre par le périmètre d'un seul SCOT

223.141 Périmètre d'un EPCI qui n'est pas entièrement compris dans celui d'un SCOT. Lorsque le périmètre d'un EPCI à fiscalité propre n'est pas entièrement compris dans celui d'un SCOT[3] :

– celui-ci devient, au terme d'un délai de trois mois, « membre de plein droit » de l'établissement public en charge du SCOT[4] ;

– et le périmètre du schéma est étendu en conséquence.

Il n'en va différemment que lorsque l'organe délibérant de l'EPCI à fiscalité propre s'est prononcé, dans ce délai, « contre son appartenance à cet établissement public ». Dans ce cas, la délibération de l'EPCI à fiscalité propre « emporte réduction du périmètre » du SCOT[5].

223.142 Cas où l'EPCI se prononce pour son appartenance avant le terme du délai de trois mois. L'EPCI à fiscalité propre peut se prononcer pour son appartenance à l'établissement public en charge du SCOT[6] avant le terme du délai de trois mois. Dans ce cas, la délibération de l'EPCI à fiscalité propre « emporte extension du périmètre » du SCOT[7].

C. EPCI à fiscalité propre comprenant des communes appartenant à plusieurs SCOT

223.151 Périmètre d'un EPCI comprenant des communes appartenant à plusieurs SCOT. Lorsque le périmètre d'un EPCI à fiscalité propre comprend des communes appartenant à plusieurs périmètres de SCOT, cet établissement « devient, au terme d'un délai de trois mois, membre de plein droit » de l'établissement public en charge du SCOT[8] « sur le territoire duquel est comprise la majeure partie de sa population », « sauf lorsque son organe délibérant s'est prononcé dans ce délai contre son appartenance à cet établissement public ou pour son appartenance à l'établissement public d'un des autres schémas »[9].

Les communes appartenant à l'EPCI à fiscalité propre « sont retirées des établissements publics prévus au même article L. 143-16 dont celui-ci n'est pas devenu membre ». Ce retrait « emporte réduction du périmètre » des SCOT correspondants[10].

223.152 Cas où l'EPCI se prononce pour son appartenance avant le terme du délai de trois mois. L'EPCI à fiscalité propre peut se prononcer « pour son appartenance » à l'établissement public en charge du SCOT[11] sur le territoire duquel est comprise la majeure partie de sa population avant le terme du délai de trois mois. Dans ce cas, « sa délibération emporte extension du périmètre » du SCOT[12].

D. Fusion d'établissements publics dont au moins un est porteur de SCOT

223.161 Nouveau périmètre de SCOT. En cas de fusion d'établissements publics prévus aux 1° et 2° de l'article L. 143-16[13] :

– l'établissement public issu de la fusion est compétent dans les conditions définies par le CGCT ;

– et son nouveau périmètre devient le périmètre de SCOT.

223.162 Effets sur les procédures en cours et les procédures de modification ou de mise en compatibilité. Le nouvel établissement public « assure le suivi du ou des schémas antérieurement existants »[14]. Dans ce cas, il peut achever les procédures d'élaboration et d'évolution en cours, lorsque le débat prévu à l'article L. 143-18, s'il est requis, a eu lieu avant la fusion. Il peut engager les procédures de modification ou de mise en compatibilité des schémas approuvés[15].

1. C. urb., art. L. 143-11, al. 2.
2. C. urb., art. L. 143-11, al. 2.
3. C. urb., art. L. 143-12, al. 1er.
4. Établissement public prévu à l'article L. 143-16 – V. ss n° 223.182.
5. C. urb., art. L. 143-12, al. 1er.
6. Établissement public prévu à l'article L. 143-16 – V. ss n° 223.182.
7. C. urb., art. L. 143-12, al. 2.
8. Établissement public prévu à l'article L. 143-16 – V. ss n° 223.182.
9. C. urb., art. L. 143-13, al. 1er.
10. C. urb., art. L. 143-13, al. 1er.
11. Établissement public prévu à l'article L. 143-16 – V. ss n° 223.182.
12. C. urb., art. L. 143-13, al. 2.
13. C. urb., art. L. 143-14.
14. C. urb., art. L. 143-14.
15. C. urb., art. L. 143-14.

223.163 **Mise en concordance avec le périmètre étendu.** Le nouvel établissement public prescrit, au plus tard lors de la délibération qui suit l'analyse des résultats de l'application du premier schéma en vigueur, prévue à l'article L. 143-28, l'élaboration d'un schéma couvrant l'intégralité de son périmètre[1].

E.
Retrait en cours de procédure

223.171 **Faculté de retrait.** Lorsqu'une commune ou un EPCI qui a fait usage de la procédure prévue à l'article L. 143-21[2] n'a pas obtenu les modifications demandées malgré un avis favorable du préfet, le conseil municipal ou l'organe délibérant de l'EPCI « peut, dans un délai de deux mois suivant la notification qui lui est faite de la délibération approuvant le schéma, décider de se retirer »[3].

Cette faculté ne s'applique pas lorsque l'établissement public en charge du SCOT[4] est une communauté urbaine, une métropole, une communauté d'agglomérations ou une communauté de communes[5].

223.172 **Incidences du retrait.** Le préfet, par dérogation aux dispositions applicables du CGCT, « prononce le retrait » de la commune ou de l'EPCI de l'établissement public en charge du SCOT[6].

Dès la publication de l'arrêté préfectoral, les dispositions du schéma concernant la commune ou l'EPCI « sont abrogées »[7].

SECTION 2
AUTORITÉ CHARGÉE DE LA PROCÉDURE D'ÉLABORATION DU SCOT

223.181 **Une compétence des EPCI ou groupement de collectivités.** Le SCOT est élaboré à l'initiative des EPCI ou des groupements de collectivités territoriales compétents[8]. Les communes sont donc exclues de la gouvernance des SCOT.

1. C. urb., art. L. 143-14.
2. Cas où une commune ou un groupement de communes estime que l'un de ses intérêts essentiels est compromis – V. s[s] n°s 223.281 s.
3. C. urb., art. L. 143-15, al. 1er.
4. Établissement public prévu à l'article L. 143-16 – V. s[s] n° 223.182.
5. C. urb., art. L. 143-15, al. 4.
6. C. urb., art. L. 143-15, al. 2.
7. C. urb., art. L. 143-15, al. 3.
8. C. urb., art. L. 143-1.

223.182 **Structures (et échelles) concernées.** La compétence pour élaborer le SCOT appartient précisément à trois catégories d'établissements.

En premier lieu, le SCOT peut être élaboré par un EPCI[9].

En deuxième lieu, le SCOT peut être élaboré par un syndicat mixte, un pôle métropolitain ou un pôle d'équilibre territorial et rural (PETR) constitué exclusivement des communes et EPCI compétents compris dans le périmètre du schéma[10].

En troisième lieu, le SCOT peut être élaboré par un syndicat mixte si les communes et les EPCI compétents compris dans le périmètre du SCOT ont tous adhéré à ce syndicat mixte et lui ont transféré la compétence en matière de SCOT. Dans ce cas, seuls les communes et les EPCI compris dans le périmètre du SCOT prennent part aux délibérations concernant le schéma[11].

Le mouvement de remplacement des PLU par des PLUI implique désormais une élaboration des SCOT à un niveau inter-EPCI et non plus au niveau d'un seul EPCI.

223.183 **Compétence s'étendant au suivi du SCOT.** L'établissement public en charge du SCOT[12] est également chargé « de l'approbation, du suivi et de l'évolution » du SCOT ou des SCOT[13].

223.184 **Cas particuliers (dissolution, modification des compétences ou du périmètre).** La dissolution de l'établissement public, le retrait ou le transfert de sa compétence « emportent l'abrogation du ou des schémas », sauf si un autre établissement public en assure le suivi[14].

Lorsque le périmètre d'un établissement public est étendu et intègre un ou plusieurs SCOT, « cet établissement public en assure le suivi »[15].

SECTION 3
ÉTAPES DE L'ÉLABORATION DU SCOT

223.191 **Procédure en plusieurs étapes conduite par le président de l'EPCI.** La procédure d'élaboration du SCOT est conduite par le président de l'EPCI mentionné à l'article L. 143-16[16]. Elle comporte plusieurs étapes.

9. C. urb., art. L. 143-16, 1°.
10. C. urb., art. L. 143-16, 2°.
11. C. urb., art. L. 143-16, 3°.
12. V. s[s] n° 223.181.
13. C. urb., art. L. 143-16, al. 5.
14. C. urb., art. L. 143-16, al. 6.
15. C. urb., art. L. 143-16, al. 7.
16. V. s[s] n° 223.182. – C. urb., art. R. 143-2.

§ 1
Première étape : Prescription de l'élaboration du SCOT

223.201 Délibération prescrivant l'élaboration du SCOT. L'établissement public en charge du SCOT[1], par une délibération[2] :

– prescrit l'élaboration du schéma ;

– et précise les objectifs poursuivis et les modalités de concertation, conformément à l'article L. 103-3[3].

223.202 Notification aux PPA et à la CDPENAF. La délibération précitée[4] est notifiée[5] :

– aux personnes publiques associées mentionnées aux articles L. 132-7 et L. 132-8[6] ;

– et à la commission départementale de la préservation des espaces naturels, agricoles et forestiers.

223.203 PPA consultées chaque fois qu'elles le demandent. Les personnes associées à l'élaboration du schéma mentionnées aux articles L. 132-7 et L. 132-8[7], ou leurs représentants, sont consultées par le président de l'établissement public à chaque fois qu'elles le demandent pendant la durée de l'élaboration ou de la révision du schéma[8].

§ 2
Deuxième étape : débat sur les orientations du projet d'aménagement stratégique

223.211 Débat quatre mois avant l'examen du projet de SCOT. Un débat a lieu au sein de l'organe délibérant de l'établissement public prévu à l'article L. 143-16 sur les orientations du projet d'aménagement stratégique au plus tard quatre mois avant l'examen du projet de schéma[9].

§ 3
Troisième étape : arrêt du projet de SCOT et consultations

A.
Arrêt du projet de SCOT

223.221 Projet. L'organe délibérant de l'établissement public en charge du SCOT[10] arrête le projet de schéma[11].

223.222 Bilan de la concertation. La délibération qui arrête un projet de SCOT peut simultanément tirer le bilan de la concertation, en application de l'article L. 103-6[12].

Elle est affichée pendant un mois au siège de l'établissement public et aux mairies des communes membres concernées[13].

B.
Évaluation environnementale

223.231 Mise en œuvre. Une évaluation environnementale doit être réalisée lors de l'élaboration du SCOT[14].

C.
Consultations

1°
Consultations prévues par l'article L. 143-20

223.241 Autorités et organismes consultés. Le projet de schéma arrêté est soumis pour avis[15] :

– aux personnes publiques associées mentionnées aux articles L. 132-7 et L. 132-8 (1°) ;

– aux communes et groupements de communes membres de l'établissement public (2°) ;

– à leur demande, aux EPCI directement intéressés et aux communes limitrophes (3°) ;

– à la commission prévue à l'article L. 112-1-1 du code rural, lorsqu'il a pour conséquence une réduction des surfaces des espaces agricoles, naturels ou forestiers (4°) ;

– au comité de massif lorsqu'il est totalement ou partiellement situé en zone de montagne ainsi que, lorsqu'il prévoit la création d'une ou plusieurs UTNS,

1. V. s^s n° 223.182.
2. C. urb., art. L. 143-17, al. 1er.
3. V. s^s n° 213.112.
4. V. s^s n° 223.201.
5. C. urb., art. L. 143-17, al. 2.
6. V. s^s n°s 212.141 s.
7. V. s^s n°s 212.141 s.
8. C. urb., art. R. 143-3.
9. C. urb., art. L. 143-18.
10. V. s^s n° 223.182.
11. C. urb., art. L. 143-20, al. 1er.
12. C. urb., art. R. 143-7, al. 1er.
13. C. urb., art. R. 143-7, al. 2.
14. V. s^s n° 214.91.
15. C. urb., art. L. 143-20.

à la commission spécialisée compétente du comité (5°) ;

- à sa demande, au représentant de l'ensemble des organismes HLM[1] propriétaires ou gestionnaires de logements situés sur le territoire de l'EPCI compétent ou la commune, si ces organismes en ont désigné un (6°) ;

- lorsque le SCOT tient lieu de plan climat-air-énergie territorial, les organismes mentionnés au III de l'article L. 229-26 du code de l'environnement, dans les conditions qu'il prévoit (7°).

223.242 Régime des avis. Les personnes et les commissions consultées en application de l'article L. 143-20 rendent leur avis[2] :

- dans les limites de leurs compétences propres ;

- au plus tard trois mois à compter de la transmission du projet de schéma.

À défaut de réponse dans ce délai, l'avis est réputé favorable[3].

2°
Autres consultations

a.
Consultations prévues en cas de réduction des espaces agricoles ou forestiers

223.251 Organismes consultés. Lorsque le SCOT prévoit une réduction des espaces agricoles ou forestiers, le SCOT ne peut, conformément à l'article L. 112-3 du code rural, être approuvé qu'après avis[4] :

- de la chambre d'agriculture ;

- de l'Institut national de l'origine et de la qualité dans les zones d'appellation d'origine contrôlée ;

- et, le cas échéant, du Centre national de la propriété forestière.

Il en va de même en cas de révision ou de modification[5].

223.252 Régime des avis. Les avis sont rendus dans un délai de trois mois à compter de la saisine. À défaut de réponse dans ce délai, l'avis est réputé favorable[6].

b.
Consultation du préfet lorsque le SCOT comporte des dispositions relatives au littoral

223.261 Consultations à trois moments. Lorsque le périmètre du SCOT comprend une ou des communes littorales et que le schéma fait application des articles L. 141-12 à L. 141-14[7], le préfet maritime est consulté préalablement[8] :

- à l'arrêt du périmètre du schéma en application de l'article L. 143-6 (1°) ;

- à l'arrêt du projet de schéma en application de l'article L. 143-20 (2°) ;

- à l'approbation du schéma en application de l'article L. 143-23 (3°).

c.
Consultation de l'Autorité environnementale

223.271 Avis de l'Ae. L'Autorité environnementale est consultée, d'une part, sur le rapport sur les incidences environnementales et, d'autre part, sur le projet de SCOT[9].

D.
Cas où une commune ou un groupement de communes estime que l'un de ses intérêts essentiels est compromis

223.281 Saisine du préfet. Lorsqu'une commune ou un groupement de communes membre de l'établissement public en charge du SCOT[10] « estime que l'un de ses intérêts essentiels est compromis par les dispositions du projet de schéma en lui imposant, notamment, des nuisances ou des contraintes excessives », la commune ou le groupement de communes peut, « au plus tard trois mois à compter de la transmission du projet de schéma », saisir le préfet « par délibération motivée qui précise les modifications demandées au projet de schéma »[11].

Ce mécanisme pourrait par exemple s'appliquer si un projet de SCOT prévoit l'implantation sur le territoire d'une commune de plusieurs équipements générant des nuisances (comme une usine d'incinération et une centrale de chauffage) ou limite drastiquement sa capacité d'urbanisation alors que les autres communes se trouvent épargnées de telles nuisances ou contraintes.

223.282 Avis du préfet. Le préfet « donne son avis motivé après consultation de la commission de conciliation »[12].

Il donne son avis dans un délai de trois mois à compter de la saisine[13]. Il indiquera si, selon lui,

1. Mentionnés à l'article L. 411-2 du CCH.
2. C. urb., art. R. 143-4.
3. C. urb., art. R. 143-4.
4. C. urb., art. R. 143-5, al. 1er.
5. C. urb., art. R. 143-5, al. 2.
6. C. urb., art. R. 143-5, al. 3.
7. C'est-à-dire comporte des dispositions relatives au littoral – V. ss nos 221.201 s.
8. C. urb., art. R. 143-6.
9. V. ss nos 214.431 s.
10. V. ss no 223.182.
11. C. urb., art. L. 143-21, al. 1er.
12. C. urb., art. L. 143-21, al. 2.
13. C. urb., art. R. 143-8.

l'activation de la clause de sauvegarde par la commune apparaissait justifiée.

Son arbitrage apparaît de nature à apporter un règlement aux conflits qui peuvent survenir et à contribuer à une répartition homogène des contraintes entre l'ensemble des communes.

§ 4
Quatrième étape : enquête publique

223.291 **Soumission à enquête publique.** Le projet de SCOT arrêté est soumis à enquête publique réalisée conformément au chapitre III du titre II du livre Ier du code de l'environnement par le président de l'établissement public compétent[1].

223.292 **Dossier d'enquête publique.** Le dossier soumis à l'enquête publique est composé des pièces mentionnées à l'article R. 123-8 du code de l'environnement et comprend, en annexe, les différents avis recueillis dans le cadre de la procédure[2].

Il peut, en outre, comprendre tout ou partie des pièces portées à la connaissance de l'établissement par le préfet[3].

Dans le cas mentionné à l'article L. 143-21[4], la délibération motivée de la commune ou de l'EPCI et l'avis du préfet sont joints au dossier de l'enquête publique[5].

§ 5
Cinquième étape : approbation du SCOT

223.301 **Approbation.** À l'issue de l'enquête publique, le SCOT, éventuellement modifié pour tenir compte des avis qui ont été joints au dossier, des observations du public et du rapport du commissaire ou de la commission d'enquête, est approuvé par l'organe délibérant de l'établissement public en charge du SCOT[6].

223.302 **Mise à disposition du public.** Le SCOT approuvé est tenu à la disposition du public[7].

§ 6
Acquisition du caractère exécutoire par le SCOT

A.
Caractère exécutoire acquis deux mois après la transmission au préfet

223.311 **Caractère exécutoire acquis deux mois après la publication sur géoportail et la transmission au préfet.** Par dérogation à l'article L. 2131-1 du CGCT, le SCOT et la délibération qui l'approuve sont publiés sur le portail national de l'urbanisme[8].

Sous réserve qu'il ait été procédé à cette publication, ils sont exécutoires deux mois après leur transmission au préfet, sauf si dans ce délai le préfet demande d'apporter des modifications[9].

223.312 **Hypothèse d'un dysfonctionnement de géoportail.** Le législateur a prévu un retour au droit commun en cas de dysfonctionnement de géoportail.

Lorsque la publication sur ce site « a été empêchée pour des raisons liées au fonctionnement du portail national de l'urbanisme ou à des difficultés techniques avérées », le schéma et la délibération « peuvent être rendus publics dans les conditions prévues au III ou au IV de l'article L. 2131-1 » du CGCT[10].

Ils deviennent alors exécutoires dans les conditions prévues au 2° du I du présent article[11], c'est-à-dire deux mois après leur transmission au préfet.

L'établissement public en charge du SCOT informe le préfet des difficultés rencontrées. Il est procédé à une publication sur le portail national de l'urbanisme dans un délai de six mois à compter de la date à laquelle le schéma et la délibération sont devenus exécutoires[12].

223.313 **Modalités applicables aux évolutions du SCOT.** Les modalités d'acquisition du caractère exécutoire du SCOT mentionnées ci-dessus[13] « sont appli-

1. C. urb., art. L. 143-22.
2. C. urb., art. R. 143-9, al. 1er.
3. C. urb., art. R. 143-9, al. 2.
4. V. s^s n° 223.281.
5. C. urb., art. R. 143-9, al. 3.
6. C. urb., art. L. 143-23, al. 1er – V. s^s n° 223.182.
7. C. urb., art. L. 143-23, al. 2.
8. C. urb., art. L. 143-24, I, 1° – Ces nouvelles modalités, résultant de l'ordonnance n° 2021-1310 du 7 octobre 2021 portant réforme des règles de publicité, d'entrée en vigueur et de conservation des actes pris par les collectivités territoriales et leurs groupements, entrent en vigueur le 1er janvier 2023 (ord., art. 40).
9. C. urb., art. L. 143-24, I, 2° – Sur cette situation, v. s^s n° 223.321.
10. C. urb., art. L. 143-24, II, al. 1er.
11. C. urb., art. L. 143-24, II, al. 2.
12. C. urb., art. L. 143-24, II, al. 3.
13. V. s^s n°s 223.311 s.

cables aux évolutions du schéma de cohérence territoriale et aux délibérations qui les approuvent »[1].

B.
Caractère exécutoire pouvant être différé si le préfet exige des modifications

223.321 Pouvoir du préfet. Dans un délai de deux mois, le préfet notifie par lettre motivée à l'établissement public en charge du SCOT les modifications qu'il estime nécessaire d'apporter au schéma lorsque les dispositions de celui-ci[2] :

– « ne sont pas compatibles avec les prescriptions particulières prévues à l'article L. 122-26 et, en l'absence de celles-ci, avec les dispositions particulières aux zones de montagne et au littoral mentionnées à l'article L. 131-1 » (1°) ;

– « compromettent gravement les principes énoncés à l'article L. 101-2, sont contraires à un projet d'intérêt général, autorisent une consommation excessive de l'espace, notamment en ne prévoyant pas la densification des secteurs desservis par les transports ou les équipements collectifs, ou ne prennent pas suffisamment en compte les enjeux relatifs à la préservation ou à la remise en bon état des continuités écologiques » (2°).

Dans ce cas, le schéma « ne devient exécutoire qu'après que les modifications demandées et la délibération qui les approuve ont été publiées » dans les conditions prévues au 1° du I ou au II de l'article L. 143-24[3] « et transmises » au préfet[4].

C.
Transmission du SCOT exécutoire aux PPA, aux EPCI et aux communes

223.331 Personnes publiques concernées. L'établissement public compétent[5] transmet le SCOT exécutoire[6] :

– aux personnes publiques associées ;

– ainsi qu'aux EPCI compétents en matière de PLU et aux communes compris dans son périmètre.

SECTION 4
MESURES DE PUBLICITÉ ET D'INFORMATION DES ACTES RELATIFS À L'ÉLABORATION DU SCOT

§ 1
Actes faisant l'objet de mesures de publicité et d'information

223.341 Actes relatifs au périmètre et à l'élaboration du SCOT. Font l'objet des mesures de publicité et d'information prévues à l'article R. 143-15[7] :

– l'arrêté préfectoral qui délimite ou modifie le périmètre du SCOT, en application des articles L. 143-6 à L. 143-8[8] ;

– la délibération qui prescrit l'élaboration ou la révision du SCOT et qui définit les objectifs poursuivis ainsi que les modalités de la concertation[9] ;

– la délibération qui approuve le SCOT[10].

§ 2
Modalités des mesures de publicité et d'information

A.
Affichages et publicité

223.351 Affichage et mention dans un journal. Tout acte mentionné à l'article R. 143-14 est affiché pendant un mois au siège de l'établissement public compétent et dans les mairies des communes membres concernées[11].

Mention de cet affichage est insérée en caractères apparents dans un journal diffusé dans le département, à l'exception de la décision mentionnée au 9° de l'article R. 143-14 (décision de la personne publique responsable de réaliser ou non une évaluation environnementale[12])[13].

223.352 Publication. Tout acte mentionné à l'article R. 143-14 est en outre publié[14] :

– au Recueil des actes administratifs mentionné à l'article R. 5211-41 du CGCT, s'il existe, lorsqu'il s'agit d'une délibération de l'organe délibérant d'un EPCI comportant au moins une commune de 3 500 habitants et plus (1°) ;

1. C. urb., art. L. 143-24, III.
2. C. urb., art. L. 143-25, al. 1er à 3.
3. V. ss nos 223.311 s.
4. C. urb., art. L. 143-25, al. 4.
5. Établissement public mentionné à l'article L. 143-16 – V. ss no 223.182.
6. C. urb., art. L. 143-27.
7. V. ss no 223.351.
8. C. urb., art. R. 143-14, 1°.
9. C. urb., art. R. 143-14, 2°.
10. C. urb., art. R. 143-14, 3°.
11. C. urb., art. R. 143-15, al. 1er.
12. V. ss no 224.312.
13. C. urb., art. R. 143-15, al. 1er.
14. C. urb., art. R. 143-15, al. 2 à 4.

– au Recueil des actes administratifs de l'État dans le département, lorsqu'il s'agit d'un arrêté préfectoral (2°).

Depuis le 1er janvier 2020, la publication prévue au premier alinéa de l'article L. 2131-1 du CGCT s'effectue sur le portail national de l'urbanisme[1].

223.353 Indication du lieu où le dossier peut être consulté. Chacune des formalités de publicité précédemment indiquées mentionne le ou les lieux où le dossier peut être consulté[2].

B. Effets juridiques à compter de l'affichage

223.361 Affichage (et mention de celle-ci dans le journal). L'arrêté ou la délibération produit ses effets juridiques dès l'exécution de l'ensemble des formalités prévues au premier alinéa ci-dessus[3], la date à prendre en compte pour l'affichage étant celle du premier jour où il est effectué[4].

SECTION 5 CAS PARTICULIER : CHARTE D'UN PNR TENANT LIEU DE SCOT

223.371 Charte d'un PNR pouvant tenir lieu de SCOT. La charte d'un parc naturel régional peut tenir lieu de SCOT pour les communes de ce parc qui ne sont pas comprises dans le périmètre d'un SCOT, « dès lors que cette charte comporte un chapitre individualisé comprenant les documents mentionnés à l'article L. 141-2 et élaboré, révisé ou modifié dans les conditions définies aux articles L. 143-17 à L. 143-43 »[5].

Le périmètre du SCOT est délimité dans les conditions définies aux articles L. 143-1 à L. 143-6[6].

1. C. urb., art. R. 143-16.
2. C. urb., art. R. 143-15, al. 5.
3. V. s^{s} n° 223.351.
4. C. urb., art. R. 143-15, al. 6.
5. C. urb., art. L. 144-1, al. 1er.
6. C. urb., art. L. 144-1, al. 2.

CHAPITRE

224. Procédures d'évolution et d'évaluation du SCOT

SECTION 0

ORIENTEUR

224.00 Sommaire du chapitre.

224.01 **Textes applicables.**

• **C. urb.**

art. L. 143-28 s.

art. R. 143-2 s.

224.03 **Bibliographie indicative.**

Encyclopédies. *DP constr.-urb.*, ét. : « Schéma de cohérence territoriale (SCOT) » – *J.-Cl. Constr.-Urb.*, fasc. 7-20 : « Schémas de cohérence territoriale », par J.-Ph. Strebler, sept. 2014.

SECTION 1 ÉVALUATION DU SCOT

§ 1 Périodicité de l'évaluation

224.11 **Évaluation tous les six ans.** L'établissement public en charge du SCOT[1] doit procéder à une évaluation du SCOT six ans au plus après[2] :

- la délibération portant approbation du SCOT ;
- la dernière délibération portant révision complète de ce schéma ;
- ou la délibération ayant décidé son maintien en vigueur en application du présent article.

§ 2 Contenu de l'évaluation

224.21 **Analyse des résultats de l'application du SCOT.** L'évaluation consiste en « une analyse des résultats de l'application du schéma », notamment en matière[3] :

- d'environnement ;
- de transports et de déplacements ;
- de maîtrise de la consommation de l'espace ;
- de réduction du rythme de l'artificialisation des sols ;
- d'implantations commerciales ;
- et, en zone de montagne, de réhabilitation de l'immobilier de loisir et d'UTNS.

224.22 **Cas où le périmètre du SCOT est identique à celui d'un PLUI.** Lorsque le périmètre du SCOT est identique à celui d'un PLUI, l'analyse réalisée comprend, en outre, « un examen de l'opportunité d'élargir le périmètre du schéma », en lien avec les territoires limitrophes[4].

§ 3 Communication de l'évaluation

224.31 **Autorités concernées.** L'analyse est communiquée[5] :

- au public ;
- au préfet ;
- et à l'autorité environnementale[6].

§ 4 Délibération sur le maintien ou la révision du SCOT

224.41 **Le cas échéant, débat sur l'extension du SCOT.** Lorsque le périmètre du SCOT est identique à celui d'un PLUI[7], l'organe délibérant de l'établissement public compétent débat spécifiquement sur l'évolution du périmètre du schéma avant de décider du maintien en vigueur du schéma ou de sa révision[8].

224.42 **Délibération sur la base de l'analyse réalisée (sous peine de caducité du SCOT).** Sur la base de l'analyse réalisée et, le cas échéant, du débat mentionné au troisième alinéa[9], l'établissement public compétent délibère sur le maintien en vigueur du SCOT ou sur sa révision[10].

« À défaut d'une telle délibération », le SCOT « est caduc »[11].

SECTION 2 RÉVISION DU SCOT

§ 1 Changements nécessitant de mettre en œuvre la procédure de révision

224.51 **Changements portant sur des dispositions essentielles.** Le SCOT fait l'objet d'une révi-

1. V. s^s^ n° 223.182.
2. C. urb., art. L. 143-28, al. 1er.
3. C. urb., art. L. 143-28, al. 1er.
4. C. urb., art. L. 143-28, al. 3.
5. C. urb., art. L. 143-28, al. 2.
6. V. s^s^ n° 214.441.
7. V. s^s^ n° 224.22.
8. C. urb., art. L. 143-28, al. 3.
9. V. s^s^ n° 224.41.
10. C. urb., art. L. 143-28, al. 2.
11. C. urb., art. L. 143-28, al. 4.

sion lorsque l'établissement public compétent envisage des changements portant sur[1] :

- les orientations définies par le projet d'aménagement stratégique (1°) ;
- les dispositions du DOO prises en application de l'article L. 141-10[2] (2°) ;
- les dispositions du DOO relatives à la politique de l'habitat prises en application du 3° de l'article L. 141-7 ayant pour effet de diminuer l'objectif global concernant l'offre de nouveaux logements (3°).

224.52 **Exception pour les énergies renouvelables (procédure simplifiée).** Les changements mentionnés aux 1° et 2° relèvent de la procédure de modification simplifiée lorsqu'ils ont pour objet de soutenir le développement[3] :

- de la production d'énergies renouvelables ;
- de la production d'hydrogène renouvelable ou bas-carbone ;
- ou du stockage d'électricité ;
- ou d'identifier des zones d'accélération pour l'implantation d'installations terrestres de production d'énergies renouvelables.

§ 2
Déroulement de la procédure de révision

224.61 **Délibération prescrivant la révision.** La révision est prescrite par délibération de l'organe délibérant de l'établissement public[4].

224.62 **Renvoi à la procédure d'élaboration.** La révision « est effectuée dans les conditions définies par les articles L. 143-17 à L. 143-27 relatifs à l'élaboration du schéma »[5].

Toutefois, à la différence de la procédure d'élaboration, le débat sur les orientations du projet d'aménagement stratégique prévu par l'article L. 143-18 « peut avoir lieu dès la mise en révision du schéma »[6].

§ 3
Mise en révision n'empêchant pas des modifications ou mises en compatibilité

224.71 **Faculté.** Entre la mise en révision d'un SCOT et l'approbation de cette révision, « il peut être décidé une ou plusieurs modifications ou mises en compatibilité de ce schéma »[7].

SECTION 3
MODIFICATION DU SCOT

§ 1
Cas dans lesquels la procédure de modification peut être utilisée

224.81 **Changements ne nécessitant pas de révision.** « Sous réserve des cas où une révision s'impose en application du I de l'article L. 143-29 »[8], le SCOT fait l'objet d'une procédure de modification lorsque l'établissement public compétent « décide de modifier le document d'orientation et d'objectifs »[9].

§ 2
Procédures de modification du SCOT

224.91 **Deux procédures.** Le code distingue deux procédures de modification :

- une procédure de droit commun, avec enquête publique ;
- une procédure simplifiée, avec mise à disposition du projet.

A.
Procédure de modification de droit commun

1°
Cas où la procédure doit être mise en œuvre

224.101 **Modification portant sur des dispositions importantes.** La procédure de modification de droit commun est mise en œuvre lorsque le projet de modification porte sur des dispositions prises en application des articles suivants[10] :

- art. L. 141-4 (conditions d'application du PAS)[11] ;
- art. L. 141-5 (orientations et objectifs en matière d'activités économiques, agricoles et commerciales)[12] ;
- art. L. 141-6 (DAAC)[13] ;
- art. L. 141-7 (orientations et objectifs en matière d'offre de logements, de mobilité, d'équipements, de services et densification)[14] ;

1. C. urb., art. L. 143-29, I.
2. DOO concernant la préservation de l'environnement – V. s^s^ n° 221.181.
3. C. urb., art. L. 143-29, II ; créé par. L. n° 2023-175, 10 mars 2023.
4. C. urb., art. L. 143-30, al. 1er.
5. C. urb., art. L. 143-30, al. 1er – V. ss nos 223.191 s.
6. C. urb., art. L. 143-30, al. 2.
7. C. urb., art. L. 143-31.
8. V. ss n° 224.51.
9. C. urb., art. L. 143-22.
10. C. urb., art. L. 143-34, al. 1er.
11. V. ss nos 221.51 s.
12. V. ss nos 221.81 s.
13. V. ss nos 221.91 s.
14. V. ss nos 221.151 s.

– art. L. 141-11 (localisation, nature et capacité d'accueil des UTNS)[1] ;

– art. L. 141-12 (orientations en matière d'aménagement, de protection et de mise en valeur du littoral)[2] ;

– et L. 141-13 (modalités d'application de la loi Littoral ; équilibre, accès au littoral, gestion des milieux aquatiques, prévention des risques)[3].

2°
Déroulement de la procédure

a.
Initiative

224.111 Initiative du président de l'établissement public. La procédure de modification « est engagée à l'initiative du président de l'établissement public » compétent ; il « établit le projet de modification »[4].

224.112 Notification du projet et consultations. Avant l'ouverture de l'enquête publique, le président de l'établissement public notifie le projet de modification[5] :

– au préfet ;

– et aux personnes publiques associées mentionnées aux articles L. 132-7 et L. 132-8[6].

Lorsque le projet de modification prévoit la création d'une ou plusieurs UTN, il est également soumis aux avis prévus au 6° de l'article L. 143-20[7] (C. urb., art. L. 143-33, al. 2).

b.
Enquête publique

224.121 Soumission à enquête publique. Le projet de modification est soumis à enquête publique par le président de l'établissement public[8]

224.122 Déroulement de l'enquête publique. L'enquête publique est réalisée conformément au chapitre III du titre II du livre Ier du code de l'environnement[9].

Lorsque la modification ne concerne que certaines communes, l'enquête publique peut n'être organisée que sur le territoire de ces communes[10].

1. V. s^s n°s 221.191 s.
2. V. s^s n° 221.201.
3. V. s^s n°s 221.202 s.
4. C. urb., art. L. 143-33, al. 1er.
5. C. urb., art. L. 143-33, al. 2.
6. V. s^s n°s 212.141 s.
7. Représentant des organismes HLM – V. s^s n° 223.241.
8. C. urb., art. L. 143-34, al. 1er.
9. C. urb., art. L. 143-34, al. 2.
10. C. urb., art. L. 143-34, al. 2.

224.123 Avis des PPA joint au dossier d'enquête publique. Les avis des personnes publiques associées sont joints au dossier d'enquête publique[11].

c.
Approbation de la modification

224.131 Approbation. À l'issue de l'enquête publique, le projet de modification, éventuellement modifié pour tenir compte des avis qui ont été joints au dossier, des observations du public et du rapport du commissaire ou de la commission d'enquête, est approuvé par délibération de l'organe délibérant de l'établissement public[12].

224.132 Acquisition du caractère exécutoire (renvoi à la procédure d'élaboration). L'acte modifiant le SCOT devient exécutoire dans les conditions définies aux articles L. 143-24 à L. 143-26[13].

B.
Procédure de modification simplifiée

1°
Cas dans lesquels la procédure peut être mise en œuvre

224.141 Cas généraux prévus par le code. Le code de l'urbanisme prévoit que la procédure de modification simplifiée peut être mise en œuvre dans trois hypothèses[14] :

– dans les cas autres que ceux mentionnés à l'article L. 143-34[15] ;

– dans les cas mentionnés au II de l'article L. 143-29[16] ;

– lorsque le projet de modification a uniquement pour objet la rectification d'une erreur matérielle.

224.142 Cas ponctuels autorisés par une loi. Il arrive fréquemment qu'une loi autorise les collectivités à recourir à la modification ou modification simplifiée afin d'intégrer aux documents d'urbanisme les nouvelles exigences fixées par la loi[17].

11. C. urb., art. L. 143-34, al. 4.
12. C. urb., art. L. 143-35.
13. V. s^s n°s 223.311 s. – C. urb. art. L. 143-36.
14. C. urb., art. L. 143-37 ; mod. par L. n° 2023-175, 10 mars 2023.
15. V. s^s n° 224.101.
16. V. s^s n° 224.52.
17. V. p. ex. le IV de l'article 194 de la loi Climat. Ce texte, qui impose aux PLU et aux SCOT d'être complétés par des objectifs de réduction de l'artificialisation, leur permet à cette fin de recourir à la procédure de modification simplifiée, bien que cette évolution implique de repenser les orientations du PADD et aurait dû, en application du droit commun, être mise en œuvre par le biais d'une révision.

2°
Déroulement de la procédure

a.
Initiative

224.151 Initiative du président de l'établissement public. La procédure de modification « est engagée à l'initiative du président de l'établissement public » compétent ; il « établit le projet de modification »[1].

224.152 Notification du projet et consultations. Avant l'ouverture la mise à disposition du public, le président de l'établissement public notifie le projet de modification[2] :

- au préfet ;
- et aux personnes publiques associées mentionnées aux articles L. 132-7 et L. 132-8[3].

Lorsque le projet de modification prévoit la création d'une ou plusieurs UTN, il est également soumis aux avis prévus au 6° de l'article L. 143-20[4] (C. urb., art. L. 143-33, al. 2).

b.
Mise à disposition du public

224.161 Mise en œuvre. Le projet de modification, l'exposé de ses motifs et, le cas échéant, les avis émis par les personnes publiques associées sont mis à disposition du public pendant un mois, dans des conditions lui permettant de formuler ses observations[5].

Ces observations sont enregistrées et conservées[6].

Les modalités de la mise à disposition sont précisées par l'organe délibérant de l'établissement public et portées à la connaissance du public au moins huit jours avant le début de cette mise à disposition[7].

Lorsque la modification simplifiée d'un SCOT n'intéresse que certains EPCI ou certaines communes dont le territoire est inclus dans le périmètre du schéma, la mise à disposition du public peut n'être organisée que sur le territoire de ces établissements ou communes[8].

c.
Bilan de la mise à disposition et approbation

224.171 Bilan de la mise à disposition et adoption du projet. À l'issue de la mise à disposition, le président de l'établissement public en présente le bilan devant l'organe délibérant de l'établissement public, qui en délibère et adopte le projet, le cas échéant modifié pour tenir compte des avis émis et des observations formulées lors de la mise à disposition[9].

224.172 Acquisition du caractère exécutoire. L'acte approuvant la modification simplifiée devient exécutoire dès sa publication et sa transmission au préfet dans les conditions définies aux articles L. 2131-1 et L. 2131-2 du CGCT[10].

SECTION 4
MISE EN COMPATIBILITÉ DU SCOT

§ 1
Première forme : mise en compatibilité ou prise en compte d'un document supérieur

A.
Situations concernées

224.181 Deux situations. La première variante de mise en compatibilité est celle dans laquelle le SCOT[11] :

- soit doit « être rendu compatible avec un document ou des dispositions mentionnés aux articles L. 131-1 et L. 131-2 ou les prendre en compte » ;
- soit doit « permettre la réalisation d'un projet d'intérêt général postérieur à son approbation ».

B.
Procédure de mise en compatibilité avec un document supérieur ou un PIG

1°
Demande de mise en compatibilité par le préfet

224.191 Information sur l'obligation de mise en compatibilité. Lorsqu'existe une obligation de mise en compatibilité du SCOT[12], le préfet en informe l'établissement public compétent « à l'expiration du délai laissé au schéma pour se conformer, s'il y a lieu, à cette obligation »[13].

1. C. urb., art. L. 143-33, al. 1er.
2. C. urb., art. L. 143-33, al. 2.
3. V. ss nos 212.141 s.
4. Représentant des organismes HLM – V. ss no 223.241.
5. C. urb., art. L. 143-38, al. 1er.
6. C. urb., art. L. 143-38, al. 2.
7. C. urb., art. L. 143-38, al. 3.
8. C. urb., art. L. 143-38, al. 4.
9. C. urb., art. L. 143-38, al. 5.
10. C. urb., art. L. 143-39.
11. C. urb., art. L. 143-40.
12. V. ss no 224.181.
13. C. urb., art. L. 143-40.

224.192 Dossier adressé par le préfet. Le préfet adresse à l'établissement public un dossier indiquant[1] :

– les motifs pour lesquels il considère que le SCOT ne respecte pas les obligations de mise en compatibilité et de prise en compte mentionnées aux articles L. 131-1 et L. 131-2 ;

– ainsi que les modifications qu'il estime nécessaires pour y parvenir.

2°
Mise en compatibilité par l'établissement ou à défaut par le préfet

224.201 Première possibilité : mise en compatibilité par l'établissement. Dans un délai de deux mois, l'établissement public fait connaître au préfet s'il entend opérer la modification simplifiée nécessaire suivant la procédure prévue à l'article L. 131-3[2].

S'il donne son accord, la mise en compatibilité est réalisée par l'établissement selon cette procédure.

224.202 Seconde possibilité : mise en compatibilité par le préfet. La mise en compatibilité est réalisée par le préfet dans deux cas de figure[3] :

– d'une part, si l'établissement n'a pas donné son accord dans les deux mois suivant la demande de mise en compatibilité ;

– d'autre part, s'il a donné son accord dans ce délai mais qu'aucune délibération approuvant la modification simplifiée du schéma n'est intervenue dans un délai d'un an suivant cette demande.

Dans ces deux hypothèses, le préfet « engage et approuve la mise en compatibilité du schéma »[4].

3°
Examen conjoint et enquête publique

a.
Examen conjoint

224.211 État-établissement public-PPA. La mise en compatibilité du schéma fait l'objet d'un examen conjoint[5] :

– de l'État ;

– de l'établissement public compétent ;

– et des personnes publiques associées mentionnées aux articles L. 132-7 et L. 132-8.

224.212 Examen conjoint avant l'enquête publique. L'examen conjoint a lieu « avant l'ouverture de l'enquête publique »[6].

224.213 Initiative. L'examen conjoint a lieu « à l'initiative de l'autorité chargée de la procédure »[7].

b.
Enquête publique

224.221 Modalités. Le projet de mise en compatibilité est soumis à une enquête publique réalisée conformément au chapitre III du titre II du livre Ier du code de l'environnement par le préfet[8].

Lorsque le projet de mise en compatibilité ne concerne que certaines communes, l'enquête publique peut n'être organisée que sur le territoire de ces communes[9].

224.222 Dossier d'enquête publique contenant le PV de l'examen conjoint. Le procès-verbal de la réunion d'examen conjoint est joint au dossier de l'enquête publique[10].

4°
Approbation par arrêté préfectoral

224.231 Avis de l'établissement public compétent. À l'issue de l'enquête publique, l'établissement public en charge du SCOT émet un avis sur le projet de mise en compatibilité. Cet avis est réputé favorable s'il n'est pas émis dans le délai de deux mois[11].

224.232 Approbation. La proposition de mise en compatibilité est approuvée par arrêté préfectoral[12].

Elle devient exécutoire dès l'exécution de l'ensemble des formalités de publication et d'affichage[13].

§ 2
Seconde forme : mise en compatibilité avec une opération d'utilité publique ou d'intérêt général

A.
Situations concernées

224.241 Trois opérations. La seconde forme de mise en compatibilité concerne l'hypothèse dans

1. C. urb., art. L. 143-41.
2. C. urb., art. L. 143-42, al. 1er.
3. C. urb., art. L. 143-42, al. 2.
4. C. urb., art. L. 143-42, al. 2.
5. C. urb., art. L. 143-43, al. 1er.
6. C. urb., art. R. 143-10, al. 1er.
7. C. urb., art. R. 143-10, al. 1er.
8. C. urb., art. L. 143-43, al. 2.
9. C. urb., art. L. 143-43, al. 3.
10. C. urb., art. L. 143-43, al. 4 ; art. R. 143-10, al. 2.
11. C. urb., art. L. 143-43, al. 5.
12. C. urb., art. L. 143-43, al. 6.
13. C. urb., art. L. 143-43, al. 6.

laquelle n'est pas compatible avec les dispositions d'un SCOT une opération faisant l'objet[1] :

- d'une déclaration d'utilité publique ;
- d'une procédure intégrée en application de l'article L. 300-6-1 ;
- ou, si une déclaration d'utilité publique n'est pas requise, d'une déclaration de projet.

224.242 Fusion des procédures. L'opération ne peut intervenir que si[2] :

- l'enquête publique concernant cette opération a porté à la fois sur l'utilité publique ou l'intérêt général de l'opération et sur la mise en compatibilité du schéma qui en est la conséquence (1°) ;
- les dispositions proposées pour assurer la mise en compatibilité du schéma ont fait l'objet d'un examen conjoint de l'État, de l'établissement public en charge du SCOT, et des personnes publiques associées mentionnées aux articles L. 132-7 et L. 132-8 (2°).

B. Procédure

1° Procédure commune

a. Examen conjoint

224.251 État-établissement public-PPA. Les dispositions proposées pour assurer la mise en compatibilité du schéma doivent faire l'objet d'un examen conjoint de l'État, de l'établissement public en charge du SCOT, et des personnes publiques associées mentionnées aux articles L. 132-7 et L. 132-8[3].

224.252 Examen conjoint avant l'enquête publique. L'examen conjoint a lieu « avant l'ouverture de l'enquête publique »[4].

224.253 Initiative. L'examen conjoint a lieu « à l'initiative de l'autorité chargée de la procédure »[5].

b. Enquête publique

224.261 Une enquête publique commune à l'opération et à la mise en compatibilité. L'enquête publique doit porter à la fois[6] :

- sur l'utilité publique ou l'intérêt général de l'opération ;
- et sur la mise en compatibilité du schéma qui en est la conséquence.

224.262 Soumission à enquête publique. Le projet de mise en compatibilité est soumis à une enquête publique par le préfet dans les cas suivants[7] :

- lorsqu'une déclaration d'utilité publique est requise (a) ;
- lorsque la déclaration de projet est adoptée par l'État ou une personne publique autre que l'établissement public en charge du SCOT (b) ;
- lorsque la procédure intégrée mentionnée à l'article L. 300-6-1 est engagée par l'État ou une personne publique autre que l'établissement public en charge du SCOT (c).

Le projet de mise en compatibilité est soumis à une enquête publique par le président de l'établissement public en charge du SCOT dans les autres cas[8].

224.263 Organisation de l'enquête publique. L'enquête publique est réalisée conformément au chapitre III du titre II du livre Ier du code de l'environnement[9].

Lorsque le projet de mise en compatibilité ne concerne que certaines communes, l'enquête publique peut n'être organisée que sur le territoire de ces communes[10].

Le procès-verbal de la réunion d'examen conjoint est joint au dossier de l'enquête publique[11].

224.264 Gel des procédures de modification et de révision. Lorsque la mise en compatibilité est requise pour permettre la déclaration d'utilité publique d'un projet, ou lorsqu'une procédure intégrée mentionnée à l'article L. 300-6-1 est engagée, le SCOT « ne peut pas faire l'objet d'une modification ou d'une révision portant sur les dispositions faisant l'objet de la mise en compatibilité entre l'ouverture de l'enquête publique et la décision procédant à la mise en compatibilité »[12].

c. Approbation de la mise en compatibilité

224.271 Avis ou décision de l'établissement compétent. À l'issue de l'enquête publique, l'établissement public en charge du SCOT[13] :

- « émet un avis » lorsqu'une déclaration d'utilité publique est requise, lorsque la déclaration de projet est adoptée par l'État ou lorsque la procédure intégrée mentionnée à l'article L. 300-6-1 est enga-

1. C. urb., art. L. 153-44, al. 1er.
2. C. urb., art. L. 153-44, al. 1er à 3.
3. C. urb., art. L. 153-44, 2°.
4. C. urb., art. R. 143-10, al. 1er.
5. C. urb., art. R. 143-10, al. 1er.
6. C. urb., art. L. 153-44, 1°.
7. C. urb., art. L. 143-46, 1°.
8. C. urb., art. L. 143-46, 1°.
9. C. urb., art. L. 143-46, al. 1er.
10. C. urb., art. L. 143-46, al. 7.
11. C. urb., art. L. 143-46, al. 8 ; art. R. 143-10, al. 2.
12. C. urb., art. L. 143-47.
13. C. urb., art. L. 143-48.

gée par l'État (1°, précisant que cet avis est réputé favorable s'il n'est pas émis dans le délai de deux mois) ;

– « décide la mise en compatibilité du schéma » dans les autres cas (2°).

224.272 Approbation de la proposition de mise en compatibilité. La proposition de mise en compatibilité du schéma peut être modifiée « pour tenir compte des avis qui ont été joints au dossier, des observations du public et du rapport du commissaire ou de la commission d'enquête »[1].

La proposition est approuvée[2] :

– par la déclaration d'utilité publique, lorsque celle-ci est requise (1°) ;

– par la déclaration de projet lorsqu'elle est adoptée par l'État ou l'établissement public compétent (2°) ;

– par arrêté préfectoral lorsqu'une procédure intégrée mentionnée à l'article L. 300-6-1 est engagée par l'État (3°) ;

– par délibération de l'établissement public compétent dans les autres cas (4°, précisant qu'à défaut de délibération dans un délai de deux mois à compter de la réception par l'établissement public de l'avis du commissaire enquêteur ou de la commission d'enquête, la mise en compatibilité est approuvée par le préfet).

224.273 Acquisition du caractère exécutoire. L'acte de l'établissement public compétent mettant en compatibilité le SCOT devient exécutoire dans les conditions définies aux articles L. 143-24 à L. 143-26[3].

Dans les autres cas, la décision de mise en compatibilité devient exécutoire dès l'exécution de l'ensemble des formalités de publication et d'affichage[4].

d. Particularités en zones de montagne : avis en cas de création d'une UTN

224.281 Avis requis. Lorsque la mise en compatibilité du schéma est nécessaire pour permettre la création d'une ou plusieurs unités touristiques nouvelles, les dispositions proposées pour assurer la mise en compatibilité du schéma sont soumises aux avis prévus par décret en Conseil d'État[5].

2° Cas d'une déclaration de projet ne nécessitant pas de DUP

224.291 Hypothèses concernées. Des règles particulières sont prévues lorsque la déclaration de projet d'une opération qui n'est pas compatible avec un SCOT ne requiert pas une déclaration d'utilité publique[6].

Trois configurations sont envisagées.

224.292 Première configuration : opération réalisée par l'établissement public en charge du SCOT. La première configuration est celle dans laquelle[7] :

– soit l'opération est réalisée par l'établissement public compétent et nécessite une déclaration de projet en application de l'article L. 126-1 du code de l'environnement (1°) ;

– soit lorsque l'établissement public compétent a décidé, en application de l'article L. 300-6, de se prononcer, par une déclaration de projet, sur l'intérêt général d'une action ou d'une opération d'aménagement ou de la réalisation d'un programme de construction (2°).

Dans cette configuration, « l'organe délibérant de l'établissement public adopte la déclaration de projet au vu du dossier de mise en compatibilité du SCOT » éventuellement modifié pour tenir compte des avis joints au dossier d'enquête publique, des observations du public et des résultats de l'enquête, du rapport et des conclusions du commissaire enquêteur ou de la commission d'enquête et du procès-verbal de la réunion d'examen conjoint[8].

La déclaration de projet « emporte approbation des nouvelles dispositions du schéma »[9].

224.293 Deuxième configuration : opération réalisée par une collectivité, un groupement ou un établissement public autre que celui en charge du SCOT. La deuxième configuration est celle dans laquelle[10] :

– soit l'opération est réalisée par un établissement public dépendant de l'État, la société SNCF Réseau ou sa filiale mentionnée au 5° de l'article L. 2111-9 du code des transports, une collectivité territoriale, un groupement de collectivités, un établissement public dépendant d'une collectivité ou d'un groupement de collectivités autre que l'établissement public en charge du SCOT, et nécessite une déclaration de projet en application de l'article L. 126-1 du code de l'environnement (1°) ;

– soit un établissement public dépendant de l'État, la société SNCF Réseau ou sa filiale mentionnée au 5° de l'article L. 2111-9 du code des transports, une collectivité territoriale, un groupement de collectivités, un établissement public dépendant

1. C. urb., art. L. 143-49, al. 1er.
2. C. urb., art. L. 143-49.
3. C. urb., art. L. 143-50, al. 1er – V. ss nos 223.311 s.
4. C. urb., art. L. 143-50, al. 2.
5. C. urb., art. L. 143-45 – Sur les avis prévus, v. ss no 135.221.
6. C. urb., art. R. 143-11, al. 1er ; art. 143-12, al. 1er et art. 143-13, al. 1er.
7. C. urb., art. R. 143-11, al. 1er à 3.
8. C. urb., art. R. 143-11, al. 4.
9. C. urb., art. R. 143-11, al. 5.
10. C. urb., art. R. 143-12, al. 1er à 3 ; mod. par décr. no 2022-976, 1er juill. 2022.

d'une collectivité ou d'un groupement de collectivités autre que l'établissement public en charge du SCOT a décidé, en application de l'article L. 300-6, de se prononcer, par une déclaration de projet, sur l'intérêt général d'une action ou d'une opération d'aménagement ou de la réalisation d'un programme de construction (2°).

Dans cette configuration, la procédure de mise en compatibilité est menée [1] :

- par le président de l'organe délibérant de la collectivité ou du groupement de collectivités responsable du projet, lorsque le projet émane d'un établissement public dépendant d'une collectivité ou d'un groupement de collectivités ;

- par le président de l'organe délibérant de cette collectivité ou de ce groupement ;

- ou lorsque le projet émane d'un établissement public dépendant de l'État, la société SNCF Réseau ou sa filiale mentionnée au 5° de l'article L. 2111-9 du code des transports, par le président du conseil d'administration.

L'autorité chargée de la procédure transmet le dossier de mise en compatibilité du SCOT (éventuellement modifié pour tenir compte des avis joints au dossier d'enquête publique, des observations du public et des résultats de l'enquête, le rapport et les conclusions du commissaire enquêteur ou de la commission d'enquête ainsi que le procès-verbal de la réunion d'examen conjoint) à l'organe délibérant de l'établissement public en charge du SCOT. Celui-ci dispose d'un délai de deux mois pour approuver ou refuser la mise en compatibilité du schéma. En l'absence de délibération dans ce délai ou en cas de désaccord, le préfet approuve la mise en compatibilité par arrêté. Cet arrêté est notifié au président de l'établissement public dans les deux mois suivant la réception en préfecture de l'ensemble du dossier [2].

La délibération de l'établissement public ou la décision du préfet est notifiée à l'autorité chargée de la procédure [3].

224.294 Troisième configuration : opération réalisée par l'État. La troisième configuration est celle dans laquelle [4] :

- soit l'opération est réalisée par l'État et nécessite une déclaration de projet en application de l'article L. 126-1 du code de l'environnement (1°) ;

- soit l'État a décidé, en application de l'article L. 300-6, de se prononcer, par une déclaration de projet, sur l'intérêt général d'une action ou d'une opération d'aménagement ou de la réalisation d'un programme de construction (2°).

Dans cette configuration, le préfet transmet l'ensemble du dossier à l'organe délibérant de l'établissement public en charge du SCOT. Celui-ci dispose d'un délai de deux mois pour émettre un avis sur la mise en compatibilité du schéma. En l'absence d'avis dans ce délai, celui-ci est réputé favorable [5].

Le préfet adopte par arrêté la déclaration de projet au vu de l'ensemble des pièces du dossier [6].

La déclaration de projet emporte approbation des nouvelles dispositions du schéma [7].

SECTION 5
ÉVALUATION ENVIRONNEMENTALE

224.301 Évaluation environnementale requise selon les effets sur l'environnement des changements envisagés. Si les changements envisagés sont susceptibles d'avoir des effets notables sur l'environnement, il y a lieu de réaliser, soit une actualisation de l'évaluation environnementale, soit une nouvelle évaluation environnementale [8]. Le rapport sur les incidences environnementales devra être mis à jour en conséquence [9].

SECTION 6
MESURES DE PUBLICITÉ ET D'INFORMATION DES ACTES RELATIFS À L'ÉVALUATION ET L'ÉVOLUTION DU SCOT

§ 1
Actes faisant l'objet de mesures de publicité et d'information

224.311 Actes relatifs à la modification, la révision et l'évaluation du SCOT. Font l'objet des mesures de publicité et d'information prévues à l'article R. 143-15 [10] :

- la délibération qui définit les objectifs poursuivis et les modalités de la concertation lors de la modification du SCOT, en application du quatrième alinéa de l'article L. 103-3 [11] ;

1. C. urb., art. R. 143-12, al. 4 ; mod. par décr. n° 2022-976, 1er juill. 2022.
2. C. urb., art. R. 143-12, al. 5.
3. C. urb., art. R. 143-12, al. 6.
4. C. urb., art. R. 143-13, al. 1er à 3.
5. C. urb., art. R. 143-13, al. 4.
6. C. urb., art. R. 143-13, al. 5.
7. C. urb., art. R. 143-13, al. 6.
8. V. ss nos 214.111 s.
9. V. ss no 214.311.
10. V. ss no 223.351.
11. C. urb., art. R. 143-14, 2°.

– la délibération qui approuve la révision ou la modification du SCOT[1] ;

– la délibération décidant de maintenir en vigueur ou de mettre en révision un SCOT, en application de l'article L. 143-28[2].

224.312 Actes relatifs à la mise en compatibilité. Font l'objet des mesures de publicité et d'information prévues à l'article R. 143-15[3] :

– le décret ou l'arrêté prononçant la déclaration d'utilité publique prévue à l'article L. 143-49[4] ;

– la décision ou la délibération prononçant la déclaration de projet ainsi que la délibération ou l'arrêté mettant le schéma en compatibilité avec cette déclaration de projet, en application de l'article L. 143-49[5] ;

– la délibération qui approuve la modification ou la révision du SCOT ainsi que l'arrêté mettant le schéma en compatibilité, en application des articles L. 143-42 et L. 143-43[6] ;

– la délibération ou l'arrêté mettant le schéma en compatibilité, dans le cadre d'une procédure intégrée prévue à l'article L. 300-6-1[7] ;

– la décision mentionnée à l'article R. 104-33, en cas de modification ou de mise en compatibilité, de réaliser ou non une évaluation environnementale[8].

§ 2

Modalités des mesures de publicité et d'information

224.320 Renvoi. Les modalités de publicité et d'information sont identiques à celles prévues pour l'élaboration du SCOT[9].

Il en va de même pour l'acquisition du caractère exécutoire de ces évolutions[10].

1. C. urb., art. R. 143-14, 3°.
2. C. urb., art. R. 143-14, 4°.
3. V. s^{s} n° 223.351.
4. C. urb., art. R. 143-14, 5°.
5. C. urb., art. R. 143-14, 6°.
6. C. urb., art. R. 143-14, 7°.
7. C. urb., art. R. 143-14, 8°.
8. C. urb., art. R. 143-14, 9° – V. s^{s} n° 214.251.
9. V. s^{s} n°s 223.341 s.
10. V. s^{s} n° 223.313.

TITRE

23. Le plan local d'urbanisme (PLU)

SECTION 0 ORIENTEUR

23.00 Sommaire du titre.

23.03 Bibliographie indicative.

Monographies. I. Cassin, *Le PLU*, « Guides juridiques », Le Moniteur, 2002 – P. Hocreitère, *Le plan local d'urbanisme*, « Les indispensables », Berger-Levrault, 2009.

Contributions. G. Godfrin, « Le plan local d'urbanisme entre droit souple et droit dur », *Mél. J.-P. Lebreton*, « Les Cahiers du Gridauh », 2015, n° 29, p. 119 – J.-P. Lebreton, « La planification dans l'orbite de l'urbanisme de projet », *Mél. F. Haumont*, Bruylant, 2015, p. 30.

> Articles

Généralité. F. Priet, « Le plan local d'urbanisme, vingt ans après », *AJDA* 2020. 2411.

Création (loi SRU). T. Célérier, « Plans locaux d'urbanisme (PLU) », *JCP N* 2001, n° 895 – H. Jacquot et J.-P. Lebreton, « La refonte de la planification urbaine », *AJDA* 2001. 27 – J.-P. Lebreton, « Le plan local d'urbanisme », *DAUH* 2001. 59.

Loi UH. D. Larralde, « PLU : La contre-réforme », *Constr.-Urb.* 2003, chron. n° 8.

Loi ENL. F. Bouyssou, « Le plan local d'urbanisme après la loi ENL », *Constr.-Urb.* 2006, chron. n° 13.

Loi ENE (Grenelle II). Ph. Baffert et K. Destarac, « Comment rédiger les PLU après la loi Grenelle 2 », *BJDU* 2011. 255 – H. Jacquot et J.-P. Lebreton, « La réforme du PLU », *AJDA* 2010. 1697 – P. Galan, « La réforme des documents d'urbanisme par la loi engagement national pour l'environnement », *JCP Adm.* 2010, ét. 2322 – A. Graboy-Grobesco, « La loi Grenelle II et les documents de planification territoriale », *Dr. adm.*

2011, ét. 4 – P. Soler-Couteaux, « Le plan local d'urbanisme "Grenelle" : un arbre qui cache la forêt », *RDI* 2011. 89 – P. Soler-Couteaux, « Les dispositions du décret n° 2012-290 du 29 février 2012 relatives aux PLU », *RDI* 2012. 262 – J.-Ph. Strebler, « Grenelle II et PLU : gérer la transition », *RDI* 2011. 378.

Loi ALUR. É. Carpentier, « Le règlement du PLU « alurisé » (commentaire du décret n° 2015-1783 du 28 décembre 2015 relatif à la partie réglementaire du Livre Ier du Code de l'urbanisme et à la modernisation du contenu du plan local d'urbanisme) », *BJDU* 2016. 175 – P. Ibanez, « La compétence en matière de planification urbaine après la loi ALUR », *Dr. adm.* 2014, ét. 16 – J.-P. Lebreton, « La planification urbaine dans la loi ALUR », *AJDA* 2014. 1088 – C. Lherminier et B. Perrineau, « Le nouveau régime du PLU issu de la loi ALUR », *JCP Adm.* 2014, n° 2163 – R. Noguellou, « le nouveau contenu du PLU à la suite du décret du 28 décembre 2015 », *DAUH* 2016. 11 – F. Priet, « Le nouveau PLU », *RFDA* 2014. 557 – P. Soler-Couteaux, « Le décret du 28 décembre 2015 : une refondation du PLU », *RDI* 2016. 197 – J.-Ph. Strebler, « Focus : la loi ALUR et le contenu des PLU », *AJCT* 2014. 360 – S. Traoré, « Le plan local d'urbanisme intercommunal et la loi ALUR », *AJCT* 2014. 350.

Loi ÉLAN. P. Soler-Couteaux et J.-Ph. Strebler, « La loi ELAN et les documents d'urbanisme : les modifications adoptées et les évolutions annoncées », *RDI* 2019. 132.

Loi Climat et résilience. Dossier « Loi Climat et résilience », *RDI* 2021. 512 – Dossier « Loi Climat et résilience », *JCP N* 2021, n° 1310 – Dossier « Loi Climat et résilience », *Constr.-Urb.* 2021, repère 8, ét. 10 et 13 – Dossier « Loi Climat et résilience », *AJCT* 2021. 564 et 2022. 7 – J.-Ch. Rotoullié, « La loi n° 2021-1104 du 22 août 2021 portant lutte contre le dérèglement climatique et renforcement de la résilience face à ses effets », *RFDA* 2021. 949.

23.05 Origine. Le plan local d'urbanisme (PLU) a été instauré par la loi SRU [1] en vue de remplacer le plan d'occupation des sols (POS). L'objectif a été de faire du PLU un document plus lisible, plus riche et plus prospectif que le POS.

23.06 Un projet et des règles. Le PLU définit les orientations d'aménagement à moyen terme sur le territoire couvert et, en considération de celles-ci, fixe les règles et orientations d'urbanismes qui y sont applicables.

Le PLU est adapté aux spécificités géographiques du territoire (région touristique, site urbain ou paysager, espace soumis à de forts risques, site de développement économique, etc.) ainsi qu'au projet politique de la collectivité (s'adapter au vieillissement, reconquérir les friches industrielles, organiser la ville des proximités, favoriser les solidarités...).

Il constitue un document essentiel pour le porteur d'un projet car s'y trouvent définies les règles d'urbanisme applicables à chaque parcelle.

1. L. n° 2000-1208, 13 déc. 2000 relative à la solidarité et au renouvellement urbains, *JO* 14 déc., n° 2.

23.07 Passage des POS au PLU. Les derniers POS ont cessé de produire leurs effets au 31 décembre 2020 [2]. Le législateur avait néanmoins prévu qu'un POS antérieur soit remis en vigueur provisoirement à la faveur de l'annulation d'un PLU [3].

23.08 PLU et PLUI. Le PLU peut avoir un ressort communal (PLU) ou intercommunal (PLUI ou PLUi). La tendance est au développement des PLUI.

23.09 Taux de couverture par un PLU ou un PLUI. En septembre 2024, sur les 35 000 communes que compte la France [4] :

- 9 682 sont couvertes par un PLU ;
- et 10 914 par un PLUI.

23.10 Plan. Seront successivement envisagés les points suivants :

- le contenu du PLU ;
- les effets du PLU et sa place dans la hiérarchie des normes ;
- la procédure d'élaboration du PLU ;
- l'évaluation du PLU et le débat sur la politique locale de l'urbanisme ;
- les procédures d'évolution du PLU.

2. C. urb., art. L. 174-1 s.
3. Cette possibilité a été envisagée par la loi ÉLAN avant la caducité des POS, par une modification en ce sens apportée à l'article L. 174-6 du code de l'urbanisme – Dans sa rédaction issue de cette loi, l'article L. 174-6 prévoit que l'annulation ou la déclaration d'illégalité d'un PLU ou d'un document d'urbanisme en tenant lieu ou d'une carte communale ayant pour effet de remettre en application le document immédiatement antérieur, en application de l'article L. 600-12 (v. ss n° 621.341), « peut remettre en vigueur, le cas échéant, le plan d'occupation des sols immédiatement antérieur » (C. urb., art. L. 174-6, al. 1er) – Le POS immédiatement antérieur redevient applicable pour une durée de 24 mois à compter de la date de cette annulation ou de cette déclaration d'illégalité. Il ne peut durant cette période faire l'objet d'aucune procédure d'évolution (C. urb., art. L. 174-6, al. 2). Eu égard à l'objet et aux termes mêmes de cet article, qui ne prévoit aucune rétroactivité, le délai de 24 mois qu'il prévoit, qui est immédiatement applicable, y compris lorsque la décision prononçant l'annulation ou la déclaration d'illégalité est intervenue avant son entrée en vigueur, ne commence à courir, pour les POS remis en vigueur par des annulations prononcées avant l'entrée en vigueur de la loi, qu'à la date de son entrée en vigueur (CE 3 avr. 2020, *Goblet (M.)*, req. n° 436549, *Lebon T.* ; *BJCL* 2020. 358, concl. S. Hoynck) – À défaut de PLU ou de carte communale exécutoire à l'issue de cette période, le RNU s'applique sur le territoire communal (C. urb., art. L. 174-6, al. 3).
4. https://www.geoportail-urbanisme.gouv.fr/statistics/france/

CHAPITRE

231. Contenu du PLU

SECTION 0

ORIENTEUR

231.00 Sommaire du chapitre.

231.01 Textes applicables.

• **C. urb.**

art. L. 151-1 s.

art. R. 151-1 s.

231.02 Jurisprudence de référence.

> Rapport entre le PADD et le règlement du PLU

• **CE 2 oct. 2017,** *Montpellier Méditerranée Métropole et Lattes (Cne)*, req. nº 398322, *Lebon T.* ; *BJDU* 2018. 33, concl. Ch. Touboul ; *Dr. adm.* 2018, étude nº 6, note A. Bellotti ; *LPA* 5 sept. 2018, nº 177-178, p. 5, note. P.-L. Niel.

231.03 Bibliographie indicative.

Encyclopédies. *DP constr.-urb.*, ét. : « Plan local d'urbanisme (PLU) » – *J.-Cl. Constr.-Urb.*, fasc. 7-51 : « Plan local d'urbanisme. – Contenu légal », par G. Ricard, juin 2022.

Thèse. E. Deschamps, *Le droit public et la ségrégation urbaine*, « Bibliothèque de droit public », t. 203, LGDJ, 1998.

Ouvrages. S. Hercé, *Le PLU(i) : régime juridique, élaboration, évolution, contentieux*, 3e éd., « Guides juridiques », Le Moniteur, 2017.

Monographie. F. Zitouni et J. Dubois (dir.), *Les OAP, interface entre urbanisme de planification et urbanisme de gestion*, actes du colloque d'Aix-en-Provence (24 nov. 2017) [en ligne : https://www.gridauh.fr/].

Contributions. L. Molinero, « Considérations sur les effets contentieux du projet d'aménagement et de développement durables du plan local d'urbanisme », *Mél. A.-H. Mesnard*, LGDJ, 2006, p. 181 – R. Noguellou, « Les emplacements réservés des PLU », *Mél. P. Bon*, Dalloz, 2014, p. 1015.

Articles (généralités). F. Bouyssou, « Le contenu des plans locaux d'urbanisme », *Droit et Ville* 2002, n° 53, p. 111. – H. Jacquot, « Quelle présentation pour le nouveau règlement du PLU ? », *DAUH* 2016. 25 – J. P. Lebreton, « Le contenu du PLU après la loi du 2 juillet 2003 », *AJDA* 2003. 1542 – J. Tremeau, « Le contenu des documents locaux d'urbanisme », *BJDU* 2000. 382 – J. Tremeau, « Le contenu des nouveaux documents d'urbanisme, commentaire du décret n° 2001-280 du 27 mars 2001 », *BJDU* 2001. 306 – P. Soler-Couteaux, « Le droit de l'urbanisme permissif », *RDI* 2020. 8.

> Articles (parties du PLU)

PADD. P. Hocreitère, « Plan local d'urbanisme et projet d'aménagement et de développement durable », *RDI* 2003. 7 – H. Jacquot, G. Pellissier et S. Carolus, « Le projet d'aménagement et de développement durables », *in La dimension juridique de l'écriture du PLU*, « Les Cahiers du GRIDAUH », n° 23, La Documentation française, 2012, p. 341 – J.-P. Lebreton, « Les projets d'aménagement et de développement durable (PADD) », *DAUH* 2002. 63 – R. Trapitzine, « Le PADD, un outil qui doit faire ses preuves », *Ét. fonc.* mars-avr. 2001, n° 90, p. 17.

Règlement. F. Priet, La rénovation du règlement du plan local d'urbanisme, *RFDA* 2016. 863.

OAP. É. Carpentier, « Biographie des orientations d'aménagement et de programmation (et quelques traits de caractère) », *BJDU* 2018. 71 – H. Jacquot et S. Carolus, « Les orientations d'aménagement et de programmation (OAP) », *in La dimension juridique de l'écriture du PLU*, « Les Cahiers du GRIDAUH », n° 23, La Documentation française, 2012, p. 370 – S. Marie, « Regards critiques sur les OAP du PLU », *DAUH* 2018. 23 – S. Marie, « Les OAP ou la montée en puissance de l'urbanisme de projet », *DAUH* 2023. 51.

> Articles (zones du PLU)

Zones AU. J.-P. Henry et P. Capsié, « L'ouverture à l'urbanisation des zones AU », *DAUH* 2002. 105 – J.-P. Henry, « Le statut des nouvelles zones AU », *Mon. TP* 4 oct. 2002 – J.-P. Lebreton, « Les zones à urbaniser des plans locaux d'urbanisme », *DAUH* 2005. 87.

Zones A et N. G. Roux, « La notion de construction "liée et nécessaire à l'activité agricole" », *AJDA* 2018. 1020 – J.-P. Gilles, « Le permis de construire en zone agricole », *Le Defrénois* 25 févr. 2021, n° 9, n° DEF168t3 – F. Rolin, « La préservation et la restauration de la nature en ville : le cas de l'agriculture urbaine », *JCP Adm.* 2024, n° 2252.

> Articles (autres)

Emplacements réservés. A. Bernard, « L'acquisition des immeubles réservés », *AJPI* 1982. 365 – A. Bernard, « Emplacements réservés et plans d'occupation des sols », *AJPI* 1992. 360 – J.-P. Cordelier, « Le nouveau régime des emplacements réservés », *RDI* 1987. 1 – A. Givaudan, « Des emplacements de moins en moins réservés », *RFDA* 1986. 644 – J.-P. Cordelier, « Le nouveau régime des terrains réservés », *RDI* 1987. 1 – D. Musso, « Le point sur les emplacements réservés », *BJDU* 1996. 158.

Mixité sociale. C. Chevilley-Hiver, « La mixité sociale dans les PLU », *AJDA* 2013. 207.

Environnement. D. Gillig, « Le PLU : un outil de préservation et de reconquête de la nature en ville », *Constr.-urb.* 2021, ét. 3.

Logement. A. Leroux, S. Lambert et R. Léonetti, « La concrétisation des objectifs en matière de production de logement dans le PLU et au-delà », *JCP N* 2023, n° 1156.

Changement climatique. X. de Lesquen, « Le plan climat-air-énergie territorial (PCAET) et sa déclinaison dans les documents d'urbanisme locaux », *JCP Adm.* 2024, n° 2250 – C. Mialot, « Le PLU Bioclimatique, vers un plan local d'urbanisme terrestre ? », *JCP Adm.* 2024, n° 2251 – M. Chapouton et N. Foulquier, « Logement social et changement climatique dans le cadre de la planification », *JCP Adm.* 2024, n° 2253.

Risques. M. Morales, « La planification relative aux risques naturels », *JCP Adm.* 2024, n° 2254.

231.04 Questions essentielles.

> Le PLU doit-il nécessairement comporter des OAP ?
* V. s^s n° 231.231

> Une règle exprimée sous une forme graphique a-t-elle la même portée qu'une règle exprimée sous une forme écrite ?
* V. s^s n°s 231.431 s.

> Quelles règles peut contenir le règlement du PLU ?
* V. s^s n°s 231.861 s.

> Quelles matières le PLU peut-il régir ?
* V. s^s n°s 231.1292 s.

> Que peuvent et doivent contenir les annexes du PLU ?
* V. s^s n°s 231.1641 s.

231.05 Cinq parties. Le PLU « comprend » cinq parties [1] :

– un rapport de présentation (1°) ;

– un projet d'aménagement et de développement durables, « PADD » (2°) ;

– des orientations d'aménagement et de programmation, « OAP » (3°) ;

– un règlement (4°) ;

– des annexes (5°).

231.06 Des règles et orientations au service d'un projet de territoire. Le PLU met en œuvre un projet de territoire sur un ensemble très vaste de thématiques : fonctions urbaines, qualification des espaces naturels et agricoles, production de logements, fonctions économiques, déplacements et stationnement, organisation de l'espace et aménagement, économies d'énergie, aménagement numérique, patrimoine, etc. Ce projet se trouve exprimé dans le PADD. Il est ensuite décliné dans des règles et orientations développées dans le règlement et les OAP. Le rapport de présentation justifie l'ensemble.

Les règles et les orientations du PLU sont opposables à chaque projet d'aménagement ou de construction dans le cadre des autorisations d'urbanisme. Elles permettent en cela une mise en œuvre opérationnelle du projet de territoire.

1. C. urb., art. L. 151-2, al. 1er à 6.

SECTION 1

LE RAPPORT DE PRÉSENTATION DU PLU

§ 1
Objet et méthode du rapport de présentation

231.11 **Une explication des choix.** Le rapport de présentation « explique les choix retenus » pour établir le PADD, les OAP et le règlement[1].

231.12 **Analyse de la capacité de densification et de l'utilisation économe du sol.** Le rapport de présentation analyse[2] :

- la consommation d'espaces naturels, agricoles et forestiers au cours des dix années précédant l'arrêt du projet de plan ou depuis la dernière révision du document d'urbanisme ;

- et la capacité de densification et de mutation de l'ensemble des espaces bâtis, en tenant compte des formes urbaines et architecturales.

Il expose les dispositions qui favorisent[3] :

- la densification de ces espaces ;

- ainsi que la limitation de la consommation des espaces naturels, agricoles ou forestiers.

Il justifie les objectifs chiffrés de modération de la consommation de l'espace et de lutte contre l'étalement urbain compris dans le PADD au regard[4] :

- des objectifs de consommation de l'espace fixés, le cas échéant, par le SCOT ;

- et au regard des dynamiques économiques et démographiques.

L'objectif est ainsi de densifier et favoriser le renouvellement urbain pour éviter la consommation des espaces agricoles et naturels et l'étalement urbain. Pour autant, afin de préserver la qualité de vie des habitants, la densité doit être acceptable et s'inspirer ou tenir compte des formes urbaines et architecturales existantes.

231.13 **Inventaire des capacités de stationnement.** Le rapport de présentation établit un inventaire[5] :

- des capacités de stationnement de véhicules motorisés, de véhicules hybrides et électriques et de vélos des parcs ouverts au public ;

- et des possibilités de mutualisation de ces capacités.

Cette analyse a deux objectifs :

- mieux gérer le stationnement et notamment mieux utiliser l'offre existante ;

- mieux identifier les espaces occupés par du stationnement aérien et souterrain pour favoriser l'optimisation de leur usage.

231.14 **Méthode.** Le rapport de présentation doit satisfaire à deux exigences.

En premier lieu[6] :

- il expose les principales conclusions du diagnostic sur lequel il s'appuie ainsi que, le cas échéant, les analyses des résultats de l'application du plan prévues par les articles L. 153-27 à L. 153-30 ;

- et comporte, en annexe, les études et les évaluations dont elles sont issues.

En deuxième lieu, il analyse les capacités de densification et de mutation de l'ensemble des espaces bâtis identifiés par le rapport de présentation en vertu du quatrième alinéa de l'article L. 151-4[7].

§ 2
Diagnostic du PLU

231.21 **Diagnostic préalable.** Le rapport de présentation s'appuie sur un diagnostic[8]. Celui-ci expose le contexte dans lequel se situe la collectivité à différentes échelles, en articulation avec un territoire plus vaste. Il identifie les tendances d'évolution de la collectivité par une analyse rétrospective et établit des scénarios d'évolution justifiés au regard de ce contexte.

231.22 **Établissement des prévisions et identification des besoins.** Le diagnostic est élaboré au regard de deux séries de paramètres.

Il est d'abord établi au regard des prévisions économiques et démographiques[9].

Le diagnostic est également établi au regard des besoins répertoriés en matière[10] :

- de développement économique ;

- de surfaces et de développement agricoles ;

1. C. urb., art. L. 151-4, al. 1er.
2. C. urb., art. L. 151-4, al. 4.
3. C. urb., art. L. 151-4, al. 4.
4. C. urb., art. L. 151-4, al. 4.
5. C. urb., art. L. 151-4, al. 5.
6. C. urb., art. R. 151-1, 1°.
7. C. urb., art. R. 151-1, 2° – Sur ce point, les espaces identifiés à l'échelle du SCOT ne sont pas limitatifs – Ministère du logement, *Fiche technique 3 : Le rapport de présentation, un contenu renforcé*, mai 2016, p. 5 : « Le rapport de présentation du PLU pourra procéder à ses propres identifications et analyses en complément de l'identification opérée par le SCOT. En l'absence de SCOT, le rapport de présentation du PLU devra procéder lui-même à l'identification des secteurs à enjeu du territoire parmi l'ensemble des espaces bâtis et analyser le potentiel de densification de ces seuls secteurs, en tenant compte des formes urbaines et architecturales ».
8. C. urb., art. L. 151-4, al. 2 ; mod. par L. nº 2022-296, 2 mars 2022.
9. C. urb., art. L. 151-4, al. 2 ; mod. par L. nº 2022-296, 2 mars 2022.
10. C. urb., art. L. 151-4, al. 2 ; mod. par L. nº 2022-296, 2 mars 2022.

– de développement forestier ;

– d'aménagement de l'espace ;

– d'environnement, notamment en matière de biodiversité ;

– d'équilibre social de l'habitat ;

– de transports ;

– de commerce ;

– d'équipements notamment sportifs ;

– et de services.

En outre, dans le cas particulier des zones de montagne, le diagnostic est établi également au regard des besoins en matière[1] :

– de réhabilitation de l'immobilier de loisir ;

– et d'unités touristiques nouvelles.

231.23 Caractère sélectif des éléments. Le diagnostic n'est pas un état des lieux exhaustif. Il expose les informations utiles à la justification du projet. Lorsque la collectivité fait le choix de ne pas développer d'actions sur un thème obligatoire, elle le justifie par l'absence d'enjeux sur son territoire.

§ 3 Justifications

A. Éléments à justifier

231.31 Liste. Le rapport de présentation comporte les justifications sur les points suivants[2] :

– la cohérence des OAP avec les orientations et objectifs du PADD (1°) ;

– la nécessité des dispositions édictées par le règlement pour la mise en œuvre du PADD et des différences qu'elles comportent, notamment selon qu'elles s'appliquent à des constructions existantes ou nouvelles ou selon la dimension des constructions ou selon les destinations et les sous-destinations de constructions dans une même zone (2°) ;

– la complémentarité de ces dispositions avec les OAP mentionnées à l'article L. 151-6 (3°) ;

– la délimitation des zones prévues par l'article L. 151-9 (4°) ;

– l'institution des zones U prévues par l'article R. 151-19, des zones U ou zones AU prévues par le deuxième alinéa de l'article R. 151-20 lorsque leurs conditions d'aménagement ne font pas l'objet de dispositions réglementaires ainsi que celle des servitudes prévues par le 5° de l'article L. 151-41 (5°) ;

– toute autre disposition PLU pour laquelle une obligation de justification particulière est prévue par les articles du code de l'urbanisme relatifs au PLU[3] (6°).

1. C. urb., art. L. 151-4, al. 3.
2. C. urb., art. R. 151-2, al. 1er à 7.

B. Pourquoi et comment justifier ?

1° Pourquoi justifier ?

231.41 Imposer aux auteurs du PLU de réfléchir sur la pertinence des règles. Le premier intérêt d'une justification est d'obliger les auteurs du PLU à s'interroger, au moment de sa conception, sur la pertinence et le bien-fondé de chaque règle et option envisagée.

231.42 Comprendre la raison d'être des règles. Les justifications apportées permettent au porteur d'un projet et aux services instructeurs de comprendre la raison d'être de la règle (notamment si elle est exprimée sous une forme qualitative). Le porteur du projet est ainsi en mesure d'adapter son projet à celle-ci et les services instructeurs de mieux en contrôler le respect.

De même, en cas de contentieux, la justification éclaire le juge sur la relation entre le projet de la collectivité et sa traduction réglementaire, et sur la manière d'appliquer la règle[4].

2° Comment justifier ?

231.51 Objectifs généraux ou spécifiques. Pour justifier les règles édictées et les choix opérés, afin de traduire le PADD, les auteurs du PLU peuvent notamment s'appuyer sur :

– les objectifs généraux prévus par la loi ;

– les objectifs spécifiques rappelés en préambule des principaux articles réglementaires déclinant les outils mis à leur disposition.

231.52 Justification des OAP des secteurs d'aménagement. L'institution des OAP des secteurs d'aménagement[5] doit être justifiée[6]. La justification « devra porter sur la nécessité et la pertinence de recourir à des orientations plutôt qu'à des règles pour traduire les objectifs d'aménagement d'un secteur de projet. Elle peut traduire la volonté, affichée dans le PADD, de susciter des projets de qualité dans un secteur d'aménagement dont la forme et le programme ne sont pas définis à la parcelle. Le recours à cet outil peut également se justifier par une recherche d'innovation dans les réponses apportées à des objectifs précis mais qui ne pourront pas se traduire par une règle identique sur l'ensemble du secteur »[7].

3. C'est-à-dire les articles du titre V du livre 1er. POUR UN EX., v. ss no 231.1141.
4. V. ss no 232.72.
5. V. ss nos 231.321 s.
6. V. ss no 231.31.
7. Ministère du logement, *Fiche technique 3 : Le rapport de présentation, un contenu renforcé*, mai 2016, p. 4.

231.53 **Justification des zones urbaines des PLUI réglementées par le RNU.** Pour justifier le choix de couvrir quelques zones urbaines d'un PLUI par les règles de fond du RNU[1], il est opportun « de mettre en exergue l'absence d'enjeu de développement, l'absence de pression foncière et le nombre limité d'autorisations d'urbanisme constatées par le passé et prévisibles pour justifier l'absence de règlement spécifique à ces zones »[2].

C.
Où justifier ?

231.61 **Rapport de présentation.** Pour une meilleure lisibilité du document d'urbanisme, le code prévoit que les justifications « sont regroupées dans le rapport »[3].

Cela signifie qu'elles ne doivent pas figurer dans le règlement. Celui-ci, en effet, ne doit contenir qu'un corpus de règles[4] et non leur justification.

L'objectif est ainsi d'éviter que des éléments de justification des règles soient intégrés dans le règlement. Une telle façon de procéder, qui avait pu se rencontrer, soulève chez les utilisateurs une difficulté pour apprécier leur valeur juridique, génère du contentieux et peut donner lieu à des interprétations divergentes du juge administratif.

231.62 **Recommandation du ministère.** Le ministère donne la recommandation suivante : « Afin de ne pas créer d'ambiguïtés entre ce qui relève de la prescription et ce qui relève de la recommandation ou de l'explicitation, la place de la justification de la règle est désormais clairement affichée. Les auteurs de PLU intégreront dans le règlement uniquement des éléments opposables, dans un souci de clarté et de simplification de son utilisation. Seule exception : les illustrations visant à expliquer non pas la finalité de la règle mais à lever les éventuelles ambiguïtés tenant à son interprétation. Aussi, il convient de ne pas insérer dans le règlement d'éléments de justification qui n'auront aucune portée règlementaire. En revanche, pour faciliter la compréhension des règles et leur articulation avec le projet de territoire, l'utilisateur peut être orienté dans sa lecture par un renvoi explicite à la partie du rapport de présentation justifiant la règle »[5].

1. V. s[s] n°s 231.571 s.
2. Ministère du logement, *Fiche technique 3 : Le rapport de présentation, un contenu renforcé*, mai 2016, p. 4.
3. C. urb., art. R. 151-2, al. 8.
4. V. s[s] n°s 231.401 s.
5. Ministère du logement, *Fiche technique 3 : Le rapport de présentation, un contenu renforcé*, mai 2016, p. 5.

D.
Illégalité en cas d'absence ou d'insuffisance de justifications

231.71 **Censure.** La délibération approuvant un PLU est entachée d'illégalité lorsque le rapport de présentation du PLU ne comporte pas les justifications attendues.

À titre d'illustration, sous l'empire de la rédaction antérieure au décret du 28 décembre 2015, le Conseil d'État avait censuré un PLU interdisant l'installation d'antennes-relais dans l'ensemble des zones urbaines de la commune sans exposer de justifications[6]. De même avait été annulée la révision d'un POS qui avait pour objet essentiel une recomposition du centre de la commune conduisant à inclure en zone urbaine des secteurs demeurés jusque-là à l'état naturel, au motif que « les auteurs du rapport de présentation se sont bornés à énoncer quelques affirmations générales et sommaires dépourvues de toute précision »[7].

§ 4
Évaluation des incidences du PLU sur l'environnement

A.
Évaluation Natura 2000

231.80 **Renvoi.** L'élaboration du PLU doit faire l'objet d'une évaluation Natura 2000[8].

B.
Évaluation environnementale

231.91 **Rapport sur les incidences environnementales.** Le rapport de présentation du PLU doit contenir un rapport sur les incidences environnementales[9].

6. CE 17 juill. 2013, *SFR*, req. n° 350380, *Lebon T.* – Le Conseil d'État affirme que si le rapport de présentation joint au projet de révision du PLU rend compte de la structuration de la ville en plusieurs quartiers et justifie le parti d'urbanisation général retenu, qui consiste notamment en la préservation du patrimoine bâti de la ville d'hiver pour les constructions en front de mer, « il ne comporte aucune indication sur les raisons pour lesquelles les installations d'émetteurs-récepteurs de télétransmission sont interdites dans les différents secteurs urbains ». Il en déduit que le rapport de présentation du PLU ne satisfait pas, sur ce point, aux exigences de l'article R. 123-2 (ancien) du code de l'urbanisme.
7. CE 26 avr. 2000, *C[ne] d'Othis*, req. n° 169725, NP.
8. V. s[s] n° 214.62.
9. V. s[s] n°s 214.281 s.

§ 5
Indicateurs d'évaluation du PLU

231.101 **Objet des indicateurs.** Le PLU est un projet à mettre en œuvre. Le rapport de présentation définit donc les indicateurs qui permettront d'évaluer si les objectifs définis dans le PADD et traduits dans les pièces opposables sont atteints ou s'il faut réorienter partiellement certaines dispositions.

Le code prévoit ainsi que le rapport de présentation « identifie les indicateurs nécessaires »[1] :

- « à l'analyse des résultats de l'application du plan mentionnée à l'article L. 153-27 » ;

- « et, le cas échéant, pour le bilan de l'application des dispositions relatives à l'habitat prévue à l'article L. 153-29 ».

231.102 **Sanction du défaut d'indicateurs.** Le juge administratif annule la délibération approuvant le PLU en tant que le rapport de présentation ne précise pas les indicateurs qui devront être élaborés pour l'évaluation des résultats de l'application du plan[2].

§ 6
Éléments complémentaires dans le cas où le PLU tient lieu de PLH ou de plan de mobilité, ou vaut acte de création d'une ZAC

231.111 **PLU tenant lieu de PDH ou de plan de mobilité.** Dans le cas où le PLU comporte des dispositions tenant lieu de PLH ou de plan de mobilité, le rapport de présentation doit contenir des éléments complémentaires[3].

231.112 **PLU valant acte de création d'une ZAC.** L'approbation du PLU vaut acte de création d'une ZAC en application de l'article L. 151-7-2 lorsque le rapport de présentation[4] :

- comporte une description de l'existant dans le périmètre de cette ZAC ainsi que de son environnement ;

- et qu'il énonce les raisons pour lesquelles, au regard des dispositions du PLU et de l'insertion dans l'environnement naturel ou urbain, la création de cette zone a été retenue.

1. C. urb., art. R. 151-4.
2. CAA Marseille, 12 janv. 2017, *Chaullier*, req. n° 15MA02205, NP (arrêt devenu définitif, le pourvoi formé à son encontre ayant donné lieu à un désistement : CE 5 oct. 2018, *Chaullier*, req. n° 408837, NP).
3. V. s[s] n°s 231.1743 et 231.1753.
4. C. urb., art. R. 151-2-1, créé par décr. n° 2019-481, 21 mai 2019, art. 3.

§ 7
Rapport de présentation devant être complété en cas de révision, modification ou mise en compatibilité du plan

231.121 **Exposé des motifs.** Le rapport de présentation est complété par l'exposé des motifs des changements apportés lorsque le PLU est[5] :

- révisé dans les cas prévus aux 2° et 3° de l'article L. 153-31 (1°) ;

- modifié (2°) ;

- mis en compatibilité (3°).

La jurisprudence en déduit que les auteurs d'un projet de révision, de modification ou de mise en compatibilité d'un plan sont tenus de motiver de manière suffisamment précise chaque changement envisagé, quelle que soit l'importance de la modification ainsi opérée[6].

231.122 **Annulation en cas de défaut de justifications.** Une révision, modification ou mise en compatibilité qui ne fournit pas les justifications attendues est entachée d'illégalité[7].

SECTION 2
LE PROJET D'AMÉNAGEMENT ET DE DÉVELOPPEMENT DURABLES (PADD) DU PLU

§ 1
Origine et objet du PADD

231.131 **Un projet au service d'une réglementation.** Créé par la loi SRU, le PADD a été conçu comme visant à définir un projet urbain que la réglementation du PLU doit mettre en œuvre. Son instauration a constitué la principale nouveauté du passage des POS aux PLU.

Le PADD traduit le projet politique de territoire pour ce qui relève du champ couvert par le PLU. Il formalise les grandes orientations qu'il est nécessaire de « tenir » à moyen terme (10 à 15 ans) et qui feront ensuite l'objet d'une traduction dans les pièces opposables.

5. C. urb., art. R. 151-5.
6. CAA Versailles, 18 mars 2010, *Synd. des copropriétaires de la résidence Olympe*, req. n° 08VE02900, NP (arrêt devenu définitif en l'absence d'admission du pourvoi formé à son encontre : CE 11 avr. 2012, req. n° 340316, NP).
7. PAR EX. : CE 17 juill. 2013, *SFR*, req. n° 350380, *Lebon T.* – CAA Versailles, 18 mars 2010, *Synd. des copropriétaires de la résidence Olympe*, req. n° 08VE02900, NP (arrêt devenu définitif en l'absence d'admission du pourvoi formé à son encontre : CE 11 avr. 2012, req. n° 340316, NP).

231.132 **Un document d'importance.** Le PADD constitue un document d'une importance particulière. Les orientations qu'il définit ne peuvent être changées sans révision du PLU.

§ 2
Contenu du PADD

231.141 **Projet politique.** Le PADD expose la stratégie de développement et d'aménagement de la collectivité. Il doit être clair et compréhensible, contextualisé et justifié point par point par le rapport de présentation.

A.
Éléments systématiquement présents dans le PADD

1°
Orientations générales

231.151 **Liste.** Le PADD définit des « orientations générales ».

Il définit d'abord les « orientations générales des politiques » suivantes[1] :

- politiques d'aménagement (au sens large) ;
- politiques d'équipement ;
- politiques d'urbanisme (il est assez étonnant que le terme soit utilisé ; il semble devoir être entendu au sens strict, se référant ainsi à l'organisation de la ville et aux choix architecturaux) ;
- politiques de paysage ;
- politiques de protection des espaces naturels, agricoles et forestiers ;
- politiques de préservation ou de remise en bon état des continuités écologiques.

Le PADD définit également les « orientations générales », retenues pour l'ensemble de l'EPCI ou de la commune, concernant les domaines suivants[2] :

- l'habitat ;
- les transports et les déplacements ;
- les réseaux d'énergie ;
- le développement des énergies renouvelables ;
- le développement des communications numériques ;
- l'équipement commercial ;
- le développement économique et les loisirs.

231.152 **Cas des communes exposées au recul du trait de côte.** Lorsque le territoire du PLUI comprend au moins une commune exposée au recul du trait de côte, les orientations générales mentionnées aux 1° et 2°[3] prennent en compte « l'adaptation des espaces agricoles, naturels et forestiers, des activités humaines et des espaces urbanisés exposés à ce recul »[4].

2°
Objectifs chiffrés de modération de la consommation de l'espace et de lutte contre l'étalement urbain

231.161 **Fixation.** Le PADD fixe des « objectifs chiffrés »[5] :

- de modération de la consommation de l'espace ;
- et de lutte contre l'étalement urbain.

Lorsque la ou les communes sont couvertes par un SCOT, les objectifs sont fixés[6] :

- pour la réalisation des objectifs de réduction d'artificialisation des sols fixés par le SCOT[7] ;
- et en cohérence avec le diagnostic établi en application de l'article L. 151-4.

En l'absence de SCOT, les objectifs sont fixés[8] :

- en prenant en compte les objectifs mentionnés à la seconde phrase du deuxième alinéa de l'article L. 4251-1 du CGCT, ou en étant compatible avec les objectifs mentionnés au quatrième alinéa du I de l'article L. 4424-9 du même code, à la seconde phrase du troisième alinéa de l'article L. 4433-7 dudit code ou au dernier alinéa de l'article L. 123-1 du code de l'urbanisme ;
- et en cohérence avec le diagnostic établi en application de l'article L. 151-4.

3°
Conditions d'ouverture à l'urbanisation d'espaces naturels, agricoles ou forestiers

231.171 **Étude de densification.** Le PADD ne peut prévoir l'ouverture à l'urbanisation d'espaces naturels, agricoles ou forestiers « que s'il est justifié, au moyen d'une étude de densification des zones déjà urbanisées, que la capacité d'aménager et de construire est déjà mobilisée dans les espaces urbanisés »[9].

Pour ce faire, il tient compte de la capacité à mobiliser effectivement les locaux vacants, les friches et les espaces déjà urbanisés pendant la durée comprise entre l'élaboration, la révision ou la modification du PLU et l'analyse prévue à l'article L. 153-27[10].

1. C. urb., art. L. 151-5, 1°.
2. C. urb., art. L. 151-5, 2° ; mod. par L. n° 2023-175, 10 mars 2023.
3. V. s[s] n° 231.151.
4. C. urb., art. L. 151-5, al. 7.
5. C. urb., art. L. 151-5, al. 4.
6. C. urb., art. L. 151-5, al. 4.
7. Objectifs mentionnés aux articles L. 141-3 (v. s[s] n° 221.21) et L. 141-8 (v. s[s] n°s 221.161 s.).
8. C. urb., art. L. 151-5, al. 4.
9. C. urb., art. L. 151-5, al. 5.
10. C. urb., art. L. 151-5, al. 5.

4°
Cas des communes nouvelles

231.181 **Prise en compte de leurs spécificités.** Le PADD peut prendre en compte les spécificités des anciennes communes, notamment paysagères, architecturales, patrimoniales et environnementales, lorsqu'il existe une ou plusieurs communes nouvelles [1].

B.
Éléments complémentaires dans le cas d'un PLU tenant lieu de PLH ou de plan de mobilité

231.190 **Renvoi.** Le PADD comprend des éléments complémentaires lorsqu'il tient lieu de PLH ou de plan de mobilité [2].

C.
Conseils rédactionnels

231.201 **Concision et précision.** Le PADD doit être concis et traduire le projet de territoire de la collectivité dans le respect des objectifs obligatoirement prévus par le Code de l'urbanisme. Les dispositions réglementaires du règlement et des OAP devront être prises pour en assurer la traduction. Il est donc nécessaire d'éviter les termes « passe-partout » qui pourraient s'appliquer à tous les territoires.

SECTION 3
LES ORIENTATIONS D'AMÉNAGEMENT ET DE PROGRAMMATION (OAP) DU PLU

§ 1
Présentation générale des OAP

A.
Des orientations d'urbanisme mettant en œuvre le PADD

231.211 **Des orientations d'urbanisme.** Les OAP constituent une pièce du PLU exprimant des orientations et non des règles. Elles s'imposent pour cette raison dans un rapport de compatibilité et non de conformité [3].

L'outil s'inscrit dans la recherche d'un urbanisme de projet, qui assure le caractère opérationnel du projet de territoire tout en ouvrant des marges de manœuvre au porteur de projet. Il s'agit « de tracer une épure, pour matérialiser une ambition sans pourtant se lier les mains – dès ce stade – avec des précisions qui viendraient ensuite pétrifier la marge d'adaptation de la collectivité face à l'inventivité du réel et à l'écoulement du temps » [4].

231.212 **Mise en œuvre du PADD.** Les OAP mettent en œuvre le PADD au même titre que le règlement et en complémentarité avec celui-ci.

Les dispositions des OAP doivent être définies « en cohérence avec le PADD » [5]. Le respect de l'exigence de cohérence avec le PADD est contrôlé par le juge administratif [6].

B.
Contenu des OAP

231.221 **Thèmes généraux.** Les OAP « comprennent [...] des dispositions portant sur » [7] :

- « l'aménagement » ;
- « l'habitat » ;
- « les transports » ;
- « les déplacements » ;
- « et, en zone de montagne, sur les unités touristiques nouvelles ».

Le champ des matières ainsi définies (notamment la notion – potentiellement très vaste – d'aménagement), joint à la définition par l'article L. 151-7 des formes que peuvent prendre ces dispositions [8] conduit la doctrine administrative à affirmer que les OAP peuvent « porter sur l'ensemble des thématiques du Code de l'urbanisme » [9].

231.222 **Échéancier d'ouverture à l'urbanisation des zones AU.** Les OAP « définissent [...] un échéancier prévisionnel d'ouverture à l'urbanisation des zones à urbaniser et de réalisation des équipements correspondant à chacune d'elles, le cas échéant » [10].

231.223 **Mise en valeur des continuités écologiques.** Les OAP « définissent [...] les actions et opérations nécessaires pour mettre en valeur les continuités écologiques » [11].

1. C. urb., art. L. 151-5, al. 6.
2. V. s[s] n°s 231.1743 et 231.1753.
3. Pour des exemples d'OAP et de contrôles exercés sur cette compatibilité, v. s[s] n°s 232.54 s.
4. V. Villette, concl. sur CE 30 déc. 2021, *C[ne] de Lavérune et a.*, req. n° 446763, *BJDU* 2022. 109.
5. C. urb., art. L. 151-6, al. 1er ; art. L. 151-6-1 ; L. 151-6-2.
6. CAA Lyon, 13 févr. 2018, *Vourles (C[ne])*, req. n° 16LY00375, NP : cour concluant en l'espèce à l'absence de violation de cette exigence.
7. C. urb., art. L. 151-6, al. 1er.
8. V. s[s] n°s 231.281 s.
9. Ministère de la cohésion des territoires, *Guide sur les dispositions opposables aux PLU*, mars 2020, p. 50. V. s[s] n° 231.281.
10. C. urb., art. L. 151-6-1 – POUR UN EX. d'OAP de cette nature : l'extrait du PLU de la commune du Pouliguen, reproduit in Ministère de la cohésion des territoires, *Guide sur les dispositions opposables aux PLU*, mars 2020, p. 54.
11. C. urb., art. L. 151-6-2.

C.
Le PLU doit-il obligatoirement comprendre des OAP ?

231.231 **Éléments.** Sans aucun doute, le PLU a l'obligation de comprendre des OAP particulières dans certaines circonstances[1].

En dehors de celles-ci, le caractère obligatoire des OAP demeure discuté. Deux considérations plaident en faveur de l'obligation pour les PLU de contenir des OAP :

- d'une part l'article L. 151-2, qui en fait un document du PLU[2] ;
- d'autre part la rédaction des articles L. 151-6 à L. 151-6-2 sur le mode de l'indicatif[3].

§ 2
Forme normative des OAP et articulation avec le règlement

A.
Forme normative des OAP

231.241 **Mise en œuvre sous la forme d'orientations.** Les OAP sont rédigées sous la forme d'« orientations », donc dans un style plus souple et plus ouvert que le règlement du PLU, ce qui leur donne d'ailleurs une coloration plus littéraire que celui-ci.

231.242 **Degré de prescription.** Les OAP doivent être suffisamment prescriptives. Ainsi, en matière d'aménagement, « une OAP implique un ensemble d'orientations définissant des actions ou opérations visant, dans un souci de cohérence à l'échelle du périmètre qu'elle couvre, à mettre en valeur des éléments de l'environnement naturel ou urbain ou à réhabiliter, restructurer ou aménager un quartier ou un secteur ». Par suite, « elle ne peut se limiter à prévoir, sur l'essentiel de son périmètre, la conservation de l'état actuel de l'occupation du sol en se bornant à définir des préconisations pour une partie très résiduelle de ce périmètre et sans qu'apparaisse, par ailleurs, un lien avec une orientation générale d'aménagement définie à l'échelle du secteur couvert »[4].

Dans le même temps, une OAP ne doit pas être trop prescriptive. Elle ne saurait contenir des dispositions ayant vocation à figurer dans le règlement (par exemple une règle fixant les caractéristiques d'une construction déterminée[5]).

Ainsi, les OAP doivent être claires sans être trop précises. Une fiche technique du ministère comporte des conseils sur la façon de les rédiger[6].

231.243 **Une formulation performative.** Les OAP doivent présenter un caractère performatif. En effet, elles ont vocation à s'appliquer pour encadrer la réalisation d'un projet et ne peuvent relever d'une simple intention non suivie d'effet. Il n'est donc pas possible de reporter leur exécution à un avenir incertain.

Par exemple, lorsqu'elles portent sur la réalisation d'une voie publique les OAP doivent correspondre à la future réalisation de l'aménagement par la collectivité territoriale et non à un droit d'option laissé à sa discrétion. À défaut de quoi le juge considère que ses dispositions sont dépourvues d'opposabilité aux tiers[7].

B.
Articulation entre les OAP et le règlement du PLU

231.251 **Complémentarité.** Les OAP et le règlement doivent être complémentaires. L'article R. 151-2 exige que le rapport de présentation justifie de cette complémentarité[8].

231.252 **Articulations possibles.** Les auteurs du PLU décident de l'importance respective qu'ils souhaitent accorder au règlement et aux OAP.

La formule classique consiste à réserver une place importante au règlement et à seulement compléter celui-ci par des OAP.

Néanmoins, il est tout à fait possible de prévoir un règlement *a minima* se concentrant sur quelques règles impondérables en adossant celui-ci à des OAP comportant un ensemble plus important de dispositions.

231.253 **Inutilité d'un dédoublement des dispositions dans les deux outils.** Il n'est pas nécessaire, ni recommandé, de dédoubler les orientations définies par les OAP avec des dispositions réglementaires. Par exemple, un secteur comportant à la fois des orientations et des règles en matière de hauteur peut être difficilement lisible alors qu'elles peuvent alternativement suffire pour encadrer les projets. En outre, une telle redondance peut se faire au détriment de la cohérence, une autorisation du droit des sols pou-

1. V. s^s n°s 231.351 s.
2. V. s^s n° 231.05.
3. V. s^s n°s 231.221 s.
4. CAA Lyon, 13 févr. 2018, *Vourles (C^ne)*, req. n° 16LY00375, NP.
5. CAA Lyon, 13 févr. 2018, *Vourles (C^ne)*, req. n° 16LY00375, NP.
6. V. s^s n° 231.331.
7. CE 8 nov. 2017, *Saucié*, req. n° 402511, *Lebon T.* ; *BJDU* 2018. 18, concl. X. Domino. Le juge tire la conséquence de l'inopposabilité de cette OAP en déclarant irrecevable le recours formé à son encontre, faute qu'il soit dirigé contre un acte faisant grief.
8. C. urb., art. R. 151-2, 3° – V. s^s n° 231.31.

vant dans certains cas respecter le règlement mais pas les OAP[1].

C. Option entre une orientation (OAP) et une règle (règlement)

1° Critère

231.261 Degré de contrainte. Les OAP sont utilisées pour exprimer une disposition d'urbanisme sous la forme d'une orientation ou d'un objectif (par exemple le respect de tel ou tel élément de la trame verte et bleue, la prise en compte des cônes de vue, l'accessibilité piéton ou encore la mixité sociale).

En revanche, lorsque les auteurs du PLU souhaitent imposer un impondérable dont le porteur de projet ne pourra pas s'écarter (par exemple le non-dépassement d'une hauteur donnée), la règle et le recours au règlement doivent être privilégiés.

2° Exemples

231.271 Doctrine administrative. Le ministère donne des exemples de dispositions d'urbanisme exprimées, soit sous la forme de règle, soit sous la forme d'orientations[2].

231.272 Premier exemple : implantation. Règle : « Les constructions doivent être implantées à l'alignement ».

Orientations : « Les constructions privilégieront un mode d'implantation s'inscrivant dans la continuité et dans la ligne générale des constructions déjà existantes dans la zone ».

La règle ne laisse aucune marge de manœuvre. Les orientations privilégient une implantation tenant compte de l'existant.

231.273 Deuxième exemple : hauteur. Règle : « La hauteur maximale des constructions ne doit pas excéder 20 mètres ».

Orientation : « La hauteur moyenne des constructions du secteur sera comprise entre R+3 et R+4 ».

La règle fixe une hauteur métrique à respecter pour chaque projet. Les OAP se contentent d'une moyenne, qui pourra donc aboutir à des constructions inférieures à R+3 et supérieures à R+4 dès lors que la moyenne globale est respectée.

231.274 Troisième exemple : mixité fonctionnelle. Règle : « Dans la zone Ue, les constructions d'entrepôts ne sont admises que sur des terrains ne comportant pas d'habitation ».

Orientations : « Ce secteur comportera des bureaux, des commerces, des hôtels, des hébergements touristiques, un important ensemble de logements ».

Le règlement interdit par principe toute construction d'entrepôt dès lors que du logement est présent sur le terrain. Les OAP ne comportent aucune obligation chiffrée et permettent aux pétitionnaires d'adapter leur projet en fonction de ratios qu'ils restent libres de déterminer. Les Logements devront toutefois nécessairement être les plus importants (« un important ensemble de logements »).

231.275 Quatrième exemple : continuité écologique/espaces verts. Règle : « Les emplacements réservés pour espaces verts sont reportés aux documents graphiques du règlement conformément à leur légende ».

Orientation : « Un espace paysager en continuité du parc de... devra être maintenu au sud du secteur selon le schéma d'aménagement annexé ».

Le règlement fixe des emplacements réservés précisément délimités au document graphique et applicables à la parcelle. Les OAP prévoient le maintien d'une continuité de principe dont les modalités de réalisation sont laissées libres ; le principe est acté schématiquement (flèche non délimitée à la parcelle) sur le schéma d'aménagement.

§ 3 Infinie variété des OAP

A. Une habilitation législative ouverte

1° Méthode légistique

231.281 Liste indicative du contenu, des formes et des modalités des OAP. Les OAP peuvent prendre la forme de dispositions extrêmement variées. En effet, dans une formule mêlant ce qui a trait au contenu, aux formes et aux modalités des OAP, l'article L. 151-7 du

1. CAA Nancy, 15 déc. 2016, *SSC Allée des Romances*, req. n° 16NC00129, NP. Après avoir constaté l'incompatibilité avec les OAP, la cour relève que la société requérante ne peut utilement faire valoir que le projet respecte néanmoins les dispositions du règlement du PLU relatives à la hauteur maximale des constructions dès lors que « les travaux ou opérations projetés doivent non seulement être conformes aux prescriptions du règlement du plan local d'urbanisme et à ses documents graphiques mais également compatibles avec ses orientations d'aménagement ».
2. Ministère de la cohésion des territoires, *Guide sur les dispositions opposables aux PLU*, mars 2020, p. 48-49.

code de l'urbanisme indique ce à quoi celles-ci « peuvent notamment » correspondre[1].

Deux observations peuvent être faites sur cette liste.

D'une part, celle-ci définit une palette d'OAP extrêmement riche et diversifiée.

D'autre part, l'utilisation de l'adverbe « notamment » souligne le caractère non exhaustif de l'énumération. Il en résulte que cet article est conçu comme ne faisant que préciser et illustrer les potentialités offertes par cet outil. Par exemple, sur le fondement de l'article L. 151-6, qui mentionne « l'aménagement » parmi les matières pouvant faire l'objet d'OAP[2], les auteurs du PLU peuvent définir des OAP comportant des principes d'aménagement applicables à l'ensemble des opérations d'aménagement du territoire de la collectivité alors même que celle-ci n'est pas mentionnée dans la liste figurant à l'article L. 151-7[3]. De la même manière, en se basant sur le même article L. 151-6, mentionnant « l'habitat » parmi les matières pouvant faire l'objet d'OAP, une OAP peut comporter des objectifs en matière de renouvellement urbain, de formes urbaines de construction, de densification, de niveau de logement locatif social à produire.

231.282 Liberté des auteurs du PLU. Il ressort de la rédaction retenue que le code de l'urbanisme reconnaît une grande liberté aux auteurs du PLU pour définir le contenu des OAP. Celles-ci peuvent être :

- thématiques (p. ex. OAP transport, OAP commerce) ;
- sectorielles (OAP applicable à tel quartier ou tel secteur) ;
- ou hybrides (OAP déclinant une thématique précise sur un secteur donné ; par exemple une OAP définissant les modalités d'ouverture à l'urbanisation d'une zone AU ou des OAP relatives à la trame verte et bleue déclinées par secteur).

2°
Présentation de la liste

231.291 Définition d'actions et d'opérations sur des thématiques diverses. Les OAP peuvent « définir les actions et opérations nécessaires pour »[4] :

- « mettre en valeur l'environnement, les paysages, les entrées de villes et le patrimoine » ;
- « lutter contre l'insalubrité » ;
- « permettre le renouvellement urbain » ;
- « favoriser la densification » ;
- et « assurer le développement de la commune ».

231.292 Pourcentage de commerces lors d'opérations. Les OAP peuvent « favoriser la mixité fonctionnelle en prévoyant qu'en cas de réalisation d'opérations d'aménagement, de construction ou de réhabilitation un pourcentage de ces opérations est destiné à la réalisation de commerces »[5].

231.293 OAP de quartiers ou de secteurs. Les OAP peuvent porter « sur des quartiers ou des secteurs à mettre en valeur, réhabiliter, renaturer, notamment par l'identification de zones propices à l'accueil de sites naturels de compensation, de restauration et de renaturation, restructurer ou aménager »[6].

Ces OAP portant sur des quartiers ou des secteurs sont le principal outil de projet d'aménagement du PLU, permettant d'accueillir des secteurs de projet et d'éviter les modifications successives du document. Pour accompagner cette utilisation, les OAP doivent rester un outil souple, adapté à la temporalité du projet urbain et capable d'intégrer toutes les modifications auxquelles sont soumis ces derniers, de leur élaboration jusqu'à leur réalisation.

Par exemple :

- dans les secteurs à densifier, les OAP de secteur permettent de prévoir les principes à respecter au sein de chaque projet, notamment en termes d'aménagement, de desserte, de typologie de logements au regard de la mixité sociale et d'intégration paysagère ;
- dans les quartiers d'habitat dégradé, les OAP de secteur permettent de décliner les actions à mettre en œuvre pour lutter contre l'indignité du logement et requalifier le quartier en termes d'activités économiques, de services, d'espaces verts, d'espaces publics et de transport ; elles peuvent aussi préciser les intentions d'aménagement à mettre en œuvre au sein de chaque projet pour participer au renouvellement urbain.

Les OAP sectorielles peuvent porter sur des secteurs de taille plus ou moins importante. Le code de l'urbanisme ne fixe ni taille minimale ni taille maximale.

La délimitation extérieure du secteur peut être définie à la parcelle. À l'intérieur de l'OAP, les orientations gagnent à ne pas être délimitées à la parcelle pour conserver leur vocation de principes d'aménagement.

1. C. urb., art. L. 151-7, I.
2. V. s[s] n° 231.221.
3. POUR UN EX. d'OAP comportant des préconisations générales d'aménagement : l'extrait du PLUI d'Argentan, reproduit in Ministère de la cohésion des territoires, *Guide sur les dispositions opposables aux PLU*, mars 2020, p. 53.
4. C. urb., art. L. 151-7, I, 1°.
5. C. urb., art. L. 151-7, I, 2° ; mod par L. n° 2023-973, 23 oct. 2023.
6. C. urb., art. L. 151-7, I, 4°.

231.294 Schémas d'aménagement. Les OAP peuvent « prendre la forme de schémas d'aménagement »[1].

231.295 Caractéristiques des voies et espaces publics. Les OAP peuvent « préciser les principales caractéristiques des voies et espaces publics »[2].

231.296 Délimitation des périmètres soumis au plafonnement du nombre de places de stationnement en raison de la proximité avec un transport public. Les OAP peuvent « adapter la délimitation des périmètres, en fonction de la qualité de la desserte, où s'applique le plafonnement à proximité des transports prévu aux articles L. 151-35 et L. 151-36 »[3], c'est-à-dire à proximité des gares ou stations de transport public collectif[4].

231.297 Actions et opérations de protection des franges urbaines et rurales. Les OAP peuvent « définir les actions et opérations nécessaires pour protéger les franges urbaines et rurales »[5].

Elles peuvent définir[6] :

– « les conditions dans lesquelles les projets de construction et d'aménagement situés en limite d'un espace agricole intègrent un espace de transition végétalisé non artificialisé entre les espaces agricoles et les espaces urbanisés » ;

– ainsi que « la localisation préférentielle de cet espace de transition ».

231.298 Zones d'accélération. Dans les communes non couvertes par un SCOT, les OAP peuvent « identifier les zones d'accélération pour l'implantation d'installations terrestres de production d'énergies renouvelables » arrêtées en application de l'article L. 141-5-3 du code de l'énergie[7].

231.299 Actions et opérations des zones exposées au recul du trait de côte. Dans les zones exposées au recul du trait de côte[8], les OAP peuvent définir[9] :

– « les actions et les opérations [...] nécessaires pour réorganiser le territoire au regard de la disparition progressive des aménagements, des équipements, des constructions et des installations » ;

– ainsi que « leur échéancier prévisionnel ».

1. C. urb., art. L. 151-7, I, 5°.
2. C. urb., art. L. 151-7, I, 5°.
3. C. urb., art. L. 151-7, I, 6°.
4. V. s^s n°s 231.1292 s.
5. C. urb., art. L. 151-7, I, 7°.
6. C. urb., art. L. 151-7, I, 7°.
7. C. urb., art. L. 151-7, I, 8° ; créé par L. n° 2023-175, 10 mars 2023.
8. V. s^s n° 126.331.
9. C. urb., art. L. 151-7, III.

B.
Trois OAP sectorielles définies réglementairement

231.301 Trois OAP ne remettant pas en cause la possibilité générale d'OAP sectorielles. La partie réglementaire du code de l'urbanisme définit le régime de trois OAP sectorielles spécifiques. Cette possibilité d'OAP spécifique illustre et précise les possibilités offertes par la loi ; elle ne remet pas en cause l'habilitation plus générale offerte par celle-ci[10].

1°
Les OAP sectorielles portant notamment sur les entrées de ville

231.311 Contenu. Les OAP par quartier ou secteur « définissent les conditions d'aménagement garantissant la prise en compte des qualités architecturales, urbaines et paysagères des espaces dans la continuité desquels s'inscrit la zone, notamment en entrée de ville »[11].

Ces OAP visent à mieux prendre en compte à la fois les zones urbanisées existantes et les zones naturelles et agricoles en continuité desquelles s'inscrit le nouveau secteur d'aménagement. Il s'agit de proposer des formes urbaines qui respectent les qualités des bourgs ou des quartiers existants, et de traiter les lisières entre les nouvelles constructions et le paysage qui les entoure.

231.312 Délimitation des quartiers ou secteurs concernés. Le périmètre des quartiers ou secteurs auxquels les OAP sectorielles sont applicables « est délimité dans le ou les documents graphiques prévus à l'article R. 151-10 »[12].

2°
Les OAP de secteur d'aménagement (OAP sans règlement)

a.
Présentation des OAP des secteurs d'aménagement

231.321 Des secteurs U et AU sans règlement. Les OAP des secteurs d'aménagement ouvrent la possibilité, en zones U et AU, de concevoir des OAP qui s'appliquent seules, en l'absence de dispositions du règlement du PLU dans le secteur[13].

10. V. s^s n° 231.293.
11. C. urb., art. R. 151-6, al. 1er – POUR UN EX. (anonymisé) : Ministère de la cohésion des territoires, *Guide sur les dispositions opposables aux PLU*, mars 2020, p. 91-92.
12. C. urb., art. R. 151-6, al. 2.
13. Les dispositions d'ordre public du RNU continuent toutefois de s'appliquer.

Ces OAP peuvent ainsi à elles seules définir les orientations applicables à un secteur « de zones urbaines ou de zones à urbaniser mentionnées au deuxième alinéa du R. 151-20 dont les conditions d'aménagement et d'équipement ne sont pas définies par des dispositions réglementaires »[1], c'est-à-dire :

– soit les zones U ;

– soit les zones AU comportant un niveau d'équipement suffisant[2].

Cette possibilité d'écarter totalement le règlement dans un secteur[3] est confortée par le caractère facultatif de l'ensemble des articles du règlement[4].

231.322 **Conditions.** La possibilité d'adopter des OAP s'appliquant seules dans un secteur est soumise à des conditions.

En premier lieu, les OAP doivent garantir « la cohérence » des projets d'aménagement et de construction avec le PADD[5].

En deuxième lieu, ces orientations doivent porter au minimum sur les points suivants[6] :

– la qualité de l'insertion architecturale, urbaine et paysagère (1°) ;

– la mixité fonctionnelle et sociale (2°) ;

– la qualité environnementale et la prévention des risques (3°) ;

– les besoins en matière de stationnement (4°) ;

– la desserte par les transports en commun (5°) ;

– la desserte des terrains par les voies et réseaux (6°).

Selon le ministère[7], ces objectifs pourront se décliner en orientations portant par exemple sur :

– les hauteurs moyennes du bâti, et les principes d'implantation des constructions le long des voies et emprises publiques ;

– la densité attendue par la représentation de volumes constructibles précisant les orientations programmatiques définies sur la zone (en l'occurrence, le recours à des représentations en trois dimensions peut s'avérer extrêmement utile) ;

– les typologies de logements à privilégier ;

– la mixité fonctionnelle ;

– l'implantation des espaces libres, leur rôle environnemental et leur nature ;

– les conditions de stationnement dans le secteur et les objectifs de création d'aires de stationnement en fonction de l'offre publique de stationnement disponible ;

– les conditions d'accessibilité du secteur par les transports collectifs et les autres modes de déplacement ; l'organisation et la nature de la voirie (axes principaux, secondaires, piétonniers, cyclables, voies vertes, etc.) ;

– les conditions d'équipements et de desserte de la zone, en facilitant la localisation des réseaux de raccordement.

En troisième lieu, ces OAP doivent comporter un schéma d'aménagement qui précise les principales caractéristiques d'organisation spatiale du secteur[8].

Ce contenu minimal ne doit pas aboutir à dénaturer les OAP, qui doivent rester exprimées sous forme d'orientations et non sous forme de règles.

En outre, la réalisation d'OAP sans règlement est soumise à une obligation de justification particulière dans le rapport de présentation[9].

231.323 **Instruction des demandes d'urbanisme dans le secteur.** Les demandes d'utilisation du sol dans le secteur sont appréciées au regard :

– des OAP ;

– et des dispositions d'ordre public du RNU.

b.

Intérêt des OAP des secteurs d'aménagement

231.331 **Premier intérêt : une instruction des demandes d'urbanisme dans un rapport de compatibilité.** Les OAP couvrant des secteurs sans règlement permettent une instruction des demandes d'urbanisme dans un rapport de compatibilité avec leurs dispositions[10].

Dans une fiche technique, le ministère indique que : « Les orientations déclinées dans les OAP doivent traduire le projet d'aménagement et de développement durables de la commune ou l'intercommunalité. Elles doivent de ce point de vue répondre aux mêmes exigences que les règles édictées dans les autres secteurs et zones du PLU, et doivent permettre aux services instructeurs de vérifier que la construction répondra bien aux objectifs fixés. Néanmoins, contrairement au règlement qui s'applique dans un rapport de conformité, le rapport de compatibilité aux OAP s'accompagne d'une tolérance mineure dans l'application des dispositions fixées si celles-ci sont exprimées de manière quantitative. L'expression des orientations sera le plus souvent qualitative, pour s'attacher aux résultats à atteindre en laissant une marge d'adaptation quant aux formes et aux moyens pour y parvenir. Afin de faciliter l'instruction des demandes, de sécuriser les déci-

1. C. urb., art. R. 151-8, al. 1er.
2. V. ss no 231.671.
3. POUR UN EX. (celui du PLUM de Nantes Métropole) : Ministère de la cohésion des territoires, *Guide sur les dispositions opposables aux PLU*, mars 2020, p. 56.
4. V. ss no 231.491.
5. C. urb., art. R. 151-8, al. 1er.
6. C. urb., art. R. 151-8, al. 2 à 8.
7. Ministère de la cohésion des territoires, *Guide sur les dispositions opposables aux PLU*, mars 2020, p. 55-56.
8. C. urb., art. R. 151-8, dernier al.
9. V. ss no 231.52.
10. V. ss no 232.51.

sions de l'autorité compétente et de garantir l'égalité de traitement des pétitionnaires, il est donc recommandé aux auteurs de PLU de prêter une attention toute particulière à la rédaction des dispositions applicables. Les orientations doivent être claires et vérifiables, elles peuvent parfois être rédigées de manière quantitative mais ne doivent pas s'apparenter à un règlement »[1].

231.332 Second intérêt : permettre la stabilité du PLU face à la temporalité des projets. Les OAP des secteurs d'aménagement donnent un cadre d'élaboration et d'instruction plus souple que le règlement[2] qui, pour des secteurs nouvellement ouverts à l'urbanisation, ne permet pas toujours d'anticiper les adaptations programmatiques et formelles parfois nécessaires.

Selon le ministère, cette technique « conforte une valorisation de la planification par le projet et pas uniquement par la règle. L'enjeu est par ailleurs de permettre une certaine stabilité du document d'urbanisme face à la temporalité longue des projets d'aménagement »[3].

3°
Les OAP à vocation patrimoniale et de renaturation

231.341 Texte. Les OAP peuvent comprendre des dispositions portant sur la « conservation, la mise en valeur ou la requalification des éléments de paysage, quartiers, îlots, immeubles, espaces publics, monuments, sites et secteurs qu'elles ont identifiés et localisés pour des motifs d'ordre culturel, historique, architectural ou écologique, notamment dans les zones urbaines réglementées en application de l'article R. 151-19 »[4].

Elles peuvent également identifier des zones préférentielles pour la renaturation et préciser les modalités de mise en œuvre des projets de désartificialisation et de renaturation dans ces secteurs. Ces zones ou secteurs peuvent être délimités dans le ou les documents graphiques prévus à l'article R. 151-10[5].

231.342 Intérêt des OAP à vocation patrimoniale. La technique des OAP à vocation patrimoniale fait écho à l'article R. 151-19 autorisant les auteurs de PLUI à délimiter des zones urbaines renvoyant au RNU[6]. Elle offre aux collectivités concernées la possibilité de bénéficier de garanties de protection de leur patrimoine vernaculaire proches de celles qui leur étaient offertes par l'article L. 151-19[7], qu'un renvoi au RNU ne permet pas d'appliquer.

Les OAP patrimoniales assurent donc l'application de dispositions portant sur la conservation, la mise en valeur ou la requalification des éléments et ensembles bâtis ou naturels présentant un intérêt culturel, historique, architectural ou écologique, après identification et localisation de ces derniers[8].

Le ministère recommande aux auteurs de PLUI « d'accorder un soin tout particulier au travail d'identification préalable et de connaissance du patrimoine car il sera déterminant pour décliner des dispositions pertinentes et adaptées aux particularités de chaque élément »[9].

231.343 Incidence sur les autorisations d'urbanisme. La délivrance des autorisations d'urbanisme dans ces secteurs doit être motivée au regard de l'article R. 111-27[10].

C.
Les OAP obligatoires dans certaines circonstances

1°
OAP sur l'aménagement commercial, artisanal et logistique en cas de PLUI non soumis à un SCOT

231.351 Dispositions sur l'équipement. En l'absence de SCOT, les OAP d'un PLUI[11] :

– comportent les orientations relatives à l'équipement commercial, artisanal et logistique mentionnées aux 1° et 2° de l'article L. 141-5 ;

– et déterminent les conditions d'implantation des équipements commerciaux, artisanaux et logistiques qui, du fait de leur importance, sont susceptibles d'avoir un impact significatif sur l'aménagement du territoire et le développement durable, conformément à l'article L. 141-6.

231.352 Rédaction des OAP. Les OAP relatives au commerce (« OAP équipement commercial ») doivent traduire une réflexion à l'échelle de l'ensemble du territoire plutôt que des dispositions spécifiques à l'implantation de zones commerciales mono-

1. Ministère du logement, *Fiche technique 5 : Les orientations d'aménagement et de programmation*, juin 2016, p. 4.
2. Le texte et/ou le schéma d'aménagement doivent cependant traiter des 6 thèmes obligatoires listés à l'article R. 151-8 – V. s[s] n° 231.321.
3. Ministère du logement, *Fiche technique 5 : Les orientations d'aménagement et de programmation*, juin 2016, p. 5.
4. C. urb., art. R. 151-7, al. 1er.
5. C. urb., art. R. 151-7, al. 2 ; créé par décr. n° 2022-1673, 27 déc. 2022.
6. V. s[s] n°s 231.571 s.
7. V. s[s] n° 231.1061.
8. POUR UN EX. d'OAP patrimoniale (pris du PLU de la Trinité-sur-Mer) : Ministère de la cohésion des territoires, *Guide sur les dispositions opposables aux PLU*, mars 2020, p. 229.
9. Ministère du logement, *Fiche technique 5 : Les orientations d'aménagement et de programmation*, juin 2016, p. 6.
10. V. s[s] n° 345.122.
11. C. urb., art. L. 151-6, al. 2.

fonctionnelles d'entrée de ville. Ainsi, les OAP peuvent pleinement favoriser la mixité fonctionnelle en prévoyant que, en cas de réalisation d'opérations d'aménagement, de construction ou de réhabilitation, un pourcentage de ces opérations soit destiné à la réalisation de commerces[1]. Elles doivent ainsi viser la maîtrise de la concurrence périphérique afin d'établir des conditions plus propices au maintien du commerce de proximité.

2°
OAP spécifiques dans les PLU tenant lieu de PLH ou de plan de mobilité

231.360 **Renvoi.** Les OAP doivent contenir des éléments complémentaires :

– traitant des questions d'habitat, lorsque le PLU comporte des dispositions tenant lieu de PLH[2] ;

– relatives au transport et au déplacement, lorsque le PLU comporte des dispositions tenant lieu de plan de mobilité[3].

D.
Les OAP en zones de montagne

231.371 **UTN locales.** En zone de montagne, les OAP définissent la localisation, la nature et la capacité globale d'accueil et d'équipement des UTN locales[4].

E.
Les OAP relatives aux ZAC

1°
Expression d'un projet d'aménagement

231.381 **Projet d'aménagement.** Dans les ZAC, les OAP « peuvent comprendre les dispositions prévues à l'article L. 151-7 »[5]. Pour l'expression des projets d'aménagement urbain et paysager dans les périmètres de ZAC, les OAP permettent ainsi de définir, à l'intérieur de l'opération, les principes d'aménagement à respecter.

Par leur souplesse d'application (compatibilité), elles répondent parfaitement aux préoccupations des aménageurs. Dans cette optique, il est possible de privilégier les OAP de secteur d'aménagement sans dispositions réglementaires.

231.382 **Possibilité de compléter par des dispositions spécifiques aux ZAC.** Outre les dispositions prévues à l'article L. 151-7, dans les ZAC, les OAP « peuvent »[6] :

– « définir la localisation et les caractéristiques des espaces publics à conserver, à modifier ou à créer » (1°) ;

– « définir la localisation prévue pour les principaux ouvrages publics, les installations d'intérêt général et les espaces verts » (2°).

L'objectif est de permettre de compléter le contenu de l'OAP (par rapport aux possibilités offertes par les OAP de droit commun) dans les ZAC qui font l'objet d'un secteur d'aménagement.

2°
Création de ZAC (OAP emportant création de ZAC)

231.391 **Conditions.** Une ZAC peut être créée par la délibération d'approbation du PLU[7]. Plusieurs conditions sont requises.

Premièrement, l'EPCI à fiscalité propre ou la commune doit être compétent à la fois en matière de PLU et pour approuver le dossier de création de la ZAC[8].

Deuxièmement, la délibération d'approbation du PLU doit contenir, pour la ZAC concernée, des OAP comportant au moins les éléments suivants[9] :

– le schéma d'aménagement de la ZAC qui en précise les principales caractéristiques d'organisation spatiale (1°) ;

– le programme global prévisionnel des constructions à édifier dans la ZAC (2°) ;

– la mention du régime applicable au regard de la part communale ou intercommunale de la taxe d'aménagement dans cette zone (3°).

Troisièmement, l'approbation du PLU vaut acte de création d'une ZAC en application de l'article L. 151-7-2 lorsque le rapport de présentation[10] :

– comporte une description de l'existant dans le périmètre de cette ZAC ainsi que de son environnement ;

– et énonce les raisons pour lesquelles, au regard des dispositions du PLU et de l'insertion dans l'environnement naturel ou urbain, la création de cette zone a été retenue.

231.392 **Prise d'effets de cette création.** Les effets juridiques attachés à cette création ont pour point de départ l'accomplissement des formalités prévues à l'article R. 153-21[11].

1. POUR un ex. (pris du PLU d'Argentan) : Ministère de la cohésion des territoires, *Guide sur les dispositions opposables aux PLU*, mars 2020, p. 112.
2. V. s[s] n° 231.1742.
3. V. s[s] n° 231.1752.
4. V. s[s] n° 135.162.
5. C. urb., art. L. 151-7-1, al. 1er – Sur ces dispositions, v. s[s] n°s 231.281 s.
6. C. urb., art. L. 151-7-1.
7. V. s[s] n° 531.152.
8. C. urb., art. L. 151-7-2.
9. C. urb., art. R. 151-8-1.
10. C. urb., art. R. 151-2-1.
11. C. urb., art. R. 311-1, al. 2.

SECTION 4
Le règlement du PLU

§ 1
Présentation générale du règlement du PLU

A.
Objet du règlement : délimitation des zones et détermination des règles qui y sont applicables

231.401 Fixation des règles permettant d'atteindre les objectifs généraux du droit de l'urbanisme. Le règlement fixe « les règles générales et les servitudes d'utilisation des sols permettant d'atteindre les objectifs mentionnés aux articles L. 101-1 à L. 101-3 »[1]. Il lui revient ainsi d'assurer la traduction des objectifs structurants énoncés par le code (mixité sociale et fonctionnelle, préservation des milieux et de l'espace, transition énergétique par une moindre consommation des bâtiments et une limitation des déplacements, prévention des risques, etc.)[2].

Il ne peut comprendre de dispositions régissant l'exercice d'une activité agricole[3].

231.402 Quelles règles ? Le règlement contient « exclusivement »[4] :

– les règles générales et servitudes d'utilisation des sols destinées à la mise en œuvre du PADD[5], dans le respect de l'article L. 151-8[6] ;

– ainsi que la délimitation graphique des zones prévues à l'article L. 151-9 (zones U, AU, N ou A).

231.403 Uniquement des règles. Le contenu du règlement doit se limiter à un ensemble de règles. Il ne doit donc comprendre aucune explication, justification ou autres motivations. Ces éléments explicatifs figurent dans le rapport de présentation[7].

231.404 Exigence de cohérence avec le PADD. Le rôle du règlement est de traduire les objectifs stratégiques définis dans le PADD du PLU. Pour cette raison, il doit être cohérent avec celui-ci. Le code exige que le règlement fixe les règles générales et les servitudes d'utilisation des sols « en cohérence » avec le PADD[8].

La jurisprudence affirme que ces dispositions ne se bornent pas à prévoir « un simple rapport de compatibilité » entre le règlement et le PADD. N'est pas pour autant exigée « la conformité » du règlement au PADD[9].

Par ailleurs, pour apprécier la cohérence ainsi exigée au sein du PLU entre le règlement et le PADD, il appartient au juge administratif de rechercher, « dans le cadre d'une analyse globale » le conduisant à se placer « à l'échelle du territoire couvert par le document d'urbanisme », si le règlement ne contrarie pas les orientations générales et objectifs que les auteurs du document ont définis dans le PADD, compte tenu de leur degré de précision. Par suite, l'inadéquation d'une disposition du règlement du PLU à une orientation ou un objectif du PADD ne suffit pas nécessairement, compte tenu de l'existence d'autres orientations ou objectifs au sein de ce projet, à caractériser une incohérence entre ce règlement et ce projet[10].

À titre d'exemple, le juge administratif censure :

– le classement par le règlement de l'ensemble d'un secteur en zone agricole, comme incohérent avec une orientation du PADD prévoyant dans ce secteur des zones d'extension économique et d'équipement nécessitant, au moins partiellement, une urbanisation, sans qu'aucune autre de ses orientations justifie le parti retenu[11] ;

– l'augmentation significative des possibilités de constructions à usage d'habitation sur des parcelles situées dans un espace proche du rivage, comme incohérent avec un objectif du PADD prévoyant la localisation des nouvelles extensions d'urbanisation en dehors des espaces proches du rivage[12].

B.
Modalités d'expression de la règle

1°
Souplesse dans la rédaction de la règle

231.411 Recherche de flexibilité. Traditionnellement, les règles des plans locaux étaient pour l'essentiel exprimées sous forme de règles métriques « dont la rigidité peut constituer un frein à la mise en œuvre d'un urbanisme répondant au projet de territoire ». Pour cette raison, la réforme de 2015 a souhaité reconnaître aux auteurs de PLU de nouveaux

1. C. urb., art. L. 151-8.
2. Sur les principes généraux du droit de l'urbanisme, v. s[s] n°s 032.05 s.
3. V. s[s] n° 231.1801.
4. C. urb., art. R. 151-9.
5. V. s[s] n° 231.404.
6. V. s[s] n° 231.401.
7. V. s[s] n°s 231.61 s.
8. C. urb., art. L. 151-8.
9. CE 2 oct. 2017, *Montpellier Méditerranée Métropole et Lattes (C[ne])*, req. n° 398322, *Lebon T.* ; *BJDU* 2018. 33, concl. Ch. Touboul ; *Dr. adm.* 2018, étude n° 6, note A. Bellotti ; *LPA* 5 sept. 2018, n° 177-178, p. 5, note. P.-L. Niel.
10. CE 30 mai 2018, *Sète (C[ne])*, req. n° 408068, *Lebon T.* ; *Constr.-Urb.* 2018, n° 135, note L. Santoni.
11. CE 2 oct. 2017, *Montpellier Méditerranée Métropole et Lattes (C[ne])*, req. n° 398322, *Lebon T.*
12. CAA Nantes, *Assoc. de défense de la ria et du vieux port de Pornic*, req. n° 14NT02815, NP.

outils réglementaires « en offrant davantage de flexibilité au règlement, tout en favorisant la créativité architecturale et la diversité des formes urbaines »[1]. L'objectif poursuivi est une meilleure adaptation des règles aux caractéristiques urbaines et paysagères de chaque parcelle, mais également à la temporalité des projets.

231.412 **Garanties.** La recherche d'une rédaction plus souple des règles du PLU expose à des risques de dérives et de fragilisation de la sécurité juridique. Pour limiter ces risques, le code a :

– défini les différents modes d'expression de la règle[2] ;

– et imposé au PADD une justification des règles édictées[3] afin de garantir une plus grande adéquation des règles au regard des objectifs poursuivis.

2°
Règles écrites et règles graphiques

a.
Partie écrite et partie graphique

231.421 **Deux parties dans le règlement.** Le règlement « est constitué »[4] :

– « d'une partie écrite » ;

– « et d'une partie graphique, laquelle comporte un ou plusieurs documents ».

231.422 **Opposabilité.** « Seuls la partie écrite et le ou les documents composant la partie graphique du règlement peuvent être opposés au titre de l'obligation de conformité définie par l'article L. 152-1 »[5].

b.
Règles écrites et règles graphiques, illustrations

231.431 **Règles écrites et règles graphiques.** Les règles « peuvent être écrites et graphiques »[6]. Il en résulte que la partie graphique comporte des règles au même titre que la partie écrite. Une règle peut ainsi être mise en forme par un texte écrit et/ou par un document graphique[7].

À cet égard, une plus grande utilisation de la représentation des règles via les documents graphiques permet d'alléger la partie écrite du règlement tout en favorisant l'appropriation de la règle par les porteurs de projet. Les représentations graphiques de règles telles que la hauteur, l'implantation au sol, les surfaces d'espaces verts ou les stationnements présentent l'avantage d'une économie importante de règles écrites si elles sont intégrées dans le règlement graphique. Elles peuvent donc permettre de simplifier l'élaboration et la compréhension des règles du PLU si elles sont représentées de façon claire et lisible.

231.432 **Cas d'une règle exclusivement graphique.** « Lorsqu'une règle fait exclusivement l'objet d'une représentation dans un document graphique, la partie écrite du règlement le mentionne expressément »[8].

231.433 **Illustrations.** « Tout autre élément graphique ou figuratif compris dans la partie écrite du document est réputé constituer une illustration dépourvue de caractère contraignant, à moins qu'il en soit disposé autrement par une mention expresse »[9]. Ainsi, lorsqu'aucune mention ne spécifie leur opposabilité, ces illustrations n'ont qu'une vertu pédagogique. Si les auteurs de PLU souhaitent que les illustrations présentes dans le règlement écrit aient une valeur opposable, ils doivent le mentionner explicitement, soit en le précisant pour chaque illustration, soit en introduisant un principe général d'opposabilité des illustrations en introduction du règlement.

De manière générale, toute règle peut faire l'objet d'une illustration, qu'elle soit rédigée sous forme qualitative ou quantitative. Cette illustration n'a pas forcément vocation à être précise puisqu'elle a une valeur explicative et pédagogique.

Les illustrations intégrées à la partie écrite du règlement peuvent avoir une vertu pédagogique importante pour la compréhension et la projection de la règle par les porteurs de projet.

3°
Règles quantitatives, qualitatives et alternatives

a.
Règles quantitatives

231.441 **Notion.** La règle « quantitative » constitue une norme absolue, principalement exprimée sous forme métrique (distances minimales, hauteurs maximales, etc.) pour exprimer une obligation stricte.

231.442 **Avantages et inconvénients.** Ce mode de rédaction de la règle offre deux avantages :

– d'une part la lisibilité ;

– d'autre part la sécurité juridique (en limitant les difficultés d'interprétation).

1. Ministère du logement, *Fiche technique 4 : Les principes généraux d'écriture du règlement*, juill. 2016, p. 1.
2. V. ss nos 231.421 s.
3. V. ss nos 231.31 s.
4. C. urb., art. R. 151-10, al. 1er.
5. C. urb., art. R. 151-10, al. 2.
6. C. urb., art. R. 151-11, al. 1er.
7. POUR UN EX. (pris du PLU de la ville de Brest) : Ministère de la cohésion des territoires, *Guide sur les dispositions opposables aux PLU*, mars 2020, p. 43.
8. C. urb., art. R. 151-11, al. 2.
9. C. urb., art. R. 151-11, al. 3.

Néanmoins, il introduit une certaine rigidité susceptible de freiner, voire de bloquer, les projets de constructions. C'est la raison pour laquelle les règles peuvent également être exprimées de façon qualitative et alternative.

b.
Règles qualitatives

231.451 Notion. La règle « qualitative » ou « appréciative » constitue une norme relative, rédigée en mentionnant l'objectif à atteindre, sans imposer de moyens.

231.452 Admission et encadrement. Les règles du règlement de PLU « peuvent consister à définir de façon qualitative un résultat à atteindre, dès lors que le résultat attendu est exprimé de façon précise et vérifiable »[1].

L'exigence d'exprimer la règle sous une forme « précise » et « vérifiable » vise à permettre de contrôler le lien de conformité à celle-ci d'un projet de construction ou d'aménagement faisant l'objet d'une demande d'autorisation.

Illustrant cette faculté de recourir à des règles qualitatives, le code prévoit que les règles relatives à la volumétrie et à l'implantation peuvent être exprimées « en fonction des objectifs de continuité visuelle, urbaine et paysagère attendus »[2].

231.453 Recommandations rédactionnelles. Un soin important doit être apporté à la rédaction de la règle, afin qu'elle soit « précise et vérifiable » pour les instructeurs et porteurs de projet. Une rédaction imprécise de l'objectif à atteindre risque de donner lieu à des interprétations jurisprudentielles en contradiction avec l'objet de la règle édictée, ou rendre plus complexe l'instruction des demandes d'autorisations d'urbanisme. Comme le souligne la doctrine administrative, la nécessité de justifier le recours à ce type de règles dans le rapport de présentation « constitue [...] un premier garde-fou permettant d'appuyer les objectifs poursuivis sur une analyse préalable étayée par des données objectives »[3].

En outre, dans un souci de sécurisation juridique du document d'urbanisme et des décisions afférentes aux autorisations de droits des sols, le ministère recommande aux collectivités « d'appuyer l'édiction de règles qualitatives sur des éléments complémentaires de diagnostic pour en vérifier la faisabilité et les moyens à mettre en œuvre pour les réaliser. Ces études peuvent s'avérer particulièrement pertinentes, notamment lorsque des objectifs d'ensoleillement sont fixés, ou encore en matière de stationnement pour répondre au plus près aux besoins réels de stationnement »[4].

231.454 Dans quels cas recourir à des règles qualitatives ? Selon le ministère, ce type de règle « est particulièrement indiqué dans le cadre de parcelles contraintes en zone urbaine ou de secteurs de projet dont la forme urbaine peut évoluer au cours de l'aménagement mais qui devront répondre à des objectifs précis, notamment en termes de densité, de création de logements, de surfaces d'espaces verts »[5].

En particulier, se prêtent particulièrement bien à une règle rédigée sous forme d'objectifs :

– les règles formelles qui s'appliquent à l'évolution des bâtiments existants (car elles doivent pouvoir s'adapter à la multiplicité des situations et constructions existantes) ;

– le règlement des zones AU (car des règles trop précises peuvent contraindre inutilement des opérations dont l'intérêt s'évaluera dans le temps).

Concernant par exemple la densification, celle-ci peut s'opérer dans des secteurs déjà bâtis, en occupant des dents creuses ou des espaces situés en cœur d'îlot. Il peut être difficile, si la forme urbaine n'est pas très régulière, d'établir une règle chiffrée ou graphique. En revanche, des objectifs de qualité à atteindre peuvent être définis (en s'assurant qu'ils sont facilement vérifiables). Par exemple, il est possible de demander qu'une construction s'aligne sur la construction voisine, qu'elle n'en dépasse le faîtage ou encore qu'elle s'implante en ordre dispersé sur une parcelle.

De manière générale, la règle qualitative est plus complexe à instruire que la règle quantitative mais elle permet une diversité de solutions et, le cas échéant, une plus grande qualité des aménagements.

231.455 Exemple de règles qualitatives. Le ministère donne deux exemples de règles exprimées de façon qualitative[6].

Le premier exemple concerne la hauteur des constructions en fonction des caractéristiques des constructions avoisinantes : « Les constructions peuvent

1. C. urb., art. R. 151-12 – Cet article créé par le décret n° 2015-1783 du 28 décembre 2015 reprend une jurisprudence qui, tout en exigeant que les règles d'urbanisme soient suffisamment précises, avait admis qu'elles puissent ne pas présenter un caractère quantitatif : CE 18 juin 2010, *Paris (Ville)*, req. n° 326708, *Lebon T.* ; *BJDU* 2010. 347, concl. A. Courrèges ; *Dr. adm.* 2010, n° 8-9 (août-sept), p. 45, note R. Noguellou ; *Constr.-Urb.* sept. 2010, p. 17, note G. Godfrin ; *JCP Adm.* 2013, n° 2340, note G. Godfrin.
2. C. urb., art. R. 151-39 – V. s^s n° 231.1151.
3. Ministère du logement, *Fiche technique 4 : Les principes généraux d'écriture du règlement*, juill. 2016, p. 3.
4. Ministère du logement, *Fiche technique 4 : Les principes généraux d'écriture du règlement*, juill. 2016, p. 7.
5. Ministère du logement, *Fiche technique 4 : Les principes généraux d'écriture du règlement*, juill. 2016, p. 3.
6. Ministère du logement, *Fiche technique 4 : Les principes généraux d'écriture du règlement*, juill. 2016, p. 6.

joindre les limites séparatives [...] lorsque la construction projetée s'adosse à une construction existante édifiée en limite séparative et qu'elle présente sensiblement le même volume ».

Le second exemple concerne l'implantation des constructions les unes par rapport aux autres sur une même propriété : « L'implantation est libre ; toutefois on veillera à préserver l'ensoleillement des constructions existantes et celles prévues dans le cadre de l'opération :

- le découpage parcellaire favorisera une orientation bâtie nord-sud pour bénéficier au maximum des apports solaires passifs d'hiver ;
- les choix en matière d'implantation des constructions devront permettre de limiter les effets d'ombres portées d'un bâtiment sur l'autre ».

c.
Règles alternatives

231.461 **Notion.** La règle alternative consiste à prévoir, à côté d'une règle générale, une ou plusieurs règles subsidiaires visant des hypothèses plus limitées que les cas courants pour lesquels la règle générale est adaptée.

L'alternative diffère de la dérogation :

- l'alternative correspond bien à une application du règlement, tenant compte d'un cas de figure particulier défini par le règlement ;
- la dérogation autorise la mise à l'écart d'une règle pour des cas définis par des normes supérieures et n'ayant pas été pris en compte par le règlement.

La règle alternative permet ainsi une adaptation encadrée d'une règle pour s'ajuster aux spécificités du projet ou de ses abords.

231.462 **Possibilité de règles alternatives.** « Les règles générales peuvent être assorties de règles alternatives qui en permettent une application circonstanciée à des conditions locales particulières »[1]. Le PLU peut ainsi, sur une question particulière (par exemple les règles de volume ou de distance) énoncer un principe assorti d'exceptions. La règle alternative prévoit elle-même une ou plusieurs exceptions à une règle générale, sous la forme de règles spécifiques limitées à des situations définies.

Cette possibilité est d'application générale.

Il en est en outre fait état, de façon spécifique, par certaines dispositions du code qui attirent l'attention des auteurs du PLU sur cette possibilité[2].

231.463 **Intérêt d'une règle alternative.** Selon le ministère, la règle alternative « permet une adaptation encadrée d'une règle pour s'ajuster aux spécificités du projet ou de ses abords. Elle peut, par exemple, être particulièrement adaptée à des règles de hauteur, d'emprise au sol, de stationnement, de coefficient de biotope »[3].

231.464 **Possibilité ne supprimant pas le pouvoir de procéder à des adaptations mineures ou d'accorder des dérogations.** Les règles alternatives ne peuvent avoir pour objet ou pour effet de se substituer aux possibilités reconnues à l'autorité compétente en matière d'autorisation d'urbanisme[4] :

- de procéder à des adaptations mineures par l'article L. 152-3 ;
- et d'accorder des dérogations aux règles du PLU par les articles L. 152-4 à L. 152-6.

231.465 **Condition de légalité d'une règle alternative.** Une règle alternative est légale à deux conditions[5] :

- d'une part, elle doit être suffisamment et précisément définie quant à son champ d'application et à son contenu ;
- d'autre part, l'écart qu'elle prévoit par rapport à la règle doit être limité (cette exigence étant d'autant plus ferme que la précision de la règle est moindre).

Toute formulation vague, peu précise et non encadrée est assimilée par la jurisprudence à une dérogation déguisée (la dérogation étant interdite en dehors des cas prévus à l'article L. 152-3, 2°). Pour le juge, une « disposition qui attribue à l'autorité d'urbanisme un pouvoir de dérogation dont elle ne détermine en rien les conditions d'exercice et modalités de mise en œuvre » est illégale en ce qu'elle « a pour effet de soustraire les aménagements et constructions en cause au cadre normatif minimum que tout plan local d'urbanisme doit comporter [...] »[6].

231.466 **Exemple de règle alternative (emprise).** Le ministère donne un exemple de règle alternative concernant l'emprise au sol et des conseils méthodologiques pour la concevoir[7].

S'agissant des conseils, il est indiqué que la règle alternative :

- « doit être déclenchée par un élément objectif et vérifiable » (par exemple emprise différenciée si la construction atteint x mètres de hauteur, bonification de gabarit si la construction présente x caractéristiques...) ;

1. C. urb., art. R. 151-13, al. 1er.
2. V. ss no 231.1041.
3. Ministère de la cohésion des territoires, *Guide sur les dispositions opposables aux PLU*, mars 2020, p. 45.
4. C. urb., art. R. 151-13, al. 2.
5. Ces exigences ont été posées pour les règles alternatives relatives à l'implantation – V. ss no 231.972.
6. CAA Lyon, 29 nov. 2011, *Seyssuel (Cne)*, req. no 10LY01907, NP.
7. Ministère de la cohésion des territoires, *Guide sur les dispositions opposables aux PLU*, mars 2020, p. 46.

– « pourra s'apprécier au regard d'éléments quantitatifs fixés par le règlement mais également au regard d'éléments déclencheurs dans le contexte du projet » (adossement ou non à une construction, construction existante présentant une destination x à l'échelle de l'îlot et déclenchant des droits à construire supplémentaires...).

On pourrait ainsi avoir la règle alternative de hauteur suivante pour les constructions mitoyennes : « La hauteur des constructions est de 8 mètres au maximum sauf si la construction est implantée en limite séparative adossée à une construction de plus de 8 mètres. Dans ce cas, la construction pourra atteindre la hauteur de la construction voisine ».

d. Modalité rédactionnelle adéquate

231.471 **Appréciation au cas par cas.** Le choix de l'expression de la règle à adopter dépend avant tout des circonstances locales et des caractéristiques des zones et secteurs réglementés. Par exemple, dans un secteur bâti, en milieu urbain dense, la règle qualitative exprimée relativement au bâti existant peut être tout à fait pertinente.

4° Possibilité de différencier entre constructions neuves et constructions existantes (notamment pour la jurisprudence Sekler)

231.481 **Différenciation admise.** Le règlement du PLU peut introduire une différenciation entre les constructions neuves et les constructions existantes.

Cette faculté est implicitement admise au 2° de l'article R. 151-2 du code de l'urbanisme, qui impose de justifier l'édiction de règles différentes entre les constructions nouvelles et existantes[1]. La doctrine administrative explique que la disposition « entend sécuriser une pratique qui tend à se développer dans les PLU en confortant les termes d'une jurisprudence antérieure à la loi ALUR » (jurisprudence Sekler)[2].

La possibilité de différenciation est également admise par l'article L. 151-18, relatif aux caractéristiques des constructions, qui distingue les « constructions neuves, rénovées ou réhabilitées »[3].

231.482 **Justification de la différenciation.** Afin d'éviter des disparités de traitement ou de droits à construire entre des parcelles situées dans un même périmètre mais soumises à des règles différentes du fait d'une distinction des règles entre le neuf et l'existant, la rédaction de ces règles doit faire l'objet de justifications particulières.

231.483 **Intérêt d'une différenciation au regard de la jurisprudence Sekler.** La différenciation entre le neuf et l'existant permet de sécuriser l'utilisation des règles applicables aux constructions existantes non conformes au règlement, dans la mesure où elles ont été érigées avant l'élaboration du PLU. En effet, en ce qui concerne les travaux sur ces dernières, la formule générale de la jurisprudence, telle qu'exprimée par l'arrêt Sekler, s'applique sauf si les documents d'urbanisme contiennent des règles propres aux travaux sur les constructions existantes.

Les PLU peuvent aller plus loin en permettant la réalisation de certains travaux aggravant la non-conformité du bâtiment aux règles en vigueur, sous les conditions qu'il fixe pour répondre à des objectifs précis (par exemple la « mise aux normes » en matière d'accessibilité aux personnes à mobilité réduite, d'hygiène, d'isolation phonique ou thermique ou de sécurité et diverses règles relatives notamment aux travaux visant à améliorer la performance énergétique ou à développer la production d'énergie renouvelable dans les constructions). Il peut s'agir là d'un levier facilitant l'intensification urbaine.

On relèvera que le PLU de la ville de Paris a repris et adapté la jurisprudence Sekler[4].

231.484 **Différenciation des droits à construire selon le type de construction.** Une règle alternative peut être intéressante pour traiter la relation entre une construction neuve et les espaces environnants, qu'elle s'applique à une construction existante, à une construction neuve ou à une extension. On peut ainsi admettre qu'une construction qui s'adosse à une construction existante à conserver voie son gabarit ou son implantation contraints d'une autre manière que si elle était implantée au milieu de l'unité foncière. En fonction de la stratégie de la collectivité, justifiée dans le rapport de présentation, ces règles peuvent aboutir à générer des droits à construire identiques ou différents pour les constructions neuves et pour les constructions existantes.

C. Un règlement à la carte

1° Une grande liberté laissée aux auteurs

231.491 **Caractère facultatif des items.** À la différence des dispositions sur le zonage, rédigées sur un mode indicatif, qui vaut impératif (« le règlement délimite... »), les dispositions du code de l'urba-

1. V. s[s] n° 231.31.
2. Sur la jurisprudence *Sekler*, v. s[s] n°s 343.131 s.
3. V. s[s] n° 231.971.
4. V. s[s] n°s 231.1123 et v. s[s] n° 231.1102.

nisme relatives aux règles du règlement sont rédigées sous la forme d'une possibilité (« le règlement peut... »). Il en résulte que si le règlement doit procéder au zonage du territoire sur lequel il s'applique, il a la seulement la possibilité – et non l'obligation – de prévoir des règles se rapportant à chacun des items identifiés par le code (implantation, volumétrie, stationnement, etc.).

Cette liberté laissée aux auteurs du PLU est issue de la réforme de 2015[1]. Jusqu'à celle-ci, la structure des PLU, elle-même héritière des POS, imposait une répartition en 14 articles (13 articles après la suppression du COS par la loi ALUR[2]). Il avait résulté de cette obligation une standardisation de certains règlements de PLU entre collectivités ayant pourtant des PADD différents. Cette tendance avait pu renforcer l'instabilité juridique des documents (le juge administratif constatant l'inadéquation du rapport de présentation avec le règlement) et contribuer aux modifications voire révisions de documents rendues nécessaires au coup par coup pour s'adapter à des projets de construction répondant pourtant aux objectifs du PLU.

La réforme de 2015 a consacré le caractère facultatif des items. Alors que l'ancien état du droit répondait à une approche très réglementaire, qui laissait peu de place au projet et au contexte local et incitait à rédiger un règlement exhaustif, la nouvelle approche « propose un regroupement des outils réglementaires offerts aux auteurs d'un PLU dans une logique permettant une meilleure appropriation des règles traduisant le projet de territoire. Elle a vocation à faire évoluer le règlement vers une rédaction plus opérationnelle, mettant en avant les capacités d'évolution du territoire et pas uniquement les interdictions »[3].

Concrètement, tous les items présentant un caractère facultatif, il convient aux rédacteurs du PLU d'interroger l'intérêt de chacun d'entre eux au regard des objectifs du PADD. Il appartient à chaque collectivité « de s'interroger, au regard des circonstances locales, sur la nécessité des règles édictées et de construire son dispositif réglementaire "à la carte" »[4].

231.492 Possibilité de renvoi intégral au RNU dans les zones U d'un PLUI. Une ou plusieurs zones urbaines d'un PLUI peuvent être réglementées en y appliquant le RNU, sans y ajouter d'autres règles[5].

2°
La structure recommandée

231.501 Des règles articulées autour de trois thématiques. La section 4 du code de l'urbanisme, intitulé « Le règlement », présente les règles que peut contenir celui-ci autour de trois thématiques :

– affectation des sols et destination des constructions (où est-il possible de construire ?)[6] ;

– qualité urbaine, architecturale et paysagère (comment la construction doit-elle s'insérer dans son environnement ?)[7] ;

– équipements, réseaux et emplacements réservés (comment se raccorder aux réseaux ?)[8].

Le ministère recommande que le règlement du PLU suive cette structure afin, d'une part, de préserver une homogénéité de la présentation des règlements et, d'autre part, de faciliter leur lecture par les citoyens et les porteurs de projets[9]. Toutefois, conformément au caractère facultatif des items[10], la structure recommandée « ne doit pas être perçue comme une liste à remplir intégralement. Les auteurs de PLU restent libre de composer leur règlement avec une partie seulement des outils mis à leur disposition »[11].

D.
Comment choisir le type de prescription adéquat ?

1°
Niveau d'opposabilité des prescriptions

231.511 Règlement ou OAP. La collectivité peut choisir, en fonction des contextes et des projets, le niveau d'opposabilité des prescriptions émises.

Elle peut opter, dans certains secteurs, pour une réglementation écrite applicable par conformité (que ce soit un règlement spécifique ou un renvoi vers le RNU) et, dans d'autres, pour des OAP opposables par compatibilité.

Elle peut conjuguer les deux outils ou n'en utiliser qu'un seul (OAP avec règlement, OAP sans règlement, règlement seul ou RNU).

1. Ord. n° 2015-1174, 23 sept. 2015 et décret n° 2015-1783, 28 déc. 2015.
2. Sur cette suppression, v. s^{s} n° 231.1832.
3. Ministère du logement, *Fiche technique 2 : La structure et le contenu du règlement*, oct. 2016, p. 5.
4. Ministère du logement, *Fiche technique 2 : La structure et le contenu du règlement*, oct. 2016, p. 7 – Sur cette question : P. Soler-Couteaux, « Le droit de l'urbanisme permissif », *RDI* 2020. 8.
5. V. s^{s} n°s 231.571 s.
6. V. s^{s} n°s 231.861 s.
7. V. s^{s} n°s 231.1121 s.
8. V. s^{s} n°s 231.1401 s.
9. Ministère du logement, *Fiche technique 2 : La structure et le contenu du règlement*, oct. 2016, p. 3 s. Pour une reproduction du modèle recommandé, v. s^{s} n° 8.11.
10. V. s^{s} n° 231.491.
11. Ministère du logement, *Fiche technique 2 : La structure et le contenu du règlement*, oct. 2016, p. 3 – POUR UN EX. : Ministère de la cohésion des territoires, *Guide sur les dispositions opposables aux PLU*, mars 2020, p. 124-127.

2°
Capacités et objectifs de la collectivité

231.521 Critères. Le ministère donne aux rédacteurs de PLU de précieux conseils pour choisir le type de prescription correspondant le mieux à la situation de leur collectivité. Cinq critères peuvent notamment être pris en compte[1].

Le premier réside dans « l'ingénierie publique d'instruction des autorisations ». Dispose-t-on des capacités techniques suffisantes pour appliquer une règle par objectif à atteindre ou pour juger de la compatibilité d'un projet avec une OAP ?

Le deuxième critère correspond à « la caractéristique du territoire et la complexité du projet ». Un PLU de métropole n'aura pas recours aux mêmes dispositions que le PLU d'un EPCI à dominante rurale.

Le troisième critère tient à « la nature des projets les plus fréquents sur le territoire ». A-t-on plus de constructions neuves que de réhabilitation ? Ou l'inverse ? A-t-on affaire à des aménageurs ou à des promoteurs professionnels ou bien à des particuliers ? Les projets se situent-ils dans des espaces déjà aménagés ou sur des espaces récemment urbanisés ?

Un quatrième critère repose sur « les dynamiques foncières et de marché observées sur le territoire ». Le mode de production du cadre bâti dépend fortement du marché immobilier :

– quand celui-ci est dynamique, que le foncier est rare et cher, les opérateurs professionnels dominent la production bâtie et génèrent essentiellement une offre collective ;

– dans des marchés moins tendus, on voit apparaître des lotisseurs mais moins d'opérations collectives ou groupées ;

– dans les secteurs où le marché est très détendu, il y a peu d'aménageurs mais une création de terrains constructibles par division parcellaire et des constructions portées directement par des particuliers, avec ou sans constructeur de maisons individuelles.

Les prescriptions ont donc tout intérêt à s'adapter à la réalité de la production bâtie locale.

Enfin, un cinquième critère correspond aux « types de projets et de maîtres d'ouvrage présents sur le territoire ». Ce critère est important en ce qu'un professionnel appliquera plus facilement une prescription par compatibilité ou par objectif à atteindre qu'un particulier.

1. Ministère de la cohésion des territoires, *Guide sur les dispositions opposables aux PLU*, mars 2020, p. 19.

§ 2
Délimitation des zones (U, AU, A, N) et régime propre à chaque zone

A.
Présentation générale

231.531 Quatre zones. Le code de l'urbanisme prévoit quatre types de zones dans le PLU :

– zones urbaines (zones U) ;
– zones à urbaniser (zones AU) ;
– zones agricoles (zones A) ;
– zones naturelles et forestières (zones N).

Le règlement délimite chacune de ces zones sur le ou les documents graphiques[2]. Il fixe en outre les règles applicables à l'intérieur de chacune de ces zones dans les conditions prévues par la section du code relative au règlement[3].

231.532 Choix du zonage par la commune. Il revient à l'autorité compétente de décider elle-même du zonage, à peine de commettre une incompétence négative[4].

231.533 Engagement contractuel de modifier le zonage. Une autorité publique ne peut contracter sur l'exercice d'un pouvoir réglementaire[5].

Il en résulte que la convention par laquelle une autorité investie d'un pouvoir réglementaire prend l'engagement de faire usage de ce pouvoir dans un sens déterminé a un objet illicite[6]. Tel est le cas, par exemple, de la convention par laquelle des particuliers cèdent à titre gratuit des parcelles à une commune en contrepartie de l'engagement de celle-ci de rendre constructibles d'autres parcelles qu'ils détiennent[7].

Le Conseil d'État a néanmoins précisé qu'un acte réglementaire adopté après la signature d'une telle convention n'est pas illégal de ce seul fait, si, ayant été pris dans le but d'intérêt général pour lequel le pouvoir réglementaire a été conféré à cette autorité et non pour la mise en œuvre de la convention, il ne procède d'aucun détournement de pouvoir[8]. En

2. C. urb., art. L. 151-9, al. 1er ; art. R. 151-17, al. 1er.
3. Art. L. 151-8 s. ; R. 151-9 s. – C. urb., art. R. 151-17, al. 1er.
4. V. ss no 212.153.
5. CAA Nantes, 4 oct. 2013, *de Massol et a.*, req. no 12NT00012, NP (arrêt devenu définitif en l'absence d'admission du pourvoi formé à son encontre : CE 18 juin 2014, req. no 373678, NP) : cour soulignant que la commune « ne pouvait s'engager par la voie contractuelle à modifier la règlementation d'urbanisme qui relève de son pouvoir de décision unilatéral ».
6. CE 6 avr. 2018, *Assoc. NARTECS*, req. no 402714, *Lebon T.* ; *BJCL* 2018. 550, concl. Ch. Touboul.
7. CAA Nantes, 4 oct. 2013, *de Massol et a.*, req. no 12NT00012, NP (arrêt devenu définitif en l'absence d'admission du pourvoi formé à son encontre : CE 18 juin 2014, req. no 373678, NP).
8. CE 6 avr. 2018, *Assoc. NARTECS*, req. no 402714.

l'espèce, la commune s'était engagée à « procéder à ses frais aux études nécessaires à la révision simplifiée de son plan d'occupation des sols afin d'adapter les règles de celui-ci pour rendre possible la réalisation du projet » vini-viticole hôtelier que souhaitait développer une société ainsi qu'à acquérir les terrains de l'assiette foncière du projet pour les rétrocéder au promoteur et à réaliser la desserte routière. Par la même convention, le promoteur s'était engagé à réaliser son projet, à rembourser le coût net de la desserte routière et « à proposer, en tant que condition essentielle à la réalisation du projet, à la clientèle du complexe, tout au long de l'exploitation de celui-ci, au moins 50 % de vins » locaux. Le Conseil d'État estime, à supposer que la commune puisse être ainsi regardée comme s'étant, de façon illicite, engagée par convention à modifier le classement des terrains d'assiette du projet dans le zonage de son POS, que la révision de ce document d'urbanisme a été adoptée « dans le but d'intérêt général de favoriser le développement économique et touristique local et non pour respecter une obligation de mettre en œuvre la convention du 26 mai 2008. La délibération du 28 mai 2009 n'était donc pas entachée de détournement de pouvoir et l'association NARTECS n'est pas fondée à soutenir qu'elle était illégale »[1].

231.534 Critères pour opérer le zonage. Ainsi que le soulignait le rapporteur public Olivier Fuchs, « deux considérations sont essentielles lorsqu'une commune procède au classement de son territoire dans les zones définies par le plan local d'urbanisme. La première tient au parti d'aménagement retenu par la commune, c'est-à-dire la vision d'ensemble de son projet urbain, qu'elle exprime en particulier dans le projet d'aménagement et de développement durable (PADD). Le zonage est la transcription graphique de ce projet et vous en déduisez qu'il ne peut être incohérent au regard du parti d'aménagement retenu. Outre le parti d'aménagement, le zonage arrêté doit également respecter la vocation des zones définie dans la partie réglementaire du code de l'urbanisme »[2].

On ajoutera qu'une zone n'est pas conçue comme devant avoir une seule et unique fonction. La fonction qui lui est assignée constitue en effet une fonction principale et non une fonction exclusive. Ainsi, les zones A ne sont pas exclusivement affectées à l'agriculture et peuvent, à certaines conditions, comprendre des constructions. De la même manière, les zones U n'ont pas pour vocation exclusive de recevoir des constructions ; elles peuvent ainsi comporter des espaces verts soustraits aux possibilités de construction.

231.535 Zonage de tout le territoire. Il est nécessaire que tout le territoire de la collectivité soit rattaché à l'une des quatre grandes catégories de zones (U, AU, A, N) sans contestation possible.

B.
Les zones urbaines (zones U)

1°
Secteurs pouvant être classés en zone U

a.
Première catégorie : secteurs bâtis

231.541 Secteurs urbanisés. Naturellement, peuvent être classés en zone urbaine « les secteurs déjà urbanisés »[3].

231.542 Précisions. Les « secteurs déjà urbanisés » ont vocation à être classés en zone U au regard de ce seul critère. Par suite, il en va ainsi :

– quel que soit leur niveau d'équipements ;

– même si les conditions d'assainissement individuel ne sont pas possibles ;

– même si la station d'épuration ne fonctionne pas de façon satisfaisante ;

– même s'ils sont concernés par des risques naturels ou technologiques, dès lors qu'il est possible d'interdire des constructions en application de l'article R. 151-30 ou de les soumettre à des conditions spéciales[4].

En outre, et au regard de ce critère (caractère urbanisé), un hameau (même à caractère rural), ou encore un groupe significatif de bâtiments tel qu'un lotissement bâti (même s'il constitue un écart d'urbanisation) peuvent également être classés en zone U.

b.
Seconde catégorie : secteurs non bâtis mais comprenant des équipements suffisants

231.551 Niveau d'équipements suffisant. En dehors des secteurs déjà urbanisés, le PLU peut classer en zone urbaine « les secteurs où les équipements publics existants ou en cours de réalisation ont une capacité suffisante pour desservir les constructions à implanter »[5]. Cela suppose une desserte du secteur par les voies publiques et les réseaux publics.

1. CE 6 avr. 2018, *Assoc. NARTECS*, req. n° 402714.
2. O. Fuchs, *BJDU* 2020. 339, concl. sur CE 3 juin 2020, *Sté Inerta*, req. n° 429515.
3. C. urb., art. R. 151-18.
4. C. urb., art. R. 151-34.
5. C. urb., art. R. 151-18.

231.552 **Équipements existants.** Lors de l'élaboration du PLU, la collectivité doit veiller à démontrer que des investigations techniques, notamment auprès des concessionnaires, ont été menées pour s'assurer que les secteurs classés en zone U sont bien physiquement desservis, et ce de manière satisfaisante.

231.553 **Équipements programmés.** En l'absence des équipements publics, la commune peut envisager une programmation de leur réalisation. Dans ce cas, le rapport de présentation devra être explicite sur ce point en comportant une échéance ou une phase approximative de réalisation ou de renforcement effectif des équipements. Le règlement de la zone pourra ainsi prévoir une condition particulière concernant la réalisation ou le renforcement des équipements manquants, notamment dans les secteurs mal desservis.

La collectivité compétente doit avoir les moyens financiers ou techniques pour faire face aux dépenses ou aux investissements induits par l'urbanisation. Ce lien étroit entre urbanisation et équipements publics, nécessairement sous maîtrise d'ouvrage de la collectivité, semble parfois oublié. L'élaboration du PLU est donc l'occasion d'imaginer les modes de financement des équipements publics en délimitant notamment des zones de projet urbain partenarial (PUP) [1] ou en instaurant des secteurs de taxe d'aménagement à taux majorés [2].

Dans tous les cas, le dimensionnement et le classement en zone U implique que la commune s'engage à réaliser les équipements ou à les renforcer pour « desservir les constructions à implanter ». Le PLU doit être explicite sur ce point car, en cas de refus d'une autorisation relative à l'application du droit des sols ou d'opposition pour défaut d'équipement, la responsabilité de la collectivité pourrait être engagée.

c.
Prise en compte des objectifs de modération de la consommation des espaces naturels

231.561 **Exigence à intégrer.** Du fait de l'exigence de cohérence entre le règlement et le PADD [3], la délimitation et le dimensionnement des zones urbaines doivent être cohérents avec les objectifs chiffrés de modération de la consommation de l'espace et de lutte contre l'étalement urbain [4].

2°
Possibilité de soumettre une ou plusieurs zones U d'un PLUI aux dispositions du RNU (zones de renvoi au RNU dans un PLUI)

231.571 **Renvoi au RNU.** Une ou plusieurs zones urbaines d'un PLUI « peuvent être réglementées en y appliquant l'ensemble des articles R. 111-3, R. 111-5 à R. 111-13, R. 111-15 à R. 111-18 et R. 111-28 à R. 111-30 » (qui constituent des dispositions du RNU) [5] « sans y ajouter d'autres règles » [6].

« Il est alors fait renvoi à l'ensemble de ces articles en mentionnant leurs références dans le règlement de la ou des zones concernées » [7]. Le règlement écrit doit explicitement indiquer que les dispositions des articles R. 111-3, R. 111-5 à R. 111-13, R. 111-15 à R. 111-18 et R. 111-28 à R. 111-30 sont applicables dans la ou les zones U concernées. Aucune autre disposition réglementaire d'urbanisme ne pourra venir compléter l'application du RNU dans la zone du fait de la rédaction même de l'article R. 151-19 (« sans y ajouter d'autres règles »).

Les PLUI disposent ainsi de la possibilité de renvoyer au RNU (sous réserve de justification [8]) pour réglementer une ou plusieurs zones urbaines de leur territoire. Ces zones ne sont pas exclues du PLUI ; elles en font intégralement partie mais sont soumises à un régime simplifié.

231.572 **Instauration.** Seuls les secteurs des communes qui peuvent prétendre à un classement en zone urbaine peuvent bénéficier de ce régime.

Plus spécifiquement, la mesure est conçue pour s'appliquer uniquement aux secteurs d'une intercommunalité où les enjeux de constructions et d'aménagement sont faibles (faible pression foncière, peu de demandes d'autorisation). Elle doit ainsi être réservée à des secteurs bâtis qui ne sont pas destinés à accueillir un développement significatif ou à voir leurs fonctions urbaines être renforcées.

Dans ces secteurs, en raison du faible nombre de constructions pressenties, l'article R. 151-19 permet de ne pas créer de règlement spécifique et d'instruire les autorisations d'occupation du sol en appliquant

1. V. s^s n°s 553.101 s.
2. V. s^s n°s 552.741 s.
3. V. s^s n° 231.404.
4. V. s^s n° 231.161.
5. C. urb., art. R. 111-3 : règles relatives à la prise en compte des risques et des nuisances ; art. R. 111-5 à R. 111-12 : conditions de desserte en voirie, en eau potable, récolement des eaux usées, maintien ou réalisation d'espaces verts ; art. R. 111-13 : impact financier des aménagements sur la collectivité ; art. R. 111-15 à R. 111-18 : implantation de la construction ; art. R. 111-28 à R. 111-30 : prescriptions relatives à l'insertion de certains projets dans un environnement existant.
6. C. urb., art. R. 151-19, al. 1er.
7. C. urb., art. R. 151-19, al. 2.
8. V. s^s n° 231.31.

les règles de fond du RNU mentionnées à l'article R. 151-19 (les articles d'ordre public sont également applicables). De la sorte, les EPCI qui le souhaitent peuvent prioriser leur investissement en termes d'ingénierie sur la réglementation de zones soumises à des projets de développement de l'intercommunalité, plutôt que sur les zones dans lesquelles aucune évolution à court ou moyen terme n'est prévue. En outre, le dispositif facilite le déploiement des PLUI dans les intercommunalités rurales en rendant moins complexe et moins coûteuse l'écriture d'un règlement.

Bien entendu, ce régime peut être transitoire dans la vie du PLUI. Les collectivités pourront réinterroger la pertinence du maintien des zones U où s'appliquent le RNU et rédiger un règlement propre à ces zones à l'occasion d'une révision générale ou par voie de modification.

3°
Possibilité de délimiter des secteurs soumis à des règles alternatives pour les autorisations d'urbanisme portant sur plusieurs unités foncières contiguës

231.581 Possibilité, de créer des secteurs comportant des règles alternatives en cas de permis conjoint. Les auteurs de PLU peuvent créer des secteurs inscrits dans leur document graphique, dans lesquels des règles alternatives sont appliquées en cas de dépôt d'une demande de permis (PC ou PA) portant sur plusieurs unités foncières contiguës. L'article R. 151-21 prévoit ainsi que : « Dans les zones U et AU, le règlement peut, à l'intérieur d'une même zone, délimiter des secteurs dans lesquels les projets de constructions situés sur plusieurs unités foncières contiguës qui font l'objet d'une demande de permis de construire ou d'aménager conjointe sont appréciés comme un projet d'ensemble et auxquels il est fait application de règles alternatives édictées à leur bénéfice » par le PLU [1].

Cette disposition vise principalement à favoriser l'émergence de projets d'ensemble à plus large échelle qu'une seule unité foncière dans les secteurs où cela se justifie. Elle permet notamment de faciliter la construction de terrains enclavés ou de petite taille, en offrant la possibilité d'y appliquer des règles alternatives aux règles générales prévues au sein de la zone ou la sous-zone. Les auteurs de PLU peuvent donc édicter des règles alternatives spécifiques pour ces secteurs notamment par mutualisation de certaines dispositions afin de les adapter à un projet d'ensemble sur plusieurs unités foncières contiguës.

1. C. urb., art. R. 151-21, al. 1er.

a.
Conditions

231.591 Une sectorisation possible dans les seules zones U et AU. Cette sectorisation n'est pas prévue dans les zones agricoles, naturelles et forestières. Elle est exclusivement possible « dans les zones U et AU » [2].

231.592 Édiction de règles alternatives. La sectorisation doit nécessairement s'accompagner de l'édiction de règles alternatives. Il est en effet possible de déposer un permis portant sur plusieurs unités foncières contiguës et appartenant à plusieurs propriétaires en dehors de toute sectorisation dans le PLU [3]. Dans cette hypothèse, l'application de l'ensemble des règles du PLU se fait en considérant l'ensemble des terrains d'assiette du projet comme un seul terrain.

Le dispositif prévu à l'article R. 151-21 est différent puisqu'il consiste à prévoir des règles adaptées en cas de dépôt d'un permis conjoint, notamment en édictant des règles moins contraignantes telles qu'un nombre de stationnements ou une surface d'espaces verts minorés lorsqu'ils sont mutualisés.

231.593 Sectorisation. Les secteurs constitués regroupent nécessairement plusieurs unités foncières contiguës justifiant l'intérêt d'y favoriser un ou plusieurs projets sous la forme de permis conjoints. Le secteur ne préfigure pas les regroupements d'unités foncières pouvant donner lieu à permis conjoint : cette faculté reste une option librement mise en œuvre par les porteurs de projets.

Les parcelles intégrées dans un même secteur peuvent avoir diverses occupations du sol et ne pas présenter d'unité architecturale : certaines parcelles peuvent ainsi être bâties et d'autres non.

Par contre, elles appartiennent nécessairement à une même zone du PLU [4]. Cela signifie qu'un secteur de permis conjoint ne peut pas être situé « à cheval » sur une zone U et une zone AU, car les règles alternatives qui s'y appliquent doivent constituer une adaptation de la règle générale de la zone dans laquelle il s'inscrit.

Cette sectorisation, comme l'ensemble des sectorisations prévues par le PLU, doit figurer sur le ou les documents graphiques réglementaires.

b.
Contenu des règles alternatives

231.601 Des règles adaptées aux objectifs du PLU. Les règles alternatives destinées à favoriser les

2. C. urb., art. R. 151-21, al. 1er.
3. V. ss no 331.51.
4. C. urb., art. R. 151-21, al. 1er, mentionnant la délimitation « à l'intérieur d'une même zone ».

projets relevant d'une demande de permis conjoint peuvent porter sur une ou plusieurs règles et être de nature variée, en fonction des objectifs poursuivis par le PLU.

231.602 Règles soumises à des conditions. L'application des règles alternatives peut être soumise à différentes conditions, par exemple :

- unité architecturale permettant d'améliorer la qualité urbaine ;
- réalisation d'un alignement bâti en front de rue pour pouvoir bénéficier d'un volume constructible majoré de 20 % ;
- lien fonctionnel visant à améliorer la qualité paysagère et la sécurisation de la voirie ;
- création d'un parking souterrain commun avec accès unique sur rue pour bénéficier d'une réduction de 20 % des places de stationnement exigées ;
- atteinte d'un seuil surfacique pour favoriser des regroupements de parcelles de taille suffisante en même temps que la meilleure fonctionnalité des espaces verts (à titre d'illustration, en prévoyant que la part de surfaces non imperméabilisées pourra être majorée de 10 % si le projet prévoit la création d'un tel espace d'un seul tenant sur au moins 1 000 m²).

231.603 Règles non soumises à des conditions. Les règles peuvent aussi ne pas être assorties de conditions particulières pour être purement incitatives lorsqu'il s'agit notamment d'améliorer la constructibilité de terrains difficilement valorisables compte tenu de leur configuration.

231.604 Prise en compte de la mixité sociale. Les règles alternatives « définissent notamment les obligations faites à ces projets lorsque le règlement prévoit sur ces secteurs, en application de l'article L. 151-15, qu'un pourcentage des programmes de logements doit être affecté à des catégories de logement en précisant ce pourcentage et les catégories prévues »[1].

Le règlement du PLU devra spécifier comment seront mises en œuvre ces servitudes en cas de délivrance d'une autorisation du droit des sols portant sur plusieurs unités foncières contiguës pour éviter que les principes de mixité sociale soient remis en cause. Il s'agit notamment d'empêcher que le règlement du PLU ne permette le dépôt d'un permis portant sur de nombreuses unités foncières dont la réalisation aboutirait à faire peser sur une seule unité foncière ou un seul bâtiment l'ensemble des pourcentages de logements locatifs sociaux prévus en application de l'article L. 151-15. À titre d'exemple, cela pourra conduire à préciser en cas de PC conjoint :

- que les 20 % de logements locatifs sociaux (LLS) demandés ne pourront pas être regroupés dans un seul bâtiment ;
- ou qu'aucun bâtiment d'un programme immobilier ne devra en comporter plus de 40 % ;
- ou encore que les LLS créés devront l'être sur les constructions en front de rue.

c.
Appréciation de la conformité du projet aux règles définies

231.611 Appréciation d'ensemble. Le contrôle de la conformité du projet aux règles alternatives se fait, comme dans tous les cas de demande de permis conjoint, en considérant l'ensemble des terrains d'assiette du projet comme un seul terrain.

4°
Lotissement ou division : appréciation des règles au regard de l'ensemble du PLU

231.621 Appréciation d'ensemble : principe et dérogation. « Dans le cas d'un lotissement ou dans celui de la construction, sur une unité foncière ou sur plusieurs unités foncières contiguës, de plusieurs bâtiments dont le terrain d'assiette doit faire l'objet d'une division en propriété ou en jouissance, l'ensemble du projet est en principe apprécié au regard de la totalité des règles édictées par le PLU »[2].

Il n'est prévu de déroger à cette appréciation d'ensemble que « si le règlement de ce plan s'y oppose »[3], c'est-à-dire, selon la jurisprudence : d'une part, si les règles du PLU en disposent autrement ; d'autre part, si ces règles s'opposent à cette appréciation d'ensemble du fait même de leur objet[4]. Tel

1. C. urb., art. R. 151-21, al. 2 – Sur l'article L. 151-15, v. s^s n°s 231.921 s.

2. C. urb., art. R. 151-21, al. 3.
3. C. urb., art. R. 151-21, al. 3.
4. CE 8 nov. 2019, *Champeau (M.) et a.*, req. nº 420324, *Lebon T. ; BJDU* 2020. 14, concl. R. Decout-Paolini. L'arrêt concernait un article du règlement d'un POS relatif à l'implantation des constructions les unes par rapport aux autres sur une même propriété, rédigé comme suit : « UC 8.1 Marge d'isolement / 1. Les constructions doivent être édifiées de manière à laisser entre elles une marge d'isolement au moins égale à 4 mètres. / 2. Toutefois, si l'environnement le justifie, cette disposition peut être réduite à 2 mètres à la condition que puissent être satisfaites par ailleurs les exigences de la sécurité et de la défense contre l'incendie [...] ». Le Conseil d'État affirme que cet article [...] s'oppose, par son objet même, à ce que le respect de ces règles d'implantation soit apprécié au regard de l'ensemble des constructions. Par suite, le promoteur n'est pas fondé à soutenir que les dispositions de l'article UC 8.1 ne s'appliquaient pas et que l'erreur commise par la cour sur les distances entre les constructions serait dépourvue d'incidence sur le bien-fondé de son arrêt.

est par exemple le cas, eu égard à son objet, d'une règle de superficie minimale des terrains à construire prévue en secteur non desservi par un réseau collectif d'assainissement destinée à permettre le bon fonctionnement du système d'assainissement non collectif propre à chacune des constructions[1].

231.622 Appréciation des règles d'implantation. Il résulte des dispositions de l'article R. 151-21, al. 3, applicables notamment aux permis de construire, « que si les règles d'un plan local d'urbanisme relatives à l'implantation des constructions par rapport aux limites séparatives s'appliquent à l'ensemble des constructions d'un lotissement dans leurs relations avec les parcelles situées à l'extérieur du périmètre de ce lotissement, elles ne sont pas, sauf prescription contraire du plan, applicables à l'implantation des constructions à l'intérieur de ce périmètre »[2].

5°
Classement d'un terrain ayant abrité une activité industrielle ou polluante

231.631 Classement en zone U. Lorsque la commune dispose de plusieurs expertises scientifiques faisant apparaître l'absence de risques pour la santé, elle peut classer les parcelles ayant abrité une activité industrielle ou polluante en zone constructible[3].

À l'inverse, les dispositions d'un PLU classant un terrain pollué en zone constructible sans prévoir de prescription particulière pourront être entachées d'illégalité lorsque la commune, qui avait connaissance de risques importants, n'a pas mis en œuvre les mesures adéquates (par exemple lorsqu'elle classe en zone constructible un terrain pollué afin d'accueillir une aire d'accueil des gens du voyage)[4].

6°
Possibilité d'avoir plusieurs zones U

231.641 Pratique. Les zones U présentent un caractère diversifié. Elles couvrent en effet des secteurs aussi variés qu'un centre-ville, des quartiers résidentiels ou un campus universitaire. Le PLU identifiera donc diverses catégories de zones U en soumettant chacune d'entre elles à des règles qui lui sont propres.

C.
Les zones à urbaniser (zones AU)

1°
Secteurs pouvant être classés en zone AU

231.651 Secteurs destinés à être ouverts à l'urbanisation. Peuvent être classés en zone à urbaniser les secteurs « destinés à être ouverts à l'urbanisation »[5].

Il s'agit de secteurs qui ne sont pas urbanisés ni équipés ou en voie de l'être (les secteurs urbanisés et équipés doivent être classés en zone U).

231.652 Deux cas de figure. Les secteurs à urbaniser peuvent correspondre :

– soit à des terrains naturels, agricoles ou forestiers (qu'il s'agit d'urbaniser) ;

– soit à des terrains un temps construit mais ensuite laissés en friches (qu'il s'agit de requalifier).

Dans le premier cas, le classement en zone AU va se traduire par une consommation de l'espace naturel.

Le second permet au contraire de rebâtir la ville sur la ville (sans artificialisation des sols) dans un secteur qui, ayant été abandonné, n'était plus desservi par les équipements publics.

2°
Conditions d'ouverture à l'urbanisation

231.661 Deux cas de figure. Pour l'ouverture à l'urbanisation[6], le code distingue deux cas de figures, en fonction de la capacité des équipements (les voies ouvertes au public et les réseaux d'eau, d'électricité et, le cas échéant, d'assainissement) existant « à la périphérie immédiate d'une zone AU »[7].

Selon une réponse ministérielle : « La notion de "périphérie immédiate" ne doit pas être interprétée au sens strict et ne signifie pas que ces réseaux doivent se situer au droit de la zone »[8].

1. CE 9 mars 2016, *Assoc. des propriétaires riverains du chemin du Collet Redon et a.*, req. n° 376042, *Lebon T.* ; *BJDU* 2016. 422, concl. X. de Lesquen. Une telle règle doit être regardée comme étant au nombre de celles qui s'opposent à l'appréciation d'ensemble.
2. CE 9 avr. 2015, *Tassin-la-Demi-Lune (Cne)*, req. n° 372011, NP : décision censurant pour erreur de droit l'arrêt dans lequel la cour a énoncé que ces dispositions « n'impliquent pas que les limites entre les lots ne puissent être prises en compte pour l'application des règles de recul par rapport aux limites séparatives au moment de la délivrance d'un permis de construire dans le lotissement ».
3. PAR EX., pour le site ou avaient fonctionné l'usine et le laboratoire de Marie Curie : CE 15 janv. 1999, *Les Verts Nogent-Le-Perreux*, req. n° 165119, NP.
4. CAA Douai, 13 août 2012, *Pinterville (Cne)*, req. n° 11DA01741, NP.
5. C. urb., art. R. 151-20, al. 1er.
6. Sur cette notion : P. Capsié, *L'ouverture à l'urbanisation, renouvellement d'une notion fondamentale du droit de l'urbanisme*, PU Perpignan, 2001 – J.-P. Henry et Ph. Capsié, « L'ouverture à l'urbanisation des zones AU », *DAUH* 2002. 105.
7. C. urb., art. R. 151-20, al. 2 et 3 – Ces deux cas de figure sont présentés sous la forme d'un schéma en annexe du présent ouvrage – V. ss n° 8.35.
8. Rép. min. n° 52644, *JOAN Q* 29 juin 2010, p. 7377.

Il y a lieu de tenir compte uniquement des équipements existants et non, par conséquent, des équipements projetés [1].

Un schéma figurant en annexe du présent ouvrage présente les deux cas de figure [2].

a.

Conditions d'ouverture à l'urbanisation en cas d'équipements suffisants (zone 1AU)

231.671 **Équipements suffisants.** Le premier cas de figure est celui où les équipements « ont une capacité suffisante pour desservir les constructions à implanter dans l'ensemble » de la zone [3]. Les PLU qualifient cette zone de « zone 1AU ».

231.672 **Conditions d'ouverture à l'urbanisation.** L'ouverture à l'urbanisation ne peut intervenir que si « des orientations d'aménagement et de programmation et, le cas échéant, le règlement en ont défini les conditions d'aménagement et d'équipement » [4]. L'ouverture à l'urbanisation est donc conditionnée par le niveau de desserte de la zone mais également par l'engagement d'une réflexion stratégique et opérationnelle sur le secteur, impliquant notamment la définition du niveau de qualité architecturale, urbaine et paysagère attendu et la rédaction de dispositions dédiées à l'insertion des constructions dans leur environnement [5].

La loi Climat et résilience [6] a créé une OAP spécifique « ouverture à l'urbanisation » [7]. Avant celle-ci, deux types d'OAP étaient adoptées pour définir les conditions d'aménagement et d'équipement ;

– soit les OAP de secteur [8] ;

– soit les OAP de secteur d'aménagement [9] au contenu renforcé mais ne renvoyant à aucun règlement (les auteurs de PLU recourant dans ce cas exclusivement à ces OAP afin de prévoir les conditions d'aménagement et d'équipement de la zone ou l'échéancier de réalisation des équipements internes à la celle-ci).

231.673 **Modalités d'autorisation des constructions.** Si les deux conditions précitées (desserte suffisante et OAP) sont satisfaites, les constructions sont autorisées dans la zone [10] :

– soit « lors de la réalisation d'une opération d'aménagement d'ensemble » [11] (ce qui assure que l'urbanisation de la zone AU se fasse obligatoirement dans le cadre d'une opération d'aménagement ou de construction) ;

– soit « au fur et à mesure de la réalisation des équipements internes à la zone » prévus par les OAP et, le cas échéant, le règlement.

Ces dispositions ne font pas obstacle à ce que les auteurs d'un PLU puissent, lorsqu'ils définissent les conditions d'aménagement et d'équipement d'une opération d'aménagement d'ensemble, prévoir que la délivrance des autorisations de construction au sein de la zone sera subordonnée à la réalisation préalable et au fur et à mesure des équipements internes [12].

b.

Conditions d'ouverture à l'urbanisation en cas d'équipements insuffisants (zone 2AU)

231.681 **Équipements insuffisants.** Le second cas de figure est celui où les équipements « n'ont pas une capacité suffisante pour desservir les constructions à implanter dans l'ensemble » de la zone [13]. Les PLU qualifient cette zone de « zone 2AU ».

On parle également de zone AU « fermée » ou « inconstructible ». Son ouverture à l'urbanisation est subordonnée à une modification ou à une révision du PLU. Elle n'est pas possible par une autre modalité (par exemple en définissant seulement une date de réalisation des équipements dans les OAP ou le règlement).

231.682 **Conditions d'ouverture à l'urbanisation.** L'ouverture à l'urbanisation d'une zone 2AU « est subordonnée à une modification ou à une révision du plan local d'urbanisme comportant notamment les orientations d'aménagement et de programmation de la zone » [14]. L'ouverture à l'urbanisation

1. CE 6 déc. 2023, *Commune de Plaisance-du-Touch*, req. n° 466055, *Lebon T.* ; *BJDU* 2024. 168, concl. E. de Moustier ; *Constr.-Urb.* 2024, n° 3, note X. Couton ; *RDI* 2024. 51, obs. P. Soler-Couteaux.
2. V. s[s] n° 8.35.
3. C. urb., art. R. 151-20, al. 2.
4. C. urb., art. R. 151-20, al. 2.
5. PAR EX. (condition satisfaite) : CAA Nantes, 29 avr. 2016, *Le Carret*, req. n° 14NT02978, NP.
6. L. n° 2021-1104, 22 août 2021 portant lutte contre le dérèglement climatique et renforcement de la résilience face à ses effets, *JO* 24 août, n° 1.
7. V. s[s] n° 231.222.
8. POUR UN EX. : le PLU de Velaux, reproduit in Ministère de la cohésion des territoires, *Guide sur les dispositions opposables aux PLU*, mars 2020, p. 85. – V. s[s] n° 231.311.
9. V. s[s] n°s 231.321 s.
10. C. urb., art. R. 151-20, al. 2.
11. Sur cette notion, Rép. min. n° 40842, *JOAN Q* 5 janv. 2016, p. 193 – ÉGALEMENT : CE 28 sept. 2020, *Morineau (M.)*, req. n° 426961, *Lebon T.* ; *BJDU* 2021. 325, concl. V. Villette : arrêt indiquant qu'une telle opération « peut ne porter que sur une partie seulement des terrains de la zone concernée, sauf si le règlement du plan local d'urbanisme en dispose autrement ou si les conditions d'aménagement et d'équipement définies par ce règlement et par les orientations d'aménagement et de programmation du plan local d'urbanisme impliquent nécessairement que l'opération porte sur la totalité des terrains de la zone concernée ».
12. CE 30 janv. 2017, *Montpellier méditerranée Métropole*, req. n° 395167, NP ; *Constr.-Urb.* 2017, comm. 35, note L. Santoni.
13. C. urb., art. R. 151-20, al. 3.
14. C. urb., art. R. 151-20, al. 3.

d'une zone 2AU s'opère donc obligatoirement via une procédure de modification ou de révision.

En principe, elle se réalise par une procédure de modification. Une délibération motivée doit être prise pour justifier l'utilité de cette ouverture au regard des capacités d'urbanisation encore inexploitées dans les zones déjà urbanisées [1].

Le recours à la procédure de révision s'impose pour ouvrir à l'urbanisation une zone AU qui, dans les neuf ans suivant sa création, n'a pas été ouverte à l'urbanisation ou n'a pas fait l'objet d'acquisitions foncières significatives de la part de la commune ou de l'EPCI [2]. Une réponse ministérielle a précisé : « Ce dispositif n'induit pas un reclassement des zones concernées en zones naturelles ou agricoles. Il prévoit que la commune ou l'intercommunalité, désireuse d'ouvrir à l'urbanisation une de ces zones, passe par une procédure de révision de son plan local d'urbanisme. Cette procédure, qui nécessite une concertation approfondie et une association des personnes publiques, apporte des garanties sur l'existence d'un débat préalable et la vérification que l'ouverture à l'urbanisation de zones prévues de longue date, parfois trop largement dimensionnées, ne compromet pas les objectifs de consommation économe de l'espace qui s'imposent à toutes les collectivités » [3].

Ainsi, tant dans la procédure de modification que celle de révision, le code prévoit, dans l'objectif d'une utilisation économe des sols, des garanties visant à contraindre l'autorité compétente à n'ouvrir une zone (non équipée) à l'urbanisation que si les zones déjà urbanisées présentent un caractère saturé.

c.
Absence d'exigence de capacité des équipements pour les installations nucléaires

231.691 **Régime spécifique.** Par dérogation à l'article R. 151-20, dans le périmètre d'une OIN destinée à accueillir une installation nucléaire de base telle que définie à l'article L. 593-2 du code de l'environnement, les dispositions qui subordonnent l'ouverture à l'urbanisation des zones AU à l'existence dans leur périphérie immédiate de voies et réseaux suffisants « ne s'appliquent pas aux constructions, travaux, installations et aménagements nécessaires à la mise en œuvre de cette installation » [4].

d.
Condition tenant au SCOT

231.701 **Existence d'un SCOT : exigence de compatibilité avec les DOO définissant les conditions d'ouverture à l'urbanisation.** Le PLU doit être compatible avec le SCOT [5]. Or, le DOO de celui-ci peut contenir des dispositions sur les secteurs pouvant être ouverts à l'urbanisation et les conditions de celle-ci [6].

231.702 **Absence de SCOT : urbanisation en principe interdite.** Le PLU ne peut ouvrir un secteur à l'urbanisation que si l'EPCI ou la commune est couvert par un SCOT [7].

3°
Possibilité de règles alternatives pour les projets portant sur plusieurs unités foncières contiguës

231.710 **Renvoi.** Dans les zones AU, le règlement peut délimiter des secteurs comportant des règles alternatives pour les autorisations d'urbanisme portant sur plusieurs unités foncières contiguës [8].

D.
Les zones agricoles (zones A)

1°
Secteurs pouvant être classés en zone A

231.721 **Terres agricoles à potentiel.** Peuvent être classés en zone agricole les secteurs de la commune, équipés ou non, à protéger en raison du potentiel agronomique, biologique ou économique des terres agricoles [9].

Le potentiel « agronomique » ou « biologique » se réfère principalement aux cultures. Le potentiel « économique » renvoie essentiellement aux pâtures.

Selon la jurisprudence, c'est « en cohérence avec les orientations générales et les objectifs du PADD » qu'une zone A du PLU a vocation à couvrir les secteurs qui répondent à la définition donnée à l'article R. 151-22 [10].

231.722 **Appréciation au niveau du secteur et non à celui de la parcelle.** Le potentiel agricole s'apprécie au niveau du secteur et non au niveau de la parcelle [11].

Comme le soulignait le rapporteur public Olivier Fuchs concluant sur cet arrêt, « des parcelles peuvent légalement être inscrites en zone A dès lors que, du fait de leurs caractéristiques, elles participent à la cohérence de la zone agricole plus largement défi-

1. V. s^s n° 235.122.
2. V. s^s n° 235.21.
3. Rép. min. n° 13174, *JO Sénat Q* 12 févr. 2015, p. 328.
4. C. urb., art. R. 151-20-1.
5. V. s^s n° 211.151.
6. V. s^s n°s 221.161 s.
7. V. s^s n°s 222.81 s.
8. V. s^s n°s 231.581 s.
9. C. urb., art. R. 151-22.
10. CE 3 juin 2020, *S^{té} Inerta*, req. n° 429515, *Lebon T.* ; *BJDU* 2020. 339, concl. O. Fuchs.
11. CE 3 juin 2020, *S^{té} Inerta*, req. n° 429515.

nie, y compris, parfois, lorsque leur potentiel agricole propre est faible voire nul. Il en va notamment ainsi de l'inclusion dans une zone A de terrains déjà bâtis, par exemple des écarts qui rassembleraient quelques d'habitations, ou de terrains qui, en liaison avec une autre zone, permettent d'en limiter l'extension en frontière d'un secteur agricole »[1]. Il ajoutait : « En cas de doute sur le potentiel agricole des terrains, nous croyons que les indices à prendre en compte pour déterminer si une ou plusieurs parcelles peuvent être classées en zone A sont, en particulier la nature de la construction présente, l'ampleur de l'artificialisation de la parcelle, la façon dont la parcelle est insérée dans la zone agricole ainsi que son environnement direct, par exemple la limite qu'elle constitue avec une zone déjà urbanisée. Les parcelles en question ne peuvent à nos yeux, en revanche, représenter une part trop importante de la surface totale de la zone agricole considérée ni constituer à elles-seules une zone urbanisée qui comprendrait une densité de construction telle qu'elle ne pourrait être regardée comme s'insérant dans une zone agricole. Un dernier indice est la cohérence du parti retenu avec les orientations d'aménagement de la commune, telles qu'elles résultent du PADD ou, par exemple de la délibération d'approbation du PLU, comme vous en avez jugé dans votre décision de Section Commune de Sempy[2] »[3].

En conséquence, dans cette affaire, après avoir relevé que cinq parcelles étaient situées en limite ouest du territoire communal, en dehors des parties urbanisées de la commune, dans une partie de son territoire qui présente, très majoritairement, un caractère agricole, une cour a pu, sans erreur de droit, pour apprécier la légalité du classement des parcelles en zone A[4] :

– ne pas rechercher si les parcelles en cause présentaient elles-mêmes un caractère de terres agricoles ;

– mais se fonder sur la vocation du secteur en bordure duquel ces parcelles se situent (dont le caractère agricole est avéré), sur le parti d'urbanisme de la commune (consistant à ne pas permettre l'étalement de la zone urbaine contiguë à ce secteur sur le territoire de la commune voisine) et sur la circonstance que les parcelles en cause ne supportent que des constructions légères et des aménagements d'ampleur limitée.

Pour la même raison, le juge peut, sans erreur de droit, « se fonder sur la continuité du secteur à vocation agricole dans lequel s'inscrirait la parcelle en cause et la cohérence de la zone agricole à laquelle son classement porterait atteinte, et dont une part importante est actuellement exploitée pour l'agriculture, sans rechercher si cette parcelle présente elle-même un caractère de terres agricoles »[5].

231.723 Classement en ZAP (code rural). Des zones agricoles dont la préservation présente un intérêt général en raison soit de la qualité de leur production, soit de leur situation géographique, soit de leur qualité agronomique peuvent faire l'objet d'un classement, par arrêté préfectoral, en tant que « zones agricoles protégées » (ZAP)[6].

Tout changement d'affectation ou de mode d'occupation du sol qui altère durablement le potentiel agronomique, biologique ou économique d'une ZAP doit être soumis à l'avis de la chambre d'agriculture et de la commission départementale d'orientation de l'agriculture. En cas d'avis défavorable de l'une d'entre elles, le changement ne peut être autorisé que sur décision motivée du préfet[7].

La délimitation des ZAP est annexée au PLU dans les conditions prévues à l'article L. 153-60 du code de l'urbanisme[8].

Comme le souligne une réponse ministérielle, le classement en ZAP « permet d'ériger la "vocation agricole" de ces espaces en servitude d'utilité publique et donc de la soustraire aux aléas des fluctuations du droit des sols »[9].

2°
Régime applicable en zone A

a.
Présentation générale

231.731 Limitations strictes des types de constructions pouvant être autorisées. Le code de l'urbanisme[10] prévoit que seules les constructions et ins-

1. O. Fuchs, concl. préc.
2. CE, sect., 22 déc. 2017, *Sempy (C^ne^)*, req. n° 395963, *Lebon*.
3. O. Fuchs, *BJDU* 2020. 339, concl. sur CE 3 juin 2020, *S^té^ Inerta*, req. n° 429515.
4. CE 3 juin 2020, *S^té^ Inerta*, req. n° 429515.
5. CE 12 avr. 2023, *Société Saint Christophe*, req. n° 455306, NP ; *RDI* 2023. 433, obs. P. Soler-Couteaux.
6. C. rural, art. L. 112-2, al. 1er, ajoutant que ces zones sont délimitées par arrêté préfectoral pris sur proposition ou après accord du conseil municipal des communes intéressées ou, le cas échéant, et après avis du conseil municipal des communes intéressées, sur proposition de l'organe délibérant de l'EPCI compétent en matière de PLU ou de SCOT, après avis de la chambre d'agriculture, de l'Institut national de l'origine et de la qualité dans les zones d'appellation d'origine contrôlée et de la commission départementale d'orientation de l'agriculture et après enquête publique réalisée dans les conditions prévues aux articles L. 123-1 s. du code de l'environnement. L'existence de parcelles boisées de faible étendue au sein d'une telle zone ne fait pas obstacle à cette délimitation.
7. C. rural, art. L. 112-2, al. 2.
8. C. rural, art. L. 112-2, al. 4.
9. Rép. min. n° 9453, *JOAN Q* 8 janv. 2008, p. 150.
10. C. urb., art. R. 151-23.

tallations nécessaires aux services publics et d'intérêt collectif, ainsi qu'à l'exploitation agricole peuvent être admises à l'intérieur des zones A.

Il en résulte que les zones A des PLU sont en principe inconstructibles[1]. Les auteurs du PLU ne peuvent y admettre, par exception :

- que les deux types de constructions prévues à l'article R. 151-23 ;
- et le cas échéant d'autres types de constructions, dans le cadre de STECAL que le code de l'urbanisme n'autorise qu'à des conditions particulièrement strictes[2].

Hors STECAL, un type de construction ne relevant pas des deux types de constructions prévues à l'article R. 151-23 ne saurait être admis par le PLU[3].

231.732 Possibilité de définir des sous-secteurs soumis à des règles plus strictes. Si, hormis les installations nécessaires aux services publics, la possibilité de construire en zone A est réservée aux seules installations agricoles, « aucune disposition ne fait obstacle à la délimitation à l'intérieur d'une zone A de sous-secteurs où les constructions liées à l'agriculture sont soit soumises à des conditions restrictives, soit interdites »[4].

231.733 Possibilité d'interdire toute construction ? Si le PLU peut autoriser certains types de constructions, peut-il à l'inverse interdire tout type de constructions en zone A ? Selon une réponse ministérielle : « La mise en place d'une zone agricole totalement inconstructible est possible. Les articles L. 151-11 et R. 151-23 du code de l'urbanisme prévoient en effet que, dans ces zones, "peuvent" être autorisées des constructions et installations nécessaires à des équipements collectifs ou à l'exploitation agricole. Permettre ce type de constructions et installations n'est donc bien qu'une faculté et nullement une obligation ». Elle ajoute que, toutefois, « s'agissant d'une interdiction extrêmement contraignante pour ces zones, elle devra être mise en œuvre avec précaution, être justifiée par des circonstances particulières et faire l'objet d'une motivation suffisante dans le rapport de présentation. À défaut, le juge pourra effectivement relever une erreur manifeste d'appréciation dans le choix du zonage »[5].

b.
Premier type de constructions pouvant être admises par le PLU en zone A : constructions nécessaires à l'exploitation agricole

b1)
Conditions

231.741 Constructions nécessaires à l'exploitation (ou au stockage du matériel). Le PLU peut autoriser en zone A les constructions et installations[6] :

- nécessaires à l'exploitation agricole ;
- ou au stockage et à l'entretien de matériel agricole par les coopératives d'utilisation de matériel agricole agréées au titre de l'article L. 525-1 du code rural (CUMA).

La référence aux CUMA a été ajoutée par le décret du 28 décembre 2015[7] afin de faciliter l'implantation des bâtiments de ces coopératives en zone agricole des PLU. Cette mention « permet aux CUMA d'installer en zone agricole des PLU des bâtiments nécessaires au stockage et à l'entretien de matériel agricole nécessitant une proximité immédiate avec les cultures au même titre que le peuvent les bâtiments nécessaires à l'exploitation agricole »[8].

Quant à la notion de « constructions et installations nécessaire à l'exploitation agricole » (également employée par le RNU et les dispositions relatives aux cartes communales[9]), elle suppose :

- premièrement, que l'activité présente un caractère agricole ;
- deuxièmement, que cette activité soit effective ;
- troisièmement, que la construction soit nécessaire à l'exercice de cette activité.

231.742 Activité présentant un caractère agricole. Le code rural donne une définition de la notion d'activité agricole. Sont réputées agricoles toutes les activités[10] :

- correspondant à la maîtrise et à l'exploitation d'un cycle biologique de caractère végétal ou animal ;
- et constituant une ou plusieurs étapes nécessaires au déroulement de ce cycle.

1. Selon une réponse ministérielle : « L'objectif national de lutte contre la consommation d'espaces naturels, agricoles et forestiers, fonde le principe d'inconstructibilité dans les zones A ou N des plans locaux d'urbanisme » (Rép. min. n° 1342, *JO Sénat Q* 22 févr. 2018, p. 821).
2. V. s[s] n°s 231.801 s.
3. Par exemple, un PLU ne saurait admettre les constructions et installations nécessaires au paintball (Rép. min. n° 13485, *JO Sénat Q* 15 juill. 2010, p. 1871).
4. CAA Lyon, 27 avr. 2010, *Javot*, req. n° 08LY00340, NP – ÉGALEMENT : CAA Nantes, 1er déc. 2017, *Lelion*, req. n° 16NT01390, NP.
5. Rép. min. n° 17127, *JO Sénat*, 23 mars 2017, p. 1213.
6. C. urb., art. R. 151-23, 1°.
7. Décr. n° 2015-1783, 28 déc. 2015 relatif à la partie réglementaire du livre Ier du code de l'urbanisme et à la modernisation du contenu du plan local d'urbanisme, *JO* 29 déc., n° 78.
8. Rép. min. n° 219, *JO Sénat Q* 3 mai 2018, p. 2160.
9. Pour le RNU, v. s[s] n° 112.180 (C. urb., art. L. 111-4) – Pour la carte communale, v. s[s] n° 241.63 (C. urb., art. L. 161-4) – Les développements qui suivent, précisant le sens de la notion, valent pour les trois articles. Sur cette notion : G. Roux, « La notion de construction "liée et nécessaire à l'activité agricole" », *AJDA* 2018. 1020.
10. C. rural, art. L. 311-1.

De même, sont réputées agricoles les activités exercées par un exploitant agricole [1] :

– qui sont dans le prolongement de l'acte de production ;

– ou qui ont pour support l'exploitation.

Les activités de cultures marines et d'exploitation de marais salants sont réputées agricoles, nonobstant le statut social dont relèvent ceux qui les pratiquent [2].

Il en est de même :

– des activités de préparation et d'entraînement des équidés domestiques en vue de leur exploitation, à l'exclusion des activités de spectacle [3] ;

– de la production et, le cas échéant, de la commercialisation, par un ou plusieurs exploitants agricoles, de biogaz, d'électricité et de chaleur par la méthanisation, lorsque cette production est issue pour au moins 50 % de matières provenant d'exploitations agricoles [4].

L'exploitation d'un chenil a été regardée comme une activité agricole [5].

En revanche, et à titre d'exemple, ne constituent pas des activités agricoles :

– les activités des bûcherons (par conséquent, la construction de hangars de stockage de bois ne peut être autorisée dans les zones agricoles des PLU) [6] ;

– l'activité consistant pour le propriétaire d'un jardin de 1 000 m^2 à entretenir celui-ci à côté de son activité professionnelle de technicien [7] ;

– l'activité de négociant en vin [8].

La circonstance que des constructions et installations à usage agricole puissent aussi servir à d'autres activités, notamment de production d'énergie, n'est pas de nature à leur retirer le caractère de constructions ou installations nécessaires à l'exploitation agricole au sens du code de l'urbanisme et du règlement des zones agricoles du PLU, dès lors que ces autres activités ne remettent pas en cause la destination agricole avérée des constructions et installations en cause [9].

231.743 Effectivité de l'exercice d'une activité agricole. Pour vérifier que la construction ou l'installation projetée est nécessaire à l'exploitation agricole, l'autorité administrative compétente doit s'assurer au préalable « de la réalité de l'exploitation agricole [...], laquelle est caractérisée par l'exercice effectif d'une activité agricole [...] d'une consistance suffisante » [10].

Cette exigence est par exemple satisfaite dans le cas où, malgré la petite taille de la superficie cultivée par l'intéressée, celle-ci y consacre l'essentiel de son activité, de mai à novembre, et est en mesure, compte tenu du prix du safran, d'en tirer un chiffre d'affaires annuel de l'ordre de 15 000 euros [11].

À l'inverse, une activité insuffisante peut justifier le rejet de la demande de permis [12].

231.744 Nécessité de la construction ou de l'installation pour l'exercice d'une activité agricole. La notion de construction ou installation « nécessaire » à l'exploitation agricole est exigeante. Elle suppose que la construction ou l'installation envisagée soit indispensable à celle-ci (et non pas simplement utile). Elle « correspond pour l'essentiel au caractère indispensable de certaines installations ou constructions du point de vue du fonctionnement et des activités de l'exploitation agricole » [13].

Ce lien de nécessité, « qui doit faire l'objet d'un examen au cas par cas, s'apprécie entre, d'une part, la nature et le fonctionnement des activités de l'exploitation agricole et, d'autre part, la destination de la construction ou de l'installation projetée » [14]. Sont donc autorisés les bâtiments d'exploitation « répondant par leurs fonctionnalités et leurs dimensions aux besoins de l'exploitation » [15].

La seule qualité d'exploitant agricole du pétitionnaire « ne suffit pas à caractériser un tel lien » [16].

Celui-ci doit être établi par le demandeur du permis de construire au moyen d'éléments justificatifs.

231.745 Appréciation de la nécessité pour les constructions à usage d'habitation. Lorsque la construction envisagée est à usage d'habitation, « il convient d'apprécier le caractère indispensable de la

1. C. rural, art. L. 311-1.
2. C. rural, art. L. 311-1.
3. C. rural, art. L. 311-1.
4. C. rural, art. L. 311-1.
5. CE 6 mars 1991, *Comte et Kuhn (Mme)*, req. n° 105487, *Lebon T.* – CE 16 févr. 1996, *Templeuve (C^{ne})*, req. n° 125031, NP – CAA Marseille, 19 déc. 2018, *Tourbes (C^{ne}) c/Assoc. SOS Adoption 34*, req. n° 17MA02221, NP.
6. Rép. min. n° 14495, *JO Sénat Q* 9 sept. 2010, p. 2343.
7. CE 5 févr. 1988, *Courtois*, req. n° 77967, NP (interprétation concernant l'article d'un POS).
8. CAA Bordeaux, 13 déc. 2018, *Vayron*, req. n° 16BX02940, NP.
9. CE 12 juill. 2019, *Nougayrède*, req. n° 422542, *Lebon T.* ; *BJDU* 2019. 382, concl. L. Dutheillet de Lamothe ; *Constr.-Urb.* 2019, comm. 105, note X. Couton ; *Revue de droit rural* 2019, comm. 151, note C. Gueydan – Sur cette question : J.-L. Maillot, « Le devenir des zones agricoles à l'aune de la jurisprudence sur les permis de construire de "centrales photovoltaïques" », *Constr.-Urb.* 2019, ét. 23.
10. CE 5 oct. 2018, *Valette (M.)*, req. n° 409239, *Lebon T.*
11. CE 7 nov. 2012, *Gaigne (M. et Mme) et Grans (C^{ne})*, req. n° 334424, *Lebon T.*
12. POUR UN EX. : CAA Marseille, 29 janv. 2019, *Ruffinatto*, req. n° 17MA01167, NP.
13. Rép. min. n° 3751, *JO Sénat Q* 8 mai 2008, p. 915.
14. CE 26 avr. 2013, *Duprat*, req. n° 352246, NP.
15. Rép. min. n° 33837, *JOAN Q* 3 sept. 2013, p. 9219.
16. CE 26 avr. 2013, *Duprat*, req. n° 352246, NP.

présence permanente de l'exploitant sur l'exploitation au regard de la nature et du fonctionnement des activités de l'exploitation agricole »[1]. À cet égard, « la construction d'un logement pour l'exploitant peut se justifier dès lors que la présence de l'exploitant à proximité des terres qu'il exploite s'avère nécessaire au fonctionnement de l'exploitation, au regard du contexte local et compte tenu de la nature des activités agricoles concernées. Plus généralement, l'activité agricole présente une très grande diversité, au plan des productions, des structures, des données naturelles de sol et de climat, qui entraîne une grande variété dans la destination et la nature des installations ou des constructions nécessaires à l'exploitation agricole, ce qui ne permet pas la formulation d'une règle uniforme »[2].

À titre d'exemple, s'agissant d'un projet de construction d'une maison d'habitation, la condition de nécessité est satisfaite :

– dans un cas où les cultures nécessitent une présence constante à certaines périodes de l'année (cette présence étant en outre requise la nuit afin de pouvoir surveiller le matériel qui présente une valeur importante)[3] ;

– dans un cas de culture du safran en raison de la vigilance et de la disponibilité particulières qu'elle exige (la fleur doit être cueillie à un moment précis de sa croissance et les stigmates doivent sécher à l'air libre) ainsi que de la valeur des bulbes et de l'épice issue de la fleur, imposant une surveillance permanente à certaines périodes de l'année[4] ;

– dans le cas de l'exploitation d'un chenil, qui exige une surveillance continue[5].

En revanche, la condition n'est pas satisfaite dans un cas où l'exploitant, qui demeure dans une commune voisine distante d'environ quatre kilomètres, n'a produit au soutien de ses allégations aucun élément de nature à établir que la nature et les conditions particulières de fonctionnement de son exploitation agricole nécessiteraient sa présence permanente à proximité immédiate de celle-ci[6].

1. CE 26 avr. 2013, *Duprat*, req. n° 352246, NP – ÉGALEMENT : Circ. n° DGPAAT/SDB/C2012-3008, 9 févr. 2012 relative à la commission départementale de consommation des espaces agricoles, NOR : AGRT1203924C, p^t 4-2.a.
2. Rép. min. n° 3751, *JO Sénat Q* 8 mai 2008, p. 915.
3. CAA Bordeaux, 11 mars 2014, *Camozzi*, req. n° 13BX01249, NP.
4. CE 7 nov. 2012, *Gaigne (M. et Mme) et Grans (C^ne)*, req. n° 334424, *Lebon T.* (édification d'une construction à usage d'habitation de 57 m^2).
5. CE 6 mars 1991, *Comte et Kuhn (Mme)*, req. n° 105487, *Lebon T.*
6. CE 20 juin 2018, *Moser*, req. n° 407859, NP – DANS LE MÊME SENS : CE 8 déc. 2000, *Brueil-le-Vert (C^ne)*, req. n° 191394, NP (exploitation comportant une vingtaine d'ovins et des volailles).

b2)
Illustrations

231.751 **Hangar.** À titre d'exemple, dans le cas du projet de construction d'un hangar, la condition de nécessité est satisfaite :

– dans un cas où l'exploitante est, en l'absence de celui-ci, obligée de remiser son matériel agricole chez un voisin[7] ;

– dans un cas où l'exploitant justifie de la nécessité de disposer sur son exploitation d'une chambre froide, d'une chaîne de conditionnement et d'une aire de stockage des emballages nécessaires à la production agricole de fruits et légumes[8].

231.752 **Abri de stockage.** À titre d'exemple, dans le cas du projet de construction d'un abri, la condition de nécessité :

– n'est pas satisfaite s'agissant d'un dépôt de petit matériel (débroussailleuse, tronçonneuse...) dans un cas où l'intéressé n'établit pas que la construction litigieuse est nécessaire à l'exploitation des terrains qu'il possède ou même à l'activité d'apiculture à laquelle il déclare se livrer[9] ;

– est satisfaite s'agissant un abri de jardin destiné à l'exercice d'activités agricoles, dans un secteur agricole comportant déjà des constructions similaires[10] ;

– est satisfaite s'agissant d'un bâtiment agricole de 23 m^2, dès lors que l'activité en cause de viticulture en biodynamie nécessite que le matériel spécifique de pulvérisation soit stocké au cœur des vignes[11] ;

– est satisfaite dans le cas d'un silo si le stockage qu'il permet s'inscrit dans le prolongement de l'activité de production céréalière d'un ou de plusieurs exploitants locaux (mais non le stockage dans cette construction, pour une part significative du volume à créer, de grains détenus par une société coopérative agricole)[12].

231.753 **Élevage.** L'exigence d'un lien nécessaire avec une exploitation agricole a été regardée comme non satisfaite pour la construction d'un abri visant à pratiquer l'élevage, dans un cas où l'intéressé disposait déjà de bâtiments situés à une faible distance de la parcelle qu'il souhaitait consacrer à l'élevage et pouvant être utilisés aux mêmes fins[13].

7. CAA Bordeaux, 11 mars 2014, *Camozzi*, req. n° 13BX01249, NP.
8. CAA Marseille, 19 mai 2011, *Malaval*, req. n° 09MA02212, NP.
9. CAA Lyon, 8 oct. 2002, *Viret*, req. n° 98LY00176, NP ; *BJDU* 2003. 66, chron. Phémolant et Raunet.
10. CAA Bordeaux, 7 mars 1995, req. n° 93BX00728, NP.
11. CAA Lyon, 27 oct. 2015, *Montchovet*, req. n° 14LY01696, NP.
12. CAA Nantes, 23 févr. 2024, *Colignon*, req. n° 21NT02693, NP ; *AJDA* 2024. 841, obs. F.-X. Bréchot.
13. CE 18 févr. 1994, *Kieffer*, req. n° 103287, NP.

231.754 Élevage de chevaux. Sont regardées comme agricoles les activités de préparation et d'entraînement des équidés domestiques en vue de leur exploitation, à l'exclusion des activités de spectacle[1], alors même que ces activités ne correspondraient pas « à l'activité principale de l'intéressé »[2]. Selon les critères du code rural, s'il n'y a que des chevaux, l'élevage doit en comporter au moins dix pour être qualifié d'exploitation agricole[3]. La jurisprudence forgée au sens du droit de l'urbanisme s'avère toutefois moins exigeante, admettant par exemple que la construction d'une grange composée de quatre boxes à chevaux soit regardée comme une construction à usage agricole[4]. En revanche, « un particulier, amateur d'équitation à titre de loisirs personnels, ne peut obtenir une autorisation d'urbanisme lui permettant la construction d'abris à chevaux dans une zone classée A d'un PLU, ces abris ne pouvant être considérés comme des constructions nécessaires à l'exploitation agricole »[5].

S'agissant de la condition de nécessité, celle-ci est satisfaite pour la construction d'une maison d'habitation :

– sur la parcelle où se trouve une grange composée de quatre boxes à chevaux dans le cadre d'activités d'élevage et d'étalonnage exercées par l'exploitant (la construction répond à la nécessité d'assurer une présence continue permettant de suivre l'état de santé des chevaux)[6] ;

– dès lors que l'exploitation d'élevage en cause requiert la présence permanente de deux exploitants (exploitation portant sur 10 vaches allaitantes et un taureau, une quinzaine de juments dont les poulinages exigent une surveillance diurne et nocturne constante et 20 à 25 chevaux et poulains en cours de débourrage ou de préparation pour des concours hippiques)[7].

La doctrine administrative est plus exigeante, n'admettant la présence d'une maison d'habitation qu'en cas de présence de femelles reproductrices[8].

1. C. rural, art. L. 311-1.
2. CE 24 juill. 2009, *Boeschepe (C^ne)*, req. n° 311337, NP.
3. Arr. 21 févr. 2007 modifiant l'arrêté du 18 septembre 1985 fixant les coefficients d'équivalence pour les productions hors sol, art. 1er, NOR : AGRF0700540A.
4. CE 24 juill. 2009, *Boeschepe (C^ne)*, req. n° 311337, NP.
5. Rép. min. n° 5550, *JOAN Q* 20 nov. 2012, p. 6771.
6. CE 24 juill. 2009, *Boeschepe (C^ne)*, req. n° 311337, NP.
7. CAA Nantes, 2 févr. 2010, *Lebourgeois c/Min. Écologie, Énergie, Développement durable et Mer*, req. n° 09NT00856, NP.
8. Rép. min. n° 33837, *JOAN Q* 3 sept. 2013, p. 9219 : « un logement ne peut être autorisé que si des soins constants aux animaux sont nécessaires, ce qui signifie la présence de femelles reproductrices. La simple surveillance n'entraîne pas un besoin de logement. En outre, la jurisprudence a élaboré des règles quant à la surface et à la qualité du logement. Enfin, la présence de salariés, y compris pour apporter des soins la nuit, ne saurait justifier la nécessité de logement ».

Le mécanisme des STECAL permet le cas échéant l'édification en zone agricole de ce type de constructions[9].

231.755 Carrière et abris pour chevaux. Ne constitue pas une construction nécessaire à l'exploitation agricole :

– une carrière pour l'entraînement des chevaux[10] ;

– des abris non fermés destinés à protéger les animaux en cas d'intempérie sur des terrains non voués à l'activité agricole[11].

Toutefois, le mécanisme des STECAL peut permettre l'édification en zone agricole de ce type de constructions[12].

231.756 Pépinières. Les pépinières constituent des activités agricoles au sens de l'article L. 311-1 du code rural et peuvent donc être implantées dans les zones agricoles des PLU dès lors que les activités qui y sont menées correspondent à la maîtrise et à l'exploitation d'un site biologique à caractère végétal. Selon une réponse ministérielle : « Le fait que l'exploitant vende sur place les plantes qu'il sème et cultive n'a pas en soi pour effet d'ôter à cette activité son caractère agricole. Toutefois, les installations dont l'objet principal est de vendre des plantes qui sont semées et cultivées dans un autre lieu et qui sont ultérieurement apportées sur le lieu de vente sont considérées comme des installations commerciales et non des installations agricoles et ne peuvent donc être implantées en zone agricole »[13].

231.757 Stockage de bois. Les activités des bûcherons ne constituant pas des activités agricoles, la construction de hangars de stockage de bois ne peut être autorisée dans les zones A[14].

231.758 Chasse. L'exigence d'un lien nécessaire avec une exploitation agricole a été regardée comme non satisfaite pour la construction de deux bâtiments, l'un à usage de remise pour du matériel agricole, l'autre à usage d'entrepôt pour stocker de la farine destinée à l'alimentation sur place des sangliers vivant à l'état sauvage, dès lors que les constructions projetées sont destinées à permettre non d'exploiter un élevage de sangliers, mais de réaliser une activité non agricole, en l'occurrence une activité de parc de chasse[15].

9. V. s^s n° 231.807.
10. Rép. min. n° 11166, *JO Sénat Q* 26 déc. 2019, p. 6393.
11. Rép. min. n° 606, *JO Sénat Q* 4 oct. 2007, p. 1769.
12. V. s^s n° 231.807.
13. Rép. min. n° 34530, *JOAN Q* 17 août 2004, p. 6448.
14. Rép. min. n° 14495, *JO Sénat Q* 9 sept. 2010, p. 2343. En revanche, ces hangars peuvent être autorisés dans les zones N sous réserve qu'ils soient réellement nécessaires à l'exploitation forestière.
15. CAA Nantes, 28 déc. 2001, *Min. Équipement, Transports et Logement c/Touzalin*, req. n° 99NT02421 ; *BJDU* 2002. 152, chron. Phémolant et Raunet.

Il en va de même des locaux de chasse, qui permettent d'abriter les chasseurs et de réaliser la découpe et l'entreposage du gibier. Ils ne peuvent être catégorisés comme « bâtiments agricoles » dès lors que l'activité de chasse, « par définition ne comprend pas la maitrise ou l'exploitation d'un cycle biologique animal, le gibier étant sauvage »[1].

231.759 **Gîtes ruraux.** Alors même que les ressources procurées par un gîte rural seraient utiles, voire indispensables, à l'équilibre économique d'une exploitation agricole, la construction d'un édifice hôtelier ne peut être regardée comme nécessaire à cette exploitation au sens du code de l'urbanisme[2]. Dès lors, « les structures d'accueil à caractère touristique ou hôtelier, telles les salles de séminaire, les hébergements hôteliers ou les restaurants, ne peuvent être considérées comme nécessaires à l'exploitation agricole. Ces projets ne peuvent donc pas, en principe, faire l'objet d'autorisations d'urbanisme en zone A d'un PLU [...] »[3].

Toutefois, le mécanisme des STECAL peut permettre l'édification en zone agricole de ce type de constructions[4].

c.
Deuxième type de constructions pouvant être admises par le PLU en zone A : constructions et installations nécessaires à la transformation, au conditionnement et à la commercialisation des produits agricoles

231.761 **Constructions autorisées.** Dans les zones A[5], le règlement peut autoriser « les constructions et installations nécessaires à la transformation, au conditionnement et à la commercialisation des produits agricoles, lorsque ces activités constituent le prolongement de l'acte de production » dès lors[6] :

– qu'elles ne sont pas incompatibles avec l'exercice d'une activité agricole, pastorale ou forestière sur le terrain sur lequel elles sont implantées ;

– et qu'elles ne portent pas atteinte à la sauvegarde des espaces naturels et des paysages.

Seuls les produits issus de l'exploitation peuvent justifier la construction d'un tel local. Une activité de commercialisation de produits qui ne sont pas issus de la ferme ne peut être regardée comme le prolongement de l'exploitation. Par suite, elle ne saurait autoriser la construction d'un local dédié à la vente de ces produits.

Ces dispositions « ne sont (...) pas applicables aux constructions destinées à une activité d'accueil touristique »[7].

231.762 **Avis de la CDPENAF.** L'autorisation d'urbanisme est soumise pour avis à la CDPENAF[8].

Les avis de la CDPENAF sont réputés favorables s'ils ne sont pas intervenus dans un délai d'un mois à compter de sa saisine par le préfet de département[9].

231.763 **Méthanisation.** Lorsque le règlement n'interdit pas les constructions et installations nécessaires à la transformation, au conditionnement et à la commercialisation des produits agricoles, les installations de méthanisation[10] sont considérées comme de telles constructions ou de telles installations. Ces projets d'installations sont préalablement soumis pour avis à la CDPENAF[11].

d.
Troisième type de constructions pouvant être admises par le PLU en zone A : constructions et installations nécessaires à des équipements collectifs

231.771 **Texte.** Dans les zones A[12], le règlement peut autoriser « les constructions et installations nécessaires à des équipements collectifs » dès lors[13] :

– qu'elles ne sont pas incompatibles avec l'exercice d'une activité agricole, pastorale ou forestière du terrain sur lequel elles sont implantées ;

– et qu'elles ne portent pas atteinte à la sauvegarde des espaces naturels et des paysages.

La rédaction de cet article est proche de celle retenue à l'article L. 111-4, 2°, applicables dans les communes non couvertes par un PLU[14].

231.772 **Notion d'équipement collectif.** La notion d'équipement collectif n'est pas définie à l'article L. 151-11.

1. Rép. min. n° 3197 ; *JO Sénat Q* 12 janv. 2023, p. 248.
2. CE 14 févr. 2007, *Min. Transports, Équipement, Tourisme et Mer c/Paillardin*, req. n° 282398, *Lebon T. ; Revue de droit rural* 2007, n° 352, p. 44, note Ph. Billet. L'arrêt précise qu'est sans incidence sur cette qualification la circonstance que l'édifice entrerait dans le champ d'application des dispositions d'un décret pris en application du code rural, dès lors que ces dernières dispositions, qui ont pour objet de déterminer les activités relevant du régime de protection sociale agricole, ne sont pas au nombre de celles que doit prendre en compte l'autorité administrative lorsqu'elle se prononce sur l'octroi d'une autorisation en application de la législation sur l'urbanisme.
3. Rép. min. n° 13549, *JO Sénat Q* 7 oct. 2010, p. 2610.
4. V. s^s n° 231.807.
5. Mais aussi dans les zones N – V. s^s n° 231.831.
6. C. urb., art. L. 151-11, II – ÉGALEMENT : l'art. R. 521-3, 2°, qui y renvoie.
7. Rép. min. n° 7212 ; *JOAN Q* 23 mai 2023, p. 4634.
8. C. urb., art. L. 151-11, II.
9. C. urb., art. R. 111-20 – V. s^s n° 112.164.
10. V. s^s n° 112.181.
11. C. urb., art. L. 151-11, III ; créé par. L. n° 2023-175, 10 mars 2023.
12. Mais aussi dans les zones N – V. s^s n° 231.831.
13. C. urb., art. L. 151-11, I, 1° – ÉGALEMENT : l'art. R. 521-3, 2°, qui y renvoie.
14. V. s^s n°s 112.191 s.

La jurisprudence forgée relativement à l'article L. 111-4, 2°, qui se réfère également à la notion d'équipement collectif, peut utilement servir de référence[1].

En relève notamment les éoliennes (non destinées à l'autoconsommation) et les parcs photovoltaïques.

231.773 Exigences que la construction ne soit pas incompatible avec l'exercice d'une activité agricole et ne porte pas atteinte à la sauvegarde des espaces naturels et des paysages. Sur ces exigences, la jurisprudence forgée relativement à l'article L. 111-4, 2° peut utilement servir de référence. En effet, cet article n'autorise les constructions et installations nécessaires à un équipement collectif que si elles ne sont pas « incompatibles » avec l'exercice d'une activité agricole, pastorale ou forestière « sur le terrain sur lequel elles sont implantées ». Et ces dispositions sont interprétées par la jurisprudence comme ayant pour objet de conditionner ces constructions et installations « à la possibilité d'exercer des activités agricoles, pastorales ou forestières sur le terrain où elles doivent être implantées et à l'absence d'atteinte à la sauvegarde des espaces naturels et des paysages »[2]. Ainsi conçues, les conditions posées à l'article L. 111-4-2° sont strictement identiques à celles énoncées à l'article L. 151-11, I, 1°. Il paraît donc possible de se référer aux solutions rendues au visa de ces dispositions.

e.
Évolution du bâti en zone A : possibilité d'extension des bâtiments et de création d'annexes

231.781 Extension des bâtiments existants ou création d'annexes. Dans les zones A[3], et en dehors des STECAL, « les bâtiments d'habitation existants peuvent faire l'objet d'extensions ou d'annexes, dès lors que ces extensions ou annexes ne compromettent pas l'activité agricole ou la qualité paysagère du site »[4].

S'agissant des extensions, ces dispositions autorisent par exemple la construction d'une piscine attenante à l'habitation existante[5].

S'agissant des annexes, la notion est définie dans le lexique national d'urbanisme[6].

1. V. s^s n°s 112.192 s.
2. V. s^s n° 112.194.
3. Mais aussi dans les zones N – V. s^s n° 231.831.
4. C. urb., art. L. 151-12, al. 1er – La possibilité de construire en extension avec les bâtiments existants a été reconnue par la loi n° 2014-1170 du 13 octobre 2014 d'avenir pour l'agriculture, l'alimentation et la forêt ; celle de construire des annexes par la loi n° 2015-990 du 6 août 2015 pour la croissance, l'activité et l'égalité des chances économiques (loi « Macron »).
5. V. s^s n° 231.1604.

231.782 Éléments à préciser. Le règlement « précise la zone d'implantation et les conditions de hauteur, d'emprise et de densité de ces extensions ou annexes permettant d'assurer leur insertion dans l'environnement et leur compatibilité avec le maintien du caractère naturel, agricole ou forestier de la zone »[7].

Ces règles doivent impérativement être définies dans le règlement de la zone, sous peine de rendre illégales les dispositions permettant la réalisation des extensions et des annexes. Elles peuvent prendre la forme de plafonnement par la surface (emprise, densité), voire aussi par le nombre (d'annexes, piscines ou encore extensions). Certains PLU s'attachent à vérifier la réalité et la fonctionnalité de l'habitation initiale, généralement par des critères de volume minimum, avant extension, et à éviter la création de nouveaux logements de tiers en zones A et N par le biais des annexes ou des extensions.

Concernant la définition des zones d'implantation dans les zones N ou A, celle-ci doit être adaptée à l'habitat dispersé existant et lui permettre d'évoluer raisonnablement sans préjudice pour son environnement naturel ou agricole. Une vigilance particulière doit être apportée à la délimitation des aires constructibles et aux règles qui s'y appliqueront afin de préserver le caractère naturel, agricole ou forestier de ces zones. Des objectifs de protection pourront justifier l'exclusion de certaines zones A ou N du dispositif autorisé par l'article L. 151-12. En d'autres termes, la zone d'implantation mentionnée à l'article L. 151-12 sera alors définie comme l'ensemble de l'espace où l'étude du territoire permet de montrer que le caractère naturel ou agricole de la zone ne sera pas remis en question par l'implantation d'annexes ou d'extensions aux bâtiments d'habitation existants.

Concernant les annexes, il est possible de préciser seulement dans le règlement écrit du PLU la distance maximale d'éloignement entre l'annexe et le bâtiment d'habitation, de manière à limiter le mitage des espaces agricoles et naturels. Cette recommandation est particulièrement adaptée aux PLU couvrant un territoire important, qui peuvent ainsi autoriser les annexes dans une distance de x mètres par rapport à tout point du bâtiment d'habitation.

231.783 Avis de la CDPENAF. Les dispositions du règlement se rapportant à ce point sont soumises à l'avis de la commission départementale de la préservation des espaces naturels, agricoles et forestiers[8].

6. V. s^s n° 231.1561.
7. C. urb., art. L. 151-12, al. 2.
8. C. urb., art. L. 151-12, al. 3.

L'avis de la CDPENAF est réputé favorable s'il n'est pas intervenu dans un délai de trois mois à compter de la saisine[1].

f. Évolution du bâti en zone A : changement de destination

231.791 Exigence de ne pas compromettre l'activité agricole ou la qualité paysagère du site. Dans les zones A[2], le règlement peut désigner, en dehors des STECAL, les bâtiments qui peuvent faire l'objet d'un changement de destination, dès lors que ce changement de destination ne compromet pas l'activité agricole ou la qualité paysagère du site[3].

Si les auteurs du PLU utilisent cette possibilité, il leur appartient d'identifier dans les documents graphiques les bâtiments concernés[4].

231.792 Avis conformes. Le changement de destination est soumis[5] :

- en zone A, à l'avis conforme de la commission départementale de la préservation des espaces agricoles, naturels et forestiers ;

- et, en zone N, à l'avis conforme de la commission départementale de la nature, des paysages et des sites.

231.793 Application. Est par exemple possible la transformation de bâtiments agricoles en vue d'y pratiquer une activité d'hébergement touristique de type gîte[6].

g. STECAL (pastillage) : possibilité de définir des microzones ouvertes à la constructibilité

231.801 Objet. Le mécanisme des STECAL (Secteurs de taille et de capacité d'accueil limitées) permet de délimiter, au sein des zones A[7], des microsecteurs au sein desquels des constructions se trouvent, à titre dérogatoire, autorisées[8]. Ainsi, des constructions qui seraient normalement interdites en application des règles de droit commun peuvent, en application de cette technique, se retrouver autorisées à titre exceptionnel dans des secteurs de taille modeste, voire réduits à une parcelle. Ces microzones sont également appelées « pastilles », donnant au mécanisme le nom de « pastillage ».

Comme le souligne une réponse ministérielle : « Cette possibilité, strictement encadrée, permet une certaine souplesse en matière de constructibilité dans les zones agricoles ou naturelles pour autoriser l'entretien du bâti existant ou la construction de bâtiments non strictement nécessaires à des activités agricoles [...] »[9].

231.802 Exigence d'un secteur « limité ». Le STECAL doit présenter une taille « limitée ». Tel n'est pas le cas d'un secteur de 50 000 m² prévue dans le PLUI de Saint-Quentin-en-Yvelines, pour l'installation d'équipements de loisirs, « eu égard à l'extrême sensibilité du milieu naturel, à l'enjeu majeur s'attachant à sa préservation en termes environnementaux, et à la circonstance qu'il a déjà été affecté par les installations existantes de loisir »[10].

231.803 Création de STECAL (1) : caractère exceptionnel. Dans la mesure où il déroge au principe d'inconstructibilité dans les zones A (et les zones N), un STECAL ne peut être instauré qu'« à titre exceptionnel »[11].

Ce caractère exceptionnel s'apprécie, entre autres critères, en fonction[12] :

- des caractéristiques du territoire ;
- du type d'urbanisation du secteur ;
- de la distance entre les constructions ;
- ou de la desserte par les réseaux ou par les équipements collectifs.

231.804 Création de STECAL (2) : éléments à préciser dans le PLU. La délimitation des STECAL est réalisée par les auteurs du PLU dans les documents graphiques du PLU.

Le règlement précise par ailleurs les conditions de hauteur, d'implantation et de densité des constructions, permettant d'assurer leur insertion dans l'environnement et leur compatibilité avec le maintien du caractère naturel, agricole ou forestier de la zone[13].

1. C. urb., art. R. 151-26.
2. Mais aussi dans les zones N – V. s[s] n° 231.831.
3. C. urb., art. L. 151-11, 2°.
4. C. urb., art. R. 151-35.
5. C. urb., art. L. 151-11, 2°.
6. Rép. min. n° 80006, *JOAN Q* 29 sept. 2015, p. 7434.
7. Mais aussi dans les zones N – V. s[s] n° 231.831.
8. Le mécanisme a été instauré par le législateur (L. n° 2010-788, 12 juill. 2010 portant engagement national pour l'environnement, art. 19-V, créant l'article L. 123-1-5 ancien) pour contourner une décision du Conseil d'État qui, contrairement à la doctrine administrative (Rép. min. n° 606, *JO Sénat Q* 4 oct. 2007, p. 1769), a estimé que l'utilisation d'un tel procédé n'était pas admise (CE 31 mars 2010, *Chateauneuf-du-Rhône (C[ne])*, req. n° 313762, *Lebon T. ; BJDU* 2010. 94, concl. C. Roger-Lacan ; Revue de droit rural 2010. 61, note D. Gillig ; *Constr.-Urb.* mai 2010, p. 20, note G. Godfrin ; *Dr. adm.* mai 2010, p. 46, note S. Plunian).
9. Rép. min. n° 1547, *JO Sénat Q* 14 déc. 2017, p. 4499.
10. TA Versailles, 4 mai 2018, *Trappes (C[ne])*, req. n° 1702800, NP ; – JUGEMENT DEVENU DÉFINITIF : CAA Versailles, 1er oct. 2020, *Trappes (C[ne])*, req. n° 18VE02398, NP.
11. C. urb., art. L. 151-13, al. 1er – SUR la signification et la portée de ce terme : Ministère de la cohésion des territoires, *Guide sur les dispositions opposables aux PLU*, mars 2020, p. 186-187.
12. C. urb., art. L. 151-13, al. 8.
13. C. urb., art. L. 151-13, al. 5.

Il fixe les conditions relatives aux raccordements aux réseaux publics, ainsi que les conditions relatives à l'hygiène et à la sécurité auxquelles les constructions, les résidences démontables ou les résidences mobiles doivent satisfaire[1].

231.805 Création des STECAL (3) : avis de la CDPENAF. Les STECAL sont délimités après avis de la commission départementale de la préservation des espaces naturels, agricoles et forestiers[2].

L'avis de la CDPENAF est réputé favorable s'il n'est pas intervenu dans un délai de trois mois à compter de la saisine[3].

231.806 Constructions et installations pouvant être autorisées. Le règlement du PLU peut autoriser dans les STECAL[4] :

– des constructions (1°) ;

– des aires d'accueil et des terrains familiaux locatifs destinés à l'habitat des gens du voyage au sens de la loi du 5 juillet 2000[5] relative à l'accueil et à l'habitat des gens du voyage (2°) ;

– des résidences démontables constituant l'habitat permanent de leurs utilisateurs (3°).

S'agissant du 1°, le code évoque de façon générale les « constructions » sans définir, et donc sans restreindre, le type et la nature des constructions susceptibles d'être édifiées. Il revient aux auteurs du PLU de déterminer dans le règlement la nature des constructions autorisées.

S'agissant du 3°, une réponse ministérielle précise que les habilitations légères de loisirs (HLL) « peuvent être implantées dans des terrains aménagés, mais aussi sur des parcelles privées situées en zones U ou AU et éventuellement dans les secteurs de taille et de capacité d'accueil limitées (STECAL) des zones A et N, à condition que le PLU le permette. Cependant, si l'implantation de HLL dans certains secteurs des zones A et N peut être autorisée par le règlement du PLU, elle doit toujours respecter la vocation générale de la zone, telle que définie par les dispositions réglementaires du code de l'urbanisme. Les constructions autorisées dans les STECAL ne doivent donc porter atteinte ni à la préservation des sols agricoles et forestiers, ni à la sauvegarde des sites, milieux naturels et paysages. Enfin, l'affectation des sols telle que définie aux articles 1 et 2 du règlement du PLU est opposable à toute personne exerçant une pratique d'hébergement de loisirs »[6].

1. C. urb., art. L. 151-13, al. 6.
2. C. urb., art. L. 151-13, al. 7.
3. C. urb., art. R. 151-26.
4. C. urb., art. L. 151-13, al. 1er à 4.
5. L. n° 2000-614, 5 juill. 2000 relative à l'accueil et à l'habitat des gens du voyage, *JO* 6 juill., n° 1.
6. Rép. min. n° 9510, *JO Sénat Q* 15 mai 2014, p. 1150.

231.807 Applications. À titre d'exemple, le mécanisme des STECAL a été utilisé pour permettre la construction :

– d'hébergements intégrés à l'environnement ;

– d'abris pour chevaux[7] ;

– d'un musée en plein air et d'un restaurant intégrés à l'environnement dans un domaine viticole[8] ;

– des structures d'accueil à caractère touristique ou hôtelier[9].

h. Cas des carrières

231.811 Carrières en zone agricole. Le PLU peut délimiter, dans les zones agricoles, des secteurs dans lesquels les constructions et les installations nécessaires à la mise en valeur des ressources du sol ou du sous-sol, telles que des carrières et les installations nécessaires à leur fonctionnement, sont autorisées[10].

E. Les zones naturelles et forestières (zones N)

1° Secteurs pouvant être classés en zone N

231.821 Éléments justifiant le classement en zone N. Peuvent être classés en zone N les secteurs de la commune, équipés ou non, à protéger en raison[11] :

– « soit de la qualité des sites, milieux et espaces naturels, des paysages et de leur intérêt, notamment du point de vue esthétique, historique ou écologique » (1°) ;

– « soit de l'existence d'une exploitation forestière » (2°) ;

– « soit de leur caractère d'espaces naturels » (3°) ;

– « soit de la nécessité de préserver ou restaurer les ressources naturelles » (4°), par exemple en anticipation ou pour accompagner l'établissement d'une servitude d'utilité publique de protection d'un périmètre de captage d'eau ;

7. Rép. min. n° 1547, *JO Sénat Q* 14 déc. 2017, p. 4499.
8. PAR EX. : le PLU de la commune de Sainte-Réparade, approuvé le 9 février 2017, ayant permis ces constructions dans le Château La Coste (validant ce dispositif : CAA Marseille, 4 févr. 2021, *SCI Willy Jimmy*, req. n° 19MA03975, NP) – VOIR dans le même sens le PLU de Saint-Émilion, admettant de nouvelles constructions à usage d'hébergement hôtelier et touristique ou de restauration (validant ce dispositif : TA Bordeaux, 27 déc. 2019, *Duponteil*, req. n° 1801533, NP).
9. CE 29 mai 2024, *M. Bertrand et autres*, req. n° 461648, *Lebon T.* ; *RDI* 2024. 423, obs. P. Soler-Couteaux. V. dans le même sens Rép. min. n° 13549, *JO Sénat Q* 7 oct. 2010, p. 2610.
10. Rép. min. n° 9489, *JO Sénat Q* 11 sept. 2014, p. 2080.
11. C. urb, art. R. 151-24.

– « soit de la nécessité de prévenir les risques notamment d'expansion des crues » (5°).

231.822 Possibilité de classer le cas échéant des pistes d'aérodrome. S'agissant des pistes d'un aérodrome d'aéroclub, les dispositions précitées de l'article R. 151-24 « ne font pas par elles-mêmes obstacle à leur classement en zone naturelle et forestière par un plan local d'urbanisme »[1].

2° Régime applicable en zone N

a. Même régime de constructibilité qu'en zone A

231.831 Texte identique. Peuvent être autorisées en zone N[2] :

– les constructions et installations nécessaires à l'exploitation agricole et forestière, ou au stockage et à l'entretien de matériel agricole par les coopératives d'utilisation de matériel agricole agréées au titre de l'article L. 525-1 du code rural et de la pêche maritime (1°) ;

– les constructions, installations, extensions ou annexes aux bâtiments d'habitation, changements de destination et aménagements prévus par les articles L. 151-11, L. 151-12 et L. 151-13, dans les conditions fixées par ceux-ci (2°).

Ces dispositions sont identiques à celles prévues pour les zones A[3]. Il en résulte que prévaut dans ces zones un principe d'inconstructibilité[4] que le règlement de PLU peut écarter dans les mêmes cas que ceux prévues en zones A :

– constructions nécessaires à l'exploitation agricole[5] ;

– constructions et installations nécessaires à la transformation, au conditionnement et à la commercialisation des produits agricoles[6] ;

– constructions et installations nécessaires à des équipements collectifs[7] ;

– extension des bâtiments et création d'annexes[8] ;

– changement de destination[9] ;

– STECAL[10].

231.832 Possibilité d'interdire toute construction ? L'article R. 151-24 du code de l'urbanisme précise qu'en zone N, « peuvent être autorisées » certaines constructions et installations. Selon la doctrine administrative : « L'emploi du terme "peuvent" signifie qu'il est permis aux auteurs du plan local d'urbanisme (PLU) d'autoriser ces installations dans les zones N, mais également qu'ils peuvent les interdire, sous réserve de justifications précises »[11].

b. Transferts de constructibilité

231.841 Présentation du mécanisme. Le dispositif du transfert de droits à construire permet de répartir les droits à construire en les transférant d'une partie d'un secteur émetteur qui doit rester inconstructible vers un secteur récepteur qui peut être densifié. Le potentiel constructible de certaines parcelles ou parties de parcelles qui doivent rester inconstructibles est ainsi transféré sur d'autres, venant ainsi augmenter leur capacité initiale[12].

Pour que cette disposition soit mise en œuvre, la densité moyenne du secteur et les droits à construire transférés doivent être calculés. Les terrains dont la constructibilité est réduite par le biais des mesures de protection du secteur « émetteur » sont identifiés ainsi que les terrains « récepteurs », qui bénéficient d'un report des droits à construire leur correspondant. La mise en œuvre de ce dispositif rend totalement inconstructible le secteur « émetteur ».

Il s'agit d'un dispositif très lourd puisqu'il fait l'objet d'une servitude administrative inscrite aux hypothèques et qu'il peut être modifié uniquement par décret en Conseil d'État.

Le dispositif doit donc être réservé à des paysages dont la préservation est liée au maintien d'espaces non ou peu bâtis alors que les terrains sont équipés. Ce peut être le cas d'un glacis de fortification, d'une perspective organisée en milieu urbain, d'un paysage viticole ou d'un site classé dont l'évolution est strictement encadrée. Il est également nécessaire de définir le projet d'aménagement qui résultera de ces transferts de droits à construire et de le transcrire dans un document-cadre (OAP ou plan-masse par exemple) qui permettra dans le temps d'appliquer la servitude sans en perdre le sens.

En pratique, ce dispositif a été peu utilisé et a concerné surtout les territoires occupés par des stations touristiques de montagne.

231.842 Conditions de mise en œuvre. « Dans les zones à protéger en raison de la qualité de leurs paysages, le règlement peut déterminer les conditions dans lesquelles les possibilités de construction

1. CE 28 mars 2011, *Groupement des usagers de l'aérodrome de Saint-Cyr-l'école*, req n° 312282, *Lebon T.*
2. C. urb., art. R. 151-24.
3. C. urb., art. R. 151-23.
4. V. s[s] n° 231.731.
5. V. s[s] n°s 231.741 s.
6. V. s[s] n°s 231.761 s.
7. V. s[s] n°s 231.771 s.
8. V. s[s] n°s 231.781 s.
9. V. s[s] n°s 231.791 s.
10. V. s[s] n°s 231.801 s.
11. Rép. min. n° 36708, *JOAN Q* 24 févr. 2015, p. 1364. Il en va de même pour les zones A – V. s[s] n° 231.733).
12. POUR UN EX. : Ministère de la cohésion des territoires, *Guide sur les dispositions opposables aux PLU*, mars 2020, p. 158.

résultant des règles qu'il fixe pour l'ensemble de la zone pourront être transférées en vue de favoriser un regroupement des constructions sur d'autres terrains situés dans un ou plusieurs secteurs de la même zone »[1].

Dans ces secteurs, « les constructions ne sont autorisées qu'après de tels transferts, les possibilités de construire propres aux terrains situés dans ces secteurs s'ajoutant alors aux possibilités transférées »[2].

Le règlement « fixe la densité maximale de construction dans ces secteurs »[3].

Si les auteurs du PLU utilisent cette faculté, dans les zones N, le ou les documents graphiques du règlement font apparaître les secteurs protégés en raison de la qualité de leur paysage où est applicable le transfert des possibilités de construction[4].

231.843 Instauration d'une servitude. « En cas de transfert, la totalité du terrain dont les possibilités de construction sont transférées est frappée de plein droit d'une servitude administrative d'interdiction de construire constatée par un acte authentique publié au fichier immobilier »[5].

Cette servitude « ne peut être levée que par décret pris sur avis conforme du Conseil d'État »[6].

F. Délimitation des zones A et des zones N (recommandations)

231.851 Des situations variables. Au sein d'un PLU, tous les espaces naturels, agricoles et forestiers ne sont pas forcément classés en zone A ou N pour les mêmes motifs, car ils ne sont pas toujours confrontés :

– aux mêmes enjeux territoriaux (au-delà des enjeux transversaux de gestion économe du sol et de protection des espaces naturels, agricoles et forestiers, un secteur peut avoir été zoné en A ou N pour répondre à un enjeu de sylviculture, de viticulture, de pastoralisme, de trame verte et bleue, de risques ou encore de ressource en eau potable) ;

– aux mêmes niveaux et cumuls d'enjeux (un espace zoné N peut par exemple cumuler des enjeux de trame verte et bleue, de risques naturels et d'enjeux paysagers, tandis qu'un autre correspond à une nature plus ordinaire, sans autre enjeu que la gestion économe de l'espace).

231.852 Possibilité de tenir compte de ces différences de situation. La prise en compte de ces différents contextes peut amener la collectivité à affiner le règlement écrit et les outils graphiques associés. Cet approfondissement permet généralement de distinguer deux grands types de secteurs A et N :

– d'une part, les secteurs à protéger strictement ;

– d'autre part, ceux où certaines constructions, autres extensions et changements de destination peuvent être autorisés.

Suivant le contexte et la vocation de chaque secteur, cette distinction peut passer par différents outils réglementaires, le plus souvent cumulables :

– sous-secteurs de zones A et N (zones A et N indicées) ;

– repérages et trames spécifiques se superposant au zonage général ;

– règles écrites ciblées applicables à toute la zone et/ou à plusieurs secteurs.

1. C. urb., art. L. 151-25, al. 1er.
2. C. urb., art. L. 151-25, al. 2.
3. C. urb., art. L. 151-25, al. 3.
4. C. urb., art. R. 151-36.
5. C. urb., art. L. 151-25, al. 4.
6. C. urb., art. L. 151-25, al. 4.

§ 3 Première catégorie de règles pouvant être définies dans le règlement de PLU : destination des constructions, usages des sols et natures d'activité

A. Délimitation des zones et détermination de l'affectation du sol et de la destination des constructions

1° Délimitation des zones et détermination de l'affectation du sol

231.861 Délimitation des zones. Le règlement délimite[7] :

– les zones urbaines ou à urbaniser ;

– et les zones naturelles ou agricoles et forestières à protéger.

231.862 Détermination de l'affectation du sol. Le règlement peut préciser l'affectation des sols selon[8] :

– « les usages principaux qui peuvent en être faits » ;

– « ou la nature des activités qui peuvent y être exercées ».

Sur le fondement de ces dispositions, le PLU peut par exemple :

– « délimiter, pour des motifs d'urbanisme, des zones dans lesquelles l'implantation de certains établissements commerciaux est interdite ou réglementée »[9] ;

7. C. urb., art. L. 151-9, al. 1er.
8. C. urb., art. L. 151-9, al. 2.
9. CE 8 juin 2010, *Sarl Immo concept*, req. n° 317469, NP.

– interdire la plupart des constructions nouvelles dans une zone U, dès lors que ses prescriptions correspondent au parti d'urbanisme retenu[1].

La plasticité de cette formule ouvre d'infinies possibilités, comme le confirment par exemple les dispositions réglementaires du code indiquant que les documents graphiques du règlement font apparaître, s'il y a lieu les secteurs où les nécessités du fonctionnement des services publics, de l'hygiène, de la protection contre les nuisances et de la préservation des ressources naturelles ou l'existence de risques naturels, de risques miniers ou de risques technologiques :

– « justifient que soient interdites les constructions et installations de toute nature, permanentes ou non, les plantations, dépôts, affouillements, forages et exhaussements des sols »[2] ;

– ou « justifient que soient soumises à des conditions spéciales les constructions et installations de toute nature, permanentes ou non, les plantations, dépôts, affouillements, forages et exhaussements des sols »[3].

Les dispositions réglementaires prévoient, toujours au titre des documents graphiques, que ceux-ci font apparaître « les secteurs protégés en raison de la richesse du sol ou du sous-sol, dans lesquels les constructions et installations nécessaires à la mise en valeur de ces ressources naturelles sont autorisées »[4].

2°
Possibilité de définir des règles relatives à la destination et la nature des constructions

231.871 Définition des règles. Le règlement peut définir, « en fonction des situations locales », les règles concernant la « destination » et la « nature » des constructions autorisées[5].

Cette rédaction particulièrement large, reposant seulement sur la notion de « situations locales », confère un pouvoir étendu aux auteurs des PLU.

Elle leur permet notamment de réglementer de manière très fine la destination des constructions :

– interdire certaines destinations ;

– limiter certaines destinations ;

– fixer des règles d'urbanisme différenciées selon les destinations.

231.872 Possibilité de soumettre certaines activités ou destinations à des conditions particulières. Le règlement peut, « en fonction des situations locales », soumettre à conditions particulières[6] :

– les types d'activités qu'il définit (1°) ;

– les constructions ayant certaines destinations ou sous-destinations (2°).

Cette rédaction particulièrement large, reposant seulement sur la notion de « situations locales », confère un pouvoir étendu aux auteurs des PLU pour imposer des « conditions particulières ». Ces dispositions sont souvent appliquées de façon combinée avec celles relatives à l'affectation du sol[7].

Sur leur fondement, le PLU peut par exemple :

– encourager la mixité fonctionnelle (ce qui est la règle générale) ;

– exclure de certaines zones les activités générant des nuisances d'exploitation ;

– maintenir des fonctions urbaines à faible rente foncière, généralement évincées des secteurs de forte attractivité (par exemple, les activités tertiaires et secondaires en excluant le commerce de détail et l'habitation). En particulier, grâce à la sous-destination « artisanat et commerce de détail », il est possible d'identifier des linéaires ou des places de proximité, jouant un rôle d'animation urbaine en offrant une diversité de magasins et/ou d'artisans de récurrence quotidienne et devant faire l'objet d'une protection particulière afin de les préserver (en particulier de certaines activités de services considérées comme prédatrices car excluant le petit commerce grâce à leurs possibilités financières qui font augmenter les loyers) et de les renforcer.

231.873 Liste des destinations et sous-destinations. La liste des destinations et sous-destinations est fixée par le code de l'urbanisme[8].

1. CE 30 juill. 2021, *Commune d'Avenières Veyrins-Thuellin*, req. n° 437709, *Lebon T.* ; *BJDU* 2021. 398, concl. Ph. Ranquet ; *BJDU* 2021. 401, obs. S. Ferrari ; *RDI* 2021. 496, obs. P. Soler-Couteaux. En l'espèce, les prescriptions litigieuses avaient pour effet d'interdire la plupart des constructions nouvelles sur des terrains non construits situées, selon les termes du PLU, « en dehors de l'enveloppe urbaine du centre », et ce dans un objectif de « recentrer l'urbanisation ». La cour de renvoi a admis la légalité de ces prescriptions au motif qu'elles apparaissaient cohérentes avec le parti pris d'urbanisme retenu, tel qu'exposé dans le PADD, visant à « stopper l'urbanisation en dehors de l'enveloppe urbaine » mais aussi de « préserver les espaces naturels au sein des espaces urbains » (CAA Lyon, 10 févr. 2022, *Fournier et Sekkai*, req. n° 21LY02439, NP).
2. C. urb., art. R. 151-31, 2°.
3. C. urb., art. R. 151-34, 1° – EN CE SENS : Rép. min. n° 17964, *JO Sénat Q* 15 déc. 2011, p. 3226 : si des terrains ont été le siège d'une activité industrielle ou polluante, les auteurs du PLU peuvent décider « d'interdire toutes constructions ou alors de les soumettre à des prescriptions spéciales » ; « les documents graphiques du PLU devront alors faire apparaître les secteurs où les constructions et installations sont interdites ou soumises à des conditions spéciales pour des raisons liées à la protection contre les nuisances ou à des risques technologiques ».
4. C. urb., art. R. 151-34, 2°.
5. C. urb., art. L. 151-9, al. 3.
6. C. urb., art. R. 151-33.
7. V. s[s] n° 231.862.
8. V. s[s] n°s 322.161 s.

La liste ainsi dressée présente un caractère limitatif. Les auteurs de PLU ne peuvent créer de destinations ou sous-destinations propres[1].

3°
Délimitation de secteurs dans lesquelles toute construction doit être précédée de démolition des bâtiments existants

231.881 **Secteurs.** Le règlement « peut délimiter les secteurs dans lesquels la délivrance du permis de construire peut être subordonnée à la démolition de tout ou partie des bâtiments existants sur le terrain où l'implantation de la construction est envisagée »[2]. Les documents graphiques le font apparaître[3].

Une telle obligation a vocation à concerner principalement les zones U. Son instauration peut être utile lorsqu'il existe sur une unité foncière des constructions dont la qualité n'est pas compatible avec le devenir du site de projet, ou bien si ces constructions conduisent à une surdensité, comme cela peut être le cas dans les centres anciens dégradés.

B.
Interdiction et limitation de certains usages et affectations des sols, constructions et activités

231.891 **Affectation des sols.** Le règlement peut préciser « l'affectation des sols »[4] :

– selon les usages principaux qui peuvent en être faits ;

– ou la nature des activités qui peuvent y être exercées.

231.892 **Interdiction de construire.** Deux articles du code de l'urbanisme fondent la possibilité pour les auteurs d'un PLU d'édicter une interdiction de construire[5].

D'une part, le règlement peut prévoir « l'interdiction de construire »[6]. La généralité de la formule lui permet d'interdire des constructions pour tout motif d'urbanisme. Les dispositions du code de l'urbanisme relatives aux documents graphiques le confirment[7].

D'autre part, et de façon spécifique, le règlement du PLU peut interdire[8] :

– certains usages et affectations des sols ainsi que certains types d'activités qu'il définit (1°) ;

– les constructions ayant certaines destinations ou sous-destinations (2°).

Ces interdictions ne peuvent être décidées que « pour des raisons de sécurité ou salubrité »[9]. Elles doivent en outre être édictées « en cohérence » avec le PADD[10].

Ces dispositions permettent notamment d'empêcher la présence d'ICPE à proximité de zones d'habitation.

231.893 **Possibilité de définir des règles plus contraignantes qu'un PPR.** Les prescriptions du plan de prévention des risques technologiques, qui a pour objet de définir des zones exposées à des risques technologiques à l'intérieur desquelles s'appliquent des contraintes d'urbanisme importantes et a ainsi pour effet de déterminer des prévisions et règles opposables aux personnes publiques ou privées au titre de la délivrance des autorisations d'urbanisme qu'elles sollicitent, « ne font pas obstacle à ce que le plan local d'urbanisme adopte, le cas échéant, des règles plus contraignantes quant aux possibilités de construction »[11].

C.
Mixité sociale et fonctionnelle dans les zones urbaines et à urbaniser

231.901 **Assurer la diversité.** L'objectif de mixité sociale et fonctionnelle vise à assurer à la fois :

– la diversité de populations, afin d'éviter les phénomènes de ghettoïsation ;

– la diversité de fonction des bâtiments, afin d'éviter les quartiers monofonctionnels (uniquement dédié au logement, uniquement dédié aux commerces, uni-

1. CE 30 déc. 2014, *Sté Groupe Patrice Pichet*, req. n° 360850, *Lebon T. ; BJDU* 2015. 83, concl. F. Aladjidi : arrêt indiquant « que s'il est loisible aux auteurs des plans locaux d'urbanisme de préciser, pour des motifs d'urbanisme et sous le contrôle du juge, le contenu des catégories énumérées » à l'article R. 151-27, « les dispositions de cet article ne leur permettent, toutefois, ni de créer de nouvelles catégories de destination pour lesquelles seraient prévues des règles spécifiques, ni de soumettre certains des locaux relevant de l'une des catégories qu'il énumère aux règles applicables à une autre catégorie » – ÉGALEMENT : Rép. min. n° 32575, *JOAN Q* 2 mars 2010, p. 2392 : « Lorsqu'ils visent à fixer des règles différentes ou à interdire des constructions relevant des destinations [...], les plans d'occupation des sols doivent reprendre les destinations visées » par le « code de l'urbanisme et il n'est pas possible de créer de nouvelles destinations par sous-catégorisation, telles qu'habitation individuelle ou habitation collective ».
2. C. urb., art. L. 151-10, al. 1er.
3. C. urb., art. R. 151-34, 3°.
4. C. urb., art. L. 151-9, al. 2.
5. POUR un ex. : Ministère de la cohésion des territoires, *Guide sur les dispositions opposables aux PLU*, mars 2020, p. 104.
6. C. urb., art. L. 151-9, al. 2.
7. V. ss n° 231.862.
8. C. urb., art. R. 151-30.
9. C. urb., art. R. 151-30, al. 1er.
10. C. urb., art. R. 151-30, al. 1er.
11. CAA Bordeaux, 28 avr. 2016, *Sainte-Foy-de Peyrolières (Cne)*, req. n° 14BX02168, NP.

quement dédié aux bureaux, etc.) avec les inconvénients qui en résultent (perte de vitalité des centre-villes ; phénomène de cités-dortoirs ; éloignement du domicile du lieu de travail et des commerces d'où découle un encombrement des voies de circulation, etc.).

Pour atteindre ces objectifs, les dispositions du code de l'urbanisme confèrent des pouvoirs extrêmement larges aux auteurs des PLU. Elles permettent de donner une base légale à des mesures qu'adoptaient déjà les auteurs de PLU avant le décret de 2015 mais sans fondement juridique assuré.

1°
Proportion de logements d'une taille minimale

231.911 **Éviter les micro-logements.** Le règlement « peut délimiter, dans les zones urbaines ou à urbaniser, des secteurs dans lesquels les programmes de logements comportent une proportion de logements d'une taille minimale qu'il fixe »[1]. Dans ce cas, les documents graphiques « délimitent les secteurs » où les programmes de logements doivent, en application de ces dispositions, « comporter une proportion de logements d'une taille minimale, en précisant cette taille minimale »[2].

Il s'agit d'éviter un effet pervers des dispositifs fiscaux en faveur de l'investissement locatif, à savoir la multiplication des immeubles comportant des logements de petite taille.

231.912 **Portée.** Sur le fondement des dispositions de l'article L. 151-14, le PLU peut imposer, dans les secteurs des zones urbaines ou à urbaniser qu'il définit, que les programmes immobiliers comportent, afin d'assurer une meilleure prise en compte des besoins des familles, une proportion de logements d'une taille minimale, définie en fonction du nombre de pièces dont ils se composent, proportion qui peut être exprimée sous la forme d'un pourcentage de la surface totale des logements. En revanche, il ne saurait imposer aux constructeurs une répartition détaillée des logements selon leur taille, notamment en imposant plusieurs types de logements et en fixant des proportions minimales à respecter pour plusieurs types[3].

2°
Pourcentage de logements sociaux

231.921 **Possibilité d'imposer un pourcentage de logements sociaux.** Le règlement « peut délimiter, dans les zones urbaines ou à urbaniser, des secteurs dans lesquels, en cas de réalisation d'un programme de logements, un pourcentage de ce programme est affecté à des catégories de logements qu'il définit dans le respect des objectifs de mixité sociale »[4].

Dans ce cas, les documents graphiques « délimitent » les secteurs où, en application de ces dispositions, un pourcentage des programmes de logements doit être affecté à des catégories de logement « en précisant ce pourcentage et les catégories prévues »[5].

La jurisprudence a précisé qu'une résidence services pour personnes âgées ne constitue pas un « logement » au sens de ces dispositions[6].

Les règles relatives à la mixité sociale prises sur le fondement de l'article L. 151-15 « ne sont pas opposables aux opérations soumises à autorisation d'urbanisme tendant à la réalisation, sur des terrains affectés aux besoins du ministère de la défense, de logements destinés à ses agents »[7].

231.922 **Intérêt.** Les secteurs de mixité sociale sont particulièrement intéressants pour inclure du logement social dans tout nouveau programme du secteur réglementé, notamment par les collectivités ayant une faible maîtrise foncière.

Il est recommandé de définir des tailles critiques d'opérations en indiquant le pourcentage de logements sociaux par opération de plus de x m^2 de surface de plancher, afin de s'assurer de la faisabilité économique et d'intéresser ainsi les porteurs de projet. En effet, la définition d'un pourcentage seul et sans référence à un programme de logements est inopérante et donc inapplicable.

Techniquement, solliciter l'article L. 151-15 impose de fixer un seuil (nombre de logements ou surface de plancher) à partir duquel la mixité est obligatoire. En revanche, cela n'assure pas automatiquement la réalisation effective des logements sociaux attendus si les porteurs de projet construisent en deçà du seuil de déclenchement.

231.923 **Nature.** Les secteurs de mixité sociale qui s'imposent au futur constructeur ne sont pas des emplacements réservés ni des servitudes d'attente de projet global d'aménagement au sens de l'article L. 151-41. Ils ne sont donc pas soumis au droit de délaissement prévu par l'article L. 152-2 du code de l'urbanisme.

1. C. urb., art. L. 151-14.
2. C. urb., art. R. 151-38, 2°.
3. CE 30 mars 2018, *Les Sables d'Olonne (Cne)*, req. n° 411122, *Lebon T. ; Constr.-Urb.* 2018, n° 5, p. 13, note P. Cornille ; *BJDU* 2018. 252, note J. Trémeau.
4. C. urb., art. L. 151-15.
5. C. urb., art. R. 151-38, 3°.
6. CE 13 déc. 2021, *M. et Mme Juanola et a.*, req. n° 443815, *Lebon T. ; BJDU* 2022. 95, concl. A. Skzryerbak ; *Constr.-urb.* 2021, comm. 4, note L. Santoni.
7. C. urb., art. L. 152-6-3, créé par L. n° 2022-217, 21 févr. 2022.

231.924 Impossibilité d'imposer 100 % de logements sociaux. Une commune ne peut imposer 100 % de logements sociaux dans les programmes[1]. Une telle obligation méconnaît tant les dispositions de l'article L. 151-15 que l'objectif de mixité sociale.

231.925 Opposabilité à un projet de lotissement. Un permis d'aménager un lotissement est illégal faute que le règlement du lotissement ait prévu des dispositions permettant d'assurer, conformément au règlement du POS, la construction d'un minimum de 30 % de logements locatifs sociaux[2].

3°
Diversité commerciale et infrastructure logistique

231.931 Diversité commerciale et commerces de proximité. Afin d'assurer la mise en œuvre de l'objectif de mixité fonctionnelle[3], le règlement peut[4] :

– identifier et délimiter, dans le ou les documents graphiques, les quartiers, îlots et voies dans lesquels est préservée ou développée la diversité commerciale, notamment à travers les commerces de détail et de proximité ;

– et définir, le cas échéant, les prescriptions de nature à assurer cet objectif.

Ces dispositions permettent de fixer les conditions nécessaires pour parvenir au maintien ou au renforcement de l'offre de commerces de proximité en imposant le maintien des destinations et sous-destinations déjà présentes, voire leur renforcement.

Dans ce cas, le règlement fixe les conditions d'application de la règle, qui peut ne pas s'imposer à tous les rez-de-chaussée (en se déclenchant par exemple à partir d'une certaine surface) et ne pas concerner l'intégralité de la surface du rez-de-chaussée afin de préserver des capacités d'accès aux étages et d'aménagement de locaux communs (hall d'entrée, garage à vélos, locaux poubelles par exemple). Il est également possible que cette diversité commerciale ne s'impose qu'à certains types d'immeubles (immeubles de plusieurs étages par exemple) afin que l'offre de locaux ainsi générée corresponde bien à un produit immobilier exploitable pour le commerce ou l'artisanat et que les effets pervers, notamment sur les étages, soient anticipés.

Le PLU peut notamment favoriser (voire imposer) la réalisation en pied d'immeuble de locaux à vocation économique, afin de diffuser les activités dans la ville. Ces locaux, pour répondre aux besoins des entreprises, doivent être configurés de manière à répondre à l'usage qui leur est affecté : localisation, accessibilité depuis la voie, surface mobilisable, hauteur sous plafond. Le PLU devra prévoir ces différents points.

De la même manière, lorsque certains secteurs bénéficient d'une offre commerciale diversifiée, participant à l'animation des voies, le PLU peut décider de les protéger pour en garantir la pérennité, notamment lorsque ces secteurs sont soumis à une forte pression foncière.

S'agissant d'un type donné de prescription, à savoir les interdictions relatives au commerce, celles-ci doivent être motivées et limitées géographiquement. À défaut, elles risquent d'être vues comme une atteinte à la liberté d'entreprendre. La jurisprudence subordonne en effet l'admissibilité de ces mesures à deux conditions[5] :

– d'une part, elles doivent être motivées par un motif d'urbanisme (par exemple, dans des secteurs de surface limitée du centre-ville, connaissant des difficultés de circulation et de stationnement) ;

– d'autre part, elles doivent porter sur une fraction limitée du territoire communal (portant ainsi une atteinte proportionnée à la liberté du commerce et de l'industrie).

Les auteurs des PLU doivent veiller à ce que ces limitations ne soient pas trop nombreuses ou trop précises, sous peine de devenir des freins à la redynamisation des centres-villes.

231.932 Infrastructure logistique. Le règlement peut[6] :

– délimiter, dans les zones urbaines ou à urbaniser, des secteurs dans lesquels la préservation ou le développement d'infrastructures et d'équipements logistiques est nécessaire et définir, le cas échéant, la nature de ces équipements ;

– ainsi que les prescriptions permettant d'assurer cet objectif.

4°
Majoration de volume pour les constructions implantées dans certains quartiers

231.941 Majoration de volume pour les constructions ayant la nature de logements. Afin d'assurer la mise en œuvre des objectifs de mixité sociale et fonctionnelle, le règlement peut[7] :

– délimiter, dans le ou les documents graphiques, des secteurs situés dans les zones urbaines à l'intérieur desquels les constructions à usage d'habitation bénéficient d'une majoration de volume constructible qu'il détermine en référence à l'emprise au sol

1. CAA Marseille, *Saint-Jean-de-Fos (Cne)*, req. n° 16MA01501, NP.
2. CE 24 févr. 2016, *Pia (Cne)*, req. n° 383079, *Lebon T.* ; *BJDU* 2016. 191, concl. J. Lessi.
3. C. urb., art. R. 151-37, al. 1er.
4. C. urb., art. L. 151-16, al. 1er ; art. R. 151-37, 4°.
5. CE 7 mai 1986, *Sté Guyenne et Gascogne*, req. n° 57902, NP.
6. C. urb., art. L. 151-16, al. 2.
7. C. urb., art. R. 151-37, al. 6 à 8.

et à la hauteur dans les conditions prévues au 1° de l'article L. 151-28[1] (5°) ;

– délimiter, dans le ou les documents graphiques des secteurs à l'intérieur desquels la réalisation de programmes de logements comportant des logements locatifs sociaux au sens de l'article L. 302-5 du CCH bénéficie d'une majoration de volume constructible qu'il détermine en référence à l'emprise au sol et à la hauteur dans les conditions prévues au 2° de l'article L. 151-28[2] (6°) ;

– délimiter, dans le ou les documents graphiques, des secteurs à l'intérieur desquels la réalisation de programmes de logements comportant des logements intermédiaires, définis à l'article L. 302-16 du code de la construction et de l'habitation, bénéficie d'une majoration du volume constructible qu'il détermine en référence à l'emprise au sol et à la hauteur dans les conditions prévues au 4° de l'article L. 151-28[3] (7°).

231.942 Majoration de volume pour les constructions ayant certaines destinations. Afin d'assurer la mise en œuvre des objectifs de mixité sociale et fonctionnelle, le règlement peut définir, pour certaines destinations et sous-destinations, des majorations de volume constructible qu'il détermine en référence à l'emprise au sol et la hauteur[4].

Le PLU peut ainsi jouer sur le potentiel constructible afin d'encourager l'implantation de certaines activités.

5°
Autres dispositions visant à assurer la mixité sociale et fonctionnelle

231.951 Mixité des destinations au sein d'une unité foncière. Afin d'assurer la mise en œuvre des objectifs de mixité sociale et fonctionnelle, le règlement peut « définir des règles permettant d'imposer une mixité des destinations ou sous-destinations au sein d'une construction ou d'une unité foncière »[5].

Lorsqu'il fait appel à cette possibilité, la proportion affectée à chaque destination peut être spécifiée, de même que les cas (ou les seuils de surface de plancher) où cette disposition sera applicable.

231.952 Règles différenciées entre rez-de-chaussée et étages. Afin d'assurer la mise en œuvre des objectifs de mixité sociale et fonctionnelle, le règlement peut « définir des règles différenciées entre le rez-de-chaussée et les étages supérieurs des constructions »[6].

Cette disposition permet :

– d'exclure certaines destinations ou sous-destinations au sein d'un même immeuble ;

– d'imposer un traitement différent au rez-de-chaussée et dans les étages ;

– ou d'autoriser une hauteur supérieure au rez-de-chaussée lorsqu'il accueille certaines destinations.

Ainsi, lorsque les rez-de-chaussée des immeubles comprennent des équipements (une crèche par exemple ou une salle de sport) ou des locaux d'activités (artisanat, commerce), il est possible de prévoir, pour des raisons à la fois de qualité des volumes, de fonctionnalité et de normes à respecter, une hauteur sous-plafond plus importante que pour les étages supérieurs. Il est possible d'établir un gabarit d'immeuble différencié :

– un gabarit donné lorsqu'il n'y a pas de mixité fonctionnelle en son sein ;

– et un autre, plus élevé, lorsque le rez-de-chaussée est affecté à un usage nécessitant une hauteur majorée sous plafond (ce qui permet d'imposer, dans certains secteurs, la mixité fonctionnelle au sein des constructions).

Ce gabarit présente l'avantage de faciliter la mutation des rez-de-chaussée d'une destination « commerces et activités de service » à une destination « habitat » et inversement, le fait d'imposer au rez-de-chaussée accueillant des fonctions commerciales, artisanales ou des services, une hauteur plus importante permet, en cas de dysfonctionnement des commerces, d'y créer des locaux d'habitation. Inversement, des locaux d'habitation bénéficiant d'une grande hauteur sous plafond au rez-de-chaussée pourront plus facilement muter pour accueillir des activités économiques car les aménagements nécessaires à la ventilation, à la sécurité incendie ou à l'éclairage sont techniquement beaucoup plus aisés.

§ 4
Deuxième catégorie de règles pouvant être définies dans le règlement de PLU : caractéristiques urbaines, architecturales, environnementales et paysagères

A.
Qualité du cadre de vie (qualité urbaine, architecturale, environnementale et paysagère)

231.961 Pouvoir étendu des auteurs du PLU. Le code de l'urbanisme reconnaît aux auteurs du PLU un large pouvoir pour déterminer les règles relatives à la qualité urbaine, architecturale et paysagère. Les

1. V. s[s] n° 231.1201.
2. V. s[s] n° 231.1211.
3. V. s[s] n° 231.1212.
4. C. urb., art. R. 151-37, 2°.
5. C. urb., art. R. 151-37, 1°.
6. C. urb., art. R. 151-37, 3°.

termes employés sont larges, et les facultés reconnues par les dispositions législatives du code se trouvent encore amplifiées par ses dispositions réglementaires.

1° Aspect extérieur des constructions, dimensions, conditions d'alignement sur la voirie, distance par rapport à la limite séparative, aménagement de leurs abords

a. Cadre juridique

231.971 Quelles règles, au regard de quelles finalités ? Afin de contribuer à la qualité architecturale, urbaine et paysagère, à la mise en valeur du patrimoine et à l'insertion des constructions dans le milieu environnant, le règlement peut déterminer [1] :

– des règles concernant l'aspect extérieur des constructions neuves, rénovées ou réhabilitées ;

– des règles concernant leurs dimensions ;

– des règles concernant leurs conditions d'alignement sur la voirie ;

– des règles de distance minimale par rapport à la limite séparative ;

– des règles concernant l'aménagement de leurs abords.

231.972 Exigence de précision des règles et des exceptions prévues. Eu égard à l'objet des dispositions de l'article L. 151-18, le règlement du PLU « doit fixer des règles précises d'implantation par rapport aux voies et emprises publiques et aux limites séparatives ». Lorsque le règlement contient des dispositions permettant de faire exception aux règles générales d'implantation qu'il fixe, ces règles d'exception [2] doivent être suffisamment encadrées, eu égard à leur portée [3].

Saisi d'un recours contestant le refus du maire de faire usage d'une faculté de dérogation prévue par le PLU en matière d'implantation des constructions, le Conseil d'État a affirmé que « lorsque l'autorité administrative compétente, se prononçant sur une demande d'autorisation d'urbanisme, ne fait pas usage d'une faculté qui lui est ouverte par le règlement d'un plan local d'urbanisme d'accorder ou d'imposer l'application d'une règle particulière, dérogeant à une règle générale de ce règlement, il incombe au juge de l'excès de pouvoir, saisi d'un moyen en ce sens au soutien de la contestation de la décision prise, de s'assurer que l'autorité administrative n'a pas, en ne faisant pas usage de cette faculté, commis d'erreur manifeste d'appréciation » [4].

231.973 Construction en alignement à apprécier. Le ministère a donné des recommandations aux auteurs du PLU sur l'alignement des constructions. Il affirme : « Les règles d'implantation présentent un réel intérêt pour la maîtrise de la forme urbaine et la préservation d'un bon voisinage, sous réserve que leur rédaction ne relève pas d'un systématisme susceptible de freiner les projets innovants ou de favoriser une uniformisation et une monotonie du cadre bâti. Elles sont particulièrement indiquées dans le cas de tissus urbains constitués dans lesquels il est souhaitable de conserver une régularité d'ordonnancement des façades sur voie et un retrait des constructions par rapport aux constructions voisines pour limiter les nuisances. Cependant, dans des secteurs où l'implantation des bâtiments est très disparate, il n'est pas opportun d'imposer des règles d'alignement et de retrait fixes sur l'ensemble de la zone car elles ne favoriseront pas une insertion urbaine adaptée aux variétés d'alignement. De même dans les zones naturelles ou agricoles, imposer un alignement sur voie des constructions peut aller à l'encontre d'une insertion paysagère particulièrement recherchée dans ces secteurs. Par exemple, dans le cas de constructions existantes sans alignement fixe sur la voie, il n'est pas utile d'imposer des règles d'implantation des constructions sur la voie, si le règlement souhaite maintenir ce caractère aléatoire de l'alignement » [5].

b. Emploi de matériaux

231.981 Position de la doctrine administrative. La doctrine administrative estime que le PLU ne

1. C. urb., art. L. 151-18.
2. Plus généralement, sur cette catégorie (règles alternatives), v. s[s] n°s 231.461 s.
3. CE 30 sept. 2011, *Saint-Maur-des-Fossés (C[ne])*, req. n° 339619, *Lebon ; BJDU* 2011. 447, concl. C. Landais ; *Dr. Adm.* 2011, comm. 105, note J.-M. Auby. En l'espèce, après avoir fixé en son premier alinéa les règles d'implantation des constructions par rapport aux voies publiques en imposant le respect de distances minimales de retrait, le règlement dispose en son deuxième alinéa que : « Des dispositions différentes pourront être autorisées ou imposées pour des raisons d'harmonie, notamment pour tenir compte de l'implantation des constructions existantes ou projetées dans le parcellaire voisin, et pour permettre l'amélioration des constructions existantes ». Le Conseil d'État estime que, compte tenu de l'objet limitativement énoncé de ces exceptions, tenant à l'harmonie urbaine avec les constructions voisines et à l'amélioration des constructions existantes, objectif conforté par les termes de l'annexe à ce règlement qui définit les « travaux d'amélioration de l'habitabilité », ces règles d'exception figurant dans le règlement du POS doivent être regardées comme suffisamment encadrées, eu égard à leur portée.
4. CE 12 mai 2022, Commune de Tassin-la-Demi-Lune, req. n° 453502, *Lebon T. ; BJDU* 2022. 274, concl. M. Sirinelli ; *RDI* 2022. 419, obs. P. Soler-Couteaux.
5. Ministère du logement, *Fiche technique 2 : La structure et le contenu du règlement*, oct. 2016, p. 6.

peut imposer d'obligations en matière de matériaux. Cette position, déjà exprimée dans une réponse ministérielle de 2010[1], a été confirmée dans une réponse ministérielle en 2023.

Le ministre indique qu'« Aucune disposition du code de l'urbanisme ne prévoit expressément la possibilité de fixer dans le règlement du PLU des obligations en matière de matériaux. (...). La possibilité d'autoriser ou d'interdire certains matériaux n'est prévue par le code de l'urbanisme qu'en ce qui concerne les plans de sauvegarde et de mise en valeur (PSMV), qui tiennent lieu de PLU dans les sites patrimoniaux remarquables qu'ils concernent. Leur règlement doit comprendre "Des prescriptions relatives à la qualité architecturale des constructions neuves ou existantes, notamment aux matériaux ainsi qu'à leur implantation, leur volumétrie et leurs abords" (2° du I de l'article L. 631-4 du code de patrimoine auquel renvoie l'article R. 313-5 du code de l'urbanisme). De telles règles sont justifiées pour un site patrimonial remarquable au regard de l'intérêt historique, architectural, archéologique, artistique ou paysager qu'il présente. Elles ne le sont pas en revanche pour les secteurs ne bénéficiant pas d'une telle protection. Ainsi, l'impossibilité pour les PLU de réglementer les types de matériaux à utiliser peut se déduire des dispositions relatives aux PSMV qui autorisent expressément ces derniers à le faire ; si la nature des matériaux joue sur l'aspect extérieur des constructions, ce que le PLU a vocation à réglementer, cela ne signifie pas pour autant que le législateur a entendu permettre que la nature des matériaux autorisés soit réglementée par ledit PLU, indépendamment de son influence sur d'autres aspects de la construction. Les règles auxquelles les constructions peuvent être soumises dans le PLU concernent donc la forme et l'aspect de chaque élément architectural, tels que les toitures, les ouvertures, ou les ouvrages en saillie. Ces règles doivent avoir pour objectif de permettre une insertion urbaine, architecturale et paysagère des constructions de qualité. En dehors des secteurs faisant l'objet d'une protection particulière, tels que les sites patrimoniaux remarquables, seul l'aspect du revêtement de la construction pourra être réglementé sans pouvoir strictement interdire ou imposer un matériau ou son imitation »[2].

231.982 Position de la jurisprudence. La cour administrative d'appel de Lyon estime que le PLU peut comporter des dispositions réglementant l'utilisation des matériaux. Elle affirme « que les documents locaux d'urbanisme peuvent, s'agissant de déterminer les règles concernant l'aspect extérieur des constructions en application des dispositions de l'article L. 123-1 du code de l'urbanisme alors en vigueur dont la teneur est désormais reprise à l'article L. 151-18 de ce code, imposer l'utilisation de certains matériaux pour les constructions, y compris quand ces dernières ne sont pas incluses dans un périmètre protégé (...) »[3].

c.
Constructions sur une même parcelle

231.991 Champ d'application et portée d'une marge d'isolement. La jurisprudence a apporté des précisions sur la portée des dispositions des PLU imposant des règles de distance entre les constructions édifiées sur une même parcelle. Ainsi, de telles dispositions :

– n'ont pas pour effet d'interdire la construction de maisons jumelées ou « en bande », qui n'ont pas de vues les unes sur les autres[4] ;

– sont applicables aux cours intérieures ouvertes[5].

d.
Marge d'éloignement

231.1001 Par rapport à la voie publique. L'article du règlement d'un PLU relatif à l'implantation des constructions par rapport aux voies et emprises publiques :

– ne s'applique à un chemin communal que s'il constitue soit une voie publique, soit une dépendance de la voie publique[6] ;

– s'applique à une venelle (c'est-à-dire une ruelle) qui constitue une voie privée ouverte à la circulation des cycles et piétons[7] ;

– s'applique en tenant compte des voies existantes à la date d'une autorisation d'urbanisme (permis ou déclaration préalable) et non des voies créées pour la mise en œuvre de cette dernière[8] ;

1. Rép. min. n° 16696, *JO Sénat Q* 9 juill. 2020, p. 3178.
2. Rép. min. n° 04445, *JO Sénat Q* 10 août 2023, p. 4886.
3. CAA Lyon, 11 juill. 2019, *C^ne^ des Contamines-Montjoie*, req. n° 18LY00937, NP.
4. CE 8 nov. 2019, *Champeau (M.) et a.*, req. n° 420324, *Lebon T.* ; *BJDU* 2020. 14, concl. R. Decout-Paolini.
5. CE 11 juill. 2014, *Perez (M.) et a.*, req. n° 356324, *Lebon T.* ; *BJDU* 2020. 14, concl. R. Decout-Paolini ; *JCP Adm.* 2015, n° 2021, note M. Vialettes : l'arrêt affirme que les règles de distance et de gabarit-enveloppe encadrant l'implantation des constructions les unes par rapport aux autres sur un même terrain, définies par le règlement du PLU de la ville de Paris, s'appliquent non seulement à des bâtiments distincts situés en vis-à-vis sur un même terrain mais aussi aux façades en vis-à-vis d'un même bâtiment qui entourent une « cour couverte ».
6. CE 11 juin 2014, *Doix (M.)*, req. n° 346681, *Lebon T.* ; *LPA* 29 oct. 2014, n° 216, p. 13, note D. Dutrieux.
7. CE 5 juill. 2023, *Mme Maréchal Boyer*, req. n° 463604, *Lebon T.* ; *Gaz. Pal.* 5 sept. 2023, n° 27, p. 22, note O. Le Bot.
8. CE 10 févr. 2016, *SCI Porte de Noisy – Noisy-le-Grand (C^ne^)*, req. n° 383738, *Lebon T.* ; *BJDU* 2016. 216, concl. A. Bretonneau.

– s'applique de façon spécifique lorsque le permis est assorti d'une prescription prévoyant la rétrocession d'une partie du terrain à la commune pour création d'un chemin piétonnier public[1].

231.1002 Par rapport aux limites séparatives. Les limites séparatives s'entendent des limites entre la propriété constituant le terrain d'assiette de la construction et la ou les propriétés qui la jouxtent, quelles que soient les caractéristiques de ces propriétés, dès lors qu'il ne s'agit pas de voies ou d'emprises publiques[2]. Il en résulte que la règle de retrait s'apprécie par rapport aux terrains voisins et non pas rapport à la voie publique[3].

Pour l'application des règles de prospect, le PLU peut fixer des critères de calcul, notamment en précisant la notion de « façade » (par exemple en présence d'une loggia) et celle de « baie »[4].

Pour déterminer la longueur maximale qu'autorise le règlement d'un PLU pour l'édification d'une construction sur une limite séparative entre deux parcelles, il convient de prendre en compte la longueur de la seule limite séparative avec la propriété voisine concernée, et non la longueur totale de la limite séparant la parcelle litigieuse de l'ensemble des propriétés qui la jouxtent[5].

Par ailleurs, en l'absence de disposition particulière relative aux constructions entièrement enterrées, les dispositions du PLU qui prévoient une distance minimale de cinq mètres entre toute construction et la limite séparative de propriété, dont l'objet est lié à des préoccupations d'hygiène, d'urbanisme et de protection du voisinage, ne s'appliquent pas à la partie souterraine d'un bâtiment qui ne dépasse pas le niveau du sol naturel. Par suite, la circonstance qu'une partie de l'emprise en sous-sol des immeubles, non visible de l'extérieur, est située à moins de cinq mètres de la limite séparative est sans incidence sur la légalité du permis de construire[6].

Dans le cas d'une piscine, si le dallage est implanté, sur un côté, en limite séparative, la règle du PLU imposant d'implanter une construction, soit en limite séparative, soit à 5 mètres de celle-ci, est satisfaite dès lors que la piscine et le dallage forment un ensemble. Il en va de même de l'abri de piscine qui participe à cet ensemble[7].

Dans le cas d'un règlement de PLU prévoyant (art. 7) que « les débordements de toiture, jusqu'à 1 mètre, ne sont pas pris en compte dans le calcul des prospects » et que « les constructions doivent respecter un recul minimum de 4 mètres sans pouvoir être inférieur à H/2 », ces dispositions doivent être interprétées, en l'absence de mention particulière dans le règlement, comme signifiant que, à l'exception des débordements de toiture inférieurs ou égaux à un mètre[8] :

– tout point de la façade, y compris au niveau de balcons en saillie, doit respecter une distance minimale par rapport à la limite séparative ;

– correspondant à la moitié de la hauteur de la façade, mesurée à l'égout du toit ou, dans le cas d'un mur pignon, au sommet de ce dernier, avec un minimum de quatre mètres.

En l'espèce, la façade sud-ouest d'une construction, qui se situe pour l'essentiel à cinq mètres de la limite séparative, comporte, sous le débord de toiture d'un mètre, deux balcons en saillie de la même profondeur, qui se trouvent ainsi à quatre mètres de la projection verticale de cette limite. L'ensemble de cette façade, hors débord de toiture, ne se trouve pas à cinq mètres de la limite séparative, soit à une distance supérieure à la moitié de la hauteur totale de ce mur pignon, de neuf mètres, dès lors que l'article 7 du règlement de zone du PLU n'exclut pas la prise en compte des balcons en saillie, y compris s'ils se trouvent à l'aplomb d'un débord de toiture.

231.1003 Par rapport aux limites de fond. Une parcelle quadrilatère bordant la voie publique qui ne comporte que deux limites séparatives avec les propriétés voisines ne comporte pas de limite de fond de propriété. En conséquence, les règles du PLU relatives aux limites de fond de propriété lui sont inapplicables[9].

e.

Règle d'alignement

231.1011 Champ d'application et portée. Dans le cas d'une disposition prévoyant l'alignement sur la voie des façades des constructions nouvelles, le projet portant édification de deux constructions (l'une alignée sur la voie dans la continuité de constructions existantes, l'autre en arrière de cette première construction et en retrait de la voie) est légal car cette disposition a pour objet de créer un front bâti continu le long de la voie et non de réglementer

1. V. s[s] n° 342.35.
2. CE 8 nov. 2019, *Champeau (M.) et a.*, req. n° 420324.
3. CE 5 juill. 2023, *Mme Maréchal Boyer*, req. n° 463604, *Lebon T., Gaz. Pal.* 5 sept. 2023, n° 27, p. 22, note O. Le Bot.
4. V. en ce sens CE 12 mai 2022, *Koch*, req. n° 453787, *Lebon T. ; BJDU* 2023. 93, concl. M. Sirinelli.
5. CE 6 juill. 2016, *Gomez*, req. n° 387814, NP ; *BJDU* 2016. 349, concl. X. de Lesquen.
6. CE 11 févr. 2002, *Urset (M.)*, req. n° 221350, *Lebon T.*
7. CE 8 févr. 2006, *Dimier*, req. n° 272188, NP.
8. CE 25 mai 2022, Aigroz, req. n° 455127, *Lebon T. ; BJDU* 2022. 327, concl. E. de Moustier ; *RDI* 2022. 615, obs. P. Soler-Couteaux.
9. CE 30 sept. 2011, *Oudot (M. et Mme)*, req. n° 336249, *Lebon T. ; BJDU* 2011. 461, concl. C. Landais.

l'implantation des constructions situées au second rang[1].

f.
Règle d'éclairement

231.1021 **Champ d'application et portée.** L'article UG 7.1 du règlement de l'ancien PLU de Paris, adopté en 2006, prévoyait que « l'implantation d'une construction en limite séparative peut être refusée si elle a pour effet de porter gravement atteinte aux conditions d'éclairement d'un immeuble voisin (...) ». Ces dispositions avaient pour objet d'assurer un éclairage suffisant à l'intérieur des constructions, dans un double objectif de confort des personnes qui s'y trouvent et de salubrité des lieux.

Il ressort néanmoins des termes employés, faisant référence à une construction portant « gravement » atteinte aux conditions d'éclairement, que seule une atteinte substantielle à celles-ci peut justifier un refus de permis sur son fondement. Ainsi, et comme l'a déduit la jurisprudence, l'atteinte grave aux conditions d'éclairement « ne saurait se réduire à une simple perte d'ensoleillement » ; cette condition suppose au contraire, pour être satisfaite, « une obstruction significative de la lumière »[2]. Aussi, et comme l'avait confirmé le Conseil d'État saisi une seconde fois dans cette même affaire, une simple « diminution d'ensoleillement (...) ne saurait (...) être regardée (...) comme constituant une atteinte grave aux conditions d'éclairement (...) »[3]. Deux précisions ont par ailleurs été apportées par la jurisprudence sur le champ d'application de ces dispositions et l'appréciation devant présider à leur mise en œuvre. Sur le premier point, le Conseil d'État a eu l'occasion d'indiquer que si les dispositions en cause ont « principalement vocation à préserver des immeubles implantés au plus près des limites séparatives du terrain d'assiette du projet », « la notion d'immeubles voisins ne saurait se limiter à ces seuls immeubles ». Cela signifie qu'un projet d'immeuble ne jouxtant pas immédiatement la parcelle concernée pourrait le cas échéant se voir opposer ces dispositions s'il est de nature, notamment par sa taille et son volume, à affecter de façon importante le niveau d'éclairement d'un immeuble situé dans son voisinage. Sur le second point, relatif à l'appréciation de l'atteinte, le Conseil d'État a indiqué que le juge peut « prendre en compte l'éclairement tant direct qu'indirect des immeubles en question »[4]. Il en résulte qu'une atteinte directe à l'éclairement ne suffit pas à justifier le refus d'un projet si demeure un éclairement indirect suffisant. En d'autres termes, le fait d'être privé des rayons directs du soleil ne permet pas, à lui seul, d'opposer un refus sur le fondement des dispositions précitées.

Le Conseil d'État a ajouté à ce socle jurisprudentiel une précision concernant l'hypothèse dans laquelle un projet de construction conduit à la « perte totale d'éclairement d'une pièce d'au moins un des appartements de l'immeuble voisin ». Dans une telle hypothèse, indique-t-il, « la gravité de l'atteinte doit s'apprécier en prenant en compte les caractéristiques propres de cette pièce, notamment sa destination, ainsi que son rôle dans le niveau d'éclairement d'ensemble du ou des appartements concernés »[5]. Cela signifie que l'appréciation doit se faire en tenant compte des caractéristiques de la pièce qui se retrouvera totalement privée de lumière. Deux éléments, non exhaustifs, seront à cet égard pris en compte. Le premier correspond à la destination de la pièce. Par exemple, le fait de plonger dans le noir des toilettes ou une salle de bains ne permettra pas, *a priori*, de s'opposer sur ce fondement à un projet de construction. En revanche, une solution différente tendra à s'imposer pour un salon, un bureau ou une salle à manger. Le second critère mentionné tient au rôle que la pièce qui se retrouvera privée de lumière joue dans l'éclairement d'ensemble de l'appartement. Si cette pièce joue un rôle important dans l'éclairement d'autres pièces, qui à elles seules ne reçoivent pas suffisamment de lumière, le fait de priver totalement celle-ci de lumière sera regardé comme une circonstance aggravante. Ainsi, au regard de ce second critère, le fait de plonger dans le noir une pièce même secondaire pourrait, en fonction du rôle qui est le sien, conduire à opposer sur ce fondement un refus au projet.

2°
Règles visant à assurer l'insertion de la construction dans son environnement

231.1031 **Finalités poursuivies.** Trois séries de règles peuvent être éditées dans le règlement du PLU pour les finalités suivantes[6] :

– assurer l'insertion de la construction dans ses abords ;

– assurer la qualité et la diversité architecturale, urbaine et paysagère des constructions ;

– assurer la conservation et la mise en valeur du patrimoine.

1. CE 21 juill. 2009, *Saint-Michel-Chef-Chef (C^ne^)*, req. n° 310234, *Lebon T.* ; *BJDU* 2009. 359, concl. L. Derepas.
2. CE 2 oct. 2017, *Bauer*, req. n° 420427, NP.
3. CE 30 avr. 2019, *Bauer*, req. n° 420427, NP.
4. CE 22 nov. 2019, *Ribart*, req. n° 420948, *Lebon T.* ; *BJDU* 2020. 131, concl. N. Polge.
5. CE 12 avr. 2023, *Syndicat des copropriétaires des 1-3 square Alice et 127 rue Didot et autre*, req. n° 451794, *Lebon T.*, *JCP G* 2023, act. 744, note O. Le Bot ; *JCP Adm.* 2023, n° 2342, note F. Polizzi.
6. C. urb., art. R. 151-41, al. 1er.

a.
Première catégorie de règles : règles volumétriques alternatives, pour une meilleure insertion avec les bâtiments contigus

231.1041 Contenu. Pour les finalités précédemment mentionnées[1], le règlement du PLU peut prévoir des règles alternatives, dans les conditions prévues à l'article R. 151-13[2], afin d'adapter des règles volumétriques définies en application de l'article R. 151-39 pour satisfaire à une insertion dans le contexte, en lien avec les bâtiments contigus[3].

Cette possibilité d'exprimer des règles volumétriques alternatives a notamment pour objet de favoriser une meilleure intégration des constructions dans les secteurs plus contraints.

231.1042 Échelle. Les juridictions précisent les termes employés par les PLU à l'occasion des contentieux résultant de la délivrance ou de refus de délivrance d'une autorisation d'urbanisme. Par exemple, concernant un règlement de POS disposant : « Les constructions à édifier tiennent compte de l'échelle du bâti environnant, et de l'ordonnancement des rythmes et dimension des percements pour permettre, dans la mesure du possible, un rapport cohérent des étages entre les immeubles », le juge affirme que « cette échelle doit être appréciée au regard de l'emprise au sol et de la hauteur de la construction projetée, comparées à l'emprise au sol et à la hauteur du bâti environnant, dans l'immédiat voisinage »[4].

b.
Deuxième catégorie de règles : caractéristiques architecturales des façades et toitures des constructions ainsi que des clôtures

231.1051 Contenu. Pour les finalités précédemment mentionnées[5], le règlement du PLU peut prévoir des dispositions concernant les caractéristiques architecturales des façades et toitures des constructions ainsi que des clôtures[6].

231.1052 Illustration. L'article UG 11 du règlement de l'ancien PLU de Paris (adopté en 2006) fixe les règles relatives à l'aspect extérieur des constructions, aux aménagements de leurs abords ainsi qu'à la protection des immeubles et des éléments de paysage. Les principes qu'il pose contribuent à dessiner le visage architectural de la ville et les évolutions pouvant être admises à cet égard. Ces principes sont longuement développés dans les nombreux alinéas qu'il comprend, l'objectif recherché étant d'allier le respect des caractéristiques architecturales de la ville et les possibilités d'évolution de celles-ci. En particulier, lorsqu'un projet rompt avec son environnement immédiat, il n'est conforme à ces dispositions que s'il présente un certain niveau d'audace ou d'avant-gardisme et un certain esthétisme. Tel était le cas du projet de la Samaritaine, qui avait pour cette raison été validé alors qu'il tranchait avec le tissu urbain existant[7]. En revanche, tel n'est pas le cas d'un projet qui contraste avec les constructions environnantes sans présenter de valeur ajoutée d'un point de vue architectural[8].

c.
Troisième catégorie de règles : préservation du patrimoine bâti et paysager

231.1061 Contenu. Pour assurer la préservation et la mise en valeur du patrimoine, le règlement peut[9] :

– identifier et localiser les éléments de paysage (« tels que les arbres, les bois ou les haies, dont la préservation soulève un intérêt particulier »[10]) ;

– et identifier, localiser et délimiter les quartiers, îlots, immeubles bâtis ou non bâtis, espaces publics, monuments, sites et secteurs à protéger, à conserver, à mettre en valeur ou à requalifier pour des motifs d'ordre culturel, historique ou architectural[11] ;

1. V. s[s] n° 231.1031.
2. V. s[s] n°s 231.462 s.
3. C. urb., art. R. 151-41, 1°.
4. CAA Lyon, 6 févr. 2014, *Militello*, req. n° 12MA00957, NP.
5. V. s[s] n° 231.1031.
6. C. urb., art. R. 151-41, 2°.
7. CE 19 juin 2015, *Grands magasins de La Samaritaine – Maison Ernest Cognacq et ville de Paris*, req. n° 387061, *Lebon T.*
8. CE 13 janv. 2023, *Office public de l'habitat Paris Habitat et Ville de Paris*, req. n° 450446, *Lebon T. ; BJDU* 2023. 103, concl. M. Boutron ; *JCP Adm.* 2023, n° 2152, note O. Le Bot ; *Constr.-Urb.* 2023, comm. 30, note L. Santoni ; *Énergie – Environnement – Infrastructures* 2023, comm. 24, obs. R. Micalef.
9. C. urb., art. L. 151-19.
10. Rép. min. n° 45978, *JOAN Q* 6 mai 2014, p. 3713.
11. PAR EX. : à Paris, un article du règlement du PLU disposant que « les documents graphiques du règlement prescrivent la conservation de la volumétrie d'immeubles, parties d'immeubles ou ensembles d'immeubles existants. / Cette volumétrie doit être conservée dans ses caractéristiques générales, afin que soit pérennisée, selon le cas, une organisation remarquable du bâti sur un terrain, une séquence homogène en bordure de voie ou, au contraire, une singularité intéressante dans le paysage urbain [...] ». La cour administrative d'appel affirme que le PLU a pu légalement, sur le fondement de l'article L. 151-19 du code de l'urbanisme, instituer par les dispositions précitées « une servitude qui, répondant ainsi à des objectifs tant culturels qu'historiques, a pour objet la conservation de la mémoire de configurations urbanistiques particulières correspondant à un moment de la constitution des paysages urbains parisiens » – CAA Paris, 12 févr. 2009, *Synd. Des copropriétaires du 6 rue de la gaité et 2/4 rue Jolivet à Paris 14e*, req. n° 07PA03912, NP (arrêt devenu définitif en l'absence d'admission du pourvoi formé à son encontre : CE 21 oct. 2009, n° 327443, NP).

– et définir, le cas échéant, les prescriptions de nature à assurer leur préservation leur conservation ou leur restauration.

Complétant ces dispositions, l'article R. 151-41 indique que, pour les finalités précédemment mentionnées[1], le règlement du PLU peut[2] :

– identifier et localiser le patrimoine bâti et paysager à protéger, à conserver, à restaurer, à mettre en valeur ou à requalifier mentionné à l'article L. 151-19 « pour lesquels les travaux non soumis à un permis de construire sont précédés d'une déclaration préalable et dont la démolition est subordonnée à la délivrance d'un permis de démolir » ;

– et définir, s'il y a lieu, les prescriptions de nature à atteindre ces objectifs.

Les documents graphiques les font apparaître[3].

Les éléments patrimoniaux peuvent être :

– des entités (p. ex. une aire géographique naturelle ou rurale, des séquences paysagères, des points de vue, un hameau, un quartier à l'ambiance spécifique, un bâtiment exceptionnel, une place support d'usages particuliers) ;

– mais aussi des types de construction ou d'aménagement qui caractérisent l'ensemble du territoire couvert par le PLU (p. ex. des maisons, des voies, des ensembles agricoles, des constructions industrielles, des haies, des murs de clôture).

En conséquence de cette protection, les travaux, installations ou aménagements ayant pour effet de modifier ou de supprimer l'un des éléments que le PLU a identifié devront être précédés du dépôt d'une déclaration préalable ou d'un permis de démolir.

Lorsqu'il s'agit d'espaces boisés, il est fait application du régime d'exception prévu à l'article L. 421-4 pour les coupes et abattages d'arbres[4].

231.1062 **Exemple : murs en pierres sèches.** À titre d'exemple, si tous les murs de clôture en pierres sèches sont protégés par le PLU car ils participent à la lecture du paysage, ceux-ci doivent être repérés sur le document graphique réglementaire. Le règlement peut également imposer de les conserver. Ainsi, l'interdiction de leur démolition, l'obligation de leur reconstitution ou de leur restauration (aspect identique à celui d'origine) se traduiront dans le règlement.

Si la collectivité souhaite encore augmenter leur protection, elle peut renforcer la surveillance de ces clôtures en pierre en imposant que tous travaux les concernant fassent l'objet d'une déclaration préalable ou que leur démolition soit encadrée par un permis de démolir.

1. V. s[s] n° 231.1031.
2. C. urb., art. R. 151-41, 3°.
3. C. urb., art. R. 151-34, 3°.
4. C. urb., art. L. 151-19.

231.1063 **Possibilité d'instituer un cône de vue ou un secteur assortis de prescriptions, y compris d'inconstructibilité.** L'article L. 151-19 (tout comme l'article L. 151-23[5]) permet au règlement d'un PLU d'édicter des dispositions visant à protéger, mettre en valeur ou requalifier un élément du paysage dont l'intérêt le justifie. Le règlement « peut notamment, à cette fin, instituer un cône de vue ou identifier un secteur en raison de ses caractéristiques particulières ». À cet égard, la localisation de ce cône de vue ou de ce secteur, sa délimitation et les prescriptions le cas échéant définies, qui ne sauraient avoir de portée au-delà du territoire couvert par le plan, « doivent être proportionnées et ne peuvent excéder ce qui est nécessaire à l'objectif recherché. Une interdiction de toute construction ne peut être imposée que s'il s'agit du seul moyen permettant d'atteindre l'objectif poursuivi »[6].

3°
Sauvegarde de l'environnement

a.
Performances énergétiques et environnementales des constructions, travaux, installations et aménagements

231.1071 **Fixer des obligations en matière de performances énergétiques et environnementales.** Afin d'assurer l'insertion et la qualité environnementale des constructions, le règlement peut fixer des obligations en matière de performances énergétiques et environnementales[7].

231.1072 **Identifier les secteurs où des performances énergétiques et environnementales renforcées doivent être respectées.** Le règlement peut identifier des secteurs dans lesquels il impose aux constructions, travaux, installations et aménagements de respecter des performances énergétiques et environnementales renforcées qu'il définit[8].

À ce titre, il peut imposer une production minimale d'énergie renouvelable, le cas échéant, en fonction des caractéristiques du projet et de la consommation des sites concernés. Cette production peut être localisée dans le bâtiment, dans le même secteur ou à proximité de celui-ci[9].

231.1073 **Identifier des secteurs de zones U ou AU où les constructions vertes bénéficient d'une majoration de volume constructible.** Afin d'assurer l'insertion et la qualité environnementale des cons-

5. V. s[s] n° 231.1082.
6. CE 14 juin 2021, *S[té] des Sables*, req. n° 439453, *Lebon T.* ; *AJDA* 2021. 1756, concl. V. Villette.
7. C. urb., art. R. 151-42, 1°.
8. C. urb., art. L. 151-21 ; art. R. 151-42, 2°.
9. C. urb., art. L. 151-21.

tructions, le règlement peut identifier les secteurs dans les zones urbaines ou à urbaniser où, en application du 3° de l'article L. 151-28 [1], les constructions faisant preuve d'exemplarité énergétique ou environnementale ou qui sont à énergie positive bénéficient d'une majoration de volume constructible qu'il détermine en référence à l'emprise au sol et la hauteur [2].

231.1074 Règles différenciées entre le rez-de-chaussée et les étages supérieurs des constructions pour prendre en compte les risques d'inondation et de submersion. Afin d'assurer l'insertion et la qualité environnementale des constructions, le règlement peut prévoir des règles différenciées entre le rez-de-chaussée et les étages supérieurs des constructions pour prendre en compte les risques d'inondation et de submersion [3].

b.
Traitement environnemental et paysager des espaces non bâtis et abords des constructions

231.1081 Part minimale de surfaces non imperméabilisées ou éco-aménageables. L'article L. 151-22 du code de l'urbanisme prévoit la possibilité d'imposer une part minimale de surfaces non imperméabilisées ou éco-aménageables.

Son I prévoit, de manière générale, que le règlement « peut imposer une part minimale de surfaces non imperméabilisées ou éco-aménageables, éventuellement pondérées en fonction de leur nature, afin de contribuer au maintien de la biodiversité et de la nature en ville » [4]. Il peut ainsi imposer « que les surfaces non imperméabilisées ou éco-aménageables d'un projet représentent une proportion minimale de l'unité foncière » [5].

Ces dispositions confèrent au PLU des outils affirmés et sécurisés pour favoriser le maintien de la biodiversité et de la nature en ville. On évoque parfois la notion de « coefficient de biotope » mais aussi de « CBS » : « coefficient de biotope surfacique » ou « coefficient de biotope par surface ». Il s'agit de permettre aux auteurs de PLU de tempérer l'effet de densification des zones U et AU voulu par le législateur. En effet, la densification et le renouvellement urbain sans précaution pourraient porter atteinte aux espaces verts et à la végétalisation des centres-bourgs ou des centres-villes si ces deux seuls objectifs étaient mis en œuvre indépendamment les uns des autres, au détriment notamment de la qualité de vie des habitants.

Concrètement, le PLU peut imposer au projet la réalisation d'un équivalent d'espace de pleine terre qualifié « de surface non imperméabilisée ou éco aménageable ». En d'autres termes, il s'agit d'inciter les auteurs de projet à créer des « puits de fraîcheur » afin de lutter contre les îlots de chaleur urbaine, d'éviter une « bétonisation » générale et une part congrue laissée aux espaces verts.

Les textes ne parlent pas de « coefficient » mais d'une « part de surface », qui peut se traduire par une fraction, un pourcentage ou une proportion, ce qui revient au même. Cette part doit toujours être « minimale ». Comme toutes les surfaces n'ont pas la même valeur au regard de l'écosystème (toiture végétalisée, aire de stationnement végétalisée, terrasse engazonnée...), il sera possible aux auteurs d'affecter une pondération par rapport à la pleine terre [6].

De façon spécifique, le II envisage la situation des villes de plus de 50 000 habitants et des communes connaissant un essor démographique important (d'une part, les communes appartenant à une zone d'urbanisation continue de plus de 50 000 habitants figurant sur la liste prévue à l'article 232 du CGI, d'autre part celles de plus de 15 000 habitants en forte croissance démographique figurant sur la liste prévue au dernier alinéa du II de l'article L. 302-5 du CCH). Dans ces communes, « le règlement définit, dans les secteurs qu'il délimite, une part minimale de surfaces non imperméabilisées ou éco-aménageables, selon les modalités prévues au I du présent article » [7].

S'agissant enfin du champ d'application des obligations instituées en vertu du I et du II, il est prévu qu'elles « s'appliquent aux projets soumis à autorisation d'urbanisme à l'exclusion des projets de rénovation, de réhabilitation ou de changement de destination des bâtiments existants qui n'entraînent aucune modification de l'emprise au sol » [8]. En sont ainsi – et logiquement – exemptées les projets qui n'ont pas pour effet d'étendre les surfaces artificialisées.

231.1082 Identification de sites, secteurs et paysages à protéger pour des motifs écologiques. Le règlement peut [9] :

1. V. s^{s} n° 231.1202.
2. C. urb., art. R. 151-42, 3°.
3. C. urb., art. R. 151-42, 4°.
4. C. urb., art. L. 151-22, I.
5. C. urb., art. R. 151-43, 1°.
6. C. urb., art. R. 151-43, 1° : le règlement précise « les types d'espaces, construits ou non, qui peuvent entrer dans le décompte de cette surface minimale en leur affectant un coefficient qui en exprime la valeur pour l'écosystème par référence à celle d'un espace équivalent de pleine terre » – POUR UN EX. (celui du PLU de Noisy-le-Sec) : Ministère de la cohésion des territoires, *Guide sur les dispositions opposables aux PLU*, mars 2020, p. 165.
7. C. urb., art. L. 151-22, II.
8. C. urb., art. L. 151-22, III.
9. C. urb., art. L. 151-23, al. 1er ; art. R. 151-43, 5°.

– identifier et localiser les éléments de paysage et délimiter les sites et secteurs à protéger pour des motifs d'ordre écologique[1] (notamment pour la préservation, le maintien ou la remise en état des continuités écologiques) « pour lesquels les travaux non soumis à un permis de construire sont précédés d'une déclaration préalable et dont la démolition est subordonnée à la délivrance d'un permis de démolir » ;

– et définir, le cas échéant, les prescriptions de nature à assurer leur préservation.

Les documents graphiques les font apparaître[2].

En conséquence de cette protection, les travaux, installations ou aménagements ayant pour effet de modifier ou de supprimer l'un des éléments que le PLU a identifié devront être précédés du dépôt d'une déclaration préalable ou d'un permis de démolir.

Lorsqu'il s'agit d'espaces boisés, il est fait application du régime d'exception prévu à l'article L. 421-4 pour les coupes et abattages d'arbres[3].

Sur le fondement de ces dispositions, le règlement du PLU peut instituer un cône de vue ou un secteur assorti de prescriptions, y compris d'inconstructibilité[4].

231.1083 Terrains et espaces inconstructibles en zone U. Le règlement « peut localiser, dans les zones urbaines, les terrains cultivés et les espaces non bâtis nécessaires au maintien des continuités écologiques à protéger et inconstructibles quels que soient les équipements qui, le cas échéant, les desservent »[5]. Il est ainsi possible de maintenir des espaces naturels en plein cœur de zones urbaines, et ce sans ouvrir de droit de délaissement aux propriétaires concernés.

Les documents graphiques doivent délimiter les terrains et espaces inconstructibles concernés[6].

La circonstance qu'un verger serait composé de variétés ordinaires et qu'il ne serait plus actuellement cultivé par sa propriétaire, qui l'occuperait comme simple jardin d'agrément, ne font pas obstacle à ce qu'il puisse faire l'objet de la protection prévue par les dispositions précitées[7].

231.1084 Délimitation de zones pour l'assainissement et les eaux pluviales. Le règlement peut délimiter les zones concernant l'assainissement et les eaux pluviales[8]. Ces zones sont mentionnées à l'article L. 2224-10 du CGCT :

– les zones d'assainissement collectif pour la collecte des eaux usées domestiques et le stockage, l'épuration et le rejet ou la réutilisation de l'ensemble des eaux collectées (1°) ;

– les zones relevant de l'assainissement non collectif où les collectivités publiques sont tenues d'assurer le contrôle de ces installations et, si elles le décident, le traitement des matières de vidange et, à la demande des propriétaires, l'entretien et les travaux de réalisation et de réhabilitation des installations d'assainissement non collectif (2°) ;

– les zones où des mesures doivent être prises pour limiter l'imperméabilisation des sols et pour assurer la maîtrise du débit et de l'écoulement des eaux pluviales et de ruissellement (3°) ;

– les zones où il est nécessaire de prévoir des installations pour assurer la collecte, le stockage éventuel et, en tant que de besoin, le traitement des eaux pluviales et de ruissellement lorsque la pollution qu'elles apportent au milieu aquatique risque de nuire gravement à l'efficacité des dispositifs d'assainissement (4°).

c.
Regroupement de constructions dans les zones à protéger en raison de la qualité de leurs paysages (transfert des possibilités de construction)

231.1090 Renvoi. Dans les zones à protéger en raison de la qualité de leurs paysages, le règlement peut déterminer les conditions dans lesquelles les possibilités de construction résultant des règles qu'il fixe pour l'ensemble de la zone pourront être transférées en vue de favoriser un regroupement des constructions sur d'autres terrains situés dans un ou plusieurs secteurs de la même zone[9].

d.
Autres éléments

231.1101 Finalités. Différentes règles peuvent être instituées dans le règlement du PLU afin de[10] :

– contribuer à la qualité du cadre de vie ;

– assurer un équilibre entre les espaces construits et les espaces libres ;

– et répondre aux enjeux environnementaux.

231.1102 Réalisation d'espaces libres et de plantations, d'aires de jeux et de loisir. Afin de mettre en œuvre les finalités précédemment mentionnées[11], le règlement du PLU peut imposer des obligations en matière de réalisation d'espaces libres et de plantations, d'aires de jeux et de loisir[12].

1. Sur l'exigence de tels motifs, v. CAA Lyon, 6 déc. 2023, *Fol*, req. n° 21LY04038, NP – CAA Versailles, 14 mars 2024, *Reverberi*, req. n° 22VE00715, NP.
2. C. urb., art. R. 151-34, 3°.
3. C. urb., art. L. 151-23, al. 1er.
4. V. ss n° 231.1063.
5. C. urb., art. L. 151-23, al. 2.
6. C. urb., art. R. 151-43, 6°.
7. CAA Douai, 2 févr. 2012, *Depuille*, req. n° 10DA01282, NP – DANS LE MÊME SENS : CE 12 juill. 1993, *Cté urbaine de Strasbourg*, req. n° 115247, *Lebon T.* – CAA Versailles, 6 avr. 2006, *Meichel*, req. n° 04VE02945, NP.
8. C. urb., art. L. 151-24.
9. V. ss nos 231.841 s.
10. C. urb., art. R. 151-43, al. 1er.
11. V. ss n° 231.1101.
12. C. urb., art. R. 151-43, 2°.

Les règlements de PLU imposent en pratique de maintenir les plantations existantes ou de les remplacer par des plantations équivalentes. L'autorité administrative peut faire preuve d'une certaine souplesse dans l'appréciation de cette exigence [1].

Il arrive également que le PLU prévoit une dérogation à cette exigence lorsque les travaux envisagés conservent la majeure partie d'un bâti existant non conforme (au sens de la jurisprudence Sekler, qui permet d'autoriser des travaux sur une construction existante s'ils sont de nature à rendre celle-ci plus conforme à une obligation jusque-là méconnue, ou en tout cas à ne pas aggraver la contrariété à celle-ci [2]). Tel était notamment le cas de l'ancien PLU de la ville de Paris, adopté en 2006 [3].

231.1103 Emplacements réservés aux espaces verts et aux espaces de continuités écologiques. Afin de mettre en œuvre les finalités précédemment mentionnées [4], le règlement du PLU peut fixer, en application du 3° de l'article L. 151-41 [5] les emplacements réservés aux espaces verts ainsi qu'aux espaces nécessaires aux continuités écologiques, en précisant leur destination et les collectivités, services et organismes publics bénéficiaires [6].

231.1104 Espaces et secteurs de continuités écologiques. Afin de mettre en œuvre les finalités précédemment mentionnées [7], le règlement du PLU peut [8] :

– délimiter les espaces et secteurs contribuant aux continuités écologiques ;

– et définir des règles nécessaires à leur maintien ou à leur remise en état.

231.1105 Gestion des eaux pluviales et du ruissellement. Afin de mettre en œuvre les finalités précédemment mentionnées [9], le règlement du PLU peut imposer les installations nécessaires à la gestion des eaux pluviales et du ruissellement [10].

231.1106 Clôtures préservant les continuités écologiques et facilitant l'écoulement des eaux. Afin de mettre en œuvre les finalités précédemment mentionnées [11], le règlement du PLU peut imposer pour les clôtures des caractéristiques permettant de préserver ou remettre en état les continuités écologiques ou de faciliter l'écoulement des eaux [12]. Sur ce fondement peut par exemple être imposé un aspect végétal et perméable du dispositif avec interdiction de mur ou muret de clôture.

e.
Cas particulier des boisements et espaces verts des lotissements du XIXe siècle, des clôtures et des antennes-relais

231.1111 Boisements et espaces verts des lotissements du XIXe siècle (règlementation de la surface de plancher). Dans les secteurs bâtis des zones urbaines issus d'une opération d'aménagement d'ensemble d'un domaine boisé, antérieure au XXe siècle, et ayant conservé leur caractère remarquable de parc, le règlement peut comporter des dispositions « réglementant la surface de plancher des constructions en fonction de la taille des terrains » si la préservation de la qualité des boisements et espaces verts le justifie [13].

231.1112 Clôtures. Sont applicables aux clôtures, dont celles qui prennent la forme d'un mur, les seules dispositions du règlement d'un PLU édictées spécifiquement pour régir leur situation, sur le fondement [14] :

– soit de l'article R. 151-41 du code de l'urbanisme (au titre de la qualité urbaine, architecturale et paysagère) [15] ;

– soit de l'article R. 151-43 (au titre des continuités écologiques [16]).

En revanche, un mur qui est incorporé à une construction, alors même qu'il a la fonction de clore ou limiter l'accès à son terrain d'assiette, est soumis à l'ensemble des règles du règlement du PLU applicables aux constructions [17]. Tel est également le cas pour un mur de soutènement [18].

231.1113 Antennes-relais. Une réponse ministérielle indique que les PLU « peuvent imposer des règles particulières relatives à l'implantation des antennes de téléphonie mobile, pour permettre de garantir la préservation des sites et des paysages urbains ». En revanche, poursuit-elle, les PLU ne peuvent pas imposer aux différents opérateurs « de regrouper ou d'intégrer sur un même site leurs ins-

1. PAR EX. : CE 22 janv. 2007, *Saint-Nom-la-Bretèche (Cne)*, req. n° 279058, NP : exigence satisfaite dans le cas d'un projet conduisant à maintenir à treize, contre seize auparavant, le nombre d'arbres plantés sur la parcelle.
2. Sur la jurisprudence *Sekler*, v. ss nos 343.131 s.
3. V. CE 12 avr. 2023, *Syndicat des copropriétaires des 1-3 square Alice et 127 rue Didot et autre*, req. n° 451794, *Lebon T.*, *JCP G* 2023, act. 744, note O. Le Bot ; *JCP Adm.* 2023, n° 2342, note F. Polizzi.
4. V. ss n° 231.1101.
5. V. ss n° 231.1421.
6. C. urb., art. R. 151-43, 3°.
7. V. ss n° 231.1101.
8. C. urb., art. R. 151-43, 4°.
9. V. ss n° 231.1101.
10. C. urb., art. R. 151-43, 7°.
11. V. ss n° 231.1101.
12. C. urb., art. R. 151-43, 8°.
13. C. urb., art. L. 151-20.
14. CE 18 déc. 2019, *Ruffat*, req. n° 421644, *Lebon T.*
15. V. ss n° 231.1051.
16. V. ss n° 231.1106.
17. CE 18 déc. 2019, *Ruffat*, req. n° 421644, *Lebon T.*
18. CE 10 févr. 1997, *Renollet*, req. n° 119441, NP ; *BJDU* 1997. 47, concl. L. Touvet.

tallations. Une telle obligation porterait en effet une atteinte excessive au droit de propriété et à la liberté d'entreprendre »[1]. Le cas échéant, des concertations avec les opérateurs peuvent conduire, dans le cadre d'un accord contractuel, à un tel regroupement.

B.
Volumétrie et implantation des constructions

1°
Implantation des constructions

231.1121 **Implantation.** Le règlement « peut définir, en fonction des circonstances locales, les règles concernant l'implantation des constructions »[2].

Cette disposition permet de reproduire une forme urbaine existante[3] ou bien de densifier tout en s'assurant de la bonne insertion des constructions neuves dans le tissu existant.

231.1122 **Terrain à cheval sur plusieurs zones.** Une réponse ministérielle a indiqué que lorsqu'un terrain se trouve à cheval sur plusieurs zones du PLU, l'implantation de la construction « devra respecter les règles de recul dans chacune des zones concernées. Le recul se calcule néanmoins à partir des limites du terrain d'assiette du projet, et les limites du zonage du PLU ne peuvent en aucun cas s'y substituer »[4].

La jurisprudence l'a confirmé à propos d'un terrain se trouvant pour partie en zone UA et pour partie en zone UD. Dans le cas présent, la construction litigieuse devait être implantée uniquement sur la partie du terrain située en zone UA et aucune construction n'était prévue en zone UD. En se fondant sur cette circonstance, le Conseil d'État considère que seule la règle de distance relative à la zone UA est opposable au projet, excluant par conséquent l'application de celle relative à la zone UD[5].

231.1123 **Jurisprudence Sekler.** L'article UG 7 du règlement de l'ancien PLU de la ville de Paris (adopté en 2006) définissait les prescriptions applicables aux implantations de constructions par rapport aux limites séparatives de la manière suivante :

– lorsqu'une façade comporte des baies, « elle doit respecter, au droit de cette limite, un prospect minimal de 6 mètres » ;

– lorsqu'une façade ne comporte pas de baie constituant une vue, « elle peut être implantée en limite séparative » ;

– enfin, « Lorsqu'une construction existante n'est pas conforme aux dispositions applicables dans la zone où elle se situe, l'autorisation d'exécuter des travaux ne peut être accordée que pour des travaux qui n'aggravent pas la non-conformité de la construction avec ces dispositions ou sont sans effet à leur égard [...] »[6].

Le Conseil d'État a apporté deux précisions sur la portée de cet article[7] :

– d'une part, les règles de prospect prévues par l'article UG 7 sont seulement définies en fonction de la présence et de la nature des baies que comporte la façade ou partie de façade à édifier et sont indépendantes de la hauteur des constructions ;

– d'autre part, des travaux tendant à la surélévation au droit d'un bâtiment implanté en méconnaissance de ses dispositions doivent être regardés comme n'aggravant pas cette non-conformité si la façade des niveaux créés ne comporte pas de baie constituant une vue.

2°
Volumétrie des constructions (emprise au sol et hauteur)

a.
Règles maximales d'emprise au sol et de hauteur des constructions

231.1131 **Règles et finalités.** « Afin d'assurer l'intégration urbaine, paysagère et environnementale des constructions, déterminer la constructibilité des terrains, préserver ou faire évoluer la morphologie du tissu urbain et les continuités visuelles », « le règlement peut notamment prévoir des règles maximales d'emprise au sol et de hauteur des constructions »[8].

Les densités sont ainsi exprimées à partir d'une emprise au sol et d'une hauteur minimales, soit de façon quantitative ou qualitative, soit par rapport aux voies et aux emprises publiques, aux limites séparatives et aux autres constructions sur une même propriété, ainsi qu'en fonction des objectifs de continuité visuelle, urbaine et paysagère attendus. L'adverbe « notamment » signifie que d'autres règles permettant d'assurer les fins mentionnées à cet alinéa peuvent être adoptées sur le fondement de celui-ci.

1. Rép. min. n° 7714, *JOAN Q* 3 nov. 2003, p. 8451.
2. C. urb., art. L. 151-17.
3. V. p. ex. CE 20 oct. 2023, *C^ne de Varennes-Jarcy*, req. n° 463916, NP.
4. Rép. min. n° 8679, *JO Sénat Q* 6 nov. 2003, p. 3277.
5. CE 5 juill. 2023, *Mme Maréchal Boyer*, req. n° 463604, *Lebon T., Gaz. Pal.* 5 sept. 2023, n° 27, p. 22, note O. Le Bot.
6. Formule directement inspirée de la jurisprudence Sekler – V. s^s n°s 343.131 s.
7. CE 7 avr. 2021, *Uettwiller (Mme)*, req. n° 433609, *Lebon T. ; BJDU* 2021. 273, concl. M. Sirinelli ; *Constr.-Urb.* 2021, comm. 62, note. L. Santoni.
8. C. urb., art. R. 151-39, al. 1er.

b.
Règles minimales d'emprise au sol et de hauteur

231.1141 Démarche de densification. Le règlement peut « prévoir, pour traduire un objectif de densité minimale de construction qu'il justifie de façon circonstanciée »[1], des « règles minimales d'emprise au sol et de hauteur ». Il « délimite, dans le ou les documents graphiques, les secteurs dans lesquels il les impose »[2].

c.
Formulation des règles de volumétrie des constructions

231.1151 Plusieurs possibilités. Les règles peuvent être exprimées[3] :

- « par rapport aux voies et emprises publiques » ;
- par rapport « aux limites séparatives et aux autres constructions sur une même propriété » ;
- « ainsi qu'en fonction des objectifs de continuité visuelle, urbaine et paysagère attendus ».

d.
Plan masse côté à trois dimensions

231.1161 Technique. Le règlement peut définir des secteurs de plan masse côté en trois dimensions[4] :

- dans les zones U et AU ;
- dans les STECAL ;
- ainsi que dans les zones où un transfert des possibilités de construction a été décidé.

Cette technique rend possible une précision architecturale et urbaine en permettant notamment de repérer les différentes occupations du sol (dont les espaces publics/communs par exemple).

Le recours au plan-masse est particulièrement recommandé pour les opérations de projets urbains (zones U et AU) présentant des enjeux particuliers d'insertion et pour l'aménagement de STECAL[5]. Dans ce dernier cas, les études environnementales préalablement menées à la définition desdits secteurs permettront d'arrêter le projet considéré comme le plus adéquat en limitant les risques de dénaturation de l'esprit initial.

Un graphique n'est pas assimilable à un plan coté à trois dimensions lorsqu'il ne permet par lui-même de connaître ni la hauteur des constructions, ni leurs dimensions[6]. La jurisprudence a par ailleurs précisé « qu'eu égard à sa finalité, ce type de document, dès lors qu'une collectivité décide d'y avoir recours, doit faire apparaître avec suffisamment de précision les zones d'implantation des constructions projetées, notamment en vue d'apprécier les espaces auxquels ont vocation à s'appliquer les prescriptions architecturales et les règles de hauteur ainsi définies ; que, toutefois, les dispositions précitées du code de l'urbanisme n'impliquent pas que soit nécessairement indiquée sur ce document graphique la localisation exacte, sur le terrain, des futurs bâtiments »[7].

e.
Précisions sur la mise en œuvre des règles de volumétrie des constructions

231.1171 Hypothèse d'une incompatibilité entre des règles relatives à l'emprise et des règles relatives à l'extension. Lorsqu'une incompatibilité partielle se révèle entre des règles relatives à l'emprise et des règles relatives à l'extension des constructions fixées par le règlement d'un PLU, il convient d'interpréter les secondes comme dérogeant, en raison de leur spécialité, aux règles générales fixées par les premières[8].

231.1172 Unité de mesure de la hauteur. Les règles de hauteur peuvent être exprimées :

- soit en mètres[9] ;
- soit en nombre de niveaux au-dessus du sol[10] ;
- soit à la fois en mètres et en nombre de niveaux au-dessus du sol.

Lorsque la hauteur est exprimée en nombre de niveaux, une mezzanine dont le plancher ne couvre qu'une partie de la superficie du logement dont elle fait partie et n'ajoute ainsi pas un étage à l'immeuble est un aménagement intérieur qui ne constitue pas un niveau[11]. Pour être considéré comme tel, un niveau doit atteindre une hauteur d'au moins 1,80 mètre[12].

1. La justification exigée doit être exposée dans le rapport de présentation – V. s^s n° 231.61.
2. C. urb., art. R. 151-39, al. 2.
3. C. urb., art. R. 151-39, al. 3.
4. C. urb., art. R. 151-40.
5. POUR une présentation des potentialités offertes par cet instrument : Ministère de la cohésion des territoires, *Guide sur les dispositions opposables aux PLU*, mars 2020, p. 132-134.
6. CAA Bordeaux, 27 juin 2013, *Comité de quartier Croix de Pierre*, req. n° 11BX00899, NP.
7. CE 29 déc. 2004, *SCI Villa d'Auteuil et Paris (Ville)*, req. n° 249034, *Lebon T.*
8. CE 11 janv. 2006, *Roptin*, req. n° 271387, *Lebon.*
9. PAR EX. : CE 14 mars 2011, *Ajaccio (C^ne) et SCI Scudo Machja e Mare et Olivesi*, req. n° 309097, *Lebon T. ; BJDU* 2011. 292, concl. J. Boucher.
10. PAR EX. : CE 22 nov. 2002, *Urset*, req. n° 221350, *Lebon T.*
11. CE 22 nov. 2002, *Urset*, req. n° 221350, *Lebon T.* – Par suite, ne méconnaît pas la disposition du POS relative à la hauteur des constructions le permis de construire qui autorise deux niveaux droits, dont l'un avec mezzanine, plus un comble aménagé avec mezzanine, dans une zone où le plan de masse fixe le nombre maximum de niveaux à deux niveaux droits plus un comble, aménagé ou non.
12. CE 6 déc. 2017, *Sadoun*, req. n° 399524, *Lebon T. ; BJCL* 2018. 29, concl. R. Decout-Paolini : arrêt qui, en se basant sur les dispositions du CCH, pose que les parties de locaux d'une hauteur inférieure à 1,80 mètre ne constituent pas un niveau.

Lorsque la hauteur est exprimée en hauteur, le mode de calcul peut être indiqué par le PLU[1]. À défaut, il s'entend de la distance entre :

– le sol naturel (niveau du sol avant travaux, donc sans prise en compte des remblais)[2] sur lequel se trouve le bâtiment[3] ;

– et l'égout du toit[4] (et non le faîtage du toit[5]).

231.1173 PLU visant à faciliter l'implantation de CINASPIC. Lorsqu'un PLU a entendu promouvoir et faciliter l'implantation d'équipements d'intérêt collectif et de services publics dans un secteur donné, « doit être regardée comme une construction à destination d'équipement d'intérêt collectif et de service public [...] une construction qui comporte même pour partie des éléments destinés à un tel usage »[6].

1. PAR EX. : CE 29 oct. 2012, *Assoc. Cultures et citoyenneté de Marne-la-Vallée*, req. n° 332257, *Lebon T. ; BJDU* 2013. 185, concl. C. Legras.
2. VOIR, concernant les dispositions du code de l'urbanisme relatives au dossier de permis de construire : CE 9 juin 2004, *De Ribas*, req. n° 248042, NP : le Conseil d'État affirme « que, pour l'application de ces dispositions, il convient de mesurer la hauteur des constructions projetées à partir du niveau du sol existant avant tous travaux d'exhaussement ou d'excavation exécutés en vue de la réalisation du projet faisant l'objet d'une demande de permis de construire et que le dossier de la demande doit contenir les éléments utiles à cette exacte mesure » – ÉGALEMENT, à propos d'une règle de hauteur fixée par un règlement de lotissement : CE 14 mars 2011, *Ajaccio (Cne) et SCI Scudo Machja e Mare et Olivesi*, req. n° 309097, *Lebon T. ; BJDU* 2011. 292, concl. J. Boucher : la CAA a commis une erreur de droit en tenant compte de l'épaisseur de la dalle sur hérisson sur laquelle a été élevée la construction litigieuse pour apprécier la hauteur maximale prévue le règlement du lotissement, au lieu de rechercher à quel niveau se situe le sol.
3. À PROPOS d'un règlement de ZAC : CE 14 juin 2004, *Mariotte (Épx)*, req. n° 243811, *Lebon T.* : en l'espèce, le règlement de ZAC prévoit que « la hauteur des constructions ne doit pas dépasser 12 mètres mesurés au point le plus haut du bâtiment jusqu'au point le plus bas du terrain naturel (ouvrages techniques, cheminées et autres super-structures exclus) ». Le Conseil d'État estime que pour l'application de ces dispositions, la hauteur maximale des bâtiments édifiés dans cette zone doit être calculée depuis leur faîte jusqu'au point le plus bas de leur emprise au sol, et non jusqu'au point le plus bas de l'ensemble de la parcelle sur laquelle ils sont situés.
4. CE 22 janv. 2007, *Ducommun*, req. n° 279284, *Lebon T. ; BJDU* 2007. 122, concl. R. Keller : arrêt posant que pour l'application d'une règle de proportion, qui vise à limiter la hauteur des façades en proportion de leur longueur, la hauteur s'apprécie, sauf dispositions contraires du document d'urbanisme, à l'égout du toit pour l'ensemble des façades, y compris pour les murs pignon qui ne comportent pas de rabat du toit – ÉGALEMENT : CE 4 févr. 2004, *Beule*, req. n° 253855, NP.
5. NÉANMOINS, dans le cas de l'implantation des bâtiments en limite séparative : CE 19 juill. 2011, *SCI Cedric*, req. n° 331347, NP. Le POS prévoit qu'au-delà de la bande d'une profondeur de 12 mètres ou de 15 mètres, l'implantation des bâtiments en limite séparative est autorisée si leur hauteur en limite n'excède pas 3,50 mètres. Le Conseil d'État affirme « qu'eu égard à la finalité de cette disposition, qui vise à limiter la hauteur des bâtiments en limite séparative, il y a lieu de mesurer cette hauteur au faîtage et non à l'égout du toit, lorsque la façade, correspondant à un mur pignon, ne comporte pas d'égout du toit face au point le plus rapproché de la limite parcellaire ».

3°
Densité des constructions

231.1181 Possibilité pour le PLU d'imposer une densité minimale des constructions. Le règlement peut imposer « une densité minimale de constructions »[7]. Une telle densité peut être imposée par le règlement dans des secteurs qu'il délimite « au sein des secteurs situés à proximité des transports collectifs », existants ou programmés[8]. L'objectif est de valoriser la densification à proximité des stations de transport public.

231.1182 Exigence de compatibilité avec les règles de densité imposées par le SCOT. Le SCOT peut fixer des objectifs chiffrés de densification qui s'imposent aux PLU[9].

4°
Possibilité d'autoriser, dans certains secteurs, un dépassement des règles relatives au gabarit, à la hauteur et à l'emprise au sol, et une majoration du volume constructible

231.1191 Règles concernées. Dans les cas et aux conditions prévus par le code de l'urbanisme, le règlement du PLU peut autoriser :

– le dépassement des règles relatives au gabarit, à la hauteur et à l'emprise au sol ;

– et une majoration du volume constructible.

a.
Dépassement des règles relatives au gabarit, à la hauteur et à l'emprise au sol (bonus de constructibilité)

231.1201 Dépassement des règles relatives au gabarit, à la hauteur et à l'emprise au sol (bâtiments à usage d'habitation). Dans les zones U, le règlement du PLU peut prévoir des secteurs à l'intérieur desquels un dépassement des règles relatives au gabarit, à la hauteur et à l'emprise au sol est autorisé pour permettre l'agrandissement ou la construction de bâtiments à usage d'habitation[10].

6. CE 11 juin 2021, *Neuilly-Plaisance (Cne)*, req. n° 432457, NP ; *Constr.-urb.* 2021, comm. 103, note X. Couton.
7. C. urb., art. L. 151-26.
8. C. urb., art. L. 151-26.
9. V. s[s] n° 221.152.
10. C. urb., art. L. 151-28, 1°.

Cette mesure favorise l'optimisation du foncier déjà bâti, en permettant par exemple d'ajouter une pièce aux maisons individuelles, un étage aux immeubles collectifs ou de construire un bâtiment avec une surface supérieure à ce qui a été prévu par ailleurs par le PLU.

Le dépassement, fixé pour chaque secteur, ne peut excéder 20 % pour chacune des règles concernées[1].

L'application du dépassement ainsi autorisé ne peut conduire à la création d'une surface de plancher supérieure de plus de 20 % à la surface de plancher existante[2].

Le dépassement doit être édicté dans le respect des autres règles établies par le document et notamment les servitudes d'utilité publique visées à l'article L. 151-43[3].

Les dispositions du 1° de l'article L. 151-28 ne sont pas applicables dans les zones A, B et C des plans d'exposition au bruit mentionnées à l'article L. 112-7[4].

L'application du 1° de l'article L. 151-28 est exclusive de celle des 2° à 4° du même article[5].

231.1202 Dépassement des règles relatives au gabarit (constructions vertes). Dans les zones U et AU, le règlement du PLU peut prévoir un dépassement des règles relatives au gabarit qui peut être modulé mais ne peut excéder 30 %, pour les constructions faisant preuve d'exemplarité énergétique ou environnementale ou qui intègrent des procédés de production d'énergies renouvelables[6].

Le dépassement doit être édicté dans le respect des autres règles établies par le document et notamment les servitudes d'utilité publique visées à l'article L. 151-43[7]. Un arrêté ministériel précise les conditions à satisfaire pour en bénéficier[8].

L'application du 3° de l'article L. 151-28 est exclusive de celle du 1° du même article[9].

À titre d'exemple, l'éventuel emploi de matériaux spécifiques pour mieux isoler une construction peut induire une surépaisseur des dalles entre les différents niveaux. Or cette mise en œuvre technique peut *in fine* induire une hauteur totale de l'immeuble supérieure aux standards (4 niveaux de 3,25 mètres au lieu de 3 mètres, soit une hauteur totale de 13 mètres dépassant les 12 mètres fixés au PLU). Dans ce cadre, le PLU admet un dépassement de la hauteur totale et il n'est donc pas besoin de supprimer un niveau du bâtiment pour respecter le gabarit initial.

b.
Majoration du volume constructible

231.1211 Programmes comportant des logements locatifs sociaux. Le règlement du PLU peut prévoir des secteurs à l'intérieur desquels la réalisation de programmes de logements comportant des logements locatifs sociaux (au sens de l'article L. 302-5 du CCH) bénéficie d'une majoration du volume constructible tel qu'il résulte des règles relatives au gabarit, à la hauteur et à l'emprise au sol[10]. Le PLU peut ainsi délimiter des secteurs visant à intensifier de façon ponctuelle le tissu urbain en faveur du logement social, participant ainsi à l'objectif global de densification et de lutte contre l'étalement urbain. Ces secteurs peuvent aussi contribuer à l'amélioration de l'équilibre financier des opérations envisagées.

Cette majoration, fixée pour chaque secteur, ne peut excéder un certain seuil :

– ce seuil est de 50 % en principe[11] ;

– il est de 20 % sur un immeuble protégé[12].

Pour chaque opération, elle ne peut être supérieure au rapport entre le nombre de logements locatifs sociaux et le nombre total des logements de l'opération[13].

La majoration doit être édictée dans le respect des autres règles établies par le document et notamment les servitudes d'utilité publique visées à l'article L. 151-43[14].

L'application du 2° de l'article L. 151-28 est exclusive de celle du 1° du même article[15].

La jurisprudence a précisé la portée d'une disposition d'un PLU autorisant une telle majoration. En l'espèce, le règlement prévoit que la majoration du

1. C. urb., art. L. 151-28, 1°.
2. C. urb., art. L. 151-28, 1°.
3. C. urb., art. L. 151-28, al. 1er.
4. C. urb., art. L. 151-29, al. 1er.
5. V. ss no 231.1221.
6. C. urb., art. L. 151-28, 3° ; mod par L. no 2023-175, 10 mars 2023.
7. C. urb., art. L. 151-28, al. 1er.
8. Arr. 12 oct. 2016 (NOR : LHAL1623033A), mod. par arr. 8 mars 2023 (NOR : TREL2228687A).
9. V. ss no 231.1221.
10. C. urb., art. L. 151-28, 2°.
11. C. urb., art. L. 151-28, 3°.
12. Le dépassement prévu au 3° de l'article L. 151-28 ne peut excéder 20 % sur un immeuble (C. urb., art. L. 151-29, al. 2) :
– classé ou inscrit au titre des monuments historiques ou protégé au titre des abords définis au titre II du livre VI du code du patrimoine ;
– dans le périmètre d'un site patrimonial remarquable classé en application du titre III du même livre VI ;
– dans un site inscrit ou classé en application des articles L. 341-1 et L. 341-2 du code de l'environnement ;
– à l'intérieur du cœur d'un parc national délimité en application de l'article L. 331-2 du code de l'environnement ;
– ou sur un immeuble protégé en application de l'article L. 151-19 du code de l'urbanisme.
13. C. urb., art. L. 151-28, 2°.
14. C. urb., art. L. 151-28, al. 1er – De façon redondante, l'article L. 151-29, al. 1er, prévoit, dans sa dernière phrase, que le dépassement prévu « ne peut permettre de déroger aux servitudes d'utilité publique mentionnées à l'article L. 151-43 ».
15. V. ss no 231.1221.

volume constructible, qui est autorisée pour la construction de logements sociaux dans certains secteurs dans une limite de 30 %, est applicable à chacune des règles concernées de hauteur, d'emprise et de gabarit. Le Conseil d'État affirme que lorsqu'est en cause la règle de gabarit, définie par le règlement du PLU comme la règle de distance des constructions par rapport, notamment, aux limites séparatives, « cette majoration permet notamment, pour une distance à la limite séparative donnée, d'augmenter d'un coefficient de 1,3 la hauteur du bâtiment autorisée par la règle de distance aux limites séparatives ou, pour une hauteur donnée, de réduire la distance aux limites séparatives (...) d'un coefficient de 1,3 ». Il ajoute que cette hauteur ou cette distance ainsi calculée « ne saurait, toutefois, être augmentée ou réduite au-delà ou en-deçà de la limite fixée en valeur absolue par le règlement du plan local d'urbanisme »[1].

231.1212 Programmes comportant des logements intermédiaires. Le règlement du PLU peut prévoir des secteurs à l'intérieur desquels la réalisation de programmes de logements comportant des logements intermédiaires[2], bénéficie d'une majoration du volume constructible qui résulte des règles relatives au gabarit, à la hauteur et à l'emprise au sol[3].

Cette majoration, fixée pour chaque secteur, ne peut excéder 30 %[4].

Pour chaque opération, elle ne peut être supérieure au rapport entre le nombre de logements intermédiaires et le nombre total de logements de l'opération[5].

La majoration doit être édictée dans le respect des autres règles établies par le document et notamment les servitudes d'utilité publique visées à l'article L. 151-43[6].

Cette majoration ne s'applique pas aux logements mentionnés à l'article 199 novovicies du CGI[7].

L'application du 4° de l'article L. 151-28 est exclusive de celle du 1° du même article[8].

c.
Applications exclusives ou combinées des dépassements et majorations

231.1221 Applications exclusives. L'application du 1° de l'article L. 151-28 est exclusive de celle des 2° à 4° du même article[9].

231.1222 Applications combinées. L'application combinée des 2° à 4° de l'article L. 151-28 ne peut conduire à autoriser un dépassement de plus de 50 % du volume autorisé par le gabarit de la construction[10].

d.
Possibilité de dérogation supplémentaire pour les projets présentant un intérêt public d'un point de vue architectural

231.1231 Mécanisme de sur-majoration. L'autorité compétente pour délivrer une autorisation d'urbanisme peut accorder une majoration dans la limite de 5 %, pour les projets présentant un intérêt architectural.

Cette dérogation est directement prise sur le fondement du code de l'urbanisme. Il en résulte que la possibilité de l'accorder n'a pas à être prévue dans le règlement du PLU.

231.1232 Sur-majoration pour les constructions vertes et les logements sociaux. Les projets soumis à autorisation de construire bénéficiant d'une dérogation accordée en application des 2° et 3° de l'article L. 151-28 et dont la réalisation présente un intérêt public du point de vue de la qualité ainsi que de l'innovation ou de la création architecturales peuvent obtenir une dérogation supplémentaire, selon le cas, soit du volume constructible, soit des règles relatives au gabarit[11], dans la limite de 5 %[12].

La majoration peut ainsi atteindre 35 % pour les constructions vertes (30 % + 5 %) et 55 % pour les logements sociaux (50 % + 5 %).

231.1233 Sur-majoration pour les logements intermédiaires. Les projets soumis à autorisation de construire bénéficiant d'une dérogation accordée en application du 4° de l'article L. 151-28 et dont la réalisation présente un intérêt public du point de vue de la qualité ainsi que de l'innovation ou de la création architecturales peuvent obtenir une dérogation supplémentaire, selon le cas, soit de l'emprise au sol, soit de la hauteur[13], dans la limite de 5 %[14].

La majoration peut ainsi atteindre 35 % (30 % + 5 %).

231.1234 Conditions de forme. L'autorité compétente pour délivrer l'autorisation de construire peut accorder les dérogations[15] :

– par décision motivée ;

1. CE 23 nov. 2022, *Vernes*, req. n° 441184, *Lebon T.* ; *BJDU* 2023. 87, concl. E. de Moustier ; *RDI* 2023. 121, obs. P. Soler-Couteaux.
2. Définis à l'article L. 302-16 du CCH.
3. C. urb., art. L. 151-28, 4°.
4. C. urb., art. L. 151-28, 4°.
5. C. urb., art. L. 151-28, 4°.
6. C. urb., art. L. 151-28, al. 1er.
7. C. urb., art. L. 151-29, al. 3.
8. V. ss n° 231.1221.
9. C. urb., art. L. 151-29, al. 4.
10. C. urb., art. L. 151-29, al. 5.
11. C. urb., art. L. 151-29-1, al. 1er.
12. C. urb., art. L. 151-29-1, al. 3.
13. C. urb., art. L. 151-29-1, al. 2.
14. C. urb., art. L. 151-29-1, al. 3.
15. C. urb., art. L. 151-29-1, al. 3.

– et après avis de la commission régionale du patrimoine et de l'architecture mentionnée à l'article L. 611-2 du code du patrimoine.

5°
Surface de plancher et densité dans les ZAC

231.1241 Surface de plancher par îlot en fonction de la nature et de la destination des bâtiments. Dans les ZAC, « le règlement peut déterminer la surface de plancher dont la construction est autorisée dans chaque îlot, en fonction, le cas échéant, de la nature et de la destination des bâtiments »[1].

Cette mesure permet d'imposer une programmation fine des opérations conduites à l'échelle d'un périmètre de ZAC. Il appartient aux auteurs de PLU de faire le lien entre, d'une part, le contenu des actes de création et de réalisation d'une ZAC et, d'autre part, le cahier des charges de cession des terrains. Cette disposition permet de répartir les fonctions à l'intérieur de l'opération d'ensemble sans rendre systématique la multifonctionnalité au sein de chaque construction. Elle laisse aux aménageurs et aux concepteurs de projet le soin de la mettre en œuvre dans le cadre du projet en lui donnant la forme qu'ils souhaitent.

231.1242 Densité minimale de constructions. Dans les ZAC, le règlement peut « déterminer une densité minimale de constructions, le cas échéant déclinée par secteur »[2].

6°
Surface de plancher des constructions dans les lotissements du XIXe siècle

231.1250 Renvoi. Dans les secteurs bâtis des zones urbaines issus d'une opération d'aménagement d'ensemble d'un domaine boisé, réalisée au XIXe siècle, le règlement peut comporter des dispositions réglementant la surface de plancher des constructions[3].

C.
Aires de stationnement

1°
Philosophie, objet et finalité des règles relatives aux aires de stationnement

231.1261 Philosophie des règles relatives aux aires stationnement. L'article R. 151-44 du code de l'urbanisme expose la philosophie devant présider à la détermination des règles en matière de stationnement dans le règlement du PLU.

231.1262 Objet. S'agissant de leur objet, les règles de stationnement, édictées dans les conditions fixées par le code de l'urbanisme[4], visent à assurer le stationnement des véhicules motorisés ou des vélos hors des voies publiques[5].

231.1263 Finalités. S'agissant de leurs finalités, les règles de stationnement sont édictées dans le respect des objectifs suivants[6] :

– diminution des déplacements motorisés ;
– développement des transports alternatifs à l'usage individuel de l'automobile ;
– réduction de la consommation d'espace ;
– réduction de l'imperméabilisation des sols.

2°
Définition des règles en matière de stationnement

231.1271 Critères. Les obligations définies en matière de stationnement tiennent compte[7] :

– de la qualité de la desserte en transport collectif ;
– de la densité urbaine ;
– et des besoins propres au projet au regard des capacités de stationnement ouvertes au public à proximité.

231.1272 Type de règles. Lorsque le règlement comporte des obligations de réalisation d'aires de stationnement, il peut[8] :

– « en préciser le type ainsi que les principales caractéristiques » (1°) ;

– « minorer ces obligations pour les véhicules motorisés quand les projets comportent plusieurs destinations ou sous-destinations permettant la mutualisation de tout ou partie des aires de stationnement » (2°), ce qui permet de diminuer la consommation d'espace en optimisant l'utilisation des places créées ;

– « dans les conditions définies par la loi, fixer un nombre maximal d'aires de stationnement pour les véhicules motorisés dans des secteurs qu'il délimite » (3°).

231.1273 Prise en compte du stationnement vélos (immeubles d'habitation et de bureaux). Lorsque le règlement prévoit des obligations en matière de stationnement des véhicules motorisés, il fixe des obligations suffisantes pour les vélos pour les immeubles d'habitation et de bureaux, dans le respect des conditions prévues à l'article L. 113-18 du CCH[9].

Il résulte de cette rédaction que le PLU n'a l'obligation de comporter des dispositions en matière de

1. C. urb., art. L. 151-27, al. 1er.
2. C. urb., art. L. 151-27, al. 2.
3. V. ss no 231.1111.
4. Plus exactement les articles L. 151-30 s., et les articles R. 151-45 s.
5. C. urb., art. R. 151-44, al. 1er.
6. C. urb., art. R. 151-44, al. 1er.
7. C. urb., art. R. 151-44, al. 2.
8. C. urb., art. R. 151-45.
9. C. urb., art. L. 151-30.

stationnement de vélos que s'il comporte des dispositions en matière de stationnement des véhicules motorisés.

Ces dispositions doivent alors respecter à l'article L. 113-18 du CCH et les mesures réglementaires d'application figurant dans le même code.

231.1274 Minoration des contraintes (véhicules électriques ou en auto-partage) : réalisation d'aires de stationnement réduite de 15 %. Lorsque le règlement impose la réalisation d'aires de stationnement pour les véhicules motorisés, cette obligation est réduite de 15 % au minimum en contrepartie de la mise à disposition de véhicules électriques munis d'un dispositif de recharge adapté ou de véhicules propres en auto-partage[1].

231.1275 Limitation du nombre d'aires de stationnement en cas de proximité avec une station de transport public. Lorsque les conditions de desserte par les transports publics réguliers le permettent, le règlement peut fixer un nombre maximal d'aires de stationnement pour les véhicules motorisés à réaliser lors de la construction de bâtiments destinés à un usage autre que d'habitation[2].

231.1276 Aires de livraisons imposées à des fins logistiques. Le règlement peut imposer la réalisation d'aires de livraisons permettant de tenir compte des besoins logistiques liés à l'utilisation de la construction[3].

3°
Où peuvent être réalisées les aires de stationnement ?

231.1281 Principe : sur le terrain ou dans son environnement immédiat. Lorsque le règlement impose la réalisation d'aires de stationnement pour les véhicules motorisés, celles-ci peuvent être réalisées sur le terrain d'assiette ou dans son environnement immédiat[4]. Des places de stationnement situées à 200 mètres du terrain d'assiette du projet ne sont pas regardées comme se trouvant dans l'« environnement immédiat » de celui-ci[5].

231.1282 Exception : concession à long terme ou parc privé de stationnement. Lorsque le bénéficiaire du permis ou de la décision de non-opposition à une déclaration préalable ne peut pas satisfaire à ces obligations, il peut être tenu quitte de ces obligations en justifiant, pour les places qu'il ne peut réaliser lui-même[6] :

– soit de l'obtention d'une « concession à long terme » dans un parc public de stationnement existant ou en cours de réalisation et situé à proximité de l'opération ;

– soit de l'acquisition ou de la concession de places dans un parc privé de stationnement « répondant aux mêmes conditions ».

Des concessions de 10 ans ne sont pas considérées comme des concessions à long terme[7]. Des concessions de plus de 15 ans sont en revanche considérées comme des concessions à long terme[8].

Le code de l'urbanisme ne définit pas la notion de « parc de stationnement ». Cette qualification est par exemple refusée à une parcelle qui se trouve en état de terrain vague enherbé et ne comporte aucun aménagement permettant le stationnement de véhicules ou même leur accès[9].

Lorsqu'une aire de stationnement a été prise en compte dans le cadre d'une concession à long terme ou d'un parc privé de stationnement, au titre des obligations prévues aux articles L. 151-30 et L. 151-32, elle ne peut plus être prise en compte, en tout ou en partie, à l'occasion d'une nouvelle autorisation[10].

4°
Règles spécifiques pour les logements

a.
Cas des logements nécessitant peu ou pas d'aires de stationnement (résidences universitaires, EHPAD, etc.)

231.1291 Constructions pouvant ne pas être soumises à la réalisation d'aires de stationnement. Le règlement peut ne pas imposer la réalisation d'aires de stationnement lors de la construction[11] :

– de logements locatifs financés avec un prêt aidé par l'État (1°) ;

– de logements locatifs intermédiaires mentionnés à l'article L. 302-16 du CCH (1° *bis*) ;

– des établissements assurant l'hébergement des personnes âgées mentionnés au 6° du I de l'article L. 312-1 du CASF (2°) ;

– des résidences universitaires mentionnées à l'article L. 631-12 du CCH (3°).

1. C. urb., art. L. 151-31 – La loi n° 2019-1428, 24 déc. 2019 (art. 72) a supprimé la référence à un décret d'application qui figurait auparavant dans le texte de l'article L. 151-31, conférant ainsi un caractère directement opposable à ses dispositions.
2. C. urb., art. L. 151-32.
3. C. urb., art. L. 151-33-1.
4. C. urb., art. L. 151-33, al. 1er.
5. CAA Douai, 26 oct. 2021, Schlachter, req. n° 20DA01966, NP.
6. C. urb., art. L. 151-33, al. 2.
7. CE 30 juin 1993, *SCI du 21-23 rue du Bouquet de Longchamp*, req. n° 130372, *Lebon T.*
8. CE 8 déc. 2000, *Paris (Ville) c/Malfato (Mme) et a.*, req. n° 202766, *Lebon T.*
9. CAA Bordeaux, 14 mai 2020, *Sté Investgironde*, req. n° 18BX04108, NP ; – DANS LE MÊME SENS : CAA Nantes, 14 déc. 2021, Baquiast, req. n° 20NT03274, NP.
10. C. urb., art. L. 151-33, al. 3.
11. C. urb., art. L. 151-34.

231.1292 Si des aires de stationnement sont imposées, leur nombre est plafonné. Il ne peut, nonobstant toute disposition du PLU, être exigé pour les constructions destinées à l'habitation mentionnées aux 1° à 3° de l'article L. 151-34[1], la réalisation de plus d'une aire de stationnement par logement[2].

Toutefois, lorsque les logements mentionnés aux 1° à 3° de l'article L. 151-34 sont situés à moins de 500 mètres[3] d'une gare ou d'une station de transport public guidé ou de transport collectif en site propre et que la qualité de la desserte le permet, il ne peut, nonobstant toute disposition du PLU, être exigé la réalisation de plus de 0,5 aire de stationnement par logement[4], c'est-à-dire une place de parking pour deux logements.

Pour l'application de cet article, trois places d'hébergement d'un EHPAD ou d'une résidence universitaire équivalent à un logement[5].

L'obligation de réaliser des aires de stationnement n'est pas applicable aux travaux de transformation ou d'amélioration de bâtiments affectés à des logements locatifs financés avec un prêt aidé par l'État, y compris dans le cas où ces travaux s'accompagnent de la création de surface de plancher, dans la limite d'un plafond fixé par décret en Conseil d'État[6].

231.1293 Calcul de la distance de 500 mètres. Doivent être regardés comme situés à moins de cinq cents mètres d'une gare ou d'une station de transport, au sens des articles L. 151-35 et L. 151-36 du code de l'urbanisme, les projets se trouvant à l'intérieur d'un « rayon » de cinq cents mètres calculé à partir de cette gare ou de cette station[7].

b.
Cas des autres logements

231.1301 Pas plus d'une place par logement en cas de desserte par les transports publics. Pour les constructions destinées à l'habitation, autres que celles mentionnées aux 1° à 3° de l'article L. 151-34[8], situées à moins de 500 mètres d'une gare ou d'une station de transport public guidé ou de transport collectif en site propre[9] et dès lors que la qualité de la desserte le permet, il ne peut, nonobstant toute disposition du PLU, être exigé la réalisation de plus d'une aire de stationnement par logement[10].

Une réponse ministérielle précise que cette mesure « a été prise pour faciliter la construction de logements et contribuer à une meilleure adéquation entre la demande et l'offre de logement. En effet, dans le tissu urbain constitué, certains projets de construction peuvent être bloqués car la réalisation de places de stationnement est impossible sur la parcelle ou trop coûteuse pour que le projet reste économiquement viable. À proximité des transports en commun, ce plafonnement est renforcé car la demande de logement y est plus forte et les ménages moins motorisés qu'ailleurs. Dès lors, il semble nécessaire de maximiser la surface constructible affectée au logement plutôt qu'au stationnement. C'est le sens de cette disposition qui vise à lever les freins qui peuvent ralentir ou empêcher la réalisation de logements »[11].

Cependant, cette mesure de plafonnement « n'établit que les normes minimales » de stationnement fixées par les PLU, qui sont opposables au porteur de projet lors du dépôt de permis de construire. Elle n'interdit pas au porteur d'un projet de proposer un nombre supérieur de places par logement si cela lui semble nécessaire et faisable. Elle peut également avoir un effet levier pour faciliter la mise en œuvre d'une meilleure gestion du stationnement dans le cadre d'une opération d'ensemble telle qu'un écoquartier, en organisant la mutualisation des parkings et donc en renforçant l'efficacité des places créées. Enfin, les collectivités compétentes ont la possibilité d'adapter dans leur plan local d'urbanisme (PLU), via les orientations d'aménagement et de programmation, et en fonction de la qualité de la desserte, la délimitation des périmètres où s'applique cette disposition. Cette faculté peut permettre d'ajuster au contexte local une norme de 500 mètres qui dans certains cas peut s'avérer inadaptée[12].

231.1302 Commune ne pouvant exiger que l'aire de stationnement soit vendue en même temps que le logement. Un parlementaire a demandé, dans le cas d'un PLU qui prévoit deux places de parking par appartement construit, si la commune peut s'opposer à ce que le promoteur commercialise séparément les appartements et les places de parking qui, selon lui, devraient normalement leur être liées.

La réponse ministérielle indique qu'au regard du droit civil qui régit les ventes immobilières (et plus particulièrement de l'article 544 du code civil qui dispose : « La propriété est le droit de jouir et disposer des choses de la manière la plus absolue, pourvu qu'on n'en fasse pas un usage prohibé par les lois ou

1. V. s[s] n° 231.1291.
2. C. urb., art. L. 151-35, al. 1er.
3. Sur le calcul de cette distance, v. s[s] n° 231.1293.
4. C. urb., art. L. 151-35, al. 2.
5. C. urb., art. R. 151-46, al. 1er – Lorsque le quotient résultant de l'application de cet alinéa donne un reste, celui-ci n'est pas pris en compte (C. urb., art. R. 151-46, al. 2).
6. C. urb., art. L. 151-35, al. 3.
7. CE 10 oct. 2022, *Guedel*, req. n° 452955, *Lebon T.* ; *JCP Adm.* 2022, n° 2312, obs. F. Polizzi ; *Dr. adm.* 2023, comm. 7, note J. Martin ; *BJDU* 2023. 264, concl. M. Sirinelli.
8. V. s[s] n° 231.1292.
9. Sur le calcul de cette distance, v. s[s] n° 231.1293.
10. C. urb., art. L. 151-36.
11. Rép. min. n° 16989, *JO Sénat Q* 10 sept. 2015, p. 2143.
12. Rép. min. n° 16989, *JO Sénat Q* 10 sept. 2015, p. 2143.

par les règlements »), « le promoteur en sa qualité de propriétaire a toute liberté de procéder à la vente séparée de lots d'habitation et de lots de stationnement. Il en résulte que l'obligation faite au promoteur de réaliser deux places de stationnement par appartement n'emporte pas obligation pour ledit promoteur de vendre à un seul et même acquéreur, et un appartement, et une aire de stationnement ; si l'on inverse la proposition, cela reviendrait à contraindre l'acquéreur d'acheter, en plus de l'appartement, une place de stationnement, ce qui renchérirait le prix, alors même que l'acquéreur n'en aurait pas nécessairement l'usage. Il n'existe donc aucun fondement juridique permettant à la commune de s'opposer à une vente séparée des appartements et des aires de stationnement »[1].

c.
Cas des transformations et amélioration de logement existants

231.1311 Zone tendue. Nonobstant toute disposition du PLU, l'obligation de réaliser des aires de stationnement n'est pas applicable aux travaux de transformation ou d'amélioration effectués sur des logements existants qui n'entraînent pas de création de surface de plancher supplémentaire, lorsque ces logements sont situés[2] :

– dans une commune appartenant à une zone d'urbanisation continue de plus de 50 000 habitants figurant sur la liste prévue à l'article 232 du CGI ;

– ou dans une commune de plus de 15 000 habitants en forte croissance démographique figurant sur la liste prévue au dernier alinéa du II de l'article L. 302-5 du CCH.

Il en résulte qu'en zones tendues, les obligations du PLU relatives aux aires de stationnement sont inopposables à ces travaux.

231.1312 Immeuble insécure ou insalubre. Nonobstant toute disposition du PLU, il ne peut être exigé la réalisation de plus d'une aire de stationnement par logement pour une opération de transformation ou d'amélioration d'immeubles faisant l'objet d'un arrêté de mise en sécurité ou de traitement de l'insalubrité ou inclus dans un îlot ou dans un ensemble cohérent d'îlots comprenant un tel immeuble, lorsque ladite opération a pour objet de faire cesser la situation ayant motivé la prise de l'arrêté[3].

d.
Interprétation des dispositions du PLU

231.1321 PLU imposant un nombre de places de stationnement par surface et par logement (possibilité de prévoir des places en enfilade). Interprétant le règlement du PLU d'une commune fixant le nombre de places de stationnement devant être aménagées en fonction de la surface de plancher et du nombre de logements créés, le Conseil d'État affirme que ses dispositions n'interdisent pas « que certaines places de stationnement soient en enfilade de places directement accessibles, dès lors que chacune d'elles, affectée au même logement que celle qui en commande l'accès, est effectivement utilisable »[4].

5°
Aires de stationnement des centres commerciaux et cinémas

231.1331 Possibilité d'augmenter le plafond fixé par le code. L'article L. 111-9 du code de l'urbanisme prévoit que l'emprise au sol des surfaces affectées aux aires de stationnement annexes d'un centre commercial ou cinéma ne peut excéder un plafond correspondant aux trois quarts de la surface de plancher des bâtiments affectés au commerce[5].

Le PLU peut augmenter ce plafond pour le fixer à un niveau compris entre les trois quarts et la totalité de la surface de plancher affectée au commerce[6], c'est-à-dire entre 75 % et 100 % de celle-ci.

231.1332 Parking classique ou parking silo. Un parlementaire a souligné que la construction de parkings, autour des grandes surfaces ou dans les zones commerciales représente des milliers de mètres carrés utilisés à cet effet et perdus pour l'agriculture. Il a adressé une question au gouvernement afin de savoir s'il ne serait pas possible de privilégier la construction de parkings en silo, ce qui permettrait de préserver des parcelles agricoles.

Le ministre lui a répondu que la question du choix entre un parking classique et un parking en silo peut être appréciée « au cas par cas par la collectivité locale concernée, et traduit dans son document d'urbanisme, en fonction de ses choix urbanistiques et des contraintes techniques, architecturales et paysagères applicables »[7].

6°
Champ d'application et portée de l'obligation de places de stationnement

231.1341 Non-application à un centre de traitement des déchets. Une règle d'un plan prévoyant que « pour les établissements industriels », il doit être aménagé une aire de stationnement par 80 m²

1. Rép. min. n° 17134, *JO Sénat Q* 18 févr. 2016, p. 707.
2. C. urb., art. L. 151-36-1.
3. C. urb., art. L. 151-35-1 ; créé par L. n° 2024-322, 9 avr. 2024.
4. CE 22 juill. 2020, *Conchon (M.) et a.*, req. n° 427398, *Lebon T.*
5. V. ss nos 115.161 s.
6. C. urb., art. L. 151-37.
7. Rép. min. n° 82925, *JOAN Q* 22 févr. 2011, p. 1780.

de surface de plancher du bâtiment ne peut, eu égard à son objet, regardée comme s'appliquant à un centre de traitement et de valorisation des déchets[1].

§ 5
Troisième catégorie de règles pouvant être définies dans le règlement de PLU : équipements, réseaux et emplacements réservés

A.
Équipements et réseaux

1°
Voies de circulations

231.1351 Voies de circulation. Le règlement peut préciser le tracé et les caractéristiques des voies de circulation à conserver, à modifier ou à créer, y compris les rues ou sentiers piétonniers et les itinéraires cyclables, les voies et espaces réservés au transport public[2].

Les documents graphiques font alors apparaître le tracé et les dimensions des voies de circulation à modifier ou à créer, y compris les rues ou sentiers piétonniers, les itinéraires cyclables ainsi que les voies et espaces réservés au transport public, et, le cas échéant, de celles à conserver[3].

231.1352 Pistes de ski et remontées mécaniques. Dans les territoires de montagne, le règlement peut délimiter les zones qui sont ou peuvent être aménagées en vue de la pratique du ski et les secteurs réservés aux remontées mécaniques en indiquant, le cas échéant, les équipements et aménagements susceptibles d'y être prévus[4].

Les documents graphiques font alors apparaître les zones qui sont ou peuvent être aménagées en vue de la pratique du ski et les secteurs réservés aux remontées mécaniques en indiquant, le cas échéant, les équipements et aménagements susceptibles d'y être prévus[5].

2°
Desserte des terrains

231.1361 Détermination des conditions de desserte des terrains constructibles. Le règlement peut fixer les conditions de desserte par les voies et réseaux des terrains susceptibles de recevoir des constructions ou de faire l'objet d'aménagements[6].

a.
Desserte par les voies

231.1371 Dispositions du règlement relatives à la desserte par les voies. Afin de répondre aux besoins en matière de mobilité, de sécurité et de salubrité, le règlement peut fixer[7] :

– les conditions de desserte des terrains mentionnés à l'article L. 151-39[8] par les voies publiques ou privées et d'accès aux voies ouvertes au public (1°) ;

– les conditions permettant une bonne desserte des terrains par les services publics de collecte des déchets (2°).

231.1372 Desserte et accès. Une réponse ministérielle rappelle que « La desserte renvoie à l'existence d'une voie de circulation dont les caractéristiques permettent de supporter le trafic induit par la construction. L'accès renvoie aux conditions matérielles de jonction entre le terrain et la voie, qui peut poser problème dans certaines configurations parcellaires comme, par exemple, pour des terrains enclavés. Ainsi, le règlement du plan local d'urbanisme peut préciser les conditions de desserte des terrains susceptibles de recevoir des constructions ou de faire l'objet d'aménagements par les voies publiques ou privées et d'accès aux voies ouvertes au public. Ces dispositions ont pour objectif principal de répondre aux besoins en matière de mobilité, de sécurité et de salubrité des opérations de constructions envisagées »[9].

231.1373 Conditions d'accès. Concernant l'accès aux voies, la jurisprudence a précisé qu'il est « loisible au plan local d'urbanisme, qui peut, en vertu de l'article L. 151-39 du code de l'urbanisme, fixer les conditions de desserte des terrains susceptibles de recevoir des constructions ou de faire l'objet d'aménagements, de préciser (...) les conditions de l'accès à ces terrains par les voies publiques ». Cette réglementation doit se faire dans le respect du principe[10] selon lequel, sauf dispositions législatives contraires, « les riverains d'une voie publique ont le droit d'accéder librement à leur propriété, et notamment, d'entrer et de sortir des immeubles à pied ou avec un véhicule » (dont il résulte que l'autorité domaniale, le cas échéant consultée par l'autorité saisie d'une demande d'autorisation d'urbanisme, « ne peut refuser d'accorder un tel accès, qui constitue un accessoire du droit de propriété, que pour des motifs tirés de la conservation et de la protection du domaine

1. CE 13 juill. 2006, *Min. Transports c/Assoc. Pour la protection de l'environnement du Lunellois*, req. n° 269720, *Lebon T.*
2. C. urb., art. L. 151-38, al. 1er.
3. C. urb., art. R. 151-48, 1°.
4. C. urb., art. L. 151-38, al. 2.
5. C. urb., art. R. 151-48, 3°.
6. C. urb., art. L. 151-39.
7. C. urb., art. R. 151-47.
8. V. ss n° 231.1361.
9. Rép. min. n° 01754, *JO Sénat Q* 2 févr. 2023, p. 817.
10. Rappelé dans : CE 15 déc. 2016, *Commune d'Urou-et-Crennes*, req. n° 388335, *Lebon T.*

public ou de la sécurité de la circulation sur la voie publique ») [1].

231.1374 Portée des dispositions du règlement relatives à la desserte par les voies. La jurisprudence a apporté des précisions sur la portée des dispositions du PLU relatives à la desserte des terrains.

Dans le cas où l'article d'un règlement d'un PLU subordonne la constructibilité d'un terrain à l'existence de voies d'accès, la conformité d'un immeuble à de telles prescriptions s'apprécie non par rapport à l'état initial de la voie mais en tenant compte des prévisions inscrites dans le PLU à l'égard de celle-ci et des circonstances de droit et de fait déterminantes pour leur réalisation qui doit être certaine dans son principe comme dans son échéance de réalisation [2].

Dans le cas où l'article d'un règlement de PLU dispose : « En aucun cas l'accès ne pourra avoir une largeur inférieure à 4 mètres », l'accès « doit s'entendre du seul débouché sur une voie publique ou privée, ouverte à la circulation, de la servitude de passage permettant de relier cette voie à un terrain enclavé ». En l'espèce, le débouché de la voie étant de 4,04 mètres, elle satisfait aux prescriptions du PLU alors même que sa largeur serait limitée par endroits à 2,50 mètres [3].

b.
Desserte par les réseaux

231.1381 Desserte. Afin de satisfaire aux objectifs mentionnés à l'article L. 101-2 de salubrité, d'amélioration des performances énergétiques, de développement des communications électroniques, de prévention des risques naturels prévisibles, notamment pluviaux, le règlement peut fixer [4] :

– les conditions de desserte des terrains mentionnés à l'article L. 151-39 par les réseaux publics d'eau, d'énergie et notamment d'électricité et d'assainissement, ainsi que, dans les zones délimitées en application du 2° de l'article L. 2224-10 du CGCT, les conditions de réalisation d'un assainissement non collectif (1°) ;

– les conditions pour limiter l'imperméabilisation des sols, pour assurer la maîtrise du débit et de l'écoulement des eaux pluviales et de ruissellement, et prévoir le cas échéant des installations de collecte, de stockage voire de traitement des eaux pluviales et de ruissellement dans les zones délimitées en application du 3° et 4° de l'article L. 2224-10 du CGCT (2°) ;

– les obligations imposées aux constructions, travaux, installations et aménagements, en matière d'infrastructures et réseaux de communications électroniques (3°).

231.1382 Possibilité d'imposer des critères de qualité renforcée en matière d'infrastructures et réseaux de communications électroniques. Le règlement peut imposer aux constructions, travaux, installations et aménagements dans les secteurs qu'il ouvre à l'urbanisation de respecter, en matière d'infrastructures et réseaux de communications électroniques, des critères de qualité renforcés, qu'il définit [5].

Le ou les documents graphiques font alors apparaître les secteurs où ces critères de qualité renforcés doivent être respectés [6].

Ce niveau de service sera favorable à l'implantation d'activités et également au développement de plateformes de télétravail ou de lieux de « travail partagé ».

3°
Équipements propres aux ZAC

231.1391 Éléments pouvant être précisés par le règlement. Dans les ZAC, le règlement peut préciser [7] :

– la localisation et les caractéristiques des espaces publics à conserver, à modifier ou à créer (1°) ;

– la localisation prévue pour les principaux ouvrages publics, les installations d'intérêt général et les espaces verts (2°).

B.
Emplacements réservés

231.1401 Notion. La technique de l'emplacement réservé constitue une servitude affectant un terrain en vue de le réserver à une destination future d'utilité publique et d'en limiter la constructibilité à la stricte conformité de la destination ainsi définie.

1. CE 22 juill. 2021, *Commune de Croissy-sur-Seine*, req. n° 442334, *Lebon T.* ; *BJDU* 2021. 409, concl. M. Sirinelli ; *RDI* 2021. 607, obs. P. Soler-Couteaux ; *Dr. adm.* 2022, comm. 46, note G. Eveillard.
2. CE 28 déc. 2017, *Sté PCE*, req. n° 402362, *Lebon T.* – En l'espèce, les caractéristiques de la voie publique donnant accès au terrain d'assiette d'un projet de centre de commerces et de loisirs sont insuffisantes pour répondre à la circulation générée par le complexe autorisé. Aussi un protocole d'accord a-t-il été conclu entre des collectivités publiques et la société pétitionnaire pour la création d'une route permettant l'accès au projet. Toutefois, les conditions de mise en œuvre de ce protocole relatives à l'obtention des autorisations administratives nécessaires n'ont pas été respectées. L'échéance de réalisation des travaux de modification de la voie d'accès au terrain d'assiette du projet n'étant pas certaine, le permis de construire méconnaît l'article du PLU subordonnant la constructibilité d'un terrain à l'existence de voies d'accès.
3. CE 27 janv. 2014, *Papeloux*, req. n° 356727, NP.
4. C. urb., art. R. 151-49.
5. C. urb., art. L. 151-40.
6. C. urb., art. R. 151-50, 2°.
7. C. urb., art. L. 151-42.

L'inscription d'un emplacement réservé permet ainsi à l'auteur du PLU d'éviter qu'un terrain destiné à servir d'emprise à un équipement public ne fasse l'objet d'une utilisation incompatible avec la destination prévue.

231.1402 **Bénéficiaire.** En application de l'article L. 152-2 du code de l'urbanisme[1], le bénéficiaire d'un emplacement réservé est une collectivité publique (État, région, département, commune, EPCI) ou un service public (établissement public ou personne privée titulaire d'une délégation, société d'économie mixte, etc.).

Il ne peut y avoir qu'un seul bénéficiaire par emplacement.

1°
Sur quoi peuvent porter les emplacements réservés ?

231.1411 **Liste limitative.** La liste des emplacements réservés est fixée à l'article L. 151-41 du code de l'urbanisme.

Cette liste présentant un caractère limitatif, la commune ne peut légalement instituer un emplacement réservé pour un motif autre que ceux prévus à l'article L. 151-41[2].

a.
Emplacements réservés non limités à une zone déterminée

231.1421 **Quatre types d'emplacements réservés.** Les points 1° à 3° de l'article L. 151-41 prévoient que cinq types d'emplacements réservés peuvent être institués par le règlement de PLU quelle que soit la zone considérée. Ces dispositions ont « pour objet de permettre aux auteurs d'un document d'urbanisme de réserver certains emplacements », notamment à des voies et ouvrages publics, à des installations d'intérêt général ou à des espaces verts, « le propriétaire concerné bénéficiant en contrepartie de cette servitude d'un droit de délaissement lui permettant d'exiger de la collectivité publique au bénéfice de laquelle le terrain a été réservé qu'elle procède à son acquisition, faute de quoi les limitations au droit à construire et la réserve ne sont plus opposables »[3].

231.1422 **Premier type : voies publiques.** Le règlement du PLU peut délimiter des terrains sur lesquels sont institués des emplacements réservés aux voies publiques[4] : autoroutes, routes, rues, places, chemins, pistes cyclables, parcs de stationnement.

231.1423 **Deuxième type : ouvrages publics.** Le règlement du PLU peut délimiter des terrains sur lesquels sont institués des emplacements réservés aux « ouvrages publics »[5], c'est-à-dire ceux qui correspondent aux grands équipements d'infrastructure et superstructure réalisés par les personnes publiques. Sont notamment visés les canaux, les voies ferrées, les aérodromes, les réservoirs, les stations d'épuration, les grands collecteurs d'assainissement, les équipements scolaires, sanitaires, sociaux, administratifs.

Le ou les documents graphiques font apparaître les emplacements réservés aux ouvrages publics en précisant leur destination et les collectivités, services et organismes publics bénéficiaires[6].

231.1424 **Troisième type : installations d'intérêt général.** Le règlement du PLU peut délimiter des terrains sur lesquels sont institués des emplacements réservés « aux installations d'intérêt général à créer ou à modifier »[7].

Il s'agit des installations ou des équipements satisfaisant un besoin collectif. À titre d'exemple, a pu être réservé sur ce fondement une aire d'accueil des gens du voyage[8].

Le ou les documents graphiques mentionnent les emplacements réservés aux équipements et installations d'intérêt général en précisant leur destination et les collectivités, services et organismes publics bénéficiaires[9].

231.1425 **Quatrième type : espaces verts et continuités écologiques.** Le règlement du PLU peut délimiter des terrains sur lesquels sont institués des emplacements réservés « aux espaces verts à créer ou à modifier ou aux espaces nécessaires aux continuités écologiques »[10].

231.1426 **Cinquième type : relocalisation de constructions exposées au recul du trait de côte.** Le règlement du PLU peut délimiter des terrains sur lesquels sont institués des emplacements réservés « à la relocalisation d'équipements, de constructions

1. V. s[s] n° 231.1481.
2. PAR EX. : CAA Marseille, 22 déc. 2005, *Jacolin*, req. n° 03MA02470, NP : annulation du refus de supprimer un emplacement réservé institué pour « aménager un espace public et valoriser un site ».
3. CE 19 juill. 2017, *Ansouis (C[ne])*, req. n° 397944, *Lebon T.* ; *JCP Adm.* 2017, n° 2237, concl. L. Dutheillet de Lamothe ; *BJCL* 2017. 607, concl.
4. C. urb., art. L. 151-41, 1°, précisant que le règlement en « précise la localisation et les caractéristiques ».
5. C. urb., art. L. 151-41, 1°, précisant que le règlement en « précise la localisation et les caractéristiques ».
6. C. urb., art. R. 151-50, 1°.
7. C. urb., art. L. 151-41, 2°.
8. CE 25 mars 1988, *Lille (Ville) c/Comité du quartier rue de Bavai, rue de l'Est et environs*, req. n° 54411, *Lebon T.*
9. C. urb., art. R. 151-34, 4°.
10. C. urb., art. L. 151-41, 3°.

et d'installations exposés au recul du trait de côte, en dehors des zones touchées par ce recul »[1].

231.1427 **Conditions.** L'intention de la commune de réaliser l'un des projets énumérés aux points 1° à 3° de l'article L. 151-41 suffit à justifier un classement en emplacement réservé sans qu'il soit besoin pour la commune de faire état d'un projet précisément défini[2]. Cette solution a également pour vocation de s'étendre au point 6° créé postérieurement (en l'occurrence par la loi Climat et résilience[3]).

S'il est généralement recouru à ce dispositif pour fixer « la destination future des terrains en cause », aucune disposition ne fait obstacle à ce qu'il soit utilisé pour fixer « une destination qui correspond déjà à l'usage actuel du terrain concerné », le propriétaire restant libre de l'utilisation de son terrain sous réserve qu'elle n'ait pas pour effet de rendre ce dernier incompatible avec la destination prévue par la réservation[4].

Le juge administratif censure les projets entachés d'une erreur manifeste d'appréciation. Tel est le cas, par exemple :

– d'un emplacement réservé surdimensionné[5] ;

– du maintien d'une parcelle en emplacement réservé depuis 40 ans sans qu'aucune réalisation n'ait été constatée[6].

b. Emplacements réservés limités aux zones A et AU

231.1431 **Programmes de logements.** Dans les zones U et AU, le règlement du PLU peut délimiter des terrains sur lesquels sont institués des emplacements réservés en vue de la réalisation, dans le respect des objectifs de mixité sociale, de programmes de logements qu'il définit[7].

Les documents graphiques du règlement délimitent alors ces emplacements réservés en précisant la nature de ces programmes[8].

Ce type d'emplacement réservé permet de développer une offre de logements sociaux dans les quartiers déficitaires, notamment sur les petites unités foncières.

La doctrine administrative précise « que cette possibilité n'est pas réservée aux logements sociaux et qu'elle peut concerner tous les types de logements qui, dans une approche de mixité sociale, manqueraient sur la commune ; logements étudiants, logements saisonniers, voire le logement locatif de standing dans des communes comptant de très nombreux logements sociaux »[9].

La jurisprudence a précisé que ces dispositions ont pour objet d'habiliter les auteurs des PLU[10] :

– d'une part, à définir dans les zones urbaines ou à urbaniser des programmes de logements répondant à des préoccupations de mixité sociale, dont les plans et les documents graphiques qui y sont annexés précisent la nature ;

– et, d'autre part, à constituer, dans ces zones, des réserves foncières afin de permettre la mise en œuvre de ces programmes.

Les PLU peuvent, à cette fin, imposer des contraintes précises à ces terrains et fixer notamment un pourcentage minimum de surface de plancher affecté à la réalisation des logements prévus par ces programmes ou un nombre minimum de logements à édifier, éventuellement en indiquant les catégories de logements concernés[11].

En revanche, les auteurs du PLU ne sauraient, sur la base de ces dispositions, identifier des secteurs destinés à accueillir des logements destinés exclusivement aux actifs (dans le cas présent, des logements destinés à héberger le personnel saisonnier travaillant sur la station de ski)[12].

1. C. urb., art. L. 151-41, 6°.
2. CE 17 mai 2002, *Kergall*, req. n° 221186, *Lebon T. ; BJDU* 2002 195, concl. C. Maugüé.
3. L. n° 2021-1104, 22 août 2021 portant lutte contre le dérèglement climatique et renforcement de la résilience face à ses effets, *JO* 24 août, n° 1.
4. CE 19 juill. 2017, *Ansouis (C^ne)*, req. n° 397944, *Lebon T. ; JCP Adm.* 2017, n° 2237, concl. L. Dutheillet de Lamothe ; *BJCL* 2017. 607, concl.
5. CAA Lyon, 25 mai 2004, *Giroud*, req. n° 00LY01411, NP ; *BJDU* 2004. 360, concl. M. Boucher. En l'espèce, la commune fait valoir devant le juge que la création de l'emplacement réservé litigieux s'inscrit dans un vaste projet de réaménagement d'une friche industrielle en nouveau cœur de village qui justifie de disposer d'aires de stationnement importantes. Toutefois, la notice de présentation de la modification du POS ne fait nullement état de ce projet d'envergure et les besoins en stationnement ainsi que l'aménagement du carrefour ne justifiaient pas une réservation de cette importance. Par suite, l'instauration de l'emplacement réservé est entachée d'une erreur manifeste d'appréciation.
6. CE 17 mai 2002, *Kergall*, req. n° 221186, *Lebon T. ; BJDU* 2002. 195, concl. C. Maugüé. V. également, refusant d'appliquer cette solution à l'absence de mise en œuvre d'un aménagement huit ans après l'instauration d'un emplacement réservé, CAA Nantes, 22 déc. 2023, *Vilela*, req. n° 23NT01423, NP ; *Constr.-Urb.* 2024, comm. 13, note X. Couton.
7. C. urb., art. L. 151-41, 4°.
8. C. urb., art. R. 151-38, 1°.
9. Rép. min. n° 264, *JOAN CR*, 2 avr. 2003, p. 2658.
10. CE 26 juin 2013, *Nicolas (M.)*, req. n° 26353408, *Lebon T. ; BJDU* 2013. 356, concl. X. de Lesquen.
11. CE 26 juin 2013, *Nicolas*, req. n° 26353408, *Lebon T. ; BJDU* 2013. 356, concl. X. de Lesquen.
12. CAA Lyon, 19 nov. 2019, *Val d'Isère (C^ne)*, req. n° 19LY00031, NP (arrêt devenu définitif en l'absence d'admission du pourvoi formé à son encontre : CE 19 oct. 2020, req. n° 437583, NP). La cour affirme que les auteurs du PLU ont méconnu les dispositions de l'article L. 151-41 en déterminant ainsi la catégorie des personnes susceptibles de bénéficier dans un secteur des programmes de logement au regard de leur catégorie d'activité, et non de leur milieu social. Elle ajoute que les auteurs du PLU ne pouvaient traiter différemment les constructions à usage d'habitation selon leur affectation.

Les règles relatives à la mixité sociale prises en application du 4° de l'article L. 151-41 « ne sont pas opposables aux opérations soumises à autorisation d'urbanisme tendant à la réalisation, sur des terrains affectés aux besoins du ministère de la défense, de logements destinés à ses agents »[1].

231.1432 Projet d'aménagement global. Dans les zones U et AU, le règlement du PLU peut délimiter des terrains sur lesquels sont institués, dans l'attente de l'approbation par la commune d'un projet d'aménagement global, des servitudes interdisant les constructions ou installations[2].

Ce mécanisme permet de différer l'urbanisation de certains secteurs présentant des enjeux d'intensification urbaine en limitant fortement les possibilités d'évolution pendant la durée des études urbaines. Certains secteurs présentent en effet de réels potentiels fonciers et un bon niveau de services. Toutefois, leur transformation nécessite un travail préalable pour déterminer les conditions de leur aménagement. Pour éviter que ce capital ne soit détérioré par des opérations isolées, la collectivité peut décider de geler pendant une période donnée les espaces concernés en y interdisant toute construction dépassant un seuil qu'elle fixe.

Cette interdiction de construire ne vise que les constructions d'une superficie supérieure à un seuil déterminé. Ce seuil est défini par le règlement[3]. Les documents graphiques du règlement font apparaître les secteurs[4] en précisant à partir de quelle surface les constructions ou installations sont interdites et la date à laquelle la servitude sera levée[5].

S'agissant de leurs conditions d'instauration, de telles servitudes (limitant temporairement la constructibilité) ne peuvent être instituées que « sous réserve d'une justification particulière »[6]. Leur instauration doit donc être motivée[7].

Cela permet, pour une durée de cinq ans au maximum[8], de bloquer les constructions même si l'étude du projet d'aménagement global n'est pas suffisamment avancée. Ces servitudes ne peuvent en revanche avoir pour effet d'interdire les travaux ayant pour objet l'adaptation, le changement de destination, la réfection ou l'extension limitée des constructions existantes[9]. Ainsi, cette servitude d'urbanisme ne doit pas empêcher l'évolution des constructions existantes. À l'issue du délai de cinq ans, la collectivité doit soit réaliser son projet, soit supprimer la servitude d'urbanisme.

Comme le précise une réponse ministérielle : « Cette possibilité d'opposer, dans l'attente d'études plus précises, un sursis à statuer aux demandes de permis de construire à l'intérieur du périmètre ainsi délimité, est justifiée par la nécessité de ne pas compromettre ou de ne pas rendre plus onéreuse la réalisation dudit projet. À ce stade, la commune ignore, en effet, le contenu opérationnel de ce projet d'aménagement global, ses caractéristiques (localisation de la voirie) »[10].

Quand le projet urbain sera arrêté, la commune pourra modifier ou réviser son PLU pour intégrer le projet d'aménagement. La servitude sera alors levée.

231.1433 Localisation prévue des voies et ouvrages publics, installations d'intérêt général et espaces verts. Dans les zones U et AU, le règlement peut instituer des servitudes consistant à indiquer la localisation prévue et les caractéristiques des voies et ouvrages publics, ainsi que les installations d'intérêt général et les espaces verts à créer ou à modifier, en délimitant les terrains qui peuvent être concernés par ces équipements[11].

L'objet de ces dispositions est extrêmement proche de celui prévu au point 1° du même article. Elles sont néanmoins considérées comme ne faisant pas double emploi avec celui-ci, permettant l'institution des servitudes qu'elles prévoient à des conditions plus souples qu'un emplacement réservé.

Si les auteurs du PLU font usage de cette possibilité, les documents graphiques mentionnent les emplacements réservés aux équipements et installations d'intérêt général en précisant leur destination et les collectivités, services et organismes publics bénéficiaires[12].

2°
Motivation de la création d'un emplacement réservé

231.1441 Obligation spécifique pour les emplacements réservés pour un projet d'aménagement global. L'instauration d'un emplacement réservé au

1. C. urb., art. L. 152-6-3, créé par la L. n° 2022-217, 21 févr. 2022.
2. C. urb., art. L. 151-41, 5°.
3. C. urb., art. L. 151-41, 5°.
4. Délimités en application du 5° de l'article L. 151-41.
5. C. urb., art. R. 151-32.
6. C. urb., art. L. 151-41, 5°.
7. Rép. min. n° 148, *JO Sénat Q* 6 déc. 2007, p. 2224 : « L'institution de cette servitude fait l'objet d'une justification particulière dans le rapport de présentation du PLU, portant sur les objectifs poursuivis par la création d'un tel secteur. La nécessité de justifier cette servitude s'explique par la portée de ce dispositif qui permet à la commune de geler pendant cinq ans la constructibilité des terrains au regard notamment du droit de propriété ».
8. C. urb., art. L. 151-41, 5°.
9. C. urb., art. L. 151-41, 5°.
10. Rép. min. n° 148, *JO Sénat Q* 6 déc. 2007, p. 2224.
11. C. urb., art. L. 151-41, al. 7.
12. C. urb., art. R. 151-34, 4°.

titre d'un projet d'aménagement global est expressément soumise à une obligation de motivation[1].

231.1442 Absence d'obligation de motivation pour les autres emplacements réservés. L'instauration d'un emplacement réservé au titre des autres catégories qu'un projet d'aménagement global n'est pas soumise à une obligation de motivation propre.

Notamment, aucune disposition législative ou réglementaire n'impose que le rapport de présentation explicite de manière circonstanciée les raisons pour lesquelles la commune a décidé d'instituer un emplacement réservé[2].

3°
Instauration pouvant être demandée à la commune par le préfet

231.1451 Demande au cours de l'enquête publique. Si le préfet, avant l'enquête publique relative aux opérations de révision d'un PLU, dispose de procédures spécifiques pour obtenir de la commune la prise en compte dans le PLU d'un projet d'ouvrage public, l'existence de ces procédures spécifiques ne fait pas obstacle à ce que le préfet puisse demander au nom de l'État, sous la seule forme d'observations formulées au cours de l'enquête publique, la réservation d'un emplacement au profit d'un service public. Lorsque la modification proposée ne remet pas en cause l'économie générale du PLU, le conseil municipal peut approuver cette modification[3].

4°
Possibilité de changer l'affectation d'un emplacement réservé

231.1461 Possibilité admise. Aucune disposition législative ou réglementaire n'interdit aux auteurs d'un PLU de modifier la destination d'un emplacement réservé. Par suite, et par exemple, la seule circonstance qu'une commune ait, à plusieurs reprises modifié l'usage qu'elle entendait faire d'un espace public, envisageant un équipement collectif pour les enfants de 4 à 10 ans, puis un complexe éducatif et enfin un « jardin à thèmes », n'est pas de nature à entacher d'illégalité ledit emplacement réservé[4].

5°
Effets s'attachant à l'instauration d'un emplacement réservé

a.
Construction sur un emplacement réservé

231.1471 Régime. Pour garantir la disponibilité de l'emplacement réservé, les propriétés concernées sont rendues inconstructibles pour tout autre objet que celui fixé par cette réserve, en attendant la réalisation effective de l'ouvrage ou de l'aménagement projeté, ou l'évolution du PLU.

Toutefois, en attendant la réalisation de l'ouvrage ou de l'aménagement visé à l'article L. 151-41, des ouvrages à caractère précaire peuvent être installés sur des emplacements réservés.

Le bénéficiaire de l'emplacement réservé, une fois acquises les propriétés immobilières concernées, devra réaliser le projet qui avait justifié le classement, conformément aux prescriptions et aux règles définies par le PLU pour la zone.

231.1472 Première possibilité de construction : construction conforme à la destination de l'emplacement réservé. L'autorité administrative chargée de délivrer le permis de construire est tenue de refuser toute demande, même émanant de la personne bénéficiaire de la réserve, dont l'objet ne serait pas conforme à la destination de l'emplacement réservé, tant qu'aucune modification du PLU emportant changement de la destination n'est intervenue[5].

En revanche, un permis de construire portant à la fois sur l'opération en vue de laquelle l'emplacement a été réservé et sur un autre projet peut être légalement délivré, dès lors que ce dernier projet est compatible avec la destination assignée à l'emplacement réservé[6]. Tel est le cas, par exemple, lorsque le projet porte à la fois sur l'opération en vue de laquelle l'emplacement a été réservé (installation d'un poste électrique pour le tramway) et une autre opération, compatible avec celle-ci (consistant en la construction de logements)[7].

231.1473 Seconde possibilité de construction : construction autorisée à titre précaire. Hors le cas des constructions conformes à la destination de l'emplacement réservé, seules les constructions pré-

1. V. s[s] n° 231.1432.
2. CAA Versailles, 3 nov. 2005, *Gambaiseuil (C[ne]) et a*, req. n° 03VE01813, NP. La cour en déduit « que, par suite, c'est à tort que, pour annuler la délibération attaquée en tant qu'elle institue l'emplacement réservé n° 4, le tribunal administratif a retenu l'absence, au rapport de présentation, d'explication des raisons de son choix ».
3. CE 30 nov. 2007, *Min. Transports*, req. n° 284721, *Lebon T.*
4. CAA Marseille, 25 janv. 2007, *SCI Vector*, req. n° 05MA01425, NP.
5. CE 20 juin 2016, *Simoneau c/Saint-Denis (C[ne])*, req. n° 386978, *Lebon T.* ; *BJDU* 2016. 344, concl. S. Von Coester – ÉGALEMENT, par ex. : CE 27 oct. 2009, *SCI Victor*, req. n° 294173, *Lebon T.*
6. CE 20 juin 2016, *Simoneau c/Saint-Denis (C[ne])*, req. n° 386978 – CE 19 juill. 2023, *Association les Moulins de Vidauban*, req. n° 456409, NP ; *Constr.-Urb.* 2023, comm. 110, note L. Santoni.
7. CE 20 juin 2016, *Simoneau c/Saint-Denis (C[ne])*, req. n° 386978.

sentant un caractère précaire peuvent être légalement autorisées sur un tel emplacement[1].

Si un pétitionnaire n'a pas précisé qu'il entendait édifier sur un emplacement réservé une construction ayant un caractère précaire, l'autorité compétente pour statuer sur la demande de permis de construire ou la déclaration préalable n'a pas à examiner si la construction envisagée avait un caractère précaire[2].

231.1474 Interdiction des constructions dans les autres cas. Les constructions qui, soit ne sont pas conformes à la destination de l'emplacement réservé, soit ne présentent pas un caractère précaire, ne peuvent légalement être édifiées qu'à l'extérieur de l'emprise de l'emplacement réservé[3].

Dans ce cas, il appartient à l'autorité compétente qui entend autoriser une telle construction de prescrire son édification à une distance minimale de la limite séparative suffisante pour prévenir un empiètement sur l'emplacement réservé, et, lorsque la construction ne pourrait, du fait d'un tel emplacement réservé, jouxter la limite parcellaire, sans que cette distance puisse être inférieure à la distance minimale prévue par les dispositions du RNU ou du PLU[4].

b.
Droit de délaissement

231.1481 Droit. Le propriétaire d'un terrain bâti ou non bâti réservé par un PLU en application de l'article L. 151-41 peut, dès que ce plan est opposable aux tiers, et même si une décision de sursis à statuer qui lui a été opposée est en cours de validité, « exiger de la collectivité ou du service public au bénéfice duquel le terrain a été réservé qu'il soit procédé à son acquisition dans les conditions et délais mentionnés aux articles L. 230-1 et suivants »[5].

Lorsqu'une servitude mentionnée à l'article L. 151-41 est instituée, « les propriétaires des terrains concernés peuvent mettre en demeure la commune de procéder à l'acquisition de leur terrain, dans les conditions et délais prévus aux articles L. 230-1 et suivants »[6].

231.1482 Conséquence du refus d'une collectivité d'acquérir un terrain faisant l'objet d'un emplacement réservé. Selon une réponse ministérielle : « L'article L. 230-4 du code de l'urbanisme ne prévoit aucune disposition indiquant que le refus de la collectivité d'acquérir un terrain sur lequel aurait été constitué un emplacement réservé après mise en demeure entraîne sa suppression automatique du plan local d'urbanisme. Le renoncement d'acquisition du terrain prévu à l'article L. 230-4 du code de l'urbanisme ne produit ses effets qu'à l'égard du propriétaire de la parcelle ayant mis la collectivité en demeure d'acquérir le terrain grevé de la servitude d'emplacement réservé. Si la collectivité n'a plus de raison de maintenir son emplacement réservé, elle sera donc tenue, selon des délais qu'elle reste libre de définir, d'effectuer une modification simplifiée de son document en application des articles L. 153-36 et suivants du code de l'urbanisme. Dans le cas contraire, d'autres propriétaires dont les parcelles seraient grevées par la servitude pourraient continuer de mettre la collectivité en demeure d'acquérir leur terrain par référence aux obligations figurant dans le plan local d'urbanisme »[7].

C.
Implantation des ouvrages de production d'énergie renouvelables

231.1491 Origine et objet. Le code de l'urbanisme confère aux élus locaux le pouvoir de définir dans leurs documents d'urbanisme des zones d'exclusion et des zones soumises à conditions pour l'implantation d'ouvrages de production d'énergies renouvelables. La loi 3DS a posé un premier jalon en prévoyant que les PLU peuvent identifier des zones dans lesquelles l'implantation des éoliennes est soumise à conditions. La loi ENR, à l'initiative du Sénat et malgré l'avis défavorable du gouvernement[8], a élargi le dispositif de trois manières : premièrement en l'ouvrant à toutes les « installations terrestres de production d'énergie renouvelable » (et ce « y compris leurs ouvrages de raccordement », est-il précisé pour les PLU), deuxièmement en ajoutant une possibilité de définir des zones d'« exclusion », troisièmement en l'étendant aux cartes communales et aux SCOT.

Il importe de relever que les documents d'urbanisme ont la possibilité mais non l'obligation d'identifier de telles zones. L'usage du verbe pouvoir (« peut ») montre en effet qu'il s'agit d'une faculté.

231.1492 Modalités. Le code distingue deux types de zones dans lesquelles les installations terrestres

1. CE 7 mars 2008, *Boutin*, req. n° 301719, NP ; *BJDU* 2008. 191, concl. L. Derepas.
2. CE 16 mai 2011, *Sté LGD Développement*, req. n° 324967, *Lebon T. ; BJDU* 2011. 206 ; concl. C. Legras.
3. CE 7 mars 2008, *Boutin*, req. n° 301719, NP ; *BJDU* 2008. 191, concl. L. Derepas.
4. CE 7 mars 2008, *Boutin*, req. n° 301719.
5. C. urb., art. L. 152-2, al. 1er – Sur les conditions et délais mentionnés aux articles L. 230-1 s., v. ss nos 45.07 s.
6. C. urb., art. L. 152-2, al. 2.
7. Rép. min. n° 749, *JO Sénat Q* 14 déc. 2017, p. 4498.
8. Amendements identiques n° 51 *ter*, n° 65 *bis*, n° 524 et n° 557, adoptés en séance publique le 3 novembre 2022 (*JO déb. S*, p. 4526).

de production d'énergie renouvelable ne sont pas les bienvenues :

– d'un côté celles où leur implantation est « soumise à conditions » ;

– d'un autre les zones où leur implantation « est exclue ».

231.1493 **Conditions.** Le code précise les conditions auxquelles ces zones peuvent être instaurées.

Une condition est commune aux deux types de zones. Elle tient à ce que les installations en cause[1] :

– soit sont « incompatibles avec le voisinage habité ou avec l'usage des terrains situés à proximité » ;

– soit « portent atteinte à la sauvegarde des espaces naturels et des paysages, à la qualité architecturale, urbaine et paysagère, à la mise en valeur du patrimoine et à l'insertion des installations dans le milieu environnant ».

Une condition est par ailleurs propre aux zones d'exclusion : ces dernières ne peuvent être instaurées, en plus de la condition précitée, que si la cartographie des zones d'accélération a été arrêtée dans le département et que le comité régional de l'énergie a estimé que les zones d'accélération ainsi identifiées sont suffisantes pour atteindre les objectifs régionaux[2].

231.1494 **Champ d'application des zones d'exclusion.** le champ d'application des zones « d'exclusion » fait l'objet d'une double précision[3].

Rationae temporis, elles « sont applicables uniquement aux projets dont la demande d'autorisation auprès de l'autorité compétente est déposée après l'approbation » du document d'urbanisme.

Rationae materiae, elles « ne sont pas applicables aux procédés de production d'énergies renouvelables en toiture ou aux procédés de chaleur à usage individuel ». Ceux-ci, compte tenu de leur impact réduit, sinon inexistant sur le foncier et les paysages, continueront donc de pouvoir être implantés nonobstant leur appartenance à une zone d'exclusion.

§ 6 Documents graphiques du PLU

A. Objet des documents graphiques

231.1501 **Objet.** Le ou les documents graphiques « font apparaître les limites des zones, secteurs, périmètres, espaces que le PLU identifie en application de la section 3 du code de l'urbanisme, relative au règlement »[4].

231.1502 **Mise en œuvre.** Les documents graphiques vont notamment délimiter, identifier ou faire apparaître :

– les zones urbaines, les zones à urbaniser, les zones agricoles, les zones naturelles et forestières[5] ;

– les plans de secteurs dans les PLUI comportant de tels plans ;

– les espaces boisés classés définis à l'article L. 113-1[6] ;

– les secteurs où les nécessités du fonctionnement des services publics, de l'hygiène, de la protection contre les nuisances et de la préservation des ressources naturelles ou l'existence de risques naturels, de risques miniers ou de risques technologiques justifient que soient interdites des constructions, installations ou activités, ou justifient que soient soumises à des conditions spéciales des constructions et installations[7] ;

– les secteurs protégés en raison de la richesse du sol ou du sous-sol, dans lesquels les constructions et installations nécessaires à la mise en valeur de ces ressources naturelles sont autorisées[8] ;

– les terrains cultivés et les espaces non bâtis nécessaires au maintien des continuités écologiques à protéger et inconstructibles[9] ;

– les paysages et sites à protéger pour des motifs écologiques[10] ;

– dans les zones N, les secteurs protégés en raison de la qualité de leur paysage où est applicable le transfert des possibilités de construction[11] ;

– les secteurs soumis à des règles spécifiques au regard des objectifs de mixité sociale et fonctionnelle[12] ;

– les secteurs dans lesquels le règlement impose des règles minimales d'emprise au sol et de hauteur[13] ;

– les bâtiments qui peuvent faire l'objet d'un changement de destination en zones A et N[14] ;

– les secteurs où des critères de qualité renforcés en matière d'infrastructures et réseaux de communications électroniques doivent être respectés[15] ;

– le tracé et les dimensions des voies de circulation à modifier, à créer ou à conserver[16] ;

1. C. urb., art. L. 151-42-1, I ; mod. par L. n° 2023-175, 10 mars 2023.
2. C. urb., art. L. 151-42-1, II ; créé par L. n° 2023-175, 10 mars 2023.
3. C. urb., art. L. 151-42-1, II.
4. C. urb., art. R. 151-14.
5. V. s^s n° 231.531.
6. C. urb., art. R. 151-31, 1°.
7. V. s^s n° 231.862.
8. V. s^s n° 231.862.
9. V. s^s n° 231.1083.
10. V. s^s n° 231.1082.
11. V. s^s n° 231.841.
12. V. s^s n°s 231.901 s.
13. V. s^s n° 231.1141.
14. V. s^s n° 231.791.
15. V. s^s n° 231.1382.
16. V. s^s n° 231.1351.

– les zones qui sont ou peuvent être aménagées en vue de la pratique du ski et les secteurs réservés aux remontées mécaniques[1] ;

– les secteurs où les programmes de logements doivent comporter une proportion de logements d'une taille minimale[2] ;

– les secteurs où un pourcentage des programmes de logements doit être affecté à des catégories de logement[3] ;

– les emplacements réservés aux ouvrages publics[4] ;

– les emplacements réservés en vue de la réalisation de programmes de logements[5] ;

– les emplacements réservés aux voies publiques[6] ;

– les équipements et installations d'intérêt général en précisant leur destination et les collectivités, services et organismes publics bénéficiaires[7] ;

– les secteurs sur lesquels sont institués, dans l'attente de l'approbation par la commune d'un projet d'aménagement global, des servitudes interdisant les constructions ou installations[8] ;

– les secteurs dans lesquels la délivrance du permis de construire peut être subordonnée à la démolition de tout ou partie des bâtiments existants sur le terrain où l'implantation de la construction est envisagée[9].

B. Place des documents graphiques dans le PLU

231.1511 Présence possible dans chaque partie du PLU. Chacune des cinq parties du PLU (rapport de présentation, PADD, OAP, règlement, annexes) « peut comprendre un ou plusieurs documents graphiques »[10].

C. Précisions des documents graphiques

231.1521 Échelle. Les documents graphiques des PLU sont généralement conçus à une échelle 1/2000e ou 1/5000e. Ils présentent donc une précision permettant d'identifier précisément les limites des terrains et les bâtiments qui s'y trouvent implantés.

231.1522 Relief. Les documents graphiques peuvent contenir des indications relatives au relief des espaces auxquels il s'applique[11].

1. V. ss no 231.1352.
2. V. ss no 231.911.
3. V. ss no 231.921.
4. V. ss no 231.1421.
5. V. ss no 231.1431.
6. V. ss no 231.1421.
7. V. ss nos 231.1421 et 231.1433.
8. V. ss no 231.1432.
9. V. ss nos 231.881, 231.1061, 231.1082.
10. C. urb., art. L. 151-2, al. 7.

§ 7 Détermination du sens des notions employées dans les PLU (notion d'habitation, d'équipement public, d'extension limitée, etc.)

A. Définition des notions par le PLU lui-même

1° Méthode

231.1531 Définition dans le PLU. Les auteurs du PLU disposent de la possibilité de fixer eux-mêmes, dans le document d'urbanisme, le sens des termes qu'ils utilisent.

En ce sens, le code indique que le règlement du PLU peut, s'il y a lieu, « préciser » les définitions du lexique national « et les compléter par celles qu'il estime utiles à son application »[12].

231.1532 Définition censée être conforme au lexique national d'urbanisme (non adopté). Le code prévoit que lorsque les termes figurant dans les règles écrites et dans les mentions accompagnant les règles et documents graphiques sont définis par le lexique national d'urbanisme prévu par l'article R. 111-1, à la date de la délibération prescrivant l'élaboration ou la révision mentionnée à l'article L. 153-31 du PLU, ils sont utilisés conformément aux définitions qui en sont données par ce lexique[13].

Toutefois, le lexique national d'urbanisme n'a pas été adopté[14]. Dans l'attente de cette adoption, une « fiche technique » a été édictée par le ministère[15]. Celle-ci étant dépourvue de valeur contraignante, elle ne lie pas les auteurs de PLU dans l'opération de définition des termes employés.

2° Illustrations

231.1541 Exploitation agricole. Dans une hypothèse où le lexique du règlement du PLU définit l'exploitation agricole comme la sous-destination des constructions destinées à l'exercice d'une activité agricole, laquelle est elle-même la reprise des termes de l'article L. 311-1 du code rural, il convient de rechercher si un projet donné (en l'occurrence un projet d'unité de méthanisation) peut être regardé comme une activité agricole au regard de la

11. C. urb., art. L. 151-2, al. 7.
12. C. urb., art. R. 151-16.
13. C. urb., art. R. 151-15.
14. V. ss no 111.91.
15. V. ss no 111.91.

définition qu'en donne le lexique du règlement du PLU, éclairée par les articles L. 311-1 et D. 311-18 du code rural, selon lesquels la méthanisation peut être assimilée à une activité agricole[1].

B.
Absence de définition par le PLU

231.1551 Termes employés sans être assortis d'une définition. Il arrive fréquemment que les PLU emploient des notions sans en définir le sens (ex : équipement public, extension mesurée, maison d'habitation). Dans ce cas, lorsque leur interprétation soulève une difficulté, il revient à la jurisprudence d'en fixer le sens.

Les définitions contenues dans le lexique national d'urbanisme constituent également un référent précieux en dépit de leur absence de valeur contraignante.

1°
Définition des notions dans le lexique national d'urbanisme

231.1561 Méthode. La fiche technique « lexique national d'urbanisme » donne une définition de 12 notions. Celles-ci sont reproduites ci-dessous.

La fiche technique est accompagnée de « précisions utiles » sur chaque définition retenue (non reproduites ici, mais auxquelles le lecteur pourra se reporter pour obtenir des indications complémentaires).

a.
Notions portant spécifiquement sur les bâtiments et constructions

231.1571 Construction. « Une construction est un ouvrage fixe et pérenne, comportant ou non des fondations et générant un espace utilisable par l'Homme en sous-sol ou en surface ».

231.1572 Bâtiment. « Un bâtiment est une construction couverte et close ».

231.1573 Construction existante. « Une construction est considérée comme existante si elle est reconnue comme légalement construite et si la majorité des fondations ou des éléments hors fondations déterminant la résistance et la rigidité de l'ouvrage remplissent leurs fonctions. Une ruine ne peut pas être considérée comme une construction existante ».

1. CE 17 janv. 2024, *Société Agri Bioénergies et ministre de la transition écologique et de la cohésion des territoires c/ M. Adrien et autres*, req. n° 467572, *Lebon T.* ; *BJDU* 2024. 84, concl. M. Lange ; *RDI* 2024. 174, obs. P. Soler-Couteaux.

231.1574 Extension. « L'extension consiste en un agrandissement de la construction existante présentant des dimensions inférieures à celle-ci. L'extension peut être horizontale ou verticale (par surélévation, excavation ou agrandissement), et doit présenter un lien physique et fonctionnel avec la construction existante ».

231.1575 Annexe. « Une annexe est une construction secondaire, de dimensions réduites et inférieures à la construction principale, qui apporte un complément aux fonctionnalités de la construction principale. Elle doit être implantée selon un éloignement restreint entre les deux constructions afin de marquer un lien d'usage. Elle peut être accolée ou non à la construction principale avec qui elle entretient un lien fonctionnel, sans disposer d'accès direct depuis la construction principale »[2]. Dans une décision relative à l'application des dispositions du code de l'urbanisme propres à la montagne[3], le Conseil d'État a défini les annexes comme « des constructions secondaires (…) détachées des constructions existantes », tout en prenant en compte leur « implantation » et leur « ampleur » par rapport au bâtiment principal[4]. La notion d'annexe se caractérise ainsi par quatre éléments.

Premièrement, l'annexe ne se conçoit que par rapport à un bâtiment principal, qui doit avoir une existence physique et doit avoir été légalement autorisé. Le texte de l'article L. 122-5 vise d'ailleurs des annexes à « des constructions existantes ». En d'autres termes, une annexe ne peut constituer un bâtiment autonome. La jurisprudence met en exergue ce critère en soulignant que les annexes sont « détachées des constructions existantes »[5].

Deuxièmement, l'annexe présente une dimension réduite et, en tout état de cause, inférieure à celle du bâtiment principal. Elle présente, comme le souligne le Conseil d'État, un caractère « secondaire »[6].

Troisièmement, elle apporte une fonctionnalité complémentaire à la construction principale, par exemple pour du stockage de matériel (abri de jardin), l'installation d'un appareil (local technique

2. Cette définition a été reprise dans une réponse ministérielle. V. rép. min. n° 7619, *JO Sénat Q* 2 mai 2019, p. 2378.
3. V. s[s] n° 133.181.
4. CE 12 juin 2023, *Ministre de la transition écologique et de la cohésion des territoires c/SCI Mornans*, req. n° 466725, *Lebon T.*, *JCP G* 2023, n° 911, note O. Le Bot ; *BJDU* 2023. 399, concl. Th. Janicot ; *Constr.-Urb.* 2023, étude 7 ; *RDI* 2023. 560, obs. P. Soler-Couteaux.
5. V. dans le même sens, CE 4 oct. 2000, *Isner*, req. n° 193942, *Lebon* : arrêt soulignant qu'un local communiquant avec le bâtiment principal ne peut être considéré comme une annexe.
6. CE 12 juin 2023, *Ministre de la transition écologique et de la cohésion des territoires c/SCI Mornans*, req. n° 466725.

d'une piscine) ou le stationnement d'un véhicule (garage).

Quatrièmement, en raison précisément du lien fonctionnel qu'elle entretient avec le bâtiment principal, l'annexe se trouve implantée à proximité de celui-ci. Elle peut y être accolée ou se trouver à une courte distance de celui-ci mais, en tout état de cause, ne doit pas en être trop éloignée. La jurisprudence met en relief ce critère en mentionnant « l'implantation » de l'annexe « par rapport aux constructions principales existantes »[1].

231.1576 **Local accessoire.** « Le local accessoire fait soit partie intégrante d'une construction principale, soit il en constitue une annexe, soit une extension. Il est indissociable du fonctionnement de la construction principale ».

b.
Autres notions

231.1581 **Emprise au sol.** « L'emprise au sol correspond à la projection verticale du volume de la construction, tous débords et surplombs inclus. Toutefois, les ornements tels que les éléments de modénature et les marquises sont exclus, ainsi que les débords de toiture lorsqu'ils ne sont pas soutenus par des poteaux ou des encorbellements ».

231.1582 **Façade.** « Les façades d'un bâtiment ou d'une construction correspondent à l'ensemble de ses parois extérieures hors toiture. Elles intègrent tous les éléments structurels, tels que les baies, les bardages, les ouvertures, l'isolation extérieure et les éléments de modénature ».

231.1583 **Gabarit.** « Le gabarit désigne l'ensemble des plans verticaux, horizontaux ou obliques constituant la forme extérieure de la construction. Il résulte de la combinaison des règles de hauteur, de prospects et d'emprise au sol ».

231.1584 **Hauteur.** « La hauteur totale d'une construction, d'une façade, ou d'une installation correspond à la différence de niveau entre son point le plus haut et son point le plus bas situé à sa verticale. Elle s'apprécie par rapport au niveau du terrain existant avant travaux, à la date de dépôt de la demande. Le point le plus haut à prendre comme référence correspond au faîtage de la construction, ou au sommet de l'acrotère, dans le cas de toitures-terrasses ou de terrasses en attique. Les installations techniques sont exclues du calcul de la hauteur ».

231.1585 **Limites séparatives.** « Les limites séparatives correspondent aux limites entre le terrain d'assiette de la construction, constitué d'une ou plusieurs unités foncières, et le ou les terrains contigus. Elles peuvent être distinguées en deux types : les limites latérales et les limites de fond de terrain. En sont exclues les limites de l'unité foncière par rapport aux voies et emprises publiques ».

231.1586 **Voies ou emprises publiques.** « La voie publique s'entend comme l'espace ouvert à la circulation publique, qui comprend la partie de la chaussée ouverte à la circulation des véhicules motorisés, les itinéraires cyclables, l'emprise réservée au passage des piétons, et les fossés et talus la bordant. L'emprise publique correspond aux espaces extérieurs ouverts au public qui ne répondent pas à la notion de voie ni d'équipement public ».

2°
Définition des notions par la jurisprudence

231.1591 **Définition supplétive.** La définition jurisprudentielle des notions employées par les PLU présente un caractère supplétif. Cela signifie qu'elle s'applique en l'absence de définition de la notion par le document d'urbanisme. Elle peut donc être écartée par celui-ci, comme cela a par exemple été jugé pour la définition jurisprudentielle de l'emprise[2] ou la mesure de la hauteur des constructions (en l'occurrence à l'égout du toit[3]).

a.
Notions portant spécifiquement sur les bâtiments et constructions

231.1601 **Bâtiment (exclusion des piscines).** Une piscine non couverte est une construction qui ne peut être regardée comme un bâtiment[4].

231.1602 **Bâtiment existant.** La notion de bâtiment existant, employée par un PLU, s'entend d'un bâtiment existant à la date d'entrée en vigueur du PLU[5].

Le juge définit la notion en tenant compte de l'objet des dispositions qui l'emploie. Ainsi, à propos de l'article d'un règlement de POS autorisant dans la zone de richesses naturelles à protéger en raison notamment de la valeur agricole des terres, la

1. CE 12 juin 2023, *Ministre de la transition écologique et de la cohésion des territoires c/SCI Mornans*, req. n° 466725.

2. V. s[s] n° 231.1613.
3. CE 25 mai 2022, *Aigroz*, req. n° 455127, *Lebon T.* ; *BJDU* 2022. 327, concl. E. de Moustier ; *RDI* 2022. 615, obs. P. Soler-Couteaux : arrêt soulignant que la définition jurisprudentielle s'applique « en l'absence de mention particulière du règlement du plan local d'urbanisme ».
4. CE 12 janv. 2011, *SCI Philaur*, req. n° 326807, NP ; *BJDU* 2011. 110, concl. M. Vialettes – DANS LE MÊME SENS : CE 22 juill. 1992, *Comité de sauvegarde de Maurepas-Village*, req. n° 78196, *Lebon T.*
5. CE 25 sept. 2009, *Francin (C[ne])*, req. n° 307114, *Lebon T.* ; *BJDU* 2010. 422, concl. C. de Salins ; *LPA* 19 janv. 2010, n° 13, p. 10, note D. Dutrieux.

transformation des bâtiments existants en gîtes ruraux sans changement de volume, le Conseil d'État affirme qu'eu égard aux finalités de ces dispositions, qui ont pour objet, rapprochées des autres dispositions du même article, d'empêcher toute extension de volume des bâtiments existants, un bâtiment s'entend d'une construction couverte et close[1].

231.1603 **Extension.** Deux situations doivent être distinguées.

Dans la première, le PLU donne une définition de la notion, soit dans son règlement, soit dans ses annexes. En d'autres termes, il détermine lui-même la façon dont la notion doit être comprise, appréhendée et appliquée. Cette définition est le plus souvent fournie de façon indirecte, en posant une norme limitant l'ampleur de l'extension, et ce soit en pourcentage (par exemple, l'extension doit être limitée à 50 % de l'emprise d'origine[2]), soit en volume (la surface initiale plus la surface créée ne doivent pas dépasser un certain nombre de mètres carrés), soit en pourcentage et en volume (par exemple, l'extension doit être limitée à 25 % de la construction existante et le total ne doit pas dépasser 250 m^2[3]). Lorsqu'une telle définition est posée dans le PLU, elle s'impose tant aux services instructeurs qu'au juge administratif.

La seconde situation correspond à l'hypothèse où aucune définition n'est fournie par le PLU. Dans un tel cas de figure où le règlement d'un PLU « ne précise pas, comme il lui est loisible de le faire, si la notion d'extension d'une construction existante, lorsqu'il s'y réfère, comporte une limitation quant aux dimensions d'une telle extension », celle-ci doit, en principe, s'entendre « d'un agrandissement de la construction existante présentant, outre un lien physique et fonctionnel avec elle, des dimensions inférieures à celle-ci »[4]. La définition jurisprudentielle de la notion d'extension se fonde ainsi sur trois critères.

Les deux premiers critères reposent sur l'existence d'un lien physique et fonctionnel entre la construction initiale et l'extension de celle-ci. Par hypothèse, une extension ne se conçoit que par rapport à une construction déjà existante[5].

Le lien physique signifie que l'extension prend appui sur la construction existante[6] (à la différence d'une annexe qui, elle, se trouve détachée des constructions existantes[7]). Elle se trouve contiguë ou attenante à celle-ci[8] ou, plus largement, forme avec elle un ensemble indissociable. La construction initiale et l'extension envisagée ne doivent pas être distincts[9]. Ainsi, la qualification d'extension est exclue dans un cas où la construction projetée se trouve située à distance du bâtiment existant et ne se retrouve reliée à celle-ci que par un élément (tel un escalier, un couloir ou un tunnel) ne permettant pas de les regarder comme formant un même ensemble[10]. En revanche, et à titre d'exemple, le critère est satisfait dans un cas où la construction projetée doit être édifiée perpendiculairement à la maison d'habitation préexistante à laquelle elle sera accolée et qui concourt avec elle à la constitution d'un même ensemble architectural[11].

Le lien fonctionnel renvoie pour sa part à l'exigence que l'élément nouveau ne soit pas totalement autonome par rapport au bâtiment existant. Par exemple, la cour administrative d'appel de Lyon a refusé de regarder comme une simple extension « le projet litigieux, qui dispose d'un accès autonome et qui

1. CE 20 mars 2013, *Bressot*, req. n° 350209, *Lebon T. ; BJDU* 2013. 352, concl. A. Lallet.
2. PAR EX. : CE 26 avr. 1993, *Papiot*, req. n° 124239, NP.
3. PAR EX. : CE 28 mai 2003, *Ministre de l'équipement c/ Cne d'Aix-en-Provence*, req. n° 222686, NP.
4. CE 9 nov. 2023, *Rouvillois*, req. n° 469300, *Lebon T. ; JCP Adm.* 2024, n° 2020, concl. Th. Janicot ; *Constr.-Urb.* 2023, comm. 134, note L. Santoni ; *Actu-juridique.fr* 7 mars 2024, note O. Le Bot ; *LPA* avr. 2024, p. 82, note O. Le Bot ; *JCP N* 2023, act. 1152, obs. J.-F. Giacuzzo.
5. Celle-ci doit donc avoir été non seulement autorisée, mais également édifiée. En effet, on ne peut pas « étendre » une construction qui a été autorisée mais non réalisée (CE 9 nov. 1994, *Costantini*, req. n° 121297, NP : refus du Conseil d'État de raisonner en termes de « droits à construire » et, par suite, de reprendre à son compte l'argument du pétitionnaire demandant l'extension d'une construction autorisée mais non réalisée). En outre, dans le cas où les travaux de construction ont débuté mais ne sont pas achevés, la qualification de construction existante ne sera reconnue que s'ils présentent un caractère suffisamment avancé (v. ss n° 322.31 ; v. p. ex. CAA Nantes, 10 nov. 2020, *Association pour la sauvegarde du Pays fouesnantais*, req. n° 19NT01853, NP ; également, v. ss n° 231.1602).
6. V. ss n° 112.156 (à propos du 1° de l'article L. 111-4 du code de l'urbanisme, qui introduit une exception à la règle de la constructibilité limitée pour l'« extension des constructions existantes »).
7. V. ss n° 231.1575.
8. V. ss n° 112.156. V. également, pour la notion d'agrandissement employée dans un PLU : CAA Marseille, 17 oct. 2007, *Sarl Les amandiers*, req. n° 05MA00829, NP : cour affirmant que « l'agrandissement d'une construction s'entend de celui d'une seule et même enveloppe bâtie ».
9. CE 29 juin 1994, Cne de Montauban, req. n° 119512, NP.
10. CE 25 avr. 1990, *Préfet du Var c/Cne de Hyères*, req. n° 91290, NP (distance de 30 mètres) ; CE 27 janv. 1995, *SCI du Domaine de Tournon et a. et Cne d'Aix en Provence*, req. n° 119276, *Lebon T.* (bâtiment séparé de la construction principale existante) ; CAA Nantes, 4 oct. 2000, *Javich*, req. n° 98NT02652, NP (« construction d'un nouveau bâtiment qui n'est relié à la construction déjà existante que par un couloir de 3,70 mètres de long sur 3 mètres de large »).
11. CAA Lyon, 12 avr. 2018, *Hugues*, req. n° 16LY01962, NP (arrêt devenu définitif en l'absence d'admission du pourvoi formé à son encontre : CE 12 déc. 2018, req. n° 421342, NP). V. également, dans le même sens, CE 15 juin 1992, *Baud*, req. n° 99470, NP : implantation formant une unité architecturale avec le bâti existant et en faisant « un ensemble indissociable ».

pourrait, moyennant quelques aménagements, se suffire à lui-même (...) »[1].

Le troisième critère tient à ce que l'extension doit présenter des dimensions inférieures à la construction existante. Comme indiqué précédemment, l'extension se conçoit par rapport à une construction existante, dont elle vient accroître la surface au sol ou l'emprise. Il convient donc de confronter la construction existante à l'extension envisagée et, plus exactement, de comparer la taille de la construction existante à celle de l'extension projetée. Sur ce point, le lexique national d'urbanisme[2] comme la jurisprudence se rejoignent pour exiger que l'extension conserve une taille inférieure à la construction existante. Le choix qui a été fait par la doctrine administrative et la jurisprudence est ainsi celui du seuil de 100 %. En ce sens, le Conseil d'État indique, dans un arrêt du 9 novembre 2023, que l'extension doit présenter « des dimensions inférieures » à la construction existante[3]. Cette définition, donnée relativement aux PLU, formalise un critère jusque-là employé au titre de l'article L. 111-4 sans être expressément mentionné[4].

On notera, pour terminer sur ce critère, qu'il pourra exceptionnellement être écarté si les auteurs du PLU ont retenu une rédaction particulière excluant clairement la prise en compte de celui-ci. C'est ainsi qu'il faut comprendre la précision, mentionnée dans l'arrêt du 9 novembre 2023, selon laquelle la notion d'extension doit « en principe » s'entendre d'un agrandissement de la construction existante présentant, outre un lien physique et fonctionnel avec elle, des dimensions inférieures à celle-ci[5]. Si ce dernière critère est écarté, seules s'appliqueront les exigences d'un lien physique et fonctionnel.

231.1604 Extension (construction d'une piscine). Sous réserve de dispositions contraires du document d'urbanisme applicable, une piscine découverte peut être regardée, eu égard à sa destination, comme une extension d'une construction d'habitation existante si elle est située à proximité immédiate de celle-ci et forme avec elle un même ensemble architectural[6].

En revanche, ne constitue pas une telle extension le fait de construire une piscine découverte qui n'est attenante à aucun bâtiment préexistant à usage d'habitation[7].

231.1605 Extension mesurée ou limitée. Le caractère « mesuré » de l'extension n'est pas enfermé dans des limites fixes. Le juge ne s'attache pas uniquement à un critère quantitatif (le pourcentage d'augmentation) mais prend également en compte la nature de la construction projetée et ses effets.

Ainsi, par exemple, n'a pas été regardée comme « mesurée » une extension :

– faisant passer la surface de plancher d'une maison d'habitation de 66 à 111 m²[8] ;

– qui accroît l'emprise au sol d'un chalet de 73 % et permet la création au premier étage d'une surface habitable jusque-là inexistante[9] ;

– qui accroît de 55 % la surface existante[10].

En revanche, une augmentation de 30 %, avec emprise au sol limité, a été regardée comme une extension mesurée[11].

Pour éviter les incertitudes, « seul un pourcentage précisant la notion d'extension "mesurée" dans le document d'urbanisme [...] peut éviter les difficultés d'interprétation »[12].

La même interprétation de la notion d'extension mesurée est donnée dans le cadre du RNU[13] et des zones de montagne[14].

231.1606 Amélioration d'une construction existante. Aucune disposition législative ou réglementaire ne permet de regarder comme l'amélioration d'une construction existante une piscine découverte, qui constitue par nature une construction distincte des bâtiments d'habitation à proximité desquels il est envisagé de la construire, dès lors qu'elle ne leur est pas structurellement liée[15].

b.

Notions d'habitation et de maison

231.1611 Habitation individuelle et habitation collective. Selon la jurisprudence, « une construction comportant plusieurs logements peut [...], eu égard à la fois à son aspect architectural, à sa taille et à ses conditions d'usage, être regardée comme une construction à usage d'habitation individuelle autorisée par ce règlement »[16].

1. CAA Lyon, 27 avr. 1999, *Bessière*, req. n° 96LY02552, NP.
2. V. s^s n° 231.1574.
3. CE 9 nov. 2023, *Rouvillois*, req. n° 469300. Tel n'était pas le cas en l'espèce, les travaux devant conduire à multiplier par cinq la surface de plancher.
4. V. s^s n° 112.156.
5. CE 9 nov. 2023, *Rouvillois*, req. n° 469300.
6. CE 15 avr. 2016, *Min. Logement, Égalité des territoires et Ruralité c/Lourmarin (C^ne)*, req. n° 389045, *Lebon T.* ; *BJDU* 2016. 283, concl. X. de Lesquen. V., dans le même sens, CAA Toulouse, 19 oct. 2023, *Cochet*, req. n° 21TL00861, NP.
7. CE 9 mai 2005, *Weber (Ép^x)*, req. n° 262618, *Lebon T.*
8. CE 31 mars 1993, *Getigne (C^ne)*, req. n° 94686, NP.
9. CE 5 juin 1992, *Perpina*, req. n° 119164, NP.
10. CE 30 mars 1994, *Daguet*, req. n° 134550, NP.
11. CE 18 nov. 2009, *Quillaud*, req. n° 326479, NP.
12. Rép. min. n° 43193, *JOAN Q* 18 févr. 2014, p. 1588.
13. V. s^s n° 112.156.
14. V. s^s n° 133.172.
15. CE 2 mars 2010, *Clermont-L'Herault (C^ne)*, req. n° 318235, NP.
16. CE 12 janv. 2011, *SCI Philaur*, req. n° 326807, NP ; *BJDU* 2011. 110, concl. M. Vialettes – DANS LE MÊME SENS : CE 22 juill. 1992, *Comité de sauvegarde de Maurepas-Village*, req. n° 78196, *Lebon T.*

231.1612 **Maison individuelle.** Une « maison individuelle » au sens d'un PLU peut comporter plusieurs unités d'habitation. Un tel document n'a pas pour objet et ne saurait légalement avoir pour effet de limiter le nombre de logements que ces constructions peuvent comporter, quand bien même le nombre de logements que comporte une construction est au nombre des critères qui permettent de la caractériser ou non comme une « maison individuelle »[1].

231.1613 **Emprise au sol.** Le PLU peut donner une définition de l'emprise au sol.

En l'absence de prescriptions particulières dans le document d'urbanisme précisant la portée de cette notion, sauf pour les surplombs, l'emprise au sol s'entend, en principe, comme « la projection verticale du volume de la construction, tous débords inclus »[2], c'est-à-dire la superficie au sol du bâtiment, à laquelle sont ajoutés les débords et surplombs. Pour le dire simplement, apprécier l'emprise consiste à se placer au-dessus de la construction lorsque le soleil est au zénith et à regarder où arrive son ombre portée.

Par conséquent :

- ne doit pas être pris en compte un sous-sol enterré ou une dalle qui ne crée pas de volume[3] ;
- ne doit pas être pris en compte le nombre d'étages (dès que les étages supérieurs sont dans l'alignement du rez-de-chaussée) ;
- doit être pris en compte un balcon (il empêche d'utiliser l'espace qui se trouve en dessous).

La définition de l'emprise au sol donnée à l'article R. 420-1 du code de l'urbanisme ne s'impose pas aux documents d'urbanisme[4].

c. Autres notions

231.1621 **Équipement public.** Les équipements publics sont définis comme un « ensemble d'installations nécessaires à la vie d'une collectivité » (dictionnaire Le Grand Robert).

Comme le soulignait le commissaire du gouvernement Marie-Hélène Mitjavile, « la notion d'équipement public ne saurait se confondre avec celle de bâtiment public pris au sens large, ni bien sûr avec celle de bâtiment accueillant du public. La caisse primaire d'assurance maladie, organisme de droit privé, est sans doute perçue par les usagers comme une administration au sens le plus large que l'on peut donner à ce mot. Mais les bureaux de la caisse primaire d'assurance-maladie, où ses agents accomplissent leur travail, ne sont pas des équipements publics comme le sont une école, un hôpital, une piscine ou une bibliothèque, lesquels accueillent le public pour lui offrir un service d'enseignement, de soins, ou de loisirs. Il y a dans la notion d'équipement public, l'idée de la réponse apportée à un besoin collectif, par la mise à disposition d'installations sportives, culturelles, médicales etc., ce qui ne recouvre pas la simple construction de bureaux administratifs, même s'ils accueillent du public »[5].

Constitue par exemple un équipement public :

- une station d'épuration[6] ;
- des voies affectées à la circulation générale[7] ;
- un bâtiment annexe à la maison d'arrêt de la Santé, ayant pour objet d'accueillir des locaux de formation, des bureaux, une salle de consultation de la médecine du travail et du service social, des locaux syndicaux, ainsi qu'un logement de fonction[8] ;
- un très important parc éolien[9] ;
- une antenne-relais, en ce qu'elle participe à la couverture du territoire national en téléphonie mobile[10].

En revanche, à titre d'exemple, ne constituent pas un équipement public les bureaux des services de Sécurité sociale, organisme de droit privé, n'accueillant pas de public[11].

231.1622 **Implantation de bureaux.** L'article du règlement d'un PLU prévoyant qu'est interdite « dans le secteur UAa, toute nouvelle implantation de bureaux et de services en rez-de-chaussée, avenue de Longueil », est interprété comme interdisant tant la création de nouveaux bureaux et services que la trans-

1. CE 12 nov. 2012, *Sté Agence Charles Katz*, req. n° 344365, *Lebon T. ; BJDU* 2013. 108, concl. A. Lallet ; *Constr.-Urb.* 2013, comm. 4, note L. Santoni.
2. CE 21 févr. 2018, *SCI La Villa Mimosas*, req. n° 401043, *Lebon T.*
3. CE 21 févr. 2018, *SCI La Villa Mimosas*, req. n° 401043, *Lebon T.*
4. V. ss nos 113.232 s.
5. M.-H. Mitjavile, concl. sur CE 3 mai 2004, *CPAM de la Meuse*, req. n° 223091, NP ; *BJDU* 2004. 288.
6. CE 29 juin 1990, *Sarl du Clos c/Saint-Zacharie (Cne)*, req. n° 57232, NP (arrêt rendu concernant la notion d'équipement propre et d'équipement public pour la mise en œuvre des participations d'urbanisme).
7. CE 31 janv. 2001, *Frénouville (Cne)*, req. n° 195599, *Lebon T.* (arrêt rendu concernant la notion d'équipement propre et d'équipement public pour la mise en œuvre des participations d'urbanisme).
8. CE 18 oct. 2006, *Synd. des copropriétaires de l'immeuble « Les Jardins d'Arago »*, req. n° 294096, *Lebon T.* – Le Conseil d'État estime que cette annexe constitue un « équipement public participant à la vie locale » au sens du règlement du POS.
9. CE 16 juin 2010, *Leloustre*, req. n° 311840, *Lebon T. ; BJDU* 2010. 173, concl. C. Roger-Lacan ; *LPA* 5 oct. 2010, n° 198, p. 7, note R. Bonnefont et C. Lacroix ; *JCP Adm.* 2010, n° 2333, note J.-L. Maillot ; *Dr. adm.* nov. 2010, p. 51, note C.-A. Dubreuil.
10. CAA Nantes, 3 févr. 2010, *Baudouin*, req. n° 10NT01244, NP.
11. CE 3 mai 2004, *CPAM de la Meuse*, req. n° 223091, NP ; *BJDU* 2004. 288, concl. M.-H. Mitjavile.

formation des locaux déjà existants en nouveaux bureaux et services[1].

231.1623 Largeur de la voie publique. En l'absence d'indications contraires, la référence faite par un PLU à la largeur de la voie publique doit, en principe, s'entendre comme comprenant non seulement la partie de la chaussée ouverte à la circulation des véhicules, mais aussi la partie de l'emprise réservée au passage des piétons[2].

231.1624 Installation industrielle (exemple). À titre d'illustration, un hangar en tôle ondulée de 40 m de long comprenant des équipements lourds et des procédés de façonnage industriels doit être considéré comme une « construction à usage industriel » au sens du PLU, quand bien même le hangar serait utilisé par un artiste pour les besoins de son activité artistique[3].

d.
Reprises de formules du RNU

231.1631 Reprise de formules du RNU. Il arrive régulièrement que les PLU s'inspirent voire reprennent mot pour mot des formules utilisées par le RNU, notamment pour définir les exigences en matière de desserte ou d'implantation des constructions. Dans de telles hypothèses, la jurisprudence rendue relativement aux dispositions du RNU ayant inspiré ces articles du PLU constitue une utile référence pour déterminer leur sens et leur portée.

SECTION 5
ANNEXES DU PLU

§ 1
Annexes prévues par le code de l'urbanisme (annexes que le PLU doit comporter)

231.1641 Objet et contenu. Les PLU doivent comporter des annexes où figurent, pour information, un certain nombre d'actes juridiques qui sont opposables aux particuliers mais ne sont pas issus du PLU lui-même. L'objet de ces annexes consiste à rappeler que les zones ou les servitudes d'utilité publique qui s'y trouvent mentionnées trouvent leur source juridique ailleurs que dans le PLU lui-même.

Les annexes au PLU comprennent, s'il y a lieu[4] :

– les servitudes d'utilité publique affectant l'utilisation du sol appartenant aux catégories figurant sur la liste annexée au livre Ier du code de l'urbanisme, mentionnées à l'article L. 151-43[5] ;

– les éléments énumérés aux articles R. 151-52 et R. 151-53.

A.
Annexes du PLU relatives aux servitudes d'utilité publique affectant l'utilisation du sol

231.1651 Objet des servitudes d'utilité publique. Les servitudes d'utilité publique représentent des limitations au droit d'utiliser le sol instaurées par voie d'acte administratif unilatéral[6].

Ces servitudes sont opposables aux demandes d'autorisation d'urbanisme[7].

1°
Liste des servitudes d'utilité publique

231.1661 Liste des SUP. La liste des servitudes prévue aux articles L. 151-51 et R. 151-43 est annexée au livre Ier du code de l'urbanisme, en toute fin de sa partie réglementaire.

Les nombreuses servitudes qui s'y trouvent mentionnées se trouvent réparties en quatre catégories :

– servitudes relatives à la conservation du patrimoine ;

– servitudes relatives à l'utilisation de certaines ressources et équipements ;

– servitudes relatives à la défense nationale ;

– servitudes relatives à la salubrité et à la sécurité publiques.

Cette liste est intégralement reproduite en annexe du présent ouvrage[8].

231.1662 Légendes des SUP. Un arrêté du ministre chargé de l'urbanisme fixe la légende des différentes servitudes d'utilité publique figurant sur cette liste[9].

231.1663 Représentation des SUP. La représentation des différentes servitudes d'utilité publique figurant sur cette liste est fixée conformément aux standards de numérisation validés par la structure de coordination nationale prévue par les articles 18 et 19, paragraphe 2, de la directive 2007/2/ CE du Parlement européen et du Conseil du 14 mars 2007 établissant une infrastructure d'information géographique dans la Communauté européenne[10].

1. CE 8 juin 2010, *Sarl Immo concept*, req. n° 317469, NP.
2. CE 19 juin 2002, *Beausoleil (Cne)*, req. n° 219648, NP ; *BJDU* 2002. 201, concl. D. Chauvaux.
3. CE 12 févr. 2003, *Joubert*, req. n° 243319, NP ; *BJDU* 2003. 333, concl. S. Austry.
4. C. urb., art. R. 151-51.
5. C. urb., art. L. 151-43 (ancien art. L. 126-1) : « Les plans locaux d'urbanisme comportent en annexe les servitudes d'utilité publique affectant l'utilisation du sol et figurant sur une liste dressée par décret en Conseil d'État ».
6. V. ss nos 031.191 s.
7. V. ss n° 231.1681.
8. V. ss n° 8.12.
9. C. urb. annexe au livre Ier, dernier alinéa.
10. C. urb., art. A. 126-1.

2°
Pourquoi annexer les servitudes d'utilité publique ?

231.1671 Favoriser la connaissance de leur existence. L'obligation d'annexer les SUP au PLU a pour finalité de porter leur existence à la connaissance des porteurs de projets. Les constructeurs et aménageurs peuvent ainsi apprécier la faisabilité de leur projet au regard non seulement des orientations et règles du PLU mais également des SUP applicables dans le périmètre de celui-ci.

3°
Opposabilité des servitudes d'utilité publique

231.1681 Opposabilité des servitudes d'utilité publique. Après l'expiration d'un délai d'un an à compter, soit de l'approbation du PLU soit, s'il s'agit d'une servitude d'utilité publique nouvelle définie à l'article L. 151-43, de son institution, « seules les servitudes annexées au plan ou publiées sur le portail national de l'urbanisme peuvent être opposées aux demandes d'autorisation d'occupation du sol »[1].

Il résulte de ces dispositions que les servitudes d'utilité publique sont directement opposables aux autorisations d'urbanisme[2] dès leur prise d'effet (celle-ci étant conditionnée, en particulier, par leur publicité[3]) mais ne continuent à être opposables, un an après celle-ci, qu'à la condition d'avoir été annexées au PLU[4] ou publiées sur le géoportail de l'urbanisme. Ainsi, un an après l'adoption du plan ou la prescription d'une servitude nouvelle, ces servitudes ne sont plus opposables aux demandes d'autorisation d'occupation du sol si elles n'ont pas été annexées[5] ou publiées sur géoportail.

Dans le cas où le plan a été approuvé ou la servitude, instituée avant la publication du décret complétant la liste mentionnée à l'article L. 151-43, le délai d'un an court à compter de cette publication[6].

Le régime des monuments historiques présente une particularité tenant à ce que la servitude fait l'objet d'une notification au propriétaire de l'immeuble. La jurisprudence en a déduit que lorsque le propriétaire d'un immeuble classé ou inscrit aux monuments historiques s'est vu notifier cette inscription en application de l'article R. 621-8 du code du patrimoine, cette servitude lui est opposable alors même qu'elle ne serait pas annexée au PLU[7].

231.1682 Servitude rendant un terrain inconstructible. Une réponse ministérielle souligne que lorsqu'une servitude nouvelle rend inconstructibles des terrains qui étaient antérieurement considérés comme constructibles dans un PLU, « cette servitude s'applique immédiatement, même si la commune n'a pas modifié son document d'urbanisme ». La servitude est annexée au PLU. Il appartient ultérieurement à la commune « de définir l'usage qui peut être fait des terrains concernés, en tenant compte de la servitude »[8].

4°
Cas du plan de prévention des risques naturels prévisibles (PPNRP)

231.1691 Objet du PPRNP. Le PPRNP est régi par les articles L. 562-1 du code de l'environnement. Ces dispositions prévoient notamment que le plan délimite les zones exposées aux risques et peut y interdire tout type de construction, d'ouvrage, d'aménagement ou d'activité économique[9].

231.1692 Annexion au PLU. Le PPRNP doit être annexé au PLU (et à la carte communale) en vertu du IV-B, al. 1er, de la liste des servitudes[10].

En revanche, il n'est pas exigé que ses prescriptions soient reprises dans le règlement du PLU[11].

1. C. urb., art. L. 152-7, al. 1er.
2. À PROPOS d'un PPRNP : CAA Bordeaux, 31 mars 2009, *Lillet*, req. n° 08BX00051, NP : « contrairement à ce que soutient le requérant, les contraintes d'urbanisme prévues par le règlement du plan de prévention des risques naturels prévisibles s'imposent directement à tout projet de construction ».
3. EN CE SENS : CAA Marseille, 9 févr. 2017, *SCI Bebe*, req. n° 15MA02991, NP : à défaut d'accomplissement des mesures de publicité du PPRI requises par les dispositions du code de l'environnement, une servitude qu'il institue n'est pas opposable à une autorisation de construire alors même qu'elle a été annexée au PLU de la commune. En l'espèce, le PPRI des Bouches-du-Rhône, qui a fait l'objet d'une publication dans le recueil des actes administratifs de la préfecture mais pas dans un journal local, en méconnaissance des dispositions du code de l'environnement, n'était pas opposable à la demande de permis de construire de la SCI, alors même qu'il a été annexé au PLU de la commune.
4. À PROPOS d'un PPRNP : CE 19 nov. 2010, *Min. Écologie c/ Herpe*, req. n° 331640, NP : arrêt indiquant qu'il résulte des dispositions précitées que « l'ensemble des servitudes instituées par un plan de prévention des risques naturels prévisibles sont immédiatement opposables, pendant une durée d'un an à compter de l'approbation de ce plan, aux décisions d'occupation du sol, seules les servitudes expressément annexées au plan local d'urbanisme demeurant opposables au-delà de ce délai ».
5. CE 23 sept. 2021, *Commune de Bordeaux*, req. n° 432650, *Lebon T.* ; *BJDU* 2022. 37, concl. O. Fuchs ; *Constr.-urb.* 2021, comm. 114, note X. Couton ; *RDI* 2021. 611, obs. P. Soler-Couteaux – CAA Marseille, 19 déc. 2014, *SCI KFCR*, req. n° 13MA01650, NP.
6. C. urb., art. L. 152-7, al. 2.
7. CE 23 sept. 2021, *Commune de Bordeaux*, req. n° 432650.
8. Rép. min. n° 4779, *JO Sénat Q* 26 août 2004, p. 1941.
9. C. env., art. L. 562-1, II, 1°.
10. V. ss n° 231.1661.
11. CE 14 mars 2003, *Assoc. synd. du lotissement des rives du Rhône et a.*, req. n° 235421, *Lebon T.*

231.1693 Portée du PPRNP. S'agissant de sa portée, il résulte des articles L. 562-1 et L. 562-4 du code de l'environnement que si, dans les zones délimitées par un PPRNP, les prescriptions auxquelles un tel plan subordonne une construction en application des 1° et 2° du II de l'article L. 562-1 de ce code s'imposent directement aux autorisations de construire, qui ne sauraient être légalement accordées lorsque ces prescriptions sont méconnues, il n'en va de même, s'agissant des mesures de prévention, de protection et de sauvegarde définies par un tel plan comme incombant aux particuliers dans ces mêmes zones en application du 3° du II du même article, que lorsque leur réalisation a été rendue obligatoire dans les conditions prévues au III de cet article. Si leur réalisation n'a pas été rendue obligatoire, ces mesures font seulement partie des éléments que l'autorité chargée de délivrer les autorisations de construire peut, en fonction de leur objet, prendre en considération pour apprécier le respect du règlement national d'urbanisme ou des dispositions ayant un objet similaire à celui d'un PLU. Par conséquent, la circonstance que le projet ne met pas en œuvre les mesures de prévention préconisées par le PPRNP ne fait pas, par elle-même, obstacle à ce que le permis de construire puisse légalement être accordé[1].

B.
Annexes du PLU relatives aux éléments énumérés aux articles R. 151-52 et R. 151-53

1°
Périmètres, plans et documents prévus par le code de l'urbanisme

231.1701 Éléments concernés. Figurent en annexe au PLU, s'il y a lieu, les éléments suivants, prévus par le code de l'urbanisme[2] :

– les périmètres délimités par une délibération du conseil municipal ou de l'organe délibérant de l'EPCI compétent dans lesquels l'article L. 111-16 ne s'applique pas (1°) ;

– le plan d'exposition au bruit des aérodromes, établi en application de l'article L. 112-6 (2°) ;

– les périmètres d'intervention délimités en application de l'article L. 113-16 pour la protection et la mise en valeur des espaces agricoles et naturels périurbains (3°) ;

– le périmètre des zones délimitées en application de l'article L. 115-3 à l'intérieur desquelles certaines divisions foncières sont soumises à déclaration préalable (4°) ;

– les schémas d'aménagement de plage prévus à l'article L. 121-28 (5°) ;

– l'arrêté du préfet coordonnateur de massif prévu au 1° de l'article L. 122-12 (6°) ;

– les périmètres à l'intérieur desquels s'applique le droit de préemption urbain défini par les articles L. 211-1 et suivants, ainsi que les périmètres provisoires ou définitifs des zones d'aménagement différé (7°) ;

– les zones d'aménagement concerté (8°) ;

– le périmètre des secteurs dans lesquels un programme d'aménagement d'ensemble a été approuvé en application de l'article L. 332-9 dans sa rédaction antérieure au 31 décembre 2010 (9°) ;

– le périmètre des secteurs relatifs au taux de la taxe d'aménagement, en application du 2 du I de l'article 1635 *quater* L et de l'article 1635 *quater* N du CGI (10°) ;

– les périmètres fixés par les conventions de projet urbain partenarial mentionnées à l'article L. 332-11-3 ainsi que ceux délimités en application du II de cet article (12°) ;

– les périmètres à l'intérieur desquels l'autorité compétente peut surseoir à statuer sur les demandes d'autorisation en application de l'article L. 424-1 (13°) ;

– les périmètres de projet prévus à l'article L. 322-13 (14°) ;

– la carte de préfiguration des zones soumises au recul du trait de côte (15°) ;

– les périmètres à l'intérieur desquels les clôtures sont soumises à déclaration préalable en application du d de l'article R. 421-12 (16°) ;

– les périmètres à l'intérieur desquels les travaux de ravalement sont soumis à autorisation en application du e de l'article R. 421-17-1 (17°) ;

– les périmètres à l'intérieur desquels le permis de démolir a été institué en application de l'article R. 421-27 (18°).

2°
Périmètres, plans, documents et règlements prévus par d'autres législations

231.1711 Éléments concernés. Figurent en annexe au PLU, s'il y a lieu, les éléments suivants[3] :

– les périmètres de développement prioritaires délimités en application de l'article L. 712-2 du code de l'énergie (1°) ;

– les périmètres d'interdiction ou de réglementation des plantations et semis d'essences forestières délimités en application de l'article L. 126-1 du code rural (2°) ;

1. CE 20 juin 2018, *Min. Cohésion des territoires c/Binacchi (M.)*, req. nº 412650, *Lebon T.*
2. C. urb., art. R. 151-52 ; mod. par décr. nº 2023-195, 22 mars 2023.
3. C. urb., art. R. 151-53.

– les périmètres miniers définis en application des livres Ier et II du code minier (3°) ;

– les périmètres de zones spéciales de recherche et d'exploitation de carrières et des zones d'exploitation et d'aménagement coordonné de carrières, délimités en application des articles L. 321-1, L. 333-1 et L. 334-1 du code minier (4°) ;

– le périmètre des secteurs situés au voisinage des infrastructures de transports terrestres, dans lesquels des prescriptions d'isolement acoustique ont été édictées en application de l'article L. 571-10 du code de l'environnement, les prescriptions d'isolement acoustique édictées et la référence des arrêtés préfectoraux correspondants et l'indication des lieux où ils peuvent être consultés (5°)[1] ;

– le plan des zones à risque d'exposition au plomb (6°) ;

– les bois ou forêts relevant du régime forestier (7°) ;

– les zones délimitées en application de l'article L. 2224-10 du CGCT et les schémas des réseaux d'eau et d'assainissement et des systèmes d'élimination des déchets, existants ou en cours de réalisation, en précisant les emplacements retenus pour le captage, le traitement et le stockage des eaux destinées à la consommation, les stations d'épuration des eaux usées et le stockage et le traitement des déchets (8°) ;

– les dispositions d'un projet de PPRNP rendues opposables en application de l'article L. 562-2 du code de l'environnement (9°) ;

– les secteurs d'information sur les sols en application de l'article L. 125-6 du code de l'environnement (10°) ;

– le règlement local de publicité élaboré en application de l'article L. 581-14 du code de l'environnement (11°) ;

– les périmètres des biens inscrits au patrimoine mondial et de leur zone tampon mentionnés à l'article L. 612-1 du code du patrimoine (12°) ;

– les périmètres des secteurs concernés par des obligations de débroussaillement ou de maintien en état débroussaillé résultant des dispositions du titre III du livre Ier du code forestier (13°).

§ 2
Annexes non prévues par le code de l'urbanisme (annexes que le PLU peut comporter)

231.1721 Éléments d'information. Les auteurs du PLU disposent de la possibilité d'ajouter en annexe de celui-ci des éléments à titre purement informatif. La présence de ces éléments n'étant pas imposée par le code, aucune opposabilité ne peut leur être conférée.

Pour cette raison, le ministère recommande « de restreindre l'utilisation des annexes afin de limiter le risque contentieux qui résulterait d'une mauvaise appréciation de leur statut juridique par les utilisateurs »[2].

SECTION 6
CONTENU DU PLU : CAS PARTICULIERS

§ 1
PLU tenant lieu de programme local de l'habitat (PLH) et de plan de mobilité

A.
PLUI pouvant tenir lieu de PLH ou de plan de mobilité

231.1731 PLUI pouvant tenir lieu de PLH ou de plan de mobilité. Lorsqu'il est élaboré par un EPCI compétent en matière d'habitat, le PLU peut tenir lieu de PLH[3]. Le PLH constitue le document stratégique de programmation et de mise en œuvre des politiques locales de l'habitat. Il exprime la stratégie politique de l'EPCI en matière d'habitat pour une durée de six ans[4].

Lorsqu'il est élaboré par un EPCI compétent qui est autorité organisatrice au sens de l'article L. 1231-1 du code des transports, le PLU peut par ailleurs tenir

1. Rép. min. n° 105, *JO Sénat Q* 24 oct. 2002, p. 2477 : « L'annexe relative aux voies bruyantes a pour objet d'informer les instructeurs de permis de construire, comme les pétitionnaires, des obligations liées à la prise en compte des mesures instituées pour la lutte contre le bruit. Elle constitue un complément au rapport de présentation qui doit analyser l'état initial du site et donc les risques de nuisances. Elle permet de justifier les dispositions du PLU prises pour réduire les nuisances sonores, telles que celles relatives à un retrait des constructions par rapport aux voies concernées. En effet, les secteurs affectés par le bruit, déterminés dans les arrêtés préfectoraux classant les infrastructures de transports terrestres, n'ont pas vocation à faire l'objet d'un zonage spécifique dans le PLU. Un tel zonage peut être délimité dès lors que des règles particulières d'urbanisme sont définies pour lutter contre les nuisances sonores ».

2. Ministère du logement, *Fiche technique 2 : La structure et le contenu du règlement*, oct. 2016, p. 5.
3. C. urb., art. L. 151-44, al. 1er.
4. CCH, art. L. 302-1, II, al. 1er : « Le programme local de l'habitat définit, pour une durée de six ans, les objectifs et les principes d'une politique visant à répondre aux besoins en logements et en hébergement, à favoriser le renouvellement urbain et la mixité sociale et à améliorer la performance énergétique de l'habitat et l'accessibilité du cadre bâti aux personnes handicapées en assurant entre les communes et entre les quartiers d'une même commune une répartition équilibrée et diversifiée de l'offre de logements ».

lieu de plan de mobilité [1]. Le plan de mobilité a remplacé en 2019 le plan de déplacement urbain (PDU) [2]. Le plan de mobilité détermine les principes régissant l'organisation de la mobilité des personnes et du transport des marchandises, la circulation et le stationnement dans le ressort territorial de l'autorité organisatrice de la mobilité. Il est élaboré par cette dernière en tenant compte de la diversité des composantes du territoire ainsi que des besoins de la population, en lien avec les collectivités territoriales limitrophes. Le plan de mobilité vise à contribuer à la diminution des émissions de gaz à effet de serre liées au secteur des transports, à la lutte contre la pollution de l'air et la pollution sonore ainsi qu'à la préservation de la biodiversité [3].

231.1732 PLU infracommunautaire ne pouvant tenir lieu de PLH ou de plan de mobilité. Le PLU infracommunautaire [4] ne peut tenir lieu de PLH ou de plan de mobilité [5].

B.
Contenu du PLU tenant lieu de PLH

231.1741 Programme d'orientations et d'actions (POA). Le PLU valant PLH organise une réflexion plus approfondie sur les liens entre urbanisme et habitat.

Pour cela, il comporte un programme d'orientations et d'actions [6]. Le POA constitue pour un ainsi dire le sixième document du PLU lorsque celui-ci tient lieu de PLH (et aussi lorsqu'il tient lieu de plan de mobilité).

Le POA comprend « toute mesure » ou « tout élément d'information » nécessaire à la mise en œuvre de la politique de l'habitat définie par le PLU tenant lieu de PLH [7].

Le POA comprend notamment les moyens à mettre en œuvre pour satisfaire les besoins en logements et en places d'hébergement, ainsi que le programme d'actions défini au IV de l'article L. 302-1 et à l'article R. 302-1-3 du CCH. Il indique également les conditions de mise en place de l'observatoire de l'habitat et du foncier prévu au III de l'article L. 302-1 du CCH et dont les missions sont définies à l'article R. 302-1-4 du même code [8].

1. C. urb., art. L. 151-44, al. 2.
2. L. n° 2019-1428, 24 déc. 2019 d'orientation des mobilités, *JO* 26 déc., n° 1.
3. C. trans., art. L. 1214-1 ; – ÉGALEMENT : C. trans., art. L. 1214-2.
4. V. s^s n° 233.31.
5. C. urb., art. L. 151-44, al. 3.
6. C. urb., art. L. 151-45, al. 1er.
7. C. urb., art. L. 151-45, al. 2.
8. C. urb., art. R. 151-54, 3°.

Ainsi, le POA présente l'ensemble des éléments de mise en œuvre de la politique de l'habitat. Il correspond donc à la stratégie de construction, de réhabilitation et de création de logements et d'hébergement en prenant en compte les besoins de la population actuelle et en définissant des objectifs raisonnés d'accueil de population nouvelle déclinés et localisés sur le territoire.

231.1742 Objectifs du PLU tenant lieu de PLH. Le PLU tenant lieu de PLH poursuit les objectifs énoncés à l'article L. 302-1 du CCH [9].

Les OAP précisent les actions et opérations d'aménagement visant à poursuivre ces objectifs [10]. Il présente ainsi les actions et les mesures opérationnelles qui ne relèvent pas de l'urbanisme mais qui constituent autant de leviers pour la mise en œuvre des politiques sectorielles de l'EPCI et font partie intégrante du PLH. Concernant la mixité sociale, on peut y retrouver par exemple :

– les conventions intercommunales pour les attributions de logements sociaux ;

– les dispositifs de traitement des copropriétés dégradées ;

– les conventions passées avec les établissements publics fonciers pour produire du logement social ;

– ou encore les modalités de repérage et de traitement des logements indignes.

231.1743 Rapport de présentation et PADD. Lorsque le PLU tient lieu de PLH, le rapport de présentation doit expliquer les choix retenus par le POA [11]. Il comprend également le diagnostic sur le fonctionnement des marchés locaux du foncier et du logement, sur la situation de l'hébergement et sur les conditions d'habitat définies à l'article L. 302-1 et à l'article R. 302-1-1 du CCH [12].

Lorsque le PLU tient lieu de PLH, le PADD détermine les principes et objectifs mentionnés aux a à c, f et h de l'article R. 302-1-2 du CCH [13]. À ce titre, il décrit le cadre détaillé des actions qui permettront de répondre aux principes et aux objectifs figurant dans le PADD en précisant, le cas échéant, leur calendrier prévisionnel, leur caractère partenarial avec l'identification des acteurs chargés de leur mise en œuvre, leurs modalités de financement, leur lien éventuel avec les actions ou les objectifs *supra* communautaires. Il précise également les objectifs du PADD, notamment dans leurs déclinaisons territoriales, temporelles ou techniques.

9. C. urb., art. L. 151-46, al. 1er.
10. C. urb., art. L. 151-46, al. 2.
11. C. urb., art. L. 151-45, al. 2.
12. C. urb., art. R. 151-54, 1°.
13. C. urb., art. R. 151-54, 2°.

C.
Contenu du PLU tenant lieu de plan de mobilité

231.1751 **Programme d'orientations et d'actions (POA).** Lorsque le PLU tient lieu de plan de mobilité, il comporte un programme d'orientations et d'actions[1].

Le POA comprend « toute mesure » ou « tout élément d'information » nécessaire à la mise en œuvre de la politique des transports et des déplacements définis par le PLU tenant lieu de plan de mobilité[2]. Dans ce cas, le rapport de présentation explique les choix retenus par ce programme[3].

Le POA comprend notamment[4] :

- les dispositions prévues aux articles R. 1214-1 et R. 1214-2 du code des transports ;
- ainsi que les conditions de mise en place de l'observatoire des accidents prévu à l'article R. 1214-3 du même code.

231.1752 **Objectifs et contenu du PLU tenant lieu de plan de mobilité.** Le PLU tenant lieu de plan de mobilité poursuit les objectifs énoncés aux articles L. 1214-1 et L. 1214-2 du code des transports[5].

Il comprend :

- des OAP qui précisent les actions et opérations d'aménagement visant à poursuivre les principes et les objectifs énoncés aux articles L. 1214-1 et L. 1214-2 du code des transports[6] ;
- le ou les plans de mise en accessibilité de la voirie et des espaces publics, prévus à l'article 45 de la loi du 11 février 2005[7] pour l'égalité des droits et des chances, la participation et la citoyenneté des personnes handicapées, applicables sur le territoire de l'EPCI[8].

Le règlement fixe les obligations minimales en matière de stationnement pour les véhicules non motorisés, en tenant compte notamment de la desserte en transports publics réguliers et, le cas échéant, de la destination des bâtiments, dans le respect des conditions prévues à l'article L. 113-18 du CCH[9].

Il détermine des secteurs à l'intérieur desquels les conditions de desserte et de transports publics réguliers permettent de réduire ou de supprimer les obligations minimales en matière de réalisation d'aires de stationnement pour les véhicules motorisés, notamment pour la construction d'immeubles de bureaux. À l'intérieur de ces secteurs, il fixe un nombre maximal d'aires de stationnement pour les véhicules motorisés, lors de la construction de bâtiments destinés à un usage autre que l'habitation[10].

231.1753 **Rapport de présentation et PADD.** Lorsque le PLU tient lieu de plan de mobilité :

- le rapport de présentation expose les dispositions retenues en matière de transports et de déplacements dans le PADD et dans les OAP[11] ;
- le PADD détermine les principes mentionnés à l'article L. 1214-1 du code des transports et vise à assurer les objectifs fixés à l'article L. 1214-2 du même code[12].

D.
Contenu particulier dans le cas des communautés de communes comprenant moins de 30 000 habitants

231.1761 **POA et OAP.** Lorsqu'une communauté de communes de moins de 30 000 habitants élabore un PLU tenant lieu de PLH ou lorsqu'un EPCI qui n'est pas soumis à l'obligation d'élaborer un plan de mobilité en application de l'article L. 1214-3 du code des transports élabore un PLU tenant lieu de plan de mobilité, ce plan comprend un programme d'orientations et d'actions et, si nécessaire, des dispositions relatives à l'habitat ou aux transports et déplacements dans les OAP[13].

§ 2
PLUI contenant des plans de secteurs (EPCI)

231.1771 **Possibilité de plans de secteurs.** Lorsqu'il est élaboré par un EPCI, le PLU peut comporter des plans de secteur qui couvrent chacun l'intégralité du territoire d'une ou plusieurs communes membres de l'établissement public[14]. Le ou les documents graphiques font apparaître ces plans[15].

L'intérêt du plan de secteur tient à ce qu'il permet une sorte d'individualisation du PLU à l'échelle d'une commune (ou de plusieurs communes). Il s'avère particulièrement adapté pour les territoires hétérogènes en permettant un traitement différent d'un secteur à l'autre. Tel est le cas pour les EPCI qui comprennent :

- des territoires très différents ou contrastés (urbains/ruraux ; plaine/montagne...) ;

1. C. urb., art. L. 151-45, al. 1er.
2. C. urb., art. L. 151-45, al. 2.
3. C. urb., art. L. 151-45, al. 2.
4. C. urb., art. R. 151-55, 3°.
5. C. urb, art. L. 151-47, al. 1er.
6. C. urb, art. L. 151-47, 1°.
7. L. n° 2005-102, 11 févr. 2005, pour l'égalité des droits et des chances, la participation et la citoyenneté des personnes handicapées, *JO* 12 févr., n° 1.
8. C. urb, art. L. 151-47, 2°.
9. C. urb, art. L. 151-47, al. 5.
10. C. urb, art. L. 151-47, al. 6.
11. C. urb., art. R. 151-55, 1°.
12. C. urb., art. R. 151-55, 2°.
13. C. urb., art. L. 151-48.
14. C. urb., art. L. 151-3, al. 1er.
15. V. s^s n° 231.1501.

– ou de très grands territoires (en termes de surfaces ou de nombre de communes).

231.1772 Le plan de secteur précise le PLU dans le secteur qu'il couvre. Le plan de secteur précise les OAP ainsi que le règlement spécifique à ce secteur[1].

231.1773 Demande d'une commune d'être couverte par un plan de secteur. Une ou plusieurs communes membres d'une communauté de communes ou d'une communauté d'agglomération peuvent demander à être couvertes par un plan de secteur[2].

Après un débat au sein de l'organe délibérant de l'EPCI, celui-ci délibère sur l'opportunité d'élaborer ce plan[3].

231.1774 Avis des communes concernées. Lorsque l'élaboration d'un plan de secteur a été décidée, l'avis sur ce plan de la ou des communes dont il couvre le territoire est sollicité avant l'approbation du PLU par l'organe délibérant de l'EPCI[4].

SECTION 7
DOMAINE DU PLU ET CONSEILS DE RÉDACTION DU DOCUMENT

§ 1
Domaine du PLU

231.1781 Étendue du PLU. La question du domaine du PLU concerne l'étendue des matières sur lesquelles il peut porter, les types de dispositions qu'il est susceptible de contenir et, par-là, l'ampleur des limitations qu'il est susceptible d'apporter au droit de propriété, voire à la liberté d'entreprendre. Sur ces différents points le principe est clair : le PLU ne peut porter que sur les matières prévues par le législateur et comporter les types de dispositions autorisées par celui-ci.

A.
Matières dans lesquelles le PLU peut intervenir

1°
Le PLU ne peut intervenir que dans les matières d'urbanisme

231.1791 Un champ limité au droit de l'urbanisme. Prises dans leur ensemble comme considérées une à une, les dispositions du code de l'urbanisme relatives au PLU ne prévoient et n'autorisent l'intervention de celui-ci que dans des matières relevant exclusivement du champ de ce code.

Il en résulte que le PLU ne peut intervenir dans des matières extérieures au champ du droit de l'urbanisme.

2°
Le PLU ne peut pas intervenir dans les autres matières

231.1801 Productions agricoles. Le code de l'urbanisme prévoit expressément que les « productions agricoles » sont extérieures au champ du droit de l'urbanisme[5]. Il en résulte l'impossibilité pour un PLU de prévoir des prescriptions portant sur les modes de productions agricoles.

Les modes de productions agricoles sont prévues par le code rural, dans son livre IV, plus exactement ses titres V (productions animales) et VI (productions végétales), qui portent notamment sur le droit de vaine pâture, la possibilité de définir la densité du bétail par rapport à la superficie du terrain, les règles de stockage et de mise en place de la semence des ruminants, les zones réglementaires de choix et d'emplacement des cultures, les règles relatives à la plantation de vignes ou encore la sectorisation des plantes génétiquement modifiées.

Le PLU ne peut comporter de règles dans ces matières touchant aux modalités de l'exploitation agricole. Par exemple, est illégal un règlement de PLU subordonnant l'extension des bâtiments d'élevage en zone A à la condition que le cheptel reste à effectif constant[6].

231.1802 Fonctionnement des ICPE. Le PLU peut encadrer les ICPE pour des motifs d'urbanisme (notamment les risques et les nuisances en y interdisant certaines destinations type habitat ou autres à proximité) mais il ne saurait comporter de dispositions concernant leur activité et leur fonctionnement.

231.1803 Mode de gestion et d'entretien des terrains. Le PLU ne peut comporter de dispositions concernant le mode de gestion et d'entretien des propriétés et du foncier. Par exemple, il ne peut imposer le défrichement des abords d'une propriété bâtie pour la prémunir contre les risques d'incendie ; cette question relève du code forestier.

231.1804 Panneaux publicitaires. Le PLU ne peut réglementer la publicité extérieure, qui relève du règlement national et local de publicité.

1. C. urb., art. L. 151-3, al. 2.
2. C. urb., art. L. 151-3, al. 3.
3. C. urb., art. L. 151-3, al. 3.
4. C. urb., art. L. 151-3, al. 4.
5. V. s[s] n° 011.13.
6. CAA Nancy, 14 nov. 2023, *EARL du Bruehli*, req. n° 20NC03583, NP ; *Constr.-Urb.* 2024, comm. 31, note L. Santoni.

231.1805 **Droit de clore.** Le droit de clore un terrain est consacré par l'article 647 du code civil. Aussi le PLU ne peut-il interdire les clôtures agricoles et, plus généralement, interdire de clore un terrain. Il peut seulement fixer des règles sur les clôtures en termes de gabarit, de forme et d'aspect (maçonnée, végétale-grillagée, transparente, d'une couleur donnée, etc.).

B. Dispositions que le PLU peut contenir

1° Le PLU ne peut comporter que les dispositions prévues par le législateur

231.1811 **Habilitation législative.** Le PLU ne peut comporter que les types de dispositions autorisées par le législateur.

2° Le PLU ne peut comporter des dispositions non prévues par le législateur

a. Le PLU ne peut imposer de formalités non prévues par la loi

231.1821 **Principe.** Il est de jurisprudence constante « qu'il n'appartient aux auteurs des règlements d'urbanisme ni d'imposer des formalités autres que celles prévues par le code, ni de modifier les compétences déterminées par celui-ci »[1].

231.1822 **Illustrations.** Le PLU ne peut :

– exiger des pièces complémentaires à celles prévues par le code de l'urbanisme (p. ex. une étude d'ensoleillement[2]) ;

– subordonner la délivrance d'une autorisation à une procédure non prévue par le code de l'urbanisme[3] (par exemple l'accord d'un architecte de zone[4]) ;

– soumettre des opérations à permis de construire en plus des cas prévus par le code[5].

b. Le PLU ne peut comporter de règles de fond non prévues par la loi

231.1831 **Agencement intérieur des logements.** Aucune disposition législative ou réglementaire ne permet de fonder légalement l'édiction par le PLU d'une prescription qui régit l'agencement intérieur des bâtiments d'habitation[6].

231.1832 **Coefficient d'occupation des sols (COS).** Afin d'assurer une meilleure utilisation du foncier disponible, la loi ALUR a mis fin à la technique du COS et à la possibilité pour les PLU de fixer une taille minimale des terrains constructibles[7].

231.1833 **Interdiction des lotissements.** La section du contentieux a affirmé qu'il ne ressort d'aucune disposition législative que les auteurs du règlement d'un PLU aient compétence pour interdire par principe ou pour limiter la faculté reconnue aux propriétaires de procéder à la division d'une ou de plusieurs propriétés foncières en vue de l'implantation de bâtiments (lotissement), faculté qui participe de l'exercice de leur droit à disposer de leurs biens, dont il appartient au seul législateur de fixer les limites[8].

§ 2 Conseils de rédaction et de conception du document

A. Conseils généraux de rédaction et de conception du PLU

231.1841 **Définir et hiérarchiser les objectifs.** Les PLU contribuent à mettre en œuvre les objectifs généraux fixés par le code de l'urbanisme. Ces objectifs sont nombreux et doivent tous êtres pris en compte. Néanmoins, des arbitrages doivent être réalisés afin d'opérer une hiérarchisation entre ces objectifs car certains d'entre eux s'avèrent difficiles voire impossible à concilier.

231.1842 **Veiller à la cohérence interne du document.** Le caractère intégré du PLU impose d'être vigilant quant à la cohérence des politiques publiques qu'il traduit. Par exemple, peuvent être contradictoires :

– des objectifs de maîtrise du coût de production du logement et des exigences élevées en matière de stationnement ;

– la volonté de développer des mobilités alternatives à la voiture et une absence de contrainte en matière de stationnement.

1. PAR EX. : CE, sect., 3 déc. 1993, *Paris (Ville) c/Parent et a.*, req. n° 146710, *Lebon*.
2. CE 10 sept. 1989, *Gunton*, req. n° 101022, NP.
3. CE 4 févr. 1994, *Commune de Léognan*, req. n° 104051, *Lebon T.*
4. CE, sect., 21 mars 1986, *Syndicat des copropriétaires des Périades*, req. n° 61817, *Lebon*.
5. CE, sect., 3 déc. 1993, *Paris (Ville) c/Parent et a.*, req. n° 146710, *Lebon*.
6. CE 9 juill. 1997, *Megève (Cne)*, req. n° 146061, *Lebon T.*
7. Voir E. Carpentier, « Le règlement du PLU "alurisé" », *BJDU* 2016. 106.
8. CE, sect., 27 juill. 2012, *Hoffmann*, req. n° 342908, *Lebon ; BJDU* 2012. 446, concl. X. de Lesquen ; *LPA* 5 oct. 2012, n° 200, p. 5, note. J.-B. Dubrulle ; *Constr.-Urb.* 2012, comm. 145, note. J. Tremeau.

231.1843 Prendre en compte l'état du foncier. Il y a lieu de tenir compte de l'état et des caractéristiques du foncier disponible. À défaut de quoi, les objectifs poursuivis risquent de ne pouvoir être atteints.

Par exemple, la réussite de la reconquête d'un centre ancien dégradé et objet de vacance peut être contrariée par une offre trop abondante en foncier permettant la construction neuve. De même, les prescriptions relatives à la protection patrimoniale et au stationnement peuvent entrer en contradiction avec la capacité de mutation et d'adaptation des constructions existantes.

231.1844 Choisir les outils adaptés à la mise en œuvre du PADD. Avant la rédaction des pièces opposables aux tiers, il est nécessaire de choisir, parmi les outils offerts par le code de l'urbanisme (règlement et/ou OAP) ceux qui seront nécessaires à la mise en œuvre du PADD.

231.1845 Tester la règle sur des parcelles sélectionnées. Il est utile de tester la règle élaborée sur une sélection de parcelles représentatives du secteur dans lequel elle va s'appliquer, ou bien sur des parcelles qui ont fait l'objet d'autorisations d'urbanisme avec un résultat plus ou moins satisfaisant. Cela permet de vérifier que les effets de la règle sont bien ceux recherchés.

B.
Conseils particuliers de rédaction et de conception du PLU

231.1851 Guide établi par le ministère. Les services ministériels ont établi à l'attention des rédacteurs de PLU un guide comprenant des indications, recommandations et conseils pour l'élaboration de ce document[1].

Dans sa partie 4, le guide présente ces recommandations en fonction des caractéristiques de la collectivité concernée (à dominante urbaine, à dominante rurale, à l'échelle d'une commune, à l'échelle d'un EPCI de grande dimension, etc.).

Dans sa partie 3, la plus substantielle, il expose les outils offerts aux collectivités (à travers le règlement et les OAP) en formulant des conseils pratiques sur la façon de les utiliser pour atteindre les catégories d'objectifs suivants ;

– accompagner l'émergence de projets urbains ;

– accompagner la croissance et l'emploi, gérer la mixité fonctionnelle ;

– adapter l'offre d'habitat aux besoins des habitants actuels et futurs ;

– favoriser l'intensification urbaine et optimiser les espaces déjà urbanisés ;

– préserver et faire évoluer le cadre de vie, le patrimoine et les paysages ;

– préserver et valoriser la nature et l'environnement ;

– promouvoir les mobilités durables et un bon accès aux services ;

– valoriser les ressources et les réseaux et prévenir les impacts environnementaux des activités humaines.

1. Ministère de la cohésion des territoires, *Guide sur les dispositions opposables aux PLU*, mars 2020, 268 p.

CHAPITRE

232. Effets du PLU et place dans la hiérarchie des normes

SECTION 0
ORIENTEUR

232.00 **Sommaire du chapitre.**

232.01 Textes applicables.

• **C. urb.**

art. L. 152-1 s.

art. R. 152-1 s.

232.03 Bibliographie indicative.

Encyclopédies. *DP constr.-urb., ét.* : « Plan local d'urbanisme (PLU) » – *J.-Cl. Constr.-Urb.*, fasc. 7-56 : « Plan local d'urbanisme. – Effets et sanctions », par Ch. Denizeau, févr. 2015.

Articles. J. Andréani, « La faculté de déroger aux règles du plan local d'urbanisme introduite par l'article L. 123-5-1 du Code de l'urbanisme », *AJCT* 2014. 204 – F. Bouyssou, « Dix ans après : dérogations et adaptations mineures », *Droit et ville* 1984, n° 17, p. 159 – G. Godfrin, « Dérogations d'urbanisme : la fin d'un tabou ? », *DAUH* 2014. 74 – P. Hocreitère, « Les principes du juge en matière d'adaptations mineures », *LPA* 26 janv. 1987, p. 12 – C. Chabot et D. Richard, « Chartes d'urbanisme : des outils à la limite du droit positif, mais porteurs de sens », *Constr.-Urb.* 2024, étude 6.

232.04 Questions essentielles.

> Quelle est l'opposabilité du règlement et des documents graphiques ?

* V. s[s] n°s 232.41 s.

> Quelle est l'opposabilité des OAP ?

* V. s[s] n°s 232.51 s.

> Quelle est la portée du PADD et du rapport de présentation ?

* V. s[s] n°s 232.71 s.

> Dans quels cas l'autorité compétente en matière d'autorisations d'urbanisme peut-elle accorder des adaptations mineures au PLU et des dérogations à celui-ci ?

* V. s[s] n°s 232.131 s.

SECTION 1
TEXTES ET DOCUMENTS S'IMPOSANT AU PLU

§ 1
Respect des principes généraux du code de l'urbanisme

232.11 Principes généraux. Le PLU « respecte les principes énoncés aux articles L. 101-1 à L. 101-3 »[1]. Il en résulte que le respect de ces principes doit guider les règles définies par les auteurs du PLU. La méconnaissance de ceux-ci peut entacher le PLU d'illégalité[2].

§ 2
Exigence de compatibilité ou de prise en compte des normes supérieures

232.20 Renvoi. Le PLU doit respecter ou prendre en compte les dispositions et documents d'urbanisme supérieurs[3].

SECTION 2
OPPOSABILITÉ DU PLU

§ 1
Opposabilité variable des différents documents du PLU

232.31 Exigence de conformité avec le règlement et les documents graphiques. Le code de l'urbanisme, plus exactement son article L. 152-1, confère une opposabilité au règlement du PLU, aux documents graphiques et aux OAP. Il ne prévoit pas

1. Sur les principes généraux du droit de l'urbanisme, v. s[s] n°s 032.05 s. – C. urb., art. L. 151-1.
2. V. p. ex. CAA Nantes, 26 mars 2024, *Maury*, req. n° 22NT03863, NP (PLU prévoyant des constructions de logements nettement supérieures aux besoins compte tenu de l'évolution démographique du territoire).
3. V. s[s] n°s 211.151 s.

l'opposabilité du rapport de présentation et du PADD, ce qui emporte l'inopposabilité de ceux-ci.

A. Opposabilité du règlement, des documents graphiques et des OAP

1° Exigence de conformité avec le règlement et les documents graphiques

232.41 Rapport de conformité. L'exécution par toute personne publique ou privée de tous travaux, constructions, aménagements, plantations, affouillements ou exhaussements des sols, et ouverture d'installations classées appartenant aux catégories déterminées dans le plan « doivent être conformes au règlement et à ses documents graphiques »[1].

L'exigence de conformité s'impose même si le projet n'est pas soumis à permis ou déclaration préalable[2].

232.42 Une exigence stricte. L'obligation de conformité interdit toute différence entre la norme et la mesure d'exécution. Il en résulte que la conformité s'entend d'une application stricte de la prescription prévue par le règlement du PLU ou ses documents graphiques. Aucun écart n'est possible par rapport à la règle prévue par le PLU (sauf dans le cas d'une adaptation mineure ou d'une dérogation[3]).

Si par exemple, dans le cadre d'un programme de 100 logements, le règlement du PLU impose la réalisation d'au moins 20 % de logements locatifs sociaux, le porteur de projet ne pourra proposer la réalisation de moins de 20 logements locatifs sociaux.

La jurisprudence confirme qu'un projet qui ne respecte pas les prescriptions du règlement ou de ses documents graphiques ne peut être réalisé[4].

232.43 Prise en compte de la façon dont sont rédigées les prescriptions. Il arrive que la rédaction d'un article du PLU soit ouverte et nuancée afin de conférer une certaine marge de liberté à l'autorité compétente pour délivrer les autorisations d'urbanisme. En cas de recours, le juge doit tenir compte de l'ensemble des dispositions de l'article concerné et de la marge d'appréciation qu'elles laissent à l'autorité administrative pour accorder ou refuser de délivrer une autorisation d'urbanisme[5].

2° Exigence de compatibilité avec les OAP

232.51 Rapport de compatibilité. Les travaux ou opérations précitées[6] doivent être « compatibles, lorsqu'elles existent, avec les orientations d'aménagement et de programmation »[7]. Il en résulte « qu'une autorisation d'urbanisme ne peut être légalement délivrée si les travaux qu'elle prévoit sont incompatibles avec les orientations d'aménagement et de programmation d'un plan local d'urbanisme et, en particulier, en contrarient les objectifs »[8].

232.52 Un rapport de non-contrariété majeure. Le rapport de compatibilité « implique seulement qu'il n'y ait pas de contrariété majeure » entre la norme et la mesure d'exécution. Un écart mineur par rapport aux dispositions fixées « est donc toléré, dès lors que l'esprit des dispositions définies dans les OAP est respecté »[9].

232.53 Contrôle de cassation. Le juge de cassation exerce un contrôle de qualification juridique sur la compatibilité des autorisations d'urbanisme avec les OAP[10].

232.54 Exemple d'incompatibilité (nature et aspect des constructions). Un arrêt de la CAA de Marseille donne un exemple d'incompatibilité avec

1. C. urb., art. L. 152-1, al. 1er.
2. PAR EX. : CE 26 nov. 2010, *Min. Écologie*, req. n° 320871, *Lebon T.*
3. V. ss nos 232.131 s.
4. PAR EX. : pour un refus de délivrer à une entreprise de carrière l'autorisation d'exploiter une installation de stockage de déchets inertes, CE 6 avr. 2016, *Sté Carrières Leroux-Philippe*, req. n° 381552, *Lebon T.* ; *BJDU* 2016. 278, concl. S. von Coester.
5. EN CE SENS : CE 19 juin 2015, *Grands magasins de La Samaritaine – Maison Ernest Cognacq et ville de Paris*, req. n° 387061, *Lebon T.* : à propos d'un article du PLU de la ville de Paris qui, tout en posant une exigence d'insertion des constructions nouvelles dans le tissu urbain existant, comporte dans le même temps des dispositions, répondant au souci d'éviter le mimétisme architectural, qui permettent à l'autorité administrative de délivrer des autorisations pour la construction de projets d'architecture contemporaine, pouvant déroger aux registres dominants de l'architecture parisienne et pouvant retenir des matériaux ou des teintes innovants, dès lors que cette construction nouvelle peut s'insérer dans le tissu urbain existant ; – CE 9 nov. 2015, *Lambert*, req. n° 385689 ; *BJDU* 2016. 20, concl. X. Domino : à propos de dispositions d'un PLU relatives à la densification du tissu urbain dont il résulte que l'obligation pour une construction nouvelle de tenir compte de son environnement et de s'y intégrer ne fait pas obstacle à ce qu'une construction présente, dans le respect des prescriptions du règlement relatives à la hauteur, une différence d'échelle avec les constructions pavillonnaires avoisinantes.
6. V. ss n° 232.41.
7. C. urb., art. L. 152-1, al. 2.
8. CE 30 déc. 2021, *Commune de Lavérune et a.*, req. n° 446763, *Lebon T.* ; *Constr.-urb.* 2022, comm. 27, note L. Santoni ; *JCP Adm.* 2022, n° 2061, chron. O. Le Bot ; *BJDU* 2022. 109, concl. V. Villette ; *RDI* 2022. 189, obs. P. Soler-Couteaux.
9. Ministère de la cohésion des territoires, *Guide sur les dispositions opposables aux PLU*, mars 2020, p. 38.
10. CE 30 déc. 2021, *Commune de Lavérune et a.*, req. n° 446763.

des OAP concernant la nature et l'aspect des constructions[1].

En l'espèce, les OAP relatives à l'« extension Ouest du village » prévoient que l'urbanisation s'effectue sous la forme de maisons de ville, accessoirement sous la forme de résidences individuelles, un aspect de « village/rue » étant donné aux constructions alignées et groupées en petites unités, en accroche autour des voies existantes ou à créer, et les maisons de ville ouvrant leurs façades principales sur des espaces publics et la constitution d'un front bâti permettant de conforter l'effet de place.

Est incompatible avec ces orientations des OAP le permis de construire deux immeubles en R+3 à usage collectif d'habitations, comprenant 21 logements :

– d'une part, il ne s'agit pas de maisons de ville ou de constructions individuelles ;

– d'autre part, ces deux immeubles, espacés l'un de l'autre ainsi que vis-à-vis de la voirie existante, ne sont pas alignés, et ne constituent pas un front bâti donnant un aspect de « village/rue ».

232.55 Exemple d'incompatibilité (caractère rural de la zone et réalisation de voies de circulation). Un arrêt de la CAA de Bordeaux illustre une incompatibilité avec une OAP concernant le caractère rural de la zone et la réalisation de voies de circulation[2].

En l'espèce, une OAP indique au titre de ses « principes généraux » que « les espaces publics [...] doivent être accessibles à tous et traversants. Il faut ainsi éviter au maximum les clos, les culs de sac et les impasses ». S'agissant spécifiquement du secteur de la Rieste, elle mentionne que : « la zone 1AU de la Rieste [...] constitue [...] une dent creuse importante (un peu plus de 5 ha) au sein du tissu urbain existant qu'il semblait important de combler [...]. La zone permettra d'implanter des constructions plus en profondeur tout en conservant un caractère très rural à la zone, grâce au maintien de vignes au cœur de l'urbain, à la création d'espaces publics centraux et à la mise en place de noue [...] ». Elle prévoit également, au titre des principes d'aménagement de la zone, que : « La commune [...] affiche sa volonté de tendre vers un développement urbain maîtrisé et de qualité, respectueux de l'identité et du cadre de vie du territoire [...]. Le maintien de vignes permet d'assurer une urbanisation de qualité et de conserver le caractère rural du site qui prolonge un petit village. La création d'espaces publics centraux et fédérateurs, de cheminements piétons permet d'aménager des espaces de rencontre et de favoriser le lien social entre les habitants du quartier. La mise en place de liaisons avec les voies existantes, autant que possible permet de relier ces quartiers et de mailler avec l'existant [...] ».

La cour relève qu'il « ressort des dispositions précitées et des plans et schémas compris dans cette orientation, qui a un caractère suffisamment précis pour être opposable au permis litigieux et dont les dispositions n'ont pas nécessairement à être intégralement reprises par le règlement du plan local d'urbanisme pour ce faire, que la commune d'Arbanats, si elle a fait le choix d'une urbanisation du secteur de La Rieste, dont il est constant qu'il est classé en zone 1 AU, a, d'une part, néanmoins souhaité en préserver le "caractère très rural" et, d'autre part, opté pour un aménagement d'ensemble de l'îlot compris entre le chemin du Bérot, la RD 113 et l'avenue des Araires qui comprenne des circulations entre le chemin du Bérot et la RD 113, conserve le caractère naturel des espaces centraux compris entre ces deux voies en organisant les constructions autour de ceux-ci et évite autant que possible la constitution de voies de circulation ne permettant que la desserte des constructions riveraines ».

Elle en déduit : « Compte tenu de sa configuration, le projet litigieux aura pour effet d'empêcher la réalisation de deux des quatre voies de circulation envisagées entre le chemin du Bérot et la RD 113, de supprimer l'un des deux "espaces publics centraux", constitué par la plus grande partie de la parcelle cadastrée section B, n° 948 actuellement plantée de vignes, de créer une voie de desserte unique se terminant en impasse pour 23 des lots envisagés, de densifier notablement l'habitat de la zone et ainsi d'empêcher la réalisation sur la majeure partie du secteur concerné par l'orientation d'aménagement précitée des principes qu'elle retient ».

232.56 Exemple de compatibilité (ZAC). Il y a lieu de tenir compte, lorsque l'OAP porte sur une ZAC, « de la localisation, prévue dans les documents graphiques, des principaux ouvrages publics, des installations d'intérêt général et des espaces verts. Dans l'hypothèse où l'orientation d'aménagement et de programmation prévoit, comme élément de programmation d'une zone d'aménagement concerté, la localisation d'un équipement public précis, la compatibilité de l'autorisation d'urbanisme portant sur cet équipement doit s'apprécier au regard des caractéristiques concrètes du projet et du degré de précision de l'orientation d'aménagement et de programmation, sans que les dispositions du code de l'urbanisme relatives aux destinations des constructions, qui sont sans objet dans l'appréciation à porter sur ce point, aient à être prises en compte »[3].

1. CAA Marseille, 22 févr. 2016, *SCI Les Terrasses d'Oletta*, req. n° 15MA00147, NP.
2. CAA Bordeaux, 9 juill. 2020, *Sté Ranchère*, req. n° 19BX02706, NP.
3. CE 30 déc. 2021, *Commune de Lavérune et a.*, req. n° 446763.

Dans cette affaire, une OAP d'un PLU adoptée en 2011 prévoyait, parmi les « grands principes de composition » d'une ZAC, la réalisation « d'équipements publics (notamment EHPAD) » et identifiait les environs du terrain d'assiette du projet en litige comme devant accueillir un « équipement public ». En 2019 fut délivré un permis de construire, non pas un EHPAD, mais une résidence intergénérationnelle de 99 logements, dont 62 visant à accueillir des personnes âgées. Sur recours formé par des riverains, le tribunal administratif a annulé ce permis pour méconnaissance de l'OAP.

Saisi d'un recours en cassation, le Conseil d'État rappelle que, certes, l'OAP prévoyait l'implantation d'un EPHAD et non d'une résidence intergénérationnelle. Il souligne toutefois que les deux tiers des logements prévus au sein de cette résidence sont destinés à l'accueil des personnes âgées et que, en outre, le bâtiment inclut des espaces collectifs dont la gestion sera confiée à une association spécialisée dans la gestion de résidences pour personnes âgés, qui est autorisée à fournir des services d'aide à domicile, notamment aux personnes âgées. Par suite, en jugeant que le projet de construction n'était pas compatible avec l'OAP de ZAC, « qui poursuivait notamment un objectif de développement d'une offre de logements adaptée aux personnes âgées en situation de dépendance, le tribunal administratif a inexactement qualifié les faits qui lui étaient soumis » [1]. La solution retenue confirme la souplesse devant présider à l'appréciation de la compatibilité d'un projet avec une OAP.

232.57 Portée de la délimitation d'une zone verte. La délimitation, dans les documents graphiques d'un PLU, au titre des OAP, d'une « zone verte » au sein d'une zone à urbaniser ne peut être assimilée ni à la définition d'une zone naturelle à protéger, ni à la fixation d'un emplacement réservé aux espaces verts, ni au classement en espace boisé. Par suite, cette délimitation ne suffit pas, par elle-même, à conférer à cette zone un caractère inconstructible [2].

3°
Précisions sur l'opposabilité du PLU à certaines opérations

232.61 Liste des travaux et installations concernés. La liste des travaux et installations auxquels est opposable le PLU est fixée à l'article L. 152-1 [3]. Des précisions particulières ont été apportées par la jurisprudence sur certains d'entre eux.

1. CE 30 déc. 2021, *Commune de Lavérune et a.*, req. n° 446763.
2. CE 26 mai 2010, *Dos Santos*, req. n° 320780, *Lebon T.*
3. V. s[s] n° 232.41.

232.62 Opposabilité à une ICPE. Le code de l'urbanisme prévoit expressément que l'ouverture d'installations classées appartenant aux catégories déterminées dans le plan doivent être conformes au règlement et à ses documents graphiques [4].

Néanmoins, le législateur a inséré dans le code de l'environnement des dispositions prévoyant que la compatibilité d'une installation classée avec les dispositions d'un SCOT, d'un PLU ou d'une carte communale est appréciée à la date de l'autorisation, de l'enregistrement ou de la déclaration [5]. Ces dispositions ont pour finalité, ainsi qu'il ressort des travaux parlementaires préalables à leur adoption, d'empêcher que l'exploitation d'une installation classée légalement autorisée, enregistrée ou déclarée soit rendue irrégulière par une modification ultérieure des règles d'urbanisme. Le Conseil d'État a néanmoins précisé que cet article n'est pas applicable aux refus d'autorisation, d'enregistrement ou de délivrance d'un récépissé de déclaration. Par suite, le juge (qui statue en plein contentieux) apprécie la compatibilité de la décision de refus avec le PLU applicable à la zone où se situe l'installation en litige au regard des règles de ce plan en vigueur à la date où il statue [6].

Les installations nucléaires relèvent d'une législation distincte du code de l'urbanisme. Par suite, le règlement d'un PLU n'est pas opposable au décret autorisant la création d'une installation nucléaire de base [7].

232.63 Opposabilité des dispositions sur les affouillements et exhaussements du sol. Les dispositions du règlement d'un PLU interdisant les affouillements et exhaussements du sol s'appliquent aux travaux non soumis à permis de construire. En revanche, elles ne sont pas applicables aux travaux de mise en état des terrains d'assiette des bâtiments et autres ouvrages dont la construction fait l'objet d'un permis de construire, lequel est délivré conformément à d'autres dispositions du même code et tient compte d'éventuels affouillements et exhaussements du sol [8].

B.
Inopposabilité du PADD et du rapport de présentation

232.71 Absence d'opposabilité du PADD. Le PADD n'est pas opposable aux projets d'utilisation et d'occupation du sol.

4. C. urb., art. L. 152-1, al. 1er.
5. C. env., art. L. 514-6, I, al. 2.
6. CE 29 janv. 2018, *SAPAN*, req. n° 405706, *Lebon*.
7. CE 1er mars 2013, *S[té] Roozen France*, req. n° 340859, *Lebon T.*
8. CE 6 févr. 1981, *SCI de Kerambigorn*, req. n° 01331, *Lebon* – CE 11 avr. 2014, *Lacoste*, req. n° 356428, *Lebon T.*

Toutefois, le règlement devant être cohérent avec les orientations du PADD[1], il serait possible de soulever par la voie de l'exception l'illégalité du règlement au regard du PADD à l'appui d'un recours formé contre une autorisation ou un refus d'autorisation.

232.72 Absence d'opposabilité du rapport de présentation. Le rapport de présentation constitue un document à portée explicative qui n'a pas pour vocation d'être dotée d'une force prescriptive. Par suite, il est inopposable aux projets de constructions et d'installations.

Tout au plus peut-il servir de référent pour interpréter les dispositions du règlement du PLU. Le Conseil d'État affirme en ce sens qu'il résulte des dispositions du code de l'urbanisme (faisant du rapport de présentation un document explicatif) « que, si les indications contenues dans le rapport de présentation d'un plan local d'urbanisme ne sont pas, par elles-mêmes, opposables pour la délivrance d'une autorisation d'urbanisme, elles peuvent être prises en considération par le juge pour interpréter les dispositions d'un règlement du plan local d'urbanisme, lorsque cette interprétation ne ressort pas clairement de la seule lecture du texte de ces dispositions »[2].

C.
Opposabilité des dispositions du PLU tenant lieu de plan de mobilité

232.81 Opposabilité aux actes et décisions relatifs à la voirie et à la gestion du domaine public routier. Doivent être « compatibles ou rendus compatibles » avec les dispositions du PLU tenant lieu de plan de mobilité, dans les conditions définies aux articles L. 1214-5 et L. 1214-6 du code des transports[3] :

– les actes pris au titre de la police du stationnement et de la circulation ;

– ainsi que les actes et décisions relatifs à la voirie et à la gestion du domaine public routier.

232.82 Opposabilité du POA. Lorsque le PLU tient lieu de plan de mobilité, le POA est opposable, dans un rapport de compatibilité[4] :

– aux actes pris au titre du pouvoir de la police du stationnement ;

– aux actes relatifs à la gestion du domaine public routier ;

– et aux décisions prises par les autorités chargées de la voirie et de la police de la circulation ayant des effets sur les déplacements.

D.
Opposabilité des servitudes d'utilité publique

232.91 Opposabilité un an après son instauration. Les servitudes d'utilité publique sont opposables aux autorisations d'urbanisme un an après leur instauration[5].

§ 2
Cas d'inopposabilité du PLU ou de certaines de ses dispositions

A.
Inopposabilité en cas d'illégalité ou d'exigence moindre que le RNU

232.101 Inopposabilité du PLU illégal. Un PLU n'est pas opposable s'il est annulé ou déclaré illégal. Dans cette hypothèse, se trouve opposable le plan immédiatement antérieur ou, en l'absence d'un tel document, le RNU[6].

232.102 Inopposabilité du PLU prévoyant un niveau d'exigence moindre que le RNU. Lorsque les dispositions d'un document d'urbanisme ont le même objet que celles d'un article réglementaire du RNU, la légalité du projet s'apprécie au regard du document d'urbanisme si ses exigences ne sont pas moindres que celles du RNU[7].

Sur ce point, le Conseil d'État a précisé que si l'absence des indicateurs est constitutive d'une illégalité, une telle illégalité, qui est par elle-même, eu égard à l'objet des indicateurs, sans conséquence sur le PLU en tant qu'il fixe les règles susceptibles d'être opposées aux demandes d'autorisation d'urbanisme, « n'est de nature à justifier que l'annulation partielle de la délibération approuvant le plan, en tant seulement qu'elle a omis d'identifier les indicateurs en cause »[8].

B.
Inopposabilité de certaines dispositions du PLU pour les constructions vertes, les places de stationnement ou pour contrariété avec le SCOT

232.111 Inopposabilité des règles entravant l'utilisation de matériaux écoresponsables. Afin

1. V. s[s] n° 231.404.
2. CE 10 févr. 2016, *Rouveyre c/Bordeaux (C[ne])*, req. n° 383738, *Lebon T.* – CE 10 févr. 2016, *SCI Porte de Noisy – Noisy-le-Grand (C[ne])*, req. n° 383738, *Lebon T.* ; *BJDU* 2016. 216, concl. A. Bretonneau.
3. C. urb., art. L. 152-8.
4. C. urb., art. R. 152-3.
5. V. s[s] n° 231.1681.
6. V. s[s] n° 621.342.
7. V. s[s] n° 111.82.
8. CE 7 juill. 2022, *M. et Mme Darlot*, req. n° 451137, *Lebon T.* ; *RDI* 2022. 541, obs. J.-Ph. Strebler.

d'encourager le recours aux constructions durables, l'article L. 111-16 du code de l'urbanisme prévoit la mise à l'écart des règles contenues dans les documents d'urbanisme qui feraient obstacle à l'utilisation d'une technique de construction durable. Cette mise à l'écart cèdera toutefois dans les secteurs protégés et les périmètres d'exclusion délimités par la commune ou l'EPCI[1].

232.112 Inopposabilité des règles du PLU fixant des seuils inférieurs au RNU concernant le nombre d'aires de stationnement des commerces et cinémas. L'article L. 111-9 du code de l'urbanisme prévoit que l'emprise au sol des surfaces affectées aux aires de stationnement annexes d'un centre commercial ou cinéma ne peut excéder un plafond correspondant aux trois quarts de la surface de plancher des bâtiments affectés au commerce. Cette règle, qui vise à réduire le nombre de places de stationnement utilisées pour les commerces et cinémas, s'applique nonobstant toute disposition contraire du PLU[2]. Cela signifie que le PLU ne peut fixer un plafond plus bas, plus exactement que les dispositions du PLU prévoyant un plafond inférieur sont réputées inopposables.

Le PLU peut en revanche fixer un plafond plus haut, pour le fixer à un niveau compris entre les trois quarts et la totalité de la surface de plancher affectée au commerce[3], c'est-à-dire entre 75 % et 100 % de celle-ci[4].

232.113 Inopposabilité des règles de densité contraires au SCOT. Le SCOT peut fixer des règles de densité des constructions qui s'imposent aux PLU[5].

§ 3
Conditions d'opposabilité des chartes promoteurs

232.121 Documents concernés. Les « chartes promoteurs » sont des documents nés de la pratique et non reconnus par le code de l'urbanisme. Ils peuvent recevoir des dénominations variées : les plus courantes sont « cahier de recommandations architecturales », « charte d'urbanisme » et « recueil de prescriptions architecturales » ; d'autres formules sont parfois employées, telles que « cahier de recommandations environnementales » ou encore « diagnostic architectural ». S'agissant de leur contenu, ces documents comportent des indications précisant et explicitant les règles du PLU sous la forme de textes, de schémas ou encore de photographies. Ces indications sont généralement présentées sur un mode plus technique que juridique[6].

Si de tels documents existent depuis plusieurs décennies, ils ont eu tendance à fleurir ces dernières années, en annexes des PLU ou, le plus souvent, à l'extérieur de ceux-ci. La difficulté majeure qu'ils ont posée tient à leur statut juridique incertain. Sont-ils dotés d'un effet juridique ? Représentent-ils de simples illustrations dépourvues de caractère contraignant ? En un mot, sont-ils opposables aux demandes d'autorisation d'urbanisme ?

232.122 Conditions de leur opposabilité. Le Conseil d'État a mis fin aux incertitudes dans une décision du 2 juin 2023[7], en faisant le choix d'une position claire qui s'appuie directement sur les articles du code de l'urbanisme régissant le contenu du PLU.

De ces derniers, il résulte principalement deux enseignements. D'une part, le PLU comprend un nombre limitatif d'éléments, ce qui signifie qu'aucun document extérieur à celui-ci ne peut revêtir une portée contraignante. D'autre part, son règlement peut comporter des règles écrites et des règles graphiques, ces dernières n'étant en outre dotées d'une portée contraignante (et non pas simplement illustrative) que si la partie écrite du règlement le mentionne expressément. De ces deux enseignements, il est possible de déduire qu'un cahier de recommandations architecturales (et, notamment, les éléments graphiques qu'il contient) ne saurait être pourvu d'un caractère contraignant s'il constitue un document autonome par rapport au PLU mais seulement s'il fait partie intégrante de celui-ci. C'est ce qu'indique le Conseil d'État en affirmant que les dispositions applicables « ne font pas obstacle à ce que le règlement du plan local d'urbanisme renvoie à un "cahier de recommandations architecturales", adopté selon les mêmes modalités procédurales, le soin d'expliciter ou de préciser certaines des règles figurant dans le règlement auquel il s'incorpore ». Il ajoute qu'un tel document « ne peut toutefois être opposé aux demandes d'autorisation d'urbanisme que s'il y est fait expressément référence dans le règlement et que ce cahier se contente d'expliciter ou préciser, sans les contredire ni les méconnaître, des règles figurant déjà dans le règlement » (p^t^ 10).

1. V. s^s^ n°s 114.11 s.
2. V. s^s^ n°s 115.161 s.
3. C. urb., art. L. 151-37.
4. V. s^s^ n° 231.1331.
5. V. s^s^ n° 231.1182.

6. C. Chabot et D. Richard, « Chartes d'urbanisme : des outils à la limite du droit positif, mais porteurs de sens », *Constr.-Urb.* 2024, étude 6.
7. CE 2 juin 2023, *SCI du 90-94 avenue de la République*, req. n° 461645, *Lebon ; BJDU* 2023. 323, concl. N. Agnoux ; *Constr.-Urb.* 2023, comm. 80, note L. Santoni ; *Constr.-Urb.* 2023, comm. 82, note X. Couton ; *AJDA* 2023. 1385, chron. D. Pradines et A. Goin ; *JCP Adm.* 2023, n° 2226, note S. Avallone ; *JCP Adm.* 2023, n° 2225, note O. Le Bot ; *RDI* 2023. 483, obs. P. Soler-Couteaux ; *RDI* 2023. 442, obs. M. Revert.

Ainsi, un cahier des recommandations architecturales revêt une portée contraignante – et est donc opposable à une demande d'autorisation d'urbanisme – à trois conditions.

Premièrement, il doit être adopté selon la même procédure que le règlement de PLU (avec, par conséquent, le même auteur, les mêmes consultations préalables et, plus largement, les mêmes garanties). En effet, dans la mesure où il ne constitue pas un acte d'exécution du règlement, il ne peut être adopté par un auteur différent ni selon une procédure distincte.

Deuxièmement, il doit être fait expressément référence à ce document dans le règlement de PLU, c'est-à-dire sous la forme d'un renvoi exprès. Cela signifie que le cahier des recommandations architecturales est conçu comme un complément du règlement et, plus exactement, une composante de celui-ci venant en détailler les dispositions. Ainsi, même s'il se présente en apparence comme un document autonome, il fait en réalité partie intégrante du PLU, plus exactement de son règlement. À cet égard, il est possible de voir dans l'articulation de ces instruments un procédé d'élaboration de la norme faisant appel à deux supports : un premier, le règlement *stricto sensu*, qui fixe les règles ; un second, le cahier des recommandations, qui les explicite (permettant, par ce biais, d'alléger la rédaction du premier).

Troisièmement, compte tenu de cette répartition des rôles, il importe que le cahier des recommandations architecturales « se contente d'expliciter ou préciser, sans les contredire ni les méconnaître, des règles figurant déjà dans le règlement ». Cela signifie que le cahier des recommandations ne saurait innover par rapport au règlement. Il ne peut ajouter de nouvelles règles (les règles figurent dans le règlement *stricto sensu*). *A fortiori* ne peut-il, ni contredire ces règles, ni les méconnaître. Son objet ne peut consister qu'à en préciser ou en expliciter le sens et la portée. Ce n'est que s'il sort du cadre qui lui est ainsi assigné (c'est-à-dire s'il est adopté selon une autre procédure, s'il va au-delà de ce qui est censé être son objet ou s'il n'y est pas fait référence dans le règlement de PLU) que le cahier des recommandations architecturales perd toute opposabilité. Le juge administratif veillera, sur ce point, à opérer le départ entre les documents présentant un caractère contraignant et ceux ne devant se voir reconnaître qu'une portée indicative. Il prendra en compte les trois conditions exposées et, si l'une d'elles fait défaut, estimera que le service instructeur ne pouvait valablement se fonder sur celui-ci pour opposer un refus ou délivrer une autorisation.

Ainsi, si les auteurs du PLU s'inscrivent dans le cadre des règles dessinées par le code, telles qu'interprétées par la jurisprudence, ils ont tout loisir pour édicter un cahier de recommandations qui s'imposera aux projets avec un caractère contraignant. En revanche, s'ils s'affranchissent des textes en adoptant un cahier de recommandations formellement et matériellement extérieur au règlement du PLU, ce document ne pourra prétendre à aucune portée contraignante ni, par suite, être opposé aux pétitionnaires. Ainsi, le recours aux cahiers de recommandations ne peut représenter le moyen pour les autorités de s'arroger un pouvoir normatif qui ne leur est pas reconnu par les textes, qui s'exercerait en marge de ceux-ci et, par conséquent, sans les garanties de forme, de compétence et de procédure qu'ils prévoient.

232.123 **Illustration.** Dans l'arrêt rendu par le Conseil d'État le 2 juin 2023[1], les trois conditions d'opposabilité du document étaient satisfaites par le « cahier de recommandations architecturales et paysagères » de la commune.

Premièrement, il a été adopté par les auteurs du PLU et selon la même procédure.

Deuxièmement, le règlement du PLU renvoie à ce document : son article 11, relatif à l'aspect extérieur des constructions, à l'aménagement de leurs abords et à la protection des éléments de paysage, prévoit en effet qu'« Un cahier de recommandations architecturales et paysagères annexé au dossier de PLU vient compléter les prescriptions figurant ci-après ».

Troisièmement, ce cahier des recommandations se contente de préciser les dispositions du règlement : il se présente en effet comme « un complément qualitatif indispensable au PLU et à son règlement », « un guide pédagogique qui apporte des recommandations techniques en complément du règlement (...) » et qui « vise à expliciter et à prolonger les prescriptions du règlement », tout en précisant qu'en cas de doute sur l'interprétation d'une disposition, « c'est le règlement qui prévaut (...) ».

Le Conseil d'État en déduit que le tribunal administratif a estimé, à bon droit, que ce « cahier des recommandations architecturales, annexé au plan local et auquel le règlement se référait expressément, était opposable aux demandes d'autorisation d'urbanisme (...) » (p^t 11).

SECTION 3

ADAPTATIONS MINEURES ET DÉROGATIONS AUX RÈGLES DU PLU LORS DE LA DÉLIVRANCE D'AUTORISATIONS D'URBANISME

232.131 **Adaptations mineures et dérogations.** Afin de donner à l'autorité compétente en matière

1. CE 2 juin 2023, *SCI du 90-94 avenue de la République*, req. n° 461645.

d'autorisations d'urbanisme une certaine souplesse dans l'application des règles du PLU, le législateur lui a reconnu la possibilité d'apporter à ces règles des adaptations mineures et des dérogations[1].

§ 1
Adaptations mineures aux règles du PLU

232.141 Éléments permettant d'apporter des adaptations mineures aux règles du PLU. Les règles et servitudes définies par un PLU peuvent faire l'objet d'« adaptations mineures » rendues nécessaires par[2] :

- la nature du sol ;
- la configuration des parcelles[3] ;
- ou le caractère des constructions avoisinantes.

L'autorité administrative ne peut accorder d'adaptation mineure si aucune de ces conditions n'est remplie[4].

232.142 Obligation d'envisager la possibilité d'apporter des adaptations mineures. Il appartient à l'autorité administrative, saisie d'une demande de permis de construire, de déterminer si le projet qui lui est soumis ne méconnaît pas les dispositions du PLU applicables, y compris telles qu'elles résultent le cas échéant d'adaptations mineures lorsque la nature particulière du sol, la configuration des parcelles d'assiette du projet ou le caractère des constructions avoisinantes l'exige. Le pétitionnaire peut, à l'appui de sa contestation, devant le juge de l'excès de pouvoir, du refus opposé à sa demande se prévaloir de la conformité de son projet aux règles d'urbanisme applicables, le cas échéant assorties d'adaptations mineures, alors même qu'il n'a pas fait état, dans sa demande à l'autorité administrative, de l'exigence de telles adaptations[5].

Il ressort de cette jurisprudence que l'autorité compétente a l'obligation d'apprécier à l'occasion de chaque demande de permis de construire la possibilité d'apporter aux règles du PLU des adaptations mineures. Ainsi :

- même si le pétitionnaire n'a pas invité l'administration à apporter des adaptations mineures, il revient à celle-ci d'envisager d'office cette possibilité ;
- lorsqu'une demande de permis de construire doit être refusée en application des règles du PLU, il appartient à l'autorité compétente d'apprécier si le projet pourrait être autorisé en apportant (si les conditions posées au 1° de l'article L. 152-3 sont remplies) de telles adaptations.

232.143 Caractère mineur de l'adaptation. Ainsi que le prévoit expressément le 1° de l'article L. 152-3, seules des adaptations « mineures » peuvent être apportées aux règles du PLU sur le fondement de ces dispositions. La finalité de ce mécanisme est d'apporter de la souplesse dans l'application de la règle lorsque son application à un cas présentant certaines particularités le justifie, pas de s'affranchir de son respect. Par suite, sa mise en œuvre est exclue pour des adaptations présentant un caractère trop important[6].

Une adaptation n'excédant pas de plus de 5 % la règle posée est généralement regardée comme mineure[7].

§ 2
Dérogation aux règles du PLU

232.151 Dérogations limitativement énumérées. Les règles et servitudes définies par un PLU peuvent faire l'objet de dérogations. La liste des dérogations admises est fixée aux articles L. 152-4 s. du code de l'urbanisme. La liste des dérogations ainsi dressée présente un caractère limitatif[8].

A.
Premier motif de dérogation aux règles du PLU : reconstruction de bâtiments détruits ou endommagés à la suite d'une catastrophe naturelle

232.161 Reconstruction après une catastrophe naturelle. L'autorité compétente pour délivrer le permis de construire peut, par décision motivée, accorder des dérogations à une ou plusieurs règles du PLU pour permettre la reconstruction de bâti-

1. Le pouvoir d'apporter des adaptations mineures trouve son origine dans la loi n° 76-1285 du 31 décembre 1976 portant réforme de l'urbanisme.
2. C. urb., art. L. 152-3, 1°.
3. PAR EX. : CE 18 mars 1988, *Romain*, req. n° 71229, *Lebon T.* : le POS de la commune impose une longueur de terrain de 8 mètres ; le propriétaire d'un terrain dont la longueur est de 7,70 m souhaite y construire un pavillon ; le maire pouvait accepter une adaptation mineure.
4. PAR EX. : CAA Lyon, 2 avr. 2020, *Divonne-les-Bains (Cne)*, req. n° 19LY01285, NP.
5. CE 11 févr. 2015, *Ouahmane*, req. n° 367414, *Lebon*.
6. CAA Marseille, 14 déc. 2017, *Sarl ALpha Promotions*, req. n° 17MA00167, NP – CAA Marseille, 5 juill. 2018, *Ignesti*, req. n° 16MA02118, NP – CAA Douai, 13 déc. 2018, *Vauchelles (Cne)*, req. n° 17DA00536, NP – CAA Lyon, 20 déc. 2018, *Verdone*, req. n° 16LY04441, NP – CAA Douai, 15 juill. 2020, *Sté Parc du Bocasse*, req. n° 19DA00163, NP.
7. PAR EX. : CE 26 avr. 1989, *Ville de Montpellier*, req. n° 72417, *Lebon T.* – CE 30 juill. 1997, *Sté parisienne de réalisation immobilière*, req. n° 125598, *Lebon T.*
8. C. urb., art. L. 152-3, 2° : les règles et servitudes définies par un PLU « ne peuvent faire l'objet d'aucune autre dérogation » que celles prévues par les articles L. 152-4 s. du code de l'urbanisme.

ments détruits ou endommagés à la suite d'une catastrophe naturelle survenue depuis moins d'un an, lorsque les prescriptions imposées aux constructeurs en vue d'assurer la sécurité des biens et des personnes sont contraires à ces règles[1].

232.162 **Accords préalables.** L'autorité compétente recueille l'accord[2] :

– du préfet ;

– et du maire ou du président de l'EPCI compétent en matière de PLU, lorsqu'ils ne sont pas ceux qui délivrent le permis de construire.

B.
Deuxième motif de dérogation aux règles du PLU : restauration ou reconstruction de monuments historiques

232.171 **Restauration ou reconstruction d'immeubles.** L'autorité compétente pour délivrer le permis de construire peut, par décision motivée, accorder des dérogations à une ou plusieurs règles du PLU pour permettre la restauration ou la reconstruction d'immeubles protégés au titre de la législation sur les monuments historiques, lorsque les contraintes architecturales propres à ces immeubles sont contraires à ces règles[3].

Ces dispositions s'appliquent aux restaurations et reconstructions. Elles ne concernent pas la construction d'immeubles neufs.

232.172 **Accords préalables.** L'autorité compétente recueille l'accord[4] :

– du préfet ;

– et du maire ou du président de l'EPCI compétent en matière de PLU, lorsqu'ils ne sont pas ceux qui délivrent le permis de construire.

C.
Troisième motif de dérogation aux règles du PLU : accessibilité d'un logement existant aux personnes handicapées

232.181 **Travaux nécessaires à l'accessibilité à un logement existant.** L'autorité compétente pour délivrer le permis de construire peut, par décision motivée, accorder des dérogations à une ou plusieurs règles du PLU pour permettre les travaux nécessaires à l'accessibilité des personnes handicapées à un logement existant[5].

Ces dispositions concernent des travaux sur un logement existant, le cas échéant sous la forme d'une rénovation. Elles ne concernent pas la construction de logements neufs.

232.182 **Accords préalables.** L'autorité compétente recueille l'accord[6] :

– du préfet ;

– et du maire ou du président de l'EPCI compétent en matière de PLU, lorsqu'ils ne sont pas ceux qui délivrent le permis de construire.

D.
Quatrième motif de dérogation aux règles du PLU : isolation des constructions, ombrières solaires et ombrières photovoltaïques

1°
Règles auxquelles il peut être dérogé

232.191 **Quatre types de règles.** Les règles du PLU auxquelles il peut être dérogé en vue de favoriser l'isolation des constructions, les ombrières solaires et les ombrières photovoltaïques sont celles relatives[7] :

– à l'emprise au sol des constructions ;

– à la hauteur des constructions ;

– à l'implantation des constructions ;

– et à l'aspect extérieur des constructions.

2°
Motifs permettant de déroger aux règles du PLU

232.201 **Quatre motifs.** Quatre motifs permettent à l'autorité compétente de déroger aux règles du PLU précitées.

232.202 **Premier motif : isolation en saillie des façades.** Le premier motif de dérogation admis à l'article L. 152-5 concerne la mise en œuvre d'une isolation en saillie des façades des constructions existantes[8].

La dérogation s'applique aux constructions achevées depuis plus de deux ans à la date de dépôt de la demande de dérogation[9].

La mise en œuvre d'une isolation en saillie des façades est autorisée sur les façades dans la limite d'un dépassement de 30 centimètres par rapport aux règles d'implantation des constructions autorisées par le règlement du PLU en vigueur[10].

1. C. urb., art. L. 152-4, 1°.
2. C. urb., art. L. 152-4, al. 5.
3. C. urb., art. L. 152-4, 2°.
4. C. urb., art. L. 152-4, al. 5.
5. C. urb., art. L. 152-4, 3°.
6. C. urb., art. L. 152-4, al. 5.
7. C. urb., art. L. 152-5, al. 1er.
8. C. urb., art. L. 152-5, 1°.
9. C. urb., art. R. 152-5.
10. C. urb., art. R. 152-6, al. 1er.

L'emprise au sol de la construction résultant d'un dépassement par rapport aux règles d'implantation des constructions effectué pourra être supérieure à l'emprise au sol autorisée par le règlement du PLU[1].

La surépaisseur[2] :

- doit être adaptée au mode constructif et aux caractéristiques techniques et architecturales de la façade ou de la toiture ;

- et ne doit pas porter atteinte à la qualité architecturale du bâtiment et à son insertion dans le cadre bâti environnant.

232.203 Deuxième motif : isolation par surélévation des toitures. Le deuxième motif de dérogation admis à l'article L. 152-5 concerne la mise en œuvre d'une isolation par surélévation des toitures des constructions existantes[3].

La dérogation s'applique aux constructions achevées depuis plus de deux ans à la date de dépôt de la demande de dérogation[4].

La mise en œuvre d'une isolation par surélévation des toitures des constructions existantes est autorisée dans la limite d'un dépassement de 30 centimètres au-dessus de la hauteur maximale autorisée par le règlement du PLU[5].

La surélévation doit être adaptée au mode constructif et aux caractéristiques techniques et architecturales de la façade ou de la toiture et ne doit pas porter atteinte à la qualité architecturale du bâtiment et à son insertion dans le cadre bâti environnant[6].

232.204 Troisième motif : ombrières solaires. Le troisième motif de dérogation admis à l'article L. 152-5 concerne la mise en œuvre de dispositifs de protection contre le rayonnement solaire en saillie des façades[7].

La mise en œuvre d'un dispositif de protection contre le rayonnement solaire est autorisée sur les façades dans la limite d'un dépassement de 30 centimètres par rapport aux règles d'implantation des constructions autorisées par le règlement du PLU en vigueur[8].

L'emprise au sol de la construction résultant d'un dépassement par rapport aux règles d'implantation des constructions effectué pourra être supérieure à l'emprise au sol autorisée par le règlement du PLU[9].

La surépaisseur[10] :

- doit être adaptée au mode constructif et aux caractéristiques techniques et architecturales de la façade ou de la toiture ;

- et ne doit pas porter atteinte à la qualité architecturale du bâtiment et à son insertion dans le cadre bâti environnant.

232.205 Quatrième motif : ombrières photovoltaïques. Le quatrième motif de dérogation admis à l'article L. 152-5 concerne l'installation d'ombrières dotées de procédés de production d'énergies renouvelables situées sur des aires de stationnement[11].

La surépaisseur[12] :

- doit être adaptée au mode constructif et aux caractéristiques techniques et architecturales de la façade ou de la toiture ;

- et ne doit pas porter atteinte à la qualité architecturale du bâtiment et à son insertion dans le cadre bâti environnant.

232.206 Cumul des dérogations. La mise en œuvre cumulée des dérogations prévues aux articles R. 152-6 (mise en œuvre d'une isolation en saillie des façades ou d'un dispositif de protection contre le rayonnement solaire, en application des 1° et 3° de l'article L. 152-5) et R. 152-7 (mise en œuvre d'une isolation par surélévation des toitures des constructions existantes, en application du 2° de l'article L. 152-5) « ne peut aboutir à un dépassement de plus de 30 centimètres des règles de hauteur ou d'implantation » fixées par le PLU[13].

3°
Décision motivée

232.211 Exigence de motivation. L'autorité compétente pour délivrer le permis de construire ou le permis d'aménager et prendre la décision sur une déclaration préalable autorise la dérogation « par décision motivée »[14].

4°
Dérogations inapplicables aux immeubles protégés

232.221 Inapplication aux immeubles protégés. Les dérogations prévues par l'article L. 152-5 ne sont pas applicables :

- aux immeubles classés ou inscrits au titre des monuments historiques en application du titre II du livre VI du code du patrimoine[15] ;

1. C. urb., art. R. 152-6, al. 2.
2. C. urb., art. R. 152-9.
3. C. urb., art. L. 152-5, 2°.
4. C. urb., art. R. 152-5.
5. C. urb., art. R. 152-7.
6. C. urb., art. R. 152-9.
7. C. urb., art. L. 152-5, 3°.
8. C. urb., art. R. 152-6, al. 1er.
9. C. urb., art. R. 152-6, al. 2.
10. C. urb., art. R. 152-9.
11. C. urb., art. L. 152-5, 4°.
12. C. urb., art. R. 152-9.
13. C. urb., art. R. 152-8.
14. C. urb., art. L. 152-5, al. 1er.
15. C. urb., art. L. 152-5, a.

– aux immeubles protégés au titre des abords en application de l'article L. 621-30 du code du patrimoine[1] ;

– aux immeubles situés dans le périmètre d'un site patrimonial remarquable mentionné à l'article L. 631-1 du code du patrimoine[2] ;

– aux immeubles protégés en application de l'article L. 151-19 du code de l'urbanisme[3].

Ces exclusions visent à faire prévaloir, pour ces immeubles, la qualité architecturale sur l'impératif environnemental.

E. Cinquième motif de dérogation aux règles du PLU : végétalisation des façades et toitures

232.231 Conditions de la dérogation. L'autorité compétente pour délivrer le permis de construire et prendre la décision sur une déclaration préalable peut, par décision motivée, dans des limites fixées par décret, déroger aux règles des PLU relatives à la hauteur et à l'aspect extérieur des constructions « afin d'autoriser l'installation de dispositifs de végétalisation des façades et des toitures »[4].

La dérogation ne peut jouer qu'en zones U et AU[5].

232.232 Précisions. La mise en œuvre d'un dispositif de végétalisation en application de l'article L. 152-5-1 est autorisée dans la limite d'un dépassement d'un mètre en tout point au-dessus de la hauteur de la construction autorisée par le règlement du PLU, hors végétation[6].

Elle peut également être autorisée en dérogeant aux dispositions concernant les caractéristiques architecturales des façades et toitures des constructions, prévues en application de l'article R. 151-41 et fixées dans le règlement[7].

Le présent article s'applique sans préjudice des dispositions de l'article R. 152-9[8].

F. Sixième motif de dérogation aux règles du PLU : exemplarité environnementale de la construction

232.241 Conditions. L'autorité compétente pour délivrer le permis de construire ou prendre la décision sur une déclaration préalable « peut autoriser les constructions faisant preuve d'exemplarité environnementale » à déroger aux règles des PLU relatives à la hauteur « afin d'éviter d'introduire une limitation du nombre d'étages par rapport à un autre type de construction »[9].

La dérogation est accordée « en tenant compte de la nature du projet et de la zone d'implantation »[10].

Sa mise en œuvre est autorisée dans la limite d'un dépassement[11] :

– de 25 centimètres par niveau ;

– et d'un total de 2,5 mètres en tout point au-dessus de la hauteur de la construction autorisée par le règlement du PLU.

Ce dépassement ne peut être justifié « que par les contraintes techniques résultant de l'utilisation d'un mode de construction » faisant preuve d'exemplarité environnementale et induisant, pour un nombre d'étages donné, une hauteur par étage plus importante que celle résultant d'autres modes de construction[12].

Cette dérogation « ne permet pas l'ajout d'un étage supplémentaire » par rapport à un autre mode de construction[13].

Un arrêté ministériel précise certaines modalités d'application[14].

G. Septième motif de dérogation aux règles du PLU : construction en zones tendues

232.251 Accélérer la construction de logements. Afin d'accélérer la construction de logements, l'article L. 152-6[15] du code de l'urbanisme permet à l'autorité compétente pour délivrer les permis de construire de déroger à certaines règles du PLU.

1° Des dérogations admises uniquement en zones tendues

232.261 Deux catégories. La possibilité de dérogation offerte par l'article L. 152-6 concerne uni-

1. C. urb., art. L. 152-5, b.
2. C. urb., art. L. 152-5, c.
3. C. urb., art. L. 152-5, d.
4. C. urb., art. L. 152-5-1.
5. C. urb., art. L. 152-5-1.
6. C. urb., art. R. 152-5-1, al. 1er ; créé par décr. n° 2022-1653, 23 déc. 2022.
7. C. urb., art. R. 152-5-1, al. 2.
8. C. urb., art. R. 152-5-1, al. 3. Sur cet article, v. ss n° 232.201.
9. C. urb., art. L. 152-5-2.
10. C. urb., art. L. 152-5-2.
11. C. urb., art. R. 152-5-2, créé par décr. n° 2023-173 du 8 mars 2023.
12. C. urb., art. R. 152-5-2.
13. C. urb., art. R. 152-5-2.
14. Arrêté du 12 octobre 2016 relatif aux conditions à remplir pour bénéficier du dépassement des règles de constructibilité prévu au 3° de l'article L. 151-28 du code de l'urbanisme ou pour bénéficier de la dérogation aux règles de hauteur prévue à l'article L. 152-5-2 du code de l'urbanisme (NOR : LHAL1623033A), mod. par arr. 8 mars 2023 (NOR : TREL2228687A).
15. Créé par Ord. n° 2013-889, 3 oct. 2013 relative au développement de la construction de logement, *JO* 4 oct., n° 15.

quement les communes confrontées à une pénurie de logements. En relèvent[1] :

– les communes appartenant à une zone d'urbanisation continue de plus de 50 000 habitants figurant sur la liste prévue à l'article 232 du CGI (c'est-à-dire les communes soumises à la taxe annuelle sur les logements vacants) ;

– les communes de plus de 15 000 habitants en forte croissance démographique figurant sur la liste prévue au dernier alinéa du II de l'article L. 302-5 du CCH (c'est-à-dire les communes dont l'indicateur global du besoin de logement locatif social est supérieur ou égal à 160).

2° Liste des dérogations et conditions posées

a. Dépassement de la hauteur

232.271 Dérogation aux règles relatives au gabarit et à la densité. L'autorité compétente pour délivrer le permis de construire peut déroger aux règles relatives au gabarit et à la densité pour autoriser une construction destinée principalement à l'habitation à dépasser la hauteur maximale prévue par le règlement[2].

232.272 Conditions. Les conditions posées sont les suivantes[3] :

– la construction est destinée principalement à l'habitation ;

– elle ne peut dépasser la hauteur de la construction contiguë existante calculée à son faîtage ;

– le projet doit s'intégrer harmonieusement dans le milieu urbain environnant ;

– la dérogation est accordée dans le respect d'un objectif de mixité sociale.

b. Surélévation

232.281 Règles relatives à la densité, au gabarit et aux obligations en matière d'aires de stationnement. L'autorité compétente pour délivrer le permis de construire peut déroger aux règles relatives à la densité et aux obligations en matière de création d'aires de stationnement pour autoriser la surélévation d'une construction[4]. Les conditions sont les suivantes[5] :

– la construction est achevée depuis plus de deux ans ;

– la surélévation a pour objet la création de logement ou un agrandissement de la surface de logement ;

– la dérogation est accordée dans le respect d'un objectif de mixité sociale.

Si le projet est contigu à une autre construction, l'autorité compétente pour délivrer le permis de construire peut également déroger aux règles de gabarit pour autoriser la surélévation à dépasser la hauteur maximale dans les conditions et limites fixées au 1°[6].

c. Transformation à usage d'habitation d'un immeuble existant

232.291 Règles relatives à la densité, à la mixité sociale et fonctionnelle et aux obligations en matière de création d'aires de stationnement. L'autorité compétente pour délivrer le permis de construire peut déroger aux règles relatives « à la densité » et « aux obligations en matière de création d'aires de stationnement » et, dès lors que la commune ne fait pas l'objet d'un arrêté au titre de l'article L. 302-9-1 du CCH (arrêté de carence pris par le préfet contre une commune ne respectant pas ses obligations en matière de pourcentage de logements sociaux sur son territoire), « aux règles adoptées en application de l'article L. 151-15 du code de l'urbanisme »[7], pour autoriser la transformation à usage principal d'habitation d'un immeuble existant[8].

Les conditions sont les suivantes[9] :

– l'immeuble concerné existe déjà ;

– il fait l'objet d'une transformation par reconstruction, rénovation ou réhabilitation ;

– ces travaux confèrent à cet immeuble une destination d'immeuble à usage principal d'habitation ;

– la majoration admise ne peut excéder 30 % du gabarit de l'immeuble existant.

232.292 Notion de densité. Le Conseil d'État a précisé qu'il résulte de l'économie générale des dispositions du 3° de l'article L. 152-6 du code de l'urbanisme qu'elles permettent, dans le cadre de l'autorisation d'un projet de transformation à usage principal d'habitation d'un immeuble existant par reconstruction, rénovation ou réhabilitation, de déroger aux règles affectant la densité, « c'est-à-dire à celles relatives à l'emprise au sol, à la hauteur ou au gabarit des bâtiments » fixées par le règlement du PLU, dans la limite d'une majoration de 30 % du

1. C. urb., art. L. 152-6, al. 1er ; mod. par L. n° 2023-973, 23 oct. 2023.
2. C. urb., art. L. 152-6, 1°.
3. C. urb., art. L. 152-6, 1°.
4. C. urb., art. L. 152-6, 2°.
5. C. urb., art. L. 152-6, 2°.
6. Sur ces conditions et limites, v. ss n° 232.272 – C. urb., art. L. 152-6, 2°.
7. Sur ces règles du PLU, imposant aux programmes de logements de comporter un pourcentage minimal de logements sociaux, v. ss n° 231.921.
8. C. urb., art. L. 152-6, 3°.
9. C. urb., art. L. 152-6, 3°.

gabarit de l'immeuble existant. En retenant ainsi une lecture large de la notion de densité, le Conseil en déduit que les dispositions précitées autorisent, dans la limite de 30 %, une dérogation aux règles de gabarit-enveloppe du PLU de la Ville de Paris (qui imposent notamment un certain rapport entre le prospect et la hauteur du bâtiment)[1].

d.
Projet de construction ou de logement situé à proximité d'une gare ou d'une station de transport public

232.301 Dérogation aux règles relatives aux aires de stationnement. L'autorité compétente pour délivrer le permis de construire peut déroger en tout ou partie aux obligations de création d'aires de stationnement applicables aux logements lorsque le projet de construction de logements est situé à moins de 500 mètres d'une gare ou d'une station de transport public guidé ou de transport collectif en site propre, en tenant compte de la qualité de la desserte, de la densité urbaine ou des besoins propres au projet au regard des capacités de stationnement existantes à proximité[2].

Aux termes de ce texte, la dérogation peut présenter un caractère total ou partiel. L'autorité compétente peut donc, le cas échéant, lever totalement la contrainte relative à la création d'aires de stationnement[3].

e.
Construction s'intégrant harmonieusement dans le milieu urbain environnant

232.311 Dérogation aux règles de prospect. L'autorité compétente pour délivrer le permis de construire peut déroger aux règles de retrait fixant une distance minimale par rapport aux limites séparatives, pour autoriser une construction destinée principalement à l'habitation[4].

Les conditions sont les suivantes :

– la construction est destinée principalement à l'habitation[5] ;

– le projet s'intègre harmonieusement dans le milieu urbain environnant[6] ;

– la dérogation est accordée ans le respect d'un objectif de mixité sociale[7] ;

– la dérogation est accordée dans la limite des règles fixées en application de l'article R. 111-17[8], c'est-à-dire avec un minimum de 3 mètres de retrait, sauf construction en limite séparative.

f.
Constructions contribuant à la qualité du cadre de vie

232.321 Dérogation aux règles relatives au gabarit. L'autorité compétente pour délivrer le permis de construire peut autoriser une dérogation supplémentaire de 15 % des règles relatives au gabarit pour les constructions contribuant à la qualité du cadre de vie, par la création d'espaces extérieurs en continuité des habitations, assurant un équilibre entre les espaces construits et les espaces libres[9].

Cette dérogation supplémentaire ne peut concourir à excéder 50 % de dépassement au total[10].

g.
Conditions communes

232.331 Conditions de fond. Les dérogations prévues aux 1° à 6° de l'article L. 152-6 sont accordées en tenant compte[11] :

– de la nature du projet ;

– et de la zone d'implantation.

232.332 Condition de forme. Jusqu'au 23 février 2022, les dérogations prévues aux 1° à 5° de l'article L. 152-6 étaient accordées par décision motivée[12]. La loi n° 2022-217 du 21 février 2022 a supprimé cette exigence.

3°
Dérogations majorées pour les constructions présentant une qualité architecturale

232.341 Majoration de 5 %. Les projets soumis à autorisation de construire bénéficiant d'une dérogation accordée en application de l'article L. 152-6 et dont la réalisation présente un intérêt public du point de vue de la qualité ainsi que de l'innovation ou de la création architecturales peuvent obtenir une dérogation supplémentaire aux règles relatives au gabarit et à la surface constructible[13].

L'autorité compétente pour délivrer l'autorisation de construire peut, par décision motivée, après avis de la commission régionale du patrimoine et de l'architecture mentionnée à l'article L. 611-2 du code du patrimoine, accorder cette dérogation supplémentaire, dans la limite de 5 %[14].

1. CE 10 juill. 2023, *Faure*, req. n° 462717, *Lebon T. ; Constr.-Urb.* 2023, comm. 93, note X. Couton ; *RDI* 2023. 556, obs. P. Soler-Couteaux.
2. C. urb., art. L. 152-6, 4°.
3. EN CE SENS : rép. min. n° 6901, *JO Sénat Q* 3 oct. 2013, p. 2891.
4. C. urb., art. L. 152-6, 5°.
5. C. urb., art. L. 152-6, 5°.
6. C. urb., art. L. 152-6, 5°.
7. C. urb., art. L. 152-6, 5°.
8. C. urb., art. R. 152-4.
9. C. urb., art. L. 152-6, 6°.
10. C. urb., art. L. 152-6, 6°.
11. C. urb., art. L. 152-6, al. 2.
12. C. urb., art. L. 152-6, al. 2 ancien ; mod. par L. n° 2022-217, 21 févr. 2022.
13. C. urb., art. L. 152-6, al. 8.
14. C. urb., art. L. 152-6, al. 8.

H.
Huitième motif de dérogation aux règles du PLU : création de stationnements pour vélos

232.351 **Dérogation aux règles relatives aux aires de stationnement.** L'autorité compétente pour délivrer le permis de construire peut, lorsque le règlement du PLU ou du document en tenant lieu impose la réalisation d'aires de stationnement pour les véhicules motorisés, réduire cette obligation à raison d'une aire de stationnement pour véhicule motorisé en contrepartie de la création d'infrastructures ou de l'aménagement d'espaces permettant le stationnement sécurisé d'au moins six vélos par aire de stationnement[1].

Comme le relève la cour administrative d'appel de Lyon, ces dispositions « s'inscrivent dans l'objectif porté par la loi d'orientation des mobilités nº 2019-1429 du 24 décembre 2019 visant à favoriser l'évolution des mobilités en facilitant l'emploi du vélo par la création d'espaces sécurisés pour leur stationnement. Elles permettent ainsi, en tenant compte de la nature du projet et de la zone d'implantation, une réduction du nombre de places de stationnement des véhicules motorisés en contrepartie de la création d'emplacements clos et couverts pour les vélos, les espaces dédiés au stationnement étant ainsi mutualisés »[2].

Cette réduction est accordée[3] :

– par décision motivée ;

– en tenant compte de la nature du projet et de la zone d'implantation.

232.352 **Ampleur de la dérogation.** Selon la cour administrative d'appel de Lyon, il « ne ressort (...) pas des dispositions précitées, qui dérogent au règlement du PLUi, qu'elles puissent être comprises comme permettant à un projet de se dispenser de la création de la totalité des places de stationnement requises par le règlement du PLUi pour les véhicules motorisés »[4]. Ainsi, s'il est possible de réduire sur leur fondement le nombre de places de stationnement requises pour les véhicules automobiles, au profit d'espaces de stationnement pour les vélos, elles ne permettent pas de dispenser totalement un projet de l'exigence de réaliser des places de stationnement pour les voitures.

En l'espèce, l'arrêté de permis avait supprimé toutes les places de stationnement des véhicules motorisés, au profit de la création de places pour les vélos, eu égard à la nature du projet (résidence étudiante) et sa zone d'implantation (proximité de la gare SNCF et de la gare routière). La cour a estimé qu'il était entaché d'illégalité.

1. C. urb., art. L. 152-6-1 ; créé par L. nº 2021-1104, 22 août 2021.
2. CAA Lyon, 2 juill. 2024, Thuillier, req. nº 23LY00291, NP ; *Constr.-Urb.* 2024, comm. 93, note L. Santoni.
3. C. urb., art. L. 152-6-1.
4. CAA Lyon, 2 juill. 2024, Thuillier, req. nº 23LY00291, NP.

I.
Neuvième motif de dérogation aux règles du PLU : constructions ou travaux sur une friche

232.361 **Dérogation aux règles relatives au gabarit et au stationnement.** Les projets de construction ou de travaux réalisés sur une friche au sens de l'article L. 111-26[5] peuvent être autorisés à déroger[6] :

– aux règles relatives au gabarit, dans la limite d'une majoration de 30 % de ces règles ;

– et aux obligations en matière de stationnement.

La dérogation ne peut être accordée que « lorsque ces constructions ou travaux visent à permettre le réemploi de ladite friche »[7].

Elle est accordée par décision motivée de l'autorité compétente pour délivrer l'autorisation d'urbanisme[8].

J.
Dixième motif de dérogation aux règles du PLU : opération de revitalisation de territoire

232.371 **Finalités justifiant la dérogation.** Dans le périmètre d'une GOU ou des secteurs d'intervention des ORT, des dérogations au règlement du PLU peuvent être autorisées pour[9] :

– « contribuer au développement ou à la revitalisation du territoire » ;

– et « faciliter le renouvellement urbain et la maîtrise de l'étalement urbain ».

232.372 **Conditions.** La dérogation ne peut concerner que les zones urbaines[10]. Elle est accordée par décision motivée[11]. Elle n'est pas cumulable avec l'une des dérogations prévues aux articles L. 152-6 et L. 152-6-2[12].

5. V. s[s] nº 119.62.
6. C. urb., art. L. 152-6-2.
7. C. urb., art. L. 152-6-2.
8. C. urb., art. L. 152-6-2.
9. C. urb., art. L. 152-6-4, al. 1er, créé par L. nº 2022-217, 21 févr. 2022 ; mod. par L. nº 2023-973, 23 oct. 2023.
10. C. urb., art. L. 152-6-4, al. 2, créé par L. nº 2022-217, 21 févr. 2022.
11. C. urb., art. L. 152-6-4, al. 2, créé par L. nº 2022-217, 21 févr. 2022.
12. C. urb., art. L. 152-6-4, dernier al., créé par L. nº 2022-217, 21 févr. 2022.

232.373 Critères pris en compte. Les dérogations sont accordées par l'autorité compétente pour délivrer le permis[1] :

– « en tenant compte de la nature du projet, de la zone d'implantation, de son intégration harmonieuse dans le tissu urbain existant, de la contribution au développement, à la transformation ou à la revitalisation de la zone concernée et à la lutte contre la consommation des espaces naturels agricoles et forestiers » ;

– et « dans le respect des objectifs de mixité sociale et fonctionnelle ».

232.374 Règles susceptibles de dérogation. Cinq types de dérogations sont admises. L'autorité compétente peut :

– déroger aux « règles de retrait » fixant une distance minimale par rapport aux limites séparatives[2] ;

– déroger aux « règles relatives au gabarit et à la densité », dans la limite d'une majoration de 30 % du gabarit et de la densité prévus dans le document d'urbanisme[3] ;

– déroger aux « obligations en matière de stationnement », en tenant compte de la qualité et des modes de desserte, de la densité urbaine ou des besoins propres du projet au regard des capacités de stationnement existantes à proximité[4] ;

– « autoriser une destination non autorisée par le document d'urbanisme », dès lors qu'elle contribue à la diversification des fonctions urbaines du secteur concerné[5] ;

– « autoriser une dérogation supplémentaire de 15 % des règles relatives au gabarit » pour les constructions contribuant à la qualité du cadre de vie, par la création d'espaces extérieurs en continuité des habitations, assurant un équilibre entre les espaces construits et les espaces libres. Cette dérogation supplémentaire ne peut concourir à excéder 50 % de dépassement au total[6].

1. C. urb., art. L. 152-6-4, al. 2, créé par L. n° 2022-217, 21 févr. 2022.
2. C. urb., art. L. 152-6-4, 1°, créé par L. n° 2022-217, 21 févr. 2022.
3. C. urb., art. L. 152-6-4, 2°, créé par L. n° 2022-217, 21 févr. 2022.
4. C. urb., art. L. 152-6-4, 3°, créé par L. n° 2022-217, 21 févr. 2022.
5. C. urb., art. L. 152-6-4, 4°, créé par L. n° 2022-217, 21 févr. 2022.
6. C. urb., art. L. 152-6-4, 5°, créé par L. n° 2022-217, 21 févr. 2022.

SECTION 4
CAS PARTICULIERS (PROLONGATION DES EFFETS D'UN PLH OU D'UN PLAN DE MOBILITÉ ; ANCIENS PLUI TENANT LIEU DE SCOT)

§ 1
Prolongation des effets d'un PLH ou d'un plan de mobilité

232.381 Conditions de la prolongation. Lorsque le PLH ou le plan de mobilité arrive à échéance ou lorsque l'expiration du délai de validité du PLH ou du plan de mobilité intervient avant la délibération portant approbation PLU tenant lieu de PLH ou de plan de mobilité, ce programme ou ce plan peut être prorogé jusqu'à l'approbation du plan de mobilité. Cette prorogation est décidée, pour une durée de trois ans renouvelable une fois, par délibération de l'organe délibérant de l'EPCI compétent, et après accord du préfet[7].

Il en est de même lorsqu'un PLU élaboré par un EPCI est révisé pour intégrer les dispositions tenant lieu de PLH ou de plan de mobilité[8].

§ 2
Cas des anciens PLUI tenant lieu de SCOT

232.391 Maintien de leurs effets. La loi du 27 janvier 2017 relative à l'égalité et à la citoyenneté a abrogé l'ancien article L. 144-2 du code de l'urbanisme, qui prévoyait la possibilité de PLUI tenant lieu de SCOT[9].

Néanmoins, elle prévoit que les PLU tenant lieu de SCOT approuvés avant la date de publication de la présente loi continuent à avoir les effets d'un SCOT. Elle précise qu'ils sont régis par les dispositions applicables aux PLU[10].

En outre, les procédures tenant à l'élaboration d'un PLU tenant lieu de SCOT pour lequel l'accord de l'autorité administrative compétente de l'État prévu à l'article L. 144-2 du code de l'urbanisme, dans sa rédaction antérieure à la présente loi, a été notifié restent régies par les dispositions antérieures à la présente loi[11].

7. C. urb., art. L. 152-9, al. 1er.
8. C. urb., art. L. 152-9, al. 2.
9. L. n° 2017-86, 27 janv. 2017 relative à l'égalité et à la citoyenneté, *JO* 28 janv., n° 1, art. 131, I, 4°.
10. L. n° 2017-86, 27 janv. 2017, art. 131, I, 4°, II, al. 1er.
11. L. n° 2017-86, 27 janv. 2017, art. 131, I, 4°, II, al. 2.

CHAPITRE

233. Procédure d'élaboration du PLU

SECTION 0

ORIENTEUR

233.00 Sommaire du chapitre.

233.01 **Textes applicables.**

• **C. urb.**

art. L. 153-1 s.

art. R. 153-1 s.

233.03 **Bibliographie indicative.**

Ouvrages. Ph. Baffert, *PLU et PLUi : délibérations et arrêtés prêts à l'emploi*, Éditions législatives, 2017, 286 p. – S. Hercé, *Le PLU(i) : régime juridique, élaboration, évolution, contentieux*, 3e éd., « Guides juridiques », Le Moniteur, 2017.

Encyclopédies. *DP constr.-urb., ét.* : « Plan local d'urbanisme (PLU) » – *J.-Cl. Constr.-urb.*, fasc. 7-40 : « Plan local d'urbanisme. – Élaboration », par G. Ricard, mai 2021 ; fasc. 7-52 : « Plan local d'urbanisme. – Zonage », par G. Ricard, mars 2022.

Articles. H. Jacquot, « La gestion des plans locaux d'urbanisme et des plans d'occupation des sols (POS) », *AJDA* 2003. 1534 – S. Mauroux, « Des PLU aux PLUI : état des lieux de la compétence intercommunale en matière d'urbanisme », *AJDA* 2017. 1265 – Ph. Peynet, « La conférence intercommunale, nouvelle instance instituée par la loi ALUR dans le cadre de l'élaboration d'un plan local d'urbanisme intercommunal (PLUI) », *AJCT* 2015. 153 – P. Soler-Couteaux, « L'élaboration du plan local d'urbanisme », *Droit et Ville* 2002, no 53, p. 94 – P. Soler-Couteaux, « la loi ALUR et le PLU : la généralisation progressive de l'intercommunalité », *RDI* 2014. 314 – S. Traoré, « Les plans locaux d'urbanisme infracommunautaires », *AJDA* 2017. 937.

233.04 **Questions essentielles.**

> Quelle autorité est chargée de l'élaboration du PLU ?

* V. ss nos 233.151 s.

> Quelles sont les différentes étapes de la procédure d'élaboration du PLU ?

* V. ss nos 233.221 s.

> À compter de quelle formalité le PLU acquiert-il un caractère exécutoire ?

* V. ss nos 233.441 s.

> Quelles sont les conséquences d'une irrégularité entachant l'enquête publique ?

* V. ss nos 233.361 s.

> Le projet de PLU peut-il être modifié en cours de procédure ?

* V. ss nos 233.331 et 233.391 s.

SECTION 1
PÉRIMÈTRE DU PLU

§ 1
Couverture intégrale du territoire intercommunal ou communal

A.
Principe

233.11 Couverture intégrale du territoire, sauf parties couvertes par un PSMV. Le PLU couvre l'intégralité du territoire[1] :

– de l'EPCI, dans le cas d'un PLU intercommunal (PLUI) ;

– ou de la commune, dans le cas d'un PLU communal.

Sont toutefois exceptées du périmètre des PLU les parties de ces territoires couvertes par un PSMV approuvé[2].

Le principe de couverture intégrale du territoire a été posé par la loi SRU. Sous le régime antérieur était admise la possibilité de POS partiels, ne couvrant qu'une partie du territoire communal.

233.12 Adoption d'un PLU couvrant l'intégralité de son territoire. L'EPCI compétent engage une procédure d'élaboration ou de révision d'un PLU couvrant l'intégralité de son territoire lorsqu'il le décide et, au plus tard, lorsqu'il révise un des PLU applicables dans son périmètre en application du 1° du I de l'article L. 153-31[3].

Cette procédure est mise en œuvre après transfert de la compétence PLU à l'EPCI, modification du périmètre de l'EPCI ou fusion avec un autre EPCI.

Si l'EPCI est déjà doté d'un PLUI, il prescrit la révision de celui-ci.

B.
Dérogations au principe de couverture intégrale du territoire pour les PLUI

1°
Première dérogation : fusion d'EPCI dont un n'était pas couvert par un PLU

233.21 Dérogation pendant les cinq années suivant la fusion. Par dérogation aux articles L. 153-1 et L. 153-2 et pendant une période de cinq ans à compter de sa création, une communauté de communes ou d'agglomération issue d'une fusion entre un ou plusieurs EPCI compétents en matière de PLU, document en tenant lieu et carte communale et un ou plusieurs EPCI ne détenant pas cette compétence peut prescrire la révision d'un PLU existant sans être obligée d'engager l'élaboration d'un PLU couvrant l'ensemble de son périmètre[4].

Autrement dit, « c'est l'intercommunalité qui sera responsable des documents d'urbanisme communaux mais le lancement de l'élaboration d'un PLU intercommunal pourra être retardé de cinq ans. Cette disposition a vocation à s'appliquer à toutes procédures de fusions "mixtes" [...] »[5].

2°
Seconde dérogation : EPCI de grande taille

a.
Faculté d'élaborer plusieurs PLU intracommunautaires

233.31 PLU intracommunautaires. Par dérogation à l'article L. 153-1, un EPCI à fiscalité propre compétent peut être autorisé à élaborer plusieurs PLU infracommunautaires[6], regroupant chacun plusieurs communes ou une commune nouvelle, dont l'ensemble couvre l'intégralité de son territoire[7].

b.
Champ d'application

233.41 EPCI concernés. La dérogation est ouverte[8] :

– aux EPCI à fiscalité propre compétents en matière de PLU, de document d'urbanisme en tenant lieu et de carte communale sur l'ensemble de leur territoire ;

– et à condition que l'EPCI concerné regroupe au moins cinquante communes.

Cette dérogation n'est pas applicable dans les métropoles[9].

c.
Décision de faire usage de la dérogation et accord du préfet

233.51 Délibération décidant de faire usage de la dérogation. La délibération par laquelle l'organe délibérant de l'EPCI décide de faire usage de la dérogation précise les éléments suivants[10] :

– le périmètre de chaque PLU infracommunautaire (1°) ;

1. C. urb., art. L. 153-1, al. 1er à 3.
2. C. urb., art. L. 153-1, al. 4.
3. V. ss no 235.21 – C. urb., art. L. 153-2.
4. C. urb., art. L. 153-3.
5. Rép. min. no 22302, *JO Sénat Q* 16 févr. 2017, p. 645.
6. S. Traoré, « Les plans locaux d'urbanisme infracommunautaires », *AJDA* 2017. 937.
7. C. urb., art. L. 154-1, al. 1er.
8. C. urb., art. L. 154-1, al. 2.
9. C. urb., art. L. 154-1, al. 3.
10. C. urb., art. L. 154-2, al. 1er à 4.

– le calendrier prévisionnel des différentes procédures (2°) ;

– le calendrier prévisionnel d'élaboration du SCOT dans le périmètre duquel est inscrit l'EPCI, s'il n'est pas déjà couvert par un SCOT opposable (3°).

233.52 **Accord du préfet.** La délibération est notifiée au préfet qui dispose d'un délai de deux mois pour donner son accord, dans le respect des critères mentionnés à l'article L. 154-1[1].

La dérogation ne peut être accordée par le préfet que si ses conditions de mise en œuvre, précisées dans la délibération, permettent le respect des principes et projets mentionnés à l'article L. 132-1[2].

d.
Mise en œuvre de la dérogation

233.61 **Élaboration des PLU infracommunautaires.** L'EPCI à fiscalité propre qui bénéficie de la dérogation élabore les PLU infracommunautaires[3] :

– dans les conditions prévues aux articles L. 153-11 à L. 153-26[4] ;

– et selon le calendrier et la sectorisation prévus dans la délibération prise en application de l'article L. 154-2.

233.62 **Sort des PLU antérieurs.** Les dispositions des PLU applicables avant la mise en œuvre de la dérogation demeurent en vigueur[5].

L'organe délibérant de l'EPCI peut les modifier ou les mettre en compatibilité jusqu'à l'approbation d'un PLU couvrant les secteurs concernés[6].

Il peut les réviser sans engager l'élaboration d'un PLU couvrant l'intégralité d'un secteur prédéfini lorsque cette révision relève de l'article L. 153-34[7], c'est-à-dire de la procédure accélérée de révision du PLU[8].

233.63 **Révision des PLU infracommunautaires ne nécessitant pas une procédure d'élaboration d'un PLU couvrant l'intégralité du territoire de l'EPCI.** Par dérogation à l'article L. 153-2, posant le principe d'une couverture de l'intégralité du territoire[9], les PLU infracommunautaires approuvés peuvent être révisés sans entraîner l'engagement d'une procédure d'élaboration d'un PLU couvrant l'intégralité du territoire de l'EPCI[10].

e.
Fin de la dérogation

233.71 **Fin volontaire ou du fait de l'absence de SCOT.** La dérogation cesse de s'appliquer dans deux cas de figure :

– d'une part, lorsque l'EPCI approuve un PLUI couvrant l'intégralité de son territoire[11] ;

– d'autre part, si le territoire de l'EPCI n'est pas couvert par un SCOT approuvé dans un délai de six ans à compter de l'octroi de la dérogation[12].

233.72 **Effets de la fin d'application de la dérogation.** Lorsque la dérogation cesse de s'appliquer pour l'un des deux cas de figure précités[13], les dispositions des PLU applicables dans le périmètre de l'EPCI demeurent en vigueur[14].

Ces documents peuvent faire l'objet d'une procédure de modification, de mise en compatibilité et de révision prévue à l'article L. 153-34, jusqu'à l'approbation d'un PLU élaboré dans les conditions prévues à l'article L. 153-2[15].

233.73 **Possibilité d'achever la procédure d'évolution d'un PLU.** L'EPCI peut achever toute procédure d'évolution d'un PLU engagée avant que la dérogation cesse de s'appliquer[16].

§ 2
Cas particuliers (transfert de la compétence PLU et évolution des limites territoriales de la commune ou de l'EPCI)

A.
Maintien provisoire des anciens PLU après transfert de la compétence PLU à un EPCI, modification du périmètre de l'EPCI ou création d'un EPCI

1°
Maintien des anciens PLU jusqu'à l'approbation d'un PLUI couvrant l'intégralité du territoire

233.81 **Mécanisme.** En cas de création d'un EPCI compétent en matière de PLU (y compris lorsqu'il est issu d'une fusion), ou de modification du périmètre d'un EPCI compétent ou de transfert de cette

1. C. urb., art. L. 154-2, al. 5.
2. C. urb., art. L. 154-2, al. 6.
3. C. urb., art. L. 154-3, al. 1er.
4. V. ss nos 233.251 s.
5. C. urb., art. L. 154-3, al. 2.
6. C. urb., art. L. 154-3, al. 2.
7. C. urb., art. L. 154-3, al. 2.
8. V. ss nos 235.61 s.
9. V. ss no 233.12.
10. C. urb., art. L. 154-3, al. 3.
11. C. urb., art. L. 154-3, al. 4, précisant que l'organe délibérant de l'EPCI peut, à tout moment, engager l'élaboration d'un PLUI couvrant l'intégralité de son territoire.
12. C. urb., art. L. 154-4, al. 1er.
13. V. ss no 233.71.
14. C. urb., art. L. 154-4, al. 2.
15. C. urb., art. L. 154-4, al. 2.
16. C. urb., art. L. 154-4, al. 3.

compétence à un tel établissement public, les dispositions des PLU applicables aux territoires concernés restent applicables[1].

Elles peuvent faire l'objet d'une procédure de révision, en application de l'article L. 153-34, de modification ou de mise en compatibilité, jusqu'à l'approbation ou la révision d'un PLU couvrant l'intégralité du territoire de l'EPCI concerné[2].

Celui-ci engage la procédure d'élaboration ou de révision de ce plan lorsqu'il le décide et au plus tard lorsqu'il doit réviser un des PLU applicables dans son périmètre[3].

2°
Conséquences du maintien dans le cas d'un PLU tenant lieu de PLH ou de plan de mobilité

233.91 PLU tenant lieu de PLH. Si le PLU tient lieu de PLH, l'EPCI est considéré, pendant une durée maximale de trois ans, comme étant doté d'un PLH exécutoire. Si, à l'issue de ce délai de trois ans, l'EPCI ne s'est pas doté d'un PLU exécutoire tenant lieu de PLH ou d'un PLH exécutoire couvrant l'ensemble de son périmètre, il est fait application du III de l'article L. 302-4-2 du CCH[4].

Il en va de même pour les PLU tenant lieu de PLH arrêtés avant la création de l'établissement public et devenus exécutoires dans le délai d'un an suivant cette création[5].

233.92 PLU tenant lieu de plan de mobilité. Le PLU tenant lieu de plan de mobilité continue de produire ses effets sur son périmètre antérieur pendant une durée maximale de trois ans conformément à l'article L. 1214-21 du code des transports[6].

Il en va de même pour les PLU tenant lieu de plan de mobilité arrêtés avant la création de l'établissement public et devenus exécutoires dans le délai d'un an suivant cette création[7].

B.
Modifications territoriales concernant des communes

1°
Cas de création d'une commune nouvelle

233.101 Maintien des anciennes dispositions du PLU. En cas de création d'une commune nouvelle, les dispositions des PLU applicables aux anciennes communes restent applicables[8].

233.102 Modification ou mise en compatibilité de ces dispositions. Les dispositions des PLU applicables aux anciennes communes (qui restent applicables[9]) peuvent être modifiées ou mises en compatibilité avec une opération d'utilité publique ou d'intérêt général jusqu'à l'approbation ou la révision d'un PLU couvrant l'intégralité du territoire de la commune nouvelle[10].

La procédure d'élaboration ou de révision de ce dernier plan est engagée au plus tard lorsqu'un des PLU applicables sur le territoire de la commune nouvelle doit être révisé en application du 1° du I de l'article L. 153-31[11].

2°
Cas d'une modification de la limite territoriale entre deux communes

233.111 Principe d'un maintien du PLU dans la partie détachée. En cas de modification de la limite territoriale entre deux communes, les dispositions du PLU applicables à la partie de territoire communal détachée d'une des communes restent applicables dans ce territoire après le rattachement à l'autre commune[12].

233.112 Exception. Si la commune de rattachement a précisé, dans le dossier soumis à enquête publique, en application de l'article L. 2112-2 du CGCT, qu'elle entendait que la modification de limite territoriale emporte, par dérogation au premier alinéa du présent article, abrogation des dispositions du PLU applicables à la partie rattachée, ces dispositions sont abrogées[13].

Cette faculté n'est pas ouverte à la commune de rattachement si celle-ci est membre du même EPCI compétent en matière de PLU que la commune d'origine[14].

C.
Atténuation : possibilité de plans de secteurs (au sein d'un PLUI)

233.120 Renvoi. Un PLUI peut comporter un ou plusieurs plans de secteurs. Ceux-ci précisent les OAP et les dispositions du règlement sur le territoire des communes couvertes[15].

1. C. urb., art. L. 153-6, I, al. 1er.
2. C. urb., art. L. 153-6, I, al. 2.
3. C. urb., art. L. 153-6, I, al. 3.
4. C. urb., art. L. 153-6, II, al. 1er.
5. C. urb., art. L. 153-6, II, al. 2.
6. C. urb., art. L. 153-6, III, al. 1er.
7. C. urb., art. L. 153-6, III, al. 2.
8. C. urb., art. L. 153-4, al. 1er.
9. V. ss no 233.101.
10. C. urb., art. L. 153-4, al. 2.
11. V. ss no 235.21. – C. urb., art. L. 153-4, al. 2.
12. C. urb., art. L. 153-5, al. 1er.
13. C. urb., art. L. 153-5, al. 2.
14. C. urb., art. L. 153-5, al. 2.
15. V. ss nos 231.1771 s.

D.
Charte de PNR pouvant tenir lieu de PLUI

233.131 Conditions. Lorsqu'aucune commune d'un parc naturel régional n'est comprise dans le périmètre d'un SCOT, la charte du parc naturel régional, approuvée avant le 24 septembre 2014, peut comporter un chapitre individualisé tenant lieu de PLUI dès lors qu'il répond aux conditions suivantes[1] :

– elle porte sur le périmètre d'un EPCI compétent en matière de PLU (1°) ;

– elle respecte les principes et les objectifs des plans locaux d'urbanisme énoncés à l'article L. 123-1 du code de l'urbanisme, à l'exception des deuxième à cinquième alinéas du II (2°) ;

– elle comprend les documents constitutifs d'un plan local d'urbanisme mentionnés au premier alinéa du I du même article L. 123-1 (3°) ;

– elle est élaborée dans les conditions d'un PLU définies aux articles L. 123-6 à L. 123-12-1 du même code.

233.132 Effets. Le chapitre individualisé tient lieu de PLU jusqu'à la prochaine révision de la charte ou jusqu'à l'élaboration d'un PLUI[2].

Il peut faire l'objet des procédures d'évolution prévues aux articles L. 123-13-1 à L. 123-14-2 du code de l'urbanisme[3].

SECTION 2
AUTORITÉ CHARGÉE DE LA PROCÉDURE D'ÉLABORATION DU PLU

§ 1
Compétence de principe des EPCI, compétence résiduelle des communes

233.140 Plan. Lorsque le POS et après lui le PLU ne se souciaient pour l'essentiel que de volumétrie, d'implantation et d'aspects des constructions, l'échelon communal s'avérait parfaitement adapté à la gestion de celui-ci. Avec l'extension du PLU à de nouvelles matières (en particulier le logement, l'environnement ou encore les transports), l'échelon intercommunal s'est imposé comme étant le plus pertinent. Pour cette raison, le législateur a érigé la compétence des EPCI en principe et, corrélativement, celle des communes en exception.

1. L. n° 2014-366, 24 mars 2014 pour l'accès au logement et un urbanisme rénové, *JO* 26 mars, n° 1, art. 137, IV, al. 1er à 5.
2. L. n° 2014-366, 24 mars 2014, art. 137, IV, al. 6.
3. L. n° 2014-366, 24 mars 2014, art. 137, IV, al. 6.

A.
Compétence de principe des EPCI

233.151 Communautés urbaines et métropoles : compétence de plein droit. Deux types d'EPCI exercent de plein droit (et sans possibilité de dérogation) la compétence en matière de PLU :

– d'une part les communautés urbaines[4] ;
– d'autre part les métropoles[5].

233.152 Communautés de communes et communautés d'agglomération. S'agissant des communautés de communes et communautés d'agglomération, la compétence en matière de PLU leur revient de plein droit[6].

Toutefois, la loi ALUR avait reconnu qu'une minorité de communes (25 % des communes de l'EPCI, représentant au moins 20 % de la population) pouvait s'opposer au transfert de cette compétence lorsque l'EPCI n'exerçait pas cette compétence avant l'entrée en vigueur de la loi[7]. Plus exactement :

– le transfert est intervenu automatiquement trois ans après l'entrée en vigueur de cette loi (soit au 27 mars 2017)[8], sauf opposition d'une minorité de communes dans ce délai[9] ;

– si le transfert n'a pas été réalisé après cette première période (du fait d'une opposition d'une minorité de communes), il est intervenu automatiquement après renouvellement général des conseils municipaux et communautaires[10], sauf opposition d'une minorité de communes dans un délai de trois mois[11] ;

– si le transfert n'a pas été réalisé selon ces deux modalités, la communauté d'agglomération a pu « à tout moment » se prononcer par un vote sur le transfert de la compétence, sauf opposition d'une minorité de communes dans un délai de trois mois[12] ;

4. CGCT, art. L. 5215-20, I, 2°, a.
5. CGCT, art. L. 5217-2, I, 2°, a.
6. CGCT, art. L. 5214-16, I, 1°, pour les communautés de communes ; art. L. 5216-5, I, 2°, pour les communautés d'agglomération.
7. P. Soler-Couteaux, « la loi ALUR et le PLU : la généralisation progressive de l'intercommunalité », *RDI* 2014. 314.
8. CE 12 févr. 2020, *Gantois (M. et Mme)*, req. n° 419439, *Lebon T.*
9. L. n° 2014-366, 24 mars 2014, art. 136, II, al. 1er.
10. C'est-à-dire après les élections municipales de 2020, plus exactement au 1er juillet 2021, l'application de ce mécanisme au 1er janvier ayant été reportée par la loi n° 2020-1379 du 14 novembre 2020 autorisant la prorogation de l'état d'urgence sanitaire et portant diverses mesures de gestion de la crise sanitaire (art. 7) pour tenir compte des difficultés de réunion des organes délibérants pendant l'épidémie de covid-19.
11. L. n° 2014-366, 24 mars 2014, art. 136, II, al. 2.
12. L. n° 2014-366, 24 mars 2014, art. 136, II, al. 3.

– enfin le transfert a pu intervenir volontairement, à l'initiative des communes, dans les trois ans suivant la publication de la loi ALUR, selon les modalités ordinaires prévues par le CGCT[1].

Aujourd'hui, un peu plus de la moitié des communes couvertes par un PLU le sont par un PLU intercommunal[2].

La jurisprudence a précisé que, dans l'hypothèse où une commune membre d'une communauté de communes a déjà engagé une procédure d'élaboration de son PLU avant le transfert de cette compétence à la communauté de communes, cette dernière peut décider de poursuivre cette procédure, sur son périmètre initial, une fois devenue compétente et en accord avec la commune concernée[3]. Comme l'indique dans le même sens une réponse ministérielle : « La prise de compétence n'entraîne [...] pas l'obligation d'élaborer immédiatement un PLU intercommunal. L'EPCI compétent pourra achever les procédures en cours sur son territoire et procéder notamment à des modifications ou mises en compatibilité des PLU existant. Il ne sera dans l'obligation d'entreprendre l'élaboration du PLU intercommunal que lorsqu'il sera nécessaire de réviser l'un des PLU communaux de son territoire. La loi a donc mis en place les conditions d'une transition souple qui permet de poursuivre les procédures engagées, la décision de les mener à leur terme à l'issue du transfert de compétence étant du ressort de l'intercommunalité, en accord avec les communes »[4].

B. Compétence résiduelle des communes

233.161 Deux cas de compétence. La compétence en matière de PLU revient à une commune dans deux cas de figure :

– d'une part, lorsque la commune n'est pas membre d'un EPCI compétent en matière de PLU[5] ;

– d'autre part, lorsqu'une minorité de communes membre de l'EPCI a décidé que la compétence en matière de PLU continuera d'être exercée à l'échelle communale[6].

1. L. n° 2014-366, 24 mars 2014, art. 136, III.
2. V. s^s n° 23.09.
3. CE 12 févr. 2020, *Gantois (M. et Mme)*, req. n° 419439, *Lebon T.*
4. Rép. min. n° 31325, *JOAN Q* 12 août 2014, p. 6912.
5. C. urb., art. L. 153-8, 2°.
6. V. s^s n° 233.152.

C. Cas particuliers (création ou fusion d'EPCI, modification de son périmètre, transfert de la compétence PLU, commune nouvelle, annulation d'un PLU)

1° Achèvement par l'EPCI d'une procédure d'élaboration ou d'évolution d'un PLU engagée avant la date de création de l'EPCI

233.171 Possibilité d'achever la procédure. L'EPCI compétent peut achever toute procédure d'élaboration ou d'évolution d'un PLU ou d'un document en tenant lieu, engagée avant la date de sa création, y compris lorsqu'elle est issue d'une fusion ou du transfert de cette compétence[7].

233.172 Accord de la commune. Lorsque la procédure a été engagée par une commune, l'accord de celle-ci est requis[8].

233.173 Substitution de l'EPCI dans tous les actes et délibérations. L'EPCI se substitue de plein droit à la commune ou à l'ancien EPCI dans tous les actes et délibérations afférents à la procédure engagée avant la date de sa création, de sa fusion, de la modification de son périmètre ou du transfert de la compétence[9].

2° Extension ou fusion d'une procédure d'élaboration ou de révision antérieure d'un PLUI

233.181 Extension d'une procédure d'élaboration du PLUI. L'EPCI compétent peut délibérer pour étendre à la totalité de son territoire une procédure d'élaboration ou de révision, en application du 1° du I de l'article L. 153-31, d'un PLUI engagée avant la date du transfert de cette compétence, de la modification de son périmètre ou de sa création, y compris lorsque celle-ci résulte d'une fusion[10].

Cette possibilité est ouverte si le projet de PLUI n'a pas été arrêté. Cette délibération précise, s'il y a lieu, les modifications apportées aux objectifs définis dans la délibération initiale et expose les modalités de concertation complémentaires prévues[11].

Cette délibération est notifiée aux personnes publiques associées mentionnées aux articles L. 132-7 et L. 132-9[12].

7. C. urb., art. L. 153-9, I.
8. C. urb., art. L. 153-9, I.
9. C. urb., art. L. 153-9, I.
10. C. urb., art. L. 153-9, II, al. 1er.
11. C. urb., art. L. 153-9, II, al. 1er.
12. C. urb., art. L. 153-9, II, al. 1er.

Un débat sur les orientations du PADD est organisé au sein du nouvel EPCI compétent, dans les conditions prévues à l'article L. 153-12, avant l'arrêt du projet de PLUI étendu à l'ensemble de son territoire[1].

Cette faculté concerne l'hypothèse dans laquelle un PLUI se trouvait déjà en cours d'élaboration ou de révision à une échelle inférieure. Une procédure étant déjà en cours, l'EPCI dispose de la faculté de partir de ce projet, ce qui lui évite d'avoir à reprendre depuis le début une procédure d'élaboration ou de révision.

233.182 **Fusion de procédures.** L'EPCI peut, dans les mêmes conditions qu'au premier alinéa du II[2], fusionner deux ou plusieurs procédures d'élaboration ou de révision de PLUI[3].

3° Achèvement par une commune nouvelle d'une procédure applicable sur le territoire des anciennes communes

233.191 **Possibilité d'achèvement.** La commune nouvelle compétente en matière de PLU ou de document en tenant lieu peut décider d'achever toute procédure d'élaboration ou d'évolution d'un PLU ou de document en tenant lieu applicable sur le territoire des anciennes communes qui aurait été engagée avant la date de création de la commune nouvelle[4].

Dans ce cas, la commune nouvelle se substitue de plein droit aux anciennes communes dans tous les actes et délibérations afférents aux procédures engagées avant la date de sa création[5].

4° Annulation d'un PLU

233.201 **Annulation partielle.** En cas d'annulation partielle par voie juridictionnelle d'un PLU, l'autorité compétente élabore sans délai les nouvelles dispositions du plan applicables à la partie du territoire communal concernée par l'annulation[6].

Il résulte de ces dispositions que lorsqu'un PLU est partiellement annulé par le juge, en tant qu'il concerne une partie du territoire communal, il appartient à la commune de procéder sans délai à un nouveau classement des parcelles concernées et de définir les nouvelles règles qui s'y appliquent « en modifiant ou en révisant », selon le cas, son PLU[7]. Pour ce faire, il appartient à la commune de prendre une délibération spécifique modifiant ou révisant le PLU pour remédier spécialement à l'illégalité constatée. Elle ne peut pas profiter d'une procédure de modification ou de révision en cours pour y greffer l'exécution de la décision d'annulation. En d'autres termes, elle doit mettre en œuvre une procédure propre, entièrement dédiée à cette exécution, afin que la correction apportée dispose de l'ensemble des garanties prévues par le code pour l'élaboration et l'évolution du PLU (études, délais de réflexion, consultations...)[8].

La circonstance que l'annulation partielle ait, le cas échéant, pour effet de remettre en vigueur, en application de l'article L. 600-12, le classement et les règles antérieurement applicables à ces parcelles, sous réserve que les dispositions ainsi rendues applicables soient compatibles avec les dispositions d'urbanisme maintenues en vigueur, ne dispense pas la commune de l'obligation de procéder à un nouveau classement des parcelles concernées et de définir les nouvelles règles qui s'y appliquent[9]. Comme l'explique Nicolas Polge, « L'article L. 153-1 impose dans sa première phrase que le plan local d'urbanisme couvre l'intégralité du territoire. Cette règle paraît peu compatible avec un plan mité de trous créés par des annulations partielles. Et il serait difficilement acceptable, en termes d'accessibilité de la règle de

1. C. urb., art. L. 153-9, II, al. 1er.
2. V. ss no 233.181.
3. C. urb., art. L. 153-9, II, al. 2.
4. C. urb., art. L. 153-10.
5. C. urb., art. L. 153-10.
6. C. urb., art. L. 153-7, al. 1er.
7. CE 18 juin 2014, *Min. Égalité des territoires et Logement*, req. no 370594, NP.
8. VOIR, le confirmant : CE 16 juill. 2021, *Commune de La Londe-les-Maures*, req. no 437562, *Lebon T.* ; *BJDU* 2021. 425, concl. N. Polge ; *BJDU* 2021. 427, obs. S. Ferrari ; *LPA* no 1, janv. 2022, p. 72, note O. Sulpice ; *RDI* 2021. 498, obs. P. Soler-Couteaux : arrêt indiquant que les dispositions de l'article L. 153-7 « n'ont pas pour effet de permettre à l'autorité compétente de s'affranchir, pour l'édiction de ces nouvelles dispositions, des règles qui régissent les procédures de révision, de modification ou de modification simplifiée » du PLU. Ainsi, lorsque l'exécution d'une décision juridictionnelle prononçant l'annulation partielle d'un PLU implique nécessairement qu'une commune modifie le règlement de son PLU dans un sens déterminé, « il appartient à la commune de faire application, selon la nature et l'importance de la modification requise, de l'une de ces procédures, en se fondant le cas échéant, dans le respect de l'autorité de la chose jugée, sur certains actes de procédure accomplis pour l'adoption des dispositions censurées par le juge ».
9. CE 18 juin 2014, *Min. Égalité des territoires et Logement*, req. no 370594, NP ; – DÉCISION CONFIRMÉE PAR : CE 16 juill. 2021, *Commune de La Londe-les-Maures*, req. no 437562 : arrêt indiquant que les dispositions de l'article L. 153-7 font obligation à l'autorité compétente d'élaborer, dans le respect de l'autorité de la chose jugée par la décision juridictionnelle ayant partiellement annulé un PLU, de nouvelles dispositions se substituant à celles qui ont été annulées par le juge, alors même que l'annulation contentieuse aurait eu pour effet de remettre en vigueur, en application des dispositions de l'article L. 600-12 ou de son article L. 174-6, des dispositions d'un PLU ou, pour une durée maximale de vingt-quatre mois, des dispositions d'un POS qui ne méconnaîtraient pas l'autorité de la chose jugée par ce même jugement d'annulation.

droit, d'admettre que pour un temps prolongé, pour connaître les dispositions applicables à certains égards ou à certaines parcelles, il faille en passer par le détour de l'analyse de décisions de justice. Même si c'est pour réintroduire des règles identiques aux règles antérieures au document d'urbanisme partiellement annulé, la clarté du droit applicable mérite un nouvel acte exprès »[1].

233.202 Annulation totale. En cas de déclaration d'illégalité ou d'annulation par voie juridictionnelle de l'intégralité d'un PLU couvrant le territoire d'une commune située dans le périmètre d'un EPCI compétent, celui-ci peut approuver un PLU sur le territoire de la commune concernée[2].

§ 2 Conduite de la procédure

233.211 Principe : compétence de l'EPCI. En principe, le PLU est élaboré à l'initiative et sous la responsabilité de l'EPCI compétent en matière de PLU[3].

La procédure est conduite par le président de l'EPCI[4].

233.212 Exception : compétence de la commune. Le PLU est élaboré par la commune lorsqu'elle n'est pas membre d'un tel EPCI compétent en matière de PLU[5].

La procédure est alors conduite par le maire[6].

SECTION 3 ÉTAPES DE LA PROCÉDURE D'ÉLABORATION DU PLU

233.221 Cinq étapes. La procédure d'élaboration d'un PLU comporte cinq étapes[7] :

- la prescription de l'élaboration du PLU ;
- le débat et avis sur les orientations du PADD ;
- l'arrêt du projet de PLU et les consultations ;
- l'enquête publique ;
- l'approbation du PLU.

1. N. Polge, concl. sur CE 16 juill. 2021, *Commune de La Londe-les-Maures*, req. n° 437562, *BJDU* 2021. 425.
2. C. urb., art. L. 153-7, al. 2.
3. C. urb., art. L. 153-8, 1°, précisant que cette collaboration se fait « en collaboration avec les communes membres ».
4. C. urb., art. R. 153-1.
5. C. urb., art. L. 153-8, 2°, précisant que cette élaboration se fait « le cas échéant en collaboration avec l'établissement public de coopération intercommunale à fiscalité propre dont elle est membre ».
6. C. urb., art. R. 153-1.
7. Pour une représentation de celle-ci sous la forme d'un schéma, v. s^s n° 8.37.

§ 1 Première étape : prescription de l'élaboration du PLU

A. Démarches préalables

1° Études et évaluations préalables

233.231 Études générales. Afin de préparer la procédure d'élaboration, des études préalables vont être réalisées en vue de disposer de données précises et à jour sur de nombreux domaines (situation économique, évolution démographique, consommation de l'espace au cours des dernières années, taux d'occupation des immeubles, densité de la population, état de l'environnement, etc.).

233.232 Étude spécifique lorsque le PLU tient lieu de plan de mobilité : évaluation et calculs des émissions de gaz à effet de serre et des polluants générés par les transports. Lorsque le PLU comportera des dispositions tenant lieu de plan de mobilité, des évaluations et des calculs des émissions de gaz à effet de serre et de polluants atmosphériques générés par les déplacements à l'intérieur du ressort territorial de l'autorité organisatrice compétente doivent être réalisés à l'occasion de l'élaboration du plan[8].

2° Conférence intercommunale (PLUI)

233.241 Modalités de la collaboration. Lorsque le PLU est élaboré par un EPCI, l'organe délibérant de l'établissement arrête les modalités de la collaboration avec les communes après avoir réuni une conférence intercommunale rassemblant, à l'initiative de son président, l'ensemble des maires des communes membres[9]. Cette conférence intervient en début de procédure, idéalement avant la délibération prescrivant l'élaboration du PLUI[10].

Les modalités de collaboration avec les communes définies à l'issue de cette conférence sont arrêtées, soit dans la délibération prescrivant l'élaboration du PLUI, soit dans une délibération distincte. Elles doivent être respectées pour la suite de la procédure d'élaboration du PLUI sous peine d'entacher celle-ci d'un vice de procédure.

8. V. s^s n° 234.51.
9. C. urb., art. L. 153-8, 1°.
10. Ph. Peynet, « La conférence intercommunale, nouvelle instance instituée par la loi ALUR dans le cadre de l'élaboration d'un plan local d'urbanisme intercommunal (PLUI) », *AJCT* 2015. 153.

B.
Délibération prescrivant l'élaboration du PLU

233.251 Contenu de la délibération. L'autorité compétente en matière de PLU[1] :

– d'une part, prescrit l'élaboration du PLU ;

– d'autre part, précise les objectifs poursuivis et les modalités de concertation, conformément à l'article L. 103-3[2].

La délibération prescrivant l'élaboration du PLU peut soumettre à déclaration préalable, sur tout ou partie du territoire couvert par ce plan, les coupes ou abattages d'arbres isolés[3].

233.252 Exception d'illégalité (absence). Le moyen tiré de l'illégalité de la délibération prescrivant l'adoption ou la révision du PLU qui porte, d'une part, sur les objectifs, au moins dans leurs grandes lignes, poursuivis par la commune en projetant d'élaborer ou de réviser ce document d'urbanisme et, d'autre part, sur les modalités de la concertation avec les habitants et les associations locales ne peut, eu égard à son objet et à sa portée, être utilement invoqué contre la délibération approuvant le PLU[4]. Ainsi, l'illégalité de la délibération initiale est dépourvue d'incidence sur la délibération finale. La dernière est préservée des vices entachant la première.

Dans le prolongement de cette solution, ne peut être utilement invoqué à l'encontre de la délibération qui a approuvé le PLU le moyen tiré de ce que, faute qu'il soit établi que les formalités de publicité requises aient été dûment accomplies, la délibération prescrivant l'élaboration du plan n'aurait pas été exécutoire[5]. En d'autres termes, ce qui vaut pour l'illégalité de la délibération initiale vaut également pour l'inopposabilité de celle-ci.

233.253 Publicité. Fait l'objet de mesures de publicité et d'informations la délibération qui prescrit l'élaboration du PLU et qui définit les objectifs poursuivis ainsi que les modalités de la concertation[6].

Cette délibération déploie ses effets à compter de l'affichage qui en est fait et de la mention de l'affichage[7].

233.254 Notification de la délibération aux PPA. Les personnes associées reçoivent notification de la délibération prescrivant l'élaboration du PLU[8].

233.255 Porter à connaissance par le préfet. Le préfet porte à la connaissance de l'autorité compétente (EPCI ou commune) les informations juridiques et les études techniques nécessaires à l'élaboration du PLU[9].

§ 2
Deuxième étape : débat et avis sur les orientations du PADD

A.
Débat des organes délibérants

233.261 Tenu d'un débat dans les deux mois. Un débat a lieu au sein de l'organe délibérant de l'EPCI et des conseils municipaux (si la compétence revient à l'EPCI) ou du conseil municipal (si la compétence revient à la commune) sur les orientations générales du PADD, au plus tard deux mois avant l'examen du projet de PLU[10]. Il s'agit là d'une exigence démocratique permettant aux élus de s'exprimer sur les orientations envisagées par l'exécutif au regard, notamment, de leur connaissance du terrain et de la vision de l'urbanisme qui est la leur.

Lorsque le PLU est élaboré par un EPCI, le débat au sein des conseils municipaux des communes membres est réputé tenu s'il n'a pas eu lieu au plus tard deux mois avant l'examen du projet de PLU[11]. Cela permet d'éviter tout blocage si une commune refuse de débattre.

B.
Avis de l'autorité organisatrice de la mobilité (le cas échéant)

233.271 Cas dans lesquels l'avis est requis. Lorsque le PLU est élaboré par une commune qui n'est ni membre d'un EPCI compétent en matière de PLU ni membre d'une autorité organisatrice de la

1. C'est-à-dire en principe l'EPCI, et à titre d'exception la commune (v. s[s] n°s 233.211 s.). – C. urb., art. L. 153-11.
2. Sur l'article L. 103-3, v. s[s] n°s 213.111 s.
3. V. s[s] n° 151.211.
4. CE 5 mai 2017, *Saint-Bon-Tarentaise (C[ne])*, req. n° 388902, *Lebon ; BJDU* 2017. 230, concl. L. Dutheillet de Lamothe : arrêt revenant sur la jurisprudence antérieure qui admettait que les illégalités entachant la délibération prescrivant l'adoption ou la révision du PLU sont susceptibles d'entraîner l'annulation de la délibération approuvant le PLU (CE 10 févr. 2010, *Saint-Lunaire (C[ne])*, req. n° 327149, *Lebon T.* – CE 17 avr. 2013, *Ramatuelle (C[ne])*, req. n° 348311, *Lebon T*). Cette solution était source d'insécurité juridique car elle pouvait conduire à annuler l'acte d'approbation du PLU s'il s'avérait qu'une illégalité avait été commise lors de la délibération – souvent votée deux ou trois ans plus tôt – ayant initiée le processus.
5. CE 24 sept. 2021, *Mme Grand et a.*, req. n° 444673, *Lebon T. ; BJDU* 2022. 21, concl. L. Domingo ; *JCP Adm.* 2022, n° 2384, chron. O. Le Bot.
6. V. s[s] n° 233.481.
7. V. s[s] n°s 233.491 s.
8. V. s[s] n° 212.151.
9. V. s[s] n°s 212.31 s.
10. C. urb., art. L. 153-12, al. 1er.
11. C. urb., art. L. 153-12, al. 2.

mobilité (au sens de l'article L. 1231-1 du code des transports), et qui est située à moins de quinze kilomètres de la périphérie d'une agglomération de plus de 50 000 habitants, le maire recueille l'avis de l'autorité organisatrice sur les orientations du PADD[1]. Cette exigence n'a vocation qu'à concerner un nombre limité de cas dans la mesure où elle ne s'impose que dans les cas où la compétence en matière de PLU revient à la commune.

En outre, elle n'est pas applicable aux communes situées en Ile-de-France[2].

233.272 Délai pour émettre l'avis. L'avis est rendu dans un délai de deux mois à compter de la saisine. À défaut de réponse dans ce délai, l'avis est réputé favorable[3].

§ 3
Troisième étape : arrêt du projet de PLU et consultations

A.
Délibération arrêtant le projet de PLU

233.281 Rédaction du projet. La rédaction du projet de PLU est généralement confiée à un cabinet privé. Celui-ci, en lien avec les élus, établit un projet qui transcrit sous une forme juridique la volonté politique de la commune ou de l'établissement telle qu'elle a été exprimée lors du débat sur les orientations du PADD. Des échanges sont également mis en œuvre avec la DREAL.

233.282 Arrêt du projet (contenu de la délibération). L'organe délibérant de l'EPCI ou le conseil municipal arrête le projet de PLU[4].

La délibération qui arrête un projet de PLU peut simultanément tirer le bilan de la concertation, en application de l'article L. 103-6[5].

233.283 Arrêt du projet (publicité de la délibération). Afin d'assurer l'information du public, la délibération est affichée pendant un mois[6] :

- au siège de l'EPCI compétent et dans les mairies des communes membres concernées (lorsque la compétence revient à l'EPCI) ;

- ou en mairie (lorsque la compétence revient à la commune).

1. C. urb., art. L. 153-13, al. 1er.
2. C. urb., art. L. 153-13, al. 2.
3. C. urb., art. R. 153-2.
4. C. urb., art. L. 153-14.
5. C. urb. art. R. 153-3, al. 1er.
6. C. urb. art. R. 153-3, al. 2.

B.
Évaluation environnementale

233.291 Mise en œuvre. Une évaluation environnementale doit être réalisée lors de l'élaboration du PLU[7].

C.
Avis sur le projet arrêté

1°
Personnes et organismes consultés

a.
Situation générale

233.301 Personnes et organismes consultés de plein droit. Le projet de plan arrêté est soumis pour avis aux personnes et organismes suivants[8] :

- aux personnes publiques associées à son élaboration mentionnées aux articles L. 132-7 et L. 132-9[9] (1°) ;

- à la commission départementale de la préservation des espaces naturels, agricoles et forestiers (CDPENAF) prévue à l'article L. 112-1-1 du code rural lorsque le projet de PLU couvre une commune ou un EPCI situés en dehors du périmètre d'un SCOT approuvé et a pour conséquence une réduction des surfaces des espaces naturels, agricoles et forestiers (2°) ;

- au comité régional de l'habitat et de l'hébergement prévu à l'article L. 364-1 du CCH lorsque le projet de PLU tient lieu de PLH (3°) ;

- à la formation spécialisée de la commission départementale de la nature, des paysages et des sites, lorsque le projet de PLU prévoit la réalisation d'une ou plusieurs UTNL, en zone de montagne, dans les conditions prévues au II de l'article L. 151-7 du code de l'urbanisme (4°, précisant que l'avis porte uniquement sur les UTNL).

233.302 Personnes et organismes consultés à leur demande. Le projet de plan arrêté est également soumis à leur demande[10] :

- aux communes limitrophes (1°) ;

- aux EPCI directement intéressés (2°) ;

- à la commission départementale de la préservation des espaces agricoles, naturels et forestiers (CDPENAF) prévue à l'article L. 112-1-1 du code rural (3°).

7. V. ss no 214.91.
8. C. urb., art. L. 153-16.
9. V. ss nos 212.131 s.
10. C. urb., art. L. 153-17.

233.303 Délai et régime des avis. Les personnes consultées en application des articles L. 153-16[1] et L. 153-17[2] donnent un avis[3] :

– dans les limites de leurs compétences propres ;

– au plus tard trois mois après transmission du projet de plan.

À défaut de réponse dans ce délai, ces avis sont réputés favorables[4].

b.
Situations particulières

233.311 Personnes consultées dans le cas d'un PLU ayant des incidences sur une ZAC. Lorsque le projet d'élaboration ou de révision d'un PLU a pour objet ou pour effet de modifier les règles d'urbanisme applicables à l'intérieur d'un périmètre de ZAC créée à l'initiative d'une personne publique autre que l'EPCI ou la commune, l'avis de cette personne publique est requis préalablement à l'approbation du PLU élaboré ou révisé[5].

Lorsque la ZAC a été créée à l'initiative d'un EPCI, cette approbation ne peut intervenir qu'après avis favorable de cet établissement public[6].

L'avis de la personne publique qui a pris l'initiative de la création d'une ZAC, requis en application des articles L. 153-18 et L. 153-39, sur le projet d'élaboration, de révision ou de modification du PLU concernant cette zone doit être émis dans le délai de trois mois à compter de la saisine de cette personne publique. Cet avis est réputé émis en l'absence de réponse à l'issue de ce délai. Toutefois, le silence de l'EPCI à l'origine de la ZAC vaut rejet du projet[7].

233.312 Personnes consultées dans le cas d'un PLU prévoyant une réduction des espaces agricoles ou forestiers. Conformément à l'article L. 112-3 du code rural, le PLU ne peut être approuvé qu'après avis des organismes suivants lorsqu'il prévoit une réduction des espaces agricoles ou forestiers[8] :

– la chambre d'agriculture ;

– l'Institut national de l'origine et de la qualité dans les zones d'appellation d'origine contrôlée ;

– le Centre national de la propriété forestière.

Ces avis sont rendus dans un délai de trois mois à compter de la saisine. En l'absence de réponse à l'issue de ce délai, l'avis est réputé favorable[9].

233.313 Avis de l'État sur la consommation d'espaces naturels. À la demande de la commune ou du groupement de communes compétent, lorsque le préfet est consulté dans les conditions prévues à l'article L. 153-16, « son avis comprend une prise de position formelle » en ce qui concerne[10] :

– « la sincérité de l'analyse de la consommation d'espaces naturels, agricoles et forestiers réalisée au titre du diagnostic du rapport de présentation prévu à l'article L. 151-4, » au regard des données mises à disposition par l'État en application de l'article L. 132-2 et, le cas échéant, de la note d'enjeux prévue à l'article L. 132-4-1 (1°) ;

– « la cohérence avec le diagnostic mentionné au 1° du présent article des objectifs chiffrés de modération de la consommation de l'espace et de lutte contre l'étalement urbain » contenus dans le PADD en application de l'article L. 151-5 (2°).

Ce dispositif a été introduit par la loi 3DS après l'annulation du PLUI de Toulouse, dans l'objectif de sécuriser les PLU au regard de l'obligation, introduite par la loi Climat, de fixer des objectifs de réduction de la consommation d'espaces.

c.
Évaluation environnementale

233.321 Consultation de l'Autorité environnementale. L'Autorité environnementale est consultée, d'une part, sur le rapport sur les incidences environnementales et, d'autre part, sur le projet de PLU[11].

2°
Nouvelle consultation en cas de modification du projet de plan postérieurement à l'émission des avis

233.331 Obligation de nouvelle consultation. Il appartient à l'autorité compétente souhaitant modifier son projet de PLU avant l'ouverture de l'enquête publique, notamment pour tenir compte de l'avis rendu par une personne publique associée à son élaboration, de consulter à nouveau l'ensemble des personnes publiques associées, afin que le dossier soumis à l'enquête publique comporte des avis correspondant au projet modifié[12].

233.332 Jurisprudence Danthony. L'omission de cette nouvelle consultation n'est de nature à vicier la procédure et à entacher d'illégalité la décision prise à l'issue de l'enquête publique que si elle a pu

1. V. s[s] n° 233.301.
2. V. s[s] n° 233.302.
3. C. urb., art. R. 153-4, al. 1er.
4. C. urb., art. R. 153-4, al. 2.
5. C. urb., art. L. 153-18, al. 1er.
6. C. urb., art. L. 153-18, al. 2.
7. C. urb., art. R. 153-7.
8. C. urb., art. R. 153-6, al. 1er.
9. C. urb., art. R. 153-6, al. 2.
10. C. urb., art. L. 153-16-1, créé par L. n° 2022-217, 21 févr. 2022.
11. V. s[s] n°s 214.431 s.
12. CE 26 févr. 2014, *S[té] Gestion Camping Caravaning et Blanc (M.)*, req. n° 351202, *Lebon T.* ; *BJDU* 2014. 198, concl. A. Lallet.

avoir pour effet de nuire à l'information du public ou si elle a été de nature à exercer une influence sur cette décision [1].

D.
Nouvelle délibération sur le projet de plan en cas d'avis défavorable d'une des communes (PLUI)

233.341 **Nouvelle délibération.** Lorsque l'une des communes membres de l'EPCI émet un avis défavorable sur les OAP ou les dispositions du règlement qui la concernent directement, l'organe délibérant compétent de l'EPCI délibère à nouveau [2].

L'avis sur le projet de plan arrêté, prévu à l'article L. 153-15, est rendu dans un délai de trois mois à compter de l'arrêt du projet. En l'absence de réponse à l'issue de ce délai, l'avis est réputé favorable [3].

233.342 **Arrêt du projet modifié.** Lorsque le projet de PLU est modifié pour tenir compte de l'avis défavorable d'une commune et que la commune consultée sur cette modification émet un avis favorable ou n'émet pas d'avis dans un délai de deux mois, l'organe délibérant de l'EPCI arrête le projet modifié à la majorité des suffrages exprimés [4].

Dans tous les autres cas, le projet de PLU est arrêté à la majorité des deux tiers des suffrages exprimés [5].

§ 4
Quatrième étape : enquête publique

233.351 **Réalisation d'une enquête publique.** Le projet de PLU arrêté est soumis à enquête publique par le président de l'EPCI ou le maire [6].

A.
Situation générale

233.361 **Procédure.** L'enquête publique est réalisée conformément aux articles L. 123-1 s. du code de l'environnement [7].

Elle débute par la désignation d'un commissaire-enquêteur par le président du tribunal administratif. À cet égard, ne peut être désigné commissaire-enquêteur une personne intéressée à l'opération [8].

Elle se poursuit par l'édiction d'un arrêté du président de l'EPCI ou du maire précisant les modalités d'organisation de l'enquête publique.

L'avis d'enquête publique est ensuite publié. Il informe les administrés du lieu où ils peuvent consulter le dossier d'enquête publique et des modalités selon lesquelles ils peuvent lui adresser leurs observations [9].

Il appartient à l'autorité compétente pour élaborer le PLU de ne pas donner suite à une procédure entachée d'irrégularités et d'en tirer les conséquences en demandant au commissaire enquêteur, soit de corriger ces irrégularités, soit de mettre en œuvre une nouvelle procédure en saisissant à nouveau le président du tribunal administratif pour qu'il procède à la désignation d'un nouveau commissaire enquêteur [10].

À l'expiration du délai d'enquête publique, le registre d'enquête est mis à disposition du commissaire enquêteur. Celui-ci établit son rapport dans un délai de 30 jours [11].

233.362 **Dossier d'enquête publique.** Le dossier soumis à l'enquête publique [12] :

– est composé des pièces mentionnées à l'article R. 123-8 du code de l'environnement ;

– et comprend, en annexe, les différents avis recueillis dans le cadre de la procédure.

Il peut, en outre, comprendre tout ou partie des pièces portées à la connaissance de l'EPCI compétent ou de la commune par le préfet [13].

233.363 **Rapport d'enquête.** Le contenu du rapport d'enquête est défini dans les trois premiers alinéas de l'article R. 123-19 du code de l'environnement :

– le rapport relate le déroulement de l'enquête et examine les observations recueillies (al. 1er) ;

– il comporte le rappel de l'objet du plan, la liste de l'ensemble des pièces figurant dans le dossier d'enquête, une synthèse des observations du public, une analyse des propositions produites durant l'enquête et, le cas échéant, les observations du respon-

1. CE 26 févr. 2014, *Sté Gestion Camping Caravaning et Blanc (M.)*, req. nº 351202.
2. C. urb., art. L. 153-15, al. 1er.
3. C. urb., art. R. 153-5.
4. C. urb., art. L. 153-15, al. 2.
5. C. urb., art. L. 153-15, al. 2.
6. C. urb., art. L. 153-19.
7. C. urb., art. L. 153-19.
8. CE 21 oct. 1992, *Narbonne (Ville)*, req. nº 126259, *Lebon T.* : exigence non satisfaite dans le cas d'un commissaire ayant participé, en sa qualité d'architecte, à l'élaboration des plans de la ZAC, dont le périmètre est inclus dans celui du POS ; – CE 12 oct. 1992, *Meulien (Mme)*, req. nº 112455, *Lebon T.* : exigence satisfaite dans le cas d'un commissaire exerçant la fonction d'adjoint au maire d'une commune limitrophe n'ayant pas émis le souhait d'être consulté sur le projet de POS.
9. Une information insuffisante sur ce point entache d'un vice de forme la délibération approuvant le plan : CE 19 févr. 1997, *Échirolles (Cne)*, req. nº 169260, *Lebon T.*
10. CE 13 mars 2019, *Villeuneuve-le-Comte (Cne)*, req. nº 418170, *Lebon T.* ; *Constr.-Urb.* 2019, comm. 60, note L. Santoni : arrêt précisant que la responsabilité de l'État ne peut être engagée à raison des irrégularités commises (v. ss nº 623.71).
11. V. ss nº 233.363.
12. C. urb., art. R. 153-8, al. 1er.
13. C. urb., art. R. 153-8, al. 2.

sable du projet, plan ou programme en réponse aux observations du public (al. 2) ;

- le commissaire enquêteur ou la commission d'enquête consigne, dans une présentation séparée, ses conclusions motivées, en précisant si elles sont favorables, favorables sous réserves ou défavorables au projet (al. 3).

La jurisprudence a précisé que « le commissaire enquêteur n'est pas, en principe, tenu de répondre à chacune des observations formulées durant l'enquête publique »[1]. Pèse seulement sur lui l'obligation de répondre à chacune des catégories d'observations[2].

De façon plus spécifique, « si le commissaire enquêteur doit indiquer au moins sommairement les raisons qui justifient son avis, il n'est pas tenu de formuler des observations sur les remarques ou propositions énoncées dans les avis des personnes publiques associées au projet »[3].

233.364 Mise à disposition du rapport d'enquête. L'autorité compétente pour organiser l'enquête (EPCI ou commune) adresse, dès leur réception, copie du rapport et des conclusions[4] :

- au responsable du plan ;
- à la mairie de chacune des communes où s'est déroulée l'enquête ;
- et à la préfecture de chaque département concerné.

Le rapport et les conclusions y sont sans délai tenus à la disposition du public pendant un an à compter de la date de clôture de l'enquête[5].

L'autorité compétente pour organiser l'enquête publie le rapport et les conclusions du commissaire enquêteur ou de la commission d'enquête sur le site internet où a été publié l'avis d'enquête publique et le tient à la disposition du public pendant un an[6].

Elle peut, lorsqu'elle constate une insuffisance ou un défaut de motivation des conclusions, mettre en œuvre une procédure visant à ce que le rapport soit complété[7].

233.365 Portée d'un avis défavorable. Un avis défavorable du commissaire-enquêteur ne lie pas l'auteur du PLU. Par suite, il est sans incidence sur la légalité de l'acte approuvant le PLU[8].

Il n'exige pas non plus que l'organe délibérant débatte spécifiquement des conclusions du commissaire-enquêteur mais lui impose seulement de délibérer sur le projet, y compris lorsqu'il relève de la compétence de l'exécutif de la collectivité, en ayant eu connaissance du sens et du contenu des conclusions du commissaire enquêteur[9].

Il n'est pas non plus requis que cet avis fasse l'objet d'un examen lors d'une réunion distincte de celle au cours de laquelle le conseil municipal approuve la modification du PLU ni d'une délibération matériellement distincte de la délibération approuvant le projet[10].

B.
Cas particuliers

233.371 Enquête publique concernant une ZAC. L'enquête concernant un PLU vaut enquête préalable à la déclaration d'utilité publique des opérations, acquisitions ou expropriations prévues à ce plan à l'intérieur d'une ZAC lorsque le dossier soumis à l'enquête comprend les pièces mentionnées à

1. CAA Nancy, 8 mars 2013, *Sté Eiden SAS*, req. nº 12NC01489, NP – DANS LE MÊME SENS : CAA Douai, 13 août 2012, *Sté SECE-CB*, req. nº 11DA01678, NP : indiquant que les dispositions en cause « n'impliquent pas que le commissaire enquêteur soit tenu de répondre à chacune des observations présentées lors de l'enquête » – ÉGALEMENT : CAA Lyon, 8 juill. 2004, *Polliat (Cne)*, req. nº 03LY00754, NP : indiquant que cette disposition « n'implique pas que le commissaire enquêteur réponde dans son rapport à chacune des observations présentées lors de l'enquête – ÉGALEMENT : CAA Paris, 13 juin 2013, *Pommeuse (Cne)*, req. nº 12PA05113, NP, *RJ envir.* 2014. 364, note J.-C. Hélin et R. Hostiou : arrêt soulignant « que si l'analyse du commissaire enquêteur doit faire apparaitre que l'enquête a porté sur l'ensemble du projet et que l'intégralité des observations formulées par le public pendant l'enquête ont été prises en compte, les dispositions précitées ne lui imposent pas de répondre point par point à chacune des observations présentées ».
2. CAA Lyon, 10 mai 2011, *Soucieu-en-Jarrest (Cne)*, req. nº 09LY01091, NP : arrêt indiquant « qu'ainsi en ne procédant à aucune analyse et en ne formulant aucun avis ou élément de réponse sur un courrier précis et argumenté abordant des questions touchant à l'économie générale du plan local d'urbanisme le commissaire enquêteur n'a pas répondu à une catégorie d'observations » – ÉGALEMENT : TA Strasbourg, 5 août 2009, *Assoc. Alsace Nature*, nº 0505685, NP, *Envir.* 2009, nº 130, note D. Gillig : « Considérant qu'il ressort des pièces du dossier que 67 observations ont été recensées dans les registres ouverts au cours de l'enquête qui s'est déroulée du 23 août au 24 septembre 2004 ; que si le rapport d'enquête comporte une sous-rubrique consacrée à "l'analyse et synthèse des interventions écrites et documents annexés" celle-ci ne consiste qu'en la simple mention des principales observations ; que si le commissaire enquêteur n'était pas tenu de répondre à chacune des 67 observations, il devait néanmoins y répondre globalement en les regroupant par thèmes ; que le commissaire enquêteur n'a pas procédé à l'analyse de ces observations et ne s'est pas prononcé sur leur bien-fondé ».
3. CAA Bordeaux, 25 févr. 2014, *Guérin*, req. nº 13BX00139, NP ; *RJ envir.* 2015. 367, note J.-C. Hélin.
4. C. env., art. R. 123-21, al. 1er et 2.
5. C. env., art. R. 123-21, al. 2.
6. C. env., art. R. 123-21, al. 3.
7. C. env., art. R. 123-20.
8. CAA Douai, 1er juin 2011, *Bourguinon-Gane*, req. nº 10DA00193, NP.
9. CE 15 déc. 2015, *Saint-Cergues (Cne)*, req. nº 374027, *Lebon T.*
10. CE 15 déc. 2015, *Saint-Cergues (Cne)*, req. nº 374027, *Lebon T.*

l'article R. 112-4 ou à l'article R. 112-5 du code de l'expropriation[1].

Dans ce cas, l'enquête publique est organisée dans les formes prévues par les articles L. 123 s. du code de l'environnement[2].

233.372 Approbation du PLU valant dispense d'enquête préalable aux classements et déclassements de voies. L'approbation du PLU dispense de l'enquête préalable aux classements et déclassements de voies et places publiques communales prévus à ce plan, sous réserve[3] :

– que ce plan précise la catégorie dans laquelle ces voies et places doivent entrer ;

– et que ces classements et déclassements figurent parmi les opérations soumises à enquête publique en application de l'article L. 123-2 du code de l'environnement.

Cette dispense n'est applicable aux voiries nationale et départementale que si l'acte d'approbation est accompagné de l'avis conforme, selon le cas, du préfet ou du président du conseil départemental relatif à ce classement ou déclassement[4].

§ 5 Cinquième étape : approbation du PLU

233.381 Approbation après, le cas échéant, modification du plan. À l'issue de l'enquête publique, le PLU, éventuellement modifié pour tenir compte des avis qui ont été joints au dossier, des observations du public et du rapport du commissaire ou de la commission d'enquête, est approuvé par l'organe délibérant compétent[5].

A. Possibilité de modification du PLU

233.391 Deux conditions. Il est loisible à l'autorité compétente de modifier le PLU après enquête publique à deux conditions.

233.392 Première condition : une modification qui ne remet pas en cause l'économie générale du projet. La première condition concerne l'ampleur de la modification apportée. Celle-ci ne doit pas aboutir à remettre en cause l'économie générale du projet[6].

Cette condition est satisfaite, par exemple, dans le cas d'une modification du plan :

– qui instaure un emplacement réservé pour un casernement de gendarmerie[7] ;

– qui supprime un emplacement réservé, initialement retenu afin de permettre la construction éventuelle d'une route de contournement, au motif que d'autres itinéraires pouvaient être envisagés, notamment au travers de l'aménagement de voies publiques déjà existantes[8].

En revanche, cette condition n'est pas satisfaite, par exemple, dans le cas d'une modification du plan qui réduit sensiblement les zones naturelles au profit des zones urbaines et qui a pour effet, compte tenu notamment de la situation littorale de la commune et de sa faible superficie, de remettre en cause l'économie générale du plan[9].

233.393 Seconde condition : une modification réalisée pour tenir compte d'un avis ou des observations. La seconde condition concerne la raison pour laquelle la modification intervient[10]. Celle-ci doit être réalisée pour tenir compte :

– soit des avis qui ont été joints au dossier[11] ;

– soit des observations du public[12] ou du préfet[13] ;

1. C. urb., art. L. 153-20 ; art. R. 153-9.
2. C. urb., art. R. 153-9.
3. C. urb., art. R. 153-10, al. 1er.
4. C. urb., art. R. 153-10, al. 2.
5. C. urb., art. L. 153-21, al. 1er.
6. Condition posée sous le régime du POS (NOT. : CE 6 oct. 1995, *Abekhzer et a.*, req. n° 156123, *Lebon T*) et reprise sous celui du PLU (CE 12 mars 2010, *Lille métropole cté urbaine*, req. n° 312108, *Lebon T. ; BJDU* 2010. 6, concl. E. Geffray).
7. CE 30 nov. 2007, *Min. Transports, Équipement, Tourisme et Mer c/Chevrand (M.) et Padilla (Mme)*, req. n° 284721, *Lebon T. ; BJDU* 2007. 350, concl. L. Olleon.
8. CE 21 mai 2008, *Albertini (Mme)*, req. n° 293404, *Lebon T.*
9. CE 30 déc. 1998, *Vaillant-Orsoni*, req. n° 171740, NP : illégalité du plan approuvé sans avoir été soumis à une nouvelle enquête publique.
10. CE 17 mars 2021, *Assoc. synd. autorisée des propriétaires du domaine de Beauvallon et a.*, req. n° 430244, *Lebon T. ; BJDU* 2021. 168, concl. V. Villette : arrêt indiquant que « Doivent être regardées comme procédant de l'enquête les modifications destinées à tenir compte des réserves et recommandations du commissaire enquêteur ou de la commission d'enquête, des observations du public et des avis émis par les autorités, collectivités et instances consultées et joints au dossier de l'enquête ».
11. C. urb., art. L. 153-21, al. 1er.
12. C. urb., art. L. 153-21, al. 1er – PAR EX. : CE 21 mai 2008, *Albertini (Mme)*, req. n° 293404, *Lebon T.* : suppression d'emplacements réservés apportée par le conseil municipal afin de tenir compte des résultats de l'enquête publique, cette modification ayant été demandée par plusieurs propriétaires à l'occasion de l'enquête publique. PAR EX. : CE 4 juin 2014, *Perrillat-Amédée (M.)*, req. n° 365236, *Lebon T. ; Constr.-Urb.* 2014, comm. 93, note L. Santoni : modification du zonage décidée par les auteurs du PLU pour faire droit aux demandes de changement de zone exprimées lors de l'enquête par le propriétaire de deux parcelles voisines se trouvant dans une situation comparable.
13. CE 30 nov. 2007, *Min. Transports, Équipement, Tourisme et Mer c/Chevrand (M.) et Padilla (Mme)*, req. n° 284721, *Lebon T. ; BJDU* 2007. 350, concl. L. Olleon. Arrêt affirmant que même si, avant l'enquête publique, le préfet dispose de procédures spécifiques relative aux opérations de révision d'un PLU, pour obtenir de l'EPCI ou de la commune la prise en compte dans le PLU d'un projet d'ouvrage public, ces dispositions ne font pas obstacle à ce que le préfet puisse ▶

– soit des observations du rapport du commissaire ou de la commission d'enquête[1].

Ne relève d'aucun de ces motifs une modification dans le choix d'un zonage qui procède d'une proposition du service urbanisme de l'EPCI compétent et n'a pas été formulée au cours de l'enquête publique[2].

B. Approbation du PLU

1° Organe compétent pour approuver le PLU

233.401 PLUI : organe délibérant après tenue d'une conférence intercommunale. Dans le cas où la compétence pour élaborer le plan revient à un EPCI, le PLUI, le cas échéant modifié après l'enquête publique, est approuvé[3] :

– par l'organe délibérant de l'établissement public à la majorité des suffrages exprimés ;

– après que les avis qui ont été joints au dossier, les observations du public et le rapport du commissaire ou de la commission d'enquête aient été présentés lors d'une conférence intercommunale rassemblant les maires des communes membres de l'établissement ;

– et, le cas échéant, après que l'avis des communes sur le plan de secteur qui couvre leur territoire a été recueilli.

233.402 PLU. Dans le cas où la compétence pour élaborer le plan revient à la commune, le PLU, le cas échéant modifié après l'enquête publique, est approuvé par le conseil municipal[4].

Le texte ne comportant pas de précision sur ce point, le vote se fait à la majorité simple.

2° Information des élus et prévention des conflits d'intérêts

233.410 Renvoi. Les élus doivent disposer d'informations sur le projet de PLU afin de se prononcer sur celui-ci en connaissance en cause[5]. Il leur appartient par ailleurs de se garder de tout conflit d'intérêts[6].

3° Retrait de la délibération approuvant le PLU

233.421 Retrait dans un délai limité, pour illégalité du plan. L'autorité administrative peut légalement retirer un texte réglementaire illégal dans le délai qui lui est ouvert pour ce faire et en a l'obligation si elle est saisie d'un recours gracieux dans ce délai. Le Conseil d'État en a déduit que le conseil municipal d'une commune couverte par un SCOT peut légalement retirer la délibération par laquelle il a adopté le PLU si elle est illégale, alors même qu'elle est devenue exécutoire en application de l'article L. 2131-1 du CGCT, tant que n'est pas expiré le délai dont il dispose pour ce faire. Après avoir procédé à un tel retrait, il peut légalement approuver le nouveau PLU destiné à remédier aux illégalités constatées, sans engager la procédure de modification après enquête publique prévue à l'article L. 123-13 du code de l'urbanisme, ni même procéder à une nouvelle enquête publique, dès lors que les rectifications visant à assurer sa légalité ne remettent pas en cause l'économie générale du projet de plan et procèdent de l'enquête publique à laquelle celui-ci a été soumis[7].

C. Publicité et mise à disposition du PLU approuvé

233.431 Publicité du PLU approuvé. La délibération qui approuve le PLU fait l'objet de mesures de publicité qui conditionnent son entrée en vigueur[8].

► demander au nom de l'Etat, sous la seule forme d'observations formulées au cours de l'enquête publique, la réservation d'un emplacement au profit d'un service public.

1. PAR EX. : CE 17 mars 2021, *Assoc. synd. autorisée des propriétaires du domaine de Beauvallon et a.*, req. n° 430244, *Lebon T. ; BJDU* 2021. 168, concl. V. Villette : en l'espèce, le commissaire enquêteur a recommandé, à la suite d'observations du public portant sur le caractère imprécis de la notion de surface minéralisée, dans un souci de clarté et afin d'éviter tout éventuel litige relatif à une interprétation erronée du texte, de revoir la rédaction de certains articles du projet de règlement de PLU relatifs aux espaces libres et plantations. La collectivité a, sur la base de cette recommandation et postérieurement à l'enquête publique, modifié ces articles en vue de dispenser du respect des règles relatives aux espaces libres de plantations certaines constructions à usage commercial ou abritant des activités de services ou d'autres activités du secteur secondaire ou tertiaire. Pour le Conseil d'État, les modifications ainsi apportées à la suite de la recommandation du commissaire enquêteur doivent être regardées comme procédant de l'enquête publique, alors même, d'une part, que cette recommandation n'avait pas donné lieu à des observations préalables du public et que, d'autre part, la modification apportée, sans être dépourvue de lien avec la recommandation faite, a été au-delà de ce qui avait été recommandé par le commissaire enquêteur – C. urb., art. L. 153-21, al. 1er.
2. CE 12 mars 2010, *Lille métropole cté urbaine*, req. n° 312108, *Lebon T. ; BJDU* 2010. 6, concl. E. Geffray.
3. C. urb., art. L. 153-21, 1°.
4. C. urb., art. L. 153-21, 2°.
5. V. ss nos 212.321 s.
6. V. ss nos 212.331 s.
7. CE 2 oct. 2017, *Rousseau*, req. n° 399752, NP.
8. V. ss nos 233.481 s.

233.432 **Mise à disposition du public.** Le PLU approuvé est tenu à la disposition du public[1].

§ 6
Caractère exécutoire du PLU

A.
Conditions d'acquisition du caractère exécutoire

1°
Modalités

233.441 **Publication sur géoportail.** Par dérogation à l'article L. 2131-1 du CGCT, le PLU et la délibération qui l'approuve sont publiés sur le portail national de l'urbanisme[2].

233.442 **Acquisition du caractère exécutoire.** Sous réserve qu'il ait été procédé à la publication sur géoportail[3], le plan et la délibération sont exécutoires[4] :

– si le plan porte sur un territoire couvert par un SCOT approuvé, « dès leur transmission » au préfet (1°) ;

– si le plan ne porte pas sur un territoire couvert par un SCOT approuvé, ou lorsqu'il comporte des dispositions tenant lieu de PLH, un mois après leur transmission au préfet, « sauf si dans ce délai » il a décidé de demander des modifications[5] (2°).

Le PLU acquiert ce caractère exécutoire à compter de la date où la formalité la plus tardive est accomplie[6].

La publication est sans incidence sur la détermination de sa date d'entrée en vigueur[7].

233.443 **Hypothèse d'un dysfonctionnement de géoportail.** Lorsque la publication sur géoportail a été empêchée pour des raisons liées au fonctionnement du portail national de l'urbanisme ou à des difficultés techniques avérées, le plan et la délibération peuvent être rendus publics dans les conditions prévues au III ou au IV de l'article L. 2131-1 du CGCT[8]. Ils « deviennent alors exécutoires dans les conditions prévues, selon le cas, au 1° ou au 2° du II du présent article »[9].

La commune ou l'EPCI compétent informe le préfet des difficultés rencontrées. Il est procédé à une publication sur le portail national de l'urbanisme dans un délai de six mois à compter de la date à laquelle le plan et la délibération sont devenus exécutoires[10].

2°
Modalités applicables aux évolutions du PLU

233.451 **Régime aligné sur l'élaboration du PLU.** Les modalités décrites ci-dessus d'acquisition du caractère exécutoire du PLU[11] sont également applicables « aux évolutions du plan local d'urbanisme et aux délibérations qui les approuvent »[12].

B.
Caractère exécutoire différé en cas de demande de modification par le préfet

1°
Demande de modifications d'un PLU non couvert par un SCOT

233.461 **Pouvoir du préfet.** Lorsque le PLU porte sur un territoire qui n'est pas couvert par un SCOT approuvé, le préfet notifie, dans le délai d'un mois à compter de sa transmission au préfet, par lettre motivée à l'EPCI ou à la commune, les modifications qu'il estime nécessaire d'apporter au plan lorsque les dispositions de celui-ci[13] :

– ne sont pas compatibles avec les prescriptions particulières de massif prévues à l'article L. 122-26 et, en l'absence de celles-ci, avec les dispositions particulières aux zones de montagne et au littoral mentionnées à l'article L. 131-1 (1°) ;

– compromettent gravement les principes énoncés à l'article L. 101-2, sont contraires à un projet d'intérêt général, autorisent une consommation excessive de l'espace, notamment en ne prévoyant pas la densification des secteurs desservis par les transports ou les équipements collectifs, ou ne prennent

1. C. urb. art. L. 153-22.
2. C. urb., art. L. 153-23, I, al. 1er – Ces nouvelles modalités, résultant de l'ordonnance n° 2021-1310 du 7 octobre 2021 portant réforme des règles de publicité, d'entrée en vigueur et de conservation des actes pris par les collectivités territoriales et leurs groupements, entrent en vigueur le 1er janvier 2023 (ord., art. 40).
3. V. ss n° 233.441.
4. C. urb., art. L. 153-23, II.
5. Sur ce pouvoir, v. ss nos 233.461 s.
6. CE 2 avr. 2021, *Falgaronne (M. et Mme), req. n° 427736, Lebon T. ; BJDU* 2021. 260, concl. N. Polge – ÉGALEMENT : CE, sect., 28 juin 1996, *Fédération pour les espaces naturels et l'environnement catalan*, req. n° 160434, *Lebon.*
7. CE 2 avr. 2021, *Falgaronne (M. et Mme)*, req. n° 427736.
8. C. urb., art. L. 153-23, III, al. 1er.
9. C. urb., art. L. 153-23, III, al. 2.
10. C. urb., art. L. 153-23, III, al. 3.
11. V. ss nos 233.441 s.
12. C. urb., art. L. 153-23, IV.
13. C. urb., art. L. 153-25, al. 1er à 8. Cette nouvelle rédaction, résultant de l'ordonnance n° 2021-1310 du 7 octobre 2021 portant réforme des règles de publicité, d'entrée en vigueur et de conservation des actes pris par les collectivités territoriales et leurs groupements, entre en vigueur le 1er janvier 2023 (ord., art. 40).

pas suffisamment en compte les enjeux relatifs à la préservation ou à la remise en bon état des continuités écologiques (2°) ;

– font apparaître des incompatibilités manifestes avec l'utilisation ou l'affectation des sols des communes voisines (3°) ;

– sont manifestement contraires au programme d'action de la zone de protection naturelle, agricole et forestière du plateau de Saclay visé à l'article L. 123-25 (4°) ;

– comprennent des dispositions applicables aux entrées de ville incompatibles avec la prise en compte des nuisances, de la sécurité, de la qualité urbaine, architecturale et paysagère (5°) ;

– sont de nature à compromettre la réalisation d'un PLH, d'un SCOT, d'un schéma de secteur ou d'un SMVM en cours d'établissement (6°) ;

– font apparaître une ou des incompatibilités manifestes avec l'organisation des transports prévue par l'autorité organisatrice des transports territorialement compétente (7°).

Ce pouvoir ne porte pas une atteinte inconstitutionnelle à la libre administration des collectivités territoriales[1].

233.462 **Effet.** Le PLU ne devient exécutoire qu'après que les modifications demandées et la délibération qui les approuve ont été publiées dans les conditions prévues au I ou au III de l'article L. 153-23 et transmises au préfet[2].

Lorsqu'elles portent atteinte à l'économie générale du plan, les modifications ne peuvent intervenir qu'à l'issue d'une nouvelle enquête publique[3].

La délibération approuvant un PLU modifié à la demande du préfet a pour effet de substituer un nouveau plan au plan non exécutoire qui avait été approuvé initialement[4].

2°
Demande de modifications d'un PLU tenant lieu de PLH

233.471 **Pouvoir du préfet.** Lorsque le PLU comporte des dispositions tenant lieu de PLH, le préfet notifie, dans le délai d'un mois à compter de sa transmission au préfet, par lettre motivée à l'EPCI, les modifications qu'il estime nécessaire d'apporter au plan lorsque les dispositions de celui-ci[5] :

– ne répondent pas aux objectifs de répartition équilibrée et diversifiée de l'offre de logements, de renouvellement du parc immobilier et d'accroissement du nombre de logements et de places d'hébergement nécessaires, en application des dispositions de l'article L. 302-2 du CCH ;

– ou ont fait l'objet d'un avis défavorable ou de réserves émises par le comité régional de l'habitat et de l'hébergement.

233.472 **Effet.** Le PLU ne devient exécutoire qu'après que les modifications demandées et la délibération qui les approuve ont été publiées dans les conditions prévues au I ou au III de l'article L. 153-23 et transmises au préfet[6].

La délibération approuvant un PLU modifié à la demande du préfet a pour effet de substituer un nouveau plan au plan non exécutoire qui avait été approuvé initialement[7].

§ 7
Publicité des actes relatifs à l'élaboration (et à l'évolution) du PLU

A.
Actes concernés

233.481 **Actes relatifs à l'élaboration et l'évolution du PLU.** Font l'objet des mesures de publicité et d'information prévues à l'article R. 153-21 les actes suivants[8] :

– la délibération qui prescrit l'élaboration ou la révision du PLU et qui définit les objectifs poursuivis ainsi que les modalités de la concertation (1°) ;

– l'arrêté qui définit les objectifs poursuivis et les modalités de la concertation lors de la modification du PLU (1°) ;

– la délibération qui approuve, révise, modifie ou abroge un PLU (2°) ;

– le décret ou l'arrêté prononçant la déclaration d'utilité publique prévue à l'article L. 153-58 (3°) en vue de la mise en compatibilité du PLU avec une opération d'utilité publique ou d'intérêt général[9] ;

1. CE 6 oct. 2014, *Min. Logement c/Privas (Cne)*, req. no 377088, NP : non-transmission de la QPC.
2. C. urb., art. L. 153-25, al. 9.
3. CE 13 juin 2024, *Société Piquey-Nord et société Piquey-Sud et Mme Peyrissac et autres*, req. no 473684, *Lebon T.* ; *Constr.-Urb.* 2024, comm. 77, note X. Couton ; *JCP Adm.* 2024, act. 355, note V. Beaujard ; *RDI* 2024. 483, obs. P. Soler-Couteaux.
4. CE 24 mars 2011, *La Roquebrussanne (Cne)*, req. no 327373, NP – CE 6 nov. 2017, *Cne de Savines-le-Lac*, req. no 405728, NP – CE 13 juin 2024, *Société Piquey-Nord et société Piquey-Sud et Mme Peyrissac et autres*, req. no 473684.
5. C. urb., art. L. 153-26, al. 1er. Cette nouvelle rédaction, résultant de l'ordonnance no 2021-1310 du 7 octobre 2021 portant réforme des règles de publicité, d'entrée en vigueur et de conservation des actes pris par les collectivités territoriales et leurs groupements, entre en vigueur le 1er janvier 2023 (ord., art. 40).
6. C. urb., art. L. 153-26, al. 2.
7. V. s^s no 233.462.
8. C. urb., art. R. 153-20.
9. V. s^s no 235.302.

- la décision ou la délibération prononçant la déclaration de projet ainsi que la délibération ou l'arrêté mettant le plan en compatibilité avec la déclaration de projet dans les conditions prévues à l'article L. 153-58 (4°)[1] ;

- la délibération qui approuve la modification ou la révision du PLU ainsi que l'arrêté mettant le plan en compatibilité en application de l'article L. 153-53 (5°) en vue de la mise en compatibilité ou prise en compte d'un document supérieur[2] ;

- la décision mentionnée à l'article R. 104-33, en cas de modification ou de mise en compatibilité, de réaliser ou non une évaluation environnementale (6°)[3].

B. Mesures de publicité

1° Affichage et publications

233.491 Affichage et mention de l'affichage. Tout acte mentionné à l'article R. 153-20[4] est affiché pendant un mois[5] :

- au siège de l'EPCI compétent et dans les mairies des communes membres concernées ;

- ou en mairie.

Mention de l'affichage est insérée en caractères apparents dans un journal diffusé dans le département, à l'exception de la décision mentionnée au 6° de l'article R. 153-20[6].

233.492 Publications. L'affichage est publié[7] :

- au Recueil des actes administratifs mentionné à l'article R. 2121-10 du CGCT, lorsqu'il s'agit d'une délibération du conseil municipal d'une commune de 3 500 habitants et plus (1°) ;

- au Recueil des actes administratifs mentionné à l'article R. 5211-41 du CGCT, s'il existe, lorsqu'il s'agit d'une délibération de l'organe délibérant d'un EPCI comportant au moins une commune de 3 500 habitants et plus (2°) ;

- au Recueil des actes administratifs de l'État dans le département, lorsqu'il s'agit d'un arrêté préfectoral (3°) ;

- au Journal officiel de la République française, lorsqu'il s'agit d'un décret en Conseil d'État (4°).

233.493 Mention du lieu où le dossier peut être consulté. Chacune des formalités de publicité mentionne le ou les lieux où le dossier peut être consulté[8].

2° Mise en ligne sur le géoportail de l'urbanisme

233.501 Portail national de l'urbanisme. Depuis le 1er janvier 2020, la publication, prévue au premier alinéa de l'article L. 2131-1 du CGCT, des délibérations mentionnées à l'article R. 153-20 ainsi que celle des documents sur lesquels elles portent s'effectue sur le portail national de l'urbanisme[9].

C. Acquisition d'un effet juridique des arrêtés et délibérations pris durant la procédure

233.511 Prise d'effet de l'acte conditionné par l'affichage et la mention de l'affichage. Tout acte mentionné à l'article R. 153-20[10] produit ses effets juridiques dès l'exécution de l'ensemble des formalités prévues au premier alinéa de l'article R. 153-21[11], la date à prendre en compte pour l'affichage étant celle du premier jour où il est effectué[12].

1. V. ss no 235.302.
2. V. ss no 235.256.
3. Décision de la personne publique responsable de réaliser ou non une évaluation environnementale – V. ss no 214.251.
4. V. ss no 233.481.
5. C. urb., art. R. 153-21, al. 1er.
6. Décision de la personne publique responsable de réaliser ou non une évaluation environnementale – V. ss no 233.481 – C. urb., art. R. 153-21, al. 1er.
7. C. urb., art. R. 153-21, al. 2 à 6.
8. C. urb., art. R. 153-21, al. 7.
9. V. ss no 215.41.
10. V. ss no 233.481.
11. V. ss no 233.491.
12. C. urb., art. R. 153-21, al. 8.

CHAPITRE

234. Évaluation du PLU et débat sur la politique locale de l'urbanisme

SECTION 0

ORIENTEUR

234.00 Sommaire du chapitre.

234.01 Textes applicables.

> Évaluation du PLU

• **C. urb.,** art. L. 153-27 s.

> Débat sur la politique locale de l'urbanisme

• **CGCT,** art. L. 5211-6

234.03 Bibliographie indicative.

Encyclopédies. *DP constr.-urb.*, ét. : « Plan local d'urbanisme (PLU) » – *J.-Cl. Constr.-urb.*, fasc. 7-40 : « Plan local d'urbanisme. – Élaboration », par G. Ricard, mai 2021.

SECTION 1

DÉBAT ANNUEL SUR LA POLITIQUE LOCALE DE L'URBANISME (PLUI)

234.11 Débat au moins une fois par an. Lorsqu'un EPCI à fiscalité propre exerce la compétence relative au PLU, son organe délibérant tient, au moins une fois par an, un débat portant sur la politique locale de l'urbanisme[1].

SECTION 2

ÉVALUATION DU PLU

§ 1 Situation générale

234.21 Analyse des résultats de l'application du PLU tous les six ans. L'autorité compétente procède à une analyse des résultats de l'application du PLU six ans au plus après[2] :

- la délibération portant approbation du plan ;
- ou la dernière délibération portant révision complète de ce plan ;
- ou la délibération ayant décidé son maintien en vigueur ou sa modification en application du présent article.

L'analyse est réalisée[3] :

- par l'organe délibérant de l'EPCI (après avoir sollicité l'avis de ses communes membres) ;
- ou le conseil municipal (si la commune est compétente en matière de PLU).

234.22 Objet de l'analyse. L'analyse porte sur les résultats de l'application du plan, au regard des objectifs visés[4] :

- à l'article L. 101-2 du code de l'urbanisme ;
- et, le cas échéant, aux articles L. 1214-1 et L. 1214-2 du code des transports.

1. CGCT, art. L. 5211-62.
2. C. urb., art. L. 153-27, al. 1er.
3. C. urb., art. L. 153-27, al. 1er.
4. C. urb., art. L. 153-27, al. 1er.

Dans les zones de montagne, l'analyse des résultats porte également, le cas échéant, sur les unités touristiques nouvelles [1].

Dans les communes mentionnées à l'article L. 121-22-1 (c'est-à-dire celles exposées à un recul du trait de côte [2]), cette analyse porte en outre sur la projection du recul du trait de côte [3].

234.23 Délibération sur l'opportunité de réviser le PLU. L'analyse des résultats donne lieu à une délibération sur l'opportunité de réviser le PLU [4].

La délibération est réalisée [5] :

– soit par l'organe délibérant de l'EPCI (après que celui-ci a sollicité l'avis de ses communes membres) [6] ;

– soit par le conseil municipal (si la compétence en matière de PLU revient à la commune).

234.24 Analyse pouvant inclure le rapport relatif à l'artificialisation des sols. L'analyse des résultats peut inclure le rapport relatif à l'artificialisation des sols mentionné à l'article L. 2231-1 du CGCT. Dans ce cas, la délibération prévue au troisième alinéa [7] vaut débat et vote au titre du troisième alinéa de l'article L. 2231-1 du CGCT [8].

Pendant la période 2021-2031, les communes ou les EPCI compétents pour réaliser le rapport ne sont tenus de renseigner ni l'indicateur et les données prévus aux 2° et 3° de l'article R. 2231-1 du CGCT, ni ceux prévus au 4° du même article relatifs à l'objectif de lutte contre l'artificialisation des sols tant que les documents d'urbanisme n'ont pas intégré cet objectif [9].

§ 2
Cas où le PLU tient lieu de PLH ou de plan de mobilité

A.
Cas où le PLU tient lieu de PLH

1°
Analyse des résultats de l'application du PLU

234.31 Objet élargi. Lorsque le PLU tient lieu de PLH, l'évaluation porte également sur les résultats de l'application de ce plan au regard des objectifs prévus à l'article L. 302-1 du CCH [10].

L'EPCI compétent met en place l'observatoire de l'habitat et du foncier mentionné au III de l'article L. 302-1 du CCH, dans les conditions définies par l'article R. 302-1-4 du même code [11].

234.32 Pouvoirs du préfet de demander des modifications. Le préfet peut, après la délibération sur l'opportunité de réviser le PLU [12], demander les modifications qu'il estime nécessaire d'apporter au plan lorsque ce dernier ne répond pas aux objectifs définis à l'article L. 302-2 du CCH [13].

Dans un délai d'un mois, l'EPCI fait connaître au préfet s'il entend procéder aux modifications. À défaut d'accord ou à défaut d'une délibération approuvant les modifications demandées dans un délai d'un an à compter de la demande de modifications, le préfet engage la mise en compatibilité du plan [14].

2°
Bilan de l'application des dispositions du PLU relatives à l'habitat

234.41 Bilan triennal. Lorsque le PLU tient lieu de PLH, l'organe délibérant de l'EPCI réalise, trois ans au plus tard à compter de la délibération portant approbation ou révision de ce plan, un bilan de l'application des dispositions de ce plan relatives à l'habitat au regard des objectifs prévus à l'article L. 302-1 du CCH. Ce bilan est transmis au préfet [15].

Il est organisé tous les trois ans dès lors que le plan n'a pas été mis en révision [16].

B.
Cas où le PLU tient lieu de plan de mobilité

234.51 Évaluation. Lorsque le PLU tient lieu de plan de mobilité, il donne lieu aux évaluations et aux calculs prévus à l'article L. 1214-8-1 du code des transports [17] :

– lors de son élaboration ;

– et lors de l'analyse des résultats du plan prévue à l'article L. 153-27.

1. C. urb., art. L. 153-27, al. 2.
2. V. s[s] n°s 126.291 s.
3. C. urb., art. L. 153-27, al. 2.
4. C. urb., art. L. 153-27, al. 3.
5. C. urb., art. L. 153-27, al. 3.
6. Dans les communes mentionnées à l'article L. 121-22-1, cet avis porte sur l'opportunité de réviser ou de modifier ce plan (C. urb., art. L. 153-27, al. 4).
7. V. s[s] n° 234.23.
8. C. urb., art. L. 153-27, al. 4.
9. Décr. n° 2023-1096, 27 nov. 2023, art. 4.
10. C. urb., art. L. 153-28, al. 1er.
11. C. urb., art. R. 152-1.
12. V. s[s] n° 234.23.
13. C. urb., art. L. 153-28, al. 2.
14. C. urb., art. L. 153-28, al. 2.
15. C. urb., art. L. 153-29.
16. C. urb., art. L. 153-29.
17. Évaluations et calculs des émissions de gaz à effet de serre et de polluants atmosphériques générés par les déplacements à l'intérieur du ressort territorial de l'autorité organisatrice compétente – C. urb., art. L. 153-30.

234.52 Observation des accidents. Lorsque le PLU tient lieu de plan de mobilité, l'EPCI compétent met en place le dispositif d'observation des accidents impliquant au moins un piéton, un cycliste ou un utilisateur d'engin de déplacement personnel mentionné à l'article R. 1214-3 du code des transports pour effectuer le suivi des accidents prévu par le 3° de l'article L. 1214-2 du même code[1].

1. C. urb., art. R. 152-2.

CHAPITRE

235. Procédures d'évolution du PLU

SECTION 0 ORIENTEUR

235.00 Sommaire du chapitre.

235.01 Textes applicables.

• **C. urb.**

art. L. 153-31 s.

art. R. 153-11.

235.03 Bibliographie indicative.

Encyclopédies. *DP constr.-urb.*, ét. : « Plan local d'urbanisme (PLU) » – *J.-Cl. Constr.-Urb.*, fasc. 7-45 : « Plan local d'urbanisme. – Révision. Modification. Mise à jour. Abrogation », par G. Ricard, juin 2021.

Contributions. H. Jacquot, « L'abrogation des documents d'urbanisme locaux et le principe du parallélisme des formes », *Mél. F. Moderne*, Dalloz, 2004, p. 233 – H. Jacquot, « L'impossible stabilisation des règles locales d'urbanisme », *Mél. J. Morand-Deviller*, Montchrestien 2007, p. 591 – P. Soler-Couteaux, « De l'analyse et du suivi des documents d'urbanisme », *Mél. Étienne Fatôme*, Dalloz, 2011, p. 419.

> Articles

Généralités. D. Maillot, « Modification et révision du plan local d'urbanisme », *Droit et Ville* 2002, n° 53, p. 127 – B. Phémolant, « Déclaration d'utilité publique, projets d'intérêt général et documents d'urbanisme », *AJDA* 2002. 1101 – P. Hocreitère, « De quelques aspects relatifs aux nouvelles procédures d'évolution des plans locaux d'urbanisme », *Constr.-Urb.* 2013, ét. 2 – J.-P. Lebreton, « La réforme des procédures d'élaboration et de gestion des documents d'urbanisme », *AJDA* 2012. 647 – S. Marie, « Le principe de mutabilité et le droit de l'urbanisme », *Constr.-Urb.* 2015, ét. 13 – F. Priet, « La révision d'urgence des plans locaux d'urbanisme », *RDI* 2002. 296 – V. Tessier, « La procédure de modification du PLU », *JCP* 2015, n° 2034.

PIL. X. Couton, « Développement de la construction de logement : les réformes se suivent… et se ressemblent », *Constr.-Urb.* 2013, comm. 149 – Y. Jégouzo et J.-P. Lebreton, « Le droit de l'urbanisme au défi de l'accélération de la construction », *AJDA* 2013. 2487 – R. Noguellou, « Droit de l'urbanisme : nouvelles réformes en attendant la loi ALUR », *Dr adm.* 2013, alerte 94 – L. Santoni, « La "PIL" : une déclaration de projet spéciale logement », *Constr.-Urb.* 2013, comm. 147 – L. Santoni, « La PIL, la PIIE expliquée en 10 points, commentaire sur l'instruction, du 14 octobre 2016 précisant les modalités d'application de l'ordonnance n° 2014-811 du 17 juillet 2014 et son décret n° 2016-718 du 31 mai 2016 relatifs à la procédure intégrée pour l'immobilier d'entreprise », *Constr.-Urb.* 2017, comm. 3 – P. Soler-Couteaux, « Deux nouvelles ordonnances pour accélérer les projets de construction », *RDI* 2014. 8.

235.04 Questions essentielles.

> Dans quels cas la procédure de révision doit-elle être mise en œuvre ?

* V. s^s n°s 235.21 s.

> Quelles sont les procédures de modification du PLU ?

* V. s^s n°s 235.111 s.

235.05 Cinq procédés. Le PLU doit pouvoir évoluer afin de s'adapter à un contexte factuel et juridique en perpétuel mouvement. Les motifs les plus fréquents d'évolution résident dans l'essor ou le déclin démographique de la commune, un changement de majorité politique au sein de celle-ci, la situation économique du territoire, la modification du SCOT auquel il est soumis et la définition de nouveaux principes et objectifs généraux par le législateur. Techniquement, le code a prévu que le PLU peut évoluer par cinq procédés :

- la révision ;
- la modification ;
- la mise en compatibilité ;
- la mise à jour de ses annexes ;
- l'abrogation.

235.06 Coût de la procédure. La mise en œuvre d'une procédure d'évolution du PLU présente un coût variable selon l'ampleur de celle-ci. Le coût d'une révision est en moyenne de 30 000 € pour une commune et 190 000 € pour une intercommunalité. Il n'est que de 5 000 € en moyenne pour une modification simplifiée[1].

SECTION 1
RÉVISION DU PLU

235.11 Procédure pour des changements d'ampleur. La révision du PLU consiste à apporter à celui-ci des changements présentant une certaine ampleur. Le code définit une procédure normale de révision et ouvre, au sein de celle-ci, la possibilité d'une procédure allégée.

§ 1
Procédure normale de révision du PLU

A.
Champ d'application de la procédure de révision

1°
Révision en cas de changement d'éléments substantiels du PLU

235.21 Éléments concernés. Le PLU est révisé lorsque l'EPCI ou la commune décide[2] :

- soit de changer les orientations définies par le PADD (1°) ;
- soit de réduire un espace boisé classé, une zone agricole ou une zone naturelle et forestière (2°) ;
- soit de réduire une protection édictée en raison des risques de nuisance, de la qualité des sites, des paysages ou des milieux naturels, ou d'une évolution de nature à induire de graves risques de nuisance (3°) ;
- soit d'ouvrir à l'urbanisation une zone à urbaniser qui, dans les six ans suivant sa création, n'a pas été ouverte à l'urbanisation ou n'a pas fait l'objet d'acquisitions foncières significatives de la part de la commune ou de l'EPCI compétent, directement ou par l'intermédiaire d'un opérateur foncier (4°) ;
- soit de créer des OAP de secteur d'aménagement valant création d'une ZAC (5°).

Nécessitent ainsi une révision les changements qui présentent une certaine ampleur.

235.22 Exception pour la production d'énergies renouvelables. Lorsqu'ils ont pour objet de soutenir le développement de la production d'énergies renouvelables, de la production d'hydrogène renouvelable ou bas-carbone, ou du stockage d'électricité ou d'identifier des zones d'accélération pour l'implantation d'installations terrestres de production d'énergies renouvelables, « les changements mentionnés au 1° du I du présent article » et « la modification des règles applicables aux zones agricoles prises en application des deux derniers alinéas de l'article L. 151-9 » relèvent de la procédure de modification simplifiée[3].

Dans le cadre de ces procédures de modification simplifiée, la CDPENAF est saisie pour avis[4].

2°
Révision en cas de mise à l'étude du PSMV

235.31 Révision. L'acte décidant la mise à l'étude du PSMV met en révision le PLU, lorsqu'il existe[5].

Jusqu'à l'approbation du PSMV, le PLU mis en révision peut être modifié ou faire l'objet de révisions[6].

B.
Étapes de la procédure normale de révision

235.41 Prescription de la révision. La révision est prescrite par délibération[7] :

- de l'organe délibérant de l'EPCI ;
- ou du conseil municipal (si la compétence en matière de PLU revient à la commune).

235.42 Évaluation environnementale. Une nouvelle évaluation environnementale, ou une actualisation de celle-ci doit être réalisée si les changements prévus sont susceptibles d'avoir des effets notables sur l'environnement[8].

235.43 Application de la procédure prévue pour l'élaboration. La révision est effectuée selon les modalités prévues pour l'élaboration du PLU[9].

Toutefois, le débat sur les orientations du PADD[10] peut avoir lieu lors de la mise en révision du PLU[11].

Le projet de plan arrêté est soumis pour avis aux communes intéressées par la révision[12]. Leur avis

1. Étude d'impact du projet de loi relatif à l'accélération de la production des énergies renouvelables, 26 sept. 2022, p^t 4.3 (NOR : ENER2223572L/Bleue-1).
2. C. urb., art. L. 153-31, I.
3. C. urb., art. L. 153-31, II, al. 1er ; créé par. L. n° 2023-175, 10 mars 2023.
4. C. urb., art. L. 153-31, II, al. 2 ; créé par. L. n° 2023-175, 10 mars 2023.
5. V. s^s n° 532.121.
6. V. s^s n° 532.121.
7. C. urb., art. L. 153-32.
8. V. s^s n°s 214.111 s.
9. C. urb., art. L. 153-32, al. 1er ; art. R. 153-11, al. 1er – Sur ces modalités, prévues par les articles L. 153-11 s. et R. 153-2 s. du code de l'urbanisme, v. s^s n°s 233.261 s.
10. Prévu par l'article L. 153-12.
11. C. urb., art. L. 153-32, al. 2.
12. C. urb., art. L. 153-32, al. 3.

est réputé favorable s'il n'est pas émis dans le délai de trois mois à compter de la transmission du projet de plan[1].

235.44 Approbation de la révision. L'organe délibérant de l'EPCI ou le conseil municipal approuve la révision du PLU après modification éventuelle du projet pour tenir compte des résultats de l'enquête publique, des avis du public ou des avis du commissaire enquêteur ou de la commission d'enquête.

235.45 Publicité. Afin d'assurer l'information du public, doivent faire l'objet d'une publicité la délibération qui prescrit la révision du PLU et celle approuvant la révision[2].

Cette délibération déploie ses effets à compter de l'affichage qui en est fait et de la mention de l'affichage[3].

235.46 Caractère exécutoire de la révision. La délibération approuvant la révision devient exécutoire dans les conditions prévues pour l'élaboration du PLU[4].

C. Possibilité de mettre en œuvre d'autres évolutions durant une révision

235.51 Mise en œuvre de changements par d'autres procédures durant une révision. Entre la mise en révision d'un PLU et l'approbation de cette révision, il peut être décidé[5] :

- une ou plusieurs révisions allégées ;
- une ou plusieurs modifications ;
- une ou plusieurs mises en compatibilité de ce plan.

§ 2 Procédure allégée de révision du PLU

235.61 Procédure accélérée. Une procédure allégée de révision peut être mise en œuvre lorsqu'il y a lieu d'apporter des changements rapides à certaines dispositions relevant de cette procédure.

La procédure allégée ne constitue pas une procédure autonome de révision. Elle constitue une parenthèse au sein de la procédure de révision, visant à apporter un changement rapide sur un point déterminé.

1. C. urb., art. R. 153-11, al. 2.
2. V. s^s n°s 233.481 s.
3. V. s^s n°s 233.491 s.
4. Sur ces conditions, v. s^s n° 233.451.
5. C. urb., art. L. 153-35, al. 1er.

A. Champ d'application de la procédure accélérée de révision

235.71 Condition tenant à l'objet de la révision. La révision accélérée ne peut être mise en œuvre que si la révision[6] :

- a uniquement pour objet de réduire un espace boisé classé, une zone agricole ou une zone naturelle et forestière (1°) ;
- a uniquement pour objet de réduire une protection édictée en raison des risques de nuisance, de la qualité des sites, des paysages ou des milieux naturels (2°) ;
- a uniquement pour objet de créer des OAP valant création d'une ZAC (3°) ;
- ou est de nature à induire de graves risques de nuisance (4°).

Ces hypothèses présentent un caractère limitatif. Il en résulte que la procédure allégée ne peut pas, par exemple, être mise en œuvre pour l'ouverture de ces zones à l'urbanisation[7].

235.72 Condition tenant à l'ampleur de la révision. La révision accélérée ne peut être mise en œuvre que si la révision ne porte pas atteinte aux orientations définies par le PADD[8].

B. Déroulement de la procédure de révision allégée

235.81 Décision de recourir à la procédure allégée. Lorsqu'il décide d'engager une procédure de révision allégée, le président de l'EPCI ou le maire saisit l'organe délibérant de l'établissement public ou le conseil municipal qui délibère sur les objectifs poursuivis et les modalités de la concertation conformément à l'article L. 103-3[9].

235.82 Arrêt du projet de PLU révisé. L'organe délibérant de l'EPCI ou le conseil municipal arrête le projet de révision du PLU[10].

Cette délibération peut simultanément tirer le bilan de la concertation organisée en application de l'article L. 103-6[11].

235.83 Examen conjoint du projet. Le projet de révision arrêté fait l'objet d'un examen conjoint[12] :

- de l'État ;

6. C. urb., art. L. 153-34, al. 1er à 5.
7. Rép. min. n° 88463, *JOAN Q* 1er nov. 2016, p. 9182.
8. C. urb., art. L. 153-34, al. 1er.
9. C. urb., art. R. 153-12, al. 1er.
10. C. urb., art. R. 153-12, al. 2.
11. C. urb., art. R. 153-12, al. 2.
12. C. urb., art. L. 153-34, al. 1er.

– de l'EPCI ou de la commune ;

– et des PPA mentionnées aux articles L. 132-7 et L. 132-9.

Le maire de la ou des communes intéressées par la révision est invité à participer à cet examen conjoint[1].

L'examen conjoint des PPA a lieu, à l'initiative du président de l'EPCI ou du maire, avant l'ouverture de l'enquête publique[2].

235.84 Enquête publique. Le projet de révision arrêté, accompagné du procès-verbal de la réunion d'examen conjoint, est soumis à l'enquête publique par le président de l'établissement public ou par le maire[3].

235.85 Approbation, publicité et caractère exécutoire. Le projet de révision est approuvé par l'organe délibérant de l'EPCI ou le conseil municipal[4]. Cette délibération acquiert un caractère exécutoire passé un certain délai[5] après accomplissement des formalités de publicité[6].

C. Possibilité de mettre en œuvre simultanément plusieurs révisions allégées

235.91 Procédures pouvant être menées conjointement. Les procédures nécessaires à une ou plusieurs révisions allégées peuvent être menées conjointement[7].

SECTION 2 MODIFICATION DU PLU

§ 1 Champ d'application de la procédure de modification

235.101 Cas de modification du PLU. Sous réserve des cas où une révision s'impose en application du I de l'article L. 153-31[8], le PLU est modifié lorsque l'EPCI ou la commune décide de modifier[9] :

– le règlement ;

– les OAP ;

– ou le POA.

La procédure de modification ne peut pas être mise en œuvre dans les cas nécessitant une révision[10].

Outre ces cas de modification prévus par le code, s'ajoutent régulièrement des possibilités ponctuelles et spécifiques de modification ouvertes par telle ou telle loi[11].

§ 2 Procédure de modification

235.111 Procédure de droit commun ou simplifiée. Le code de l'urbanisme distingue une modification de droit commun et une modification simplifiée.

L'initiative et la consultation sont identiques aux deux procédures.

A. Initiative et phase de consultation communes aux deux procédures

1° Initiative

235.121 Initiative de l'exécutif. La procédure de modification est engagée à l'initiative du président de l'EPCI ou du maire qui établit le projet de modification[12].

Dans la procédure de modification simplifiée, l'initiative appartient également au maire d'une commune membre d'un EPCI si la modification ne concerne que le territoire de cette commune[13].

235.122 Absence de délibération de l'organe délibérant, sauf ouverture d'une zone à l'urbanisation. Il résulte de la rédaction de l'article L. 153-37 que l'initiative d'une modification du PLU constitue une compétence propre de l'organe exécutif. Elle ne nécessite pas de délibération l'y autorisant.

Par exception, lorsque le projet de modification porte sur l'ouverture à l'urbanisation d'une zone, une délibération motivée de l'organe délibérant de l'EPCI compétent ou du conseil municipal doit être prise[14].

1. C. urb., art. L. 153-34, al. 6.
2. C. urb., art. R. 153-12, al. 3.
3. C. urb., art. R. 153-12, al. 4.
4. V. s^s n° 235.44.
5. V. s^s n° 235.46.
6. V. s^s n° 235.45.
7. C. urb., art. L. 153-35, al. 2.
8. C'est-à-dire en cas de changements d'ampleur – V. s^s n° 235.21.
9. C. urb., art. L. 153-36.
10. PAR EX. : CAA Lyon, 11 oct. 2011, *C^té de cnes de l'Isle Cremieu*, req. n° 10LY01577, NP – CAA Bordeaux, 27 juin 2013, *Comité de quartier Croix de pierre*, req. n° 11BX00899, NP.
11. V. s^s n° 224.142.
12. C. urb., art. L. 153-37.
13. C. urb., art. L. 153-45, al. 6.
14. C. urb., art. L. 153-38.

Elle doit justifier[1] :

– l'utilité de cette ouverture au regard des capacités d'urbanisation encore inexploitées dans les zones déjà urbanisées ;

– et la faisabilité opérationnelle d'un projet dans ces zones.

L'objectif est de contenir l'urbanisation en imposant à l'autorité compétente d'analyser au préalable s'il existe une possibilité d'utiliser des secteurs au sein de zones déjà urbanisées (notamment les dents creuses). C'est uniquement si cette possibilité n'existe pas que l'autorité compétente peut, et en le justifiant, décider l'ouverture à l'urbanisation d'une zone.

2°
Consultations

235.131 **PPA et communes.** Avant l'ouverture de l'enquête publique (dans la procédure de droit commun) ou avant la mise à disposition du projet (dans la procédure simplifiée), le président de l'EPCI ou le maire notifie le projet de modification aux PPA mentionnées aux articles L. 132-7 et L. 132-9[2].

Le projet est également notifié aux maires des communes concernées par la modification[3].

S'agissant de la consultation de l'État, à la demande de la commune ou du groupement de communes compétent, lors de la notification du projet de modification dans les conditions prévues à l'article L. 153-40, le préfet « lui adresse, s'il y a lieu, sa position en ce qui concerne »[4] :

– le cas échéant, « la sincérité de l'analyse de la consommation d'espaces naturels, agricoles et forestiers réalisée au titre du diagnostic du rapport de présentation » prévu à l'article L. 151-4 (1°) ;

– le cas échéant, « la cohérence avec le diagnostic mentionné au 1° du présent article des objectifs chiffrés de modération de la consommation de l'espace et de lutte contre l'étalement urbain » contenus dans le PADD en application de l'article L. 151-5 (2°).

235.132 **Personne publique ayant créé une ZAC.** Lorsque le projet de modification a pour objet ou pour effet de modifier les règles d'urbanisme applicables à l'intérieur d'un périmètre de ZAC créée à l'initiative d'une personne publique autre que l'EPCI ou la commune, l'avis de cette personne publique est requis préalablement à l'approbation du PLU modifié[5].

Lorsque la ZAC a été créée à l'initiative d'un EPCI, cette approbation ne peut intervenir qu'après avis favorable de cet établissement public[6].

3°
Concertation facultative

235.141 **Absence d'obligation de concertation.** À la différence d'une révision du PLU, la modification de ce document n'est pas soumise à une concertation. La mise en œuvre d'une telle concertation présente donc un caractère facultatif. Elle est laissée à la discrétion des auteurs de la modification.

Si une concertation est mise en œuvre, ses modalités devront être précisées par décision de l'organe exécutif ou délibération de l'organe délibérant.

B.
Suites de la procédure selon la modification de droit commun (avec enquête publique)

1°
Cas dans lesquels s'applique la procédure de modification de droit commun

235.151 **Quatre cas.** Le projet de modification du PLU est soumis à la procédure de droit commun lorsqu'il a pour effet[7] :

– soit de majorer de plus de 20 % les possibilités de construction résultant, dans une zone, de l'application de l'ensemble des règles du plan (1°) ;

– soit de diminuer ces possibilités de construire (2°) ;

– soit de réduire la surface d'une zone urbaine ou à urbaniser (3°) ;

– soit d'appliquer l'article L. 131-9 du code de l'urbanisme (4°).

2°
Procédure de modification de droit commun

a.
Enquête publique

235.161 **Procédure.** Le projet de modification du PLU est soumis à enquête publique par le président de l'EPCI ou le maire[8].

L'enquête publique est réalisée conformément aux articles L. 123-1 du code de l'environnement[9].

Lorsque la modification d'un PLUI ne concerne que certaines communes, l'enquête publique peut

1. C. urb., art. L. 153-38.
2. C. urb., art. L. 153-40, al. 1er.
3. C. urb., art. L. 153-40, al. 2.
4. C. urb., art. L. 153-40-1, créé par L. n° 2022-217, 21 févr. 2022.
5. C. urb., art. L. 153-39, al. 1er.
6. C. urb., art. L. 153-39, al. 2.
7. C. urb., art. L. 153-41.
8. C. urb., art. L. 153-41, al. 1er.
9. C. urb., art. L. 153-41, al. 1er.

n'être organisée que sur le territoire de ces communes[1].

b.

Approbation de la modification du PLU

235.171 **Approbation.** À l'issue de l'enquête publique, le projet, éventuellement modifié pour tenir compte des avis qui ont été joints au dossier, des observations du public et du rapport du commissaire ou de la commission d'enquête, est approuvé par délibération de l'organe délibérant de l'EPCI ou du conseil municipal[2].

La rédaction est identique à celle retenue pour l'élaboration du PLU. Il en résulte le projet ne peut être modifié qu'à deux conditions[3].

D'une part, le projet est modifié pour tenir compte :

- des avis joints au dossier ;
- des observations du public ;
- ou du rapport du commissaire enquêteur ou de la commission d'enquête.

D'autre part, la modification ne doit pas avoir pour effet de remettre en cause l'économie générale du projet[4].

c.

Caractère exécutoire de la modification de droit commun

235.181 **Conditions.** L'acte approuvant une modification devient exécutoire dans les conditions définies aux articles L. 153-23 à L. 153-26[5].

C.
Suites de la procédure selon la modification simplifiée (avec mise à disposition du projet)

1°
Situations dans lesquelles la modification simplifiée peut être mise en œuvre

235.191 **Quatre situations.** Le PLU peut être modifié selon la procédure de modification simplifiée dans trois situations.

235.192 **Première situation : cas autres que ceux relevant de la procédure normale.** La modification peut être effectuée selon la procédure simplifiée dans les cas autres que ceux mentionnés à l'article L. 153-41, c'est-à-dire ceux relevant de la procédure normale de modification[6].

235.193 **Deuxième situation : majoration des droits à construire.** La modification peut être effectuée selon la procédure simplifiée dans les cas de majoration des droits à construire prévus à l'article L. 151-28[7].

235.194 **Troisième situation : rectification d'une erreur matérielle.** La modification peut être effectuée selon la procédure simplifiée dans le cas où elle a uniquement pour objet la rectification d'une erreur matérielle[8].

Le Conseil d'État entend cette notion comme une malfaçon en contradiction évidente avec les intentions des auteurs du PLU. Il affirme que le recours à la procédure de modification simplifiée pour la correction d'une erreur matérielle est légalement possible en cas de malfaçon rédactionnelle ou cartographique (portant sur l'intitulé, la délimitation ou la règlementation d'une parcelle, d'un secteur ou d'une zone ou le choix d'un zonage), dès lors que cette malfaçon conduit à une contradiction évidente avec les intentions des auteurs du PLU, telles qu'elles ressortent des différents documents constitutifs du PLU, comme le rapport de présentation, les orientations d'aménagement ou le PADD[9].

La procédure de modification simplifiée ne peut, à ce titre, avoir pour objet d'autoriser une nouvelle activité incompatible avec la vocation d'une zone ou d'un secteur définis par le PLU[10].

Le juge de cassation exerce un contrôle de qualification juridique sur le point de savoir si la modification du PLU envisagée consiste en une rectification d'erreur matérielle susceptible d'intervenir par la procédure simplifiée[11].

1. C. urb., art. L. 153-42.
2. C. urb., art. L. 153-43.
3. S'agissant des changements pouvant être apportés au projet d'élaboration d'un PLU, v. s^s n°s 233.391 s.
4. CE 12 mars 2010, *Lille métropole c^té urbaine*, req. n° 312108, *Lebon T. ; BJDU* 2010. 6, concl. E. Geffray.
5. C. urb., art. L. 153-44 – V. s^s n° 233.451.
6. C. urb., art. L. 153-45, 1° – Sur ces cas, v. s^s n° 235.151.
7. C. urb., art. L. 153-45, 2° – V. s^s n°s 231.1191 s.
8. C. urb., art. L. 153-45, 3°.
9. CE 31 janv. 2020, *Thorame-Haute (C^ne)*, req. n° 416364, *Lebon T.*
10. CE 21 juill. 2021, M. Le Cor, req. n° 434130, *Lebon T. ; BJDU* 2021. 404, concl. O. Fuchs. En l'espèce, le rapport de présentation du PLU et les OAP faisaient apparaître l'intention de la commune d'aménager, à l'avenir, le site, situé en zone Ny, pour y permettre notamment la pratique du motocross. Le PLU prévoyait toutefois expressément, en son article N1, l'interdiction des aménagements et installations liés à l'exercice des sports mécaniques dans l'ensemble de la zone N. L'article N1 du règlement du PLU a été modifié par délibération pour autoriser l'exercice des sports mécaniques en zone Ny, ce qui a eu pour effet de réduire la protection résultant, pour l'ensemble de la zone N, du règlement du PLU. Selon le Conseil d'État, la modification du règlement de la zone Ny pour y autoriser les aménagements et installations liés à l'exercice des sports mécaniques ne peut être regardée comme la rectification d'une erreur matérielle.
11. CE 21 juill. 2021, *M. Le Cor*, req. n° 434130, *Lebon T. ; BJDU* 2021. 404, concl. O. Fuchs.

235.195 Quatrième situation : développement d'énergies renouvelables. Le PLU peut faire l'objet d'une modification simplifiée dans les cas prévus au II de l'article L. 153-31[1], c'est-à-dire pour favoriser le développement des énergies renouvelables[2].

235.196 Cinquième situation : suppression du dépassement prévu au 3° de l'article L. 151-28 pour les constructions vertes. Le PLU peut faire l'objet d'une modification simplifiée afin de supprimer le dépassement prévu au 3° de l'article L. 151-28[3] dans des secteurs limités, sous réserve d'une justification spéciale motivée par la protection du patrimoine bâti, des paysages ou des perspectives monumentales et urbaines[4].

La modulation des majorations des droits à construire prévue au 3° de l'article L. 151-28 ne peut être modifiée ou supprimée avant l'expiration d'un délai de deux ans à compter de l'adoption de la modification simplifiée du règlement qui l'a instaurée[5].

2°
Procédure de modification simplifiée

a.
Mise à disposition du projet

235.201 Mise à disposition pendant un mois. Le projet de modification, l'exposé de ses motifs et, le cas échéant, les avis émis par les PPA mentionnées aux articles L. 132-7 et L. 132-9 sont mis à disposition du public pendant un mois, dans des conditions lui permettant de formuler ses observations[6].

235.202 Recueil des observations. Les observations du public sont enregistrées et conservées[7].

235.203 Modalités de la mise à disposition. Les modalités de la mise à disposition sont précisées, selon le cas[8] :

– par l'organe délibérant de l'EPCI, dans un délai de trois mois à compter de la transmission à l'établissement public du projet de modification simplifiée lorsque celui-ci procède de l'initiative du maire d'une commune membre et ne porte que sur son territoire ;

– ou par le conseil municipal.

Les modalités retenues sont portées à la connaissance du public au moins huit jours avant le début de la mise à disposition[9].

235.204 Cas où la modification simplifiée ne concerne qu'une ou plusieurs communes. Lorsque la modification simplifiée d'un PLUI n'intéresse qu'une ou plusieurs communes, la mise à disposition du public peut n'être organisée que sur le territoire de ces communes[10].

b.
Adoption du projet

235.211 Principe. À l'issue de la mise à disposition, le président de l'établissement public ou le maire en présente le bilan devant l'organe délibérant de l'établissement public ou le conseil municipal, qui en délibère et adopte le projet éventuellement modifié pour tenir compte des avis émis et des observations du public par délibération motivée[11].

235.212 Cas où le projet procède d'une initiative d'un maire et ne porte que sur le territoire de la commune. Lorsque le projet de modification simplifiée procède d'une initiative du maire d'une commune membre d'un EPCI et ne porte que sur le territoire de celle-ci, le bilan de la mise à disposition est présenté par ce maire devant l'organe délibérant de l'établissement public, qui délibère sur le projet dans les trois mois suivant cette présentation[12].

c.
Caractère exécutoire de la modification simplifiée

235.221 Conditions. L'acte approuvant une modification simplifiée devient exécutoire à compter[13] :

– de sa publication ;

– et de sa transmission au préfet dans les conditions définies aux articles L. 2131-1 et L. 2131-2 du CGCT.

SECTION 3
MISE EN COMPATIBILITÉ DU PLU

235.231 Motifs. Le code de l'urbanisme distingue la mise en compatibilité :

– avec un document supérieur ;

1. C. urb., art. L. 153-45, 4° ; créé par. L. n° 2023-175, 10 mars 2023.
2. V. s[s] n° 235.22.
3. V. s[s] n° 231.1202.
4. C. urb., art. L. 153-46, al. 1er.
5. C. urb., art. L. 153-46, al. 2.
6. C. urb. art. L. 153-47, al. 1er.
7. C. urb. art. L. 153-47, al. 2.
8. C. urb. art. L. 153-47, al. 3.
9. C. urb. art. L. 153-47, al. 3.
10. C. urb. art. L. 153-47, al. 4.
11. C. urb. art. L. 153-47, al. 5.
12. C. urb. art. L. 153-47, al. 5.
13. C. urb. art. L. 153-48.

– avec une opération d'intérêt public ou d'intérêt général ;

– par la procédure intégrée pour le logement (PIL).

§ 1 Mise en compatibilité avec un document supérieur ou un PIG (ou prise en compte d'un document supérieur ou d'un PIG)

A. Champ d'application

235.241 **Deux cas.** La procédure de mise en compatibilité avec un document supérieur est mise en œuvre lorsqu'un PLU[1] :

– doit être rendu compatible avec un document mentionné aux articles L. 131-4 et L. 131-5, L. 131-6 ou L. 131-8 (SCOT, SMVM, plan de mobilité, PLH, dispositions propres aux zones de bruit des aérodromes ; PCAET ; schéma régional du climat, de l'air et de l'énergie ou chapitre du SAR ayant cet objet) ou le prendre en compte ;

– ou permettre la réalisation d'un projet d'intérêt général postérieur à son approbation.

B. Procédure

235.251 **Initiative du préfet.** L'initiative appartient au préfet, qui informe l'EPCI ou la commune que le PLU doit être rendu compatible[2].

Le préfet adresse à l'EPCI ou à la commune un dossier indiquant[3] :

– les motifs pour lesquels il considère que le PLU ne respecte pas les obligations de mise en compatibilité et de prise en compte mentionnées aux articles L. 131-4 et L. 131-5, L. 131-6 ou L. 131-8 ;

– ainsi que les modifications qu'il estime nécessaire pour y parvenir.

235.252 **Réponse de l'EPCI ou de la commune et engagement de la procédure.** Dans un délai d'un mois, l'EPCI ou la commune fait connaître au préfet s'il entend opérer la modification simplifiée nécessaire suivant la procédure prévue à l'article L. 131-7[4].

Le préfet engage et approuve lui-même la mise en compatibilité du plan[5] :

– à défaut d'accord dans ce délai sur l'engagement de la procédure de modification simplifiée ;

– ou, en cas d'accord, à défaut d'une délibération approuvant la révision ou la modification du plan à l'issue d'un délai de six mois à compter de la notification initiale du préfet.

235.253 **Examen conjoint.** La mise en compatibilité du plan fait l'objet d'un examen conjoint[6] :

– de l'État ;

– de l'EPCI ou de la commune ;

– et des PPA mentionnées aux articles L. 132-7 et L. 132-9.

L'examen conjoint des dispositions proposées pour assurer la mise en compatibilité du PLU a lieu[7] :

– avant l'ouverture de l'enquête publique ;

– à l'initiative de l'autorité chargée de la procédure.

Le procès-verbal de la réunion d'examen conjoint est joint au dossier de l'enquête publique[8].

235.254 **Enquête publique.** Le projet de mise en compatibilité est soumis à une enquête publique par le préfet[9].

L'enquête publique est réalisée conformément aux articles L. 123-1 et suivants du code de l'environnement[10].

Lorsque le projet de mise en compatibilité d'un PLUI ne concerne que certaines communes, l'enquête publique peut n'être organisée que sur le territoire de ces communes[11].

235.255 **Avis de l'EPCI ou de la commune.** À l'issue de l'enquête publique, l'EPCI ou la commune émet un avis sur le projet de mise en compatibilité[12].

Cet avis est réputé favorable s'il n'est pas émis dans le délai de deux mois[13].

235.256 **Approbation de la mise en compatibilité et caractère exécutoire.** La proposition de mise en compatibilité est approuvée par arrêté préfectoral[14].

Elle devient exécutoire dès l'exécution de l'ensemble des formalités de publication et d'affichage[15]. Ces mesures de publicité sont celles prévues à l'article R. 153-21[16].

1. C. urb., art. L. 153-49.
2. C. urb., art. L. 153-49.
3. C. urb., art. L. 153-50.
4. C. urb., art. L. 153-51, al. 1er.
5. C. urb., art. L. 153-51, al. 2.
6. C. urb., art. L. 153-52.
7. C. urb., art. R. 153-13, al. 1er.
8. C. urb., art. R. 153-13, al. 2.
9. C. urb., art. L. 153-53, al. 1er.
10. C. urb., art. L. 153-53, al. 1er.
11. C. urb., art. L. 153-53, al. 2.
12. C. urb., art. L. 153-53, al. 3.
13. C. urb., art. L. 153-53, al. 3.
14. C. urb., art. L. 153-53, al. 4.
15. C. urb., art. L. 153-53, al. 4.
16. C. urb., art. R. 153-20, 5° – V. ss nos 233.491 s.

§ 2
Mise en compatibilité avec une opération d'intérêt public ou d'intérêt général

A.
Champ d'application

235.261 Opération incompatible avec le PLU. La procédure de mise en compatibilité avec une opération d'intérêt public ou d'intérêt général est mise en œuvre lorsqu'est incompatible avec un PLU une opération faisant l'objet[1] :

– d'une déclaration d'utilité publique ;

– d'une procédure intégrée en application de l'article L. 300-6-1[2] ;

– ou, si une déclaration d'utilité publique n'est pas requise, d'une déclaration de projet.

235.262 Notion de compatibilité avec le PLU (DUP). L'opération qui fait l'objet d'une DUP ne peut être regardée comme compatible avec un PLU qu'à la double condition[3] :

– qu'elle ne soit pas de nature à compromettre le parti d'aménagement retenu par la commune dans ce plan ;

– et qu'elle ne méconnaisse pas les dispositions du règlement de la zone du plan dans laquelle sa réalisation est prévue.

Lorsqu'une opération et un classement présentent un caractère programmatique (en l'occurrence une opération visant à terme la réalisation de logements sur des terrains classés dans une zone du PLU permettant l'urbanisation sous réserve de modification ou de révision de ce document d'urbanisme), on ne saurait déduire l'incompatibilité de l'opération avec le PLU de la seule circonstance qu'elle prévoit la réalisation de logements[4].

En cas d'incompatibilité avérée d'un projet avec un PLU, le projet ne peut être réalisé qu'après mise en compatibilité du PLU[5]. À défaut de mise en compatibilité, l'acte déclaratif d'utilité publique est entaché d'illégalité[6].

1. C. urb., art. L. 153-54, al. 1er.
2. V. ss nos 513.21 s.
3. CE 27 juill. 2015, *Dpt du Gard*, req. n° 370454, *Lebon T.* ; *BJDU* 2015. 401, concl. A. Lallet.
4. CE 5 déc. 2018, *SPL Territoire 25 et min. Intérieur*, req. n° 412632, *Lebon T.* ; *BJDU* 2019. 96, concl. L. Dutheillet de Lamothe.
5. PAR EX. : CE 9 avr. 2004, *Condeau (Cne)*, req. n° 243566, NP.
6. PAR EX., censurant pour incompatibilité avec un POS, un arrêté déclarant d'utilité publique un projet de déviation d'une route départementale (donc faute que le plan ait été mis en compatibilité avec ce projet) : CE 27 juill. 2015, *Dpt du Gard*, req. n° 370454, *Lebon T.* ; *BJDU* 2015. 401, concl. A. Lallet.

B.
Procédure

1°
Conditions

235.271 Deux conditions. Une opération incompatible avec le PLU[7] ne peut intervenir que si[8] :

– l'enquête publique concernant cette opération a porté à la fois sur l'utilité publique ou l'intérêt général de l'opération et sur la mise en compatibilité du plan qui en est la conséquence (1°) ;

– les dispositions proposées pour assurer la mise en compatibilité du plan ont fait l'objet d'un examen conjoint de l'État, de l'EPCI ou de la commune, et des PPA mentionnées aux articles L. 132-7 et L. 132-9 (2°).

Sur ce point, le maire de la ou des communes intéressées par l'opération est invité à participer à cet examen conjoint[9].

L'examen conjoint des dispositions proposées pour assurer la mise en compatibilité du PLU a lieu[10] :

– avant l'ouverture de l'enquête publique ;

– à l'initiative de l'autorité chargée de la procédure.

Le procès-verbal de la réunion d'examen conjoint est joint au dossier de l'enquête publique[11].

L'absence d'examen conjoint entache la procédure d'irrégularité[12].

235.272 Cas où le projet est modifié après l'examen conjoint mais avant l'enquête publique. Il appartient à une commune souhaitant modifier son projet de document d'urbanisme avant l'ouverture de l'enquête publique, dans l'hypothèse où le code de l'urbanisme prévoit un examen conjoint de l'État, de la commune et des personnes publiques associées à l'élaboration du document d'urbanisme, de prendre l'initiative d'une nouvelle réunion d'examen conjoint lorsque celle-ci est nécessaire pour que le procès-verbal de réunion figurant au dossier soumis à l'enquête publique corresponde toujours au projet modifié[13]. Ainsi, une nouvelle réunion d'examen conjoint n'a, en principe, pas à être organisée en cas de compléments apportés au rapport de présentation du document d'urbanisme pour satisfaire aux exigences de l'évaluation environnementale en ce qui concerne[14] :

7. V. ss n° 235.261.
8. C. urb., art. L. 153-54, al. 1er à 3.
9. C. urb., art. L. 153-54, al. 4.
10. C. urb., art. R. 153-13, al. 1er.
11. C. urb., art. R. 153-13, al. 2.
12. PAR EX. : CE 9 avr. 2004, *Condeau (Cne)*, req. n° 243566, NP.
13. CE 24 févr. 2021, *Cestas (Cne)*, req. n° 433084, *Lebon T.* ; *Dr. env.* 2021. 160, concl. M. Sirinelli ; *BJDU* 2021. 163, concl.
14. CE 24 févr. 2021, *Cestas (Cne)*, req. n° 433084.

- la description et l'évaluation, prévue au 1° de l'article L. 104-4 du code de l'urbanisme, des incidences notables que peut avoir le document sur l'environnement ;

- ou l'exposé, prévu au 3° du même article, des raisons pour lesquelles, notamment du point de vue de la protection de l'environnement, parmi les partis d'aménagement envisagés, le projet a été retenu.

235.273 Absence de concertation. L'article L. 300-2 n'impose pas que la mise en compatibilité d'un PLU avec une opération d'intérêt public ou d'intérêt général soit précédée d'une concertation [1].

2° Règles communes à la mise en compatibilité dans le cadre d'une DUP et dans le cadre d'une déclaration de projet

a. Enquête publique

235.281 Mise en œuvre d'une enquête publique. Le projet de mise en compatibilité est soumis à enquête publique [2].

L'enquête est réalisée conformément aux articles L. 123-1 et suivants du code de l'environnement [3].

235.282 Autorité soumettant le projet à enquête publique. Le projet de mise en compatibilité est soumis à une enquête publique par le préfet [4] :

- lorsqu'une DUP est requise (a) ;
- lorsqu'une déclaration de projet est adoptée par l'État ou une personne publique autre que l'EPCI ou la commune (b) ;
- lorsqu'une procédure intégrée mentionnée à l'article L. 300-6-1 est engagée par l'État ou une personne publique autre que l'EPCI ou la commune (c).

Le projet de mise en compatibilité est soumis à une enquête publique par le président de l'EPCI ou le maire dans les autres cas [5].

235.283 Possibilité de limiter le champ de l'enquête aux communes concernées (PLUI). Lorsque le projet de mise en compatibilité d'un PLUI ne concerne que certaines communes, l'enquête publique peut n'être organisée que sur le territoire de ces communes [6].

235.284 Pas de modification ou de révision après ouverture de l'enquête publique. Lorsque la mise en compatibilité est requise pour permettre la déclaration d'utilité publique d'un projet, ou lorsqu'une procédure intégrée mentionnée à l'article L. 300-6-1 est engagée, le PLU ne peut pas faire l'objet d'une modification ou d'une révision portant sur les dispositions faisant l'objet de la mise en compatibilité entre l'ouverture de l'enquête publique et la décision procédant à la mise en compatibilité [7].

b. Avis de l'EPCI ou de la commune, ou décision de mise en compatibilité

235.291 Deux possibilités. À l'issue de l'enquête publique, l'EPCI ou la commune :

- émet un avis lorsqu'une DUP est requise, lorsque la déclaration de projet est adoptée par l'État ou lorsqu'une procédure intégrée mentionnée à l'article L. 300-6-1 est engagée par l'État [8] ;
- décide la mise en compatibilité du plan dans les autres cas [9].

c. Approbation de la proposition de mise en compatibilité

235.301 Modification de la proposition de mise en compatibilité. La proposition de mise en compatibilité du plan peut être modifiée pour tenir compte [10] :

- des avis qui ont été joints au dossier ;
- des observations du public ;
- et du rapport du commissaire ou de la commission d'enquête.

235.302 Approbation de la proposition de mise en compatibilité. La proposition de mise en compatibilité du plan, éventuellement modifiée [11], est approuvée :

- par la DUP, lorsque celle-ci est requise [12] ;
- par la déclaration de projet lorsqu'elle est adoptée par l'État ou l'EPCI ou la commune [13] ;
- par arrêté préfectoral lorsqu'une procédure intégrée mentionnée à l'article L. 300-6-1 est engagée par l'État [14] ;
- par délibération de l'EPCI ou du conseil municipal dans les autres cas [15].

1. CE 10 nov. 2006, *Assoc. de défense du Rizzanese et de son environnement (ADRE) et a.*, req. n° 275013, *Lebon T.*
2. C. urb., art. L. 153-55, al. 1er.
3. C. urb., art. L. 153-55, al. 1er.
4. C. urb., art. L. 153-55, 1°.
5. C. urb., art. L. 153-55, 2°.
6. C. urb., art. L. 153-55, al. 7.
7. C. urb., art. L. 153-56.
8. C. urb., art. L. 153-57, 1°, précisant que cet avis est réputé favorable s'il n'est pas émis dans le délai de deux mois.
9. C. urb., art. L. 153-57, 2°.
10. C. urb., art. L. 153-58, al. 1er.
11. V. ss n° 235.301.
12. C. urb., art. L. 153-58, 1°.
13. C. urb., art. L. 153-58, 2°.
14. C. urb., art. L. 153-58, 3°.
15. C. urb., art. L. 153-58, 4°, précisant qu'à défaut de délibération dans un délai de deux mois à compter de la réception par l'établissement public ou la commune de l'avis du commissaire enquêteur ou de la commission d'enquête, la mise en compatibilité est approuvée par arrêté préfectoral.

d.
Publicité et caractère exécutoire

235.311 Hypothèse d'une mise en compatibilité par acte de l'EPCI ou de la commune. L'acte de l'EPCI ou de la commune mettant en compatibilité le PLU devient exécutoire dans les conditions définies aux articles L. 153-25 et L. 153-26[1], c'est-à-dire en principe un mois après l'accomplissement des formalités de publicité[2].

235.312 Autres cas. Dans les autres cas, la décision de mise en compatibilité devient exécutoire dès l'exécution de l'ensemble des formalités de publication et d'affichage[3].

235.313 Hypothèse où la déclaration de projet nécessite à la fois une mise en compatibilité du PLU et du SCOT. Lorsqu'une déclaration de projet nécessite à la fois une mise en compatibilité du PLU et du SCOT, la mise en compatibilité du plan devient exécutoire à la date d'entrée en vigueur de la mise en compatibilité du SCOT[4].

3°
Règles propres à la mise en compatibilité avec une DUP

235.321 Avis de l'organe délibérant de l'EPCI ou du conseil municipal. Sont soumis pour avis par le préfet à l'organe délibérant de l'EPCI ou au conseil municipal[5] :

– le dossier de mise en compatibilité du PLU, éventuellement modifié pour tenir compte des avis joints au dossier d'enquête publique, des observations du public et des résultats de l'enquête, le rapport et les conclusions du commissaire enquêteur ou de la commission d'enquête ;

– ainsi que le procès-verbal de la réunion d'examen conjoint.

Si l'organe délibérant de l'EPCI ou le conseil municipal n'est pas prononcé dans un délai de deux mois, il est réputé avoir donné un avis favorable[6].

4°
Règles propres à la mise en compatibilité avec une déclaration de projet

235.331 Trois situations. Des règles propres sont prévues pour la mise en compatibilité du PLU avec une déclaration de projet.

Toutes s'appliquent dans l'hypothèse où la déclaration de projet d'une opération[7] :

– n'est pas compatible avec un PLU ;

– et ne requiert pas une déclaration d'utilité publique.

Trois procédures sont prévues selon la personne publique qui exerce la compétence en matière de PLU et celle qui se trouve à l'origine du projet.

a.
Première situation : EPCI ou commune compétent en matière de PLU et à l'initiative du projet

235.341 Champ d'application. La première situation correspond aux deux cas suivants[8] :

– soit l'opération est réalisée par la commune ou par l'EPCI compétent en matière de PLU et nécessite une déclaration de projet en application de l'article L. 126-1 du code de l'environnement (1°) ;

– soit la commune ou l'EPCI compétent en matière de PLU a décidé, en application de l'article L. 300-6, de se prononcer, par une déclaration de projet, sur l'intérêt général d'une action ou d'une opération d'aménagement ou de la réalisation d'un programme de construction (2°).

235.342 Particularités procédurales. Le président de l'organe délibérant de l'EPCI ou le maire mène la procédure de mise en compatibilité[9].

L'organe délibérant de l'EPCI ou le conseil municipal adopte la déclaration de projet[10].

La déclaration de projet emporte approbation des nouvelles dispositions du PLU[11].

b.
Deuxième situation : projet réalisé par une personne publique incompétente en matière de PLU

235.351 Champ d'application. La deuxième situation correspond aux deux cas suivants[12] :

– soit l'opération est réalisée par un établissement public dépendant de l'État, la société SNCF Réseau ou sa filiale mentionnée au 5° de l'article L. 2111-9 du code des transports, une collectivité territoriale, un groupement de collectivités ou un établissement public dépendant d'une collectivité, autre que l'EPCI compétent en matière de PLU ou la commune, et nécessite une déclaration de projet en application de l'article L. 126-1 du code de l'environnement (1°) ;

1. C. urb., art. L. 153-59, al. 1er.
2. V. ss nos 233.442 s.
3. C. urb., art. L. 153-59, al. 2.
4. C. urb., art. L. 153-59, al. 3.
5. C. urb., art. R. 153-14.
6. C. urb., art. R. 153-14.
7. C. urb., art. R. 153-15, al. 1er ; art. R. 153-16, al. 1er ; art. R. 153-17, al. 1er.
8. C. urb., art. R. 153-15, al. 1er à 3.
9. C. urb., art. R. 153-15, al. 4.
10. C. urb., art. R. 153-15, al. 5.
11. C. urb., art. R. 153-15, al. 6.
12. C. urb., art. R. 153-16, al. 1er à 3 ; mod. par décr. no 2022-976, 1er juill. 2022.

– soit un établissement public dépendant de l'État, la société SNCF Réseau ou sa filiale mentionnée au 5° de l'article L. 2111-9 du code des transports, une collectivité territoriale, un groupement de collectivités ou un établissement public dépendant d'une collectivité, autre que l'EPCI compétent en matière de PLU ou la commune, a décidé, en application de l'article L. 300-6, de se prononcer, par une déclaration de projet, sur l'intérêt général d'une action ou d'une opération d'aménagement ou de la réalisation d'un programme de construction (2°).

235.352 **Particularités procédurales.** La procédure de mise en compatibilité est menée[1] :

– par le président de l'organe délibérant de la collectivité ou du groupement de collectivités responsable du projet ;

– ou, lorsque le projet émane d'un établissement public dépendant d'une collectivité ou d'un groupement de collectivités, par le président de l'organe délibérant de cette collectivité ou de ce groupement ;

– ou, lorsque le projet émane d'un établissement public dépendant de l'État, la société SNCF Réseau ou sa filiale mentionnée au 5° de l'article L. 2111-9 du code des transports, par le président du conseil d'administration.

L'enquête publique est organisée par le préfet[2].

Le dossier de mise en compatibilité du PLU (éventuellement modifié pour tenir compte des avis joints au dossier d'enquête publique, des observations du public et des résultats de l'enquête, le rapport et les conclusions du commissaire enquêteur ou de la commission d'enquête) ainsi que le procès-verbal de la réunion d'examen conjoint sont soumis par l'autorité chargée de la procédure à l'organe délibérant de l'EPCI ou au conseil municipal, qui dispose d'un délai de deux mois à compter de la réception de l'avis du commissaire enquêteur ou de la commission d'enquête pour approuver la mise en compatibilité du plan[3].

En l'absence de délibération dans ce délai ou en cas de désaccord, le préfet approuve la mise en compatibilité du plan et notifie sa décision au président de l'EPCI ou au maire dans les deux mois suivant la réception en préfecture de l'ensemble du dossier[4].

Le préfet notifie à la personne qui réalise l'opération[5] :

– la délibération de l'EPCI ou de la commune ;

– ou la décision qu'il a prise.

1. C. urb., art. R. 153-16, al. 4 ; mod. par décr. n° 2022-976, 1er juill. 2022.
2. C. urb., art. R. 153-16, al. 5.
3. C. urb., art. R. 153-16, al. 6.
4. C. urb., art. R. 153-16, al. 7.
5. C. urb., art. R. 153-16, al. 8.

c.
Troisième situation : initiative prise par l'État

235.361 **Champ d'application.** La troisième situation correspond aux deux cas suivants[6] :

– soit l'opération est réalisée par l'État et nécessite une déclaration de projet en application de l'article L. 126-1 du code de l'environnement (1°) ;

– soit l'État a décidé, en application de l'article L. 300-6, de se prononcer, par une déclaration de projet, sur l'intérêt général d'une action ou d'une opération d'aménagement ou de la réalisation d'un programme de construction (2°).

235.362 **Particularités procédurales.** Le dossier de mise en compatibilité du PLU (éventuellement modifié pour tenir compte des avis joints au dossier d'enquête publique, des observations du public et des résultats de l'enquête, le rapport et les conclusions du commissaire enquêteur ou de la commission d'enquête) ainsi que le procès-verbal de la réunion d'examen conjoint sont soumis pour avis par le préfet à l'organe délibérant de l'EPCI ou au conseil municipal. Cet avis est réputé favorable s'il n'est pas émis dans le délai de deux mois[7].

Le préfet adopte par arrêté préfectoral la déclaration de projet au vu de l'ensemble des pièces du dossier. La déclaration de projet emporte approbation des nouvelles dispositions du PLU[8].

C.
Intervention exceptionnelle du législateur

235.371 **Mécanisme.** Il est arrivé, à une reprise, que le législateur intervienne dans une procédure de mise en compatibilité d'un document d'urbanisme afin de permettre la réalisation d'une autoroute.

Les circonstances de l'espèce sont très particulières. Elles portent sur la construction d'un tronçon d'autoroute traversant dix communes. Pour l'autoriser a été pris, en décembre 2019, un décret déclarant d'utilité publique le projet et portant mise en compatibilité des PLU des dix communes traversées. Toutefois, en février 2020 a été approuvé un PLUI regroupant six de ces dix communes et qui, du fait d'une mauvaise articulation des procédures, comporte des dispositions rendant impossible la réalisation du tronçon.

Prendre une nouvelle DUP risquait d'être analysé en un détournement de procédure. Réviser le tout nouveau PLUI aurait demandé près de trois ans. Aussi le législateur a-t-il adopté une loi, comportant un article unique, prévoyant que les dispositions du

6. C. urb., art. L. R. 153-17, al. 1er à 3.
7. C. urb., art. L. R. 153-17, al. 4.
8. C. urb., art. L. R. 153-17, al. 4.

décret « prévalent sur les dispositions contraires » du PLUI.

Saisi d'un recours dirigé contre cette loi, le Conseil constitutionnel a considéré qu'elle n'est pas entachée d'inconstitutionnalité[1].

§ 3
Mise en compatibilité par la procédure intégrée pour le logement (PIL)

235.380 **Renvoi.** La procédure intégrée pour le logement (PIL) facilite la mise en compatibilité des documents d'urbanisme rendue nécessaire par des opérations d'aménagement visant à la construction de logements[2].

SECTION 4
ACQUISITION DU CARACTÈRE EXÉCUTOIRE DES ÉVOLUTIONS DU PLU

235.390 **Renvoi.** Les évolutions du PLU acquièrent un caractère exécutoire dans les mêmes conditions que celles prévues pour son élaboration[3].

SECTION 5
MISE À JOUR DES ANNEXES DU PLU

§ 1
Cas où il est précédé à la mise à jour

235.401 **Mise à jour chaque fois que nécessaire.** La mise à jour du PLU est effectuée chaque fois qu'il est nécessaire de modifier le contenu des annexes prévu aux articles R. 151-51 et R. 151-52[4], et notamment le report en annexe du plan des servitudes d'utilité publique mentionnées à l'article R. 151-51[5].

§ 2
Procédure de mise à jour des annexes

235.411 **Compétence de principe des autorités locales.** La procédure de mise à jour des annexes est très simple, et ce pour deux raisons : d'une part, elle doit être mise en œuvre fréquemment ; d'autre part, les dispositions qui s'y trouvent se rapportent à des questions très spécifiques ou des législations extérieures à l'urbanisme.

Concrètement, les servitudes devant être annexées sont notifiées par le préfet au président de l'EPCI ou au maire[6]. Ceux-ci les annexent sans délai par arrêté au PLU[7].

La direction départementale ou, le cas échéant, régionale des finances publiques reçoit communication, à l'initiative du maire, de l'annexe du PLU consacrée aux servitudes d'utilité publique affectant l'utilisation du sol[8]. Un arrêté du président de l'EPCI compétent ou du maire constate dans chaque cas qu'il a été procédé à la mise à jour du plan[9].

235.412 **Substitution du préfet en cas de carence des autorités locales.** Lorsque le président de l'EPCI ou le maire n'a pas procédé à la mise à jour des annexes, le préfet est tenu de mettre le président de l'établissement public compétent ou le maire en demeure d'annexer au PLU les servitudes mentionnées au premier alinéa. Si cette formalité n'a pas été effectuée dans le délai de trois mois, le préfet y procède d'office[10].

235.413 **Publicité.** Les arrêtés du président de l'EPCI ou du maire constatant qu'il a été procédé à la mise à jour du PLU, ou l'arrêté du préfet dans le cas mentionné au deuxième alinéa de l'article L. 153-60, sont affichés pendant un mois au siège de l'EPCI compétent, dans les mairies des communes membres concernées, ou en mairie[11].

SECTION 6
ABROGATION ET ANNULATION DU PLU

§ 1
Abrogation du PLU

A.
Procédure d'abrogation du PLU

235.421 **Délibération de l'organe délibérant prise après enquête publique.** L'abrogation d'un PLU est prononcée par l'organe délibérant de l'EPCI ou par le conseil municipal après enquête publique menée dans les formes prévues par les articles L. 123-1 et suivants du code de l'environnement[12].

1. Cons. const. 20 juill. 2023, n° 2023-852 DC.
2. V. s[s] n°s 513.21 s.
3. V. s[s] n° 233.451.
4. V. s[s] n°s 231.1641 s.
5. C. urb., art. R. 153-18, al. 1er.
6. C. urb, art. L. 153-60, al. 1er.
7. C. urb, art. L. 153-60, al. 2.
8. C. urb., art. R. 153-18, al. 1er.
9. C. urb., art. R. 153-18, al. 2.
10. C. urb., art. L. 153-60, al. 2.
11. C. urb., art. R. 153-18, al. 2.
12. C. urb., art. R. 153-19, al. 1er – H. Jacquot, « L'abrogation des documents d'urbanisme locaux et le principe du parallélisme des formes », *Mél. F. Moderne*, Dalloz, 2004, p. 233.

Le dossier soumis à l'enquête publique comprend un rapport exposant les motifs et les conséquences juridiques de l'abrogation projetée [1].

235.422 Inscription de la question à l'ordre du jour. Dans le cas d'une commune, si le conseil municipal est seul compétent pour abroger tout ou partie du PLU, c'est au maire qu'il revient d'inscrire cette question à l'ordre du jour d'une réunion du conseil municipal. Par suite, le maire a compétence pour rejeter une demande tendant à l'abrogation du PLU ou de certaines de ses dispositions [2].

Toutefois, il ne peut légalement prendre une telle décision que si les dispositions dont l'abrogation est sollicitée sont elles-mêmes légales. Dans l'hypothèse inverse, en effet, il est tenu, en application de la jurisprudence Alitalia (reprise à l'article L. 243-2 du CRPA), d'inscrire la question à l'ordre du jour du conseil municipal, pour permettre à celui-ci, seul compétent pour ce faire, de prononcer l'abrogation des dispositions illégales [3].

235.423 Publicité. La délibération approuvant l'abrogation du PLU fait l'objet de mesures de publicité [4].

B.
Effets de l'abrogation du PLU

235.431 Possibilité de basculer vers une carte communale. Une commune couverte par un PLU peut souhaiter revenir à une carte communale. Elle devra, pour cela, procéder au préalable à l'abrogation du PLU [5].

235.432 Retour au RNU. Si le PLU abrogé n'est pas remplacé par une carte communale, la commune se retrouve soumise aux dispositions du RNU.

§ 2
Annulation du PLU

235.441 Publicité. Une réponse ministérielle a relevé que « le droit en vigueur n'impose pas la publication du jugement annulant un document d'urbanisme, selon les mêmes modalités que lesdits documents d'urbanisme. Néanmoins, la commune ou l'établissement public de coopération intercommunale (EPCI) concerné a la possibilité d'informer ses administrés de cette annulation par le biais de ses outils de communication habituels (bulletin municipal, site internet de la commune, réunions publiques). Ces possibilités sont fréquemment utilisées en pratique. Par ailleurs, le portail national de l'urbanisme, dénommé "Géoportail de l'urbanisme", a vocation à recenser l'intégralité des documents d'urbanisme applicables. C'est pourquoi, lorsqu'un document d'urbanisme est annulé par le juge, la collectivité renseigne cette annulation ou annulation partielle dans le Géoportail de l'urbanisme et le cas échéant republie le document précédent opposable » [6].

SECTION 7
Évaluation environnementale

235.451 Évaluation environnementale requise selon les effets sur l'environnement des changements envisagés. Si les changements envisagés sont susceptibles d'avoir des effets notables sur l'environnement, il y a lieu de réaliser, soit une actualisation de l'évaluation environnementale, soit une nouvelle évaluation environnementale [7]. Le rapport sur les incidences environnementales devra être mis à jour en conséquence [8].

SECTION 8
Obligation de compléter le rapport de présentation en cas de modification, révision ou mise en compatibilité du PLU

235.461 Mise à jour du rapport de présentation. Le rapport de présentation doit être mis à jour en cas de modification, révision mise en compatibilité du PLU [9].

1. C. urb., art. R. 153-19, al. 2.
2. CE 2 oct. 2013, *Vincent (Mme)*, req. n° 367023, *Lebon T.* ; *JCP Adm.* 2014, n° 2016 ; *Constr.-Urb.* nov. 2013, p. 17, note X. Couton.
3. CE 2 oct. 2013, *Vincent (Mme)*, req. n° 367023.
4. V. ss nos 233.481 s.
5. V. ss n° 243.111.
6. Rép. min. n° 2079 ; *JO Sénat Q* 30 mars 2023, p. 2159.
7. V. ss nos 214.111 s.
8. V. ss n° 214.311.
9. V. ss nos 231.121 s.

TITRE

24. La carte communale

SECTION 0

ORIENTEUR

24.00 Sommaire du titre.

24.03 Bibliographie indicative.

Articles. N. Chauvin, « Les cartes communales », *AFDUH* 2001. 73 – J.-F. Merlet, « Cartes communales, le clair-obscur d'un nouveau régime », *LPA* 12 mars 2001, p. 4 – P. Soler-Couteaux, « L'élaboration et la gestion des schémas de cohérence territoriale, des plans locaux d'urbanisme et des cartes communales », *BJDU* 2000. 388 – S. Traoré, « Les nouvelles cartes communales », ét. *fonc.* 2001, n° 91, p. 33 – S. Traoré, « La nouvelle réforme des cartes communales : entre décentralisation et recentralisation », *Dr. adm.* 2003, comm. n° 17.

24.05 Outil. La carte communale constitue un document d'urbanisme simple ayant pour vocation de délimiter les secteurs où les constructions sont autorisées et ceux où les constructions ne sont pas admises.

Pour les communes de petite taille ou rurales, elle constitue une solution intermédiaire entre l'adoption d'un PLU, opération coûteuse et complexe et la soumission stricte à la règle de la constructibilité limitée.

Cet outil leur permet, pour un coût relativement faible, de formaliser leur politique d'aménagement de l'espace.

24.06 Origine et évolution. La carte communale a été instituée au moment de la décentralisation de 1982-1983[1], réformée en 1986[2] et profondément rénovée par la loi SRU[3] qui en a fait de véritable document d'urbanisme.

Avant la loi SRU, la carte communale, alors également appelée « MARNU » (pour modalités d'application du règlement national d'urbanisme), déterminait les modalités d'application du RNU sur tout ou partie du territoire de la commune. Adoptée par la commune conjointement avec le préfet[4], elle se composait de deux documents :

– d'une part, les MARNU, document écrit ;

– d'autre part un document cartographique venant traduire graphiquement les orientations du MARNU.

Son adoption présentait l'intérêt, pour la commune, d'écarter la règle de la constructibilité limitée qui limite drastiquement les possibilités d'urbanisation sur le territoire de celle-ci.

1. L. n° 83-8, 7 janv. 1983 relative à la répartition de compétences entre les communes, les départements, les régions et l'État, *JO* 9 janv., p. 215.
2. L. n° 86-841, 17 juill. 1986 modifiant la durée ou la date d'application de certaines règles concernant le code de l'urbanisme, *JO* 18 juill., p. 8863 – L. n° 86-972, 19 août 1986 portant dispositions diverses relatives aux collectivités locales, *JO* 22 août, p. 10190.
3. L. n° 2000-1208, 13 déc. 2000 relative à la solidarité et au renouvellement urbains, *JO* 14 déc., n° 2.
4. C. urb., anc. art. L. 111-1-3.

La carte communale s'appliquait pour une période de quatre ans. À l'expiration de cette période, la commune disposait de trois options :

- renouveler la carte communale ;
- adapter la carte communale ;
- ou renoncer à la carte communale (soit pour un retour à la constructibilité limitée, soit pour le basculement vers un POS).

Au cours des dernières années, le nombre de cartes communales a connu une nette diminution, un nombre croissant de petites communes ayant adhéré à un EPCI couvert par un PLUI.

24.07 **Plan.** Seront successivement traités les points suivants :

- l'objet et le contenu de la carte communale ;
- les effets de la carte communale et sa place dans la hiérarchie des normes ;
- les procédures d'élaboration, d'évaluation et d'évolution de la carte communale.

CHAPITRE

241. Objet et contenu de la carte communale

SECTION 0
ORIENTEUR

241.00 **Sommaire du chapitre.**

241.01 **Textes applicables.**

• **C. urb.**

art. L. 161-1 s.

art. R. 161-1 s.

241.03 **Bibliographie indicative.**

Encyclopédies. *DP constr.-urb.*, ét. : « Carte communale » – *J.-Cl. Constr.-Urb.*, fasc. 7-25 : « Cartes communales », par S. Ferrari, août 2012.

241.04 **Questions essentielles.**

> Quelles caractéristiques doivent présenter des parcelles pour être classées constructibles ?

* V. s[s] n°s 241.41 s.

> Quelles constructions peuvent être admises en secteurs inconstructibles ?

* V. s[s] n°s 241.61 s.

SECTION 1
OBJET DE LA CARTE COMMUNALE

241.11 **Deux objets.** La carte communale a deux objets :

– d'une part, préciser les modalités d'application de la réglementation d'urbanisme ;

– d'autre part, délimiter les secteurs constructibles et inconstructibles.

§ 1
Premier objet de la carte communale : préciser les modalités d'application de la réglementation d'urbanisme

241.21 **Objet large.** La carte communale « précise les modalités d'application de la réglementation de l'urbanisme prises en application de l'article

L. 101-3 »[1], c'est-à-dire l'utilisation qui est faite du sol, notamment la localisation, la desserte, l'implantation et l'architecture des constructions[2].

§ 2
Deuxième objet de la carte communale : délimiter les secteurs constructibles et inconstructibles

A.
Pouvoir de délimitation des secteurs

241.31 **Texte.** La carte communale « délimite les secteurs où les constructions sont autorisées et les secteurs où les constructions ne sont pas admises [...] »[3].

241.32 **Pouvoir d'appréciation des auteurs de la carte communale.** En application des dispositions de l'article L. 161-4, « il appartient aux auteurs du document d'urbanisme que constitue la carte communale de déterminer les partis d'aménagement à retenir pour le territoire concerné par ce document, en tenant compte de la situation existante et des perspectives d'avenir, et de fixer en conséquence le zonage déterminant la constructibilité des terrains »[4].

Aucune disposition législative ne fait obstacle « à ce que puisse être légalement décidé le classement en zone naturelle d'un secteur que les auteurs du document d'urbanisme entendent soustraire, pour l'avenir, à l'urbanisation, sous réserve que l'appréciation à laquelle ils se livrent ne repose pas sur des faits matériellement inexacts ou ne soit pas entachée d'erreur manifeste ». Par suite, la seule circonstance qu'un terrain a pu, dans le passé, être regardé comme inclus dans les parties urbanisées d'une commune au sens des dispositions de l'article L. 111-1-2, ne fait pas obstacle à ce que ce terrain puisse être classé pour l'avenir en zone inconstructible par la carte communale[5].

241.33 **Constructibilité limitée en l'absence de SCOT.** Dans les communes où un SCOT n'est pas applicable, les secteurs non constructibles des cartes communales ne peuvent être ouverts à l'urbanisation à l'occasion de l'élaboration ou d'une procédure d'évolution de la carte communale[6].

1. C. urb., art. L. 161-2.
2. Sur l'article L. 101-3, v. s^s n° 011.12.
3. C. urb., art. L. 161-4, I, al. 1er.
4. CE 15 avr. 2016, *Murat (M.) et SCI SM*, req. n° 390113, *Lebon T.* ; *BJDU* 2016. 267, concl. X. Domino ; *Constr.-Urb.* 2016, comm. 83, note X. Couton.
5. CE 15 avr. 2016, *Murat (M.) et SCI SM*, req. n° 390113.
6. C. urb., art. L. 142-4, 2°.

B.
Délimitation des secteurs constructibles

241.41 **Texte.** La carte communale « délimite les secteurs où les constructions sont autorisées »[7].

241.42 **Possibilité d'ouvrir la constructibilité à des secteurs non encore urbanisés.** Selon une réponse ministérielle[8], la carte communale permet :

– d'étendre le périmètre constructible au-delà des seules parties actuellement urbanisées ;

– ou de créer de nouveaux secteurs constructibles qui ne sont pas obligatoirement situés en continuité avec l'urbanisation existante, par exemple autour d'une ancienne ferme ou dans une partie de la commune déjà desservie par des réseaux.

241.43 **Possibilité d'ouvrir la constructibilité à des secteurs non équipés.** Selon une réponse ministérielle : « Aucune disposition législative ou réglementaire n'interdit de classer des terrains non équipés en voirie et réseaux divers dans des secteurs où les constructions sont autorisées »[9].

Pour autant, le code de l'urbanisme ne permet pas de contraindre la commune ou le groupement de collectivités territoriales compétent à s'engager à équiper ces terrains dans un délai déterminé suite à l'approbation de la carte communale. En effet, si la carte communale est, comme le PLU, un véritable document d'urbanisme, « elle n'en conserve pas moins son régime juridique propre et il n'est pas possible d'assimiler les secteurs constructibles de la première aux zones urbaines du second ». Il appartient donc à la commune ou au groupement de collectivités territoriales compétent de décider de la date à laquelle seront réalisés les équipements nécessaires à la viabilisation de ces terrains[10].

En tout état de cause, « il est impossible de faire supporter les coûts correspondants à ces travaux aux pétitionnaires ». En effet, les bénéficiaires d'autorisations de construire ne peuvent être tenus que des obligations limitativement prévues à l'article L. 332-6 du code de l'urbanisme[11].

7. C. urb., art. L. 161-4, I, al. 1er.
8. Rép. min. n° 13341, *JO Sénat Q* 9 févr. 2006, p. 372.
9. Rép. min. n° 483, *JO Sénat Q* 26 avr. 2018, p. 2065.
10. Rép. min. n° 483, *JO Sénat Q* 26 avr. 2018, p. 2065.
11. Rép. min. n° 483, *JO Sénat Q* 26 avr. 2018, p. 2065. Réponse ministérielle précisant que s'il est possible, dans le cas du droit alsacien-mosellan, d'édicter un règlement municipal de construction en complément d'une carte communale, un tel règlement ne saurait contenir des dispositions visant à subordonner les autorisations de construire sur des terrains situés en zone constructible au regard de la carte communale au fait que le pétitionnaire réalise préalablement les travaux de viabilisation de ces parcelles. Conformément à la loi locale du 7 novembre 2010, le règlement municipal de ▶

241.44 Impossibilité d'imposer une superficie minimale pour construire. La carte communale ne peut imposer une superficie minimale pour construire, sans autre précision[1]. Les dispositions applicables ne permettent pas d'édicter, de façon générale, une surface minimale exigible de façon systématique.

241.45 Un classement ne garantissant pas la constructibilité du terrain. Le classement d'un terrain en secteur constructible ne garantit pas sa constructibilité. En effet, l'inconstructibilité peut résulter de la contrariété avec d'autres dispositions d'urbanisme, notamment celles relatives au littoral[2].

C. Délimitation des secteurs inconstructibles et opérations autorisées en secteurs inconstructibles

1° Délimitation des secteurs inconstructibles

241.51 Texte. La carte communale « délimite les secteurs où les constructions ne sont pas admises »[3].

Ces dispositions n'autorisent pas la carte communale à instaurer une bande d'inconstructibilité le long d'un axe routier (en l'espèce, une bande de 10 mètres ou 15 mètres de part et d'autres d'une route nationale afin, selon les auteurs de la carte communale, d'assurer une meilleure visibilité)[4].

2° Constructions autorisées en secteurs inconstructibles

241.61 Constructions autorisées en secteurs inconstructibles. Deux types de constructions ou installations sont autorisées par le code alors même qu'elles concernent des terrains situés en secteurs inconstructibles.

241.62 Travaux sur constructions existantes et édification d'annexes. Par exception, sont autorisées en secteurs inconstructibles l'adaptation, le changement de destination, la réfection ou l'extension des constructions existantes[5]. Un bâtiment vétuste et délabré n'est pas regardé comme une construction existante pour l'application de ces dispositions[6].

De même, par exception, sont autorisées en secteurs inconstructibles l'édification d'annexes à proximité d'un bâtiment existant[7].

241.63 Équipements collectifs et constructions agricoles. Par exception, sont autorisées en secteurs inconstructibles les constructions et installations nécessaires[8] :

– à des équipements collectifs (a) ;

– à l'exploitation agricole[9] ou forestière[10] (à condition, a précisé la jurisprudence, que cette exploitation soit effective[11]) ou à la transformation, au conditionnement et à la commercialisation des produits agricoles lorsque ces activités constituent le prolongement de l'acte de production (b) ;

– à la mise en valeur des ressources naturelles (c) ;

– au stockage et à l'entretien du matériel des coopératives d'utilisation de matériel agricole (d).

Ces constructions et installations ne peuvent être autorisées[12] :

– que lorsqu'elles ne sont pas incompatibles avec l'exercice d'une activité agricole, pastorale ou forestière sur le terrain sur lequel elles sont implantées ;

– et qu'elles ne portent pas atteinte à la sauvegarde des espaces naturels ou des paysages.

Une réponse ministérielle a précisé que les dispositions du 8e alinéa du I de l'article L. 161-4 doivent être appliquées en relation avec l'article R. 111-14 du code de l'urbanisme, aux termes duquel, en dehors des parties urbanisées des communes le projet peut être refusé ou n'être accepté que sous réserve de

▶ construction ne peut en effet contenir que des dispositions encadrant la police des constructions dans l'intérêt de la sécurité, de l'hygiène et de l'esthétique locale.

1. Rép. min. n° 7525, *JO Sénat Q* 30 juill. 2009, p. 1897. Réponse précisant qu'en s'appuyant sur l'article R. 111-2 du code de l'urbanisme (v. ss nos 112.421 s.), un permis de construire pourra être éventuellement refusé si, par exemple, les dimensions d'un terrain ne permettent pas de réaliser un assainissement conforme aux dispositions législatives et réglementaires.
2. CE 3 oct. 2016, *Le Brun*, req. n° 391750, *Lebon T. ; BJDU* 2016. 674, concl. X. Domino.
3. C. urb., art. L. 161-4, I, al. 1er.
4. CAA Nancy, 18 avr. 2013, *Trottmann*, req. n° 12NC01446, NP.
5. C. urb., art. L. 161-4, I, 1°.
6. CAA Nantes, *Clarke*, req. n° 11NT02878, NP.
7. C. urb., art. L. 161-4, I, 1°.
8. C. urb., art. L. 161-4, I, 2°.
9. Sur cette notion, également employée par le RNU et les dispositions relatives au PLU, v. ss nos 231.741 s.
10. Par exemple des hangars de stockage de bois, sous réserve qu'ils soient réellement nécessaires à l'exploitation forestière (Rép. min. n° 14495, *JO Sénat Q* 9 sept. 2010, p. 2343).
11. CE 5 oct. 2018, *Valette (M.)*, req. n° 409239, *Lebon T.* : arrêt soulignant que « les documents graphiques des cartes communales délimitent les secteurs où les constructions ne peuvent être autorisées, à l'exception des constructions et installations nécessaires, notamment, à l'exploitation agricole ou forestière. Pour vérifier que la construction ou l'installation projetée est nécessaire à cette exploitation, l'autorité administrative compétente doit s'assurer au préalable, sous le contrôle du juge de l'excès de pouvoir, de la réalité de l'exploitation agricole ou forestière […], laquelle est caractérisée par l'exercice effectif d'une activité agricole ou forestière d'une consistance suffisante ». Sur l'effectivité de l'exercice d'une activité agricole, v. ss n° 231.743.
12. C. urb., art. L. 161-4, I, al. 8.

l'observation de prescriptions spéciales s'il est de nature, notamment, à favoriser une urbanisation dispersée incompatible avec la vocation des espaces naturels environnants ou à compromettre les activités agricoles ou forestières ayant une importance particulière. Selon la réponse ministérielle : « Il résulte de la combinaison de ces articles que les constructions et installations nécessaires à des équipements collectifs ne seront autorisées à s'implanter dans les zones non constructibles des cartes communales que si elles ne compromettent pas le caractère agricole, naturel ou forestier de ces zones. C'est ainsi que pourront être autorisées à s'y implanter des installations telles que les réseaux, les éoliennes, les antennes de télécommunications, les châteaux d'eau et les autres infrastructures qui, du fait de leurs caractéristiques, ne portent pas atteinte à la vocation de la zone. En revanche, eu égard aux objectifs de protection qui conduisent à délimiter les secteurs non constructibles d'une carte communale, des constructions telles qu'une bibliothèque ou une crèche doivent être envisagées en priorité dans les secteurs urbanisés de la commune. Elles ne peuvent être envisagées qu'à défaut et avec prudence dans les secteurs non constructibles, et uniquement en fonction des caractéristiques de ces secteurs afin qu'elles n'en compromettent pas le caractère agricole, naturel ou forestier »[1].

Concernant spécifiquement les constructions et installations mentionnées aux b et d, celles-ci sont soumises à l'avis de la commission départementale de la préservation des espaces naturels, agricoles et forestiers[2]. L'avis est réputé favorable s'il n'est pas intervenu dans un délai d'un mois à compter de la saisine par l'autorité compétente en matière d'autorisations d'urbanisme[3].

Depuis la loi ENR, les installations de méthanisation[4] « sont considérées comme des constructions ou des installations nécessaires à l'exploitation agricole »[5].

D. Installations d'énergies renouvelables

1° Zones d'accélération

241.71 Délimitation. Dans les communes non couvertes par un SCOT, la carte communale « peut délimiter les zones d'accélération pour l'implantation d'installations terrestres de production d'énergies renouvelables » arrêtées en application de l'article L. 141-5-3 du code de l'énergie[6].

2° Zones d'exclusion ou soumises à condition

241.81 Implantation des ouvrages. À l'instar du PLU, la carte communale peut délimiter des zones dans lesquelles l'implantation d'ouvrages de production d'énergies renouvelables est, soit soumise à conditions, soit exclue[7].

Les conditions permettant de délimiter de telles zones sont les mêmes que pour les PLU[8], de même que leur champ d'application[9].

SECTION 2 CONTENU DE LA CARTE COMMUNALE

241.91 Éléments composant la carte communale. La carte comporte :

- un rapport de présentation ;
- un ou plusieurs documents graphiques ;
- des annexes, recensant les servitudes d'utilité publique affectant l'utilisation du sol ;
- et, s'il y a lieu, des documents complémentaires relatifs à la bande d'inconstructibilité le long des axes routiers ou aux zones de montagne.

La carte communale – il est important de le relever – ne comprend pas de règlement.

§ 1 Le rapport de présentation de la carte communale

241.101 Exigence d'un rapport de présentation. La carte communale comprend un rapport de présentation[10].

241.102 Contenu du rapport de présentation. Le rapport de présentation[11] :

- analyse l'état initial de l'environnement et expose les prévisions de développement, notamment en matière économique et démographique (1°) ;
- explique les choix retenus, notamment au regard des objectifs et des principes définis aux articles

1. Rép. min. n° 12739, *JO Sénat Q* 1er juill. 2010, p. 1727.
2. C. urb., art. L. 161-4, I, al. 9.
3. C. urb., art. R. 161-4, al. 2.
4. V. ss n° 112.181.
5. C. urb., art. L. 161-4, I, al. 10 ; créé par L. n° 2023-175, 10 mars 2023.
6. C. urb., art. L. 161-4, I, al. 11 ; créé par L. n° 2023-175, 10 mars 2023.
7. V. ss nos 231.1491 et 231.1492.
8. C. urb., art. L. 161-4, II, al. 1er et 2 ; créés par L. n° 2023-175, 10 mars 2023. Sur ces conditions, v. ss n° 231.1493.
9. C. urb., art. L. 161-4, II, al. 2. V. ss n° 231.1494.
10. C. urb., art. L. 161-1, al. 1er.
11. C. urb., art. R. 161-2.

L. 101-1 et L. 101-2[1], pour la délimitation des secteurs où les constructions sont autorisées et justifie, en cas de révision, les changements apportés, le cas échéant, à ces délimitations (2°) ;

– évalue les incidences des choix de la carte communale sur l'environnement et expose la manière dont la carte prend en compte le souci de sa préservation et de sa mise en valeur (3°).

Le juge contrôle le caractère suffisant de ces indications[2].

241.103 Rapport sur les incidences environnementales. Le rapport de présentation de la carte communale doit contenir un rapport sur les incidences environnementales[3] lorsque celle-ci doit faire l'objet d'une évaluation environnementale[4].

§ 2 Les documents graphiques de la carte communale

241.111 Exigence de documents graphiques. La carte communale comprend un ou plusieurs documents graphiques[5].

241.112 Zonage de la constructibilité. Le ou les documents graphiques délimitent les secteurs où les constructions sont autorisées et ceux où les constructions ne peuvent pas être autorisées, à l'exception de celles mentionnées à l'article L. 161-4[6]. Cette opération se fait dans le respect de l'objectif de ZAN[7].

241.113 Possibilité de réserver un secteur à l'implantation d'activités. Le ou les documents graphiques peuvent préciser qu'un secteur est réservé à l'implantation d'activités, notamment celles qui sont incompatibles avec le voisinage des zones habitées[8]. Tel pourrait par exemple être le cas d'une carrière destinée à des chevaux[9].

241.114 Zone de montagne. En zone de montagne, le ou les documents graphiques indiquent, le cas échéant, les plans d'eau de faible importance auxquels il est décidé de faire application du 2° de l'article L. 122-12[10].

241.115 Délimitation de secteurs où la reconstruction à l'identique n'est pas autorisée. Le ou les documents graphiques délimitent, s'il y a lieu, les secteurs dans lesquels la reconstruction à l'identique n'est pas autorisée[11].

§ 3 Les annexes de la carte communale

241.121 Recensement des servitudes d'utilité publique. Afin d'assurer l'information du public, doivent figurer en annexe de la carte communale :

– les servitudes d'utilité publique affectant l'utilisation du sol et appartenant aux catégories figurant sur la liste annexée au livre Ier du code de l'urbanisme[12] ;

– le plan d'exposition au bruit des aérodromes[13] ;

– les secteurs d'information sur les sols en application de l'article L. 125-6 du code de l'environnement[14] ;

– les périmètres des secteurs concernés par des obligations de débroussaillement ou de maintien en état débroussaillé résultant des dispositions du titre III du livre Ier du code forestier[15].

§ 4 Documents complémentaires relatifs à la bande d'inconstructibilité le long des axes routiers ou aux zones de montagne

241.131 Dérogation à l'inconstructibilité le long des axes routiers. La carte communale comporte, s'il y a lieu, l'étude prévue à l'article L. 111-9 justifiant de déroger à l'inconstructibilité le long des axes routiers[16].

241.132 Documents propres aux zones de montagne. En zone de montagne, la carte communale comporte, s'il y a lieu[17] :

1. Sur les principes généraux du droit de l'urbanisme, v. ss nos 032.05 s.
2. PAR EX., estimant que les indications fournies sont suffisantes : CAA Bordeaux, 30 sept. 2008, req. no 07BX00132, NP.
3. V. ss nos 214.281 s.
4. V. ss no 243.51.
5. C. urb., art. L. 161-1, al. 1er.
6. Sur ces exceptions, v. ss nos 241.61 s. – C. urb., art. R. 161-4, al. 1er.
7. V. ss no 242.12.
8. C. urb., art. R. 161-5.
9. Rép. min. no 11166, *JO Sénat Q* 26 déc. 2019, p. 6393. La réponse ministérielle ajoute qu'il sera ensuite nécessaire, lors de la réalisation du projet, de respecter les dispositions de l'article R. 111-14 du code de l'urbanisme qui interdisent une urbanisation dispersée (v. ss nos 112.381 s.).
10. V. ss no 134.242. – C. urb., art. R. 161-6.
11. C. urb., art. R. 161-7 – Sur le droit de reconstruire à l'identique, v. ss nos 113.281 s.
12. C. urb., art. L. 161-1, al. 2 ; art. R. 161-8, 1° – V. ss no 231.1651.
13. C. urb. art. R. 161-8, 2°.
14. C. urb. art. R. 161-8, 3°.
15. C. urb. art. R. 161-8, 4° ; mod. par décr. no 2024-295, 29 mars 2024.
16. C. urb., art. R. 161-1 – Sur cette dérogation, v. ss nos 112.361 s.
17. C. urb., art. R. 161-1.

– l'étude prévue au 2° de l'article L. 122-14 (exceptions au principe d'inconstructibilité dans la bande des 300 mètres autour des plans d'eau) [1] ;

– et l'arrêté du préfet coordonnateur de massif prévu au 1° de l'article L. 122-12 (arrêté excluant un plan d'eau du régime de protection) [2].

1. V. s^s n° 134.273.
2. V. s^s n° 134.241.

CHAPITRE

242. Effets de la carte communale et place dans la hiérarchie des normes

SECTION 0
ORIENTEUR

242.00 Sommaire du chapitre.

242.01 Textes applicables.

• **C. urb.**

art. L. 162-1

art. R. 162-1 s.

242.03 Bibliographie indicative.

Encyclopédies. *DP constr.-urb.*, ét. : « Carte communale » – *J.-Cl. Constr.-Urb.*, fasc. 7-25 : « Cartes communales », par S. Ferrari, août 2012.

SECTION 1
TEXTES ET DOCUMENTS S'IMPOSANT À LA CARTE COMMUNALE

§ 1
Respect du code de l'urbanisme

242.11 Principes généraux. La carte communale « respecte les principes énoncés aux articles L. 101-1 et L. 101-2 »[1]. Il en résulte que le respect de ces principes doit guider les orientations définies par les auteurs de la carte communale. La méconnaissance de ceux-ci entache d'illégalité la carte communale[2].

242.12 Objectifs de réduction de l'artificialisation des sols. La carte communale « permet d'atteindre les objectifs de réduction d'artificialisation des sols » fixés par le SCOT[3] ou, en l'absence de SCOT, par le CGCT ou le code de l'urbanisme[4].

Elle ne peut inclure, au sein de secteurs où les constructions sont autorisées, des secteurs jusqu'alors inclus au sein de secteurs où les constructions ne sont pas admises « que s'il est justifié que la capacité d'aménager et de construire est déjà mobilisée dans les espaces déjà urbanisés ». Pour ce faire, « elle tient compte de la capacité à mobiliser effectivement les locaux vacants, les friches et les espaces déjà urbanisés existants »[5].

242.13 Dispositions. La carte communale doit respecter les dispositions du code de l'urbanisme. Ainsi que l'a souligné le Conseil d'État, « une carte communale ne saurait en tout état de cause méconnaître les dispositions du code de l'urbanisme » telles celles relatives à la protection du littoral[6].

1. C. urb., art. L. 161-3, al. 1er – Sur les principes généraux du droit de l'urbanisme, v. s[s] n°s 032.21 s.
2. AINSI, à propos d'un parti d'aménagement prévoyant une urbanisation disproportionnée par rapport à la situation de sa commune (notamment son déclin démographique) : CAA Nancy, 21 janv. 2011, Louvet, req. n° 10NC00351, NP.
3. Objectifs mentionnés aux articles L. 141-3 (v. s[s] n° 221.21) et L. 141-8 (v. s[s] n°s 221.161 s.).
4. C. urb., art. L. 161-3, al. 2 – En l'absence de SCOT, la carte communale prend en compte les objectifs mentionnés à la seconde phrase du deuxième alinéa de l'article L. 4251-1 du CGCT, ou est compatible avec les objectifs mentionnés au quatrième alinéa du I de l'article L. 4424-9 du même code, à la seconde phrase du troisième alinéa de l'article L. 4433-7 dudit code ou au dernier alinéa de l'article L. 123-1 du code de l'urbanisme (C. urb., art. L. 161-3, al. 2).
5. C. urb., art. L. 161-3, al. 2.
6. CE 3 oct. 2016, Le Brun, req. n° 391750, *Lebon T.* ; *BJDU* 2016. 674, concl. X. Domino.

§ 2
Exigence de compatibilité ou de prise en compte des normes supérieures

242.20 **Renvoi.** La carte communale doit respecter ou prendre en compte les dispositions et documents d'urbanisme supérieurs[1].

SECTION 2
PORTÉE DE LA CARTE COMMUNALE

242.31 **Effets subordonnés à l'affichage.** La carte communale ne produit ses effets que si elle a fait l'objet d'un affichage[2].

242.32 **Opposabilité des documents graphiques.** Les documents graphiques sont opposables aux tiers[3].

242.33 **Opposabilité des servitudes.** Seules les servitudes annexées au plan ou publiées sur le portail national de l'urbanisme peuvent être opposées aux demandes d'autorisation d'occupation du sol[4].

Elles sont opposables après l'expiration d'un délai d'un an à compter[5] :

– soit de l'approbation de la carte communale ;

– soit, s'il s'agit d'une servitude d'utilité publique nouvelle définie à l'article L. 161-1, de son institution.

242.34 **La carte communale n'écarte pas le RNU.** Dans les territoires couverts par la carte communale, les autorisations d'occuper et d'utiliser le sol sont instruites et délivrées « sur le fondement du règlement national d'urbanisme et des autres dispositions législatives et réglementaires applicables »[6]. La carte communale ne comprenant pas de règlement, elle n'a pas pour effet d'écarter l'application des règles du code de l'urbanisme.

Comme le précise la jurisprudence, il résulte de ces dispositions « que les règles générales d'urbanisme définies aux articles R. 111-1 et suivants du code de l'urbanisme sont applicables aux territoires couverts par une carte communale et que les permis de construire y sont instruits et délivrés sur le fondement de ces règles ; que, par suite, les cartes communales ne constituent pas, au sens de l'article R. 111-1 précité, des documents d'urbanisme tenant lieu de plan local d'urbanisme dans le périmètre duquel les règles générales d'urbanisme ne s'appliquent pas »[7].

1. V. s[s] n°s 211.151 s.
2. V. s[s] n° 243.191.
3. C. urb., art. R. 162-2.
4. C. urb., art. L. 162-1, al. 1er.
5. C. urb., art. L. 162-1, al. 1er.
6. C. urb., art. R. 162-1.
7. CE 13 juill. 2011, *Min. Écologie, Développement durable, Transports et Logement*, req. n° 335066, *Lebon T.* ; *BJDU* 2011. 271, concl. C. Landais ; *Constr.-Urb.* 2011, comm. 122, note X. Couton.

CHAPITRE

243. Procédure d'élaboration, d'évaluation et d'évolution de la carte communale

SECTION 0
ORIENTEUR

243.00 Sommaire du chapitre.

243.01 Textes applicables.

• C. urb.

art. L. 163-1 s.

art. R. 163-1 s.

243.03 Bibliographie indicative.

Encyclopédies. *DP constr.-urb.*, ét. : « Carte communale » – *J.-Cl. Constr.-Urb.*, fasc. 7-25 : « Cartes communales », par S. Ferrari, août 2012.

243.04 Question essentielle.

> Comment s'opère le passage d'une carte communale à un PLU ?

* V. s^s n°s 243.221 s.

243.05 Procédure simplifiée. La procédure d'élaboration et d'évolution de la carte communale est simplifiée par rapport à celle prévue pour le PLU. En pratique, l'État apporte souvent une assistance importante aux communes dans l'élaboration de leur carte communale.

SECTION 1
AUTORITÉ COMPÉTENTE

§ 1
Personnes publiques et organes compétents

243.11 Compétence de la commune ou de l'EPCI. La carte communale est élaborée à l'initiative de la commune ou de l'EPCI compétent en matière de PLU, de document en tenant lieu et de carte communale[1].

La compétence revient donc en principe à l'EPCI, sauf opposition d'au moins 25 % des communes représentant au moins 20 % de la population[2].

243.12 Procédure conduite par l'autorité exécutive. Le maire ou le président de l'EPCI compétent conduit la procédure d'élaboration ou de révision de la carte communale[3].

§ 2
Cas d'adhésion d'une commune à un EPCI ou de création d'une commune nouvelle

243.21 Adhésion d'une commune à un EPCI. En cas de création d'un EPCI compétent en matière de PLU, de document en tenant lieu ou de carte communale (y compris lorsqu'il est issu d'une fusion, ou de modification du périmètre d'un EPCI compétent ou de transfert de cette compétence à un tel établissement public), les dispositions des cartes communales applicables aux territoires concernés restent applicables[4].

Elles peuvent être révisées selon les procédures prévues pour la révision des cartes communales[5].

L'EPCI peut décider, après accord de la commune concernée, d'achever toute procédure d'élaboration ou d'évolution d'une carte communale, engagée avant la date de sa création, y compris lorsqu'elle est issue d'une fusion, ou du transfert de cette compétence. Il se substitue de plein droit à la commune dans tous les actes et délibérations afférents à la procédure engagée avant la date de sa création, de sa fusion, de la modification de son périmètre ou du transfert de la compétence[6].

243.22 Création d'une commune nouvelle. En cas de création d'une commune nouvelle, les dispositions des cartes communales applicables aux anciennes communes restent applicables[7].

Elles peuvent être révisées jusqu'à l'approbation d'une carte communale ou d'un PLU couvrant l'intégralité du territoire de la commune nouvelle[8].

Par ailleurs, la commune nouvelle compétente en matière de carte communale peut décider d'achever toute procédure d'élaboration ou d'évolution d'une carte communale applicable sur le territoire des anciennes communes qui aurait été engagée avant la date de création de la commune nouvelle. La commune nouvelle se substitue de plein droit aux anciennes communes dans tous les actes et délibérations afférents aux procédures engagées avant la date de sa création[9].

SECTION 2
ÉLABORATION DE LA CARTE COMMUNALE

§ 1
Procédure d'élaboration de la carte communale

A.
Initiative

243.31 Engagement de la procédure d'élaboration. Les dispositions du code de l'urbanisme n'imposent pas, contrairement à ce qui est prévu pour le PLU, que la procédure débute par une délibération du conseil municipal (ou de l'organe délibérant de l'EPCI) prescrivant l'élaboration d'une carte communale.

Sous l'empire des dispositions antérieures à la loi ALUR, prévoyant que : « Les communes qui ne sont pas dotées d'un plan local d'urbanisme peuvent élaborer, le cas échéant dans le cadre de groupements intercommunaux, une carte communale précisant les modalités d'application des règles générales d'urbanisme prises en application de l'article L. 111-1 », la jurisprudence a estimé que l'engagement de la procédure d'élaboration d'une carte communale n'est pas subordonné à l'intervention d'une délibération[10].

Désormais, les dispositions applicables ajoutent que la carte communale est élaborée « à l'initiative » de la commune ou de l'EPCI[11]. Cette formule a pu être interprétée comme signifiant que la procédure doit débuter par l'adoption d'une délibération prescri-

1. C. urb., art. L. 163-3, al. 1er.
2. V. s^s^ n°s 233.151 s.
3. C. urb., art. R. 163-1.
4. C. urb., art. L. 163-2, al. 1er.
5. C. urb., art. L. 163-2, al. 2.
6. C. urb., art. L. 163-3, al. 2.
7. C. urb., art. L. 163-1, al. 1er.
8. C. urb., art. L. 163-1, al. 2.
9. C. urb., art. L. 163-3, al. 3.
10. CE 19 juill. 2017, *Min. Logement et Habitat durable c/Kosmas (M.)*, req. n° 403805, *Lebon T.*
11. V. s^s^ n° 243.11.

vant l'élaboration de la carte communale. Pour autant, la carte communale semble plutôt s'inscrire dans le droit commun des procédures administratives. Les textes désignent les autorités compétentes pour adopter l'acte final (la commune ou l'EPCI, et le préfet) et prévoient certaines formalités (consultations et enquête publique) mais ne régissent pas le lancement de la procédure. La situation est ainsi différente des PLU, où le code non seulement impose une délibération prescrivant l'élaboration du plan, et attache en outre des effets à l'adoption de cette délibération. Par suite, si l'adoption d'une délibération prescrivant l'élaboration d'une carte est possible, cette formalité ne présente pas un caractère obligatoire.

B.
Porter à connaissance

243.41 Documents portés à connaissance par le préfet. Le préfet, à la demande du maire ou du président de l'EPCI compétent, transmet les dispositions et documents mentionnés à l'article L. 132-2[1].

Il peut procéder à cette transmission de sa propre initiative[2].

C.
Évaluation environnementale, consultations et enquête publique

1°
Évaluation environnementale

243.51 Cas où l'évaluation environnementale est requise. L'élaboration de la carte communale doit faire l'objet d'une évaluation environnementale dans deux cas de figure :

– d'une part, si elle est susceptible d'avoir des incidences notables sur l'environnement[3] ;

– d'autre part, si son territoire comprend en tout ou partie un site Natura 2000[4].

2°
Consultations

243.61 Organismes consultés. La carte communale est soumise pour avis aux organismes suivants[5] :

– la chambre d'agriculture ;

– et la commission départementale de préservation des espaces naturels, agricoles et forestiers (CDPENAF) prévue à l'article L. 112-1-1 du code rural.

243.62 Délai dont dispose la CDPENAF pour émettre son avis. En application de l'article L. 163-4, la CDPENAF rend son avis au plus tard deux mois après la transmission du projet de carte par le maire ou le président de l'EPCI compétent. À défaut, cet avis est réputé favorable[6].

243.63 Consultation de l'Autorité environnementale. L'Autorité environnementale est consultée, d'une part, sur le rapport sur les incidences environnementales et, d'autre part, sur le projet de carte communale[7].

3°
Enquête publique

243.71 Obligation de réaliser une enquête publique. Dans la mesure où elle constitue un document d'urbanisme, la carte communale est soumise à enquête publique réalisée conformément au chapitre III du titre II du livre Ier du code de l'environnement[8].

Le projet de carte communale est soumis à enquête publique par le maire ou le président de l'EPCI compétent[9].

243.72 Dossier d'enquête publique. Le dossier soumis à l'enquête publique[10] :

– est composé des pièces mentionnées à l'article R. 123-8 du code de l'environnement ;

– et comprend, en annexe, les différents avis recueillis dans le cadre de la procédure.

Il peut, en outre, comprendre tout ou partie des pièces portées à la connaissance de l'EPCI ou de la commune par le préfet[11].

D.
Approbation de la carte communale

243.81 Modification du projet le cas échéant. À l'issue de l'enquête publique, la carte communale peut être modifiée pour tenir compte[12] :

– des avis qui ont été joints au dossier ;

– des observations du public ;

– et du rapport du commissaire ou de la commission d'enquête.

1. V. s^s^ n°s 212.11 s. – C. urb., art. R. 163-2, al. 1er.
2. C. urb., art. R. 163-2, al. 2.
3. V. s^s^ n° 214.101.
4. V. s^s^ n° 214.181.
5. C. urb., art. L. 163-4.
6. C. urb., art. R. 163-3.
7. V. s^s^ n°s 214.431 s.
8. C. urb., art. L. 163-5 – PAR EX. : annulant une enquête publique pour méconnaissance du droit des administrés à l'information et à la participation (arrêté ne prévoyant pas que les administrés pourront formuler des observations), CAA Nancy, 19 déc. 2013, *Dannelbourg (Cne)*, req. n° 13NC00212, NP.
9. C. urb., art. R. 163-4, al. 1er.
10. C. urb., art. R. 163-4, al. 2.
11. C. urb., art. R. 163-4, al. 2.
12. C. urb., art. L. 163-6.

243.82 **Approbation.** La carte communale fait l'objet d'une double approbation.

D'abord, elle doit être approuvée par le conseil municipal ou par délibération de l'EPCI compétent[1].

Ensuite, la carte communale est transmise au préfet par le maire ou par le président de l'EPCI. Le préfet dispose d'un délai de deux mois pour l'approuver. À l'expiration de ce délai, il est réputé avoir approuvé la carte[2].

La carte communale a ainsi pour co-auteurs la commune (ou l'EPCI) et le préfet.

E.
Publicité et mise à disposition de la carte communale

1°
Publicité des mesures d'approbation

243.90 **Renvoi.** La délibération et l'arrêté préfectoral approuvant la carte communale font l'objet de mesures de publicité[3].

2°
Mise à disposition de la carte communale

243.101 **Géoportail de l'urbanisme.** La carte approuvée est tenue à disposition du public[4] par publication sur le portail national de l'urbanisme[5].

§ 2
Passage d'un PLU à une carte communale

243.111 **Basculement possible.** L'ancien article L. 124-1 du code de l'urbanisme, dans sa rédaction issue de la loi SRU, disposait : « Les communes qui ne sont pas dotées d'un plan local d'urbanisme peuvent élaborer, le cas échéant dans le cadre de groupements intercommunaux, une carte communale précisant les modalités d'application des règles générales d'urbanisme prises en application de l'article L. 111-1 ». Le Conseil d'État en a déduit l'exclusivité des deux documents : « dès lors que le plan local d'urbanisme et la carte communale sont deux documents d'urbanisme exclusifs l'un de l'autre, une carte communale ne peut être légalement mise en vigueur que si la commune n'est pas dotée d'un plan d'occupation des sols ou d'un plan local d'urbanisme applicable. En conséquence, si ces dispositions ne font pas obstacle à ce qu'une collectivité dotée d'un tel plan engage la procédure d'élaboration d'une carte communale, cette dernière ne peut entrer en vigueur que si le plan ne l'est plus »[6].

La formule « qui ne sont pas dotées d'un PLU » a été supprimée par la loi ALUR. Pour autant, dans la mesure où le code n'interdit pas de passer d'un PLU à une carte communale, la possibilité de basculer de l'un à l'autre continue d'exister.

Néanmoins, comme le souligne une réponse ministérielle, « la commune devra s'interroger sur la pertinence d'une telle décision, car le PLU peut rester un outil très simple, en particulier au niveau de son règlement ». En outre, « l'élaboration d'un PLU Intercommunal, à l'échelle d'une communauté de communes par exemple, présente l'avantage d'appréhender les choix d'aménagement sur un périmètre élargi et d'alléger le coût des études en raison des économies d'échelle réalisées »[7].

§ 3
Prévention des conflits d'intérêts des élus

243.121 **Notion de conseiller intéressé.** L'approbation d'une carte communale est entachée d'illégalité si un conseiller ou le maire a un intérêt personnel à cette décision[8].

SECTION 3
ÉVOLUTION DE LA CARTE COMMUNALE

§ 1
Révision de la carte communale

243.131 **Renvoi à la procédure d'élaboration.** La carte communale est révisée dans les conditions définies par les articles L. 163-4 à L. 163-7 relatifs à l'élaboration de la carte communale[9].

243.132 **Différence par rapport à la procédure d'élaboration.** Le projet de révision n'est soumis à la CDPENAF que s'il a pour conséquence, dans une commune située en dehors du périmètre d'un SCOT

1. C. urb., art. L. 163-6 ; art. R. 163-5.
2. C. urb., art. L. 163-7, al. 1er ; art. R. 163-5 – La loi nº 2003-590, 2 juill. 2009 dite Urbanisme et Habitat avait substitué à l'exigence d'approbation préfectorale expresse un dispositif d'accord tacite.
3. V. ss nos 243.181 s.
4. C. urb., art. L. 163-7, al. 2.
5. Sur le géoportail de l'urbanisme, v. ss nos 215.31 s. – C. urb., art. R. 163-6.
6. CE 28 nov. 2007, *Flory (Mme)*, req. nº 303421, *Lebon* ; *BJDU* 2007. 362, concl. F. Séners.
7. Rép. min. nº 11694, *JO Sénat Q* 15 avr. 2010, p. 957.
8. V. ss nº 212.332.
9. C. urb., art. L. 163-8, al. 1er – Sur cette procédure, v. ss nos 243.31 s.

approuvé, une réduction des surfaces des secteurs où les constructions ne sont pas admises[1].

243.133 Évaluation environnementale requise selon les effets sur l'environnement des changements envisagés. Si les changements envisagés sont susceptibles d'avoir des effets notables sur l'environnement, il y a lieu de réaliser, soit une actualisation de l'évaluation environnementale, soit une nouvelle évaluation environnementale[2].

243.134 Coût et durée. Selon une réponse ministérielle, une révision peut être réalisée dans un délai total de l'ordre de 15 mois. Son coût se situe en moyenne entre 6 000 et 15 000 euros[3].

§ 2
Mise à jour des annexes de la carte communale

A.
Cas où il est procédé à la mise à jour

243.141 Mise à jour chaque fois que nécessaire. La mise à jour de la carte communale est effectuée chaque fois qu'il est nécessaire de modifier le contenu des annexes prévu à l'article R. 161-8[4], et notamment le report en annexe de la carte communale des servitudes d'utilité publique mentionnées au même article[5].

B.
Procédure de mise à jour des annexes

243.151 Compétence de principe des autorités locales. Les servitudes mentionnées à l'article L. 161-1[6] sont notifiées par le préfet au maire ou au président de l'EPCI compétent[7]. Ceux-ci les annexent sans délai par arrêté à la carte communale[8].

La direction départementale ou, le cas échéant, régionale des finances publiques reçoit communication, à l'initiative du maire ou du président de l'EPCI compétent, de l'annexe de la carte communale consacrée aux servitudes d'utilité publique affectant l'utilisation du sol[9]. Un arrêté du président de l'EPCI compétent ou du maire constate dans chaque cas qu'il a été procédé à la mise à jour de la carte communale[10].

243.152 Substitution du préfet en cas de carence des autorités locales. Lorsque le président de l'EPCI ou le maire n'a pas procédé à la mise à jour des annexes, le préfet est tenu de mettre le maire ou le président de l'établissement public en demeure d'annexer à la carte communale les servitudes concernées. Si cette formalité n'a pas été effectuée dans le délai de trois mois, le préfet y procède d'office[11].

243.153 Publicité. Les arrêtés du président de l'EPCI ou du maire constatant qu'il a été procédé à la mise à jour de la carte communale, ou l'arrêté du préfet dans le cas mentionné au deuxième alinéa de l'article L. 163-10, sont affichés pendant un mois au siège de l'EPCI compétent, dans les mairies des communes membres concernées, ou en mairie.

C.
Rectification d'une erreur matérielle de la carte communale

243.161 Possibilité d'une rectification. La carte communale peut faire l'objet d'une rectification d'une erreur matérielle[12].

243.162 Procédure. Un arrêté du président de l'EPCI compétent ou du maire approuve la rectification d'une erreur matérielle de la carte communale[13].

L'arrêté est transmis au préfet de département[14].

243.163 Publicité. L'arrêté est affiché pendant un mois au siège de l'EPCI compétent, dans les mairies des communes membres concernées, ou en mairie[15].

§ 3
Évaluation environnementale

243.171 Évaluation environnementale requise selon les effets sur l'environnement des changements envisagés. Si les changements envisagés sont susceptibles d'avoir des effets notables sur l'environnement, il y a lieu de réaliser, soit une actualisation de l'évaluation environnementale, soit une nouvelle évaluation environnementale[16]. Le rapport sur les incidences environnementales devra être mis à jour en conséquence[17].

1. Sur ces secteurs, délimités en application du I de l'article L. 161-4, v. s[s] n° 241.51. – C. urb., art. L. 163-8, al. 4.
2. V. s[s] n°s 214.111 s.
3. Rép. min. n° 2559 ; *JO Sénat Q* 20 oct. 2022, p. 5132.
4. V. s[s] n°s 241.121 s.
5. C. urb., art. R. 163-8, al. 1er.
6. V. s[s] n° 241.121.
7. C. urb., art. L. 163-10, al. 1er.
8. C. urb., art. L. 163-10, al. 2.
9. C. urb., art. R. 163-8, al. 2.
10. C. urb., art. R. 163-8, al. 3.
11. C. urb., art. L. 163-10, al. 2.
12. C. urb., art. L. 163-9.
13. C. urb., art. R. 163-7, al. 1er.
14. C. urb., art. R. 163-7, al. 2.
15. C. urb., art. R. 163-7, al. 2.
16. V. s[s] n°s 214.111 s.
17. V. s[s] n°s 214.311 et v. s[s] n° 214.373.

SECTION 4
PUBLICITÉ DE L'APPROBATION DE LA CARTE COMMUNALE ET DE SA RÉVISION

§ 1
Mesures de publicité

243.181 Affichage. La délibération et l'arrêté préfectoral qui approuvent ou révisent la carte communale, ainsi que la décision mentionnée à l'article R. 104-33 [1], sont affichés pendant un mois [2] :

- en mairie ;
- ou au siège de l'établissement public de coopération intercommunale compétent et, dans ce cas, dans les mairies des communes membres concernées.

Mention de l'affichage de la délibération et de l'arrêté préfectoral qui approuvent ou révisent la carte communale est insérée en caractères apparents dans un journal diffusé dans le département [3].

243.182 Publication. L'arrêté préfectoral est publié au Recueil des actes administratifs de l'État dans le département [4].

Les délibérations sont en outre publiées [5] :

- lorsqu'il s'agit d'une commune de 3 500 habitants et plus, au Recueil des actes administratifs mentionné à l'article R. 2121-10 du CGCT ;
- ou, lorsqu'il s'agit d'un établissement public de coopération intercommunale comportant au moins une commune de 3 500 habitants et plus, au Recueil des actes administratifs mentionné à l'article R. 5211-41 du même code, lorsqu'il existe.

243.183 Précision du lieu où le dossier peut être consulté. Chacune des formalités de publicité mentionne le ou les lieux où le dossier peut être consulté [6].

§ 2
Effets de l'accomplissement des mesures de publicité

243.191 Déclenchement des effets juridiques de la carte communale approuvée ou révisée. L'approbation ou la révision de la carte communale produit ses effets juridiques dès l'exécution de l'affichage prévu [7], la date à prendre en compte pour l'affichage étant celle du premier jour où il est effectué [8].

1. Décision de la personne publique responsable de réaliser ou non une évaluation environnementale – V. s[s] n° 214.251.
2. C. urb., art. R. 163-9, al. 1er.
3. C. urb., art. R. 163-9, al. 1er.
4. C. urb., art. R. 163-9, al. 2.
5. C. urb., art. R. 163-9, al. 3.
6. C. urb., art. R. 163-9, al. 4.
7. V. s[s] n° 243.181.

SECTION 5
ABROGATION DE LA CARTE COMMUNALE

243.201 Absence de dispositions dans le code. Le code de l'urbanisme ne prévoit pas de procédure spécifique pour l'abrogation de la carte communale.

§ 1
Cas où l'abrogation ne s'accompagne pas de l'élaboration d'un PLU

243.211 Application de la procédure prévue pour l'élaboration de la carte. Selon la doctrine administrative, si l'abrogation de la carte communale ne s'accompagne pas de l'élaboration d'un PLU, « il convient d'appliquer strictement le principe du parallélisme des formes et de suivre la procédure utilisée pour l'élaboration de la carte communale ; l'abrogation impliquera alors notamment le recours à l'enquête publique ainsi qu'une décision du préfet » [9].

§ 2
Cas où l'abrogation s'accompagne de l'élaboration d'un PLU

243.221 Enquête publique unique et délibération commune. Selon la doctrine administrative, si l'abrogation de la carte communale s'accompagne de l'élaboration d'un PLU, « l'application du parallélisme des formes permettra de sécuriser la procédure sans coûts ni difficultés supplémentaires pour les communes. Il suffira en effet de réaliser une enquête publique unique portant à la fois sur l'abrogation de la carte communale et sur l'approbation du PLU, et de veiller notamment à ce que la délibération finale emporte à la fois approbation du PLU et abrogation de la carte communale, l'ensemble s'accompagnant d'une décision du préfet. Il n'y a donc pas lieu de modifier les dispositions précitées pour procéder à l'abrogation d'une carte communale » [10].

243.222 PLU pouvant entrer en vigueur le jour où la carte communale cesse de s'appliquer. Lorsque la carte communale est abrogée afin d'être remplacée par un PLU, « la délibération portant abrogation de la carte communale peut prévoir qu'elle prend effet le jour où la délibération adoptant le plan local d'urbanisme devient exécutoire » [11].

8. C. urb., art. R. 163-9, al. 5.
9. Rép. min. n° 6834, *JO Sénat Q* 11 déc. 2014, p. 2761.
10. Rép. min. n° 6834, *JO Sénat Q* 11 déc. 2014, p. 2761.
11. C. urb., art. R. 163-10.

SECTION 6

ANNULATION DE LA CARTE COMMUNALE

243.231 Publicité. L'annulation d'une carte communale ne donne pas lieu à des mesures de publicité spécifiques [1].

1. V. s^s n° 235.441.

TITRE

25. Documents d'urbanisme des métropoles de Paris, Lyon et Aix-Marseille (particularités)

SECTION 0

ORIENTEUR

25.00 Sommaire du titre.

25.05 Régime particulier. Du fait de leur superficie importante et de leur densité élevée, les métropoles de Paris, Lyon et Aix-Marseille comportent des particularités au niveau de leurs documents d'urbanisme.

CHAPITRE

251. Documents d'urbanisme de la métropole du Grand Paris

SECTION 0
ORIENTEUR

251.00 **Sommaire du chapitre.**

251.01 **Textes applicables.**

• **C. urb.**

art. L. 134-1 s.

art. R. 134-1

SECTION 1
SCOT DE LA MÉTROPOLE DU GRAND PARIS

251.11 **SCOT tenant lieu de projet métropolitain.** Le projet d'aménagement stratégique du SCOT tient lieu de projet métropolitain, au sens de l'article L. 5219-1 du CGCT[1].

251.12 **Annexes du SCOT.** Le SCOT de la métropole du Grand Paris comporte, en annexe[2] :

- un diagnostic général, social, économique et environnemental du territoire métropolitain ;
- des orientations stratégiques pour le développement de la métropole ;
- ainsi que des domaines d'intervention prioritaires.

Les annexes du SCOT de la métropole du Grand Paris comprennent également « un cahier de recommandations » pour l'élaboration des PLUI portant sur[3] :

- la présentation du règlement ;
- l'identification des catégories de zonage ;
- les règles d'urbanisme ;
- et les documents graphiques.

251.13 **Association des EPT à l'élaboration du SCOT.** Les établissements publics territoriaux sont associés, dans les conditions prévues aux articles L. 132-7 et L. 132-8 du code de l'urbanisme, à l'élaboration du SCOT de la métropole du Grand Paris[4].

251.14 **Exigence de compatibilité avec le SCOT du plan métropolitain de l'habitat.** Le plan métropolitain de l'habitat et de l'hébergement est compatible avec le SCOT de la métropole du Grand Paris[5].

1. C. urb., art. L. 134-1, al. 1er.
2. C. urb., art. L. 134-1, al. 2.
3. C. urb., art. L. 134-1, al. 3.
4. C. urb., art. L. 134-1, al. 4.
5. C. urb., art. L. 134-1, al. 5.

SECTION 2
PLUI DES ÉTABLISSEMENTS PUBLICS TERRITORIAUX

§ 1
Élaboration des PLUI des EPT

A.
Principe : renvoi au droit commun

251.21 Application, en principe, de la procédure normale. Les EPT mentionnés à l'article L. 5219-2 du CGCT élaborent un PLUI, couvrant l'intégralité de leur territoire, dans les conditions prévues aux chapitres I à III du titre III et au titre V, sous réserve de certaines adaptations[1], exposées ci-après.

B.
Adaptations par rapport au droit commun

1°
Association du Grand Paris et collaboration avec les communes

251.31 Association de la métropole du Grand Paris. Le conseil de la métropole du Grand Paris est associé à la procédure d'élaboration du PLUI des EPT, dans les conditions prévues aux articles L. 132-7 et L. 132-8[2].

251.32 Collaboration avec les communes se trouvant dans le périmètre du PLUI. Le conseil de territoire de l'EPT arrête les modalités de la collaboration avec les communes concernées, après avoir réuni l'ensemble des maires de ces communes[3].

2°
Possibilité de plans de secteurs au sein des PLUI

251.41 Plan de secteur des PLUI. Le PLUI peut comporter des plans de secteur qui couvrent chacun l'intégralité du territoire d'une ou de plusieurs communes membres de l'EPT et qui précisent les OAP ainsi que le règlement spécifique à ce secteur[4].

Une ou plusieurs communes membres d'un EPT peuvent demander à être couvertes par un plan de secteur[5].

Après un débat au sein du conseil de territoire, l'établissement délibère sur l'opportunité d'élaborer ce plan[6].

1. C. urb., art. L. 134-2, al. 1er.
2. C. urb., art. L. 134-2, al. 2.
3. C. urb., art. L. 134-4.
4. C. urb., art. L. 134-5, al. 1er.
5. C. urb., art. L. 134-5, al. 2.
6. C. urb., art. L. 134-5, al. 3.

3°
Procédure

251.51 Projet de PLUI arrêté. Le projet de PLUI arrêté par le conseil de territoire est transmis, pour avis, au conseil de la métropole du Grand Paris[7].

251.52 Consultation des communes. Le conseil de territoire soumet, pour avis, aux communes du territoire le projet de PLU arrêté[8].

Lorsqu'une commune d'un territoire de la métropole émet un avis défavorable sur les OAP ou sur les dispositions du règlement du projet de PLUI arrêté qui la concernent directement, le conseil de territoire délibère à nouveau et arrête le projet de PLUI concerné à la majorité des deux tiers des suffrages exprimés[9].

251.53 Enquête publique. Une enquête publique est réalisée conformément au chapitre III du titre II du livre Ier du code de l'environnement[10].

251.54 Présentation aux communes des résultats de l'enquête publique et des avis. À l'issue de l'enquête publique, les avis joints au dossier, les observations du public et le rapport du commissaire enquêteur ou de la commission d'enquête sont présentés par le conseil de territoire aux maires des communes concernées[11].

4°
Possibilité d'achever une procédure d'élaboration ou d'évolution d'un PLU

251.61 Possibilité d'achever une procédure d'élaboration ou d'évolution d'un PLU. Le conseil de territoire peut décider, après accord de la commune concernée, d'achever toute procédure d'élaboration ou d'évolution d'un PLU ou d'un document en tenant lieu engagée avant la date de sa création et encore en cours à cette même date[12].

5°
Particularité du PLU de la commune de Paris

251.71 Consultation des arrondissements. Lors de l'élaboration, de la révision ou de la modification du PLU de la commune de Paris, le maire consulte le conseil d'arrondissement préalablement à toute délibération du conseil municipal[13].

7. C. urb., art. L. 134-6.
8. C. urb., art. L. 134-7, al. 1er.
9. C. urb., art. L. 134-7, al. 2.
10. C. urb., art. L. 134-8.
11. C. urb., art. L. 134-8.
12. C. urb., art. L. 134-9.
13. C. urb., art. R. 134-1, al. 1er.

La demande d'avis est accompagnée des documents au vu desquels le conseil municipal sera appelé à délibérer[1].

Le conseil d'arrondissement émet son avis dans le délai fixé par le maire de la commune. Ce délai ne peut être inférieur à quinze jours, à compter de la saisine du conseil d'arrondissement. Il est réputé favorable s'il n'intervient pas dans le délai prévu[2].

L'avis du conseil d'arrondissement ou à défaut le document justifiant qu'il a été saisi dans les délais nécessaires est joint au projet de délibération et est annexé à la délibération du conseil municipal. Il est également joint au plan local d'urbanisme soumis à l'enquête publique[3].

§ 2
Portée du PLUI des EPT

251.81 PLUI ne pouvant tenir lieu de PLH. Les PLUI des EPT ne peuvent pas tenir lieu de programme local de l'habitat, au sens de l'article L. 151-44[4].

251.82 PLUI devant être compatibles avec le SCOT et le PMHH. Les PLUI doivent être compatibles avec le SCOT élaboré par la métropole du Grand Paris et le plan métropolitain de l'habitat et de l'hébergement[5].

1. C. urb., art. R. 134-1, al. 2.
2. C. urb., art. R. 134-1, al. 3.
3. C. urb., art. R. 134-1, al. 4.
4. C. urb., art. L. 134-2, al. 3.
5. C. urb., art. L. 134-3.

CHAPITRE

252. Documents d'urbanisme de la métropole de Lyon

SECTION 0
ORIENTEUR

252.00 **Sommaire du chapitre.**

252.01 **Texte applicable.**

• **C. urb.,** art. L. 134-10

SECTION UNIQUE
RENVOI AU DROIT COMMUN SOUS RÉSERVE D'ADAPTATIONS

252.11 **Renvoi au CGCT.** Sauf disposition législative particulière applicable à la métropole de Lyon mentionnée à l'article L. 3611-1 du CGCT, les dispositions issues des titres III à VI applicables aux EPCI, aux présidents d'un EPCI et aux assemblées délibérantes d'un EPCI sont applicables respectivement à la métropole de Lyon, à son président et à son conseil lorsqu'elles relèvent du titre IV du livre VI de la troisième partie du CGCT[1].

1. C. urb., art. L. 134-10.

CHAPITRE

253. Documents d'urbanisme de la métropole d'Aix-Marseille

SECTION 0
ORIENTEUR

253.00 **Sommaire du chapitre.**

253.01 **Textes applicables.**

• **C. urb.,** art. L. 134-11 s.

SECTION 1
PRINCIPE : RENVOI AU DROIT COMMUN

253.11 **Application de la procédure normale.** La métropole d'Aix-Marseille-Provence est soumise aux dispositions des chapitres I à III du titre III et au titre V, sous réserve de certaines adaptations[1], exposées ci-dessous.

SECTION 2
ADAPTATION : ÉLABORATION DE PLUI À L'ÉCHELLE DES TERRITOIRES

253.21 **Plusieurs PLUI.** Par dérogation à l'article L. 153-1, la métropole d'Aix-Marseille-Provence élabore plusieurs PLUI[2] – un pour chaque territoire (Marseille, Aix, Aubagne, etc.).

1. C. urb., art. L. 134-11.
2. C. urb., art. L. 134-12 ; mod. par L. nº 2022-217, 21 févr. 2022.

TITRE

26. Les schémas régionaux

SECTION 0
ORIENTEUR

26.00 **Sommaire du titre.**

26.03 **Bibliographie indicative.**

Contributions. P. Baffert, « La planification stratégique », *AJDA* 2010. 1689 – H. Jacquot, « Aux origines de la planification stratégique d'aménagement et d'urbanisme : le schéma directeur d'aménagement et d'urbanisme de la région de Paris de 1965 », *Mél. J.-P. Lebreton*, « Les Cahiers du GRIDAUH », n° 29, 2015, n° spéc., p. 145 – J.-P. Lebreton, « Les commandements de la planification stratégique du droit de l'urbanisme », *Mél. Y. Jégouzo*, Dalloz, 2009, p. 640 – S. Marie, « La porosité actuelle entre planification stratégique et planification réglementaire », *Mél. J.-P. Lebreton*, « Les Cahiers du GRIDAUH », n° 29, 2015, n° spéc., p. 205.

26.05 **Objet.** Les schémas régionaux, eu égard à leur large périmètre d'application – celui de la région – comprennent essentiellement des dispositions relatives à l'aménagement du territoire.

Présentant la nature de documents stratégiques, ils n'ont pas pour vocation de régler dans le détail les modalités d'utilisation du sol mais plutôt de fixer des orientations générales qui seront ensuite mises en œuvre à un niveau inférieur, en particulier par les SCOT, les PLU et les cartes communales[1].

26.06 **Quatre documents.** Les schémas régionaux sont au nombre de quatre :

– le schéma régional d'aménagement, de développement durable et d'égalité des territoires (SRADDET), applicable sur toutes les régions de droit commun ;

– le schéma directeur de la région Île-de-France (SDRIF) ;

– le plan d'aménagement et de développement durable de Corse (PADDUC) ;

– le schéma d'aménagement régional (SAR) des régions d'outre-mer.

26.07 **Un régime spécifique à chaque document.** Chacun de ces schémas est régi par des règles qui lui sont propres.

1. J.-P. Lebreton, « Les commandements de la planification stratégique du droit de l'urbanisme », *Mél. Y. Jégouzo*, Dalloz, 2009, p. 640.

CHAPITRE

261. Le Schéma régional d'aménagement, de développement durable et d'égalité des territoires (SRADDET)

SECTION 0

ORIENTEUR

261.00 Sommaire du chapitre.

261.01 Textes applicables.

• CGCT

art. L. 4251-1 s.

art. R. 4251-1 s.

261.03 Bibliographie indicative.

Encyclopédie. *DP constr.-urb.*, ét. : « Schémas d'urbanisme et d'aménagement (SRADDET, SDRIF, SAR, PADDUC) ».

Contributions. J. Martin, « Une nouvelle normativité pour les SRADDET, dans le respect de la décentralisation », *Mél. J.-P. Lebreton*, « Les Cahiers du GRIDAUH », n° 29, 2015, hors-série, p. 217.

Articles. T. Gilliocq et H. Coulombie, « Le schéma régional d'aménagement, de développement durable et d'égalité des territoires (SRADDET) – À propos des articles 10 et 13 de la loi NOTRE », *JCP Adm.* 2016, n° 2070 – J. Martin, « Les nouveaux schémas régionaux d'aménagement et de développement durable et d'égalité des territoires », *DAUH* 2016. 33 – Dossier sur le SRADDET, *JCP Adm.* 2024, n°s 2188 à 2197.

261.04 Question essentielle.

> Le SRADDET s'impose-t-il aux SCOT, PLU et cartes communales ?

* V. s^s^ n° 261.201

261.05 Document de planification des régions de droit commun. Le SRADDET constitue l'instrument de planification des régions de droit commun[1]. En effet, la région d'Ile-de-France, les régions d'outre-mer et les collectivités territoriales à statut particulier sont dotées d'instruments qui leur sont propres.

261.06 Du SRADT au SRADDET. Le schéma régional d'aménagement et de développement du territoire (SRADT) a été institué par la loi de décentralisation du 7 janvier 1983[2]. Cet instrument n'était pas opposable aux documents d'urbanisme, ce qui a constitué une insuffisance majeure du dispositif.

La loi du 7 août 2015[3] portant nouvelle organisation territoriale de la République lui a substitué le schéma régional d'aménagement, de développement durable et d'égalité des territoires (SRADDET). Ce document comporte deux innovations fondamentales : d'une part il est doté d'effets prescriptifs ; d'autre part il remplace, en les intégrant en son sein, plusieurs schémas régionaux sectoriels qui coexistaient auparavant[4]. Le rôle stratégique de la région dans la coordination et l'impulsion des politiques locales se trouve ainsi valorisé.

Les dispositions qui le régissent sont regroupées dans le code général des collectivités territoriales[5].

SECTION 1
CONTENU DU SRADDET

261.11 Trois parties. Le SRADDET comprend des objectifs et des règles générales, ainsi qu'une carte synthétique indicative. Formellement, il se compose de trois parties[6] :

– le rapport (les objectifs du schéma, illustrés par la carte synthétique) ;

– le fascicule (regroupant les règles générales) ;

– et des documents annexes.

§ 1
Le rapport

261.21 Objet. Le rapport du schéma a un triple objet[7] :

– faire la synthèse de l'état des lieux de l'aménagement, du développement durable et de l'égalité des territoires dans la région ;

– identifier les enjeux dans les domaines de compétence du schéma ;

– exposer la stratégie régionale et fixer les objectifs qui en découlent.

A.
Les objectifs

1°
Objectifs généraux

a.
Énoncé des objectifs

261.31 Liste des objectifs. Le SRADDET « fixe les objectifs de moyen et long termes sur le territoire de la région » dans les matières suivantes[8] :

– équilibre et égalité des territoires ;

– implantation des différentes infrastructures d'intérêt régional ;

– désenclavement des territoires ruraux ;

– habitat ;

– gestion économe de l'espace ;

– lutte contre l'artificialisation des sols ;

– intermodalité et développement des transports de personnes et de marchandises ;

– développement logistique et industriel, notamment en matière de localisation préférentielle ;

– maîtrise et valorisation de l'énergie ;

1. CGCT, art. L. 4251-1, al. 1er.
2. L. n° 83-8, 7 janv. 1983 relative à la répartition de compétences entre les communes, les départements, les régions et l'État, *JO* 9 janv., p. 215, art. 34.
3. L. n° 2015-991, 7 août 2015 portant nouvelle organisation territoriale de la République, *JO* 8 août, n° 1.
4. Schéma régional des infrastructures et des transports ; schéma régional de l'intermodalité ; schéma régional du climat, de l'air et de l'énergie ; plan régional de prévention et de gestion des déchets ; schéma régional de cohérence écologique.
5. CGCT, art. L. 4251-1 s.
6. CGCT, art. R. 4251-1.
7. CGCT, art. R. 4251-2, al. 1er.
8. CGCT, art. L. 4251-1, al. 2.

– lutte contre le changement climatique ;

– développement de l'exploitation des énergies renouvelables et de récupération ;

– pollution de l'air ;

– protection et de restauration de la biodiversité, de prévention et de gestion des déchets.

Sont inclus des objectifs relatifs aux installations de production de biogaz[1].

En matière de lutte contre l'artificialisation des sols, les objectifs fixés sont traduits par une trajectoire permettant d'aboutir à l'absence de toute artificialisation nette des sols ainsi que, par tranches de dix années, par un objectif de réduction du rythme de l'artificialisation. Cet objectif est décliné entre les différentes parties du territoire régional[2].

Les dispositions réglementaires du CGCT[3] détaillent les éléments sur lesquels portent ces objectifs et les modalités de leur prise en compte.

b. Précision sur les objectifs

261.41 Lutte contre l'artificialisation des sols. Les objectifs en matière de gestion économe de l'espace et de lutte contre l'artificialisation des sols sont définis et sont territorialement déclinés en considérant « les efforts de réduction déjà réalisés », évalués compte tenu du nombre d'emplois et de ménages accueillis par hectare consommé ou artificialisé, ainsi que des critères suivants[4] :

– les enjeux de préservation, de valorisation, de remise en bon état et de restauration des espaces naturels, agricoles et forestiers ainsi que des continuités écologiques (1°) ;

– le potentiel foncier mobilisable dans les espaces déjà artificialisés, en particulier par l'optimisation de la densité, le renouvellement urbain et la réhabilitation des friches (2°) ;

– l'équilibre du territoire, en tenant compte des pôles urbains, du maillage des infrastructures et des enjeux de revitalisation et de désenclavement des territoires, notamment des communes rurales, ainsi que des particularités géographiques locales pour les communes littorales et les zones de montagne (3°) ;

– les dynamiques démographiques et économiques prévisibles au vu notamment des données disponibles et des besoins identifiés sur les territoires (4°) ;

– l'adaptation des territoires exposés à des risques naturels mentionnés à l'article L. 561-1 du code de l'environnement ou, le cas échéant, la recomposition des communes exposées au recul du trait de côte et figurant sur la liste mentionnée à l'article L. 321-15 du même code (5°) ;

– les enjeux de maintien et de développement des activités agricoles, notamment de création ou d'adaptation d'exploitations (6°).

Les discussions entre les différents acteurs locaux s'opèrent dans le cadre de la conférence régionale de gouvernance de la politique de réduction de l'artificialisation des sols[5].

261.42 Stratégie régionale en matière aéroportuaire. Le SRADDET définit la stratégie régionale en matière aéroportuaire, qui n'est applicable qu'aux aérodromes ouverts à la circulation aérienne publique autres que ceux mentionnés aux articles L. 6321-1, L. 6323-2 et L. 6324-1 du code des transports[6].

261.43 Voies et axes routiers. Le schéma identifie les voies et les axes routiers qui, par leurs caractéristiques, constituent des itinéraires d'intérêt régional. Ces itinéraires sont pris en compte par le département, dans le cadre de ses interventions, pour garantir la cohérence et l'efficacité du réseau routier ainsi que la sécurité des usagers[7].

Les objectifs en matière d'infrastructures de transport, d'intermodalité, de logistique et de développement des transports de personnes et de marchandises « portent sur le transport de personnes et le transport de marchandises ». Ils sont déterminés « au regard des évolutions prévisibles de la demande de transport et des besoins liés à la mise en œuvre du droit à la mobilité » tel que défini à l'article L. 1111-2 du code des transports[8].

Ils visent « l'optimisation de l'utilisation des réseaux et équipements existants » et « la complémentarité entre les modes et la coopération des opérateurs »[9].

Les objectifs en matière d'intermodalité, de logistique et de développement des transports de personnes et de marchandises sont déterminés, en particulier, au regard des besoins identifiés de déplacement quotidien entre le domicile et le lieu de travail[10]. Ils visent[11] :

– l'articulation entre les différents modes de déplacement, notamment en ce qui concerne la mise en place de pôles d'échanges multimodaux ;

– la cohérence des services de transport public et de mobilité offerts aux usagers sur le territoire régio-

1. CGCT, art. L. 4251-1, al. 2.
2. CGCT, art. L. 4251-1, al. 2.
3. CGCT, art. R. 4251-4 s.
4. CGCT, art. R. 4251-3 ; mod. par décr. n° 2023-1097, 27 nov. 2023.
5. V. CGCT, art. L. 1111-9-2 ; créé par L. n° 2023-630, 20 juill. 2023.
6. CGCT, art. L. 4251-1, al. 3.
7. CGCT, art. L. 4251-1, al. 4.
8. CGCT, art. R. 4251-4, al. 1er.
9. CGCT, art. R. 4251-4, al. 2.
10. CGCT, art. R. 4251-4, al. 3.
11. CGCT, art. R. 4251-4, al. 4 à 7.

nal ainsi que la cohérence des dispositions des plans de mobilité limitrophes, dans le respect des compétences de chacune des autorités organisatrices de transport du territoire ;

– la coordination des politiques de transport et de mobilité des autorités organisatrices définies à l'article L. 1221-1 du code des transports, en ce qui concerne l'offre de services, l'information des usagers, la tarification et la billétique.

261.44 **Agrivoltaïsme.** Le schéma peut fixer des objectifs relatifs aux installations agrivoltaïques[1].

261.45 **Objectifs relatifs au climat, à l'air et à l'énergie.** Les objectifs relatifs au climat, à l'air et à l'énergie portent sur les points suivants[2] :

– l'atténuation du changement climatique ;

– l'adaptation au changement climatique ;

– la lutte contre la pollution atmosphérique ;

– la maîtrise de la consommation d'énergie, tant primaire que finale, notamment par la rénovation énergétique ;

– le développement des énergies renouvelables et des énergies de récupération, notamment celui de l'énergie éolienne et de l'énergie biomasse, le cas échéant par zones géographiques.

S'agissant de leur échéance, les objectifs quantitatifs de maîtrise de l'énergie, d'atténuation du changement climatique, de lutte contre la pollution de l'air sont fixés par le schéma à l'horizon de l'année médiane de chacun des deux budgets carbone les plus lointains adoptés en application des articles L. 222-1-A à L. 222-1-D du code de l'environnement et aux horizons plus lointains mentionnés à l'article L. 100-4 du code de l'énergie[3].

261.46 **Objectifs de protection et de la restauration de la biodiversité.** Les objectifs de protection et de la restauration de la biodiversité sont fondés sur « l'identification des espaces formant la trame verte et bleue » définis par le II et le III de l'article L. 371-1 du code de l'environnement et précisés par l'article R. 371-19 du même code[4].

Ils sont déterminés notamment par « une analyse des enjeux régionaux relatifs à la préservation et à la remise en bon état des continuités écologiques », qui sont hiérarchisés et spatialisés[5].

Les objectifs de préservation ou de remise en bon état sont précisés pour chacune des sous-trames énumérées par l'article R. 371-27 du code de l'environnement[6].

261.47 **Objectifs en matière de prévention, de recyclage et de valorisation des déchets.** Les objectifs en matière de prévention, de recyclage et de valorisation des déchets déclinent « les objectifs nationaux » définis à l'article L. 541-1 du code de l'environnement de manière adaptée aux particularités territoriales ainsi que « les priorités à retenir pour atteindre ces objectifs »[7].

Ils portent sur l'ensemble des déchets mentionnés à l'article R. 541-15 du code de l'environnement et sont fondés sur les éléments énumérés au I de l'article R. 541-16 du même code[8].

Ils sont spécifiques pour certains déchets en vertu du III de l'article L. 541-13 de ce code et des dispositions réglementaires prises pour son application[9].

Ils prennent en compte les objectifs environnementaux relatifs à la prévention des déchets abandonnés définis par les documents stratégiques de façade en application de l'article L. 219-9 du code de l'environnement[10].

Pour leur définition, il est tenu compte des avis des régions limitrophes, sollicités en application du III de l'article L. 4251-5[11].

2°
Objectifs sectoriels

261.51 **Faculté de la région.** Le SRADDET peut fixer des objectifs dans tout autre domaine contribuant à l'aménagement du territoire lorsque la région détient, en application de la loi, une compétence exclusive de planification, de programmation ou d'orientation et que le conseil régional décide de l'exercer dans le cadre de ce schéma, par délibération prévue à l'article L. 4251-4[12].

Dans ce cas, le schéma tient lieu de document sectoriel de planification, de programmation ou d'orientation[13].

261.52 **Document sectoriel en application de la loi.** Pour les domaines dans lesquels la loi institue un document sectoriel auquel le schéma se substitue, ce dernier reprend les éléments essentiels du contenu de ces documents[14].

1. CGCT, art. L. 4251-1, al. 5 ; créé par L. n° 2023-973, 23 oct. 2023.
2. CGCT, art. R. 4251-5, al. 1er à 6.
3. CGCT, art. R. 4251-5, al. 7.
4. CGCT, art. R. 4251-6, al. 1er.
5. CGCT, art. R. 4251-6, al. 2.
6. CGCT, art. R. 4251-6, al. 3.
7. CGCT, art. R. 4251-7, al. 1er.
8. CGCT, art. R. 4251-7, al. 2.
9. CGCT, art. R. 4251-7, al. 3.
10. CGCT, art. R. 4251-7, al. 4.
11. CGCT, art. R. 4251-7, al. 5.
12. CGCT, art. L. 4251-1, al. 6.
13. CGCT, art. L. 4251-1, al. 6.
14. CGCT, art. L. 4251-1, al. 6.

3°
Définition des objectifs

261.61 **Méthode.** Les objectifs sont déterminés dans le respect des principes mentionnés à l'article L. 101-2 du code de l'urbanisme et dans l'ambition d'une plus grande égalité des territoires[1].

261.62 **Modalités de conciliation des objectifs de protection de l'environnement, du patrimoine et des paysages.** Les objectifs peuvent préciser, pour les territoires mentionnés à l'article L. 121-1 du code de l'urbanisme, « les modalités de conciliation des objectifs de protection de l'environnement, du patrimoine et des paysages »[2].

B.
La carte synthétique

261.71 **Carte indicative.** Une carte synthétique indicative illustre les objectifs du schéma. Cette carte peut notamment identifier les zones d'accélération définies en application de l'article L. 141-5-3 du code de l'énergie[3].

261.72 **Échelle et nombre de cartes.** La carte indicative est établie à l'échelle du 1/150 000[4].

Elle peut être décomposée en plusieurs cartes relatives aux éléments qui la constituent, de même échelle et à caractère également indicatif[5].

§ 2
Le fascicule des règles générales

261.81 **Édiction de règles.** Le SDRADDET comporte des « règles générales ». Celles-ci prennent place au sein d'un « fascicule » organisé en chapitres thématiques.

Le caractère « général » de ces règles exclut qu'elles présentent un degré de précision trop élevé. Il se justifie par la nature de document stratégique du SRADDET.

A.
Critères et limites dans la définition des règles

261.91 **Finalités.** S'agissant de leurs finalités, les règles générales sont énoncées par la région pour contribuer à atteindre les objectifs mentionnés à l'article L. 4251-1[6].

261.92 **Territorialisation.** Les règles générales peuvent varier entre les différentes grandes parties du territoire régional[7].

261.93 **Limites.** L'édiction des règles générales ne peut conduire à méconnaître les compétences de l'État et des autres collectivités territoriales[8].

Sauf dans le cadre d'une convention conclue en application de l'article L. 4251-8, elles ne peuvent avoir pour conséquence directe, pour les autres collectivités territoriales et les établissements publics de coopération intercommunale à fiscalité propre, la création ou l'aggravation d'une charge d'investissement ou d'une charge de fonctionnement récurrente[9].

261.94 **Possibilité d'assortir la règle de « compléments » non contraignants.** Le code[10] prévoit que l'énoncé d'une règle peut être assorti, à titre de compléments « dépourvus de tout caractère contraignant » :

– d'une part de documents graphiques ;

– d'autre part de propositions de mesures d'accompagnement destinées aux autres acteurs de l'aménagement et du développement durable régional.

Ces compléments « sont distincts des règles » et « identifiés en tant que tels »[11].

B.
Objet sur lesquels portent les règles générales

261.101 **Liste ouverte.** Le fascicule du SRADDET comporte « les règles définies par les articles R. 4251-8-1 à R. 4251-12 » (qui sont expressément prévues par le code) ainsi que – indique le code en employant une formule ouverte – « toute autre règle générale contribuant à la réalisation des objectifs du schéma »[12].

1°
Objets expressément prévus

261.111 **Liste.** Le fascicule du SRADDET comporte les règles expressément prévues aux articles R. 4251-9 à R. 4251-12[13]. Celles-ci se répartissent en quatre catégories.

1. CGCT, art. L. 4251-1, al. 7.
2. CGCT, art. L. 4251-1, al. 7.
3. CGCT, art. L. 4251-1, al. 8.
4. CGCT, art. R. 4251-2, al. 2 ; mod. par décr. n° 2022-762, 29 avr. 2022.
5. CGCT, art. R. 4251-2, al. 2 ; mod. par décr. n° 2022-762, 29 avr. 2022.
6. Sur ces objectifs, v. s^s^ n°s 261.31 s. – CGCT, art. L. 4251-1, al. 7.
7. CGCT, art. L. 4251-1, al. 10.
8. CGCT, art. L. 4251-1, al. 9.
9. CGCT, art. L. 4251-1, al. 10.
10. CGCT, art. R. 4251-8, al. 3 à 5.
11. CGCT, art. R. 4251-8, al. 6.
12. CGCT, art. R. 4251-8, al. 2.
13. CGCT, art. R. 4251-8, al. 2.

a.
Lutte contre l'artificialisation des sols

261.121 **Règles différenciées.** En matière de gestion économe de l'espace et de lutte contre l'artificialisation des sols, des règles différenciées peuvent être définies afin d'assurer la déclinaison des objectifs entre les différentes parties du territoire en tenant compte des périmètres des SCOT[1].

Cette déclinaison territoriale tient compte de la surface minimale de consommation communale d'espaces naturels, agricoles ou forestiers prévue au premier alinéa du 3° *bis* du III de l'article 194 de la loi Climat. Lorsque la région comporte des territoires littoraux, cette déclinaison territoriale doit permettre de favoriser les projets de recomposition spatiale des communes exposées au recul du trait de côte et figurant sur la liste mentionnée à l'article L. 321-15 du code de l'environnement, pour réaliser les relocalisations nécessaires de constructions, d'ouvrages ou d'installations menacés par l'évolution du trait de côte[2].

Elle tient compte des caractéristiques géographiques locales, notamment environnementales et paysagères, et doit être proportionnée à la surface des terrains qui sont situés dans les espaces urbanisés des zones délimitées en application du 1° de l'article L. 121-22-2 du code de l'urbanisme et qui ont vocation à être renaturés pendant la tranche de dix ans en cours[3].

261.122 **Part d'artificialisation réservée à des projets.** Le fascicule peut réserver une part de consommation d'espaces ou d'artificialisation des sols pour une liste des projets d'aménagements, d'infrastructures et d'équipements publics ou d'activités économiques qui sont d'envergure régionale, pour lesquels la consommation ou l'artificialisation des sols induite est prise en compte dans le plafond déterminé au niveau régional sans être déclinée entre les différentes parties du territoire régional[4].

Une part d'artificialisation des sols peut également être réservée au niveau régional pour une liste de projets de construction ou d'extension de constructions ou installations nécessaires aux exploitations agricoles permettant de contribuer aux objectifs et orientations prévus dans le schéma directeur régional des exploitations agricoles mentionné à l'article L. 312-1 du code rural[5].

Les listes ainsi établies, ainsi que leurs évolutions successives, sont transmises pour avis sur les projets qui se situent en tout ou partie sur le territoire de leur collectivité ou de leur établissement public, aux[6] :

– présidents des établissements publics mentionnés à l'article L. 143-16 du code de l'urbanisme (a) ;

– présidents des EPCI à fiscalité propre compétents en matière de PLU (b) ;

– maires (c) ;

– présidents de conseil départemental (d).

L'avis est réputé favorable s'il n'a pas été rendu dans un délai d'un mois[7].

261.123 **Outils de suivi.** Le fascicule précise les moyens d'observation et de suivi permettant d'évaluer l'atteinte des objectifs et le respect des règles en matière de gestion économe de l'espace et de lutte contre l'artificialisation des sols[8].

b.
Transport et logistique

261.131 **Règles.** En matière d'infrastructures de transport, d'intermodalité, de logistique et de développement des transports de personnes et de marchandises, le fascicule du SRADDET détermine[9] :

– les infrastructures nouvelles relevant de la compétence de la région ;

– les mesures de nature à favoriser la cohérence des services de transport public et de mobilité et la cohérence infrarégionale des plans de mobilité limitrophes ;

– les mesures de nature à assurer une information des usagers sur l'ensemble de l'offre de transports, à permettre la mise en place de tarifs donnant accès à plusieurs modes de transport et la distribution des billets correspondants ;

– les modalités de coordination de l'action des collectivités territoriales et de leurs groupements, relatives aux pôles d'échanges stratégiques entrant dans le champ de l'article L. 3114-1 du code des transports, ainsi que l'identification des aménagements nécessaires à la mise en œuvre des connexions entre les différents réseaux de transport et modes de déplacements, en particulier les modes non polluants ;

– les voies et les axes routiers mentionnés au quatrième alinéa de l'article L. 4251-1 qui constituent des itinéraires d'intérêt régional[10].

1. CGCT, art. R. 4251-8-1, I, al. 1er ; créé par décr. nº 2022-762, 29 avr. 2022, mod par décr. nº 2023-1097, 27 nov. 2023.
2. CGCT, art. R. 4251-8-1, I, al. 2 ; créé par décr. nº 2022-762, 29 avr. 2022.
3. CGCT, art. R. 4251-8-1, I, al. 3 ; créé par décr. nº 2022-762, 29 avr. 2022.
4. CGCT, art. R. 4251-8-1, II, al. 1er ; créé par décr. nº 2023-1097, 27 nov. 2023.
5. CGCT, art. R. 4251-8-1, II, al. 2.
6. CGCT, art. R. 4251-8-1, II, al. 3 à 7.
7. CGCT, art. R. 4251-8-1, II, al. 8.
8. CGCT, art. R. 4251-8-1, III.
9. CGCT, art. R. 4251-9.
10. Ces itinéraires « sont pris en compte par le département, dans le cadre de ses interventions, pour garantir la cohérence et l'efficacité du réseau routier ainsi que la sécurité des usagers » (CGCT, art. L. 4251-1, al. 4).

c.
Énergie et environnement

261.141 Climat, air et énergie. En matière de climat, d'air et d'énergie, sont déterminées les mesures favorables au développement des énergies renouvelables et de récupération [1].

261.142 Protection et restauration de la biodiversité. En matière de protection et de la restauration de la biodiversité, sont définies les règles permettant le rétablissement, le maintien ou l'amélioration de la fonctionnalité des milieux nécessaires aux continuités écologiques [2].

Elles sont assorties de deux éléments [3] :

– l'indication des actions de gestion, d'aménagement ou d'effacement des éléments de fragmentation mentionnées par l'article R. 371-20 du code de l'environnement ;

– les mesures conventionnelles et les mesures d'accompagnement permettant d'atteindre les objectifs de préservation et de remise en bon état de la fonctionnalité des continuités écologiques.

d.
Déchets

261.151 Prévention et gestion des déchets. En matière de prévention et de gestion des déchets, le SDRADDET comporte les règles suivantes [4] :

– les installations qu'il apparaît nécessaire de fermer, d'adapter et de créer sont indiquées ;

– une ou plusieurs installations de stockage des déchets non dangereux et une ou plusieurs installations de stockage de déchets inertes sont prévues, en justifiant de leur capacité, dans les secteurs qui paraissent les mieux adaptés, en veillant à leur répartition sur la zone géographique couverte par le schéma, afin de limiter le transport des déchets en distance et en volume et de respecter le principe d'autosuffisance ;

– une limite aux capacités annuelles d'élimination des déchets non dangereux, non inertes, est fixée dans les conditions définies par l'article R. 541-17 du code de l'environnement, qui peut varier selon les collectivités territoriales et qui s'applique lors de la création de toute nouvelle installation d'élimination des déchets non dangereux non inertes, lors de l'extension de capacité d'une installation existante ou lors d'une modification substantielle de la nature des déchets admis dans une telle installation ;

– les mesures permettant d'assurer la gestion des déchets dans des situations exceptionnelles susceptibles de perturber la collecte et le traitement des déchets sont prévues, notamment les installations permettant de collecter et traiter les déchets produits dans de telles situations, de façon coordonnée avec dispositions relatives à la sécurité civile prises par les autorités qui en ont la charge ;

– la possibilité, pour les producteurs et les détenteurs de déchets, de déroger à la hiérarchie des modes de traitement des déchets définie à l'article L. 541-1 du code de l'environnement peut être prévue pour certains types de déchets spécifiques, en la justifiant compte tenu des effets globaux sur l'environnement et la santé humaine, et des conditions techniques et économiques ;

– des modalités d'action en faveur de l'économie circulaire sont proposées.

2°
Tout autre objet

261.161 Objets non expressément prévus. Le fascicule du SRADDET comporte, outre les règles expressément prévues aux articles R. 4251-9 à R. 4251-12, « toute autre règle générale contribuant à la réalisation des objectifs du schéma » [5].

Cette formule ouverte confère à la région la possibilité d'insérer dans le SRADDET une règle générale à condition que celle-ci soit en relation avec les objectifs mentionnés par le schéma et de nature à contribuer à la réalisation de ceux-ci.

C.
Modalités de suivi de l'application des règles générales

261.171 Indication dans le fascicule. Le fascicule comprend les modalités et indicateurs de suivi et d'évaluation de l'application des règles générales et de leurs incidences [6].

Ce dispositif de suivi et d'évaluation doit permettre à la région de transmettre à l'État les informations mentionnées au II de l'article L. 4251-8 [7].

§ 3
Les annexes

261.181 Éléments obligatoires. Les annexes du SRADDET comportent trois éléments [8] :

1. CGCT, art. R. 4251-10.
2. CGCT, art. R. 4251-11, al. 1er.
3. CGCT, art. R. 4251-11, al. 2.
4. CGCT, art. R. 4251-12.
5. CGCT, art. R. 4251-8, al. 2.
6. CGCT, art. R. 4251-8, al. 7 ; art. L. 4251-1, al. 9.
7. CGCT, art. R. 4251-8, al. 7.
8. CGCT, art. R. 4251-13, al. 1er à 4.

– le rapport sur les incidences environnementales établi dans le cadre de l'évaluation environnementale du schéma réalisée dans les conditions prévues par le chapitre II du titre II du livre Ier du code de l'environnement (1°) ;

– l'état des lieux de la prévention et de la gestion des déchets dans la région constitué des éléments et la prospective de l'évolution tendancielle des quantités de déchets produites sur le territoire prévus respectivement par le 1° et par le 2° du I de l'article R. 541-16 du code de l'environnement ainsi que la synthèse prévue au 6° du II de l'article L. 541-13 du code de l'environnement (2°) ;

– le diagnostic du territoire régional, la présentation des continuités écologiques retenues pour constituer la trame verte et bleue régionale, le plan d'action stratégique et l'atlas cartographique prévus par les articles R. 371-26 à R. 371-29 du code de l'environnement (3°).

261.182 Éléments facultatifs. Outre les trois éléments précédemment mentionnés, peuvent figurer dans les annexes[1] :

– tous documents, analyses, évaluations et autres éléments « utilisés pour élaborer le schéma » que la région estime nécessaire de présenter à titre indicatif ;

– ainsi que ceux « qui portent sur la mise en œuvre de celui-ci », notamment la contribution attendue du contrat de plan État-région.

SECTION 2
PLACE DU SRADDET DANS LA HIÉRARCHIE DES NORMES

§ 1
Normes et documents s'imposant au SRADDET

261.191 Triple rapport. Selon les cas, les normes et documents s'imposent au SRADDET dans un rapport :

– de respect ;

– de compatibilité ;

– de prise en compte.

261.192 Normes et documents devant être « respectés » par le SRADDET. Les objectifs et les règles générales du SRADDET « respectent »[2] :

– d'une part les règles générales d'aménagement et d'urbanisme à caractère obligatoire prévues au livre Ier du code de l'urbanisme ;

– d'autre part les servitudes d'utilité publique affectant l'utilisation des sols.

261.193 Normes et documents avec lesquels le SRADDET doit être « compatible ». Les objectifs et les règles générales du SRADDET sont « compatibles » avec[3] :

– les objectifs de qualité et de quantité des eaux définis par les schémas directeurs d'aménagement et de gestion des eaux en application de l'article L. 212-1 du code de l'environnement (a) ;

– les objectifs et les orientations fondamentales des plans de gestion des risques d'inondation prévus à l'article L. 566-7 du code de l'environnement (b) ;

– les mesures du plan national de prévention des déchets qui visent à prévenir et à réduire l'incidence de certains produits en plastique sur l'environnement, en particulier le milieu aquatique, et sur la santé humaine (c) ;

– les objectifs de développement des énergies renouvelables et de récupération, exprimés par filière dans la programmation pluriannuelle de l'énergie, mentionnés à l'article L. 141-3 du code de l'énergie et les objectifs régionaux mentionnés à l'article L. 141-5-1 du même code (d).

261.194 Normes et documents devant être « pris en compte » par le SRADDET. Les objectifs et les règles générales du SRADDET « prennent en compte »[4] :

– les projets d'intérêt général et les opérations d'intérêt national (a) ;

– les orientations fondamentales d'une gestion équilibrée et durable de la ressource en eau définies à l'article L. 211-1 du code de l'environnement (b) ;

– les projets de localisation des grands équipements, des infrastructures et des activités économiques importantes en termes d'investissement et d'emploi (c) ;

– les orientations de protection, de mise en valeur et de développement durable de la charte d'un parc national et la carte des vocations correspondante (d) ;

– le schéma interrégional d'aménagement et de développement de massif dans chacune des régions comprenant des zones de montagne (e) ;

– la stratégie nationale de développement à faible intensité de carbone, dénommée « stratégie bas-carbone », prévue par l'article L. 222-1-B du code de l'environnement (f) ;

– les orientations nationales pour la préservation et la remise en bon état des continuités écologiques définies par le document-cadre prévu à l'article L. 371-2 du code de l'environnement (g).

261.195 Absence de définition du rapport entre le SRADDET et les DTA. Le rapport entre le SRADDET et les DTA n'est pas prévu par le code.

1. CGCT, art. R. 4251-13, al. 5.
2. CGCT, art. L. 4251-2, 1°.
3. CGCT, art. L. 4251-2, 2°.
4. CGCT, art. L. 4251-2, 3°.

§ 2

Documents auxquels s'impose le SRADDET

261.201 Rapports de prise en compte ou de compatibilité. Les SCOT et, à défaut, les PLU, les cartes communales ou les documents en tenant lieu, ainsi que les plans de mobilité, les PCAET et les chartes des PNR[1] :

– « prennent en compte » les objectifs du SRADDET (1°) ;

– « sont compatibles » avec les règles générales du fascicule de ce schéma, pour celles de leurs dispositions auxquelles ces règles sont opposables (2°).

261.202 Prise en compte et mise en compatibilité. Lorsque les documents mentionnés au premier alinéa (SCOT, PLU, cartes communales ou documents en tenant lieu, plans de mobilité, PCAET, chartes des PNR) sont antérieurs à l'approbation du SRADDET, ils prennent en compte les objectifs du schéma et sont mis en compatibilité avec les règles générales du fascicule « lors de la première révision qui suit l'approbation du schéma »[2].

§ 3

Le SRADDET ne vaut pas SCOT pour la règle de la constructibilité limitée

261.211 Régime différent des autres schémas régionaux. Le SRADDET ne vaut pas SCOT pour l'application de la règle de la constructibilité limitée. En effet, il n'est pas mentionné, à l'article L. 142-4 du code de l'urbanisme, parmi les documents jouant le rôle de SCOT pour la mise en œuvre de cette règle. Seuls sont visés le SDRIF, les SAR et le PADDUC[3].

Le régime du SDRADDET se distingue ainsi, sur ce point, de celui applicable aux autres schémas régionaux.

SECTION 3

ÉLABORATION DU SRADDET

261.221 Intervention d'autorités variées. Le SRADDET est élaboré par le conseil régional mais approuvé par arrêté du préfet de région à l'issue d'une large concertation menée notamment avec les autres collectivités territoriales et leurs groupements, et donc avec celles responsables de l'urbanisme. Le large cercle des personnes publiques impliquées dans l'élaboration du document vise à favoriser ensuite la bonne application de celui-ci par les différentes autorités.

§ 1

Engagement de la procédure

261.231 Débat d'orientation sur les objectifs du schéma. La procédure d'élaboration du SRADDET débute par un débat du conseil régional sur les objectifs du schéma[4].

261.232 Porter à connaissance. Le préfet de région porte à la connaissance du président du conseil régional l'ensemble des informations dont il dispose et qui sont nécessaires à l'exercice de la compétence de la région[5]. Afin de sécuriser la procédure sur le plan contentieux, le code prévoit que tout retard ou omission dans la transmission de ces informations « est sans effet sur les procédures engagées »[6].

Cette transmission intervient en début de procédure, en vue du débat au sein de la conférence territoriale de l'action publique, ainsi que tout au long de la procédure d'élaboration[7].

Cette transmission se fait dans les conditions prévues à l'article L. 132-2 du code de l'urbanisme[8].

261.233 Délibération fixant les modalités d'élaboration du SRADDET. Les modalités d'élaboration du SRADDET sont prévues par délibération du conseil régional à l'issue d'un débat au sein de la conférence territoriale de l'action publique[9].

Cette délibération détermine notamment les domaines contribuant à l'aménagement du territoire, en dehors des domaines énumérés au deuxième alinéa de l'article L. 4251-1, dans lesquels le schéma peut fixer des objectifs en application du sixième alinéa du même article L. 4251-1[10].

Elle fixe le calendrier prévisionnel d'élaboration et les modalités d'association des acteurs ainsi que la liste des personnes morales associées sur les différents volets du schéma régional[11].

Elle indique par ailleurs le délai dans lequel les personnes mentionnées aux 3° à 6° du I de l'article L. 4251-5[12] formulent des propositions relatives aux règles générales du projet de schéma[13].

1. CGCT, art. L. 4251-3, al. 1 à 3.
2. CGCT, art. L. 4251-3, al. 4.
3. C. urb., art. L. 142-4, dernier alinéa.
4. CGCT, art. L. L. 4251-4, al. 4.
5. CGCT, art. R. 4251-14.
6. CGCT, art. R. 4251-14.
7. CGCT, art. R. 4251-14.
8. CGCT, art. L. 4251-5, IV.
9. CGCT, art. L. 4251-4, al. 1er.
10. CGCT, art. L. 4251-4, al. 2.
11. CGCT, art. L. 4251-4, al. 3.
12. V. ss n° 261.242.
13. CGCT, art. R. 4251-15.

§ 2 Concertations

A. Associations de personnes à l'élaboration du projet

1° Personnes devant être associées à l'élaboration du projet de schéma

261.241 Liste des personnes associées à titre obligatoire. Le code dresse une liste de dix personnes, organismes et autorités qui doivent être associés par le conseil régional à l'élaboration du projet de schéma[1].

- le préfet (1°) ;
- les conseils départementaux des départements de la région, sur les aspects relatifs à la voirie et à l'infrastructure numérique et au développement industriel (2°) ;
- les métropoles (3°) ;
- les établissements publics en charge des SCOT (4°) ;
- les collectivités territoriales à statut particulier situées sur le territoire de la région (5°) ;
- les EPCI à fiscalité propre compétents en matière de PLU mentionnés au premier alinéa de l'article L. 153-8 du code de l'urbanisme (6°) ;
- la population (6° *bis*, précisant que le conseil régional « initie et organise » la concertation publique) ;
- les autorités compétentes pour l'organisation de la mobilité qui ont élaboré un plan de mobilité (7°) ;
- un comité composé de représentants des collectivités territoriales et de leurs groupements compétents en matière de collecte et de traitement de déchets, d'organismes publics et d'organisations professionnelles concernés, d'éco-organismes et d'associations agréées de protection de l'environnement (8°) ;
- le comité régional en charge de la biodiversité prévu par l'article L. 371-3 du code de l'environnement (9°) ;
- le cas échéant, les comités de massif (10°).

261.242 Certaines des personnes associées à titre obligatoires formulent des propositions sur les règles générales. Parmi les personnes, organismes et autorités consultées, certains bénéficient d'un rôle particulier. Ainsi, les personnes publiques mentionnées aux 3° à 6° sont chargées de formuler « des propositions relatives aux règles générales du projet de schéma »[2].

La délibération du conseil régional fixant les modalités d'élaboration du schéma[3] indique le délai dans lequel ces personnes formulent des propositions relatives aux règles générales du projet de schéma[4].

2° Personnes pouvant être associées à l'élaboration du projet

261.251 Personnes pouvant être associées à l'élaboration du projet. La région peut décider d'associer à l'élaboration du projet les personnes et organismes suivants[5] :

- d'une part les EPCI à fiscalité propre qui ne sont pas situés dans le périmètre d'un établissement public en charge d'un SCOT (1°) ;
- d'autre part le conseil économique, social et environnemental régional ainsi que les chambres d'agriculture, les chambres de commerce et d'industrie et les chambres de métiers et de l'artisanat (2°).

261.252 Personnes pouvant être consultées sur tout ou partie du projet. Le conseil régional peut consulter, sur tout ou partie du projet de schéma[6] :

- le conseil régional des régions limitrophes ;
- et, plus largement, « tout autre organisme ou personne ».

B. Avis et enquête publique

261.261 Projet arrêté par la région. Le projet de schéma est arrêté par le conseil régional[7].

261.262 Consultations. Le projet de schéma arrêté par le conseil régional est soumis pour avis aux organismes et autorités suivants[8] :

- les personnes et organismes prévus aux 3° à 6° du I de l'article L. 4251-5du CGCT, et le conseil économique, social et environnemental régional (1°) ;
- l'autorité environnementale (2°) ;
- la conférence territoriale de l'action publique (3°).

Dans tous les cas, l'avis est réputé favorable s'il n'a pas été rendu dans un délai de trois mois à compter de la transmission du projet de schéma[9].

1. CGCT, art. L. 4251-5, I.
2. CGCT, art. L. 4251-5, I, dernier al.
3. V. s[s] n° 261.233.
4. CGCT, art. R. 4251-15.
5. CGCT, art. L. 4251-5, II.
6. CGCT, art. L. 4251-5, III.
7. CGCT, art. L. 4251-6, I.
8. CGCT, art. L. 4251-6, I.
9. CGCT, art. L. 4251-6, I, al. 5.

261.263 **Enquête publique.** Le projet de schéma est soumis à enquête publique par le président du conseil régional, dans les conditions prévues au chapitre III du titre II du livre Ier du code de l'environnement[1].

261.264 **Modification possible du projet.** Après l'enquête publique, le schéma est éventuellement modifié pour tenir compte des avis recueillis, des observations du public et des conclusions de la commission d'enquête[2].

§ 3
Adoption et approbation du SDRADDET

A.
Adoption du SRADDET par la région

261.271 **Adoption.** Le SRADDET est adopté par délibération du conseil régional[3].

261.272 **Transmission au préfet de région.** Le président du conseil régional transmet sans délai le schéma adopté par le conseil régional au préfet de région[4].

B.
Approbation du SRADDET par le préfet de région

261.281 **Délai pour se prononcer et éléments contrôlés.** L'approbation du SDRADDET relève de la compétence du préfet de région.

Ce dernier s'assure du respect, par le conseil régional, d'un certain nombre d'éléments[5] :

- la procédure d'élaboration ;
- la prise en compte des informations prévues à l'article L. 4251-5 ;
- et sa conformité aux lois et règlements en vigueur et aux intérêts nationaux.

Le préfet de région se prononce dans un délai de trois mois à compter de la réception du schéma adopté. Avant l'expiration de ce délai, le préfet de région approuve le schéma adopté ou notifie à la région les modifications à y apporter[6].

261.282 **Absence d'approbation du schéma.** Lorsqu'il n'approuve pas le schéma, en raison de sa non-conformité, en tout ou partie, aux lois et règlements en vigueur ou aux intérêts nationaux, le préfet de région le notifie au conseil régional par une décision motivée, qui précise les modifications à apporter au schéma. Le conseil régional dispose d'un délai de trois mois à compter de la notification pour prendre en compte les modifications demandées[7].

261.283 **Approbation du schéma.** Lorsque le préfet de région approuve le schéma, l'arrêté d'approbation fait l'objet d'une publication.

À la date de publication de l'arrêté, l'autorité compétente pour adopter l'un des documents de planification, de programmation ou d'orientation auxquels le schéma se substitue en prononce l'abrogation[8].

SECTION 4
ÉVOLUTION DU SRADDET

261.291 **Trois procédures.** Le CGCT[9] envisage trois procédures d'évolution du SRADDET selon l'importance de celle-ci :

- la modification ;
- l'adaptation ;
- et la révision.

§ 1
Modification du SRADDET

261.301 **Condition.** Des changements peuvent être apportés au SRADDET selon la procédure de modification lorsque ces changements[10] :

- ont pour objet l'intégration de nouvelles obligations directement imposées par la loi ;
- ou n'ont pas pour effet de porter atteinte à son économie générale.

261.302 **Procédure.** La procédure débute par une proposition de modification du schéma par le président du conseil régional[11].

Les modifications envisagées sont soumises pour avis aux personnes et aux organismes prévus aux articles L. 4251-5 et L. 4251-6, qui se prononcent dans les conditions prévues aux mêmes articles[12].

Le projet de modification et les avis précités sont mis à la disposition du public par voie électronique pendant au moins deux mois[13]. Cette mise à disposition est affichée sur le site internet de la région et

1. CGCT, art. L. 4251-6, II, al. 1er.
2. CGCT, art. L. 4251-6, II, al. 2.
3. CGCT, art. L. 4251-7, al. 1er, précisant que l'adoption devait intervenir dans les trois années suivant le renouvellement général des conseils régionaux.
4. CGCT, art. R. 4251-16, al. 1er.
5. CGCT, art. L. 4251-7, al. 2.
6. CGCT, art. R. 4251-16, al. 2.
7. CGCT, art. L. 4251-7, al. 3.
8. CGCT, art. L. 4251-7, al. 4.
9. CGCT, art. L. 4251-9.
10. CGCT, art. L. 4251-9, I, al. 1er.
11. CGCT, art. L. 4251-9, I, al. 1er.
12. CGCT, art. L. 4251-9, I, al. 2.
13. CGCT, art. L. 4251-9, I, al. 3.

permet le dépôt éventuel d'observations du public[1]. Un bilan de cette mise à disposition est présenté au conseil régional[2].

Les modifications sont adoptées par le conseil régional. Le schéma ainsi modifié est transmis par le président du conseil régional au représentant de l'État dans la région pour approbation, dans les conditions prévues à l'article L. 4251-7[3].

§ 2 Adaptation et mise en compatibilité du SRADDET

261.311 Procédures. Le SRADDET peut être adapté dans les conditions définies aux articles L. 300-6 et L. 300-6-1 du code de l'urbanisme. Il peut être mis en compatibilité dans les conditions définies à l'article L. 300-6-2 du même code[4].

§ 3 Révision du SRADDET

261.321 Procédure de révision. Le SRADDET peut être révisé selon les modalités prévues pour son élaboration aux articles L. 4251-4 à L. 4251-6 du code de l'urbanisme[5].

§ 4 Bilan de fin de mandat et décision sur le sort du SRADDET

261.331 Bilan de fin de mandat. Dans les six mois suivant le renouvellement général des conseils régionaux, le président du conseil régional présente au conseil régional un bilan de la mise en œuvre du schéma[6].

261.332 Décision sur le sort du SRADDET. Au vu du bilan présenté, le conseil régional délibère et peut décider le maintien en vigueur du schéma, sa modification, sa révision partielle ou totale ou son abrogation[7].

Si le conseil régional décide d'abroger le schéma, cette décision prend effet à la date de publication de l'arrêté approuvant le nouveau schéma élaboré dans les conditions prévues au présent chapitre[8].

SECTION 5 MISE EN ŒUVRE DU SRADDET

261.341 Conventions. Pour la mise en œuvre du schéma, la région peut conclure une convention avec :

- un ou plusieurs EPCI à fiscalité propre ;
- un pôle d'équilibre territorial et rural ;
- ou une collectivité à statut particulier.

Cette convention précise les conditions d'application du schéma au territoire concerné[9].

261.342 Information du préfet de région. La région communique au préfet de région, à sa demande, toutes les informations relatives à la mise en œuvre du schéma qui lui sont nécessaires pour réaliser les analyses, bilans, évaluations, notifications, rapports et autres documents prévus par des dispositions nationales ou communautaires ainsi que par des conventions internationales[10].

1. CGCT, art. R. 4251-17.
2. CGCT, art. L. 4251-9, I, al. 3.
3. CGCT, art. L. 4251-9, I, al. 4.
4. CGCT, art. L. 4251-9, II.
5. CGCT, art. L. 4251-9, III.
6. CGCT, art. L. 4251-10.
7. CGCT, art. L. 4251-10.
8. CGCT, art. L. 4251-10.
9. CGCT, art. L. 4251-8, I.
10. CGCT, art. L. 4251-8, II.

CHAPITRE

262. Le schéma directeur de la région d'Ile-de-France (SDRIF)

SECTION 0

ORIENTEUR

262.00 Sommaire du chapitre.

262.01 Textes applicables.

• C. urb.

art. L. 123-1 s.

art. R. 123-1 s.

262.02 Jurisprudence de référence.

> Rejet des recours formés contre le SDRIF révisé en 2013

• CE 23 oct. 2015, *Maisons-Laffitte (Cne)*, req. nº 375814, *Lebon T.*

262.03 Bibliographie indicative.

Encyclopédie. *DP constr.-urb.*, ét. : « Schémas d'urbanisme et d'aménagement (SRADDET, SDRIF, SAR, PADDUC) ».

Articles. J.-P. Lebreton, « Le désolant statut du schéma directeur de l'Ile-de-France », *AJDA* 2008. 1681 – G. Marcou, « Le schéma directeur de la région Ile-de-France entre aménagement du territoire et urbanisme », *AJDA* 2004. 1393 – C. Maugüé, « Quelques considérations sur le décret du 31 août 2005 ouvrant la procédure de révision du SDRIF », *AJDA* 2005. 2344 – L. Touvet, « Le nouveau schéma directeur de la région Île-de-France », *BJDU* 1994. 3.

262.04 Question essentielle.

> Le SDRIF est-il opposable aux autorisations d'urbanisme ?

* V. ss nº 262.91

262.05 Objet. Le schéma directeur de la région d'Ile-de-France (SDRIF) est un document de planification stratégique. Il a pour objectif de « maîtriser la croissance urbaine et démographique et l'utilisation de l'espace » tout en garantissant « le rayonnement international de cette région »[1].

262.06 Périmètre. Le SDRIF « porte sur l'ensemble de la région d'Ile-de-France »[2].

262.07 Évolution. Le premier SDRIF a été approuvé par le décret du 1er juillet 1976[3]. Après avoir fait l'objet de révisions partielles, il fait l'objet d'une révision générale approuvée en 2013[4]. Le SDRIF qui en est issu constitue un schéma de planification et d'organisation de l'espace régional à l'horizon 2030. Il a été contesté par plusieurs recours, qui ont été rejetés par le juge administratif[5].

SECTION 1
CONTENU DU SDRIF

262.11 Définition des moyens permettant d'atteindre certaines finalités. Le SDRIF « précise les moyens à mettre en œuvre pour corriger les disparités spatiales, sociales et économiques de la région, coordonner l'offre de déplacement et préserver les zones rurales et naturelles afin d'assurer les conditions d'un développement durable de la région »[6].

Il détermine notamment les éléments suivants[7] :

- la destination générale de différentes parties du territoire ;
- les moyens de protection et de mise en valeur de l'environnement ;
- la localisation des grandes infrastructures de transport et des grands équipements.

Il détermine également la localisation préférentielle[8] :

- des extensions urbaines ;
- ainsi que des activités industrielles, logistiques, artisanales, agricoles, forestières et touristiques.

Enfin, il fixe[9] :

- une trajectoire permettant d'aboutir à l'absence de toute artificialisation nette des sols ;
- ainsi que, par tranches de dix années, un objectif de réduction du rythme de l'artificialisation.

262.12 Présentation formelle. Le SDRIF approuvé en 2013 se compose de six fascicules :

- fascicule 1, « Vision régionale » ;
- fascicule 2, « Défis, projet spatial régional et objectifs » ;
- fascicule 3, « Orientations réglementaires-Carte de destination générale des différentes parties du territoire-Déclinaison de la carte normative » ;
- fascicule 4, « Évaluation environnementale » ;
- fascicule 5, « Propositions pour la mise en œuvre » ;
- fascicule 6, « Synthèse ».

262.13 Primauté du texte du schéma sur les indications portées sur la carte de destination générale des sols. Le SDRIF approuvé par décret du 26 avril 1994 contenait une contradiction entre le texte du schéma et les indications portées sur la carte générale des sols. La cour administrative d'appel de Paris a relevé qu'il résulte des dispositions de l'avertissement de présentation du SDRIF que la carte de destination générale des sols ne constitue qu'une représentation graphique des orientations et principes d'utilisation des sols exprimés dans le rapport du schéma directeur et que l'utilisation de cette carte est donc subordonnée au texte du rapport. Par suite, alors même que le terrain d'assiette de la ZAC Alésia-Montsouris, anciennement occupé par des installations ferroviaires, figure sur la carte de destination générale des sols comme tissu urbain existant, il doit être regardé comme espace urbanisable dès lors que le texte du schéma classe dans cette catégorie les espaces techniques liés aux infrastructures de transports présentant une opportunité d'urbanisation nouvelle[10].

262.14 Rapport sur les incidences environnementales. Le rapport de présentation du SDRIF ou ses annexes doivent contenir un rapport sur les incidences environnementales[11].

SECTION 2
EFFETS DU SDRIF ET PLACE DANS LA HIÉRARCHIE DES NORMES

§ 1
Textes et documents s'imposant au SDRIF

262.21 Normes s'imposant au SDRIF. Lors de la définition du contenu du SDRIF, la région Île-de-

1. C. urb., art. L. 123-1, al. 1er.
2. C. urb., art. L. 123-4.
3. Décr. n° 76-577, 1er juill. 1976 approbation du SDAU de la région Île-de-France, *JO* 2 juill., p. 4001.
4. Décr. n° 2013-1241, 27 déc. 2013 portant approbation du schéma directeur de la région d'Ile-de-France, *JO* 28 déc., n° 44.
5. CE 23 oct. 2015, *Maisons-Laffitte (Cne)*, req. n° 375814, *Lebon T. ; BJDU* 2016. 412, concl. J. Lessi.
6. C. urb., art. L. 123-1, al. 2.
7. C. urb., art. L. 123-1, al. 3.
8. C. urb., art. L. 123-1, al. 4.
9. C. urb., art. L. 123-1, al. 5.
10. CAA Paris, 24 nov. 1998, *Assoc. Paris Oxygène*, req. n° 97PA01250, *Lebon T. ; BJDU* 1999. 26, concl. B. Phémolant.
11. V. ss nos 214.281 s.

France doit respecter ou prendre en compte certains instruments et normes.

En premier lieu, le SDRIF « respecte »[1] :

- les règles générales d'aménagement et d'urbanisme à caractère obligatoire prévues au livre 1er du code de l'urbanisme ;

- les servitudes d'utilité publique affectant l'utilisation des sols ;

- et les dispositions nécessaires à la mise en œuvre de projets d'intérêt général relevant de l'État et d'opérations d'intérêt national.

En deuxième lieu, le SDRIF « est compatible » avec[2] :

- les objectifs de gestion des risques d'inondation définis par les plans de gestion des risques d'inondation pris en application de l'article L. 566-7 du code de l'environnement ;

- ainsi qu'avec les orientations fondamentales et les dispositions de ces plans définies en application des 1° et 3° du même article L. 566-7.

Lorsqu'un plan de gestion des risques d'inondation est approuvé après l'approbation du SDRIF, ce dernier est, si nécessaire, rendu compatible dans un délai de trois ans avec les éléments mentionnés à la phrase précédente.

En troisième lieu, le SDRIF « prend [...] en compte » les orientations des schémas des services collectifs institués à l'article 2 de la loi du 4 février 1995[3] d'orientation pour l'aménagement et le développement du territoire[4].

§ 2
Portée du SDRIF

A.
Exigence de compatibilité des documents d'urbanisme avec le SDRIF

1°
Énoncé de l'exigence de compatibilité

262.31 SDRIF s'imposant dans un rapport de compatibilité. Doivent être « compatibles » avec le SDRIF :

- les SCOT[5] ;

- et en l'absence de SCOT, les PLU (ainsi que les documents en tenant lieu) et les cartes communales[6].

1. C. urb., art. L. 123-2, al. 1er.
2. C. urb., art. L. 123-2, al. 2.
3. L. n° 95-115, 4 févr. 1995 d'orientation pour l'aménagement et le développement du territoire, *JO* 5 févr. p. 1973.
4. C. urb., art. L. 123-2, al. 3.
5. V. ss n° 211.61.
6. V. ss n° 211.181.

2°
Conséquences de l'exigence de compatibilité

a.
Selon la doctrine administrative

262.41 Marge de liberté des autorités locales. Selon une réponse ministérielle, la circonstance que le SDRIF s'impose dans un simple rapport de comptabilité « laisse aux autorités compétentes une réelle marge de manœuvre pour élaborer les documents d'urbanisme locaux. En effet, un document est compatible avec un document de portée supérieure lorsqu'il n'est pas contraire aux orientations ou principes fondamentaux de ce document et qu'il contribue, même partiellement, à sa réalisation »[7].

b.
Selon le Conseil d'État dans sa fonction consultative

262.51 Avis consultatif. Dans sa fonction consultative, le Conseil d'État a précisé les conséquences découlant du rapport de compatibilité, prévu par les textes, entre d'une part le SDRIF, et d'autre part les SCOT, POS, documents en tenant lieu et cartes communales[8].

262.52 Premier principe : un document devant être suffisamment précis sans trop rentrer dans les détails. Dans son avis consultatif, le Conseil d'État indique que le rapport de compatibilité entre le SDRIF et les documents subordonnés et, par suite la portée normative de ce schéma « doivent être regardés comme s'appliquant aux options fondamentales et aux objectifs essentiels de l'aménagement et du développement par lesquels s'exprime la cohérence globale des orientations du schéma directeur de la région d'Ile-de-France telle qu'elle est explicitée par le rapprochement de ses documents graphiques et du rapport qui l'accompagne ».

Dans son avis, le Conseil d'État ajoute que « ces options et objectifs peuvent :

a) comporter l'énoncé de prévisions quantitatives relatives à la destination générale des différentes parties du territoire de l'Ile-de-France [...] ;

b) être assortis de l'indication d'un échelonnement dans le temps de leur réalisation ;

c) comporter des dispositions propres à des espaces géographiques limités, à condition que ces prévisions ponctuelles soient indispensables à la cohérence de l'ensemble ».

Cependant, indique-t-il, « ces options et objectifs ne sauraient [...] ni entrer dans un degré de détail qui conduirait à méconnaître tout à la fois la place respective du schéma directeur de la région d'Ile-de-

7. Rép. min. n° 419, *JO Sénat Q* 5 sept. 2002, p. 1956.
8. CE, sect. trav. publ., 5 mars 1991, avis n° 349324.

France et des documents d'urbanisme, l'autonomie communale et les principes énoncés à l'article L. 110, ni s'étendre à des questions étrangères à l'utilisation du sol »[1].

262.53 Deuxième principe : conditions de la compatibilité d'un PLU avec le SDRIF. Pour qu'un PLU (anciennement POS) puisse être regardé comme compatible avec le SDRIF, il « doit tout à la fois :

a) permettre la réalisation de ceux des objectifs et options que le schéma directeur de la région d'Ile-de-France a retenus pour la période d'application du plan d'occupation des sols ;

b) ne pas compromettre la réalisation des objectifs et options retenus pour une phase ultérieure ».

Dans son avis, le Conseil d'État précise que la condition fixée au a) « pourrait - sous réserve de l'appréciation souveraine des tribunaux - être réputée non remplie dans l'hypothèse, évoquée par la demande d'avis, d'un plan d'occupation des sols classant en zone non constructible (ou en zone constructible ne comportant que de très faibles possibilités de construire) une portion du territoire dont le caractère urbanisable aurait été prévu par le schéma directeur de la région d'Ile-de-France et serait une condition du respect de la cohérence globale des orientations de celui-ci »[2].

262.54 Troisième principe : mise en compatibilité du PLU dans l'hypothèse d'une disposition du SDRIF devant être mise en œuvre lors d'une phase ultérieure. Dans son avis, le Conseil d'État a indiqué que si un POS peut, sans pour autant être incompatible avec le SDRIF, ne pas comporter initialement les dispositions appropriées pour permettre la réalisation des objectifs et options que ce schéma n'a retenus que pour une phase ultérieure, ce POS « pourrait, en application des principes généraux relatifs à la légalité des actes réglementaires, devenir illégal s'il n'était pas, en tant que de besoin, révisé ou modifié à l'échéance prévue par le schéma directeur de la région d'Ile-de-France ». L'autorité administrative pourrait dans cette hypothèse utiliser les pouvoirs que lui confère le code de l'urbanisme pour mettre en compatibilité le PLU avec le SDRIF[3].

262.55 Application des principes 2 et 3 aux SCOT. Dans son avis, le Conseil d'État énonçait que les principes 2 et 3 précités (à propos des rapports entre SDRIF et POS) « sont transposables, moyennant les adaptations éventuellement nécessaires » :

- aux rapports entre le SDRIF et les SCOT ;

- aux rapports entre les SCOT et les POS ou les documents d'urbanisme en tenant lieu.

1. CE, sect. trav. publ., 5 mars 1991, avis n° 349324, p^t II. 1.
2. CE, sect. trav. publ., 5 mars 1991, avis n° 349324, p^t II. 2.
3. CE, sect. trav. publ., 5 mars 1991, avis n° 349324, p^t II. 3.

c.

Confirmation jurisprudentielle

262.61 Appréciation souple du rapport de compatibilité. La jurisprudence a confirmé que l'exigence d'un simple rapport de compatibilité entre les PLU et le SDRIF confère une certaine marge d'appréciation aux auteurs de PLU[4].

Ainsi, le classement d'un secteur se trouvant à la lisière d'un bois, en zone classée INA (zone ouverte à l'urbanisation future), alors que le SDRIF interdit toute nouvelle urbanisation en lisière de bois, est regardé comme n'étant pas incompatible avec les orientations du SDRIF « compte tenu de la faible superficie des terrains concernés »[5].

De même, l'augmentation de la superficie des zones NA ouvertes à l'urbanisation future (de 48,1 à 49,3 ha) alors que le SDRIF prévoit, dans le périmètre de zone verte applicable à la commune, de garantir autant que possible le maintien et le développement des espaces naturels existant en contact direct avec l'urbanisation et de constituer un réseau vert dans le tissu bâti dense de l'agglomération, tout en indiquant que cette zone verte doit permettre de développer des activités de loisirs, de détente et des parcs urbains, est regardé comme n'étant pas incompatible avec les orientations du SDRIF « compte tenu de la part de ces espaces par rapport à la superficie de la commune, de l'ampleur limitée des nouveaux espaces ainsi classés en zone NA et de leurs caractéristiques et, en particulier, du fait que dans la future zone NAn ainsi créée sera applicable un coefficient d'occupation des sols de 0,02 n'autorisant que des constructions légères à usage d'activités de loisirs et de détente »[6].

4. CE 6 oct. 2021, *Commune de Montmorency*, req. n° 441847, *Lebon T.* ; *BJDU* 2022. 13, concl. V. Villette ; *RDI* 2021. 622, obs. Ph. Strebler : arrêt indiquant que pour apprécier la compatibilité entre le SDRIF et les documents qui y sont soumis (SCOT et, en son absence, PLU, documents en tenant lieu et cartes communales), « il appartient au juge administratif de rechercher, dans le cadre d'une analyse globale le conduisant à se placer à l'échelle du territoire pertinent pour prendre en compte les prescriptions du schéma directeur de la région, si le schéma de cohérence territoriale ou, en son absence, le plan local d'urbanisme, le document en tenant lieu ou la carte communale ne contrarie pas les objectifs et les orientations d'aménagement et de développement fixés par le schéma, compte tenu du degré de précision des orientations adoptées, sans rechercher l'adéquation du plan à chaque orientation ou objectif particulier ».
5. CE 15 oct. 2004, *La Rochette (C^ne)*, req. n° 227506, NP.
6. CE 3 mai 2004, *Deuil-la-Barre (C^ne)*, req. n° 251383, NP ; *BJDU* 2004. 173 et concl. M.-H. Mitjavile.

262.62 Censure des incompatibilités. Le juge administratif censure les cas d'incompatibilités nettes entre le PLU et le SDRIF. Tel est par exemple le cas :

– d'un classement en zone NA d'urbanisation future de 95 hectares anciennement classés en zone ND (en vue de permettre notamment l'édification d'une zone urbanisée de 18 hectares et la réalisation d'un golf, ce qui supposera un déboisement important) alors que le SDRIF prévoit que les zones de bois et forêts doivent faire l'objet d'une protection renforcée en particulier dans les secteurs les plus exposés à l'urbanisation[1] ;

– du PLU dont les règles d'emprise, de hauteur et de stationnement ont « pour effet de diminuer de manière très sensible les possibilités de construction » en zones U (qui représentent 60 % du territoire de la commune) alors que le SDRIF fixe un objectif d'augmentation minimale de 10 % de la densité humaine et de la densité des espaces d'habitats[2] ;

– du PLU prévoyant la suppression de près d'un hectare de jardins ouvriers alors que le SDRIF affiche, comme essentiel, un objectif de préservation et de développement des espaces verts dans la région d'Île-de-France, au titre duquel il prescrit notamment de « préserver les emprises dédiées aux espaces verts publics existants »[3].

262.63 PLU modifié ou révisé pour mise en conformité avec un PIG. Le SDRIF s'imposant au PLU dans un rapport de compatibilité, il s'impose notamment au PLU lorsque celui-ci est modifié ou révisé pour être rendu conforme avec un PIG. Il en résulte que le moyen tiré d'un défaut de compatibilité avec les orientations du SDRIF peut être utilement invoqué à l'appui de conclusions dirigées contre la décision de révision ou de modification de PLU prise à cet effet[4].

B.
Exigence de compatibilité du plan de mobilité avec le SDRIF

262.71 Obligation de compatibilité. Les prescriptions du plan de mobilité doivent être compatibles avec les orientations du SRDIF[5].

C.
Respect par l'acte de création d'une ZAC

262.81 Incompatibilité. Est jugé incompatible avec le SDRIF, prévoyant des zones naturelles d'équilibre ayant pour corollaire une croissance modérée des villes petites et moyennes, l'acte de création d'une ZAC prévoyant, dans une telle zone, l'ouverture à l'urbanisation de 56 hectares dans une commune de 818 hectares dont 68 hectares seulement sont bâtis, la construction d'au moins 460 logements entraînant une augmentation de l'ordre de 70 % de la population de ce bourg rural d'environ 2 000 habitants[6].

262.82 Compatibilité. Est jugé compatible avec le SDRIF, prévoyant pour le secteur concerné « un contrôle rigoureux de la densification du bâti, en prescrivant de veiller en particulier à freiner toute extension de l'habitat collectif dans les zones pavillonnaires » et une « adaptation des centres anciens par la réhabilitation plutôt que par la rénovation (avec des équipements de service suffisamment développés) », l'acte de création d'une ZAC en vue de la réalisation d'habitations collectives comprenant des logements, des locaux destinés à des activités économiques et des bureaux, dès lors que cette zone de 17 000 m² est située dans une partie du territoire communal qui ne présente pas un caractère exclusivement pavillonnaire et qu'en raison de leur état dégradé, nombre des constructions ou locaux existants ne peuvent faire l'objet d'une réhabilitation[7].

D.
Absence d'opposabilité à une autorisation d'urbanisme

262.91 Absence d'opposabilité directe. Les orientations d'un SDRIF ne sont pas directement opposables aux autorisations d'utilisation ou d'occupation du sol[8].

Ainsi, les prévisions du SDRIF interdisant toute nouvelle urbanisation à moins de 50 mètres des lisières des bois et forêts de plus de 100 hectares dès lors que cette urbanisation est envisagée à l'extérieur d'un site urbain constitué « ne sont pas directement opposables aux autorisations d'occuper ou d'utiliser le sol et, de ce fait ce document ne peut à lui seul, servir de fondement juridique pour refuser un per-

1. CE 31 janv. 1992, *Croissy-Beaubourg (Cne)*, req. nº 120738, *Lebon* – DANS LE MÊME SENS : CE 30 nov. 1994, *Poligny (Cne)*, req. nº 135963, *Lebon T.*
2. CE 6 oct. 2021, *Commune de Montmorency*, req. nº 441847.
3. CAA Paris, 10 févr. 2022, *M. Boris Samuel et a.*, req. nº 21PA02476, NP.
4. CE 4 juill. 1997, *Les Verts Île-de-France*, req. nº 143842, *Lebon ; BJDU* 1997. 244, concl. J.-H. Stahl.
5. C. trans., art. L. 1214-10, al. 1er.
6. CE 14 déc. 1998, *Vemars (Cne)*, req. nº 156715, NP ; *BJDU* 1999. 91, concl. H. Savoie.
7. CE 20 mars 1998, *Comité de défense de l'environnement à Colombes*, req. nº 167887, NP.
8. CAA Paris, 18 mai 1999, *Clairefontaine-en-Yvelines*, req. nº 98PA00778, *Lebon ; BJDU* 1999. 254, concl. B. Phémolant.

mis de construire relatif à une construction envisagée à moins de 50 mètres des lisières des bois et forêts précités »[1].

262.92 Inapplication du PLU contraire au SDRIF. Le PLU devant être compatible avec le SDRIF, l'administration a l'obligation de laisser inappliquées les dispositions du PLU contraires aux orientations du SDRIF et de ce fait illégales[2]. En présence d'une telle incompatibilité, l'administration, saisie d'une demande de permis de construire, doit[3] :

- soit surseoir à statuer ;
- soit instruire la demande sur la base du PLU antérieur si ses dispositions sont compatibles avec le SDRIF ;
- soit examiner la demande au regard du RNU.

E.
Opposabilité à une DUP

262.101 Opposabilité du SDRIF. Les prévisions du SDRIF sont opposables aux DUP.

En conséquence, saisi d'un moyen en ce sens, le juge contrôle la compatibilité d'une DUP avec les orientations et objectifs du SDRIF.

262.102 Illustrations. Par exemple, n'est pas incompatible avec les options fondamentales du SDRIF, prévoyant la création d'un centre urbain régional, l'arrêté par lequel le préfet a déclaré d'utilité publique les acquisitions foncières nécessaires à l'aménagement du 4e secteur de la ville nouvelle de Marne-la-Vallée, en vue de la réalisation sur une superficie de 2 300 ha d'une agglomération nouvelle devant notamment comporter deux parcs d'attractions, 6 000 logements, 750 000 m² de bureaux d'activité et 150 000 m² d'équipements commerciaux[4].

De même, n'est pas incompatible avec les orientations fondamentales du SDRIF, prévoyant que les tracés des grands ouvrages devront, dans la mesure du possible, éviter les espaces boisés, l'acte déclarant d'utilité publique les travaux relatifs à la construction de deux voies de circulation supplémentaires et à l'aménagement d'échangeurs sur une route nationale, dès lors que le projet prévoit des mesures de protection des eaux et l'acquisition de massifs forestiers afin de compenser les emprises nécessaires sur des espaces naturels classés. En outre, même si les travaux envisagés ne sont pas prévus par le SDRIF, celui-ci autorise cependant des améliorations ou des aménagements à caractère local sur des voies existantes[5].

F.
Valeur d'un SCOT pour la règle de constructibilité limitée

262.111 Valeur d'un SCOT uniquement pour l'application de cette règle. Pour l'application de l'article L. 142-4 (règle de la constructibilité limitée), le SDRIF a valeur de SCOT[6].

SECTION 3
Procédure d'élaboration, d'évaluation et d'évolution du SDRIF

262.121 Procédure décentralisée, en lien avec l'État. La région d'Ile-de-France élabore le SDRIF en association avec l'État[7].

L'autorité administrative compétente de l'État pour les procédures d'élaboration, d'évaluation et d'évolution du SDRIF est le préfet de région[8].

§ 1
Élaboration du SDRIF

262.131 Engagement de la procédure. L'élaboration du SDRIF est engagée par délibération du conseil régional[9].

Les orientations stratégiques du schéma font l'objet d'un débat, préalable à cette élaboration, au sein du conseil régional[10].

262.132 Association d'autorités, d'organes et de la population à l'élaboration du projet. Doivent être associés à l'élaboration du projet de schéma les organes et autorités suivants[11] :

- le préfet de région (1°) ;
- les conseils départementaux des départements intéressés (2°) ;
- les établissements publics chargés de l'élaboration des SCOT (3°) ;

1. Rép. min. n° 1158, *JOAN Q* 15 déc. 1997, p. 4677.
2. CAA Paris, 18 mai 1999, *Clairefontaine-en-Yvelines*, req. n° 98PA00778, *Lebon*.
3. Rép. min. n° 1158, *JOAN Q* 15 déc. 1997, p. 4677 – CAA Paris, 18 mai 1999, *Clairefontaine-en-Yvelines*, req. n° 98PA00778, *Lebon*.
4. CE 19 mars 1997, *Assoc. pour la protection des populations concernées par Eurodysneyland*, req. n° 115928, NP.
5. CE 6 nov. 2000, *Assoc. Amélioration du cadre de vie à Émerainville*, req. n° 210695, NP.
6. C. urb., art. L. 142-4, al. 6.
7. C. urb., art. L. 123-5.
8. C. urb., art. L. 132-2.
9. C. urb., art. L. 123-6, al. 1er.
10. C. urb., art. L. 123-6, al. 2.
11. C. urb., art. L. 123-7.

– les EPCI à fiscalité propre intéressés qui ne sont pas situés dans le périmètre d'un établissement public chargé de l'élaboration d'un SCOT (4°) ;

– le conseil économique, social et environnemental régional (5°) ;

– les chambres d'agriculture, les chambres de commerce et d'industrie et les chambres de métiers et de l'artisanat (5°).

La population doit également être associée à l'élaboration du projet de SDRIF[1]. Il revient au conseil régional d'initier et d'organiser la concertation publique.

À côté de ces consultations obligatoires, le conseil régional dispose de la faculté de consulter tout autre organisme ou personne en vue de l'élaboration du projet de schéma[2].

262.133 Porter à connaissance. Le préfet de région porte à la connaissance de la région toutes les informations nécessaires, dans les conditions prévues aux articles L. 132-1 à L. 132-3[3].

262.134 Approbation. Le conseil régional arrête le projet de schéma[4].

262.135 Évaluation environnementale. Une évaluation environnementale doit être réalisée lors de l'élaboration du SDRIF[5].

262.136 Consultations. Le conseil régional soumet le projet de schéma aux autorités suivantes[6] :

– le préfet de région (1°) ;

– les organes délibérants des collectivités territoriales, établissements publics et organismes énumérés aux 1° à 5° de l'article L. 123-7 (2°) ;

– l'autorité environnementale (3°)[7] ;

– la conférence territoriale de l'action publique (4°).

Les avis de ces autorités sont réputés favorables s'ils n'ont pas été rendus dans un délai de trois mois[8].

262.137 Enquête publique. Le projet de schéma est soumis à enquête publique par le président du conseil régional, dans les conditions prévues au chapitre III du titre II du livre Ier du code de l'environnement[9].

La régularité de l'enquête publique réalisée préalablement à l'adoption du décret du 27 décembre 2013[10] a été contestée en raison d'un nombre limité de lieux d'enquête au regard de l'objet du schéma. Le Conseil d'État a considéré que les modalités d'organisation de l'enquête publique, en vertu desquelles le dossier était consultable sur un site internet dédié dont l'existence avait été mentionnée dans les journaux nationaux et locaux qui annonçaient l'enquête, ont permis à l'ensemble des personnes et des groupements intéressés de prendre connaissance du projet, d'en mesurer les impacts et d'émettre leurs observations. La mise à disposition du public a ainsi été suffisante[11].

262.138 Adoption. À l'issue de la concertation publique et de l'enquête publique, le schéma, éventuellement modifié pour tenir compte des avis recueillis, des observations de la population et des conclusions de la commission d'enquête, est adopté par délibération du conseil régional[12].

262.139 Approbation. Après son adoption, le SDRIF est transmis au préfet de région en vue de son approbation[13].

Le SDRIF est approuvé par décret en Conseil d'État[14].

L'absence d'approbation empêche l'entrée en vigueur du SDRIF. En 2007, le Gouvernement avait refusé de transmettre au Conseil d'État le projet de SDRIF adopté en septembre 2008, au motif que le texte manquait d'ambition pour la région capitale. En 2010, il a refusé d'approuver une nouvelle mouture après un avis défavorable du Conseil d'État rendu le 27 octobre 2010 (en raison de l'absence de cohérence entre les orientations du SDRIF adopté et les dispositions de la loi sur le Grand Paris). Les négociations qui ont suivi entre l'État et la région ont permis d'aboutir à un texte de consensus[15].

§ 2
Évaluation du SDRIF

262.141 Évaluation au moins tous les 6 ans. Six mois avant l'expiration d'un délai de six ans à compter de la date d'approbation du SDRIF, « un bilan de

1. C. urb., art. L. 123-7, 6°.
2. C. urb., art. L. 123-7, al. 8.
3. C. urb., art. L. 123-8.
4. C. urb., art. L. 123-9, al. 1er.
5. V. s^s^ n° 214.91.
6. C. urb., art. L. 123-9.
7. L'Autorité environnementale est consultée, d'une part, sur le rapport sur les incidences environnementales et, d'autre part, sur le projet de SDRIF (v. s^s^ n°s 214.431 s.).
8. C. urb., art. R. 123-3.
9. C. urb., art. L. 123-10.
10. Décr. n° 2013-1241, 27 déc. 2013 portant approbation du schéma directeur de la région d'Ile-de-France, *JO* 28 déc., n° 44.
11. CE 23 oct. 2015, *Maisons-Laffitte (C^ne^)*, req. n° 375814, *Lebon T.* ; *BJDU* 2016. 412, concl. J. Lessi.
12. C. urb., art. L. 123-11, al. 1er.
13. C. urb., art. L. 123-11, al. 2.
14. C. urb., art. L. 123-11, al. 3.
15. D. Braye, *Proposition de loi visant à faciliter la mise en chantier des projets des collectivités locales d'Île-de-France*, Doc. parl., Sénat, Rapp. n° 364, 23 mars 2011.

la mise en œuvre du schéma est présenté au conseil régional »[1]. Celui-ci délibère et peut décider :

- le maintien en vigueur du schéma ;
- sa modification ;
- sa révision partielle ou totale ;
- ou son abrogation.

§ 3 Évolution du SDRIF

A. Révision du SDRIF

262.151 **Procédure identique à celle de l'élaboration.** Le SDRIF peut être révisé selon les modalités prévues pour son élaboration[2].

La procédure de révision est requise lorsque les changements envisagés remettent en cause l'économie générale du schéma.

Une procédure de révision a été initiée en 2022.

B. Modification du SDRIF

262.161 **Changements limités.** Le SDRIF peut être modifié, à l'initiative du président du conseil régional, « lorsque les changements envisagés n'ont pas pour effet de porter atteinte à son économie générale »[3].

1° Procédure

262.171 **Consultations.** Les modifications envisagées sont soumises pour avis au préfet de région et aux collectivités territoriales, établissements publics et organismes énumérés aux 1° à 5° de l'article L. 123-7[4].

262.172 **Concertation.** La procédure de modification fait l'objet « d'une concertation associant les habitants, les associations locales et les autres personnes concernées »[5].

Les modalités de la concertation « permettent au public, pendant une durée suffisante et selon des moyens adaptés au regard des caractéristiques des modifications »[6] :

- d'une part d'accéder aux informations relatives aux modifications envisagées et aux avis requis précités ;
- d'autre part de formuler des observations et des propositions qui sont enregistrées et conservées par le conseil régional.

Le projet de modification et les avis précités sont « mis à la disposition du public » par voie électronique pendant au moins deux mois. Un « bilan » de cette mise à disposition est présenté au conseil régional[7].

262.173 **Adoption et approbation.** Le conseil régional délibère sur le projet de modification, l'adopte et le transmet au préfet de région pour approbation par celui-ci[8].

Lorsque le préfet de région estime ne pas pouvoir approuver en l'état le projet arrêté de modification du schéma, il le notifie au conseil régional par une décision motivée et lui renvoie le projet, dans les trois mois suivant sa transmission, afin qu'y soient apportées les modifications nécessaires[9].

2° Précisions

262.181 **Possibilité de modifications partielles.** Si les dispositions précitées de l'article L. 123-4 du code de l'urbanisme imposent que le SDRIF couvre la totalité du territoire de la région Île-de-France, « elles n'ont pas pour effet d'interdire que des modifications partielles de ce document n'affectent qu'une partie de ce territoire ». Par suite, il est légalement possible de mettre en œuvre une modification partielle n'affectant que le territoire de quatre villes[10].

262.182 **Possibilité de modifications successives.** Aucune disposition ni aucun principe n'impose qu'une durée minimale sépare les modifications successives du SDRIF. Dès lors, la fréquence des modifications du schéma est sans influence sur l'acte approuvant sa modification[11].

262.183 **Exigence de cohérence.** Une modification du SDRIF ne doit pas avoir pour effet d'entacher le schéma d'une incohérence manifeste.

Saisi d'un moyen en ce sens contestant une modification approuvée par un décret de 1992, le Conseil d'État estime que si le SDRIF comporte toujours au

1. C. urb., art. L. 123-12.
2. C. urb., art. L. 123-13 – V. s^s n°s 262.131 s.
3. C. urb., art. L. 123-14.
4. C. urb., art. L. 123-15 : v. s^s n° 262.132 – L'article L. 123-15 renvoie, à tort, à l'article L. 123-8. L'article L. 123-15 doit s'entendre comme renvoyant à l'article L. 123-7.
5. C. urb., art. L. 123-16, al. 1er.
6. C. urb., art. L. 123-16, al. 2.
7. C. urb., art. L. 123-16, al. 3.
8. C. urb., art. L. 123-16, al. 3.
9. C. urb., art. L. 123-17.
10. CE 27 janv. 1995, *Assoc. Île-de-France environnement*, req. n° 131631, NP.
11. CE 27 janv. 1995, *Sourine*, req. n° 131720, NP.

nombre de ses orientations fondamentales la limitation du développement des activités dans la partie ouest de Paris, la dérogation à cette orientation prévue par le décret portant modification de ce schéma directeur pour la réalisation d'une opération déterminée dans le secteur de la Porte Maillot, dans le but de réaliser une autre orientation fondamentale relative au maintien du rôle international de Paris et de sa région, n'a pas pour effet d'entacher le schéma directeur d'une incohérence manifeste[1].

C.
Mise en compatibilité du SDRIF

1°
Mise en compatibilité ou prise en compte d'un document supérieur

262.191 Demande du préfet. Lorsque le SDRIF doit être révisé ou modifié afin de respecter les obligations qui lui sont faites par l'article L. 123-2, le préfet de région en informe le président du conseil régional[2].

262.192 Option du conseil régional. Dans le délai de trois mois à compter de la demande adressée par le préfet, le conseil régional lui fait connaître s'il entend opérer la révision ou la modification nécessaire[3].

262.193 1re possibilité : révision ou modification conduite par la région. Si le conseil régional accepte d'opérer la révision ou la modification nécessaire, il la conduit lui-même.

262.194 2nde possibilité : révision ou modification conduite par l'État. La révision ou la modification est conduite par le préfet de région dans trois hypothèses[4] :

– en réponse à la demande adressée par le préfet, le conseil régional a fait savoir au représentant de l'État qu'il n'entend pas opérer la révision ou la modification ;

– le conseil régional n'a pas fait connaître au préfet sa position dans un délai de 3 mois (son silence étant regardé comme un refus) ;

– le conseil régional a accepté de procéder à la révision ou à la modification mais n'y a pas procédé dans les 2 ans (plus exactement, la décision d'acceptation n'est pas suivie, dans un délai de 24 mois à compter de la notification de la demande du préfet, d'une délibération approuvant le projet correspondant).

Lorsque la procédure est prise en main par l'État, le préfet de région engage et arrête la révision ou la modification du schéma après avis de la région, des départements et des communautés d'agglomération concernés de la région[5].

262.195 Enquête publique. Que la procédure soit conduite par le préfet ou par la région, une enquête publique doit être réalisée dans les conditions fixées par le chapitre III du titre II du livre Ier du code de l'environnement[6].

262.196 Approbation par décret. La révision ou la modification doit être approuvée par décret en Conseil d'État[7].

2°
Mise en compatibilité avec une opération d'utilité publique ou d'intérêt général

262.201 Hypothèse. Cette hypothèse de mise en compatibilité du SDRIF intervient à l'occasion d'une opération d'utilité publique ou d'intérêt général lorsque l'acte qui la prévoit (la DUP ou, si une DUP n'est pas requise, la déclaration de projet de l'opération) n'est pas compatible avec les dispositions du SDRIF.

262.202 Première procédure. La première procédure, identique à celle prévue pour le PLU et le SCOT, est subordonnée à deux conditions[8] :

– d'une part, l'enquête publique concernant cette opération (réalisée conformément au chapitre III du titre II du livre Ier du code de l'environnement) doit porter à la fois sur l'utilité publique de l'opération et sur la mise en compatibilité du schéma qui en est la conséquence (1°) ;

– d'autre part, la DUP ou la déclaration de projet est prononcée après que les dispositions proposées pour assurer la mise en compatibilité du schéma ont fait l'objet d'un examen conjoint de l'État, de la région, du conseil économique, social et environnemental régional, des départements et des chambres consulaires (2°).

Dans le cas d'une opération soumise à DUP, la déclaration d'utilité publique emporte approbation des nouvelles dispositions du SDRIF. Elle est prise par décret en Conseil d'État en cas d'opposition de la région[9].

Dans le cas d'une opération soumise à déclaration de projet, la déclaration de projet ne peut inter-

1. CE 31 mars 1995, *Assoc. De sauvegarde de l'environnement Maillot-Champerret*, req. nº 142588, *Lebon T.*
2. C. urb., art. L. 123-18.
3. C. urb., art. L. 123-19.
4. C. urb., art. L. 123-20.
5. C. urb., art. L. 123-20.
6. C. urb., art. L. 123-21.
7. C. urb., art. L. 123-21.
8. C. urb., art. L. 123-22, al. 1 à 3.
9. C. urb., art. L. 123-22, al. 4.

venir qu'après mise en compatibilité du schéma par le préfet de région et, en cas de désaccord de la région, par décret en Conseil d'État[1].

262.203 Deuxième procédure : procédure intégrée. La deuxième procédure prévue pour la mise en compatibilité du SDRIF correspond à la procédure intégrée prévue à l'article L. 300-6-1[2].

Les dispositions proposées pour assurer la mise en compatibilité du schéma font l'objet d'un examen conjoint de l'État, de la région, des départements et des chambres consulaires[3].

Le projet de mise en compatibilité est soumis à une enquête publique réalisée conformément au chapitre III du titre II du livre Ier du code de l'environnement[4]. À l'issue de l'enquête publique, les dispositions de mise en compatibilité du schéma sont éventuellement modifiées pour tenir compte des avis qui ont été joints au dossier et du résultat de l'enquête[5].

La mise en compatibilité effectuée dans le cadre de la procédure intégrée prévue à l'article L. 300-6-1 du code de l'urbanisme est approuvée par le préfet de région et, en cas de désaccord de la région, par décret en Conseil d'État.

262.204 Troisième procédure : PINM. La troisième procédure prévue pour la mise en compatibilité du SDRIF correspond à celle prévue à l'article L. 300-6-2[6], relative à l'installation de projets industriels de très grande ampleur reconnus d'intérêt national majeur[7].

D.
Évaluation environnementale

262.211 Évaluation environnementale requise selon les effets sur l'environnement des changements envisagés. Si les changements envisagés sont susceptibles d'avoir des effets notables sur l'environnement, il y a lieu de réaliser, soit une actualisation de l'évaluation environnementale, soit une nouvelle évaluation environnementale[8]. Le rapport sur les incidences environnementales devra être mis à jour en conséquence[9].

1. C. urb., art. L. 123-22, al. 5.
2. C. urb., art. L. 123-23 – Sur la procédure prévue à l'article L. 300-6-1, v. ss nos 513.21 s.
3. C. urb., art. L. 123-23, al. 1er.
4. C. urb., art. L. 123-23, al. 1er.
5. C. urb., art. L. 123-23, al. 2.
6. C. urb., art. L. 123-23, al. 3 ; mod. par L. no 2023-973, 23 oct. 2023.
7. V. ss nos 513.191 s.
8. V. ss nos 214.111 s.
9. V. ss nos 214.311 et v. ss no 214.382.

CHAPITRE

263. Le plan d'aménagement et de développement durable de Corse (PADDUC)

SECTION 0 ORIENTEUR

263.00 Sommaire du chapitre.

263.01 **Textes applicables.**

- **CGCT**

art. L. 4424-9 s.

art. R. 4424-6 s.

263.03 **Bibliographie indicative.**

Encyclopédie. *DP constr.-urb.*, ét. : « Schémas d'urbanisme et d'aménagement (SRADDET, SDRIF, SAR, PADDUC) ».

Contributions. P. Soler-Couteaux, « Le projet d'aménagement et de développement durable de la Corse, préfiguration du schéma de développement durable et d'égalité du territoire ? », *Mél. J.-P. Lebreton*, « Les Cahiers du GRIDAUH », n° 29, 2015, hors-série, p. 277.

Articles. H. Coulombié et T. Gilliocq, « PADDUC : retour à la case Corse », *Constr.-Urb.* 2012, ét. 3 et 5 – H. Coulombié et C. Giorsetti, « Le PADDUC à la croisée des chemins », *Constr.-Urb.* 2010, ét. 5 – D. Gillig, « Le plan d'aménagement et de développement durable de Corse (PADDUC) après la loi du 5 décembre 2011 », *JCP Adm.* 2012, n° 2019 – O. Le Bot, « Le plan d'aménagement et de développement durable de Corse », *BJDU* 2003. 234 – R. Romi, « La Corse et l'environnement : de la confirmation à l'expérimentation (à propos du nouveau statut de la Corse touchant à l'environnement) », *RFDA* 2002. 702.

263.04 **Questions essentielles.**

> L'échelle retenue pour les cartes du PADDUC respecte-t-elle la marge de liberté reconnue aux auteurs de PLU et de cartes communales ?

* V. s[s] n°s 263.71 s.

> Quelle autorité détient la responsabilité d'approuver le PADDUC ?

* V. s[s] n° 263.251

263.05 **Un document au service de l'autonomie.** Le plan d'aménagement et de développement durable de Corse (PADDUC) a été institué par la loi du 22 janvier 2002 relative à la Corse[1]. Sa création concrétise une volonté du législateur de donner à la collectivité territoriale de Corse une plus grande autonomie dans l'organisation de son espace. Ce document d'urbanisme confère aux autorités insulaires, en matière d'occupation et d'utilisation du sol, des prérogatives dont sont dépourvues les collectivités territoriales de droit commun.

263.06 **Du SAC au PADDUC.** Le PADDUC remplace le schéma d'aménagement de la Corse (SAC) qui avait été prévu par la loi de décentralisation du 7 janvier 1983[2]. Le premier – et unique – SAC avait été approuvé en 1992[3]. Cet instrument conférait une moindre autonomie aux autorités corses dans la gestion du territoire. Il a cessé de produire ses effets en 2015 avec l'approbation du premier PADDUC par l'assemblée de Corse[4].

263.07 **Recours.** Le PADDUC approuvé en 2015 a fait l'objet de plusieurs recours devant le juge administratif. Seules ont été annulées les dispositions arrêtant la carte des espaces stratégiques agricoles (ESA) et classant dans ces espaces certains secteurs sur les communes de Peri et de Calvi[5].

SECTION 1
CONTENU ET EFFETS DU PADDUC

263.11 **Structure.** La forme du PADDUC est libre, aucune structure n'est imposée. Aussi les autorités articulent-elles comme elles le souhaitent les différents éléments qu'il doit comporter. La seule obligation, à ce niveau, est d'isoler certains éléments dans des chapitres dédiés[6].

Le PADDUC approuvé en 2015 comporte :

- 5 livrets ;
- 9 annexes ;
- 13 cartes ;
- et trois délibérations complémentaires.

263.12 **Des effets différenciés selon les matières.** Les effets du PADDUC diffèrent selon les matières qu'il traite. Aussi convient-il d'envisager le contenu du PADDUC et les effets qu'il produit pour chacun des domaines couverts.

§ 1
Éléments généraux du PADDUC

263.21 **Objet.** Les termes employés pour définir l'objet du PADDUC présentent trois caractéristiques :

- ils définissent cet objet de façon extrêmement large ;
- ils invitent à une conciliation des principes ;
- enfin ils traduisent la marge d'appréciation importante que la loi reconnaît aux auteurs du document.

Le code indique en effet de la façon la plus large – et ambitieuse – que le PADDUC a pour mission de définir « une stratégie de développement durable du territoire ». Cette stratégie doit garantir « l'équilibre territorial » et respecter « les principes énoncés à l'article L. 101-2 du code de l'urbanisme ». Elle est

1. L. n° 2002-92, 22 janv. 2002 relative à la Corse, *JO* 23 janv., n° 1.
2. L. n° 83-8, 7 janv. 1983 relative à la répartition de compétences entre les communes, les départements, les régions et l'État, *JO* 9 janv., p. 215, art. 75, modifiant la loi n° 82-659, 30 juill. 1982 portant statut particulier de la région de Corse, art. 9 s.
3. Décr. n° 92-129, 7 févr. 1992 portant approbation du schéma d'aménagement de la Corse.
4. Assemblée de Corse, délib. n° 15/235 AC, 2 oct. 2015.
5. CAA Marseille, 24 mai 2019, *Coti-Chiavari (C[ne])*, req. n° 18MA01215, NP.
6. V. s[s] n° 263.101.

définie en fixant « les objectifs de la préservation de l'environnement de l'île et de son développement économique, social, culturel et touristique »[1].

Le PADDUC constitue ainsi l'instrument de définition d'un équilibre entre protection et développement de la Corse.

A. Orientations fondamentales et principes d'aménagement

263.31 Orientations fondamentales dont résultent des principes d'aménagement. Le PADDUC fixe des « orientations fondamentales » et les « principes de l'aménagement de l'espace » qui en résultent.

263.32 Orientations fondamentales. Le PADDUC « fixe les orientations fondamentales » dans les matières suivantes[2] :

– protection et mise en valeur du territoire ;

– développement agricole, rural et forestier ;

– pêche et aquaculture ;

– habitat ;

– transport de personnes et de marchandises ;

– logistique, intermodalité d'infrastructures et de réseaux de communication et de développement touristique.

263.33 Lutte contre l'artificialisation des sols. Le PADDUC fixe une trajectoire permettant d'aboutir à l'absence de toute artificialisation nette des sols ainsi que, par tranches de dix années, un objectif de réduction du rythme de l'artificialisation. Cet objectif est décliné entre les différentes parties du territoire de la Corse[3].

263.34 Principes d'aménagement. Au regard des orientations ainsi fixées, le PADDUC « définit les principes de l'aménagement de l'espace qui en résultent »[4]. Il détermine notamment :

– les espaces naturels, agricoles et forestiers ainsi que les sites et paysages à protéger ou à préserver ;

– l'implantation des grandes infrastructures de transport et des grands équipements ;

– la localisation préférentielle ou les principes de localisation des extensions urbaines, des activités industrielles, artisanales, commerciales, agricoles, forestières, touristiques, culturelles et sportives.

1. CGCT, art. L. 4424-9, I, al. 2.
2. CGCT, art. L. 4424-9, I, al. 3.
3. CGCT, art. L. 4424-9, I, al. 4 ; mod par L. n° 2023-630, 20 juill. 2023.
4. CGCT, art. L. 4424-9, I, al. 5.

B. Rapport sur les incidences environnementales

263.41 Rapport. Le rapport de présentation du PADDUC doit contenir un rapport sur les incidences environnementales[5].

C. Critères, indicateurs et modalités de suivi

263.51 Outils de suivi de l'application du PADDUC. Le PADDUC prévoit des critères, indicateurs et modalités permettant à la collectivité territoriale de suivre l'application de ses dispositions et leurs incidences[6].

D. Carte

1° Différentes cartes

263.61 Carte de destination générale. La destination générale des différentes parties du territoire de l'île fait l'objet d'une carte, dont l'échelle est déterminée par délibération de l'Assemblée de Corse dans le respect de la libre administration des communes et du principe de non-tutelle d'une collectivité sur une autre[7].

263.62 Autres documents cartographiques. La carte générale peut être précisée, le cas échéant, par les documents cartographiques prévus à l'article L. 4424-10 et au II de l'article L. 4424-11[8].

2° Échelle des cartes

263.71 Échelle retenue. Saisi d'un recours critiquant notamment l'échelle retenue pour les cartes du PADDUC, la cour administrative d'appel de Marseille a indiqué que l'échelle de 1/100 000 choisie pour la carte de destination générale des différentes parties du territoire « est suffisamment précise pour avoir une portée utile sans toutefois permettre une identification des différentes parcelles ». Elle ajoute que, « en tout état de cause, il en va de même de l'échelle de 1/50 000 de la carte des espaces stratégiques agricoles dès lors que le mode de représentation graphique de ces espaces par aplats de couleur sans contour n'autorise pas une identification des parcelles ». Selon la cour : « Le choix de ces échelles

5. V. s[s] n°s 214.281 s. ; CGCT, art. L. 4424-9, I, al. 7.
6. CGCT, art. L. 4424-9, I, al. 8.
7. CGCT, art. L. 4424-9, I, al. 6.
8. CGCT, art. L. 4424-9, I, al. 6.

ne méconnaît pas les dispositions de l'article L. 4424-11 du code de l'urbanisme pas davantage d'ailleurs que le principe de libre administration des collectivités territoriales ou le principe d'interdiction de toute tutelle d'une collectivité territoriale sur une autre. La déclinaison par commune des surfaces agricoles est indicative, comme le précise le schéma d'aménagement territorial page 66 et suivantes et ne méconnaît donc pas non plus les principes précités »[1].

263.72 Constitutionnalité. Des communes ont critiqué, au regard du principe de libre administration des collectivités territoriales, et de l'interdiction de toute tutelle d'une collectivité sur une autre, le pouvoir reconnu à la collectivité territoriale de Corse, d'une part, de déterminer l'échelle des cartes (donc le degré de contrainte pesant sur les communes et EPCI en fonction de la précision de celles-ci), d'autre part de localiser les espaces remarquables. Le Conseil constitutionnel a déclaré les dispositions critiquées conformes à la Constitution, au motif que l'assemblée de Corse est tenue de veiller, sous le contrôle du juge administratif, à la préservation d'un rapport de compatibilité, et non de conformité, entre les documents d'urbanisme et le PADDUC[2].

E. Place du PADDUC dans la hiérarchie des normes

1° Normes et documents que le PADDUC doit prendre en compte

263.81 PIG et OIN. Le PADDUC « prend en compte » les projets d'intérêt général et les opérations d'intérêt national répondant aux conditions fixées aux articles L. 102-1 et L. 102-12 du code de l'urbanisme et comporte, le cas échéant, les dispositions nécessaires à leur réalisation[3].

263.82 Risques. Le PADDUC « prend en compte » les risques naturels, sanitaires et technologiques.

Il « doit être compatible » avec les objectifs et les orientations fondamentales des plans de gestion des risques d'inondation prévus à l'article L. 566-7 du code de l'environnement, lorsqu'ils existent, ainsi qu'avec les dispositions définies aux 1° et 3° de ce même article[4].

Si le PADDUC est approuvé moins d'un an après la date à laquelle a été arrêté un plan de gestion des risques d'inondation prévu à l'article L. 566-7 du code de l'environnement, il est, si nécessaire, modifié ou révisé dans un délai de deux ans pour satisfaire à l'obligation de compatibilité[5].

2° Documents devant être compatibles avec le PADDUC

263.91 Documents d'urbanisme locaux. Les SCOT et, en l'absence de SCOT, les PLU, les schémas de secteur, les cartes communales ou les documents en tenant lieu « doivent être compatibles » avec le PADDUC. Ce rapport de compatibilité s'impose « notamment dans la délimitation à laquelle ils procèdent des zones situées sur leur territoire et dans l'affectation qu'ils décident de leur donner, compte tenu respectivement de la localisation indiquée par la carte de destination générale des différentes parties du territoire de l'île et de la vocation qui leur est assignée par le plan »[6].

§ 2 Chapitres spécifiques équivalents à des prescriptions et documents particuliers

263.101 Dispositions spécifiques dans des chapitres dédiés. Le PADDUC a un effet équivalent à certains documents ou à certaines prescriptions :
- schéma régional de cohérence écologique ;
- planification régionale des transports ;
- schéma de mise en valeur de la mer.

Les dispositions du PADDUC qui s'y rapportent sont regroupées dans des chapitres individualisés au sein du plan et sont, le cas échéant, assorties de documents cartographiques. Lorsque ces documents cartographiques ont une portée normative, leur objet et leur échelle sont déterminés par délibération de l'Assemblée de Corse[7].

A. Schéma régional de cohérence écologique

263.111 PADDUC valant SRCE. Le PADDUC vaut schéma régional de cohérence écologique (SRCE) au sens de l'article L. 371-3 du code de l'environnement[8].

1. CAA Marseille, 24 mai 2019, *Coti-Chiavari (Cne)*, req. nº 18MA01215, NP.
2. Cons. const. 25 nov. 2016, nº 2016-597 QPC, *Cne de Coti-Chiavari* [Plan d'aménagement et de développement durable de Corse], CONFORMITÉ, *JO* 27 nov., nº 71.
3. CGCT, art. L. 4424-9, II, al. 1er.
4. CGCT, art. L. 4424-9, II, al. 2.
5. L. nº 2011-1749, 5 déc. 2011 relative au plan d'aménagement et de développement durable de Corse, *JO* 6 déc., nº 1, art. 6, III.
6. CGCT, art. L. 4424-9, III.
7. CGCT, art. L. 4424-10, IV.
8. CGCT, art. L. 4424-10, I.

263.112 **Espaces naturels et protégés.** À titre de document valant SRCE, le PADDUC[1] :

– recense les espaces protégés au titre du livre III et du titre Ier du livre IV du code de l'environnement ;

– identifie les espaces naturels importants pour la préservation de la biodiversité ;

– et définit des espaces naturels ou semi-naturels et des formations végétales linéaires ou ponctuelles qui permettent de les relier en constituant des continuités écologiques.

263.113 **Plans d'eau et zones humides.** À titre de document valant SRCE, le PADDUC[2] :

– recense les cours d'eau, parties de cours d'eau, canaux, ou plans d'eau, figurant sur les listes établies en application des articles L. 211-14 et L. 214-17 du code de l'environnement ;

– identifie tout ou partie des zones humides dont la préservation ou la remise en bon état contribue à la réalisation des objectifs de qualité et de quantité des eaux fixés par les schémas directeurs d'aménagement et de gestion des eaux[3], notamment les zones humides mentionnées à l'article L. 211-3 dudit code ;

– et définit les cours d'eau, parties de cours d'eau, canaux et zones humides importants pour la préservation de la biodiversité qui n'ont pas été ainsi recensés ou identifiés.

Il prend en compte les orientations nationales pour la préservation et la remise en bon état des continuités écologiques mentionnées à l'article L. 371-2 du même code[4].

B.
Planification régionale des transports

263.121 **Planification.** Le PADDUC met en œuvre[5] :

– les objectifs de la planification régionale des infrastructures de transport au sens de l'article L. 1213-1 du code des transports ;

– et la coordination ainsi que les objectifs d'aménagement prévus par la planification régionale de l'intermodalité, au sens de l'article L. 1213-3 du même code.

263.122 **Place dans la hiérarchie des normes.** Lorsqu'il met en œuvre ces objectifs et cette coordination, le PADDUC « satisfait pour tout ou partie aux conditions prévues par ces articles et par les dispositions réglementaires prises pour leur application »[6].

S'agissant de leurs effets, les dispositions du plan relatives aux services collectifs de transport s'imposent aux plans départementaux des transports[7].

C.
Schéma de mise en valeur de la mer

263.131 **Chapitre valant SMVM.** Le PADDUC vaut, pour les secteurs qu'il détermine, schéma de mise en valeur de la mer (SMVM[8]). À ce titre, il définit pour lesdits secteurs les orientations, vocations, principes, mesures et sujétions particulières prévus à l'article 57 de la loi Littoral[9].

263.132 **Effets sur les SCOT.** Les SCOT ne peuvent inclure les secteurs délimités par le PADDUC dans le chapitre individualisé valant SMVM que, le cas échéant, ils comportent[10].

§ 3
Dispositions relatives au littoral et à la montagne

A.
Pouvoir de préciser les modalités d'application de la loi Littoral et de la loi Montagne

263.141 **Pouvoir d'adaptation.** Le PADDUC peut « préciser les modalités d'application », « adaptées aux particularités géographiques locales », des dispositions du code de l'urbanisme propres au littoral et propres aux zones de montagne[11].

263.142 **Opposabilité.** Les dispositions du PADDUC qui précisent les modalités d'application des dispositions du code de l'urbanisme propres au littoral et propres aux zones de montagne « sont applicables aux personnes et opérations qui sont mentionnées » aux articles L. 121-3 du code de l'urbanisme pour le littoral, et L. 122-2 du même code pour les zones de montagne[12].

B.
Pouvoir de compléter la liste des espaces remarquables

263.151 **Pouvoir.** Le PADDUC peut fixer, pour l'application de l'article L. 121-23 du code de l'urba-

1. CGCT, art. L. 4424-10, I, 1°.
2. CGCT, art. L. 4424-10, I, 2°.
3. C. env., art. L. 212-1, IV.
4. CGCT, art. L. 4424-10, I, al. 5.
5. CGCT, art. L. 4424-10, II.
6. CGCT, art. L. 4424-10, II.
7. CGCT, art. L. 4424-10, II.
8. Sur les SMVM, v. ss nos 126.81 s.
9. CGCT, art. L. 4424-10, III.
10. CGCT, art. L. 4424-10, III.
11. CGCT, art. L. 4424-11, I, al. 1er. V. CAA Marseille, 27 juin 2022, *His*, req. no 20MA02120, NP.
12. CGCT, art. L. 4424-11, I, al. 2.

nisme, une liste complémentaire à la liste des espaces terrestres et marins, sites et paysages remarquables ou caractéristiques du patrimoine naturel et culturel du littoral et des milieux nécessaires au maintien des équilibres biologiques à préserver [1].

263.152 **Modalités.** L'ajout d'espaces remarquables (par rapport aux dispositions législatives et réglementaires du code de l'urbanisme) se fait par une délibération particulière et motivée de l'Assemblée de Corse [2].

Cette délibération tient lieu du décret prévu au premier alinéa de l'article L. 146-6 [3], lequel, codifié à l'article R. 121-4, précise les caractéristiques des espaces remarquables [4].

Elle définit également la localisation de ces espaces [5].

263.153 **Suivi.** Un rapport d'évaluation annuel portant sur la mise en œuvre de ces dispositions et précisant leur impact réel sur l'environnement et le développement durable est établi par la collectivité territoriale de Corse et adressé au Premier ministre, qui le transmet au Parlement [6].

C.
Pouvoir d'autoriser des aménagements légers et des constructions non permanentes dans la bande littorale

263.161 **Pouvoir d'autoriser des structures légères et démontables.** Le PADDUC peut déterminer les espaces situés dans la bande littorale dans lesquels peuvent être autorisés, dans les conditions que le plan précise, « des aménagements légers et des constructions non permanentes destinés à l'accueil du public, à l'exclusion de toute forme d'hébergement » [7]. Sont ici visées des structures légères et démontables comme des paillotes installées sur les plages.

263.162 **Garanties.** Afin d'éviter une dénaturation des sites, plusieurs garanties entourent la mise en œuvre du dispositif [8].

Une première série de garanties concerne le principe même d'autoriser de telles structures :

- l'autorisation doit être votée par une délibération particulière et motivée de l'Assemblée de Corse ;
- elle est décidée en tenant compte de la fréquentation touristique de certains sites et de la préservation de l'environnement ;
- elle doit respecter les paysages et les caractéristiques propres à ces sites.

Une seconde série de garanties concerne la réalisation des aménagements et constructions. Celle-ci est soumise à l'enquête publique (réalisée conformément au chapitre III du titre II du livre Ier du code de l'environnement). Une enquête publique unique portant sur l'ensemble des aménagements et constructions prévus peut être organisée dès lors que le dossier d'enquête précise les conditions d'aménagement et de gestion de l'ensemble des espaces en cause [9].

Une troisième série de garantie concerne le suivi de ces mesures. Le rapport de suivi [10] dresse un bilan de la mise en œuvre de ces dispositions et précise leur impact sur l'environnement et le développement durable [11].

D.
Pouvoir de soustraire à l'exigence d'urbanisation en continuité les communes soumises à la fois à la loi Montagne et à la loi Littoral

263.171 **PADDUC, PLU et accord préfectoral.** Un quart des communes corses sont soumises à la fois à la loi Littoral et à la loi Montagne. Pour atténuer la rigueur résultant de l'application simultanée de ces deux régimes, la loi ÉLAN a prévu que pour ces communes, l'article L. 121-8 du code de l'urbanisme (posant l'exigence d'urbanisation en continuité) ne s'applique pas dans les secteurs, situés en dehors des espaces proches du rivage, déterminés par le PADDUC et délimités par le PLU.

La détermination de ces secteurs est soumise à l'accord du préfet après avis du conseil des sites de Corse [12].

§ 4
Identification d'espaces stratégiques à préserver ou développer

263.181 **Pouvoir d'identifier des espaces stratégiques et de déterminer leur régime.** Le PADDUC peut, « compte tenu du caractère stratégique au regard des enjeux de préservation ou de développement présentés par certains espaces géographiques limités » [13] :

- définir leur périmètre ;

1. CGCT, art. L. 4424-12, I.
2. CGCT, art. L. 4424-12, I.
3. CGCT, art. L. 4424-12, I ; art. R. 4424-6.
4. V. ss no 123.12.
5. CGCT, art. L. 4424-12, I.
6. CGCT, art. L. 4424-12, III.
7. CGCT, art. L. 4424-12, II, al. 1er.
8. CGCT, art. L. 4424-12, II, al. 1er.
9. CGCT, art. L. 4424-12, II, al. 2.
10. V. ss no 263.153.
11. CGCT, art. L. 4424-12, III.
12. CGCT, art. L. 4424-12, II *bis*, créé par la L. no 2018-1021, 23 nov. 2018, art. 45.
13. CGCT, art. L. 4424-11, II, al. 1er.

– fixer leur vocation ;

– et comporter des dispositions relatives à l'occupation du sol propres auxdits espaces, assorties, le cas échéant, de documents cartographiques dont l'objet et l'échelle sont déterminés par délibération de l'Assemblée de Corse.

263.182 Opposabilité des dispositions relatives aux espaces stratégiques. En l'absence de SCOT, de PLU, de schéma de secteur, de carte communale ou de document en tenant lieu, les dispositions du PADDUC relatives aux espaces stratégiques « sont opposables aux tiers dans le cadre des procédures de déclaration et de demande d'autorisation prévues au code de l'urbanisme »[1].

SECTION 2
ÉLABORATION ET ÉVOLUTION DU PADDUC

§ 1
Élaboration du PADDUC

263.191 Cadre juridique. La procédure d'élaboration du PADDUC est fixée par l'article L. 4424 du CGCT. Les dispositions de cet article sont complétées par des délibérations de l'Assemblée de Corse précisant la procédure d'élaboration qu'il prévoit[2].

A.
Engagement de la procédure

263.201 Débat au sein de l'Assemblée. Afin de fixer un cadre dans lequel l'exécutif inscrira le projet, la procédure débute par un débat au sein de l'Assemblée de Corse. Celui-ci porte sur la stratégie et les orientations envisagées, notamment en application de l'article L. 4424-11[3].

263.202 Élaboration d'un projet par l'exécutif. À l'issue du débat organisé au sein de l'Assemblée, et donc, logiquement, au vu des orientations définies par celle-ci et de la stratégie retenue, le conseil exécutif élabore le projet de PADDUC[4].

B.
Association de personnes, autorités et organismes à l'élaboration du projet

263.211 Personnes, autorités et organismes devant être associés à l'élaboration. Doivent être associés à l'élaboration du projet de plan les personnes, autorités et organismes suivants[5] :

– le préfet de Corse ;

– les communes ou leurs groupements à fiscalité propre, ainsi que les établissements publics mentionnés à l'article L. 122-4 du code de l'urbanisme ;

– les chambres d'agriculture, les chambres de commerce et d'industrie et les chambres de métiers et le centre régional de la propriété forestière.

263.212 Personnes, autorités et organismes pouvant être associés à l'élaboration à l'initiative de la collectivité territoriale de Corse. Des organisations professionnelles peuvent être associées à l'élaboration du projet de plan, et ce dans les mêmes conditions que les organismes associés à titre obligatoire[6].

L'Assemblée de Corse peut décider de consulter toute autre organisation sur le projet de plan[7].

263.213 Organismes HLM associés à l'élaboration du plan à leur demande. Si un organisme HLM en fait la demande, le président de l'Assemblée de Corse lui notifie le projet de plan afin de recueillir son avis. Cet avis est réputé favorable s'il n'a pas été rendu par écrit dans un délai de deux mois[8].

C.
Porter à connaissance

263.221 PIG, OIN, PPR. Le préfet de Corse porte à la connaissance du conseil exécutif[9] :

– les PIG et les OIN répondant aux conditions fixées aux articles L. 121-9 et L. 121-9-1 du code de l'urbanisme ;

– ainsi que les PPR.

D.
Évaluation environnementale

263.231 Mise en œuvre. Une évaluation environnementale doit être réalisée lors de l'élaboration du PADDUC[10].

E.
Consultations sur le projet de plan arrêté

263.241 Décision arrêtant le projet de plan. Le conseil exécutif arrête le projet de plan[11].

1. CGCT, art. L. 4424-11, II, al. 2.
2. CGCT, art. L. 4424-13, II.
3. CGCT, art. L. 4424-13, I, al. 2.
4. CGCT, art. L. 4424-13, I, al. 1er.
5. CGCT, art. L. 4424-13, I, al. 3.
6. CGCT, art. L. 4424-13, I, al. 3.
7. CGCT, art. L. 4424-13, I, al. 3.
8. CGCT, art. L. 4424-13, I, al. 4.
9. CGCT, art. L. 4424-13, I, al. 5.
10. CGCT, art. R. 4424-6-1, al. 1er – V. s[s] n° 214.91.
11. CGCT, art. L. 4424-13, I, al. 6.

263.242 **Consultations.** Le projet de plan arrêté par le conseil exécutif et, le cas échéant, les projets de délibérations prévues à l'article L. 4424-12 du CGCT[1] sont soumis pour avis[2] :

– à l'autorité de l'État compétente en matière d'environnement[3] ;

– au conseil économique, social et culturel de Corse ;

– ainsi qu'au conseil des sites de Corse.

Ces avis sont réputés émis et, en ce qui concerne les conseils, favorables s'ils n'ont pas été rendus dans un délai de trois mois[4].

263.243 **Délibération de l'Assemblée.** Éventuellement modifiés pour tenir compte des avis recueillis, le projet de plan et, le cas échéant, les projets de délibérations prévues à l'article L. 4424-12 du CGCT, sont délibérés par l'Assemblée de Corse[5].

263.244 **Enquête publique.** Le projet de plan et, le cas échéant, les projets de délibérations prévues à l'article L. 4424-12 du CGCT, sont soumis à enquête publique par le président du conseil exécutif par les articles R. 123-7 à R. 123-23 du code de l'environnement[6].

Toutefois, le président du conseil exécutif exerce les compétences attribuées au préfet par les articles R. 123-7, R. 123-8, R. 123-13, R. 123-14, R. 123-18 et R. 123-20 à R. 123-23 de ce code[7].

F. Approbation du PADDUC

263.251 **Assemblée de Corse.** Le PADDUC est approuvé par l'assemblée de Corse. L'absence d'approbation par une autorité de l'État témoigne du degré d'autonomie reconnue à la collectivité territoriale pour son élaboration.

G. Financement de l'élaboration du PADDUC

263.261 **Dotation de l'État.** Les frais engendrés pour l'établissement du PADDUC pèsent sur la collectivité territoriale de Corse. Celle-ci bénéficie néanmoins d'une compensation financière de l'État à travers le concours particulier de la dotation générale de décentralisation prévu à l'article L. 4425-27 du CGCT.

Ce concours est attribué à la collectivité sous la forme d'une dotation comprenant deux parts[8] :

– la première destinée à compenser les dépenses d'études et de conduite de l'opération ;

– la seconde destinée à compenser les dépenses matérielles.

263.262 **Montant de la dotation.** Le montant de la dotation ainsi que celui de chacune des parts définies à l'article R. 4425-7 sont fixés de façon forfaitaire par arrêté conjoint du ministre de l'intérieur, du ministre chargé du budget et du ministre chargé de l'urbanisme. Un arrêté pris dans les mêmes formes fixe également le montant de chacun des versements à effectuer selon les modalités définies aux articles R. 4425-10 et R. 4425-11. Il est tenu compte, dans l'appréciation des charges à financer, des moyens mis à la disposition de la collectivité de Corse par l'État[9].

263.263 **Versement.** La part de la dotation correspondant aux dépenses d'études et de conduite de l'opération fait l'objet de deux versements à la demande du président du conseil exécutif de Corse[10] :

– le premier dès l'engagement des études relatives au PADDUC ;

– le second lors de l'ouverture de l'enquête publique prévue à l'article L. 123-1 du code de l'environnement.

La part de la dotation correspondant aux dépenses matérielles fait l'objet de deux versements[11] :

– le premier au moment où le projet de plan est arrêté par le conseil exécutif de Corse ;

– le second après l'approbation du plan d'aménagement et de développement durable par l'Assemblée de Corse.

§ 2 Évolution du PADDUC

A. Modification et révision du PADDUC à l'initiative de la collectivité

263.271 **Cadre juridique.** Les procédures de modification et de révision du PADDUC à l'initiative de la collectivité territoriale de Corse sont fixées par l'article L. 4424-14 du CGCT. Les dispositions de cet article sont complétées par des délibérations de

1. V. s[s] n°s 263.151 s.
2. CGCT, art. L. 4424-13, I, al. 6.
3. L'Autorité environnementale est consultée, d'une part, sur le rapport sur les incidences environnementales et, d'autre part, sur le projet de PADDUC – V. s[s] n°s 214.431 s.
4. CGCT, art. L. 4424-13, I, al. 6.
5. CGCT, art. L. 4424-13, I, al. 6.
6. CGCT, art. L. 4424-13, I, al. 6 ; art. R. 4424-7.
7. CGCT, art. R. 4424-7.
8. CGCT, art. R. 4425-7.
9. CGCT, art. R. 4425-8.
10. CGCT, art. R. 4425-10.
11. CGCT, art. R. 4425-11.

l'Assemblée de Corse précisant la procédure d'élaboration qu'il prévoit[1].

1°
Modification du PADDUC

263.281 Changements limités. Le PADDUC peut faire l'objet d'une modification lorsque les changements envisagés n'ont pas pour effet de porter atteinte à son économie générale[2].

263.282 Procédure. Le PADDUC est modifié sur proposition du conseil exécutif. Les modifications envisagées sont soumises pour avis aux personnes publiques, organismes et organisations dont l'association est prévue à l'article L. 4424-13 du CGCT. Leur avis est réputé favorable s'il n'est pas intervenu dans un délai de trois mois[3].

Après enquête publique, les modifications sont approuvées par l'Assemblée de Corse[4].

2°
Révision du PADDUC

263.291 Changement d'ampleur. La procédure de révision est utilisée pour apporter des changements importants à la version en vigueur du PADDUC.

263.292 Procédure calquée sur celle de l'élaboration. Le plan d'aménagement et de développement durable est révisé selon les modalités prévues pour son élaboration à l'article L. 4424-13[5].

3°
Analyse de l'application du PADDUC

263.301 Analyse. À l'expiration d'un délai de six ans à compter de la date d'approbation du PADDUC, le conseil exécutif procède à une analyse globale des résultats de son application notamment du point de vue de l'environnement[6].

263.302 Portée de l'analyse. L'analyse réalisée est soumise à l'avis du conseil économique, social, environnemental et culturel de Corse, communiquée au public et transmise à l'Assemblée de Corse. L'assemblée délibère sur le maintien en vigueur du PADDUC, sur sa modification, ou sur sa révision, complète ou partielle[7].

1. CGCT, art. L. 4424-14, III.
2. CGCT, art. L. 4424-14, I, al. 1er.
3. CGCT, art. L. 4424-14, I, al. 2.
4. CGCT, art. L. 4424-14, I, al. 3.
5. CGCT, art. L. 4424-14, II, al. 3.
6. CGCT, art. L. 4424-14, II, al. 1er.
7. CGCT, art. L. 4424-14, II, al. 2.

B.
Modification du PADDUC à la demande de l'État

263.311 Demande. Le préfet de Corse peut demander à la collectivité territoriale de Corse la modification du PADDUC afin de permettre la réalisation d'un projet d'intérêt général ou d'une opération d'intérêt national répondant aux conditions fixées en application des articles L. 102-1 et L. 102-12 du code de l'urbanisme[8].

263.312 Procédure. Trois procédures sont envisagées[9] :

– la modification est réalisée par la collectivité territoriale dans les six mois qui suivent la demande ;

– en l'absence de modification réalisée dans ce délai, il y est procédé par décret en Conseil d'État ;

– en cas d'urgence, il peut être procédé à la modification sans délai par décret en conseil des ministres.

C.
Mise en compatibilité du PADDUC

1°
Procédure normale

263.321 Examen conjoint des dispositions envisagées. Les dispositions proposées pour assurer la mise en compatibilité du plan font l'objet d'un examen conjoint de l'État, de la collectivité territoriale de Corse et des personnes publiques associées mentionnées à l'article L. 4424-13[10].

263.322 Enquête publique. Dans la procédure normale, le projet de mise en compatibilité est soumis à une enquête publique réalisée conformément aux articles L. 123-1 s. du code de l'environnement[11].

263.323 Mise en compatibilité. À l'issue de l'enquête publique, la mise en compatibilité du plan éventuellement modifié pour tenir compte des avis qui ont été joints au dossier et du résultat de l'enquête est approuvée par l'Assemblée de Corse[12].

Si la décision de mise en compatibilité n'est pas intervenue dans le délai de deux mois à compter de la réception par l'Assemblée de Corse de l'avis du commissaire enquêteur ou de la commission d'enquête, la mise en compatibilité est approuvée par décret en Conseil d'État[13].

8. CGCT, art. L. 4424-15, al. 1er.
9. CGCT, art. L. 4424-15, al. 2.
10. CGCT, art. L. 4424-15-1, al. 2.
11. CGCT, art. L. 4424-15-1, al. 3.
12. CGCT, art. L. 4424-15-1, al. 4.
13. CGCT, art. L. 4424-15-1, al. 5.

2°
Procédure intégrée et PINM

263.331 Procédures. Le PADDUC peut être mis en compatibilité[1] :

– en application de l'article L. 300-6-1 du code de l'urbanisme (procédure intégrée)[2] ;

– dans les conditions définies à l'article L. 300-6-2 (PINM)[3].

263.332 Deux adaptations. Lorsque la mise en compatibilité du PADDUC intervient dans le cadre d'une procédure intégrée pour le logement en application de l'article L. 300-6-1 du code de l'urbanisme, elle comporte deux adaptations par rapport à la procédure normale.

D'une part, l'examen conjoint prévu à l'article L. 4424-15-1 a lieu à l'initiative de l'autorité mentionnée à l'article R. 300-15 du code de l'urbanisme[4].

D'autre part, l'enquête publique n'a pas à être réalisée si la procédure intégrée inclut l'adaptation d'un ou plusieurs des documents mentionnés au IV de l'article L. 300-6-1 du code de l'urbanisme[5]. Dans le cas contraire, elle est réalisée dans les mêmes conditions que la procédure ordinaire, c'est-à-dire dans les formes prévues aux articles L. 123-1 s. du code de l'environnement.

D.
Évaluation environnementale

263.341 Évaluation environnementale requise selon les effets sur l'environnement des changements envisagés. Si les changements envisagés sont susceptibles d'avoir des effets notables sur l'environnement, il y a lieu de réaliser, soit une actualisation de l'évaluation environnementale, soit une nouvelle évaluation environnementale[6]. Le rapport sur les incidences environnementales devra être mis à jour en conséquence[7].

1. CGCT, art. L. 4424-15-1, al. 1er ; mod par L. n° 2023-630, 20 juill. 2023.
2. V. ss nos 513.21 s.
3. V. ss nos 513.191 s.
4. CGCT, art. R. 4424-7-1, al. 1er.
5. CGCT, art. R. 4424-7-1, al. 2.
6. V. ss nos 214.111 s. ; CGCT, art. L. 4424-14, I, al. 1er.
7. V. ss n° 214.311.

CHAPITRE

264. Le schéma d'aménagement régional (SAR) des régions d'outre-mer

SECTION 0
ORIENTEUR

264.00 Sommaire du chapitre.

264.01 Textes applicables.

• **CGCT**

art. L. 4433-7 s.

art. R. 4433-1 s.

264.03 Bibliographie indicative.

Encyclopédie. *DP constr.-urb.*, ét. : « Schémas d'urbanisme et d'aménagement (SRADDET, SDRIF, SAR, PADDUC) ».

Contributions. P. Soler-Couteaux, « Le SAR de la Réunion : une expérience et un modèle pour les documents d'aménagement », *Mél. Mas*, Economica, 1996, p. 347.

Articles. P. Battistini, « Présentation de l'ordonnance n° 2019-1170 du 13 novembre 2019 relative au régime juridique du schéma d'aménagement régional », *LPA* 17 août 2020, n° 164, p. 10 – D. Blanchet, « Le droit de l'urbanisme dans les départements et les régions d'outre-mer », *DAUH* 2004. 215.

264.04 Question essentielle.

> Le SAR est-il opposable aux autorisations d'urbanisme ?

* V. s[s] n° 264.133

264.05 Réforme. Le régime des schémas d'aménagements régionaux (SAR) a fait l'objet d'une réforme par l'ordonnance du 13 novembre 2019[1] relative au régime juridique du schéma d'aménagement régional, prise sur habilitation de la loi ÉLAN[2]. Les dispositions qui le régissent sont codifiées aux articles L. 4433-7 s. du CGCT.

264.06 Collectivités concernées. Le SAR est adopté par les collectivités suivantes[3] :

– les régions de Guadeloupe et de La Réunion ;

– les collectivités territoriales de Guyane et de Martinique ;

– et le Département de Mayotte.

SECTION 1
OBJET DU SAR

264.11 Orientations fondamentales. Le SAR constitue un document stratégique : il « fixe les orientations fondamentales à moyen terme en matière de développement durable, de mise en valeur du territoire et de protection de l'environnement, eu égard aux objectifs assignés à l'action des collectivités publiques en matière d'urbanisme par l'article L. 101-2 du code de l'urbanisme »[4]. Il revêt ainsi une grande importance dans l'aménagement du territoire puis-

1. Ord. n° 2019-1170, 13 nov. 2019 relative au régime juridique du schéma d'aménagement régional, *JO* 14 nov., n° 28.
2. L. n° 2018-1021, 23 nov. 2018 portant évolution du logement, de l'aménagement et du numérique, *JO* 24 nov., n° 1, art. 40.
3. CGCT, art. L. 4433-7, al. 1er.
4. CGCT, art. L. 4433-7, al. 1er.

que les PLU et cartes communales devront être compatibles avec les orientations ainsi définies.

264.12 Principes et objectifs. Le SAR définit les principes de l'aménagement de l'espace qui résultent des orientations fondamentales fixées[1] ; il détermine notamment la destination générale des différentes parties du territoire de la région, l'implantation des grands équipements d'infrastructures et de transport, ainsi que la localisation préférentielle des extensions urbaines, des activités économiques et commerciales, agricoles, forestières, touristiques et relatives aux énergies renouvelables[2].

Il fixe les objectifs de renouvellement urbain, de construction dans les zones déjà urbanisées, de maîtrise de l'étalement urbain et de lutte contre l'artificialisation des sols[3].

Il fixe une trajectoire permettant d'aboutir à l'absence de toute artificialisation nette des sols ainsi que, par tranche de dix années, un objectif de réduction du rythme de l'artificialisation.

Cette trajectoire tient compte des contraintes propres aux communes littorales soumises aux prescriptions particulières d'un SMVM, notamment en termes d'aménagement du territoire, de renouvellement urbain et d'insularité, de leurs besoins en termes de développement économique et de revitalisation des centres et des efforts déjà réalisés par ces communes[4].

Il définit les principes permettant d'assurer la combinaison des différents modes de transport, la coordination des politiques de mobilité mises en place par les autorités organisatrices ainsi que les objectifs de désenclavement des territoires ruraux et de développement des transports. Il peut tenir lieu de planification régionale des infrastructures de transport au sens de l'article L. 1213-1 du code des transports et de planification régionale de l'intermodalité au sens de l'article L. 1213-3 du même code s'il poursuit les objectifs et satisfait aux conditions prévues par ces articles et par les dispositions réglementaires prises pour leur application[5].

264.13 Destination générale des territoires fixée par voie de carte. La destination générale des différentes parties du territoire fait l'objet d'une carte, dont l'échelle est déterminée par voie réglementaire, carte que précisent, le cas échéant, les documents cartographiques prévus aux articles L. 4433-7-1 et L. 4433-7-2[6].

1. V. s[s] n° 264.11.
2. CGCT, art. L. 4433-7, al. 2.
3. CGCT, art. L. 4433-7, al. 3.
4. CGCT, art. L. 4433-7, al. 3 ; mod par L. n° 2023-630, 20 juill. 2023.
5. CGCT, art. L. 4433-7, al. 4.
6. CGCT, art. L. 4433-7, al. 5.

SECTION 2

CONTENU DU SAR

264.21 Quatre parties. Le SAR est composé[7] :

– d'un rapport (1°) ;

– d'un fascicule des règles (2°) ;

– d'une carte de destination générale des différentes parties du territoire (3°) ;

– de documents annexes (4°).

§ 1

Le rapport

A.

Orientations fondamentales

264.31 Contenu. Le rapport comporte les orientations fondamentales prévues par le premier alinéa de l'article L. 4433-7[8]. Ces orientations fondamentales peuvent, le cas échéant, correspondre à la mise en œuvre de la vision stratégique qu'a la région, le département ou la collectivité du développement durable de son territoire à un horizon plus éloigné que celui du SAR[9].

B.

Principes et objectifs

264.41 Principes et règles. Le rapport détermine[10] :

– les principes de l'aménagement de l'espace qui résultent des orientations fondamentales, les implantations, localisations préférentielles, objectifs et principes prévus dans les domaines de compétence du schéma par les deuxième à quatrième alinéas de l'article L. 4433-7[11] ;

– ainsi que les règles qui contribuent à les mettre en œuvre et à les atteindre.

C.

Chapitres individualisés

264.51 Plusieurs chapitres individualisés. Présentant un caractère intégrateur, le SAR comporte les chapitres individualisés prévus aux articles L. 4433-7-1 à L. 4433-7-4[12]. Il définit dans ces chapitres un nombre important de politiques secto-

7. CGCT, art. R. 4433-1.
8. V. s[s] n° 264.11.
9. CGCT, art. R. 4433-2, 1°.
10. CGCT, art. R. 4433-2, 2°.
11. V. s[s] n° 264.12.
12. CGCT, art. R. 4433-2, 3°.

rielles, avec un accent particulier mis sur la protection de l'environnement.

264.52 Chapitre individualisé relatif à la biodiversité. Le SAR, pour la mise en œuvre de ses orientations en matière de protection et de restauration de la biodiversité, comporte notamment les développements suivants[1] :

– il présente les continuités écologiques retenues pour constituer la trame verte et bleue du territoire et identifie les éléments qui la composent (1°) ;

– il définit les orientations et règles destinées à préserver et à remettre en bon état ces continuités et indique les principales mesures qui pourraient être prises à cet effet par d'autres collectivités, organismes ou personnes (2°) ;

– il comporte une carte des éléments de la trame verte et bleue régionale et une carte des objectifs de préservation ou de remise en bon état des continuités écologiques (3°).

Ce chapitre individualisé fait application des articles R. 371-16 à R. 371-21 du code de l'environnement. Le dispositif de suivi et d'évaluation du SAR comprend notamment des indicateurs relatifs à l'application des orientations et règles destinées à préserver et à remettre en bon état les continuités écologiques[2].

264.53 Chapitre individualisé relatif à l'aménagement, la protection et la mise en valeur du littoral. Le SAR fixe les orientations fondamentales de l'aménagement, de la protection et de la mise en valeur du littoral[3].

Il tient lieu, pour les secteurs qu'il détermine, de schéma de mise en valeur de la mer (SMVM) au sens de l'article 57 de la loi du 7 janvier 1983[4] relative à la répartition de compétences entre les communes, les départements, les régions et l'État[5].

À ce titre, il définit pour ces secteurs les orientations, vocations, principes, mesures et sujétions particulières prévus à ce même article et comporte des documents graphiques représentant les vocations, protections, aménagements et équipements prévus[6].

Dans les communes exposées au recul du trait de côte[7], il comprend les orientations permettant d'adapter les territoires au recul du trait de côte. Il peut identifier des secteurs visant à accueillir des installations et des constructions pour des projets de relocalisation qui se situent en dehors de la bande littorale définie à l'article L. 121-45 du code de l'urbanisme, des zones exposées au recul du trait de côte[8] et des espaces remarquables du littoral[9].

Le SAR ne peut inclure des secteurs couverts par le chapitre individualisé valant SMVM d'un SCOT[10].

264.54 Chapitre individualisé relatif à l'adaptation au changement climatique et à l'amélioration de la qualité de l'air. Le SAR fixe la stratégie du territoire en matière d'adaptation au changement climatique et d'amélioration de la qualité de l'air[11]. À ce titre, il fixe, à son niveau :

– les orientations permettant d'atténuer le changement climatique et de s'y adapter conformément à l'engagement pris par la France à l'article L. 100-4 du code de l'énergie[12] ;

– les orientations permettant de prévenir ou de réduire la pollution atmosphérique ou d'en atténuer les effets, pour atteindre les normes de qualité de l'air et l'objectif pluriannuel de diminution de la moyenne annuelle des concentrations journalières de particules atmosphériques mentionnés à l'article L. 221-1 du code de l'environnement[13].

La programmation pluriannuelle de l'énergie définie à l'article L. 141-5 du code de l'énergie tient lieu du volet énergie prévu par le 3° de l'article L. 222-1 du code de l'environnement[14].

Ce chapitre individualisé s'appuie sur un inventaire des émissions de polluants atmosphériques et de gaz à effet de serre, un bilan énergétique, une évaluation du potentiel énergétique, renouvelable et de récupération, un recensement de l'ensemble des réseaux de chaleur, une évaluation des améliorations possibles en matière d'efficacité énergétique, une étude de vulnérabilité du territoire au changement climatique ainsi que sur une évaluation de la qualité de l'air et de ses effets sur la santé publique et l'environnement menés à l'échelon du territoire et prenant en compte les aspects économiques ainsi que sociaux. Il fixe, en matière d'atténuation du changement climatique, à l'échelon du territoire et aux horizons 2030 et 2050, les objectifs en matière de réduction de la consommation énergétique, de préservation et d'accroissement de l'absorption du carbone par les sols et les milieux naturels et de réduction des émissions de gaz à effet de serre. Il définit, en matière de prévention et de réduction de la pollution atmosphérique, pour le territoire, des objectifs de réduction des émissions de polluants atmosphé-

1. CGCT, art. L. 4433-7-1.
2. CGCT, art. R. 4433-2, a.
3. CGCT, art. L. 4433-7-2, al. 1er.
4. L. n° 83-8, 7 janv. 1983 relative à la répartition de compétences entre les communes, les départements, les régions et l'État, *JO* 9 janv., p. 215.
5. CGCT, art. L. 4433-7-2, al. 2.
6. CGCT, art. L. 4433-7-2, al. 3.
7. V. ss nos 126.291 s.
8. V. ss nos 126.331 s.
9. CGCT, art. L. 4433-7-2, al. 3.
10. CGCT, art. L. 4433-7-2, al. 5.
11. CGCT, art. L. 4433-7-3, al. 1er.
12. CGCT, art. L. 4433-7-3, 1°.
13. CGCT, art. L. 4433-7-3, 2°.
14. CGCT, art. L. 4433-7-3, al. 5.

riques au moins aussi exigeants que ceux prévus au niveau national en application de l'article L. 222-9 du code de l'environnement[1].

D.
Diagnostic de territoire

264.61 **Contenu.** Le rapport comporte un diagnostic du territoire[2].

Ce diagnostic présente, notamment au regard des prévisions démographiques, socio-économiques et écologiques, les besoins en termes d'aménagement de l'espace, de protection de l'environnement, d'équipements, d'infrastructures et de transports, d'habitat ainsi que de développement économique et agricole[3].

Il prend en compte la localisation des infrastructures et équipements existants et les enjeux en matière de maîtrise de l'étalement urbain et de lutte contre l'artificialisation des sols, de préservation de l'environnement, notamment en matière de biodiversité, de protection des paysages et du patrimoine architectural ainsi que ceux relatifs à la protection et à la mise en valeur du littoral et ceux relatifs au changement climatique et à l'amélioration de la qualité de l'air[4].

E.
Évaluation environnementale

264.71 **Rapport sur les incidences environnementales.** Le rapport comporte l'évaluation environnementale prévue par les articles L. 104-1 à L. 104-5 du code de l'urbanisme[5].

Son contenu précis est détaillé par ce point 2° [6].

§ 2
Fascicule des règles

264.81 **Règles.** Le fascicule des règles récapitule les règles édictées par le schéma pour mettre en œuvre les orientations et principes d'aménagement et contribuer à atteindre les objectifs prévus par les deuxième à quatrième alinéas de l'article L. 4433-7 ainsi que les règles, mesures et sujétions édictées par les chapitres individualisés prévus aux articles L. 4433-7-1 et L. 4433-7-2[7].

264.82 **Possibilité de compléments.** L'énoncé d'une règle peut être assorti, à titre de compléments dépourvus de tout caractère contraignant :

- de documents graphiques[8] ;
- de propositions de mesures d'accompagnement destinées aux autres acteurs de l'aménagement et du développement durable régional[9].

Ces compléments sont distincts des règles et identifiés en tant que tels[10].

264.83 **Modalités de suivi et d'évaluation.** Le fascicule comprend les modalités de suivi de l'application des règles et de l'évaluation de leurs incidences[11].

§ 3
Cartes

264.91 **Carte de destination générale.** La carte de destination générale des différentes parties du territoire prévue par le dernier alinéa de l'article L. 4433-7 est établie à une échelle comprise entre 1/50 000 et 1/100 000, à l'exception des zones de faible densité démographique de Guyane pour lesquelles une ou des échelles plus réduites peuvent être utilisées[12].

264.92 **Documents cartographiques se rapportant aux chapitres individualisés.** Les documents cartographiques se rapportant aux chapitres individualisés prévus à l'article L. 4433-7-4 peuvent être établis à une échelle différente de celle utilisée pour la carte de destination générale des différentes parties du territoire[13].

§ 4
Annexes

264.101 **Tout élément utile.** Les annexes sont composées de tous éléments indicatifs que la collectivité estime être de nature à éclairer sur l'élaboration et la mise en œuvre du schéma[14].

SECTION 3
ÉLABORATION ET ÉVOLUTION DU SAR

264.111 **Procédure d'élaboration du SAR.** La procédure d'élaboration du SAR est fixée aux articles L. 4433-10 s., et R. 4433-7 s. du CGCT.

1. CGCT, art. R. 4433-2, b.
2. CGCT, art. R. 4433-3, 1°, al. 1er.
3. CGCT, art. R. 4433-3, 1°, al. 2.
4. CGCT, art. R. 4433-3, 1°, al. 2.
5. CGCT, art. R. 4433-3, 2°, al. 1er.
6. Sur les exigences à prendre en compte dans sa rédaction, v. ss nos 214.281 s.
7. CGCT, art. R. 4433-4, al. 1er.
8. CGCT, art. R. 4433-4, 1°.
9. CGCT, art. R. 4433-4, 2°.
10. CGCT, art. R. 4433-4, al. 5.
11. CGCT, art. R. 4433-4, al. 6.
12. CGCT, art. R. 4433-5, al. 1er.
13. CGCT, art. R. 4433-5, al. 2.
14. CGCT, art. R. 4433-6.

Une évaluation environnementale doit être réalisée lors de l'élaboration du SAR[1]. Elle implique notamment une consultation de l'Autorité environnementale[2].

264.112 Procédure d'évolution du SAR. La procédure d'évolution du SAR est fixée aux articles L. 4433-10-5 s. et R. 4433-10 du CGCT.

Si les changements envisagés sont susceptibles d'avoir des effets notables sur l'environnement, il y a lieu de réaliser, soit une actualisation de l'évaluation environnementale, soit une nouvelle évaluation environnementale[3]. Le rapport sur les incidences environnementales devra être mis à jour en conséquence[4].

SECTION 4

PLACE DU SAR DANS LA HIÉRARCHIE DES NORMES

§ 1 Textes et documents s'imposant au SAR

264.121 Textes et documents à respecter. Le SAR respecte[5] :

– les règles générales d'aménagement et d'urbanisme à caractère obligatoire prévues au titre Ier du livre Ier du code de l'urbanisme, les dispositions particulières au littoral prévues au chapitre Ier du titre II du même livre, les dispositions particulières aux zones de bruit des aérodromes prévues à l'article L. 112-3 du même code ainsi que les servitudes d'utilité publique affectant l'utilisation des sols (1°) ;

– les dispositions nécessaires à la mise en œuvre d'OIN et des PIG (2°) ;

– la législation en matière de protection des sites et des paysages ainsi qu'en matière de protection des monuments classés ou inscrits (3°) ;

– les principes de l'aménagement rural définis par l'article L. 111-2 du code rural (4°).

264.122 Textes et documents s'imposant dans un rapport de compatibilité. Le SAR est « compatible » avec[6] :

– les objectifs de gestion des risques d'inondation définis par les plans de gestion des risques d'inondation pris en application de l'article L. 566-7 du code de l'environnement, ainsi qu'avec les orientations fondamentales et les dispositions de ces plans définies en application des 1° et 3° du même article (1°) ;

– les objectifs et dispositions du document stratégique de bassin maritime prévu par l'article L. 219-3 du code de l'environnement, en tant que le schéma d'aménagement régional tient lieu de schéma de mise en valeur de la mer (2°).

264.123 Textes et documents s'imposant dans un rapport de prise en compte. Le SAR « prend en compte »[7] :

– les programmes de l'État, et, pour les harmoniser, ceux des collectivités territoriales et de leurs établissements et services publics (1°) ;

– la stratégie nationale de développement à faible intensité de carbone, dénommée « stratégie bas-carbone », prévue par l'article L. 222-1 B du code de l'environnement (2°) ;

– le document stratégique de bassin maritime prévu par l'article L. 219-3 du code de l'environnement (3°) ;

– les orientations nationales pour la préservation et la remise en bon état des continuités écologiques prévues par l'article L. 371-2 du code de l'environnement, pour l'application de l'article L. 4433-7-1 (4°) ;

– le schéma départemental d'orientation minière en Guyane prévu par l'article L. 621-1 du code minier (5°).

§ 2 Portée du SAR

264.131 SCOT, PLU, cartes communales et chartes des parcs. Doivent être compatibles avec le SAR[8] :

– les SCOT ;

– et, en l'absence de SCOT, les PLU, les documents en tenant lieu et les cartes communales ;

– ainsi que les chartes de parcs nationaux et les chartes des parcs naturels régionaux.

264.132 Plans climat-air-énergie. Les plans climat-air-énergie territoriaux (PCAET) sont compatibles avec les orientations fixées par le SAR en matière d'adaptation au changement climatique et d'amélioration de la qualité de l'air en application de l'article L. 4433-7-3[9].

264.133 Autorisations d'urbanisme. En tant que document d'orientation stratégique, le SAR n'est pas opposable aux demandes d'autorisation d'urbanisme.

1. V. s^s n° 214.91.
2. V. ss nos 214.431 s.
3. V. ss nos 214.111 s.
4. V. ss n° 214.311.
5. CGCT, art. L. 4433-8.
6. CGCT, art. L. 4433-8-1.
7. CGCT, art. L. 4433-8-2.
8. CGCT, art. L. 4433-9, al. 1er.
9. CGCT, art. L. 4433-9, al. 2.

LIVRE

3. LES AUTORISATIONS D'URBANISME (CONSTRUCTIONS, AMÉNAGEMENTS, DÉMOLITIONS)

SECTION 0 ORIENTEUR

3.00 Sommaire du livre.

3.03 Bibliographie indicative.

Monographies. N. Baillon, *Traité du permis de construire*, 6e éd., « Référence juridique », Le Moniteur, 2017 – Ph. Boulisset, S. Cardi, S. Consalvi, R. Thielé, *Permis de construire 2021-2022 : permis de démolir, permis d'aménager, déclaration préalable*, 3e éd., « Encyclopédie Delmas pour la vie des affaires », Delmas, 2021 – V. Lachaut-Dana, *Permis de construire et autorisations d'urbanisme : études préalables, délivrance, mise en œuvre*, 2e éd., « Pratique du droit », Le Moniteur, 2019 – C. Mialot et F. Ehrenfeld, *Le permis de construire et autres autorisations d'urbanisme*, « Les indispensables », Berger-Levrault, 2018 – O. Bonneau, S. Guirriec, C. Morot-Monomy, *Délivrer et contrôler les autorisations d'urbanisme*, « Dalloz Public », Dalloz, 2021 – Centre d'Études Juridiques d'Urbanisme d'Aix-en-Provence, *La réforme des régimes d'autorisation d'urbanisme : simplification, sécurisation, clarification ?*, Édilaix, 2007.

> Articles

Réforme des autorisations d'urbanisme de 2005-2007. Ph. Baffert, « La Genèse de l'ordonnance du 8 décembre 2005 et de ses décrets d'application. Une petite histoire du permis de construire et de ses réformes », *BJDU* 2007. 2 – Ph. Benoit-Cattin, « La réforme des autorisations d'urbanisme », *Constr.-urb.* 2006, ét. 1 – Ph. Billet, « La réforme du régime des autorisations d'urbanisme », *JCP Adm.* 2005, nº 1394 – J.-C. Bonichot, « L'ordonnance du 8 décembre 2005 et le nouveau régime des autorisations d'urbanisme », *BJDU* 2005. 403 – F. Bouyssou, « La Sécurisation des autorisations d'urbanisme », *AJDA* 2006. 1268 ; F. Bouyssou, « Le décret réformant le droit de l'urbanisme », *JCP N* 2007, nº 1049 – Ch. Denizeau, La simplification et la sécurisation des autorisations d'urbanisme par le décret du 5 janvier 2007, *Dr. adm.* 2007, ét. nº 4 – P. Cornille, « Premiers regards sur la réforme des autorisations d'urbanisme », *Constr.-urb.* 2006, repère 1 – P. Cornille et N. Rousseau, « Quelle sécurisation des constructeurs et des constructions par la loi ENL ? », *Constr.-Urb.* 2006, chron. 14 – P. Ibanez, « La réforme des autorisations d'urbanisme », *D.* 2005. 2097 – Y. Jégouzo, « La réforme du permis de construire et des autorisations d'urbanisme », *AJDA* 2005. 2316 – Ch. Maugüe et E. Crépey, « La réforme des autorisations d'urbanisme », *RFDA* 2007. 535 – G. Pellissier, « La réforme du permis de construire et des autorisations d'urbanisme », *Coll. Terr.* 2006, alertes 5 – H. Perinet-Marquet, « Permis précaire ou permis dérogatoire », *Constr.-urb.* 2006, ét. 21 – B. Phémolant, « La Réforme des autorisations d'urbanisme », *AJDA* 2007. 230 – B. Phémolant, « Genèse et présentation de la réforme des autorisations d'urbanisme », *DAUH* 2007. 17 – P. Planchet, « La réforme des autorisations d'urbanisme », *DAUH*, 2006. 47 – P. Planchet, Premiers résultats de la réforme des autorisations d'urbanisme, *AJDA* 2009. 73 – G. Roujou de Boubée, « Incidences de l'ordonnance nº 2005-1527 du 8 décembre 2005 relative au permis de construire et aux autorisations d'urbanisme », *RDI* 2006. 47 – P. Soler-Couteaux, « Le Nouveau régime des autorisations d'utilisation du sol : lisibilité ; sécurité ; conformité », *RDI* 2006. 23 – P. Soler-Couteaux, « L'impact de la loi ENL sur le droit de l'urbanisme », *RDI* 2006. 407 – S. Traoré, « Les Instruments d'application de l'ordonnance relative aux autorisations d'urbanisme », *Constr.-Urb.* 2007, ét. 2 – J. Trémeau, « Les Nouvelles Autorisations et leur périmètre », *DAUH* 2007. 31.

Loi ÉLAN. S. Traoré, « Les procédures du permis de construire après la loi ÉLAN », *AJCT* 2019. 13.

Loi Climat et résilience. P. Peynet, « Le point sur les autorisations d'urbanisme après la loi Climat et résilience », *AJCT* 2022. 8.

Crise sanitaire. Ph. Billet, « Droits de l'environnement et de l'urbanisme au temps du Covid-19 », *JCP Adm.* 2020, nº 2135 – É. Carpentier, « Les autorisations d'urbanisme et le coronavirus. Vingt fois sur le métier... », *AJDA* 2020. 1166 – L. Santoni, « Stabilisation des délais d'instruction, de recours et de retrait des autorisations d'urbanisme », *Constr.-Urb.* 2020, comm. 67 – P. Soler-Couteaux et M. Revert, « Le droit de l'urbanisme au temps du Coronavirus », *RDI* 2020. 350 – SCP Cornille-Fouchet, « Moratoire pour les délais d'urbanisme et de construction en application des ordonnances "Covid-19" », *Constr.-Urb.* 2020, ét. 5 et 7.

Propositions. F. Polizzi, « Quels leviers actionner pour développer la construction ? », *AJDA* 2024. 1477

3.05 Objet. Les dispositions relatives aux constructions, aménagements et démolitions sont regroupées dans le Livre IV du code de l'urbanisme. Elles ont pour objet de déterminer les règles applicables à ces opérations : formalités à accomplir (obtention d'un permis, dépôt d'une déclaration, dispense de formalités) ; autorités compétentes ; règles de dépôt et d'instruction des demandes et déclarations ; contrôle de la conformité.

Ces dispositions portent également sur le certificat d'urbanisme, acte délivré par l'administration à la demande d'un administré afin d'informer celui-ci sur la situation juridique d'un terrain et la faisabilité d'une opération.

3.06 **Statistiques.** Un fichier des permis de construire des logements et locaux est établi mois après mois. Il comprend les informations essentielles sur chaque permis délivré (nom du demandeur, localité, objet, référence cadastrale, etc.). Il est librement consultable en ligne[1].

3.07 **Réforme de 2007.** L'état du droit a été profondément remanié lors de la réforme des autorisations d'urbanisme de 2005-2007[2], entrée en vigueur le 1er octobre 2007. L'objectif majeur consistait à clarifier et simplifier l'état du droit. À cette fin :

- le nombre de régime a été diminué (aux onze régimes d'autorisation et quatre régimes déclaratifs ont été substitués trois régimes d'autorisation et un régime déclaratif[3]) ;
- les procédures ont été harmonisées afin d'être rendues communes aux différents régimes (sous réserve de certaines spécificités propres à chacun d'eux et qui demeurent) ;
- le contrôle de la conformité des travaux a été allégé et simplifié.

3.08 **Annonce du plan.** Les dispositions relatives aux constructions, aménagements et démolitions seront présentées en abordant successivement les points suivants :

- le certificat d'urbanisme ;
- les formalités applicables selon le type d'opération (permis, déclaration, dispense de formalités) ;
- les règles de dépôt et d'instruction des demandes et déclarations ;
- la décision prise sur la demande de permis ou la déclaration préalable ;
- la mise en œuvre de l'autorisation (durée de validité ; transfert, modification, retrait ; contrôle de la conformité des travaux).

La présentation de ces règles communes est complétée, dans les trois titres suivants, par une analyse des dispositions propres à chaque type d'opération :

- règles propres aux constructions ;
- règles propres aux aménagements, notamment aux lotissements ;
- règles propres aux démolitions.

Se trouve enfin exposé le régime particulier applicable aux autorisations d'urbanisme portant sur le domaine skiable.

1. https://www.statistiques.developpement-durable.gouv.fr/liste-des-permis-de-construire-des-logements
2. La réforme a été réalisée par quatre textes :
   – Ord. n° 2005-1527, 8 déc. 2005 relative au permis de construire et aux autorisations d'urbanisme, *JO* 9 déc., n° 30 ;
   – L. n° 2006-872, 13 juill. 2006 portant engagement national pour le logement, *JO* 16 juill., n° 1 ;
   – Décr. n° 2007-18, 5 janv. 2007 pris pour l'application de l'ordonnance n° 2005-1527 du 8 décembre 2005 relative au permis de construire et aux autorisations d'urbanisme, *JO* 6 janv., n° 12 ;
   – Décr. n° 2007-817, 11 mai 2007 relatif à la restauration immobilière et portant diverses dispositions modifiant le code de l'urbanisme, *JO* 12 mai, n° 53.
3. Du fait de ses spécificités, le régime d'autorisation des pistes de ski et des remontées mécaniques demeure néanmoins soumis à un régime propre – V. ss nos 391.01 s.

TITRE

31. Le certificat d'urbanisme

SECTION 0

ORIENTEUR

31.00 Sommaire du titre.

31.03 Bibliographie indicative.

Monographies. Ph. Boulisset, *Les certificats d'urbanisme*, « Point de droit », Edilaix, 2010 – P. Hocreitère, *Guide pratique du certificat d'urbanisme*, 2e éd., Berger-Levrault, 2004 – S. Pérignon, *Le certificat d'urbanisme en cinquante questions*, « Guides juridiques », Le Moniteur, 2009.

Contribution. H. Jacquot, « Sur la dissociation des fonctions d'information et de stabilisation du certificat d'urbanisme d'information générale », *Mél. É. Fatôme*, Dalloz, 2011, p. 165.

Articles. F. Bouyssou, « Nature juridique et force véritable du certificat d'urbanisme : la fin des illusions », *JCP N* 1977. I. 328 – P. Cornille, « Réforme des certificats d'urbanisme par la loi SRU : le grand désarroi », *Constr.-Urb.* 2001. Chron. 11 – J.-H. Driard, « Certificat d'urbanisme : les apports de la loi no 2000-1028 du 13 déc. 2000 », *JCP N* 2001, no 1852 – D. Dutrieux, « Le certificat d'urbanisme », *LPA* 27 janvier 2010, no 19, p. 8 – G. Godfrin, « Certificat d'urbanisme : informer en silence », *Constr.-Urb.* 2007, ét. 6 – G. Godfrin, « Qu'est-ce qu'un certificat d'urbanisme ? », *Constr.-Urb.* 2009, ét. 22 – L. Goutalier, « Les effets du certificat d'urbanisme sur les droits de préemption du Code de l'urbanisme », *BJDU* 2014. 79 – H. Jacquot, « La réforme du certificat d'urbanisme d'information », *BJDU* 2000. 399 – D. Larralde, « Les effets du certificat d'urbanisme : stabilité d'une illusion », *Dr. adm.* 2005, ét. 6 – S. Pérignon, « Le nouveau certificat d'urbanisme », *AJDA* 2001. 51 – A. Philippe, « Le certificat d'urbanisme gagne-t-il à être qualifié de créateur de droits ? », *LPA* 27 févr. 2019, no 42, p. 10 – J. Tremeau, « La nouvelle réforme des certificats d'urbanisme », *BJDU* 2007. 21 – J. Trémeau, « Le certificat d'urbanisme, un an après », *DAUH* 2009. 35.

Rapport. G. Godfrin et J. Tremeau, *Rapport de recherche relatif au certificat d'urbanisme*, 18 févr. 2014 [en ligne : http://www.gridauh.fr].

31.05 Nature et objet. Le certificat d'urbanisme constitue un acte administratif dont l'objet est d'informer l'administré sur les règles d'urbanisme applicables à un terrain. Il constitue également un instrument de sécurisation de son action en cristallisant les règles applicables à ce terrain pendant une période donnée. L'immense majorité des transactions immobilières est précédée de la délivrance d'un certificat d'urbanisme.

31.06 **Origine.** Le certificat d'urbanisme a été créé par la loi du 16 juillet 1971[1]. Avant cette date n'existait que la note de renseignements d'urbanisme (NRU), créée par une circulaire du 13 décembre 1950[2].

1. L. n° 71-581, 16 juill. 1971 portant dispositions diverses en matière d'urbanisme et d'action foncière.
2. Rép. min. n° 25914, *JOAN Q* 2013, p. 9074. Sur la NRU, v. s[s] n°s 311.21 s.

CHAPITRE

311. Deux types de CU : le certificat d'information et le certificat opérationnel

SECTION 0 ORIENTEUR

311.00 Sommaire du chapitre.

311.01 Texte applicable.

• **C. urb.,** art. L. 410-1

311.03 Bibliographie indicative.

Encyclopédies. *DP constr.-urb.*, ét. : « Certificat d'urbanisme » – *J.-Cl. Constr.-Urb.*, fasc. 6-10 : « Certificat d'urbanisme », par F. Benchendikh, juin 2024.

Monographie. S. Pérignon, *Le certificat d'urbanisme en 50 questions : régime juridique, modalités d'obtention, prévention des contentieux*, « Guides juridiques », Le Moniteur, 2009.

Article. G. Godfrin, « Qu'est-ce qu'un certificat d'urbanisme ? », *Constr.-Urb.* 2009, ét. 22.

SECTION 1 CU-A ET CU-B

311.11 Deux types de CU. L'article L. 410-1 distingue deux types de certificats d'urbanisme :

– le certificat d'information (« CU-a », car prévu au petit a de cet article) ;

– et le certificat opérationnel (« CU-b », car prévu au petit b de cet article).

311.12 Le CU d'information (CU-a). Le CU d'information est également appelé CU d'informations générales ou CU ordinaire. Il fournit des renseignements d'urbanisme généraux sur le terrain : règles d'urbanisme applicables, servitudes existantes, taxes exigibles. Il permet ainsi de disposer d'informations sur la situation d'un terrain.

311.13 Le CU opérationnel (CU-b). Le CU opérationnel est également appelé CU pré-opérationnel ou CU détaillé. Il s'agit d'un CU détaillé indiquant si un projet déterminé peut être réalisé sur ce terrain. Il apporte ainsi des informations sur la faisabilité d'un projet.

311.14 Critère de distinction entre CU-a et CU-b. En cas de doute sur la nature du CU (a ou b), il y a lieu de prendre en compte l'objet de la demande. Si celle-ci ne présentait pas les caractéristiques d'une opération, le CU est regardé comme informatif[1]. Dans le cas contraire, il est considéré comme opérationnel.

Dans le cas d'une demande de CU-a, l'autorité administrative n'est pas tenue de faire connaître quelles dispositions sont susceptibles d'être opposées à un projet dont les caractéristiques lui sont inconnues[2].

1. CAA Versailles, 14 mars 2008, *S^té 3 A Investissement*, req. n° 06VE00659, *Lebon* – CAA Mareille, 8 juill. 2010, *Sorede (C^ne)*, req. n° 08MA04642, NP.
2. CAA Mareille, 8 juill. 2010, *Sorede (C^ne)*, req. n° 08MA04642, NP : dans le cas présent, la demande de CU n'a été expressément présentée que pour connaître les dispositions d'urbanisme et les limitations au droit de construire applicables à un terrain et ne précisait pas les caractéristiques d'une opération de construction particulière. Le juge estime être en présence d'un CU-a. Il en déduit qu'en indiquant que le terrain était soumis au POS de la commune, dont les principales dispositions étaient reportées au cadre n° 9 du certificat, et en mentionnant par ailleurs qu'un PPR avait été prescrit sur ce secteur, le maire, qui n'était pas tenu de faire connaître quelles dispositions permissives du RNU étaient susceptibles d'être opposées à un projet dont les caractéristiques lui étaient inconnues, n'a pas commis d'illégalité fautive en délivrant un tel certificat « informatif » en application de L. 410-1, al. 1er et a suffisamment renseigné les pétitionnaires au regard de la nature de leur demande.

SECTION 2

DISTINCTION DU CU AVEC LA NOTE DE RENSEIGNEMENTS D'URBANISME (NRU)

311.21 Une mesure d'information distincte du CU. La demande de CU « ne doit pas être confondue avec l'ancienne note de renseignements d'urbanisme qui était auparavant délivrée par le biais du formulaire CERFA, n° 46-0392, aujourd'hui supprimé »[1].

La NRU avait été instaurée par voie de circulaire[2].

311.22 Intérêt de la NRU. La NRU « est maintenue et est délivrée en ligne et dans un délai d'un mois, par plusieurs villes, dont Paris. Elle est très utilisée par toutes les professions immobilières, syndics et les notaires, en plus du certificat d'urbanisme. Elle est nécessaire pour connaître les charges administratives grevant un bien immobilier, dans le cas de la vente d'une propriété sans modification de son état. Elle est annexée à l'acte notarié et indique au futur propriétaire le droit applicable au terrain compte tenu des dispositions d'urbanisme ou des limitations administratives au droit de propriété au moment où elle est établie »[3].

311.23 Limites de la NRU. La NRU « est une pièce purement informative qui ne crée aucun droit et n'offre aucune garantie ». Elle « ne conclut en aucun cas à la possibilité de construire et, de ce fait, ne remplace pas un certificat d'urbanisme, lorsque celui-ci est obligatoire »[4].

311.24 Encouragement à recourir au CU-a plutôt qu'à la NRU. Selon une réponse ministérielle : « Le certificat d'urbanisme "a" peut avantageusement remplacer la note de renseignements d'urbanisme puisqu'il informe de la même façon sur le droit applicable à un terrain et, de surcroît, offre une garantie juridique supplémentaire en "cristallisant" les droits du demandeur »[5].

1. Rép. min. n° 13317, *JOAN Q* 11 mars 2008, p. 2092.
2. Circ. n° 73-217, 31 déc. 1973.
3. Rép. min. n° 25914, *JOAN Q* 2013, p. 9074.
4. Rép. min. n° 25914, *JOAN Q* 2013, p. 9074.
5. Rép. min. n° 13317, *JOAN Q* 11 mars 2008, p. 2092.

CHAPITRE

312. Procédure de délivrance du certificat d'urbanisme

SECTION 0
ORIENTEUR

312.00 Sommaire du chapitre.

312.01 Textes applicables.

• C. urb.

art. L. 410-1

art. R. 410-1 s.

art. A. 410-1 s.

312.03 Bibliographie indicative.

Encyclopédies. *DP constr.-urb.*, ét. : « Certificat d'urbanisme » – *J.-Cl. Constr.-Urb.*, fasc. 6-10 : « Certificat d'urbanisme », par F. Benchendikh, juin 2024.

Monographies. S. Pérignon, *Le certificat d'urbanisme en 50 questions : régime juridique, modalités d'obtention, prévention des contentieux*, « Guides juridiques », Le Moniteur, 2009.

Articles. G. Godfrin, « Qu'est-ce qu'un certificat d'urbanisme ? », *Constr.-Urb.* 2009, ét. 22.

312.04 Questions essentielles.

> Un tiers peut-il présenter une demande de CU ?

* V. s[s] n° 312.11

> Quels sont les effets d'un CU tacite ?

* V. s[s] n° 312.142

SECTION 1
PRÉSENTATION DE LA DEMANDE DE CERTIFICAT D'URBANISME

§ 1
Auteur de la demande de CU

312.11 Absence de précision. Aucune disposition ne précise quelles sont les personnes autorisées à présenter une demande de CU ni les qualités à justifier pour pouvoir présenter une telle demande. On déduit de cette absence de limitation que la demande de CU peut être présentée non seulement par le propriétaire du terrain mais aussi par les tiers, par exemple un voisin, un notaire ou une personne souhaitant acquérir le terrain.

§ 2
Contenu de la demande de CU

312.21 **Éléments communs aux CU-a et -b.** Dans tous les cas, la demande de CU précise [1] :

- l'identité du demandeur ;
- la localisation, la superficie et les références cadastrales du terrain ;
- ainsi que l'objet de la demande.

Un plan de situation permettant de localiser le terrain dans la commune est joint à la demande [2]. Le plan de situation précise son échelle et l'orientation du terrain par rapport au nord [3].

312.22 **Éléments propres au CU-b.** Pour les CU-b, la demande est accompagnée d'une « note descriptive succincte de l'opération » [4].

Lorsque le projet concerne un ou plusieurs bâtiments, cette note indique leur destination et leur sous-destination définies aux articles R. 151-27 et R. 151-28 et leur localisation approximative dans l'unité foncière [5].

Lorsque des constructions existent sur le terrain, la note comporte un plan du terrain indiquant l'emplacement de ces constructions [6].

312.23 **Demande présentée par un tiers : absence d'exigence de mentionner le nom du propriétaire.** Selon la doctrine administrative : « L'identité du propriétaire du terrain, lorsqu'il n'est pas le demandeur, n'a pas à figurer dans la demande de certificat d'urbanisme. Le propriétaire ne sera donc pas informé de la délivrance à des tiers de certificats concernant son terrain » [7].

312.24 **Cas d'un dossier insuffisant, imprécis ou comportant des inexactitudes.** La circonstance que les documents produits à l'appui d'un dossier de demande de certificat d'urbanisme seraient insuffisants, imprécis ou comporteraient des inexactitudes n'est susceptible d'entacher d'illégalité le certificat d'urbanisme qui a été accordé « que dans le cas où ces omissions, inexactitudes ou insuffisances ont été de nature à fausser l'appréciation portée par l'autorité administrative sur la conformité du projet à la réglementation applicable » [8].

§ 3
Dépôt de la demande de CU

312.31 **Formulaire.** La demande de certificat d'urbanisme est présentée en remplissant le formulaire portant le numéro Cerfa 13410 [9].

312.32 **Nombre d'exemplaires.** La demande de CU et le dossier qui l'accompagne sont établis :

- en deux exemplaires pour un CU-a [10] ;
- en quatre exemplaires pour un CU-b [11].

En cas de saisine par voie électronique, un seul exemplaire suffit.

312.33 **Envoi ou dépôt du dossier.** Le dossier de la demande de certificat d'urbanisme est adressé au maire de la commune dans laquelle le terrain est situé [12]. Il peut être :

- envoyé à celle-ci (en format papier ou dématérialisé [13]) ;
- ou déposé.

§ 4
Enregistrement du dossier et réalisation des transmissions

312.41 **Enregistrement.** Le maire affecte un numéro d'enregistrement à la demande dans des conditions prévues par arrêté du ministre chargé de l'urbanisme [14].

Lorsque la demande est effectuée par voie électronique, l'accusé de réception électronique prévu à l'article L. 112-11 du CRPA comporte, outre les mentions prévues à l'article R. 112-11-1 du même code, ce numéro d'enregistrement [15].

1. C. urb., art. R. 410-1, al. 1er.
2. C. urb., art. R. 410-1, al. 1er.
3. C. urb., art. A. 410-2.
4. C. urb., art. R. 410-1, al. 2.
5. C. urb., art. R. 410-1, al. 2.
6. C. urb., art. R. 410-1, al. 2.
7. Rép. min. n° 16829, *JO Sénat Q* 19 mai 2016, p. 2106.
8. CE 22 juill. 2020, *Assoc. Sauvegarde des Boutets*, req. n° 428023, *Lebon T. ; BJDU* 2021. 392, concl. O. Fuchs – Il en va de même en matière de permis de construire (v. ss n° 343.12).
9. C. urb., art. A. 410-A, al. 1er, pris sur le fondement de l'article R. 410-21 – Ce modèle de formulaire peut être obtenu auprès des mairies ou des services départementaux de l'État chargés de l'urbanisme et est disponible sur le site http://www.service-public.fr/.
10. C. urb., art. R. 410-2, a.
11. C. urb., art. R. 410-2, b.
12. C. urb., art. R. 410-3, al. 1er.
13. Sur la saisine par voie électronique, v. ss n° 336.61.
14. C. urb., art. R. 410-3, al. 2.
15. C. urb., art. R. 410-3, al. 2.

312.42 **Transmissions (CU-b).** Dans le cas d'un CU-b, les exemplaires du dossier de demande font l'objet des transmissions prévues aux articles R. 423-9 à R. 423-13[1].

SECTION 2
INSTRUCTION DE LA DEMANDE DE CERTIFICAT D'URBANISME

§ 1
Règles d'instruction communes aux deux types de CU

A.
Cas où le CU est délivré par la commune ou l'EPCI

312.51 **Autorité compétente.** Lorsque le CU est délivré au nom de la commune ou de l'EPCI (hypothèse où la commune est couverte par un document d'urbanisme), l'instruction est effectuée au nom et sous l'autorité du maire ou du président de l'établissement public compétent en matière de PLU[2].

312.52 **Services pouvant être chargés des actes d'instruction.** L'autorité compétente (maire ou président de l'EPCI) peut charger des actes d'instruction[3] :

– les services de la commune (a) ;

– les services d'une collectivité territoriale ou d'un groupement de collectivités (b) ;

– les services d'un syndicat mixte ne constituant pas un groupement de collectivités (c) ;

– une agence départementale créée en application de l'article L. 5511-1 du CGCT (d) ;

– les services de l'État, lorsque la commune ou l'EPCI remplit les conditions fixées à l'article L. 422-8 (e)[4].

B.
Cas où le CU est délivré au nom de l'État

312.61 **Autorité compétente.** Lorsque le CU est délivré au nom de l'État (hypothèse où la commune n'est pas couverte par un document d'urbanisme), l'instruction est effectuée par le service de l'État dans le département chargé de l'urbanisme[5].

312.62 **Consultation du maire.** Le maire adresse son avis au chef du service de l'État dans le département chargé de l'urbanisme[6] :

– dans un délai de quinze jours à compter du dépôt d'une demande de CU-a ;

– et dans un délai d'un mois à compter d'une demande de CU-b.

Passé ce délai, il est réputé n'avoir à formuler aucune observation[7].

Lorsque la commune a délégué sa compétence à un EPCI en application de l'article L. 422-3, le président de cet établissement adresse son avis au chef du service l'État dans le département chargé de l'urbanisme dans les mêmes conditions et délais[8].

C.
Consultation de la commune en cas de compétence transférée à un EPCI

312.71 **Avis.** Lorsque la commune a délégué sa compétence à un EPCI, le maire fait connaître au président de cet établissement ses observations[9].

312.72 **Délai pour émettre l'avis.** Les observations du maire doivent être émises[10] :

– dans un délai de quinze jours à compter du dépôt d'une demande de CU-a ;

– dans un délai d'un mois à compter du dépôt d'une demande de CU-b.

Passé ce délai, le maire est réputé n'avoir à formuler aucune observation[11].

D.
Notification des actes de procédure

312.80 **Renvoi.** Les actes de procédure sont notifiés dans les conditions prévues aux articles R. 423-46 s.[12].

E.
Absence de sursis à statuer sur une demande de CU

312.91 **Pas de sursis à statuer.** La doctrine administrative affirme que le CU « ne constitue pas par lui-même une autorisation d'occuper ou d'utiliser le sol [...] et ne peut donc pas faire, sous réserve de l'appréciation de la juridiction administrative, l'objet d'une décision de sursis à statuer »[13].

1. C. urb., art. R. 410-3, al. 3 – V. s[s] n°s 332.61 s.
2. C. urb., art. R. 410-4.
3. C. urb., art. R. 410-5, al. 1er à 6.
4. Dans les conditions prévues à l'article L. 427-1, dans le cas de Mayotte – C. urb., art. R. 410-5, al. 7.
5. C. urb., art. R. 410-6, al. 1er.
6. C. urb., art. R. 410-6, al. 2.
7. C. urb., art. R. 410-6, al. 2.
8. C. urb., art. R. 410-6, al. 3.
9. C. urb., art. R. 410-7, al. 1er.
10. C. urb., art. R. 410-7, al. 2.
11. C. urb., art. R. 410-7, al. 2.
12. C. urb., art. R. 410-18 – V. s[s] n°s 334.401 s.
13. Rép. min. n° 7966, *JO Sénat Q* 21 nov. 2013, p. 3386.

§ 2
Règles d'instruction propres au CU-a

312.101 **Délai d'instruction.** Pour les CU-a, le délai d'instruction est d'un mois à compter de la réception en mairie de la demande[1].

§ 3
Règles d'instruction propres au CU-b

312.111 **Délai d'instruction.** Pour les CU-b, le délai d'instruction est de deux mois à compter de la réception en mairie de la demande[2]. Ce délai plus long se justifie par les consultations devant être mises en œuvre avant la délivrance du CU opérationnel.

312.112 **Consultations.** L'autorité compétente recueille[3] :

– l'avis des collectivités, établissements publics et services gestionnaires des réseaux mentionnés à l'article L. 111-11[4] ;

– ainsi que les avis prévus par les articles R. 423-52 et R. 423-53[5].

Ces avis sont réputés favorables s'ils n'ont pas été émis dans le délai d'un mois à compter de la réception de la demande d'avis[6].

Le défaut d'avis entache le CU d'un vice de procédure[7].

SECTION 3
DÉLIVRANCE DU CERTIFICAT D'URBANISME

§ 1
Autorité compétente pour délivrer le CU

312.121 **Renvoi aux règles communes aux autorisations d'urbanisme.** Le CU est délivré dans les conditions fixées aux articles R. 422-1 à R. 422-4[8].

312.122 **Maire « intéressé ».** Dans le cas où un maire sollicite en son nom personnel – c'est-à-dire en tant qu'administré – un CU, il ne peut ni délivrer le CU concerné ni émettre un avis sur celui-ci. Il lui revient de désigner un autre membre du conseil municipal à cette fin[9].

§ 2
Formes du CU

A.
Certificat d'urbanisme exprès

312.131 **CU délivré dans le délai.** Lorsque l'autorité administrative statue dans le délai qui lui est imparti (1 mois pour un CU-a[10], 2 mois pour un CU-b[11]), le CU est dit exprès.

312.132 **Forme du CU exprès.** Le CU est pris par voie d'arrêté[12]. Aucune disposition législative ou réglementaire n'impose à l'autorité compétente de répondre à une demande de CU directement sur le formulaire CERFA, n° 13410[13].

312.133 **Mentions du CU exprès.** Le certificat d'urbanisme[14] :

– indique la collectivité au nom de laquelle le certificat est délivré (a) ;

– vise la demande de certificat et précise si la demande porte sur un certificat d'urbanisme indiquant, en application du a de l'article L. 410-1, les dispositions d'urbanisme, les limitations administratives au droit de propriété et la liste des taxes et participations d'urbanisme applicables au terrain ou sur un certificat d'urbanisme indiquant en outre, en application du b du même article, si le terrain peut être utilisé pour la réalisation d'une opération (b) ;

– rappelle les nom et adresse du demandeur, le numéro d'enregistrement et l'adresse du terrain (c) ;

– vise les textes législatifs et réglementaires dont il est fait application (d) ;

– vise, s'il y a lieu, les avis recueillis en cours d'instruction et leur sens (e).

L'arrêté mentionne, en caractères lisibles, le prénom, le nom et la qualité de son signataire[15].

B.
Certificat d'urbanisme tacite

312.141 **CU non délivré dans le délai.** À défaut de notification d'un certificat d'urbanisme dans le

1. C. urb., art. R. 410-9.
2. C. urb., art. R. 410-10, al. 1er.
3. C. urb., art. R. 410-10, al. 2.
4. V. ss n° 112.761.
5. V. ss nos 335.31 s.
6. C. urb., art. R. 410-10, al. 3.
7. PAR EX. (regardant le vice comme substantiel) : CAA Nantes, 21 juill. 2014, *Saint-Philibert (Cne)*, req. n° 12NT02189, NP.
8. C. urb., art. R. 410-11 – Sur ces dispositions, déterminant l'autorité compétente pour leur délivrance, v. ss nos 341.121 s.
9. Rép. min. n° 29892, *JOAN Q* 2 août 1999, p. 4766.
10. V. ss n° 312.101.
11. V. ss n° 312.111.
12. C. urb., art. A. 410-3, al. 7 – Sur son contenu, v. ss nos 313.05 s.
13. Rép. min. n° 13317, *JOAN Q* 11 mars 2008, p. 2092.
14. C. urb., art. A. 410-3, pris sur le fondement de l'article R. 410-21.
15. C. urb., art. A. 410-3, dernier al.

délai fixé par les articles R. 410-9 et R. 410-10, « le silence gardé par l'autorité compétente vaut délivrance d'un certificat d'urbanisme tacite »[1].

La technique du CU tacite a été admise lors de la réforme des autorisations d'urbanisme de 2007[2] dans l'objectif d'inciter les autorités compétentes à respecter les délais d'instruction.

312.142 Effets du CU tacite : cristallisation mais non informations. Le CU tacite « a exclusivement les effets prévus par le quatrième alinéa de l'article L. 410-1, y compris si la demande portait sur les éléments mentionnés au b de cet article »[3]. Cela signifie deux choses.

D'une part, le CU tacite ne comporte pas d'informations. En effet, il n'est pas possible de délivrer tacitement une information. Par conséquent, le CU tacite ne peut être regardé comme contenant des informations, y compris dans le cas d'un CU-b[4].

D'autre part, le CU tacite est doté (comme un CU exprès) d'un effet cristallisateur. Il s'agit du seul effet attaché à l'intervention d'un CU tacite. Cet effet constitue néanmoins une innovation notable de la réforme de 2007 car, avant celle-ci, aucune conséquence ne s'attachait à l'expiration du délai imparti à l'administration pour se prononcer. Il pouvait en résulter une lenteur des services instructeurs, spécialement lorsque le terrain d'assiette du projet risquait d'être concerné par une évolution du PLU.

312.143 Le CU au regard de la règle silence vaut rejet, ou silence vaut acceptation. Le CU-a est soumis au principe selon lequel le silence vaut acceptation[5]. Le régime du CU-a tacite demeure donc inchangé à la suite de la reconnaissance de ce principe.

Le CU-b est soumis à l'exception selon laquelle le silence vaut rejet[6]. La portée de cette exception n'est pas clairement déterminée. Il appartiendra à la jurisprudence de préciser si le rejet concerne le projet présenté ou aussi l'effet cristallisateur du CU et si l'autorité administrative est tenue de statuer de nouveau sur la demande.

§ 3 Notification et transmissions du certificat d'urbanisme

A. Notification du certificat d'urbanisme

312.151 Notification au demandeur. Le CU est notifié au demandeur[7].

L'article R. 410-16 n'impose pas l'envoi par recommandé avec accusé de réception.

B. Transmissions du certificat d'urbanisme

312.161 Transmission au préfet. Le CU doit être transmis au préfet pour l'exercice du contrôle de légalité.

Lorsque la décision est de la compétence du maire ou du président de l'EPCI, celui-ci informe le demandeur de la date à laquelle la décision et le dossier ont été transmis au préfet ou à son délégué dans les conditions définies aux articles L. 2131-1 et L. 2131-2 du CGCT[8].

312.162 Transmission au maire (lorsque la compétence appartient à l'EPCI). Lorsque le CU est délivré au nom d'un EPCI, copie en est adressée au maire de la commune[9].

C. Prise de caractère exécutoire du certificat d'urbanisme

312.171 Deux formalités. Le certificat urbanisme devient exécutoire à compter de l'accomplissement d'une double formalité[10] :

– d'une part sa notification au demandeur[11] ;

– d'autre part sa transmission au préfet[12].

312.172 Mention sur le CU des conditions dans lesquelles il devient exécutoire. Le certificat d'urbanisme précise les conditions dans lesquelles il devient

1. C. urb., art. R. 410-12.
2. Décr. n° 2007-18, 5 janv. 2007 pris pour l'application de l'ordonnance n° 2005-1527 du 8 décembre 2005 relative au permis de construire et aux autorisations d'urbanisme, *JO* 6 janv., n° 12, art. 9.
3. C. urb., art. R. 410-12.
4. V. sur ce point rép. min. n° 06671, *JO Sénat Q* 12 oct. 2023, p. 5847 : « La délivrance d'un certificat d'urbanisme opérationnel ne peut (...) être faite de manière automatique car une appréciation de l'autorité compétente (l'État), réalisée par le service instructeur territorialement compétent est indispensable afin de vérifier le caractère réalisable de l'opération au regard des règles en vigueur à la date à laquelle une réponse devait intervenir ».
5. Principe reconnu par : L. n° 2013-1005, 12 nov. 2013 habilitant le Gouvernement à simplifier les relations entre l'administration et les citoyens (art. 1er) et aujourd'hui codifié à l'article L. 231-1 du CRPA (créé par ord. n° 2015-1341, 23 oct. 2015).
6. Décr. n° 2014-1299, 23 oct. 2014 relatif aux exceptions à l'application du principe « silence vaut acceptation », *JO* 1er nov., n° 76, art. 1er.
7. C. urb., art. R. 410-16.
8. C. urb., art. R. 410-19.
9. C. urb., art. R. 410-20.
10. CGCT, art. L. 2131-1.
11. V. ss n° 312.151.
12. V. ss n° 312.161.

exécutoire[1]. Il doit contenir une mention expresse précisant ces conditions. Cette exigence ne concerne par hypothèse que les CU exprès.

312.173 **Cas des CU tacites.** Le délai de cristallisation de 18 mois court à compter de la date d'acquisition du CU tacite, nonobstant toute délivrance ultérieure d'un certificat d'urbanisme exprès[2].

1. C. urb., art. R. 410-18, al. 1er.
2. C. urb., art. R. 410-18, al. 2.

CHAPITRE

313. Contenu du certificat d'urbanisme

SECTION 0 ORIENTEUR

313.00 **Sommaire du chapitre.**

313.01 **Textes applicables.**

• **C. urb.**

art. L. 410-1

art. R. 410-13 s.

art. A. 410-4 s.

313.02 **Jurisprudence de référence.**

> Caractère limitatif des informations à mentionner

• **CE 21 mai 1997,** *S[té] Télérad*, req. n° 143810, *Lebon T.* ; *BJDU* 1997. 261, concl. M. Denis-Linton.

313.03 **Bibliographie indicative.**

Encyclopédies. *DP constr.-urb.*, ét. : « Certificat d'urbanisme » – *J.-Cl. Constr.-Urb.*, fasc. 6-10 : « Certificat d'urbanisme », par F. Benchendikh, juin 2024.

Monographie. S. Pérignon, *Le certificat d'urbanisme en 50 questions : régime juridique, modalités d'obtention, prévention des contentieux*, « Guides juridiques », Le Moniteur, 2009.

Article. G. Godfrin, « Qu'est-ce qu'un certificat d'urbanisme ? », *Constr.-Urb.* 2009, ét. 22.

313.04 **Question essentielle.**

> Le CU-b se limite-t-il à indiquer si le projet envisagé peut être réalisé ?

* V. s[s] n° 313.11

313.05 **Détermination légale et réglementaire.** Le contenu du CU est déterminé par les dispositions législatives et réglementaires du code de l'urbanisme qui le régissent[1]. Certaines informations doivent être mentionnées dans tout CU. Le CU opérationnel comporte, en plus, une appréciation sur le caractère réalisable d'une opération.

1. Sur les mentions du CU, v. s[s] n° 312.133 – Sur l'indication des conditions dans lesquelles il devient exécutoire, v. s[s] n° 312.172.

SECTION 1
INFORMATIONS DEVANT ÊTRE MENTIONNÉES DANS TOUT CERTIFICAT D'URBANISME

§ 1
Liste des informations devant figurer dans tout CU

313.11 Présentation générale. Le CU « indique les dispositions d'urbanisme, les limitations administratives au droit de propriété et la liste des taxes et participations d'urbanisme applicables à un terrain »[1]. Cet article est complété par des dispositions réglementaires du code de l'urbanisme déterminant de façon précise la liste des éléments devant figurer dans tout CU.

Ces informations doivent figurer tant dans un CU-a que dans un CU-b. En particulier, un CU-b ne peut pas se prononcer uniquement sur l'opération projetée mais doit également contenir les informations d'ordre général sur la situation juridique du terrain[2].

313.12 Premier élément : dispositions d'urbanisme et servitudes d'utilité publique. Le CU précise « les dispositions d'urbanisme et les servitudes d'utilité publique applicables au terrain »[3].

Tel est le cas, par exemple, des dispositions du code de l'urbanisme propres au littoral[4].

313.13 Deuxième élément : existence d'un droit de préemption. Le CU précise si le terrain est situé ou non à l'intérieur du périmètre d'un des droits de préemption définis par le code de l'urbanisme[5].

313.14 Troisième élément : taxes et participations d'urbanisme. Le CU précise :

- la liste des taxes d'urbanisme exigibles[6] ;
- la liste des participations d'urbanisme qui peuvent être prescrites[7].

Elles seront prescrites dans les autorisations de construire. En tout état de cause, elles ne peuvent être exigées lors de la délivrance d'un CU[8].

313.15 Quatrième élément : possibilité d'un sursis à statuer. Le CU précise si un sursis à statuer serait opposable à une déclaration préalable ou à une demande de permis[9]. Cette hypothèse ne se conçoit bien évidemment que si un PLU est en cours d'élaboration ou de révision. Le CU précise alors expressément laquelle ou lesquelles des circonstances prévues aux deuxième à sixième alinéas de l'article L. 424-1 permettraient d'opposer le sursis à statuer[10].

La cour administrative d'appel de Lyon a affirmé qu'« Il ressort des débats parlementaires de la loi du 23 novembre 2018 (...) que, dans un objectif de transparence et de sécurité juridique des porteurs de projet, le certificat d'urbanisme doit désormais indiquer les circonstances prévues à l'article L. 424-1 du code de l'urbanisme permettant d'opposer un sursis à statuer à une demande d'autorisation d'urbanisme. Cette obligation doit être comprise comme imposant de préciser, d'une part, le cas de figure permettant d'opposer un sursis à statuer, mais également, d'autre part, en quoi, en l'espèce, ce cas est susceptible de s'appliquer à la parcelle considérée »[11].

313.16 Cinquième élément : avis et accord préalables. Le CU précise si le projet est soumis à avis ou accord d'un service de l'État[12], par exemple celui de l'architecte des bâtiments de France ou, en cas d'intérêt archéologique du sous-sol, celui du préfet.

Cet élément est exigé au titre des informations communes à tout CU. Néanmoins, la précision relative au « projet » a pour effet de la limiter aux seuls CU-b.

313.17 Sixième élément : pollution des sols. Sur le plan environnemental, le CU indique si le terrain est situé[13] :

- sur un site répertorié sur la carte des anciens sites industriels et activités de services mentionnée à l'article L. 125-6 du code de l'environnement ;
- ou dans un ancien site industriel ou de service dont le service instructeur a connaissance[14].

Il doit également indiquer si le terrain est situé sur un secteur d'information sur les sols prévu à l'article L. 125-6 du code de l'environnement[15].

1. C. urb., art. L. 410-1, a.
2. CAA Marseille, 2 mai 2013, *Lang*, req. n° 11MA00886, NP : méconnaît l'article L. 410-1 le CU qui n'indique ni les dispositions d'urbanisme, ni les limitations administratives au droit de propriété, ni la liste des participations d'urbanisme applicables au terrain ni si celui-ci est situé ou non à l'intérieur d'une zone de droit de préemption.
3. C. urb., art. A. 410-4, a.
4. CAA Nantes, 20 janv. 2012, *SAS Val d'Erdre Promotion*, req. n° 10NT00975, NP.
5. C. urb., art. A. 410-4, b ; art. R. 410-15.
6. C. urb., art. A. 410-4, c.
7. C. urb., art. A. 410-4, d.
8. Rép. min. n° 29891, *JOAN Q* 8 nov. 1999, p. 6476.
9. C. urb., art. A. 410-4, e ; art. L. 410-1, al. 5 ; créé par L. n° 2018-1021, 23 nov. 2018.
10. C. urb., art. L. 410-1, al. 5.
11. CAA Lyon, 20 févr. 2024, *Enteric*, req. n° 22LY03400, NP.
12. C. urb., art. A. 410-4, f ; art. L. 410-1, al. 5.
13. C. urb., art. R. 410-15-1, I.
14. C. urb., art. R. 410-15-1, I.
15. C. urb., art. R. 410-15-1, II.

§ 2
Critères à prendre en compte dans la détermination des informations

313.21 Mentionner toutes les informations (requises) dont l'administration a connaissance. Il appartient à l'autorité compétente « d'indiquer au pétitionnaire l'ensemble des contraintes pesant sur son terrain, existantes ou projetées, dont elle a connaissance ». Dans le cas contraire, « l'autorité compétente pourrait voir sa responsabilité engagée si le certificat d'urbanisme n'indiquait pas l'intégralité des renseignements dont elle dispose »[1].

Seules les informations se rapportant aux éléments listés par les dispositions précitées[2] doivent être mentionnées dans le CU. En effet, les dispositions de l'article L. 410-1 ne font pas obligation à l'autorité qui délivre le certificat d'urbanisme de mentionner l'ensemble des limitations administratives au droit de propriété applicables au terrain d'assiette d'un projet[3].

313.22 Ne pas se fonder sur un document d'urbanisme illégal. En vertu d'un principe général, il incombe à l'autorité administrative de ne pas appliquer un règlement illégal[4]. Ce principe trouve à s'appliquer, en l'absence même de toute décision juridictionnelle qui en aurait prononcé l'annulation ou les aurait déclarées illégales, lorsque les dispositions d'un document d'urbanisme, ou certaines d'entre elles si elles en sont divisibles, sont entachées d'illégalité (sauf si cette illégalité résulte de vices de forme ou de procédure qui ne peuvent plus être invoqués par voie d'exception en vertu de l'article L. 600-1 du code de l'urbanisme). Ces dispositions doivent ainsi être écartées par l'autorité chargée de délivrer des CU (ou des autorisations d'utilisation ou d'occupation des sols), qui doit alors se fonder, pour statuer sur les demandes dont elle est saisie, sur les dispositions pertinentes du document immédiatement antérieur ou, dans le cas où celles-ci seraient elles-mêmes affectées d'une illégalité dont la nature ferait obstacle à ce qu'il en soit fait application, sur le document encore antérieur ou, à défaut, sur les règles du RNU[5].

Il en résulte qu'est entaché d'illégalité :

– le CU indiquant qu'un terrain est classé en zone UEb par le PLU alors que ce terrain, situé dans la bande des cent mètres, ne pouvait être ouvert à la constructibilité en application des dispositions du code de l'urbanisme propres au littoral[6] ;

– le CU indiquant qu'un terrain est classé en zone naturelle alors que ce classement, certes retenu par le PLU, est entaché d'erreur manifeste d'appréciation[7] ;

– *a fortiori*, le CU se basant sur un PLU annulé[8] ou qui n'est plus applicable[9].

SECTION 2
INFORMATIONS COMPLÉMENTAIRES DEVANT ÊTRE MENTIONNÉES DANS UN CU-B

313.31 Informations sur le terrain et informations complémentaires. Un CU opérationnel (CU-b) comporte à la fois les informations relatives à la situation juridique du terrain et celles relatives à la faisabilité du projet. Il ne peut se limiter aux seules informations portant sur la faisabilité du projet[10].

313.32 Objet des informations complémentaires. Les informations complémentaires devant être mentionnées dans un CU-b portent sur deux points. Le CU indique[11] :

– si le terrain peut être utilisé pour la réalisation de l'opération précisée dans la demande ;

– ainsi que l'état des équipements publics existants ou prévus.

§ 1
CU positif ou CU négatif

313.41 CU positif. Lorsque le CU-b indique que le terrain peut être utilisé pour la réalisation de l'opération mentionnée dans la demande (CU positif), cette décision porte exclusivement sur[12] :

– la localisation approximative du ou des bâtiments dans l'unité foncière ;

– leur destination et leur sous-destination ;

– et sur les modalités de desserte par les équipements publics existants ou prévus.

1. Rép. min. nº 38504, *JOAN Q* 29 juill. 1991, p. 3020. PAR EX. : CAA Nantes, 20 janv. 2012, *SAS Val d'Erdre Promotion*, req. nº 10NT00975, NP : arrêt jugeant que commet une faute la commune qui délivre un CU ne comportant aucune réserve tenant à l'application des dispositions de la loi Littoral, lesquelles y restreignent sur le terrain concerné les possibilités de construction – ÉGALEMENT : CE 3 avr. 2014, *Langolen (Cne)*, req. nº 362735, *Lebon T. ; BJDU* 2014. 209, concl. X. de Lasquen : arrêt rappelant que l'omission de mentionner dans le CU une possibilité de sursis à statuer peut être de nature à constituer un motif d'illégalité de ce certificat.
2. V. ss nos 313.11 s.
3. CE 21 mai 1997, *Sté Télérad*, req. nº 143810, *Lebon T. ; BJDU* 1997. 261, concl. M. Denis-Linton.
4. CE, sect., 14 nov. 1958, *Ponard, Lebon* 554.
5. CE 18 déc. 2019, *L'Houmeau (Cne)*, req. nº 414233, *Lebon T. ; BJDU* 2019. 199, concl. C. Touboul.
6. CE 18 déc. 2019, *L'Houmeau (Cne)*, req. nº 414233.
7. CE 29 déc. 1993, *Malissard (Cne) c/Serret*, req. nº 125720, NP.
8. CE 30 juin 1993, *Ribaudino (Mme)*, req. nº 100144, *Lebon T.*
9. CAA Marseille, 9 déc. 2010, req. nº 09MA00770, NP.
10. V. ss nº 313.11.
11. C. urb., art. L. 410-1, b ; art. A. 410-5.
12. C. urb., art. R. 410-13.

Le CU positif peut être assorti de prescriptions [1].

313.42 **CU négatif.** Le CU-b est dit négatif lorsque la décision indique que le terrain ne peut pas être utilisé pour la réalisation de l'opération mentionnée dans la demande [2].

313.43 **Motivation d'un CU négatif et d'un CU positif assorti de prescriptions.** Lorsque la décision indique que le terrain ne peut être utilisé pour la réalisation de l'opération mentionnée dans la demande (CU négatif) :

- elle « doit être motivée » [3], c'est-à-dire qu'elle doit préciser « les circonstances de droit et de fait qui motivent la décision » [4] ;
- elle doit également indiquer les voies et délais de recours [5].

L'obligation de motivation s'impose également lorsque le CU positif est assorti de prescriptions [6].

§ 2 Contenu du CU-b

A. Détermination si le terrain peut être utilisé pour la réalisation de l'opération précisée dans la demande

313.51 **Mention de la faisabilité du projet.** Le CU-b indique si le terrain peut ou non être utilisé pour la réalisation de l'opération précisée dans la demande [7].

1° Détermination si le projet peut être réalisé au regard du code de l'urbanisme

313.61 **Appréciation au regard des dispositions du code.** Il appartient à l'autorité administrative d'apprécier la faisabilité du projet au regard des dispositions du code de l'urbanisme s'imposant à celui-ci.

313.62 **Illustrations.** La règle de la constructibilité limitée conduit à délivrer un CU négatif si le projet de construction se trouve situé en dehors des parties urbanisées de la commune [8], à moins que le demandeur puisse se prévaloir de l'une des exceptions prévues par cet article, comme le changement de destination d'un bâtiment [9].

Les dispositions du RNU, qu'elles soient impératives ou permissives, doivent être prises en compte pour apprécier la faisabilité du projet. Un CU négatif doit être délivré en cas de méconnaissance de ces dispositions, par exemple lorsque le projet serait de nature à favoriser une urbanisation dispersée [10], à porter atteinte au site [11] ou présenterait des risques pour la sécurité et la salubrité publiques [12]. Le juge annule le CU négatif lorsque l'administration a estimé à tort que ces dispositions faisaient obstacle à la réalisation du projet [13].

Un certificat d'urbanisme négatif doit également être délivré lorsque le terrain est inconstructible en application des dispositions du code de l'urbanisme propres au littoral [14].

2° Détermination si le projet peut être réalisé au regard d'un document d'urbanisme

313.71 **Appréciation au regard des dispositions du document d'urbanisme.** Il appartient à l'autorité administrative d'apprécier la faisabilité du projet au regard des documents d'urbanisme qui lui sont applicables.

313.72 **Illustrations.** L'administration doit par exemple délivrer un CU négatif :

– à un projet de construction d'une maison d'habitation lorsque le PLU classe ces parcelles en zone NC

1. C. urb., art. R. 410-14.
2. C. urb., art. R. 410-14.
3. C. urb., art. R. 410-14.
4. C. urb., art. A. 410-5 – PAR EX., pour une motivation suffisante : CAA Marseille, 2 mai 2013, *Lang*, req. n° 11MA00886, NP.
5. C. urb., art. A. 410-5.
6. C. urb., art. R. 410-14.
7. C. urb., art. L. 410-1, b ; art. A. 410-5, a.
8. CE 19 nov. 1993, *Houllemare*, req. n° 125030, *Lebon T.* – CE 27 avr. 1994, *Sollières-Sardières (Cne)*, req. n° 108061, NP – CE 13 mars 2002, *Heukeshoven*, req. n° 228570, NP.
9. CE 25 févr. 1998, *SCI Les Peupliers*, req. n° 159959, *Lebon* 62.
10. CE 1er déc. 1993, *Lasseur*, req. n° 129742, NP – CE 13 mars 2002, *Heukeshoven*, req. n° 228570, NP.
11. CE 12 avr. 1995, *Somarriba-Salazar*, req. n° 138950, NP.
12. CAA Nantes, 19 févr. 1997, *Boulay*, req. n° 94NT00761, NP.
13. PAR EX. : CE 19 déc. 1994, *Union départementale pour la sauvegarde de la vie, de la nature et de l'environnement 83*, req. n° 95427, *Lebon* : CU négatif rendu au motif que le projet porterait atteinte à un site alors que si la parcelle est incluse dans l'espace naturel que constitue le site classé du Cap Bénat, cette parcelle, qui est inculte, invisible de la mer et accessible par un simple chemin, ne forme pas une unité avec l'ensemble du site – ÉGALEMENT : CAA Bordeaux, 6 déc. 2001, *SE au logement c/Larrouy*, req. n° 98BX00607, NP : CU négatif rendu au motif que le projet serait de nature à compromettre les activités agricoles alors que le terrain n'est pas doté d'une valeur agronomique particulière et que sa constructibilité ne compromettrait les activités agricoles avoisinantes.
14. CE 3 oct. 2016, *Le Brun*, req. n° 391750, *Lebon T.* ; *BJDU* 2016. 674, concl. X. Domino : arrêt précisant qu'il en va ainsi alors même que la carte communale en vigueur prévoit que le terrain d'assiette est constructible, dès lors qu'une carte communale ne saurait méconnaître les dispositions du code de l'urbanisme.

où il ne peut être édifié de construction à usage d'habitation[1] ;

– à un projet situé sur un terrain n'atteignant pas la surface de 10 000 m² exigée par le PLU pour pouvoir construire[2].

313.73 Motifs pouvant fonder un CU négatif. L'autorité compétente est tenue « de délivrer un certificat d'urbanisme négatif lorsque le terrain ne peut être utilisé pour l'opération envisagée compte tenu de la localisation et de la destination du ou des bâtiments projetés et des modalités de desserte par les équipements publics existants ou prévus »[3]. En revanche, « la seule circonstance que le dossier de la demande ne permet pas de s'assurer du respect de la proportion de logements sociaux prévue par une orientation d'aménagement et de programmation, alors qu'aucune disposition n'impose de préciser ce point dans la demande de certificat, n'est pas de nature à justifier la délivrance d'un tel certificat »[4].

3° Détermination si le projet peut être réalisé au regard d'autres dispositions

313.81 Appréciation au regard des dispositions autres que le code et les documents d'urbanisme. Il appartient à l'autorité administrative d'apprécier la faisabilité du projet au regard de toutes les dispositions d'urbanisme qui lui sont applicables. Cela inclut notamment les dispositions extérieures au code de l'urbanisme ou aux documents d'urbanisme.

313.82 Illustrations. Par exemple, l'autorité administrative doit délivrer un CU négatif lorsque le terrain d'assiette du projet se trouve inclus par un arrêté préfectoral dans un périmètre de protection rapprochée des captages d'eaux[5].

B. Détermination de l'état des équipements publics existants ou prévus

313.91 Mention de l'état des équipements. Le CU-b indique « l'état des équipements publics existants ou prévus »[6].

Il résulte de ces dispositions que le certificat doit mentionner l'état des équipements publics existants ou prévus quelle que soit la réponse apportée sur la possibilité de réaliser ou non le projet sur le terrain[7].

Une réponse ministérielle a précisé qu'aucune disposition légale « ne prévoit de fixer dans le certificat d'urbanisme les modalités de financement des extensions de réseaux rendues nécessaires par un projet de construction, ni les modalités techniques de leur réalisation »[8].

313.92 Indication si l'état des équipements permet la réalisation du projet. Le CU-b ne doit pas se borner à décrire l'état des équipements publics. Il doit également déterminer si l'état de ces équipements permet la réalisation du projet demandé. Aussi le CU-b doit-il indiquer « si les réseaux publics sont suffisants pour assurer la constructibilité du terrain »[9].

Une réponse positive au projet « ne peut être apportée que si les conditions de desserte par les réseaux sont suffisantes »[10]. « La mention de réseaux publics suffisants dans le certificat d'urbanisme garantit une possibilité d'accès aux réseaux publics existants »[11].

Une réponse négative s'impose dans le cas contraire. Si l'autorité compétente estime que les équipements publics ne permettent pas la construction sur le terrain, elle peut « déclarer que le terrain est inconstructible ou non utilisable pour cette opération, alors même qu'aucune règle d'urbanisme n'imposerait le refus de toute construction ou autorisation »[12].

Dans l'appréciation réalisée, « le mode de financement des réseaux est [...] sans incidence sur le caractère positif ou négatif du certificat »[13].

Concernant les réseaux d'assainissement, l'absence de desserte par les équipements publics peut être compensée par la création d'un réseau d'assainissement individuel. Le CU doit être positif en cas de possibilité de créer un tel réseau[14]. Il doit être négatif en l'impossibilité de créer un tel réseau[15].

1. CE 9 nov. 1992, *Heno*, req. n° 96736, NP.
2. CE 13 mars 1987, *Alepee Fabre*, req. n° 51325, *Lebon*.
3. CE 28 sept. 2020, *Morineau (M.)*, req. n° 426961, *Lebon T.* ; *BJDU* 2021. 325, concl. V. Villette.
4. CE 28 sept. 2020, *Morineau (M.)*, req. n° 426961.
5. CE 24 oct. 1986, *Saint-Cierge c/Montagny (Cne)*, req. n° 63361, NP : obligation de délivrer un CU négatif alors même que le terrain était classé en zone U par le PLU.
6. C. urb., art. L. 410-1, b ; art. A. 410-5, b.
7. CAA Bordeaux, 19 mars 2015, *Fraysse*, req. n° 13BX03091, NP : en l'espèce, la cour annule un CU en tant qu'il n'a pas indiqué l'état des équipements publics, alors même que le terrain régulièrement classé en zone agricole ne permettait pas la construction d'une maison d'habitation.
8. Rép. min. n° 29891, *JOAN Q* 8 nov. 1999, p. 6476.
9. Rép. min. n° 29891, *JOAN Q* 8 nov. 1999, p. 6476 – ÉGALEMENT : CE 26 déc. 2012, *Sté établissements Laval et Lecamus*, req. n° 351680, NP ; *BJDU* 2013. 206, concl. X. de Lesquen : arrêt indiquant « qu'il appartient à l'autorité compétente pour délivrer le certificat d'urbanisme d'apprécier si les équipements publics existants ou prévus susceptibles de desservir le terrain concerné permettent ou non la construction sur ce terrain ».
10. Rép. min. n° 60823, *JOAN Q* 26 nov. 2001, p. 6815.
11. Rép. min. n° 29891, *JOAN Q* 8 nov. 1999, p. 6476.
12. CE 27 mai 1983, *Durand*, req. n° 30711, *Lebon* – CE 26 déc. 2012, *Sté établissements Laval et Lecamus*, req. n° 351680, NP ; *BJDU* 2013. 206, concl. X. de Lesquen.
13. Rép. min. n° 60823, *JOAN Q* 26 nov. 2001, p. 6815.
14. CAA Lyon, 26 mars 2002, *Jacolin*, req. n° 97LY01099, NP.
15. CE 27 mai 1983, *Durand*, req. n° 30711, *Lebon*.

C. Un CU-b positif ne garantit pas la délivrance d'un PC

313.101 **Absence de certitude.** Un CU opérationnel positif ne garantit pas qu'un permis de construire ou une décision de non-opposition à déclaration préalable sera délivré pour l'opération. En effet, le CU n'inclut dans son examen que certaines questions ; il laisse à l'administration un pouvoir d'appréciation sur les autres règles que celles qu'il aborde. Par exemple, un projet peut parfaitement donner lieu à un refus de permis de construire pour méconnaissance de l'exigence de mixité sociale alors même qu'il a donné lieu à un CU opérationnel positif.

CHAPITRE

314. Effet du certificat d'urbanisme

SECTION 0

ORIENTEUR

314.00 **Sommaire du chapitre.**

314.01 **Texte applicable.**

• **C. urb.,** art. L. 410-1

314.03 **Bibliographie indicative.**

Encyclopédies. *DP constr.-urb.*, ét. : « Certificat d'urbanisme » – *J.-Cl. Constr.-Urb.*, fasc. 6-10 : « Certificat d'urbanisme », par F. Benchendikh, juin 2024.

Monographie. S. Pérignon, *Le certificat d'urbanisme en 50 questions : régime juridique, modalités d'obtention, prévention des contentieux*, « Guides juridiques », Le Moniteur, 2009.

Articles. M. Cornille et L. Manetti, « Certificat d'urbanisme : des garanties en trompe-l'œil ? », *Constr.-urb.* 2021, ét. 1 – G. Godfrin, « Qu'est-ce qu'un certificat d'urbanisme ? », *Constr.-Urb.* 2009, ét. 22.

314.04 **Questions essentielles.**

> L'effet cristallisateur se limite-t-il aux informations expressément énoncées dans le CU ?

* V. s^s n° 314.42

> L'effet cristallisateur joue-t-il lorsque l'intéressé ne s'est pas prévalu du CU à l'appui de sa demande d'autorisation d'urbanisme ?

* V. s^s n° 314.52

314.05 **Cristallisation du droit.** Lorsqu'une demande d'autorisation ou une déclaration préalable est déposée dans le délai de dix-huit mois à compter de la délivrance d'un CU, « les dispositions d'urbanisme, le régime des taxes et participations d'urbanisme ainsi que les limitations administratives au droit de propriété tels qu'ils existaient à la date du certificat ne peuvent être remis en cause à l'exception des dispositions qui ont pour objet la préservation de la sécurité ou de la salubrité publique »[1]. Comme l'indique le Conseil d'État, ces dispositions « ont pour effet de garantir à la personne à laquelle a été délivré un certificat d'urbanisme, quel que soit son contenu, un droit à voir sa demande de permis de construire déposée durant les dix-huit mois qui suivent, examinée au regard des dispositions d'urbanisme applicables à la date de ce certificat, à la seule exception de celles qui ont pour objet la préservation de la sécurité ou de la salubrité publique »[2].

Le CU « n'a donc pas uniquement une valeur informative. En effet, il sert également à prémunir tout demandeur de CU, à l'occasion d'une demande d'autorisation d'occuper le sol, contre d'éventuelles

1. C. urb., art. L. 410-1, al. 4.
2. CE 18 déc. 2017, *Danglot*, req. n° 380438, *Lebon T.* ; *BJDU* 2018. 107, concl. J. Burguburu ; *JCP Adm.* 2018, n° 2064, note Ph. Billet ; *LPA* 11 mai 2018, n° 94-95, p. 75, note V. Le Grand : arrêt précisant que la cour a commis une erreur de droit en affirmant que « les certificats d'urbanisme négatifs ne confèrent aucun droit à leur titulaire ».

évolutions du cadre juridique qui supposeraient une augmentation des taxes ou participations, ou une diminution des possibilités de construction sur l'unité foncière concernée »[1].

SECTION 1

EFFET CRISTALLISATEUR DU CERTIFICAT D'URBANISME : UNE GARANTIE CONTRE LES CHANGEMENTS DE RÉGLEMENTATION

§ 1 Champ de l'effet cristallisateur *rationae personae* et *rationae temporis*

A. Champ d'application *rationae personae* de l'effet cristallisateur

314.11 Effet cristallisateur attaché au CU, pas à la personne. Les dispositions de l'article L. 410-1 « ne réservent pas à la personne qui a présenté la demande de certificat les droits qu'il confère, pendant dix-huit mois, à l'application des dispositions d'urbanisme, du régime des taxes et participations d'urbanisme et des limitations administratives au droit de propriété existant à la date du certificat d'urbanisme »[2]. Le bénéfice d'un certificat d'urbanisme peut donc être invoqué par une autre personne que celle qui l'a demandé[3].

B. Champ d'application *ratione temporis* de l'effet cristallisateur

314.21 Effet cristallisateur pour une période de 18 mois. L'effet cristallisateur du CU joue lorsqu'une demande d'autorisation ou une déclaration préalable est déposée dans le délai de 18 mois à compter de la délivrance de ce certificat[4].

Ainsi, par exemple : « Le certificat d'urbanisme de type A (informatif) délivré à un administré sous l'empire du règlement national d'urbanisme (RNU) fige les règles d'urbanisme existantes pendant 18 mois. Si un plan local d'urbanisme (PLU) est entré en vigueur le 1er août 2014, la demande de permis de construire de l'administré devra être instruite selon les règles posées par le RNU à la condition que cette demande soit faite dans le délai de 18 mois à compter de la délivrance du certificat. [...]. Si, en revanche, la demande de permis de construire n'est pas faite dans le délai de 18 mois à compter de la délivrance du certificat d'urbanisme, elle devra alors être instruite selon les règles posées par le PLU dès lors que les dispositions d'urbanisme ont évolué »[5].

314.22 Effet cristallisateur jouant même si la demande d'autorisation a été déposée avant la délivrance du CU. Aucune disposition n'exclut la prise en compte d'un CU pour l'examen d'une demande d'autorisation ou d'une déclaration préalable déposée antérieurement à la délivrance de ce certificat et n'ayant pas encore donné lieu à décision de l'autorité administrative[6].

314.23 Effet cristallisateur continuant à jouer en cas d'annulation d'un refus de permis. Lorsqu'une demande est déposée dans le délai de 18 mois à compter de la délivrance d'un CU, l'annulation du refus opposé à cette demande ne prive pas le demandeur du droit à voir sa demande examinée au regard des dispositions d'urbanisme en vigueur à la date de ce certificat, l'administration demeurant saisie de cette demande. Il en va ainsi alors même que le demandeur n'est susceptible de bénéficier d'un permis tacite qu'à la condition d'avoir confirmé sa demande[7]. Ainsi, lorsque le bénéficiaire d'un CU demande un permis de construire dans le délai de 18 mois, qu'il se voit opposer un refus et que le juge annule ce refus, l'autorité compétente est considérée comme étant toujours saisie de la demande initiale et celle-ci est réputée avoir été déposée dans ce délai.

C. Champ d'application *rationae materiae* de l'effet cristallisateur

1° CU dotés de l'effet cristallisateur

314.31 Effet cristallisateur jouant pour les CU-a et les CU-b. La « pérennisation des règles d'urbanisme vaut pour les deux types de certificat »[8].

314.32 Effet cristallisateur jouant quel que soit le contenu du CU. L'effet cristallisateur est attaché au CU « quel que soit son contenu »[9].

1. Rép. min. n° 34052, *JOAN Q* 14 avr. 2009, p. 3550.
2. CE 18 déc. 2017, *Danglot*, req. n° 380438.
3. CE 15 déc. 2015, *Saint-Cergues (Cne)*, req. n° 374026, *Lebon T.*
4. C. urb., art. L. 410-1, al. 4 – Sur ce délai de validité, son déclenchement et les conditions de sa prorogation, v. ss nos 315.11 s.
5. Rép. min. n° 18833, *JO Sénat Q* 30 mars 2017, p. 1321.
6. CE 18 déc. 2017, *Danglot*, req. n° 380438.
7. CE 24 nov. 2021, Sté Dai Muraille, req. n° 437375, *Lebon T.* ; Constr.-urb. 2021, comm. 1, note X. Couton ; *BJDU* 2022. 269, concl. S. Hoynck ; *RDI* 2022. 127, obs. O. Fuchs.
8. Rép. min. n° 18833, *JO Sénat Q* 30 mars 2017, p. 1321.
9. CE 18 déc. 2017, *Danglot*, req. n° 380438.

2°
Règles concernées par l'effet cristallisateur

314.41 **Types de règles.** L'effet cristallisateur joue pour « les dispositions d'urbanisme, le régime des taxes et participations d'urbanisme ainsi que les limitations administratives au droit de propriété »[1]. Ainsi, par exemple, ces dispositions :

– « font obstacle à ce que soit opposée au bénéficiaire d'un certificat d'urbanisme qui a présenté dans le délai [...] une demande de permis de construire, la modification des dispositions d'urbanisme mentionnées dans ce certificat, et notamment le classement par le plan d'occupation des sols d'un terrain comme espace boisé »[2] ;

– font obstacle à l'application sur un terrain d'un droit de préemption instauré postérieurement à la délivrance d'un CU[3] ;

– confèrent « au titulaire d'un certificat d'urbanisme positif, un droit à voir sa demande de permis de construire déposée durant la durée de validité dudit certificat, examinée au regard du régime des participations financières mentionnées dans ledit certificat »[4].

Sont néanmoins exclues de l'effet cristallisateur les dispositions « qui ont pour objet la préservation de la sécurité ou de la salubrité publique »[5].

314.42 **Règles existantes, même non mentionnées.** L'effet cristallisateur ne concerne pas seulement les règles expressément mentionnées dans le CU[6]. Il s'attache aux règles qui existaient à la date du certificat[7].

314.43 **Règles légalement applicables.** L'effet cristallisateur ne concerne que les règles « légalement applicables » à la date de délivrance du CU[8], c'est-à-dire les règles :

– qui non seulement étaient en vigueur à cette date (ce qui suppose notamment, dans le cas d'un PLU, que les formalités nécessaires à son entrée en vigueur aient été accomplies) ;

– mais qui, en outre, étaient légales. Comme l'indique le Conseil d'État, si la règle fixée à l'article L. 410-1 confère à la personne à laquelle un CU a été délivré « un droit à voir sa demande de permis de construire [...] examinée au regard des dispositions d'urbanisme mentionnées dans ledit certificat, elle n'a ni pour objet ni pour effet de justifier légalement la délivrance d'un permis de construire fondé sur lesdites dispositions dans le cas où celles-ci sont illégales »[9]. Par suite, l'existence d'un CU positif n'est pas de nature à rendre inopérant le moyen, présenté à l'appui du recours formé contre un permis de construire, et tiré de l'illégalité des dispositions d'urbanisme mentionnées dans ledit certificat[10]. En cas d'illégalité avérée de ces dispositions, leur application doit être écartée.

3°
Autorisations concernées par l'effet cristallisateur

314.51 **Demande d'autorisation ou déclaration préalable.** L'effet cristallisateur du CU joue lorsqu'une « demande d'autorisation » ou une « déclaration préalable » est déposée dans le délai de 18 mois à compter de la délivrance de ce certificat[11]. Ainsi, le

1. C. urb., art. L. 410-1, al. 4.
2. CE 23 nov. 1994, *Min. Équipement, Logement, Transports et Espace c/Lancrey-Javal*, req. n° 135215, *Lebon T.*
3. Rép. min. n° 3713, *JO Sénat Q* 12 sept. 2013, p. 2644 : « si le droit de préemption est instauré postérieurement à la délivrance d'un certificat d'urbanisme sur un terrain, il ne peut pas être appliqué en cas de vente dudit terrain pendant la durée de validité du certificat d'urbanisme ». Affirmation basée sur un arrêt du Conseil d'État indiquant – sur une question de droit sans lien avec le régime du CU – que « toute décision de préemption d'un bien apporte une limitation au droit de propriété » (CE 21 mai 2008, *Houilles (C^ne^)*, req. n° 296156, *Lebon T.*) – POUR une critique de cette réponse ministérielle : L. Goutalier, « Les effets du certificat d'urbanisme sur les droits de préemption du code de l'urbanisme », *BJDU* 2014. 79.
4. CAA Nancy, 22 mars 2007, *Synd. des copropriétaires de la copropriété Allmendweg*, req. n° 05NC01053, NP. : illégalité d'un titre exécutoire basé sur une participation instaurée postérieurement à la délivrance du CU.
5. C. urb., art. L. 410-1, al. 4 – V. s^s^ n° 314.61. Sur les autres limites à l'effet cristallisateur, v. s^s^ n°s 314.62 s.
6. Tel était le cas jusqu'à la réforme des autorisations d'urbanisme. Dans sa rédaction antérieure à l'ordonnance n° 2005-1527 du 8 décembre 2005 relative au permis de construire et aux autorisations d'urbanisme (art. 15), l'article L. 410-1 limitait l'effet cristallisateur du CU aux règles « mentionnées par ledit certificat ».
7. V. la rédaction du quatrième alinéa de l'article L. 410-1, aux termes duquel ne peuvent être remis en cause les dispositions d'urbanisme, le régime des taxes et participations d'urbanisme ainsi que les limitations administratives au droit de propriété « tels qu'ils existaient à la date du certificat ».
8. CE 17 juin 1977, *Cochet et Courtes*, req. n° 00567, *Lebon* ; – ÉGALEMENT : CE 11 févr. 2004, *SA France travaux*, req. n° 212855, *Lebon T.* : arrêt indiquant que les dispositions de l'article L. 410-1 n'ont « ni pour objet ni pour effet de conférer au titulaire d'un certificat d'urbanisme un droit acquis au bénéfice de dispositions d'urbanisme mentionnées dans ce certificat dans le cas où celles-ci n'étaient pas légalement applicables à la date à laquelle il a été délivré ».
9. CE 4 nov. 1994, *SCI « Le parc de Vaugien » et Min. Équipement et Logement*, req. n° 102929, *Lebon T.* ; – ÉGALEMENT : CE 26 juill. 1996, *Cagnes-sur-Mer (C^ne^)*, req. n° 136798, NP : arrêt indiquant « que si la règle fixée par cet article confère au titulaire d'un certificat d'urbanisme positif un droit à voir sa demande de permis de construire [...] examinée au regard des dispositions d'urbanisme mentionnées dans ledit certificat, elle ne saurait avoir pour effet de justifier la délivrance par l'autorité compétente d'un permis de construire fondé sur une appréciation erronée de l'application de ces dispositions ».
10. CE 4 nov. 1994, *SCI « Le parc de Vaugien » et Min. Équipement et Logement*, req. n° 102929, *Lebon T.*
11. C. urb., art. L. 410-1, al. 4.

CU « crée des droits acquis qui valent pour toute sorte d'autorisations »[1].

314.52 Effet cristallisateur jouant même si le demandeur n'a pas produit le CU et ne s'en est pas prévalu. Les dispositions de l'article L. 410-1 sont applicables à une demande d'autorisation déposée dans le délai de 18 mois à compter de sa délivrance « sans qu'y fasse obstacle la circonstance que le demandeur ne s'en est pas expressément prévalu lors de l'instruction de sa demande »[2]. Ainsi, il revient à l'administration saisie d'une demande de permis ou d'une déclaration préalable de vérifier s'il existe un CU en cours de validité sur le terrain d'assiette du projet et, si tel est le cas, de l'appliquer d'office.

En conséquence, un pétitionnaire bénéficie de l'effet cristallisateur (en l'occurrence il ne peut se voir opposer le changement de classement de son terrain par la modification du PLU intervenue après la délivrance du certificat) même s'il n'a pas produit le certificat à l'appui de sa demande de permis de construire et ne s'en est pas prévalu[3].

§ 2
Limites à l'effet cristallisateur du certificat d'urbanisme

314.61 Opposabilité des règles relatives à la sécurité et à la salubrité publique. Sont exclues de l'effet cristallisateur du CU les dispositions « qui ont pour objet la préservation de la sécurité ou de la salubrité publique »[4].

Ainsi, alors même qu'un projet de construction a fait l'objet d'un CU positif, le maire peut refuser la délivrance d'un permis, durant la période de validité du certificat, en se fondant par exemple sur la dangerosité de l'accès au terrain. La délivrance du CU positif pourra, dans une telle hypothèse, engager la responsabilité de l'administration[5].

De même, les dispositions d'un PPRN approuvées postérieurement à la délivrance d'un CU s'imposeront à un projet alors même qu'elles n'existaient pas au moment de la délivrance du certificat. Ces dispositions pourront légalement faire obstacle à la réalisation d'un projet bien que celui-ci ait fait l'objet d'un CU positif.

1. Rép. min. n° 18833, *JO Sénat Q* 30 mars 2017, p. 1321.
2. CE 18 déc. 2017, *Danglot*, req. n° 380438.
3. CE 18 déc. 2017, *Danglot*, req. n° 380438.
4. C. urb., art. L. 410-1, al. 4.
5. PAR EX. : CAA Douai, 5 mars 2015, req. n° 13DA01197, NP : responsabilité non engagée en l'espèce, l'administration ignorant la dangerosité de l'accès au terrain au moment de la délivrance du CU.

314.62 Inopposabilité des mentions du CU entachées d'erreur. Si le certificat d'urbanisme « a pour effet de garantir à son titulaire un droit à voir sa demande de permis de construire déposée dans les dix-huit mois examinée au regard du régime des taxes et participations d'urbanisme qu'il mentionne, la règle fixée par l'article L. 410-1 du code de l'urbanisme ne saurait avoir pour effet de justifier la délivrance d'un permis de construire en méconnaissance des dispositions légalement applicables à la date du certificat, alors même que ce dernier aurait omis d'en faire mention ou aurait comporté une mention inexacte »[6]. On peut voir dans cette solution une conséquence du principe selon lequel les indications illégales mentionnées dans un CU doivent être écartées par l'autorité compétente en matière d'autorisations d'urbanisme[7]. Elle n'en conduit pas moins à fragiliser la portée du CU et sa capacité à être considéré comme une prise de position fiable et ferme engageant l'administration.

Ainsi, la circonstance que le CU soit entaché d'une erreur d'appréciation (par exemple en estimant que le projet est réalisable alors qu'il n'en est rien) ne prive pas l'autorité compétente de son pouvoir de refuser la délivrance du permis[8]. Si une règle d'urbanisme applicable au projet se trouve méconnu par celui-ci, l'autorité compétente doit s'y opposer nonobstant le fait qu'un certificat d'urbanisme ait, à tort :

– précisé que le terrain était situé dans une partie urbanisée de la commune[9] ;

– ou pris parti sur la surface de plancher constructible[10].

De même, s'agissant des participations d'urbanisme, « la circonstance que l'auteur du certificat d'urbanisme a omis de mentionner une participation ou une taxe légalement applicable à la date de la délivrance de ce document, ou a donné une indication inexacte, n'est pas de nature à créer, au profit du bénéficiaire d'un permis de construire, des droits acquis à ne pas acquitter les sommes dues à ce titre

6. CE 8 févr. 2019, *Daucour*, req. n° 422007, NP.
7. V. s^{s} n° 314.43.
8. CAA 30 juill. 2010, *Arbillaga*, req. n° 09BX02368, NP : si la règle fixée par l'article L. 410-1 du code de l'urbanisme confère à la personne à laquelle un certificat d'urbanisme a été délivré un droit à voir sa demande de permis de construire examinée au regard des dispositions d'urbanisme mentionnées dans ledit certificat, « elle ne saurait avoir pour effet de justifier la délivrance d'un permis de construire fondé sur une appréciation erronée de l'application desdites dispositions ».
9. CAA Bordeaux, 30 juill. 2010, *Arbillaga*, req. n° 09BX02368, NP.
10. CAA Versailles, 14 mars 2008, *S^{té} 3 A Investissement*, req. n° 06VE00659, *Lebon* : même si le CU a indiqué une surface de plancher susceptible d'être édifiée, cette indication ne saurait « faire naître aucun droit à la construction de cette surface au profit de son titulaire ».

lors de la délivrance du permis ». En l'espèce, la circonstance que le CU délivrée aux demandeurs mentionnait de manière erronée que le taux de la taxe d'aménagement était de 0,3 %, alors que le conseil municipal l'avait fixé à 3 %, n'était pas de nature à créer à leur profit un droit acquis à ne pas acquitter la somme due à ce titre lors de la délivrance du permis de construire[1].

314.63 Absence d'effet cristallisateur sur les changements de fait. Le CU produit un effet cristallisateur sur les dispositions juridiques, pas sur la situation de fait. Par suite, un changement de la situation factuelle est de nature à faire obstacle à la réalisation d'une opération.

Ce changement peut concerner l'état des équipements publics. Le Conseil d'État a ainsi jugé qu'il résulte des dispositions de l'article L. 410-1 que le CU « garantit uniquement le maintien pendant » 18 mois « des dispositions d'urbanisme qu'il mentionne et ne fait pas obstacle à ce qu'il soit tenu compte, lors de la délivrance du permis, d'une modification de l'état des équipements publics ». En conséquence, est légal le refus opposé à une demande de permis de construire moins de 18 mois après qu'ait été délivré un certificat d'urbanisme positif dès lors que le refus est fondé sur l'évolution de l'état des équipements publics[2].

314.64 Possibilité de surseoir à statuer sur la demande d'autorisation ou de déclaration préalable (conséquences en cas de plan en cours d'élaboration). Il résulte des dispositions de l'article L. 410-1 et de celles de l'article A. 410-4, e du code de l'urbanisme[3] que le CU « a pour effet de garantir à son titulaire un droit à voir toute demande d'autorisation ou de déclaration préalable déposée dans le délai indiqué examinée au regard des règles d'urbanisme applicables à la date de la délivrance du certificat ; que, parmi ces règles, figure la possibilité [...] d'opposer un sursis à statuer à une déclaration préalable ou à une demande de permis » (possibilité ouverte « lorsqu'est remplie, à la date de délivrance du certificat, l'une des conditions énumérées » à l'article L. 424-1 du code l'urbanisme)[4]. Il en résulte que le CU ne fait pas obstacle à la possibilité pour l'administration d'opposer une demande de sursis à statuer sur une demande de permis ou une déclaration préalable. Cette solution emprunte d'une certaine mauvaise foi est contraire à l'esprit du CU. En effet, l'objet de ce mécanisme est de prémunir l'administré contre un changement de réglementation, c'est-à-dire de lui rendre inopposables les évolutions du droit qui lui seraient défavorables. Il n'est pas de geler, à son détriment, les dispositions qui lui sont défavorables. Si, en opportunité, la possibilité d'opposer un sursis à statuer à une demande de permis ou une déclaration préalable se conçoit, le fondement juridique retenu pour admettre cette possibilité apparaît peu convaincant.

Quoi qu'il en soit, au regard du raisonnement précédent (et en conséquence du principe suivant lequel le CU cristallise les dispositions existantes même si elles ne sont pas mentionnées dans le certificat[5]), la possibilité d'opposer le sursis à statuer existe même si elle n'a pas été mentionnée dans le CU[6]. Le Conseil d'État indique en ce sens « que si l'omission de la mention d'une telle possibilité dans le certificat d'urbanisme peut être [...] de nature à constituer un motif d'illégalité de ce certificat, elle ne fait pas obstacle à ce que l'autorité compétente oppose un sursis à statuer à une déclaration préalable ou à une demande de permis ultérieure concernant le terrain objet du certificat d'urbanisme »[7].

Le Conseil en a tiré des conséquences particulières lorsqu'un plan est en cours d'élaboration à la date de présentation de la demande. Après avoir repris la formule de principe précitée, employée dans l'arrêt de 2014, il ajoute que la possibilité de surseoir à statuer sur une demande de permis de construire ou une déclaration préalable « vise à permettre à l'autorité administrative de ne pas délivrer des autorisations pour des travaux, constructions ou installations qui seraient de nature à compromettre ou à rendre plus onéreuse l'exécution du futur plan local d'urbanisme ». Il en tire la conséquence suivante : « lorsque le plan en cours d'élaboration et qui aurait justifié, à la date de délivrance du certificat d'urbanisme, que soit opposé un sursis à une demande de permis ou à une déclaration préalable, entre en vigueur dans le

1. CE 8 févr. 2019, *Daucour*, req. n° 422007, NP – DANS LE MÊME SENS : Rép. min. n° 57012, *JOAN Q* 9 févr. 2010, p. 1466 : « Le fait qu'un certificat d'urbanisme ait à tort omis de mentionner une taxe applicable n'exonère pas le demandeur de cette taxe qui sera exigible lors de la délivrance du permis de construire ».
2. CE 13 déc. 1996, *Luccisano*, req. n° 119548, *Lebon T.*
3. Aux termes duquel le CU précise « si un sursis à statuer serait opposable à une déclaration préalable ou à une demande de permis » – V. s^s n° 313.15.
4. CE 3 avr. 2014, *Langolen (C^ne)*, req. n° 362735, *Lebon T.* ; *BJDU* 2014. 209, concl. X. de Lasquen. V. dans le même sens CE 12 mars 2024, *S^té ADL*, req. n° 464589, NP.
5. V. s^s n° 314.42.
6. Elle existe *a fortiori* lorsqu'il en a été fait état dans le CU – CE 21 mai 2012, *Berreterot*, req. n° 323882, *Lebon T.* : arrêt indiquant (sur la question de la divisibilité des énonciations d'un CU faisant l'objet d'un recours) « que la mention du sursis à statuer dans un certificat d'urbanisme complète ainsi l'information du pétitionnaire tout en pouvant lui faire grief dès lors qu'en cas de modification des documents d'urbanisme, le pétitionnaire est susceptible de perdre le bénéfice des règles applicables qu'est censé assurer le certificat d'urbanisme ».
7. CE 3 avr. 2014, *Langolen (C^ne)*, req. n° 362735.

délai du certificat, les dispositions issues du nouveau plan sont applicables à la demande de permis de construire ou à la déclaration préalable »[1].

SECTION 2
EFFETS DU CU SUR LA POSSIBILITÉ DE RÉALISER UN PROJET

314.71 Un CU n'autorise pas un projet. Le CU ne revêt pas la nature d'une autorisation d'urbanisme. Par suite, qu'il soit informatif ou opérationnel, il ne conduit en aucun cas à autoriser un projet.

314.72 Le CU-b prend position sur la faisabilité d'un projet. Un CU-b porte une appréciation sur la possibilité de réaliser un projet[2]. Le demandeur sera fondé à se prévaloir de cette prise de position à l'appui d'une demande de permis de construire ou une déclaration préalable.

314.73 Le CU-b ne garantit pas la possibilité de réaliser un projet. Le CU-b ne garantit pas juridiquement que le projet sur lequel il porte donnera lieu à la délivrance d'un permis de construire.

En premier lieu, les points contrôlés à l'occasion d'une demande de permis de construire ne le sont pas tous dans le certificat d'urbanisme. Il est donc possible qu'une circonstance empêchant la réalisation du projet apparaisse lors de l'examen de la demande de permis sans avoir été identifiée lors de la délivrance du CU.

En second lieu, une erreur commise dans le CU ne lie pas l'autorité saisie de la demande de permis[3].

1. CE 18 déc. 2017, *Danglot*, req. n° 380438.
2. V. s^s^ n°s 313.51 s.
3. V. s^s^ n° 314.62.

CHAPITRE

315. Durée de validité du certificat d'urbanisme

SECTION 0 ORIENTEUR

315.00 Sommaire du chapitre.

315.01 Textes applicables.

• **C. urb.**

art. L. 410-1

art. R. 410-17 s.

315.03 Bibliographie indicative.

Encyclopédies. *DP constr.-urb.*, ét. : « Certificat d'urbanisme » – *J.-Cl. Constr.-Urb.*, fasc. 6-10 : « Certificat d'urbanisme », par F. Benchendikh, juin 2024.

Monographie. S. Pérignon, *Le certificat d'urbanisme en 50 questions : régime juridique, modalités d'obtention, prévention des contentieux*, « Guides juridiques », Le Moniteur, 2009.

Article. G. Godfrin, « Qu'est-ce qu'un certificat d'urbanisme ? », *Constr.-Urb.* 2009, ét. 22.

315.04 Questions essentielles.

> Quelle est la durée de validité du CU ?

* V. s^{s} n°s 315.11 s.

> À quelles conditions le CU peut-il être prorogé ?

* V. s^{s} n°s 315.31 s.

> Combien de fois un CU peut-il être prorogé ?

* V. s^{s} n° 315.52

SECTION 1 DURÉE DE VALIDITÉ INITIALE DU CERTIFICAT D'URBANISME

315.11 Une durée de 18 mois. Le certificat d'urbanisme produit ses effets durant les 18 mois qui suivent sa délivrance[1].

315.12 Point de départ du délai. L'effet cristallisateur joue lorsqu'une demande d'autorisation ou une déclaration préalable est déposée dans le délai de dix-huit mois « à compter de la délivrance d'un certificat d'urbanisme »[2]. La période de validité du CU commence donc à courir à compter de la délivrance du certificat.

Dans le cas d'un certificat exprès, « le délai de validité du certificat d'urbanisme court à compter de sa signature et non pas de sa notification »[3].

Dans le cas d'un certificat tacite, le délai de validité « court à compter de la date d'acquisition du certificat d'urbanisme tacitement obtenu en application des dispositions de l'article R. 410-12 », et ce « nonobstant toute délivrance ultérieure d'un certificat d'urbanisme exprès »[4].

315.13 Suspension du délai. L'exercice d'un recours administratif[5] ou contentieux[6] à l'encontre d'un CU n'a pas pour effet d'interrompre ou de suspendre le cours du délai de validité.

1. C. urb., art. L. 410-1, al. 4 – Le délai de validité n'a eu de cesse de s'allonger. Fixé initialement à 6 mois, il a été allongé à 12 mois en 1983 (L. n° 83-663, 22 juill. 1983, art. 105) puis à 18 mois en 2005 (Ord. n° 2005-1527, 8 déc. 2005 relative au permis de construire et aux autorisations d'urbanisme, *JO* 9 déc., n° 30, art. 15).
2. C. urb., art. L. 410-1, al. 4.
3. CAA Nancy, 22 janv. 2004, *SARL Garant*, req. n° 00NC00442, NP.
4. C. urb., art. R. 410-18.
5. CE 12 mars 1986, *Gros-Flandre (Ép^{x})*, req. n° 49452, *Lebon T.*
6. CE 13 juin 2003, *SCI Eivlys*, req. n° 218312, *Lebon T.*

SECTION 2
PROROGATION DU CERTIFICAT D'URBANISME

315.21 Possibilité de prorogation. Le CU peut faire l'objet d'une prorogation.

§ 1
Conditions de prorogation du certificat d'urbanisme

315.31 Conditions de forme. Une demande de prorogation doit être présentée deux mois au moins avant l'expiration du délai de validité[1].

La demande de prorogation, formulée en double exemplaire par lettre accompagnée du certificat à proroger, est déposée et transmise dans les conditions prévues à l'article R. 410-3[2].

Le tribunal administratif de Strasbourg a jugé que le propriétaire du terrain a qualité pour demander une prorogation même s'il n'est pas le titulaire du CU initial[3].

315.32 Conditions de fond. Le CU peut être prorogé « si les prescriptions d'urbanisme, les servitudes administratives de tous ordres et le régime des taxes et participations d'urbanisme applicables au terrain n'ont pas changé »[4]. Seul un changement au niveau des prescriptions d'urbanisme, des servitudes administratives et du régime des taxes et participations d'urbanisme applicables au terrain permet de refuser la prorogation[5].

Dans le cas d'un PLU, constitue en principe un tel changement « l'adoption, la révision ou la modification du plan local d'urbanisme couvrant le territoire dans lequel se situe le terrain », « à moins, pour la révision ou la modification de ce plan, qu'elle ne porte que sur une partie du territoire couvert par ce document dans laquelle ne se situe pas le terrain »[6].

Dans le cas d'une participation d'urbanisme, constitue un tel changement la modification du régime des taxes depuis la délivrance du CU. Ainsi, par exemple en cas d'instauration de la taxe départementale des espaces naturels sensibles, le renouvellement doit être refusé[7]. En revanche, le renouvellement est de droit si le régime des participations d'urbanisme applicables au terrain n'a pas évolué[8].

§ 2
Décision sur la demande de prorogation

315.41 Refus. L'administration refuse la prorogation si les conditions posées ne sont pas satisfaites.

Dans un tel cas de figure, l'autorité administrative peut inviter l'administré à formuler une nouvelle demande de CU.

315.42 Acceptation. L'autorité administrative prend une décision de prorogation si les conditions posées à l'article R. 410-7 du code de l'urbanisme sont satisfaites.

À défaut de notification d'une décision expresse portant prorogation du certificat d'urbanisme dans le délai de deux mois suivant la réception en mairie de la demande, le silence gardé par l'autorité compétente vaut prorogation du certificat d'urbanisme. La prorogation prend effet au terme de la validité de la décision initiale[9].

§ 3
Durée de validité du nouveau certificat et nombre de prorogations

315.51 Durée de validité du nouveau certificat. La prorogation a pour effet de faire courir le délai de validité du CU pour une période « d'une année »[10].

315.52 Nombre de prorogations. Le code ne fixe pas de limites au nombre de prorogations, prévoyant que le CU peut être prorogé « par périodes » (au pluriel) d'une année[11].

1. C. urb., art. R. 410-17, al. 1er.
2. C. urb., art. R. 410-17, al. 2 – Sur ces conditions, v. ss n° 312.33.
3. TA Strasbourg, 22 févr. 2024, *Gharavi*, req. n° 2107251, NP ; *JCP Adm.* 2024, n° 2141, concl. V. Pouget-Vitale.
4. C. urb., art. R. 410-17, al. 1er.
5. CAA Douai, 25 févr. 2016, *Police*, req. n° 14DA00180, NP : arrêt indiquant qu'il ressort des dispositions de l'article 410-17 « que l'autorité administrative, saisie d'une demande de prorogation d'un certificat d'urbanisme par une personne ayant qualité pour présenter une telle demande, ne peut refuser d'y faire droit que si les règles d'urbanisme et les servitudes administratives de tous ordres s'imposant à l'autorité administrative ont été modifiées, postérieurement à la délivrance du certificat initial ; qu'elle ne peut fonder un refus de prorogation sur une évolution des autres éléments de droit ou circonstances de fait, postérieure à la délivrance du certificat » ; – ÉGALEMENT : CAA Nancy, 22 mars 2007, *Synd. des copropriétaires de la copropriété Allmendweg*, req. n° 05NC01053, NP : arrêt indiquant « qu'il ressort de ces dispositions que la décision de prorogation ou de refus de prorogation d'un certificat d'urbanisme intervient après instruction de la demande au regard des règles d'urbanisme ou des servitudes administratives alors applicables ou des circonstances de fait nouvelles postérieures à la délivrance du certificat initial ».
6. CE 5 févr. 2020, *Firmi (Cne)*, req. n° 426573, *Lebon T.* ; *BJDU* 2020. 186, concl. V. Villette.
7. Rép. min. n° 57012, *JOAN Q* 9 févr. 2010, p. 1466.
8. PAR EX. : CAA Nancy, 22 mars 2007, *Synd. des copropriétaires de la copropriété Allmendweg*, req. n° 05NC01053, NP.
9. C. urb., art. R. 410-17-1.
10. C. urb., art. R. 410-17, al. 1er.
11. C. urb., art. R. 410-17, al. 1er.

§ 4
Effet cristallisateur du CU prorogé

315.61 Effet cristallisateur apprécié à la date de la prorogation. La décision de prorogation constitue une décision distincte du certificat d'urbanisme initial. Les droits qu'elle confère doivent être appréciés au regard des dispositions du code de l'urbanisme en vigueur à la date de ladite prorogation[1].

1. CAA Nancy, 22 mars 2007, *Synd. des copropriétaires de la copropriété Allmendweg*, req. nº 05NC01053, NP.

CHAPITRE

316. Régime contentieux du certificat d'urbanisme, retrait et responsabilité

SECTION 0

ORIENTEUR

316.00 **Sommaire du chapitre.**

SECTION UNIQUE

APPLICATION DU DROIT COMMUN

316.11 **Régime contentieux du CU.** Le certificat d'urbanisme constitue un acte susceptible de recours. Son régime contentieux est abordé dans le livre spécifiquement consacré au contentieux[1].

316.12 **Responsabilité de l'administration à raison des énonciations d'un CU.** La responsabilité de l'administration peut être engagée en cas de délivrance d'un CU comportant des informations inexactes[2].

316.13 **Retrait d'un CU.** Le retrait d'un CU ne peut intervenir qu'aux conditions de droit commun[3] :

– d'une part le CU faisant l'objet du retrait doit être illégal (le retrait vise à remédier à son illégalité) ;

– d'autre part le retrait du CU doit intervenir dans un délai de quatre mois à compter de sa délivrance.

En outre, cette mesure doit être précédée d'une procédure contradictoire consistant à inviter le titulaire du CU à présenter ses observations sur la mesure de retrait envisagée[4].

1. V. s[s] n° 611.81.
2. V. s[s] n° 612.52.
3. CRPA, art. L. 242-1 – PAR EX. : TA Cergy-Pontoise, ord., 20 août 2020, *Préfet des Hauts-de-Seine*, req. n° 2007353, NP ; – TA Rouen, ord., 8 oct. 2020, *SCI Village Éco Sport*, req. n° 2003540, NP ; – TA Nantes, 25 févr. 2021, *Guilbaud*, req. n° 1808873, NP.
4. CAA Nantes, 20 mai 2011, *SCI Pont de Cabourg*, req. n° 10NT00284, NP ; – CAA Bordeaux, 19 janv. 2021, *Villeneuve d'Aveyron (C[ne])*, req. n° 19BX00377, NP.

TITRE

32. Les formalités applicables selon le type d'opération (permis, déclaration, dispense de formalités)

SECTION 0
ORIENTEUR

32.00 Sommaire du titre.

32.03 Bibliographie indicative.

Contribution. P. IBANEZ, « Le champ d'application des nouvelles autorisations : une simplification qualitative ? », *La réforme des régimes d'autorisation d'urbanisme : simplification, sécurisation, clarification ?*, Édilaix, 2007, p. 17.

Articles. P. Galan, « Le champ d'application du permis de construire et de la déclaration préalable », *Droit et ville* 2007, n° 64, p. 7 – C. Pisani, « Le champ d'application du permis de construire et de la déclaration de travaux », *JCP Adm.* 2007, n° 2030 – J. Trémeau, « Les nouvelles autorisations et leur périmètre », *DAUH* 2007, n° 11, p. 31.

32.05 Définition en fonction de la nature de l'opération, de son importance et de sa localisation. La formalité à accomplir préalablement à la réalisation d'une opération d'occupation ou d'utilisation du sol est fonction de trois critères : la nature de l'opération, l'importance de celle-ci et sa localisation.

En application du premier critère, sont en principe soumis :

- à permis de construire, les constructions ;
- à permis d'aménager, les travaux, installations et aménagements affectant l'utilisation du sol ;
- à permis de démolir, certaines démolitions de constructions.

En application du deuxième critère, les opérations précitées sont soumises à un régime simplifié lorsqu'elles présentent une faible importance (notamment au regard de leur surface de plancher ou de leur emprise au sol) :

- soit elles sont soumises à un régime de déclaration préalable (pour permettre tout de même à l'autorité publique d'exercer un contrôle) ;
- soit elles sont (pour les moins importantes) dispensées de toute formalité.

Enfin, la localisation du terrain est prise en compte, un régime plus strict étant appliqué s'il se trouve dans un espace protégé.

32.06 Présentation par types d'opérations. Le code retient une approche par types d'opérations. Il détermine pour chacun d'eux les formalités exigées préalablement à leur mise en œuvre. Quatre types d'opérations sont distingués :

- les constructions nouvelles ;
- les travaux exécutés sur des constructions existantes et les changements de destination de ces constructions ;
- les travaux, installations et aménagements affectant l'utilisation du sol ;
- les démolitions.

CHAPITRE

321. Formalités applicables aux constructions nouvelles

SECTION 0 ORIENTEUR

321.00 **Sommaire du chapitre.**

321.01 **Textes applicables.**

• **C. urb.**

art. L. 421-1 s.

art. 421-1 s.

321.03 **Bibliographie indicative.**

Encyclopédies. *DP constr.-urb.*, ét. : « Permis de construire » ; ét. : « Déclaration préalable » – *J.-Cl. Constr.-Urb.*, fasc. 25-10 : « Permis de construire. – Champ d'application du permis de construire et de la déclaration préalable », par G. Liet-Veaux et J. Makowiak, févr. 2019.

Traité. N. Baillon, *Traité du permis de construire*, 6e éd., « Référence juridique », Le Moniteur, 2017.

Monographies. Ph. Boulisset, S. Cardi, S. Consalvi, R. Thielé, *Permis de construire 2021-2022 : permis de démolir, permis d'aménager, déclaration préalable*, 3e éd., « Encyclopédie Delmas pour la vie des affaires », Delmas, 2021 – V. Lachaut-Dana, *Permis de construire et autorisations d'urbanisme : études préalables, délivrance, mise en œuvre*, 2e éd., « Pratique du droit », Le Moniteur, 2019 – C. Mialot et F. Ehrenfeld, *Le permis de construire et autres autorisations d'urbanisme*, « Les indispensables », Berger-Levrault, 2018.

Article. X. Couton, « Abords d'un monument historique : le chamboule-tout du champ d'application des autorisations d'urbanisme », *Constr.-Urb.* 2020, ét. 11.

321.04 **Questions essentielles.**

> Quelles sont les constructions nouvelles soumises à permis de construire ?

* V. ss nos 321.11 s.

> Quelles sont les constructions nouvelles soumises à déclaration préalable ?

* V. ss nos 321.231 s.

> Quelles sont les constructions nouvelles dispensées de formalité ?

* V. ss nos 321.21 s.

321.05 **Notion de « construction nouvelle ».** Selon le lexique national d'urbanisme, une « construction » est un ouvrage fixe et pérenne, comportant ou non des fondations et générant un espace utilisable par l'homme en sous-sol ou en surface[1].

La construction est dite « nouvelle » si elle n'existait pas auparavant. On peut ainsi la définir négativement comme n'étant pas une construction existante[2].

321.06 **Prise en compte de l'emprise au sol et de la surface de plancher.** S'agissant des constructions nouvelles, la détermination du régime applicable (PC, DP, dispense de formalités) fait appel aux notions d'emprise au sol[3] et de surface de plancher[4].

Les seuils peuvent être :

– cumulatifs (dans ce cas, il convient d'examiner d'abord si la surface de plancher du projet atteint le seuil prévu puis, si tel est le cas, d'examiner si son emprise au sol atteint le seuil fixé) ;

– ou alternatifs (dans ce cas il suffit que, soit la surface de plancher, soit l'emprise au sol atteigne le seuil fixé pour que s'applique le régime prévu).

321.07 **Permis de construire sauf exceptions.** L'article R. 421-1 du code de l'urbanisme dispose : « Les constructions nouvelles doivent être précédées de la délivrance d'un permis de construire, à l'exception :

a) Des constructions mentionnées aux articles R. 421-2 à R. 421-8-2 qui sont dispensées de toute formalité au titre du code de l'urbanisme ;

b) Des constructions mentionnées aux articles R. 421-9 à R. 421-12 qui doivent faire l'objet d'une déclaration préalable ».

SECTION 1
PRINCIPE : LES CONSTRUCTIONS NOUVELLES SONT SOUMISES À PERMIS DE CONSTRUIRE

321.11 **Principe : exigence d'un permis de construire.** Le code de l'urbanisme retient le principe selon lequel les constructions nouvelles sont en principe soumises à permis de construire.

Le principe est posé sans exception à l'article L. 421-1 : « Les constructions [...] doivent être précédées de la délivrance d'un permis de construire ».

Il est confirmé – et tempéré – à l'article R. 421-1 : « Les constructions nouvelles doivent être précédées

1. V. ss no 231.1571.
2. Sur la notion de construction existante, qui définit en regard la notion de construction nouvelle, v. ss nos 322.11 s. Sur la définition de la construction existante dans le lexique national d'urbanisme, v. ss no 231.1573.
3. Sur la notion d'emprise au sol, v. ss nos 113.221 s.
4. Sur la notion de surface de plancher, v. ss nos 113.21 s.

de la délivrance d'un permis de construire, à l'exception : a) Des constructions [...] dispensées de toute formalité [...] ; b) Des constructions [...] qui doivent faire l'objet d'une déclaration préalable ».

Ainsi, en dehors des cas où une construction nouvelle est expressément dispensée de formalité[1] ou soumise à déclaration préalable[2], elle doit être précédée de la délivrance d'un permis de construire. Dès lors qu'une construction nouvelle n'est pas soumise à déclaration préalable ni dispensée de formalité, l'exigence d'un permis de construire s'impose.

321.12 Principe applicable même aux constructions sans fondation. Le principe selon lequel un permis de construire doit en principe être obtenu préalablement à une construction nouvelle s'applique même aux constructions « ne comportant pas de fondations »[3].

L'exigence s'impose par exemple à des travaux qui visent à la construction (sur un terrain privé) d'une plate-forme en béton autoporteuse amarrée au fond d'un étang et, sur celle-ci, d'une maison d'habitation de 15 m de long sur 10 m de large (maison flottante)[4].

En revanche, l'installation d'une péniche transformée en maison flottante ou bateau-logement sur le domaine public fluvial (et nécessitant à ce titre une autorisation d'occupation du domaine public) « est dispensée d'autorisation au titre du code de l'urbanisme (Versailles, 9e ch., 21 mai 1980 et TA de Paris, 16 juin 1981) » mais reste néanmoins « soumise au respect des règles d'urbanisme et est donc tenue par le zonage du PLU »[5].

SECTION 2
PREMIÈRE EXCEPTION À L'EXIGENCE D'UN PC : CERTAINES CONSTRUCTIONS NOUVELLES SONT DISPENSÉES DE TOUTE FORMALITÉ

321.21 Dispense de toute formalité. Certaines constructions nouvelles sont dispensées de toute formalité au titre du code de l'urbanisme. Cela signifie que leur réalisation n'a à être précédée, ni d'une demande de permis de construire, ni d'une déclaration préalable.

Si une déclaration préalable ou une demande de permis est néanmoins déposée, et qu'une autorisation est délivrée (décision de non-opposition ou permis), celle-ci présente un caractère superfétatoire. Par suite, sa légalité ne pourra pas être contestée[6].

1. V. ss nos 321.21 s.
2. V. ss nos 321.231 s.
3. C. urb., art. L. 421-1, al. 1er.
4. CAA Nantes, 29 déc. 2014, req. no 13NT01048, NP.
5. Rép. min. no 76233, *JOAN Q* 15 sept. 2015, p. 7048.
6. V. ss no 611.131.

321.22 Construction devant néanmoins respecter les règles d'urbanisme. La dispense de formalité préalable n'emporte pas dispense de respect des règles d'urbanisme. Il s'ensuit que les constructions réalisées sont soumises aux règles posées par le code d'urbanisme et les documents d'urbanisme. Dès lors, une construction édifiée en méconnaissance de ces règles doit faire l'objet d'un arrêté interruptif de travaux alors même qu'elle ne requiert ni permis de construire ni déclaration préalable[7].

321.23 Motifs justifiant la dispense de formalité préalable. Les types de constructions dispensées de toute formalité préalable sont mentionnés aux articles R. 421-2 et suivants du code de l'urbanisme. Ces exceptions sont prises sur le fondement de l'article L. 421-5 du code de l'urbanisme[8]. Il s'agit essentiellement des constructions temporaires et de faible importance.

Selon les cas, la dispense est justifiée par un ou plusieurs des motifs suivants :
- la faible importance des constructions ;
- la nature des constructions ;
- le caractère temporaire des constructions ;
- des motifs de sécurité publique ou sécurité nationale ;
- l'implantation des constructions ;
- le caractère amovible de la construction.

§ 1
Constructions dispensées de formalité en raison de leur très faible importance ou de leur nature

A.
Liste des constructions concernées

321.31 Liste. L'article R. 421-2 dresse une liste de projets dispensés de toute formalité au titre du code de l'urbanisme, « en raison de leur nature ou de leur très faible importance ».

7. CE 26 nov. 2010, *Min. Écologie*, req. no 320871, *Lebon T.*
8. C. urb., art. L. 421-5 : « Un décret en Conseil d'État arrête la liste des constructions, aménagements, installations et travaux qui, par dérogation aux dispositions des articles L. 421-1 à L. 421-4, sont dispensés de toute formalité au titre du présent code en raison : a) De leur très faible importance ; b) De la faible durée de leur maintien en place ou de leur caractère temporaire compte tenu de l'usage auquel ils sont destinés ; c) Du fait qu'ils nécessitent le secret pour des raisons de sûreté ou que la préservation de leur confidentialité est nécessaire pour la sauvegarde des intérêts de la défense nationale ; d) Du fait que leur contrôle est exclusivement assuré par une autre autorisation ou une autre législation ; e) De leur nature et de leur implantation en mer, sur le domaine public maritime immergé au-delà de la laisse de la basse mer ».

1°
Constructions dispensées de formalités en raison principalement de leur très faible importance

321.41 Constructions nouvelles de petite dimension. Sont dispensées de toute formalité les constructions nouvelles répondant aux critères cumulatifs suivants[1] :

- une hauteur au-dessus du sol inférieure ou égale à 12 m ;
- une emprise au sol inférieure ou égale à 5 m^2 ;
- une surface de plancher inférieure ou égale à 5 m^2.

Cette dispense concerne notamment les abris de jardin.

321.42 Petites piscines. Sont dispensées de toute formalité les piscines dont le bassin a une superficie inférieure ou égale à 10 m^2[2].

321.43 Murs de moins de 2 mètres et clôtures. Sont dispensés de toute formalité :

- les murs dont la hauteur au-dessus du sol est inférieure à 2 m, sauf s'ils constituent des clôtures régies par l'article R. 421-12[3] ;
- les clôtures, en dehors des cas prévus à l'article R. 421-12, ainsi que les clôtures nécessaires à l'activité agricole ou forestière[4].

Ainsi, l'édification d'une clôture est dispensée de formalité au titre du code de l'urbanisme. L'exigence d'une déclaration préalable s'impose toutefois dans deux cas de figure[5] :

- d'une part dans les secteurs protégés énumérés à l'article R. 421-12[6] ;
- d'autre part si la clôture prend la forme d'un mur d'une hauteur supérieure ou égale à deux mètres[7].

Il en résulte, comme l'indique une réponse ministérielle, qu'en dehors des deux « cas dans lesquels les clôtures sont soumises à déclaration préalable, le maire ne peut pas s'opposer aux travaux ». Il n'en demeure pas moins que ces travaux de clôture doivent respecter les règles d'urbanisme, telles par exemple des règles d'aspect ou de hauteur issues d'un PLU, ou bien encore des règles d'ordre public issues du RNU. L'article R. 111-21 du code de l'urbanisme, relatif à l'atteinte au caractère ou à l'intérêt des lieux avoisinants, aux sites, aux paysages naturels, demeure notamment opposable. « L'édification de clôtures en infraction de ces différentes règles d'urbanisme reste pénalement sanctionnable dans les conditions de droit commun »[8].

1. C. urb., art. R. 421-2, a.
2. C. urb., art. R. 421-2, d.
3. C. urb., art. R. 421-2, f.
4. C. urb., art. R. 421-2, g.
5. CE 18 déc. 2019, req. n° 421644, *Lebon T.*
6. V. s^s n° 321.341.
7. V. s^s n° 321.262.

321.44 Terrasses de plain-pied. Est dispensée de toute formalité la construction de terrasses de plain-pied[9].

321.45 Châssis et serres de moins d'1,80 m. Sont dispensés de toute formalité les châssis et serres dont la hauteur au-dessus du sol est inférieure ou égale à 1,80 m[10].

2°
Constructions dispensées de formalités en raison principalement de leur nature

321.51 HLL de moins de 35 mètres carrés. Sont dispensées de toute formalité les habitations légères de loisirs implantées dans les emplacements mentionnés à l'article R. 111-38[11] et dont la surface de plancher est inférieure ou égale à 35 m^2[12].

321.52 Petites éoliennes et installations photovoltaïques au sol. Sont dispensées de toute formalité[13] :

- les éoliennes terrestres dont la hauteur du mât et de la nacelle au-dessus du sol est inférieure à 12 m ;
- ainsi que les ouvrages de production d'électricité à partir de l'énergie solaire installés sur le sol dont la puissance crête est inférieure à 3 kilowatts et dont la hauteur maximum au-dessus du sol ne peut pas dépasser 1,80 m.

321.53 Plates-formes nécessaires à l'activité agricole et fosses de moins de 10 m^2. Sont dispensées de toute formalité :

- les plates-formes nécessaires à l'activité agricole[14] ;
- les fosses nécessaires à l'activité agricole dont le bassin a une superficie inférieure ou égale à 10 m^2[15].

321.54 Mobilier urbain. Est dispensé de toute formalité le mobilier urbain[16].

321.55 Caveaux et monuments funéraires. Sont dispensés de toute formalité les caveaux et monuments funéraires situés dans l'enceinte d'un cimetière[17].

321.56 Travaux de ravalement. Sont dispensés de toute formalité les travaux de ravalement, en dehors des cas prévus à l'article R. 421-17-1[18].

8. Rép. min. n° 14346, *JO Sénat Q* 28 mai 2015, p. 1252.
9. C. urb., art. R. 421-2, j.
10. C. urb., art. R. 421-2, e.
11. Sur cette catégorie, incluant notamment les parcs résidentiels de loisirs et les villages de vacances, v. s^s n° 118.181.
12. C. urb., art. R. 421-2, b.
13. C. urb., art. R. 421-2, c.
14. C. urb., art. R. 421-2, k.
15. C. urb., art. R. 421-2, l.
16. C. urb., art. R. 421-2, h.
17. C. urb., art. R. 421-2, i.
18. C. urb., art. R. 421-2, m.

B.
Pas de dispense pour les projets situés dans un site protégé

321.61 **Absence de dispense.** Les projets de construction précités ne sont pas dispensés de formalité « lorsqu'ils sont implantés dans le périmètre d'un site patrimonial remarquable, dans les abords des monuments historiques ou dans un site classé ou en instance de classement »[1].

§ 2
Constructions dispensées de formalité en raison de leur nature

321.71 **Constructions concernées.** Les articles R. 421-3 et R. 421-4 mentionnent les projets dispensés de toute formalité au titre du code de l'urbanisme « en raison de leur nature ».

321.72 **Murs de soutènement.** Sont dispensés de toute formalité la construction de murs de soutènement[2].

321.73 **Infrastructures terrestres, maritimes, fluviales, portuaires ou aéroportuaires.** Sont dispensés de toute formalité la construction de[3] :

– tous les ouvrages d'infrastructure terrestre, maritime, fluviale, portuaire ou aéroportuaire ;

– ainsi que les outillages, les équipements ou les installations techniques directement liés à leur fonctionnement, à leur exploitation ou au maintien de la sécurité de la circulation maritime, fluviale, ferroviaire[4], routière ou aérienne.

Ces dispenses ne s'appliquent pas aux projets implantés dans le périmètre d'un site patrimonial remarquable ou dans les abords des monuments historiques[5].

321.74 **Canalisations, lignes et câbles souterrains.** Sont dispensés de toute formalité la construction des canalisations, lignes ou câbles, lorsqu'ils sont souterrains[6].

1. C. urb., art. R. 421-2, al. 1er.
2. C. urb., art. R. 421-3, a.
3. C. urb., art. R. 421-3, b.
4. Tel est le cas, par exemple, de deux antennes de type panneau fixées sur un pylône préexistant d'une hauteur de 20 mètres, à l'intérieur d'une baie technique d'une dimension de 1,85 m² clôturée par des panneaux grillagés, destinées aux échanges entre le personnel ferroviaire à bord des trains et celui au sol (CAA Douai, 16 nov. 2017, *Dusart*, req. n° 15DA01455, NP).
5. C. urb., art. R. 421-3, al. 1er.
6. C. urb., art. R. 421-4.

§ 3
Constructions dispensées de formalité en raison de leur caractère temporaire

321.81 **Constructions concernées.** L'article R. 421-5 mentionne les projets dispensés de toute formalité au titre du code de l'urbanisme « en raison de la faible durée de leur maintien en place ou de leur caractère temporaire compte tenu de l'usage auquel elles sont destinées ».

Il ressort de cette rédaction que le bénéfice de la dispense est subordonné à deux conditions :

– d'une part une condition de durée (faible durée ou caractère temporaire) ;

– d'autre part une condition, assez imprécise, d'usage.

A.
Première condition : la durée limitée de la construction

1°
Principe : une durée de trois mois

321.91 **Dispense pour les constructions de trois mois.** Sont dispensées de toute formalité au titre du code de l'urbanisme « les constructions implantées pour une durée n'excédant pas trois mois »[7].

321.92 **Durée réduite à 15 jours dans les sites protégés et dans des périmètres justifiant une protection particulière.** La durée de trois mois mentionnée au premier alinéa de l'article R. 421-5 est réduite à quinze jours dans[8] :

– les sites classés ou en instance de classement ;

– le périmètre des sites patrimoniaux remarquables ;

– dans les abords des monuments historiques ;

– et dans des périmètres justifiant une protection particulière et délimités par une délibération motivée du conseil municipal ou de l'organe délibérant de l'EPCI compétent en matière de PLU.

2°
Durée plus longue pour certains ouvrages

a.
Quatre cas de figure

321.101 **Liste.** La durée dispensant de toute formalité les constructions implantées de façon temporaire est plus longue dans quatre cas de figure.

321.102 **Relogement et hébergement d'urgence.** La durée dispensant de toute formalité les construc-

7. C. urb., art. R. 421-5, al. 1er.
8. C. urb., art. R. 421-7.

tions implantées de façon temporaire est d'un an en ce qui concerne les constructions nécessaires[1] :

– au relogement d'urgence des personnes victimes d'un sinistre ou d'une catastrophe naturelle ou technologique ;

– à l'hébergement d'urgence des personnes migrantes en vue de leur demande d'asile.

321.103 Préfabriqués scolaires. La durée dispensant de toute formalité les constructions implantées de façon temporaire est d'une année scolaire ou la durée du chantier de travaux en ce qui concerne les classes démontables installées dans les établissements scolaires ou universitaires pour pallier les insuffisances temporaires de capacités d'accueil[2].

321.104 Cabines de chantier ou liées à un chantier. La durée dispensant de toute formalité les constructions implantées de façon temporaire est la durée du chantier en ce qui concerne[3] :

– les constructions temporaires directement nécessaires à la conduite des travaux ;

– ainsi que les installations liées à la commercialisation d'un bâtiment en cours de construction.

La durée est d'un an en ce qui concerne les constructions nécessaires au maintien des activités économiques ou des équipements existants, lorsqu'elles sont implantées à moins de trois cents mètres du chantier[4].

Cette durée d'un an est ramenée à trois mois dans[5] :

– les sites classés ou en instance de classement ;

– le périmètre des sites patrimoniaux remarquables ;

– dans les abords des monuments historiques ;

– et dans des périmètres justifiant une protection particulière et délimités par une délibération motivée du conseil municipal ou de l'organe délibérant de l'EPCI compétent en matière de PLU.

321.105 Manifestation culturelle, commerciale, touristique ou sportive. La durée dispensant de toute formalité les constructions implantées de façon temporaire est la durée d'une manifestation culturelle, commerciale, touristique ou sportive, dans la limite d'un an, en ce qui concerne les constructions ou installations temporaires directement liées à cette manifestation[6]. Cette exception bénéficie notamment aux festivals de musique.

La durée est ramenée à trois mois dans le périmètre des sites patrimoniaux remarquables, dans les abords des monuments historiques et dans les sites classés ou en instance de classement[7].

321.106 Hébergements divers. La durée dispensant de toute formalité les constructions implantées de façon temporaire est de deux ans en ce qui concerne les constructions à usage[8] :

– de résidence universitaire ;

– de résidence sociale ;

– de centre d'hébergement et de réinsertion sociale ;

– de structure d'hébergement d'urgence ;

– de relogement temporaire rendu nécessaire par des opérations d'aménagement urbain réalisées dans le cadre du nouveau programme national de renouvellement urbain.

Ces dispositions ne sont pas applicables[9] :

– dans les zones où les constructions sont interdites en application du 1° et 2° du II de l'article L. 562-1 du code de l'environnement pour les PPRN, ou dans les mêmes zones pour les plans de prévention des risques miniers, approuvés ou rendus immédiatement opposables en application de l'article L. 562-2 du code de l'environnement (1°) ;

– dans les zones où les constructions sont interdites en application de l'article L. 515-16 du code de l'environnement pour les PPRT approuvés (2°).

b.
Remise en état à l'issue de la durée

321.111 Obligation de remise en état. À l'issue de la durée d'installation de sa construction provisoire, le constructeur est tenu de remettre les lieux dans leur état initial[10].

Cette obligation découle du caractère provisoire de la construction. Elle implique notamment de détruire les éventuelles fondations en béton qui auraient été construits pour la soutenir.

B.
Seconde condition : usage de la construction

321.121 Énoncé de la condition. Si l'article R. 421-5 dispense les constructions temporaires de formalités, c'est « compte tenu de l'usage auquel elles sont destinées ».

L'énoncé de cette condition est extrêmement flou puisqu'il n'indique pas les usages pouvant en bénéficier. Cette incertitude confère à l'autorité administrative un important pouvoir d'appréciation.

321.122 Condition non satisfaite pour un restaurant de plage. Le juge des référés du Conseil d'État a estimé que le projet de construction d'un

1. C. urb., art. R. 421-5, a.
2. C. urb., art. R. 421-5, b.
3. C. urb., art. R. 421-5, c.
4. C. urb., art. R. 421-5, c.
5. C. urb., art. R. 421-7.
6. C. urb., art. R. 421-5, d.
7. C. urb., art. R. 421-6.
8. C. urb., art. R. 421-5, e ; créé par décr. n° 2023-894, 22 sept. 2023.
9. C. urb., art. R. 421-5-1 ; créé par décr. n° 2023-894, 22 sept. 2023.
10. C. urb., art. R. 421-5, dernier al.

restaurant de plage démontable, d'une surface d'environ 170 m² pour le bâti, accompagné d'une terrasse et structure de 550 m², « eu égard à ses caractéristiques et à l'usage auquel il est destiné », « n'entre pas dans les catégories de constructions dispensées de permis de construire par les articles L. 421-5 et R. 421-5 du code de l'urbanisme »[1].

§ 4
Constructions dispensées de formalité pour des raisons de sécurité publique ou dans des domaines particuliers

A.
Défense nationale et sûreté

321.131 **Liste des constructions concernées.** Sont dispensés de toute formalité au titre du code de l'urbanisme, « pour des raisons de sûreté ou si la préservation de leur confidentialité est nécessaire pour la sauvegarde des intérêts de la défense nationale », les constructions nouvelles suivantes[2] :

– les constructions soumises à des règles de protection du secret de la défense nationale (a) ;

– les constructions situées à l'intérieur des arsenaux de la marine, des aérodromes militaires et des grands camps figurant sur une liste fixée par arrêté conjoint du ministre chargé de l'urbanisme et du ministre de la défense (b)[3] ;

– les dispositifs techniques nécessaires aux systèmes de radiocommunication numérique de la police et de la gendarmerie nationales (c) ;

– les constructions situées à l'intérieur de l'enceinte des établissements pénitentiaires (d) ;

– les constructions situées sur une propriété immobilière de l'État (soit au sein d'établissements, d'installations ou d'ouvrages désignés par l'autorité administrative en application de l'article L. 1332-1 du code de la défense, soit destinées elles-mêmes à être désignées par cette autorité) et réalisées pour le compte des services mentionnés à l'article R. 811-1 du CSI relevant du ministre de la défense ou du ministre de l'intérieur (e) ;

– les constructions réalisées dans le cadre d'une opération qualifiée d'opération sensible intéressant la défense nationale en application de l'article L. 2391-1 du code de la défense (f) ;

– les constructions réalisées dans le cadre d'une opération qualifiée d'opération sensible intéressant la sécurité nationale en application de l'article L. 112-3 du CSI (g).

B.
Production d'énergie en mer

321.141 **Constructions concernées.** Sont dispensées de toute formalité au titre du code de l'urbanisme, « en raison de leur nature et de leur implantation sur le domaine public maritime immergé au-delà de la laisse de la basse mer », « les installations de production d'électricité à partir de sources d'énergie renouvelable, y compris leurs ouvrages de raccordement aux réseaux publics d'électricité », notamment les éoliennes, les hydroliennes, les installations houlomotrices et marémotrices ainsi que celles utilisant l'énergie thermique des mers[4]. Cette dispense vise à faciliter le développement des unités de productions d'énergie renouvelable en mer.

C.
Auvents, rampes et terrasses des HLL et RML

321.151 **Constructions concernées.** Sont dispensés de toute formalité au titre du code de l'urbanisme, « en raison de leur caractère amovible », l'installation des « auvents, rampes d'accès et terrasses accolés »[5] :

– aux habitations légères de loisirs implantées dans l'enceinte des lieux définis à l'article R. 111-38 où leur implantation est permise[6] ;

– aux résidences mobiles de loisirs installées dans l'enceinte des lieux définis à l'article R. 111-42 où leur installation est permise[7].

D.
JO de 2024

321.161 **Constructions, installations et aménagements directement liés à la préparation, à l'organisation ou au déroulement des *JO*.** Les constructions, installations et aménagements directement liés à la préparation, à l'organisation ou au déroule-

1. CE, ord., 18 juill. 2012, *Sarl Tom Tea*, req. nº 360789, NP.
2. C. urb., art. R. 421-8.
3. La liste des grands camps à l'intérieur desquels les constructions sont dispensées de toute formalité au titre de cette disposition sont les suivantes : a) Suippes (Marne et Ardennes) ; b) Mailly (Marne et Aube) ; c) Mourmelon (Marne) ; d) Sissonne (Aisne) ; e) Coëtquidan (Morbihan) ; f) Garrigues (Gard) ; g) Bitche (Moselle) ; h) Larzac (Aveyron) ; i) Le Valdahon (Doubs) ; j) Caylus (Tarn-et-Garonne) ; k) La Courtine (Creuse) ; l) Canjuers (Var) ; m) Fontevrault (Maine-et-Loire) ; n) La Valbonne (Ain) ; o) Moronvilliers (Marne) ; p) Oberhoffen (Bas-Rhin) ; q) Satory-casernement (Yvelines) (C. urb., art. A. 421-1, issu d'un arrêté ministériel du 5 décembre 2008, NOR : DEVU0809421A).
4. C. urb., art. R. 421-8-1, précisant que cette dispense est prise sur le fondement du e de l'article L. 421-5.
5. C. urb., art. R. 421-8-2.
6. Sur cette catégorie, incluant notamment les parcs résidentiels de loisirs et les villages de vacances, v. s[s] nº 118.181.
7. Sur cette catégorie, incluant notamment les parcs résidentiels de loisirs et les villages de vacances, v. s[s] nº 118.221.

ment des jeux Olympiques et Paralympiques de 2024 et ayant un caractère temporaire constituent des réalisations dispensées de toute formalité au titre du code de l'urbanisme comme relevant du b de l'article L. 421-5 du même code et sont soumis au régime applicable à celles-ci [1].

321.162 Constructions, installations et aménagements temporaires utilisés pour les *JO*. En ce qui concerne les constructions, installations et aménagements temporaires utilisés pour les *JO*, la durée d'implantation ne peut être supérieure à 18 mois et la durée de remise en état des sites ne peut être supérieure à 12 mois à compter de la fin de leur utilisation [2].

Ces réalisations temporaires peuvent être implantées pour une durée n'excédant pas [3] :

– 18 mois en ce qui concerne les constructions, installations et aménagements situés dans le village olympique et paralympique ou constituant un équipement sportif ou un accessoire à cet équipement (1°) ;

– 8 mois en ce qui concerne les constructions, installations et aménagements destinés à la constitution d'une zone de célébration ou nécessaires à l'accueil de la presse (2°) ;

– 6 mois en ce qui concerne les autres constructions, installations et aménagements (3°).

Lorsque ces réalisations temporaires sont implantées pour tout ou partie dans le périmètre d'un site classé ou en instance de classement, le périmètre d'un site patrimonial remarquable ou dans les abords d'un monument historique [4] :

– la durée mentionnée au 1° du I est limitée à 14 mois (1°) ;

– la durée mentionnée au 2° du I est limitée à six mois (2°) ;

– la durée mentionnée au 3° du I est limitée à quatre mois (3°).

321.163 Constructions, installations et aménagements de chantier. En ce qui concerne les constructions, installations et aménagements temporaires directement liés à des travaux réalisés sur un site accueillant des compétitions pour les *JO*, la durée maximale d'implantation est celle de la durée du chantier. La durée de remise en état du site ne peut être supérieure à 12 mois à compter de la fin du chantier [5].

Toutefois, dans le cas où, à l'issue de cette durée d'implantation, ces constructions, installations et aménagements temporaires doivent être maintenus afin d'être réutilisés pour accueillir des manifestations directement liées aux jeux Olympiques et Paralympiques de 2024, ils sont alors soumis aux durées d'implantation et de remise en état prévues au deuxième alinéa [6].

E. Constructions pour le relogement temporaire d'occupants évincés (habitat indigne)

1° Champ d'application de la dispense

a. Constructions concernées

321.171 Constructions temporaires et démontables pour le relogement. Par dérogation aux articles L. 421-1 à L. 421-5, sont dispensées de toute formalité au titre du code de l'urbanisme, pour la durée de l'opération et dans la limite de l'échéance fixée par l'accord délivré par le maire [7], « les constructions temporaires et démontables à usage exclusif de relogement temporaire des occupants délogés à titre définitif ou provisoire, rendu nécessaire » [8] :

– par des opérations d'aménagement ayant pour objet la lutte contre l'habitat dégradé ou indigne ou réalisées dans le cadre du nouveau programme national de renouvellement urbain définies à l'article 9-1 de la loi n° 2003-710 du 1er août 2003 d'orientation et de programmation pour la ville et la rénovation urbaine ;

– ou par des actions de lutte contre l'habitat indigne réalisées dans le cadre d'une opération programmée d'amélioration de l'habitat ou d'une opération de requalification des copropriétés dégradées ainsi que dans le cadre des procédures d'expropriation mentionnées aux articles L. 511-1 et L. 512-1 du code de l'expropriation (expropriation des immeubles indignes à titre irrémédiable).

321.172 Confort et habitabilité des constructions. Les constructions remplissent des conditions minimales de confort et d'habitabilité fixées par décret [9].

1. L. n° 2018-202, 26 mars 2018 relative à l'organisation des jeux Olympiques et Paralympiques de 2024, *JO* 27 mars, n° 1, art. 10, al. 1er.
2. L. n° 2018-202, 26 mars 2018, art. 10, al. 2.
3. Décr. n° 2018-512, 26 juin 2018 portant application des articles 10 et 15 de la loi n° 2018-202 du 26 mars 2018 relative à l'organisation des jeux Olympiques et Paralympiques de 2024, art. 1er, I.
4. Décr. n° 2018-512, 26 juin 2018 portant application des articles 10 et 15 de la loi n° 2018-202 du 26 mars 2018 relative à l'organisation des jeux Olympiques et Paralympiques de 2024, art. 1er, II.
5. L. n° 2018-202, 26 mars 2018, art. 10, al. 3.
6. V. ss n° 321.162 – L. n° 2018-202, 26 mars 2018, art. 10, al. 3. Sur cette durée, v. ss n° 321.162.
7. Sur cet accord, v. ss n° 321.181.
8. C. urb., art. L. 421-5-3, I, al. 1er ; créé par L. n° 2024-322, 9 avr. 2024.
9. C. urb., art. L. 421-5-3, I, al. 2 ; créé par L. n° 2024-322, 9 avr. 2024.

321.173 **Articulation avec les autres dispositions sur le relogement des occupants évincés.** Ce régime s'applique sans préjudice[1] :

– des articles L. 314-1 à L. 314-9 du code de l'urbanisme, relatifs à la protection des occupants ;

– et, le cas échéant, des articles L. 423-1 à L. 423-5 du code de l'expropriation, relatifs aux droits de relogement.

b.

Inapplication en présence d'un PPRN

321.181 **Retour au droit commun des autorisations d'urbanisme.** La dispense d'autorisation d'urbanisme n'est pas applicable dans les zones où le fait de construire ou d'aménager est interdit par un PPRNP approuvé ou est soumis au respect de conditions de réalisation, d'utilisation ou d'exploitation prescrites par ce plan[2].

2°

Procédure

321.191 **Accord du maire.** L'implantation des constructions est soumise à l'« accord préalable » du maire de la commune d'implantation de la construction par le maître d'ouvrage, au plus tard un mois avant la date de début d'implantation[3].

Cet accord précise « la nature et l'usage » du projet de construction ainsi que la « date de début d'implantation »[4].

Il précise également la « date de fin d'implantation »[5].

L'accord peut être renouvelé dans les mêmes conditions, au plus tard trois mois avant l'expiration de sa durée de validité[6].

3°

Remise en état

321.201 **Date.** Avant l'expiration du délai mentionné au I (échéance fixée par l'accord) ou, si elle est antérieure, avant la date fixée au II (date de début d'implantation), « le maître d'ouvrage est tenu de remettre les lieux occupés dans leur état initial »[7].

F.

Agrivoltaïsme

321.211 **Enlèvement des installations et remise en état du site.** L'installation de panneaux photovoltaïques sur les terrains agricoles est autorisée pour une durée déterminée. À l'expiration de celle-ci s'impose une obligation d'enlèvement et de remise en état du terrain. Les travaux nécessaires à la mise en œuvre de cette obligation « sont dispensés de toute formalité » au titre du code de l'urbanisme[8].

G.

Réacteur électronucléaire

321.221 **Régime dérogatoire.** La loi du 22 juin 2023 dispense de toute formalité au titre du code de l'urbanisme les constructions, les aménagements, les installations et les travaux liés à la réalisation d'un réacteur électronucléaire[9].

L'exploitant du réacteur électronucléaire est néanmoins regardé comme titulaire d'une autorisation de construire pour l'application des dispositions relatives à la fiscalité de l'urbanisme. Il doit, à ce titre, s'acquitter des participations d'urbanisme[10].

SECTION 3

SECONDE EXCEPTION À L'EXIGENCE D'UN PC : CERTAINES CONSTRUCTIONS NOUVELLES SONT SOUMISES À DÉCLARATION PRÉALABLE

321.231 **DP pour les constructions devant faire l'objet d'un contrôle sans qu'apparaisse justifié un régime d'autorisation préalable.** Font l'objet d'une déclaration préalable les constructions nouvelles « qui, en raison de leurs dimensions, de leur nature ou de leur localisation, ne justifient pas l'exigence d'un permis »[11].

La liste des constructions nouvelles soumises à déclaration préalable est fixée aux articles R. 421-9 et suivants du code de l'urbanisme. Il s'agit principalement de constructions de faible importance pour lesquelles la soumission à un régime d'autorisation préalable n'apparaît pas justifiée mais qui nécessite néanmoins un contrôle de l'autorité publique.

1. C. urb., art. L. 421-5-3, I, al. 3 ; créé par L. n° 2024-322, 9 avr. 2024.
2. C. urb., art. L. 421-5-3, IV ; créé par L. n° 2024-322, 9 avr. 2024.
3. C. urb., art. L. 421-5-3, II ; créé par L. n° 2024-322, 9 avr. 2024.
4. C. urb., art. L. 421-5-3, II.
5. C. urb., art. L. 421-5-3, II.
6. C. urb., art. L. 421-5-3, II.
7. C. urb., art. L. 421-5-3, III ; créé par L. n° 2024-322, 9 avr. 2024.
8. C. urb., art. L. 421-5-2 ; créé par L. n° 2023-175, 10 mars 2023.
9. V. L. n° 2023-491, 22 juin 2023, art. 9, I.
10. V. L. n° 2023-491, 22 juin 2023, art. 9, II.
11. C. urb., art. L. 421-4, al. 1er.

§ 1
Constructions nouvelles soumises à DP en dehors d'un secteur protégé

A.
Secteurs concernés

321.241 Secteurs non protégés. L'article R. 421-9 détermine les constructions nouvelles soumises à DP en dehors du périmètre :

- des sites patrimoniaux remarquables ;
- des abords des monuments historiques ;
- et des sites classés ou en instance de classement.

B.
Constructions concernées
1°
Constructions de taille moyenne

321.251 Constructions entre 5 et 20 mètres carrés. Doivent être précédées d'une DP les constructions dont soit l'emprise au sol, soit la surface de plancher est supérieure à cinq mètres carrés et répondant aux critères cumulatifs suivants[1] :

- une hauteur au-dessus du sol inférieure ou égale à 12 m ;
- une emprise au sol inférieure ou égale à 20 m^2 ;
- une surface de plancher inférieure ou égale à 20 m^2.

Ces dispositions concernent par exemple la construction d'un garage ou d'une pièce supplémentaire.

321.252 HLL de plus de 35 mètres carrés. Doivent être précédées d'une DP les habitations légères de loisirs implantées dans les conditions définies à l'article R. 111-38[2], dont la surface de plancher est supérieure à 35 m^2[3].

L'implantation des HLL de moins de 35 m^2 est dispensée de toute formalité[4].

321.253 Constructions de plus de 12 mètres avec une faible emprise au sol. Doivent être précédées d'une DP les constructions répondant aux critères cumulatifs suivants[5] :

- une hauteur au-dessus du sol supérieure à 12 m ;
- une emprise au sol inférieure ou égale à 5 m^2 ;
- une surface de plancher inférieure ou égale à 5 m^2.

Elles ne sont applicables aux installations suivantes[6] :

- éoliennes ;
- ouvrages de production d'électricité à partir de l'énergie solaire installés au sol ;
- antennes-relais de radiotéléphonie mobile[7].

Si l'un des seuils prévus n'est pas atteint (hauteur, emprise au sol ou surface de plancher), la construction est dispensée de toute formalité[8].

321.254 Murs de plus de 2 mètres. Doit être précédée d'une DP la construction de murs dont la hauteur au-dessus du sol est supérieure ou égale à 2 mètres[9].

La construction d'un mur de moins de 2 mètres est dispensée de toute formalité[10].

321.255 Piscines de plus de 10 mètres carrés. Doit être précédée d'une DP la construction d'une piscine répondant à ces deux conditions[11] :

- le bassin[12] a une superficie inférieure ou égale à 100 m^2 ;
- elle n'est pas couverte ou la couverture, fixe ou mobile, a une hauteur au-dessus du sol inférieure à 1,80 m.

Au-delà de ces seuils s'impose l'exigence d'un permis de construire[13].

En revanche, la construction d'une piscine de moins de 10 m^2 est dispensée de toute formalité[14].

Le code ne distingue pas entre piscine hors-sol et piscine creuse[15].

Selon la doctrine administrative, l'exigence d'une DP s'impose également à la réalisation d'une piscine naturelle[16].

1. C. urb., art. R. 421-9, a.
2. Implantation dans un lieu dédié comme un parc résidentiel de loisirs ou un village de vacances – V. s^s n° 118.181.
3. C. urb., art. R. 421-9, b.
4. V. s^s n° 321.51.
5. C. urb., art. R. 421-9, c.
6. C. urb., art. R. 421-9, c.
7. Sur le régime applicable aux antennes-relais, v. s^s n° 321.281.
8. V. s^s n° 321.41.
9. C. urb., art. R. 421-9, e.
10. V. s^s n° 321.43.
11. C. urb., art. R. 421-9, f.
12. La superficie prise en compte est celle du seul bassin. La terrasse entourant celui-ci n'est pas retenue dans l'appréciation du seuil – Rép. min. n° 28734, *JOAN Q* 24 sept. 2013, p. 10079 : « Les parties maçonnées entourant le bassin ne sont [...] pas prises en considération pour l'application des règles de soumission des piscines à formalité au titre du code de l'urbanisme ».
13. V. s^s n° 321.11.
14. V. s^s n° 321.42.
15. Rép. min. n° 28734, *JOAN Q* 24 sept. 2013, p. 10079 : « Les piscines non couvertes sont soumises à formalité au titre du code de l'urbanisme, au regard de la superficie de leur bassin. Le code de l'urbanisme n'opère pas de distinction entre les piscines dotées de fondations et les piscines hors sol. Toutes deux peuvent en effet être considérées comme des constructions, puisqu'elles constituent une forme d'utilisation du sol ».
16. Rép. min. n° 02086, *JO Sénat Q* 12 janv. 2023, p. 186.

2°
Ouvrages électriques et installations photovoltaïques au sol

321.261 Ouvrages et accessoires des lignes électriques de moins de 63 000 volts. Doit être précédée d'une DP la construction d'ouvrages et accessoires des lignes de distribution d'énergie électrique dont la tension est inférieure à 63 000 volts[1].

321.262 Installations photovoltaïques au sol. Doit être précédée d'une DP la construction d'ouvrages de production d'électricité à partir de l'énergie solaire installés sur le sol dans deux cas de figure[2] :

– ceux dont la puissance crête est inférieure à 3 kilowatts et dont la hauteur maximum au-dessus du sol peut dépasser 1,80 m ;

– ceux dont la puissance crête est supérieure ou égale à 3 kilowatts et inférieure à un mégawatt quelle que soit leur hauteur.

Hors secteur protégé[3], la construction de ces ouvrages est dispensée de formalité s'ils sont inférieurs à 1,80 m de hauteur et produisent moins de 3 kilowatts[4].

Elle est soumise à permis de construire si leur puissance est supérieure à 250 kW (ce qui correspond à des parcs photovoltaïques ayant une surface au sol de plus de 5 000 m²)[5].

3°
Constructions agricoles

321.271 Châssis et serres de plus d'1,80 m. Doit être précédée d'une DP l'installation de châssis et serres répondant à ces deux conditions[6] :

– la hauteur au-dessus du sol est comprise entre 1,80 et 4 m ;

– la surface au sol n'excède pas 2 000 m² sur une même unité foncière.

Au-delà de ces seuils s'impose l'exigence d'un permis de construire.

En revanche, l'installation de châssis et serres de moins d'1,80 m est dispensée de toute formalité[7].

321.272 Fosses agricoles entre 10 et 100 m². Doivent être précédés d'une DP la construction de fosses nécessaires à l'activité agricole dont le bassin a une superficie supérieure à 10 m² et inférieure ou égale à 100 m²[8].

Au-delà du seuil de 100 m² s'impose l'exigence d'un permis de construire[9].

En revanche, la construction est dispensée de toute formalité pour les fosses de moins de 10 m²[10].

4°
Antennes-relais

321.281 Seuils. Doivent être précédés d'une DP la construction[11] :

– des antennes-relais de radiotéléphonie mobile et de leurs systèmes d'accroche, quelle que soit leur hauteur ;

– et les locaux ou installations techniques nécessaires à leur fonctionnement dès lors que ces locaux ou installations techniques ont une surface de plancher et une emprise au sol supérieures à 5 m² et inférieures ou égales à 20 m².

En application de l'article L. 421-1[12], la construction de ces locaux ou installations techniques est soumise à permis de construire si l'emprise au sol dépasse 20 m²[13].

321.282 Précisions sur les seuils. Les seuils à prendre en compte ont été clarifiés par la jurisprudence, afin de lever les ambiguïtés rédactionnelles des c)[14] et j) de l'article R. 421-9[15].

D'une part, les dispositions doivent être lues comme soumettant à DP la construction d'antennes-relais de radiotéléphonie mobile, de leurs systèmes d'accroche, et des locaux ou installations techniques nécessaires à leur fonctionnement lorsque :

– soit, quelle que soit la hauteur de l'antenne, la surface de plancher et l'emprise au sol créées sont supérieures à 5 m² et inférieure ou égale à 20 m² ;

– soit, s'agissant des antennes d'une hauteur supérieure à douze mètres, la surface de plancher et l'emprise au sol créées sont inférieures ou égales à 5 m².

D'autre part, les projets comportant des antennes d'une hauteur inférieure ou égale à 12 mètres et entraînant la création d'une surface de plancher et d'une emprise au sol inférieures ou égales à 5 m² restent dispensés de toute formalité en application de l'article R. 421-2[16].

1. C. urb., art. R. 421-9, d.
2. C. urb., art. R. 421-9, h ; mod par décr. n° 2022-1688, 26 déc. 2022.
3. Où une déclaration préalable est requise – V. s^s^ n° 321.312.
4. V. s^s^ n° 321.52.
5. V. s^s^ n° 321.11.
6. C. urb., art. R. 421-9, g.
7. V. s^s^ n° 321.45.
8. C. urb., art. R. 421-9, i.
9. V. s^s^ n° 321.11.
10. V. s^s^ n° 321.53.
11. C. urb., art. R. 421-9, j.
12. V. s^s^ n° 321.11.
13. CE 9 juill. 2014, *Chelles (C^ne^)*, req. n° 373295, *Lebon ; BJDU* 2014. 395, concl. X. Domino – CE 20 juin 2012, *Richard et a.*, req. n° 344646, *Lebon T.*
14. V. s^s^ n° 321.253.
15. CE 21 mars 2024, *Méric*, req. n° 490536, *Lebon T. ; JCP Adm.* 2024, n° 2230, note D. Taïar.
16. V. s^s^ n° 321.41.

321.283 **Calcul des seuils.** L'antenne-relais, les locaux nécessaires à celle-ci et les installations techniques nécessaires à celle-ci formant un ensemble fonctionnel indissociable, les seuils s'apprécient au niveau de l'ensemble. L'autorité administrative ne saurait par conséquent estimer que l'antenne, les locaux et les installations techniques relèvent chacun d'un régime de déclaration préalable alors que, envisagés ensemble, ils entrent dans le champ du permis de construire [1].

Pour l'appréciation des seuils applicables à ces projets de constructions, s'agissant tant de ceux fixés au j) de l'article R. 421-9 du code de l'urbanisme, que de ceux mentionnés au c) de cet article et au a) de l'article R. 421-2, « seules la surface de plancher et l'emprise au sol des locaux et installations techniques doivent être prises en compte, et non l'emprise au sol des pylônes » [2].

§ 2
Constructions nouvelles soumises à déclaration préalable dans un secteur protégé

A.
Ouvrages d'infrastructure terrestre, maritime, fluviale, portuaire ou aéroportuaire

321.291 **Déclaration préalable.** Dans le périmètre des sites patrimoniaux remarquables et les abords des monuments historiques, doit être précédée d'une DP la construction des ouvrages d'infrastructure prévus au b de l'article R. 421-3 [3].

L'obligation ne s'impose pas aux projets mentionnés à l'article R. 425-29-3 [4], c'est-à-dire les infrastructures de transport soumises à évaluation environnementale [5].

1. CE 9 juill. 2014, *Chelles (Cne)*, req. no 373295.
2. CE 21 mars 2024, *Méric*, req. no 490536.
3. Ouvrages d'infrastructure terrestre, maritime, fluviale, portuaire ou aéroportuaire – V. ss no 321.73 – C. urb., art. R. 421-10.
4. C. urb., art. R. 421-10.
5. V. ss no 325.201.

B.
Constructions de faible importance

1°
Sites patrimoniaux remarquables, abords des monuments historiques, site classé, réserves naturelles, cœur d'un PNR

a.
Secteurs concernés

321.301 **Quels secteurs ?** Le I de l'article R. 421-11 dresse la liste des constructions nouvelles devant être précédées d'une DP dans les secteurs suivants :

– dans le périmètre des sites patrimoniaux remarquables ;

– dans les abords des monuments historiques ;

– dans un site classé ou en instance de classement ;

– dans les réserves naturelles ;

– dans les espaces ayant vocation à être classés dans le cœur d'un futur parc national dont la création a été prise en considération en application de l'article R. 331-4 du code de l'environnement et à l'intérieur du cœur des parcs nationaux délimités en application de l'article L. 331-2 du même code.

b.
Constructions concernées

321.311 **Constructions de moins de 20 mètres carrés.** Dans les secteurs protégés [6], doivent être précédées d'une DP les constructions nouvelles répondant aux critères cumulatifs suivants [7] :

– une hauteur au-dessus du sol inférieure ou égale à 12 m ;

– une emprise au sol inférieure ou égale à 20 m^2 ;

– une surface de plancher inférieure ou égale à 20 m^2.

321.312 **Installations photovoltaïques au sol de moins de 3 kW.** Dans les secteurs protégés [8], doit être précédée d'une DP l'implantation des ouvrages de production d'électricité à partir de l'énergie solaire installés sur le sol dont la puissance crête est inférieure à 3 kilowatts [9].

Ces installations correspondent à une surface au sol de moins de 60 m^2.

321.313 **Murs.** Dans les secteurs protégés [10], doit être précédée d'une DP la construction de murs, quelle que soit leur hauteur [11].

6. V. ss no 321.301.
7. C. urb., art. R. 421-11, I, a.
8. V. ss no 321.301.
9. C. urb., art. R. 421-11, I, b.
10. V. ss no 321.301.
11. C. urb., art. R. 421-11, I, c.

2°
Sites classés ou en instance de classement, sites patrimoniaux remarquables et abords des monuments historiques

a.
Secteurs concernés

321.321 Quels secteurs ? Le II de l'article R. 421-11 dresse la liste des constructions nouvelles devant être précédées d'une DP dans les secteurs suivants :

- dans les sites classés ou en instance de classement ;
- dans les sites patrimoniaux remarquables ;
- et dans les abords des monuments historiques.

b.
Constructions concernées

321.331 Constructions de faible importance. Dans les secteurs protégés [1], doivent être précédées d'une DP les constructions nouvelles suivantes [2] :

- les habitations légères de loisirs implantées dans les emplacements mentionnés à l'article R. 111-38, quelle que soit leur surface de plancher (a) ;
- les éoliennes terrestres dont la hauteur du mât et de la nacelle au-dessus du sol est inférieure à 12 m (b) ;
- les ouvrages et accessoires des lignes de distribution d'énergie électrique dont la tension est inférieure à 63 000 volts (c) ;
- les piscines dont le bassin a une superficie inférieure ou égale à 10 m^2 et qui ne sont pas couvertes ou dont la couverture, fixe ou mobile, a une hauteur au-dessus du sol inférieure à 1,80 m (d) ;
- les châssis et serres dont la hauteur au-dessus du sol est inférieure à 4 m et dont la surface au sol n'excède pas 2 000 m^2 sur une même unité foncière (e) ;
- les caveaux et monuments funéraires situés dans l'enceinte d'un cimetière (f) ;
- les terrasses de plain-pied (g) ;
- les plates-formes nécessaires à l'activité agricole (h) ;
- les fosses nécessaires à l'activité agricole dont le bassin a une superficie supérieure à 10 mètres carrés et inférieure ou égale à cent mètres carrés (i).

C.
Édification d'une clôture

321.341 Exigence d'une DP dans les secteurs protégés. Doit être précédée d'une DP l'édification d'une clôture située dans les secteurs suivants [3] :

- dans le périmètre d'un site patrimonial remarquable classé en application de l'article L. 631-1 du code du patrimoine ou dans les abords des monuments historiques définis à l'article L. 621-30 du code du patrimoine (a) ;
- dans un site inscrit ou dans un site classé ou en instance de classement en application des articles L. 341-1 et L. 341-2 du code de l'environnement (b) ;
- dans un secteur délimité par le PLU en application de l'article L. 151-19 [4] ou de l'article L. 151-23 [5] (c) ;
- dans une commune ou partie de commune où le conseil municipal ou l'organe délibérant de l'EPCI compétent en matière de PLU a décidé de soumettre les clôtures à déclaration (d).

En dehors des périmètres énumérés à l'article R. 421-12, l'édification d'une clôture est dispensée de formalité au titre du code de l'urbanisme sauf si elle prend la forme d'un mur d'une hauteur supérieure ou égale à deux mètres [6].

321.342 Notion de clôture. Est par exemple regardée comme une clôture au sens de l'article R. 421-12 du code de l'urbanisme, et se trouve par conséquent soumise à déclaration préalable, la construction de barrières levantes qui ont pour objet de restreindre l'accès à un lotissement [7]. Par ailleurs, la circonstance qu'une enceinte ne soit pas implantée en limite de propriété est sans incidence sur la qualification de clôture [8].

§ 3
Exception à l'exception : exigence d'un PC pour des travaux portant sur une construction autorisée par PC et en voie d'achèvement

321.351 PC (modificatif) devant être obtenu alors que les travaux, envisagés isolément, relèvent du régime de la DP. Des travaux qui relèveraient en principe du régime de la déclaration préalable doi-

1. V. s[s] n° 321.321.
2. C. urb., art. R. 421-11, II.
3. C. urb., art. R. 421-12 – Article pris sur le fondement du deuxième alinéa de l'article L. 421-4, indiquant qu'un décret en Conseil d'État « précise les cas où les clôtures sont [...] soumises à déclaration préalable ».
4. V. s[s] n° 231.1061 (préservation du patrimoine bâti et paysager).
5. V. s[s] n°s 231.1082 et 231.1083 (éléments de paysage et sites et secteurs à protéger pour des motifs d'ordre écologique).
6. CE 18 déc. 2019, *Ruffat*, req. n° 421644, *Lebon T.*
7. CE 17 oct. 2014, *Assoc. synd. libre des propriétaires du lotissement de la Baie du Gaou Benat*, req. n° 359459, *Lebon T.* ; *BJDU* 2015. 102, concl. S. Von Coester.
8. À PROPOS d'un portail dont la finalité consiste à fermer l'accès à une partie d'une propriété : CE 21 juill. 2009, *Petit-Jean c/C[ne] de la Léchère*, req. n° 309356, *Lebon T.* ; *BJDU* 2009. 436, concl. É. Geffray.

vent être autorisés par un permis de construire, le cas échéant modificatif, dans les cas suivants[1] :

- soit ils forment avec une construction déjà autorisée par un permis de construire en cours de validité et dont la réalisation n'est pas encore achevée un ensemble immobilier unique ;

- soit, en l'absence même d'un ensemble immobilier unique, ils modifient une construction déjà autorisée et en cours d'achèvement.

SECTION 4

FORMALITÉS PRÉVUES POUR LA RECONSTRUCTION À L'IDENTIQUE

321.361 Permis de construire ou déclaration préalable. S'agissant des formalités à accomplir, la reconstruction à l'identique d'un bâtiment détruit ou démoli est regardée comme une construction nouvelle. Il en résulte qu'il appartient à l'intéressé de déposer soit une demande de permis de construire, soit une déclaration préalable en fonction de la nature et de l'importance des travaux[2].

1. CE 12 nov. 2012, *Sté Caro Beach Village*, req. nº 351377, *Lebon T. ; BJDU* 2013. 49, concl. A. Lallet.

2. V. ss nos 113.371 s.

CHAPITRE

322. Formalités applicables aux travaux exécutés sur des constructions existantes et aux changements de destination de ces constructions

SECTION 0

ORIENTEUR

322.00 Sommaire du chapitre.

322.01 Textes applicables.

• **C. urb.**, art. R. 421-13 s.

322.03 Bibliographie indicative.

Encyclopédies. *DP constr.-urb.*, ét. : « Permis de construire » ; ét. : « Déclaration préalable » – *J.-Cl. Constr.-Urb.*, fasc. 25-10 : « Permis de construire. – Champ d'application du permis de construire et de la déclaration préalable », par G. Liet-Veaux et J. Makowiak, févr. 2019.

Traité. N. Baillon, *Traité du permis de construire*, 6e éd., « Référence juridique », Le Moniteur, 2017.

Ouvrages. Ph. Boulisset, S. Cardi, S. Consalvi, R. Thielé, *Permis de construire 2021-2022 : permis de démolir, permis d'aménager, déclaration préalable*, 3e éd., « Encyclopédie Delmas pour la vie des affaires », Delmas, 2021 – V. Lachaut-Dana, *Permis de construire et autorisations d'urbanisme : études préalables, délivrance, mise en œuvre*, 2e éd., « Pratique du droit », Le Moniteur, 2019 – C. Mialot et F. Ehrenfeld, *Le permis de construire et autres autorisations d'urbanisme*, « Les indispensables », Berger-Levrault, 2018.

> Articles

Changement de destination. É. Carpentier, « Le changement de destination en droit de l'urbanisme », *Droit et ville* 2019. 137 (dossier sur « La destination de l'immeuble ») – S. Lamy-Willing, « Les destinations en droit de l'urbanisme : point d'étape de la réforme de 2016 », *Constr.-urb.* 2021, ét. 8 – O. Le Bot, « Que retenir du dernier toilettage du code de l'urbanisme ? », *Les Cahiers juridiques de la Gazette*, n° 255, mai 2023, p. 12 – J. Martin, « L'actualité des destinations en droit de l'urbanisme », *RDI* 2022. 21 – L. Santoni, « Le décret et l'arrêté "destination" des constructions, enfin publiés », *Constr.-Urb.* 2023, comm. 56 – S. Lamy-Willing, « Entre l'habitation et l'hôtel : les 50 nuances d'une zone grise », *Constr.-Urb.* 2024, étude 5.

Travaux sur construction existante. É. Carpentier et M. Raunet, « Les travaux sur construction existante en droit de l'urbanisme », *Annales des loyers* 2021, n° 7, p. 25 – H. Jacquot, « Les travaux sur les constructions existantes », *DAUH* 2007. 117 – F. Polizzi, « Le régime des travaux sur construction existante », *BJDU* 2010. 338 – F. Polizzi, « Comment envisager des travaux sur une construction au regard du droit de l'urbanisme ? », *BJDU* 2015. 3.

322.04 Questions essentielles.

> Dans quels cas les travaux sur une construction existante sont-ils soumis à permis de construire ?

* V. ss nos 322.61 s.

> Dans quels cas les travaux sur une construction existante sont-ils soumis à déclaration préalable ?

* V. ss nos 322.81 s.

> Comment se caractérise un changement de destination ?

* V. ss nos 322.231 s.

> À quelle formalité est soumis le changement de destination d'un immeuble ?

* V. ss nos 322.281 s.

322.05 Prise en compte de l'emprise au sol et de la surface de plancher. S'agissant des travaux exécutés sur des constructions existantes et des changements de destination de ces constructions, la détermination du régime applicable (PC, DP ou dispense de formalité) fait appel, comme pour les constructions nouvelles, aux notions d'emprise au sol et de surface de plancher[1].

322.06 Formalités prévues. Les travaux sur constructions existantes et changements de destination de ces constructions sont en principe dispensés de toute formalité au titre du code de l'urbanisme. Par exception, certains travaux ou changements de destination sont néanmoins soumis à permis de construire ou déclaration préalable[2].

SECTION 1
FORMALITÉS PRÉVUES POUR LES TRAVAUX SUR CONSTRUCTION EXISTANTE

§ 1
Notion de construction existante

A.
Une notion non définie par la présence au cadastre

322.11 Simple indice. La présence d'une construction sur le cadastre ne lui confère pas la qualité de construction existante, de même que son absence

1. V. ss n° 321.05.
2. C. urb., art. R. 421-13.

au cadastre ne fait pas obstacle à la reconnaissance de cette qualité. La doctrine administrative le souligne clairement : « Dès son origine et jusqu'à aujourd'hui, le plan cadastral s'est limité à identifier et à représenter la propriété foncière à des fins fiscales, sans garantir sa consistance, ni l'identité des propriétaires. La valeur juridique des énonciations du cadastre est limitée au rang d'indice réfutable. Une autorisation d'urbanisme ne peut donc pas être refusée simplement parce que la construction n'apparaît pas sur le plan cadastral »[1].

B.
Une notion réservée aux constructions ayant une existence légale et une existence physique

322.21 Deux conditions. La notion de construction existante n'est pas définie par le code de l'urbanisme. Elle fait néanmoins l'objet de précisions dans la doctrine administrative et la jurisprudence.

Deux conditions sont requises : la construction doit avoir une existence physique, d'une part, et une existence légale, d'autre part. Comme l'indique une réponse ministérielle : « Au regard du droit de l'urbanisme, la notion de construction existante implique la réunion de deux conditions, une existence légale et une existence physique »[2].

1°
Première condition : la construction doit avoir une existence physique

322.31 Existence physique. Une construction ne peut être regardée comme existante que si elle a une existence physique. Cela « suppose que la construction ne soit pas en état de ruine ou, si elle est inachevée, qu'elle ait atteint un état d'avancement des travaux suffisant pour qu'elle puisse être qualifiée de construction »[3].

La qualification de construction existante est ainsi refusée dans le cas :

- d'une ruine[4] ;

- et d'une construction inachevée n'ayant pas atteint un état d'avancement des travaux suffisant pour pouvoir être qualifiée de construction[5].

En revanche, la qualité de construction existante a par exemple été reconnue à :

- un bâtiment complet comportant en tout état de cause un toit et des murs, quand bien même il ne comporterait ni huisseries sur les portes et fenêtres, ni aménagements intérieurs, ni couverture de façade, n'aurait jamais fait l'objet d'un certificat de conformité ou d'une imposition dans le cadre de la taxe foncière sur les propriétés bâties, ne serait pas raccordé au réseau d'eau potable et n'aurait jamais été habité[6] ;

- un bâtiment certes vétuste mais comportant des murs porteurs et des façades et un rez-de-chaussée en bon état, quand bien même la construction ne comporte plus en son premier étage qu'une partie de la toiture et que le premier étage est délabré, dès lors que la toiture et le premier étage ont été antérieurement légalement détruits en vertu d'un permis de démolir devenu définitif ainsi que d'une autorisation émanant de l'autorité compétente en matière de protection des sites[7].

322.32 Charge de la preuve. La preuve de l'existence physique de l'édifice « peut être apportée par tout moyen »[8].

2°
Seconde condition : la construction doit avoir une existence légale

322.41 Deux cas de figure. Une construction sera considérée légale dans deux cas de figure[9] :

- d'une part « si elle a été construite avant la loi du 15 juin 1943 relative au permis de construire » ;

- d'autre part « si elle a été construite conformément à une législation applicable à l'époque de la construction ou conformément au permis de construire accordé ».

322.42 Charge de la preuve pesant sur le pétitionnaire. C'est « au pétitionnaire d'apporter la preuve de l'existence légale de cette construction. À défaut, la construction sera réputée illégale et la demande de travaux devra porter sur l'ensemble de la construction »[10]. Dans ce dernier cas, « si le terrain est inconstructible, l'autorisation ne pourra pas être délivrée »[11].

1. Rép. min. n° 89615, *JOAN Q* 28 déc. 2010, p. 13996.
2. Rép. min. n° 89615, *JOAN Q* 28 déc. 2010, p. 13996.
3. Rép. min. n° 89615, *JOAN Q* 28 déc. 2010, p. 13996.
4. PAR EX. : CE 23 sept. 1988, *Gastineau*, req. n° 80457, *Lebon T.* – CAA Bordeaux, 6 sept. 2011, *Brun*, req. n° 10BX02824, NP.
5. PAR EX. : CAA Marseille, 11 déc. 2008, *Dupuy Adam*, req. n° 06MA03324, NP : travaux n'ayant consisté qu'en l'élévation partielle des murs principaux, sans même assurer le clos et le couvert de l'ensemble ainsi partiellement réalisé.
6. CAA Marseille, 8 déc. 2005, *Éguilles (Cne)*, req. n° 02MA01240, NP.
7. CAA Marseille, 29 janv. 2004, *Paillard*, req. n° 01MA01063, NP.
8. Rép. min. n° 89615, *JOAN Q* 28 déc. 2010, p. 13996. PAR EX., appréciant la force probante d'un cliché photographique non daté : CE 29 juin 2005, *Raitière*, req. n° 267320, NP.
9. Rép. min. n° 89615, *JOAN Q* 28 déc. 2010, p. 13996 – DANS LE MÊME SENS : Rép. min. n° 5549, *JOAN Q* 20 nov. 2012, p. 6771.
10. Rép. min. n° 89615, *JOAN Q* 28 déc. 2010, p. 13996.
11. Rép. min. n° 89615, *JOAN Q* 28 déc. 2010, p. 13996 – DANS LE MÊME SENS : Rép. min. n° 5549, *JOAN Q* 20 nov. 2012, p. 6771.

§ 2
Formalités prévues en cas de travaux sur une construction existante

A.
Principe : les travaux sur une construction existante sont dispensés de formalités

322.51 **Un principe de dispense de formalité.** En principe : « Les travaux exécutés sur des constructions existantes sont dispensés de toute formalité au titre du code de l'urbanisme »[1].

Ce n'est que par « exception » que certains de ces travaux sont soumis à déclaration préalable ou permis de construire[2]. Ainsi, dès lors que les travaux envisagés sur une construction existante ne relèvent d'aucune de ces exceptions, ils peuvent être réalisés sans formalité préalable.

322.52 **Illustration : le cas des antennes relais.** Le Conseil d'État estime « que l'implantation d'une antenne de radiotéléphonie mobile sur la terrasse d'un immeuble constitue une opération de travaux exécutés sur une construction existante »[3].

Il en résulte que cette implantation est soumise :

- à déclaration préalable lorsqu'elle modifie l'aspect extérieur d'un bâtiment existant[4] ou crée une surface de plancher comprise entre 5 et 20 m²[5] ;

- à permis de construire si elle aboutit à la création d'une surface de plancher supérieure à 20 m²[6] ou si l'immeuble est classé au titre des monuments historiques[7].

B.
Première exception : les travaux sur une construction existante soumis à permis de construire

1°
Travaux importants

322.61 **Liste.** Sont soumis à permis de construire les travaux suivants, exécutés sur des constructions existantes[8] :

- les travaux ayant pour effet la création d'une surface de plancher ou d'une emprise au sol supérieure à 20 m² (a) ;

- dans les zones U d'un PLU ou d'un document d'urbanisme en tenant lieu, les travaux ayant pour effet la création d'une surface de plancher ou d'une emprise au sol supérieure à 40 m² (b) ;

- dans les zones U d'un PLU ou d'un document d'urbanisme en tenant lieu, les travaux ayant pour effet la création de plus de 20 m² et d'au plus 40 m² de surface de plancher ou d'emprise au sol, lorsque leur réalisation aurait pour effet de porter la surface ou l'emprise totale de la construction au-delà des seuils de recours obligatoire à un architecte (b) ;

- les travaux ayant pour effet de modifier les structures porteuses ou la façade du bâtiment, lorsque ces travaux s'accompagnent d'un changement de destination entre les différentes destinations et sous-destinations définies aux articles R. 151-27 et R. 151-28[9] (c[10]) ;

- les travaux nécessaires à la réalisation d'une opération de restauration immobilière au sens de l'article L. 313-4 (d).

322.62 **Absence d'exigence de PC pour les travaux d'entretien ou de réparation ordinaires.** Ne sont pas soumis à permis de construire les « travaux d'entretien ou de réparations ordinaires » exécutés sur des constructions existantes[11].

2°
Travaux sur un immeuble inscrit au titre des monuments historiques

322.71 **Exigence de PC sauf exception.** Tous les travaux portant sur un immeuble ou une partie d'immeuble inscrit au titre des monuments historiques sont soumis à permis de construire[12].

Toutefois, cette exigence ne s'applique pas[13] :

- aux travaux d'entretien ou de réparations ordinaires ;

- ni aux travaux dispensés de formalité pour la sauvegarde des intérêts de la défense nationale[14].

1. C. urb., art. R. 421-13, al. 1er.
2. C. urb., art. R. 421-13, a et b.
3. CE 30 avr. 2014, *Sté française du radiotéléphone (SFR)*, req. n° 366712, *Lebon T.* ; *BJDU* 2014. 275, concl. M. Vialettes.
4. V. ss n° 322.91.
5. V. ss n° 322.111.
6. V. ss n° 322.61.
7. V. ss n° 322.71.
8. C. urb., art. R. 421-14.
9. Sur les destinations et sous-destinations, v. ss nos 322.181 s.
10. Sur les modalités de mise en œuvre du c, v. ss n° 322.301.
11. C. urb., art. R. 421-14, al. 1er.
12. C. urb., art. R. 421-16.
13. C. urb., art. R. 421-16.
14. Cas de dispenses prévus à l'article R. 421-8 – V. ss n° 321.131.

C.
Seconde exception : les travaux sur une construction existante soumis à déclaration préalable

1°
Travaux significatifs

322.81 Travaux concernés. Doivent être précédés d'une déclaration préalable, lorsqu'ils ne sont pas soumis à permis de construire en application des articles R. 421-14 à R. 421-16[1], certains travaux exécutés sur des constructions existantes[2]. Il s'agit des travaux présentant un caractère suffisamment significatif pour justifier un contrôle de l'autorité publique mais insuffisamment important pour justifier un régime d'autorisation préalable.

a.
Travaux ayant pour effet de modifier l'aspect extérieur

322.91 Modification de l'aspect extérieur du bâtiment. Doivent être précédés d'une déclaration préalable les travaux ayant pour effet de modifier l'aspect extérieur d'un bâtiment existant, à l'exception des travaux de ravalement[3].

322.92 Illustrations. À titre d'illustration, sont regardés comme des travaux ayant pour effet de modifier l'aspect extérieur d'un bâtiment existant :

– la pose d'un Velux[4] ;

– la réalisation d'une cheminée de cinq mètres de hauteur[5] ;

– les travaux de réfection de vitrine comportant le changement d'enseigne et du code de couleurs[6] ;

– des travaux consistant en la transformation en façade d'une fenêtre en porte-fenêtre et la création d'un balcon de moins de 20 m^2[7] ;

– le remplacement d'une clôture végétale par une clôture en métal peint[8].

b.
Travaux sur des bâtiments protégés

322.101 Éléments protégés par un PSMV. Doivent être précédés d'une déclaration préalable[9] :

– les travaux susceptibles de modifier l'état des éléments d'architecture et de décoration (immeubles par nature ou effets mobiliers attachés à perpétuelle demeure, au sens des articles 524 et 525 du code civil) lorsque ces éléments, situés à l'extérieur ou à l'intérieur d'un immeuble, sont protégés par un PSMV ;

– et, pendant la phase de mise à l'étude de ce plan, les travaux susceptibles de modifier l'état des parties intérieures du bâti situé à l'intérieur du périmètre d'étude de ce plan.

322.102 Élément identifié comme présentant un intérêt culturel, historique, architectural ou écologique (PLU). Doivent être précédés d'une déclaration préalable les travaux exécutés sur des constructions existantes ayant pour effet de modifier ou de supprimer un élément que le PLU ou un document d'urbanisme en tenant lieu a identifié, en application de l'article L. 151-19[10] ou de l'article L. 151-23[11], comme présentant un intérêt d'ordre culturel, historique, architectural ou écologique[12].

322.103 Élément identifié comme présentant un intérêt patrimonial, paysager ou écologique (RNU). Doivent être précédés d'une déclaration préalable les travaux exécutés sur des constructions existantes ayant pour effet, lorsque ces constructions sont situées sur un territoire non couvert par un PLU ou par un document d'urbanisme en tenant lieu, de modifier ou de supprimer un élément identifié comme présentant un intérêt patrimonial, paysager ou écologique, en application de l'article L. 111-22, par une délibération du conseil municipal, prise après l'accomplissement de l'enquête publique prévue à ce même article[13].

c.
Travaux créant de la surface de plancher ou de l'emprise au sol

322.111 Création de surface de plancher ou emprise au sol entre 5 et 20 m^2. Doivent être précédés d'une déclaration préalable les travaux qui ont pour effet la création soit d'une emprise au sol, soit d'une surface de plancher supérieure à 5 m^2 et qui répondent aux critères cumulatifs suivants[14] :

– une emprise au sol créée inférieure ou égale à 20 m^2 ;

– une surface de plancher créée inférieure ou égale à 20 m^2.

1. Sur les travaux sur construction existante soumis à permis de construire, v. s^s n°s 322.61 s.
2. C. urb., art. R. 421-17.
3. C. urb., art. R. 421-17, a.
4. Rép. min. n° 24747, *JO Sénat Q* 11 mai 2017, p. 1858.
5. Rép. min. n° 22084, *JO Sénat Q* 23 mars 2017, p. 1221.
6. Rép. min. n° 9189, *JO Sénat Q* 19 juin 2014, p. 1473.
7. Rép. min. n° 70438, *JOAN Q* 15 juin 2010, p. 6717.
8. TA Strasbourg, 12 juill. 2019, *Stefanelli-Dumur*, req. n° 1700236, NP – CAA Nancy, 7 avr. 2021, *Stefanelli-Dumur*, req. n° 19NC02837 (désistement de l'appel formé contre le jugement).
9. C. urb., art. R. 421-17, c.
10. V. s^s n° 231.1061 (préservation du patrimoine bâti et paysager).
11. V. s^s n°s 231.1082 et 231.1083.
12. C. urb., art. R. 421-17, d.
13. V. s^s n° 116.253. – C. urb., art. R. 421-17, e.
14. C. urb., art. R. 421-17, f.

Ces seuils sont portés à 40 m² pour les projets situés en zone U d'un PLU ou d'un document d'urbanisme en tenant lieu (à l'exclusion de ceux impliquant la création d'au moins 20 m² et d'au plus 40 m² de surface de plancher ou d'emprise au sol) lorsque cette création conduit au dépassement des seuils de recours obligatoire à un architecte[1].

322.112 Transformation d'une surface non comprise dans la surface de plancher en un local constituant de la surface de plancher. Doivent être précédés d'une déclaration préalable la transformation de plus de 5 m² de surface close et couverte non comprise dans la surface de plancher de la construction en un local constituant de la surface de plancher[2].

Ainsi, est par exemple soumise à l'exigence d'une DP la transformation d'un garage (qui n'est pas constitutif de surface de plancher selon l'article R. 111-22 4° du code de l'urbanisme) en habitation.

b.
Absence d'exigence de DP pour les travaux d'entretien ou de réparation ordinaires

322.121 Exigence écartée. Ne sont pas soumis à l'exigence de déclaration préalable les « travaux d'entretien ou de réparations ordinaires » exécutés sur des constructions existantes[3].

2°
Travaux de ravalement de façade d'un immeuble situé dans un secteur protégé

322.131 Secteurs concernés. Lorsqu'ils ne sont pas soumis à permis de construire en application des articles R. 421-14 à R. 421-16, les travaux de ravalement doivent être précédés d'une déclaration préalable dès lors qu'ils sont effectués sur tout ou partie d'une construction existante située dans les secteurs suivants[4] :

– dans le périmètre d'un site patrimonial remarquable classé en application de l'article L. 631-1 du code du patrimoine ou dans les abords des monuments historiques définis à l'article L. 621-30 du code du patrimoine (a) ;

– dans un site inscrit ou dans un site classé ou en instance de classement en application des articles L. 341-1, L. 341-2 et L. 341-7 du code de l'environnement (b) ;

– dans les réserves naturelles ou à l'intérieur du cœur des parcs nationaux délimités en application de l'article L. 331-2 du même code (c) ;

– sur un immeuble protégé en application de l'article L. 151-19[5] ou de l'article L. 151-23[6] du code de l'urbanisme (d) ;

– dans une commune ou périmètre d'une commune où le conseil municipal ou l'organe délibérant de l'EPCI compétent en matière de PLU a décidé de soumettre, par délibération motivée, les travaux de ravalement à autorisation (e).

D.
Ouvrages intéressant la sûreté ou la défense nationale, ou utilisés pour la production d'énergie en mer

322.141 Dispense de toute formalité. Sont dispensés de toute formalité au titre du code de l'urbanisme, même s'ils entrent dans le champ des prévisions des a et b de l'article R. 421-13[7] :

– les travaux réalisés sur les constructions et les installations mentionnées aux articles R. 421-8 (constructions dispensées de toute formalité pour des raisons de sûreté ou si la préservation de leur confidentialité est nécessaire pour la sauvegarde des intérêts de la défense nationale)[8] et R. 421-8-1 (installations de production d'énergie en mer)[9] ;

– ainsi que les travaux relatifs à la reconstruction d'établissements pénitentiaires après mutinerie.

Sont également dispensés de toute formalité « même s'ils entrent dans le champ des prévisions du a ou du b du présent article », les travaux exécutés sur des installations et constructions existantes réalisées[10] :

– en recourant au 1° du III *bis* de l'article L. 123-2 du code de l'environnement, dans sa rédaction antérieure à celle résultant de l'ordonnance n° 2020-7 du 6 janvier 2020 (installations réalisées dans le cadre d'opérations secrètes intéressant la défense nationale ainsi que, le cas échéant, les PPRT relatifs à ces installations) ;

– ou en recourant à l'article L. 122-4 du code de l'expropriation, dans sa rédaction antérieure à la même ordonnance (opérations secrètes intéressant la défense).

1. C. urb., art. R. 421-17, f.
2. C. urb., art. R. 421-17, g.
3. C. urb., art. R. 421-17.
4. C. urb., art. R. 421-17-1.
5. V. sˢ n° 231.1061 (préservation du patrimoine bâti et paysager).
6. V. sˢ nᵒˢ 231.1082 et 231.1083 (éléments de paysage et sites et secteurs à protéger pour des motifs d'ordre écologique).
7. Soumettant respectivement à permis de construire (v. sˢ nᵒˢ 322.61 s.) et à déclaration préalable (v. sˢ nᵒˢ 322.81 s.) certains travaux réalisés sur des constructions existantes. – C. urb., art. R. 421-13, al. 4.
8. V. sˢ n° 321.131.
9. V. sˢ n° 321.141.
10. C. urb., art. R. 421-13, al. 6 ; mod. par décr. n° 2022-901, 17 juin 2022.

SECTION 2
FORMALITÉS PRÉVUES POUR LE CHANGEMENT DE DESTINATION D'UNE CONSTRUCTION EXISTANTE

322.151 Droit de l'urbanisme immatériel. Avec la raréfaction du foncier disponible, il devient plus courant de réutiliser un bâtiment existant que d'en construire un nouveau. Un changement de destination peut en résulter qui sera soumis, selon les cas, soit à déclaration préalable, soit à permis de construire. Une autorisation d'urbanisme va ainsi être exigée alors même qu'aucune construction n'est réalisée, manifestant, selon Frédéric Rolin, « un glissement important du centre de gravité » du droit de l'urbanisme[1].

§ 1
Notion de changement de destination des constructions

A.
Notion de destination des constructions

1°
Définition et utilisation de la notion

a.
Définition

322.161 Absence de définition légale. La notion de destination des constructions ne fait l'objet d'aucune définition juridique dans le code de l'urbanisme. Celui-ci dresse une liste des destinations et sous-destinations.

322.162 Sens de la notion. En droit de l'urbanisme, la notion de destination des constructions s'entend littéralement de ce que à quoi est destinée une construction, c'est-à-dire ce à quoi il est prévu qu'elle serve (le commerce, l'habitation, etc.). Elle se distingue de « ce pour quoi elle est effectivement utilisée (que l'on qualifie d'affectation ou d'usage) »[2], qui fait l'objet de réglementations étrangères au droit de l'urbanisme.

La notion de destination désigne ainsi la « vocation fonctionnelle d'une construction »[3].

b.
Utilisation de la notion

322.171 Deux utilisations. La notion de destination des constructions se trouve employée dans deux parties distinctes du code de l'urbanisme : d'une part le livre IV sur les autorisations d'urbanisme, afin de déterminer s'il y a lieu de soumettre les changements de destination à déclaration préalable, permis de construire ou au contraire les dispenser de formalité ; d'autre part le livre Ier, en vue de conférer aux auteurs de plans locaux d'urbanisme le pouvoir d'édicter au sein de ce document les dispositions faisant appel à cette notion (par exemple pour interdire certaines destinations, limiter certaines destinations ou encore fixer des règles différentes en fonction de la destination). La notion présente donc une incidence, d'une part, sur le champ des autorisations d'urbanisme et, d'autre part, sur les règles d'urbanisme applicables en vertu du PLU.

2°
Liste des destinations et sous-destinations

322.181 Notion employée relativement au PLU. Dans sa partie relative au contenu du règlement du PLU, le code de l'urbanisme dresse la liste des destinations et sous-destinations des constructions[4].

a.
Liste des destinations

322.191 Cinq destinations. Les destinations de constructions sont au nombre de cinq[5] :

– exploitation agricole et forestière (1°) ;

– habitation (2°) ;

– commerce et activités de service (3°) ;

– équipements d'intérêt collectif et services publics (4°) ;

– autres activités des secteurs primaire, secondaire ou tertiaire (5°).

1. F. Rolin, « Dark store et dark kitchen : nous ne sommes pas arrivés à destination..., », *Dalloz Actualité*, 14 oct. 2022. L'auteur poursuit : « Essentiellement centré jusqu'alors sur les questions de gabarits des constructions et des espaces publics, c'est le vieil urbanisme hygiéniste du début du xxe siècle, puis sur les modalités de consommation et/ou de préservation des espaces, urbanisme que le ZAN est en train de périmer, il se concentre aujourd'hui sur de nouvelles questions, plus immatérielles, dont le contrôle des destinations est un des aspects les plus caractéristiques au point que l'on en vient à devoir délivrer des autorisations de construire, alors qu'il n'y a ni travaux ni construction (...). Ce droit de l'urbanisme immatériel pose des problèmes et des questions nouvelles (...) qui seront très certainement au centre des réflexions futures sur cette branche du droit ».
2. É. Carpentier, « Le changement de destination en droit de l'urbanisme », *Droit et ville* 2019. 137.
3. A. Skzryerbak, *BJDU* 2022. 331, concl. sur CE 7 juill. 2022, *Ville de Paris*, n° 454789.
4. Sur l'application dans le temps de cette nomenclature, issue du décret n° 2015-1783 du 28 décembre 2015, v. ss n° 322.222.
5. C. urb., art. R. 151-27 ; mod. par décr. n° 2023-195, 22 mars 2023.

b.
Liste des sous-destinations

322.201 Sous-destinations prévues. Chaque « destination » comprend plusieurs « sous-destinations ». Le contenu des différentes sous-destinations (23 au total) est précisé par voie d'arrêté du ministre chargé de l'urbanisme[1]. Une fiche technique établie par les services ministériels détaille le contenu précis de chacune de ces destinations[2].

322.202 Sous-destinations de la destination « exploitation agricole et forestière » (1°). La destination de construction « exploitation agricole et forestière » prévue au 1° de l'article R. 151-27 du code de l'urbanisme comprend les deux sous-destinations suivantes : exploitation agricole, exploitation forestière[3].

La sous-destination « exploitation agricole » recouvre les constructions destinées à l'exercice d'une activité agricole ou pastorale. Cette sous-destination recouvre notamment les constructions destinées au stockage du matériel, des récoltes et à l'élevage des animaux ainsi que celles nécessaires à la transformation, au conditionnement et à la commercialisation des produits agricoles, lorsque ces activités constituent le prolongement de l'acte de production, dans les conditions définies au II de l'article L. 151-11 du code de l'urbanisme[4].

La sous-destination « exploitation forestière » recouvre les constructions et les entrepôts notamment de stockage du bois, des véhicules et des machines permettant l'exploitation forestière[5].

322.203 Sous-destinations de la destination « habitation » (2°). La destination de construction « habitation » prévue au 2° de l'article R. 151-27 du code de l'urbanisme comprend les deux sous-destinations suivantes : logement, hébergement[6].

La sous-destination « logement » recouvre les constructions destinées au logement principal, secondaire ou occasionnel des ménages à l'exclusion des hébergements couverts par la sous-destination « hébergement ». La sous-destination « logement » recouvre notamment les maisons individuelles et les immeubles collectifs[7]. Selon le guide « Évolution de la réglementation applicable aux destinations de constructions dans les PLU(i) » élaboré par le ministère, cette sous-destination « intègre, sans les distinguer, tous les statuts d'occupation : propriétaire (au titre de résidence principale ou secondaire), locataire, occupant à titre gratuit, et tous les logements quel que soit leur mode de financement. En effet, l'affectation des logements n'est pas nécessairement connue au moment de la construction, elle peut varier entre différents logements d'un même bâtiment et évoluer au fil du temps »[8].

La sous-destination « hébergement » recouvre les constructions destinées à l'hébergement dans des résidences ou foyers avec service. Cette sous-destination recouvre notamment les maisons de retraite, les résidences universitaires, les foyers de travailleurs et les résidences autonomie[9]. En relèvent également, par exemple, « les centres d'hébergement d'urgence, des centres d'hébergement et réinsertion sociale (CHRS) et les centres d'accueil des demandeurs d'asile (CADA) »[10].

Les immeubles de coliving pourraient relever de la destination « habitat » (sous-destination « logement » ou « hébergement ») ou de la destination « commerce et activité de services » (sous-destination hébergement hôtelier et touristique). Les formules étant très variables (durée de séjour courte ou longue ; services proposés plus ou moins importants ; chambre dotée d'équipements permettant de vivre en autonomie ou non), il est possible que la sous-destination à retenir dépende des caractéristiques particulières de chaque configuration. Dans une espèce où l'immeuble en question proposait des chambres permettant de vivre en autonomie (avec cuisine individuelle et salle d'eau dans chacune d'elles), la cour administrative d'appel de Bordeaux a considéré que la sous-destination « logement » devait être retenue[11]. De son côté, la doctrine administrative semble privilégier un rattachement à cette catégorie dans tous les cas[12].

1. Arr. 10 nov. 2016 définissant les destinations et sous-destinations de constructions pouvant être réglementées par le règlement national d'urbanisme et les règlements des plans locaux d'urbanisme ou les documents en tenant lieu, NOR : LHAL1622621A. Arrêté pris sur le fondement de l'article R. 151-29, al. 1er, du code de l'urbanisme.
2. Ministère du logement, *Fiche technique 6 : Réforme des destinations de constructions*, mai 2016, p. 9-13.
3. C. urb., art. R. 151-28, 1°.
4. Arr. 10 nov. 2016, NOR : LHAL1622621A, art. 1er, al. 2 ; mod par arr. 22 mars 2023 (NOR : TREL2233598A).
5. Arr. 10 nov. 2016, NOR : LHAL1622621A, art. 1er, al. 3.
6. C. urb., art. R. 151-28, 2°.
7. Arr. 10 nov. 2016, NOR : LHAL1622621A, art. 2, al. 2.
8. Min. de la cohésion des territoires, Guide « Évolution de la réglementation applicable aux destinations de constructions dans les PLU(i) », juill. 2024 pt 2.1.2.
9. Arr. 10 nov. 2016, NOR : LHAL1622621A, art. 2, al. 3.
10. Min. de la cohésion des territoires, Guide « Évolution de la réglementation applicable aux destinations de constructions dans les PLU(i) », juill. 2024 pt 2.1.2.
11. CAA Bordeaux, 6 juill. 2023, *Cne de Bordeaux c/SNC Atroom*, req. n° 22BX01135, NP.
12. V. Min. de la cohésion des territoires, Guide « Évolution de la réglementation applicable aux destinations de constructions dans les PLU(i) », juill. 2024 pt 2.1.2 : « La sous-destination "logement" comprend également les locaux ayant pour fonction la vie collective des habitants – dans l'habitat participatif, l'habitat inclusif ou la colocation par exemple (qualifiés de "co-living"). Ces locaux ont généralement un usage d'habitation, sont meublés et se décompensent en espaces privatifs (chambre, salle de bains, petite cuisine) et partagés (salon, salle de sport, bibliothèque, spa...). Les occupants peuvent bénéficier de services mutualisés (Wifi, ménage, parking...) et payent un logement comprenant l'assurance habitation ».

322.204 Sous-destinations de la destination « commerce et activités de service » (3°). La destination de construction « commerce et activité de service » prévue au 3° de l'article R. 151-27 du code de l'urbanisme comprend les sept sous-destinations suivantes : artisanat et commerce de détail, restauration, commerce de gros, activités de services où s'effectue l'accueil d'une clientèle, cinéma, hôtels, autres hébergements touristiques[1].

La sous-destination « artisanat et commerce de détail » recouvre les constructions destinées aux activités artisanales de production, de transformation, de réparation ou de prestation de services, les constructions commerciales avec surface de vente destinées à la présentation ou à l'exposition de biens et de marchandises proposées à la vente au détail à une clientèle[2], ainsi que les locaux dans lesquels sont exclusivement retirés par les clients les produits stockés commandés par voie télématique[3] (ce dernier cas de figure correspondant aux drives organisés pour l'accès en automobiles et aux drives-piétons).

La sous-destination « restauration » recouvre les constructions destinées à la restauration sur place ou à emporter avec accueil d'une clientèle[4]. Elle « n'inclut pas la restauration collective qui constitue une prestation proposée aux salariés ou usagers d'une entreprise, d'une administration ou d'un équipement. Cette sous-destination inclut les restaurants "traditionnels" dans lesquels les clients s'attablent pour manger mais également les restaurants qui pratiquent partiellement ou exclusivement la vente à emporter »[5].

La sous-destination « commerce de gros » recouvre les constructions destinées à la présentation et la vente de biens pour une clientèle professionnelle[6].

La sous-destination « activité de service avec accueil d'une clientèle » recouvre les constructions destinées à l'accueil d'une clientèle pour la conclusion directe de contrat de vente de services ou de prestation de services, notamment médicaux et accessoirement la présentation de biens[7]. Selon la doctrine administrative, cette sous-destination « s'applique à toutes les constructions où s'exerce une profession libérale (avocat, architecte, médecin...) ainsi que d'une manière générale à toutes les constructions permettant l'accomplissement de prestations de service qu'elles soient fournies à des professionnels ou des particuliers. L'arrêté du 22 mars 2023 a ajouté les termes "notamment médicaux" pour indiquer plus clairement que la définition concerne les constructions destinées à recevoir les patients des professionnels médicaux (les médecins, les sages-femmes et les chirurgiens-dentistes) et paramédicaux (les infirmiers, les masseurs-kinésithérapeutes, les orthophonistes, les préparateurs en pharmacie...). Cette sous-destination inclut également les assurances, les banques, les agences immobilières, les agences destinées à la location de véhicules, de matériel, les "showrooms"... On y trouve également les salles de sport privées, les spa, etc. »[8].

La sous-destination « cinéma » recouvre toute construction répondant à la définition d'établissement de spectacles cinématographiques mentionnée à l'article L. 212-1 du code du cinéma et de l'image animée accueillant une clientèle commerciale[9].

La sous-destination « hôtels » recouvre les constructions destinées à l'accueil de touristes dans des hôtels, c'est-à-dire des établissements commerciaux qui offrent à une clientèle de passage qui, sauf exception, n'y élit pas domicile, des chambres ou des appartements meublés en location, ainsi qu'un certain nombre de services[10]. Cette sous-destination s'applique notamment à tous les hôtels classés au sens du code de tourisme.

La sous-destination « autres hébergements touristiques » recouvre les constructions autres que les hôtels destinées à accueillir des touristes, notamment les résidences de tourisme et les villages de vacances, ainsi que les constructions dans les terrains de camping et dans les parcs résidentiels de loisirs[11]. Cette sous-destination s'applique également aux meublés de tourisme[12]. Par ailleurs, « Le classement en "autres hébergements touristiques" ne dis-

1. C. urb., art. R. 151-28, 3°.
2. Il peut s'agir d'artisanat avec une activité commerciale de vente de biens (boulangerie, charcuterie, poissonnerie), d'artisanat avec une activité commerciale de vente de services (cordonnerie, salon de coiffure) ou encore d'artisanat sans activité commerciale de vente de biens (locaux de fabrication de produits alimentaires, de textiles, de meubles, de produits automobiles). V. Min. de la cohésion des territoires, Guide « Évolution de la réglementation applicable aux destinations de constructions dans les PLU(i) », juill. 2024 p^t 2.1.3.
3. Arr. 10 nov. 2016, NOR : LHAL1622621A, art. 3, al. 2 ; mod par arr. 22 mars 2023 (NOR : TREL2233598A).
4. Arr. 10 nov. 2016, NOR : LHAL1622621A, art. 3, al. 3 ; mod par arr. 22 mars 2023 (NOR : TREL2233598A).
5. Min. de la cohésion des territoires, Guide « Évolution de la réglementation applicable aux destinations de constructions dans les PLU(i) », juill. 2024 p^t 2.1.3.
6. Arr. 10 nov. 2016, NOR : LHAL1622621A, art. 3, al. 4.
7. Arr. 10 nov. 2016, NOR : LHAL1622621A, art. 3, al. 5 ; mod par arr. 22 mars 2023 (NOR : TREL2233598A).
8. Min. de la cohésion des territoires, Guide « Évolution de la réglementation applicable aux destinations de constructions dans les PLU(i) », juill. 2024 p^t 2.1.3.
9. Arr. 10 nov. 2016, NOR : LHAL1622621A, art. 3, al. 6.
10. Arr. 10 nov. 2016, NOR : LHAL1622621A, art. 3, al. 7 ; mod. par arr. 31 janv. 2020, NOR : LOGL1923891A.
11. Arr. 10 nov. 2016, NOR : LHAL1622621A, art. 3, al. 8 ; mod. par arr. 31 janv. 2020, NOR : LOGL1923891A.
12. Min. de la cohésion des territoires, Guide « Évolution de la réglementation applicable aux destinations de constructions dans les PLU(i) », juill. 2024 p^t 2.1.3.

tingue pas le caractère lucratif ou non des établissements concernés (...). Ainsi, une résidence ou des maisons familiales de vacances appartenant à une personne morale de droit public, et destinées à assurer un séjour de vacances à des enfants dans le cadre de colonies de vacances, ou à des familles ayant des revenus modestes, relèvera également de cette sous-destination même si son exploitation globale n'a pas de caractère commercial »[1].

Un décret du 31 janvier 2020 a remplacé la sous-destination « hébergement hôtelier et touristique » par deux sous-destinations : hôtels d'une part, autres hébergements touristiques d'autre part[2]. Cette distinction permet aux PLU, principalement dans les stations balnéaires et de montagne, de mieux distinguer les types d'hébergement hôteliers et touristiques selon leur nature et de les soumettre à des règles différenciées. Le décret précise les conditions d'application dans le temps de ces nouvelles dispositions[3].

Un problème se pose pour la chambre d'hôte qui ne constitue ni une destination ni une sous-destination de construction au titre du code de l'urbanisme. Selon une réponse ministérielle : « La chambre d'hôte ne constitue en fait qu'un accessoire d'une construction principale. À ce titre, elle est régie par le deuxième alinéa de l'article R. 151-29 du Code de l'urbanisme qui prévoit que : "Les locaux accessoires sont réputés avoir la même destination et sous-destination que le local principal". Afin de préciser à quelle destination principale se rattache la chambre d'hôte, la fiche technique du ministère chargé de la ville et du logement, précise que c'est la définition donnée par le code du tourisme qui doit être retenue. Le code du tourisme précise que les chambres d'hôtes "sont des chambres meublées situées chez l'habitant"[4] et qu'elles sont limitées "à un nombre maximal de cinq chambres pour une capacité maximale d'accueil de quinze personnes. L'accueil est assuré par l'habitant"[5]. Eu égard aux dispositions du Code de l'urbanisme relatives à leur caractère accessoire et aux précisions apportées par la fiche technique du ministère, qui renvoient vers la définition du code du tourisme, la chambre d'hôte est considérée comme accessoire d'une destination "habitation" dès lors qu'elle est intégrée à l'habitation, qu'elle reste limitée à cinq chambres maximum et que l'accueil est effectué par l'habitant. Si l'un de ces critères n'est pas respecté, la chambre d'hôte relève alors de la destination "commerce et activité de service" et de la sous-destination "autres hébergements touristique" »[6].

Concernant les meublés de tourisme, les communes ont la possibilité, sur le fondement du IV *bis* de l'art. L. 324-1-1 du code de tourisme, de soumettre à autorisation la location en cette qualité de locaux à usage commercial, tels que ceux accueillant des commerces et des restaurants. S'agissant de son champ d'application, en sont exclus les locaux meublés destinés à l'usage d'habitation, le dispositif se limitant aux locaux à usage commercial (c'est-à-dire les locaux inclus dans des constructions dont la destination est le commerce et les activités de service au sens du 3° de l'article R. 151-27 du code de l'urbanisme)[7].

322.205 Sous-destinations de la destination « équipements d'intérêt collectif et service public » (4°). La destination de construction « équipements d'intérêt collectif et services publics » prévue au 4° de l'article R. 151-27 du code de l'urbanisme comprend les sept sous-destinations suivantes : locaux et bureaux accueillant du public des administrations publiques et assimilés, locaux techniques et industriels des administrations publiques et assimilés, établissements d'enseignement, de santé et d'action sociale, salles d'art et de spectacles, équipements sportifs, lieux de culte, autres équipements recevant du public[8].

Selon la doctrine administrative, « Un faisceau d'indices peut permettre de qualifier ce type d'ouvrage : investissement de la puissance publique en tant que maîtrise d'ouvrage ou investissement financier, désignation législative ou réglementaire de la personne morale comme délégataire ou investie d'une mission de service public, ouverture de la construction au public à ou des usagers d'un service public (exemple : bibliothèque municipale, piscine...), réalisation de la construction sur le domaine public ou privé de l'État, d'une collectivité locale ou assimilée... »[9].

1. Min. de la cohésion des territoires, Guide « Évolution de la réglementation applicable aux destinations de constructions dans les PLU(i) », juill. 2024 p[t] 2.1.3.
2. Décr. n° 2020-78, 31 janv. 2020 modifiant la liste des sous-destinations des constructions pouvant être réglementées par les PLU ou les documents en tenant lieu, *JO* 1er févr., n° 51, art. 1er.
3. Décr. n° 2020-78, 31 janv. 2020, art. 2. L'ancienne sous-destination (« hébergement hôtelier et touristique ») demeure applicable aux PLU dont l'élaboration, la révision, la modification ou la mise en compatibilité a été engagée avant le 1er février 2020. Toutefois, pour les PLU dont l'élaboration ou la révision a été prescrite avant cette date, l'organe délibérant de l'EPCI ou le conseil municipal peut décider que seront applicables au projet les deux nouvelles sous-destinations (hôtels d'une part, autres hébergements touristiques d'autre part), par une délibération expresse qui intervient au plus tard lorsque le projet est arrêté.
4. C. tourisme, art. L. 324-3.
5. C. tourisme, art. D. 324-13.
6. Rép. min. n° 27235, *JOAN Q* 30 juin 2020, p. 4617.
7. CE 26 juin 2023, *Syndicat des professionnels de la location meublée*, req. n° 458799, *Lebon T.* ; *BJDU* 2023. 391, concl. M. Boutron.
8. C. urb., art. R. 151-28, 4° ; mod. par décr. n° 2023-195, 22 mars 2023.
9. Min. de la cohésion des territoires, Guide « Évolution de la réglementation applicable aux destinations de constructions dans les PLU(i) », juill. 2024 p[t] 2.1.4.

La sous-destination « locaux et bureaux accueillant du public des administrations publiques et assimilés » recouvre les constructions destinées à assurer une mission de service public. Une partie substantielle de la construction est dédiée à l'accueil du public. Cette sous-destination comprend notamment les constructions de l'État, des collectivités territoriales, de leurs groupements ainsi que les constructions des autres personnes morales investies d'une mission de service public[1]. Selon la doctrine administrative, « Cette sous-destination recouvre notamment les constructions des détenteurs d'une mission de service public, dont une partie substantielle est dédiée à l'accueil du public (mairie, préfecture...), ainsi que la plupart des constructions permettant d'assurer des missions régaliennes de l'État (commissariat, gendarmerie, caserne de pompiers, établissements pénitentiaires...). Elle s'applique également aux locaux des organismes publics ou privés, délégataires d'un service public administratif (Ex : URSSAF...) ou d'un service public industriel et commercial (régie de transports public...), dans la mesure où une partie substantielle de ces locaux a pour fonction principale l'accueil du public. Ce caractère substantiel de l'accueil du public n'est pas quantifié (il n'est pas nécessaire que plus de 50 % de la surface de plancher du bâtiment soit dédié à l'accueil du public) mais estimé au regard des missions de service public qui y sont exercées »[2]. En revanche, « Les constructions des administrations dont l'accueil du public est annexe sont assimilées à la sous-destination "bureau" »[3].

La sous-destination « locaux techniques et industriels des administrations publiques et assimilés » recouvre les constructions des équipements collectifs de nature technique ou industrielle. Cette sous-destination comprend notamment les constructions techniques nécessaires au fonctionnement des services publics, les constructions techniques conçues spécialement pour le fonctionnement de réseaux ou de services urbains, les constructions industrielles concourant à la production d'énergie[4]. Selon la doctrine administrative, « Elle recouvre les équipements d'intérêt collectif nécessaires à certains services publics, tels que les fourrières automobiles, les dépôts de transports en communs, les stations d'épuration... Elle recouvre également les constructions permettant la production d'énergie reversée dans les réseaux publics de distribution et de transport d'énergie, et les locaux techniques nécessaires tels que ceux abritant les transformateurs électriques, les constructions permettant la transformation d'énergie produites par des installations d'éoliennes ou de panneaux photovoltaïques »[5].

La sous-destination « établissements d'enseignement, de santé et d'action sociale » recouvre les équipements d'intérêts collectifs destinés à l'enseignement ainsi que les établissements destinés à la petite enfance, les équipements d'intérêts collectifs hospitaliers, les équipements collectifs accueillant des services sociaux, d'assistance, d'orientation et autres services similaires[6]. Elle recouvre « l'ensemble des établissements d'enseignement (maternelle, primaire, collège, lycée, université, grandes écoles...), les établissements d'enseignement professionnels et techniques, les établissements d'enseignement et de formation pour adultes, les hôpitaux, les cliniques, les maisons de convalescence, les maisons de santé privées ou publics (...) »[7].

La sous-destination « salles d'art et de spectacles » recouvre les constructions destinées aux activités créatives, artistiques et de spectacle, musées et autres activités culturelles d'intérêt collectif[8]. Elle « recouvre les salles de concert, les théâtres, les opéras, etc. Cette sous-destination n'inclut pas les stades qui peuvent occasionnellement accueillir des concerts ou spectacles mais dont la vocation principale est d'être un équipement sportif »[9].

La sous-destination « équipements sportifs » recouvre les équipements d'intérêts collectifs destinées à l'exercice d'une activité sportive. Cette sous-destination comprend notamment les stades, les gymnases ainsi que les piscines ouvertes au public[10].

La sous-destination « lieux de culte » recouvre les constructions répondant à des besoins collectifs de caractère religieux[11]. Il s'agit des établissements destinés à l'exercice d'un culte.

La sous-destination « autres équipements recevant du public » recouvre les équipements collectifs destinées à accueillir du public afin de satisfaire un besoin collectif ne répondant à aucune autre sous-

1. Arr. 10 nov. 2016, NOR : LHAL1622621A, art. 4, al. 2 ; mod par arr. 22 mars 2023 (NOR : TREL2233598A).
2. Min. de la cohésion des territoires, Guide « Évolution de la réglementation applicable aux destinations de constructions dans les PLU(i) », juill. 2024 p^t 2.1.4.
3. Min. de la cohésion des territoires, Guide « Évolution de la réglementation applicable aux destinations de constructions dans les PLU(i) », juill. 2024 p^t 2.1.4.
4. Arr. 10 nov. 2016, NOR : LHAL1622621A, art. 4, al. 3.
5. Min. de la cohésion des territoires, Guide « Évolution de la réglementation applicable aux destinations de constructions dans les PLU(i) », juill. 2024 p^t 2.1.4.
6. Arr. 10 nov. 2016, NOR : LHAL1622621A, art. 4, al. 4.
7. Min. de la cohésion des territoires, Guide « Évolution de la réglementation applicable aux destinations de constructions dans les PLU(i) », juill. 2024 p^t 2.1.4.
8. Arr. 10 nov. 2016, NOR : LHAL1622621A, art. 4, al. 5.
9. Min. de la cohésion des territoires, Guide « Évolution de la réglementation applicable aux destinations de constructions dans les PLU(i) », juill. 2024 p^t 2.1.4.
10. Arr. 10 nov. 2016, NOR : LHAL1622621A, art. 4, al. 6.
11. Arr. 10 nov. 2016, NOR : LHAL1622621A, art. 4, al. 7 ; créé par arrêté 22 mars 2023 (NOR : TREL2233598A).

destination définie au sein de la destination « Équipement d'intérêt collectif et services publics »[1]. Selon la doctrine administrative, « Elle recouvre les autres équipements collectifs dont la fonction est l'accueil du public à titre temporaire, pour tenir des réunions publiques, organiser des activités de loisirs ou de fête (salles polyvalentes, maisons de quartier...), assurer la permanence d'un parti politique, d'un syndicat, d'une association »[2]. L'arrêté du 10 novembre 2016 précise que cette sous-destination recouvre notamment les salles polyvalentes et les aires d'accueil des gens du voyage[3]. La jurisprudence a posé qu'en relèvent également les ombrières photovoltaïques[4].

322.206 Sous-destinations de la destination « autres activités des secteurs secondaire ou tertiaire » (5°). La destination de construction « autres activités des secteurs secondaire ou tertiaire » prévue au 5° de l'article R. 151-27 du code de l'urbanisme comprend les cinq sous-destinations suivantes : industrie, entrepôt, bureau, centre de congrès et d'exposition, cuisine dédiée à la vente en ligne[5].

La sous-destination « industrie » recouvre les constructions destinées à l'activité extractive du secteur primaire, les constructions destinées à l'activité industrielle et manufacturière du secteur secondaire, ainsi que les constructions destinées aux activités artisanales du secteur de la construction ou de l'industrie. Cette sous-destination recouvre notamment les activités de production, de construction ou de réparation susceptibles de générer des nuisances[6]. Selon la doctrine administrative, « Cette sous-destination regroupe les constructions relevant de l'activité extractive du secteur primaire d'une part, c'est-à-dire les activités dont la finalité consiste en une exploitation des ressources naturelles (notamment les exploitations minières, et gisements), ainsi que les activités industrielles et manufacturières du secteur secondaire d'autre part, qui concernent des activités aussi variées que l'industrie du bois, l'industrie agroalimentaire, le raffinage du pétrole, la production industrielle (métallurgie, automobile, aéronautique, navale, chimie, pharmaceutique, électronique, meubles, etc.), la construction (maçonnerie, menuiserie, peinture). Cette sous-destination recouvre également les constructions destinées aux activités artisanales du secteur de la construction ou de l'industrie, celles-ci pouvant générer des nuisances. Le caractère industriel d'une activité peut s'apprécier au regard de la nature des opérations de transformation ou de production qu'elle effectue et de l'importance des moyens techniques qu'elle met en œuvre pour les réaliser »[7].

La sous-destination « entrepôt » recouvre les constructions destinées à la logistique, au stockage ou à l'entreposage des biens sans surface de vente, les points permanents de livraison ou de livraison et de retrait d'achats au détail commandés par voie télématique, ainsi que les locaux hébergeant les centres de données[8]. En relèvent notamment les « dark stores »[9], l'arrêté du 22 mars 2023 ayant repris une position adoptée par la doctrine administrative[10] et la jurisprudence[11], ce qui fait obstacle à leur présence dans les centre-villes dans la mesure où les PLU interdisent les entrepôts dans ces secteurs.

La sous-destination « bureau » recouvre les constructions fermées au public ou prévoyant un accueil limité du public, destinées notamment aux activités de direction, de communication, de gestion des entreprises des secteurs primaires, secondaires et tertiaires et également des administrations publiques et assimilées[12]. Selon la doctrine administrative, « Elle recouvre les constructions destinées au travail tertiaire, les entreprises privées et les différents établissements assurant des activités de gestion financière, administrative et commerciale. Les constructions dont l'accueil du public est limitée, sont rattachées à cette sous-destination "bureau". En effet, les fonctions urbaines des bureaux "administratifs" n'accueillant pas du public et les bureaux "tertiaires" du sec-

1. Arr. 10 nov. 2016, NOR : LHAL1622621A, art. 4, al. 8 ; mod par arr. 22 mars 2023 (NOR : TREL2233598A).
2. Min. de la cohésion des territoires, Guide « Évolution de la réglementation applicable aux destinations de constructions dans les PLU(i) », juill. 2024 p^t 2.1.4.
3. Arr. 10 nov. 2016, NOR : LHAL1622621A, art. 4, al. 8 ; mod par arr. 22 mars 2023 (NOR : TREL2233598A).
4. CE 26 avr. 2024, *C^ne^ de Tarnos*, req. n° 469342, NP ; *Constr.-Urb.* 2024, comm. 69, note L. Santoni.
5. C. urb., art. R. 151-28, 5° ; mod. par décr. n° 2023-195, 22 mars 2023.
6. Arr. 10 nov. 2016, NOR : LHAL1622621A, art. 5, al. 2 ; mod par arr. 22 mars 2023 (NOR : TREL2233598A).
7. Min. de la cohésion des territoires, Guide « Évolution de la réglementation applicable aux destinations de constructions dans les PLU(i) », juill. 2024 p^t 2.1.5.
8. Arr. 10 nov. 2016, NOR : LHAL1622621A, art. 5, al. 3 ; mod par arr. 22 mars 2023 (NOR : TREL2233598A).
9. Les dark stores sont d'anciens magasins transformés pour l'entreposage, le stockage et la préparation des livraisons, sans accueil du public. Les commandes des clients sont préparées par des salariés du dark store et confiées à des livreurs, qui peuvent être également des salariés ou des prestataires extérieurs. Les dark stores sont implantés au cœur du tissu urbain pour assurer une livraison rapide aux clients.
10. Min. de la cohésion des territoires, *Fiche technique Modalités de régulation des Dark stores*, mars 2022, p. 1-2.
11. CE 23 mars 2023, *Ville de Paris*, req. n° 468360, *Lebon ; Le* Defrénois, 27 avr. 2023, n° 17, p. 21, note O. Le Bot ; *JCP Adm.* 2023, n° 2167, note D. Florent et F. Jourdan ; *BJDU* 2023. 155, concl. S. Hoynck ; *BJDU* 2023. 163, note D. Botteghi ; *RDI* 2023. 309, obs. P. Soler-Couteaux ; *Constr.-Urb.* 2023, comm. 58, note L. Santoni ; *JCP G* 2023, n° 588, note Ph. Hansen et B. Marx.
12. Arr. 10 nov. 2016, NOR : LHAL1622621A, art. 5, al. 4 ; mod par arr. 22 mars 2023 (NOR : TREL2233598A).

teur privé sont identiques. Il ne peut pas être justifié de différencier les règles (hauteur, stationnement, assainissement, etc.) qui leur sont applicables dans un PLU pour des raisons d'urbanisme »[1].

La sous-destination « centre de congrès et d'exposition » recouvre les constructions destinées à l'événementiel polyvalent, l'organisation de salons et forums à titre payant[2].

La sous-destination « cuisine dédiée à la vente en ligne » recouvre les constructions destinées à la préparation de repas commandés par voie télématique. Ces commandes sont soit livrées au client soit récupérées sur place[3].

3°
Locaux accessoires réputés avoir la même destination que le local principal

322.211 Destination et sous-destination déterminées par référence au local principal. Les locaux accessoires « sont réputés avoir la même destination et sous-destination que le local principal »[4].

Il en résulte que la destination du local accessoire n'est pas prise en compte. La destination ou sous-destination du local principal lui est automatiquement appliquée[5].

Si le bâtiment est affecté à plusieurs usages (habitation, bureau, commerce), « les annexes du bureau sont considérées comme bureau par le code de l'urbanisme et les locaux annexes commerciaux comme commerces. Pour le cas précis d'un ensemble immobilier (ancienne colonie de vacances) comprenant à la fois de l'hébergement de loisir et de l'habitation, si la totalité de l'ensemble est bien hôtelière, il en va différemment du logement de fonction du directeur, dont la destination doit être appréciée séparément si celui-ci constitue une partie séparable de cet ensemble immobilier »[6].

322.212 Notion de local accessoire. La notion de local accessoire est définie par le lexique national d'urbanisme[7].

La jurisprudence a considéré :

– qu'une bergerie de 64 m² ne peut être regardée comme un local accessoire à une maison d'habitation de 60 m²[8] ;

– mais que, dans le cas d'un bâtiment qui abrite à la fois les locaux d'une fabrique artisanale et des locaux affectés à la commercialisation de sa production, « l'ensemble du bâtiment concerné doit [...] être considéré comme étant destiné à l'artisanat »[9].

4°
Ancienne nomenclature définissant la destination des constructions

322.221 Nomenclature des destinations avant la réforme de 2015. Jusqu'au décret du 28 décembre 2015[10], le code de l'urbanisme distinguait neuf destinations et ne détaillait pas de sous-destinations.

Les neuf destinations étaient les suivantes[11] :
– habitation ;
– hébergement hôtelier ;
– bureaux ;
– commerce ;
– artisanat ;
– industrie ;
– exploitation agricole ou forestière ;
– entrepôt ;
– constructions et installations nécessaires aux services publics ou d'intérêt collectif (CINASPIC).

L'importante réforme des destinations a été mise en œuvre au motif que certaines destinations de l'ancienne nomenclature étaient jugées obsolètes ou trop larges. Elle est intervenue sur une double injonction adressée par le législateur au pouvoir réglementaire de modifier la liste des destinations de telle sorte qu'il soit possible de distinguer, d'une part, la destination des bâtiments « dans un objectif de mixité fonctionnelle »[12] et, d'autre part, « les locaux destinés à des bureaux, ceux destinés à des commerces et ceux destinés à des activités de services où s'effectue l'accueil d'une clientèle », ce afin de maintenir la vitalité commerciale des centres-villes[13].

Par rapport à l'ancienne nomenclature, la nouvelle nomenclature, issue du décret n° 2015-1783 du 28 décembre 2015, comporte deux innovations.

1. Min. de la cohésion des territoires, Guide « Évolution de la réglementation applicable aux destinations de constructions dans les PLU(i) », juill. 2024 p^t^ 2.1.5.
2. Arr. 10 nov. 2016, NOR : LHAL1622621A, art. 5, al. 5.
3. Arr. 10 nov. 2016, NOR : LHAL1622621A, art. 5, al. 6 ; créé par arr. 22 mars 2023 (NOR : TREL2233598A).
4. C. urb., art. R. 151-29, al. 2.
5. PAR EX. : CAA Marseille, 5 mai 2015, req. n° 13BX02160, NP : un bâtiment annexe implanté en fond de parcelle d'une maison d'habitation est réputé avoir la destination « habitation ».
6. Rép. min. n° 65633, *JOAN Q* 6 juill. 2010, p. 7650 (réponse ministérielle rendue sous l'empire de l'ancienne nomenclature).
7. V. s^s^ n° 231.1576.
8. CAA Nancy, 8 oct. 2015, req. n° 14NC02316, NP.
9. Rép. min. n° 8845, *JOAN Q* 12 mars 2013, p. 2841.
10. Décr. n° 2015-1783, 28 déc. 2015 relatif à la partie réglementaire du livre Ier du code de l'urbanisme et à la modernisation du contenu du plan local d'urbanisme, *JO* 29 déc., n° 78.
11. C. urb., anc. art. R. 123-9.
12. L. n° 2014-366, 24 mars 2014 pour l'accès au logement et un urbanisme rénové, art. 157, VII.
13. L. n° 2014-626, 18 juin 2014 relative à l'artisanat, au commerce et aux très petites entreprises, art. 59.

D'une part, le nombre de destinations est abaissé de neuf à cinq, ce qui réduit mécaniquement les cas dans lesquels un changement de destination intervient, donc les hypothèses dans lesquelles une autorisation d'urbanisme est exigée. D'autre part, les destinations sont assorties d'une vingtaine de sous-destinations afin de permettre aux auteurs de PLU de réglementer de façon plus fine les règles d'urbanisme (interdire telle activité précise, promouvoir telle activité particulière, etc.).

322.222 Nomenclature s'appliquant aux PLU non révisés depuis 2016 ou pour lesquels l'organe délibérant n'a pas décidé l'application de la nouvelle nomenclature. Le décret du 28 décembre 2015 a prévu que la nomenclature antérieure continue de s'appliquer[1] :

– aux PLU dont l'élaboration, la révision, la modification ou la mise en compatibilité a été engagée avant le 1er janvier 2016 (toutefois, dans les cas d'une élaboration ou d'une révision prescrite sur le fondement du I de l'article L. 123-13 en vigueur avant le 31 décembre 2015, le conseil communautaire ou le conseil municipal peut décider que sera applicable au document la nouvelle nomenclature, par une délibération expresse qui intervient au plus tard lorsque le projet est arrêté) ;

– aux PLU qui font l'objet, après le 1er janvier 2016, d'une procédure de révision sur le fondement de l'article L. 153-34 de ce code, de modification ou de mise en compatibilité.

Ainsi, la nouvelle nomenclature s'applique aux PLU :

– qui ont fait l'objet d'une procédure d'élaboration prescrite après le 1er janvier 2016 ;

– qui ont fait l'objet d'une procédure de révision générale prescrite après le 1er janvier 2016 ;

– ou pour lesquels l'organe délibérant a décidé, par une délibération expresse, l'application de celle-ci.

Il en résulte la coexistence de deux nomenclatures applicables aux PLU en fonction de la date d'adoption ou d'évolution de celui-ci et de la décision de l'organe délibérant de basculer ou non vers la nouvelle nomenclature. En fonction de ces deux paramètres, un PLU se trouve soumis, soit à l'ancienne nomenclature, soit à la nouvelle (on parle, dans ce dernier cas, de PLU « alurisé »). En revanche, le régime des autorisations d'urbanisme (c'est-à-dire la question de savoir si des travaux emportant un changement de destination nécessitent une autorisation d'urbanisme) relève exclusivement de la nouvelle nomenclature, quand même bien le PLU demeure soumis à l'ancienne[2].

1. Décr. n° 2015-1783, 28 déc. 2015, art. 12, VI.

B. Notion de changement de destination des constructions

322.231 Un changement de destination ou de sous-destination. Il y a changement de destination si les travaux réalisés sur une construction existante ont pour effet :

– de la faire changer de destination ;

– ou, tout en la maintenant au sein de la destination antérieure, de la faire changer de sous-destination[3].

322.232 Prise en compte de la nouvelle nomenclature. Pour apprécier l'existence d'un changement de destination au regard des règles sur les autorisations d'urbanisme, il y a lieu de prendre en compte la nouvelle nomenclature, même si le PLU demeure soumis à l'ancienne nomenclature[4].

1° Appréciation du changement de destination (cas général)

a. Mode d'appréciation

322.241 Comparaison entre la destination existante et la destination envisagée. L'existence d'un changement de destination s'apprécie en comparant la destination existante à la destination envisagée :

– si à l'issue des travaux, la destination sera la même, il n'y a pas de changement de destination ;

– si à l'issue des travaux, la destination sera différente, il y a changement de destination.

Ce mode d'appréciation mis en œuvre par l'autorité administrative, doit aussi l'être par le juge lorsqu'il est saisi d'un contentieux[5].

Il y a lieu de « rechercher si les travaux d'aménagement d'une construction existante ont pour effet de changer, ne serait-ce que partiellement, la destination de cette construction au sens du code de l'urbanisme »[6].

2. CE 7 juill. 2022, *Ville de Paris*, req. n° 454789, *Lebon T.* ; *Le Defrénois* 17 nov. 2022, n° 46, p. 33, note O. Le Bot ; *BJDU* 2022. 331, concl. A. Skzryerbak ; *Constr.-Urb.* 2022, comm. 103, note L. Santoni ; *RDI* 2022. 536, obs. P. Soler-Couteaux.
3. VOIR la rédaction de l'article R. 421-13, al. 5, mentionnant « les changements de destination ou sous-destination de ces constructions ».
4. V. s[s] n° 322.222.
5. PAR EX. : CE 23 juill. 2010, *Littoz-Baritel*, req. n° 325724, NP : est entaché d'insuffisance de motivation l'arrêt dans lequel la cour s'est bornée à relever qu'il y avait changement de destination des locaux en se fondant uniquement sur la destination initiale de l'immeuble sans mentionner en quoi consistaient les travaux déclarés et en quoi ils avaient pour effet d'entrainer un changement de destination.
6. CE 23 juill. 2010, *Littoz-Baritel*, req. n° 325724, NP.

b. Détermination de la destination existante

322.251 Prise en compte de la destination régulièrement autorisée. Pour déterminer la destination existante, il y a lieu de « prendre en compte la destination initiale du bâtiment ainsi que, le cas échéant, tout changement ultérieur de destination qui a fait l'objet d'une autorisation »[1]. Un juge commet une erreur de droit en estimant qu'il convient de tenir compte de l'usage effectif des locaux à la date de la déclaration sans qu'il soit besoin de rechercher s'il avait été autorisé[2].

Une destination est régulièrement autorisée :

- si elle a été autorisée par l'autorité administrative ;
- ou si elle est intervenue à une époque où il n'existait pas de contrôle administratif sur les changements de destination, c'est-à-dire avant le 1er janvier 1977[3].

322.252 Hypothèse où la destination existante n'a pas été régulièrement autorisée. La jurisprudence a précisé « que, lorsqu'une construction a fait l'objet de transformations sans les autorisations d'urbanisme requises, il appartient au propriétaire qui envisage d'y faire de nouveaux travaux de déposer une déclaration ou de présenter une demande de permis portant sur l'ensemble des éléments de la construction qui ont eu ou auront pour effet de modifier le bâtiment tel qu'il avait été initialement approuvé ou de changer sa destination ; qu'il en va ainsi même dans le cas où les éléments de construction résultant de ces travaux ne prennent pas directement appui sur une partie de l'édifice réalisée sans autorisation »[4].

Dans un tel cas de figure (la construction a fait l'objet de transformations sans les autorisations d'urbanisme requises), si le propriétaire présente une demande de permis de construire en vue de l'extension de cette construction, sans présenter au préalable une demande de régularisation, l'autorité administrative est tenue de refuser le permis[5].

Lorsque, en revanche, l'autorité administrative est saisie d'une demande de régularisation, par une déclaration ou une demande de permis, il lui appartient « de statuer au vu de l'ensemble des pièces du dossier d'après les règles d'urbanisme en vigueur à la date de sa décision ». Elle doit tenir compte, le cas échéant, de l'application des dispositions du code de l'urbanisme (celles de l'article L. 421-9) qui prévoient la régularisation des travaux réalisés depuis plus de dix ans à l'occasion de la construction primitive ou des modifications apportées à celle-ci, sous réserve, notamment, que les travaux n'aient pas été réalisés sans permis de construire en méconnaissance des prescriptions légales alors applicables. Dans cette dernière hypothèse, si l'ensemble des éléments de la construction ne peuvent être autorisés au regard des règles d'urbanisme en vigueur à la date de sa décision, « l'autorité administrative a toutefois la faculté, lorsque les éléments de construction non autorisés antérieurement sont anciens et ne peuvent plus faire l'objet d'aucune action pénale ou civile, après avoir apprécié les différents intérêts publics et privés en présence au vu de cette demande, d'autoriser, parmi les travaux demandés, ceux qui sont nécessaires à la préservation de la construction et au respect des normes »[6].

322.253 Hypothèse d'un bâtiment comportant plusieurs destinations. Lorsqu'un bâtiment relève de plusieurs destinations, il y a lieu de prendre en compte l'activité principale qu'il abrite. La doctrine administrative indique en ce sens : « En règle générale, pour qualifier la destination d'un bâtiment, il convient de déterminer quelle activité principale il abrite par rapport aux différentes destinations prévues » par le code de l'urbanisme[7].

322.254 Hypothèse d'un bâtiment vide ou inutilisé depuis longtemps. Concernant les locaux vides et inutilisés depuis longtemps, la destination du bâtiment est notamment déterminée par rapport aux « caractéristiques propres » de celui-ci, sans avoir « à rechercher systématiquement la dernière destination connue de la construction »[8].

La circonstance qu'un bâtiment à usage d'habitation n'est plus utilisée durant une longue période ne lui fait pas perdre sa destination « habitation »[9]. Ainsi, un juge ne commet pas d'erreur de droit et ne dénature pas les pièces du dossier en estimant, au vu notamment des photographies et attestations produites, qu'un bâtiment est destiné à l'habitation même s'il avait également pu servir de moulin et s'il n'avait pas été habité depuis une longue période. Il a pu en déduire que les travaux de réhabilitation et de cloisonnement intérieur envisagés ne modifiaient pas cette destination[10].

Le Conseil d'État a précisé que « si l'usage d'une construction résulte en principe de la destination figurant à son permis de construire, lorsqu'une construction, en raison de son ancienneté, a été édifiée sans permis de construire et que son usage initial a depuis

1. CE 12 mars 2012, *Ramatuelle (Cne)*, req. n° 336263, NP.
2. CE 12 mars 2012, *Ramatuelle (Cne)*, req. n° 336263, NP.
3. CAA Lyon, 29 avr. 2003, *Saint-Priest (Cne)*, req. n° 97LY02131, NP.
4. CE 16 mars 2015, *de La Marque*, req. n° 369553, *Lebon ; BJDU* 2015. 194, concl. R. Decout-Paolini ; *JCP Adm.* 2015, n° 2180, note D. Tasciyan.
5. CE 16 mars 2015, *de La Marque*, req. n° 369553.
6. CE 16 mars 2015, *de La Marque*, req. n° 369553.
7. Rép. min. n° 8845, *JOAN Q* 12 mars 2013, p. 2841.
8. Rép. min. n° 8845, *JOAN Q* 12 mars 2013, p. 2841.
9. CE 9 déc. 2011, *Riou*, req. n° 335707, *Lebon T.*
10. CE 30 juill. 2014, *Préfet du Gard*, req. n° 367611, NP.

longtemps cessé en raison de son abandon, l'administration, saisie d'une demande d'autorisation de construire, ne peut légalement fonder sa décision sur l'usage initial de la construction ; il lui incombe d'examiner si, compte tenu de l'usage qu'impliquent les travaux pour lesquels une autorisation est demandée, celle-ci peut être légalement accordée sur le fondement des règles d'urbanisme applicables »[1]. Ainsi :

– un juge ne peut estimer qu'un bâtiment édifié au XIXe siècle a une destination agricole au seul motif qu'il a été initialement utilisé comme une bergerie alors que cet usage a cessé depuis des décennies[2] ;

– une ancienne filature ayant cessé toute activité depuis de nombreuses années a perdu sa destination industrielle et, par suite, sa transformation en maison d'habitation n'entraîne aucun changement de destination[3].

322.255 Hypothèse d'un bâtiment ancien ayant connu plusieurs destinations. Lorsque la destination d'un immeuble ne peut, en raison de son ancienneté, être déterminée par les indications figurant dans une autorisation d'urbanisme ni, à défaut, par des caractéristiques propres ne permettant qu'un seul type d'affectation, « il appartient au juge administratif devant lequel la destination en cause est contestée d'apprécier celle-ci en se fondant sur l'ensemble des circonstances de fait de l'espèce »[4]. Par exemple, il peut estimer que des locaux utilisés au XIXe siècle par une imprimerie ont perdu leur destination industrielle initiale et basculé dans la destination de services publics du fait de leur utilisation par l'EHESS entre 1984 et 2015[5].

C.
Illustrations

322.261 Absence de changement de destination. À titre d'illustration, n'a pas pour effet de changer la destination d'une construction :

– la transformation du toit terrasse d'une maison d'habitation en terrasse accessible[6] ;

– la transformation d'une maison de ville à usage d'habitation en six appartements à usage d'habitation[7].

322.262 Changement de destination. À titre d'illustration, ont pour effet de changer la destination d'une construction les travaux donnant une vocation commerciale à des locaux précédemment à usage d'habitation[8].

2°
Appréciation du changement de destination d'un local accessoire

322.271 Appréciation par rapport au changement principal. Les locaux accessoires sont réputés avoir la même destination et sous-destination que le local principal[9]. Par suite, le changement de destination d'un local accessoire s'apprécie uniquement au regard du local principal. La destination propre ou réelle du local accessoire n'entre pas en ligne de compte dans l'opération de qualification[10].

§ 2
Formalités prévues en cas de changement de destination d'une construction existante

322.281 Texte. Le code de l'urbanisme prévoit un contrôle de l'autorité compétente sur les changements de destination. Ceux-ci « sont soumis à permis de construire dans les cas prévus à l'article R. 421-14 et à déclaration préalable dans les cas prévus à l'article R. 421-17 »[11]. Ce contrôle se justifie principalement par la volonté d'empêcher un contournement des règles une fois qu'une construction est terminée (par exemple construire un bâtiment à usage agricole et l'utiliser ensuite pour un usage d'habitation).

A.
Principe : changements de destination soumis à l'exigence d'une déclaration préalable

322.291 Exigence d'une DP. Doivent être précédés d'une déclaration préalable les changements de destination d'un bâtiment existant « entre les différentes destinations définies à l'article R. 151-27 »[12]. Il ressort de cette rédaction que « l'intégralité des changements de destination [...] est [...] soumise à formalités au titre du code de l'urbanisme, ce même en l'absence de travaux »[13].

1. CE 28 déc. 2018, *Lugagne-Delpon*, req. n° 408743, *Lebon T.*
2. CE 28 déc. 2018, *Lugagne-Delpon*, req. n° 408743, *Lebon T.* ; – ARRÊT DE RENVOI : CAA Marseille, 20 juin 2019, *Lugagne-Delpon*, req. n° 18MA05566, NP.
3. CE 20 mai 1996, *Auclerc*, req. n° 125012, *Lebon T.*
4. CE 8 juill. 2024, *Ville de Paris et SCI Mousseau*, req. n° 475635, *Lebon T.* ; *Constr.-Urb.* comm. 92, note L. Santoni.
5. CE 8 juill. 2024, *Ville de Paris et SCI Mousseau*, req. n° 475635.
6. CE 14 oct. 2011, *Roussanne*, req. n° 331846, NP.
7. Rép. min. n° 128963, *JOAN Q* 1er mai 2012, p. 3269.
8. CE 25 oct. 2006, *Min. Transports, Équipement, Tourisme et Mer c/Duckstein (Mme)*, req. n° 289515, *Lebon T.*
9. V. ss n° 322.211.
10. Pour des illustrations, v. ss nos 322.292 et 322.302.
11. C. urb., art. R. 421-13, al. 5 ; – ÉGALEMENT : C. urb., art. L. 421-1, al. 2 (précisant qu'un décret en Conseil d'État arrête la liste des changements de destination qui doivent être précédés de la délivrance d'un permis de construire) et art. L. 421-4, al. 1er (selon lequel un décret en Conseil d'État arrête la liste des opérations soumises à déclaration préalable).
12. C. urb., art. R. 421-17, b.
13. Rép. min. n° 74866, *JOAN Q* 6 oct. 2015, p. 7625.

Il est précisé que le contrôle des changements de destination « ne porte pas sur les changements entre sous-destinations d'une même destination prévues à l'article R. 151-28 »[1]. En conséquence, les changements au sein d'une sous-destination ne sont soumis à aucune formalité préalable (sauf dans le cas où ce changement est soumis à permis de construire[2]).

Le bénéfice d'une autorisation de changement d'usage au sens du CCH ne dispense pas de l'obtention d'une autorisation de changement de destination au titre du code de l'urbanisme[3].

322.292 Locaux accessoires. Pour l'application de cet alinéa, les locaux accessoires d'un bâtiment sont réputés avoir la même destination que le local principal[4]. Il en résulte qu'un changement de destination qui se limite à une partie du bâtiment présentant un caractère accessoire n'emporte pas obligation de permis de construire, même si les travaux réalisés sur celle-ci conduisent à modifier ses structures porteuses ou sa façade.

Ainsi, des travaux consistant en l'aménagement d'une chambre de 11 m^2 dans les combles d'un bâtiment principalement à usage de chai et de garage n'entraînent, par eux-mêmes, aucun changement de la destination du local telle qu'elle avait été déclarée par le pétitionnaire et, par suite, ne sont pas soumis à l'exigence d'une déclaration préalable[5].

B. Cas dans lesquels le changement de destination est soumis à permis de construire

322.301 Deux cas. Seuls deux changements de destination sont soumis à permis de construire. Ils concernent les hypothèses où un changement de destination ou de sous-destination intervient à l'occasion de travaux exécutés sur une construction existante ayant pour effet de modifier[6] :

– « les structures porteuses » du bâtiment (par exemple l'installation d'un IPN à la place d'un mur porteur) ;

– ou « la façade » du bâtiment, par exemple la création d'une vitrine (selon la jurisprudence, les façades comprennent « l'ensemble des faces extérieures du bâtiment, même non visibles depuis la voie publique »[7]).

Cet alinéa vise tant les changements de destination que de sous-destination[8].

Les locaux accessoires d'un bâtiment sont réputés avoir la même destination que le local principal[9].

322.302 Illustrations. Par exemple, ne sont pas soumis à l'exigence d'un permis de construire :

– des travaux sur une construction destinée à l'habitation ne modifiant pas cette destination[10] ;

– des travaux modifiant la consistance d'un bâtiment annexe implanté en fond de parcelle en vue de l'utiliser à des fins d'habitation dès lors que ce bâtiment, même s'il a pu être utilisé comme une remise ou un garage, n'en est pas moins l'accessoire d'une construction à usage d'habitation[11].

Par exemple, sont soumis à l'exigence d'un permis de construire :

– la transformation d'une bergerie accolée à une maison en local à usage d'habitation qui implique à la fois une modification de la façade et un changement de destination (en outre la bergerie ne peut être considérée comme étant l'accessoire de la maison car sa surface de plancher atteint 64 m^2 alors que celle de la maison est de 60 m^2)[12] ;

– les travaux, qui ont pour effet de modifier la façade donnant sur la cour commune de l'immeuble dès lors qu'ils emportent changement de destination du bâtiment[13].

C. Autres cas : absence de formalité préalable

322.311 Absence de formalité, par défaut. Les changements de destination ou de sous-destination d'une construction existante qui ne sont soumis, ni à permis de construire, ni à déclaration préalable,

1. C. urb., art. R. 421-17, b.
2. Sur ce cas, v. s[s] n° 322.301.
3. CE 15 mars 2019, *SAS Geciter*, req. n° 414361, NP : « L'autorisation délivrée sur le fondement de l'article L. 631-7 du code de la construction et de l'habitation, qui vise à assurer le maintien, dans certaines communes, d'un nombre suffisant de logements, et le permis de construire ou la non-opposition à déclaration préalable, sur le fondement des articles R. 421-14 et R. 421-17 du code de l'urbanisme, qui visent à contrôler le respect des règles d'urbanisme, lesquelles peuvent dépendre de la destination de la construction, ont un objet et reposent sur l'appréciation de critères qui sont, au moins pour partie, différents. Par suite, la circonstance qu'une autorisation de changement d'usage de locaux à usage d'habitation a été délivrée sur le premier fondement ne dispense pas, selon le cas, de solliciter un permis de construire ou de déposer une déclaration préalable au titre de la législation d'urbanisme et ne met pas l'autorité chargée de délivrer les autorisations d'urbanisme en situation de compétence liée ».
4. C. urb., art. R. 421-17, b.
5. CE 30 déc. 2013, *Mc Kenna*, req. n° 358535, NP.
6. C. urb., art. R. 421-14, c.
7. CAA Lyon, 13 oct. 2020, *Bedji*, req. n° 18LY04703, NP.
8. CAA Paris, 28 déc. 2023, *Ville de Paris*, req. n° 23PA01639, NP ; *JCP Adm.* 2024, n° 3173, concl. F. Doré, note F. Eddazi.
9. C. urb., art. R. 421-14, al. 6.
10. CE 30 juill. 2014, *Préfet du Gard*, req. n° 367611, NP.
11. CAA Marseille, 5 mai 2015, *Rogier*, req. n° 13BX02160, NP.
12. CAA Nancy, 8 oct. 2015, *Duval*, req. n° 14NC02316, NP.
13. CAA Lyon, 13 oct. 2020, *Bedji*, req. n° 18LY04703, NP.

sont dispensés de toute formalité au titre du code de l'urbanisme.

Cette hypothèse correspond aux changements de sous-destination (sauf le cas où ce changement est soumis à permis de construire[1]). Il s'agit là d'une conséquence de l'article R. 421-17, qui exclut de l'exigence d'une déclaration préalable les changements de sous-destination[2].

SECTION 3

ABSENCE DE FORMALITÉ POUR LES CHANGEMENTS D'AMÉNAGEMENT INTÉRIEUR

322.321 Absence de régime d'autorisation ou de déclaration préalable. Les modifications portant sur l'aménagement intérieur des constructions ne sont soumises ni à permis de construire ni à déclaration préalable.

1. Sur ce cas, v. s[s] nº 322.301.
2. V. s[s] nº 322.291.

CHAPITRE

323. Formalités applicables aux travaux, installations et aménagements

SECTION 0

Orienteur

323.00 Sommaire du chapitre.

323.01 **Textes applicables.**

• **C. urb.**, art. R. 421-18 s.

323.03 **Bibliographie indicative.**

Encyclopédies. *DP constr.-urb.*, ét. : « Déclaration préalable » ; ét. : « Permis d'aménager » – *J.-Cl. Constr.-Urb.*, fasc. 28 : « Permis d'aménager », par G. Liet-Veaux, mai 2007, mis à jour oct. 2009.

Traité. N. Baillon, *Traité du permis de construire*, 6ᵉ éd., « Référence juridique », Le Moniteur, 2017.

Monographies. Ph. Boulisset, S. Cardi, S. Consalvi, R. Thielé, *Permis de construire 2021-2022 : permis de démolir, permis d'aménager, déclaration préalable*, 3ᵉ éd., « Encyclopédie Delmas pour la vie des affaires », Delmas, 2021 – V. Lachaut-Dana, *Permis de construire et autorisations d'urbanisme : études préalables, délivrance, mise en œuvre*, 2ᵉ éd., « Pratique du droit », Le Moniteur, 2019 – C. Mialot et F. Ehrenfeld, *Le permis de construire et autres autorisations d'urbanisme*, « Les indispensables », Berger-Levrault, 2018.

323.04 **Questions essentielles.**

> Quels sont les travaux, installations et aménagements soumis à permis d'aménager ?

* V. sˢ nº 323.21

> Quels sont les travaux, installations et aménagements soumis à déclaration préalable ?

* V. sˢ nºˢ 323.171 s.

> Quels sont les travaux, installations et aménagements dispensés de formalité ?

* V. sˢ nº 323.11

323.05 **Notion de travaux, installations et aménagements affectant l'utilisation du sol.** La catégorie des « travaux, installations et aménagements affectant l'utilisation du sol » présente un caractère hétérogène. En comparaison, les deux autres catégories d'opérations envisagées par le code de l'urbanisme présentent un caractère homogène et un contenu immédiatement identifiable :

– la première correspond aux constructions (constructions nouvelles, changements de destination des constructions existantes, travaux sur construction existante) ;

– la seconde correspond aux démolitions.

Pour sa part, la catégorie des « travaux, installations et aménagements affectant l'utilisation du sol » regroupe des opérations d'occupations et d'utilisations du sol très variées. Leur point commun est de revêtir la nature d'opérations relatives à l'utilisation et à l'occupation du sol ne comportant pas (ou en tout cas pas à titre principal) de construction ni de démolition. Pour le dire autrement, une opération immobilière dont l'objet principal ne consiste ni en une construction, ni en une démolition relèvera de cette catégorie.

Avant la réforme des autorisations d'urbanisme de 2007, ces différentes opérations faisaient l'objet de régimes différenciés : lotissements (autorisation de lotir), campings, parcs d'attractions (autorisation de créer un parc résidentiel de loisirs), résidences mobiles de loisirs, golfs, parkings, décharges, aires de jeu, aires de sport, etc. La réforme de 2007 a unifié ces régimes sous la bannière unique des « travaux, installations et aménagements affectant l'utilisation du sol ».

323.06 **Formalités requises.** L'article R. 421-18 du code de l'urbanisme dispose : « Les travaux, installations et aménagements autres que ceux exécutés sur des constructions existantes sont dispensés de toute formalité au titre du code de l'urbanisme à l'exception :

a) De ceux, mentionnés aux articles R. 421-19 à R. 421-22, qui sont soumis à permis d'aménager ;

b) De ceux, mentionnés aux articles R. 421-23 à R. 421-25, qui doivent faire l'objet d'une déclaration préalable ».

SECTION 1
PRINCIPE : LES TRAVAUX, INSTALLATIONS ET AMÉNAGEMENTS AFFECTANT L'UTILISATION DU SOL SONT DISPENSÉS DE FORMALITÉS

323.11 Principe d'une dispense de formalité. En principe, « les travaux, installations et aménagements autres que ceux exécutés sur des constructions existantes sont dispensés de toute formalité au titre du code de l'urbanisme »[1].

Ce n'est que par « exception » que ces opérations sont soumises à permis d'aménager ou à déclaration préalable. Ainsi, dès lors que les travaux, installations et aménagements ne relèvent d'aucune de ces exceptions, ils peuvent être réalisés sans formalité préalable.

323.12 Dispense générale pour les opérations de sécurité nationale. Sont dispensés de toute formalité les travaux, installations et aménagements autres que ceux exécutés sur des constructions existantes, « même s'ils relèvent du a ou du b de l'article R. 421-18 », lorsque[2] :

– soit ils sont soumis à des règles de protection du secret de la défense nationale ;

– soit ils sont réalisés dans le cadre d'une opération qualifiée d'opération sensible intéressant la défense nationale en application de l'article L. 2391-1 du code de la défense ou qualifiée d'opération sensible intéressant la sécurité nationale en application de l'article L. 112-3 du CSI.

SECTION 2
PREMIÈRE EXCEPTION : TRAVAUX, INSTALLATIONS ET AMÉNAGEMENTS SOUMIS À PERMIS D'AMÉNAGER

323.21 Soumission à permis d'aménager en raison de leur importance. « Les travaux, installations et aménagements affectant l'utilisation des sols et figurant sur une liste arrêtée par décret en Conseil d'État doivent être précédés de la délivrance d'un permis d'aménager »[3]. Il s'agit des opérations dont l'importance justifie la soumission à un régime d'autorisation préalable. Elles sont déterminées aux articles R. 421-19 et suivants du code de l'urbanisme.

1. C. urb., art. R. 421-18, al. 1er.
2. C. urb., art. R. 421-18-1 ; créé par décr. n° 2022-901, 17 juin 2022.
3. C. urb., art. L. 421-2.

Ces dispositions distinguent :

– les travaux, installations et aménagements soumis à permis d'aménager en dehors des secteurs protégés ;

– et les opérations soumises à cette exigence dans les secteurs protégés.

§ 1
Travaux, installations et aménagements soumis à permis d'aménager en dehors des secteurs protégés

323.31 Liste. La liste des travaux, installations et aménagements soumis à permis d'aménager en dehors des secteurs protégés est fixée à l'article R. 421-19 du code de l'urbanisme.

A.
Lotissements

323.41 Texte. Doivent être précédés de la délivrance d'un permis d'aménager les lotissements « qui prévoient la création ou l'aménagement de voies, d'espaces ou d'équipements communs à plusieurs lots destinés à être bâtis et propres au lotissement »[4].

323.42 Première condition : un lotissement. Pour entrer dans le champ du permis d'aménager, la division foncière doit correspondre à la définition du lotissement (fixée à l'article L. 442-1[5]). Si elle n'entre pas dans cette définition (c'est-à-dire si elle relève des divisions foncières énoncées à l'article R. 442-1[6]), elle n'est pas soumise à permis d'aménager[7].

323.43 Seconde condition : un lotissement qui prévoit la création ou l'aménagement de voies, d'espaces ou d'équipements communs. Ne sont soumis à permis d'aménager que les lotissements qui prévoient la création ou l'aménagement de voies, d'espaces ou d'équipements communs à plusieurs lots destinés à être bâtis et propres au lotissement[8].

4. C. urb., art. R. 421-19, a – Dispositions prises sur le fondement de l'article L. 442-2, aux termes duquel : « Un décret en Conseil d'État précise, en fonction de la localisation de l'opération ou du fait que l'opération comprend ou non la création de voies, d'espaces ou d'équipements communs, les cas dans lesquels la réalisation d'un lotissement doit être précédée d'un permis d'aménager ». – Sont également soumis à l'exigence d'un permis d'aménager les lotissements situés dans le périmètre d'un site patrimonial remarquable, dans les abords des monuments historiques, dans un site classé ou en instance de classement (v. s[s] n° 323.141).
5. V. s[s] n° 372.21.
6. V. s[s] n° 372.131.
7. PAR EX. : CE 7 avr. 2016, *Dubois*, req. n° 375495, NP.
8. C. urb., art. R. 421-19, a.

Les équipements pris en compte sont « les équipements dont la réalisation est à la charge du lotisseur »[1], excluant ainsi ceux qui seraient créés, après coup, par les colotis (par exemple un réseau de fibre optique[2]).

Si un lotissement ne prévoit pas la réalisation de voies, espaces ou équipements communs, il n'est pas soumis à permis d'aménager[3] (sauf dans l'hypothèse où il se situe dans le périmètre d'un secteur protégé[4]).

B.
Remembrements réalisés par une AFU libre avec réalisation de voies ou espaces communs

323.51 Champ d'application. Doivent être précédés de la délivrance d'un permis d'aménager les remembrements réalisés par une association foncière urbaine libre[5] lorsqu'ils prévoient la réalisation de voies ou espaces communs[6].

C.
Hébergements touristiques : terrains de campings, parcs résidentiels de loisirs, villages de vacances

323.61 Création ou agrandissement d'un terrain de camping. Doivent être précédés de la délivrance d'un permis d'aménager la création ou l'agrandissement d'un terrain de camping permettant l'accueil[7] :

- de plus de vingt personnes ;

- ou de plus de six hébergements de loisirs constitués de tentes, de caravanes, de résidences mobiles de loisirs ou d'habitations légères de loisirs.

Cette exigence se limite aux seuls terrains répondant à la définition de terrains de campings[8]. Elle ne s'applique pas, par exemple, à une simple aire de stationnement (parking) dont l'accès est libre et gratuit pour tous les véhicules[9].

323.62 Création ou agrandissement d'un PRL ou d'un village de vacances. Doivent être précédés de la délivrance d'un permis d'aménager la création ou l'agrandissement[10] :

- d'un parc résidentiel de loisirs prévu à l'article R. 111-42[11] ;

- ou d'un village de vacances classé en hébergement léger prévu par l'article L. 325-1 du code du tourisme[12].

Un village de vacances classé en hébergement dispersé n'est pas soumis à cette exigence.

323.63 Réaménagement d'un terrain de camping ou d'un PRL augmentant de 10 % les emplacements. Doit être précédé de la délivrance d'un permis d'aménager le réaménagement d'un terrain de camping ou d'un PRL existant, lorsque ce réaménagement a pour objet ou pour effet d'augmenter de plus de 10 % le nombre des emplacements[13].

323.64 Travaux dans un terrain de camping ou un PRL modifiant substantiellement la végétation limitant l'impact visuel des installations. Doivent être précédés de la délivrance d'un permis d'aménager les travaux ayant pour effet, dans un terrain de camping ou d'un PRL, « de modifier substantiellement la végétation qui limite l'impact visuel des installations »[14].

D.
Aires de jeux et de sports

323.71 Aménagement d'un terrain pour la pratique des sports ou loisirs motorisés. Doit être précédé de la délivrance d'un permis d'aménager l'aménagement d'un terrain pour la pratique des sports ou loisirs motorisés[15].

323.72 Aménagement d'un parc d'attractions ou d'une aire de jeux et de sports de plus de deux hectares. Doit être précédé de la délivrance d'un permis d'aménager l'aménagement d'un parc d'attractions

1. C. urb., art. R. 421-19, a.
2. La mise en place d'un tel réseau ne nécessiterait donc pas de permis d'aménager.
3. CAA Marseille, 20 avr. 2017, *M. (Ép^{x})*, req. n° 15MA03751, NP. En prévoyant la réalisation sur le lot A de deux places de stationnement pour les lots C et D, un projet ne porte pas création d'un « espace commun » au sens des dispositions de l'article R. 421-19 du code de l'urbanisme dès lors que le terrain supportant ces places de stationnement fait partie du lot A et que la seule jouissance d'une place de stationnement pour les autres lots B, C et D n'est pas suffisante pour caractériser un tel « espace commun ». La cour en déduit que le permis de construire sollicité devait être précédé d'une déclaration préalable et ne nécessitait pas de permis d'aménager au regard de l'article R. 421-19 du code de l'urbanisme.
4. V. s^{s} n° 323.141.
5. Régie par les articles L. 322-1 s. et R. 322-1 s. – V. s^{s} n°s 542.05 s.
6. C. urb., art. R. 421-19, b.
7. C. urb., art. R. 421-19, c – Dispositions prises sur le fondement de l'article L. 443-1 : « La création d'un terrain de camping d'une capacité d'accueil supérieure à un seuil fixé par décret en Conseil d'État est soumise à permis d'aménager. / Il en est de même de la création d'un parc résidentiel destiné à l'accueil d'habitations légères de loisirs ».
8. Sur la notion de terrain de camping, v. s^{s} n° 118.101.
9. CAA Nantes, 15 févr. 2013, *Gouvilles-sur-Mer (C^{ne})*, req. n° 11NT02094, NP.
10. C. urb., art. R. 421-19, d.
11. V. s^{s} n° 118.221.
12. V. s^{s} n° 118.151.
13. C. urb., art. R. 421-19, e.
14. C. urb., art. R. 421-19, f.
15. C. urb., art. R. 421-19, g.

ou d'une aire de jeux et de sports d'une superficie supérieure à deux hectares[1].

L'aménagement d'un terrain de tennis non couvert n'est pas soumis à cette exigence.

323.73 Aménagement d'un golf de plus de 25 ha. Doit être précédé de la délivrance d'un permis d'aménager l'aménagement d'un golf d'une superficie supérieure à 25 hectares[2].

E.
Aires de stationnement, dépôts de véhicules et garages collectifs de caravanes ou de RML

323.81 Aires, dépôts et garages de plus de 50 unités. Doivent être précédés de la délivrance d'un permis d'aménager, lorsqu'ils sont susceptibles de contenir au moins 50 unités[3] :

- les aires de stationnement ouvertes au public ;
- les dépôts de véhicules ;
- et les garages collectifs de caravanes ou de résidences mobiles de loisirs.

Cette exigence ne s'applique pas à un parking préexistant qui ne peut être regardé comme un dépôt de véhicules et un garage collectif de caravanes ou de RML[4].

La jurisprudence a ajouté, s'agissant des aires de stationnement ouvertes au public de plus de 50 unités, que l'obligation d'un permis d'aménager ne trouve pas à s'appliquer, eu égard aux finalités communes des deux permis, à l'identité de composition des dossiers de demandes et aux contrôles identiques auxquels leur délivrance donne lieu, lorsque les aires de stationnement concernées font partie intégrante d'un projet autorisé par un permis de construire[5].

F.
Affouillements et exhaussements du sol de grande ampleur

323.91 Affouillements et exhaussements de plus de 2 ha. Doivent être précédés de la délivrance d'un permis d'aménager les affouillements et exhaussements du sol répondant aux trois caractéristiques suivantes[6] :

- ne pas être nécessaires à l'exécution d'un permis de construire ;
- excéder 2 mètres de hauteur (s'il s'agit d'un exhaussement) ou de profondeur (dans le cas d'un affouillement) ;
- et porter sur une superficie supérieure ou égale à deux hectares.

Il ressort de la rédaction retenue que ces conditions présentent un caractère cumulatif.

G.
Aires d'accueil des gens du voyage

323.101 Aires d'accueil (permis d'aménager). Doit être précédé de la délivrance d'un permis d'aménager l'aménagement de terrains bâtis ou non bâtis prévu à l'article L. 444-1, destinés aux aires d'accueil et aux terrains familiaux des gens du voyage, permettant l'installation de plus de deux résidences mobiles mentionnées à l'article 1er de la loi du 5 juillet 2000[7] relative à l'accueil et à l'habitat des gens du voyage, constituant l'habitat permanent des gens du voyage[8].

323.102 Aires de grand passage (absence d'autorisation). La réalisation des aires de grand passage n'est soumise ni à permis d'aménager, ni à déclaration préalable[9].

H.
Aménagement d'un terrain pour l'installation de plus de deux résidences démontables

323.111 Deux résidences et plus de 40 m². L'aménagement de terrains bâtis ou non bâtis pour permettre l'installation de résidences démontables constituant l'habitat permanent de leurs utilisateurs

1. C. urb., art. R. 421-19, h.
2. C. urb., art. R. 421-19, i.
3. C. urb., art. R. 421-19, j.
4. CAA Nantes, 15 févr. 2013, *Gouvilles-sur-Mer (Cne)*, req. n° 11NT02094, NP.
5. CE 7 avr. 2016, *Dubois*, req. n° 375495, NP.
6. C. urb., art. R. 421-19, k.
7. L. n° 2000-614, 5 juill. 2000 relative à l'accueil et à l'habitat des gens du voyage, *JO* 6 juill., n° 1.
8. C. urb., art. R. 421-19, I – Dispositions prises sur le fondement de l'article L. 444-1.
9. CE 28 sept. 2020, *Ruffey-sur-Seille (Cne)*, req. n° 430521, *Lebon T.* ; *BJDU* 2023. 167, concl. V. Villette – Selon le Conseil d'État, il résulte de l'article 1er de la loi n° 2000-614 du 5 juillet 2000 et de l'article L. 444-1 du code de l'urbanisme, éclairés par leurs travaux préparatoires, que si les « aires de grand passage » sont au nombre des emplacements, susceptibles d'être occupés temporairement à l'occasion de rassemblements traditionnels ou occasionnels, que les schémas départementaux d'accueil des gens du voyage prévoient, elles ne sont destinées qu'à l'accueil temporaire et non à l'installation de résidences mobiles au sens de l'article 1er de la loi du 5 juillet 2000 et, par suite, leur aménagement n'entre pas dans le champ des travaux soumis à permis d'aménager ou à déclaration préalable par l'article L. 444-1 du code de l'urbanisme.

(yourtes, tipis, etc.) [1] est soumis à permis d'aménager à deux conditions [2] :

- d'une part au moins deux résidences démontables sont à installer ;

- d'autre part leur installation va créer une surface de plancher totale supérieure à quarante mètres carrés.

§ 2
Travaux, installations et aménagements soumis à permis d'aménager dans les secteurs protégés

323.121 **Liste.** Les articles R. 421-20 et suivants dressent la liste des travaux, installations et aménagements soumis à permis d'aménager en raison du secteur protégé dans lequel ils sont mis en œuvre ou implantés. Il convient d'y ajouter un alinéa de l'article R. 421-19 sur les lotissements.

A.
Travaux et aménagements soumis à permis d'aménager dans le périmètre des sites patrimoniaux remarquables, les abords des monuments historiques, les sites classés ou en instance de classement et les réserves naturelles

323.131 **Réalisations concernées.** Dans le périmètre des sites patrimoniaux remarquables, les abords des monuments historiques, les sites classés ou en instance de classement et les réserves naturelles doivent être précédés de la délivrance d'un permis d'aménager [3] :

- les aménagements mentionnés aux h, i et j de l'article R. 421-19 (aménagement d'un parc d'attractions ou d'une aire de jeux et de sports [4] ; aménagement d'un golf [5] ; aires, dépôts et garages de plus de 50 unités [6]), quelle que soit leur importance ;

- les affouillements et exhaussements du sol dont la hauteur, s'il s'agit d'un exhaussement, ou la profondeur dans le cas d'un affouillement, excède deux mètres et portant sur une superficie supérieure ou égale à 100 m^2 ;

- la « création d'un espace public », formule très large (incluant, par exemple la création d'une promenade publique intégrant des cheminements pour les piétons et les cyclistes, un cours d'eau artificiel, une mare et diverses plantations, sur un terrain précédemment utilisé pour le stationnement automobile [7]).

B.
Lotissements soumis à permis d'aménager dans le périmètre d'un site patrimonial remarquable, dans les abords des monuments historiques, dans un site classé ou en instance de classement

323.141 **Lotissements.** Doivent être précédés de la délivrance d'un permis d'aménager les lotissements « situés dans le périmètre d'un site patrimonial remarquable, dans les abords des monuments historiques, dans un site classé ou en instance de classement » [8].

C.
Création de voie ou travaux sur une voie dans le périmètre des sites patrimoniaux remarquables et les abords des monuments historiques

323.151 **Création ou travaux sur une voie.** Dans le périmètre des sites patrimoniaux remarquables et les abords des monuments historiques, doivent être précédés de la délivrance d'un permis d'aménager [9] :

- la création d'une voie ;

- ou les travaux ayant pour effet de modifier les caractéristiques d'une voie existante.

D.
Aménagements soumis à permis d'aménager dans les espaces remarquables ou milieux du littoral

323.161 **Aménagements concernés.** Dans les espaces remarquables ou milieux du littoral qui sont

1. La définition de ces résidences est donnée à l'article R. 111-51 du code de l'urbanisme (v. s^s n° 118.361).
2. C. urb., art. R. 421-19, m – Dispositions prises sur le fondement de l'article L. 444-1.
3. C. urb., art. R. 421-20.
4. V. s^s n° 323.72.
5. V. s^s n° 323.73.
6. V. s^s n° 323.81.
7. CAA Paris, 9 juin 2016, *Joinville-le-Pont (C^ne)*, req. n° 14PA02040, NP : réalisation située dans le bois de Vincennes, site classé.
8. C. urb., art. R. 421-19, a – Dispositions prises sur le fondement de l'article L. 442-2, aux termes duquel : « Un décret en Conseil d'État précise, en fonction de la localisation de l'opération ou du fait que l'opération comprend ou non la création de voies, d'espaces ou d'équipements communs, les cas dans lesquels la réalisation d'un lotissement doit être précédée d'un permis d'aménager ».
9. C. urb., art. R. 421-21.

identifiés dans un document d'urbanisme comme devant être préservés en application de l'article L. 121-23, doivent être précédés de la délivrance d'un permis d'aménager les aménagements mentionnés aux 1° à 4° de l'article R. 121-5[1].

SECTION 3

SECONDE EXCEPTION : TRAVAUX, INSTALLATIONS ET AMÉNAGEMENTS SOUMIS À DÉCLARATION PRÉALABLE

323.171 Soumission à déclaration préalable en raison de leur caractère significatif. « Un décret en Conseil d'État arrête la liste des [...] aménagements, installations et travaux qui, en raison de leurs dimensions, de leur nature ou de leur localisation, ne justifient pas l'exigence d'un permis et font l'objet d'une déclaration préalable »[2]. Il s'agit des opérations présentant un caractère significatif justifiant un contrôle préalable de la puissance publique sans revêtir une importance justifiant un régime d'autorisation préalable.

La liste des opérations soumises à cette exigence est fixée aux articles R. 421-23 et suivants du code de l'urbanisme. Ces dispositions distinguent :

– les travaux, installations et aménagements soumis à permis d'aménager en dehors des secteurs protégés ;

– et les opérations soumises à cette exigence dans les secteurs protégés.

§ 1
Travaux, installations et aménagements soumis à déclaration préalable en dehors des secteurs protégés

A.
Lotissements sans voies ni équipements communs et non situés dans un secteur protégé

323.181 Champ d'application. Doivent être précédés d'une déclaration préalable les lotissements autres que ceux mentionnés au a de l'article R. 421-19[3].

Il s'agit des lotissements qui :

– soit ne prévoient pas la création ou l'aménagement de voies, d'espaces ou d'équipements communs à plusieurs lots destinés à être bâtis et propres au lotissement[4] ;

– soit ne sont pas situés dans le périmètre d'un site patrimonial remarquable, dans les abords des monuments historiques, dans un site classé ou en instance de classement[5].

B.
Aménagement ou mise à disposition de terrains pour les campeurs

323.191 Terrain non soumis à permis d'aménager. Doivent être précédés d'une déclaration préalable l'aménagement ou la mise à disposition des campeurs, de façon habituelle, de terrains ne nécessitant pas un permis d'aménager en application de l'article R. 421-19[6].

C.
Installation d'une caravane pour plus de trois mois ou d'une résidence mobile constituant l'habitat permanent des gens du voyage

1°
Installation d'une caravane pour plus de trois mois

323.201 Principe. L'installation d'une caravane (autre qu'une résidence mobile constituant l'habitat permanent des gens du voyage[7]) pour une durée supérieure à trois mois par an doit être précédée d'une déclaration préalable lorsque la caravane doit être installée[8] :

– soit sur un terrain situé en dehors d'un parc résidentiel de loisirs, d'un terrain de camping, d'un village de vacances classé en hébergement léger au sens du code du tourisme ou d'une dépendance de maison familiale de vacances agréée au sens du code du tourisme ;

– soit sur un emplacement d'un terrain de camping, d'un village de vacances classé en hébergement léger au sens du code du tourisme ou d'une dépendance de maison familiale de vacances agréée au sens du code du tourisme qui a fait l'objet d'une

1. C. urb., art. R. 421-22 – Sur la liste des aménagements visés par cet article, v. s[s] n°s 123.252 s.
2. C. urb., art. L. 421-4, al. 1er.
3. L'article R. 421-19 détermine les lotissements soumis à permis d'aménager – C. urb., art. R. 421-23, a.
4. V. s[s] n°s 323.41 s.
5. V. s[s] n° 323.141.
6. Sur les cas imposant l'obtention d'un permis d'aménager en vertu de cet article, v. s[s] n°s 323.61 s. – C. urb., art. R. 421-23, c.
7. Sur ce cas de figure, v. s[s] n° 323.211.
8. C. urb., art. R. 421-23, d.

cession en pleine propriété, de la cession de droits sociaux donnant vocation à sa propriété en attribution ou en jouissance ou d'une location d'une durée supérieure à deux ans[1].

Pour le calcul de la durée de trois mois par an, toutes les périodes de stationnement, consécutives ou non, sont prises en compte[2].

323.202 Exigence inapplicable à certains terrains ou emplacements constitués sous le régime antérieur (avant le 1er octobre 2011). L'exigence d'une déclaration préalable prévue ci-dessus[3] ne s'impose pas[4] :

- aux terrains de camping constitués en société dont les parts ou les droits sociaux donnent vocation à l'attribution d'un emplacement en propriété ou en jouissance, enregistrée avant le 1er octobre 2011[5] (1°) ;

- aux emplacements de terrains de camping, de villages de vacances classés en hébergement léger au sens du code du tourisme ou de dépendances de maisons familiales de vacances agréées au sens du code du tourisme ayant fait l'objet d'une cession en pleine propriété ou de la cession de droits sociaux donnant vocation à son attribution en propriété ou en jouissance avant le 1er octobre 2011 (2) ;

- jusqu'au terme du contrat, aux emplacements de terrains de camping, de villages de vacances classés en hébergement léger au sens du code du tourisme ou de dépendances de maisons familiales de vacances agréées au sens du code du tourisme ayant fait l'objet d'une location d'une durée supérieure à deux ans avant le 1er octobre 2011 (3°).

2°
Installation d'une résidence mobile constituant l'habitat permanent des gens du voyage

323.211 Champ d'application. Doit être précédée d'une déclaration préalable l'installation d'une résidence mobile visée par l'article 1er de la loi du 5 juillet 2000[6] relative à l'accueil et à l'habitat des gens du voyage, constituant l'habitat permanent des gens du voyage, « lorsque cette installation dure plus de trois mois consécutifs »[7].

1. Sur ces hypothèses, v. ss no 118.192.
2. C. urb., art. R. 421-23, al. 8.
3. V. ss no 323.201.
4. C. urb., art. R. 421-23-1.
5. Date de publication du décret no 2011-1214 du 29 septembre 2011 portant adaptation des dispositions du code de l'urbanisme relatives aux terrains de camping et aux parcs résidentiels de loisirs.
6. L. no 2000-614, 5 juill. 2000 relative à l'accueil et à l'habitat des gens du voyage, *JO* 6 juill., no 1.
7. C. urb., art. R. 421-23, j.

D.
Aires de stationnement, dépôts de véhicules et garages collectifs de caravanes de 10 à 49 unités

323.221 Champ d'application. Doivent être précédés d'une déclaration préalable, lorsqu'ils sont susceptibles de contenir de 10 à 49 unités[8] :

- les aires de stationnement ouvertes au public ;
- les dépôts de véhicules ;
- et les garages collectifs de caravanes.

Ces installations :

- sont soumises à permis de construire lorsque le nombre d'unité est de 50 ou plus[9] ;

- sont dispensées de toute formalité au titre du code de l'urbanisme lorsque ce nombre est inférieur à 10[10].

E.
Affouillements et exhaussements du sol de moins de 100 m²

323.231 Champ d'application. Doivent être précédés d'une déclaration préalable les affouillements et exhaussements du sol répondant aux trois conditions suivantes[11] :

- ne pas être nécessaires à l'exécution d'un permis de construire ;

- excéder 2 mètres de hauteur (s'il s'agit d'un exhaussement) ou de profondeur (dans le cas d'un affouillement) – étant précisé, selon la jurisprudence, que ce seuil de hauteur et de profondeur maximales ne doit pas être entendu comme une valeur moyenne mais comme une limite que les affouillements et les exhaussements ne doivent jamais excéder[12] ;

- et porter sur une superficie supérieure ou égale à 100 m².

Si cette superficie est inférieure à 100 m² ou que les remblais n'excèdent pas 2 mètres, aucune formalité n'est requise au titre du code de l'urbanisme[13].

En revanche, un permis d'aménager est nécessaire :

- si cette superficie est supérieure à 2 ha[14] ;

- et si les travaux interviennent dans un secteur protégé[15].

8. C. urb., art. R. 421-23, e.
9. V. ss no 323.81.
10. V. ss no 323.11.
11. C. urb., art. R. 421-23, f.
12. CE 14 juin 2012, *Pearson*, req. no 342445, *Lebon T.*
13. V. ss no 323.11.
14. V. ss no 323.91.
15. V. ss no 323.131.

F.
Coupes et abattages d'arbres

323.241 Exigence d'une déclaration préalable. Doivent être précédés d'une déclaration préalable les coupes et abattages d'arbres[1] :

– dans les bois, forêts ou parcs situés sur le territoire de communes où l'établissement d'un PLU a été prescrit ;

– ainsi que dans tout espace boisé classé en application de l'article L. 113-1[2].

323.242 Exception à l'exigence d'une déclaration préalable. Par exception au g de l'article R. 421-23 ou, dans les espaces boisés identifiés comme présentant un intérêt d'ordre culturel, historique, architectural ou écologique, par dérogation au h du même article, une déclaration préalable n'est pas requise pour les coupes et abattages[3] :

– lorsque le propriétaire procède à l'enlèvement des arbres dangereux, des chablis et des bois morts (1°) ;

– lorsqu'il est fait application des dispositions du livre II du code forestier, relatives aux bois et forêts relevant du régime forestier (2°) ;

– lorsqu'il est fait application d'un plan simple de gestion agréé conformément aux articles L. 312-2 et L. 312-3 du code forestier, d'un règlement type de gestion approuvé conformément aux articles L. 124-1 et L. 313-1 du même code ou d'un programme des coupes et travaux d'un adhérent au code des bonnes pratiques sylvicoles agréé en application de l'article L. 124-2 de ce code (3°) ;

– lorsque les coupes entrent dans le cadre d'une autorisation par catégories définies par arrêté préfectoral, après avis du Centre national de la propriété forestière (4°) ;

– lorsque les coupes et abattages sont nécessaires à la mise en œuvre d'une obligation légale de débroussaillement prévue par le titre III du livre Ier du code forestier (5°).

La demande d'autorisation de défrichement présentée en application des articles L. 312-1 et suivants du code forestier dans les cas prévus au troisième alinéa de l'article L. 113-2 vaut déclaration préalable de coupe ou d'abattage d'arbres au titre de cet article[4].

323.243 Exigence d'une DP même en présence d'un PC. Eu égard à l'objet et aux modalités de publicité de la procédure de déclaration préalable, la délivrance du permis de construire est en principe subordonnée, lorsque les travaux qu'il prévoit nécessitent la coupe ou l'abattage d'arbres en secteur boisé classé, à une décision préalable de non-opposition à cette déclaration. Un permis de construire ne peut valoir lui-même décision de non-opposition que si la déclaration préalable est jointe au dossier de demande du permis[5].

G.
Aménagement d'une aire d'accueil des gens du voyage

323.251 Aire non soumise à permis d'aménager. Doit être précédé d'une déclaration préalable l'aménagement de terrains bâtis ou non bâtis prévu à l'article L. 444-1, destinés aux aires d'accueil et aux terrains familiaux des gens du voyage, ne nécessitant pas un permis d'aménager en application de l'article R. 421-19[6].

H.
Aménagement de terrains pour l'installation de résidences démontables créant moins de 40 m² de surface

323.261 Seuil de 40 m². L'aménagement de terrains bâtis ou non bâtis pour permettre l'installation de plusieurs résidences démontables constituant l'habitat permanent de leurs utilisateurs (yourtes, tipis, etc.)[7] est soumis à déclaration préalable lorsque cet aménagement va créer une surface de plancher totale inférieure ou égale à 40 mètres carrés[8].

Il est précisé que cette exigence ne s'impose que pour les aménagements « ne nécessitant pas un permis d'aménager en application de l'article R. 421-

1. C. urb., art. R. 421-23, g.
2. Sur le classement des espaces boisés, v. s^s^ n°s 151.11 s.
3. C. urb., art. R. 421-23-2 ; mod par D. n° 2024-295, 29 mars 2024 – Article pris sur le fondement du troisième alinéa de l'article L. 421-4 : un décret en Conseil d'État « arrête [...] la liste des cas dans lesquels il est fait exception à l'obligation de déclaration préalable à laquelle sont soumises les coupes et abattages d'arbres dans les bois, forêts ou parcs situés sur le territoire de communes où l'établissement d'un plan local d'urbanisme a été prescrit ainsi que dans tout espace boisé identifié en application des articles L. 113-1, L. 151-19 ou L. 151-23 ou classé en application de l'article L. 113-1 ».
4. C. urb., art. R. 421-23-2, al. 7.
5. CE 28 avr. 2017, *Agius (M. et Mme) et a.*, req. n° 396172, *Lebon T.* ; *BJCL* 2017. 363, concl. S. Von Coester.
6. En application de l'article R. 421-19, l'exigence d'un permis d'aménager s'impose pour l'aménagement de terrains permettant l'installation de plus de deux résidences mobiles (v. s^s^ n° 323.101). – C. urb., art. R. 421-23, k – Dispositions prises sur le fondement de l'article L. 444-1.
7. La définition de ces résidences est donnée à l'article R. 111-51 du code de l'urbanisme – V. s^s^ n° 118.361.
8. C. urb., art. R. 421-23, l – Dispositions prises sur le fondement de l'article L. 444-1.

19 »[1]. Dans un tel cas de figure s'impose l'exigence d'un permis d'aménager[2].

§ 2
Travaux, installations et aménagements soumis à déclaration préalable en raison du secteur dans lequel ils interviennent

A.
Divisions foncières ou travaux situés sur des secteurs protégés

1°
Divisions foncières

a.
Pouvoir du conseil municipal de subordonner les divisions foncières à déclaration préalable dans des secteurs protégés

323.271 Délibération du conseil municipal. Dans « les parties de commune » nécessitant une protection particulière « en raison de la qualité des sites, des milieux naturels et des paysages », le conseil municipal peut décider, « par délibération motivée », de soumettre, « à l'intérieur de zones qu'il délimite », à la déclaration préalable prévue par l'article L. 421-4, « les divisions volontaires, en propriété ou en jouissance, d'une propriété foncière, par ventes ou locations simultanées ou successives qui ne sont pas soumises à un permis d'aménager »[3].

Les limites apportées par ces dispositions à la liberté de disposer de son bien « ne sont justifiées, aux termes mêmes de la loi, que par l'intérêt général qui s'attache à la sauvegarde et à l'intégrité de sites et de milieux naturels, dans le but notamment d'en éviter le morcellement et la dénaturation ». Il en résulte qu'elles ne peuvent être utilisées pour assurer, comme l'avait envisagé une commune, la pérennité des caractéristiques paysagères d'un quartier urbanisé de la commune. Comme le souligne la cour ayant censuré sa délibération, les dispositions de l'article L. 115-3 n'ont pas vocation « à permettre à l'autorité administrative d'instituer un régime de contrôle du respect des choix retenus dans les documents d'urbanisme réglementaires »[4].

Il s'agit avant tout, à travers cette réglementation, de protéger des espaces naturels et agricoles et de lutter contre leur parcellisation et le détournement de leur vocation.

323.272 Publicité et entrée en vigueur de la délibération. La délibération du conseil municipal décidant de délimiter une ou plusieurs zones à l'intérieur desquelles les divisions foncières sont subordonnées à déclaration préalable « est affichée en mairie pendant un mois et tenue à la disposition du public à la mairie. Mention en est publiée dans un journal régional ou local diffusé dans le département »[5].

La délibération du conseil municipal prend effet à compter de l'accomplissement de l'ensemble de ces formalités de publicité. La date à prendre en considération pour l'affichage en mairie est celle du premier jour où il est effectué[6].

323.273 Transmission de la délibération. Copie de la délibération en est adressée sans délai, à l'initiative de son auteur[7] :

- au Conseil supérieur du notariat ;
- à la chambre départementale des notaires ;
- aux barreaux constitués près les tribunaux judiciaires dans le ressort desquels sont situées la ou les zones concernées ;
- et au greffe des mêmes tribunaux.

b.
Exigence d'une déclaration préalable dans les secteurs délimités en application de l'article L. 115-3

323.281 Exigence d'une déclaration préalable. Doivent être précédés d'une déclaration préalable les divisions des propriétés foncières situées à l'intérieur des zones délimitées en application de l'article L. 115-3[8].

Seules sont concernées les divisions volontaires (excluant ainsi, par exemple, celles intervenant en conséquence d'une expropriation) résultant d'un acte de vente ou d'une location[9].

323.282 Nullité de la vente ou de la location en l'absence de déclaration préalable. Lorsqu'une vente ou une location a été effectuée en violation de l'exigence d'une déclaration préalable, l'autorité compétente peut demander à l'autorité judiciaire de constater la nullité de l'acte. L'action en nullité se prescrit par cinq ans à compter de la publication de l'acte ayant effectué la division[10].

323.283 Opposition à la déclaration préalable en cas d'atteinte au site. L'autorité compétente peut

1. C. urb., art. R. 421-23, l.
2. Sur les seuils imposant la formalité du permis d'aménager, v. s^s n° 323.111.
3. C. urb., art. L. 115-3, al. 1er.
4. CAA Marseille, 17 mars 2011, *Plan-d'Aups-Sainte-Baume (Cne)*, req. n° 09MA02058, NP.
5. C. urb, art. R. 115-1, al. 1er.
6. C. urb, art. R. 115-1, al. 2.
7. C. urb, art. R. 115-1, al. 3.
8. C. urb., art. R. 421-23, b.
9. V. s^s n° 323.271.
10. C. urb., art. L. 115-3, al. 3.

s'opposer à la division si celle-ci, « par son importance, le nombre de lots ou les travaux qu'elle implique », est de nature à « compromettre gravement le caractère naturel des espaces, la qualité des paysages ou le maintien des équilibres biologiques » [1].

c.
Exceptions à l'exigence d'une déclaration préalable dans les secteurs délimités en application de l'article L. 115-3

323.291 **Trois exceptions.** Certaines divisions foncières situées dans une zone délimitée en application de l'article L. 115-3 échappent à l'exigence d'une déclaration préalable. Il s'agit des trois types de divisions suivantes [2] :

– les divisions opérées dans le cadre d'une opération d'aménagement autorisée ;

– les divisions effectuées, avant la clôture de l'opération, dans le cadre d'une opération d'aménagement foncier rural relevant du titre II du livre Ier du code rural et de la pêche maritime ;

– les divisions résultant d'un bail rural consenti à des preneurs exerçant la profession agricole.

2°
Travaux

323.301 **Zone présentant un intérêt d'ordre culturel, historique, architectural ou écologique (PLU).** Doivent être précédés d'une déclaration préalable les travaux ayant pour effet de modifier ou de supprimer un élément que le PLU ou un document d'urbanisme en tenant lieu a identifié, en application de l'article L. 151-19 [3] ou de l'article L. 151-23 [4], comme présentant un intérêt d'ordre culturel, historique, architectural ou écologique [5].

323.302 **Travaux modifiant ou supprimant un élément identifié comme présentant un intérêt patrimonial, paysager ou écologique (RNU).** Doivent être précédés d'une déclaration préalable les travaux autres que ceux exécutés sur des constructions existantes ayant pour effet, lorsqu'ils ont lieu sur un territoire non couvert par un PLU ou par un document d'urbanisme en tenant lieu, de modifier ou de supprimer un élément identifié comme présentant un intérêt patrimonial, paysager ou écologique, en application de l'article L. 111-22, par une délibération du conseil municipal, prise après l'accomplissement de l'enquête publique prévue à ce même article [6].

B.
Travaux ayant pour effet de modifier l'aménagement des espaces non bâtis autour d'un bâtiment existant, dans le périmètre des sites patrimoniaux remarquables et les abords des monuments historiques

323.311 **Champ d'application.** Dans le périmètre des sites patrimoniaux remarquables et les abords des monuments historiques, « les travaux ayant pour effet de modifier l'aménagement des espaces non bâtis autour d'un bâtiment existant » doivent être précédés d'une déclaration préalable [7].

Ne sont pas soumis à cette exigence les travaux d'entretien ou de réparations ordinaires [8].

C.
Installation de mobilier urbain ou d'œuvres d'art, modifications des voies ou espaces publics, plantations sur ces voies ou espaces, dans le périmètre des sites patrimoniaux remarquables, les abords des monuments historiques, les sites classés et les réserves naturelles

323.321 **Champ d'application.** Doivent être précédées d'une déclaration préalable, dans le périmètre des sites patrimoniaux remarquables, les abords des monuments historiques, les sites classés ou en instance de classement et les réserves naturelles [9] :

– l'installation de mobilier urbain ou d'œuvres d'art ;

– les modifications des voies ou espaces publics ;

– et les plantations qui sont effectuées sur ces voies ou espaces.

Ne sont pas soumis à cette exigence [10] :

– les travaux d'entretien ou de réparations ordinaires ;

– et les travaux imposés par les réglementations applicables en matière de sécurité.

1. C. urb., art. L. 115-3, al. 2.
2. C. urb., art. R. 421-23, b.
3. V. s^s n° 231.1061 (préservation du patrimoine bâti et paysager).
4. V. s^s n°s 231.1082 et 231.1083 (éléments de paysage et sites et secteurs à protéger pour des motifs d'ordre écologique).
5. C. urb., art. R. 421-23, h.
6. V. s^s n° 116.253 – C. urb., art. R. 421-23, i.
7. C. urb., art. R. 421-24.
8. C. urb., art. R. 421-24.
9. C. urb., art. R. 421-25.
10. C. urb., art. R. 421-25.

CHAPITRE

324. Formalités applicables aux démolitions

SECTION 0 ORIENTEUR

324.00 Sommaire du chapitre.

324.01 Textes applicables.

- **C. urb.,** art. R. 421-26 s.

324.03 Bibliographie indicative.

Encyclopédies. *DP constr.-urb.*, ét. : « Permis de démolir », *Dictionnaire permanent Construction et urbanisme* – *J.-Cl. Constr.-Urb.*, fasc. 29 : « Permis de démolir », par G. Liet-Veaux et G. Ricard, janv. 2016.

Traité. N. Baillon, *Traité du permis de construire*, 6e éd., « Référence juridique », Le Moniteur, 2017.

Monographies. M. Duval et L. Weyer, *Le permis de démolir : champ d'application, instruction du dossier, délivrance*, « Guides juridiques », Le Moniteur, 2008 – Ph. Boulisset, S. Cardi, S. Consalvi, R. Thielé, *Permis de construire 2021-2022 : permis de démolir, permis d'aménager, déclaration préalable*, 3e éd., « Encyclopédie Delmas pour la vie des affaires », Delmas, 2021 – V. Lachaut-Dana, *Permis de construire et autorisations d'urbanisme : études préalables, délivrance, mise en œuvre*, 2e éd., « Pratique du droit », Le Moniteur, 2019 – C. Mialot et F. Ehrenfeld, *Le permis de construire et autres autorisations d'urbanisme*, « Les indispensables », Berger-Levrault, 2018.

Articles. D. Larralde, « Permis de démolir », *JCP N* 2007, no 1052 – G. Ghaye, « Redéfinition du périmètre et du régime du permis de démolir », *BJDU* 2007. 257 – F. Polizzi, « Le régime des travaux de démolition en droit public », *BJDU* 2015. 231.

324.04 Question essentielle.

> Quelles démolitions sont soumises à permis de démolir ?

* V. ss nos 324.31 s.

324.05 Deux régimes. Les démolitions ne connaissent que deux régimes : le permis de démolir et la dispense de formalité. Il n'existe pas de régime de déclaration préalable en matière de démolitions.

En principe, les démolitions sont dispensées de formalités au titre du code de l'urbanisme. L'exigence d'un permis de démolir ne s'impose que dans certains secteurs – et encore certaines dispenses sont-elles prévues au sein de ceux-ci.

SECTION 1
PRINCIPE : DISPENSE DE FORMALITÉ AU TITRE DU CODE DE L'URBANISME

324.11 Absence d'exigence générale d'un permis de démolir. Le code de l'urbanisme ne pose pas d'exigence générale d'obtenir un permis de démolir avant de réaliser des démolitions[1]. Il en résulte qu'en principe, une démolition n'a pas à être précédée de la délivrance d'un permis de démolir.

SECTION 2
EXIGENCE D'UN PERMIS DE DÉMOLIR

324.21 Principe et exception. L'exigence d'un permis de démolir ne s'impose qu'aux démolitions entrant dans son champ d'application (celles visées aux articles R. 421-7 et R. 421-8). Certaines de ces démolitions sont néanmoins dispensées de permis de démolir pour différents motifs[2].

§ 1
Champ d'application du permis de démolir

324.31 Opérations concernées. « Les démolitions de constructions existantes doivent être précédées de la délivrance d'un permis de démolir lorsque la construction relève d'une protection particulière définie par décret en Conseil d'État ou est située dans une commune ou partie de commune où le conseil municipal a décidé d'instaurer le permis de démolir »[3]. Il résulte de cette formule que l'exigence d'un permis de démolir ne s'impose que pour :

- les démolitions de constructions existantes ;
- situées dans certains secteurs.

A.
Champ d'application *rationae materiae* : le permis de démolir ne s'impose que pour les démolitions de constructions existantes

1°
Notion de construction existante

324.41 Notion. Au sens des dispositions régissant le permis de démolir, la notion de « construction existante » s'entend seulement d'une construction qui existe.

Le sens de cette notion est ainsi différent de celui qui lui est donné dans le cadre du permis de construire, où la construction doit non seulement exister mais aussi être légale[4]. Il serait contraire à la finalité du permis de démolir de n'imposer sa délivrance que pour les constructions légalement établies.

On note en outre que la notion de constructions est plus large que celle de bâtiments. Elle ne se limite donc pas uniquement à ceux-ci.

2°
Notion de démolition

324.51 Travaux concernés. Le code de l'urbanisme impose l'exigence d'un permis de démolir (si les opérations interviennent dans les secteurs dans lesquels l'obligation s'impose[5]) pour « les travaux ayant pour objet de démolir ou de rendre inutilisable tout ou partie d'une construction »[6].

Entrent donc dans le champ matériel du permis de démolir :

- non seulement les démolitions proprement dites ;
- mais aussi les travaux qui rendent inutilisable une construction, en totalité ou en partie.

Comme l'indique en ce sens le Conseil d'État, « il résulte des dispositions précitées que doivent être précédés d'un permis de démolir, lorsque la localisation de la construction l'exige en vertu des articles R. 421-7 et R. 421-8 du code de l'urbanisme, des travaux impliquant la démolition totale d'un bâtiment ou la démolition d'une partie substantielle de celui-ci et le rendant inutilisable »[7].

La notion de démolition recouvre donc deux opérations :

- la « démolition totale » d'un bâtiment ;
- ou la « démolition d'une partie substantielle » de celui-ci qui le rend inutilisable.

On relèvera que le Conseil d'État ne mentionne ici que les « bâtiments » alors que le code de l'urbanisme évoque, de façon plus large, les « constructions »[8].

324.52 Travaux non concernés. Les travaux ne correspondant pas à la notion de démolition ne rentrent pas dans le champ d'application matériel du permis de démolir (et donc ne sont pas soumis à

1. Seules « les démolitions mentionnées aux articles R. 421-27 et R. 421-28 sont soumises à permis de démolir » (C. urb., art. R. 421-26).
2. C. urb., art. R. 421-26 : « Les démolitions mentionnées aux articles R. 421-27 et R. 421-28 sont soumises à permis de démolir à l'exception de celles qui entrent dans les cas visés à l'article R. 421-29 ».
3. C. urb., art. L. 421-3.
4. V. s^s n° 322.41.
5. V. s^s n°s 324.61 s.
6. C. urb., art. R. 421-27 et R. 421-28.
7. CE 14 mai 2014, *SCI Alpanga*, req. n° 359847, *Lebon T.* ; *BJDU* 2014. 312, concl. A. Lallet.
8. V. s^s n° 324.41.

l'exigence d'un permis de démolir). Tel est le cas, par exemple :

- d'un simple déblaiement[1] ;
- de l'aménagement en garage d'un bâtiment annexe existant, cet aménagement n'entraînait pas la démolition dudit bâtiment mais seulement l'inversion de la pente d'une partie de sa toiture et l'ouverture d'une porte[2] ;
- d'une légère surélévation de la toiture afin d'aménager sur une partie de celle-ci une terrasse à la romaine[3] ;
- de la surélévation d'une toiture, même si elle a nécessité une modification de la charpente, et qui n'a pas impliqué la démolition même partielle de la construction existante[4].

324.53 **Contrôle de cassation.** Le juge de cassation contrôle la qualification juridique des faits opérée par les juges du fond sur la question de savoir si des travaux, en ce qu'ils impliquent la démolition totale d'un bâtiment ou la démolition d'une partie substantielle de celui-ci et le rendent inutilisable, doivent être précédés d'un permis de démolir[5].

B. Champ d'application *rationae loci* : le permis de démolir ne s'impose que pour les démolitions intervenant dans certains secteurs

324.61 **Secteurs concernés.** *Rationae loci*, l'exigence d'un permis de démolir ne s'impose que dans deux cas de figure[6] :

- lorsque la construction relève d'une protection particulière (hypothèse correspondant à l'article R. 421-28) ;
- ou lorsque la construction est située dans une commune ou partie de commune où le conseil municipal a décidé d'instaurer le permis de démolir (hypothèse correspondant à l'article R. 421-27).

Ces deux hypothèses présentent un caractère limitatif[7].

1. CE 6 avr. 1992, *Horard*, req. n° 101762, NP.
2. CE 13 nov. 1991, *Mattei*, req. n° 90250, NP.
3. CE 28 juill. 1999, *Deutschmann (Ép^x)*, req. n° 195723, *Lebon T.*
4. CE 4 févr. 2004, *Molinari*, req. n° 254223, NP.
5. CE 14 mai 2014, *SCI Alpanga*, req. n° 359847, *Lebon T.* ; *BJDU* 2014. 312, concl. A. Lallet.
6. C. urb., art. L. 421-3.
7. CAA Marseille, 1er juin 2021, *Agnan et a.*, req. n° 20MA03919, NP : arrêt soulignant qu'« il résulte des termes mêmes des dispositions de l'article L. 421-3 du code de l'urbanisme que la démolition de constructions existantes ne nécessite une autorisation que lorsque cette construction fait l'objet d'une protection particulière prévue par décret en Conseil d'État ou lorsque le conseil municipal a décidé d'instaurer un permis de démolir ».

1° Première hypothèse : la construction relève d'une protection particulière

324.71 **Protection au titre d'une législation de protection du patrimoine et de l'environnement.** L'exigence d'un permis de démolir s'impose pour la démolition de construction située dans les secteurs suivants :

- construction située dans le périmètre d'un site patrimonial remarquable classé en application de l'article L. 631-1 du code du patrimoine[8] ;
- construction située dans les abords des monuments historiques définis à l'article L. 621-30 du code du patrimoine ou inscrite au titre des monuments historiques[9] ;
- construction située dans le périmètre d'une opération de restauration immobilière définie à l'article L. 313-4[10] ;
- construction située dans un site inscrit ou un site classé ou en instance de classement en application des articles L. 341-1 et L. 341-2 du code de l'environnement[11].

324.72 **Protection par la commune (PLU ou délibération spéciale).** L'exigence d'un permis de démolir s'impose pour la démolition d'une construction[12] :

- soit identifiée comme devant être protégée en étant située à l'intérieur d'un périmètre délimité par un PLU ou un document d'urbanisme en tenant lieu en application de l'article L. 151-19[13] ou de l'article L. 151-23[14] ;
- soit située sur un territoire non couvert par un PLU ou un document d'urbanisme en tenant lieu, identifiée comme présentant un intérêt patrimonial, paysager ou écologique, en application de l'article L. 111-22, par une délibération du conseil municipal prise après l'accomplissement de l'enquête publique prévue à ce même article[15].

Le PLU ne peut légalement soumettre les démolitions à l'exigence d'un permis de démolir que dans les zones où cette formalité apparaît justifiée. Tel est, le cas, par exemple, d'une zone comportant un patrimoine bâti de caractère, dont l'institution du permis de démolir peut contribuer à la préservation[16]. Tel n'est pas le cas, en revanche, d'une zone

8. C. urb., art. R. 421-28, a.
9. C. urb., art. R. 421-28, b.
10. C. urb., art. R. 421-28, c.
11. C. urb., art. R. 421-28, d.
12. C. urb., art. R. 421-28, e.
13. V. ss n° 231.1061 (préservation du patrimoine bâti et paysager).
14. V. ss nos 231.1082 et 231.1083 (éléments de paysage et sites et secteurs à protéger pour des motifs d'ordre écologique).
15. V. ss n° 116.253.
16. CAA 6 mai 2008, *Damongeot*, req. n° 07LY00846, *Lebon T.*

située à la périphérie du bourg où prédomine un habitat pavillonnaire récent ne comportant pas des éléments bâtis appelant une mise en valeur ou une protection particulière[1].

2° Seconde hypothèse : la construction est située dans une commune où le conseil municipal a décidé d'instaurer le permis de démolir

324.81 Instauration de l'exigence sur tout ou partie du territoire communal. « Doivent être précédés d'un permis de démolir les travaux ayant pour objet de démolir ou de rendre inutilisable tout ou partie d'une construction située dans une commune ou une partie de commune où le conseil municipal a décidé d'instituer le permis de démolir »[2].

Il résulte de ces dispositions qu'une commune peut instituer l'exigence d'un permis de démolir sur tout ou partie du territoire communal. Cette faculté a été introduite lors de la réforme des autorisations d'urbanisme. Sa mise en œuvre n'est soumise à aucune condition légale, ce qui confère un pouvoir d'appréciation en opportunité à la commune pour décider de son instauration.

Comme l'a souligné une cour, « il résulte de ces dispositions qu'en dehors du cas prévu par le e) de l'article R. 421-8 du code de l'urbanisme, l'instauration du permis de démolir peut faire l'objet d'une décision du conseil municipal indépendante du plan local d'urbanisme »[3]. Aucune disposition légale ou réglementaire ne soumet une telle décision à enquête publique préalable[4].

324.82 Exigence d'un permis de démolir. Lorsque la commune a institué l'exigence d'un permis de démolir sur le fondement de l'article R. 421-27 sur tout le territoire communal, toute démolition doit être précédée de la délivrance d'un permis de démolir.

Lorsque la commune a institué l'exigence d'un permis de démolir sur le fondement de l'article R. 421-27 sur certaines parties du territoire communal, toute démolition intervenant dans ces parties doit être précédée de la délivrance d'un permis de démolir.

1. CAA 6 mai 2008, *Damongeot*, req. n° 07LY00846.
2. C. urb., art. R. 421-27.
3. CAA Douai, 16 mai 2012, *Rosoy-en-Multien (Cne)*, req. n° 11DA00690, NP.
4. CAA Douai, 16 mai 2012, *Rosoy-en-Multien (Cne)*, req. n° 11DA00690, NP.

§ 2 Démolitions dispensées de permis de démolir alors qu'elles entrent dans le champ du permis de démolir

324.91 Deux catégories. Certaines démolitions sont dispensées de permis de démolir alors qu'elles entrent dans le champ du permis de démolir.

A. Dispense de certaines démolitions en raison de leur nature

324.101 Liste. Sont dispensées de permis de démolir[5] :

– les démolitions de constructions soumises à des règles de protection du secret de la défense nationale (a) ;

– les démolitions effectuées en application du CCH sur un bâtiment menaçant ruine ou en application du CSP sur un immeuble insalubre (b) ;

– les démolitions effectuées en application d'une décision de justice devenue définitive (c) ;

– les démolitions de bâtiments frappés de servitude de reculement en exécution de plans d'alignement approuvés en application des articles L. 112-1 s. du code de la voirie routière[6] (d) ;

– les démolitions de lignes électriques et de canalisations (e) ;

– les démolitions de constructions réalisées dans le cadre d'une opération qualifiée d'opération sensible intéressant la défense nationale en application de l'article L. 2391-1 du code de la défense (f) ;

– les démolitions réalisées dans le cadre d'une opération qualifiée d'opération sensible intéressant la sécurité nationale en application de l'article L. 112-3 du CSI (g).

B. Dispense pour la démolition des constructions situées sur le littoral lorsque la sécurité des occupants est menacée par l'érosion

324.111 Dispense générale. Les travaux nécessaires à la mise en œuvre de l'arrêté ordonnant la démolition des constructions et la remise en l'état du terrain en application de l'article L. 121-22-5[7] « sont dispensés de toute formalité » au titre du code de l'urbanisme[8].

5. C. urb., art. R. 421-29.
6. Le code de l'urbanisme renvoie au « chapitre Ier du titre IV du livre Ier du code de la voirie routière ». Ce renvoi est erroné car le code de la voirie routière ne comprend pas de « livres ».
7. V. ss n° 126.461.
8. C. urb., art. L. 421-5-1.

CHAPITRE

325. Articulation entre les formalités imposées au titre du code de l'urbanisme (permis, déclaration) et les formalités prévues au titre d'autres législations

SECTION 0 ORIENTEUR

325.00 **Sommaire du chapitre.**

325.01 Textes applicables.

• **C. urb.**

art. L. 425-1 s.

art. R. 425-1 s.

325.03 Bibliographie indicative.

Encyclopédies. *DP constr.-urb.*, ét. : « Permis de construire » ; ét. : « Déclaration préalable » ; ét. : « Permis d'aménager » ; ét. : « Déclaration préalable » – *J.-Cl. Constr.-Urb.*, fasc. 25-10 : « Permis de construire. – Champ d'application du permis de construire et de la déclaration préalable », par G. Liet-Veaux et J. Makowiak, févr. 2019 ; fasc. 28 : « Permis d'aménager », par G. Liet-Veaux, mai 2007, mis à jour oct. 2009.

Traité. N. Baillon, *Traité du permis de construire*, 6e éd., « Référence juridique », Le Moniteur, 2017.

Monographies. Ph. Boulisset, S. Cardi, S. Consalvi, R. Thielé, *Permis de construire 2021-2022 : permis de démolir, permis d'aménager, déclaration préalable*, 3e éd., « Encyclopédie Delmas pour la vie des affaires », Delmas, 2021 – V. Lachaut-Dana, *Permis de construire et autorisations d'urbanisme : études préalables, délivrance, mise en œuvre*, 2e éd., « Pratique du droit », Le Moniteur, 2019, 26 – C. Mialot et F. Ehrenfeld, *Le permis de construire et autres autorisations d'urbanisme*, « Les indispensables », Berger-Levrault, 2018.

Contribution. J.-P. Ferrand, « L'articulation des régimes d'autorisation : une simplification du principe d'indépendance des législations et des procédures ? », *La réforme des régimes d'autorisation d'urbanisme : simplification, sécurisation, clarification ?*, Édilaix, 2007, p. 45.

Articles. Y. Jégouzo, « Les opérations soumises à une autorisation prévue par une législation étrangère à l'urbanisme », *AJDA* 2007. 249 – J.-F. Giacuzzo, « Permis valant autorisation d'exploitation commerciale », *AJDA* 2020. 1886 – V. Zalewski-Sicard, « Permis d'innover et d'expérimenter : quels mécanismes ? », *RDI* 2020. 28.

325.05 Deux techniques. Certaines opérations sont soumises simultanément à plusieurs législations, par exemple le code de l'urbanisme et le CCH. Dans un souci d'articulation de celles-ci et de rationalisation de leur coexistence, le législateur a prévu :

- soit de soumettre le porteur du projet à une formalité unique valable au titre des deux législations ;
- soit de ne permettre la délivrance de l'autorisation d'urbanisme ou sa mise en œuvre qu'après réalisation de formalités au titre d'une autre législation.

SECTION 1
GUICHET UNIQUE : UNE FORMALITÉ UNIQUE AU TITRE DE DEUX LÉGISLATIONS

325.11 Simplifier les démarches. La technique du guichet unique concerne l'hypothèse dans laquelle une opération est soumise à des formalités à la fois au titre du code de l'urbanisme et au titre d'une autre législation. Pour simplifier les démarches du porteur du projet et accélérer leur traitement, le législateur a prévu, dans certains cas, de remplacer ces diverses formalités par une procédure unique.

§ 1
Opérations pour lesquelles le permis ou la décision prise sur la déclaration préalable tient lieu de l'autorisation prévue par une autre législation

A.
Technique

325.21 Permis ou décision de non-opposition tenant lieu d'autorisation au titre d'une autre législation. Le législateur a prévu que lorsque les constructions ou travaux mentionnés aux articles L. 421-1 à L. 421-4 sont soumis, en raison de leur emplacement, de leur utilisation ou de leur nature, à un régime d'autorisation ou à des prescriptions prévues par d'autres législations ou réglementations que le code de l'urbanisme, le permis (de construire, d'aménager ou de démolir) ou la décision prise sur la déclaration préalable « tient lieu d'autorisation au titre de ces législations ou réglementations, dans les cas prévus par décret en Conseil d'État, dès lors que la décision a fait l'objet d'un accord de l'autorité compétente »[1].

Ainsi, dans les cas prévus aux articles L. 425-2 s. et R. 425-1 s. du code de l'urbanisme, le permis ou la décision de non-opposition tient lieu d'autorisation au titre des législations et réglementations mentionnées. Ce mécanisme dispense ainsi le pétitionnaire d'avoir à recueillir auprès de chaque autorité compétente et une à une les diverses autorisations requises.

B. Liste des législations et opérations concernées

1° Autorisation d'urbanisme tenant lieu d'autorisation au titre du CCH

325.31 Permis de construire tenant lieu d'autorisation au titre des IGH. Lorsque le projet porte sur un immeuble de grande hauteur, le permis de construire tient lieu de l'autorisation prévue par les articles L. 141-2, L. 145-1 et L. 146-1 du code de la construction et de l'habitation, dès lors que la décision a fait l'objet d'un accord de l'autorité chargée de la police de la sécurité[2].

325.32 Permis de construire tenant lieu de l'autorisation au titre des ERP. Concernant le moment auquel l'autorisation ERP doit être délivrée, le législateur distingue deux situations.

Lorsque l'aménagement intérieur de celui-ci est connu au moment du dépôt de la demande de permis de construire, ce permis « tient lieu de l'autorisation » prévue par l'article L. 122-3 du CCH dès lors que la décision a fait l'objet d'un accord de l'autorité administrative compétente[3]. Il est précisé que cette autorité « peut imposer des prescriptions relatives à l'exploitation des bâtiments » en application de l'article L. 143-2 du CCH et que, dans ce cas, le permis de construire « mentionne ces prescriptions »[4].

La seconde situation prévue par le législateur est celle dans laquelle l'aménagement intérieur, ou une partie de celui-ci, n'est pas connu lors du dépôt de la demande de permis de construire. Dans une telle situation, les dispositions applicables prévoient que « le permis de construire indique qu'une autorisation complémentaire au titre de l'article L. 122-3 du code de la construction et de l'habitation devra être demandée et obtenue en ce qui concerne l'aménagement intérieur du bâtiment ou de la partie de bâtiment concernée avant son ouverture au public »[5]. Le Conseil d'État a affirmé, dans un arrêt du 13 janvier 2023, qu'il résulte de ces dispositions que lorsque l'aménagement intérieur de l'ERP n'est pas connu au moment de la délivrance du permis de construire, celui-ci ne tient lieu « ni d'autorisation d'aménagement ni d'autorisation de création au titre de la réglementation des établissements recevant du public » et que, dès lors, sa légalité n'est « pas subordonnée à la délivrance d'une telle autorisation de création »[6]. Il avait déjà affirmé, dans une précédente décision, que lorsque l'aménagement intérieur n'est pas connu lors du dépôt de la demande de permis de construire, « l'autorité compétente, dont la décision ne saurait tenir lieu sur ce point de l'autorisation prévue par le code de la construction et de l'habitation, ne peut légalement délivrer le permis sans mentionner expressément l'obligation de demander et d'obtenir une autorisation complémentaire avant l'ouverture au public, et ce alors même que le contenu du dossier de demande de permis de construire témoignerait de la connaissance, par le pétitionnaire, de cette obligation »[7]. En revanche, ainsi que cela est précisé dans l'arrêt du 13 janvier 2023, il n'est pas exigé d'avoir obtenu au préalable l'autorisation ERP dans une telle situation, pour la simple raison que, dans un tel cas de figure, le permis de construire *ne tient pas lieu* d'autorisation ERP. Cela signifie concrètement qu'au lieu d'avoir à mettre en œuvre une seule formalité (par le système du guichet unique), le porteur du projet doit en accomplir deux, de façon séparée et successive. Il obtient d'abord le permis de construire puis, une fois l'aménagement intérieur connu (et pour pouvoir ouvrir), l'autorisation ERP. Cette solution se justifie non seulement au regard des textes précités mais aussi pour des raisons d'efficacité procédurale. En effet, dans la situation dont il s'agit, l'aménagement intérieur n'est pas connu au moment du dépôt de la demande de permis et, faute de disposer de cette information, l'autorité compétente en matière d'ERP n'est pas en mesure de statuer sur une demande

1. C. urb., art. L. 425-1.
2. C. urb., art. L. 425-2 ; art. R. 425-14.
3. C. urb., art. L. 425-3 ; art. R. 425-15, al. 1er.
4. C. urb., art. L. 425-3.
5. C. urb., art. L. 425-3 ; art. R. 425-15, al. 2.
6. CE 13 janv. 2023, *Office public de l'habitat Paris Habitat et Ville de Paris*, req. n° 450446, *Lebon T.* ; *BJDU* 2023. 103, concl. M. Boutron ; *JCP Adm.* 2023, n° 2152, note O. Le Bot ; *Constr.-Urb.* 2023, comm. 30, note L. Santoni ; *Énergie – Environnement – Infrastructures* 2023, comm. 24, obs. R. Micalef.
7. CE 23 mai 2018, *Ville de Paris*, req. n° 405937, *Lebon T.* ; v. également CE 25 nov. 2020, *Diehl*, req. n° 430754, *Lebon T.* ; *BJDU* 2021. 30, concl. M. Sirinelli : arrêt précisant qu'une telle obligation n'est pas satisfaite dans le cas où l'arrêté accordant le permis de construire se borne à mentionner que son bénéficiaire devra respecter les prescriptions formulées par l'avis de la commission communale d'accessibilité, lequel fait état de l'obligation, pour le demandeur, de solliciter l'autorisation prévue par le CCH.

d'ouverture. Dans ces conditions, subordonner la délivrance du permis de construire à l'obtention préalable de l'autorisation ERP reviendrait à bloquer le processus alors que les dispositions applicables prévoient justement la poursuite de celui-ci moyennant une adaptation (en l'occurrence le rappel, dans l'arrêté de permis, que cette autorisation devra être obtenue ultérieurement).

325.33 **Permis de construire ou décision de non-opposition tenant lieu d'autorisation de division.** Lorsque le projet porte sur des travaux conduisant à la création de plusieurs locaux à usage d'habitation dans un immeuble existant, dans une zone où a été instituée l'autorisation préalable prévue par l'article L. 111-6-1-1 ou l'article L. 126-19 du CCH (autorisation préalable à la division en logements des immeubles existants, qui peut être instituée, d'une part dans les zones d'habitat dégradé, d'autre part dans les secteurs où les programmes de logements comportent une proportion de logements d'une taille minimale fixée par le PLU), le permis de construire ou la décision prise sur la déclaration préalable tient lieu de cette même autorisation préalable dès lors que la décision a fait l'objet de l'accord de l'autorité compétente pour délivrer cette même autorisation préalable[1].

2°
Autorisation d'urbanisme tenant lieu d'autorisation au titre du code de commerce (PCAEC)

325.41 **PCAEC.** Lorsque le projet est soumis à autorisation d'exploitation commerciale au sens de l'article L. 752-1 du code de commerce, le permis de construire tient lieu d'autorisation dès lors que la demande de permis a fait l'objet d'un avis favorable de la CDAC ou, le cas échéant, de la CNAC[2].

Il résulte de ces dispositions que le permis de construire ne vaut autorisation d'exploitation commerciale que s'il a été, au préalable, soumis pour avis à une CDAC (régime du PCAEC[3]). Il ne peut jamais tenir lieu d'une autorisation d'exploitation commerciale dans le cas contraire[4]. Une expérimentation prévue par la loi 3DS prévoit néanmoins de conférer ce pouvoir à l'autorité compétente en matière de permis[5].

Il résulte également des dispositions précitées que l'avis émis par la CDAC « lie le maire s'agissant de l'autorisation d'exploitation commerciale sollicitée »[6]. Il s'agit donc d'un avis conforme : s'il est négatif, le maire ne peut délivrer le permis ; s'il est positif, le maire doit délivrer le permis (plus exactement ne peut s'opposer à sa délivrance pour un motif commercial mais seulement pour un motif d'urbanisme).

325.42 **Transmission de la demande à la CDAC.** Les dispositions des articles R. 752-9 du code de commerce et R. 423-13-2 du code de l'urbanisme, prévoient que la demande de permis de construire, déposée conformément aux dispositions des articles R. 423-2 et suivants du code de l'urbanisme, est transmise par l'autorité compétente en matière de permis de construire à la CDAC, qui procède à l'instruction de la demande d'autorisation d'exploitation commerciale.

325.43 **Nouvelle demande en cas de modification substantielle du projet d'exploitation commerciale.** Une modification du projet qui revêt un caractère substantiel, au sens de l'article L. 752-15 du code de commerce, mais n'a pas d'effet sur la conformité des travaux projetés par rapport aux dispositions législatives et réglementaires mentionnées à l'article L. 421-6 du code de l'urbanisme, nécessite une nouvelle demande d'autorisation d'exploitation commerciale auprès de la commission départementale[7].

325.44 **Délivrance du PCAEC.** La délivrance d'un permis de construire valant autorisation d'exploitation commerciale n'est possible que dans trois hypothèses[8] :

– premièrement, si l'avis de la CDAC est favorable à l'autorisation et ne fait l'objet, dans le délai d'un mois prévu à l'article L. 752-17 du code de commerce, ni d'un recours devant la CNAC sur le fondement du I de cet article, ni d'une auto-saisine de celle-ci, sur le fondement de son V ;

– deuxièmement, si cet avis, favorable ou défavorable, fait l'objet, dans les mêmes conditions, d'un recours devant la commission nationale ou d'une auto-saisine de celle-ci et que la commission nationale rend un avis exprès favorable ;

– troisièmement, enfin, si l'avis de la commission départementale est favorable et qu'il est confirmé par le silence gardé par la commission nationale

1. C. urb., art. R. 425-15-2.
2. C. urb., art. L. 425-4, al. 1er ; art. R. 425-15-1.
3. J.-F. Giacuzzo, « Permis valant autorisation d'exploitation commerciale », *AJDA* 2020. 1886.
4. CE 14 nov. 2018, *Vire-Normandie (Cne) et Sté LIDL*, req. no 413246, *Lebon T. ; BJDU* 2019. 329, note S. Ferrari ; *JCP Adm.* 2019, no 2036, note J.-M. Talau ; *JCP Adm.* 2019, no 2037, concl. S.-J. Lieber.
5. V. ss no 712.21.
6. CE 24 janv. 2022, *Sté Année Distribution et a.*, req. no 440164, *Lebon T. ; BJDU* 2022. 286, concl. F. Dieu ; 2022. 291, obs. S. Ferrari ; *RDI* 2022. 243, obs. M. Revert ; *JCP Adm.* 2022, no 2166, chron. O. le Bot ; *Dr. adm.* 2022, comm. 19, note G. Eveillard.
7. C. urb., art. L. 425-4, al. 1er.
8. CE 23 déc. 2016, *Sté MDVP Distribution*, req. no 398077, *Lebon ; BJDU* 2017. 95, concl. F. Dieu ; *Constr.-Urb.* 2017, comm. 24, note X. Couton ; *JCP Adm.* 2019, no 2036, note J.-M. Talau.

plus de quatre mois, soit sur un recours porté devant elle, soit à la suite de son auto-saisine.

325.45 Régime juridique et contentieux. Le permis de construire valant autorisation d'exploitation commerciale, et plus largement l'urbanisme commercial sont examinés dans un titre distinct[1].

3°
Autorisation d'urbanisme tenant lieu d'autorisation au titre du code du patrimoine

325.51 Autorisation d'urbanisme tenant lieu de l'autorisation spéciale pour les projets situés aux abords d'un monument historique. Lorsque le projet est situé dans les abords des monuments historiques, le permis (de construire, d'aménager ou de démolir) ou la décision prise sur la déclaration préalable tient lieu de l'autorisation prévue à l'article L. 621-32 du code du patrimoine si l'architecte des Bâtiments de France a donné son accord, le cas échéant assorti de prescriptions motivées, ou son avis pour les projets mentionnés à l'article L. 632-2-1 du code du patrimoine[2].

325.52 Autorisation d'urbanisme tenant lieu de l'autorisation spéciale pour les projets situés dans le périmètre d'un site patrimonial remarquable. Lorsque le projet est situé dans le périmètre d'un site patrimonial remarquable, le permis (de construire, d'aménager ou de démolir) ou la décision prise sur la déclaration préalable tient lieu de l'autorisation prévue à l'article L. 632-1 du code du patrimoine si l'architecte des Bâtiments de France a donné son accord, le cas échéant assorti de prescriptions motivées, ou son avis pour les projets mentionnés à l'article L. 632-2-1 du code du patrimoine[3].

4°
Autorisation d'urbanisme tenant lieu d'autorisation au titre du code de l'environnement

325.61 Autorisation d'urbanisme tenant lieu de l'autorisation spéciale requise dans les réserves naturelles. Lorsque le projet est situé sur un territoire en instance de classement ou classé en réserve naturelle, le permis (de construire, d'aménager ou de démolir) ou la décision prise sur la déclaration préalable tient lieu de l'autorisation spéciale prévue par les articles L. 332-6 et L. 332-9 du code de l'environnement dès lors que la décision a fait l'objet de l'accord exprès, selon le cas[4] :

– du préfet ou du ministre chargé de la protection de la nature, dans les conditions prévues par l'article R. 332-24 du code de l'environnement, lorsqu'il s'agit d'une réserve naturelle nationale ou, en Corse, d'une réserve classée par l'État (a) ;

– du conseil régional, dans les conditions prévues par l'article R. 332-44 du code de l'environnement, lorsqu'il s'agit d'une réserve naturelle régionale (b) ;

– de l'Assemblée de Corse, dans les conditions prévues par l'article R. 332-63 du code de l'environnement, lorsqu'il s'agit d'une réserve naturelle classée par la collectivité de Corse (c).

325.62 Autorisation d'urbanisme tenant lieu de l'autorisation spéciale requise dans un espace ayant vocation à être classé dans le cœur d'un futur parc national. Lorsque le projet est situé dans un espace ayant vocation à être classé dans le cœur d'un futur parc national dont la création a été prise en considération en application de l'article R. 331-4 du code de l'environnement, le permis (de construire, d'aménager ou de démolir) ou la décision prise sur la déclaration préalable tient lieu de l'autorisation spéciale prévue par l'article L. 331-6 du même code dès lors que la décision a fait l'objet de l'accord du préfet[5].

325.63 Autorisation d'urbanisme tenant lieu de l'autorisation spéciale requise dans un espace situé dans le cœur d'un parc national. Lorsque le projet est situé dans le cœur d'un parc national délimité en application des articles L. 331-1 et L. 331-2 du code de l'environnement, le permis (de construire, d'aménager ou de démolir) ou la décision prise sur la déclaration préalable tient lieu de l'autorisation spéciale prévue par le I de l'article L. 331-4 et par le I de l'article L. 331-14 du code de l'environnement dès lors que la décision a fait l'objet de l'accord[6] :

– du directeur de l'établissement public du parc national lorsque le projet est situé en dehors des espaces urbanisés du cœur d'un parc national, délimités par le décret de création (a) ;

– du conseil d'administration de l'établissement public du parc national, lorsque le projet est situé en dehors des espaces urbanisés du cœur d'un parc national délimités par le décret de création et que les travaux, constructions ou installations projetés ne figurent pas sur la liste prévue par l'article R. 331-18 du code de l'environnement (b) ;

– du préfet après consultation du directeur de l'établissement public du parc national lorsque le projet est situé dans les espaces urbanisés du cœur d'un parc national, délimités par le décret de création (c).

1. V. s[s] n°s 7.05 s.
2. C. urb., art. R. 425-1.
3. C. urb., art. R. 425-2.
4. C. urb., art. R. 425-4.
5. C. urb., art. R. 425-5.
6. C. urb., art. R. 425-6.

5°
Autorisation d'urbanisme tenant lieu d'autorisation au titre du code de la défense

325.71 Permis tenant lieu de l'autorisation pour une construction située à proximité d'un ouvrage militaire. Lorsque le projet porte sur une construction située à proximité d'un ouvrage militaire, le permis de construire ou le permis d'aménager tient lieu de l'autorisation prévue par l'article L. 5112-2 du code de la défense dès lors que la décision a fait l'objet d'un accord du ministre de la défense[1].

325.72 Permis tenant lieu de l'autorisation pour une construction située à l'intérieur d'un polygone d'isolement. Lorsque le projet porte sur une construction située à l'intérieur d'un polygone d'isolement, le permis de construire ou le permis d'aménager tient lieu de l'autorisation prévue par l'article L. 5111-6 du code de la défense dès lors que la décision a fait l'objet d'un accord du ministre de la défense[2].

6°
Autorisation d'urbanisme tenant lieu d'autorisation au titre du code de l'aviation civile

325.81 Permis tenant lieu de l'autorisation pour une construction susceptible de constituer un obstacle à la navigation aérienne. Lorsque le projet porte sur une construction susceptible, en raison de son emplacement et de sa hauteur, de constituer un obstacle à la navigation aérienne (en particulier une éolienne[3]), le permis de construire ou le permis d'aménager tient lieu de l'autorisation prévue par l'article R. 244-1 du code de l'aviation civile dès lors que la décision a fait l'objet d'un accord du ministre chargé de l'aviation civile et du ministre de la défense[4].

Il résulte de ces dispositions et de celles régissant l'instruction des demandes de permis que l'autorité administrative compétente pour délivrer le permis de construire doit, lorsque la construction envisagée en dehors d'une agglomération peut constituer un obstacle à la navigation aérienne en raison d'une hauteur supérieure à 50 mètres, saisir de la demande le ministre chargé de l'aviation civile et le ministre de la défense afin de recueillir son accord, de sorte que le permis tienne lieu de l'autorisation prévue aux articles L. 6352-1 du code des transports et R. 244-1 du code de l'aviation civile, et qu'à défaut d'accord de l'un de ces ministres, l'autorité compétente est tenue de refuser le permis de construire[5].

En revanche, aucune disposition ni aucun principe « ne fait obstacle à ce qu'un pétitionnaire présente lui-même une demande à l'autorité compétente en vue d'obtenir l'autorisation prévue à l'article R. 244-1 du code de l'aviation civile, alors même que, selon les dispositions précitées du code de l'urbanisme, il pourrait s'en dispenser en obtenant un permis de construire qui tiendrait lieu de cette autorisation, sous réserve que l'autorité compétente pour délivrer le permis de construire ait préalablement obtenu un accord de l'autorité compétente pour délivrer l'autorisation prévue par l'article R. 244-1 du code de l'aviation civile »[6].

7°
Autorisation d'urbanisme tenant lieu d'autorisation au titre du CGPPP

325.91 Autorisation d'urbanisme tenant lieu de l'autorisation prévue pour une construction située en bord de Loire ou du Rhin. Lorsque le projet porte sur une construction située le long de la Loire ou d'un de ses affluents mentionnés à l'article L. 2124-16 du CGPPP, sur un terrain situé à moins de 19,50 mètres du pied des levées du côté du val, le permis de construire, le permis d'aménager ou la décision prise sur la déclaration préalable tient lieu d'autorisation préfectorale prise en application de l'article L. 2124-18 du CGPPP[7].

De même, lorsque le projet porte sur une construction située dans la zone d'inondation du Rhin, le permis de construire, le permis d'aménager ou la décision prise sur la déclaration préalable tient lieu de l'autorisation prévue à l'article 39 de la loi locale du 2 juillet 1891 dès lors que la décision a fait l'objet de l'accord du préfet[8].

8°
Autorisation d'urbanisme tenant lieu d'autorisation au titre du code rural

325.101 Autorisation d'urbanisme tenant lieu de l'autorisation dans une zone de protection des canaux d'irrigation. Lorsque le projet porte sur une construction, une clôture ou une plantation située dans une zone de servitude de protection des canaux d'irrigation instituée en application de l'article L. 152-7 du code rural, le permis de construire, le permis d'aménager ou la décision prise sur la déclaration préalable tient lieu de l'autorisation prévue à

1. C. urb., art. R. 425-7.
2. C. urb., art. R. 425-8.
3. PAR EX. : CAA Nancy, 9 juin 2011, *Min. Écologie c/Sté ENEL Érelis*, req. nº 10NC01162, NP.
4. C. urb., art. R. 425-9.
5. CE 9 juill. 2018, *Min. Cohésion des territoires c/Sté MSE Les Dunes*, req. nº 414419, *Lebon T.*
6. CAA Bordeaux, 3 avr. 2018, *Min. Défense c/Sté Parc Éolien du Perchigat req. nº 16BX02547*, NP.
7. C. urb., art. R. 425-10.
8. C. urb., art. R. 425-11.

l'article L. 152-8 de ce code dès lors que la décision a fait l'objet de l'accord du préfet[1].

9°
Autorisation d'urbanisme tenant lieu d'autorisation au titre du CGCT

325.111 Autorisation d'urbanisme tenant lieu de l'autorisation pour une construction située à moins de 100 m d'un cimetière. Lorsque le projet porte sur une construction située à moins de 100 mètres d'un cimetière transféré, le permis de construire, le permis d'aménager ou la décision prise sur la déclaration préalable tient lieu de l'autorisation prévue par l'article L. 2223-5 du CGCT dès lors que la décision a fait l'objet d'un accord du maire, si celui-ci n'est pas l'autorité compétente pour délivrer le permis[2].

10°
Autorisation d'urbanisme tenant lieu d'approbation des dérogations au titre du permis d'innover

325.121 Expérimentation de possibilités de dérogations. Lorsque le porteur du projet a présenté une demande au titre du permis d'innover, le permis ou la décision de non-opposition à la déclaration préalable tient lieu d'approbation des dérogations[3].

§ 2
Opérations pour lesquelles l'autorisation prévue par une autre législation dispense de permis ou de déclaration préalable

A.
Technique

325.131 Dispense de formalités au titre du code de l'urbanisme. Le code de l'urbanisme supprime certaines démarches lorsqu'une procédure soumise à une autre législation ou réglementation aboutit à prendre en compte et intégrer les contraintes d'urbanisme. Soit le législateur a considéré que cette procédure prend par elle-même en compte les contraintes d'urbanisme. Soit il exige – dans le cadre de celle-ci – un accord de l'autorité compétente en matière d'autorisation d'urbanisme.

Dans ces deux hypothèses, le porteur du projet se trouve dispensé de l'exigence d'un permis ou d'une déclaration préalable.

1. C. urb., art. R. 425-12.
2. C. urb., art. R. 425-13.
3. V. s[s] n° 363.174.

B.
Opérations concernées

1°
Dispense d'autorisation d'urbanisme préalable lorsque la procédure concernée prévoit l'accord de l'autorité compétente en matière de permis ou de DP

325.141 Autorisation de travaux sur un monument historique. Lorsque le projet porte sur un immeuble classé au titre des monuments historiques, l'autorisation prévue au premier alinéa de l'article L. 621-9 du code du patrimoine (destruction, déplacement ou réalisation de travaux) dispense de permis de construire, de permis d'aménager, de permis de démolir ou de déclaration préalable dès lors que la décision a fait l'objet d'un accord de l'autorité compétente pour statuer sur les demandes de permis de construire[4].

Dans ce cas de figure, l'autorité administrative porte formellement une appréciation sur le respect des règles d'urbanisme mais se prononce non pas par voie d'arrêté mais par voie d'accord (ou de refus).

2°
Dispense d'autorisation d'urbanisme préalable lorsque la procédure concernée assure une prise en compte suffisante des contraintes d'urbanisme

a.
Autorisation de stockage souterrain de gaz, de fluides ou de déchets

325.151 Champ d'application. Lorsque le projet porte sur un ouvrage ou une installation de stockage souterrain de gaz, de fluides ou de déchets, l'autorisation prévue à l'article 3-1 du code minier[5], aux articles L. 515-7[6], L. 541-17[7] et L. 542-7[8] du code de l'environnement ou par le décret n° 2006-649 du

4. C. urb., art. L. 425-5 ; art. R. 425-23.
5. Recherche, création, essais, aménagement et exploitation de cavités souterraines naturelles ou artificielles ou de formations souterraines naturelles présentant les qualités requises pour constituer des réservoirs étanches ou susceptibles d'être rendus tels, en vue du stockage de gaz naturel, d'hydrocarbures liquides, liquéfiés ou gazeux ou de produits chimiques à destination industrielle.
6. Stockage souterrain en couches géologiques profondes de produits dangereux, de quelque nature qu'ils soient.
7. Travaux de recherche de formations ou de cavités géologiques susceptibles d'être utilisées pour le stockage souterrain de déchets ultimes.
8. Installation et exploitation d'un laboratoire souterrain portant sur les déchets radioactifs.

2 juin 2006[1] (travaux miniers et travaux de stockage souterrain) dispense de la déclaration préalable ou du permis de construire[2].

b.
Déclaration, enregistrement ou autorisation d'un affouillement ou d'un exhaussement du sol

325.161 **ICPE et déchets.** Lorsqu'un affouillement ou un exhaussement du sol est soumis à déclaration, enregistrement ou à autorisation en application de certaines dispositions du code de l'environnement, cette déclaration, cet enregistrement ou cette autorisation dispense de la déclaration préalable ou du permis d'aménager[3].

Les dispositions concernées sont les suivantes :

- d'une part les chapitres Ier et II du titre Ier du livre V du code de l'environnement (ICPE soumises à autorisation, à enregistrement ou à déclaration) ;
- d'autre part le chapitre Ier du titre IV du livre V du code de l'environnement (prévention et gestion des déchets autres que radioactifs).

325.162 **Mines.** Lorsqu'un affouillement ou un exhaussement du sol est soumis à déclaration ou à autorisation en application du code minier, cette déclaration ou cette autorisation dispense de la déclaration préalable ou du permis d'aménager[4].

325.163 **Installation nucléaire.** Lorsqu'un affouillement ou un exhaussement du sol porte sur un projet d'installation nucléaire, l'autorisation de création prévue par l'article 29 de la loi du 13 juin 2006[5] relative à la transparence et à la sécurité en matière nucléaire dispense de la déclaration préalable ou du permis d'aménager[6].

325.164 **Domaine public.** Lorsqu'un affouillement ou un exhaussement du sol porte sur un projet situé sur le domaine public, le permis de stationnement ou l'autorisation d'occupation de ce domaine dispense de la déclaration préalable ou du permis d'aménager[7].

c.
Dispositifs de publicité, enseignes ou pré-enseignes

325.171 **Dispense.** L'installation de dispositifs de publicité, enseignes ou pré-enseignes, régie par les articles L. 581-1 s. du code de l'environnement, est dispensée de déclaration préalable ou de permis de construire[8].

d.
Ligne électrique aérienne

325.181 **Dispense.** Lorsque le projet porte sur une ligne électrique aérienne et ses supports, l'approbation de projet d'ouvrage prévue au 1° de l'article L. 323-11 du code de l'énergie dispense de la déclaration préalable ou du permis de construire dès lors que sont prises en compte les règles du code de l'urbanisme applicables à ce projet[9].

e.
Installations d'éoliennes

325.191 **Éoliennes terrestres.** Lorsqu'un projet d'installation d'éoliennes terrestres est soumis à autorisation environnementale en application des articles L. 181-1 du code de l'environnement cette autorisation dispense du permis de construire[10].

Lorsque des travaux exécutés sur des éoliennes terrestres font l'objet d'un arrêté complémentaire pris sur le fondement de l'article R. 181-45 du code de l'environnement, ces travaux sont dispensés de formalité au titre du code de l'urbanisme[11].

f.
Infrastructures de transport soumises à évaluation environnementale

325.201 **Dispense.** Lorsqu'un projet d'infrastructure terrestre linéaire de transport liée à la circulation routière ou ferroviaire réalisé pour le compte d'États étrangers ou d'organisations internationales, de l'État, de ses établissements publics et concessionnaires est soumis à autorisation environnementale en application du chapitre unique du titre VIII du livre Ier du code de l'environnement, cette autorisation dispense de permis ou de déclaration préalable[12].

§ 3
Opérations pour lesquelles l'autorisation prévue par une autre législation tient lieu de permis ou de déclaration préalable

325.211 **Changement de destination d'un local commercial utilisé comme meublé de tourisme.** Lorsque la location d'un local à usage commercial en

1. Décr. n° 2006-649, 2 juin 2006 relatif aux travaux miniers, aux travaux de stockage souterrain et à la police des mines et des stockages souterrains, *JO* 3 juin, n° 13.
2. C. urb., art. R. 425-24.
3. C. urb., art. R. 425-25.
4. C. urb., art. R. 425-26.
5. L. n° 2006-686, 13 juin 2006 relative à la transparence et à la sécurité en matière nucléaire, *JO* 14 juin, n° 2.
6. C. urb., art. R. 425-27.
7. C. urb., art. R. 425-28.
8. C. urb., art. R. 425-29.
9. C. urb., art. R. 425-29-1.
10. C. urb., art. R. 425-29-2, al. 1er.
11. C. urb., art. R. 425-29-2, al. 2.
12. C. urb., art. R. 425-29-3.

tant que meublé de tourisme soumise à l'autorisation prévue au premier alinéa du IV *bis* de l'article L. 324-1-1 du code du tourisme comporte un changement entre les différentes destinations et sous-destination définies aux articles R. 151-27 et R. 151-28 du code de l'urbanisme, « cette autorisation tient lieu de permis de construire ou de décision de non-opposition à déclaration préalable si l'autorité compétente pour délivrer l'autorisation d'urbanisme a donné son accord », le cas échéant assorti de prescription motivée, dans l'un des délais prévus aux articles R. 423-23 à R. 423-37-2, selon le cas applicable[1].

Le silence de cette autorité vaut accord, sauf dans les cas prévus aux articles R. 424-2 et R. 424-3[2].

Cette autorisation est demandée, instruite, délivrée et exécutée dans les conditions prévues par le livre IV du code de l'urbanisme, sous réserve des dispositions de l'article R. 324-1-7 du code du tourisme[3].

SECTION 2
OPÉRATIONS POUR LESQUELLES L'AUTORISATION D'URBANISME EST SUBORDONNÉE À UN ACCORD OU EST DIFFÉRÉ DANS L'ATTENTE DE FORMALITÉS PRÉVUES PAR UNE AUTRE LÉGISLATION

325.221 Décision sur le permis ou la DP dépendante d'une autre législation. Par souci de coordination avec les législations extérieures au code de l'urbanisme, celui-ci identifie les opérations pour lesquelles le permis ou la décision prise sur la déclaration préalable est :

– soit subordonné à un accord prévu par une autre législation ;

– soit différé dans l'attente de formalités prévues par une autre législation ;

– soit subordonné à une dérogation accordée au titre d'une autre législation.

§ 1
Opérations pour lesquelles l'autorisation d'urbanisme est subordonnée à un accord prévu par une autre législation

A.
Régime

325.231 Décision nécessitant l'accord d'une autre autorité. Le code de l'urbanisme identifie des opérations pour lesquelles le permis ou la décision prise sur la déclaration préalable est subordonné à un accord prévu par une autre législation. Dans cette hypothèse, le permis ne peut être délivré, ou la décision de non-opposition à déclaration préalable prise qu'en cas d'accord donné par l'autorité désignée par cette législation[4].

B.
Opérations concernées

325.241 Monument historique. Lorsque le projet porte sur un immeuble inscrit au titre des monuments historiques, le permis (de construire, d'aménager ou de démolir) ou la décision prise sur la déclaration préalable doit faire l'objet de l'accord prévu par l'article L. 621-27 du code du patrimoine[5].

Cet accord est donné par le préfet de région[6].

325.242 Site classé. Lorsque le projet est situé dans un site classé ou en instance de classement, la décision prise sur la demande de permis ou sur la déclaration préalable ne peut intervenir qu'avec l'accord exprès prévu par les articles L. 341-7 et L. 341-10 du code de l'environnement[7].

Lorsque le projet fait l'objet d'une déclaration préalable, cet accord est donné par le préfet ou, le cas échéant, le directeur de l'établissement public du parc national dans les conditions prévues par l'article R. 341-10 du code de l'environnement, après avis de l'architecte des Bâtiments de France[8].

Dans les autres cas, cet accord est donné par le ministre chargé des sites, après avis de la commission départementale de la nature, des paysages et des sites[9].

Le Conseil d'État a précisé l'office de l'autorité compétente et du juge administratif. Il indique que le classement d'un site « n'a ni pour objet ni pour effet d'interdire toute réalisation d'équipement, construction ou activité économique dans le périmètre de classement, mais seulement de soumettre à autorisation tout aménagement susceptible de modifier l'état des lieux »[10]. Il en déduit les conséquences

1. C. urb., art. R. 425-32, al. 1er.
2. C. urb., art. R. 425-32, al. 2.
3. C. urb., art. R. 425-32, al. 3.

4. CE 30 mars 2011, *Min. Écologie c/L'Île-Rousse (Cne)*, req. no 331425, NP : annulation du permis délivré en l'absence d'accord de l'ABF ; – DANS LE MÊME SENS : CAA Nancy, 12 juin 2014, *SNC MSE Le Haut des Épinettes*, req. no 13NC01422, NP : à propos de l'avis conforme requis par l'article R. 425-9 lorsque la construction est de nature à porter atteinte à la sécurité aérienne.
5. C. urb., art. R. 425-16, al. 1er.
6. C. urb., art. R. 425-16, al. 2.
7. C. urb., art. R. 425-17, al. 1er.
8. C. urb., art. R. 425-17, a.
9. C. urb., art. R. 425-17, b.
10. CE 3 oct. 2016, *Fédération française de tennis et Paris (Ville)*, req. no 398589, *Lebon T.* ; *BJDU* 2016. 438, concl. X. Domino ; *Constr.-Urb.* 2016, comm. 144, note L. Santoni.

suivantes pour l'autorité administrative d'une part et le juge administratif d'autre part :

– si le ministre chargé des sites peut ainsi autoriser la modification d'un site classé, « sa compétence ne s'étend pas à des mesures qui auraient pour effet de rendre le classement du site sans objet et seraient l'équivalent d'un véritable déclassement, total ou partiel » (lequel ne peut être prononcé que par décret en Conseil d'État) ;

– pour juger de la légalité d'une autorisation délivrée par le ministre et apprécier si des travaux ainsi autorisés ont pour effet de faire perdre son objet au classement du site, même sur une partie de celui-ci, « il appartient au juge administratif d'apprécier l'impact sur le site de l'opération autorisée, eu égard à sa nature, à son ampleur et à ses caractéristiques, en tenant compte de la superficie du terrain concerné par les travaux à l'intérieur du site ainsi que, le cas échéant, de la nature des compensations apportées à l'occasion de l'opération et contribuant, à l'endroit des travaux ou ailleurs dans le site, à l'embellissement ou à l'agrandissement du site ».

325.243 Démolition d'un bâtiment situé dans un site inscrit. Lorsque le projet porte sur la démolition d'un bâtiment situé dans un site inscrit en application de l'article L. 341-1 du code de l'environnement, le permis de démolir ne peut intervenir qu'avec l'accord exprès de l'architecte des Bâtiments de France[1].

325.244 Parc national. Lorsque le projet est situé dans un parc national créé en application des articles L. 331-1 et L. 331-2 du code de l'environnement et doit être précédé d'une évaluation environnementale en application de l'article L. 122-1 du même code, le permis de construire ou le permis d'aménager ne peut intervenir qu'avec l'accord de l'établissement public du parc émis après consultation de son conseil scientifique conformément au II de l'article L. 331-4 de ce code[2].

Dans les cas prévus aux a et b de l'article R. 425-6, l'accord du directeur de l'établissement public du parc ou, le cas échéant, du conseil d'administration tient lieu de l'accord mentionné à l'alinéa précédent[3].

325.245 Construction ou aménagement qui altère durablement le potentiel agronomique, biologique ou économique d'une zone agricole. Lorsque le projet porte sur une construction ou un aménagement qui altère durablement le potentiel agronomique, biologique ou économique d'une zone agricole protégée créée en application de l'article L. 112-2 du code rural et situé dans un territoire non couvert par un PLU ou un document d'urbanisme en tenant lieu, la décision prise sur la demande de permis ou sur la déclaration préalable ne peut intervenir qu'après avis de la chambre d'agriculture et de la commission départementale d'orientation agricole[4].

En cas d'avis défavorable de l'une d'entre elles, le projet ne peut être autorisé qu'après l'accord motivé du préfet[5].

325.246 Construction située dans un plan de surfaces submersibles valant PPRNP. Lorsque le projet porte sur une construction située dans un plan de surfaces submersibles valant plan de prévention des risques naturels prévisibles en application de l'article L. 562-6 du code de l'environnement, le permis de construire, le permis d'aménager ou la décision prise sur la déclaration préalable ne peut intervenir si le préfet, après consultation du service chargé des mesures de défense contre les inondations et du service chargé de la police des cours d'eau, s'y oppose[6].

Si le préfet subordonne son accord au respect de prescriptions nécessaires pour assurer le libre écoulement des eaux ou la conservation des champs d'inondation, la décision doit imposer ces prescriptions[7].

325.247 Zone de protection antérieure à 1983. Lorsque le projet est situé dans une zone de protection créée, antérieurement à la loi du 7 janvier 1983[8] relative à la répartition de compétences entre les communes, les départements, les régions et l'État, en application des articles 17 ou 28 de la loi du 2 mai 1930 ayant pour objet de réorganiser la protection des monuments naturels et des sites de caractère artistique, historique, scientifique, légendaire ou pittoresque, la décision prise sur la demande de permis ou sur la déclaration préalable ne peut intervenir qu'avec l'accord exprès de l'autorité mentionnée dans le décret instituant la zone de protection[9].

325.248 Aménagement commercial (projet spontanément soumis à la CDAC). Lorsque le projet a été soumis pour avis à la CDAC en application de l'article L. 752-4 du code de commerce[10], le permis de construire ne peut être délivré en cas d'avis défavorable de la CDAC ou, le cas échéant, de la CNAC[11].

1. C. urb., art. R. 425-18.
2. C. urb., art. R. 425-19, al. 1er.
3. C. urb., art. R. 425-19, al. 2.
4. C. urb., art. R. 425-20, al. 1er.
5. C. urb., art. R. 425-20, al. 2.
6. C. urb., art. R. 425-21.
7. C. urb., art. R. 425-21.
8. L. n° 83-8, 7 janv. 1983 relative à la répartition de compétences entre les communes, les départements, les régions et l'État, *JO* 9 janv., p. 215.
9. C. urb., art. R. 425-22.
10. V. ss nos 712.11 s.
11. C. urb., art. R. 425-22-1.

§ 2
Opérations pour lesquelles la délivrance d'un permis ou la réalisation des travaux est différée dans l'attente de formalités prévues par une autre législation

A.
Régime

325.251 **Décision ou exécution reportée.** Le code de l'urbanisme a identifié des opérations pour lesquelles la délivrance d'un permis ou la réalisation des travaux est différée dans l'attente de formalités prévues par une autre législation. Dans ces hypothèses, ne peuvent intervenir qu'après l'accomplissement de ces formalités (délivrance d'une autorisation ou d'une dérogation, réalisation d'une enquête publique, achèvement d'une opération, etc.) :

- soit la délivrance du permis ;
- soit la réalisation des travaux autorisés par celuici.

B.
Opérations concernées

1°
Opérations pour lesquelles la délivrance d'un permis est différée dans l'attente de formalités prévues par une autre législation

325.261 **Opération ou travaux soumis à l'autorisation de défrichement.** Conformément à l'article L. 341-7 du code forestier, lorsque le projet porte sur une opération ou des travaux soumis à l'autorisation de défrichement prévue aux articles L. 341-1 et L. 341-3 du même code, celle-ci doit être obtenue préalablement à la délivrance du permis[1]. Le permis délivré sans autorisation de défrichement est entaché d'illégalité[2].

325.262 **Projet de création, d'extension ou de réouverture au public d'un établissement de spectacles cinématographiques.** Conformément aux articles L. 212-7 et L. 212-8 du code du cinéma et de l'image animée, lorsque le permis de construire porte sur un projet de création, d'extension ou de réouverture au public d'un établissement de spectacles cinématographiques, le permis ne peut être accordé avant la délivrance de cette autorisation. Sa mise en œuvre ne peut être entreprise avant l'expiration des recours entrepris contre elle[3].

1. C. urb., art. L. 425-6.
2. CAA Marseille, 6 juin 2017, req. n° 16MA00344, NP.

325.263 **Changement d'usage de locaux destinés à l'habitation soumis à autorisation en vertu du CCH.** Lorsque le projet porte sur des travaux ayant pour objet un changement d'usage de locaux destinés à l'habitation, soumis à autorisation préalable en application de l'article L. 631-7 du CCH (article applicable dans trois départements d'Île-de-France et ayant pour objet d'empêcher la diminution du nombre de logements), ces travaux ne peuvent être exécutés qu'après l'obtention de l'autorisation mentionnée à cet article[4].

325.264 **Surélévation d'immeuble nécessitant une dérogation.** Lorsque le demandeur joint à sa demande de permis de construire une demande de dérogation prévue à l'article L. 112-13 du CCH (surélévation d'un immeuble achevé depuis plus de 2 ans), le permis de construire ne peut pas être accordé avant l'obtention de cette dérogation[5].

2°
Opérations pour lesquelles la réalisation des travaux est différée dans l'attente de formalités prévues par une autre législation

a.
Législation environnementale

325.271 **ICPE soumise à enregistrement.** Lorsque le projet porte sur une installation classée soumise à enregistrement en application de l'article L. 512-7 du code de l'environnement, les travaux ne peuvent être exécutés avant la décision d'enregistrement prévue à l'article L. 512-7-3 de ce code[6].

325.272 **ICPE en cours d'enregistrement.** Lorsque la demande de permis est relative à une ICPE pour laquelle une procédure d'enregistrement est en cours d'instruction, la décision ne peut intervenir avant l'expiration du délai mentionné à l'article R. 512-46-9 du code de l'environnement[7].

325.273 **Installation nucléaire soumise à autorisation de création.** Lorsque le projet porte sur une installation nucléaire de base soumise à une autorisation de création en vertu de l'article L. 593-7 du code de l'environnement ou à une nouvelle autorisation en vertu du II de l'article L. 593-14 du même code, les travaux ne peuvent être exécutés avant la clôture de l'enquête publique préalable à cette autorisation[8].

3. C. urb., art. L. 425-8.
4. C. urb., art. L. 425-9.
5. C. urb., art. L. 425-13.
6. C. urb., art. L. 425-10.
7. C. urb., art. R. 425-31-1.
8. C. urb., art. L. 425-12.

325.274 Projet soumis à autorisation ou déclaration environnementale. Sans préjudice du deuxième alinéa de l'article L. 181-30 du code de l'environnement, lorsque le projet est soumis à autorisation environnementale (en application du chapitre unique du titre VIII du livre Ier du même code) ou à déclaration (en application de la section 1 du chapitre IV du titre Ier du livre II dudit code), le permis ou la décision de non-opposition à déclaration préalable ne peut pas être mis en œuvre[1] :

– avant la délivrance de l'autorisation environnementale mentionnée à l'article L. 181-1 du même code, sauf décision spéciale prévue à l'article L. 181-30 du même code (1°) ;

– avant la décision d'acceptation, pour les installations, ouvrages, travaux et activités soumis à déclaration en application du II de l'article L. 214-3 du même code (2°).

325.275 Projet nécessitant une dérogation à la législation assurant la conservation de sites d'intérêt géologique, d'habitats naturels, d'espèces animales ou végétales et de leurs habitats. Lorsque le projet porte sur des travaux devant faire l'objet d'une dérogation au titre du 4° du I de l'article L. 411-2 du code de l'environnement, le permis ou la décision de non-opposition à déclaration préalable ne peut pas être mis en œuvre avant la délivrance de cette dérogation[2].

325.276 Travaux dans un site inscrit. Lorsque le projet est situé dans un site inscrit, la demande de permis ou la déclaration préalable tient lieu de la déclaration exigée par l'article L. 341-1 du code de l'environnement. Les travaux ne peuvent être entrepris avant l'expiration d'un délai de quatre mois à compter du dépôt de la demande ou de la déclaration[3].

La décision prise sur la demande de permis ou sur la déclaration préalable intervient après consultation de l'architecte des Bâtiments de France[4].

b.
Autres législations

325.281 Réalisation d'opérations d'archéologie préventive prescrite. Lorsque la réalisation d'opérations d'archéologie préventive a été prescrite, les travaux ne peuvent être entrepris avant l'achèvement de ces opérations[5].

325.282 Projet subordonné à la consignation d'une somme d'argent (construction dans une zone littorale exposée à un risque d'érosion). Lorsque le projet porte sur des constructions soumises à l'obligation de démolition à l'article L. 121-22-5[6], le permis de construire ou d'aménager ou la décision de non-opposition à déclaration préalable ne peuvent être mis en œuvre avant la consignation et la transmission au maire, par le bénéficiaire de l'autorisation, du récépissé de consignation prévu au même article L. 121-22-5[7].

325.283 Construction d'antennes-relais. Les travaux destinés à l'aménagement de terrains, à l'édification de poteaux, de pylônes ou de toute autre construction supportant des antennes d'émission ou de réception de signaux radioélectriques aux fins de fournir au public un service de communications électroniques ne peuvent être réalisés avant, s'il y a lieu, l'information mentionnée à l'article L. 34-9-1-1 du code des postes et des communications électroniques[8].

325.284 Travaux sur un site archéologique. Lorsque le projet entre dans le champ d'application de l'article R. 523-4 du code du patrimoine, le dossier joint à la demande de permis comprend les pièces exigées à l'article R. 523-9 de ce code. La décision ne peut intervenir avant que le préfet de région ait statué, dans les conditions prévues à l'article R. 523-18 de ce code sur les prescriptions d'archéologie préventive[9].

Dans le cas où le préfet de région a imposé des prescriptions, les travaux de construction ou d'aménagement ne peuvent pas être entrepris avant l'exécution de ces prescriptions[10].

§ 3
Opérations pour lesquelles le permis ou la décision prise sur la déclaration préalable est subordonné à une dérogation accordée au titre d'une autre législation (abattage d'arbres bordant les voies de communication)

325.291 Obtention d'une dérogation. Il résulte des dispositions de cet article L. 350-3 du code de l'environnement que le fait d'abattre ou de porter atteinte à un ou à plusieurs des arbres qui composent une allée ou un alignement d'arbres le long des voies de communication est interdit, sauf si

1. C. urb., art. L. 425-14.
2. C. urb., art. L. 425-15.
3. C. urb., art. R. 425-30, al. 1er.
4. C. urb., art. R. 425-30, al. 2.
5. C. urb., art. L. 425-11.
6. V. s^{s} n° 126.472.
7. C. urb., art. L. 425-16.
8. C. urb., art. L. 425-17, créé par L. n° 2021-1485, 15 nov. 2021.
9. C. urb., art. R. 425-31.
10. C. urb., art. R. 425-31.

l'abattage ou l'atteinte est nécessaire pour des motifs sanitaires, mécaniques ou esthétiques « ou s'il a été autorisé, à titre dérogatoire, pour la réalisation d'un projet de construction »[1]. L'abattage ou l'atteinte portée à un ou plusieurs arbres composant une allée ou un alignement doit donner lieu à des mesures compensatoires locales.

325.292 Permis ou DP valant octroi de la dérogation. Lorsqu'un permis de construire ou d'aménager ou une décision de non-opposition à déclaration préalable porte sur un projet de construction impliquant l'atteinte ou l'abattage d'un ou plusieurs arbres composant une allée ou un alignement le long d'une voie de communication, il résulte des dispositions combinées des articles L. 421-6, R. 111-26 et R. 111-27 du code de l'urbanisme et de l'article L. 350-3 du code de l'environnement que « l'autorisation d'urbanisme ou la décision de non-opposition à déclaration préalable vaut octroi de la dérogation prévue par le troisième alinéa de l'article L. 350-3 du code de l'environnement »[2].

325.293 Contrôle du respect des dispositions du code de l'environnement. Il appartient à l'autorité administrative compétente pour délivrer l'autorisation d'urbanisme ou statuer sur la déclaration préalable « de s'assurer, sous le contrôle du juge de l'excès de pouvoir, de la nécessité de l'abattage ou de l'atteinte portée aux arbres pour les besoins du projet de construction ainsi que de l'existence de mesures de compensation appropriées et suffisantes à la charge du pétitionnaire ou du maître d'ouvrage »[3].

1. CE 21 juin 2021, *Assoc. La Nature en Ville et a.*, req. n° 446662, *Lebon ; BJDU* 2021. 414, concl. O. Fuchs.
2. CE 21 juin 2021, *Assoc. La Nature en Ville et a.*, req. n° 446662.
3. CE 21 juin 2021, *Assoc. La Nature en Ville et a.*, req. n° 446662.

TITRE

33. Le dépôt et l'instruction des demandes de permis et des déclarations

SECTION 0
ORIENTEUR

33.00 **Sommaire du titre.**

33.03 **Bibliographie indicative.**

Articles. C. Maugüé, « La procédure d'instruction des permis et déclarations préalables », *DAUH* 2007, n° 11, p. 65 – M.-C. Mehl-Schouder, « Instruction des demandes et intervention des décisions : de meilleures garanties pour les pétitionnaires ? », *La réforme des régimes d'autorisation d'urbanisme : simplification, sécurisation, clarification ?*, Édilaix, 2007, p. 59 – Y. Pittard, « La nouvelle procédure d'instruction des demandes d'autorisation d'occupation du sol : la maîtrise des délais », *BJDU* 2007. 15 – P. Planchet, « L'instruction des autorisations d'urbanisme », *Droit et ville* 2007, n° 64, p. 69 – F. Priet, « Une réelle clarification des règles applicables à l'instruction des autorisations d'urbanisme », *AJDA* 2007. 237 – F. Priet, « La demande de permis de construire », *Droit et ville* 2007, n° 64, p. 49.

33.05 **Règles communes.** Le code de l'urbanisme définit des règles de dépôt et d'instruction communes à toutes les autorisations d'urbanisme.

Ces règles communes sont complétées par un certain nombre de règles spécifiques, en particulier au niveau du contenu du dossier, qui seront présentées ultérieurement et sont propres :

- aux constructions [1] ;

- aux aménagements [2], notamment aux lotissements [3] ;

- aux démolitions [4] ;

- et aux autorisations d'urbanisme portant sur le domaine skiable [5].

Pour la définition de ces règles, le pouvoir législatif procède à un large renvoi au pouvoir réglementaire. Quelques articles législatifs du code [6] servent de fondement à des dizaines d'articles réglementaires.

33.06 **Objet.** Les règles communes portent sur les points suivants :

- le dépôt et l'enregistrement des demandes de permis et des déclarations préalables ;

- l'enregistrement, l'affichage et la transmission de la demande de permis ou de la déclaration préalable ;

- l'autorité chargée de l'instruction ;

- les délais d'instruction ;

- l'instruction proprement dite (consultations, enquête publique, avis, accords et mise en compatibilité des documents d'urbanisme).

1. V. s[s] n°s 36.05 s.
2. V. s[s] n° 37.05.
3. V. s[s] n°s 372.05 s.
4. V. s[s] n°s 381.01 s.
5. V. s[s] n°s 391.01 s.

6. NOT. : C. urb., art. L. 423-1, al. 1er : « Les demandes de permis de construire, d'aménager ou de démolir et les déclarations préalables sont présentées et instruites dans les conditions et délais fixés par décret en Conseil d'État ».

CHAPITRE

331. Dépôt et enregistrement des demandes et des déclarations

SECTION 0 ORIENTEUR

331.00 Sommaire du chapitre.

331.01 Textes applicables.

• **C. urb.**

art. L. 423-1 s.

art. R. 423-1 s.

331.02 Jurisprudence de référence.

> Le permis ou la décision de non-opposition est illégal si le demandeur ou la déclarant ne disposait pas de la qualité requise par les textes

• **CE 15 mai 1959,** *Traversaz, Lebon T.* 1138.

> Qualité pour présenter la demande ou la déclaration

• **CE, sect., 19 juin 2015,** *Salbris (Cne)*, req. n° 368667, *Lebon ; BJDU* 2015. 321, concl. X. de Lesquen.

> Notion d'ensemble immobilier unique

• **CE, sect., 17 juill. 2009,** *Grenoble (Cne) et Cté d'agglo. Grenoble Alpes métropole*, req. n° 301615, *Lebon ; BJDU* 2009. 269 ; *JCP Adm.* 2009, n° 46 (9 nov. 2009), p. 37.

331.03 Bibliographie indicative.

Encyclopédies. *DP constr.-urb.*, ét. : « Permis de construire » ; ét. : « Permis d'aménager » ; ét. : « Déclaration préalable » ; ét. : « Permis de démolir » – *J.-Cl. Constr.-Urb.*, fasc. 25-20 : « Permis de construire. – Demande », par G. Liet-Veaux, avr. 2008, mis à jour oct. 2010.

Traité. N. Baillon, *Traité du permis de construire*, 6e éd., « Référence juridique », Le Moniteur, 2017.

Monographies. Ph. Boulisset, S. Cardi, S. Consalvi, R. Thielé, *Permis de construire 2021-2022 : permis de démolir, permis d'aménager, déclaration préalable*, 3e éd., « Encyclopédie Delmas pour la vie des affaires », Delmas, 2021 – V. Lachaut-Dana, *Permis de construire et autorisations d'urbanisme : études préalables, délivrance, mise en œuvre*, 2e éd., « Pratique du droit », Le Moniteur, 2019 – C. Mialot et F. Ehrenfeld, *Le permis de construire et autres autorisations d'urbanisme*, « Les indispensables », Berger-Levrault, 2018.

Articles. Qualité pour présenter la demande. R. Bonnefont, « Vérification de la qualité du pétitionnaire lors de l'instruction d'une demande d'autorisation d'urbanisme », *AJCT* 2015, n° 388 – P. Cassia, « Le contrôle de la qualité pour demander une autorisation d'urbanisme », *JCP Adm.* 2015, n° 2202 – F. Polizzi, « Quel contrôle exercer sur la qualité pour demander une autorisation d'urbanisme ? », *BJDU* 2012. 419 – B. Hachem, « La théorie du propriétaire apparent. Ou la chronique d'une mort (peut-être) annoncée... », *AJDA* 2011. 2277.

Pluralité de demandeurs. H. Périnet-Marquet, « Les autorisations de construire ou d'aménager délivrées à plusieurs personnes », *Constr.-Urb.* juin 2008, ét. 6 – P. Soler-Couteaux, « La possibilité de demander une autorisation d'urbanisme à plusieurs », *RDI* 2009. 23.

Terrain d'assiette. P.-E. Durand, « La divisibilité des ouvrages et des ensembles immobiliers en droit de l'urbanisme », *Constr.-Urb.* 2006, ét. 3 – S. Lamy-Willing, « Le permis de construire : délimitation du terrain d'assiette et critères de divisibilité », *Constr.-Urb.* 2018, ét. 10 – J.-P. Mas et L. Calmels, « Unité foncière, droit de construire et démembrement de propriété », *Constr.-Urb.* 2007, ét. 12 – P. Soler-Couteaux, « L'unicité de l'autorisation de l'ensemble immobilier indivisible », *RDI* 2008. 128 – E. Vital-Durand, « Ensemble immobilier unique, et unicité de permis de construire », *JCP Adm.* 2017, n° 2035.

Pièces complémentaires. E. Worsmer, « Instruction des autorisations d'urbanisme : quand l'irrégularité d'une demande de pièces complémentaires sécurise le pétitionnaire », *Constr.-urb.* mai 2022, ét. 5.

331.04 Questions essentielles.

> Quelles sont les qualités requises pour présenter une demande d'autorisation d'urbanisme ?

* V. ss nos 331.11 s.

> Un projet portant sur plusieurs constructions doit-il faire l'objet de plusieurs demandes ?

* V. ss nos 331.261 s.

> Combien d'exemplaires du dossier le pétitionnaire doit-il présenter ?

* V. ss nos 331.371 s.

> Quelles sont les conséquences du dépôt d'une déclaration préalable à la place d'une demande de permis ?

* V. ss n° 331.392

331.05 Objet. Les règles de dépôt et d'enregistrement fixent les conditions dans lesquelles est déposée la demande de permis ou la déclaration préalable, et l'enregistrement de celle-ci par l'autorité compétente.

SECTION 1
QUALITÉ DU DEMANDEUR OU DU DÉCLARANT

331.11 Personnes habilitées à présenter une demande de permis ou une déclaration préalable. Le code de l'urbanisme détermine les personnes ayant qualité pour présenter une demande de permis ou une déclaration préalable et le contrôle de cette qualité par l'autorité compétente.

§ 1
Qualités autorisant à adresser une demande de permis ou une déclaration préalable

331.21 Trois catégories. Les demandes de permis et les déclarations préalables peuvent être adressées[1] :

– soit par le ou les propriétaires du ou des terrains, leur mandataire ou par une ou plusieurs personnes attestant être autorisées par eux à exécuter les travaux (a) ;

– soit, en cas d'indivision, par un ou plusieurs co-indivisaires ou leur mandataire (b) ;

– soit par une personne ayant qualité pour bénéficier de l'expropriation pour cause d'utilité publique (c). Il peut notamment s'agir de la personne publique expropriante ou d'un aménageur.

331.22 Exigence de justifier de l'une des qualités requises. Le permis ou la décision de non-opposition est illégal si le demandeur ou la déclarant ne disposait pas de la qualité requise par les textes[2].

Lorsqu'une demande de permis est présentée par plusieurs personnes, « chacune de ces personnes doit justifier d'un titre l'habilitant à construire »[3]. Par suite, « un permis accordé conjointement à plusieurs personnes dont l'une ne justifie pas d'un tel titre est illégal en tant qu'il est délivré à cette personne »[4]. De même, lorsque l'autorité saisie de la demande de permis de construire est informée de ce que le juge judiciaire a constaté l'inexistence du contrat qui fondait le co-dépôt de la demande par celui des pétitionnaires qui n'a pas la maîtrise foncière du projet, elle est tenue de rejeter les demandes de permis de construire présentées par ce dernier[5].

A.
Première catégorie : le propriétaire, son mandataire ou une personne autorisée à exécuter les travaux

1°
Demande ou déclaration adressée par le ou les propriétaires

331.31 Qualité. La demande de permis ou la déclaration préalable peut être adressée « par le ou les propriétaires du ou des terrains »[6].

a.
Propriétaire unique

331.41 Propriétaire du terrain. La demande ou la déclaration peut être adressée par le propriétaire du terrain (ou les propriétaires). Il s'agit, de loin, de la situation la plus fréquente.

331.42 Acquéreur du terrain (futur propriétaire). La jurisprudence estime que l'acquéreur du terrain, bénéficiaire d'une promesse de vente, a la qualité pour présenter une demande de permis ou une déclaration préalable[7]. La promesse de vente peut d'ailleurs prévoir une condition suspensive faisant dépendre la vente de l'obtention de l'autorisation de construire[8].

331.43 Collectivité territoriale. Le CGCT permet à l'organe exécutif, sur délégation de l'organe délibérant, de procéder, dans les limites fixées par la délibération, au dépôt des demandes d'autorisations d'urbanisme relatives à la démolition, à la transformation ou à l'édification des biens de la collectivité[9].

b.
Pluralité de propriétaires

331.51 Propriétaires de terrains. Il ressort du a) de l'article R. 423-1 que la demande de permis ou la déclaration préalable :

– peut être adressée par plusieurs propriétaires ;

– et peut porter sur plusieurs terrains.

1. C. urb., art. R. 423-1.
2. CE 15 mai 1959, *Traversaz, Lebon T.* 1138.
3. CE 14 oct. 2009, *Messanges (Cne)*, req. n° 297727, *Lebon T.* – CAA Douai, 2 juin 2016, *Sté Electrawinds France*, req. n° 14DA00882, NP.
4. CE 14 oct. 2009, *Messanges (Cne)*, req. n° 297727, *Lebon T.*
5. CAA Douai, 2 juin 2016, *Sté Electrawinds France*, req. n° 14DA00882, NP.
6. C. urb., art. R. 423-1, a.
7. V. ss n° 331.143.
8. Rép. min. n° 106043, *JOAN Q* 20 sept. 2011, p. 10142.
9. POUR LES COMMUNES : CGCT, art. L. 2122-22, 27° ; – POUR LES DÉPARTEMENTS : L. 3211-2, 17° ; – POUR LES RÉGIONS : L. 4221-5, 15°.

Cette rédaction, issue de la réforme des autorisations d'urbanisme de 2007, rend possible la présentation d'une demande unique :

- d'un propriétaire possédant plusieurs terrains ;
- et surtout de plusieurs propriétaires possédant plusieurs terrains[1].

Cette faculté s'avère particulièrement utile pour la réalisation d'opérations complexes portant sur plusieurs terrains[2].

331.52 Cas où un propriétaire se retire du projet. Une réponse ministérielle a apporté des précisions sur l'hypothèse où l'un des propriétaires se retire d'un projet après le dépôt de la demande et avant sa délivrance[3].

Dans un tel cas de figure, « les parcelles dont il est propriétaire doivent (...) être retirées du terrain d'assiette du projet et ce dernier doit être modifié ».

Si le retrait de ces parcelles n'a pas pour effet de modifier l'économie générale du projet, les propriétaires restants pourront adresser à l'autorité compétente, en cours d'instruction de la demande d'autorisation, les pièces modifiées en conséquence. L'autorité compétente « sera dans l'obligation d'accepter ces pièces et d'instruire le dossier au regard de ces nouvelles pièces ».

En revanche, dans l'hypothèse où le retrait d'un ou plusieurs propriétaires modifierait l'économie générale du projet, « une nouvelle demande d'autorisation d'urbanisme devrait alors être déposée par les propriétaires restants ».

La situation sera la même dans le cas où l'un des propriétaires se retire du projet après la délivrance de l'autorisation d'urbanisme : « sauf si les modifications apportées au projet initial apportent "un bouleversement tel qu'il en changerait la nature même", ce qui imposerait le dépôt d'une nouvelle demande pour un nouveau projet, un permis modificatif devra être déposé par les propriétaires toujours intéressés par l'opération et délivré par l'autorité compétente ».

1. V., admettant cette possibilité, CE 28 juill. 1999, *SA d'HLM « Le nouveau logis Centre Limousin »*, req. n° 182167, *Lebon* : « les propriétaires de terrains distincts mais contigus » peuvent légalement présenter « conjointement une demande de permis en vue de la construction, sur les terrains considérés, d'un ou plusieurs bâtiments présentant une unité d'ensemble ».
2. H. Périnet-Marquet, « Les autorisations de construire ou d'aménager délivrées à plusieurs personnes », *Constr.-Urb.* juin 2008, ét. 6 – P. Soler-Couteaux, « La possibilité de demander une autorisation d'urbanisme à plusieurs », *RDI* 2009. 23 – AVANT LA RÉFORME : S. Pérignon, « Ouvrages complexes et droit de l'urbanisme », *RDI* 1999. 522 – P. Soler-Couteaux, « Le Permis de construire d'opérations complexes », *RDI* 2003. 125.
3. Rép. min. n° 02999 ; *JO Sénat Q* 4 mai 2023, p. 3005.

2°
Demande ou déclaration adressée par un mandataire

331.61 Qualité. La demande de permis ou la déclaration préalable peut être adressée par le « mandataire » du ou des propriétaires du ou des terrains[4]. La demande ou la déclaration est alors déposée par un tiers au nom et pour le compte du propriétaire.

331.62 Mandat donné à un professionnel. Le propriétaire peut donner mandat à un avocat, un architecte ou un autre professionnel qualifié pour déposer au nom et pour le compte du propriétaire une demande de permis ou une déclaration préalable.

Cela permet au propriétaire de ne pas avoir à accomplir lui-même le montage et le dépôt du dossier.

Cette technique présente également un avantage en cas de projets complexes ou impliquant plusieurs propriétaires, en confiant leur montage à un seul professionnel.

331.63 Mandat donné à la personne bénéficiaire du projet. Le mandat peut être confié par le propriétaire à la personne qui sera bénéficiaire du projet de construction. Le Conseil d'État a ainsi admis qu'une association de gestion d'établissements d'enseignement privé puisse recevoir un mandat de l'État pour présenter une demande de permis de construire[5].

331.64 Mandat donné à un syndic de copropriété. Il résulte des dispositions de la loi du 10 juillet 1965[6] que lorsque l'assemblée générale des copropriétaires décide d'entreprendre des travaux qui concernent des parties communes de la copropriété, « le syndic de l'immeuble se trouve de ce seul fait habilité, pour l'exécution de cette délibération, à effectuer au nom du syndicat des copropriétaires les démarches administratives nécessaires à la réalisation des travaux », notamment à présenter en son nom une demande de permis de construire ou de démolir[7].

En revanche, lorsque l'assemblée générale des copropriétaires délivre à certains copropriétaires l'autorisation d'effectuer à leur frais des travaux affectant les parties communes, la délibération prise en ce sens, « si elle permet aux intéressés de déposer une demande de permis de construire ou de démolir, ne saurait être interprétée comme donnant mandat au syndic pour déposer une demande de permis pour leur compte ». En effet, « le syndic ne peut être

4. C. urb., art. R. 423-1, a.
5. CE, sect., 7 mars 1969, *Lille (Ville)*, req. n° 7073, *Lebon* 149.
6. L. n° 65-557, 10 juill. 1965 fixant le statut de la copropriété des immeubles bâtis, *JO* 11 juill., 5950.
7. CE 11 févr. 2015, *Synd. des copropriétaires du 12 rue de Tournon*, req. n° 366296, *Lebon T.*

regardé comme habilité à demander le permis que si les copropriétaires concernés lui délivrent un mandat pour présenter en leur nom une telle demande »[1].

331.65 **Mandat donné à un proche.** Le mandat peut être confié à un proche, qu'il s'agisse d'un ami ou d'un membre de la famille, qui présentera ainsi la demande au nom et pour le compte de l'intéressé.

3°
Demande ou déclaration adressée par une personne autorisée à exécuter les travaux

331.71 **Qualité.** La demande de permis ou la déclaration préalable peut être adressée « par une ou plusieurs personnes attestant être autorisées » par le ou les propriétaires, ou par leur mandataire « à exécuter les travaux »[2].

Ces dispositions permettent en particulier à un constructeur d'adresser une demande de permis ou une déclaration préalable sur autorisation de son client.

B.
Deuxième catégorie : un ou plusieurs co-indivisaires ou leur mandataire (en cas d'indivision)

331.81 **Qualité.** En cas d'indivision, la demande de permis ou la déclaration préalable peut être adressée « par un ou plusieurs co-indivisaires ou leur mandataire »[3].

331.82 **Demande ou déclaration pouvant être présentée par un seul des co-indivisaires.** Le Conseil d'État a déduit des dispositions du b) de l'article R. 423-1 « qu'une demande d'autorisation d'urbanisme concernant un terrain en indivision peut être régulièrement présentée par un seul co-indivisaire, alors même que les travaux en cause pourraient être contestés par les autres propriétaires devant le juge judiciaire »[4].

Il en a notamment déduit, dans le cas de travaux envisagés sur un mur séparatif de propriété, qu'il résulte de ces dispositions qu'une demande de permis de construire « peut, alors même que les travaux en cause pourraient être contestés par les autres propriétaires devant le juge judiciaire sur le fondement des articles 653 et suivants du code civil, être présentée par un seul co-indivisaire »[5].

1. CE 11 févr. 2015, *Synd. des copropriétaires du 12 rue de Tournon*, req. n° 366296, *Lebon T.*
2. C. urb., art. R. 423-1, a.
3. C. urb., art. R. 423-1, b.
4. CE 17 oct. 2014, *Jouars-Pontchartrain (Cne)*, req. n° 360968, *Lebon T. ; BJDU* 2015. 33, concl. S. Von Coester.

C.
Troisième catégorie : le bénéficiaire d'une expropriation

331.91 **Qualité.** La demande de permis ou la déclaration préalable peut être adressée « par une personne ayant qualité pour bénéficier de l'expropriation pour cause d'utilité publique »[6].

L'auteur de la demande ou de la déclaration ne peut être regardé comme le bénéficiaire d'une expropriation si, à la date de délivrance du permis, aucune procédure n'a même été engagée pour poursuivre une telle expropriation[7].

§ 2
Contrôle de la qualité du demandeur ou du déclarant

331.101 **Système déclaratif.** Le dépôt des demandes de permis ou des déclarations préalables repose sur un système déclaratif. Il en résulte qu'il suffit à son auteur d'attester qu'il dispose d'une qualité l'habilitant à présenter cette demande ou cette déclaration sans avoir à établir cette qualité par la production de justificatifs[8]. Ce système est ainsi basé sur la confiance dans les déclarations du pétitionnaire. Il en résulte que l'administration se trouve dispensée de contrôler la validité de cette attestation sauf informations faisant apparaître une fraude ou l'absence de qualité du demandeur ou déclarant. Les éventuels manquements commis par le demandeur ou déclarant ayant des répercussions sur les tiers se régleront sur la base du droit privé.

A.
Attestation de sa qualité par le demandeur ou le déclarant

331.111 **Attestation.** Il revient à l'auteur d'une déclaration préalable ou d'une demande de permis de fournir à l'appui de celle-ci une attestation qu'il remplit les conditions définies à l'article R. 423-1

5. CE 13 déc. 2013, *Belicar*, req. n° 356097, *Lebon T.*
6. C. urb., art. R. 423-1, c.
7. CE 19 juill. 1991, *Assoc. Yerroise pour la Défense de l'Environnement et de la Nature (AYDEN) c/Yerres (Ville)*, req. n° 94055, *Lebon T.*
8. Le régime antérieur à la réforme des autorisations d'urbanisme de 2007 reposait sur un système de contrôle préalable. L'auteur de la demande ou de la déclaration devait, preuve à l'appui, justifier du titre en vertu duquel il présentait la demande de permis ou la déclaration préalable. L'administration était tenue de vérifier la réalité de ce titre et d'apprécier s'il conférait une qualité pour présenter la demande ou la déclaration préalable.

pour déposer la déclaration préalable ou la demande de permis. En effet, les dispositions déterminant le contenu de la déclaration préalable et du dossier de demande de permis prévoient l'obligation pour son auteur de produire cette attestation[1].

331.112 Absence d'obligation de justifier de sa qualité. Le code de l'urbanisme ne fait peser sur le demandeur ou le déclarant aucune obligation de justifier de la qualité en vertu de laquelle il adresse la demande de permis ou la déclaration préalable.

Comme le souligne la jurisprudence, les demandes de permis et déclaration préalable « doivent seulement comporter l'attestation du pétitionnaire qu'il remplit les conditions définies à l'article R. 423-1 cité ci-dessus »[2]. Il en résulte deux conséquences.

D'une part, l'auteur de la demande ou de la déclaration n'a pas à produire de pièces ou de documents établissant cette qualité. La loi lui impose seulement d'attester cette qualité[3].

D'autre part, si le demandeur produit (alors qu'il n'y est pas tenu) des documents visant à établir cette qualité, ces productions superfétatoires sont dépourvues d'incidence sur la régularité de la demande[4].

B.
Absence de contrôle de la validité de l'attestation, sauf informations faisant apparaître une fraude ou l'absence de qualité du demandeur ou déclarant

331.121 Absence de contrôle sauf exception. Dans le cadre de l'instruction, il n'appartient pas à l'administration de contrôler la validité de l'attestation produite. Il lui revient seulement de vérifier l'existence d'une fraude ou de tenir compte d'informations portées à sa connaissance faisant apparaître l'absence de qualité du demandeur ou du déclarant.

1°
Absence de contrôle sur la validité de l'attestation

a.
Énoncé et justifications de l'absence de contrôle sur la validité de l'attestation

331.131 Une attestation suffisante à établir la qualité (en l'absence de fraude). Le Conseil d'État a tiré les conséquences du régime déclaratif choisi lors de la réforme des autorisations d'urbanisme de 2005-2007. Il affirme qu'il résulte des dispositions régissant les demandes de permis et les déclarations préalables que celles-ci « doivent seulement comporter l'attestation du pétitionnaire qu'il remplit les conditions définies à l'article R. 423-1 cité ci-dessus ; que les autorisations d'utilisation du sol, qui ont pour seul objet de s'assurer de la conformité des travaux qu'elles autorisent avec la législation et la réglementation d'urbanisme, étant accordées sous réserve du droit des tiers, il n'appartient pas à l'autorité compétente de vérifier, dans le cadre de l'instruction d'une demande de permis, la validité de l'attestation établie par le demandeur ; qu'ainsi, sous réserve de la fraude, le pétitionnaire qui fournit l'attestation prévue à l'article R. 423-1 du code doit être regardé comme ayant qualité pour présenter sa demande »[5]. Cela signifie que le pétitionnaire est juridiquement réputé disposer de la qualité dont il se prévaut.

331.132 Justifications. L'absence de contrôle administratif sur la validité de l'attestation résulte d'une confiance reconnue à l'auteur de celle-ci. Devant l'administration, le titre dont se prévaut le pétitionnaire (propriétaire, personne exécutant les travaux, etc.) est regardé comme suffisant à établir la qualité requise pour présenter la demande de permis ou la déclaration.

Cette confiance administrative a pour conséquence de déplacer sur le terrain du droit privé – et du juge judiciaire – les contestations portant sur la qualité invoquée.

Ainsi, en réalité, le contrôle ne disparaît pas mais se trouve privatisé. Au lieu d'être exercé *a priori* par l'administration, il l'est *a posteriori* par les person-

1. Pour le permis de construire, v. s[s] n° 361.75.
2. CE, sect., 19 juin 2015, *Salbris (C[ne])*, req. n° 368667, *Lebon ; BJDU* 2015. 321, concl. X. de Lesquen.
3. PAR EX. : CAA Lyon, 15 févr. 2011, *SARL Jardin de Sarda*, req. n° 09LY02155, NP : arrêt indiquant « qu'il appartient seulement au pétitionnaire, qui n'a pas à produire de documents justificatifs, d'attester lui-même avoir qualité pour présenter la demande sur l'ensemble des parcelles constituant le terrain d'assiette du projet ».
4. PAR EX. : CAA Lyon, 15 févr. 2011, *SARL Jardin de Sarda*, req. n° 09LY02155, NP : « Considérant qu'il ressort des pièces du dossier que, tant sur l'imprimé normalisé de demande que dans une notice explicative jointe, la société Grand Sud Holding, a attesté avoir qualité pour déposer une demande sur les trois parcelles AM21, AM 151p et AM 152p constituant la totalité de l'assiette du projet ; que, par suite, la circonstance que la société pétitionnaire ait, alors qu'elle n'y était pas tenue, joint à sa demande, un document justifiant de l'existence d'un compromis de vente sur les parcelles AM 21 et AM 151p, et n'ait joint aucun document relatif à la parcelle AM 152p, est sans influence sur la régularité de la demande ».
5. CE, sect., 19 juin 2015, *Salbris (C[ne])*, req. n° 368667, *Lebon ; BJDU* 2015. 321, concl. X. de Lesquen ; – ÉGALEMENT : CE 17 oct. 2014, *Jouars-Pontchartrain (C[ne])*, req. n° 360968, *Lebon T. ; BJDU* 2015. 33, concl. S. Von Coester : arrêt indiquant que « le pétitionnaire qui fournit l'attestation prévue [...] selon laquelle il remplit les conditions fixées par l'article R. 423-1 du même code doit être regardé comme ayant qualité pour présenter sa demande ».

nes physiques ou morales qui s'estiment lésées par l'autorisation délivrée et considèrent que l'auteur de la demande ou de la déclaration n'avait pas la qualité requise pour la présenter (par exemple le voisin dans le cas d'un mur mitoyen ou le syndic dans le cas de travaux concernant une copropriété).

331.133 Application à une copropriété. Il résulte des dispositions pertinentes du code de l'urbanisme[1] que sous réserve de la fraude, le pétitionnaire qui fournit l'attestation prévue à l'article R. 431-5 du code de l'urbanisme selon laquelle il remplit les conditions fixées par l'article R. 423-1 du même code « doit être regardé comme ayant qualité pour présenter sa demande ». Il en résulte également qu'une demande d'autorisation d'urbanisme concernant un terrain soumis au régime juridique de la copropriété « peut être régulièrement présentée par son propriétaire, son mandataire ou par une ou plusieurs personnes attestant être autorisées par lui à exécuter les travaux, alors même que la réalisation de ces travaux serait subordonnée à l'autorisation de l'assemblée générale de la copropriété, une contestation sur ce point ne pouvant être portée, le cas échéant, que devant le juge judiciaire »[2].

b. Conséquences et manifestations de l'absence de contrôle sur la validité de l'attestation

331.141 Administration ne pouvant exiger la production de justificatifs. L'administration n'a pas à exiger du pétitionnaire la production de justificatifs de la qualité dont il se prévaut[3] et ne peut exiger de sa part la production de tels justificatifs.

Ainsi, même si le bien sur lequel portent les travaux déclarés font partie d'une copropriété régie par la loi du 10 juillet 1965 fixant le statut de la copropriété des immeubles bâtis, l'administration est fondée à estimer que le déclarant avait qualité pour présenter une déclaration préalable, dès lors qu'il attestait remplir les conditions définies à l'article R. 423-1 pour déposer cette déclaration, sans exiger la production des autorisations auxquelles la loi subordonne le droit, pour chacun des copropriétaires, de réaliser certains travaux et, en particulier, sans vérifier si les travaux faisant l'objet de la déclaration affectaient des parties communes ou l'aspect extérieur de l'immeuble et nécessitaient ainsi l'assentiment de l'assemblée générale des copropriétaires[4]. Si contestation il y a sur cette qualité, celle-ci se réglera devant le juge judiciaire.

De même, dans le cas où le pétitionnaire a attesté dans le formulaire de demande de permis de construire déposé en mairie avoir qualité pour solliciter cette autorisation, « le service instructeur n'avait pas à exiger la production de pièces supplémentaires relatives notamment à l'acquisition des parcelles d'assiette du projet »[5].

331.142 Tiers ne pouvant critiquer l'absence de contrôle sur l'attestation. Dans la mesure où, d'une part, l'attestation suffit à établir la qualité du demandeur ou du déclarant et où, d'autre part, il n'appartient pas à l'administration d'en contrôler la validité, « les tiers ne sauraient utilement invoquer, pour contester une décision accordant une telle autorisation au vu de l'attestation requise, la circonstance que l'administration n'en aurait pas vérifié l'exactitude »[6].

Ainsi, saisi d'un moyen tiré de ce que le pétitionnaire a perdu la qualité au titre duquel il avait présenté la demande de permis, un juge se fonde à bon droit, pour écarter ce moyen, sur les circonstances suivantes[7] :

– d'une part le pétitionnaire avait fourni, à l'appui de sa demande, l'attestation prévue ;

– d'autre part l'expiration du délai qui lui avait été imparti à cet effet par l'avenant au contrat de bail emphytéotique conclu avec la ville n'avait pas, par elle-même, fait perdre au pétitionnaire, toujours titulaire du bail emphytéotique, le droit de déposer sa demande de permis.

331.143 Bénéficiaire d'une promesse de vente. Lorsque le pétitionnaire est, pour le terrain faisant l'objet de la demande de permis, titulaire d'une promesse de vente qui n'a pas été remise en cause par le juge judiciaire à la date à laquelle l'autorité administrative se prononce, l'attestation par laquelle il déclare remplir les conditions pour déposer la demande de

1. C. urb., art. R. 423-1, R. 431-4 et R. 431-5.
2. CE 23 oct. 2020, *Paris (Ville) et Piwnik (M.)*, req. n° 425457, *Lebon T.* ; *BJDU* 2021. 18, concl. S. Roussel ; *LPA* 4 mai 2021, n° 88, 4 mai 2021, p. 18, note. P.-L. Niel.
3. CE 28 nov. 2014, *Assoc. Lac d'Annecy Environnement (ALAE)*, req. n° 366103, NP ; – ÉGALEMENT : CAA Nantes, 29 juin 2012, *Assoc. pour la défense environnementale et la protection de l'ouest Montargois*, req. n° 10NT01891, NP : arrêt indiquant que l'administration n'a pas fait une inexacte appréciation des dispositions de l'article R. 423-1 du code de l'urbanisme en estimant que la société auteure de la demande de permis « avait qualité pour présenter la demande de permis de construire, dès lors qu'elle attestait remplir les conditions pour déposer cette demande sans exiger la production de la promesse de vente entre le syndicat mixte et le pétitionnaire ».
4. CE 15 févr. 2012, *Quennesson*, req. n° 333631, *Lebon* ; *BJDU* 2012. 296, concl. F. Aladjidi ; *BJDU* 2012. 419, note F. Polizzi ; *LPA* 15 juin 2012, n° 120, p. 26, note D. Dutrieux ; *Constr.-Urb.* avr. 2012, p. 22, note L. Santoni ; *JCP Adm.* 2015, n° 2203, note F. Dunyach.
5. CE, sect., 19 juin 2015, *Salbris (Cne)*, req. n° 368667, *Lebon* ; *BJDU* 2015. 321, concl. X. de Lesquen ; – PAR EX. : CAA Marseille, 21 déc. 2015, *Mazzochi*, req. n° 14MA01421, NP.
6. CE, sect., 19 juin 2015, *Salbris (Cne)*, req. n° 368667.
7. CE 5 déc. 2018, *Synd. des copropriétaires de l'immeuble du 43 avenue du Maréchal Fayolle à Paris*, req. n° 410374, NP.

permis ne peut, en l'absence de manœuvre frauduleuse, être écartée par l'autorité administrative pour refuser de délivrer le permis sollicité[1].

Il en résulte que la seule saisine du juge judiciaire d'une action en caducité de la promesse de vente (sans que celui-ci ait statué) ne fait pas obstacle à la délivrance du permis[2]. *A fortiori*, la simple déclaration par le vendeur de la caducité de la promesse de vente ne fait pas obstacle à cette délivrance[3].

331.144 Travaux sur un bien en indivision. Il résulte du b) de l'article R. 423-1 « qu'une demande d'autorisation d'urbanisme concernant un terrain en indivision peut être régulièrement présentée par un seul co-indivisaire, alors même que les travaux en cause pourraient être contestés par les autres propriétaires devant le juge judiciaire ; qu'il appartient au seul juge judiciaire, le cas échéant, de se prononcer sur le bien-fondé d'une telle contestation [...] ». En outre, une telle contestation « ne peut, en tout état de cause, caractériser, par elle-même, une fraude du pétitionnaire ». Par suite, l'existence d'une contestation de la part de propriétaires co-indivisaires ne peut, alors même que l'administration avait été saisie de courriers des intéressés, légalement fonder un refus d'autorisation[4].

De même, il résulte du b) de l'article R. 423-1 qu'une demande de permis ou une déclaration préalable se rapportant à un mur séparatif de propriété peut être présentée par un seul des co-indivisaires et, par suite, ne nécessite pas l'accord des deux propriétaires concernés[5]. Dans ces conditions, il n'appartient pas à l'administration d'exiger du pétitionnaire, outre l'attestation, la production d'un document établissant soit qu'il est seul propriétaire de ce mur, soit qu'il a l'accord de l'autre copropriétaire de ce mur[6]. Le cas échéant, les travaux en cause seront contestés par l'autre copropriétaire devant le juge judiciaire sur le fondement des articles 653 et suivants du code civil[7].

331.145 Mandat. Il n'appartient pas à l'autorité en charge de la délivrance des permis de construire « de s'assurer du mandat donné au représentant de la société au nom de laquelle une demande de permis de construire est présentée »[8].

1. CE 12 févr. 2020, *Norges-la-Ville (C^ne)*, req. n° 424608, *Lebon T.*
2. CE 12 févr. 2020, *Norges-la-Ville (C^ne)*, req. n° 424608, *Lebon T.*
3. CE 12 févr. 2020, *Norges-la-Ville (C^ne)*, req. n° 424608, *Lebon T.* : illégalité du retrait du permis prononcé sur ce fondement.
4. CE 17 oct. 2014, *Jouars-Pontchartrain (C^ne)*, req. n° 360968, *Lebon T. ; BJDU* 2015. 33, concl. S. Von Coester.
5. V. s^s n° 331.82.
6. CE 13 déc. 2013, *Belicar*, req. n° 356097, *Lebon T.*
7. CE 13 déc. 2013, *Belicar*, req. n° 356097, *Lebon T.*

2°
Contrôle (et refus d'autorisation) en cas de fraude ou si l'administration est informée que le pétitionnaire ne dispose pas de la qualité requise

a.
Circonstances justifiant de remettre en cause l'attestation

331.151 Deux circonstances. En principe, l'attestation produite par le pétitionnaire conduit à regarder celui-ci comme disposant juridiquement de la qualité dont il se prévaut[9]. Pour autant, la présomption résultant de la production de cette attestation ne présente pas un caractère absolu. Elle doit céder lorsqu'il apparaît, soit que le pétitionnaire a commis une fraude, soit qu'il ne justifie pas de la qualité qu'il invoque.

Le Conseil d'État a posé cette solution dans une formule de principe : « lorsque l'autorité saisie de la demande vient à disposer au moment où elle statue, sans avoir à procéder à une instruction lui permettant de les recueillir, d'informations de nature à établir le caractère frauduleux de cette attestation ou faisant apparaître, sans que cela puisse donner lieu à une contestation sérieuse, que le pétitionnaire ne dispose, contrairement à ce qu'implique l'article R. 423-1 du code de l'urbanisme, d'aucun droit à la déposer, il lui revient de refuser pour ce motif le permis sollicité »[10].

331.152 Office de l'administration. L'administration ne peut retenir la fraude ou l'absence de qualité que si celles-ci ressortent des informations dont elle a connaissance, c'est-à-dire des informations qui, soit ressortent des pièces du dossier, soit lui ont été spontanément communiquées[11], soit et plus largement qu'elle détient elle-même. Il ne lui appartient pas de « procéder à une instruction » pour recueillir ces informations[12].

8. CAA Marseille, 20 juin 2013, *Maillet*, req. n° 11MA02050, NP.
9. V. s^s n° 331.131.
10. CE 12 févr. 2020, *Norges-la-Ville (C^ne)*, req. n° 424608, *Lebon T.*
11. PAR EX. : CAA Douai, 2 juin 2016, *S^té Electrawinds France*, req. n° 14DA00882, NP. Arrêt relevant « que l'ensemble des pièces relatives à la liquidation judiciaire de la société Evelop France et aux contentieux engagés par la SICAE de l'Aisne pour faire valoir ses droits sur le projet litigieux ont été spontanément communiquées à l'administration par la société Electrawinds France et le liquidateur judiciaire de la société Evelop France ; qu'il en ressort que, sans avoir procédé à aucune mesure d'instruction lui ayant permis de les recueillir, l'administration disposait, au moment où elle a statué sur les demandes de permis de construire, d'informations de nature à établir, et sans que cela puisse donner lieu à une contestation sérieuse, que la SICAE de l'Aisne ne disposait d'aucun droit à déposer les demandes de permis de construire ».
12. CE 12 févr. 2020, *Norges-la-Ville (C^ne)*, req. n° 424608, *Lebon T.*

La production d'informations par les tiers n'étant pas encadrée, tout intéressé peut, après l'affichage de la demande (afin que l'autorisation soit refusée) ou la délivrance de l'autorisation (afin que celle-ci soit retirée[1]), communiquer celles-ci à l'autorité compétente afin de l'alerter sur l'existence d'une fraude ou le défaut de qualité du pétitionnaire.

b.

Première circonstance : absence de qualité

331.161 Absence de droit à déposer la demande ou la déclaration. La présomption de qualité du pétitionnaire (résultant de son attestation) disparaît lorsque les informations dont dispose l'administration font « apparaître, sans que cela puisse donner lieu à une contestation sérieuse, que le pétitionnaire ne dispose, contrairement à ce qu'implique l'article R. 423-1 du code de l'urbanisme, d'aucun droit à la déposer »[2].

331.162 Illustrations. La jurisprudence retient notamment l'absence de droit à déposer la demande de permis ou la déclaration préalable lorsque l'autorité administrative (saisie de la demande ou de la déclaration) « est informée de ce que le juge judiciaire a remis en cause le droit de propriété sur le fondement duquel le pétitionnaire a présenté sa demande »[3].

Elle a également jugé, par exemple, dans le cas d'une demande présentée par deux sociétés, que l'une des sociétés ne disposait d'aucun droit à déposer la demande dans la mesure où elle n'avait pas la maîtrise foncière de tout ou partie du projet, ne justifiait pas avoir disposé d'un mandat consenti à l'autre société et que la juridiction judiciaire a estimé qu'il n'existait aucun contrat de partenariat entre les deux sociétés[4].

De même, lorsqu'une promesse de vente figurant dans un dossier d'expropriation précise que la commune n'est pas propriétaire d'un terrain qu'elle entend d'acquérir par voie d'expropriation pour son concessionnaire ayant déposé une demande de permis de construire sur celui-ci, et que le transfert de propriété n'a pas été prononcé par le juge judiciaire, « la commune disposait de cette information qui faisait apparaître, sans avoir à procéder à une instruction lui permettant de la recueillir et sans que cela puisse donner lieu à une contestation sérieuse, que le pétitionnaire ne disposait d'aucun droit à déposer une demande de permis de construire »[5].

c.

Deuxième circonstance : fraude

331.171 Attestation frauduleuse. La fraude « est caractérisée lorsqu'il ressort des pièces du dossier que le pétitionnaire a eu l'intention de tromper l'administration sur sa qualité pour présenter la demande d'autorisation d'urbanisme »[6].

331.172 Renversement de la présomption de qualité du pétitionnaire. La présomption de qualité du pétitionnaire (résultant de son attestation) disparaît lorsque les informations dont dispose l'administration sont « de nature à établir le caractère frauduleux de cette attestation »[7].

331.173 Fraude caractérisée. À titre d'illustration, caractérise une fraude :

– la demande présentée par le titulaire d'un bail rural alors que ni les dispositions du code rural relatives aux baux ruraux ni le bail rural conclu par l'intéressé ne l'autorisent à réaliser une construction sur les terrains loués, d'autant que le demandeur ne pouvait sérieusement prétendre ignorer, compte tenu du litige en cours l'opposant au propriétaire du terrain, l'opposition de celui-ci à la réalisation des travaux[8] ;

– la demande présentée par une société se prévalant d'une promesse de vente devenue caduque à la date de demande de permis en raison de l'expiration de son délai, d'autant que la société savait, à la date du dépôt de la demande de permis de construire, qu'une promesse de vente en vue de construire avait été signée par le propriétaire avec une autre société[9] ;

– la demande de permis de construire présentée par une SCI (portant sur la surélévation d'un immeuble dont le terrain d'assiette est détenu par une copropriété et en l'édification d'escaliers extérieurs empiétant sur les parties communes de cette copropriété) alors qu'elle savait que l'obtention d'une autorisation de la copropriété était nécessaire, qu'elle

1. PAR EX. : CE 9 oct. 2017, *Sté Les Citadines*, req. nº 398853, *Lebon T.* : arrêt soulignant que les informations litigieuses ne figuraient pas dans le dossier du pétitionnaire et que le maire en a eu connaissance postérieurement à la délivrance du permis.
2. CE 12 févr. 2020, *Norges-la-Ville (Cne)*, req. nº 424608, *Lebon T.*
3. CE 12 févr. 2020, *Norges-la-Ville (Cne)*, req. nº 424608, *Lebon T.* : dans cet arrêt, le Conseil d'État précise que lorsque le pétitionnaire est, pour le terrain faisant l'objet de la demande de permis, titulaire d'une promesse de vente qui n'a pas été remise en cause par le juge judiciaire à la date à laquelle l'autorité administrative se prononce, l'attestation par laquelle il déclare remplir les conditions pour déposer la demande de permis ne peut, en l'absence de manœuvre frauduleuse, être écartée par l'autorité administrative pour refuser de délivrer le permis sollicité ; – V. ss nº 331.143.
4. CAA Douai, 2 juin 2016, *Sté Electrawinds France*, req. nº 14DA00882, NP.
5. CAA Toulouse, 7 déc. 2023, *Chauvet*, req. nº 22TL21304, NP.
6. CE 9 oct. 2017, *Sté Les Citadines*, req. nº 398853, *Lebon T.*
7. CE 12 févr. 2020, *Norges-la-Ville (Cne)*, req. nº 424608, *Lebon T.*
8. CE 6 déc. 2013, *Bannerot et a.*, req. nº 354703, *Lebon T.*
9. CE 9 oct. 2017, *Sté Les Citadines*, req. nº 398853, *Lebon T.*

ne l'avait pas obtenue et qu'aucune demande d'autorisation n'était même en cours d'examen[1].

331.174 **Fraude non caractérisée.** À titre d'illustration, ne caractérise pas une fraude :

- la demande de permis n'indiquant pas que les locaux à aménager appartiennent à un ensemble immobilier placé sous le régime de la copropriété (l'imprimé de cette demande ne demandant d'ailleurs pas expressément ce renseignement au regard des textes alors applicables)[2] ;
- une contestation par un copropriétaire de travaux réalisés sur un bien en indivision[3] ;
- une contestation relative au défaut d'autorisation des travaux par l'assemblée générale de la copropriété[4].

331.175 **Fraude connue après la délivrance de l'autorisation.** L'existence d'une fraude peut être établie par des informations dont l'administration a connaissance après la délivrance de l'autorisation[5].

Lorsque la fraude est établie, l'administration peut - conformément aux règles de droit commun régissant le retrait - retirer l'autorisation accordée sans condition de délai[6].

§ 3
Perte de la qualité attestée postérieurement à l'obtention de l'autorisation

331.181 **Perte de qualité sans incidence.** Le Conseil d'État estime « que la seule circonstance que le pétitionnaire perde, postérieurement à la délivrance du permis de construire, fût-ce à titre rétroactif, la qualité au titre de laquelle il avait présenté la demande de permis de construire n'est pas par elle-même de nature à entacher d'illégalité le permis de construire »[7]. Il en est notamment ainsi lorsque, postérieurement à la délivrance du permis de construire :

- une décision du juge prive à titre rétroactif le bénéficiaire de la qualité de propriétaire du terrain sur le fondement de laquelle il a, au titre du a) de l'article R. 423-1, présenté sa demande[8] ;
- ou lorsque la déclaration d'utilité publique sur le fondement de laquelle il a, au titre du c) de l'article R. 423-1, présenté sa demande est annulée pour excès de pouvoir[9].

1. CAA Paris, 11 avr. 2019, *SCI Paris 34 Fédération*, req. n° 18PA01038, NP.
2. CE 12 févr. 1988, *SCI Monceau construction*, req. n° 60341, NP.
3. CE 17 oct. 2014, *Jouars-Pontchartrain (Cne)*, req. n° 360968, *Lebon T. ; BJDU* 2015. 33, concl. S. Von Coester. Arrêt indiquant qu'une telle contestation « ne peut, en tout état de cause, caractériser, par elle-même, une fraude du pétitionnaire ».
4. CE 23 oct. 2020, *Paris (Ville) et Piwnik (M.)*, req. n° 425457, *Lebon T. ; BJDU* 2021. 18, concl. S. Roussel ; *LPA* 4 mai 2021, n° 88, 4 mai 2021, p. 18, note. P.-L. Niel. Le Conseil d'État indique qu'une « contestation relative au défaut d'autorisation des travaux par l'assemblée générale de la copropriété ne saurait caractériser une fraude du pétitionnaire visant à tromper l'administration sur la qualité qu'il invoque à l'appui de sa demande d'autorisation d'urbanisme, l'absence d'une telle autorisation comme un refus d'autorisation des travaux envisagés par l'assemblée générale étant, par eux-mêmes, dépourvus d'incidence sur la qualité du copropriétaire à déposer une demande d'autorisation d'urbanisme et ne pouvant être utilement invoqués pour contester l'autorisation délivrée ».
5. CE 9 oct. 2017, *Sté Les Citadines*, req. n° 398853, *Lebon T.*
6. CE 9 oct. 2017, *Sté Les Citadines*, req. n° 398853, *Lebon T.*

SECTION 2
CONTENU DES DOSSIERS DE DÉCLARATION PRÉALABLE ET DE DEMANDE DE PERMIS

§ 1
Pièces à fournir

A.
Liste des pièces à joindre aux demandes de permis et déclarations préalables

331.190 **Renvoi.** Les informations et pièces à joindre aux demandes de permis et déclarations préalables sont déterminées dans le détail par les dispositions réglementaires du code de l'urbanisme[10].

La loi encadre *a minima* le renvoi au pouvoir réglementaire en précisant que le dossier joint à ces demandes et déclarations ne peut comprendre que les pièces nécessaires à la vérification du respect[11] :

- du droit de l'Union européenne ;
- des règles relatives à l'utilisation des sols et à l'implantation, à la destination, à la nature, à l'architecture, aux dimensions et à l'assainissement des constructions et à l'aménagement de leurs abords ;
- ainsi que des dispositions relatives à la salubrité ou à la sécurité publique ou relevant d'une autre législation dans les cas prévus au chapitre V du présent titre.

7. CE, sect., 19 juin 2015, *Salbris (Cne)*, req. n° 368667, *Lebon ; BJDU* 2015. 321, concl. X. de Lesquen.
8. CE, sect., 19 juin 2015, *Salbris (Cne)*, req. n° 368667 ; – PAR EX. : CAA Marseille, 21 déc. 2015, *Mazzochi*, req. n° 14MA01421, NP : arrêt jugeant qu'est sans incidence un jugement judiciaire ayant constaté, trois ans après la délivrance du permis, que la promesse de vente dont bénéficiait le vendeur est devenue caduque faute pour celui-ci d'avoir justifié de l'obtention d'un prêt bancaire dans les deux mois suivant la délivrance du permis.
9. CE, sect., 19 juin 2015, *Salbris (Cne)*, req. n° 368667, *Lebon ; BJDU* 2015. 321, concl. X. de Lesquen.
10. POUR le dossier de permis de construire, v. ss nos 361.61 s. ; – POUR le dossier de permis d'aménager, v. ss nos 371.11 s. ; – POUR le dossier de permis de démolir, v. ss nos 381.11 s. ; – POUR le dossier de déclaration préalable de construction, v. ss nos 362.11 s. ; – POUR le dossier de déclaration préalable d'aménagement, v. ss nos 371.251 s.
11. C. urb., art. L. 423-1, al. 2.

331.191 Absence d'exigence d'un certificat d'urbanisme. Aucune disposition législative ou réglementaire n'impose au pétitionnaire d'avoir préalablement obtenu un certificat d'urbanisme relatif au terrain d'assiette du projet[1].

331.192 Pièces et informations à fournir dès le dépôt mais pouvant être ajoutées lors d'un modificatif. Les informations et pièces exigées doivent être fournies dès le dépôt de la demande ou de la déclaration. Le pétitionnaire dispose néanmoins de la possibilité de compléter son dossier à l'occasion d'une demande de permis modificatif[2], le cas échéant en cours d'instance[3].

B. Mise à disposition des pièces jointes aux demandes de permis et déclarations préalables à des fins autres que l'instruction de celles-ci

1° Finalités justifiant la mise à disposition des pièces à d'autres administrations

331.201 Plusieurs finalités. Les pièces des dossiers des demandes de permis et des déclarations préalables servent principalement à déterminer si le projet peut être autorisé au regard des dispositions applicables.

Elles sont également mises à la disposition de certaines administrations aux fins suivantes[4] :

- contrôle ;
- traitement des taxes d'urbanisme ;
- suivi des changements relatifs aux propriétés bâties dans le cadre de l'assiette de la fiscalité directe locale ;
- mise en œuvre et suivi des politiques publiques basées sur la construction neuve ;
- statistiques.

2° Éléments et pièces à transmettre

331.211 Éléments à transmettre. Les éléments à transmettre sont les suivants[5] :

- informations figurant dans les formulaires renseignés par les pétitionnaires à l'appui des demandes de permis de démolir, de construire, d'aménager et des déclarations préalables (1°) ;
- décisions explicites et implicites intervenues sur les demandes d'autorisation et les déclarations préalables, ainsi que, le cas échéant, les décisions administratives et juridictionnelles intervenues postérieurement à la décision initiale (2°) ;
- déclarations d'ouverture de chantier (3°) ;
- déclarations attestant l'achèvement et la conformité des travaux (4°).

Le traitement automatisé de ces données est dénommé SITADEL (système d'information et traitement automatisé des données élémentaires sur les logements et locaux)[6].

331.212 Pièces à transmettre. Les pièces à transmettre sont les suivantes[7] :

- pièces des dossiers des demandes de permis ;
- pièces de dossiers des déclarations préalables.

3° Modalités de transmission

331.221 Transmission des éléments. Les autorités compétentes en matière de délivrance d'autorisations d'urbanisme transmettent, avant le 15 de chaque mois, aux services mentionnés à l'article R. 423-75[8], les éléments mentionnés à l'article R. 423-76[9] afférents à l'exercice de cette compétence au cours du mois précédent[10].

La transmission de ces éléments s'effectue[11] :

- soit au moyen d'un téléservice permettant la transmission de fichiers sur une plateforme sécurisée ;
- soit au moyen d'une application en ligne permettant de saisir directement sur écran les éléments à transmettre.

Lorsque l'autorité soumise à cette obligation de transmission ne peut l'effectuer par voie dématérialisée, elle adresse les éléments par voie postale au service compétent désigné par l'arrêté prévu à l'article R. 423-75[12].

331.222 Transmission des pièces. Les pièces des dossiers des demandes de permis et des déclarations préalables sont transmises par voie dématérialisée aux services mentionnés à l'article R. 423-75 par les autorités compétentes pour la délivrance des autori-

1. CE 4 juill. 1986, *Neuville-en-Hez (Cne) c/Tuloup*, req. n° 60754, NP.
2. CAA Nancy, 1er juill. 2010, *Min. Écologie*, req. n° 09NC01322, NP ; – CAA Lyon, 15 févr. 2011, *Avril*, req. n° 08LY01637, NP.
3. V. ss n° 352.153.
4. C. urb., art. L. 423-2, al. 1er ; art. R. 423-75.
5. C. urb, art. R. 423-76.
6. Arr. 16 mars 2021 relatif au traitement automatisé des données d'urbanisme énumérées à l'article R. 423-76 du code de l'urbanisme dénommé « SITADEL » au ministère de la transition écologique, NOR : TRED2107074A.
7. C. urb., art. R. 423-78.
8. V. ss n° 331.223.
9. V. ss n° 331.211.
10. C. urb, art. R. 423-76, al. 1er.
11. C. urb, art. R. 423-77, al. 1er à 3.
12. C. urb, art. R. 423-77, al. 4.

sations d'occupation des sols lorsqu'elles en disposent sous forme dématérialisée[1].

331.223 Services assurant la collecte des éléments et des pièces. Le ministre chargé de l'urbanisme désigne par arrêtés les services chargés de la collecte, prévue par l'article L. 423-2, des éléments énumérés à l'article R. 423-76 et des pièces mentionnées à l'article R. 423-78, pour le compte des administrations auxquelles ils sont nécessaires à des fins[2].

§ 2
Projet architectural établi par un architecte (permis de construire)

331.230 Renvoi. La demande de permis de construire doit être présentée par un architecte[3].

§ 3
Modification de la demande ou de la déclaration

331.241 Faculté admise. Le Conseil d'État a indiqué qu'« En l'absence de dispositions expresses du code de l'urbanisme y faisant obstacle, il est loisible à l'auteur d'une demande de permis de construire d'apporter à son projet, pendant la phase d'instruction de sa demande et avant l'intervention d'une décision expresse ou tacite, des modifications qui n'en changent pas la nature, en adressant une demande en ce sens accompagnée de pièces nouvelles qui sont intégrées au dossier afin que la décision finale porte sur le projet ainsi modifié »[4].

Juridiquement, cette solution est justifiée par l'absence de dispositions du code de l'urbanisme faisant obstacle à cette faculté. Dans la mesure où celle-ci n'est pas exclue, elle a été regardée comme autorisée.

La demande de modifications en cours d'instance présente trois caractères. Premièrement, elle doit emprunter la même forme que la demande initiale, à savoir intervenir au moyen d'une demande. Le recours au formulaire Cerfa ne paraît néanmoins pas nécessaire, le report du numéro de dossier suffisant à associer la demande de modification à la demande initiale. Deuxièmement, la demande ne doit pas changer la « nature » du projet. Le Conseil d'État reprend ici la limite posée concernant le permis de construire modificatif dans l'arrêt « Madame Vincler »[5]. Troisièmement, la demande doit intervenir avant l'intervention d'une décision (expresse ou tacite). Dans le cas contraire, en effet, elle constituerait une demande de permis de construire modificatif.

331.242 Intérêt du procédé. La faculté ouverte au pétitionnaire de modifier son projet en cours d'instruction présente plusieurs avantages.

Les deux premiers sont identiques à ceux d'un permis modificatif. Le pétitionnaire peut par ce biais faire évoluer son projet en pure opportunité, en ajoutant par exemple une fenêtre, une porte, une pièce ou des mètres carrés supplémentaires. Il peut également régulariser un vice affectant le dossier en corrigeant un élément du projet initial non conforme aux règles d'urbanisme applicables, par exemple en déplaçant l'implantation de la construction, en ajoutant un système d'assainissement individuel ou encore en supprimant une ouverture donnant une vue sur une habitation voisine. Cela permet le cas échéant de remédier à une difficulté mise en évidence au cours de l'instruction par l'une des autorités consultées ou par un voisin découvrant le projet de construction à l'occasion de l'affichage en mairie de la demande de permis. Le service instructeur peut également suggérer au pétitionnaire d'amender son projet sur le point posant problème.

En outre, le fait d'exercer cette démarche avant que l'autorité compétente se soit prononcée sur le projet permet un gain de temps en traitant le projet initial et sa version amendée au cours d'une seule et même instruction. Alors qu'en cas de demande de permis modificatif, une nouvelle instruction est mise en œuvre, donnant lieu à une décision distincte, en cas de modification du dossier en cours d'instruction, il est statué dans le cadre de l'instruction initiale (le cas échéant prorogée[6]), et ce par une seule décision.

331.243 Incidences sur le délai d'instruction. Le Conseil d'État indique que la modification de la demande initiale intervenant en cours d'instruction « est en principe sans incidence sur la date de naissance d'un permis tacite (...) »[7]. Cela signifie que le délai d'instruction demeure inchangé. Normalement, la modification de la demande initiale n'a pas pour effet de proroger le délai d'instruction dont dispose l'autorité compétente pour statuer sur la demande de permis de construire. L'intérêt de présenter une demande de modification avant que l'autorité compétente se soit prononcée sur le dossier se trouve donc, en principe, préservé.

1. C. urb, art. R. 423-78.
2. C. urb., art. R. 423-75.
3. V. s^s n°s 361.11 s.
4. CE 1er déc. 2023, *Commune de Gorbio*, req. n° 448905, *Lebon T.* ; *BJDU* 2024. 45, concl. M. Boutron ; *RDI* 2024. 49, obs. P. Soler-Couteaux ; *JCP Adm.* 2024, n° 2007, note F. Polizzi ; *Constr.-Urb.* 2024, comm. 1, note X. Couton ; *AJDA* 2024. 493, chron. A. Goin et L. Cadin ; *Dr. adm.* 2024, comm. 20, note O. Le Bot ; *AJDA* 2024. 1403, note J. Trémeau ; *JCP N* 2023, act. 1242, obs. J.-F. Giacuzzo.
5. V. s^s n° 352.101.
6. V. s^s n° 331.243.
7. CE 1er déc. 2023, *Commune de Gorbio*, req. n° 448905.

Ce principe est toutefois assorti d'une exception lorsque du fait « de leur objet », « de leur importance » ou « de la date à laquelle ces modifications sont présentées », leur examen « ne peut être mené à bien dans le délai d'instruction, compte tenu notamment des nouvelles vérifications ou consultations qu'elles impliquent »[1]. La formule est particulièrement claire : lorsque la modification du projet présente une certaine importance ou intervient alors que le délai d'instruction expirera prochainement, et que le temps manquera en conséquence au service instructeur pour réaliser un examen de celle-ci dans le délai initialement fixé, celui-ci va se trouver prorogé. Dans un tel cas de figure où l'autorité compétente estime que le délai d'instruction doit être prorogé, elle « en informe par tout moyen le pétitionnaire avant la date à laquelle serait normalement intervenue une décision tacite », « en lui indiquant la date à compter de laquelle, à défaut de décision expresse, la demande modifiée sera réputée acceptée ». L'administration « est alors regardée comme saisie d'une nouvelle demande se substituant à la demande initiale à compter de la date de la réception par l'autorité compétente des pièces nouvelles et intégrant les modifications introduites par le pétitionnaire »[2]. Ainsi, il appartient à l'autorité compétente, lorsqu'elle estime que le délai d'instruction doit être allongé (plus exactement prorogé) compte tenu de l'objet, de l'importance ou de la tardiveté de la demande de modification, d'informer le pétitionnaire de cette période supplémentaire. Cela permet de garantir une parfaite prévisibilité de la procédure, le pétitionnaire sachant ainsi 1) que l'instruction est prorogée et jusqu'à quelle date ; et 2) qu'à l'issue de ce délai interviendra un permis tacite si l'autorité compétente ne s'est pas prononcée plus tôt par une décision expresse.

§ 4
Conséquences d'un dossier incomplet

331.251 **Invitation à compléter.** Lorsque le dossier est incomplet, l'autorité compétente adresse au pétitionnaire une demande de pièces complémentaires[3]. Les services ministériels estiment que 40 à 50 % des dossiers présentent, au moment de leur dépôt, un caractère incomplet[4].

331.252 **Interdiction de statuer sur un dossier incomplet.** Lorsque le dossier est incomplet (et n'a pas été complété), il appartient à l'autorité compétente de refuser le projet. Par exemple, dans le cas où une déclaration préalable s'abstient de faire apparaître la création de la surface de plancher qui découlait des aménagements décrits alors que cette création représentait une superficie supérieure à 20 m², la décision de non-opposition est illégale dans la mesure où elle a été prise au vu d'un dossier dont le contenu était de nature à induire en erreur l'autorité administrative sur l'ampleur des travaux[5].

1. CE 1er déc. 2023, *Commune de Gorbio*, req. n° 448905.
2. Pt. 4, ajoutant qu'il « appartient le cas échéant à l'administration d'indiquer au demandeur dans le délai d'un mois prévu par l'article R. 423-38 du code de l'urbanisme les pièces manquantes nécessaire à l'examen du projet ainsi modifié ».
3. V. s^s n° 334.51.
4. V. s^s n° 334.41.

SECTION 3
NOMBRE DE DEMANDES OU DE DÉCLARATIONS À PRÉSENTER POUR LES PROJETS COMPORTANT PLUSIEURS CONSTRUCTIONS

331.261 **Pluralité de constructions.** Dans le cas où le projet porte sur l'édification de plusieurs constructions, la jurisprudence distingue selon que l'opération porte sur un ensemble immobilier unique ou des constructions distinctes. En se basant sur l'article L. 421-6, qui impose à l'autorité compétente de contrôler le respect par le projet des règles d'urbanisme[6], le Conseil d'État affirme qu'il résulte de ces dispositions[7] :

– « que la construction d'un ensemble immobilier unique, même composé de plusieurs éléments, doit en principe faire l'objet d'une seule autorisation de construire [...] » ;

– et « qu'en revanche, des constructions distinctes, ne comportant pas de liens physiques ou fonctionnels entre elles, n'ont pas à faire l'objet d'un permis unique, mais peuvent faire l'objet d'autorisations distinctes, dont la conformité aux règles d'urbanisme est appréciée par l'autorité administrative pour chaque projet pris indépendamment ».

§ 1
Ensemble immobilier unique

A.
Notion d'ensemble immobilier unique

1°
Critères permettant de caractériser l'ensemble immobilier unique

331.271 **Liens physiques et fonctionnels.** La jurisprudence retient la qualification d'ensemble immo-

5. CE 30 juill. 1997, *SNC Fimopar*, req. n° 121846, *Lebon T.*
6. Article relatif aux permis, et rendu applicable aux déclarations préalables par l'article L. 421-7.
7. CE 27 juin 2018, *Bollène (C^ne)*, req. n° 402896, NP.

bilier unique « en raison des liens physiques ou fonctionnels » unissant les différents les différents éléments d'une construction[1].

Selon les précisions apportées par le rapporteur public Thomas Janicot[2] :

- le lien physique renvoie au « cas où certains éléments d'un projet sont à tel point imbriqués physiquement qu'ils constituent en réalité une seule et unique construction »[3] ;

- le lien fonctionnel « concerne les cas dans lesquels les constructions sont distinctes physiquement sans être dépourvues de certains liens entre elles » ; « ces liens ne sont pas des liens techniques ou économiques mais sont toujours appréciés au regard de la règle de d'urbanisme ».

Sur ce dernier point, lorsque deux constructions sont distinctes, et en outre éloignées (par exemple des éoliennes et leur poste de livraison) la seule circonstance que l'une ne pourrait fonctionner ou être exploitée sans l'autre, au regard de considérations d'ordre technique ou économique et non au regard des règles d'urbanisme, ne suffit pas à caractériser un ensemble immobilier unique[4]. Cette solution est justifiée par le fait que le permis de construire a pour seul objet de s'assurer de la conformité des travaux qu'il autorise avec la législation et la réglementation d'urbanisme. Il en résulte une approche stricte du lien fonctionnel, exclusivement axée sur les bâtiments.

À titre d'exemple :

- constitue un lien fonctionnel une voirie interne commune aux bâtiments concernés par le projet[5] ;

- constitue un lien physique l'édification d'un mur de soutènement et la réalisation d'une piscine sur un terrain en forte pente[6].

L'existence d'un ensemble immobilier unique suppose la solidarité des éléments qui le constituent. Cette qualification implique de porter sur le projet une appréciation d'ensemble sans s'enfermer dans des critères purement techniques[7].

331.272 Absence d'autres critères. La circonstance qu'un bâtiment soit réalisé pour le compte de deux personnes publiques différentes ne fait pas obstacle à ce qu'il soit regardé comme un ensemble immobilier unique[8].

De même, le fait qu'un seul et unique permis de construire ait été déposé est dépourvu d'incidence sur la qualification d'ensemble immobilier unique[9].

2°
Illustrations

331.281 Exemples de construction formant un ensemble immobilier unique. À titre d'exemple, constitue un ensemble immobilier unique :

- un mur de soutènement et une piscine, l'édification du mur étant rendue nécessaire par la forte déclivité du terrain[10] ;

- des bâtiments du projet comportant des liens fonctionnels, dont une voirie interne, et dont le réseau d'évacuation des eaux pluviales ainsi que l'intégration paysagère des bâtiments ont fait l'objet d'une étude globale[11] ;

- un stade et un parc de stationnement sous-jacent ayant fait l'objet d'une conception architecturale globale[12] ;

- les antennes relais de téléphonie mobile et les installations techniques nécessaires à leur fonctionnement[13].

331.282 Exemples de constructions ne formant pas un ensemble immobilier unique. À titre d'exemple, ne constituent pas un ensemble immobilier uni-

1. CE, sect., 17 juill. 2009, *Grenoble (C^ne^) et C^té^ d'agglo. Grenoble Alpes métropole*, req. n° 301615, *Lebon ; BJDU* 2009. 269 ; *JCP Adm.* 2009, n° 46 (9 nov. 2009), p. 37.
2. Th. Janicot, *BJDU* 2023. 345, concl. sur CE 12 juin 2023, Sté Mas-Cosy, req. n° 468343, NP.
3. V. p. ex., sur cette notion de construction unique : CE 25 sept. 1995, Giron, req. n° 120348, NP.
4. CE 12 oct. 2016, *Sté WPD Énergie 21 Limousin et Min. Logement, Égalité des territoires et Ruralité c/Assoc. Saint-Priest Environnement et a.*, req. n° 391092, *Lebon T.*
5. CE 27 juin 2018, *Bollène (Cne)*, req. n° 402896, NP.
6. CE 17 déc. 2003, *Bontemps*, req. n° 242282, NP.
7. CE 28 déc. 2018, *Sté Roxim management et Baquier (M.)*, req. n° 413955, *Lebon T. ; BJDU* 2019. 136, concl. A. Iljic ; *JCP Adm.* 2019, n° 2139, note F. Polizzi : en l'espèce, le tribunal administratif s'est fondé, pour estimer que deux projets situés sur deux terrains contigus constituent un ensemble immobilier unique, sur la circonstance qu'ils sont desservis par une même voie d'entrée et de circulation interne, qu'ils bénéficient d'une même rampe d'accès à leurs parcs de stationnement respectifs et partagent les mêmes réseaux d'eau, d'électricité, de fibre optique et de gaz, ainsi que l'éclairage collectif et d'autres équipements annexes tels qu'un poteau incendie, des boîtes aux lettres et un local de stockage de conteneurs à déchets et qu'enfin, bien que relevant de deux maîtres d'ouvrage distincts, ces projets présentent la même conception architecturale. En se fondant sur de tels éléments techniques pour caractériser un lien fonctionnel entre ces constructions distinctes et en déduire qu'elles constituent un ensemble immobilier unique devant en principe faire l'objet d'un seul permis de construire, un tribunal administratif commet une erreur de droit.
8. CE 27 juin 2018, *Bollène (Cne)*, req. n° 402896, NP.
9. CE 12 juin 2023, Sté Mas-Cosy, req. n° 468343, NP ; *BJDU* 2023. 345, concl. Th. Janicot.
10. CE 17 déc. 2003, *Bontemps*, req. n° 242282, NP.
11. CE 27 juin 2018, *Bollène (Cne)*, req. n° 402896, NP.
12. CE, sect., 17 juill. 2009, *Grenoble (Cne) et Cté d'agglo. Grenoble Alpes métropole*, req. n° 301615, *Lebon ; BJDU* 2009. 269, concl. J. Burguburu ; *JCP Adm.* 2009, n° 46, p. 37, note Ph. Billet.
13. CE 9 juill. 2014, *Chelles (Cne)*, req. n° 373295, *Lebon ; BJDU* 2014. 395, concl. X. Domino.

que ou ne se rapportent pas à un ensemble immobilier unique :

– deux projets portant, l'un, sur le réaménagement d'un bâtiment à usage agricole, l'autre sur le réaménagement avec extension d'un autre bâtiment à usage agricole en vue de transformer chacun des bâtiments existants en une maison d'habitation (juge affirmant « qu'en raison de l'absence de liens physiques ou fonctionnels entre ces deux projets, ces derniers ne peuvent être regardés comme des éléments formant un ensemble immobilier indivisible »)[1] ;

– deux constructions distinctes et éloignées (en l'occurrence 5 éoliennes et leur poste de livraison)[2] ;

– des éoliennes et un mât de mesure du vent, qui ont une vocation fonctionnelle autonome et n'ont pas fait l'objet d'une conception commune[3] ;

– un garage et un pavillon qui constituent des constructions physiquement distinctes et n'entretiennent pas de liens fonctionnels de nature à les regarder comme formant un ensemble immobilier unique[4] ;

– « deux îlots immobiliers distincts séparés par la voie publique, qui ont chacun une vocation fonctionnelle autonome, que ne remettent en cause ni la présence d'une passerelle entre les deux bâtiments et d'une crèche pouvant servir aux habitants des deux bâtiments, ni le fait que chacun des deux bâtiments abrite des surfaces commerciales » (affaire du permis de La Samaritaine)[5] ;

– deux villas distinctes, ainsi que deux piscines, n'ayant en commun qu'un accès à la voie publique et aux réseaux, alors même qu'elles ont fait l'objet d'une demande unique de permis de construire[6].

De telles constructions ou opérations sont regardées comme distinctes.

B. Régime applicable à l'ensemble immobilier unique

1° Principe : exigence d'un permis unique

331.291 Une autorisation unique pour un projet unique. En se basant sur l'article L. 421-6, qui impose à l'autorité compétente de contrôler le respect par le projet des règles d'urbanisme[7], le Conseil d'État affirme « qu'il résulte de ces dispositions que la construction d'un ensemble immobilier unique, même composé de plusieurs éléments, doit en principe faire l'objet d'une seule autorisation de construire [...] »[8]. En d'autres termes, l'administration devant porter une appréciation d'ensemble sur un projet, « une construction constituée de plusieurs éléments formant, en raison des liens physiques ou fonctionnels entre eux, un ensemble immobilier unique, doit en principe faire l'objet d'un seul permis de construire »[9].

En revanche, en l'absence d'ensemble immobilier unique, c'est-à-dire en cas de constructions distinctes ne comportant pas de liens physiques ou fonctionnels entre elles, celles-ci « n'ont pas à faire l'objet d'un permis unique, mais peuvent faire l'objet d'autorisations distinctes, dont la conformité aux règles d'urbanisme est appréciée par l'autorité administrative pour chaque projet pris indépendamment »[10].

331.292 Seuils s'appréciant au niveau de l'ensemble. Les seuils déterminant les formalités requises (déclaration ou permis de construire, recours à un architecte...) s'apprécient au niveau de l'ensemble immobilier unique[11]. Il en résulte que le pétitionnaire ne peut espérer les contourner en saucissonnant les différentes parties de son projet. Il ne peut artificiellement scinder son projet en deux, par exemple en déposant une déclaration préalable pour un mur et une terrasse, et une autre déclaration préalable pour une piscine alors que le mur de soutènement n'est réalisé en l'espèce que pour les besoins de la construction de la piscine en raison de la forte déclivité du terrain[12].

331.293 Cas où une nouvelle demande de permis se rapporte à une construction indivisible ayant déjà donné lieu à la délivrance d'un permis. Le Conseil d'État indique « que des constructions indivisibles doivent faire l'objet d'un permis de construire unique ; qu'il en résulte qu'un permis de construire ne peut être délivré à une partie seulement d'un ensemble indivisible ». Ainsi, « dans l'hypothèse où l'autorité administrative est saisie d'une demande d'autorisation de construire une construction indivisible d'une autre construction

1. CAA Nantes, 16 févr. 2010, *Rouland*, req. n° 09NT00832, NP.
2. CE 12 oct. 2016, *Sté WPD Énergie 21 Limousin et Min. Logement, Égalité des territoires et Ruralité c/Assoc. Saint-Priest Environnement et a.*, req. n° 391092, *Lebon T.*
3. CE 9 juill. 2014, *Sté Adeol et a.*, req. n° 366898, NP.
4. CE 15 mai 2013, *Legal*, req. n° 345809, NP.
5. CE 19 juin 2015, *Grands magasins de La Samaritaine-Maison Ernest Cognacq et ville de Paris*, req. n° 387061, *Lebon T.*
6. CE 12 juin 2023, *Sté Mas-Cosy*, req. n° 468343, NP ; *BJDU* 2023. 345, concl. Th. Janicot.
7. Article relatif aux permis, et rendu applicable aux déclarations préalables par l'article L. 421-7.
8. CE 27 juin 2018, *Bollène (Cne)*, req. n° 402896, NP.
9. CE, sect., 17 juill. 2009, *Grenoble (Cne) et Cté d'agglo. Grenoble Alpes métropole*, req. n° 301615, *Lebon* ; *BJDU* 2009. 269 ; *JCP Adm.* 2009, n° 46, p. 37.
10. CE 28 déc. 2017, *Société d'études et de réalisations immobilières et foncières 3B et autres et Commune de Strasbourg*, req. n° 406782, *Lebon T.* ; *AJDA* 2018. 589, concl. G. Odinet.
11. PAR EX., pour le seuil de recours à un architecte : CAA Nantes, 16 févr. 2010, *Rouland*, req. n° 09NT00832, NP.
12. CE 17 déc. 2003, *Bontemps*, req. n° 242282, NP.

ayant déjà fait l'objet d'un premier permis de construire, elle ne peut délivrer l'autorisation demandée qu'à la double condition que le permis de construire initial ne puisse être retiré et qu'elle ait tirée toutes les conséquences juridiques de l'indivisibilité des deux ouvrages »[1].

2° Exception admise (projets complexes de grande ampleur)

331.301 Opérations concernées. Les dispositions de l'article L. 421-6 du code de l'urbanisme (impliquant un contrôle global sur le projet) « ne font pas obstacle à ce que, lorsque l'ampleur et la complexité du projet le justifient, notamment en cas d'intervention de plusieurs maîtres d'ouvrage, les éléments de la construction ayant une vocation fonctionnelle autonome puissent faire l'objet de permis distincts, sous réserve que l'autorité administrative ait vérifié, par une appréciation globale, que le respect des règles et la protection des intérêts généraux que garantirait un permis unique sont assurés par l'ensemble des permis délivrés »[2].

Cette possibilité se limite aux projets qui sont à la fois complexes et de grande ampleur, et à condition que puissent être identifiés au sein de ceux-ci différents éléments présentant une certaine autonomie. Sa mise en œuvre implique que l'administration porte, au regard des règles d'urbanisme applicables, une appréciation globale sur les différentes demandes de permis de construire présentée[3].

Relève par exemple d'un tel cas de figure le programme immobilier élaboré sur le site de l'ancienne gare d'Auteuil, qui a donné lieu à une conception globale et se compose de quatre immeubles d'habitation dont deux sont destinés au logement locatif social et à une crèche[4].

§ 2 Constructions distinctes

331.311 Autorisations distinctes. Des constructions distinctes, ne comportant pas de liens physiques ou fonctionnels entre elles, « n'ont pas à faire l'objet d'un permis unique, mais peuvent faire l'objet d'autorisations distinctes, dont la conformité aux règles d'urbanisme est appréciée par l'autorité administrative pour chaque projet pris indépendamment »[5].

Par exemple, dans le cas de deux projets portant, l'un sur un garage et l'autre sur un pavillon (qui constituent des constructions physiquement distinctes et n'entretenant pas de liens fonctionnels), et alors même que le garage vise à abriter les aires de stationnement dont la construction du pavillon implique la réalisation, la construction du garage et la construction du pavillon n'exigeaient pas le dépôt d'une demande unique de permis de construire et la délivrance d'une autorisation unique[6].

De même, dans le cas où l'édification d'un mât de mesure du vent est réalisée après la construction d'éoliennes, ce projet d'édification relève de la procédure de la déclaration préalable et non du permis de construire modificatif dans la mesure où il ne forme pas avec celles-ci un ensemble immobilier unique[7].

SECTION 4 PRÉSENTATION DE DEMANDES SUCCESSIVES SUR LE MÊME TERRAIN

331.321 Possibilité de plusieurs demandes successives. Pour contourner la jurisprudence selon laquelle « la délivrance d'un nouveau permis de construire au bénéficiaire d'un précédent permis, sur le même terrain, a implicitement mais nécessairement pour effet de rapporter le permis initial »[8], le législateur a précisé[9] :

– que la délivrance antérieure d'une autorisation d'urbanisme sur un terrain donné ne fait pas obstacle au dépôt par le même bénéficiaire de ladite autorisation d'une nouvelle demande d'autorisation visant le même terrain ;

– que le dépôt de cette nouvelle demande d'autorisation ne nécessite pas d'obtenir le retrait de l'autorisation précédemment délivrée ;

– et que le dépôt de cette nouvelle demande d'autorisation n'emporte pas retrait implicite de cette dernière.

Il en résulte que le porteur du projet dispose de la faculté de présenter successivement plusieurs deman-

1. CE 10 oct. 2007, *Demoures et a.*, req. n° 277314, NP ; *BJDU* 2007. 282, concl. Y. Aguila – CE 27 juin 2018, *Bollène (C^ne)*, req. n° 402896, NP.
2. CE, sect., 17 juill. 2009, *Grenoble (C^ne) et C^té d'agglo. Grenoble Alpes métropole*, req. n° 301615 ; – DANS LE MÊME SENS : CE 27 juin 2018, *Bollène (C^ne)*, req. n° 402896, NP.
3. CE, sect., 17 juill. 2009, *Grenoble (C^ne) et C^té d'agglo. Grenoble Alpes métropole*, req. n° 301615.
4. CAA Paris, 6 juin 2014, *SCI Suchet Montmorency, Assoc. de sauvegarde Auteuil-Bois de Boulogne, Assoc. Porte d'Auteuil environnement*, req. n° 12PA03899, NP.
5. CE 27 juin 2018, *Bollène (C^ne)*, req. n° 402896, NP.
6. CE 15 mai 2013, *Legal*, req. n° 345809, NP.
7. CE 9 juill. 2014, *S^té Adeol et a.*, req. n° 366898, NP.
8. CE 7 avr. 2010, *B SCI La Tilleulière*, req. n° 311694, *Lebon T.* ; *BJDU* 2010. 142, concl. J. Burguburu ; *JCP Adm.* 2010, n° 2176, note G. Pellissier.
9. C. urb., art. L. 424-5, al. 2 ; mod. par L. n° 2018-1021, 23 nov. 2018, art. 58.

des d'autorisation et de choisir de mettre en œuvre, en fonction du contexte, celle qui lui est la plus favorable. De même, en cas de cession d'un terrain ayant déjà fait l'objet d'une autorisation d'urbanisme, l'acquéreur peut présenter une nouvelle demande sans qu'il soit nécessaire de retirer au préalable l'autorisation obtenue par le propriétaire précédent. Le nouvel acquéreur sera libre de mettre en œuvre l'une ou l'autre des autorisations obtenues.

SECTION 5

MISE EN ŒUVRE, LE CAS ÉCHÉANT, D'UNE CONCERTATION PRÉALABLE (RARE)

331.331 Concertation facultative mais pouvant être rendue obligatoire (renvoi). Une concertation préalable sur un projet de construction ou d'aménagement soumis à permis de construire ou à permis d'aménager peut être réalisée avant le dépôt de la demande. Sa mise en œuvre présente un caractère facultatif sauf dans les cas où l'autorité administrative compétente a décidé de la rendre obligatoire pour les projets importants ou sensibles. Elle est alors réalisée préalablement au dépôt de la demande de permis, soit à l'initiative de l'autorité compétente, soit, avec l'accord de celle-ci, à l'initiative du maître d'ouvrage[1].

SECTION 6

MODALITÉS DE DÉPÔT DES DEMANDES DE PERMIS ET DES DÉCLARATIONS PRÉALABLES

§ 1

Demande ou déclaration présentée par voie de formulaire

331.341 Présentation par voie de formulaire. La demande de permis ou la déclaration préalable est présentée par voie de formulaire :

– pour les constructions, formulaire de permis de construire[2] ou de déclaration préalable[3] ;

– pour les aménagements, formulaire de permis d'aménager[4] ou de déclaration préalable[5] ;

– pour les démolitions, formulaire de permis de démolir[6].

1. V. s[s] n°s 512.261 s.
2. V. s[s] n° 361.391.
3. V. s[s] n°s 362.61 s.
4. V. s[s] n° 371.241.
5. V. s[s] n° 371.271.

331.342 Fiche complémentaire en cas de pluralité de demandeurs. En cas de pluralité de demandeurs, il y a lieu de remplir le formulaire « Fiche complémentaire/ autres demandeurs ».

§ 2

Lieu du dépôt ou de l'envoi du dossier

331.351 Dépôt ou envoi à la mairie. Les demandes de permis de construire, d'aménager ou de démolir et les déclarations préalables sont adressées ou déposées « à la mairie de la commune dans laquelle les travaux sont envisagés »[7].

Dans le cas d'installations de production d'électricité d'origine renouvelable en mer (situées dans les eaux intérieures ou territoriales), raccordées au réseau public de distribution et de transport d'électricité et soumises à permis de construire, « la demande est déposée dans la commune dans laquelle est installé le point de raccordement au réseau public de distribution ou de transport d'électricité »[8]. Il est précisé que, pour l'instruction de la demande, « le maire de cette commune exerce les compétences du maire de la commune d'assiette »[9].

331.352 Dépôt en mairies en cas de projet situé sur le territoire de deux communes. Lorsque le projet est situé pour partie sur le territoire d'une commune et pour partie sur le territoire d'une autre commune, il y a lieu de présenter la demande de permis ou la déclaration préalable auprès de la mairie de chacune des deux communes[10].

§ 3

Modalités du dépôt ou de l'envoi du dossier

331.361 Modalités classiques. Les demandes de permis de construire, d'aménager ou de démolir et les déclarations préalables sont[11] :

– soit adressées par pli recommandé avec demande d'avis de réception ;

– soit déposées à la mairie.

331.362 Envoi électronique. La demande de permis ou la déclaration préalable peut être adressée de façon dématérialisée[12].

6. V. s[s] n° 381.51.
7. C. urb., art. R. 423-1, al. 1er.
8. C. urb., art. L. 431-4.
9. C. urb., art. L. 431-4.
10. CE 26 mars 1997, *Assoc. de défense Loire et affluents (ADLA)*, req. n° 172183, NP.
11. C. urb., art. R. 423-1, al. 1er.
12. V. s[s] n°s 336.11 s.

§ 4
Nombre d'exemplaires

A.
Exemplaires de base

331.371 Déclaration préalable. La déclaration préalable et le dossier qui l'accompagne sont établis en deux exemplaires[1]. Un seul exemplaire suffit en cas de déclaration adressée par voie électronique[2].

331.372 Demandes de permis. Les demandes de permis de construire, d'aménager ou de démolir sont établies en quatre exemplaires[3]. Un seul exemplaire suffit en cas de demande adressée par voie électronique[4].

B.
Exemplaires supplémentaires

331.381 Exemplaire supplémentaire lorsque le projet est soumis à avis ou accord d'une autre autorité. Un exemplaire supplémentaire du dossier doit être fourni[5] :

- lorsque les travaux sont soumis à l'autorisation du ministre de la défense ou du ministre chargé des sites ;
- ou lorsque la décision est subordonnée à l'avis ou à l'accord de l'autorité compétente dans le domaine de l'architecture et du patrimoine ou de l'architecte des Bâtiments de France.

331.382 Exemplaire supplémentaire lorsqu'une dérogation est sollicitée. Un exemplaire supplémentaire du dossier doit être fourni lorsqu'une dérogation est sollicitée en application de l'article L. 151-29-1[6] ou du dernier alinéa de l'article L. 152-6 du code de l'urbanisme[7], c'est-à-dire pour les projets dont la réalisation présente un intérêt public du point de vue de la qualité ainsi que de l'innovation ou de la création architecturale.

De même, un exemplaire supplémentaire du dossier doit être fourni lorsqu'une demande de dérogation prévue à l'article L. 112-13 du CCH (demande de dérogations aux dispositions relatives à l'isolation acoustique, aux brancards, aux ascenseurs, à l'aération, à la protection des personnes contre l'incendie et aux lignes de communications électroniques à très haut débit en fibre optique à l'occasion d'un projet de surélévation d'un immeuble) est jointe à la demande de permis[8].

331.383 Deux exemplaires supplémentaires pour les projets situés dans un parc national ou comportant une demande d'aménagement commercial. Deux exemplaires supplémentaires du dossier doivent être fournis lorsque le projet est situé dans le cœur d'un parc national délimité en application de l'article L. 331-2 du code de l'environnement[9].

Deux exemplaires supplémentaires du dossier, dont un sur support dématérialisé, doivent être fournis lorsque le projet relève de l'article L. 752-1 du code de commerce[10], c'est-à-dire en cas de demande de permis valant autorisation d'exploitation commerciale.

331.384 Formulaires pouvant exiger des pièces en nombre plus important d'exemplaires. Les arrêtés prévus par les articles R. 434-1, R. 444-1 et R. 453-1 (relatifs aux formulaires de demande de permis et de déclaration préalable) « peuvent prévoir que certaines pièces doivent être [...] fournies en un nombre plus important d'exemplaires »[11].

331.385 Cas d'une demande ou d'une déclaration présentée de façon dématérialisée. Aucun exemplaire supplémentaire n'est requis lorsque la demande de permis ou la déclaration est adressée par voie électronique[12].

SECTION 7
HYPOTHÈSE D'UNE ERREUR SUR LE FONDEMENT DE LA DEMANDE OU DE LA DÉCLARATION (EX : DP À LA PLACE D'UN PC)

331.391 Différence de champ d'application. Une opération donnée peut relever de l'un des trois régimes suivants :

- dispense de formalité ;
- déclaration préalable ;
- permis (de construire, d'aménager ou de démolir).

Quelles conséquences sont prévues lorsque le pétitionnaire se place sur un fondement inadapté ?

331.392 Dépôt d'une déclaration préalable à la place d'une demande de permis. Lorsqu'il est constaté que des travaux sont, en vertu des dispositions du code de l'urbanisme, soumis à l'obligation d'obtenir un permis de construire mais n'ont fait l'objet que

1. C. urb., art. R. 423-2, a.
2. V. s^{s} n° 336.22.
3. C. urb., art. R. 423-2, b.
4. V. s^{s} n° 336.22.
5. C. urb., art. R. 423-2, al. 4.
6. V. s^{s} n°s 231.1231 s.
7. V. s^{s} n° 232.341 ; – C. urb., art. R. 423-2, al. 5.
8. C. urb., art. R. 423-2, al. 7.
9. C. urb., art. R. 423-2, al. 6.
10. C. urb., art. R. 423-2, al. 8.
11. C. urb., art. R. 423-2, al. 9.
12. V. s^{s} n° 336.22.

d'une simple déclaration, le maire est tenu de s'opposer aux travaux déclarés et d'inviter le pétitionnaire à présenter une demande de permis de construire[1].

331.393 Dépôt d'une demande de permis à la place d'une déclaration préalable. Une cour a jugé, dans un cas où le pétitionnaire présente une demande de permis d'aménager alors que l'opération relève de la procédure de la déclaration préalable, qu'il revient à l'autorité compétente de procéder à l'instruction du dossier en fonction des dispositions relatives à la déclaration préalable[2].

331.394 Dépôt d'une déclaration préalable ou d'une demande de permis pour un projet dispensé de formalités au titre du code de l'urbanisme. Lorsqu'un projet n'est soumis ni à permis ni à déclaration préalable, le permis qui est néanmoins délivré constitue un acte superfétatoire qui n'a pas pour effet de conférer des droits nouveaux au pétitionnaire[3]. Dans la mesure où il ne fait pas grief aux tiers, ces derniers ne sont pas recevables à former un recours à son encontre.

1. CE 9 juill. 2014, *Chelles (Cne)*, req. nº 373295, *Lebon* ; *BJDU* 2014. 395, concl. X. Domino.

2. CAA Douai, 21 févr. 2012, *Min. Écologie*, req. nº 10DA01593, NP : annulation de l'arrêté ayant rejeté la demande au titre du permis d'aménager.

3. CAA Douai, 12 juin 2014, *SCI Stanford*, req. nº 13DA00594, NP (arrêt devenu définitif en l'absence d'admission du pourvoi formé à son encontre : CE 13 août 2014, req. nº 383689, NP).

CHAPITRE

332. Enregistrement, affichage et transmission de la demande de permis ou de la déclaration préalable

SECTION 0
ORIENTEUR

332.00 **Sommaire du chapitre.**

332.01 **Textes applicables.**

• **C. urb.**

art. L. 423-2

art. R. 423-1 s.

art. A. 423-1 s.

332.03 **Bibliographie indicative.**

Encyclopédies. *DP constr.-urb.*, ét. : « Permis de construire » ; ét. : « Permis d'aménager » ; ét. : « Déclaration préalable » ; ét. : « Permis de démolir » – *J.-Cl. Constr.-Urb.*, fasc. 25-20 : « Permis de construire. – Demande », par G. Liet-Veaux, avr. 2008, mis à jour oct. 2010.

Traité. N. Baillon, *Traité du permis de construire*, 6e éd., « Référence juridique », Le Moniteur, 2017.

Monographies. Ph. Boulisset, S. Cardi, S. Consalvi, R. Thielé, *Permis de construire 2021-2022 : permis de démolir, permis d'aménager, déclaration préalable*, 3e éd., « Encyclopédie Delmas pour la vie des affaires », Delmas, 2021 – V. Lachaut-Dana, *Permis de construire et autorisations d'urbanisme : études préalables, délivrance, mise en œuvre*, 2e éd., « Pratique du droit », Le Moniteur, 2019 – C. Mialot et F. Ehrenfeld, *Le permis de construire et autres autorisations d'urbanisme*, « Les indispensables », Berger-Levrault, 2018.

332.04 **Questions essentielles.**

> Comment est déterminé le numéro d'enregistrement de la demande ou de la déclaration ?

* V. ss no 332.22

> Quelles sont les incidences d'un défaut d'affichage de la demande ou de la déclaration en mairie ?

* V. ss no 332.52

SECTION 1
ENREGISTREMENT DE LA DEMANDE DE PERMIS OU DE LA DÉCLARATION PRÉALABLE

332.11 **Enregistrement et délivrance d'un récépissé.** Le maire « affecte un numéro d'enregistrement à la demande ou à la déclaration et en délivre récépissé [...] »[1].

§ 1
Enregistrement de la demande ou de la déclaration

332.21 **Numéro d'enregistrement affecté par le maire.** Le maire affecte aux demandes de permis et aux déclarations préalables un numéro d'enregis-

1. C. urb., art. R. 423-3.

trement de treize chiffres, précédé de deux lettres indiquant la nature de la déclaration ou de la demande[1].

Une réponse ministérielle précise que « toutes les demandes d'autorisations ou actes relatifs à l'utilisation devant être déposées ou adressées en mairie, le maire de la commune doit donc faire procéder à cet enregistrement pour l'ensemble de ces demandes, quelle que soit l'autorité compétente pour statuer sur celle-ci »[2].

L'objectif de cette numérotation dès le dépôt de la demande « est d'en permettre une identification unique au travers des diverses transmissions et traitements dont il peut faire l'objet » (instruction, contrôle de légalité, calcul des impositions, établissement des statistiques)[3].

332.22 Détermination du numéro d'enregistrement. Les deux lettres indiquant la nature de la déclaration ou de la demande sont[4] :

– « DP » pour les déclarations préalables (a) ;

– « PC » pour les demandes de permis de construire (b) ;

– « PA » pour les demandes de permis d'aménager (c) ;

– « PD » pour les demandes de permis de démolir (d).

La structure du numéro d'enregistrement de treize chiffres est la suivante[5] :

– le numéro de code géographique INSEE du département (trois caractères) ;

– le numéro de code géographique INSEE de la commune (trois caractères) ;

– les deux derniers chiffres du millésime de l'année de dépôt de la demande (deux caractères) ;

– le numéro de dossier composé de cinq caractères (étant précisé que le premier de ces cinq caractères est réservé au service instructeur ; les quatre autres caractères sont utilisés pour une numérotation en continu par nature d'autorisation ou acte relatif à l'utilisation du sol).

332.23 Numéro d'enregistrement pour les demandes de modification ou de transfert. Le maire affecte aux demandes de modification ou de transfert d'un permis en cours de validité un numéro d'enregistrement. Celui-ci est composé[6] :

– du numéro du permis dont la modification ou le transfert est demandé ;

– auquel est ajouté un numéro composé de la lettre « m » en cas de modification ou de la lettre « t » en cas de transfert ;

– suivie de deux chiffres, pour une numérotation en continu des demandes successives, d'une part, des modifications et, d'autre part, des transferts.

332.24 Communicabilité des éventuels registres. Les dispositions du code de l'urbanisme « ne prévoient pas l'obligation pour les communes de tenir un registre manuel des demandes de permis de construire, mais celle pour le maire d'affecter un numéro d'enregistrement à chacune des demandes d'autorisation ou actes relatifs à l'utilisation du sol »[7]. Si de tels registres sont établis par les mairies, ils « constituent des documents communicables à toute personne qui en effectue la demande, au sens de la loi du 17 juillet 1978[8]. La commission d'accès aux documents administratifs a confirmé cette interprétation notamment dans un avis M. Ciccarelli, du 10 octobre 1991 »[9].

332.25 Erreur dans le numéro d'enregistrement. Une erreur dans le numéro d'enregistrement est sans incidence sur la légalité de la décision prise sur la demande de permis ou la déclaration préalable[10].

§ 2
Délivrance d'un récépissé

A.
Mentions du récépissé

332.31 Numéro d'enregistrement et date du PC tacite ou, pour la DP, du début des travaux. Le récépissé précise[11] :

– le numéro d'enregistrement ;

– et la date à laquelle un permis tacite doit intervenir, en application du premier alinéa de l'article L. 424-2, ou, dans le cas d'une déclaration préalable, la date à partir de laquelle les travaux peuvent être entrepris.

1. C. urb., art. A. 423-1.
2. Rép. min. n° 17148, *JOAN Q* 16 nov. 1998, p. 6302.
3. Rép. min. n° 17148, *JOAN Q* 16 nov. 1998, p. 6302.
4. C. urb., art. A. 423-2.
5. C. urb., art. A. 423-3.
6. C. urb., art. A. 423-4.
7. Rép. min. n° 17148, *JOAN Q* 16 nov. 1998, p. 6302.
8. L. n° 78-753, 17 juill. 1978 portant diverses mesures d'amélioration des relations entre l'administration et le public et diverses dispositions d'ordre administratif, social et fiscal, *JO* 18 juill., p. 2851.
9. Rép. min. n° 40269, *JOAN Q* 16 déc. 1996, p. 6630.
10. CE 15 janv. 1997, *SCI Le Grand large*, req. n° 123953, NP : arrêt indiquant « que la circonstance que le numéro d'enregistrement du permis attaqué serait le même que celui de la précédente autorisation de construire accordé à la SCI est sans influence sur la légalité du permis attaqué ».
11. C. urb., art. R. 423-4.

332.32 **Autres informations.** Le récépissé précise que l'autorité compétente peut, dans le délai d'un mois à compter du dépôt du dossier[1] :

- notifier au demandeur que le dossier est incomplet (a) ;

- notifier au demandeur un délai différent de celui qui lui avait été initialement indiqué, lorsque le projet entre dans les cas prévus aux articles R. 423-24 à R. 423-33 (b).

Le récépissé indique également que le demandeur sera informé dans le même délai si son projet se trouve dans une des situations énumérées aux articles R. 424-2 et R. 424-3, où un permis tacite ne peut pas être acquis ou ne peut être acquis qu'en l'absence d'opposition ou de prescription de l'architecte des Bâtiments de France[2].

332.33 **Modèles de récépissé.** Le récépissé de demande de permis de construire prévu aux articles R. 423-3 à R. 423-5 est établi conformément au modèle joint aux formulaires mentionnés à l'article A. 431-4[3].

332.34 **Cas d'une demande dématérialisée.** Lorsque la demande est effectuée par voie électronique, le récépissé est constitué par l'accusé de réception électronique délivré dans les conditions prévues à l'article L. 112-11 du CRPA[4].

Il comporte, outre les mentions prévues à l'article R. 112-11-1 du même code, les informations mentionnées aux articles R. 423-4 et R. 423-5[5].

B.
Portée du récépissé

332.41 **Portée informative.** Le récépissé joue un rôle davantage informatif que juridique.

En effet, il résulte des articles R. 423-22, R. 423-23 et R. 423-38 du code de l'urbanisme que « le délai d'instruction de la déclaration court à compter de la réception du pli par l'autorité compétente, si celle-ci n'a pas notifié dans le délai d'un mois, une demande de pièces complémentaires, par lettre recommandée avec accusé de réception »[6]. Ainsi, ce délai d'instruction ne court pas à compter de la délivrance du récépissé mais à celui de la réception du pli.

Par ailleurs, il résulte des articles L. 424-1 et R. 424-1 du code de l'urbanisme « que la décision de non-opposition aux travaux est acquise à l'expiration du délai d'instruction de leur déclaration »[7].

Ainsi, l'administration qui, saisie d'une déclaration préalable par LRAR, n'a ni délivré de récépissé ni demandé de pièces complémentaires, a implicitement et définitivement renoncé à s'opposer aux travaux du pétitionnaire[8].

SECTION 2
AFFICHAGE DE LA DEMANDE DE PERMIS OU DE LA DÉCLARATION PRÉALABLE

332.51 **Affichage pendant la durée de l'instruction.** Dans les quinze jours qui suivent le dépôt de la demande ou de la déclaration et pendant la durée d'instruction de celle-ci, le maire procède à l'affichage en mairie ou à la publication par voie électronique sur le site internet de la commune d'un avis de dépôt de demande de permis ou de déclaration préalable précisant les caractéristiques essentielles du projet, dans des conditions prévues par arrêté du ministre chargé de l'urbanisme[9].

332.52 **Défaut d'affichage sans incidence.** Le défaut d'affichage de l'avis de dépôt de la demande de permis ou de la déclaration préalable est sans incidence sur la légalité de la décision prise[10].

332.53 **Cas d'une publication par voie électronique (aspects contentieux).** Dans le cas d'une publication par voie électronique, pour l'application des articles L. 600-1-1 (recours d'une association) et L. 600-1-3 (date d'appréciation de l'intérêt à agir), « la date de publication tient lieu de la date d'affichage »[11].

SECTION 3
TRANSMISSION DE LA DEMANDE DE PERMIS OU DE LA DÉCLARATION PRÉALABLE

332.61 **Transmission à diverses autorités.** Il revient au maire de transmettre la demande de permis ou la déclaration préalable à certaines autorités. Les autorités à qui est transmise la demande ou la

1. C. urb., art. R. 423-5, al. 1er à 3.
2. C. urb., art. R. 423-5, al. 4.
3. C. urb., art. A. 431-6 – V. ss n° 361.391.
4. C. urb., art. R. 423-5-1.
5. C. urb., art. R. 423-5-1.
6. Crim. 9 sept. 2014, n° 13-85.985, P.
7. Crim. 9 sept. 2014, n° 13-85.985, P.
8. Crim. 9 sept. 2014, n° 13-85.985, P.
9. C. urb., art. R. 423-6, al. 1er.
10. CE 15 janv. 1997, *SCI Le Grand large*, req. n° 123953, NP : arrêt indiquant « que le défaut d'affichage de l'avis de dépôt du dossier de demande de permis de construire dans les quinze jours de la date du dépôt de la demande, prévues dans les conditions par l'article R. 421-9 du code de l'urbanisme, est sans influence sur la légalité du permis attaqué ».
11. C. urb., art. R. 423-6, al. 1er.

déclaration sont déterminées aux articles R. 423-7 et suivants du code de l'urbanisme[1].

§ 1
Transmission en fonction de l'autorité compétente pour prendre la décision

332.71 Transmission du dossier. Lorsque le projet est soumis à évaluation environnementale, le dossier de la demande ou de la déclaration préalable est transmis par l'autorité compétente aux collectivités territoriales et à leurs groupements intéressés en application du V de l'article L. 122-1 du code de l'environnement dans la semaine qui suit le dépôt[2].

332.72 Compétence d'un EPCI. Lorsque l'autorité compétente est le président de l'EPCI, le maire, dans la semaine qui suit le dépôt, conserve un exemplaire de la demande ou de la déclaration préalable et transmet les autres exemplaires au président de cet EPCI[3].

Lorsque le projet est soumis à évaluation environnementale, le dossier est transmis aux collectivités territoriales et à leurs groupements intéressés en application du V de l'article L. 122-1 du code de l'environnement dans la semaine qui suit le dépôt[4].

332.73 Compétence de l'État. Lorsque la décision relève de l'État, le maire conserve un exemplaire de la demande ou de la déclaration préalable et transmet au préfet les autres exemplaires ainsi que les pièces mentionnées au dernier alinéa de l'article R. 423-2[5] dans la semaine qui suit le dépôt. Si la commune a délégué sa compétence à un EPCI, le maire transmet en outre, dans le même délai, un exemplaire au président de cet établissement[6].

Lorsque le projet est soumis à évaluation environnementale, le dossier est transmis aux collectivités territoriales et à leurs groupements intéressés en application du V de l'article L. 122-1 du code de l'environnement dans la semaine qui suit le dépôt[7].

§ 2
Transmission lorsque le projet se situe dans un secteur protégé ou lorsque le projet est soumis à accord ou avis de l'ABF

332.81 Immeuble inscrit au titre des monuments historiques. Lorsque la demande de permis ou la déclaration préalable porte sur un immeuble inscrit au titre des monuments historiques, un des exemplaires de la demande et du dossier est transmis par l'autorité compétente au service déconcentré chargé de l'architecture et du patrimoine, dans la semaine qui suit le dépôt, pour accord du préfet de région. La réception de la demande tient lieu de la déclaration mentionnée au premier alinéa de l'article L. 621-27 du code du patrimoine[8].

332.82 Décision subordonnée à accord ou avis de l'ABF. Lorsque la décision est subordonnée à l'accord ou à l'avis de l'architecte des bâtiments de France, le maire lui transmet un dossier dans la semaine qui suit le dépôt[9].

332.83 Projet situé dans le périmètre d'un site patrimonial remarquable ou en abords de monuments historiques. Lorsqu'en application du quatrième alinéa du I de l'article L. 632-2 du code du patrimoine, le maire entend proposer un projet de décision à l'architecte des Bâtiments de France pour un projet situé dans le périmètre d'un site patrimonial remarquable ou en abords de monuments historiques, il transmet ce projet avec le dossier de demande d'autorisation ou de déclaration préalable dans la semaine qui suit le dépôt de ce dossier[10].

Lorsque l'autorité compétente pour délivrer le permis ou pour se prononcer sur un projet faisant l'objet d'une déclaration préalable n'est pas le maire et qu'elle entend proposer un projet de décision à l'architecte des Bâtiments de France, le délai mentionné à l'alinéa précédent ne commence à courir qu'à compter de la réception par celle-ci de la demande d'autorisation ou de la déclaration préalable[11].

L'architecte des Bâtiments de France peut proposer des modifications de ce projet de décision jusqu'à la date à laquelle il est réputé avoir donné son accord ou émis un avis favorable sur la demande de permis ou la déclaration préalable en application des délais prévus aux articles R. 423-59 et R. 423-67[12].

332.84 Site classé et réserves naturelles. Dans les sites classés ou en instance de classement et les

1. Dispositions prises sur le fondement de l'article L. 423-2, al. 2 : « Les modalités et conditions dans lesquelles l'autorité mentionnée à l'article L. 422-1 transmet aux autorités administratives compétentes les informations contenues dans ces demandes et déclarations sont précisées par le décret prévu à l'article L. 426-1 ».
2. C. urb., art. R. 423-7 ; mod. par décr. nº 2023-1037, 10 nov. 2023.
3. C. urb., art. R. 423-8, al. 1er ; mod. par décr. nº 2023-1037, 10 nov. 2023.
4. C. urb., art. R. 423-8, al. 2.
5. Pièces supplémentaires imposées par le formulaire de demande de permis ou de déclaration préalable ; – V. ss nº 331.384.
6. C. urb., art. R. 423-9, al. 1er.
7. C. urb., art. R. 423-9, al. 2.
8. C. urb., art. R. 423-10.
9. C. urb., art. R. 423-11.
10. C. urb., art. R. 423-11-1, al. 1er.
11. C. urb., art. R. 423-11-1, al. 2.
12. C. urb., art. R. 423-11-1, al. 3.

réserves naturelles, le maire transmet un exemplaire du dossier au préfet[1].

332.85 Projet situé au cœur d'un parc national. Lorsque le projet est situé dans le cœur d'un parc national délimité en application de l'article L. 331-2 du code de l'environnement, le maire transmet deux exemplaires du dossier au directeur de l'établissement public du parc national dans la semaine qui suit le dépôt[2].

§ 3
Transmission en cas de demande de dérogation

332.91 Demande de dérogation pour les projets dont la réalisation présente un intérêt public du point de vue de la qualité ainsi que de l'innovation ou de la création architecturale. Lorsqu'une demande de dérogation prévue à l'article L. 151-29-1[3] ou au dernier alinéa de l'article L. 152-6[4] (c'est-à-dire pour les projets dont la réalisation présente un intérêt public du point de vue de la qualité ainsi que de l'innovation ou de la création architecturale) est jointe à la demande de permis, le maire transmet un exemplaire du dossier et la demande de dérogation au préfet de région dans la semaine qui suit le dépôt[5].

332.92 Demande de dérogations à l'occasion d'un projet de surélévation d'un immeuble. Lorsqu'une demande de dérogation prévue à l'article L. 112-13 du CCH (demande de dérogations aux dispositions relatives à l'isolation acoustique, aux brancards, aux ascenseurs, à l'aération, à la protection des personnes contre l'incendie et aux lignes de communications électroniques à très haut débit en fibre optique à l'occasion d'un projet de surélévation d'un immeuble) est jointe à la demande de permis, le maire transmet un exemplaire du dossier et la demande de dérogation au préfet dans la semaine qui suit le dépôt[6].

§ 4
Transmission pour une demande de PCAEC

332.101 Demande initiale. Lorsque la demande de permis de construire porte sur un projet relevant de l'article L. 752-1 du code de commerce, le maire transmet au secrétariat de la CDAC deux exemplaires du dossier, dont un sur support dématérialisé, dans le délai de sept jours francs suivant le dépôt[7].

332.102 Nouvelle demande après refus. Lorsque la demande de permis de construire porte sur un projet relevant du deuxième alinéa de l'article L. 752-21 du code de commerce, le maire transmet au secrétariat de la CNAC deux exemplaires du nouveau dossier de demande de PCAEC, dont un sur support dématérialisé, dans un délai de sept jours francs suivant le dépôt[8].

1. C. urb., art. R. 423-12 ; mod. par décr. n° 2023-1037, 10 nov. 2023.
2. C. urb., art. R. 423-13.
3. V. s^s n°s 231.1231 s.
4. V. s^s n° 232.341.
5. C. urb., art. R. 423-12-1.
6. C. urb., art. R. 423-13-1.
7. C. urb., art. R. 423-13-2, al. 1er.
8. C. urb., art. R. 423-13-2, al. 2.

CHAPITRE

333. Autorité chargée de l'instruction

SECTION 0 ORIENTEUR

333.00 Sommaire du chapitre.

333.01 Textes applicables.

• **C. urb.**

art. L. 423-1

art. R. 423-14 s.

333.03 Bibliographie indicative.

Encyclopédies. *DP constr.-urb.*, ét. : « Permis de construire » ; ét. : « Permis d'aménager » ; ét. : « Déclaration préalable » ; ét. : « Permis de démolir » – *J.-Cl. Constr.-Urb.*, fasc. 25-20 : « Permis de construire. – Demande », par G. Liet-Veaux, avr. 2008, mis à jour oct. 2010.

Traité. N. Baillon, *Traité du permis de construire*, 6e éd., « Référence juridique », Le Moniteur, 2017.

Monographies. Ph. Boulisset, S. Cardi, S. Consalvi, R. Thielé, *Permis de construire 2021-2022 : permis de démolir, permis d'aménager, déclaration préalable*, 3e éd., « Encyclopédie Delmas pour la vie des affaires », Delmas, 2021 – V. Lachaut-Dana, *Permis de construire et autorisations d'urbanisme : études préalables, délivrance, mise en œuvre*, 2e éd., « Pratique du droit », Le Moniteur, 2019 – C. Mialot et F. Ehrenfeld, *Le permis de construire et autres autorisations d'urbanisme*, « Les indispensables », Berger-Levrault, 2018.

SECTION 1 AUTORITÉ CHARGÉE DE L'INSTRUCTION LORSQUE LA DÉCISION EST PRISE AU NOM DE LA COMMUNE OU DE L'EPCI

§ 1 Instruction faite au nom et sous l'autorité du maire ou du président de l'EPCI

333.11 Exécutif. Lorsque la décision est prise au nom de la commune ou de l'EPCI[1], l'instruction est faite au nom et sous l'autorité du maire ou du président de l'établissement public[2].

§ 2 Actes d'instruction pouvant être confiés à des services administratifs ou à un prestataire privé

333.21 Réalisation matérielle de l'instruction. En pratique, le maire ou le président de l'EPCI ne dispose ni du temps ni de l'expertise pour réaliser personnellement les actes d'instruction. Aussi le code lui ouvre-t-il la possibilité de charger divers services administratifs, voire un prestataire privé, de ces actes d'instruction.

A. Actes d'instruction confiés à des services administratifs

333.31 Services concernés. Le maire ou le président de l'EPCI peut charger des actes d'instruction[3] :

– les services de la commune (a) ;

1. V. s^s n°s 341.21 s.
2. C. urb., art. R. 423-14.
3. C. urb., art. R. 423-15.

– les services d'une collectivité territoriale ou d'un groupement de collectivités (b) ;

– les services d'un syndicat mixte ne constituant pas un groupement de collectivités (c) ;

– une agence départementale créée en application de l'article L. 5511-1 du CGCT (d) ;

– les services de l'État, lorsque la commune ou l'EPCI remplit les conditions fixées à l'article L. 422-8 (e)[1].

333.32 Une mission limitée à la réalisation des actes d'instruction. Le maire ou le président de l'EPCI demeure seul compétent pour signer les décisions[2]. Les services et agents administratifs concernés peuvent seulement signer les actes d'instruction[3].

333.33 Signature d'une convention. Le code prévoit la signature d'une convention entre la commune ou l'EPCI et l'État lorsque lui est confiée l'instruction de tout ou partie des déclarations préalables ou des demandes de permis[4].

Une convention est également signée lorsque l'instruction est confiée à une autre personne publique mentionnée à l'article R. 423-15. Ainsi, lorsque l'autorité compétente en matière de délivrance des autorisations d'urbanisme décide de déléguer à un EPCI l'instruction des autorisations et actes relatifs à l'occupation du sol, cette délégation pour instruction « s'opère par la voie d'une convention portant sur l'ensemble de la procédure d'instruction. Elle prévoit notamment les conditions et délais de transmission des dossiers, les obligations réciproques des parties en matière de classement, d'archivage des dossiers et d'établissement des statistiques »[5].

333.34 Transmission du dossier. Les maires qui confient l'instruction des permis à une autre personne publique « n'ont en aucun cas à vérifier le caractère complet du dossier. Ils doivent seulement envoyer au service instructeur les dossiers reçus, en conservant un exemplaire afin de donner leur avis. Le service instructeur doit recevoir le dossier le plus rapidement possible pour pouvoir vérifier s'il est complet ou s'il y a lieu d'appliquer des majorations de délais »[6].

B.
Actes d'instruction pouvant être confiés à des prestataires privés

333.41 Conditions. Le maire ou le président de l'EPCI peut charger des actes d'instruction un prestataire privé, dans les conditions prévues au septième alinéa de l'article L. 423-1[7].

Les conditions pour confier ces actes d'instruction à un ou plusieurs prestataires privés sont les suivantes :

– l'autorité de délivrance conserve la compétence de signature des actes d'instruction ;

– les prestataires privés ne peuvent pas se voir confier des missions qui les exposeraient à un intérêt privé de nature à influencer, ou paraître influencer, l'exercice indépendant, impartial et objectif de leurs fonctions ;

– ils agissent sous la responsabilité de l'autorité de délivrance, et celle-ci garde l'entière liberté de ne pas suivre la proposition du ou des prestataires ;

– les missions confiées ne doivent entraîner aucune charge financière pour les pétitionnaires.

SECTION 2
AUTORITÉ CHARGÉE DE L'INSTRUCTION LORSQUE LA DÉCISION EST PRISE AU NOM DE L'ÉTAT

333.51 Service compétent. Lorsque la décision doit être prise au nom de l'État[8], l'instruction est effectuée[9] :

– par le service de l'État dans le département chargé des forêts pour les déclarations préalables portant exclusivement sur une coupe ou abattage d'arbres (a) ;

– par le service de l'État dans le département chargé de l'urbanisme pour les autres déclarations préalables ou demandes de permis (b).

Ces compétences relèvent en réalité d'un seul et même service, à savoir la DDT(m).

1. Sur ces conditions et les modalités d'assistance par l'État, v. s[s] n° 341.101.
2. Rép. min. n° 37016, *JOAN Q* 14 avr. 2009, p. 3560 : « la délégation, pour l'instruction des demandes prévue par l'article R. 423-15, ne vaut pas autorisation de signature pour les décisions ».
3. C. urb., art. L. 421-3, al. 7 : « Pour l'instruction des dossiers d'autorisations ou de déclarations », le maire ou, s'il est compétent, le président de l'EPCI « peut déléguer sa signature aux agents chargés de l'instruction des demandes ».
4. V. s[s] n° 341.102.
5. Rép. min. n° 37016, *JOAN Q* 14 avr. 2009, p. 3560.
6. Rép. min. n° 5652, *JOAN Q* 25 déc. 2007, p. 8227.
7. C. urb., art. R. 423-15, f – INNOVATION RÉSULTANT DE L. n° 2018-1021, 23 nov. 2018, art. 62 et du Décr. n° 2019-505, 23 mai 2019 ; – P. Soler-Couteaux, « Contrat, police et urbanisme : la lente érosion d'un dogme », *Contrats et marchés publics* 2019, repère 10.
8. V. s[s] n°s 341.111 s. et 341.141.
9. C. urb., art. R. 423-16.

CHAPITRE

334. Délais d'instruction

SECTION 0
ORIENTEUR

334.00 Sommaire du chapitre.

334.01 **Textes applicables.**

• **C. urb.**

art. L. 423-1

art. R. 423-17 s.

334.02 **Jurisprudence de référence.**

> Demande de pièces complémentaires

• **CE, sect., 9 déc. 2022,** *Commune de Saint-Herblain*, req. n° 454521, *Lebon*.

334.03 **Bibliographie indicative.**

Encyclopédies. *DP constr.-urb.*, ét. : « Permis de construire » ; ét. : « Permis d'aménager » ; ét. : « Déclaration préalable » ; ét. : « Permis de démolir » – *J.-Cl. Constr.-Urb.*, fasc. 25-20 : « Permis de construire. – Demande », par G. Liet-Veaux, avr. 2008, mis à jour oct. 2010.

Traité. N. Baillon, *Traité du permis de construire*, 6e éd., « Référence juridique », Le Moniteur, 2017.

Monographies. Ph. Boulisset, S. Cardi, S. Consalvi, R. Thielé, *Permis de construire 2021-2022 : permis de démolir, permis d'aménager, déclaration préalable*, 3e éd., « Encyclopédie Delmas pour la vie des affaires », Delmas, 2021, 1076 p. – V. Lachaut-Dana, *Permis de construire et autorisations d'urbanisme : études préalables, délivrance, mise en œuvre*, 2e éd., « Pratique du droit », Le Moniteur, 2019, 263 p. – C. Mialot et F. Ehrenfeld, *Le permis de construire et autres autorisations d'urbanisme*, « Les indispensables », Berger-Levrault, 2018, 529 p.

Article. É. Carpentier, « Les délais administratifs en matière d'autorisations d'urbanisme », *Droit et Ville* 2018, n° 86, p. 55.

334.04 **Questions essentielles.**

> L'administration peut-elle exiger la communication de pièces non prévues par le code de l'urbanisme ?

* V. ss nos 334.62 et 334.101 s.

> Les délais d'instruction sont-ils des délais francs ?

* V. ss n° 334.151

334.05 **Une instruction dans un délai donné.** Une des finalités de la réforme des autorisations d'urbanisme de 2005-2007 était « de clarifier les procédures et de renforcer la sécurité juridique des actes. L'encadrement des délais a pour objectif d'améliorer la qualité du service rendu aux usagers. Les délais d'instruction sont désormais garantis aux demandeurs de permis »[1]. Avant la réforme, les délais étaient variables, pouvant aller de quelques jours dans certaines collectivités à plus d'un an dans d'autres.

334.06 **Détermination du délai.** Le délai d'instruction est déterminé au regard de deux paramètres :

– son point de départ ;

– et sa durée.

SECTION 1
POINT DE DÉPART DU DÉLAI D'INSTRUCTION

334.11 **Dossier complet ou incomplet.** Les services instructeurs s'assurent à réception du dossier que celui-ci comporte l'ensemble des pièces requises. Ils s'appuient pour cela sur des « check-list » (une liste par type de projet). Si le dossier est complet, le délai d'instruction court à compter de la réception de celui-ci. Si le dossier initial présente un caractère incomplet, l'administration notifie au demandeur ou au déclarant une demande de pièces manquantes ; le délai commence alors à courir à la réception de ces pièces.

§ 1
Point de départ du délai d'instruction en présence d'un dossier complet

A.
Principe

334.21 **Départ du délai à réception du dossier complet.** « Le délai d'instruction court à compter de la réception en mairie d'un dossier complet »[2].

1. Rép. min. n° 5652, *JOAN Q* 25 déc. 2007, p. 8227.
2. C. urb., art. R. 423-19.

334.22 Notion de dossier complet. Le dossier « est réputé complet si l'autorité compétente n'a pas, dans le délai d'un mois à compter du dépôt du dossier en mairie, notifié au demandeur ou au déclarant la liste des pièces manquantes dans les conditions prévues par les articles R. 423-38 et R. 423-41 »[1].

En l'absence de notification de cette liste (ou de notification selon les modalités fixées par le code), le dossier est réputé complet[2]. Cette circonstance « s'oppos[e] à ce que le maire refuse l'autorisation en raison du caractère incomplet du dossier »[3].

B. Exceptions

334.31 Permis délivré après enquête publique : départ du délai à réception du rapport d'enquête. Par dérogation aux dispositions de l'article R. 423-19, lorsque le permis ou la décision de non-opposition à déclaration préalable ne peut être délivré qu'après enquête publique, le délai d'instruction d'un dossier complet part de la réception par l'autorité compétente du rapport du commissaire enquêteur ou de la commission d'enquête[4]. Ces dispositions « ne font pas obstacle à ce que le service instructeur de la demande de permis recueille auprès des personnes publiques, services ou commissions intéressés par le projet, les accords, avis ou décisions prévus par les lois ou règlements en vigueur antérieurement à la réception du rapport du commissaire enquêteur, ceux-ci n'étant pas conditionnés par le dépôt de celui-là »[5].

Cette dérogation ne s'applique pas quand l'enquête publique porte sur un défrichement[6].

334.32 Permis délivré après mise en compatibilité d'un document d'urbanisme (procédure intégrée) : départ du délai à compter de la mise en compatibilité du document. Par dérogation aux dispositions de l'article R. 423-19, lorsque l'autorité compétente pour délivrer le permis est saisie selon la procédure intégrée pour le logement prévue à l'article R. 300-16 (procédure qui suppose la modification préalable d'un document d'urbanisme, celui-ci s'adaptant pour ainsi dire à un projet afin de rendre possible sa réalisation)[7], le délai d'instruction de la demande de permis de construire ou de permis d'aménager court à compter de la date à laquelle la décision de mise en compatibilité du document d'urbanisme concerné est exécutoire ou, si plusieurs de ces documents doivent être mis en compatibilité, de la date à laquelle la dernière décision de mise en compatibilité est exécutoire[8].

334.33 Procédure d'évaluation environnementale unique. Par dérogation aux dispositions de l'article R. 423-19, lorsque l'autorité mentionnée à l'article L. 422-1 est saisie par le maître d'ouvrage mentionné à l'article R. 122-27 du code de l'environnement dans le cadre d'une procédure prévue à l'article R. 104-38[9], le délai d'instruction de la demande de permis de construire ou de permis d'aménager court à compter de la date à laquelle la décision de mise en compatibilité d'un document d'urbanisme mentionné aux articles L. 104-1 ou L. 104-2 est exécutoire ou, si plusieurs de ces documents doivent être mis en compatibilité, de la date à laquelle la dernière décision de mise en compatibilité est exécutoire[10].

L'autorité chargée de la procédure de mise en compatibilité du document d'urbanisme informe l'autorité compétente mentionnée à l'article L. 422-1 de la date à laquelle la décision de mise en compatibilité d'un document d'urbanisme mentionné aux articles L. 104-1 ou L. 104-2 est exécutoire ou, si plusieurs de ces documents doivent être mis en compatibilité, de la date à laquelle la dernière décision de mise en compatibilité est exécutoire, dans le délai de huit jours à compter de la date de la décision[11].

§ 2 Point de départ du délai d'instruction en présence d'un dossier incomplet

334.41 Demande des pièces manquantes. En cas de dossier incomplet, cette hypothèse étant particulièrement fréquente[12], l'autorité compétente dispose d'un délai d'un mois pour notifier « au demandeur ou au déclarant la liste des pièces manquantes dans

1. C. urb., art. R. 423-22 – V. s[s] n°s 334.41 s.
2. PAR EX. : CAA Marseille, 4 avr. 2018, *C[ne] Le Paradou*, req. n° 17MA01915, NP : commune indiquant n'avoir « jamais demandé » de pièces complémentaires.
3. CAA Marseille, 4 avr. 2018, *C[ne] Le Paradou*, req. n° 17MA01915, NP.
4. C. urb., art. R. 423-20, al. 1er ; mod. par décr. n° 2022-422, 25 mars 2022.
5. CAA Nancy, 26 juin 2012, *Devaux*, req. n° 11NC01208, NP.
6. C. urb., art. R. 423-20, al. 2.
7. Sur cette procédure, v. s[s] n°s 513.21 s.
8. C. urb., art. R. 423-21.
9. V. s[s] n° 214.491.
10. C. urb., art. R. 423-21-1, al. 1er.
11. C. urb., art. R. 423-21-1, al. 2.
12. Selon les estimations du ministère, entre 40 et 50 % des dossiers présentent, au moment de leur réception, un caractère incomplet (J.-B. Lasne, Directeur du programme « Démat. ADS » au sein de la Direction générale de l'aménagement, du logement et de la nature, Podcast Le Mag de l'urbanisme, de l'aménagement et du logement, « La dématérialisation de l'application du droit des sols et de la fiscalité associée », 17 nov. 2020, 13 min. 38 s.). Témoignant de l'importance du phénomène, l'étude d'impact de la loi ÉLAN faisait état d'une enquête réalisée par le CGEDD indiquant qu'« une part très significative des réponses des architectes (54 %) mentionne que les trois-quarts des projets ont donné lieu à une demande de communication de pièces » (étude d'impact de la loi ÉLAN, art. 16, p[t] 1).

les conditions prévues par les articles R. 423-38 et R. 423-41 »[1]. Le délai d'instruction commence à courir à la réception des pièces manquantes.

A. Demande de production des pièces manquantes

1° Règles régissant la demande de pièces complémentaires

334.51 Envoi au pétitionnaire de la liste des pièces manquantes. Lorsque le dossier ne comprend pas les pièces exigées[2], l'autorité compétente adresse au demandeur ou à l'auteur de la déclaration une notification « indiquant, de façon exhaustive, les pièces manquantes »[3].

a. Contenu de l'envoi

334.61 Trois éléments. L'envoi précise[4] :

– que les pièces manquantes doivent être adressées à la mairie dans le délai de trois mois à compter de sa réception (a) ;

– qu'à défaut de production de l'ensemble des pièces manquantes dans ce délai, la demande fera l'objet d'une décision tacite de rejet en cas de demande de permis ou d'une décision tacite d'opposition en cas de déclaration (b) ;

– que le délai d'instruction commencera à courir à compter de la réception des pièces manquantes par la mairie (c). Pour ne pas ralentir la procédure, le pétitionnaire a donc intérêt à adresser au plus vite les pièces manquantes.

334.62 Envoi sans incidence sur les délais d'instruction si la demande porte sur une pièce non exigée. Une demande de production de pièce manquante ne portant pas sur l'une des pièces énumérées par le code n'a pas pour effet de modifier les délais d'instruction[5]. Il en ressort qu'une telle demande n'a pas pour effet de prolonger le délai d'instruction[6].

b. Formes de l'envoi

334.71 LRAR. L'envoi de la liste des pièces manquantes est effectué par lettre recommandée avec demande d'avis de réception[7], le cas échéant sous forme dématérialisée[8].

334.72 Conditions d'envoi. Le code prévoit des règles d'envoi des notifications communes, d'une part, aux demandes de pièces manquantes et, d'autre part, aux majorations, prolongations ou suspensions du délai d'instruction[9].

Un envoi par lettre simple d'une demande de pièces complémentaires n'a pas pour effet de prolonger le délai d'instruction. Par suite, le demandeur est titulaire d'un permis tacite à l'expiration du délai d'instruction[10].

c. Délai d'envoi

334.81 Délai d'un mois. L'autorité compétente adresse la demande de pièces complémentaires « dans le délai d'un mois à compter de la réception ou du dépôt du dossier à la mairie »[11].

Si dans ce délai d'un mois, une nouvelle demande apparaît nécessaire, « elle se substitue à la première et dresse de façon exhaustive la liste des pièces manquantes et fait courir le délai mentionné au a de l'article R. 423-39 »[12].

334.82 Envoi après le délai d'un mois. Les services chargés de l'instruction disposent de la possibilité d'adresser une demande de production de pièce manquante après la fin du délai d'un mois. Toutefois, afin de ne pas retarder la prise de décision, cette demande « n'a pas pour effet de modifier les délais d'instruction »[13].

1. C. urb., art. R. 423-22.
2. Sur les pièces constituant le dossier de demande de permis ou de déclaration préalable, v. s[s] n°s 331.190 s.
3. C. urb., art. R. 423-38.
4. C. urb., art. R. 423-39.
5. C. urb., art. R. 423-41.
6. V. s[s] n°s 334.101 s.
7. C. urb., art. R. 423-38.
8. V. s[s] n° 336.31.
9. V. s[s] n°s 334.401 s.
10. CAA Nancy, 9 juin 2011, *Raffa*, req. n° 10NC01064, NP. Par un courrier en date du 21 mars 2008, le maire a adressé un courrier aux demandeurs en les informant que plusieurs pièces du dossier de permis de construire manquaient dont les photographies permettant d'apprécier le projet dans son environnement proche et lointain ainsi que l'avis d'un hydrologue. La cour relève « que si les pièces du dossier et notamment les photographies et l'avis de l'hydrologue rédigé en avril 2008 complétant les pièces du permis de construire attestent que les requérants ont bien eu connaissance du courrier les invitant à compléter leur dossier, il n'est pas établi, en l'absence d'envoi de la lettre du 21 mars 2008 avec accusé réception ou en l'absence d'un récépissé de réception, que les intéressés en aient eu notification dans le délai d'un mois à compter du dépôt de leur demande de permis de construire, soit avant le 23 mars 2008 ; que par suite, en application de l'article R. 423-41 du code de l'urbanisme précité, le délai d'instruction n'ayant pas été interrompu, [les demandeurs] étaient bénéficiaires le 24 avril 2008 d'un permis de construire tacite ; qu'en refusant aux intéressés par l'arrêté en litige, le permis sollicité, le maire de la commune [...] a en conséquence, retiré le permis tacite ».
11. C. urb., art. R. 423-38.
12. C. urb., art. R. 423-40.
13. C. urb., art. R. 423-41.

Comme le confirme la jurisprudence, une telle demande « n'a pas [...] pour effet de prolonger le délai d'instruction »[1]. Ainsi, dans le cas d'une demande de permis déposée le 14 décembre 2009, une demande de pièce complémentaire datée du 7 janvier 2010 mais notifié au pétitionnaire le 21 janvier « n'a pas eu pour effet de prolonger le délai d'instruction de la demande de permis de construire présentée [...] le 14 décembre 2009 ; qu'il suit de là que [le pétitionnaire] était bénéficiaire, à compter du 14 février 2010, d'un permis de construire tacite »[2].

d.
Destinataire de l'envoi

334.91 **Envoi au pétitionnaire.** La demande de pièces complémentaires est adressée « au demandeur ou à l'auteur de la déclaration »[3].

Cette exigence n'est pas satisfaite en cas d'envoi de la notification au géomètre-expert. Par suite, cette notification n'a pas pour effet d'interrompre le délai d'instruction[4].

e.
Cas dans lequel l'administration demande une pièce non prévue dans la liste des pièces obligatoires

334.101 **Demande d'une pièce non exigible.** Les services instructeurs ont pris l'habitude de demander des pièces complémentaires non exigées par le code de l'urbanisme. Les documents les plus fréquemment réclamés à ce titre sont les plans intérieurs, les documents relatifs à l'insertion paysagère et aux perspectives ainsi que les profils et les coupes[5].

La pratique – illégale – consistant à demander des pièces complémentaires « hors liste » s'explique principalement, selon un avocat s'appuyant sur son expérience en la matière, par deux raisons : d'une part, « l'insuffisante formation des élus et des agents travaillant sous leur responsabilité », d'autre part le fait qu'elle offre au « service instructeur, surchargé », un artifice lui permettant « de prolonger le temps qui lui est laissé pour instruire »[6].

1. CAA Marseille, 12 déc. 2013, *Frontignan (Cne)*, req. nº 11MA02145, NP.
2. CAA Marseille, 12 déc. 2013, *Frontignan (Cne)*, req. nº 11MA02145, NP.
3. C. urb., art. R. 423-38.
4. CAA Bordeaux, 9 mai 2018, *Ho-Bing-Huang*, req. nº 16BX00812, NP.
5. Étude d'impact de la loi ÉLAN, art. 16, pt 1.
6. E. Worsmer, « Instruction des autorisations d'urbanisme : quand l'irrégularité d'une demande de pièces complémentaires sécurise le pétitionnaire », *Constr.-urb.* 2022, ét. 5, § 2 et 3. Pour l'identification d'autres facteurs, de façon plus compréhensive à l'égard de l'administration, v. F. Polizzi, « Quelles conséquences tirer d'une demande injustifiée de pièces complémentaires ? », *AJDA* 2016. 1140.

334.102 **L'absence d'effet sur le délai d'instruction.** Afin de mettre un coup d'arrêt à cette pratique, le Conseil d'État a décidé, dans un arrêt « Commune de Saint Herblain » rendu le 9 décembre 2022, que l'annulation d'une demande illégale de pièces complémentaires conduit à regarder le pétitionnaire comme étant bénéficiaire d'une autorisation tacite à l'expiration du délai d'instruction. Après avoir rappelé le principe selon lequel une autorisation tacite naît à l'expiration du délai d'instruction, il affirme qu'en application des dispositions applicables, « le délai d'instruction n'est ni interrompu, ni modifié par une demande, illégale, tendant à compléter le dossier par une pièce qui n'est pas exigée en application du livre IV de la partie réglementaire du code de l'urbanisme. Dans ce cas, une décision de non-opposition à déclaration préalable ou un permis tacite naît à l'expiration du délai d'instruction, sans qu'une telle demande puisse y faire obstacle »[7].

Il en résulte qu'une demande illégale de pièces complémentaires n'interrompt pas le délai d'instruction et ne fait pas obstacle à l'intervention d'une autorisation tacite. Il en va ainsi tant dans l'hypothèse où le pétitionnaire s'est abstenu de transmettre les pièces demandées que dans celui où il a transmis de telles pièces dans le délai de trois mois[8]. Trois situations peuvent dès lors se présenter à l'expiration de celui-ci :

– lorsque l'administration n'a pas opposé de refus dans le délai d'instruction, l'autorisation est acquise, ouvrant au pétitionnaire le droit de demander le certificat de délivrance tacite prévu à l'article R. 424-13 du code de l'urbanisme (si l'administration refuse sa délivrance, en soutenant que la pièce demandée était exigible et, par suite, que le délai d'instruction n'a pas été interrompu, il sera possible au pétitionnaire de former un recours contre ce refus) ;

7. CE, sect., 9 déc. 2022, *Commune de Saint-Herblain*, req. nº 454521, *Lebon ; BJDU* 2023. 35, concl. Ph. Ranquet ; *RDI* 2023. 117, obs. P. Soler-Couteaux ; *Dr. adm.* 2023, comm. 20, note J. Martin ; *RFDA* 2023. 137, note O. Le Bot ; *RFDA* 2023. 144, note W. Besbourdes ; *JCP Adm.* 2023, nº 2006, note F. Polizzi ; *Constr.-Urb.* 2023, comm. 2, note X. Couton ; *AJDA* 2023. 236, chron. Th. Janicot et R. Wadjinny-Green – CE 30 avr. 2024, *M. Schroeder*, req. nº 461958, *Lebon T. ; JCP Adm.* 2024, act. 272, obs. F. Polizzi ; *RDI* 2024. 417, obs. P. Soler-Couteaux. Sur l'application dans le temps de cette jurisprudence, v. CAA Marseille, 28 déc. 2023, Commune de Réotier, req. nº 22MA00833, NP ; *AJDA* 2024. 838, obs. P. Angéniol.
8. Se trouve ainsi abandonnée la jurisprudence antérieure, posant que l'illégalité d'une demande de pièce complémentaire est dépourvue d'incidence sur le délai d'instruction et, par suite, que le pétitionnaire ne se retrouve pas bénéficiaire d'une autorisation tacite à l'expiration de celui-ci : CE 8 avr. 2015, *Verrier*, req. nº 365804 – ÉGALEMENT : CE 9 déc. 2015, *Asnière-sur-Nouère (Cne)*, req. nº 390273, *Lebon T. ; RDI* 2016. 109, obs. R. Decout-Paolini ; *AJDA* 2016. 1140, ét. F. Polizzi.

– lorsqu'une décision de refus intervient après l'expiration du délai d'instruction, cette décision est regardée comme constituant un retrait (le pétitionnaire peut dès lors en demander l'annulation s'il ne répond pas aux conditions du retrait) ;

– lorsqu'une décision d'acceptation expresse intervient après l'expiration du délai d'instruction, elle présente un caractère purement confirmatif et n'est donc dotée d'aucun effet juridique.

334.103 Interdiction de se fonder sur une pièce non exigible. Dans le cas où le pétitionnaire, en réponse à la demande de pièces complémentaires, a fourni une pièce qui a été indûment demandée car ne figurant pas sur la liste limitative des pièces pouvant être exigées, cette irrégularité « n'est pas, par elle-même, de nature à entraîner l'illégalité de la décision de l'autorité administrative refusant de faire droit à la demande d'autorisation ». Toutefois, l'autorisation d'urbanisme n'ayant d'autre objet que d'autoriser la construction conforme aux plans et indications fournis par le pétitionnaire et l'autorité administrative n'ayant, par suite, pas à vérifier l'exactitude des déclarations du demandeur relatives à la consistance de son projet à moins qu'elles ne soient contredites par les autres éléments du dossier joint à la demande tels que limitativement définis par les dispositions précitées, « l'administration ne peut légalement refuser l'autorisation demandée en se fondant sur la consistance du projet au vu d'une pièce ne relevant pas de cette liste limitative »[1].

2°
Demande d'envoi de pièces manquantes en matière d'ERP, d'IGH et d'aménagement commercial

a.
Demande d'envoi en matière d'ERP et d'IGH

334.111 Modalités d'envois de droit commun. Les règles présentées ci-dessus (v. s[s] n°s 334.51 s.) sont applicables aux demandes de pièces manquantes portant sur[2] :

– le dossier prévu par les articles D. 122-12 et R. 122-13 du CCH permettant de vérifier la conformité d'un établissement recevant du public avec les règles d'accessibilité aux personnes handicapées (a) ;

– le dossier prévu par l'article R. 123-22 du CCH permettant de vérifier la conformité d'un établissement recevant du public avec les règles de sécurité (b) ;

– le dossier prévu par l'article R. 122-11-3 du CCH permettant de vérifier la conformité du projet d'immeuble de grande hauteur avec les règles de sécurité (c).

b.
Demande d'envoi de pièces manquantes pour le permis de construire valant autorisation d'exploitation commerciale

334.121 Modalités d'envoi spécifiques pour le dossier d'autorisation d'exploitation commerciale. Lorsque le permis de construire vaut autorisation d'exploitation commerciale, l'indication, le cas échéant, par le secrétariat de la CDAC au maire concerné des pièces manquant au dossier de demande d'autorisation d'exploitation commerciale mentionné à l'article R. 431-33-1[3] et la transmission par le maire de ces pièces sont effectuées dans les délais et selon les modalités prévus à l'article R. 752-10 du code de commerce[4].

3°
Recours contre la demande d'envoi de pièces complémentaires

334.131 Recours recevable. Une demande de pièces complémentaires faisant naître une décision tacite de refus en l'absence de production des pièces demandées[5], elle constitue une décision faisant grief susceptible de faire l'objet d'un recours pour excès de pouvoir[6].

Cette possibilité ne présente plus guère d'intérêt depuis l'arrêt Commune de Saint Herblain[7], à moins que le pétitionnaire assortisse son recours au fond d'une demande de suspension. Les demandes en référé-suspension étant jugées dans un délai moyen de 20 jours, le pétitionnaire qui justifie d'une situation d'urgence sera, par ce biais, en mesure d'obtenir dans un délai rapide une prise de position sur la légalité de l'acte l'invitant à transmettre des pièces complémentaires ; il peut alors attendre d'être fixé sur ce point avant de décider de transmettre ou non la pièce demandée.

B.
Transmission des pièces demandées

334.141 Le pétitionnaire envoie les pièces demandées. À compter de la réception de la demande de pièces complémentaires, le pétitionnaire dispose

1. CE 13 nov. 2019, *Auguet*, req. n° 419067, *Lebon T. ; RDI* 2020. 102, obs. P. Soler-Couteaux.
2. C. urb., art. R. 423-41-1.
3. V. s[s] n° 361.282.
4. C. urb., art. R. 423-38-1.
5. V. s[s] n° 334.142.
6. CE 8 avr. 2015, *Verrier*, req. n° 365804, *Lebon T. ; BJDU* 2015. 316, concl. S. von Coester ; *Constr.-Urb* 2005, comm. 84, note L. Santoni ; *RDI* 2015. 312, obs. P. Soler-Couteaux.
7. V. s[s] n° 334.101.

d'un délai de trois mois pour les adresser à la mairie[1].

Le délai d'instruction « commencera à courir à compter de la réception des pièces manquantes par la mairie »[2]. Si aucune décision n'est notifiée à l'issue de ce délai, l'autorisation d'urbanisme est tacitement accordée[3].

334.142 Le pétitionnaire n'envoie pas les pièces demandées. À défaut de production de l'ensemble des pièces manquantes dans les trois mois qui suivent la notification, la demande fera l'objet[4] :

– d'une décision tacite de rejet en cas de demande de permis[5] ;

– ou d'une décision tacite d'opposition en cas de déclaration.

L'absence de suite donnée par le pétitionnaire à une demande de communication de pièces manquantes emporte ainsi rejet de sa demande.

Lorsque l'administration estime, au vu des nouvelles pièces reçues dans le délai de trois mois, que le dossier reste incomplet, « elle peut inviter à nouveau le pétitionnaire à le compléter, cette demande étant toutefois sans incidence sur le cours du délai et la naissance d'une décision tacite de rejet si le pétitionnaire n'a pas régularisé son dossier au terme de ce délai »[6].

SECTION 2 DÉLAIS D'INSTRUCTION

334.151 Des délais non francs. Les délais d'instruction sont des délais non francs car ils concernent une procédure administrative et non une procédure contentieuse[7].

334.152 Délai de droit commun et délais particuliers. Le code fixe un délai d'instruction de droit commun. Celui-ci est modifié dans certains cas et, exceptionnellement, peut être prolongé[8].

§ 1 Délai d'instruction de droit commun

334.161 Trois délais. L'article R. 423-3 du code de l'urbanisme distingue trois délais.

334.162 Délai d'un mois pour les DP. Le délai d'instruction de droit commun est d'un mois pour les déclarations préalables[9].

334.163 Délai de deux mois pour les demandes de PC et PD portant sur une maison individuelle. Le délai d'instruction de droit commun est de deux mois pour les demandes de permis de démolir et pour les demandes de permis de construire portant[10] :

– sur une maison individuelle, au sens du titre III du livre II du CCH ;

– ou ses annexes (par exemple un garage).

La notion de maison individuelle est définie par renvoi à la définition donnée par le CCH.

Le Conseil d'État affirme qu'eu égard à l'objet des dispositions précitées, « relèvent seules du b de cet article R. 423-23 les demandes portant sur un immeuble dont les surfaces sont exclusivement ou principalement affectées à un usage d'habitation et qui, selon les termes de l'article L. 231-1 du code de la construction et de l'habitation, ne comporte "pas plus de deux logements destinés au même maître de l'ouvrage" »[11].

À titre d'exemple, entre dans le champ du b) de l'article R. 423-23 le projet de construction portant

1. C. urb., art. R. 423-39, a.
2. C. urb., art. R. 423-39, c.
3. CE 30 avr. 2024, *M. Schroeder*, req. n° 461958, *Lebon T.* ; *JCP Adm.* 2024, act. 272, obs. F. Polizzi ; *RDI* 2024. 417, obs. P. Soler-Couteaux.
4. C. urb., art. R. 423-39, b.
5. CE 30 avr. 2024, *M. Schroeder*, req. n° 461958.
6. CE 30 avr. 2024, *M. Schroeder*, req. n° 461958.
7. CE 7 juill. 2008, *Auquier*, req. n° 310985, *Lebon T.* : en l'espèce, la demande de permis a été enregistrée le 23 janvier 2004. Le délai d'instruction de deux mois expirait le 23 mars 2004 à minuit. Dans ces conditions, la décision du maire en date du 22 mars 2004 refusant le permis demandé, présentée au domicile de l'intéressé le 23 mars, constituait un refus de permis de construire et non le retrait d'un permis tacite. Il en va ainsi alors même que la lettre notifiant à l'intéressé le délai d'instruction de sa demande de permis indiquait par erreur qu'elle vaudrait autorisation si l'autorité compétente ne s'était pas prononcée « avant le 23 mars 2004 ».
8. C. urb., art. R. 423-18 : « Le délai d'instruction est déterminé dans les conditions suivantes : – Un délai de droit commun est défini par la sous-section 2 ci-dessous. En application de l'article R. 423-4, il est porté à la connaissance du demandeur par le récépissé ; – Le délai de droit commun est modifié dans les cas prévus par le paragraphe 1 de la sous-section 3 ci-dessous. La modification est notifiée au demandeur dans le mois qui suit le dépôt de la demande ; – Le délai fixé en application des a ou b est prolongé dans les cas prévus par le paragraphe 2 de la sous-section 3 ci-dessous, pour prendre en compte des obligations de procédure qui ne peuvent être connues dans le mois qui suit le dépôt de la demande ».
9. C. urb., art. R. 423-23, a.
10. C. urb., art. R. 423-23, b.
11. CE 26 mars 2018, *Martini*, req. n° 405330, *Lebon T.* ; *BJDU* 2018. 267, concl. R. Decout-Paolini ; – DANS LE MÊME SENS : CAA Lyon, 5 févr. 2013, *Bellefond (Cne)*, req. n° 12LY02315, NP : cour indiquant « qu'en vertu des dispositions du code de la construction et de l'habitation auxquelles il est ainsi renvoyé, en particulier ses articles L. 231-1 et L. 232-1, constitue une maison individuelle l'immeuble à usage d'habitation ou l'immeuble à usage professionnel et d'habitation ne comportant pas plus de deux logements destinés au même maître de l'ouvrage ; que l'application du b) de l'article R. 423-23 précité du code de l'urbanisme est subordonnée à cette seule caractéristique, sans que le pétitionnaire ait en outre à justifier de l'existence de l'un des contrats de construction dont les dispositions en cause du code de la construction et de l'habitation définissent le contenu ».

sur un garage, sur un terrain comportant un immeuble à usage d'habitation dans lequel est aménagé un seul logement[1].

À titre d'exemple, ne relève pas de la notion de maison individuelle au sens du b) de l'article R. 423-23, le projet de construction portant sur :

- un hangar à usage agricole de 534 m², dont 138 m² affectés à l'habitation et 395 m² affectés à l'activité agricole (dès lors que ce projet n'est pas principalement affecté à l'habitation)[2] ;
- un corps unique de bâtiment composé de deux parties de 119 m² de surface de plancher chacune, l'une affectée à l'usage de bureaux, l'autre à l'usage d'habitation, dès lors que les bureaux comportent en sous-sol des entrepôts d'une surface de 20 m² et présentent donc une surface plus importante que la partie à usage d'habitation[3] ;
- un immeuble, composé de deux bâtiments, comprenant quatre logements[4].

334.164 Délai de trois mois pour les demandes de PA et les demandes de PC ne portant pas sur une maison individuelle. Le délai d'instruction de droit commun est de trois mois pour[5] :

- les demandes de permis de construire ne portant pas sur une maison individuelle ou ses annexes ;
- les demandes de permis d'aménager.

334.165 Administration notifiant à tort un délai inexact. Dans le cas où l'autorité d'urbanisme a notifié à tort, à la réception du dossier complet d'une demande de permis de construire, un délai d'instruction de deux mois, alors que celui-ci était de trois mois, elle dispose d'un délai d'un mois pour notifier au pétitionnaire le délai d'instruction modifié[6].

§ 2
Modification du délai d'instruction

334.171 Majoration ou diminution du délai. Le code de l'urbanisme prévoit que le délai d'instruction peut être majoré ou diminué.

A.
Cas dans lesquels le délai d'instruction est majoré

334.181 Majoration pour permettre la mise en œuvre d'une formalité. Dans les cas où le projet est soumis à une consultation, ou à toute autre formalité durant l'instruction, une majoration du délai d'instruction est prévue afin de tenir compte du temps nécessaire à sa mise en œuvre. Les cas de majoration du délai d'instruction sont prévus aux articles R. 423-24 et suivants du code de l'urbanisme.

1°
Majoration du délai d'instruction applicable à toutes les demandes de permis et toutes les déclarations préalables

334.191 Majoration d'un mois. Le délai d'instruction prévu pour les déclarations préalables est majoré d'un mois[7] :

- lorsque le projet est soumis, dans les conditions mentionnées au chapitre V, à un régime d'autorisation ou à des prescriptions prévus par d'autres législations ou réglementations que le code de l'urbanisme (a)[8] ;
- lorsque la décision nécessite une dérogation en application des 1° et 3° des articles L. 152-4[9] et L. 152-6[10] (b) ;
- lorsque le projet est situé dans le périmètre d'un site patrimonial remarquable ou dans les abords des monuments historiques (c) ;
- lorsque le projet doit être soumis à l'avis de la commission départementale de la préservation des espaces naturels, agricoles et forestiers prévu par l'article L. 112-1-1 du code rural (d) ;
- lorsque le projet est soumis à participation du public hors procédures particulières en application de l'article L. 123-19-2 du code de l'environnement (e).

1. CAA Lyon, 5 févr. 2013, *Bellefond (Cne)*, req. n° 12LY02315, NP.
2. CE 26 mars 2018, *Martini*, req. n° 405330, *Lebon T.* ; *BJDU* 2018. 267, concl. R. Decout-Paolini.
3. CAA Marseille, 18 avr. 2013, *Allouin*, req. n° 11MA01269, NP.
4. CAA Bordeaux, 8 juin 2017, *Arcachon (Cne)*, req. n° 15BX00230, NP.
5. C. urb., art. R. 423-23, c.
6. CAA Marseille, 12 déc. 2013, *Frontignan (Cne)*, req. n° 11MA02145, NP.
7. C. urb., art. R. 423-24.
8. V. sss 4171 s.
9. Dérogations aux règles du PLU pour permettre, d'une part, la reconstruction de bâtiments détruits ou endommagés (v. ss n° 232.161) et, d'autre part, des travaux nécessaires à l'accessibilité des personnes handicapées à un logement existant (v. ss n° 232.181).
10. Dérogations aux règles du PLU relatives, d'une part, au gabarit et à la densité pour autoriser une construction à dépasser la hauteur maximale et, d'autre part, aux règles relatives à la densité et aux obligations en matière de création d'aires de stationnement et aux règles adoptées en application de l'article L. 151-15 pour autoriser la transformation à usage principal d'habitation d'un immeuble existant par reconstruction, rénovation ou réhabilitation – V. ss n° 232.251.

334.192 Cas de majoration non cumulables. Les majorations de délais prévus à l'article R. 423-24 ne sont pas cumulables avec les autres cas de majoration.

Ce non-cumul est prévu :

– par l'article R. 423-25, s'agissant des cas de majoration prévus par cet article[1] ;

– par l'article R. 423-33, s'agissant des cas de majoration prévus par les autres articles[2].

2°
Majorations du délai d'instruction applicables aux permis de construire, permis de démolir et permis d'aménager

a.
Majoration de base (deux mois)

334.201 Cas de majoration (permis). Le délai d'instruction prévu pour les demandes de permis de construire, de permis de démolir et de permis d'aménager est majoré de deux mois[3] :

– lorsqu'il y a lieu de consulter une commission départementale ou régionale (a) ;

– lorsqu'il y a lieu de consulter le ministre chargé de l'agriculture en application de l'article L. 643-4 du code rural[4] (b) ;

– lorsqu'il y a lieu d'instruire une dérogation en application du quatrième alinéa de l'article L. 111-3 du code rural[5] (c) ;

– lorsque le demandeur a joint à sa demande de permis de construire une demande de dérogation prévue à l'article L. 112-13 du CCH (d)[6] ;

– lorsque le permis porte sur un projet soumis à autorisation d'exploitation commerciale au sens de l'article L. 752-1 du code de commerce (e) ;

– lorsque le projet est soumis à participation du public par voie électronique en application de l'article L. 123-19 du code de l'environnement (f).

334.202 Cas de majoration non cumulables. Les majorations de délai prévues à l'article R. 423-25[7] ne sont pas cumulables[8] :

– avec la majoration prévue à l'article R. 423-24[9] ;

– ni avec les cas de majoration prévus par les autres articles, à savoir les articles R. 423-26 à R. 423-32-1[10].

b.
Majoration plus importante

334.211 Parc national. Le délai d'instruction prévu pour les demandes de permis de construire, de permis de démolir et de permis d'aménager est porté à cinq mois lorsque le projet est situé[11] :

– dans un espace ayant vocation à être classé dans le cœur d'un futur parc national dont la création a été prise en considération en application de l'article R. 331-5 du code de l'environnement ;

– ou dans le cœur d'un parc national délimité en application de l'article L. 331-2 du code de l'environnement.

334.212 Consultations. Le délai d'instruction prévu pour les demandes de permis de construire, de permis de démolir et de permis d'aménager est porté à cinq mois[12] :

– lorsqu'il y a lieu de consulter une commission nationale (a) ;

– lorsqu'il y a lieu de consulter l'assemblée de Corse en application de l'article R. 423-56[13] (b) ;

– lorsqu'il y a lieu de consulter le préfet, dans les conditions prévues par l'article R. 332-24 du code de l'environnement, lorsqu'il s'agit d'une réserve naturelle nationale ou, en Corse, d'une réserve classée par l'État (c).

334.213 Monument historique, ERP et IGH. Le délai d'instruction prévu pour les demandes de permis de construire, de permis de démolir et de permis d'aménager est porté à cinq mois[14] :

– lorsqu'un permis porte sur un immeuble inscrit au titre des monuments historiques et, le cas échéant, lorsqu'il y a lieu d'instruire une dérogation en application du 2° de l'article L. 152-4 du code de l'urbanisme (a)[15] ;

– cinq mois lorsqu'un permis de construire porte sur des travaux relatifs à un établissement recevant du public et soumis à l'autorisation prévue à l'article L. 122-3 du CCH ou sur des travaux relatifs à un

1. V. s[s] n° 334.202.
2. C. urb., art. R. 423-26 à R. 423-32-1.
3. C. urb., art. R. 423-25.
4. Procédure de protection d'une appellation d'origine.
5. Autorisation de déroger aux règles d'éloignement des bâtiments agricoles par rapport aux habitations.
6. Surélévation d'un immeuble.
7. V. s[ss] 4408 et s.
8. C. urb., art. R. 423-25, al. 9.
9. V. s[s] n° 334.191.
10. C. urb., art. R. 423-33.
11. C. urb., art. R. 423-26.
12. C. urb., art. R. 423-27.
13. Projet d'implantation d'un ouvrage de production utilisant une énergie renouvelable.
14. C. urb., art. R. 423-28.
15. Dérogation au PLU pour permettre la restauration ou la reconstruction d'immeubles protégés au titre de la législation sur les monuments historiques, lorsque les contraintes architecturales propres à ces immeubles sont contraires à ces règles – V. s[s] n° 232.171.

immeuble de grande hauteur et soumis à l'autorisation prévue à l'article L. 122-1 du même code (b).

334.214 Autorisation de défrichement. Lorsque le permis doit être précédé d'une autorisation de défrichement en application des articles L. 341-1, L. 341-3 et L. 214-13 du code forestier, le délai d'instruction de droit commun prévu pour les demandes de permis de construire, de permis de démolir et de permis d'aménager est porté à[1] :

– cinq mois lorsque le défrichement est soumis à reconnaissance de la situation et de l'état des terrains (a) ;

– sept mois lorsque le défrichement fait l'objet d'une enquête publique (b) ;

– trois mois dans les autres cas (c).

334.215 Autorisation spéciale du ministre de la défense, de l'aviation ou des sites. Le délai d'instruction prévu pour les demandes de permis de construire, de permis de démolir et de permis d'aménager est porté à[2] :

– dix mois lorsqu'un permis porte sur des travaux soumis à autorisation spéciale du ministre de la défense ou du ministre chargé de l'aviation civile et soumis à l'autorisation prévue à l'article L. 512-1 du code de l'environnement (a) ;

– cinq mois lorsqu'un permis porte sur des travaux soumis à autorisation spéciale du ministre de la défense ou du ministre chargé de l'aviation civile, sauf si le projet est soumis à l'autorisation prévue à l'article L. 512-1 du code de l'environnement (b) ;

– huit mois lorsqu'un permis porte sur des travaux soumis à l'accord du ministre chargé des sites prévu par le b de l'article R. 425-17 (c).

3°
Majoration du délai d'instruction propre aux déclarations préalables

334.221 Consultation de la commission régionale du patrimoine et de l'architecture. Le délai d'instruction prévu pour les déclarations préalables est majoré de deux mois lorsqu'il y a lieu de consulter la commission régionale du patrimoine et de l'architecture[3].

334.222 Consultation du préfet dans le cas d'une réserve naturelle. Le délai d'instruction prévu pour les déclarations préalables est de deux mois lorsqu'il y a lieu de consulter le préfet, dans les conditions prévues par l'article R. 332-24 du code de l'environnement, lorsqu'il s'agit d'une réserve naturelle nationale ou, en Corse, d'une réserve classée par l'État[4]. Cette disposition équivaut à majorer d'un mois le délai d'instruction prévu.

334.223 Participation du public par voie électronique (DP). Le délai d'instruction prévu pour les déclarations préalables est majoré de deux mois lorsque le projet est soumis à participation du public par voie électronique[5].

4°
Recours contre une décision de majorer le délai d'instruction

334.231 Irrecevabilité. Le recours formé contre une décision de majorer le délai d'instruction est irrecevable[6].

5°
Effet d'une majoration illégale du délai d'instruction

334.241 Naissance d'une autorisation tacite. Une majoration illégale du délai d'instruction est dépourvue d'effet sur celui-ci, emportant ainsi naissance d'une autorisation tacite à son expiration[7].

B.
Cas dans lesquels le délai d'instruction est diminué mais court après la mise en œuvre d'une formalité (permis de construire ou d'aménager)

334.251 Réduction en raison d'une formalité chronophage. Lorsque le projet nécessite la mise en œuvre d'une formalité dont la mise en œuvre prend plusieurs mois, les autres formalités auront largement le temps d'être réalisées durant cette période. Par suite, afin de ne pas retarder inutilement la durée de l'instruction, le code prévoit dans ce cas une diminution du délai d'instruction, ce délai diminué courant une fois que la formalité concernée a été mise en œuvre.

334.252 Enquête publique. Dans le cas prévu à l'article R. 423-20 où le permis ou la décision de non-opposition à DP ne peut être délivré qu'après enquête publique[8] (sauf dans le cas prévu par l'article R. 423-29 où l'enquête publique porte sur un défrichement[9]), le délai d'instruction est de deux

1. C. urb., art. R. 423-29.
2. C. urb., art. R. 423-31.
3. C. urb., art. R. 423-25-1.
4. C. urb., art. R. 423-27, al. 5.
5. C. urb., art. R. 423-25, al. 8, créé par décr. n° 2022-422, 25 mars 2022.
6. V. s[s] n° 334.302.
7. V. s[s] n° 334.301.
8. V. s[s] n° 334.31.
9. Sur ce cas, v. s[s] n° 334.214.

mois à compter de la réception par l'autorité compétente du rapport du commissaire enquêteur ou de la commission d'enquête[1].

334.253 Mise en compatibilité d'un document d'urbanisme. Dans le cas prévu à l'article R. 423-21 (permis délivré après mise en compatibilité d'un document d'urbanisme)[2], le délai d'instruction de la demande de permis de construire ou de permis d'aménager est d'un mois à compter[3] :

– de la date à laquelle la décision de mise en compatibilité de l'un des documents mentionnés au I et au I *bis* de l'article L. 300-6-1 est exécutoire ;

– ou, si plusieurs de ces documents doivent être mis en compatibilité, de la date à laquelle la dernière décision de mise en compatibilité est exécutoire.

C. Un cas dans lequel le délai d'instruction peut être réduit (construction agricole)

334.261 Demande de permis de construire établi par un architecte (construction agricole de faible importance). L'autorité compétente en matière de délivrance du permis de construire peut réduire les délais d'instruction des demandes de permis de construire présentées par les personnes physiques et morales mentionnées au premier alinéa de l'article 4 de la loi du 3 janvier 1977[4] sur l'architecture (c'est-à-dire les agriculteurs) lorsque le projet architectural faisant l'objet de la demande de permis de construire a été établi par un architecte[5].

D. Délai d'instruction à retenir lorsque plusieurs motifs de modification du délai s'appliquent

334.271 Deux situations. Le code prévoit que certaines majorations de délais ne peuvent se cumuler entre elles[6].

Dans les autres cas (c'est-à-dire lorsque le code ne définit pas les modalités d'articulation des différentes modifications), la doctrine administrative estime que les différentes modifications du délai d'instruction ne se cumulent pas et qu'il y a lieu de retenir la durée de majoration la plus longue[7].

334.272 Pas de double majoration pour un même motif. L'autorité administrative ne peut légalement, pour le même motif que celui déjà invoqué lors de la fixation initiale du délai d'instruction, majorer ce délai à nouveau. Ainsi, la lettre rectificative par laquelle cette autorité informe le demandeur que le délai d'instruction, fixé à trois mois en raison de la nécessité de consulter certains services, devait être majoré d'un mois supplémentaire en raison de la même nécessité, est entaché d'illégalité[8].

E. Notification du changement de délai d'instruction

1° Obligation de notifier le changement de délai

334.281 Contenu de la notification. Lorsque le délai d'instruction de droit commun est modifié en application des articles R. 423-24 à R. 423-33[9], l'autorité compétente indique au demandeur ou à l'auteur de la déclaration les éléments suivants[10] :

– le nouveau délai et, le cas échéant, son nouveau point de départ (a) ;

– les motifs de la modification de délai (b) ;

– lorsque le projet entre dans les cas prévus à l'article R. 424-2 (cas dans lesquels le défaut de notification d'une décision expresse dans le délai d'instruction vaut décision implicite de rejet), qu'à l'issue du délai, le silence éventuel de l'autorité compétente vaudra refus tacite du permis (c).

Lorsque le délai d'instruction est susceptible de faire l'objet d'une prolongation exceptionnelle en application des articles R. 423-34 à R. 423-37[11], l'envoi l'indique explicitement[12].

334.282 Délai pour notifier le changement de délai. La notification du changement de délai doit être faite « dans le délai d'un mois à compter de la réception ou du dépôt du dossier à la mairie »[13].

Dans le cas où l'autorité d'urbanisme a notifié à tort, à la réception du dossier complet d'une demande de permis de construire, le délai d'instruction de droit commun de trois mois alors que cette demande entre dans le champ d'application de l'article R. 423-28 (délai de 5 mois)[14], elle dispose d'un délai d'un

1. C. urb., art. R. 423-32 ; mod. par décr. n° 2022-422, 25 mars 2022.
2. V. s[s] n° 334.32.
3. C. urb., art. R. 423-32-1.
4. L. n° 77-2, 3 janv. 1977 sur l'architecture, *JO* 4 janv., p. 71.
5. V. s[s] n° 361.42.
6. V. s[s] n°s 334.192 et 334.202.
7. Rép. min. n° 20118, *JOAN Q* 2 sept. 2008, p. 7570 : « le principe est que, si un délai d'instruction de droit commun est soumis à plusieurs motifs qui permettent de substituer un nouveau délai, la notification devra les préciser un par un, et le nouveau délai d'instruction sera celui qui est le plus long ».
8. CE 22 oct. 1982, *S[té] Sobeprim*, req. n° 12522, *Lebon*.
9. V. s[s] n°s 334.181 s.
10. C. urb., art. R. 423-42.
11. V. s[s] n°s 334.311 s.
12. C. urb., art. R. 423-45.
13. C. urb., art. R. 423-42, al. 1er.
14. V. s[s] n° 334.213.

mois pour notifier au pétitionnaire le délai d'instruction modifié. Passée cette échéance, et nonobstant la circonstance que le délai d'instruction de droit commun ne serait pas lui-même parvenu à expiration, faisant ainsi naître un permis tacite, elle ne peut plus légalement procéder à une telle notification[1].

Les dispositions de l'article R. 423-42 n'exigent pas que le dossier soit complet pour que la notification soit réalisée. Par suite, la modification du délai d'instruction doit être notifiée au pétitionnaire dans le mois suivant le dépôt ou la réception du dossier en mairie, et non à compter de la date à laquelle ce dossier est complet[2].

334.283 **Conditions d'envoi.** Le code prévoit des règles d'envoi des notifications communes, d'une part, aux demandes de pièces manquantes et, d'autre part, aux majorations, prolongations ou suspensions du délai d'instruction[3].

2°
Notification conditionnant les modifications de délais

334.291 **Principe.** Les modifications de délai prévues par les articles R. 423-24 à R. 423-33 ne sont applicables que si les notifications ont été faites[4], et ce dans les formes et les délais requis.

La jurisprudence souligne en conséquence « que, si le délai d'instruction de droit commun peut être modifié par l'autorité compétente, celle-ci doit en informer le pétitionnaire dans le délai d'un mois à compter de la réception ou du dépôt de son dossier à la mairie ; que ce délai présente un caractère impératif »[5].

Il en résulte l'application du délai d'instruction de droit commun :

- en l'absence de notification dans le délai d'un mois[6] ;
- ou en l'absence de notification par l'autorité compétente[7].

L'administration supporte la charge de la preuve de la régularité de cette notification[8].

334.292 **Exception dans le cas d'une autorisation de défrichement lorsque le défrichement est soumis à reconnaissance de la situation et de l'état des terrains.** Dans le cas prévu au a de l'article R. 423-29 (cas où le permis doit être précédé d'une autorisation de défrichement et que le défrichement est soumis à reconnaissance de la situation et de l'état des terrains)[9], la notification par le préfet de sa décision de faire procéder à une reconnaissance de la situation des terrains tient lieu de la notification prévue à l'article R. 423-42[10].

Elle doit être adressée dans les conditions définies par les articles R. 423-46 et suivants[11].

F.
Hypothèse d'une majoration illégale du délai d'instruction

334.301 **Absence d'effet sur le délai d'instruction.** Une modification du délai d'instruction notifiée après l'expiration du délai d'un mois prévu à l'article R. 423-18 ou qui, bien que notifiée dans ce délai, ne serait pas motivée par l'une des hypothèses de majoration prévues aux articles R. 423-24 à R. 423-33, « n'a pas pour effet de modifier le délai d'instruction de droit commun à l'issue duquel naît un permis tacite ou une décision de non-opposition à déclaration préalable »[12].

334.302 **Irrecevabilité du recours.** Une lettre majorant le délai d'instruction d'une demande d'autorisation d'urbanisme n'est pas une décision faisant grief susceptible de faire l'objet d'un recours pour excès de pouvoir[13]. Cette fermeture du prétoire constitue la contre-partie de la solution, très favorable au pétitionnaire, selon laquelle une majoration illégale du délai est dépourvue d'effet sur le délai d'instruction[14].

1. CAA Lyon, 2 oct. 2012, *Sté Domaine du pas du Ventoux*, req. nº 12LY00334, NP.
2. CAA Nantes, 10 nov. 2023, *Journeux*, req. nº 22NT00357, NP ; *AJDA* 2024. 58, obs. F.-X. Bréchot.
3. V. ss nos 334.401 s.
4. C. urb., art. R. 423-43, al. 1er.
5. CAA Marseille, 27 sept. 2012, *Ajaccio (Cne)*, req. nº 10MA03502, *Lebon T.* (arrêt devenu définitif en l'absence d'admission du pourvoi formé à son encontre : CE 26 avr. 2013, req. nº 364132, NP) ; – ÉGALEMENT : CAA Lyon, 7 févr. 2019, *Nardone*, req. nº 17LY02904, NP : arrêt indiquant « que si l'autorité compétente peut modifier le délai d'instruction de droit commun d'une demande de permis de construire, elle doit notifier cette modification au pétitionnaire dans le délai d'un mois à compter de la réception ou du dépôt de son dossier à la mairie ».
6. CAA Marseille, 27 sept. 2012, *Ajaccio (Cne)*, req. nº 10MA03502, *Lebon T.* (arrêt devenu définitif en l'absence d'admission du pourvoi formé à son encontre : CE 26 avr. 2013, req. nº 364132, NP) : naissance d'un permis de construire tacite à l'expiration du délai d'instruction de droit commun en l'absence de respect du délai d'un mois.
7. V., pour une notification par une autorité ne disposant pas d'une délégation régulière de compétence : CAA Marseille, 5 janv. 2016, *Lambesc (Cne)*, req. nº 13MA04778, NP.
8. CAA Lyon, 7 févr. 2019, *Nardone*, req. nº 17LY02904, NP.
9. V. ss nos 334.214 s.
10. C. urb., art. R. 423-43, al. 2.
11. V. ss nos 334.401 s. – C. urb., art. R. 423-43, al. 2.
12. CE 24 oct. 2023, *M. Chambon*, req. nº 462511, *Lebon T.* ; *BJDU* 2024. 38, concl. D. Pradines ; *JCP Adm.* 2023, nº 2369, note F. Polizzi ; *RDI* 2023. 690, obs. P. Soler-Couteaux.
13. CE 24 oct. 2023, *M. Chambon*, req. nº 462511.
14. V. ss nº 334.301.

§ 3
Prolongations exceptionnelles du délai d'instruction de droit commun

334.311 Prolongations exceptionnelles. Le code de l'urbanisme envisage la possibilité de prolongations du délai d'instruction de droit commun ou du délai d'instruction modifié « pour prendre en compte des obligations de procédure qui ne peuvent être connues dans le mois qui suit le dépôt de la demande »[1]. Aucune prolongation du délai d'instruction n'est possible en dehors de ces cas et conditions[2]. Le code conçoit ces possibilités de prolongation comme présentant un caractère exceptionnel[3]. Cette prolongation exceptionnelle s'ajoute le cas échéant à la majoration du délai prévu par les articles R. 423-24 et suivants[4].

A.
Cas de prolongation et de suspension du délai d'instruction

1°
Cas dans lesquels le délai d'instruction est prolongé

a.
Cas de prolongation du délai d'instruction dans le domaine de l'aménagement commercial et des cinémas

334.321 Recours contre une décision de la commission départementale d'aménagement cinématographique refusant l'ouverture d'un cinéma. Lorsque la délivrance du permis est subordonnée, en application de l'article L. 212-7 du code du cinéma, à une autorisation de création, d'extension ou de réouverture au public d'établissements de spectacles cinématographiques et que la demande a fait l'objet d'un refus de la commission départementale compétente (commission départementale d'aménagement cinématographique), le délai d'instruction est prolongé de cinq mois à compter du recours si un recours a été déposé devant la Commission nationale d'aménagement cinématographique[5].

334.322 Permis subordonné à un avis favorable de la CNAC. Lorsqu'en application, soit du I (recours devant la CNAC), soit du V (autosaisine de la CNAC) de l'article L. 752-17 du code de commerce, la délivrance du permis est subordonnée à un avis favorable de la CNAC, le délai d'instruction est prolongé de cinq mois[6].

Lorsqu'en application de l'article L. 752-4 du code de commerce (avis de la CDAC spontanément demandé par la commune ou l'EPCI[7]), la délivrance du permis est subordonnée à un avis favorable de la CNAC, le délai d'instruction est prolongé de deux mois[8].

334.323 Suspension de l'enregistrement et de l'examen d'une demande d'autorisation d'exploitation commerciale. Lorsque le préfet suspend l'enregistrement et l'examen d'une demande d'autorisation d'exploitation commerciale par la CDAC en application de l'article L. 752-1-2 du code de commerce, le délai d'instruction mentionné au e de l'article R. 423-25 est suspendu jusqu'au terme de la durée fixée par l'arrêté de suspension ou, le cas échéant, par l'arrêté de prorogation de cette suspension[9].

b.
Autres cas de prolongation du délai d'instruction

334.331 Permis subordonné à une autorisation de défrichement. Lorsque la délivrance du permis est subordonnée à une autorisation de défrichement en application de l'article L. 311-5 du code forestier, le délai d'instruction est prolongé de trois mois quand le préfet a décidé, en application de l'article R. 312-1 du même code, de prolonger de trois mois le délai d'instruction de l'autorisation de défrichement[10].

334.332 Désaccord de l'autorité compétente avec l'ABF. Lorsque la délivrance du permis ou la décision de non-opposition à la déclaration préalable est subordonnée à l'accord de l'architecte des Bâtiments de France, le délai d'instruction est prolongé

1. C. urb., art. R. 423-18.
2. C. urb., art. L. 423-1, al. 6.
3. Le paragraphe du code de l'urbanisme regroupant les dispositions pertinentes (articles R. 423-34 s.) s'intitule « Prolongations exceptionnelles du délai d'instruction défini à la sous-section 2 ».
4. V. la rédaction du c) de l'article R. 423-18, indiquant que « le délai fixé en application des a » (délai de droit commun) « ou b » (délai modifié) « est prolongé dans les cas prévus par le paragraphe 2 de la sous-section 3 ci-dessous » ; – ÉGALEMENT, PAR EX., la rédaction de l'article R. 423-24 : « Lorsque la délivrance du permis est subordonnée à une autorisation de défrichement en application de l'article L. 311-5 du code forestier », donc que le délai d'instruction se trouve déjà majoré en application de l'article R. 423-29 (v. s[s] n° 334.214), « le délai d'instruction est prolongé de trois mois quand le préfet a décidé, en application de l'article R. 312-1 du même code, de prolonger de trois mois le délai d'instruction de l'autorisation de défrichement ».
5. C. urb., art. R. 423-36.
6. C. urb., art. R. 423-36-1, al. 1er.
7. V. s[s] n°s 712.11 s.
8. C. urb., art. R. 423-36-1, al. 2.
9. C. urb., art. R. 423-36-1, al. 3.
10. C. urb., art. R. 423-34.

de deux mois lorsque les deux conditions suivantes sont remplies[1] :

- d'une part les travaux portent sur un immeuble situé dans le périmètre d'un site patrimonial remarquable ou dans les abords des monuments historiques ;

- d'autre part l'autorité compétente en matière d'autorisations d'urbanisme a saisi le préfet de région ou le préfet de Corse d'un recours en cas de désaccord avec l'architecte des Bâtiments de France.

334.333 Évocation par le ministre chargé des sites ou de la protection de la nature. Lorsque le projet fait l'objet d'une évocation par le ministre chargé des sites ou par le ministre chargé de la protection de la nature, le délai d'instruction est porté à huit mois[2].

2°
Cas dans lesquels le délai d'instruction est suspendu

334.341 Saisine de la Commission européenne sur un site Natura 2000. Lorsque la Commission européenne est saisie dans les conditions prévues par l'article R. 414-25 du code de l'environnement (avis préalable de la Commission requis en raison des incidences du projet sur un site Natura 2000), le délai d'instruction de la demande ou de la déclaration est suspendu jusqu'à la date de réception de cet avis par l'autorité compétente[3].

334.342 Organisation d'une concertation préalable (code de l'environnement). Lorsque l'autorité compétente pour autoriser le projet impose au maître d'ouvrage l'organisation d'une concertation préalable en application du II de l'article L. 121-17 du code de l'environnement, le délai d'instruction est suspendu jusqu'à la date de publication du bilan de cette concertation[4].

334.343 Organisation d'une évaluation environnementale. Lorsqu'il apparaît que le projet doit faire l'objet d'une évaluation environnementale et que, par conséquent, le dossier doit être complété par une étude d'impact, le délai d'instruction de la demande ou de la déclaration est suspendu jusqu'à la date de réception par l'autorité compétente en matière d'urbanisme du rapport du commissaire enquêteur ou de la commission d'enquête ou, le cas échéant, de la synthèse des observations du public[5].

1. C. urb., art. R. 423-35.
2. C. urb., art. R. 423-37.
3. C. urb., art. R. 423-37-1.
4. C. urb., art. R. 423-37-2.
5. C. urb., art. R. 423-37-3.

B.
Notification des prolongations et des suspensions du délai d'instruction

1°
Règles générales de notification des prolongations

334.351 Règles. Lorsque le délai d'instruction fait l'objet d'une prolongation exceptionnelle en application des articles R. 423-34 à R. 423-37, cette prolongation doit être notifiée au demandeur avant l'expiration du délai d'instruction initialement fixé en application de l'article R. 423-23 (délai d'instruction de droit commun), le cas échéant majoré en application des articles R. 423-24 à R. 423-33[6].

2°
Règles de notification des suspensions

334.361 Suspension pour saisine de la Commission européenne sur un site Natura 2000. Lorsque le délai d'instruction fait l'objet d'une suspension en application de l'article R. 423-37-1[7], cette suspension doit être notifiée au demandeur[8].

Dans ce cas, le demandeur est informé de la date à laquelle a été saisie la Commission européenne, qui constitue la date de départ de la suspension du délai d'instruction[9].

Il est informé sans délai de la réponse de la Commission et de sa date de réception par l'autorité compétente, à compter de laquelle le délai d'instruction recommence à courir[10].

Copie de la notification est adressée au préfet[11].

334.362 Suspension pour mise en œuvre d'une évaluation environnementale. Lorsque le délai d'instruction fait l'objet d'une suspension en application de l'article R. 423-37-3[12], cette suspension est notifiée au demandeur. La date de notification constitue le point de départ de la suspension du délai d'instruction[13].

Le délai d'instruction recommence à courir dès la réception par l'autorité compétente du rapport du commissaire enquêteur ou de la commission d'enquête ou, le cas échéant, de la synthèse des observations du public[14].

6. C. urb., art. R. 423-44, al. 1er.
7. V. ss no 334.341.
8. C. urb., art. R. 423-44, al. 2.
9. C. urb., art. R. 423-44, al. 2.
10. C. urb., art. R. 423-44, al. 2.
11. C. urb., art. R. 423-44, al. 4.
12. V. ss no 334.343.
13. C. urb., art. R. 423-44, al. 3.
14. C. urb., art. R. 423-44, al. 3.

334.363 Suspension pour évocation du dossier par le ministre chargé des sites. Lorsque le projet est évoqué par le ministre chargé des sites[1], la lettre notifiant la prolongation du délai informe en outre le demandeur qu'à l'issue du délai d'un an prévu à l'article R. 423-37, le silence éventuel de l'autorité compétente vaudra refus et non-octroi tacite du permis[2].

Copie de cette notification est adressée au préfet[3].

3° Règles de notification des prolongations propres aux cinémas et à l'aménagement commercial

a. Règles de notifications des prolongations propres aux cinémas

334.371 Informations à notifier. Lorsque la délivrance du permis est subordonnée, en application de l'article L. 212-7 du code du cinéma, à une autorisation de création, d'extension ou de réouverture au public d'établissements de spectacles cinématographiques et que la demande a fait l'objet d'un refus de la commission départementale compétente, la lettre qui notifie ce refus au pétitionnaire l'informe[4] :

– que, dans le cas où un recours serait déposé devant la commission nationale dans le délai d'instruction du permis de construire, ce délai d'instruction serait majoré de cinq mois à compter du recours (a) ;

– qu'en cas d'absence de recours ou de rejet du recours, il ne pourra se prévaloir d'un permis tacite en application du g de l'article R. 424-2 (b).

b. Règles de notifications des prolongations propres aux autorisations d'exploitation commerciale

334.381 Cas où le projet relève de l'article L. 425-4 (permis de construire valant autorisation d'exploitation commerciale). Lorsque le projet relève de l'article L. 425-4[5] (permis de construire valant autorisation d'exploitation commerciale), la lettre de notification de l'avis de la CDAC informe le demandeur[6] :

– qu'en cas de recours devant la CNAC, le délai d'instruction sera prolongé de cinq mois (a) ;

– qu'en cas d'avis défavorable de la CNAC ou de confirmation tacite d'un avis défavorable de la CDAC, il ne pourra pas se prévaloir d'un permis tacite (b).

En outre, la lettre de notification de la décision de la CNAC de s'autosaisir du projet en application du V de l'article L. 752-17 du code de commerce informe le demandeur[7] :

– que le délai d'instruction est prolongé de cinq mois (a) ;

– qu'en cas d'avis défavorable de la CNAC ou de confirmation tacite d'un avis défavorable de la CDAC, il ne pourra pas se prévaloir d'un permis tacite (b).

334.382 Cas où le projet a été spontanément soumis à la CDAC. Lorsque le projet a été soumis pour avis à la CDAC sur le fondement de l'article L. 752-4 du code de commerce[8], la lettre de notification de l'avis de la commission informe le demandeur[9] :

– qu'en cas de recours devant la CNAC, le délai d'instruction sera prolongé de deux mois (a) ;

– qu'en cas d'avis défavorable de la CNAC ou de confirmation tacite d'un avis défavorable de la CDAC, il ne pourra pas se prévaloir d'un permis tacite (b).

334.383 Projet spontanément soumis à la CDAC. Lorsque le projet a été soumis pour avis à la CDAC en application de l'article L. 752-4 du code de commerce[10] et a fait l'objet d'un avis défavorable, la lettre qui notifie cet avis au pétitionnaire l'informe[11] :

– que dans le cas où il déposerait un recours devant la commission nationale dans le délai d'instruction du permis de construire ce délai d'instruction serait majoré de deux mois à compter du recours (a) ;

– qu'en cas d'absence de recours ou de rejet du recours il ne pourra pas se prévaloir d'un permis tacite en application du h de l'article R. 424-2 (b).

4° Conditions d'envoi

334.390 Renvoi. Le code prévoit des règles d'envoi des notifications communes, d'une part, aux demandes de pièces manquantes et, d'autre part, aux majorations, prolongations ou suspensions du délai d'instruction[12].

1. V. s[s] n° 334.333.
2. C. urb., art. R. 423-44, al. 4.
3. C. urb., art. R. 423-44, al. 5.
4. C. urb., art. R. 423-44-1, al. 1er à 3.
5. V. s[s] n° 325.41.
6. C. urb., art. R. 423-44-1, 1°.
7. C. urb., art. R. 423-44-1, 2°.
8. V. s[s] n°s 712.11 s.
9. C. urb., art. R. 423-44-1, al. 11 à 13.
10. V. s[s] n°s 712.11 s.
11. C. urb., art. R. 423-44-2.
12. V. s[s] n°s 334.401 s.

SECTION 3
CONDITIONS D'ENVOI DES NOTIFICATIONS

334.401 Règles de notification communes aux pièces et aux délais. Le code prévoit des règles d'envoi des notifications communes, d'une part, aux demandes de pièces manquantes et, d'autre part, aux majorations, prolongations ou suspensions du délai d'instruction [1].

334.402 LRAR. Les notifications et courriers sont adressés par lettre recommandée avec demande d'avis de réception [2], le cas échéant sous forme dématérialisée [3].

334.403 Notification réputée reçue à la première présentation. L'intéressé est réputé en avoir reçu notification à la date de la première présentation du courrier [4].

1. C. urb., art. R. 423-46, al. 1er.
2. C. urb., art. R. 423-46.
3. V. ss no 336.31.
4. C. urb., art. R. 423-47.

CHAPITRE

335. Instruction des demandes de permis et des déclarations préalables

SECTION 0 ORIENTEUR

335.00 Sommaire du chapitre.

335.01 Textes applicables.

• **C. urb.,** art. R. 423-50 s.

335.03 Bibliographie indicative.

Encyclopédies. *DP constr.-urb.*, ét. : « Permis de construire » ; ét. : « Permis d'aménager » ; ét. : « Déclaration préalable » ; ét. : « Permis de démolir » – *J.-Cl. Constr.-Urb.*, fasc. 25-20 : « Permis de construire. – Demande », par G. Liet-Veaux, avr. 2008, mis à jour oct. 2010.

Traité. N. Baillon, *Traité du permis de construire*, 6e éd., « Référence juridique », Le Moniteur, 2017.

Monographies. Ph. Boulisset, S. Cardi, S. Consalvi, R. Thielé, *Permis de construire 2021-2022 : permis de démolir, permis d'aménager, déclaration préalable*, 3e éd., « Encyclopédie Delmas pour la vie des affaires », Delmas, 2021 – V. Lachaut-Dana, *Permis de construire et autorisations d'urbanisme : études préalables, délivrance, mise en œuvre*, 2e éd., « Pratique du droit », Le Moniteur, 2019 – C. Mialot et F. Ehrenfeld, *Le permis de construire et autres autorisations d'urbanisme*, « Les indispensables », Berger-Levrault, 2018.

335.04 Questions essentielles.

> Dans quels cas une consultation doit-elle être mise en œuvre ?

* V. ss nos 335.11 s.

> Quelles sont les conséquences d'une irrégularité entachant la consultation ?

* V. ss nos 335.231 s.

> Dans quels cas une enquête publique doit-elle être organisée ?

* V. ss nos 335.261 s.

335.05 Objet de l'instruction et obligation d'instruire. Instruire la demande de permis ou la déclaration préalable consiste à recueillir les accords, avis ou décisions prévus par les lois ou règlements en vigueur et à porter un examen technique sur le projet.

L'instruction a pour objet de vérifier que le projet respecte les règles d'urbanisme, voire le cas échéant, certaines exigences prévues par d'autres législations.

Aussi l'autorité administrative est-elle tenue d'instruire la demande ou la déclaration[1]. L'obligation d'instruire s'impose même si le pétitionnaire présente une demande exactement identique à une précédente demande ayant fait l'objet d'un refus.

335.06 Gratuité de l'instruction. Une réponse ministérielle souligne que le coût de l'instruction des demandes d'autorisation d'urbanisme « ne peut, sans une disposition législative en ce sens, être mis à la charge du pétitionnaire au moyen d'une taxe qui serait perçue à l'occasion du dépôt d'une demande d'autorisation »[2]. La loi ÉLAN a d'ailleurs confirmé cette orientation. Le législateur, qui a modifié l'article L. 423-1 du code de l'urbanisme pour permettre aux communes et à leurs groupements de recourir, sous de strictes conditions, à des prestataires privés, a pris soin de préciser que les missions ainsi confiées à une personne privée « ne doivent entraîner aucune charge financière pour les pétitionnaires »[3].

SECTION 1
CONSULTATION DES PERSONNES PUBLIQUES, SERVICES OU COMMISSIONS INTÉRESSÉS

335.11 Avis, accords et décisions recueillies par l'autorité compétente. L'autorité compétente pour statuer sur les demandes de permis ou sur les déclarations préalables recueille auprès des personnes publiques, services ou commissions intéressés par le projet, les accords, avis ou décisions prévus par les lois ou règlements en vigueur[4]. Jusqu'à 40 services peuvent être consultés pour instruire un même dossier[5].

§ 1
Cas de consultations

335.21 Cas généraux ou spécifiques. Les cas généraux de consultation sont regroupés aux articles R. 423-51 et suivants du code de l'urbanisme. Les cas plus spécifiques (dépendant de l'autorité compétente pour statuer sur la demande de permis ou la déclaration) sont dispersés dans divers articles du livre IV. À côté de ces cas de consultations obligatoires, l'autorité compétente peut mettre en œuvre des consultations facultatives.

1. TA Versailles, 24 févr. 1998, *Garcia-Calderon c/Boissy-la-Rivière (Cne)*, req. no 96814, NP : jugement indiquant que « le refus d'instruction ne peut être opposé à une demande de permis de construire qu'en raison de l'absence de pièces nécessaires à l'instruction du dossier ».
2. Rép. min. no 8377, *JO Sénat Q* 4 juill. 2019, p. 3563.
3. V. ss no 333.41.
4. C. urb., art. L. 422-4 ; art. R. 423-50.
5. Ministère de la transition écologique, « *Présentation du programme Démat. ADS* », mai 2021, p. 5.

A. Cas généraux de consultation

1° Accords, avis ou décisions recueillis au titre du code de l'urbanisme

335.31 Avis pour fixer les participations PEPE et PAE. L'autorité compétente consulte en tant que de besoin les autorités et services publics habilités à demander que soient prescrites les contributions prévues[1] :

– au 2° de l'article L. 332-6-1 (participation spécifique pour la réalisation d'équipements publics exceptionnels)[2] ;

– ou à l'article L. 332-9 dans sa rédaction antérieure à l'entrée en vigueur de la loi du 29 décembre 2010[3] de finances rectificative pour 2010 (participation PAE)[4].

335.32 Avis de l'autorité gestionnaire d'une voie publique lorsque le projet aurait pour effet la création ou la modification d'un accès à celle-ci. Lorsque le projet aurait pour effet la création ou la modification d'un accès à une voie publique dont la gestion ne relève pas de l'autorité compétente pour délivrer le permis, celle-ci consulte l'autorité ou le service gestionnaire de cette voie, sauf lorsque le PLU ou le document d'urbanisme en tenant lieu réglemente de façon particulière les conditions d'accès à ladite voie[5].

Par « création d'un accès à une voie publique », il faut entendre « tout changement dans la configuration matérielle des lieux ou dans l'usage qui en est fait permettant à un riverain d'utiliser cette voie avec un véhicule »[6]. Par exemple, est regardé comme créant un nouvel accès un permis autorisant la construction d'un garage à la place d'une cour intérieure donnant sur la voie par une porte percée dans un mur, même si le bord du trottoir au droit du garage était déjà abaissé grâce à une « bordure bateau »[7].

335.33 Avis ou accord de l'ABF lorsque le projet est situé dans le périmètre d'un site patrimonial remarquable ou dans les abords des monuments historiques. Lorsque le projet est situé dans le périmètre d'un site patrimonial remarquable ou dans les abords des monuments historiques, l'autorité compétente recueille[8] :

– l'accord de l'architecte des Bâtiments de France ;

– ou, pour les projets mentionnés à l'article L. 632-2-1 du code du patrimoine, son avis.

Lorsqu'un refus de permis ou une opposition à déclaration préalable est fondé sur un refus d'accord de l'ABF, le pétitionnaire dispose d'une voie de recours spéciale pour contester la décision de l'ABF[9].

335.34 Avis de l'autorité environnementale lorsque le projet est soumis à étude d'impact. Lorsque le projet est soumis à étude d'impact, l'autorité compétente recueille l'avis de l'autorité environnementale en vertu de l'article L. 122-1 du code de l'environnement si cet avis n'a pas été émis dans le cadre d'une autre procédure portant sur le même projet[10].

335.35 Avis des communes dans le cas d'un projet éolien. Dans le cas d'un projet éolien soumis à permis de construire, l'autorité compétente recueille, conformément aux dispositions prévues au XI de l'article 90 de la loi Grenelle II[11], l'avis des communes et des EPCI compétents en matière de PLU ou d'autorisations d'urbanisme limitrophes de l'unité foncière d'implantation du projet[12].

335.36 Avis de l'autorité organisatrice en matière de mobilité pour les projets de construction de plus de 200 logements en habitat collectif. Lorsque les demandes concernent un projet qui conduirait à la construction de plus de 200 nouveaux logements en habitat collectif, l'autorité compétente en matière de délivrance du permis de construire recueille l'avis de l'autorité organisatrice de la mobilité compétente, qui lui indique notamment si ce projet peut conduire à une saturation des infrastructures de transport existantes[13].

335.37 Avis de l'Assemblée de Corse pour les projets d'ouvrages d'énergie renouvelable. Lorsque la demande porte sur un projet d'implantation en Corse d'un ouvrage de production utilisant la géothermie, l'énergie solaire, l'énergie éolienne et de la mer, l'énergie tirée de la biomasse, l'énergie tirée de la valorisation et de la récupération des déchets, des réseaux de chaleur, l'énergie hydraulique, le service chargé de l'instruction adresse un exemplaire du dossier de la demande au conseil exécutif, en vue de la saisine de l'Assemblée de Corse, conformément au 1° *bis* de l'article L. 4424-39 du CGCT[14].

1. C. urb., art. R. 423-52.
2. V. s^s n°s 553.11 s.
3. L. n° 2010-1658, 29 déc. 2010 de finances rectificative pour 2010, *JO* 30 déc., n° 2.
4. V. s^s n° 551.23.
5. C. urb., art. R. 423-53.
6. CE 16 juin 2010, *Marseille (Ville)*, req. n° 304787, NP.
7. CE 16 juin 2010, *Marseille (Ville)*, req. n° 304787, NP.
8. C. urb., art. R. 423-54.
9. V. s^s n°s 611.481 s. et 611.481 s.
10. C. urb., art. R. 423-55.
11. L. n° 2010-788, 12 juill. 2010 portant engagement national pour l'environnement, *JO* 13 juill., n° 1.
12. C. urb., art. R. 423-56-1.
13. C. urb., art. L. 423-1, al. 5, créé par L. n° 2019-1428, 24 déc. 2019, art. 17.
14. C. urb., art. R. 423-56.

2°
Recueil des accords lorsque le projet porte sur une opération soumise à un régime d'autorisation prévu par une législation extérieure au code de l'urbanisme

335.41 Rôle de l'autorité compétente. Lorsque le projet porte sur une opération soumise à un régime d'autorisation prévu par une autre législation, l'autorité compétente recueille les accords prévus [1].

B.
Cas spécifiques de consultation dépendant de l'autorité compétente

335.51 Consultations variant selon l'autorité compétente. Les cas de consultations regroupés aux articles R. 423-59 et suivants du code de l'urbanisme [2] n'épuisent pas les hypothèses dans lesquelles l'autorité compétente a l'obligation de recueillir des avis, accords et décisions des personnes publiques, services ou commissions intéressés. D'autres cas de consultations sont prévus dans divers articles du code, variant selon l'autorité exerçant la compétence en matière de délivrance de l'autorisation d'urbanisme.

1°
Consultations prévues lorsque l'autorisation est délivrée au nom de l'État

a.
Recueil de l'avis du maire

335.61 Avis du maire ou du président de l'EPCI. Lorsque la décision est de la compétence de l'État [3], le maire adresse au chef du service de l'État dans le département chargé de l'instruction son avis sur chaque demande de permis et sur chaque déclaration [4].

Cet avis est réputé favorable s'il n'est pas intervenu dans le délai d'un mois à compter du dépôt à la mairie de la demande de permis ou dans le délai de quinze jours à compter du dépôt à la mairie de la déclaration [5].

Lorsque la commune a délégué sa compétence à un EPCI en application de l'article L. 422-3 [6], le président de cet établissement adresse son avis au chef du service de l'État dans le département chargé de l'instruction dans les mêmes conditions et délais [7].

Dans le délai qui lui est imparti, le maire peut modifier son avis tant que le projet de décision [8] ne lui a pas été transmis [9].

335.62 Avis du maire et du président du syndicat d'agglomération nouvelle. Dans le cas prévu à l'article L. 5333-3 du CGCT, où le projet de construction, situé dans le périmètre d'urbanisation d'une agglomération nouvelle, se trouve dans une ZAC ou dans un lotissement de plus de trente logements ou constitue une opération groupée de plus de trente logements, le président du syndicat d'agglomération nouvelle et le maire font chacun connaître leur avis au responsable du service de l'État dans le département chargé de l'instruction, dans les conditions prévues à l'article R. 423-72 [10].

b.
Envoi du projet de décision à l'autorité compétente

335.71 Maire ou préfet. Le chef du service de l'État dans le département chargé de l'instruction adresse un projet de décision [11] :

- au maire ;
- ou, dans les cas prévus à l'article R. 422-2 [12], au préfet.

Dans les cas prévus à l'article R. 422-2, il en adresse copie au maire et, lorsque la commune a délégué sa compétence à un EPCI en application de l'article L. 422-3, au président de cet établissement [13].

335.72 Pouvoir du maire. Le maire ne peut « en aucun cas prendre compétemment une décision en désaccord avec le projet de décision transmis par le chef du service de l'État dans le département chargé de l'instruction » [14].

2°
Consultations prévues lorsque l'autorisation est délivrée au nom de la commune

335.81 Avis conforme du préfet en fonction de la localisation du projet. Lorsque le maire ou le prési-

1. C. urb., art. R. 423-51 – Ces accords sont prévus par le chapitre V du titre II du livre IV du code de l'urbanisme, intitulé « Opérations soumises à un régime d'autorisation prévu par une autre législation » – V. s^s n°s 325.05 s.
2. V. s^s n°s 335.31 s.
3. V. s^s n°s 341.111 s. et 341.141.
4. C. urb., art. R. 423-72, al. 1er ; art. L. 422-2, al. 9.
5. C. urb., art. R. 423-72, al. 1er.
6. V. s^s n°s 341.71 s.
7. C. urb., art. R. 423-72, al. 2.
8. V. s^s n° 335.71.
9. CE 25 nov. 2015, *Jacquier*, req. n° 372045, *Lebon T. ; JCP Adm.* 2016, n° 2157, concl. J. Lessi ; *Constr.-Urb.* 2016, comm. 5, note P. et M. Cornille.
10. V. s^s n° 335.61. – C. urb., art. R. 423-73.
11. C. urb., art. R. 423-74, al. 1er.
12. Cas où la décision rendue au nom de l'État est prise non par le maire mais par le préfet ; – V. s^s n° 341.131.
13. C. urb., art. R. 423-74, al. 2.
14. CE 25 nov. 2015, *Jacquier*, req. n° 372045, *Lebon T. ; JCP Adm.* 2016, n° 2157, concl. J. Lessi ; *Constr.-Urb.* 2016, comm. 5, note P. et M. Cornille.

dent de l'EPCI est compétent[1], il recueille l'avis conforme du préfet si le projet est situé[2] :

– sur une partie du territoire communal non couverte par une carte communale, un PLU ou un document d'urbanisme en tenant lieu (a)[3] ;

– dans un périmètre où des mesures de sauvegarde prévues par l'article L. 424-1 peuvent être appliquées[4], lorsque ce périmètre a été institué à l'initiative d'une personne autre que la commune[5] (b).

335.82 Avis du préfet sur la construction d'un lieu de culte. Lorsque le maire ou le président de l'EPCI est compétent, il recueille l'avis du préfet si le projet porte sur des constructions et installations destinées à l'exercice d'un culte[6].

Cette consultation n'est requise que lorsque la demande dont le maire ou le président de l'EPCI est saisi « porte sur un projet ayant pour effet de créer ou d'étendre significativement une construction ou une installation destinée à l'exercice d'un culte »[7].

335.83 Avis conforme du préfet en cas d'annulation d'un document d'urbanisme, d'abrogation ou de constat de leur illégalité. En cas d'annulation par voie juridictionnelle ou d'abrogation d'une carte communale, d'un PLU ou d'un document d'urbanisme en tenant lieu, ou de constatation de leur illégalité par la juridiction administrative ou l'autorité compétente et lorsque cette décision n'a pas pour effet de remettre en vigueur un document d'urbanisme antérieur, le maire ou le président de l'EPCI « recueille l'avis conforme du préfet sur les demandes de permis ou les déclarations préalables postérieures à cette annulation, à cette abrogation ou à cette constatation »[8].

Si, en application de ces dispositions, « le maire a compétence liée pour refuser un permis de construire en cas d'avis défavorable du préfet », « il n'est en revanche pas tenu de suivre un avis favorable de ce même préfet et peut, lorsqu'il estime disposer d'un motif légal de le faire au titre d'autres dispositions que celles ayant donné lieu à cet avis, refuser d'accorder le permis de construire sollicité »[9].

S'agissant de leur champ d'application, ces dispositions sont relatives aux permis de construire et aux déclarations préalables et non aux certificats d'urbanisme lesquels ne rentrent pas, par suite, dans son champ d'application[10]. En revanche, la doctrine administrative estime, de façon discutable, que l'obligation de recueillir l'avis conforme du préfet s'impose également lorsque l'illégalité d'un document d'urbanisme est relevée par l'autorité administrative elle-même[11].

3°
Consultation du maire lorsque la compétence de la commune a été déléguée à un EPCI

335.91 Avis sur les demandes de permis et déclarations préalables. Lorsque la commune a délégué à un EPCI la compétence pour statuer sur les autorisations d'urbanisme, le maire adresse au président de l'EPCI son avis sur chaque demande de permis et sur chaque déclaration préalable[12], ce qui conduit quasiment à une double instruction.

4°
Consultation du maire d'arrondissement dans les communes PLM

335.101 Avis sur les demandes de permis et déclarations préalables. Le maire d'arrondissement émet un avis sur toute autorisation d'utilisation du sol dans l'arrondissement délivrée par le maire de la commune et au nom de celle-ci en application des dispositions du code de l'urbanisme[13].

C.
Possibilité d'une consultation facultative

335.111 Faculté de solliciter spontanément un avis. La circonstance que l'autorité compétente ait requis l'avis de services dont la consultation n'était pas obligatoire demeure en soi sans incidence sur la légalité de la décision prise[14].

335.112 Incidence d'un avis irrégulièrement recueilli. Lorsque l'autorité compétente décide de

1. V. s[s] n°s 341.21 s.
2. C. urb., art. L. 422-5.
3. PAR EX. : CAA Marseille, 21 févr. 2019, *SARL Voltalis*, req. n° 19MA00427, NP.
4. V. s[s] n°s 344.161 s. (sursis à statuer sur une demande de permis ou une déclaration préalable).
5. PAR EX. : TA Nantes, 8 déc. 2020, *Bachelier*, req. n° 1803588, NP.
6. C. urb., art. L. 422-5-1.
7. CE 25 juill. 2022, *Commune de Bagneux*, req. n° 463525, *Lebon T. ; JCP Adm.* 2022, n° 2305, concl. M. Sirinelli ; *Constr.-Urb.* 2022, comm. 104, note X. Couton.
8. C. urb., art. L. 422-6.
9. CE 3 févr. 2021, *Cuttoli-Corticchiato (C[ne])*, req. n° 434335, NP.
10. CAA Nantes, 21 juill. 2014, *Saint-Philibert (C[ne])*, req. n° 12NT02189, NP.
11. Rép. min. n° 77145, *JOAN Q* 21 févr. 2006, p. 1938.
12. C. urb., art. L. 422-3, al. 3.
13. CGCT, art. L. 2511-30, al. 1er.
14. CE 16 juin 2004, *S[té] Laboratoire de biologie végétale Yves Rocher*, req. n° 254172, *Lebon T.* : arrêt affirmant « qu'enfin, la circonstance que la direction départementale de l'équipement ait été consultée alors que les textes applicables en la matière n'en prévoient pas l'intervention est sans incidence sur la légalité de la décision préfectorale attaquée » ; – CAA Nancy, 27 juin 2013, *Wagner*, req. n° 12NC01345, NP.

consulter une commission sans y être tenue, la circonstance que cette consultation soit opérée selon une procédure irrégulière entache d'un vice de procédure la décision prise[1].

335.113 **Autorité demandant à être consultée.** Si un organisme (en l'occurrence la direction départementale des affaires sanitaires et sociales), dont l'avis n'est pas au nombre de ceux qui sont obligatoirement recueillis, a souhaité que lui soient communiqués des documents « relatifs à l'alimentation en eau potable des locaux [...] et à l'évacuation et au traitement des eaux usées », l'autorité administrative ne peut légalement refuser le permis de construire demandé au motif que ces derniers n'avaient pas été fournis[2].

§ 2 Modalités d'envoi de la demande d'avis, d'accord ou de décision

335.121 **Possibilité d'une mise à disposition électronique.** Lorsqu'une demande d'avis, d'accord ou de décision des personnes publiques, services, autorités ou commissions est transmise au moyen d'un procédé électronique de mise à disposition[3] :

- une information signalant qu'une demande est mise à disposition est adressée à son destinataire (1°) ;
- la demande est réputée avoir été reçue par son destinataire à la date de sa mise à disposition (2°).

§ 3 Délais et conditions d'émission des avis ou accords dans les cas généraux de consultation

A. Principe : délai d'un mois et silence valant avis favorable

335.131 **Principe.** En principe, les collectivités territoriales, services, autorités ou commissions qui n'ont pas fait parvenir à l'autorité compétente leur réponse motivée dans le délai d'un mois à compter de la réception de la demande d'avis sont réputés avoir émis un avis favorable[4].

B. Exceptions sur la durée du délai et/ou le sens du silence

1° Exceptions générales

a. Consultations en matière environnementale

335.141 **Commission régionale du patrimoine et de l'architecture et commission départementale de la nature, des paysages et des sites.** Par exception aux dispositions de l'article R. 423-59, le délai à l'issue duquel les commissions qui n'ont pas fait parvenir à l'autorité compétente leur réponse motivée sont réputées avoir émis un avis favorable est porté à deux mois en ce qui concerne[5] :

- la commission régionale du patrimoine et de l'architecture ;
- et la commission départementale de la nature, des paysages et des sites.

335.142 **Préfet et parc national pour un projet situé dans le cœur d'un parc national.** Par exception aux dispositions de l'article R. 423-59, le délai à l'issue duquel le préfet, le directeur de l'établissement public d'un parc national ou, le cas échéant, le conseil d'administration, doit se prononcer sur un projet situé dans un espace ayant vocation à être classé dans le cœur d'un futur parc national dont la création a été prise en considération en application de l'article R. 331-4 du code de l'environnement ou dans le cœur d'un parc national délimité en application des articles L. 331-1 et L. 331-2 du même code est de[6] :

- 45 jours si les travaux doivent faire l'objet d'une déclaration préalable (a) ;
- 4 mois, si les travaux doivent être précédés de la délivrance d'un permis de construire, d'un permis de démolir ou d'un permis d'aménager (b).

En cas de silence du préfet ou du directeur de l'établissement public du parc ou, le cas échéant, du conseil d'administration à l'issue de ce délai, leur accord est réputé refusé[7].

335.143 **Préfet pour un projet portant sur un monument historique.** Par exception aux dispositions de l'article R. 423-59, lorsque la demande de permis porte sur un immeuble ou une partie d'immeuble inscrit au titre des monuments historiques, l'accord du préfet de région, prévu en application de l'article L. 621-27 du code du patrimoine, est réputé donné

1. CE 4 févr. 2013, *Saint-Lanne (Cne)*, req. n° 335589, *Lebon T.* ; *BJDU* 2013. 450, concl. D. Hedary.
2. CE 17 mai 2002, *Sarl Kaibacker*, req. n° 238329, NP.
3. C. urb., art. R. 423-59-1.
4. C. urb., art. R. 423-59.
5. C. urb., art. R. 423-60.
6. C. urb., art. R. 423-62, al. 1er à 3.
7. C. urb., art. R. 423-62, al. 4.

s'il n'est pas parvenu à l'autorité compétente dans le délai de trois mois [1].

335.144 Architecte des bâtiments de France. Par exception aux dispositions de l'article R. 423-59, le délai à l'issue duquel l'architecte des Bâtiments de France est réputé avoir donné son accord ou, dans les cas mentionnés à l'article L. 632-2-1 du code du patrimoine, émis son avis favorable est de deux mois lorsque le projet soumis à permis est situé [2] :

– dans le périmètre d'un site patrimonial remarquable ;

– ou dans les abords des monuments historiques.

Par exception aux dispositions de l'article R. 423-59, le délai à l'issue duquel l'architecte des Bâtiments de France est réputé avoir émis un avis favorable est de deux mois [3] :

– lorsque le projet soumis à permis de construire ou d'aménager est situé dans un site inscrit (a) ;

– lorsque le projet soumis à permis est situé dans un site classé ou en instance de classement (b).

Par exception aux dispositions de l'article R. 423-59, le délai à l'issue duquel l'architecte des Bâtiments de France doit se prononcer sur un permis de démolir situé dans un site inscrit est de deux mois. En cas de silence de l'architecte des Bâtiments de France à l'issue de ce délai, son accord est réputé refusé [4].

Le préfet de région peut être saisi de l'avis délivré par l'ABF lorsque le projet se trouve situé dans un site patrimonial remarquable ou aux abords d'un monument historique. Ce recours administratif présente le caractère d'un RAPO [5].

335.145 Préfet de région lorsque le projet relève de la législation sur l'archéologie préventive. Par exception aux dispositions de l'article R. 423-59, lorsque le projet est soumis à évaluation environnementale et entre dans le champ d'application de l'article 4 du décret du 3 juin 2004 [6] relatif aux procédures administratives et financières en matière d'archéologie préventive, le délai à l'issue duquel le préfet de région est réputé avoir renoncé à édicter une prescription de fouille ou demander la modification de la consistance du projet est de deux mois [7].

335.146 Autorité environnementale lorsque la demande lui est soumise. Par exception aux dispositions de l'article R. 423-59, le délai à l'issue duquel l'Autorité environnementale, consultée au titre de l'article L. 122-1 du code de l'environnement, est réputée ne pas avoir d'observations est de [8] :

– 2 mois lorsque l'autorité compétente en matière d'environnement est le préfet de région (a) ;

– 3 mois lorsque l'autorité compétente en matière d'environnement est le ministre chargé de l'environnement ou la formation d'autorité environnementale de l'IGEDD.

335.147 Collectivités locales lorsque la demande est soumise à évaluation environnementale. Par exception aux dispositions de l'article R. 423-59, le délai à l'issue duquel les collectivités territoriales et leurs groupements, consultés au titre du V de l'article L. 122-1 du code de l'environnement, sont réputées ne pas avoir d'observations est de deux mois [9].

b. Consultations d'un ministre ou d'une commission nationale

335.151 Commissions nationales. Par exception aux dispositions de l'article R. 423-59, le délai à l'issue duquel les commissions qui n'ont pas fait parvenir à l'autorité compétente leur réponse motivée sont réputées avoir émis un avis favorable est porté à trois mois en ce qui concerne les commissions nationales [10].

335.152 Ministre de l'aviation civile ou de la défense. Par exception aux dispositions de l'article R. 423-59, le délai à l'issue duquel le ministre chargé de l'aviation civile, le ministre de la défense ou leur délégué, consultés en application de l'article R. 425-9 [11], sont réputés avoir émis un avis favorable est de deux mois [12].

335.153 Ministre de l'agriculture. Par exception aux dispositions de l'article R. 423-59, le délai à l'issue duquel le ministre chargé de l'agriculture, consulté en application de l'article L. 643-4 du code rural est réputé avoir émis un avis favorable sur un projet de nature à porter atteinte à l'aire ou aux conditions de production, à la qualité ou à l'image du produit d'appellation d'origine contrôlée est de trois mois [13].

c. Consultations en matière de droit de la construction

335.161 Préfet lorsque le projet de surélévation d'un immeuble comporte une demande de dérogation. Par exception aux dispositions de l'article

1. C. urb., art. R. 423-66.
2. C. urb., art. R. 423-67, al. 1er.
3. C. urb., art. R. 423-67, al. 2 à 4.
4. C. urb., art. R. 423-67-2.
5. V. ss nos 611.481 s.
6. Décr. no 2004-490, 3 juin 2004 relatif aux procédures administratives et financières en matière d'archéologie préventive, *JO* 5 juin, no 26.
7. C. urb., art. R. 423-69.
8. C. urb., art. R. 423-69-1.
9. C. urb., art. R. 423-69-3.
10. C. urb., art. R. 423-61.
11. V. ss no 325.81.
12. C. urb., art. R. 423-63.
13. C. urb., art. R. 423-65.

R. 423-59, lorsque la demande de permis est accompagnée d'une demande de dérogation prévue à l'article L. 112-13 du CCH, le délai à l'issue duquel le préfet est réputé avoir statué, dans les conditions prévues à l'article R. 111-1-2 du même code, est de trois mois à compter de la réception du dossier transmis par le maire en application de l'article R. 423-13-1 du code de l'urbanisme [1].

335.162 Préfet lorsque la demande porte sur un ERP. Par exception aux dispositions de l'article R. 423-59, lorsque la demande de permis porte sur un établissement recevant du public, le délai à l'issue duquel le préfet est réputé avoir statué, dans les conditions prévues à l'article R. 122-21 du CCH, sur les travaux faisant l'objet de l'autorisation prévue à l'article L. 111-8 du même code est de quatre mois [2].

335.163 Autorité compétente pour délivrer l'autorisation préalable à la division en logements des immeubles existants. Par exception aux dispositions de l'article R. 423-59, lorsque la demande de permis de construire ou la déclaration préalable porte sur des travaux conduisant à la création de plusieurs locaux à usage d'habitation dans un immeuble existant, dans une zone où a été instituée l'autorisation préalable prévue par l'article L. 111-6-1-1 ou l'article L. 126-19 du CCH [3], l'accord de l'autorité compétente pour délivrer cette même autorisation préalable est réputé donné à l'issue d'un délai de quinze jours [4].

335.164 Préfet lorsque le projet porte sur un IGH. Par exception aux dispositions de l'article R. 423-59, lorsque la demande de permis porte sur un immeuble de grande hauteur, le délai à l'issue duquel le préfet est réputé avoir donné son accord sur les travaux faisant l'objet de l'autorisation prévue à l'article L. 122-1 du CCH est de quatre mois [5].

d.
Autres consultations

335.171 Chambre d'agriculture et commission départementale d'orientation agricole. Par exception aux dispositions de l'article R. 423-59, le délai à l'issue duquel la chambre d'agriculture et la commission départementale d'orientation agricole sont réputées avoir émis un avis favorable sur un projet situé sur un terrain non couvert par un PLU ou un document d'urbanisme en tenant lieu et dans une zone agricole protégée créée en application de l'article L. 112-2 du code rural est de deux mois [6].

En cas d'avis défavorable de l'une d'entre elles, le permis ne peut être délivré qu'avec l'accord du préfet. Dans ce cas le préfet se prononce par décision motivée, dans le délai d'un mois suivant la transmission de l'avis défavorable par l'autorité compétente. Passé ce délai, il est réputé avoir émis un avis défavorable [7].

335.172 Assemblée de Corse sur un projet situé sur un territoire classé. Par exception aux dispositions de l'article R. 423-59, le délai à l'issue duquel le préfet, le conseil régional ou l'Assemblée de Corse doit se prononcer, sur un projet situé sur un territoire en instance de classement ou classé en réserve naturelle, est de [8] :

– 45 jours, si les travaux doivent faire l'objet d'une déclaration préalable (a) ;

– 4 mois, si les travaux doivent être précédés de la délivrance d'un permis de construire, d'un permis de démolir ou d'un permis d'aménager (b).

En cas de silence du préfet, du conseil régional ou de l'Assemblée de Corse à l'issue de ce délai, leur accord est réputé refusé [9].

335.173 Agrivoltaïsme. Par exception aux dispositions de l'article R. 423-59, lorsque la demande de permis ou la déclaration préalable porte sur une installation ou ouvrage mentionné aux articles L. 111-27 à L. 111-29 [10], le délai à l'issue duquel la CDPENAF est réputée avoir émis un avis favorable est de deux mois [11].

2°
Urbanisme commercial

335.181 Régime propre. Les avis émis par la CDAC et par la CNAC sont régis par des dispositions spécifiques du code du commerce [12].

En cas de silence de la CNAC, la naissance d'un avis tacite en application de l'article L. 752-4 du code de commerce ne fait pas obstacle à ce que la commission se prononce expressément et émette un avis se substituant à l'avis tacite précédemment rendu [13].

1. C. urb., art. R. 423-69-2 – V. s[s] n° 332.92.
2. C. urb., art. R. 423-70.
3. V. s[s] n° 325.33.
4. C. urb., art. R. 423-70-1.
5. C. urb., art. R. 423-71.
6. C. urb., art. R. 423-64, al. 1er.
7. C. urb., art. R. 423-64, al. 2.
8. C. urb., art. R. 423-61-1, al. 1er à 3.
9. C. urb., art. R. 423-61-1, al. 4.
10. V. s[s] n°s 119.04 et s.
11. C. urb., art. R. 423-70-2 ; créé par décr. n° 2024-318, 8 avr. 2024.
12. C. urb., art. R. 423-59 – C. com., art. L. 752-4, L. 752-14 et L. 752-17.
13. CE 21 sept. 2015, *S[té] LIDL*, req. n° 376359, *Lebon T. ; BJDU* 2015. 678, concl. G. Dumortier.

3°
Avis de la Commission européenne sur un projet ayant des effets significatifs sur un site Natura 2000

335.191 **Régime propre.** Les dispositions de l'article R. 423-59 (fixant un délai d'un mois à l'autorité consultée et prévoyant que l'avis est réputé positif en l'absence d'avis motivé rendu avant l'expiration de ce délai[1]) ne s'appliquent pas lorsque la Commission européenne est saisie dans les conditions prévues par l'article R. 414-25 du code de l'environnement[2].

§ 4
Exigence d'impartialité de la personne consultée

335.201 **Exigence d'impartialité.** Le principe d'impartialité, « qui garantit aux administrés que toute autorité administrative, individuelle ou collégiale, est tenue de traiter leurs affaires sans préjugés ni partis pris, doit être respecté durant l'intégralité de la procédure d'instruction et de délivrance d'un permis de construire, y compris, dès lors, dans la phase de consultation précédant la prise de décision »[3]. Cette exigence est méconnue dans le cas où un maire, consulté pour avis par le préfet, avait un lien de parenté avec le pétitionnaire et un intérêt personnel à la réalisation de l'opération de construction en raison de la rétrocession de parcelle prévue à son avantage en contrepartie de la délivrance de l'autorisation de construire[4].

§ 5
Portée des avis, accords et décisions

A.
Avis obligatoire et avis conforme

1°
Avis obligatoire

335.211 **Doit être sollicité mais ne lie pas l'autorité compétente.** La plupart des avis devant être recueillis par l'autorité compétente présentent la nature d'avis obligatoires. Cela emporte deux conséquences.

D'une part, ces avis doivent obligatoirement être recueillis. Le défaut de consultation entache la décision prise d'un vice de procédure[5]. Un défaut de consultation peut néanmoins être régularisé par un permis modificatif si la procédure consultative est mise en œuvre à l'occasion de la délivrance de celui-ci[6].

D'autre part, ces avis ne s'imposent pas à l'autorité compétente. Celle-ci peut légalement :

– délivrer l'autorisation d'urbanisme malgré un avis défavorable ;

– refuser l'autorisation d'urbanisme malgré un avis favorable.

2°
Avis conforme

335.221 **Avis devant être sollicité et présentant un caractère contraignant.** Certains avis revêtent la nature d'avis conforme.

D'une part, comme pour les avis obligatoires, l'autorité compétente a l'obligation de les solliciter.

D'autre part, ces avis revêtent la nature d'un accord (ou d'une absence d'accord) de l'autorité consultée. La procédure d'avis conforme confère ainsi à l'autorité consultée un pouvoir de co-décision.

335.222 **Avis défavorable : compétence liée pour refuser.** Dans la procédure d'avis conforme, un avis défavorable émis par l'autorité consultée fait obstacle à la réalisation du projet. L'autorité compétente pour se prononcer sur la demande de permis ou la déclaration préalable se trouve dans une situation de compétence liée pour opposer un refus[7]. Elle ne peut légalement délivrer l'autorisation d'urbanisme ayant fait l'objet d'un avis conforme défavorable[8].

Par suite, lorsque la demande qui a fait l'objet d'un refus d'accord a donné lieu à une décision de non-opposition ou à un permis tacite, l'autorité compétente est tenue, dans le délai de 3 mois prévu à l'article L. 424-5 du code de l'urbanisme, de retirer la décision de non opposition ou d'autorisation tacite intervenue en méconnaissance de ce refus[9].

1. V. s[s] n° 335.131.
2. C. urb., art. R. 423-71-1.
3. CE 22 févr. 2008, *Assoc. Air pur environnement d'Hermeville et ses environs*, req. n° 291372, NP ; *BJDU* 2008. 105, concl. Y. Aguila.
4. CE 22 févr. 2008, *Assoc. Air pur environnement d'Hermeville et ses environs*, req. n° 291372.
5. PAR EX. : CE 28 déc. 2005, *Pujol*, req. n° 283061, NP.
6. V. s[s] n° 352.152.
7. CE 11 mars 2009, *Auvers-sur-Oise (C[ne])*, req. n° 307656, *Lebon T.* ; *BJDU* 2009. 226, concl. L. Derepas ; *Constr.-Urb.* 2009, note P. Cornille – CE 9 juill. 2010, *Fontenay-Saint-Père (C[ne])*, req. n° 311468, NP (maire ayant à bon droit refusé la délivrance du permis).
8. CE 30 juill. 1997, *Mailharro*, req. n° 115920, NP.
9. CE 25 juin 2024, *Ministre de la transition écologique et de la cohésion des territoires c/Mme Glorieux*, req. n° 474026, *Lebon T.* ; *RDI* 2024. 485, obs. P. Soler-Couteaux.

335.223 Avis favorable : possibilité d'accepter ou de refuser. Un avis conforme favorable ouvre à l'autorité compétente une option :

- soit délivrer l'autorisation (l'accord ayant été obtenu[1]), le cas échéant en l'assortissant de prescriptions spéciales[2] ;
- soit refuser l'autorisation[3].

Le refus peut être motivé par tout motif tiré de la méconnaissance des dispositions applicables. L'autorité compétente peut notamment prendre une décision de refus en portant sur les points ayant donné lieu à la consultation une appréciation différente de celle de l'autorité consultée[4].

335.224 Avis favorable assorti de prescriptions. L'autorité consultée peut légalement donner un avis favorable assorti de prescriptions (par exemple subordonner son accord à la présentation d'un projet d'aménagement de la bande de terrain classée en espace boisé sur laquelle aucune construction ne sera implantée). Dans un tel cas de figure, l'autorité compétente ne peut légalement délivrer l'autorisation d'urbanisme qu'en tenant compte de ces prescriptions[5].

B. Conséquences d'une irrégularité

1° Appréciation de la régularité de la consultation

335.231 Impartialité de l'organisme. Une irrégularité commise dans le déroulement d'une procédure, même suivie à titre facultatif par l'administration, est de nature à vicier la validité de la décision intervenue dans la mesure où cette irrégularité a exercé, en fait, une influence sur la décision attaquée. Tel est le cas, par exemple, lorsque l'auteur du projet de construction litigieux, par ailleurs membre de la commission départementale des sites, a participé à la séance au cours de laquelle cette commission a examiné ce projet et a pris part à la discussion qui s'est instaurée sur ce projet[6].

335.232 Compétence d'un agent ou d'un membre de l'organisme. L'avis doit être signé par un agent ou membre de l'organisme ayant compétence pour ce faire. Tel n'est pas le cas d'un avis signé par le responsable du bureau « Études Éoliennes » de l'aviation civile Nord-Est, ne disposant pas d'une délégation à l'effet de délivrer cet accord au nom du ministre de l'aviation civile. La décision prise se trouve en conséquence entachée d'un vice de procédure substantiel[7].

335.233 Caractère complet des informations transmises. Une « consultation, même facultative, n'est régulière que si l'organisme consulté a été destinataire de l'ensemble des éléments lui permettant d'émettre un avis en toute connaissance de cause »[8]. Si tel est le cas, la circonstance que le service consulté a demandé des éléments complémentaires et a finalement rendu un avis défavorable faute, selon lui, d'avoir été plus complètement éclairé, n'est pas de nature à rendre sa consultation irrégulière[9].

Néanmoins, le Conseil d'État estime « que, lorsque la délivrance d'une autorisation d'urbanisme intervient après une consultation subordonnée à la production d'éléments d'information ou de documents précis, leur caractère incomplet, lorsqu'il n'est pas d'une ampleur telle qu'il permettrait de les regarder comme n'ayant pas été produits, ne constitue pas nécessairement une irrégularité de nature à entacher d'illégalité l'autorisation délivrée ; qu'il appartient au juge de l'excès de pouvoir de rechercher si ce caractère incomplet a fait obstacle à ce que l'autorité compétente dispose des éléments nécessaires pour se prononcer en connaissance de cause »[10].

2° Appréciation du caractère substantiel du vice de procédure

335.241 Vice substantiel ou non substantiel. Une irrégularité entachant la procédure consultative entache la décision prise d'un vice de procédure. En vertu de la jurisprudence Danthony, seul un vice substantiel justifie l'annulation de la décision prise[11].

1. PAR EX. : CE 7 nov. 1980, *Min. Environnement et du cadre de vie et SCI Alvarado*, req. n° 15459, *Lebon*.
2. CE 7 juill. 2008, *Verdun (Cne)*, req. n° 296438, NP ; *BJCL* 2008. 579, concl. A. Courrèges.
3. CE 7 juill. 2008, *Verdun (Cne)*, req. n° 296438 : arrêt indiquant que la société requérante « n'est pas fondée à soutenir que, l'architecte des bâtiments de France ayant émis un avis favorable à la démolition envisagée le 31 mai 2000, le maire de Verdun était tenu de délivrer le permis sollicité ».
4. CE 11 mars 2009, *Auvers-sur-Oise (Cne)*, req. n° 307656, *Lebon T.* ; *BJDU* 2009. 226, concl. L. Derepas ; *Constr.-Urb.* 2009, note P. Cornille : arrêt indiquant que le maire n'est pas tenu de suivre un avis favorable de l'ABF et peut refuser d'accorder le permis de construire, notamment lorsqu'il estime que celui-ci ne respecte pas les prescriptions applicables à la zone concernée.
5. CE 29 mars 1996, *Desplanques*, req. n° 129636, NP.
6. CE 20 mars 1992, *Prost (Épx)*, req. n° 105321, *Lebon T.*
7. CAA Lyon, 28 févr. 2013, *Sté Parc éolien de Sarry*, req. n° 12LY01689, NP.
8. CE 16 juin 2004, *Sté Laboratoire de biologie végétale Yves Rocher*, req. n° 254172, *Lebon T.*
9. CE 16 juin 2004, *Sté Laboratoire de biologie végétale Yves Rocher*, req. n° 254172.
10. CE 4 févr. 2013, *Saint-Lanne (Cne)*, req. n° 335589, *Lebon T.* ; *BJDU* 2013. 450, concl. D. Hedary.
11. V. ss nos 611.801 s.

§ 6
Transmission des avis

335.251 Absence de transmission d'office. Aucune des dispositions régissant les avis « ne font obligation à l'administration de transmettre au cours de l'instruction ou lors de la notification de la décision attaquée les avis émis par les services »[1].

SECTION 2
AUTRES PROCÉDURES POUVANT ÊTRE MISES EN ŒUVRE (EXCEPTIONNELLEMENT) DURANT L'INSTRUCTION

§ 1
Enquête publique ou participation du public par voie électronique

A.
Cas où la formalité s'impose

335.261 Deux fondements. L'organisation d'une enquête publique ou d'une participation du public par voie électronique s'impose[2] :

– pour l'enquête publique, lorsqu'elle est prévue par l'article R. 123-1 du code de l'environnement ;

– pour la participation du public par voie électronique, lorsqu'elle est prévue par l'article L. 123-19 du code de l'environnement.

335.262 Dispense d'enquête publique. L'exigence d'organiser une enquête publique ou une participation du public par voie électronique ne s'applique pas dans les cas de dispense d'enquête publique[3] :

– soit en vertu des quatrième et cinquième alinéas de l'article L. 300-2 du code de l'urbanisme ;

– soit en vertu du 1° du I de l'article L. 123-2 du code de l'environnement.

335.263 Cas où une enquête publique a déjà été mise en œuvre. Lorsque le projet a précédemment fait l'objet d'une enquête publique dans les conditions prévues au code de l'environnement et que l'avis de mise à l'enquête indiquait que celle-ci portait également sur la construction projetée, il n'y a pas lieu à nouvelle enquête au titre du permis de construire ou d'aménager, sauf si le projet a subi des modifications substantielles après la clôture de l'enquête[4].

1. TA Bordeaux, 16 juin 2011, *Alberge*, req. n° 0805955, NP.
2. C. urb., art. R. 423-57, al. 1er.
3. C. urb., art. R. 423-57, al. 1er.
4. C. urb., art. R. 423-58.

B.
Organisation de l'enquête publique ou de la participation du public par voie électronique

335.271 Autorité organisant l'enquête publique ou la participation du public par voie électronique. L'enquête publique ou la participation du public par voie électronique est organisée[5] :

– par le maire ou le président de l'EPCI lorsque le permis est délivré au nom de la commune ou de l'établissement public[6] ;

– et par le préfet lorsque le permis est délivré au nom de l'État[7].

335.272 Organisation d'une enquête publique unique lorsque plusieurs enquêtes sont prévues. Lorsque la réalisation du projet est soumise à la réalisation de plusieurs enquêtes publiques il peut être procédé à une enquête publique unique dans les conditions prévues à l'article L. 123-6 du code de l'environnement[8].

Cette faculté ne peut être mise en œuvre s'agissant de l'enquête publique devant être organisée dans le cadre de l'instruction d'une demande d'autorisation environnementale[9].

C.
Avis du commissaire-enquêteur

335.281 Délai pour rendre et transmettre l'avis. Le commissaire enquêteur ou la commission d'enquête doivent rendre leur avis dans le délai d'un mois à compter de la clôture de l'enquête[10].

Dans un délai de huit jours, l'autorité compétente informe le demandeur de la date de réception du rapport et de la substance des conclusions du commissaire enquêteur ou de la commission d'enquête[11].

335.282 Décision. Lorsque le projet relève de l'article L. 123-19 du code de l'environnement, l'autorité compétente rend sa décision dans un délai permettant la prise en considération des observations et propositions du public. Ce délai ne peut être inférieur à quatre jours à compter de la clôture de la procédure de participation du public[12].

5. C. urb., art. R. 423-57, al. 1er.
6. V. ss n° 333.11.
7. V. ss n° 333.51.
8. C. urb., art. R. 423-57, al. 2.
9. C. urb., art. R. 423-57, al. 2, renvoyant à l'article L. 181-10 du code de l'environnement.
10. C. urb., art. R. 423-57, al. 3.
11. C. urb., art. R. 423-57, al. 4.
12. C. urb., art. R. 423-57, al. 5.

L'autorité compétente informe le demandeur de la synthèse des observations et propositions du public[1].

335.283 Portée de l'avis du commissaire-enquêteur. L'avis du commissaire-enquêteur ne lie pas l'autorité compétente. Il en résulte que celle-ci :

- peut délivrer l'autorisation malgré un avis défavorable[2] ;
- peut refuser l'autorisation malgré un avis favorable.

335.284 Absence d'avis ou insuffisance de l'avis. L'absence d'avis (faute que l'enquête publique ait été mise en œuvre) ou l'insuffisance de l'avis entache la décision subséquente d'un vice de procédure. Conformément à la jurisprudence Danthony, ce vice entraîne l'annulation de la décision attaquée s'il a été susceptible d'exercer une influence sur le sens de celle-ci ou s'il a privé les intéressés d'une garantie[3].

§ 2
Information de l'autorité compétente en matière d'autorisations d'urbanisme qu'une mise en compatibilité a été réalisée (procédure intégrée)

335.291 Procédure intégrée. L'autorité engageant la mise en compatibilité d'un document d'urbanisme dans le cadre de la procédure intégrée[4] informe l'autorité compétente pour délivrer l'autorisation d'urbanisme et le maître d'ouvrage de la date à laquelle la décision de mise en compatibilité est exécutoire (ou, si plusieurs documents doivent être mis en compatibilité, de la date à laquelle la dernière décision de mise en compatibilité est exécutoire) dans le délai de huit jours à compter de la date de la décision[5].

1. C. urb., art. R. 423-57, al. 6.
2. CAA Douai, 10 avr. 2012, *Bohere*, req. n° 10DA01153, *Lebon T.* : arrêt indiquant « que l'autorité administrative n'est pas liée par l'avis du commissaire enquêteur ; que, par suite, le moyen tiré de ce que l'autorité administrative n'a pas tenu compte de l'avis négatif du commissaire enquêteur est en lui-même sans incidence sur la légalité de la décision contestée ».
3. V. s^s n° 611.805.
4. V. s^s n°s 513.61 s.
5. C. urb., art. R. 423-71-2.

CHAPITRE

336. Dématérialisation de la saisine et des échanges

SECTION 0
ORIENTEUR

336.00 Sommaire du chapitre.

336.01 Textes applicables.

• **CRPA**

art. L. 112-8 s.

art. R. 112-9-1 s.

• **C. urb.**

art. L. 423-3

art. R. 474-1

art. A. 423-5

336.03 Bibliographie indicative.

Article. C. Chabot et D. Richard, « La dématérialisation des demandes et des autorisations d'urbanisme : l'échéance du 1er janvier 2022 », *Constr.-urb.* 2021, ét. 16.

SECTION 1
MISE EN PLACE DE LA DÉMATÉRIALISATION

336.11 Fondements juridiques. Le code des relations entre le public et les administrations reconnaît aux administrés un droit de saisir l'administration par voie électronique, notamment d'une « demande » ou d'une « déclaration »[1]. Sur ce fondement les administrés disposent du droit de saisine par voie électronique pour les demandes de permis de construire et les déclarations préalables.

Néanmoins, le CRPA prévoit que : « L'application des articles L. 112-8 et L. 112-9 à certaines démarches administratives peut être écartée, par décret en Conseil d'État, pour des motifs d'ordre public, de défense et de sécurité nationale, de bonne administration, ou lorsque la présence personnelle du demandeur apparaît nécessaire »[2]. Cette faculté a été mise en œuvre dans le domaine des autorisations d'urbanisme, une première fois en 2016[3] (pour reporter au 8 novembre 2018 la possibilité d'exercer ce droit),

1. CRPA, art. L. 112-8 : « Toute personne, dès lors qu'elle s'est identifiée préalablement auprès d'une administration, peut, dans des conditions déterminées par décret en Conseil d'État, adresser à celle-ci, par voie électronique, une demande, une déclaration, un document ou une information, ou lui répondre par la même voie. Cette administration est régulièrement saisie et traite la demande, la déclaration, le document ou l'information sans lui demander la confirmation ou la répétition de son envoi sous une autre forme ». Les modalités du téléservice mis en place sont précisées à l'article L. 112-9 du CRPA ainsi qu'aux articles R. 112-9-1 et R. 112-9-2.
2. CRPA, art. L. 112-10.
3. Décr. n° 2016-1491, 4 nov. 2016 relatif aux exceptions à l'application du droit des usagers de saisir l'administration par voie électronique concernant les démarches effectuées auprès des collectivités territoriales, de leurs établissements publics ou des établissements publics de coopération intercommunale, *JO* 6 nov., n° 4, annexe 2.

une seconde fois en 2018[1] (pour reporter au 1er janvier 2022 cette possibilité).

En l'absence de nouveau report, la saisine par voie électronique dans le domaine des autorisations d'urbanisme est entrée en vigueur le 1er janvier 2022.

336.12 **Deux régimes.** Deux régimes sont prévus.

Les communes de moins de 3500 habitants ont l'obligation de recevoir sous forme électronique les demandes d'autorisation d'urbanisme. Cette obligation de saisine par voie électronique (SVE) s'impose en vertu des dispositions de droit commun du CRPA. Les communes peuvent s'en acquitter en mettant à disposition des usagers une adresse courriel dédiée ou encore en permettant une saisine via un formulaire de contact ; elles ont également la possibilité (mais non l'obligation, à la différence des communes de plus de 3500 habitants) d'utiliser la téléprocédure prévue à l'article L. 423-3.

Les communes de plus de 3500 habitants sont également soumises à l'obligation de recevoir sous forme électronique les demandes d'autorisation d'urbanisme. Elles doivent, en plus, assurer leur instruction sous forme dématérialisée. L'article L. 423-3 du code de l'urbanisme, modifié par la loi ÉLAN, prévoit en ce sens que ces communes ont l'obligation de disposer « d'une téléprocédure spécifique leur permettant de recevoir et d'instruire sous forme dématérialisée les demandes d'autorisation d'urbanisme déposées à compter du 1er janvier 2022 »[2].

SECTION 2
MODALITÉS DES ÉCHANGES ÉLECTRONIQUES (RÈGLES COMMUNES AUX DEUX RÉGIMES)

§ 1
Envoi par l'usager d'une demande, d'une déclaration, d'un document ou d'une information

336.21 **Preuve de la réception (pour le déclenchement des délais).** Lorsqu'un usager adresse par voie électronique une demande, une déclaration, un document ou une information en application du livre IV du code de l'urbanisme, les délais courant à compter du dépôt ou de la réception de la demande ou de la déclaration de l'usager s'entendent comme courant à compter[3] :

- de l'envoi de l'accusé de « réception électronique » ;
- ou, le cas échéant (lorsque l'accusé de réception n'est pas instantané), de l'envoi de l'accusé « d'enregistrement électronique ».

Cet accusé de réception électronique ou d'enregistrement électronique est réalisé « dans les conditions prévues à l'article L. 112-11 du CRPA »[4].

336.22 **Nombre d'exemplaires.** Lorsqu'un usager adresse par voie électronique une demande, une déclaration, un document ou une information en application du livre IV du code de l'urbanisme, il est dispensé de produire les exemplaires supplémentaires requis et les copies des pièces qui y sont jointes[5].

336.23 **Modalités de transmission des pièces.** L'usager transmet chaque pièce « par un fichier distinct ». Cette obligation est applicable à la transmission des « pièces jointes » ainsi qu'aux « pièces complémentaires »[6].

Le demandeur « joint à sa demande un inventaire détaillé des pièces qu'elle contient »[7]. Toutefois, il « est dispensé de transmettre cet inventaire lorsqu'il utilise la téléprocédure mentionnée à l'article L. 423-3 »[8] (dans ce dernier cas, en effet, l'inventaire est automatiquement réalisée par la plateforme).

§ 2
Notification par l'administration d'un document

336.31 **Modalités d'envoi.** Lorsque l'administration doit notifier un document à une personne par lettre recommandée, cette formalité peut être accomplie par l'utilisation[9] :

- d'un envoi recommandé électronique au sens de l'article L. 100 du code des postes et des communications électroniques ;
- ou d'un procédé électronique permettant de désigner l'expéditeur, de garantir l'identité du destinataire et d'établir si le document a été remis.

L'accord exprès de l'intéressé doit être préalablement recueilli[10].

1. Décr. n° 2018-954, 5 nov. 2018 modifiant le décret n° 2016-1491 du 4 novembre 2016 relatif aux exceptions à l'application du droit des usagers de saisir l'administration par voie électronique concernant les démarches effectuées auprès des collectivités territoriales, de leurs établissements publics ou des établissements publics de coopération intercommunale, *JO* 6 nov., n° 18, annexe 2.
2. C. urb., art. L. 423-3, al. 1er, ajoutant que cette téléprocédure « peut être mutualisée au travers du service en charge de l'instruction des actes d'urbanisme ».
3. C. urb., art. R. 474-1, I, 1°.
4. C. urb., art. R. 474-1, I, 1°.
5. C. urb., art. R. 474-1, I, 2°.
6. C. urb., art. R. 474-1, I, 2°.
7. C. urb., art. R. 474-1, I, 2°.
8. C. urb., art. R. 474-1, I, 2°.
9. CRPA, art. L. 112-15, al. 2.
10. CRPA, art. L. 112-15, al. 2.

336.32 **Date de réception.** Lorsqu'en application du livre IV du code de l'urbanisme et des articles L. 112-14 et L. 112-15 du CRPA, l'autorité compétente notifie un document par voie électronique à un usager, l'intéressé est réputé en avoir reçu notification[1] :

– en cas d'utilisation d'un envoi recommandé électronique, « le lendemain de la date d'envoi » de l'information prévue au I de l'article R. 53-3 du code des postes et communications électroniques (1°) ;

– en cas d'utilisation d'un procédé électronique tel que mentionné à l'article R. 112-17 du CRPA, par dérogation à l'article R. 112-20 du même code, « le lendemain de la date d'envoi de l'avis de dépôt à l'usager » (2°).

SECTION 3 LA TÉLÉPROCÉDURE PRÉVUE À L'ARTICLE L. 423-3 DU CODE DE L'URBANISME (RÈGLES PROPRES)

§ 1 Caractéristiques

336.41 **Nature.** La téléprocédure prévue à l'article L. 423-3 du code de l'urbanisme[2] :

– est un téléservice au sens de l'article L. 112-9 du CRPA, pour ses fonctionnalités relatives à la saisine et aux échanges par voie électronique entre les demandeurs et l'administration ;

– et prend la forme d'un service numérique fondé sur une procédure électronique de traitement et de transmission utilisant le réseau internet.

336.42 **Spécificités fonctionnelles et techniques.** Un arrêté ministériel précise les exigences fonctionnelles[3] et exigences techniques[4] auxquelles la téléprocédure doit satisfaire.

§ 2 Suite logicielle

336.51 **La suite logicielle XX'AU.** Pour permettre la dématérialisation des autorisations d'urbanisme, l'État a développé une suite logicielle dite « XX'AU », composée de plusieurs outils.

A. Les deux outils principaux : AD'AU et PLAT'AU

336.61 **AD'AU.** AD'AU (« Assistance aux demandes d'autorisation d'urbanisme ») est un portail accessible depuis le site « service-public.fr ». Il permet au pétitionnaire de constituer en ligne sa demande et de la transmettre en ligne à son guichet unique.

336.62 **PLAT'AU.** PLAT'AU (« Plateforme des autorisations d'urbanisme ») constitue un « hub », connecté aux outils numériques du processus d'instruction (téléservices des collectivités, outils métiers des services instructeurs et des services consultés, etc.). Les acteurs concernés par un même dossier peuvent y avoir accès de manière simultanée et dématérialisée.

B. Les autres outils

336.71 **RIE'AU.** RIE'AU (« Réception, information et échanges des autorisations d'urbanisme ») est un outil à destination des communes non compétentes en matière d'autorisations d'urbanisme (celles soumises au RNU) afin de les doter d'une interface pour réceptionner, qualifier et suivre les demandes des pétitionnaires de leur territoire.

336.72 **AVIS'AU.** AVIS'AU (plateforme de réception et de traitement des demandes d'avis relatifs aux autorisations d'urbanisme) est destiné aux ser-

1. C. urb., art. R. 474-1, II.
2. C. urb., art. A. 423-5, I.
3. C. urb., art. A. 423-5, II : « La téléprocédure satisfait notamment aux exigences fonctionnelles suivantes, en permettant : 1° Au demandeur de constituer et de déposer une demande d'autorisation d'urbanisme prévue par le livre IV du code de l'urbanisme ; 2° À la commune de recevoir, d'enregistrer ces demandes et d'en accuser réception ; 3° Les échanges d'informations, pièces, courriers et notifications prévus par les lois et règlements relatifs à la procédure d'instruction des demandes d'autorisation d'urbanisme entre, d'une part, le demandeur et, d'autre part, la commune ou l'autorité compétente ; 4° À l'autorité compétente de réaliser l'instruction d'une demande, y compris le suivi des demandes d'avis, d'accord ou de décision requis et des délais de procédure ; 5° Au demandeur de consulter son dossier, notamment son état d'avancement ; 6° De paramétrer, conformément aux compétences définies dans le code de l'urbanisme, les droits d'accès des personnes habilitées à s'y connecter selon, d'une part, les fonctionnalités qu'elles sont autorisées à utiliser et, d'autre part, les dossiers auxquels elles sont autorisées à accéder ; 7° De contrôler l'existence des informations à préciser dans la demande d'autorisation d'urbanisme ».
4. C. urb., art. A. 423-5, III : « La téléprocédure satisfait notamment aux exigences techniques suivantes : 1° Accepter *a minima* les fichiers d'une taille de 40 méga-octets pour les demandes de permis de construire et de permis d'aménager, et de 10 méga-octets pour les autres demandes et les formats suivants : PDF, JPEG et PNG ; 2° Garantir la fiabilité, l'intégrité, la sécurité et la confidentialité des comptes utilisateurs des acteurs et leurs échanges ; 3° Établir, de manière certaine, la date et l'heure auxquelles : a) Les informations, pièces, documents, courriers et notifications adressées au demandeur, aux entités consultées sont, selon le procédé électronique utilisé, envoyés, reçus, mises à disposition et consultés ; b) Les demandes, déclarations, documents ou informations adressées par le demandeur ou les entités consultées sont reçues ».

vices consultables sans système d'information connecté à PLAT'AU. Il permet aux services consultés de recevoir des demandes d'avis, d'accéder aux dossiers et de rendre des avis dans le cadre d'une consultation.

Cet outil s'adresse aux services consultables qui ne possèdent pas de système d'information de gestion et/ou rendant peu d'avis.

C.
Schéma

336.81 **Présentation des différentes plateformes.** Un schéma élaboré par le ministère présente les différentes plateformes [1].

D.
La chaîne de traitement dématérialisé

336.91 **Schéma.** Un schéma élaboré par le ministère présente la chaîne de traitement dématérialisé [2].

1. Ministre de la transition écologique, *Présentation du programme Démat.ADS*, mai 2021, p. 12 [en ligne].

2. Ministre de la transition écologique, *Présentation du programme Démat.ADS*, mai 2021, p. 8 [en ligne].

TITRE

34. La décision prise sur la demande de permis ou la déclaration préalable

SECTION 0

ORIENTEUR

34.00 **Sommaire du titre.**

CHAPITRE

341. Autorité compétente pour délivrer le permis ou se prononcer sur la déclaration préalable

SECTION 0 ORIENTEUR

341.00 Sommaire du chapitre.

341.01 Textes applicables.

- **C. urb.**

art. L. 422-1 s.

art. R. 422-1 s.

341.03 Bibliographie indicative.

Encyclopédies. *DP constr.-urb.*, ét. : « Permis de construire » ; ét. : « Permis d'aménager » ; ét. : « Déclaration préalable » ; ét. : « Permis de démolir » – *J.-Cl. Constr.-Urb.*, fasc. 25-24 : « Permis de construire. – Décision. Transfert. Caducité », par G. Livet-Veaux et M. Moritz, sept. 2022 ; fasc. 28 : « Permis d'aménager », par G. Liet-Veaux, mai 2007, mis à jour oct. 2009.

Traité. N. Baillon, *Traité du permis de construire*, 6e éd., « Référence juridique », Le Moniteur, 2017.

Monographies. Ph. Boulisset, S. Cardi, S. Consalvi, R. Thielé, *Permis de construire 2021-2022 : permis de démolir, permis d'aménager, déclaration préalable*, 3e éd., « Encyclopédie Delmas pour la vie des affaires », Delmas, 2021 – V. Lachaut-Dana, *Permis de construire et autorisations d'urbanisme : études préalables, délivrance, mise en œuvre*, 2e éd., « Pratique du droit », Le Moniteur, 2019 – C. Mialot et F. Ehrenfeld, *Le permis de construire et autres autorisations d'urbanisme*, « Les indispensables », Berger-Levrault, 2018 – O. Bonneau, S. Guirriec, C. Morot-Monomy, *Délivrer et contrôler les autorisations d'urbanisme*, « Dalloz Public », Dalloz, 2021.

Article. J.-L. Maillot, « Répartition des compétences entre le préfet et le maire en matière de permis de construire des "constructions agricoles photovoltaïques" et de "centrales photovoltaïques" », *Constr.-Urb.* 2019, ét. 24.

341.04 **Questions essentielles.**

> La commune peut-elle déléguer sa compétence à un EPCI ?

* V. s[s] n°s 341.71 s.

> La compétence pour statuer sur la construction d'une éolienne relève-t-elle du maire ou du préfet ?

* V. s[s] n° 341.131

341.05 **Distinction.** La personne publique compétente varie selon que la commune soit couverte ou non par un document d'urbanisme.

SECTION 1

AUTORITÉ COMPÉTENTE LORSQUE LA COMMUNE EST COUVERTE PAR UN PLU OU UNE CARTE COMMUNALE

341.11 **Compétence de principe du maire.** Lorsque la commune est couverte par un PLU ou une carte communale, la compétence pour délivrer les autorisations d'urbanisme revient en principe au maire agissant au nom de la commune, et par exception à l'État agissant par la voie du maire ou du préfet.

§ 1

Principe : compétence du maire au nom de la commune

A.

Compétence du maire au nom de la commune conditionnée par l'existence d'un document d'urbanisme

341.21 **Compétence pour les communes dotées d'un PLU ou d'une carte communale.** L'autorité compétente pour délivrer le permis de construire, d'aménager ou de démolir et pour se prononcer sur un projet faisant l'objet d'une déclaration préalable est le maire, au nom de la commune[1] :

– dans les communes qui se sont dotées d'un PLU ou d'un document d'urbanisme en tenant lieu ;

– ainsi que dans les communes qui se sont dotées d'une carte communale après le 26 mars 2014[2].

341.22 **Compétence maintenue en cas d'annulation ou d'abrogation du document d'urbanisme.** « Lorsque le transfert de compétence à la commune est intervenu, il est définitif »[3]. Ainsi, lorsque, en conséquence de l'approbation d'un PLU ou d'une carte communale, la commune a obtenu la compétence pour se prononcer sur les demandes de permis et les déclarations préalables, elle ne perd pas cette compétence en cas d'annulation ou d'abrogation du PLU ou de la carte communale.

341.23 **Compétence pour les demandes et déclarations présentées après l'approbation du document d'urbanisme.** Le code prévoit que les demandes de permis de construire, d'aménager ou de démolir ainsi que les déclarations préalables sur lesquelles il n'a pas été statué à la date du transfert de compétence « restent soumises aux règles d'instruction et de compétence applicables à la date de leur dépôt »[4]. Il en résulte que la commune est compétente pour se prononcer sur les demandes et déclarations présentées après l'approbation d'un document d'urbanisme (PLU ou carte communale).

Demeurent régies par les règles de compétence applicables antérieurement :

– les demandes et déclarations sur lesquelles il n'a pas été statué avant le transfert de compétence ;

– les demandes et déclarations sur lesquelles il a été statué avant le transfert de compétence mais qui ont fait l'objet d'une annulation[5].

341.24 **Cas d'un terrain situé sur le territoire de deux communes.** Dans le cas où le terrain est situé sur le territoire de deux communes, les maires de chacune de ces communes sont compétents[6]. La décision sera prise soit, par chaque maire, soit par décision conjointe. Chaque autorité se prononce sur la demande de permis ou la déclaration préalable au regard des règles d'urbanisme applicables sur son territoire.

Lorsque le terrain d'assiette du projet déborde sur le territoire de la commune voisine, le maire de la commune où est implanté le projet est seul compétent pour délivrer le permis de construire dans le cas où les travaux exécutés sur le territoire de la seconde commune ne sont pas soumis à autorisation de construire[7].

1. C. urb., art. L. 422-1, a.
2. Date de publication de la L. n° 2014-366, 24 mars 2014.
3. C. urb., art. L. 422-1, a.
4. C. urb., art. L. 422-1, al. 4.
5. CAA Marseille, 26 oct. 2011, *Les Beaumettes*, req. n° 09MA03493, NP : arrêt indiquant qu'« une demande de permis de construire, sur laquelle il a été statué par une décision qui a fait l'objet d'une annulation juridictionnelle définitive et qui a été confirmée conformément à l'article L. 600-2 du code de l'urbanisme, doit être regardée comme restant pendante et entrant, par suite, dans la catégorie de celles sur lesquelles il n'a pas encore été statué au sens de l'article L. 422-1 du code de l'urbanisme ».
6. V. s[s] n° 331.352.
7. CE 8 avr. 1994, *SA Centaure Normandie et Bosgouet (C[ne])*, req. n° 132721, *Lebon T.*

B. Possibilité d'exercice de la compétence par un adjoint ou un conseiller municipal

1° Délégation du maire à un adjoint (ou à un conseiller municipal)

341.31 Maire pouvant déléguer une partie de sa fonction à un adjoint ou un conseiller municipal. Le CGCT prévoit que : « Le maire est seul chargé de l'administration, mais il peut, sous sa surveillance et sa responsabilité, déléguer par arrêté une partie de ses fonctions à un ou plusieurs de ses adjoints et à des membres du conseil municipal »[1].

341.32 Nature et objet de la délégation de fonction. Les délégations de fonction accordées par l'organe exécutif à des élus, membres de l'assemblée délibérante, « sont des délégations de signature »[2].

Ces délégations de signature « s'apparentent à une mesure d'organisation interne du service permettant à l'autorité administrative de se décharger de certaines tâches, sans qu'elle soit dessaisie de ses pouvoirs. Ainsi, la délégation de signature s'exerce sous le contrôle et la responsabilité du délégant qui peut intervenir à tout moment dans les affaires déléguées. La délégation de signature est faite *intuitu personae*, la décision de délégation étant nominative : dès lors, la délégation de signature prend fin lorsque le délégant ou le délégataire cesse ses fonctions. Enfin, le délégataire agit au nom du délégant et prend les décisions en son nom. Par conséquent, la délégation à un adjoint ne fait pas obstacle à ce que le maire ou son suppléant signe les actes sur lesquels porte la délégation »[3].

341.33 Exigence de précision de la délégation de fonction. Les délégations consenties par le maire doivent être définies avec une précision suffisante[4].

À titre d'exemple, est suffisamment précise la délégation attribuant compétence :

– « pour signer toute décision relative à l'occupation et à l'utilisation du sol régie par le code de l'urbanisme »[5] ;

– pour signer tous actes intervenant en matière d'« urbanisme, procédures liées à l'instruction du droit des sols [...] »[6] ;

– pour prendre « toutes décisions relevant du code de l'urbanisme et de la compétence propre du maire »[7].

En revanche, est insuffisamment précise (et donc entache d'incompétence les décisions prises sur son fondement) la délégation :

– confiant à un adjoint « l'étude et l'instruction de tout dossier, la proposition de toute solution et la signature de tout document et courrier relevant du secteur urbanisme » (cet arrêté – qui fixe les limites de l'intervention de l'autorité délégataire, que cette dernière ne saurait excéder – n'a habilité l'adjoint visé qu'à, d'une part, étudier les dossiers relevant du secteur urbanisme de la commune et élaborer les propositions de solution correspondantes, et, d'autre part, signer les documents et courriers relevant du même secteur ; il ne lui a conféré aucune compétence pour signer des actes à caractère décisionnel et notamment les autorisations individuelles d'urbanisme)[8] ;

– « à l'effet de signer les documents concernant les affaires techniques et le patrimoine communal » (délégation qui ne précise pas l'étendue des fonctions ainsi déléguées et, par suite, ne donne pas compétence à l'adjoint visé pour délivrer un permis de construire au nom du maire)[9] ;

– pour signer « tous les documents, dossiers et pièces concernant les affaires suivantes : Urbanisme – Plan Local d'Urbanisme – Affaires juridiques – Contentieux » (formulation vague qui, d'une part, ne vise pas la matière urbanistique dans son sens général et opère une distinction dans l'étendue de la délégation, et d'autre part, n'indique pas la nature des actes concernés par ladite délégation)[10] ;

– « pour remplir les fonctions d'officier d'état civil dans ladite commune, délivrer les alignements et permissions de bâtir sur les rues, places et autres voies communales, etc. »[11].

Une délégation du maire habilitant l'un de ses adjoints à signer toutes les décisions relevant du code de l'urbanisme doit être regardée comme habilitant son titulaire à signer les arrêtés accordant un permis de construire, y compris lorsque le permis tient lieu de l'autorisation prévue par l'article L. 111-8 du CCH pour l'exécution des travaux conduisant à la création,

1. CGCT, art. L. 2122-18, al. 1er.
2. Rép. min. no 1618, *JO Sénat Q* 21 nov. 2013, p. 3387 – déjà : Rép. min. no 10284, *JO Sénat Q* 4 mai 1995, p. 1046.
3. Rép. min. no 1618, *JO Sénat Q* 21 nov. 2013, p. 3387 – également, sur ce dernier point : CE 19 mai 2000, *Le Cendre (Cne)*, req. no 208542, *Lebon T.*
4. CE 12 mars 1975, *Les Loges Margueron*, req. no 93439, *Lebon*.
5. CE 21 mai 2008, *Louvard*, req. no 284801, *Lebon T.* ; *BJDU* 2008. 207, concl. E. Geffray.
6. CAA Bordeaux, 17 oct. 2013, *Poussard*, req. no 12BX01207, NP.
7. CE 27 mars 2015, *Centre hospitalier Pierre Oudot*, req. no 367896, *Lebon T.* ; *BJDU* 2015. 249, concl. S. Von Coester.
8. CAA Paris, 3 oct. 1996, *Maurepas (Cne)*, req. no 94PA01315, NP.
9. CAA Nantes, 10 mai 2013, *Saint-Germain-la-Blanche-Herbe (Cne)*, req. no 12NT00510, NP.
10. CAA Marseille, 30 mai 2013, *Hyères-les-Palmiers (Cne)*, req. no 11MA00734, NP.
11. CE 12 mars 1975, *Les Loges Margueron*, req. no 93439, *Lebon*.

l'aménagement ou la modification d'un établissement recevant du public (le permis de construire ne peut toutefois être octroyé qu'avec l'accord de l'autorité compétente pour délivrer cette autorisation)[1].

2°
Empêchement du maire

341.41 Remplacement du maire. En cas d'absence, de suspension, de révocation ou de tout autre empêchement, le maire est provisoirement remplacé, dans la plénitude de ses fonctions, par un adjoint, dans l'ordre des nominations et, à défaut d'adjoint, par un conseiller municipal désigné par le conseil ou, à défaut, pris dans l'ordre du tableau[2].

341.42 Circonstances justifiant le remplacement. Le remplacement du maire peut résulter d'une suspension, d'une révocation ou de tout autre empêchement[3]. Le remplacement peut par exemple intervenir en cas d'hospitalisation du maire[4] ou de décès de celui-ci[5].

341.43 Modalités du remplacement. En cas d'empêchement, le maire est remplacé « par un adjoint, dans l'ordre des nominations et, à défaut d'adjoint, par un conseiller municipal désigné par le conseil ou, à défaut, pris dans l'ordre du tableau »[6]. Il en résulte qu'un quatrième adjoint ne peut pas remplacer le maire si l'empêchement des trois premiers adjoints n'est pas établi[7]. Il ne peut *a fortiori* pas remplacer le maire si l'empêchement ni du maire ni des trois premiers adjoints n'est établi[8].

Le maire est par ailleurs remplacé « dans la plénitude de ses fonctions »[9], c'est-à-dire dans toutes ses attributions[10].

3°
Publicité de la délégation ou du remplacement et transmission au préfet

341.51 Exigences. L'article L. 2131-1, al. 1er, du CGCT dispose que : « Les actes pris par les autorités communales sont exécutoires de plein droit dès qu'il a été procédé à leur publication ou affichage ou à leur notification aux intéressés ainsi qu'à leur transmission au représentant de l'État dans le département ou à son délégué dans l'arrondissement ». La jurisprudence estime que le respect de cette double exigence s'impose aux arrêtés portant délégation de fonctions ou remplacement du maire[11].

Concernant l'exigence de publicité, il ressort des dispositions précitées que cette formalité peut être satisfaite soit par la publication, soit par l'affichage[12]. Dès lors, la publication au recueil des actes administratifs de la ville d'un arrêté portant délégation de fonctions suffit à rendre celui-ci exécutoire sans qu'il soit nécessaire qu'il soit également affiché en mairie[13]. De la même manière, le seul affichage suffit à regarder comme satisfaite l'exigence de publicité[14].

En revanche, cette exigence n'apparaît pas satisfaite lorsque le maire produit un certificat, daté du 2 mars 2006, aux termes duquel « l'arrêté municipal en date du 29 mars 2001 a régulièrement fait l'objet d'un affichage et d'une publication dans le recueil des actes administratifs de la commune », sans préciser la date de l'affichage et de la publication de l'arrêté et n'établissant pas que la délégation de signature consentie par cet arrêté avait été publiée antérieurement à l'arrêté interruptif de travaux du 13 janvier 2006[15].

4°
Mesures prises sur le fondement d'une délégation ou d'un remplacement entaché d'irrégularité

341.61 Incompétence et inopposabilité d'un refus. La décision prise par un adjoint ou un conseiller municipal sans que les conditions de la délégation ou du remplacement ne soient remplis entache la décision prise d'incompétence.

De façon plus spécifique, la doctrine administrative estime que : « Un refus de permis de construire pris sur la base d'une délégation irrégulière n'a pas force exécutoire et ne peut être opposé à l'administré qui de ce fait peut bénéficier d'un permis tacite à l'écoulement des délais légaux »[16].

1. CE 27 mars 2015, *Centre hospitalier Pierre Oudot*, req. n° 367896, *Lebon T.*; *BJDU* 2015. 249, concl. S. Von Coester.
2. CGCT, art. L. 2122-17.
3. CGCT, art. L. 2122-17.
4. À PROPOS d'une décision de retrait d'un permis de construire prise par un premier adjoint : CAA Lyon, 31 juill. 2012, *Chosson*, req. n° 11LY01302, NP.
5. CE 25 juill. 1986, *Ficheux*, req. n° 68309, NP.
6. CGCT, art. L. 2122-17.
7. CAA Lyon, 10 avr. 2012, *Vº Thanh*, req. n° 11LY00191, NP.
8. CE 23 mars 1992, *Duguet*, req. n° 95160, *Lebon T.*
9. CGCT, art. L. 2122-17.
10. CE 25 juill. 1986, *Élection du maire de Clichy*, req. n° 67767, *Lebon*.
11. CE 24 juill. 2009, *Boeschepe (Cne)*, req. n° 311337, NP.
12. EN CE SENS : CAA Bordeaux, 17 oct. 2013, *Poussard*, req. n° 12BX01207, NP.
13. CAA Bordeaux, 17 oct. 2013, *Poussard*, req. n° 12BX01207, NP.
14. CE 24 juill. 2009, *Boeschepe (Cne)*, req. n° 311337, NP.
15. CE 12 déc. 2012, *Min. Écologie c/Adritty*, req. n° 340581, NP.
16. Rép. min. n° 13193, *JO Sénat Q* 15 janv. 2015, p. 117.

C. Délégation par la commune à l'EPCI

341.71 Formes de la délégation. Lorsqu'une commune fait partie d'un EPCI, « elle peut, en accord avec cet établissement, lui déléguer la compétence prévue au a de l'article L. 422-1 qui est alors exercée par le président de l'établissement public au nom de l'établissement »[1].

La délégation de compétence « doit être confirmée dans les mêmes formes »[2] :

- après chaque renouvellement du conseil municipal ;
- ou après l'élection d'un nouveau président de l'établissement public.

Si la confirmation de la délégation n'est pas intervenue dans les six mois qui suivent le renouvellement du conseil municipal ou l'élection du nouveau président de l'établissement public, la commune redevient, à compter de cette date, l'autorité compétente[3].

341.72 Étendue de la délégation. La délégation à un EPCI « porte sur l'ensemble des autorisations et actes relatifs à l'occupation ou à l'utilisation du sol »[4].

D. Désignation d'un autre membre du conseil municipal lorsque le maire ou le président de l'EPCI est intéressé

341.81 Obligation et procédure de désignation d'un autre membre. Si le maire ou le président de l'EPCI est intéressé au projet faisant l'objet de la demande de permis ou de la déclaration préalable, soit en son nom personnel, soit comme mandataire, le conseil municipal de la commune ou l'organe délibérant de l'établissement public désigne un autre de ses membres pour prendre la décision[5].

Il ressort de ces dispositions que l'organe délibérant a l'obligation de désigner un autre membre que le maire ou le président de l'EPCI lorsque celui-ci est intéressé[6].

Concernant la procédure, une délégation de signature du maire à un adjoint ne saurait suffire[7] ; une délibération est nécessaire[8]. À cet égard, « la désignation par le conseil municipal d'un autre de ses membres pour prendre les décisions peut être effectuée pour chacune des décisions prises "au coup par coup" : c'est en effet en fonction de chaque affaire que l'on pourra le plus souvent apprécier "l'intérêt de maire". Toutefois, en présence d'un risque fréquent d'"intéressement" d'un maire (profession liée à l'acte de construire ou propriétaire important dans la commune), il est préférable qu'intervienne une délibération globale valant pour toutes les décisions pour lesquelles le maire serait intéressé pendant une période déterminée, par exemple un mandat »[9].

Sur le fondement de la délibération prise, le membre de l'organe délibérant désigné dispose de la compétence pour délivrer l'autorisation d'urbanisme concernée[10].

341.82 Maire ou président de l'EPCI regardé comme intéressé. Selon la doctrine administrative, la notion d'intérêt personnel « doit être appréciée de manière assez large ; un maire – ou un président d'un établissement public – peut être "intéressé en son nom personnel" lorsqu'il est propriétaire du terrain sur lequel la construction est prévue ou lorsque le permis de construire concerne un proche parent (ascendant, descendant, conjoint). Il en est de même lorsque l'autorité locale intervient professionnellement dans le projet, en tant que mandataire au sens du code civil mais aussi en tant notamment qu'architecte d'un projet, entrepreneur, géomètre, notaire, promoteur ou lotisseur. Les exemples concrets sont nombreux : certificat d'urbanisme demandé par un notaire, par ailleurs maire de la commune, lotissement élaboré par un géomètre-maire, permis de construire devant être réalisé par un entrepreneur-maire. En outre, l'intérêt peut être

1. C. urb., art. L. 422-3, al. 1er.
2. C. urb., art. L. 422-3, al. 2.
3. C. urb., art. R. 422-4.
4. C. urb., art. R. 422-3.
5. C. urb., art. L. 422-7.
6. CE 22 nov. 1995, *Comité action locale de la chapelle Saint Sepulcre*, req. n° 95859, NP : arrêt soulignant « que le maire [...] était propriétaire de la parcelle pour laquelle une demande d'autorisation de clôture a été déposée, et pouvait être à ce titre regardé comme intéressé [...] ; qu'ainsi le conseil municipal devait désigner un autre de ses membres pour délivrer l'autorisation de clôture » ; – également : CE 26 févr. 2001, *Dorwling-Carter*, req. n° 211318, NP : absence d'obligation en l'espèce, le maire n'étant pas regardé comme intéressé.
7. CE 26 févr. 2001, *Dorwling-Carter*, req. n° 211318, NP.
8. CE 22 nov. 1995, *Comité action locale de la Chapelle Saint Sepulcre*, req. n° 95859, NP.
9. Rép. min. n° 41971, *JOAN Q* 22 juin 1992, p. 2788.
10. CE 6 avr. 2018, *Assoc. Nartecs*, req. n° 402714, *Lebon T.* ; *BJCL* 2018. 550, concl. C. Touboul ; p. 557, note S. Ferrari : arrêt indiquant que si le maire est, en vertu des dispositions de l'article L. 422-1 du code de l'urbanisme, compétent pour délivrer une autorisation d'urbanisme, « une telle autorisation peut également être compétemment délivrée », réserve faite des délégations accordées dans les conditions prévues par le CGCT ou de l'application des règles de suppléance, « par un membre du conseil municipal légalement désigné par celui-ci en application de l'article L. 422-7 du même code au motif que le maire peut être légitimement regardé comme intéressé au projet devant faire l'objet de l'autorisation ».

entendu tant de manière positive (intérêt en faveur du projet) que négative (intérêt à l'encontre du projet) »[1].

La jurisprudence fournit également des illustrations. Par exemple, est regardé comme « intéressé » :

– le maire propriétaire de la parcelle pour laquelle une demande d'autorisation de clôture a été déposée[2] ;

– le maire propriétaire de l'une des entreprises devant construire les bâtiments objet du permis[3].

341.83 Maire non regardé comme intéressé. L'article L. 422-7 « ne saurait [...] priver un maire de toute compétence pour délivrer les permis de construire du seul fait de sa profession ou de ses fonctions »[4]. Ainsi, un maire n'est pas regardé comme intéressé au motif qu'il a délivré une autorisation d'urbanisme :

– à un OPHLM dont il est le président[5] ;

– à une SEM (chargée de l'aménagement d'un golf) dont il est le président[6] ;

– alors qu'il est le frère de la personne qui a vendu le terrain d'assiette du projet et que son épouse travaille dans une agence immobilière sur le territoire de la commune[7] ;

– alors qu'il exerçait les fonctions de géomètre-expert avant d'être élu maire et a procédé à une étude pour le compte d'une SCI (portant sur les superficies de stationnement automobile à inclure dans le projet de construction) dès lors qu'il s'est abstenu, après son élection, de connaître du projet de construction de la SCI[8].

341.84 Cas de la délivrance d'une autorisation d'urbanisme à la commune. Le maire « est compétent pour délivrer un permis de construire pour un bâtiment de la commune »[9].

La circonstance que le maire ait délivré à la commune un permis de construire « à elle seule ne saurait le faire regarder comme ayant un intérêt quelconque dans l'opération de construction » au sens de l'article 432-12 du code pénal définissant la prise illégale d'intérêt, et « ne saurait davantage le faire regarder comme intéressé, soit en son nom personnel, soit comme mandataire, à la délivrance de ce permis » au sens de l'article L. 422-7 du code de l'urbanisme[10].

E.
Adaptation des compétences dans le cadre d'une GOU

341.91 Autorité compétente. Dans le périmètre d'une GOU, par exception à l'article L. 422-1, et sauf dans le cas prévu à l'article L. 312-5-1[11], l'autorité compétente pour délivrer le permis de construire, d'aménager ou de démolir et pour se prononcer sur un projet faisant l'objet d'une déclaration préalable est le maire de Paris, le président de la métropole de Lyon ou le président d'un établissement public mentionné aux 1° ou 2° de l'article L. 312-1 ayant décidé de la qualification de GOU[12].

F.
Assistance des services de l'État pour les petites communes

341.101 Deux modalités. La DDT exerce au nom du préfet une mission d'assistance aux collectivités territoriales pour l'instruction des demandes d'autorisations du sol[13].

Selon une première modalité, elle peut prendre la forme d'une « mise à disposition » des services déconcentrés de l'État. Cette aide est réservée aux petites collectivités : communes de moins de 10 000 habitants ne faisant pas partie d'un EPCI de moins de 10 000 habitants ; EPCI de moins de 10 000 habitants[14]. Elle n'est pas soumise à une condition de fond : le code se contente d'indiquer que la collectivité peut solliciter cette aide « pour l'étude technique de celles des demandes de permis ou des déclarations préalables qui lui paraissent justifier l'assistance technique de ces services ». Pendant la durée de cette mise à disposition, les services et les personnels agissent « en concertation » avec le maire ou le président de l'EPCI qui leur adresse « toutes instructions nécessaires » pour l'exécution des tâches qu'il leur confie. Il résulte de cette rédaction que si les services de l'État mis à disposition agissent dans le cadre des instructions du maire, « en revanche, leurs agents ne sont pas soumis à l'autorité hiérarchique du

1. Rép. min. n° 41971, *JOAN Q* 22 juin 1992, p. 2788.
2. CE 22 nov. 1995, *Comité action locale de la chapelle Saint-Sepulcre*, req. n° 95859, NP.
3. CAA Paris, 29 déc. 1994, *Sirot*, req. n° 94PA00328, *Lebon T.*
4. Rép. min. n° 41971, *JOAN Q* 22 juin 1992, p. 2788.
5. CE 24 juin 1988, *Dedin-Lasportas*, req. n° 76935, *Lebon T.*
6. CE 13 mars 1992, *Savenay (Cne) c/Kerbriand (Épx)*, req. n° 122786, NP : cette solution peut être regardée comme présentant un caractère daté.
7. CE 3 sept. 2008, *Rosso et Marcant (Mme)*, req. n° 276115, *Lebon T.*
8. CE 26 févr. 2001, *Dorwling-Carter*, req. n° 211318, NP.
9. Rép. min. n° 1618, *JO Sénat Q* 21 nov. 2013, p. 3387.
10. CE 23 oct. 2002, *Chamonix Mont-Blanc (Cne)*, req. n° 219663, NP.
11. V. ss n° 533.224.
12. C. urb., art. L. 422-3-1 ; mod. par L. n° 2023-973, 23 oct. 2023.
13. C. urb., art. L. 422-8, al. 1er et al. 2, indiquant que cette mission s'exerce « gratuitement ».
14. C. urb., art. L. 422-8, al. 1er.

maire ; ils restent sous l'autorité de leur chef de service »[1].

La seconde modalité – l'« assistance juridique et technique » – peut pour sa part bénéficier à toutes les communes et tous les EPCI quelle que soit leur taille, mais elle ne peut revêtir, selon la loi, qu'une nature « ponctuelle »[2].

341.102 Signature d'une convention. Lorsque le conseil municipal ou l'organe délibérant de l'EPCI compétent décide, en application de l'article L. 422-8, de confier aux services de l'État l'instruction de tout ou partie des déclarations préalables ou des demandes de permis, une convention précise les conditions et délais de transmission et d'instruction des dossiers, les obligations réciproques des parties en matière de classement, d'archivage des dossiers et d'établissement des statistiques[3].

341.103 Responsabilité de l'État. Le Conseil d'État rappelle que les services de l'État mis à la disposition des communes pour l'instruction des demandes d'occupation des sols (et l'élaboration des documents d'urbanisme) « agissent en concertation permanente avec le maire qui leur adresse toutes instructions nécessaires pour l'exécution des tâches qui leur sont confiées ». Il en déduit « que la responsabilité de l'État ne peut être engagée à ce titre envers les communes que lorsqu'un de ses agents commet une faute en refusant ou en négligeant d'exécuter un ordre ou une instruction du maire »[4].

§ 2
Exception : compétence du préfet ou du maire au nom de l'État

A.
Cas dans lesquels s'impose la compétence de l'État dans les communes dotées d'un document d'urbanisme

341.111 Projets présentant une importance pour l'État. Dans les communes couvertes par un document d'urbanisme, la compétence de l'État s'impose, par exception à celle du maire agissant au nom de la commune, à l'égard des projets présentant une importance pour la sauvegarde des intérêts dont l'État a la charge. La liste des ouvrages, constructions et installations concernés est dressée à l'article L. 422-2 du code de l'urbanisme.

1. Rép. min. n° 17207, *JOAN Q* 9 janv. 1995, p. 195.
2. C. urb., art. L. 422-8, al. 2.
3. C. urb., art. R. 422-5.
4. CE 21 juin 2000, *Min. Équipement, Transports et Logement c/Roquebrune-Cap-Martin (Cne)*, req. n° 202058, *Lebon* ; – dans le même sens : CE 27 oct. 2008, *Poilly-lez-Gien (Cne)*, req. n° 297432, *Lebon* – CE 16 juin 2010, *Amoyal et mutuelle des architectes français*, req. n° 312331, *Lebon T.*

341.112 1re catégorie : projets réalisés pour le compte d'États étrangers ou d'organisations internationales, de l'État, de ses établissements publics et concessionnaires. L'autorité administrative de l'État est compétente pour se prononcer sur un projet portant sur les travaux, constructions et installations réalisés pour le compte[5] :

– d'États étrangers ou d'organisations internationales ;

– de l'État ;

– de ses établissements publics ;

– et de ses concessionnaires.

La notion de réalisation « pour le compte de l'État », au sens de ces dispositions, comprend « toute demande d'autorisation d'utilisation du sol qui s'inscrit dans le cadre de l'exercice par celui-ci de ses compétences au titre d'une mission de service public qui lui est impartie et à l'accomplissement de laquelle le législateur a entendu que la commune ne puisse faire obstacle en raison des buts d'intérêt général poursuivis »[6]. Dès lors, sont sans incidence sur la compétence du préfet pour délivrer l'autorisation demandée[7] :

– la circonstance que le demandeur de l'autorisation ne soit pas l'État lui-même ;

– et la circonstance que celui-ci ne soit pas propriétaire du terrain d'assiette ou des constructions objets de la demande.

Par ailleurs, il résulte des dispositions combinées du a) de l'article L. 422-2 (reconnaissant la compétence de l'autorité administrative de l'État) et du a) de l'article R. 422-2 (reconnaissant plus spécifiquement la compétence du préfet) que, par dérogation à la compétence de principe du maire prévue par le a) de l'article L. 422-1, le préfet est compétent pour délivrer le permis de construire lorsque celui-ci porte sur un projet réalisé pour le compte de l'État. À cet égard, le Conseil d'État précise « que ces dispositions ont pour objet de faire obstacle à ce qu'une commune puisse s'opposer à l'accomplissement d'un tel projet en raison des buts d'intérêt général poursuivis par l'État ; qu'il s'ensuit que le préfet doit être reconnu compétent pour délivrer le permis de construire sollicité même lorsque celui-ci porte sur un ensemble immobilier unique dont une partie seulement est réalisée pour le compte de l'État »[8].

5. C. urb., art. L. 422-2, a.
6. CE 5 févr. 2014, *Bollène (Cne)*, req. n° 366208, *Lebon* ; *BJCL* 2014. 174, concl. F. Aladjidi ; *JCP Adm.* 2014, n° 2170.
7. CE 5 févr. 2014, *Bollène (Cne)*, req. n° 366208.
8. CE 27 juin 2018, *Bollène (Cne)*, req. n° 402896, NP.

341.113 **2e catégorie : ouvrages sur l'énergie et les matières radioactives.** L'autorité administrative de l'État est compétente pour se prononcer sur un projet portant[1] :

– sur les ouvrages de production, de transport, de distribution et de stockage d'énergie (notamment les éoliennes et panneaux photovoltaïques) ;

– ainsi que sur les ouvrages utilisant des matières radioactives.

Les installations de production d'électricité à partir d'énergie renouvelable « accessoires à une construction » ne sont pas des ouvrages de production d'électricité au sens du b de l'article L. 422-2[2]. Il s'ensuit que ces installations relèvent de la situation de droit commun à savoir, dans le cas où la commune est couverte par un document d'urbanisme, que la compétence pour délivrer l'autorisation d'urbanisme revient au maire au nom de la commune[3]. Une exception a été introduite en 2024 pour les « constructions prévues au b *bis* de l'article R. 422-2 », c'est-à-dire les installations d'agrivoltaïsme[4].

341.114 **3e catégorie : OIN.** L'autorité administrative de l'État est compétente pour se prononcer sur un projet portant sur les travaux, constructions et installations réalisés à l'intérieur des périmètres des OIN, sauf dans des secteurs délimités en application de l'article L. 102-14[5].

Dans ces secteurs particuliers et pour une période déterminée lorsque le stade de réalisation de l'aménagement ou la zone concernée ne justifient pas l'intervention de l'État, la compétence peut s'exercer dans les conditions prévues à l'article L. 422-1, c'est-à-dire revenir au maire agissant au nom de la commune[6].

341.115 **4e catégorie : opérations de logement dans les communes carencées en logements sociaux.** L'autorité administrative de l'État est compétente pour se prononcer sur un projet portant sur[7] :

– les opérations de logement situées dans les secteurs délimités par le préfet dans l'arrêté de carence et appartenant aux catégories de constructions ou d'aménagements listées dans cet arrêté[8] ;

– et les opérations ayant fait l'objet, pendant la durée d'application de cet arrêté, d'une convention passée avec un organisme bailleur en vue de la construction ou l'acquisition de logements sociaux[9].

341.116 **5e catégorie : logements ou hébergements sous contrôle de l'État.** L'autorité administrative de l'État est compétente pour se prononcer sur un projet portant sur les logements, locaux d'hébergement et résidences hôtelières à vocation sociale construits ou exploités par des sociétés de construction dans lesquelles l'État détient au moins un tiers du capital[10].

341.117 **6e catégorie : constructions et travaux à proximité de la levée de la Loire.** L'autorité administrative de l'État est compétente pour se prononcer sur un projet portant sur les ouvrages, constructions ou installations mentionnés à l'article L. 2124-18 du CGPPP[11], c'est-à-dire les ouvrages, plantations, constructions, excavations et clôtures situés à moins de 19,50 mètres du pied des levées de la Loire.

341.118 **7e catégorie : projets réalisés par SNCF Réseau.** L'autorité administrative de l'État est compétente pour se prononcer sur un projet portant sur les travaux, constructions et installations réalisés pour le compte de la société SNCF Réseau (mentionnée à l'article L. 2111-9 du code des transports) ou de sa filiale (mentionnée au 5° de cet article) dans le cadre des missions de service public qui leur sont confiées par le même article[12].

341.119 **8e catégorie : PINM.** L'autorité administrative de l'État est compétente pour se prononcer sur un projet portant sur les travaux, les installations, les constructions et les aménagements d'un projet industriel qualifié par décret de projet d'intérêt national majeur pour la transition écologique ou la souveraineté nationale[13].

B. Détermination de l'autorité compétente

1° Compétence de principe du maire au nom de l'État

341.121 **Affirmation de la compétence de droit commun du maire.** Lorsque la décision est prise au nom de l'État, « elle émane du maire, sauf dans les

1. C. urb., art. L. 422-2, b.
2. C. urb., art. R. 422-2-1.
3. CAA Bordeaux, 14 nov. 2013, *Sté FPV La Broue*, req. no 12BX00465, NP : arrêt affirmant « qu'il résulte de ces dispositions que l'autorité communale, et donc en l'espèce le maire [...], est seule compétente pour examiner une demande d'autorisation de construire des serres agricoles supportant, sur une partie de leur couverture, des panneaux photovoltaïques destinés à produire de l'électricité en vue de sa revente à ERDF ».
4. C. urb., art. R. 422-2-1 ; mod. par décr. no 2024-318, 8 avr. 2024. V. ss no 341.131.
5. C. urb., art. L. 422-2, c.
6. V. ss no 051.212.
7. C. urb., art. L. 422-2, d.
8. CCH, art. L. 302-9-1, al. 2.
9. CCH, art. L. 302-9-1, al. 6.
10. C. urb., art. L. 422-2, e.
11. C. urb., art. L. 422-2, f.
12. C. urb., art. L. 422-2, g ; mod. par L. no 2022-217, 21 févr. 2022.
13. C. urb., art. L. 422-2, h ; crée par L. no 2023-973, 23 oct. 2023. Sur les PINM, v. ss no 513.191.

cas mentionnés à l'article R. 422-2 où elle émane du préfet »[1].

Lorsqu'il exerce cette compétence, le maire agit en tant qu'agent de l'État.

2°
Cas de compétence du préfet

341.131 **Liste.** Le préfet est compétent dans les hypothèses suivantes[2] :

- pour les projets réalisés pour le compte d'États étrangers ou d'organisations internationales, de l'État, de ses établissements publics et concessionnaires[3] (a) ;
- pour les ouvrages de production, de transport, de distribution et de stockage d'énergie (ce qui concerne en particulier les éoliennes et panneaux photovoltaïques)[4] lorsque cette énergie n'est pas destinée, principalement, à une utilisation directe par le demandeur (b), c'est-à-dire lorsqu'elle est destinée à être vendue[5] (cela signifie que les ouvrages installés aux fins d'autoconsommation relèvent de la compétence du maire) ;
- pour les installations, ouvrages et constructions présentées par le pétitionnaire comme agrivoltaïques, au sens de l'article L. 314-36 du code de l'énergie[6] (b *bis*) ;
- pour les installations nucléaires de base[7] (c) ;
- pour les travaux qui sont soumis à l'autorisation du ministre de la défense ou du ministre chargé des sites ou en cas d'évocation par le ministre chargé de la protection de la nature ou par le ministre chargé des monuments historiques et des espaces protégés (d) ;
- en cas de désaccord entre le maire et le responsable de la DDT (e), « lorsque les divergences portent soit sur le sens même de la décision, soit sur les prescriptions, les avis émis étant tous deux favorables »[8] ;
- pour les ouvrages, constructions ou installations mentionnés à l'article L. 2124-18 du CGPPP[9] (f) ;
- pour les constructions à usage de logement sociaux dans les communes carencées[10] (g) ;
- pour les travaux, constructions et installations réalisés pour le compte de la société SNCF Réseau (mentionnée à l'article L. 2111-9 du code des transports) ou de sa filiale (mentionnée au 5° de cet article) dans le cadre des missions de service public qui leur sont confiées par le même article (h) ;
- pour les travaux, les installations, les constructions et les aménagements d'un projet industriel qualifié par décret de projet d'intérêt national majeur pour la transition écologique ou la souveraineté nationale (i).

341.132 **Possibilité d'une délégation de signature.** Le préfet peut déléguer sa signature au responsable du service de l'État dans le département chargé de l'instruction ou à ses subordonnés[11].

Cette possibilité de délégation est évidemment exclue en cas de désaccord entre le maire et le responsable de la DDT[12].

SECTION 2
AUTORITÉ COMPÉTENTE LORSQUE LA COMMUNE N'EST PAS COUVERTE PAR UN PLU OU UNE CARTE COMMUNALE

341.141 **Préfet ou maire au nom de l'État.** Dans les communes non couvertes par un PLU ou une carte communale, l'autorité compétente pour délivrer le permis de construire, d'aménager ou de démolir et pour se prononcer sur un projet faisant l'objet d'une déclaration préalable est « le préfet ou le maire au nom de l'État »[13].

La répartition des compétences entre les deux autorités est définie aux articles R. 422-1 et R. 422-2[14].

1. C. urb., art. R. 422-1.
2. C. urb., art. R. 422-2 ; mod. par décr. n° 2024-318, 8 avr. 2024.
3. Sur cette catégorie, v. s[s] n° 341.112.
4. Sur cette catégorie, v. s[s] n° 341.113.
5. CAA Marseille, ord., 18 janv. 2011, *Ajaccio (C[ne])*, req. n° 10MA03676, NP : arrêt affirmant « que l'énergie produite par cette centrale photovoltaïque projetée n'étant pas destinée à une utilisation directe, l'autorisation d'urbanisme sollicitée ne pouvait être délivrée que par le préfet ».
6. V. s[s] n°s 119.21 et s.
7. Sur cette catégorie, v. s[s] n° 341.113.
8. Rép. min. n° 1529, *JOAN Q* 19 sept. 1988, p. 2603.
9. Sur cette catégorie, v. s[s] n° 341.117.
10. Sur cette catégorie, v. s[s] n° 341.115.
11. C. urb., art. R. 422-2, al. 10.
12. C. urb., art. R. 422-2, al. 10.
13. C. urb., art. L. 422-1, b.
14. V. s[s] n°s 341.121 s.

CHAPITRE

342. Détermination des règles juridiques s'imposant au projet

SECTION 0
ORIENTEUR

342.00 **Sommaire du chapitre.**

342.01 **Textes applicables.**

• **C. urb.,** art. L. 421-6 s.

342.02 **Jurisprudence de référence.**

> Invocabilité du principe de précaution

• **CE 19 juill. 2010,** *Assoc. du quartier Les Hauts de Choiseul*, req. n° 328687, *Lebon*.

> Antenne-relais et principe de précaution

• **CE 30 janv. 2012,** S[té] *Orange France*, req. n° 344992, *Lebon*.

> Application des textes en vigueur au jour de la décision, non ceux en vigueur au jour du dépôt de la demande ou de la déclaration

• **CE, sect., 7 mars 1975,** *Borderes-sur-L'Échez (C^{ne})*, req. n° 91411, *Lebon*.

342.03 Bibliographie indicative.

Encyclopédies. *DP constr.-urb.*, ét. : « Permis de construire » ; ét. : « Permis d'aménager » ; ét. : « Déclaration préalable » ; ét. : « Permis de démolir » – *J.-Cl. Constr.-Urb.*, fasc. 26-10 : « Permis de construire. – Règles sanctionnées », par G. Livet-Veaux, juill. 2009, mis à jour janv. 2011 ; fasc. 28 : « Permis d'aménager », par G. Liet-Veaux, mai 2007, mis à jour oct. 2009.

Traité. N. Baillon, *Traité du permis de construire*, 6e éd., « Référence juridique », Le Moniteur, 2017.

Monographies. Ph. Boulisset, S. Cardi, S. Consalvi, R. Thielé, *Permis de construire 2021-2022 : permis de démolir, permis d'aménager, déclaration préalable*, 3e éd., « Encyclopédie Delmas pour la vie des affaires », Delmas, 2021 – V. Lachaut-Dana, *Permis de construire et autorisations d'urbanisme : études préalables, délivrance, mise en œuvre*, 2e éd., « Pratique du droit », Le Moniteur, 2019 – C. Mialot et F. Ehrenfeld, *Le permis de construire et autres autorisations d'urbanisme*, « Les indispensables », Berger-Levrault, 2018 – O. Bonneau, S. Guirriec, C. Morot-Monomy, *Délivrer et contrôler les autorisations d'urbanisme*, « Dalloz Public », Dalloz, 2021.

Articles. C. Denizeau, « Principe de précaution et droit de l'urbanisme », *RFDA* 2012. 864 – P. Planchet, « Principe de précaution et indépendance des législations », *RFDA* 2017. 107 – F. Polizzi, « Comment l'autorisation d'urbanisme peut-elle prendre en compte le principe de précaution ? », *BJDU* 2014. 89 – F. Scanvic, « Les prérogatives du maire en matière d'urbanisme face au principe de précaution », *AJCT* 2012. 554 – P. Soler-Couteaux, « Principe de précaution : l'urbanisme est-il à la hauteur de l'enjeu ? », *RDI* 2012. 241.

342.04 Questions essentielles.

> L'autorité compétente peut-elle prendre en compte les règles de droit privé ?

* V. s^{s} n°s 342.141 s.

> Les normes techniques s'imposent-elles aux autorisations d'urbanisme ?

* V. s^{s} n° 342.163

342.05 Examen de la légalité du projet. Apprécier la légalité d'un projet suppose :

– d'une part, de déterminer les règles juridiques auxquels il se trouve soumis (ces règles seront présentées dans le présent chapitre) ;

– d'autre part, d'apprécier s'il respecte ces règles (cette opération intellectuelle sera présentée dans le chapitre suivant : v. s^{s} n°s 343.05 s.).

342.06 Détermination des règles par type d'autorisation. Les règles dont le respect s'impose au projet sont déterminées par trois articles du code de l'urbanisme :

– l'article L. 421-6 pour les projets soumis à permis de construire, d'aménager ou de démolir ;

– l'article L. 421-7 pour les projets soumis à déclaration préalable ;

– et l'article L. 421-8 pour les projets dispensés de formalités au titre du code de l'urbanisme.

Les règles non mentionnées par ces articles (notamment celles ayant trait au droit de propriété ou au droit de la construction) ne font pas l'objet d'un contrôle au titre des autorisations d'urbanisme (sauf disposition contraire du code de l'urbanisme assurant une prise en compte de celles-ci).

SECTION 1
RÈGLES S'IMPOSANT AUX PROJETS SOUMIS À PERMIS DE CONSTRUIRE OU D'AMÉNAGER

§ 1
Projet devant être conforme aux dispositions d'urbanisme et compatible avec une DUP

342.11 Texte. Le permis de construire ou d'aménager ne peut être accordé que si les travaux projetés[1] :

– sont conformes aux dispositions législatives et réglementaires relatives à l'utilisation des sols ;

– sont conformes aux dispositions législatives et réglementaires relatives à l'implantation, la destination, la nature, l'architecture, les dimensions, l'assainissement des constructions ;

– sont conformes aux dispositions législatives et réglementaires relatives à l'aménagement de l'abord des constructions ;

– et s'ils ne sont pas incompatibles avec une déclaration d'utilité publique.

§ 2
Dispositions dont le respect est contrôlé par l'autorité saisie d'une demande de permis de construire

A.
Règles nationales d'urbanisme

342.21 Opposabilité. Les règles nationales d'urbanisme sont opposables aux demandes de permis et aux déclarations préalables.

1. C. urb., art. L. 421-6, al. 1er.

Certaines de ces règles s'appliquent sur tout le territoire national ; d'autres ne s'appliquent que sur certaines parties de celui-ci ; d'autres enfin ne s'appliquent que si la commune n'est pas couverte par un document d'urbanisme[1].

Les règles nationales d'urbanisme correspondent aux dispositions :

- du règlement national d'urbanisme[2] ;
- applicables au littoral[3] ;
- applicables aux zones de montagne[4] ;
- applicables à proximité des aérodromes[5] ;
- applicables aux espaces protégés[6].

B.
Règles locales d'urbanisme

1°
Plan local d'urbanisme

342.31 Opposabilité du règlement et des OAP. Le règlement du PLU et les documents graphiques qui l'accompagnent sont opposables aux demandes de permis et aux déclarations préalables dans un rapport de conformité[7].

Pour leur part, les OAP sont opposables dans un rapport de compatibilité[8].

342.32 Inopposabilité du PADD et du rapport de présentation. Ne sont opposables aux demandes de permis et aux déclarations préalables :

- ni le PADD[9] ;
- ni le rapport de présentation[10].

342.33 Inopposabilité de certaines dispositions du PLU. Les dispositions du PLU sont inopposables :

- si elles sont illégales[11] ;
- si elles comportent un niveau d'exigence moindre que celles du RNU[12] ;
- si elles entravent l'utilisation de matériaux écoresponsables[13] ;
- si elles fixent des seuils inférieurs au RNU concernant le nombre d'aires de stationnement des commerces et cinémas[14] ;
- si elles fixent des règles de densité contraires au SCOT[15].

342.34 Cas d'un projet de construction se situant à cheval sur deux zones du PLU. Lorsqu'un projet de construction se situe à cheval sur deux zones du PLU, « les règles d'urbanisme propres à chaque zone s'appliquent à la partie de la construction implantée sur ladite zone »[16]. Ceci vaut quel que soit le type de règles, par exemple celles relatives :

- à l'emprise au sol[17] ;
- à l'affectation des zones[18] ;
- ou encore à l'implantation des constructions[19].

342.35 Cas particulier d'un permis prévoyant la rétrocession d'une partie du terrain : incidence sur l'appréciation des règles d'implantation. Dans le cas où un permis de construire est assorti d'une réserve technique relative à la rétrocession à la commune d'une partie de la parcelle, d'une superficie de 164 m², aux fins de la création d'un cheminement piétonnier ouvert à la circulation du public, la conformité de l'autorisation de construire aux règles du PLU relatives à l'implantation des constructions par rapport aux limites séparatives doit être appréciée en prenant en considération cette prescription, ainsi que la division foncière en résultant nécessairement. Par suite, les règles d'implantation des constructions par rapport aux limites séparatives, et non par rapport aux voies publiques, ne trouvent pas à s'appliquer[20].

2°
Plan de sauvegarde et de mise en valeur (PSMV)

342.41 Opposabilité. Le PSMV a pour objet de protéger des secteurs qui doivent être conservés, res-

1. V. s^s n°s 1.05 s.
2. Les règles législatives et réglementaires du RNU, v. s^s n°s 111.11 s.
3. V. s^s n°s 12.05 s.
4. V. s^s n°s 13.05 s.
5. V. s^s n°s 14.05 s.
6. Espaces boisés classés, espaces naturels sensibles, espaces agricoles et naturels périurbains, espaces de continuités écologiques, v. s^s n°s 15.05 s.
7. V. s^s n° 232.41.
8. V. s^s n° 232.51.
9. V. s^s n° 232.71.
10. V. s^s n° 232.72.
11. V. s^s n° 232.101.
12. V. s^s n° 232.102.
13. V. s^s n° 232.111.
14. V. s^s n° 232.112.
15. V. s^s n° 232.113.
16. Rép. min. n° 8679, *JO Sénat Q* 6 nov. 2003, p. 3277.
17. CE, sect. 26 févr. 1988, *Sales*, req. n° 64507, *Lebon*.
18. CE 18 mars 1988, *Brun*, req. n° 70020, *Lebon T.* (impossibilité de construire une maison située pour moitié dans une zone constructible du terrain et pour moitié dans une zone non constructible de celui-ci). V. également Rép. min. n° 8679, *JO Sénat Q* 6 nov. 2003, p. 3277 : dans les zones agricoles, seules peuvent être autorisées les constructions et installations nécessaires à l'exploitation agricole (ou aux services publics ou d'intérêt collectif). En conséquence, « l'installation d'un dispositif d'assainissement autonome sur la partie d'une propriété située en zone agricole en vue de desservir une habitation située en zone constructible n'est pas autorisée ».
19. V. s^s n° 231.1122.
20. CE 5 juill. 2021, *Synd. de copropriété « Les Terrasses de l'Aqueduc »*, req. n° 437849, *Lebon T.* ; *BJDU* 2021. 342, concl. A. Lallet.

taurés et mis en valeur en raison de l'intérêt patrimonial qu'ils présentent. Sur le périmètre qu'il couvre, le PSMV tient lieu de PLU[1].

3°
Carte communale

342.51 Opposabilité. Les documents graphiques de la carte communale sont opposables aux demandes de permis et déclarations préalables[2].

4°
Servitudes d'utilité publique annexées au PLU ou à une carte communale

342.61 Opposabilité. Les servitudes d'utilité publique annexées au PLU[3] et à la carte communale[4] sont opposables aux demandes de permis et déclarations préalables.

5°
Droit spécial (Strasbourg, Montpellier, jardin du Luxembourg)

342.71 Strasbourg. Les dispositions du règlement municipal des constructions, pris par arrêté du maire de Strasbourg sur le fondement de la loi locale du 7 novembre 1910, s'imposent aux permis de construire délivrés sur le territoire de cette commune[5].

342.72 Montpellier, place du Peyrou. Deux arrêts du Conseil du Roi de 1775 et 1779 fixant des règles de construction aux environs de la place du Peyrou à Montpellier[6] et dans l'alignement de celle-ci[7] sont opposables aux demandes d'autorisation et d'occupation du sol[8].

342.73 Jardin du Luxembourg. En vertu de l'article 76 de la loi Urbanisme et Habitat, Les règles applicables à la gestion du patrimoine constitué par le jardin du Luxembourg, ainsi que les règles relatives aux constructions, démolitions, travaux, aménagements et installations dans le périmètre et sur les grilles du jardin, « sont fixées par les autorités compétentes du Sénat »[9].

Selon cet article, la soustraction du jardin du Luxembourg au droit commun de l'urbanisme est justifiée, avec une certaine mauvaise foi, par le « principe de la séparation des pouvoirs et de l'autonomie des assemblées parlementaires qui en découle ». Est également invoqué le fait que le jardin du Luxembourg soit affecté au Sénat par l'article 2 de l'ordonnance n° 58-1100 du 17 novembre 1958 relative au fonctionnement des assemblées parlementaires.

Ces justifications apparaissent bien faibles, d'autant que, dans le même temps, les ambassades et consulats, qui constituent des émanations en France d'États souverains étrangers, sont eux pleinement soumis au droit de l'urbanisme[10].

6°
Absence d'opposabilité du SCOT

342.81 Absence d'opposabilité. Les dispositions du SCOT ne sont pas directement opposables aux demandes de permis et aux déclarations préalables[11].

C.
Règles d'urbanisme à appliquer lorsque le terrain a fait l'objet d'un certificat d'urbanisme ou se trouve dans un lotissement

342.91 Terrain ayant fait l'objet d'un CU : gel durant 18 mois des règles applicables au moment de sa délivrance. Lorsque le terrain d'assiette du projet a fait l'objet d'un certificat d'urbanisme, le pétitionnaire dispose d'un droit à voir sa demande de permis ou sa déclaration préalable, déposée durant les 18 mois qui suivent sa délivrance, examinée au regard des dispositions d'urbanisme applicables à la date de ce certificat, à la seule exception de celles qui ont

1. V. s[s] n° 532.211.
2. V. s[s] n° 242.32.
3. V. s[s] n° 231.1681.
4. V. s[s] n° 242.33.
5. CE 10 juill. 1995, *Agence immobilière Stahl et Strasbourg (Ville)*, req. n° 105226, *Lebon* : en l'espèce, annulation d'un permis de construire pour violation de l'article 78 du règlement municipal des constructions relatif à la longueur maximale des façades principales.
6. Aux termes de l'arrêt du Conseil du Roi du 4 février 1775 : « Tous les bâtiments qui seront construits à l'avenir au-dessous et aux environs de la place royale dite du Peyrou dans ladite ville de Montpellier ne pourront être élevés qu'à la hauteur du cordon du mur de soutènement de la promenade haute sans que les murs ou toits ou couvertures desdits bâtiments puissent être portés, sous quelque cause ou prétexte que ce puisse être, au-dessus du niveau dudit cordon, à peine d'être démolis aux frais et dépens des propriétaires ».
7. Selon l'arrêt du Conseil du Roi du 31 octobre 1779 : « Les bâtiments qui seront construits dans l'alignement des rues et des terrains qui sont au-dessous des promenades basses de la place du Peyrou ne pourront être élevés au-dessus de la banquette ou du parapet desdites promenades basses [...] ».
8. CE 26 juin 1995, *Comité de sauvegarde du patrimoine du pays de Montpellier*, req. n° 121282, NP : arrêts non applicables en l'espèce, le projet n'étant situé ni aux environs de la place ni dans l'alignement de celle-ci.
9. L. n° 2003-590, 2 juill. 2003 Urbanisme et habitat, *JO* 3 juill., n° 1, art. 76. V. Y. Jégouzo, « Le droit de l'urbanisme du jardin du Luxembourg », *AJDA* 2003. 1465 ; S. Traoré, « Autonomie des assemblées parlementaires, extraterritorialité et droit de l'urbanisme *sui generis*. L'exemple du Luxembourg », *Constr.-Urb.* 2004, étude 6.
10. CE, sect., 22 déc. 1978, *Vo Thanh Nghia*, req. n° 02348, *Lebon*.
11. V. s[s] n° 222.45.

pour objet la préservation de la sécurité ou de la salubrité publique[1].

342.92 Terrain situé dans un lotissement : gel durant 5 ans des règles applicables au moment de sa délivrance. Afin de sécuriser la réalisation des opérations de construction au sein d'un lotissement, le code de l'urbanisme consacre un principe de stabilisation des droits à construire durant une période de cinq années[2].

D.
Autres règles

342.101 Règles particulières instituées dans un périmètre de protection autour des ICPE et lieux de stockage de produits dangereux. En dehors des zones couvertes par un PLU ou un document d'urbanisme en tenant lieu, le préfet peut délimiter un périmètre de protection contre les risques résultant :

- de la présence d'ICPE ;

- ou de l'existence d'activités régies par le code minier relevant du régime légal des mines, notamment de stockage souterrain de gaz naturel ou d'hydrocarbures.

À l'intérieur de ce périmètre, l'exécution de travaux nécessitant un permis de construire « est soumise à des règles particulières » destinées à prévenir les risques[3].

342.102 Règlement sanitaire départemental. Le règlement sanitaire départemental est édicté par le préfet sur le fondement de l'article L. 1311-2 du CSP. Une autorisation d'urbanisme doit être conforme aux dispositions du règlement sanitaire départemental qui portent sur les projets de construction[4].

342.103 Directives de protection et de mise en valeur des paysages. Sur des territoires remarquables par leur intérêt paysager, définis en concertation avec les collectivités territoriales concernées et lorsque lesdits territoires ne sont pas l'objet de directives territoriales d'aménagement prises en application de l'article L. 172-1 du code de l'urbanisme, l'État peut prendre des directives de protection et de mise en valeur des paysages[5].

Les directives de protection et de mise en valeur des paysages déterminent les orientations et les principes fondamentaux de protection des structures paysagères qui sont applicables à ces territoires[6].

Leurs dispositions sont opposables aux demandes d'autorisations de défrichement, d'occupation et d'utilisation du sol[7] :

- en l'absence de PLU opposable aux tiers ou de tout document d'urbanisme en tenant lieu (1°) ;

- lorsqu'un PLU ou tout document d'urbanisme en tenant lieu n'a pas été mis en compatibilité avec leurs dispositions dans les conditions fixées à l'article L. 131-6 du code de l'urbanisme (2°).

342.104 Principe de précaution. En vertu de l'article 5 de la Charte de l'environnement : « Lorsque la réalisation d'un dommage, bien qu'incertaine en l'état des connaissances scientifiques, pourrait affecter de manière grave et irréversible l'environnement, les autorités publiques veillent, par application du principe de précaution et dans leurs domaines d'attributions, à la mise en œuvre de procédures d'évaluation des risques et à l'adoption de mesures provisoires et proportionnées afin de parer à la réalisation du dommage ». Le Conseil d'État estime « que ces dernières dispositions qui n'appellent pas de dispositions législatives ou réglementaires en précisant les modalités de mise en œuvre s'imposent aux pouvoirs publics et aux autorités administratives dans leurs domaines de compétence respectifs ». Dès lors, commet une erreur de droit le tribunal administratif estimant que le principe de précaution tel qu'il est énoncé à l'article 5 de la Charte de l'environnement ne peut être pris en compte par l'autorité administrative lorsqu'elle se prononce sur l'octroi d'une autorisation délivrée en application de la législation sur l'urbanisme[8].

S'il appartient, dès lors, à l'autorité administrative compétente de prendre en compte le principe de précaution lorsqu'elle se prononce sur l'octroi d'une autorisation délivrée en application de la législation sur l'urbanisme, les dispositions de l'article 5 de la Charte de l'environnement « ne permettent pas, indépendamment des procédures d'évaluation des risques et des mesures provisoires et proportionnées susceptibles, le cas échéant, d'être mises en œuvre par les autres autorités publiques dans leur domaine de compétence, de refuser légalement la délivrance d'une autorisation d'urbanisme en l'absence d'éléments circonstanciés faisant apparaître, en l'état des connaissances scientifiques, des risques, même incertains, de nature à justifier un tel refus »[9]. Comme le rappe-

1. V. s[s] n°s 314.05 s.
2. V. s[s] n°s 372.261 s.
3. C. urb., art. L. 112-1 – V. s[s] n°s 162.11 s.
4. CE 7 janv. 2004, *Nouque*, req. n° 229101, *Lebon T.*
5. C. env., art. L. 350-1, I.
6. C. env., art. L. 350-1, II.
7. C. env., art. L. 350-1, IV.
8. CE 19 juill. 2010, *Assoc. du quartier Les Hauts de Choiseul*, req. n° 328687, *Lebon ; JCP* 2011, comm. 55, note D. Del Prete et J.-V. Borel : Dr env. 2010. 396, note K. Duhamel ; *JCP Adm.* 2011, comm. 2119, note P. Billet.
9. CE 30 janv. 2012, *S[té] Orange France*, req. n° 344992, *Lebon ; Constr.-Urb.* 2013, comm. 166, note X. Couton ; *Dr. adm.* 2012, comm. 44, note J.-L. Pissaloux ; *BJDU* 2012. 155, concl. D. Botteghi ; *JCP Adm.* 2012, n° 2275, note N. Charmeil.

lait le rapporteur public concluant sur cet arrêt : « Le principe de précaution ne peut pas conduire à ne pas agir dès qu'il existe un risque, puisqu'il en existera toujours un. Il faut que ce risque soit circonstancié, d'abord et avant tout par des connaissances scientifiques précisément documentées mais aussi au regard de la législation et de la réglementation en vigueur, l'autorité d'urbanisme devant rester cohérente par rapport à l'autorité de police spéciale, même si elle n'est pas tenue par cette dernière. C'est ce critère du risque circonstancié, qui exige une caractérisation du risque permettant d'éviter que le principe de précaution ne devienne un principe de paralysie, que nous vous invitons à retenir »[1]. Aussi est-il nécessaire, pour que le principe de précaution puisse utilement être invoqué à l'encontre d'une autorisation d'urbanisme, que le risque ou le danger que l'autorité compétente entend prévenir soit scientifiquement identifié, dans sa réalité, sa nature, son importance et ses conséquences, avec un degré de certitude suffisant pour lui conférer une certaine crédibilité. Faute de danger scientifiquement avéré des antennes-relais, le maire ne peut s'opposer à leur installation en se fondant sur le principe de précaution[2].

E.
Déclarations d'utilité publique

342.111 **Exigence de compatibilité.** Le permis de construire ou d'aménager ne peut être accordé que si les travaux projetés « ne sont pas incompatibles avec une déclaration d'utilité publique »[3] comme, par exemple, l'acte déclarant d'utilité publique la restauration d'un immeuble[4].

§ 3
Absence de contrôle par l'autorité compétente en matière d'autorisation d'urbanisme des règles extérieures au droit de l'urbanisme

342.121 **Pas de contrôle par l'autorité compétente.** L'autorité compétente pour statuer sur la demande de permis ou la déclaration préalable ne contrôle pas le respect des règles extérieures au droit de l'urbanisme. La prise en compte de celles-ci peut néanmoins intervenir au stade de l'instruction lorsque la délivrance du permis (ou la décision de non-opposition à déclaration préalable) est subordonnée à l'accord d'une autorité vérifiant la conformité du projet avec une telle règle.

A.
Principe de l'indépendance des législations

1°
Définition et justification du principe de l'indépendance des législations

342.131 **Présentation du principe.** En principe, la législation d'urbanisme est indépendante des autres législations. Cela signifie :

– qu'il ne revient pas aux autorités compétentes en matière d'urbanisme de s'assurer du respect de ces législations connexes (droit de l'environnement, droit privé, législation sur l'aménagement commercial, droit de la construction, etc.) ;

– et que le manquement à ces législations n'entache pas d'illégalité les autorisations délivrées en matière d'urbanisme ni les opérations réalisées en ce domaine.

L'autorité compétente pour statuer sur la demande de permis ou la déclaration préalable ne peut prendre en compte que les règles d'urbanisme. Le permis n'a pas pour fonction d'assurer le respect de l'ensemble des règles auxquelles est soumis le projet ; il ignore les autres règles[5].

342.132 **Justification du principe.** Le principe d'indépendance des législations procède essentiellement de l'idée de spécialisation des compétences. Comme l'indiquait le commissaire du gouvernement Yann Aguilla : « L'administration n'est ni omnisciente, ni omnipotente. On ne peut demander à *tous* les services de veiller à toutes les réglementations et de *tout* contrôler »[6]. Ainsi, chaque autorité exerce les seules attributions qui lui ont été confiées et veille au respect des seules législations dont elle a la responsabilité.

Il en résulte que l'autorité compétente en matière d'autorisation d'urbanisme ne peut tenir compte des règles extérieures au droit de l'urbanisme, sauf

1. D. Botteghi, concl. préc., *BJDU* 2012. 155.
2. CE 30 janv. 2012, *Sté Orange France*, req. n° 344992, *Lebon ; Constr.-Urb.* 2013, comm. 166, note X. Couton ; *Dr. adm.* 2012, comm. 44, note J.-L. Pissaloux ; *BJDU* 2012. 155, concl. D. Botteghi ; *JCP Adm.* 2012, n° 2275, note N. Charmeil – CAA Bordeaux, 20 nov. 2018, *SAS Free Mobile*, req. n° 15BX02930, NP.
3. C. urb., art. L. 421-6, al. 1er.
4. V. ss n° 532.311.
5. Rép. min. n° 882, *JOAN Q* 1er sept. 1997, p. 2790 : « la violation alléguée d'une réglementation autre que celle de l'urbanisme » est totalement indifférente « à l'appréciation par les autorités administratives compétentes de la demande de permis de construire ».
6. Y. Aguilla, *AJDA* 2005. 1191, concl. sur CE 20 avr. 2005, *Sté Bouygues Télécom*, req. n° 248233, *Lebon T.* – Souligné dans le texte.

lorsque la prise en compte de celle-ci est expressément prévue par les dispositions d'urbanisme[1].

2°
Absence de contrôle des règles de droit privé

a.
Permis de construire délivré sous réserve des droits des tiers

342.141 **La réserve des droits des tiers.** Le permis de construire « est délivré sous réserve des droits des tiers »[2]. Cela signifie que les règles de droit privé se trouvent placées sous la seule responsabilité des personnes privées.

Si le projet porte atteinte à une règle de droit privé, l'intéressé doit s'en plaindre devant le juge civil[3]. En revanche, il n'est pas fondé à s'en prévaloir devant l'administration (celle-ci ne contrôle pas le respect du droit privé) ni le juge administratif (les moyens tirés de la violation de règles de droit privé sont inopérants).

L'arrêté accordant le permis comporte une information sur cette réserve[4].

b.
Conséquences

342.151 **Droit de propriété.** Est sans incidence sur la légalité d'une autorisation la circonstance :

– qu'elle autoriserait une construction empiétant sur une propriété voisine[5] ;

– qu'un garage édifié avant la délivrance du permis empiétait de 13 centimètres sur la propriété voisine (le permis n'ayant pas pour portée d'autoriser un tel empiètement)[6] ;

– que le requérant, voisin de la parcelle sur laquelle a été autorisé le projet avait, antérieurement à l'intervention de l'arrêté de permis, fait valoir ses droits[7].

De même, s'agissant de l'exigence de raccordement à un système d'assainissement, le maire n'a pas à vérifier si le pétitionnaire dispose de l'accord des propriétaires du collecteur situé entre le projet de construction et le réseau public sur lequel il déclare se raccorder[8]. Il suffit que le dossier de demande de permis comporte un plan de masse indiquant les équipements privés prévus pour l'assainissement.

342.152 **Servitudes de droit privé.** Le permis de construire « est délivré sous réserve des droits des tiers et n'a pas pour objet d'assurer le contrôle de la réglementation des servitudes de droit privé »[9]. Il ne sanctionne pas le respect des servitudes de voisinage, qu'elles soient d'origine légale ou conventionnelle.

En conséquence, est sans incidence sur la légalité du permis (et donc ne peut être utilement invoquée pour le contester) la circonstance :

– qu'il aurait pour effet d'instituer une servitude de droit privé[10] ;

– qu'il méconnaîtrait une servitude de vue[11] ;

1. CE 24 févr. 1995, *la Coucourde (Cne) c/Costa*, req. n° 108212, NP : arrêt indiquant que l'autorité administrative entache sa décision d'erreur de droit « en se fondant […] sur des dispositions étrangères à la réglementation d'urbanisme et qui n'avaient pas été reprises par les dispositions d'urbanisme applicables » ; – également, suspendant un refus de permis pour « méconnaissance du principe de l'indépendance des législations » : CE 22 août 2002, *SFR*, req. n° 245622, NP.
2. CE 10 déc. 1993, *Peix*, req. n° 115955, NP ; – CE 10 mai 1995, *Synd. des copropriétaires de la résidence Les Charmilles*, req. n° 139729, NP.
3. Rép. min. n° 12279, *JOAN Q* 28 août 1989, p. 3818 : « Le permis de construire ne sanctionne que le respect des règles administratives ; il est délivré ou refusé au regard de ces seules règles. Il appartient au bénéficiaire d'un permis de construire de faire son affaire personnellement de toutes questions d'ordre civil dont l'administration chargée de l'urbanisme n'a pas à connaître ».
4. Il comporte la formule suivante : « Le permis est délivré sous réserve du droit des tiers : il vérifie la conformité du projet aux règles et servitudes d'urbanisme. Il ne vérifie pas si le projet respecte les autres réglementations et les règles de droit privé. Toute personne s'estimant lésée par la méconnaissance du droit de propriété ou d'autres dispositions de droit privé peut donc faire valoir ses droits en saisissant les tribunaux civils, même si le permis respecte les règles d'urbanisme » (C. urb., art. A. 424-8, dernier al.). Sur la formule d'information complète, v. ss n° 345.112.
5. CE 10 déc. 1993, *Peix*, req. n° 115955, NP.
6. CE 18 mars 1983, *Siefert*, req. n° 35255, *Lebon T.*
7. CE 10 mai 1995, *Vuillaume*, req. n° 126181, NP.
8. CE 1er déc. 2010, *Sté Fizzy*, req. n° 324616, NP : « Considérant que, pour juger que la décision attaquée était entachée d'irrégularité, la cour administrative d'appel a relevé que le maire ne pouvait se borner à prescrire le raccordement de la construction à réaliser au réseau public d'assainissement sans que la société Fizzy ait établi que, pour y parvenir, elle disposait de l'accord des propriétaires du collecteur privé situé entre cette construction et le réseau public ; qu'en statuant ainsi, alors que, d'une part, la société pétitionnaire a rempli les obligations fixées par l'article R. 421-2 du code de l'urbanisme et que, d'autre part, le permis de construire est accordé sous réserve des droits des tiers, la cour a entaché son arrêt d'une erreur de droit ; que, par suite, son arrêt doit être annulé ».
9. CE 10 déc. 1993, *Peix*, req. n° 115955, NP.
10. CE 10 déc. 1993, *Peix*, req. n° 115955, NP.
11. CE 14 oct. 2011, *Roussanne*, req. n° 331846, NP : « Considérant en second lieu que les autorisations d'urbanisme étant délivrées sous réserve des droits des tiers, le moyen tiré de ce que les travaux autorisés donnent à Mme Roussanne une vue directe sur la propriété de Mme Toulza est inopérant à l'encontre de la décision attaquée » ; – CAA Paris, 20 mai 1997, *Camguilhem*, req. n° 96PA00582, NP : arrêt affirmant « que ni la circulation et la présence de véhicules aux abords du bâtiment, ni la servitude de vue résultant des fenêtres du premier étage, ne sont susceptibles d'être invoquées à l'appui d'une demande d'annulation d'un permis de construire qui ne sanctionne que des règles d'urbanisme ».

- qu'il méconnaîtrait une servitude de vue ou de perspective[1] ;

- qu'il méconnaîtrait une servitude de bornage ;

- qu'il méconnaîtrait une servitude de passage ;

- qu'il méconnaîtrait une servitude d'écoulement des eaux de pluie ;

- qu'il méconnaîtrait une servitude de mitoyenneté.

De même, un motif tiré de l'existence d'une servitude de droit privé n'est pas au nombre de ceux qui peuvent justifier le refus d'un permis de construire[2].

Enfin, il n'appartient pas à l'administration ni au juge administratif d'apprécier la validité d'une servitude de passage[3].

342.153 **Conditions de réalisation des travaux.** Les dispositions d'urbanisme « ne portent [...] pas sur la phase de réalisation des travaux mais sur la construction ou l'aménagement qui en résulte. Par conséquent, l'autorisation d'urbanisme ne peut être refusée pour des motifs liés au chantier de construction ou d'aménagement. De plus, les autorisations d'urbanisme ne sanctionnent pas les rapports entre fonds. Elles sont délivrées sous réserve des droits des tiers, parmi lesquels ceux des propriétaires des parcelles mitoyennes. Il appartient donc à ces derniers de faire valoir leurs droits devant les juridictions compétentes s'ils estiment que les inconvénients résultant du chantier excédent les troubles normalement causés par une opération de construction, en l'absence de précaution prises par le constructeur permettant que les travaux réalisés le soient en toute sécurité sans conséquences sur le fond voisin »[4].

1. CE 10 mai 1995, *Synd. des copropriétaires de la résidence Les Charmilles*, req. n° 139729, NP.
2. CE 18 déc. 1974, *Consorts Israel*, req. n° 79121, *Lebon*.
3. CE 9 mai 2012, *Bartolo*, req. n° 335932, *Lebon T.* : arrêt indiquant « que le permis, qui est délivré sous réserve des droits des tiers, a pour seul objet d'assurer la conformité des travaux qu'il autorise avec la réglementation d'urbanisme ; que, dès lors, si l'administration et le juge administratif doivent, pour l'application des règles d'urbanisme relatives à la desserte et à l'accès des engins d'incendie et de secours, s'assurer de l'existence d'une desserte suffisante de la parcelle par une voie ouverte à la circulation publique et, le cas échéant, de l'existence d'un titre créant une servitude de passage donnant accès à cette voie, il ne leur appartient de vérifier ni la validité de cette servitude ni l'existence d'un titre permettant l'utilisation de la voie qu'elle dessert, si elle est privée, dès lors que celle-ci est ouverte à la circulation publique ».
4. Rép. min. n° 494, *JO Sénat Q* 27 sept. 2012, p. 2092 : réponse ministérielle précisant que le maire « ne peut voir sa responsabilité engagée sous le fondement du droit des tiers. Il délivre le permis seulement selon les règles applicables d'urbanisme. Sa responsabilité ne pourra être engagée sur des faits extérieurs à son agissement ne découlant en aucun cas de ses pouvoirs et compétences ».

De même, la circonstance qu'un maire redoute que la réalisation de travaux sur une propriété privée jouxtant un terrain communal donne lieu à l'occupation de ce terrain ne lui permet pas d'exiger la signature d'une convention entre le propriétaire de l'immeuble et la commune « précisant l'occupation du terrain communal »[5].

342.154 **Prescriptions d'une autorisation d'urbanisme concernant des tiers.** La circonstance qu'un préfet ait, en autorisant la construction d'un parc d'éoliennes, prescrit la plantation de haies sur des parcelles privées n'est pas, à supposer que les propriétaires concernés n'aient pas donné leur accord à la date de délivrance des permis attaqués, de nature à entacher d'illégalité ces derniers, qui ont été délivrés sous réserve des droits des tiers. Le Conseil écarte en conséquence le moyen tiré de ce que le préfet aurait commis une erreur de droit en prescrivant la plantation de haies sur des parcelles privées sans s'assurer de l'accord de leurs propriétaires[6].

3°
Absence de contrôle des règles du droit de la construction

342.161 **Absence de contrôle.** Il résulte des dispositions du code de l'urbanisme « que le permis de construire n'a pas pour objet d'assurer le contrôle de l'application des règles de construction »[7]. Dès lors, et à titre d'exemple, ne s'imposent pas à l'autorité compétente en matière d'urbanisme (et ne sont pas contrôlées par elle) :

- la réglementation sur l'éclairage et la ventilation[8] ;

- les règles du CCH relatifs à l'habitabilité[9].

342.162 **Simple engagement au respect des règles.** La demande de permis de construire précise que le demandeur et, le cas échéant, l'architecte, ont connaissance de l'existence de règles générales de construction prévues par le chapitre Ier du titre Ier du livre Ier du CCH et notamment, lorsque la construction y est soumise, des règles d'accessibilité fixées en application de l'article L. 111-7 de ce code et de l'obligation de respecter ces règles[10].

342.163 **Normes AFNOR sur la taille des places de stationnement.** Sauf dans les cas où elles sont rendues obligatoires par arrêté ministériel, les normes homologuées par le directeur général de l'Associa-

5. CAA Nancy, 20 janv. 2011, *SCI Ted*, req. n° 10NC00074, NP (illégalité de la prescription).
6. CE 16 oct. 2015, *Humbaire*, req. n° 385114, *Lebon T.*
7. CE 25 juill. 1986, *Abdon Delcros*, req. n° 57705, NP.
8. CE 25 juill. 1986, *Abdon Delcros*, req. n° 57705, NP.
9. Rép. min. n° 04284, *JO Sénat Q* 25 juill. 2013, p. 2191.
10. C. urb., art. R. 431-2, al. 5 – V. s[s] n° 342.162.

tion française de normalisation « ne constituent pas des dispositions réglementaires opposables aux particuliers ou aux entreprises ». Si ces normes peuvent constituer un élément utile de référence permettant au juge d'apprécier le respect des dispositions d'un PLU en matière de stationnement, « leur méconnaissance ne peut par elle-même être invoquée pour contester la légalité d'un permis de construire lorsque, comme en l'espèce, les emplacements de stationnement prévus répondent aux besoins de véhicules particuliers »[1].

4°
Absence de contrôle des règles du code rural

342.171 **Absence de contrôle.** Le maire ne peut se fonder, pour refuser la délivrance d'un permis de construire, sur la circonstance que la surface du terrain d'assiette des constructions projetées était inférieure à la « surface minimale d'installation » prévue par le code rural. Le juge estime « qu'en se fondant ainsi sur des dispositions étrangères à la réglementation d'urbanisme et qui n'avaient pas été reprises par les dispositions d'urbanisme applicables, le maire a entaché ses décisions d'erreur de droit »[2].

5°
Absence de contrôle des règles sur l'aménagement commercial

342.181 **Règles non contrôlées par l'autorité compétente en matière d'autorisations d'urbanisme.** Il ne revient pas aux autorités compétentes en matière d'autorisations d'urbanisme de s'assurer du respect de la législation sur l'aménagement commercial[3]. Le moyen tiré de la méconnaissance de cette législation ne peut être donc utilement invoqués à l'appui d'une requête dirigée contre un permis de construire[4].

6°
Absence de contrôle des règles de droit public extérieures au droit de l'urbanisme (illustrations)

342.191 **Propriété publique et voirie routière.** Le Conseil d'État affirme « que ni les dispositions du code de la voirie routière et notamment celles relative à la voirie des collectivités territoriales ni les règles d'affectation des dépendances du domaine public communal ne sont au nombre de celles dont l'autorité qui délivre le permis de construire doit assurer le respect »[5].

342.192 **Autorisations ICPE.** La vérification du respect des prescriptions contenues dans les arrêtés préfectoraux pris en application de la législation relative aux ICPE ne s'impose pas à l'autorité délivrant des permis de construire, même lorsque ces prescriptions comportent des règles relatives à l'implantation de certaines constructions[6].

De même, le manquement à la législation sur les ICPE n'entache pas d'illégalité les autorisations délivrées en matière d'urbanisme[7]. Les moyens tirés de la méconnaissance de celle-ci présentent donc un caractère inopérant à l'encontre d'un permis de construire[8].

342.193 **Zonage relatif à l'assainissement collectif (CGCT).** Même dans le cas où son contenu est fixé par le PLU et où il fait ainsi partie intégrante de ce document d'urbanisme, l'acte qui procède à la délimitation, d'une part, des zones d'assainissement collectif et, d'autre part, des zones dans lesquelles la commune est seulement tenue de contrôler et, si elle le décide, d'entretenir les dispositifs d'assainissement individuels ne constitue pas, en lui-même, l'un des documents et décisions relatifs à la vocation des zones ou à l'occupation et à l'utilisation des sols mentionnés par le code de l'urbanisme, dès lors qu'il n'a pas pour objet principal de déterminer les règles d'affectation et d'utilisation du sol applicables aux différentes autorisations d'occupation prévues par le code de l'urbanisme[9].

B.
Atténuations du principe de l'indépendance des législations

342.201 **Trois mécanismes.** Lorsque plusieurs législations distinctes s'appliquent à un même pro-

1. CE 16 juin 2003, *Cristiani*, req. n° 232694, *Lebon T.*
2. CE 24 févr. 1995, *La Coucourde (Cne) c/Costa*, req. n° 108212, NP.
3. CE, sect., 17 déc. 1982, *Sté Angélica-Optique Centraix et a.*, req. n° 35554, *Lebon.*
4. V. ainsi, dans le cas d'un PCAEC en tant qu'il vaut autorisation de construire, CE, avis, 7 mars 2018, *Bloch*, req. n° 404079, *Lebon ; AJDA* 2018. 535 ; *ibid.* 1051, concl. X. Domino ; *RDI* 2018. 294, obs. P. Soler-Couteaux ; *ibid.* 302, obs. M. Revert ; *AJCT* 2018. 410, obs. P. Jacquemoire ; *BJDU* 2018. 186, note X. de Lesquen.
5. CE 18 oct. 1993, *Leclerc*, req. n° 129444, *Lebon T.* : arrêt déclarant en conséquence inopérant à l'appui d'une requête dirigée contre un permis de construire le moyen tiré de ce que le conseil municipal n'aurait pas délibéré sur le changement d'affectation de la place appartenant au domaine public communal et destinée à servir d'emprise à la construction autorisée.
6. CE 2 févr. 2009, *Dohm*, req. n° 312131, NP.
7. CE 16 oct. 1992, *Établissements Feugas-Pétriat*, req. n° 130367, *Lebon T.*
8. CE 19 janv. 1977, *Saint-Genest*, req. n° 93841, *Lebon T.* ; – CE 20 mars 2000, *Sté Carrefour France*, req. n° 191418, *Lebon T.* 1289 : *Constr.-Urb.* 2000, n° 153, obs. Larralde ; *BJDU* 2000. 165, concl. Martin-Laprade.
9. CE 12 déc. 2014, *Ferrato*, req. n° 360161, *Lebon T.*

jet, le législateur a parfois prévu des mécanismes destinés à assurer leur cohérence. Ainsi :

- les servitudes d'utilité publique (notamment celles découlant des PPRNP) sont opposables aux demandes d'autorisation d'urbanisme lorsqu'elles sont annexées aux PLU[1] et aux cartes communales[2] ;

- la règle de distance entre les bâtiments agricoles et les habitations, prévue par le code rural, est applicable aux permis de construire du fait de la réciprocité de son application[3] ;

- les procédures d'avis (le cas échéant conformes) intégrées au processus d'instruction des demandes d'autorisations d'urbanisme permettent d'assurer le respect *a priori* de règles applicables au titre d'autres législations, notamment celles prévues par le CCH ou le code de l'environnement[4].

Concernant cette dernière hypothèse, le contrôle de règles extérieures au droit de l'urbanisme intervient au stade de l'instruction de la demande de permis ou de la déclaration préalable lorsqu'est requis l'avis conforme, l'accord ou l'autorisation d'une autorité ou d'une personne consultée lors de celle-ci. Il y a alors prise en compte d'une législation extérieure au code de l'urbanisme dans l'autorisation d'urbanisme – et obligation pour celle-ci de respecter cette législation[5]. La nuance tient à ce que l'appréciation du respect de cette règle est réalisée par une autorité distincte de celle compétente en matière d'urbanisme. La prise en compte d'une législation extérieure au droit de l'urbanisme est prévue dans le code de l'urbanisme lui-même, justifiant ainsi ce tempérament apporté au principe de l'indépendance des législations.

SECTION 2
RÈGLES S'IMPOSANT AUX PROJETS SOUMIS À PERMIS DE DÉMOLIR

342.211 Texte. Le permis de démolir peut être refusé ou n'être accordé que sous réserve de l'observation de prescriptions spéciales si les travaux envisagés sont de nature à compromettre la protection ou la mise en valeur[6] :

- du patrimoine bâti ou non bâti ;
- du patrimoine archéologique ;
- des quartiers ;
- des monuments ;
- et des sites.

SECTION 3
RÈGLES S'IMPOSANT AUX PROJETS SOUMIS À DÉCLARATION PRÉALABLE

342.221 Renvoi aux règles s'imposant aux demandes de permis de construire et d'aménager. Lorsque les constructions, aménagements, installations et travaux font l'objet d'une déclaration préalable, l'autorité compétente doit s'opposer à leur exécution ou imposer des prescriptions « lorsque les conditions prévues à l'article L. 421-6 ne sont pas réunies »[7].

SECTION 4
RÈGLES S'IMPOSANT AUX PROJETS DISPENSÉS DE FORMALITÉS AU TITRE DU CODE DE L'URBANISME

342.231 Renvoi aux règles s'imposant aux demandes de permis de construire et d'aménager. Les constructions, aménagements, installations et travaux dispensés de toute formalité au titre du code de l'urbanisme « doivent être conformes aux dispositions mentionnées à l'article L. 421-6 »[8].

342.232 Exceptions. Le renvoi aux règles applicables aux permis de construire et d'aménager n'est pas total. Une exception est prévue pour les constructions et des travaux mentionnés aux b et e de l'article L. 421-5 et aux articles L. 421-5-2 et L. 421-5-3[9], c'est-à-dire :

- les constructions et installations temporaires[10] ;
- les ouvrages de production d'énergie en mer[11] ;
- la démolition des constructions littorales menacées par l'érosion[12] ;
- l'enlèvement d'installations d'agrivoltaïsme et la remise en état du terrain[13] ;
- les constructions temporaires et démontables pour le relogement d'occupants évincés durant une opération de lutte contre l'habitat indigne[14].

1. V. s^s n°s 231.1651 s.
2. V. s^s n° 241.121.
3. V. s^s n° 112.981.
4. V. s^s n°s 335.11 s.
5. SUR CE POINT, en matière d'ERP : CE 9 juill. 2018, *Audemard*, req. n° 411206, *Lebon T.* – Les travaux qui conduisent à la création, l'aménagement ou la modification d'un ERP sont soumis au régime d'autorisation préalable prévu par l'article L. 111-8 du CCH. La légalité du permis de construire s'apprécie donc au regard de ces dispositions.
6. C. urb., art. L. 421-6, al. 2.
7. C. urb., art. L. 421-7 – Sur ces règles, v. s^s n°s 342.11 s.
8. C. urb., art. L. 421-8 – Sur ces règles, v. s^s n°s 342.11 s.
9. C. urb., art. L. 421-8.
10. V. s^s n°s 321.81 s.
11. V. s^s n° 321.141.
12. V. s^s n° 324.111.
13. V. s^s n° 321.211.
14. V. s^s n° 321.171.

SECTION 5
PRISE EN COMPTE DES RÈGLES APPLICABLES AU JOUR OÙ L'ADMINISTRATION STATUE

342.241 **Règles à prendre en compte.** L'autorité administrative compétente est tenue de statuer sur la demande ou la déclaration dont elle est saisie en faisant application de la réglementation en vigueur à la date à laquelle elle prend sa décision et non à celle à laquelle cette demande ou cette déclaration lui est parvenue[1].

Ainsi, en cas de changement de réglementation au cours de l'instruction, il y a lieu d'appliquer les dispositions en vigueur à la date de la décision[2].

1. CE 12 déc. 1994, *Groupement forestier de la Vronnière*, req. n° 138249, NP.

SECTION 6
HYPOTHÈSES D'UN CONFLIT ENTRE DEUX RÈGLES APPLICABLES

342.251 **Application de la règle la plus stricte.** En cas de conflit entre deux règles, il y a lieu d'appliquer la règle la plus stricte. Il en va ainsi, par exemple, en cas de conflit :

– entre un article du RNU et une disposition d'un PLU[3] ;

– entre le règlement d'un lotissement et le PLU de la commune[4] ;

– entre les dispositions propres à la montagne et celles propres au littoral[5] ;

– entre les anciennes ZPPAUP et le POS de la commune[6].

2. CE, sect., 7 mars 1975, *Borderes-sur-L'Échez (C^ne^)*, req. n° 91411, *Lebon*. En l'espèce, le permis de construire a été sollicité sous l'empire du décret du 28 mai 1970 et délivré postérieurement à l'entrée en vigueur du décret du 20 avril 1972 modifiant le décret précédent. Quelle qu'ait été la réglementation applicable lors de la présentation de la demande, la légalité du permis était subordonnée à la réalisation des conditions prescrites par les lois et règlements en vigueur à la date de la décision statuant sur cette demande ; – dans le même sens : CE 7 avr. 1976, *Min. Équipement c/ Courtet (Dame)*, req. n° 99013, *Lebon T.* : en l'espèce, les dispositions de l'article 1er du décret du 10 juillet 1973, relatives aux formes de la décision par laquelle le préfet se prononce sur une demande d'autorisation de lotissement, ont supprimé l'exigence de motivation résultant de l'article 3 du décret du 31 décembre 1958 ; ces dispositions nouvelles étaient applicables à toutes les demandes sur lesquelles il n'avait pas encore été expressément ou implicitement statué à la date de leur entrée en vigueur.
3. V. ss n° 111.82.
4. V. ss n° 372.671.
5. V. ss n° 121.61.
6. CAA Lyon, 7 juill. 2005, *Consorts Majnoni d'Intignano*, req. n° 02LY01647, *Lebon T.*

CHAPITRE

343. Appréciation de la régularité du dossier et de la conformité du projet aux règles applicables

SECTION 0 ORIENTEUR

343.00 **Sommaire du chapitre.**

343.02 **Jurisprudence de référence.**

> Contrôle sur la régularité du dossier

• **CE, sect., 15 févr. 2019,** *Cogolin (C*[ne]*)*, req. n° 401384, *Lebon*.

> Travaux sur une construction non conforme au regard du PLU

• **CE 9 juill. 1986,** *Thalamy*, req. n° 51172, *Lebon*.

> Conditions d'application de la prescription administrative décennale

• **CE 3 févr. 2017,** *Eber*, req. n° 373898, *Lebon*.

343.03 **Bibliographie indicative.**

Encyclopédies. *DP constr.-urb.*, ét. : « Permis de construire » ; ét. : « Permis d'aménager » ; ét. : « Déclaration préalable » ; ét. : « Permis de démolir » – *J.-Cl. Constr.-Urb.*, fasc. 26-10 : « Permis de construire. – Règles sanctionnées », par G. Livet-Veaux, juill. 2009, mis à jour janv. 2011 ; fasc. 28 : « Permis d'aménager », par G. Liet-Veaux, mai 2007, mis à jour oct. 2009.

Traité. N. Baillon, *Traité du permis de construire*, 6e éd., « Référence juridique », Le Moniteur, 2017.

Monographies. Ph. Boulisset, S. Cardi, S. Consalvi, R. Thielé, *Permis de construire 2021-2022 : permis de démolir, permis d'aménager, déclaration préalable*, 3e éd., « Encyclopédie Delmas pour la vie des affaires », Delmas, 2021 – V. Lachaut-Dana, *Permis de construire et autorisations d'urbanisme : études préalables, délivrance, mise en œuvre*, 2e éd., « Pratique du droit », Le Moniteur, 2019 – C. Mialot et F. Ehrenfeld, *Le permis de construire et autres autorisations d'urbanisme*, « Les indispensables », Berger-Levrault, 2018 – O. Bonneau, S. Guirriec, C. Morot-Monomy, *Délivrer et contrôler les autorisations d'urbanisme*, « Dalloz Public », Dalloz, 2021.

Articles. É. Fâtome, « Les règles de fond », *RDI* 2000. 429 – J. Hermann, « Travaux sur un bâtiment non conforme au POS », *Ét. fonc.* déc. 1997, no 77, p. 44.

Contribution. É. Carpentier, « Faut-il laisser la jurisprudence administrative faire sa loi ? Réflexions sur le maintien des jurisprudences *Thallamy* et *Sekler* », *Mélanges André Roux*, Dalloz, p. 24.

343.04 Questions essentielles.

> Les services instructeurs peuvent-ils vérifier l'exactitude des pièces du dossier ?

* V. ss nos 343.21 s.

> Des travaux portant sur une construction irrégulière peuvent-ils être autorisés ?

* V. ss nos 343.61 s.

343.05 Régularité formelle et bien-fondé. Il appartient au service instructeur de s'assurer de la régularité du dossier de demande de permis ou de déclaration préalable. En cas de dossier complet et régulier, il lui revient d'apprécier la conformité du projet aux dispositions qui lui sont applicables.

SECTION 1
APPRÉCIATION DE LA RÉGULARITÉ DU DOSSIER

§ 1
Exigence de statuer au vu d'un dossier complet

343.11 Dossier complet. Il appartient à l'autorité administrative de statuer au vu d'un dossier complet.

343.12 Sanction d'un permis délivré au vu d'un dossier incomplet si l'appréciation de l'administration a été faussée. La circonstance que le dossier de demande de permis de construire ne comporterait pas l'ensemble des documents exigés par les dispositions du code de l'urbanisme, ou que les documents produits seraient insuffisants, imprécis ou comporteraient des inexactitudes, n'est susceptible d'entacher d'illégalité le permis de construire qui a été accordé que dans le cas où les omissions, inexactitudes ou insuffisances entachant le dossier ont été de nature à fausser l'appréciation portée par l'autorité administrative sur la conformité du projet à la réglementation applicable[1].

Ainsi, un permis délivré au vu d'un dossier incomplet est entaché d'irrégularité lorsque l'absence d'une pièce[2], l'absence d'une information[3], le caractère erroné d'informations[4] ou les contradictions du dossier[5] ont été de nature à avoir une influence sur l'appréciation de l'administration (ou, pour reprendre la formule aujourd'hui utilisée par la jurisprudence, à fausser l'appréciation portée par l'administration) sur la conformité de la construction projetée à la réglementation[6].

343.13 Appréciation du caractère complet au regard de l'ensemble des pièces du dossier. Le caractère complet s'apprécie au regard de l'ensemble des pièces du dossier. Il en résulte que l'absence ou l'insuffisance d'une pièce n'entache l'autorisation d'irrégularité que si aucune autre pièce ne comportait l'information qu'elle avait pour objet d'apporter. Ainsi :

– un dossier est régulier, malgré l'absence d'un plan masse coté dans les trois dimensions, dès lors que l'ensemble des plans joints à la demande de permis de construire faisaient apparaître toutes les dimensions des bâtiments projetés, le remblai nécessaire à leur édification et la dénivellation avec la propriété voisine et qu'ainsi, l'administration disposait des renseignements lui permettant de prendre une décision en connaissance de cause[7] ;

– dans le cas où sont déposées le même jour deux demandes (une demande de permis de construire et une demande de permis de démolir) se rapportant à

1. CE 23 déc. 2015, *Laurin (Mme) et a.*, req. no 393134, *Lebon T.*
2. CE 30 avr. 1982, *Phely (Mme) et a.*, req. no 20570, *Lebon T.* : absence de plan de masse.
3. CE 25 janv. 1989, *Delcoigne (Épx)*, req. no 85402, *Lebon T.* : dossier de demande ne faisant pas apparaître un changement de destination du local concerné ; – CE 28 mai 2001, *Bohars (Cne) et SARL Minoterie Francès*, req. no 218374, *Lebon* : dossier ne comportant que des indications succinctes sur le projet et ne mentionnant aucune justification relative aux dispositions prévues par le pétitionnaire pour assurer l'insertion des travaux dans un site dont le POS a prévu qu'il devait bénéficier d'une protection particulière.
4. CE 25 janv. 1993, *Sadowsky*, req. no 78242, NP : plans joints à la demande de permis de construire comportant plusieurs indications erronées, relatives notamment à la superficie du terrain et à celle des gradins formant le relief dudit terrain.
5. CE 12 févr. 2003, *Goetz*, req. no 228659, NP : divergences, quant au nombre d'étages, entre la demande et les plans annexés.
6. D'autres illustrations peuvent être mentionnées, concernant le plan de masse (v. ss no 361.111) ou encore les documents graphiques (v. ss no 361.122).
7. CE 6 avr. 1990, *Assoc. diocésaine Sainte-Anne*, req. no 94152, NP.

la même opération, la demande de permis de démolir ne peut être regardée comme incomplète dès lors que les pièces requises sont annexées à la demande de permis de construire[1].

§ 2
Contrôle de l'exactitude du dossier

343.21 Relever les inexactitudes du dossier. L'autorité administrative saisie d'une demande de permis de construire « peut relever les inexactitudes entachant les éléments du dossier de demande relatifs au terrain d'assiette du projet, notamment sa surface ou l'emplacement de ses limites séparatives, et, de façon plus générale, relatifs à l'environnement du projet de construction, pour apprécier si ce dernier respecte les règles d'urbanisme qui s'imposent à lui »[2].

343.22 Relever les inexactitudes du dossier ; ne pas vérifier l'exactitude des déclarations et l'intention du demandeur de les respecter (sauf fraude). Le permis « de construire n'ayant d'autre objet que d'autoriser la construction conforme aux plans et indications fournis par le pétitionnaire », l'autorité compétente n'a à vérifier[3] :

– ni « l'exactitude des déclarations du demandeur relatives à la consistance du projet » à moins qu'elles ne soient contredites par les autres éléments du dossier joint à la demande tels que limitativement définis par les dispositions des articles R. 431-4 et suivants du code de l'urbanisme ;

– ni « l'intention du demandeur de les respecter », sauf en présence d'éléments établissant l'existence d'une fraude à la date à laquelle l'administration se prononce sur la demande d'autorisation.

Ce dernier point résulte d'une jurisprudence établie. Un permis de construire n'a d'autre objet que d'autoriser la construction d'immeubles conformes aux plans et indications fournis par le pétitionnaire. Par suite, la circonstance que ces plans et indications pourraient ne pas être respectés ou que ces immeubles risqueraient d'être ultérieurement transformés ou affectés à un usage non conforme aux documents et aux règles générales d'urbanisme n'est pas, par elle-même, sauf le cas d'éléments établissant l'existence d'une fraude à la date de la délivrance du permis, de nature à affecter la légalité de celui-ci[4].

En l'espèce, la fraude était caractérisée. L'autorité chargée de l'instruction avait constaté, lors d'une visite sur les lieux, que les cinq logements construits sans autorisation dans les deux bâtiments en cause étaient utilisés comme des gîtes destinés à la location et qu'un sixième gîte avait été aménagé, portant la capacité d'accueil à 43 personnes. À la date du dépôt de sa demande de permis de construire de régularisation, le site Internet du pétitionnaire proposait ces gîtes à la location et des réservations avaient déjà été enregistrées. Par suite, la demande de permis de régularisation, portant sur la création de deux logements saisonniers et le réaménagement de trois logements existants en vue d'une occupation personnelle, était entachée de fraude[5].

§ 3
Demande de pièces complémentaires

343.31 Demande de pièces complémentaires. Lorsque des pièces exigées font défaut, le code de l'urbanisme fixe les modalités et délais d'invitation à produire les pièces manquantes[6].

343.32 Absence de demande de clarification. En présence de contradictions entre les pièces du dossier, il revient à l'administration de rejeter la demande sans avoir à inviter le pétitionnaire à apporter des clarifications. Ainsi, dans le cas où les pétitionnaires mentionnent 1 600 m^2 d'espaces verts mais que le plan de masse ne fait apparaître qu'une surface d'espaces verts de 800 m^2, le maire est tenu de rejeter la demande sans demander un complément d'informations pour éclairer la contradiction ressortant des pièces du dossier[7].

SECTION 2
APPRÉCIATION DE LA CONFORMITÉ DU PROJET AUX RÈGLES APPLICABLES

§ 1
Situation normale

A.
Éléments contrôlés

343.41 Éléments principaux. L'examen de la conformité du projet aux dispositions applicables porte principalement sur les éléments suivants :

– constructibilité du terrain (appréciée au regard du PLU ou de la carte communale et, le cas échéant,

1. CE 30 déc. 2011, *Saint-Raphaël (C^ne^)*, req. n° 342398, NP.
2. CE, sect., 15 févr. 2019, *Cogolin (C^ne^)*, req. n° 401384, *Lebon ; Constr.-Urb.* 2019, comm. 73, note X. Couton ; *JCP Adm.* 2019, n° 2239, note M. Cornille.
3. CE, sect., 15 févr. 2019, *Cogolin (C^ne^)*, req. n° 401384.
4. CE 3 juin 2013, *Lamastre (C^ne^)*, req. n° 342673, *Lebon T.* 879.
5. CE 3 juin 2013, *Lamastre (C^ne^)*, req. n° 342673.
6. V. s^s^ n°s 334.41 s.
7. CE 17 nov. 1999, *Consorts Abounayan et a.*, req. n° 180320, *Lebon T.*

au regard des dispositions propres au littoral, à la montagne ou aux aérodromes ou aux dispositions du RNU[1]) ;

- accessibilité du terrain et desserte par les réseaux ;
- risque pour la sécurité et la salubrité publiques ;
- implantation de la construction (par rapport aux voies, aux limites séparatives, aux autres bâtiments présents sur le terrain) ;
- emprise au sol des constructions ;
- hauteur de la construction ;
- aspect extérieur ;
- aires de stationnement ;
- impact environnemental (espaces verts notamment).

B.
Exemples (projets de construction ou d'installation en zone U)

343.51 **ICPE.** Lorsque l'autorité administrative est saisie d'une demande d'autorisation d'exploitation d'une installation classée située en zone urbaine, elle doit apprécier la compatibilité des activités exercées avec le caractère de la zone, tel que fixé par le PLU (en tenant compte le cas échéant des prescriptions que le préfet a pu imposer à l'exploitation)[2]. En l'espèce, le juge annule l'autorisation de poursuivre une activité de thermo laquage comportant « par elle-même » des dangers ou inconvénients incompatibles avec les règles applicables à la zone.

343.52 **Assainissement individuel.** La lecture combinée des articles R. 151-18 et L. 111-11 du code de l'urbanisme « ne permet [...] de délivrer à un pétitionnaire un permis de construire avec un système d'assainissement individuel, en zone U, que dans un secteur où le zonage d'assainissement approuvé prévoit du collectif, et en l'attente de la réalisation des équipements publics dont l'échéancier doit être précisé. Hormis ce cas, un système d'assainissement individuel ne peut être autorisé en zone urbaine »[3].

1. Constructibilité limitée dans les parties non urbanisées de la commune, v. s^s n°s 112.11 s. ; – Inconstructibilité aux abords des grands axes routiers, v. s^s n°s 112.291 s. ; – Constructibilité limitée si le projet est de nature à favoriser une urbanisation dispersée incompatible avec la vocation des espaces naturels environnants, à compromettre les activités agricoles ou forestières ou à compromettre l'exploitation de ressources minières, v. s^s n°s 112.381 s. ; – Constructibilité limitée si le projet est susceptible d'être exposé à des nuisances graves, v. s^s n°s 112.421 s.
2. CE 30 juin 2003, *SARL Protime*, req. n° 228538, *Lebon T.*
3. Rép. min. n° 1149, *JO Sénat Q* 11 oct. 2007, p. 1822.

§ 2
Cas des travaux sur une construction irrégulière

343.61 **Autorisations de travaux sur une construction irrégulièrement édifiée.** Lorsqu'un propriétaire souhaite agrandir ou procéder à des travaux sur un bâtiment irrégulièrement construit, il doit déposer une demande de permis de construire portant à la fois sur l'existant et sur le projet à réaliser. Le permis ne pourra être accordé que si l'ensemble de la construction est conforme aux règles d'urbanisme en vigueur au moment de sa délivrance. Ce permis permettra à la fois d'autoriser la réalisation des travaux projetés et de régulariser la construction édifiée sans autorisation.

A.
Exigence de présenter une demande portant sur les nouveaux travaux et sur la régularisation de l'existant

1°
Exigence d'une demande globale

343.71 **Jurisprudence Thalamy.** Un projet portant sur une construction irrégulière, qu'il ait pour objet l'extension de cette construction ou son aménagement, doit faire l'objet d'une demande ou d'une déclaration globale portant à la fois :

- sur le projet nouveau ;
- et sur la construction existante.

Ainsi, effectuer des travaux sur une construction réalisée sans permis exige l'obtention d'un permis de construire ou d'une déclaration préalable visant à autoriser les futurs aménagements et à régulariser le bâtiment en place.

Cette exigence a été posée par la jurisprudence Thalamy selon laquelle il appartient au propriétaire « de présenter une demande portant sur l'ensemble des éléments de construction qui ont eu ou qui auront pour effet de transformer le bâtiment tel qu'il avait été autorisé par le permis primitif »[4]. Le Conseil d'État a indiqué, selon une formulation plus récente, « que, lorsqu'une construction a fait l'objet de transformations sans les autorisations d'urbanisme requises, il appartient au propriétaire qui envisage d'y faire de nouveaux travaux de déposer une déclaration ou de présenter une demande de permis portant sur l'ensemble des éléments de la

4. CE 9 juill. 1986, *Thalamy*, req. n° 51172, *Lebon*. Pour un regard critique sur cette jurisprudence, v. É. Carpentier, « Faut-il laisser la jurisprudence administrative faire sa loi ? Réflexions sur le maintien des jurisprudences *Thallamy* et *Sekler* », *Mélanges André Roux*, Dalloz, p. 24 (spé pp. 27-33).

construction qui ont eu ou auront pour effet de modifier le bâtiment tel qu'il avait été initialement approuvé ». Il a précisé « qu'il en va ainsi même dans le cas où les éléments de construction résultant de ces travaux ne prennent pas directement appui sur une partie de l'édifice réalisée sans autorisation »[1].

La demande d'autorisation doit ainsi porter sur l'ensemble de l'immeuble. En conséquence, la demande comme les plans doivent prendre en considération l'existant. Si la demande de permis de construire ou la déclaration porte uniquement sur les travaux nouveaux, l'administration est tenue :

– de refuser le permis[2] ou de s'opposer à la déclaration préalable[3] ;

– et d'inviter l'intéressé à présenter une demande d'autorisation d'urbanisme portant sur l'ensemble du bâtiment[4].

343.72 Jurisprudence non applicable à un permis modificatif. Le Conseil d'État a refusé d'appliquer la jurisprudence Thallamy à un permis modificatif[5]. Il affirme que lorsque le pétitionnaire envisage de modifier son projet en cours d'exécution, l'autorité compétente « ne peut pas exiger (...) que sa demande de permis modificatif porte également sur d'autres travaux, au motif que ceux-ci auraient été ou seraient réalisés sans respecter le permis de construire précédemment obtenu ».

Si l'autorité compétente estime que les travaux mis en œuvre ne respectent pas l'autorisation délivrée, c'est par une autre voie, plus directe qu'elle doit agir, en mobilisant les pouvoirs de contrôle et de mise en demeure qui lui sont confiés à cette fin : visite des lieux, suivie d'une mise en demeure de régulariser ; procès-verbal en cas de travaux constitutifs d'une infraction d'urbanisme et édiction d'un arrêté interruptif de travaux ; contrôle de la conformité des travaux et mise en demeure de régulariser. Le Conseil d'État estime qu'à défaut de mise en œuvre de ces pouvoirs de contrôle ou, s'ils ont été mis en œuvre, du constat d'une irrégularité, « le pétitionnaire doit être considéré comme réalisant les travaux en se conformant à l'autorisation délivrée ».

2°
Notion de construction irrégulière

343.81 Construction sans autorisation. Au sens de la jurisprudence Thalamy, est regardée comme irrégulière la construction (ou la partie de la construction) :

– réalisée sans l'autorisation requise[6] ;

– ou modifiée sans l'autorisation requise (notamment par une extension des volumes[7] ou un changement de destination[8]).

343.82 Jurisprudence Thallamy ne s'appliquant pas aux constructions non soumises à autorisation. N'est pas regardée comme irrégulière, au sens de la jurisprudence Thalamy :

– une construction édifiée avant la loi du 15 juin 1943 relative au permis de construire ;

1. CE 13 déc. 2013, *Carn*, req. n° 349081, *Lebon T.* – dans le même sens : CE 30 avr. 2019, *Bauer*, req. n° 420427, NP.
2. PAR EX. : CE 28 oct. 1987, *Chapel c/Min. Équipement*, du logement, de l'aménagement du territoire et des transports, req. n° 61223, NP : « Considérant que Mme Chapel soutient sans être démentie que M. Joram a installé sans permis de construire l'y autorisant la terrasse et le mur de soutènement correspondant sur lesquels l'auvent litigieux doit être implanté ; qu'il appartenait au propriétaire de présenter une demande portant sur l'ensemble des éléments de construction supportant l'auvent ; que le maire était tenu de rejeter la demande de permis portant uniquement sur un élément de construction nouveau prenant appui sur une partie du bâtiment construite sans autorisation » ; – également : CE 23 juill. 1993, Marin, req. n° 118963, NP : arrêt relevant « qu'il incombait à M. Marin de présenter une demande de permis de construire portant sur l'ensemble des éléments de construction qui devaient avoir pour effet de modifier le bâtiment existant ; qu'en accordant un permis de construire portant exclusivement sur des éléments de construction nouveaux prenant appui sur une partie du bâtiment qui avait été édifiée sans autorisation, le maire d'Aix-en-Provence a commis une erreur de droit » ; – dans le même sens : CE 16 févr. 2000, Mendes, req. n° 167298, NP – CE 27 juill. 2012, *Da Silva Soares*, req. n° 316155, *Lebon T.*
3. CE 27 juill. 2009, *SCI La Paix*, req. n° 305920, *Lebon T. ; BJDU* 2009. 281, concl. M. Guyomar.
4. CE 3 mai 2011, *Ely*, req. n° 320545, *Lebon T. ; BJDU* 2011. 275, concl. P. Collin. – CE 9 avr. 2015, *Saint-Just (C^ne^)*, req. n° 371989, NP.
5. CE 30 avr. 2024, *Onal*, req. n° 472746, *Lebon T. ; Constr.-Urb.* 2024, comm. 67, note X. Couton ; *JCP Adm.* 2024, n° 2210, note F. Polizzi ; *RDI* 2024. 421, obs. P. Soler-Couteaux.
6. CE 28 oct. 1987, *Chapel c/Min. Équipement*, du logement, de l'aménagement du territoire et des transports, req. n° 61223, NP.
7. PAR EX. : CE 10 nov. 1993, *L'Union (C^ne^) c/Luvisutto*, req. n° 108588, NP : arrêt relevant « que le permis de construire le bâtiment en cause, accordé le 27 mars 1981 pour une superficie hors-œuvre nette de 714,20 m^2, concernait un projet ne comportant au-dessus du rez-de-chaussée qu'une mezzanine, ou "rochelle", d'une superficie limitée ; que, postérieurement à l'octroi de ce permis, le plancher de cette mezzanine a été étendu sur l'ensemble de la superficie du bâtiment, créant ainsi tout un étage qui n'a fait l'objet d'aucune autorisation ; qu'il appartenait aux propriétaires de présenter une demande de permis de construire portant sur l'ensemble des éléments de construction qui ont eu pour effet de transformer le bâtiment tel qu'il avait été autorisé par le permis délivré en 1981 ».
8. CE 27 juill. 2009, *SCI La Paix*, req. n° 305920, *Lebon T. ; BJDU* 2009. 281, concl. M. Guyomar.

– une construction qui, au moment de son édification, était dispensée de permis de construire[1].

Comme le résume une réponse ministérielle : « Une construction est considérée légale si d'une part, elle a été construite avant la loi du 15 juin 1943 relative au permis de construire ou conformément à une législation applicable à l'époque de la construction ou conformément au permis de construire accordé. C'est au pétitionnaire d'apporter la preuve de l'existence légale de cette construction. À défaut, la construction sera réputée illégale et la demande de travaux devra porter sur l'ensemble de la construction »[2].

343.83 Jurisprudence Thallamy ne s'appliquant pas à une partie régulière et divisible de la construction. L'exigence d'une demande globale ne s'impose pas « dans le cas où le permis de construire initial concerne plusieurs immeubles distincts et où la modification demandée ne concerne pas ceux de ces immeubles qui ont été édifiés en violation de ce permis de construire »[3].

343.84 Jurisprudence Thallamy ne s'appliquant pas aux constructions non soumises à une formalité au titre du code de l'urbanisme. Ne sont pas soumis à l'exigence d'une demande globale des travaux dispensés de toute formalité au titre du code de l'urbanisme. Ces travaux n'étant soumis ni à permis de construire ni à déclaration préalable, ils ne sont par hypothèse pas soumis à l'exigence d'une demande globale[4].

343.85 Jurisprudence Thallamy ne s'appliquant pas aux constructions reconnues conformes. N'entrent pas dans le champ de la jurisprudence Thallamy les travaux irréguliers ayant fait l'objet d'une déclaration d'achèvement et de conformité des travaux que l'administration n'a pas contestée. En ce sens, le Conseil d'État indique qu'il résulte des articles L. 462-2 et R. 462-2 du code de l'urbanisme « que lorsque le bénéficiaire d'un permis ou d'une décision de non-opposition à déclaration préalable a adressé au maire une déclaration attestant l'achèvement et la conformité des travaux réalisés en vertu de cette autorisation, l'autorité compétente ne peut plus en contester la conformité au permis ou à la déclaration si elle ne l'a pas fait dans le délai, suivant les cas, de trois ou de cinq mois ni, dès lors, sauf le cas de fraude, exiger du propriétaire qui envisage de faire de nouveaux travaux sur la construction qu'il présente une demande de permis ou dépose une déclaration portant également sur des éléments de la construction existante, au motif que celle-ci aurait été édifiée sans respecter le permis de construire précédemment obtenu ou la déclaration préalable précédemment déposée »[5]. Le rapporteur public concluant sur cette affaire indiquait : « il nous semble possible de considérer que l'écoulement des délais prescrits par les textes sans réaction de l'administration la prive non seulement de la possibilité de contester les travaux, pour ainsi dire par voie d'action (administrative), en demandant directement à l'intéressé de se mettre en conformité, mais aussi par voie d'exception en saisissant l'occasion d'une nouvelle demande de permis sur le bâtiment concerné pour conditionner son accord à une mise en conformité, faute de quoi cette garantie serait privée d'une part significative de sa substance »[6].

B. Office de l'administration

1° Situation générale

343.91 Appréciation administrative. Il appartient à l'autorité administrative, saisie d'une déclaration ou demande de permis portant sur l'ensemble de l'immeuble (partie ancienne irrégulière et travaux nouveaux envisagés)[7] :

– « de statuer au vu de l'ensemble des pièces du dossier, d'après les règles d'urbanisme en vigueur à la date de sa décision » ;

– « en tenant compte, le cas échéant, de l'application des dispositions de l'article L. 111-12 du code de l'urbanisme issues de la loi du 13 juillet 2006, désormais reprises à l'article L. 421-9 de ce code, relatives à la régularisation des travaux réalisés depuis plus de dix ans ».

1. CE 15 mars 2006, *Min. Équipement c/Macari*, req. n° 266238, NP : « Considérant qu'en application de l'article 1er de l'arrêté du 10 août 1946 portant exemption du permis de construire en ce qui concerne les bâtiments d'exploitation agricole, alors applicable, l'édification, en 1960, sur le terrain acquis par M. et Mme Ménétrier, d'un abri préfabriqué à usage de poulailler, était dispensée de permis de construire ; que cette construction qui pouvait donc être librement réalisée avait dès lors une existence légale, alors même qu'elle n'a fait l'objet d'aucune autorisation ; qu'ainsi, la demande d'autorisation litigieuse ne devait porter, comme c'est le cas le cas en l'espèce, que sur les travaux qui ont pour effet de transformer le bâtiment tel qu'il avait été régulièrement édifié ; qu'il suit de là que la cour a commis une erreur de droit en jugeant que l'administration était tenue d'opposer un refus à cette demande, dès lors qu'elle ne portait pas sur l'ensemble de la construction ».
2. Rép. min. n° 5549, *JOAN Q* 20 nov. 2012, p. 6771.
3. CE 25 avr. 2001, *Ahlborn (Épx)*, req. n° 207095, *Lebon T.*
4. Rép. min. n° 4592, *JO Sénat Q* 30 juill. 2009, p. 1896 : « des travaux d'entretien ou de réparations ordinaires (par exemple, le remplacement des huisseries par d'autres identiques) ou des travaux ne modifiant pas l'aspect extérieur de la construction, qui ne sont pas soumis à autorisation, peuvent être effectués ».
5. CE 26 nov. 2018, *Sormonte*, req. n° 411991, *Lebon T.* ; *BJDU* 2019. 33, concl. Ch. Touboul.
6. Ch. Touboul, concl. préc.
7. CE 26 nov. 2018, *Sormonte*, req. n° 411991.

a.

Appréciation globale de la demande

343.101 Demande envisagée comme un tout. Il appartient à l'autorité compétente de statuer « au vu de l'ensemble des pièces du dossier »[1], c'est-à-dire en tenant compte tant de la construction déjà existante que des travaux envisagés.

L'administration ne se prononce pas uniquement sur les modifications que le pétitionnaire entend apporter à la construction existante. Elle se prononce comme si le projet vise à réaliser à la fois la construction existante et les travaux supplémentaires envisagés. Le permis ne pourra être accordé que si l'ensemble de la construction est conforme aux règles d'urbanisme en vigueur au moment de sa délivrance.

343.102 Règles à prendre en compte. L'autorité compétente se prononce « d'après les règles d'urbanisme en vigueur à la date de sa décision »[2].

Cela signifie notamment que la légalité de la construction existante s'apprécie non pas au regard des règles en vigueur au moment où elle a été réalisée mais au regard des règles en vigueur au jour où l'autorité compétente se prononce sur la demande de permis ou la déclaration préalable.

b.

Prescription administrative décennale

343.111 Origine, objet, constitutionnalité. L'article L. 421-9 du code de l'urbanisme comporte un mécanisme de prescription administrative visant à sécuriser les constructions irrégulières passé un délai de dix ans. Initialement, le mécanisme a été introduit par la loi ENL à l'article L. 111-2 du code de l'urbanisme[3]. Il est codifié depuis le 1er janvier 2016 à l'article L. 421-9 du même code.

Saisi d'une QPC présentée à son encontre, le Conseil d'État a considéré que le moyen selon lequel ses dispositions portent une atteinte inconstitutionnelle au droit de propriété ne présentait pas un caractère sérieux[4].

343.112 Le mécanisme. Lorsqu'une construction est achevée depuis plus de dix ans, « le refus de permis de construire ou la décision d'opposition à déclaration préalable ne peut être fondé sur l'irrégularité de la construction initiale au regard du droit de l'urbanisme »[5].

Il résulte de ces dispositions « que peuvent bénéficier de la prescription administrative ainsi définie les travaux réalisés, depuis plus de dix ans, lors de la construction primitive ou à l'occasion des modifications apportées à celle-ci »[6].

L'irrégularité entachant la construction initiale ou les modifications ultérieures qui lui ont été apportées se trouvent pour ainsi dire purgée passé un délai de dix ans. Une fois ce délai expiré, l'irrégularité de la construction ne peut plus être opposée à la demande de permis de construire ou à la déclaration préalable ayant pour objet d'y apporter des modifications.

Concernant les formalités à accomplir, l'article L. 421-9 ne dispense pas le pétitionnaire de déposer une demande de permis de construire ou une déclaration préalable portant à la fois sur la régularisation de l'existant et la réalisation des travaux projetés[7].

343.113 Exclusion des constructions édifiées sans permis de construire. Le mécanisme de prescription ne trouve pas à s'appliquer « lorsque la construction a été réalisée sans qu'aucun permis de construire n'ait été obtenu alors que celui-ci était requis »[8]. Ne peuvent ainsi bénéficier de ce mécanisme les travaux réalisés « sans permis de construire en méconnaissance des prescriptions légales alors applicables »[9].

La charge de la preuve pèse sur le pétitionnaire. Lorsque des travaux soumis à permis de construire ont été réalisés, il lui revient de justifier que ces travaux avaient été autorisés par permis[10]. À cet égard, la seule production du dossier de demande de permis de construire est bien évidemment insuffisante[11].

L'exclusion prévue au 5° de l'article L. 421-9 concerne uniquement les travaux réalisés sans per-

1. CE 26 nov. 2018, *Sormonte*, req. n° 411991.
2. CE 26 nov. 2018, *Sormonte*, req. n° 411991.
3. L. n° 2006-872, 13 juill. 2006 portant engagement national pour le logement, *JO* 16 juill., n° 1, art. 9.
4. CE 12 sept. 2018, *Camilleri*, req. n° 419092, NP.
5. C. urb., art. L. 421-9, al. 1er.
6. CE 3 févr. 2017, *Eber*, req. n° 373898, *Lebon ; BJDU* 2017. 160, concl. X. de Lesquen ; *Constr.-Urb.* 2017, comm. 37, note X. Couton.
7. CAA Lyon, 21 juin 2018, *Begule*, req. n° 16LY01666, NP.
8. C. urb., art. L. 421-9, 5°.
9. CE 16 mars 2015, *de La Marque*, req. n° 369553, *Lebon ; BJDU* 2015. 194, concl. R. Decout-Paolini ; *JCP Adm.* 2015, n° 2180, note D. Tasciyan – pour des illustrations : CAA Marseille, 22 sept. 2011, *SCI La Chapelle*, req. n° 09MA03419, NP : arrêt précisant en outre qu'il résulte des dispositions de l'article L. 421-9, « éclairées par les débats parlementaires, que la prescription ainsi instituée ne s'applique qu'aux seuls cas où la construction a été édifiée en méconnaissance du permis de construire initialement délivré, à l'exclusion de ceux où la construction a été édifiée sans permis de construire » ; – et : CAA Lyon, 21 juin 2018, Begule, req. n° 16LY01666, NP.
10. Rép. min. n° 5549, *JOAN Q* 20 nov. 2012, p. 6771 : la prescription administrative de l'article L. 421-9 « ne s'applique pas si le demandeur ne peut pas apporter la preuve de l'obtention d'un permis de construire en bonne et due forme si ce dernier s'avérait nécessaire à l'époque de la construction ».
11. CAA Marseille, 13 mars 2018, *Pellizzaro*, req. n° 16MA03498, NP.

mis de construire. Elle ne concerne pas les travaux réalisés sans déclaration préalable[1].

343.114 Autres cas d'exclusions. Outre l'exclusion énoncée au 5° de l'article L. 421-9[2], le mécanisme de prescription administrative prévu par le premier alinéa de cet article ne s'applique pas dans les hypothèses suivantes :

– lorsque la construction est de nature, par sa situation, à exposer ses usagers ou des tiers à un risque de mort ou de blessures de nature à entraîner une mutilation ou une infirmité permanente[3] ;

– lorsqu'une action en démolition a été engagée dans les conditions prévues par l'article L. 480-13[4] ;

– lorsque la construction est située dans un parc national créé en application des articles L. 331-1 et suivants du code de l'environnement ou dans un site classé en application des articles L. 341-2 et suivants du même code[5] ;

– lorsque la construction est située sur le domaine public[6] ;

– dans les zones exposées au risque délimitées dans un plan de prévention des risques naturels prévisibles[7] ;

– lorsque la construction a été réalisée sans consignation de la somme prescrite par l'autorisation d'urbanisme[8].

2°
Cas des travaux nécessaires à la préservation d'une construction ancienne et au respect des normes

343.121 Possibilité d'autoriser les travaux sans régularisation du bâti. Après avoir rappelé « que, dans l'hypothèse où un immeuble a été édifié sans autorisation en méconnaissance des prescriptions légales alors applicables, l'autorité administrative, saisie d'une demande tendant à ce que soient autorisés des travaux portant sur cet immeuble, est tenue d'inviter son auteur à présenter une demande portant sur l'ensemble du bâtiment », le Conseil d'État a posé « que dans l'hypothèse où l'autorité administrative envisage de refuser le permis sollicité parce que la construction dans son entier ne peut être autorisée au regard des règles d'urbanisme en vigueur à la date de sa décision, elle a toutefois la faculté, dans l'hypothèse d'une construction ancienne, à l'égard de laquelle aucune action pénale ou civile n'est plus possible, après avoir apprécié les différents intérêts publics et privés en présence au vu de cette demande, d'autoriser, parmi les travaux demandés, ceux qui sont nécessaires à sa préservation et au respect des normes, alors même que son édification ne pourrait plus être régularisée au regard des règles d'urbanisme applicables »[9].

343.122 Conditions relatives à la construction. Le Conseil d'État pose trois conditions (strictes) relatives à la construction :

– la construction dans son entier ne peut être autorisée au regard des règles d'urbanisme en vigueur à la date de sa décision ;

– la construction est ancienne ;

– aucune action pénale ou civile n'est plus possible à l'encontre de cette construction.

Il n'est pas exigé que l'édification de la construction puisse être régularisée au regard des règles d'urbanisme applicables[10].

La construction irrégulière peut en outre avoir été réalisée sans permis de construire en méconnaissance des prescriptions légales alors applicables[11], donc dans des cas où ne s'applique pas la prescription administrative décennale prévue à l'article L. 421-9 du code de l'urbanisme[12].

Cette jurisprudence reconnaît ainsi la possibilité d'autoriser les travaux de préservation d'un bâtiment ancien édifié sans permis et alors que sa régularisation n'est pas possible au regard des règles d'urbanisme applicables.

343.123 Conditions relatives aux travaux. L'administration peut autoriser, parmi les travaux demandés, ceux qui sont nécessaires :

– à la préservation de la construction ancienne ;

– et au respect des normes.

L'autorité compétente doit au préalable apprécier les différents intérêts publics et privés en présence

1. CE 3 févr. 2017, *Eber*, req. n° 373898, *Lebon ; BJDU* 2017. 160, concl. X. de Lesquen ; *Constr.-Urb.* 2017, comm. 37, note X. Couton : arrêt soulignant « qu'à la différence des travaux réalisés depuis plus de dix ans sans permis de construire, alors que ce dernier était requis, peuvent bénéficier de cette prescription ceux réalisés sans déclaration préalable ».
2. V. s[s] n° 343.113.
3. C. urb., art. L. 421-9, 1°.
4. C. urb., art. L. 421-9, 2°.
5. C. urb., art. L. 421-9, 3°.
6. C. urb., art. L. 421-9, 4°.
7. C. urb., art. L. 421-9, 6°.
8. C. urb., art. L. 421-9, 6° – Obligation concernant les constructions dans les zones littorales exposées au recul du trait de côte, v. s[s] n° 126.471.
9. CE 3 mai 2011, *Ely*, req. n° 320545, *Lebon T. ; BJDU* 2011. 275, concl. P. Collin.
10. Cette exigence a disparu dans la formulation jurisprudentielle la plus récente : CE 16 mars 2015, *de La Marque*, req. n° 369553, *Lebon ; BJDU* 2015. 194, concl. R. Decout-Paolini ; *JCP Adm.* 2015, n° 2180, note D. Tasciyan.
11. CE 16 mars 2015, *de La Marque*, req. n° 369553, *Lebon ; BJDU* 2015. 194, concl. R. Decout-Paolini ; *JCP Adm.* 2015, n° 2180, note D. Tasciyan.
12. Sur le mécanisme de la prescription administrative décennale, v. s[s] n°s 343.111 s.

au vu de la demande portant sur l'ensemble des travaux.

§ 3
Cas des travaux sur une construction non conforme aux règles en vigueur

A.
Jurisprudence Sekler

343.131 Améliorer, à l'occasion d'une modification, la conformité d'une construction existante aux règles du PLU. La jurisprudence Sekler concerne la situation dans laquelle une construction a été régulièrement édifiée (plus exactement, a été édifiée en conformité avec le PLU) mais, par suite de la modification du plan ou de l'adoption d'un nouveau plan, n'est plus conforme avec le PLU en vigueur. Son propriétaire souhaite lui apporter des modifications.

Si le PLU comporte des dispositions relatives à la modification des constructions existantes, ces dispositions s'appliquent et l'autorisation de modifier l'immeuble existant pourra être délivrée aux conditions qu'elles définissent.

En revanche, si le PLU ne comporte pas de dispositions spécialement applicables à la modification des immeubles existants, la jurisprudence Sekler[1] ne permet la délivrance d'une autorisation d'urbanisme (permis de construire[2] ou décision de non-opposition à déclaration préalable[3]) portant sur celui-ci que si les travaux envisagés :

- doivent rendre la construction plus conforme aux dispositions méconnues ;

- ou sont étrangers à ces dispositions.

Cette jurisprudence vise ainsi à ne pas aggraver la non-conformité d'une construction existante, plus exactement à améliorer la conformité de cette construction aux règles du PLU[4].

Comme l'expliquait le commissaire du gouvernement M. de la Verpillière, concluant sur cet arrêt, trois principes résultent de cette jurisprudence :

- la demande devrait être rejetée si les travaux aggravent la non-conformité ou, *a fortiori*, en créent une nouvelle. Un immeuble trop haut ne peut pas être surélevé bien entendu, mais il ne peut pas non plus faire l'objet d'une adjonction latérale qui le rendrait non conforme aux règles d'implantation par rapport aux limites séparatives ;

- le permis pourrait en revanche être accordé si les travaux ont pour objet de rendre l'immeuble plus conforme aux prescriptions réglementaires méconnues ;

- le permis pourrait également être octroyé si les travaux sont sans effet sur les dispositions méconnues. Ainsi, un immeuble qui ne dispose pas de places de stationnement en nombre suffisant pourrait faire l'objet de travaux consistant en l'ouverture de nouvelles fenêtres. De même, pourrait être autorisée la modification de la toiture d'un immeuble trop haut, ou trop dense, ou mal implanté.

343.132 Appréciation dans le cas d'un ouvrage indivisible. Après avoir rappelé que lorsqu'une construction existante n'est pas conforme à une disposition d'un PLU régulièrement approuvé, « cette circonstance ne s'oppose pas à la délivrance ultérieure d'un permis de construire s'il s'agit de travaux qui doivent rendre l'immeuble plus conforme aux dispositions réglementaires méconnues », le Conseil d'État a précisé « que, dans l'hypothèse où le permis de construire est relatif à une partie d'un ouvrage indivisible, il y a lieu d'apprécier cette meilleure conformité en tenant compte de l'ensemble de l'ouvrage »[5].

B.
Applications de la jurisprudence Sekler

1°
Cas dans lequel les travaux rendent la construction plus conforme aux dispositions méconnues

a.
Condition satisfaite

343.141 Illustration (méconnaissance d'une règle d'implantation par une maison). Une construction existante ne respecte pas les dispositions d'un POS posant que les constructions doivent être implantées, en principe, à 6 mètres au moins de l'axe d'une voie publique ou privée, tant en élévation qu'en sous-sol.

1. CE, sect., 27 mai 1988, *Sekler*, req. n° 79530, *Lebon* ; – CE 4 avr. 2018, *Gastaud*, req. n° 407445, *Lebon T.* ; – La décision *Sekler* a constitué un revirement par rapport à la jurisprudence antérieure ; – pour la solution antérieure : CE, sect., 23 déc. 1976, *Min. Équipement c/Casseau*, *Lebon* 579.
2. CE, sect., 27 mai 1988, *Sekler*, req. n° 79530, *Lebon* ; – CE 1er juin 2016, *Le Triadou (Cne)*, req. n° 387794, NP ; – CE 4 avr. 2018, *Gastaud*, req. n° 407445, *Lebon T.*
3. CE 13 oct. 1993, *Clément*, req. n° 126112, *Lebon T.*
4. Pour un regard critique sur cette jurisprudence, v. É. Carpentier, « Faut-il laisser la jurisprudence administrative faire sa loi ? Réflexions sur le maintien des jurisprudences *Thalamy* et *Sekler* », *Mélanges André Roux*, Dalloz, p. 24 (spé pp. 33-35).
5. CE 29 juill. 2008, *Min. Transports, Équipement, Tourisme et Mer c/Montigny-le-Bretonneux (Cne) et Sté réseau de transport d'électricité*, req. n° 284831, *Lebon T.* ; *BJDU* 2009. 324, concl. Y. Aguila.

Une demande de permis de construire est présentée en vue de remplacer une partie des combles par un balcon-terrasse et surélever l'immeuble sur l'axe situé à l'alignement des autres immeubles. Ces travaux rendront l'immeuble plus conforme à ces dispositions du POS. En effet :

- d'une part, la construction d'un balcon-terrasse a pour effet de réduire le volume de l'immeuble irrégulièrement implanté ;
- d'autre part, la surélévation de l'immeuble permet un raccordement avec le bâti existant.

Par suite, le maire pouvait légalement délivrer le permis de construire sollicité[1].

343.142 **Illustration (méconnaissance d'une servitude de reculement par des pylônes).** Tous les pylônes d'une ligne électrique à haute tension implantés sur le territoire d'une commune sont installés, depuis l'approbation du POS, en méconnaissance de la servitude de reculement prévue par son article UG6.

Une demande de permis de construire est présentée pour autoriser un léger aménagement sur l'un de ces pylônes, en vue de faire disparaître la contrariété avec le POS des quatorze autres pylônes.

Ainsi, l'objet du permis est de rendre l'ensemble indivisible constitué par l'ouvrage électrique plus conforme aux dispositions réglementaires méconnues. Par suite, la commune requérante n'est pas fondée à soutenir que le permis litigieux méconnaît l'article UG6 du POS[2].

b.
Condition non satisfaite

343.151 **Illustration (méconnaissance plus importante du COS).** Des travaux ayant pour objet la transformation de locaux existants et portant le coefficient d'emprise au sol de 76 % à 78 %, alors que le règlement annexé au POS limite ce coefficient d'emprise à 40 %, ont pour effet de rendre l'immeuble moins conforme aux dispositions dudit règlement et ne peuvent être légalement autorisés[3].

2°
Cas dans lesquels les travaux sont étrangers aux dispositions méconnues

343.161 **Illustration avec l'arrêt Sekler.** Dans le cas de l'arrêt Sekler[4], la construction existante ne respecte pas trois articles du POS :

- un article qui prévoit une distance à la limite séparative d'au moins 8 mètres lorsque la façade comporte des baies principales ;
- un article qui limite à 50 % de la superficie du terrain l'emprise au sol des bâtiments ;
- et un article qui impose l'aménagement en espaces verts d'au moins 40 % de la parcelle.

Une demande de permis de construire est présentée en vue du remplacement de la couverture du bâtiment.

Ces travaux étant sans effet sur l'application de ces règles du POS déjà méconnues, ils peuvent être autorisés.

343.162 **Extension de logements et places de stationnement.** Des travaux entrepris sur un immeuble existant qui n'impliquent pas la création de nouveaux logements mais seulement l'extension de logements existants doivent être regardés comme étrangers aux dispositions d'un PLU imposant un nombre minimal de places de stationnement par logement[5].

3°
Cas dans lesquels les travaux ne sont pas étrangers aux dispositions méconnues et ne sont pas de nature à rendre l'immeuble plus conforme

a.
Conditions de la jurisprudence Sekler non réunies

343.171 **Jurisprudence non applicable.** Dans le cas où les travaux envisagés ne sont, ni étrangers aux dispositions méconnues, ni de nature à rendre l'immeuble plus conforme, ils ne peuvent être autorisés.

b.
Illustrations

343.181 **Aménagement intérieur.** Un immeuble de bureaux n'est pas conforme aux dispositions du POS relatives aux types d'occupation ou d'utilisation des sols en zone UR, lesquelles affirment la « vocation spécifiquement résidentielle » de la zone et prévoient que, sous réserve des exceptions définies à l'article UR 2, les constructions nouvelles devront être « affectées à l'habitation ».

Un permis de construire est présenté pour aménager dans l'immeuble de bureaux des studios de production, d'information et de diffusion ainsi que des locaux techniques ou affectés à des services commerciaux.

1. CE 27 mai 1998, *Assoun*, req. n° 163401, *Lebon T.*
2. CE 29 juill. 2008, *Min. Transports, Équipement, Tourisme et Mer c/Montigny-le-Bretonneux (C^ne) et S^té réseau de transport d'électricité*, req. n° 284831.
3. CE 7 févr. 1994, *SARL Rypp*, req. n° 93259, *Lebon.*
4. CE, sect., 27 mai 1988, *Sekler*, req. n° 79530, *Lebon.*
5. CE 4 avr. 2018, *Gastaud*, req. n° 407445, *Lebon T.*

Ces travaux d'aménagement :

- d'une part, ne sont pas étrangers aux dispositions précédemment mentionnées ;

- d'autre part, ne sont pas de nature à rendre l'immeuble plus conforme aux dispositions du règlement du POS qu'il méconnaît.

Dans ces conditions, le permis de construire ne pouvait être légalement délivré[1].

343.182 Emplacements de stationnement. Une construction existante ne respecte pas un article du POS en vertu duquel « le nombre et la localisation des emplacements de stationnement doivent correspondre à la destination des constructions projetées ».

Une demande de permis de construire est présentée pour augmenter de 2 000 m^2 la surface de plancher.

Cette opération :

- n'est pas étrangère aux dispositions relatives au stationnement ;

- et ne rend pas la construction plus conforme auxdites dispositions.

Par suite, le maire ne pouvait légalement délivrer le permis de construire au demandeur[2].

343.183 Surélévation d'une toiture. Une construction existante n'est pas conforme au règlement du POS qui interdit toute implantation de construction à moins de trois mètres de la limite séparative.

Une demande de permis de construire est présentée pour des travaux comportant la surélévation de la toiture.

Le POS ne comporte aucune disposition spécialement applicable à la modification des immeubles existants n'ayant pas le caractère de pavillons.

Les travaux ne sont pas étrangers aux dispositions précitées du POS et ne doivent pas rendre le bâtiment plus conforme à ces dispositions. Il suit de là que le permis de construire litigieux ne pouvait être légalement délivré[3].

343.184 Surélévation de bâtiments. Des bâtiments, édifiés avant l'adoption du POS, sont implantés en méconnaissance des dispositions du règlement dudit plan prescrivant que les constructions édifiées en zone UG seront réalisées à cinq mètres au moins de l'alignement de la voie publique.

Une demande de permis de construire est présentée pour des travaux de surélévation des bâtiments.

Ces travaux, en tant qu'ils comportent surélévation du bâtiment implanté à l'alignement, ne sont pas étrangers auxdites dispositions du POS, et ne rendent pas ce bâtiment plus conforme à celles-ci. Ils ne pouvaient, par suite, être légalement autorisés[4].

1. CE 30 sept. 1988, *S[té] nationale de télévision en couleurs « Antenne 2 »*, req. n° 59075, *Lebon T.*
2. CE 9 nov. 1994, *Lyon (Ville) et a.*, req. n° 115828, *Lebon T.* ; – dans le même sens, à propos de travaux sur un pavillon : CE 14 févr. 1996, *Dechavanne (Ép[x])*, req. n° 152895, *Lebon T.*
3. CE, sect., 15 mai 1992, *Stahly*, req. n° 90397, *Lebon*.
4. CE, sect., 15 mai 1992, *Delchet (Ép[x]) et a.*, req. n° 103051, *Lebon*.

CHAPITRE

344. Sens de la décision prise sur la demande de permis ou la déclaration préalable (hypothèse d'un dossier complet)

SECTION 0
ORIENTEUR

344.00 **Sommaire du chapitre.**

344.01 Textes applicables.

• **C. urb.,** art. L. 424-1 s.

344.02 Jurisprudence de référence.

> Conditions de légalité d'une prescription

• **CE, sect., 13 mars 2015,** *Ciaudo*, req. n° 358677, *Lebon*.

344.03 Bibliographie indicative.

Encyclopédies. *DP constr.-urb.*, ét. : « Permis de construire » ; ét. : « Permis d'aménager » ; ét. : « Déclaration préalable » ; ét. : « Permis de démolir » – *J.-Cl. Constr.-Urb.*, fasc. 25-24 : « Permis de construire. – Décision. Transfert. Caducité », par G. Livet-Veaux et M. Moritz, sept. 2022 ; fasc. 28 : « Permis d'aménager », par G. Liet-Veaux, mai 2007, mis à jour oct. 2009 ; fasc. 25-23 : « Permis de construire. – Sursis à statuer », par P. Barboteau, févr. 2021.

Traité. N. Baillon, *Traité du permis de construire*, 6e éd., « Référence juridique », Le Moniteur, 2017.

Monographies. Ph. Boulisset, S. Cardi, S. Consalvi, R. Thielé, *Permis de construire 2021-2022 : permis de démolir, permis d'aménager, déclaration préalable*, 3e éd., « Encyclopédie Delmas pour la vie des affaires », Delmas, 2021 – V. Lachaut-Dana, *Permis de construire et autorisations d'urbanisme : études préalables, délivrance, mise en œuvre*, 2e éd., « Pratique du droit », Le Moniteur, 2019 – C. Mialot et F. Ehrenfeld, *Le permis de construire et autres autorisations d'urbanisme*, « Les indispensables », Berger-Levrault, 2018 – O. Bonneau, S. Guirriec, C. Morot-Monomy, *Délivrer et contrôler les autorisations d'urbanisme*, « Dalloz Public », Dalloz, 2021.

Article. G. Laumet, « L'obligation de motiver intégralement les décisions refusant des autorisations d'urbanisme : une fausse bonne idée aux conséquences incertaines ? », *Constr.-Urb.* 2017, ét. 8.

344.04 Questions essentielles.

> Quelles prescriptions sont susceptibles d'assortir l'autorisation délivrée ?

* V. ss nos 344.21 s.

> Dans quels cas l'autorité compétente peut-elle décider de surseoir à statuer sur la demande de permis ou la déclaration préalable ?

* V. ss nos 344.171 s.

> Quelle est la durée du sursis ?

* V. ss nos 344.361 s.

> En cas de sursis, sous quelle forme le pétitionnaire doit-il confirmer sa demande ?

* V. ss n° 344.442

344.05 Sens possibles de la décision. Saisie d'une demande de permis ou de déclaration préalable, l'autorité compétente peut :

– autoriser le projet (par la délivrance du permis ou la non-opposition à la déclaration préalable), en assortissant le cas échéant l'autorisation de prescriptions ;

– refuser le projet (en refusant le permis ou en s'opposant à la déclaration préalable) ;

– surseoir à statuer.

Ces trois sens possibles de la décision ne se conçoivent que lorsque l'administration statue de façon expresse. Lorsque la décision naît du silence gardé par l'administration sur la demande ou la déclaration, elle ne saurait valoir sursis à statuer ni être assortie de prescriptions. Elle vaudra en principe autorisation tacite et dans certains cas, par dérogation, refus tacite.

SECTION 1
AUTORISATION DU PROJET

§ 1
Autorisation pure et simple

344.11 Autorisation sans prescriptions. L'autorité compétente peut autoriser le projet dans les conditions auxquelles il a été présenté. Dans ce cas, l'autorisation n'est pas assortie de prescriptions et ne comporte pas de dérogation ni d'adaptations mineures.

344.12 Projet soumis à permis. Lorsque le projet est soumis à permis, l'autorité compétente autorise sa réalisation par la délivrance d'un permis.

344.13 Projet soumis à déclaration préalable. Lorsque le projet est soumis à déclaration préalable, l'autorité compétente autorise le projet par une décision de non-opposition à déclaration préalable.

§ 2
Autorisation assortie de prescriptions

A.
Notion de prescription

344.21 Une modification du projet destinée à assurer sa légalité. Une prescription « impose une sujétion apportant un changement au projet déposé »[1] afin de la rendre conforme aux exigences de la légalité[2]. Elle évite ainsi d'opposer un refus à un projet si un changement n'affectant pas son économie générale peut être formulé.

344.22 Exemples de prescriptions. À titre d'exemple, une autorisation d'urbanisme peut être assortie de la prescription :

– de prévoir un raccordement aux réseaux ;

– d'utiliser une couleur déterminée pour la façade ou les volets[3] ;

– de prévoir des fenêtres de certaines formes ;

– de planter des haies (notamment à proximité d'un parc d'éoliennes[4]) ;

– de créer une servitude de passage[5] ;

– de rétrocéder à la commune une partie de la parcelle aux fins de la création d'un cheminement piétonnier ouvert à la circulation du public[6].

344.23 Une prescription n'est pas une condition résolutoire. Une prescription ne saurait s'analyser en une condition résolutoire[7]. Il s'ensuit que l'autorisation délivrée ne perd pas sa validité si la prescription n'est pas respectée.

B.
Conditions mises au prononcé d'une prescription

1°
Conditions de fond

344.31 Deux conditions. L'administration ne peut assortir une autorisation d'urbanisme d'une prescription qu'à deux conditions.

D'une part, la prescription « entraîne des modifications sur des points précis et limités et ne nécessitant pas la présentation d'un nouveau projet »[8]. En conséquence, si l'autorité compétente peut assortir l'autorisation de prescriptions précises n'affectant pas substantiellement le projet, elle ne peut en revanche s'abstenir de prendre parti sur un projet dont les caractéristiques essentielles sont définitivement déterminées :

– « soit en assortissant l'autorisation délivrée de conditions trop imprécises »[9] ;

– soit « en prescrivant le renvoi à une concertation ou à une instruction complémentaire ultérieures »[10].

1. Rép. min. n° 25985, *JOAN Q* 24 août 1987, p. 4728.
2. PAR EX. : CE 16 oct. 2015, *Humbaire*, req. n° 385114, *Lebon T.* : arrêt indiquant « que la construction du parc d'éoliennes ne pourra [...] être légalement réalisée conformément aux permis délivrés qu'à la condition que les haies aient pu être plantées ».
3. PAR EX. : CE, sect., 13 mars 2015, *Ciaudo*, req. n° 358677, *Lebon ; BJDU* 2015. 207, concl. A. Lallet ; *JCP Adm.* 2015, n° 2246, chron. O. Le Bot.
4. CE 16 oct. 2015, *Humbaire*, req. n° 385114, *Lebon T.*
5. CE 3 juin 2020, *Sté Compagnie immobilière méditerranée*, req. n° 427781, *Lebon T.*
6. CE 5 juill. 2021, *Synd. de copropriété « Les Terrasses de l'Aqueduc »*, req. n° 437849, *Lebon T. ; BJDU* 2021. 342, concl. A. Lallet.
7. Un permis de construire, comme tout acte administratif, « n'est jamais accordé sous réserve, car il ne saurait y avoir de permis sous condition résolutoire » : Rép. min. n° 25985, *JOAN Q* 24 août 1987, p. 4728.
8. CE, sect., 13 mars 2015, *Ciaudo*, req. n° 358677, *Lebon ; BJDU* 2015. 207, concl. A. Lallet ; *JCP Adm.* 2015, n° 2246, chron. O. Le Bot.
9. CAA Nantes, 30 janv. 2015, *Héquet*, req. n° 14NT01065, NP (arrêt devenu définitif en l'absence d'admission du pourvoi formé à son encontre : CE 16 mars 2016, n° 389160, NP).
10. CAA Nantes, 30 janv. 2015, *Héquet*, req. n° 14NT01065, NP (arrêt devenu définitif en l'absence d'admission du pourvoi formé à son encontre : CE 16 mars 2016, n° 389160, NP) ; – également : CE 16 janv. 1987, *SCI ASCODIF – Min. Équipement*, req. n° 64032, NP : en l'espèce, l'article 2 du permis précisait qu'avant tout commencement d'exécution ►

D'autre part, la prescription a « pour effet d'assurer la conformité des travaux projetés aux dispositions législatives et réglementaires dont l'administration est chargée d'assurer le respect »[1]. Il s'ensuit que la prescription doit « avoir un fondement législatif ou réglementaire exprès et ne peut intervenir que sur un objet directement dépendant de la règle d'utilisation ou d'occupation du sol »[2].

344.32 Caractère réalisable de la prescription. Naturellement, la réalisation de la prescription ne doit pas être impossible[3].

2°
Motivation des prescriptions

344.41 Exigence de motivation. Lorsque la décision est assortie de prescriptions, elle doit être motivée[4].

La jurisprudence a admis :

- que les motifs des prescriptions peuvent résulter directement de leur contenu même[5] ;
- que la motivation peut être annexée à l'arrêté délivrant l'autorisation[6].

C.
Obligation de délivrer une autorisation assortie d'une prescription au lieu de rejeter le projet

344.51 Compétence de l'administration. Si une autorisation assortie de prescriptions suffit à assurer le respect des règles applicables, l'administration commet une illégalité en opposant un refus pur et simple[7].

D.
Prescriptions prévues par un avis

344.61 Reprise des prescriptions dans l'autorisation. Lorsque l'autorité consultée a assorti son avis favorable de prescriptions, celles-ci doivent être reprises dans l'autorisation d'urbanisme[8].

E.
Prescriptions prévues dans des domaines déterminés

344.71 Mesures ERC (Éviter, Réduire, Compenser) pour les projets soumis à évaluation environnementale. Il résulte des dispositions du code de l'urbanisme relatives au contenu du dossier de permis de construire et des dispositions du code de l'environnement relatives à l'évaluation environnementale que lorsque le projet autorisé par le permis de construire est soumis à une évaluation environnementale[9], « le permis de construire doit, à peine d'illégalité, être assorti, le cas échéant, des prescriptions spéciales imposant au demandeur, en plus de celles déjà prévues par la demande, les mesures appropriées et suffisantes pour assurer le respect du principe de prévention, destinées à éviter, réduire et, lorsque c'est possible, compenser les effets négatifs notables du projet de construction ou d'aménagement sur l'environnement ou la santé humaine et, d'autre part, les mesures de suivi, tant des effets du projet sur l'environnement que des mesures destinées à éviter, réduire et, lorsque c'est possible, compenser ces effets »[10].

344.72 Projet dans une zone exposée au recul du trait de côte. Le permis de construire ou d'aménager ou la décision de non-opposition à déclaration préalable « impose, au titre de ses prescriptions, la

► de travaux, le pétitionnaire devrait se mettre en rapport avec les services techniques et administratifs intéressés par la réalisation du projet afin d'arrêter les modalités de construction et de raccordement sur la voirie, obtenir des services compétents les arrêtés d'alignement à respecter, et prendre contact avec les services de l'équipement afin d'arrêter les dispositions à adopter en ce qui concerne la structure de la voirie intérieure, des parkings et des trottoirs ; le permis est entaché d'illégalité dans la mesure où il ne comporte pas de prescription expresse concernant l'aménagement des abords des constructions projetées et renvoie à une concertation ultérieure avec les services de l'équipement l'adaptation des accès à l'opération.

1. CE, sect., 13 mars 2015, *Ciaudo*, req. n° 358677, *Lebon ; BJDU* 2015. 207, concl. A. Lallet ; *JCP Adm.* 2015, n° 2246, chron. O. Le Bot.
2. Rép. min. n° 25985, *JOAN Q* 24 août 1987, p. 4728.
3. CE 1er mars 1996, *Becaud*, req. n° 116820, NP : illégalité de la prescription relative à l'installation d'une fosse septique alors que le terrain d'assiette de la construction envisagée ne permet pas la réalisation de cette fosse septique.
4. C. urb., art. L. 424-3, al. 3 ; art. R. 424-5, al. 2.
5. CE 17 juin 1996, *SARL Scierie du Ternois et a.*, req. n° 108304, *Lebon T.* ; – CE 6 févr. 1998, Ganter, req. n° 129969, NP.
6. CE 6 févr. 1998, *Ganter*, req. n° 129969, NP.
7. PAR EX. : CE 12 mai 1989, *Min. Équipement et Logement c/SCI Azur Parc*, req. n° 96665, NP ; – également : CE 7 nov. 1973, *Giudicelli*, req. n° 85237, *Lebon* : « Considérant qu'aux termes de l'article 89 du Code de l'urbanisme et de l'habitation "le permis de construire ne peut être accordé que si les constructions projetées sont conformes aux dispositions législatives et réglementaires concernant l'implantation des constructions, leur destination, leur nature, leur aspect extérieur, leurs dimensions et l'aménagement de leurs abords" ; qu'il en résulte nécessairement que l'autorité qui délivre le permis de construire ne peut s'abstenir de prendre parti sur les questions ainsi définies en subordonnant la réalisation de la construction à la présentation d'un nouveau projet ; qu'elle peut seulement assortir l'autorisation donnée de conditions qui n'entraînent que des modifications sur des points précis et limités et ne nécessitant pas la présentation d'un nouveau projet ».
8. V. s[s] n° 335.224.
9. V. s[s] n° 214.32.
10. CE 30 déc. 2020, *Assoc. Koenigshoffen demain*, req. n° 432539, *Lebon T.* ; *Dr. env.* mars 2021, n° 298, p. 120, concl. S. Hoynck ; *JCP Adm.* 2021, n° 2085, note F. Polizzi ; *BJDU* 2021. 107, concl. ; *BJCL* 2021. 285, note L. Deldique.

consignation de la somme prévue à l'article L. 121-22-5 »[1]. Cette prescription concerne l'hypothèse d'un projet portant une zone du littoral exposée au recul du trait de côte. Le porteur du projet a l'obligation de consigner une somme d'argent destinée à financer l'éventuelle démolition des constructions et remise en état des lieux – à ses frais – si la sécurité des occupants venait à être compromise par l'érosion[2].

344.73 **Agrivoltaïsme.** Le permis de construire ou la décision de non-opposition à déclaration préalable impose, au titre de ses prescriptions, l'enlèvement des ouvrages de production d'électricité à partir de l'énergie solaire et de remise en état du terrain prévue à l'article L. 111-32, en précisant notamment la durée mentionnée au 2° du même article L. 111-32[3].

F.
Régime contentieux des prescriptions

344.81 **Régime contentieux.** La jurisprudence a admis la possibilité pour le bénéficiaire d'une autorisation d'urbanisme de contester les prescriptions dont cette autorisation est assortie[4]. Elle a également précisé les conditions dans lesquelles un recours administratif formé contre ces prescriptions peuvent proroger le délai de recours contentieux[5].

G.
Impossibilité de soumettre à un avis les modalités de mise en œuvre des prescriptions

344.90 **Renvoi.** L'autorité compétente en matière d'autorisations d'urbanisme ne dispose pas du pouvoir de subordonner la mise en œuvre de certaines des prescriptions attachées au permis de construire à un « avis » préalable de la commune, cette formalité n'étant prévue par aucune disposition du code de l'urbanisme[6].

§ 3
Autorisation du projet accordant une adaptation mineure ou une dérogation à un PLU

344.101 **Possibilité d'accorder une adaptation mineure ou une dérogation (PLU).** Afin de donner à l'autorité compétente en matière d'autorisations d'urbanisme une certaine souplesse dans l'application des règles du PLU, le législateur lui a reconnu la possibilité d'y apporter des adaptations mineures et des dérogations[7].

344.102 **Motivation de l'adaptation mineure ou de la dérogation.** L'autorité compétente doit motiver la décision qui comporte une dérogation ou une adaptation mineure aux règles d'urbanisme applicables[8]. Toutefois, depuis la loi n° 2022-217 du 21 février 2022, la motivation n'est pas nécessaire lorsque la dérogation est accordée en application des 1° à 6° de l'article L. 152-6[9].

§ 4
Impossibilité d'imposer l'accomplissement d'une formalité non prévue par le code

344.111 **Pas d'avis préalable sur la mise en œuvre des prescriptions.** Il n'appartient pas à l'autorité qui est compétente pour instruire et délivrer un permis de construire « d'imposer des formalités non prévues par le code de l'urbanisme pour la mise en œuvre de l'autorisation délivrée ». Par suite, un arrêté de permis ne peut subordonner la mise en œuvre de certaines de ses prescriptions à un « avis » préalable de la commune, faisait ainsi dépendre la possibilité d'exécuter le permis de l'accomplissement d'une formalité qui n'est prévue par aucune disposition du code de l'urbanisme (formalité qui prenait, dans le cas présent, la forme d'une consultation de la commune sur la pertinence des modalités retenues pour mettre en œuvre ces prescriptions)[10].

Pour affirmer qu'une telle mesure est entachée d'illégalité, le Conseil d'État se base sur deux articles du code de l'urbanisme.

Le premier, l'article L. 423-1, prévoit que les demandes d'autorisation d'urbanisme « sont présentées et instruites dans les conditions et délais fixés par décret en Conseil d'État ». Cet article reconnaît ainsi une compétence exclusive au gouvernement pour déterminer les modalités de présentation des demandes d'autorisation d'urbanisme, privant corrélativement les communes de tout pouvoir en la matière. Il

1. C. urb., art. L. 421-6-1.
2. V. s^s n° 126.471.
3. C. urb., art. L. 421-6-2 ; créé par L. n° 2023-175, 10 mars 2023.
4. V. s^s n°s 611.72 s.
5. V. s^s n° 611.431.
6. V. s^s n° 344.111.
7. V. s^s n°s 232.131 s.
8. C. urb., art. L. 424-3, al. 3 ; art. R. 424-5, al. 3.
9. C. urb., art. L. 424-3, al. 3 ; mod. par L. n° 2022-217, 21 févr. 2022.
10. CE 2 juin 2023, *SCI du 90-94 avenue de la République*, req. n° 461645, *Lebon ; BJCL* 2023. 417, concl. N. Agnoux ; *Constr.-Urb.* 2023, comm. 80, note L. Santoni ; *Constr.-Urb.* 2023, comm. 82, note X. Couton ; *AJDA* 2023. 1385, chron. D. Pradines et A. Goin ; *JCP Adm.* 2023, n° 2226, note S. Avallone ; *JCP Adm.* 2023, n° 2225, note O. Le Bot ; *RDI* 2023. 483, obs. P. Soler-Couteaux ; *RDI* 2023. 442, obs. M. Revert.

en résulte qu'aucune formalité supplémentaire ne peut être ajoutée par la commune, aussi bien au niveau de la composition du dossier qu'à celui des consultations à mettre en œuvre. Aussi l'autorisation d'urbanisme ne peut-elle imposer de telles formalités [1].

Le second article sur lequel se base le Conseil d'État est l'article L. 424-7 du code de l'urbanisme, aux termes duquel le permis délivré par le maire « est exécutoire, lorsqu'il s'agit d'un arrêté, à compter de sa notification au demandeur et de sa transmission au préfet (...) ». Une formalité imposant la consultation ultérieure de la commune méconnaît frontalement cet article en conduisant à différer la date à laquelle l'autorisation délivrée acquiert un caractère exécutoire.

SECTION 2
REFUS DU PROJET

§ 1
Refus de permis ou décision d'opposition à déclaration préalable

344.121 Refus de permis de construire. Lorsque le projet est soumis à permis de construire, le refus de l'autoriser prend la forme d'un refus de permis de construire.

344.122 Opposition à déclaration préalable. Lorsque le projet est soumis à déclaration préalable, le refus de l'autoriser prend la forme d'une décision d'opposition à déclaration préalable.

§ 2
Motifs de refus du projet

A.
Motifs justifiant le refus du projet

344.131 Motifs d'urbanisme. Le projet ne peut être refusé que s'il méconnaît les règles au regard desquelles s'apprécie sa légalité [2].

B.
Cas de compétence liée pour opposer un refus (illustrations)

344.141 Projet portant sur une construction irrégulière. Lorsqu'une demande porte sur des travaux qui concernent un bâtiment ayant été édifié sans l'autorisation prévue par les dispositions du code de l'urbanisme, cette demande doit porter sur l'ensemble du bâtiment. Le maire a donc compétence liée pour s'opposer à une demande de permis ou une déclaration préalable concernant ces seuls travaux [3].

En revanche, il ne peut fonder son refus sur l'irrégularité de la construction initiale lorsque celle-ci est achevée depuis plus de 10 ans [4].

344.142 Avis conforme non obtenu. Lorsqu'un avis conforme ou un accord est requis et qu'il n'a pas été obtenu, le maire se trouve en situation de compétence liée pour refuser la délivrance du permis ou prendre une décision d'opposition à la déclaration préalable [5].

344.143 Présentation d'une DP pour un projet soumis à permis. Lorsqu'il est constaté que des travaux sont, en vertu des dispositions du code de l'urbanisme, soumis à l'obligation d'obtenir un permis de construire mais n'ont fait l'objet que d'une simple déclaration, le maire est tenu de s'opposer aux travaux déclarés et d'inviter le pétitionnaire à présenter une demande de permis de construire [6].

344.144 Méconnaissance d'une règle ne nécessitant aucune appréciation. L'administration se trouve en situation de compétence liée pour refuser la délivrance d'un permis ou s'opposer à une déclaration préalable lorsque le projet méconnaît une règle qui ne suppose de sa part aucune appréciation sur les faits. Tel est le cas, par exemple, lorsque l'autorité administrative constate qu'un projet de construction dépasse les droits à construire en violation des dispositions du règlement du PLU fixant le coefficient d'occupation des sols applicable [7].

§ 3
Motivation du refus de permis ou de la décision d'opposition

344.151 Obligation de motivation. Lorsque la décision rejette la demande ou s'oppose à la déclaration préalable, elle doit être motivée [8].

Cette motivation doit indiquer « l'intégralité des motifs » justifiant la décision de rejet ou d'opposition, notamment l'ensemble des absences de conformité des travaux aux dispositions législatives et réglementaires mentionnées à l'article L. 421-6 [9]. Cet alinéa a été créé par la loi du 6 août 2015 pour la croissance, l'activité et l'égalité des chances écono-

1. Le PLU ne peut davantage le faire. V. s^s n° 231.1822.
2. V. s^s n°s 342.05 s.
3. V. s^s n° 343.81.
4. V. s^s n°s 343.111 s.
5. V. s^s n° 325.231.
6. V. s^s n° 331.392.
7. CAA Marseille, 4 juill. 2013, *Ganem*, req. n° 10MA03527, NP.
8. C. urb., art. L. 424-3, al. 1er ; art. R. 424-5, al. 2.
9. C. urb., art. L. 424-3, al. 2.

miques[1]. Il vise à contraindre l'administration à se prononcer, dès la première demande de permis ou la première déclaration préalable, sur l'ensemble des motifs empêchant la réalisation du projet (et à empêcher celle-ci d'opposer un motif nouveau de refus à chaque nouvelle demande). Le pétitionnaire est ainsi en mesure de contester devant le juge administratif l'ensemble des motifs indiqués et, le cas échéant, d'obtenir qu'il soit enjoint au maire de lui délivrer l'autorisation demandée si aucun des motifs mentionnés n'est de nature à légalement justifier le refus. En cela, l'obligation de motivation intégrale est censée accélérer la réalisation d'un projet respectant les règles applicables. Il faudrait toutefois, pour que ce mécanisme fonctionne pleinement, que la jurisprudence estime que l'administration n'ayant pas mentionné un motif de refus à l'occasion de sa première décision se trouve privée de la possibilité de s'en prévaloir à l'occasion d'une nouvelle demande ou déclaration ayant le même objet. Une telle solution apparaît toutefois inenvisageable car elle conduirait à devoir autoriser des projets irréguliers à chaque fois que l'administration aurait omis de mentionner un motif de refus dans sa première décision[2]. L'obligation de motivation intégrale constitue donc davantage une incitation qu'une réelle obligation juridique.

344.152 **Exigence méconnue.** À titre d'exemple, est regardé comme insuffisamment motivé l'arrêté qui se borne à viser le règlement du PLU et l'avis défavorable de l'inspection générale des carrières et à reprendre dans ses motifs les dispositions de l'article R. 111-2 du code de l'urbanisme[3].

344.153 **Exigence satisfaite.** A été regardé comme suffisamment motivé l'arrêté qui, après avoir visé l'article R. 111-14 du code de l'urbanisme, l'avis de la commune et l'avis du directeur départemental de l'équipement, a estimé que le projet de construction « par sa situation est de nature à favoriser une urbanisation dispersée, incompatible avec la vocation des espaces naturels environnants »[4].

SECTION 3
DÉCISION DE SURSIS À STATUER

344.161 **Une mesure de sauvegarde.** Le sursis à statuer, prévu à l'article L. 424-1 du code de l'urbanisme, est « une mesure de sauvegarde qui consiste, pour l'administration, à différer sa réponse à une demande d'autorisation concernant des travaux, constructions ou installations »[5].

Il permet de suspendre, pendant deux ans, la délivrance d'une autorisation d'urbanisme dans les cas où le projet compromettrait l'exécution d'un futur PLU ou serait de nature à rendre plus onéreuse l'exécution d'une opération d'aménagement ou faisant l'objet d'une acquisition publique. Il s'agit ainsi d'une mesure conservatoire qui permet de différer la prise de décision en attendant que le nouveau plan d'urbanisme soit opposable aux tiers ou qu'une opération d'aménagement soit achevée.

Comme l'indique le Conseil d'État, l'objet de cette procédure « est de prévenir les surcoûts ou les obstacles de toute nature que pourraient constituer, pour l'exécution d'un projet public, les travaux, les constructions ou les installations à venir »[6].

344.162 **Constitutionnalité.** Saisi d'une QPC, le Conseil d'État a estimé que le mécanisme du sursis à statuer ne porte pas d'atteinte inconstitutionnelle au droit de propriété[7].

§ 1
Cas dans lesquels le sursis à statuer peut être prononcé

344.171 **Liste.** Les cas dans lesquels le sursis à statuer peut être prononcé sont fixés par les alinéas 2 à 6 de l'article L. 424-1 du code de l'urbanisme et les dispositions auxquelles ils renvoient.

A.
Projet susceptible de compromettre ou de rendre plus onéreux la réalisation d'une opération d'aménagement ou l'exécution de travaux publics

1°
Travaux publics, opérations d'aménagement et OIN

a.
Travaux et opérations concernés

344.181 **Travaux publics.** Il peut être sursis à statuer sur toute demande d'autorisation lorsque des

1. L. n° 2015-990, 6 août 2015 pour la croissance, l'activité et l'égalité des chances économiques, *JO* 7 août, n° 1, art. 108.
2. EN CE SENS : TA Montreuil, 26 déc. 2016, *Checkroune*, req. n° 1510000, NP.
3. CE 23 déc. 2014, *Argenteuil (Cne)*, req. n° 364637, *Lebon T.*
4. CE 27 oct. 1989, *Van Ginneken (Mme)*, req. n° 83590, *Lebon T.*
5. Rép. min. n° 377, *JO Sénat Q* 19 avr. 2018, p. 1920. Le mécanisme a été introduit pour la première fois par le décret du 25 juillet 1935 relatif à la création de projets régionaux d'urbanisme.
6. CE 27 juin 2008, *Sartrouville (Cne) et Argenteuil (Cne)*, req. n° 292844, *Lebon.*
7. CE 5 août 2020, *SCI du Domaine de la Tour*, req. n° 436940, NP.

travaux, des constructions ou des installations sont susceptibles de compromettre ou de rendre plus onéreuse l'exécution de travaux publics, dès lors [1] :

- que la mise à l'étude d'un projet de travaux publics a été prise en considération par l'autorité compétente (c'est-à-dire « l'autorité publique qui est, en vertu des textes applicables, compétente pour décider du projet » [2], par exemple l'État pour un projet ferroviaire [3] ou le conseil départemental pour une route départementale [4]) ;

- et que les terrains affectés par ce projet ont été délimités.

344.182 Opération d'aménagement (hors ZAC). Il peut être sursis à statuer sur toute demande d'autorisation lorsque des travaux, constructions ou installations sont susceptibles de compromettre ou de rendre plus onéreuse la réalisation d'une opération d'aménagement, dès lors [5] :

- que le projet d'aménagement a été pris en considération par la commune ou l'EPCI compétent ;

- et que les terrains affectés par ce projet ont été délimités.

Ces exigences ne s'imposent pas pour les ZAC, l'article L. 311-2 (auquel renvoie l'article L. 424-1, al. 2) prévoyant, depuis la loi ÉLAN, qu'il peut être sursis à statuer à compter de la publication de l'acte créant la zone [6].

344.183 Opération d'intérêt national. À l'intérieur du périmètre d'une OIN, lorsque des travaux, des constructions ou des installations sont susceptibles de compromettre ou de rendre plus onéreuse la réalisation d'une opération d'aménagement, le sursis à statuer peut être prononcé dès lors [7] :

- que la mise à l'étude du projet d'aménagement a été prise en considération par le préfet ;

- et que les terrains affectés par ce projet ont été délimités.

b. Condition commune tenant à la prise en considération par l'autorité compétente

344.191 Formes de la prise en considération. La prise en considération doit être expressément décidée par l'autorité compétente.

Celle-ci peut prendre la forme d'une décision spécifique.

Elle peut également être incluse dans une autre décision, par exemple une délibération dans laquelle le conseil municipal définit un « périmètre d'aménagement » correspondant à une zone du POS de la commune pour « accueillir des activités [...] industrielles, commerciales, artisanales, de bureaux et de services », qui rappelle la nature de la zone, dont la vocation est déterminée de manière suffisamment précise par le règlement du POS [8].

L'instauration d'un emplacement réservé ne peut tenir lieu de l'acte décidant la prise en considération d'un projet de travaux publics et délimitant les terrains affectés par un tel projet, au sens des dispositions de l'article L. 424-1, 2° du code de l'urbanisme [9].

344.192 Prise en considération publiée avant le dépôt de la demande d'autorisation. Le sursis à statuer ne peut être prononcé que si la décision de prise en considération a été publiée avant le dépôt de la demande d'autorisation [10].

344.193 Prise en considération cessant de produire ses effets passé un délai de dix ans. La décision de prise en considération cesse de produire effet si, dans un délai de dix ans à compter de son entrée en vigueur, l'exécution des travaux publics ou la réalisation de l'opération d'aménagement n'a pas été engagée [11].

344.194 Publicité de la prise en considération. La décision de prise en considération de la mise à l'étude d'un projet de travaux publics ou d'une opération d'aménagement est affichée pendant un mois en mairie ou au siège de l'établissement public compétent en matière de PLU et, dans ce cas, dans les mairies des communes membres concernées [12].

Mention de cet affichage est insérée en caractères apparents dans un journal diffusé dans le département [13].

Elle est en outre publiée au recueil des actes administratifs de l'État dans le département, lorsqu'il s'agit d'un arrêté préfectoral [14].

Chacune de ces formalités de publicité mentionne le ou les lieux où le dossier peut être consulté [15].

1. C. urb., art. L. 424-1, 2°.
2. CE 27 juin 2008, *Sartrouville (Cne) et Argenteuil (Cne)*, req. n° 292844.
3. CE 27 juin 2008, *Sartrouville (Cne) et Argenteuil (Cne)*, req. n° 292844.
4. Rép. min. n° 11633, *JOAN Q* 27 juill. 1998, p. 4167.
5. C. urb., art. L. 424-1, 3°.
6. V. ss n° 344.231.
7. C. urb., art. L. 102-13, 6°, auquel renvoie l'article L. 424-1, al. 2.
8. POUR UN EX. : CE 29 juill. 1994, *Milhaud (Cne)*, req. n° 129089, NP.
9. CE 25 sept. 1996, *Roques-sur-Garonne (Cne)*, req. n° 111980, *Lebon T.*
10. C. urb., art. L. 424-1, al. 7.
11. C. urb., art. L. 424-1, al. 7 ; art. L. 102-13, 6°.
12. C. urb. art. R. 424-24, al. 1er.
13. C. urb. art. R. 424-24, al. 2 – pour un ex. : CE 29 juill. 1994, *Milhaud (Cne)*, req. n° 129089, NP.
14. C. urb. art. R. 424-24, al. 3.
15. C. urb. art. R. 424-24, al. 4.

La décision de prise en considération produit ses effets juridiques dès l'exécution de l'ensemble des formalités prévues aux premier et deuxième alinéas, la date à prendre en compte pour l'affichage étant celle du premier jour où il est effectué[1].

c.
Condition commune tenant à la délimitation des terrains affectés par le projet

344.201 Inclusion des seuls terrains pouvant faire obstacle à la réalisation d'une opération d'utilité publique ou d'en enchérir le coût. Les dispositions de l'article L. 424-1, 2° ne doivent recevoir application que pour autant que l'autorité compétente estime, à la date où elle statue, qu'en raison « de leur situation, de leur consistance, de leur vocation, des normes de toutes natures qui leur seraient applicables et des projets dont elles peuvent constituer ou constituent l'assiette », il est nécessaire, « afin de protéger le coût et la possibilité de l'opération prise en considération », de prévoir la possibilité de surseoir à statuer sur les demandes d'autorisation d'urbanisme relatives à ces propriétés[2].

344.202 Possibilité d'inclure des terrains publics. Les dispositions de l'article L. 424-1, 2° s'appliquent « indépendamment de la nature, privée ou publique, des propriétés concernées ou des personnes qui les détiennent »[3].

344.203 Possibilité d'une délimitation au-delà de l'emprise du projet. Il résulte des dispositions de l'article L. 424-1 qu'eu égard à la finalité de la protection qu'elles instaurent, « la délimitation des "terrains affectés" par les travaux publics dont la mise à l'étude est prise en considération peut s'étendre au-delà des seuls terrains d'emprise strictement nécessaires aux travaux projetés »[4].

Ainsi, n'est entaché ni d'erreur de droit ni d'erreur manifeste d'appréciation un arrêté interpréfectoral incluant, dans les terrains affectés par un projet de liaison ferroviaire, non seulement les terrains d'assiette des deux voies supplémentaires, des deux gares ainsi que des ouvrages dont la construction est prévue mais, en outre, une bande de 50 m par rapport à l'axe actuel des voies de fret[5].

344.204 Exigence d'une délimitation suffisamment précise. Le tracé du périmètre par l'acte de prise considération « doit être opéré, notamment sur des plans, de façon à indiquer avec suffisamment de précision à l'autorité compétente pour délivrer les autorisations d'urbanisme celles des parcelles qui sont concernées par sa décision »[6].

À cet égard, si le plan annexé à l'arrêté ne fait pas apparaître, sur ses limites, le parcellaire et le bâti existants, cette seule circonstance ne suffit pas à rendre insuffisamment précis ce tracé dès lors que, clairement discernable et facilement repérable sur la carte où il figure, il peut être reporté sans difficulté sur une carte du parcellaire existant[7].

Est suffisamment précise la délimitation d'une bande de terrain d'environ mille mètres de largeur, nécessaire à la mise à l'étude d'un projet d'autoroute, qui fait apparaître les numéros des principales parcelles situées dans le périmètre de ce tracé et en dehors. Cette délimitation permet d'identifier les terrains qui pourraient être affectés par l'opération d'intérêt public qu'il vise à préparer et qui seraient susceptibles de faire l'objet des mesures de sauvegarde prévues par la loi[8].

En l'absence de précision suffisante, l'acte de prise en considération est entaché d'illégalité d'interne. Cette illégalité peut être invoquée par la voie de l'exception à l'appui du recours formé contre la décision de sursis à statuer[9].

d.
Condition commune tenant à ce que le projet est susceptible de compromettre ou de rendre plus onéreux la réalisation d'un aménagement ou l'exécution des travaux

344.211 Condition non satisfaite (illustration). À titre d'exemple, la rénovation d'une maison d'habitation ne peut être considérée comme susceptibles de compromettre ou de rendre plus onéreuse la réalisation d'une autoroute[10].

344.212 Condition satisfaite (illustration). À titre d'exemple, un projet de construction de bâtiments à usage d'entrepôt est regardé comme susceptible de compromettre ou de rendre plus onéreuse l'aménagement d'une zone dès lors que les travaux

1. C. urb. art. R. 424-24, al. 5.
2. CE 27 juin 2008, *Sartrouville (Cne) et Argenteuil (Cne)*, req. n° 292844, *Lebon*.
3. CE 27 juin 2008, *Sartrouville (Cne) et Argenteuil (Cne)*, req. n° 292844.
4. CE 27 juin 2008, *Sartrouville (Cne) et Argenteuil (Cne)*, req. n° 292844.
5. CE 27 juin 2008, *Sartrouville (Cne) et Argenteuil (Cne)*, req. n° 292844.
6. CE 27 juin 2008, *Sartrouville (Cne) et Argenteuil (Cne)*, req. n° 292844.
7. CE 27 juin 2008, *Sartrouville (Cne) et Argenteuil (Cne)*, req. n° 292844.
8. CE 28 nov. 2007, *Min. Équipement, Transports, Aménagement du territoire, Tourisme et Mer c/La Talaudière (Cne)*, req. n° 281345, *Lebon T.* ; *BJDU* 2008. 425, concl. Y. Aguila.
9. CAA Versailles, 4 déc. 2019, *Assoc. des Musulmans d'Épinay-sur-Seine*, req. n° 18VE01631, NP.
10. CE 28 nov. 2007, *Min. Équipement, Transports, Aménagement du territoire, Tourisme et Mer c/La Talaudière (Cne)*, req. n° 281345, *Lebon T.* ; *BJDU* 2008. 425, concl. Y. Aguila.

d'équipement à entreprendre exigent la réalisation d'études destinées à déterminer l'emprise des voies et réseaux publics [1].

e.
Absence d'indemnisation de la prise en considération

344.221 Non-indemnisation de la servitude. La servitude résultant de l'intervention d'une décision prenant en considération, en application des dispositions de l'article L. 424-1, 2°, la mise à l'étude d'un projet de travaux publics, n'est en principe pas indemnisable [2].

2°
Cas des ZAC

344.231 Conditions. Le sursis à statuer peut être prononcé à compter de la publication de l'acte créant une ZAC lorsque des travaux, des constructions ou des installations sont susceptibles de compromettre ou de rendre plus onéreux l'aménagement et l'équipement de la zone [3].

À la différence des autres opérations d'aménagement [4], ne figure pas au nombre des exigences permettant d'opposer un sursis à statuer sur ce fondement la condition que le projet ait été pris en compte par la collectivité compétente. En effet, dans sa rédaction issue de la loi ÉLAN [5], le 3° de l'article L. 424-1 distingue clairement :

- d'un côté, les opérations d'aménagement (hors ZAC), soumises à cette condition ;

- et, d'un autre côté, les ZAC, soumises à la seule condition que l'acte de création ait été publié.

B.
Terrain compris dans le périmètre d'une opération d'utilité publique

344.241 Condition. Dès la date d'ouverture de l'enquête préalable à la déclaration d'utilité publique d'une opération, il peut être sursis à statuer sur les demandes d'autorisation concernant des travaux, constructions ou installations à réaliser sur des terrains devant être compris dans cette opération [6].

1. CE 29 juill. 1994, *Milhaud (Cne)*, req. n° 129089, NP.
2. V. ss n° 623.32.
3. C. urb., art. L. 311-2, 2° ; art. L. 424-1, 3°.
4. V. ss nos 344.182 et 344.183.
5. L. n° 2018-1021, 23 nov. 2018 portant évolution du logement, de l'aménagement et du numérique, *JO* 24 nov., n° 1, art. 9.
6. C. urb., art. L. 424-1, 1°.

C.
Projet susceptible de compromettre ou de rendre plus onéreuse l'exécution du futur PLU

344.251 Texte. « L'autorité compétente peut décider de surseoir à statuer, dans les conditions et délai prévus à l'article L. 424-1, sur les demandes d'autorisation concernant des constructions, installations ou opérations qui seraient de nature à compromettre ou à rendre plus onéreuse l'exécution du futur plan dès lors qu'a eu lieu le débat sur les orientations générales du projet d'aménagement et de développement durable » [7].

Ces dispositions permettent au maire de surseoir à statuer sur une demande d'autorisation si les conditions qu'elles énoncent sont satisfaites. En revanche, elles ne l'autorisent pas à refuser un permis sur leur fondement [8].

1°
Condition tenant au PLU

344.261 Procédure d'élaboration ou de révision du PLU. Le sursis ne peut être mis en œuvre qu'à la condition qu'ait eu lieu le débat sur les orientations générales du PADD [9].

Il s'ensuit qu'il peut être utilisé :

- si le PLU est en cours d'élaboration ou de révision (ce qui suppose que la procédure d'élaboration ou de révision ait été engagée [10]) ;

- mais pas si le PLU est en cours de modification, cette procédure n'ouvrant pas la possibilité de modi-

7. C. urb., art. L. 153-11, al. 3, auquel renvoie l'article L. 424-1, al. 2.
8. CAA Marseille, 21 févr. 2007, *Sigonney*, req. n° 05MA00617, NP : cour indiquant « qu'il ressort de ces dispositions que si la décision de réviser un plan local d'urbanisme peut permettre au maire, dans certaines conditions, de surseoir à statuer sur les demandes de permis de construire, elle ne saurait lui ouvrir la possibilité de refuser les permis de construire ».
9. C. urb., art. L. 153-11, al. 3 – Dans sa rédaction antérieure à la loi n° 2017-86 du 27 janvier 2017 relative à l'égalité et à la citoyenneté (art. 109), la possibilité de surseoir à statuer pour ce motif était plus large puisqu'elle pouvait être mise en œuvre dès la publication de la délibération prescrivant l'élaboration du PLU. Désormais, elle ne peut être utilisée que lorsque le projet d'aménagement est véritablement esquissé.
10. CAA Marseille, 6 mars 2014, *Coulomb*, req. n° 12MA02019, NP : cour affirmant « que le maire ne peut légalement surseoir à statuer sur une demande de permis de construire, en application des dispositions précitées de l'article L. 123-6 du code de l'urbanisme, que si la procédure d'élaboration ou de révision du plan local d'urbanisme a été régulièrement engagée et que, notamment les prescriptions de l'article L. 300-2 du code de l'urbanisme quant au contenu de la délibération prescrivant l'élaboration ou la révision du document d'urbanisme ont été respectées ».

fier le PADD et donc de débattre de ses orientations[1].

344.262 Possibilité non applicable à l'élaboration d'une carte communale. Ni les dispositions de l'article L. 153-11 ni aucune autre disposition du code de l'urbanisme ne permettent de surseoir à statuer sur une demande de permis de construire en raison de l'élaboration en cours d'une carte communale[2].

344.263 Exigence de légalité du futur plan. Un sursis à statuer ne peut être opposé à une demande de permis de construire qu'en vertu d'orientations ou de règles que le futur PLU pourrait légalement prévoir[3]. Ainsi, sa mise en œuvre ne pourrait par exemple résulter d'un projet de zonage illégal.

2°
Condition tenant à ce que le projet est susceptible de compromettre ou de rendre plus onéreuse l'exécution du futur PLU

344.271 Condition satisfaite. Ont été regardés comme étant susceptible de compromettre ou de rendre plus onéreuse l'exécution du futur PLU :

– le projet d'élévation d'une maison d'habitation de 9 m à 10,45 m alors qu'en application du futur plan la hauteur de cette construction ne pourrait excéder 7 m[4] ;

– le projet situé dans la zone Nr du futur plan où il est prévu d'interdire toute construction nouvelle[5] ;

– le projet qui n'est pas conforme à la destination prévue pour un emplacement réservé dont le projet de PLU prévoit l'instauration[6] ;

– le projet de construction d'une maison d'habitation sur un terrain situé dans un secteur classée en zone N dans le projet de plan, zone naturelle non équipée et protégée où l'urbanisation n'est pas admise sauf exceptions très limitées[7].

344.272 Condition non satisfaite. Des travaux qui ne peuvent être autorisés sous l'emprise de la réglementation à venir ne peuvent faire l'objet d'un sursis à statuer si, en raison de leur faible importance, ils ne sont pas de nature à compromettre ou à rendre plus onéreuse l'exécution du plan à venir[8]. Au regard de ce critère, n'ont pas été regardés comme étant susceptible de compromettre ou de rendre plus onéreuse l'exécution du futur PLU :

– le projet d'agrandissement d'une habitation dans un secteur destiné à devenir une zone naturelle à protéger pour préserver l'espace agricole (dans laquelle seraient seules autorisées les constructions directement liées et nécessaires à l'exploitation agricole ainsi que l'aménagement et l'extension mesurée des bâtiments existants) dès lors que les travaux envisagés sont de faible d'importance[9] ;

– le projet de construction de deux maisons d'habitation dans un secteur destiné à être classé en zone A (dans laquelle seraient seules autorisées les constructions directement liées et nécessaires à l'exploitation agricole ainsi que l'aménagement et l'extension mesurée des bâtiments existants), eu égard à son emplacement, dans la continuité immédiate de la zone urbanisée du bourg, et de son caractère limité au regard de l'étendue de la zone A qu'il est envisagé de protéger par le futur classement[10] ;

– le projet de surélévation d'une construction alors que la révision du plan prévoyait d'interdire la surélévation des constructions dans la zone considérée, au regard de la modestie du projet et de son insertion au sein du bâti environnant[11].

De même et *a fortiori*, un projet n'est pas regardé comme de nature à compromettre l'exécution d'un futur PLU s'il ne se trouve pas en contradiction avec les dispositions de celui-ci. Tel est le cas, par exemple, d'un projet de démolition d'un bâtiment dès lors que le conseil municipal avait seulement prévu de classer celui-ci comme bâtiment remarquable sans édicter de prescription de nature à assurer sa protection[12].

344.273 Reconstruction à l'identique. S'agissant du droit de reconstruire à l'identique un bâtiment régulièrement construit, il résulte de l'article L. 111-15 du code de l'urbanisme que « seules des dispositions expresses de la réglementation locale d'urbanisme prévoyant l'interdiction de la reconstruction à l'identique de bâtiments détruits ou démolis peuvent faire légalement obstacle à sa reconstruction »[13].

1. Rép. min. n° 377, *JO Sénat Q* 19 avr. 2018, p. 1920 – CE 28 janv. 2021, *Sté Denali Consulting*, req. n° 433619, *Lebon T. ; BJDU* 2021. 116, concl. V. Villette.
2. CAA Bordeaux, 7 févr. 2013, *SCI DU BOIS*, req. n° 12BX00218, *Lebon T.* ; – également : Rép. min. n° 1181, *JO Sénat Q* 11 oct. 2007, p. 1823 : réponse ministérielle précisant notamment que les communes qui souhaitent s'opposer à un projet devront s'appuyer sur les dispositions du RNU (par exemple lorsque celui-ci présente un risque pour la sécurité).
3. V. ss n° 611.862.
4. CE 23 oct. 1987, *Barnier (Épx)*, req. n° 50679, *Lebon T.*
5. CAA Marseille, 15 mai 2014, *Granet*, req. n° 12MA00584, NP.
6. CAA Marseille, 20 mars 2013, *SCI L'Abadie*, req. n° 12MA02180, NP.
7. CAA Lyon, 27 sept. 2011, *Ciglie*, req. n° 10LY00374, NP.
8. CE 10 oct. 1990, *Bolhosa*, req. n° 96805, *Lebon.*
9. CE 10 oct. 1990, *Bolhosa*, req. n° 96805, *Lebon.*
10. CAA Douai, 4 mai 2016, *Pouly*, req. n° 14DA01128, NP.
11. CE 21 mai 2008, *Louvard*, req. n° 284801, *Lebon T. ; BJDU* 2008. 207, concl. E. Geffray.
12. CE 27 juill. 2015, *Sté immobilière Chêne Roc*, req. n° 381248, NP – arrêt de renvoi : CAA Marseille, 6 avr. 2016, *SARL Immobilière Chêne Roc*, req. n° 15MA03273, NP.
13. V. ss n° 113.342.

Par suite, en l'absence de telles dispositions et lorsque les conditions permettant la reconstruction à l'identique d'un bâtiment sont remplies, un maire ne peut légalement décider de surseoir à statuer sur la demande de permis de construire et faire ainsi obstacle à la reconstruction à l'identique de ce bâtiment[1].

3°
Condition tenant aux autorisations concernées

344.281 Limitation aux seules autorisations d'urbanisme. Le sursis à statuer ne peut être opposé, en cas d'élaboration d'un PLU, qu'aux demandes d'autorisations relevant du livre IV du code de l'urbanisme, auxquelles renvoie expressément l'article L. 153-11 du même code. Il n'est, par suite, pas possible d'opposer un sursis à statuer sur le fondement de l'article L. 153-11 à une demande d'autorisation environnementale, laquelle n'est pas régie par le livre IV du code de l'urbanisme. En revanche, si la réalisation de l'activité autorisée par cette autorisation suppose également la délivrance d'un permis de construire, l'autorité compétente pourra, sur le fondement de l'article L. 153-11, opposer un sursis à statuer sur la demande de permis de construire lorsque le projet objet de la demande est de nature à compromettre ou à rendre plus onéreuse l'exécution du futur PLU[2].

4°
Absence de condition relative à une prise en considération

344.291 Condition hors champ d'application. Pour la mise en œuvre du troisième alinéa de l'article L. 153-11 du code de l'urbanisme, l'autorité compétente n'est pas tenue par la publication, avant la date du dépôt de la demande, de décisions de prise en considération, visées au 2° et 3° de l'article L. 424-1 précité, qui ne concernent que les autorisations d'urbanisme de nature à compromettre des projets travaux publics ou d'aménagement[3].

5°
Hypothèse d'une confirmation d'une demande de permis après annulation contentieuse du refus

344.301 Absence de sursis si le PLU a été adopté après le refus initial. En cas d'annulation du refus de délivrer une autorisation d'urbanisme, le mécanisme de cristallisation prévu par l'article L. 600-2 du code de l'urbanisme fait obstacle à ce qu'un sursis soit opposé sur la base d'un PLU adopté postérieurement au refus initial[4].

D.
Révision ou modification d'un PLU ou d'une carte communale pour localiser les zones exposées au recul du trait de côte

344.311 Sursis au regard de la carte de préfiguration des zones. Il peut être sursis à statuer sur toute demande d'autorisation concernant des travaux, constructions ou installations dans les cas prévus aux articles L. 121-22-3 et L. 121-22-7 du code de l'urbanisme[5], c'est-à-dire lorsqu'une carte de préfiguration des zones exposées au recul du trait de côte a été adoptée[6].

E.
Projet ayant vocation à figurer dans un parc national

344.321 Texte. À compter de la décision de l'autorité administrative prenant en considération la création d'un parc national, les travaux, constructions et installations projetés dans les espaces ayant vocation à figurer dans le cœur du parc national qui auraient pour effet de modifier l'état des lieux ou l'aspect des espaces en cause sont soumis à autorisation de l'autorité administrative, ou, s'ils sont soumis à une autorisation d'urbanisme, à l'avis conforme de cette autorité. Il peut être sursis à statuer sur les demandes d'autorisation dont ils font l'objet dans les conditions et délai prévus à l'article L. 424-1 du code de l'urbanisme[7].

§ 2
Mise en œuvre de la décision de sursis à statuer

A.
Absence d'exigence que la faculté de surseoir à statuer ait été mentionnée dans le CU

344.331 Omission sans incidence sur l'existence de la faculté de surseoir. Dans le cas où un certificat

1. CAA Versailles, 29 mai 2020, *Épinay-sur-Seine (Cne)*, req. n° 18VE02859, NP.
2. CE 9 juill. 2021, *Sté Les Pâtis Longs*, req. n° 450859, *Lebon T.* ; *BJDU* 2022. 102, concl. O. Fuchs ; *AJDA* 2021. 1808, concl.
3. CAA Lyon, 13 juin 2019, *Degoile*, req. n° 18LY02937, NP.
4. V. ss n° 611.1486.
5. C. urb., art. L. 424-1, al. 2.
6. POUR le PLU, v. ss n° 126.351 – POUR la carte communale, v. ss n° 126.381.
7. C. env., art. L. 331-6, auquel renvoie l'article L. 424-1, al. 2.

d'urbanisme a été délivré sur le terrain d'assiette du projet, et que son auteur a omis de mentionner la possibilité d'opposer un sursis à statuer à une déclaration préalable ou à une demande de permis, cette omission ne fait pas obstacle à ce que l'autorité compétente oppose un sursis à statuer à une déclaration préalable ou à une demande de permis ultérieure concernant le terrain objet du certificat d'urbanisme[1].

B.
Faculté ou obligation de surseoir à statuer

344.341 **Obligation.** La décision de surseoir à statuer est conçue comme une possibilité dans le texte de l'article L. 421-1, celui-ci disposant que l'autorité compétente « peut » faire usage de ce pouvoir. Néanmoins, la jurisprudence estime que l'autorité compétente commet une erreur manifeste d'appréciation si elle s'abstient de faire usage de ce pouvoir dans un cas qui aurait justifié sa mise en œuvre[2].

Commet une telle erreur :

– le maire qui s'abstient de surseoir à statuer sur une demande de permis d'aménager une parcelle qui comporte sept lots destinés à l'habitation individuelle pour un total de 1 575 m² de surface de plancher, dès lors que le projet de PLU prévoit que cette parcelle est incluse dans une zone agricole Ac, dont la constructibilité est limitée aux constructions destinées à l'exploitation agricole[3] ;

– le maire qui s'abstient de surseoir à statuer sur une demande de permis de construire un hangar agricole et d'élevage de bovins, dès lors que le projet de PLU prévoit l'interdiction de la construction de bâtiments d'élevage et que ce hangar devait être implanté en face d'un secteur comprenant une maison d'habitation et destiné à être urbanisé[4].

C.
Motivation de la décision de sursis à statuer

344.351 **Exigence de motivation.** La décision prononçant un sursis à statuer doit être motivée[5]. Elle doit mentionner avec une précision suffisante les considérations de droit et de fait sur lesquelles son auteur s'est fondé[6].

344.352 **Illustrations.** À titre d'exemple, satisfait à l'exigence de motivation :

– un arrêté qui se réfère aux dispositions de l'article L. 424-1 du code de l'urbanisme, énonce dans ses motifs que les travaux d'équipement à entreprendre dans la zone dite « des Sourbans », où est situé le terrain d'assiette de la construction envisagée, exigent la réalisation d'études destinées à déterminer l'emprise des voies et réseaux publics et que, par suite, l'octroi du permis de construire sollicité pourrait compromettre ou rendre plus onéreuse l'opération d'aménagement prévue dans la zone[7] ;

– un arrêté indiquant que les travaux décrits dans la demande « ne sont pas conformes aux nouvelles prévisions du plan d'occupation des sols [...] d'après lesquelles le terrain situé en zone 8 NA est réservé à l'urbanisation future où toute construction est interdite [...] et que l'exécution de ces travaux serait de nature à compromettre la réalisation de ce document d'urbanisme en cours de révision »[8].

D.
Durée du sursis à statuer

1°
Plafonnement de la durée du sursis

344.361 **Sursis initial.** La durée du sursis « ne peut excéder deux ans »[9].

344.362 **Sursis successifs.** Si des motifs différents rendent possible l'intervention d'une décision de sursis à statuer par application d'une disposition législative autre que celle qui a servi de fondement au sursis initial, la durée totale des sursis ordonnés ne peut en aucun cas excéder trois ans[10].

En cas d'annulation du sursis, le respect de la durée maximale pendant laquelle il peut être sursis à statuer, par plusieurs décisions successives, sur une demande de permis de construire s'apprécie sans tenir compte de la période pendant laquelle l'une de ces décisions a produit ses effets à l'égard du pétitionnaire avant de faire l'objet de cette annulation contentieuse[11].

344.363 **Terme du sursis fondé sur l'élaboration ou la révision d'un PLU.** Eu égard à son objet, le sur-

1. CE 3 avr. 2014, *Langolen (Cne)*, req. n° 362735, *Lebon T.* ; *BJDU* 2014. 209, concl. X. de Lasquen.
2. VOIR, exerçant ce contrôle et estimant que le maire n'a pas en l'espèce commis d'erreur manifeste d'appréciation en décidant de ne pas surseoir à statuer : CE 23 oct. 1987, *Barnier (Épx)*, req. n° 50679, *Lebon T.* ; – CE 21 mai 2008, *Louvard*, req. n° 284801, *Lebon T.* ; *BJDU* 2008. 207, concl. E. Geffray ; – CE 4 oct. 1995, *Assoc. De défense de l'environnement des habitants du quartier Mellinet*, req. n° 103338, NP ; – CE 27 juill. 2015, *Sté immobilière Chène Roc*, req. n° 381248, NP.
3. CAA Lyon, 13 juin 2019, *Degoile*, req. n° 18LY02937, NP.
4. CAA Nancy, 29 mars 2012, *Rott*, req. n° 11NC00731, NP.
5. C. urb., art. L. 424-1, al. 8 ; art. R. 424-5, al. 2.
6. CE 29 juill. 1994, *Milhaud (Cne)*, req. n° 129089, NP.
7. CE 29 juill. 1994, *Milhaud (Cne)*, req. n° 129089, NP.
8. CE 13 avr. 2005, *Lavanchy*, req. n° 259805, NP.
9. C. urb., art. L. 424-1, al. 8.
10. C. urb., art. L. 424-1, al. 8.
11. CE 9 mars 2016, *Beaulieu (Cne)*, req. n° 383060, *Lebon* ; *JCP Adm.* 2017, n° 2052, concl. R. Decout-Paolini ; *BJDU* 2016. 221, concl. R. Decout-Paolini.

sis décidé en raison de l'élaboration ou de la révision d'un PLU[1] cesse de produire ses effets, quelle que soit la durée qu'il indique, à la date où le PLU dont l'élaboration ou la révision l'avait justifiée est adopté[2].

2°
Indication de la durée du sursis

344.371 Indication de la durée du sursis et du délai de confirmation de la demande. En cas de sursis à statuer, la décision indique[3] :

- la durée du sursis ;
- et le délai dans lequel le demandeur pourra, en application de l'article L. 424-1, confirmer sa demande.

En l'absence d'une telle indication, aucun délai n'est opposable au demandeur[4].

E.
Interdiction d'opposer deux fois le même motif de sursis

344.381 Pas de sursis pour un motif déjà retenu. L'autorité compétente ne peut, à l'expiration du délai de validité du sursis ordonné, opposer à une même demande d'autorisation un nouveau sursis fondé sur le même motif que le sursis initial[5].

F.
Sursis à statuer pour l'ensemble d'un projet en l'absence de divisibilité

344.391 Projet non divisible. Dans le cas où la demande de permis doit faire l'objet d'une décision unique présentant un caractère indivisible, si les conditions du sursis sont remplies, l'autorité compétente oppose à bon droit un sursis à l'ensemble de la demande alors même que la moitié seulement du terrain fait l'objet d'un classement empêchant la mise en œuvre du projet[6].

G.
Hypothèse de l'annulation d'un sursis

344.401 Effet de l'annulation sur la durée maximale du sursis. En cas d'annulation du sursis, le respect de la durée maximale pendant laquelle il peut être sursis à statuer, par plusieurs décisions successives, sur une demande de permis de construire s'apprécie sans tenir compte de la période pendant laquelle l'une de ces décisions a produit ses effets à l'égard du pétitionnaire avant de faire l'objet de cette annulation contentieuse[7].

344.402 Effet de l'annulation sur la possibilité d'opposer un nouveau sursis (règles applicables). Une décision de sursis à statuer prise sur le fondement de l'article L. 153-11 du code de l'urbanisme doit être regardée comme un refus au sens de l'article L. 600-2 de ce code, qui prévoit que lorsqu'un refus opposé à une demande d'autorisation d'urbanisme a fait l'objet d'une annulation juridictionnelle, cette demande ne peut faire l'objet d'un nouveau refus sur le fondement de dispositions d'urbanisme intervenues postérieurement à la date d'intervention de la décision annulée. Il s'ensuit qu'une demande d'autorisation ne peut, à la suite de l'annulation de la décision de sursis à statuer dont elle avait fait l'objet, donner lieu à un nouveau sursis à statuer sur le fondement d'une délibération arrêtant le projet de PLU de la commune intervenue postérieurement à la décision initiale de sursis qui a été annulée[8].

H.
Hypothèse d'un sursis prononcé hors délai (sursis valant retrait de l'autorisation tacite)

344.411 Sursis prononcé après expiration du délai d'instruction. La décision prononçant, après expiration du délai d'instruction du permis, le sursis à statuer sur une demande de permis de construire doit être analysée comme comportant retrait du permis tacitement accordé[9].

§ 3
Effets de la décision de sursis à statuer

A.
Effet du sursis pendant la durée de celui-ci

344.421 Prise de décision différée. Durant la durée de validité du sursis, l'administration n'a pas à se prononcer sur la demande de permis ou la déclaration qui en a fait l'objet. Sa décision se trouve dif-

1. V. s^s n°s 344.251 s.
2. CE 11 févr. 2015, *SCI Naq Gamma*, req. n° 361433, *Lebon T.* ; *Constr.-Urb.* 2015, comm. 53, note X. Couton.
3. C. urb., art. R. 424-9, al. 1er.
4. C. urb., art. R. 424-9, al. 2.
5. C. urb., art. L. 424-1, al. 8.
6. CE 17 mars 1982, *SCI Le Bas Chevincourt*, req. n° 24962, *Lebon T.*
7. V. s^s n° 344.362.
8. CE 9 mars 2016, *Beaulieu (C^ne)*, req. n° 383060, *Lebon* ; *JCP Adm.* 2017, n° 2052, concl. R. Decout-Paolini ; *BJDU* 2016. 221, concl. R. Decout-Paolini.
9. CE 26 mars 1990, *Mesnil-Saint-Père (C^ne) c/Clochette (Ép^x)*, req. n° 86482, *Lebon*.

férée, le sursis faisant obstacle au mécanisme d'autorisation tacite[1].

B. Effet du sursis après l'expiration de sa durée

1° L'administration se prononce sur la demande ou la déclaration si le pétitionnaire la confirme

344.431 Prise de décision en cas de confirmation. À l'expiration du délai de validité du sursis à statuer, « une décision doit, sur simple confirmation par l'intéressé de sa demande, être prise par l'autorité compétente chargée de la délivrance de l'autorisation, dans le délai de deux mois suivant cette confirmation »[2].

a. Confirmation de la demande ou de la déclaration

344.441 Délai de confirmation. La confirmation de la demande ou de la déclaration peut intervenir au plus tard deux mois après l'expiration du délai de validité du sursis à statuer[3].

La fenêtre ouverte pour opérer cette confirmation est étroite :

– elle débute à la fin de la période de validité du sursis à statuer (une confirmation intervenant trop tôt – au cours de la période de validité du sursis – ne produit aucun effet[4]) ;

– elle cesse deux mois après l'expiration de la période de validité du sursis (une confirmation intervenant trop tard – après l'expiration de ce délai de deux mois – ne produit aucun effet).

Dans le cas où le sursis est fondé sur l'élaboration ou de la révision d'un PLU[5], il cesse de produire ses effets, quelle que soit la durée qu'il indique, à la date où le PLU dont l'élaboration ou la révision l'avait justifiée est adopté[6]. Cela implique de distinguer deux situations pour déterminer le point de départ du délai de confirmation :

– si le PLU est adopté avant l'expiration du délai de validité du sursis, le délai de confirmation court à compter de la date d'adoption du PLU ;

– si le PLU n'est pas adopté avant l'expiration du délai de validité du sursis, le délai de confirmation court à compter de l'expiration du délai de validité du sursis qui avait été indiqué au pétitionnaire.

344.442 Modalités de confirmation. Les modalités par lesquelles le pétitionnaire confirme sa demande de permis ou sa déclaration ne sont pas précisées par le code.

Une lettre par laquelle le pétitionnaire fait part au maire de son intention de commencer la construction projetée est regardée comme valant confirmation de sa demande de permis[7].

b. Après confirmation, prise de décision sur la demande ou la déclaration

344.451 Délai de deux mois. Une fois la confirmation intervenue, une décision définitive doit être prise par l'autorité compétente pour la délivrance de l'autorisation, dans un délai de deux mois suivant cette confirmation. À défaut de notification de la décision dans ce dernier délai, l'autorisation est considérée comme accordée dans les termes où elle avait été demandée[8].

344.452 Régime spécial du permis tacite. La CAA de Lyon a indiqué qu'il résulte des dispositions de l'article L. 424-1, al. 8, du code de l'urbanisme, pour l'application desquelles n'est prévue aucune mesure de publicité, que le pétitionnaire qui à l'expiration du délai de validité du sursis à statuer, a régulièrement confirmé sa demande, se trouve en cas de silence gardé par l'autorité administrative pendant les deux mois suivant cette confirmation, titulaire d'un permis de construire tacite dont la naissance entraîne dessaisissement de l'autorité administrative qui ne peut légalement procéder à son retrait même dans le délai de recours contentieux. La cour ajoute que l'article L. 424-1 a créé « un régime distinct » de celui fixé par les articles R. 424-1 et suivants du code de l'urbanisme qui organisent des mesures de publicité pour les permis tacites nés à défaut de décision expresse à l'expiration du délai d'instruction[9]. Il en résulte deux conséquences :

– d'une part, les dispositions de l'article R. 421-2 du code de l'urbanisme prévoyant que le pétitionnaire ne peut dans certains cas bénéficier d'un permis tacite, qui s'inscrivent dans un régime différent et ne peuvent, en tout état de cause, avoir ni pour objet ni pour effet de restreindre la portée de dispositions législatives, sont inapplicables à un permis tacite obtenu en application de l'article L. 424-1[10] ;

1. V. s[s] n° 345.161.
2. C. urb., art. L. 424-1, al. 8.
3. Sur cette durée, v. s[s] n°s 344.361 s. – C. urb., art. L. 424-1, al. 8.
4. CE 9 févr. 2001, *Frommweiler*, req. n° 198456, *Lebon T.*
5. V. s[s] n°s 344.251 s.
6. CE 11 févr. 2015, *SCI Naq Gamma*, req. n° 361433, *Lebon T.* ; *Constr.-Urb.* 2015, comm. 53, note X. Couton.
7. CE 24 févr. 1992, *Heintz*, req. n° 89626, *Lebon T.*
8. C. urb., art. L. 424-1, al. 8.
9. CAA Lyon, 21 juill. 1998, *Lans-en-Vercors (C[ne]) c/S[té] Résidences 2000*, req. n° 98LY00594, *Lebon T.*
10. CAA Lyon, 21 juill. 1998, *Lans-en-Vercors (C[ne]) c/S[té] Résidences 2000*, req. n° 98LY00594.

– l'autorité administrative, qui se trouve dessaisie, ne peut, même dans le délai de recours contentieux, retirer un permis tacite ainsi obtenu[1].

344.453 Règles au regard desquelles s'apprécie la demande ou la déclaration. La demande de permis ou la déclaration préalable est examinée au regard des règles applicables au jour où l'autorité compétente se prononce[2].

Dans le cas où le sursis à statuer était fondé sur l'élaboration ou la révision d'un PLU, et que ce PLU est rendu exécutoire à l'expiration de la période de validité du sursis, l'autorité compétente se prononce au regard du nouveau document d'urbanisme. Il en va ainsi même si un certificat d'urbanisme a été délivré, et ce quand bien même ce certificat aurait omis de mentionner la possibilité d'opposer un sursis à statuer sur ce fondement[3].

2°
Les propriétaires disposent d'un droit de délaissement

344.461 Droit de délaissement. « Lorsqu'une décision de sursis à statuer est intervenue, les propriétaires des terrains auxquels a été opposé le refus d'autorisation de construire ou d'utiliser le sol peuvent mettre en demeure la collectivité ou le service public qui a pris l'initiative du projet de procéder à l'acquisition de leur terrain dans les conditions et délai mentionnés aux articles L. 230-1 et suivants »[4]. Le propriétaire dont le projet se trouve contrarié par la décision de sursis peut ainsi exiger de la collectivité publique l'acquisition de son bien.

SECTION 4
DÉCISION PRISE DANS LE CAS D'OPÉRATIONS SOUMISES À UN RÉGIME D'AUTORISATION PRÉVU PAR UNE AUTRE LÉGISLATION

344.471 Articulation entre l'autorisation d'urbanisme et un régime relevant d'une autre distincte. Le code de l'urbanisme organise l'articulation entre les autorisations d'urbanisme et les régimes d'autorisation prévus par une autre législation.

Trois modalités sont prévues :

– la décision sur la demande de permis ou la déclaration est différée dans l'attente d'un accord requis par une autre législation[5] ou d'une formalité prévue par une autre législation[6] ;

– l'autorisation d'urbanisme est accordée mais l'exécution des travaux est différée[7] ;

– l'autorisation d'urbanisme est accordée et tient lieu, en outre, d'une autorisation prévue par une autre législation[8].

344.472 Articulation entre deux autorisations d'urbanisme. Dans certaines circonstances, le permis de construire peut tenir lieu :

– de permis de démolir[9] ;

– de déclaration préalable de lotissement[10].

De même, le permis d'aménager peut tenir lieu de permis de démolir[11].

1. CAA Lyon, 21 juill. 1998, *Lans-en-Vercors (Cne) c/Sté Résidences 2000*, req. n° 98LY00594 ; – également, sur ce second point : CE 25 mars 1996, *Fabbro*, req. n° 100136, NP : déduisant des dispositions applicables, qui ne prévoient aucune mesure de publicité de la demande adressée à l'autorité chargée de la délivrance de l'autorisation ni de l'autorisation tacite résultant du silence gardé par cette autorité pendant deux mois, « qu'après l'expiration de ce délai l'administration se trouve dessaisie et qu'il ne lui est plus possible, même dans le délai de recours contentieux, de retirer l'autorisation tacite dont bénéficie le pétitionnaire » ; – CAA Douai, 15 oct. 2015, *Ganzeville (Cne)*, req. n° 14DA01808, NP.
2. CE 23 juill. 1974, *Meyer-Baur, dite Harry Baur (Dame)*, req. n° 88359, *Lebon*.
3. CE 18 déc. 2017, *Danglot*, req. n° 380438, *Lebon T. ; BJDU* 2018. 107, concl. J. Burguburu ; *JCP Adm.* 2018, n° 2064, note Ph. Billet ; *LPA* 11 mai 2018, n° 94-95, p. 75, note V. Le Grand : arrêt indiquant que « lorsque le plan en cours d'élaboration et qui aurait justifié, à la date de délivrance du certificat d'urbanisme, que soit opposé un sursis à une demande de permis ou à une déclaration préalable, entre en vigueur dans le délai du certificat, les dispositions issues du nouveau plan sont applicables à la demande de permis de construire ou à la déclaration préalable » – V. ss n° 314.64.
4. C. urb., art. L. 424-1, al. 9 – Sur les conditions et délai mentionnés aux articles L. 230-1 et suivants, v. ss nos 45.07 s.
5. V. ss n° 325.231.
6. V. ss n° 325.261.
7. V. ss n° 325.271 – Dans ce cas la décision en fait expressément la réserve, v. ss n° 345.91.
8. V. ss n° 325.21.
9. V. ss n° 382.11.
10. V. ss n° 372.611.
11. V. ss n° 371.121.

CHAPITRE

345. Formes et contenu de la décision prise sur la demande de permis ou la déclaration préalable

SECTION 0 ORIENTEUR

345.00 **Sommaire du chapitre.**

345.01 **Textes applicables.**

• **C. urb.**

art. L. 424-1 s.

art. R. 424-1 s.

art. A. 424-1 s.

345.03 **Bibliographie indicative.**

Encyclopédies. *DP constr.-urb.*, ét. : « Permis de construire » ; ét. : « Permis d'aménager » ; ét. : « Déclaration préalable » ; ét. : « Permis de démolir » – *J.-Cl. Constr.-Urb.*, fasc. 25-24 : « Permis de construire. – Décision. Transfert. Caducité », par G. Livet-Veaux et M. Moritz, sept. 2022 ; fasc. 28 : « Permis d'aménager », par G. Liet-Veaux, mai 2007, mis à jour oct. 2009 ; fasc. 25-23 : « Permis de construire. – Sursis à statuer », par P. Barboteau, févr. 2021.

Traité. N. Baillon, *Traité du permis de construire*, 6e éd., « Référence juridique », Le Moniteur, 2017.

Monographies. Ph. Boulisset, S. Cardi, S. Consalvi, R. Thielé, *Permis de construire 2021-2022 : permis de démolir, permis d'aménager, déclaration préalable*, 3e éd., « Encyclopédie Delmas pour la vie des affaires », Delmas, 2021 – V. Lachaut-Dana, *Permis de construire et autorisations d'urbanisme : études préalables, délivrance, mise en œuvre*, 2e éd., « Pratique du droit », Le Moniteur, 2019 – C. Mialot et F. Ehrenfeld, *Le permis de construire et autres autorisations d'urbanisme*, « Les indispensables », Berger-Levrault, 2018 – O. Bonneau, S. Guirriec, C. Morot-Monomy, *Délivrer et contrôler les autorisations d'urbanisme*, « Dalloz Public », Dalloz, 2021.

345.04 **Questions essentielles.**

> Quelles sont les mentions obligatoires d'une décision expresse ?

* V. ss nos 345.31 s.

> Dans quels cas le silence vaut refus du projet ?

* V. ss nos 345.201 s.

345.05 **Décision expresse ou tacite.** L'autorité saisie d'une demande de permis ou d'une déclaration préalable se prononce :

- soit par une décision expresse ;
- soit par une décision tacite, en l'absence de décision expressément prise avant l'expiration du délai d'instruction.

Il y a lieu de relever sur ce point une différence de mécanisme entre le régime du permis et celui de la déclaration préalable :

- normalement, la décision sur la demande de permis est prise de façon expresse ; elle n'intervient de façon tacite que si l'administration n'a pas statué suffisamment tôt ;
- normalement, la décision prise sur déclaration préalable est tacite ; elle n'est prise de façon expresse que si l'administration s'y oppose (ou assortit l'autorisation de prescriptions).

SECTION 1

DÉCISION EXPRESSE

§ 1 Notion de décision expresse

345.11 **Une décision prise avant l'expiration du délai d'instruction.** La décision expresse sur la demande de permis ou la déclaration préalable est celle prise avant l'expiration du délai d'instruction. Elle peut consister en :

- une autorisation du projet ;
- un refus du projet ;
- un sursis à statuer sur le projet[1].

§ 2 Règles de formes et de contenu applicables à toutes les décisions expresses

A. Une décision prise par voie d'arrêté

345.21 **Décision expresse prise sur la demande de permis ou sur la déclaration préalable.** La décision expresse prise sur une demande de permis de construire, d'aménager ou de démolir ou sur une déclaration préalable prend la forme d'un arrêté[2].

Comme la décision prise sur la déclaration préalable prend normalement la forme d'une décision tacite, l'autorité compétente ne statue par voie d'arrêté que si :

- elle s'oppose à la déclaration préalable ;
- ou assortit de prescriptions sa décision de non-opposition.

B. Contenu de la décision expresse

1° Indication de la collectivité et visas

345.31 **Mentions exigées.** L'arrêté pris sur la demande de permis ou la déclaration préalable[3] :

- indique la collectivité au nom de laquelle la décision est prise (a) ;
- vise la demande de permis ou la déclaration et en rappelle les principales caractéristiques (nom et adresse du demandeur, objet de la demande, numéro d'enregistrement, lieu des travaux) (b) ;

1. Sur les différents sens possibles de la décision, v. ss nos 344.05 s.
2. C. urb., art. A. 424-1 ; art. L. 424-1, al. 1er.
3. C. urb., art. A. 424-2, al. 1er à 5.

– vise les textes législatifs et réglementaires dont il est fait application (c) ;

– vise les avis recueillis en cours d'instruction et leur sens (d).

345.32 Erreurs ou omissions dans les visas sans incidence sur la légalité. La circonstance que les visas de l'arrêté comporteraient des omissions et des erreurs est « en tout état de cause, sans incidence sur la légalité » de l'autorisation délivrée[1].

2°
Mention du signataire de l'arrêté

345.41 Identification de l'auteur. L'arrêté mentionne, en caractères lisibles, le prénom, le nom et la qualité de son signataire[2].

Un arrêté est entaché d'une irrégularité substantielle s'il ne permet pas d'identifier son auteur. Tel est le cas d'un arrêté de permis de construire qui mentionne son auteur par sa seule qualité (« le maire de la commune ») sans indiquer son nom ni son prénom, alors que la signature est illisible et qu'aucune autre mention ne permet d'identifier le signataire[3].

En revanche, n'entache pas d'irrégularité un arrêté la circonstance :

– que le nom patronymique du signataire de la décision soit précédé de la seule initiale de son prénom, dès lors que son auteur peut être identifié sans ambiguïté[4] ;

– que la signature serait illisible, dès lors que la décision comporte de manière lisible le nom, l'initiale du prénom et la qualité du signataire, et permet donc d'identifier ce dernier sans ambiguïté[5].

3°
Mention du sens de la décision

345.51 Information principale. L'arrêté indique, selon les cas[6] :

– si le permis est accordé (a) ;

– si le permis est refusé ou si la déclaration préalable fait l'objet d'une opposition (b) ;

– s'il est sursis à statuer sur la demande de permis ou sur la déclaration préalable (c).

345.52 Informations complémentaires. Il indique en outre, s'il y a lieu[7] :

– si la décision est assortie de prescriptions (d) ;

– si la décision accorde une dérogation ou une adaptation mineure (e) ;

– si la décision met à la charge du ou des bénéficiaires du permis une ou plusieurs des contributions mentionnées à l'article L. 332-28 (f).

C.
Incidence d'une erreur sur les mentions du permis

345.61 Absence d'incidence sur la légalité. Un permis de construire, sous réserve des prescriptions dont il peut être assorti, « n'a pour effet que d'autoriser une construction conforme aux plans déposés et aux caractéristiques indiquées dans le dossier de demande de permis ». D'éventuelles erreurs susceptibles d'affecter les mentions, prévues par l'article A. 424-9 du code de l'urbanisme, devant figurer sur l'arrêté délivrant le permis « ne sauraient donner aucun droit à construire dans des conditions différentes de celles résultant de la demande ». Par suite, « la seule circonstance que l'arrêté délivrant un permis de construire comporte des inexactitudes ou des omissions en ce qui concerne la ou les destinations de la construction qu'il autorise, ou la surface de plancher créée, est sans incidence sur la portée et sur la légalité du permis »[8].

Le point de départ de ce raisonnement tient à ce qu'un arrêté de permis autorise le projet présenté ou le rejette mais ne peut l'amender ni lui substituer un autre projet. Il en résulte que si l'administration mentionne par erreur une donnée du projet (qu'elle porte sur sa surface ou les destinations) ne correspondant pas au dossier de permis, c'est à la demande et non à l'arrêté qu'il convient de se référer. En d'autres termes, dans un tel cas de figure, ce sont les données figurant dans la demande qui doivent être prises en compte et non pas celles mentionnées dans l'arrêté. Il en résulte que les mentions inexactes figurant dans l'arrêté de permis ne confèrent pas à son bénéficiaire un droit de mettre en œuvre des travaux autres que ceux qu'il avait demandés, et ne le prive pas davantage de la possibilité de réaliser ces derniers.

1. CE 26 mars 1997, *Assoc. de défense Loire et affluents*, req. n° 172183, NP. V. ainsi, sur l'omission de mentionner que les services devant être consultés l'ont bien été, CE 11 avr. 2019, *Hiribarren*, req. n° 406947, NP.
2. C. urb., art. A. 424-2, al. 6 ; CRPA, art. L. 212-1, al. 1er.
3. CE 11 mars 2009, *Auvers-sur-Oise (Cne)*, req. n° 307656, *Lebon T.* ; *BJDU* 2009. 226, concl. L. Derepas ; *Constr.-Urb.* avr. 2009, p. 19, note P. Cornille ; – de même, pour un arrêté de retrait : CE 16 nov. 2009, *SCN Anse de Toulvern*, req. n° 322554, NP.
4. CE 28 nov. 2003, *Rahou épouse Douidi (Mme)*, req. n° 249389, *Lebon T.*
5. CE 8 avr. 2009, *Fameck (Cne)*, req. n° 312668, NP.
6. C. urb., art. A. 424-3, al. 1er à 4.
7. C. urb., art. A. 424-3, al. 5 à 8.
8. CE 20 déc. 2023, *M. Ciret*, req. n° 461552, *Lebon T.* ; *BJDU* 2024. 35, concl. L. Domingo.

345.62 Conséquences pour le bénéficiaire et pour les tiers. Le bénéficiaire du permis ne peut se prévaloir des mentions erronées de l'autorisation qui lui a été délivrée. Par exemple, si le permis autorise le passage d'une destination « exploitation agricole » à une destination « habitation » alors que la demande portait sur le passage à une destination « commerce », le bénéficiaire du permis ne peut affecter les locaux qu'à un usage de commerce et non un usage d'habitation. De même, si le permis évoque une surface de plancher de 300 m^2 alors que la demande n'en mentionnait que 30, il ne peut construire que 30 m^2 de surface et non pas 300[1].

Les tiers ne peuvent trouver dans la contradiction entre le dossier de permis et l'arrêté de permis un moyen d'illégalité permettant d'obtenir l'annulation de l'autorisation contestée. En effet, une telle contradiction est regardée comme étant « sans incidence sur (...) la légalité du permis ». Cela signifie qu'un moyen reposant sur celle-ci présente un caractère inopérant et, par suite, ne peut être utilement invoqué[2].

§ 3 Règles de forme et de contenu variables selon le sens et la nature de la décision

A. Règles communes aux décisions de refus, de sursis, comportant des participations d'urbanisme ou des prescriptions, et accordant une dérogation ou une adaptation mineure

345.71 Indication des motifs. Dans les cas prévus aux b à f de l'article A. 424-3 (c'est-à-dire pour les décisions refusant le projet, prononçant un sursis à statuer, assortissant la décision de prescriptions, accordant une dérogation ou une adaptation mineure, ou mettant à la charge du pétitionnaire des participations d'urbanisme), l'arrêté précise les circonstances de droit et de fait qui motivent la décision[3].

345.72 Mention des voies et délais de recours. Dans les cas prévus aux b à f de l'article A. 424-3, l'arrêté indique les voies et délais de recours[4].

B. Décision mettant à la charge du bénéficiaire une participation d'urbanisme

345.81 Arrêté de permis. Lorsque l'arrêté met à la charge du ou des bénéficiaires du permis une ou plusieurs des contributions mentionnées à l'article L. 332-28, il précise la nature et le montant ou la valeur estimée de chacune d'elles[5].

345.82 Décision distincte en cas d'autorisation tacite. En cas de décision tacite (permis tacite ou décision de non-opposition à déclaration préalable), l'arrêté qui fixe les participations exigibles du ou des bénéficiaires de la décision tacite précise la nature et le montant ou la valeur estimée de chacune d'elles[6].

C. Décision prévoyant que l'exécution des travaux est différée

345.91 Motifs et délais. Lorsque l'exécution des travaux est différée dans l'attente de formalités prévues par une autre législation, l'arrêté en fait expressément la réserve[7].

Il en indique en outre les motifs et précise les délais dans lesquels les travaux pourront commencer[8].

1. V. en ce sens CE, sect., 25 juin 2004, *SCI Maison médicale Edison*, req. n° 228437, *Lebon ; RDI* 2004. 461, obs. P. Soler-Couteaux ; *AJDA* 2004. 1930, chron. C. Landais et F. Lenica ; *Constr.-Urb.* 2004, comm. 194, obs. Ph. Benoit-Cattin : « la circonstance que le calcul de la surface hors œuvre nette opéré par le service instructeur a conduit à mentionner, sur le permis délivré le 14 octobre 1987 et modifié le 19 mai 1989, une surface hors œuvre nette erronée », ne donne au bénéficiaire « aucun droit acquis à construire, indépendamment des plans déposés, une surface hors œuvre nette à due concurrence de celle mentionnée à tort sur le permis de construire ».
2. CE 20 déc. 2023, *M. Ciret*, req. n° 461552 – CE 29 déc. 1999, *Sté Stim Île-de-France résidentiel SNC*, req. n° 167484, NP.
3. C. urb., art. A. 424-4.
4. C. urb., art. A. 424-4 – Sur l'étendue de cette obligation, et les effets s'attachant à une omission ou une erreur, v. ss nos 611.361 s.
5. C. urb., art. A. 424-5, al. 1er ; art. R. 424-7, al. 1er – L'article R. 424-7 ajoute que : – lorsqu'une de ces contributions prend la forme d'un apport de terrain en application de l'article L. 332-10, dans sa rédaction antérieure à l'entrée en vigueur de la loi n° 2010-1658 du 29 décembre 2010 de finances rectificative pour 2010, « la décision précise la superficie à céder et en mentionne la valeur déterminée par le directeur départemental ou, le cas échéant, régional des finances publiques » (al. 2) ; – lorsqu'une de ces contributions prend la forme d'exécution de travaux en application de l'article L. 332-10, dans sa rédaction antérieure à l'entrée en vigueur de la loi n° 2010-1658 du 29 décembre 2010 de finances rectificative pour 2010, « la décision précise les caractéristiques générales des travaux et l'estimation de leur coût » (al. 3). – Sur ces dispositions, v. ss n° 551.23.
6. C. urb., art. A. 424-5, al. 2 ; art. R. 424-8.
7. C. urb., art. R. 424-6.
8. C. urb., art. A. 424-6.

D.
Décision prononçant un sursis à statuer

345.101 Durée du sursis et délai de confirmation. Lorsqu'il prononce un sursis à statuer, l'arrêté indique la durée du sursis et le délai dans lequel le demandeur pourra confirmer sa demande. En l'absence d'une telle indication, aucun délai n'est opposable au demandeur[1].

E.
Décision autorisant le projet

345.111 Date d'affichage en mairie. En cas d'autorisation ou de non-opposition à déclaration préalable, la décision mentionne la date d'affichage en mairie ou la date de publication par voie électronique de l'avis de dépôt prévu à l'article R. 423-6[2].

Cette information se trouve ainsi établie. Elle n'aura pas à être recherchée, en cas de besoin, par le bénéficiaire, un tiers ou le juge (celui-ci, en cas de recours, se place au jour de cet affichage ou de cette publication pour apprécier l'intérêt à agir du requérant[3]).

345.112 Informations sur la portée du permis. Lorsque la décision accorde le permis, elle précise les conditions dans lesquelles elle devient exécutoire[4].

L'arrêté de permis est en outre complété par les informations suivantes[5] :

« Durée de validité du permis :

Conformément à l'article R. 424-17 du code de l'urbanisme, le permis est périmé si les travaux ne sont pas entrepris dans le délai de trois ans à compter de sa notification au bénéficiaire. Il en est de même si, passé ce délai, les travaux sont interrompus pendant un délai supérieur à une année.

En cas de recours contre le permis le délai de validité est suspendu jusqu'au prononcé d'une décision juridictionnelle irrévocable. Il en va de même, en cas de recours contre une décision prévue par une législation connexe donnant lieu à une réalisation différée des travaux dans l'attente de son obtention.

Le bénéficiaire du permis peut commencer les travaux après avoir :

– adressé au maire, en trois exemplaires, une déclaration d'ouverture de chantier (le modèle de déclaration Cerfa n° 13407 est disponible à la mairie ou sur le site internet urbanisme du Gouvernement) ;

– installé sur le terrain, pendant toute la durée du chantier, un panneau visible de la voie publique décrivant le projet. Le modèle de panneau, conforme aux prescriptions des articles A. 424-15 à A. 424-19, est disponible à la mairie, sur le site internet urbanisme du Gouvernement ainsi que dans la plupart des magasins de matériaux.

Attention : le permis n'est définitif qu'en l'absence de recours ou de retrait :

– dans le délai de deux mois à compter de son affichage sur le terrain, sa légalité peut être contestée par un tiers. Dans ce cas, l'auteur du recours est tenu d'en informer le bénéficiaire du permis au plus tard quinze jours après le dépôt du recours ;

– dans le délai de trois mois après la date du permis, l'autorité compétente peut le retirer, si elle l'estime illégal. Elle est tenue d'en informer préalablement le bénéficiaire du permis et de lui permettre de répondre à ses observations.

Le permis est délivré sous réserve du droit des tiers : il vérifie la conformité du projet aux règles et servitudes d'urbanisme. Il ne vérifie pas si le projet respecte les autres réglementations et les règles de droit privé. Toute personne s'estimant lésée par la méconnaissance du droit de propriété ou d'autres dispositions de droit privé peut donc faire valoir ses droits en saisissant les tribunaux civils, même si le permis respecte les règles d'urbanisme ».

345.113 Précisions complémentaires lorsque l'autorisation porte sur une construction. Lorsque le projet porte sur des constructions, l'arrêté indique leur destination et, s'il y a lieu, la surface de plancher créée[6].

Il rappelle au bénéficiaire du permis l'obligation de souscrire l'assurance de dommages prévue par l'article L. 242-1 du code des assurances[7].

Lorsque le terrain d'assiette se trouve situé dans un périmètre de protection, le permis de construire mentionne explicitement, le cas échéant, les servitudes instituées en application des dispositions spécifiques du code de l'environnement et du code minier[8].

345.114 Précisions complémentaires lorsque l'autorisation porte sur un lotissement. Lorsque le projet porte sur un lotissement, l'arrêté précise le nombre maximum de lots et la surface de plancher maximale dont la construction est autorisée dans l'ensemble du lotissement. Il précise, s'il y a lieu, la répartition de cette surface entre les différents lots[9].

Lorsqu'il autorise le lotisseur à procéder à la vente ou à la location des lots avant l'exécution de tout ou partie des travaux prescrits, l'arrêté fixe, conformément, selon les cas, au a ou au b de l'article R. 442-

1. V. s^s n° 344.371.
2. C. urb., art. R. 424-5, al. 1er.
3. V. s^s n° 611.321.
4. C. urb., art. R. 424-11.
5. C. urb., art. A. 424-8.
6. C. urb., art. A. 424-9, al. 1er.
7. C. urb., art. A. 424-9, al. 2.
8. V. s^s n° 162.12.
9. C. urb., art. A. 424-10.

13, les délais dans lesquels les travaux devront être achevés[1].

345.115 Précisions complémentaires lorsque l'autorisation porte un terrain de camping ou un PRL. Lorsque le projet porte sur un terrain de camping ou un parc résidentiel de loisirs, l'arrêté fixe le nombre maximum d'emplacements[2].

Lorsque le projet porte sur un terrain de camping, l'arrêté fixe[3] :

- le nombre d'emplacements réservés indistinctement aux tentes, aux caravanes et aux résidences mobiles de loisirs (a) ;
- lorsque l'implantation d'habitations légères de loisirs est envisagée, leur localisation (b).

Lorsque le projet porte sur un terrain de camping devant faire l'objet d'une exploitation saisonnière, l'arrêté fixe la période d'exploitation, en dehors de laquelle aucune tente ou caravane ne peut être ou rester installée sur le terrain[4].

§ 4
Motivation de la décision

345.121 Décisions de rejet, assortie de prescriptions, prononçant un sursis à statuer ou accordant une dérogation ou une adaptation mineure. La décision doit être motivée :

- si elle comporte rejet de la demande[5] ;
- si elle est assortie de prescriptions[6] ;
- s'il s'agit d'un sursis à statuer[7] ;
- lorsqu'une dérogation ou une adaptation mineure est accordée[8].

L'obligation de motivation s'impose également, pour les trois premières décisions, au titre des dispositions de droit commun du CRPA[9] soumettant à cette exigence les décisions individuelles défavorables[10]. Il en résulte deux conséquences. D'une part, l'administration est dispensée de l'obligation de motivation en cas d'« urgence absolue », à charge pour elle, si le destinataire de la décision le demande, de lui fournir cette motivation dans un délai d'un mois[11]. D'autre part, le pétitionnaire est en droit de demander à l'administration la communication des motifs de la décision si celle-ci est prise de façon tacite ; ces motifs doivent lui être transmis dans un délai d'un mois[12].

345.122 Autorisation portant sur les éléments et secteurs identifiés au titre de l'article R. 151-7 dans les ZU d'un PLUI. La délivrance d'une autorisation d'urbanisme portant sur les éléments et secteurs identifiés au titre de l'article R. 151-7[13] dans les zones urbaines d'un PLUI réglementées par l'article R. 151-19[14] doit être motivée au regard de l'article R. 111-27[15].

345.123 Décision autorisant un projet soumis à évaluation environnementale. Lorsque la décision autorise un projet soumis à évaluation environnementale, elle comprend en annexe un document comportant les éléments mentionnés au I de l'article L. 122-1-1 du code de l'environnement[16].

SECTION 2
DÉCISION TACITE

345.131 Permis et déclaration préalable. L'absence de décision prise par l'administration avant l'expiration du délai d'instruction fait naître une décision implicite. En principe, le silence vaut acceptation du projet. Par exception, il vaut refus de celui-ci.

§ 1
Principe : le silence vaut acceptation du projet

A.
Silence valant permis tacite ou décision de non-opposition

345.141 Silence valant acceptation. À défaut de notification d'une décision expresse dans le délai d'instruction[17], le silence gardé par l'autorité compétente vaut, selon les cas :

- décision de non-opposition à la déclaration préalable[18] ;
- permis de construire, permis d'aménager ou permis de démolir tacite[19].

1. C. urb., art. A. 424-11.
2. C. urb., art. A. 424-12.
3. C. urb., art. A. 424-13, al. 1er à 3.
4. C. urb., art. A. 424-13, al. 4.
5. V. ss nos 344.151 et s.
6. V. ss no 344.41.
7. V. ss nos 344.351 et s.
8. V. ss no 344.102.
9. CRPA, art. L. 211-2.
10. CE 30 avr. 2003, *Emad X.*, req. no 239245, *Lebon T.*
11. CRPA, art. L. 211-6.
12. CRPA, art. L. 232-4.
13. V. ss nos 231.341 s.
14. V. ss nos 231.571 s.
15. V. ss nos 116.51 s. – C. urb., art. R. 424-5-2.
16. C. urb., art. L. 424-4.
17. V. ss nos 334.05 s.
18. C. urb., art. R. 424-1, a.
19. C. urb., art. L. 424-1, al. 1er ; art. R. 424-1, b ; – par ex. : CAA Lyon, 22 déc. 2009, *Ferney-Voltaire (Cne)*, req. no 07LY00614, NP : le délai d'instruction ayant commencé ▶

Ainsi, en l'absence de décision expressément prise avant le terme prévu, le silence vaut acceptation[1]. Et ce même si, de façon erronée, l'accusé de réception de la demande de permis a indiqué que le silence vaut rejet de la demande[2].

Dans le régime de la déclaration préalable, la décision tacite constitue le mode normal de naissance d'une décision de non-opposition. En effet, s'agissant d'un régime déclaratif, l'administration, informée de l'existence d'un projet, n'intervient expressément que si elle entend s'opposer à celui-ci ou imposer le respect de prescriptions.

En revanche, dans le régime du permis, la décision tacite constitue le mode anormal de naissance de délivrance du permis. S'agissant d'un régime d'autorisation préalable, l'administration est censée se prononcer de manière expresse. Le mécanisme de délivrance tacite du permis à l'expiration du délai d'instruction vient sanctionner un retard à statuer dans le délai d'instruction, avec pour objectif d'inciter l'administration à rendre sa décision avant l'expiration de celui-ci. Les permis tacites sont, en pratique, assez rares.

345.142 Principe ancien. D'un point de vue historique, le principe selon lequel l'administration ne peut pas faire obstacle, par son silence, au droit de construire, est consacré depuis le milieu du XIXe siècle[3].

B. Intervention d'une décision expresse

1° Avant l'expiration du délai d'instruction

a. Décision de refus ou d'opposition

345.151 Obstacle au mécanisme d'autorisation tacite. L'intervention d'une décision expresse de refus de permis ou d'opposition à déclaration préalable avant l'expiration du délai d'instruction fait obstacle au mécanisme d'autorisation tacite.

345.152 Preuve de la date. Lorsque la décision de refus ou d'opposition est notifiée au demandeur par LRAR, ainsi que le prévoit le premier alinéa de l'article R. 424-10 du code de l'urbanisme, dont les dispositions s'appliquent également à la décision de sursis à statuer, le demandeur est, comme l'indique explicitement l'article R. 423-47 de ce code s'agissant de la notification de la liste des pièces manquantes en cas de dossier incomplet et de la notification de la majoration, de la prolongation ou de la suspension du délai d'instruction d'une demande, « réputé avoir reçu notification de la décision à la date de la première présentation du courrier par lequel elle lui est adressée ». Il incombe à l'administration, « lorsque sa décision est parvenue au pétitionnaire après l'expiration de ce délai et qu'elle entend contester devant le juge administratif l'existence d'une décision implicite de non-opposition préalable ou d'un permis tacite, d'établir la date à laquelle le pli portant notification sa décision a régulièrement fait l'objet d'une première présentation à l'adresse de l'intéressé »[4].

b. Sursis à statuer

345.161 Obstacle au mécanisme d'autorisation tacite. Les dispositions de l'article R. 424-1 du code de l'urbanisme « s'appliquent également à la décision par laquelle l'autorité administrative sursoit à statuer sur la demande ou le projet qui lui est soumis, de sorte que la notification d'une telle décision avant le terme du délai réglementaire d'instruction fait obstacle à la naissance d'une décision implicite de non-opposition à déclaration préalable ou d'un permis tacite »[5].

2° Après l'expiration du délai d'instruction

345.171 Requalification en retrait. Un refus de permis pris après l'expiration du délai d'instruction s'analyse en un retrait du permis tacitement délivré[6]. Il en va de même en cas de décision d'opposition à déclaration préalable prise après l'expiration de ce délai.

Si le pétitionnaire présente une nouvelle demande de permis alors qu'il est (sans le savoir) déjà titulaire d'un permis tacite, le refus de permis pris deux ans plus tard sur un projet identique ne peut avoir pour effet de retirer le permis tacitement obtenu[7].

▶ à courir le 19 novembre 2004, le pétitionnaire a obtenu le 19 janvier 2005 à minuit un permis de construire tacite ; – également : CE 16 mars 2016, *Lignac*, req. n° 388936, NP.

1. V. CE 24 mai 2024, *M. Chehade et autres*, req. n° 472321, *Lebon T.* : arrêt indiquant que « l'auteur d'une déclaration préalable ou d'une demande de permis est réputé être titulaire d'une décision de non-opposition ou d'un permis tacite si aucune décision ne lui a été notifiée avant l'expiration du délai réglementaire d'instruction de son dossier ».
2. CE, sect., 25 juin 2004, *SCI Maison médicale Edison*, req. n° 228437, *Lebon ; RDI* 2004. 461, obs. P. Soler-Couteaux ; *AJDA* 2004. 1930, chron. C. Landais et F. Lenica ; *Constr.-Urb.* 2004, comm. 194, obs. Ph. Benoit-Cattin.
3. V. D. Piveteau, *BJDU* 2004. 183, concl. sur CE, sect., 25 juin 2004, *SCI Maison médicale Edison*.
4. CE 24 mai 2024, *M. Chehade et autres*, req. n° 472321, *Lebon T.*
5. CE 24 mai 2024, *M. Chehade et autres*, req. n° 472321.
6. PAR EX. : CAA Lyon, 22 déc. 2009, *Ferney-Voltaire (Cne)*, req. n° 07LY00614, NP.
7. CE 24 févr. 1992, *Heintz*, req. n° 89626, *Lebon T.*

C.
Certificat de décision tacite

345.181 **Délivrance.** En cas de permis tacite ou de non-opposition à un projet ayant fait l'objet d'une déclaration, l'autorité compétente en délivre certificat sur simple demande du demandeur, du déclarant ou de ses ayants droit[1]. Le refus de délivrer cette attestation n'est pas susceptible de rouvrir le délai de recours contentieux à l'encontre de la décision litigieuse[2].

Ce certificat mentionne la date d'affichage en mairie ou la date de publication par voie électronique de l'avis de dépôt prévu à l'article R. 423-6[3].

En cas de permis tacite, ce certificat indique la date à laquelle le dossier a été transmis au préfet ou à son délégué dans les conditions définies aux articles L. 2131-1 et L. 2131-2 du CGCT[4].

345.182 **Stratégie.** Il est conseillé au pétitionnaire d'attendre l'expiration du délai de retrait avant de demander la délivrance du certificat de décision tacite.

D.
Participations d'urbanisme

345.191 **Exigibilité.** Dans le délai de deux mois à compter de l'intervention d'un permis tacite ou d'une décision de non-opposition à une déclaration préalable, l'autorité compétente peut, par arrêté, fixer les participations exigibles du bénéficiaire du permis ou de la décision prise sur la déclaration préalable[5].

§ 2
Exception : cas dans lesquels le silence vaut refus du projet

A.
Régime de la déclaration préalable : absence de cas dans lequel le silence vaut opposition

345.201 **Pas d'opposition tacite.** Il n'y a jamais d'opposition tacite dans le régime de la déclaration préalable. En l'absence de décision expressément prise dans le délai d'instruction, l'expiration de celui-ci emporte toujours décision tacite de non-opposition. Cette solution résulte tant du mécanisme de la déclaration préalable que des dispositions qui le régissent[6].

B.
Régime du permis : cas dans lesquels le silence vaut refus

345.211 **Exceptions.** Les articles R. 424-2 et R. 424-3 du code de l'urbanisme[7] déterminent les cas dans lesquels, par exception au b de l'article R. 424-1[8], le défaut de notification d'une décision expresse dans le délai d'instruction vaut décision implicite de rejet.

1°
SVR en raison d'une procédure particulière

345.221 **Consultations ou évocation.** Le défaut de notification d'une décision expresse dans le délai d'instruction vaut refus implicite de permis dans les cas suivants où une procédure particulière est prévue :

– lorsque les travaux sont soumis à l'autorisation du ministre de la défense ou à une autorisation au titre des sites classés ou en instance de classement ou des réserves naturelles[9] ;

– lorsque le projet fait l'objet d'une évocation par le ministre chargé des sites ou par le ministre chargé de la protection des réserves naturelles[10] ;

– lorsque le projet est soumis à enquête publique en application des articles R. 123-7 à R. 123-23 du code de l'environnement ou à participation du public par voie électronique en application de l'article L. 123-19 du même code[11] ;

– lorsqu'il y a lieu de consulter l'Assemblée de Corse en application de l'article R. 423-56[12] ;

– lorsque la délivrance du permis est subordonnée, en application de l'article L. 212-7 du code du cinéma, à une autorisation de création, d'extension ou de réouverture au public d'établissements de spectacles cinématographiques et que la demande a fait l'objet d'un refus de la commission départementale compétente[13] ;

1. C. urb., art. R. 424-13, al. 1er.
2. CE 27 juill. 1990, *Sté les coopérateurs de Picardie*, req. n° 98665, NP.
3. C. urb., art. R. 424-13, al. 2 – Sur l'intérêt et la portée de cette information, v. ss n° 345.111.
4. C. urb., art. R. 424-13, al. 3.
5. C. urb., art. L. 424-6 – Sur l'établissement de celles-ci, v. ss n° 345.82.
6. V. ss n° 345.141.
7. Pris sur le fondement du second alinéa de l'article L. 424-2 du même code (« Un décret en Conseil d'État précise les cas dans lesquels un permis tacite ne peut être acquis »).
8. V. ss n° 345.141.
9. C. urb., art. R. 424-2, a.
10. C. urb., art. R. 424-2, b.
11. C. urb., art. R. 424-2, d ; mod. par décr. n° 2022-422, 25 mars 2022.
12. C. urb., art. R. 424-2, e.
13. C. urb., art. R. 424-2, g.

– lorsque le projet relève de l'article L. 425-4 ou a été soumis pour avis à la CDAC sur le fondement de l'article L. 752-4 du code de commerce et que la CDAC ou, le cas échéant, de la CNAC a rendu un avis défavorable[1] ;

– lorsque la délivrance du permis est subordonnée, en application de l'article L. 425-13, à l'obtention d'une dérogation prévue par l'article L. 112-13 du CCH (surélévation d'un immeuble achevé depuis plus de 2 ans) et que cette dérogation a été refusée[2].

2°
SVR en raison de la localisation du terrain

345.231 Site protégé. Le défaut de notification d'une décision expresse dans le délai d'instruction vaut refus implicite de permis dans les cas suivants où le terrain se situe sur un site protégé :

– lorsque le projet porte sur un immeuble inscrit au titre des monuments historiques[3] ;

– lorsque le projet est situé dans un espace ayant vocation à être classé dans le cœur d'un futur parc national dont la création a été prise en considération en application de l'article R. 331-4 du code de l'environnement ou dans le cœur d'un parc national délimité en application de l'article L. 331-2 du même code[4] ;

– lorsque le projet porte sur une démolition soumise à permis en site inscrit[5], y compris lorsque cette demande porte également sur une construction[6].

3°
SVR en raison de l'avis défavorable de l'ABF

345.241 Avis défavorable ou avis favorable assorti de prescriptions. Le défaut de notification d'une décision expresse dans le délai d'instruction vaut refus implicite de permis lorsque la décision est soumise à l'accord de l'architecte des Bâtiments de France et que celui-ci a notifié, dans les délais mentionnés aux articles R. 423-59 et R. 423-67, un avis défavorable ou un avis favorable assorti de prescriptions[7].

Il en est de même, en cas de recours de l'autorité compétente contre l'avis de l'architecte des Bâtiments de France, lorsque le préfet de région a rejeté le recours[8].

345.242 Information du pétitionnaire. En cas d'avis défavorable de l'architecte des Bâtiments de France, ou d'avis défavorable assorti de prescriptions, ou de rejet du recours par le préfet de région, l'architecte des Bâtiments de France ou le préfet de région adresse copie de son avis ou de sa décision au demandeur et lui fait savoir qu'en conséquence il ne pourra pas se prévaloir d'un permis tacite[9].

La non-exécution de cette formalité, dont le seul objet est l'information du demandeur, ne peut avoir pour effet l'acquisition d'un permis tacite[10].

§ 3
Motivation de la décision tacite

345.251 Motivation pouvant être demandée. Dans l'hypothèse d'un refus tacite, l'administration a l'obligation, si le pétitionnaire lui demande les motifs de cette décision, de les lui communiquer dans un délai d'un mois[11].

SECTION 3
INSTALLATION DES POSTES DE TRANSFORMATION DE COURANT ÉLECTRIQUE OU DES POSTES DE DÉTENTE DE GAZ

345.260 Renvoi. Les constructeurs et lotisseurs sont tenus de supporter l'installation, sur le terrain de l'opération ou dans un local qu'ils mettent à disposition, des postes de transformation de courant électrique ou des postes de détente de gaz des distributeurs d'énergie[12].

1. C. urb., art. R. 424-2, h.
2. C. urb., art. R. 424-2, j.
3. C. urb., art. R. 424-2, c ; – par ex. : CE 23 sept. 2021, *Cne de Bordeaux*, req. n° 432650, *Lebon T.* ; *BJDU* 2022. 37, concl. O. Fuchs ; *Constr.-urb.* 2021, comm. 114, note X. Couton ; *RDI* 2021. 611, obs. P. Soler-Couteaux.
4. C. urb., art. R. 424-2, f.
5. C. urb., art. R. 424-2, i.
6. CE 12 févr. 2020, *Paris (Ville) c/Sté Le Toit parisien*, req. n° 421949, *Lebon T.*
7. C. urb., art. R. 424-3, al. 1er.
8. C. urb., art. R. 424-3, al. 2.
9. C. urb., art. R. 424-4.
10. CE 29 mars 2017, *SCI Maryse*, req. n° 392940, *Lebon T.* ; *BJDU* 2017. 238, concl. L. Dutheillet de Lamothe ; *Constr. Urb.* 2017, comm. 67, note. X. Couton.
11. CE 30 avr. 2003, *Khashoggi*, req. n° 239245, *Lebon T.* ; *Constr.-Urb.* 2003, comm. 236, obs. P. Benoit-Cattin.
12. V. ss nos 553.831 s.

CHAPITRE

346. Publicité de la décision et déclaration d'ouverture de chantier

SECTION 0

ORIENTEUR

346.00 **Sommaire du chapitre.**

346.01 Textes applicables.

• **C. urb.**, art. R. 424-10 s.

346.02 Jurisprudence de référence.

> Le défaut d'affichage n'entache pas d'illégalité l'autorisation d'urbanisme

• **CE, sect., 31 déc. 1976,** *Assoc. Les amis de l'île de Groix*, req. n° 03164, *Lebon.*

346.03 Bibliographie indicative.

Encyclopédies. *DP constr.-urb.*, ét. : « Permis de construire » ; ét. : « Permis d'aménager » ; ét. : « Déclaration préalable » ; ét. : « Permis de démolir » – *J.-Cl. Constr.-Urb.*, fasc. 25-24 : « Permis de construire. – Décision. Transfert. Caducité », par G. Livet-Veaux et M. Moritz, sept. 2022 ; fasc. 28 : « Permis d'aménager », par G. Liet-Veaux, mai 2007, mis à jour oct. 2009 ; fasc. 26-40 : « Permis de construire. – Effets », par G. Livet-Veaux et J.-L. Pissaloux, août 2013.

Traité. N. Baillon, *Traité du permis de construire*, 6e éd., « Référence juridique », Le Moniteur, 2017.

Monographies. Ph. Boulisset, S. Cardi, S. Consalvi, R. Thielé, *Permis de construire 2021-2022 : permis de démolir, permis d'aménager, déclaration préalable*, 3e éd., « Encyclopédie Delmas pour la vie des affaires », Delmas, 2021 – V. Lachaut-Dana, *Permis de construire et autorisations d'urbanisme : études préalables, délivrance, mise en œuvre*, 2e éd., « Pratique du droit », Le Moniteur, 2019 – C. Mialot et F. Ehrenfeld, *Le permis de construire et autres autorisations d'urbanisme*, « Les indispensables », Berger-Levrault, 2018 – O. Bonneau, S. Guirriec, C. Morot-Monomy, *Délivrer et contrôler les autorisations d'urbanisme*, « Dalloz Public », Dalloz, 2021.

346.04 Questions essentielles.

> Quelles mentions doit contenir le panneau d'affichage ?

* V. ss nos 346.121 s.

> Où doit-être implanté le panneau d'affichage ?

* V. ss nos 346.171 s.

> Par quels procédés l'affichage de l'autorisation d'urbanisme sur le terrain peut-il être prouvé ?

* V. ss nos 346.201 s.

346.05 Informations et formalités. Une fois la décision prise, celle-ci va être portée à la connaissance des personnes et autorités concernées en vue de lui conférer un caractère exécutoire.

Il revient par ailleurs au bénéficiaire d'un permis de construire ou d'aménager d'adresser à l'administration une « déclaration d'ouverture de chantier » lorsqu'il débute les travaux.

SECTION 1
NOTIFICATION ET TRANSMISSION DE LA DÉCISION

§ 1
Notification et transmission de la décision expresse

A.
Notification au pétitionnaire

1°
Principe d'un envoi par LRAR

a.
Exigence d'un envoi par LRAR

346.11 Texte. La décision accordant ou refusant le permis ou s'opposant au projet faisant l'objet d'une déclaration préalable « est notifiée au demandeur par lettre recommandée avec demande d'avis de réception postal »[1], le cas échéant sous forme dématérialisée[2].

346.12 Date à laquelle la notification est considérée comme réalisée. La notification[3] :

– intervient à la date à laquelle le demandeur accuse réception de la décision, en cas de réception dès la première présentation du pli la contenant ;

– ou, à défaut, doit être regardée comme intervenant à la date à laquelle le pli est présenté pour la première fois à l'adresse indiquée par le demandeur.

346.13 Envoi à l'adresse indiquée. Lorsque le pli recommandé contenant une décision prise à la suite d'une demande d'autorisation de construire est envoyé à l'adresse que le pétitionnaire a indiquée dans sa demande, la notification est régulière et ouvre le délai de recours même en cas de retour de ce courrier à son expéditeur en raison du caractère erroné ou incomplet de cette adresse[4].

346.14 Preuve de la notification. Il incombe à l'administration d'apporter la preuve de la régularité de la notification[5].

Cette preuve peut résulter[6] :

– soit de mentions précises, claires et concordantes portées sur l'enveloppe ;

– soit, à défaut, d'une attestation du service postal ou d'autres éléments de preuve établissant les raisons pour lesquelles le préposé du service postal n'a pu délivrer le pli.

1. C. urb., art. R. 424-10, al. 1er.
2. V. ss n° 336.31.
3. CE 16 mars 2016, *Lignac*, req. n° 388936, NP.
4. CE 6 avr. 2007, *SCI APA*, req. n° 288945, NP.
5. CE 6 avr. 2007, *SCI APA*, req. n° 288945, NP.
6. CE 6 avr. 2007, *SCI APA*, req. n° 288945, NP.

Cette preuve ne peut résulter d'une simple attestation du secrétaire de mairie selon laquelle ce dernier aurait remis une ampliation de cet arrêté au pétitionnaire à son domicile[1].

346.15 Décision concernant plusieurs pétitionnaires. En cas de demande émanant de plusieurs pétitionnaires, le permis de construire délivré par l'autorité administrative compétente, accorde une autorisation unique en raison de l'objet de la construction et non en considération de la personne du pétitionnaire. Il en résulte que la notification d'une décision de rejet à l'un des co-demandeurs, antérieurement à l'expiration du délai d'instruction de la demande, s'oppose nécessairement à la formation d'une autorisation tacite, quand bien les autres co-demandeurs n'en auraient pas été informés. Par suite, la notification par le maire de la commune, saisi d'une demande de permis de construire émanant de plusieurs pétitionnaires, à la société ayant rempli le formulaire CERFA, n° 16297, prévu par l'article A. 421-4 du code de l'urbanisme, avant l'expiration du délai d'instruction de cette demande, du refus opposé à celle-ci, faisait nécessairement obstacle à la formation d'une autorisation tacite quand bien même la société co-demanderesse qui, au demeurant, avait le même représentant légal que l'autre société pétitionnaire, n'en a pas été informée[2].

Par ailleurs, lorsqu'une demande de permis de construire est présentée par plusieurs personnes et que l'autorité administrative compétente prend une décision de rejet fondée sur l'impossibilité de réaliser légalement la construction envisagée[3] :

- en principe, « la notification de ce refus exprès à l'un des demandeurs avant l'expiration du délai d'instruction fait obstacle à la naissance d'un permis de construire tacite au terme de ce délai, y compris à l'égard des demandeurs auxquels ce refus n'a pas été notifié avant l'expiration du délai » ;

- par tempérament à ce principe, « lorsque la décision expresse de refus, notifiée avant l'expiration du délai d'instruction à l'un des demandeurs, ne rejette la demande de permis qu'en tant qu'elle émane de cette personne et pour des motifs propres à son projet de construction, notamment pour le motif qu'elle ne dispose pas d'un titre l'habilitant à construire », une telle décision ne fait « alors, par elle-même, pas obstacle à la naissance éventuelle d'un permis tacite à l'issue du délai d'instruction au profit des autres demandeurs pour leur propre projet de construction ».

b.
Admission d'un envoi par un procédé présentant les mêmes garanties qu'une LRAR

346.21 Souplesse jurisprudentielle. Si l'article R. 424-10 du code de l'urbanisme dispose que la décision par laquelle le maire s'oppose à un projet faisant l'objet d'une déclaration préalable doit être notifiée au demandeur par LRAR, « une telle disposition ne rend pas irrégulière une notification par un autre procédé présentant des garanties équivalentes »[4].

Tel n'est pas le cas :

- d'une remise du pli par porteur motocycliste non pas à un préposé de la société pétitionnaire mais à celui d'une autre société, domiciliée à la même adresse[5] ;

- ni d'une attestation sur l'honneur du maire indiquant qu'il a lui-même déposé le pli dans la boîte aux lettres du pétitionnaire[6].

En revanche, l'exigence peut être satisfaite par une remise en main propre - que l'on suppose contre signature[7].

2°
Possibilité d'un envoi simple lorsque la décision accorde le permis sans prévoir de participation ni de prescription

346.31 Notification par pli non recommandé. Lorsque la décision accorde le permis sans prévoir de participation ni de prescription, elle peut être notifiée par pli non recommandé[8].

3°
Information sur la transmission au préfet

346.41 Information dans la notification. Lorsque la décision est de la compétence du maire ou du président de l'EPCI, la lettre notifiant l'arrêté informe le ou les demandeurs de la date à laquelle la décision et le dossier ont été transmis au préfet ou à son délégué dans les conditions définies aux articles L. 2131-1 et L. 2131-2 du CGCT[9].

1. CE 30 nov. 1994, *Kieffer*, req. n° 130466, NP : arrêt précisant que cette attestation ne peut être retenue comme preuve de la notification « eu égard aux fonctions de l'intéressé ».
2. CE 17 nov. 2018, *Sté Serpe c/Mauguio (Cne)*, req. n° 17MA04408, *Lebon T.*
3. CE 2 avr. 2021, *Sté Serpe*, req. n° 427931, *Lebon T. ; BJDU* 2021. 269, concl. N. Polge.
4. CE 6 juin 2012, *Sté Molière*, req. n° 344643, NP.
5. CE 6 juin 2012, *Sté Molière*, req. n° 344643, NP.
6. CAA Marseille, 20 déc. 2011, *Guarrigues (Cne)*, req. n° 10MA00675, NP.
7. CAA Marseille, 4 déc. 2009, *Nolet de Brauwere*, req. n° 07MA04850, NP.
8. C. urb., art. R. 424-10, al. 3.
9. C. urb., art. R. 424-12 ; art. A. 424-14 – Sur la transmission au préfet, v. ss nos 346.61 s.

B.
Envoi d'une copie de la décision au maire (cas d'une décision prise par l'EPCI)

346.51 Décision prise par le président de l'EPCI. Lorsque la décision est prise par le président de l'EPCI, celui-ci en adresse copie au maire de la commune[1].

C.
Transmission au préfet

346.61 Exigence de transmission. Lorsque la décision est de la compétence du maire ou du président de l'EPCI, le permis de construire et les autres autorisations d'utilisation du sol doivent être transmis au préfet[2].

§ 2
Notification et transmission de la décision tacite

A.
Champ de l'obligation de notification

346.71 Absence d'obligation pour les autorisations tacites. Ne sont soumis à une obligation de notification :

- ni le permis tacite ;
- ni la décision de non-opposition.

Le pétitionnaire peut néanmoins demander un certificat de délivrance du permis tacite ou de la décision de non-opposition[3].

346.72 Obligation limitée à l'arrêté fixant les participations d'urbanisme. L'arrêté fixant les participations exigibles du bénéficiaire d'un permis tacite ou d'une décision de non-opposition à une déclaration préalable est notifié au demandeur par LRAR[4], le cas échéant sous forme dématérialisée[5].

B.
Obligation de transmission au préfet

346.81 Obligation de transmission. Le CGCT ne distingue pas entre autorisations expresses et autorisations tacites. Par suite, les permis tacites et décisions de non-opposition sont soumis à l'obligation de transmission[6].

346.82 Transmission de l'entier dossier. Lorsque, en application de l'article R. 423-38 du code de l'urbanisme, la commune invite le pétitionnaire à compléter son dossier de demande, la transmission au préfet de l'entier dossier implique que la commune lui transmette les pièces complémentaires éventuellement reçues en réponse à cette invitation[7].

346.83 Cas où la commune a fait appel aux services de l'État pour l'instruction du dossier. Lorsqu'une commune a fait appel aux services de l'État pour l'instruction d'un dossier de permis de construire sur le fondement des dispositions de l'article L. 422-8 du code de l'urbanisme, cette demande d'instruction ne constitue, en l'absence de toute demande expressément formulée en ce sens par la commune auprès des services instructeurs, ni une transmission faite aux services de l'État en application des articles L. 2131-1 et L. 2131-2 du CGCT, ni une transmission au préfet au titre de l'obligation posée par l'article R. 423-7 du code de l'urbanisme. Dans l'hypothèse où les services instructeurs ont transmis le dossier, après naissance d'un permis tacite, aux services de la préfecture chargés du contrôle de légalité, cette transmission ne peut se substituer à celle que le maire doit obligatoirement faire au préfet en application des dispositions de l'article R. 423-7 du code de l'urbanisme, sauf dans le cas où elle aurait été faite sur demande expresse de la commune[8].

SECTION 2
AFFICHAGE DE L'AUTORISATION

346.91 Double affichage. Le bénéficiaire de l'autorisation a l'obligation d'informer les tiers de son existence en procédant à un affichage de celle-ci sur le terrain. Un affichage est en outre réalisé à la mairie.

Les modalités d'affichage sont régies par les règles en vigueur à la date d'édiction de cette décision[9].

1. C. urb., art. R. 424-10, al. 4.
2. CGCT, art. L. 2131-1 ; art. L. 2131-2 du CGCT, 6°.
3. V. s^s n° 345.181.
4. C. urb., art. R. 424-10, al. 2 – Sur la jurisprudence rendue relativement à l'alinéa 1er, transposable à l'alinéa 2, v. s^s n°s 346.11 s.
5. V. s^s n° 336.31.
6. V. s^s n° 346.61.
7. CE 22 oct. 2018, *de Fondaumière (M.)*, req. n° 400779, *Lebon T. ; JCP Adm.* 2019, n° 2043, note L. Molinero.
8. V. s^s n° 611.425.
9. CE 22 sept. 2014, *Misak (Mme) et a.*, req. n° 361715, *Lebon T. ; BJDU* 2014. 483, concl. X. de Lesquen.

§ 1
Affichage sur le terrain

A.
Obligation et durée de l'affichage

1°
Obligation d'affichage de l'autorisation

346.101 **Obligation d'affichage.** Mention du permis explicite ou tacite ou de la déclaration préalable doit être affichée sur le terrain, « par les soins de son bénéficiaire »[1] :

- « dès la notification de l'arrêté » ;
- ou « dès la date à laquelle le permis tacite ou la décision de non-opposition à la déclaration préalable est acquis ».

Le fait que le permis n'ait pas été affiché sur le terrain dès la date de sa délivrance « n'a pas d'autre effet que de repousser le point de départ du délai de recours »[2].

Par ailleurs, le défaut d'affichage n'entache pas d'illégalité l'autorisation d'urbanisme[3]. Il a en revanche un effet sur le délai recours contentieux[4] et empêche le bénéficiaire de soulever comme moyen de défense le défaut de notification du recours[5].

346.102 **Absence d'obligation pour les DP portant sur une coupe ou un abattage d'arbres situés en dehors des secteurs urbanisés.** L'affichage n'est pas obligatoire pour les déclarations préalables portant sur une coupe ou un abattage d'arbres situés en dehors des secteurs urbanisés[6].

346.103 **Nouvel affichage du permis en cas d'annulation d'un retrait.** Lorsqu'un permis de construire est retiré et que ce retrait est annulé, le permis initial est rétabli à compter de la date de lecture de la décision juridictionnelle prononçant cette annulation. Lorsque le permis avait été retiré dans le délai de recours contentieux, le délai de recours contre le permis ainsi rétabli court à nouveau à l'égard des tiers à compter d'une période continue de deux mois d'affichage sur le terrain[7]. Il en résulte qu'après annulation du retrait, le bénéficiaire de l'autorisation (qui se retrouve à nouveau titulaire de l'autorisation) doit procéder à un nouvel affichage du permis sur le terrain.

1. C. urb., art. R. 424-15, al. 1er ; art. A. 424-15.
2. CE 26 oct. 1994, *SARL Souton*, req. n° 7093, NP.
3. CE, sect., 31 déc. 1976, *Assoc. Les amis de l'île de Groix*, req. n° 03164, *Lebon* ; – de même, pour un retard d'affichage : CE 19 mai 1995, *Vuillaume*, req. n° 126181, NP.
4. V. ss n° 346.144.
5. V. ss n° 346.143.
6. C. urb., art. R. 424-15, al. 1er.
7. CE 6 avr. 2007, *Chabran*, req. n° 296493, *Lebon T.*

2°
Durée de l'affichage

346.111 **Toute la durée du chantier.** L'affichage est obligatoire « pendant toute la durée du chantier »[8]. Il doit être continu et sans interruption.

B.
Contenu du panneau d'affichage

1°
Identification du bénéficiaire et caractéristiques du projet

a.
Informations exigées

346.121 **Renseignements devant être systématiquement mentionnés.** Le panneau d'affichage indique[9] :

- le nom, la raison sociale ou la dénomination sociale du bénéficiaire ;
- le nom de l'architecte auteur du projet architectural ;
- la date de délivrance ;
- le numéro du permis ;
- la nature du projet ;
- la superficie du terrain ;
- ainsi que l'adresse de la mairie où le dossier peut être consulté.

346.122 **Renseignements à mentionner en fonction de la nature du projet.** Le panneau d'affichage indique également, en fonction de la nature du projet[10] :

- si le projet prévoit des constructions, la surface de plancher autorisée ainsi que la hauteur de la ou des constructions, exprimée en mètres par rapport au sol naturel (a) ;
- si le projet porte sur un lotissement, le nombre maximum de lots prévus (b) ;
- si le projet porte sur un terrain de camping ou un parc résidentiel de loisirs, le nombre total d'emplacements et, s'il y a lieu, le nombre d'emplacements réservés à des habitations légères de loisirs (c) ;
- si le projet prévoit des démolitions, la surface du ou des bâtiments à démolir (d).

b.
Sanction d'un défaut d'informations

346.131 **Non-déclenchement du délai de recours.** Un défaut d'informations sur le panneau

8. C. urb., art. R. 424-15, al. 1er ; art. A. 424-18.
9. C. urb., art. 424-16, al. 1er.
10. C. urb., art. 424-16, al. 2 à 6.

d'affichage conduit à ne pas déclencher le délai de recours s'il porte sur un élément substantiel[1].

2°
Mention des voies et délais de recours et de l'obligation de notification

346.141 **Obligation de notification.** Le panneau d'affichage mentionne l'obligation, prévue à peine d'irrecevabilité par l'article R. 600-1, de notifier tout recours administratif ou tout recours contentieux à l'auteur de la décision et au bénéficiaire du permis ou de la décision prise sur la déclaration préalable[2].

346.142 **Mentions requises.** Le panneau d'affichage comprend la mention suivante[3] :

« Droit de recours :

Le délai de recours contentieux est de deux mois à compter du premier jour d'une période continue de deux mois d'affichage sur le terrain du présent panneau (art. R. 600-2 du code de l'urbanisme).

Tout recours administratif ou tout recours contentieux doit, à peine d'irrecevabilité, être notifié à l'auteur de la décision et au bénéficiaire du permis ou de la décision prise sur la déclaration préalable. Cette notification doit être adressée par lettre recommandée avec accusé de réception dans un délai de quinze jours francs à compter du dépôt du recours (art. R. 600-1 du code de l'urbanisme) ».

346.143 **Omission de mentionner l'obligation de notification.** L'absence de mention dans l'affichage de l'obligation de notification du recours :

- rend inopposable l'irrecevabilité prévue à l'article R. 600-1 du code de l'urbanisme[4] ;
- mais n'empêche pas le déclenchement du délai de recours contentieux[5].

346.144 **Omission ou erreur dans l'indication des voies et délais de recours.** Une omission ou erreur dans l'indication des voies et délais de recours conduit à ne pas déclencher le délai de recours contentieux de 2 mois mais, à la place, le délai raisonnable « Czabaj » d'un an[6].

3°
Absence d'exigence de produire un exemplaire de l'autorisation

346.151 **Élément non requis.** Le panneau d'affichage doit comporter la « mention du permis explicite ou tacite ou de la déclaration préalable »[7]. Cette formule impose uniquement d'indiquer l'existence de l'autorisation, c'est-à-dire ses références. Elle n'impose pas de reproduire la décision elle-même en texte intégral. Il est néanmoins loisible au bénéficiaire de l'autorisation, s'il le souhaite, de coller sur le panneau une pochette plastifiée contenant l'autorisation.

C.
Formes du panneau d'affichage

346.161 **Panneau rectangulaire de plus de 80 cm.** L'affichage doit être réalisé sur un panneau rectangulaire dont les dimensions sont supérieures à 80 centimètres[8].

Des panneaux répondant à ces exigences sont en vente dans les magasins de bricolage[9].

D.
Lieu d'implantation du panneau d'affichage

346.171 **Critères réglementaires.** Le panneau d'affichage doit être installé[10] :

- « sur le terrain » ;
- « de manière visible de l'extérieur ».

Le panneau d'affichage « doit être installé de telle sorte que les renseignements qu'il contient demeurent lisibles de la voie publique ou des espaces ouverts au public pendant toute la durée du chantier »[11].

1°
Lieu d'implantation

346.181 **Affichage sur le terrain ou, en l'absence de visibilité de celui-ci de l'extérieur, depuis la voie la plus proche.** En principe, le panneau d'affichage doit être installé sur le terrain d'assiette du projet.

Toutefois, lorsque le terrain n'est pas desservi par une voie publique ou une voie privée ouverte à la circulation du public et que l'affichage sur le terrain ne pourrait, dès lors, être visible de l'extérieur, le panneau doit être placé en bordure de la voie publique ou de la voie privée ouverte à la circulation du public la plus proche du terrain[12].

1. V. s^s n° 611.382.
2. C. urb., art. R. 424-15, al. 2.
3. C. urb., art. A. 424-17.
4. V. s^s n° 611.703.
5. V. s^s n° 611.384.
6. V. s^s n° 611.383.
7. C. urb., art. R. 424-15, al. 1er.
8. C. urb., art. A. 424-15.
9. AINSI, pour un panneau de 80x120 : CAA Nantes, 20 oct. 2017, *Paliwoda*, req. n° 15NT02216, NP.
10. C. urb., art. R. 424-15, al. 1er.
11. C. urb., art. A. 424-18.
12. CE 27 juill. 2015, *Vandeville (M. et Mme)*, req. n° 370846, *Lebon T.* ; *BJDU* 2015. 415, concl. A. Lallet : arrêt précisant que cet affichage fait alors courir le délai de recours contentieux à l'égard des tiers autres que les voisins qui empruntent la voie desservant le terrain pour leurs besoins propres ; – dans le même sens : CE 23 oct. 1991, *Rueil-Malmaison (C^ne) et SA SOGEA*, req. n° 119194, *Lebon T.*

346.182 **Terrain comportant plusieurs parcelles et plusieurs accès.** Les dispositions du code de l'urbanisme n'imposent pas au bénéficiaire d'un permis de construire :

– de procéder à l'affichage de ce permis sur chacune des parcelles cadastrales composant le terrain d'assiette du projet[1] ;

– ni de procéder à un affichage à proximité de chacun des accès de ce terrain depuis la voie publique[2].

346.183 **Terrain situé entre deux rues.** Dans le cas d'un terrain situé entre deux rues, l'affichage est régulier s'il n'a été réalisé que dans une seule de ces rues[3].

346.184 **Déplacement d'un permis de démolir une fois la démolition réalisée.** La régularité de l'affichage d'un permis de démolir n'est pas affectée par la circonstance que le panneau d'affichage a d'abord été apposé sur un immeuble à démolir avant édification de la construction autorisée, puis, une fois l'immeuble démoli, sur la palissade de protection du chantier[4].

346.185 **Parking d'un supermarché.** Un panneau d'affichage concernant le permis autorisant l'extension d'un supermarché peut être implanté sur le parking du supermarché dès lors qu'il était visible de l'extérieur et lisible depuis un espace ouvert au public[5].

2°
Exigence de visibilité depuis l'extérieur

346.191 **Exigence non satisfaite.** L'affichage n'est pas régulier dans un cas :

– où les mentions relatives au permis de construire délivré pour l'édification d'un restaurant en bordure de la voie publique ne sont pas lisibles à partir de celle-ci[6] ;

– où le panneau, placé en bordure de la voie privée intérieure du lotissement, n'est pas visible de la voie publique[7] ;

– où le panneau est en majeure partie caché par la végétation[8].

346.192 **Appréciation souveraine des juges du fond.** La question de savoir si les renseignements du panneau sont visibles à partir de la voie publique pendant toute la durée de l'affichage relève de l'appréciation souveraine des juges du fond[9].

E.
Preuve de l'affichage

346.201 **Charge de la preuve.** Dans le cas d'une contestation de la régularité de l'affichage du permis sur le terrain, « il incombe au bénéficiaire du permis de construire de justifier qu'il a bien rempli les formalités d'affichage prescrites par le code de l'urbanisme : date du début de l'affichage et de sa continuité, contenu et visibilité suffisantes du panneau d'affichage »[10].

346.202 **Preuve libre.** La preuve de l'affichage « peut être apportée par tout moyen »[11], en particulier :

– des constats d'huissier[12] (ceux-ci sont généralement établis à trois moments : lors de l'installation du panneau d'affichage, un mois après, puis deux mois après) ;

– des témoignages, notamment de voisins[13], le cas échéant complétés par des photographies[14] ;

– des photographies postées sur facebook[15].

346.203 **Enquête à la barre.** Le juge a la faculté de mettre en œuvre une enquête à la barre. Cette procédure, régie par le CJA[16] correspond à l'audition de témoins par la juridiction. Elle est mise en œuvre de façon tout à fait exceptionnelle[17].

1. CE 23 févr. 2004, *Sté Juwi énergie éolienne et Min. Équipement, Transports, Logement, Tourisme et Mer*, req. n° 262430, *Lebon T.*
2. CE 23 févr. 2004, *Sté Juwi énergie éolienne et Min. Équipement, Transports, Logement, Tourisme et Mer*, req. n° 262430 ; – dans le même sens, à propos d'une ZAC : CE 23 oct. 1991, *Rueil-Malmaison (Cne) et SA SOGEA*, req. n° 119194, *Lebon T.*
3. CE 16 mars 1990, *Calvi (Épx)*, req. n° 82790, *Lebon T.*
4. CE 23 juill. 1993, *Sté Sobal*, req. n° 131936, NP.
5. CE 21 juin 2013, *SCI Marty*, req. n° 360860, NP.
6. CE 13 mai 1992, *Bazile, Frison et Val-d'Isère (Cne)*, req. n° 108151, *Lebon T.*
7. CE 27 juill. 1984, *Metral*, req. n° 54305, *Lebon T.* : délai de recours non déclenché à l'égard des personnes extérieures au lotissement.
8. CAA Nantes, 12 nov. 1997, *OGEC Saint-Pierre*, req. n° 94NT01025, NP.
9. CE 30 juin 1999, *Fondation Asturion*, req. n° 190250, *Lebon T.*
10. Rép. min. n° 1901, *JOAN Q* 28 oct. 2002, p. 3881.
11. Rép. min. n° 1901, *JOAN Q* 28 oct. 2002, p. 3881.
12. CE 23 sept. 1991, *Synd. des copropriétaires de l'immeuble sis 9 Bd Pugliesi-Conti à Ajaccio*, req. n° 112785, *Lebon T.*
13. CE 7 mai 2007, *Chartres (Ville)*, req. n° 279565, NP ; – CAA Nantes, 12 nov. 1997, *OGEC Saint-Pierre*, req. n° 94NT01025, NP (témoignages contradictoires produits par le demandeur et le défendeur).
14. CE 7 mai 2007, *Chartres (Ville)*, req. n° 279565, NP.
15. TA Grenoble, 27 juin 2011, *Villemain*, req. n° 1102785, NP ; *RDI* 2011. 467, obs. P. Soler-Couteaux.
16. CJA, art. R. 623-1 à R. 623-8.
17. POUR UN EX. : TA Amiens, 11 juill. 2000, *Assoc. pour la défense du parvis de la cathédrale d'Amiens*, req. n° 00445, NP.

§ 2
Affichage en mairie ou publication sur le site de la commune

A.
Première modalité : affichage en mairie

346.211 **Formalité d'affichage.** Dans les huit jours de la délivrance expresse ou tacite du permis ou de la décision de non-opposition à la déclaration préalable, un extrait du permis ou de la déclaration est publié par voie d'affichage à la mairie pendant deux mois [1]. Le cas échéant, cet extrait est accompagné de la décision explicite de l'autorité administrative mentionnée au II de l'article L. 632-2 du code du patrimoine [2].

Lorsqu'une dérogation ou une adaptation mineure est accordée, l'affichage en mairie porte sur l'intégralité de l'arrêté [3].

346.212 **Mention au registre.** L'exécution de la formalité d'affichage en mairie fait l'objet d'une mention au registre chronologique des actes de publication et de notification des arrêtés du maire prévu à l'article R. 2122-7 du CGCT [4].

B.
Seconde modalité : publication sur le site internet de la commune

346.221 **Publication en ligne.** La publication par voie d'affichage en mairie [5] « peut être remplacée par une publication par voie électronique sur le site internet de la commune » [6].

SECTION 3
CARACTÈRE EXÉCUTOIRE DE L'AUTORISATION

§ 1
Date d'acquisition du caractère exécutoire

346.231 **Caractère exécutoire de l'autorisation expresse (arrêté de permis).** Lorsque l'autorité compétente est le maire au nom de la commune ou le président de l'EPCI, le permis est exécutoire, lorsqu'il s'agit d'un arrêté, à compter de l'accomplissement d'une double formalité [7] :

– d'une part, sa notification au demandeur ;

– d'autre part, sa transmission au préfet dans les conditions définies aux articles L. 2131-1 et L. 2131-2 du CGCT.

346.232 **Caractère exécutoire de l'autorisation tacite.** Le permis tacite et la décision de non-opposition à une déclaration préalable sont exécutoires à compter de la date à laquelle ils sont acquis [8].

346.233 **Délai supplémentaire pour l'autorisation de coupe et abattage d'arbre et du permis de démolir.** La décision de non-opposition à la déclaration préalable d'une coupe ou abattage d'arbres est exécutoire un mois après la date à laquelle elle est acquise [9].

Le permis de démolir devient exécutoire [10] :

– en cas de permis explicite, quinze jours après sa notification au demandeur et, s'il y a lieu, sa transmission au préfet (a) ;

– en cas de permis tacite, quinze jours après la date à laquelle il est acquis (b).

§ 2
Effet de l'acquisition du caractère exécutoire

346.241 **Possibilité de mettre en œuvre le projet.** Une fois acquis son caractère exécutoire, l'autorisation d'urbanisme peut être mise en œuvre. Dans la majeure partie des cas, il est recommandé d'attendre l'expiration du délai de retrait [11] et du délai de recours [12].

346.242 **Droits acquis.** Le titulaire d'un permis de construire tient de celui-ci des droits qui ne sauraient être affectés par les dispositions d'un PLU entrées en vigueur postérieurement à sa date de délivrance [13]. Ces droits protègent notamment la destination autorisée pour le bâtiment, mais ne s'étendent pas aux conditions d'occupation du reste de la parcelle [14].

1. C. urb., art. 424-15, al. 3.
2. Concernant des travaux dans le périmètre d'un site patrimonial remarquable – C. urb., art. 424-15, al. 3.
3. C. urb., art. 424-15, al. 3.
4. C. urb., art. 424-15, al. 3.
5. V. s^s^ n° 346.211.
6. C. urb., art. R. 424-15, al. 4.
7. C. urb., art. L. 424-7.
8. C. urb., art. L. 424-8.
9. C. urb., art. L. 424-9 ; art. R. 424-1, al. 4.
10. C. urb., art. R. 452-1 – Pris en application de l'article L. 424-9 du code de l'urbanisme.
11. V. s^s^ n° 352.221.
12. V. s^s^ n°s 611.351 s.
13. CE 2 juin 2023, *Clary*, req. n° 449820, *Lebon T.* ; *BJDU* 2023. 339, concl. N. Agnoux ; *RDI* 2023. 439, obs. M. Revert. V. dans le même sens, lors de la délivrance d'un permis de construire modificatif, CE, sect., 26 juill. 1982, *Le Roy*, req. n° 23604, *Lebon* ; *JCP G* 1982. II. 19892, concl. Y. Robineau, obs. G. Liet-Veaux ; *CJEG* 1982, p. 403, note J.-Ph. Papin ; *RDI* 1982. 98, chron. F. Bouyssou ; *AJPI* 1983. 599, chron. R. Hostiou.
14. V. s^s^ n° 623.53.

SECTION 4
DÉCLARATION D'OUVERTURE DE CHANTIER

346.251 Envoi de la déclaration. Lors de l'ouverture du chantier, le bénéficiaire du permis de construire ou d'aménager adresse au maire de la commune une déclaration d'ouverture de chantier (DOC[1]) en trois exemplaires[2]. Cette obligation ne s'applique pas aux déclarations préalables[3] ni aux permis de démolir.

La déclaration d'ouverture de chantier prévue à l'article R. 424-16 est établie conformément au formulaire portant le numéro Cerfa 13407[4].

Si le code de l'urbanisme « ne prévoit pas de sanction en cas de non-respect de cette obligation, le dépôt de la déclaration d'ouverture de chantier permet cependant à l'administration de connaître le début d'un chantier et de contrôler l'exécution des travaux, à travers le droit de visite et de communication[5] »[6].

346.252 Transmission de la déclaration. Dès réception de la déclaration d'ouverture de chantier, le maire conserve un exemplaire de cette déclaration, en transmet un exemplaire à l'autorité qui a délivré le permis et un exemplaire au préfet en vue de l'établissement des statistiques[7].

346.253 Absence d'effet sur la péremption du permis. La DOC faite par le bénéficiaire du permis et enregistrée à la mairie ne peut, en l'absence de commencement d'exécution de travaux, faire obstacle à la péremption[8].

1. La déclaration d'ouverture de chantier se présente sous l'acronyme DOC. L'ancien acronyme « DROC » (pour déclaration réglementaire d'ouverture de chantier) demeure parfois employé par les professionnels.
2. C. urb., art. R. 424-16, al. 1er.
3. Rép. min. n° 7630, *JO Sénat Q* 17 janv. 2019, p. 281.
4. C. urb., art. A. 424-19, al. 1er ; article pris sur le fondement des articles R. 434-1 et R. 434-2 du code de l'urbanisme. Le modèle de formulaire peut être obtenu auprès des mairies ou des services départementaux de l'État chargés de l'urbanisme et est disponible sur le site internet officiel de l'administration française : http://www.service-public.fr (C. urb., art. A. 424-19, al. 2).
5. C. urb., art. L. 461-1.
6. Rép. min. n° 7630, *JO Sénat Q* 17 janv. 2019, p. 281.
7. C. urb., art. R. 424-16, al. 2.
8. CE 7 mai 2003, *Assoc. pour la sauvegarde du patrimoine martiniquais*, req. n° 251196, NP – CE 5 oct. 1988, *Teulery*, req. n° 72619, NP – CE 15 mai 1995, *Roux*, req. n° 137653, NP – CE 28 juill. 1999, *SCI Jeanne d'Arc*, req. n° 191375, NP.

TITRE

35. La mise en œuvre de l'autorisation d'urbanisme

SECTION 0

ORIENTEUR

35.00 Sommaire du titre.

CHAPITRE

351. Durée de validité de l'autorisation d'urbanisme

SECTION 0
ORIENTEUR

351.00 Sommaire du chapitre.

351.01 Textes applicables.

• **C. urb.,** art. R. 424-17 s.

351.03 Bibliographie indicative.

Encyclopédies. *DP constr.-urb.*, ét. : « Permis de construire » ; ét. : « Permis d'aménager » ; ét. : « Déclaration préalable » ; ét. : « Permis de démolir » – *J.-Cl. Constr.-Urb.*, fasc. 25-24 : « Permis de construire. – Décision. Transfert. Caducité », par G. Livet-Veaux et M. Moritz, sept. 2022 ; fasc. 28 : « Permis d'aménager », par G. Liet-Veaux, mai 2007, mis à jour oct. 2009.

Traité. N. Baillon, *Traité du permis de construire*, 6e éd., « Référence juridique », Le Moniteur, 2017.

Monographies. Ph. Boulisset, S. Cardi, S. Consalvi, R. Thielé, *Permis de construire 2021-2022 : permis de démolir, permis d'aménager, déclaration préalable*, 3e éd., « Encyclopédie Delmas pour la vie des affaires », Delmas, 2021 – V. Lachaut-Dana, *Permis de construire et autorisations d'urbanisme : études préalables, délivrance, mise en œuvre*, 2e éd., « Pratique du droit », Le Moniteur, 2019 – C. Mialot et F. Ehrenfeld, *Le permis de construire et autres autorisations d'urbanisme*, « Les indispensables », Berger-Levrault, 2018 – O. Bonneau, S. Guirriec, C. Morot-Monomy, *Délivrer et contrôler les autorisations d'urbanisme*, « Dalloz Public », Dalloz, 2021.

351.04 Questions essentielles.

> Dans quel délai doivent être entrepris les travaux autorisés sous peine de péremption de l'autorisation ?

* V. ss nos 351.11 s.

> Quelles circonstances permettent la suspension ou l'interruption du délai de péremption ?

* V. ss nos 351.91 s.

> Quelles conséquences s'attachent à la péremption d'une autorisation ?

* V. ss no 351.171

351.05 Durée limitée. L'autorisation d'urbanisme est accordée pour une durée limitée. Elle est néanmoins susceptible d'être prorogée.

SECTION 1

Péremption de la décision à l'expiration du délai de validité

§ 1 Point de départ et durée du délai de péremption

A. Permis et décisions de non-opposition concernant des travaux

1° Texte et champ d'application

351.11 Texte. Le permis de construire, d'aménager ou de démolir est périmé :

– si les travaux « ne sont pas entrepris dans le délai de trois ans » à compter de la notification de la décision accordant l'autorisation ou de la date à laquelle la décision tacite est intervenue[1] ;

– si, passé ce délai, « les travaux sont interrompus pendant un délai supérieur à une année »[2].

Il résulte de ces dispositions que les travaux autorisés par un permis doivent débuter avant le terme de sa durée de validité et, une fois celle-ci échue, ne pas être interrompus pendant plus d'un an.

351.12 Champ d'application. Les règles de péremption énoncées aux alinéas 1er et 2 de l'article R. 424-17 s'appliquent :

– aux permis de construire, d'aménager ou de démolir[3] ;

– à la décision de non-opposition à une déclaration préalable lorsque cette déclaration porte sur une opération comportant des travaux[4].

2° Point de départ du délai de péremption

a. Délivrance de l'autorisation

351.21 Décision expresse. Dans le cas d'une décision expresse, le délai de péremption du permis commence à courir à compter de la notification de la décision accordant l'autorisation[5].

1. C. urb., art. R. 424-17, al. 1er.
2. C. urb., art. R. 424-17, al. 2.
3. C. urb., art. R. 424-17, al. 1er.
4. C. urb., art. R. 424-17, al. 3.
5. V. ss nos 346.11 s. – C. urb., art. R. 424-17, al. 1er.

Il en résulte qu'en l'absence de notification, le cours du délai n'est pas déclenché[1].

Néanmoins, la jurisprudence applique la théorie de la connaissance acquise. Ainsi, le bénéficiaire est réputé avoir reçu notification du permis :

- lorsque, mis en cause par le tribunal administratif dans l'instance introduite contre l'arrêté municipal lui accordant le permis de construire qu'il avait sollicité, il produit un mémoire en défense[2] ;

- lorsqu'il a sollicité le transfert à son profit du permis, puis une prorogation qui lui a été accordée en fixant une date précise de fin du délai de validité[3].

351.22 **Décision tacite.** Dans le cas d'une autorisation tacitement acquise, le délai de péremption de cette autorisation commence à courir à compter de la date à laquelle la décision tacite est intervenue[4].

b.

Incidence d'un permis modificatif

351.31 **Absence d'incidence.** La délivrance d'un permis de construire modificatif est sans effet sur le cours du délai de validité du permis initial[5].

c.

Cas où le commencement des travaux est subordonné à une autorisation ou à une procédure prévue par une autre législation

351.41 **Report du point de départ du délai.** Lorsque le commencement des travaux est subordonné à une autorisation ou à une procédure prévue par une autre législation, le délai de péremption de trois ans court à compter[6] :

- de la date à laquelle les travaux peuvent commencer en application de cette législation si cette date est postérieure à la notification visée à l'article R. 424-10 ;

- ou à la date à laquelle la décision tacite est intervenue.

Par exemple, lorsque des travaux de construction sont subordonnés à l'obtention d'une autorisation environnementale, le délai de péremption du permis de construire commence à courir à la date à laquelle les travaux peuvent commencer en application de cette autorisation[7].

3°

Durée de validité de l'autorisation

a.

Validité initiale de trois ans à condition que des travaux suffisants soient entrepris dans ce délai

351.51 **Travaux devant être entrepris dans les 3 ans.** Les travaux doivent être entrepris dans les trois ans[8] qui suivent la délivrance de l'autorisation d'urbanisme sous peine de péremption de celle-ci[9].

351.52 **Approche matérielle.** La notion de « travaux entrepris » s'apprécie de façon matérielle, ce qui emporte deux conséquences.

D'une part, l'exigence ne peut être regardée comme satisfaite que si des travaux ont été effectivement réalisés.

D'autre part, le simple accomplissement d'une formalité juridique (comme l'envoi de la déclaration d'ouverture de chantier[10], la passation d'un contrat de construction pour réaliser la construction concernée[11] ou la souscription d'un contrat d'assurance pour la construction[12]) ne suffit pas à regarder l'exigence comme satisfaite.

351.53 **Critères.** Il y a lieu de se baser sur la nature et l'importance des travaux réalisés pour apprécier si les travaux autorisés par l'autorité administrative peuvent être regardés comme « entrepris »[13].

351.54 **Exigence satisfaite.** L'exigence de « travaux entrepris » n'est satisfaite que si les travaux

1. CE 9 juill. 1997, *S^té Colombier Associates SCI Villa Colombier*, req n° 122472, NP.
2. CE 21 nov. 1986, *Sauter-Gilli (Ép^x) c/Cocco Bruno et a.*, req. n° 59430, NP.
3. CAA Bordeaux, 11 déc. 2014, *SCCCV Rossan*, req. n° 13BX01490, NP (arrêt devenu définitif en l'absence d'admission du pourvoi formé à son encontre : CE 18 nov. 2015, req. n° 388153, NP).
4. V. s^s n°s 345.141 s.
5. CE 16 mai 1984, *S^té centrale immobilière de la Caisse des dépôts Méditerranée et SA d'habitations à loyer modéré Travail et propriété*, req. n° 43942, NP.
6. C. urb., art. R. 424-20.
7. CE 10 févr. 2017, *SARL Immoconseil*, req. n° 383329, *Lebon T.*
8. Le délai de validité, qui était auparavant fixé à 2 ans, a été allongé à 3 ans au cours des années 2010, d'abord à titre temporaire (décr. n° 2014-1661, 29 déc. 2014 prolongeant le délai de validité des permis de construire, des permis d'aménager, des permis de démolir et des décisions de non-opposition à une déclaration préalable, *JO* 30 déc., n° 86, art. 1er) puis à titre définitif (décr. n° 2016-6, 5 janv. 2016 relatif à la durée de validité des autorisations d'urbanisme et portant diverses dispositions relatives à l'application du droit des sols et à la fiscalité associée, *JO* 6 janv., n° 24, art. 3).
9. V. s^s n° 351.11.
10. V. s^s n° 346.253.
11. CE 28 juill. 1999, *SCI Jeanne d'Arc*, req. n° 191375, NP.
12. CE 28 juill. 1999, *SCI Jeanne d'Arc*, req. n° 191375, NP.
13. CE 2 nov. 1994, *Reymond*, req. n° 136757, *Lebon T.* : arrêt soulignant « que ces travaux ne constituaient pas en raison de leur faible importance et de leur nature, des opérations de construction au sens des dispositions précitées du code de l'urbanisme ».

réalisés présentent une certaine importance. L'exigence est par exemple remplie pour :

– des travaux de terrassement, de coulage du béton de fondation et de dallage[1] ;

– le creusement d'une fouille de 2,7 mètres de profondeur sur 77 mètres de long et 27 mètres de large, travaux qui « étaient d'une importance suffisante pour faire regarder la construction prévue comme "entreprise" au sens » des dispositions du code de l'urbanisme[2] ;

– des sondages et travaux d'enrochement[3] ;

– la réalisation d'une dalle pour la construction d'une maison individuelle[4].

351.55 Exigence non satisfaite. L'exigence de « travaux entrepris » n'est pas satisfaite dans le cas de travaux ne présentant pas un caractère suffisamment avancé[5]. Par exemple, elle n'a pas été regardée comme remplie dans le cas des travaux suivants :

– construction en quatre ans de seulement 4 maisons sur un programme de 500 maisons[6] ;

– « quelques travaux préliminaires [...] consistant en un décapage superficiel de la terre végétale sur une partie de l'emprise des constructions envisagées »[7] ;

– « quelques travaux exécutés pour le compte » du bénéficiaire du permis au mois de novembre 1985 et au cours du dernier trimestre 1986 « consistant en l'élargissement du chemin d'accès à l'ensemble immobilier de trente-six logements qu'il envisageait, et en quelques travaux préparatoires de débroussaillage et de décapage des terrains »[8] ;

– des travaux qui se sont bornés au maintien en l'état de la route d'accès et du chemin intérieur de la propriété ainsi qu'à la réalisation d'un terrassement en avant d'une villa[9] ;

– des travaux de terrassement, à l'exclusion de toute fondation ou dallage, entrepris, quelques jours seulement avant l'expiration du délai de validité du permis, les autres travaux réalisés ne consistant qu'en le défrichage des pieds de vigne et le débroussaillement de la totalité du terrain d'implantation de la construction lequel a une superficie de 4 930 m²[10] ;

– la pose de chéneaux[11] ;

– « quelques travaux préparatoires » exécutés par le bénéficiaire du permis consistant en l'aménagement de voies coupe-feu et d'une plateforme d'évolution pour véhicules[12] ;

– l'absence totale de travaux de terrassement et de maçonnerie[13] ou, dans le cas d'un lotissement, l'absence totale d'aménagement[14].

351.56 Contrôle de cassation. Le juge se livre sur la notion de commencement d'exécution des travaux à une appréciation souveraine qui, en l'absence de dénaturation, n'est pas susceptible d'être discutée devant le juge de cassation[15].

351.57 Cas d'un immeuble soumis à la loi de 1948 pour lequel le propriétaire a obtenu une autorisation de démolition-reconstruction. Dans le cas où le propriétaire d'un immeuble soumis à la loi du 1er septembre 1948 sur les loyers plafonnés[16] obtient du ministre de la construction l'autorisation de démolir l'immeuble pour construire un autre immeuble d'une surface habitable supérieure et contenant plus de logements que l'immeuble démoli, le propriétaire devra donner un préavis de six mois à chacun des occupants pour vider les lieux. Il devra, en outre, commencer les travaux de reconstruction dans les trois mois du départ du dernier occupant[17].

b.

Validité maintenue en cas de poursuite des travaux postérieurement à la période initiale de 3 ans

351.61 Travaux ne devant pas s'interrompre pendant plus d'un an. Si les travaux ont reçu un commencement suffisant dans les trois ans suivant la délivrance de l'autorisation, cette autorisation conserve sa validité. Il en résulte que les travaux qu'elle autorise peuvent se poursuivre sur son fondement. Toutefois, ceux-ci ne peuvent pas être interrompus pendant une durée supérieure à un an sous peine de péremption de l'autorisation[18].

1. CE 5 déc. 1984, *SCI Le Pavois*, req. n° 41573, *Lebon T.*
2. CE 10 juin 1994, *Grigny (Cne)*, req. n° 115054, NP.
3. CE 15 juill. 2004, *Chabaud*, req. n° 260751, *Lebon T.*
4. Rép. min. n° 06917, *JO Sénat Q* 13 déc. 2023, p. 5847.
5. PAR EX., relevant que les travaux réalisés « n'étaient pas d'une importance suffisante » : CE 12 mai 1997, Maréchal, req. n° 126263, NP.
6. CE 2 déc. 1987, *Sté civile professionnelle « Val Rose »*, req. n° 56789, *Lebon.*
7. CE 6 juin 1986, *Syndic de copropriété SNC Val-d'Isère c/Les Hameaux de Rogoney*, req. n° 51000, NP.
8. CE 30 janv. 1995, *Doumergue*, req. n° 139417, NP.
9. CE 2 nov. 1994, *Reymond*, req. n° 136757, *Lebon T.*
10. CE 21 juin 2002, *Le Cannet-des-Maures (Cne)*, req. n° 211864, NP.
11. CE 12 mai 1997, *Maréchal*, req. n° 126263, NP.
12. CE, sect., 16 févr. 1979, *SCI « Cap Naïo »*, req. n° 03646, *Lebon.*
13. CE 15 mai 1995, *Roux*, req. n° 137653, NP.
14. CE 27 avr. 2011, *SARL Altitude et SCI Tina-sur-Mer*, req. n° 312093, *Lebon T.* : permis d'aménager n'ayant pas reçu le moindre commencement d'exécution.
15. CE 28 juill. 1999, *SCI Jeanne d'Arc*, req. n° 191375, NP.
16. L. n° 48-1360, 1er sept. 1948 portant modification et codification de la législation relative aux rapports des bailleurs et locataires ou occupants de locaux d'habitation ou à usage professionnel et instituant des allocations de logement, *JO* 2 sept., p. 8659.
17. C. urb., art. 11.
18. V. ss n° 351.11.

On notera que cette durée est portée à deux ans lorsque le projet est soumis aux obligations de l'article L. 111-19-1 (installation d'ombrières, de dispositifs de gestion des eaux de pluies et de procédés d'énergies renouvelables) [1].

351.62 Travaux devant présenter une certaine importance. Les travaux ne sont de nature à interrompre le délai de péremption du permis que s'ils présentent une certaine importance.

Cette exigence n'est par exemple pas satisfaite :

– s'agissant d'un permis de construire, dans le cas où l'intéressé fait procéder à la pose de deux rangées d'agglomérés sur les fondations [2] ;

– s'agissant d'un permis d'aménager un lotissement, dans le cas où le lotisseur a seulement réalisé des travaux de bornage et piquetage des lots, débroussaillage, décapage de la terre végétale, enlèvement des déblais et comblement avec tout venant branchement à l'égout et raccordement au réseau communal d'eaux pluviales, lesdits travaux ne pouvant être regardés, « eu égard à leur nature et à leur faible importance », comme des travaux d'aménagement au sens du code de l'urbanisme [3].

351.63 Démolition-reconstruction. Lorsque le projet de construction suppose de procéder d'abord à la démolition d'un bâtiment préexistant, les travaux de démolition ne sont pas dissociables des travaux de construction. Dans ces conditions, le délai d'interruption des travaux doit être décompté à partir de l'arasement du bâtiment démoli [4].

C.
Absence de durée limitée de l'autorisation

351.71 Durée non limitée. La doctrine administrative souligne que : « Le code de l'urbanisme ne fixe aucun délai au maître d'ouvrage titulaire d'un permis de construire pour achever les travaux autorisés par ce permis. Il lui est donc possible d'échelonner les travaux dans le temps à la double condition que chaque interruption soit inférieure à un an et que les travaux exécutés d'une année sur l'autre soient suffisamment importants pour ne pas être considérés par la juridiction administrative comme un simulacre destiné à éviter la péremption » [5].

B.
DP portant sur un changement de destination, une division de terrain, l'installation d'une caravane ou le camping

351.81 Déclaration portant sur un changement de destination ou sur une division de terrain. Lorsque la déclaration porte sur un changement de destination ou sur une division de terrain, la décision devient caduque si ces opérations n'ont pas eu lieu dans le délai de trois ans à compter [6] :

– de la notification mentionnée à l'article R. 424-10 [7] ;

– ou de la date à laquelle la décision tacite est intervenue [8].

351.82 Déclaration ne comportant pas de travaux et portant sur l'installation d'une caravane ou sur la mise à disposition des campeurs de terrains ne nécessitant pas de permis d'aménager. Lorsque la déclaration ne comporte pas de travaux et porte sur l'installation d'une caravane en application du d de l'article R. 421-23, ou sur la mise à disposition des campeurs de terrains ne nécessitant pas de permis d'aménager en application de l'article R. 421-19, la décision devient caduque si ces opérations n'ont pas eu lieu dans le délai de trois ans à compter [9] :

– de la notification mentionnée à l'article R. 424-10 [10] ;

– ou de la date à laquelle la décision tacite est intervenue [11].

§ 2
Suspension du délai de péremption en cas de recours formé contre l'autorisation

351.91 Texte et objet. « En cas de recours devant la juridiction administrative contre le permis ou contre la décision de non-opposition à la déclaration préalable ou de recours devant la juridiction civile en application de l'article L. 480-13, le délai de validité prévu à l'article R. 424-17 est suspendu

1. V. s[s] n° 115.141.
2. CE 26 sept. 1986, *Treps*, req. n° 52182, NP : arrêt relevant que ces travaux, entrepris en vue de faire échec à la péremption, n'ont pu avoir pour effet, eu égard à leur minime importance et à l'abandon du chantier après leur réalisation, d'interrompre le délai d'un an fixé par l'article R. 424-17.
3. CE 19 mars 1996, *S[té] Pierre Avenir Immobilier*, req. n° 93LY01720, NP.
4. CE 8 nov. 2000, *EURL Les Maisons Traditionnelles*, req. n° 197505, *Lebon*.
5. Rép. min. n° 102076, *JOAN Q* 24 mai 2011, p. 5431.
6. C. urb., art. R. 424-18, al. 1er.
7. V. s[s] n°s 346.11 s.
8. V. s[s] n°s 345.141 s.
9. C. urb., art. R. 424-18, al. 2.
10. V. s[s] n°s 346.11 s.
11. V. s[s] n°s 345.141 s.

jusqu'au prononcé d'une décision juridictionnelle irrévocable »[1].

« Il en va de même, en cas de recours contre une décision prévue par une législation connexe donnant lieu à une réalisation différée des travaux dans l'attente de son obtention »[2].

Ce mécanisme de suspension du délai de validité « permet de ne pas décompter dans ce délai les jours pendant lesquels un recours contentieux a été introduit et se trouve pendant »[3].

A. Origine de la suspension : l'exercice d'un recours

351.101 Suspension en cas de recours contre l'autorisation. La suspension du délai de péremption du permis ou de la décision de non-opposition est acquise en cas :

- de recours contre cette autorisation devant la juridiction administrative[4] ;
- de recours devant la juridiction civile en application de l'article L. 480-13[5] ;
- ou de recours contre une décision prévue par une législation connexe donnant lieu à une réalisation différée des travaux dans l'attente de son obtention[6].

351.102 Suspension en cas de recours contre l'autorisation ou la modification. La suspension du délai de péremption du permis ou de la décision de non-opposition est acquise en cas de recours :

- contre le permis de construire initial ;
- ou contre l'arrêté modificatif du permis initial[7].

351.103 Absence de suspension en cas de recours du bénéficiaire d'un permis contre un refus de permis modificatif. L'article R. 424-19 du code de l'urbanisme n'est pas applicable en cas de recours du bénéficiaire d'un permis de construire contre le refus de lui délivrer un permis de construire modificatif. Le délai de validité du permis de construire initial n'est donc pas suspendu pendant la durée du recours formé par le titulaire de ce permis contre le refus de lui délivrer un permis de construire modificatif[8].

B. Effet du recours : une suspension

351.111 Suspension du délai de péremption. L'application des dispositions de l'article R. 424-19 a pour conséquence une suspension du délai de péremption du permis[9]. Cela signifie que le temps écoulé avant l'introduction du recours doit être pris en compte dans la computation du délai (à la différence d'une interruption, qui ferait repartir un nouveau délai de validité de trois ans). La suspension, en effet, est un arrêt temporaire du cours de la prescription qui n'en anéantit pas les effets accomplis, notamment le temps déjà couru. Elle se traduit par un allongement du délai de validité du permis correspondant au temps de l'instance contentieuse. En d'autres termes, elle a pour effet « de suspendre le cours du délai de péremption du permis de construire »[10].

351.112 Point de départ et fin de la suspension. L'article R. 424-19 du code de l'urbanisme fait dépendre la suspension du délai de caducité d'un permis de construire de l'introduction d'un recours contentieux à l'encontre de celui-ci. Elle débute au jour de l'enregistrement du recours au greffe de la juridiction.

S'agissant de la fin de la suspension, « le délai de validité prévu à l'article R. 424-17 est suspendu jusqu'au prononcé d'une décision juridictionnelle irrévocable ». En contentieux administratif, est regardé comme irrévocable tout jugement qui n'est plus susceptible d'appel ou de cassation[11]. La jurisprudence en a déduit que le délai de péremption du permis recommence à courir à compter de la date où la décision juridictionnelle contestée ne peut plus donner lieu à une voie de recours[12].

1. C. urb., art. R. 424-19, al. 1er ; créé par décr. n° 2007-18, 5 janv. 2007. L'article R. 424-19 reprend, en élargissant son champ d'application, le mécanisme de suspension du délai de péremption créé par le décret n° 2006-958 du 31 juillet 2006 (modifiant l'ancien article R. 421-32).
2. C. urb., art. R. 424-19, al. 2.
3. Rép. min. n° 2015, *JO Sénat Q* 8 nov. 2012, p. 2541.
4. C. urb., art. R. 424-19, al. 1er.
5. C. urb., art. R. 424-19, al. 1er.
6. C. urb., art. R. 424-19, al. 2.
7. CE 19 juin 2020, *Atar*, req. n° 434671, *Lebon T.*
8. CE 21 févr. 2018, *Crest-Voland (Cne)*, req. n° 402109, *Lebon T. ; BJDU* 2018. 182, concl. J. Burguburu.
9. CAA Marseille, 12 déc. 2013, *La Salle-les-Alpes (Cne)*, req. n° 12MA03563, NP.
10. TA Caen, 10 avr. 2009, *Fairoud*, req.n° 0800236, NP.
11. CE 18 juin 2018, *Min. Intérieur c/Bruneteau*, req. n° 416325, *Lebon T. ; JCP Adm.* 2018, n° 2333, chron. O. Le Bot.
12. CE 26 juill. 2024, *Lédée*, req. n° 489004, *Lebon T.* (en l'espèce, décision notifiée le 20 novembre 2020 ; délai recommençant à courir le 20 février 2021). V. dans le même sens CAA Marseille, 6 avr. 2023, *SSCV Corniche des Anges*, req. n° 21MA01935, NP (arrêt devenu définitif en l'absence d'admission du pourvoi formé à son encontre : CE 10 mai 2024, req ; n° 474843, NP) : le délai de péremption du permis recommence à courir « à compter de l'expiration du délai d'appel ouvert à l'encontre du jugement du tribunal administratif ». On notera que cette jurisprudence infirme la position de la doctrine administrative, qui estimait que le délai de péremption du permis recommence à courir à compter de la date « de la lecture » du jugement ou de l'arrêt devenu irrévocable (Rép. min. n° 2015, *JO Sénat Q* 8 nov. 2012, p. 2541).

§ 3
Interruption du délai de péremption en cas d'impossibilité de réaliser les travaux du fait de l'administration ou d'une décision de justice

A.
Interruption du délai en cas d'impossibilité de réaliser les travaux du fait de l'administration

351.121 Interruption du délai de péremption. L'article R. 424-17 du code de l'urbanisme « ne peut recevoir application que si l'inexécution ou l'arrêt des travaux n'est pas imputable au fait de l'administration »[1]. Dans un tel cas de figure, le fait de l'administration a pour effet, non de suspendre, mais d'interrompre :

- soit le délai initial de validité (si le fait de l'administration intervient avant l'expiration de ce délai)[2] ;
- soit le délai d'un an au cours duquel les travaux ne doivent pas être interrompus (si le fait de l'administration intervient après l'expiration du délai de validité et à condition que les travaux aient débuté avant celle-ci)[3].

351.122 Faits regardés comme interrompant le délai de péremption. Constitue un « fait de l'administration » ayant pour effet d'interrompre le délai de péremption du permis (soit le délai initial de validité pour débuter les travaux, soit le délai d'un an qui suit et au cours duquel ces travaux ne doivent pas être interrompus) :

- la mise en œuvre par l'administration des affaires culturelles du régime sur les monuments naturels, ayant pour effet de faire obstacle à toute modification de l'état des lieux pendant 12 mois, puis la mise en demeure adressée par le maire de faire cesser les travaux entrepris[4] ;
- l'injonction du maire, accompagnée d'une menace de recours à la force publique et adressée à deux reprises au bénéficiaire du permis, de ne pas exécuter celui-ci et d'arrêter la construction[5] ;
- la décision de retrait du permis de construire[6] ;
- le recours contentieux formé par la commune sur le territoire de laquelle est situé le terrain du lotissement contre l'autorisation accordée, et la décision du préfet d'ouvrir une enquête préalable à la déclaration d'utilité publique d'un projet affectant le terrain[7].

351.123 Faits non regardés comme interrompant le délai de péremption. Ne constitue pas un « fait de l'administration » ayant pour effet d'interrompre le délai de péremption du permis :

- la circonstance qu'un acte d'échanges de parcelles, un moment envisagé entre la société et la commune, n'a finalement pas pu intervenir[8] ;
- la circonstance que le passage autorisé par la commune pour les besoins du chantier aurait été trop étroit, alors que l'étroitesse de ce passage n'est pas établie[9] ;
- l'introduction, par la commune, d'une action devant le tribunal civil aux fins de constater la nullité de l'acte du par lequel la SCI avait acquis le terrain d'assiette des constructions ayant fait l'objet du permis[10].

B.
Interruption du délai en cas d'impossibilité de réaliser les travaux du fait d'une décision judiciaire

351.131 Interruption du délai de péremption. De même que le fait de l'administration, le fait de la juridiction judiciaire entraîne l'interruption du délai de péremption s'il a fait obstacle à la réalisation ou la poursuite des travaux. Le Conseil d'État affirme ainsi que l'interruption des travaux consécutive à un jugement judiciaire ordonnant l'interruption des travaux « n'a pas pour effet d'entraîner la caducité du permis de construire »[11]. En revanche, l'annulation de ce jugement fait de nouveau courir le délai de péremption du permis[12].

1. CE 26 juill. 1978, *Comité de défense des sites de Trégastel (Côtes du Nord)*, req. n° 07381, *Lebon* ; – CE 24 avr. 1981, SCI Jacqueline, req. n° 15417, *Lebon T.* ; – dans le même sens : CE 30 juill. 2003, *Min. Équipement, Transports, Logement, Tourisme et Mer c/Thenault (Mme)*, req. n° 255368, *Lebon T.*
2. CE 30 juill. 2003, *Min. Équipement, Transports, Logement, Tourisme et Mer c/Thenault (Mme)*, req. n° 255368, *Lebon T.*
3. CE 26 juill. 1978, *Comité de défense des sites de Trégastel (Côtes du Nord)*, req. n° 07381, *Lebon* – CE 24 avr. 1981, *SCI Jacqueline*, req. n° 15417, *Lebon T.*
4. CE 26 juill. 1978, *Comité de défense des sites de Trégastel (Côtes du Nord)*, req. n° 07381, *Lebon.*
5. CE 24 avr. 1981, *SCI Jacqueline*, req. n° 15417, *Lebon T.*
6. CE 30 juill. 2003, *Min. Équipement, Transports, Logement, Tourisme et Mer c/Thenault (Mme)*, req. n° 255368, *Lebon T.* : arrêt précisant que le délai de validité du permis de construire doit être regardé comme interrompu jusqu'à ce que le tribunal administratif ait statué sur des conclusions tendant à l'annulation de la décision de retrait.
7. CE 9 juill. 1982, *Lagoueyte*, req. n° 30466, *Lebon T.*
8. CE 30 déc. 2010, *SCI Les Mouettes*, req. n° 330521, NP.
9. CE 30 déc. 2010, *SCI Les Mouettes*, req. n° 330521, NP.
10. CE 29 déc. 1999, *SCI Cottages de Chantereine*, req. n° 185628, *Lebon T.*
11. CE 22 nov. 2002, *François-Poncet (M.) et a. c/SCI Le Grand Carénage, SARL Immobart*, req. n° 204244, *Lebon T.*
12. CE 22 nov. 2002, *François-Poncet (M.) et a. c/SCI Le Grand Carénage, SARL Immobart*, req. n° 204244, *Lebon T.*

C.
Absence d'interruption du délai en cas d'impossibilité de réaliser les travaux du fait de personnes privées

351.141 Circonstance sans incidence. Le fait d'un tiers, personne privée, n'est pas de nature à suspendre le délai de péremption du permis. Ainsi, la circonstance que des murets aient été édifiés par des voisins au travers du chemin d'accès afin d'interdire l'accès au terrain d'assiette du permis de construire litigieux « ne constitue pas, en tout état de cause, par elle-même, une circonstance susceptible de suspendre le délai de validité dudit permis »[1].

§ 4
Péremption de l'autorisation

A.
Intervention de la péremption

1°
Péremption de plein droit si les conditions de la péremption sont réunies

351.151 Péremption de plein droit. La péremption de l'autorisation d'urbanisme est acquise de plein droit lorsque les conditions de péremption prévues par les dispositions des articles R. 424-17[2] ou R. 424-18[3] sont réunies. Selon la formule jurisprudentielle, cette péremption « est acquise par le seul laps du temps qu'elles prévoient »[4]. Il s'agit là d'une condition nécessaire et suffisante.

351.152 Absence d'exigence d'un acte constatant la péremption. La péremption est un élément de fait ; elle intervient sans qu'un acte juridique doive la constater. Dès lors que les conditions de péremption prévues par les articles R. 424-17 ou R. 424-18 sont réunies, celle-ci est acquise « sans que soit nécessaire l'intervention d'une décision de l'autorité qui a délivré le permis »[5]. En d'autres termes : « La péremption du permis de construire n'a pas à être constatée par le maire au moyen d'un acte quelconque »[6].

1. CE 30 janv. 1995, *Doumergue*, req. n° 139417, NP.
2. V. s^s n°s 351.11 s.
3. V. s^s n°s 351.81 s.
4. CE 16 avr. 1975, *Louveciennes, (Ville)* req. n° 94329, *Lebon*.
5. CE 16 avr. 1975, *Louveciennes (Ville)*, req. n° 94329, *Lebon*.
6. Rép. min. n° 40872, *JOAN Q* 9 sept. 1991, p. 3637.

2°
Possibilité de constater la péremption

351.161 Pouvoir de l'autorité compétente de constater la péremption. Le maire est habilité à constater la péremption et à indiquer au bénéficiaire de l'autorisation périmée les conséquences qui en résultent[7].

L'acte constatant la péremption de l'autorisation n'est pas au nombre des décisions qui doivent être motivées en application de l'article L. 211-2 du CRPA[8]. Un tribunal administratif a néanmoins considéré qu'il doit être précédé d'une procédure contradictoire[9].

351.162 Possibilité pour un tiers de demander le constat de la péremption. Un tiers intéressé peut demander à l'autorité administrative de constater la péremption de l'autorisation d'urbanisme qu'elle avait délivrée. Dans ce cas, il lui incombe de rapporter la preuve d'une absence de travaux dans les délais prévus par les articles R. 424-17 et R. 424-18[10].

Le juge ne peut être saisi d'une demande tendant à constater lui-même la péremption du permis[11]. Il peut en revanche être saisi d'un recours contre la décision constatant la péremption du permis ou le refus de constater cette péremption[12].

B.
Conséquences de la péremption

351.171 Cessation des effets de l'autorisation. Périmée, l'autorisation d'urbanisme cesse de produire ses effets. Il en résulte que cette autorisation :

– ne peut plus servir de fondement à la poursuite des travaux[13] ;

– ne peut plus donner lieu à un permis modificatif[14] ;

– ne peut pas être transférée[15] ;

– ne peut pas être prorogée[16].

7. CE 16 avr. 1975, *Louveciennes (Ville)*, req. n° 94329, *Lebon* : arrêt précisant que cet acte constitue une simple mise en garde insusceptible de recours.
8. CAA Marseille, 2 nov. 2015, *SCI Marceau*, req. n° 13MA00532, NP (arrêt devenu définitif en l'absence d'admission du pourvoi formé à son encontre : CE 1er avr. 2016, n° 395871, NP).
9. TA Montreuil, 6 avr. 2023, *Soudry*, req. n° 2204353, NP ; *AJDA* 2023. 1301, note A. Löns.
10. CAA Paris, 8 déc. 2016, *Cenno*, req. n° 14PA02856, NP.
11. CE 21 juill. 1995, *Roques*, req. n° 121827, NP : conclusions irrecevables faute de décision administrative liant le contentieux.
12. V. s^s n° 611.91.
13. CE 15 avr. 1992, *SCI Chaptal*, req. n° 67407, *Lebon T.* : maire fondé à ordonner au constructeur d'interrompre les travaux.
14. V. s^s n° 352.91.
15. V. s^s n° 352.31.
16. V. s^s n° 351.211.

Le maire qui délivre illégalement un permis modificatif se rapportant à un permis périmé ou autorise le transfert d'un permis périmé est tenu de retirer l'arrêté délivrant le permis modificatif ou autorisant le transfert[1].

SECTION 2
PROROGATION DE LA DÉCISION

351.181 **Extension de la durée de validité.** La prorogation est une mesure par laquelle l'autorité compétente étend, sur demande de son bénéficiaire, la durée de validité de l'autorisation qui lui a été délivrée. En pratique, la mesure est demandée lorsque le bénéficiaire se trouve confrontée à des difficultés pour réaliser les travaux dans les délais.

§ 1
Régime général de prorogation des autorisations d'urbanisme

351.191 **Texte.** « Le permis de construire, d'aménager ou de démolir ou la décision de non-opposition à une déclaration préalable peut être prorogé deux fois pour une durée d'un an, sur demande de son bénéficiaire si les prescriptions d'urbanisme et les servitudes administratives de tous ordres auxquelles est soumis le projet n'ont pas évolué de façon défavorable à son égard »[2].

A.
Conditions de la prorogation

1°
Première condition : une demande présentée par le bénéficiaire de l'autorisation

351.201 **Démarche du bénéficiaire.** Avant toute chose, la prorogation ne peut être accordée que si elle est demandée. L'autorité administrative ne peut, de sa propre initiative, décider d'elle-même de proroger une autorisation d'urbanisme. Une telle mesure suppose donc une démarche préalable du bénéficiaire de l'autorisation.

En ce sens, le code prévoit que le permis ou la décision de non-opposition peut être prorogé « sur demande de son bénéficiaire »[3].

351.202 **Absence d'exigence d'attestation.** Aucune disposition n'impose qu'une demande de prorogation soit accompagnée d'une attestation du demandeur selon laquelle il continue de remplir les conditions définies à l'article R. 423-1 du code de l'urbanisme pour solliciter un permis de construire. En conséquence, le maire ne peut légalement rejeter une demande de prorogation en se fondant sur la circonstance que le demandeur n'avait plus qualité pour mettre en œuvre le permis de construire dont il était titulaire[4].

2°
Deuxième condition : une demande présentée deux mois avant la péremption de l'autorisation

351.211 **Délai.** La demande de prorogation doit être présentée deux mois au moins avant l'expiration du délai de validité de l'autorisation[5].

Une demande présentée hors délai ne peut donner lieu à prorogation de l'autorisation.

Il en va *a fortiori* ainsi si la demande porte sur un permis périmé. En conséquence, l'arrêté par lequel l'autorité compétente a entendu proroger la validité d'un précédent arrêté accordant un permis de construire, lequel était devenu périmé, est illégal et ne peut être regardé comme ayant accordé un nouveau permis de construire[6].

351.212 **Formes de la demande.** La demande de prorogation est établie en deux exemplaires[7].

Elle est[8] :
- soit adressée par pli recommandé ;
- soit déposée à la mairie.

3°
Troisième condition : les règles applicables au projet n'ont pas évolué de façon défavorable

351.221 **Condition.** La prorogation ne peut être accordée que « si les prescriptions d'urbanisme et les servitudes administratives de tous ordres auxquelles est soumis le projet n'ont pas évolué de façon défavorable à son égard »[9].

1. CE 15 mai 1995, *Roux*, req. n° 137653, NP.
2. C. urb., art. R. 424-21, al. 1er.
3. C. urb., art. R. 424-21, al. 1er.
4. CE 15 avr. 2015, *Perros-Guirec (Cne)*, req. n° 371309, *Lebon T.* ; *BJDU* 2015. 254, concl. F. Lambolez ; *Constr.-Urb.* 2015, comm. 87, note X. Couton ; – arrêt abandonnant la solution antérieure (CE 1er oct. 1993, *Boos (Cne)*, req. n° 115703, *Lebon T.* 584) en conséquence de la réforme des autorisations d'urbanisme de 2005-2007 qui a dispensé le demandeur de devoir faire la preuve de sa qualité pour présenter une demande (v. ss nos 331.101 s.).
5. C. urb., art. R. 424-22.
6. CE 8 déc. 2008, *Caberlon*, req. n° 314835, NP.
7. C. urb., art. R. 424-22.
8. C. urb., art. R. 424-22.
9. C. urb., art. R. 424-21, al. 1er.

Il en résulte que la prorogation doit être refusée lorsque l'adoption de nouvelles règles d'urbanisme ou la modification des règles antérieures conduiraient l'autorité administrative saisie d'une demande de permis à opposer un refus au regard du nouvel état du droit. Si l'administration, saisie d'une demande de permis ou d'une déclaration préalable devrait, au regard de ces règles, refuser le projet, elle doit, de la même manière, refuser la prorogation.

351.222 **Implications.** L'exigence de conformité avec les règles et prescriptions applicables à la date de la prorogation n'implique pas que l'autorité compétente procède à une nouvelle instruction du projet d'occupation ou d'utilisation du sol. Il lui revient seulement de s'assurer que celui-ci ne méconnaît pas les prescriptions d'urbanisme et les servitudes administratives qui ont pu être adoptées ou instituées depuis la délivrance de l'autorisation.

La jurisprudence a apporté deux précisions sur ce point.

D'une part, la modification, dans un sens plus restrictif, de l'appréciation portée par l'autorité administrative compétente sur les conditions d'application des textes régissant une servitude, ne peut, dès lors que ceux-ci n'ont pas été modifiés, être regardée comme constituant une modification de cette servitude dans un sens défavorable. La circonstance que l'administration compétente a, postérieurement à la délivrance d'une autorisation de construire, adopté des lignes directrices pour l'instruction des demandes qui lui sont adressées est à cet égard sans incidence. Par suite, le changement d'appréciation de l'autorité administrative compétente ne peut être regardé par lui-même comme une évolution dans un sens défavorable de la servitude de nature à justifier légalement un refus de prorogation[1].

D'autre part, l'autorité administrative, saisie d'une demande de prorogation d'un permis de construire par une personne ayant qualité pour présenter une telle demande, ne peut refuser d'y faire droit que si les règles d'urbanisme et les servitudes administratives de tous ordres s'imposant au projet ont été modifiées, postérieurement à la délivrance du permis de construire, dans un sens qui lui est défavorable. Elle ne peut fonder un refus de prorogation sur une évolution des autres éléments de droit ou circonstances de fait postérieur à la délivrance de l'autorisation[2].

4°
Quatrième condition : nombre de prorogations et durée de la prorogation

351.231 **Deux prorogations possibles, à chaque fois pour une durée d'un an.** Le permis de construire, d'aménager ou de démolir ou la décision de non-opposition à une déclaration préalable « peut être prorogé deux fois pour une durée d'un an »[3].

Si l'autorisation fait l'objet de deux mesures de prorogation, sa durée de validité initiale sera de 5 années.

B.
Décision sur la prorogation

1°
Refus

351.241 **Décision expresse.** Si l'autorité compétente entend refuser la prorogation, elle doit prendre une décision expresse en ce sens.

2°
Acceptation

351.251 **Acceptation expresse ou tacite.** La décision faisant droit à la demande de prorogation peut être prise :

- de façon expresse ;
- ou de façon tacite (la prorogation est acquise au bénéficiaire du permis si aucune décision ne lui a été adressée dans le délai de deux mois suivant la date de l'avis de réception postal ou de la décharge de l'autorité compétente pour statuer sur la demande[4].

La décision de prorogation doit faire l'objet des mesures de publicité prévues pour l'autorisation initiale.

351.252 **Prise d'effet de la prorogation.** La prorogation prend effet au terme de la validité de la décision initiale[5].

§ 2
Régime de prorogation applicable aux ouvrages de production d'énergie renouvelable

351.261 **Prorogation possible tous les ans pendant 10 ans.** Pour les ouvrages de production d'énergie utilisant une des sources d'énergies renouve-

1. CE 11 déc. 2015, *Sté Compagnie du Vent*, req. n° 371567, *Lebon T.* ; *BJDU* 2016. 198, concl. X. de Lesquen.
2. CE, sect., 5 nov. 2003, *Eze (Cne)*, req. n° 230535, *Lebon* ; *JCP Adm.* 2004. 1245, note Ph. Billet ; *LPA* 26 nov. 2004, p. 10, note J.-G. Mahinga ; *RJEP* 2004. 13, chron. A. Robineau-Israël et F. Séners.
3. C. urb., art. R. 424-21, al. 1er – Jusqu'au décret n° 2016-6, 5 janv. 2016 (art. 3, 3°), une seule prorogation était autorisée (ancien art. R. 421-32).
4. C. urb., art. R. 424-23.
5. C. urb., art. R. 424-23.

lables définies à l'article L. 211-2 du code de l'énergie, la demande de prorogation peut être présentée, tous les ans, dans la limite de dix ans à compter de la délivrance de l'autorisation. La troisième décision de prorogation y donnant suite vaut décision de prorogation de la durée de validité de l'enquête publique pour cinq ans en application de l'article R. 123-24 du code de l'environnement[1].

1. C. urb., art. R. 424-21, al. 2.

CHAPITRE

352. Transfert, modification et retrait de l'autorisation d'urbanisme

SECTION 0
ORIENTEUR

352.00 Sommaire du chapitre.

352.01 **Textes applicables.**

• **C. urb.**

art. L. 424-5

art. A. 431-7 s.

art. A. 441-7.

352.02 **Jurisprudence de référence.**

> Permis de régularisation (conditions)

• **CE, avis, 7 mars 2018,** *Bloch*, req. n° 404079, *Lebon*.

> Permis modificatif (conditions)

• **CE, sect., 26 juill. 2022,** *Mme Vincler c/C^{ne} de Montreuil*, req. n° 437765, *Lebon*.

> Le transfert de permis consiste en une modification de l'identité de son titulaire

• **CE, sect., 25 avr. 1980,** *SCI « Les Alyscamps »*, req. n° 13657, *Lebon*.

352.03 **Bibliographie indicative.**

Encyclopédies. *DP constr.-urb.*, ét. : « Permis de construire » ; ét. : « Permis d'aménager » ; ét. : « Déclaration préalable » ; ét. : « Permis de démolir » – *J.-Cl. Constr.-Urb.*, fasc. 25-24 : « Permis de construire. – Décision. Transfert. Caducité », par G. Livet-Veaux et M. Moritz, 2022 ; fasc. 28 : « Permis d'aménager », par G. Liet-Veaux, mai 2007, mis à jour oct. 2009 ; fasc. 26-40 : « Permis de construire. – Effets », par G. Livet-Veaux et J.-L. Pissaloux, août 2013.

Traité. N. Baillon, *Traité du permis de construire*, 6e éd., « Référence juridique », Le Moniteur, 2017.

Monographies. Ph. Boulisset, S. Cardi, S. Consalvi, R. Thielé, *Permis de construire 2021-2022 : permis de démolir, permis d'aménager, déclaration préalable*, 3e éd., « Encyclopédie Delmas pour la vie des affaires », Delmas, 2021 – V. Lachaut-Dana, *Permis de construire et autorisations d'urbanisme : études préalables, délivrance, mise en œuvre*, 2e éd., « Pratique du droit », Le Moniteur, 2019 – C. Mialot et F. Ehrenfeld, *Le permis de construire et autres autorisations d'urbanisme*, « Les indispensables », Berger-Levrault, 2018 – O. Bonneau, S. Guirriec, C. Morot-Monomy, *Délivrer et contrôler les autorisations d'urbanisme*, « Dalloz Public », Dalloz, 2021.

> Articles

Généralités. J. Courrech, « La modification des autorisations d'urbanisme », *JCP N* 1988. I. 193 – C. Debouy, « La vie du permis de construire », *Droit et ville* 1991, n° 32, p. 84.

Permis modificatif. J.-Ph. Borel, « Le régime du permis de construire modificatif », *Defrénois* 4 oct. 2018, n° 39, p. 15 – G. Liet-Veaux, « Le permis de construire modificatif », *JCP N* 2002, n° 1372 – F. Polizzi, « Comment éviter l'annulation d'une autorisation d'urbanisme régularisable ? » *BJDU* 2014. 243 – F. Polizzi, « Permis de construire modificatif et permis de régularisation », *BJDU* 2017. 211 – B. Stemmer, « Permis de construire modificatif, nouveaux permis et double permis », *JCP N* 1985, prat. 943.

Transfert de permis. H. Périnet-Marquet, « Le transfert du permis de construire, évolutions et incertitudes », *Droit et ville* 1982, n° 13, p. 55 – J.-P. Lestrone, « Transfert du permis de construire », *JCP N* 1993, prat. 2602 – S. Pérignon, « Le transfert du permis de construire », *DAUH* 2005. 59 – M. Cornille et R. Renault, « Regards croisés sur le transfert de permis de construire », *Constr.-Urb.* 2023, étude 5.

Retrait. É. Carpentier, « Le point sur le retrait des autorisations d'urbanisme », *JCP N* 2019, n° 1093.

352.04 **Questions essentielles.**

> Quels types de vices un permis de régularisation permet-il de corriger ?

* V. s^{s} n°s 352.141 s.

> À quelles conditions une autorisation d'urbanisme peut-elle être retirée ?

* V. s^{s} n°s 352.201 s.

352.05 **Décision connaissant un changement.** L'autorisation délivrée peut connaître un changement après sa délivrance.

À la demande du bénéficiaire ou avec son accord, elle peut être transférée ou modifiée.

À l'initiative de l'administration, d'un tiers, voire du bénéficiaire, elle peut être retirée.

SECTION 1
TRANSFERT DE L'AUTORISATION D'URBANISME

§ 1
Observations générales sur le transfert de l'autorisation d'urbanisme

352.11 **Notion de transfert.** Le transfert de permis désigne l'acte par lequel l'autorité compétente accepte de transférer la titularité de celui-ci à un nouveau bénéficiaire. Cette possibilité de transfert de l'autorisation d'urbanisme s'explique par le caractère réel de celle-ci : le permis est en effet attaché au terrain et non à la personne de son titulaire.

Le Conseil d'État indique, en ce sens, « que le permis de construire n'est pas délivré en considération de la personne qui en devient titulaire ». Il ajoute « que lorsque, pendant la période de validité d'un permis de construire, la responsabilité de la construction est transférée à une autre personne, il n'y a pas lieu pour celle-ci de demander la délivrance d'un nouveau permis mais simplement le transfert du permis précédemment accordé avec l'accord du propriétaire du terrain et, le cas échéant, l'accord du titulaire de l'autorisation s'il n'est plus propriétaire du terrain à la date de la demande de transfert ; que l'autorisation de transfert est subordonnée à la condition que le permis de construire soit toujours en vigueur à la date à laquelle l'autorité compétente se prononce sur son transfert »[1].

Le transfert de permis est une pratique courante dans la vie immobilière. La société propriétaire d'un terrain obtient un permis sur celui-ci puis, à la suite de son rachat par une autre société ou de la vente du terrain, transfère l'autorisation d'urbanisme à une autre société.

352.12 **Création jurisprudentielle.** La notion de transfert de permis constitue une création jurisprudentielle. Le seul encadrement textuel dont il fait l'objet concerne le formulaire par lequel la demande de modification est présentée[2].

352.13 **Autorisations concernées.** La technique du transfert d'autorisation d'urbanisme a été admise pour les permis. Elle pourrait également être admise pour les déclarations préalables. En l'état du droit, elle ne l'est pas dans le formulaire de demande de modification, qui ne concerne que les permis et non les décisions de non-opposition[3].

§ 2
Conditions du transfert

A.
Première condition : une demande

352.21 **Demande du bénéficiaire du permis.** La délivrance d'un transfert de permis suppose une démarche préalable de la personne au profit de laquelle le transfert doit intervenir.

La demande de transfert d'un permis de construire ou d'aménager en cours de validité est établie conformément au formulaire portant le numéro Cerfa 13412[4].

Le demandeur doit relever de l'une des catégories de personnes ayant qualité pour présenter une demande de permis[5].

1. CE 27 oct. 2006, *SNC Lidl*, req. n° 278226, *Lebon T. ; BJDU* 2007. 118, concl. D. Casas ; – dans le même sens : CE 18 juin 1993, *Le Barroux (Cne)*, req. n° 118690, NP.
2. V. s^s n° 352.21.
3. V. s^s n° 352.21.
4. POUR les permis de construire : C. urb., art. A. 431-8 ; – pour les permis d'aménager : C. urb., art. A. 441-8.
5. CE 23 oct. 1991, *Rueil-Malmaison (Cne) et SA SOGEA*, req. n° 119194, *Lebon T.* : arrêt relevant « que la société bénéficiaire de l'arrêté du 17 mai 1988 justifiait d'un titre permettant le transfert à son profit du permis du 30 décembre 1987 ». Sur les catégories de personnes habilitées à présenter une demande de permis, v. s^s n°s 331.11 s.

B.
Deuxième condition : un permis valide et des travaux non achevés

352.31 **Un permis valide.** La demande de transfert doit porter sur un permis en cours de validité[6].

Elle ne saurait par conséquent porter :

- sur un permis périmé[7] ;
- ni sur un permis annulé.

En revanche, un refus ne saurait être opposé au prétexte de l'illégalité du permis concerné lorsque celui-ci est devenu définitif faute d'avoir été contesté dans le délai de recours contentieux[8].

352.32 **Des travaux non achevés.** Les travaux autorisés par le permis sur lequel porte la demande de transfert ne doivent pas avoir été entièrement exécutés.

C.
Troisième condition : un accord entre le bénéficiaire du permis et la personne intéressée

352.41 **Accord sur le transfert.** Le transfert ne peut être réalisé qu'« avec l'accord du propriétaire du terrain et, le cas échéant, l'accord du titulaire de l'autorisation s'il n'est plus propriétaire du terrain à la date de la demande de transfert »[9].

§ 3
Décision sur la demande de transfert

352.51 **Transfert de permis.** L'autorité compétente a l'obligation de faire droit à la demande de transfert si les conditions pour l'obtenir sont remplies.

Le permis n'est transféré au demandeur qu'à la suite d'une décision administrative modifiant le per-

6. POUR les permis de construire : C. urb., art. A. 431-8 ; – pour les permis d'aménager : C. urb., art. A. 441-8 – CE 27 oct. 2006, *SNC Lidl*, req. n° 278226, *Lebon T. ; BJDU* 2007. 118, concl. D. Casas.
7. CE 27 oct. 2006, *SNC Lidl*, req. n° 278226, *Lebon T. ; BJDU* 2007. 118, concl. D. Casas ; – CE 15 mai 1995, *Roux*, req. n° 137653, NP ; – CE 26 sept. 1986, *Treps*, req. n° 52182, NP.
8. CE 23 oct. 1991, *Rueil-Malmaison (Cne) et SA SOGEA*, req. n° 119194, *Lebon T.* ; – également : CAA Nantes, 27 mai 1998, *Préfet du Finistère*, req. n° 96NT01661, NP : arrêt affirmant « que l'administration ne saurait, à l'occasion d'une demande de transfert de permis de construire, remettre en cause la légalité de ce permis dès lors que celui-ci est devenu définitif ».
9. CE 27 oct. 2006, *SNC Lidl*, req. n° 278226, *Lebon T. ; BJDU* 2007. 118, concl. D. Casas ; – dans le même sens : CE 18 juin 1993, *Le Barroux (Cne)*, req. n° 118690, NP.

mis initial en ce qui concerne l'identité de son titulaire[1]. Lorsque « la responsabilité de la construction est » ainsi « transférée du titulaire initial du permis à un autre bénéficiaire », « la décision autorisant le transfert du permis précédemment accordé ne procède pas à une modification de la consistance du permis mais à une simple rectification du nom de son bénéficiaire »[2].

Cette décision est prise par voie d'arrêté.

Elle emporte transfert des droits et obligations attachées au permis au nouveau bénéficiaire de celui-ci.

352.52 Transfert portant sur deux constructions distinctes. Lorsque l'autorisation initiale porte sur deux constructions distinctes, rien ne s'oppose à ce que ce transfert ait lieu, pour chacune d'entre elles, en faveur de bénéficiaires différents[3].

352.53 Publicité de l'arrêté de transfert. L'arrêté de transfert doit être publié en mairie et affiché sur le terrain selon les modalités prévues pour le permis initial[4].

SECTION 2
MODIFICATION DE L'AUTORISATION D'URBANISME (PERMIS MODIFICATIF)

§ 1
Observations générales

352.61 Notion. Le permis modificatif constitue un acte par lequel l'autorité ayant délivré un permis en cours de validité et n'ayant pas été totalement exécuté apporte à celui-ci des modifications.

352.62 Création jurisprudentielle. La technique est née de la pratique avant d'être admise par la doctrine administrative[5] puis reconnue par la jurisprudence[6].

Aujourd'hui encore, aucun article législatif ou réglementaire du code de l'urbanisme ne lui est consacré. Le seul encadrement textuel auquel elle donne lieu concerne le formulaire par lequel la demande de modification est présentée[7].

1. CE, sect., 25 avr. 1980, *SCI « Les Alyscamps »*, req. n° 13657, *Lebon*.
2. CE 16 janv. 2013, *Atkatlian*, req. n° 361297, NP.
3. CE 24 juill. 1987, *Rayrole (Épx)*, req. n° 61164, NP.
4. PAR EX. : CE 10 juill. 1996, *Sfez*, req. n° 124667, NP – Sur ces modalités, v. ss nos 346.91 s.
5. Circ. n° 73-58, 16 mars 1973, *AJDA* 1973. 390.
6. V. not. CE, sect., 16 févr. 1979, *SCI Cap Naïo*, req. n° 03646, *Lebon* ; CE 13 juin 1979, *Secrétaire d'État à la culture c/ Martin et a.*, req. n° 03170, *Lebon*.
7. V. ss n° 352.81.

352.63 Objet du permis modificatif. La technique du permis modificatif peut être utilisée à deux fins différentes.

Elle permet, principalement, de modifier le projet sur des aspects qui n'avaient pas été envisagés au moment du dépôt de la demande initiale (par exemple l'installation d'une clôture, le changement d'emplacement d'une ouverture ou l'ajout d'une pièce dans une maison d'habitation).

Elle permet également, si le bénéficiaire craint que le permis soit entaché d'illégalité sur un point déterminé (notamment dans l'hypothèse où un recours formé à son encontre a mis en lumière une possible fragilité juridique), de donner à l'autorité qui l'a délivré la possibilité de remédier à celle-ci.

352.64 Intérêt du permis modificatif. L'intérêt du permis modificatif tient à ce qu'il permet d'apporter des changements au permis initial sans remettre en cause les dispositions non modifiées de celui-ci. Il confère en effet au pétitionnaire la possibilité de faire évoluer son projet sans perdre le bénéfice des droits attachés à l'autorisation qui lui a été initialement délivrée (laquelle ne disparaît pas[8] mais se trouve seulement amendée). Il en résulte que le procédé présente, par rapport à une nouvelle demande qui intègrerait le projet initial et les éléments modifiés, plusieurs avantages significatifs pour le porteur du projet.

Premièrement, il n'est pas nécessaire de procéder à une nouvelle instruction de la demande de permis au vu de laquelle était intervenu le permis initial[9].

Deuxièmement, l'autorité compétente apprécie la légalité du projet de modification au regard des règles applicables au jour où elle rend sa décision et non pas au jour où a été délivré le permis initial, ce qui permet le cas échéant de bénéficier d'une évolution favorable de la réglementation, voire de la situation de fait[10].

Troisièmement, ni la délivrance du permis modificatif, ni le cas échéant son annulation, ne peuvent remettre en cause les droits attachés au permis initial[11].

352.65 Autorisations concernées. La technique de la modification de l'autorisation d'urbanisme a été admise pour les permis. Elle pourrait être admise pour les déclarations préalables mais ne présente à leur égard qu'un intérêt limité compte tenu de la facilité avec laquelle une nouvelle déclaration peut être déposée. En l'état du droit, elle ne l'est pas dans le formulaire de demande de modification, qui ne

8. V. ss n° 352.131.
9. V. ss n° 352.111.
10. V. ss n° 352.154.
11. V. ss n° 352.181.

concerne que les permis et non les décisions de non-opposition à déclaration préalable[1].

352.66 Cas dans lesquels un PC modificatif doit être obtenu alors que les travaux, envisagés isolément, relèvent du régime de la DP. Des travaux qui relèveraient en principe du régime de la déclaration préalable doivent être autorisés par un permis de construire, le cas échéant modificatif, lorsqu'ils se rapportent à une opération de construction autorisée par permis de construire mais non encore achevée[2].

§ 2
Conditions d'obtention d'un permis modificatif

352.71 Formule jurisprudentielle. Selon la jurisprudence : « L'autorité compétente, saisie d'une demande en ce sens, peut délivrer au titulaire d'un permis de construire en cours de validité, tant que la construction que ce permis autorise n'est pas achevée, un permis le modifiant, sous réserve que les modifications apportées au projet initial n'en remettent pas en cause, par leur nature ou leur ampleur, la conception générale »[3].

A.
Première condition : une demande

352.81 Demande du bénéficiaire du permis. La délivrance d'un permis modificatif suppose une démarche préalable du bénéficiaire du permis initial (ou transféré). Il appartient à celui-ci de saisir l'autorité compétente d'une demande de modification de cette autorisation.

La demande de modification d'un permis de construire ou d'aménager en cours de validité est établie conformément au formulaire portant le numéro Cerfa 13411[4].

352.82 Qualité du demandeur. Une SCI qui a achevé d'édifier en 1976, sur un terrain dont elle était propriétaire, un immeuble à usage d'habitation comportant des modifications par rapport au projet de construction qui avait été autorisé par arrêté délivré en 1973, a qualité pour demander, même après avoir vendu l'ensemble des habitations de cet immeuble, un permis de construire autorisant les travaux exécutés[5].

1. V. s[s] n° 352.81.
2. V. s[s] n° 321.351.
3. CE 25 nov. 2020, *Nuvoloni (M. et Mme)*, req. n° 429623, *Lebon T.* ; *BJDU* 2021. 99, concl. M. Sirinelli ; *BJDU* 2021. 102, note S. Ferrari ; *JCP Adm.* 2021, n° 2007, note F. Polizzi.
4. POUR les permis de construire : C. urb., art. A. 431-7 ; – pour les permis d'aménager : art. A. 441-7.

B.
Deuxième condition : un permis valide et des travaux non achevés

352.91 Un permis valide. La demande de modification doit porter sur un permis en cours de validité[6]. Elle ne saurait par conséquent porter :

– sur un permis périmé[7] ;

– ni sur un permis annulé[8].

En tout état de cause, un permis de construire modificatif ne peut régulariser un permis de construire qui, ayant été annulé, a disparu de l'ordonnancement juridique[9].

352.92 Des travaux non achevés. Les travaux autorisés par le permis initial ne doivent pas avoir été entièrement exécutés[10].

À cet égard, la seule circonstance qu'une déclaration d'achèvement des travaux a été adressée par le pétitionnaire au service instructeur ne fait pas obstacle à la délivrance d'un permis de construire modificatif dès lors qu'il ne ressort pas des pièces du dossier qu'un certificat de conformité ait été délivré ou que le permis de construire initial soit devenu périmé du fait de l'interruption des travaux pendant un délai supérieur à une année[11].

Dans le cas où l'autorité administrative a constaté une mauvaise exécution, par les travaux en cours, du permis initial, le pétitionnaire ne saurait être tenu de demander la modification de ce permis sur l'ensemble des points pour lesquels une méconnaissance de l'autorisation délivrée a été constatée, dès lors qu'il lui est loisible de poursuivre les travaux afin de rendre la construction conforme au permis de construire dont il est bénéficiaire, éventuellement modifié par le permis de construire modificatif qu'il demande[12].

5. CE 25 mai 1988, *Cagi-Nicolau*, req. n° 59662, *Lebon T.*
6. POUR les permis de construire : C. urb., art. A. 431-7 ; – pour les permis d'aménager : art. A. 441-7.
7. CE 30 sept. 1983, *Aranda*, req. n° 24648, *Lebon T.* ; – CE 15 mai 1995, *Roux*, req. n° 137653, NP ; – CAA Lyon, 17 déc. 2002, *Morillon*, req. n° 98LY01007, NP.
8. CE 9 mars 1984, *Macé*, req. n° 41314, *Lebon T.* ; – CE 29 déc. 1997, *SCI Résidence Isabella*, req. n° 104903, NP : l'annulation du permis initial prive de base légale le permis modificatif.
9. CAA Marseille, 25 janv. 2007, *SCI J2L*, req. n° 03MA02323, NP.
10. CE 23 sept. 1988, S[té] *« Les maisons Goéland » c/Grall*, req. n° 72387, *Lebon T.* ; – CAA Marseille, 21 oct. 2010, *Rebeyrolles*, req. n° 08MA03350, NP : arrêt indiquant « qu'en tout état de cause, il ne peut être délivré un permis de construire modificatif quand les travaux résultant du permis initial sont, comme en l'espèce, complètement exécutés ».
11. CE 20 janv. 2011, *Blanquet*, req. n° 09NC01896, NP.
12. CAA Paris, 31 janv. 2019, *Dubois*, req. n° 18PA00599, NP.

352.93 **Cas où les travaux sont achevés.** Si les travaux sont achevés, la délivrance d'un permis modificatif n'est possible que dans un seul cas de figure : celui où l'administration elle-même ordonne à l'intéressé de régulariser sa situation après constat de la non-conformité des travaux[1].

C.
Troisième condition : une modification ne changeant pas la nature du projet

352.101 **Condition.** Depuis l'arrêt « Madame Vincler » du 26 juillet 2022, la modification du projet initial peut être autorisée au moyen d'un permis modificatif « dès lors que les modifications envisagées n'apportent pas à ce projet un bouleversement tel qu'il en changerait la nature même »[2]. Avant cette évolution jurisprudentielle, le permis modificatif ne pouvait apporter qu'un changement d'ampleur limitée au projet initial[3].

Cet élargissement a été justifié par une volonté d'aligner le champ d'application matériel du permis modificatif sur celui des mesures de régularisation mises en œuvre au titre des articles L. 600-5 (annulation partielle)[4] et L. 600-5-1 (sursis à statuer)[5] du code de l'urbanisme. Il était en effet devenu injustifié, aux yeux du Conseil d'État, qu'il soit plus aisé d'apporter des modifications au projet à l'occasion d'un contentieux, que directement devant l'administration.

352.102 **Ampleur des modifications permises.** La jurisprudence « Madame Vincler » étant relativement récente, l'ampleur des modifications susceptibles d'être apportées au moyen d'un permis modificatif n'est pas encore clairement établie. Quatre éléments peuvent néanmoins être soulignés.

Premièrement, la notion de nature ne se confond pas avec celle de destination (à défaut de quoi cette dernière expression aurait été employée). Cela signifie donc qu'elle ne s'appréciera pas exclusivement à l'aune de celle-ci mais également au regard d'autres critères tels que la surface de la construction, son implantation ou encore son aspect.

Deuxièmement, l'interdiction de revoir la « conception générale » du projet ayant disparue de la nouvelle formule jurisprudentielle, cette limite doit désormais être considérée comme abandonnée. Il s'ensuit que le pétitionnaire pourra au besoin revoir de fond en comble celui-ci.

Troisièmement, la modification ne se conçoit par hypothèse que si des éléments du projet initial sont conservés. Il en résulte que le changement, s'il peut être important voire très important, ne saurait en tout état de cause aboutir à un projet entièrement nouveau.

Quatrièmement, la formule employée étant la même que celle utilisée au titre des mécanismes juridictionnels de régularisation (L. 600-5 et L. 600-5-1), elle a vocation à recevoir une acception identique à celle qui lui a été donnée dans le cadre de ces derniers[6].

352.103 **Illustrations.** Au niveau des cours administratives d'appel, ont été regardés comme pouvant donner lieu à un permis de construire modificatif les changements :

– portant sur le décalage d'une dizaine de mètres de l'implantation du projet, la réduction du terrain d'assiette sur une partie non concernée par la construction et des déblais et, de manière limitée, sur la forme de la maison, « dès lors qu'il s'agit toujours d'une maison d'habitation implantée à proximité du projet initial d'une surface équivalente »[7] ;

– portant sur la réalisation d'une villa individuelle, avec une même implantation, qui augmentent de façon significative la surface de plancher (celle-ci passant de 250 m² à 750 m² du fait de la création d'un étage supplémentaire avec comble aménagé), accroissent sa hauteur (de 5,70 mètres à 9 mètres) et modifie également l'aspect général du bâtiment et de ses toitures par la création de terrasses, de balcons, de deux jardins sur dalle et le remplacement des ouvertures prévues (la cour indique que « Si ces modifications, significatives, sont de nature, par leur importance et la modification du volume et de l'aspect extérieur du projet initial, à altérer la conception générale du projet initialement autorisé, elles ne peuvent en revanche être regardées comme apportant au projet initial un bouleversement tel qu'il en changerait la nature même »)[8] ;

1. V. s^s n° 363.141.
2. CE, sect., 26 juill. 2022, *Mme Vincler c/C^ne de Montreuil*, req. n° 437765, *Lebon ; BJDU* 2022. 405, concl. N. Agnoux ; *Constr.-Urb.* 2022, comm. 105, note X. Couton ; D. Pradines et Th. Janicot, *AJDA* 2022. 1786 ; *JCP Adm.* 2022, n° 2273 ; *RDI* 2022. 539, obs. P. Soler-Couteaux ; *Dr. adm.* 2022, comm. 45, note J. Martin ; *RFDA* 2022. 889, note O. Le Bot.
3. Il ne devait pas remettre en cause la « conception générale » du projet initial (CE, sect., 26 juill. 1982, *Le Roy*, req. n° 23604, *Lebon ; JCP G* 1982. II. 19892, concl. Y. Robineau, obs. G. Liet-Veaux ; *CJEG* 1982, p. 403, note J.-Ph. Papin ; *RDI* 1982. 98, chron. F. Bouyssou ; *AJPI* 1983. 599, chron. R. Hostiou).
4. V. s^s n° 611.953.
5. V. s^s n° 611.1162.
6. V. s^s n°s 611.953 et s^s n° 611.1162.
7. CAA Marseille, 12 avr. 2023, *Maatala*, req. n° 21MA01506, NP.
8. CAA Lyon, 18 avr. 2023, *Balabanov*, req. n° 21LY03879, NP.

– consistant en la réalisation d'une piscine, la transformation d'un garage en partie habitable et la création d'une aire de stationnement [1] ;

En revanche, ont été regardés comme changeant la nature du projet :

– alors que le permis initial avait autorisé un bâtiment de stockage de matériel agricole implanté à cheval sur deux parcelles, à 40 mètres de la limite de propriété, devant disposer d'une structure et d'un bardage métalliques et ne comporter qu'une porte et cinq fenêtres étroites de forme horizontale ainsi que deux portails de 4 mètres de large permettant l'accès des véhicules agricoles, la demande de permis modificatif modifiant son implantation (à 20 mètres de la limite de propriété), sa structure et son aspect (le bâtiment modifié présente une structure en parpaings, ne dispose plus d'un revêtement métallique et comporte désormais deux portes, dix fenêtres verticales et deux baies d'une largeur de 2 mètres) [2] ;

– alors que le permis initial, délivré à un camping, concernait un bâtiment d'accueil et un bâtiment central abritant une piscine ainsi que 48 mobil-homes sur châssis et roues, la demande de permis modificatif portant sur la construction de 52 logements répartis en sept bâtiments dont quatre sur un niveau et trois en R+1, d'une piscine, d'une salle de sport, d'un hammam, d'une terrasse et d'un espace de loisirs [3].

§ 3
Décision sur la demande de permis modificatif

352.111 Instruction. L'autorité saisie de la demande de permis modificatif n'est pas tenue de procéder à une nouvelle instruction de l'ensemble de la demande de permis au vu de laquelle était intervenu le permis initial [4].

Ainsi, la circonstance que l'autorité compétente ait sollicité l'avis du préfet de région et celui de la commission départementale des sites lors de la délivrance du permis initial, ne lui impose pas de procéder de nouveau à ces consultations [5].

En revanche, une nouvelle consultation s'impose lorsque les modifications apportées au projet conduisent à priver d'effet utile la consultation précédemment réalisée. Ainsi, si l'architecte des bâtiments de France a donné son accord au projet initial pour lequel un permis de construire a été délivré, la demande de modification du permis portant sur l'emplacement et la dimension des baies et entraînant la suppression d'un escalier extérieur, « qui sont de nature à affecter l'aspect de la construction », justifie qu'il soit de nouveau consulté [6].

352.112 Règles au regard desquelles s'apprécie la demande de modification. L'autorité compétente apprécie la légalité du projet de modification au regard des règles applicables au jour où elle rend sa décision (et non pas au jour où a été délivré le permis initial) [7]. Ainsi, « un permis modificatif est délivré au regard des règles d'urbanisme applicables au jour où il est accordé, même si ces règles ont évolué depuis la délivrance du permis initial » [8].

Ces règles peuvent avoir évolué dans un sens favorable au pétitionnaire. Dans ce cas, « le demandeur peut se voir opposer des règles plus avantageuses pour la réalisation de son projet » [9]. Notamment, un permis initial peut être régularisé par un permis modificatif si la règle relative à l'utilisation du sol qui était méconnue par le permis initial a été entretemps modifiée [10].

Les règles peuvent également avoir évolué dans un sens défavorable au projet. Dans ce cas, le fait qu'une nouvelle réglementation d'urbanisme plus restrictive soit intervenue depuis la délivrance d'un permis en cours de validité, n'autorise pas à remettre en cause ce permis à l'occasion d'une demande de permis de construire modificatif. En effet, « ce sont les modifications envisagées elles-mêmes, et elles seules, qui doivent être conformes à la nouvelle réglementation, si tant est que cette nouvelle régle-

1. CAA Toulouse, 1er juin 2023, *Rey*, req. n° 21TL00388, NP.
2. CAA Toulouse, 21 déc. 2023, *Khemri*, req. n° 21TL04716, NP. La cour affirme que « Compte tenu de la modification de l'assiette foncière et de l'implantation de la construction et de ses conséquences potentielles dans un secteur exposé au risque d'inondation, ainsi que de l'ampleur des évolutions tenant à la structure du bâtiment et à son aspect extérieur, le projet décrit par M. K. dans sa demande de permis de construire modificatif apporte au projet initialement autorisé un bouleversement tel qu'il en changerait la nature même ».
3. CAA Bordeaux, 26 févr. 2024, *Sté Bizarritz camping*, req. n° 24BX00069, NP. La cour affirme que « Eu égard aux modifications apportées au projet et notamment à l'ajout de plusieurs bâtiments avec fondations et d'un aspect architectural totalement différent des mobil-homes initialement prévus et à l'augmentation de 25 % de la surface créée, ces modifications apparaissent comme apportant au projet un bouleversement tel qu'il en change la nature même. Ce permis doit, par suite, en l'état de l'instruction, être qualifié de permis de construire initial ».
4. CE 13 juin 1979, *Secrétaire d'État à la culture c/Martin et a.*, req. n° 03170, *Lebon*.
5. CE 13 juin 1979, *Secrétaire d'État à la culture c/Martin et a.*, req. n° 03170, *Lebon*.
6. CE 24 févr. 1992, *Excoffier*, req. n° 100529, NP.
7. CE 28 juill. 1989, *Pineau*, req. n° 76082, *Lebon T.* ; – CE 16 juin 1993, *SARL Sté française de construction de pavillons individuels*, req. n° 129162, *Lebon T.*
8. Rép. min. n° 5498, *JOAN Q* 17 avr. 2018, p. 3234.
9. Rép. min. n° 5498, *JOAN Q* 17 avr. 2018, p. 3234.
10. V. ss n° 352.154.

mentation les concerne »[1]. Il en va de même pour les demandes de permis de construire portant sur des modifications à apporter à un immeuble existant non conforme aux nouvelles dispositions d'urbanisme en vigueur : « Doctrine, pratique administrative et jurisprudence se rejoignent, pour estimer que, dans un tel cas, le permis n'a pas à être refusé dès lors que les modifications proposées ne viendront pas aggraver cette non-conformité et, à plus forte raison, lorsqu'elles auront pour effet de rendre l'immeuble plus conforme aux dispositions nouvelles [...] »[2]. Ainsi, si le règlement du PLU entré en vigueur postérieurement à la date de délivrance du permis de construire initial ne permettait plus, à la date à laquelle l'administration a refusé le permis modificatif, la construction d'un hall de stockage industriel sur le terrain du demandeur, elle ne pouvait légalement, sans méconnaître les droits que tenait l'intéressé du permis de construire antérieurement délivré et devenu définitif, lui refuser pour ce motif l'autorisation d'apporter au projet des modifications qui, ayant notamment pour objet de réduire la surface du bâtiment, ne portaient pas à la nouvelle réglementation d'interdiction de construire une atteinte supplémentaire par rapport à celle résultant du permis initial[3].

Une cristallisation des règles a par ailleurs pu intervenir par l'effet d'un certificat d'urbanisme, lequel a pour effet de geler les règles applicables à sa date de délivrance (expresse ou tacite) pour une durée de 18 mois. « Cette cristallisation s'applique également au permis modificatif lorsque le pétitionnaire bénéficie d'un certificat d'urbanisme toujours en cours de validité au moment du dépôt de sa demande de modification. Ainsi, le permis modificatif sera également instruit en prenant en compte les droits acquis par le certificat »[4].

1. Rép. min. n° 31499, *JO Sénat Q* 15 janv. 1980, p. 93 ; – CE 4 juin 1997, *Montpellier (Ville)*, req. n° 131233, NP : « Considérant que le permis de construire modificatif ne comporte, par rapport au permis initial, que des modifications étrangères aux règles fixées par les dispositions précitées de l'article 15 du règlement du lotissement ; que le moyen tiré de la méconnaissance de l'article 15 étant, de ce fait, inopérant, en ce qui concerne le permis modificatif du 20 juillet 1990, c'est à tort que le tribunal administratif l'a retenu pour prononcer l'annulation de celui-ci ».
2. Rép. min. n° 31499, *JO Sénat Q* 15 janv. 1980, p. 93 – Sur la jurisprudence *Sekler*, permettant d'améliorer, à l'occasion d'une modification, la conformité d'une construction existante aux règles du PLU, v. s[s] n°s 343.131 s.
3. CE, sect., 26 juill. 1982, *Le Roy*, req. n° 23604, *Lebon ; JCP G* 1982. II. 19892, concl. Y. Robineau, obs. G. Liet-Veaux ; *CJEG* 1982, p. 403, note J.-Ph. Papin ; *RDI* 1982. 98, chron. F. Bouyssou ; *AJPI* 1983. 599, chron. R. Hostiou ; – dans le même sens : CE 17 janv. 1990, *Launay*, req. n° 72070, NP – également : CAA Lyon, 12 août 2014, *Fontaine (C[ne])*, req. n° 13LY00605, NP : condition non satisfaite, du fait de l'aggravation de la méconnaissance du PLU.

352.113 Publicité de la décision délivrant le permis modificatif. Le permis modificatif doit être publié en mairie et affiché sur le terrain selon les modalités prévues pour le permis initial[5].

§ 4
Effets du permis modificatif

A.
Effet du permis modificatif sur l'exigibilité de la TA

352.121 Fait générateur de la taxe d'aménagement. La délivrance du permis modificatif constitue un fait générateur de la TA[6].

B.
Effet du permis modificatif sur le permis initial

1°
Modification du permis initial

352.131 Autorisation des changements demandés. Le permis modificatif a pour effet de modifier le permis initial. Il ne constitue pas un nouveau permis.

Il en résulte :

– que le permis initial ne disparaît pas[7] (il se trouve seulement amendé) ;

– que la délivrance du permis modificatif n'a pas pour effet de faire courir à nouveau le délai de validité du permis initial[8] ;

– que si le permis modificatif peut faire l'objet d'un recours, celui-ci ne peut porter sur les dispositions du permis initial qui n'ont pas été affectées par le permis modificatif[9].

2°
Régularisation, le cas échéant, du permis initial

352.141 Permis de régularisation. Le permis modificatif ayant pour objet de régulariser un vice entachant le permis initial est en pratique qualifié de permis de régularisation[10].

4. Rép. min. n° 5498, *JOAN Q* 17 avr. 2018, p. 3234.
5. PAR EX. : CE 19 déc. 2019, *Barbut*, req. n° 421042, NP – Sur ces modalités, v. s[s] n°s 346.91 s.
6. V. s[s] n° 552.511.
7. Il n'est pas abrogé ni retiré (CE 19 mai 1982, Papy, req. n° 17256, NP).
8. CE, sect., 16 févr. 1979, *SCI « Cap Naïo »*, req. n° 03646, *Lebon*.
9. V. s[s] n° 352.181.
10. V. s[s] n°s 363.101 s.

a.
Vices régularisables

352.151 Éléments communs au permis modificatif et aux mesures de régularisation L. 600-5-1. Quatre types de vices sont régularisables au moyen d'un permis de construire modificatif. Les mêmes vices sont régularisables au moyen d'une mesure de régularisation prise en cours d'instance au titre de l'article L. 600-5-1 du code de l'urbanisme. Les solutions présentées ci-dessous valent donc aussi bien pour les régularisations résultant d'un permis modificatif que celles découlant d'une mesure de régularisation L. 600-5-1[1].

352.152 Adaptation du projet à une règle de fond. Initialement, seules les règles de fond, c'est-à-dire celles portant sur l'utilisation et l'occupation des sols pouvaient donner lieu à régularisation[2].

352.153 Mise en œuvre d'une exigence de forme et de procédure. Dans un deuxième temps, la jurisprudence a admis de réparer des irrégularités de forme ou de procédure affectant le permis initial. Par exemple :

– un défaut de consultation peut être régularisé par un permis modificatif si la procédure consultative est mise en œuvre à l'occasion de la délivrance de celui-ci[3] ;

– dans le cas où la demande initiale ne comportait pas l'ensemble des pièces et informations exigées, la production de celles-ci à l'occasion d'un permis modificatif régularise l'autorisation délivrée[4].

352.154 Évolution favorable de la réglementation ou des circonstances de fait. Dans un troisième temps, le Conseil d'État a reconnu que le bénéficiaire de l'autorisation puisse tirer profit d'une évolution favorable de la réglementation[5] ou des circonstances de fait[6] intervenue depuis la délivrance de l'autorisation initiale, lorsque cette évolution conduit à rendre conforme aux règles d'urbanisme une autorisation qui ne l'était pas au moment de sa délivrance.

Dans le premier cas, la régularisation par un permis modificatif intervient « si la règle relative à l'utilisation du sol qui était méconnue par le permis initial a été entretemps modifiée »[7]. Le Conseil d'État admet ainsi « que l'intervention d'un permis de construire modificatif puisse purger un projet de son illégalité du seul fait de l'évolution des règles intervenue depuis le permis initial (en l'occurrence, la disparition d'une servitude d'emplacement réservé qui, dans le PLU, grevait initialement le terrain) », de telle sorte « que le baume du permis modificatif puisse, au-delà de son objet, procéder de sa seule intervention dans un nouveau contexte, sur un sujet qui lui était étranger »[8].

Dans le second cas, le pétitionnaire va tirer parti d'une évolution favorable de la situation de fait. L'arrêt du 10 octobre 2022 ayant admis cette solution illustre bien cette possibilité. Dans cette affaire, qui portait sur le littoral, la règle de l'urbanisation en continuité était méconnue au moment de la délivrance du permis initial (en 2011) mais se trouvait respectée en 2018, date de la délivrance du permis modificatif, les terrains situés aux alentours ayant entre-temps accueilli des constructions. Le Conseil d'État a jugé que le permis modificatif, alors même qu'il ne portait pas sur l'emplacement du projet, avait incidemment régularisé l'autorisation initiale grâce au phénomène d'urbanisation intervenu aux alentours.

Dans ces deux cas, où le pétitionnaire bénéficie de façon opportuniste d'une évolution juridique ou factuelle qui lui est favorable, le permis va pour en ainsi dire « s'autoréparer »[9] du simple fait de cette évolution.

352.155 Règles de compétence. Dans un arrêt du 30 juin 2023, marquant la quatrième étape de l'évolution retracée, le Conseil d'État a reconnu qu'un vice d'incompétence puisse donner lieu à régularisation[10]. On notera qu'il en va de même en cas d'annulation partielle prononcée au titre de l'article

1. V. montrant cette parenté, CE 30 juin 2023, *Société AFC Promotion*, req. n° 463230, *Lebon T. ; BJDU* 2023. 334, concl. M. Le Coq ; *AJDA* 2023. 1731, note O. Le Bot ; *Constr.-Urb.* 2023, comm. 92, note X. Couton.
2. V., à propos d'une règle de hauteur, CE 9 déc. 1994, *SARL Séri*, req. n° 116447, *Lebon T.*
3. CE 2 févr. 2004, *SCI La Fontaine de Villiers*, req. n° 238315, *Lebon T.*
4. V. p. ex. CAA Marseille, 28 nov. 2019, *Synd. des copropriétaires de la résidence « Le Central Park »*, req. n° 17MA00337, NP (mesure prise après invitation à régulariser).
5. CE, avis, 7 mars 2018, *Bloch*, req. n° 404079, *Lebon ; AJDA* 2018. 535 ; *ibid.* 1051, concl. X. Domino ; *RDI* 2018. 294, obs. P. Soler-Couteaux ; *ibid.* 302, obs. M. Revert ; *AJCT* 2018. 410, obs. P. Jacquemoire ; *BJDU* 2018. 186, note X. de Lesquen.
6. CE 10 oct. 2022, Société Territoire Soixante-deux et autre, req. n° 451530, *Lebon T. ; BJDU* 2023. 20, concl. M. Sirinelli, *Constr.-Urb.* 2023, comm. 3, note L. Santoni ; *JCP G* 2022. 1447, note O. Le Bot ; *RDI* 2023. 115, obs. P. Soler-Couteaux.
7. CE, avis, 7 mars 2018, *Bloch*, req. n° 404079, *Lebon ; AJDA* 2018. 535 ; *ibid.* 1051, concl. X. Domino ; *RDI* 2018. 294, obs. P. Soler-Couteaux ; *ibid.* 302, obs. M. Revert ; *AJCT* 2018. 410, obs. P. Jacquemoire ; *BJDU* 2018. 186, note X. de Lesquen.
8. M. Sirinelli, *BJDU* 2023. 20, concl. sur CE 10 oct. 2022, Société Territoire Soixante-deux et autre, req. n° 451530.
9. X. de Lesquen, *BJDU* 2018. 192, note sous CE, avis, 7 mars 2018, *Bloch*, req. n° 404079.
10. CE 30 juin 2023, *Société AFC Promotion*, req. n° 463230, *Lebon T. ; BJDU* 2023. 334, concl. M. Le Coq ; *AJDA* 2023. 1731, note O. Le Bot ; *Constr.-Urb.* 2023, comm. 92, note X. Couton.

L. 600-5[1] et, dans un autre domaine, pour régulariser une autorisation environnementale[2].

Un acte émanant d'une autorité incompétente peut ainsi être approprié par l'autorité compétente et, par ce biais, régularisé. En pratique, dans la mesure où les incompétences observées en matière d'autorisations d'urbanisme prennent généralement la forme d'un défaut de délégation de signature ou d'une intervention d'un organe dans le champ d'un autre organe (par exemple le maire dans la sphère d'attributions du conseil municipal), elles présentent un caractère aisément régularisable. Dans les cas plus graves – et plus rares – où une personne publique est intervenue dans le domaine d'attribution d'une autre personne publique, la régularisation est moins évidente mais néanmoins possible : elle suppose simplement que la personne publique compétente n'ait pas de désaccord avec le contenu de l'acte contesté et, par suite, accepte de l'endosser.

b.
Forme de la demande de régularisation

352.161 Un objet régularisateur n'ayant pas à être expressément mentionné dans la demande. Une demande de modificatif ayant pour objet (à titre exclusif, principal ou secondaire) de régulariser l'autorisation initialement délivrée n'a pas à spécifier qu'elle est présentée à cette fin[3].

Cette solution constitue une conséquence de la porosité, admise, voulue et entretenue par le Conseil d'État, entre le concept de modification du projet (c'est-à-dire de ses caractéristiques : surface, hauteur, implantation, etc.) et celui de régularisation de l'acte qui l'autorise. Il est reconnu de longue date qu'une demande de modificatif faisant évoluer le projet puisse être utilisée, en plus, pour régulariser celui-ci. De même, et plus récemment, il a été jugé que le pétitionnaire puisse tirer parti d'une demande de régularisation L. 600-5-1 pour faire évoluer son projet. Le Conseil d'État a en effet estimé que si une telle mesure a normalement pour objet de corriger un vice de légalité, le pétitionnaire peut également profiter de celle-ci pour apporter à son projet des modifications non requises par la régularisation proprement dite[4]. En somme, il apparaît possible de régulariser par une modification et, inversement, de modifier par une régularisation. Dans la mesure où l'un comme l'autre de ces procédés peuvent poursuivre les deux objets, on ne saurait exiger du pétitionnaire qu'il spécifie dans sa demande la ou les finalités qu'elle poursuit.

La solution que retient le Conseil d'État s'inscrit en outre dans la continuité de la souplesse et du pragmatisme qui a toujours présidé à la correction des irrégularités dans le domaine des autorisations d'urbanisme. La formule jurisprudentielle en atteste : le Conseil d'État indique simplement que l'irrégularité entachant le permis initial « peut être régularisée par la délivrance d'une autorisation modificative dès lors que celle-ci est compétemment accordée pour le projet en cause » (dans le cas d'un vice d'incompétence), « qu'elle assure le respect des règles de fond applicables à ce projet » (dans le cas d'un vice de fond) ou « répond aux exigences de forme ou a été précédée de l'exécution régulière de la ou des formalités qui avaient été omises » (dans le cas d'un vice de forme ou de procédure). Aucun formalisme n'est imposé et, notamment, il n'est pas exigé du pétitionnaire qu'il indique dans sa demande que celle-ci poursuit un but de régularisation. Il en résulte que dans le cas d'un vice de compétence, l'acte est régularisé du fait de son adoption par une autorité compétente ; dans le cas d'un vice de fond, par l'adaptation du projet aux règles de fond (ou l'évolution favorable de celles-ci ou de la situation de fait) ; et, dans le cas d'un vice de forme ou de procédure, par l'observation des règles de forme ou de procédure à l'occasion du permis modificatif.

352.162 Un objet régularisateur pouvant ressortir des pièces du dossier. L'objet régularisateur du permis modificatif peut ressortir des pièces du dossier soumis à la juridiction[5]. Ainsi, lorsque le pétitionnaire allègue qu'une autorisation modificative a régularisé l'autorisation initiale et qu'il revient au juge d'apprécier si tel a bien été le cas, celui-ci peut former sa conviction en se basant sur l'ensemble des pièces produites par les parties.

Bien souvent, il n'y aura pas de doute : soit la demande aura spécifié qu'elle vise, à titre exclusif ou non, à régulariser un vice entachant l'autorisation initiale ; soit la décision prise sur la demande l'aura indiquée.

Lorsqu'il y aura place au doute, le juge prendra en compte d'autres éléments. Par exemple, si la demande de permis modificatif est intervenue à l'occasion d'un contentieux et, plus encore, si a été rendu à cette occasion un jugement avant dire droit invitant à une régularisation sur le fondement de l'article L. 600-5-1, cette circonstance sera de nature à caractériser une finalité régularisatrice.

1. V. s^s n° 611.955.
2. CE 27 nov. 2013, *Assoc. Bois-Guillaume Réflexion*, req. n° 358765, *Lebon T. ; Constr.-Urb.* 2014, comm. 6, note P. Cornille – CE 28 déc. 2022, *Association « Sans offshore à l'horizon »*, req. n° 447229, *Lebon T.*
3. CE 30 juin 2023, *Société AFC Promotion*, req. n° 463230.
4. V. s^s n° 611.1222.
5. CE 30 juin 2023, *Société AFC Promotion*, req. n° 463230.

c.
Effets de la régularisation

352.171 **Permis initial régularisé.** Si une régularisation (portant sur une règle de fond, de forme ou de procédure) intervient par la délivrance d'un permis modificatif, « les irrégularités ainsi régularisées ne peuvent plus être utilement invoquées à l'appui d'un recours pour excès de pouvoir dirigé contre le permis initial »[1].

Par exemple :

– la circonstance que l'architecte des bâtiments de France n'a pas été consulté avant que le permis de construire soit accordé ne peut plus utilement être invoquée à l'encontre de ce permis lorsque l'architecte a donné son accord, au vu de l'ensemble du dossier, au projet autorisé par un permis modificatif[2] ;

– dans le cas où un terrain est grevé d'une servitude d'emplacement réservé (par le PLU) à la date du permis initial, et que cette servitude est supprimée du PLU par la suite, la délivrance d'un permis modificatif sur le fondement du PLU modifié régularise l'illégalité qui entachait le permis initial, résultant de la méconnaissance de la destination assignée à l'emplacement réservé en vue du stationnement des poids lourds[3] ;

– dans le cas où la demande initiale ne comportait pas l'ensemble des pièces et informations exigées, la production de celles-ci à l'occasion d'un permis modificatif régularise l'autorisation délivrée[4].

De même, lorsque le juge du référé-suspension a suspendu l'exécution d'un permis de construire, l'administration peut légalement prendre un arrêté modifiant ce permis afin de remédier aux vices retenus par le juge des référés pour en suspendre l'exécution[5]. Le bénéficiaire est alors fondé à introduire une demande de réexamen sur le fondement de l'article L. 521-4 du CJA afin d'obtenir qu'il soit mis fin à la mesure de suspension[6].

1. CE, avis, 7 mars 2018, *Bloch*, req. n° 404079 – dans le même sens : CE 9 déc. 1994, *SARL Séri*, req. n° 116447, *Lebon T.*
2. CE 2 févr. 2004, *SCI La Fontaine de Villiers*, req. n° 238315, *Lebon T.*
3. CE, avis, 7 mars 2018, *Bloch*, req. n° 404079 : arrêt en déduisant que le moyen tiré de ce que le permis de construire aurait été délivré en méconnaissance des dispositions du PLU relatives à l'existence et à la destination d'un emplacement réservé sur le terrain d'assiette du projet ne peut plus être utilement invoqué à l'appui des conclusions dirigées contre le permis initial.
4. V. s^s n° 331.192.
5. CE 27 juill. 2006, *Min. Transports, Équipement, Tourisme et Mer c/Patoulle*, req. n° 287836, *Lebon T.*
6. CE 24 févr. 2003, *Perrier*, req. n° 251928, *Lebon.*

§ 5
Régime contentieux du permis modificatif

352.181 **Recours limité aux modifications.** Si le permis modificatif peut faire l'objet d'un recours, « seuls sont susceptibles d'être invoqués à l'encontre de ce dernier (...) les vices propres dont il serait entaché »[7]. Il en résulte que les dispositions du permis initial qui n'ont pas été affectées par le permis modificatif ne peuvent plus être contestées[8] et que la délivrance du permis modificatif n'a pas pour effet d'ouvrir un nouveau délai de recours à leur encontre[9].

352.182 **Intérêt à agir.** Bien souvent, le permis de construire initial et le permis de construire modificatif sont contestés ensemble. Ils font donc chacun l'objet d'une demande d'annulation devant le juge administratif.

Néanmoins, lorsque le recours est dirigé uniquement contre le permis modificatif, l'intérêt à agir du requérant s'apprécie au regard de la portée des modifications apportées[10].

352.183 **Notification du recours.** Le recours formé par un tiers contre le permis modificatif est soumis à l'obligation de notification[11].

SECTION 3
RETRAIT DE L'AUTORISATION D'URBANISME

352.191 **Autorisation et refus d'autorisation.** Les règles encadrant le retrait ne sont pas les mêmes pour les autorisations d'urbanisme, d'une part, et les refus d'autorisation d'urbanisme, d'autre part.

§ 1
Régime de droit commun de retrait des autorisations d'urbanisme

A.
Conditions de retrait d'une autorisation d'urbanisme

352.201 **Texte.** « La décision de non-opposition à une déclaration préalable ou le permis de construire ou d'aménager ou de démolir, tacite ou expli-

7. CE 28 juill. 1999, *SA d'HLM « Le nouveau logis Centre Limousin »*, req. n° 182167, *Lebon.*
8. CE 28 févr. 1994, *Assaillit*, req. n° 92042, NP.
9. CE 27 oct. 1978, *Dame Deyon*, req. n° 05244, *Lebon* – CE 28 févr. 1994, *Assaillit*, req. n° 92042, NP.
10. V. s^s n° 611.284.
11. V. s^s n° 611.534.

cite, ne peuvent être retirés que s'ils sont illégaux et dans le délai de trois mois suivant la date de ces décisions. Passé ce délai, la décision de non-opposition et le permis ne peuvent être retirés que sur demande expresse de leur bénéficiaire »[1].

1°
Première condition : une autorisation illégale

352.211 **Illégalité.** La décision de non-opposition ou le permis « ne peuvent être retirés que s'ils sont illégaux »[2]. Cette exigence est conforme à la finalité du retrait, qui consiste à remédier à une illégalité dont l'acte en cause est entaché et dont l'administration ne s'aperçoit qu'après sa délivrance.

Il en résulte qu'une autorisation d'urbanisme ne peut pas faire l'objet d'un retrait si elle n'est pas entachée d'illégalité[3].

2°
Seconde condition : le délai de retrait

a.
Délai de 3 mois en cas de retrait d'office

352.221 **Durée du délai.** La décision de non-opposition ou le permis, tacite ou explicite, ne peuvent être retirés que « dans le délai de trois mois suivant la date de ces décisions »[4].

Ce délai concerne l'hypothèse d'un retrait opéré d'office par l'autorité compétente, c'est-à-dire spontanément, sans demande préalable du bénéficiaire de l'autorisation.

352.222 **Point de départ du délai.** Le délai commence à courir à compter de la « date » de la décision[5].

Dans le cas d'une décision expresse, le délai de retrait court à compter de sa signature.

Dans le cas d'une décision tacite, le délai de retrait court à compter du jour où cette décision est acquise (quand bien même elle ferait ensuite l'objet d'une notification[6]).

352.223 **Terme du délai.** Compte tenu de l'objectif de sécurité juridique poursuivi par le législateur, qui ressort des travaux préparatoires de la loi du 13 juillet 2006 dont les dispositions de l'article L. 424-5, al. 1er, sont issues, « l'autorité compétente ne peut rapporter un permis de construire, d'aménager ou de démolir, tacite ou explicite, que si la décision de retrait est notifiée au bénéficiaire du permis avant l'expiration du délai de trois mois suivant la date à laquelle ce permis a été accordé »[7]. Ainsi, est prise en compte non pas la date à laquelle est prise la mesure de retrait mais celle à laquelle le retrait est notifié.

En cas de notification d'une telle décision de retrait par LRAR, la réception de ce courrier par son destinataire doit être regardée comme intervenant à la date à laquelle le pli qui contient cette décision a été présenté pour la première fois à son adresse[8].

352.224 **Réouverture du délai en cas d'annulation, en appel, d'un jugement de TA ayant annulé un refus et qu'une autorisation a été délivrée pour exécuter le jugement annulé.** Selon la doctrine administrative, « il est possible que suite à une décision de première instance imposant la réinstruction de la demande, généralement après un refus, l'autorité compétente ait accordé l'autorisation en cause tout en faisant appel du jugement. Dans ce cas si l'appel donne raison à cette autorité, le refus s'avérera finalement fondé. Le délai de retrait de trois mois sera alors expiré puisqu'il faut plus de trois mois pour obtenir une décision en appel. C'est pourquoi, dans ce cas extrêmement particulier, compte tenu du respect dû à la chose jugée qui s'attache à l'arrêt de la Cour administrative d'appel, juridiction de rang supérieur au tribunal, l'autorisation accordée en application de la décision de première instance peut être considérée comme non définitive et son retrait est alors possible suite à l'arrêt de la Cour administrative d'appel, et ce même au-delà du délai de trois mois prévu par les textes. [...]. Une autorisation d'urbanisme délivrée dans ces circonstances n'est donc pas définitive et peut être retirée pour respecter l'arrêt de la Cour administrative d'appel »[9].

1. C. urb., art. L. 424-5, al. 1er.
2. C. urb., art. L. 424-5, al. 1er.
3. CE 11 juin 1993, *Sté Landrieu*, req. n° 89497, *Lebon*.
4. C. urb., art. L. 424-5, al. 1er.
5. C. urb., art. L. 424-5, al. 1er.
6. Dans un tel cas de figure, le délai de retrait court à compter de l'intervention de la décision tacite et non pas à compter de la date de notification de cette décision. La notification n'a pas pour effet de proroger le délai de retrait.
7. CE 13 févr. 2012, *Assoc. Sté Protectrice des Animaux de Vannes*, req. n° 351617, *Lebon ; BJDU* 2012. 128, concl. M. Vialettes ; *JCP Adm.* 2012, n° 2230, note Ph. Billet.
8. CAA Lyon, 23 mai 2019, *Szuter*, req. n° 18LY01154, NP.
9. Rép. min. n° 8378, *JO Sénat Q* 27 févr. 2014, p. 545 : solution reposant sur la jurisprudence selon laquelle un acte contraire (l'autorisation délivrée) à un acte annulé (le premier refus) ne devient pas définitif lorsqu'il intervient uniquement pour assurer l'exécution d'un jugement dont il est fait appel (CE 6 oct. 1976, *Min. Éducation nationale c/ Gilquin*, req. n° 96669, *Lebon T*). La réponse ministérielle souligne que la même solution a été appliquée aux mesures prises pour assurer l'exécution d'ordonnances du juge des référés (CE 26 nov. 2003, *Min. Budget c/Terlutte*, req. n° 259120, *Lebon T.* ; – CE 13 juill. 2007, *Sanary-sur-mer*, req. n° 294721, *Lebon T.*).

b.
Absence de condition de délai en cas de retrait à la demande du bénéficiaire de l'autorisation

352.231 Demande expresse. Passé le délai de trois mois, la décision de non-opposition et le permis « ne peuvent être retirés que sur demande expresse de leur bénéficiaire »[1].

c.
Absence de délai en cas de retrait d'une autorisation obtenue par fraude

352.241 Retrait sans condition de délai en cas de fraude. Une décision administrative obtenue par fraude peut être retirée à tout moment[2], donc, le cas échéant au-delà du délai de trois mois.

Ainsi, un permis ne peut faire l'objet d'un retrait, une fois devenu définitif, qu'au vu d'éléments, dont l'administration a connaissance postérieurement à la délivrance du permis, établissant l'existence d'une fraude à la date où il a été délivré[3].

352.242 Notion de fraude. Selon la définition jurisprudentielle, « La caractérisation de la fraude résulte de ce que le pétitionnaire a procédé de manière intentionnelle à des manœuvres de nature à tromper l'administration sur la réalité du projet dans le but d'échapper à l'application d'une règle d'urbanisme. Une information erronée ne peut, à elle seule, faire regarder le pétitionnaire comme s'étant livré à l'occasion du dépôt de sa demande à des manœuvres destinées à tromper l'administration »[4]. Ainsi, et comme l'explique le rapporteur public Mathieu Le Coq, « la fraude est caractérisée par la réunion de deux éléments. L'élément matériel consiste en des agissements de la part de l'administré visant à obtenir un avantage indu. L'élément intentionnel tient au fait que l'administré doit avoir la volonté ou au moins la conscience de tromper ou d'induire en erreur l'Administration en agissant de la sorte »[5].

352.243 Variantes de la fraude. Il est habituel de distinguer deux types de fraude : la fraude par fausse déclaration et la fraude à la loi[6].

La fraude par fausse déclaration « consiste pour l'administré à communiquer délibérément à l'Administration des informations erronées afin d'obtenir un avantage alors qu'il ne remplit pas les conditions pour l'obtenir »[7]. Elle résulte de déclarations inexactes dans la demande d'autorisation d'urbanisme.

La fraude à la loi « consiste pour l'administré à mettre en œuvre un procédé conférant à la situation ou au projet examiné par l'Administration toutes les apparences de la conformité à la règle. Les informations communiquées ne sont pas erronées mais le demandeur cherche, par un montage, à contourner l'application des règles qui s'imposent normalement à lui et ainsi obtenir un avantage indu. Le caractère artificiel du montage – parce qu'il n'a pas d'autre raison d'être que ce contournement de la règle – permet de qualifier la fraude »[8].

Selon le rapporteur public Mathieu Le Coq, « Il importe de savoir à quel type de fraude l'on a affaire dans chaque espèce examinée car le raisonnement à suivre n'est pas le même dans les deux cas. La fraude par fausse déclaration suppose de rechercher l'existence d'informations erronées transmises à l'Administration dans le but de l'induire en erreur sur les droits dont peut se prévaloir le pétitionnaire. Il est inutile en revanche de rechercher des informations erronées en présence d'une fraude à la loi au sens que nous venons de lui donner. Il convient seulement de rechercher si l'opération ayant rendu possible la délivrance de ce permis n'a été effectuée qu'en vue d'échapper à l'application normale des prescriptions d'urbanisme, le recours à un tel procédé artificiel permettant de caractériser la réunion des éléments matériel et intentionnel de la fraude »[9].

352.244 Exemples de fraude par fausse déclaration. Ont par exemple été reconnus comme constitutifs de fraude :

– la dissimulation par les pétitionnaires, lors de l'instruction de leurs permis de construire, du caractère aménageable des combles de leur habitation[10] ;

– l'indication d'informations erronées sur l'alignement de la construction[11] ;

– l'indication que le terrain ne se situe pas dans un lotissement alors qu'il fait partie d'un lotissement[12] ;

1. C. urb., art. L. 424-5, al. 1er.
2. CRPA, art. L. 241-2, reprenant une jurisprudence constante – par ex., à propos d'un permis de construire : CE 6 mai 1981, *Aimar*, req. nº 11234, *Lebon T.* – CE 10 oct. 1990, *Alarcon (Épx)*, req. nº 86379, *Lebon T.* – CE 21 mars 1996, *Comité de défense des sites de la Turbie et Fourbier (M.) c/ Crédit immobilier des Alpes-Maritimes*, req. nº 71543, NP.
3. CE 16 août 2018, *Sté NSHHD*, req. nº 412663, NP ; *JCP Adm.* 2018, nº 2258, note S. Renard.
4. CE 16 août 2018, *Sté NSHHD*, req. nº 412663.
5. M. Le Coq, *JCP Adm.* 2023, nº 2246, concl. sur CE 17 févr. 2023, *Krief-Chlous*, req. nº 461212, NP.
6. V. M. Le Coq, concl. préc. ; X. de Lesquen, *BJDU* 2012. 3770, concl. sur CE 13 juill. 2012, Mme Egret, nº 344710, *Lebon T.* ; C. Giodano, « La théorie de la fraude et les actes administratifs unilatéraux », *RFDA* 2018. 57.
7. M. Le Coq, concl. préc.
8. M. Le Coq, concl. préc.
9. M. Le Coq, concl. préc.
10. CE 15 oct. 1999, *Époux Chatin*, req. nº 180298, *Lebon T.*
11. CE 24 avr. 1992, *Gillot*, req. nº 94513, NP.
12. CE 17 mars 1976, *Todeschini*, req. nº 99289, *Lebon*.

– l'indication d'une surface de plancher de 8 % inférieure à celle que le pétitionnaire projette de construire [1] ;

– des plans de coupe représentant de façon erronée le terrain d'assiette du projet comme étant plat, dès lors que les autres éléments du dossier de permis ne permettaient pas d'établir la déclivité du terrain d'assiette au niveau de la construction autorisée [2] ;

– des courriers du pétitionnaire soutenant, pour escompter bénéficier de la prescription décennale prévue à l'article L. 421-9 du code de l'urbanisme [3], que la construction sur laquelle portait la demande était depuis plus de dix ans une maison à usage d'habitation de 75 m^2 alors que la construction initiale (un cabanon) avait été étendue par des travaux réalisés en méconnaissance du PLU (et, donc, ne pouvait bénéficier de cette prescription) [4] ;

– le fait, pour le pétitionnaire, de se prévaloir d'une qualité qu'il n'a pas [5] ;

– le fait de se prévaloir d'une promesse de vente caduque et alors que le pétitionnaire savait, à la date du dépôt de la demande de permis de construire, qu'une promesse de vente en vue de construire avait été signée par le propriétaire avec une autre société [6].

352.245 Exemples de fraude à la loi. Ont par exemple été reconnus comme constitutifs de fraude :

– la vente de complaisance d'une bande de terrain dans le seul but d'échapper aux prescriptions relatives à l'implantation par rapport aux limites séparatives du terrain [7] ;

– le montage de l'opération de vente et revente d'une partie du terrain à des tiers n'ayant pour but que de permettre à ces derniers de disposer, le temps de l'instruction de la demande de permis de construire et de la réalisation des travaux, d'un terrain suffisant pour assurer la conformité du projet aux prescriptions du PLU, notamment aux règles de retrait par rapport aux limites séparatives, d'emprise au sol et de réalisation d'espaces libres et de plantations. Ce montage prévoyait, dès la conception de l'opération, qu'une bande de terrain de 4 m de largeur et d'une superficie d'environ 100 m^2, indispensable à la conformité du projet serait, dès l'achèvement des travaux, retirée de la parcelle d'assiette pour être revendue à la propriétaire initiale [8].

352.246 Exemples d'absence de fraude. N'ont pas été regardés comme constitutifs de fraude :

– l'éventuelle imprécision du document graphique d'insertion du projet dans l'environnement existant, dès lors que des plans, également joints à la demande de permis, notamment le plan de coupe PC 3 et le plan du 4e niveau, attestaient précisément de l'emplacement et de la surface de la construction projetée à ce niveau [9] ;

– la circonstance que le pétitionnaire avait joint à l'appui de sa demande de permis de construire un plan inexact, dès lors que l'acte joint à sa demande de permis était une copie du plan annexé à l'acte notarié de vente du terrain d'assiette et que ce plan avait été certifié conforme par l'architecte-conseil de l'association syndicale des propriétaires du lotissement [10].

352.247 Recours contre le refus de retirer une autorisation d'urbanisme obtenue par fraude. Un tiers justifiant d'un intérêt à agir est recevable à demander, dans le délai du recours contentieux, l'annulation de la décision par laquelle l'autorité administrative a refusé de faire usage de son pouvoir d'abroger ou de retirer un acte administratif obtenu par fraude, quelle que soit la date à laquelle il l'a saisie d'une demande à cette fin [11].

1. CE 1er févr. 2023, *Housieaux*, req. n° 461478, NP.
2. CE 16 août 2018, *Sté NSHHD*, req. n° 412663.
3. V. ss nos 343.111 s.
4. CE 26 avr. 2018, *Parrain-Colombani (M.)*, req. n° 410019, *Lebon T. ; BJCL* 2018. 373, concl. R. Decout-Paolini ; *JCP Adm.* 2018, n° 2258, note S. Renard.
5. CE 10 oct. 1990, Époux Alarcon, req. 86379, *Lebon T.* V. ss n° 331.171.
6. CE 9 oct. 2017, *Sté Les Citadines*, req. n° 398853, *Lebon T.*
7. CE 25 janv. 1993, *Consorts Saint-Guilly*, req. n° 122112, *Lebon T.* En l'espèce, le permis de construire initial, accordé aux époux Lestienne en 1983 et annulé par le tribunal administratif, ainsi que les permis de régularisation sollicités en 1986 et 1988 portaient sur une construction qui n'était pas située en limite séparative, mais à une distance inférieure à la distance minimum exigée par les dispositions du POS et donc non conforme auxdites dispositions. Sans modifier l'implantation de leur pavillon, les époux Lestienne se prévalent de la vente à des tiers de la bande de terrain séparant ce pavillon de la limite parcellaire pour soutenir que la construction étant désormais située en limite de parcelle, son implantation est devenue conforme aux règles posées par le POS. Le Conseil d'État relève que « que cette opération de vente donnant une apparence de régularité à la construction litigieuse, n'a été effectuée qu'en vue d'échapper aux prescriptions du plan d'occupation des sols ; que l'arrêté du 18 avril 1989 par lequel le maire de Viroflay a accordé un permis de construire à M. Gérard Lestienne est donc entaché de la même illégalité que les permis antérieurs ». V. dans le même sens CE 3 févr. 1978, *Meppiel, Lebon* 54.
8. TA Melun, 22 mars 2024, *Krief-Chlous*, req. n° 2302148, NP (jugement devenu définitif en l'absence d'admission du pourvoi formé à son encontre : CE 25 juill. 2024, *Benkaaba*, req. n° 493828, NP). Ce jugement a été rendu sur renvoi après une première cassation : CE 17 févr. 2023, *Krief-Chlous*, req. n° 461212, NP ; *JCP Adm.* 2023, n° 2246, concl. M. Le Coq.
9. CE 5 févr. 2018, *Sté Cora*, req. n° 407149, *Lebon T. ; JCP Adm.* 2018. 2247, chron. O. Le Bot.
10. CE 28 avr. 1997, *Franchi*, req. n° 133879, *Lebon T.*
11. CE 5 févr. 2018, *Sté Cora*, req. n° 407149 – Sur le contrôle du juge, v. ss n° 352.262.

B. Décision de retrait d'une autorisation d'urbanisme

1° Contenu de la décision de retrait

352.251 Retrait total. La mesure de retrait rapporte généralement l'autorisation d'urbanisme dans sa totalité.

352.252 Retrait partiel. Si une partie seulement de l'autorisation délivrée est entachée d'illégalité, et qu'elle présente un caractère divisible, l'autorité compétente ne procède au retrait que de la partie de l'acte concernée par cette illégalité[1].

352.253 Distinction avec la modification. Il y a modification, et non retrait, lorsque l'acte constitue une décision modificative du premier permis délivré qu'il n'a pas eu pour effet de retirer.

2° Faculté ou obligation de retrait si les conditions du retrait sont remplies ?

352.261 Compétence liée. L'autorité administrative se trouve en situation de compétence liée pour retirer un acte illégal dans le délai de retrait, si l'illégalité dont il se trouve entaché ne nécessite aucune appréciation[2]. Elle est ainsi tenue de faire droit à la demande présenté par un tiers dans le délai de retrait[3].

L'autorité administrative se trouve également en situation de compétence liée pour retirer un acte illégal à la demande de son bénéficiaire[4].

352.262 Pouvoir d'appréciation. L'autorité administrative dispose d'une faculté – et non d'une obligation – de retirer un acte lorsqu'elle doit porter une appréciation sur les faits[5].

Il en va de même lorsque l'acte a été obtenu par fraude[6]. Cette solution vise à ménager la sécurité juridique en posant que, passé le délai normal de retrait, l'administration n'est pas tenue de remettre en cause de façon systématique un acte illégal obtenu par fraude mais doit mettre en balance les avantages d'une telle mesure (le respect de la légalité, la sanction d'une fraude) et ses inconvénients (la remise en cause soudaine d'une situation établie). Il en résulte qu'en cas de recours d'un tiers contre le refus de retirer un acte allégué d'avoir été obtenu par fraude, il incombe au juge de l'excès de pouvoir, saisi de moyens en ce sens, d'une part, de vérifier la réalité de la fraude alléguée et, d'autre part, de contrôler que l'appréciation de l'administration sur l'opportunité de procéder ou non à l'abrogation ou au retrait n'est pas entachée d'erreur manifeste, compte tenu notamment de la gravité de la fraude et des atteintes aux divers intérêts publics ou privés en présence susceptibles de résulter soit du maintien de l'acte litigieux soit de son abrogation ou de son retrait[7].

3° Formes du retrait

352.271 Retrait exprès. Le retrait de l'autorisation d'urbanisme prend généralement la forme d'une décision expresse ayant directement cet objet.

352.272 Retrait se présentant sous l'apparence d'un refus. Le retrait se présente parfois sous une forme indirecte, sans que l'autorité compétente n'en ait elle-même conscience. Cette hypothèse correspond au cas dans lequel une autorisation tacite est née à l'expiration du délai d'instruction et que l'autorité compétente prend une décision de refus (décision d'opposition ou refus de permis) après l'expiration de ce délai. Cette décision de refus notifiée tardivement, après l'expiration du délai de recours, est regardée comme une mesure de retrait de l'autorisation tacitement acquise[8].

352.273 Absence de retrait par la délivrance d'une nouvelle autorisation sur le même terrain. La délivrance d'une nouvelle autorisation sur le même terrain n'emporte pas retrait implicite de la précédente autorisation délivrée sur celui-ci[9].

1. PAR EX. : CE 28 févr. 1996, *de la Cropte de Chanterac (Mme)*, req. n° 124016, NP.
2. POUR un retrait d'office : CE 24 mai 1995, *S^té civile du domaine agricole et résidentiel de Roumegou*, req. n° 134236, NP.
3. CE, sect., 4 déc. 1959, *Min. Travail et Geoffroy (Sieur)*, *Lebon* 654 ; – CE 11 juin 1982, *Plottet*, *Lebon* 217. Pour un exemple de jugement annulant un refus de retrait pour ce motif et, en conséquence de cette annulation, ordonnant au maire de retirer le permis de construire litigieux, v. TA Montpellier, 2 mars 2021, *Ferrer*, req. n° 1906916, NP.
4. CE 6 mars 2002, *Besombes (Mme) et a.*, req. n° 238478, *Lebon*.
5. CE 2 oct. 1987, *Castel*, req. n° 58698, *Lebon* ; – CE 16 nov. 2009, *SCN Anse de Toulvern*, req. n° 322554, NP : arrêt indiquant « que le maire était nécessairement conduit, pour relever l'éventuelle illégalité du permis litigieux, à porter une appréciation sur les faits de l'espèce, notamment sur le caractère urbanisé ou non de l'espace dans lequel la construction projetée se situe, et qu'il ne se trouvait donc pas, pour procéder à ce retrait, en situation de compétence liée ».
6. CE, ass., 10 févr. 1961, *Chabran*, *Lebon* 102.
7. CE 5 févr. 2018, *S^té Cora*, req. n° 407149, *Lebon T.* ; *JCP Adm.* 2018. 2247, chron. O. Le Bot.
8. PAR EX. : CE 31 juill. 1992, *Terrones*, req. n° 100048, NP.
9. V. s^s n° 331.321.

4°
Règles de forme et de procédure (motivation et procédure contradictoire)

a.
Motivation

352.281 **Exigence de motivation.** La décision de retrait doit être motivée[1]. La motivation doit être écrite et comporter l'énoncé des considérations de droit et de fait qui constituent le fondement de la décision[2].

b.
Procédure contradictoire

352.291 **Exigence d'une procédure préalable.** La décision de retrait doit être précédée d'une procédure contradictoire[3]. Cette exigence implique que la personne intéressée soit mise à même de présenter des observations écrites et, le cas échéant, sur sa demande, des observations orales. Cette personne peut se faire assister par un conseil ou représenter par un mandataire de son choix[4].

L'exigence de mettre en œuvre une procédure contradictoire ne s'applique pas en cas d'urgence ou de circonstances exceptionnelles[5]. À cet égard, un recours gracieux du préfet présenté hors délai ne crée pas une situation d'urgence justifiant que le maire retire un permis de construire sans mettre en œuvre la procédure contradictoire[6].

352.292 **Information du bénéficiaire sur le fait qu'un retrait est envisagé.** L'exigence d'observer une procédure contradictoire ne peut être tenue pour satisfaite lorsque l'autorité administrative n'a pas indiqué au bénéficiaire qu'un retrait était envisagé. Ainsi, le retrait est pris à l'issue d'une procédure irrégulière lorsque le maire :

– se contente de notifier au bénéficiaire du permis un recours administratif formé par un tiers ou par le préfet agissant dans le cadre du contrôle de légalité[7] ;

– se contente d'inviter le bénéficiaire du permis à une réunion du conseil municipal afin de présenter sa demande de permis de construire huit logements et lui a indiqué « qu'elle suscite des interrogations et risque de finir par un sursis à statuer, ce qui retarderait la construction »[8].

Lorsqu'un permis de construire tacite est délivré à plusieurs bénéficiaires, la procédure contradictoire précédant son retrait doit être menée à l'égard de chacun des bénéficiaires du permis, tels que désignés, avec leur adresse, dans la demande. En particulier, dans le cas où le permis tacite est délivré aux membres d'une indivision, la procédure contradictoire doit en principe être menée à l'encontre de ceux des co-indivisaires qui ont présenté la demande de permis et dont le nom, comme l'adresse, figure dans cette demande ou, lorsque les co-indivisaires ont désigné un mandataire, à ce dernier et à l'adresse figurant dans la demande[9].

352.293 **Délai suffisant.** Le bénéficiaire doit disposer d'un délai suffisant et raisonnable pour présenter ses observations. À titre d'exemple, cette exigence est satisfaite dans le cas où l'intéressé a été invité, par une lettre en date du 5 février, dont l'accusé de réception a été réceptionné le 7 février, à présenter, avant le 13 février, ses observations sur le retrait du permis de construire qu'il avait tacitement obtenu au mois de décembre, nonobstant les circonstances que ce délai comprend un dimanche[10].

352.294 **Caractère substantiel du vice.** Le respect de la procédure contradictoire constitue une garantie au sens de la jurisprudence Danthony. La décision de retrait est illégale s'il ressort de l'ensemble des circonstances de l'espèce que le bénéficiaire a été effectivement privé de cette garantie[11]. Tel est le cas, notamment, lorsque le pétitionnaire a pu présenter des observations écrites mais non orales, malgré sa demande[12].

Eu égard à la nature et aux effets d'une mesure de retrait, le délai de trois mois pour procéder au retrait oblige l'autorité administrative à mettre en œuvre cette décision de manière à éviter que le bénéficiaire du permis ne soit privé de cette garantie[13]. Lorsque le titulaire du permis est informé par LRAR de ce que le retrait du permis est envisagé et qu'il retire le pli dans le délai de quinze jours, prévu par l'article R. 1.1.6 du code des postes et des communications

1. CRPA, art. L. 211-2, 4°.
2. CRPA, art. L. 211-5.
3. CRPA, art. L. 121-1 – CE 23 avr. 2003, *Sté Bouygues Immobilier*, req. n° 249712, *Lebon T.*
4. CRPA, art. L. 122-1, al. 1er.
5. CRPA, art. L. 121-2, 1°.
6. CE 21 nov 2011, *Brétigny-sur-Orge (Cne)*, req. n° 347969, NP ; *BJDU* 2012. 38, concl. X. de Lesquen.
7. CE 24 mars 2014, *Le Luc-en-Provence (Cne)*, req. n° 356142, *Lebon T. ; BJDU* 2014. 204, concl. A. Lallet ; *LPA* 22 juill. 2014, n° 145, p. 19, note D. Dutrieux.
8. CAA Douai, 14 févr. 2013, *Lachapelle-Saint-Pierre (Cne)*, req. n° 12DA00762, NP.
9. CAA Lyon, 12 févr. 2019, *Bourricand*, req. n° 17LY04049, NP.
10. CAA Nancy, 29 mars 2012, *Rott*, req. n° 11NC00731, NP.
11. CE 24 mars 2014, *Luc-en-Provence (Cne)*, req. n° 356142, *Lebon T. ; BJDU* 2014. 204, concl. A. Lallet ; *LPA* 22 juill. 2014, n° 145, p. 19, note D. Dutrieux ; – par ex. : CAA Bordeaux, 16 oct. 2014, *SCI Varsidhi*, req. n° 13BX00286, NP.
12. CE 12 juin 2023, *Société Bobigny Indépendance*, req. n° 465241, *Lebon T. ; BJDU* 2023. 410, concl. Th. Janicot ; *RDI* 2023. 490, obs. P. Soler-Couteaux ; *Constr.-Urb.* 2023, comm. 81, note X. Couton.
13. CE 30 déc. 2015, *Sté Polycorn*, req. n° 383264, *Lebon T.*

électroniques, le juge doit apprécier si le délai d'observation dont bénéficie le titulaire est suffisant en faisant partir ce délai de la date de retrait du pli et non de sa date de présentation[1].

C. Effets du retrait d'une autorisation d'urbanisme

352.301 Disparition rétroactive de l'acte. Le retrait d'une autorisation d'urbanisme aboutit à la disparition rétroactive de celle-ci[2].

352.302 Obligation de statuer de nouveau sur la demande. L'autorité compétente, après avoir retiré l'autorisation illégale, reste saisie de la demande initiale sans que le pétitionnaire ait à la renouveler. Il lui appartient, après une nouvelle instruction, de statuer sur cette demande[3].

352.303 Absence de remise en cause de la vente d'un terrain. La rétroactivité étant sans incidence sur l'erreur, qui s'apprécie au moment de la conclusion du contrat de vente du terrain, le juge civil ne peut prononcer l'annulation de la vente à raison du retrait du permis en se fondant sur le fait que le caractère constructible du terrain en cause était un motif déterminant du consentement donné par les acheteurs[4].

Ainsi, l'annulation rétroactive du permis de construire obtenu après la vente est sans incidence sur l'erreur (laquelle doit s'apprécier au moment de la formation du contrat) ; en conséquence, le retrait du permis de construire ne peut entraîner la nullité de la vente, ni donner lieu à la garantie des vices cachés[5].

D. Retrait du retrait

352.311 Conditions. L'arrêté retirant une autorisation d'urbanisme peut lui-même être retiré si les conditions de retrait sont remplies, à savoir que l'acte retiré est entaché d'illégalité et que le délai de retrait n'est pas expiré[6].

Il doit être motivé et précédé d'une procédure contradictoire pour le tiers qui avait demandé et obtenu le retrait initial[7].

1. CE 30 déc. 2015, *Sté Polycorn*, req. n° 383264, *Lebon T.*
2. Civ. 3e, 23 mai 2007, n° 06-11.889, P.
3. CE 18 oct. 1991, *Barade (Épx)*, req. n° 73186, *Lebon T.*
4. Civ. 3e, 23 mai 2007, n° 06-11.889, P.
5. Civ. 3e, 24 nov. 2016, n° 15-26.226, P.
6. CE 9 juill. 1997, *Théoule-sur-Mer (Cne) et a.*, req. n° 125748, *Lebon.*
7. CAA Lyon, 31 juill. 2012, *Sté Flocon d'avril*, req. n° 12LY00474, NP.

352.312 Effet. Le retrait du retrait aboutit à rétablir l'autorisation initiale.

E. Annulation du retrait

352.321 Effet sur la décision initiale. Lorsqu'une autorisation d'urbanisme est retirée et que ce retrait est annulé, la décision initiale est rétablie (à la date de sa délivrance) à compter de la date de lecture de la décision juridictionnelle prononçant cette annulation[8].

Le délai de péremption de cette autorisation, qui avait été interrompu par le retrait[9], recommence à courir à compter de la notification du jugement d'annulation[10].

352.322 Effet sur le retrait de la décision initiale. Lorsqu'une autorisation d'urbanisme est retirée et que ce retrait est annulé, une telle annulation n'a pas pour effet d'ouvrir un nouveau délai pour retirer l'autorisation initiale, alors même que celle-ci comporterait des irrégularités pouvant en justifier légalement le retrait[11].

352.323 Effet sur le délai de recours contentieux. Lorsqu'une autorisation d'urbanisme a été retirée dans le délai de retrait puis rétablie à la suite de l'annulation juridictionnelle de son retrait, le délai de recours contentieux court à nouveau à l'égard des tiers à compter de la date à laquelle l'autorisation ainsi rétablie fait à nouveau l'objet des formalités de publicité qui lui étaient applicables (c'est-à-dire d'un affichage sur le terrain)[12].

En revanche, en application du principe général selon lequel un second recours administratif ne conserve pas le délai de recours contentieux[13], l'exercice par des tiers d'un second recours gracieux contre l'autorisation d'urbanisme ainsi rétablie n'a pas pour effet de conserver les délais de recours[14].

8. CE 6 avr. 2007, *Chabran*, req. n° 296493, *Lebon T.* ; CE 26 juill. 2018, *Beaumont (M.)*, req. n° 419204, *Lebon ; JCP Adm.* 2018, n° 2329, note L. Molinero ; *Dr. adm.* 2018, comm. 58, note G. Eveillard – CE 28 déc. 2022, *M. Bourlard*, req. n° 447875, *Lebon T. ; Procédures* 2023, n° 96, obs. S. Deygas.
9. V. ss n° 351.122.
10. CE 30 juill. 2014, *Berthaux*, req. n° 373426, NP.
11. CE 26 juill. 2018, *Beaumont (M.)*, req. n° 419204 – CE 28 déc. 2022, M. Bourlard, req. n° 447875, *Lebon T. ; Procédures* 2023, n° 96, obs. S. Deygas.
12. CE 26 juill. 2018, *Beaumont (M.)*, req. n° 419204 – CE 28 déc. 2022, M. Bourlard, req. n° 447875, *Lebon T. ; Procédures* 2023, n° 96, obs. S. Deygas.
13. CE 27 févri. 1935, *Sieurs Séguéla*, req. n° 28348, Lebon 249.
14. CE 28 déc. 2022, *M. Bourlard*, req. n° 447875, *Lebon T. ; Procédures* 2023, n° 96, obs. S. Deygas. En l'espèce, à la suite de l'annulation juridictionnelle de son retrait, intervenu le 4 septembre 2017 dans le délai de recours contentieux, ▶

Lorsque l'autorisation remise en vigueur du fait de l'annulation de son retrait par le juge a pour auteur l'une des autorités mentionnées à l'article L. 2131-2 du CGCT, il appartient à cette autorité de transmettre cette décision au préfet dans un délai de quinze jours à compter de la notification du jugement d'annulation[1]. Le préfet dispose alors de la possibilité de déférer au tribunal administratif la décision ainsi remise en vigueur du fait de cette annulation s'il l'estime contraire à la légalité, dans les conditions prévues à l'article L. 2131-6 du même code[2].

§ 2
Régime de retrait des autorisations d'implantation d'antennes-relais

352.331 Impossibilité de retrait. La loi ÉLAN a prévu que, à titre expérimental et par dérogation à l'article L. 424-5 du code de l'urbanisme, les décisions d'urbanisme autorisant ou ne s'opposant pas à l'implantation d'antennes de radiotéléphonie mobile avec leurs systèmes d'accroche et leurs locaux et installations techniques « ne peuvent pas être retirées »[3].

Cette dérogation avait pour objectif de favoriser l'implantation d'antennes-relais.

Elle ne faisait pas obstacle au retrait d'autorisations obtenues par fraude[4].

Elle s'est appliquée jusqu'au 31 décembre 2022[5].

Saisi d'une QPC dirigée contre cet article, le Conseil d'État a estimé non sérieux les moyens d'inconstitutionnalité soulevés à son encontre[6].

§ 3
Régime de retrait des refus d'autorisation d'urbanisme

A.
Conditions du retrait

352.341 Conditions du CRPA. Le retrait d'une autorisation d'urbanisme est régi par les dispositions spéciales de l'article L. 424-5 du code de l'urbanisme[7]. Dans la mesure où ces dispositions concernent uniquement les décisions qui accordent une autorisation, les actes qui refusent la délivrance d'une autorisation sont régis, quant à leurs conditions de retrait, par les règles de droit commun définies dans le CRPA.

Il en résulte que le retrait d'un refus de permis ou d'une décision d'opposition à déclaration préalable ne peut intervenir qu'à deux conditions :

- d'une part que le refus soit illégal ;
- d'autre part qu'il intervienne dans un délai de 4 mois en cas de retrait à l'initiative de l'administration ou sur demande d'un tiers[8].

B.
Information du préfet de la décision de retrait

352.351 Information du préfet de la décision de retrait. Le retrait par l'autorité compétente d'une décision refusant un permis de construire ne rend pas le pétitionnaire titulaire d'un permis de construire tacite. L'autorité administrative doit statuer à nouveau sur la demande, le délai de nature à faire naître une décision tacite ne courant qu'à compter de la confirmation de cette demande par le pétitionnaire. Dans une telle hypothèse, pour l'application des dispositions de l'article L. 2131-1 du CGCT, il appartient à la commune d'informer le préfet de la confirmation de sa demande par le pétitionnaire, en lui indiquant sa date de réception[9]. Cette information a une incidence sur le déclenchement du délai de recours du préfet[10].

► le permis de construire tacitement acquis par l'intéressé le 3 juin 2017 s'est trouvé rétabli à compter de la lecture de la décision juridictionnelle prononçant cette annulation, soit le 19 juin 2020. Le deuxième recours gracieux formé par ces mêmes tiers le 7 septembre 2020 contre le permis initial ne conservait pas à leur profit les délais de recours contentieux, dès lors qu'il devait être regardé comme un deuxième recours administratif formé contre le même acte, insusceptible de conserver ce délai.

1. CE 26 juill. 2018, *Beaumont (M.)*, req. n° 419204 ; – également : CAA Marseille, 12 déc. 2013, *Caubel*, req. n° 12MA01838, NP : arrêt précisant que le délai de recours contentieux à l'encontre du permis de construire ainsi rétabli ne peut courir à l'égard du préfet qu'à compter de l'accomplissement par l'autorité compétente d'une nouvelle transmission portant à la connaissance de l'autorité chargée du contrôle de légalité le rétablissement du permis et pouvant prendre la forme d'une communication, soit de l'attestation de permis tacite délivrée en conséquence du jugement ayant annulé son retrait, soit du jugement lui-même.
2. CE 26 juill. 2018, *Beaumont (M.)*, req. n° 419204.
3. L. n° 2018-1021, 23 nov. 2018 portant évolution du logement, de l'aménagement et du numérique, *JO* 24 nov., n° 1, art. 222, al. 1er.
4. En effet, appliquant des dispositions de l'article L. 424-5 alors applicables – qui, entre le 1er octobre 2017 (L. n° 2006-872, 13 juill. 2006, art. 6, V) et le 27 mars 2014 (L. n° 2014-366, 24 mars 2014, art. 134), avaient prévu que les déclarations préalables ne peuvent faire l'objet d'un retrait –, le Conseil d'État avait estimé que ces dispositions ne faisaient pas obstacle au retrait d'une décision de non-opposition à déclaration préalable obtenue par fraude (CE 26 avr. 2018, *Parrain-Colombani (M.)*, req. n° 410019, *Lebon T.* ; *BJDU* 2018. 373, concl. R. Decout-Paolini ; *JCP Adm.* 2018, n° 2258).
5. L. n° 2018-1021, 23 nov. 2018, art. 222, al. 1er.
6. CE 11 déc. 2019, *Locronan (Cne)*, req. n° 434741, *Lebon T.*
7. V. ss nos 352.201 s.
8. CRPA, art. L. 242-1 – sur les autres cas de figure : les articles suivants du CRPA.
9. CE 5 févr. 2020, *SCI de L'Aire et du Cros*, req. n° 426160, *Lebon T.*
10. V. ss n° 611.424.

CHAPITRE

353. Contrôle de la conformité des travaux

SECTION 0
ORIENTEUR

353.00 **Sommaire du chapitre.**

353.01 **Textes applicables.**

• C. urb.

art. L. 461-1 s.

art. R. 462-1 s.

353.03 **Bibliographie indicative.**

Encyclopédies. *DP constr.-urb.*, ét. : « Permis de construire » ; ét. : « Permis d'aménager » ; ét. : « Déclaration préalable » ;

ét. : « Permis de démolir » – *J.-Cl. Constr.-Urb.*, fasc. 25-24 : « Permis de construire. – Décision. Transfert. Caducité », par G. Livet-Veaux et M. Moritz, sept. 2022 ; fasc. 28 : « Permis d'aménager », par G. Liet-Veaux, mai 2007, mis à jour oct. 2009.

Traité. N. Baillon, *Traité du permis de construire*, 6e éd., « Référence juridique », Le Moniteur, 2017.

Monographies. Ph. Boulisset, S. Cardi, S. Consalvi, R. Thielé, *Permis de construire 2021-2022 : permis de démolir, permis d'aménager, déclaration préalable*, 3e éd., « Encyclopédie Delmas pour la vie des affaires », Delmas, 2021 – V. Lachaut-Dana, *Permis de construire et autorisations d'urbanisme : études préalables, délivrance, mise en œuvre*, 2e éd., « Pratique du droit », Le Moniteur, 2019 – C. Mialot et F. Ehrenfeld, *Le permis de construire et autres autorisations d'urbanisme*, « Les indispensables », Berger-Levrault, 2018 – O. Bonneau, S. Guirriec, C. Morot-Monomy, *Délivrer et contrôler les autorisations d'urbanisme*, « Dalloz Public », Dalloz, 2021.

Articles. Ph. Benoit-Cattin, « La conformité des travaux », *Constr.-Urb.* 2007, ét. 8 – D. Larralde, « Contrôle de la conformité des travaux », *JCP Adm.* 2007, n° 2035 – F. Priet, « La clarification des responsabilités des responsabilités de l'administration et des opérateurs », *DAUH* 2007. 73 – P. Soler-Couteaux, « Le contrôle de l'achèvement et de la conformité des travaux et aménagements : une réforme inachevée », *DAUH* 2009. 103 – F. Polizzi et G. Daudré, « Autorisations d'urbanisme : déclenchement et déroulement du contrôle de conformité », *Le Defrénois* 2023, n° 21, p. 13, n° DEF213y6 – R. Renault et M. Cornille, « Défauts de conformité d'une construction au regard d'une autorisation d'urbanisme. Ébauches de solutions pratiques pour sécuriser les contrats », *Constr.-Urb.* 2024, étude 1.

353.04 Question essentielle.

> De quels pouvoirs dispose l'administration si elle constate l'absence de conformité des travaux ?

* V. ss nos 353.121 et 353.281

353.05 Contrôle de la puissance publique. La puissance publique exerce un contrôle sur les travaux lui permettant de s'assurer du respect des règles d'urbanisme et des conditions de l'autorisation. Ce contrôle s'exerce par le biais :

- d'une part, du droit de visite et de communication ;

- d'autre part, de la déclaration attestant l'achèvement et la conformité des travaux.

SECTION 1

DROIT DE VISITE ET DE COMMUNICATION

353.11 Concilier contrôle des travaux et respect du domicile. La loi ÉLAN a modifié le régime d'exercice du droit de visite et de communication afin de renforcer les garanties entourant sa mise en œuvre. Le régime antérieur à la réforme a valu à la France une condamnation par la Cour européenne des droits de l'homme pour méconnaissance de l'article 8 de la convention européenne des droits de l'homme[1]. En pratique, les contrôles sont rares, spécialement pour les maisons d'habitation.

§ 1

Durée d'exercice du droit de visite et de communication

353.21 Six ans. Le droit de visite et de communication s'exerce jusqu'à six ans après l'achèvement des travaux[2].

§ 2

Agents et autorités habilités à exercer le droit de visite et de communication

353.31 Autorités et agents compétents. Peuvent exercer le droit de visite et de communication[3] :

- le préfet et l'autorité compétente pour délivrer l'autorisation d'urbanisme ou leurs délégués ;

- ainsi que les fonctionnaires et les agents mentionnés à l'article L. 480-1.

Dans le cas où la commune est couverte par un PPRNP, le droit de visite prévu à l'article L. 461-1 du code de l'urbanisme est ouvert aux représentants de l'autorité administrative compétente[4].

§ 3

Objet du droit de visite et de communication

353.41 Visite et communication. Le droit de visite et de communication confère aux agents et autorités concernés le pouvoir[5] :

- de visiter les lieux accueillant ou susceptibles d'accueillir des constructions, aménagements, installations et travaux soumis aux dispositions du code de l'urbanisme, afin de vérifier que ces dispositions sont respectées ;

- de se faire communiquer tous documents se rapportant à la réalisation de ces opérations.

1. CEDH 16 mai 2019, *Halabi c/France*, req. 66554/14.
2. C. urb., art. L. 461-1, al. 2.
3. C. urb., art. L. 461-1, al. 1er.
4. C. env., art. L. 562-5, II, 3°.
5. C. urb., art. L. 461-1, al. 1er.

§ 4
Modalités d'exercice du droit de visite et de communication

A.
Horaires de visites

353.51 **Horaires.** Le droit de visite et de communication dans les lieux mentionnés à l'article L. 461-1 s'exerce[1] :

– entre 6 heures et 21 heures ;

– et en dehors de ces heures, lorsque ces lieux sont ouverts au public.

B.
Accès à un domicile ou un local à usage d'habitation

1°
Accord de l'habitant

353.61 **Accord pour la visite.** Les domiciles et les locaux comportant des parties à usage d'habitation ne peuvent être visités qu'en présence de leur occupant et avec son assentiment[2]. L'exigence d'un consentement donné par l'occupant est satisfaite dans le cas où celui-ci est donné, par écrit, par l'épouse de l'intéressé[3].

2°
Absence d'accord de l'habitant : nécessité d'une autorisation juridictionnelle

a.
Décision du JLD

353.71 **Autorisation du JLD.** Lorsque l'accès à un domicile ou à un local comprenant des parties à usage d'habitation est refusé ou que la personne ayant qualité pour autoriser l'accès à un tel domicile ou à un tel local ne peut être atteinte, les visites peuvent être autorisées par ordonnance du juge des libertés et de la détention (JLD) du tribunal judiciaire dans le ressort duquel sont situés les lieux ou les locaux à visiter[4].

353.72 **Contenu de l'ordonnance.** L'ordonnance comporte les éléments suivants[5] :

– l'adresse des lieux à visiter ;

– le nom et la qualité des agents habilités à procéder aux opérations de visite ;

– ainsi que les heures auxquelles ces agents sont autorisés à se présenter.

1. C. urb., art. L. 461-2, al. 1er.
2. C. urb., art. L. 461-2, al. 2.
3. Crim. 21 juin 2022, n° 21-85.744, NP ; *RDI* 2022. 524, obs. C. de Jacobet de Nombel.
4. C. urb., art. L. 461-3, I, al. 1er.
5. C. urb., art. L. 461-3, I, al. 2.

353.73 **Force exécutoire.** L'ordonnance est exécutoire par provision[6].

b.
Notification de l'ordonnance

353.81 **Notification.** L'ordonnance est notifiée sur place au moment de la visite à l'occupant des lieux ou à son représentant, qui en reçoit copie intégrale contre récépissé ou émargement au procès-verbal de visite[7].

En l'absence de l'occupant des lieux ou de son représentant, l'ordonnance est notifiée après la visite, par LRAR. La notification est réputée faite à la date de réception figurant sur l'avis. À défaut de réception, il est procédé à la signification de l'ordonnance par acte d'huissier de justice[8].

353.82 **Acte de notification.** L'acte de notification comporte mention des voies et délais de recours contre l'ordonnance ayant autorisé la visite et contre le déroulement des opérations de visite[9].

Il mentionne également que le juge ayant autorisé la visite peut être saisi d'une demande de suspension ou d'arrêt de cette visite[10].

L'article L. 461-3 est en outre reproduit dans l'acte de notification de l'ordonnance du JLD autorisant la visite[11].

c.
Mise en œuvre de la visite

353.91 **Contrôle du JLD.** La visite s'effectue sous l'autorité et le contrôle du JLD qui l'a autorisée. Le JLD peut, s'il l'estime utile, se rendre dans les locaux pendant l'intervention. À tout moment, il peut décider la suspension ou l'arrêt de la visite[12].

La saisine du JLD aux fins de suspension ou d'arrêt des opérations de visite n'a pas d'effet suspensif[13].

353.92 **Déroulement.** La visite est effectuée en présence de l'occupant des lieux ou de son représentant, qui peut se faire assister d'un conseil de son choix[14].

En l'absence de l'occupant des lieux, les agents chargés de la visite ne peuvent procéder à celle-ci qu'en présence de deux témoins qui ne sont pas placés sous leur autorité[15].

6. C. urb., art. L. 461-3, I, al. 3.
7. C. urb., art. L. 461-3, II, al. 1er.
8. C. urb., art. L. 461-3, II, al. 1er.
9. C. urb., art. L. 461-3, II, al. 2.
10. C. urb., art. L. 461-3, II, al. 2.
11. C. urb., art. L. 461-3, VII.
12. C. urb., art. L. 461-3, III.
13. C. urb., art. L. 461-3, III.
14. C. urb., art. L. 461-3, IV, al. 1er.
15. C. urb., art. L. 461-3, IV, al. 1er.

353.93 **Procès-verbal.** Un procès-verbal relatant les modalités et le déroulement de l'opération et consignant les constatations effectuées est dressé sur-le-champ par les agents qui ont procédé à la visite [1].

Le procès-verbal est signé par ces agents et par l'occupant des lieux ou, le cas échéant, son représentant et les témoins. En cas de refus de signer, mention en est faite au procès-verbal [2].

L'original du procès-verbal est, dès que celui-ci a été établi, adressé au juge qui a autorisé la visite. Une copie du procès-verbal est remise ou adressée par lettre recommandée avec demande d'avis de réception à l'occupant des lieux ou à son représentant [3].

Le procès-verbal mentionne le délai et les voies de recours [4].

d.

Recours contre l'ordonnance autorisant la visite

353.101 **Recours en appel contre l'ordonnance du JLD.** L'ordonnance autorisant la visite peut faire l'objet d'un appel devant le premier président de la cour d'appel suivant les règles prévues par le code de procédure civile. Les parties ne sont pas tenues de constituer avocat [5].

Cet appel est formé par déclaration remise ou adressée par pli recommandé au greffe de la cour dans un délai de quinze jours. Ce délai court à compter de la notification de l'ordonnance. Cet appel n'est pas suspensif [6].

Le greffe du tribunal judiciaire transmet sans délai le dossier de l'affaire au greffe de la cour d'appel où les parties peuvent le consulter [7].

353.102 **Recours en cassation contre l'ordonnance d'appel.** L'ordonnance du premier président de la cour d'appel est susceptible d'un pourvoi en cassation, selon les règles prévues par le code de procédure civile. Le délai de pourvoi en cassation est de quinze jours [8].

e.

Recours contre le déroulement des opérations de visite

353.111 **Recours en appel contre le déroulement des opérations de visite.** Le premier président de la cour d'appel connaît des recours contre le déroulement des opérations de visite autorisées par le JLD suivant les règles prévues par le code de procédure civile. Les parties ne sont pas tenues de constituer avocat [9].

Le recours est formé par déclaration remise ou adressée par pli recommandé au greffe de la cour dans un délai de quinze jours. Ce délai court à compter de la remise ou de la réception du procès-verbal de visite [10].

Ce recours n'est pas suspensif [11].

353.112 **Recours en cassation contre la décision du Premier président de la cour d'appel.** L'ordonnance du premier président de la cour d'appel est susceptible d'un pourvoi en cassation selon les règles prévues par le code de procédure civile. Le délai de pourvoi en cassation est de quinze jours [12].

§ 5
Suites de la visite en cas de défaut de conformité constaté

353.121 **Mise en demeure de déposer une demande de permis ou une déclaration préalable.** Sans préjudice de la procédure applicable aux infractions aux dispositions du code de l'urbanisme, lorsque, à l'issue de la visite, il est établi qu'une construction, un aménagement, une installation ou des travaux ont été réalisés sans permis ou sans décision de non-opposition à déclaration préalable, ou en méconnaissance d'un permis ou d'une décision de non-opposition à déclaration préalable, le préfet, l'autorité compétente pour délivrer l'autorisation ou ses délégués peuvent mettre en demeure le maître d'ouvrage, dans un délai qu'ils déterminent et qui ne peut excéder six mois, de déposer, selon le cas, une demande de permis ou une déclaration préalable [13] en vue de régulariser la situation.

L'exercice de ce pouvoir représente une simple faculté.

Aucune sanction ne s'attache au non-respect de cette mise en demeure.

353.122 **Procès-verbal d'une infraction.** Si, à l'occasion d'une visite, l'autorité administrative constate l'existence d'une infraction, elle a l'obligation :

– de faire dresser un procès-verbal constatant l'infraction [14] ;

– et de transmettre sans délai le procès-verbal au ministère public [15].

1. C. urb., art. L. 461-3, IV, al. 2.
2. C. urb., art. L. 461-3, IV, al. 2.
3. C. urb., art. L. 461-3, IV, al. 3.
4. C. urb., art. L. 461-3, IV, al. 4.
5. C. urb., art. L. 461-3, V, al. 1er.
6. C. urb., art. L. 461-3, V, al. 2.
7. C. urb., art. L. 461-3, V, al. 3.
8. C. urb., art. L. 461-3, V, al. 4.
9. C. urb., art. L. 461-3, VI, al. 1er.
10. C. urb., art. L. 461-3, VI, al. 2.
11. C. urb., art. L. 461-3, VI, al. 2.
12. C. urb., art. L. 461-3, VI, al. 3.
13. C. urb., art. L. 461-4, créé par L. nº 2018-1021, 23 nov. 2018, art. 77.
14. C. urb., art. L. 480-1, al. 3.
15. C. urb., art. L. 480-1, al. 4.

§ 6
Sanction de l'obstacle au droit de visite

353.131 **Infraction.** L'obstacle au droit des visites constitue une infraction[1].

SECTION 2
DÉCLARATION ATTESTANT L'ACHÈVEMENT ET LA CONFORMITÉ DES TRAVAUX (DAACT)

353.141 **Régime modifié en 2007.** Le régime de la conformité des travaux a été modifié à l'occasion de la réforme des autorisations d'urbanisme de 2005-2007.

Le précédent système reposait sur un contrôle préalable de l'administration. Une fois les travaux achevés, le bénéficiaire de l'autorisation d'urbanisme adressait une déclaration d'achèvement des travaux (DAT). L'administration vérifiait alors la conformité des travaux au permis. En cas de conformité, elle délivrait un certificat de conformité. En l'absence de conformité, elle refusait la délivrance de ce certificat.

Le nouveau système repose sur un système déclaratif. La Déclaration attestant l'achèvement et la conformité des travaux (DAACT) produit par elle-même une valeur juridique. Son auteur engage sa responsabilité en signant cette déclaration. La déclaration ne peut être remise en cause que si l'administration la conteste *a posteriori*.

S'agissant de son intérêt, la conformité sécurise la construction en établissant son respect des règles d'urbanisme. Elle sera ainsi particulièrement précieuse en cas de vente ou de réalisation de nouveaux travaux sur la construction[2].

§ 1
Envoi de la déclaration attestant l'achèvement et la conformité des travaux

A.
Travaux concernés

353.151 **Fondement général.** À l'achèvement des travaux de construction ou d'aménagement, une déclaration attestant cet achèvement et la conformité des travaux au permis délivré ou à la déclaration préalable est adressée à la mairie[3].

1. V. s^{s} n° 615.52.
2. V. R. Renault et M. Cornille, « Défauts de conformité d'une construction au regard d'une autorisation d'urbanisme. Ébauches de solutions pratiques pour sécuriser les contrats », *Constr.-Urb.* 2024, étude 1.

353.152 **Fondement spécifique aux zones littorales (démolition des bâtiments menacés par l'érosion).** L'obligation d'envoi de la déclaration est applicable aux travaux de démolition et de remise en état réalisés en application de l'article L. 121-22-5[4]. Dans ce cas, la déclaration atteste l'achèvement des travaux et leur conformité à l'arrêté ordonnant l'exécution de l'obligation de démolition et de remise en état prévue au même article L. 121-22-5[5].

B.
Auteur de la déclaration

353.161 **Signataire.** La déclaration attestant l'achèvement et la conformité des travaux est signée[6] :

– par le bénéficiaire du permis de construire ou d'aménager ou de la décision de non-opposition à la déclaration préalable ;

– ou par l'architecte ou l'agréé en architecture, dans le cas où ils ont dirigé les travaux.

C.
Contenu de la déclaration

353.171 **Achèvement total ou partiel.** La déclaration précise si l'achèvement concerne la totalité ou une tranche des travaux[7].

353.172 **Aménageur autorisé à différer les travaux de finition de voirie.** Lorsqu'un aménageur a été autorisé à différer les travaux de finition des voiries, la déclaration le précise[8].

353.173 **Documents complémentaires prévus par le CCH pour certaines constructions.** La déclaration est accompagnée de pièces complémentaires pour certaines constructions :

– dans les cas prévus aux articles R. 122-37 et R. 122-38 du CCH, les attestations du respect des règles de construction parasismique, ainsi que des règles de construction liées au risque de retrait-gonflement des sols argileux[9] ;

3. C. urb., art. L. 462-1, al. 1er.
4. V. s^{s} n° 126.461.
5. C. urb., art. L. 462-1, al. 2.
6. C. urb, art. R. 462-1, al. 1er.
7. C. urb, art. R. 462-2, al. 1er.
8. C. urb, art. R. 462-2, al. 2.
9. C. urb, art. R. 462-4 – Ce document atteste que le maître d'ouvrage a tenu compte des avis du contrôleur technique, dans le cadre de la mission de contrôle technique qui lui a été confiée, sur la prise en compte lors de la construction des règles parasismiques prévues par le décret n° 91-461 du 14 mai 1991 modifié susvisé et ses arrêtés d'application (C. urb., art. A. 462-2, al. 1er). Cette attestation est établie conformément au modèle annexé à cet article. Elle peut être établie pour une partie de l'opération faisant l'objet du permis de construire, à ▶

– l'attestation de respect des exigences de performance énergétique et environnementale, lorsque celle-ci est exigée en application de l'article R. 122-24-3 du CCH, ou l'attestation de respect de la réglementation thermique, lorsqu'elle est exigée en application de l'article R. 122-24 du même code[1] ;

– dans les cas prévus aux articles R. 173-2 (travaux de rénovation) et R. 173-3 du CCH (équipements, installations, ouvrages ou systèmes de chauffage, d'énergie, de ventilation, etc., qui doivent être conformes aux prescriptions fixées par un arrêté des ministres chargés de la construction et de l'énergie, lorsqu'ils sont mis en place, installés ou remplacés), la déclaration d'achèvement est accompagnée d'un document établi par l'une des personnes habilitées, telle que mentionnée à l'article R. 131-28-4 du CCH, attestant, pour chaque bâtiment concerné, la prise en compte de la réglementation thermique par le maître d'œuvre ou par le maître d'ouvrage, selon les cas prévus par l'article R. 131-28-2 de ce code[2] ;

– dans les cas prévus aux articles R. 154-6 et R. 154-7 du CCH, un document établi par une personne mentionnée à l'article L. 122-12 de ce code et attestant pour l'opération de construction considérée du respect par le maître d'ouvrage des règles relatives à l'acoustique et l'accessibilité[3].

353.174 **Responsabilité.** Les attestations accompagnant la DACCT sont fournies « sous l'entière responsabilité du déclarant »[4].

D.
Modèle de déclaration

353.181 **Formulaire.** La DAACT est établie conformément au formulaire portant le numéro Cerfa 13408[5].

E.
Délai et modalités d'envoi de la déclaration

353.191 **Délai d'envoi.** La DAACT est envoyée « à l'achèvement des travaux »[6]. Le code « ne prévoit pas de délai spécifique pour réaliser cette déclaration »[7].

353.192 **Modalités d'envoi.** Deux modalités d'envoi sont possibles[8] :

– soit la DAACT est adressée par pli recommandé avec demande d'avis de réception postal au maire de la commune ;

– soit elle est déposée contre décharge à la mairie.

§ 2
Transmission de la déclaration le cas échéant (cas d'une autorisation prise au nom de l'État ou de l'EPCI)

353.201 **Transmission à l'autorité compétente.** Le maire transmet la DAACT[9] :

– au préfet lorsque la décision de non-opposition à la déclaration préalable ou le permis a été pris au nom de l'État ;

– ou au président de l'EPCI lorsque la décision de non-opposition à la déclaration préalable ou le permis a été pris au nom de cet établissement.

► condition que cette partie soit indépendante du reste de la construction, du point de vue des sollicitations sismiques (C. urb., art. A. 462-2, al. 2). – Pour permettre l'établissement de l'attestation mentionnée à l'article A. 462-2, le maître d'ouvrage remet au contrôleur technique qu'il a choisi : a) Le dossier du permis de construire ; b) L'attestation mentionnée à l'article A. 431-10 s'il y a lieu ; c) Les informations sur le classement de la construction ; d) Une note indiquant les suites données par le maître d'ouvrage aux avis du contrôleur technique ; e) Les documents d'exécution correspondant aux ouvrages exécutés ou aux équipements non structuraux lorsqu'une réglementation leur est applicable (C. urb., art. A. 462-3). – Les avis sont émis par le contrôleur technique après examen, à chaque phase de la mission de contrôle technique qui lui a été confiée, des éléments de fondations, d'ossatures et de façades et des éléments non structuraux. Les points sur lesquels portent cet examen sont notamment : 1. Fondations : a) La cohérence du dimensionnement retenu avec les caractéristiques du sol connues ou résultant d'une étude particulière ; b) La prise en compte du risque de liquéfaction ; c) Les paramètres dynamiques du sol pour la justification des fondations ; d) L'adéquation de la valeur retenue pour le coefficient topographique en fonction de la situation de la construction. 2. Ossatures et façades : a) Les chaînages et dispositions constructives ; b) L'appréciation de la régularité de l'ouvrage et dispositions en découlant, notamment la valeur admise pour le coefficient de comportement (C. urb., art. A. 462-4).

1. C. urb, art. R. 462-4-1.
2. C. urb, art. R. 462-4-2.
3. C. urb, art. R. 462-4-3.
4. C. urb, art. R. 462-4-4.
5. C. urb., art. A. 462-1, al. 1er ; article pris sur le fondement des articles R. 434-1 et R. 434-2 du code de l'urbanisme. – Le modèle de formulaire peut être obtenu auprès des mairies ou des services départementaux de l'État chargés de l'urbanisme et est disponible sur le site internet officiel de l'administration française : http://www.service-public.fr/
6. C. urb., art. L. 462-1.
7. Rép. min. n° 10093, *JO Sénat Q* 5 sept. 2019, p. 4516.
8. C. urb, art. R. 462-1, al. 2.
9. C. urb, art. R. 462-1, al. 3.

§ 3
Pouvoirs de l'administration de réagir à la déclaration (récolement)

A.
Délai pour exercer le contrôle

1°
Délai de 3 mois en cas de contrôle facultatif, porté à 5 lorsque le contrôle est obligatoire

353.211 Délais. L'autorité compétente en matière de délivrance d'autorisation d'urbanisme dispose d'un délai pour réaliser un contrôle administratif dit récolement lui permettant de constater in situ, si nécessaire, la conformité des travaux par rapport à l'autorisation obtenue et à ses prescriptions [1].

Le délai varie selon que le récolement revêt ou non un caractère obligatoire :

– il est en principe fixé à 3 mois à compter de la date de réception en mairie de la DAACT [2] ;

– il est fixé à cinq mois pour les contrôles obligatoires en application de l'article R. 462-7 [3].

Le respect de ces délais « ne s'impose pas en cas de fraude » [4].

2°
Conséquences de l'expiration du délai

353.221 Impossibilité de critiquer la conformité des travaux. L'écoulement du délai de contrôle fait obstacle à une remise en cause par l'autorité administrative de la conformité des travaux [5].

Comme le souligne la jurisprudence, il résulte de ces dispositions « que lorsque le bénéficiaire d'un permis ou d'une décision de non-opposition à déclaration préalable a adressé au maire une déclaration attestant l'achèvement et la conformité des travaux réalisés en vertu de cette autorisation, l'autorité compétente ne peut plus en contester la conformité au permis ou à la déclaration si elle ne l'a pas fait dans le délai, suivant les cas, de trois ou de cinq mois ni, dès lors, sauf le cas de fraude, exiger du propriétaire qui envisage de faire de nouveaux travaux sur la construction qu'il présente une demande de permis ou dépose une déclaration portant également sur des éléments de la construction existante, au motif que celle-ci aurait été édifiée sans respecter le permis de construire précédemment obtenu ou la déclaration préalable précédemment déposée » [6].

Dans ces conditions, il est dans l'intérêt du bénéficiaire de l'autorisation « d'effectuer dès que possible le dépôt de la DAACT afin de faire démarrer le délai de recours contentieux et ainsi purger les recours contentieux possibles à l'encontre de son autorisation (article R. 600-3 du code de l'urbanisme) » [7].

353.222 Possibilité d'engager la responsabilité pénale du bénéficiaire de l'autorisation. Le contrôle mis en œuvre par l'autorité administrative « n'enlève en rien la responsabilité individuelle du bénéficiaire de l'autorisation sur le plan pénal. En effet, tant que le délai propre à l'action pénale n'est pas prescrit, l'autorité de police parfois différente de l'autorité compétente en urbanisme pourra toujours constater l'infraction pénale en dressant un procès-verbal » [8].

Parallèlement, « en l'absence de dépôt de la déclaration, l'action pénale peut malgré tout être engagée par l'autorité compétente en matière de police de l'urbanisme. Celle-ci a pour but de constater l'infraction pénale en dressant un procès-verbal sous réserve du respect du délai de prescription de l'action publique des délits qui est de six années révolues [9] » [10].

B.
Exercice du contrôle administratif

1°
Objet du récolement

353.231 Conformité aux dispositions d'urbanisme et aux DUP. Le récolement porte sur la conformité des travaux aux seules dispositions mentionnées à l'article L. 421-6 [11].

353.232 Cas d'une obligation de démolition d'une construction sur le littoral exposée à un risque d'érosion. De façon spécifique, pour les travaux de démolition et de remise en état réalisés en application de l'article L. 121-22-5 [12], la conformité des travaux est appréciée au regard de l'arrêté en ordonnant l'exécution [13].

1. C. urb., art. L. 462-2, al. 1er.
2. C. urb., art. R. 462-6, al. 1er.
3. V. ss no 353.252. – C. urb., art. R. 462-6, al. 2.
4. Rép. min. no 10093, *JO Sénat Q* 5 sept. 2019, p. 4516 ; – dans le même sens : évoquant cette réserve : CE 26 nov. 2018, *Sormonte*, req. no 411991, *Lebon T.*
5. C. urb., art. L. 462-2, al. 2 : « Passé ce délai, l'autorité compétente ne peut plus contester la conformité des travaux ».
6. CE 26 nov. 2018, *Sormonte*, req. no 411991, *Lebon T.* ; – par ex. : CAA Marseille, 17 sept. 2019, *Alénya (Cne)*, req. no 17MA01723, NP.
7. Rép. min. no 10093, *JO Sénat Q* 5 sept. 2019, p. 4516.
8. Rép. min. no 56460, *JOAN Q* 19 janv. 2010, p. 594.
9. C. pr. pén., art. 8.
10. Rép. min. no 10093, *JO Sénat Q* 5 sept. 2019, p. 4516.
11. C. urb., art. R. 462-8, al. 2 ; – Sur ces dispositions, v. ss no 342.11.
12. V. ss nos 126.461 s.
13. C. urb., art. L. 462-2, al. 3.

2°
Autorité compétente

353.241 **Autorité compétente en matière de délivrance des autorisations d'urbanisme.** L'autorité compétente en matière de délivrance des autorisations d'urbanisme peut « procéder ou faire procéder » au récolement des travaux[1].

Il en résulte qu'elle dispose d'une option :

- soit elle réalise elle-même le récolement ;
- soit elle confie à un tiers l'exercice de ce contrôle.

3°
Caractère facultatif ou obligatoire du contrôle

353.251 **Contrôle en principe facultatif, mais obligatoire dans certains secteurs.** Depuis la réforme de 2005-2007[2], la DAACT « suffit désormais à établir que la construction respecte bien le permis accordé. En dehors des cas strictement énumérés à l'article R. 462-7 du code de l'urbanisme, l'évolution du cadre juridique a libéré les communes de leurs obligations de vérifications, pour basculer vers un régime déclaratif qui suppose avant tout la mise en jeu de la responsabilité de la personne qui élabore la déclaration et la signe. Ainsi, il ne s'agit plus de contrôler systématiquement la conformité de toutes les constructions mais plutôt de faire face aux seuls récolements obligatoires et de favoriser la mise en place d'une politique de contrôle pour les autres. Ce régime précise les cas où les visites de récolement sont obligatoires mais il ne remet pas en cause la possibilité de procéder aux visites de récolement que l'autorité compétente estime nécessaires »[3].

353.252 **Cas dans lesquels le contrôle est obligatoire.** Le récolement est obligatoire dans quatre hypothèses[4] :

- lorsque les travaux concernent un immeuble inscrit au titre des monuments historiques en application de l'article L. 621-25 du code du patrimoine, ou lorsqu'ils sont situés dans le périmètre d'un site patrimonial remarquable classé en application de l'article L. 631-1 du même code ou dans un site classé ou en instance de classement en application des articles L. 341-1 et L. 341-2 du code de l'environnement ; il est alors effectué en liaison avec l'architecte des Bâtiments de France ou le représentant du ministre chargé des sites (a) ;

- lorsqu'il s'agit de travaux soumis aux dispositions des articles R. 122-1 à R. 146-35 du CCH relatifs aux immeubles de grande hauteur, soit aux dispositions des articles R. 123-1 à R. 143-47 du CCH relatifs aux établissements recevant du public ; dans ce cas, il est effectué en liaison avec le directeur départemental des services d'incendie et de secours, sauf lorsqu'il s'agit d'établissements recevant du public de 5e catégorie ne disposant pas de locaux d'hébergement (b) ;

- lorsqu'il s'agit de travaux réalisés soit à l'intérieur d'un espace ayant vocation à être classé dans le cœur d'un futur parc national dont la création a été prise en considération en application de l'article R. 331-4 du code de l'environnement, soit à l'intérieur du cœur d'un parc national délimité en application de l'article L. 331-2 du même code, soit à l'intérieur d'une réserve naturelle créée en application de l'article L. 332-1 du même code (c) ;

- lorsqu'il s'agit de travaux réalisés dans un secteur couvert par un PPR naturels prévisibles ou par un PPR technologiques établi en application du code de l'environnement, ou par un PPR miniers établi en application du code minier. Toutefois, le récolement n'est pas obligatoire lorsque le plan de prévention n'impose pas d'autre règle que le respect de normes paracycloniques ou parasismiques ou l'obligation de réaliser une étude préalable permettant de déterminer l'aptitude du terrain à recevoir la construction compte tenu de la destination ou sous-destination de celle-ci (d).

4°
Garanties durant la procédure

353.261 **Information du bénéficiaire de l'autorisation d'urbanisme.** Préalablement à tout récolement, l'autorité compétente en informe le bénéficiaire du permis ou de la décision de non-opposition à la déclaration préalable[5].

353.262 **Visites.** Les visites effectuées dans le cadre du récolement des travaux sont soumises aux dispositions du premier alinéa de l'article L. 461-1 et des articles L. 461-2 et L. 461-3[6].

5°
Décision sur la conformité des travaux

353.271 **Conformité ou non-conformité.** Dans les trois mois qui suivent la réception de la DAACT (cinq mois dans les cas où le récolement est obligatoire), l'administration peut :

- soit contester la conformité des travaux ;
- soit ne pas la contester.

1. C. urb., art. L. 462-2, al. 1er.
2. V. ss no 353.141.
3. Rép. min. no 56460, *JOAN Q* 19 janv. 2010, p. 594.
4. C. urb., art. R. 462-7.
5. C. urb., art. R. 462-8, al. 1er.
6. C. urb., art. L. 462-2, al. 3 – Sur ces dispositions, et les garanties qu'elles édictent, v. ss nos 353.31 s.

a. Contestation de la conformité des travaux

353.281 Mise en demeure. Lorsqu'elle estime que les travaux ne sont pas conformes à l'autorisation, l'autorité compétente pour délivrer le permis ou prendre la décision sur la déclaration préalable met en demeure, dans le délai prévu à l'article R. 462-6, le maître de l'ouvrage[1] :

- de déposer un dossier modificatif ;
- ou de mettre les travaux en conformité avec l'autorisation accordée.

Cette mise en demeure est notifiée par LRAR. Elle rappelle les sanctions encourues[2].

b. Absence de contestation de la conformité des travaux

353.291 Absence de contestation. Lorsqu'aucune décision n'est intervenue dans le délai prévu à l'article R. 462-6, l'autorité compétente est considérée comme ne contestant pas la conformité des travaux avec l'autorisation délivrée.

Les cours administratives d'appel considèrent que cette absence de contestation ne fait pas naître une décision implicite (qui constituerait une décision implicite de non-contestation). En a été déduit :

- l'impossibilité pour un tiers de soumettre au juge administratif cette absence de contestation[3] ;
- l'impossibilité pour l'autorité compétente de « retirer » cette absence de contestation[4].

353.292 Certificat. Une attestation certifiant que la conformité des travaux avec le permis ou la déclaration n'a pas été contestée est délivrée sous quinzaine, par l'autorité compétente, au bénéficiaire du permis ou à ses ayants droit, sur simple requête de ceux-ci[5].

En cas de refus ou de silence de l'autorité compétente, cette attestation est fournie par le préfet, à la demande du bénéficiaire du permis ou de ses ayants droit[6].

Sur le plan contentieux, la décision par laquelle cette autorité atteste de l'absence d'opposition, seule décision dont les tiers peuvent avoir connaissance, est au nombre des actes susceptibles d'être déférés au juge de l'excès de pouvoir[7].

353.293 Action publique. Ni la déclaration d'achèvement et de conformité des travaux ni l'attestation certifiant que la conformité des travaux avec le permis de construire n'a pas été contestée, n'ont d'effet sur l'action publique[8].

1. C. urb., art. L. 462-2, al. 1er ; art. R. 462-9, al. 1er.
2. C. urb., art. R. 462-9, al. 2.
3. CAA Lyon, plén., 16 juin 2011, *Consorts Fournier*, req. n° 10NC00782, NP ; – dans le même sens : CAA Bordeaux, 18 déc. 2012, *Pignolet de Fresnes*, req. n° 11BX02835, NP : arrêt relevant « que, si l'article R. 462-6 du code de l'urbanisme limite à une durée de trois mois à compter du dépôt de la déclaration d'achèvement des travaux, le délai dans lequel l'autorité compétente doit s'assurer de la conformité des travaux à l'autorisation, cette règle n'a ni pour objet, ni pour effet de faire naître, à échéance de ce délai, un accord tacite dont le certificat de conformité délivré ultérieurement serait purement confirmatif ».
4. CAA Marseille, 17 sept. 2019, *Alénya (Cne)*, req. n° 17MA01723, NP.
5. C. urb., art. R. 462-10, al. 1er.
6. C. urb., art. R. 462-10, al. 2.
7. CAA Bordeaux, 18 déc. 2012, *Pignolet de Fresnes*, req. n° 11BX02835, NP.
8. V. ss n° 615.91.

TITRE

36. Les règles propres aux constructions

SECTION 0
ORIENTEUR

36.00 **Sommaire du titre.**

36.05 **Règles spécifiques.** Les constructions sont soumises aux règles communes régissant les autorisations d'urbanisme. Elles sont également soumises à des règles propres qui concernent :

– le dossier de demande de permis de construire ou de déclaration préalable ;

– les permis de construire particuliers (précaire, saisonnier, de régularisation, à double état) ;

– et le cas où le permis est subordonné à l'instauration d'une servitude de cours commune.

CHAPITRE

361. Dossier de demande de permis de construire

SECTION 0

ORIENTEUR

361.00 Sommaire du chapitre.

361.01 **Textes applicables.**

• **C. urb.**

art. L. 431-1 s.

art. R. 431-1 s.

361.02 **Jurisprudence de référence.**

> L'autorité compétente ne peut se fonder, pour refuser le permis demandé, sur l'absence de pièces ou informations qui ne sont pas au nombre de celles limitativement énumérées par le code

• **CE, sect., 15 févr. 2019,** *Cogolin (Cne)*, req. n° 401384, *Lebon*.

> Cas où doit être obtenue une autorisation d'occupation du domaine public

• **CE, sect., 28 avr. 2014,** *Val-d'Isère (Cne)*, req. n° 349420, *Lebon*.

361.03 **Bibliographie indicative.**

Encyclopédies. *DP constr.-urb.*, ét. : « Permis de construire » – *J.-Cl. Constr.-Urb.*, fasc. 25-20 : « Permis de construire. – Demande », par G. Liet-Veaux, avr. 2008, mis à jour oct. 2010.

Traité. N. Baillon, *Traité du permis de construire*, 6e éd., « Référence juridique », Le Moniteur, 2017.

Monographies. Ph. Boulisset, S. Cardi, S. Consalvi, R. Thielé, *Permis de construire 2021-2022 : permis de démolir, permis d'aménager, déclaration préalable*, 3e éd., « Encyclopédie Delmas pour la vie des affaires », Delmas, 2021 – V. Lachaut-Dana, *Permis de construire et autorisations d'urbanisme : études préalables, délivrance, mise en œuvre*, 2e éd., « Pratique du droit », Le Moniteur, 2019 – C. Mialot et F. Ehrenfeld, *Le permis de construire et autres autorisations d'urbanisme*, « Les indispensables », Berger-Levrault, 2018.

361.04 **Questions essentielles.**

> Quels sont les cas de dispense de recours à un architecte ?
* V. ss nos 361.21 s.

> Un projet de construction impliquant également une démolition nécessite-t-il à la fois un permis de construire et un permis de démolir ?
* V. ss n° 361.251

361.05 **Règles générales et règles particulières.** La demande de permis de construire doit être présentée dans les formes et conditions applicables à toute demande d'autorisation d'urbanisme[1]. Elle est également soumise à des règles particulières énoncées aux articles L. 431-1 s. et R. 431-1 s. du code de l'urbanisme. Ces règles concernent :

– le recours à un architecte pour établir un projet architectural ;

– et le contenu du dossier de demande de permis de construire.

SECTION 1
RECOURS À UN ARCHITECTE

§ 1
Principe du recours obligatoire à un architecte

361.11 **Obligation.** Conformément aux dispositions de l'article 3 de la loi du 3 janvier 1977[2] sur l'architecture, la demande de permis de construire ne peut être instruite que si la personne qui désire entreprendre des travaux soumis à une autorisation a fait appel à un architecte pour établir le projet architectural faisant l'objet de la demande de permis de construire[3].

361.12 **Seuil.** Le seuil de recours obligatoire à un architecte est de 150 m² de surface de plancher[4]. L'obligation s'impose tant pour les constructions

1. V. ss nos 331.05 s.
2. L. n° 77-2, 3 janv. 1977 sur l'architecture, *JO* 4 janv., p. 71.
3. C. urb., art. L. 431-1 ; C. urb., art. R. 431-1.
4. C. urb., art. R. 431-2, a.

nouvelles que pour les travaux sur construction existante lorsque leur réalisation conduit à un dépassement de ce seuil[1].

§ 2
Dérogations : dispense de recours à un architecte

A.
Cas de dispense de recours à un architecte

1°
Première dispense : constructions agricoles de faible importance

361.21 Trois conditions. Conformément aux dispositions de l'article 4 de la loi du 3 janvier 1977[2] sur l'architecture, par dérogation à l'article L. 431-1, ne sont pas tenues de recourir à un architecte[3] :

- les personnes physiques ou exploitations agricoles et les coopératives d'utilisation de matériel agricole[4] ;

- « qui déclarent vouloir édifier ou modifier, pour elles-mêmes » ;

- « une construction de faible importance » dont les caractéristiques sont déterminées par décret en Conseil d'État[5].

361.22 Constructions concernées. Les constructions « de faible importance » concernées sont les suivantes :

- une construction à usage agricole ou les constructions nécessaires au stockage et à l'entretien de matériel agricole par les coopératives d'utilisation de matériel agricole dont à la fois la surface de plancher et l'emprise au sol au sens de l'article R. 420-1 n'excèdent pas 800 m^2[6] ;

- des serres de production dont le pied-droit a une hauteur inférieure à 4 m et dont à la fois la surface de plancher et l'emprise au sol au sens de l'article R. 420-1 n'excèdent pas 2 000 m^2[7].

1. C. urb., art. R. 431-2, al. 6.
2. L. n° 77-2, 3 janv. 1977.
3. C. urb., art. L. 431-2, al. 1er.
4. Il s'agit des coopératives d'utilisation de matériel agricole agréées au titre de l'article L. 525-1 du code rural (C. urb., art. R. 431-2, al. 1er).
5. Le premier alinéa de l'article 431-2 encadre un minimum ce renvoi au règlement. Il indique : – que ces caractéristiques porteront, notamment la surface maximale de plancher ; – que ces caractéristiques peuvent être différentes selon la destination des constructions ; – et que pour les constructions édifiées ou modifiées par les personnes physiques, à l'exception des constructions à usage agricole, la surface maximale de plancher déterminée par ce décret ne peut être supérieure à 150 mètres carrés.
6. C. urb., art. R. 431-2, b.

2°
Seconde dérogation : aménagement intérieur des constructions et vitrines commerciales

361.31 Champ de la dérogation. Le recours à l'architecte n'est pas obligatoire pour les travaux soumis au permis de construire[8] :

- qui portent exclusivement sur l'aménagement et l'équipement des espaces intérieurs des constructions et des vitrines commerciales ;

- ou qui sont limités à des reprises n'entraînant pas de modifications visibles de l'extérieur.

B.
Portée de la dispense de recours à un architecte

361.41 Absence de dispense d'établissement du projet architectural. La formule employée par le code comporte une ambiguïté puisqu'elle évoque l'obligation de faire « appel à un architecte pour établir le projet architectural »[9] sans distinguer les deux dimensions de celle-ci (l'obligation de faire appel à un architecte, d'une part, l'obligation d'établir un projet architectural, d'autre part), si bien que deux interprétations sont possibles dans les cas de dispense :

- soit la dispense porte sur les deux obligations (le pétitionnaire ne se trouve soumis, ni à une obligation de faire appel à un architecte, ni à une obligation d'établir un projet architectural) ;

- soit elle ne porte que sur l'obligation de recourir à un architecte (le pétitionnaire demeure soumis à l'obligation d'établir un projet architectural).

Cette dernière interprétation a été consacrée par la jurisprudence au motif que l'obligation d'établir un projet architectural demeure prévue dans tous les cas, et cela que le recours à un architecte présente un caractère obligatoire ou facultatif[10].

361.42 Délai d'instruction réduit en cas de recours spontané à un architecte (construction agricole de faible importance). L'autorité compétente en matière de délivrance du permis de construire peut

7. C. urb., art. R. 431-2, c.
8. C. urb., art. L. 431-3, al. 2 ; – L. n° 77-2, 3 janv. 1977, art. 4.
9. C. urb., art. L. 431-1.
10. CAA Douai, 14 févr. 2013, *Carpentier*, req. n° 12DA00516, NP : arrêt affirmant « que ces dispositions législatives qui rendent en principe obligatoire le recours à l'architecte pour établir le projet architectural devant figurer au dossier de permis de construire, prévoient toutefois les cas de dispense du recours à l'homme de l'art ; qu'elles ne prévoient pas, en revanche, de dispense du projet architectural ; qu'il en va de même des dispositions réglementaires, eu égard à la combinaison des articles R. 431-1, R. 431-2, R. 431-7 à R. 431-10 du code de l'urbanisme ; que, dès lors, le projet architectural doit, dans tous les cas, figurer au dossier de demande de permis de construire ».

réduire les délais d'instruction des demandes de permis de construire présentées par les personnes physiques et morales mentionnées au premier alinéa de l'article 4 de la loi du 3 janvier 1977[1] sur l'architecture, c'est-à-dire les agriculteurs[2] lorsque le projet architectural faisant l'objet de la demande de permis de construire a été établi par un architecte[3]. Les personnes bénéficiant d'une dispense se trouvent ainsi incitées à faire appel à un architecte pour l'établissement de leur projet architectural.

§ 3
Cas des modèles-types

361.51 **Notions (modèle et variante).** Un modèle type de construction est un projet de bâtiment défini avant toute commercialisation, au moyen de plans et documents descriptifs, et dont le ou les maîtres d'ouvrage, ainsi que le terrain sur lequel il pourra être édifié, ne sont pas connus au moment de la conception[4].

Une variante d'un modèle type est constituée dans les conditions définies à l'alinéa ci-dessus par adjonction, modification ou suppression d'éléments architecturaux caractéristiques de ce modèle[5].

361.52 **Obligation de recours à un architecte.** Les modèles types de construction et leurs variantes, industrialisés ou non, susceptibles d'utilisation répétée doivent, avant toute commercialisation, être établis par un architecte dans les conditions prévues à l'article 3 de la loi[6] et ce, quel que soit le maître d'ouvrage qui les utilise[7].

Conformément aux articles 2 et 4-2 du décret du 26 janvier 1978[8] :

- les plans et documents des modèles types et de leurs variantes définis à l'article 1er du même décret sont établis par un architecte. Ils précisent la composition du bâtiment, son organisation, l'expression de son volume et le choix des matériaux[9] ;

- à l'exception des personnes physiques mentionnées au premier alinéa de l'article 4 de la loi du 3 janvier 1977[10] sur l'architecture[11], tout maître d'ouvrage qui réalise une construction en utilisant un modèle type doit faire appel à un architecte pour l'implantation de cette construction sur le terrain, le choix de l'aspect extérieur et des couleurs ainsi que les adaptations nécessaires à l'insertion dans le milieu environnant[12].

SECTION 2
CONTENU DU DOSSIER DE DEMANDE DE PERMIS DE CONSTRUIRE

§ 1
Présentation générale du dossier de demande de permis de construire

361.61 **Pièces et informations exigées.** La demande de permis de construire comprend :

- des informations générales systématiquement exigées[13] ;

- des pièces complémentaires exigibles en fonction de la situation ou de la nature du projet[14] ;

- des informations demandées en vue de l'établissement des statistiques[15].

Le dossier est réputé complet[16] lorsqu'il comprend les informations mentionnées au a et au b[17].

361.62 **Caractère limitatif des informations et pièces exigées.** Aucune autre information ou pièce ne peut être exigée par l'autorité compétente[18].

Cela signifie que les dispositions des articles R. 431-5 et suivants du code de l'urbanisme énumèrent de façon limitative les documents qui doivent être joints à une demande de permis de construire[19].

Il en résulte que :

- les auteurs d'un PLU ne peuvent exiger de produire des documents non prévus par ces dispositions[20] ;

1. L. n° 77-2, 3 janv. 1977.
2. V. ss n° 361.21.
3. C. urb., art. L. 423-1, al. 3.
4. Décr. n° 78-171, 26 janv. 1978, art. 1er, al. 1er.
5. Décr. n° 78-171, 26 janv. 1978, art. 1er, al. 2.
6. V. ss n° 361.11.
7. L. n° 77-2, 3 janv. 1977, art. 5 ; C. urb., art. L. 431-3, al. 3, qui y renvoie.
8. Décr. n° 78-171, 26 janv. 1978 pris pour l'application de l'article 5 de la loi 77-2 du 3 janvier 1977 sur l'architecture relatif aux modèles types de construction, *JO* 17 févr., p. 756.
9. C. urb., art. R. 431-3, a.
10. L. n° 77-2, 3 janv. 1977, art. 4.
11. V. ss n° 361.21.
12. C. urb., art. R. 431-3, b.
13. C. urb., art. R. 431-4, a.
14. C. urb., art. R. 431-4, b.
15. C. urb., art. R. 431-4, c.
16. Pour l'application des articles R. 423-19 à R. 423-22, c'est-à-dire pour l'instruction du dossier – V. ss nos 334.21 s.
17. C. urb., art. R. 431-4, al. 5.
18. C. urb., art. R. 431-4, al. 6.
19. CE 26 avr. 1993, *Beaucourt (Épx)*, req. n° 121413, *Lebon T.* ; – CE 15 déc. 2015, *Saint-Cergues (Cne)*, req. n° 374026, *Lebon T.*
20. CE 26 avr. 1993, *Beaucourt (Épx)*, req. n° 121413, *Lebon T.* : les auteurs du POS n'ont pu légalement spécifier que « les demandes d'autorisation ou d'occupation du sol, portant sur des bois, forêts ou parcs […] doivent comporter un relevé des plantations existantes, indiquant leur essence, leur taille et leur état » ; par suite, le pétitionnaire n'était pas tenu de joindre à sa demande de permis de construire le « relevé » prévu par ces dispositions.

– l'autorité compétente pour délivrer le permis ne peut régulièrement se fonder, pour refuser le permis demandé, sur l'absence de pièces ou informations qui ne sont pas au nombre de celles limitativement énumérées par les dispositions précitées de l'article R. 431-4 du code de l'urbanisme[1] ;

– le juge administratif ne peut annuler un permis de construire en se fondant sur l'absence au dossier de permis d'une information dont la production n'est pas exigée[2].

361.63 Production des informations et pièces exigées. Les informations et pièces exigées doivent être fournies dès le dépôt de la demande ou de la déclaration. Le pétitionnaire dispose néanmoins de la possibilité de compléter son dossier à l'occasion d'une demande de permis modificatif[3].

§ 2 Présentation détaillée du contenu du dossier de permis de construire

A. Les informations générales et pièces systématiquement exigées

1° Informations générales

361.71 Informations sur le pétitionnaire et le terrain. La demande de permis de construire précise :

– l'identité du ou des demandeurs, qui comprend son numéro SIRET lorsqu'il s'agit d'une personne morale en bénéficiant et sa date de naissance lorsqu'il s'agit d'une personne physique[4] ;

– l'identité de l'architecte auteur du projet[5] ;

– la localisation et la superficie du ou des terrains[6].

361.72 Informations sur les travaux. La demande de permis de construire précise :

– la nature des travaux[7] ;

– la destination des constructions, par référence aux différentes destinations et sous-destinations définies aux articles R. 151-27 et R. 151-28[8] ;

– la surface de plancher des constructions projetées, s'il y a lieu répartie selon les différentes destinations et sous-destinations définies aux articles R. 151-27 et R. 151-28[9].

361.73 Informations sur la puissance électrique. La demande de permis de construire précise la puissance électrique nécessaire au projet, lorsque la puissance électrique est supérieure à 12 kilovoltampères monophasé ou 36 kilovoltampères triphasé[10].

361.74 Articulation avec les législations extérieures au code de l'urbanisme. S'il y a lieu, la demande de permis de construire précise[11] :

– que les travaux portent sur une installation, un ouvrage, des travaux ou une activité soumis à déclaration en application de la section 1 du chapitre IV du titre Ier du livre II du code de l'environnement, portant sur la police de l'eau (i) ;

– que les travaux portent sur un projet soumis à autorisation environnementale en application de l'article L. 181-1 du code de l'environnement (j) ;

– que les travaux doivent faire l'objet d'une dérogation au titre du 4° de l'article L. 411-2 du code de l'environnement, relatif aux espèces protégées (k) ;

– que les travaux portent sur un projet relevant de l'article L. 632-2-1 du code du patrimoine, c'est-à-dire soumis à l'avis de l'ABF (l) ;

– s'il y a lieu, les demandes d'autorisation et les déclarations dont le projet a déjà fait l'objet au titre d'une autre législation que celle du code de l'urbanisme (m) ;

– s'il y a lieu, que le projet est soumis à l'obligation de raccordement à un réseau de chaleur ou de froid prévue à l'article L. 712-3 du code de l'énergie (n) ;

– lorsque le projet porte sur un ouvrage de production d'électricité à partir de l'énergie solaire installé sur le sol, sa puissance crête ainsi que la destination principale de l'énergie produite (o) ;

– s'il y a lieu, que les travaux portent sur un projet relevant du II de l'article L. 171-4 du CCH (p).

361.75 Attestation que le pétitionnaire remplit la qualité pour déposer la demande de permis. La demande de permis de construire comporte l'attestation du ou des demandeurs qu'ils remplissent les

1. CE, sect., 15 févr. 2019, *Cogolin (Cne)*, req. n° 401384, *Lebon ; Constr.-Urb.* 2019, comm. 73, note X. Couton ; *JCP Adm.* 2019, n° 2239, note M. Cornille ; – dans le même sens : CE 13 nov. 2019, *Auguet*, req. n° 419067, *Lebon T. ; RDI* 2020. 102, obs. P. Soler-Couteaux.
2. CE 28 déc. 1992, *Santarelli*, req. n° 110737, NP : le juge s'est fondé à tort sur la circonstance que le plan de masse annexé à la demande de permis ne faisait pas apparaître l'emplacement de la fenêtre du local que le pétitionnaire occupe à proximité, dès lors qu'aucune disposition législative ou réglementaire n'impose de faire figurer sur les plans produits au dossier de demande de permis de construire les bâtiments édifiés sur des terrains voisins.
3. V. s^s n° 331.192.
4. C. urb., art. R. 431-5, a.
5. Cette information n'est par hypothèse pas exigée dans les cas prévus à l'article R. 431-2, c'est-à-dire en cas de dispense de recours à l'architecte (v. s^s n°s 361.21 s.) – C. urb., art. R. 431-5, b.
6. C. urb., art. R. 431-5, c.
7. C. urb., art. R. 431-5, d.
8. C. urb., art. R. 431-5, e – Sur les destinations et sous-destinations, v. s^s n°s 322.161 s.
9. C. urb., art. R. 431-5, f.
10. C. urb., art. R. 431-5, g.
11. C. urb., art. R. 431-5, p^ts i à p.

conditions définies à l'article R. 423-1 pour déposer une demande de permis [1].

361.76 Indications à fournir lorsque le terrain supporte déjà des constructions. Lorsque le terrain d'assiette comporte des constructions, la demande [2] :

- précise leur destination, par référence aux différentes destinations et sous-destinations définies aux articles R. 151-27 et R. 151-28 ;
- précise leur surface de plancher ;
- et indique si ces constructions sont destinées à être maintenues et si leur destination ou sous-destination est modifiée par le projet.

2°
Plan de situation du terrain à l'intérieur de la commune

361.81 Pièce à joindre. Doit être joint à la demande de permis de construire un plan permettant de connaître la situation du terrain à l'intérieur de la commune [3].

Le plan précise son échelle et l'orientation du terrain par rapport au nord [4].

3°
Projet architectural

a.
Présentation générale du projet architectural

361.91 Pièce à joindre. Doit être joint à la demande de permis de construire le projet architectural défini par l'article L. 431-2 et comprenant les pièces mentionnées aux articles R. 431-8 à R. 431-12.

361.92 Définition du projet architectural. Le projet architectural définit, par des plans et documents écrits [5] :

- l'implantation des bâtiments ;
- leur composition ;
- leur organisation et l'expression de leur volume ;
- ainsi que le choix des matériaux et des couleurs.

Il précise, par des documents graphiques ou photographiques [6] :

- l'insertion dans l'environnement et l'impact visuel des bâtiments ;
- ainsi que le traitement de leurs accès et de leurs abords.

La précision apportée par le pétitionnaire dans la réalisation des pièces justificatives doit permettre d'établir le respect des règles d'urbanisme.

361.93 Contenu du projet architectural (situation normale). Le projet architectural contient :

- une notice ;
- des plans ;
- un document graphique ;
- des documents photographiques.

361.94 Cas particulier : contenu du projet architectural lorsque les travaux concernent une opération de restauration immobilière ou un monument historique. Lorsque le projet porte sur des travaux : a) nécessaires à la réalisation d'une opération de restauration immobilière, b) ou mentionnés à l'article R. 421-16 exécutés à l'intérieur d'un immeuble inscrit au titre des monuments historiques, le projet architectural comporte un document graphique faisant apparaître l'état initial et l'état futur du bâtiment faisant l'objet des travaux [7].

Lorsque le projet porte exclusivement sur des travaux intérieurs, les pièces mentionnées aux articles R. 431-8 à R. 431-10 ne sont pas exigées [8].

361.95 Cas particulier : contenu du projet architectural lorsque le projet est situé dans un périmètre ayant fait l'objet d'un permis d'aménager. Lorsque le projet est situé dans un périmètre ayant fait l'objet d'un permis d'aménager, les pièces mentionnées au c et au d de l'article R. 431-10 ne sont pas exigées [9].

b.
Première pièce : la notice

361.101 Notice descriptive. Le projet architectural comprend une notice comprenant deux éléments.

D'une part, elle précise l'état initial du terrain et de ses abords indiquant, s'il y a lieu, les constructions, la végétation et les éléments paysagers existants [10].

D'autre part, elle précise les partis retenus pour assurer l'insertion du projet dans son environnement et la prise en compte des paysages [11]. À cet égard, elle fait apparaître, en fonction des caractéristiques du projet, les indications suivantes [12] :

- l'aménagement du terrain, en indiquant ce qui est modifié ou supprimé (a) ;
- l'implantation, l'organisation, la composition et le volume des constructions nouvelles, notam-

1. C. urb., art. R. 431-5, dernier al. – Sur cette qualité, v. s[s] n°s 331.11 s.
2. C. urb., art. R. 431-6.
3. C. urb., art. R. 431-7, a.
4. C. urb., art. A. 431-9, al. 5.
5. C. urb., art. L. 431-2, al. 1er.
6. C. urb., art. L. 431-2, al. 2.
7. C. urb., art. R. 431-11, al. 1er à 4.
8. C. urb., art. R. 431-11, al. 5.
9. C. urb., art. R. 431-12.
10. C. urb., art. R. 431-8, 1°.
11. C. urb., art. R. 431-8, 2°.
12. C. urb., art. R. 431-8, al. 4 à 9.

ment par rapport aux constructions ou paysages avoisinants (b) ;

- le traitement des constructions, clôtures, végétations ou aménagements situés en limite de terrain (c) ;

- les matériaux et les couleurs des constructions (d) ;

- le traitement des espaces libres, notamment les plantations à conserver ou à créer (e) ;

- l'organisation et l'aménagement des accès au terrain, aux constructions et aux aires de stationnement (f).

La notice permet ainsi au pétitionnaire de décliner les moyens mis en place pour se conformer aux règles d'urbanisme (notamment lorsque celles-ci sont exprimées par un PLU sous une forme qualitative).

c.
Deuxième série de pièces : les plans

361.111 **Plan de masse.** Le projet architectural comprend un plan de masse des constructions à édifier ou à modifier coté dans les trois dimensions [1].

Le plan de masse précise son échelle, traduite en échelle graphique, et l'orientation du terrain par rapport au nord [2].

Le plan de masse fait apparaître les travaux extérieurs aux constructions, les plantations maintenues, supprimées ou créées et, le cas échéant, les constructions existantes dont le maintien est prévu [3]. Ces dispositions n'exigent pas de faire figurer sur le plan de masse les constructions existantes devant faire l'objet d'une démolition pour la réalisation du projet de construction mais seulement de faire apparaître les constructions existantes dont le maintien est prévu [4].

Il indique également, le cas échéant, les modalités selon lesquelles les bâtiments ou ouvrages seront raccordés aux réseaux publics ou, à défaut d'équipements publics, les équipements privés prévus, notamment pour l'alimentation en eau et l'assainissement [5].

Lorsque le terrain n'est pas directement desservi par une voie ouverte à la circulation publique, le plan de masse indique l'emplacement et les caractéristiques de la servitude de passage permettant d'y accéder [6].

Lorsque le projet est situé dans une zone inondable délimitée par un plan de prévention des risques, les cotes du plan de masse sont rattachées au système altimétrique de référence de ce plan [7].

Une lacune du plan de masse entache d'illégalité l'autorisation délivrée si cette lacune a été de nature à induire en erreur l'autorité administrative (ou ne l'a pas mise à même d'apprécier la conformité du projet aux règles d'urbanisme) et n'a pu être comblée par une autre pièce du dossier [8].

361.112 **Plan des façades et des toitures.** Le projet architectural comprend le plan des façades et des toitures [9].

Lorsque le projet a pour effet de modifier les façades ou les toitures d'un bâtiment existant, ce plan fait apparaître l'état initial et l'état futur [10].

361.113 **Plan en coupe.** Le projet architectural comprend un plan en coupe précisant l'implantation de la construction par rapport au profil du terrain [11].

Lorsque les travaux ont pour effet de modifier le profil du terrain, ce plan fait apparaître l'état initial et l'état futur [12].

361.114 **Absence d'obligation pour l'administration de se rendre sur le terrain pour vérifier la véracité des plans.** Aucune disposition du code de l'urbanisme ne fait obligation à l'autorité délivrant le permis de construire de se rendre sur place afin de constater l'état des lieux et leur conformité aux plans produits par le pétitionnaire à l'appui de sa demande [13].

d.
Troisième pièce : le document graphique

361.121 **Un ou plusieurs documents graphiques.** Le projet architectural comprend un document graphique permettant d'apprécier [14] :

- l'insertion du projet de construction par rapport aux constructions avoisinantes et aux paysages ;
- son impact visuel ;
- ainsi que le traitement des accès et du terrain.

1. C. urb., art. R. 431-9, al. 1er.
2. C. urb., art. A. 431-9, al. 5.
3. C. urb., art. R. 431-9, al. 2.
4. CAA Marseille, 24 avr. 2014, *Giaconia*, req. n° 12MA01660, NP (arrêt devenu définitif en l'absence d'admission du pourvoi formé à son encontre : CE 22 déc. 2014, req. n° 38188026, NP).
5. C. urb., art. R. 431-9, al. 3.
6. C. urb., art. R. 431-9, al. 4.
7. C. urb., art. R. 431-9, al. 5.
8. AINSI, à propos de l'omission d'une servitude de passage ou son indication approximative : CAA Douai, 27 nov. 2014, *Mallard*, req. n° 13DA01003, NP (lacune non comblée par une autre pièce du dossier) ; – CAA Bordeaux, 3 janv. 2012, *SCI La Garluche*, req. n° 11BX00191, NP (lacune comblée par une autre pièce du dossier) ; – également, à propos d'un plan de masse non côté dans ses trois dimensions : CAA Lyon, 4 déc. 2012, *Armand*, req. n° 11LY01823, NP (lacune compensée par les plans de façades, qui mentionnent la hauteur de la construction et permettent d'en apprécier les volumes).
9. C. urb., art. R. 431-10, a.
10. C. urb., art. R. 431-10, a.
11. C. urb., art. R. 431-10, b.
12. C. urb., art. R. 431-10, b.
13. CAA Paris, 3 avr. 2008, *Aknin*, req. n° 06PA02813, NP.
14. C. urb., art. R. 431-10, c.

Pour satisfaire à ces exigences, le pétitionnaire peut produire un ou plusieurs documents graphiques, pouvant prendre la forme de croquis ou de simulation informatique.

361.122 Sanction de l'absence ou de l'insuffisance de document graphique. Le juge annule l'absence ou l'insuffisance de document graphique dès lors que cette carence n'a pas mis à même l'autorité compétente de se prononcer en toute connaissance de cause sur la demande dont elle était saisie. Tel est le cas lorsque le document graphique joint au dossier de demande permis de construire ne présente qu'une partie très réduite du projet de construction et que, ainsi, il ne permet pas d'apprécier son insertion dans l'environnement sans que cette carence ne soit compensée par d'autres pièces également jointes, notamment les photographies ou la notice d'insertion[1].

e.
Quatrième série de pièces du projet architectural : photographies

361.131 Deux documents photographiques. Le projet architectural comprend deux documents photographiques permettant de situer le terrain respectivement[2] :

- dans l'environnement proche ;
- et, sauf si le demandeur justifie qu'aucune photographie de loin n'est possible, dans le paysage lointain.

Les points et les angles des prises de vue sont reportés sur le plan de situation et le plan de masse[3].

B.
Pièces complémentaires exigibles en fonction de la situation ou de la nature du projet

1°
Pièces complémentaires exigibles en fonction de la situation du projet

a.
Construction portant sur une dépendance du domaine public

361.141 Autorisation d'occupation du domaine public. Lorsque le projet de construction porte sur une dépendance du domaine public, le dossier joint à la demande de permis de construire comporte une pièce exprimant l'accord du gestionnaire du domaine pour engager la procédure d'autorisation d'occupation temporaire du domaine public[4].

361.142 Champ d'application de l'obligation. Une construction est subordonnée à une autorisation d'occupation du domaine public (laquelle doit alors être jointe à la demande de permis de construire) dans deux cas de figure[5] :

- lorsqu'elle est destinée à occuper le domaine public ;
- ou lorsqu'elle nécessite un aménagement permanent d'une dépendance du domaine public.

En revanche, lorsque la construction nécessite seulement une autorisation d'occupation pour les besoins des travaux, une telle autorisation ne constitue pas une condition de légalité du permis de construire[6].

Les câbles électriques souterrains ne constituant pas des constructions[7], l'accord du gestionnaire du domaine public n'est pas nécessaire pour les travaux de raccordement d'une éolienne[8].

Lorsqu'un projet de construction comprend des éléments en surplomb du domaine public, le dossier de demande de permis de construire doit comporter une pièce exprimant l'accord du gestionnaire du domaine public pour engager la procédure d'autorisation d'occupation temporaire de ce domaine[9].

361.143 Nécessité d'un accord exprès. Il résulte des dispositions de l'article R. 431-13 du code de

1. CAA Douai, 24 oct. 2013, *Assoc. Applan et a.*, req. n° 12DA01399, NP (arrêt devenu définitif en l'absence d'admission du pourvoi formé à son encontre : CE 30 juill. 2014, req. n° 374357, NP).
2. C. urb., art. R. 431-10, d.
3. C. urb., art. R. 431-10, d.
4. C. urb., art. R. 431-13.
5. CE, sect., 28 avr. 2014, *Val-d'Isère (C^ne^)*, req. n° 349420, *Lebon* ; Dr. adm 2015, comm. 50, note G. Eveillard ; *JCP Adm.* 2014, n° 2235, note M. Cornille ; *BJCL* 2014. 413, concl. A. Lallet.
6. CE, sect., 28 avr. 2014, *Val-d'Isère (C^ne^)*, req. n° 349420.
7. Il résulte de l'article R. 421-4 du code de l'urbanisme que les câbles souterrains destinés à raccorder les éoliennes entre elles ou au poste de livraison qui permet d'acheminer l'électricité produite vers le réseau public de distribution ne sont pas une construction au sens de l'article R. 431-13 de ce code (v. s^s^ n° 321.74).
8. Selon le Conseil d'État, la circonstance que des travaux sur le domaine public routier seraient nécessaires pour enfouir les câbles destinés à assurer le raccordement d'éoliennes objets du permis au réseau public de distribution n'impose pas de faire figurer au dossier de demande du permis de construire les éoliennes une pièce exprimant l'accord du gestionnaire de la voirie pour engager une procédure d'autorisation d'occupation du domaine public (CE, sect., 28 avr. 2014, *Val-d'Isère (C^ne^)*, req. n° 349420, *Lebon ; Dr. adm* 2015, comm. 50, note G. Eveillard ; *JCP Adm.* 2014, n° 2235, note M. Cornille ; *BJCL* 2014. 413, concl. A. Lallet) ; – dans le même sens : CE 25 sept. 2019, *Assoc. Autant en emporte le vent et a.*, req. n° 417870, *Lebon T. ; BJDU* 2019. 387, concl. L. Dutheillet de Lamothe.
9. CE 23 nov. 2022, *Rolland*, req. n° 450008, *Lebon T. ; JCP Adm.* 2023, n° 2043, concl. M. Sirinelli ; *BJDU* 2023. 98, concl. ; *Constr.-Urb.* 2023, comm. 4, note X. Couton ; *JCP Adm.* 2023, n° 2044, note Ph. S. Hansen.

l'urbanisme que lorsqu'un permis de construire est demandé pour l'édification d'un ouvrage sur le domaine public ou le surplombant, il ne peut être légalement accordé que si le pétitionnaire justifie d'un accord exprès du gestionnaire du domaine pour engager la procédure d'autorisation d'occupation temporaire du domaine public pour l'ouvrage qu'il se propose d'édifier[1].

361.144 Cas d'un accord tardif. Une cour a estimé que le caractère tardif de l'accord du gestionnaire du domaine n'est pas de nature à vicier la légalité du permis de construire[2].

361.145 Contrôle juridictionnel. Il résulte de l'article R. 431-13 du code de l'urbanisme que, saisi d'un moyen tiré de ce que des pétitionnaires n'avaient pas qualité pour déposer une demande de permis de construire incluant des aménagements sur le domaine public, le juge administratif ne peut se fonder sur l'absence de déclassement et de transfert de la propriété de la parcelle concernée pour leur refuser cette qualité, mais doit uniquement rechercher si, à défaut de déclassement et de transfert de la propriété de la parcelle, le dossier joint à la demande comporte une pièce exprimant l'accord du gestionnaire du domaine pour engager la procédure d'autorisation d'occupation temporaire du domaine public[3].

b.

Secteurs protégés

361.151 Indication des matériaux utilisés et des modalités d'exécution des travaux. La notice descriptive[4] indique les matériaux utilisés et les modalités d'exécution des travaux lorsque le projet porte[5] :

– sur des travaux nécessaires à la réalisation d'une opération de restauration immobilière au sens de l'article L. 313-4 ;

– sur un immeuble inscrit au titre des monuments historiques ;

– sur un immeuble situé dans le périmètre d'un site patrimonial remarquable ;

– ou sur un immeuble situé dans les abords des monuments historiques.

361.152 Souplesse juridictionnelle sur les projets de faible importance. Le juge se montre clément lorsque l'omission de ces informations concerne des projets de faible importance[6].

1. CAA Lyon, 12 févr. 2019, *Dupla*, req. n° 17LY03134, NP.
2. CAA Lyon, 12 févr. 2019, *Dupla*, req. n° 17LY03134, NP.
3. CE 23 nov. 2022, *Société Les Jardins de Flore*, req. n° 449443, *Lebon T. ; BJDU* 2023. 27, concl. M. Sirinelli ; *Constr.-Urb.* 2023, comm. 4, note X. Couton ; *JCP Adm.* 2023, n° 2044, note Ph. S. Hansen.
4. Mentionnée à l'article R. 431-8 ; – V. s[s] n° 361.101.
5. C. urb., art. R. 431-14.

c.

Travaux dans un cœur de parc national

361.161 Matériaux utilisés et modalités d'exécution des travaux et pièces complémentaires. Lorsque les travaux sont projetés dans un cœur de parc national[7] :

– la notice descriptive[8] indique les matériaux utilisés et les modalités d'exécution des travaux ;

– et la demande comprend les pièces complémentaires mentionnées au II de l'article R. 331-19 du code de l'environnement (éléments permettant d'apprécier les conséquences de l'opération sur l'espace protégé et son environnement ; plan des espaces nécessaires à la réalisation du projet ; modalités d'accès des personnes au chantier et d'approvisionnement de celui-ci en matériels et matériaux depuis les limites du cœur du parc national, etc.).

361.162 Demande de pièces manquantes. Dans les quinze jours qui suivent la réception des exemplaires mentionnés à l'article R. 423-13, s'il y a lieu, le directeur de l'établissement public du parc national signale au maire les pièces manquantes au dossier[9].

d.

Demande portant sur des constructions situées dans un emplacement réservé à la réalisation d'un programme de logements

361.171 Surface de plancher créée. Lorsque la demande de permis de construire porte sur des constructions situées dans un emplacement réservé à la réalisation d'un programme de logements en application du 4° de l'article L. 151-41[10] ou dans un secteur délimité en application du d de l'article L. 123-2 dans sa rédaction antérieure à la loi du 25 mars 2009[11] ou en application de l'article L. 151-15[12], le dossier de la demande est complété par un tableau indiquant la surface de plancher des logements créés correspondant aux catégories de logements dont la construction sur le terrain est imposée par le PLU ou le document d'urbanisme en tenant lieu[13].

6. PAR EX. : CAA Lyon, 4 déc. 2012, *Armand*, req. n° 11LY01823, NP : eu égard à la nature et à la faible importance de travaux, qui intéressent d'ailleurs, pour l'essentiel, les parties du bâtiment échappant à la vue depuis les monuments historiques du centre du village, la circonstance que la notice ne comporte aucune indication précise concernant leurs modalités d'exécution ne saurait justifier par elle-même l'annulation d'un permis de construire.
7. C. urb., art. R. 431-14-1.
8. Mentionnée à l'article R. 431-8 ; – V. s[s] n° 361.101.
9. C. urb., art. R. 431-14-1.
10. V. s[s] n° 231.1431.
11. L. n° 2009-323, 25 mars 2009 de mobilisation pour le logement et la lutte contre l'exclusion, *JO* 27 mars, n° 1.
12. V. s[s] n°s 231.921 s.
13. C. urb., art. R. 431-16-1.

e.
Construction située dans un secteur dans lequel le PLU impose le respect d'une proportion de logements d'une taille minimale

361.181 Proportion de logements de la taille minimale imposée par le PLU. Lorsque la demande de permis de construire porte sur des constructions situées dans un secteur délimité en application de l'article L. 151-14 [1], le dossier de la demande est complété par un tableau indiquant la proportion de logements de la taille minimale imposée par le PLU ou le document d'urbanisme en tenant lieu [2].

f.
Projet situé dans un lotissement, une ZAC, une OIN ou un PUP

361.191 Construction à édifier dans un lotissement. Lorsque les travaux projetés portent sur une construction à édifier sur un terrain inclus dans un lotissement, la demande est accompagnée, s'il y a lieu, du ou des certificats prévus à l'article R. 442-11 [3] (si, bien entendu, ces certificats existaient au moment de l'autorisation du lotissement, ce qui n'est pas d'un lotissement autorisé en 1927 [4]).

Lorsque les travaux projetés portent sur une construction à édifier sur un terrain inclus dans un lotissement soumis à permis d'aménager, la demande est accompagnée, s'il y a lieu [5] :

– du certificat prévu par le quatrième alinéa de l'article R. 442-18, quand l'ensemble des travaux mentionnés dans le permis d'aménager n'est pas achevé (a) ;

– de l'attestation de l'accord du lotisseur sur la subdivision de lots projetée, prévue par l'article R. 442-21 (b).

361.192 Construction à édifier dans une ZAC. Lorsque les travaux projetés portent sur une construction à édifier dans une ZAC, la demande est accompagnée [6] :

– lorsque le terrain a fait l'objet d'une cession, location ou concession d'usage consentie par l'aménageur de la zone, dès lors que le cahier des charges de cession de terrain a été approuvé et publié dans les conditions prévues à l'article D. 311-11-1, d'une copie de celles des dispositions du cahier des charges de cession de terrain qui indiquent le nombre de mètres carrés de surface de plancher dont la construction est autorisée sur la parcelle cédée ainsi que, si elles existent, de celles des dispositions du cahier des charges qui fixent des prescriptions techniques, urbanistiques et architecturales imposées pour la durée de la réalisation de la zone (a) ;

– lorsque le terrain n'a pas fait l'objet d'une cession, location ou concession d'usage par l'aménageur de la zone, de la convention prévue par le quatrième alinéa de l'article L. 311-4 (b).

361.193 Construction à édifier dans une OIN. Lorsque les travaux projetés portent sur une construction à édifier dans une OIN, la demande est accompagnée, le cas échéant, de l'attestation de l'aménageur certifiant qu'il a réalisé ou prendra en charge l'intégralité des travaux mentionnés aux a et b de l'article 318 G de l'annexe 2 au CGI [7].

361.194 Travaux dans un PUP. Lorsque les travaux projetés font l'objet d'une convention de projet urbain partenarial ou portent sur une construction à édifier dans un périmètre de projet urbain partenarial mentionné au II de l'article L. 332-11-3, la demande est accompagnée d'un extrait de la convention précisant le lieu du projet urbain partenarial et la durée d'exonération de la taxe d'aménagement [8].

g.
Construction située dans un secteur où la commune a institué un seuil minimal de densité

361.201 Construction n'excédant pas le seuil. Lorsque les travaux projetés sont situés dans un secteur où la commune a institué un seuil minimal de densité et portent sur une construction dont la densité n'excède pas ce seuil, le dossier présenté à l'appui de la demande précise la valeur du terrain sur lequel la construction doit être édifiée [9].

h.
Travaux soumis à la redevance pour les locaux à usage de bureaux

361.211 Déclaration permettant d'établir le montant. Lorsque les travaux projetés sont situés dans une commune où est instituée la redevance pour les locaux à usage de bureaux, les locaux commerciaux et les locaux de stockage, le dossier présenté à l'appui de la demande doit comprendre la déclaration permettant d'asseoir et de liquider la taxe mentionnée à l'article L. 520-1 du code de l'urbanisme [10].

1. V. s[s] n°s 231.911 s.
2. C. urb., art. R. 431-16-2.
3. C. urb., art. R. 431-22-1.
4. CE 5 juill. 2023, *Mme Maréchal Boyer*, req. n° 463604, *Lebon T., Gaz. Pal.* 5 sept. 2023, n° 27, p. 22, note O. Le Bot.
5. C. urb., art. R. 431-22-1.
6. C. urb., art. R. 431-23.
7. C. urb., art. R. 431-23-1.
8. C. urb., art. R. 431-23-2.
9. C. urb., art. R. 431-25-1.
10. C. urb., art. R. 431-25-2.

2°
Pièces complémentaires exigibles en fonction de la nature du projet

a.
Construction de logements locatifs sociaux financés par l'État avec dépassement du COS

361.221 Pièces exigées. Lorsque la demande de permis de construire porte sur des constructions dont une partie, ayant la destination de logements locatifs sociaux bénéficiant pour leur construction du concours financier de l'État, dépasse conformément au 2° de l'article L. 151-28 la densité résultant du coefficient d'occupation des sols, le dossier de la demande est complété par les éléments suivants[1] :

– la délimitation de cette partie des constructions (a) ;

– la mention de la surface de plancher correspondante (b) ;

– l'estimation sommaire du coût foncier qui lui sera imputé (c) ;

– dans les communes de la métropole, l'engagement du demandeur de conclure la convention prévue au 3° de l'article L. 831-1 du CCH (d).

b.
Projet de construction verte

361.231 Projet de construction faisant preuve d'exemplarité énergétique ou d'exemplarité environnementale ou étant à énergie positive. Lorsque la demande de permis de construire porte sur un projet pouvant bénéficier des dispositions du 3° de l'article L. 151-28[2] et du deuxième alinéa de l'article L. 151-29[3], elle est complétée par le document prévu aux articles R. 171-1 à R. 171-5 du CCH attestant que la construction fait preuve d'exemplarité énergétique ou d'exemplarité environnementale ou est à énergie positive selon les critères définis par ces dispositions[4].

361.232 Projet comportant l'installation de systèmes de production d'énergie renouvelable alors que des dispositions d'urbanisme s'opposent à leur installation. Lorsque la demande de permis de construire porte sur un projet comportant l'installation de systèmes de production d'énergie à partir de sources renouvelables alors que des dispositions d'urbanisme s'opposent à leur installation, le demandeur joint au dossier un document par lequel il s'engage à installer des dispositifs conformes aux dispositions de l'arrêté prévu au 2° de l'article R. 111-23[5].

c.
Travaux nécessitant une autorisation ou une déclaration au titre d'une autre législation

361.241 Travaux nécessitant une autorisation de défrichement. Lorsque les travaux projetés nécessitent une autorisation de défrichement en application des articles L. 341-1, L. 341-3 ou L. 214-13 du code forestier, la demande de permis de construire est complétée par la copie de la lettre par laquelle le préfet fait connaître au demandeur que son dossier de demande d'autorisation de défrichement est complet, si le défrichement est ou non soumis à reconnaissance de la situation et de l'état des terrains et si la demande doit ou non faire l'objet d'une enquête publique[6].

361.242 Travaux portant sur une ICPE. Lorsque les travaux projetés portent sur une installation classée soumise à déclaration en application de l'article L. 512-8 du code de l'environnement, la demande de permis de construire doit être accompagnée de la justification du dépôt de la déclaration[7].

d.
Travaux nécessitant un permis de démolir ou une division en propriété ou en jouissance

361.251 Travaux nécessitant la démolition de bâtiments. Lorsque les travaux projetés nécessitent la démolition de bâtiments soumis au régime du permis de démolir, la demande de permis de construire ou d'aménager doit[8] :

– soit être accompagnée de la justification du dépôt de la demande de permis de démolir (a) ;

– soit porter à la fois sur la démolition et sur la construction ou l'aménagement (b).

Une réponse ministérielle[9] a précisé qu'en application de l'article L. 451-1 du code de l'urbanisme, les démolitions nécessaires à une opération de construction peuvent faire l'objet, soit d'une demande de permis de construire portant à la fois sur la démolition et sur la construction, soit de deux demandes distinctes. Dans le premier cas, le permis de construire autorise la démolition[10]. Dans le second cas, l'article R. 431-21 du code de l'urbanisme prévoit que le demandeur doit accompagner la demande de permis de construire d'une justification du dépôt de la demande de permis de démolir. Le principe est

1. C. urb., art. R. 431-17.
2. V. s[s] n° 231.1202.
3. V. s[s] n° 231.1211.
4. C. urb., art. R. 431-18.
5. V. s[s] n° 114.31. – C. urb., art. R. 431-18-1.
6. C. urb., art. R. 431-19.
7. C. urb., art. R. 431-20.
8. C. urb., art. R. 431-21.
9. Rép. min. n° 11110, *JO Sénat Q* 5 juin 2014, p. 1331.
10. V. s[s] n° 382.11.

en effet que les demandes portant sur des opérations de construction comprenant des démolitions, telles les opérations de démolition partielle et de reconstruction en vue d'une extension, sont certes en principe indissociables, mais peuvent néanmoins être instruites distinctement[1]. Lorsque la demande d'autorisation initiale ne concerne que les travaux d'extension de la construction existante, le permis de construire n'a pas autorisé la démolition. La circonstance que des travaux de démolition aient été entrepris, puis régularisés, au cours de la construction est sans incidence sur la validité du permis de construire. Le permis de construire et le permis de démolir constituent en effet, dans ce cas de figure, deux permis indépendants ayant chacun leur objet. En conséquence, si le permis de construire est toujours en cours de validité, rien n'empêche le bénéficiaire de poursuivre les travaux de construction conformément à l'autorisation donnée.

361.252 **Travaux sur une construction nécessitant une division en propriété ou en jouissance (demande de permis de construire valant division).** Lorsque les travaux projetés portent sur un permis de construire valant division[2], le dossier présenté à l'appui de la demande est complété par[3] :

– un plan de division ;

– et, lorsque des voies ou espaces communs sont prévus, le projet de constitution d'une association syndicale des acquéreurs à laquelle seront dévolus la propriété, la gestion et l'entretien de ces voies et espaces communs. Cette exigence, que l'on retrouve pour les lotissements, peut être écartée dans deux hypothèses : d'une part lorsque l'ensemble est soumis au statut de la copropriété, d'autre part lorsque le demandeur justifie de la conclusion avec la commune ou l'EPCI compétent d'une convention prévoyant le transfert dans leur domaine de la totalité des voies et espaces communs une fois les travaux achevés.

e.
Aires de stationnement réalisés sur un autre terrain que le terrain d'assiette du projet

361.261 **Plan du terrain ou promesse de concession ou d'acquisition.** Lorsque le constructeur demande à réaliser tout ou partie des aires de stationnement imposées par le PLU sur un autre terrain que le terrain d'assiette du projet ou demande à être tenu quitte de tout ou partie de ces obligations en justifiant de l'obtention d'une concession à long terme dans un parc public de stationnement ou de l'acquisition de places dans un parc privé de stationnement, la demande comprend en outre[4] :

– le plan de situation du terrain sur lequel seront réalisées les aires de stationnement et le plan des constructions ou aménagements correspondants (a) ;

– ou la promesse synallagmatique de concession ou d'acquisition, éventuellement assortie de la condition suspensive de l'octroi du permis (b).

f.
Agrivoltaïsme et installations compatibles

361.271 **Installations compatibles.** Lorsque la demande porte sur une installation, un ouvrage ou une construction mentionné à l'article L. 111-29[5], la demande d'autorisation d'urbanisme comporte un document permettant de justifier le respect des critères prévus à l'article R. 111-20-1[6].

361.272 **Serres, hangars et ombrières à usage agricole supportant des panneaux photovoltaïques.** Lorsque la demande porte sur une installation, une construction ou un ouvrage mentionné à l'article L. 111-28[7], le dossier de la demande d'autorisation d'urbanisme comporte un document permettant de justifier que l'installation des serres, des hangars et des ombrières à usage agricole est nécessaire à l'exercice d'une activité agricole, pastorale ou forestière[8].

361.273 **Agrivoltaïsme.** Lorsque la demande porte sur une installation, un ouvrage ou une construction agrivoltaïques mentionnés à l'article L. 314-36 du code de l'énergie[9], la demande d'autorisation d'urbanisme comporte un dossier présentant les justifications détaillées du respect des conditions prévues à ce même article[10].

g.
Équipement commercial, cinémas, IGH et ERP

361.281 **Projet d'équipement commercial entre 300 et 1 000 m².** Lorsque la construction porte, dans une commune de moins de 20 000 habitants, sur un projet d'équipement commercial dont la surface est comprise entre 300 et 1 000 mètres carrés, la demande est accompagnée d'une notice précisant la nature du commerce projeté et la surface de vente[11].

1. CE 30 déc. 2011, *Saint-Raphaël (Cne)*, req. nº 342398, NP.
2. V. ss nº 372.171.
3. C. urb., art. R. 431-24.
4. C. urb., art. R. 431-26.
5. V. ss nos 119.51 et s.
6. C. urb., art. R. 431-27, I ; mod. par décr. nº 2024-318, 8 avr. 2024.
7. V. ss nº 119.32.
8. C. urb., art. R. 431-27, II ; mod. par décr. nº 2024-318, 8 avr. 2024.
9. V. ss nº 119.21.
10. C. urb., art. R. 431-27, III ; mod. par décr. nº 2024-318, 8 avr. 2024. Ce paragraphe III détaille la composition précise du dossier.
11. C. urb., art. R. 431-27-1.

361.282 Projet soumis à autorisation d'exploitation commerciale. Lorsque le projet est soumis à autorisation d'exploitation commerciale, la demande est accompagnée d'un dossier comprenant les éléments mentionnés à l'article R. 752-6 du code de commerce[1].

361.283 Salle de spectacle cinématographique. Lorsque les travaux portent sur un projet soumis à une autorisation de création de salle de spectacle cinématographique, la demande est accompagnée de la copie de la lettre adressée par le préfet au demandeur de cette autorisation lorsque le dossier joint à la demande d'autorisation a été reconnu complet[2].

361.284 IGH. Lorsque les travaux projetés portent sur un immeuble de grande hauteur, la demande est accompagnée du récépissé du dépôt en préfecture du dossier prévu par l'article R. 146-14 du CCH[3].

361.285 ERP. Lorsque les travaux projetés portent sur un établissement recevant du public, la demande est accompagnée des dossiers suivants, fournis en trois exemplaires[4] :

– un dossier permettant de vérifier la conformité du projet avec les règles d'accessibilité aux personnes handicapées, comprenant les pièces mentionnées aux articles R. 111-19-18 et R. 111-19-19 du CCH (a) ;

– un dossier permettant de vérifier la conformité du projet avec les règles de sécurité, comprenant les pièces mentionnées à l'article R. 123-22 du même code (b).

h. Projet nécessitant une dérogation

361.291 Dérogation aux règles sur l'accessibilité du logement à des personnes handicapées. Lorsque le projet est accompagné d'une demande de dérogation au titre du 3° de l'article L. 152-4 du code de l'urbanisme[5], celle-ci est accompagnée d'une note précisant la nature des travaux pour lesquels une dérogation est sollicitée et justifiant que ces travaux sont nécessaires pour permettre l'accessibilité du logement à des personnes handicapées[6].

361.292 Dérogations à l'occasion d'un projet de surélévation d'immeuble. Lorsque le projet nécessite une dérogation prévue à l'article L. 112-13 du CCH (surélévation d'immeuble), la demande de dérogation est jointe à la demande de permis de construire[7].

Les règles relatives au contenu de cette demande de dérogation et à son instruction sont définies à l'article R. 112-9 du CCH[8].

361.293 Dérogation aux règles du PLU. Lorsque le projet nécessite une ou plusieurs dérogations au titre de l'article L. 151-29-1[9], de l'article L. 152-5[10], de l'article L. 152-5-1[11], ou de l'article L. 152-6[12], la demande de dérogation est jointe à la demande de permis de construire[13].

Elle est accompagnée d'une note[14] :

– précisant la nature de la ou des dérogations demandées ;

– et justifiant pour chacune d'entre elles du respect des objectifs et des conditions fixés à ces articles et aux articles R. 152-4 à R. 152-9 pour chacune des dérogations demandées.

361.294 Dérogation aux règles relatives à la hauteur (exemplarité environnementale). Lorsque le projet nécessite la dérogation prévue à l'article L. 152-5-2, la demande de dérogation est jointe à la demande de permis de construire. Elle est accompagnée du document prévu à l'article R. 171-3 du CCH[15].

i. Projet subordonné à l'instauration d'une servitude ou à un transfert de constructibilité

361.301 Projet subordonné à l'instauration d'une servitude de cours communes. Lorsque l'édification des constructions est subordonnée, pour l'application des dispositions relatives à l'urbanisme, à l'institution sur des terrains voisins d'une servitude dite de cours communes[16], la demande est accompagnée des contrats ou décisions judiciaires relatifs à l'institution de ces servitudes[17].

Il résulte de ces dispositions que, lorsque l'institution d'une servitude de cours communes est requise pour l'édification d'une construction, le permis de construire autorisant cette construction ne peut être délivré par l'autorité administrative sans qu'aient été fournis par le pétitionnaire, dans le cadre de sa demande, les documents justifiant de ce qu'une telle servitude sera instituée lors de l'édification de la

1. C. urb., art. R. 431-33-1.
2. C. urb., art. R. 431-28.
3. C. urb., art. R. 431-29.
4. C. urb., art. R. 431-30.
5. V. s[s] n° 232.181.
6. C. urb., art. R. 431-31.
7. C. urb., art. R. 431-31-1.
8. C. urb., art. R. 431-31-1.
9. V. s[s] n°s 231.1231 s.
10. V. s[s] n°s 232.191 s.
11. V. s[s] n° 232.231.
12. V. s[s] n°s 232.251 s.
13. C. urb., art. R. 431-31-2.
14. C. urb., art. R. 431-31-2.
15. C. urb., art. R. 431-31-3.
16. V. s[s] n°s 364.05 s.
17. C. urb., art. R. 431-32.

construction projetée[1]. Ces dispositions n'imposent pas que la servitude ait été établie et soit entrée en vigueur avant que le permis de construire ne soit délivré[2].

À titre d'exemple, satisfait à ces exigences une attestation établie par un notaire selon laquelle il existe une promesse de vente, qu'il y a lieu, dans le cadre de cette promesse de vente, de constituer une convention de cours communes, qu'il est confirmé à ce notaire l'accord des propriétaires du terrain pour constituer cette convention de cours communes, et que cette convention sera réitérée en la forme authentique au plus tard à l'acquisition du terrain par le pétitionnaire[3].

361.302 Projet subordonné à un transfert de constructibilité. Lorsque l'édification des constructions est subordonnée, en application de l'article L. 151-25[4], à un transfert des possibilités de construction, la demande est accompagnée des contrats ayant procédé à ces transferts[5].

j.
Autres documents requis en raison de la localisation du projet en application du code de l'urbanisme

361.311 Agrément relatif à l'implantation des services, établissements et entreprises. Le dossier joint à la demande de permis de construire comprend l'agrément prévu à l'article L. 510-1[6], lorsqu'il est exigé[7].

361.312 Notice relative à l'activité économique qui doit être exercée dans le bâtiment (littoral). Le dossier joint à la demande de permis de construire comprend une notice précisant l'activité économique qui doit être exercée dans le bâtiment et justifiant, s'il y a lieu, que cette activité répond aux critères définis par l'article R. 121-5[8], lorsque la demande concerne un projet de construction visé au 4° de cet article et situé dans un espace remarquable ou dans un milieu à préserver d'une commune littorale[9].

361.313 Étude de sécurité publique. Le dossier joint à la demande de permis de construire comprend l'étude de sécurité publique, lorsqu'elle est exigée en application des articles R. 114-1 et R. 114-2[10].

361.314 Bilan de la concertation. Le dossier joint à la demande de permis de construire comprend le bilan de la concertation réalisée en application de l'article L. 300-2[11] et le document établi en application de l'article R. 300-1 par le maître d'ouvrage pour expliquer les conséquences qu'il a tirées de ce bilan[12].

k.
Autres documents requis en raison de la localisation du projet en application du code de l'environnement

361.321 Évaluation environnementale. Le dossier joint à la demande de permis de construire comprend[13] :

– l'étude d'impact ou la décision de l'autorité chargée de l'examen au cas par cas dispensant le projet d'évaluation environnementale ;

– ou, lorsqu'il s'agit d'une ICPE pour laquelle une demande d'enregistrement a été déposée en application de l'article L. 512-7 du même code, le récépissé de la demande d'enregistrement.

L'autorité compétente pour délivrer l'autorisation d'urbanisme vérifie que le projet qui lui est soumis est conforme aux mesures et caractéristiques qui ont justifié la décision de l'autorité chargée de l'examen au cas par cas de ne pas le soumettre à évaluation environnementale[14].

Le projet de construction existant sur une parcelle adjacente au terrain d'assiette du projet pour lequel le permis de construire est sollicité ne peut être pris en compte, pour déterminer s'il y a lieu de joindre une étude d'impact au dossier de demande, que s'il existe entre eux des liens de nature à caractériser le fractionnement d'un projet unique et non au seul motif qu'ils s'inscrivent dans le projet d'urbanisation de la zone tel qu'il ressort du PLU[15].

361.322 Étude d'impact actualisée. Le dossier joint à la demande de permis de construire comprend l'étude d'impact ou la décision de l'autorité chargée de l'examen au cas par cas dispensant le projet d'évaluation environnementale ou, lorsqu'il s'agit d'une ICPE pour laquelle une demande d'enregistrement a été déposée en application de l'article L. 512-7 du même code, le récépissé de la demande d'enregistrement.

L'autorité compétente pour délivrer l'autorisation d'urbanisme vérifie que le projet qui lui est sou-

1. CE 16 oct. 2017, *Sté civile de construction vente (SCCV) du 109-131 avenue Gambetta à Bagnolet*, req. n° 401706, *Lebon T.* ; *BJDU* 2018. 22, concl. G. Odinet ; *BJDU* 2018. 25, obs. J. Tremeau ; – dans le même sens : CE 21 oct. 2019, *Sté OGIC*, req. n° 419647, NP.
2. CE 16 oct. 2017, *Sté civile de construction vente (SCCV) du 109-131 avenue Gambetta à Bagnolet*, req. n° 401706.
3. CE 21 oct. 2019, *Sté OGIC*, req. n° 419647, NP.
4. V. ss nos 231.841 s.
5. C. urb., art. R. 431-33.
6. V. ss nos 161.11 s.
7. C. urb., art. R. 431-16, g.
8. V. ss n° 123.255.
9. C. urb., art. R. 431-16, h.
10. V. ss nos 512.31 s. – C. urb., art. R. 431-16, i.
11. V. ss nos 512.261 s.
12. V. ss n° 512.292. – C. urb., art. R. 431-16, m.
13. C. urb., art. R. 431-16, a ; mod. par décr. n° 2022-422, 25 mars 2022.
14. C. urb., art. R. 431-16, a.
15. CE 1er févr. 2021, *Sté Le Castellet-Faremberts*, req. n° 429790, *Lebon T.* ; *Dr. env.* mars 2021, n° 298, p. 120, concl. S. Hoynck ; *Constr.-Urb.* 2021, comm. 29, note L. Santoni ; *BJDU* 2021. 174, concl.

mis est conforme aux mesures et caractéristiques qui ont justifié la décision de l'autorité chargée de l'examen au cas par cas de ne pas le soumettre à évaluation environnementale[1].

361.323 Incidences du projet sur un site Natura 2000. Le dossier joint à la demande de permis de construire comprend le dossier d'évaluation des incidences du projet sur un site Natura 2000 prévu à l'article R. 414-23 du code de l'environnement, dans le cas où le projet doit faire l'objet d'une telle évaluation en application de l'article L. 414-4 de ce code[2].

Toutefois, lorsque le dossier de demande comporte une étude d'impact, cette étude tient lieu de dossier d'évaluation des incidences Natura 2000 si elle satisfait aux prescriptions de l'article R. 414-23 du code de l'environnement, conformément aux dispositions prévues à l'article R. 414-22 de ce code[3].

361.324 Attestation de conformité à un PPR. Lorsque la construction projetée est subordonnée par un PPR (plan de prévention des risques naturels prévisibles ou plan de prévention des risques miniers approuvés, ou rendus immédiatement opposables en application de l'article L. 562-2 du code de l'environnement, ou plan de prévention des risques technologiques approuvé) à la réalisation d'une étude préalable permettant d'en déterminer les conditions de réalisation, d'utilisation ou d'exploitation, le dossier joint à la demande de permis de construire comprend une attestation établie par l'architecte du projet ou par un expert certifiant la réalisation de cette étude et constatant que le projet prend en compte ces conditions au stade de la conception[4].

Il appartient au juge, saisi d'un moyen tiré de la méconnaissance de ces dispositions, de s'assurer de la production, par le pétitionnaire, d'un document établi par l'architecte du projet ou par un expert attestant qu'une étude a été menée conformément aux exigences de la règlementation et que ses résultats ont été pris en compte au stade de la conception du projet. Il ne saurait en revanche dans ce cadre porter une appréciation sur le contenu de l'étude et son caractère suffisant au regard des exigences des plans de prévention des risques qui en imposent la réalisation[5].

361.325 Analyse de compatibilité du projet avec une canalisation de transport (ERP et IGH). Dans le cas d'un projet de construction ou extension d'un établissement recevant du public de plus de 100 personnes ou d'un immeuble de grande hauteur à proximité d'une canalisation de transport, dans la zone de dangers définie au premier tiret du b de l'article R. 555-30 du code de l'environnement, le dossier joint à la demande de permis de construire comprend l'analyse de compatibilité du projet avec la canalisation du point de vue de la sécurité des personnes prévue à l'article R. 555-31 du même code[6].

361.326 Attestation de dépollution des sols. Dans le cas prévu par l'article L. 556-1 du code de l'environnement (dépollution d'un terrain siège d'une ICPE en vue d'un changement d'usage de celui-ci), le dossier joint à la demande de permis de construire comprend un document établi par un bureau d'études certifié dans le domaine des sites et sols pollués, ou équivalent, attestant que les mesures de gestion de la pollution au regard du nouvel usage du terrain projeté ont été prises en compte dans la conception du projet[7].

Lorsque le projet est situé dans un secteur d'information sur les sols et dans les cas et conditions prévus par l'article L. 556-2 du code de l'environnement, le dossier joint à la demande de permis de construire comprend une attestation établie par un bureau d'études certifié dans le domaine des sites et sols pollués, ou équivalent, garantissant la réalisation d'une étude de sols et sa prise en compte dans la conception du projet de construction[8].

I.
Autres documents requis en raison de la localisation du projet en application d'autres codes (CCH, CGCT, CSI, code de l'énergie)

361.331 Conformité de l'assainissement individuel. Le dossier joint à la demande de permis de construire comprend le document attestant de la conformité du projet d'installation d'assainissement non collectif au regard des prescriptions réglementaires, prévu au 1° du III de l'article L. 2224-8 du CGCT, dans le cas où le projet est accompagné de la réalisation ou de la réhabilitation d'une telle installation[9].

361.332 Avis sur la prise en compte des règles parasismiques. Le dossier joint à la demande de permis de construire comprend l'attestation relative au respect des règles de construction parasismique au stade de la conception telle que définie à l'article R. 122-36 du CCH[10].

Ce document atteste que le contrôleur technique qui l'a établi a fait connaître au maître d'ouvrage, dans le cadre de la mission de contrôle technique

1. C. urb., art. R. 431-16, b.
2. C. urb., art. R. 431-16, c.
3. C. urb., art. R. 431-16, c.
4. C. urb., art. R. 431-16, f.
5. CE 25 oct. 2018, *Montreuil (Cne)*, req. n° 412542, *Lebon T.* ; *BJDU* 2019. 114, concl. S. Roussel.
6. C. urb., art. R. 431-16, k.
7. C. urb., art. R. 431-16, n.
8. C. urb., art. R. 431-16, o.
9. C. urb., art. R. 431-16, d.
10. C. urb., art. R. 431-16, e.

qui lui a été confiée, son avis sur la prise en compte dans le projet établi en phase de dépôt du permis de construire, des règles parasismiques prévues par le décret du 14 mai 1991 [1] modifié et ses arrêtés d'application [2]. Cette attestation est établie conformément au modèle annexé à l'article A. 431-10 [3].

Pour permettre l'établissement de l'attestation mentionnée à l'article A. 431-10, le maître d'ouvrage remet au contrôleur technique qu'il a choisi les éléments suivants [4] :

- le projet de construction en phase de dépôt du permis de construire (a) ;
- les éléments géotechniques faisant apparaître la ou les classes de sols et le site sismique (b) ;
- les informations permettant le classement de l'ouvrage en catégorie au sens de la réglementation parasismique applicable (c) ;
- une notice explicative portant sur le cheminement des charges verticales et horizontales et sur le principe de fondations et de soutènement (d).

361.333 **Performances énergétiques.** Le dossier joint à la demande de permis de construire comprend [5] :

- l'attestation de respect des exigences de performance énergétique et environnementale, lorsqu'elle est exigée en application de l'article R. 122-24-1 du CCH ;
- ou l'attestation de respect de la réglementation thermique, lorsqu'elle est exigée en application de l'article R. 122-22 du même code.

361.334 **Récépissé de transmission du dossier (bâtiment comportant un lieu sécurisé pour le transport de fonds).** Le dossier joint à la demande de permis de construire comprend le récépissé de transmission du dossier à la commission départementale de la sécurité des transports de fonds, lors de la construction d'un bâtiment comportant un lieu sécurisé [6] pour le véhicule des transports de fonds [7].

361.335 **Nombre de logements familiaux pour une demande portant sur une opération de construction d'immeuble collectif dans une commune carencée en logements sociaux.** Lorsque la demande de permis de construire porte sur une opération de construction d'immeuble collectif de plus de 12 logements ou de plus de 800 mètres carrés de surface de plancher, située dans une commune faisant l'objet d'un arrêté de carence au titre l'article L. 302-9-1 du CCH, et en l'absence de dérogation préfectorale mentionnée à l'article L. 111-24 du code de l'urbanisme, le dossier de demande est complété par un tableau indiquant le nombre de logements familiaux et la part de ces logements familiaux correspondant à des logements locatifs sociaux définis à l'article L. 302-5 du CCH hors logements financés avec un prêt locatif social [8].

361.336 **Réseau de chaleur ou de froid (dérogation à l'obligation de raccordement).** Lorsque le projet est soumis à l'obligation de raccordement à un réseau de chaleur et de froid prévue à l'article L. 712-3 du code de l'énergie, le dossier de demande est complété par la décision prise, le cas échéant, sur la demande de dérogation dans les conditions prévues par ce même article [9].

361.337 **Absence d'installation d'un système de production d'énergies renouvelables ou de végétalisation.** Le dossier comprend, le cas échéant, l'attestation prévue à l'article R. 171-35 du CCH ou l'attestation mentionnée à l'article R. 111-25-19 du code de l'urbanisme [10].

m.
Autres documents requis en application de législations non codifiées

361.341 **Permis d'innover.** Lorsque le projet a fait l'objet d'une demande de dérogation au titre du permis d'innover [11], le dossier joint à la demande de permis de construire comprend la décision prise sur cette demande, selon les modalités fixées par le décret du 10 mai 2017 [12] portant expérimentation en matière de construction [13].

3°
Les pièces complémentaires sont produites sous la responsabilité du pétitionnaire

361.351 **Responsabilité du demandeur.** Les pièces complémentaires prévues aux articles R. 431-13 à R. 431-33-1 sont fournies sous l'entière responsabilité des demandeurs [14].

1. Décr. n° 91-461, 14 mai 1991 relatif à la prévention du risque sismique, *JO* 17 mai, p. 6550.
2. C. urb., art. A. 431-10, al. 1er.
3. C. urb., art. A. 431-10, al. 2 – voir : Arr. 10 sept. 2007 relatif aux attestations de prise en compte des règles de construction parasismique à fournir lors du dépôt d'une demande de permis de construire et avec la déclaration d'achèvement de travaux, annexe, NOR : DEVU0765272A.
4. C. urb., art. A. 431-11.
5. C. urb., art. R. 431-16, j.
6. Défini à l'article R. 613-28 du CSI.
7. C. urb., art. R. 431-16, l.
8. C. urb., art. R. 431-16-3.
9. C. urb., art. R. 431-16, q.
10. C. urb., art. R. 431-16, r.
11. Sur le permis d'innover, v. ss nos 363.171 s.
12. Décr. n° 2017-1044, 10 mai 2017 portant expérimentation en matière de construction, *JO* 11 mai, n° 210.
13. C. urb., art. R. 431-16, p.
14. C. urb., art. R. 431-33-2.

C.
Engagement au respect des règles du CCH

361.361 Attestation du demandeur sur la connaissance des règles du CCH et l'obligation de les respecter. La demande de permis de construire comporte l'engagement de respecter les règles d'accessibilité fixées par le CCH[1].

Il s'agit d'un simple engagement, le principe d'indépendance des législations interdisant à l'autorité compétente en matière d'urbanisme de se prononcer sur le respect des règles du CCH[2].

D.
Informations demandées en vue de l'établissement de statistiques

361.371 Informations concernées. En vue de la collecte des informations statistiques, la demande précise, s'il y a lieu, les éléments suivants[3] :

– le nombre de logements créés ou démolis, répartis en fonction du nombre de pièces, du type de financement et de leur caractère individuel ou collectif (a) ;

– le mode d'utilisation principale envisagée pour les logements créés (b) ;

– le nombre de niveaux du bâtiment le plus élevé, au-dessous et au-dessus du sol (c) ;

– le type d'annexe (d) ;

– le type de travaux si le projet porte sur une construction existante (e) ;

– la catégorie de résidence prévue et le nombre de chambres (f) ;

– la destination et la sous-destination en cas de réalisation au bénéfice d'un service public ou d'intérêt collectif (g).

Les données ainsi collectées permettent de réaliser des projections, de percevoir des évolutions et ainsi de mieux anticiper les besoins, notamment en termes de création d'équipements collectifs (crèches, écoles).

E.
Informations relatives à l'aménagement intérieur des immeubles de logements collectifs

361.381 Possibilité pour le maire de demander le plan intérieur de l'immeuble. Lorsque le projet porte sur la construction de logements collectifs, le dossier joint à la demande de permis de construire comprend, si le maire en a fait la demande, le plan intérieur de l'immeuble[4].

§ 3
Formulaire de permis de construire et bordereau des pièces jointes

361.391 Formulaires de demande de permis et de déclaration des éléments nécessaires aux impositions. La demande de permis de construire est établie conformément à un formulaire[5] :

– le formulaire CERFA 13406 lorsque la demande porte sur une maison individuelle ou ses annexes (a) ;

– le formulaire CERFA 13409 lorsque la demande porte sur une construction autre qu'une maison individuelle ou ses annexes (b).

361.392 Bordereau de pièces jointes. Le demandeur annexe à la demande de permis de construire un bordereau de dépôt identifiant celles des pièces qui sont jointes à la demande[6].

Ce bordereau est établi conformément au modèle annexé au formulaire de demande de permis[7].

361.393 Où se procurer les modèles ? Les modèles de formulaires, de bordereaux de dépôt des pièces jointes et de récépissés[8] :

– peuvent être obtenus auprès des mairies ou des services départementaux de l'État chargés de l'urbanisme ;

– et sont disponibles sur le site internet officiel de l'administration française : http://www.service-public.fr/

SECTION 3
APPRÉCIATION DE LA RÉGULARITÉ DU DOSSIER DE DEMANDE DE PERMIS

361.401 Exigence de statuer au vu d'un dossier complet. Il appartient à l'autorité compétente de statuer au vu d'un dossier complet[9].

1. V. s^s n° 342.162.
2. V. s^s n° 342.161.
3. C. urb., art. R. 431-34.
4. C. urb., art. R. 431-34-1 ; L. 423-1, al. 4.
5. C. urb., art. A. 431-4, al. 1er à 3 ; article adopté sur le fondement des articles R. 434-1 et R. 434-2 du code de l'urbanisme. Des formulaires spécifiques sont prévus pour les demandes de modification de permis (v. s^s n° 352.81) et de transfert de permis (v. s^s n° 352.21).
6. C. urb., art. A. 431-5.
7. C. urb., art. A. 431-5 – Sur les formulaires de demandes, mentionnés à l'article A. 431-4, v. s^s n° 361.392.
8. C. urb., art. A. 434-1.
9. V. s^s n°s 343.11 s.

CHAPITRE

362. Dossier de déclaration préalable portant sur une construction

SECTION 0

ORIENTEUR

362.00 **Sommaire du chapitre.**

362.01 **Textes applicables.**

• **C. urb.**

art. R. 431-35 s.

art. A. 431-1 s.

362.03 **Bibliographie indicative.**

Encyclopédies. *DP constr.-urb., ét.* : « Déclaration préalable ».

Traité. N. Baillon, *Traité du permis de construire*, 6e éd., « Référence juridique », Le Moniteur, 2017.

Monographies. Ph. Boulisset, S. Cardi, S. Consalvi, R. Thielé, *Permis de construire 2021-2022 : permis de démolir, permis d'aménager, déclaration préalable*, 3e éd., « Encyclopédie Delmas pour la vie des affaires », Delmas, 2021 – V. Lachaut-Dana, *Permis de construire et autorisations d'urbanisme : études préalables, délivrance, mise en œuvre*, 2e éd., « Pratique du droit », Le Moniteur, 2019 – C. Mialot et F. Ehrenfeld, *Le permis de construire et autres autorisations d'urbanisme*, « Les indispensables », Berger-Levrault, 2018.

SECTION 1

LA DÉCLARATION PRÉALABLE ET LES PIÈCES JOINTES

§ 1

La déclaration préalable

A.

Pièces et informations exigées

362.11 **Informations sur le pétitionnaire et le terrain.** La déclaration préalable précise l'identité du ou des déclarants, qui comprend [1] :

– son numéro SIRET lorsqu'il s'agit d'une personne morale en bénéficiant ;

– et sa date de naissance lorsqu'il s'agit d'une personne physique.

La déclaration préalable précise également la localisation et la superficie du ou des terrains [2].

362.12 **Informations sur les travaux.** La déclaration préalable précise :

– la nature des travaux ou du changement de destination [3] ;

– s'il y a lieu, la surface de plancher et la destination et la sous-destination des constructions projetées définies aux articles R. 151-27 et R. 151-28 [4].

1. C. urb., art. R. 431-35, a.
2. C. urb., art. R. 431-35, b.
3. C. urb., art. R. 431-35, c.
4. C. urb., art. R. 431-35, d – Sur les destinations et sous-destinations, v. ss nos 322.161 s.

362.13 Articulation avec des législations extérieures. La déclaration préalable précise, s'il y a lieu[1] :

- que les travaux portent sur une installation, un ouvrage, des travaux ou une activité soumis à déclaration en application de la section 1 du chapitre IV du titre Ier du livre II du code de l'environnement (f).

- que les travaux portent sur un projet soumis à autorisation environnementale en application de l'article L. 181-1 du code de l'environnement (g) ;

- que les travaux doivent faire l'objet d'une dérogation au titre du 4° de l'article L. 411-2 du code de l'environnement (h) ;

- s'il y a lieu, les demandes d'autorisation et les déclarations dont le projet a déjà fait l'objet au titre d'une autre législation que celle du code de l'urbanisme (i) ;

- s'il y a lieu, que le projet est soumis à l'obligation de raccordement à un réseau de chaleur ou de froid prévue à l'article L. 712-3 du code de l'énergie (j) ;

- lorsque le projet porte sur un ouvrage de production d'électricité à partir de l'énergie solaire installé sur le sol, sa puissance crête ainsi que la destination principale de l'énergie produite (k) ;

- que les travaux portent sur un projet relevant du II de l'article L. 171-4 du CCH (l).

362.14 Attestation que le pétitionnaire remplit la qualité pour déposer la demande de permis. La déclaration comporte l'attestation du ou des déclarants qu'ils remplissent les conditions définies à l'article R. 423-1 pour déposer une déclaration préalable[2].

B.
Caractère limitatif des pièces et informations exigées dans la déclaration préalable

362.21 Caractère limitatif. Aucune autre information ou pièce que celles mentionnées à l'article R. 431-35 ne peut être exigée par l'autorité compétente[3].

Notamment, le principe de précaution garanti par l'article 5 de la Charte de l'environnement ne permet pas, par lui-même, au maire d'exiger à l'appui d'une déclaration préalable de travaux la production de documents non prévus par les textes législatifs et réglementaires en vigueur[4].

§ 2
Le dossier joint à la déclaration préalable

A.
Informations générales et pièces systématiquement exigées

362.30 Plans. Le dossier joint à la déclaration comprend :

– un plan permettant de connaître la situation du terrain à l'intérieur de la commune[5] ;

– un plan de masse coté dans les trois dimensions lorsque le projet a pour effet de créer une construction ou de modifier le volume d'une construction existante[6].

Chacun de ces plans doit préciser son échelle (traduite en échelle graphique pour le plan de masse) et l'orientation du terrain par rapport au nord[7].

362.31 Aspect extérieur de la construction. Le dossier joint à la déclaration comprend une représentation de l'aspect extérieur de la construction faisant apparaître les modifications projetées et si le projet a pour effet de modifier celui-ci[8].

B.
Pièces exigées dans certains cas de figure

362.41 Justificatif de dépôt de la demande en cas de construction susceptible de constituer un obstacle à la navigation aérienne. Le dossier joint à la déclaration comprend le justificatif de dépôt de la demande d'autorisation prévue à l'article R. 244-1 du code de l'aviation civile lorsque le projet porte sur une construction susceptible, en raison de son emplacement et de sa hauteur, de constituer un obstacle à la navigation aérienne[9].

362.42 Documents graphiques et photographiques (lorsque le projet est visible depuis l'espace public ou situé dans le périmètre d'un site remarquable ou aux abords d'un monument historique). Lorsque la déclaration porte sur un projet de création ou de modification d'une construction et que ce projet est visible depuis l'espace public ou que ce projet est situé dans le périmètre d'un site patrimonial remarquable ou dans les abords des monuments historiques, le dossier comprend les docu-

1. C. urb., art. R. 431-35, pts f à l.
2. C. urb., art. R. 431-35, avant dernier al. – Sur cette qualité, v. ss nos 331.11 s.
3. C. urb., art. R. 431-35, dernier al. – Il en va de même pour la demande de permis de construire. Sur ce principe, et les conséquences qui en résultent, v. ss no 361.62.
4. CE 21 oct. 2013, *SA Orange France*, req. no 360481, *Lebon T.* ; *BJCL* 2013. 808, concl. B. Bourgeois-Machureau ; *Constr.-Urb.* 2013, comm. 166, note X. Couton.
5. C. urb., art. R. 431-36, a.
6. C. urb., art. R. 431-36, b.
7. C. urb., art. A. 431-9, al. 5.
8. C. urb., art. R. 431-36, c.
9. C. urb., art. R. 431-36, d.

ments mentionnés aux c et d de l'article R. 431-10[1], c'est-à-dire :

- un document graphique[2] ;
- et deux documents photographiques[3].

362.43 Agrivoltaïsme et installations compatibles. Lorsque la demande porte sur une installation prévue à l'article L. 111-28[4] et L. 111-29[5] du code de l'urbanisme ou à l'article L. 314-36 du code de l'énergie[6], le dossier joint à la déclaration est complété, selon les cas, par l'un des documents mentionnés au I, au II ou au III de l'article R. 431-27[7].

Ce dossier comprend, en outre, les éléments prévus au 1° de l'article R. 431-8[8].

362.44 Document graphique faisant apparaître l'état initial et l'état futur d'un immeuble protégé par un PSMV. Le dossier joint à la déclaration comprend un document graphique faisant apparaître l'état initial et l'état futur de chacun des éléments ou parties faisant l'objet des travaux lorsque la déclaration porte[9] :

- sur des travaux susceptibles de modifier l'état des éléments d'architecture et de décoration, immeubles par nature ou effets mobiliers attachés à perpétuelle demeure au sens des articles 524 et 525 du code civil, lorsque ces éléments, situés à l'extérieur ou à l'intérieur d'un immeuble, sont protégés par un plan de sauvegarde et de mise en valeur ;
- pendant la phase de mise à l'étude de ce plan, sur des travaux susceptibles de modifier les parties intérieures du bâti.

362.45 Autres pièces. Le dossier joint à la déclaration préalable est complété, s'il y a lieu, par les documents mentionnés[10] :

- aux a et b de l'article R. 431-10 (plan des façades et des toitures[11], et plan en coupe[12]) ;
- à l'article R. 431-14 (indication des matériaux utilisés et des modalités d'exécution des travaux[13]) ;
- aux a, b, c, g, q et r de l'article R. 431-16 (étude d'impact ou dispense d'évaluation environnementale[14], étude d'impact actualisée[15], évaluation Natura 2000[16], agrément relatif à l'implantation des services, établissements et entreprises[17], dérogation à l'obligation de raccordement au réseau de chaleur ou de froid[18] ; attestation relative à l'absence d'installation d'un système de production d'énergies renouvelables ou de végétalisation[19]) ;
- à l'article R. 431-18 (attestation que la construction fait preuve d'exemplarité énergétique ou d'exemplarité environnementale ou est à énergie positive[20]) ;
- à l'article R. 431-18-1 (engagement à respecter les règles sur les systèmes de production d'énergie renouvelable[21]) ;
- à l'article R. 431-21 (autorisation de démolir)[22] ;
- à l'article R. 431-23-2 (extrait de la convention de PUP)[23] ;
- à l'article R. 431-25 (valeur de la construction par rapport au seuil minimal de densité[24]) ;
- aux articles R. 431-31 à R. 431-33 (dérogation aux règles sur l'accessibilité du logement à des personnes handicapées[25] ; dérogations à l'occasion d'un projet de surélévation d'immeuble[26] ; dérogation aux règles du PLU[27] ; contrats ou décisions judiciaires relatifs à l'institution des servitudes de cours communes[28] ; contrats ayant procédé aux transferts de constructibilité[29]) ;
- à l'article R. 431-34-1 (plan intérieur de l'immeuble[30]).

C.

Caractère limitatif des pièces exigées, fournies sous la responsabilité du pétitionnaire

362.51 Caractère limitatif des pièces exigées dans le dossier. Aucune autre information ou pièce que celles mentionnées à l'article R. 431-36 ne peut être exigée par l'autorité compétente[31]. Il en va de même pour le formulaire[32].

1. C. urb., art. R. 431-36, al. 9.
2. V. s[s] n°s 361.121 s.
3. V. s[s] n° 361.131.
4. V. s[s] n° 119.32.
5. V. s[s] n°s 119.51 et s.
6. V. s[s] n°s 119.21 et s.
7. C. urb, art. R. 431-36, al. 7 ; créé par décr. n° 2024-318, 8 avr. 2024.
8. C. urb, art. R. 431-36, al. 7. Sur ces éléments, v. s[s] n° 361.101.
9. C. urb., art. R. 431-37.
10. C. urb., art. R. 431-36, al. 6 ; mod. par décr. n° 2024-318, 8 avr. 2024.
11. V. s[s] n° 361.112.
12. V. s[s] n° 361.113.
13. V. s[s] n° 361.151.
14. V. s[s] n° 361.322.
15. V. s[s] n° 361.322.
16. V. s[s] n° 361.322.
17. V. s[s] n° 361.311.
18. V. s[s] n° 361.322.
19. V. s[s] n° 361.337.
20. V. s[s] n° 361.231.
21. V. s[s] n° 361.232.
22. V. s[s] n° 361.251.
23. V. s[s] n° 361.194.
24. V. s[s] n° 361.201.
25. V. s[s] n° 361.291.
26. V. s[s] n° 361.292.
27. V. s[s] n° 361.293.
28. V. s[s] n° 361.301.
29. V. s[s] n° 361.302.
30. V. s[s] n° 361.381.
31. C. urb., art. R. 431-36, dernier al.
32. V. s[s] n° 362.21.

362.52 Pièces fournies sous la responsabilité du pétitionnaire. Les pièces sont fournies sous l'entière responsabilité des demandeurs[1].

SECTION 2

FORMULAIRES DE DÉCLARATION PRÉALABLE PORTANT SUR DES TRAVAUX

362.61 Deux types de formulaires. Le code distingue deux types de formulaires[2] pour les déclarations préalables portant sur des constructions[3] :

– un formulaire simple en principe ;

– un formulaire général pour les projets plus complexes.

362.62 Formulaire simple. Le formulaire simple peut être utilisé pour les travaux soumis à déclaration préalable portant sur une maison individuelle ou ses annexes[4].

Ce formulaire porte le numéro Cerfa 13703[5].

362.63 Formulaire général. Les autres projets soumis à déclaration préalable portant sur des projets de construction sont établis conformément au formulaire général[6].

Ce formulaire porte le numéro Cerfa 13404[7].

362.64 Pièces jointes à la déclaration. Les formulaires comportent en annexe un bordereau de dépôt identifiant celles des pièces qui sont jointes à la déclaration[8].

362.65 Récépissé de déclaration préalable. Le récépissé de déclaration préalable portant sur un projet de construction est établi conformément au modèle joint au formulaire mentionné à l'article A. 431-1 (formulaire simple ou formulaire général)[9].

362.66 Où se procurer les modèles ? Les modèles de formulaires, de bordereaux de dépôt des pièces jointes et de récépissés[10] :

– peuvent être obtenus auprès des mairies ou des services départementaux de l'État chargés de l'urbanisme ;

– et sont disponibles sur le site internet officiel de l'administration française : http://www.service-public.fr/

SECTION 3

APPRÉCIATION DE LA RÉGULARITÉ DU DOSSIER DE DÉCLARATION PRÉALABLE

362.71 Exigence de statuer au vu d'un dossier complet. Il appartient à l'autorité compétente de statuer au vu d'un dossier complet[11].

1. C. urb., art. R. 421-36, al. 7.
2. Adoptés sur le fondement des articles R. 434-1 et R. 434-2 du code de l'urbanisme.
3. Pour les modèles de déclaration préalable portant sur des aménagements, v. ss no 371.271.
4. C. urb., art. A. 431-1, al. 2.
5. C. urb., art. A. 431-1, al. 2.
6. C. urb., art. A. 431-1, al. 1er.
7. Après la réforme des autorisations d'urbanisme de 2005-2007, il constituait l'unique formulaire prévu pour les déclarations préalables portant sur des constructions. Toutefois, son caractère détaillé aboutissait à des instructions longues car les pétitionnaires rencontraient des difficultés pour remplir certaines rubriques, obligeant les services instructeurs à leur demander des précisions. Cette situation a conduit à créer le formulaire simplifié pour les travaux portant sur une maison individuelle (v. ss no 362.62).
8. C. urb., art. A. 431-2.
9. C. urb., art. A. 431-3.
10. C. urb., art. A. 434-1.
11. V. ss nos 343.11 s.

CHAPITRE

363. Permis de construire particuliers (précaire, saisonnier, de régularisation, à double état, d'innover)

SECTION 0
ORIENTEUR

363.00 Sommaire du chapitre.

363.01 Textes applicables.

> Permis saisonnier

• **C. urb.,** art. L. 432-1 s.

> Permis précaire

• **C. urb.**

art. L. 433-1 s.

art. R. 433-1

363.03 Bibliographie indicative.

Encyclopédies. *DP constr.-urb., ét.* : « Permis de construire » – *J.-Cl. Constr.-Urb.*, fasc. 25-26 : « Permis de construire. – Régimes spéciaux », par G. Liet-Veaux, mai 2007, mis à jour janv. 2008.

Articles. G. Godfrin, « Le nouveau régime du permis précaire est entré en vigueur », *Constr.-Urb.* 2006, comm. 227 – H. Périnet-Marquet, « Permis précaire ou permis dérogatoire ? », *Constr.-Urb.* 2006, ét. nº 21 – S. Marie, « Le permis à double état : la première pierre à la construction d'un régime de la réversibilité des usages des bâtiments ? », *RDI* 2020. 129 – L. Cassignard et D. Lasaygues, « La réalisation du Village olympique et paralympique. L'ingénierie notariale au service d'une opération d'aménagement atypique », *JCP N* 2024, nº 1096.

Traité. N. Baillon, *Traité du permis de construire*, 6ᵉ éd., « Référence juridique », Le Moniteur, 2017.

Monographies. Ph. Boulisset, S. Cardi, S. Consalvi, R. Thielé, *Permis de construire 2021-2022 : permis de démolir, permis d'aménager, déclaration préalable*, 3ᵉ éd., « Encyclopédie Delmas pour la vie des affaires », Delmas, 2021 – V. Lachaut-Dana, *Permis de construire et autorisations d'urbanisme : études préalables, délivrance, mise en œuvre*, 2ᵉ éd., « Pratique du droit », Le Moniteur, 2019 – C. Mialot et F. Ehrenfeld, *Le permis de construire et autres autorisations d'urbanisme*, « Les indispensables », Berger-Levrault, 2018.

363.04 Question essentielle.

> Un permis de régularisation peut-il porter sur une construction achevée ?

* V. s[s] n°s 363.141 s.

363.05 Quatre types. À côté du permis de construire de droit commun[1], il existe quatre types de permis de construire particuliers :

- le permis saisonnier ;
- le permis précaire ;
- le permis de régularisation ;
- le permis à double état.

SECTION 1
PERMIS SAISONNIER

363.11 Champ d'application du permis saisonnier. Lorsqu'une construction est destinée à être périodiquement démontée et réinstallée, « le permis précise la ou les périodes de l'année pendant lesquelles la construction doit être démontée »[2]. Les mentions d'un permis de construire qui se bornent à indiquer que l'autorisation est délivrée à titre « précaire et révocable » « ne permettent pas de déterminer précisément la période de l'année pendant laquelle la construction devra être démontée » et, par suite, ne satisfont pas aux exigences précitées[3].

Un nouveau permis « n'est pas exigé lors de chaque réinstallation »[4].

Cette forme de permis peut servir par exemple pour :

- l'installation d'un restaurant de plage[5] ;
- la construction d'une halle légère et démontable sur deux courts de tennis existants[6] ;
- la réalisation un bâtiment démontable à usage de restaurant[7] ;
- l'installation de gradins démontables de plein air autour du bassin de Neptune situé dans le domaine de Versailles[8].

363.12 Respect des règles d'urbanisme. Le permis de construire saisonnier est pleinement soumis aux règles et dispositions d'urbanisme. Ainsi, se trouve par exemple entaché d'illégalité le permis saisonnier :

- délivré au vu d'un dossier incomplet[9] ;
- autorisant un bar de plage qui génère des nuisances sonores (violation de l'article R. 111-2)[10].

363.13 Durée de validité du permis saisonnier. Le permis de construire devient caduc dans deux cas de figure :

- si la construction n'est pas démontée à la date fixée par l'autorisation[11] ;
- à l'issue d'un délai que le permis fixe et qui ne peut excéder cinq ans[12].

Si, au terme de ce délai de cinq ans, le permis est renouvelé, les taxes et participations d'urbanisme ne sont pas exigibles[13].

SECTION 2
PERMIS PRÉCAIRE

363.21 Objet. L'objet des dispositions relatives aux permis de construire précaires, figurant aux articles L. 433-1 et suivants du code de l'urbanisme, est d'autoriser, à titre exceptionnel, des constructions temporaires qui, sans respecter l'ensemble de la règlementation d'urbanisme applicable[14] :

- répondent à une nécessité caractérisée, tenant notamment à des motifs d'ordre économique, social, culturel ou d'aménagement ;
- et ne dérogent pas de manière disproportionnée aux règles d'urbanisme applicables eu égard aux caractéristiques du terrain d'assiette, à la nature de la construction et aux motifs rendant nécessaire le projet.

363.22 Constitutionnalité. Le Conseil d'État a estimé non sérieux les moyens d'inconstitutionnalité soulevés, à l'appui d'une QPC, contre les dispositions de l'article L. 433-1 du code de l'urbanisme[15].

1. Qui peut être un permis simple, un permis assorti de prescriptions, un permis accordant des adaptations mineures ou des dérogations (v. s[s] n°s 344.11 s.), un permis pris dans le cas d'opérations soumises à un régime d'autorisation prévu par une autre législation (v. s[s] n°s 344.471 s.) ou encore un permis modificatif (v. s[s] n°s 352.61 s.).
2. C. urb., art. L. 432-1, al. 1er.
3. TA Montpellier, 25 sept. 2008, *S[té] Cristal Palace*, req. n° 0504562, NP.
4. C. urb., art. L. 432-1, al. 2.
5. CE 13 juill. 2011, *SARL Love Beach*, req. n° 320448, *Lebon T.*
6. TA Versailles, 15 mars 2019, *Deltour*, req. n° 1501245, NP.
7. TA Nantes, 13 oct. 2009, *Laniece*, req. n° 076390, NP.
8. TA Versailles, 2 févr. 2009, *Assoc. de sauvegarde du site du bassin de Neptune*, req. n° 0607256, NP.
9. CAA Nantes, 2 déc. 2011, *Batz-sur-Mer (C[ne])*, req. n° 10NT00973, NP.
10. TA Nantes, 16 mars 2010, *Quaggio*, req. n° 084788, NP.
11. PAR EX. : CE 13 juill. 2011, *SARL Love Beach*, req. n° 320448, *Lebon T.* – C. urb., art. L. 432-2, a.
12. C. urb., art. L. 432-2, b.
13. C. urb., art. L. 432-2, al. 4.
14. CE 18 févr. 2015, *Assoc. de valorisation du quartier Paris Maillot Dauphine et a.*, req. n° 385959, *Lebon T.* ; *BJDU* 2015. 180, concl. X. de Lesquen.
15. CE 18 févr. 2015, *Assoc. de valorisation du quartier Paris Maillot Dauphine et a.*, req. n° 385959.

§ 1
Conditions de délivrance du permis précaire

363.31 Une construction soumise à PC ne respectant pas les règles d'urbanisme. Le permis précaire concerne les constructions qui tout à la fois :

- n'entrent pas dans le champ d'application de l'article L. 421-5[1] et L. 421-5-3[2] (constructions dispensées de toute formalité au titre du code de l'urbanisme) ;

- et ne satisfont pas aux exigences fixées par l'article L. 421-6 (c'est-à-dire qu'elles ne sont pas conformes aux règles d'urbanisme[3]) ou, comme le dit la jurisprudence, ne respecte pas « l'ensemble de la règlementation d'urbanisme applicable »[4].

363.32 Une autorisation temporaire et exceptionnelle. Les constructions précitées peuvent « exceptionnellement » être autorisées « à titre précaire »[5].

Ainsi, des constructions normalement interdites en raison de leur localisation (dans la bande littorale par exemple), de leurs dimensions ou de toute autre caractéristique peuvent être admises à titre exceptionnel et de façon temporaire.

Le caractère temporaire résulte notamment de l'obligation de remise en l'état à la fin de la période de validité du permis précaire[6]. Une cour en a déduit que seules peuvent faire l'objet d'un permis précaire « des constructions ayant vocation à être démolies dans un délai relativement bref et selon des procédés n'entraînant pas un coût de démolition excessivement élevé pour le maître de l'ouvrage, au regard de l'utilisation pouvant en être faite et des revenus susceptibles d'en être tirés »[7]. Elle a en conséquence annulé le permis délivré pour la construction d'une déchetterie pour une durée de 12 ans[8].

363.33 Exigences de nécessité et de proportionnalité. Les constructions précitées doivent, selon la jurisprudence[9] :

- répondre « à une nécessité caractérisée », tenant notamment à des motifs d'ordre économique, social, culturel ou d'aménagement ;

- et ne pas déroger « de manière disproportionnée » aux règles d'urbanisme applicables eu égard aux caractéristiques du terrain d'assiette, à la nature de la construction et aux motifs rendant nécessaire le projet.

À titre d'exemple, une société titulaire d'une délégation lui permettant d'occuper le domaine public maritime et d'exploiter, à titre accessoire à l'activité de service public de bains de mer, celle de restauration légère et rapide ne justifie pas d'une nécessité caractérisée l'autorisant à construire, à titre précaire, un restaurant de plein air d'une superficie de 100 m^2 à proximité immédiate du lot concédé, pour optimiser les conditions d'exploitation contraintes de celui-ci en raison de sa configuration particulière[10].

De même, ne satisfait pas à l'exigence de nécessité le permis autorisant l'installation d'un cirque pour une durée de trois ans dans un espace boisé classé[11].

À l'inverse, un permis de construire précaire peut par exemple être délivré pour l'installation de préfabriqués sur un site d'enseignement[12].

§ 2
Règles de forme et de procédure

363.41 Règles applicables aux permis de construire. Le permis précaire est soumis à l'ensemble des conditions prévues par les chapitres II à IV du titre II du livre IV du code de l'urbanisme[13] :

- règles sur la compétence[14] ;

- règles sur le dépôt et l'instruction des demandes de permis[15], ce qui implique de la part du pétitionnaire le dépôt d'une demande de permis précaire[16] ;

- règles sur la décision[17].

1. V. s[s] n°s 321.21 s.
2. V. s[s] n° 321.171.
3. Sur ces exigences, v. s[s] n° 342.11.
4. CE 18 févr. 2015, *Assoc. de valorisation du quartier Paris Maillot Dauphine et a.*, req. n° 385959.
5. C. urb., art. L. 433-1, al. 1er.
6. V. s[s] n° 363.81.
7. CAA Versailles, 13 nov. 2014, *Synd. mixte des Hauts-de-Seine pour l'élimination des ordures ménagères*, req. n° 12VE03098, NP.
8. CAA Versailles, 13 nov. 2014, *Synd. mixte des Hauts-de-Seine pour l'élimination des ordures ménagères*, req. n° 12VE03098, NP.
9. CE 18 févr. 2015, *Assoc. de valorisation du quartier Paris Maillot Dauphine et a.*, req. n° 385959.
10. CAA Marseille, 20 avr. 2015, *S[té] Hôtel Impérial Garoupe*, req. n° 13MA01618, NP (arrêt devenu définitif en l'absence d'admission du pourvoi formé à son encontre : CE 11 mai 2016, req. n° 391218, NP).
11. CAA Paris, 15 mars 2018, *Paris (Ville)*, req. n° 16PA02672, NP.
12. CE 29 nov. 2019, *Pinault*, n° 410689, *Lebon ; JCP Adm.* 2020, n° 2070, chron. O. Le Bot.
13. C. urb., art. L. 433-1, al. 2.
14. V. s[s] n°s 341.05 s.
15. V. s[s] n°s 33.05 s.
16. CAA Versailles, 13 nov. 2014, *Synd. mixte des Hauts-de-Seine pour l'élimination des ordures ménagères*, req. n° 12VE03098, NP : arrêt précisant « que, dans le cas où une construction est exceptionnellement autorisée à titre précaire, le permis de construire est soumis à l'ensemble des conditions prévues par les chapitres II à IV du titre II du présent livre, les dispositions précitées de l'article L. 433-1 du code de l'urbanisme exigent que la demande de permis reste soumise à ces dispositions et donc qu'elle soit instruite selon les règles de formalité et de fond que celles-ci comportent ; qu'il s'ensuit que l'autorisation ne peut être accordée que si, au préalable, le maire a été saisi d'une demande du pétitionnaire en ce sens, alors même qu'il n'existe pas de formulaire CERFA de demande de permis de construire à titre précaire ».
17. V. s[s] n°s 34.00 s.

363.42 **Motivation.** La délivrance d'un permis de construire à titre précaire « nécessite une appréciation au cas par cas qui doit aboutir à la prise d'une décision motivée indiquant expressément les motifs justifiant le caractère exceptionnel de l'autorisation »[1]. En effet, « un tel permis ne peut être accordé qu'après avoir mis en balance, d'un côté, les enjeux propres au secteur où est situé le projet et, de l'autre, l'intérêt et la nécessité de la construction envisagée »[2].

§ 3
Contenu de l'arrêté délivrant un permis précaire

A.
État descriptif des lieux

363.51 **Établissement contradictoire.** L'arrêté accordant le permis de construire prescrit l'établissement aux frais du demandeur et par voie d'expertise contradictoire d'un état descriptif des lieux[3].

B.
Délai d'enlèvement de la construction

363.61 **Fixation d'un délai.** Selon les cas, l'arrêté accordant le permis de construire peut ou doit fixer un délai à l'expiration duquel le pétitionnaire doit enlever la construction autorisée[4].

En principe, la fixation de ce délai présente un caractère facultatif[5].

Toutefois, elle présente un caractère obligatoire dans les secteurs protégés[6], c'est-à-dire dans deux cas de figure :

– d'une part lorsque le terrain d'assiette du projet n'est situé ni dans une zone urbaine, une zone à urbaniser ou un emplacement réservé délimités par un PLU ni dans un secteur constructible délimité par une carte communale[7] ;

– d'autre part lorsque le terrain est situé dans le périmètre d'un site patrimonial remarquable ou dans les abords des monuments historiques ou le périmètre d'une opération de restauration immobilière créé en application des articles L. 313-4 à L. 313-14 du code de l'urbanisme, dans un site inscrit, dans un site classé ou en instance de classement en application des articles L. 341-1 et suivants du code de l'environnement[8].

363.62 **Prolongation du délai.** Une prolongation du délai à l'expiration duquel le pétitionnaire doit enlever la construction autorisée est accordée si les nécessités d'une expérimentation dans le domaine des énergies renouvelables le justifient[9].

§ 4
Effets du permis précaire

A.
Effets du permis précaire pendant sa durée de validité

363.71 **Information des bailleurs et acquéreurs sur le caractère précaire de l'autorisation.** À peine de nullité, tout acte portant vente, location ou constitution de droits réels sur des bâtiments édifiés sur le fondement d'un permis délivré à titre précaire doit mentionner ce caractère précaire[10].

B.
Conséquences de l'expiration de la durée de validité du permis précaire

1°
Conséquences pour le bénéficiaire du permis

363.81 **Enlèvement sans indemnité.** Le bénéficiaire du permis de construire ou son ayant droit doit enlever sans indemnité la construction et remettre, à ses frais, le terrain en l'état :

– à la date fixée par le permis[11] ;

– ou, lorsque la construction est située sur un emplacement réservé ou dans le périmètre d'une déclaration d'utilité publique, à la première demande du bénéficiaire de la réserve ou de l'expropriant[12].

L'obligation d'enlèvement et de remise en état garantit « la préservation des zones non constructibles ou bénéficiant d'une protection particulière »[13].

363.82 **Droit à une indemnité en cas d'enlèvement anticipé.** Si l'arrêté accordant le permis de construire a fixé un délai pour l'enlèvement de la

1. Rép. min. nº 3615, *JO Sénat Q* 25 avr. 2013, p. 1349 – Sur la condition de nécessité, v. s[s] nº 363.33.
2. Rép. min. nº 3615, *JO Sénat Q* 25 avr. 2013, p. 1349.
3. C. urb., art. L. 433-2, al. 1er.
4. PAR EX. : CAA Nantes, 17 janv. 2020, *Carles*, req. nº 19NT00662, NP (permis de construire à titre précaire pour une durée de quinze ans en vue de la construction d'une éolienne sur l'Ile-de-Sein).
5. C. urb., art. L. 433-2, al. 2.
6. C. urb., art. L. 433-2, al. 2.
7. C. urb., art. R. 433-1, a.
8. C. urb., art. R. 433-1, b.
9. C. urb., art. L. 433-2, al. 2.
10. C. urb., art. L. 433-7.
11. PAR EX. : CE 29 nov. 2019, *Pinault*, nº 410689, *Lebon ; JCP Adm.* 2020, nº 2070, chron. O. Le Bot ; – C. urb., art. L. 433-3, a.
12. C. urb., art. L. 433-3, b.
13. Rép. min. nº 3615, *JO Sénat Q* 25 avr. 2013, p. 1349.

construction et si la remise en état intervient à l'initiative de la puissance publique avant l'expiration de ce délai, une indemnité proportionnelle au délai restant à courir est accordée[1].

363.83 Hypothèse d'une acquisition du terrain par une collectivité publique. En cas d'acquisition du terrain d'assiette par l'État, par une collectivité publique ou un établissement public, il n'est pas tenu compte[2] :

- de la valeur des constructions édifiées sur le fondement d'un permis de construire délivré à titre précaire ;
- ni de la valeur ou de l'augmentation de valeur des fonds de commerce ou d'industrie dont ces constructions auraient permis la création, le développement ou la transformation.

Les frais de démolition ou d'enlèvement de la construction sont déduits du prix ou de l'indemnité si la remise en état n'a pas été faite par le bénéficiaire du permis ou son ayant droit avant le transfert de propriété[3].

2°
Conséquences pour les tiers

363.91 Titulaires de droits réels ou de baux. Nonobstant toutes dispositions contraires, les titulaires de droits réels ou de baux de toute nature portant sur des constructions créées ou aménagées sur la base d'un permis précaire ne peuvent prétendre à aucune indemnité de la part de l'autorité qui a fait procéder à la remise en état[4].

Il en est de même des titulaires de droits réels ou de baux de toute nature constitués après l'intervention de l'arrêté du permis de construire sur des bâtiments existant à cette date que le pétitionnaire s'est engagé, lors de la demande de permis de construire, à supprimer dans les mêmes conditions[5].

SECTION 3
PERMIS DE RÉGULARISATION

§ 1
Régularisation d'une construction inachevée

363.101 Objet. Le permis de régularisation constitue un permis modificatif[6] délivré en vue de remédier à un vice dont le permis initial se trouve entaché.

1. C. urb., art. L. 433-4.
2. C. urb., art. L. 433-5, al. 1er.
3. C. urb., art. L. 433-5, al. 2.
4. C. urb., art. L. 433-6, al. 1er.
5. C. urb., art. L. 433-6, al. 2.
6. Sur cette catégorie, v. ss nos 352.61 s.

A.
Régime du permis de régularisation d'une construction inachevée

1°
Conditions et effets

363.110 Renvoi. Le permis de régularisation constituant un permis modificatif, il doit respecter les règles prévues pour la délivrance d'un permis modificatif[7] et produit les effets attachés à un tel permis[8].

363.111 Régularisation non constitutive d'un détournement de pouvoir. La délivrance d'un permis modificatif pour mettre fin à une illégalité entachant le permis initial n'est pas constitutive d'un détournement de pouvoir[9].

2°
Illustrations de l'appréciation portée

363.121 Appréciation au vu du dossier. L'administration, lorsqu'elle est saisie d'une demande de permis de construire aux fins de régularisation d'une construction déjà édifiée, « doit statuer au vu du dossier qui accompagne la demande »[10]. La circonstance que la hauteur d'une maison ne serait pas conforme à celle mentionnée sur les plans au vu desquels le permis a été délivré est sans influence sur la légalité dudit permis[11].

363.122 Absence d'appréciation subjective. Le maire commet une erreur de droit en se fondant, pour refuser d'accorder au pétitionnaire le permis de régularisation que ce dernier avait sollicité sur invitation du juge pénal, sur divers aspects du comportement de l'intéressé regardés comme répréhensibles[12].

363.123 Absence de permis de régularisation si l'état du droit ne le permet pas. L'autorité administrative doit refuser la délivrance d'un permis de régularisation si la demande ne satisfait pas aux règles d'urbanisme applicables.

Tel est le cas lorsque le pétitionnaire a présenté une demande de permis de construire pour régulariser les travaux exécutés sur un bâtiment d'exploitation agricole. Ces travaux consistaient en la trans-

7. V. ss nos 352.71 s.
8. En particulier, v. ss no 352.141.
9. CE 13 juin 1979, *Secrétaire d'État à la culture c/Martin et a.*, req. no 03170, *Lebon*.
10. CE 20 avr. 1988, *Masson et a. c/Thomas (Mlle)*, req. no 64588, NP.
11. CE 20 avr. 1988, *Masson et a. c/Thomas (Mlle)*, req. no 64588, NP.
12. CAA Douai, 5 avr. 2001, *Stéphan Kielbasa c/Préfet de l'Oise*, req. no 97DA02012, NP.

formation de la plus grande partie du bâtiment alors affecté à l'élevage des chevaux, avec stockage de fourrage, de céréales et de matériel agricole en un logement, et ne laissaient subsister de l'ancienne destination qu'un « box de poulinage ». Le maire refuse à bon droit d'accorder le permis sollicité par le motif que les constructions à usage d'habitation n'étant autorisées dans la zone dont il s'agit que si elles sont liées à l'exploitation agricole, la nature et l'importance de l'exploitation ne justifiait pas la création d'un second logement[1].

B. Mise en œuvre et intérêt du permis de régularisation d'une construction inachevée

363.131 En dehors de tout contentieux. En dehors de tout contentieux, la technique du permis de régularisation peut être mise en œuvre par le pétitionnaire s'il s'aperçoit, après la délivrance du permis initial, que celui-ci est entaché d'une irrégularité, notamment parce qu'une formalité n'a pas été accomplie ou qu'une pièce manquait au dossier de demande.

363.132 Au cours d'un contentieux devant le juge administratif. La technique du permis de régularisation peut être mise en œuvre en cours d'instance devant le juge administratif si le pétitionnaire estime que les moyens développés à l'encontre du permis initial s'avèrent sérieux et risquent de conduire à son annulation. Dans un tel cas de figure, il lui est loisible, tant que le juge n'a pas statué, de présenter une demande de régularisation auprès de l'autorité administrative. Si celle-ci fait droit à sa demande et lui délivre, avant que le juge ait statué, un permis modificatif régularisant le permis initial, les moyens dirigés à l'encontre de celui-ci deviennent inopérants[2].

363.133 Au cours d'un contentieux devant le juge pénal. La délivrance d'un permis de régularisation n'exonère pas le contrevenant de sa responsabilité pénale. L'infraction a été matériellement réalisée et, par suite, demeure punissable[3].

En revanche, elle fait obstacle à une mesure de démolition ou de remise en état des lieux[4].

363.134 Après une décision de démolition prise par le juge pénal. Lorsque le juge pénal a ordonné la démolition du bâtiment, il appartient au maire ou au fonctionnaire compétent, de sa propre initiative ou sur la demande d'un tiers « de faire procéder d'office à tous travaux nécessaires à l'exécution de cette décision de justice, sauf si des motifs tenant à la sauvegarde de l'ordre ou de la sécurité publics justifient un refus. En outre, lorsqu'elle est saisie d'une demande d'autorisation d'urbanisme visant à régulariser les travaux dont la démolition, la mise en conformité ou la remise en état a été ordonnée par le juge pénal, l'autorité compétente n'est pas tenue de la rejeter et il lui appartient d'apprécier l'opportunité de délivrer une telle autorisation de régularisation, compte tenu de la nature et de la gravité de l'infraction relevée par le juge pénal, des caractéristiques du projet soumis à son examen et des règles d'urbanisme applicables »[5]. Ainsi, la décision de démolition ordonnée par le juge pénal ne fait pas nécessairement obstacle à la délivrance d'un permis de régularisation. L'autorité administrative peut en effet décider, en fonction des données de l'espèce, de faire droit à une demande de régularisation.

§ 2 Régularisation d'une construction achevée

A. Régularisation par un permis modificatif

363.141 Possibilité offerte uniquement en cas de travaux déclarés non conformes par l'administration. En principe, un permis modificatif ne peut pas être délivré si la construction est achevée[6]. Une exception est néanmoins prévue lorsque l'administration, après la déclaration d'achèvement des travaux adressée par le pétitionnaire, procède à un récolement de ces travaux et, lorsque ceux-ci ne sont pas conformes au permis délivré, met en demeure le maître de l'ouvrage de déposer un dossier modificatif[7]. Dans cette hypothèse, la possibilité de déposer une demande de permis modificatif postérieurement à l'achèvement des travaux n'existe que parce que l'administration elle-même a ordonné à l'intéressé d'y procéder et dans cette seule mesure.

B. Régularisation par un nouveau permis

363.151 Seule possibilité. Si les travaux sont achevés (et sous réserve de l'hypothèse dans laquelle l'administration aurait ordonné à l'intéressé de dépo-

1. CE 22 mars 1991, *Change (C^ne) c/Cosson*, req. n° 103136, NP.
2. V. s^s n° 352.171.
3. V. s^s n° 615.81.
4. V. s^s n° 615.623.
5. CE 13 mars 2019, *Spotbeen*, req. n° 408123, *Lebon T.* ; *BJDU* 2019. 212, concl. L. Dutheillet de Lamothe ; *JCP Adm.* 2019, n° 2180, note L. Seurot.
6. V. s^s n°s 352.91 s.
7. V. s^s n° 353.281.

ser un dossier modificatif[1]), le pétitionnaire n'est pas autorisé à présenter une demande de permis modificatif. Il ne peut donc pas régulariser la construction par ce biais.

Néanmoins, il lui est loisible de présenter une nouvelle demande de permis à cette fin. Ainsi que l'indique le Conseil d'État, « si la construction achevée n'est pas conforme au projet autorisé, le titulaire du permis de construire conserve la faculté, notamment si une action civile tendant à la démolition ou à la mise en conformité de la construction a été engagée, de solliciter la délivrance d'un nouveau permis de construire destiné à la régulariser, qui doit porter sur l'ensemble des éléments de la construction qui ont eu pour effet de modifier le bâtiment tel qu'il avait été initialement approuvé et respecter les règles d'urbanisme en vigueur à la date de son octroi »[2].

SECTION 4
PERMIS À DOUBLE ÉTAT

363.161 État initial (compétition sportive) et état pérenne (après la compétition). Le permis à double état a été mis en œuvre à l'occasion de grandes compétitions sportives. Il autorise deux états successifs pour la construction autorisée :

– un état initial et provisoire durant la compétition sportive (édifier des constructions pour loger les athlètes et accueillir les activités) ;

– un état pérenne et définitif une fois que la compétition a pris fin, par la transformation des constructions en habitations, commerces, bâtiments publics ou autres.

363.162 *JO* de Paris et championnat du monde de ski. La technique du permis à double état a été mise en œuvre à deux reprises :

– une première fois pour les *JO* de Paris de 2024[3] ;

– une seconde fois pour le championnat du monde de ski de 2023[4].

1. Sur cette hypothèse, v. s[s] n° 363.141.
2. CE 25 nov. 2020, *Nuvoloni (M. et Mme)*, req. n° 429623, *Lebon T. ; BJDU* 2021. 99, concl. M. Sirinelli ; *BJDU* 2021. 102, note S. Ferrari ; *JCP Adm.* 2021, n° 2007, note F. Polizzi.
3. L. n° 2018-202, 26 mars 2018 relative à l'organisation des jeux Olympiques et Paralympiques de 2024, *JO* 27 mars, n° 1, art. 15 – Décr. n° 2018-512, 26 juin 2018 portant application des articles 10 et 15 de la loi n° 2018-202 du 26 mars 2018 relative à l'organisation des jeux Olympiques et Paralympiques de 2024, *JO* 27 juin, n° 19.
4. La loi ÉLAN a rendu applicable à cet évènement les dispositions précitées relatives aux *JO* de Paris – L. n° 2018-1021, 23 nov. 2018 portant évolution du logement, de l'aménagement et du numérique, *JO* 24 nov., n° 1, art. 61, II.

SECTION 5
PERMIS D'INNOVER

363.171 Origine. Le permis d'innover a été institué à titre expérimental par la loi LCAP du 7 juillet 2016[5]. Il se trouvé régi par l'article 88, II de ce texte, dans sa version modifiée par la loi ÉLAN, qui a prolongé l'expérimentation de sept ans, celle-ci ayant ensuite été prolongée jusqu'en 2030 par la loi du 23 octobre 2023 relative à l'industrie verte[6].

363.172 Objet. Le permis d'innover autorise les constructeurs et aménageurs à « déroger aux règles opposables à leur projet », à condition de « démontrer que sont atteints des résultats satisfaisant aux objectifs poursuivis par les règles auxquelles il est dérogé »[7]. Ainsi, le permis d'innover, qui est attaché au permis de construire, autorise le porteur de projet à déroger à toutes les normes en matière de construction à condition de justifier que les moyens qu'il met en place permettent d'atteindre les objectifs de la norme à laquelle il déroge.

363.173 Champ d'application. Le permis d'innover ne peut être délivré que pour les projets situés[8] :

– dans le périmètre d'une OIN ;

– dans le périmètre d'une GOU ;

– ou dans le périmètre du ou des secteurs d'intervention d'une ORT.

363.174 Procédure. La demande de dérogation prend la forme d'une étude permettant de vérifier l'atteinte des résultats prévus. Cette étude fait l'objet d'un avis émis par un EPA ou un EPFA ou, à défaut, par le préfet. Un avis conforme doit être obtenu[9].

L'étude et l'avis conforme sont joints à la demande de permis ou à la déclaration préalable[10].

Le permis ou la décision de non-opposition à la déclaration préalable tient lieu d'approbation des dérogations[11]. L'autorisation d'urbanisme est ainsi expressément désignée comme autorisation unique,

5. L. n° 2016-925, 7 juill. 2016 relative à la liberté de la création, à l'architecture et au patrimoine, art. 88. V. Zalewski-Sicard, « Permis d'innover et d'expérimenter : quels mécanismes ? », *RDI* 2020. 28.
6. L. n° 2016-925, 7 juill. 2016 relative à la liberté de la création, à l'architecture et au patrimoine, art. 88, II, mod par L. n° 2018-1021, 23 nov. 2018, art. 5 et par L. n° 2023-973, 23 oct. 2023, art. 22, V.
7. L. n° 2016-925, 7 juill. 2016 relative à la liberté de la création, à l'architecture et au patrimoine, art. 88, II, al. 1er.
8. L. n° 2016-925, 7 juill. 2016 relative à la liberté de la création, à l'architecture et au patrimoine, art. 88, II, al. 1er.
9. L. n° 2016-925, 7 juill. 2016 relative à la liberté de la création, à l'architecture et au patrimoine, art. 88, II, al. 2.
10. L. n° 2016-925, 7 juill. 2016 relative à la liberté de la création, à l'architecture et au patrimoine, art. 88, II, al. 3.
11. L. n° 2016-925, 7 juill. 2016 relative à la liberté de la création, à l'architecture et au patrimoine, art. 88, II, al. 4.

valant à la fois autorisation d'occuper le sol et approbation des dérogations aux règles.

363.175 **Pratique.** Très peu de demandes de permis d'innover ont été déposées ou acceptées [1]. Selon la Fédération des professionnels de l'immobilier (FPI), « les professionnels se heurtent aux réticences des collectivités à endosser la responsabilité de déroger à des règles, ce qui en fait un dispositif marginal » [2].

1. Rapp. d'information AN n° 5121 sur l'évaluation de la loi ÉLAN, 23 févr. 2022, p. 30-32.
2. Rapp. d'information AN n° 5121 sur l'évaluation de la loi ÉLAN, 23 févr. 2022, p. 32.

CHAPITRE

364. Servitude de cours communes

SECTION 0

ORIENTEUR

364.00 Sommaire du chapitre.

364.01 Textes applicables.

• **C. urb.**

art. L. 471-1 s.

art. R. 471-1 s.

364.03 Bibliographie indicative.

Articles. G. Godfrin, « La servitude de cour commune : 50 ans d'incertitude » *Constr.-Urb.* 2008, ét. n° 4 (1re partie) et 5 (2nde partie).

364.05 Notion. La servitude dite de « cours communes » est une servitude de droit privé prévue par le code de l'urbanisme[1]. Elle consiste à interdire, sur un terrain voisin du terrain d'assiette du projet :

– de bâtir ;

– ou de dépasser une certaine hauteur en construisant.

Son instauration se justifie au regard des règles de distance qui doivent séparer les constructions. Lorsque le projet de construction ne respectera les règles de distance que si une servitude est instaurée, la délivrance du permis de construire est subordonnée à l'instauration de celle-ci.

L'expression « cours communes » n'apparaît pas satisfaisante au regard de la nature et de l'objet de la servitude concernée. En effet, non seulement la servitude en question ne porte généralement pas sur une cour, mais en outre elle ne conduit nullement à rendre commun (c'est-à-dire en indivision) l'espace où elle s'applique. D'ailleurs, une cour à usage commun ne constitue pas une « cour commune » au sens de l'article L. 471-1 du code de l'urbanisme[2].

SECTION 1

INSTAURATION D'UNE SERVITUDE DE COURS COMMUNES

§ 1
Objet de la servitude de cours communes

364.11 Interdiction de bâtir ou de dépasser une certaine hauteur. Matériellement, la servitude de cours communes consiste à grever un fond voisin d'une obligation « de ne pas bâtir ou de ne pas dépasser une certaine hauteur en construisant »[3].

1. C. urb., art. L. 471-1 s.
2. CE 20 juin 1997, *Esnavant*, req. n° 136743, *Lebon T.*
3. C. urb., art. L. 471-1, al. 1er.

Elle peut ainsi prendre deux formes :

– servitude d'interdiction de construire (servitude *non aedificandi*) ;

– servitude d'interdiction de construire au-delà d'une certaine hauteur (servitude *non altius tollendi*).

Ne revêt aucun de ces objets (et, par suite, n'instaure pas une servitude de cours communes) la stipulation de l'acte de vente de la villa selon laquelle le vendeur autorise « à agrandir la construction actuellement existante sur la parcelle vendue, jusqu'à la limite séparant la propriété présentement vendue et la propriété restant à [lui] appartenir ». Une telle stipulation constitue un simple accord pour construire en limite de propriété et non pas une servitude frappant d'inconstructibilité le terrain voisin pour l'application de règles de prospect[1].

§ 2 Conditions d'instauration d'une servitude de cours communes

A. Conditions de fond

1° Absence d'exigence que son instauration soit prévue par le PLU

364.21 Instauration non liée à l'existence d'un document d'urbanisme ou d'une mention dans celui-ci. Une servitude de cours communes peut être instituée « en l'absence de document d'urbanisme ou de mention explicite dans le document d'urbanisme applicable »[2].

Il en résulte que l'instauration d'une servitude de cours communes n'est conditionnée :

– ni par l'existence d'un PLU ;

– ni, si un PLU est applicable, par l'existence au sein de celui-ci de dispositions relatives aux servitudes de cours communes[3].

2° Absence d'exigence que le terrain supporte déjà des constructions

364.31 Terrain non bâti. Une servitude de cours communes « peut être instituée alors même qu'une des parcelles ne comporterait pas de bâtiments mais des infrastructures ou ne serait pas encore bâtie »[4]. Cette solution est justifiée eu égard « à l'objet » des dispositions relatives à ces servitudes[5], « qui est d'aménager les règles d'implantation des constructions par rapport aux limites séparatives ». En effet, si l'on se base sur l'objet des servitudes de cours communes, qui est de repousser la limite à partir de laquelle s'apprécient les règles de prospect, il n'y aurait pas de sens à ne faire jouer cette technique qu'aux seuls terrains bâtis.

B. Conditions de forme

1° Une servitude instaurée pour permettre la délivrance d'une autorisation d'urbanisme

364.41 Servitude nécessaire à la réalisation d'un projet de construction. La servitude de cours commune est instaurée lorsque le projet de construction ne respecte pas les règles de distance entre les constructions prévues par les dispositions d'urbanisme et, par suite, ne peut être autorisée en l'état. Elle sera ainsi créée lorsque « la délivrance du permis de construire est subordonnée », sur ce point, à son instauration[6].

Elle peut être nécessaire à la délivrance :

– d'un permis de construire, initial ou modificatif[7] ;

– ou d'une déclaration préalable[8].

Les documents justifiant que la servitude sera instituée au moment de l'édification de la construction projetée doivent être joints à la demande de permis de construire[9].

364.42 Nature du projet. La technique des servitudes de cours communes peut être mise en œuvre

1. CAA Marseille, 8 déc. 2016, *Genton*, req. n° 14MA05118, NP.
2. C. urb., art. L. 471-1, al. 2 ; créé par Ord. n° 2011-1916, 22 déc. 2011.
3. CE 29 janv. 2014, *SCI Circée*, req. n° 357293, *Lebon T.* : arrêt indiquant que, par les dispositions de l'article L. 471-1 (qui se limitaient alors à son alinéa premier), « le législateur a entendu que l'institution d'une servitude de cour commune puisse, même en l'absence de mention explicite dans le plan local d'urbanisme d'une commune, permettre de garantir le respect des règles de prospect posées par ce plan et relatives à l'implantation des constructions par rapport aux limites séparatives ».
4. CE 12 avr. 2023, *Syndicat des copropriétaires des 1-3 square Alice et 127 rue Didot et autre*, req. n° 451794, *Lebon T.*, *JCP G* 2023, act. 744, note O. Le Bot ; *JCP Adm.* 2023, n° 2342, note F. Polizzi.
5. Il s'agissait en l'occurrence de dispositions d'un PLU. Mais la même solution a vocation à s'appliquer aux règles du code de l'urbanisme relatives aux servitudes de cours communes.
6. C. urb., art. L. 471-1, al. 1er.
7. Civ. 3e, 4 janv. 1995, n° 93-15.169, P.
8. V. (impl.) : CE 29 janv. 2014, *SCI Circée*, req. n° 357293, *Lebon T.*
9. V. ss n° 361.301.

pour favoriser la réalisation des « constructions »[1]. En l'absence de limitation du procédé à un type donné de construction, celui-ci peut être mis en œuvre quelle que soit la nature de la construction envisagée. Aussi peut-il par exemple être utilisé pour la construction d'un immeuble de bureaux[2] ou la réalisation d'une piscine[3].

2° Procédures d'instauration

364.51 Deux procédures. Les servitudes de cours communes « peuvent, à défaut d'accord amiable entre les propriétaires intéressés, être imposées par la voie judiciaire [...] »[4].

a. Instauration de la servitude par accord amiable

364.61 Accord des propriétaires. La servitude de cours communes peut être créée par voie conventionnelle, par la signature d'un contrat entre les propriétaires concernés.

Le cas échéant, le contrat prévoit le versement d'une indemnité au profit du propriétaire du bien grevé.

b. Instauration de la servitude par voie judiciaire

364.71 Procédure ouverte à défaut d'accord amiable. L'institution de la servitude de cours communes par voie judiciaire est possible « à défaut d'accord amiable entre les propriétaires intéressés »[5]. Cette procédure ne peut donc être mise en œuvre que si l'instauration de la servitude par voie conventionnelle n'a pas été acceptée par le propriétaire ou les propriétaires du fonds voisin.

364.72 Compétence du tribunal judiciaire. La demande tendant à l'institution d'une servitude de « cours communes » est portée par le propriétaire intéressé à la création de la servitude devant le tribunal judiciaire du lieu de situation des parcelles[6].

364.73 Procédure. Le tribunal judiciaire[7] :

- entend les propriétaires intéressés ;
- entend l'autorité administrative compétente ;
- peut ordonner toutes mesures d'instruction, notamment se transporter sur les lieux.

364.74 Office du juge. Le tribunal doit, en rendant son jugement, « concilier les intérêts des parties en cause tout en assurant le respect des prescriptions d'urbanisme »[8].

Disposant d'un pouvoir d'appréciation, le juge saisi d'une demande d'institution d'une servitude de cour commune n'est pas tenu d'y faire droit[9].

364.75 Jugement instaurant la servitude. S'il fait droit à la demande, le tribunal « institue les servitudes » par voie de jugement[10].

Il détermine également les indemnités approximatives et provisionnelles qui doivent être payées « avant le commencement des travaux » par les bénéficiaires de servitudes aux propriétaires des terrains grevés, ou consignés par eux[11]. L'acceptation de l'indemnité approximative et provisionnelle ne préjudicie pas aux droits des propriétaires intéressés quant à la fixation de l'indemnité définitive suivant la procédure définie à l'article L. 471-3[12].

Dans la mesure où il institue un droit réel immobilier, le jugement instaurant la servitude est soumis à l'article 30 du décret du 4 janvier 1955[13] portant réforme de la publicité foncière[14].

364.76 Cas où le terrain sur lequel porte la servitude se trouve en indivision. Si le terrain sur lequel porte la servitude se trouve en indivision en application de la loi du 10 juillet 1965[15] fixant le statut de la copropriété des immeubles bâtis et si le syndicat des copropriétaires consent, dans les conditions prévues par le chapitre II de cette loi, à la création de ces servitudes, le jugement est réputé contradictoire à l'égard de ceux des propriétaires minoritaires qui ne se seraient pas fait représenter au jour de l'audience[16].

Le jugement du tribunal peut fixer des indemnités approximatives et provisionnelles et des indemnités définitives différentes pour chacun des copropriétaires, compte tenu de l'importance du préjudice subi par chacun d'eux[17].

364.77 Jugement pouvant être rapporté en l'absence de réalisation des travaux. La décision judiciaire qui a institué la servitude, même passée en force de chose jugée, pourra, sans préjudice de tous

1. C. urb., art. L. 471-1, al. 1er.
2. Civ. 3e, 14 oct. 1975, n° 74-12.480, P.
3. CE 29 janv. 2014, *SCI Circée*, req. n° 357293, *Lebon T.*
4. C. urb., art. L. 471-1, al. 1er.
5. C. urb., art. L. 471-1, al. 1er.
6. C. urb., art. R. 471-1.
7. C. urb., art. R. 471-2, al. 2.
8. C. urb., art. R. 471-2, al. 1er.
9. Civ. 3e, 15 déc. 1982, n° 81-12.961, P.
10. C. urb., art. R. 471-3, al. 1er.
11. C. urb., art. R. 471-3, al. 2.
12. V. ss n° 364.78 – C. urb., art. R. 471-3, al. 3.
13. Décr. n° 55-22, 4 janv. 1955 portant réforme de la publicité foncière, *JO* 7 janv., p. 346.
14. C. urb., art. R. 471-4.
15. L. n° 65-557, 10 juill. 1965 fixant le statut de la copropriété des immeubles bâtis, *JO* 11 juill., p. 5950.
16. C. urb., art. R. 471-5, al. 1er.
17. C. urb., art. R. 471-5, al. 2.

dommages-intérêts, être rapportée à la demande du propriétaire du terrain grevé, dans les trois cas suivants[1] :

– si, dans un délai d'un an à compter de l'institution de la servitude de cours communes, le permis de construire n'a pas été délivré ;

– si, dans le même délai à compter de la délivrance du permis de construire, le demandeur n'a pas commencé les travaux ;

– si les travaux sont interrompus pendant au moins une année.

Toutefois, le délai d'un an est suspendu, en cas de recours devant la juridiction administrative contre le permis de construire ou de recours devant la juridiction civile en application de l'article L. 480-13, jusqu'à l'intervention de la décision juridictionnelle irrévocable[2].

364.78 Indemnité. Les indemnités définitives dues par les bénéficiaires des servitudes aux propriétaires des terrains grevés « sont fixées, à défaut d'accord amiable, par voie judiciaire »[3].

L'indemnité due pour la seule création de la servitude de cour commune ne doit tenir compte que de l'atteinte au droit réel de propriété qui en résulte[4].

SECTION 2

EFFET D'UNE SERVITUDE DE COURS COMMUNES

364.81 Règles de prospect appréciées par rapport aux limites résultant de la servitude. L'instauration d'une servitude de cours communes modifie l'application des règles de prospect. Au lieu de s'apprécier par rapport aux limites séparatives, ces règles vont s'apprécier par rapport à la limite de la fraction de terrain frappée d'inconstructibilité par la servitude[5]. En cela, les servitudes de cours communes « permettent en quelque sorte de repousser les limites séparatives prises en compte pour l'application des règles de prospect »[6].

Elles conduisent ainsi à rendre légale, au regard des règles de prospect, une construction trop proche d'une limite séparative, voire même en limite séparative[7].

364.82 Respect de la servitude par le propriétaire du fonds dominant. Lorsqu'un propriétaire consent à grever son fonds d'une servitude de cour commune, pour permettre au propriétaire du fonds voisin d'obtenir une autorisation d'urbanisme pour l'édification d'un ouvrage à proximité de la limite séparative, en assurant le respect des distances réglementaires applicables, « le propriétaire du fonds dominant s'oblige, réciproquement, à respecter l'emplacement convenu de la construction, dont dépend la délimitation de la zone frappée d'interdiction de bâtir grevant le fonds servant »[8]. L'inexécution de cette obligation est de nature à justifier la démolition de l'ouvrage[9].

364.83 Prise en compte de la servitude lorsque le PLU en fait découler des prescriptions. Il y a lieu de prendre en considération l'existence d'une servitude de cour commune lorsque le règlement d'urbanisme applicable en fait découler des prescriptions particulières[10].

364.84 Inopposabilité à une demande d'autorisation. Une servitude de cour commune « n'est pas, par elle-même », opposable à une demande d'autorisation d'urbanisme[11]. Le moyen tiré de sa violation présente donc un caractère inopérant.

1. C. urb., art. L. 471-2, al. 1er.
2. C. urb., art. L. 471-2, al. 2.
3. C. urb., art. L. 471-3.
4. Civ. 3e, 20 janv. 1993, no 90-14.349, P.
5. CAA Lyon, 31 juill. 2018, *Synd. des copropriétaires de l'immeuble Le Majestic*, req. no 17LY00727, NP : arrêt indiquant « que la constitution d'une telle servitude, qui n'a pas pour effet d'écarter l'application des règles de prospect, permet de déterminer la distance de prospect par rapport à la limite opposée de l'espace grevé par la servitude, au lieu de la calculer à partir de la limite séparative séparant le terrain d'assiette du projet du terrain grevé par cette servitude ». V. dans le même sens CE 17 mars 2022, *Synd. des copropriétaires du 26 rue d'Orléans*, req. no 447456, NP ; *RDI* 2022. 307, obs. M. Revert : arrêt indiquant que, « Par les dispositions de l'article L. 471-1 du code de l'urbanisme, le législateur a entendu que l'institution d'une servitude de cour commune puisse, même en l'absence de mention explicite dans le plan local d'urbanisme, permettre de garantir le respect des règles de prospect posées par ce plan et relatives à l'implantation des constructions par rapport aux limites séparatives. Il appartient à l'autorité administrative, saisie d'une demande de permis de construire ou d'une déclaration préalable, d'apprécier la légalité du projet en tenant compte des effets qu'attachent l'article L. 471-1 du code de l'urbanisme ou, le cas échéant, les prescriptions particulières légalement édictées que comporte un plan local d'urbanisme, à l'existence d'une servitude dite de "cour commune" sur le terrain d'assiette du projet ou un terrain voisin ».
6. G. Odinet, concl. sur CE 16 oct. 2017, *Sté civile de construction vente (SCCV) du 109-131 avenue Gambetta à Bagnolet*, req. no 401706, *Lebon T.* ; *BJDU* 2018. 22.
7. CE 4 mars 1994, *Douai (Cne)*, req. no 132788, NP.
8. Civ. 3e, 28 mars 2024, no 22-13.993, P.
9. V. ss no 614.321.
10. CE 13 mars 2013, *SCI La Colonie et Paris (Ville)*, req. no 346916, *Lebon T.*
11. CE 17 mars 2022, *Synd. des copropriétaires du 26 rue d'Orléans*, req. no 447456, NP ; *RDI* 2022. 307, obs. M. Revert.

TITRE

37. Les règles propres aux aménagements

SECTION 0 ORIENTEUR

37.00 Sommaire du titre.

37.05 Règles spécifiques. Les aménagements sont soumis aux règles communes régissant les autorisations d'urbanisme. Ils sont également soumis à des règles propres qui concernent :

– le dossier de demande de permis d'aménager ou de déclaration préalable ;

– les lotissements ;

– les terrains utilisés pour l'habitat léger (terrains de camping, PRL, etc.).

CHAPITRE

371. Dossier de demande de permis d'aménager ou de déclaration préalable

SECTION 0

ORIENTEUR

371.00 Sommaire du chapitre.

371.01 Textes applicables.

• **C. urb.**

art. R. 441-1

art. A. 441-1

371.03 Bibliographie indicative.

Encyclopédies. *DP constr.-urb., ét.* : « Permis d'aménager » ; ét. : « Déclaration préalable » – *J.-Cl. Constr.-Urb.*, fasc. 28 : « Permis d'aménager », par G. Liet-Veaux, mai 2007, mis à jour oct. 2009.

Traité. N. Baillon, *Traité du permis de construire*, 6e éd., « Référence juridique », Le Moniteur, 2017.

Monographies. Ph. Boulisset, S. Cardi, S. Consalvi, R. Thielé, *Permis de construire 2021-2022 : permis de démolir, permis d'aménager, déclaration préalable*, 3e éd., « Encyclopédie Delmas pour la vie des affaires », Delmas, 2021 – V. Lachaut-Dana, *Permis de construire et autorisations d'urbanisme : études préalables, délivrance, mise en œuvre*, 2e éd., « Pratique du droit », Le Moniteur, 2019 – C. Mialot et F. Ehrenfeld, *Le permis de construire et autres autorisations d'urbanisme*, « Les indispensables », Berger-Levrault, 2018.

SECTION 1
DOSSIER DE DEMANDE DE PERMIS D'AMÉNAGER

371.11 Contenu du dossier variant selon le projet d'aménagement. Le dossier de demande de permis d'aménager est à géométrie variable.

Le code prévoit :

- un dossier de base, comprenant des éléments systématiquement exigés ;

- et des éléments complémentaires requis selon la nature du projet.

Il prévoit en outre des pièces et informations supplémentaires pour :

- le projet d'aménagement portant sur un lotissement ;

- et le projet d'aménagement portant sur les terrains de camping et aux autres terrains aménagés pour l'hébergement touristique.

§ 1
Dossier de base de demande de permis d'aménager

A.
Caractère limitatif des pièces et informations pouvant être exigées

371.21 Caractère limitatif. Les pièces et informations exigibles dans le dossier de base de la demande de permis d'aménager sont limitativement énumérées aux articles R. 441-1 s. du code de l'urbanisme[1].

Aucune autre information ou pièce ne peut être exigée par l'autorité compétente[2].

B.
Éléments systématiquement exigés dans le dossier de base

1°
Informations générales

371.31 Informations sur le pétitionnaire et le terrain. La demande de permis d'aménager précise l'identité du ou des demandeurs, qui comprend[3] :

- son numéro SIRET lorsqu'il s'agit d'une personne morale en bénéficiant ;

- et sa date de naissance lorsqu'il s'agit d'une personne physique.

Il précise également la localisation et la superficie du ou des terrains à aménager[4].

371.32 Informations sur les travaux. La demande de permis d'aménager précise la nature des travaux[5].

371.33 Articulation avec les législations extérieures au droit de l'urbanisme. La demande de permis d'aménager précise, s'il y a lieu, que les travaux[6] :

- portent sur une installation, un ouvrage, des travaux ou une activité soumis à déclaration en application de la section 1 du chapitre IV du titre Ier du livre II du code de l'environnement (e) ;

- portent sur un projet soumis à autorisation environnementale en application de l'article L. 181-1 du code de l'environnement (f) ;

1. Il en va de même pour la demande de permis de construire. Sur ce principe, et les conséquences qui en résultent, v. ss no 361.62.
2. C. urb., art. R. 441-8-2.
3. C. urb., art. R. 441-1, a.
4. C. urb., art. R. 441-1, b.
5. C. urb., art. R. 441-1, c.
6. C. urb., art. R. 441-1, pts e à k.

– doivent faire l'objet d'une dérogation au titre du 4° de l'article L. 411-2 du code de l'environnement (g) ;

– portent sur un projet relevant de l'article L. 632-2-1 du code du patrimoine (h) ;

– les demandes d'autorisation et les déclarations dont le projet a déjà fait l'objet au titre d'une autre législation que celle du code de l'urbanisme (i) ;

– que le projet est soumis à l'obligation de raccordement à un réseau de chaleur ou de froid prévue à l'article L. 712-3 du code de l'énergie (j) ;

– que les travaux portent sur un projet relevant du II de l'article L. 171-4 du CCH (k).

371.34 Attestation que le pétitionnaire remplit la qualité pour déposer la demande de permis. La demande comporte également l'attestation du ou des demandeurs qu'ils remplissent les conditions définies à l'article R. 423-1 pour déposer une demande de permis[1].

371.35 Possibilité d'un projet portant sur une partie du terrain d'assiette. La demande peut ne porter que sur une partie d'une unité foncière[2].

2°
Plan de situation du terrain à l'intérieur de la commune

371.41 Pièce à joindre. Est joint à la demande de permis d'aménager un plan permettant de connaître la situation du terrain à l'intérieur de la commune[3].

3°
Projet d'aménagement

371.51 Pièce à joindre. Est joint à la demande de permis d'aménager le projet d'aménagement comprenant les pièces mentionnées aux articles R. 441-3 et R. 441-4[4].

Le juge administratif annule le permis d'aménager délivré au vu d'une notice incomplète, lorsque les autres éléments du dossier de demande ne permettent pas de compenser les carences de celle-ci[5].

a.
Notice du projet d'aménagement

371.61 Contenu de la notice. Le projet d'aménagement comprend une notice[6].

La notice précise d'abord l'état initial du terrain et de ses abords et indiquant, s'il y a lieu, les constructions, la végétation et les éléments paysagers existants[7].

La notice précise également les partis retenus pour assurer l'insertion du projet dans son environnement et la prise en compte des paysages[8]. Elle fait apparaître, en fonction des caractéristiques du projet :

– l'aménagement du terrain, en indiquant ce qui est modifié ou supprimé (a) ;

– la composition et l'organisation du projet, la prise en compte des constructions ou paysages avoisinants, le traitement minéral et végétal des voies et espaces publics et collectifs et les solutions retenues pour le stationnement des véhicules (b) ;

– l'organisation et l'aménagement des accès au projet (c) ;

– le traitement des parties du terrain situées en limite du projet (d) ;

– les équipements à usage collectif et notamment ceux liés à la collecte des déchets (e).

b.
Plans du projet d'aménagement

371.71 Plan de l'état actuel du terrain et de ses abords. Le projet d'aménagement comprend un plan de l'état actuel du terrain à aménager et de ses abords faisant apparaître[9] :

– les constructions et les plantations existantes ;

– les équipements publics qui desservent le terrain ;

– ainsi que, dans le cas où la demande ne concerne pas la totalité de l'unité foncière, la partie de celle-ci qui n'est pas incluse dans le projet d'aménagement.

371.72 Plan d'ensemble. Le projet d'aménagement comprend un plan coté dans les trois dimensions faisant apparaître[10] :

– la composition d'ensemble du projet ;

– et les plantations à conserver ou à créer.

1. C. urb., art. R. 441-1, avant-dernier al. – Sur la qualité permettant de présenter une demande, v. ss nos 331.11 s.
2. C. urb., art. R. 441-1, dernier al.
3. C. urb., art. R. 441-2, a.
4. C. urb., art. R. 441-2, b.
5. CAA Bordeaux, 12 mars 2013, *Lacanau (Cne)*, req. no 11BX02710, NP.
6. C. urb., art. R. 441-3, al. 1er.
7. C. urb., art. R. 441-3, 1°.
8. C. urb., art. R. 441-3, 2°.
9. C. urb., art. R. 441-4, 1°.
10. C. urb., art. R. 441-4, 2°.

C. Éléments complémentaires exigés dans le dossier de base en fonction du projet

1° Appréciation de l'impact environnemental

371.81 Étude d'impact. Le dossier joint à la demande de permis d'aménager comprend, selon les cas :

– l'étude d'impact ou la décision de l'autorité chargée de l'examen au cas par cas dispensant le projet d'évaluation environnementale[1] ;

– l'étude d'impact actualisée lorsque le projet relève du III de l'article L. 122-1-1 du code de l'environnement ainsi que les avis de l'autorité environnementale compétente et des collectivités territoriales et leurs groupements intéressés par le projet rendus sur l'étude d'impact actualisée[2].

371.82 Évaluation des incidences Natura 2000. Lorsque la demande ne prévoit pas l'édification, par l'aménageur, de constructions à l'intérieur du périmètre, elle est complétée par le dossier d'évaluation des incidences du projet sur un site Natura 2000 prévu à l'article R. 414-23 du code de l'environnement, dans le cas où le projet doit faire l'objet d'une telle évaluation en application de l'article L. 414-4 de ce code[3].

Toutefois, lorsque le dossier de demande comporte une étude d'impact, cette étude tient lieu de dossier d'évaluation des incidences Natura 2000 si elle satisfait aux prescriptions de l'article R. 414-23 du code de l'environnement, conformément aux dispositions prévues à l'article R. 414-22 de ce code[4].

2° Conformité à la réglementation sur les assainissements non collectifs

371.91 Projet ne prévoyant pas l'édification de constructions. Lorsque la demande ne prévoit pas l'édification, par l'aménageur, de constructions à l'intérieur du périmètre, elle est complétée par le document attestant de la conformité du projet d'installation d'assainissement non collectif au regard des prescriptions réglementaires, prévu au 1° du III de l'article L. 2224-8 du CGCT, dans le cas où le projet est accompagné de la réalisation ou de la réhabilitation d'une telle installation[5].

3° Projet d'aménagement prévoyant l'édification de constructions (permis d'aménager valant permis de construire)

a. Possibilité que le projet d'aménagement comporte, à titre accessoire, l'édification de constructions

371.101 Projet d'aménagement et édification de constructions. Lorsque les travaux d'aménagement impliquent, de façon accessoire, la réalisation par l'aménageur de constructions et d'installations diverses sur le terrain aménagé, la demande de permis d'aménager peut porter à la fois sur l'aménagement du terrain et sur le projet de construction[6].

Dans ce cas, le permis d'aménager autorise à la fois l'aménagement du terrain et la réalisation des constructions[7].

b. Pièces exigées lorsque le projet d'aménagement comporte, à titre accessoire, l'édification de constructions

371.111 Notice relative aux constructions. Lorsque la demande prévoit l'édification, par l'aménageur, de constructions à l'intérieur du périmètre, la notice du projet d'aménagement[8] comprend les éléments de la notice d'impact prévus par les b, c et d du 2° de l'article R. 431-8[9].

371.112 Pièces relatives aux constructions. Lorsque la demande prévoit l'édification, par l'aménageur, de constructions à l'intérieur du périmètre, la demande est complétée[10] :

– par les pièces prévues par l'article R. 431-9 (plan de masse[11]) ;

– et, le cas échéant, les pièces prévues par les a (plan des façades et des toitures[12]) et b (plan en coupe[13]) de l'article R. 431-10 ;

– et, s'il y a lieu, les pièces prévues par les articles R. 431-11 (contenu du projet architectural lorsque les travaux concernent une opération de restaura-

1. C. urb., art. R. 441-5, 1° ; mod. par décr. n° 2022-422, 25 mars 2022. Cet alinéa ajoute que l'autorité compétente pour délivrer l'autorisation d'urbanisme vérifie que le projet qui lui est soumis est conforme aux mesures et caractéristiques qui ont justifié la décision de l'autorité chargée de l'examen au cas par cas de ne pas le soumettre à évaluation environnementale.
2. C. urb., art. R. 441-5, 2°.
3. C. urb., art. R. 441-6, a.
4. C. urb., art. R. 441-6, a.
5. C. urb., art. R. 441-6, b.
6. C. urb., art. L. 441-2.
7. C. urb., art. L. 441-3.
8. V. s^s n° 371.61.
9. V. s^s n° 361.101 – C. urb., art. R. 441-6, al. 1er.
10. C. urb., art. R. 441-6, al. 1er.
11. V. s^s n° 361.111.
12. V. s^s n° 361.112.
13. V. s^s n° 361.113.

tion immobilière ou un monument historique[1]) et R. 431-13 à R. 431-33[2].

Ces pièces sont fournies sous l'entière responsabilité des demandeurs[3].

371.113 Recours à un architecte. Lorsque la demande prévoit l'édification, par l'aménageur, de constructions à l'intérieur du périmètre, la demande ne peut être instruite que si le demandeur a fait appel à un architecte pour établir le projet architectural de ces constructions, lorsque le projet ne bénéficie pas des dérogations prévues aux articles L. 431-3 et R. 431-2[4].

4°
Projet d'aménagement impliquant la démolition de constructions (permis d'aménager valant permis de démolir)

a.
Possibilité que le projet d'aménagement prévoit la démolition de constructions

371.121 Projet d'aménagement et démolitions. Lorsque les travaux d'aménagement impliquent la démolition de constructions dans un secteur où un permis de démolir est obligatoire, la demande de permis d'aménager peut porter à la fois sur l'aménagement du terrain et sur le projet de démolition[5].

Dans ce cas, le permis d'aménager autorise à la fois l'aménagement du terrain et les démolitions[6].

b.
Pièces exigées lorsque le projet d'aménagement comporte la démolition de constructions

371.131 Pièces relatives au permis de démolition si la démolition relève de ce régime. Si l'opération de démolition entre dans le champ d'application du permis de démolition, les pièces requises pour l'obtention de ce permis doivent être jointes au dossier de permis d'aménager.

5°
Projet d'aménagement en vue de l'installation de résidences démontables

371.141 Attestation de respect des règles d'hygiène et de sécurité. Lorsque la demande porte sur l'aménagement d'un terrain en vue de l'installation de résidences démontables définies à l'article R. 111-51, constituant l'habitat permanent de leurs utilisateurs et disposant d'équipements non raccordés aux réseaux publics[7], le demandeur joint à son dossier, en application de l'article L. 111-11, une attestation permettant de s'assurer du respect des règles d'hygiène et de sécurité, notamment de sécurité contre les incendies, ainsi que des conditions dans lesquelles sont satisfaits les besoins des occupants en eau, assainissement et électricité[8].

Ces conditions sont fixées, le cas échéant, par le PLU, notamment dans les secteurs délimités en application de l'article L. 151-13[9].

L'attestation est fournie sous la responsabilité du demandeur[10].

6°
Travaux nécessitant une autorisation de défrichement

371.151 Lettre du préfet. Lorsque les travaux projetés nécessitent une autorisation de défrichement en application des articles L. 311-1 ou L. 312-1 du code forestier, la demande de permis d'aménager est complétée par la copie de la lettre par laquelle le préfet fait connaître au demandeur[11] :

– que son dossier de demande d'autorisation de défrichement est complet ;

– si le défrichement est ou non soumis à reconnaissance de la situation et de l'état des terrains ;

– et si la demande doit ou non faire l'objet d'une enquête publique.

7°
Projet situé dans le périmètre d'un site patrimonial remarquable ou dans les abords des monuments historiques

371.161 Notice technique. Lorsque le projet porte sur des aménagements extérieurs dans le périmètre d'un site patrimonial remarquable ou dans les abords des monuments historiques, la notice du projet d'aménagement[12] indique les matériaux utilisés et les modalités d'exécution des travaux[13].

1. V. s[s] n° 361.94.
2. V. s[s] n°s 361.141 s.
3. C. urb., art. R. 441-6, al. 1er.
4. Sur ces dérogations, v. s[s] n°s 361.21 s. – C. urb., art. L. 441-2, al. 2 ; art. R. 441-6, al. 2.
5. C. urb., art. L. 441-1.
6. C. urb., art. L. 441-3.
7. V. s[s] n° 118.362.
8. C. urb., art. R. 441-6-1, al. 1er.
9. STECAL (v. s[s] n°s 231.801 s.). – C. urb., art. R. 441-6-1, al. 1er.
10. C. urb., art. R. 441-6-1, al. 2.
11. C. urb., art. R. 441-7.
12. V. s[s] n° 371.61.
13. C. urb., art. R. 441-8.

8°

Projet situé dans un cœur de parc national

371.171 Notice technique et pièces complémentaires. Lorsque les travaux sont projetés dans un cœur de parc national[1] :

- la notice du projet d'aménagement[2] indique également les matériaux utilisés et les modalités d'exécution des travaux ;

- et la demande comprend les pièces complémentaires mentionnées au II de l'article R. 331-19 du code de l'environnement.

371.172 Demande de pièces manquantes. Dans les quinze jours qui suivent la réception des exemplaires mentionnés à l'article R. 423-13, le directeur de l'établissement public du parc national précise, le cas échéant, au maire les pièces manquantes qui doivent figurer dans ce dossier[3].

371.173 Projet concerné par un PUP. Lorsque le projet d'aménagement fait l'objet d'une convention de projet urbain partenarial ou est situé dans un périmètre de projet urbain partenarial mentionné au II de l'article L. 332-11-3, la demande est accompagnée d'un extrait de la convention précisant le lieu du projet urbain partenarial et la durée de l'exonération de la taxe d'aménagement[4].

9°

Projet situé sur le site d'une ancienne ICPE

371.181 Attestation de dépollution des sols. Lorsque les travaux projetés sont situés sur un terrain ayant accueilli une installation classée mise à l'arrêt définitif, dans le cas prévu par l'article L. 556-1 du code de l'environnement, la demande de permis d'aménager est complétée par un document établi par un bureau d'études certifié dans le domaine des sites et sols pollués, ou équivalent, attestant que les mesures de gestion de la pollution au regard du nouvel usage du terrain ont été prises en compte dans la conception du projet[5].

Cette pièce est fournie sous l'entière responsabilité du demandeur[6].

10°

Projet devant comporter des ombrières, un système végétalisé ou des procédés d'énergies renouvelables

371.191 Attestation. Lorsque les travaux portent sur un projet relevant du II de l'article L. 171-4 du CCH[7], la demande de permis d'aménager est complétée par l'attestation prévue à l'article R. 171-35 de ce code ou l'attestation mentionnée à l'article R. 111-25-19 du code[8].

§ 2

Dossier comportant des éléments complémentaires si la demande porte sur l'aménagement d'un lotissement, ou d'un terrain de camping ou PRL

A.

Dossier comportant des éléments complémentaires si la demande porte sur l'aménagement d'un lotissement

371.201 Éléments complémentaires exigés. Outre les éléments exigés pour tout permis d'aménagement[9], la demande de permis d'aménager un lotissement doit comporter des éléments complémentaires.

1°

Pièces

371.211 Nombre de lots et surface de plancher. La demande précise le nombre maximum de lots et la surface de plancher maximale dont la construction est envisagée dans l'ensemble du lotissement[10].

Lorsque le lotissement n'est pas situé à l'intérieur d'un PLU ou d'un document d'urbanisme en tenant lieu, la demande précise également la surface de plancher maximale dont la construction est envisagée dans l'ensemble du lotissement[11].

371.212 Accord du lotisseur si le projet est situé à l'intérieur d'un lotissement (subdivision de lots). Lorsque le projet est situé à l'intérieur d'un lotissement autorisé par un permis d'aménager, la demande est, le cas échéant, complétée par l'attestation de l'accord du lotisseur prévue par l'article R. 442-21[12].

1. C. urb., art. R. 441-8-1.
2. V. s[s] n° 371.61.
3. C. urb., art. R. 441-8-1.
4. C. urb., art. R. 441-4-1.
5. C. urb., art. R. 441-8-3, al. 1er. Pour un exemple de tel document, v. CAA Nantes, 25 nov. 2022, *Association Bien vivre autour de la Carterie*, req. n° 20NT01568, NP.
6. C. urb., art. R. 441-8-3, al. 2.
7. V. s[s] n° 115.42.
8. C. urb., art. R. 441-8-4.
9. V. s[s] n°s 371.21 s.
10. C. urb., art. R. 442-3, al. 1er.
11. C. urb., art. R. 442-3, al. 2.
12. Sur cet accord, v. s[s] n° 372.943. – C. urb., art. R. 442-3, al. 3.

371.213 Élément complémentaire dans le plan de composition du projet. Le plan de composition du projet[1] fait apparaître la répartition prévue entre[2] :

- les terrains réservés à des équipements ou des usages collectifs ;

- et les terrains destinés à une utilisation privative.

371.214 Projet architectural, paysager et environnemental. Un projet architectural, paysager et environnemental est joint à la demande. Il tient lieu du projet d'aménagement mentionné au b de l'article R. 441-2[3].

Il comporte, outre les pièces mentionnées aux articles R. 441-2 à R. 441-8[4] :

- deux vues et coupes faisant apparaître la situation du projet dans le profil du terrain naturel (a) ;

- deux documents photographiques permettant de situer le terrain respectivement dans l'environnement proche et, sauf si le demandeur justifie qu'aucune photographie de loin n'est possible, dans le paysage lointain (b, précisant que les points et les angles des prises de vue sont reportés sur le plan de situation et le plan de masse) ;

- le programme et les plans des travaux d'aménagement indiquant les caractéristiques des ouvrages à réaliser, le tracé des voies, l'emplacement des réseaux et les modalités de raccordement aux bâtiments qui seront édifiés par les acquéreurs de lots ainsi que les dispositions prises pour la collecte des déchets (c) ;

- un document graphique faisant apparaître une ou plusieurs hypothèses d'implantation des bâtiments (d).

371.215 Projet de règlement. Le dossier de la demande est complété par un projet de règlement, s'il est envisagé d'apporter des compléments aux règles d'urbanisme en vigueur[5].

371.216 Garantie d'achèvement des travaux. Le dossier de la demande est complété, le cas échéant, par une attestation de la garantie à fournir en application de l'article R. 442-14[6].

371.217 Engagement de constituer une association syndicale des acquéreurs. Le dossier de la demande est complété par l'engagement du lotisseur que sera constituée une association syndicale des acquéreurs de lots à laquelle seront dévolus la propriété, la gestion et l'entretien des terrains et équipements communs[7].

1. V. s[s] n° 371.72.
2. C. urb., art. R. 442-4.
3. Sur ce projet, v. s[s] n° 371.51 – C. urb., art. R. 442-5, al. 1er.
4. C. urb., art. R. 442-5, al. 2 à 6.
5. C. urb., art. R. 442-6, a.
6. C. urb., art. R. 442-6, b.
7. C. urb, art. R. 442-7.

Cette exigence n'est pas applicable[8] :

- lorsque les voies et espaces communs sont destinés à être attribués en propriété aux acquéreurs de lots ;

- ou lorsque le lotisseur justifie de la conclusion avec la commune ou l'EPCI compétent d'une convention prévoyant le transfert dans leur domaine de la totalité des voies et espaces communs une fois les travaux achevés.

371.218 Étude des sols. Lorsque le projet est situé dans un secteur d'information sur les sols et dans les cas et conditions prévus par l'article L. 556-2 du code de l'environnement, le dossier est complété par une attestation établie par un bureau d'études équivalent, garantissant la réalisation d'une étude de sols et sa prise en compte dans la conception du projet de lotissement[9].

Cette pièce est fournie sous l'entière responsabilité du demandeur[10].

2°
Recours à un architecte ou paysagiste

371.221 Professionnel. La demande de permis d'aménager concernant un lotissement ne peut être instruite que si la personne qui désire entreprendre des travaux soumis à une autorisation a fait appel aux compétences nécessaires en matière d'architecture, d'urbanisme et de paysage pour établir le projet architectural, paysager et environnemental[11].

Pour les lotissements de plus de 2 500 m²[12], ces compétences doivent être celles[13] :

8. C. urb, art. R. 442-8.
9. C. urb., art. R. 442-8-1, al. 1er – Le code de l'environnement prévoit que l'attestation n'est pas requise lors du dépôt de la demande de permis d'aménager par une personne ayant qualité pour bénéficier de l'expropriation pour cause d'utilité publique, dès lors que l'opération de lotissement a donné lieu à la publication d'une déclaration d'utilité publique (C. env., art. L. 556-2, al. 3).
10. C. urb., art. R. 442-8-1, al. 2.
11. C. urb., art. L. 441-4.
12. La détermination de ce seuil « a été l'objet d'une très large concertation et d'échanges avec l'ensemble des professionnels : architectes, urbanistes, paysagistes, maîtres d'œuvres, économistes, géomètres experts. Dans le cadre de cette concertation, diverses propositions ont été entendues : certains professionnels défendaient la fixation d'un seuil à zéro permettant de faire bénéficier de cette nouvelle disposition l'ensemble des territoires concernés et ainsi de lutter fortement contre les effets de l'étalement urbain. Les géomètres-experts ont, quant à eux, fait valoir la fixation d'un seuil élevé qui conduirait à réserver l'obligation de faire intervenir un architecte à une minorité de permis d'aménager les lotissements. Suite à ce processus de concertation, une solution d'équilibre a été retenue, avec la détermination d'un seuil à 2 500 m² de terrain à aménager. […]. Ce seuil, désormais déterminé, permettra de rendre applicable l'objectif recherché par le législateur et de contribuer à l'augmentation de la qualité de la conception des lotissements construits » (Rép. min. n° 23622, *JO Sénat Q* 16 févr. 2017, p. 660).
13. C. urb., art. L. 441-4 ; art. R. 441-4-2.

- d'un architecte (au sens de l'article 9 de la loi du 3 janvier 1977[1] sur l'architecture) ;

- ou d'un paysagiste concepteur au sens de l'article 174 de la loi du 8 août 2016[2] pour la reconquête de la biodiversité, de la nature et des paysages.

B. Dossier comportant des éléments complémentaires si la demande porte sur l'aménagement d'un terrain de camping ou d'un parc résidentiel de loisirs

371.231 Éléments complémentaires exigés. Outre les éléments exigés pour tout permis d'aménagement[3], la demande de permis portant sur l'aménagement d'un camping ou d'un parc résidentiel de loisirs doit comporter des éléments complémentaires.

371.232 Précisions complémentaires dans la notice. La notice du projet d'aménagement[4] précise, outre les éléments mentionnés à l'article R. 441-3, les mesures envisagées pour[5] :

- limiter l'impact visuel des installations (1°) ;

- répartir les emplacements au sein d'une trame paysagère (2°) ;

- assurer l'insertion des équipements et bâtiments collectifs (3°) ;

- organiser les circulations à l'intérieur du terrain (4°).

Elle précise en outre si l'implantation d'habitations légères de loisirs est envisagée[6].

371.233 Cas où la demande de permis d'aménager est déposée pour se conformer aux normes d'urbanisme, d'insertion dans les paysages, d'aménagement, d'équipement et de fonctionnement. Lorsque la demande de permis d'aménager est déposée pour se conformer aux normes d'urbanisme, d'insertion dans les paysages, d'aménagement, d'équipement et de fonctionnement visées à l'article R. 111-35 du code de l'urbanisme[7], elle comporte[8] :

- une description sommaire de l'état actuel du terrain de camping indiquant les équipements et aménagements qui ne sont pas conformes aux normes en vigueur (a) ;

- une description détaillée des mesures proposées pour assurer la mise aux normes (b) ;

- un document graphique permettant d'apprécier l'insertion du terrain de camping après réalisation des travaux dans l'environnement (c).

371.234 Élément complémentaire dans le plan de composition du projet. Le plan de composition du projet[9] indique, s'il y a lieu, les espaces de regroupement des hébergements mobiles au-dessus de la cote inondable[10].

371.235 Mode d'exploitation du terrain. Le demandeur joint à son dossier l'engagement d'exploiter le terrain selon le mode de gestion indiqué dans sa demande[11].

Lorsque la demande est présentée en vue d'une exploitation saisonnière, il y précise en outre la période d'exploitation[12].

371.236 Étude d'impact. Le dossier de demande comporte également, selon les cas :

- l'étude d'impact ou la décision de l'autorité chargée de l'examen au cas par cas dispensant le projet d'évaluation environnementale lorsque le projet relève du tableau annexé à l'article R. 122-2 du code de l'environnement[13] ;

- l'étude d'impact actualisée lorsque le projet relève du III de l'article L. 122-1-1 du code de l'environnement ainsi que les avis de l'autorité environnementale compétente et des collectivités territoriales et de leurs groupements intéressés, rendus sur l'étude d'impact actualisée[14].

§ 3 Formulaire de permis d'aménager

371.241 Formulaire. La demande de permis d'aménager est établie conformément au formulaire portant le numéro Cerfa 16297[15].

371.242 Bordereau de dépôt. Le demandeur annexe à la demande de permis d'aménager un bordereau de dépôt, établi conformément au modèle annexé au formulaire, identifiant celles des pièces qui sont jointes à la demande[16].

1. L. n° 77-2, 3 janv. 1977 sur l'architecture, *JO* 4 janv., p. 71.
2. L. n° 2016-1087, 8 août 2016 pour la reconquête de la biodiversité, de la nature et des paysages, *JO* 9 août, n° 2.
3. V. s[s] n°s 371.21 s.
4. V. s[s] n° 371.61.
5. C. urb., art. R. 443-2, al. 1er à 5.
6. C. urb., art. R. 443-2, al. 6.
7. V. s[s] n° 118.121.
8. C. urb., art. R. 443-2-1.
9. V. s[s] n° 371.72.
10. C. urb. art. R. 443-3.
11. C. urb., art. R. 443-4.
12. C. urb., art. R. 443-4.
13. C. urb., art. R. 443-5, 1°, précisant que l'autorité compétente pour délivrer l'autorisation d'urbanisme vérifie que le projet qui lui est soumis est conforme aux mesures et caractéristiques qui ont justifié la décision de l'autorité chargée de l'examen au cas par cas de ne pas le soumettre à évaluation environnementale.
14. C. urb., art. R. 443-5, 2°.
15. C. urb., art. A. 441-4, al. 1er.
16. C. urb., art. A. 441-5.

371.243 Récépissé de demande. Le récépissé de demande de permis d'aménager est établi conformément au modèle joint au formulaire[1].

SECTION 2
DOSSIER DE DÉCLARATION PRÉALABLE PORTANT SUR UN AMÉNAGEMENT

§ 1
Contenu du dossier de DP portant sur un aménagement

A.
Informations contenues dans la déclaration préalable

371.251 Présentation du projet. La déclaration préalable précise[2] :

– l'identité du ou des déclarants, qui comprend son numéro SIRET lorsqu'il s'agit d'une personne morale en bénéficiant et sa date de naissance lorsqu'il s'agit d'une personne physique (a) ;

– la localisation et la superficie du ou des terrains (b) ;

– la nature des travaux ou la description du projet de division (c) ;

– s'il y a lieu, que les travaux portent sur une installation, un ouvrage, des travaux ou une activité soumis à déclaration en application de la section 1 du chapitre IV du titre Ier du livre II du code de l'environnement (d) ;

– s'il y a lieu, que les travaux portent sur un projet soumis à autorisation environnementale en application de l'article L. 181-1 du code de l'environnement (e) ;

– s'il y a lieu, que les travaux doivent faire l'objet d'une dérogation au titre du 4° de l'article L. 411-2 du code de l'environnement (f) ;

– s'il y a lieu, que les travaux portent sur un projet relevant de l'article L. 632-2-1 du code du patrimoine (g) ;

– s'il y a lieu, les demandes d'autorisation et les déclarations dont le projet a déjà fait l'objet au titre d'une autre législation que celle du code de l'urbanisme (h) ;

– s'il y a lieu, que les travaux portent sur un projet relevant du II de l'article L. 171-4 du code de la construction et de l'habitation (i).

371.252 Attestation sur la qualité du demandeur. La déclaration comporte également l'attestation du ou des déclarants qu'ils remplissent les conditions définies à l'article R. 423-1 pour déposer une déclaration préalable[3].

371.253 Étendue du projet sur le terrain. La demande peut ne porter que sur une partie d'une unité foncière[4].

B.
Dossier joint à la déclaration

371.261 Plans et croquis. Le dossier joint à la déclaration comprend[5] :

– un plan permettant de connaître la situation du terrain à l'intérieur de la commune (a) ;

– un plan sommaire des lieux indiquant les bâtiments de toute nature existant sur le terrain (b) ;

– un croquis et un plan coté dans les trois dimensions de l'aménagement faisant apparaître, s'il y a lieu, la ou les divisions projetées.

371.262 Autres pièces. Le dossier joint à la déclaration est complété, s'il y a lieu, par les documents mentionnés[6] :

– aux articles R. 441-4-1 (convention de PUP)[7] et R. 441-5 (évaluation environnementale) ;

– au a de l'article R. 441-6 (évaluation des incidences Natura 2000)[8] ;

– aux articles R. 441-6-1 à R. 441-8-1 (respect des normes pour les résidences démontables)[9] ;

– à l'article R. 441-8-4 (attestation relative à l'installation d'ombrières, de dispositifs de végétalisation et de production d'énergies renouvelables)[10] ;

– et au b de l'article R. 442-21 (attestation de l'accord du lotisseur, sur la subdivision de lot projetée)[11].

§ 2
Formulaire de DP portant sur un aménagement

371.271 Formulaires. La déclaration préalable portant sur un projet d'aménagement est établie conformément au formulaire portant le numéro Cerfa 13404[12].

1. C. urb., art. A. 441-6.
2. C. urb., art. R. 441-9, al. 1er à pt i.
3. C. urb., art. R. 441-9, avant dernier al. – Sur la qualité permettant de présenter une déclaration, v. ss nos 331.11 s.
4. C. urb., art. R. 441-9, dernier al.
5. C. urb., art. R. 441-10, al. 1er à 4.
6. C. urb., art. R. 441-10, al. 5 ; mod. par décr. no 2022-422, 25 mars 2022.
7. V. ss no 371.173.
8. V. ss no 371.82.
9. V. ss nos 371.141 s.
10. V. ss no 371.191.
11. V. ss no 361.191.
12. C. urb., art. A. 441-1, al. 1er.

Lorsque la déclaration préalable porte sur un lotissement ou une division foncière, elle peut être établie conformément au formulaire portant le numéro Cerfa 13702[1].

371.272 **Bordereau de dépôt.** Le déclarant annexe à la déclaration préalable un bordereau de dépôt, établi conformément au modèle annexé au formulaire, identifiant celles des pièces qui sont jointes à la déclaration[2].

371.273 **Récépissé.** Le récépissé de déclaration préalable portant sur un projet d'aménagement est établi conformément au modèle joint au formulaire[3].

1. C. urb., art. A. 441-1, al. 2.
2. C. urb., art. A. 441-2.
3. C. urb., art. A. 441-3.

CHAPITRE

372. Règles propres aux lotissements

SECTION 0 ORIENTEUR

372.00 Sommaire du chapitre.

372.01 Textes applicables.

• **C. urb.**

art. L. 442-1 s.

art. R. 442-1 s.

art. A. 424-10 s.

372.03 Bibliographie indicative.

Encyclopédies. *DP constr.-urb.*, ét. : « Lotissements » – *J.-Cl. Constr.-Urb.*, fasc. 32-2 : « Historique et caractères généraux du lotissement », par D. Gillig, déc. 2023 ; fasc. 32-4 : « Lotissements. – Définition juridique. – Champ d'application », par L. Santoni et D. Gillig, déc. 2023 ; fasc. 32-8 : « Lotissements. – Autorisation », par X. Couton, oct. 2018, mis à jour juin 2019 ; fasc. 32-10 : « Lotissements. – Réalisation. – Gestion des équipements collectifs », par X. Couton, sept. 2019 ; fasc. 32-14 : « Lotissements. – Règlement », par S. Lamy-Willing, mars 2022 ; fasc. 32-15 : « Lotissements. – Cahier des charges », par S. Lamy-Willing, oct. 2023 ; fasc. 32-16 : « Lotissements. – Réalisation du lotissement. – Vente des lots et délivrance des permis de construire », par X. Couton, févr. 2017, mis à jour févr. 2020 ; fasc. 32-18 : « Lotissements. – Modification du lotissement », par S. Lamy-Willing, mars 2022 ; fasc. 27-50 : « Permis de construire valant division », par S. Pérignon et L. Baldin, juill. 2019.

> Articles (lotissement)

Notion et régime du lotissement. P. Benoit-Cattin, « Le régime du lotissement revu… mais non corrigé », *Constr.-Urb.* 2007, ét. 9 – É. Carpentier, « La Définition du lotissement », *JCP N* 2012, n° 1128 – É. Carpentier et J. Trémeau, « Le Contrôle urbanistique des divisions foncières et le nouveau lotissement », *RFDA* 2012. 876 – X. Couton, « Corrections apportées au régime des lotissements : la réforme enfin réformée », *Constr.-Urb.* 2012, n° 81 – J.-Ph. Meng, « Les Corrections apportées au régime d'autorisation des lotissements », *JCP N* 2012, n° 1129 – S. Pérignon, « La Nouvelle Définition du lotissement », *AJDA* 2006. 569 – S. Pérignon, « Pour une nouvelle définition du lotissement », *AJDA* 2009. 740 – S. Pérignon, « La réforme des lotissements », *DAUH* 2012. 69 H. Périnet-Marquet, « Lotissements, divisions de l'immeuble et opérations complexes après la réforme de 2007 », *RDI* 2007. 205 – J. Trémeau, « Pour une réforme du droit des lotissements », *AJDA* 2010. 1180 – J. Trémeau, « Le nouveau lotissement », *AJDA* 2012. 636 – J. Trémeau, « Le lotissement et le temps », *AJDA* 2012. 226.

Documents du lotissement. J.-L. Bergel, « Les Clauses du cahier des charges régissant les constructions ont un caractère contractuel et échappent à la caducité des règles d'urbanisme des lotissements », *RDI* 2016. 223 – C.-L. Coupinot, « En finir avec les cahiers des charges ? », *BJDU* 2014. 429 – J. Nalet, « Lotissements : pour une prescription extinctive des servitudes contenues dans les cahiers des charges », *RDI* 2018. 378 – P. Soler-Couteaux, « Cahier des charges des lotissements : remettre l'ouvrage sur le métier », *Rev. CMP* 2020, repère 2 – J. Trémeau, « L'évolution du cahier des charges de lotissement », *RFDA* 2020. 975.

Loi ALUR. J.-L. Bergel, « évolution ou éviction des règles des lotissements ? Clair-obscur de la loi ALUR », *RDI* 2014. 496 – Ph. Billet, « Loi ALUR et régime des lotissements », *JCP Adm.* 2014, n° 2258 – P. Cornille, « De l'impact sans précédent de la loi ALUR sur le dossier de lotissement », *Constr.-Urb.* 2014, dossier 7.

Loi Élan. P. Cornille, « Reforme par la loi ÉLAN du droit des lotissements », *Constr.-Urb.* 2019, ét. 7.

> **Articles (autres formes de divisions de terrains)**

Division primaire. P.-E. Durand, « Le nouveau régime des divisions foncières dites "primaires" », *BJDU* 2013. 10 et 2013. 86 – D. Dutrieux, « Une nouvelle définition de la division primaire ? », *JCP N* 2012, n° 925 – J.-L. Maillot, « Permis de construire et "division primaire" : Faut-il ouvrir la "boîte de Pandore" ? » *Constr.-Urb.* 2019, ét. 4 – F. Rolin, « Généalogie des règles applicables aux "divisions primaires" », *Revue Urbanisme et aménagement* avr. 2021, n° 47 – S. Pérignon, « Les divisions de propriété », *DAUH* 2009. 91 – E. Sacksick, « Le Conseil d'État a-t-il sonné le glas de la division primaire ? », *RDI* 2021. 313 – E. Sacksick, « Réflexions sur l'application du règlement du PLU dans le cadre d'une division primaire depuis l'arrêt SCI 3 rue Jules Gautier », *Revue Urbanisme et aménagement* avr. 2021, n° 47.

Permis de construire valant division. S. Pérignon, « Le Nouveau Permis valant division », *JCP N* 2007, n° 1058 – H. Périnet-Marquet, « Lotissements, divisions de l'immeuble et opérations complexes après la réforme de 2007 », *RDI* 2007. 205.

Proposition. V. Le Grand, « Le lotissement à l'heure de la sobriété foncière : plaidoyer pour la création d'une division-densification », *RDI* 2023. 332.

Contribution. J. Trémeau, « La densification des lotissements, outil méconnu par le Conseil constitutionnel de lutte contre l'artificialisation des sols. À propos de la décision 2021-825 DC », *Mélanges André Roux*, Dalloz, 2022, p. 466.

372.04 **Questions essentielles.**

> Quels types de détachement de terrain relèvent de la catégorie du lotissement ?

* V. s^s n°s 372.21 s.

> Le lotissement est-il autorisé par permis d'aménager ou par déclaration préalable ?

* V. s^s n°s 372.201 s.

> Qui assure la gestion des voies et espaces communs ?

* V. s^s n°s 372.341 s.

> Quelles garanties entourent la commercialisation des lots afin de protéger les acquéreurs ?

* V. s^s n°s 372.411 s.

> Un permis de construire est-il exigé pour construire au sein d'un lotissement ?

* V. s^s n° 372.571

> Quelle est l'opposabilité des documents du lotissement ?

* V. s^s n°s 372.671 s., 372.692 et 372.711 s.

> Durant combien de temps s'appliquent les documents du lotissement ?

* V. s^s n°s 372.851 s.

372.05 **Notion.** Le lotissement constitue une opération consistant pour le propriétaire à diviser son terrain en plusieurs parcelles auxquelles est attaché un droit à construire, puis à vendre ces parcelles. Cette division d'une propriété foncière en plusieurs lots est réalisée dans le but d'y implanter des constructions.

Le lotissement peut être à usage d'habitation, mais aussi à usage industriel, commercial ou artisanal.

Le droit de diviser un terrain est attaché au droit de propriété[1]. Il fait cependant l'objet d'un contrôle de la puissance publique afin d'éviter un morcellement non maîtrisé du foncier.

372.06 **Évolution.** À l'origine, le lotissement était une opération d'initiative purement privée. Elle procédait, le plus souvent, de la rencontre entre un propriétaire apportant du foncier et des acquéreurs souhaitant construire.

Puis, dans un contexte d'urbanisation croissante, le recours au lotissement s'est multiplié, de manière parfois anarchique, commandant l'intervention et le contrôle de ces opérations par les pouvoirs publics[2].

Aujourd'hui, le lotissement s'analyse comme une opération d'aménagement, qui se déroule sous le contrôle de l'administration, dans les conditions prévues par le code de l'urbanisme. Les lotissements doivent ainsi, selon les cas, être autorisés par la personne publique ou faire l'objet d'une déclaration préalable auprès d'elle, ce qui lui permet de maîtriser les morcellements de propriété et ses conséquences sur l'urbanisation.

372.07 **Rôle du lotisseur.** Le lotisseur assure à ses frais la viabilisation du lotissement en y aménageant des voies et en assurant la connexion aux réseaux. Il met également en place un éclairage et aménage des espaces verts.

Il revend ensuite les parcelles aménagées en répercutant le coût de l'opération sur les acquéreurs de lots.

372.08 **Schémas.** Deux schémas figurant dans les annexes illustrent :

- les étapes de constitution d'un lotissement comprenant plusieurs lots et des équipements communs[3] ;
- la technique du lotissement mono-lot[4].

SECTION 1
DÉFINITION DU LOTISSEMENT ET DISTINCTION AVEC D'AUTRES TYPES DE DIVISION DE TERRAIN

372.11 **Deux types de division de terrain.** Le code de l'urbanisme distingue deux types de divisions de terrain :

- celles constitutives de lotissement ;
- celles non constitutives de lotissement.

1. V. s^s n° 231.1833.
2. V. s^s n° 021.23 (L. 24 juill. 1924).
3. V. s^s n° 8.33.
4. V. s^s n° 8.34.

§ 1
Division de terrain constitutive d'un lotissement

372.21 Critères cumulatifs. La définition du lotissement est donnée par l'article L. 442-1 du code de l'urbanisme : « Constitue un lotissement la division en propriété ou en jouissance d'une unité foncière ou de plusieurs unités foncières contiguës ayant pour objet de créer un ou plusieurs lots destinés à être bâtis »[1]. Il résulte de cette définition que la notion de lotissement repose sur trois critères cumulatifs :

- la division d'une unité foncière (ou de plusieurs unités foncières contiguës) ;
- une division en propriété ou en jouissance ;
- une division ayant pour objet de créer un ou plusieurs lots destinés à être bâtis.

A.
Premier critère du lotissement : la division d'une unité foncière (ou de plusieurs unités foncières contiguës)

372.31 L'assiette : une unité foncière (ou plusieurs unités foncières contiguës). L'assiette de l'opération porte[2] :

- soit sur une unité foncière ;
- soit sur plusieurs unités foncières contiguës.

Elle peut d'abord – c'est, de loin, le cas le plus fréquent – porter une seule unité foncière (un seul terrain). Selon la jurisprudence, une unité foncière est un îlot de propriété d'un seul tenant, composé d'une parcelle ou d'un ensemble de parcelles appartenant à un même propriétaire ou à la même indivision[3].

L'opération peut également porter sur plusieurs unités foncières, à condition qu'elles présentent un caractère contigu, c'est-à-dire ne soient pas séparées les unes des autres (par exemple par un chemin communal[4]), et *a fortiori* ne soient pas éloignées les unes des autres (ce qui exclut d'admettre la possibilité de lotissements « multi-site »). Dans le cas où un lotisseur est resté propriétaire de plusieurs lots contigus et que le délai de validité des documents du lotissement est expiré (et ne peuvent donc plus être opposées lors de la délivrance d'une autorisation d'utilisation du sol), « cet ensemble de lots constitue un tènement unique dont la division est subordonnée à la délivrance d'une nouvelle autorisation de lotir »[5].

372.32 Notion de division. L'opération de division doit présenter deux caractères.

D'une part, elle doit présenter un caractère foncier. Cela signifie qu'elle doit porter sur le sol. Ne relève donc pas de cette notion la division de bâtiments (« divisions en volume »[6]).

D'autre part, l'opération doit conduire à fractionner un terrain. Tel n'est pas le cas, par exemple :

- d'une réunion de deux parcelles[7] ;
- de la construction d'un groupe d'immeubles que le pétitionnaire a été autorisé à construire sur une partie du terrain, dès lors que celui-ci n'a pas été divisé au préalable[8].

B.
Deuxième critère du lotissement : une division en propriété ou en jouissance

372.41 Deux variantes. Le deuxième critère d'identification du lotissement concerne l'existence d'une division du terrain. Celle-ci peut intervenir « en propriété ou en jouissance »[9].

1°
Première variante : division en propriété

372.51 Propriété du lot. La première forme de division est la plus fréquente. Elle correspond à l'hypothèse dans laquelle la division aboutit à conférer aux intéressés une pleine propriété sur chacun des lots qui en sont issus, chaque acquéreur de lot devenant propriétaire du lot qu'il a acquis. En d'autres termes, elle conduit à partager le terrain initial entre plusieurs propriétaires.

1. C. urb, art. L. 442-1.
2. C. urb, art. L. 442-1.
3. CE 27 juin 2005, *Chambéry (C^ne^)*, req. n° 264667, *Lebon T.*
4. CE 14 déc. 1984, *Dho*, req. n° 46301, *Lebon* (chemin d'environ 3 mètres de large).
5. Rép. min. n° 58150, *JOAN Q* 6 mai 2002, p. 2427.
6. Pour une variante de division en volume, v. s^s^ n° 372.81.
7. CE 24 nov. 2003, *Morissey*, req. n° 243536, NP ; *BJDU* 2004. 93, concl. E. Glaser : arrêt affirmant que les dispositions d'un PLU relatives à la « division d'une parcelle » ne s'appliquent pas « au cas où un terrain est issu de la réunion de deux parcelles, dont l'une a été auparavant détachée d'une propriété contiguë, sans que le nombre d'unités foncières en ait été globalement modifié ».
8. CE 10 déc. 1982, *Orsini et a.*, req. n° 14125, *Lebon T.*
9. C. urb, art. L. 442-1 – déjà, dans la jurisprudence : CE 30 nov. 2007, *Strasbourg (Ville) c/Maleriat-Bihler*, req. n° 271897, NP ; *BJDU* 2007. 367, concl. L. Olleon : arrêt indiquant qu'il résulte des dispositions de l'article R. 315-1 du code de l'urbanisme alors en vigueur « que l'édification sur une parcelle de plusieurs constructions ne peut être regardée comme constitutive d'un lotissement que si la parcelle servant d'assiette aux constructions a été divisée en jouissance ou en propriété ».

2°

Seconde variante : division en jouissance

a.

Procédé de la division en jouissance

372.61 Jouissance exclusive du lot. La seconde variante de division correspond à l'attribution en jouissance. Il doit s'agir d'une « jouissance exclusive et particulière du sol d'assiette de la parcelle »[1]. Elle consiste, alors même que le terrain demeure détenu par un propriétaire unique (généralement un groupement), à conférer des droits de jouissance exclusifs à plusieurs personnes, chacune l'exerçant sur son lot.

Ainsi, le terrain demeure entre les mains d'un propriétaire unique mais celui-ci accorde des droits de jouissance exclusifs à plusieurs personnes. Comme l'indique Laetitia Santoni, « Il y a division en jouissance lorsque sont accordés par le propriétaire, sur une unité foncière, une pluralité de droits privatifs, réels ou personnels, cantonnés sur une partie déterminée du bien. Lorsque cette division est faite en vue de l'implantation d'un bâtiment, elle est constitutive d'un lotissement et doit être autorisée ou déclarée »[2].

b.

Opérations regardées comme des divisions en jouissance

372.71 Copropriété horizontale. La copropriété horizontale constitue une division en jouissance. La propriété du sol est indivise mais chaque copropriétaire bénéficie de la jouissance exclusive de sa parcelle et le droit d'y construire sa maison (ou toute autre construction).

Tel est le cas d'un terrain constitué en trois lots, appartenant en indivision à trois personnes qui se sont placées sous le régime de la loi du 10 juillet 1965 fixant le statut de la copropriété des immeubles bâtis et ont reçu, sur le terrain correspondant à leur lot, un droit d'usage exclusif qui constitue, avec la maison individuelle à construire, la partie privative de la propriété[3].

Ainsi, dans le cas d'une copropriété dans laquelle chacun des copropriétaires dispose, sur le terrain correspondant à son lot, d'un droit de jouissance exclusif qui constitue, avec la maison individuelle à construire, la partie privative de la copropriété, cette division de terrain en vue de l'implantation d'un bâtiment constitue un lotissement au sens du code de l'urbanisme[4].

372.72 Location avec droit à construire. Une location consentie en vue de l'implantation de bâtiments constitue une division en jouissance. Cette solution a été admise par la jurisprudence[5] et confirmée par la doctrine administrative[6].

L'article L. 442-1 mentionnait d'ailleurs expressément cette possibilité dans sa version antérieure à 2012.

372.73 Indivision dans laquelle chaque construction est destinée à devenir la propriété exclusive de chacun de ses membres. Il y a division en jouissance « lorsque, sur un même terrain appartenant à une indivision, chacun des membres de l'indivision fait construire une maison destinée à devenir sa propriété exclusive et particulière »[7].

La jurisprudence indique en ce sens qu'une division de terrain en vue de l'implantation de bâtiments constitue une subdivision en jouissance si chaque construction est destinée à devenir la propriété exclusive de chacun de ses membres. Ainsi, a le caractère d'un lotissement :

– la construction par trois maîtres d'œuvres différents sur un même terrain, au profit de trois membres de l'indivision qui en est propriétaire, de trois pavillons destinés à devenir la propriété exclusive et particulière de chacun d'eux[8] ;

– la construction de deux habitations sur un terrain par les deux membres de l'indivision propriétaire de ce terrain dans le cas où chacune de ces

1. CE 30 nov. 2007, *Strasbourg (Ville) c/Maleriat-Bihler*, req. n° 271897, NP ; *BJDU* 2007. 367, concl. L. Olleon. Concluant sur cette affaire, le commissaire du gouvernement Laurent Olléon indiquait : « Il faut s'entendre sur les termes : doit-il s'agir d'une jouissance exclusive, ou partagée ? Il nous semble que la logique du lotissement est qu'il doit y avoir une division en jouissance qui s'apparente à une division en propriété. Il ne peut donc s'agir que d'une division en jouissance exclusive [...] ».
2. L. Santoni, « Pas de lotissement et pas de cristallisation sans réelle division », *Constr.-Urb.* 2022, comm. 77.
3. CE 2 févr. 1977, *Ministre de l'Équipement c/Crespin et autres*, req. n° 02051, *Lebon*.
4. CE 27 oct. 1993, *Joubin (Mme)*, req. n° 110375, *Lebon T.*
5. Civ. 3e, 17 nov. 2004, *Carrier c/SCI Le Levant*, n° 03-15.193, P.
6. V. Rép. min. n° 12784, *JOAN Q* 2 mars 2010, p. 2456 : « La vente de la partie bâtie d'une propriété implique la création d'un lot à bâtir, pour autant que la constructibilité du terrain soit établie. En conséquence, quelle que soit la nature de la parcelle cédée (construite ou non), la vente d'un terrain est assimilable à une division foncière entrant dans le champ d'application de l'article L. 442-1 du code de l'urbanisme, si elle doit être suivie [...] d'une demande d'autorisation de construction sur le reliquat reconnu constructible. Il est entendu que toute mise en location entraînant division en jouissance sur la partie détachée ou sur la partie conservée, au moyen d'un bail emphytéotique habilitant à construire ou d'un bail à construction, est également soumise au régime du lotissement ».
7. A. Skzryerbak, concl. sur CE 13 juin 2022, *Mottier*, req. n° 452457, *Lebon T.* ; *BJDU* 2022. 339.
8. CE 26 sept. 1990, *Seguin (Épx)*, req. n° 86058, NP.

habitations est destinée à devenir la propriété particulière et exclusive de chacun des co-indivisaires[1] ;

– une copropriété dans laquelle chacun des copropriétaires dispose, sur le terrain correspondant à son lot, d'un droit de jouissance exclusif qui constitue, avec la maison individuelle à construire, la partie privative de la copropriété[2].

c. Opérations non regardées comme des divisions en jouissance

372.81 **Division en volume.** Ne constitue pas une division en jouissance la construction de deux immeubles sur une parcelle sur laquelle ont été constitués deux droits de superficie. En l'espèce, le contrat de vente prévoyait que « chaque lot comporte la pleine propriété des volumes » et « chaque propriétaire de lot sera propriétaire des constructions ». Le Conseil d'État estime « que la division de ces lots entre les futurs copropriétaires des immeubles collectifs autorisés par les permis de construire litigieux n'emporte pour eux ni propriété ni jouissance exclusive et particulière du sol d'assiette de la parcelle ». Par suite, en l'absence de toute division, en jouissance ou en propriété, de la parcelle servant d'assiette aux constructions autorisées par les deux permis de construire litigieux, l'édification de ces constructions sur cette parcelle ne saurait être regardée comme constitutive d'un lotissement. Dès lors les requérants ne sont pas fondés à soutenir que les permis de construire auraient été délivrés à l'issue d'une procédure irrégulière faute qu'ait été suivie préalablement la procédure de lotissement[3].

372.82 **Location.** Ne constitue pas une division en jouissance la construction par un seul maître d'ouvrage et sur un même terrain de cinq habitations, destinées exclusivement à être mises en location[4]. Une telle opération ne relève pas du régime de lotissement faute qu'intervienne une division foncière[5].

3° Pas de lotissement sans transfert de propriété ou de jouissance des lots autorisés

372.91 **Réalisation du transfert.** Un lotissement ne doit pas seulement être autorisé par un arrêté de lotir ; il doit aussi être réalisé par un transfert de propriété ou de jouissance des lots qu'il prévoit.

Le Conseil d'État l'a clairement souligné dans un arrêt rendu le 13 juin 2022[6]. L'affaire portait en l'espèce sur un terrain de 2600 m^2 appartenant à une SCI. Le terrain comprenait une maison, une piscine et, au fond de la parcelle, un studio. La SCI a souhaité détacher la partie du terrain sur laquelle se trouvait le studio en vue qu'une construction y soit édifiée. À cette fin a-t-elle adressée une déclaration préalable de division de parcelle prévoyant la division du terrain en deux lots : un lot B (sur lequel se trouvaient déjà implantées la villa et la piscine) d'une contenance de 1700 m^2, et un lot A (celui sur lequel se trouve le studio) d'une superficie de 900 m^2 destiné à accueillir une construction à venir. Par un arrêté du 28 avril 2015, le maire ne s'est pas opposé à cette déclaration préalable. La société a alors présenté une demande de permis de construire portant sur le lot A en vue d'y édifier une maison individuelle avec piscine et démolir le studio qui s'y trouve.

Le Conseil d'État affirme que la SCI, qui entendait « conserver la propriété de l'ensemble de la parcelle » dont elle avait préalablement déclaré la division et « sollicitait le permis litigieux pour son propre compte », en vue « de la location saisonnière de la construction projetée », n'avait, à la date du permis de construire, « pas procédé à la cession dont aurait résulté la division ». Dès lors, en déduit-il, « en l'absence de tout transfert de propriété ou de jouissance », l'opération ne pouvait être assimilée à un lotissement.

Le point essentiel tient à ce que la SCI entendait « conserver la propriété de l'ensemble de la parcelle ». En effet, il n'y a pas eu de division en propriété puisqu'en l'absence de cession du lot A, la société est demeurée propriétaire de l'ensemble du terrain. Il n'y a pas eu davantage de division en jouissance car aucun procédé tel qu'un partage du terrain en copropriété ou en individision n'a été mis en œuvre pour conférer à un tiers un droit de jouissance exclusif sur ce lot. La société entendait seulement réaliser à l'emplacement de celui-ci – tel était l'objet du permis de construire qu'elle a demandé et obtenu – une construction devant être ensuite mise en location. Or, pour le Conseil d'État, la division est réalisée, non pas à la délivrance de l'autorisation de lotir mais à compter du transfert de propriété ou de jouissance qui va la mettre en œuvre.

Un autre élément essentiel dans la motivation du Conseil d'État tient à ce que la SCI avait sollicité un permis de construire « pour son propre compte ».

1. CAA Nantes, 31 mai 1995, *SNC Les Rouges-Gorges c/ Couëron (Cne)*, req. n° 93NT00131, *Lebon*.
2. CE 27 oct. 1993, *Joubin (Mme)*, req. n° 110375, *Lebon T.*
3. CE 30 nov. 2007, *Strasbourg (Ville) c/Maleriat-Bihler*, req. n° 271897, NP ; *BJDU* 2007. 367, concl. L. Olleon.
4. CE 29 déc. 1993, Billon, req. n° 140752, NP.
5. CE 7 mars 2008, *Mareil-le-Guyon (Cne)*, req. n° 296287, *Lebon T. ; BJDU* 2008. 37, concl. Y. Struillou.
6. CE 13 juin 2022, *M. et Mme Mottier*, req. n° 452457, *Lebon T. ; BJDU* 2022. 339, concl. A. Skzryerbak ; *AJDA* 2022. 1916, note O. Le Bot ; *Constr.-Urb.* 2022, comm. 77, note L. Santoni ; *RDI* 2022. 474, obs. P. Soler-Couteaux.

Le Conseil souligne par cette formule que le permis de construire n'avait pas été présenté par un tiers – c'est-à-dire, pour être concret, un tiers qui aurait été bénéficiaire d'une promesse de vente sur le lot A. On peut en déduire *a contrario* que si un tiers avait présenté une telle demande de permis, dans le cadre d'une vente assortie d'une condition suspensive liée à son obtention, la division foncière aurait été regardée comme réalisée, ce qui aurait conduit à valider rétroactivement la qualification du projet de construction comme relevant d'un lotissement. La précision implicitement apportée sur ce point revêt sans nul doute une grande importance pour la pratique immobilière et notariale. Pour que le projet de construction soit considéré comme s'inscrivant dans le cadre d'un lotissement, il n'est pas exigé que la demande de permis soit postérieure à la vente du lot ; elle peut être concomitante à cette vente, si se trouve insérée dans la promesse de vente une condition suspensive relative à l'obtention du permis. Dans une telle hypothèse, le projet de construction sera bien regardé comme intervenant dans le cadre d'un lotissement. En revanche, si la division, bien qu'autorisée, n'a pas été mise en œuvre avant la demande de permis (c'est-à-dire qu'aucun contrat ou avant-contrat translatif de propriété ou de jouissance exclusive n'a été conclu), le projet de construction sera considéré comme ne s'inscrivant pas dans le cadre de l'autorisation de lotir. Ce dernier cas de figure revient en effet, ni plus ni moins, à construire sur son propre terrain.

372.92 **Conséquences sur la cristallisation.** En l'absence de transfert, les projets de construction mis en œuvre sur les lots autorisés sont considérés comme intervenant hors lotissement. Par suite, ils sont appréciés à l'échelle du terrain et non du lot, et ils ne peuvent pas bénéficier de la cristallisation des règles d'urbanisme[1].

372.93 **Conséquences sur la pratique notariale.** La jurisprudence Mottier a soulevé des inquiétudes dans la pratique notariale[2], au motif qu'elle pourrait consacrer l'existence d'une condition nouvelle à l'obtention d'un permis de construire en lotissement, à savoir que l'autorisation de lotir ait été effectivement consommée. Or, les notaires prévoient souvent, dans l'avant-contrat, notamment pour des questions de responsabilité professionnelle, une condition suspensive d'obtention de permis de construire. Une interprétation de l'arrêt du 13 juin 2022 pourrait conduire à considérer que, dans de telles circonstances, la division n'étant pas intervenue à la date du dépôt de la demande de permis de construire, le régime du lotissement autorisé ne s'applique pas.

La doctrine administrative s'est efforcée de dissiper ces inquiétudes. Une réponse ministérielle a indiqué que « Sous réserve de l'interprétation souveraine des juridictions qui pourraient être saisies de cette question, il pourrait effectivement être soutenu que l'autorité administrative ne peut présumer de l'intention prochaine du pétitionnaire de "consommer" son autorisation de lotir pour apprécier la demande de permis de construire qui lui est adressée à l'aune des règles applicables aux lotissements, dès lors qu'elle ne s'est pas déjà manifestée par une vente effective. Néanmoins, rien n'indique que la solution dégagée par le Conseil d'État dans l'arrêt susmentionné, appliquée dans le cas d'un propriétaire souhaitant ouvertement conserver la propriété de l'intégralité de la parcelle, doit nécessairement s'appliquer au cas où le propriétaire aurait engagé des démarches actives pour diviser (telle que la signature d'un compromis de vente) »[3].

C. Troisième critère du lotissement : une division ayant pour objet de créer un ou plusieurs lots destinés à être bâtis

372.101 **Critère.** Le troisième critère d'identification du lotissement tient à ce que la division a « pour objet de créer un ou plusieurs lots destinés à être bâtis »[4].

372.102 **Un lot au moins.** L'exigence de création d'un lot destiné à être bâti est satisfaite dès qu'un lot au moins issu de la division est destiné à être bâti[5].

La technique du lotissement monolot est expressément reconnue à l'article L. 442-1 du code de l'urbanisme depuis l'ordonnance du 22 décembre 2011[6]. Dans sa rédaction issue de ce texte, l'article L. 442-1 prévoit en effet que la division de terrain a pour objet de créer « un » ou plusieurs lots destinés à être bâtis.

La jurisprudence avait en outre admis l'existence de cette technique sous l'empire des dispositions antérieures à l'ordonnance du 22 décembre 2011. Le Conseil d'État avait posé « qu'une opération d'aménagement ayant pour effet la division en deux lots

1. CE 13 juin 2022, *M. et Mme Mottier*, req. n° 452457, *Lebon T.* ; *BJDU* 2022. 339, concl. A. Skzryerbak ; *AJDA* 2022. 1916, note O. Le Bot ; *Constr.-Urb.* 2022, comm. 77, note L. Santoni ; *RDI* 2022. 474, obs. P. Soler-Couteaux.
2. S. Ramus, « Division foncière et lotissement : les pouvoirs publics prennent-ils la mesure de la difficulté ? », *JCP N* 2023, act. 551.
3. Rép. min. n° 3456 ; *JOAN Q* 7 mars 2023, p. 2212.
4. C. urb., art. L. 442-1.
5. Pour une représentation sous la forme d'un schéma, v. s^s n° 8.34.
6. Ord. n° 2011-1916, 22 déc. 2011, art. 2.

d'une propriété foncière est susceptible de constituer un lotissement, au sens de ces dispositions, s'il est prévu d'implanter des bâtiments sur l'un au moins de ces deux lots ». Il en avait déduit qu'en jugeant que la cession d'une partie du terrain d'assiette n'ayant pas pour objet d'implanter un ou plusieurs bâtiments sur la partie cédée, l'opération ne constituait pas un lotissement au sens de l'article L. 442-1 du code de l'urbanisme, alors qu'il ressort des pièces du dossier qui lui était soumis que la parcelle conservée par la société propriétaire était destinée à l'implantation d'un ensemble immobilier, la cour dont l'arrêt était attaqué avait commis une erreur de droit[1].

Il en résulte que la division d'un terrain en deux est susceptible de constituer un lotissement si elle aboutit à la création de deux parcelles dont l'une est à construire, y compris si seul le lot conservé par le propriétaire est destiné à être bâti.

372.103 **Un lot à bâtir.** L'exigence de création d'un lot destiné à être bâti exclut du champ de la réglementation sur le lotissement les divisions ne correspondant pas à cette définition :

– division effectuée *après* construction d'un bâtiment[2] ;

– division en jouissance, à usage de jardin ou d'aire de stationnement, du sol commun d'une copropriété, qui ne confère pas, par elle-même, le droit d'implanter des immeubles[3] ;

– division portant sur des terrains inconstructibles[4] (en conséquence il revient à l'administration de s'opposer à un projet d'aménager un lotissement portant sur des terrains inconstructibles[5]) ;

– division, même en pleine propriété, à usage de jardin (improprement qualifiée de « lotissement-jardin », car ne correspondant pas à la définition du lotissement). Néanmoins, « lorsque les lotissements-jardins sont classés par le plan local d'urbanisme ou le document d'urbanisme en tenant lieu dans une zone urbanisée ou une zone à urbaniser, les colotis peuvent rendre leurs terrains constructibles si, par une délibération prise à l'unanimité, ils modifient les documents approuvés du lotissement et s'ils décident de solliciter un permis d'aménager »[6]. Par ailleurs, à propos des cessions ou locations, le code prévoit : « Toute renonciation à la clause d'interdiction d'édifier des constructions à usage d'habitation, d'industrie, de commerce ou d'artisanat figurant dans les actes de vente ou de location de terrains lotis en vue de la création de jardins est nulle et de nul effet, même si elle est postérieure à la vente ou à la location »[7].

– « détachement d'un terrain supportant un ou plusieurs bâtiments qui ne sont pas destinés à être démolis, y compris lorsqu'est envisagée l'extension, même significative, de l'un de ces bâtiments, le cas échéant après démolition d'une partie de celui-ci, ou la construction d'annexes à ces bâtiments »[8]. Ainsi, lorsque la division d'un terrain n'aboutit qu'à la création de parcelles déjà bâties, elle ne peut être qualifiée de lotissement, alors même que des travaux significatifs sont prévus sur l'un des bâtiments qui s'y trouvent[9].

372.104 **Cas particulier : admission de lots non destinés à être bâtis s'ils sont nécessaires à la cohérence d'ensemble de l'opération et au respect de la réglementation.** La jurisprudence a admis la possibi-

1. VOIR (décision rendue dans la rédaction antérieure à l'ordonnance de 2011) : CE 20 févr. 2013, *Buiret-Fedit (Mme) et a.*, req. nº 345728, *Lebon T. ; Constr.-Urb.* 2013, comm. 52, note L. Santoni ; *BJCL* 2013. 261, concl. A. Lallet ; *Dr. adm.* 2013, comm. 47, note S. Marie ; *Gaz. Pal.* 8 sept. 2013, nº 251, p. 45, note B. Raimbert.
2. CE 10 déc. 1982, *Orsini et a.*, req. nº 14125, *Lebon T.*
3. Civ. 3e, 19 janv. 1994, nº 91-20.050, P.
4. CE 17 déc. 2014, *Piersanti et Le Lavandou (Cne)*, req. nº 367134, *Lebon T. ; BJDU* 2015. 90, concl. X. de Lesquen.
5. CE 17 déc. 2014, *Piersanti et Le Lavandou (Cne)*, req. nº 367134 : arrêt affirmant « que les lotissements, qui constituent des opérations d'aménagement ayant pour but l'implantation de constructions, doivent [...] respecter les règles tendant à la maîtrise de l'occupation des sols édictées par le code de l'urbanisme ou les documents locaux d'urbanisme, même s'ils n'ont pour objet ou pour effet, à un stade où il n'existe pas encore de projet concret de construction, que de permettre le détachement d'un lot d'une unité foncière ; qu'il appartient à l'autorité compétente, dans tous les cas, de s'opposer à une déclaration préalable portant sur un lotissement situé dans un secteur que ces règles rendent inconstructible ».
6. Rép. min. nº 57341, *JOAN Q* 16 févr. 2010, p. 1683.
7. C. urb., art. L. 115-6.
8. CE 29 nov. 2023, *Association de défense de l'environnement du parc de Maisons-Laffitte*, req. nº 470788, *Lebon T. ; BJDU* 2024. 16, concl. M. Lecoq ; *JCP G* 2024, act. 138, note O. Le Bot ; *JCP Adm.* 2024. 2077, note S. Marie ; *Constr.-Urb.* 2024, comm. 2, note L. Santoni ; *RDI* 2024. 104, obs. P. Soler-Couteaux.
9. Le Conseil d'État l'avait déjà jugé sous l'état du droit antérieur à la réforme de 2011 en posant, dans une décision inédite, « qu'il ne résulte aucunement de l'article R. 315-1 du code de l'urbanisme, qui a trait à la définition des lotissements, qu'un agrandissement significatif d'une construction existante devrait être regardé comme équivalant à l'édification d'une construction nouvelle » (CE 6 mai 1991, *Tricon*, nº 70574, NP). Il le confirme sous l'état du droit actuel en affirmant clairement que la réalisation de travaux, le cas échéant importants, sur une construction existante située sur une partie détachée du terrain d'origine, ne confère pas à l'opération la qualification de lotissement (v. pts 3 et 6 de l'arrêt du 29 nov. 2023 préc.). Il ne peut en aller différemment que si la construction existante est destinée à être entièrement démolie, la situation étant en ce cas équivalente à celle d'un terrain vierge destiné à être bâti (lecture *a contrario* du point e de l'article R. 442-15, qui exclut du champ du lotissement « les détachements de terrains supportant des bâtiments qui ne sont *pas* destinés à être démolis »).

lité d'inclure des lots non destinés à être bâtis dans le périmètre d'un lotissement, dès lors que cette inclusion :

- est nécessaire à la cohérence d'ensemble de l'opération ;

- et que la réglementation qui leur est applicable est respectée.

Le Conseil d'État rappelle :

- d'une part, qu'« une opération d'aménagement ayant pour effet la division d'une propriété foncière en plusieurs lots constitue un lotissement [...] s'il est prévu d'implanter des bâtiments sur l'un au moins de ces lots »[1] ;

- d'autre part, qu'une telle opération « doit respecter les règles tendant à la maîtrise de l'occupation des sols édictées par le code de l'urbanisme et les documents locaux d'urbanisme » et, par conséquent, qu'il appartient à l'autorité compétente « de refuser le permis d'aménager sollicité lorsque, compte tenu de ses caractéristiques telles qu'elles ressortent des pièces du dossier qui lui est soumis, le projet de lotissement prévoit l'implantation de constructions dont la conformité avec les règles d'urbanisme ne pourra être ultérieurement assurée lors de la délivrance des autorisations d'urbanisme requises »[2].

Toutefois, précise-t-il, « la circonstance que certains lots ne soient pas destinés à accueillir des constructions ne fait pas obstacle, par elle-même, à la réalisation d'une opération de lotissement incluant ces lots, dès lors que leur inclusion est nécessaire à la cohérence d'ensemble de l'opération et que la règlementation qui leur est applicable est respectée »[3].

En l'espèce, le projet de lotissement portait sur huit lots. Deux d'entre eux étaient inconstructibles en vertu du POS, l'un étant classé en zone A exclusivement réservée à la valorisation agricole des sols et l'autre en zone N ayant pour vocation la conservation de l'espace boisé classé. Le Conseil d'État estime qu'il n'y a :

- ni méconnaissance des règles applicables aux zones A et N dès lors que l'exploitation de ces deux lots est conforme à la réglementation de leurs zonages respectifs ;

- ni obligation de les exclure du périmètre du lotissement dès lors qu'ils participent à l'économie générale du lotissement (étant donc nécessaires à la cohérence de l'ensemble de l'opération).

1. V. s[s] n° 372.101.
2. V. s[s] n° 372.241.
3. CE 30 janv. 2020, *Assoc. Non au Béton et Sterkers-Artières (Mme)*, req. n° 419837, *Lebon T. ; BJDU* 2020. 177, concl. A. Lallet ; *BJDU* 2020. 182, note S. Ferrari.

D. Contrôle de cassation

372.111 Contrôle de la qualification juridique. Le juge de cassation exerce un contrôle de la qualification juridique sur la notion de lotissement, c'est-à-dire l'analyse opérée par les juges du fond quant au rattachement d'une opération donnée à cette catégorie juridique[4]. Cette solution se justifie pour deux raisons. D'une part, la notion conditionne l'application d'un entier régime juridique. D'autre part, la détermination de l'existence d'un lotissement ne constitue pas une appréciation de faits : elle ne se constate pas matériellement. Au contraire, cette opération intellectuelle suppose la combinaison de conditions et de critères posés par la loi. La densité juridique dont se trouve ainsi dotée la notion implique de soumettre à un contrôle de la qualification juridique la détermination de l'existence d'un lotissement.

372.112 Absence de contrôle des appréciations. Les appréciations strictement factuelles (par exemple l'état antérieur du terrain, l'existence d'un bâtiment ou encore les projets d'implantation ou de destruction d'un bâtiment) relèvent de l'appréciation souveraine des juges du fond. Elles échappent donc au contrôle de cassation sous réserve de dénaturation des faits.

§ 2 Division de terrain non constitutive d'un lotissement

372.121 Exclusion réglementaire. Un certain nombre de divisions de terrains ne relèvent pas du régime du lotissement :

- d'une part celles qui ne répondent pas à la définition du lotissement[5] ;

- d'autre part celles qui répondraient à la notion de lotissement mais, pour des raisons tenant soit à leur objet soit au fait qu'elles fassent déjà l'objet d'un contrôle au titre d'une autre procédure, sont exclus de son champ d'application (en l'occurrence par l'article R. 442-1 du code de l'urbanisme[6]).

4. CE 29 nov. 2023, *Association de défense de l'environnement du parc de Maisons-Laffitte*, req. n° 470788, *Lebon T., JCP G* 2024, Act. 138, note O. Le Bot ; *JCP Adm.* 2024. 2077, note S. Marie ; *Constr.-Urb.* 2024, comm. 2, note L. Santoni.
5. Sur cette définition, et les critères prévus, v. s[s] n°s 372.21 s.
6. Cet article est pris sur le fondement de l'article L. 442-1-1, aux termes duquel : « Un décret en Conseil d'État énumère les divisions en vue de construire qui, en fonction de leur objet particulier ou par suite de leur contrôle au titre d'une autre procédure, ne sont pas constitutives d'un lotissement au sens de l'article L. 442-1 ».

A.
Liste des divisions de terrain exclues du régime du lotissement par l'article R. 442-1

1°
Division primaire

a.
Notion de division primaire

372.131 Diviser après avoir obtenu un permis de construire. L'expression « division primaire » est utilisée par la doctrine et les praticiens mais n'est pas employée dans le code de l'urbanisme.

Elle correspond aux « divisions en propriété ou en jouissance effectuées par un propriétaire au profit de personnes qui ont obtenu un permis de construire ou d'aménager portant sur la création d'un groupe de bâtiments ou d'un immeuble autre qu'une maison individuelle [...] »[1].

La division primaire se fait en deux temps :

- dans un premier temps, une personne obtient un permis de construire sur un terrain ne lui appartenant pas ;

- dans un second temps se trouve détachée, à son profit, la fraction du terrain objet du projet de construction.

L'opération se réalise généralement de la manière suivante :

- pour le premier temps de l'opération, le propriétaire du terrain conclut une promesse de vente qui comporte une condition suspensive tenant à l'obtention du permis de construire ;

- pour le second temps, une fois le permis obtenu, intervient la réitération de l'acte authentique de vente, qui emporte division de l'unité foncière initiale.

Les étapes sont ainsi inversées par rapport au lotissement :

- le lotissement conduit à une division avant l'obtention d'un permis de construire ;

- la division primaire conduit à diviser après avoir obtenu un permis de construire[2].

372.132 Deux conditions. Les divisions en propriété ou en jouissance entrent dans le champ du a) de l'article R. 442-1 (et donc échappe au régime du lotissement) si deux conditions sont réunies.

En premier lieu, la division doit être opérée, de façon volontaire, au profit d'un tiers ayant « obtenu un permis de construire ou d'aménager »[3]. Il ne suffit pas que le permis ait été demandé par le bénéficiaire de la division, il faut qu'il ait été obtenu[4].

En second lieu, le permis doit porter sur la création[5] :

- d'un « groupe de bâtiments » ;

- ou d'un « immeuble autre qu'une maison individuelle ».

Ainsi, cette technique ne s'applique pas lorsque le permis porte sur la création d'une maison individuelle (afin précisément d'éviter un détournement de la procédure). La notion est utilisée « au sens de l'article L. 231-1 du code de la construction et de l'habitation »[6]. Le code de l'urbanisme renvoie donc sur ce point à la définition donnée par le CCH. À titre d'exemple, la CAA de Marseille a indiqué « que constitue une maison individuelle, au sens des dispositions précitées, une construction qui, bien que susceptible d'accueillir plusieurs logements, par ses proportions, son architecture horizontale plutôt que verticale, et son aspect extérieur, ne peut être qualifiée d'immeuble d'habitation collective »[7].

372.133 Illustration. Satisfait par exemple aux conditions posées l'opération suivante[8] :

- dans un premier temps, une société obtient un permis de construire un groupe de trois constructions ;

- dans un second temps, le propriétaire lui consent un bail à construction sur trois lots d'une parcelle sur laquelle s'étend le terrain d'assiette de l'opération.

b.
Régime de la division primaire

372.141 Non-soumission au régime du lotissement. Les divisions primaires ne sont pas soumises à un régime juridique propre. Le code de l'urbanisme n'y fait référence que pour les soustraire à l'application du régime des lotissements. Il prévoit que ces opérations « ne constituent pas des lotissements au sens du présent titre et ne sont soumis ni à déclaration préalable ni à permis d'aménager »[9].

Par suite, les divisions primaires ne sont pas soumises au régime du lotissement[10] ni, par voie de conséquence, à un contrôle[11].

1. C. urb., art. R. 442-1, a.
2. EN CE SENS : CE 18 oct. 1995, *SCI du parc de Vaugirard*, req. n° 122365, *Lebon T.*
3. C. urb., art. R. 442-1, a.
4. PAR EX. : CAA Lyon, 12 nov. 2013, *Tayol*, req. n° 13LY00584, NP : arrêt jugeant le compromis de vente légal dès lors que la commune cessionnaire du terrain a inséré dans le compromis une condition suspensive liée à l'obtention d'un permis de construire.
5. C. urb., art. R. 442-1, a.
6. C. urb., art. R. 442-1, a.
7. CAA Marseille, 21 avr. 2016, *SCI Merlot*, req. n° 14MA01555, NP.
8. CAA Nantes, 17 janv. 2014, *Leconte*, req. n° 12NT01423, NP.
9. C. urb., art. R. 442-1.
10. PAR EX. : CAA Nantes, 17 janv. 2014, *Leconte*, req. n° 12NT01423, NP. En conséquence, inopérance du moyen tiré de l'absence de permis d'aménager.
11. Sur l'absence de contrôle, v. s[s] n° 372.191.

L'absence de contrôle de la division primaire au titre du lotissement se justifie par la circonstance qu'un contrôle se trouve déjà exercé avant l'opération de division par le biais du permis de construire. Celui-ci permettant de vérifier *a priori* le respect par le projet des règles d'urbanisme, il n'y a pas lieu d'exercer un second contrôle au moment de l'opération de détachement.

La procédure s'avère ainsi simple à mettre en œuvre pour les promoteurs en ne requérant qu'une autorisation unique.

372.142 Appréciation du droit de construire à l'échelle du terrain et non de la parcelle à détacher. Eu égard à l'objet de ce procédé permettant de combiner, pour les projets portant sur un groupe de bâtiments ou un immeuble autre qu'une maison individuelle destinés à occuper une partie de l'unité foncière existante, l'obtention de l'autorisation d'urbanisme nécessaire au projet et la division de l'unité foncière existante, « le respect des règles d'urbanisme doit être apprécié au regard de l'ensemble de l'unité foncière existant à la date à laquelle l'administration statue sur la demande, bien que cette dernière soit informée de la division à venir »[1].

Dans l'hypothèse où, postérieurement à la division du terrain mais avant l'achèvement des travaux, le pétitionnaire dépose une demande de permis modificatif, « il y a lieu d'apprécier la légalité de cette demande sans tenir compte des effets, sur le terrain d'assiette, de la division intervenue »[2].

2°
Division de terrain effectuée dans le cadre d'une opération de remembrement réalisée par une AFU

372.151 AFU autorisée ou constituée d'office. Ne constituent pas des lotissements « les divisions effectuées dans le cadre d'une opération de remembrement réalisée par une association foncière urbaine autorisée ou constituée d'office »[3]. Cette exclusion du régime des lotissements se justifie par la circonstance qu'un contrôle de la puissance publique a déjà été exercé *a priori*, voire que l'administration se trouve elle-même à l'origine de l'opération.

En revanche, et selon la même logique d'un contrôle sur les divisions foncières, les AFU libres de remembrement suivent le régime applicable aux lotissements[4].

3°
Division de terrain effectuée par l'aménageur à l'intérieur d'une ZAC

372.161 Texte. Parce qu'ils ont déjà fait l'objet d'un contrôle de la part de la puissance publique, ne constituent pas des lotissements « les divisions effectuées par l'aménageur à l'intérieur d'une zone d'aménagement concerté »[5]. Cette exception ne concerne que les divisions réalisées par l'aménageur lui-même. Si l'acquéreur d'un lot transforme celui-ci en lotissement, cette opération sera soumise à déclaration préalable ou permis d'aménager[6].

4°
Division de terrain effectuée conformément à un permis de construire valant division

372.171 Procédure groupée échappant au régime du lotissement. La procédure de permis de construire valant division (PCVD) concerne des opérations immobilières d'ensemble, y compris des maisons individuelles dites groupées, dans le cadre d'un seul permis de construire. Elle vise à simplifier la réalisation des projets comportant à la fois division de terrain et construction de plusieurs bâtiments. Elle conduit à la délivrance d'un acte portant à la fois permis de construire et autorisation de diviser le terrain d'assiette du projet.

Cette procédure se distingue de la division primaire au niveau de la chronologie des opérations :

– dans la division primaire, la division succède à la délivrance du permis de construire ;

– dans la procédure du permis de construire valant division, l'autorisation délivrée vaut concomitamment autorisation de construire et division.

Dans la mesure où un contrôle de l'administration se trouve exercé au moment de la délivrance du permis, cette procédure se trouve hors champ du régime du lotissement[7].

372.172 Champ d'application de la procédure du permis de construire valant division. Le champ de la procédure de permis de construire valant division est défini sur la base de deux critères[8] :

– d'une part, les travaux projetés portent sur la construction de « plusieurs bâtiments » sur « une unité foncière » (ou sur « plusieurs unités foncières contiguës ») ;

– d'autre part, le terrain d'assiette de l'opération, comprenant une unité foncière (ou plusieurs unités

1. CE 12 nov. 2020, *SCI du 3 rue Jules Gautier*, req. n° 421590, *Lebon T. ; BJDU* 2021. 23, note. S. Ferrari ; *Constr.-ubr.* 2021, comm. 3, note L. Santoni ; *JCP Adm.* 2021, n° 2018, note M. Cormille.
2. CE 12 nov. 2020, *SCI du 3 rue Jules Gautier*, req. n° 421590.
3. C. urb., art. R. 442-1, b.
4. V. s^s n° 542.312.
5. C. urb., art. R. 442-1, c.
6. Civ. 3e, 24 avr. 2003, n° 01-13.393, NP.
7. C. urb., art. R. 422-1, d : ne constituent pas des lotissements « les divisions de terrains effectuées conformément à un permis de construire prévu à l'article R. 431-24 ».
8. C. urb., art. R. 431-24.

foncières contiguës), « doit faire l'objet d'une division » en propriété ou en jouissance, et ce « avant l'achèvement de l'ensemble du projet ».

À titre d'exemple, la construction par un seul maître d'ouvrage et sur un même terrain de cinq habitations, destinées exclusivement à être mises en location, ne constitue pas une division en jouissance de la propriété foncière dès lors que cette opération ne confère à chacun des locataires qu'un simple droit d'usage exclusif d'une maison individuelle et du terrain attenant, sans entraîner, par elle-même, de division foncière[1].

En revanche, entre dans le champ d'application de cette procédure la construction d'un ensemble immobilier devant être soumis au régime de la copropriété, un tel régime comportant une division en parties affectées à l'usage de tous et en parties affectées à l'usage exclusif des copropriétaires, chacun d'eux disposant d'un droit de jouissance privative exclusif sur sa maison individuelle et le terrain attenant. En l'espèce, le projet portait sur la construction de 15 chalets devant être implantés sur des parcelles de terrains qui devaient faire l'objet d'une attribution privative. Ainsi, la construction par une SCI de ces 15 chalets pour un seul propriétaire et destinés seulement dans l'avenir à être vendus à des propriétaires différents dans le cadre du régime de la loi du 10 juillet 1965, entre dans le champ d'application du permis de construire valant division[2].

372.173 Dossier de permis de construire valant division. La demande de permis de construire valant division est présentée et instruite selon les règles applicables à tout permis de construire. Le dossier de demande comporte néanmoins certaines pièces complémentaires, notamment un plan de division[3].

372.174 Délivrance du permis. Le permis de construire valant division, autorise :

– d'une part, la construction de plusieurs bâtiments sur un même terrain ;

– et, d'autre part, la division de ce terrain selon le plan de division annexé à la demande.

372.175 Respect des autres réglementations. Une réponse ministérielle a souligné que le permis de construire valant division « ne saurait ni remettre en cause le projet d'ensemble, ni permettre de contourner une autre réglementation. Ainsi, elle ne saurait conduire à céder des permis de construire distincts qui n'assureraient plus l'organisation initiale de l'ensemble du projet (accès, réseaux, espaces et équipements communs) »[4].

À cet égard, la Cour de cassation a insisté sur la différence entre la division primaire et le PCVD[5] :

– dans le cadre de la division d'une unité foncière prévue à l'article R. 442-1, a), du code de l'urbanisme (division primaire), « il ne peut être fait exception à la procédure de lotissement que si le projet porte sur un groupe de bâtiments ou un immeuble autre qu'une maison individuelle »[6] ;

– dans le cadre d'un PCVD, l'article R. 442-1, d), prévoit que toutes les divisions de terrains effectuées conformément à ce permis ne constituent pas des lotissements, « quelles que soient les constructions sur lesquelles porte le projet » (donc sans exclusion des maisons individuelles).

La Cour en a déduit « que, en recourant au statut de la copropriété » dans le cadre du régime du PCVD, le vendeur d'un lot de cette copropriété ne « fait qu'user d'une faculté qui lui [est] expressément ouverte par ces dispositions »[7]. Dans cette affaire, une société avait obtenu un PCVD et recouru au statut de la copropriété. Elle a ensuite vendu un lot de cette copropriété (lot qui était en l'occurrence constitué d'un droit à construire une maison et d'une quote-part des parties communes). La Cour de cassation estime que la vente de ce lot ne contourne pas le statut légal du lotissement. Cette position contredit la doctrine administrative, dont la lecture des dispositions applicables l'avait conduit à exclure cette possibilité[8].

5°
Détachements de terrain

372.181 Exclusion. Ne constituent pas des lotissements les détachements de terrain suivants[9] :

– les détachements de terrains supportant des bâtiments qui ne sont pas destinés à être démolis (e) ;

– les détachements de terrain d'une propriété en vue d'un rattachement à une propriété contiguë (f) ;

– les détachements de terrain par l'effet d'une expropriation, d'une cession amiable consentie après déclaration d'utilité publique et, lorsqu'il en est donné acte par ordonnance du juge de l'expropriation, d'une cession amiable antérieure à une déclaration d'utilité publique (g) ;

– les détachements de terrains réservés acquis par les collectivités publiques dans les conditions prévues aux articles L. 230-1 à L. 230-6[10] (h) ;

1. CE 7 mars 2008, *Mareil-le-Guyon (Cne)*, req. n° 296287, *Lebon T.* ; *BJDU* 2008. 37, concl. Y. Struillou.
2. CE 8 févr. 1999, *La Clusaz (Cne)*, req. n° 171946, NP.
3. V. ss n° 361.252.
4. Rép. min. n° 79416, *JOAN Q* 22 mars 2011, p. 2878.
5. Civ. 3e, 19 janv. 2022, n° 20-19.329, NP ; *Constr.-urb.* 2022, comm. 29, note L. Santoni ; *RDI* 2022. 185, obs. P. Soler-Couteaux.
6. V. ss n° 372.131.
7. Civ. 3e, 19 janv. 2022, n° 20-19.329.
8. Rép. min. n° 79416, *JOAN Q* 22 mars 2011, p. 2878 – Rép. min. n° 01040, *JO Sénat* 19 avr. 2018, p. 1921.
9. C. urb., art. R. 422-1, al. 6 à 10.
10. V. ss nos 45.07 s. (droit de délaissement).

– les détachements de terrains résultant de l'application de l'article L. 332-10 dans sa rédaction en vigueur avant la loi du 29 décembre 2010[1] de finances rectificative pour 2010[2], ou de l'application de l'article L. 332-11-3[3] (i).

Ces exceptions se justifient, soit par le caractère modeste de l'opération (pour les deux premières), soit par le fait qu'elle ait déjà donné lieu à un contrôle au titre d'une autre procédure (pour les autres).

B.
Formalités préalables aux divisions de terrain non constitutives de lotissement

372.191 Dispense de formalités pour les divisions de terrains exclues du régime du lotissement par l'article R. 442-1. Les divisions de terrains exclues du régime du lotissement par l'article R. 442-1 ne sont soumises « ni à déclaration préalable ni à permis d'aménager »[4].

SECTION 2
AUTORISATION DU LOTISSEMENT

§ 1
Demande de permis d'aménager ou déclaration préalable

A.
Champ d'application des deux procédures

372.201 Contrôle préalable de la puissance publique. Toute création de lotissement est soumise à un contrôle préalable de la puissance publique sous la forme, soit d'un permis d'aménager, soit d'une déclaration préalable.

372.202 Lotissements soumis à permis d'aménager. Doivent être précédés de la délivrance d'un permis d'aménager :

– d'une part, les lotissements qui prévoient la création ou l'aménagement de voies, d'espaces ou d'équipements communs à plusieurs lots destinés à être bâtis et propres au lotissement[5] ;

– d'autre part, les lotissements situés dans le périmètre d'un site patrimonial remarquable, dans les abords des monuments historiques, dans un site classé ou en instance de classement[6].

1. L. n° 2010-1658, 29 déc. 2010.
2. V. s^{s} n° 551.23.
3. V. s^{s} n°s 553.111 s.
4. C. urb. art. R. 442-1, al. 1er.
5. V. s^{s} n°s 323.41 et s.
6. V. s^{s} n° 323.141.

372.203 Lotissements soumis à déclaration préalable. Les lotissements qui ne sont pas soumis à la délivrance d'un permis d'aménager doivent faire l'objet d'une déclaration préalable[7].

B.
Dossier de demande de permis d'aménager ou de déclaration préalable

372.210 Renvoi. Le contenu du dossier de demande de permis d'aménager un lotissement est précisé aux articles R. 442-3 s. pour le permis d'aménager[8]. Il n'est pas prévu de formulaire spécifique.

Le dossier de déclaration préalable est celui applicable à toute déclaration préalable portant sur un aménagement[9]. Un formulaire spécifique est néanmoins prévu[10].

C.
Détermination du périmètre du lotissement

372.221 Périmètre du lotissement. Le périmètre du lotissement comprend[11] :

– le ou les lots destinés à l'implantation de bâtiments ;

– ainsi que, s'ils sont prévus, les voies de desserte, les équipements et les espaces communs à ces lots.

372.222 Pratique. Normalement, les parties déjà bâties issues de la division n'ont pas vocation à faire partie du lotissement, ainsi que le prévoit la première phrase de l'article L. 442-1-2 du code de l'urbanisme en énonçant que le périmètre du lotissement comprend le ou les lots « destinés à l'implantation de bâtiments (...) ». Néanmoins, le lotisseur peut en décider autrement en choisissant d'inclure des parties déjà bâties de l'unité foncière initiale. En effet, la seconde phrase du même article lui ouvre la possibilité de « choisir d'inclure dans le périmètre du lotissement des parties déjà bâties de l'unité foncière (...) ». Cette faculté peut s'avérer utile selon la configuration des lieux en lui permettant « de gérer de manière souple les droits à construire dans le lotissement et de faciliter les projets denses »[12].

Dans ce cas, les prescriptions du PLU relatives aux constructions ne peuvent pas être opposées au reliquat bâti exclu du périmètre de l'opération[13]. En

7. C. urb., art. L. 442-3.
8. V. s^{s} n°s 371.201 s.
9. V. s^{s} n°s 371.251 s.
10. V. s^{s} n° 371.271.
11. C. urb., art. L. 442-1-2.
12. Rapport au Président de la République relatif à l'ordonnance n° 2011-1916 du 22 décembre 2011.
13. CAA Marseille, 29 juin 2021, *SCI du Bout du Gail*, req. n° 19MA00260, NP ; *Constr.-urb.* 2022, ét. 2, Béatrice Arnould.

effet, dans la mesure où le reliquat déjà bâti demeure ici extérieur au lotissement, il n'est pas soumis au régime du lotissement et plus largement n'est pas soumis à un contrôle au titre de la mise en œuvre de celui-ci. En effet, en prévoyant que le permis d'aménager « ne peut être accordé que si les travaux projetés sont conformes aux dispositions » applicables, l'article L. 421-6 du code de l'urbanisme ne vise que les travaux envisagés *dans* le lotissement. Cela a pour conséquence d'exclure que la parcelle demeurant en dehors du lotissement fasse l'objet, au moment de l'autorisation de celui-ci, d'un contrôle de sa conformité avec les règles d'urbanisme applicables [1].

D.
Répartition de la surface constructible entre les différents lots

372.231 **Répartition par le lotisseur.** Pour les lotissements soumis à permis d'aménager, la « surface de plancher maximale autorisée » ainsi que les « majorations des règles relatives au gabarit et à la densité » prévues par le 3° de l'article L. 151-28 et le deuxième alinéa de l'article L. 151-29 « peuvent être réparties entre les différents lots soit par le permis d'aménager, soit par le lotisseur à l'occasion de la vente ou de la location des lots » [2]. Pour les lotissements soumis à déclaration préalable, la surface de plancher maximale autorisée ainsi que les majorations des règles relatives au gabarit et à la densité « peuvent être réparties par le lotisseur à l'occasion de la vente ou de la location des lots » [3].

On notera que ces dispositions font référence au COS alors même que les dispositions des PLU qui comportent des précisions relatives au COS sont inopposables depuis la loi ALUR [4]. Il en résulte qu'elles doivent être appliquées abstraction faite de cette notion. Ainsi, il revient au lotisseur de préciser, dans sa demande de permis d'aménager, la surface de plancher maximale dont la construction est envisagée sur le périmètre de l'opération. Cette surface ne peut pas être supérieure à celle qui résulte de l'application des règles de densité prévues par le PLU, la carte communale ou le RNU [5].

372.232 **Délivrance d'un certificat.** Lorsque la répartition de la surface de plancher maximale est effectuée par le lotisseur, « celui-ci fournit aux attributaires de lots un certificat indiquant la surface de plancher constructible sur le lot » [6].

Ce certificat est joint à la demande de permis de construire [7].

372.233 **Modification ultérieure de la surface.** Il résulte des termes mêmes de l'article R. 442-10 du code de l'urbanisme que seule la délivrance d'un permis d'aménager modificatif peut permettre d'augmenter la surface de plancher autorisé au sein d'un lotissement. Le règlement du lotissement ne peut réaliser une telle augmentation de surface à l'occasion d'une modification dont il fait l'objet, y compris lorsque le permis d'aménager lui renvoie le soin de répartir la surface autorisée entre les lots [8].

§ 2
Appréciation de la conformité du projet aux règles d'urbanisme

372.240 **Renvoi.** Comme toute demande d'autorisation d'utilisation ou d'occupation du sol, la demande de permis d'aménager ou la déclaration préalable doit être conforme aux règles d'urbanisme [9].

372.241 **Condition du respect par les opérations de lotissement des règles d'urbanisme tendant à la maîtrise de l'occupation des sols, et obligation de s'opposer à un projet de lotissement si les constructions à édifier ne pourront être autorisées.** Le Conseil d'État a précisé « que les lotissements, qui consti-

1. CE 29 nov. 2023, *Association de défense de l'environnement du parc de Maisons-Laffitte*, req. n° 470788, *Lebon T.*, *JCP G* 2024, act. 138, note O. Le Bot ; *JCP Adm.* 2024. 2077, note S. Marie ; *Constr.-Urb.* 2024, comm. 2, note L. Santoni. Dans cette affaire, deux terrains avaient été divisés. S'agissant du premier terrain, le Conseil d'État indique que « la conformité aux règles d'urbanisme de la construction existante située sur le terrain déjà bâti, issu de la division mais non inclus dans le périmètre du lotissement, n'avait pas à être vérifiée pour délivrer le permis d'aménager sollicité, l'appréciation de la conformité aux règles d'urbanisme d'un projet de constructions faisant l'objet d'une demande de permis d'aménager un lotissement ne pouvant porter que sur les terrains inclus dans le périmètre de ce lotissement (...) » (p^t 4). De même, s'agissant du second terrain, le Conseil estime que « le tribunal administratif n'a ni inexactement qualifié les faits de l'espèce ni, en tout état de cause, commis d'erreur de droit en jugeant (...) que le respect des règles d'urbanisme par la construction située sur la parcelle (...) non comprise dans le périmètre du "lotissement", n'avait pas à être vérifié pour délivrer le permis de construire valant déclaration de lotissement litigieux » (p^t 6).
2. C. urb., art. R. 442-10, al. 1er.
3. C. urb., art. R. 442-10, al. 2.
4. V. s^s n° 231.1832.
5. Pour les lotissements autorisés avant l'entrée en vigueur de la loi ALUR (soit le 27 mars 2014), deux situations étaient possibles. Dans la première, la répartition de la surface constructible avait été précisée, soit dans le permis d'aménager, soit lors de la cession ou location d'un lot. Dans le second (à défaut de précisions), la surface constructible était déterminée par application du COS.
6. C. urb., art. R. 442-11, al. 1er.
7. C. urb., art. R. 442-11, al. 2.
8. TA Grenoble, 3 oct. 2023, *Zellweger*, req. n° 2205745, inédit.
9. Pour la demande de permis d'aménager, v. s^s n°s 342.11 s. – Pour la déclaration préalable, v. s^s n° 342.221.

tuent des opérations d'aménagement ayant pour but l'implantation de constructions, doivent respecter les règles tendant à la maîtrise de l'occupation des sols édictées par le code de l'urbanisme ou les documents locaux d'urbanisme, même s'ils n'ont pour objet ou pour effet, à un stade où il n'existe pas encore de projet concret de construction, que de permettre le détachement d'un lot d'une unité foncière ; qu'il appartient, en conséquence, à l'autorité compétente de refuser le permis d'aménager sollicité ou de s'opposer à la déclaration préalable notamment lorsque, compte tenu de ses caractéristiques telles qu'elles ressortent des pièces du dossier qui lui est soumis, un projet de lotissement permet l'implantation de constructions dont la compatibilité avec les règles d'urbanisme ne pourra être ultérieurement assurée lors de la délivrance des autorisations d'urbanisme requises »[1].

§ 3
Délivrance de l'autorisation de réaliser le lotissement

A.
Permis d'aménager ou décision de non-opposition

372.251 **Autorisation du lotissement par permis d'aménager ou décision de non-opposition.** Si le projet de lotissement respecte les dispositions applicables, l'autorité compétente autorise sa réalisation. Selon le régime dont relève le projet, l'autorisation prend la forme :

- soit d'un permis d'aménager ;
- soit d'une décision de non-opposition à déclaration préalable.

372.252 **Cas particulier : autorisation du lotissement par permis de construire de régularisation.** Si une division qui était soumise à déclaration préalable a été réalisée sans l'accomplissement de cette formalité, cette absence peut être régularisée au moment de la demande de permis de construire portant sur ce lot[2].

372.253 **Permis modificatif.** Un permis d'aménager modificatif peut être demandé s'il y a lieu d'apporter des changements au projet initial, par exemple pour modifier la superficie des lots dans le lotissement[3].

1. CE 24 févr. 2016, *Pia (Cne)*, req. nº 383079, *Lebon T.* ; *BJDU* 2016. 191, concl. J. Lessi.
2. V. ss nº 372.611.
3. Rép. min. nº 1919 ; *JO Sénat Q* 1er déc. 2022, p. 6175.

B.
Effet de la délivrance de l'autorisation de réaliser le lotissement : stabilisation des droits à construire

372.261 **Cristallisation des règles d'urbanisme.** Afin de sécuriser la réalisation des opérations de construction au sein d'un lotissement, le code de l'urbanisme consacre un principe de stabilisation des droits à construire durant une période de cinq années[4].

1°
Inopposabilité des dispositions d'urbanisme nouvelles

a.
Stabilisation par autorisation de lotir

372.271 **Garantie de stabilité.** Lorsque le lotissement a été autorisé par un permis d'aménager ou une décision de non-opposition, « le permis de construire ne peut être refusé ou assorti de prescriptions spéciales sur le fondement de dispositions d'urbanisme nouvelles intervenues » après sa délivrance[5]. Il en résulte que les dispositions d'urbanisme nouvelles défavorables au projet de construction ne lui sont pas opposables, ce qui procure « une garantie de stabilité des règles d'urbanisme en vigueur à la date de la délivrance de cette autorisation »[6].

b.
Durée de la stabilisation

372.281 **Stabilisation pendant une durée de 5 années.** La cristallisation des règles d'urbanisme s'applique pour une durée de cinq ans[7].

c.
Point de départ du délai de 5 ans

372.291 **Projets soumis à déclaration préalable.** Pour les projets soumis à déclaration préalable, le

4. Cette cristallisation ne s'applique qu'aux lotissements ; elle ne s'étend pas aux divisions de terrain ne relevant pas de ce régime (v. ss nº 372.92).
5. C. urb., art. L. 442-14, al. 1er ; art. L. 442-14, al. 2.
6. CE 16 mars 2016, *Grimaud (Cne) c/SNC Champ de la Foux*, req. nº 379727, NP. Cette garantie a été instaurée en 1984 afin de sécuriser la situation des lotisseurs et des acquéreurs de lots (décr. nº 84-227, 29 mars 1984). En effet, en cas d'évolution défavorable de la réglementation rendant les lots inconstructibles, les lotisseurs ne trouvaient plus d'acquéreurs et les personnes s'étant rendues propriétaires de lots ne pouvaient plus y construire. Le délai de cristallisation était initialement de six mois. Il a été porté à cinq ans par la loi Méhaignerie (L. nº 86-1290, 23 déc. 1986).
7. C. urb., art. L. 442-14, al. 1er ; art. L. 442-14, al. 2.

délai de cristallisation commence à courir à compter de la date de la décision de non-opposition[1].

372.292 Projets soumis à permis d'aménager. Pour les projets soumis à permis d'aménager, le délai de cristallisation commence à courir à compter de l'achèvement des travaux, constaté dans les conditions mentionnées aux articles R. 462-1 et suivants[2].

Il en résulte que le document d'urbanisme applicable aux demandes de permis de construire présentées dans le cadre d'un lotissement est celui en vigueur à la date à laquelle a été délivrée l'autorisation de lotir et ce, pendant un délai de cinq ans à compter de la réception, par l'administration, de la déclaration d'achèvement du lotissement. Durant ce délai, les dispositions des documents d'urbanisme intervenues postérieurement à l'autorisation de lotissement ne sont pas opposables aux demandes de permis de construire[3].

Est sans incidence sur le déclenchement de ce délai la circonstance que les dispositions réglementaires de l'article R. 462-6 du code de l'urbanisme prévoient la possibilité pour l'administration de contester, dans les conditions et limites qu'elles déterminent, la conformité des travaux ayant fait l'objet de cette déclaration d'achèvement[4].

Lorsqu'un lotissement est réalisé par tranches, il est à penser que la déclaration d'achèvement de chacune de celles-ci fait courir le délai de cristallisation à son égard.

d.
L'annulation d'un document d'urbanisme ne remet pas en cause la cristallisation

372.301 Annulation sans incidence. L'annulation, totale ou partielle, ou la déclaration d'illégalité d'un SCOT, d'un PLU, d'un document d'urbanisme en tenant lieu ou d'une carte communale pour un motif étranger aux règles d'urbanisme applicables au lotissement « ne fait pas obstacle [...] au maintien de l'application des règles au vu desquelles le permis d'aménager a été accordé ou la décision de non-opposition a été prise »[5]. Il résulte de ces dispositions, issues de la loi ÉLAN[6], qu'un permis de construire peut être délivré sur le fondement d'un PLU annulé postérieurement à la délivrance du permis d'aménager.

Ces dispositions mettent fin à une jurisprudence forgée par les cours administratives d'appel[7] et confirmée par le Conseil d'État[8] selon laquelle le mécanisme de cristallisation prévu par l'article L. 442-14 du code de l'urbanisme n'avait pas pour effet de faire obstacle à un refus fondé sur des dispositions d'urbanisme remises en vigueur du fait d'une annulation contentieuse intervenue postérieurement à l'autorisation du lotissement.

2°
Tempéraments à la cristallisation

a.
Opposabilité des modifications des documents du lotissement

372.311 Absence de cristallisation. Les dispositions résultant des « modifications des documents du lotissement » en application des articles L. 442-10, L. 442-11 et L. 442-13 « sont opposables »[9]. Il en résulte que la cristallisation ne joue pas à leur égard.

b.
Possibilité de rejeter la demande pour un autre motif et de surseoir à statuer sur celle-ci

372.321 Rejet de la demande pour un motif d'ordre public. Si les dispositions de l'article L. 442-14 du code de l'urbanisme confèrent au bénéficiaire d'une autorisation de lotir une garantie de stabilité des règles d'urbanisme en vigueur à la date de la délivrance de cette autorisation, elles ne font en revanche aucunement obstacle à l'application, à des demandes de permis de construire, de l'article R. 111-2 permettant de refuser un projet lorsqu'il est de nature à porter atteinte à la salubrité ou à la sécurité publique[10].

372.322 Sursis à statuer. Il résulte de l'article L. 442-14 du code de l'urbanisme que l'autorité compétente ne peut légalement surseoir à statuer, sur le fondement de l'article L. 424-1 du même code, sur une demande de permis de construire pré-

1. C. urb., art. L. 442-14, al. 1er.
2. C. urb., art. L. 442-14, al. 2 – Sur ces conditions, v. ss nos 353.141 s. (déclaration d'achèvement du lotissement).
3. CE 19 juill. 2017, *Guillon-Cottard (M. et Mme)*, req. no 396775, *Lebon T. ; BJDU* 2017. 372, note J. Tremeau ; *BJDU* 2017. 368, concl. L. Dutheillet de Lamothe ; *JCP Adm.* 2018, no 2040, concl.
4. CE 19 juill. 2017, *Guillon-Cottard (M. et Mme)*, req. no 396775, *Lebon T. ; BJDU* 2017. 372, note J. Tremeau ; *BJDU* 2017. 368, concl. L. Dutheillet de Lamothe ; *JCP Adm.* 2018, no 2040, concl.
5. C. urb., art. L. 442-14, al. 4.
6. Alinéa créé par la loi no 2018-1021 du 23 novembre 2018 portant évolution du logement, de l'aménagement et du numérique, art. 80.
7. PAR EX. : CAA Lyon, 18 juin 2015, *Gonay*, req. no 14LY00857, NP.
8. CE 30 sept. 2019, *SARL du Mouliès*, req. no 421889, *Lebon T. ; BJDU* 2019. 376, concl. C. Barrois de Sarigny (arrêt rendu sous l'empire des dispositions antérieures à la loi ÉLAN).
9. C. urb., art. L. 442-14, al. 3.
10. CE 16 mars 2016, *Grimaud (Cne) c/SNC Champ de la Foux*, req. no 379727, NP.

sentée dans les cinq ans suivant une décision de non-opposition à la déclaration préalable de lotissement au motif que la réalisation du projet de construction serait de nature à compromettre ou à rendre plus onéreuse l'exécution du futur PLU [1].

SECTION 3
RÉALISATION DU LOTISSEMENT

§ 1
Exécution des travaux

372.331 **Mise en œuvre de l'autorisation de lotir.** Une fois obtenue l'autorisation de lotir (sous la forme, selon les cas, d'un permis d'aménager ou d'une décision de non-opposition à déclaration préalable), le lotisseur peut réaliser les travaux d'aménagement du lotissement.

§ 2
Modalités de gestion des voies et espaces communs

372.341 **Modalités fixées dès l'autorisation de lotir.** Comme l'indique une réponse ministérielle : « Les articles R. 442-7 et R. 442-8 du code de l'urbanisme prévoient que le problème de la gestion ultérieure des voies du lotissement doit être réglé avant même que l'autorisation de lotir soit délivrée, de façon à éviter toute ambiguïté. Le demandeur d'une autorisation de lotir doit soit justifier d'une convention avec la commune par laquelle celle-ci accepte la remise des voiries, soit prendre l'engagement de constituer, dès la première vente d'un lot, une association syndicale destinée à gérer ces voiries [2]. Ainsi, les acquéreurs de lots savent, dès l'acquisition, si les voies seront remises à la commune ou s'ils devront en assurer la gestion » [3].

La question ne concerne pas les lotissements soumis à déclaration préalable car ceux-ci ne concernent que les projets ne comportant pas d'espaces communs.

372.342 **Modalités pouvant évoluer ensuite (transfert des voies).** La gestion des voies peut être initialement assurée par une association syndicale ou en copropriété, puis être ensuite transférée à la commune.

A.
Première modalité : gestion par les colotis

1°
Gestion par une association syndicale libre (ASL)

372.351 **Régime.** Les voies et espaces communs du lotissement peuvent être gérés par une association syndicale libre (ASL). Une ASL constitue une personne morale de droit privée régie par l'ordonnance du 1er juill. 2004 [4] relative aux associations syndicales de propriétaires.

372.352 **Constitution.** L'ASL est constituée volontairement, à l'initiative de propriétaires, en vue d'aménager ou d'entretenir des voies et espaces communs [5].

Elle se forme par consentement unanime des propriétaires intéressés, constaté par écrit [6]. Dès lors que le consentement unanime et par écrit des copropriétaires d'un lotissement à la constitution d'une association syndicale s'est trouvé réalisé du fait que chacun des intéressés s'est engagé, en signant son acte d'acquisition, à respecter les clauses du cahier des charges, lequel imposait cette constitution, l'unanimité n'est pas exigée pour l'adoption des statuts, qui n'ont pas été établis préalablement [7].

372.353 **Adhésion.** Les droits et obligations qui dérivent de la constitution d'une association syndicale de propriétaires sont attachés aux immeubles compris dans le périmètre de l'association et les suivent, en quelque main qu'ils passent, jusqu'à la dissolution de l'association ou la réduction de son périmètre [8].

372.354 **Cotisations.** Un coloti ne peut être contraint à payer la cotisation votée par l'assemblée générale que si celle-ci a été adoptée à la majorité requise [9].

2°
Gestion par une association foncière urbaine (AFU)

372.361 **AFU d'ouvrages collectifs.** Une association foncière urbaine (AFU) peut être constituée

1. CE 31 janv. 2022, *M. Chalard*, req. n° 449496, *Lebon T.* ; *Constr.-urb.* 2022, comm. 28, note X. Couton ; *RDI* 2022. 241, obs. P. Soler-Couteaux ; *BJDU* 2022. 178, concl. A. Skzryerbak ; *JCP Adm.* 2022, n° 2150, note F. Polizzi.
2. V. s^s^ n° 371.217.
3. Rép. min. n° 97672, *JOAN Q* 18 oct. 2011, p. 11069.
4. Ord. n° 2004-632, 1er juill. 2004 relative aux associations syndicales de propriétaires, *JO* 2 juill., n° 13.
5. Ord. n° 2004-632, 1er juill. 2004, art. 1er, c.
6. Ord. n° 2004-632, 1er juill. 2004, art. 7, al. 1er.
7. Civ. 3e, 28 nov. 1972, n° 71-11.903, P ; – Civ. 3e, 18 févr. 2015, n° 13-25.122, P.
8. Civ. 3e, 12 sept. 2007, n° 06-15.820, P.
9. Civ. 3e, 22 janv. 1992, n° 90-11.650, P.

pour la gestion des voies et espaces collectifs du lotissement[1].

3°
Attribution aux propriétaires

372.371 **Propriété commune.** Le code de l'urbanisme permet d'attribuer les voies et espaces communs « en propriété aux acquéreurs de lots »[2].

Les voies et espaces communs peuvent ainsi être soumis au régime de l'indivision ou encore de la copropriété[3].

4°
Hypothèse d'une absence d'entretien des voies par les colotis

372.381 **Action de la commune.** Le Conseil d'État[4] applique à un lotissement mal entretenu par les colotis la jurisprudence selon laquelle en l'absence de dispositions législatives spéciales habilitant expressément la commune à accorder des concours financiers à des personnes privées ou lui en faisant obligation, il n'appartient pas au conseil municipal de prendre des délibérations ayant pour effet de mettre à la charge du budget communal des dépenses pour l'exécution d'opérations ou de travaux ne présentant pas un intérêt général pour la commune.

Ainsi, dans le cas où l'état d'un réservoir d'eau situé sur un lotissement est de nature à compromettre la salubrité et la sécurité publiques, faute de mesures d'entretien appropriées de la part des propriétaires colotis :

- il appartient au maire de la commune de mettre en demeure les intéressés d'effectuer à leurs frais les travaux nécessaires pour remédier à cette situation ;
- la commune ne peut, faute d'intérêt communal, et en l'absence de disposition législative l'y habilitant, prendre en charge, en tout ou partie, ces travaux.

B.
Seconde modalité : gestion par la commune

1°
Gestion communale à l'achèvement du lotissement

372.391 **Convention.** Le lotisseur peut conclure avec la commune ou l'EPCI compétent une convention prévoyant le transfert dans leur domaine de la totalité des voies et espaces communs une fois les travaux achevés[5].

Dans ce cas, la convention est jointe au dossier de demander de permis d'aménager[6]. Le transfert interviendra à l'achèvement des travaux.

2°
Gestion communale décidée postérieurement

372.401 **Transfert par accord entre les colotis et la commune.** Le transfert peut intervenir par signature d'une convention conclue entre :

- d'une part, la commune ou l'EPCI ;
- et, d'autre part, l'association syndicale gestionnaire des voies ou les colotis propriétaires des voies.

La signature de cette convention est créatrice de droits au profit des colotis[7].

372.402 **Transfert d'office par décision unilatérale de la commune.** Le code prévoit que la propriété des voies privées ouvertes à la circulation publique dans des ensembles d'habitations peut être transférée d'office dans le domaine public de la commune sur le territoire de laquelle ces voies sont situées[8].

La mise en œuvre de cette procédure présente pour la commune un caractère facultatif[9].

SECTION 4
COMMERCIALISATION DES LOTS

372.411 **Protection des acquéreurs.** Afin de préserver les droits des acquéreurs, le code de l'urbanisme soumet à des règles strictes la cession des lots au sein d'un lotissement.

§ 1
Encadrement de la publicité du lotissement

372.421 **Régime juridique.** Le code de l'urbanisme admet[10] que la création d'un lotissement puisse faire l'objet d'une publicité afin de faire connaître aux acquéreurs potentiels l'existence de ce programme. Il prévoit néanmoins un encadrement de cette publicité afin de garantir la sincérité de l'information.

1. V. s[s] n° 542.24.
2. C. urb., art. R. 442-8.
3. Civ. 3e, 5 déc. 2006, n° 05-20.025, NP.
4. CE 21 juin 1993, *Chauriat (C[ne]) c/Lebris*, req. n° 118491, *Lebon T.*
5. C. urb., art. R. 442-8.
6. V. s[s] n° 371.217.
7. CE 13 mai 1988, *Assoc. synd. du lotissement de La Batie*, req. n° 68550, *Lebon T.*
8. V. s[s] n°s 511.171 s.
9. V. s[s] n° 511.212.
10. DEPUIS : L ; n° 94-112, 9 févr. 1994 portant diverses dispositions en matière d'urbanisme et de construction, *JO* 10 févr., p. 2271.

A.
Régime de la publicité si l'autorisation de lotir n'a pas été obtenue

372.431 Obligation de mentionner l'absence de délivrance de l'autorisation. Toute publicité, sous quelque forme que ce soit, relative à la vente ou à la location de terrains situés dans un lotissement doit mentionner « de manière explicite si le permis a été ou non délivré ou si la déclaration préalable a ou non fait l'objet d'une opposition »[1].

Ces dispositions empêchent ainsi le lotisseur de demeurer dans le flou sur l'état des autorisations d'urbanismes. Concrètement, si l'autorisation a seulement été demandée et n'a pas encore été obtenue, le lotisseur a l'obligation de le mentionner clairement dans le support de publicité employé.

B.
Régime de la publicité si l'autorisation de lotir a été obtenue

372.441 Mention de sa date et que le dossier peut être consulté. Toute publicité postérieure à l'intervention du permis d'aménager ou de la décision de non-opposition à la déclaration préalable doit[2] :

- faire connaître la date de la décision ;
- et mentionner que le dossier peut être consulté à la mairie.

372.442 Sincérité des indications. La publicité ne doit comporter aucune indication[3] :

- qui ne serait pas conforme aux prescriptions dont la décision a, le cas échéant, été assortie ;
- ou qui serait susceptible d'induire l'acquéreur en erreur sur les charges et conditions auxquelles le lotisseur entend subordonner la vente ou la location des lots.

§ 2
Règles applicables à la vente et à la location des lots

A.
Règles applicables à la vente et à la location des lots avant la délivrance du permis d'aménager

372.451 Pas de promesse de vente ou de location. « Aucune promesse de vente ou de location d'un terrain situé dans un lotissement ne peut être consentie [...] avant la délivrance du permis d'aménager »[4].

Cette interdiction ne s'applique pas aux lotissements soumis à déclaration préalable. Une promesse de vente ou de location est donc possible ; elle sera assortie d'une condition suspensive de non-opposition à déclaration préalable.

372.452 Pas de versement d'acompte. Aucun acompte « ne peut être accepté avant la délivrance du permis d'aménager »[5].

Cette interdiction ne s'applique pas aux lotissements soumis à déclaration préalable.

372.453 Interdictions pénalement sanctionnées. Le manquement à l'une des interdictions énoncées à l'article L. 442-4 est pénalement sanctionnée[6].

B.
Règles applicables à la vente et à la location des lots après délivrance du permis d'aménager

1°
Possibilité d'autoriser le lotisseur à céder les lots avant la réalisation du lotissement

a.
Le mécanisme

372.461 Concilier financement des travaux et sécurité des acquéreurs. Le code de l'urbanisme prévoit que le lotisseur peut être autorisé à céder les lots avant la réalisation du lotissement, ce qui lui permettra de disposer de fonds pour sa mise en œuvre. En contrepartie, des garanties sont prévues au profit des acquéreurs afin que ces derniers soient assurés d'une exécution des travaux en cas de défaillance du lotisseur.

372.462 Deux hypothèses. Le permis d'aménager ou un arrêté ultérieur pris par l'autorité compétente pour délivrer le permis autorise « sur sa demande » le lotisseur à procéder à la vente ou à la location des lots avant l'exécution de tout ou partie des travaux prescrits, dans deux hypothèses[7].

La délivrance de l'autorisation suppose une demande de la part du lotisseur. L'autorité compétente y fait droit dès lors que les conditions énoncées sont remplies.

Lorsqu'il autorise le lotisseur à procéder à la vente ou à la location des lots avant l'exécution de tout ou

1. C. urb., art. L. 442-5.
2. C. urb., art. L. 442-6, al. 1er.
3. C. urb., art. L. 442-6, al. 2.
4. C. urb., art. L. 442-4.
5. C. urb., art. L. 442-4.
6. V. ss no 615.53.
7. C. urb., art. R. 442-13, al. 1er.

partie des travaux prescrits, l'arrêté fixe les délais dans lesquels les travaux devront être achevés [1].

b.
Première hypothèse : autorisation de différer les travaux de finition

372.471 Travaux concernés. La première hypothèse correspond au cas dans lequel le demandeur sollicite l'autorisation de différer, en vue d'éviter la dégradation des voies pendant la construction des bâtiments, la réalisation du revêtement définitif de ces voies, l'aménagement des trottoirs, la pose de leurs bordures, la mise en place des équipements dépendant de ces trottoirs ainsi que les plantations prescrites [2]. Sont donc concernés par cette première hypothèse les travaux de finition du lotissement.

372.472 Conditions. La délivrance de l'autorisation est subordonnée à deux conditions.

La première tient à l'engagement du demandeur de terminer les travaux dans les délais que fixe l'arrêté [3].

La seconde tient [4] :

– soit à la consignation à cette fin, en compte bloqué, d'une somme équivalente à leur coût, fixé par ledit arrêté ;

– soit à la production d'une garantie d'achèvement desdits travaux établie conformément à l'article R. 442-14 [5].

Le déblocage de la somme représentative du montant des travaux peut être autorisé en fonction de leur degré d'avancement par l'autorité qui a accordé l'autorisation de lotir [6].

La seconde condition ne s'applique pas lorsque le lotisseur est une collectivité publique [7].

c.
Seconde hypothèse : autorisation de différer tout type de travaux

372.481 Travaux concernés. La seconde hypothèse ne se limite pas aux travaux de finition. Le code de l'urbanisme ne comporte à son égard aucune précision, et donc aucune limitation. Elle concerne donc tout type de travaux.

372.482 Condition. La délivrance de l'autorisation est subordonnée à la condition que le lotisseur justifie d'une garantie d'achèvement des travaux établie conformément à l'article R. 442-14 [8].

L'arrêté fixe la date à laquelle l'organisme garant prévu à l'article R. 442-14 devra mettre les sommes nécessaires au financement des travaux à la disposition de l'une des personnes visées à l'article R. 442-15 [9].

d.
Modalités de la garantie d'achèvement des travaux

372.491 Organisme garant. La garantie de l'achèvement des travaux est donnée par une banque, un établissement financier ou une société de caution mutuelle [10].

372.492 Formes de la garantie. L'intervention de l'organisme garant peut prendre la forme :

– soit d'une ouverture de crédit par laquelle celui qui l'a consentie s'oblige à avancer au lotisseur ou à payer pour son compte les sommes nécessaires à l'achèvement des travaux, cette convention devant stipuler au profit des futurs attributaires de lots le droit d'en exiger l'exécution [11] ;

– soit d'une convention aux termes de laquelle la caution s'oblige envers les futurs attributaires de lots, solidairement avec le lotisseur, à payer les sommes nécessaires à l'achèvement des travaux [12].

La Cour de cassation a précisé que la banque ou l'établissement financier qui accorde une garantie d'achèvement des travaux, dans les opérations d'aménagement foncier réalisées par les communes et autres personnes publiques, s'oblige, en cas de défaillance du lotisseur, à payer les sommes nécessaires à l'achèvement des travaux. Cette garantie, qui possède un caractère spécifique, ne s'assimile pas au cautionnement et n'est donc pas régie par les dispositions du code civil relatives au cautionnement [13].

e.
Mise en œuvre de la garantie

372.501 Personnes habilitées à mettre en œuvre la garantie. La garantie prévue à l'article R. 442-14 peut être mise en œuvre par [14] :

– les attributaires de lots ;
– l'association syndicale ;
– le maire de la commune ;
– le président de l'EPCI ;
– ou le préfet.

372.502 Conditions de mise en œuvre. La garantie est mise en œuvre lorsque, par suite de la défail-

1. V. s[s] n° 345.114.
2. C. urb., art. R. 442-13, a.
3. C. urb., art. R. 442-13, al. 3.
4. C. urb., art. R. 442-13, al. 3.
5. V. s[s] n°s 372.491 s.
6. C. urb., art. R. 442-13, al. 3.
7. C. urb., art. R. 442-13, al. 3.
8. C. urb., art. R. 442-13, b.
9. V. s[s] n° 372.501. – C. urb., art. R. 442-13, al. 5.
10. C. urb., art. R. 442-14, al. 1er.
11. C. urb., art. R. 442-14, a.
12. C. urb., art. R. 442-14, b.
13. Civ. 3e, 14 janv. 1998, n° 95-17.175, P ; – Civ. 3e, 28 nov. 2001, n° 00-12.947, P.
14. C. urb., art. R. 442-15.

lance du lotisseur, les travaux ne sont pas achevés[1] :

- soit dans le plus court des délais contractuels fixés dans l'un ou l'autre des actes de mutation ou de location ;
- soit au plus tard dans le délai fixé comme il est dit au dernier alinéa de l'article R. 442-13[2].

La défaillance du lotisseur résulte notamment[3] :

- de l'admission de celui-ci au règlement judiciaire ou à la liquidation de biens ;
- ou du non-achèvement des travaux à l'expiration du plus court des délais contractuels fixés par l'un des actes de mutation ou de location ou, au plus tard, à l'expiration du délai fixé par arrêté en vertu de l'article R. 442-13.

La garantie d'achèvement est éteinte lorsqu'a été délivré un certificat mentionnant l'exécution totale des prescriptions imposées par l'arrêté autorisant un lotissement[4].

372.503 **Versement des sommes nécessaires.** Dès lors que les travaux ne sont pas achevés dans ces délais, le garant doit verser les sommes nécessaires à l'achèvement desdits travaux[5] :

- soit à une personne qu'il aura choisie pour se substituer au lotisseur défaillant ;
- soit à une personne désignée par le maire, le président de l'EPCI, le préfet ou l'association syndicale selon que la garantie a été mise en œuvre par le maire, le président de l'EPCI, le préfet, l'association syndicale ou les attributaires de lots.

À défaut, le versement est fait à une personne désignée par autorité de justice, notamment au syndic en cas de règlement judiciaire ou de liquidation de biens du lotisseur défaillant[6].

2°
Règles relatives à la promesse de vente

a.
Protection du bénéficiaire de la promesse

372.511 **Indication des caractéristiques essentielles du lot.** À compter de la délivrance du permis d'aménager, le lotisseur peut consentir une promesse unilatérale de vente indiquant[7] :

- la consistance du lot réservé ;
- sa délimitation ;
- son prix ;
- et son délai de livraison.

372.512 **Faculté de rétractation.** La promesse ne devient définitive qu'au terme d'un délai de dix jours pendant lequel l'acquéreur a la faculté de se rétracter[8] dans les conditions fixées par l'article L. 271-1 du CCH[9].

Si l'acquéreur exerce sa faculté de rétractation, le dépositaire des fonds versés les lui restitue dans un délai de 21 jours à compter du lendemain de la date de cette rétractation[10].

b.
Protection du promettant

372.521 **Indemnité d'immobilisation.** Le promettant peut, en contrepartie de l'immobilisation du lot, obtenir du bénéficiaire de la promesse le versement d'une indemnité d'immobilisation dont le montant ne peut pas excéder 5 % du prix de vente[11].

Le bénéficiaire de la promesse conserve la liberté de ne pas acquérir[12].

Les fonds déposés sont consignés en compte bloqué. Ils sont indisponibles, incessibles et insaisissables jusqu'à la conclusion du contrat de vente[13].

Ils sont restitués au déposant dans un délai de trois mois, sauf si le contrat de vente n'est pas conclu de son fait alors que toutes les conditions de la promesse sont réalisées[14].

c.
Mention du bornage dans l'acte de vente

372.531 **Mention du bornage.** Toute promesse unilatérale de vente ou d'achat, tout contrat réalisant ou constatant la vente d'un terrain indiquant l'intention de l'acquéreur de construire un immeuble à usage d'habitation ou à usage mixte d'habitation et professionnel sur ce terrain « mentionne si le descriptif de ce terrain résulte d'un bornage »[15].

Lorsque le terrain est un lot de lotissement « la mention du descriptif du terrain résultant du bornage est inscrite dans la promesse ou le contrat »[16]. La Cour de cassation considère qu'un simple piquetage peut être regardé comme un bornage[17].

372.532 **Action en nullité à défaut de mention.** Le bénéficiaire en cas de promesse de vente, le promettant en cas de promesse d'achat ou l'acquéreur du terrain peut intenter l'action en nullité sur le

1. C. urb., art. R. 442-16.
2. V. s[s] n° 372.482.
3. C. urb., art. R. 442-17.
4. Civ. 3e, 21 nov. 2012, n° 11-20.583, P.
5. C. urb., art. R. 442-16.
6. C. urb., art. R. 442-16.
7. C. urb., art. L. 442-8, al. 1er.
8. C. urb., art. L. 442-8, al. 1er.
9. C. urb., art. L. 442-8, al. 2.
10. C. urb., art. L. 442-8, al. 2.
11. C. urb., art. L. 442-8, al. 3 ; art. R. 442-12.
12. C. urb., art. L. 442-8, al. 3.
13. C. urb., art. L. 442-8, al. 3.
14. C. urb., art. L. 442-8, al. 4.
15. C. urb. art. L. 115-4, al. 1er.
16. C. urb. art. L. 115-4, al. 2.
17. Civ. 3e, 30 juin 2016, n° 15-20.623, P.

fondement de l'absence de l'une ou l'autre mention mentionnée à l'article L. 115-4 selon le cas, avant l'expiration du délai d'un mois à compter de l'acte authentique constatant la réalisation de la vente[1].

3°
Remise de documents à l'acquéreur ou au preneur

372.541 Remise du permis d'aménager et du cahier des charges. Le permis d'aménager et, s'il y a lieu, le cahier des charges fixant les conditions de vente ou de location des lots sont remis à l'acquéreur lors de la signature de la promesse ou de l'acte de vente ainsi qu'au preneur lors de la signature des engagements de location. Ils doivent leur avoir été communiqués préalablement[2].

C.
Sanction des règles applicables à la vente et à la commercialisation des lots

372.551 Annulation des ventes et locations. Les ventes ou locations de terrains intervenues en méconnaissance des dispositions du titre IV du livre IV du code de l'urbanisme peuvent être annulées à la requête de l'acquéreur, du maire ou du préfet aux frais et dommages du lotisseur[3].

Toutefois, les ventes et locations des parcelles pour lesquelles le permis de construire a été accordé ne peuvent plus être annulées[4].

372.552 Délai de prescription. L'action en justice née de la violation de la réglementation applicable aux lotissements « se prescrit par dix ans à compter de la publication des actes portant transfert de propriété à la publicité foncière ». Passé ce délai, « la non-observation de la réglementation applicable aux lotissements ne peut plus être opposée »[5].

Les CAA de Lyon et Marseille estiment que cette disposition ne se limite pas aux instances judiciaires mais concerne également les recours portés devant les juridictions administratives. La CAA de Lyon affirme ainsi « qu'il ressort des travaux préparatoires de la loi du 18 juillet 1985[6] relative à la définition et à la mise en œuvre de principes d'aménagements, à l'origine de cette disposition, que l'inopposabilité de la méconnaissance de la réglementation relative aux lotissements n'est pas limitée, contrairement à ce qu'énonce le jugement attaqué, aux instances judiciaires, mais s'applique également dans le cadre des litiges portés devant le juge administratif ; qu'elle fait ainsi notamment obstacle à ce que soit utilement invoquée, au soutien de conclusions dirigées contre un permis de construire et en référence aux dispositions générales de l'article L. 421-6, la circonstance que ce permis a été délivré pour une construction à édifier sur un terrain compris dans un lotissement non autorisé, dès lors qu'il s'est écoulé plus de dix ans depuis la publication de l'acte de droit privé ayant eu pour objet ou pour effet de diviser une unité foncière de façon à créer le lotissement en cause »[7].

§ 3
Moyens dont dispose la commune pour sécuriser encore davantage l'acquisition des lots

372.561 Neutralisation de son droit de préemption. Afin de ne pas contrarier la vente des lots d'un lotissement autorisé, la commune peut choisir d'exclure ces ventes du champ d'application du droit de préemption urbain pour une durée de 5 années[8].

372.562 Clause anti-spéculation insérée par une commune-lotisseur. La stipulation par laquelle une commune qui vend un terrain se réserve pendant vingt ans la faculté, avant toute revente à un tiers, de le racheter au prix initial réactualisé en fonction de l'indice INSEE du coût de la construction n'est pas constitutive d'une atteinte au droit de propriété dès lors que, librement convenue, elle a pour but d'empêcher la spéculation sur le bien et que les acquéreurs ont bénéficié en contrepartie de son acceptation de la possibilité d'accéder à un marché protégé de la spéculation immobilière[9].

SECTION 5
ÉDIFICATION DES CONSTRUCTIONS SUR LES LOTS

§ 1
Exigence d'un permis de construire

372.571 Obtention d'un permis de construire. L'édification, dans un lotissement d'une construction soumise à permis de construire nécessite, de la part du propriétaire du lot l'obtention d'un permis de construire. Le permis d'aménager le lotissement

1. C. urb. art. L. 115-5, al. 1er.
2. C. urb., art. L. 442-7.
3. C. urb., art. L. 480-15, al. 1er.
4. C. urb., art. L. 480-15, al. 2.
5. C. urb., art. L. 480-16.
6. L. nº 85-729, 18 juill. 1985 relative à la définition et à la mise en œuvre de principes d'aménagement, *JO* 19 juill., p. 8152.
7. CAA Lyon, 25 juin 2013, *Alba-la-Romaine (Cne)*, req. nº 12LY01921, NP ; – reprenant cette formule : CAA Marseille, 21 janv. 2021, *Sarl Sud foncier*, req. nº 19MA02364, NP.
8. V. ss nos 422.301 s.
9. Civ. 3e, 23 sept. 2009, nº 08-18.187, P.

(ou la déclaration préalable qui l'autorise) ne le dispense pas de cette formalité.

Il en va de même pour l'édification d'une construction soumise à déclaration préalable.

Des pièces spécifiques doivent être produites[1].

372.572 Hypothèse d'un projet de construction portant sur un lotissement non autorisé. Une autorisation de travaux ne peut être légalement délivrée pour une construction à édifier sur un terrain compris dans un lotissement non autorisé, à moins que ce lotissement n'ait fait l'objet d'une régularisation ultérieure, sous l'empire des dispositions législatives ou réglementaires intervenues postérieurement[2].

Dans l'hypothèse où les textes postérieurs retiennent une définition plus restrictive du lotissement, celle-ci ne saurait rétroactivement régulariser les opérations de divisions ayant constitué un lotissement de fait non autorisé[3].

Dès lors que le lotissement de fait n'entre plus, à la date à laquelle une autorisation de travaux a été délivrée, dans le champ d'application des dispositions relatives aux opérations de lotissement soumises à autorisation, des travaux de constructions sur une parcelle incluse dans le périmètre d'un tel lotissement peuvent légalement y être autorisés[4].

§ 2 Conditions de délivrance du permis de construire

A. Exigence que le lotissement soit achevé ou le sera de façon certaine

372.581 Trois possibilités. Le permis de construire des bâtiments sur les lots d'un lotissement autorisé par un permis d'aménager ne peut être délivré que si le lotissement est achevé ou le sera de façon certaine.

Trois possibilités sont prévues, le permis de construire pouvant être délivré :

– soit à compter de l'achèvement des travaux d'aménagement du lotissement, constaté conformément aux articles R. 462-1 à R. 462-10[5] ;

– soit à compter de la délivrance de l'autorisation de procéder à la vente ou à la location des lots avant exécution des travaux, à condition que les équipements desservant le lot soient achevés[6] ;

– soit dès la délivrance du permis d'aménager, sous réserve que le permis de construire ne soit mis en œuvre que lorsque les équipements desservant le lot seront achevés, cette possibilité étant toutefois exclue lorsque la construction est une maison individuelle[7].

B. Respect des règles d'urbanisme, du permis d'aménager et des documents du lotissement

372.591 Respect des règles d'urbanisme. Le permis de construire ne peut être délivré que s'il respecte les règles d'urbanisme[8].

372.592 Respect du permis d'aménager. Le permis de construire ne peut être délivré que s'il respecte les prescriptions du permis d'aménager[9].

372.593 Respect du règlement du lotissement. Le permis de construire ne peut être délivré que s'il respecte le règlement du lotissement[10].

§ 3 Mise en œuvre de l'autorisation

372.601 Délai. Comme l'a rappelé une réponse ministérielle, « dans le cadre d'un lotissement, le code de l'urbanisme ne fixe pas de délai entre l'achèvement des travaux prescrit par le permis d'aménager et la réalisation des travaux prévus par les permis de construire obtenus par les colotis »[11]. Les règles de droit commun s'appliquent donc, ce qui impose au bénéficiaire, sous peine de péremption du permis de construire, de démarrer les travaux dans les trois ans qui suivent sa délivrance[12].

§ 4 Régularisation d'une division réalisée sans déclaration préalable

372.611 Demande de permis de construire tenant lieu de déclaration préalable de lotissement. Lorsqu'une construction est édifiée sur une partie

1. V. s[s] n° 361.191.
2. CE 18 juin 2007, *Assoc. synd. libre des propriétaires du lotissement Te Maru Ata*, req. n° 289336, *Lebon T.*
3. CE 18 juin 2007, *Assoc. synd. libre des propriétaires du lotissement Te Maru Ata*, req. n° 289336.
4. CE 18 juin 2007, *Assoc. synd. libre des propriétaires du lotissement Te Maru Ata*, req. n° 289336.
5. V. s[s] n°s 353.151 s. – C. urb., art. R. 442-18, a.
6. C. urb., art. R. 442-18, b, précisant que dans ce cas, le lotisseur fournit à l'acquéreur un certificat attestant, sous sa responsabilité, l'achèvement de ces équipements ; ce certificat est joint à la demande de permis.
7. C. urb., art. R. 442-18, c.
8. V. s[s] n°s 342.11 s.
9. PAR EX., contrôlant la légalité d'un permis de construire au regard des prescriptions d'un permis d'aménager : CE 6 mai 1991, *Tricon*, req. n° 70574, NP.
10. V. s[s] n° 372.671.
11. Rép. min. n° 06917 ; *JO Sénat Q* 12 oct. 2023, p. 5847.
12. Sur ce délai, v. s[s] n°s 351.05 s.

d'une unité foncière qui a fait l'objet d'une division, la demande de permis de construire tient lieu de déclaration préalable de lotissement dès lors que la demande indique que le terrain est issu d'une division[1].

Ainsi, si la parcelle détachée d'une unité foncière aurait dû faire l'objet d'une déclaration préalable mais que cette formalité n'a pas été accomplie, cette absence est régularisée au moment de la délivrance du permis de construire.

Ce mécanisme est exclu si la division était soumise à permis d'aménager. La régularisation ne peut en outre intervenir que si tant la division que le projet de construction respectent les règles d'urbanisme.

Si tel est le cas, le permis de construire vaudra décision de non-opposition à déclaration préalable de lotissement, avec les garanties qui s'y attachent, notamment la cristallisation des droits à construire.

§ 5
Règles relatives à l'implantation des bâtiments

372.621 **Implantation préférentielle.** S'est posée la question de la portée des dispositions d'un arrêté de lotir prévoyant que « Les constructions devront être conformes aux dispositions du plan de composition annexé au présent arrêté (...) », les emplacements des constructions à établir sur chaque lot figurant sur ce plan. Le Conseil d'État a relevé qu'en l'espèce, il résulte des mentions portées sur le plan « que ces emplacements qui constituent seulement des "zones d'implantation préférentielles" ne présentent pas de caractère obligatoire ». Le tribunal administratif ne pouvait donc se fonder sur la circonstance qu'un permis de construire autorisait à édifier partiellement une construction en dehors de la zone préférentielle d'implantation pour prononcer son annulation[2].

§ 6
Exception d'illégalité

372.631 **Irrecevabilité.** Un requérant n'est pas recevable à mettre en cause la légalité de l'autorisation de lotir à l'occasion d'un recours contre un permis de construire[3].

1. C. urb., art. R. 442-2 – M. Kada-Yahya, « Régularisation d'une division foncière : solution ou impasse ? », *BJDU* 2013. 172.
2. CE 16 oct. 1992, *Couzon-au-Mont-d'Or (Cne) c/Lemercier (Épx)*, req. no 115337, *Lebon T.*
3. V. ss no 611.864.

SECTION 6
LES DOCUMENTS DU LOTISSEMENT : RÈGLEMENT ET CAHIER DES CHARGES

§ 1
Présentation générale des documents du lotissement

A.
Objet

372.641 **Des règles spécifiques au lotissement.** Le lotissement, qui naît de l'initiative privée, est soumis à un contrôle de la puissance publique destiné à s'assurer du respect des règles d'urbanisme. Ce caractère hybride (mi privé mi public) se retrouve au niveau des règles régissant le lotissement. Celui-ci, qui se trouve soumis au droit commun de l'urbanisme, peut aussi être régi par des règles propres établies par les opérateurs privés. Ces règles, susceptibles d'être plus exigeantes que le droit commun, s'appliqueront alors en plus de ce dernier, réalisant ainsi une « privatisation » des règles d'urbanisme.

Ces règles, spécifiques aux lotissements, sont contenues dans « les documents du lotissement », dont les principaux sont le règlement et le cahier des charges.

B.
Origine et évolution

372.651 **Une origine commune au règlement et au cahier des charges.** Le règlement du lotissement a été instauré par le décret du 31 décembre 1958[4] et le décret du 28 juillet 1959[5] pris pour son application. Ce dernier texte prévoyait que le dossier de lotissement approuvé comporte « un règlement fixant les règles et servitudes d'intérêt général imposées dans le lotissement et concernant notamment les caractères et la nature des constructions à édifier, la tenue des propriétés, les plantations et les clôtures ».

Avant cette réforme, seul le cahier des charges était joint au dossier du lotissement soumis à l'approbation de l'administration. Cette mesure était prévue par la loi du 19 juillet 1924.

La réforme des lotissements de 1959 a supprimé cette mesure. Toutefois, l'autorité administrative a continué à approuver les cahiers des charges (et donc

4. Décr. no 58-1466, 31 déc. 1958 relatif aux lotissements, *JO* 4 janv. 1959, p. 270.
5. Décr. no 59-898, 28 juill. 1959 fixant, en application du décret no 58-1486 du 31 décembre 1958 relatif aux lotissements, les formes et délais d'instruction des demandes d'autorisation de lotissements, *JO* 31 juill., p. 7657.

– cela a été admis par la jurisprudence – à conférer une portée réglementaire aux cahiers des charges approuvés)[1]. Cette pratique s'explique par la circonstance qu'à cette époque, le cahier des charges ne se distinguait pas toujours clairement du règlement du lotissement, les lotisseurs ayant tendance à fournir un document unique.

372.652 Distinction du règlement et du cahier des charges. Le décret du 26 juillet 1977[2], pris pour l'application de la loi du 31 décembre 1976, est venu clairement séparer les deux documents :

– d'une part le cahier des charges, qui concerne les relations entre colotis ;

– d'autre part le règlement, qui comporte des règles d'urbanisme.

Le décret précise que le cahier des charges cesse d'être approuvé par l'administration à compter du 1er janvier 1978. Il en résulte que la violation des clauses du cahier des charges ne relève plus que des juridictions civiles.

Seul le règlement demeure opposable aux demandes d'autorisation d'urbanisme.

§ 2 Adoption et opposabilité des documents du lotissement

A. Règlement du lotissement

1° Définition du règlement du lotissement

372.661 Objet et adoption. Le règlement du lotissement est un document facultatif. Il est élaboré par le lotisseur, et joint au dossier de la demande de permis d'aménager, s'il souhaite apporter des compléments aux règles d'urbanisme en vigueur[3].

372.662 Contenu. Un règlement peut par exemple prévoir :

– que les demandes de permis de construire doivent être soumises au visa préalable de l'architecte chargé d'assurer la discipline générale d'architecture du lotissement[4] ;

– qu'après accord avec le géomètre chargé du lotissement, les acquéreurs pourront, pour les lots qui intentionnellement ne sont pas cotés au plan de masse de situation annexé au règlement, augmenter ou diminuer le recul par rapport à l'alignement des voies publiques et privées tout en respectant les minima de 5 mètres par rapport aux voies[5] ;

– que chaque acquéreur est tenu de respecter au profit de ses circonvoisins qui auraient construit avant lui, la ligne de vue vers le midi, sauf s'il existe entre l'emplacement construit et celui à construire une différence d'altitude d'au moins 7 mètres[6] ;

– l'emploi d'un certain type de matériaux ou de couleurs.

372.663 Relation avec le PLU. Le règlement doit être compatible avec le PLU. En particulier, il ne saurait être moins restrictif que celui-ci[7].

2° Opposabilité du règlement

372.671 Un document opposable. Le caractère obligatoire du règlement résulte de l'approbation de celui-ci lors de la délivrance du permis d'aménager. Le règlement revêt ainsi un caractère réglementaire et est opposable à l'administration et aux personnes privées, notamment pour les demandes d'autorisation d'occupation des sols.

La jurisprudence indique en ce sens « que les prescriptions du règlement d'un lotissement approuvé par l'autorité compétente ont un caractère réglementaire ; qu'elles s'imposent, par conséquent, tant à l'autorité chargée de délivrer le permis de construire qu'à son pétitionnaire »[8].

Il revient donc à l'autorité saisie d'une demande de permis de construire de contrôler le respect à la fois des règles du PLU et de celles du règlement du lotissement[9] (à condition qu'elles ne soient pas inconciliables)[10]. En cas de conflit, il y a lieu d'appliquer la norme la plus sévère[11].

372.672 Illustration. Par exemple, lorsque le règlement de lotissement impose que les demandes

1. V. s[s] n° 372.692.
2. Décr. n° 77-860, 26 juill. 1977 modifiant le code de l'urbanisme et relatif aux lotissements (application de l'article 2 de la loi 76629 du 10 juillet 1976), *JO* 29 juill., p. 3969.
3. V. s[s] n° 371.215.
4. CE 29 juin 1990, *Min. Équipement, Logement, Aménagement du territoire et Transports*, req. n° 81295, *Lebon T.* – CE 11 déc. 1991, *Gaudin*, req. n° 103369, *Lebon T.*
5. CE 25 mars 1998, *Saint-Marc (Mme)*, req. n° 155100, *Lebon T.*
6. CE 20 nov. 2002, *Bletry (Mme) c/SARL La Maison, Grimaud (Cne)*, req. n° 244453, *Lebon T.*
7. V. s[s] n° 372.671.
8. CE 8 nov. 1995, *Guntz*, n° 89646, *Lebon T. ; BJDU* 1996. 34, concl. H. Toutée.
9. CE, sect., 23 juin 1995, *Min. Équipement, Logement, Aménagement du territoire et Transports c/Sté de promotion industrielle et commerciale (SOPRICOM) et a.*, req. n° 90211, *Lebon*.
10. CE 5 déc. 1994, *Roquebrune-Cap-Martin (Cne)*, req. n° 137353, *Lebon*.
11. CE 10 janv. 1994, *Valladier*, req. n° 99619, *Lebon T.* – également : CE 20 mars 1991, *Bucchieri*, req. n° 104258, NP : arrêt affirmant que le requérant « ne peut utilement se prévaloir des dispositions de l'article 3-02 du règlement du lotissement, dès lors, que par ces dispositions, il est édicté des règles moins sévères en matière de constructibilité que celles prévues au plan d'occupation des sols de Tramoyes publié et approuvé antérieurement audit règlement ».

de permis de construire soient soumises au visa préalable de l'architecte du lotissement, est entaché d'illégalité l'arrêté délivrant un permis de construire sans que la demande de permis n'ait été soumise au visa préalable de cet architecte[1].

372.673 **Opérance.** Les dispositions du règlement ne sont opposables à une demande de permis de construire que si elles présentent un caractère opérant. Ainsi, par exemple :

– les dispositions d'un règlement relatives à l'édification de nouvelles constructions ne s'appliquent pas à la modification des immeubles existants[2] ;

– les dispositions relatives aux constructions principales ne s'appliquent pas aux constructions annexes[3].

B. Cahier des charges du lotissement

1° Définition

372.681 **Objet.** Comme le règlement, le cahier des charges est établi par le lotisseur.

Il a pour vocation de régir la vie collective du lotissement. Il définit pour cela les droits et obligations des colotis, notamment :

– la répartition des charges ;
– l'entretien des espaces verts ;
– les règles de stationnement ;
– la nature des clôtures autorisées ;
– les activités professionnelles ou commerciales pouvant y être exercées ;
– les horaires de tonte des pelouses.

Bien que ce ne soit pas son objet, le cahier des charges intègre fréquemment des règles d'urbanisme. Ces clauses urbanistiques (admises par la jurisprudence[4]) encadrent l'implantation des constructions, leur volume[5], leur hauteur ou encore leur aspect extérieur.

372.682 **Nature.** Le cahier des charges constitue normalement un document de nature contractuelle[6].

2° Cahier des charges antérieur à 1978

372.691 **Un cahier des charges approuvé.** Jusqu'en 1977, le cahier des charges était soumis à l'approbation de l'autorité administrative[7].

372.692 **Un cahier des charges opposable.** Les cahiers des charges approuvés (donc ceux antérieurs à 1978) sont, du fait de cette approbation, opposables à tous. Les approbations faites par l'autorité administrative ont en effet conféré une portée réglementaire aux cahiers des charges concernés[8].

Ce caractère réglementaire s'impose tant à l'autorité chargée de délivrer le permis qu'à son pétitionnaire[9].

Il en résulte l'illégalité d'un permis délivré en méconnaissance des dispositions d'un tel cahier des charges[10].

3° Cahier des charges adopté après le 1er janvier 1978

a. Un cahier des charges non approuvé mais pouvant comporter des clauses réglementaires

372.701 **Un cahier des charges non approuvé.** Les cahiers des charges adoptés après le 1er janvier

1. CE 29 juin 1990, *Min. Équipement, Logement, Aménagement du territoire et Transports*, req. n° 81295, *Lebon T.*
2. CE 3 juill. 1991, *Guillemot (Ép*x*) et Min. Équipement, Logement, Aménagement du territoire et Transports c/Messin*, req. n° 87550, *Lebon* : la circonstance qu'une construction existante n'est pas conforme à une ou plusieurs dispositions du règlement approuvé d'un lotissement ne s'oppose pas, en l'absence de dispositions de ce règlement spécialement applicables à la modification des immeubles existants, à la délivrance ultérieure d'un permis de construire s'il s'agit de travaux qui sont étrangers à ces dispositions.
3. CE 29 oct. 2008, *Havard*, req. n° 281844, NP ; *BJDU* 2009. 315, concl. P. Collin.
4. V. ss n° 372.702.
5. V. p. ex. CE 12 févr. 2020, *C*ne *de Sanary-sur-Mer*, req. n° 408232, NP (cahier des charges limitant l'emprise au sol des constructions à 250 m² par lot).
6. Il en va toutefois différemment pour les cahiers des charges antérieurs à 1978 – V. ss nos 372.691 s.
7. V. ss n° 372.651.
8. CE 21 janv. 1981, *Ministre de l'Environnement et du cadre de vie c/SCI La Hune*, req. n° 12891, *Lebon T.* À l'inverse, un cahier des charges antérieur à 1924, « en l'absence de toute approbation par les autorités administratives », est demeuré « un acte purement contractuel » (CE 27 oct. 1972, *C*ne *du Vesinet*, req. n° 80450, *Lebon*).
9. CE 10 févr. 1992, *Sobiri (Ép*x*)*, req. n° 91967, *Lebon T.* ; – CE 4 nov. 1970, *Bon et S*té *immobilière Jacob*, req. n° 76705, *Lebon* : arrêt précisant que l'approbation du cahier des charges conduit à la rendre opposable tant au lotisseur et aux acquéreurs qu'à l'autorité administrative.
10. PAR EX. : CE 17 oct. 2014, *Association syndicale libre des propriétaires du lotissement de la Baie du Gaou Benat*, req. n° 359459, *Lebon T.* ; *BJDU* 2015. 102, concl. S. Von Coester : illégalité du permis de construire autorisant la mise en place de barrières levantes aux entrées du lotissement, en ce qu'il méconnaît les dispositions d'un cahier des charges approuvé par arrêté du préfet du Var du 16 septembre 1958 et maintenu en vigueur en application de l'article L. 442-9 du code de l'urbanisme prévoyant que : « L'ensemble du terrain restera sans clôture de quelque nature que ce soit. Les voies, passages et chemins créés sur le terrain devront permettre au profit des copropriétaires et à perpétuité la libre circulation tant pour les véhicules de toute sorte que pour les piétons » ; – CE 12 févr. 2020, *C*ne *de Sanary-sur-Mer*, req. n° 408232, NP ; – également, exerçant le contrôle et concluant à l'absence de violation du cahier des charges en l'espèce : CE 3 oct. 2003, *Roquebrune-Cap-Martin (C*ne*)*, req. n° 232564, NP.

1978 ne sont pas approuvés par l'autorité administrative[1]. Il en résulte qu'ils revêtent une nature contractuelle[2].

372.702 Un cahier des charges pouvant comporter des clauses réglementaires. Le Conseil d'État a admis qu'un cahier des charges non approuvé puisse contenir des clauses réglementaires[3], entendu comme des clauses qui, par leur contenu, seraient susceptibles de figurer dans un document d'urbanisme. La notion de règles d'urbanisme renvoie aux règles de droit public relatives à l'occupation et à l'utilisation du sol. Tel est le cas, notamment, des règles relatives « aux prospects, à la hauteur, à l'emprise au sol ou au stationnement »[4].

Ces clauses réglementaires constituent parfois la reproduction d'un extrait du règlement du lotissement ou du PLU applicable. Le code précise toutefois que : « La seule reproduction ou mention d'un document d'urbanisme ou d'un règlement de lotissement dans un cahier des charges, un acte ou une promesse de vente ne confère pas à ce document ou règlement un caractère contractuel »[5]. Il en résulte que cette simple reproduction, lorsqu'elle est réalisée à titre informatif, n'a pas pour effet de contractualiser les dispositions reproduites[6]. La règle reprise est en revanche contractualisée lorsque la rédaction retenue dans le cahier des charges manifeste une volonté en ce sens des colotis[7]. Il en va *a fortiori* de même lorsque la règle énoncée dans le cahier des charges ne peut être regardée comme la reproduction d'une règle d'urbanisme préexistante[8].

372.703 Un cahier des charges devant respecter les règles d'ordre public. Le contenu du cahier des charges doit respecter les règles d'ordre public au sens du droit civil. En cas de méconnaissance, la norme contraire du cahier des charges est inopposable.

1. Le décret n° 77-860 du 26 juillet 1977 a mis fin à cette approbation – V. s[s] n° 372.652.
2. CE 23 nov. 1994, *Min. Équipement, Logement, Transports et Espace c/Lancrey-Javal*, req. n° 135215, *Lebon T.*
3. CE 10 mars 1989, *Reichstett (C^ne)*, req. n° 70070, *Lebon T.*
4. Rép. min. n° 56400, *JOAN* 16 sept. 2014, p. 7866.
5. C. urb., art. L. 115-1 – Dispositions issues de la loi SRU (L. n° 2000-1208, 13 déc. 2000 relative à la solidarité et au renouvellement urbains), reprenant une jurisprudence de la Cour de cassation (Civ. 3e, 15 déc. 1999, n° 97-20.503, P – Civ. 1 25 juin 1991, n° 90-12.223, P) – P. Cornille, « Caractère contractuel des règles d'urbanisme dans les lotissements : les apports de la loi SRU », *JCP N* 2001, n° 1065 – P. Cornille, « Dé-contractualisation des règles d'urbanisme des lotissements », *Constr.-Urb.* 2001, comm. 69 – F. Rose-Dulcina, « Lotissements : non à la contractualisation fortuite », *Mon. TP* 21 avr. 2006, n° 5343, p. 118.
6. Civ. 3e, 6 déc. 2006, n° 05-17.708, NP.
7. PAR EX. : Civ. 3e, 19 juin 2007, n° 06-15.715, NP.
8. Civ. 3e, 29 sept. 2016, n° 15-22.414, NP.

Par exemple, le propriétaire d'un lot peut se prévaloir des dispositions d'ordre public de la loi du 2 juillet 1966 et du décret du 22 décembre 1967 relatifs à l'installation d'antennes réceptrices de radiodiffusion, qui posent le principe du droit à l'antenne pour la radiodiffusion d'amateur, pour se soustraire aux prescriptions contraires du cahier des charges du lotissement[9].

En revanche, l'article 673 du code civil n'étant pas d'ordre public, il peut y être dérogé par les stipulations contractualisées d'un cahier des charges de lotissement[10].

b.
Un cahier des charges non opposable aux demandes d'autorisation d'urbanisme

372.711 Inopposabilité. Le cahier des charges n'est pas opposable aux demandes d'autorisation d'urbanisme[11]. Ne concernant pas les rapports entre les colotis et l'administration, il est dépourvu d'effet vertical.

Comme le rappelle une réponse ministérielle : « Le cahier des charges d'un lotissement est un document contractuel qui lie les colotis entre eux dans une relation de voisinage. Les relations de droit privé entre propriétaires voisins ne sont pas du ressort de l'administration. Ainsi, le cahier des charges d'un lotissement s'applique aux personnes résidant dans le lotissement, indépendamment des règles et servitudes d'urbanisme. N'ayant pas de valeur réglementaire, le cahier des charges ne peut en aucun cas fonder une décision d'urbanisme, même lorsque ce document contient des règles d'utilisation du sol »[12].

c.
Un cahier des charges opposable aux colotis

372.721 Opposabilité du cahier des charges. Le cahier des charges constitue un document contractuel dont les clauses engagent les colotis et continuent à s'appliquer entre eux pour toutes les stipulations qui y sont contenues, y compris celles qui ont trait aux conditions d'utilisation du sol[13]. Il produit ainsi un effet horizontal (entre colotis).

Les restrictions aux droits de propriété des colotis ne s'imposent à l'acquéreur du lot qu'à la condition qu'elles soient mentionnées dans l'acte de vente ou

9. Civ. 3e, 25 sept. 2002, n° 01-02.262, P.
10. Civ. 3e, 13 juin 2012, n° 11-18.791, P.
11. CE 16 oct. 1992, *Commune de Couzon-au-Mont-d'Or c/ Époux Lemercier*, req. n° 115337, *Lebon T.*
12. Rép. min. n° 26099, *JOAN Q* 14 oct. 2008, p. 8819.
13. Civ. 3e, 21 janv. 2016, n° 15-10.566, P.

qu'il soit établi que l'acquéreur en a eu connaissance et y a consenti [1].

372.722 **Sanction du non-respect.** Le cahier des charges contenant des règles de droit privé, sa méconnaissance est sanctionnée devant le juge judiciaire. Un coloti peut ainsi obtenir la démolition d'une construction édifiée dans le lotissement au mépris des clauses du cahier des charges ou la réparation du préjudice subi [2].

§ 3
Modification des documents du lotissement

A.
Modification des documents du lotissement à l'initiative des colotis

372.731 **Texte.** L'article L. 442-10 du code de l'urbanisme prévoit que tout ou partie des documents relatifs à un lotissement peuvent être modifiés par l'autorité compétente dès lors qu'une majorité qualifiée de colotis demandent ou acceptent cette modification [3].

1°
Champ d'application de la procédure

a.
Champ d'application quant aux lotissements

372.741 **Tous les lotissements.** La procédure de modification des lotissements à l'initiative des colotis concerne tous les lotissements, quels que soit la date de leur création [4].

b.
Champ d'application quant aux documents

372.751 **Tous les documents.** Le code de l'urbanisme prévoit que la modification peut porter sur « tout ou partie des documents du lotissement » [5].

Il précise que la modification peut « notamment » porter sur les trois documents suivants [6] :

– le règlement ;

– le cahier des charges s'il a été approuvé ;

– les clauses de nature réglementaire du cahier des charges s'il n'a pas été approuvé.

L'emploi de l'adverbe « notamment » traduit le caractère non exhaustif de cette énumération.

L'article R. 442-20 le confirme en prévoyant l'application de la procédure aux lotissements anciens [7].

372.752 **Procédure ne pouvant concerner qu'un document existant.** Par hypothèse, la modification ne peut porter que sur un document existant ou une règle existante. Comme le souligne la doctrine administrative : « Dès lors que les règles d'urbanisme contenues dans ces documents sont devenues caduques en application de l'article L. 442-9 du même code, il n'y a plus lieu de les modifier et de faire application de l'article L. 442-10 » [8].

c.
Champ d'application quant aux règles concernées

372.761 **Les règles d'urbanisme.** Le code de l'urbanisme ne contient pas de précision quant aux règles susceptibles d'être modifiées.

Néanmoins, le Conseil constitutionnel a considéré que les dispositions de l'article L. 442-10 du code de l'urbanisme, compte tenu de leur objet, autorisent uniquement la modification des clauses des cahiers des charges, approuvés ou non, qui contiennent des « règles d'urbanisme » mais ne permettent pas de modifier des clauses étrangères à cet objet, intéressant les seuls colotis [9].

Une modification des documents peut par exemple porter sur l'affectation des lots ou les limites de lots, notamment en conséquence d'une opération antérieure telle que :

– la cession d'un espace vert par l'association syndicale du lotissement [10] ;

– ou la suppression de l'alimentation en gaz [11].

En revanche, elle ne peut pas avoir pour effet d'augmenter la surface de construction autorisée par le permis d'aménager [12].

1. Civ. 3e, 23 janv. 2002, n° 00-17.005, P – sur la possibilité d'en avoir connaissance en dehors de l'acte de propriété (en l'occurrence par la consultation du fichier immobilier) : Civ. 3e, 11 mai 1994, n° 91-20.649, P.
2. V. ss nos 614.301 s.
3. Sur la constitutionnalité du mécanisme : Cons. const. 19 oct. 2018, n° 2018-740 QPC, *Mme Simone P. et a.* [Modification des documents d'un lotissement], conformité – réserve, *JO* 20 oct., n° 52 ; *Constitutions* 2018. 547, chron. O. Le Bot.
4. Rép. min. n° 41206, *JOAN Q* 13 avr. 2010, p. 4245 : indiquant que l'article L. 442-10 « est applicable aux documents approuvés de lotissements encore en vigueur ».
5. C. urb., art. L. 442-10, al. 1er.
6. C. urb., art. L. 442-10, al. 1er.
7. L'article R. 442-20 du code de l'urbanisme rend applicable la procédure de l'article L. 442-10 « aux modifications des documents et cahiers des charges des îlots remembrés en application des dispositions de la loi validée n° 3087 des 11 octobre 1940-12 juillet 1941 relative à la reconstruction des immeubles d'habitation partiellement ou totalement détruits par suite d'actes de guerre et aux modifications des divisions de propriétés antérieures à l'entrée en vigueur de la loi du 14 mars 1919 sur les plans d'extension et d'aménagement des villes ».
8. Rép. min. n° 41206, *JOAN Q* 13 avr. 2010, p. 4245.
9. Cons. const. 19 oct. 2018, n° 2018-740 QPC.
10. Civ. 3e, 3 oct. 2001, n° 00-10.550, P.
11. Civ. 3e, 22 janv. 1992, n° 90-10.003, P.
12. V. ss n° 372.233.

2°
Demande ou accord d'une majorité qualifiée de colotis

a.
Majorité qualifiée

372.771 Double majorité. La modification des documents du lotissement à l'initiative des colotis peut intervenir si une double majorité est réunie[1] :

– soit la modification est demandée ou acceptée par la moitié des propriétaires détenant ensemble les deux tiers au moins de la superficie du lotissement ;

– soit la modification est demandée ou acceptée par les deux tiers des propriétaires détenant au moins la moitié de la superficie du lotissement[2].

Lorsque la modification est demandée par la majorité requise, l'exigence de majorité qualifiée est satisfaite sans que la modification ait à être approuvée. Lorsque la modification est demandée par un ou plusieurs colotis, la modification doit être approuvée à la majorité qualifiée.

372.772 Cas d'un groupe d'immeubles édifiés en vertu d'un permis de construire prévoyant division parcellaire. Le cahier des charges d'un groupe d'immeubles édifiés en vertu d'un permis de construire prévoyant division parcellaire, régi par l'ancien article R. 421-7-1 du code de l'urbanisme, ne peut, sauf stipulations contraires, être modifié qu'à l'unanimité des propriétaires[3].

372.773 Cas d'un lotissement se composant de maisons individuelles et d'immeubles collectifs. Dans un cas où le lotissement se compose à la fois de maisons individuelles et d'immeubles collectifs en copropriété et comporte des lots affectés à d'autres usages que l'habitation, il y a lieu[4] :

– d'une part, de compter pour une unité l'avis exprimé par chaque propriétaire individuel, quel que soit le nombre des lots qu'il possède, et par chaque copropriété, regardée comme un seul propriétaire (ainsi, chaque propriétaire compte pour une seule voix, même s'il détient plusieurs lots[5] et l'avis émis par une copropriété compte pour une seule unité[6]) ;

– d'autre part, de ne retenir, pour le calcul des superficies du lotissement détenues par ces propriétaires, que celles des lots destinés à la construction « qu'il s'agisse ou non de lots destinés à la construction d'habitations », à l'exclusion, par conséquent, des surfaces des lots affectés à d'autres usages[7].

La solution repose sur deux justifications. En premier lieu, rien dans les textes applicables ne justifie d'opérer une distinction entre les propriétaires de lots selon la nature des constructions qui s'y trouvent édifiées ou qui ont vocation à l'être. Il n'existe donc pas de raison d'exclure de leurs droits certains propriétaires de lots. En second lieu, la règle de décompte retenue par le Conseil d'État rejoint la jurisprudence civile qui, pour l'application de l'article L. 442-10, prend en considération tous les lots déjà bâtis ou ayant vocation à l'être, et ce quelle que soit leur destination. Pour la Cour de cassation, en effet, seuls sont exclus du calcul de la majorité qualifiée les voies, espaces verts ou libres[8], c'est-à-dire les espaces communs du lotissement – qui ne sont pas bâtis et n'ont pas vocation à l'être.

Par conséquent, il convient de retenir, pour calculer les superficies du lotissement détenues par les propriétaires, celles des lots destinés à être bâtis, et ce indépendamment de la destination prévue pour les constructions.

372.774 Cas d'un lot en indivision. Lorsqu'un lot est la propriété indivise de plusieurs personnes, l'accord ne peut être regardé comme acquis, au titre de ce lot, que lorsqu'il est donné par tous les membres de l'indivision[9].

372.775 Exclusion des parties communes. Les voies, espaces verts ou libres doivent être exclus pour le calcul de la majorité[10].

372.776 Règles de majorité s'imposant nonobstant toute disposition contraire des documents du lotissement. La majorité qualifiée requise doit être appréciée uniquement en fonction de la situation physique réelle du lotissement, chaque propriétaire comptant pour une seule voix même s'il détient plu-

1. C. urb., art. L. 442-10, al. 1er.
2. Ces seuils étaient fixés à deux tiers et à trois quarts (ou trois quarts et deux tiers) par l'article 38 de la loi d'orientation foncière du 30 décembre 1967 (L. n° 67-1253). Ils ont été abaissés à la moitié et aux deux tiers par la loi ALUR.
3. Civ. 3e, 12 mai 2004, n° 02-20.609, P.
4. CE 1er juin 2022, *Société Le Flocon*, req. n° 443808, *Lebon T.* ; *AJDA* 2022. 1804, concl. N. Agnoux ; *BJDU* 2022. 393, obs. S. Ferrari ; *RDI* 2022. 476, obs. P. Soler-Couteaux ; *JCP Adm.* 2022, n° 2330, note O. Le Bot.
5. CE, sect., 13 juin 1975, Amarger, req. n° 92275, *Lebon* ; *JCP G* 1976. II. 18257, obs. F. Bouyssou.
6. CE 5 mars 1999, *SCI Tennis Park*, req. n° 105846, *Lebon*.
7. CE 1er juin 2022, *Société Le Flocon*, req. n° 443808, *Lebon T.* Sous l'empire de la jurisprudence antérieure (CE 28 févr. 1996, *SCI Tennis Park*, req. n° 105846, *Lebon*), était prise en compte la superficie des seuls lots destinés à la construction d'habitations. L'arrêt du 1er juin 2022 renoue ainsi avec la jurisprudence *Dandeville* qui prévalait avant la décision du 28 février 1996 (CE, sect. 17 oct. 1980, *Dandeville*, req. n° 05398, *Lebon* ; *Gaz. Pal.* 1981. I. 194, note F. Moderne ; *RDI* 1981. 63, chron. Y. Gaudemet ; *AJPI* 1982. 373, concl. D. Labetoulle).
8. V. ss n° 372.775.
9. CE 12 févr. 1986, *Lavarde*, req. n° 51295, *Lebon T.* ; – également : CE 5 mars 1999, *SCI Tennis Park*, req. n° 105846, *Lebon*.
10. Civ. 3e, 3 oct. 2001, n° 00-10.550, P.

sieurs lots, et non en fonction des règles fixées par les statuts de l'association syndicale qui constituent des dispositions de droit privé applicables seulement entre les colotis pour la gestion interne du lotissement[1].

Ainsi, les prescriptions de l'article L. 442-10 du code de l'urbanisme sont applicables, même au cas où le cahier des charges du lotissement a prévu les conditions de majorité dans lesquelles ses stipulations pourront être modifiées[2].

b.
Recueil de l'accord des colotis

372.781 Absence d'exigence d'une assemblée générale. Aucun texte ni aucun principe général du droit ne subordonne l'application des dispositions de l'article L. 442-10 à la réunion préalable d'une assemblée générale des propriétaires[3]. Toutefois, rien ne s'oppose à ce que la demande des propriétaires colotis puisse être recueillie au cours d'une réunion de l'assemblée générale de l'association syndicale et exprimée par une délibération de celle-ci[4].

372.782 Information préalable des intéressés. Le Conseil d'État exige l'information préalable de « tous les colotis », en particulier ceux dont les parcelles sont susceptibles d'être modifiés[5]. Il impose en outre que l'objet de la modification soit clairement porté à leur connaissance[6].

Pour sa part, la Cour de cassation estime que les dispositions du code de l'urbanisme n'exigent pas que chacun des colotis ait été avisé du projet de modification du règlement de lotissement, mais demande seulement que celui-ci ait été approuvé selon les règles de majorité requises[7].

1. CAA Lyon, 28 oct. 1993, *Assoc. synd. autorisée du lotissement de Pra-Loup et a.*, req. n° 92LY01500, *Lebon T.*
2. Civ. 3e, 1er déc. 1993, n° 91-15.159, P.
3. CE 30 juill. 1997, *Andrault*, req. n° 124352, NP ; – également : CAA Lyon, 28 oct. 1993, *Assoc. synd. autorisée du lotissement de Pra-Loup et a.*, req. n° 92LY01500, *Lebon T.* : arrêt indiquant « que la demande des co-lotis tendant au maintien du règlement d'urbanisme propre à leur lotissement, n'a pas à être adressée à l'autorité compétente par l'intermédiaire de l'association syndicale chargée de gérer les parties communes du lotissement et de veiller au respect dudit règlement ».
4. CAA Lyon, 28 oct. 1993, *Assoc. synd. autorisée du lotissement de Pra-Loup et a.*, req. n° 92LY01500, *Lebon T.*
5. CE 4 juill. 1997, *Labouygues*, req. n° 135604, *Lebon T.* : illégalité de l'arrêté de modification pris sans qu'un colotis ait été invité à donner son avis ou même informé de la modification adoptée.
6. CE 15 déc. 2000, *Olindo* req. n° 196737, *Lebon T.* : arrêt indiquant « qu'il appartient à l'autorité compétente, saisie d'une demande de modification en application de ces dispositions, de veiller à ce que l'accord qui serait exprimé par la majorité qualifiée des propriétaires porte sur un objet précis, et qu'en particulier soient clairement indiquées celles des dispositions des documents régissant le lotissement dont la modification est sollicitée ou acceptée ».

3°
Pouvoir d'opposition du lotisseur

372.791 Lotisseur détenant au moins un lot. Jusqu'à l'expiration d'un délai de cinq ans à compter de l'achèvement du lotissement, la modification à l'initiative des colotis « ne peut être prononcée qu'en l'absence d'opposition du lotisseur si celui-ci possède au moins un lot constructible »[8].

4°
Décision de modification

372.801 Autorité compétente. La modification des documents du lotissement est prise par l'autorité compétente pour statuer sur les demandes de permis d'aménager[9].

372.802 Conditions pour modifier le document. L'autorité compétente ne peut prendre la décision de modification que si une majorité qualifiée des colotis a donné son accord à celle-ci[10].

En outre, la modification « doit être compatible avec la réglementation d'urbanisme applicable »[11]. En cas d'incompatibilité, l'autorité compétente doit refuser la modification[12].

La modification ne peut pas avoir pour seul but la régularisation d'une construction irrégulière[13]. Lorsqu'un permis de construire est annulé pour contrariété à un cahier des charges, est entaché de détournement de pouvoir l'arrêté modifiant ce cahier des charges dans le seul but de permettre l'édification de cette construction[14]. Est également entaché de détournement de pouvoir l'arrêté autorisant la modification d'un plan de lotissement pour permettre à des propriétaires de lots d'échapper à l'exécution de décisions judiciaires rendues à leur encontre (ordonnant la démolition des constructions irrégulièrement édifiées)[15].

372.803 Pouvoir d'appréciation. Le code prévoit que l'autorité compétente « peut » prononcer la modification des documents du lotissement[16]. Il en résulte qu'elle dispose d'un pourvoir d'appréciation pour faire droit à la demande de modification[17].

7. Civ., 25 juin 1991, n° 90-12.223, P.
8. C. urb., art. L. 442-10, al. 2.
9. C. urb., art. R. 442-19.
10. V. ss nos 372.771 s.
11. C. urb., art. L. 442-10, al. 1er.
12. CE 26 juin 1987, *Moulis*, req. n° 63985, *Lebon*.
13. Rép. min. n° 56400, *JOAN Q* 16 sept. 2014, p. 7866.
14. CE 16 févr. 1994, *Cervione (Cne) et Scarpari*, req. n° 110147, *Lebon T.*
15. CE 19 févr. 1988, *Huertas (Épx)*, req. n° 61580, *Lebon T.*
16. C. urb., art. L. 442-10, al. 1er.
17. CE 26 juin 1987, *Moulis*, req. n° 63985, *Lebon* : arrêt indiquant qu'en cas de compatibilité de la modification envisagée avec les règles d'urbanisme, l'autorité compétente n'est pas pour autant tenue de prononcer la modification sollicitée.

Elle peut fonder son refus sur tout motif d'intérêt général en rapport avec l'urbanisme[1]. Toutefois, elle ne saurait légalement le fonder sur ce que la modification envisagée serait contraire aux règles propres au lotissement dont il s'agit de modifier le règlement[2].

372.804 Forme de la décision. La décision de modification est prise par arrêté.

372.805 Modification s'imposant à tous. La modification des règles contractuelles du lotissement, prononcée par l'autorité administrative aux conditions de majorité qualifiées prescrites par la loi, s'impose à tous les colotis[3]. La modification ne saurait donc ouvrir droit à réparation au profit des colotis s'étant opposés à celle-ci[4].

B.
Modification des documents du lotissement par l'autorité administrative

1°
Modification par une DUP

372.811 Enquête publique commune à l'opération projetée et à la modification du règlement incompatible. Le règlement du lotissement peut être modifié à l'occasion d'une DUP. La DUP d'une opération « qui n'est pas compatible avec les dispositions à caractère réglementaire régissant un lotissement approuvé » ne peut intervenir « que si l'enquête publique relative à cette opération a porté à la fois sur l'utilité publique et sur la modification des documents régissant le lotissement »[5].

372.812 DUP emportant modification du règlement incompatible. Lorsque l'enquête publique a été conduite dans les conditions précitées, la DUP « emporte alors modification » des documents du lotissement[6].

Ces dispositions ne donnent pas compétence au préfet pour déclarer l'utilité publique d'un projet à seule fin de modifier les documents régissant un lotissement mais lui permettent seulement, lorsqu'une opération est susceptible d'être légalement déclarée d'utilité publique, de modifier, à l'issue d'une enquête publique commune, les documents régissant un lotissement approuvé qui ne seraient pas compatibles avec cette opération[7].

1. CE 26 juin 1987, *Moulis*, req. n° 63985, *Lebon*.
2. CE 26 juin 1987, *Moulis*, req. n° 63985, *Lebon*.
3. Civ. 3e, 16 oct. 1984, n° 83-15.203, P ; – Civ. 3e, 22 janv. 1992, n° 90-10.003, P.
4. Civ. 3e, 22 janv. 1992, n° 90-10.003, P.
5. C. urb., art. L. 442-13.
6. C. urb., art. L. 442-13.

2°
Modification pour une mise en compatibilité avec le PLU

372.821 Modification des documents du lotissement en conséquence de l'approbation d'un PLU. Lorsque l'approbation d'un PLU ou d'un document d'urbanisme en tenant lieu intervient « postérieurement au permis d'aménager un lotissement ou à la décision de non-opposition à une déclaration préalable », l'autorité compétente peut modifier tout ou partie des documents du lotissement « pour mettre en concordance ces documents » avec le PLU ou le document d'urbanisme en tenant lieu[8].

a.
Champ d'application

372.831 Documents d'urbanisme concernés. La modification des documents du lotissement par l'autorité administrative peut intervenir en conséquence de l'approbation d'un PLU ou d'un document d'urbanisme en tenant lieu[9]. Sont concernées l'approbation, la modification ou la révision du PLU[10].

372.832 Documents du lotissement concernés. L'autorité administrative peut modifier « tout ou partie des documents du lotissement »[11]. La modification peut porter « notamment » sur les deux documents suivants[12] :

– d'une part le règlement ;

– d'autre part le cahier des charges, qu'il soit approuvé ou non approuvé.

L'emploi de l'adverbe « notamment » traduit le caractère non exhaustif de cette énumération. L'article R. 442-20 le confirme en prévoyant l'application de la procédure aux lotissements anciens[13].

7. CE 16 janv. 1998, *Synd. intercommunal à vocation multiple du canton d'Accous*, req. n° 168168, *Lebon T.* : en l'espèce, est entachée de détournement de procédure la modification des documents régissant un lotissement dès lors que la réalisation de l'opération ne nécessitait aucune expropriation et que la DUP n'a ainsi été prise qu'aux fins de modifier ces documents.
8. C. urb., art. L. 442-11.
9. C. urb., art. L. 442-11.
10. Rép. min. n° 16426, *JO Sénat Q* 30 mars 2017, p. 1315.
11. C. urb., art. L. 442-11.
12. C. urb., art. L. 442-11.
13. L'article R. 442-20 du code de l'urbanisme rend applicable la procédure de l'article L. 442-11 « aux modifications des documents et cahiers des charges des îlots remembrés en application des dispositions de la loi validée n° 3087 des 11 octobre 1940-12 juillet 1941 relative à la reconstruction des immeubles d'habitation partiellement ou totalement détruits par suite d'actes de guerre et aux modifications des divisions de propriétés antérieures à l'entrée en vigueur de la loi du 14 mars 1919 sur les plans d'extension et d'aménagement des villes ».

Les dispositions de l'article L. 442-11 ne prévoient aucune exception au pouvoir qu'elles confèrent au maire de modifier tous les documents d'un lotissement, y compris le cahier des charges, dès lors que la modification a pour objet de mettre ces documents en concordance avec le PLU ou le document d'urbanisme en tenant lieu[1].

Ainsi, en cas de discordance entre, d'une part, le cahier des charges qui continue à régir les rapports entre colotis et, d'autre part, le PLU, le maire peut faire usage du pouvoir qu'il tient des dispositions de l'article L. 442-11 de modifier le cahier des charges pour le mettre en concordance avec le PLU[2]. Cette faculté présente un intérêt lorsque, en application des dispositions de l'article L. 442-9, les règles d'urbanisme contenues dans les documents approuvés d'un lotissement sont devenues caduques mais que les stipulations du cahier des charges du lotissement continuent néanmoins à régir les rapports entre colotis.

372.833 Objet de la modification. La procédure de modification des documents du lotissement par l'autorité administrative est mise en œuvre pour mettre en concordance ces derniers avec le PLU ou le document d'urbanisme en tenant lieu, « au regard notamment de la densité maximale de construction résultant de l'application de l'ensemble des règles du document d'urbanisme »[3].

Cette procédure permet ainsi, en particulier, de lever les obstacles à la densification urbaine résultant des documents du lotissement (par exemple lorsqu'ils interdisent la subdivision de lots).

b.
Procédure

372.841 Enquête publique préalable et délibération du conseil municipal. La procédure de modification des documents du lotissement par l'autorité administrative ne peut intervenir qu'après[4] :

– enquête publique réalisée conformément au chapitre III du titre II du livre Ier du code de l'environnement ;

– et délibération motivée du conseil municipal.

372.842 Autorité compétente. La modification des documents du lotissement est prise par l'autorité compétente pour statuer sur les demandes de permis d'aménager[5].

372.843 Procédure pouvant être mise en œuvre même si l'autorité administrative a d'abord cherché à obtenir la modification par le vote des colotis. La procédure de modification des documents du lotissement par l'autorité administrative peut être mise en œuvre même si ladite autorité a d'abord cherché à obtenir cette modification par le vote d'une majorité des colotis en application de l'article L. 442-10 du code de l'urbanisme[6].

372.844 Formes et publicité de la décision. La décision est prise par voie d'arrêté. L'arrêté doit être publié.

L'arrêté municipal modifiant un cahier des charges d'un lotissement pour le mettre en concordance avec le PLU en application de l'article L. 442-11 du code de l'urbanisme est opposable à tous les colotis dès qu'il a été régulièrement publié[7].

§ 4
Caducité des dispositions réglementaires des documents du lotissement à l'expiration d'un délai de 10 ans

372.851 Retour au droit commun du PLU après 10 ans. L'article L. 442-9 du code de l'urbanisme prévoit que les « règles d'urbanisme » contenues dans les documents de lotissement « deviennent caduques au terme de dix années à compter de la délivrance de l'autorisation de lotir » si, à cette date, le lotissement est couvert par un PLU[8].

Ces dispositions trouvent leur origine dans une loi du 6 janvier 1986[9]. Elles posent le principe d'un retour au droit commun de la règlementation d'urba-

1. CE 7 oct. 2013, *Saint-Jean-de-Monts (Cne)*, req. no 361934, *Lebon T. ; JCP Adm.* 2014, no 2015, note F. Dunyach.
2. CE 7 oct. 2013, *Saint-Jean-de-Monts (Cne)*, req. no 361934.
3. C. urb., art. L. 442-11.
4. C. urb., art. L. 442-11.
5. C. urb., art. R. 442-19.
6. CE 31 janv. 1992, *Copropriété « Résidence du Château » et Bresse (Épx)*, req. no 72064, *Lebon T.*
7. Civ. 3e, 11 mai 2006, no 05-19.972, P.
8. Jusqu'à la loi ALUR, une majorité de colotis avaient la possibilité, pour les lotissements de plus de dix ans (et donc normalement frappé par la caducité automatique) de demander le maintien des règles d'urbanisme du lotissement. La loi ALUR a supprimé cette possibilité et prévu la caducité de ces documents à la date de son entrée en vigueur, c'est-à-dire au 27 mars 2014 (C. urb., art. L. 442-9, al. 2, créé par L. no 2014-366, 24 mars 2014, art. 159 ; Rép. min. no 82539, *JOAN Q* 10 nov. 2015, p. 8247 – CE 24 juill. 2019, *Baillargeon*, req. no 430362, *Lebon T. ; BJDU* 2019. 367, concl. Ch. Touboul ; *LPA* 22 janv. 2020, no 16, p. 20, note P.-L. Niel). En conséquence, le maire ou le président de l'EPCI a dû mettre à jour le PLU afin d'y supprimer la liste des lotissements ayant fait l'objet d'un maintien des règles (Rép. min. no 77282, *JOAN Q* 8 sept. 2015, p. 6882). S'il ne l'a pas fait, l'absence de mise à jour est sans incidence sur la caducité de ces règles (Rép. min. no 13748, *JO Sénat Q* 19 févr. 2015, p. 398 – Rép. min. no 13748, *JO Sénat Q* 19 févr. 2015, p. 398).
9. L. no 86-13, 6 janv. 1986 relative à diverses simplifications administratives en matière d'urbanisme et à diverses dispositions concernant le bâtiment, *JO* 7 janv., p. 330, art. 8 – sur l'application dans le temps de ce mécanisme : CE, sect., avis, 5 juill. 1991, *Caussieu*, req. no 124072, *Lebon*.

nisme passé une période de dix ans. Le régime dérogatoire dont les lotissements bénéficient constitue ainsi une parenthèse limitée dans le temps, les règles du PLU ayant vocation à s'appliquer de nouveau à l'expiration de ce délai [1].

Initialement, le mécanisme a été conçu aux fins de simplifier l'articulation des normes [2]. Il vise en outre, depuis la loi ALUR, à favoriser la densification des lotissements en remplaçant les règles urbanistiques parfois strictes des cahiers des charges (freinant par conséquent les possibilités de construction) par les règles généralement plus souples des PLU.

A. Champ d'application de la péremption automatique

1° Quant aux documents d'urbanisme

372.861 **PLU uniquement.** La règle de caducité des règles d'urbanisme contenues dans les documents du lotissement ne s'applique que lorsque celui-ci est couvert par un PLU. Il ne s'applique pas lorsqu'il est couvert par une simple carte communale [3].

372.862 **Absence d'incidence d'une annulation du PLU.** La caducité des documents du lotissement présente un caractère irréversible. Par conséquent, elle ne se trouve pas remise en cause par l'annulation ultérieure du PLU [4].

2° Quant aux lotissements

372.871 **Lotissements soumis à autorisation de lotir.** Le mécanisme de caducité s'applique aux lotissements soumis à « autorisation de lotir » [5].

Le mécanisme s'applique au terme de dix années à compter de la délivrance de l'autorisation de lotir [6] si, à cette date, le lotissement est couvert par un PLU ou un document d'urbanisme en tenant lieu.

1. CE 17 juin 1996, *Cons. Laguarigue*, req. n° 140850, NP – CE 8 janv. 1997, *Chrétien*, req. n° 137493, NP.
2. Rép. min. n° 18034, *JOAN Q* 23 mars 1987, p. 1676.
3. Rép. min. n° 17034, *JO Sénat Q* 10 sept. 2015, p. 2143.
4. CE 24 mai 2006, *Antibes Juan-les-Pins (Cne)*, req. n° 278688, *Lebon T.* ; *BJDU* 2006. 248, concl. I. de Silva : une fois intervenue du fait de l'approbation d'un PLU ou d'un document en tenant lieu, la caducité qu'elles prévoient des règles d'urbanisme d'un règlement de lotissement n'est pas remise en cause par l'annulation pour excès de pouvoir de la délibération portant approbation de ce PLU ou du document en tenant lieu.
5. C. urb., art. L. 442-9, al. 1er.
6. C. urb., art. L. 442-9, al. 1er.

372.872 **Exclusion des lotissements-jardins.** Le mécanisme de caducité décennale des documents du lotissement n'est pas applicable aux lotissements-jardins mentionnés à l'article L. 115-6 [7].

3° Quant aux règles

a. Règles concernées par la caducité

372.881 **Règles d'urbanisme contenues dans les documents du lotissement.** Le mécanisme de caducité frappe « les règles d'urbanisme » « contenues dans les documents du lotissement » [8], « notamment » :

– « le règlement » (comportant par nature des dispositions réglementaires) ;

– « le cahier des charges s'il a été approuvé » (situation qui concerne uniquement les cahiers des charges antérieurs à 1978 ; le cahier des charges approuvé revêt, du fait de son approbation, un caractère réglementaire [9]) ;

– « les clauses de nature réglementaire du cahier des charges s'il n'a pas été approuvé », c'est-à-dire les clauses qui, d'une part, sont contenues dans un cahier des charges adopté postérieurement au 1er janvier 1978 [10] et qui, d'autre part, ont un objet urbanistique [11], ainsi que l'a confirmé le Conseil d'État [12].

372.882 **Notion de règles d'urbanisme.** Constituent par exemple des règles d'urbanisme :

– la mention relative au nombre maximal de lots contenue dans le cahier des charges [13] ;

– le plan de division parcellaire lorsqu'il est approuvé [14].

7. C. urb., art. L. 442-9, al. 4.
8. C. urb., art. L. 442-9, al. 1er.
9. V. ss n° 372.651.
10. V. ss n° 372.701.
11. V. ss n° 372.702.
12. CE 24 juill. 2019, *Baillargeon*, req. n° 430362, *Lebon T.* ; *BJDU* 2019. 367, concl. Ch. Touboul ; *LPA* 22 janv. 2020, n° 16, p. 20, note P.-L. Niel. Le Conseil d'État indique : « Par sa décision 2018-740 QPC du 19 octobre 2018, le Conseil constitutionnel a considéré que les dispositions de l'article L. 442-10 du code de l'urbanisme, compte tenu de leur objet, autorisent uniquement la modification des clauses des cahiers des charges, approuvés ou non, qui contiennent des règles d'urbanisme mais ne permettent pas de modifier des clauses étrangères à cet objet, intéressant les seuls colotis » (v. ss n° 372.761). Il poursuit : « Il y a lieu, pour l'application de l'article L. 442-9 du même code, de retenir, de la même façon, que ses dispositions prévoient la caducité des seules clauses des cahiers des charges, approuvés ou non, qui contiennent des règles d'urbanisme ».
13. CE 24 juill. 2019, *Baillargeon*, req. n° 430362, *Lebon T.* ; *BJDU* 2019. 367, concl. Ch. Touboul ; *LPA* 22 janv. 2020, n° 16, p. 20, note P.-L. Niel.
14. CE, sect., avis, 5 juill. 1991, *Caussieu*, req. n° 124072, *Lebon*.

En revanche, l'autorisation de principe de constituer un lotissement en divisant en lots le terrain initial, ne constitue pas une règle d'urbanisme. Par suite, cette autorisation de lotir, qui confère des droits acquis[1], continue de produire ses effets dix ans après sa délivrance[2]. Il en résulte que « la commercialisation des lots invendus à l'expiration d'un délai de dix ans peut se poursuivre sur le fondement de l'autorisation d'origine »[3].

b.
Règles non concernées par la caducité

372.891 **Rapports entre colotis.** Le mécanisme de caducité ne joue pas pour « les droits et obligations régissant les rapports entre colotis définis dans le cahier des charges du lotissement »[4]. Cette exclusion se justifie par deux considérations[5] :

– d'une part, « dans la mesure où les dispositions relatives à la caducité des documents du lotissement portent uniquement sur les règles d'urbanisme, elles ne sauraient remettre en cause les stipulations de cahier des charges de lotissement régissant les rapports entre colotis. De telles stipulations sont en effet de nature conventionnelle. Elles relèvent ainsi de la liberté contractuelle dont jouissent les colotis » ;

– d'autre part, « elles ne peuvent par définition pas entrer en contradiction avec les règles édictées dans un PLU ou un document d'urbanisme en tenant lieu. Ces documents ont en effet pour objet d'édicter des règles d'urbanisme, par essence de portée générale, dans les conditions fixées par le code de l'urbanisme ».

372.892 **Mode de gestion des parties communes.** Le mécanisme de caducité ne joue pas pour « le mode de gestion des parties communes »[6].

372.893 **Règles du code civil.** Naturellement, le mécanisme de caducité n'affecte pas les droits et obligations résultant des dispositions du code civil en matière de plantation, bornage et mitoyenneté. Ainsi, les servitudes issues du code civil destinées à régir les relations entre colotis et les relations entre le lotisseur et les acquéreurs demeurent en vigueur à l'issue des dix ans. En conséquence, les colotis ou l'assemblée syndicale pourront s'en prévaloir devant le juge judiciaire[7].

B.
Portée de la péremption automatique des documents du lotissement

372.901 **Portée partiellement neutralisée par la jurisprudence.** Passé un délai de dix ans, les règles d'urbanisme énoncées dans les documents du lotissement cessent de produire leurs effets à l'égard de l'administration. En revanche, la jurisprudence a estimé qu'elles continuent de déployer leurs effets dans les relations entre colotis.

1°
Rapports de droit public (effet vertical)

372.911 **Inopposabilité à l'administration.** Les règles propres au lotissement entrant dans le champ de l'article L. 424-9 cessent de s'appliquer dans les relations entre les colotis et l'administration. Elles perdent donc leur opposabilité aux demandes d'autorisation d'urbanisme.

Par exemple, l'autorité chargée de délivrer les autorisations d'urbanisme ne peut opposer une règle relative au nombre maximal de lots contenue dans le cahier des charges à la personne qui sollicite un permis d'aménager, un permis de construire ou qui dépose une déclaration préalable[8].

2°
Rapports de droit privé (effet horizontal)

372.921 **Maintien de l'opposabilité entre colotis.** Le juge judiciaire a considéré que la modification du premier alinéa de l'article L. 442-9 réalisée par la loi ALUR n'a pas eu d'influence sur sa jurisprudence antérieure. La Cour de cassation affirme en ce sens « que le cahier des charges, quelle que soit sa date, constitue un document contractuel dont les clauses engagent les colotis entre eux pour toutes les stipulations qui y sont contenues »[9]. Elle affirme ainsi la force obligatoire de « toutes les stipulations » du cahier des charges (y compris celles qui comporteraient des règles d'urbanisme), et cela quelle que soit leur date (y compris, donc, si elles ont plus de dix ans). Cette solution a été maintes fois réaffirmée par la Cour de cassation[10]. Les auteurs ont pointé, pour l'expliquer, « une rédaction plus que mala-

1. CE, sect., 4 mars 1977, *Ministre de l'Équipement c/Société anonyme Constructions Simottel*, req. n° 01822, *Lebon*.
2. CAA Lyon, 18 févr. 2003, *Le-Breuil-sur-Couze (Cne)*, req. n° 02LY00891, *Lebon T. ; Le Defrénois* 30 oct. 2003, p. 1328, note J.-Ph. Meng.
3. J.-Ph. Meng, note préc.
4. C. urb., art. L. 442-9, al. 3.
5. Rép. min. n° 82539, *JOAN Q* 10 nov. 2015, p. 8247.
6. C. urb., art. L. 442-9, al. 3.
7. Rép. min. n° 82169, *JOAN Q* 16 nov. 2010, p. 12487.
8. CE 24 juill. 2019, *Baillargeon*, req. n° 430362, *Lebon T. ; BJDU* 2019. 367, concl. Ch. Touboul ; *LPA* 22 janv. 2020, n° 16, p. 20, note P.-L. Niel.
9. Civ. 3e, 21 janv. 2016, n° 15-10.566, P ; *RDI* 2016. 223, obs. J.-L. Bergel ; *RDI* 2016. 301, obs. P. Soler-Couteaux.
10. Civ. 3e, 29 sept. 2016, n° 15-22.414, NP – Civ. 3e, 13 oct. 2016, n° 15-23.674, NP – Civ. 3e, 9 mars 2017, n° 16-13.085, NP – Civ. 3e, 14 sept. 2017, n° 16-21.329, NP – Civ. 3e, 14 févr. 2019, n° 18-10.601, NP.

droite »[1] de l'article L. 442-9, le législateur ayant posé une règle de caducité à son alinéa 1er sans remettre en cause son alinéa 3 affirmant la nature contractuelle du cahier des charges[2].

La solution a été reprise par le Conseil d'État, indiquant expressément que « les clauses du cahier des charges du lotissement continu[e]nt de régir les rapports entre colotis »[3].

372.922 **Maintien, par conséquent, du pouvoir de modification des documents du lotissement.** Dans la mesure où les clauses du cahier des charges du lotissement continuent de régir les rapports entre colotis, la caducité prévue par l'article L. 442-9 du code de l'urbanisme ne fait pas obstacle à ce que l'autorité compétente fasse usage des pouvoirs qu'elle tient des articles L. 442-10 et L. 442-11 du même code, ainsi que le prévoit son article L. 442-12 s'agissant des subdivisions de lots, pour modifier par exemple les dispositions d'un cahier des charges approuvé relatives au nombre maximal de lots[4].

SECTION 7
SUBDIVISIONS DE LOTS PROVENANT D'UN LOTISSEMENT AUTORISÉ PAR UN PERMIS D'AMÉNAGER

§ 1
Assimilation à la procédure de modifications des documents du lotissement

372.931 **Principe.** Les subdivisions de lots provenant d'un lotissement soumis à permis d'aménager « sont assimilées aux modifications de lotissements prévues aux articles L. 442-10 et L. 442-11 »[5].

Il en résulte l'application à ces subdivisions de la procédure prévue :

- à l'article L. 442-10 (en cas de modification à l'initiative des colotis)[6] ;

- ou à l'article L. 442-11 (en cas de modification à l'initiative de l'administration)[7].

§ 2
Exceptions

372.941 **Deux exceptions.** L'article L. 442-21 prévoit deux exceptions au principe de l'assimilation.

Dans ces deux cas de figure, la subdivision de lots à l'initiative des colotis ne nécessite pas de réunir la majorité qualifiée prévue à l'article L. 442-10.

372.942 **1re exception : détachement-rattachement.** L'assimilation à la procédure de modification des lotissements est écartée lorsque l'opération consiste à détacher une partie d'un lot pour la rattacher à un lot contigu[8].

372.943 **2nde exception : macro-lot.** L'assimilation à la procédure de modification des lotissements est écartée lorsque les subdivisions de lots[9] :

- interviennent dans la limite du nombre maximum de lots autorisés ;

- et résultent d'une déclaration préalable, d'un permis d'aménager, d'un permis valant division ou d'une division réalisée en application du a de l'article R. 442-1 ;

- dès lors que le lotisseur atteste de son accord sur cette opération par la délivrance d'une attestation.

Selon le ministère, cette exclusion vise à faciliter la division des macrolots, notamment par les promoteurs et les entreprises. Elle pourrait ainsi être mise en œuvre tant que le lotisseur est engagé dans le lotissement :

- soit parce qu'il n'a pas encore achevé les travaux ;

- soit parce qu'il détient toujours une partie des lots ou des espaces du lotissement.

§ 3
Absence d'assimilation pour les subdivisions non soumises à permis d'aménager

372.951 **Subdivisions soumises à déclaration préalable.** Le code limite l'assimilation aux subdivisions de lots provenant d'un lotissement « soumis à permis d'aménager »[10]. Il en résulte que les subdivisions concernant un lotissement soumis à déclaration préalable échappent à cette assimilation. Par conséquent, celles-ci peuvent intervenir à l'initiative des colotis sans avoir à réunir la majorité qualifiée prévue à l'article L. 442-10.

1. P. Soler-Couteaux, *RDI* 2016. 301, préc.
2. R. Noguellou, « Les servitudes de lotissement vont-elles vraiment disparaître ? », *RDI* 2015. 234.
3. CE 24 juill. 2019, *Baillargeon*, req. n° 430362.
4. CE 24 juill. 2019, *Baillargeon*, req. n° 430362.
5. C. urb., art. R. 442-21, al. 1er.
6. V. ss nos 372.731 s.
7. V. ss nos 372.811 s.
8. C. urb., art. L. 442-21, a.
9. C. urb., art. R. 442-21, b.
10. C. urb., art. R. 442-21, al. 1er.

CHAPITRE

373. Règles applicables aux terrains utilisés pour l'habitat léger (terrains de camping, PRL...)

SECTION 0

ORIENTEUR

373.00 **Sommaire du chapitre.**

373.01 **Textes applicables.**

• **C. urb.**

art. L. 443-1 s.
art. R. 443-1 s.
art. A. 424-12 s.

373.03 **Bibliographie indicative.**

Encyclopédies. *DP constr.-urb., ét.* : « Habitat de loisir » – *J.-Cl. Constr.-Urb.*, fasc. 11-62 : « Habitat léger de loisirs. Habitation légère de loisirs, résidence mobile de loisirs, parc résidentiel de loisirs, terrain de camping », par J. Hugot, août 2010, mis à jour C. Steimlé, févr. 2023.

373.05 **Structures touristiques et habitations.** Le livre IV du code de l'urbanisme (relatif aux autorisations d'urbanisme) prévoit des règles spécifiques aux structures légères utilisées à des fins touristiques ou d'habitations. Il distingue :

– d'un côté les terrains utilisés pour l'habitat léger de loisir ;

– d'un autre les terrains utilisés pour l'habitat léger résidentiel.

SECTION 1

TERRAINS UTILISÉS POUR L'HABITAT LÉGER DE LOISIR

373.11 **Champ d'application.** Les règles applicables aux terrains de camping et aux autres terrains aménagés pour l'hébergement touristique concernent[1] :

– les terrains de camping ;

– les parcs résidentiels de loisirs (PRL) mentionnés à l'article R. 111-38, à l'exception de ceux qui sont exploités par cession d'emplacements ou par location d'emplacements d'une durée supérieure à un an renouvelable.

Ni les unes ni les autres ne sont applicables aux aires de stationnement créées en application de la loi du 5 juillet 2000[2] relative à l'accueil et à l'habitat des gens du voyage[3].

§ 1

Dossier de demande

373.21 **Éléments spécifiques.** Outre les éléments propres à toute demande de permis d'aménager[4], la

1. C. urb., art. R. 443-1.
2. L. nº 2000-614, 5 juill. 2000 relative à l'accueil et à l'habitat des gens du voyage, *JO* 6 juill., nº 1.
3. C. urb., art. R. 443-1.
4. V. ss nos 371.11 s.

demande d'aménagement d'un camping ou d'un PRL doit comprendre des éléments spécifiques.

A. Notice

373.31 **Informations générales.** La notice jointe à la demande de permis d'aménager précise, outre les éléments mentionnés à l'article R. 441-3[1], les mesures envisagées pour[2] :

- limiter l'impact visuel des installations (1°) ;
- répartir les emplacements au sein d'une trame paysagère (2°) ;
- assurer l'insertion des équipements et bâtiments collectifs (3°) ;
- organiser les circulations à l'intérieur du terrain (4°).

Elle précise en outre si l'implantation d'habitations légères de loisirs est envisagée[3].

373.32 **Cas où la demande vise à se conformer aux normes d'urbanisme, d'insertion dans les paysages, d'aménagement, d'équipement et de fonctionnement.** Lorsque la demande de permis d'aménager est déposée pour se conformer aux normes d'urbanisme, d'insertion dans les paysages, d'aménagement, d'équipement et de fonctionnement visées à l'article R. 111-35 du code de l'urbanisme[4], elle comporte[5] :

- une description sommaire de l'état actuel du terrain de camping indiquant les équipements et aménagements qui ne sont pas conformes aux normes en vigueur (a) ;
- une description détaillée des mesures proposées pour assurer la mise aux normes (b) ;
- un document graphique permettant d'apprécier l'insertion du terrain de camping après réalisation des travaux dans l'environnement (c).

B. Plan de composition du projet

373.41 **Espaces de regroupement des hébergements mobiles.** Le plan de composition du projet mentionné au 2° de l'article R. 441-4[6] indique, s'il y a lieu, les espaces de regroupement des hébergements mobiles au-dessus de la cote inondable[7].

C. Engagement du demandeur

373.51 **Mode d'exploitation.** Le demandeur joint à son dossier l'engagement d'exploiter le terrain selon le mode de gestion indiqué dans sa demande[8].

Lorsque la demande est présentée en vue d'une exploitation saisonnière, il y précise en outre la période d'exploitation[9].

D. Étude d'impact

373.61 **Étude d'impact ou dispense d'évaluation environnementale.** Le cas échéant, le dossier de demande comporte[10] :

- l'étude d'impact ;
- ou la décision de l'autorité chargée de l'examen au cas par cas dispensant le projet d'évaluation environnementale.

L'autorité compétente pour délivrer l'autorisation d'urbanisme vérifie que le projet qui lui est soumis est conforme aux mesures et caractéristiques qui ont justifié la décision de l'autorité chargée de l'examen au cas par cas de ne pas le soumettre à évaluation environnementale[11].

373.62 **Étude d'impact actualisée et avis.** Lorsque le projet relève du III de l'article L. 122-1-1 du code de l'environnement, le dossier de demande comporte[12] :

- l'étude d'impact actualisée ;
- ainsi que les avis de l'autorité environnementale compétente et des collectivités territoriales et de leurs groupements intéressés, rendus sur l'étude d'impact actualisée.

§ 2 Permis d'aménager un camping ou un PRL

373.71 **Respect des normes.** Le permis d'aménager impose le respect des normes d'urbanisme, d'insertion dans les paysages, d'aménagement, d'équipement et de fonctionnement visées, selon les cas, aux articles R. 111-35 ou R. 111-36[13].

1. V. s[s] n° 371.61.
2. C. urb., art. R. 443-2, al. 1er à 5.
3. C. urb., art. R. 443-2, al. 6.
4. V. s[s] n° 118.121.
5. C. urb., art. R. 443-2-1.
6. V. s[s] n° 371.72.
7. C. urb., art. R. 443-3.
8. C. urb., art. R. 443-4.
9. C. urb., art. R. 443-4.
10. C. urb., art. R. 443-5, 1° ; mod. par décr. n° 2022-422, 25 mars 2022.
11. C. urb., art. R. 443-5, 1°.
12. C. urb., art. R. 443-5, 2°.
13. C. urb., art. R. 443-6, al. 1er.

373.72 Nombre d'emplacements. Le permis d'aménager fixe le nombre maximum d'emplacements[1].

Pour les terrains de camping, le permis[2] :
- fixe le nombre d'emplacements réservés indistinctement aux tentes, aux caravanes et aux résidences mobiles de loisirs ;
- et délimite, lorsque l'implantation d'habitations légères de loisirs est envisagée, leurs emplacements.

373.73 Autorisation d'une exploitation saisonnière. Le permis peut, le cas échéant, autoriser l'aménagement d'un terrain de camping en vue d'une exploitation saisonnière. Dans ce cas, il fixe la période d'exploitation, en dehors de laquelle aucune tente ou caravane ne peut être ou rester installée sur le terrain[3].

§ 3
Exploitation et conformité

373.81 Exploitation. Le bénéficiaire du permis d'aménager ne peut commencer l'exploitation du terrain de camping ou du parc résidentiel de loisirs qu'après avoir adressé à la mairie la déclaration d'achèvement prévue à l'article L. 462-1[4].

373.82 Mise en conformité. Le bénéficiaire du permis d'aménager est tenu d'interrompre l'exploitation jusqu'à obtention d'un permis modificatif ou mise en conformité des travaux lorsque l'autorité compétente lui a adressé une mise en demeure dans les conditions prévues à l'article L. 462-2[5].

§ 4
Cas des terrains de campings soumis à un risque naturel ou technologique prévisible

373.91 Application aux seuls terrains de camping. Les règles relatives aux terrains soumis à un risque naturel ou technologique prévisible sont applicables aux seuls terrains de camping[6]. Par suite, elles ne concernent pas les PRL.

A.
Prescriptions d'information, d'alerte et d'évacuation

373.101 Pouvoir spécifique. Le code de l'urbanisme confère à l'autorité compétente pour délivrer le permis d'aménager des pouvoirs spécifiques « afin de permettre d'assurer la sécurité des occupants » des terrains de camping[7].

1°
Champ d'application

373.111 Terrains soumis à un risque prévisible. Les pouvoirs spécifiques visant à assurer la sécurité des occupants des terrains de campings s'exercent dans les zones soumises à un risque naturel ou technologique prévisible définies par l'autorité administrative[8].

373.112 Délimitation des zones. Pour l'application de l'article L. 443-2, le préfet délimite par arrêté les zones soumises à un risque naturel ou technologique prévisible. Ces zones comprennent notamment celles mentionnées à l'article R. 125-10 du code de l'environnement[9].

2°
Définition des prescriptions

373.121 Prescriptions d'information, d'alerte et d'évacuation. L'autorité compétente pour délivrer le permis d'aménager peut « à tout moment », afin de permettre d'assurer la sécurité des occupants des terrains de camping, prescrire « la réalisation de travaux » et « la mise en place de dispositifs » permettant d'assurer « l'information, l'alerte et l'évacuation » des occupants de ces terrains[10].

Ces prescriptions sont déterminées dans les conditions fixées par les articles R. 125-15 et suivants du code de l'environnement[11].

Elles doivent être compatibles avec le plan de prévention des risques naturels prévisibles établi en application du chapitre II du titre VI du livre V du code de l'environnement[12].

373.122 Procédure consultative. Les prescriptions sont fixées[13] :
- après consultation du propriétaire et de l'exploitant ;
- et après avis de l'autorité administrative.

373.123 Délai d'exécution. L'autorité compétente fixe le délai dans lequel les prescriptions doivent être réalisées[14].

1. C. urb., art. R. 443-6, al. 1er.
2. C. urb., art. R. 443-6, al. 2.
3. C. urb., art. R. 443-7.
4. C. urb., art. R. 443-8, al. 1er.
5. C. urb., art. R. 443-8, al. 2.
6. C. urb., art. R. 443-1.
7. C. urb., art. L. 443-2, al. 1er.
8. C. urb., art. L. 443-2, al. 1er.
9. C. urb., art. R. 443-9.
10. C. urb., art. L. 443-2, al. 1er.
11. C. urb., art. R. 443-10.
12. C. urb., art. L. 443-2, al. 2.
13. C. urb., art. L. 443-2, al. 1er.
14. C. urb., art. L. 443-2, al. 1er.

B.
Mesures prises en cas d'inexécution des prescriptions

373.131 Fermeture du terrain et évacuation des occupants. Si, à l'issue du délai imparti, les prescriptions n'ont pas été exécutées, l'autorité compétente pour délivrer le permis d'aménager peut ordonner « la fermeture du terrain » et « l'évacuation des occupants » jusqu'à exécution des prescriptions[1].

En cas de carence de l'autorité compétente, le préfet se substitue à elle après mise en demeure restée sans effet[2].

373.132 Procédure contradictoire. La fermeture du terrain et l'évacuation des occupants ne peuvent être ordonnées qu'après mise en demeure adressée à l'exploitant et indiquant à celui-ci qu'il peut présenter des observations écrites ou, sur sa demande, orales et se faire assister par un conseil ou représenter par un mandataire de son choix[3].

C.
Inspections

373.141 Agents habilités. Sont habilités à inspecter, même inopinément, les terrains aménagés pour le camping et ceux sur lesquels se trouvent des caravanes dont le stationnement a été autorisé ou aurait dû l'être[4] :

- les personnes visées à l'article L. 461-1[5] (a) ;
- les fonctionnaires et agents assermentés désignés par le ministre chargé du tourisme et porteurs d'un ordre de mission ou d'une commission (b).

SECTION 2
TERRAINS UTILISÉS POUR L'HABITAT LÉGER RÉSIDENTIEL

373.151 Permis d'aménager ou déclaration préalable. L'aménagement de terrains bâtis ou non bâtis, pour permettre l'installation de résidences démontables constituant l'habitat permanent de leurs utilisateurs[6] ou de résidences mobiles utilisées par les gens du voyage[7] est soumis[8] :

- soit à permis d'aménager[9] ;
- soit à déclaration préalable[10].

1. C. urb., art. L. 443-3, al. 1er.
2. C. urb., art. L. 443-3, al. 2.
3. C. urb., art. R. 443-11.

4. C. urb., art. R. 443-12.
5. V. ss no 353.31.
6. V. ss no 118.362.
7. V. ss no 118.363.
8. C. urb., art. L. 444-1.
9. V. ss nos 323.101 s.
10. V. ss nos 323.251 s.

TITRE

38. Les règles propres aux démolitions

SECTION 0
ORIENTEUR

38.00 Sommaire du titre.

CHAPITRE

381. Dossier de demande de permis de démolir

SECTION 0
ORIENTEUR

381.00 Sommaire du chapitre.

381.01 Textes applicables.

• **C. urb.**

art. L. 451-1 s.

art. R. 451-1 s.

art. A. 451-1 s.

381.03 Bibliographie indicative.

Encyclopédies. *DP constr.-urb.*, ét. : « Permis de démolir » – *J.-Cl. Constr.-Urb.*, fasc. 29 : « Permis de démolir », par G. Liet-Veaux et G. Ricard, janv. 2016.

Traité. N. Baillon, *Traité du permis de construire*, 6e éd., « Référence juridique », Le Moniteur, 2017.

Monographies. M. Duval et L. Weyer, *Le permis de démolir : champ d'application, instruction du dossier, délivrance*, « Guides juridiques », Le Moniteur, 2008 – Ph. Boulisset, S. Cardi, S. Consalvi, R. Thielé, *Permis de construire 2021-2022 : permis de démolir, permis d'aménager, déclaration préalable*, 3e éd., « Encyclopédie Delmas pour la vie des affaires », Delmas, 2021 – V. Lachaut-Dana, *Permis de construire et autorisations d'urbanisme : études préalables, délivrance, mise en œuvre*, 2e éd., « Pratique du droit », Le Moniteur, 2019 – C. Mialot et F. Ehrenfeld, *Le permis de construire et autres autorisations d'urbanisme*, « Les indispensables », Berger-Levrault, 2018.

SECTION 1
CONTENU DU DOSSIER DE DEMANDE DE PERMIS DE DÉMOLIR

381.11 Caractère limitatif des pièces et informations exigées. Les articles R. 451-1 et suivants du code de l'urbanisme déterminent les informations et pièces exigées pour la demande de permis de démolir. Aucune autre information ou pièce ne peut être exigée par l'autorité compétente[1].

§ 1
Informations contenues dans la demande de permis de démolir

381.21 Présentation du projet. La demande de permis de démolir précise[2] :

– l'identité du ou des demandeurs (a) ;

– en cas de démolition partielle, les constructions qui subsisteront sur le terrain et, le cas échéant, les travaux qui seront exécutés sur cette construction (b) ;

– la date approximative à laquelle le ou les bâtiments dont la démolition est envisagée ont été construits (c) ;

– s'il y a lieu, que la démolition est soumise à déclaration en application de la section 1 du chapitre IV du titre Ier du livre II du code de l'environnement (d) ;

– s'il y a lieu, que la démolition porte sur une installation, un ouvrage, des travaux ou une activité soumis à autorisation environnementale en application de l'article L. 181-1 du code de l'environne-

1. C. urb., art. R. 451-7 – Il en va de même pour la demande de permis de construire et la demande de permis d'aménager. Sur ce principe, et les conséquences qui en résultent, v. ss no 361.62.
2. C. urb., art. R. 451-1, al. 1er à 9.

ment, si les travaux portent atteinte aux intérêts mentionnés au I de l'article L. 181-3 (e) ;

– s'il y a lieu, que la démolition doit faire l'objet d'une dérogation au titre du 4° de l'article L. 411-2 du code de l'environnement (f) ;

– s'il y a lieu, que les travaux portent sur un projet relevant du 1° ou du 2° de l'article L. 632-2-1 du code du patrimoine (g) ;

– s'il y a lieu, les demandes d'autorisation et les déclarations dont le projet a déjà fait l'objet au titre d'une autre législation que celle du code de l'urbanisme (h).

381.22 **Attestation sur la qualité du demandeur.** La demande de permis de démolir comporte l'attestation du ou des demandeurs qu'ils remplissent les conditions définies à l'article R. 423-1 pour déposer une demande de permis [1].

§ 2 Dossier joint à la demande

381.31 **Plans et document photographique.** Le dossier joint à la demande comprend [2] :

– un plan permettant de connaître la situation du terrain à l'intérieur de la commune (a) ;

– un plan de masse des constructions à démolir ou, s'il y a lieu, à conserver (b) ;

– un document photographique faisant apparaître le ou les bâtiments dont la démolition est envisagée et leur insertion dans les lieux environnants (c).

§ 3 Pièces complémentaires selon la situation de l'immeuble

381.41 **Monument historique.** Lorsque le bâtiment est inscrit au titre des monuments historiques, le dossier joint à la demande comprend [3] :

– une notice expliquant les raisons pour lesquelles la conservation du bâtiment ne peut plus être assurée bien que l'intérêt de celui-ci du point de vue de l'histoire ou de l'art ait été reconnu suffisant pour justifier sa préservation (a) ;

– les photographies faisant apparaître l'ensemble des façades et toitures du bâtiment ainsi que ses dispositions intérieures (b) ;

– dans le cas d'une démolition partielle, la description des moyens mis en œuvre pour éviter toute atteinte aux parties conservées (c).

1. C. urb., art. R. 451-1, al. 10 – Sur cette qualité, v. s[s] n°s 331.11 s.
2. C. urb., art. R. 451-2.
3. C. urb., art. R. 451-3.

381.42 **Site patrimonial remarquable.** Lorsque l'immeuble est situé dans le périmètre d'un site patrimonial remarquable ou dans les abords des monuments historiques, le dossier joint à la demande comprend la description des moyens mis en œuvre dans la démolition pour éviter toute atteinte au patrimoine protégé [4].

381.43 **Parc national.** Lorsque les travaux sont projetés dans un cœur de parc national, la demande comprend les pièces complémentaires mentionnées au II de l'article R. 331-19 du code de l'environnement [5].

Dans les quinze jours qui suivent la réception des exemplaires mentionnés à l'article R. 423-13, le directeur de l'établissement public du parc national précise, le cas échéant, au maire les pièces manquantes qui doivent figurer dans ce dossier [6].

381.44 **Natura 2000.** Lorsque la démolition de la construction doit faire l'objet d'une évaluation de ses incidences sur un site Natura 2000 en application de l'article L. 414-4 du code de l'environnement, le dossier joint à la demande comprend le dossier d'évaluation des incidences prévu à l'article R. 414-23 de ce code [7].

381.45 **Évaluation environnementale.** Le dossier joint à la demande de permis de démolir comprend le cas échéant ;

– l'étude d'impact ou la décision de l'autorité chargée de l'examen au cas par cas dispensant le projet d'évaluation environnementale [8] ;

– l'étude d'impact actualisée lorsque le projet relève du III de l'article L. 122-1-1 du code de l'environnement ainsi que les avis de l'autorité environnementale compétente et des collectivités territoriales et leurs groupements intéressés par le projet rendus sur l'étude d'impact actualisée [9].

SECTION 2 FORMULAIRE DE PERMIS DE DÉMOLIR

381.51 **Formulaire.** La demande de permis de démolir est établie conformément au formulaire portant le numéro Cerfa 13405 [10].

4. C. urb., art. R. 451-4.
5. C. urb., art. R. 451-5.
6. C. urb., art. R. 451-5.
7. C. urb., art. R. 451-6.
8. C. urb., art. R. 451-6-1, a ; créé par décr. n° 2022-422, 25 mars 2022. Le a) précise qu'en cas de dispense, l'autorité compétente pour délivrer l'autorisation d'urbanisme vérifie que le projet qui lui est soumis est conforme aux mesures et caractéristiques qui ont justifié la décision de l'autorité chargée de l'examen au cas par cas.
9. C. urb., art. R. 451-6-1, b ; créé par décr. n° 2022-422, 25 mars 2022.
10. C. urb., art. A. 451-1.

381.52 **Bordereau de dépôt.** Le demandeur annexe à la demande de permis de démolir un bordereau de dépôt, établi conformément au modèle annexé au formulaire mentionné à l'article A. 451-1, identifiant celles des pièces qui sont jointes à la demande[1].

381.53 **Récépissé.** Le récépissé de demande de permis de démolir prévu aux articles R. 423-3 à R. 423-5 est établi conformément au modèle joint au formulaire mentionné à l'article A. 451-1[2].

1. C. urb., art. A. 451-2.
2. C. urb., art. A. 451-3.

CHAPITRE

382. Règles particulières au permis de démolir

SECTION 0

ORIENTEUR

382.00 Sommaire du chapitre.

SECTION 1

PERMIS DE CONSTRUIRE OU PERMIS D'AMÉNAGER VALANT PERMIS DE DÉMOLIR

382.11 Possibilité d'autorisation unique. Lorsque la démolition est nécessaire à une opération de construction ou d'aménagement, la demande de permis de construire ou d'aménager peut porter à la fois sur la démolition et sur la construction ou l'aménagement. Dans ce cas, le permis de construire ou le permis d'aménager autorise la démolition[1]. Ces dispositions n'ont ni pour objet ni pour effet de soumettre à autorisation les démolitions qui n'en nécessitent pas en vertu de l'article L. 421-3[2].

Le permis de construire ne vaut permis de démolir que si le dossier de permis de construire indiquait que le projet de construction implique de réaliser des démolitions[3].

SECTION 2

DÉMOLITION PORTANT SUR UN IMMEUBLE EN RUINE

382.21 Délivrance de plein droit du permis de démolir. Le permis de démolir ne peut être refusé lorsque la démolition est le seul moyen de mettre fin à la ruine de l'immeuble[4].

SECTION 3

DÉMOLITION D'UN IMMEUBLE COMPORTANT UNE PLAQUE COMMÉMORATIVE

382.31 Protection particulière. Lorsque le permis de démolir porte sur un immeuble ou une partie d'immeuble qui est le support d'une plaque commémorative, celle-ci est conservée par le maître d'ouvrage durant les travaux de démolition[5].

À l'issue des travaux, le maître d'ouvrage la réinstalle en un lieu visible de la chaussée[6].

1. C. urb., art. L. 451-1.
2. CAA Marseille, 1er juin 2021, *Agnan et a.*, req. n° 20MA03919, NP.
3. CE 14 mai 2014, *SCI Alpanga*, req. n° 359847, *Lebon T.* ; *BJDU* 2014. 312, concl. A. Lallet – CE 24 avr. 2019, *Cne de Colombier-Saugnieu*, req. n° 420965, NP.
4. C. urb., art. L. 451-2.
5. C. urb., art. L. 451-3, al. 1er.
6. C. urb., art. L. 451-3, al. 2.

TITRE

39. Les particularités des autorisations d'urbanisme portant sur le domaine skiable (remontées mécaniques et aménagement du domaine)

SECTION 0

ORIENTEUR

39.00 Sommaire du titre.

CHAPITRE

391. Autorisations d'urbanisme concernant les remontées mécaniques

SECTION 0 ORIENTEUR

391.00 Sommaire du chapitre.

391.01 Textes applicables.

• **C. urb.**

art. L. 472-1 s.

art. R. 472-1 s.

art. A. 472-1

391.03 Bibliographie indicative.

Encyclopédies. *DP constr.-urb.*, ét. : « Montagne » – *J.-Cl. Constr.-Urb.*, fasc. 11-80 : « Remontées mécaniques et aménagements de domaine skiable », par J. Hugot, C. Le Marchand et S. M. Moulin, avr. 2018.

Ouvrages. J.-F. Joye et Ph. Yolka (dir.), *Les remontées mécaniques et le droit : regards croisés*, Presses universitaires Savoie Mont Blanc, 2019.

391.05 Définition. Sont dénommés « remontées mécaniques »[1] :

– « tous les appareils de transports publics de personnes par chemin de fer à crémaillère, par installation à câbles » relevant du règlement (UE) 2016/424 ;

– « ainsi que les installations à câbles utilisées pour le service des refuges de montagne » mentionnées au d du paragraphe 2 de l'article 2 du même règlement.

1. C. tourisme, art. L. 342-7 ; mod. par ord. n° 2021-206, 24 févr. 2021.

Tout aménagement répondant à cette définition est regardé comme une remontée mécanique (et, par suite, soumis au régime d'autorisations prévu pour les remontées mécaniques). Tel est le cas, par exemple, d'un téléski « fil-neige » destiné à l'initiation à la pratique du ski des enfants fréquentant une garderie et utilisant des câbles tracteurs, alors même qu'il serait réservé à la seule clientèle de cet établissement[1].

391.06 Autorisations. Les travaux de construction ou de modification substantielle des remontées mécaniques sont soumis à une double autorisation[2] :

- d'une part, une autorisation d'exécution des travaux ;
- d'autre part, une autorisation de mise en exploitation.

SECTION 1
AUTORISATION D'EXÉCUTION DES TRAVAUX

§ 1
Régime d'autorisation ou de déclaration

391.11 Travaux de construction ou modification substantielle. L'autorisation d'exécution des travaux est requise dans deux cas de figure[3] :

- d'une part, pour les travaux « de construction » des remontées mécaniques ;
- d'autre part, pour les travaux de « modification substantielle » des remontées mécaniques.

En l'absence de construction ou de modification substantielle, les travaux relèvent d'un régime de déclaration.

391.12 Notion de modification substantielle. Selon deux arrêtés ministériels[4], est regardée comme une modification substantielle :

- toute modification qui remet en cause de manière significative les caractéristiques principales de l'installation, l'emplacement et la nature des ouvrages ou la capacité de transport ;
- ou, pour les installations relevant des dispositions du décret du 30 mars 2017[5] relatif à la sécurité des transports publics guidés, toute modification répondant aux conditions prévues à l'article 2 de ce décret.

391.13 Appréciation du préfet. Toute modification susceptible d'affecter la sécurité d'une remontée mécanique ou d'un tapis roulant fait l'objet d'une déclaration au préfet au moins un mois avant sa mise en œuvre. À cette fin, le maître d'ouvrage transmet au préfet un dossier décrivant la modification envisagée[6] et comprenant, le cas échéant, le rapport de sécurité prévu par l'article 8 du règlement (UE) 2016/424 du Parlement européen et du Conseil du 9 mars 2016 relatif aux installations à câbles et abrogeant la directive 2000/9/ CE pour la partie modifiée[7].

Si, au vu du dossier transmis, il ressort que la modification envisagée remet en cause de manière significative les caractéristiques principales de l'installation, son emplacement et la nature des ouvrages ou sa capacité de transport, le préfet peut, dans un délai ne pouvant excéder un mois, la soumettre à l'autorisation prévue à l'article L. 472-1 du code de l'urbanisme[8].

391.14 Dispense d'autorisation. L'autorisation d'exécution des travaux portant sur la réalisation des remontées mécaniques n'est pas exigée préalablement à l'installation d'appareils démontables et transportables dont la longueur n'excède pas 300 mètres et répondant à des conditions fixées par arrêté du ministre chargé des transports[9].

Les appareils visés au deuxième alinéa de l'article R. 472-1 sont les téléskis à câble bas démontables et transportables, dont la longueur n'excède pas 300 mètres[10].

§ 2
Dossier de demande d'autorisation ou de déclaration

A.
Cas où les travaux nécessitent une déclaration préalable ou un permis

391.21 Informations à communiquer. Lorsque les travaux nécessitent une déclaration préalable ou un permis, la demande précise[11] :

1. CAA Lyon, 4 févr. 1997, *Chamonix Mont-Blanc (C^ne^)*, req. n° 94LY00379, *Lebon T.*
2. C. urb., art. L. 472-1, al. 1er.
3. C. urb., art. L. 472-1, al. 1er.
4. Arr. 7 août 2009 relatif à la conception, à la réalisation, à la modification, à l'exploitation et à la maintenance des téléphériques, NOR : DEVT0916606A, art. 2, al. 15 ; Arr. 9 août 2011 relatif à la conception, à la réalisation, à la modification, à l'exploitation et à la maintenance des téléskis, NOR : TRAT1122391A, art. 2, al. 15.
5. Décr. n° 2017-440, 30 mars 2017 relatif à la sécurité des transports publics guidés, *JO* 31 mars, n° 8.
6. SUR le contenu du dossier : Arr. 7 août 2009 relatif à la conception, à la réalisation, à la modification, à l'exploitation et à la maintenance des téléphériques, NOR : DEVT0916606A, art. 65.
7. C. tourisme, art. R. 342-17, al. 1er.
8. C. tourisme, art. R. 342-17, al. 2.
9. C. urb., art. R. 472-1, al. 2.
10. C. urb., art. A. 472-1.
11. C. urb., art. R. 472-2, al. 1er.

– l'identité et la qualité de l'auteur du projet ;

– la localisation et la superficie des terrains d'implantation des constructions ;

– la nature des travaux ;

– ainsi que la densité des constructions existantes et à créer.

391.22 Demande tenant lieu de déclaration préalable ou de demande de permis. Lorsque les travaux nécessitent une déclaration préalable ou un permis, la demande de travaux tient lieu de déclaration préalable ou de demande de permis[1].

B. Modèle de demande

391.31 Formulaire. Un arrêté des ministres chargés de l'urbanisme et des transports fixe le modèle de la demande d'autorisation d'exécution des travaux portant sur la réalisation des remontées mécaniques[2].

C. Auteur de la demande

391.41 Maître d'ouvrage. La demande d'autorisation d'exécution des travaux portant sur la réalisation des remontées mécaniques est présentée par le maître d'ouvrage[3].

D. Dossier de demande

391.51 Pièces à joindre à tout dossier. Le dossier joint à la demande est composé des pièces ci-après[4] :

– un mémoire descriptif de l'installation indiquant notamment les caractéristiques principales et la capacité de transport de l'installation, la nature des ouvrages ou des modifications substantielles projetées et leur emplacement, l'identité et la qualité du maître d'œuvre et celles des spécialistes dont il s'entoure pour l'assister dans sa mission, ainsi que la répartition entre eux des fonctions et des tâches techniques et, le cas échéant, l'identité et la qualité de l'organisme qualifié mentionné à l'article 4 du décret du 30 mars 2017[5] relatif à la sécurité des transports publics guidés (1°) ;

– une note sur les mesures de préservation et de réhabilitation du milieu naturel prévues (2°) ;

– l'échéancier prévu pour la construction ou la modification substantielle de l'installation (3°) ;

– un plan de situation à une échelle comprise entre 1/5 000 et 1/25 000 comportant le tracé du projet (4°) ;

– un profil en long comportant en particulier la représentation de tous les obstacles traversés ou survolés par l'installation, l'indication des pentes transversales importantes ainsi que la figuration du profil des câbles et de la trajectoire des véhicules à vide et en charge prévus (5°) ;

– la note de calcul correspondant au profil en long de l'installation (6°) ;

– la liste des éventuelles dérogations à la réglementation technique et de sécurité demandées et, s'il y a lieu, le programme des essais à effectuer en vue de corroborer les hypothèses retenues et de vérifier les calculs (7°) ;

– une note sur les dispositions de principe envisagées pour l'évacuation des usagers de la remontée mécanique (8°) ;

– une note sur les risques naturels et technologiques prévisibles et les dispositions principales prévues pour y faire face (9°) ;

– l'étude d'impact définie à l'article R. 122-5 du code de l'environnement, lorsque celle-ci est requise en application des articles R. 122-2 et R. 122-3-1 du même code (10°).

391.52 Pièces complémentaires selon la nature des travaux à réaliser. Le dossier est complété le cas échéant par des pièces complémentaires. Il comprend ainsi[6] :

– dans le cas où les terrains concernés par le projet ne sont pas inclus dans le périmètre d'une opération déclarée d'utilité publique en vue d'une expropriation pour la réalisation du projet ou n'ont pas fait l'objet d'une demande de la commune au préfet en vue de l'institution de la servitude prévue à l'article L. 342-20 du code du tourisme, l'accord de chacun des propriétaires des terrains concernés par le projet ou un titre habilitant le maître de l'ouvrage à réaliser le projet sur le terrain et, le cas échéant, l'autorisation d'occuper le domaine public (1°) ;

– pour les travaux nécessitant la coupe ou l'abattage d'arbres soumis à déclaration préalable en application de l'article L. 421-4 du code de l'urbanisme ou à l'autorisation de défricher en application des articles L. 311-1 ou L. 312-1 du code forestier, une attestation selon laquelle la déclaration préalable ou, le cas échéant, une copie de la lettre par laquelle le préfet fait connaître au demandeur que le dossier de demande d'autorisation de défrichement est complet sont jointes à la demande (2°) ;

1. C. urb., art. R. 472-2, al. 1er.
2. C. urb., art. R. 472-2, al. 2.
3. C. urb., art. R. 472-1, al. 1er.
4. C. urb., art. R. 472-3.
5. Décr. n° 2017-440, 30 mars 2017 relatif à la sécurité des transports publics guidés, *JO* 31 mars, n° 8.
6. C. urb., art. R. 472-4, al. 1er à 5.

– lorsque les travaux projetés nécessitent la démolition de bâtiments soumis au régime du permis de démolir prévu par l'article L. 421-3, la justification du dépôt de la demande de permis de démolir (3°) ;

– lorsque les travaux projetés sont soumis à l'avis de la commission consultative départementale de sécurité et d'accessibilité ou de la commission de sécurité compétente en vertu des articles R. 123-13 ou R. 143-22 du CCH, les plans et documents nécessaires à la formulation de cet avis (4°).

391.53 Pièces complémentaires lorsque la remontée mécanique emprunte un tunnel. Lorsque les travaux portent sur une remontée mécanique empruntant un tunnel, il doit être joint à la demande d'autorisation un dossier descriptif accompagné de l'avis sur la sécurité émis par un expert ou un organisme qualifié, agréé. Cet avis présente notamment les conditions d'exploitation de la remontée mécanique au regard des risques naturels ou technologiques susceptibles d'affecter l'ouvrage[1].

Dans le cas d'une remontée mécanique empruntant un tunnel d'une longueur de plus de 300 mètres, le dossier est complété le rapport d'un organisme qualifié mentionné à l'article 4 du décret du 30 mars 2017[2] relatif à la sécurité des transports publics guidés, présentant les conditions d'exploitation de la remontée mécanique au regard des risques naturels et technologiques susceptibles d'affecter l'ouvrage et son avis sur la conception et l'exploitation de la remontée mécanique au regard de ces risques[3].

391.54 Pièces complémentaires dans le cas où les travaux auraient nécessité un permis de construire ou une déclaration préalable. Lorsque les travaux auraient nécessité un permis de construire ou une déclaration préalable, le dossier est complété par[4] :

– le plan de masse prévu par l'article R. 431-9 (1°) ;

– le cas échéant, la surface de plancher des constructions (2°).

E.
Autres démarches préalables

391.61 Autorisations en cas de travaux nécessitant coupe d'arbres, abattages ou défrichement. S'il y a lieu, doivent avoir été obtenues préalablement à la délivrance de l'autorisation d'exécution des travaux[5] :

– la déclaration préalable de coupe ou d'abattage d'arbres prévue à l'article L. 421-4 et au g de l'article R. 421-23 ;

– et l'autorisation de défrichement prévue aux articles L. 311-1 ou L. 312-1 du code forestier.

391.62 Servitude de passage pour l'accès, l'aménagement et l'entretien des pistes. S'il y a lieu, la servitude prévue à l'article L. 342-20 du code du tourisme (servitude de passage pouvant être instituée sur les propriétés privées, ou le domaine privé des collectivités publiques, pour l'accès, l'aménagement et l'entretien des pistes) doit avoir été instituée préalablement à la délivrance de l'autorisation d'exécution des travaux[6].

§ 3
Règles de dépôt et d'instruction des demandes et de délivrance des autorisations

A.
Renvoi à la procédure de droit commun

391.70 Renvoi. Les conditions de dépôt et d'instruction de la demande et les conditions de délivrance et de validité de l'autorisation d'exécution des travaux sont régies par les dispositions du chapitre III du titre II du livre IV du code de l'urbanisme[7], sous réserve des dispositions des articles R. 472-7 à R. 472-13[8], présentées ci-dessous.

B.
Précisions et adaptations par rapport à la procédure de droit commun

1°
Autorité compétente

391.81 Autorité compétente en matière de permis de construire. L'autorisation d'exécution des travaux portant sur la réalisation des remontées mécaniques est délivrée, quelle que soit l'importance de l'équipement, par l'autorité compétente en matière de permis de construire[9], c'est-à-dire le maire ou le président de l'EPCI.

2°
Avis conforme du préfet

391.91 Nécessité d'un accord du préfet ; pouvoir d'arrêter des réserves et prescriptions. L'autorisation est délivrée après avis conforme du préfet au titre de la sécurité des installations et des aménagements de remontée[10].

1. C. urb., art. L. 472-3.
2. Décr. n° 2017-440, 30 mars 2017.
3. C. urb., art. R. 472-4, 5°.
4. C. urb., art. R. 472-5.
5. C. urb., art. R. 472-12.
6. C. urb., art. R. 472-12.
7. V. s^{s} n°s 33.05 s.
8. C. urb., art. R. 472-6.
9. C. urb., art. L. 472-2, al. 1er.
10. C. urb., art. L. 472-2, al. 2.

Le préfet arrête éventuellement les réserves et les prescriptions auxquelles doit être subordonnée l'autorisation d'exécution des travaux[1].

391.92 Procédure. En application du second alinéa de l'article L. 472-2, la demande est soumise au préfet[2]. À défaut de réponse dans le délai de deux mois à compter de sa consultation, le préfet est réputé avoir donné un avis favorable[3].

Si, dans le délai de deux mois prévu à l'article R. 472-8, le préfet estime que des pièces complémentaires nécessaires à la formulation de son avis conforme doivent lui être fournies, il le fait connaître, par décision motivée, à l'autorité compétente pour statuer[4].

Si le dossier est incomplet, l'autorité compétente pour statuer invite le demandeur, dans les conditions fixées par les articles R. 423-38 à R. 423-41, à fournir les pièces complémentaires et lui fait connaître que le délai d'instruction de la demande est suspendu jusqu'à la production de ces pièces[5].

Dès réception des pièces complémentaires, le préfet peut, par décision motivée fondée notamment sur des préoccupations de sécurité, prolonger le délai de consultation prévu à l'alinéa précédent d'un délai supplémentaire qui ne peut, en tout état de cause, excéder deux mois à compter de la réception de ces pièces. Il fait connaître sa décision à l'autorité compétente pour statuer qui notifie au demandeur la prolongation du délai d'instruction qui en résulte[6].

Lorsque la remontée mécanique comporte un tunnel d'une longueur de plus de 300 mètres, le préfet doit, préalablement à l'émission de son avis conforme, recueillir l'avis de la commission consultative départementale de sécurité et d'accessibilité. Dans ce cas, le délai accordé au préfet pour émettre son avis est majoré d'un mois[7].

391.93 Délégation de signature. Le préfet peut déléguer sa signature au responsable du service de l'État dans le département chargé de l'urbanisme et au responsable du service de l'État chargé du contrôle des remontées mécaniques ou aux subordonnés de ceux-ci, sauf dans les cas prévus au e de l'article R. 422-2[8], c'est-à-dire en cas de désaccord entre le maire et le directeur départemental des territoires.

1. C. urb., art. L. 472-2, al. 2 ; art. R. 472-8.
2. C. urb., art. R. 472-8.
3. C. urb., art. R. 472-8.
4. C. urb., art. R. 472-9, al. 1er.
5. C. urb., art. R. 472-9, al. 2.
6. C. urb., art. R. 472-9, al. 3.
7. C. urb., art. R. 472-10.
8. C. urb., art. R. 472-21.

3°
Délivrance de la décision

391.101 Conditions de délivrance. L'autorisation d'exécution des travaux portant sur la réalisation des remontées mécaniques ne peut être délivrée que si les constructions et aménagements satisfont aux dispositions législatives et réglementaires qui leur sont applicables en matière d'utilisation du sol[9].

Dans les communes pourvues d'un PLU, les remontées mécaniques ne peuvent être réalisées qu'à l'intérieur des zones ou à l'intérieur des secteurs délimités en application du second alinéa de l'article L. 151-38[10].

391.102 Autorisation tacite à l'expiration du délai d'instruction. Faute pour l'autorité compétente d'avoir adressé notification de la décision dans le délai d'instruction, l'autorisation est réputée accordée, sauf[11] :

- dans les cas énumérés à l'article R. 424-2[12] ;
- et pour les projets nécessitant une dérogation aux règles techniques et de sécurité définies en application de l'article 9 de la loi du 30 décembre 1982[13] ;
- ainsi que pour les projets faisant appel à des techniques qui n'ont pas fait l'objet d'une réglementation et pour lesquels l'autorisation ne peut être obtenue de façon tacite.

391.103 Obligation de démontage des installations. L'autorisation d'exécution des travaux est assortie d'une obligation de démontage des remontées mécaniques et de leurs constructions annexes, ainsi que de remise en état des sites[14]. Elle prévoit les conditions dans lesquelles tout ou partie de l'installation devra être démontée, soit temporairement soit définitivement, et les conditions de remise en état des lieux[15].

Ce démontage et cette remise en état doivent intervenir dans un délai de trois ans à compter de la mise à l'arrêt définitive de ces remontées mécaniques[16].

§ 4
Autorisation tenant lieu de permis de construire

391.111 Autorisation d'exécution des travaux tenant lieu de permis de construire. L'autorisation

9. C. urb., art. R. 472-7.
10. V. ss no 231.1352 – C. urb., art. L. 473-2, al. 1er.
11. C. urb., art. R. 472-11.
12. V. ss nos 345.211 s.
13. L. no 82-1153, 30 déc. 1982 d'orientation des transports intérieurs, *JO* 31 déc., p. 4004.
14. C. urb., art. L. 472-2, al. 3.
15. C. urb., art. R. 472-13.
16. C. urb., art. L. 472-2, al. 3.

d'exécution des travaux portant sur la réalisation des remontées mécaniques tient lieu du permis de construire prévu à l'article L. 421-1 en ce qui concerne les travaux soumis à ce permis[1].

§ 5
Inapplication des règles sur le contrôle administratif

391.121 Inapplication des règles de droit commun. Les règles sur le contrôle administratif de la conformité des constructions, aménagements, installations et travaux[2] ne sont pas applicables aux travaux autorisés en matière de remontées mécaniques[3].

SECTION 2
AUTORISATION DE MISE EN EXPLOITATION DES REMONTÉES MÉCANIQUES

§ 1
Demande de mise en exploitation

391.131 Demande présentée par le maître d'ouvrage. La demande d'autorisation de mise en exploitation des remontées mécaniques est présentée par le maître d'ouvrage[4].

391.132 Demande d'autorisation tenant lieu de DAC. Lorsque les travaux auraient nécessité un permis de construire ou une déclaration préalable, la demande d'autorisation de mise en exploitation tient lieu de la déclaration d'achèvement prévue par l'article L. 462-1[5].

391.133 Contenu du dossier. Le dossier joint à la demande comprend les éléments suivants[6] :

- une déclaration du maître d'œuvre attestant que le projet a été réalisé et vérifié conformément aux spécifications techniques du projet autorisé, à la réglementation technique et de sécurité en vigueur et aux prescriptions imposées par l'autorisation d'exécution des travaux (1°) ;

- s'il s'agit d'une installation autre qu'un téléski, une attestation du contrôleur technique mentionné à l'article R. 342-25 du code du tourisme chargé par le maître d'ouvrage de contrôler la conception et l'exécution des fondations, ancrages et superstructures, à l'exclusion des parties mobiles ou sujettes à l'usure (2°) ;

- le dossier de récolement comprenant notamment les notes de calculs, le rapport de sécurité de l'installation, les déclarations de conformité et documentations techniques relatives aux sous-systèmes et aux composants de sécurité prévus par le règlement (UE) 2016/424, les plans d'exécution et tous documents justificatifs relatifs à l'installation et à la bonne exécution du projet (3°) ;

- la désignation de l'exploitant (4°) ;

- les propositions pour : a) Un règlement d'exploitation et un règlement de police particuliers ; b) Un plan d'évacuation des usagers, le cas échéant ; c) Le programme des essais définis par les règles techniques et de sécurité en vigueur ; d) Les consignes pour le personnel d'exploitation (5°) ;

- une attestation d'assurance garantissant la responsabilité civile de l'exploitant (6°).

§ 2
Règles de dépôt et d'instruction des demandes, et de délivrance des autorisations

A.
Renvoi à la procédure de droit commun

391.140 Renvoi. Les conditions de dépôt et d'instruction de la demande et les conditions de délivrance et de validité de l'autorisation de mise en exploitation des remontées mécaniques sont régies par les dispositions du chapitre III du titre II du livre IV du code de l'urbanisme[7], sous réserve des dispositions des articles R. 472-17 à R. 472-19[8], présentées ci-dessous.

B.
Précisions et adaptations par rapport à la procédure de droit commun

1°
Autorité compétente

391.151 Autorité compétente en matière de permis de construire. La mise en exploitation des remontées mécaniques est autorisée par l'autorité compétente en matière de permis de construire[9].

1. C. urb., art. L. 472-1, al. 2.
2. Titre VI du livre IV du code de l'urbanisme : v. s[s] n°s 353.11 s.
3. C. urb., art. L. 472-5.
4. C. urb., art. R. 472-14, al. 1er.
5. C. urb., art. R. 472-14, al. 2.
6. C. urb., art. R. 472-15.
7. V. s[s] n°s 33.05 s.
8. C. urb., art. R. 472-16.
9. C. urb., art. L. 472-4, al. 1er.

2°
Avis conforme du préfet

391.161 Exigence d'un accord du préfet. L'autorisation d'exploitation ne peut être délivrée qu'après avis conforme du préfet au titre de la sécurité des installations et des aménagements de remontée [1].

391.162 Recueil de l'avis conforme du préfet. L'autorité compétente recueille l'avis conforme du préfet prévu à l'article L. 472-4, au titre de la sécurité des installations et des aménagements que comporte l'appareil [2].

Cet avis conforme doit être donné de façon expresse et dans le délai de deux mois à compter de la réception de la demande [3].

Le préfet arrête éventuellement les prescriptions auxquelles doit être subordonnée l'exploitation de l'appareil [4].

391.163 Cas où la remontée mécanique comporte un tunnel de plus de 300 mètres. Lorsque la remontée mécanique comporte un tunnel d'une longueur de plus de 300 mètres, le préfet doit, préalablement à l'émission de son avis conforme, recueillir l'avis de la commission consultative départementale de sécurité et d'accessibilité. Dans ce cas, le délai accordé au préfet pour émettre son avis est majoré d'un mois [5].

391.164 Délégation de signature. Le préfet peut déléguer sa signature à certains agents placés sous son autorité [6].

3°
Instruction

391.171 Délai d'instruction. Le délai d'instruction de la demande d'autorisation de mise en exploitation est fixé à trois mois à compter de la date de la décharge du dépôt de la demande complète ou de l'avis de réception postal de son envoi [7].

391.172 Demande de pièces complémentaires. Si le dossier est incomplet, l'autorité compétente pour statuer invite, dans les conditions fixées par les articles R. 423-38 à R. 423-41 [8], le demandeur à fournir les pièces complémentaires. Le délai d'instruction court à compter de la réception des pièces complétant le dossier [9].

C.
Délivrance de l'autorisation

391.181 Contrôle préalable de la correcte exécution des travaux. L'autorité compétente s'assure, s'il y a lieu par un récolement des travaux, que ceux-ci ont été réalisés conformément aux prescriptions définies dans l'arrêté d'autorisation d'exécution des travaux [10].

391.182 Délivrance de l'autorisation. L'autorité compétente autorise l'exploitation de la remontée mécanique si les conditions d'exploitation satisfont aux exigences du code de l'urbanisme et que le préfet a donné un avis conforme.

391.183 Possibilité d'autoriser une mise en exploitation provisoire. La mise en exploitation peut être autorisée à titre provisoire aux conditions de fonctionnement et de sécurité fixées par le préfet en fonction des caractéristiques de l'appareil [11].

La durée de cette mise en exploitation provisoire ne peut excéder un an, renouvelable une fois. Dans ce cas, le délai d'instruction prévu au second alinéa de l'article R. 472-18 est suspendu jusqu'à la date d'expiration de l'autorisation provisoire [12].

§ 3
Cessation d'exploitation pendant plus de cinq ans

391.191 Mise en demeure d'arrêter définitivement l'exploitation. Lorsque des remontées mécaniques n'ont pas été exploitées durant cinq années consécutives, le préfet met en demeure l'exploitant de procéder à leur mise à l'arrêt définitive [13].

1. C. urb., art. L. 472-4, al. 1er.
2. C. urb., art. R. 472-18, al. 2.
3. C. urb., art. R. 472-18, al. 2.
4. C. urb., art. R. 472-18, al. 2.
5. C. urb., art. R. 472-19, al. 1er.
6. V. ss no 391.93.
7. C. urb., art. R. 472-19, al. 2.
8. V. ss nos 334.41 s.
9. C. urb., art. R. 472-17.
10. C. urb., art. R. 472-18, al. 1er.
11. C. urb., art. R. 472-20, al. 1er.
12. C. urb., art. R. 472-20, al. 2.
13. C. urb., art. L. 472-4, al. 2.

CHAPITRE

392. Autorisations d'urbanisme concernant l'aménagement du domaine skiable

SECTION 0
ORIENTEUR

392.00 Sommaire du chapitre.

392.01 Textes applicables.

• **C. urb.**

art. L. 473-1 s.

art. R. 473-1 s.

392.03 Bibliographie indicative.

Encyclopédies. *DP constr.-urb.*, ét. : « Montagne » – *J.-Cl. Constr.-Urb.*, fasc. 11-80 : « Remontées mécaniques et aménagements de domaine skiable », par J. Hugot, C. Le Marchand et S. M. Moulin, avr. 2018.

SECTION 1
AMÉNAGEMENT DU DOMAINE SKIABLE SOUMIS À AUTORISATION PRÉALABLE

392.11 Régime d'autorisation. L'aménagement de pistes de ski alpin est soumis à autorisation préalable[1].

1. C. urb., art. L. 473-1.

SECTION 2
DEMANDE D'AUTORISATION

§ 1
Auteur de la demande

392.21 Demande présentée par le maître d'ouvrage. La demande d'autorisation d'aménagement des pistes de ski alpin est présentée par le maître d'ouvrage[2].

§ 2
Dossier de demande

392.31 Pièces. La demande comporte un plan de situation du projet dans le domaine skiable, la délimitation sur le plan cadastral des travaux faisant l'objet de la demande et les références cadastrales des parcelles concernées. Elle indique l'identité des propriétaires apparents[3].

Elle comprend une note descriptive des travaux envisagés indiquant leur nature, les aménagements complémentaires de remise en état ou de réhabilitation et leurs délais de réalisation. Cette note est accompagnée d'un plan d'exécution coté[4].

Elle comporte l'étude d'impact définie à l'article R. 122-5 du code de l'environnement, lorsque celle-ci est requise en application des articles R. 122-2 et R. 122-3-1 du même code, qui précise les mesures de remise en état ou de réhabilitation mentionnées à l'alinéa précédent[5].

Lorsque le projet nécessite la coupe ou l'abattage d'arbres soumis à déclaration préalable en applica-

2. C. urb., art. R. 473-1, al. 1er.
3. C. urb., art. R. 473-2, al. 1er.
4. C. urb., art. R. 473-2, al. 2.
5. C. urb., art. R. 473-2, al. 3.

tion de l'article L. 421-4 du code de l'urbanisme ou à l'autorisation de défricher en application des articles L. 311-1 ou L. 312-1 du code forestier, une attestation selon laquelle la déclaration préalable ou, le cas échéant, une copie de la lettre par laquelle le préfet fait connaître au demandeur que le dossier de demande d'autorisation de défrichement est complet sont jointes à la demande[1].

392.32 Accord, le cas échéant, des propriétaires concernés. Dans le cas où les terrains concernés par le projet ne sont pas inclus dans le périmètre d'une opération déclarée d'utilité publique en vue d'une expropriation pour la réalisation du projet ou n'ont pas fait l'objet d'une demande de la commune au préfet en vue de l'institution de la servitude prévue à l'article L. 342-20 du code du tourisme, la demande est accompagnée de l'accord de chacun des propriétaires des terrains concernés par le projet ou un titre habilitant le maître de l'ouvrage à réaliser le projet sur le terrain et, le cas échéant, l'accord du gestionnaire du domaine public[2].

392.33 Formulaire de demande. Un arrêté des ministres chargés de l'urbanisme et du tourisme fixe le modèle de la demande d'autorisation d'aménagement des pistes de ski alpin[3].

§ 3
Autres démarches préalables le cas échéant

392.41 Autorisations en cas de travaux nécessitant coupe d'arbres, abattages ou défrichement. S'il y a lieu, doivent avoir été obtenues préalablement à la délivrance de l'autorisation[4] :

– la décision de non-opposition à la déclaration préalable de coupe ou d'abattage d'arbres prévue à l'article L. 420-4 ;

– et l'autorisation de défrichement prévue aux articles L. 311-1 ou L. 312-1 du code forestier.

392.42 Renvoi. S'il y a lieu, la servitude prévue à l'article L. 342-20 du code du tourisme (servitude de passage pouvant être instituée sur les propriétés privées, ou le domaine privé des collectivités publiques, pour l'accès, l'aménagement et l'entretien des pistes) doit avoir été instituée préalablement à la délivrance de l'autorisation d'aménagement des pistes[5].

SECTION 3
DÉPÔT ET INSTRUCTION DES DEMANDES D'AUTORISATION

392.50 Renvoi. Les conditions de dépôt et d'instruction de la demande d'autorisation d'aménagement des pistes de ski alpin sont régies par les règles de droit commun prévues aux articles R. 423-1 s.[6].

SECTION 4
DÉLIVRANCE DE L'AUTORISATION

392.61 Autorité compétente. L'autorisation d'aménagement de pistes de ski alpin est délivrée par l'autorité compétente en matière de permis de construire[7].

Lorsque la compétence revient au préfet, celui-ci peut déléguer sa signature au responsable du service de l'État dans le département chargé de l'urbanisme, sauf lorsque sa compétence résulte d'un désaccord entre le maire et le directeur de la direction départementale des territoires[8].

392.62 Conditions de délivrance de l'autorisation. L'autorisation d'aménagement des pistes de ski alpin ne peut être délivrée que si les aménagements satisfont aux dispositions législatives et réglementaires qui leur sont applicables en matière d'utilisation du sol[9].

En outre, dans les communes pourvues d'un PLU, les remontées mécaniques ne peuvent être réalisées qu'à l'intérieur des zones ou à l'intérieur des secteurs délimités en application du second alinéa de l'article L. 151-38[10].

1. C. urb., art. R. 473-2, al. 4.
2. C. urb., art. R. 473-1, al. 2.
3. C. urb., art. R. 473-1, al. 3.
4. C. urb., art. R. 473-5.
5. C. urb., art. R. 473-5.
6. C. urb., art. R. 473-3. Sur ces dispositions, v. s[s] n°s 33.05 s.
7. C. urb., art. L. 473-1.
8. C. urb., art. R. 473-6.
9. C. urb., art. R. 473-4.
10. C. urb., art. L. 473-2, al. 1er. Sur ces zones et ces secteurs, v. s[s] n° 231.1352.

LIVRE

4. LE DROIT DE PRÉEMPTION ET LES AUTRES PROCÉDÉS D'ACQUISITION FONCIÈRE PAR LES COLLECTIVITÉS PUBLIQUES

SECTION 0
ORIENTEUR

4.00 Sommaire du livre.

4.05 Urbanisme opérationnel. Les acquisitions de terrains par les collectivités publiques constituent le premier aspect de l'urbanisme opérationnel. Il s'agit de conférer à l'autorité publique les moyens de se rendre propriétaire du foncier nécessaire à la mise en œuvre de ses politiques d'urbanisme. Eu égard à son objet, le code de l'urbanisme envisage les acquisitions de terrains à travers l'occupation ou l'utilisation du sol, c'est-à-dire en vue, soit d'accueillir sur ces terrains des constructions (logements, activités économiques, équipements collectifs), soit au contraire de les soustraire à l'urbanisation afin de maintenir leur caractère naturel.

L'autre volet de l'urbanisme opérationnel concerne l'aménagement de terrains par les collectivités publiques ou, sous leur contrôle ou direction, par des opérateurs privés, afin d'y permettre l'implantation de constructions après la mise en œuvre d'opérations de création de voies et de viabilisation[1].

4.06 **Procédés.** Le livre II du code de l'urbanisme envisage quatre procédés d'acquisition de terrains par les collectivités publiques :

- les droits de préemption ;
- les réserves foncières ;
- le droit de priorité ;
- et le droit de délaissement.

Les trois premiers sont mis en œuvre à l'initiative de la puissance publique. Le droit de délaissement intervient à l'initiative d'un propriétaire dont le terrain se trouve situé dans une zone soumise au droit de préemption ou à une autre limitation du droit de construire, qui peut exiger de la puissance publique qu'elle s'en porte acquéreur.

4.07 **Atteinte forte au droit de propriété.** Les procédés d'acquisition de terrains prévus par le livre II du code de l'urbanisme portent une atteinte forte au droit de propriété. Aussi leur mise en œuvre est-elle entourée de garanties étendues.

Dans le cas du droit de préemption, l'atteinte concerne à la fois le vendeur, contraint de céder son bien à un prix inférieur à celui escompté[2], et l'acquéreur évincé, obligé de renoncer au bien qu'il convoitait.

Dans le cas du droit de priorité, elle affecte le vendeur en lui imposant de vendre le bien à une personne publique, avec le risque d'un prix de vente inférieur à celui qu'il aurait pu obtenir d'un opérateur privé.

L'atteinte est plus forte encore avec le mécanisme des réserves foncières, qui peut être mis en œuvre par voie d'expropriation, donc en dehors de tout projet de vente ou d'achat du terrain.

4.08 **Plan.** Eu égard à son importance, le droit de préemption fera l'objet de trois titres :

- un premier titre présentant ses caractéristiques générales ;
- un deuxième titre consacré à ses deux principales variantes (le DPU et le DPZAD) ;
- un troisième titre portant sur les autres droits de préemption (le DPENS, le droit de préemption commercial et le droit de préemption pour la création de jardins familiaux, le droit de préemption pour la préservation des ressources en eau, le droit de préemption pour l'adaptation au recul du trait de côte).

Les autres procédés seront ensuite envisagés :

- les réserves foncières ;
- les droits de délaissement ;
- le droit de priorité.

1. Sur l'aménagement, v. s[s] n°s 5.05 s.

2. En effet, l'acquisition se fait presque toujours à un prix inférieur à celui défini dans la déclaration d'intention d'aliéner, c'est-à-dire au prix de vente convenu entre le propriétaire et l'acquéreur initial.

TITRE

41. Les caractéristiques générales du droit de préemption

SECTION 0 ORIENTEUR

41.00 **Sommaire du titre.**

41.03 **Bibliographie indicative.**

Thèses. A. Pécheul, *Le droit de préemption pour cause d'utilité publique*, th. Angers, 1981 – C. Saint-Alary-Houin, *Le droit de préemption*, « Bibliothèque de droit privé », LGDJ, 1979.

Monographies. D. Dutrieux, *Le droit de préemption urbain*, 2e éd., Éd. du CRIDON nord-est, 2011 – R. Hostiou et F. Struillou, *Expropriation et préemption*, « Droit et professionnels », LexisNexis, 2020.

Contributions. D. Labetoulle, « Remarques sur le droit de préemption », *Mél. G. Peiser*, PUG 1995, p. 337 – C. Mouly, « Place de la propriété parmi les droits de l'homme », *in* M. Falque et M. Messnet (dir.), *Droit de propriété et environnement*, Dalloz, 1997, p. 34.

Article. F. Bouyssou, « La préemption, l'urbanisme et le droit des gens », *AJDA* 2015. 278.

Étude. Conseil d'État, étude sur *Le droit de préemption*, déc. 2007, La Documentation française, 2008, 120 p.

41.05 **Notion de préemption.** Le droit de préemption constitue une prérogative de puissance publique ; c'est un pouvoir exorbitant du droit commun qui n'existe pas dans les relations entre personnes privées.

Il s'exerce à l'occasion de la conclusion d'un contrat de droit privé, conduisant la puissance publique à se substituer au contractant librement choisi par le vendeur. Le droit de préemption permet ainsi à une collectivité publique d'évincer le vendeur afin d'acquérir à la place de celui-ci un bien qui lui est nécessaire à la réalisation d'une opération d'intérêt général.

41.06 **Un régime de droit public et de droit privé.** Le droit de préemption constitue une prérogative de puissance publique s'exerçant à l'occasion de la conclusion d'un contrat de droit privé. Son régime présente de ce fait un caractère hybride caractérisé par l'application de règles de droit public et de droit privé.

41.07 **Origine.** Jusqu'à la loi du 18 juillet 1985[1], deux procédures de préemption coexistaient, correspondant chacune à un objet bien précis[2] :

1. L. n° 85-729, 18 juill. 1985 relative à la définition et à la mise en œuvre de principes d'aménagement, *JO* 19 juill., p. 8152.
2. J. Hugot et D. Lepeltier, *Le nouveau droit de préemption urbain*, Litec, 1985.

– le droit de préemption en zone d'intervention foncière (ZIF), pour la seule mise en œuvre d'une politique sociale ;

– le droit de préemption en zone d'aménagement différé (ZAD), pour des objets plus larges.

La loi du 18 juillet 1985 a remplacé les ZIF par un droit de préemption urbain (DPU). Elle a en outre institué des règles communes au DPU et au droit de préemption dans les ZAD (DPZAD).

41.08 Compétence de principe du législateur. L'article 34 de la Constitution réserve à la loi la détermination des principes fondamentaux de la libre administration des collectivités territoriales, de leurs compétences et de leurs ressources ainsi que la détermination des principes fondamentaux du régime de la propriété. Le Conseil constitutionnel estime « que sur le fondement de ces dispositions il appartient au législateur de déterminer les cas dans lesquels le droit de préemption est susceptible ou non d'être exercé ainsi que les catégories de personnes et notamment les collectivités territoriales qui peuvent être titulaires de l'exercice de ce droit ; qu'en revanche, la fixation des modalités de mise en œuvre des principes posés par la loi relève de la compétence du pouvoir réglementaire » [1].

41.09 Plan. Il convient de distinguer :

– d'une part les droits de préemption prévus dans le titre du code de l'urbanisme qui leur est dédié (titre Ier du livre II) ;

– d'autre part les droits de préemption prévus en dehors de celui-ci, soit dans le code de l'urbanisme, soit dans un autre code.

1. Cons. const. 29 mai 1990, n° 90-274 DC, *Loi visant à la mise en œuvre du droit au logement*, conformité, *JO* 1er juin, p. 6518.

CHAPITRE

411. Droits de préemption dans le titre dédié du code de l'urbanisme : règles communes

SECTION 0

ORIENTEUR

411.00 **Sommaire du chapitre.**

411.01 **Texte applicable.**

• **C. urb.**, art. L. 210-1

411.03 **Bibliographie indicative.**

Encyclopédie. *DP constr.-urb.*, ét. : « Droits de préemption ».

Monographie. R. Hostiou et F. Struillou, *Expropriation et préemption*, « Droit et professionnels », LexisNexis, 2020.

Articles. F. Bouyssou, « L'hypertrophie des droits de préemption », *Ét. fonc.* juill.-août 2006, n° 122, p. 35 – J.-Ph. Meng, « La prolifération des droits de préemption publics », *Defrénois* 15 mars 2018, n° 11, p. 15.

SECTION 1

SEPT DROITS DE PRÉEMPTION

411.11 **Procédures concernées.** Le livre II du code de l'urbanisme intitulé « Préemption et réserves foncières » comporte un titre Ier intitulé « Droits de préemption ». Ce titre regroupe les règles applicables aux sept procédures de préemption qui y figurent :

– le droit de préemption urbain (DPU) ;

– le droit de préemption dans les zones d'aménagement différée (DPZAD) ;

– le droit de préemption dans les espaces naturels sensibles (DPENS) ;

– le droit de préemption commercial ;

– le droit de préemption en vue de la création de jardins familiaux ;

– le droit de préemption en vue de la préservation des ressources en eau destinées à la consommation humaine ;

– le droit de préemption pour l'adaptation au recul du trait de côte.

411.12 **Démultiplication des usages.** Le droit de préemption ne poursuivait initialement que deux objets :

– d'une part l'aménagement urbain (DPU et DPZAD) ;

– d'autre part la préservation des milieux naturels (DPENS).

Le législateur est venu ajouter de nouvelles finalités :

- le renouveau commercial des centres-villes en 2005 [1] ;
- la protection des locataires par la loi du 13 juin 2006 [2] ;
- le logement social en 2009 [3] ;
- la préservation de la ressource en eau en 2019 [4] ;
- l'adaptation au recul du trait de côte en 2021 [5].

Ces interventions successives et par petites touches du législateur donnent au droit de préemption un caractère multiforme. La diversification des régimes constitue en outre une source de complexité.

411.13 **Règles communes.** Les sept procédures regroupées dans le titre Ier du livre II comportent un socle réduit de règles communes figurant à l'article L. 210-1 du code de l'urbanisme. Ces règles sont présentées au sein du présent chapitre.

SECTION 2

CONDITIONS GÉNÉRALES DE MISE EN ŒUVRE : FINALITÉS ET MOTIVATION

§ 1

Finalités du droit de préemption

411.21 **Opérations d'aménagement ou finalités plus spécifiques.** Les droits de préemption institués par le titre Ier du livre II « sont exercés en vue de la réalisation, dans l'intérêt général, des actions ou opérations répondant aux objets définis à l'article L. 300-1, à l'exception de ceux visant à sauvegarder ou à mettre en valeur les espaces naturels, à préserver la qualité de la ressource en eau et à permettre l'adaptation des territoires au recul du trait de côte, ou pour constituer des réserves foncières en vue de permettre la réalisation desdites actions ou opérations d'aménagement » [6].

Ces dispositions distinguent deux types de droit de préemption, poursuivant des finalités distinctes.

Les premiers correspondent aux droits de préemption visant à la réalisation d'une opération d'aménagement. Ces finalités concernent avant tout le DPU et le DPZAD [7].

La seconde catégorie concerne les droits de préemption visant à sauvegarder ou à mettre en valeur les espaces naturels (DPENS) [8], à préserver la qualité de la ressource en eau [9] et à permettre l'adaptation des territoires au recul du trait de côte [10].

Deux autres articles du même titre ajoutent comme finalités le maintien du locataire dans les lieux en cas de vente d'un immeuble à usage d'habitation ainsi que la relocalisation d'activités et le relogement d'occupants évincés par une opération d'aménagement. Ces finalités concernent uniquement le DPU [11].

411.22 **Finalités limitativement énumérées.** Les finalités permettant l'exercice du droit de préemption étant limitativement énumérées, l'administration ne saurait faire usage de ce droit pour des finalités autres que celles expressément prévues.

À titre d'exemple, une décision ne peut se fonder sur des motifs de sauvegarde de la sécurité publique dès lors que de tels motifs ne sont pas nombre de ceux qui peuvent légalement justifier une décision de préemption [12].

§ 2

Motivation de l'exercice du droit de préemption

411.31 **Exigence de motivation.** Lorsque le titulaire du droit de préemption décide d'exercer ce droit pour acquérir un bien faisant l'objet d'une aliénation, il lui appartient de motiver sa décision.

L'obligation est posée en ces termes par le code de l'urbanisme : « Toute décision de préemption doit mentionner l'objet pour lequel ce droit est exercé » [13].

Cette exigence spécifique de motivation exclut l'application des dispositions du CRPA imposant la motivation de certaines décisions individuelles défavorables [14].

1. L. n° 2005-882, 2 août 2005 en faveur des petites et moyennes entreprises, *JO* 3 août, n° 2.
2. L. n° 2006-685, 13 juin 2006 relative au droit de préemption et à la protection des locataires en cas de vente d'un immeuble, *JO* 14 juin, n° 1.
3. L. n° 2009-323, 25 mars 2009 de mobilisation pour le logement et la lutte contre l'exclusion, *JO* 27 mars, n° 1.
4. L. n° 2019-1461, 27 déc. 2019 relative à l'engagement dans la vie locale et à la proximité de l'action publique, *JO* 29 déc., n° 1.
5. L. n° 2021-1104, 22 août 2021 portant lutte contre le dérèglement climatique et renforcement de la résilience face à ses effets, *JO* 24 août, n° 1.
6. C. urb., art. L. 210-1, al. 1er.
7. V. s^s^ n°s 421.11 s.
8. V. s^s^ n°s 431.05 s.
9. V. s^s^ n°s 434.05 s.
10. V. s^s^ n°s 435.05 s.
11. V. s^s^ n° 421.12.
12. CE 26 avr. 2013, *Xu*, req. n° 362949, NP ; – également : CAA Paris, 5 juill. 2007, *Asnières-sur-Seine (C^ne^)*, req. n° 07PA00711, NP.
13. C. urb., art. L. 210-1, al. 3.
14. CRPA, art. L. 211-1 s., codifiant les dispositions de la loi n° 79-587 du 11 juillet 1979 – CAA Bordeaux, 15 mars 2011, *Feraud*, req. n° 10BX01244, NP : arrêt affirmant « que, ►

411.32 **Formalité substantielle.** Antérieurement à la jurisprudence Danthony, il a été posé que l'obligation de motivation « a le caractère d'une formalité substantielle dont la méconnaissance entache d'illégalité la décision de préemption »[1]. Cette solution doit être considérée comme maintenue sous l'empire de cette jurisprudence, celle-ci n'ayant fait pour l'essentiel que formaliser des solutions jurisprudentielles antérieures distinguant vices de formes substantiels et non substantiels. Il en résulte que l'absence ou l'insuffisance de motivation entache la décision d'illégalité sans qu'il y ait lieu de s'attacher aux effets de celle-ci sur le requérant.

411.33 **Applications.** L'objectif essentiel de l'exigence de motivation (lue à l'aune des finalités pouvant justifier la mise en œuvre du droit de préemption) consiste à faire apparaître les raisons justifiant le recours à ce pouvoir pour des interventions ponctuelles, et à s'assurer pour les autres qu'elles s'insèrent dans une politique locale.

Les principales applications de cette exigence concernent le DPU et le DPZAD[2].

SECTION 3
EXERCICE DU DROIT DE PRÉEMPTION PAR LE PRÉFET DANS LES COMMUNES CARENCÉES EN LOGEMENTS SOCIAUX

§ 1
Transfert du droit de préemption au préfet

411.41 **Arrêté de carence.** Lorsqu'une commune ne respecte pas ses obligations en matière de pourcentage de logements locatifs sociaux, le préfet prend à son encontre un arrêté de carence sur le fondement de l'article L. 302-9-1 du CCH.

411.42 **Transfert du droit de préemption.** Pendant la durée d'application d'un arrêté de carence, le droit de préemption est exercé par le préfet lorsque l'aliénation porte sur un des biens ou droits énumérés aux 1° à 4° de l'article L. 213-1 du code de l'urbanisme[3], affecté au logement ou destiné à être affecté à une opération ayant fait l'objet de la convention prévue à l'article L. 302-9-1 du CCH[4].

Il en résulte la compétence exclusive du préfet et l'incompétence corrélative de la commune. Toute décision de préemption prise par la commune sur les biens concernés est entachée d'incompétence[5]. De la même manière, si l'exercice du droit de préemption avait été transféré par la commune à un EPCI (ou est exercé de plein droit par l'EPCI)[6], celui-ci n'est plus compétent pour l'exercer sur le territoire de la commune ayant fait l'objet de l'arrêté de carence. L'EPCI demeure en revanche compétent pour exercer ce droit sur les autres communes de l'intercommunalité n'ayant pas fait l'objet d'un arrêté de carence[7].

La constitutionnalité du mécanisme de substitution a été admise par le Conseil constitutionnel[8].

411.43 **Instauration du DPU ou du DPU renforcé.** Si la commune n'avait pas institué le DPU, le préfet peut l'instituer ou le rétablir par arrêté[9].

Il peut, de la même manière, instituer le DPU renforcé[10].

411.44 **Maintien du DPU après caducité du POS.** Les anciens POS sont devenus caducs. Néanmoins, afin de permettre la poursuite de son exercice, le DPU préfectoral a été maintenu sur le territoire des communes qui étaient couvertes par un tel document d'urbanisme[11].

411.45 **Renoncement du préfet à l'exercice du DPU.** Le préfet peut, « sur demande motivée de la

► les décisions de préemption étant soumises, en matière de motivation, aux seules prescriptions de l'article L. 210-1 précité du code de l'urbanisme, à l'exclusion de l'application des dispositions de la loi, susvisée du 11 juillet 1979, le moyen tiré de la méconnaissance des dispositions de ladite loi [...] est inopérant ». Sous l'empire des dispositions antérieures à la loi du 18 juillet 1985, qui ne prévoyaient pas d'obligation spécifique de motivation, les décisions de préemption devaient être motivées en vertu des dispositions générales de la loi du 11 juillet 1979 imposant la motivation des décisions individuelles qui imposent des sujétions (CE 30 juill. 1997, *Montreuil-sous-bois (Cne) c/ Consorts Breuille*, req. n° 160968, *Lebon* ; – CE 30 juill. 1997, *Sté Nouvelle Étude Berry et Attali*, req. n° 157313, *Lebon T*).

1. CE 26 nov. 2001, *La Teste-de-Buch (Cne)*, req. n° 222211, *Lebon* 583 ; *Constr.-Urb.* 2002, n° 40, obs. Ph. Benoit-Cattin.
2. V. ss nos 421.151 s.
3. V. ss nos 424.21 s. – Avant la loi ALUR, le droit de préemption ne pouvait être exercé que lorsque l'aliénation portait sur « un terrain, bâti ou non bâti ». La loi ALUR a élargi son champ d'application en l'alignant sur le régime général (L. n° 2014-366, 24 mars 2014 pour l'accès au logement et un urbanisme rénové, dite loi ALUR, art. 149).
4. Convention avec un organisme en vue de la construction ou l'acquisition des logements sociaux. – C. urb., art. L. 210-1, al. 2 – sur les modalités d'exercice de ce droit : Circ. 21 févr. 2012 relative à l'exercice du droit de préemption dans les communes ayant fait l'objet d'un constat de carence au titre de l'article L. 302-9-1 du CCH, NOR : DEVL1133617C.
5. CE 28 nov. 2014, *Nogent-sur-Marne (Cne)*, req. n° 362910, *Lebon T.* ; *BJDU* 2015. 37, concl. A. Lallet ; *Constr-Urb.* 2015, com. 2, obs. X. Couton.
6. V. ss nos 422.91 s.
7. Rép. min. n° 19894, *JO Sénat Q* 16 févr. 2012, p. 446.
8. Cons. const., déc. n° 2013-309 QPC du 26 avril 2013.
9. C. urb., art. L. 211-1, al. 3 – V. ss n° 422.82.
10. C. urb., art. L. 211-4, al. 6 – V. ss n° 422.295.
11. V. ss n° 422.82.

collectivité territoriale initialement titulaire du droit de préemption et en vue d'un bien précisément identifié », « renoncer pour lui-même à exercer ce droit et autoriser, par arrêté motivé, ladite collectivité territoriale à exercer ce droit pour ce seul bien ». L'arrêté mentionne notamment « le bien concerné » et « la finalité » pour laquelle la préemption est exercée[1]. La commune en situation de carence ou l'EPCI dont elle relève peut alors exercer le DPU pour ce seul bien déterminé. Ce dispositif, très encadré, a vocation à être mis en œuvre sur des terrains qui ne peuvent accueillir de logements sociaux.

Dans le cas où le bien faisant l'objet du renoncement relève de la compétence du préfet pour l'octroi des autorisations d'urbanisme, l'arrêté « peut autoriser la même collectivité territoriale à exercer cette compétence », là encore « pour ce seul bien »[2].

§ 2
Délégation du droit de préemption

411.51 Possibilité de déléguer le droit de préemption. Le préfet peut déléguer le droit de préemption à divers organismes[3] :

- aux EPCI à fiscalité propre délégataire des aides à la pierre[4] ;
- aux métropoles ayant conclu avec l'État une convention de délégation en matière de logement et d'habitat[5] ;
- à un établissement public foncier de l'État ou un établissement public foncier local ;
- à l'office foncier de la Corse[6] ;
- à une SEM agréée ayant pour objet la construction de logements sociaux (SEM mentionnée à l'article L. 481-1 du CCH) ;
- à un des organismes d'HLM[7] ;
- ou à un des organismes agréés qui exercent des activités de maîtrise d'ouvrage d'opérations d'acquisition, de construction ou de réhabilitation de logements ou de structures d'hébergement en tant que propriétaire ou preneur de bail à construction, emphytéotique ou de bail à réhabilitation[8].

1. C. urb., art. L. 210-1, al. 2 ; mod. par L. n° 2022-217, 21 févr. 2022.
2. C. urb., art. L. 210-1, al. 2 ; mod. par L. n° 2022-217, 21 févr. 2022.
3. C. urb., art. L. 210-1, al. 2 ; mod. par L. n° 2022-217, 21 févr. 2022.
4. Mentionnée à l'article L. 301-5-1, al. 2, du CCH.
5. Convention spécifique aux métropoles, à la métropole du Grand Paris et à la métropole d'Aix-Marseille-Provence (mentionnées respectivement aux articles L. 5217-2, II ; L. 5218-2, II et L. 5219-1, VI du CGCT) ; convention spécifique à la métropole de Lyon (mentionnée à l'article L. 3641-5 du CGCT).
6. Mentionné à l'article L. 4424-26-1 du CGCT.
7. Prévus par l'article L. 411-2 du CCH.

§ 3
Droit utilisé pour remédier à la carence de logements sociaux

411.61 Finalités. Le droit de préemption est confié au préfet en vue de remédier à la carence de la commune dans la construction de logements sociaux. Aussi les biens acquis par exercice de ce droit doivent-ils « être utilisés en vue de la réalisation d'opérations d'aménagement ou de construction permettant la réalisation des objectifs »[9] :

- fixés dans le PLH ;
- ou déterminés en application de l'article L. 302-8, al. 1er, du CCH.

SECTION 4
DÉLÉGATION DE L'EXERCICE DU DROIT DE PRÉEMPTION DE L'ORGANE DÉLIBÉRANT À L'ORGANE EXÉCUTIF

411.71 Intérêt du procédé. La compétence pour exercer le droit de préemption appartient à l'organe délibérant de la collectivité territoriale ou de l'EPCI qui en est titulaire. L'attribution de compétence à l'organe délibérant se justifie par l'importance des effets d'une décision de préemption et, notamment, le fait qu'elle engage les finances de la collectivité publique concernée.

Néanmoins, l'obligation de réunir l'organe délibérant pour prendre une telle décision est génératrice de lourdeur et de lenteur. Aussi, pour garantir une plus grande réactivité dans l'exercice du droit de préemption, l'organe délibérant dispose de la faculté d'en confier l'exercice à son organe exécutif, soit de manière générale, soit à l'occasion d'une aliénation déterminée.

§ 1
Délégation de compétence au maire

A.
Délégation de la compétence en matière de préemption

411.81 Délégation au maire. Le CGCT prévoit que le maire peut, par délégation du conseil municipal, être chargé, en tout ou partie, et pour la durée de son mandat, « d'exercer, au nom de la commune, les droits de préemption définis par le code de l'urba-

8. CCH, art. L. 365-2.
9. C. urb., art. L. 210-1, al. 2 ; mod. par L. n° 2022-217, 21 févr. 2022.

nisme, que la commune en soit titulaire ou délégataire [...] »[1].

Le conseil municipal n'est pas tenu de fixer des conditions particulières à cette délégation[2]. La seule circonstance que la délégation soit formulée de manière générale ne saurait avoir pour effet de la faire regarder comme irrégulière[3]. Inversement, la délégation peut être limitée par le conseil municipal, soit géographiquement, soit financièrement[4], soit selon d'autres critères décidés par le conseil municipal[5].

Dans le cas où la commune bénéficie d'une délégation de compétence d'un EPCI[6], la jurisprudence admet la légalité de la délégation consentie par le conseil municipal au profit du maire alors même que cette décision est antérieure à la délégation décidée par l'EPCI[7].

411.82 Effets : incompétence du conseil municipal sauf empêchement du maire. La délégation confère au maire la compétence exclusive pour exercer le droit de préemption et, corrélativement, l'incompétence totale du conseil municipal en ce domaine. Tant qu'il ne rapporte pas la délégation, « le conseil municipal doit être regardé comme s'étant dessaisi de sa compétence et ne peut plus, par suite, légalement exercer lui-même le droit de préemption »[8]. Il en résulte que le maire est seul compétent pour se prononcer sur une déclaration d'intention d'aliéner. Le conseil municipal ne peut se substituer à l'exécutif communal tant que demeure en vigueur la délégation de compétence qui lui a été accordée.

C'est uniquement en cas d'empêchement du maire que, sauf disposition contraire dans la délibération, le conseil municipal exercera la compétence déléguée[9].

411.83 Obligation d'information du conseil municipal. Le maire doit rendre compte des décisions relatives à l'exercice des droits de préemption en vertu de la délégation reçue du conseil municipal « à chacune des réunions obligatoires » de celui-ci[10]. Le conseil municipal se réunit au moins une fois par trimestre[11]. Il en résulte qu'à chacune des réunions obligatoires du conseil municipal, le maire est tenu de procéder à une information récapitulative[12] :

- des déclarations d'intention d'aliéner déposées ;
- et des décisions de préemption ou de non-préemption.

411.84 Subdélégation à un adjoint. Sauf disposition contraire dans la délibération portant délégation, « les décisions prises en application de celle-ci peuvent être signées par un adjoint ou un conseiller municipal agissant par délégation du maire dans les conditions fixées à l'article L. 2122-18 »[13].

411.85 Fin de la délégation. Le conseil municipal peut à tout moment mettre fin à la délégation consentie[14] ou la modifier[15].

Si le conseil municipal entend se ressaisir du droit de préemption de la commune, il doit au préalable abroger explicitement la délibération consentie au maire[16].

B.
Délégation du pouvoir de déléguer

411.91 Pouvoir de subdéléguer. Le maire peut, par délégation du conseil municipal, être chargé de déléguer l'exercice des droits de préemption à l'occasion de l'aliénation d'un bien à un organisme tiers[17].

Deux modalités sont prévues par ces dispositions, la subdélégation pouvant être réalisée :

- soit, pour le DPU, au profit des personnes et organismes mentionnés à l'article L. 211-2[18] ;
- soit, pour le DPU et le DPZAD, au profit des personnes morales mentionnées à l'article L. 213-3[19].

§ 2
Délégation de compétence au président de l'EPCI

411.101 Délégation du pouvoir de préemption et du pouvoir de subdéléguer. S'inspirant des dispo-

1. CGCT, art. L. 2122-22, al. 15°.
2. CE 2 mars 2011, *Brétignolles-sur-Mer (Cne)*, req. nº 315880, *Lebon T.* ; *BJDU* 2011. 124, concl. C. Landais.
3. CAA Bordeaux, 2 juin 2008, *Plaisance du Touch (Cne)*, req. nº 06BX02363, NP.
4. PAR EX. : CAA Paris, 10 déc. 2020, *Monceaux-lès-Meaux (Cne)*, req. nº 20PA01921, NP (arrêt devenu définitif en l'absence d'admission du pourvoi formé à son encontre : CE 22 juill. 2021, req. nº 449547, NP) : délibération ayant assortie la délégation d'une limite à un montant d'achat du bien préempté de 50 000 euros.
5. Rép. min. nº 109740, *JOAN Q* 8 mai 2012, p. 3518.
6. V. ss nº 424.191.
7. CE 28 janv. 2021, *Sté Matimo et a.*, req. nº 429584, *Lebon T.* ; *BJDU* 2021. 120, concl. V. Villette ; *JCP Adm.* 2021, nº 2134, note J.-G. Sorbara.
8. CE 2 oct. 2013, *Fréjus (Cne)*, req. nº 357008, NP ; – dans le même sens : CE 2 mars 2011, *Brétignolles-sur-Mer (Cne)*, req. nº 315880, *Lebon T.* ; *BJDU* 2011. 124, concl. C. Landais – CE 8 avr. 2015, *Saint-Aignan-Grandlieu (Cne)*, req. nº 376821, *Lebon T.*
9. CGCT, art. L. 2122-23, al. 2.
10. CGCT, art. L. 2122-23, al. 3.
11. CGCT, art. L. 2121-7.
12. Rép. min. nº 23069, *JO Sénat Q* 11 mai 2017, p. 1856.
13. CGCT, art. L. 2122-23, al. 2.
14. CGCT, art. L. 2122-23, al. 4.
15. CE 2 oct. 2013, *Fréjus (Cne)*, req. nº 357008, NP.
16. CE 1er mars 2023, *Staes*, req. nº 462648, *Lebon T.* ; *RDI* 2023. 286, obs. J.-F. Struillou ; *BJDU* 2023. 201, concl. A. Skzryerbak ; *AJDA* 2023. 1070, note V. Laugier ; *Dr. adm.* 2023, comm. 25, note E. Krebs.
17. CGCT, art. L. 2122-22, al. 15°.
18. V. ss nos 422.91 s. et ss nº 422.181.
19. V. ss nos 424.191 s.

sitions relatives aux délégations au sein de la commune, l'article L. 5211-9, al. 8, du CGCT dispose : « Le président de l'établissement public de coopération intercommunale peut, par délégation de son organe délibérant, être chargé d'exercer, au nom de l'établissement, les droits de préemption [...] dont celui-ci est titulaire ou délégataire en application du code de l'urbanisme. Il peut également déléguer l'exercice de ces droits à l'occasion de l'aliénation d'un bien, dans les conditions que fixe l'organe délibérant de l'établissement. Il rend compte à la plus proche réunion utile de l'organe délibérant de l'exercice de cette compétence »[1].

Il en résulte que les solutions jurisprudentielles dégagées relativement aux délégations au sein de la commune ont vocation à s'appliquer aux délégations réalisées au sein d'un EPCI[2].

411.102 Subdélégation aux vice-présidents ou aux membres du bureau. Le président de l'EPCI « peut déléguer par arrêté, sous sa surveillance et sa responsabilité, l'exercice d'une partie de ses fonctions aux vice-présidents et, en l'absence ou en cas d'empêchement de ces derniers ou dès lors que ceux-ci sont tous titulaires d'une délégation, à d'autres membres du bureau »[3].

§ 3 Délégation de compétence au président du conseil départemental

411.111 Délégation du pouvoir de préemption et du pouvoir de subdéléguer. S'inspirant des dispositions relatives aux délégations au sein de la commune, l'article L. 3221-12 du CGCT dispose : « Le président du conseil départemental peut, par délégation du conseil départemental, être chargé d'exercer, au nom du département, les droits de préemption dont celui-ci est titulaire ou délégataire en application du code de l'urbanisme. Il peut également déléguer l'exercice de ce droit à l'occasion de l'aliénation d'un bien, dans les conditions que fixe le conseil départemental. Il rend compte à la plus proche réunion utile du conseil départemental de l'exercice de cette compétence »[4].

Il en résulte que les solutions jurisprudentielles dégagées relativement aux délégations au sein de la commune ont vocation à s'appliquer aux délégations réalisées au sein d'un EPCI[5].

411.112 Subdélégation aux vice-présidents et à des membres du conseil départemental. Le président du conseil départemental « peut déléguer par arrêté, sous sa surveillance et sa responsabilité, l'exercice d'une partie de ses fonctions aux vice-présidents. Il peut également déléguer une partie de ses fonctions, dans les mêmes conditions, à des membres du conseil départemental en l'absence ou en cas d'empêchement des vice-présidents ou dès lors que ceux-ci sont tous titulaires d'une délégation »[6].

§ 4 Délégation de compétence au président du conseil régional

411.121 Délégation du pouvoir de préemption. L'article L. 4231-8-2 du CGCT dispose : « Le président du conseil régional peut, par délégation du conseil régional, être chargé d'exercer, au nom de la région, les droits de préemption dont elle est titulaire ou délégataire en application du code de l'urbanisme. Il rend compte à la plus proche réunion utile du conseil régional de l'exercice de cette compétence »[7].

411.122 Subdélégation aux vice-présidents et à des membres du conseil régional. Le président du conseil régional « peut déléguer par arrêté, sous sa surveillance et sa responsabilité, l'exercice d'une partie de ses fonctions aux vice-présidents et, en l'absence ou en cas d'empêchement de ces derniers, ou dès lors que ceux-ci sont tous titulaires d'une délégation, à d'autres membres du conseil régional »[8].

SECTION 5 PRÉEMPTION ET EXPROPRIATION

411.131 Faculté de recourir à l'expropriation malgré l'existence d'un droit de préemption ou d'une procédure de préemption. Pour acquérir un terrain, l'autorité publique est libre de préférer le recours à l'expropriation plutôt que l'exercice du droit de préemption.

D'une part, elle peut mettre en œuvre une expropriation sur des terrains inclus dans le champ du droit de préemption[9]. Elle pourra ainsi en obtenir la

1. CGCT, art. L. 5211-9, al. 8.
2. Sur ces solutions, v. s[s] n°s 411.81 s.
3. CGCT, art. L. 5211-9, al. 3 – pour un ex. : CAA Nantes, 12 juill. 2013, *De Sesmaisons*, req. n° 11NT01186, NP.
4. CGCT, art. L. 3221-12.
5. Sur ces solutions, v. s[s] n°s 411.81 s.
6. CGCT, art. L. 3221-3, al. 1er – par ex. : CAA Bordeaux, 19 mars 2007, *CCI de Bayonne Pays basque*, req. n° 04BX01260, NP.
7. CGCT, art. L. 4231-8-2.
8. CGCT, art. L. 4231-3, al. 1er.
9. CAA Bordeaux, 31 déc. 2007, *Lai Yen Kang*, req. n° 05BX01566, NP : arrêt indiquant « que, même si la commune disposait du droit de préemption pour se porter acquéreur des parcelles situées dans le périmètre de l'opération, elle a pu régulièrement mettre en œuvre la procédure d'expropriation afin d'avoir la maîtrise foncière de l'ensemble des parcelles dans un délai rapide ».

propriété plus rapidement, sans avoir à attendre une décision des propriétaires de vendre ces terrains.

D'autre part, elle peut mettre en œuvre une procédure d'expropriation sur des terrains alors même que ceux-ci étaient l'objet d'une procédure de préemption en cours [1].

SECTION 6
COMMUNES PLM

411.141 Absence de consultation des arrondissements. Dans les communes de Paris, Lyon et Marseille, le CGCT [2] prévoit seulement une obligation d'information du maire d'arrondissement et non une obligation de consultation de celui-ci [3].

1. CE 30 déc. 1998, *Bagot*, req. nº 167434, *Lebon T.*
2. CGCT, art. L. 2511-30.
3. CE 10 juin 2020, *Sté France Immo*, req. nº 428072, *Lebon T.* ; *BJCL* 2021 95, concl. V. Villette ; *JCP Adm.* 2020, nº 2243, note M. Lei.

CHAPITRE

412. Droits de préemption en dehors du titre du code de l'urbanisme relatif au droit de préemption : DPEANP, DP SAFER, DP maintien dans son logement d'une personne en difficulté

SECTION 0

ORIENTEUR

412.00 Sommaire du chapitre.

412.03 Bibliographie indicative.

Monographie. R. Hostiou et F. Struillou, *Expropriation et préemption*, « Droit et professionnels », LexisNexis, 2020.

412.05 Régime. Trois droits de préemption relatifs à l'urbanisme sont régis par des dispositions non codifiées dans le titre du code de l'urbanisme relatif au droit de préemption.

Dans un premier cas de figure, ces dispositions figurent dans une autre partie du code de l'urbanisme. Cette hypothèse concerne le droit de préemption dans les espaces agricoles et naturels périurbains (EANP).

Dans un second cas de figure, les dispositions pertinentes se trouvent dans un autre code. Cette situation correspond au droit de préemption des terrains à usage ou à vocation agricole[1] et au droit de préemption en vue de permettre le maintien dans son logement d'une personne en difficulté[2].

SECTION 1

DROIT DE PRÉEMPTION DANS LES ESPACES AGRICOLES ET NATURELS PÉRIURBAINS

412.11 Régime EANP. Le département dispose d'un droit de préemption dont l'exercice vise à préserver la vocation des espaces agricoles et naturels dans les secteurs périurbains (EANP). Ses conditions de mise en œuvre sont présentées dans le chapitre consacré à ce régime[3].

SECTION 2

DROIT DE PRÉEMPTION DES TERRAINS À USAGE OU À VOCATION AGRICOLE

§ 1

Les sociétés d'aménagement foncier et d'établissement rural (SAFER)

412.21 Statut. Les sociétés d'aménagement foncier et d'établissement rural (SAFER) sont des socié-

1. Prévu par le code rural.
2. Prévu par le CCH.
3. V. s[s] n°s 153.131 s.

tés anonymes sans but lucratif placées sous la tutelle des ministères de l'Agriculture et des Finances.

412.22 **Missions.** Les SAFER exercent des missions d'intérêt général, la première de celles-ci consistant en « la protection des espaces agricoles, naturels et forestiers »[1].

§ 2 Droit de préemption des SAFER

412.31 **Acquisition de terrains.** Pour réaliser les missions dont elles sont investies, les SAFER peuvent acquérir des terrains à usage ou à vocation agricole en vue de les rétrocéder ensuite à des agriculteurs[2].

L'acquisition de terrains par les SAFER peut être réalisée à l'amiable ou par voie de préemption.

412.32 **Exercice du droit de préemption.** Le pouvoir de préemption est exercé par la SAFER aux conditions fixées par les articles L. 143-1 s. du code rural.

La SAFER agit le plus souvent de sa propre initiative. Elle peut néanmoins, à la demande du département, exercer ce droit au nom et pour le compte de celui-ci dans le régime des espaces agricoles et naturels périurbains[3].

412.33 **Priorité du DPU sur le droit de préemption de la SAFER.** La possibilité que le DPU et le droit de préemption de la SAFER trouvent à s'exercer sur les mêmes secteurs est très réduite : le premier concerne les zones urbaines ou à urbaniser alors que le second concerne les terres agricoles.

La loi a néanmoins prévu une telle hypothèse, en donnant indirectement une priorité au DPU. En effet, le code rural pose que le droit de préemption de la SAFER ne peut être utilisé pour des acquisitions de terrains destinées « à la construction »[4]. Or, les terrains entrant dans le champ du DPU sont destinés à la construction. Il en résulte que le droit de préemption de la SAFER ne peut être mis en œuvre dans un domaine relevant du DPU : dans les cas de possible concurrence, c'est « le droit de préemption de la commune qui prime »[5].

1. C. rur., art. L. 141-1, I, 1°.
2. C. rur., art. L. 141-1, II, 1°.
3. V. s^{s} n° 153.142.
4. C. rur., art. L. 143-4, 5°, a.
5. Rép. min. n° 20520, *JO Sénat Q* 2 mars 2006, p. 644. V. également Rép. min. n° 01588, *JO Sénat Q* 21 juill. 2022, p. 950.

SECTION 3 Droit de préemption en vue de permettre le maintien dans son logement d'une personne en difficulté

§ 1 Pouvoir de préemption

412.41 **Droit de la commune.** La commune dispose d'un droit de préemption lui permettant d'acquérir un immeuble ou une partie d'immeuble constituant la résidence principale d'une personne qui remplit les conditions de ressources pour l'attribution d'un logement à loyer modéré[6].

La commune acquiert ainsi le logement en vue de transformer celui-ci en HLM qui donnera lieu, de la part de son occupant, au versement d'un loyer.

§ 2 Conditions

412.51 **Trois conditions.** Le droit de préemption peut s'exercer si trois conditions sont remplies[7] :

- le propriétaire-occupant remplit les conditions de ressources pour l'attribution d'un logement à loyer modéré ;
- son logement fait l'objet d'une vente sur saisie immobilière ;
- le droit de préemption est destiné à assurer le maintien dans les lieux du saisi.

§ 3 Procédure

412.61 **Renvoi au code de l'urbanisme.** Le droit de préemption est exercé suivant les modalités prévues par le code de l'urbanisme en matière de DPU, en cas de vente par adjudication lorsque cette procédure est rendue obligatoire de par la loi ou le règlement[8], c'est-à-dire conformément aux articles R. 213-14 et R. 213-15 du code de l'urbanisme[9].

412.62 **Cas où la commune n'a pas été informée de la vente.** La circonstance que la commune ait été empêchée d'exercer son droit de préemption faute d'avoir été informée de la vente sur saisie n'entache pas d'irrégularité la procédure de saisie immobilière[10].

6. CCH, art. L. 616, al. 1er.
7. CCH, art. L. 616, al. 1er.
8. CCH, art. L. 616, al. 1er.
9. Sur cette procédure, v. s^{s} n°s 424.951 s.
10. Civ. 3e, 28 févr. 2001, n° 99-14.872, P.

412.63 Délégation à un office public de l'habitat. La commune peut déléguer le droit de préemption, dans les conditions définies à l'article L. 213-3 du code de l'urbanisme, à un office public de l'habitat[1].

1. CCH, art. L. 616, al. 2.

TITRE

42. Les deux principaux droits de préemption : DPU et DPZAD

SECTION 0
ORIENTEUR

42.00 Sommaire du titre.

42.03 Bibliographie indicative.

Monographie. R. Hostiou et F. Struillou, *Expropriation et préemption*, « Droit et professionnels », LexisNexis, 2020.

> Articles

Généralité. D. Dutrieux, « Les motifs et la motivation des décisions d'exercice du droit de préemption urbain », *JCP Adm.* 2011, n° 2347.

Loi ALUR. É. Carpentier, « La nouvelle "ALUR" des droits de préemption publics », *BJDU* 2014. 167 – É. Carpentier, « La loi "ALUR" et les droits de préemption publics », *RDI* 2014. 240 – D. Gillig, « La réforme des droits de préemption en matière d'urbanisme par la loi ALUR : le changement dans la continuité », *Constr.-Urb.* 2014, dossier 8 – R. Noguellou, « La loi ALUR et l'offre foncière », *AJDA* 2014. 1096 – J.-F. Struillou, « L'impact de la loi ALUR sur le régime du droit de préemption », *RFDA* 2014. 576 – J.-F. Struillou, « Le droit de préemption après la loi ALUR et ses règlements d'exécution. Approche critique », *AJDA* 2017. 1272.

Dossier DPU (après la loi ALUR). D. Dutrieux, « Loi Alur et maîtrise foncière des personnes publiques », *JCP N* 2014, n° 1301 – D. Dutrieux et W. Altide, « "Alur", pars de SCI et droit de préemption urbain », *JCP N* 2014, n° 1302 – Ch. Duchange, « Droit de préemption urbain, immeubles appartenant à des organismes d'HLM et immeubles achevés depuis plus de quatre ans », *JCP N* 2014, n° 1303 – N. Loock, « Droit de préemption urbain et aliénation à titre gratuit », *JCP N* 2014, n° 1304 – D. Deharbe, « La DIA et les informations sur la pollution... un couple de jeunes mariés », *JCP N* 2014, n° 1305 – D. Dutrieux, « Déclaration d'intention d'aliéner, documents et droit de visite », *JCP N* 2014, n° 1306 – É. Forgeois, « Transfert de propriété et paiement du prix du bien préempté depuis la loi Alur », *JCP N* 2014, n° 1307 – H. Hicter, « Conséquences de l'annulation d'une décision de préemption et rétrocession », *JCP N* 2014, n° 1308 – J.-F. Struillou, « Synthèse du colloque », *JCP N* 2014, n° 1309.

Loi 3DS. J.-F. Struillou, « Le droit de préemption après la loi 3DS du 21 février 2022 », *RDI* 2022. 209.

Vente. J.-Ph. Meng, « Les nouvelles règles du droit de préemption compliquent-elles réellement les ventes ? », *RDI* 2015. 228.

42.05 Deux principaux droits de préemption. Le droit de préemption urbain (DPU) et le droit de préemption dans les zones d'aménagement différé (DPAZD) constituent les deux principaux droits de préemption.

Seront successivement présentés :

- les conditions de mise en œuvre (finalités et motivation) ;
- le DPU ;
- le DPZAD ;
- les règles communes.

CHAPITRE

421. Conditions de mise en œuvre du DPU et du DPZAD (finalités et motivation)

SECTION 0 ORIENTEUR

421.00 **Sommaire du chapitre.**

421.01 **Texte applicable.**

• **C. urb.,** art. L. 210-1

421.03 **Bibliographie indicative.**

Encyclopédie. *DP constr.-urb.*, ét. : « Droits de préemption » – *J.-Cl. Constr.-Urb.*, fasc. 13-10 : « Préemption. – Droit de préemption urbain et ZAD. – Évolution législative et réglementaire. Finalité de l'institution », par J. Hugot et V. Zalewski-Sicard, 2024 ; fasc. 13-15 : « Préemption. – Droit de préemption urbain et ZAD. – Traits caractéristiques du droit de préemption urbain », par J. Hugot et V. Zalewski-Sicard, déc. 2019 ; fasc. 13-20 : « Préemption. – Droit de préemption urbain et ZAD. – Règles particulières aux ZAD et à leurs périmètres provisoires », par J. Hugot et V. Zalewski-Sicard, août 2015 ; fasc. 13-25 : « Préemption. – Droit de préemption urbain et ZAD. – Règles communes. – Champ matériel d'application », par D. Dutrieux et V. Zalewski-Sicard, 2024 ; fasc. 13-30 : « Préemption. – Droit de préemption urbain et ZAD. – Règles communes. – Délégations et procédures de préemption », par J. Hugot et V. Zalewski-Sicard, mars 2021, mis à jour mars 2022 ; fasc. 13-35 : « Préemption. – Droit de préemption urbain et ZAD. – Règles communes. – Conséquences de l'exercice du droit de préemption », par D. Dutrieux et V. Zalewski-Sicard, 2024.

Monographie. R. Hostiou et F. Struillou, *Expropriation et préemption*, « Droit et professionnels », LexisNexis, 2020.

Contribution. J. Cathelineau, « La motivation des décisions de préemption des collectivités locales », *Mél. J.-M. Auby*, Dalloz, 1992, p. 405.

> Articles

Généralités. F. Bouyssou, « L'hypertrophie des droits de préemption », *Ét. fonc.* juill.-août 2006, nº 122, p. 35 – J. Hugot, « Le champ matériel d'application commun aux droits de préemption urbain et dans les zones d'aménagement différé », *JCP N* 1987. I. 163 – J.-Ph. Meng, « La prolifération des droits de préemption publics », *Defrénois* 15 mars 2018, nº 11, p. 15 – S. Perignon, « Nouveaux cas d'institution du droit de préemption urbain », *AJDA* 2004. 569.

Motivation. R. Vandermeeren, « Le contrôle, par le juge administratif, de la motivation et des motifs des décisions de préemption en matière d'urbanisme », *LPA* 20 juill. 1992, p. 3.

421.04 Questions essentielles.

> Quels motifs permettent à son titulaire d'exercer le DPU et le DPZAD ?

* V. s^s n°s 421.11 s.

> Des préemptions d'opportunité peuvent-elles intervenir ?

* V. s^s n°s 421.161 s.

SECTION 1
FINALITÉS JUSTIFIANT L'EXERCICE DU DPU ET DU DPZAD

421.11 Opérations ou actions d'aménagement. Les droits de préemption institués par le titre Ier du livre II « sont exercés en vue de la réalisation, dans l'intérêt général, des actions ou opérations répondant aux objets définis à l'article L. 300-1 [...] ou pour constituer des réserves foncières en vue de permettre la réalisation desdites actions ou opérations d'aménagement »[1]. Ces dispositions concernent en premier lieu et avant tout le DPU et le DPZAD. Dans le cadre de ces deux procédures, elles permettent ainsi l'exercice du droit de préemption :

– soit pour réaliser, dans l'intérêt général, des actions ou opérations d'aménagement ;

– soit pour constituer des réserves foncières en vue de permettre la réalisation de ces mêmes actions ou opérations.

Saisi d'une QPC contestant la constitutionnalité des articles L. 210-1 et L. 300-1 du code de l'urbanisme, le Conseil d'État a estimé que les dispositions critiquées, telle qu'interprétées par sa jurisprudence Commune de Meung-sur-Loire[2], ne portent d'atteinte inconstitutionnelle ni au droit de propriété, ni à la liberté contractuelle[3].

421.12 Autres finalités (secondaires). L'article L. 210-2 ajoute aux finalités mentionnées à l'article L. 210-1 l'exercice du droit de préemption en vue de maintenir un locataire dans les lieux en cas de vente de l'immeuble à usage d'habitation dans lequel il se trouve. L'article L. 211-1, propre au DPU, y ajoute la relocalisation d'activités et le relogement d'occupants évincés par une opération d'aménagement.

Ces deux finalités concernent uniquement le DPU : pour la première procédure au regard de son objet, pour la seconde car elle se trouve énoncée dans un article relatif au seul DPU.

§ 1
Première possibilité : réaliser une action ou opération d'aménagement présentant un caractère d'intérêt général

421.21 Conditions. Les droits de préemption institués par le titre Ier peuvent être mis en œuvre pour « la réalisation, dans l'intérêt général, des actions ou opérations répondant aux objets définis à l'article L. 300-1 »[4].

A.
Première condition : une opération d'intérêt général

1°
Un intérêt général

421.31 Exclusion des intérêts privés. En exigeant que l'opération soit réalisée dans l'intérêt général, l'article L. 210-1 exclut que le droit de préemption

1. C. urb., art. L. 210-1, al. 1er.
2. V. s^s nº 421.161.
3. CE 12 sept. 2011, *Dion (M. et Mme)*, req. nº 347444, *Lebon T.* ; *BJDU* 2011. 465, concl. C. Landais.
4. C. urb., art. L. 210-1.

puisse être mis en œuvre pour satisfaire ou faciliter les intérêts privés d'un aménageur.

2°
Un intérêt général suffisant

421.41 **Condition.** Il résulte des dispositions de l'article L. 300-1 que la mise en œuvre du droit de préemption « doit, eu égard notamment aux caractéristiques du bien faisant l'objet de l'opération ou au coût prévisible de cette dernière, répondre à un intérêt général suffisant »[1].

421.42 **Contrôle juridictionnel.** Le juge de l'excès de pouvoir exerce un contrôle normal sur la condition tenant à l'intérêt général suffisant de l'opération[2].

421.43 **Condition satisfaite.** À titre d'exemple, la condition tenant à l'intérêt général suffisant de l'opération a été regardée comme satisfaite pour le projet, en vue duquel l'immeuble était préempté, consistant en :

– la réalisation de 26 logements sociaux dans un arrondissement en comprenant un nombre insuffisant, conformément au programme local de l'habitat, et ce en dépit du coût de rénovation[3] ;

– la construction de logements sociaux, compte tenu des besoins en logements sociaux existants dans le secteur, de l'étude de faisabilité technique et du coût total de l'opération résultant notamment du prix fixé par la décision de préemption[4] ;

– une opération de restauration immobilière visant à la réactivation et la diversification du marché du logement par la réalisation de travaux de réhabilitation sur des immeubles anciens (la circonstance que la commune revendrait le bien à un prix supérieur à celui de son acquisition n'est pas de nature à remettre en cause cette appréciation)[5] ;

– l'acquisition d'un hôtel-restaurant, qui a pour but de satisfaire un besoin en hébergement et restauration sur la place centrale du bourg et de contribuer à l'animation de cette place, quand bien même il existe un restaurant dans une rue adjacente ainsi qu'une structure médico-sociale proposant une offre d'hébergement et de restauration aux familles des résidents[6] ;

– l'extension d'une mosquée (solution critiquée par la doctrine au regard du principe de laïcité et du fait de la reconnaissance d'un équipement cultuel comme étant, en soi, d'intérêt général)[7].

La doctrine administrative estime que « les opérations privées de construction de logement ou d'installation d'entreprises » pourraient, selon les projets de développement de la commune, être regardées comme satisfaisant à la condition tenant à l'intérêt général suffisant de l'opération[8].

421.44 **Condition non satisfaite.** A été regardée comme ne répondant pas à un motif d'intérêt général que l'autorité administrative peut légalement poursuivre au titre de son pouvoir de préemption la décision :

– qui est motivée essentiellement par l'« incertitude demeurant quant à la garantie de bonne fin du projet » par une société d'aménagement et par la « sauvegarde des intérêts de la commune » dans ses relations avec ladite société, avec laquelle la commune était en relation depuis plusieurs mois en vue de la réalisation d'un golf et d'un parc d'activités tertiaires sur le terrain ayant fait l'objet de la préemption[9] ;

– qui vise uniquement à faire obstacle à l'extension des activités d'une société à laquelle la commune reprochait la méconnaissance des prescriptions imposées par la législation sur les installations classées[10] ;

– qui a pour seul objet d'empêcher la construction d'un bâtiment à usage commercial[11] ;

– qui a pour seul objet d'empêcher la transformation d'un immeuble en centre d'hébergement pour personnes sans domicile fixe[12].

Plus encore, a été regardée comme étant entachée de détournement de pouvoir la décision :

– qui a eu pour objet, en permettant de procéder ensuite à un échange entre l'immeuble préempté et un immeuble situé dans le périmètre de la ZAC, de faciliter la cession amiable de ce dernier et d'obtenir de ses propriétaires qu'ils renoncent aux actions contentieuses qu'ils avaient introduites contre différen-

1. CE 6 juin 2012, *Sté RD machines outils*, req. nº 342328, *Lebon ; BJDU* 2012. 376, concl. C. Landais ; *JCP Adm.* 2012, nº 2371, note D. Dutrieux.
2. CE 6 juin 2012, *Sté RD machines outils*, req. nº 342328.
3. CE 10 mai 2017, *Sté ABH Investissements*, req. nº 398736, *Lebon T. ; BJDU* 2017. 248, concl. R. Decout-Paolini.
4. CAA Paris, 31 déc. 2015, *SCI La Garenne de Sèvres*, req. nº 14PA04824, NP.
5. CAA Bordeaux, 15 mars 2011, *Feraud*, req. nº 10BX01244, NP.
6. CAA Bordeaux, 13 oct. 2015, *La Force (Cne)*, req. nº 14BX00774, NP.
7. CE 22 déc. 2022, *Commune de Montreuil*, req. nº 447100, *Lebon T. ; RFDA* 2023. 337, concl. (contraires) A. Skzryerbak ; *RDI* 2023. 167, obs. J.-F. Struillou ; *RFDA* 2023. 337, note J. Morange ; *BJDU* 2023. 113, note D. Botteghi ; *JCP Adm.* 2023, nº 2205, note F. Stanislas ; *AJDA* 2023. 1137, note B. Lecocq.
8. Rép. min. nº 1743, *JO Sénat Q* 26 avr. 2018, p. 2065.
9. CE 22 févr. 1995, *Carquefou (Cne)*, req. nº 116435, NP.
10. CAA Lyon, 3 mai 1995, *Saint-Barthelemy-de-Vals (Cne)*, req. nº 94LY00717, NP.
11. CAA Nancy, 1er oct. 1998, *Saint-Claude (Ville)*, req. nº 96NC01982, NP.
12. CE 15 mai 2006, *Fayet (Cne)*, req. nº 266495, *Lebon* 250 ; *BJDU* 2006. 267, concl. J.-H. Stahl ; *Coll. terr.* 2006, nº 121, note L. Erstein.

tes décisions prises par la commune pour la réalisation de la ZAC[1] ;

– qui, sous couvert de création d'un nouveau poste de police municipale, a eu pour mobile de faire échec à l'implantation d'un lieu de culte musulman[2] ;

– qui vise à faire obstacle à la cession d'un bien immobilier à des personnes extérieures à la commune[3].

421.45 Critère du prix d'acquisition. Le montant auquel le titulaire du droit de préemption se propose d'acquérir un bien préempté peut constituer l'un des éléments permettant d'apprécier si la préemption répond à un motif d'intérêt général suffisant[4].

421.46 Délit de discrimination. La discrimination commise à l'égard d'une personne physique ou morale par une personne dépositaire de l'autorité publique ou chargée d'une mission de service public constitue un délit lorsqu'elle consiste à refuser le bénéfice d'un droit accordé par la loi[5]. Or, l'exercice d'un droit de préemption, fût-il abusif, n'est pas regardé comme le refus du bénéfice d'un droit accordé par la loi. Par suite, ne tombe pas sous le coup de ces dispositions le fait pour un maire d'exercer son droit de préemption dans le seul but d'évincer les futurs acquéreurs au nom à consonance étrangère de l'opération d'acquisition d'un bien immobilier[6].

B. Seconde condition : une action ou opération d'aménagement

421.51 Exigence d'un aménagement. L'exigence que le droit de préemption soit exercé pour la mise en œuvre d'une opération d'aménagement est expressément formulée à l'article L. 210-1 du code de l'urbanisme. Son premier alinéa prévoit en effet que les droits de préemption institués par le titre Ier sont exercés « en vue de la réalisation, dans l'intérêt général, des actions ou opérations répondant aux objets définis à l'article L. 300-1 » ou « pour constituer des réserves foncières en vue de permettre la réalisation desdites actions ou opérations d'aménagement »[7]. Il résulte de cette rédaction que les « actions ou opérations » auxquelles fait référence cet alinéa sont, toutes, des actions ou opérations « d'aménagement ». Aussi la jurisprudence impose-t-elle dans tous les cas que soit caractérisée une opération d'aménagement[8]. Comme le souligne le Conseil d'État, le droit de préemption ne peut être utilisé que pour la réalisation « d'un projet d'action ou d'opération d'aménagement répondant aux objets mentionnés à l'article L. 300-1 du code de l'urbanisme »[9], lesquels présentent toutefois un caractère large et varié[10].

421.52 Appréhension large de la notion. La jurisprudence retient une acception large de la notion d'aménagement. Elle accepte de caractériser un aménagement même si le projet en cause ne comporte ni « mesure d'urbanisation », ni « réalisation d'équipement »[11].

L'action ou l'opération entre dans le champ de l'article L. 210-1 dès lors qu'elle a pour objet de mettre en œuvre une politique locale de l'habitat, d'organiser le maintien des activités économiques ou tout autre objet mentionné à l'article L. 300-1.

Le choix d'une approche large de la notion d'aménagement est d'autant plus justifié que l'article L. 210-1 s'applique indistinctement à toutes les procédures figurant dans le titre Ier (hormis les droits de préemption relatifs aux ENS, à la préservation de la ressource en eau et à l'adaptation au recul du trait de côte). Elle doit donc faire l'objet d'une lecture suffisamment souple pour pouvoir recouvrir des finalités aussi diverses que la création de jardins familiaux, la vitalité de commerces et le maintien dans les lieux des locataires.

421.53 Action ou opération. Le champ d'application du droit de préemption est d'autant plus large qu'il ne se limite pas aux seules « opérations » d'aménagement mais s'étend aussi aux « actions » d'aménagement.

Une action peut consister, par exemple :

– au développement social des quartiers ;

– aux mesures d'accompagnement de la politique du logement (comme les programmes locaux de l'habitat) ;

1. CE 30 juill. 1997, *Montrouge (Cne) c/Parmentier*, req. n° 169574, *Lebon T.*
2. CAA Versailles, 23 nov. 2017, *Mantes-la-Ville (Cne)*, req. n° 16VE03311, NP.
3. CE 1er févr. 1993, *Guillec (Épx)*, req. n° 107714, *Lebon*. V. dans le même sens CAA Marseille, 2 juill. 1998, *Cne de Ramatuelle*, req. n° 96MA02365, NP.
4. CE 7 janv. 2013, *Montreuil (Cne) c/Garavini*, req. n° 357230, *Lebon T.* : arrêt précisant que le caractère insuffisant ou excessif du prix de ce bien au regard du marché est, par lui-même, sans incidence sur la légalité de la préemption.
5. C. pén., art. 432-7, 1°.
6. Crim. 21 juin 2011, n° 10-85.641, P.
7. C. urb., art. L. 210-1, al. 1er.
8. CE 30 juill. 1997, *Angers (Ville) c/Dubois*, req. n° 160949, *Lebon T.* ; – CE 6 févr. 2006, *Lamotte-Beuvron (Cne)*, req. n° 266821, *Lebon* ; – CE 6 mai 2009, *Le Plessis-Trévise (Cne)*, req. n° 311167, *Lebon T.* ; *BJDU* 2009. 131, concl. L. Derepas ; – CE 6 juin 2012, *Murviel-les-Montpellier (Cne)*, req. n° 341534, NP, *BJDU* 2012. 306, concl. C. Landais – CE 2 nov. 2015, *Choisy-le-Roi*, req. n° 374957, *Lebon T.*
9. CE 6 juin 2012, *Sté RD machines-outils*, req. n° 342328, *Lebon ; BJDU* 2012. 376, concl. C. Landais ; *JCP Adm.* 2012, n° 2371, note D. Dutrieux.
10. V. ss n° 5.06.
11. CE 6 févr. 2006, *Lamotte-Beuvron (Cne)*, req. n° 266821, *Lebon* ; – CE 21 nov. 2008, *Leclercq*, req. n° 302144, *Lebon T.*

– ou encore aux actions de solidarité (tel l'accueil des personnes âgées).

1° Illustrations

a. Actions ou opérations satisfaisant aux conditions

421.61 **Exemples.** Ont été regardées comme présentant un caractère d'intérêt général et répondant aux objets définis à l'article L. 300-1 :

– l'acquisition d'un terrain, à la seule fin de le revendre à une entreprise, en vue de permettre le maintien, l'extension ou l'accueil des activités économiques[1] ;

– l'acquisition d'un terrain permettant de parachever une opération de requalification d'un secteur, en assurant la cohérence d'ensemble du projet dont la quasi-totalité des terrains d'assiette a déjà été acquise par la SEM chargée de l'aménagement[2].

b. Actions ou opérations ne répondant pas aux conditions

421.71 **Exemples.** Ont été regardées comme ne satisfaisant pas aux conditions énoncées au premier alinéa de l'article L. 210-1 les préemptions réalisées pour :

– réaliser des travaux d'amélioration de la sécurité de la circulation qui ne présentent pas en eux-mêmes, compte tenu de leur objet et de leur consistance, le caractère d'une opération d'aménagement au sens de l'article L. 300-1 du code de l'urbanisme, nonobstant l'intérêt général qui s'attache à la réalisation desdits travaux[3] ;

– réaliser des travaux destinés à améliorer la visibilité d'un carrefour, de tels travaux n'étant pas en eux-mêmes de nature à caractériser une action ou une opération d'aménagement au sens de l'article L. 300-1 du code de l'urbanisme[4] ;

– soi-disant réaliser un équipement sur la parcelle préemptée, mais en réalité pour faciliter la cession amiable, au profit de la commune, d'une autre parcelle devant servir de terrain à l'implantation de cet équipement, la parcelle préemptée constituant une des contreparties de cette cession[5] ;

– empêcher que la revente, dans les 7 ans suivant son acquisition, d'un bien issu d'un programme d'accession sociale à la propriété puisse donner lieu à une plus-value substantielle[6].

2° Critères retenus pour certains motifs particuliers de préemption

a. Politique local de l'habitat

421.81 **Critères.** L'autorité administrative ne peut exercer son droit de préemption au titre d'une politique locale de l'habitat que si une telle politique a été préalablement définie.

Cette exigence s'impose alors même la commune ne respecte pas ses obligations en matière de quotas de logements sociaux[7]. Inversement, est inopérante la circonstance que la mise en œuvre du droit de préemption ne répondrait pas à un intérêt général suffisant du seul fait que la commune concernée ait atteint ses objectifs en termes de logements locatifs sociaux, lesquels constituent des seuils à atteindre et non des plafonds[8].

421.82 **Politique de l'habitat non caractérisée.** Ne permettent pas de caractériser une politique de l'habitat ayant les caractères d'une action d'aménagement :

– d'éventuelles interventions ponctuelles dans des cessions immobilières entre particuliers[9] ;

– le simple rappel des objectifs que doit atteindre la commune pour respecter ses obligations en matière de quotas de logements sociaux[10] ;

– le recensement des terrains disponibles pouvant accueillir des projets à vocation sociale, dès lors que ce recensement ne concernait pas le réaménagement d'habitations existantes[11] ;

– quatre opérations antérieures de création de logements sociaux réalisées grâce à l'exercice du droit de

1. CE 6 févr. 2006, *Lamotte-Beuvron (Cne)*, req. n° 266821, *Lebon* ; – CE 21 nov. 2008, Leclercq, req. n° 302144, *Lebon T.*
2. CAA Versailles, 21 avr. 2005, *Cazals et SARL Grigny Pièces Auto*, req. n° 02VE03315 ; *Intercommunalité*, n° 7-8/2005, p. 22, note G. Pellissier ; *JCP Adm.* 2006, n° 1035, chron. J. Grand'Esnon.
3. CE 30 juill. 1997, *Angers (Ville) c/Dubois*, req. n° 160949, *Lebon T.*
4. CE 3 déc. 2007, *Mondragon (Cne)*, req. n° 295779, NP ; *BJDU* 2008. 433, concl. L. Derepas.
5. CAA Paris, 14 juin 1994, *Chatou (Cne)*, req. n° 93PA00624, *Lebon T.*
6. CAA Versailles, 5 oct. 2017, *Nanterre (Cne)*, req. n° 16VE02954 : décision de préemption prise dans le cadre d'une délibération prévoyant l'usage systématique de ce pouvoir dans cette configuration.
7. CAA Lyon, 27 oct. 2015, *EPF SMAF*, req. n° 15LY00849, NP.
8. CE 30 juin 2023, *Société MJ Développement – Immobilier et Investissement*, req. n° 468543, *Lebon T.* ; *JCP N* 2023. 1199, concl. M. Le coq ; *RDI* 2023. 589, obs. J.-F. Struillou.
9. CAA Nancy, 1er oct. 1998, *Steiner*, req. n° 95NC01205, NP.
10. CAA Marseille, 11 janv. 2007, *Fuveau (Cne)*, req. n° 03MA01951, NP.
11. CAA Lyon, 27 oct. 2015, *EPF SMAF*, req. n° 15LY00849, NP.

préemption, qui ont porté sur l'acquisition de terrains non construits ou à usage de garages[1].

421.83 Politique de l'habitat caractérisée. Caractérisent une politique de l'habitat (justifiant l'exercice du droit de préemption) :

– le projet de réalisation de lotissements communaux afin d'accueillir des jeunes actifs qui a donné lieu, dans ce cadre, à des propositions d'acquisitions amiables de terrains[2] ;

– le projet de construction de 35 logements sociaux (qui « a, par nature même, pour objet la mise en œuvre d'une politique locale de l'habitat »), alors même que la commune a déjà atteint les objectifs fixés par la loi en matière de quotas de logements sociaux[3] ;

– le projet de réalisation de logements pour l'hébergement de personnes déplacées en provenance d'Ukraine, « compte tenu du constat d'afflux massif de ces personnes opéré par la décision d'exécution (UE) 2022/382 du Conseil du 4 mars 2022 »[4] ;

– le projet de réalisation d'une quarantaine de logements, dont la moitié à caractère social (qui « a par nature pour objet la mise en œuvre d'une politique locale de l'habitat »)[5]. Il présente le caractère d'une action ou d'une opération d'aménagement : soit « lorsqu'il concourt à la mise en œuvre » d'un PLH ou du POA d'un PLUI tenant lieu de PLH ; soit, comme en l'espèce, par lui-même, « eu égard à son ampleur et à sa consistance »[6] ;

– la réalisation d'un programme de construction de sept logements sociaux sur un programme de douze logements (« qui a, par nature, pour objet la mise en œuvre d'une politique locale de l'habitat »), alors même qu'il ne concourt pas à la mise en œuvre d'un » PLH ou du POA d'un PLUI tenant lieu de PLH. Un tel projet peut être regardé, « eu égard à son ampleur et à sa consistance », appréciées dans le contexte de la commune, marquée par une pression spéculative, une faible disponibilité de terrains et un nombre de logements sociaux insuffisant, et au regard de la taille de cette dernière, comme présentant par lui-même le caractère d'une action ou d'une opération d'aménagement[7].

421.84 Terrain séparé. L'exercice du droit de préemption peut porter sur un lot de copropriété séparé du terrain d'assiette du programme de construction[8].

421.85 Relogement des personnes ayant perdu leur logement en conséquence d'une opération d'aménagement. Si les dispositions des articles L. 210-1 et L. 300-1 du code de l'urbanisme permettent à une commune d'exercer son droit de préemption sur un immeuble aux fins de reloger des personnes évincées de leur logement par des opérations d'aménagement y compris lorsque le bien préempté est situé hors de la zone où sont effectués les aménagements[9], « c'est à la condition que l'acquisition de l'immeuble soit justifiée par une politique locale de l'habitat qui implique le développement organisé d'une offre de logements adaptée aux besoins propres de chaque catégorie de population ». Le relogement de personnes évincées en raison d'opérations d'aménagement sur une zone d'aménagement de la commune ne peut constituer une action ou opération d'aménagement au sens de l'article L. 300-1 que si la commune envisage sur le bien préempté, qui se situe en dehors du périmètre de la zone d'aménagement, une action relevant de la politique locale de l'habitat[10].

Il en résulte qu'une action de relogement ne peut servir de fondement à une préemption si elle n'a pas été conçue dans le cadre d'une politique locale de l'habitat[11].

b.
Lutte contre l'insalubrité

421.91 Critères. La « lutte contre l'insalubrité » est expressément mentionnée à l'article L. 300-1 comme faisant partie des objets pouvant constituer

1. CAA Lyon, 27 oct. 2015, *EPF SMAF*, req. n° 15LY00849, NP : la cour affirme que ces opérations « ne sauraient, en tant que telles, constituer une politique locale de l'habitat que contribuerait à mettre en œuvre le projet en cause ; que, dans ces conditions, l'EPF SMAF ne justifie pas de la réalité, à la date de la décision en litige, d'une politique locale de l'habitat qui aurait eu en particulier pour objectif de développer l'offre de logements sociaux dans le quartier où se situe l'immeuble préempté, par le réaménagement d'habitations existantes ».
2. CE 2 mars 2011, *Brétignolles-sur-Mer (Cne)*, req. n° 315880, *Lebon T. ; BJDU* 2011. 124, concl. C. Landais – dans le même sens : CAA Douai, 1er oct. 2013, *Hebecourt (Cne) c/ Sté Domus*, req. n° 12DA01925, NP.
3. CE 2 nov. 2015, *Choisy-le-Roi (Cne)*, req. n° 374957, *Lebon T.*
4. CE 13 oct. 2023, *Commune de Cannes*, req. n° 468694, *Lebon T. ; BJDU* 2024. 64, concl. M. Lecoq ; *RDI* 2023. 669, obs. J.-F. Struillou ; *JCP Adm.* 2024, n° 2057, note S. François.
5. CE 30 juin 2023, *Société MJ Développement – Immobilier et Investissement*, req. n° 468543, *Lebon T. ; JCP N* 2023. 1199, concl. M. Le coq ; *RDI* 2023. 589, obs. J.-F. Struillou ; *JCP Adm.* 2024, n° 2057, note S. François.
6. CE 30 juin 2023, *Société MJ Développement – Immobilier et Investissement*, req. n° 468543.
7. CE 30 juin 2023, *Lopes Ferreira*, req. n° 464324, *Lebon T. ; RDI* 2023. 589, obs. J.-F. Struillou ; *JCP Adm.* 2024, n° 2057, note S. François.
8. CE 30 juin 2023, *Lopes Ferreira*, req. n° 464324 : maire ayant décidé de préempter un volume en sous-sol, qui se situe à 230 mètres du terrain d'assiette du projet d'immeuble d'habitation collective.
9. V. ss n° 421.141.
10. CE 27 avr. 2001, *Montreuil (Cne) c/Ducloud (Mmes)*, req. n° 202791, *Lebon T.*
11. CE 3 déc. 2007, *Achères (Cne)*, req. n° 305974, NP ; *BJDU* 2007. 376, concl. L. Derepas.

une action ou une opération d'aménagement. Pour autant, une décision prise « uniquement » dans le but de résorber un logement insalubre – et un seul – ne constitue pas une action ou opération d'aménagement pour la réalisation desquelles le droit de préemption peut être exercé[1].

De même, la démolition d'un bâtiment vétuste isolé, même si elle s'accompagne de désamiantage et de suppression de cuves en sous-sol, ne peut être regardée comme une action ou opération de lutte contre l'insalubrité au sens de l'article L. 300-1[2].

c.
Accueil des activités économiques

421.101 **Accueil d'activités.** Il appartient à la commune qui envisage une préemption au titre de « l'accueil des activités économiques » de préciser quelle opération d'aménagement correspond à l'acquisition concernée. Ne satisfait pas à cette exigence la délibération qui se réfère de façon générale à « l'intérêt que présente ce secteur pour l'accueil et l'extension des activités économiques » et à « la volonté communale de mise en valeur du patrimoine bâti et non bâti »[3].

421.102 **Maintien d'une activité.** Le maintien d'une activité économique, comme la reprise d'un hôtel-restaurant, entre dans les objets définis à l'article L. 300-1 du code de l'urbanisme et peut en conséquence justifier l'exercice du droit de préemption urbain, alors même qu'il ne s'accompagne d'aucune mesure d'urbanisation ni d'aucune réalisation d'équipement[4].

De même, une décision qui vise à assurer le maintien d'une entreprise qui emploie 10 % de la population active de la commune et à permettre à cette entreprise de développer son activité répond à l'objet, prévu à l'article L. 300-1 du code de l'urbanisme, d'assurer le maintien et le développement d'activités économiques dans la commune.

421.103 **Diversification commerciale.** Une politique de diversification commerciale et de maintien d'une offre commerciale de qualité peut relever du droit de préemption urbain défini à l'article L. 300-1, en tant qu'elle tend à « organiser le maintien, l'extension ou l'accueil d'activités économiques ». Néanmoins, un projet de diversification commerciale ne saurait se borner « à faire obstacle à l'installation d'une catégorie particulière d'activité commerciale et à supprimer les commerces exerçant cette activité » (en l'espèce des commerces de restauration rapide de type « kebab », dans la rue concernée et les autres artères du quartier)[5].

d.
Loisirs et tourisme

421.111 **Objet caractérisé.** Répondent par exemple à l'objet tenant au « développement des loisirs et du tourisme » les décisions de préemption suivantes :

– acquisition d'un local situé près de la plage permettant à la commune, comme elle en avait déjà arrêté le principe auparavant, de « ranger pendant la période hivernale le matériel réservé aux sauveteurs, en particulier le zodiac » et « à terme de créer deux locations à vocation touristique »[6] ;

– acquisition de deux résidences de loisirs, équipées et aménagées pour l'hébergement en chambres, permettant de pallier la pénurie dans l'offre de logements en direction des travailleurs saisonniers, dont l'emploi est nécessaire aux activités touristiques importantes de Chamonix[7] ;

– acquisition d'un local donné à bail au club de tir municipal, motivée par le souci de maintenir dans les locaux cette activité de loisir dont la pratique contribue au maintien de la cohésion et de l'éducation de nombreux jeunes de la commune[8].

§ 2
Deuxième possibilité : constituer des réserves foncières en vue de permettre la réalisation d'actions ou opérations d'aménagement

421.121 **Réalisation d'actions ou d'opérations d'aménagement.** Les droits de préemption institués par le titre Ier du livre II du code de l'urbanisme peuvent être exercés « pour constituer des réserves foncières en vue de permettre la réalisation » des « actions ou opérations d'aménagement » répondant aux objets définis à l'article L. 300-1[9].

La procédure du droit de préemption peut ainsi être utilisée « afin de constituer des réserves foncières pour la réalisation non seulement d'opération d'aménagement (ZAC, opérations de restauration immobilière, lotissements), mais également d'actions

1. CAA Paris, 17 févr. 1998, *Aubervilliers (Cne)*, req. no 96PA01577, *Lebon T.*
2. CE 6 mai 2009, *Le Plessis-Trévise (Cne)*, req. no 311167, *Lebon T. ; BJDU* 2009. 131, concl. L. Derepas.
3. CE 16 déc. 1994, *SCI Le Grand Rondelet*, req. no 121599, NP.
4. CAA Bordeaux, 13 oct. 2015, *La Force (Cne)*, req. no 14BX00774, NP.
5. CAA Versailles, 11 mai 2017, *Drancy (Cne)*, req. no 15VE01982, NP.
6. CAA Douai, 3 mars 2005, *Mortier*, req. no 03DA01205, NP.
7. CAA Lyon, 1er févr. 2005, *SA Centraventes*, req. no 04LY00992, NP.
8. CAA Nancy, 16 nov. 2006, *Sessenheim (Cne)*, req. no 05NC00319, NP.
9. C. urb., art. L. 210-1, al. 1er.

d'aménagement telles que les actions de développement social des quartiers ou d'accompagnement de la politique du logement, notamment les OPAH »[1].

Il est toutefois nécessaire que la commune justifie, à la date de la décision de préemption, d'une action ou d'une opération précise. Un tel projet d'action ou d'opération ne peut être inféré d'un règlement de POS ayant inclus le terrain en cause dans une zone réservée plus particulièrement au tourisme et aux loisirs[2].

421.122 Absence d'exigence de certitude sur la date de réalisation des opérations. Il résulte des termes de l'article L. 210-1 que le droit de préemption est ouvert non seulement en vue de la réalisation des actions ou opérations d'aménagement entrant dans les prévisions de ce texte, mais également pour constituer des réserves foncières permettant la réalisation à terme de telles opérations ou actions. Il s'ensuit qu'il peut être exercé « quand bien même la date de réalisation effective de l'action ou de l'opération en vue de laquelle la réserve est constituée ne peut encore être déterminée »[3].

§ 3 Troisième possibilité : maintenir un locataire dans les lieux en cas de vente d'un immeuble à usage d'habitation

421.131 Texte. L'article L. 210-2 prévoit qu'« en cas de vente d'un immeuble à usage d'habitation, la commune peut faire usage de son droit de préemption pour assurer le maintien dans les lieux des locataires »[4].

Ces dispositions ont été introduites par la loi du 13 juin 2006[5]. Elles permettent au titulaire du droit de préemption de faire usage de celui-ci en vue d'assurer le maintien de locataires dans leur logement en cas de vente d'un immeuble à usage d'habitation.

421.132 Champ d'application. Il résulte des termes mêmes de l'article L. 210-2 que le motif de préemption qu'il institue au profit des communes détentrices d'un droit de préemption « peut s'appliquer à tout immeuble à usage d'habitation, et non pas seulement aux immeubles de plus de dix logements visés par l'article 10-1 de la loi du 31 décembre 1975 »[6]. Son utilisation ne se limite donc pas aux seuls cas de vente à la découpe.

421.133 Un dispositif imprécis. Le dispositif prévu à l'article L. 210-2 manque singulièrement de précision, ce qui obère totalement son efficacité. Comme a pu le relever Claire Landais, « cet article L. 210-2 ne peut que susciter une impression d'improvisation assez regrettable pour une matière aussi sensible »[7].

Premièrement, le législateur n'a pas conféré une priorité au droit de préemption des locataires sur le droit de préemption de l'article L. 210-2 dans l'hypothèse où les deux droits de préemption auraient vocation à s'exercer (c'est-à-dire dans le cas d'un immeuble comportant plus de dix logements).

Deuxièmement, le droit de préemption peut être exercé à la simple condition de vente d'un immeuble, même si l'acquéreur n'a pas l'intention de mettre fin au bail d'habitation.

Troisièmement, l'article L. 210-2 ne prévoit pas la façon dont l'autorité administrative est tenue d'utiliser le bien préempté : est-elle tenue de maintenir le locataire jusqu'à la fin du bail ? De le renouveler à l'arrivée du terme ? Peut-elle modifier l'affectation du bien passé un certain temps ?

Les insuffisances du cadre juridique expliquent que ces dispositions soient en pratique très peu utilisées.

§ 4 Quatrième possibilité : relocaliser des activités et reloger des occupants évincés en conséquence d'une opération d'aménagement (DPU)

421.141 Dérogation à l'exigence de réaliser une action ou une opération d'aménagement. Par dérogation au premier alinéa de l'article L. 210-1, le DPU (et uniquement le DPU) « peut être exercé en vue de la relocalisation d'activités industrielles, commerciales, artisanales ou de services ainsi que pour le relogement d'occupants définitivement évincés d'un bien à usage d'habitation ou mixte en raison de la réalisation de travaux nécessaires à l'une des opérations d'aménagement définies au livre III » du code de l'urbanisme[8].

1. Rép. min. n° 44819, *JOAN Q* 22 juin 1992, p. 2753.
2. CAA Nancy, 23 oct. 2003, *Triembach-au-Val (Cne)*, req. n° 99NC00245, NP ; *Constr.-Urb.* 2004, n° 39, note Ph. Benoit-Cattin.
3. CE 28 oct. 1994, *Cté urbaine de Strasbourg*, req. n° 112833, *Lebon*.
4. C. urb., art. L. 210-2.
5. L. n° 2006-685, 13 juin 2006 relative au droit de préemption et à la protection des locataires en cas de vente d'un immeuble, *JO* 14 juin, n° 1.
6. CE 2 déc. 2011, *Bourgeois c/Alfortville (Cne)*, req. n° 343104, *Lebon T.* ; *Constr.-Urb.* 2012, n° 6, obs. P. Cornille ; *BJDU* 2012. 43, concl. C. Landais.
7. C. Landais, *BJDU* 2012. 43, concl. sur CE 2 déc. 2011, *Bourgeois c/Alfortville (Cne)*, req. n° 343104, *Lebon T.*
8. C. urb., art. L. 211-1, dernier al. ; créé par L. n° 2018-1021, 23 nov. 2018, art. 25 – Sur le rattachement à la politique local de l'habitat, v. ss n° 421.85.

SECTION 2
MOTIVATION DE LA DÉCISION DE PRÉEMPTION

421.151 **Degré d'exigence.** Sur la base du troisième alinéa de l'article L. 480-3, imposant de mentionner « l'objet » pour lequel le droit de préemption est exercé[1], il appartient à l'autorité titulaire du pouvoir de préemption de faire apparaître la nature du projet d'aménagement dans la décision de préemption et de justifier, à la date où elle l'exerce, de la réalité de ce projet. Une motivation par référence est néanmoins admise lorsque la préemption s'insère dans un plan d'ensemble défini préalablement par le conseil municipal, ce qui réduit finalement l'obligation de motivation aux préemptions ponctuelles ne s'inscrivant pas dans une telle démarche.

§ 1
Justification de la réalité du projet et indication de sa nature

421.161 **Double exigence.** La jurisprudence a déduit des alinéas 1er et 2 de l'article L. 210-1 « que les collectivités titulaires du droit de préemption urbain peuvent légalement exercer ce droit, d'une part, si elles justifient, à la date à laquelle elles l'exercent, de la réalité d'un projet d'action ou d'opération d'aménagement répondant aux objets mentionnés à l'article L. 300-1 du code de l'urbanisme, alors même que les caractéristiques précises de ce projet n'auraient pas été définies à cette date et, d'autre part, si elles font apparaître la nature de ce projet dans la décision de préemption »[2].

A.
Première exigence : justification de la réalité du projet d'action ou d'opération

1°
Exigence et modalités de justification de la réalité du projet

421.171 **Exigence de justification de la réalité du projet.** Afin d'éviter les préemptions d'opportunité[3], les collectivités titulaires du droit de préemption doivent justifier, « à la date à laquelle elles l'exercent, de la réalité d'un projet d'action ou d'opération d'aménagement répondant aux objets mentionnés à l'article L. 300-1 du code de l'urbanisme, alors même que les caractéristiques précises de ce projet n'auraient pas été définies à cette date »[4]. Cette formule, retenue en 2008, a assoupli le degré d'exigence pesant sur l'administration. La jurisprudence « n'exige plus que le projet qui justifie la préemption soit certain et précisément défini, mais seulement et de façon plus habituelle qu'il corresponde d'après les pièces du dossier aux intentions réelles de la commune »[5]. Il en résulte qu'un juge commet une erreur de droit en déduisant des alinéas 1er et 2 de l'article L. 210-1 que la commune devait justifier de l'existence, à la date de la décision de préemption, d'un projet « précis et certain »[6].

421.172 **Exigence de justification de l'antériorité du projet.** Il appartient à l'administration de justifier de l'antériorité du projet en vue duquel elle exerce le droit de préemption.

Par exemple, cette condition n'est pas satisfaite dans le cas où la commune préempte un bien dont le requérant s'était porté acquéreur en avançant que, compte tenu des caractéristiques architecturales remarquables de l'immeuble, elle pourrait réaliser une maison des arts et du patrimoine et que, par ailleurs, une partie du rez-de-chaussée était susceptible d'être dédiée au stockage du matériel d'intervention et secours des services de sécurité et de surveillance des plages, dès lors qu'au moment où elle a pris cette décision, la commune[7] :

1. V. ss no 411.31.
2. CE 7 mars 2008, *Meung-sur-Loire (Cne)*, req. no 288371, *Lebon ; BJDU* 2008. 57, concl. L. Derepas ; – CE 6 mai 2009, *Le Plessis-Trévise (Cne)*, req. no 311167, *Lebon T. ; BJDU* 2009. 131, concl. L. Derepas ; – également : CE 6 juin 2012, *Murviel-les-Montpellier (Cne)*, req. no 341534, NP, *BJDU* 2012. 306, concl. C. Landais ; – CE 2 nov. 2015, *Choisy-le-Roi (Cne)*, req. no 374957, *Lebon T.*
3. PAR EX. : CAA Nantes, 16 déc. 2011, *Serent (Cne)*, req. no 10NT00772, NP : arrêt soulignant « qu'en décidant de préempter la parcelle litigieuse », la commune s'est « bornée à saisir une opportunité foncière à l'effet de contrôler la destination future de la zone, sans disposer d'un projet préalable de développement économique du territoire communautaire ».
4. CE 7 mars 2008, *Meung-sur-Loire (Cne)*, req. no 288371, *Lebon ; BJDU* 2008. 57, concl. L. Derepas.
5. Concl. L. Derepas sur CE 6 mai 2009, *Le Plessis-Trévise (Cne)*, req. no 311167, *Lebon T. – BJDU* 2009. 131. V., sur la jurisprudence antérieure : CE 25 juill. 1986, *Lebouc*, req. no 62539, *Lebon*. Vincent Villette a rappelé les conditions ayant amené le Conseil d'État à assouplir sa jurisprudence, soulignant que le degré d'exigence antérieur « cadrait (...) mal avec le fait que la préemption est par essence une politique d'aubaine, à ce titre assez peu conciliable avec l'exigence d'un projet longuement maturé. Le taux d'annulation des décisions de préemption qui s'élevait à 40 %, soit 15 points de plus que la moyenne contentieuse, révélait les inconvénients de cette approche excessivement pointilleuse... Une telle rigueur n'était d'ailleurs pas sans susciter des crispations politiques parmi les élus locaux, dont la proposition de loi dite Warsmann (du 7 août 2009) s'était faite l'écho en envisageant, dans sa version initiale, la création d'un droit de préemption "d'opportunité" pour lequel il aurait suffi de prouver la réalité d'un projet » (V. Villette, concl. (inédites) sur CE 15 juill. 2020, *Brechet (M. et Mme)*, req. no 432325, *Lebon T.*).
6. CE 21 janv. 2009, *Saint-Peray (Cne)*, req. no 318972, NP.
7. CAA Marseille, 6 oct. 2011, *Port-la-Nouvelle (Cne)*, req. no 09MA02937, NP.

– n'avait pas manifesté l'intention de créer une maison des arts et du patrimoine ni même affiché l'intention de préserver les caractéristiques architecturales du bâti situé en front de mer ;

– ni affirmé la nécessité de disposer d'un espace de stockage à proximité de son centre de sécurité et de surveillance des plages.

De même, la condition n'est pas satisfaite lorsque la commune ne produit aucun document établissant, qu'avant d'user de son droit de préemption, elle avait projeté de procéder à l'opération d'aménagement alléguée[1].

En revanche, la condition est satisfaite dans le cas d'une décision préemptant un hôtel-restaurant, dès lors que par deux lettres datées antérieures à celle-ci, le maire a informé le liquidateur judiciaire de sa volonté d'acquérir cet établissement situé sur la place principale du village afin de pérenniser l'activité d'hôtellerie et de restauration de cet établissement[2].

421.173 Modalités de justification de la réalité du projet. Selon la doctrine administrative, la réalité du projet « peut être établie, soit par des éléments démontrant son antériorité (lettres, discours, études techniques), soit par des précédents démontrant qu'il s'insère dans une politique dont il est l'une des manifestations et qui rendent sa réalisation quasi certaine (initiatives concrètes menées dans le secteur concerné) »[3].

La caducité d'un permis d'aménager n'est pas de nature à démontrer l'absence de projet préalable à la mise en œuvre du droit de préemption, laquelle n'est pas soumise à la validité d'une autorisation d'urbanisme mais seulement à l'existence d'un projet d'action ou d'une opération (laquelle se trouve attestée, en l'espèce, par une délibération du conseil d'agglomération)[4].

La motivation doit apparaître dans la décision de préemption. La seule circonstance que le projet était précis et certain ne suffit pas par elle-même à regarder comme satisfaite l'exigence de motivation[5].

2°
Exigence regardée comme satisfaite

421.181 Illustrations. A été regardée comme établie la réalité des projets d'action ou d'opération suivants :

– projet de création d'un pôle « Habitat Activités et Accompagnement » (regroupant, autour d'espaces collectifs et mutualisés, des maisons individuelles ou des petits ensembles collectifs adaptés aux personnes âgées), établi par une note de la direction du développement territorial de la commune relative au projet de « Papyloft » envisagé sur les parcelles en cause et un courrier adressé, deux semaines auparavant, au bailleur social chargé de la réalisation de cette opération[6] ;

– projet de réalisation de logements, établi par une convention d'intervention foncière conclue entre la commune et un EPF qui a intégré la rue concernée dans le périmètre de veille foncière, et le PADD du PLU qui met en exergue la nécessité pour la commune de poursuivre sa politique de requalification et d'amélioration de l'habitat dans ce secteur[7] ;

– projet de réalisation d'un « village d'entreprises », établi par plusieurs éléments (une étude de faisabilité demandée par la commune plus d'un an auparavant ; le fait que le site occupé par une ancienne entreprise ait été évoqué pour son implantation lors de la discussion de cette étude ; une offre d'achat du terrain faite au juge commissaire en charge du redressement judiciaire de l'entreprise ; une délibération du conseil municipal relative à l'acquisition et à la réhabilitation de ce site pour y « installer des ateliers relais et des entreprises en création » ; la commande d'une étude à une société d'aménagement pour la réalisation d'une estimation des travaux de réhabilitation)[8] ;

– projet de réalisation d'ateliers-relais visant à soutenir le développement artisanal au-delà du centre ancien de la commune, établi par le fait que la commune conduisait depuis de nombreuses années une politique d'aide à l'installation d'artisans par la mise à disposition à des conditions avantageuses de

1. CAA Paris, 18 mai 2000, *Billoudet*, req. n° 99PA02418, NP.
2. CAA Bordeaux, 13 oct. 2015, *La Force (Cne)*, req. n° 14BX00774, NP.
3. Rép. min. n° 92063, *JOAN Q* 8 févr. 2011, p. 1325. La formule est reprise, avec de légers changements, des conclusions du rapporteur public Luc Derepas sur l'arrêt *Commune de Meung-sur-Loire*.
4. CAA Versailles, 19 juin 2014, *Le Ray*, req. n° 13VE03467, NP.
5. CE, sect., 26 févr. 2003, *Assoc. des contribuables de Clairefontaine-en-Yvelines*, req. n° 231558, *Lebon* : arrêt relevant que la délibération attaquée « ne mentionne, au titre de l'exercice du droit de préemption urbain, que des objectifs généraux qui ne font pas apparaître de façon précise l'action ou l'opération en vue de laquelle ce droit de préemption est exercé ; que, notamment, elle ne mentionne pas le projet de musée envisagé pour l'utilisation des bâtiments ; qu'ainsi, et alors même que les projets de la commune étaient, en réalité, précis et suffisamment certains dès la date d'intervention de la décision de préemption, la délibération ne répond pas à l'exigence, qui découle de l'article L. 210-1 du code de l'urbanisme, de description précise de l'objet en vue duquel est exercé le droit de préemption urbain ».
6. CAA Nantes, 14 mai 2012, *SCI du Prieuré*, req. n° 10NT02556, NP.
7. CAA Versailles, 30 janv. 2014, *Sté RC Demeures*, req. n° 12VE01488, NP.
8. CE 6 juin 2012, *Sté RD machines-outils*, req. n° 342328, *Lebon ; BJDU* 2012. 376, concl. C. Landais ; *JCP Adm.* 2012, n° 2371, note D. Dutrieux.

locaux à des entreprises artisanales, et par le fait que certains des ateliers soutenus par la commune étaient implantés en dehors du centre-ville[1] ;

– projet de réalisation de lotissements communaux, établi par une démarche d'ensemble engagée par la commune afin d'attirer une population de jeunes actifs, et les propositions d'acquisition amiable de terrains faites dans ce cadre afin d'intégrer les terrains dans une opération de lotissement[2].

3°
Exigence non regardée comme satisfaite

421.191 **Illustrations.** N'a pas été regardée comme établie la réalité des projets d'action ou d'opération suivants :

– « projet » de réalisation de places de stationnement et d'un espace vert ouvert au public, dès lors que de tels projets n'ont pas été discutés préalablement à la décision de préemption et qu'il ne ressort d'aucune pièce du dossier qu'un projet portant sur de tels objets existait à la date de la décision de préemption[3] ;

– « projet » de transfert du siège de la communauté de communes en centre-ville, dès lors qu'à la date de la décision de préemption, le lieu d'implantation du futur siège de la communauté de communes, qui faisait l'objet d'une étude confiée quelques jours auparavant à un cabinet, n'était pas encore déterminé[4] ;

– « projet » de rénovation d'un quartier sans aucune référence à l'opération en vue de laquelle le droit de préemption était exercé[5] ;

– « projet » de restructuration d'un quartier que, selon la décision de préemption, « la commune de Somain a décidé de réinvestir progressivement », compte tenu de « la présence d'équipements publics structurant et d'équipements commerciaux, appelés à être renforcés à court et moyen terme » et selon « une problématique générale de prévention sociale et de mutation des activités et équipements destinés aux habitants »[6] ;

– « projet » (selon les termes de la décision de préemption) « de sauvegarder ou de mettre en valeur le patrimoine bâti (eu égard à la qualité architecturale du bâtiment en vente) », sans mention de l'objet pour lequel le droit de préemption est exercé[7] ;

– « projet » de transformation de l'équipement commercial existant, ne ressortant d'aucune des pièces produites par la commune[8] ;

– décision se bornant à énoncer « qu'il convient d'acquérir ce bien en vue d'organiser l'extension d'activités économiques et notamment de développer le secteur commercial dans ce quartier », sans préciser en quoi consistait le développement des activités commerciales en vue duquel l'acquisition était poursuivie[9] ;

– « projet » d'une commune qui, d'une part, se borne à produire différents schémas adoptés 5 ans auparavant relatifs à l'aménagement d'une « maison de la nature » qui n'intègrent pas dans son emprise la parcelle préemptée et qui, d'autre part, n'établit pas qu'elle envisageait, à la date de la décision attaquée, ainsi qu'elle le prétend, de reprendre à son compte le projet d'aménagement envisagé antérieurement en ce lieu par le département[10] ;

– « projet » de réaliser une crèche dont la réalité n'est attestée ni par l'étude de la constructibilité d'une crèche sur la parcelle faisant l'objet de la déclaration d'intention d'aliéner, ni par la circonstance qu'un permis de construire une crèche a été délivré sur une autre parcelle de la commune[11] ;

– « projet » de sauvegarder ou de mettre en valeur « un élément remarquable du paysage » dont la réalité n'est établie ni par la reconnaissance par le PLU d'une avenue et de ses abords au titre des sites et secteurs à requalifier et mettre en valeur, ni par la délibération instituant le DPU renforcé dans ce secteur[12] ;

– « intention » de la commune de constituer une réserve foncière afin de mettre en œuvre ultérieurement une politique de l'habitat, dès lors que la commune ne justifie pas avoir envisagé l'exécution sur le terrain préempté d'une opération d'aménagement (en outre, la circonstance que le secteur concerné soit situé en zone NA-UHA du POS ne peut fonder, à elle seule, une telle intention)[13] ;

– projet de construction de logements non envisagé dans le PLH, sur une parcelle soumise à de fortes contraintes s'opposant à sa réalisation et revendue par la commune 3 mois plus tard[14].

1. CE 30 déc. 2014, *SCI Massiani-Roquebert*, req. n° 366714, NP.
2. CE 2 mars 2011, *Bretignolles-sur-Mer (Cne)*, req. n° 315880, *Lebon T.* ; *BJDU* 2011. 124, concl. C. Landais.
3. CE 6 juin 2012, *Murviel-lès-Montpellier (Cne)*, req. n° 341534, NP, *BJDU* 2012. 306, concl. C. Landais.
4. CE 7 mai 2010, *Chelles (Cne)*, req. n° 332211, NP.
5. CE 29 juin 1992, *Grand-Quevilly (Ville)*, req. n° 112678, *Lebon* : décision de préempter un ensemble de cent logements mentionnant seulement qu'elle est prise « en vue de permettre la rénovation du quartier ».
6. CE 7 juill. 2008, *EPF de la Région Nord-Pas de Calais*, req. n° 300836, NP.
7. CE 16 juin 1995, *Paris (Ville)*, req. n° 160252, NP.
8. CE 3 sept. 1997, *Vitry-sur-Seine (Ville)*, req. n° 138311, NP.
9. CAA Paris, 6 avr. 1995, *Levallois-Perret (Cne)*, req. n° 94PA00113, NP.
10. CAA Versailles, 24 mai 2012, *SCI Moon*, req. n° 11VE02067, NP.
11. CAA Versailles, 21 nov. 2013, *Asnières-sur-Seine (Cne)*, req. n° 11VE03116, NP.
12. CAA Versailles, 5 juin 2014, *Ris-Orangis (Cne)*, req. n° 13VE01032, NP.
13. CE 1er déc. 1993, *Jouars-Pontchartrain (Cne)*, req. n° 138013, NP.
14. CE 15 juill. 2020, *Brechet (M. et Mme)*, req. n° 432325, *Lebon T.*

Le juge examine précisément les considérations mises en avant par la commune et censure les motivations insusceptibles d'établir la réalité du projet allégué[1].

B.
Justification de la nature du projet

421.201 **Exigence.** Le titulaire du droit de préemption ne doit pas seulement justifier de la réalité de son projet d'aménagement[2] ; il lui appartient également de faire « apparaître la nature de ce projet dans la décision de préemption »[3]. Cette formule, retenue en 2008, marque un assouplissement par rapport à la jurisprudence antérieure : le juge administratif exige « désormais que la décision de préemption mentionne la nature de ce projet, mais pas nécessairement ses caractéristiques précises »[4].

421.202 **Nature non indiquée.** Sont entachées d'insuffisance de motivation les décisions de préemption qui ne mentionnent pas la nature du projet en vue duquel ce pouvoir est exercé :

– décision qui, après avoir relevé que la situation du bien constitue un emplacement stratégique pour un équipement public et que la réalisation d'un équipement collectif sera un vecteur physique pour l'aménagement urbain, indique qu'il est fait usage du droit de préemption pour réaliser des équipements publics et accueillir des services publics[5] ;

– décision se bornant à constater que deux des immeubles préemptés étaient « frappées d'alignement pour élargissement de voirie », une telle mention, n'étant assortie d'aucune référence à l'opération en vue de laquelle le droit de préemption était exercé[6] ;

– décision dont les mentions « ne permettent pas, en raison de leur imprécision, de déterminer la nature du projet »[7] ;

– décision indiquant, sans autre précision que le droit de préemption a été exercé « afin de favoriser l'accueil d'activités économiques »[8] ;

– décision indiquant que le terrain préempté « est intéressant pour la réalisation d'équipements collectifs »[9] ou que « cette parcelle est préemptée en vue de permettre la réalisation d'un équipement public »[10] ou « en vue de la réalisation d'un équipement public »[11] sans préciser la nature de l'équipement collectif envisagé ;

– décision mentionnant seulement que « ce droit de préemption est exercé dans le cadre de la mise en œuvre d'une politique locale de l'habitat »[12] ou « pour la mise en œuvre d'une politique locale de l'habitat »[13] ;

– décision qui indique que « l'allée des Marronniers et ses abords ont été identifiés au titre de l'article L. 123-7 du code de l'urbanisme en tant qu'élément de paysage » et que l'acquisition des parcelles « s'inscrit dans la volonté exprimée par la commune [...] de réaliser les réserves foncières nécessaires à son projet de valorisation du bas de la ville dans le respect des éléments remarquables du paysage »[14] ;

– décision consistant seulement en l'apposition d'un cachet sur la déclaration d'intention d'aliéner[15].

421.203 **Nature indiquée.** À titre d'exemple, fait apparaître la nature du projet pour lequel le droit de préemption est exercé :

– une délibération (qui autorise le maire à faire usage de ce pouvoir) se bornant à rappeler que l'acquisition de l'immeuble est faite « aux fins d'équipements culturels », dès lors qu'elle fait suite à une première délibération ayant précisé le conseil municipal approuvait la proposition du maire de procéder à l'acquisition d'un immeuble pour y installer une bibliothèque[16] ;

– une décision soulignant que « des équipements dédiés aux séniors sont nécessaires sur le territoire de la commune compte tenu du vieillissement de la population observé et quantifié dans le dernier recensement », relève « la nécessité de maîtriser le foncier de ces terrains dans la perspective de réaliser un pôle "Habitat Activités et Accompagnement" de la personne âgée » et précise que « le site, par le potentiel foncier et par la qualité de son environnement, se

1. PAR EX. : CAA Versailles, 30 déc. 2013, *S^té Câble*, req. n° 12VE01431, NP.
2. V. s^s n°s 421.171 s.
3. CE 7 mars 2008, *Meung-sur-Loire (C^ne)*, req. n° 288371, *Lebon ; BJDU* 2008. 57, concl. L. Derepas.
4. Concl. L. Derepas sur CE 6 mai 2009, *Le Plessis-Trévise (C^ne)*, req. n° 311167, *Lebon T. – BJDU* 2009. 131.
5. CE 7 mai 2010, *Chelles (C^ne)*, req. n° 332211, NP.
6. CAA Bordeaux, 17 oct. 1996, *Mecus Garrabet (C^ne)*, req. n° 95BX01592, NP.
7. CAA Versailles, 30 déc. 2013, *S^té Câble*, req. n° 12VE01431, NP.
8. CE 6 janv. 1995, *Vitry-sur-Seine (Ville)*, req. n° 116608, NP.
9. CE 27 avr. 1994, *Le Tampon (C^ne)*, req. n° 135588, NP.
10. CAA Versailles, 21 nov. 2013, *Asnières-sur-Seine (C^ne)*, req. n° 11VE03116, NP.
11. CE 19 févr. 1993, *SARL Immeubles Groupe Kotin*, req. n° 95104, NP.
12. CE 23 mars 1994, *Aubervilliers (C^ne)*, req. n° 114812, NP.
13. CE 27 juin 2005, *C^té urbaine de Lyon*, req. n° 260562, NP ; – également, dans le même sens : CE 27 avr. 1994, *Argenteuil (C^ne)*, req. n° 121660, *Lebon* 196.
14. CAA Versailles, 5 juin 2014, *Ris-Orangis (C^ne)*, req. n° 13VE01032, NP.
15. CAA Nantes, 12 oct. 2012, *Doué-la-Fontaine (C^ne) c/Raimbault*, req. n° 11NT00279, NP.
16. CE 10 juin 1991, *Sainte-Marie (C^ne)*, req. n° 100155, *Lebon T.* ; – également : CE 31 mars 1989, *S^té d'ingénierie et de développement économique*, req. n° 88113, *Lebon T.* : décision de préemption motivée par référence à la délibération du conseil municipal décidant de déléguer le droit de préemption et à la convention d'aménagement conclue avec le titulaire de ce droit.

prête tout particulièrement à l'implantation de ce type de projet »[1].

C. Absence d'obligation de justifier que l'opération ne pourrait être réalisée sans préemption

421.211 Absence de contrôle de la nécessité de la préemption. S'il appartient au juge de l'excès de pouvoir de vérifier que la mise en œuvre du droit de préemption répond à un intérêt général suffisant, la légalité d'une décision de préemption n'est toutefois pas subordonnée à l'exigence que la collectivité ne puisse réaliser l'opération dans des conditions équivalentes sans recourir à l'exercice de ce droit. Par suite, en jugeant que le projet en vue duquel le droit de préemption était exercé ne présentait pas un intérêt général suffisant au motif que la commune n'avait pas justifié de l'impossibilité de le mettre en œuvre sans disposer du bien préempté, une cour administrative d'appel commet une erreur de droit[2].

421.212 Absence de prise en compte de l'activité de l'acquéreur évincé. S'est posée la question de savoir si une collectivité peut justifier la préemption par un projet entrant dans le champ de l'article L. 300-1, dans le cas où l'acquéreur initial envisagerait de développer un projet similaire à celui de la collectivité. Le Conseil d'État a posé un principe simple : « la circonstance que l'acquéreur évincé exercerait une activité conforme à l'objectif poursuivi par la décision de préemption est sans incidence sur la légalité de la décision attaquée »[3].

Deux raisons principales justifient cette solution[4]. D'une part, les articles L. 210-1 et L. 300-1 subordonnent la légalité interne de la décision de préemption seulement à la validité du projet invoqué par la collectivité, à l'exclusion de toute autre considération. D'autre part, rien ne garantit que l'acquéreur utilisera le bien conformément à l'objet qu'il a annoncé.

1. CAA Nantes, 14 mai 2012, *SCI du Prieuré*, req. n° 10NT02556, NP.
2. CE 13 mars 2019, *Soisy-sous-Montmorency (Cne)*, req. n° 419259, NP.
3. CE 3 déc. 2007, *Saint-Bon Tarentaise (Cne)*, req. n° 306949, *Lebon T. ; BJDU* 2008. 261, concl. L. Derepas ; – également : CE 16 juill. 2010, *SCI Lacha*, req. n° 325236, NP : « la circonstance que l'acquéreur évincé justifie d'un projet pouvant également concourir aux objectifs poursuivis par la collectivité titulaire du droit de préemption est sans incidence sur la légalité de la décision de préemption ».
4. L. Derepas, *BJDU* 2008. 261, concl. sur CE 3 déc. 2007, *Saint-Bon Tarentaise (Cne)*, req. n° 306949, *Lebon T.*

§ 2 Admission d'une motivation par référence dans certaines hypothèses

421.221 Deux domaines. Le législateur autorise le titulaire du droit de préemption à retenir une motivation par référence dans deux domaines :

- les décisions de préemptions en ZAD visant à constituer des réserves foncières ;
- et celles visant à réaliser des logements sociaux ou améliorer la qualité urbaine.

Cette faculté d'une motivation par référence ne porte pas d'atteinte inconstitutionnelle au droit de propriété[5].

A. Préemptions en ZAD visant à constituer des réserves foncières

421.231 Motivation par référence à l'objet de la zone. Lorsque le droit de préemption est exercé à des fins de réserves foncières dans le cadre d'une zone d'aménagement différé, « la décision peut se référer aux motivations générales mentionnées dans l'acte créant la zone »[6]. Il résulte de ces dispositions que, lorsqu'une collectivité exerce dans une ZAD le droit de préemption dont elle est titulaire à des fins de constitution de réserves foncières en se référant aux motivations générales de l'acte qui crée cette zone, « elle n'a pas à justifier de la réalité d'un projet d'action ou d'opération d'aménagement à la date de sa décision »[7].

Une cour a considéré qu'un renvoi purement mécanique à l'acte de création ne suffit pas si cet acte ne comporte pas lui-même l'ensemble des indications requises pour une information appropriée des personnes intéressées[8].

5. CE 8 févr. 2012, *SOPPELSA c/Min de l'Écologie, du Développement durable, des Transports et du Logement*, req. n° 354080, NP ; *BJDU* 2012. 133 : arrêt estimant que les moyens soulevés à l'appui de la QPC ne présentent pas un caractère sérieux.
6. C. urb., art. L. 210-1, al. 3.
7. CE 27 mars 2015, *Cté d'agglo. de Montpellier*, req. n° 377261, NP – Pour une application, par ex. : CE 17 déc. 2007, *Pardies-Pietat (Cne)*, req. n° 307231, *Lebon T. ; BJDU* 2008. 436, concl. A. Courrèges : arrêt rappelant que lorsque la décision par laquelle une collectivité exerce le droit de préemption dont elle est titulaire a pour objet la constitution de réserves foncières dans une ZAD, l'article L. 210-1 du code de l'urbanisme n'exige pas que cette décision fasse référence à un projet précis d'action ou d'opération d'aménagement mais permet qu'il soit seulement fait état des motivations générales de l'acte créant la zone.
8. CAA Nancy, 1er oct. 1998, *Cté urbaine de Lille*, req. n° 97NC02554, NP : arrêt indiquant « que, si en application des dispositions de l'article L. 210-1 précité, l'autorité ▶

À titre d'exemple, a été regardée comme suffisamment motivée la décision de préemption :

- qui vise l'arrêté préfectoral ayant créé la ZAD, dès lors que cet arrêté indique la volonté de la commune de mettre en place une réserve foncière permettant un projet d'aménagement futur afin d'organiser le maintien, l'extension et l'accueil des activités économiques et des emplois [1] ;

- qui, en mentionnant l'objectif général de création d'une transition bâtie entre le village et les quartiers du Pont du Routoir et de Villaroy, doit être regardée comme ayant entendu se référer aux motivations générales mentionnées dans l'acte créant la zone, au nombre desquelles figurait précisément la mise en valeur du patrimoine bâti et non bâti (motivation jugée suffisante nonobstant la circonstance qu'elle ne précise aucune action ou opération répondant aux objets définis à l'article L. 300-1 du code de l'urbanisme) [2].

421.232 Utilité de la préemption par rapport à l'objet de la zone. La collectivité titulaire du droit de préemption « ne peut légalement exercer ce droit si la préemption est dépourvue d'utilité pour atteindre les objectifs en vue desquels la zone a été créée » [3]. Il appartient au juge de l'excès de pouvoir, saisi d'un moyen en ce sens, de s'assurer de l'absence d'erreur manifeste dans cette appréciation [4].

B. Préemptions visant à réaliser des logements ou améliorer la qualité urbaine

421.241 Admission d'une motivation par référence. Afin de faciliter la préemption exercée pour la réalisation de logements ou la rénovation urbaine, la loi SRU [5] a ouvert à la commune la faculté de motiver sa décision de préemption par référence à une délibération antérieure déterminant le cadre des politiques à mettre en œuvre.

1° Deux champs

421.251 Habitat et aménagement urbain. Le dispositif couvre deux champs [6] :

- d'une part la politique de l'habitat ;
- d'autre part l'aménagement et l'amélioration de la qualité urbaine.

421.252 Politique de l'habitat. Le premier champ correspond à la politique de l'habitat. Il concerne deux hypothèses :

- soit la commune a délibéré pour définir le cadre des actions qu'elle entend mettre en œuvre pour mener à bien un programme local de l'habitat (PLH) ;
- soit, en l'absence de PLH, la commune a délibéré pour définir le cadre des actions qu'elle entend mettre en œuvre pour mener à bien un programme de construction de logements locatifs sociaux.

421.253 Aménagement et amélioration de la qualité urbaine. Le second champ concerne l'aménagement urbain. Il concerne l'hypothèse où la commune a délibéré pour délimiter des périmètres dans lesquels elle décide d'intervenir pour les aménager et améliorer leur qualité urbaine.

2° Admission d'une motivation par référence

421.261 Possibilité d'une motivation par référence. Dans les deux champs visés, lorsqu'une délibération a été adoptée, « la décision de préemption peut [...] se référer aux dispositions de cette délibération » [7].

Seules sont exclues de cette possibilité les décisions de préemption portant sur un bien mentionné à l'article L. 211-4 [8], c'est-à-dire les biens soumis au droit de préemption renforcé [9].

a. Préemption aux fins de construction de logements

421.271 Critères de la motivation par référence. Pour que les conditions de motivation et de justification au fond soient regardées comme remplies (motivation de la nature du projet, et justification de la réalité de celui-ci), le renvoi doit permettre d'identifier la nature de l'action ou de l'opération d'aménagement que la collectivité entend mener au moyen

► exerçant le droit de préemption dans une zone d'aménagement différé (ZAD), peut motiver sa décision en se référant simplement à l'acte ayant créé la zone, ce dernier doit alors satisfaire à l'obligation de motivation exigée par ces mêmes dispositions, afin de garantir les droits des personnes concernées par l'opération ». La cour estime cette obligation non satisfaite dans le cas présent, au regard de la motivation de l'arrêté préfectoral ayant créé la zone et de celle de l'arrêté municipal ayant exercé le droit de préemption au sein de celle-ci.

1. CAA Nantes, 14 oct. 2011, *SDIS d'Indre-et-Loire*, req. n° 10NT00783, NP.
2. CAA Versailles, 16 déc. 2004, *SARL MAIA*, req. n° 03VE02466, NP ; – confirmé par : CE 31 janv. 2007, *SARL MAIA*, req. n° 277715, NP ; *BJDU* 2007. 136, concl. C. Devys.
3. CE 16 juin 2014, *Fournaise*, req. n° 358438, *Lebon T.*
4. CE 16 juin 2014, *Fournaise*, req. n° 358438, *Lebon T.* : arrêt posant le principe d'un contrôle restreint.
5. L. n° 2000-1208, 13 déc. 2000 relative à la solidarité et au renouvellement urbains, *JO* 14 déc., n° 2.
6. C. urb., art. L. 210-1, al. 4.
7. C. urb., art. L. 210-1, al. 4.
8. C. urb., art. L. 210-1, al. 4.
9. V. s[s] n°s 422.294 s.

de la préemption. À cette fin, la collectivité dispose de deux possibilités [1] :

- soit elle indique la nature de l'action ou de l'opération d'aménagement du programme visé (qu'il s'agisse d'un PLH ou d'un programme de constructions de logements sociaux) [2] ;

- soit elle se borne à renvoyer à la délibération si celle-ci permet d'identifier la nature de l'action ou de l'opération d'aménagement poursuivie, eu égard notamment aux caractéristiques du bien préempté et au secteur géographique dans lequel il se situe [3].

421.272 Illustrations. La référence à deux délibérations adoptées par le conseil de Paris (par lesquelles celui-ci a défini les orientations générales du PLH, qui visent notamment, dans le onzième arrondissement, à développer et mieux répartir l'offre de logements sociaux et à conduire une politique du logement social qui favorise le relogement des populations en difficulté en garantissant les principes de la mixité sociale) constitue, « alors même qu'aucun projet relatif à l'immeuble en cause n'est mentionné, une motivation suffisante de la décision contestée » [4].

En revanche, la décision de préemption qui se réfère au PLH de la commune est insuffisamment motivée lorsque ni les mentions qu'elle comporte, ni celles qui figurent dans ce programme en ce qui concerne notamment le secteur géographique concerné, ne permettent de déterminer la nature de l'opération ou de l'action d'aménagement que la collectivité publique entend mener dans ce secteur et à laquelle doit concourir la préemption litigieuse [5].

421.273 Absence d'obligation d'une motivation par référence. La motivation par référence constitue une commodité offerte à l'administration pour motiver la décision de préemption. Elle ne représente pas une obligation. Il en résulte que si la commune peut opter pour une motivation par référence au PLH, elle est libre de choisir une motivation basée uniquement sur la décision de préemption établissant la nature du projet et la réalité de celui-ci dans les conditions posées par la jurisprudence Commune de Meung-sur-Loire [6]. Ainsi, commet une erreur de droit la cour qui reproche à une décision de préemption pour la construction de logements sociaux de ne pas se référer au PLH, sans rechercher si les indications fournies par la décision de préemption quant à l'objet en vue duquel elle était exercée étaient elles-mêmes suffisantes pour satisfaire aux exigences de l'article L. 210-1 [7].

De même, une cour commet une erreur de droit en subordonnant la réalité d'un projet d'aménagement à la condition que son terrain d'assiette se situe dans une des zones définies par le PLH, dont le zonage ne revêt pas de caractère réglementaire, et en déduisant du seul fait que la rue concernée ne figurait pas au nombre des secteurs de réalisation de logements identifiés dans le PLH auquel la décision de préemption litigieuse se référait que la commune ne justifiait pas de la réalité d'un projet d'aménagement [8]. En effet, dépourvu de caractère réglementaire, le PLH n'est pas directement opposable à une décision de préemption. Partant, le titulaire du droit de préemption peut exercer celui-ci en dehors des zones délimitées par le PLH. Il peut saisir l'occasion d'une aliénation pour préempter un bien en vue de réaliser des logements sociaux à un endroit qui ne figurait pas au nombre des zones privilégiées par le PLH au moment de son adoption, dès lors qu'il justifie réellement de son intention d'y mener à bien un projet d'aménagement.

b. Préemption aux fins d'amélioration de la qualité urbaine

421.281 Critères de la motivation par référence. En vertu des dispositions combinées des articles L. 210-1 et L. 300-1 du code de l'urbanisme, le droit de préemption peut être exercé pour constituer des réserves foncières en vue de permettre la réalisation d'actions ou d'opérations d'aménagement qui répondent aux objectifs énoncés par l'article L. 300-1 du code de l'urbanisme. En application du dernier alinéa de l'article L. 210-1, la décision de préemption peut se référer aux dispositions de la délibération par laquelle une commune a délimité des périmètres déterminés dans lesquels elle décide d'intervenir pour les aménager et améliorer leur qualité urbaine. Il résulte de ces dispositions que « lorsqu'une collectivité publique décide d'exercer le droit de préemption urbain pour constituer une réserve foncière à l'intérieur d'un

1. CE 20 nov. 2009, *Noisy-le-Grand (Cne)*, req. n° 316961, *Lebon T.*
2. PAR EX. : CAA Nantes, 16 nov. 2012, *Maurice*, req. n° 11NT00131, NP (PLH).
3. PAR EX. : CAA Lyon, 18 juin 2013, *SARL Rapid*, req. n° 12LY03161, NP (PLH).
4. CE 24 juill. 2009, *SCI 40 Servan*, req. n° 316694, *Lebon T.* ; *BJDU* 2009. 311, concl. A. Courrèges.
5. CE 20 nov. 2009, *Noisy-le-Grand (Cne)*, req. n° 316961, *Lebon T.* ; – dans le même sens : CE 20 nov. 2009, *Drancy (Cne)*, req. n° 313464, NP.
6. CE 24 juill. 2009, *Sté Finadev*, req. n° 316158, *Lebon T.* ; *BJDU* 2009. 289, concl. A. Courrèges : arrêt jugeant qu'est suffisamment motivée une décision de préemption qui, sans faire référence à une délibération, indique que l'objectif de la préemption, qui s'inscrit dans une politique de l'habitat social, est d'accroître le nombre de logements sociaux de la commune et précise que l'opération dénommée « Acquisition-amélioration du 259 rue Diderot » permettra d'attribuer les logements vacants à des familles modestes – Sur ces exigences, v. ss n° 421.161.
7. CE 30 janv. 2008, *Paris (Ville)*, req. n° 299675, *Lebon*.
8. CE 30 déc. 2014, *Cté urbaine de Strasbourg*, req. n° 366149, NP.

périmètre qu'elle a délimité en vue d'y mener une opération d'aménagement et d'amélioration de la qualité urbaine, les exigences de motivation résultant de l'article L. 210-1 doivent être regardées comme remplies lorsque la décision fait référence aux dispositions de la délibération délimitant ce périmètre et qu'un tel renvoi permet de déterminer la nature de l'action ou de l'opération d'aménagement que la collectivité publique entend mener pour améliorer la qualité urbaine au moyen de cette préemption »[1]. À cette fin, la collectivité dispose d'une option[2] :

– soit elle indique l'action ou l'opération d'aménagement prévue par la délibération délimitant ce périmètre à laquelle la décision de préemption participe ;

– soit elle renvoie à cette délibération elle-même si celle-ci permet d'identifier la nature de l'opération ou de l'action d'aménagement poursuivie.

421.282 **Illustrations.** Ne satisfait pas à l'exigence de motivation la décision de préemption qui se réfère :

– à une délibération par laquelle la commune a confié à une agence foncière, par voie de convention, l'élaboration d'un projet urbain et d'une stratégie foncière et opérationnelle dans un secteur donné, dès lors « que cette convention passée en vue de la réalisation d'études, si elle atteste de la volonté d'intervention de la commune dans ce secteur et comporte un diagnostic et quelques orientations générales, ne permet pas de déterminer la nature de l'opération ou de l'action d'aménagement que la collectivité publique entend mener pour améliorer la qualité urbaine du secteur [...] dans lequel se situe le bien préempté »[3] ;

– à un PLH faisant état de la constitution d'une réserve foncière, dès lors que si, selon la commune, cette réserve foncière viserait à permettre les relogements nécessités à terme par les importantes opérations d'aménagement entreprises sur le territoire communal, « ces éléments de caractère général, qui attestent d'une volonté d'intervention foncière de la commune, ne permettent cependant pas d'identifier les opérations d'aménagement que la collectivité publique entend mener et ne permettent pas davantage de fixer le périmètre des secteurs visés par ces opérations »[4].

421.283 **Absence d'obligation d'une motivation par référence.** Comme en matière de PLH[5], la motivation par référence constitue une faculté mais non une obligation. Il en résulte que la commune est libre de justifier de la réalité et de la nature du projet sans se référer à une délibération antérieure[6].

421.284 **Une motivation par référence ne dispensant pas de l'exigence d'un objet conforme.** Si le quatrième alinéa de l'article L. 210-1 autorise la commune à motiver la décision de préemption qu'elle prend par référence à une délibération par laquelle elle a délimité des périmètres dans lesquels elle décide d'intervenir pour les aménager et améliorer leur qualité urbaine, sans avoir à justifier, à la date de cette décision, du caractère suffisamment précis et certain du projet qu'elle entend mener grâce au bien préempté, « la légalité d'une telle décision demeure, en vertu du premier alinéa du même article, subordonnée à la poursuite par la commune d'un objet conforme aux finalités énoncées à l'article L. 300-1 du code de l'urbanisme »[7].

§ 3
Date à laquelle s'apprécie la motivation

421.291 **Date de la décision de préemption.** La légalité d'une décision de préemption s'apprécie, comme pour toute décision administrative, à la date à laquelle cette décision a été prise. Il en résulte que la motivation de la décision de préemption s'apprécie à la date à laquelle cette décision a été prise et non à celle de la déclaration d'intention d'aliéner[8].

421.292 **Absence de prise en compte d'éléments postérieurs.** Le juge se plaçant au jour où l'administration a pris sa décision, il ne peut prendre en compte :

– un événement intervenu postérieurement, telle l'acquisition d'un bien par acte sous seing privé[9] ;

– une justification (sur la réalité du projet d'aménagement ou la nature de celui-ci) avancée postérieurement[10].

1. CE 20 nov. 2009, *Ivry-sur-Seine (Cne)*, req. nº 316732, *Lebon T.*
2. CE 20 nov. 2009, *Ivry-sur-Seine (Cne)*, req. nº 316732, *Lebon T.*
3. CE 20 nov. 2009, *Ivry-sur-Seine (Cne)*, req. nº 316732, *Lebon T.*
4. CAA Versailles, 19 déc. 2013, *Frédéric*, req. nº 12VE03793, NP.
5. V. ss nº 421.273.
6. PAR EX. : CE 20 nov. 2009, *Ivry-sur-Seine (Cne)*, req. nº 316732, *Lebon T.* : arrêt examinant d'abord l'exigence de motivation au regard des mentions propres de la décision de préemption (et, en l'occurrence, les estimant insuffisantes : les mentions indiquant que la préemption est réalisée pour constituer des réserves foncières dans le secteur « Avenir-Gambetta » en vue d'un aménagement permettant le renouvellement urbain, la redynamisation de l'habitat et l'organisation du maintien et de l'accueil de nouvelles activités économiques, ne font pas apparaître la nature du projet d'aménagement envisagé par la collectivité).
7. CE 3 déc. 2007, *Achères (Cne)*, req. nº 305974, NP ; *BJDU* 2007. 376, concl. L. Derepas.
8. CE 15 déc. 2004, *Saint-Hilaire-la-Gravelle (Cne)*, req. nº 270278, *Lebon T.*
9. CE 3 déc. 2007, *Saint-Bon Tarentaise (Cne)*, req. nº 306949, *Lebon T.* ; *BJDU* 2008. 261, concl. L. Derepas.
10. CAA Paris, 18 mai 1995, *Le Kremlin-Bicetre (Cne)*, req. nº 93PA01295, NP.

Il en résulte que si la décision est insuffisamment motivée au moment de son édiction, cette irrégularité ne peut être couverte postérieurement :

- ni par des décisions administratives [1] ;
- ni dans les mémoires produits devant le juge [2].

1. CE 16 déc. 1994, *Sparsbach (Cne)*, req. n° 126637, *Lebon* : arrêt indiquant que l'illégalité résultant de l'insuffisance de la motivation « n'a pu être couverte rétroactivement par le fait que, par une délibération ultérieure [...], la commune de Sparsbach a entendu compléter sa précédente délibération » ; – de même : CAA Paris, 5 juill. 2007, *Asnières-sur-seine (Cne) et OPHLM des Hauts-de-Seine*, req. n° 07PA00711, NP (non prise en compte de lettres adressées postérieurement).
2. CAA Paris, 18 mai 1995, *Le Kremlin-Bicetre (Cne)*, req. n° 93PA01295, NP : « si la commune soutient que toutes précisions utiles ont été apportées ultérieurement au cours de la procédure contradictoire devant le tribunal administratif en ce qui concerne l'objet poursuivi par l'opération d'aménagement visée et consistant en la création d'une zone d'aménagement concerté, ce moyen est inopérant dès lors que la motivation doit s'apprécier à la date à laquelle la décision a été prise ».

CHAPITRE

422. Droit de préemption urbain (DPU)

SECTION 0 ORIENTEUR

422.00 Sommaire du chapitre.

422.01 **Textes applicables.**

• **C. urb.**

art. L. 211-1 s.

art. R. 211-1 s.

art. A. 211-1 s.

422.03 **Bibliographie indicative.**

Encyclopédie. *DP constr.-urb.*, ét. : « Droits de préemption » – *J.-Cl. Constr.-Urb.*, fasc. 13-10 : « Préemption. – Droit de préemption urbain et ZAD. – Évolution législative et réglementaire. Finalité de l'institution », par J. Hugot et V. Zalewski-Sicard, 2024 ; fasc. 13-15 : « Préemption. – Droit de préemption urbain et ZAD. – Traits caractéristiques du droit de préemption urbain », par J. Hugot et V. Zalewski-Sicard, déc. 2019 ; fasc. 13-20 : « Préemption. – Droit de préemption urbain et ZAD. – Règles particulières aux ZAD et à leurs périmètres provisoires », par J. Hugot et V. Zalewski-Sicard, août 2015 ; fasc. 13-25 : « Préemption. – Droit de préemption urbain et ZAD. – Règles communes. – Champ matériel d'application », par D. Dutrieux et V. Zalewski-Sicard, 2024 ; fasc. 13-30 : « Préemption. – Droit de préemption urbain et ZAD. – Règles communes. – Délégations et procédures de préemption », par J. Hugot et V. Zalewski-Sicard, mars 2021, mis à jour mars 2022 ; fasc. 13-35 : « Préemption. – Droit de préemption urbain et ZAD. – Règles communes. – Conséquences de l'exercice du droit de préemption », par D. Dutrieux et V. Zalewski-Sicard, 2024.

Monographie. R. Hostiou et F. Struillou, *Expropriation et préemption*, « Droit et professionnels », LexisNexis, 2020.

Article. S. Pérignon, « Droit de préemption urbain : les exemptions de l'article L. 211-4 », *Defrénois* 1999. 36926, p. 65.

422.04 **Questions essentielles.**

> La légalité de la délibération instituant le DPU peut-elle être mise en cause par voie d'exception à l'occasion d'un recours dirigé contre une décision faisant application de ce droit ?

* V. s^s n° 422.124

> À quelles conditions le propriétaire d'un terrain se trouvant dans le périmètre du DPU peut-il exercer son droit de délaissement ?

* V. s^s n°s 422.311 s.

422.05 **Droit de préemption le plus utilisé.** Le droit de préemption urbain (DPU) se trouve mis en œuvre par l'autorité publique dans les hypothèses ne relevant pas d'un droit de préemption spécifique. Il constitue, pour cette raison, le droit de préemption qui est de loin le plus utilisé.

SECTION 1
OBJET DU DROIT DE PRÉEMPTION URBAIN

422.11 **Diversité des objets.** Comme tous les droits de préemption regroupés dans le titre Ier du livre II, le droit de préemption urbain ne peut être exercé que pour la mise en œuvre des objets mentionnés aux articles L. 210-1 et L. 210-2 du code de l'urbanisme [1].

SECTION 2
INSTITUTION DU DPU

§ 1
Zones sur lesquelles le DPU peut être institué

422.21 **Conditions.** Le DPU ne peut être institué que si la commune est couverte par un PLU ou une carte communale, et uniquement sur certaines zones.

A.
Cas des communes dotées d'un PLU

1°
Zones concernées

422.31 **Liste.** Les communes dotées d'un PLU approuvé peuvent, par délibération, instituer un DPU [2] :

– sur tout ou partie des zones urbaines et des zones d'urbanisation future délimitées par ce plan ;

1. V. s^s n°s 411.21 s.
2. C. urb., art. L. 211-1, al. 1er.

– dans les périmètres de protection rapprochée de prélèvement d'eau destinée à l'alimentation des collectivités humaines définis en application de l'article L. 1321-2 du code de la santé publique ;

– dans les zones et secteurs définis par un plan de prévention des risques technologiques (PPRT) en application de l'article L. 515-16 du code de l'environnement[1] ;

– dans les zones soumises aux servitudes prévues au II de l'article L. 211-12 du code de l'environnement (zones de rétention temporaire des eaux de crues ou de ruissellement, et zones de mobilité du lit mineur d'un cours d'eau) ;

– sur tout ou partie des espaces urbains et des secteurs occupés par une urbanisation diffuse délimités conformément aux articles L. 5112-1 et L. 5112-2 du CGPPP ;

– ainsi que sur tout ou partie du territoire communal couvert par un plan de sauvegarde et de mise en valeur (PSMV) rendu public ou approuvé en application de l'article L. 313-1.

422.32 **Absence de ZAD ou de pré-ZAD.** Le DPU ne peut être institué sur les territoires précités que lorsqu'il n'y « a pas été créé de zone d'aménagement différé ou de périmètre provisoire de zone d'aménagement différé »[2].

2°
Exigence que la commune soit couverte par un PLU

422.41 **Exigence.** La possibilité pour une commune d'instituer le DPU dans les zones mentionnées à l'article L. 211-1, al. 1er est expressément subordonnée par ce même alinéa à l'exigence que la commune soit dotée d'un PLU approuvé.

422.42 **Hypothèse d'une annulation du PLU.** En cas d'annulation d'un PLU, la délibération instituant le DPU sur les zones urbaines délimitées par le PLU est entachée d'illégalité[3], à moins que le PLU antérieur remis en vigueur par cette annulation comportait des dispositions identiques.

422.43 **Hypothèse d'une modification ultérieure du PLU.** Une déclaration d'utilité publique emportant mise en compatibilité d'un POS n'a pas pour effet, en l'absence d'une nouvelle délibération du conseil municipal de la commune instituant un DPU sur la zone litigieuse, de soumettre automatiquement celle-ci au DPU[4]. Le reclassement de la parcelle concernée n'emporte par elle-même aucun effet. Seule une délibération ultérieure instituant le DPU sur celle-ci est susceptible de soumettre cette parcelle au DPU.

B.
Cas des communes dotées d'une carte communale

422.51 **Opération et équipements.** Les conseils municipaux des communes dotées d'une carte communale approuvée « peuvent, en vue de la réalisation d'un équipement ou d'une opération d'aménagement, instituer un droit de préemption dans un ou plusieurs périmètres délimités par la carte ». La délibération « précise, pour chaque périmètre, l'équipement ou l'opération projetée »[5].

La faculté pour les communes dotées seulement d'une carte communale d'exercer le DPU a été introduite en 2013 par la loi Urbanisme et Habitat[6] à la demande des maires des petites communes rurales. Dans la mesure où ces communes ne sont pas couvertes pas un document résultant d'une vision préalable de l'aménagement du territoire aussi développée qu'un PLU, la reconnaissance à leur profit du DPU s'accompagne de l'exigence d'une motivation particulière : chaque périmètre de préemption institué doit correspondre à une opération ou un équipement prédéterminé, individualisant ainsi chacun d'eux.

422.52 **Périmètres de protection des captages d'eau.** Un DPU spécial peut être institué dans les périmètres de protection rapprochée de prélèvement d'eau destinée à l'alimentation humaine[7]. Un article réglementaire du code de la santé publique prévoit que ce droit « peut être institué même en l'absence de plan local d'urbanisme »[8]. Il résulte de ces dispositions que ce DPU spécial peut être institué par la commune dans un tel périmètre, même lorsque celle-ci est couverte par une simple carte communale.

1. Le législateur n'a pas envisagé d'étendre aux zones couvertes par un plan de prévention des risques naturels prévisibles (PPRNP) la faculté de préemption reconnue dans celles où s'applique un plan de prévention des risques technologiques (PPRT) : « Une telle disposition n'a pas semblé utile parce que la loi du 30 juillet 2003 a introduit par son article 61 une possibilité d'acquisition amiable par une commune, un groupement de communes ou l'État de biens soit exposés à un risque menaçant gravement les vies humaines, soit sinistrés à plus de la moitié de leur valeur. De telles acquisitions amiables peuvent de plus être financées par le fonds de prévention des risques naturels majeurs » (Rép. min. n° 31510, *JOAN Q* 22 juin 2004, p. 4702).
2. C. urb., art. L. 211-1, al. 1er – Sur l'articulation entre le DPU et le DPZAD, v. ss nos 424.05 s.
3. CE 1er déc. 1993, *Chiarazzo*, req. n° 136705, *Lebon* : solution rendue à propos d'un POS.
4. Civ 3e, 8 nov. 2006, n° 05-17.462, P.
5. C. urb., art. L. 211-1, al. 2.
6. L. n° 2003-590, 2 juill. 2003 Urbanisme et habitat, *JO* 3 juill., n° 1, art. 41.
7. CSP, art. L. 1321-2.
8. CSP, art. R. 1321-13-3.

C.
Cas des communes non dotées de PLU ni de carte communale

422.61 **Absence de DPU de droit commun.** Les communes qui ne sont couvertes ni par un PLU ni par une carte communale ne peuvent instaurer le DPU. Comme l'explique une réponse ministérielle, « le droit de préemption urbain vient limiter le droit de propriété des personnes physiques ou morales détenant ses terrains. Sa mise en place et son usage doivent être justifiés par l'existence d'un projet de territoire ou de projets d'intérêt général. L'élaboration de PLU ou carte communale permet de formaliser ces projets. Avant l'entrée en vigueur des documents, ils font l'objet d'information et de concertation avec les habitants concernés permettant d'anticiper et de se prononcer sur les dispositions envisagées. Ces garanties ne sont pas remplies pour les zones au RNU »[1].

422.62 **Possibilité du DPU spécial de protection des captages d'eau.** Dans les communes qui ne sont couvertes ni par un PLU ni par une carte communale, et se trouvent donc soumises au RNU, seul peut être institué le DPU spécial visant à la protection rapprochée de prélèvement d'eau destinée à l'alimentation humaine[2].

D.
Secteurs prioritaires dans la lutte contre l'artificialisation des sols

422.71 **Instauration.** L'autorité compétente peut, par délibération motivée, délimiter au sein du PLU ou de la carte communale « des secteurs prioritaires à mobiliser qui présentent un potentiel foncier majeur pour favoriser l'atteinte des objectifs de lutte contre l'artificialisation des sols », à l'intérieur desquels est institué le DPU[3].

Comme pour le DPU, s'appliquent les articles[4] :

- L. 210-1 ;
- et L. 213-1 à L. 213-18.

422.72 **Objet.** Les secteurs prioritaires « peuvent couvrir en particulier »[5] :

- « des terrains contribuant à la préservation ou à la restauration de la nature en ville », notamment lorsqu'il s'agit de surfaces végétalisées ou naturelles situées au sein des espaces urbanisés (1°) ;
- « des zones présentant un fort potentiel en matière de renaturation », en particulier dans le cadre de la préservation ou de la restauration des continuités écologiques, et qui peuvent notamment être les zones préférentielles pour la renaturation identifiées dans le SCOT (2°) ;
- des terrains susceptibles de contribuer au renouvellement urbain, à l'optimisation de la densité des espaces urbanisés ou à la réhabilitation des friches (3°).

§ 2
Autorité compétente pour instituer le DPU

A.
Compétence de la commune

422.81 **Principe : compétence de la commune.** Le droit de préemption urbain « est ouvert à la commune »[6].

Le conseil municipal « peut décider de le supprimer sur tout ou partie des zones considérées ». Il « peut ultérieurement le rétablir dans les mêmes conditions »[7].

422.82 **Exception : compétence du préfet dans les communes carencées en logements sociaux.** Lorsque le préfet a pris un arrêté de carence à l'égard d'une commune n'ayant pas respecté ses obligations en matière de quotas de logements locatifs sociaux, le DPU « peut être institué ou rétabli par arrêté du représentant de l'État dans le département »[8].

Ce droit de préemption établi par le préfet est maintenu dans les parties actuellement urbanisées des communes couvertes par un POS devenu caduc en application de l'article L. 174-1[9]. En principe, le DPU ne peut être instauré que si la commune est couverte par un PLU ou une carte communale. Par dérogation, ces dispositions permettent au préfet de continuer à disposer du DPU nonobstant la caducité du POS.

B.
Compétence de l'EPCI

1°
Exercice de la compétence par délégation de la commune

422.91 **Faculté de délégation.** Lorsque la commune fait partie d'un EPCI y ayant vocation, elle

1. Rép. min. n° 17576, *JO Sénat Q* 14 janv. 2021, p. 205.
2. V. s[s] n° 422.52.
3. C. urb., art. L. 211-1-1, al. 1er ; créé par L. n° 2023-630, 20 juill. 2023.
4. C. urb., art. L. 211-1-1, al. 1er.
5. C. urb., art. L. 211-1-1, al. 2 à 5.
6. C. urb., art. L. 211-1, al. 3.
7. C. urb., art. L. 211-1, al. 3.
8. C. urb., art. L. 211-1, al. 3.
9. C. urb., art. L. 211-1, al. 3.

peut, en accord avec cet établissement, lui déléguer tout ou partie des compétences qui lui sont attribuées par le chapitre du code de l'urbanisme relatif au DPU[1].

422.92 **Étendue de la délégation.** Selon une réponse ministérielle, le transfert de compétence « peut porter sur l'instauration et sur l'exercice du droit de préemption et l'étendue de la compétence susceptible d'être transférée peut être totale ou partielle »[2].

Elle peut aussi être limitée dans le temps[3].

422.93 **Opportunité de la délégation par rapport aux compétences économiques.** Un parlementaire a demandé au ministre comment les communes, n'ayant plus la compétence économique car l'ayant transférée, peuvent justifier de la préemption du foncier bâti ou non bâti à vocation économique dans le PLU ou le SCOT.

La réponse ministérielle souligne que « lorsque la commune est compétente en matière de droit de préemption urbain, elle peut tout à fait justifier de la préemption du foncier bâti ou non bâti à vocation économique, quand bien même elle aurait transféré sa compétence en matière économique ». Néanmoins, il paraît « souhaitable d'assurer une cohérence entre la compétence développement économique et la compétence droit de préemption urbain sur le foncier à vocation économique. Si la commune n'a pas la compétence développement économique et si l'EPCI n'est pas compétente de plein droit en matière de droit de préemption urbain, il serait préférable que la commune délègue sa compétence à l'EPCI en matière de droit de préemption urbain sur le foncier à vocation économique »[4].

2°
Exercice de la compétence de plein droit

422.101 **EPCI à fiscalité propre, EPT et métropole de Lyon.** La compétence d'un EPCI à fiscalité propre, d'un établissement public territorial[5], ainsi que celle de la métropole de Lyon en matière de PLU, « emporte leur compétence de plein droit en matière de droit de préemption urbain »[6].

Le législateur a ainsi prévu que ces organismes de coopération intercommunale disposant de la compétence en matière de PLU exercent de plein droit de la compétence en matière de préemption. L'attribution de ces deux compétences à une seule et même entité lui confère le pouvoir d'agir sur les deux instruments de maîtrise du foncier.

422.102 **Métropole du Grand Paris.** La métropole du Grand Paris « est compétente de plein droit en matière de droit de préemption urbain, dans les périmètres fixés par le conseil de la métropole, pour la mise en œuvre des opérations d'aménagement d'intérêt métropolitain »[7].

Il en résulte que dans ces périmètres, les aliénations nécessaires à la réalisation des opérations d'aménagement d'intérêt métropolitain « ne sont plus soumises aux droits de préemption urbains de la commune de Paris et des établissements publics territoriaux créés en application de l'article L. 5219-2 du même code »[8]. Cet effet d'éviction conduit à réserver l'exercice de la compétence en matière de DPU à la seule métropole.

§ 3
Durée pour laquelle le DPU est institué

422.111 **Absence de limitation.** Aucune disposition du code de l'urbanisme ne prévoit l'obligation de n'instituer le droit de préemption que pour une durée limitée[9].

§ 4
Délibération instituant le DPU (ou le modifiant, ou le supprimant)

A.
Adoption de la délibération

1°
Règles de droit commun

422.121 **Compétence de l'organe délibérant.** Le DPU est institué par une délibération de l'organe délibérant de la personne publique compétente[10].

422.122 **Objet de la délibération.** Par délibération, l'organe délibérant peut[11] :

- instituer le DPU ;
- modifier le champ d'application du DPU ;
- supprimer le DPU.

422.123 **Absence d'obligation de motivation.** La délibération instituant le DPU n'est soumise à une

1. C. urb., art. L. 211-2, al. 1er.
2. Rép. min. n° 39919, *JOAN Q* 21 mars 2017, p. 2385.
3. CAA Versailles, 25 sept. 2014, *EPF d'Île-de-France*, req. n° 13VE01375, NP.
4. Rép. min. n° 39919, *JOAN Q* 21 mars 2017, p. 2385.
5. Les EPT constituent des structures propres au Grand Paris. Elles ont le statut d'EPCI.
6. C. urb., art. L. 211-2, al. 2.
7. C. urb., art. L. 211-2, al. 2.
8. C. urb., art. L. 211-2, al. 2.
9. CE 30 juill. 1997, *Rodes*, req. n° 157265, NP.
10. C. urb., art. L. 211-1, al. 1er ; art. R. 211-1.
11. C. urb., art. R. 211-2.

obligation de motivation, ni par les dispositions du CRPA sur la motivation des décisions individuelles (cette délibération n'ayant pas le caractère d'un acte individuel), ni par aucune autre disposition législative ou réglementaire[1].

Seule une délibération instituant le DPU renforcé est soumise à une obligation de motivation[2].

422.124 **Exception d'illégalité.** L'illégalité de l'acte instituant un DPU peut être utilement invoquée par voie d'exception à l'appui de conclusions dirigées contre une décision de préemption. Toutefois, cet acte, qui se borne à rendre applicables dans la zone qu'il délimite les dispositions législatives et réglementaires régissant l'exercice de ce droit, sans comporter lui-même aucune disposition normative nouvelle, ne revêt pas un caractère réglementaire et ne forme pas avec les décisions individuelles de préemption prises dans la zone une opération administrative unique comportant un lien tel qu'un requérant serait encore recevable à invoquer par la voie de l'exception les illégalités qui l'affecteraient, alors qu'il aurait acquis un caractère définitif[3]. En d'autres termes, la délibération instituant le DPU ne forme pas, avec les décisions individuelles de préemption prises dans la zone qu'elle délimite, une opération complexe.

Dès lors, la légalité de la délibération instituant le DPU peut être contestée par la voie de l'exception à l'appui d'un recours formé contre une décision individuelle de préemption, tant que cette délibération n'est pas devenue définitive[4]. En revanche, une fois que la délibération instituant le DPU est devenue définitive, la légalité de celle-ci ne peut plus être contestée à l'appui d'un recours formé contre une décision individuelle de préemption.

2°
Règles spécifiques à certaines collectivités et groupements

422.131 **Règles particulières applicables à Paris, Marseille et Lyon.** Lorsque, par application de l'article L. 2511-15 du CGCT, il y a lieu à la consultation des conseils d'arrondissements des communes de Paris, Marseille et Lyon sur l'institution ou la suppression du DPU ou la modification de son champ d'application, le maire de la commune consulte, avant les délibérations correspondantes du conseil municipal, le ou les conseils d'arrondissement dans le ressort territorial desquels s'applique, en tout ou en partie, le DPU[5].

Le conseil d'arrondissement émet son avis dans le délai fixé par le maire de la commune. Ce délai ne peut être inférieur à quinze jours à compter de la saisine du conseil d'arrondissement[6]. Cet avis est réputé favorable s'il n'intervient pas dans le délai prévu[7].

La demande d'avis est accompagnée des documents au vu desquels le conseil municipal sera appelé à délibérer[8]. L'avis du conseil d'arrondissement ou, à défaut, le document justifiant qu'il a été saisi dans les délais nécessaires est joint au projet de délibération et annexé à la délibération du conseil municipal[9].

422.132 **Règles particulières aux communes fusionnées.** Les dispositions des articles R. 213-27 à R. 213-29 sont applicables dans les communes issues d'une fusion comportant création d'une ou plusieurs communes associées et dans les communes nouvelles comportant la création d'une ou plusieurs communes déléguées lorsqu'il y a lieu à la consultation des conseils ou commissions consultatifs en application du CGCT[10].

B.
Publicité de la délibération

1°
Publicité du DPU de droit commun

a.
Affichage

422.141 **Double publicité.** La délibération par laquelle le conseil municipal ou l'organe délibérant de l'EPCI compétent décide, en application de l'article L. 211-1, d'instituer ou de supprimer le DPU ou d'en modifier le champ d'application est affichée en mairie pendant un mois[11].

Mention en est insérée dans deux journaux diffusés dans le département[12].

422.142 **Effets.** Les effets juridiques attachés à la délibération instituant le DPU (ou le supprimant, ou le modifiant) ont pour point de départ l'exécution de « l'ensemble » des formalités de publicité mentionnées à l'article R. 211-2, al. 1er[13]. Les obligations ainsi prévues « constituent des formalités

1. CE 6 juill. 2007, *Peyre*, req. n° 300384, *Lebon T.*
2. V. s^s n° 422.294.
3. CE 10 mai 2017, *S^té ABH Investissements*, req. n° 398736, *Lebon T. ; BJDU* 2017. 248, concl. R. Decout-Paolini.
4. CE 19 juin 2017, *Chennevières-sur-Marne (C^ne)*, req. n° 407826, NP.
5. C. urb., art. R. 213-27.
6. C. urb., art. R. 213-28, al. 1er.
7. C. urb., art. R. 213-28, al. 2.
8. C. urb., art. R. 213-29, al. 1er.
9. C. urb., art. R. 213-29, al. 2.
10. C. urb., art. R. 213-30.
11. C. urb., art. R. 211-2, al. 1er.
12. C. urb., art. R. 211-2, al. 1er.
13. C. urb., art. R. 211-2, al. 2.

nécessaires à l'entrée en vigueur des actes instituant le droit de préemption urbain »[1].

La date à prendre en considération pour l'affichage en mairie est celle du premier jour où il est effectué[2].

422.143 **Illégalité de la décision de préemption en l'absence de double publicité.** En l'absence d'une double publication de la délibération instituant le DPU (affichage et mention dans deux journaux), cette délibération n'est jamais devenue exécutoire. Par suite, les décisions de préemption prises sur son fondement sont dépourvues de base légale[3].

b.
Notification de la décision aux autorités intéressées

422.151 **Information.** Le maire ou, le cas échéant, le président de l'EPCI compétent adresse sans délai copie des actes ayant pour effet d'instituer ou de supprimer le DPU ou d'en modifier le champ d'application aux autorités suivantes[4] :

– le directeur départemental ou, le cas échéant, régional des finances publiques ;

– la chambre départementale des notaires ;

– les barreaux constitués près les tribunaux judiciaires dans le ressort desquels est institué le DPU ;

– le greffe des mêmes tribunaux.

Cette transmission est accompagnée, s'il y a lieu, d'un plan précisant le champ d'application du droit de préemption urbain[5].

Elle vise à assurer l'information de ces autorités sur l'existence et l'étendue du DPU et, ainsi, à garantir la sécurité juridique des mutations de biens immobiliers entrant le cas échéant dans son champ d'application.

2°
Publicité des DPU spéciaux

422.161 **DPU lotissements-ZAC.** La délibération ayant exclu du champ d'application du DPU la vente des lots issus d'un lotissement ou les cessions de terrain par la personne chargée de l'aménagement d'une ZAC[6] est affichée en mairie pendant un mois et prend effet le premier jour dudit affichage. Elle est notifiée, selon le cas, au lotisseur ou à la personne chargée de l'aménagement de la zone d'aménagement concerté. Copie en est en outre adressée aux organismes et services mentionnés à l'article R. 211-3[7].

422.162 **DPU renforcé.** La délibération instituant le DPU renforcé[8] est affichée et publiée et prend effet dans les conditions prévues à l'article R. 211-2. Elle est adressée aux organismes et services mentionnés à l'article R. 211-3[9].

SECTION 3
AUTORITÉ EXERÇANT LE DPU

§ 1
Situation normale : DPU exercé par son titulaire

422.171 **Personne publique compétente.** En principe, le DPU est exercé par son titulaire, c'est-à-dire la personne publique l'ayant institué.

§ 2
Délégation de l'exercice du DPU à un organisme compétent en matière de logements

A.
Régime de délégation de droit commun

422.181 **Organismes pouvant bénéficier de la délégation et finalité de la préemption.** Le titulaire du DPU peut déléguer son exercice à[10] :

– une société d'économie mixte agréée de construction et de gestion de logements sociaux[11] ;

– à l'un des organismes d'HLM[12] ;

– à un organisme de foncier solidaire[13], pour les biens nécessaires à son objet principal ;

– ou à un des organismes agréés qui exercent des activités de maîtrise d'ouvrage d'opérations d'acquisition, de construction ou de réhabilitation de logements ou de structures d'hébergement en tant que propriétaire ou preneur de bail à construction, emphytéotique ou de bail à réhabilitation[14].

Par dérogation à l'article L. 213-11 du code de l'urbanisme, les biens acquis au titre de cette délégation ne peuvent être utilisés qu'en vue de la réalisation d'opérations d'aménagement ou de construction permettant la réalisation des objectifs fixés[15] :

1. CE 8 déc. 2022, *S^té^ Pierre et patrimoine*, req. n° 466081, NP.
2. C. urb., art. R. 211-2, al. 2.
3. CAA Marseille, 25 nov. 2010, *Saint Clément de Rivière (C^ne^)*, req. n° 08MA04016, NP – CE 8 déc. 2022, *S^té^ Pierre et patrimoine*, req. n° 466081, NP.
4. C. urb., art. R. 211-3.
5. C. urb., art. R. 211-3.
6. V. s^s^ n° 422.301.
7. C. urb., art. R. 211-4, al. 1er.
8. V. s^s^ n° 422.294.
9. C. urb., art. R. 211-4, al. 2.
10. C. urb., art. L. 211-2, al. 3 ; mod. par L. n° 2022-217, 21 févr. 2022.
11. CCH, art. L. 481-1.
12. CCH, art. L. 411-2.
13. CCH, art. L. 329-1.
14. CCH, art. L. 365-2.
15. C. urb., art. L. 211-2, al. 3 ; mod. par L. n° 2024-322, 9 avr. 2024.

- dans le PLH ;

- ou déterminés en application du premier alinéa de l'article L. 302-8 du CCH ;

- ainsi qu'en vue de la réalisation d'opérations programmées d'amélioration de l'habitat, de plans de sauvegarde ou d'opérations de requalification de copropriétés dégradées.

422.182 Délégation, par l'organe délibérant de l'organisme délégataire, à son organe exécutif. Pour faciliter l'exercice du DPU, l'organe délibérant de l'organisme délégataire peut lui-même déléguer celui-ci à son organe exécutif[1]. Plus précisément, l'exercice du DPU peut être délégué au président-directeur général, au président du directoire, au directeur général ou à l'un des directeurs par le conseil d'administration, le conseil de surveillance ou le directoire des sociétés ou organismes précités[2].

Cette délégation fait l'objet d'une publication de nature à la rendre opposable aux tiers[3], sous peine d'entacher d'illégalité les mesures prises[4].

Lorsqu'il exerce ce droit par délégation, l'organe exécutif rend compte, au moins une fois par an, de son action à l'organe délibérant[5].

B.
Régime de délégation applicable en outre-mer

422.191 Conditions. Dans les départements et régions d'outre-mer, le titulaire du droit de préemption peut déléguer son droit à un organisme d'habitations à loyer modéré prévu à l'article L. 411-2 du CCH[6]. Cette délégation ne peut être accordée qu'à l'occasion de l'aliénation d'un bien nécessaire à la réalisation des missions mentionnées au même article L. 411-2[7].

En Guadeloupe et en Martinique, le titulaire du droit de préemption peut également déléguer son droit aux agences pour la mise en valeur des espaces urbains de la zone dite des cinquante pas géométriques mentionnées à l'article 4 de la loi du 30 décembre 1996[8]. Cette délégation ne peut être accordée que dans les espaces urbains et des secteurs occupés par une urbanisation diffuse délimités conformément aux articles L. 5112-1 et L. 5112-2 du CGPPP[9].

C.
Régime de délégation applicable dans les secteurs de revitalisation des zones urbaines

422.201 Secteurs et organismes concernés. Le titulaire du DPU peut déléguer ce droit à « une personne y ayant vocation » et « à laquelle a été confiée »[10] :

- soit, en application de l'article L. 300-9, la réalisation d'actions ou d'opérations prévues aux 6°, 8° et 9° du III de l'article L. 303-2 du CCH dans les secteurs d'intervention délimités d'une ORT ;

- soit la réalisation d'actions ou d'opérations ayant pour objet de favoriser la diversité, le maintien ou le développement d'activités artisanales et commerciales de proximité dans des espaces urbains dans le périmètre délimité en application de l'article L. 214-1 du code de l'urbanisme[11].

422.202 Aliénations concernées. Le droit de préemption ainsi délégué « peut, le cas échéant, porter sur les aliénations et cessions mentionnées à l'article L. 211-4 » (c'est-à-dire celles relevant du DPU renforcé), et ce « dans les conditions prévues aux deux derniers alinéas du même article L. 211-4 »[12] (c'est-à-dire en vertu d'une délibération motivée de la commune[13]). Le champ du DPU délégué correspondra donc, selon la volonté de la commune, soit au DPU de droit commun, soit au DPU renforcé.

422.203 Sort des biens préemptés. Les biens ainsi acquis « entrent dans le patrimoine du délégataire »[14].

D.
Régime de délégation applicable dans les opérations d'amélioration de l'habitat

422.211 Délégation au concessionnaire. Pour la réalisation des actions ou des opérations d'amélioration de l'habitat[15], le titulaire du DPU peut délé-

1. C. urb., art. L. 211-2, al. 3 ; mod. par L. n° 2022-217, 21 févr. 2022.
2. C. urb., art. R. 211-5, al. 1er.
3. C. urb., art. R. 211-5, al. 1er.
4. CE 17 nov. 2022, *Régie immobilière de la Ville de Paris*, req. n° 457386, NP ; *RDI* 2023. 79, obs. J.-F. Struillou.
5. C. urb., art. R. 211-5, al. 2.
6. C. urb., art. L. 211-2-1.
7. C. urb., art. L. 211-2-1.
8. L. n° 96-1241, 30 déc. 1996 relative à l'aménagement, la protection et la mise en valeur de la zone dite des cinquante pas géométriques dans les départements d'outre-mer, *JO* 1er janv. 1997, p. 24.
9. C. urb., art. L. 211-2-2.
10. C. urb., art. L. 211-2-3, al. 1er ; créé par L. n° 2022-217, 21 févr. 2022.
11. V. ss nos 432.11 s.
12. C. urb., art. L. 211-2-3, al. 2 ; créé par L. n° 2022-217, 21 févr. 2022.
13. V. ss n° 422.294.
14. C. urb., art. L. 211-2-3, al. 3 ; créé par L. n° 2022-217, 21 févr. 2022.
15. Sur le champ des opérations concernées, v. ss n° 422.252.

guer ce droit au concessionnaire d'une opération d'aménagement[1].

Le droit de préemption ainsi délégué peut, le cas échéant, porter sur les aliénations et cessions mentionnées à l'article L. 211-4[2].

Les biens ainsi acquis entrent dans le patrimoine du délégataire[3].

§ 3
Exercice du DPU par le préfet dans les communes carencées en logements sociaux

422.221 Compétence transférée au préfet. Lorsque le préfet a pris un arrêté de carence à l'encontre d'une commune ne respectant pas ses obligations en matière de logements sociaux, le droit de préemption lui est transféré[4].

§ 4
Autorité compétente pour exercer le droit de préemption dans le cadre d'une GOU

422.231 Collectivité responsable de l'opération. Dans le périmètre d'une grande opération d'urbanisme, le DPU est exercé par la collectivité territoriale ou l'établissement public cocontractant mentionné à l'article L. 312-3[5], c'est-à-dire la personne publique en charge de l'opération[6]. La collectivité territoriale ou l'établissement public peut déléguer l'exercice de ce droit à un établissement public y ayant vocation ou au concessionnaire d'une opération d'aménagement[7].

SECTION 4
CHAMP D'APPLICATION DU DPU

§ 1
Opérations incluses dans le champ du DPU

A.
Opérations communes au DPU et au DPZAD

422.240 Renvoi. Relèvent tout d'abord du champ d'application du DPU les opérations communes au DPU et au DPZAD, listées à l'article L. 213-1 du code de l'urbanisme[8].

B.
Opérations propres au DPU

422.251 Relocalisation d'activités et relogement d'occupants évincés par une opération d'aménagement. Par dérogation au premier alinéa de l'article L. 210-1, limitant la possibilité de mettre en œuvre les droits de préemption relevant du titre Ier pour des finalités tenant à la réalisation d'actions ou d'opérations d'aménagement, le DPU peut être exercé en vue de la relocalisation d'activités économiques ou de services ainsi que pour le relogement d'occupants définitivement évincés d'un bien en raison de la réalisation de travaux nécessaires à une opération d'aménagement[9].

422.252 Amélioration de l'habitat. Le DPU peut être exercé en vue de la réalisation[10] :

– d'une opération programmée d'amélioration de l'habitat ;

– d'un plan de sauvegarde ;

– ou d'une opération de requalification de copropriétés dégradées.

§ 2
Opérations exclues du champ du DPU

A.
Exclusions communes au DPU et au DPZAD

422.261 Opérations concernées. Sont exclues du champ d'application du DPU les opérations que le code exclut à la fois du champ d'application du DPU et du DPZAD[11].

1. C. urb., art. L. 211-2-4, II, al 1er ; créé par L. nº 2024-322, 9 avr. 2024.
2. C. urb., art. L. 211-2-4, II, al 2 ; créé par L. nº 2024-322, 9 avr. 2024.
3. C. urb., art. L. 211-2-4, II, al 3 ; créé par L. nº 2024-322, 9 avr. 2024.
4. V. ss nº 411.42.
5. C. urb., art. L. 211-2, al. 4 ; créé par L. nº 2022-217, 21 févr. 2022.
6. V. ss nº 533.222.
7. C. urb., art. L. 211-2, al. 4 ; créé par L. nº 2022-217, 21 févr. 2022.
8. V. ss nos 424.11 s.
9. V. ss nº 421.141.
10. C. urb., art. L. 211-2-4, I, créé par L. nº 2024-322, 9 avr. 2024.
11. V. ss nos 424.141 s.

B. Exclusions propres au DPU

422.271 Exclusions résultant du code ou d'une volonté communale. Le code de l'urbanisme a exclu certaines opérations du champ du DPU. La commune dispose par ailleurs de la faculté d'exclure du champ du DPU les lotissements et les ZAC.

1° Exclusions résultant du code de l'urbanisme

a. Première série d'exclusions législatives : droit de priorité et accession sociale à la propriété

422.281 Aliénation entrant dans le champ du droit de priorité. Le DPU n'est pas applicable aux aliénations de biens et droits immobiliers ayant fait l'objet de la notification prévue par l'article L. 240-3 du code de l'urbanisme[1]. Sont ainsi exclues du champ d'application du DPU les aliénations entrant dans le champ d'application du droit de priorité, dès lors que l'État, la société ou l'établissement public propriétaire du bien a notifié à la commune son intention d'aliéner[2].

422.282 Aliénation de terrains au profit d'un preneur à bail à construction conclu dans le cadre d'une opération d'accession sociale à la propriété. Le DPU n'est pas applicable à l'aliénation de terrains au profit du preneur à bail à construction conclu à l'occasion d'une opération d'accession sociale à la propriété, prévue au dernier alinéa de l'article L. 251-1 du CCH[3].

Ces dispositions visent à préserver le droit de rachat de son logement par le locataire-accédant. En sortant l'aliénation de ce logement du champ du DPU, elles empêchent la collectivité publique de faire obstacle à la faculté de rachat dont il dispose.

b. Seconde série d'exclusions législatives

422.291 Première opération exclue du DPU par l'article L. 211-4 : aliénation de lots compris dans un immeuble soumis au régime de la copropriété. Le DPU n'est pas applicable à l'aliénation d'un ou plusieurs lots compris dans un bâtiment effectivement soumis, à la date du projet d'aliénation, au régime de la copropriété[4] :

– « soit à la suite du partage total ou partiel d'une société d'attribution » ;

– « soit depuis dix années au moins dans les cas où la mise en copropriété ne résulte pas d'un tel partage, la date de publication du règlement de copropriété au fichier immobilier constituant le point de départ de ce délai ». Le point de départ de ce délai court, à défaut de publication au fichier immobilier de tout règlement de copropriété depuis au moins dix ans, à compter de celle de l'état descriptif de division[5].

Les lots concernés sont les suivants[6] :

– soit un seul local à usage d'habitation, à usage professionnel ou à usage professionnel et d'habitation ;

– soit un tel local et ses locaux accessoires ;

– soit un ou plusieurs locaux accessoires d'un tel local.

Un local commercial n'est pas regardé comme un local professionnel pour l'application de ces dispositions[7].

Une réponse ministérielle a indiqué que : « Les cessions de tantièmes d'immeubles soumis au régime de la copropriété depuis moins de dix ans sont soumises au DPU et, à ce titre, doivent être précédées d'une DIA. En conséquence, toute aliénation volontaire de locaux privatifs d'habitation, professionnels ou locaux accessoires (tels que parkings, caves, etc.), est concernée par ces dispositions, dès lors que ces locaux constituent des lots distincts au regard du règlement de copropriété. Ainsi, un local à usage de garage situé dans un immeuble en copropriété est susceptible d'être préempté dans la mesure où il constitue en lui-même une partie attributive, même si le vendeur ne possède aucun autre local dans l'immeuble. Enfin, passé le délai de dix ans, les biens de cette nature ne peuvent être acquis par voie de préemption qu'en vertu du dernier alinéa de l'article L. 211-4 du code de l'urbanisme, qui prévoit la possibilité pour les communes de soumettre ces aliénations et cessions au DPU par délibération motivée du conseil municipal »[8].

422.292 Deuxième opération exclue du DPU par l'article L. 211-4 : cession de parts ou d'actions de sociétés donnant vocation à l'attribution d'un local d'habitation, d'un local professionnel ou d'un local mixte et des locaux qui lui sont accessoires. Le DPU n'est pas applicable à la cession de parts ou d'actions de sociétés visées aux titres II et III de la loi du 16 juillet 1971[9] et donnant vocation à l'attribution d'un local d'habitation, d'un local professionnel ou d'un local mixte et des locaux qui lui sont accessoires[10].

1. C. urb. art. L. 211-3.
2. V. s[s] n° 462.11.
3. C. urb. art. L. 211-3.
4. C. urb., art. L. 211-4, a.
5. Civ. 3e, 24 mars 2016, n° 15-10.215, P.
6. C. urb., art. L. 211-4, a.
7. CAA Paris, 2 juill. 1996, *Paris (Ville)*, req. n° 94PA00751, NP.
8. Rép. min. n° 54017, *JOAN Q* 26 mars 2001, p. 1855.
9. L. n° 71-579, 16 juill. 1971 relative à diverses opérations de construction, *JO* 17 juill., 7047.
10. C. urb., art. L. 211-4, b.

422.293 Troisième opération exclue du DPU par l'article L. 211-4 : aliénation d'un immeuble bâti, pendant une période de quatre ans à compter de son achèvement. Le DPU n'est pas applicable à l'aliénation d'un immeuble bâti, pendant une période de quatre ans à compter de son achèvement[1].

La date d'achèvement de l'immeuble est celle de la déclaration d'achèvement intervenue en application de l'article R. 462-1[2]. En l'absence de déclaration, la preuve de la date de l'achèvement peut être apportée par tous moyens, et notamment dans les conditions définies aux articles R. 261-1 et R. 261-2 du CCH[3].

422.294 Possibilité pour la commune de faire obstacle à ces exclusions (« DPU renforcé »). Par délibération motivée, la commune peut décider d'appliquer le DPU, sur la totalité ou sur certaines parties du territoire soumis à ce droit, aux aliénations et cessions exclus de son champ d'application par les alinéas a, b et c de l'article L. 211-4[4].

Ce régime est couramment appelé le « DPU renforcé » car il conduit à élargir le champ du DPU à des hypothèses normalement exclues de celui-ci par voie législative.

Son instauration suppose l'adoption d'une délibération « motivée »[5]. Ne satisfait pas à cette exigence une délibération se bornant à énoncer que « le renforcement du droit de préemption urbain est l'un des moyens juridiques qui contribuera à la mise en place d'une nouvelle politique de l'habitat » et que, « dans le cadre de cette politique globale en faveur de l'habitat social, il est nécessaire de loger les habitants sédentaires aux revenus moyens et modestes », sans préciser les raisons pour lesquelles la commune a décidé d'appliquer le droit de préemption aux aliénations et cessions exclues de son champ d'application par les alinéas a, b et c de l'article L. 211-4[6]. Satisfait en revanche à cette exigence la délibération qui vise les dispositions précitées du code de l'urbanisme, mentionne l'intention d'une fondation d'Auteuil de vendre l'ensemble immobilier dont elle est propriétaire, correspondant au secteur UBe, rappelle le souhait de la commune de maintenir la vocation sociale de ce secteur en y favorisant la construction de bâtiments tels que foyers pour personnes âgées dépendantes, structures paramédicales, crèches ou logements aidés, et souligne le risque d'une vente par lots susceptible de tenir en échec l'exercice du simple DPU[7].

La délibération instaurant le DPU renforcé est soumise à des règles de publicité spécifiques[8].

L'institution du DPU renforcé n'est pas subordonnée à l'existence d'un projet dont les caractéristiques précises seraient d'ores et déjà arrêtées ou même connues à la date à laquelle elle est décidée[9].

422.295 Possibilité pour le préfet (en cas d'arrêté de carence) de faire obstacle à ces exclusions. Lorsque le préfet s'est substitué à la commune pour l'exercice du DPU[10], il peut décider, par arrêté motivé, d'appliquer le DPU, sur la totalité ou sur certaines parties du territoire soumis à ce droit, aux aliénations et cessions exclues de son champ d'application par les alinéas a, b et c de l'article L. 211-4[11]. Ces dispositions permettent ainsi au préfet d'instaurer lui-même le DPU renforcé lorsque la commune se trouve en situation de carence.

2°
Exclusions résultant d'une volonté communale (lotissements et ZAC)

422.301 Délibération décidant de l'exclusion. Lorsqu'un lotissement a été autorisé ou une ZAC créée, la commune peut exclure du champ d'application du DPU[12] :

– la vente des lots issus dudit lotissement ;

– ou les cessions de terrain par la personne chargée de l'aménagement de la ZAC.

422.302 Exclusion limitée dans le temps. La délibération du conseil municipal est valable pour une durée de cinq ans à compter du jour où la délibération est exécutoire[13].

Cette délibération obéit à des règles de publicité spécifiques qui conditionnent son entrée en vigueur et son caractère exécutoire[14].

1. C. urb., art. L. 211-4, c.
2. C. urb., art. R. 213-24, al. 1er, renvoyant, à tort, à l'article R. 460-1.
3. C. urb., art. R. 213-24, al. 2.
4. C. urb., art. L. 211-4, al. 5.
5. C. urb., art. L. 211-4, al. 5.
6. CE 4 févr. 2002, *SARL Constructions Transactions Mauro*, req. n° 217258, *Lebon* ; – également, sanctionnant des délibérations entachées d'insuffisance de motivation faute d'avoir précisé les raisons pour lesquelles la commune a décidé d'appliquer le droit de préemption aux aliénations et cessions exclues de son champ d'application par les alinéas a, b et c de l'article L. 211-4 : CAA Versailles, 16 déc. 2004, *Synd. des copropriétaires de la résidence Saint-Louis*, req. n° 02VE01830, NP – CAA Lyon, 8 nov. 2011, *Saint-Martin-d'Hères (Cne)*, req. n° 10LY01906, NP.
7. CAA Lyon, 28 févr. 2012, *Fondation d'Auteuil*, req. n° 11LY01197, NP.
8. V. ss n° 422.162.
9. CAA Lyon, 28 févr. 2012, *Fondation d'Auteuil*, req. n° 11LY01197, NP.
10. Hypothèse d'une carence de la commune dans le respect de ses obligations en matière de quota de logements sociaux locatifs : v. ss n° 411.41.
11. C. urb., art. L. 211-4, al. 6.
12. C. urb., art. L. 211-1, al. 4.
13. C. urb., art. L. 211-1, al. 4.
14. V. ss n° 422.161.

SECTION 5
DROIT DE DÉLAISSEMENT

422.311 Notion. Le droit de délaissement désigne le droit dont dispose le propriétaire d'un bien se trouvant dans le périmètre du DPU d'exiger de la collectivité publique l'acquisition de ce bien.

§ 1
Proposition du propriétaire d'acquérir son bien

422.321 Possibilité d'une demande d'acquisition. Tout propriétaire d'un bien soumis au droit de préemption « peut proposer au titulaire de ce droit l'acquisition de ce bien, en indiquant le prix qu'il en demande » [1].

422.322 Formes de la demande d'acquisition. Toute proposition d'acquisition est établie dans les formes prescrites par l'arrêté prévu par l'article R. 213-5 [2]. Il en résulte que la déclaration :

- doit être faite en utilisant un formulaire [3] ;
- doit indiquer les prix et conditions de l'aliénation projetée [4] ;
- doit être adressée ou remise à la mairie de la commune où se trouve situé le bien dans les formes prévues [5].

§ 2
Instruction de la demande

422.331 Transmission à certaines autorités. Dès réception de la proposition, le maire en transmet copie au directeur départemental ou, le cas échéant, régional des finances publiques [6], en lui précisant si cette transmission vaut demande d'avis [7].

Le maire transmet également copie de la proposition au délégataire éventuel du droit de préemption lorsque le titulaire de ce droit est la commune. Dans les autres cas, il transmet copie de la proposition au titulaire du droit de préemption, à charge pour ce dernier de la transmettre à son tour à l'éventuel délégataire [8].

Les transmissions [9] indiquent la date de l'avis de réception ou de la décharge de cette proposition [10].

Les règles régissant l'avis du directeur départemental des finances publiques sont celles fixées à l'article R. 213-21 [11].

422.332 Application de la procédure de droit commun. Une fois ces transmissions effectuées, la procédure se poursuit selon les mêmes règles procédurales que celles applicables lorsque la commune exerce son DPU [12].

§ 3
Décision du titulaire du droit de préemption

422.341 Délai. Le titulaire du droit de préemption doit se prononcer dans un délai de deux mois à compter de la proposition d'acquisition [13].

422.342 Option. La procédure de délaissement peut se conclure :

- soit par l'acquisition du bien ;
- soit par le refus d'acquisition ou la renonciation à l'acquisition.

A.
Première possibilité : acquisition du bien par la commune

1°
Détermination et paiement du prix

a.
Fixation du prix

422.351 Accord sur le prix. Les parties peuvent parvenir à un accord amiable :

- soit sur la base du prix proposé par le propriétaire dans sa déclaration ;
- soit, à l'issue de négociations, sur la base d'un prix inférieur.

Dans l'hypothèse où le maire propose un prix, que le propriétaire l'accepte mais que le conseil municipal revient sur l'offre du maire :

- la compétence pour connaître de cette décision revient au juge administratif [14] ;

1. C. urb., art. L. 211-5, al. 1er.
2. C. urb., art. R. 211-7, al. 1er.
3. V. ss no 424.291.
4. V. ss nos 424.301 s.
5. V. ss nos 424.361 s.
6. C. urb., art. L. 211-5, al. 1er.
7. C. urb., art. R. 211-7, al. 2.
8. C. urb., art. R. 211-7, al. 3.
9. Mentionnées à l'alinéa 2 et à l'alinéa 3.
10. C. urb., art. R. 211-7, al. 4.
11. C. urb., art. R. 213-21, al. 4 – Sur ces règles, v. ss nos 424.471 s.
12. C. urb., art. R. 211-7, al. 5 – Sur cette procédure, v. ss nos 424.551 s.
13. C. urb., art. L. 211-5, al. 1er.
14. CE 30 déc. 2013, *La Motte-en-Provence (Cne)*, req. no 365610, NP : arrêt indiquant que « la contestation de l'acte, qu'il s'agisse d'une délibération du conseil municipal ou d'une décision du maire, par lequel une commune ou son représentant décide de l'acquisition d'un bien destiné à faire partie du domaine privé de celle-ci relève de la compétence du juge administratif ».

– la délibération du conseil municipal s'analyse en une décision de retrait (par suite, elle n'est légale que si elle intervient dans un délai de 4 mois, pour remédier à une illégalité dont se trouvait entachée la décision retirée)[1].

422.352 Fixation juridictionnelle du prix. À défaut d'accord amiable, le prix est fixé par la juridiction compétente en matière d'expropriation selon les règles mentionnées à l'article L. 213-4[2].

b. Paiement du prix et transfert de propriété

422.361 Renvoi à l'article L. 213-14. En cas d'acquisition, « l'article L. 213-14 est applicable »[3], ce qui emporte deux conséquences.

D'une part, le prix doit être payé dans les 4 mois, à défaut de quoi le propriétaire peut aliéner librement son bien[4].

D'autre part, le transfert de propriété intervient à la plus tardive des dates auxquelles seront intervenus le paiement et l'acte authentique[5].

2° Information des locataires, preneurs ou occupants

422.371 Mise en relation avec le titulaire du droit de préemption. Lorsque le titulaire du droit de préemption a notifié son intention d'acquérir le bien, le propriétaire ayant exercé son droit de délaissement est tenu d'informer les locataires, les preneurs ou les occupants de bonne foi du bien et de les faire connaître à ce titulaire[6].

Les cinq premiers alinéas de l'article L. 145-46-1 du code de commerce (conférant un droit de priorité au locataire) « ne sont pas applicables à l'occasion de l'exercice du droit de préemption sur ce bien »[7]. Il en résulte que le droit de préemption prévaut sur le droit de préférence dont dispose le locataire en cas de cession.

3° Utilisation du bien par la collectivité

422.381 Liberté de la collectivité. Les dispositions des articles L. 213-11 et L. 213-12 (imposant l'utilisation du bien pour une finalité conforme à celle en vue de laquelle il a été préempté, et prévoyant sa rétrocession dans le cas contraire) ne sont pas applicables à un bien acquis par la collectivité publique suite à l'exercice du droit de délaissement[8].

Dans la mesure où l'acquisition fait suite à une initiative du propriétaire et non de la commune, celle-ci détermine librement l'utilisation du bien.

B. Seconde possibilité : refus d'acquisition du bien ou renonciation à l'acquisition du bien

1° Refus d'acquisition ou renonciation à l'acquisition

422.391 Refus d'acquisition. Il résulte du quatrième alinéa de l'article L. 211-5 que le refus d'acquisition peut être exprès ou tacite :

– il est exprès si, dans les deux mois qui suivent la réception de la proposition d'acquisition, la commune prend une décision de refus ;

– il est tacite si la commune ne prend pas de décision avant l'expiration de ce délai. Une décision implicite de rejet naît de l'absence de prise de position dans les deux mois suivant la réception de la proposition d'acquisition.

422.392 Renonciation à l'acquisition. Le titulaire du droit de préemption est réputé avoir renoncé à l'acquisition du bien dans deux cas de figure[9] :

– d'une part en cas de désaccord sur le prix ;

– d'autre part à défaut de saisine de la juridiction de l'expropriation dans le délai prévu à l'article R. 213-11.

2° Conséquence pour le propriétaire

422.401 Liberté de vendre son bien. En cas de refus exprès ou tacite d'acquisition du bien, le propriétaire bénéficie des dispositions de l'article L. 213-8[10]. Il est ainsi libre de réaliser la vente de son bien à toute personne de son choix[11].

1. CE 30 déc. 2013, *La Motte-en-Provence (Cne)*, req. no 365610, NP.
2. C. urb., art. L. 211-5, al. 2 – Sur ces règles, v. ss nos 424.761 s.
3. C. urb., art. L. 211-5, al. 3.
4. V. ss nos 424.921 s.
5. V. ss no 424.901.
6. C. urb., art. L. 213-9, al. 1er.
7. C. urb., art. L. 213-9, al. 2 ; créé par L. no 2022-217, 21 févr. 2022.
8. C. urb., art. L. 211-5, al. 5.
9. C. urb., art. R. 211-7, al. 6.
10. C. urb., art. L. 211-5, al. 4.
11. V. ss no 424.622.

CHAPITRE

423. Droit de préemption dans les zones d'aménagement différé (ZAD)

SECTION 0 ORIENTEUR

423.00 Sommaire du chapitre.

423.01 Textes applicables.

• **C. urb.**

art. L. 212-1 s.

art. R. 212-1 s.

art. A. 212-1 s.

423.02 Jurisprudence de référence.

> Absence d'obligation de compatibilité avec le PLU

• **CE, sect. 24 juill. 1981,** *Thiébaut*, req. n° 21301, *Lebon* 338.

> Institution du DPZAD sur un périmètre ENS

• **CE, sect., 3 juill. 1998,** *Département des Yvelines*, req. n° 126606, *Lebon*.

> Délimitation du périmètre de la ZAD

• **CE, ass., 17 oct. 1975,** *Guéguen et autres*, req. n° 94262, *Lebon*.

> Contrôle restreint sur la décision d'instituer une ZAD

• **CE, sect., 22 juill. 1992,** *Syndicat viticole de Pessac et Léognan et autres*, req. n° 86228, *Lebon*.

423.03 Bibliographie indicative.

Encyclopédie. *DP constr.-urb.*, ét. : « Droits de préemption » – *J.-Cl. Constr.-Urb.*, fasc. 13-10 : « Préemption. – Droit de préemption urbain et ZAD. – Évolution législative et réglementaire. Finalité de l'institution », par J. Hugot et V. Zalewski-Sicard, 2024 ; fasc. 13-15 : « Préemption. – Droit de préemption urbain et ZAD. – Traits caractéristiques du droit de préemption urbain », par J. Hugot et V. Zalewski-Sicard, déc. 2019 ; fasc. 13-20 : « Préemption. – Droit de préemption urbain et ZAD. – Règles particulières aux ZAD et à leurs périmètres provisoires », par J. Hugot et V. Zalewski-Sicard, août 2015 ; fasc. 13-25 : « Préemption. – Droit de préemption urbain et ZAD. – Règles communes. – Champ matériel d'application », par D. Dutrieux et V. Zalewski-Sicard, 2024 ; fasc. 13-30 : « Préemption. – Droit de préemption urbain et ZAD. – Règles communes. – Délégations et procédures de préemption », par J. Hugot et V. Zalewski-Sicard, mars 2021, mis à jour mars 2022 ; fasc. 13-35 : « Préemption. – Droit de préemption urbain et ZAD. – Règles communes. – Conséquences de l'exercice du droit de préemption », par D. Dutrieux et V. Zalewski-Sicard, 2024.

Monographie. R. Hostiou et F. Struillou, *Expropriation et préemption*, « Droit et professionnels », LexisNexis, 2020.

423.04 Questions essentielles.

> Quels sont les titulaires du DPZAD ?

* V. s^{s} n° 423.173

> Quelle est la durée de validité de la ZAD ?

* V. s^{s} n°s 423.241 s.

423.05 Objet des ZAD. La zone d'aménagement différé (ZAD) a été créée par une loi du 26 juillet 1962[1] afin d'éviter que le prix de terrains nécessaires à la réalisation d'un projet d'aménagement se trouve renchéri lors de l'annonce de ce projet[2].

Pour favoriser la bonne réalisation de celui-ci, l'administration ou l'aménageur dispose d'un droit de préemption sur toutes les aliénations à venir au sein de la zone (DPZAD). Le propriétaire d'un terrain dispose pour sa part d'un droit de délaissement.

Si le DPZAD peut être utilisé pour la réalisation d'opérations d'aménagement, en pratique, il sert surtout pour constituer les réserves foncières nécessaires à la réalisation de ces opérations.

1. L. n° 62-848, 26 juill. 1962 relative au droit de préemption dans les zones à urbaniser en priorité et dans les zones d'aménagement différé, à la juridiction d'expropriation et au mode de calcul des indemnités d'expropriation, *JO* 27 juill., p. 7411.
2. CE, ass., 6 juin 1969, *Laudon*, req. n° 71514, *Lebon* 288 : arrêt indiquant que par ces dispositions, « le législateur a entendu notamment donner aux collectivités publiques la possibilité de s'opposer à la spéculation foncière dans les zones où sont annoncées des opérations d'urbanisme [...] dont la réalisation est prévue, mais différée dans le temps » ; – également : CE 8 juin 1994, *Mitry-Mory (C^{ne})*, req. n° 126486, *Lebon T.* : arrêt soulignant « que, si l'objectif de faire échec à la spéculation foncière pouvant résulter de l'existence de projets d'aménagement ne figure pas au nombre de ceux mentionnés à l'article L. 300-1, ledit objectif constitue le fondement même de l'édiction des dispositions législatives et réglementaires relatives aux zones d'aménagements différés ; qu'ainsi, la collectivité requérante n'est pas fondée à soutenir que la zone d'aménagement différé litigieuse aurait été instituée en vue d'un objet étranger à ceux en vue desquels elle pouvait être légalement créée ».

Il présente ainsi un aspect pré-opérationnel en conférant aux collectivités publiques un moyen de contrôle du foncier dans les secteurs où elles envisagent la réalisation d'une opération.

423.06 Pré-ZAD. Dès qu'il est saisi d'une proposition de création de ZAD par la commune ou l'EPCI ou qu'il lui demande son avis sur un tel projet, le préfet peut prendre un arrêté délimitant le périmètre provisoire de la zone[1]. Ce périmètre provisoire est couramment appelé « pré-ZAD ». Il vise à empêcher les spéculations foncières que suscite l'annonce de la création d'une ZAD.

423.07 Constitutionnalité et conventionnalité. Saisi d'une QPC mettant en cause la constitutionnalité des articles L. 212-1 et L. 212-2 du code de l'urbanisme, la Cour de cassation a refusé le renvoi au Conseil constitutionnel, estimant qu'aucun moyen soulevé ne présentait un caractère sérieux[2].

Une cour administrative a également conclu à la conventionnalité du dispositif, estimant que la création d'une ZAD ne méconnaît pas l'article 1er du Premier protocole additionnel à la convention européenne des droits de l'homme[3].

SECTION 1
CRÉATION DES ZAD ET PRÉ-ZAD

§ 1
Conditions de fond de création d'une ZAD ou d'une pré-ZAD

A.
Conditions propres à tout régime de préemption : motif d'intérêt général et opération d'aménagement

1°
Énoncé des conditions générales

423.11 Conditions de l'article L. 210-1, al. 1er. Une ZAD ne peut être instituée que si sa création répond, comme tous les régimes de préemption relevant du titre Ier du livre II du code de l'urbanisme, aux conditions posées à l'article L. 210-1, al. 1er, du code de l'urbanisme[4].

Il s'ensuit que l'acte de création doit être justifié par un motif d'intérêt général et tendre :

– à la réalisation d'une action ou d'une opération d'aménagement ;

– ou à la constitution d'une réserve en vue de réaliser une telle action ou opération (ce qui, en pratique, constitue la principale finalité des ZAD).

423.12 Absence d'exigence d'une opération clairement identifiée. Ne fait pas obstacle à la création d'une ZAD la circonstance qu'aucune opération d'aménagement concernant les parcelles qui en relèvent n'a encore été décidée[5].

2°
Illustrations jurisprudentielles

a.
Conditions regardées comme satisfaites

423.21 Illustrations. À titre d'exemple, les conditions de création d'une ZAD ont été regardées comme satisfaites lorsque celle-ci a été créée :

– pour faire face au problème foncier posé par le projet d'implantation d'un accélérateur de particules envisagé par le centre européen de recherches nucléaires, qui nécessite la construction dans une zone rurale d'équipements collectifs et de logements[6] ;

– pour constituer des réserves foncières en vue de permettre à la commune de réaliser différentes opérations d'urbanisme[7] ;

– pour la réalisation d'une zone d'activité[8] ;

– pour réhabiliter des thermes et favoriser le développement économique de la commune[9] ;

– pour préserver la possibilité d'un aménagement cohérent d'un secteur[10].

b.
Conditions non regardées comme satisfaites

423.31 Absence d'opération d'aménagement. À titre d'exemple, l'acte de création d'un parc zoologique dans une zone rurale ne répond pas aux conditions posées par l'article L. 210-1, al. 1er, dans un cas où cette création n'implique dans les circonstances de l'espèce ni extension urbaine, ni réalisation d'équipements[11].

423.32 Absence de nécessité. Ne satisfait pas aux conditions légales la création d'une ZAD qui ne correspond à aucune nécessité. Ainsi, est illégal :

1. V. ss nos 423.81 s.
2. Civ. 3e, 20 févr. 2014, no 13-40.076, P.
3. CAA Marseille, 19 mai 2011, *Assoc. Non au béton*, req. no 09MA02708, NP.
4. V. ss nos 421.21 s.
5. CE 14 nov. 1980, *Besset*, req. no 16637, *Lebon T.*
6. CE, ass., 6 juin 1969, *Laudon*, req. no 71514, *Lebon* 288.
7. CE, sect., 24 juill. 1981, *Thiébaut*, req. no 21302, *Lebon* 339.
8. CE, sect., 22 juill. 1992, *Synd. viticole de Pessac et Léognan et a.*, req. no 86228, *Lebon*.
9. CAA Lyon, 7 juill. 1995, *Mondoloni*, req. no 93LY00906, *Lebon*.
10. CE 15 mars 1996, *Bessancourt (Cne)*, req. no 126498, NP.
11. CE, sect., 20 janv. 1978, *Min. Équipement c/Pariset*, req. no 03585, *Lebon*.

– la création d'une ZAD en vue de la constitution d'une réserve foncière, justifiée par l'extension prévisible de l'agglomération, alors que la population de la commune est inférieure à 2000 habitants et bénéficie déjà d'une ZAD de 60 hectares [1] ;

– la création d'une ZAD sur une superficie de plus de douze hectares « afin de pouvoir maîtriser les terrains nécessaires » à la création de lotissements, dès lors qu'aucune pression spéculative ne s'exerce sur le prix des terrains dans cette commune rurale de 1 200 habitants dont la population est stagnante, et que la demande de terrains à bâtir ne justifie pas, même à moyen terme et dans la perspective d'une politique active de développement, la réservation d'une superficie aussi importante [2] ;

– la création d'une ZAD, dans une commune de 700 habitants, dont la surface représente près de 10 % du territoire de la commune (eu égard tant à la population de la commune qu'à sa situation géographique ou à ses perspectives de développement, la surface de la zone est hors de proportion avec les besoins de terrains qu'implique, dans un avenir prévisible, la réalisation des projets de la commune, lesquels d'ailleurs peuvent être menés à bien sans qu'il soit créé une ZAD [3]) ;

– la création d'une ZAD en vue de la construction d'un lotissement, d'une salle polyvalente et d'une zone artisanale, eu égard à l'importance de l'agglomération, dont la population a diminué au cours des dernières années, à sa situation géographique, à ses perspectives de développement et à l'étendue du domaine communal dont toute la superficie n'est pas utilisée (juge soulignant que « la surface de la zone est hors de proportion avec les besoins de terrains qu'implique dans un avenir prévisible, la réalisation de ces projets ») [4].

B.
Compatibilité avec le SCOT

423.41 Exigence de compatibilité avec le SCOT. L'acte de création d'une ZAD ou d'une pré-ZAD doit être compatible avec le SCOT [5].

423.42 Absence d'exigence de compatibilité de l'acte de création avec le PLU. Il a été jugé que l'acte de création d'une ZAD n'est pas soumis à une obligation de compatibilité avec le POS [6]. De la même manière, il y a lieu de considérer que l'acte de création d'une ZAD n'est pas soumis à une obligation de compatibilité avec le PLU.

C.
Territoires sur lesquels peut être créées une ZAD ou une pré-ZAD

1°
Absence d'exigence de couverture des territoires par un PLU ou une carte communale

423.51 ZAD pouvant être créée sur toutes les communes. À la différence du DPU, qui ne peut être instauré que lorsque la commune est dotée d'un PLU ou d'une carte communale [7], le DPZAD peut être instauré sur tout territoire, même non couvert par un document d'urbanisme.

2°
Absence de limitation des zones sur lesquelles peut être créée la ZAD

423.61 ZAD pouvant être créée sur tout secteur. À la différence du DPU, qui ne peut être instauré que sur des types de zones expressément énumérés par le code de l'urbanisme [8], le DPZAD peut être mis en place sur tout secteur.

Ainsi, par exemple, rien ne s'oppose à ce que la ZAD :

– couvre un secteur dense, le centre-ville ou encore des parcelles bâties [9] ;

– couvre un secteur dont une grande partie est consacrée à l'activité agricole [10] (la présence de secteurs vierges de constructions et à urbaniser est tout à fait cohérente avec la finalité de cet instrument de maîtrise foncière qui est précisément de mettre en œuvre une opération d'aménagement).

1. CE 15 janv. 1982, *Karch (Ép^x)*, req. n° 18723, *Lebon T.* (acte de création entaché d'erreur manifeste d'appréciation).
2. CE 14 mars 1986, *Min. Urbanisme et Logement c/Morelieras*, req. n° 48769, *Lebon T.*
3. CE 16 déc. 1994, *Veauchette (C^ne)*, req. n° 104389, *Lebon T.* ; *BJDU* 1994. 81, concl. C. Maugüé.
4. CE janv. 1988, *Molières (C^ne)*, req. n° 69309, *Lebon T.*
5. V. s^s n° 222.43.
6. CE, sect. 24 juill. 1981, *Thiébaut*, req. n° 21301, *Lebon* 338 – CE 8 juin 1994, *Mitry-Mory (C^ne)*, req. n° 126486, *Lebon T.* – CE 15 mars 1996, *Bessancourt (C^ne)*, req. n° 126498, NP : arrêt indiquant « que, compte tenu de son objet, de sa durée et de la nature des mesures qu'elle rend applicables, une zone d'aménagement différé peut être légalement instituée, alors même que le plan d'occupation des sols en vigueur au moment de sa création serait de nature à faire obstacle à la réalisation immédiate des dispositions qu'elle comporte ».
7. V. s^s n°s 422.21 s.
8. V. s^s n°s 422.31 s.
9. CE 14 nov. 1980, *Besset*, req. n° 16637, *Lebon T.*
10. CE 8 juin 1994, *Mitry-Mory (C^ne)*, req. n° 126486, *Lebon T.* ; – également : CE, sect., 22 juill. 1992, *Synd. viticole de Pessac et Léognan et a.*, req. n° 86228, *Lebon.*

3°
Possibilité de créer une ZAD ou une pré-ZAD sur un périmètre déjà couvert par un DPU ou un DPENS

423.71 Création d'une ZAD sur une zone soumise au DPU. Les zones urbaines ou d'urbanisation future délimitées par un PLU approuvé et comprises dans un périmètre provisoire de ZAD ou dans une ZAD « ne sont plus soumises au droit de préemption urbain institué sur ces territoires »[1].

Il en résulte deux conséquences :

– d'une part, une ZAD ou pré-ZAD peut être instituée sur un périmètre relevant du DPU (en revanche, un DPU ne peut pas être institué sur un périmètre relevant du DPZAD[2]) ;

– d'autre part, l'instauration d'une ZAD ou pré-ZAD sur un tel périmètre, lorsqu'il concerne une zone urbaine ou une zone d'urbanisation future, a pour effet de faire sortir les terrains qui en relevaient du champ du DPU.

423.72 Création d'une ZAD sur une zone soumise au DPENS. Aucune disposition législative ou réglementaire n'interdit la création par l'État d'une ZAD sur des terrains inclus dans une zone de préemption ENS[3].

Un tel cumul de régime pourrait poser des difficultés d'articulation dans la mesure où leurs objectifs sont totalement opposés : le DPZAD poursuit un objectif d'urbanisation des espaces alors que le DPENS vise au contraire à préserver leur caractère naturel.

1. POUR les ZAD : C. urb., art. L. 212-1, al. 1er ; – pour les pré-ZAD : C. urb., art. L. 212-2-1, al. 2.
2. CE 22 févr. 1995, *Bessoncourt (Cne)*, req. nº 125025, *Lebon T.*
3. CE, sect., 3 juill. 1998, *Dpt des Yvelines*, req. nº 126606, *Lebon ; BJDU* 1998. 440, concl. F. Lamy ; – également, du même jour : CE, sect., 3 juill. 1998, *Préfet du dpt des Yvelines*, req. nº 132250, *Lebon* : arrêt affirmant que si l'article L. 113-8 du code de l'urbanisme dispose que la création d'une zone de préemption par un département doit s'effectuer selon les principes posés à l'article L. 101-2 du même code et notamment selon le principe d'harmonisation par les collectivités publiques de leurs prévisions et de leurs décisions d'utilisation de l'espace, la circonstance qu'à la date de la délibération décidant la création d'une zone de préemption ENS, l'État avait engagé une procédure tendant à la création, dans le même secteur, d'une ZAD « ne révèle pas, dans les circonstances de l'espèce, une méconnaissance de ces dispositions » (la référence aux « circonstances de l'espèce » limitant toutefois la portée de la solution).

§ 2
Procédures de création d'une pré-ZAD (délimitation d'un périmètre provisoire)

A.
Arrêté de création

423.81 Arrêté préfectoral. La création d'une pré-ZAD se fait par voie d'arrêté préfectoral[4]. Elle intervient par voie d'arrêté interpréfectoral lorsque le périmètre s'étend sur le territoire de plusieurs départements[5].

423.82 Conditions d'édiction de l'arrêté. Le préfet peut prendre un arrêté délimitant le périmètre provisoire d'une ZAD dans deux cas de figure[6] :

– d'une part lorsqu'il est saisi d'une proposition de création de ZAD par la commune ou l'EPCI compétent ;

– d'autre part lorsque la commune ou l'EPCI compétent lui demande son avis sur un tel projet.

423.83 Contenu de l'arrêté. L'arrêté préfectoral ou interpréfectoral créant la pré-ZAD :

– établit le périmètre provisoire de la ZAD[7] ;

– et désigne le titulaire du droit de préemption[8].

Ce titulaire est en principe l'État[9]. Néanmoins, le code prévoit la possibilité pour l'arrêté de « désigner un autre titulaire du droit de préemption »[10].

423.84 Absence d'exigence d'une enquête publique. Les dispositions du code de l'urbanisme fixant les conditions auxquelles doivent répondre les décisions portant création d'une ZAD n'imposent à l'administration ni d'ouvrir une enquête publique avant la création de la zone d'aménagement ni de faire référence à la qualité des terres et aux contraintes naturelles pesant sur les terrains inclus dans le périmètre de la ZAD[11].

B.
Publicité de l'arrêté

423.91 Double publicité. L'arrêté créant la pré-ZAD fait l'objet d'une publication au recueil des actes administratifs de la ou des préfectures[12].

4. C. urb., art. L. 212-2-1, al. 1er.
5. C. urb., art. R. 212-2-1, al. 1er.
6. C. urb., art. L. 212-2-1, al. 1er.
7. C. urb., art. L. 212-2-1, al. 1er.
8. C. urb., art. R. 212-2-1, al. 1er.
9. C. urb., art. L. 212-2-1, al. 2, prévoyant qu'à compter de l'accomplissement des formalités de publicité de l'arrêté, « un droit de préemption est ouvert à l'État dans le périmètre provisoire ».
10. C. urb., art. L. 212-2-1, al. 3.
11. CAA Bordeaux, 10 déc. 1999, *Min. Équip., Logement, Transports et Tourisme*, req. nº 96BX02305, NP.
12. C. urb., art. R. 212-2-1, al. 1er.

Mention en est en outre insérée dans deux journaux publiés dans le ou les départements[1].

423.92 Effets de la publicité : ouverture du droit de préemption. Les effets juridiques attachés à la délimitation du périmètre provisoire (ou, en d'autres termes, la création de la pré-ZAD) ont pour point de départ l'exécution de la double publicité[2].

À compter de la publication de l'arrêté délimitant le périmètre provisoire de la zone, l'autorité désignée par celui-ci comme titulaire du droit de préemption se voit ouvrir celui-ci. Ce droit lui est ouvert jusqu'à la publication de l'acte créant la ZAD[3].

C. Transmission de l'arrêté

423.101 Dépôt de la décision aux mairies concernées. Une copie de la décision créant le périmètre provisoire et un plan « sont déposés » à la mairie de chacune des communes concernées[4].

La notion de dépôt implique la mise à disposition du document aux administrés.

423.102 Notification de la décision aux autorités concernées. Une copie de la décision créant le périmètre provisoire « est adressée » à certaines autorités[5] :

- la chambre départementale des notaires ;
- les barreaux constitués près les tribunaux judiciaires dans le ressort desquels est délimité le périmètre provisoire ;
- le greffe des mêmes tribunaux.

D. Création d'une ZAD ou absence de création d'une ZAD dans les deux ans suivant la délimitation d'un périmètre provisoire

423.111 1re hypothèse : création d'une ZAD avant l'expiration du délai de deux ans. Lorsqu'une ZAD est créée au sein du périmètre provisoire dans les deux ans qui suivent la délimitation de celui-ci, ce qui correspond à l'hypothèse normale, l'effet de cette création est d'inclure la période écoulée dans le calcul du délai d'exercice du droit de préemption.

Le code prévoit en effet que, par dérogation à l'article L. 212-2, la date de publication de l'acte délimitant le périmètre provisoire de la ZAD « se substitue à celle de l'acte créant la zone d'aménagement différé pour le calcul du délai de six ans renouvelable pendant lequel le droit de préemption peut être exercé »[6].

1. C. urb., art. R. 212-2-1, al. 1er.
2. C. urb., art. R. 212-2-1, al. 2.
3. C. urb., art. L. 212-2-1, al. 2.
4. C. urb., art. R. 212-2-1, al. 3.
5. C. urb., art. R. 212-2-1, al. 4.

423.112 2nde hypothèse : absence de création d'une ZAD avant l'expiration du délai de deux ans. Si l'acte créant la ZAD n'est pas publié à l'expiration d'un délai de deux ans à compter de la publication de l'arrêté délimitant le périmètre provisoire, « cet arrêté devient caduc »[7]. Les biens préemptés doivent alors être rétrocédés[8].

§ 3 Procédure de création d'une ZAD

423.121 Procédure normale et procédures spéciales. Le code de l'urbanisme prévoit une procédure normale de création de ZAD, qui confère le pouvoir de décision à l'État (en principe le préfet). Il prévoit également des procédures spécifiques de création de ZAD soumises à des règles dérogatoires :

- ZAD créées par des EPCI ;
- ZAD créées par accord entre l'État et une collectivité locale ou un établissement public (Grand Paris, GOU) ;
- ZAD créées par l'État dans le cadre d'une opération d'intérêt national (OIN).

A. Procédure normale de création d'une ZAD

1° Initiative

423.131 Deux autorités. Une ZAD peut être créée par le préfet sur proposition de la commune. Elle peut aussi être créée par le préfet de sa propre initiative.

a. Initiative de la commune

423.141 Proposition. Une ZAD peut être créée par le préfet sur proposition de la commune et après avis de l'EPCI ayant les compétences visées au deuxième alinéa de l'article L. 211-2 (compétences en matière de DPU)[9].

Le pouvoir de proposition appartient à l'EPCI si l'exercice de la compétence en matière de DPU lui a été transféré par la commune[10].

6. C. urb., art. L. 212-2-1, al. 5.
7. C. urb., art. L. 212-2-1, al. 4.
8. V. ss no 423.272.
9. C. urb., art. L. 212-1, al. 1er.
10. Sur cette possibilité, C. urb., art. L. 212-4 : « Lorsqu'une commune fait partie d'un établissement public de coopération intercommunale y ayant vocation, elle peut, en accord avec cet établissement, lui déléguer tout ou partie des compétences qui lui sont attribuées par le présent chapitre » ; – également., impl. : C. urb., art. R. 212-1, a.

b.
Initiative de l'État

423.151 **Pouvoir d'initiative.** Le préfet peut, de sa propre initiative, créer une ZAD.

423.152 **Formalités préalables.** La décision du préfet doit être précédée d'une consultation des autorités locales. Il doit solliciter l'avis[1] :

- de la commune ;
- ou de l'EPCI compétent si la compétence lui a été transférée.

Nul autre avis n'est exigé (ni celui du conseil départemental[2], ni celui de la chambre d'agriculture[3], ni encore celui du ministre de la culture quand une ZAD englobe un site classé[4]).

Le préfet adresse aux autorités consultées le projet d'arrêté, précisant le périmètre de la ZAD et indiquant le titulaire du droit de préemption.

La commune ou l'EPCI dispose d'un délai de deux mois pour se prononcer à compter du jour où le maire ou le président de l'établissement a reçu communication du projet. Faute de réponse dans ce délai, la commune ou l'EPCI est réputé avoir donné un avis défavorable[5].

2°
Décision de création de la ZAD

a.
Décision prise par arrêté préfectoral ou par décret

423.161 **Principe : ZAD créée par arrêté préfectoral.** La ZAD est créée par arrêté préfectoral par arrêté du préfet ou, si la zone est située sur le territoire de plusieurs départements, par arrêté conjoint des préfets intéressés[6].

423.162 **Exception : ZAD créée par décret en cas d'avis défavorable de la commune ou de l'EPCI.** En cas d'avis défavorable de la commune ou de l'EPCI compétent, la ZAD ne peut être créée que par décret en Conseil d'État[7].

Tel est le cas dans deux hypothèses[8] :

- si un avis défavorable a expressément été émis ;
- si la commune ou l'EPCI n'a pas émis son avis dans les deux mois qui suivent la transmission du projet de création de ZAD (son silence est considéré comme valant avis défavorable).

Le Premier ministre ne méconnaît pas le principe de libre administration des collectivités territoriales en créant une ZAD[9].

b.
Contenu de la décision créant la ZAD

423.171 **Motivation de la décision.** La création de la ZAD est prise « par décision motivée »[10]. Il en résulte que cette décision doit énoncer les considérations de droit et de fait sur laquelle elle se fonde.

Dans le cas d'une ZAD destinée à préparer la constitution de réserves foncières dont la destination n'est pas arrêtée, « les considérations de fait s'entendent notamment de la justification du besoin de réserves foncières ainsi que de l'aptitude des terrains concernés, au regard par exemple des équipements existants ou à réaliser, à faire l'objet d'un aménagement ultérieur »[11]. Conformément au troisième alinéa de l'article L. 210-1 du code de l'urbanisme, lorsque le droit de préemption est exercé à des fins de réserves foncières dans le cadre d'une ZAD, la motivation des décisions de préemption peut se référer à la motivation générale mentionnée dans l'acte créant la ZAD[12].

Eu égard aux finalités de la création d'une ZAD, est suffisamment motivé l'arrêté qui vise les textes relatifs à la création des ZAD et mentionne que la volonté de l'EPCI ayant demandé sa création est de « préserver et mettre en valeur les espaces naturels du littoral, réserver les secteurs nécessaires aux zones d'habitat futur, tant individuel que collectif, selon la mise en œuvre d'une politique de l'habitat, développer vers la Pointe de Roux les équipements de loisirs et de tourisme autour d'un éventuel port de plaisance, développer et restructurer des activités économiques et éventuellement universitaires, ainsi que des équipements d'intérêt général et réaliser la poursuite de la liaison principale les Minimes-Aytré (boulevard Charcot) », alors même que l'arrêté ne fait référence à aucun projet précis s'agissant de la préservation et de la mise en valeur des espaces naturels du littoral, de la restructuration des activités économiques et universitaires et des équipements d'intérêt général[13].

423.172 **Délimitation du périmètre de la ZAD.** La décision créant la ZAD doit délimiter le périmètre

1. C. urb., art. L. 212-1, al. 1er ; art. R. 212-1, a.
2. CE 2 juin 1976, *Chambre d'agriculture de l'Ile-de-France et a.*, req. n° 96767, *Lebon*.
3. CE 2 juin 1976, *Chambre d'agriculture de l'Ile-de-France et a.*, req. n° 96767, *Lebon*.
4. CE, ass., 17 oct. 1975, *Guéguen et a.*, req. n° 94262, *Lebon*.
5. C. urb., art. R. 212-1, b.
6. C. urb., art. L. 212-1, al. 1er ; art. R. 212-1, a.
7. C. urb., art. L. 212-1, al. 1er.
8. C. urb., art. R. 212-1, b.
9. CE 9 déc. 1996, *Assoc. des propriétaires de la plaine de Chambourcy*, req. n° 126504, NP.
10. C. urb., art. L. 212-1, al. 1er.
11. Rép. min. n° 54324, *JOAN Q* 15 mars 1993, p. 947.
12. V. ss n° 421.231.
13. CAA Bordeaux, 20 oct. 2005, *Assoc. de défense des propriétaires de la ZAD de La Pointe de Roux d'Aytre*, req. n° 01BX02288, NP.

de celle-ci. Si cette exigence n'est pas formellement posée par les dispositions applicables, elle se trouve nécessairement impliquée par la technique de la zone : l'établissement d'une zone suppose nécessairement un zonage, donc une délimitation cartographique de celle-ci.

L'exigence apparaît néanmoins énoncée de façon indirecte, le code prévoyant que la copie de la décision créant la ZAD « et un plan précisant le périmètre de cette zone » sont déposés à la mairie de chacune des communes concernées[1].

Aucune disposition n'exige que ce plan soit un plan cadastral[2].

En outre, « sous réserve que l'acte de création de la zone d'aménagement différé permette de déterminer clairement ses limites, les erreurs que pourrait comporter le plan annexé à l'acte [...] sont sans incidence sur sa légalité »[3].

423.173 Détermination du titulaire du droit de préemption. L'acte créant la zone « désigne le titulaire du droit de préemption »[4].

Celui-ci peut être :

- soit une collectivité publique ou un établissement public y ayant vocation ;
- soit le concessionnaire d'une opération d'aménagement[5].

c.
Publicité de l'acte de création de la ZAD

423.181 Formalités de publicité. Trois formalités sont requises pour rendre publique l'existence de la décision.

En premier lieu, la décision créant une ZAD fait l'objet d'une publication[6] :

- publication au *JORF* s'il s'agit d'un décret (a) ;
- publication au recueil des actes administratifs du ou des départements intéressés s'il s'agit d'un arrêté (b).

En deuxième lieu, mention de la décision est insérée dans deux journaux publiés dans le ou les départements concernés[7].

En troisième lieu, une copie de la décision créant la ZAD et un plan précisant le périmètre de cette zone sont déposés à la mairie de chacune des communes concernées[8], c'est-à-dire affichés[9].

423.182 Effets de la publicité. Lorsque la ZAD est créée par décret, les effets juridiques attachés à la création de la zone ont pour point de départ la publication au Journal officiel[10].

Lorsque la ZAD est créée par arrêté préfectoral, les effets juridiques attachés à la création de la zone ont pour point de départ l'exécution de l'ensemble des formalités de publicité mentionnées ci-dessus. La date à prendre en considération pour l'affichage en mairie est celle du premier jour où il est effectué[11].

La circonstance que les règles de publicité de l'acte créant la zone n'aient pas été respectées est en tout état de cause sans incidence sur sa légalité[12].

423.183 Notification de la décision à certaines autorités. Copie de la décision créant la zone est adressée aux autorités concernées[13] :

- la chambre départementale des notaires ;
- les barreaux constitués près les tribunaux judiciaires dans le ressort desquels est créée la ZAD ;
- le greffe des mêmes tribunaux.

Cette transmission vise à assurer l'information de ces autorités sur l'existence et l'étendue du DPZAD et, ainsi, à garantir la sécurité juridique des mutations de biens immobiliers entrant le cas échéant dans son champ d'application.

B.
Procédures spéciales de création d'une ZAD

1°
ZAD créée par un EPCI

423.191 Faculté de création par un EPCI. Le code de l'urbanisme prévoit la possibilité pour certains EPCI de créer eux-mêmes une ZAD en cas d'accord de l'ensemble des communes ayant vocation à être incluses dans son périmètre.

Ce pouvoir est notable car il conduit à reconnaître ce pouvoir à des autorités décentralisées sans intervention de l'État. Celui-ci n'exerce aucun contrôle

1. C. urb., art. R. 212-2, al. 4 – voir, déduisant l'exigence de délimitation du périmètre de la ZAD à partir de ces dispositions : CE, ass., 17 oct. 1975, *Guéguen et a.*, req. n° 94262, *Lebon*.
2. CE, sect., 22 juill. 1992, *Synd. viticole de Pessac et Léognan et a.*, req. n° 86228, *Lebon*.
3. CE, sect., 22 juill. 1992, *Synd. viticole de Pessac et Léognan et a.*, req. n° 86228, *Lebon*. En l'espèce, a été jugée sans incidence la circonstance que le plan annexé à l'acte créant la ZAD n'avait pas tenu compte de certaines modifications cadastrales.
4. C. urb., art. L. 212-2, al. 2.
5. C. urb., art. L. 212-2, al. 1er – V. ss nos 423.281 s.
6. C. urb., art. R. 212-2, al. 1er à 3.
7. C. urb., art. R. 212-2, al. 4.
8. C. urb., art. R. 212-1, al. 4.
9. L'interprétation du terme « déposer » dans le sens d'« afficher » résulte du rapprochement de l'alinéa 4 (employant le terme « déposé » à la mairie) et de l'alinéa 5 (qui évoque, à propos de l'alinéa 4, l'« affichage » en mairie).
10. C. urb., art. R. 212-2, al. 5.
11. C. urb., art. R. 212-2, al. 5.
12. CE 8 juin 1994, *Mitry-Mory (Cne)*, req. n° 126486, *Lebon T.*
13. C. urb., art. R. 212-2, al. 6.

sur sa création. Le préfet n'interviendra le cas échéant que de deux manières :

– pour déférer au tribunal administratif la délibération de l'EPCI portant création de la ZAD locale ;

– pour prendre lui-même la décision de création en cas d'avis défavorable de l'une des communes concernées.

423.192 EPCI de droit commun. Des ZAD peuvent être créées par délibération motivée de l'organe délibérant de l'EPCI à fiscalité propre ayant les compétences en matière de PLU et donc, de DPU, après avis favorable des communes incluses dans le périmètre de la zone[1].

En cas d'avis défavorable d'une de ces communes, la ZAD ne peut être créée que par arrêté préfectoral[2].

423.193 Établissement public territorial (Grand Paris). Des ZAD peuvent être créées par délibération motivée de l'organe délibérant d'un EPT, en dehors des périmètres fixés par le conseil de la métropole du Grand Paris pour la mise en œuvre des opérations d'aménagement d'intérêt métropolitain, après avis favorable des communes dont le territoire est inclus en tout ou partie dans le périmètre de ces zones[3].

En cas d'avis défavorable d'une commune, la ZAD ne peut être créée que par arrêté préfectoral[4].

2°
ZAD créée par un accord entre l'État et une collectivité locale ou un établissement public (Grand Paris, GOU)

a.
Accord dans le cadre du Grand Paris

423.201 Contrat de développement territorial. La loi relative au Grand Paris[5] prévoit qu'un contrat de développement territorial (CDT) conclu entre le préfet de région, d'une part, et les communes et EPCI, d'autre part, peut prévoir la création de ZAD dont :

- il « dresse la liste » ;
- « fixe le périmètre » ;
- et « définit les bénéficiaires des droits de préemption institués dans ces zones ».

423.202 Procédure. La délibération du conseil municipal ou de l'organe délibérant de l'EPCI qui autorise le maire ou le président de l'EPCI à signer le contrat de développement territorial emporte, pour l'application de l'article L. 212-1 du code de l'urbanisme, avis favorable de la commune ou de l'EPCI sur la création des ZAD prévues au contrat[6].

b.
Accord dans le cadre d'une grande opération d'urbanisme (GOU)

423.211 Délimitation d'une ZAD. L'acte décidant la qualification de grande opération d'urbanisme peut délimiter sur tout ou partie du périmètre de celle-ci une ZAD. Dans ce cas, cet acte désigne le titulaire du droit de préemption afférent[7].

Par dérogation au régime de droit commun (droit de préemption pouvant être exercé pour une période de 6 ans, renouvelable plusieurs fois), ce droit de préemption peut être exercé pendant une période de dix ans, renouvelable une fois[8].

3°
ZAD créée par l'État dans le cadre d'une opération d'intérêt national (OIN)

423.221 Création d'une ZAD. Le décret de création d'une opération d'intérêt national (OIN) peut délimiter une ZAD, sur tout ou partie du périmètre de l'OIN. Dans ce cas, il désigne le titulaire du droit de préemption afférent[9].

Par dérogation au régime de droit commun (droit de préemption pouvant être exercé pour une période de 6 ans, renouvelable plusieurs fois), ce droit de préemption peut être exercé pendant une période de dix ans, renouvelable une fois par décret[10].

C.
Contentieux

423.231 Contrôle juridictionnel. Le juge administratif exerce un contrôle restreint sur la décision d'instituer une zone d'aménagement différé[11].

423.232 Divisibilité de l'acte de création d'une ZAD. L'acte portant création d'une ZAD est un acte divisible pouvant faire l'objet d'une annulation partielle[12].

1. C. urb., art. L. 212-1, al. 3.
2. C. urb., art. L. 212-1, al. 4.
3. C. urb., art. L. 212-1, al. 4.
4. C. urb., art. L. 212-1, al. 5.
5. L. n° 2010-597, 3 juin 2010 relative au Grand Paris, *JO* 5 juin, n° 1, art. 21, II, al. 5.
6. L. n° 2010-597, 3 juin 2010, art. 21, III, al. 1er.
7. C. urb., art. L. 312-6, al. 1er.
8. C. urb., art. L. 312-6, al. 2.
9. C. urb., art. L. 102-15, al. 1er ; créé par L. n° 2018-1021, 23 nov. 2018, art. 3.
10. C. urb., art. L. 102-15, al. 2.
11. CE, sect., 22 juill. 1992, *Synd. viticole de Pessac et Léognan et a.*, req. n° 86228, *Lebon* – CE 14 mars 1986, *Min. Urbanisme et Logement c/Morelieras*, req. n° 48769, *Lebon T.*
12. CE 8 juin 1994, *Mitry-Mory (Cne)*, req. n° 126486, *Lebon T.* : en l'espèce, le juge annule l'acte de création en tant qu'il inclut dans le périmètre d'une ZAD une parcelle ne répondant pas aux conditions légales.

423.233 Exception d'illégalité. L'acte de création d'une ZAD qui rend applicable au sein de cette zone les dispositions du code de l'urbanisme qui régissent l'exercice du droit de préemption, constitue une base légale des décisions de préemption prises dans son périmètre. L'illégalité de cet acte « est, par suite, susceptible d'être utilement invoquée au soutien de conclusions dirigées contre une décision de préemption »[1]. Toutefois « cet acte, qui ne revêt pas un caractère réglementaire[2], ne forme pas avec les décisions individuelles de préemption prises dans la zone une opération administrative unique comportant un lien tel que les illégalités qui l'affecteraient pourraient, alors même qu'il aurait acquis un caractère définitif, être régulièrement invoquées par la voie de l'exception »[3].

En d'autres termes, l'acte créant la ZAD ne forme pas, avec les décisions individuelles de préemption prises dans la zone qu'il délimite, une opération complexe. Dès lors, la légalité de cet acte peut être contestée par la voie de l'exception à l'appui d'un recours formé contre une décision individuelle de préemption, tant que cette délibération n'est pas devenue définitive. En revanche, une fois que l'acte créant la ZAD est devenu définitif, sa légalité ne peut plus être contestée à l'appui d'un recours formé contre une décision individuelle de préemption.

§ 4
Durée de validité de la ZAD

423.241 Durée de 6 ans renouvelable sans limite. La ZAD est créée pour « une période de six ans renouvelable » à compter de la publication de l'acte de création[4]. Il résulte de la formule employée que « cette période de six ans est [...] renouvelable plusieurs fois »[5].

Lorsque la création de la ZAD a été précédée d'une délimitation de son périmètre provisoire (pré-ZAD), le délai de 6 ans court à compter de la date de publication de l'acte délimitant ce périmètre provisoire[6].

423.242 Renouvellement de la ZAD. Le renouvellement « se fait selon les modalités prévues à l'article L. 212-1, sans que l'acte renouvelant le droit de préemption soit nécessairement pris selon la modalité ayant présidé à la prise de l'acte de création de la zone »[7]. Cette formule signifie, selon une circulaire[8] :

– que « le renouvellement des ZAD créées à l'initiative de l'État s'opère par arrêté préfectoral en cas d'avis favorables ou par décret en Conseil d'État si un avis défavorable est émis » ;

– et que « le renouvellement des ZAD créées à l'initiative de l'intercommunalité s'opère par délibération de l'organe délibérant de cette dernière ou par arrêté préfectoral en cas d'avis défavorable d'une commune ».

La décision doit être motivée, c'est-à-dire énoncer les considérations de droit et de fait sur lesquelles elle se fonde[9]. Les formalités de publicité doivent être respectées.

En l'absence de renouvellement, la ZAC devient caduque à l'expiration du délai de 6 ans.

423.243 Régime antérieur. Sous le régime antérieur, la durée de validité des ZAD était de 14 ans. La ZAD n'était pas renouvelable[10].

La loi du 3 juin 2010 a réduit cette durée de validité à 6 ans mais autorisé son renouvellement[11]. Cette réforme a été décidée par le législateur « afin d'apporter une double protection au regard du droit de propriété et se conformer notamment à la jurisprudence de la Cour européenne des droits de l'homme, selon laquelle le délai entre l'expropriation d'un bien et l'affectation afférente ne devait pas excéder environ sept années. En conséquence, de même que l'acte créant une ZAD doit être motivé en énonçant les considérations de fait et de droit sur lequel il se fonde, le renouvellement de la ZAD pour une période de six ans doit également être motivé »[12].

1. CE 26 oct. 2012, *Chauveau*, req. n° 346947, *Lebon ; BJDU* 2013. 129, concl. R. Decout-Paolini.
2. DÉJÀ, sur une question de compétence juridictionnelle : CE 25 mars 1996, *Assoc. de sauvegarde du village de Guyancourt et de ses hameaux*, req. n° 147294, *Lebon ; BJDU* 1996. 132, concl. S. Fratacci.
3. CE 26 oct. 2012, *Chauveau*, req. n° 346947, *Lebon ; BJDU* 2013. 129, concl. R. Decout-Paolini ; – déjà : CAA Lyon, 7 juill. 1995, *Mondoloni*, req. n° 93LY00906, *Lebon*.
4. C. urb., art. L. 212-2, al. 1er, apportant cette précision à propos de la durée d'exercice du droit de préemption à l'intérieur d'une ZAD.
5. Rép. min. n° 129553, *JOAN Q* 15 mai 2012, p. 3964.
6. V. ss n° 423.111.
7. C. urb., art. L. 212-2, al. 3 ; créé par la L. n° 2018-1021, 23 nov. 2018, art. 14.
8. Circ. 21 déc. 2018 de présentation des dispositions d'application immédiate de la loi ÉLAN, NOR : LOGL1835604C, p. 5.
9. Rép. min. n° 129553, *JOAN Q* 15 mai 2012, p. 3964.
10. CE 3 mars 1995, *Assoc. synd. du domaine Ilbarritz-Mouriscot et a.*, req. n° 129086, *Lebon* : en l'espèce, le préfet avait créé une nouvelle ZAD sur le territoire des mêmes communes et avec le même titulaire du droit de préemption qu'une précédente ZAD. La nouvelle zone a été instituée afin de permettre la poursuite de l'opération d'aménagement en vue laquelle la première zone avait été créée et les périmètres des deux zones sont presque identiques. Dans ces conditions, est entaché d'illégalité l'arrêté portant création de la nouvelle zone, qui a eu pour seul objet de prolonger le droit de préemption au-delà du délai de quatorze ans alors fixé par l'article L. 212-2 du code de l'urbanisme.
11. L. n° 2010-597, 3 juin 2010, art. 6, I, 2°, modifiant l'article L. 212-2 du code de l'urbanisme.
12. Rép. min. n° 129553, *JOAN Q* 15 mai 2012, p. 3964.

Les ZAD crées avant l'entrée en vigueur de la loi du 3 juin 2010 ont cessé de produire leurs effets au plus tard le 5 juin 2016[1]. Néanmoins, l'application du nouveau régime conduit à permettre leur renouvellement sans limite. Comme le souligne une réponse ministérielle, « le principe de l'effet immédiat de la loi nouvelle implique que toutes les ZAD, y compris celles créées avant l'entrée en vigueur de cette loi, sont renouvelables, pour une durée de 6 ans et ce sans qu'il soit porté de limite au nombre de renouvellements possibles »[2].

423.244 Régime applicable dans les ZAD OIN et GOU. Les ZAD instaurées dans le cadre des opérations d'intérêt national (OIN) et des grandes opérations d'urbanisme (GOU) ont une durée de validité de 10 ans. Elles sont renouvelables une fois[3].

423.245 Incidence d'une dissolution de la personne publique ayant demandé la création de la ZAD. La dissolution de la personne publique à la demande de laquelle la ZAD a été créée n'entraîne pas la caducité de l'arrêté ayant créé cette zone[4].

SECTION 2
DROIT DE PRÉEMPTION DANS LES ZAD ET PRÉ-ZAD

§ 1
Champ d'application du DPZAD

A.
Opérations incluses dans le champ du DPZAD

423.251 Opérations communes au DPU et au DPZAD. Relèvent du champ d'application du DPZAD les opérations communes au DPU et au DPZAD, listées à l'article L. 213-1 du code de l'urbanisme[5].

Le code n'a pas prévu d'opérations propres au DPZAD.

B.
Opérations exclues du champ du DPZAD

423.261 Exclusions communes au DPU et au DPZAD. Sont exclues du champ d'application du DPZAD les opérations que le code exclut à la fois du champ d'application du DPU et du DPZAD[6].

Le code n'a pas prévu d'exclusions propres au DPZAD.

§ 2
Sort des biens préemptés dans le périmètre provisoire non utilisés à la fin de celui-ci

423.271 Cession des biens compris dans le périmètre définitif. Lors de la publication de l'acte créant la ZAD, les biens immobiliers acquis par décision de préemption qui n'auront pas été utilisés à l'un des objets mentionnés à l'article L. 210-1 « seront, s'ils sont compris dans le périmètre définitif, cédés au titulaire du droit de préemption »[7].

Le prix d'un immeuble acquis par le titulaire du droit de préemption dans le périmètre provisoire de la ZAD et cédé au titulaire du droit de préemption dans la ZAD est égal, sauf accord des parties sur un prix supérieur, au coût global de l'acquisition y compris les frais, charges et indemnités de toute nature supportés par le titulaire du droit de préemption du périmètre provisoire de ZAD révisé en fonction des variations de l'indice du coût de la construction, constaté par l'INSEE[8].

423.272 Rétrocession des biens non compris dans le périmètre définitif et en cas de caducité du périmètre provisoire. Lors de la publication de l'acte créant la ZAD, les biens immobiliers acquis par décision de préemption qui n'auront pas été utilisés à l'un des objets mentionnés à l'article L. 210-1 seront, s'ils ne sont pas compris dans son périmètre définitif, « rétrocédés à leurs anciens propriétaires ou à leurs ayants cause universels ou à titre universel dans le délai d'un an à compter de la publication de l'acte créant la zone »[9]. Dans ce cas sont applicables les dispositions des alinéas 4 à 7 de l'article L. 213-11[10] et celles des articles R. 213-16 à R. 213-20[11].

La rétrocession des biens s'impose dans les mêmes conditions lorsque l'arrêté délimitant le périmètre provisoire devient caduc dans les conditions prévues à l'article L. 212-2-1[12].

1. L. n° 2010-597, 3 juin 2010, art. 6, II : « Les zones d'aménagement différé créées avant l'entrée en vigueur de la présente loi prennent fin six ans après cette entrée en vigueur ou, si ce délai est plus court, au terme du délai de quatorze ans prévu à l'article L. 212-2 du même code dans sa rédaction antérieure à la présente loi » ; – par ex. : CE 27 mars 2015, *Cté d'agglo. de Montpellier*, req. n° 377261, NP.
2. Rép. min. n° 76321, *JOAN Q* 11 avr. 2017, p. 2976.
3. V. ss nos 423.211 et 423.221.
4. CE 22 févr. 1995, *Bessoncourt (Cne)*, req. n° 125025, *Lebon T.*
5. V. ss nos 424.21 s.
6. V. ss nos 424.141 s.
7. C. urb., art. L. 212-2-2, al. 1er.
8. C. urb., art. R. 212-6, al. 1er.
9. C. urb., art. R. 212-6, al. 1er.
10. C. urb., art. R. 212-6, al. 1er – Sur ces dispositions, v. ss nos 424.1134, 424.1141 et 424.1151.
11. C. urb., art. R. 212-6, al. 2.
12. C. urb., art. L. 212-2-2, al. 2.

§ 3
Exercice du droit de préemption dans les ZAD

A.
Titulaires du droit de préemption dans les ZAD

1°
Situation générale

423.281 **Trois possibilités.** Le DPZAD peut être ouvert au profit de trois personnes morales[1] :

- soit une collectivité publique y ayant vocation ;
- soit un établissement public y ayant vocation ;
- soit le concessionnaire d'une opération d'aménagement.

Lorsqu'une SEM concessionnaire d'une commune ou d'un EPCI a été désignée en qualité de titulaire du droit de préemption par l'acte créant une ZAD, les décisions de préemption qu'elle prend doivent être regardées comme entrant dans le champ d'application du 8° de l'article L. 2131-1 du CGCT, quelle que soit la nature des relations contractuelles liant la SEM à la commune ou à l'EPCI pour la réalisation de l'opération d'aménagement[2]. Par suite, elles sont soumises à l'article L. 2131-1, al. 1er, du CGCT, aux termes duquel : « Les actes pris par les autorités communales sont exécutoires de plein droit dès qu'il a été procédé à leur publication ou affichage ou à leur notification aux intéressés ainsi qu'à leur transmission au représentant de l'État dans le département ou à son délégué dans l'arrondissement ». Il en résulte qu'elles doivent être transmises au préfet au titre du contrôle de légalité.

423.282 **Choix du titulaire.** Le fait que la commune soit à l'origine de la création d'une ZAD (ayant proposé au préfet sa création) ne lui confère pas automatiquement la qualité de titulaire du droit de préemption[3].

Le juge administratif exerce un contrôle restreint sur le choix du titulaire du droit de préemption[4].

423.283 **Désignation du titulaire du droit de préemption.** L'acte de création de la ZAD désigne le titulaire du droit de préemption[5].

423.284 **Délégation à un EPCI.** Lorsqu'une commune fait partie d'un EPCI y ayant vocation, elle peut, en accord avec cet établissement, lui déléguer tout ou partie des compétences qui lui sont attribuées par le chapitre du code de l'urbanisme relative aux ZAD et pré-ZAD[6]. Cela peut inclure l'exercice du droit de préemption.

423.285 **Organe compétent.** La compétence pour exercer le DPZAD appartient à l'organe délibérant de la personne morale. Son organe exécutif ne peut l'exercer que s'il a reçu une délégation de compétence de la part de l'organe délibérant[7].

2°
Cas du contrat de développement territorial (Grand Paris)

423.291 **Cas du contrat de développement territorial.** Un régime spécifique s'applique aux ZAD délimitées par un contrat de développement territorial dans le cadre du Grand Paris. Lorsqu'elle n'est pas bénéficiaire d'un droit de préemption à titre principal, « la commune est titulaire d'un droit de préemption à titre subsidiaire sur l'ensemble du territoire ainsi défini »[8].

SECTION 3
DROIT DE DÉLAISSEMENT

423.301 **Notion.** Le droit de délaissement désigne le droit dont dispose le propriétaire d'un bien se trouvant dans le périmètre du DPZAD d'exiger de son titulaire l'acquisition de ce bien.

§ 1
Proposition du propriétaire d'acquérir son bien

423.311 **Possibilité d'une demande d'acquisition.** Tout personne qui, à la date de publication de l'acte instituant la ZAD ou délimitant son périmètre provisoire, est propriétaire d'un bien soumis au droit de préemption, « peut proposer au titulaire de ce droit l'acquisition de ce bien, en indiquant le prix qu'il en demande »[9].

Ce même droit est ouvert à ses ayants cause universels ou à titre universel[10].

1. C. urb., art. L. 212-2, al. 1er.
2. CE 24 mai 2017, *Herbert*, req. n° 397197, *Lebon T.*
3. CE 16 oct. 1981, *Château d'Olonne (Cne)*, req. n° 17947, *Lebon* 379.
4. CE 16 oct. 1981, *Château d'Olonne (Cne)*, req. n° 17947, *Lebon* 379.
5. V. ss n° 423.173.
6. C. urb., art. L. 212-4.
7. PAR EX. : CE 31 janv. 2007, *SARL MAIA*, req. n° 277715, NP ; *BJDU* 2007. 136, concl. C. Devys : arrêt annulant pour incompétence la décision de préemption prise par le directeur d'un établissement public sans avoir reçu de délégation du conseil d'administration aux fins d'exercice du droit de préemption.
8. L. n° 2010-597, 3 juin 2010, art. 21, III, al. 2.
9. C. urb., art. L. 212-3, al. 1er.
10. C. urb., art. L. 212-3, al. 1er.

423.312 **Formes de la demande d'acquisition : renvoi aux règles du DPU.** Toute proposition d'acquisition est établie dans les formes et conditions prescrites à l'article R. 211-7[1].

§ 2
Instruction de la demande d'acquisition

423.321 **Règles de forme : renvoi aux règles du DPU.** Les propositions d'acquisition sont instruites dans les formes, conditions et délais définis à l'article R. 211-7[2]. Comme dans cette procédure, une copie de la proposition d'acquisition doit être transmise par le maire au directeur départemental des finances publiques[3].

§ 3
Décision du titulaire du droit de préemption

423.331 **Délai.** Le titulaire du droit de préemption doit se prononcer dans un délai de deux mois à compter de la proposition d'acquisition[4].

423.332 **Option.** La procédure de délaissement peut se conclure :

- soit par l'acquisition du bien ;
- soit par le refus d'acquisition ou la renonciation à l'acquisition.

A.
Première possibilité : acquisition du bien

1°
Détermination et paiement du prix

a.
Fixation du prix

423.341 **Accord sur le prix.** Les parties peuvent parvenir à un accord amiable :

- soit sur la base du prix proposé par le propriétaire dans sa déclaration ;
- soit, à l'issue de négociations, sur la base d'un prix inférieur.

423.342 **Fixation juridictionnelle du prix.** À défaut d'accord amiable, le prix est fixé par la juridiction compétente en matière d'expropriation selon les règles mentionnées à l'article L. 213-4[5].

b.
Paiement du prix et transfert de propriété

423.351 **Renvoi à l'article L. 213-14.** En cas d'acquisition, « l'article L. 213-14 est applicable »[6], ce qui emporte deux conséquences.

D'une part, le prix doit être payé dans les 4 mois, à défaut de quoi le propriétaire peut aliéner librement son bien[7].

D'autre part, le transfert de propriété intervient à la plus tardive des dates auxquelles seront intervenus le paiement et l'acte authentique[8].

2°
Information des locataires, preneurs ou occupants

423.361 **Mise en relation avec le titulaire du droit de préemption.** Lorsque le titulaire du droit de préemption a notifié son intention d'acquérir le bien, le propriétaire ayant exercé son droit de délaissement est tenu d'informer les locataires, les preneurs ou les occupants de bonne foi du bien et de les faire connaître à ce titulaire[9].

3°
Utilisation du bien par le titulaire du DPU

423.371 **Liberté d'utilisation.** Les dispositions des articles L. 213-11 et L. 213-12 (imposant l'utilisation du bien pour une finalité conforme à celle en vue de laquelle il a été préempté, et prévoyant sa rétrocession dans le cas contraire), ne sont pas applicables à un bien acquis par le titulaire du DPZAD suite à l'exercice du droit de délaissement[10].

Dans la mesure où l'acquisition fait suite à une initiative du propriétaire et non du titulaire du droit de préemption, celle-ci détermine librement l'utilisation du bien.

B.
Seconde possibilité : refus d'acquisition du bien ou renonciation à l'acquisition du bien

423.381 **Refus d'acquisition.** Il résulte du quatrième alinéa de l'article L. 212-3 que le refus d'acquisition peut être exprès ou tacite :

- il est exprès si, dans les deux mois qui suivent la réception de la proposition d'acquisition, le titulaire du DPZAD prend une décision de refus ;
- il est tacite si le titulaire du droit de préemption ne prend pas de décision avant l'expiration de ce

1. C. urb., art. R. 212-24 – Sur ces règles, v. s^{s} n° 422.322.
2. C. urb., art. R. 212-24 – Sur ces règles, v. s^{s} n°s 422.331 s.
3. C. urb., art. L. 212-3, al. 1er.
4. C. urb., art. L. 212-3, al. 1er.
5. C. urb., art. L. 212-3, al. 1er – Sur ces règles, v. s^{s} n°s 424.763 s.
6. C. urb., art. L. 212-3, al. 3.
7. V. s^{s} n°s 424.921 s.
8. V. s^{s} n° 424.901.
9. C. urb., art. L. 213-9.
10. C. urb., art. L. 212-3, al. 5.

délai. Une décision implicite de rejet naît de l'absence de prise de position dans les deux mois suivant la réception de la proposition d'acquisition.

423.382 Renonciation à l'acquisition. Le titulaire du droit de préemption est réputé avoir renoncé à l'acquisition du bien dans deux cas de figure :

- d'une part en cas de désaccord sur le prix ;
- d'autre part à défaut de saisine de la juridiction de l'expropriation dans le délai prévu à l'article R. 213-11.

423.383 Liberté du propriétaire. En cas de refus exprès ou tacite d'acquisition du bien, « le bien visé cesse d'être soumis au droit de préemption »[1]. Il en va de même si le titulaire du droit de préemption renonce à l'acquisition en cours de procédure, avant ou après fixation judiciaire du prix[2].

En cas de refus exprès ou tacite d'acquisition du bien, ou en l'absence de paiement ou de consignation de la somme due dans les délais impartis, le bénéficiaire du droit de préemption est tenu, sur simple requête du propriétaire, d'attester dans le délai de quinze jours suivant la réception de ladite requête, que le bien n'est plus soumis au droit de préemption de la zone d'aménagement différé ou du périmètre provisoire de zone d'aménagement différé[3]. Une attestation peut ainsi être fournie au propriétaire confirmant que son bien n'est plus soumis au droit de préemption.

1. C. urb., art. L. 212-3, al. 4.
2. Rép. min. n° 600, *JOAN Q* 23 oct. 1989, p. 4723 : précisant que « le bien est définitivement exclu du droit de préemption et le propriétaire en retrouve la libre disposition ».
3. C. urb., art. R. 212-5.

CHAPITRE

424. Règles communes au DPU et au DPZAD

SECTION 0 ORIENTEUR

424.00 **Sommaire du chapitre.**

424.01 **Textes applicables.**

> Règles communes au DPU et au DPZAD

• **C. urb.**

art. L. 213-1 s.

art. R. 213-1 s.

art. A. 213-1

424.02 **Jurisprudence de référence.**

> Conséquences de l'annulation d'une décision de préemption

• **CE, sect., 26 févr. 2003,** *Bour*, req. n° 231558, *Lebon* 59.

• **CE, sect., 31 déc. 2008,** *Pereira Dos Santos Maia*, req. n° 293853, *Lebon*.

• **CE 28 sept. 2020,** *Paris (Ville)*, req. n° 436978, *Lebon*.

424.03 **Bibliographie indicative.**

Encyclopédies. *DP constr.-urb.*, ét. : « Droits de préemption » – *J.-Cl. Constr.-Urb.*, fasc. 13-10 : « Préemption. – Droit de préemption urbain et ZAD. – Évolution législative et réglementaire. Finalité de l'institution », par J. Hugot et V. Zalewski-Sicard, 2024 ; fasc. 13-15 : « Préemption. – Droit de préemption urbain et ZAD. – Traits caractéristiques du droit de préemption urbain », par J. Hugot et V. Zalewski-Sicard, déc. 2019 ; fasc. 13-20 : « Préemption. – Droit de préemption urbain et ZAD. – Règles particulières aux ZAD et à leurs périmètres provisoires », par J. Hugot et V. Zalewski-Sicard, août 2015 ; fasc. 13-25 : « Préemption. – Droit de préemption urbain et ZAD. – Règles communes. – Champ matériel d'application », par D. Dutrieux et V. Zalewski-Sicard, 2024 ; fasc. 13-30 : « Préemption. – Droit de préemption urbain et ZAD. – Règles communes. – Délégations et procédures de préemption », par J. Hugot et V. Zalewski-Sicard, mars 2021, mis à jour mars 2022 ; fasc. 13-35 : « Préemption. – Droit de préemption urbain et ZAD. – Règles communes. – Conséquences de l'exercice du droit de préemption », par D. Dutrieux et V. Zalewski-Sicard, 2024.

Monographie. R. Hostiou et F. Struillou, *Expropriation et préemption*, « Droit et professionnels », LexisNexis, 2020.

Contributions. E. Fatôme, « Droits de préemption urbain. Regard d'un praticien sur deux avatars », *Mél. É. Fatôme*, Dalloz, 2011.

Articles. M. Bouirat, « La possible suspension du délai de préemption et ses impacts sur la rédaction des avant-contrats », *Defrénois* 2020, n° 12, p. 22 – J.-L. Bourgois, La rétrocession d'un bien préempté par l'administration pour non-affectation aux fins définies par le Code de l'urbanisme, *JCP N* 1996. I, n° 3670 – V. D. Dutrieux, « Déclaration d'intention d'aliéner, documents et droit de visite. La nature et le nouveau régime de la déclaration d'intention d'aliéner », *JCP N* 2014, n° 1306 – É. Fatôme, « Le délai d'exercice du droit de préemption urbain », *AJDI* 1998. 10 – A. Lévy, « Le prix de la préemption », *AJDI* 1998. 18 – L. Santoni, « La nouvelle procédure de préemption : demande de documents et droit de visite », *Constr.-Urb.* 2015, n° 21 – J.-F. Struillou, « Le droit de préemption urbain à l'épreuve de la pollution des sols », *RDI* 2013. 352.

424.04 **Questions essentielles.**

> Le champ d'application du DPU et du DPZAD se limite-t-il aux seules aliénations volontaires ?

* V. s[s] n°s 424.11 s.

> À qui le titulaire du droit de préemption peut-il déléguer son exercice ?

* V. s[s] n°s 424.181 s.

> La DIA est-elle une demande ?

* V. s[s] n° 424.271

> La DIA doit-elle mentionner le nom de l'acquéreur ?

* V. s[s] n° 424.322

> Le propriétaire peut-il revenir sur la vente s'il est informé de l'intention de l'administration d'exercer le droit de préemption ?

* V. s[s] n° 424.591

> À compter de quelles formalités intervient le transfert de propriété ?

* V. s[s] n°s 424.901 s.

> Le bien peut-il être utilisé pour une finalité autre que celle ayant justifié l'exercice du droit de préemption ?

* V. s[s] n°s 424.1051 s.

424.05 **Règles communes aux deux principaux droits de préemption.** Le DPU et le DPZAD sont soumis pour partie à des règles propres, déjà mentionnées[1]. Ils sont également régis par des règles communes, exposées dans les développements qui suivent, et qui concernent :

- leur champ d'application ;
- la possibilité pour l'autorité qui en est titulaire de déléguer l'exercice du droit de préemption ;
- la procédure applicable ;
- la tenue d'un registre des préemptions ;
- la situation des occupants et des locataires ;
- l'utilisation du bien préempté ;
- et les conséquences s'attachant à une annulation contentieuse.

SECTION 1
CHAMP D'APPLICATION DU DROIT DE PRÉEMPTION (MUTATIONS CONCERNÉES)

424.11 Élargissement du champ du DPU et du DPZAD. Au niveau des mutations concernées, le champ d'application du DPU et du DPZAD a connu, avec la loi SRU[2] puis la loi ALUR[3], un net élargissement.

Avant la loi SRU, seuls les biens « aliénés volontairement »[4] pouvaient donner lieu à l'exercice du DPU ou du DPZAD. En conséquence, les ventes forcées se trouvaient exclues du champ d'application de ces droits de préemption, par exemple :

- la vente par le syndic de liquidation (lequel agit en tant que représentant de la masse des créanciers) d'un bien immobilier dépendant de la liquidation des biens d'une société anonyme[5] ;
- ou encore la vente forcée d'un immeuble dans le cadre d'une procédure de saisie immobilière[6].

En supprimant l'exigence que les biens aient été « aliénés volontairement », la loi SRU a fait entrer ces ventes forcées dans le champ du droit de préemption.

La loi ALUR a poursuivi ce mouvement d'élargissement en ajoutant dans le champ du DPU et du DPZAD :

- les cessions de la majorité des parts d'une SCI ;
- les apports en nature au sein d'une SCI ;
- les immeubles construits ou acquis par les organismes HLM ;
- et surtout les aliénations à titre gratuit.

1. POUR le DPU, v. s[s] n°s 422.05 s. – pour le DPZAD, v. s[s] n°s 423.05 s.
2. L. n° 2000-1208, 13 déc. 2000 relative à la solidarité et au renouvellement urbains (SRU), *JO* 14 déc., n° 2.
3. L. n° 2014-366, 24 mars 2014 pour l'accès au logement et un urbanisme rénové (ALUR), *JO* 26 mars, n° 1.
4. C. urb., art. L. 213-1, al. 1er, dans sa rédaction alors applicable.
5. CE, sect., 6 oct. 1995, *Maisonsgoutte (C[ne])*, req. n° 112083, *Lebon.*
6. CE, sect., 27 oct. 1999, *Houdan (C[ne])*, req. n° 188685, *Lebon.*

424.12 Définition légale. Le champ d'application du DPU et du DPZAD est défini aux articles L. 213-1 à L. 213-1-2 du code de l'urbanisme.

§ 1
Mutations incluses dans le champ d'application du DPU et du DPZAD

A.
Liste des opérations incluses dans le champ d'application du DPU et du DPZAD

1°
Aliénation d'un immeuble

a.
Principe

424.21 Texte. Sont soumis au DPU et au DPZAD « tout immeuble ou ensemble de droits sociaux donnant vocation à l'attribution en propriété ou en jouissance d'un immeuble ou d'une partie d'immeuble, bâti ou non bâti, lorsqu'ils sont aliénés, à titre onéreux, sous quelque forme que ce soit [...] »[7].

424.22 Notion d'aliénation à titre onéreux sous quelque forme que ce soit. L'aliénation suppose un transfert de propriété. Faute de satisfaire à cette exigence, n'entrent pas dans le champ du droit de préemption :

- un simple transfert de bail à construction sans transfert de propriété du terrain (en revanche, la circonstance qu'une parcelle soit grevée d'un bail à construction ne fait pas, par elle-même, obstacle à l'exercice du droit de préemption sur cette parcelle[8]) ;
- un bail emphytéotique (qui confère des droits réels mais n'emporte pas transfert de propriété)[9], sauf s'il constitue une vente déguisée destinée à faire fraude au droit de préemption[10] ;

7. C. urb., art. L. 213-1, al. 1er.
8. CE 19 avr. 2022, *C[ne] de Mandelieu-la-Napoule*, req. n° 442150, *Lebon T. ; Constr.-urb.* 2022, comm. 62, note X. Couton ; *AJDA* 2022. 1699, note J.-F. Struillou. Le Conseil d'État précise que toutefois, lorsque la préemption est exercée à l'occasion de la levée, par le preneur, de l'option stipulée au contrat d'un bail à construction lui permettant d'accepter la promesse de vente consentie par le bailleur sur les parcelles données à bail, elle a pour effet de transmettre à l'autorité qui préempte ces parcelles la qualité de bailleur et, ce faisant, les obligations attachées à cette qualité, parmi lesquelles celle d'exécuter cette promesse de vente. Une telle opération ne peut permettre de satisfaire à la nécessité, résultant de l'article L. 210-1 du code de l'urbanisme, pour la préemption, d'être exercée en vue d'une action ou opération d'aménagement ou de la constitution d'une réserve foncière pour la réalisation d'une telle action ou opération.
9. Civ. 3e, 2 juin 1977, n° 76-10.610, P.
10. Civ. 3e, 2 juin 1977, n° 76-10.610, P (fraude non caractérisée) – Civ. 3e, 27 nov. 2002, n° 01-11.530, P (fraude caractérisée).

– la fusion de sociétés[1] et la scission de sociétés[2], qui constituent des échanges de droits sociaux.

La formule législative d'aliénation opérée « sous quelque forme que ce soit » couvre des procédés de cession variés :

– vente de gré à gré[3] ;

– adjudication[4] ;

– échange de terrains[5] ;

– apport de droits immobiliers à une société[6] ;

– ou encore bail à construction ou bail emphytéotique prévoyant le transfert de propriété du bien à son expiration.

424.23 Notions d'« immeuble » et « ensemble de droits sociaux donnant vocation à l'attribution en propriété ou en jouissance d'un immeuble ». Il résulte de la formule législative selon laquelle « tout immeuble ou ensemble de droits sociaux donnant vocation à l'attribution en propriété ou en jouissance d'un immeuble ou d'une partie d'immeuble » que le droit de préemption peut « légalement s'exercer sur un lot de copropriété dans un immeuble collectif, même si les autres lots n'ont pas fait l'objet d'une préemption lors de ventes antérieures »[7].

b.
Exclusion des biens aliénés dans le cadre d'une procédure de liquidation ou de redressement judiciaire d'une entreprise

424.31 Pas de droit de préemption sur les cessions d'entreprises en difficulté. Par exception au principe soumettant au DPU et au DPZAD l'aliénation à titre onéreux de tout immeuble ou ensemble de droits sociaux donnant vocation à l'attribution en propriété ou en jouissance d'un immeuble ou d'une partie d'immeuble, ne sont pas soumis au droit de préemption les immeubles « qui sont compris dans un plan de cession arrêté en application de l'article L. 631-22 ou des articles L. 642-1 et suivants du code de commerce »[8]. Ainsi, en cas de mise en œuvre d'une procédure de redressement ou de liquidation judiciaire, lorsqu'est décidée la cession totale ou partielle de l'entreprise en difficulté, les cessions réalisées ne sont pas soumises au DPU et au DPZAD.

En revanche, lorsque la cession n'intervient pas dans le cadre d'un plan de cession (mais, par exemple, par adjudication ou de gré à gré), la cession n'est pas concernée par cette exclusion et, par suite, entre dans le champ du DPU et du DPZAD[9].

2°
Cessions de droits indivis portant sur un immeuble ou une partie d'immeuble

424.41 Principe. Sont soumis au DPU et au DPZAD « les cessions de droits indivis portant sur un immeuble ou une partie d'immeuble, bâti ou non bâti »[10].

424.42 Exclusion en cas de cession à l'un des coïndivisaires. Le code exclut du champ du droit de préemption les cessions de droit indivis « consenties à l'un des coïndivisaires »[11].

3°
Cessions de tantièmes contre remise de locaux à construire

424.51 Inclusion. Sont soumis au DPU et au DPZAD « les cessions de tantièmes contre remise de locaux à construire »[12].

4°
Cessions d'une SCI

424.61 Principe. Sont soumis au DPU et au DPZAD[13] :

– les cessions de la majorité des parts d'une société civile immobilière (SCI) ;

– ou les cessions conduisant un acquéreur à détenir la majorité des parts de ladite société.

Ces cessions sont soumises au droit de préemption lorsque le patrimoine de la SCI « est constitué

1. Civ. 3e, 3 mai 1979, no 78-10.274, P.
2. Rép. min. no 5734, *JOAN Q* 3 janv. 1994, p. 48 : soulignant que ces opérations « ne constituent pas des aliénations de biens immobiliers, même si le patrimoine social inclut de tels biens ».
3. Civ. 3e, 3 mai 1979, no 78-10.274, P.
4. Civ. 3e, 3 mai 1979, no 78-10.274, P.
5. Civ. 3e, 3 mai 1979, no 78-10.274, P ; – également : Rép. min. no 2024, *JOAN Q* 15 déc. 1997, p. 4679 : « Un échange de terrains, avec ou sans soulte, portant sur deux unités foncières distinctes s'analyse comme une double mutation. À ce titre, il n'échappe donc pas au champ d'application matériel du droit de préemption. Il appartient aux propriétaires d'établir une déclaration d'intention d'aliéner pour celui ou ceux des terrains soumis territorialement au droit de préemption (TGI de Paris, 18 juin 1981, *Paris (Ville) c/ Institut Pasteur*). Une commune titulaire du droit de préemption urbain peut décider de limiter l'exercice de ce droit sur l'un des deux terrains ou proposer à chacun des propriétaires l'acquisition de son terrain. L'échange ne peut se réaliser que, si la commune n'exerce son droit sur aucune des, deux mutations envisagées ».
6. Civ. 3e, 3 mai 1979, no 78-10.274, P ; – également : Rép. min. no 40006, *JOAN Q* 9 sept. 1991, p. 3635.
7. CE 30 nov. 1984, *Villanua et a.*, req. no 40851, *Lebon T.*
8. C. urb., art. L. 213-1, al. 1er.
9. CE 17 déc. 2008, *Zanzi*, req. no 316411, *Lebon T. ; BJDU* 2009. 44, concl. L. Derepas.
10. C. urb., art. L. 213-1, 2°.
11. C. urb., art. L. 213-1, 2°.
12. C. urb., art. L. 213-1, 2°.
13. C. urb., art. L. 213-1, 3°.

par une unité foncière, bâtie ou non, dont la cession serait soumise au droit de préemption »[1].

424.62 Exclusion en cas de cession de parts au sein d'une SCI familiale. Par exception, ne sont pas soumises au DPU et au DPZAD les cessions de parts concernant des SCI « constituées exclusivement entre parents et alliés jusqu'au quatrième degré inclus »[2].

5°
Cessions d'immeubles HLM

424.71 Principe. Sont soumis au DPU et au DPZAD les immeubles construits ou acquis par les organismes HLM et qui sont leur propriété[3].

Ce droit de préemption s'exerce sous réserve des droits d'acquisition des logements au profit des locataires qui les occupent[4]. Ces droits leur sont reconnus par l'article L. 443-11 du CCH.

424.72 Exception. Par exception, ne rentrent pas dans le champ du droit de préemption les immeubles ayant fait l'objet d'un agrément préfectoral en vue de la construction ou de l'acquisition de logements neufs faisant l'objet d'un contrat de location-accession régi par la loi du 12 juillet 1984[5] définissant la location-accession à la propriété immobilière[6].

6°
Donations

a.
Inclusion dans le champ du droit de préemption

424.81 Principe. Sont soumis au DPU et au DPZAD les immeubles ou ensembles de droits sociaux mentionnés au 1° de l'article L. 213-1 « lorsqu'ils font l'objet d'une donation entre vifs »[7].

L'inclusion des donations dans le champ du droit de préemption a été réalisée par la loi ALUR[8]. Avant ce texte, les donations n'étaient pas soumises au droit de préemption. Des abus en avaient résulté : afin d'échapper au droit de préemption, un bien faisait l'objet d'une donation déguisée en contrepartie d'une somme d'argent versée de manière occulte[9].

424.82 Exclusions des donations entre proches. Par exception, ne sont pas soumises au droit de préemption les donations suivantes :

- donations effectuées entre ascendants et descendants[10] ;
- donations effectuées entre collatéraux jusqu'au sixième degré[11] ;
- donations effectuées entre époux ou partenaires d'un PACS[12] ;
- donations effectuées entre une personne et les descendants de son conjoint ou de son partenaire de PACS, ou entre ces descendants[13].

424.83 Exclusion des legs. L'article L. 213-1 n'incluant dans son champ que les « donations », les legs ne sont pas concernés. Il en résulte qu'ils continuent d'échapper au droit de préemption.

b.
Modalités particulières de la DIA et de la décision de préemption en cas de donation

424.91 Première adaptation : la DIA. Lorsqu'une donation entre dans le champ du droit de préemption, par dérogation au premier alinéa de l'article L. 213-2, « la déclaration adressée à la mairie ne mentionne pas le prix »[14]. Cette dérogation résulte du fait que la donation est réalisée à titre gratuit.

424.92 Seconde adaptation : la décision de préemption. Par dérogation à la procédure ordinaire, lorsqu'une donation entre dans le champ du droit de préemption, la décision du titulaire du droit de préemption d'acquérir le bien « indique l'estimation de celui-ci par les services fiscaux »[15]. Cette dérogation est justifiée par le fait qu'aucun prix ne se trouve mentionné dans la donation.

7°
Apports en nature à une SCI

a.
Inclusion dans le champ du droit de préemption

424.101 Inclusion. Sont soumis au DPU et au DPZAD les immeubles ou ensembles de droits sociaux mentionnés au 1° de l'article L. 213-1 « lorsqu'ils constituent un apport en nature au sein d'une société civile immobilière »[16].

1. C. urb., art. L. 213-1, 3°.
2. C. urb., art. L. 213-1, 3°.
3. C. urb., art. L. 213-1, 4°.
4. C. urb., art. L. 213-1, 4°.
5. L. n° 84-595, 12 juill. 1984 définissant la location-accession à la propriété immobilière, *JO* 13 juill., p. 2251.
6. C. urb., art. L. 213-1, 4° – Exception introduite par : L. n° 2018-1021, 23 nov. 2018, art. 97, V.
7. C. urb., art. L. 213-1-1, al. 1er.
8. L. n° 2014-366, 24 mars 2014 pour l'accès au logement et un urbanisme rénové (ALUR), *JO* 26 mars, n° 1, art. 150.
9. L. Santoni, « Préemption et mutations à titre gratuit : quelques corrections à la loi ALUR », *Constr.-Urb.* 2015, n° 115.
10. C. urb., art. L. 213-1-1, 1°.
11. C. urb., art. L. 213-1-1, 2°.
12. C. urb., art. L. 213-1-1, 3°.
13. C. urb., art. L. 213-1-1, 4°.
14. C. urb., art. L. 213-1-1, al. 6.
15. C. urb., art. L. 213-1-1, al. 6.
16. C. urb., art. L. 213-1-2 ; créé par L. n° 2014-366, 24 mars 2014, art. 149.

L'inclusion des SCI dans le champ du droit de préemption a été réalisée afin d'éviter que des cessions échappent à celui-ci au moyen de montages frauduleux.

b. Modalités particulières de la DIA en cas d'apports en nature à une SCI

424.111 Adaptation. La déclaration d'intention d'aliéner doit être « accompagnée d'un état de la situation sociale, financière et patrimoniale de la société civile immobilière »[1].

B. Moment auquel peut s'exercer le droit de préemption en cas de vente par adjudication et de contrat de location-accession

1° Vente par adjudication

424.121 Moment auquel s'exerce le droit de préemption. Entrent dans le champ du DPU et du DPZAD les ventes par adjudication.

Lorsque cette procédure est autorisée ou ordonnée par un juge, « l'acquisition par le titulaire du droit de préemption a lieu au prix de la dernière enchère, par substitution à l'adjudicataire »[2]. Cette disposition « n'est toutefois pas applicable à la vente mettant fin à une indivision créée volontairement », « à moins que celle-ci résulte d'une donation-partage »[3].

Comme le résume une réponse ministérielle[4] :

– lorsque l'indivision a été constituée librement et ne résulte pas d'une donation-partage, « le droit de préemption s'exerce dans les conditions de droit commun » ;

– lorsque l'indivision n'a pas été créée volontairement ou résulte d'une donation-partage, « le droit de préemption ne peut s'exercer [...] qu'au prix de la dernière enchère ».

2° Location-accession à la propriété immobilière

424.131 Droit de préemption exercé avant la signature du contrat. En cas de contrat de location-accession régi par les dispositions de la loi du 12 juillet 1984[5] définissant la location-accession à la propriété immobilière, « le droit de préemption s'exerce avant la signature de ce contrat et non au moment de la levée de l'option par l'accédant »[6].

Lorsque le contrat est soustrait au champ du DPU en application de l'article L. 211-4, les délais mentionnés au a) et au c) de cet article s'apprécient « à la date de la signature du contrat »[7].

§ 2 Opérations exclues du champ d'application du DPU et du DPZAD

A. Exclusions mentionnées à l'article L. 213-1

424.141 Neuf exclusions. L'article L. 213-1 du code de l'urbanisme exclut du champ d'application du droit de préemption neuf types d'opérations.

1° Exclusions justifiées par la nature de l'opération

424.151 1re exclusion : immeubles construits par les SCLA ou immeubles HLM faisant l'objet d'un contrat de location-accession. Ne sont pas soumis au droit de préemption[8] :

– les immeubles construits par les sociétés coopératives d'HLM de location-attribution (SCLA) ;

– ainsi que les immeubles ayant fait l'objet d'un agrément préfectoral en vue de la construction ou de l'acquisition de logements neufs faisant l'objet d'un contrat de location-accession construits ou acquis par les organismes HLM et qui sont leur propriété.

424.152 2e exclusion : immeubles faisant l'objet d'un contrat de vente d'immeuble à construire. Ne sont pas soumis au droit de préemption les immeubles qui font l'objet d'un contrat de vente d'immeuble à construire dans les conditions prévues par les articles 1601-1 et suivants du code civil, sauf lorsque ces dispositions sont appliquées à des bâtiments existants[9].

424.153 3e exclusion : parts ou actions de sociétés d'attribution. Ne sont pas soumises au droit de préemption les parts ou actions de sociétés d'attribution (visées aux chapitres II et III du titre Ier du livre II du CCH), qui font l'objet d'une cession[10] :

– avant l'achèvement de l'immeuble ;

– ou pendant une période de dix ans à compter de son achèvement.

1. C. urb., art. L. 213-1-2.
2. C. urb., art. L. 213-1, al. 6.
3. C. urb., art. L. 213-1, al. 6.
4. Rép. min. n° 4845, *JO Sénat Q* 2 juin 1994, p. 1357.
5. L. n° 84-595, 12 juill. 1984 définissant la location-accession à la propriété immobilière, *JO* 13 juill., p. 2251.
6. C. urb., art. L. 213-1, al. 7.
7. C. urb., art. L. 213-1, al. 7.
8. C. urb., art. L. 213-1, a.
9. C. urb., art. L. 213-1, b.
10. C. urb., art. L. 213-1, c.

La date d'achèvement de l'immeuble est celle de la déclaration d'achèvement intervenue en application de l'article R. 462-1[1]. En l'absence de déclaration, la preuve de la date de l'achèvement peut être apportée par tous moyens, et notamment dans les conditions définies aux articles R. 261-1 et R. 261-2 du CCH[2].

424.154 4e exclusion : crédit-bail immobilier. Ne sont pas soumis au droit de préemption les immeubles cédés au locataire en exécution de la promesse de vente insérée dans un contrat de crédit-bail immobilier conclu en application du 2 de l'article L. 313-7 du code monétaire et financier[3].

424.155 5e exclusion : droit de délaissement. Ne sont pas soumis au droit de préemption les immeubles qui font l'objet d'une mise en demeure d'acquérir de la part des propriétaires exerçant leur droit de délaissement[4] :

– soit en application des dispositions du code de l'urbanisme[5] ;

– soit en application des dispositions du code de l'expropriation[6].

424.156 6e exclusion : OIN. N'est pas soumise au droit de préemption l'aliénation par l'État, ses établissements publics ou des sociétés dont il détient la majorité du capital de terrains, bâtis ou non bâtis en vue de la réalisation des opérations d'intérêt national[7].

424.157 7e exclusion : immeubles de l'État devenus inutiles. Ne sont pas soumis au droit de préemption les transferts en pleine propriété des immeubles appartenant à l'État ou à ses établissements publics, réalisés conformément à l'article 141 de la loi de finances rectificative pour 2006[8].

2°
Exclusions justifiées par la qualité du cessionnaire ou du cédant

424.161 8e exclusion : biens acquis par un EPF. Ne sont pas soumis au droit de préemption les biens acquis par un EPFE ou EPFL lorsqu'il agit à la demande expresse de la collectivité titulaire du DPU[9].

424.162 9e exclusion : cessions au sein du groupe SNCF. Ne sont pas soumises au droit de préemption les cessions entre la société nationale SNCF mentionnée à l'article L. 2101-1 du code des transports, la société SNCF Réseau et sa filiale respectivement mentionnées à l'article L. 2111-9 du même code et au 5° de cet article, la société SNCF Voyageurs mentionnée à l'article L. 2141-1 de ce code ainsi que la société en charge des activités relatives à la fourniture des services de transport ferroviaire de marchandises mentionnée au c du 2° du I de l'article 18 de l'ordonnance du 3 juin 2019[10] portant diverses dispositions relatives au groupe SNCF, « lorsque les biens concernés sont nécessaires aux missions de service public qui leur sont confiées par les dispositions mentionnées au présent alinéa »[11].

424.163 10e exclusion : cessions à la Société des grands projets. Ne sont pas soumises au droit de préemption les cessions à la Société des grands projets, de biens nécessaires à la réalisation et à l'exploitation des projets d'infrastructures déclarés d'utilité publique qui mettent en œuvre le schéma d'ensemble du réseau de transport public du Grand Paris, ou dont la maîtrise d'ouvrage lui est confiée[12].

B.
Autres exclusions

424.171 Cessions de biens au profit du bénéficiaire d'une DUP. En cas de déclaration d'utilité publique, la cession d'un bien au profit du bénéficiaire de cette déclaration n'est pas soumise au droit de préemption[13].

424.172 Bien exproprié devant être rétrocédé au propriétaire initial. Le propriétaire d'un bien expro-

1. C. urb., art. R. 213-24, al. 1er ; article renvoyant, à tort, à l'article R. 460-1.
2. C. urb., art. R. 213-24, al. 2.
3. C. urb., art. L. 213-1, d.
4. C. urb., art. L. 213-1, e.
5. C. urb., art. L. 152-2, L. 311-2 ou L. 424-1.
6. C. expr., art. L. 241-1 et L. 241-2.
7. C. urb., art. L. 213-1, g – Le même point g exclut également du droit de préemption l'aliénation par l'État en vue de la réalisation des logements situés dans les périmètres mentionnés au deuxième alinéa du I de l'article 1er de la loi no 2006-872 du 13 juillet 2006 portant engagement national pour le logement (ENL). Il s'agit des décrets de délimitation de périmètres visant à la construction de logements sur des terrains appartenant à l'État, à ses établissements publics, à des sociétés dont il détient la majorité du capital ou cédés par eux, et ayant les effets des opérations d'intérêt national, tant que ces décrets ne sont pas caducs. Toutefois, le I de l'article 1er de la loi ENL prévoit que ces décrets pouvaient être pris jusqu'au 1er janvier 2010 (al. 2), et qu'ils deviennent caducs à l'expiration d'un délai de dix ans suivant leur publication (al. 4). Aussi ces décrets sont-ils devenus caducs, au plus tard, le 1er janvier 2020.
8. L. no 2006-1771, 30 déc. 2006 de finances rectificative pour 2006, *JO* 31 déc., no 2, art. 141. Cette disposition permanente de la LFR pour 2006 permet à l'État de céder des biens immobiliers dont il n'a plus d'utilisation – C. urb., art. L. 213-1, h.
9. C. urb., art. L. 213-1, i.
10. Ord. no 2019-552, 3 juin 2019 portant diverses dispositions relatives au groupe SNCF, *JO* 4 juin, no 30.
11. C. urb., art. L. 213-1, j.
12. C. urb., art. L. 213-1, k ; créé par L. no 2022-217, 21 févr. 2022.
13. C. urb., art. L. 213-5, al. 2.

prié a droit à la restitution de celui-ci en l'absence de mise en œuvre, dans un délai de 5 ans, de l'opération en vue de laquelle l'expropriation avait été réalisée (ce en vue d'assurer le respect de l'exigence constitutionnelle selon laquelle l'expropriation d'immeubles ou de droits réels immobiliers ne peut être ordonnée que pour la réalisation d'une opération dont l'utilité publique a été légalement constatée). Lorsque l'État restitue un bien dans ces conditions, moyennant rachat de celui-ci par les propriétaires initiaux, la commune ne peut légalement exercer son droit de préemption sur cette cession, à défaut de quoi elle ferait échec au droit de rétrocession dont bénéficient les propriétaires expropriés [1].

SECTION 2
DÉLÉGATION DU DROIT DE PRÉEMPTION

424.181 **Délégation.** Le titulaire du droit de préemption [2] dispose de la possibilité de déléguer son exercice.

§ 1
Personnes et organismes pouvant bénéficier de la délégation

A.
Première catégorie : État, collectivité locale, établissement public et concessionnaire d'une opération d'aménagement

424.191 **Quatre personnes morales.** Le titulaire du droit de préemption peut déléguer son droit [3] :

- à l'État ;
- à une collectivité locale ;
- à un établissement public y ayant vocation ;
- ou au concessionnaire d'une opération d'aménagement.

À titre d'exemple :

- un EPCI titulaire du droit de préemption peut déléguer celui-ci à une commune pour la réalisation d'une opération qui concerne uniquement le territoire de celle-ci [4] ;
- une commune titulaire du DPZAD peut déléguer celui-ci au département (et ce alors même que l'arrêté préfectoral créant la ZAD n'avait pas spécifié cette possibilité) [5].

424.192 **Étendue de la délégation.** La délégation « peut porter sur une ou plusieurs parties des zones concernées ou être accordée à l'occasion de l'aliénation d'un bien » [6].

424.193 **Propriétaire des biens préemptés.** Les biens acquis « entrent dans le patrimoine du délégataire » [7].

424.194 **Absence de subdélégation.** La subdélégation n'est pas permise par l'article L. 213-3. Il en résulte que le délégataire n'est pas autorisé à déléguer le droit de préemption [8].

B.
Deuxième catégorie : établissements publics fonciers et sociétés publiques locales d'aménagement

424.201 **Établissement public foncier de l'État (EPFE).** Les EPFE peuvent « exercer les droits de préemption et de priorité définis dans le code de l'urbanisme, dans les cas et conditions prévus par le même code, ainsi que le droit de préemption prévu par le 9° de l'article L. 143-2 du code rural et de la pêche maritime » [9].

424.202 **Établissement public foncier local (EPFL).** Les EPFL « peuvent exercer, par délégation de leurs titulaires, les droits de préemption et de priorité définis par le présent code dans les cas et conditions qu'il prévoit [...] » [10].

424.203 **Sociétés publiques locales d'aménagement.** Les sociétés publiques locales d'aménagement (SPLA) et les sociétés publiques locales d'aménagement d'intérêt national (SPLA-IN) « peuvent exercer, par délégation de leurs titulaires, les droits de préemption et de priorité définis par le présent code [...] » [11].

C.
Troisième catégorie : CCI pour la réalisation d'aménagements commerciaux

424.211 **Délégation aux CCI.** Pour la réalisation d'aménagements commerciaux, les chambres de commerce et d'industrie territoriales peuvent se voir délé-

1. CAA Marseille, 18 avr. 2014, *Gondinet*, req. n° 13MA01510, NP ; *BJDU* 5/2014, p. 379, concl. G. Roux.
2. POUR le DPU, v. ss nos 422.81 s. – pour le DPZAD, v. ss nos 423.281 s.
3. C. urb., art. L. 213-3, al. 1er.
4. Rép. min. n° 26634, *JOAN Q* 15 oct. 1990, p. 4849.
5. CAA Bordeaux, 19 mars 2007, *CCI de Bayonne Pays basque*, req. n° 04BX01260, NP.
6. C. urb., art. L. 213-3, al. 1er.
7. C. urb., art. L. 213-3, al. 1er.
8. EN CE SENS : rép. min. n° 2903, *JOAN Q* 16 oct. 2007, p. 6376.
9. C. urb., art. L. 321-4, al. 1er.
10. C. urb., art. L. 324-1, al. 8.
11. C. urb., art. L. 327-1, al. 5.

guer le droit de préemption par les communes ou les EPCI compétents [1].

§ 2
Acte procédant à la délégation

A.
Forme de l'acte

1°
Première modalité : délégation réalisée par délibération

424.221 Modalité ordinaire. La délégation du droit de préemption est normalement réalisée par une délibération de l'organe délibérant du titulaire du droit de préemption [2].

424.222 Contenu de la délibération. La délibération précise, le cas échéant, les conditions auxquelles la délégation est subordonnée [3]. Il résulte de cette rédaction que l'organe délibérant a la possibilité mais non l'obligation de fixer les conditions auxquelles la délégation est subordonnée.

Il ne résulte ni de l'article L. 213-3 du code de l'urbanisme, ni d'aucune autre disposition législative ou réglementaire, que la délibération par laquelle un conseil municipal décide de déléguer le droit de préemption dont la commune est titulaire doive être motivée [4].

424.223 Retrait de la délégation. La délégation peut être retirée par une délibération de l'organe délibérant [5].

2°
Seconde modalité : délégation réalisée par contrat (traité de concession d'aménagement)

424.231 Modalité limitée aux concessions d'aménagement. La délégation peut résulter de l'insertion d'une clause particulière dans un traité de concession d'aménagement [6].

B.
Prise d'effet de la délégation

1°
Conditions du caractère exécutoire

424.241 Publication et transmission. La délibération procédant à la délégation ne produit ses effets qu'après avoir acquis un caractère exécutoire. Celui-ci résulte de l'accomplissement d'une double formalité [7] :

- d'une part la publication de la délibération ;
- d'autre part sa transmission au préfet.

Les mêmes formalités s'imposent lorsque la délégation est réalisée par voie de contrat : « la délégation produit effet à compter de la date à laquelle le traité de concession est exécutoire » [8].

Les décisions de préemption prises par le délégataire alors que l'acte de délégation n'a pas acquis un caractère exécutoire sont entachées d'illégalité [9].

424.242 Certification du caractère exécutoire. L'organe exécutif de la collectivité publique peut certifier, sous sa responsabilité, le caractère exécutoire de ces actes [10].

Les mentions apportées, sous la responsabilité du maire, pour certifier le caractère exécutoire des actes des autorités communales en application de ces dispositions font foi jusqu'à la preuve du contraire. La simple affirmation, par une commune, de ce que l'un de ses actes, dont figure au dossier une ampliation revêtue du cachet de la commune mentionnant son caractère exécutoire et assorti de la signature d'un adjoint au maire, n'a pas été affiché, ne peut être regardée comme apportant la preuve requise de l'inexactitude des mentions certifiées [11].

424.243 Absence d'exigence de notification. La délibération décidant de la délégation présentant un caractère réglementaire, elle n'a pas à être notifiée au propriétaire du bien concerné ni à l'acquéreur pressenti, non plus qu'à leurs mandataires [12].

2°
Effets de la délégation

424.251 Délégataire assimilé au titulaire. La délégation a pour effet, le cas échéant, d'assimiler le délégataire du droit de préemption au titulaire de celui-ci pour la mise en œuvre des dispositions du code de l'urbanisme relatives au droit de préemption : dans les articles L. 211-1 et suivants, L. 212-1 et suivants, L. 213-1 à L. 213-18 et L. 219-1 à L. 219-13, « l'expression "titulaire du droit de préemption" s'entend également, s'il y a lieu, du délégataire » [13].

1. C. com., art. L. 711-2, al. 3.
2. C. urb., art. R. 213-1, al. 1er.
3. C. urb., art. R. 213-1, al. 2.
4. CAA Nantes, 24 juin 1998, *Bouaye (Cne) et District de l'agglomération nantaise*, req. n° 97NT00440, *Lebon T.*
5. C. urb., art. R. 213-1, al. 3.
6. C. urb., art. 213-2.
7. V., pour les communes, CGCT, art. L. 2131-1, al. 1er.
8. C. urb., art. R. 213-2.
9. CE 7 janv. 2000, *SCI Athéna*, req. n° 194531, NP ; – CE 16 janv. 2013, *Abitbol*, req. n° 361266, NP.
10. NOT., pour le maire : CGCT, art. L. 2131-1, al. 3.
11. CE 12 févr. 2014, *Sté Famca*, req. n° 358956, *Lebon T.*
12. CE 6 juin 2012, *Sté RD machines-outils*, req. n° 342328, *Lebon ; BJDU* 2012. 376, concl. C. Landais ; *JCP Adm.* 2012, n° 2371, note D. Dutrieux.
13. C. urb., art. L. 213-3, al. 2 ; – dans le même sens, pour les dispositions réglementaires : C. urb., art. R. 213-3.

SECTION 3
PROCÉDURE DE PRÉEMPTION

424.261 **Étapes.** La procédure de préemption de droit commun se déroule en plusieurs étapes exposées aux articles L. 213-2 s. du code de l'urbanisme[1] :
- la déclaration d'intention d'aliéner (DIA) ;
- l'instruction ;
- la décision de l'administration ;
- la décision du propriétaire ;
- le cas échéant, la fixation judiciaire du prix ;
- enfin le transfert de propriété, après établissement d'un acte authentique et paiement du prix.

Le législateur a prévu certaines règles spécifiques, dans la procédure de droit commun, lorsque le bien préempté est soumis à expropriation[2].

En outre, une procédure dérogatoire est prévue en cas de ventes par adjudication lorsque cette procédure est rendue obligatoire par la loi ou le règlement[3].

§ 1
Première étape : déclaration d'intention d'aliéner (DIA)

424.271 **Nature de la DIA.** La déclaration d'intention d'aliéner (DIA) constitue un document qu'est tenu d'adresser au titulaire du droit de préemption le vendeur d'un bien entrant dans le champ d'application du DPU ou du DPZAD.

La DIA revêt une double nature :

- d'une part une nature déclarative : elle informe le titulaire du droit de préemption de la vente du bien ;

- d'autre part la nature d'une offre ou d'une demande[4] : elle propose à la collectivité publique d'acquérir ce bien.

A.
Obligation de déposer une DIA

424.281 **Énoncé de l'obligation.** L'obligation est formulée comme suit : « Toute aliénation visée à l'article L. 213-1 est subordonnée, à peine de nullité, à une déclaration préalable faite par le propriétaire à la mairie de la commune où se trouve situé le bien »[5].

424.282 **Une DIA par bien ou unité foncière.** Le propriétaire est tenu d'établir une DIA par bien ou unité foncière. Une unité foncière « est un îlot de propriété d'un seul tenant, composé d'une parcelle ou d'un ensemble de parcelles appartenant à un même propriétaire ou à la même indivision »[6].

Selon une réponse ministérielle, « lorsqu'un même propriétaire projette de vendre plusieurs parcelles soumises au droit de préemption urbain et non contiguës, ces parcelles ne constituent pas une unité foncière (telle qu'elle est définie par le décret du 30 avril 1955[7] relatif à la rénovation et à la conservation du cadastre). S'agissant de biens distincts, ils doivent préalablement à leur aliénation faire l'objet de déclarations d'intention d'aliéner distinctes (TGI de Paris, 18 juin 1981, *ville de Paris c/Institut Pasteur*), qui, en application de l'article L. 213-2 du code de l'urbanisme, comportent obligatoirement l'indication du prix et des conditions de l'aliénation projetée. Une évaluation séparée des biens peut non seulement être exigée par la commune, mais elle constitue une des conditions de recevabilité de chacune des déclarations d'intention d'aliéner »[8].

424.283 **Obligation s'imposant même si seule une partie de la parcelle relève du périmètre du droit de préemption.** La circonstance qu'un immeuble ne soit que partiellement inclus dans le périmètre d'une zone de préemption ne dispense pas son propriétaire de l'obligation d'adresser une DIA. En l'absence d'accomplissement de cette formalité, la commune se trouve fondée à exercer une action en nullité pour défaut de DIA[9].

424.284 **Envoi par le propriétaire.** Le titulaire du droit de préemption ne saurait légalement l'exercer si la DIA a été faite par une personne qui, à la date de cette déclaration, n'est pas propriétaire du bien[10].

B.
Formulaire de DIA

424.291 **Modèle.** La DIA doit être établie conformément à un modèle de formulaire annexé à l'article A. 213-1 du code de l'urbanisme[11]. Le modèle de

1. Pour une représentation de celle-ci sous la forme d'un schéma, v. s^s^ n° 8.36.
2. V. s^s^ n°s 424.941 s.
3. V. s^s^ n°s 424.951 s.
4. Qualifiant la DIA de « demande » au sens de l'article 24 de la loi du 12 avril 2000 (devenu art. L. 121-1 du CRPA) : CAA Paris, 21 déc. 2007, *SCI Les Terrasses d'Ornano*, req. n° 06PA04034, *Lebon T. ; JCP Adm.* 2008, n° 2143, note A. Pécheul. Sur la critique de cette qualification, au motif notamment que la DIA est « faite sous contrainte et dans l'espérance qu'elle ne sera jamais acceptée », v. H. Périnet-Marquet, « *Bis* in *idem* ou les dérives de la qualification de la DIA comme offre », *Constr.-Urb.* 2023, repère 4.
5. C. urb., art. L. 213-2, al. 1er.
6. CE 27 juin 2005, *Chambéry (Cne)*, req. n° 264667, *Lebon T.*
7. Décr. n° 55-471, 30 avr. 1955 relatif à la rénovation et à la conservation du cadastre, *JO* 3 mai, p. 4381.
8. Rép. min. n° 29244, *JOAN Q* 26 juill. 1999, p. 4612.
9. Civ. 3e, 18 févr. 2004, n° 02-15.879, P.
10. CE 1er mars 2023, *Corandi*, req. n° 462877, *Lebon T. ; BJCL* 2023. 256, concl. A. Skzryerbak ; *RDI* 2023. 347, obs. J.-F. Struillou ; *Constr.-Urb.* 2023, 57, note X. Couton.
11. C. urb., art. R. 213-5, al. 1er.

formulaire, résultant d'un arrêté ministériel du 13 avril 2012[1], est accessible sur le site service-public.fr. Il s'intitule « Déclaration d'intention d'aliéner ou demande d'acquisition d'un bien soumis à l'un des droits de préemption prévus par le code de l'urbanisme »[2].

424.292 Possibilité d'y annexer des documents. Si la DIA doit être établie conformément au modèle de formulaire fixé par arrêté, aucune disposition légale n'interdit de compléter ce document par une annexe, voire d'y joindre un plan de situation ou un plan de masse du terrain dont l'existence, attestée par les mentions portées sur l'imprimé lui-même, doit être considérée comme partie intégrante de ce document[3].

C. Contenu de la DIA

1° Éléments obligatoires

a. Prix et conditions d'aliénation

424.301 Éléments principaux. La DIA comporte obligatoirement l'indication du prix et des conditions de l'aliénation projetée[4].

424.302 Hypothèse d'un paiement en nature. Lorsque la contrepartie de l'aliénation fait l'objet d'un paiement en nature, la déclaration doit mentionner le prix d'estimation de cette contrepartie[5].

424.303 Hypothèse d'une adjudication. En cas d'adjudication, la DIA comporte obligatoirement l'estimation du bien ou sa mise à prix[6].

424.304 Hypothèse d'une donation à titre gratuit. En cas de donation entre vifs, la DIA ne mentionne pas le prix. La décision du titulaire du droit de préemption d'acquérir le bien indiquera l'estimation de celui-ci par les services fiscaux[7].

b. Autres éléments obligatoires le cas échéant

424.311 Terrain ayant servi à une installation classée. Le cas échéant, la DIA comporte les informations dues au titre de l'article L. 514-20 du code de l'environnement[8], c'est-à-dire mentionne qu'une ICPE a été exploitée sur le terrain[9]. Cette obligation implique d'indiquer :

– pour autant que le vendeur les connaisse, les dangers ou inconvénients importants qui résultent de l'exploitation ;

– et, si le vendeur est l'exploitant de l'installation, si son activité a entraîné la manipulation ou le stockage de substances chimiques ou radioactives.

424.312 Terrain compris dans le périmètre d'une opération de requalification de copropriétés dégradées ou d'une opération de revitalisation de territoire (ORT). Le cas échéant, la DIA comporte les informations dues au titre des articles L. 303-2 et L. 741-1 du CCH[10], c'est-à-dire mentionne que le terrain sera compris dans le périmètre :

– d'une opération de requalification de copropriétés dégradées ;

– ou d'une opération de revitalisation de territoire.

Dans ces deux cas, la DIA doit présenter les caractéristiques des opérations concernées.

2° Éléments facultatifs

424.321 Personne à qui devra être notifiée la décision de préemption. La DIA peut ne pas mentionner expressément à qui – du propriétaire ou de son mandataire – la décision de préemption devra être notifiée[11].

424.322 Nom de l'acquéreur. La mention de la personne ayant l'intention d'acquérir le bien n'est pas au nombre de celles devant obligatoirement figurer dans la DIA[12]. Par suite :

– la circonstance qu'une DIA ne porte pas le nom de l'acquéreur est sans incidence sur sa régularité[13] ;

– le propriétaire projetant d'aliéner son bien n'a pas à renouveler la DIA qu'il avait faite à l'occasion d'une promesse de vente antérieure, en cas de conclusion d'une nouvelle promesse de vente avec un autre acquéreur, portant sur l'aliénation du même bien au même prix et aux mêmes conditions[14].

1. Arr. 13 avr. 2012 fixant le modèle de déclaration d'intention d'aliéner ou de demande d'acquisition d'un bien soumis à l'un des droits de préemption prévus par le code de l'urbanisme, NOR : LOGL1209283A.
2. CERFA n° 10072*02.
3. Civ. 3e, 17 févr. 1999, n° 97-14.225, P.
4. C. urb., art. L. 213-2, al. 1er.
5. C. urb., art. L. 213-2, al. 2.
6. C. urb., art. L. 213-2, al. 1er.
7. C. urb., art. L. 213-1-1, al. 6.
8. C. urb., art. L. 213-2, al. 1er.
9. Ces dispositions ont été ajoutées par la loi ALUR, n° 2014-366 du 24 mars 2014 afin de mettre fin à une jurisprudence estimant que ne pesait sur le vendeur aucune obligation d'informer l'administration de l'existence d'une pollution des sols (par ex. : Civ. 3e, 7 nov. 2012, n° 11-22.907, P).
10. C. urb., art. L. 213-2, al. 1er.
11. CE 30 juin 2006, *Mane (Cne)*, req. n° 274062, *Lebon T.* ; *BJDU* 2006. 289, concl. C. Devys.
12. CE 29 mai 2024, *Société Cel Pires*, req. n° 489337, *Lebon T.* ; *Constr.-Urb.* 2024, comm. 78, note X. Couton ; *RDI* 2024. 456, obs. J.-F. Struillou.
13. CE 6 janv. 1995, *Fitoussi*, req. n° 123371, NP.
14. CE 29 mai 2024, *Société Cel Pires*, req. n° 489337, *Lebon T.*

La mention de l'acquéreur garde son utilité pour celui-ci car elle lui permet de bénéficier du droit de rétrocession qui lui est reconnu en application du dernier alinéa de l'article L. 213-11 du code de l'urbanisme[1].

3°
Éléments complémentaires demandés par l'administration

424.331 Demande de documents. Le titulaire du droit de préemption peut, dans un délai de deux mois, adresser au propriétaire une demande unique de communication de deux types de documents[2] :

- d'une part les documents permettant d'apprécier la consistance et l'état de l'immeuble ;
- d'autre part, le cas échéant, la situation sociale, financière et patrimoniale de la SCI qui fait l'objet de la cession.

La liste des documents susceptibles d'être demandés est fixée limitativement[3] à l'article R. 213-7, II, dont les dispositions sont mentionnées ci-dessous.

424.332 Première catégorie de documents pouvant être demandés : documents permettant d'apprécier la consistance et l'état de l'immeuble. S'agissant des documents permettant d'apprécier la consistance et l'état de l'immeuble, les éléments susceptibles d'être demandés sont au nombre de huit[4] :

- le dossier de diagnostic prévu à l'article L. 271-4 du CCH en cas de vente d'un immeuble bâti (1°) ;
- s'il y a lieu (cas où l'immeuble, soumis à un risque technologique, a subi un sinistre) l'information prévue au IV de l'article L. 125-5 du code de l'environnement (2°) ;
- s'il y a lieu (cas d'un immeuble en copropriété), le diagnostic technique prévu à l'article L. 111-6-2 du CCH (diagnostic réalisé avant toute mise en copropriété d'un immeuble de plus de 15 ans) ou, s'il existe, le diagnostic technique global prévu à l'article L. 731-1 du même code (3°) ;
- s'il y a lieu et s'ils existent, les documents (relatifs à la pollution du sol) dont la transmission à l'acquéreur est prévue aux articles L. 125-7 et L. 512-18 du code de l'environnement (4°) ;
- l'indication de la superficie des locaux prévue par l'article 46 de la loi du 10 juillet 1965[5] et par l'article 4-1 du décret du 17 mars 1967[6] (superficie de la partie privative d'un lot) ou, s'il existe, le mesurage effectué par un professionnel (5°) ;
- les extraits de l'avant-contrat de vente contenant les éléments significatifs relatifs à la consistance et l'état de l'immeuble (6°) ;
- sous réserve qu'ils soient mentionnés dans la DIA, d'une part, la convention ou le bail constitutif de droits réels et, si elles existent, ses annexes, notamment les plans et état des lieux, d'autre part, la convention ou le bail constitutif de droits personnels et, si elles existent, ses annexes, notamment les plans et état des lieux (7°) ;
- sous réserve qu'il soit mentionné dans la DIA et qu'il ait été publié au registre de la publicité foncière, l'acte constitutif de la servitude et, si elles existent, ses annexes, notamment les plans et état des lieux (8°).

424.333 Seconde catégorie de documents pouvant être demandés : situation sociale, financière et patrimoniale de la SCI faisant l'objet de la cession. S'agissant des documents permettant d'apprécier la SCI faisant l'objet de la cession, les éléments susceptibles d'être demandés sont au nombre de quatre[7] :

- les statuts à jour de la SCI dont les parts sont cédées (9°) ;
- les livres et les documents établis pour le dernier exercice social clos mentionnés à l'article 1855 du code civil (10°) ;
- le rapport de reddition de compte établi pour le dernier exercice social clos mentionné à l'article 1856 du code civil (11°) ;
- à défaut des documents mentionnés aux 10° et 11°, un état certifié par le gérant établissant la composition de l'actif ainsi que du passif de la SCI et précisant le bénéfice du dernier exercice social clos (12°).

424.334 Demande suspendant le délai d'instruction de la DIA. Le délai de deux mois dont dispose l'administration pour se prononcer sur une DIA est suspendu, en application de l'article L. 213-2 (al. 5), à compter de la réception par le propriétaire de la demande unique formée par le titulaire du droit de préemption en vue d'obtenir la communication de l'un ou de plusieurs des documents listés à l'article R. 213-7, II[8].

D.
Signature de la DIA

424.341 Signature par le vendeur ou son mandataire. La DIA peut être signée par le vendeur ou par le notaire chargé de la vente.

1. V. s[s] n° 424.1151.
2. C. urb., art. L. 213-2, al. 1er.
3. C. urb., art. L. 213-2, al. 1er.
4. C. urb., art. R. 213-7, II, 1° à 8°.
5. L. n° 65-557, 10 juill. 1965 fixant le statut de la copropriété des immeubles bâtis, *JO* 11 juill., 5950.
6. Décr. n° 67-223, 17 mars 1967 pris pour l'application de la loi n° 65-557 du 10 juillet 1965 fixant le statut de la copropriété des immeubles bâtis, *JO* 22 mars, p. 2742.
7. C. urb., art. R. 213-7, II, 9° à 12°.
8. C. urb., art. R. 213-7, II, al. 1er.

424.342 **Signature par le vendeur.** La DIA peut être signée par le vendeur.

Une cour a estimé, au regard des circonstances d'une espèce, que l'absence de signature était sans incidence dès lors que la volonté du propriétaire d'aliéner le bien en cause n'était pas douteuse[1].

424.343 **Signature par le notaire.** La DIA peut être signée par le notaire. En ce cas, le notaire doit être regardé comme le mandataire du vendeur[2].

E. Notification de la DIA

1° Autorité à qui doit être adressée la DIA

424.351 **Notification à la mairie.** La DIA est adressée à la mairie de la commune où se trouve situé le bien[3].

Si la DIA est adressée à une autre autorité ou une autre commune, la formalité est regardée comme n'ayant pas été réalisée[4].

L'obligation de notification à la mairie s'impose quelle que soit l'autorité titulaire du droit de préemption. Ainsi, alors même que la titularité du droit de préemption a été transférée à la communauté d'agglomération, la mairie de la commune demeure l'autorité à laquelle doit être adressée la DIA[5]. À cet égard, l'autorité à qui a été adressée à tort la DIA n'est pas tenue de transmettre celle-ci à la mairie[6].

424.352 **Notification parallèle au président du conseil départemental si le bien relève aussi du DPENS.** Si le bien, situé dans le périmètre d'un DPU ou d'un DPZAD, se trouve également situé dans le périmètre d'un droit de préemption ENS, la DIA ne doit pas seulement être adressée à la mairie mais aussi - pour satisfaire à l'exigence d'information au titre du DPENS - au président du conseil départemental. L'envoi à la commune d'une DIA visant exclusivement le DPU ne peut obliger le maire, compétent pour la recevoir et exercer un éventuel droit de préemption de ce chef, à transmettre cette déclaration au président du conseil départemental pour l'exercice du droit de préemption dont celui-ci est titulaire au titre des ENS[7].

1. CAA Bordeaux, 27 mars 2006, *Billion*, req. n° 05BX00075, NP.
2. CE 30 juin 2006, *Mane (Cne)*, req. n° 274062, *Lebon T.* ; *BJDU* 2006. 289, concl. C. Devys.
3. C. urb., art. L. 213-2, al. 1er ; art. R. 213-5, al. 3.
4. Civ. 3e, 13 févr. 2013, n° 11-20.655, P.
5. Civ. 3e, 13 févr. 2013, n° 11-20.655, P.
6. Civ. 3e, 13 févr. 2013, n° 11-20.655, P.
7. Civ. 3e, 10 mai 2007, n° 05-21.485, P.

2° Modalités de la notification

424.361 **Première modalité : envoi papier.** Si la DIA est adressée en version papier, elle doit être présentée en quatre exemplaires[8].

Elle est adressée par pli recommandé avec demande d'avis de réception postal ou déposée contre décharge[9].

424.362 **Seconde modalité : envoi électronique.** Si la DIA est adressée par voie électronique, comme le permet l'article L. 213-2[10], elle est présentée en un seul exemplaire dans les conditions prévues par les articles L. 112-11 et L. 112-12 du CRPA[11].

F. Sanction du défaut de DIA ou d'une DIA incomplète

1° Sanction du défaut de DIA

424.371 **Nullité de la vente.** Le défaut de DIA entache la vente de nullité[12].

424.372 **Action en nullité.** L'action en nullité se prescrit par cinq ans à compter de la publication de l'acte portant transfert de propriété[13]. Le titulaire du droit de préemption est ainsi en droit, dans un délai de cinq ans, de demander la nullité de la vente passée en fraude à ses droits.

L'action en nullité s'exerce devant le tribunal judiciaire du lieu de situation du bien[14].

Par exemple, le juge annule la vente d'un immeuble inclus dans le périmètre d'une zone de préemption :

– si la DIA n'a été adressée à la commune que le lendemain de la signature de l'acte[15] ;

– si aucune DIA n'a été adressée, alors même que l'absence de DIA est imputable à la faute exclusive commise par la direction départementale de l'équipement, qui a indiqué au notaire chargé de la vente que les terrains étaient situés dans un site non inscrit[16].

8. C. urb., art. R. 213-5, al. 2.
9. C. urb., art. R. 213-5, al. 3.
10. Art. L. 213-2, al. 1er : « La déclaration d'intention d'aliéner peut être dématérialisée ».
11. C. urb., art. R. 213-5, al. 3.
12. C. urb., art. L. 213-2, al. 1er, imposant l'accomplissement de cette formalité « à peine de nullité » de l'aliénation.
13. C. urb., art. L. 213-2, al. 8.
14. C. urb., art. R. 213-26.
15. Civ. 3e, 20 mars 1996, n° 94-13.960, P.
16. Civ. 3e, 18 févr. 2004, n° 02-15.879, P.

424.373 Action en responsabilité. Le titulaire du droit de préemption peut exercer une action en responsabilité contre le vendeur et, le cas échéant, son mandataire rédacteur de l'acte.

2°
Sanction d'une DIA incomplète ou entachée d'une erreur

a.
Absence d'incidence sur la légalité de la décision de préemption

424.381 Décision de préemption non affectée par le caractère incomplet ou erroné de la DIA. La circonstance qu'une DIA serait incomplète ou entachée d'une erreur substantielle portant sur la consistance du bien objet de la vente, son prix ou les conditions de son aliénation « est, par elle-même [...] sans incidence sur la légalité de la décision de préemption prise à la suite de cette déclaration »[1].

Devant le juge administratif, le caractère incomplet ou erroné de la DIA ne pourrait avoir d'effet sur la légalité de la décision de préemption qu'en cas de fraude[2].

424.382 Caractère incomplet ou erroné de la DIA pouvant être pris en compte par le juge civil pour apprécier la validité de la vente. Les dispositions de l'article L. 213-2 du code de l'urbanisme ne font « pas obstacle à ce que le juge judiciaire prenne en considération, au titre de son office, pour apprécier la validité de la vente résultant d'une décision légale de préemption, les indications figurant dans la déclaration d'intention d'aliéner à l'origine de cette décision »[3].

Ainsi, le juge civil peut prendre en compte la circonstance qu'une DIA serait incomplète ou entachée d'une erreur substantielle pour apprécier la validité de la vente d'une décision légale de préemption, et en déduire que cette circonstance a fait obstacle à la rencontre de volonté des parties sur la chose et sur le prix.

b.
Omission dans une DIA renseignée par un notaire

424.391 Responsabilité professionnelle. Lorsque la DIA a été remplie et adressée par un notaire, celui-ci engage sa responsabilité professionnelle s'il adresse une déclaration entachée d'irrégularités substantielles[4].

Il en va de même, par exemple, s'il omet d'indiquer que la cession d'un immeuble conditionne celle du fonds de commerce qui y est exploité. En effet, une telle omission empêche la commune de disposer de l'ensemble des renseignements utiles à l'appréciation de l'opportunité de la prise de décision de préempter ou non l'immeuble[5]. Ainsi, lorsque des informations en possession du notaire sont utiles à la collectivité publique pour apprécier l'opportunité de préempter, il est de sa responsabilité de mentionner ces informations dans la case J du formulaire de DIA, intitulée « Observations ».

G.
Décès du déclarant

424.401 Événement sans incidence. Le décès de l'auteur de la DIA avant l'expiration du délai de deux mois reconnu au titulaire du droit de préemption pour se décider est sans influence sur la validité de la déclaration et sur le cours de ce délai. Un maire commet une erreur de droit en déclarant caduque une DIA au motif que son auteur est décédé[6].

§ 2
Deuxième étape : instruction

424.411 Préparation de la décision. La deuxième phase correspond à l'instruction. Elle consiste à rassembler les éléments d'information au vu desquels l'administration pourra prendre, en connaissance de cause, sa décision : soit préempter, soit ne pas préempter.

A.
Transmission de la DIA

1°
Transmission au directeur départemental des finances publiques

424.421 Obligation de transmission. Le maire transmet copie de la DIA aux services fiscaux.

Cette transmission s'impose lorsque la commune envisage de faire usage de son droit de préemption : « Lorsqu'il envisage d'acquérir le bien, le titulaire du droit de préemption transmet sans délai copie de la DIA au responsable départemental des services fiscaux »[7].

1. CE 12 févr. 2014, *S^té Ham Investissement*, req. n° 361741, *Lebon T.* – CE 1er mars 2023, *Corandi*, req. n° 462877, *Lebon T.* ; *BJCL* 2023. 256, concl. A. Skzryerbak ; *RDI* 2023. 347, obs. J.-F. Struillou ; *Constr.-Urb.* 2023, 57, note X. Couton.
2. CE 12 févr. 2014, *S^té Ham Investissement*, req. n° 361741 – CE 1er mars 2023, *Corandi*, req. n° 462877.
3. CE 12 févr. 2014, *S^té Ham Investissement*, req. n° 361741.
4. Civ. 3e, 29 juin 1994, n° 92-15.929, P.
5. Civ. 1re, 12 juill. 2007, n° 06-15.633, P.
6. CE 5 oct. 1988, *SA Isore*, req. n° 65449, *Lebon*.
7. C. urb., art. L. 213-2, al. 6.

Elle s'impose également lorsque la commune n'envisage pas de faire usage de ce droit. Les dispositions générales de l'article R. 213-6 font en effet de cette transmission une obligation s'imposant dans tous les cas : « Dès réception de la déclaration, le maire en transmet copie au directeur départemental ou, le cas échéant, régional des finances publiques en lui précisant si cette transmission vaut demande d'avis »[1].

424.422 **Modalités de la transmission.** La transmission de la DIA, qui peut être effectuée par voie électronique, indique la date de l'avis de réception postal, du premier des accusés de réception ou d'enregistrement délivré en application des articles L. 112-11 et L. 112-12 du CRPA ou de la décharge de la déclaration[2].

2° Transmission au délégataire du droit de préemption

424.431 **Obligation de transmission.** Le maire transmet copie de la DIA au délégataire éventuel du droit de préemption lorsque le titulaire de ce droit est la commune. Dans les autres cas, il transmet copie de la déclaration au titulaire du droit de préemption, à charge pour ce dernier de la transmettre à son tour à l'éventuel délégataire[3].

424.432 **Modalités de la transmission.** La transmission de la DIA, qui peut être effectuée par voie électronique, indique la date de l'avis de réception postal, du premier des accusés de réception ou d'enregistrement délivré en application des articles L. 112-11 et L. 112-12 du CRPA ou de la décharge de la déclaration[4].

3° Transmission au préfet dans certains cas

a. Transmission au préfet lorsque celui-ci exerce le droit de préemption (communes carencées en logements sociaux)

424.441 **Obligation de transmission.** Lorsque la commune est carencée en logements sociaux, le préfet exerce le droit de préemption en lieu et place de la commune[5]. Pour pouvoir exercer ce droit, le préfet doit être informé des DIA adressées à la commune. Aussi pèse-t-il sur cette dernière une obligation de transmission des DIA au préfet : « Lorsque le droit de préemption est exercé par le représentant de l'État dans le département dans les conditions prévues au deuxième alinéa de l'article L. 210-1, la déclaration est transmise à ce dernier par le maire, dans un délai de sept jours ouvrés à compter de la date de sa réception »[6].

424.442 **Obligation prescrite sous peine d'amende.** Des sanctions dissuasives ont été prévues afin de garantir un respect sans faille de l'obligation de transmission[7].

La procédure débute par un contradictoire. À défaut de transmission, le préfet peut informer le maire de son intention de faire dresser procès-verbal, par LRAR. Le maire dispose d'un délai de sept jours à compter de la réception de la lettre du préfet pour faire part de ses observations.

À l'issue de ce délai et au vu des observations du maire, le préfet peut décider de constater l'absence de transmission de la déclaration par procès-verbal. Il est alors procédé au recouvrement d'une amende forfaitaire de 1 000 euros. Cette amende est redevable par la commune, par voie de titre de perception émis par le préfet, au profit du Fonds national des aides à la pierre, lorsque la commune se situe en métropole, ou au profit du fonds régional d'aménagement foncier et urbain, lorsque la commune se situe dans un département d'outre-mer.

L'avis de mise en recouvrement du titre de perception de l'amende forfaitaire reçu par le maire peut faire l'objet d'un recours de pleine juridiction.

b. Transmission au préfet lorsqu'une ZAD ou pré-ZAD est créée dans le délai de deux mois dont dispose le titulaire du droit de préemption pour prendre sa décision

424.451 **Obligation de transmission.** Si un périmètre de ZAD ou un périmètre provisoire de ZAD est créé avant l'expiration du délai de deux mois dont dispose le titulaire du droit de préemption pour prendre sa décision[8], la DIA doit être transmise par le maire au préfet. Celui-ci l'instruit alors conformément aux dispositions des articles L. 212-1 s.[9].

424.452 **Prorogation du délai.** Dans ce cas, le délai de deux mois dont dispose le titulaire du droit de préemption pour prendre sa décision court à compter de la date de publication de l'acte créant la ZAD ou le périmètre provisoire de ZAD[10].

1. C. urb., art. R. 213-6, al. 1er.
2. C. urb., art. R. 213-6, al. 3.
3. C. urb., art. R. 213-6, al. 2.
4. C. urb., art. R. 213-6, al. 3.
5. V. ss nos 411.41 s.
6. C. urb., art. L. 213-2, al. 3.
7. C. urb., art. L. 213-2, al. 3.
8. V. ss no 424.561.
9. V. ss nos 423.141 s. – C. urb., art. L. 213-17, al. 1er.
10. C. urb., art. L. 213-17, al. 2.

4°
Absence de communication aux tiers

424.461 Position de la CADA. La commission d'accès aux documents administratifs (CADA) s'est prononcée à plusieurs reprises sur le caractère communicable ou non des DIA[1]. La position de la commission est constante. Elle considère que les déclarations d'intention d'aliéner contiennent des informations relatives au patrimoine des particuliers et des informations mettant en cause le secret de la vie privée de ceux-ci. Elles ne constituent donc pas des documents communicables aux tiers[2].

La CADA a ainsi considéré que les DIA ne pouvaient, par exemple, être communiquées :

– à des agents immobiliers[3] ;

– aux élus membres de la commission communale Droit des sols[4] ;

– ou aux conseillers municipaux de la commune[5].

Le secret protégeant le contenu des DIA s'étend à l'existence même de ces déclarations dès lors qu'elle révèle l'intention du propriétaire du bien de s'en défaire[6].

B.
Avis du directeur départemental des finances publiques et du service des domaines

424.471 Objet et champ d'application. À réception de la DIA, le titulaire du droit de préemption doit solliciter l'avis de l'administration fiscale et/ou du service des domaines afin d'obtenir une évaluation de la valeur du bien.

Les règles qui régissent ces avis (exposées aux alinéas 1er à 3 de l'article R. 213-21) s'appliquent également aux hypothèses dans lesquelles le propriétaire du bien entend exercer son droit de délaissement[7].

1°
Cas dans lesquels l'avis doit être sollicité

424.481 1er cas : avis devant être sollicité en raison du montant de l'opération. Le titulaire du droit de préemption doit recueillir l'avis du service des domaines sur le prix de l'immeuble dont il envisage de faire l'acquisition dès lors que le prix ou l'estimation figurant dans la DIA ou que le prix que le titulaire envisage de proposer excède 180 000 euros[8].

424.482 2nd cas : avis devant être sollicité en raison de la nature de l'opération. Quel que soit le prix figurant dans la DIA, le titulaire du droit de préemption doit recueillir l'avis du directeur départemental ou, le cas échéant, régional des finances publiques, lorsque le bien se trouve situé[9] :

– dans le périmètre d'une ZAD ;

– dans le périmètre d'une pré-ZAD (périmètre provisoire d'une ZAD) ;

– dans un secteur soumis au DPU renforcé.

2°
Présentation de la demande d'avis

424.491 Exigence d'une demande en bonne et due forme. Un avis non demandé dans les formes ne peut être regardé comme ayant été sollicité.

Tel est le cas lorsque le titulaire du droit de préemption a sollicité l'avis du service des domaines non pas après réception des DIA mais plusieurs mois auparavant, dans un cadre juridique différent (s'agissant d'une acquisition envisagée à l'amiable) et concernant une partie seulement des parcelles sur lesquelles il a ensuite été envisagé d'exercer le droit de préemption. Dans une telle hypothèse, le titulaire du droit de préemption ne peut être regardé comme s'étant acquitté de l'obligation de consulter le service des domaines. En conséquence, la cour ne commet pas d'erreur de droit en ne déduisant pas de l'absence d'avis du service des domaines dans le délai d'un mois à compter de la date de réception de la demande d'évaluation que l'administration aurait été en droit de procéder librement à l'acquisition des parcelles mentionnées dans cette demande[10].

3°
Délai pour émettre l'avis

424.501 Délai d'un mois, durant lequel l'administration ne peut préempter. L'avis du directeur départemental ou, le cas échéant, régional des finances publiques doit être formulé dans le délai d'un mois à compter de la date de réception de la demande d'avis. Passé ce délai, il peut être procédé librement à l'acquisition[11].

1. Sur la question, v. J.-F. Struillou, « Droit d'accès aux documents administratifs et exercice du droit de préemption. Une liberté étroitement circonscrite », *AJDA* 2020. 2063.
2. CADA, 22 janv. 2004, *maire du Mont-Saint-Adrien*, réf. n° 20040243.
3. CADA, 25 mai 2000, *maire de Beaumont du Gâtinais*, réf, n° 20002098.
4. CADA, 28 mars 2002, *maire de Mulsanne*, réf. n° 20021264.
5. CADA, 25 oct. 2001, *maire de Ribeauvillé*, réf. n° 20013937.
6. CADA, 27 sept. 2001, *maire de Taverny*, réf. n° 20013447.
7. C. urb., art. R. 213-21, al. 4.
8. C. urb., art. R. 213-21, al. 1er ; – Arr. 5 déc. 2016 relatif aux opérations d'acquisitions et de prises en location immobilières poursuivies par les collectivités publiques et divers organismes, NOR : ECFE1634125A, art. 2.
9. C. urb., art. R. 213-21, al. 2.
10. CE 23 déc. 2014, *Cté urbaine Brest métropole océane*, req. n° 364785, *Lebon T.*
11. C. urb., art. R. 213-21, al. 3.

Il en résulte que le titulaire du droit de préemption doit attendre, pour prendre la décision de préemption, soit la réception de l'avis, soit l'expiration du délai d'un mois[1].

424.502 **Délai non franc.** Le délai prévu par l'article R. 213-21 n'est pas un délai franc. Ainsi, dans le cas d'un avis reçu par le service des domaines le 22 mai, celui-ci a jusqu'au 22 juin pour transmettre son avis à la commune[2].

424.503 **Durée de validité de l'avis.** Compte tenu des délais impartis au titulaire du droit de préemption pour se prononcer, et au service des domaines pour évaluer le bien, les évaluations de ce service sont « systématiquement établies pour des durées de validité compatibles avec l'exercice des différents droits de préemption ou de priorité »[3].

424.504 **Portée de l'avis.** La collectivité publique « n'est pas tenue de se rallier à cet avis. Elle peut [...] décider de rechercher un accord avec le propriétaire sur des bases supérieures à l'évaluation domaniale. Elle peut tout aussi bien proposer un prix qui soit inférieur à l'estimation réalisée par ce service. Mais l'avis technique, rendu en toute objectivité par les services des domaines, donne aux collectivités des indications précieuses. Les collectivités territoriales ne sauraient, en effet, sous couvert de défendre les intérêts dont elles ont la charge, s'affranchir des réalités du marché immobilier et doivent, en conséquence, s'abstenir de faire des offres d'un niveau tel qu'aucun accord avec le propriétaire n'ait manifestement été envisagé. Ces pratiques, qui traduiraient une volonté de recours systématique au juge de l'expropriation pour faire fixer le prix du bien susceptible d'être préempté, ne peuvent être encouragées »[4].

424.505 **Communication de l'avis à des tiers.** Selon une réponse ministérielle, l'avis donné par le service des domaines « constitue un document administratif » et « est donc, en principe, communicable ». Toutefois, précise-t-il, « dans la phase amiable de négociation, la commune ne saurait être contrainte à fournir tous les éléments qui fondent sa proposition. La communication de l'évaluation domaniale au propriétaire de l'immeuble à ce stade de la procédure serait susceptible de gêner la liberté d'action de la commune et porter atteinte aux intérêts de cette collectivité publique. La commission d'accès aux documents administratifs a estimé, dans un avis en date du 19 août 1982, que l'intérêt d'une personne publique constituait un motif de nature à justifier un refus de communication »[5].

424.506 **Formalité substantielle.** Pour la mise en œuvre de la jurisprudence Danthony, la consultation du service des domaines préalablement à l'exercice du droit de préemption par le titulaire de ce droit constitue une garantie tant pour ce dernier que pour l'auteur de la DIA. Il en résulte que le défaut de consultation entache d'illégalité, pour vice de forme, la décision de préemption prise en l'absence d'avis[6].

C. Visite du bien

424.511 **Pouvoir de demander une visite.** Le titulaire du droit de préemption « peut demander à visiter le bien »[7] afin de pouvoir connaître son état. Le propriétaire peut refuser la visite.

1° Demande de visite

424.521 **Formes de la demande.** La demande de visite du bien est faite par écrit[8].

Elle est notifiée par le titulaire du droit de préemption au propriétaire ou à son mandataire ainsi qu'au notaire mentionné dans la déclaration prévue au même article, dans les conditions fixées à l'article R. 213-25[9].

424.522 **Contenu de la demande.** La demande de visite indique les références de la DIA. Cette demande reproduit, en caractères apparents, les dispositions de l'article L. 213-2 et celles des articles D. 213-13-2 et D. 213-13-3[10].

Elle mentionne le nom et les coordonnées de la ou des personnes que le propriétaire, son mandataire ou le notaire peut contacter pour déterminer les modalités de la visite[11].

Elle indique que la visite doit être faite en présence du propriétaire ou de son représentant et du titulaire du droit de préemption ou de la personne mandatée par ce dernier[12].

1. CAA Bordeaux, 8 févr. 2001, *Villeneuve de Rivière (Cne)*, req. n° 97BX01016, NP.
2. CE 23 janv. 2008, *Romainville (Cne)*, req. n° 308995, NP.
3. Rép. min. n° 7971, *JO Sénat Q* 13 mars 2014, p. 697.
4. Rép. min. n° 17593, *JO Sénat Q* 17 sept. 1992, p. 2117.
5. Rép. min. n° 1142, *JO Sénat Q* 24 mai 1990, p. 1134.
6. CE 23 déc. 2014, *Cté urbaine Brest métropole océane*, req. n° 364785, *Lebon T.*
7. C. urb., art. L. 213-2, al. 7 ; issu de la loi n° 2014-366 du 24 mars 2014 pour l'accès au logement et un urbanisme rénové (ALUR).
8. C. urb., art. D. 213-13-1, al. 1er.
9. C'est-à-dire soit par LRAR, soit par acte d'huissier, soit par dépôt contre décharge, soit par voie électronique – V. ss n° 424.931 – C. urb., art. D. 213-13-1, al. 2.
10. C. urb., art. D. 213-13-4, al. 1er.
11. C. urb., art. D. 213-13-4, al. 2.
12. C. urb., art. D. 213-13-4, al. 3.

424.523 Demande suspendant le délai dont dispose l'administration pour prendre sa décision. Le délai dont dispose l'administration pour décider de préempter ou de ne pas préempter reprend à compter de la visite du bien ou à compter du refus exprès ou tacite de la visite du bien par le propriétaire[1]. Lorsqu'est intervenu un refus tacite de visite, son acceptation expresse ultérieure n'a pas pour effet de suspendre une nouvelle fois le délai de préemption[2].

2°
Acceptation de la visite

424.531 Formes de l'acceptation. L'acceptation de la visite par le propriétaire est écrite[3].

Elle est notifiée au titulaire du droit de préemption dans les conditions prévues à l'article R. 213-25[4] et dans le délai de huit jours à compter de la date de réception de la demande de visite[5]. Une absence de réponse dans ce délai est regardée comme un refus tacite de visite.

424.532 Déroulement de la visite. La visite du bien se déroule dans le délai de quinze jours calendaires à compter de la date de la réception de l'acceptation de la visite, en dehors des samedis, dimanches et jours fériés[6].

Le propriétaire, son mandataire ou le notaire est tenu d'informer de l'acceptation de la visite les occupants de l'immeuble mentionnés dans la DIA[7].

Un constat contradictoire précisant la date de visite et les noms et qualité des personnes présentes est établi le jour de la visite et signé par le propriétaire ou son représentant et par le titulaire du droit de préemption ou une personne mandatée par ce dernier[8].

424.533 Absence de visite. L'absence de visite dans les 15 jours qui suivent l'acceptation de la visite « vaut soit refus de visite, soit renonciation à la demande de visite »[9].

En l'absence de visite dans les 15 jours qui suivent l'acceptation de la visite, « le délai suspendu en application du cinquième alinéa de l'article L. 213-2 reprend son cours »[10].

3°
Refus de la visite

424.541 Possibilité de refuser la visite. Le propriétaire « peut refuser la visite du bien »[11]. Il n'a pas à justifier de sa décision.

424.542 Formes du refus. Le refus est notifié au titulaire du droit de préemption dans les conditions prévues à l'article R. 213-25[12] et dans le délai de huit jours à compter de la date de réception de la demande de visite. En l'absence de réponse dans ce délai, le refus est tacite[13].

§ 3
Troisième étape : décision de l'administration

424.551 Prise de décision. La troisième étape correspond à la prise de décision par le titulaire du droit de préemption. Ayant recueilli les éléments d'appréciation utiles, il décide de préempter le bien ou de ne pas le préempter.

A.
Délai dont dispose l'administration pour se prononcer

1°
Délai initial

424.561 Délai de deux mois. Le titulaire du droit de préemption dispose, pour se décider, d'un délai de deux mois à compter de la réception de la DIA[14]. Ce délai « constitue une garantie pour le propriétaire qui doit savoir dans les délais les plus brefs s'il peut disposer librement de son bien »[15].

À défaut de décision prise dans ce délai, il est réputé avoir renoncé à l'exercice du droit de préemption[16].

424.562 Délai non franc. Le délai de deux mois dont dispose le titulaire du droit de préemption pour se décider est un délai non franc. Ainsi, par exemple :

– dans le cas d'une DIA reçue par la commune le 22 avril, celle-ci peut exercer ce droit de préemption jusqu'au 22 juin à minuit[17] ;

1. C. urb., art. D. 213-13-1, al. 3.
2. CAA Versailles, 10 nov. 2022, *Société d'économie mixte de la Garenne-Colombes*, req. n° 21VE00107, NP ; *AJDA* 2023. 79, obs. A.-C. Le Gars.
3. C. urb., art. D. 213-13-2, al. 1er.
4. C'est-à-dire soit par LRAR, soit par acte d'huissier, soit par dépôt contre décharge, soit par voie électronique – V. ss n° 424.931.
5. C. urb., art. D. 213-13-2, al. 2.
6. C. urb., art. D. 213-13-2, al. 3.
7. C. urb., art. D. 213-13-2, al. 4.
8. C. urb., art. D. 213-13-2, al. 5.
9. C. urb., art. D. 213-13-2, al. 6.
10. C. urb., art. D. 213-13-2, al. 6.
11. C. urb., art. D. 213-13-3, al. 1er.
12. C'est-à-dire soit par LRAR, soit par acte d'huissier, soit par dépôt contre décharge, soit par voie électronique – V. ss n° 424.931.
13. C. urb., art. D. 213-13-3, al. 2.
14. C. urb., art. L. 213-2, al. 4.
15. CE 24 juill. 2009, *Sté Finadev*, req. n° 316158, *Lebon T.* ; *BJDU* 2009. 289, concl. A. Courrèges.
16. C. urb., art. L. 213-2, al. 4 ; art. R. 213-7, I, al. 1er.
17. CAA Marseille, 10 oct. 2016, *La Colle-sur-Loup (Cne)*, req. n° 15MA04788, NP.

- dans le cas d'une DIA reçue par la commune le 29 septembre, celle-ci peut exercer le droit de préemption jusqu'au 29 novembre à minuit[1] ;

- dans le cas d'une DIA reçue par la commune le 12 février, celle-ci peut exercer le droit de préemption jusqu'au 12 avril[2].

424.563 **Point de départ du délai.** Le délai court à compter de la réception de la DIA[3], plus exactement à compter[4] :

- soit de la date de l'avis de réception postal du premier des accusés de réception ou d'enregistrement délivré en application des articles L. 112-11 et L. 112-12 du CRPA ;

- soit de la décharge de la déclaration faite en application de l'article R. 213-5 du code de l'urbanisme.

424.564 **Délai prolongé dans les ZAD prévues par un contrat de développement territorial (Grand Paris).** Dans les ZAD mentionnées par un contrat de développement territorial, lorsqu'elle n'est pas bénéficiaire d'un droit de préemption à titre principal, la commune est titulaire d'un droit de préemption à titre subsidiaire sur l'ensemble du territoire ainsi défini.

Le bénéficiaire du droit de préemption à titre principal informe la collectivité territoriale et le propriétaire du bien de sa décision d'exercer ou non son droit de préemption dans le délai de deux mois suivant la déclaration préalable d'aliénation faite par le propriétaire dans les conditions prévues par l'article L. 213-2 du code de l'urbanisme.

Lorsque le bénéficiaire du droit de préemption à titre principal renonce à exercer ce droit, le délai fixé par le même article L. 213-2, à l'expiration duquel le silence gardé vaut renonciation à l'exercice du droit de préemption, « est porté à trois mois » pour permettre au titulaire du droit de préemption à titre subsidiaire de faire usage de ce droit[5].

2°
Prorogation du délai

424.571 **Prorogation par l'envoi d'une DIA complémentaire.** Le délai de deux mois dont dispose le titulaire du droit de préemption pour se décider peut être prorogé par une demande de précisions complémentaires, mais uniquement si la DIA « était incomplète ou entachée d'une erreur substantielle portant sur la consistance du bien objet de la vente, son prix ou les conditions de son aliénation »[6]. Dans ce cas, le délai de deux mois court à compter de la réception par l'administration de la déclaration complétée ou rectifiée[7].

Une DIA qui appelle seulement une demande de précision mais n'est ni incomplète, ni entachée d'une erreur substantielle affectant la consistance du bien, ne peut faire obstacle à ce que le délai de préemption court dès sa réception. Dans un tel cas de figure, la DIA qui apporte la précision demandée ne rouvre pas un nouveau délai de préemption de deux mois à la commune[8].

424.572 **Envoi d'une DIA annulant et remplaçant la précédente.** Le délai repart à zéro lorsque le propriétaire adresse une seconde DIA en spécifiant qu'elle annule et remplace la première[9]. Juridiquement, il ne s'agit pas d'une prorogation puisque la première déclaration est annulée, mais d'une nouvelle déclaration.

3°
Suspension du délai

424.581 **Deux causes de suspension.** Le délai de deux mois dont dispose le titulaire du droit de préemption pour se décider est suspendu à compter de la réception de la demande lorsque l'une des deux demandes suivantes est formulée[10] :

- demande unique de communication des documents permettant d'apprécier la consistance et l'état de l'immeuble, ainsi que, le cas échéant, la situation sociale, financière et patrimoniale de la SCI[11] ;

- demande de visite du bien[12].

424.582 **Reprise du délai.** Le délai recommence à courir lorsque la cause de suspension a pris fin[13] :

- dans le cas de la demande de documents, à compter de la réception des documents ;

- dans le cas de la demande de visite, à compter, soit du refus par le propriétaire de la visite du bien, soit de la visite du bien par le titulaire du droit de préemption.

Lorsque le titulaire du droit de préemption a adressé à la fois une demande de documents et une demande de visite, le délai reprend son cours à compter du

1. CE 16 juin 1993, *Étampes (Cne) c/Bigot*, req. no 135411, *Lebon T.*
2. CE 10 mai 2017, *Sté ABH Investissements*, req. no 398736, *Lebon T. ; BJDU* 2017. 248, concl. R. Decout-Paolini.
3. C. urb., art. L. 213-2, al. 4.
4. C. urb., art. R. 213-7, I, al. 2.
5. L. no 2010-597, 3 juin 2010 relative au Grand Paris, art. 21, III, al. 2.
6. CE 24 juill. 2009, *Sté Finadev*, req. no 316158, *Lebon T. ; BJDU* 2009. 289, concl. A. Courrèges.
7. CE 24 juill. 2009, *Sté Finadev*, req. no 316158.
8. CAA Douai, 1er juin 2017, *Hautmont (Cne)*, req. no 16DA02250, NP.
9. CE 26 juill. 2011, *SCI du Belvédère*, req. no 324767, NP.
10. C. urb., art. L. 213-2, al. 5.
11. V. ss nos 424.331 s.
12. V. ss nos 424.511 s.
13. C. urb., art. L. 213-2, al. 5.

plus tardif de ces évènements (réception des documents, refus de visite ou réalisation de la visite)[1].

Si le délai restant est inférieur à un mois, le titulaire dispose d'un mois pour prendre sa décision[2].

Passés ces délais, « son silence vaut renonciation à l'exercice du droit de préemption »[3].

4°
Hypothèse d'une rétractation de la DIA

424.591 Rétractation avant l'expiration du délai. L'auteur de la DIA a la possibilité de retirer celle-ci avant l'expiration du délai de deux mois, tant que le titulaire du droit de préemption ne s'est pas prononcé sur celle-ci. En effet, l'offre de vente résultant de la DIA « constitue, jusqu'à son éventuelle acceptation par le titulaire de ce droit, une simple pollicitation qui peut être rétractée unilatéralement par ce propriétaire »[4].

Une telle rétractation emporte l'impossibilité pour l'administration d'exercer le droit de préemption[5]. Il en résulte qu'une décision de préemption prise après cette rétractation est entachée d'illégalité[6] et qu'une offre d'acquisition ne peut être formulée par l'administration postérieurement à cette rétractation.

Le juge judiciaire en tire les mêmes conséquences. Ainsi, par exemple, lorsque des vendeurs ont notifié à la commune, par lettre recommandée postée le 1er avril, réceptionnée en mairie le 3 avril, leur décision de résilier la vente, la décision de cette commune de préempter n'a pu prendre effet puisqu'à sa notification, intervenue au mieux le 3 avril, le vendeur avait rétracté son intention d'aliéner avant que la commune ne lui signifie son intention d'acquérir[7].

Il résulte de ces jurisprudences que lorsque le propriétaire obtient des informations selon lesquelles le titulaire du droit de préemption va exercer son droit de préemption, il peut, de façon opportuniste, décider de revenir unilatéralement sur la DIA. Si la rétractation est reçue par la commune avant qu'elle n'ait notifié son intention d'acquérir, la vente n'est pas formée.

424.592 Rétractation suivie d'une nouvelle DIA. Dans l'hypothèse où le propriétaire retire la DIA avant l'expiration du délai de deux mois, il dispose de la possibilité de présenter une nouvelle DIA. Le délai dont dispose le titulaire du droit de préemption pour exercer ce droit repart alors à zéro[8].

5°
Hypothèse d'une DIA identique à une précédente DIA

424.601 Possibilité de préempter. La réception d'une DIA ouvre au titulaire du droit de préemption la possibilité d'exercer légalement ce droit, alors même (sauf lorsque le code de l'urbanisme en dispose autrement) qu'elle aurait renoncé à en faire usage à la réception d'une précédente DIA du même propriétaire portant sur la vente du même immeuble aux mêmes conditions[9].

B.
Première possibilité : l'administration choisit de ne pas exercer son droit de préemption

1°
Renonciation expresse ou tacite

424.611 Décision explicite ou implicite. La DIA constituant une « demande »[10], elle donne lieu à une décision de la part de l'administration. Lorsque la personne publique n'est pas intéressée par l'acquisition du bien, sa renonciation peut être expresse ou tacite.

424.612 Renonciation tacite. S'il n'est pas intéressé par l'acquisition du bien, le titulaire du droit de préemption laisse généralement expirer le délai qui lui est reconnu pour se prononcer, renonçant ainsi tacitement à l'exercice de ce droit. Le code prévoit en effet que son silence « vaut renonciation à l'exercice du droit de préemption »[11]. Une décision implicite de renonciation à préempter découle de son silence.

424.613 Renonciation expresse. S'il n'est pas intéressé par l'acquisition du bien, le titulaire du droit de préemption peut prendre une décision expresse[12] par laquelle il renonce à l'exercice du droit de préemption sur celui-ci.

1. CE 29 mai 2024, *Société Cel Pires*, req. n° 489337, *Lebon T.* ; *Constr.-Urb.* 2024, comm. 78, note X. Couton ; *RDI* 2024. 456, obs. J.-F. Struillou.
2. C. urb., art. L. 213-2, al. 5.
3. C. urb., art. L. 213-2, al. 5.
4. CE 22 févr. 1995, *Veyrier-du-Lac (Cne)*, req. n° 123421, *Lebon T.*
5. CE 22 févr. 1995, *Veyrier-du-Lac (Cne)*, req. n° 123421, *Lebon T.*
6. CE 22 févr. 1995, *Veyrier-du-Lac (Cne)*, req. n° 123421, *Lebon T.*
7. Civ. 3e, 17 sept. 2014, n° 13-21.824, P.
8. V. ss n° 424.572.
9. CE 5 juill. 2013, *Loire c/Fréjus (Cne)*, req. n° 349664, *Lebon T.* – CE 1er mars 2023, *Corandi*, req. n° 462877, *Lebon T.* ; *BJCL* 2023. 256, concl. A. Skzryerbak ; *RDI* 2023. 347, obs. J.-F. Struillou ; *Constr.-Urb.* 2023, 57, note X. Couton.
10. V. ss n° 424.271.
11. C. urb., art. L. 213-2, al. 4, pour le délai initial ; et al. 5, pour le délai suspendu.
12. C. urb., art. R. 213-8, a (lorsque l'aliénation est envisagée sous forme de vente de gré à gré ne faisant pas l'objet d'une contrepartie en nature) et R. 213-9, a (lorsque l'aliénation est envisagée sous une forme ou une modalité autre).

Il prendra notamment une telle décision lorsqu'il est certain, dès réception de la DIA, qu'il n'est pas intéressé par le bien. Pour prendre cette décision, il devra toutefois attendre l'avis du directeur départemental des finances publiques ou, le cas échéant, l'expiration du délai accordé à cette autorité pour rendre son avis[1].

2° Effets de la renonciation

424.621 Impossibilité de préempter ou de revenir sur la renonciation. Lorsque le titulaire du droit de préemption a décidé de renoncer à exercer ce droit, que ce soit par l'effet de l'expiration du délai de deux mois imparti par la loi ou par une décision explicite prise avant l'expiration de ce délai, « il se trouve dessaisi et ne peut, par la suite, retirer cette décision ni, par voie de conséquence, légalement décider de préempter le bien mis en vente »[2]. Cette solution se justifie par la finalité des dispositions qui encadrent l'exercice du droit de préemption, qui « visent notamment à garantir que les propriétaires qui ont décidé de vendre un bien susceptible de faire l'objet d'une décision de préemption puissent savoir de façon certaine et dans les plus brefs délais s'ils peuvent ou non poursuivre l'aliénation entreprise »[3].

424.622 Possibilité pour le propriétaire de poursuivre l'aliénation. Si l'administration renonce à l'exercice du droit de préemption, que ce soit de façon expresse ou tacite, le propriétaire est libre de poursuivre l'aliénation au prix fixé dans la DIA[4]. Il peut vendre son bien, à condition de respecter le prix fixé dans cette déclaration, soit à l'acquéreur initial, soit à un autre acheteur.

Lorsque le propriétaire vend son bien à un autre acquéreur, il n'est pas tenu d'adresser une nouvelle DIA dès lors que le prix et les conditions de l'aliénation projetée ne sont pas modifiés[5]. S'agissant des conditions de l'aliénation, seule une modification substantielle implique d'adresser une nouvelle DIA[6].

1. V. s^s^ n° 424.506.
2. CE 12 nov. 2009, *Sté Comilux et Sté Chavest*, req. n° 327451, *Lebon T. ; BJDU* 2010. 22, concl. A. Courrèges.
3. CE 12 nov. 2009, *Sté Comilux et Sté Chavest*, req. n° 327451.
4. C. urb., art. L. 213-8, al. 1er : « Si le titulaire du droit de préemption a renoncé à l'exercice de son droit avant fixation judiciaire du prix, le propriétaire peut réaliser la vente de son bien au prix indiqué dans sa déclaration [...] » – Ce même alinéa précise que le prix peut être « révisé, s'il y a lieu, en fonction des variations du coût de la construction » constatées par l'INSEE s depuis la date de cette déclaration.
5. Civ. 3e, 8 oct. 2008, n° 07-15.935, P.
6. Tel n'est pas le cas de modifications des conditions de l'aliénation ne concernant que les conditions de financement, la possibilité de substitution et l'indemnité d'immobilisation : Civ. 3e, 25 janv. 2012, n° 10-25.143, NP.

424.623 Hypothèse dans laquelle le propriétaire ne réalise l'aliénation que trois ans plus tard. Si le propriétaire n'a pas réalisé la vente de son bien sous forme authentique dans le délai de trois ans à compter de la renonciation au droit de préemption, il doit, s'il entend de nouveau aliéner son bien, déposer une nouvelle DIA[7].

C. Seconde possibilité : l'administration choisit d'exercer son droit de préemption

1° Contenu de la décision

a. Décision d'acquisition au prix proposé ou offre d'acquisition à un prix inférieur

424.631 Option. Le titulaire du droit de préemption qui entend acquérir le bien dispose d'une option :

- soit il décide d'acquérir le bien aux prix et conditions demandés ;
- soit il présente une contre-proposition en formulant une offre d'acquisition à un prix inférieur.

L'existence de cette seconde possibilité n'apparaît pas satisfaisante en termes d'équité. En effet, le titulaire du droit de préemption propose presque toujours un prix inférieur à la valeur de la transaction. Or, le prix convenu dans celle-ci devrait être regardé comme correspondant à l'état du marché. Il constitue même le reflet exact du marché, à savoir la rencontre entre une offre et une demande dont découle la valeur du bien. Il devrait donc être exigé des collectivités publiques qu'elles ne puissent acquérir qu'au prix fixé dans la DIA et non à un prix inférieur, ce qui présenterait en outre l'intérêt d'éviter les contentieux et d'accélérer les procédures.

424.632 Première possibilité : décision d'acquisition. Le titulaire du droit de préemption qui entend acquérir le bien peut d'abord accepter cette acquisition aux prix et conditions fixés dans la DIA.

Cette possibilité n'est toutefois ouverte que lorsque l'aliénation est envisagée sous forme de vente de gré à gré ne faisant pas l'objet d'une contrepartie en nature (hypothèse de l'article R. 213-8). Dans ce cas, le titulaire du droit de préemption notifie au propriétaire sa décision d'acquérir aux prix et conditions proposés, y compris dans le cas de versement d'une rente viagère[8].

7. C. urb., art. L. 213-8, al. 2 – Disposition issue de la loi ALUR (L. n° 2014-366, 24 mars 2014, art. 149) s'inspirant d'une jurisprudence du Conseil d'État (CE 5 juill. 2013, *Loire, Lebon T*).
8. C. urb., art. R. 213-8, b – Le simple fait d'informer le propriétaire que la commune a l'intention d'acquérir le bien ne vaut pas décision d'acquérir : CAA Marseille, 3 mai 2001, *Crillon-le-Brave (Cne)*, req. n° 98MA00749, NP.

La vente est alors formée, du fait de la rencontre entre l'offre d'acquisition et l'acceptation de celle-ci.

Si la promesse de vente a été conclue avec l'acquéreur initial sous condition suspensive de non-exercice de son droit de préemption par la commune, la vente n'est pas formée, sauf si cette condition n'a pas été rappelée dans la DIA[1].

À défaut d'une telle condition, la vente est formée. Il en résulte que le vendeur ne peut renoncer à l'aliénation. S'il déclare ne plus vouloir vendre le bien, le titulaire du droit de préemption pourra engager à son encontre une action visant à faire dire que la vente est d'ores et déjà parfaite. De la même manière, le titulaire du droit de préemption ne peut pas renoncer à l'acquisition.

424.633 **Seconde possibilité : offre d'acquisition.** Le titulaire du droit de préemption qui entend acquérir le bien peut également proposer au vendeur une offre d'acquisition à un autre prix que celui proposé par ce dernier – c'est-à-dire, en pratique, un prix inférieur.

Cette possibilité est ouverte tant lorsque l'aliénation est envisagée sous forme de vente de gré à gré ne faisant pas l'objet d'une contrepartie en nature (hypothèse de l'article R. 213-8) que lorsque l'aliénation est envisagée sous une forme ou une modalité autre (hypothèse de l'article R. 213-9).

Dans ce cas, le titulaire du droit de préemption notifie au propriétaire son offre d'acquérir le bien à un prix qu'il propose et, à défaut d'acceptation de cette offre, son intention de faire fixer le prix du bien par la juridiction compétente en matière d'expropriation[2]. Le vendeur dispose alors d'un délai de deux mois pour se prononcer sur cette offre d'acquisition[3].

Les dispositions précitées apportent deux précisions sur le prix proposé :

– d'une part, ce prix est exclusif de toute indemnité accessoire, et notamment de l'indemnité de réemploi[4] ;

– d'autre part, dans le cas d'une vente envisagée moyennant le versement d'une rente viagère[5] et une contrepartie en nature[6], le titulaire du droit de préemption et, le cas échéant, la juridiction doivent respecter les conditions de paiements proposées par le vendeur. Toutefois, le titulaire peut proposer, et la juridiction fixer, la révision du montant de cette rente et du capital éventuel.

1. Civ. 3e, 27 mai 1998, n° 95-19.179, P – plus largement, sur l'exigence pour une condition suspensive d'être mentionnée dans la DIA sous peine d'inopposabilité : Civ. 3e, 30 mai 1996, n° 94-14.678, P (arrêt concernant en l'espèce une clause de restriction d'usage).
2. C. urb., art. R. 213-8, c ; art. R. 213-9, b.
3. V. ss nos 424.751 s.
4. C. urb., art. R. 213-8, c ; art. R. 213-9, b.
5. C. urb., art. R. 213-8, c ; art. R. 213-9, b.
6. C. urb., art. R. 213-9, b.

424.634 **Mention du prix.** La mention du prix est déterminante. En l'absence de celle-ci, la délibération ne peut être regardée comme une décision de préemption ni, par suite, faire obstacle à la vente[7]. Il en va de même en cas de différence entre le prix indiqué en chiffres et celui indiqué en lettres[8].

424.635 **Paiement de l'agent immobilier.** Lorsque la promesse de vente et la DIA mettent à la charge de l'acquéreur le paiement de la commission de l'agent immobilier, et que le titulaire du droit de préemption exerce ce droit, il lui revient de payer cette commission :

– tant lorsqu'il acquiert aux prix et conditions fixés dans la DIA[9] ;

– que lorsqu'il formule une proposition d'acquisition, acceptée par le vendeur (alors même que, dans ce cas, le prix fixé est inférieur au prix convenu avec l'acquéreur évincé)[10].

En revanche, lorsque les conditions de rémunération de l'agent immobilier ne sont mentionnées que dans la promesse de vente et non dans la DIA, le titulaire du droit de préemption n'est pas tenu à leur paiement[11].

b. Pas de préemption d'une partie seulement d'un immeuble (DPU)

424.641 **Immeuble situé entièrement dans le périmètre de préemption.** Les dispositions des articles R. 213-8 et R. 213-9 du code de l'urbanisme « s'opposent à ce qu'une partie seulement d'un immeuble dont l'aliénation est soumise au droit de préemption puisse faire l'objet d'une préemption »[12].

7. CE 16 mai 2001, *Saint-Suliac (Cne)*, req. n° 229739, *Lebon* : arrêt indiquant « que, faute d'indication, dans le délai de deux mois suivant la déclaration d'intention d'aliéner prévu à l'article L. 213-2 du code de l'urbanisme, sur le prix auquel la commune envisage d'acquérir la parcelle concernée, la délibération dont la suspension est demandée ne peut avoir pour effet de s'opposer à ce que le compromis de vente signé par le requérant soit mis à exécution ».
8. CAA Paris, 29 févr. 2024, *Établissement public territorial Plaine Commune*, req. n° 22PA03860, NP ; *Constr.-Urb.* 2024, comm. 40, note X. Couton.
9. Civ. 3e, 26 sept. 2007, n° 06-17.337, P : selon cet arrêt, l'organisme qui exerce son droit de préemption est tenu de prendre en charge la rémunération des intermédiaires immobiliers incombant à l'acquéreur auquel il est substitué, ce droit étant conditionné par l'indication du montant et de la partie qui en a la charge dans l'engagement des parties et dans la DIA.
10. Civ. 1re, 24 janv. 2006, n° 02-18.746, NP.
11. Civ. 3e, 10 mars 1993, n° 90-19.578, P : la commune ne pouvait s'engager au-delà des conditions financières figurant dans la seule DIA qui lui avait été notifiée et qui ne contenait aucune indication sur la rémunération de l'agent.
12. CAA Paris, 9 juin 1994, *Vaniscotte*, req. n° 93PA00372, NP ; – dans le même sens : CAA Douai, 10 févr. 2005, *Pont-Audemer (Cne)*, req. n° 03DA01142, NP.

En d'autres termes, lorsque l'immeuble objet de la DIA est entièrement situé dans le périmètre du droit de préemption, la préemption d'une partie seulement de celui-ci « n'est pas possible »[1].

Il en résulte par exemple :

– qu'une commune est tenue, dès lors qu'elle avait choisi d'acquérir le bien concerné aux prix et conditions proposés, de mettre en œuvre le droit de préemption pour la totalité de l'immeuble concerné[2] ;

– que « deux immeubles contigus appartenant à un même propriétaire et faisant l'objet d'une seule déclaration d'aliéner constituent une même unité foncière et donnent lieu au dépôt d'une seule DIA, ne permettant [...] pas au titulaire de droit de préemption de ne préempter qu'une partie de cette unité foncière »[3].

424.642 Situation différente lorsque l'immeuble est situé partiellement dans le périmètre de préemption. Si une unité foncière n'est incluse que partiellement dans le périmètre de préemption, le titulaire du droit de préemption dispose de la faculté de ne préempter que la seule fraction de l'unité foncière incluse dans ledit périmètre[4].

Ces dispositions ont été introduites par la loi SRU[5] dans l'objectif de mettre fin à une jurisprudence qui excluait cette faculté[6]. Elles ne s'appliquent pas en cas de vente par adjudication[7].

Cette faculté ne peut être mise en œuvre que lorsqu'une partie de l'unité foncière n'est pas soumise au droit de préemption. Par suite, elle ne peut être utilisée lorsque l'intégralité de celle-ci se trouve dans le périmètre de préemption. Ainsi, dans une affaire où une unité foncière est constituée de deux parcelles situées toutes deux dans le périmètre du DPU, le juge annule la décision de n'en préempter qu'une seule[8]. Une telle décision procède de considérations que l'on peut comprendre (la collectivité souhaite ne préempter qu'une partie de l'unité foncière lorsqu'elle n'a besoin que de celle-ci et, par suite, juge disproportionné et trop coûteux de l'acquérir dans sa totalité) mais, n'entrant pas dans le champ de l'article L. 213-2-1, elle se trouve entachée d'illégalité.

Dans un souci d'équité, le second alinéa de l'article L. 213-2-1 ouvre au propriétaire le droit d'exiger du titulaire du droit de préemption l'acquisition de l'intégralité du terrain (plus exactement de l'unité foncière) faisant l'objet de l'aliénation[9].

424.643 Situation encore différente lorsque l'immeuble est situé totalement en dehors du périmètre de préemption. Si l'article L. 213-2-1 ouvre au titulaire du droit de préemption, à certaines conditions, la possibilité de ne préempter qu'une partie de l'unité foncière faisant l'objet de l'aliénation, « il n'autorise pas la commune à préempter ceux des éléments d'un ensemble immobilier faisant l'objet d'une déclaration d'intention d'aliéner unique qui sont situés dans une zone où le droit de préemption ne peut pas s'exercer »[10]. Ainsi, lorsqu'une parcelle est située en dehors de la zone où le droit de préemption peut s'exercer (en l'occurrence une zone NC, dans le cas du DPU), la décision de préempter l'ensemble de l'unité foncière, y compris cette zone, est entachée d'illégalité[11].

2°
Adoption de la décision

a.
La décision doit être prise dans les deux mois par un acte exécutoire

424.651 Acte devant être exécutoire avant l'expiration du délai dont dispose l'administration pour exercer le droit de préemption. Le code de l'urbanisme prévoit que le silence du titulaire du droit de préemption pendant deux mois à compter de la réception de la DIA vaut renonciation à l'exercice du droit de préemption[12]. Il en résulte « que les propriétaires qui ont décidé de vendre un bien susceptible de faire l'objet d'une décision de préemption doivent savoir de façon certaine, au terme du délai de deux mois imparti au titulaire du droit de préemption pour en faire éventuellement usage, s'ils peuvent ou non poursuivre l'aliénation entreprise »[13]. Par ailleurs, le CGCT prévoit que les décisions de préemption ne deviennent exécutoires que s'il a été procédé à leur notification

1. Rép. min. n° 39858, *JOAN Q* 28 août 2000, p. 5088.
2. CAA Paris, 9 juin 1994, *Vaniscotte*, req. n° 93PA00372, NP.
3. Rép. min. n° 12093, *JO Sénat Q* 11 nov. 2010, p. 2966.
4. C. urb., art. L. 213-2-1, al. 1er : « Lorsque la réalisation d'une opération d'aménagement le justifie, le titulaire du droit de préemption peut décider d'exercer son droit pour acquérir la fraction d'une unité foncière comprise à l'intérieur d'une partie de commune soumise à un des droits de préemption institué en application du présent titre ».
5. L. n° 2000-1208, 13 déc. 2000 relative à la solidarité et au renouvellement urbains, *JO* 14 déc., n° 2, art. 21.
6. CE, sect., 23 juin 1995, *Bouxières-aux-Dames (Cne) c/Aimond*, req. n° 128151, *Lebon*.
7. V. ss n° 424.972.
8. CAA Marseille, 12 avr. 2023, *Commune d'Èze c/SCI Mas-Cozy*, req. n° 21MA04301, NP ; *RDI* 2023. 403, obs. J.-F. Struilou.
9. V. ss n° 424.741.
10. CE 21 mai 2008, *Sté EPM-Executive Project & Management*, req. n° 310951, *Lebon T.* ; *BJDU* 2008. 33, concl. A. Courrèges.
11. CE 7 juill. 2010, *Chateaudouble (Cne)*, req. n° 331412, *Lebon T.* ; *BJDU* 2010. 455, concl. L. Derepas.
12. C. urb., art. L. 213-2, al. 4.
13. CE 15 mai 2002, *Paris (Ville) c/Assoc. cultuelle des témoins de Jéhovah de Paris*, req. n° 230015, *Lebon* – CE, sect., 5 déc. 2014, *Scionzier (Cne)*, req. n° 359769, *Lebon*.

aux intéressés ainsi qu'à leur transmission au préfet[1].

Selon le Conseil d'État, ces dispositions « imposent que la décision de préemption soit exécutoire au terme du délai de deux mois, c'est-à-dire non seulement prise mais également notifiée au propriétaire intéressé et transmise au représentant de l'État ». Par suite, la réception de la décision par le propriétaire intéressé et le préfet dans le délai de deux mois, à la suite respectivement de sa notification et de sa transmission constitue « une condition de la légalité de la décision de préemption »[2].

Ainsi, faute d'avoir été notifiée au propriétaire et transmise au préfet avant l'expiration du délai de deux mois, la décision de préemption est entachée d'illégalité, plus exactement d'illégalité interne[3]. Le propriétaire est donc libre de vendre son bien.

À l'occasion d'une question préjudicielle transmise par le juge civil, le Conseil d'État a précisé qu'une décision illégale sur ce motif n'est pas existante. Dès lors, son illégalité ne fait pas par elle-même obstacle à ce que le propriétaire puisse s'en prévaloir à l'appui de prétentions, sur le mérite desquelles il appartient au seul juge civil de statuer, tendant à faire constater que la commune a accepté l'offre de vente contenue dans la DIA[4].

424.652 **Titulaires du droit de préemption soumis à ces formalités.** L'obligation d'accomplir ces formalités (notification au propriétaire et transmission au préfet) ne s'impose qu'aux autorités qui y sont soumises (communes, EPCI...). Tel est le cas notamment d'une SEM concessionnaire d'une commune ou d'un EPCI, désignée titulaire du droit de préemption par l'acte créant une ZAD[5]. Tel n'est pas le cas, en revanche, d'un établissement public foncier de l'État (EPFE), dont les décisions ne sont pas soumises au contrôle de légalité et n'ont donc pas à être transmises au préfet[6].

424.653 **Décision soumise à formalité lorsque le maire a reçu délégation du conseil municipal.** Lorsqu'il a reçu délégation du conseil municipal d'exercer le droit de préemption au nom de la commune, seul le maire peut prendre la décision de préemption qui doit être notifiée au vendeur et transmise au préfet dans le délai de deux mois[7]. Par suite, c'est cette décision et non l'approbation de celle-ci par le conseil municipal qui doit être notifiée au propriétaire et transmise au préfet avant l'expiration du délai de deux mois.

b.
La décision doit être motivée

424.661 **Obligation de motiver la décision, absence d'exigence de procédure contradictoire.** La décision de préemption est soumise à une exigence de motivation[8].

c.
La décision doit respecter les autres règles de forme et de procédure

424.671 **Procédure d'adoption.** Les règles de procédure régissant l'adoption de la décision doivent avoir été respectées. Ainsi, notamment, la méconnaissance des règles relatives à la convocation des membres du conseil municipal et à leur information entache-t-elle d'illégalité la délibération adoptée[9].

424.672 **Impartialité.** Sont illégales « les délibérations auxquelles ont pris part un ou plusieurs membres du conseil intéressés à l'affaire qui en fait l'objet, soit en leur nom personnel, soit comme mandataires »[10]. Une délibération portant exercice du droit de préemption adoptée en méconnaissance de ces dispositions est entachée d'illégalité.

424.673 **Absence d'exigence d'un contradictoire.** La décision de préemption n'a pas à être précédée d'une procédure contradictoire[11].

3°
Publicité de la décision

424.681 **Information des tiers et personnes intéressées.** Afin d'assurer l'information des tiers et des personnes spécialement intéressées, la décision du titulaire du droit de préemption fait l'objet de mesures de publicité.

1. CGCT, art. L. 2131-1, al. 1er.
2. CE 15 mai 2002, *Paris (Ville) c/Assoc. cultuelle des témoins de Jéhovah de Paris*, req. n° 230015, *Lebon* – CE, sect., 5 déc. 2014, *Scionzier (Cne)*, req. n° 359769, *Lebon*.
3. CE 16 juin 1993, *Étampes (Cne) c/Bigot*, req. n° 135411, *Lebon T.* – CAA Versailles, 18 nov. 2010, *D'Ovidio*, req. n° 09VE01553, NP– CAA Marseille, 10 oct. 2016, *La Colle-sur-Loup (Cne)*, req. n° 15MA04788, NP.
4. CE 13 mai 1996, *Franconville-la-Garenne (Cne)*, req. n° 152472, *Lebon*.
5. CE 24 mai 2017, *Herbert (Mme)*, req. n° 397197, *Lebon T.*
6. CE 7 juill. 2008, *EPF de la région Nord pas de Calais*, req. n° 300836, NP : annulation pour erreur de droit de l'arrêt ayant jugée illégale une décision de préemption prise par un EPFE au motif qu'elle n'avait pas été transmise au représentant de l'État dans le cadre du contrôle de légalité dans le délai de deux mois suivant la réception de la DIA.
7. Civ. 3e, 8 juin 2006, n° 04-18.472, P.
8. V. ss nos 411.31 s.
9. CE 5 juill. 2013, *Ozoir-la-Ferrières (Cne)*, req. n° 354423, NP.
10. CGCT, art. L. 2131-11.
11. CAA Paris, 21 déc. 2007, *SCI Les Terrasses d'Ornano*, req. n° 06PA04034, *Lebon T.* ; *JCP Adm.* 2008, n° 2143, note A. Pécheul : arrêt précisant que la DIA constituant une demande, elle n'est pas soumise au respect du contradictoire en vertu de l'article 24 de la loi du 12 avril 2000, devenu art. L. 121-1 du CRPA.

a.
Publication

424.691 **Information des tiers.** La décision du titulaire « fait l'objet d'une publication »[1]. Cette mesure permet d'informer les tiers de l'existence de la décision.

b.
Notification au vendeur, au notaire et l'acquéreur s'il était mentionné dans la DIA

424.701 **Destinataires de la notification.** La décision est notifiée[2] :

- au vendeur ;
- au notaire ;
- et, le cas échéant, à la personne mentionnée dans la DIA qui avait l'intention d'acquérir le bien.

424.702 **Vendeur (ou son mandataire).** La notification de la décision au propriétaire conditionne le caractère exécutoire de la décision de préemption et, par suite, la légalité de celle-ci[3].

Le cas échéant, la décision est notifiée à son mandataire. Celui-ci peut être un notaire. À cet égard, la jurisprudence a précisé que le notaire qui signe la DIA doit être regardé comme le mandataire du vendeur. Par suite et dès lors que la DIA ne mentionne pas expressément, comme elle peut le faire, à qui – du propriétaire ou de son mandataire – la décision de préemption doit être notifiée, cette notification au notaire fait courir le délai de recours contentieux à l'encontre du propriétaire[4].

Une notification faite au notaire alors que la DIA prévoyait la notification au propriétaire ne peut être regardée comme une notification régulière. Par suite, la réception de celle-ci par le notaire n'a pas eu pour effet de former la vente[5].

424.703 **Notaire.** La décision est notifiée au notaire en charge de la vente pour l'acquéreur initial.

Dans l'hypothèse spécifique où le notaire en charge de la vente est également le mandataire du vendeur, « la formalité de notification accomplie à l'égard du mandataire sera réputée accomplie tant à l'égard du vendeur que de son notaire, sous réserve que soit jointe à la déclaration d'intention d'aliéner la copie du mandat donné au notaire et que le propriétaire vendeur y ait fait élection de domicile »[6].

424.704 **Acquéreur évincé.** Selon une cour, l'exigence de notification à l'acquéreur évincé ne constitue pas une condition de légalité de la décision de préemption[7].

424.705 **Formes de la notification.** La notification doit être réalisée dans les formes prescrites à l'article R. 213-25[8].

c.
Transmission aux titulaires de droits d'emphytéose, d'habitation ou d'usage, aux personnes bénéficiaires de servitudes, aux fermiers et aux locataires

424.711 **Transmission par le notaire.** Le notaire transmet la décision du titulaire du droit de préemption[9] :

- aux titulaires de droits d'emphytéose, d'habitation ou d'usage mentionnés dans la DIA ;
- aux personnes bénéficiaires de servitudes mentionnés dans la DIA ;
- aux fermiers et aux locataires mentionnés dans la DIA.

§ 4
Quatrième étape : décision du propriétaire

A.
Premier cas de figure : le titulaire du droit de préemption a renoncé à exercer ce droit

424.721 **Liberté de céder le bien.** Lorsque le titulaire du droit de préemption a renoncé tacitement ou expressément à exercer ce droit, le propriétaire est libre de vendre son bien à l'acquéreur initial ou à un autre acquéreur[10].

Il doit réaliser la vente dans un délai de trois ans, à défaut de quoi il devra adresser une nouvelle DIA au titulaire du droit de préemption[11].

1. C. urb., art. L. 213-2, al. 6.
2. C. urb., art. L. 213-2, al. 6.
3. V. s[s] n° 424.651.
4. CE 30 juin 2006, *Mane (C[ne])*, req. n° 274062, *Lebon T.* ; *BJDU* 2006. 289, concl. C. Devys.
5. Civ. 3e, 5 juin 2007, n° 06-14.407, NP.
6. Rép. min. n° 92031, *JOAN Q* 9 mai 2017, p. 3276.
7. CAA Versailles, 23 mars 2017, *Brunoy (C[ne]) c/S[té] Simober*, req. n° 15VE01734, NP.
8. C'est-à-dire soit par LRAR, soit par acte d'huissier, soit par dépôt contre décharge, soit par voie électronique – V. s[s] n° 424.931.
9. C. urb., art. L. 213-2, al. 6.
10. V. s[s] n° 424.622.
11. V. s[s] n° 424.623.

B. Deuxième cas de figure : le titulaire du droit de préemption a décidé l'acquisition du bien au prix et conditions fixés dans la DIA

1° Impossibilité de revenir sur la vente

424.731 **Vente formée.** Lorsque le titulaire du droit de préemption a décidé l'acquisition du bien au prix et conditions fixés dans la DIA, la vente est formée. Le propriétaire n'a aucune décision à prendre. Il ne peut pas se soustraire à la vente[1].

2° Possibilité d'exiger l'acquisition de la totalité du bien si une partie seulement de celui-ci figure dans le périmètre du droit de préemption

424.741 **Possibilité d'extension du champ de la préemption à l'initiative du propriétaire.** Dans l'hypothèse où le titulaire du droit de préemption a acquis une partie seulement du terrain faisant l'objet de l'aliénation, au motif que seule cette partie du terrain entrait dans le champ du droit de préemption, le code prévoit que « le propriétaire peut exiger que le titulaire du droit de préemption se porte acquéreur de l'ensemble de l'unité foncière »[2]. Il résulte de ces dispositions « que le propriétaire d'une unité foncière dont une partie seulement a fait l'objet d'une décision de préemption peut exiger du titulaire du droit de préemption la modification de cette décision, afin que ce dernier se porte acquéreur de l'ensemble de l'unité foncière »[3].

Est ainsi concernée la situation dans laquelle le titulaire du droit de préemption acquiert par celui-ci la partie de l'unité foncière (faisant l'objet de la cession) qui est située dans la zone de droit de préemption. Le propriétaire, qui souhaitait vendre le tout, se retrouve avec un terrain amputé. Si cette situation rend difficile la cession de la partie restante, il peut exiger du titulaire du droit de préemption l'acquisition de celle-ci. Le titulaire du droit de préemption aura alors acquis l'intégralité du terrain qui faisait l'objet de la vente, y compris une partie de celui-ci situé hors champ du droit de préemption.

424.742 **Intervention d'une nouvelle décision administrative.** La nouvelle décision prise à la demande du propriétaire n'a pas le même objet que la première décision et ne saurait, par suite, être qualifiée de confirmative. Compte tenu de l'objet et de la portée de cette seconde décision, elle peut être l'occasion (pour l'acquéreur évincé ou un tiers) de contester tant la justification même de la préemption que la motivation de celle-ci au regard des dispositions de l'article L. 210-1 du code de l'urbanisme[4].

424.743 **Fixation du prix.** Le vendeur et le titulaire du droit de préemption peuvent s'entendre sur le prix d'acquisition.

À défaut, le prix est fixé par la juridiction compétente en matière d'expropriation. Sa détermination « tient compte de l'éventuelle dépréciation subie, du fait de la préemption partielle, par la fraction restante de l'unité foncière »[5].

C. Troisième cas de figure : le titulaire du droit de préemption a proposé d'acquérir le bien à un prix ou à des conditions différentes de la DIA

424.751 **Délai pour se prononcer.** À compter de la réception de l'offre d'acquérir faite en application des articles R. 213-8, c ou R. 213-9, b, le propriétaire dispose d'un délai de deux mois pour notifier au titulaire du droit de préemption sa décision[6].

Le silence du propriétaire dans les deux mois équivaut à une renonciation d'aliéner[7].

424.752 **1re option : acceptation du prix.** La première option du propriétaire consiste à accepter le prix ou les nouvelles modalités proposés en application des articles R. 213-8, c ou R. 213-9, b[8].

En ce cas, la vente est formée. Ni le propriétaire, ni le titulaire du droit de préemption ne peuvent se soustraire à celle-ci.

424.753 **2e option : fixation judiciaire du prix.** La deuxième option ouverte au propriétaire consiste à maintenir le prix ou l'estimation figurant dans la DIA[9].

Dans ce cas, le prix est fixé par la juridiction compétente en matière d'expropriation[10]. Cette saisine constitue une simple faculté[11].

Lorsque, par une lettre, le propriétaire informe le titulaire du droit de préemption qu'il refuse l'offre contenue dans la décision de préemption en raison du prix proposé, cette lettre, alors même qu'elle n'est

1. V. s^s^ n° 424.632.
2. C. urb., art. L. 213-2-1, al. 2.
3. CE 10 févr. 2010, *Hyères-les-Palmiers (C^ne^)*, req. n° 322399, *Lebon T. ; BJDU* 2010. 204, concl. L. Derepas.
4. CE 10 févr. 2010, *Hyères-les-Palmiers (C^ne^)*, req. n° 322399, *Lebon T. ; BJDU* 2010. 204, concl. L. Derepas.
5. C. urb., art. L. 213-4, al. 2.
6. C. urb., art. R. 213-10, al. 1er.
7. V. s^s^ n° 424.754.
8. C. urb., art. R. 213-10, a.
9. C. urb., art. R. 213-10, b.
10. C. urb., art. R. 213-10, b – V. s^s^ n°s 424.761 s.
11. CAA Paris, 19 mai 1998, *Bombart*, req. n° 96PA00562, NP.

pas assortie de l'acceptation que le prix soit fixé par la juridiction compétente en matière d'expropriation, « doit être regardée, pour l'application des dispositions de l'article R. 213-10 du code de l'urbanisme, comme un maintien du prix figurant dans la déclaration d'intention d'aliéner au sens du b) de l'article R. 213-10 du code de l'urbanisme et non comme la renonciation à l'aliénation prévue au c) du même article »[1].

Si le titulaire du droit de préemption ne saisit pas le juge de l'expropriation et propose un nouveau prix d'acquisition, cette proposition de se porter acquéreur du bien est considérée comme intervenant dans le cadre du droit commun de la vente et non dans celui du droit de préemption. Si les propriétaires acceptent ce prix, la vente est formée et la commune ne peut plus renoncer à celle-ci[2].

424.754 **3e option : renonciation à l'aliénation.** La troisième option qui s'ouvre au propriétaire consiste à renoncer à l'aliénation[3]. La renonciation peut être expresse. Elle sera tacite si le propriétaire ne prend pas de décision dans les deux mois qui suivent la réception de l'offre d'acquisition adressée par le titulaire du droit de préemption[4].

Une fois qu'il a renoncé à l'aliénation, de façon expresse ou tacite, le propriétaire ne peut pas se raviser et exiger la réalisation forcée de la vente[5].

§ 5 Cinquième étape (le cas échéant) : fixation judiciaire du prix

A. Cas dans lesquels intervient une fixation judiciaire du prix

424.761 **Fixation judiciaire en l'absence d'accord amiable.** La fixation du prix par le juge de l'expropriation intervient « à défaut d'accord amiable »[6].

424.762 **Première hypothèse : fixation judiciaire dans le cadre d'une procédure de préemption.** La première hypothèse est celle dans laquelle le propriétaire a entendu aliéner son bien et que le titulaire du droit de préemption a exercé ce droit sur celui-ci. La fixation du prix par le juge de l'expropriation intervient alors dans deux cas de figure :

– d'une part, lorsque le vendeur a refusé la proposition d'acquisition faite par le titulaire du droit de préemption[7] ;

– d'autre part, lorsque le vendeur exige du titulaire du droit de préemption l'acquisition de l'intégralité du terrain[8].

424.763 **Seconde hypothèse : fixation judiciaire dans le cadre d'une procédure de délaissement.** La seconde hypothèse est celle dans laquelle le propriétaire d'un bien situé dans le périmètre du DPU[9] ou du DPZAD[10] exerce son droit de délaissement mais qu'aucun accord sur le prix n'a pu être trouvé. Le prix est alors fixé par le juge de l'expropriation.

B. Saisine du juge de l'expropriation

424.771 **Délai de la saisine.** Si le titulaire du droit de préemption estime que le prix d'acquisition proposé par le propriétaire « est exagéré », il peut, dans le délai de quinze jours à compter de la réception de la réponse du propriétaire, saisir la juridiction compétente en matière d'expropriation[11]. À défaut de saisine dans ce délai, le titulaire du droit de préemption est réputé avoir renoncé à l'exercice de son droit[12].

Le vendeur disposant d'un délai de deux mois pour répondre à l'offre d'acquisition formulée par le titulaire du droit de préemption[13], la juridiction ne peut pas être saisie avant l'expiration de ce délai de deux mois[14].

424.772 **Forme de la saisine.** La saisine est faite par lettre recommandée adressée au secrétariat de la juridiction[15]. La circonstance que le demandeur commette une erreur dans la saisine, en adressant la lettre recommandée au juge et non au secrétariat, constitue une irrégularité de forme mais elle ne peut entraîner l'irrecevabilité de la demande en l'absence d'un grief dont la preuve serait rapportée[16].

Une copie, en double exemplaire, du mémoire du titulaire du droit de préemption est jointe à la lettre adressée au secrétariat de la juridiction. Le propriétaire doit en être informé simultanément[17].

1. CE 22 avr. 2005, *Choisy-le-Roi (Ville)*, req. n° 274054, NP.
2. Civ. 3e, 2 juin 1999, n° 97-17.576, P.
3. C. urb., art. R. 213-10, c.
4. C. urb., art. R. 213-10, al. 5.
5. Civ. 3e, 4 juin 2003, n° 00-17.084, P.
6. C. urb., art. L. 213-4, al. 1er.
7. V. ss n° 424.753.
8. V. ss nos 424.741 s.
9. V. ss nos 422.311 s.
10. V. ss nos 423.301 s.
11. C. urb., art. R. 213-11, al. 1er.
12. C. urb., art. R. 213-11, al. 3 – par ex. : Civ. 3e, 12 juill. 2000, n° 98-22.866, P – Civ. 20 mars 2002, n° 01-70.033, NP.
13. V. ss n° 424.751.
14. Civ. 3e, 12 mars 2003, n° 02-70.049, P.
15. C. urb., art. R. 213-11, al. 1er.
16. Civ. 3e, 20 janv. 1999, n° 98-70.019, NP.
17. C. urb., art. R. 213-11, al. 1er.

C. Obligation pour le titulaire du droit de préemption de consigner une somme d'argent

424.781 Champ de l'obligation de consignation. Le code prévoit que « lorsque la juridiction compétente en matière d'expropriation a été saisie dans les cas prévus aux articles L. 211-5, L. 211-6, L. 212-3 et L. 213-4, le titulaire du droit de préemption doit consigner une somme égale à 15 % de l'évaluation faite par le directeur départemental des finances publiques »[1].

L'obligation de consignation s'impose donc :

– en cas d'exercice du droit de délaissement d'un terrain situé dans le périmètre du DPU[2] ;

– en cas d'exercice du droit de délaissement d'un terrain situé dans le périmètre du DPZAD[3] ;

– en l'absence d'accord amiable[4].

Toutefois, par exception, elle ne s'applique pas aux ZAD créées avant l'entrée en vigueur de la loi du 18 juillet 1985[5], c'est-à-dire le 1er juin 1987[6].

424.782 Montant de la consignation. Le montant de la somme à consigner est « égale à 15 % de l'évaluation faite par le directeur départemental des finances publiques »[7].

La consignation s'opère au seul vu de l'acte par lequel la juridiction a été saisie et de l'évaluation du directeur départemental des finances publiques[8].

Elle doit intervenir dans les trois mois qui suivent la saisine[9].

L'acte par lequel une commune procède à cette consignation ne relève pas de la compétence de la juridiction administrative[10].

424.783 Justification de la consignation. Il revient au titulaire du droit de préemption de justifier de l'accomplissement de cette formalité dans les trois mois. Copie du récépissé de la consignation doit être adressée au propriétaire et à la juridiction[11].

À défaut de notification d'une copie du récépissé de consignation à la juridiction et au propriétaire dans le délai de trois mois à compter de la saisine de cette juridiction, le titulaire du droit de préemption est réputé avoir renoncé à l'acquisition ou à l'exercice du droit de préemption[12].

424.784 Libération des fonds. La libération des fonds consignés ne peut être effectuée que lorsque le titulaire du droit de préemption a renoncé à l'acquisition ou à l'exercice du droit de préemption ou après le transfert de propriété[13].

D. Procédure applicable

424.791 Règles de la procédure d'expropriation. La procédure est conduite selon les règles applicables aux articles R. 311-9 à R. 311-32 du code de l'expropriation[14].

424.792 Prix que chaque partie estime juste. Chaque partie indique le prix auquel elle estime que la vente doit se réaliser, en s'efforçant de justifier son estimation. Rien ne s'oppose à ce que le propriétaire réclame un prix supérieur à celui qu'il avait mentionné dans la DIA[15].

Pour justifier le montant de son estimation, le propriétaire du bien dispose des droits ouverts par l'article L. 135 B du livre des procédures fiscales[16]. Cela lui permet de se voir communiquer par l'administration fiscale les éléments d'information qu'elle détient au sujet des valeurs foncières déclarées à l'occasion des mutations intervenues dans les cinq dernières années.

E. Fixation du prix

1° Critères d'évaluation reprenant pour l'essentiel ceux la procédure d'expropriation

424.801 Renvoi au code de l'expropriation. Pour l'évaluation du bien, le code de l'urbanisme pose un

1. C. urb., art. L. 213-4-1, al. 1er – Ces dispositions comportent une erreur en renvoyant à un article L. 211-6 qui a été abrogé.
2. C. urb., art. L. 211-5.
3. C. urb., art. L. 212-3.
4. C. urb., art. L. 213-4.
5. L. no 85-729, 18 juill. 1985 relative à la définition et à la mise en œuvre de principes d'aménagement, *JO* 19 juill., 8152.
6. Civ. 3e, 11 févr. 1998, no 96-70.222, NP.
7. C. urb., art. L. 213-4-1, al. 1er.
8. C. urb., art. L. 213-4-1, al. 2.
9. V. ss no 424.783.
10. CAA Paris, 3 juill. 2009, *SCI du Marais*, req. no 07PA05027, *Lebon T.*
11. C. urb., art. R. 213-11, al. 4.
12. C. urb., art. L. 213-4-1, al. 3 – par ex. : Civ. 3e, 9 mai 2012, no 11-12.551, P : arrêt précisant que dans un tel cas de figure, le juge n'est pas tenu de rechercher si le titulaire du droit de préemption rapporte la preuve de son intention de ne pas renoncer à l'exercice de ce droit. Saisie d'une QPC dirigée contre cet alinéa, la Cour de cassation a estimé qu'il n'y avait pas lieu à renvoi au Conseil constitutionnel (Civ. 3e, 8 déc. 2022, no 22-40.015 ; *RDI* 2023. 228, obs. J.-F. Struillou),
13. C. urb., art. L. 213-4-2.
14. C. urb., art. R. 213-11, al. 2.
15. Lyon, 3 juill. 2012, no 11/08012, NP.
16. Civ. 3e, 13 févr. 2013, no 12-40.096, P.

principe de renvoi aux règles définies dans le code de l'expropriation. Il prévoit que « le prix est fixé, payé ou, le cas échéant, consigné selon les règles applicables en matière d'expropriation »[1].

424.802 Critères fixés par le code de l'expropriation. Les critères fixés par le code de l'expropriation pour l'évaluation du bien sont énoncés aux articles L. 322-1 et suivants. Il en résulte notamment les conséquences qui suivent.

En premier lieu, le montant est déterminé d'après la consistance du bien[2].

En deuxième lieu, est seul pris en considération l'usage effectif des immeubles à la date de référence[3].

En troisième lieu, il est tenu compte des servitudes et des restrictions administratives affectant de façon permanente l'utilisation ou l'exploitation des biens, sauf si leur institution révèle, de la part de l'expropriant, une intention dolosive[4].

En quatrième lieu, quelle que soit la nature des biens, il ne peut être tenu compte, même lorsqu'ils sont constatés par des actes de vente, des changements de valeur subis depuis cette date de référence, s'ils ont été provoqués[5] :

- par l'annonce des travaux ou opérations dont la DUP est demandée ;
- par la perspective de modifications des règles d'utilisation des sols ;
- ou par la réalisation dans les trois années précédant l'enquête publique de travaux publics dans l'agglomération où est situé l'immeuble.

2°
Adaptations et précisions par rapport aux critères prévalant dans la procédure d'expropriation

424.811 Trois adaptations et précisions. Tout en renvoyant en principe aux critères fixés par le code de l'expropriation, le code de l'urbanisme apporte à ceux-ci trois adaptations et précisions.

424.812 Premier élément : date de référence. La date de référence pour l'évaluation du bien est différente selon que le bien soit situé dans le périmètre d'une ZAD ou en dehors de celui-ci[6].

Si le bien est situé dans le périmètre d'une ZAD, trois dates de référence sont mentionnées :

- la date de publication de l'acte délimitant le périmètre provisoire de la ZAD lorsque le bien est situé dans un tel périmètre ou lorsque l'acte créant la zone est publié dans le délai de validité d'un périmètre provisoire[7] ;
- la date de publication de l'acte créant la ZAD si un périmètre provisoire de ZAD n'a pas été délimité[8] ;
- dans tous les cas, la date du dernier renouvellement de l'acte créant la ZAD[9].

Ces trois dates de référence étant limitatives, aucune autre date ne peut être prise en compte[10].

Si le bien n'est pas situé dans le périmètre d'une ZAD, la date de référence est celle à laquelle est devenu opposable aux tiers le plus récent des actes rendant public, approuvant, révisant ou modifiant le PLU et délimitant la zone dans laquelle est situé le bien[11].

Que le bien soit situé dans le périmètre d'une ZAD ou non, la valeur du terrain ne peut être déterminée en fonction de son utilisation dans l'avenir[12].

424.813 Deuxième élément : améliorations, transformations ou changements d'affectation. Les améliorations, les transformations ou les changements d'affectation opérés par le propriétaire postérieurement à la date de référence « ne sont pas présumés revêtir un caractère spéculatif »[13].

424.814 Troisième élément : prise en compte des transactions intervenues dans la zone ou dans une zone comparable. Pour évaluer la valeur du bien, le juge se base sur la valeur des transactions amiables intervenues dans la zone où il se situe.

À défaut de transactions amiables constituant des références suffisantes pour l'évaluation du bien dans la même zone, il pourra être tenu compte des mutations et accords amiables intervenus pour des biens de même qualification situés dans des zones comparables[14].

Le cas échéant, ces éléments d'appréciation peuvent conduire à une transposition du prix au mètre carré majorée pour le terrain litigieux si les règles d'urbanisme ou la situation du terrain y sont plus favorables que dans la zone de référence, et minorée si les règles d'urbanisme ou la situation y sont moins favorables[15].

1. C. urb., art. L. 213-4, al. 3.
2. C. expr., art. L. 322-1.
3. C. expr., art. L. 322-2, al. 2 – Civ. 3e, 24 mars 1981, n° 80-70.231, P.
4. C. expr., art. L. 322-2, al. 3.
5. C. expr., art. L. 322-2, al. 4.
6. C. urb., art. L. 213-4, a – Cette différence de régime a été regardée comme n'étant pas inconstitutionnelle : Civ. 3e, 10 juill. 2012, n° 12-40.044, NP.
7. C. urb., art. L. 213-4, a, i.
8. C. urb., art. L. 213-4, a, ii.
9. C. urb., art. L. 213-4, a, iii.
10. PAR EX. : Civ. 3e, 10 juill. 2002, n° 01-70.229, P : le juge ne peut retenir comme date de référence la date de publication de l'acte portant approbation du PAZ.
11. C. urb., art. L. 213-4, a, al. 6.
12. Civ. 3e, 7 févr. 1990, nos 88-70.256 et 88-70.257, NP.
13. C. urb., art. L. 213-4, b.
14. C. urb., art. L. 213-4, c.
15. Civ. 3e, 22 juin 2005, n° 04-70.068, P.

424.815 Exemple de décisions. Un arrêt rendu par la cour d'appel de Lyon illustre particulièrement bien la méthode retenue par le juge pour déterminer la valeur du bien[1].

3°
Critères applicables dans les situations particulières

424.821 Demande d'acquisition totale du bien. Lorsque le titulaire du droit de préemption n'a préempté qu'une partie du bien faisant l'objet de l'aliénation et que le propriétaire exige l'acquisition de l'intégralité de celui-ci[2], le prix d'acquisition fixé par le juge tient compte de l'éventuelle dépréciation subie, du fait de la préemption partielle, par la fraction restante de l'unité foncière[3].

424.822 Bien dont l'aliénation est envisagée sous forme de vente avec constitution de rente viagère. Lorsque la juridiction est appelée à fixer le prix d'un bien dont l'aliénation est envisagée sous forme de vente avec constitution de rente viagère, elle respecte les conditions de paiement proposées par le vendeur mais peut réviser le montant de cette rente et du capital éventuel[4].

Selon une réponse ministérielle, « il résulte de ces dispositions législatives que lorsque la commune achète, par exercice du droit de préemption, un bien dont l'aliénation était envisagée "à charge de soins", elle est tenue de respecter les conditions mises par le vendeur. La loi a donc garanti, notamment, le droit des personnes âgées qui souhaitent aliéner tout ou partie de leur patrimoine immobilier sous forme de vente avec constitution de rente viagère »[5].

4°
Éléments pris en compte dans le prix

424.831 Évaluation des seuls éléments entrant dans le champ du droit de préemption. Il appartient au juge de déterminer uniquement le prix du bien relevant du droit de préemption. Ainsi, excède ses pouvoirs la cour d'appel qui, saisie par le titulaire du droit de préemption de la fixation du prix de parcelles et du fonds de commerce exploité sur celles-ci, ces parcelles et ce fonds ayant fait l'objet de deux promesses de vente indissociables, se prononce sur la consistance et la valeur du fonds de commerce, alors que seuls les biens immobiliers sont soumis au droit de préemption[6].

On notera que cette solution ne concerne pas le droit de préemption commercial[7], qui permet précisément de préempter des fonds de commerce[8].

424.832 Absence d'indemnité accessoire. Le prix est exclusif de toute indemnité accessoire, et notamment de l'indemnité de réemploi[9].

5°
Absence de prise en compte de la légalité de la décision

424.841 Office du juge. Il appartient seulement au juge de fixer le prix du bien litigieux. Il ne lui revient pas de porter une appréciation sur la légalité de la décision de préemption. En conséquence, encourt l'annulation l'arrêt par lequel une cour d'appel refuse de se prononcer sur la demande au motif que la décision de préemption serait d'après elle entachée d'illégalité[10].

De même, est sans incidence l'omission de l'avis des domaines durant la procédure administrative de préemption[11].

F.
Décision des parties

1°
En cours de procédure (entre la saisine du juge et le prononcé de sa décision)

a.
Accord

424.851 Vente formée. Si les parties parviennent à un accord amiable sur le prix en cours de procédure (avant que le juge ait statué), la vente est formée.

b.
Possibilité d'un retrait de l'offre ou d'une renonciation à la préemption (en l'absence d'accord)

424.861 Retrait de l'offre. À défaut d'accord sur le prix avant que le juge ait statué, tout propriétaire d'un bien soumis au droit de préemption, qui a manifesté son intention d'aliéner ledit bien, peut ultérieurement retirer son offre[12].

Si le propriétaire n'a pas réalisé la vente de son bien sous forme authentique dans le délai de trois

1. Lyon, 3 juill. 2012, n° 11/08012, NP.
2. V. s^s n°s 424.741 s.
3. C. urb., art. L. 213-4, al. 2.
4. C. urb., art. L. 213-4, al. 12.
5. Rép. min. n° 1949, *JOAN Q* 5 déc. 1988, p. 3547.
6. Civ. 3e, 9 juin 2004, n° 03-70.066, P.
7. V. s^s n°s 432.05 s.
8. V. s^s n° 432.21.
9. C. urb., art. L. 213-4, al. 1er.
10. Civ. 3e, 22 févr. 1995, n° 93-70.250, NP – Civ. 3e, 13 juill. 1993, n° 91-70.058, P.
11. Civ. 3e, 19 févr. 1992, n° 90-70.244, P.
12. C. urb., art. L. 213-7, al. 1er.

ans à compter de la renonciation au droit de préemption, il dépose une nouvelle déclaration préalable mentionnée à l'article L. 213-2 [1].

424.862 Renonciation à la préemption. Le titulaire du droit de préemption peut renoncer en cours de procédure à l'exercice de son droit à défaut d'accord sur le prix [2].

Si le titulaire du droit de préemption a ainsi renoncé à l'exercice de son droit avant fixation judiciaire du prix, « le propriétaire peut réaliser la vente de son bien au prix indiqué dans sa déclaration » révisé, s'il y a lieu, en fonction des variations du coût de la construction constatées par l'INSEE depuis la date de cette déclaration [3]. Il ne sera soumis à l'obligation d'établir une nouvelle DIA que s'il vend le bien à un prix différent à celui indiqué dans la DIA [4].

2°
Après la fixation judiciaire du prix

a.
Délai reconnu aux parties pour se décider

424.871 Délai de deux mois pour accepter le prix ou renoncer à la vente. En cas de fixation judiciaire du prix, et pendant un délai de deux mois après que la décision juridictionnelle est devenue définitive [5], « les parties peuvent accepter le prix fixé par la juridiction ou renoncer à la mutation » [6].

424.872 Effet d'une expiration du délai. Le silence des parties dans le délai de deux mois qui leur est reconnu pour se décider « vaut acceptation du prix fixé par le juge et transfert de propriété, à l'issue de ce délai, au profit du titulaire du droit de préemption » [7].

Une décision de renonciation prise après l'expiration de ce délai est entachée d'illégalité [8]. Le vendeur qui souhaite conclure la vente au prix fixé par le juge de l'expropriation peut saisir le juge administratif en vue d'obtenir l'annulation de la décision et le cas échéant réparation de son préjudice. Il dispose également de la possibilité, nettement plus intéressante, de saisir le juge civil d'une demande visant à faire dire que la vente était parfaite [9]. À cet égard, dans la mesure où il résulte d'une jurisprudence administrative établie que l'illégalité d'une décision de renonciation prise après l'expiration du délai est entachée d'illégalité, le juge civil pourra constater lui-même l'illégalité de la décision administrative sans avoir à renvoyer de question préjudicielle au juge administratif [10].

b.
Première hypothèse : les parties acceptent le prix fixé

424.881 Vente formée. Si les deux parties acceptent le prix fixé par la juridiction, la vente est réalisée.

c.
Seconde hypothèse : le titulaire du droit de préemption renonce à l'exercice de son droit

424.891 Faculté de renonciation. Après fixation judiciaire du prix, le titulaire du droit de préemption peut renoncer à l'exercice de ce droit dans un délai de deux mois [11].

424.892 Conséquence pour le propriétaire : liberté de vendre au prix fixé pendant 5 ans. Au cas où le titulaire du droit de préemption a renoncé à l'exercice de son droit sur un bien dont le prix a été fixé judiciairement, « il ne peut plus l'exercer à l'égard du même propriétaire pendant un délai de cinq ans » à compter de la décision juridictionnelle devenue définitive « si le propriétaire, dans ce délai, réalise la vente de ce bien au prix fixé par la juridiction » révisé, s'il y a lieu, en fonction des variations du coût de la construction constatées par l'INSEE depuis cette décision [12].

Le propriétaire informe le titulaire du droit de préemption du prix auquel la vente a été réalisée [13] afin de permettre à celui-ci de contester le cas échéant une vente qui interviendrait à un prix différent de celui fixé par la juridiction.

424.893 Conséquence pour l'acquéreur évincé. Lorsque le titulaire du droit de préemption décide d'exercer ce droit, il évince à cette date l'acquéreur de l'immeuble. Dans la mesure où la renonciation ultérieure du maire n'anéantit pas cette décision et n'a d'effet que pour l'avenir, la défaillance de la con-

1. C. urb., art. L. 213-7, al. 2.
2. C. urb., art. L. 213-7, al. 1er.
3. C. urb., art. L. 213-8, al. 1er.
4. Rép. min. n° 17153, *JOAN Q* 23 avr. 2013, p. 4506.
5. Une décision juridictionnelle devient définitive, lorsque toutes les voies de recours, ordinaires ou extraordinaires, ouvertes à son encontre, ont été exercées, ou que les délais d'exercice de ces voies de recours sont expirés : Civ. 3e, 29 juin 2017, n° 16-14.622, P.
6. C. urb., art. L. 213-7, al. 2.
7. C. urb., art. L. 213-7, al. 2.
8. T. confl. 16 juin 2014, *Semavoine c/Cté d'agglo. de la Rochelle*, req. n° 3953, *Lebon T.*
9. Civ. 3e, 4 mai 2016, n° 15-14.892, P.
10. TC 16 juin 2014, *Semavoine c/Cté d'agglo. de la Rochelle*, req. n° 3953, *Lebon T.*
11. V. ss n° 424.871.
12. C. urb., art. L. 213-8, al. 3 – Les indices du coût de la construction à retenir sont les derniers indices publiés respectivement à la date à laquelle la décision de la juridiction de l'expropriation est devenue définitive et à la date de l'acte authentique constatant le transfert de propriété (C. urb., art. R. 213-13, al. 1er).
13. C. urb., art. R. 213-13, al. 2.

dition suspensive de non-exercice du droit de préemption (dans l'hypothèse où la promesse de vente a été assortie d'une telle condition) est acquise dès la date de l'arrêté entraînant la caducité de la promesse de vente[1]. Par suite, dans un tel cas de figure, le juge rejette l'action tendant à faire reconnaître que le compromis de vente vaut vente.

§ 6
Dernière étape : transfert de propriété (après établissement d'un acte authentique et paiement du prix)

424.901 Transfert de propriété subordonné à deux formalités. Deux formalités sont nécessaires pour réaliser le transfert de propriété :

- d'une part établir un acte authentique ;
- d'autre part payer le prix.

Le transfert de propriété intervient lorsque ces deux formalités ont été accomplies, plus exactement à la date à laquelle la plus tardive de celles-ci a été réalisée[2]. Tant que les deux formalités n'ont pas été réalisées, l'ancien propriétaire conserve la jouissance du bien[3].

A.
Établissement d'un acte authentique

424.911 Établissement d'un acte authentique. La vente sera considérée comme réalisée à la date de l'acte notarié ou de l'acte authentique en la forme administrative constatant le transfert de propriété[4].

424.912 Délai pour établir l'acte authentique. En cas d'accord sur le prix indiqué par le propriétaire ou sur le prix offert par le titulaire du droit de préemption, un acte authentique est dressé dans un délai de trois mois à compter de cet accord pour constater le transfert de propriété[5].

Dans le cas où le prix a été fixé par décision de justice et où les parties n'ont pas fait usage de la faculté de renonciation ouverte par l'article L. 213-7, al. 2, un acte de même nature est dressé dans un délai de trois mois à compter de la décision judiciaire devenue définitive[6].

1. Civ 3, 10 oct. 2012, n° 11-15.473, P.
2. C. urb., art. L. 213-14, al. 1er : en cas d'acquisition d'un bien par voie de préemption ou dans les conditions définies à l'article L. 211-5 (exercice de son droit de délaissement par le propriétaire d'un bien situé dans le périmètre du DPU), « le transfert de propriété intervient à la plus tardive des dates auxquelles seront intervenus le paiement et l'acte authentique ».
3. C. urb., art. L. 213-15 : « L'ancien propriétaire d'un bien acquis par voie de préemption conserve la jouissance de ce bien jusqu'au paiement intégral du prix ».
4. C. urb., art. L. 213-8, al. 4.
5. C. urb., art. R. 213-12, al. 1er.

B.
Paiement du prix

424.921 Délai de paiement. Le prix d'acquisition est payé ou, en cas d'obstacle au paiement, consigné dans les quatre mois qui suivent l'une des trois décisions suivantes[7] :

- soit la décision d'acquérir le bien au prix indiqué par le vendeur ou accepté par lui ;
- soit la décision définitive de la juridiction compétente en matière d'expropriation ;
- soit l'acte ou le jugement d'adjudication (la date de cet acte ou de ce jugement).

Lorsque le délai dont dispose le titulaire du droit de préemption pour régler ou consigner le prix de vente expire un dimanche, il est prorogé au premier jour ouvrable suivant[8].

La consignation de la somme auprès de la Caisse des dépôts vaut paiement[9].

L'obstacle au paiement (justifiant la consignation du prix de vente) peut résulter d'un risque avéré de non-restitution du prix de vente en cas d'annulation de l'arrêté de préemption par la juridiction administrative[10].

424.922 Conséquences de l'absence de paiement. En l'absence de paiement dans le délai de 4 mois (ou, en cas d'obstacle au paiement, de consignation dans ce délai), « le vendeur peut aliéner librement son bien »[11]. De façon tautologique, l'alinéa suivant ajoute : « Le propriétaire qui a repris son bien dans les conditions prévues au présent article peut alors l'aliéner librement »[12].

§ 7
Formes des notifications faites par le titulaire du droit de préemption durant la procédure

424.931 Modalités imposées. Le code prévoit que dans les procédures du DPU et du DPZAD, les deman-

6. C. urb., art. R. 213-12, al. 2.
7. C. urb., art. L. 213-14, al. 2.
8. Civ. 3e, 23 sept. 2020, n° 19-14.261, P.
9. Civ. 3e, 10 déc. 2003, n° 02-12.894, P.
10. Civ. 3e, 23 sept. 2020, n° 19-14.261, P.
11. C. urb., art. L. 213-14, al. 3 – Avant la loi ALUR, le transfert de propriété intervenait dès l'acte authentique. Si le prix n'était pas payé dans le délai prévu (qui était alors de six mois), l'absence de paiement était sanctionnée par la rétrocession du bien à l'ancien propriétaire, si celui-ci la demandait. Pour éviter la mise en œuvre d'une procédure – lourde – de rétrocession, la loi ALUR (L. n° 2014-366, 24 mars 2014, art. 149) a subordonné le transfert de propriété non plus seulement à l'intervention de l'acte authentique mais également (ce fut l'innovation) au paiement du prix (v. ss n° 424.901).
12. C. urb., art. L. 213-14, al. 4.

des, offres et décisions du titulaire du droit de préemption et des propriétaires sont notifiées[1] :

- par lettre recommandée avec demande d'avis de réception ;
- par acte d'huissier[2] ;
- par dépôt contre décharge (par exemple par un policier municipal[3]) ;
- ou par voie électronique dans les conditions prévues aux articles L. 112-11 et L. 112-12 du CRPA.

L'acte notifié par l'un ces procédés est réputé reçu au jour auquel il a été réalisé :

- date de présentation du pli, pour l'envoi par LRAR[4] ;
- date de réalisation de l'acte d'huissier[5] ;
- date de confirmation de l'envoi électronique ;
- date de remise du pli contre signature, pour la remise en main propre.

Pour les trois premiers procédés, l'acte est donc réputé reçu alors même que son destinataire n'en aurait pas pris connaissance le jour même. En revanche, la remise contre signature implique nécessairement que son destinataire ait pris connaissance de l'acte.

424.932 **Modalités limitatives.** Les modalités de notification étant limitativement énumérées à l'article R. 213-25, aucune autre modalité n'est admise pour la notification des demandes, offres et décisions. Par suite, en jugeant que la télécopie ne figurait pas parmi les moyens permettant d'interrompre le délai fixé par l'article L. 213-2, et que, par suite, le moyen tiré de la tardiveté de la décision contestée était de nature à susciter un doute sérieux sur sa légalité, le juge des référés n'a pas, eu égard à son office, commis d'erreur de droit[6].

1. C. urb., art. R. 213-25.
2. PAR EX., notification de la décision de préemption le dernier jour du délai de deux mois : CE 10 mai 2017, *S^té ABH Investissements*, req. n° 398736, *Lebon T. ; BJDU* 2017. 248, concl. R. Decout-Paolini.
3. Rép. min. n° 1223, *JO Sénat Q* 5 oct. 2017, p. 3066.
4. CE 10 mai 2017, *S^té ABH Investissements*, req. n° 398736, *Lebon T. ; BJDU* 2017. 248, concl. R. Decout-Paolini : arrêt indiquant qu'en cas de notification par LRAR, la réception par le propriétaire doit être regardée comme intervenant à la date à laquelle le pli est présenté pour la première fois à l'adresse indiquée dans la DIA.
5. CE 10 mai 2017, *S^té ABH Investissements*, req. n° 398736 : arrêt indiquant qu'en cas de signification par acte d'huissier, celle-ci doit être réputée effective dans les conditions prévues par l'article 656 du code de procédure civile, c'est-à-dire le jour même de l'acte d'huissier.
6. CE 26 févr. 2010, *Bedoin (C^ne)*, req. n° 331749, NP.

§ 8
Hypothèse dans laquelle le bien préempté est soumis à expropriation

424.941 **Adaptations.** Certaines règles spécifiques s'appliquent lorsque le préempté est soumis à expropriation.

424.942 **Effets d'une DUP.** Deux conséquences particulières résultent d'une déclaration d'utilité publique :

- d'une part, l'exercice du droit de préemption produit les mêmes effets que l'accord amiable en matière d'expropriation en ce qui concerne l'extinction des droits réels et personnels si le titulaire du droit de préemption est également le bénéficiaire de la DUP[7] ;
- d'autre part, la cession d'un bien au profit du bénéficiaire de la DUP n'est pas soumise au droit de préemption[8].

424.943 **Effets d'une expropriation sur la date de référence.** La valeur du bien est déterminée par le juge de l'expropriation à une date de référence donnée.

Lorsqu'un bien soumis au droit de préemption fait l'objet d'une expropriation, la date de référence prévue à l'article L. 322-2 du code de l'expropriation est celle prévue au a de l'article L. 213-4[9], qui fixe des critères dérogatoires à ceux du code de l'expropriation[10].

Il en va de même lorsqu'un bien fait l'objet d'une expropriation sur le fondement d'une DUP à une date à laquelle le bien était soumis, en application de l'article L. 212-2, au droit de préemption applicable dans le périmètre d'une ZAD. Toutefois, en cas de prorogation de la DUP dans une telle situation, la date est déterminée en application des critères du code de l'expropriation, lesquels sont fixés à l'article L. 322-2 de ce code[11].

§ 9
Procédure dérogatoire en cas de vente par adjudication obligatoire

A.
Champ d'application

424.951 **Vente par adjudication obligatoire.** Une procédure dérogatoire s'applique « à toute vente par adjudication d'un bien soumis au droit de préemp-

7. C. urb., art. L. 213-5, al. 1er.
8. C. urb., art. L. 213-5, al. 2.
9. C. urb., art. L. 213-6, al. 1er.
10. V. s^s n° 424.812.
11. C. urb., art. L. 213-6, al. 2.

tion lorsque cette procédure est rendue obligatoire par une disposition législative ou réglementaire ». Se trouve néanmoins exclue de cette procédure dérogatoire « la vente mettant fin à une indivision créée volontairement et ne résultant pas d'une donation-partage » [1].

Le champ d'application de cette procédure est donc limité. Il concerne principalement, selon une réponse ministérielle [2] :

- la vente de biens appartenant à des mineurs non émancipés et à des incapables majeurs ;
- les ventes sur saisies immobilières ;
- ainsi que la licitation.

Il a été jugé que les ventes intervenant dans le cadre d'une liquidation judiciaire n'en relèvent pas au regard des dispositions applicables prévoyant que la cession de l'entreprise peut intervenir tant de gré à gré que par adjudication (la vente par adjudication ne présentant ainsi pas un caractère obligatoire) [3].

B. Régime de la procédure dérogatoire

1° Déclaration préalable

424.961 Équivalent de la DIA. La vente doit être précédée d'une déclaration du greffier de la juridiction ou du notaire chargé de procéder à la vente faisant connaître la date et les modalités de la vente [4].

424.962 Formes et délai. La déclaration est établie dans les formes prescrites par l'arrêté prévu par l'article R. 213-5 [5].

Elle est adressée au maire trente jours au moins avant la date fixée pour la vente par LRAR ou par voie électronique dans les conditions prévues aux articles L. 112-11 et L. 112-12 du CRPA. La déclaration fait l'objet des communications et transmissions mentionnées à l'article R. 213-6 [6].

2° Décision du titulaire du droit de préemption de se substituer à l'adjudicataire

a. Décision de se substituer

424.971 Possibilité de se substituer à l'adjudicataire par l'exercice du droit de préemption. Le titulaire du droit de préemption dispose de la possibilité de se substituer à l'adjudicataire par l'exercice de son droit de préemption.

424.972 Impossibilité de préempter la seule unité foncière comprise dans la zone de préemption. En cas de vente par voie d'adjudication dans le cadre d'une procédure judiciaire, la commune ne peut pas décider de préempter les seuls éléments situés dans la zone de préemption, dès lors que ces éléments sont compris dans la même offre de vente que ceux situés hors zone de préemption, avec lesquels ils constituent une même unité foncière [7]. La possibilité d'extension du champ de la préemption à l'initiative du propriétaire n'est prévue par l'article L. 213-2-1 que pour le DPU [8]. Faute d'être prévue en cas de préemption par voie d'adjudication, cette possibilité ne peut pas être mise en œuvre dans une telle hypothèse.

b. Exigences de délai et de notification de la décision

424.981 Deux exigences. Deux exigences doivent être respectées par le titulaire du droit de préemption qui décide de se substituer à l'adjudicataire :

- d'une part sa décision doit être prise dans un délai de trente jours ;
- d'autre part elle doit être notifiée par LRAR.

424.982 Exigence de délai. Le titulaire du droit de préemption dispose d'un délai de trente jours à compter de l'adjudication pour informer le greffier ou le notaire de sa décision [9].

Le respect de ce délai doit s'apprécier à la date de la réception par le greffier de la juridiction ou par le notaire chargé de procéder à la vente et non à la date de son envoi [10]. Cette solution se justifie, comme pour la procédure de droit commun [11], par le fait que l'exigence de délai constitue une garantie pour l'adjudicataire qui doit pouvoir savoir de façon certaine, au terme du délai imparti au titulaire du droit de préemption, et comme dans le cas d'une préemption à la suite d'une cession amiable, s'il est devenu propriétaire du bien dont il s'était porté acquéreur.

La jurisprudence a précisé que ce délai est seulement interrompu par une surenchère exercée dans un délai de 10 jours [12]. En conséquence, le juge annule pour tardiveté une décision de préemption

1. C. urb., art. R. 213-14.
2. Rép. min. n° 23882, *JOAN Q* 27 mars 1995, p. 1684.
3. CE 17 déc. 2008, *Zanzi*, req. n° 316411, *Lebon T. ; BJDU* 2009. 44, concl. L. Derepas.
4. C. urb., art. R. 213-15, al. 1er.
5. V. ss n° 424.291 – C. urb., art. R. 213-15, al. 1er.
6. C. urb., art. R. 213-15, al. 2 – V. ss nos 424.421 s.
7. CE 7 avr. 2010, *Lescun (Cne)*, req. n° 320125, *Lebon T. ; BJDU* 2010. 222, concl. L. Derepas.
8. V. ss n° 424.741.
9. C. urb., art. R. 213-15, al. 3.
10. CE 17 déc. 2008, *Office d'habitation du Gers*, req. n° 304840, *Lebon T.*
11. V. ss n° 424.561.
12. CE 29 déc. 1993, *Lebouc*, req. n° 112421, *Lebon T.*

notifiée, en l'absence de surenchère, plus de trente jours après le jugement d'adjudication[1].

424.983 Notification de la décision. La décision de se substituer à l'adjudicataire doit être notifiée au greffier ou au notaire par LRAR ou par voie électronique dans les conditions prévues aux articles L. 112-11 et L. 112-12 du CRPA[2].

La notification doit intervenir postérieurement à l'adjudication. Faute de notification postérieure à l'adjudication, le titulaire du droit de préemption est regardé comme n'ayant pas régulièrement exercé ce droit, quand bien même il aurait fait connaître sa décision d'exercer son droit de préemption avant la vente aux enchères[3].

c.
Prix

424.991 Prix de la dernière enchère ou de la surenchère. La substitution ne peut intervenir qu'au prix de la dernière enchère ou de la surenchère[4]. Le prix est nécessairement celui de la dernière enchère ou de la surenchère[5].

L'article R. 213-15, al. 4, est exclusivement relatif au prix de vente de l'immeuble. Il n'a ni pour objet, ni pour effet de prolonger le délai de trente jours prévu à l'alinéa précédent[6].

d.
Publicité

424.1001 Fichier immobilier. Copie de la décision de substitution est annexée au jugement ou à l'acte d'adjudication et publiée au fichier immobilier en même temps que celui-ci[7].

SECTION 4
REGISTRE DES PRÉEMPTIONS

424.1011 Création et tenue du registre. La commune ouvre, dès institution ou création sur son territoire d'un droit de préemption (DPU, DPZAD ou pré-ZAD) un registre dans lequel sont inscrites[8] :

- toutes les acquisitions réalisées par exercice ou par délégation de ce droit ;
- ainsi que l'utilisation effective des biens ainsi acquis.

424.1012 Consultation du registre. Toute personne peut consulter le registre des préemptions ou en obtenir un extrait[9].

SECTION 5
SITUATION DES OCCUPANTS ET LOCATAIRES

424.1021 Droits et obligations. Sont soumis à certaines obligations et bénéficient de certains droits les occupants et locataires d'un bien acquis par la voie de la préemption ou suite à l'exercice par le propriétaire de son droit de délaissement. Sont plus précisément visés[10] :

- les preneurs de biens ruraux ;
- les locataires ou occupants de bonne foi de locaux à usage d'habitation ;
- ainsi que les locataires de locaux à usage commercial, industriel ou artisanal.

§ 1
Obligations d'accepter des travaux ou d'évacuer les locaux

424.1031 Obligation d'accepter des travaux. Nonobstant toutes dispositions ou stipulations contraires, les occupants et locataires ne peuvent s'opposer à l'exécution des travaux de restauration ou de transformation intérieure ni à la démolition de ces locaux[11].

424.1032 Obligation d'accepter d'évacuer les locaux. Si l'exécution des travaux l'exige, les occupants et locataires sont tenus d'évacuer tout ou partie des locaux ; le nouveau propriétaire du bien est alors tenu aux obligations prévues aux articles L. 314-1 et suivants[12].

§ 2
Droits de quitter les lieux et résilier le bail en cas de réalisation de travaux

424.1041 Deux droits. Nonobstant toutes dispositions ou stipulations contraires, les occupants et locataires peuvent à tout moment déclarer au titulaire du droit de préemption leur intention de quitter les lieux et de résilier le bail. Le propriétaire ne peut ni s'y opposer ni leur réclamer une indemnité à ce titre[13].

1. CE 29 déc. 1993, *Lebouc*, req. n° 112421, *Lebon T.*
2. C. urb., art. R. 213-15, al. 5.
3. Civ. 3e, 25 juin 2014, n° 13-19.429, P.
4. C. urb., art. R. 213-15, al. 4.
5. Civ. 3e, 25 juin 2014, n° 13-19.429, P.
6. CE 29 déc. 1993, *Lebouc*, req. n° 112421, *Lebon T.*
7. C. urb., art. R. 213-15, al. 6.
8. C. urb., art. L. 213-13, al. 1er.
9. C. urb., art. L. 213-13, al. 2.
10. C. urb., art. L. 213-10, al. 1er.
11. C. urb., art. L. 213-10, al. 1er.
12. Sur ces obligations, v. ss nos 514.05 s. – C. urb., art. L. 213-10, al. 2.
13. C. urb., art. L. 213-10, al. 3.

La jurisprudence estime que le troisième alinéa de l'article L. 213-10 du code de l'urbanisme ne peut être juridiquement dissocié des deux alinéas précédents[1]. Elle en déduit que les occupants ou locataires ne peuvent déclarer au titulaire du droit de préemption leur intention de quitter l'immeuble ou de résilier le bail « que lorsque les travaux sont réalisés sur cet immeuble »[2]. La seule circonstance que des lieux donnés à bail changent de propriétaire (à la suite de l'exercice du droit de préemption) ne permet pas au locataire de résilier unilatéralement le bail en cours et de prétendre à une indemnité d'éviction commerciale[3].

424.1042 Versement d'indemnités aux occupants et locataires délogés. Le propriétaire est tenu de verser aux occupants et locataires délogés les indemnités auxquelles ils peuvent prétendre, notamment celles qui peuvent leur être dues à raison des améliorations qu'ils ont apportées au fonds loué. En cas de litige, ces indemnités sont fixées par la juridiction compétente en matière d'expropriation[4].

SECTION 6
UTILISATION DU BIEN PRÉEMPTÉ

424.1051 Affectation à un usage conforme sous peine de rétrocession. Le bien doit être utilisé conformément à l'une des finalités en vue desquelles le droit de préemption peut être exercé. En cas d'utilisation non conforme, l'ancien propriétaire du bien ou, à défaut, l'acquéreur évincé, peut exiger la rétrocession du bien.

§ 1
Exigence d'utilisation du bien préempté conforme à l'une des finalités en vue desquelles le droit de préemption peut être exercé

A.
Possibilité d'une utilisation pour une finalité autre que celle en vue de laquelle le bien a été préempté

424.1061 Première condition : nouvelle utilisation obéissant à une finalité reconnue à l'article L. 210-1. Le code prévoit que « les biens acquis par exercice du droit de préemption doivent être utilisés ou aliénés pour l'un des objets mentionnés au premier alinéa de l'article L. 210-1, qui peut être différent de celui mentionné dans la décision de préemption »[5].

Il résulte de cette rédaction que la loi n'exige pas que le bien soit utilisé conformément à la finalité en vue de laquelle le bien a précisément été préempté. Le bien peut être utilisé (ou aliéné) pour une finalité autre, dès lors que celle-ci correspond à une finalité en vue desquelles le droit de préemption peut – de manière générale – être utilisé[6].

Cette possibilité d'utiliser le bien pour une finalité autre que celle ayant justifié la préemption a d'abord été admise par la jurisprudence[7] avant d'être reprise par la loi ALUR[8].

424.1062 Seconde décision : changement d'affectation décidé par l'organe délibérant. Tout changement d'affectation du bien acquis par l'exercice du droit de préemption, dans la limite des objets prévus à l'article L. 210-1, « doit faire l'objet d'une décision de l'organe délibérant de la collectivité »[9].

B.
Cas particuliers

1°
Utilisation du bien au profit d'une personne privée autre que le concessionnaire d'une opération d'aménagement ou qu'une société d'HLM

424.1071 Possibilité admise sous réserve de motivation. L'utilisation ou l'aliénation d'un bien au profit d'une personne privée autre que le concessionnaire d'une opération d'aménagement ou qu'une société d'habitations à loyer modéré est possible. Elle doit toutefois faire l'objet d'une délibération motivée du conseil municipal ou, le cas échéant, d'une décision motivée du délégataire du droit de préemption[10].

2°
Affectation provisoire du bien

424.1081 Possibilité admise. Les dispositions de l'article L. 221-2[11] sont applicables aux biens acquis

1. Civ. 3e, 11 juin 1997, n° 96-70.095, P.
2. Civ. 3e, 5 nov. 1997, n° 96-70.024, P.
3. Civ. 3e, 11 juin 1997, n° 96-70.095, P.
4. C. urb., art. L. 213-10, al. 3.
5. C. urb., art. L. 213-11, al. 1er.
6. Sur ces finalités, mentionnées au premier alinéa de l'article L. 210-1, v. ss nos 421.21 s.
7. Civ. 3e, 1er déc. 2004, n° 03-14.676, P : arrêt posant que l'affectation du bien mentionnée dans la décision de préemption peut être modifiée dès lors que la nouvelle affectation est de la nature de celles auxquelles fait référence l'article L. 210-1 du code de l'urbanisme qui renvoie à l'article L. 300-1 du même code.
8. L. n° 2014-366, 24 mars 2014, art. 149, modifiant la rédaction du premier alinéa de l'article L. 213-11.
9. C. urb., art. L. 213-11, al. 4.
10. C. urb., art. L. 213-11, al. 1er.
11. Qui autorisent une affectation provisoire du bien dans l'attente d'une affectation définitive, v. ss n° 442.14.

par exercice du droit de préemption[1]. Par suite, et par exemple, le titulaire du droit de préemption peut légalement affecter provisoirement le bien préempté à l'habitation de la directrice d'une école voisine dans l'attente de l'acquisition d'autres propriétés pour permettre son utilisation définitive à des fins d'extension du garage municipal[2].

3°
Aliénation d'un bien loué à un commerçant

424.1091 **Absence de droit de priorité.** Les cinq premiers alinéas de l'article L. 145-46-1 du code de commerce (conférant un droit de priorité au locataire) « ne sont pas applicables à l'occasion de l'aliénation d'un bien en application du premier alinéa du présent article »[3].

§ 2
Rétrocession du bien préempté en cas d'utilisation non conforme

424.1101 **Ordre de priorité.** En cas d'utilisation non conforme du bien, le propriétaire initial peut exiger la rétrocession du bien. S'il n'exerce pas ce droit, celui-ci pourra être mis en œuvre par l'acquéreur évincé.

A.
Rétrocession à l'ancien propriétaire

1°
Obligation d'informer l'ancien propriétaire du changement d'affectation et de lui proposer la rétrocession du bien

424.1111 **Obligation en cas d'utilisation non conforme dans les 5 ans.** Si le titulaire du droit de préemption décide d'utiliser ou d'aliéner pour d'autres objets que ceux mentionnés au premier alinéa de l'article L. 210-1 un bien acquis depuis moins de cinq ans par exercice de ce droit, il doit informer de sa décision les anciens propriétaires ou leurs ayants cause universels ou à titre universel et leur proposer l'acquisition de ce bien en priorité[4].

Dans le cas d'une commune de plus de 2 000 habitants, la proposition est adressée par le maire après autorisation du conseil municipal[5].

La procédure diffère selon que l'ancien propriétaire soit connu ou inconnu.

2°
Procédure applicable lorsque l'identité de l'ancien propriétaire est connue

a.
Offre de rétrocession

424.1121 **Notification.** Lorsque l'identité et le domicile de l'ancien propriétaire est connu (ou le cas échéant l'identité et le domicile de ses ayants cause universels ou à titre universel), l'offre de rétrocession formulée en application de l'article L. 213-11, al. 3, ou de l'article L. 212-2-2 (dans le cas des ZAD) leur est notifiée individuellement par LRAR. Elle doit contenir l'indication d'un prix[6].

b.
Réponse de l'ancien propriétaire

424.1131 **Délai pour se prononcer.** Les anciens propriétaires (ou leurs ayants cause universels ou à titre universel) disposent d'un délai de deux mois à compter de la date d'avis de réception de la notification pour faire connaître leur choix[7].

Le défaut de réponse dans le délai de deux mois équivaut à une renonciation au rachat du bien[8].

Trois possibilités sont offertes à l'ancien propriétaire.

424.1132 **Première option : renonciation.** La première option ouverte à l'ancien propriétaire consiste à renoncer au rachat du bien[9].

La renonciation peut être expresse. Elle sera tacite si l'ancien propriétaire ne répond pas dans les deux mois qui suivent la notification de l'offre de rétrocession[10].

424.1133 **Deuxième option : acceptation du prix proposé.** La deuxième option ouverte à l'ancien pro-

1. C. urb., art. L. 213-16.
2. Civ. 3e, 1er mars 1995, no 93-10.340, P.
3. C. urb., art. L. 213-11, al. 2 ; créé par L. no 2022-217, 21 févr. 2022.
4. C. urb., art. L. 213-11, al. 3.
5. Civ. 3e, 16 déc. 2009, no 08-19.023, P : arrêt rappelant que le CGCT prévoit que toute cession d'immeuble ou de droits réels immobiliers par une commune de plus de deux mille habitants donne lieu à délibération motivée du conseil municipal portant sur les conditions de la vente et ses caractéristiques essentielles (CGCT, art. L. 2241-1, al. 3). Si le conseil municipal ne peut s'opposer au principe de la rétrocession lorsque les conditions posées par l'article L. 213-11 du code de l'urbanisme sont remplies, « il est seul habilité à décider du prix et des caractéristiques essentielles de celle-ci ». Par suite, le seul accord du maire, sans délibération du conseil municipal, ne suffit pas à engager la commune.
6. C. urb., art. R. 213-16, al. 1er.
7. C. urb., art. R. 213-16, al. 1er.
8. C. urb., art. R. 213-16, al. 6.
9. C. urb., art. R. 213-16, b.
10. V. ss no 424.1131.

priétaire consiste à racheter le bien au prix proposé par le titulaire du droit de préemption[1].

424.1134 Troisième option : proposition de rachat à un prix inférieur. La troisième option ouverte à l'ancien propriétaire consiste à demander le rachat du bien à un prix qu'il propose[2], c'est-à-dire, en pratique, un prix inférieur.

Le titulaire du droit de préemption dispose, à compter de la notification de cette réponse, d'un délai de deux mois pour prendre sa décision[3] : soit accepter le prix proposé, soit saisir le juge de l'expropriation pour la fixation de celui-ci.

La première réponse possible consiste à accepter la proposition de rachat. Celle-ci peut être expresse : dans ce cas, le titulaire du droit de préemption notifie à l'ancien propriétaire qu'il accepte de rétrocéder le bien au prix proposé[4]. L'acceptation sera tacite si le juge de l'expropriation n'est pas saisi dans le délai de deux mois par le titulaire du droit de préemption en vue d'une fixation du prix du bien[5].

La seconde possibilité dont dispose le titulaire du droit de préemption consiste à saisir le juge compétent en matière d'expropriation[6]. Le prix est alors fixé par la juridiction conformément aux règles mentionnées par l'article L. 213-4[7]. À défaut d'acceptation de ce prix par l'ancien propriétaire, dans les trois mois qui suivent la notification de la décision juridictionnelle devenue définitive, celui-ci est réputé avoir renoncé à l'acquisition[8].

3°
Procédure applicable lorsque l'identité de l'ancien propriétaire est inconnue

424.1141 Mesures de publicité pour identifier l'ancien propriétaire ou ses ayants cause universels. Lorsque l'identité ou le domicile des anciens propriétaires ou de leurs ayants cause universels ou à titre universel est inconnu du titulaire du droit de préemption, un avis publié par voie d'affiche dans la commune de situation des biens indique les parcelles que ce titulaire a l'intention d'utiliser ou d'aliéner, ainsi que l'estimation de ces parcelles. Cet avis indique également que la vente des parcelles sera consentie par priorité à l'ancien propriétaire du bien ou à ses ayants cause universels ou à titre universel qui en feront la demande à l'autorité désignée[9]. L'accomplissement de cette mesure de publicité est certifié par le maire de la commune intéressée[10].

Le même avis est inséré dans un des journaux diffusés dans le département[11].

Les avis et l'affiche précités doivent obligatoirement comporter la mention de la déchéance que les intéressés s'exposent à encourir[12].

424.1142 Intéressés se manifestant. Dans le délai de trois mois à compter de l'accomplissement de la plus récente des deux formalités de publicité (publication de l'avis et affichage), les intéressés qui désirent exercer les droits de rachat du bien (estimant qu'ils ont la qualité d'ancien propriétaire du bien, ou d'ayant cause universel ou à titre universel de celui-ci) sont tenus, à peine de déchéance, de le déclarer à l'autorité désignée en procédant alors comme il est dit aux articles R. 213-16 et R. 213-17[13].

B.
Rétrocession à l'acquéreur évincé

424.1151 Offre d'acquisition. Dans le cas où l'ancien propriétaire (ou ses ayants cause universels ou à titre universel) ont renoncé expressément ou tacitement au rachat du bien (aux conditions mentionnées aux articles L. 213-11, al. 1er à 5)[14], le titulaire du droit de préemption doit proposer l'acquisition à la personne qui avait l'intention d'acquérir le bien[15].

Le titulaire du droit de préemption n'est tenu de respecter cette procédure que lorsque le nom de l'acquéreur était inscrit dans la DIA[16].

Les dispositions précitées n'imposent pas à la commune de procéder à l'information de l'acquéreur évincé avant même que le principe de la vente ne soit décidé par le conseil municipal de la commune[17].

424.1152 Procédure. La procédure applicable est la même que celle prévue pour la rétrocession du bien à l'ancien propriétaire[18].

§ 3
Mise à jour du registre des préemptions

424.1161 Notification des changements. Le registre des préemptions[19] doit être mis à jour en

1. C. urb., art. R. 213-16, a.
2. C. urb., art. R. 213-16, c.
3. C. urb., art. R. 213-17, al. 1er.
4. C. urb., art. R. 213-17, a.
5. C. urb., art. R. 213-17, b, renvoyant sur ce point à l'article R. 213-11, al. 3.
6. C. urb., art. R. 213-17, b ; art. L. 213-11, al. 5.
7. Sur ces règles, v. ss nos 424.761 s. – C. urb., art. L. 213-11, al. 5.
8. C. urb., art. L. 213-11, al. 6 ; art. R. 213-17, al. 4.
9. C. urb., art. R. 213-18, al. 1er.
10. C. urb., art. R. 213-18, al. 2.
11. C. urb., art. R. 213-18, al. 3.
12. C. urb., art. R. 213-18, al. 4.
13. V. ss nos 424.1131 s. – C. urb., art. R. 213-18, al. 5.
14. V. ss nos 424.1111 s.
15. C. urb., art. L. 213-11, al. 7 ; art. R. 213-19.
16. C. urb., art. L. 213-11, al. 8 ; art. R. 213-19.
17. CE 15 juin 2001, *Nice (Ville)*, req. no 231104, *Lebon T.*
18. Sur cette procédure, définie aux articles R. 213-16 et R. 213-17, v. ss nos 424.1121 s.
19. V. ss no 424.1011.

cas d'exercice de son droit de rachat par l'ancien propriétaire ou par l'acquéreur évincé.

Le titulaire du droit de préemption notifie sans délai au maire de la commune de situation du bien les éléments d'information à transcrire sur le registre.

§ 4
Actions en responsabilité contre le titulaire du droit de préemption

424.1171 **Réparation du préjudice.** Lorsque le titulaire du droit de préemption a fait usage de son droit pour, au final, ne pas utiliser le bien préempté, le code de l'urbanisme ouvre une action en dommages et intérêts au profit de l'ancien propriétaire ou de l'acquéreur évincé.

A.
Action en responsabilité lorsqu'a été méconnue l'obligation de proposer la rétrocession du bien

424.1181 **Ancien propriétaire.** L'ancien propriétaire à qui n'a pas été proposé le rachat du bien peut saisir le juge civil d'une action en dommages et intérêts contre le titulaire du droit de préemption[1]. L'action lui est ainsi ouverte en cas de méconnaissance par le titulaire du droit de préemption des obligations qui pèsent sur lui de proposer à l'ancien propriétaire le rachat du bien[2].

424.1182 **Acquéreur évincé.** L'acquéreur évincé à qui n'a pas été proposé le rachat du bien après que l'ancien propriétaire ait indiqué renoncer à celui-ci peut saisir le juge civil d'une action en dommages et intérêts contre le titulaire du droit de préemption[3]. L'action lui est ainsi ouverte en cas de méconnaissance par le titulaire du droit de préemption des obligations qui pèsent sur lui de proposer à l'acquéreur évincé le rachat du bien[4].

B.
Action en responsabilité lorsque n'a pas été méconnue l'obligation de proposer la rétrocession du bien

424.1191 **Ancien propriétaire.** L'action en responsabilité est ouverte au propriétaire même lorsque le titulaire du droit de préemption a proposé à l'ancien propriétaire le rachat du bien – et s'est ainsi acquitté de ses obligations légales. Le code prévoit en effet que la renonciation par le propriétaire à la rétrocession ne lui interdit pas de saisir le tribunal de l'ordre judiciaire d'une action en dommages et intérêts contre le titulaire du droit de préemption[5].

C.
Délai de prescription des actions

424.1201 **Délai de 5 ans.** L'action en dommages et intérêts se prescrit par cinq ans[6].

424.1202 **Point de départ du délai.** Le délai de prescription court en principe à compter de la mention de l'affectation ou de l'aliénation du bien au registre des préemptions[7].

Dans le cas où l'obligation de proposer la restitution du bien s'impose en conséquence de l'annulation de la décision de préemption, il court à compter de la décision de la juridiction administrative devenue définitive[8].

SECTION 7
HYPOTHÈSE D'UNE ANNULATION DE LA DÉCISION DE PRÉEMPTION

§ 1
Annulation de la décision de préemption alors que le transfert de propriété n'est pas encore intervenu

424.1211 **Liberté du propriétaire de vendre le bien pendant un an.** Lorsque la décision par laquelle le titulaire du droit de préemption décide d'exercer son droit est annulée ou déclarée illégale par la juridiction administrative et qu'il n'y a pas eu transfert de propriété, « ce titulaire ne peut exercer son droit à nouveau sur le bien en cause pendant un délai d'un an » à compter de la décision juridictionnelle devenue définitive. Dans ce cas, « le propriétaire n'est pas tenu par les prix et conditions qu'il avait mentionnés » dans la DIA[9].

1. C. urb., art. L. 213-12, al. 1er.
2. Obligations résultant de l'article L. 213-11, al. 3 (v. ss nº 424.1111) et, en cas d'annulation de la décision de préemption, de l'article L. 213-11-1, al. 1er (v. ss nº 424.1231).
3. C. urb., art. L. 213-12, al. 2.
4. Obligations résultant de l'article L. 213-11, al. 7 (v. ss nº 424.1151) et, en cas d'annulation de la décision de préemption, de l'article L. 213-11-1, al. 2 (v. ss nº 424.1233).
5. C. urb., art. L. 213-12, al. 3.
6. C. urb., art. L. 213-12, al. 4.
7. C. urb., art. L. 213-12, 1°.
8. C. urb., art. L. 213-12, 1°.
9. C. urb., art. L. 213-8, al. 5.

§ 2
Annulation de la décision de préemption alors que le transfert de propriété est intervenu

A.
Interdiction de revendre le bien

424.1221 Abstention. Lorsque la décision de préemption est annulée alors que le transfert de propriété est intervenu (l'administration en est donc devenue propriétaire), il appartient au titulaire du droit de préemption, « et avant toute autre mesure, de s'abstenir de revendre à un tiers le bien illégalement préempté »[1].

B.
Obligation de proposer la rétrocession du bien

1°
Obligation pesant sur l'administration

424.1231 Obligation. Lorsque l'annulation de la décision de préemption intervient après que le transfert de propriété a été effectué, il appartient au titulaire du droit de préemption de proposer la rétrocession du bien à l'ancien propriétaire[2] et, si celui-ci refuse, à l'acquéreur évincé[3]. Le juge administratif peut le lui enjoindre[4].

424.1232 Proposition de rétrocession aux anciens propriétaires. Lorsque, après que le transfert de propriété a été effectué, la décision de préemption est annulée ou déclarée illégale par la juridiction administrative, le titulaire du droit de préemption doit proposer aux anciens propriétaires (ou à leurs ayants cause universels ou à titre universel) l'acquisition du bien en priorité[5].

Le prix proposé vise à rétablir, sans enrichissement injustifié de l'une des parties, les conditions de la transaction à laquelle l'exercice du droit de préemption a fait obstacle[6]. À défaut d'accord amiable, le prix est fixé par la juridiction compétente en matière d'expropriation, conformément aux règles mentionnées à l'article L. 213-4[7].

À défaut d'acceptation dans le délai de trois mois à compter de la notification de la décision juridictionnelle devenue définitive, les anciens propriétaires (ou leurs ayants cause universels ou à titre universel) sont réputés avoir renoncé à l'acquisition[8].

424.1233 Proposition de rétrocession à l'acquéreur évincé. Dans le cas où les anciens propriétaires (ou leurs ayants cause universels ou à titre universel) ont renoncé expressément ou tacitement à l'acquisition, le titulaire du droit de préemption doit proposer l'acquisition à la personne qui avait l'intention d'acquérir le bien, lorsque son nom était inscrit dans la DIA[9].

Si l'acquéreur évincé accepte cette proposition, il n'est plus recevable à demander l'annulation de la vente conclue avec l'ancien propriétaire à compter de la date de la conclusion de la promesse de vente[10].

424.1234 Prix de rétrocession. En cas d'annulation d'une décision de préemption, le prix auquel la collectivité est tenue, le cas échéant, de proposer la cession du bien à l'acquéreur évincé doit, sur la base du prix mentionné dans la DIA, d'une part, et s'il y a lieu, être majoré du coût des travaux indispensables à la conservation du bien que la collectivité publique a supporté et de la variation de la valeur vénale du bien consécutive aux travaux utiles d'amélioration ou de démolition réalisés par la collectivité publique à la suite de la préemption litigieuse et, d'autre part, en cas de dégradation du bien, être diminué des dépenses que l'acquéreur devrait exposer pour remettre le bien dans l'état dans lequel il se trouvait initialement. En revanche, il n'y a pas lieu de tenir compte, dans la fixation de ce prix, des facteurs étrangers à la consistance et à l'état du bien qui ont modifié sa valeur vénale, notamment la modi-

1. CE, sect., 26 févr. 2003, *Bour*, req. n° 231558, *Lebon* 59.
2. V. s[s] n° 424.1232.
3. V. s[s] n° 424.1233.
4. CE, sect., 26 févr. 2003, *Bour*, req. n° 231558, *Lebon* 59 – T. confl. 12 juin 2017, *SNC Foncière Mahdia c/Paris Habitat OPH*, req. n° C4085, *Lebon*. – V. s[s] n°s 424.1241 s.
5. C. urb., art. L. 213-11-1, al. 1er ; créé par L. n° 2014-366, 24 mars 2014, art. 149 – La jurisprudence antérieure avait posé que la rétrocession est d'abord proposée à l'acquéreur évincé puis ensuite, en l'absence d'acceptation par ce dernier, à l'ancien propriétaire : CE, sect., 26 févr. 2003, *Bour*, req. n° 231558, *Lebon* 59 – CE, sect., 26 févr. 2003, *Assoc. des contribuables de Clairefontaine-en-Yvelines*, req. n° 231558, *Lebon* – Suite à la loi ALUR, cet ordre est inversé (T. confl. 12 juin 2017, *SNC Foncière Mahdia c/Paris Habitat OPH*, req. n° C4085, *Lebon* : arrêt évoquant l'obligation pesant sur le titulaire du droit de préemption « de proposer l'acquisition du bien à l'ancien propriétaire, puis, le cas échéant, à l'acquéreur évincé »).
6. CAA Paris, 7 avr. 2016, *S[té] FAMCA c/Vincennes (C[ne])*, req. n° 15PA03880, NP : arrêt estimant qu'en raison de l'exigence tenant à l'absence d'enrichissement injustifié de l'une des parties, la commune est en droit de demander à l'acquéreur évincé de lui verser, en sus du prix effectivement payé aux propriétaires, les sommes versées, au titre de cet achat, aux cabinets négociateurs.
7. C. urb., art. L. 213-11-1, al. 2. – Sur ces règles, v. s[s] n°s 424.763 s.
8. C. urb., art. L. 213-11-1, al. 3.
9. C. urb., art. L. 213-11-1, al. 4.
10. Civ. 3e, 7 sept. 2022, n° 21-12.114, P. ; *AJDI* 2023. 63, obs. F. Cohet ; *Constr.-Urb.* 2022, repère 9, note H. Périnet-Marquet ; *Constr.-Urb.* 2022, com. 112, obs. Ch. Sizaire ; *Actu-Juridique.fr* 8 déc. 2022, note P.-L. Niel.

fication des règles d'urbanisme qui lui sont applicables et les évolutions du marché immobilier postérieures à la décision de préemption[1].

2°
Injonction adressée à l'administration de respecter ses obligations

424.1241 **Saisine du juge.** Les conclusions aux fins d'injonction ne peuvent être formulées que par le propriétaire initial du bien et l'acquéreur évincé (même si le nom de celui-ci ne figure pas dans la DIA[2]). Sont irrecevables les conclusions présentées par un tiers à la vente[3].

Le juge peut également prononcer une injonction de sa propre initiative.

424.1242 **Office du juge.** Saisi par les parties à la vente initiale ou de sa propre initiative, il appartient au juge administratif, après avoir mis en cause l'autre partie à la vente initialement projetée, d'exercer les pouvoirs qu'il tient des articles L. 911-1 et suivants du CJA afin d'ordonner, le cas échéant sous astreinte, les mesures qu'implique l'annulation d'une décision de préemption, sous réserve de la compétence du juge judiciaire, en cas de désaccord sur le prix auquel l'acquisition du bien doit être proposée, pour fixer ce prix. À ce titre, il lui appartient, après avoir vérifié, au regard de l'ensemble des intérêts en présence, que le rétablissement de la situation initiale ne porte pas une atteinte excessive à l'intérêt général, de prescrire au titulaire du droit de préemption qui a acquis le bien illégalement préempté (s'il ne l'a pas entretemps cédé à un tiers[4]) de prendre toute mesure afin de mettre fin aux effets de la décision annulée et, en particulier, de proposer à l'ancien propriétaire puis, le cas échéant, à l'acquéreur évincé d'acquérir le bien, à un prix visant à rétablir, sans enrichissement injustifié de l'une des parties, les conditions de la transaction à laquelle l'exercice du droit de préemption a fait obstacle[5].

En cas d'atteinte excessive à l'intérêt général, le juge doit s'abstenir de prescrire le retour au statu quo ante. Tel est le cas, par exemple, lorsque le bien objet du litige a, après son acquisition, subi des aménagements substantiels et été affecté à la réalisation d'une voie publique. Le Conseil d'État estime « qu'eu égard à l'importance de cette voie et au projet des requérants, la remise en cause de la destination donnée à ce bien apporterait à l'intérêt général une atteinte excessive qui ne serait pas justifiée par l'intérêt qui s'attache à la disparition des effets de la décision annulée ; que, par suite, il y a lieu, dans les circonstances de l'espèce, de rejeter les conclusions des requérants tendant à ce qu'il soit enjoint au titulaire du droit de préemption de leur proposer d'acquérir le bien illégalement préempté »[6].

§ 3
Annulation de la décision de préemption alors que le bien a été revendu

424.1251 **Irrecevabilité des conclusions aux fins d'injonction.** Lorsque l'annulation de la décision de préemption intervient alors que le bien préempté a été revendu, ni les dispositions de l'article L. 911-1 du CJA, ni aucune autre disposition ne permettent à la juridiction administrative de prescrire des mesures qui, tendant à la remise en cause de la revente du bien, se rattachent à un litige distinct portant sur la légalité de cette décision de revente et ne sauraient, dès lors, être regardées comme étant au nombre de celles qu'implique l'annulation de la décision de préemption[7].

424.1252 **Absence d'annulation par voie de conséquence.** Les décisions par lesquelles une commune préempte un bien puis le revend, entre lesquelles s'interpose l'acte authentique opérant le transfert de propriété, dont la nullité ne peut être constatée que par le juge du contrat, ne forment pas entre elles un ensemble indissociable qui justifierait que l'annulation de la première entraîne par voie de conséquence l'annulation de la seconde[8].

1. CE, sect., 31 déc. 2008, *Pereira Dos Santos Maia*, req. n° 293853, *Lebon ; Dr. adm.* mars 2009, p. 39, note F. Melleray ; *RJEP* 2009. 25, note A. Lallet.
2. CE 28 sept. 2020, *Paris (Ville)*, req. n° 436978, *Lebon ; JCP Adm.* 2020, n° 2293, note J.-G. Sorbara ; *JCP Adm.* 2020, n° 2280, chron. O. Le Bot – CE 28 sept. 2020, *Montagny-lès-Beaune (Cne)*, req. n° 432063, *Lebon T.*
3. CE 28 avr. 2004, *Union européenne pour la création des mosquées*, req. n° 249430, *Lebon T.*
4. Sur cette hypothèse, v. ss n° 424.1251.
5. CE 28 sept. 2020, *Paris (Ville)*, req. n° 436978.
6. CE 31 janv. 2007, *SARL MAIA*, req. n° 277715, NP ; *BJDU* 2007. 136, concl. C. Devys.
7. CE, sect., 26 févr. 2003, *Bour*, req. n° 231558, *Lebon* 59.
8. CE 26 nov. 2001, *La Teste-de-Buch (Cne)*, req. n° 222211, *Lebon* 583 ; *Constr.-Urb.* 2002, n° 40, obs. Ph. Benoit-Cattin.

TITRE

43. Les autres droits de préemption (ENS, commercial, jardins familiaux, ressources en eau, adaptation au recul du trait de côte)

SECTION 0

ORIENTEUR

43.00 Sommaire du titre.

43.03 Bibliographie indicative.

Monographie. R. Hostiou et F. Struillou, *Expropriation et préemption*, « Droit et professionnels », LexisNexis, 2020.

> **Articles**

DP adaptation au recul du trait de côte. J.-F. Struillou, « Le droit de préemption après la loi Climat et Résilience du 22 août 2021 », *RDI* 2021. 530 – N. Sudres, « Loi Climat et résilience : quels outils pour les communes littorales confrontées au risque d'érosion côtière ? », *AJCT* 2022. 16 – S. Ramus, « Nouveautés en matière de préemption, entre création et retouches », *JCP N* 2021, n° 1319 – G. Eveillard, « Le droit de préemption pour l'adaptation au recul du trait de côte », *RFDA* 2022. 466 – A. Seguin, É. Meiller et C. Berthol, « Recul du trait de côte et adaptation de l'urbanisme », *Énergie – Environnement – Infrastructures* 2024, étude 22.

43.05 Cinq droits de préemption. À côté du DPU et du DPZAD, qui constituent les deux droits de préemption les plus utilisés, le code de l'urbanisme prévoit cinq autres droits de préemption :

– le droit de préemption dans les espaces naturels sensibles (DPENS) ;

– le droit de préemption commercial ;

– le droit de préemption pour la création de jardins familiaux ;

– le droit de préemption pour la préservation des ressources en eau destinées à la consommation humaine ;

– le droit de préemption pour l'adaptation au recul du trait de côte.

CHAPITRE

431. Droit de préemption dans les espaces naturels sensibles (DPENS)

SECTION 0
ORIENTEUR

431.00 Sommaire du chapitre.

431.01 **Textes applicables.**

• **C. urb.**

art. L. 215-1 s.

art. R. 215-1 s.

431.02 **Jurisprudence de référence.**

> Illégalité d'une préemption prise pour préserver l'accès aux berges d'une rivière

• **CE, sect., 22 févr. 2002,** *Assoc. de riverains pour la gestion et la sauvegarde du bassin hydrographique du Trieux, du Leff et de leur milieu vivant et époux Mme Bigot c/Département des côtes d'Armor*, req. n° 208769, *Lebon*.

> Absence de droit de délaissement

• **Paris, 14 févr. 1997,** n° 42-069/96, NP.

431.03 **Bibliographie indicative.**

Encyclopédies. *DP constr.-urb.*, ét. : « Droits de préemption » – *J.-Cl. Constr.-Urb.*, fasc. 13-45 : « Préemption. – Espaces naturels sensibles des départements. – Évolution et mise en œuvre de l'institution. – Droit de préemption : titulaires et champ matériel d'application », par J. Hugot et V. Zalewski-Sicard, oct. 2016 ; fasc. 13-50 : « Préemption. – Espaces naturels sensibles des départements. – Procédures de Préemption. – Conséquences de l'exercice du droit de préemption », par J. Hugot et V. Zalewski-Sicard, oct. 2016.

Monographie. R. Hostiou et F. Struillou, *Expropriation et préemption*, « Droit et professionnels », LexisNexis, 2020.

Articles. Ph. Billet, « Droit de préemption et protection de l'environnement », *Constr.-Urb.* 2009, ét. 14 – B. Drobenko, « Le droit de préemption des espaces naturels sensibles comme technique de maîtrise foncière environnementale », *RJ envir.* 2006. 125 – C. Dubois-Sallon, « Le droit de préemption sur les espaces naturels », *JCP N* 2011, n° 1263 – H. Périnet-Marquet, « Le droit de préemption dans les espaces naturels sensibles », *RJ envir.* 1997. 173 – M. Saint-Supery et D. Kacete, « Le droit de préemption dans les espaces naturels sensibles », *Constr.-Urb.* 2018, ét. 12 – R. Vandermeeren, « Les droits de préemption en matière d'urbanisme : innovations législatives et actualité jurisprudentielle », *AJDA* 2002. 1104.

431.04 **Questions essentielles.**

> Le DPENS peut-il être instauré sur l'ensemble du département ?

* V. s^s n° 431.24

> Quelle utilisation le titulaire du DPENS peut-il faire du bien préempté ?

* V. s^s n°s 431.401 s.

> Un terrain comportant des constructions peut-il faire l'objet d'une préemption ENS ?

* V. s^s n° 431.182

431.05 **Objet.** Le département est compétent pour élaborer et mettre en œuvre une politique de protection, de gestion et d'ouverture au public des espaces naturels sensibles, boisés ou non (politique ENS). Cette politique est destinée à préserver la qualité des sites, des paysages, des milieux naturels et des champs naturels d'expansion des crues et d'assurer la sauvegarde des habitats naturels[1].

Le droit de préemption ENS constitue un des outils permettant la mise en œuvre de cette politique[2].

SECTION 1
INSTAURATION DU DPENS

§ 1
Conditions de fond

431.11 **Deux conditions.** Les zones de préemption ENS ne peuvent être instaurées que dans les espaces qui le justifient, et pour la poursuite des seules finalités admises sous ce régime.

1. C. urb., art. L. 113-8 – V. s^s n° 152.11.
2. C. urb., art. L. 215-1.

A.
Première condition : des espaces naturels sensibles

431.21 Limitation aux ENS. Ne peuvent être inclus dans les zones de préemption que les espaces présentant un caractère naturel et menacé ou fragile.

431.22 Notion d'ENS. Selon un tribunal administratif, « les espaces qui ont ainsi vocation à être protégés doivent être constitués par des zones dont le caractère naturel est menacé et rendu vulnérable, actuellement ou potentiellement, soit en raison de la pression urbaine ou du développement des activités économiques ou de loisirs, soit en raison d'un intérêt particulier eu égard à la qualité du site ou aux caractéristiques des espèces animales ou végétales qui s'y trouvent »[1].

431.23 Condition satisfaite. Entrent dans le champ des ENS :

- des terrains affectés à un usage agricole (et qui « constituent donc à ce titre des espaces naturels ») qui, du fait de leur localisation, « sont susceptibles d'être soumis, à court ou à moyen terme, à une forte pression urbaine » et doivent, pour cette raison, bénéficier d'une protection particulière[2] ;
- des espaces naturels jouxtant le pont du Gard[3] ;
- ou encore un secteur composé de milieux littoraux variés dans lesquels se rencontrent des espèces végétales ou animales rares, qui constituent ainsi un site sensible dont la qualité mérite d'être préservée eu égard à la pression foncière qui s'exerce entre les parties urbanisées et le cap dont la zone de préemption participe à la protection[4].

431.24 Condition non satisfaite. Est entachée d'erreur manifeste d'appréciation la délibération qui instaure une zone de préemption recouvrant l'intégralité des espaces naturels du département alors que tous ne présentent pas un caractère sensible[5].

1. TA Besançon, 31 déc. 1992, *SAFER de Franche-Comté c/ Préfet du Doubs*, req. n° 920221, NP.
2. TA Versailles, 10 juill. 1991, *Préfet des Yvelines c/Dpt des Yvelines*, req. n° 904591, NP.
3. CE 3 nov. 1997, *Comité intercommunal de Défense du Site du Pont-du-Gard*, req. n° 160438, *Lebon*.
4. CAA Marseille, 26 janv. 2012, *Sté Nouvelle Les Fouirades c/ Min. Écologie et Développement durable, Transports et Logement*, req. n° 10MA01533, NP.
5. TA Besançon, 31 déc. 1992, *SAFER de Franche-Comté c/ Préfet du Doubs*, req. n° 920221, NP.

B.
Seconde condition : une finalité admise

431.31 Une finalité de la politique ENS. Les zones de préemption ne peuvent être instaurées que pour la mise en œuvre des seules finalités reconnues à l'article L. 113-8 du code de l'urbanisme. Comme l'a rappelé le Conseil d'État, la création d'une zone de préemption sur le fondement des dispositions précitées « doit tendre à la mise en œuvre d'actions de préservation de la qualité de sites, paysages et milieux naturels »[6].

431.32 Condition satisfaite. Répond à une finalité admise la délibération instituant une zone de préemption non pas, comme le soutient le requérant, pour conforter l'activité maraîchère de la zone mais bien pour préserver la qualité des sites, des paysages et des milieux naturels[7].

431.33 Condition non satisfaite. Ne répond pas à une finalité admise la délibération instituant le droit de préemption ENS :

- pour soumettre des parcelles à la gestion d'une société de chasse[8] ;
- pour préserver l'agriculture[9] ;
- pour préserver l'accès aux berges d'une rivière (du moins dans une hypothèse où le département s'est principalement fondé, non sur l'intérêt que l'institution d'une zone de préemption pourrait présenter pour la préservation de la qualité de ce site mais sur ce qu'elle permettrait de rétablir, pour les promeneurs et les pêcheurs, un accès aux berges de cette rivière qui était rendu difficile par le refus de certains des propriétaires de permettre le passage du public sur leur propriété)[10].

§ 2
Procédure d'instauration des zones de préemption

431.41 Autorités compétentes. Des zones de préemption ENS peuvent être créées :

- par le département ;
- et par le Conservatoire du littoral.

6. CE, sect., 22 févr. 2002, *Assoc. de riverains pour la gestion et la sauvegarde du bassin hydrographique du Trieux, du Leff et de leur milieu vivant et époux Mme Bigot c/Dpt des côtes d'Armor*, req. n° 208769, *Lebon*.
7. TA Versailles, 10 juill. 1991, *Préfet des Yvelines c/Dpt des Yvelines*, req. n° 904591, NP.
8. CE 29 juin 1992, *Grimaud*, req. n° 107174, *Lebon*.
9. CE 16 juin 1995, *Préfet des Yvelines*, req. n° 140022, *Lebon T.*
10. CE, sect., 22 févr. 2002, *Assoc. de riverains pour la gestion et la sauvegarde du bassin hydrographique du Trieux, du Leff et de leur milieu vivant et époux Mme Bigot c/Dpt des côtes d'Armor*, req. n° 208769, *Lebon*.

A. Instauration de zones de préemption ENS par le département

431.51 Compétence de principe. La compétence de principe pour instaurer des zones de préemption ENS appartient au département[1].

1° Procédure d'instauration

a. Accord des communes ou de l'État

431.61 Accord des communes. Lorsque le département envisage la création d'une zone de préemption, il sollicite l'accord de la commune ou de l'EPCI compétent[2].

Dans les communes dotées d'un PLU, les zones de préemption ne peuvent être créées qu'avec l'accord de la commune ou de l'EPCI en matière de PLU[3]. Cet accord résulte d'une délibération du conseil municipal ou de l'organe délibérant de l'EPCI compétent[4].

En l'absence de PLU opposable aux tiers, cet accord est réputé donné si la commune ou l'établissement public n'a pas fait connaître son opposition dans le délai de deux mois à compter du jour où le maire ou le président de l'établissement public a reçu communication du projet[5].

431.62 Accord de l'État. En l'absence de PLU, et à défaut d'accord des communes ou des EPCI compétents en matière de PLU, les zones de préemption ENS ne peuvent être créées par le département qu'avec l'accord de l'autorité administrative compétente de l'État[6].

431.63 Absence de participation du public. Saisi d'une QPC, le Conseil d'État a regardé comme non sérieux le moyen tiré de ce que l'article L. 215-1 méconnaît le principe de participation du public énoncé à l'article 7 de la Charte de l'environnement faute de prévoir des modalités d'information et de participation du public à l'occasion de la création, de la modification ou de la suppression d'une zone de préemption ENS[7].

b. Délibération créant une zone de préemption ENS

431.71 Délibération du conseil départemental. La délibération du conseil départemental créant une zone de préemption ENS est accompagnée d'un plan de situation et d'un plan de délimitation[8].

431.72 Publicité de la délibération. La délibération du conseil départemental créant une zone de préemption ENS fait l'objet d'une publication au recueil officiel des actes du département et d'une mention dans deux journaux régionaux ou locaux diffusés dans le département[9].

Les effets juridiques attachés à la création de la zone ont pour point de départ l'exécution de l'ensemble de ces mesures de publicité[10].

431.73 Mise à disposition et transmission de la délibération. Une copie de la délibération accompagnée des plans mentionnés au premier alinéa est tenue à la disposition du public à la mairie de la ou des communes concernées et à l'hôtel du département. Avis de ce dépôt est donné par affichage pendant une période d'au moins un mois à la mairie de la ou des communes intéressées[11].

Copie de la délibération créant la zone de préemption accompagnée du plan de situation et du plan de délimitation est adressée à la chambre départementale des notaires et aux barreaux constitués près les tribunaux judiciaires dans le ressort desquels est créée la zone de préemption[12]. Cette transmission vise à assurer l'information de ces autorités sur l'existence et l'étendue du DPENS et, ainsi, à garantir la sécurité juridique des mutations de biens immobiliers entrant le cas échéant dans son champ d'application.

431.74 Exception d'illégalité. L'acte créant la zone de préemption constitue la base légale des décisions de préemption prises dans son périmètre. Par suite, l'illégalité de cet acte est susceptible d'être utilement invoquée au soutien de conclusions dirigées contre une décision de préemption. Toutefois, cet acte, qui ne revêt pas un caractère réglementaire[13], ne forme pas avec les décisions individuelles de préemption prises dans la zone une opération administrative unique comportant un lien tel que les illégalités qui l'affecteraient pourraient, alors même qu'il aurait acquis un caractère définitif, être régulièrement invoquées par la voie de l'exception[14].

1. C. urb., art. L. 215-1.
2. C. urb., art. R. 215-1, al. 1er.
3. C. urb., art. L. 215-1, al. 2.
4. C. urb., art. R. 215-1, al. 2.
5. C. urb., art. R. 215-1, al. 3.
6. C. urb., art. L. 215-1, al. 2.
7. CE 29 oct. 2013, *Assoc. Paysages d'Alsace*, req. n° 370863, NP.
8. C. urb., art. R. 215-2, al. 1er.
9. C. urb., art. R. 215-2, al. 2.
10. C. urb., art. R. 215-2, al. 3.
11. C. urb., art. R. 215-2, al. 4.
12. C. urb., art. R. 215-2, al. 5.
13. Une délibération instaurant une zone de préemption ENS ou élargissant le périmètre de celle-ci se borne à rendre applicable sur le périmètre qu'elle délimite les dispositions pertinentes du code de l'urbanisme (CE 16 juin 1995, *Assoc. de défense des habitants de la corniche basque et a.*, req. n° 155202, *Lebon T.*).
14. CAA Marseille, 24 oct. 2013, *Salle*, req. n° 12MA00427, NP – de même, en matière de DPZAD, v. s^s n° 423.233.

En d'autres termes, l'acte créant la zone de préemption ne forme pas, avec les décisions individuelles de préemption prises dans la zone qu'il délimite, une opération complexe. Dès lors, la légalité de cet acte peut être contestée par la voie de l'exception à l'appui d'un recours formé contre une décision individuelle de préemption, tant que cette délibération n'est pas devenue définitive. En revanche, une fois que l'acte créant la zone de préemption est devenu définitif, sa légalité ne peut plus être contestée à l'appui d'un recours formé contre une décision individuelle de préemption.

2°
Circonstance que les parcelles soient soumises au DPZAD

431.81 Création d'une ZAD sur une zone soumise au DPENS. Aucune disposition législative ou réglementaire n'interdit la création par l'État d'une ZAD sur des terrains inclus dans une zone de préemption ENS[1].

3°
Certificat d'appartenance ou de non-appartenance du bien à une zone de préemption ENS

431.91 Délivrance de droit. Le président du conseil départemental est tenu de délivrer sans frais à tout propriétaire de terrain ou à tout titulaire de droits sociaux donnant vocation à l'attribution en propriété ou en jouissance de terrains, dans le délai d'un mois qui suit la demande qui en est faite, un certificat établi sur papier libre précisant si le bien est situé ou non à l'intérieur du périmètre d'une zone de préemption créée en application de l'article L. 215-1[2].

B.
Instauration de zones de préemption ENS par le Conservatoire du littoral

431.101 Initiative du Conservatoire. Lorsqu'il est territorialement compétent, le Conservatoire du littoral peut prendre l'initiative de l'institution de zones de préemption[3]. Ces zones ne peuvent être instituées qu'à l'extérieur[4] :

– des zones de préemption ENS délimitées par le département ;

– des zones urbaines ou à urbaniser délimitées par un PLU ;

– et des secteurs où les constructions sont autorisées délimités par une carte communale.

431.102 Procédure. Le projet de périmètre établi par le Conservatoire est adressé pour avis au département et à la commune ou à l'EPCI compétent[5].

Le périmètre est délimité par l'autorité administrative compétente de l'État. En cas d'avis défavorable de la commune ou de l'EPCI, il ne peut être délimité que par décret en Conseil d'État[6].

Par dérogation, dans les espaces sensibles identifiés par une DTA, une DTADD ou un SAR, les zones de préemption sont délimitées par l'autorité administrative compétente de l'État[7].

431.103 Exercice du droit de préemption par le Conservatoire. À l'intérieur des zones de préemption ENS délimitées selon cette procédure, le Conservatoire du littoral exerce lui-même le droit de préemption[8].

Dans ces zones, les attributions confiées au président du conseil départemental sont exercées par le directeur du Conservatoire du littoral[9].

C.
Consultation des organisations professionnelles agricoles et forestières

431.111 Avis. Les organisations professionnelles agricoles et forestières sont consultées sur la délimitation des zones de préemption ENS[10] par le département ou le Conservatoire du littoral.

§ 3
Maintien des zones de préemption antérieures au régime ENS (régime des périmètres sensibles)

431.121 Zones éligibles à la préemption ENS. Le DPENS est applicable à l'intérieur des zones fixées par le préfet sous le régime des périmètres sensibles (régime auquel s'est substitué au 1er juin 1987 celui des ENS[11]). Cette précision a été apportée par la loi du 22 août 2021[12] qui a introduit dans le code de l'urbanisme un article L. 215-4-1 affirmant, aux fins

1. V. s^s^ n° 423.72.
2. C. urb., art. R. 215-8.
3. C. urb., art. L. 215-2, al. 1er.
4. C. urb., art. L. 215-2, al. 1er.
5. C. urb., art. L. 215-2, al. 2.
6. C. urb., art. L. 215-2, al. 3.
7. C. urb., art. L. 215-2, al. 4.
8. C. urb., art. L. 215-2, al. 5.
9. C. urb., art. R. 215-3.
10. C. urb., art. L. 215-3.
11. V. ss n° 152.05.
12. L. n° 2021-1104, 22 août 2021 portant lutte contre le dérèglement climatique et renforcement de la résilience face à ses effets, *JO* 24 août, n° 1, art. 233, V.

de sécurisation juridique, la continuité des deux dispositifs[1].

À l'intérieur de ces zones, le DPENS s'applique dans les conditions prévues aux articles R. 215-9 à R. 215-18[2].

SECTION 2
TITULAIRES DU DPENS

431.131 **Trois catégories.** S'agissant du droit de préemption ENS, le code distingue :

- le titulaire de plein droit ;
- les titulaires par substitution ;
- et les titulaires par délégation.

§ 1
Titulaire de plein droit du DPENS : le département

431.141 **Département.** Le département dispose du DPENS à l'intérieur des zones délimitées en application de l'article L. 215-1[3].

431.142 **Autorité compétente.** Au sein du département, la compétence pour exercer le droit de préemption appartient en principe au conseil départemental. Néanmoins, l'organe délibérant a la possibilité de déléguer son exercice au président du conseil départemental[4].

§ 2
Titulaires par substitution du DPENS (en cas de renonciation du département)

431.151 **Conservatoire du littoral.** Lorsque le Conservatoire du littoral est territorialement compétent, il peut se substituer au département si celui-ci n'exerce pas le droit de préemption[5].

431.152 **Parc national ou parc naturel régional.** Sur le territoire d'un parc national ou d'un parc naturel régional et dans les réserves naturelles dont la gestion leur est confiée, l'établissement public chargé du parc national ou du parc naturel régional peut se substituer au département et, le cas échéant, au Conservatoire du littoral, si ceux-ci n'exercent pas leur droit de préemption[6].

Pour un parc naturel régional, l'exercice de ce droit de préemption est subordonné à l'accord explicite du département[7].

431.153 **Commune.** La commune peut se substituer au département pour l'exercice du DPENS à titre tout à fait résiduel, c'est-à-dire lorsque tout à la fois[8] :

- le département n'exerce par son droit de préemption ;
- le Conservatoire du littoral n'exerce pas son droit de substitution ou ne peut exercer ce droit (c'est-à-dire soit est territorialement compétent mais ne l'exerce pas, soit n'est pas compétent) ;
- et l'établissement public chargé du parc national ou du PNR n'exerce pas son droit de substitution ou ne peut exercer ce droit (c'est-à-dire soit est territorialement compétent mais ne l'exerce pas, soit n'est pas compétent). Dans ce dernier cas, lorsqu'il apparaît que le département n'entend pas donner son accord à l'exercice du DPENS par l'établissement public chargé du PNR, la commune peut se substituer à lui pour l'exercice du droit de préemption, sans qu'il soit au préalable nécessaire que l'établissement public ait été informé de la renonciation du département et ait lui-même expressément renoncé à l'exercice de ce droit[9].

Lorsque la commune fait partie d'un EPCI y ayant vocation, elle peut, en accord avec cet établissement, lui déléguer ce droit[10].

Dans les zones de préemption situées dans un périmètre d'intervention ENS[11], la commune ou l'EPCI compétent exerce ce droit avec l'accord du département[12].

1. Cette continuité avait été rompue par l'ordonnance n° 2015-1174 du 23 septembre 2015 relative à la partie législative du livre Ier du code de l'urbanisme, qui avait malencontreusement supprimé les dispositions fondant l'exercice du pouvoir de préemption dans ces zones (CE, avis, 29 juill. 2020, *GFA Jourdain Pugilbet*, req. n° 439801, NP). La loi Climat et résilience (L. n° 2021-1104, 22 août 2021) a remédié à cette erreur, d'une part, en introduisant un nouvel article dans le code de l'urbanisme donnant un fondement juridique aux actes pris sous l'empire du régime antérieur (C. urb., art. L. 215-4-1) et, d'autre part, en procédant à la validation législative des décisions de préemption prises à ce titre entre le 1er janvier 2016 et l'entrée en vigueur de l'article L. 215-4-1 (L. n° 2021-1104, art. 233, II). Toutefois, faute d'être justifiée par un motif d'intérêt général impérieux, cette validation législative a été déclarée contraire à la Constitution, avec effet de l'annulation à compter du 25 novembre 2023 pour les affaires non jugées à cette date (Cons. const. 24 nov. 2023, n° 2023-1071 QPC).
2. C. urb., art. R. 215-20.
3. C. urb., art. L. 215-4.
4. CGCT, art. L. 3221-12.
5. C. urb., art. L. 215-5.
6. C. urb., art. L. 215-6, al. 1er.
7. C. urb., art. L. 215-6, al. 2.
8. C. urb., art. L. 215-17, al. 1er à 4 ; art. R. 215-15, al. 1er.
9. CE 4 nov. 2015, *Aureille (Cne)*, req. n° 375005, *Lebon T.* ; *JCP Adm.* 2016, n° 2067, concl. R. Decout-Paolini.
10. C. urb., art. L. 215-17, al. 2.
11. V. ss nos 153.11 s.
12. C. urb., art. R. 215-15, al. 2.

§ 3
Titulaires par délégation du DPENS

A.
Mise en œuvre de la délégation

431.161 **Délégataires possibles.** Le département peut déléguer son droit de préemption ENS à six personnes et organismes, à l'occasion de l'aliénation d'un bien soumis à ce droit ou sur un ou plusieurs secteurs de la zone de préemption[1] :

- l'État (1°) ;
- une collectivité territoriale (2°) ;
- le Conservatoire de l'espace littoral, lorsque celui-ci est territorialement compétent (3°) ;
- l'établissement public chargé d'un parc national ou à celui chargé d'un parc naturel régional pour tout ou partie de la zone de préemption qui se trouve sur le territoire du parc ou dans les réserves naturelles dont la gestion leur est confiée (4°) ;
- un établissement public foncier, au sens de l'article L. 324-1 (5°) ;
- l'Agence des espaces verts de la région d'Ile-de-France (6°)[2].

431.162 **Décision de délégation.** La délégation du droit de préemption résulte d'une délibération du conseil départemental ou d'une décision du bureau lorsque cette compétence a été déléguée à ce dernier. La délibération ou la décision précise l'objet ou le champ d'application territorial de la délégation et, le cas échéant, les conditions auxquelles cette délégation est subordonnée[3].

B.
Effets de la délégation

431.171 **Propriété des biens acquis.** Les biens acquis entrent dans le patrimoine du délégataire[4].

En cas d'acquisitions par un PNR, si, à son expiration, le décret de classement du parc n'est pas renouvelé, les biens que ce parc a acquis par exercice du droit de préemption deviennent propriété du département[5].

431.172 **Délégataire assimilé au titulaire.** Pour l'application des dispositions relatives au DPENS, l'expression « titulaire du droit de préemption » s'entend également du délégataire[6].

En particulier, dans les articles R. 215-12 à R. 215-18[7], ce qui est dit du département vaut également pour le délégataire éventuel du droit de préemption en application de l'article L. 215-8. Le délégataire du droit de préemption notifie sans délai au président du conseil départemental les éléments d'information à transcrire sur le registre des préemptions prévu par l'article L. 215-24[8].

SECTION 3
Aliénations soumises au DPENS

§ 1
Droit de préemption du département

A.
Terrains concernés

431.181 **Tout terrain.** Le droit de préemption ENS est applicable sur tout terrain ou ensemble de droits sociaux donnant vocation à l'attribution en propriété ou en jouissance de terrains[9].

431.182 **Cas des terrains avec construction.** Eu égard à son objet, le droit de préemption ENS concerne en principe les terrains nus.

Néanmoins, « à titre exceptionnel », l'existence d'une construction ne fait pas obstacle à l'exercice du droit de préemption dès lors que[10] :

- le terrain est de dimension suffisante pour justifier son ouverture au public ;
- et qu'il est, par sa localisation, nécessaire à la mise en œuvre de la politique des ENS des départements[11].

Dans le cas où la construction acquise est conservée, elle est affectée à un usage permettant la fréquentation du public et la connaissance des milieux naturels[12].

Les dispositions des articles R. 213-21 et R. 213-24, relatives au DPU et au DPZAD, sont applicables dans les zones de préemption ENS[13]. Il en résulte que les immeubles construits depuis moins de 4 ans sont exclus du champ d'application du DPENS[14].

1. C. urb., art. L. 215-8, al. 1er à 7.
2. À Mayotte, l'opérateur foncier mentionné à l'article L. 181-49 du code rural joue le rôle de l'Agence des espaces verts de la région d'Ile-de-France pour la mise en œuvre du 6° de l'article L. 251-8 (C. urb., art. L. 217-1).
3. C. urb., art. R. 215-4.
4. C. urb., art. L. 215-8, al. 8.
5. C. urb., art. L. 215-23.
6. C. urb., art. L. 215-8, al. 9.
7. V. ss nos 431.271 s.
8. C. urb., art. R. 215-5.
9. C. urb., art. L. 215-9.
10. C. urb., art. L. 251-11.
11. POUR UN EX. ne répondant pas à ces deux conditions : CAA Lyon, 18 janv. 1995, *Les Pennes Mirabeau*, req. no 93LY00458, *Lebon T.*
12. C. urb., art. L. 251-11.
13. C. urb., art. R. 215-6.
14. V. ss no 422.293.

431.183 **Indifférence du caractère inconstructible du terrain.** La circonstance que la parcelle litigieuse soit située dans une zone classée inconstructible par le PLU ne fait pas obstacle à l'exercice par le département du droit de préemption ENS[1].

431.184 **Cas des terrains dont une partie seulement est située dans le périmètre de la zone de préemption.** Lorsque la mise en œuvre de la politique ENS[2] le justifie, le droit de préemption peut s'exercer pour acquérir la fraction d'une unité foncière comprise à l'intérieur de la zone de préemption[3].

Dans ce cas, le propriétaire peut exiger que le titulaire du droit de préemption se porte acquéreur de l'ensemble de l'unité foncière[4].

B.
Aliénations concernées

1°
Aliénations à titre onéreux

431.191 **Toute forme d'aliénation.** Le droit de préemption ENS est applicable à toute aliénation de terrains entrant dans son champ d'application réalisée « à titre onéreux, sous quelque forme que ce soit »[5].

Cela inclut notamment les ventes par adjudication.

Cette définition du champ d'application exclut en revanche les opérations n'impliquant pas de transfert de propriété, comme la mise à bail du bien. Le juge annule néanmoins un bail emphytéotique lorsque celui-ci a été conclu dans le seul but de faire échec à l'exercice du droit de préemption[6].

431.192 **Exclusion des échanges d'immeubles ruraux.** La seule exclusion concerne les échanges d'immeubles ruraux réalisés dans les conditions prévues par les articles L. 124-1 s. du code rural[7].

2°
Donations

431.201 **Soumission au DPENS.** Sont soumis au droit de préemption « les immeubles ou ensembles de droits sociaux lorsqu'ils font l'objet d'une donation entre vifs »[8].

431.202 **Exclusions.** Par dérogation, ne sont pas soumis au DPENS les donations entre vifs effectués au sein d'une famille, plus exactement les donations effectuées[9] :

- entre ascendants et descendants (1°) ;
- entre collatéraux jusqu'au sixième degré (2°) ;
- entre époux ou partenaires liés par un PACS (3°) ;
- entre une personne et les descendants de son conjoint ou de son partenaire de PACS, ou entre ces descendants (4°).

§ 2
Droit de préemption du Conservatoire du littoral

431.211 **Deux types de cession.** Le droit de préemption ENS du Conservatoire du littoral est applicable à deux types de cession.

431.212 **1er type de cession : droits indivis.** Le droit de préemption ENS du Conservatoire du littoral est applicable à la cession de droits indivis sur un immeuble ou une partie d'immeuble bâti ou non bâti[10].

431.213 **2nd type de cessions : cession des parts d'une SCI.** Le droit de préemption ENS du Conservatoire du littoral est applicable à la cession de la majorité des parts d'une société civile immobilière lorsque le patrimoine de cette société est constitué par une unité foncière, bâtie ou non, sur la totalité ou certaines parties des zones de préemption créées par le département ou le conservatoire[11].

L'exercice par le conservatoire du droit de préemption sur des cessions de parts de SCI est subordonné à la production par la société d'un état de sa situation sociale et financière et à une délibération motivée du conseil d'administration du conservatoire[12].

SECTION 4
PROCÉDURE DE PRÉEMPTION ENS

431.221 **Deux procédures.** Le code distingue deux procédures de préemption :

- une procédure ordinaire ;

1. CE 7 juin 2006, *Dpt du Var*, req. n° 277562, *Lebon ; BJDU* 2006. 277, concl. Ch. Devys.
2. Prévue à l'article L. 113-8.
3. C. urb., art. L. 215-12 – Pour le même mécanisme, dans le cadre du DPU, v. ss n° 424.642.
4. C. urb., art. L. 215-12 – Pour le même mécanisme, dans le cadre du DPU, v. ss n° 424.741.
5. C. urb., art. L. 215-9.
6. Civ. 3e, 28 mars 2007, n° 06-11.350, NP (convention conclue en fraude des droits du titulaire du droit de préemption).
7. C. urb., art. L. 215-10.
8. C. urb., art. L. 215-13-1, al. 1er.
9. C. urb., art. L. 215-13-1, al. 1er à 5.
10. C. urb., art. L. 215-13, al. 1er.
11. C. urb., art. L. 215-13, al. 1er.
12. C. urb., art. L. 215-13, al. 2.

– et une procédure spéciale en cas de vente du bien par adjudication.

§ 1
Procédure normale de préemption ENS

A.
Première étape : déclaration préalable de cession

431.231 Obligation d'une déclaration préalable. Toute aliénation mentionnée aux articles L. 215-9 à L. 215-13 est subordonnée, à peine de nullité, à une déclaration préalable adressée par le propriétaire au département dans lequel sont situés les biens[1].

431.232 Notification parallèle au titulaire du DPU ou du DPZAD si le bien relève également de leur périmètre. Si le bien, situé dans le périmètre d'un DPENS, se trouve également situé dans le périmètre d'un DPU ou d'un DPZAD, la DIA doit également être adressée au titulaire de ces droits[2].

431.233 Contenu de la déclaration préalable de cession. La déclaration préalable de cession comporte obligatoirement l'indication du prix et des conditions de l'aliénation projetée[3]. Lorsque la contrepartie de l'aliénation fait l'objet d'un paiement en nature, la déclaration doit mentionner le prix d'estimation de cette contrepartie[4].

Dans le cas d'une donation entre membres d'une famille[5], la déclaration adressée au département ne mentionne pas le prix. La décision du titulaire du droit de préemption d'acquérir le bien indique l'estimation de celui-ci par les services fiscaux[6].

431.234 Formes et modalités d'envoi de la déclaration préalable. La déclaration par laquelle le propriétaire d'un bien soumis au DPENS manifeste l'intention d'aliéner ce bien est établie dans les formes prescrites par un arrêté du ministre chargé de l'urbanisme[7]. Le modèle de DIA établi pour le DPU et le DPZAD est conçu comme s'appliquant également au DPENS[8].

Elle peut être notifiée au président du conseil départemental de trois manières[9] :

– envoi (en quatre exemplaires) par pli recommandé avec demande d'avis de réception ;

– dépôt (en quatre exemplaires) contre décharge ;

– envoi (en un seul exemplaire) par voie électronique dans les conditions prévues par les articles L. 112-11 et L. 112-12 du CRPA.

431.235 Absence de déclaration sanctionnée par la nullité de la vente. Une aliénation non précédée d'une déclaration préalable est entachée de nullité[10].

L'action en nullité se prescrit par cinq ans à compter de la publication de l'acte portant transfert de propriété[11].

Elle s'exerce devant le tribunal judiciaire du lieu de situation du bien[12].

B.
Deuxième étape : phase d'instruction

431.241 Transmission de la déclaration préalable de cession. Dès réception de la DIA, le président du conseil départemental en transmet copie aux autorités suivantes :

– le maire de la commune concernée et, le cas échéant, le président de l'EPCI compétent[13], cette transmission ne pouvant être regardée comme valant renonciation du département à exercer la préemption[14] ;

– le directeur départemental des finances publiques[15], en lui précisant si cette transmission vaut demande d'avis[16] ;

– le Conservatoire du littoral, lorsque cet établissement public est territorialement compétent et, dans ce cas, pour information, le président du conseil de rivage[17] ;

– le délégataire du droit de préemption, s'il y a lieu[18].

La transmission peut être réalisée par voie électronique[19].

Elle indique[20] :

– la date de l'avis de réception (si la déclaration a été adressée par LRAR) ;

– la date de la décharge de cette déclaration (si la déclaration a été déposée contre décharge) ;

– ou la date du premier des accusés de réception ou d'enregistrement délivré en application des arti-

1. C. urb., art. L. 215-14, al. 1er.
2. V. ss no 424.352.
3. C. urb., art. L. 215-14, al. 1er.
4. C. urb., art. L. 215-14, al. 2.
5. V. ss no 431.202.
6. C. urb., art. L. 215-13-1, al. 6.
7. C. urb., art. R. 215-10.
8. Sur ce modèle, v. ss no 424.291.
9. C. urb., art. R. 215-10.
10. C. urb., art. L. 215-14, al. 1er.
11. C. urb., art. L. 215-16.
12. C. urb., art. R. 215-7.
13. C. urb., art. R. 215-1, 1°.
14. CE 30 janv. 2015, *Randazzo*, req. no 371082, *Lebon T.* ; *BJDU* 2015. 106, concl. M. Vialette.
15. C. urb., art. L. 215-14, al. 1er.
16. C. urb., art. R. 215-1, 2°.
17. C. urb., art. R. 215-1, 3°.
18. C. urb., art. R. 215-1, 4°.
19. C. urb., art. R. 215-1, al. 1er.
20. C. urb., art. R. 215-1, al. 1er.

cles L. 112-11 et L. 112-12 du CRPA (si la déclaration a été envoyée par voie électronique).

431.242 Droit de visite du bien. Le titulaire du droit de préemption peut demander à visiter le bien dans des conditions fixées par décret[1].

431.243 Avis du service des domaines et consultation du directeur départemental des finances publiques. L'article R. 215-6 rend applicable au DPENS les dispositions des articles R. 213-21 lorsque ce droit est exercé par le département. Il en résulte que le département doit :

- recueillir l'avis du service des domaines si la valeur du bien dépasse un certain montant ;
- et recueillir l'avis du directeur départemental des finances publiques quel que soit le montant du bien[2].

C. Troisième étape : décision de l'administration

431.251 Renvoi à certaines règles communes au DPU et DPZAD. S'agissant du DPENS du département, la troisième étape de la procédure est régie, en ce qui concerne par les dispositions réglementaires, par les dispositions des articles R. 213-8 à R. 213-13 (posant des règles communes au DPU et au DPZAD[3]), sous réserve de dispositions spécifiques[4] détaillées ci-dessous.

S'agissant du DPENS du département et de celui du Conservatoire du littoral, le code rend applicable les dispositions des articles L. 213-5[5], L. 213-7 à L. 213-10[6], L. 213-14 et L. 213-15[7].

1° Délai dont dispose l'administration pour se prononcer

a. Délai global

431.261 Trois mois. Les titulaires du droit de préemption et de substitution disposent d'un délai de trois mois pour se prononcer à compter de réception de la déclaration préalable de cession[8].

L'absence de réponse dans ce délai vaut renonciation à l'exercice de ces droits[9].

b. Délai accordé à chaque titulaire du droit de préemption

431.271 Délai accordé au département : deux mois. Dans le délai de deux mois à compter de la réception de la DIA, le président du conseil départemental notifie au propriétaire la décision prise par le département en vertu des articles R. 213-8 et R. 213-9[10], c'est-à-dire sa décision :

- soit de renoncer à exercer son droit de préemption ;
- soit sa décision d'acquérir au prix proposé ;
- soit sa proposition d'acquérir à un prix inférieur.

Lorsque le terrain est compris dans une zone ou partie de zone où le Conservatoire du littoral est territorialement compétent, le président du conseil départemental adresse sans délai une copie de la décision du département aux autorités suivantes[11] :

- le Conservatoire du littoral ;
- le président du conseil de rivage territorialement compétent ;
- le maire de la commune intéressée et, s'il y a lieu, le président de l'EPCI compétent.

Lorsque le département a délégué le droit de préemption ENS, le pouvoir mentionné à l'article R. 215-2 et l'obligation prévue à l'article R. 215-3 sont mis en œuvre par le délégataire[12].

431.272 Substitution du Conservatoire du littoral : 75 jours. Lorsque le département a renoncé à l'exercice du droit de préemption, le Conservatoire du littoral notifie au propriétaire, dans un délai de 75 jours à compter de la réception de la DIA, la décision qu'il prend en vertu des articles R. 213-8 et R. 213-9[13]. Il en résulte que si le département a attendu la fin du délai de deux mois pour se prononcer, le Conservatoire du littoral dispose d'un délai de 15 jours pour se décider.

Le Conservatoire adresse sans délai une copie de sa décision aux autorités suivantes[14] :

- le président du conseil départemental ;
- le maire de la commune concernée ainsi que, s'il y a lieu, le président de l'EPCI compétent.

Le Conservatoire du littoral notifie en outre sans délai au président du conseil départemental les éléments d'information à transcrire sur le registre prévu par l'article L. 215-24[15].

431.273 Substitution de la commune ou de l'EPCI compétent : 3 mois. Le maire ou le président

1. C. urb., art. L. 215-14, al. 3.
2. V. s^s n°s 424.471 s.
3. V. s^s n°s 424.631 s.
4. C. urb., art. R. 215-9.
5. V. s^s n° 424.942.
6. V. s^s n°s 424.861 s.
7. V. s^s n°s 424.901 s. – C. urb., art. L. 215-20.
8. C. urb., art. L. 215-5.
9. C. urb., art. L. 215-5.
10. C. urb., art. R. 215-12.
11. C. urb., art. R. 215-13.
12. V. s^s n° 431.172.
13. C. urb., art. R. 215-14, al. 1er.
14. C. urb., art. R. 215-14, al. 1er.
15. C. urb., art. R. 215-14, al. 2.

de l'EPCI notifie la décision de la commune ou de l'EPCI au propriétaire avant l'expiration du délai de trois mois courant à compter de la date de la réception de la DIA[1]. Il en résulte que si le département a attendu la fin du délai de deux mois pour se prononcer, et le Conservatoire du littoral la fin du délai de 15 jours, la commune ou l'EPCI dispose d'un délai de 15 jours pour se décider.

Le maire ou le président de l'EPCI adresse sans délai une copie de sa décision au président du conseil départemental et, s'il y a lieu, au Conservatoire de l'espace littoral[2].

Il notifie sans délai au président du conseil départemental les éléments d'information à transcrire sur le registre prévu par l'article L. 215-24[3].

2°
Première possibilité : l'administration renonce à exercer son droit de préemption

431.281 Renonciation expresse. Si elle n'est pas intéressée par l'acquisition du terrain, l'administration peut prendre une décision expresse par laquelle elle renonce à l'exercice du droit de préemption sur celui-ci.

431.282 Renonciation tacite. Le silence des titulaires des droits de préemption et de substitution pendant trois mois à compter de la réception de la déclaration préalable de cession vaut renonciation à l'exercice de ces droits[4].

3°
Seconde possibilité : l'administration choisit de préempter

a.
Conditions de fond pour préempter

431.291 Justifications légalement admises. Il résulte des dispositions sur le droit de préemption ENS que les décisions prises « doivent être justifiées à la fois par la protection des espaces naturels sensibles et par l'ouverture ultérieure de ces espaces au public »[5].

Toutefois, la condition d'ouverture au public ainsi posée ne saurait être exigée[6] :

– lorsque, ainsi qu'il est dit à l'article L. 215-21, la fragilité du milieu naturel s'y oppose ;

– ou lorsque, dans une zone de préemption couvrant l'ensemble d'un ENS, certaines parties de cet ensemble ne peuvent être ouvertes au public pour des raisons de sécurité ou de limitation des risques d'atteinte au milieu naturel. Dans ce dernier cas, le département peut légalement exercer son droit de préemption sur ces parties de terrain sans envisager leur ouverture ultérieure au public et sans, par voie de conséquence, que l'absence d'aménagement en ce sens puisse ouvrir le droit à rétrocession.

431.292 Absence d'exigence d'un projet d'aménagement. La collectivité titulaire du droit de préemption ENS n'a pas à justifier de la réalité d'un projet d'aménagement à la date à laquelle elle exerce ce droit[7].

b.
Motivation de la décision de préemption

431.301 Fondement et étendue de l'obligation de motivation. L'obligation de motivation des décisions de préemption ENS résulte des dispositions générales de l'article L. 211-2 du CRPA, imposant que soient motivées les décisions qui « imposent des sujétions »[8].

Ces décisions doivent, dès lors, comporter l'énoncé des motifs de droit et de fait ayant conduit l'autorité administrative à préempter. En revanche, l'auteur de la décision n'est pas tenu de préciser la sensibilité du milieu naturel ou la qualité du site, dès lors que l'inclusion de parcelles dans une zone de préemption est nécessairement subordonnée à leur intérêt écologique, ou les modalités futures de protection et de mise en valeur des parcelles qu'elle envisage de préempter[9].

431.302 Exemples de motivation suffisante. Satisfait à l'exigence de motivation la décision :

– qui vise les articles L. 215-1 s. du code de l'urbanisme et justifie la préemption de la parcelle litigieuse par la circonstance que la protection de cette parcelle, qui « présente un risque de mitage » et « fait partie d'une zone dont l'intérêt paysager est marqué », « entre dans le cadre de la protection des espaces naturels sensibles »[10] ;

– qui vise les articles du code de l'urbanisme relatives aux ENS et indique que le droit de préemption au titre des espaces naturels sensibles est exercé dans le cadre du projet de la commune de réaliser un

1. C. urb., art. R. 215-16, al. 1er.
2. C. urb., art. R. 215-16, al. 2.
3. C. urb., art. R. 215-16, al. 3.
4. C. urb., art. L. 215-5.
5. CE 7 juin 2006, *Dpt du Var*, req. n° 277562, *Lebon ; BJDU* 2006. 277, concl. Ch. Devys – dans le même sens : CE 8 avr. 2015, *Saint-Aignan-Grandlieu (Cne)*, req. n° 376821, *Lebon T.*
6. CE 7 juin 2006, *Dpt du Var*, req. n° 277562, *Lebon ; BJDU* 2006. 277, concl. Ch. Devys.
7. CE 8 avr. 2015, *Saint-Aignan-Grandlieu (Cne)*, req. n° 376821, *Lebon T.*
8. CRPA, art. L. 211-2, 3° – CE 30 avr. 2014, *Saintes-Maries-de-la-Mer (Cne)*, req. n° 360794, *Lebon T. ; BJDU* 2014. 278, concl. M. Vialette.
9. CE 30 avr. 2014, *Saintes-Maries-de-la-Mer (Cne)*, req. n° 360794, *Lebon T. ; BJDU* 2014. 278, concl. M. Vialette.
10. CE 7 juin 2006, *Dpt du Var*, req. n° 277562, *Lebon.*

aménagement paysager public des rives d'un ruisseau et la mise en valeur d'un verger de châtaigniers anciens, typique de l'agriculture traditionnelle de la région [1] ;

– préemptant pour « assurer la sauvegarde et l'intégrité du site et des paysages et pour en garantir l'ouverture au public » ainsi que pour éviter la division parcellaire d'une unité foncière « de grande importance » [2].

431.303 Exemples de motivation insuffisante. À titre d'exemple, ne satisfait pas à l'exigence de motivation la décision qui se borne à faire état de « la nécessité pour la commune de préempter pour assurer la préservation et la protection du milieu naturel existant sur ce secteur du territoire communal », sans se référer à l'acte portant création de la zone de préemption et sans indiquer les raisons pour lesquelles la préservation et la protection des parcelles en cause justifiaient la préemption [3].

c.
Notification de la décision

431.311 Notification. La décision du titulaire du droit de préemption doit être notifiée au vendeur et transmise au préfet avant l'expiration du délai qui lui est imparti pour se prononcer [4].

D.
Quatrième étape : décision du propriétaire

1°
Premier cas de figure : les titulaires du droit de préemption ont renoncé à son exercice

431.321 Liberté du propriétaire de vendre son bien. Lorsque les titulaires du droit de préemption ont renoncé tacitement ou expressément à exercer ce droit, le propriétaire est libre de vendre son bien à l'acquéreur ou initial ou à un autre acquéreur [5].

Il doit réaliser la vente dans un délai de trois ans, à défaut de quoi il devra adresser une nouvelle DIA au titulaire du droit de préemption [6].

2°
Deuxième cas de figure : l'un des titulaires du droit de préemption a décidé l'acquisition aux prix et conditions fixées dans la DIA

431.331 Impossibilité de revenir sur la vente. Lorsque le titulaire du droit de préemption a décidé l'acquisition du bien au prix et conditions fixés dans la DIA, la vente est formée. Le propriétaire n'a aucune décision à prendre. Il ne peut pas se soustraire à la vente.

431.332 Possibilité d'exiger l'acquisition de la totalité du terrain si une partie seulement de celui-ci se trouve dans le périmètre du DPENS. Dans l'hypothèse où le titulaire du droit de préemption a acquis une partie seulement du terrain faisant l'objet de l'aliénation, au motif que seule cette partie du terrain entrait dans le champ du droit de préemption [7], le code prévoit que le propriétaire peut exiger que le titulaire du droit de préemption se porte acquéreur de l'ensemble de l'unité foncière [8].

Il résulte de ces dispositions que le propriétaire d'une unité foncière dont une partie seulement a fait l'objet d'une décision de préemption peut exiger du titulaire du droit de préemption la modification de cette décision, afin que ce dernier se porte acquéreur de l'ensemble de l'unité foncière [9].

Le vendeur et le titulaire du droit de préemption peuvent s'entendre sur le prix d'acquisition. À défaut, le prix est fixé par la juridiction compétente en matière d'expropriation.

3°
Troisième cas de figure : le titulaire du droit de préemption a proposé d'acquérir le bien à un prix différent ou à des conditions différentes de celles fixées dans la DIA

431.341 Délai pour se prononcer. À compter de la réception de l'offre d'acquérir, le propriétaire dispose d'un délai de deux mois pour notifier au titulaire du droit de préemption sa décision [10].

Le silence du propriétaire dans les deux mois équivaut à une renonciation d'aliéner [11].

1. CAA Marseille, 20 oct. 2011, *Merlo*, req. n° 09MA03495, NP.
2. CE 20 déc. 2006, *Conservatoire de l'espace du littoral et des rivages lacustres*, req. n° 279217, NP.
3. CE 30 avr. 2014, *Les Saintes-Maries-de-la-Mer*, req. n° 360794, *Lebon T.* ; *BJDU* 2014. 278, concl. M. Vialette.
4. V. (impl.) : CE 8 avr. 2015, *Saint-Aignan-Grandlieu (Cne)*, req. n° 376821, *Lebon T.*
5. C. urb., art. L. 213-8, al. 1er, rendu applicable au DPENS par l'article L. 215-20.
6. C. urb., art. L. 213-8, al. 2, rendu applicable au DPENS par l'article L. 215-20.
7. V. ss n° 431.184.
8. C. urb., art. L. 215-12 – Pour le même mécanisme, dans le cadre du DPU, v. ss n° 424.741.
9. Précision apportée pour le DPU (CE 10 févr. 2010, *Hyères-les-Palmiers (Cne)*, req. n° 322399, *Lebon T.* ; *BJDU* 2010. 204, concl. L. Derepas) et transposable au DPENS du fait de la rédaction identique des dispositions.
10. C. urb., art. R. 213-10, al. 1er, rendu applicable au DPENS du département par l'article R. 215-9.
11. C. urb., art. R. 213-10, al. 2, rendu applicable au DPENS du département par l'article R. 215-9.

431.342 1re option : acceptation du prix. La première option du propriétaire consiste à accepter le prix ou les nouvelles modalités proposés par l'administration [1].

En ce cas, la vente est formée. Ni le propriétaire, ni le titulaire du droit de préemption ne peuvent se soustraire à celle-ci.

431.343 2e option : fixation judiciaire du prix. La deuxième option ouverte au propriétaire consiste à maintenir le prix ou l'estimation figurant dans la DIA [2].

Dans ce cas, le prix est fixé par la juridiction compétente en matière d'expropriation [3]. Cette saisine constitue une simple faculté [4].

431.344 3e option : renonciation à l'aliénation. La troisième option qui s'ouvre au propriétaire consiste à renoncer à l'aliénation [5]. La renonciation peut être expresse. Elle sera tacite si le propriétaire ne prend pas de décision dans les deux mois qui suivent la réception de l'offre d'acquisition adressée par le titulaire du droit de préemption [6].

Une fois qu'il a renoncé à l'aliénation, de façon expresse ou tacite, le propriétaire ne peut pas se raviser et exiger la réalisation forcée de la vente.

E.
Cinquième étape (le cas échéant) : fixation judiciaire du prix

431.351 Fixation judiciaire en l'absence d'accord amiable. À défaut d'accord amiable, le prix d'acquisition est fixé par la juridiction compétente en matière d'expropriation [7].

La fixation judiciaire du prix intervient lorsque le propriétaire a entendu aliéner son bien et que le titulaire du droit de préemption a exercé ce droit sur celui-ci. La fixation du prix par le juge de l'expropriation intervient alors dans deux cas de figure :

– d'une part, lorsque le vendeur a refusé la proposition d'acquisition faite par le titulaire du droit de préemption [8] ;

– d'autre part, lorsque le vendeur exige du titulaire du droit de préemption l'acquisition de l'intégralité du terrain [9].

431.352 Formes et modalités de la saisine. Les règles sur les formes et modalités de la saisine du juge de l'expropriation prévues pour le DPU et le DPZAD [10] sont applicables au DPENS [11].

431.353 Procédure applicable. Les règles relatives à la procédure applicable prévues pour le DPU et le DPZAD [12] sont applicables au DPENS [13].

431.354 Règles et critères de détermination du prix. Le prix est exclusif de toute indemnité accessoire et notamment de l'indemnité de remploi [14].

Le prix est fixé, payé ou, le cas échéant, consigné selon les règles applicables en matière d'expropriation [15].

Toutefois, dans ce cas, trois spécificités sont prévues [16] :

– la date de référence prévue à l'article L. 322-2 du code de l'expropriation est soit la date à laquelle est devenu opposable aux tiers le plus récent des actes approuvant, modifiant ou révisant le PLU et délimitant la zone dans laquelle est situé le bien, soit, en l'absence d'un tel plan, cinq ans avant la déclaration par laquelle le propriétaire a manifesté son intention d'aliéner le bien (1°) ;

– les améliorations, transformations ou changements d'affectation opérés par le propriétaire postérieurement à la date fixée au 1° ne sont pas présumés revêtir un caractère spéculatif (2°) ;

– à défaut de transactions amiables constituant des références suffisantes pour l'évaluation du bien dans la même zone, il peut être tenu compte des mutations et accords amiables intervenus pour des terrains de même qualification situés dans des zones comparables (3°).

Lorsqu'en application de l'article L. 215-12, est acquise une fraction d'une unité foncière, le prix d'acquisition fixé par la juridiction compétente en matière d'expropriation tient compte de l'éventuelle dépréciation subie, du fait de la préemption partielle, par la fraction restante de l'unité foncière [17].

431.355 Décision des parties. Les règles relatives aux décisions prises par les parties relativement au

1. C. urb., art. R. 213-10, a ; rendu applicable au DPENS du département par l'article R. 215-9.
2. C. urb., art. R. 213-10, b ; rendu applicable au DPENS du département par l'article R. 215-9.
3. C. urb., art. R. 213-10, b ; rendu applicable au DPENS du département par l'article R. 215-9 – V. ss nos 424.761 s.
4. CAA Paris, 19 mai 1998, *Bombart*, req. no 96PA00562, NP.
5. C. urb., art. R. 213-10, c ; rendu applicable au DPENS du département par l'article R. 215-9.
6. C. urb., art. R. 213-10, al. 5, rendu applicable au DPENS du département par l'article R. 215-9.
7. C. urb., art. L. 215-17, al. 1er.
8. V. ss no 431.343.
9. V. ss no 431.332.
10. V. ss nos 424.771 s.
11. C. urb., art. R. 213-11, rendu applicable au DPENS du département par l'article R. 215-9.
12. V. ss nos 424.791 s.
13. C. urb., art. R. 213-11, rendu applicable au DPENS du département par l'article R. 215-9.
14. C. urb., art. L. 215-17, al. 1er.
15. C. urb., art. L. 215-17, al. 2 – V. ss nos 424.801 s.
16. C. urb., art. L. 215-17, al. 3 à 7.
17. C. urb., art. L. 215-19, al. 1er.

prix proposé (accord, retrait de l'offre, renonciation à la préemption, acceptation du prix judiciairement fixé) prévues pour le DPU et le DPZAD[1] sont applicables au DPENS[2].

F. Paiement du prix et transfert de propriété

431.360 **Renvoi.** Les règles relatives au délai de paiement du prix (4 mois) et à la date de transfert de propriété (après le paiement et l'acte authentique) prévues pour le DPU et le DPZAD[3] sont applicables au DPENS[4].

Tant que le paiement n'a pas été fait et l'acte authentique établi, l'ancien propriétaire conserve la jouissance du bien[5].

G. Situation des occupants et locataires

431.371 **Droits et obligations.** Les règles relatives à la situation des occupants et locataires (obligations d'accepter des travaux ou d'évacuer les locaux ; droits de quitter les lieux et résilier le bail en cas de réalisation de travaux) prévues pour le DPU et le DPZAD[6] sont applicables au DPENS[7].

431.372 **Informations.** L'article L. 215-20 renvoie également à l'article L. 213-9 imposant au propriétaire d'informer les preneurs ou occupants de bonne foi de l'exercice du droit délaissement. Ce renvoi n'a pas de sens dans la mesure où le droit de délaissement n'est pas reconnu en matière de DPENS[8].

H. Hypothèse dans laquelle le bien préempté est soumis à expropriation

431.381 **Effets d'une DUP.** Deux conséquences particulières résultent d'une déclaration d'utilité publique :

– d'une part, l'exercice du droit de préemption produit les mêmes effets que l'accord amiable en matière d'expropriation en ce qui concerne l'extinction des droits réels et personnels si le titulaire du droit de préemption est également le bénéficiaire de la DUP[9] ;

– d'autre part, la cession d'un bien au profit du bénéficiaire de la DUP n'est pas soumise au droit de préemption[10].

431.382 **Fixation du prix.** Lorsqu'un terrain soumis au DPENS (de l'article L. 215-1 ou de l'article L. 215-2) fait l'objet d'une expropriation, la date de référence prévue à l'article L. 322-2 du code de l'expropriation est remplacée, s'il existe un PLU, par la date à laquelle est devenu opposable aux tiers le plus récent des actes approuvant, modifiant ou révisant le PLU et délimitant la zone dans laquelle est situé le terrain[11].

§ 2 Procédure de préemption ENS applicable en cas de vente par adjudication

431.391 **Procédure spéciale.** Les aliénations réalisées sous la forme d'adjudications font l'objet d'une procédure spéciale, régies par les dispositions des articles R. 215-17 et R. 215-18 du code de l'urbanisme[12].

431.392 **Champ d'application de la procédure spéciale.** La procédure spéciale est applicable à toute vente par adjudication d'un bien soumis au droit de préemption lorsque cette procédure est rendue obligatoire par une disposition législative ou réglementaire, à l'exception de la vente mettant fin à une indivision créée volontairement et ne résultant pas d'une donation-partage[13].

431.393 **Déclaration préalable de cession.** En cas d'adjudication, la déclaration préalable de cession comporte obligatoirement l'estimation du bien ou sa mise à prix[14].

La vente doit être précédée d'une déclaration du greffier de la juridiction ou du notaire chargé de procéder à la vente, faisant connaître la date et les modalités de la vente. Cette déclaration est établie dans les formes prescrites par l'arrêté prévu par l'article R. 215-10[15].

Elle est adressée au siège du conseil départemental un mois avant la date fixée pour la vente, soit par LRAR, soit par voie électronique dans les conditions

1. V. s[s] n°s 424.851 s.
2. C. urb., art. R. 213-12 et R. 213-13, rendus applicables au DPENS du département par l'article R. 215-9 ; art. L. 213-7, rendu applicable au DPENS par l'article L. 215-20.
3. V. s[s] n°s 424.901 s.
4. C. urb., art. L. 213-14, rendu applicable au DPENS par l'article L. 215-20.
5. C. urb., art. L. 213-15, rendu applicable au DPENS par l'article L. 215-20.
6. V. s[s] n°s 424.1021 s.
7. C. urb., art. L. 213-10, rendu applicable au DPENS par l'article L. 215-20.
8. V. s[s] n[o] 431.421.
9. C. urb., art. L. 213-5, al. 1[er], rendu applicable au DPENS par l'article L. 215-20.
10. C. urb., art. L. 213-5, al. 2, rendu applicable au DPENS par l'article L. 215-20.
11. C. urb., art. L. 215-18.
12. C. urb., art. R. 215-9.
13. C. urb., art. R. 215-17.
14. C. urb., art. L. 215-14, al. 1er.
15. C. urb., art. R. 215-18, al. 1er.

prévues aux articles L. 112-11 et L. 112-12 du CRPA[1].

La déclaration fait l'objet des communications et transmissions mentionnées à l'article R. 215-10[2].

431.394 Décision du titulaire. Le titulaire dispose d'un délai de trente jours à compter de l'adjudication pour informer le greffier ou le notaire de sa décision de se substituer à l'adjudicataire[3].

La substitution à l'adjudicataire ne peut intervenir qu'au prix de la dernière enchère ou de la surenchère[4].

La décision du Conservatoire du littoral d'exercer le droit de préemption vaut sous réserve de la renonciation du département à l'exercice de son droit. La décision de la commune ou de l'EPCI d'exercer ce droit vaut sous réserve de la renonciation du département et du Conservatoire du littoral à l'exercice de ce même droit[5].

La décision de se substituer à l'adjudicataire est notifiée au greffier ou au notaire, soit par LRAR, soit par voie électronique dans les conditions prévues aux articles L. 112-11 et L. 112-12 du CRPA[6].

Copie de cette décision est annexée à l'acte ou au jugement d'adjudication et publiée au fichier immobilier en même temps que celui-ci[7].

SECTION 5
UTILISATION DU TERRAIN PRÉEMPTÉ

§ 1
Utilisation comme espace naturel

431.401 Obligation d'utilisation comme espace naturel, en principe ouvert au public. Les terrains acquis au titre du DPENS « sont aménagés pour être ouverts au public, sauf exception justifiée par la fragilité du milieu naturel ». Cet aménagement doit être « compatible avec la sauvegarde des sites, des paysages et des milieux naturels »[8].

431.402 Possibilité d'incorporation dans le domaine public. À l'exception des terrains relevant du régime forestier, tout ou partie d'un terrain acquis et conservé pour mettre en œuvre la politique prévue à l'article L. 113-8 peut être incorporé dans le domaine public de la personne publique propriétaire par décision de son organe délibérant[9].

431.403 Obligation d'entretien. La personne publique propriétaire est responsable de la gestion des terrains acquis. Elle s'engage à les préserver, à les aménager et à les entretenir dans l'intérêt du public. Elle peut éventuellement confier la gestion des espaces aménagés à une personne publique ou privée y ayant vocation[10].

431.404 Installations. Seuls des équipements légers d'accueil du public ou nécessaires à la gestion courante des terrains ou à leur mise en valeur à des fins culturelles ou scientifiques peuvent être admis sur les terrains acquis en application du DPENS, à l'exclusion de tout mode d'occupation du sol de nature à compromettre la conservation ou la protection de ces terrains en tant qu'espaces naturels[11].

431.405 Plan de gestion. Les terrains acquis au titre du DPENS font l'objet d'un plan de gestion[12].

§ 2
Rétrocession du terrain en l'absence d'utilisation comme espace naturel

431.411 Condition : terrain non utilisé comme espace naturel pendant dix ans. Si un terrain acquis par exercice du DPENS n'a pas été utilisé comme espace naturel, dans les conditions définies à l'article L. 215-21, « dans le délai de dix ans à compter de son acquisition », l'ancien propriétaire ou ses ayants cause universels ou à titre universel peuvent demander qu'il leur soit rétrocédé[13].

Certaines parcelles préemptées ne peuvent être ouvertes au public pour des raisons de sécurité ou de limitation des risques d'atteinte au milieu naturel. Dans ce cas, l'absence d'aménagement ne peut ouvrir le droit à rétrocession[14].

431.412 Action recevable pendant trois ans. Pour être recevable, la demande de rétrocession doit être présentée « dans un délai de trois ans » à compter de l'expiration du délai de 10 ans dont dispose la personne publique pour utiliser le bien comme espace naturel[15].

431.413 Procédure. Toute demande de rétrocession doit contenir l'offre d'un prix. Elle est adressée

1. C. urb., art. R. 215-18, al. 2.
2. C. urb., art. R. 215-18, al. 2.
3. C. urb., art. R. 215-18, al. 2.
4. C. urb., art. R. 215-18, al. 3 ; art. L. 215-19, al. 2.
5. C. urb., art. R. 215-18, al. 4.
6. C. urb., art. R. 215-18, al. 5.
7. C. urb., art. R. 215-18, al. 6.
8. C. urb., art. L. 215-21, al. 1er.
9. C. urb., art. L. 215-21, al. 2.
10. C. urb., art. L. 215-21, al. 3.
11. C. urb., art. L. 215-21, al. 4.
12. C. urb., art. L. 215-21, al. 5.
13. C. urb., art. L. 215-22, al. 1er.
14. CE 7 juin 2006, *Dpt du Var*, req. no 277562, *Lebon ; BJDU* 2006. 277, concl. Ch. Devys.
15. C. urb., art. L. 215-22, al. 2.

au siège du conseil départemental par LRAR ou déposée contre décharge[1].

Lorsque le terrain a été acquis par le titulaire du droit de substitution ou par le délégataire du droit de préemption, le président du conseil départemental transmet sans délai la demande à ces derniers et informe le demandeur de cette transmission[2].

À défaut d'accord amiable sur le prix ou de réponse du propriétaire du bien dans un délai de trois mois à compter de la réception de la demande, le prix du bien rétrocédé est fixé par la juridiction compétente en matière d'expropriation, sans pouvoir excéder le montant du prix de préemption révisé, s'il y a lieu, en fonction des variations du coût de la construction constatées par l'INSEE entre les deux mutations[3].

À défaut de réponse dans les trois mois de la notification de la décision juridictionnelle devenue définitive, l'ancien propriétaire ou ses ayants cause universels ou à titre universel sont réputés avoir renoncé à la rétrocession[4].

Le transfert éventuel de propriété est constaté par acte authentique. Une copie de cet acte est transmise, s'il y a lieu, au département[5].

Le président du conseil départemental transcrit dans le registre des préemptions les rétrocessions réalisées[6].

SECTION 6
DROIT DE DÉLAISSEMENT

431.421 **Absence de droit de délaissement.** Les dispositions du code de l'urbanisme ne confèrent pas de droit de délaissement aux propriétaires des terrains inclus dans le périmètre du DPENS[7].

Il en résulte qu'à la différence du régime prévu pour le DPU ou le DPZAD, le propriétaire d'un bien situé dans le périmètre du droit de préemption ne peut pas exiger de son titulaire l'acquisition de celui-ci.

SECTION 7
REGISTRE DES PRÉEMPTIONS

431.431 **Institution du registre.** Le département ouvre, dès institution d'une zone de préemption, un registre sur lequel sont inscrites[8] :

- les acquisitions réalisées par exercice, délégation ou substitution du droit de préemption ;
- ainsi que l'utilisation effective des biens ainsi acquis.

431.432 **Mise à jour du registre.** Les décisions de préemption prises par le département, de même que les rétrocessions, sont mentionnées dans le registre. Il en va de même lorsque la décision est prise par le Conservatoire du littoral ou la commune ou l'EPCI[9].

431.433 **Consultation du registre.** Toute personne peut consulter le registre des préemptions ou en obtenir un extrait[10].

SECTION 8
CONSÉQUENCES D'UNE ANNULATION CONTENTIEUSE

431.441 **Office du juge.** Il appartient au juge administratif, saisi de conclusions en ce sens par l'ancien propriétaire ou par l'acquéreur évincé et après avoir mis en cause l'autre partie à la vente initialement projetée, d'exercer les pouvoirs qu'il tient des articles L. 911-1 et suivants du CJA afin d'ordonner, le cas échéant sous astreinte, les mesures qu'implique l'annulation, par le juge de l'excès de pouvoir, d'une décision de préemption prise sur le fondement des articles L. 113-14 et L. 215-1 et suivants du code de l'urbanisme. À ce titre, il lui appartient, après avoir vérifié, au regard de l'ensemble des intérêts en présence, que le rétablissement de la situation initiale ne porte pas une atteinte excessive à l'intérêt général s'attachant à la préservation et à la mise en valeur de sites remarquables, de prescrire au titulaire du droit de préemption qui a acquis le bien illégalement préempté, s'il ne l'a pas entre temps cédé à un tiers, de prendre toute mesure afin de mettre fin aux effets de la décision annulée et, en particulier, de proposer à l'ancien propriétaire puis, le cas échéant, à l'acquéreur évincé d'acquérir le bien, à un prix visant à rétablir, sans enrichissement injustifié de l'une des parties, les conditions de la transaction à laquelle l'exercice du droit de préemption a fait obstacle[11].

1. C. urb., art. R. 215-19, al. 1er.
2. C. urb., art. R. 215-19, al. 2.
3. C. urb., art. L. 215-22, al. 3 ; C. urb., art. R. 215-19, al. 3.
4. C. urb., art. L. 215-22, al. 4.
5. C. urb., art. R. 215-19, al. 4.
6. C. urb., art. R. 215-19, al. 5.
7. Paris, 14 févr. 1997, n° 42-069/96, NP.
8. C. urb., art. L. 215-24, al. 1er.
9. C. urb., art. R. 215-14, al. 2 ; C. urb., art. R. 215-16, al. 3, faisant obligation à ces autorités de notifier au président du conseil départemental les éléments d'information à transcrire sur le registre.
10. C. urb., art. L. 215-24, al. 2.
11. CE 28 sept. 2020, *de Mascureau (M.)*, req. n° 430951, *Lebon T.* – Pour le DPU et le DPZAD, v. ss nos 424.1211 s.

CHAPITRE

432. Droit de préemption commercial

SECTION 0

ORIENTEUR

432.00 Sommaire du chapitre.

432.01 **Textes applicables.**

• **C. urb.**

art. L. 214-1 s.

art. R. 214-1 s.

art. A. 214-1

432.03 **Bibliographie indicative.**

Encyclopédies. *DP constr.-urb.*, ét. : « Droits de préemption » – *J.-Cl. Constr.-Urb.*, fasc. 13-41 : « Préemption. – Droit de préemption communal sur les fonds de commerce, fonds artisanaux, baux commerciaux et terrains portant des commerces ou destinés à en porter », par D. Dutrieux et V. Zalewski-Sicard, août 2016, mis à jour nov. 2016.

Thèse. J. Grisier, *L'élargissement du droit de préemption urbain aux biens commerciaux et artisanaux : l'étude d'un instrument d'intervention public dans la sphère commerciale*, th. Toulouse 1, 2016.

Monographie. R. Hostiou et F. Struillou, *Expropriation et préemption*, « Droit et professionnels », LexisNexis, 2020.

Contributions. J. Monéger, « Requête à un ami lyonnais à propos de deux difficultés frontalières entre droit public et droit privé », *Mél. A.-S. Mescheriakoff*, Bruylant, 2013, p. 199.

Articles. A. Boituzat, « Le droit de préemption des communes sur les cessions de fonds de commerce, de fonds artisanaux et de baux commerciaux », *RDI* 2008. 313 – J.-P. Blatter, « Interrogations autour du nouveau droit de préemption des communes. À propos du droit de préemption créé par la loi du 2 août 2005 en faveur des PME en cas de cession d'un fonds commercial ou artisanal ou d'un droit au bail », *AJDI* 2005. 705 – Ch. Debouy, « Commune et commerce : un intérêt renouvelé », *JCP Adm.* 2009, n° 2284 – C. Dell Conte et J.-F. Struillou, « De l'immeuble aux meubles. L'application du droit de préemption aux biens commerciaux », *DAUH* 2006. 79 – D. Dutrieux, « Les cessions de fonds de commerce, de fonds artisanaux et de baux commerciaux désormais soumises au droit de préemption », *Constr.-Urb* 2006, n° 227 – D. Moreno, « Droit de préemption sur les fonds de commerce, artisanaux et les baux commerciaux, le décret du 26 décembre 2007 pour l'application de la loi du 2 août 2005 est enfin paru ! », *BJDU* 2007. 326 – D. Moreno, « La procédure de préemption commerciale », *JCP Adm.* 2009, n° 2239 – D. Moreno, « Le droit de préemption commercial, 5 ans après », *BJDU* 2012. 339 – S. Pérignon, « Le droit de préemption communal sur les biens commerciaux », *AJDA* 2008. 743 – I. Savarit-Bourgeois, « Le cadre juridique du droit de préemption commercial », *JCP Adm.* 2009, n° 2294 – R.-N. Schütz, « Les suites de la préemption commerciale. Usage et revente du fonds ou du bail préempté », *Defrénois* 2009. 39002, p. 1787 – C. Zolysinski, « Le champ d'application du droit de préemption des communes : l'exemple de la préemption commerciale », *Constr.-Urb.* 2009, ét. 16.

432.04 **Question essentielle.**

> Le titulaire du droit de préemption commercial peut-il conserver le bien après exercice de ce droit ?

* V. s^s n°s 432.261 s.

432.05 **Objet et origine.** Le droit de préemption commercial vise au maintien d'une activité commerciale et artisanale de proximité, afin notamment d'assurer le dynamisme des centres-villes. Il a été créé par la loi du 2 août 2005 en faveur des petites et moyennes entreprises, dite « loi Dutreil »[1]. Il permet de préempter des fonds artisanaux, des fonds de commerce ou des baux commerciaux, ainsi que les terrains destinés à les accueillir, en vue de les rétrocéder ensuite à une entreprise commerciale ou artisanale. Il relève ainsi « de la "préemption pour autrui", consistant pour la collectivité à acquérir le bien pour le céder rapidement à une autre personne qu'un opérateur d'aménagement »[2].

432.06 **Pratique.** Depuis son instauration, il a été assez peu utilisé. En 2014 (date à laquelle remontent les dernières données disponibles), on recensait 81 préemptions réalisées et 6 rétrocessions intervenues[3].

SECTION 1
INSTAURATION DU DROIT DE PRÉEMPTION COMMERCIAL

432.11 **Instauration par le conseil municipal.** Le conseil municipal peut, par délibération motivée, délimiter un « périmètre de sauvegarde du commerce et de l'artisanat de proximité », à l'intérieur duquel s'exercera le droit de préemption commercial[4].

En pratique, seul un nombre réduit de communes ont défini un tel périmètre. En 2014, seules 422 communes s'en étaient dotées[5].

432.12 **Avis des organismes consulaires.** Lorsqu'une commune ou un EPCI (auquel la compétence en a été déléguée en application du premier alinéa de l'article L. 214-1-1[6]) envisage d'instituer le droit de préemption commercial, le maire ou, le cas échéant, le président de l'EPCI soumet pour avis le projet de délibération du conseil municipal ou, le cas échéant, de l'organe délibérant de l'EPCI :

– à la chambre de commerce et d'industrie territoriale ;

– et à la chambre des métiers et de l'artisanat.

Le projet de délibération est accompagné :

– du projet de plan délimitant le périmètre de sauvegarde ;

1. L. n° 2005-882, 2 août 2005 en faveur des petites et moyennes entreprises, *JO* 3 août, n° 2.
2. Conseil d'État, étude sur *Le droit de préemption*, déc. 2007, La Documentation française, 2008, p. 24,
3. Rapp. AN n° 1739 sur le projet de loi relatif à l'artisanat, au commerce et aux très petites entreprises, 29 janv. 2014, p. 75.
4. C. urb., art. L. 214-1, al. 1er.
5. Rapp. AN n° 1739 sur le projet de loi relatif à l'artisanat, au commerce et aux très petites entreprises, 29 janv. 2014, p. 75.
6. V. s^s n° 432.51.

– et d'un rapport analysant la situation du commerce et de l'artisanat de proximité à l'intérieur de ce périmètre et les menaces pesant sur la diversité commerciale et artisanale.

En l'absence d'observations de la CCI et de la CMA dans les deux mois de leur saisine, l'avis de l'organisme consulaire est réputé favorable [1].

432.13 Publicité de la délibération. La délibération du conseil municipal ou, le cas échéant, de l'organe délibérant de l'EPCI délimitant le périmètre de sauvegarde fait l'objet des mesures de publicité et d'information dans les conditions prévues par l'article R. 211-2 [2].

432.14 Exception d'illégalité. La délibération instituant le droit de préemption commercial, qui a pour seul effet de rendre applicable dans des zones particulières une réglementation préexistante, est dépourvue de caractère réglementaire et ne forme pas avec les décisions individuelles de préemption prises dans ces zones une opération administrative unique comportant un lien tel que les illégalités qui l'affecteraient pourraient, alors même que la délibération a acquis un caractère définitif, être régulièrement invoquées par la voie de l'exception [3].

En d'autres termes, l'acte créant la zone de préemption ne forme pas, avec les décisions individuelles de préemption prises dans la zone qu'il délimite, une opération complexe. Dès lors, la légalité de cet acte peut être contestée par la voie de l'exception à l'appui d'un recours formé contre une décision individuelle de préemption, tant que cette délibération n'est pas devenue définitive. En revanche, une fois que l'acte créant la zone de préemption est devenu définitif, sa légalité ne peut plus être contestée à l'appui d'un recours formé contre une décision individuelle de préemption.

SECTION 2
CHAMP D'APPLICATION DU DROIT DE PRÉEMPTION COMMERCIAL

§ 1
Bien inclus

432.21 Cession de fonds, de baux ou de terrains. Le droit de préemption commercial peut s'exercer sur les biens suivants, lorsqu'ils sont aliénés « à titre onéreux » [4] :

– les fonds artisanaux, les fonds de commerce et les baux commerciaux [5] ;

– les terrains portant des commerces ou destinés à porter des commerces dans un délai de cinq ans à compter de leur aliénation, dès lors que ces commerces sont des magasins de vente au détail ou des centres commerciaux au sens de l'article L. 752-3 du code de commerce, ayant une surface de vente comprise entre 300 et 1 000 mètres carrés [6].

432.22 Exigence d'une cession. Le droit de préemption commercial ne trouve à s'exercer qu'en présence d'une cession. Selon une réponse ministérielle, il ne s'applique pas [7] :

– aux créations de fonds de commerce ;

– ni à une reprise d'activité après cessation anticipée d'un bail précédent.

Ainsi, le juge annule la décision de préempter un bail commercial alors que celui-ci ne faisait pas l'objet d'une cession (son ancien preneur ayant adressé un congé au propriétaire à l'expiration de la seconde période triennale) [8].

§ 2
Biens exclus

432.31 Entreprises en difficulté. Le droit de préemption commercial ne s'applique pas à certains biens ou droits d'une entreprise faisant l'objet d'une procédure collective.

Sont exclus [9] :

– d'une part les biens ou droits inclus dans la cession d'une ou de plusieurs activités dans le cadre d'un plan de sauvegarde [10] ;

– d'autre part les biens ou droits inclus dans un plan de cession arrêté dans le cadre d'une procédure de redressement judiciaire [11] ou de liquidation judiciaire [12].

SECTION 3
TITULAIRE DU DROIT DE PRÉEMPTION

§ 1
Compétence de la commune

432.41 Compétence du conseil municipal. Le droit de préemption commercial appartient au conseil municipal [13].

1. C. urb., art. R. 214-1.
2. V. s^s n° 422.141. – C. urb., art. R. 214-2.
3. CAA Bordeaux, 12 juill. 2016, *Cahors (C^{ne})*, req. n° 14BX03382, NP.
4. C. urb. art. L. 214-1, al. 1er ; art. R. 214-3, al. 1er.
5. C. urb., art. L. 214-1, al. 1er ; art. R. 214-3, a.
6. C. urb., art. L. 214-1, al. 2 ; art. R. 214-3, b.
7. Rép. min. n° 73329, *JOAN Q* 13 juill. 2010, p. 7870.
8. CAA Versailles, 15 oct. 2015, *Eurl GME*, req. n° 14VE01467, NP.
9. C. urb., art. R. 214-3, al. 4.
10. C. com., art. L. 626-1.
11. C. com., art. L. 631-22.
12. C. com., art. L. 642-1 à L. 642-17.
13. V. s^s n° 411.71.

432.42 **Délégation au maire.** Le conseil municipal dispose de la possibilité de déléguer au maire l'exercice du droit de préemption sur le fondement du 15° de l'article L. 2122-22 du CGCT[1]. Dans la mesure où ces dispositions permettent au conseil municipal de confier au maire l'exercice des droits de préemption, « cette possibilité doit être entendue au sens large, et comprenant tous les droits de préemption prévus par le titre Ier du livre II du code de l'urbanisme, sauf dispositions contraires. En conséquence, si une commune a délibéré pour confier au maire l'exercice des droits de préemption du titre Ier du livre II du code de l'urbanisme, il n'est pas nécessaire de prendre une nouvelle délibération spécifique à la délégation au maire de l'exercice du droit de préemption sur les fonds de commerce, à condition que la délibération initiale n'entendait pas exclure ce type de préemption »[2].

§ 2
Possibilité de déléguer l'exercice du droit de préemption

A.
Délégation à un EPCI

432.51 **Faculté de délégation.** Lorsque la commune fait partie d'un EPCI y ayant vocation, elle peut, en accord avec cet établissement, lui déléguer tout ou partie des compétences en matière de droit de préemption commercial[3].

432.52 **Délibération.** La délégation résulte d'une délibération du conseil municipal. Cette délibération précise, le cas échéant, les conditions auxquelles est subordonné l'exercice des compétences déléguées[4].

Elle peut être retirée par une délibération prise dans les mêmes formes[5].

B.
Délégation à un établissement public y ayant vocation, à une SEM, au concessionnaire d'une opération d'aménagement ou au titulaire d'un contrat de revitalisation urbaine

432.61 **Faculté de délégation.** La commune ou l'EPCI délégataire peut déléguer le droit de préemption commercial[6] :

- à un établissement public y ayant vocation ;
- à une société d'économie mixte ;
- au concessionnaire d'une opération d'aménagement ;
- ou au titulaire d'un contrat de revitalisation urbaine[7] lorsque le contrat prévoit les éléments mentionnés au deuxième alinéa de l'article L. 300-9 (c'est-à-dire le programme des actions ou opérations à réaliser, notamment les conditions d'acquisition des biens[8]).

432.62 **Étendue de la délégation.** La délégation peut porter sur une ou plusieurs parties du périmètre de sauvegarde ou être accordée à l'occasion de l'aliénation d'un fonds de commerce, d'un fonds artisanal, d'un bail commercial ou de terrains[9].

432.63 **Propriété des biens acquis.** Les biens acquis par le délégataire entrent dans le patrimoine de celui-ci[10].

432.64 **Délibération.** La délégation du droit de préemption résulte d'une délibération du conseil municipal ou, le cas échéant, de l'organe délibérant de l'EPCI auquel la commune a délégué cette compétence. Cette délibération précise, le cas échéant, les conditions auxquelles est subordonné l'exercice des compétences déléguées[11].

Elle peut être retirée par une délibération prise dans les mêmes formes[12].

C.
Assimilation du délégataire au délégant

432.71 **Exercice des droits.** Pour l'application des dispositions relatives au droit de préemption commercial, les mots « titulaire du droit de préemption » s'entendent également, s'il y a lieu, du délégataire[13].

§ 3
Titulaire du droit de préemption commercial dans le cas d'une GOU

432.81 **Collectivité responsable de l'opération.** Dans le périmètre d'une grande opération d'urba-

1. V. ss no 411.81.
2. Rép. min. no 452, *JO Sénat Q* 21 sept. 2017, p. 2921.
3. C. urb., art. L. 214-1-1, al. 1er.
4. C. urb., art. R. 214-18.
5. C. urb., art. R. 214-18.
6. C. urb., art. L. 214-1-1, al. 2 ; mod. par L. no 2022-217, 21 févr. 2022.
7. C'est-à-dire la personne titulaire d'un contrat mentionné à l'article L. 300-9 – V. ss no 524.21.
8. V. ss no 524.22.
9. C. urb., art. L. 214-1-1, al. 2 ; mod. par L. no 2022-217, 21 févr. 2022.
10. C. urb., art. L. 214-1-1, al. 2 ; mod. par L. no 2022-217, 21 févr. 2022.
11. C. urb., art. R. 214-19.
12. C. urb., art. R. 214-19.
13. C. urb., art. L. 214-2, al. 5.

nisme, le droit de préemption commercial est exercé par la collectivité territoriale ou l'établissement public cocontractant mentionné au même article L. 312-3 [1], c'est-à-dire la personne publique en charge de l'opération [2]. La collectivité territoriale ou l'établissement public peut déléguer l'exercice de ce droit à un établissement public y ayant vocation ou au concessionnaire d'une opération d'aménagement [3].

SECTION 4
PROCÉDURE DE PRÉEMPTION

432.91 Deux procédures. Deux procédures ont été prévues :

– une procédure normale ;

– et une procédure spécifique dans deux cas (en cas d'aliénation par voie d'adjudication, et en cas d'aliénation de gré à gré d'une entreprise placée en liquidation judiciaire).

432.92 Obligation de déclaration préalable. Dans les deux cas, la procédure débute par une déclaration de cession [4].

§ 1
Procédure normale

A.
Première étape : déclaration de cession

1°
Contenu de la déclaration préalable

432.101 Éléments systématiquement exigés. La déclaration précise les éléments suivants [5] :

– le prix ;

– l'activité de l'acquéreur pressenti ;

– le nombre de salariés du cédant et la nature de leur contrat de travail ;

– les conditions de la cession.

432.102 Éléments exigés dans certains cas. Le cas échéant, la déclaration préalable comporte des informations complémentaires [6] :

– le bail commercial, si la cession porte sur un fonds de commerce ;

– le chiffre d'affaires, lorsque la cession porte sur un bail commercial ou un fonds artisanal ou commercial.

2°
Formes de la déclaration préalable

432.111 Formulaire. La déclaration préalable est établie conformément à un formulaire établi par un arrêté conjoint des ministres chargés de l'urbanisme, de la justice, du commerce et de l'artisanat [7].

432.112 Modalités d'envoi. La déclaration est établie en quatre exemplaires [8].

Elle est adressée au maire de la commune où est situé [9] :

– le fonds ;

– l'immeuble dont dépendent les locaux loués ;

– ou le terrain portant les commerces ou destiné à porter des commerces d'une surface de vente comprise entre 300 et 1 000 mètres carrés.

Elle est adressée ou déposée à la mairie selon trois modalités possibles [10] :

– envoi par LRAR ;

– envoi par voie électronique (en un seul exemplaire) dans les conditions prévues aux articles L. 112-11 et L. 112-12 du CRPA ;

– dépôt en mairie contre récépissé.

3°
Sanction et conséquences du défaut de déclaration préalable

432.121 Possibilité d'une action en nullité. L'obligation de procéder à une déclaration préalable est prescrite à peine de nullité de la cession [11].

L'action en nullité s'exerce devant le tribunal judiciaire du lieu de situation du fonds ou de l'immeuble dont dépendent les locaux loués ou du terrain [12].

432.122 Conséquence sur l'acte de vente d'un terrain. Lorsqu'un terrain situé dans le périmètre du droit de préemption commercial fait l'objet d'une aliénation sans que celle-ci ait été précédée de la

1. C. urb., art. L. 214-1-1, al. 3 ; mod. par L. n° 2022-217, 21 févr. 2022.
2. V. s^s n° 533.222.
3. C. urb., art. L. 214-1-1, al. 3 ; mod. par L. n° 2022-217, 21 févr. 2022.
4. C. urb., art. L. 214-1, al. 3, prévoyant que : « Chaque aliénation à titre onéreux entrant dans le champ d'application du droit de préemption commercial doit donner lieu à une déclaration préalable faite par le cédant à la commune ».
5. C. urb., art. L. 214-1, al. 3.
6. C. urb., art. L. 214-1, al. 3.
7. C. urb., art. R. 214-4, al. 1er ; art. A. 214-1 – Ce formulaire (CERFA, n° 13644*02) peut être téléchargé sur le site service-public.fr.
8. C. urb., art. R. 214-4, al. 2.
9. C. urb., art. R. 214-4, al. 2.
10. C. urb., art. R. 214-4, al. 2.
11. C. urb., art. L. 214-1, al. 3.
12. C. urb., art. R. 214-10.

déclaration préalable, « le vendeur en informe l'acquéreur par une mention spécifique figurant dans l'acte de vente ou, en cas de vente par adjudication, par une mention spécifique portée dans le cahier des charges »[1].

4°
Hypothèse dans laquelle l'aliénation entre également dans le champ du DPU ou du DPZAD

432.131 Procédure du DPU ou DPZAD. Lorsqu'une aliénation entrant dans le champ du droit de préemption commercial entre également dans celui du DPU ou du DPZAD, la déclaration est souscrite dans les formes et conditions prévues pour ces procédures[2].

432.132 Informations complémentaires par rapport à la DIA. Outre les éléments que doit comporter la DIA, celle-ci doit comporter des informations complémentaires. Celles-ci correspondent, selon les cas[3] :

- à la surface de vente du commerce existant sur le terrain ;
- ou à la possibilité d'implanter sur le terrain, dans les cinq ans suivant l'aliénation, un commerce d'une surface de vente comprise entre 300 et 1 000 mètres carrés.

B.
Deuxième étape : instruction

432.141 Transmission de la déclaration au délégataire du droit de préemption. Lorsque la commune a délégué son droit de préemption, le maire transmet la déclaration au délégataire. Lorsque le délégataire est un EPCI ayant lui-même délégué ce droit, en application du second alinéa de l'article L. 214-1-1, son président transmet à son tour la déclaration à son délégataire[4].

432.142 Transmission de la déclaration au directeur départemental des finances publiques. Lorsque la déclaration préalable porte sur un terrain[5], le maire transmet copie de la déclaration dès sa réception au directeur départemental ou, le cas échéant, régional des finances publiques en lui précisant si cette transmission vaut demande d'avis[6].

C.
Troisième étape : décision du titulaire du droit de préemption

1°
Délai dont dispose l'administration pour se prononcer

432.151 Délai de deux mois. Le titulaire du droit de préemption dispose d'un délai de deux mois pour exercer ce droit à compter de la réception de la déclaration préalable de cession[7].

Ces dispositions « visent notamment à ce que les propriétaires qui ont décidé de vendre un bien susceptible de faire l'objet d'une décision de préemption sachent de façon certaine et dans de brefs délais s'ils peuvent ou non poursuivre l'aliénation envisagée »[8].

432.152 Point de départ du délai. Le délai court à compter[9] :

- soit de la réception de la déclaration préalable ;
- soit du premier des accusés de réception ou d'enregistrement délivré en application des articles L. 112-11 et L. 112-12 du CRPA.

432.153 Délai prorogé en cas de demande de précisions complémentaires. Dans l'hypothèse d'une déclaration incomplète, le titulaire du droit de préemption peut adresser au propriétaire une demande de précisions complémentaires, qui proroge le délai de deux mois[10].

2°
Première possibilité : l'administration renonce à préempter

a.
Renonciation expresse ou tacite

432.161 Renonciation expresse. S'il n'est pas intéressé par l'acquisition du bien, le titulaire du droit de préemption peut prendre une décision expresse par laquelle il renonce à l'exercice du droit de préemption sur celui-ci[11].

432.162 Renonciation tacite. Le silence du titulaire du droit de préemption pendant le délai de deux mois à compter de la réception de la déclaration préalable de cession vaut renonciation à l'exercice du droit de préemption[12].

1. C. urb., art. R. 214-4-3.
2. C. urb., art. R. 214-4, al. 3 – Sur ces formes et conditions, prévues par l'article R. 213-5, v. s[s] n° 422.322.
3. C. urb., art. R. 214-4, al. 3.
4. C. urb., art. R. 214-4, al. 4.
5. V. s[s] n° 432.21.
6. C. urb., art. R. 214-4-1.
7. C. urb., art. L. 214-1, al. 4.
8. CE 27 juill. 2015, *S[té] Flash Back*, req. n° 374646, *Lebon T.*
9. C. urb., art. R. 214-5, al. 1er.
10. CE 27 juill. 2015, *S[té] Flash Back*, req. n° 374646, *Lebon T.*
11. C. urb., art. R. 214-5, al. 1er – Sur les formes de la notification, v. s[s] n° 432.182.
12. C. urb., art. L. 214-1, al. 4 ; art. R. 214-5, al. 3.

b.
Effets de la renonciation

432.171 **Possibilité pour le cédant de réaliser la vente.** Lorsque le titulaire renonce à l'exercice du droit de préemption commercial, le cédant peut réaliser la vente aux prix et conditions figurant dans sa déclaration[1].

432.172 **Impossibilité de revenir sur la renonciation.** Lorsqu'il a décidé de renoncer à exercer le droit de préemption de façon expresse ou tacite, le titulaire de ce droit « se trouve dessaisi et ne peut, par la suite, retirer cette décision ni, par voie de conséquence, légalement exercer son droit de préemption »[2].

Il peut seulement, si la cession est intervenue et qu'il estime que la déclaration préalable sur la base de laquelle il a pris sa décision était entachée de lacunes substantielles de nature à entraîner la nullité de la cession, saisir le juge judiciaire d'une action à cette fin.

3°
Seconde possibilité : l'administration décide de préempter

a.
Décision d'acquisition au prix proposé ou offre d'acquisition à un prix inférieur

432.181 **Option.** Le titulaire du droit de préemption qui entend acquérir le bien dispose d'une option :

- soit il décide d'acquérir le bien aux prix et conditions demandés ;
- soit il présente une contre-proposition en formulant une offre d'acquisition à un prix inférieur.

432.182 **Notification de la décision.** Le titulaire du droit de préemption notifie sa décision au cédant par l'un des trois procédés suivants[3] :

- par pli recommandé avec demande d'avis de réception ;
- par remise contre décharge au domicile ou au siège social du cédant ;
- ou par voie électronique en un seul exemplaire dans les conditions prévues aux articles L. 112-11 et L. 112-12 du CRPA.

La notification par voie électronique n'est possible que si la déclaration préalable de cession a été faite de la même manière.

Lorsque le cédant est lié par un contrat de bail, une copie de cette notification est adressée au bailleur.

432.183 **Décision d'acquisition.** Le titulaire du droit de préemption qui entend acquérir le bien peut d'abord notifier au cédant sa décision d'acquérir aux prix et conditions indiqués dans la déclaration préalable[4].

432.184 **Offre d'acquisition.** Le titulaire du droit de préemption qui entend acquérir le bien peut également proposer au cédant une offre d'acquisition à un autre prix que celui proposé par ce dernier – c'est-à-dire, en pratique, un prix inférieur[5].

En cas de désaccord sur le prix ou les conditions indiqués dans la déclaration préalable, le titulaire du droit de préemption qui veut acquérir saisit dans le délai de deux mois la juridiction compétente en matière d'expropriation par LRAR adressée au secrétariat de cette juridiction, accompagnée d'une copie en double exemplaire de son mémoire. Copie de la lettre de saisine et du mémoire est simultanément notifiée au cédant et, le cas échéant, au bailleur[6].

La procédure applicable est celle prévue en matière de DPU et DPZAD[7].

432.185 **Acte constatant la cession et paiement du prix.** En cas d'acquisition du fonds, d'un bail ou d'un terrain par le titulaire du droit de préemption, l'acte constatant la cession est dressé dans un délai de trois mois suivant[8] :

- soit la notification de l'accord sur le prix et les conditions indiqués dans la déclaration préalable ;
- soit la décision judiciaire devenue définitive fixant le prix et les conditions de la cession ou suivant la date de l'acte ou du jugement d'adjudication.

Le prix est payé au moment de l'établissement de l'acte constatant la cession, sous réserve de l'application des dispositions des articles L. 141-12 et suivants du code de commerce[9].

b.
Motivation de la décision

432.191 **Obligation de motivation.** Une décision de préemption prise au titre du droit de préemption commercial doit, comme toute décision de préemption, être motivée en application des prévisions générales de l'article L. 210-1[10]. La collectivité « doit

1. C. urb., art. L. 214-1, al. 4.
2. CE 27 juill. 2015, *Sté Flash Back*, req. n° 374646, *Lebon T.*
3. C. urb., art. R. 214-5, al. 2.
4. C. urb., art. R. 214-5, al. 1er.
5. C. urb., art. R. 214-5, al. 1er.
6. C. urb., art. R. 214-6.
7. V. ss nos 424.771 s.
8. C. urb., art. R. 214-9, al. 1er.
9. C. urb., art. R. 214-9, al. 2.
10. CE 15 déc. 2023, *Sté NM Market*, req. n° 470167, *Lebon T. ; BJCL* 2024. 29, concl. Th. Janicot ; *Le Defrénois* 3 mai 2024, p. 21, n° DEF218s5. note O. Le Bot ; *JCP Adm.* 2024, n° 2057, note V. Laugier ; *Constr.-Urb.* 2024, comm. 15, note L. Santoni ; *RTD com.* 2024. 54, note J. Monéger ; *RDI* 2024. 144, obs. J.-F. Struillou. Sur les exigences générales résultant de l'article L. 210-1, v. ss nos 411.31 s.

donc indiquer les activités qu'elle entend développer dans le périmètre de sauvegarde, ce qui ne paraît pas trop exigeant mais permet de s'assurer de la réalité de ses intentions et qu'elle ne dégaine pas avec trop de légèreté l'arme redoutable de la préemption »[1].

En premier lieu, le projet doit répondre aux objectifs de l'article L. 300-1 du code de l'urbanisme et être mentionné dans la décision de préemption[2]. Il n'est pas exigé que, à la date à laquelle le droit de préemption est exercé, se trouvent déjà définies les caractéristiques précises du projet, tel que le profil de la société qui l'exploitera. En revanche, la commune devra indiquer la nature de l'activité ou des activités qu'elle souhaite voir développer dans celui-ci : commerce alimentaire, café ou restaurant, magasin de proximité, etc. En pratique, il s'agira par ce biais de favoriser les magasins et/ou artisans de récurrence quotidienne.

Bien évidemment, le choix ainsi fait devra être cohérent avec la délibération définissant le périmètre de sauvegarde et s'appuiera sur celui-ci. Néanmoins, la simple référence à l'existence de ce périmètre ne sera vraisemblablement pas suffisante pour regarder comme satisfaites les conditions tenant à la réalité d'un projet et à la mention de celui-ci dans la décision de préemption. En effet, le plus souvent, une telle référence ne sera pas de nature à satisfaire aux exigences découlant de l'article L. 210-1 du code de l'urbanisme en ce qu'elle ne permet pas, à elle seule, de connaître la ou les activités auxquelles la commune souhaite affecter le local concerné. Si la simple référence à un programme local de l'habitat ou à un programme d'aménagement suffit à regarder comme satisfaites les exigences découlant de l'article L. 210-1[3], c'est parce que, d'une part, cet article le prévoit expressément et, d'autre part, qu'une programmation aura dans ces deux hypothèses été préalablement mise en œuvre. Ces deux caractéristiques ne se retrouvent pas pour le droit de préemption commercial : d'une part, l'article L. 210-1 ne prévoit pas la possibilité d'une motivation par référence pour celui-ci ; d'autre part, le périmètre de sauvegarde constitue une délimitation cartographique et non une programmation.

En second lieu, la mesure de préemption doit répondre à un intérêt général suffisant. L'arrêt du 15 décembre 2023 indique, à cet égard, que la mise en œuvre du droit de préemption commercial « doit, eu égard notamment aux caractéristiques du bien, en l'occurrence le fonds artisanal ou commercial ou le bail commercial, faisant l'objet de l'opération ou au coût prévisible de cette dernière, répondre à un intérêt général suffisant »[4]. Cette exigence conduit à apprécier la suffisance de l'intérêt général poursuivi par l'opération en prenant notamment en compte deux éléments mentionnés par le Conseil d'État dans cet arrêt : d'une part les caractéristiques du bien, d'autre part le coût de l'opération. En pratique, il s'agit de mettre en balance les avantages de l'opération pour la collectivité et le coût que sa mise en œuvre va générer pour celle-ci.

432.192 **Illustrations.** A été regardée comme suffisamment motivée la décision de préemption commerciale précisant que l'acquisition des fonds de commerce par la commune a pour but de permettre, soit la réinstallation dans la rue principale de commerces ou d'artisanats remplacés récemment par des boutiques vendant des produits régionaux à vocation essentiellement saisonnière et touristique, soit l'installation de producteurs ou d'artisans d'art. La cour précise « que cette décision, qui a pour objet d'organiser le maintien d'activités économiques au sens de l'article L. 300-1 du code de l'urbanisme, répond aux exigences de motivation prévues par les dispositions précitées de l'article L. 210-1 du même code »[5].

En revanche, a été regardée comme insuffisamment motivée la décision dans laquelle le maire s'est référé à la délibération instaurant le périmètre de sauvegarde et a indiqué que l'extension d'un commerce déjà existant va à l'encontre de l'objectif de diversité commerciale et artisanale ayant présidé au choix de délimiter celui-ci. Le Conseil d'État estime que cette motivation n'apporte pas « de précision quant à la nature du projet poursuivi, notamment la ou les activités commerciales ou artisanales dont l'installation ou le développement seraient organisés dans le périmètre en cause, laquelle ne ressortait pas non plus de la délibération délimitant le périmètre ». Il ajoute que la nature du projet ne ressort pas davantage des « autres pièces du dossier » soumis au juge. En d'autres termes, les intentions qui étaient celles de la commune lorsqu'elle a décidé de faire usage de son droit de préemption ne sont pas indiquées ; le maire n'a pas mentionné l'usage auquel il destinait le bien préempté[6]. On notera que deux enseignements généraux ressortent de cette motivation. D'une part, la formule selon laquelle la nature des activités à organiser dans le périmètre « ne ressortait pas non plus de la délibération délimitant le périmètre » semble indiquer, *a contrario*, qu'une référence à celui-ci pourrait s'avérer suffisante lorsque la délibération litigieuse ne se contente pas de définir un périmètre mais a conçu au sein de celui-ci un

1. Th. Janicot, concl. préc.
2. CE 15 déc. 2023, *Sté NM Market*, req. n° 470167.
3. V. ss n° 421.261 (préemption dans le périmètre d'un PLH) et v. ss n° 421.281 (préemption dans le périmètre d'une opération d'aménagement).
4. CE 15 déc. 2023, *Sté NM Market*, req. n° 470167.
5. CAA Bordeaux, 26 mars 2013, *Sarcia*, req. n° 11BX03234, NP.
6. CE 15 déc. 2023, *Sté NM Market*, req. n° 470167.

projet ou une opération d'aménagement désignant de façon précise les activités devant y être implantées. D'autre part, l'exigence tenant à l'intérêt général de l'opération ne fait pas l'objet d'une analyse autonome : la réalité du projet n'étant pas indiquée, l'intérêt général de celui-ci est regardé comme faisant défaut par voie de conséquence.

c.
Hypothèse dans laquelle le bien entre dans le champ du droit de préemption commercial et dans celui du DPU ou du DPZAD

432.201 **Indication du droit fondant la préemption.** Lorsque le titulaire du droit de préemption décide d'acquérir un terrain qui est soumis à la fois au droit de préemption commercial et au DPU ou au DPZAD, il indique sur le fondement duquel il exerce son droit de préemption[1].

§ 2
Procédure spécifique en cas d'aliénation par voie d'adjudication, et d'aliénation de gré à gré d'une entreprise placée en liquidation judiciaire

A.
Procédure en cas d'aliénation par voie d'adjudication

1°
Déclaration de cession

432.211 **Auteur de la déclaration.** En cas de cession, par voie d'adjudication, d'un fonds ou d'un terrain entrant dans le champ d'application du droit de préemption commercial, le commissaire-priseur judiciaire, le greffier de la juridiction ou le notaire chargé de procéder à la vente, selon la nature de l'adjudication, procède à la déclaration préalable prévue à l'article L. 214-1[2].

432.212 **Formes de la déclaration et informations sur la vente.** La déclaration est établie dans les formes prescrites à l'article R. 214-4 et indique la date et les modalités de la vente[3].

432.213 **Envoi de la déclaration.** La déclaration est adressée au maire trente jours au moins avant la date fixée pour la vente selon l'une des deux modalités suivantes[4] :

– soit par LRAR ;

– soit par voie électronique dans les conditions prévues aux articles L. 112-11 et L. 112-12 du CRPA.

2°
Transmission de la déclaration préalable

432.221 **Délégataire du droit de préemption.** Lorsque la commune a délégué son droit de préemption, le maire transmet la déclaration au délégataire. Lorsque le délégataire est un EPCI ayant lui-même délégué ce droit, en application du second alinéa de l'article L. 214-1-1, son président transmet à son tour la déclaration à son délégataire[5].

3°
Exercice du droit de préemption

432.231 **Décision de se substituer à l'adjudicataire.** Le titulaire du droit de préemption dispose d'un délai de trente jours à compter de l'adjudication pour notifier (par LRAR, ou par voie électronique dans les conditions prévues aux articles L. 112-11 et L. 112-12 du CRPA) au greffier ou au notaire sa décision de se substituer à l'adjudicataire. Copie de cette décision est annexée au jugement ou à l'acte de l'adjudication et publiée au bureau des hypothèques en même temps que celui-ci[6].

La substitution ne peut intervenir qu'au prix et aux conditions de la dernière enchère ou de la surenchère[7].

432.232 **Information de l'adjudicataire évincé.** Le greffier, le notaire ou le rédacteur de l'acte, selon les cas, informe l'adjudicataire évincé de l'acquisition réalisée par voie de préemption[8].

B.
Procédure applicable en cas d'aliénation de gré à gré d'une entreprise placée en liquidation judiciaire

1°
Auteur de la déclaration préalable

432.241 **Déclaration par le liquidateur.** En cas de cession de gré à gré d'un fonds ou d'un terrain entrant dans le champ d'application du droit de préemption commercial, autorisée par le juge-commissaire en application de l'article L. 642-19 du code de commerce, le liquidateur procède, avant la

1. C. urb., art. R. 214-4-2.
2. C. urb., art. R. 214-7, al. 1er.
3. C. urb., art. R. 214-7, al. 1er.
4. C. urb., art. R. 214-7, al. 1er.
5. C. urb., art. R. 214-7, al. 2.
6. C. urb., art. R. 214-7, al. 3.
7. C. urb., art. R. 214-7, al. 4.
8. C. urb., art. R. 214-7, al. 5.

signature de cet acte, à la déclaration préalable dans les formes prévues à l'article R. 214-7[1].

2°
Décision du titulaire du droit de préemption

432.251 **Exercice du droit de préemption.** Le titulaire du droit de préemption peut exercer son droit dans les conditions prévues à l'article R. 214-7[2].

432.252 **Information de l'acquéreur évincé.** En cas d'acquisition par voie de préemption, le liquidateur en informe l'acquéreur évincé[3].

§ 3
Rétrocession du bien à la suite de son acquisition

432.261 **Obligation de rétrocéder le fonds ou le terrain.** Il ressort de la finalité du droit de préemption commercial que celui-ci n'est exercé par son titulaire qu'en vue de rétrocéder ensuite le bien préempté à une entreprise qui va l'exploiter. Il en résulte que le titulaire du droit de préemption ne saurait conserver le bien. Il « doit, dans le délai de deux ans à compter de la prise d'effet de l'aliénation à titre onéreux, rétrocéder » le fonds ou le terrain à une entreprise « en vue d'une exploitation destinée à préserver la diversité et à promouvoir le développement de l'activité commerciale et artisanale dans le périmètre concerné »[4].

A.
Délai pour rétrocéder

432.271 **Délai de deux ans.** Le titulaire du droit de préemption dispose d'un délai de deux ans à compter de la prise d'effet de l'aliénation à titre onéreux pour rétrocéder le bien[5]. Ce délai est assez court car, avant son expiration, il faut non seulement que la commune ait retrouvé un repreneur mais aussi que ce dernier ait été accepté du bailleur. L'exercice du droit de préemption commercial suppose donc que la commune ait, au moment de sa mise en œuvre, la conviction qu'elle sera en mesure de trouver un repreneur dans les deux ans qui suivent.

432.272 **Possibilité de mettre le fonds en location-gérance durant ce délai.** Pendant le délai de deux ans dont dispose le titulaire du droit de préemption pour procéder à la rétrocession, celui-ci peut mettre le fonds de commerce ou le fonds artisanal en location-gérance dans les conditions prévues aux articles L. 144-1 à L. 144-13 du code de commerce[6].

Lorsque cette faculté est utilisée, le délai dont dispose le titulaire du droit de préemption pour procéder à la rétrocession du bien peut être porté à trois ans[7].

432.273 **Droit de priorité de l'acquéreur évincé si le bien n'est pas rétrocédé dans les délais.** Si la rétrocession n'est pas intervenue à l'expiration du délai de deux ans (pouvant être porté à trois en cas de mise en location-gérance), l'acquéreur évincé, dans le cas où son identité a été mentionnée dans la déclaration préalable de cession, bénéficie d'un droit de priorité d'acquisition[8].

B.
Préparation de la rétrocession

432.281 **Établissement d'un cahier des charges.** Un cahier des charges de rétrocession est adopté pour définir les obligations du cessionnaire[9].

Ce cahier des charges est approuvé par délibération du conseil municipal ou, le cas échéant, de l'organe délibérant de l'EPCI[10].

432.282 **Publication d'un avis de rétrocession.** Avant toute décision de rétrocession, le maire publie, par voie d'affichage en mairie pendant une durée de quinze jours, un avis de rétrocession[11].

Cet avis comporte les éléments suivants[12] :

- un appel à candidatures ;
- la description du fonds, du bail ou du terrain ;
- le prix proposé ;
- une mention que le cahier des charges peut être consulté en mairie ;
- le délai dans lequel les candidatures doivent être présentées.

Lorsque la rétrocession porte sur un bail commercial, l'avis précise que la rétrocession est subordonnée à l'accord préalable du bailleur[13].

Lorsque l'exercice du droit de préemption a été délégué, le délégataire transmet l'avis de rétrocession au maire qui en assure la publicité par voie d'affichage en mairie pendant une durée de quinze jours[14].

432.283 **Candidats à la rétrocession.** La rétrocession s'opère au profit d'une entreprise immatriculée

1. C. urb., art. R. 214-8, al. 1er – Sur ces règles de forme, v. ss nos 432.212 s.
2. C. urb., art. R. 214-8, al. 2 – V. ss no 432.231.
3. C. urb., art. R. 214-8, al. 2.
4. C. urb., art. L. 241-2, al. 1er.
5. C. urb., art. L. 241-2, al. 1er.
6. C. urb., art. L. 241-2, al. 4.
7. C. urb., art. L. 241-2, al. 1er.
8. C. urb., art. R. 214-16.
9. C. urb., art. L. 214-2, al. 1er, impl.
10. C. urb., art. R. 214-11.
11. C. urb., art. R. 214-12, al. 1er.
12. C. urb., art. R. 214-12, al. 1er.
13. C. urb., art. R. 214-12, al. 1er.
14. C. urb., art. R. 214-12, al. 2.

au registre du commerce et des sociétés ou au registre national des entreprises en tant qu'entreprise du secteur des métiers et de l'artisanat[1].

432.284 Justification de l'immatriculation. Les personnes candidates à la rétrocession justifient de leur immatriculation[2] :

– au registre du commerce et des sociétés ou au Registre national des entreprises en tant qu'entreprise du secteur des métiers et de l'artisanat ;

– ou, lorsqu'elles sont établies dans un autre État membre de l'Union européenne, d'un titre équivalent leur conférant ou leur reconnaissant la qualité de commerçant ou d'artisan.

432.285 Accord préalable du bailleur en cas de rétrocession d'un bail commercial. La rétrocession d'un bail commercial est subordonnée, à peine de nullité, à l'accord préalable du bailleur. Cet accord figure dans l'acte de rétrocession[3].

La procédure de recueil d'accord est définie à l'article R. 214-13.

En cas de rétrocession d'un bail commercial, le titulaire du droit de préemption recueille l'accord préalable du bailleur sur le projet d'acte accompagné du cahier des charges qu'il lui a transmis par LRAR[4].

Si le bailleur entend s'opposer au projet de rétrocession, il saisit, selon la procédure accélérée au fond, le président du tribunal judiciaire du lieu de situation de l'immeuble dont dépendent les lieux loués pour faire valider son opposition à la rétrocession. À défaut d'avoir notifié au titulaire du droit de préemption, dans le délai de deux mois suivant la réception du projet d'acte, la saisine motivée de la juridiction, le bailleur est réputé avoir donné son accord à la rétrocession[5].

Le délai imparti au titulaire du droit de préemption pour procéder à la rétrocession est suspendu à compter de la notification du projet d'acte au bailleur jusqu'au recueil de l'accord du bailleur ou, à défaut d'accord, pendant la durée de la procédure jusqu'à l'intervention d'une décision juridictionnelle devenue définitive. La cession ne peut intervenir avant le terme de cette procédure, sauf accord exprès du bailleur[6].

C.
Mise en œuvre de la rétrocession

432.291 Délibération autorisant la rétrocession. La rétrocession est autorisée par délibération du conseil municipal, ou, le cas échéant, de l'organe délibérant de l'EPCI. La délibération indique les conditions de la rétrocession et les raisons du choix du cessionnaire[7].

L'acte de rétrocession est alors signé par le maire ou le président de l'EPCI.

432.292 Mention des conditions de résiliation en cas d'inexécution du cahier des charges. L'acte de rétrocession prévoit les conditions dans lesquelles il peut être résilié en cas d'inexécution par le cessionnaire du cahier des charges[8].

432.293 Publicité de l'acte de rétrocession. Dans le mois suivant la signature de l'acte de rétrocession, le maire procède à l'affichage en mairie, pendant une durée de quinze jours, d'un avis comportant les informations suivantes[9] :

– la désignation sommaire du fonds, du bail ou du terrain rétrocédé ;

– le nom et la qualité du cessionnaire ;

– ainsi que les conditions financières de l'opération.

Lorsque l'exercice du droit de préemption a été délégué, le délégataire transmet cet avis au maire qui en assure la publicité dans les mêmes conditions[10].

432.294 Rétrocession d'un fonds de commerce. L'acte de rétrocession d'un fonds de commerce est effectué dans le respect des conditions fixées par les dispositions du chapitre Ier du titre IV du livre Ier du code de commerce[11].

SECTION 5
DROIT DE PRÉEMPTION COMMERCIAL DANS LE CADRE D'UNE GOU

432.301 Instauration. Le droit de préemption commercial peut être instauré, par délibération motivée, à l'intérieur du périmètre d'une GOU mise en œuvre dans tout ou partie d'une zone d'activité économique, dont la transformation, notamment afin d'en favoriser la mixité fonctionnelle, est prévue par cette opération d'aménagement[12].

432.302 Délimitation des secteurs. L'acte décidant de la qualification de GOU ou tout acte ultérieur pris dans les mêmes formes peut délimiter les secteurs de la GOU dans lesquels ce droit de préemp-

1. C. urb., art. L. 214-2, al. 1er.
2. C. urb., art. R. 214-12, al. 3.
3. C. urb., art. L. 214-2, al. 3.
4. C. urb., art. R. 214-3, al. 1er.
5. C. urb., art. R. 214-3, al. 2.
6. C. urb., art. R. 214-3, al. 3.
7. C. urb., art. R. 214-14.
8. C. urb., art. L. 214-2, al. 1er.
9. C. urb., art. 214-15, al. 1er.
10. C. urb., art. 214-15, al. 2.
11. C. urb., art. L. 214-2, al. 3.
12. C. urb., art. L. 214-2-1, al. 1er ; créé par L. no 2023-973, 23 oct. 2023.

tion est instauré, après avis de la commune prévu à l'article L. 312-7[1].

432.303 **Adaptations.** Par dérogation aux articles L. 214-1 et L. 214-2, dans les secteurs où il est instauré[2] :

- sont également soumises au droit de préemption les aliénations à titre onéreux de terrains accueillant ou destinés à accueillir des commerces d'une surface de vente comprise entre 1 000 et 4 000 mètres carrés (1°) ;

- le délai de rétrocession peut être porté à six ans, et à sept ans en cas de mise en location-gérance du fonds de commerce ou du fonds artisanal (2°).

1. C. urb., art. L. 214-2-1, al. 2.
2. C. urb., art. L. 214-2-1, al. 3 à 5.

CHAPITRE

433. Droit de préemption pour la création de jardins familiaux

SECTION 0
ORIENTEUR

433.00 Sommaire du chapitre.

433.01 Textes applicables.

- **C. urb.**, art. L. 216-1
- **C. rur.**, art. R. 562-2

433.03 Bibliographie indicative.

Monographie. R. Hostiou et F. Struillou, *Expropriation et préemption*, « Droit et professionnels », LexisNexis, 2020.

SECTION UNIQUE
OBJET ET PROCÉDURE

433.11 Pouvoir. À la demande des organismes de jardins familiaux[1], les collectivités locales ou les EPCI compétents peuvent exercer leur droit de préemption en vue de l'acquisition de terrains destinés à la création ou à l'aménagement de jardins familiaux[2].

433.12 Procédure. Le droit de préemption pour la création de jardins familiaux s'exerce dans les conditions fixées par l'article 211-1 à L. 213-18 du code de l'urbanisme[3], c'est-à-dire suivant le régime applicable au DPU et au DPZAD[4].

433.13 Utilisation du terrain préempté. Les terrains acquis ne peuvent faire l'objet que d'une location, d'une durée de 9 à 18 ans, à des organismes de jardins familiaux[5].

L'emplacement de ces terrains doit répondre aux prescriptions des documents d'urbanisme en vigueur et aux dispositions relatives aux espaces protégés[6].

1. Mentionnés aux articles L. 561-1 et L. 561-2 du code rural.
2. C. urb., art. L. 216-1.
3. C. urb., art. L. 216-1 ; C. rur., art. R. 562-2, al. 1er.
4. SUR ce régime, v. ss nos 422.05 s.
5. C. rur., art. R. 562-2, al. 2.
6. C. rur., art. R. 562-2, al. 3.

CHAPITRE

434. Droit de préemption en vue de préserver les ressources en eau destinées à la consommation humaine

SECTION 0
ORIENTEUR

434.00 Sommaire du chapitre.

434.01 Textes applicables.

• **C. urb.**, art. L. 218-1 s.

434.03 Bibliographie indicative.

Monographie. R. Hostiou et J.-F. Struillou, *Expropriation et préemption*, « Droit et professionnels », LexisNexis, 2020.

Articles. J.-F. Struillou, « Le droit de préemption pour la protection de la ressource en eau après le décret du 10 septembre 2022. Décret n° 2022-1223, 10 sept. 2022, relatif au droit de préemption pour la préservation des ressources en eau destinées à la consommation humaine », *RDI* 2022. 578 – S. François, « Le droit de préemption pour la préservation des ressources en eau destinées à la consommation humaine », *JCP Adm.* 2022, n° 2336 – S. Ramus, « Loi 3DS : droit de préemption pour la préservation des ressources en eau, à peine instauré, déjà modifié… », *JCP N* 2022, n° 1151.

434.05 Origine et objet. Le droit de préemption en vue de préserver les ressources en eaux destinées à la consommation humaine a été créé par la loi du 27 décembre 2019[1] relative à l'engagement dans la vie locale et à la proximité de l'action publique. Il confère à l'autorité administrative le pouvoir d'acquérir des terres agricoles situées à proximité de points de captage d'eau en vue de préserver la qualité de celle-ci.

SECTION 1
INSTAURATION DU DROIT DE PRÉEMPTION

§ 1
Conditions d'instauration

434.11 Champ. Le droit de préemption destiné à préserver la ressource en eau porte sur « des surfaces agricoles »[2].

Il concerne plus exactement les terres agricoles situées « dans l'aire d'alimentation de captages utilisés pour l'alimentation en eau destinée à la consommation humaine »[3].

434.12 Objectif. Ce droit de préemption « a pour objectif de préserver la qualité de la ressource en eau dans laquelle est effectué le prélèvement »[4]. Aussi ne peut-il être instauré qu'à cette fin.

1. L. n° 2019-1461, 27 déc. 2019 relative à l'engagement dans la vie locale et à la proximité de l'action publique, *JO* 28 déc., n° 1, art. 118.
2. C. urb., art. L. 218-1, al. 1er ; mod. par L. n° 2022-217, 21 févr. 2022.
3. C. urb., art. L. 218-1, al. 1er ; mod. par L. n° 2022-217, 21 févr. 2022.
4. C. urb., art. L. 218-1, al. 1er ; mod. par L. n° 2022-217, 21 févr. 2022.

§ 2
Procédure d'instauration

434.21 Initiative. Le droit de préemption destiné à préserver la ressource en eau est créé à la demande de la commune, du groupement de communes ou du syndicat mixte compétent pour contribuer à la préservation de la ressource en eau en application de l'article L. 2224-7-5 du CGCT[1].

434.22 Consultations. Sont consultés les personnes et organismes suivants, dès lors qu'ils sont « concernés par la délimitation des zones de préemption »[2] :

- les communes ;
- les EPCI compétents en matière de PLU ;
- les chambres d'agriculture ;
- les SAFER.

La procédure consultative est détaillée par décret[3].

434.23 Décision. La décision instaurant le droit de préemption est prise par le préfet[4] dans un délai de six mois à compter de la demande, plus exactement de la réception d'un dossier complet[5].

L'arrêté instaurant le droit de préemption précise la zone sur laquelle il s'applique[6]. La zone concernée doit se situer « en tout ou partie dans l'aire d'alimentation » des points de captage d'eau[7].

L'arrêté[8] :

- désigne le titulaire du droit de préemption ;
- délimite le périmètre sur lequel il s'applique ;
- et comporte l'énoncé des considérations de droit et de fait qui le motivent.

Lorsque le périmètre concerne le territoire de plusieurs départements, le droit de préemption est institué par arrêté conjoint des préfets intéressés[9].

La décision rejetant la demande est motivée[10].

Le projet de décision est communiqué par le préfet chargé de l'instruction au demandeur, qui dispose de quinze jours pour présenter ses observations éventuelles par écrit[11].

434.24 Publicité et diffusion. L'arrêté préfectoral fait l'objet de mesures de publicité[12].

En outre, une copie de l'arrêté complétée du plan précisant le périmètre du territoire concerné est adressée[13] :

- aux autres personnes publiques et organismes mentionnés à l'article R. 218-4 ;
- aux chambres départementales des notaires ;
- aux barreaux constitués près les tribunaux judiciaires dans le ressort desquels est délimité le périmètre sur lequel le droit de préemption est institué et au greffe des mêmes tribunaux.

SECTION 2
TITULAIRES DU DROIT DE PRÉEMPTION DESTINÉ À PRÉSERVER LA RESSOURCE EN EAU

434.31 Compétence de la commune ou de l'EPCI. Le droit de préemption appartient à la commune, au groupement de communes ou au syndicat mixte exerçant la compétence de contribution à la préservation de la ressource en eau prévue à l'article L. 2224-7 du CGCT[14].

434.32 Cas où la parcelle relève de plusieurs communes ou EPCI. Lorsqu'une parcelle est située à l'intérieur de plusieurs aires d'alimentation de captages d'eau potable relevant de communes, de groupements de communes ou de syndicats mixtes différents, « l'ordre de priorité d'exercice des droits de préemption prévus à l'article L. 218-1 est fixé par l'autorité administrative »[15].

L'ordre de priorité est fixé par le préfet dans l'arrêté instituant le droit de préemption. Cet ordre de priorité est établi en fonction des dates d'instauration des droits de préemption[16].

434.33 Délégation. Lorsque tout ou partie du prélèvement en eau utilisée pour l'alimentation en eau potable est confié à un établissement public local mentionné à l'article L. 2221-10 du CGCT, « le titulaire du droit de préemption peut lui déléguer ce droit »[17].

Cette délégation s'opère par une délibération de l'organe délibérant, laquelle précise, le cas échéant, les conditions auxquelles la délégation est subor-

1. C. urb., art. L. 218-1, al. 1er ; mod. par L. n° 2022-217, 21 févr. 2022. SUR le dossier : C. urb., art. R. 218-2 et R. 218-3 ; créés par décr. n° 2022-1223, 10 sept. 2022.
2. C. urb., art. L. 218-2.
3. V. C. urb., art. R. 218-4 ; créé par décr. n° 2022-1223, 10 sept. 2022.
4. C. urb., art. L. 218-1, al. 1er ; mod. par L. n° 2022-217, 21 févr. 2022. SUR la compétence territoriale : C. urb., art. R. 218-1 ; créé par décr. n° 2022-1223, 10 sept. 2022.
5. C. urb., art. R. 218-5, al. 1er ; créé par décr. n° 2022-1223, 10 sept. 2022.
6. C. urb., art. L. 218-1, al. 2.
7. C. urb., art. L. 218-1, al. 1er ; mod. par L. n° 2022-217, 21 févr. 2022.
8. C. urb., art. R. 218-5, al. 2.
9. C. urb., art. R. 218-5, al. 3.
10. C. urb., art. R. 218-5, al. 4.
11. C. urb., art. R. 218-5, al. 5.
12. V. C. urb., art. R. 218-6, al. 1er à 3 ; créé par décr. n° 2022-1223, 10 sept. 2022.
13. V. C. urb., art. R. 218-6, al. 4.
14. C. urb., art. L. 218-3, al. 1er ; mod. par L. n° 2022-217, 21 févr. 2022.
15. C. urb., art. L. 218-4, al. 1er ; mod. par L. n° 2022-217, 21 févr. 2022.
16. V. C. urb., art. R. 218-7.
17. C. urb., art. L. 218-3, al. 2 ; mod. par L. n° 2022-217, 21 févr. 2022.

donnée[1]. Cette délégation peut être retirée par une délibération prise dans les mêmes formes[2].

La délégation peut porter « sur tout ou partie du territoire concerné par le droit de préemption ». Les biens ainsi acquis « entrent dans le patrimoine de l'établissement public local délégataire »[3].

Le titulaire du droit de préemption « informe l'autorité administrative de l'État compétente de la délégation du droit de préemption »[4].

SECTION 3
ARTICULATION AVEC LES AUTRES DROITS DE PRÉEMPTION

434.41 Caractère subsidiaire par rapport aux principaux droits de préemption. Les droits de préemption prévus aux articles L. 211-1 (DPU), L. 212-2 (DPZAD), L. 215-1 (DPENS) et L. 215-2 (DPENS du Conservatoire du littoral) « priment les droits de préemption » destinée à préserver la ressource en eau[5].

434.42 Caractère subsidiaire sur un droit de préemption avec attribution préférentielle. Le droit de préemption destiné à préserver la ressource en eau ne peut primer les droits de préemption établis par les textes en vigueur au profit de l'État, des collectivités publiques, des établissements publics et des cohéritiers bénéficiaires de l'attribution préférentielle prévue à l'article 832-1 du code civil[6].

SECTION 4
ALIÉNATIONS SOUMISES AU DROIT DE PRÉEMPTION DESTINÉ À PRÉSERVER LA RESSOURCE EN EAU

434.51 Champ d'application délimité par référence au code rural. Le champ d'application du droit de préemption destiné à préserver la ressource en eau est défini par renvoi au code rural.

434.52 Opérations incluses. Le droit de préemption s'exerce sur les aliénations mentionnées aux premier, deuxième, cinquième, sixième et septième alinéas de l'article L. 143-1 du code rural[7], relatif au droit de préemption des SAFER. Cela recouvre principalement les opérations suivantes :

– aliénation à titre onéreux de biens immobiliers à usage agricole et de biens mobiliers qui leur sont attachés (al. 1er) ;

– aliénation à titre onéreux de terrains nus à vocation agricole (al. 1er), auxquels sont assimilés les terrains ne supportant que des friches, des ruines ou des installations temporaires, occupations ou équipements qui ne sont pas de nature à compromettre définitivement leur vocation agricole (al. 5) ;

– aliénation à titre onéreux de bâtiments d'habitation faisant partie d'une exploitation agricole (al. 2) ;

– aliénation à titre onéreux de bâtiments situés en zone agricole, en zone naturelle ou en zone de montagne, qui ont été utilisés pour l'exercice d'une activité agricole au cours des cinq dernières années qui ont précédé l'aliénation, pour leur rendre un usage agricole (al. 5).

Deux précisions sont ajoutées :

– d'une part, lorsque l'aliénation à titre onéreux porte de façon conjointe sur des terrains à vocation agricole et des droits à paiement découplés créés au titre de la politique agricole commune, le droit de préemption peut s'exercer globalement sur l'ensemble ainsi constitué aux seules fins d'une rétrocession conjointe des terrains et des droits ainsi acquis[8] ;

– d'autre part, le droit de préemption peut être exercé en cas d'aliénation à titre onéreux de l'usufruit ou de la nue-propriété des biens mentionnés au présent article. Le titulaire du droit de préemption ne peut préempter la nue-propriété de ces biens que dans les cas où il en détient l'usufruit ou est en mesure de l'acquérir concomitamment, ou lorsque la durée de l'usufruit restant à courir ne dépasse pas deux ans[9].

434.53 Opérations exclues. Sont exclues les opérations mentionnées à l'article L. 143-4 du code rural[10].

Par ailleurs, ce droit de préemption ne peut s'exercer contre le preneur en place, son conjoint ou son descendant régulièrement subrogé que si ce preneur exploite le bien concerné depuis moins de trois ans[11].

434.54 Modalités. Les dispositions de l'article R. 143-3 du code rural sont applicables[12].

1. C. urb., art. R. 218-8, al. 1er et 2 ; créé par décr. n° 2022-1223, 10 sept. 2022.
2. C. urb., art. R. 218-8, al. 3.
3. C. urb., art. L. 218-3, al. 2 ; mod. par L. n° 2022-217, 21 févr. 2022.
4. C. urb., art. L. 218-3, al. 3 ; mod. par L. n° 2022-217, 21 févr. 2022.
5. C. urb., art. L. 218-4, al. 2.
6. C. rur., art. L. 143-6, al. 1er, rendu applicable par l'article L. 218-6 du code de l'urbanisme.
7. C. urb., art. L. 218-5.
8. C. rur., art. L. 143-1, al. 6.
9. C. rur., art. L. 143-1, al. 7.
10. C. urb., art. L. 218-6.
11. C. rur., art. L. 143-6, al. 2, rendu applicable par l'article L. 218-6 du code de l'urbanisme.
12. C. urb., art. R. 218-9 ; créé par décr. n° 2022-1223, 10 sept. 2022.

SECTION 5
POSSIBILITÉ D'UNE PRÉEMPTION PARTIELLE

434.61 Préemption partielle. Le droit de préemption peut s'exercer pour acquérir la fraction d'une unité foncière comprise à l'intérieur de la zone de préemption[1].

Dans ce cas, le propriétaire peut exiger que le titulaire du droit de préemption se porte acquéreur de l'ensemble de l'unité foncière[2].

Si le vendeur n'accepte pas une préemption partielle et exige que le titulaire du droit de préemption se porte acquéreur de l'ensemble de l'unité foncière, celui-ci peut soit accepter cette acquisition aux prix et conditions d'aliénation, soit renoncer à préempter. La décision du titulaire du droit de préemption doit être parvenue au notaire dans le délai de trente jours à compter de la date de réception de la décision du vendeur. Le silence du titulaire du droit de préemption à l'expiration de ce délai vaut renonciation et rétractation[3].

SECTION 6
PROCÉDURE DE PRÉEMPTION

§ 1
Phases de la procédure

434.71 Déclaration préalable. Toute aliénation est subordonnée, « à peine de nullité », à une déclaration préalable adressée par le propriétaire au titulaire du droit de préemption ou au délégataire, lorsque le bénéfice du droit de préemption a été délégué à un établissement public local[4].

Cette déclaration, dont les formes sont précisées par décret[5], comporte obligatoirement l'indication du prix et des conditions de l'aliénation projetée ou, en cas d'adjudication, l'estimation du bien ou sa mise à prix[6].

Lorsque la contrepartie de l'aliénation fait l'objet d'un paiement en nature, la déclaration doit mentionner le prix d'estimation de cette contrepartie[7].

Une copie de la déclaration préalable est adressée à la SAFER[8].

434.72 Délai de deux mois. Le titulaire du droit de préemption ou le délégataire dispose d'un délai de deux mois pour se prononcer[9].

Son silence gardé pendant deux mois à compter de la réception de la déclaration préalable vaut renonciation à l'exercice de ce droit[10].

Le titulaire du droit de préemption ou le délégataire peut, dans ce délai, adresser au propriétaire une demande unique de communication des documents permettant d'apprécier la consistance et l'état de l'immeuble ainsi que, le cas échéant, la situation sociale, financière et patrimoniale de la société civile immobilière. La liste des documents susceptibles d'être demandés est fixée limitativement par décret[11]. Une copie de cette demande est adressée à la SAFER[12].

Le délai de deux mois est suspendu à compter de la réception de cette demande. Il reprend à compter de la réception des documents demandés par le titulaire du droit de préemption ou le délégataire. Si le délai restant est inférieur à un mois, le titulaire dispose d'un mois pour prendre sa décision. Passés ces délais, son silence vaut renonciation à l'exercice du droit de préemption[13].

434.73 Exercice du droit de préemption. Lorsqu'il envisage d'acquérir le bien, le titulaire du droit de préemption ou le délégataire transmet sans délai copie de la DIA au responsable départemental des services fiscaux[14]. Cette déclaration fait l'objet d'une publication. Elle est notifiée au vendeur, au notaire, à la SAFER et, le cas échéant, à la personne mentionnée dans la DIA qui avait l'intention d'acquérir le bien. Le notaire la transmet aux titulaires de droits d'emphytéose, d'habitation ou d'usage, aux personnes bénéficiaires de servitudes, aux fermiers et aux locataires mentionnés dans la DIA[15].

434.74 Transmission des demandes, offres et décisions. Les demandes, offres et décisions du titu-

1. C. urb., art. L. 218-7 – Pour le même mécanisme, dans le cadre du DPU, v. s[s] n° 424.642.
2. C. urb., art. L. 218-7 – Pour le même mécanisme, dans le cadre du DPU, v. s[s] n° 424.741.
3. C. urb., art. R. 218-17 ; créé par décr. n° 2022-1223, 10 sept. 2022.
4. C. urb., art. L. 218-8, al. 1er ; mod. par L. n° 2022-217, 21 févr. 2022.
5. V. C. urb., art. R. 218-11 ; créé par décr. n° 2022-1223, 10 sept. 2022.
6. C. urb., art. L. 218-8, al. 1er ; mod. par L. n° 2022-217, 21 févr. 2022.
7. C. urb., art. L. 218-8, al. 1er ; mod. par L. n° 2022-217, 21 févr. 2022.
8. C. urb., art. L. 218-8, al. 1er ; mod. par L. n° 2022-217, 21 févr. 2022.
9. SUR le point de départ de ce délai : C. urb., art. R. 218-12, al. 1er ; créé par décr. n° 2022-1223, 10 sept. 2022.
10. C. urb., art. L. 218-8, al. 2 ; mod. par L. n° 2022-217, 21 févr. 2022.
11. V. C. urb., art. R. 218-12.
12. C. urb., art. L. 218-8, al. 3 ; mod. par L. n° 2022-217, 21 févr. 2022.
13. C. urb., art. L. 218-8, al. 4 ; mod. par L. n° 2022-217, 21 févr. 2022.
14. SUR cette transmission, et l'avis émis par l'administration fiscale : C. urb., art. R. 218-15, créé par décr. n° 2022-1223, 10 sept. 2022.
15. C. urb., art. L. 218-8, al. 5 ; mod. par L. n° 2022-217, 21 févr. 2022.

laire du droit de préemption et des propriétaires prévues sont notifiées par LRAR, par acte d'huissier, par dépôt contre décharge ou par voie électronique dans les conditions prévues aux articles L. 112-11 et L. 112-12 du CRPA[1].

434.75 Action en nullité (à défaut de DIA). L'action en nullité[2] se prescrit par cinq ans à compter de la publication de l'acte portant transfert de propriété.

Elle s'exerce devant le tribunal judiciaire du lieu de situation du bien[3].

434.76 Renvoi aux règles applicables aux autres procédures. S'agissant du droit de préemption destinée à préserver la ressource en eau, le code rend applicable les articles L. 213-4 à L. 213-10[4], L. 213-11-1[5], L. 213-12[6], L. 213-14 et L. 213-15[7].

§ 2
Cas particuliers

434.81 Fixation du prix lorsque le propriétaire exige que soit acquise l'intégralité de l'unité foncière. Lorsque, en application de l'article L. 218-7, est acquise une fraction d'une unité foncière[8], le prix d'acquisition fixé par la juridiction compétente en matière d'expropriation tient compte de l'éventuelle dépréciation subie, du fait de la préemption partielle, par la fraction restante de l'unité foncière[9].

434.82 Cas d'une vente par adjudication. En cas d'adjudication, lorsque cette procédure est autorisée ou ordonnée par un juge, l'acquisition par le titulaire du droit de préemption ou le délégataire a lieu au prix de la dernière enchère, par substitution à l'adjudicataire. Cette disposition n'est toutefois pas applicable à la vente mettant fin à une indivision créée volontairement, à moins que celle-ci ne résulte d'une donation-partage[10].

Les modalités d'exercice du droit de préemption en cas de vente par adjudication sont précisées par décret[11].

1. C. urb., art. R. 218-16 ; créé par décr. n° 2022-1223, 10 sept. 2022.
2. V. s^s^ n° 434.71.
3. C. urb., art. R. 218-18 ; créé par décr. n° 2022-1223, 10 sept. 2022.
4. V. s^s^ n°s 424.761 s.
5. V. s^s^ n°s 424.1231 s.
6. V. s^s^ n°s 424.1181 s.
7. V. s^s^ n°s 424.901 s.
8. V. s^s^ n° 434.61.
9. C. urb., art. L. 218-11, al. 1er.
10. C. urb., art. L. 218-11, al. 2 ; mod. par L. n° 2022-217, 21 févr. 2022.
11. V. C. urb., art. R. 218-13 et art. R. 218-14 ; créés par décr. n° 2022-1223, 10 sept. 2022.

§ 3
Registre des préemptions

434.91 Création et tenue d'un registre. Le titulaire du droit de préemption ou le délégataire ouvre, dès institution d'une zone de préemption, un registre sur lequel sont inscrites les acquisitions réalisées par exercice du droit de préemption ainsi que l'utilisation effective des biens ainsi acquis[12].

SECTION 7
UTILISATION DES BIENS PRÉEMPTÉS

434.101 Affectation et utilisation. Les biens acquis sont intégrés dans le domaine privé de la collectivité territoriale ou de l'établissement public qui les a acquis. Ils ne peuvent être utilisés qu'en vue d'une exploitation agricole. Celle-ci doit être compatible avec l'objectif de préservation de la ressource en eau[13].

434.102 Mise à bail. Les biens acquis « peuvent être mis à bail ». Les baux nouveaux « comportent des clauses environnementales » prévues au troisième alinéa de l'article L. 411-27 du code rural, de manière à garantir la préservation de la ressource en eau[14].

Lorsque le bien acquis est déjà grevé d'un bail rural, le titulaire du droit de préemption ou le délégataire est tenu de proposer au preneur la modification du bail afin d'y introduire de telles clauses environnementales. Celles-ci sont introduites, au plus tard, lors du renouvellement du bail[15].

434.103 Cession. Les biens acquis « peuvent être cédés de gré à gré à des personnes publiques ou privées », à la condition que l'acquéreur « consente à la signature d'un contrat portant obligations réelles environnementales », au sens de l'article L. 132-3 du code de l'environnement. Ce contrat prévoit, au minimum, les mesures garantissant la préservation de la ressource en eau. Il est conclu, pour une durée ne pouvant excéder 99 ans, entre l'acquéreur et le titulaire ou le délégataire du droit de préemption et est annexé à l'acte de vente[16].

434.104 Procédure. La mise à bail ou la cession fait l'objet d'un appel de candidatures qui est pré-

12. C. urb., art. L. 218-12 ; mod. par L. n° 2022-217, 21 févr. 2022.
13. C. urb., art. L. 218-13, al. 1er.
14. C. urb., art. L. 218-13, al. 2 ; mod. par L. n° 2022-217, 21 févr. 2022.
15. C. urb., art. L. 218-13, al. 2 ; mod. par L. n° 2022-217, 21 févr. 2022.
16. C. urb., art. L. 218-13, al. 3 ; mod. par L. n° 2022-217, 21 févr. 2022.

cédé de l'affichage d'un avis à la mairie du lieu de situation de ce bien pendant au moins quinze jours [1].

Cet avis décrit la désignation sommaire du bien, précise sa superficie totale, le nom de la commune, celui du lieudit ou la référence cadastrale et la mention de sa classification dans un document d'urbanisme s'il en existe, indique le délai dans lequel les candidatures doivent être présentées ainsi que les coordonnées du service susceptible de délivrer les compléments d'information relatifs à l'appel à candidature [2].

En cas de mise à bail, l'avis énonce l'exigence d'un bail conforme aux dispositions de l'article L. 411-27 du code rural et énumère les clauses environnementales relatives aux mesures nécessaires à la préservation de la ressource en eau proposées [3].

En cas de cession, l'avis énonce l'exigence d'un contrat portant obligations réelles environnementales, au sens de l'article L. 132-3 du code de l'environnement, et énumère les obligations réelles environnementales envisagées pour assurer la préservation de la ressource en eau. Il mentionne le prix envisagé [4].

434.105 **Mise à disposition de la SAFER.** Les biens peuvent être mis à la disposition de la SAFER par les personnes publiques propriétaires, dans le cadre des conventions prévues par l'article L. 142-6 du code rural [5].

Ces conventions comprennent des dispositions permettant d'assurer que l'usage agricole du bien sera maintenu ou rétabli, dans le respect de l'objectif de préservation de la ressource en eau. À cette fin, les baux visés au deuxième alinéa de l'article L. 142-6 du code rural sont établis conformément aux dispositions du deuxième alinéa de l'article L. 218-13 [6].

434.106 **Registre.** Le titulaire du droit de préemption transcrit dans le registre prévu par l'article L. 218-12 [7], les cessions, locations et mises à disposition réalisées en application de l'article L. 218-13 [8].

1. C. urb., art. R. 218-19, al. 1er ; créé par décr. n° 2022-1223, 10 sept. 2022.
2. C. urb., art. R. 218-19, al. 2.
3. C. urb., art. R. 218-19, al. 3.
4. C. urb., art. R. 218-19, al. 4.
5. C. urb., art. R. 218-20, al. 1er ; créé par décr. n° 2022-1223, 10 sept. 2022.
6. C. urb., art. R. 218-20, al. 2.
7. V. s^s n° 434.91.
8. C. urb., art. R. 218-21 ; créé par décr. n° 2022-1223, 10 sept. 2022.

CHAPITRE

435. Droit de préemption pour l'adaptation des territoires au recul du trait de côte (DPARTC)

SECTION 0
ORIENTEUR

435.00 Sommaire du chapitre.

435.01 Textes applicables.

• **C. urb.**

art. L. 219-1 s.

art. R. 219-1 s.

435.03 Bibliographie indicative.

Articles. J.-F. Struillou, « Le droit de préemption pour l'adaptation des territoires au recul du trait de côte », *DAUH* 2022. 19 – J.-F. Struillou, « Le droit de préemption pour l'adaptation au recul du trait de côte après l'ordonnance n° 2022-489 du 6 avril 2022 », *RDI* 2022. 327.

435.05 Origine et objet. Le droit de préemption pour l'adaptation des territoires au recul du trait de côte (DPARTC) a été institué par la loi Climat et résilience[1].

Il a pour objet de permettre l'acquisition publique de terrains littoraux exposés au risque d'érosion.

SECTION 1
INSTITUTION ET TITULAIRES DU DPARCT

435.11 Institution de plein droit. Dans les communes mentionnées à l'article L. 121-22-1 (c'est-à-dire celles exposées au recul du trait de côte[2]), « il est institué un droit de préemption pour l'adaptation des territoires au recul du trait de côte »[3].

1. L. n° 2021-1104, 22 août 2021 portant lutte contre le dérèglement climatique et renforcement de la résilience face à ses effets, *JO* 24 août, n° 1.
2. V. s^{s} n°s 126.281 s.
3. C. urb, art. L. 219-1, al. 1er.

435.12 Objet. Les acquisitions de terrains réalisées sont destinées « à prévenir les conséquences du recul du trait de côte sur les biens situés dans les zones délimitées en application de l'article L. 121-22-2 »[1], c'est-à-dire celles exposées au recul du trait de côte. Elles visent donc à soustraire les terrains se trouvant dans ces zones aux possibilités d'y implanter des constructions qui seraient, à terme, menacées par l'érosion.

435.13 Titulaires du DPARTC. Le DPARTC est institué au bénéfice de la commune ou de l'EPCI dont elle est membre, lorsque celui-ci est compétent en matière de PLU ou de carte communale[2].

435.14 Zones de préemption. Deux zones sont distinguées.

Dans la zone exposée au recul du trait de côte à un horizon de trente ans[3], le droit de préemption « s'applique dans l'intégralité de la zone »[4]. Il existe donc de plein droit sans qu'aucune formalité ne soit nécessaire.

Dans la zone exposée au recul du trait de côte à un horizon compris entre trente et cent ans[5], une délibération spéciale est nécessaire pour y exercer le droit de préemption[6]. Le DPARTC n'existe donc pas de plein droit dans ces secteurs ; il doit être instauré par la commune ou l'EPCI compétent. Cette délibération fait l'objet de mesures de publicité[7].

435.15 Exclusion des autres droits de préemption. À l'intérieur des zones de préemption du DPARTC « ne s'appliquent pas »[8] :

1. C. urb, art. L. 219-1, al. 2.
2. C. urb, art. L. 219-1, al. 3.
3. Zone définie au 1° de l'article L. 121-22-2 – V. s[s] n° 126.361.
4. C. urb, art. L. 219-1, al. 4.
5. Zone définie au 2° de l'article L. 121-22-2 – V. s[s] n° 126.361.
6. C. urb, art. L. 219-1, al. 5, indiquant que la commune ou l'EPCI compétent « peut également instaurer ce droit de préemption, par délibération, sur tout ou partie de la zone définie au 2° dudit article L. 121-22-2 ».
7. V. C. urb., art. R. 219-1, créé par décr. n° 2024-638, 27 juin 2024. La délibération est affichée en mairie pendant un mois et mention en est faite dans deux journaux diffusés dans le département (al. 1er). Les effets juridiques attachés à la délibération ont pour point de départ l'exécution de l'ensemble des formalités de publicité ainsi mentionnées. La date à prendre en considération pour l'affichage en mairie est celle du premier jour où il est effectué (al. 2). Le maire ou, le cas échéant, le président de l'EPCI compétent adresse sans délai au directeur départemental ou, le cas échéant, régional des finances publiques, à la chambre départementale des notaires, aux barreaux constitués près les tribunaux judiciaires dans le ressort desquels est institué le droit de préemption et au greffe des mêmes tribunaux, copie des actes ayant pour effet d'instituer ou de supprimer ce droit de préemption ou d'en modifier le champ d'application. Cette copie est accompagnée, s'il y a lieu, d'un plan précisant le champ d'application de ce droit de préemption (al. 3).

– le DPU ;

– le DPZAD ;

– et le DP commercial pour les aliénations à titre onéreux de terrains.

435.16 Articulation avec le DPENS. Le DPARTC « ne peut primer » le DPENS[9]. Il présente donc un caractère subsidiaire par rapport à celui-ci.

435.17 Exercice du droit de préemption en coopération avec la SAFER. À l'intérieur des zones de préemption du DPARTC, le droit de préemption peut s'exercer en coopération avec la SAFER sur les « biens immobiliers non bâtis à usage ou à vocation agricole » ainsi que les « bâtiments d'exploitation agricole », au sens de l'article L. 143-1 du code rural[10].

SECTION 2
ALIÉNATIONS SOUMISES AU DPARTC

§ 1
Aliénations à titre onéreux

A.
Aliénations à titre onéreux soumises au droit de préemption

1°
Liste des aliénations à titre onéreux soumises au droit de préemption

435.21 Quatre catégories. Sont soumis au DPARTC[11] :

– les immeubles ou ensembles de droits sociaux donnant vocation à l'attribution en propriété ou en jouissance d'un immeuble ou d'une partie d'immeuble, bâti ou non bâti, « lorsqu'ils sont aliénés, à titre onéreux, sous quelque forme que ce soit », à l'exception de ceux qui sont compris dans un plan de cession arrêté en application des articles L. 631-22 ou L. 642-1 à L. 642-7 du code de commerce (1°) ;

– les « cessions de droits indivis portant sur un immeuble ou une partie d'immeuble, bâti ou non bâti », sauf lorsqu'elles sont consenties à l'un des co-indivisaires, et les « cessions de tantièmes contre remise de locaux à construire » (2°) ;

– les « cessions de la majorité des parts » d'une SCI ou les « cessions conduisant un acquéreur à détenir la majorité des parts » de ladite société, lorsque le patrimoine de cette société est constitué par « une

8. C. urb, art. L. 219-1, al. 6 ; mod. par ord. n° 2022-489, 6 avr. 2022.
9. C. urb, art. L. 219-1, al. 7.
10. C. urb, art. L. 219-1, al. 6.
11. C. urb., art. L. 219-2, I, al. 1er à 5.

unité foncière, bâtie ou non bâtie, dont la cession serait soumise au droit de préemption » (3°, précisant qu'il ne s'applique pas aux SCI constituées exclusivement entre parents et alliés jusqu'au quatrième degré inclus) ;

– les immeubles construits ou acquis par les organismes HLM et qui sont leur propriété, sous réserve des droits des locataires définis à l'article L. 443-11 du CCH, à l'exception des immeubles ayant fait l'objet d'une décision d'agrément du préfet en vue de la construction ou de l'acquisition de logements neufs faisant l'objet d'un contrat de location-accession[1] (4°).

2°
Modalités particulières d'exercice en cas d'adjudication et de contrat-location gérance

435.31 Adjudication. En cas d'adjudication, lorsque cette procédure est autorisée ou ordonnée par un juge, « l'acquisition par le titulaire du droit de préemption a lieu au prix de la dernière enchère, par substitution à l'adjudicataire »[2].

Cet alinéa n'est toutefois « pas applicable à la vente mettant fin à une indivision créée volontairement », « à moins que celle-ci ne résulte d'une donation-partage »[3].

435.32 Contrat de location-accession. En cas de contrat de location-accession, le droit de préemption s'exerce « avant la signature de ce contrat » et non au moment de la levée de l'option par l'accédant[4].

B.
Aliénations à titre onéreux non soumises au droit de préemption

435.41 Trois catégories. Ne sont pas soumis au DPARTC[5] :

– les immeubles qui font l'objet d'une mise en demeure d'acquérir en application des articles L. 152-2, L. 311-2 ou L. 424-1 du code de l'urbanisme ou des articles L. 241-1 et L. 241-2 du code de l'expropriation (1°) ;

– les transferts en pleine propriété des immeubles appartenant à l'État ou à ses établissements publics, réalisés en application de l'article 141 de la loi du 30 décembre 2006[6] de finances rectificative pour 2006 (2°) ;

– les biens acquis par un organisme mentionné aux articles L. 321-4 et L. 324-1 du code de l'urbanisme (établissements publics fonciers de l'État) lorsqu'il agit à la demande expresse de la collectivité titulaire du droit de préemption (3°).

§ 2
Donations entre vifs

435.51 Donations entrant dans le champ du droit de préemption. Sont soumis au droit de préemption les immeubles ou ensembles de droits sociaux mentionnés au 1° du I de l'article L. 219-2 lorsqu'ils font l'objet d'une donation entre vifs[7].

435.52 Exclusion des donations au sein d'une famille. Par dérogation, ces immeubles ne sont pas soumis au droit de préemption lorsque la donation entre vifs est effectuée au sein d'une famille, plus exactement :

– entre ascendants et descendants (1°) ;

– entre collatéraux jusqu'au sixième degré (2°) ;

– entre époux ou partenaires liés par un PACS (3°) ;

– entre une personne et les descendants de son conjoint ou de son partenaire de PACS, ou entre ces descendants (4°).

§ 3
Apport en nature au sein d'une SCI

435.61 Inclusion dans le champ du DPARTC. Sont soumis au droit de préemption les immeubles ou ensembles de droits sociaux mentionnés au 1° du I de l'article L. 219-2 lorsqu'ils constituent un apport en nature au sein d'une SCI[8].

SECTION 3
PROCÉDURE DE PRÉEMPTION

§ 1
Déclaration d'intention d'aliéner

435.71 DIA. Dans les zones où s'applique le DPARTC, toute aliénation entrant dans son champ d'application[9] « est subordonnée [...] à une déclara-

1. Contrat régi par : L. n° 84-595, 12 juill. 1984 définissant la location-accession à la propriété immobilière, *JO* 13 juill., p. 2251.
2. C. urb., art. L. 219-2, I, al. 6.
3. C. urb., art. L. 219-2, I, al. 6.
4. C. urb., art. L. 219-2, I, al. 7 ; mod. par ord. n° 2022-489, 6 avr. 2022.
5. C. urb., art. L. 219-2, II, al. 1er à 4.
6. L. n° 2006-1771, 30 déc. 2006 de finances rectificative pour 2006, *JO* 31 déc., n° 2.
7. C. urb., art. L. 219-3, al. 1er.
8. C. urb., art. L. 219-4.
9. V. ss nos 435.21 s.

tion préalable adressée par le propriétaire à la commune où est situé le bien »[1].

L'obligation s'impose « à peine de nullité » de l'aliénation[2]. L'action en nullité se prescrit par cinq ans à compter de la publication de l'acte portant transfert de propriété[3]. Elle s'exerce devant le tribunal judiciaire du lieu de situation du bien[4].

Le propriétaire transmet une copie de la DIA au directeur départemental ou régional des finances publiques[5].

435.72 **Contenu de la DIA.** La DIA comporte obligatoirement, sauf en cas de donation entre vifs[6] :

– l'indication du prix et des conditions de l'aliénation projetée ;

– ou, en cas d'adjudication, l'estimation du bien ou sa mise à prix.

Lorsque la contrepartie de l'aliénation fait l'objet d'un paiement en nature, la déclaration doit mentionner le prix d'estimation de cette contrepartie[7].

435.73 **Particularités de la DIA en cas d'apport en nature au sein d'une SCI.** Lorsque l'aliénation porte sur des immeubles ou droits sociaux constituant un apport en nature au sein d'une SCI[8], la DIA est accompagnée d'un état de la situation sociale, financière et patrimoniale de la SCI[9].

435.74 **Formes de la DIA.** La DIA est établie dans les formes prescrites par arrêté ministériel[10].

Elle est adressée en trois exemplaires à la mairie de la commune où se trouve le bien, par LRAR, ou déposée contre décharge, ou adressée par voie électronique en un seul exemplaire dans les conditions prévues par les articles L. 112-11 et L. 112-12 du CRPA. La transmission par le propriétaire d'une copie de cette déclaration au directeur départemental ou régional des finances publiques est faite, en un exemplaire, selon les mêmes modalités[11].

435.75 **Transmission au délégataire.** Si la commune a délégué son droit de préemption, le maire transmet sans délai la déclaration au délégataire. Si la commune n'est pas titulaire du droit de préemption, le maire transmet sans délai la déclaration au titulaire de ce droit, à charge pour ce dernier de la transmettre à son tour à l'éventuel délégataire[12].

Ces transmissions sont faites dans les conditions prévues au dernier alinéa de l'article R. 213-6. Le délai mentionné au troisième alinéa de l'article L. 219-6 est décompté selon les modalités prévues au second alinéa du I de l'article R. 213-7[13].

§ 2
Instruction de la DIA

435.81 **Délai de deux mois.** Le titulaire du droit de préemption dispose d'un délai de deux mois pour se prononcer, à défaut de quoi il est réputé avoir renoncé à l'exercice de ce droit[14]. Cette période est mise à profit pour instruire le dossier.

A.
Demande de communication de documents sur le bien

435.91 **Communication de documents.** Le titulaire du droit de préemption peut, dans le délai de deux mois, adresser au propriétaire une demande unique de communication des documents permettant d'apprécier la consistance et l'état de l'immeuble ainsi que, le cas échéant, la situation sociale, financière et patrimoniale de la société civile immobilière[15].

La liste des documents susceptibles d'être demandés est fixée « limitativement » par décret[16]. Ces documents sont les suivants[17] :

– tout ou partie des documents mentionnés au II de l'article R. 213-7 (1°) ;

– les documents d'expertise, devis ou diagnostics, établis à l'occasion ou en prévention d'un sinistre lié à l'exposition du bien au recul du trait de côte (2°).

435.92 **Suspension du délai de deux mois.** Le délai de deux mois est suspendu à compter de la réception de la demande de documents[18].

Il recommence à courir à compter de la réception des documents demandés par le titulaire du droit de préemption. Si le délai restant à courir est inférieur à un mois, le titulaire dispose d'un mois pour notifier sa décision[19].

1. C. urb., art. L. 219-6, al. 1er.
2. C. urb., art. L. 219-6, al. 1er.
3. C. urb., art. L. 219-9.
4. C. urb., art. R. 219-6 ; créé par décr. no 2024-638, 27 juin 2024.
5. C. urb., art. L. 219-6, al. 1er.
6. C. urb., art. L. 219-6, al. 2.
7. C. urb., art. L. 219-6, al. 2.
8. V. ss no 435.61.
9. C. urb., art. L. 219-4.
10. C. urb., art. R. 219-2, al. 1er ; créé par décr. no 2024-638, 27 juin 2024. Sur le formulaire de DIA prévu par cet arrêté, v. ss no 424.291.
11. C. urb., art. R. 219-2, al. 2.
12. C. urb., art. R. 219-2, al. 3.
13. C. urb., art. R. 219-2, al. 4.
14. V. ss no 435.131.
15. C. urb., art. L. 219-6, al. 4.
16. C. urb., art. L. 219-6, al. 4.
17. C. urb., art. R. 219-3 ; créé par décr. no 2024-638, 27 juin 2024.
18. C. urb., art. L. 219-6, al. 5.
19. C. urb., art. L. 219-6, al. 5.

Passés ces délais, son silence vaut renonciation à l'exercice du droit de préemption[1].

B.
Visite du bien

435.101 **Possibilité d'une visite.** Le titulaire du droit de préemption peut demander à visiter le bien, dans des conditions fixées par décret[2].

435.102 **Demande.** La demande de visite du bien est faite par écrit. Elle indique les références de la déclaration prévue à l'article L. 219-6. Elle reproduit, en caractères apparents, les dispositions de l'article L. 219-6 ainsi que celles des articles D. 219-4 et D. 219-5. Elle mentionne le nom et les coordonnées de la ou des personnes que le propriétaire, son mandataire ou le notaire peut contacter pour déterminer les modalités de la visite. Elle précise que la visite doit être faite en présence du propriétaire ou de son représentant et du titulaire du droit de préemption ou de la personne mandatée par ce dernier[3].

Cette demande est notifiée par le titulaire du droit de préemption au propriétaire ou à son mandataire ainsi qu'au notaire mentionnés dans la déclaration prévue à l'article L. 219-6, dans les conditions fixées à l'article R. 213-25[4].

435.103 **Réponse du propriétaire.** La réponse du propriétaire ou de son mandataire est écrite. Elle est notifiée au titulaire du droit de préemption dans les conditions prévues à l'article R. 213-25 et dans le délai de huit jours à compter de la date de réception de la demande de visite. L'absence de réponse dans ce délai vaut refus tacite de visite[5].

435.104 **Déroulement de la visite.** Lorsqu'elle est acceptée, la visite du bien se déroule dans le délai de quinze jours calendaires à compter de la date de la réception de la réponse du propriétaire, en dehors des samedis, dimanches et jours fériés. Le propriétaire, son mandataire ou le notaire est tenu d'informer de l'acceptation de la visite les occupants de l'immeuble mentionnés dans la déclaration d'intention d'aliéner[6].

Un constat contradictoire précisant la date de visite et les noms et qualité des personnes présentes est établi le jour de la visite et signé par le propriétaire ou son représentant, ainsi que par le titulaire du droit de préemption ou une personne mandatée par ce dernier[7].

L'absence de visite dans le délai prévu au premier alinéa vaut soit refus de visite, soit renonciation à la demande de visite[8].

C.
Évaluation du bien

435.111 **Estimation des services fiscaux.** Lorsqu'il envisage d'acquérir le bien, le titulaire du droit de préemption transmet sans délai une copie de la DIA au responsable départemental des services fiscaux[9].

§ 3
Décision prise par le titulaire du droit de préemption

A.
Décision exprès

435.121 **Copie aux services fiscaux.** Lorsqu'il envisage d'acquérir le bien, le titulaire du droit de préemption transmet sans délai une copie de la DIA au responsable départemental des services fiscaux[10].

435.122 **Publication et transmission aux intéressés.** La décision du titulaire fait l'objet d'une publication. Elle indique l'estimation du bien par les services fiscaux[11].

La décision est également notifiée[12] :
- au vendeur ;
- au notaire ;
- et, le cas échéant, à l'acquéreur potentiel mentionné dans la DIA.

Le notaire la transmet à son tour aux titulaires de droits d'emphytéose, d'habitation ou d'usage, aux personnes bénéficiaires de servitudes, aux fermiers et aux locataires mentionnés dans la DIA[13].

B.
Décision tacite

435.131 **Absence de réponse durant deux mois.** Le silence du titulaire du droit de préemption gardé pendant deux mois à compter de la réception de la DIA « vaut renonciation à l'exercice de ce droit »[14].

1. C. urb., art. L. 219-6, al. 5.
2. C. urb., art. L. 219-6, al. 7.
3. C. urb., art. D. 219-4, al. 1er ; créé par décr. n° 2024-638, 27 juin 2024.
4. C. urb., art. D. 219-4, al. 2.
5. C. urb., art. D. 219-4, al. 3.
6. C. urb., art. D. 219-5, al. 1er ; créé par décr. n° 2024-638, 27 juin 2024.
7. C. urb., art. D. 219-5, al. 2.
8. C. urb., art. D. 219-5, al. 3.
9. C. urb., art. L. 219-6, al. 6.
10. V. ss n° 435.111.
11. C. urb., art. L. 219-6, al. 6.
12. C. urb., art. L. 219-6, al. 6.
13. C. urb., art. L. 219-6, al. 6.
14. C. urb., art. L. 219-6, al. 3.

§ 4 Suite et fin de la procédure

A. Accord amiable

435.141 **Entente sur le prix.** Le vendeur peut accepter le prix proposé par le titulaire du droit de préemption. En ce cas, la vente est formée.

Il en va de même si le vendeur refuse ce prix, en propose un autre et que celui-ci est accepté par le titulaire du droit de préemption.

B. Absence d'accord amiable

435.151 **Fixation judiciaire du prix.** À défaut d'accord amiable, le prix d'acquisition est fixé par la juridiction compétente en matière d'expropriation, en tenant compte de l'exposition du bien au recul du trait de côte ; ce prix est exclusif de toute indemnité accessoire, notamment de l'indemnité de réemploi [1].

435.152 **Règles applicables.** Le prix est fixé, payé ou, le cas échéant, consigné selon les règles prévues en matière d'expropriation publique [2], sous réserve des règles exposées ci-dessous.

435.153 **Date de référence.** La date de référence prévue à l'article L. 322-2 du code de l'expropriation, à laquelle est pris en considération l'usage effectif des immeubles et droits réels immobiliers en vue de leur estimation, est la date à laquelle est devenu opposable aux tiers le plus récent des actes [3] :

– rendant public, approuvant, révisant ou modifiant le PLU ou la carte communale ;

– et délimitant, en application de l'article L. 121-22-2, la zone exposée au recul du trait de côte dans laquelle il est situé.

435.154 **Méthode d'évaluation.** Le prix d'un bien situé dans une zone exposée au recul du trait de côte à un horizon de 30 ans est fixé en priorité par référence à « des mutations et accords amiables portant sur des biens de même qualification et avec un niveau d'exposition similaire situés dans cette même zone » [4].

Lorsque ces références ne sont pas suffisantes, le prix du bien est fixé en priorité par référence à « des mutations et accords amiables portant sur des biens de même qualification situés hors de la zone exposée au recul du trait de côte dans laquelle il se situe ». Dans ce cas, pour tenir compte de la durée limitée restant à courir avant la disparition du bien, « un abattement est pratiqué sur la valeur de ces références ». Cet abattement peut, notamment, être déterminé par application d'une décote calculée en fonction du temps écoulé depuis la première délimitation de la zone dans laquelle se situe le bien, rapporté à la durée totale prévisionnelle avant la disparition du bien à compter de cette première délimitation [5].

435.155 **Viager.** Lorsque l'aliénation du bien est envisagée sous forme de vente avec constitution de rente viagère, le juge « respecte les conditions de paiement proposées par le vendeur mais peut réviser le montant de cette rente et du capital éventuel » [6].

C. Droit du propriétaire d'exiger l'acquisition de l'ensemble de l'unité foncière

435.161 **Droit.** Quand le DPARTC est exercé pour acquérir « la fraction d'une unité foncière » comprise à l'intérieur de la zone de préemption, le propriétaire « peut exiger que le titulaire du droit de préemption se porte acquéreur de l'ensemble de l'unité foncière » [7].

435.162 **Fixation du prix.** En cas d'accord, l'acquisition de l'ensemble de l'unité foncière se fait au prix convenu par les parties.

En l'absence d'accord, le prix d'acquisition est fixé par la juridiction compétente en matière d'expropriation, en tenant compte « de l'éventuelle dépréciation subie, du fait de la préemption partielle, par la fraction non acquise de l'unité foncière » [8].

D. Cas d'une adjudication

435.171 **Prix d'acquisition.** En cas d'adjudication, lorsque cette procédure est autorisée ou ordonnée par un juge, « l'acquisition par le titulaire du droit de préemption a lieu au prix de la dernière enchère, par substitution à l'adjudicataire » [9].

Cet alinéa n'est toutefois pas applicable à la « vente mettant fin à une indivision créée volontairement », à moins que celle-ci ne résulte d'une donation-partage [10].

1. C. urb., art. L. 219-7, I, al. 1er.
2. C. urb., art. L. 219-7, I, al. 2. Sur ces règles, v. ss nos 424.771 s.
3. C. urb., art. L. 219-7, II ; créé par ord. no 2022-489, 6 avr. 2022.
4. C. urb., art. L. 219-7, III, al. 1er ; créé par ord. no 2022-489, 6 avr. 2022.
5. C. urb., art. L. 219-7, III, al. 2 ; créé par ord. no 2022-489, 6 avr. 2022.
6. C. urb., art. L. 219-7-1 ; créé par ord. no 2022-489, 6 avr. 2022.
7. C. urb., art. L. 219-5.
8. C. urb., art. L. 219-8, al. 1er.
9. C. urb., art. L. 219-8, al. 2.
10. C. urb., art. L. 219-8, al. 2.

SECTION 4

DROIT DE DÉLAISSEMENT

435.181 Demande d'acquérir un bien situé dans le périmètre du DPARTC. Tout propriétaire d'un bien soumis au DPARTC peut proposer au titulaire de ce droit l'acquisition de ce bien, en indiquant le prix qu'il en demande[1].

Le titulaire doit se prononcer dans un délai de deux mois à compter de ladite proposition, dont copie doit être transmise par le maire au directeur départemental ou régional des finances publiques[2].

435.182 Acceptation par le titulaire. Les parties peuvent s'entendre sur un prix. Dans ce cas la vente est parfaite.

À défaut d'accord amiable, le prix est fixé par la juridiction compétente en matière d'expropriation, selon les règles mentionnées à l'article L. 219-7[3].

435.183 Refus d'acquérir. En cas de refus d'acquérir ou à défaut de réponse du titulaire du droit de préemption dans les deux mois qui suivent la proposition d'acquisition, « le propriétaire bénéficie des dispositions de l'article L. 213-8 »[4]. Cela signifie qu'il peut librement aliéner son bien[5].

SECTION 5

SORT DES BIENS PRÉEMPTÉS

435.191 Utilisation conforme à la finalité de la préemption. La personne publique qui devient propriétaire par exercice du DPARTC « assure la gestion des biens acquis au regard de l'évolution prévisible du trait de côte et procède à leur renaturation »[6].

Elle peut éventuellement « en confier la gestion à une personne publique ou privée y ayant vocation »[7].

Les biens peuvent faire l'objet, « de façon transitoire », avant leur renaturation, d'une convention ou d'un bail en vue « d'occuper, d'exploiter, d'aménager, de construire ou de réhabiliter des installations, ouvrages ou bâtiments » en tenant compte de « l'évolution prévisible du trait de côte »[8].

435.192 Annulation de la décision de préemption. Le législateur a prévu l'hypothèse dans laquelle la décision de préemption est annulée ou déclarée illégale par la juridiction administrative après que le transfert de propriété a été effectué[9],

Dans un tel cas de figure, le titulaire du droit de préemption propose aux anciens propriétaires « l'acquisition du bien en priorité »[10].

Le prix proposé « vise à rétablir, sans enrichissement injustifié de l'une des parties, les conditions de la transaction » à laquelle l'exercice du droit de préemption a fait obstacle[11]. En cas d'accord, la vente est formée.

À défaut d'accord amiable, « le prix est fixé par la juridiction compétente en matière d'expropriation », conformément aux règles mentionnées à l'article L. 213-4[12]. À défaut d'acceptation dans le délai de trois mois à compter de la notification de la décision juridictionnelle devenue définitive, les anciens propriétaires « sont réputés avoir renoncé à l'acquisition »[13].

Dans le cas où les anciens propriétaires ont renoncé expressément ou tacitement à l'acquisition, le titulaire du droit de préemption « propose également l'acquisition à la personne qui avait l'intention d'acquérir le bien, lorsque son nom était inscrit » dans la DIA[14].

SECTION 6

APPLICATION DE CERTAINS ARTICLES COMMUNS AUX DPU ET DPZAD

435.200 Renvoi. L'article L. 219-12 prévoit l'application au DPARTC de plusieurs articles communs aux DPU et DPZAD :

– article L. 213-3, relatif à la délégation de l'exercice du droit de préemption[15] ;

– article L. 213-4-1, relatif à l'obligation de consignation[16] ;

– article L. 213-4-2, relatif à la libération des fonds[17] ;

– article L. 213-5, relatif aux effets d'une DUP[18] ;

– articles L. 213-7 à L. 213-10, relatifs à la fixation du prix[19] ;

– articles L. 213-14 et L. 213-15, relatifs au délai de paiement du prix et au transfert de propriété[20].

1. C. urb., art. L. 219-10, al. 1er.
2. C. urb., art. L. 219-10, al. 1er.
3. C. urb., art. L. 219-10, al. 2 – Sur ces règles, v. ss no 435.151.
4. C. urb., art. L. 219-10, al. 3.
5. V. ss no 424.622.
6. C. urb., art. L. 219-11, al. 1er.
7. C. urb., art. L. 219-11, al. 1er.
8. C. urb., art. L. 219-11, al. 2.
9. C. urb., art. L. 219-11-1 ; créé par ord. no 2022-489, 6 avr. 2022.
10. C. urb., art. L. 219-11-1, al. 1er.
11. C. urb., art. L. 219-11-1, al. 2.
12. C. urb., art. L. 219-11-1, al. 2.
13. C. urb., art. L. 219-11-1, al. 3.
14. C. urb., art. L. 219-11-1, al. 3.
15. V. ss no 424.191.
16. V. ss no 424.191.
17. V. ss no 424.191.
18. V. ss no 424.942.
19. V. ss nos 424.861 s.
20. V. ss nos 424.901 s.

Il en va de même de l'article R. 219-7[1], qui prévoit l'application au DPARTC de plusieurs articles communs aux DPU et DPZAD :

– articles R. 213-1 à R. 213-3, relatifs à la délégation du droit de préemption[2] ;

– articles R. 213-8 à R. 213-13, R. 213-14, R. 213-15, relatifs à la procédure applicable[3] ;

– article R. 213-25, fixant les modalités de transmission des demandes, offres et décisions[4] ;

– articles R. 213-27 à R. 213-30, relatifs à la délibération instaurant, modifiant ou supprimant le droit de préemption[5].

1. C. urb., art. R. 219-7 ; créé par décr. n° 2024-638, 27 juin 2024.
2. V. s^s n°s 424.221 s.
3. V. s^s n°s 424.611 s.
4. V. s^s n° 424.931.
5. V. s^s n°s 422.121 s.

TITRE

44. Les réserves foncières

SECTION 0

ORIENTEUR

44.00 **Sommaire du titre.**

44.05 **Origine.** La technique de la réserve foncière a été instituée par la loi d'orientation foncière du 30 décembre 1967[1]. La jurisprudence avait par ailleurs admis, à l'occasion d'une DUP intervenue avant l'adoption de ce texte, la possibilité de constituer des réserves foncières afin de faire échec à la spéculation[2].

44.06 **Objet.** Les réserves foncières permettent aux collectivités publiques d'acquérir des terrains qui ont vocation à faire l'objet, à moyen ou long terme d'un aménagement mais dont l'affectation définitive n'est pas encore arrêtée au moment de l'acquisition.

Cette acquisition bien en amont de l'opération envisagée permet d'acquérir les terrains à un moindre coût, l'annonce d'un projet ayant toujours pour conséquence d'accroître la valeur des parcelles concernées - donc, au final, de réduire les possibilités de réaliser l'opération.

44.07 **Pratique.** Le dispositif est peu utilisé comparé à d'autres pays, notamment ceux d'Europe du Nord, faute de financement dédié.

Il est regardé comme faisant l'objet d'une utilisation détournée lorsque, bien des années après leur acquisition, la collectivité publique revend finalement les terrains sans avoir réalisé d'opérations d'aménagement[3].

1. L. n° 67-1253, 30 déc. 1967 d'orientation foncière, *JO* 3 janv. 1968, p. 3, art. 11.
2. CE 4 nov. 1970, *Société civile immobilière « Les Héritiers A. Caubrière »*, req. n° 72392, *Lebon* (en l'espèce, création d'une réserve foncière « en vue de la réalisation ultérieure d'autres programmes de construction de logements »).
3. J. Jeanneney, « Le détournement des réserves foncières à des fins mercantiles », *RFDA* 2015. 937.

CHAPITRE

441. Constitution de la réserve foncière

SECTION 0
ORIENTEUR

441.00 Sommaire du chapitre.

441.01 Textes applicables.

• **C. urb.**
art. L. 221-1
art. L. 221-1-1

441.03 Bibliographie indicative.

Encyclopédie. *DP constr.-urb.*, ét. : « Droits de préemption ».

Article. R. Hostiou et J.-F. Struillou, « La constitution de réserves foncières par voie d'expropriation et de préemption en droit français », *DAUH* 2007. 137 – J. Jeanneney, « Le détournement des réserves foncières à des fins mercantiles », *RFDA* 2015. 937.

SECTION 1
OBJETS DE LA RÉSERVE FONCIÈRE

441.11 Réaliser des opérations d'aménagement. Certaines collectivités et organismes (l'État, les collectivités locales, ou leurs groupements y ayant vocation, les syndicats mixtes, les EPFE, les bénéficiaires des concessions d'aménagement mentionnées à l'article L. 300-4, les SPLA et SPLA-IN et les grands ports maritimes) sont habilités à acquérir des immeubles pour constituer des réserves foncières « en vue de permettre la réalisation d'une action ou d'une opération d'aménagement répondant aux objets définis à l'article L. 300-1 »[1].

Une réserve foncière peut ainsi être constituée pour :

– la création d'un pôle santé[2] ;

– la création d'un pôle d'attraction commercial et industriel[3] ;

– assurer un développement cohérent du secteur, tant en préservant et en valorisant les espaces à dominante paysagère qu'en y accueillant des équipements et des activités de loisirs[4].

En revanche, et à titre d'exemple, elle ne peut être constituée pour construire une mairie[5].

L'exigence que la réserve à créer présente une certaine ampleur ressortait déjà des dispositions ayant instauré cette technique[6].

441.12 Lutter contre les conséquences de l'érosion côtière. Dans le prolongement de la loi Climat, l'ordonnance du 6 avril 2022 a reconnu aux pouvoirs publics (plus exactement à l'État, aux collectivités locales et leurs groupements, et aux établissements publics y ayant vocation) le pouvoir de constituer des réserves foncières « en vue de prévenir les conséquences du recul du trait de côte sur les biens situés dans les zones exposées » à ce recul[7].

1. C. urb., art. L. 221-1, al. 1er.
2. CE 24 oct. 2005, *Sté du tertre rouge*, req. n° 272657, *Lebon T.*
3. CE 31 mars 1989, *Sté d'ingénierie et de développement économique*, req. n° 88113, *Lebon T.*
4. CAA Nantes, 27 juin 2006, *Geay*, req. n° 05NT01413, NP.
5. CE 22 janv. 1988, *Assoc. de défense des propriétaires concernés par un projet de lotissement communal*, req. n° 69327, *Lebon T.*
6. L. n° 67-1253, 30 déc. 1967 d'orientation foncière, *JO* 3 janv. 1968, p. 3, art. 11 : reconnaissant la possibilité de « constituer des réserves foncières en prévision de l'extension d'agglomérations, de l'aménagement des espaces naturels entourant ces agglomérations et de la création de villes nouvelles ou de stations de tourisme ».
7. C. urb., art. L. 221-1, al. 2 ; créé par ord. n° 2022-489, 6 avr. 2022.

SECTION 2
ACQUISITION DES BIENS

§ 1
Procédés d'acquisition

A.
Procédés

441.21 **Trois procédés.** Les terrains destinés à la constitution d'une réserve foncière peuvent être acquis :

– par contrat de droit privé ;

– par exercice du droit de préemption le cas échéant ;

– ou par voie d'expropriation (ainsi que le prévoit expressément l'article L. 221-1).

Selon une réponse ministérielle, « l'utilisation de ces procédures est indépendante : une commune ne disposant pas du droit de préemption peut donc mettre en œuvre la procédure d'expropriation pour constituer des réserves foncières »[1].

B.
Justification du recours à la préemption ou à l'expropriation

441.31 **Exigence d'une justification.** Lorsque le terrain est acquis par un procédé unilatéral, la décision doit être justifiée.

1°
Préemption

441.41 **Justification.** S'agissant de l'acquisition par voie de préemption, le titulaire du droit de préemption peut légalement exercer ce droit, d'une part, s'il justifie, à la date à laquelle il l'exerce, de la réalité d'un projet d'action ou d'opération d'aménagement répondant aux objets mentionnés à l'article L. 300-1 du code de l'urbanisme, alors même que les caractéristiques précises de ce projet n'auraient pas été définies à cette date et, d'autre part, s'il fait apparaître la nature de ce projet dans la décision de préemption[2].

2°
Expropriation

441.51 **Conditions.** Dans le cas d'une acquisition par voie d'expropriation, deux conditions doivent être remplies[3] :

– d'une part, les personnes publiques concernées doivent justifier, à la date à laquelle la procédure de déclaration d'utilité publique est engagée, de l'existence d'un projet d'action ou d'opération d'aménagement répondant aux objets mentionnés à l'article L. 300-1 du code de l'urbanisme, alors même que les caractéristiques de ce projet n'auraient pas encore été définies à cette date ;

– d'autre part, le dossier d'enquête préalable à la déclaration d'utilité publique doit faire apparaître la nature du projet envisagé, conformément aux dispositions du code de l'expropriation.

441.52 **Caractéristiques du projet non définies.** L'arrêt du 30 avril 2024, précité, illustre la possibilité que la condition relative à l'existence du projet soit satisfaite alors même que les caractéristiques de celui-ci ne sont pas encore définies à la date à laquelle la procédure de déclaration d'utilité publique est engagée[4].

En l'espèce, des collectivités ont entendu réserver un terrain pour permettre la réalisation d'une opération de renouvellement urbain afin, d'une part, de résorber une friche industrielle polluée et, d'autre part, de développer de nouvelles zones d'activité économique ainsi qu'une offre de logements familiaux à loyer abordable, conformément à la vocation de la zone telle que modifiée par le PLUI. Ces collectivités ont, à la date d'engagement de la procédure de DUP, un objectif affirmé de requalification de cette zone.

Le Conseil d'État indique que si la consistance de ce projet n'était alors définie que de manière sommaire, sans que la répartition entre ses composantes de développement économique et d'habitat n'aient encore été arrêtées, il était nécessaire de disposer de la maîtrise foncière pour préciser ce programme d'aménagement, en particulier pour réaliser les diagnostics et actions de dépollution rendus nécessaires par la présence historique de dépôts d'hydrocarbures sur le site. Par suite, il existait en l'espèce un projet d'action ou d'opération d'aménagement permettant de justifier le recours à l'expropriation pour constituer une réserve foncière sur le fondement de l'article L. 221-1 du code de l'urbanisme.

§ 2
Inscription dans les documents d'urbanisme

441.61 **Équipements prévus par le SDOSMS.** Les communes et groupements de communes sont tenus

1. Rép. min. n° 44819, *JOAN Q* 22 juin 1992, p. 2753.
2. CE 20 nov. 2009, *Ivry-sur-Seine (Cne)*, req. n° 316732, *Lebon T.* – par ex. (exigence de justification non satisfaite) : CAA Paris, 14 févr. 2008, *Genevilliers (Cne)*, req. n° 06PA02957, NP.
3. CE 30 avr. 2024, *Communauté d'agglomération GrandAngoulême*, req. n° 465919, *Lebon T.* Arrêt précisant : CE 21 mai 2014, *Cté d'agglo. de Montpellier*, req. n° 354804, *Lebon T.* ; *JCP Adm.* 2015, n° 2018, concl. X. de Lesquen.
4. CE 30 avr. 2024, *Communauté d'agglomération GrandAngoulême*, req. n° 465919.

d'inscrire dans leurs documents d'urbanisme les réserves foncières correspondant aux équipements prévus par le schéma départemental d'organisation sociale et médico-sociale (SDOSMS) mentionné à l'article L. 312-4 du CASF[1].

1. C. urb., art. L. 221-1-1.

CHAPITRE

442. Utilisation des biens

SECTION 0
ORIENTEUR

442.00 Sommaire du chapitre.

442.01 Texte applicable.

- **C. urb.**, art. L. 221-2

442.03 Bibliographie indicative.

Article. N. Foulquier, « Le bail réel d'adaptation à l'érosion côtière : le BRAEC », *RDI* 2022. 396 – R. Léonetti et J. Marion, « Le bail réel d'adaptation à l'érosion côtière », *DAUH* 2023. 27 – H. Périnet-Marquet, « Bienvenue au BRAEC (bail réel d'adaptation à l'érosion côtière) », *Constr.-urb.* 2022, repère 5.

SECTION 1
DÉLAI ET MODALITÉS D'UTILISATION

442.11 Délai d'utilisation. Le code ne fixe aucun délai pour l'utilisation ou l'affectation du bien acquis en vue de constituer la réserve foncière. De façon plus spécifique, la jurisprudence judiciaire estime qu'aucune disposition légale ou réglementaire n'impose, lorsque le bien a été acquis par voie d'expropriation, d'utiliser celui-ci dans un délai de cinq ans[1].

Toutefois, la Cour européenne des droits de l'homme regarde comme contraire à l'article 1er du 1er Protocole additionnel à la CEDH le maintien du bien en réserve durant une longue période (19 ans en l'espèce) ne reposant pas lui-même sur des raisons tenant de l'utilité publique lorsque, durant cette période, le bien engendre une plus-value appréciable dont les anciens propriétaires se voient privés[2].

442.12 Exigence de gestion raisonnable. La personne publique qui s'est rendue acquéreur d'une réserve foncière « doit en assurer la gestion raisonnablement »[3]. Ce standard exprime l'idée d'une gestion saine qui permet de maintenir l'état et la consistance des terrains faisant partie de la réserve foncière.

442.13 Absence de cession, sauf entre personnes publiques, avant leur utilisation définitive. Avant leur utilisation définitive, les immeubles acquis pour la constitution de réserves foncières « ne peuvent faire l'objet d'aucune cession en pleine propriété » en dehors des cessions[4] :

– que les personnes publiques pourraient se consentir entre elles ;

– et celles faites en vue de la réalisation d'opérations pour lesquelles la réserve a été constituée.

442.14 Possibilité de concessions temporaires. Les immeubles acquis pour la constitution de réserves foncières « ne peuvent faire l'objet que de concessions temporaires » qui ne confèrent au preneur « aucun droit de renouvellement » et « aucun droit à se maintenir dans les lieux » lorsque l'immeuble est repris en vue de son utilisation définitive[5].

Le statut du fermage ne s'applique pas aux conventions conclues en application des concessions temporaires consenties par les personnes publiques sur leurs réserves foncières[6].

1. Civ. 3e, 31 janv. 1996, no 94-15.464, P.
2. CEDH 2 juill. 2002, *Motais de Narbonne c/France*, req. no 48161/99.
3. C. urb., art. L. 221-2, al. 1er – Avant la loi no 2014-873 du 4 août 2014 pour l'égalité réelle entre les femmes et les hommes, cet article évoquait une gestion « en bon père de famille ».
4. C. urb., art. L. 221-2, al. 2.
5. C. urb., art. L. 221-2, al. 2.
6. Civ. 3e, 10 janv. 2007, no 06-11.130, P.

Lorsque les terres concédées sont à usage agricole, il ne peut être mis fin à ces concessions que moyennant un préavis[1] :

- préavis d'un an au moins, dès lors qu'une indemnisation à l'exploitant est prévue au contrat de concession en cas de destruction de la culture avant la récolte (1°) ;

- préavis de trois mois avant la levée de récolte (2°) ;

- préavis de trois mois avant la fin de l'année culturale (3°).

SECTION 2

BIENS ACQUIS AU TITRE DE L'ADAPTATION À L'ÉROSION CÔTIÈRE

442.21 **Possibilité d'un bail réel.** Avant leur renaturation, les immeubles acquis pour la constitution de réserves foncières dans le cadre de la lutte contre les conséquences du recul du trait de côte peuvent également faire l'objet d'un bail réel d'adaptation à l'érosion côtière (BRAEC)[2].

1. C. urb., art. L. 221-2, al. 3 à 7.

2. C. urb., art. L. 221-2-1 ; créé par ord. n° 2022-489, 6 avr. 2022 – Sur le régime du BRAEC : C. env., art. L. 321-18 – N. Foulquier, « Le bail réel d'adaptation à l'érosion côtière : le BRAEC », *RDI* 2022. 396 – R. Léonetti et J. Marion, « Le bail réel d'adaptation à l'érosion côtière », *DAUH* 2023. 27 – H. Périnet-Marquet, « Bienvenue au BRAEC (bail réel d'adaptation à l'érosion côtière) », *Constr.-urb.* 2022, repère 5.

TITRE

45. Les droits de délaissement divers (terrain réservé par un PLU, ZAC, sursis à statuer sur une demande d'autorisation d'urbanisme)

SECTION 0 ORIENTEUR

45.00 Sommaire du titre.

45.03 Bibliographie indicative.

Articles. S. Pérignon, « Le nouveau droit de délaissement », *AJDA* 2002. 1116.

45.05 Notion. Le droit de délaissement peut être défini comme le droit ouvert au propriétaire d'un terrain grevé d'une servitude d'urbanisme de mettre en demeure la collectivité ou le service public au bénéfice duquel le bien a été réservé d'acquérir ce bien. Selon le Conseil constitutionnel, l'exercice de ce droit constitue « une réquisition d'achat à l'initiative des propriétaires de ces terrains »[1].

45.06 Constitutionnalité. Le droit de délaissement n'entre pas dans le champ de l'article 17 de la DDHC. En effet, constituant une « réquisition d'achat » à l'initiative du propriétaire du terrain, il n'emporte pas privation de propriété[2].

45.07 Droits de délaissement concernés. Le code de l'urbanisme regroupe dans un titre spécifique les règles applicables à trois droits de délaissement[3] :

– le droit de délaissement ouvert au propriétaire d'un terrain réservé[4] ;

1. Cons. const. 21 juin 2013, n° 2013-325 QPC, *M. Jean-Sébastien C.* [Droit de délaissement d'un terrain inscrit en emplacement réservé], conformité, *JO* 23 juin, n° 43.
2. Cons. const. 21 juin 2013, n° 2013-325 QPC.
3. C. urb., art. L. 230-1, al. 1er.
4. C. urb., art. L. 152-2 – V. s^s^ n° 231.1481.

– le droit de délaissement ouvert au propriétaire d'un terrain situé dans une ZAC[1] ;

– le droit de délaissement ouvert au propriétaire se voyant opposer un sursis à statuer sur une demande d'autorisation d'urbanisme[2].

1. C. urb., art. L. 311-2 – V. s^{s} n°s 531.161 s.
2. C. urb., art. L. 424-1 – V. s^{s} n° 344.461.

CHAPITRE

451. Procédure applicable

SECTION 0
ORIENTEUR

451.00 Sommaire du chapitre.

451.01 Textes applicables.

• **C. urb.,** art. L. 230-1 s.

451.05 Modèle d'acte. Mise en demeure d'acquérir (v. s[s] n° 8.24).

SECTION 1
MISE EN DEMEURE D'ACQUÉRIR

451.11 Notification à la commune. La mise en demeure de procéder à l'acquisition d'un terrain bâti ou non « est adressée par le propriétaire à la mairie de la commune où se situe le bien »[1].

Elle mentionne les fermiers, locataires, ceux qui ont des droits d'emphytéose, d'habitation ou d'usage et ceux qui peuvent réclamer des servitudes[2].

451.12 Notification aux autres intéressés. Les autres intéressés sont mis en demeure de faire valoir leurs droits « par publicité collective » à l'initiative de la collectivité ou du service public qui fait l'objet de la mise en demeure. Ils sont tenus de se faire connaître à ces derniers, « dans le délai de deux mois, à défaut de quoi ils perdent tout droit à indemnité »[3].

451.13 Ayants droit du propriétaire décédé. Au cas où le terrain viendrait à faire l'objet d'une transmission pour cause de décès, les ayants droit du propriétaire décédé peuvent, sur justification que l'immeuble en cause représente au moins la moitié de l'actif successoral et sous réserve de présenter la demande d'acquisition dans le délai de six mois à compter de l'ouverture de la succession, si celle-ci n'a pas été formulée par le propriétaire décédé, « exiger qu'il soit sursis, à concurrence du montant de son prix, au recouvrement des droits de mutation afférents à la succession tant que ce prix n'aura pas été payé »[4].

SECTION 2
RÉPONSE DE L'ADMINISTRATION

451.21 Délai de réponse. La collectivité ou le service public qui fait l'objet de la mise en demeure « doit se prononcer dans le délai d'un an à compter de la réception en mairie de la demande du propriétaire »[5].

§ 1
Première possibilité : accord amiable

451.31 Accord sur le prix. Les parties peuvent s'entendre sur un prix d'acquisition. Dans ce cas, le

1. C. urb., art. L. 230-1, al. 2. Pour un modèle de mise en demeure, v. s[s] n° 8.24.
2. C. urb., art. L. 230-1, al. 2.
3. C. urb., art. L. 230-1, al. 2.
4. C. urb., art. L. 230-2.
5. C. urb., art. L. 230-3, al. 1er.

prix doit être payé au plus tard « deux ans » à compter de la réception en mairie de la mise en demeure [1].

§ 2
Seconde possibilité : absence d'accord amiable

451.41 **Juge de l'expropriation.** À défaut d'accord amiable à l'expiration du délai d'un an suivant la mise en demeure, le juge de l'expropriation, saisi soit par le propriétaire, soit par la collectivité ou le service public, « prononce le transfert de propriété et fixe le prix de l'immeuble » [2].

451.42 **Fixation et paiement du prix.** Le prix de l'immeuble, y compris l'indemnité de réemploi, « est fixé et payé comme en matière d'expropriation » [3], « sans qu'il soit tenu compte des dispositions qui ont justifié le droit de délaissement » [4].

451.43 **Date de référence pour la détermination de la valeur de l'immeuble.** La date de référence prévue à l'article L. 322-2 du code de l'expropriation est celle à laquelle est devenu opposable aux tiers le plus récent des actes rendant public le PLU ou l'approuvant, le révisant ou le modifiant et délimitant la zone dans laquelle est situé le terrain [5].

En l'absence de PLU, la date de référence dépend du droit de délaissement considéré [6] :

– « pour le cas mentionné à l'article L. 424-1, celle d'un an avant l'ouverture de l'enquête préalable à la déclaration d'utilité publique » ;

– « pour les cas mentionnés au 6° de l'article L. 102-13 et à l'article L. 424-1, celle de la publication de l'acte ayant pris le projet en considération » ;

– « et, pour les cas mentionnés à l'article L. 311-2, un an avant la création de la zone d'aménagement concerté ».

451.44 **Indemnités des ayants droit du propriétaire décédé.** Le juge de l'expropriation « fixe, s'il y a lieu, les indemnités auxquelles peuvent prétendre les personnes mentionnées à l'article L. 230-2 » [7].

451.45 **Terrains réservés.** Dans le cas des terrains réservés en application de l'article L. 152-2 (PLU [8]), les limitations au droit de construire et la réserve « ne sont plus opposables si le juge de l'expropriation n'a pas été saisi trois mois après l'expiration du délai d'un an mentionné à l'article L. 230-3 » [9].

Cette disposition ne fait pas obstacle à la saisine du juge de l'expropriation « au-delà de ces trois mois dans les conditions prévues au troisième alinéa de l'article L. 230-3 » [10].

SECTION 3
TERRAIN SITUÉ EN EMPLACEMENT RÉSERVÉ

451.51 **Substitution de bénéficiaire.** L'acquisition d'un terrain situé en emplacement réservé peut, « avec l'accord de la personne publique » au bénéfice de laquelle la réserve est inscrite au plan, être réalisée « par une autre personne publique ou le titulaire d'une concession d'aménagement », la destination de l'emplacement réservé « restant inchangée » [11].

SECTION 4
RÉQUISITION D'EMPRISE TOTALE

451.61 **Partie restante du terrain inutilisable dans des conditions normales.** Le propriétaire « peut requérir l'emprise totale de son terrain » dans les cas prévus aux articles L. 242-1 à L. 242-5 du code de l'expropriation [12], c'est-à-dire si la partie restante n'est plus utilisable dans les conditions normales.

SECTION 5
TRANSFERT DE PROPRIÉTÉ

451.71 **Extinction des droits réels et personnels.** L'acte ou la décision portant transfert de propriété « éteint par lui-même et à sa date tous droits réels ou personnels existants sur les immeubles cédés même en l'absence de déclaration d'utilité publique antérieure » [13].

Les droits des créanciers inscrits « sont reportés sur le prix » dans les conditions prévues à l'article L. 222-3 du code de l'expropriation [14].

1. C. urb., art. L. 230-3, al. 2.
2. C. urb., art. L. 230-3, al. 3.
3. Sur ces règles, v. s^s n°s 424.771 s.
4. C. urb., art. L. 230-3, al. 3.
5. C. urb., art. L. 230-3, al. 4 – par ex. : Civ. 3e, 9 avr. 2018, n° 06-21.770, P.
6. C. urb., art. L. 230-3, al. 4.
7. C. urb., art. L. 230-3, al. 5.
8. V. s^s n° 231.1481.
9. C. urb., art. L. 230-4.
10. C. urb., art. L. 230-4.
11. C. urb., art. L. 230-3, al. 7 – S. Traoré, « Le nouvel article L. 230-3, alinéa 7, du code de l'urbanisme et la substitution de bénéficiaire en matière d'emplacements réservés », *BJDU* 2014. 254.
12. C. urb., art. L. 230-3, al. 6.
13. C. urb., art. L. 230-5.
14. C. urb., art. L. 230-5.

CHAPITRE

452. Utilisation des biens

SECTION 0
ORIENTEUR

452.00 Sommaire du chapitre.

452.01 Texte applicable.

• **C. urb.,** art. L. 230-6

SECTION 1
EXIGENCE DE GESTION RAISONNABLE

452.11 Standard. La collectivité publique ou le service public ayant acquis les biens au titre du droit de délaissement est soumis aux dispositions de l'article L. 221-2 sur les réserves foncières [1].

Il en résulte deux conséquences :

- d'une part les biens doivent être gérés de façon raisonnable [2] ;

- d'autre part les biens ne peuvent être cédés en pleine propriété (sauf à d'autres personnes publiques ou en vue de la réalisation d'opérations pour lesquelles la réserve a été constituée) mais peuvent seulement faire l'objet de concessions temporaires [3].

SECTION 2
ABSENCE DE DROIT À RÉTROCESSION

452.21 Pas de droit à rétrocession pour les anciens propriétaires. L'exercice du droit de délaissement d'un terrain constituant « une réquisition d'achat à l'initiative des propriétaires » de ce terrain, il ne permet pas au cédant de solliciter la rétrocession du terrain, même lorsque le juge de l'expropriation a donné acte aux parties de leur accord sur la fixation du prix et ordonné le transfert de propriété au profit de la collectivité publique [4].

SECTION 3
DROIT À INDEMNISATION EN CAS DE REVENTE ULTÉRIEUR DU BIEN PAR LA COLLECTIVITÉ

452.31 Atteinte au droit de propriété. Le propriétaire d'un terrain qui fait usage de son droit de délaissement a droit à une indemnisation du manque à gagner lié à l'accroissement de la valeur du terrain lorsque la collectivité publique, qui avait acquis un terrain (rendue inconstructible par elle) pour l'affecter à une opération d'intérêt général, le rend constructible par la suite puis le revend en réalisant une plus-value importante.

Cette solution a été admise par la Cour de cassation en 2019 [5]. En l'espèce, un propriétaire avait, sur le fondement de son droit de délaissement et moyennant un prix modique, cédé à une commune son bien inconstructible (en ce qu'il faisait alors l'objet d'une réserve destinée à l'implantation d'espaces verts). La commune, sans maintenir l'affectation du bien à la mission d'intérêt général qui a justifié sa mise en réserve, a modifié les règles d'urbanisme avant de revendre le bien, qu'elle a rendu constructible, à une personne privée, moyennant un prix très supérieur (réalisant une plus-value de plus de 5 millions d'euros). En dépit du très long délai séparant les deux actes (25 ans), le propriétaire a droit à une

1. C. urb., art. L. 230-6.
2. V. s^s n° 442.12.
3. V. s^s n°s 442.13 et 442.14.
4. Civ. 3e, 26 mars 2014, n° 13-13.670, P.
5. Civ. 3e, 18 avr. 2019, n° 18-11.414, P.

indemnisation sur le fondement de l'article 1er du premier protocole additionnel à la CEDH.

452.32 Déchéance quadriennale. La créance résultant de la perte de la plus-value née de la revente de parcelles après l'exercice du droit de délaissement est soumise à la déchéance quadriennale des dettes publiques [1].

1. Civ. 3e, 10 juin 2021, no 19-25.037, P : inapplication en l'espèce, la commune ayant omis de l'invoquer avant que la juridiction se soit prononcée sur le fond.

TITRE

46. Le droit de priorité

SECTION 0

ORIENTEUR

46.00 Sommaire du titre.

46.03 Bibliographie indicative.

Articles. C. Bartoloméo, « Le droit de priorité au service de l'aménagement urbain », *Defrénois* 2007. 38521, p. 126 – D. Dutrieux, « Le droit de priorité des communes rénové en cas de vente de biens du domaine privé de l'État », *JCP Adm.* 2006, n° 1181 – Y. Gaudemet, « Le droit de priorité des communes n'est pas un droit de préemption », *JCP N* 2006, n° 1364.

46.05 Notion. Le droit de priorité s'entend du droit, reconnu à une personne, de se voir proposer l'acquisition d'un bien avant sa mise en vente.

La différence avec le droit de préemption est d'ordre temporel. Alors que le droit de préemption s'exerce sur un bien vendu (le vendeur a trouvé un acheteur, un contrat a été conclu mais n'est pas encore devenu efficace), le droit de priorité s'exerce sur un bien à vendre (le vendeur envisage d'aliéner son bien mais n'a pas encore conclu de contrat).

46.06 Objet. Tel qu'il est conçu par le code de l'urbanisme, le droit de priorité correspond au pouvoir donné à la commune d'acquérir avant d'autres acheteurs un bien que l'État envisage de vendre. L'État qui entend se séparer d'un bien doit, avant toute mise en vente de celui-ci, en proposer l'acquisition à la commune.

La loi ALUR avait instauré un second droit de priorité au profit de la commune. Ce droit lui permettait d'acquérir prioritairement un logement lorsque son propriétaire privé envisageait de le vendre, dans le but de maintenir dans les lieux le locataire privé qui l'occupait[1]. Le dispositif a été censuré par le Conseil constitutionnel pour atteinte au droit de propriété[2].

1. L. n° 75-1351, 31 déc. 1975 relative à la protection des occupants de locaux à usage d'habitation, art. 10, I, al. 6-7, dans sa rédaction résultant de la loi n° 2014-366 du 24 mars 2014 pour l'accès au logement et un urbanisme rénové (ALUR), art. 5. Avant toute vente du logement (en cas de vente à la découpe d'un immeuble), le bailleur doit proposer au locataire de l'acquérir (I, al. 1er à 5). En l'absence d'acceptation par le locataire, le bailleur devait proposer l'acquisition à la commune (I, al. 6-7).
2. Cons. const. 9 janv. 2018, n° 2017-683 QPC, *François P. (M.)* [Droit de préemption en cas de vente consécutive à une division d'immeuble], non-conformité partielle, réserve, *JO* 11 janv., n° 49.

CHAPITRE

461. Conditions d'exercice du droit de priorité

SECTION 0

ORIENTEUR

461.00 Sommaire du chapitre.

461.01 Textes applicables.

> Conditions d'exercice du droit de priorité

• C. urb.

art. L. 240-1

art. L. 240-2

461.03 Bibliographie indicative.

Article. M.-C. Pelé et E. Asika, « Le droit de priorité, un outil méconnu », *Gaz. cnes*, 18 déc. 2017, p. 56.

461.05 Trois séries de conditions. Le code de l'urbanisme subordonne l'exercice du droit de priorité à trois séries de conditions :

- des conditions relatives aux titulaires du droit de priorité ;
- des conditions relatives à l'objet ;
- des conditions relatives aux cessions concernées.

SECTION 1

QUELS SONT LES TITULAIRES DU DROIT DE PRIORITÉ ?

§ 1

Titulaires du droit de priorité

A.

Communes et EPCI titulaires du DPU

1°

Titularité du droit de priorité

461.11 Lien avec le DPU. Les titulaires du droit de priorité sont[1] :

- les communes titulaires du DPU ;
- et les EPCI titulaires du DPU.

Les communes non titulaires du DPU ne peuvent exercer le droit de priorité.

461.12 Organe exerçant le droit de priorité. La décision d'exercer le droit de priorité appartient à l'organe délibérant de la commune ou de l'EPCI. Néanmoins, le CGCT[2] permet à cet organe de conférer ce pouvoir à l'exécutif (maire ou président de l'EPCI) afin d'éviter d'avoir à délibérer pour chaque décision. L'organe délibérant peut pareillement lui conférer le pouvoir de décider de la délégation de ce pouvoir[3].

1. C. urb., art. L. 240-1, al. 1er.
2. CGCT, art. L. 2122-22, 22° ; art. L. 5211-9, al. 7.
3. V. ss no 461.32.

2° Délégation du droit de priorité

a. Régime général de la délégation

461.21 Alignement sur le DPU et le DPZAD. La commune ou l'EPCI peut déléguer son droit de priorité dans les cas et conditions prévus aux articles L. 211-2 et L. 213-3 [1].

b. Régime de délégation pour l'acquisition d'un terrain aliéné par l'État à un prix inférieur à sa valeur

461.31 Hypothèse concernée : aliénation par l'État de terrains à un prix inférieur à sa valeur. L'État peut procéder à l'aliénation de terrains de son domaine privé à un prix inférieur à la valeur vénale lorsque ces terrains, bâtis ou non, sont destinés à la réalisation de programmes comportant majoritairement des logements dont une partie au moins est réalisée en logement social [2]. Les mêmes dispositions s'appliquent aux établissements publics de l'État et aux sociétés nationales [3].

461.32 Possibilité pour les communes et EPCI de déléguer leur droit de priorité pour l'acquisition de ces terrains. Pour l'acquisition des terrains aliénés par l'État à un prix inférieur à leur valeur, la commune ou l'EPCI peut déléguer son droit de priorité à certains organismes [4] :

- un établissement public foncier national [5] ou un établissement public foncier local [6] ;
- un des organismes agréés qui exercent des activités de maîtrise d'ouvrage d'opérations d'acquisition, de construction ou de réhabilitation de logements ou de structures d'hébergement en tant que propriétaire ou preneur de bail à construction, emphytéotique ou de bail à réhabilitation [7] ;
- un organisme d'HLM [8] ;
- une société d'économie mixte de construction et de gestion de logements sociaux [9].

Cette possibilité de délégation vise à favoriser la réalisation de logements sociaux dans un contexte de pénurie.

1. C. urb., art. L. 240-1, al. 2 – L'article L. 211-2 concerne le DPU (v. s^s^ n°s 422.91 s. et s^s^ n° 422.181). L'article L. 213-3 concerne le DPU et le DPZAD (v. s^s^ n°s 424.191 s.).
2. CGPPP, art. L. 3211-7, fixant les conditions de cette décote.
3. CGPPP, art. L. 3211-13-1.
4. C. urb., art. L. 240-1, al. 3.
5. C. urb., art. L. 321-1.
6. C. urb., art. L. 324-1.
7. CCH, art. L. 365-2.
8. CCH, art. L. 411-2.
9. CCH, art. L. 481-1.

461.33 Subdélégation au sein de l'organisme délégataire. L'organe délibérant de l'organisme délégataire peut déléguer à son organe exécutif l'exercice de ce droit [10].

Plus précisément, le conseil d'administration, le conseil de surveillance ou le directoire des établissements publics, organismes ou sociétés délégataires peut déléguer l'exercice du droit de priorité au président-directeur général, au président du directoire, au directeur général ou à l'un des directeurs [11].

Cette délégation fait l'objet d'une publication de nature à la rendre opposable aux tiers [12].

Les organes exécutifs doivent rendre compte, au moins une fois par an, de leur action au conseil d'administration, au conseil de surveillance ou au directoire concerné [13].

B. EPCI à fiscalité propre

461.41 EPCI à fiscalité propre. Depuis la loi ALUR, les EPCI à fiscalité propre peuvent exercer le droit de priorité [14]. Cela signifie qu'ils sont titulaires du droit de priorité même s'ils ne sont pas titulaires du DPU.

SECTION 2 CONDITIONS RELATIVES À L'OBJET

461.51 Actions et opérations d'aménagement. Le droit de priorité est reconnu pour l'un des deux objets suivants [15] :

- soit « en vue de la réalisation, dans l'intérêt général, d'actions ou d'opérations répondant aux objets définis à l'article L. 300-1 » (actions ou opérations d'aménagement) ;
- soit « pour constituer des réserves foncières en vue de permettre la réalisation de telles actions ou opérations ».

Ainsi ne peut-il être mis en œuvre que pour les finalités prévues pour le DPU ou le DPZAD [16].

461.52 Exclusion des actions et opérations non mises en œuvre dans l'intérêt général. Une cour a estimé que la mise en œuvre du droit de priorité « doit, eu égard notamment aux caractéristiques du bien faisant l'objet de l'opération ou au coût prévi-

10. C. urb., art. L. 240-1, al. 3.
11. C. urb. art. R. 240-1, al. 1er.
12. C. urb. art. R. 240-1, al. 1er.
13. C. urb. art. R. 240-1, al. 2.
14. C. urb., art. L. 240-1, al. 4.
15. C. urb., art. L. 240-1, al. 1er.
16. V. s^s^ n°s 411.21 s.

sible de cette dernière, répondre à un intérêt général suffisant »[1].

Le code, en subordonnant la mise en œuvre du droit de priorité à l'existence d'un motif d'intérêt général, exclut son exercice en l'absence d'un tel motif. Il en résulte notamment qu'en sont exclues les opérations réalisées par des aménageurs privés pour leur propre compte.

461.53 Exclusion des actions et opérations ne constituant pas des opérations d'aménagement. Faute de présenter les caractères d'une opération d'aménagement, ne peut faire l'objet du droit de priorité, malgré son caractère d'intérêt général :

– l'acquisition d'un parking dans le seul but d'éviter la réalisation d'une opération lucrative aboutissant à priver les habitants du quartier, dont les revenus sont modestes, de la possibilité de garer leurs véhicules en dehors de la voie publique à des conditions tarifaires accessibles (cette acquisition aurait en revanche été admise si elle avait eu pour objet la création d'un parc de stationnement public)[2] ;

– l'acquisition d'une parcelle en vue de créer une servitude de passage permettant de sécuriser l'accès à cette parcelle[3].

461.54 Actions et opérations constituant des opérations d'aménagement. À titre d'exemple, constitue une opération d'aménagement, rendant possible l'exercice du droit de priorité, le projet de réalisation d'un éco-quartier destiné à permettre la requalification de huit zones de la commune, comportant des opérations de dépollution, un plan paysager, un plan de gestion des zones humides et des corridors boisés (l'acquisition de la parcelle litigieuse, qui est située dans une zone humide, s'inscrit dans ces démarches et participe à la mise en œuvre de ce projet)[4].

SECTION 3
LES CESSIONS POUVANT FAIRE L'OBJET DU DROIT DE PRIORITÉ

§ 1
Cessions entrant dans le champ du droit de priorité

461.61 Deux conditions. Entrent dans le champ d'application du droit de priorité (et doivent donc faire l'objet d'une notification à la commune) les projets de cession qui satisfont à trois conditions[5].

461.62 Première condition : la cession. La cession doit porter :

– soit sur un immeuble ;

– soit sur des droits sociaux donnant vocation à l'attribution en propriété ou en jouissance d'un immeuble ou d'une partie d'un immeuble.

461.63 Seconde condition : le cédant. L'immeuble doit appartenir à l'une des personnes suivantes :

– l'État ;

– une société dont il détient la majorité du capital ;

– la SNCF, SNCF réseau, SNCF Mobilités[6] et Voies navigables de France[7] ;

– l'Assistance publique – Hôpitaux de Paris[8] ;

– d'autres établissements publics qui pourraient être ajoutés par décret.

461.64 Troisième condition. L'immeuble doit être situé sur le territoire de la commune qui entend exercer le droit de priorité.

§ 2
Cessions exclues du droit de priorité

461.71 Quatre cessions. Sont exclus du champ d'application du droit de priorité (et n'ont donc pas à faire l'objet d'une notification à la commune) les projets suivants :

– cession d'un immeuble ou d'un ensemble d'immeubles et de droits immobiliers aliénés sous condition du maintien dans les lieux d'un service public ou d'une administration, selon les stipulations d'un bail à conclure pour une durée minimale de trois ans[9] ;

– aliénation d'immeubles en vue de réaliser des opérations d'intérêt national[10] ;

– cessions au sein du groupe SNCF[11] « lorsque les biens concernés sont nécessaires aux missions de

1. CAA Douai, 27 juin 2012, *Merville (Cne) c/Willaey*, req. n° 11DA01809, NP.
2. CAA Paris, 4 déc. 2014, *Charenton-le-Pont (Cne)*, req. n° 13PA02999, NP.
3. CAA Nancy, 1er juill. 2010, *SA SOVAFIM c/Lons-le-Saunier (Cne)*, req. n° 09NC00773, NP.
4. CAA Douai, 27 juin 2012, *Merville (Cne) c/Willaey*, req. n° 11DA01809, NP.
5. C. urb., art. L. 240-1, al. 1er.
6. C. transp., art. L. 2102-1, L. 2111-9 et L. 2141-1.
7. C. trans., art. L. 4311-1.
8. C. santé publ., art. L. 6147-1, dernier al.
9. C. urb., art. L. 240-2, al. 2 ; mod. par L. n° 2022-217, 21 févr. 2022.
10. C. urb., art. L. 240-2, al. 3 ; mod. par L. n° 2022-217, 21 févr. 2022. Al. conforté par l'article L. 102-13 dont le 2°, issu de la loi ÉLAN, prévoit qu'à l'intérieur du périmètre d'une OIN, le droit de priorité ne peut être exercé.
11. Cessions entre la société nationale SNCF (mentionnée à l'article L. 2101-1 du code des transports), la société SNCF Réseau et sa filiale (respectivement mentionnées à l'article L. 2111-9 du même code et au 5° de cet article), la société SNCF Voyageurs (mentionnée à l'article L. 2141-1 de ce code) ainsi que la société en charge des activités relatives à la fourniture des services de transport ferroviaire de marchandises (mentionnée au c du 2° du I de l'article 18 de l'ord. n° 2019-552 du 3 juin 2019 portant diverses dispositions relatives au groupe SNCF, *JO* 4 juin, n° 30).

service public qui leur sont confiées par les dispositions mentionnées au présent alinéa »[1] ;

– transfert en pleine propriété d'immeubles appartenant à l'État ou à ses établissements publics, réalisé au profit d'une société détenue par l'État chargée d'en assurer la valorisation dans des conditions adaptées à leurs caractéristiques particulières[2] ;

– cessions à la Société des grands projets de biens nécessaires à la réalisation et à l'exploitation des projets d'infrastructures déclarés d'utilité publique qui mettent en œuvre le schéma d'ensemble du réseau de transport public du Grand Paris, dont la maîtrise d'ouvrage est confiée à la Société des grands projets[3].

461.72 Vente groupée d'immeubles. À titre « exceptionnel », lorsque la restructuration d'un ensemble d'administrations ou de services justifie de procéder à une vente groupée de plusieurs immeubles ou droits immobiliers appartenant à l'État, les dispositions de l'article L. 240-2 (qui excluent certaines cessions du champ du droit de préemption) s'appliquent « à l'ensemble » des biens mis en vente[4].

1. C. urb., art. L. 240-2, al. 4 ; mod. par L. nº 2022-217, 21 févr. 2022.
2. C. urb., art. L. 240-2, al. 5 ; mod. par L. nº 2022-217, 21 févr. 2022.
3. C. urb., art. L. 240-2, al. 6 ; mod. par L. nº 2022-217, 21 févr. 2022.
4. C. urb., art. L. 240-2, al. 7 ; mod. par L. nº 2022-217, 21 févr. 2022.

CHAPITRE

462. Procédure du droit de priorité

SECTION 0

ORIENTEUR

462.00 **Sommaire du chapitre.**

462.01 **Texte applicable.**

• **C. urb.,** art. L. 240-3

SECTION 1

DÉCLARATION D'INTENTION D'ALIÉNER (DIA)

462.11 **Notification.** L'État, les sociétés et les établissements publics mentionnés à l'article L. 240-1 doivent notifier à la commune ou à l'EPCI compétent « leur intention d'aliéner » leurs biens et droits immobiliers. La notification doit indiquer « le prix de vente » tel qu'il est estimé par le directeur départemental des finances publiques[1].

1. C. urb., art. L. 240-3, al. 1er.

SECTION 2

DÉCISION DU TITULAIRE DU DROIT DE PRIORITÉ

462.21 **Volonté d'exercer le droit de priorité.** Si le titulaire du droit de priorité entend exercer celui-ci, il dispose d'un délai de deux mois à compter de la notification pour en faire part au cessionnaire. Pour ce faire, le titulaire du droit de priorité dispose d'une option[2] :

– soit il décide d'acquérir les biens et droits immobiliers au prix déclaré ;

– soit il propose de les acquérir à un prix inférieur en application de la procédure de décote[3].

462.22 **Absence de volonté d'exercer le droit de priorité.** S'il n'est pas intéressé par l'acquisition du bien, le titulaire du droit de priorité peut, durant le délai de deux mois, informer le cessionnaire qu'il n'exercera pas ce droit.

À défaut de décision prise dans ce délai, il est également réputé avoir renoncé à son exercice.

462.23 **Délai décompté de jour en jour.** Le délai de deux mois ne présente pas le caractère d'un délai de procédure au sens de l'article 642 du code de procédure civile. Par suite, les dispositions de cet article selon lesquelles le délai qui expirerait normalement un samedi, un dimanche ou un jour férié, est prorogé jusqu'au premier jour ouvrable suivant, n'est pas applicable à l'exercice du droit de priorité. En l'espèce, la DIA ayant été notifiée le 14 octobre, le délai a expiré le dimanche 14 décembre à minuit[4]. L'arrêté du maire décidant l'exercice du droit de priorité, signé le 12 décembre mais notifié le 15, est

2. C. urb., art. L. 240-3, al. 1er.
3. V. ss no 461.31.
4. CAA Douai, 27 juin 2012, *Merville (Cne) c/Willaey*, req. no 11DA01809, NP.

donc intervenu tardivement, ce qui l'entache d'illégalité.

SECTION 3
SUITES DE LA PROCÉDURE

§ 1
Absence d'exercice du droit de priorité

462.31 **Fin de la procédure.** Lorsque le titulaire du droit de priorité n'a pas exercé son droit de priorité dans le délai de deux mois, il ne peut plus l'exercer. Il en résulte que le cessionnaire peut procéder à l'aliénation de son bien[1].

§ 2
Exercice du droit de priorité

A.
Première possibilité : acceptation du prix demandé par le cessionnaire

462.41 **Vente formée.** Lorsque le titulaire du droit de priorité a décidé d'acquérir au prix mentionné dans la DIA, la vente est formée.

Il en va de même lorsque, après avoir mis en œuvre la procédure de décote, les parties s'entendent sur le prix.

B.
Seconde possibilité : fixation juridictionnelle du prix

1°
Saisine du juge

462.51 **Saisine du juge.** À défaut d'accord sur le prix, le titulaire du droit de priorité peut saisir le juge de l'expropriation en vue de fixer le prix de l'immeuble[2]. La saisine doit intervenir :

- dans les deux mois suivant la notification de la DIA ;

- ou, si la procédure de décote a été engagée, dans les 15 jours à compter de la notification de la réponse du cessionnaire à sa demande d'une diminution du prix de vente.

Le titulaire du droit de priorité doit informer le vendeur de cette saisine[3].

1. C. urb., art. L. 240-3, al. 2.
2. C. urb., art. L. 240-3, al. 1er.
3. C. urb., art. L. 240-3, al. 1er.

462.52 **Fixation du prix par le juge.** Le prix est fixé comme en matière d'expropriation[4] ; il est exclusif de toute indemnité accessoire et notamment de l'indemnité de réemploi[5].

462.53 **Délai pour acquérir.** Le titulaire du droit de priorité dispose d'un délai de deux mois à compter de la décision juridictionnelle devenue définitive pour décider d'acquérir les biens et droits immobiliers au prix fixé par le juge[6].

S'il refuse d'acquérir au prix fixé par le juge, passé le délai de deux mois, le cessionnaire peut procéder à l'aliénation de son bien[7].

Si le titulaire accepte le prix fixé par le juge, il doit régler le prix six mois au plus tard après sa décision d'acquérir[8]. Le cessionnaire dispose, tant que le règlement n'est pas intervenu, de la possibilité de retirer le bien de la vente[9]. Si le règlement n'intervient pas dans les six mois qui suivent la décision d'acquérir, le cessionnaire peut procéder à l'aliénation de son bien[10].

2°
Absence de saisine du juge

462.61 **Fin de la procédure.** En l'absence de saisine du juge de l'expropriation, le droit de priorité ne peut plus être exercé. Il en résulte que le cessionnaire peut procéder à l'aliénation de son bien[11].

§ 3
Proposition d'aliénation à un prix inférieur

462.71 **Cessionnaire.** Si le cessionnaire décide d'aliéner les biens et droits immobiliers à un prix inférieur à celui initialement proposé par le directeur départemental des finances publiques ou fixé par le juge de l'expropriation, il en propose l'acquisition à la commune ou à l'EPCI qui disposent d'un délai de deux mois pour répondre[12].

SECTION 4
BIENS NON ALIÉNÉS DANS LES TROIS ANS

462.81 **Titulaire recouvrant son droit de priorité.** Si les biens et droits immobiliers n'ont pas été

4. Sur ces règles, v. ss nos 424.771 s.
5. C. urb., art. L. 240-3, al. 1er.
6. C. urb., art. L. 240-3, al. 1er.
7. C. urb., art. L. 240-3, al. 2.
8. C. urb., art. L. 240-3, al. 1er.
9. C. urb., art. L. 240-3, al. 1er.
10. C. urb., art. L. 240-3, al. 2.
11. C. urb., art. L. 240-3, al. 2.
12. C. urb., art. L. 240-3, al. 3.

aliénés dans un délai de trois ans à compter de la notification de la DIA ou de la décision devenue définitive du juge de l'expropriation, la commune ou l'EPCI recouvre son droit de priorité[1].

Est ici concernée l'hypothèse dans laquelle le titulaire du droit de priorité n'a pas souhaité exercer ce droit (et, par extension, celle où la décision d'exercer ce droit a été annulée par le juge[2]). Il en résulte que le cessionnaire était libre d'aliéner son bien. Toutefois, celui-ci n'a pas procédé à la cession de celui-ci dans un délai de trois ans. Le code pose qu'à l'expiration de ce délai, la commune ou l'EPCI peut de nouveau faire usage de son droit de priorité si l'État décide une nouvelle fois d'aliéner son bien.

1. C. urb., art. L. 240-3, al. 4.

2. CAA Nantes, 18 juin 2021, *Uguen (M.) c/Deauville (C^{ne})*, req. n° 20NT01550, NP : l'annulation par le juge de l'excès de pouvoir de la décision d'exercice du droit de priorité emporte pour conséquence que le titulaire de ce droit doit être regardé comme n'ayant jamais décidé de l'exercer et, dès lors, comme y ayant renoncé. Le titulaire du droit de priorité ne peut recouvrer ce droit avant le délai de trois ans prévu par l'article L. 240-3 du code de l'urbanisme, y compris en cas de nouvelle déclaration d'intention d'aliéner adressée par l'État, celle-ci n'ayant pas pour effet d'ouvrir un nouveau délai pour l'exercice de ce droit.

LIVRE

5. L'AMÉNAGEMENT FONCIER

SECTION 0 ORIENTEUR

5.00 Sommaire du livre.

5.03 Bibliographie indicative.

Thèses. A. Dameron, *L'aménagement urbain. Contribution à la reconnaissance d'une notion juridique*, « Le Droit aujourd'hui », L'Harmattan, 2017 – P.-P. Danna, *La notion d'opération d'aménagement, regard sur l'insertion d'un concept substantiel dans l'ordre juridique positif*, th. Nice, 1991 – G. Godfrin, *Aménagement urbain et bâti existant*, « Bibliothèque de droit de l'urbanisme et de l'environnement », LGDJ, 1999.

Monographies. O. Chambord, *Droit de l'urbanisme et de l'aménagement. La fabrique de la ville*, « Les indispensables », Berger-Levrault, 2018 – N. Gateau-Leblanc, *Montage d'opérations d'aménagement*, 3e éd., « Gestion locale et urbanisme », EFE, 2016 – E. Vital-Durand (dir.), *Opérations d'urbanisme*, « Les intégrales », Lextenso, 2014.

> Articles

Notion d'opération d'aménagement. X. Couton et L. Santoni, « 20 ans après Chamonix Mont-Blanc, qu'est devenue la notion "d'opération d'aménagement" ? », *Constr.-Urb.* 2014, ét. 4.

Loi ALUR. Ph. Billet, « Loi ALUR et urbanisme opérationnel », *JCP Adm. 2014*, n° 2257 – M. Donniou et M. Raunet, « Loi ALUR : une nouvelle donne pour l'aménagement urbain ? », *BJDU* 2014. 179 – R. Noguellou, « La Loi ALUR et l'offre foncière », *AJDA* 2014. 1100 – L. Santoni, « L'urbanisme opérationnel "post-ALUR" », *Constr.-Urb.* 2014, n° 8.

Loi ÉLAN. X. Couton, « Loi ÉLAN et maîtrise foncière », *Constr.-urb* 2019, ét. 3 – M. Donnniou, « La loi ELAN : de nouveaux outils et des outils modernisés pour l'aménagement », *BJDU* 2018. 371 – W. Salaman, « Des outils d'aménagement modernes et modernisés qui ne font pas l'artisan », *JCP N* 2019, n° 2014 – P. Peynet, « Le renouveau des outils d'aménagement avec la loi ÉLAN », *AJCT* 2019. 20 – F. Priet, « Les nouveaux outils de l'aménagement créés par la loi ÉLAN », *DAUH* 2019. 57 – L. Santoni, « L'urbanisme opérationnel dans la loi ÉLAN », *Constr.-urb* 2019, ét. 5 – S. Traoré, « Les nouvelles procédures d'aménagement », *AJDA* 2019. 88.

Environnement. O. Le Bot, « Aménagement urbain et environnement », *Lexbase Public*, 2 mai 2024, n° 744 – L. Santoni et X. Couton, « La lutte contre le réchauffement climatique modifie-t-elle la conception de l'aménagement ? », *JCP Adm.* 2024, n° 2257.

5.05 Notion d'aménagement. Le code de l'urbanisme ne définit pas véritablement la notion d'aménagement.

L'article L. 300-1 se contente d'indiquer que l'aménagement, au sens du livre III du code de l'urbanisme, désigne l'ensemble des « actes » des collectivités locales ou des EPCI qui visent, « dans le cadre de leurs compétences » [1] :

– d'une part, à « conduire ou à autoriser » des actions ou des opérations d'aménagement ;

– d'autre part, à « assurer l'harmonisation » de ces actions ou de ces opérations.

La définition se borne ainsi à mentionner les actes juridiques qui en relèvent (conduire, autoriser, assurer l'harmonisation) et renvoie pour le reste à la notion d'action ou d'opération d'aménagement [2].

On relèvera que la définition étant donnée « au sens » du livre III du code de l'urbanisme, elle ne vaut que pour les techniques d'aménagement prévues par celui-ci (ZAC, PPA, GOU, restauration immobilière [3]) et ne concerne donc pas, sauf dispositions contraires, les aménagements réalisés sur le fondement de procédés extérieurs au livre III.

Il ressort en outre de la rédaction retenue que l'initiative des actions et opérations d'aménagement relève de la responsabilité des collectivités publiques.

Elle implique enfin, comme l'a posé la jurisprudence, que l'opération présente une certaine complexité et une certaine ampleur. Ainsi que le soulignait le commissaire du gouvernement Serge Lasvignes, dans des conclusions souvent citées, l'aménagement implique « une action volontariste. On isole une portion du territoire urbain. On se fixe un objectif d'urbanisation. Pour l'atteindre, on "prépare" le terrain, c'est-à-dire qu'on en restructure s'il y a lieu le parcellaire, et qu'on le dote des équipements adaptés au but à atteindre. Enfin on substitue aux normes du plan d'occupation des sols, une planification positive qui n'est que l'expression sous la forme d'un règlement du choix d'urbanisme initial. C'est l'ensemble de cette démarche qui fait apparaître un "aménagement", au sens plein de ce terme, c'est-à-dire un effort d'organisation et d'agencement d'une portion du territoire » [4]. La notion d'aménagement implique donc une opération complexe (consistant à créer ou restructurer un espace foncier en le dotant des équipements nécessaires) et présentant une certaine ampleur (elle s'envisage généralement à l'échelle d'un quartier et ne peut porter sur un seul immeuble) [5].

5.06 Objets des actions ou opérations d'aménagement. La notion d'actions d'aménagement ou d'opérations d'aménagement est envisagée à travers les objets sur lesquels ces actions et ces opérations peuvent porter. La démarche définitoire présente, sur ce point également, un caractère inachevé.

Selon le premier alinéa de l'article L. 300-1, les actions ou opérations d'aménagement portent sur l'un des objets suivants [6] :

– mettre en œuvre un projet urbain, une politique locale de l'habitat ;

– organiser la mutation, le maintien, l'extension ou l'accueil des activités économiques ;

1. C. urb., art. L. 300-1, al. 2.
2. Sur cette notion, v. s[s] n° 5.06.
3. ZAC, PIM, PPA ET GOU, PSMV et restauration immobilière, réhabilitation d'ensembles commerciaux, réhabilitation de l'immobilier de loisir.
4. S. Lasvignes, concl. sur CE, sect., 28 juill. 1993, *Chamonix-Mont-Blanc (C[ne])*, req. n° 124099, *BJDU* 1994. 27 – Sur la question : X. Couton et L. Santoni, « 20 ans après Chamonix Mont-Blanc, qu'est devenue la notion "d'opération d'aménagement" ? », *Constr.-Urb.* 2014, ét. 4.
5. V. p. ex. CE 22 déc. 2022, *Commune de Montreuil*, req. n° 447100, *Lebon T.* ; *RFDA* 2023. 337, concl. (contraires) A. Skzryerbak ; *RDI* 2023. 167, obs. J.-F. Struillou ; *RFDA* 2023. 337, note J. Morange ; *BJDU* 2023. 113, note D. Botteghi ; *JCP Adm.* 2023, n° 2205, note F. Stanislas ; *AJDA* 2023. 1137, note B. Lecocq : « Eu égard à son objet et à son ampleur », un projet d'extension d'une mosquée (ayant pour objet, d'une part, d'augmenter la capacité d'accueil de la mosquée existante pour répondre aux besoins de la communauté musulmane locale ainsi que celle du parc de stationnement assurant l'accueil des fidèles et, d'autre part, de créer des salles de classe, des salles de conférences et une bibliothèque consacrées à l'enseignement religieux) « présente le caractère d'une action ou d'une opération d'aménagement au sens des dispositions combinées des articles L. 210-1 et L. 300-1 du code de l'urbanisme ».
6. C. urb., art. L. 300-1, al. 1er ; mod. par L. n° 2023-630, 20 juill. 2023.

- favoriser le développement des loisirs et du tourisme ;
- réaliser des équipements collectifs ou des locaux de recherche ou d'enseignement supérieur ;
- lutter contre l'insalubrité et l'habitat indigne ou dangereux ;
- permettre le recyclage foncier ou le renouvellement urbain ;
- sauvegarder, restaurer ou mettre en valeur le patrimoine bâti ou non bâti et les espaces naturels ;
- renaturer ou désartificialiser des sols, notamment en recherchant l'optimisation de l'utilisation des espaces urbanisés et à urbaniser.

Il résulte de cette liste limitative que les objectifs pouvant fonder la réalisation d'une opération d'aménagement sont nombreux et définis de façon large.

Répondent par exemple à ces objectifs les opérations visant à :

- permettre à un quartier de devenir un pôle d'attraction commercial et industriel[1] ;
- la construction d'un ensemble d'habitations dans un îlot insalubre[2].

En revanche, à titre d'exemple, ne répondent pas aux objectifs énoncés à l'article L. 300-1 :

- des travaux d'amélioration de la sécurité d'une voie communale[3] ;
- la création d'une voie express[4] ;
- l'élargissement d'une rue pour des raisons de sécurité et la création d'espaces de stationnement[5] ;
- la démolition d'un bâtiment, sa dépollution ou la volonté de restructurer des parcelles lorsque ces opérations ne s'inscrivent pas dans un projet plus global[6].

La question du rattachement d'un projet à l'un des objectifs admis à l'article L. 300-1 soulève en général peu de difficulté. Le contentieux se rapportant à cette question est d'ailleurs très limité.

5.07 **Distinction avec le lotissement.** De nombreux ouvrages consacrés au droit de l'urbanisme traitent du lotissement au sein de la partie qu'ils consacrent à l'aménagement. Cela se justifie par la circonstance que le lotissement constitue sans conteste une opération d'aménagement d'un terrain : celui-ci va en effet être divisé en lots puis équipé afin d'y accueillir des constructions. D'ailleurs, le code de l'urbanisme a pu, dans une rédaction antérieure, définir expressément le lotissement comme une « opération d'aménagement »[7].

Aujourd'hui toutefois, cette qualification n'est plus employée et surtout, le lotissement est régi par le livre IV sur les autorisations d'urbanisme et non le livre III sur les aménagements fonciers.

Trois différences peuvent être mises en exergue entre le lotissement[8] et l'aménagement (au sens du livre III).

La première concerne la personne qui en est à l'initiative :

- une personne publique dans le cadre de l'aménagement au sens du livre III ;
- un opérateur privé dans le cadre d'un lotissement[9].

La deuxième différence concerne l'ampleur de l'opération, le lotissement présentant normalement une dimension plus restreinte.

La troisième différence a trait aux moyens juridiques attribués au porteur du projet :

- dans le cadre d'un lotissement, celui-ci agit dans le cadre du droit privé ;
- pour la mise en œuvre d'une opération d'aménagement, il peut disposer le cas échéant de prérogatives de puissance publique comme l'expropriation ou le droit de préemption, et des documents d'urbanisme peuvent en outre être modifiés pour rendre possible sa mise en œuvre.

5.08 **Actions et opérations.** L'article L. 300-1 du code de l'urbanisme distingue les « actions » et les « opérations » d'aménagement. D'un point de vue sémantique, une action renvoie à une intervention relativement ciblée alors qu'une opération est constituée d'un ensemble d'actions et revêt, de ce fait, un caractère plus complexe[10].

1. CE 31 mars 1989, *S^té d'ingénierie et de développement économique et Arcueil (Ville)*, req. n° 88113, *Lebon T.*
2. CE 4 juill. 1997, *Seguier d'Agoult*, req. n° 155649, NP.
3. CE 30 juill. 1997, *Angers (Ville) c/Dubois*, req. n° 160949, *Lebon T.*
4. CE 26 avr. 1993, *Chamonix (Ville) et Assoc. pour le respect du site du Mont-Blanc*, req. n° 133009, *Lebon T.* – CE 26 oct. 2007, *UFC de la Côte d'Or*, req. n° 291109, NP.
5. CE 19 mai 2008, *Mane (C^ne)*, req. n° 286645, NP.
6. CE 6 mai 2009, *Le Plessis-Trévise (C^ne)*, req. n° 311167, *Lebon T.*
7. C. urb., art. L. 442-1, dans sa version applicable entre l'ordonnance n° 2005-1527 du 8 déc. 2005 relative au permis de construire et aux autorisations d'urbanisme (art. 15) et l'ordonnance n° 2011-1916 du 22 déc. 2011 (art. 2) : « Constitue un lotissement l'opération d'aménagement qui a pour objet ou qui, sur une période de moins de dix ans, a eu pour effet la division, qu'elle soit en propriété ou en jouissance, qu'elle résulte de mutations à titre gratuit ou onéreux, de partage ou de locations, d'une ou de plusieurs propriétés foncières en vue de l'implantation de bâtiments ».
8. Ces remarques valent également pour le permis groupé.
9. Il est tout à fait exceptionnel qu'une collectivité locale soit à l'origine de la création d'un lotissement. En pratique, cette hypothèse se rencontre principalement lorsqu'une petite commune cherche à endiguer par ce biais la baisse de sa population. Le lotissement qu'elle réalise lui permet de proposer des terrains déjà équipés et à des prix attractifs aux jeunes ménages afin de les encourager à s'y installer. En outre, même dans cette hypothèse, la commune reste tenue de demander et d'obtenir un permis d'aménager.
10. V. s^s n° 421.53.

La jurisprudence ne révèle pas d'attention particulière portée à cette distinction[1].

Dans un Guide d'action économique à destination des personnes publiques, le Conseil d'État distingue clairement les deux notions[2].

5.09 **Plan.** Seront successivement présentés les points suivants :

- la conception et la préparation du projet d'aménagement ;
- les modes de réalisation des opérations d'aménagement ;
- les procédés d'aménagement ;
- les organismes d'exécution ;
- le financement des opérations d'aménagement.

1. V. p. ex. CE 22 déc. 2022, *Commune de Montreuil*, req. nº 447100 : un projet d'extension d'une mosquée « présente le caractère d'une action ou d'une opération d'aménagement » au sens des dispositions combinées des articles L. 210-1 et L. 300-1 du code de l'urbanisme.

2. Concernant les réserves foncières, il indique que celles-ci permettent de réaliser « des opérations d'aménagement, telles que les zones d'aménagement concerté (ZAC), les opérations de restauration immobilière, les lotissements, les permis de construire groupés, les remembrements et groupements de parcelles par des associations foncières urbaines », et « des actions d'aménagement, comme par exemple une action de développement social des quartiers, une action d'accompagnement de la politique du logement comme les opérations programmées d'amélioration de l'habitat (OPAH) ou les opérations de résorption de l'habitat insalubre » (Conseil d'État, Guide d'action économique à destination des personnes publiques, fiche 21, « Urbanisme économique », 2024, pt 3.2.1).

TITRE

51. La conception et la préparation du projet d'aménagement

SECTION 0
ORIENTEUR

51.00 **Sommaire du titre.**

51.05 **Formalités et opérations préalables.** La conception et la préparation d'un projet d'aménagement nécessitent la mise en place d'opérations préalables destinées à garantir sa réussite :

– acquérir des terrains ;

– réaliser des études préalables ;

– procéder à des concertations si l'opération présente une certaine importance ;

– assurer la mise en compatibilité de documents d'urbanisme ;

– tenir compte des droits reconnus aux occupants d'immeubles présents dans le périmètre de l'opération envisagée.

CHAPITRE

511. Acquisition de terrains

SECTION 0

ORIENTEUR

511.00 Sommaire du chapitre.

511.01 Textes applicables.

> Déclassements et transferts de propriété

• C. urb.

art. L. 318-1 s.

art. R. 318-1 s.

511.03 Bibliographie indicative.

Encyclopédie. *DP constr.-urb., ét.* : « Opérations d'aménagement ».

Articles. S. Marie, « Les outils de mobilisation du foncier », *in* J.-Ph. Brouant et G. Marcou (dir.), *Les collectivités territoriales et la politique du logement*, « Grale », L'Harmattan, 2014, p. 141 – S. Pérignon, « L'interventionnisme foncier public après la loi SRU », *Constr.-Urb.* 2001, ét. 12 – S. Pérignon, « La maîtrise foncière », *AJDA*, n° spéc., 1993. 139.

511.04 Questions essentielles.

> Quel rôle jouent les EPF dans le portage foncier ?

* V. s^s n° 511.13

> Dans quelles conditions s'opère le transfert d'office des voies privées ouvertes à la circulation publique ?

* V. s^s n°s 511.171 s.

511.05 Maîtrise du foncier. La réalisation d'une opération d'aménagement suppose au préalable de se rendre propriétaire du foncier. Il peut arriver que la personne publique dispose déjà de l'intégralité des terrains nécessaires à l'opération mais ce cas de figure se rencontre rarement. Aussi devra-t-elle, dans la majorité des cas, acquérir des terrains ou procéder à des déclassements et transferts de propriété.

SECTION 1
ACQUISITION DE TERRAINS

511.11 Réserves foncières. Pour pouvoir mettre en œuvre des opérations d'aménagement, la collectivité publique procèdera le plus souvent à la constitution préalable de réserves foncières. Elle réalise l'acquisition de terrains par voie de contrats de droit privé, par voie d'expropriation ou par voie de préemption [1].

511.12 Rôle des organismes fonciers. Les acquisitions de terrains peuvent être réalisées par l'État ou une collectivité territoriale conduisant l'opération d'aménagement. Elles peuvent également, et cette hypothèse est en pratique la plus fréquente, être réalisées par des organismes spécifiques :

- établissements publics fonciers de l'État (EPFE) [2] ;
- établissements publics fonciers locaux (EPFL) [3] ;
- établissements publics fonciers et d'aménagement de l'État (EPFAE) [4] ;
- associations foncières urbaines (AFU) [5].

511.13 Rôle premier des EPFE et EPFL. Le rôle premier revient aux EPFE et EPFL, qui assurent le portage foncier pour le compte de l'État et des collectivités territoriales.

Disposant d'une ingénierie foncière pointue, les EPFE et EPFL assument une mission centrée sur leur rôle d'opérateur foncier, en excluant la mission d'aménagement. Ils sont compétents pour :

- réaliser ou faire réaliser les acquisitions foncières et les opérations immobilières et foncières de nature à faciliter l'utilisation et l'aménagement ultérieur des terrains ;
- et constituer des réserves foncières.

Le portage foncier est mené par les EPFE pour le compte de l'État, des collectivités locales ou toute autre personne publique ayant un projet d'intérêt général.

Leurs missions se déclinent en quatre activités principales :

- le rôle de conseil, d'ingénierie et d'expertise ;
- l'acquisition de terrains par différentes voies (gré à gré, préemption, expropriation) ;
- la remise en état de sites (démolitions, dépollutions) et le proto-aménagement, c'est-à-dire la valorisation transitoire (pré-verdissement par exemple) ou la préparation à l'aménagement ultérieur (remembrements fonciers ou désenclavement) ;
- la cession des biens aux porteurs de projets.

Les interventions de l'EPF se situent dans le cadre défini par son conseil d'administration qui peut adapter les domaines d'action en fonction des spécificités de son territoire de compétence. À ce titre, il peut être amené à agir sur le foncier et l'immobilier dégradés, situés en particulier dans les bassins et les agglomérations en reconversion, nécessitant une requalification pour améliorer l'image des secteurs concernés. Mais il peut aussi intervenir sur le foncier vierge (destiné à accueillir le développement urbain), en périphérie des agglomérations, des villes et des bourgs.

1. V. s^s n°s 44.06 s.
2. V. s^s n°s 541.11 s.
3. V. s^s n°s 543.05 s.
4. V. s^s n°s 541.221 s.
5. V. s^s n°s 542.41 s.

SECTION 2
DÉCLASSEMENTS ET TRANSFERTS DE PROPRIÉTÉ

511.21 Trois procédés. En vue de permettre la réalisation d'une opération d'aménagement, des déclassements et transferts de propriété peuvent être réalisés selon trois procédés :

- déclassements et transferts préalablement aux opérations ;
- transferts au fur et à mesure des opérations ou après leur réalisation ;
- transfert d'office de voies privées.

§ 1
Déclassements et transferts réalisés préalablement aux opérations

511.31 Déclassements et transferts pour réaliser une opération. Des déclassements et transferts de propriété de toute dépendance du domaine public peuvent être réalisés pour faciliter l'exécution des opérations et travaux d'aménagement [6].

Le déclassement consiste à faire sortir un bien du domaine public de la collectivité pour le transférer dans son domaine privé.

Le transfert prend la forme d'une cession du bien d'une collectivité publique à une autre collectivité publique.

Les déclassements et les transferts sont prononcés au profit de la collectivité publique ou de l'établissement public pour le compte de qui ces opérations sont entreprises [7].

A.
Conditions de fond

511.41 Deux conditions. Deux conditions de fond sont posées [8] :

- d'une part le déclassement ou le transfert doit être réalisé pour faciliter l'exécution des opérations

6. C. urb., art. L. 318-1.
7. C. urb., art. R. 318-1, al. 1er.
8. C. urb., art. L. 318-1.

et travaux d'aménagement (en vue des aménagements définis aux articles L. 321-1 et R. 321-1, précise l'article R. 318-1, al. 1er) ;

– d'autre part l'exécution des opérations et travaux en cause doit relever de la compétence de l'État, d'une collectivité locale ou d'un établissement public.

B. Procédure

1° Collectivité bénéficiaire

511.51 **Initiative ou consultation.** L'initiative peut émaner de la collectivité ou de l'établissement public souhaitant être bénéficiaire du déclassement ou du transfert.

Lorsque cette collectivité ou cet établissement public n'a pas présenté de demande à cet effet, l'avis de son assemblée délibérante est recueilli selon les modalités prévues pour la consultation des assemblées des collectivités dont la dépossession est envisagée[1].

2° Collectivité dépossédée

511.61 **Consultation préalable.** Les déclassements ou les transferts sont prononcés après avis de la personne morale de droit public intéressée[2].

a. Bien appartenant à une commune ou un EPCI

511.71 **Dossier.** Lorsque les déclassements ou les transferts doivent porter sur des parties du domaine public d'une commune ou d'un établissement public, le préfet adresse au maire ou au président de l'assemblée délibérante de l'établissement public un dossier contenant les éléments suivants[3] :

– une notice explicative exposant notamment l'objet de l'opération envisagée (1°) ;

– un mémoire précisant la nature, la situation, les caractéristiques essentielles, les dimensions et, s'il s'agit d'immeubles, la désignation cadastrale de chacun des biens en cause (2°). Ce mémoire indique également la personne morale bénéficiaire du transfert de propriété[4] ;

– un plan de situation des biens ci-dessus mentionnés ayant un caractère immobilier (3°).

511.72 **Avis.** Le conseil municipal ou l'assemblée délibérante de l'établissement public doit donner son avis sur l'opération envisagée dans un délai de quatre mois à compter de la transmission du dossier au maire ou au président[5].

b. Bien appartenant à un département

511.81 **Consultation.** Lorsque les déclassements et les transferts portent sur des dépendances domaniales d'un département, le conseil départemental, saisi par le préfet d'un dossier constitué de la même manière, doit donner son avis au cours de la première session qui suit la communication du dossier à son président[6].

3° Décision

511.91 **Décret en Conseil d'État.** Le procédé étant dérogatoire et portant une atteinte forte au droit de propriété des collectivités publiques, le déclassement ou le transfert est décidé par décret en Conseil d'État[7].

Le juge administratif accepte d'examiner le moyen tiré de la violation de l'article 1er du Premier protocole additionnel à la CEDH (droit à la protection des biens)[8].

511.92 **Contenu.** Le décret décidant les déclassements et les transferts doit contenir les indications relatives aux biens déclassés et transférés[9] :

– leurs caractéristiques essentielles ;
– leur nature ;
– leur situation ;
– leurs dimensions ;
– et, s'il s'agit d'immeubles, leur désignation cadastrale.

§ 2 Transferts réalisés au fur et à mesure des opérations ou après leur réalisation

511.101 **Transfert à titre gratuit.** Au fur et à mesure de la réalisation des équipements, et au plus tard à l'issue des opérations et travaux d'aménagement, les équipements mobiliers ou immobiliers destinés à un service public ou à l'usage public appartenant à l'État, à des collectivités locales ou à des établissements publics peuvent être transférés à titre gratuit aux collectivités locales et aux établissements

1. C. urb., art. R. 318-1, al. 2 – Sur ces modalités, v. ss nos 511.71 s.
2. C. urb., art. L. 318-1.
3. C. urb., art. R. 318-2, al. 1er.
4. C. urb., art. R. 318-2, al. 4.
5. C. urb., art. R. 318-2, al. 2.
6. C. urb., art. R. 318-2, al. 3.
7. C. urb., art. L. 318-1.
8. CE 29 juin 2005, *Puteaux (Cne)*, req. no 264714, NP : moyen non fondé en l'espèce eu égard à sa finalité d'intérêt général, à son contenu et à son champ d'application.
9. C. urb., art. R. 318-2, al. 8.

publics dans la circonscription desquels ils se trouvent[1].

A. Étape préalable : établissement de la liste des équipements et consultation des intéressés

511.111 **Établissement de la liste par le préfet.** À l'issue des opérations et travaux d'aménagement, le préfet dresse la liste des équipements dont le transfert à une collectivité locale ou à un établissement public est envisagé[2].

511.112 **Transmission de la liste aux intéressés.** La liste établie par le préfet est transmise aux personnes et autorités suivantes[3] :

- d'une part les présidents des assemblées délibérantes des collectivités locales ou des établissements publics propriétaires ;
- d'autre part ceux qui doivent recevoir les biens transférés.

Cette liste est accompagnée des éléments suivants[4] :

- les indications énumérées au premier alinéa de l'article R. 318-2[5] ;
- ainsi qu'un plan de situation s'il s'agit d'un immeuble.

511.113 **Avis des assemblées consultées.** Les assemblées consultées se prononcent sur le transfert de chacun des équipements qui les concernent[6].

B. Décision

1° Première possibilité : conclusion d'un accord

511.121 **Convention de transfert.** Si les assemblées consultées se prononcent en faveur du projet qui leur est soumis, le transfert fait l'objet d'une convention passée en forme administrative entre les collectivités et établissements publics intéressés[7].

2° Seconde possibilité (en l'absence d'accord) : transfert d'office

511.131 **Procédure pour les biens n'ayant pas fait l'objet d'un accord.** Une procédure unilatérale est prévue pour les biens n'ayant pas fait l'objet d'un accord. Dans ce cas, le transfert est opéré par décret en Conseil d'État, après enquête publique et consultation des assemblées délibérantes intéressées[8].

Cette procédure peut être mise en œuvre pour les équipements figurant sur la liste établie par le préfet qui n'ont pas fait l'objet, dans un délai de six mois à compter de l'envoi du dossier aux présidents des assemblées délibérantes, de la convention de transfert[9].

a. Enquête publique

511.141 **Dossier.** Le dossier soumis à l'enquête publique est établi à la diligence du préfet[10].

Il comprend obligatoirement les pièces suivantes[11] :

- une note explicative indiquant notamment le but de l'opération envisagée (1°) ;
- un état contenant l'énumération des équipements qui doivent faire l'objet d'un transfert d'office et comportant pour chacun d'eux, les indications prévues au premier alinéa de l'article R. 318-2 (2°)[12] ;
- un plan de situation des équipements ci-dessus mentionnés ayant un caractère immobilier (3°) ;
- les délibérations par lesquelles les assemblées se sont prononcées sur le transfert de chacun des équipements qui les concernent[13].

511.142 **Lieux où l'enquête est ouverte.** L'enquête est ouverte à la mairie de chaque commune sur le territoire de laquelle se trouvent des équipements à transférer[14].

S'il y a lieu l'enquête est également ouverte dans d'autres lieux[15] :

- à la mairie de la commune qui est le siège d'un EPCI, lorsque cet établissement est propriétaire ou attributaire désigné des équipements à transférer ;
- à la préfecture du département sur le territoire duquel se trouve le siège d'établissements publics autres que ceux mentionnés ci-dessus et qui sont intéressés de la même manière au transfert ;
- à la préfecture du département sur le territoire duquel se trouvent les équipements lorsque toute autre collectivité publique est intéressée par leur transfert.

511.143 **Déroulement de l'enquête.** L'enquête a lieu dans les conditions fixées par le CRPA[16].

1. C. urb., art. L. 318-2.
2. C. urb., art. R. 318-3, al. 1er.
3. C. urb., art. R. 318-3, al. 2.
4. C. urb., art. R. 318-3, al. 2.
5. V. ss no 511.71.
6. C. urb., art. R. 318-3, al. 2.
7. C. urb., art. R. 318-3, al. 3.
8. C. urb., art. L. 318-2.
9. C. urb., art. R. 318-3, al. 4.
10. C. urb., art. R. 318-4.
11. C. urb., art. R. 318-4.
12. Sur ces éléments, v. ss no 511.71.
13. V. ss no 511.113.
14. C. urb., art. R. 318-5, al. 1er.
15. C. urb., art. R. 318-5, al. 2.
16. C. urb., art. 318-6, al. 1er, renvoyant aux conditions fixées par le chapitre IV du titre III du livre Ier du CRPA régies par le titre Ier du livre Ier du même code.

Lorsque l'enquête est ouverte simultanément dans plusieurs départements, un arrêté conjoint du ministre de l'intérieur et du ministre chargé de l'urbanisme désigne le préfet compétent pour prendre les arrêtés prévus aux articles R. 112-2 et R. 112-12 du CRPA, pour établir le dossier mentionné à l'article R. 318-3 et pour centraliser les résultats de l'enquête[1].

511.144 Commissaire enquêteur. Afin d'assurer l'indépendance et l'impartialité de l'enquête publique, les personnes choisies en qualité de commissaire enquêteur ou de membre de la commission d'enquête ne doivent pas appartenir à l'administration des collectivités et établissements publics intéressés par le transfert des équipements ni participer à son contrôle. Ils ne doivent avoir aucun intérêt à l'opération projetée[2].

Les indemnités accordées aux commissaires enquêteurs en vertu des articles R. 111-6 à R. 111-9 du code de l'expropriation sont applicables à l'enquête soumise aux dispositions des articles R. 318-4 à R. 318-6[3].

b. Consultation des collectivités concernées

511.151 Demande d'avis. À l'issue de l'enquête publique, le dossier constitué en application de l'article R. 318-4[4] et les conclusions du commissaire enquêteur ou de la commission d'enquête sont soumis, à la diligence du préfet, à l'avis des assemblées délibérantes intéressées[5].

511.152 Délai pour rendre l'avis. Les délais prévus aux 2° et 3° alinéas de l'article R. 318-2 sont applicables à cette consultation[6] :

- quatre mois pour les communes et EPCI[7] ;
- au cours de la première session qui suit la communication du dossier à son président pour le département[8].

c. Décision

511.161 Transfert du bien. La décision de transfert d'office est prise par décret en Conseil d'État[9].

Le décret qui procède au transfert d'office d'équipements doit comporter, pour chacun d'eux, les indications prévues au 2° du premier alinéa de l'article R. 318-2[10], c'est-à-dire leur nature, leur situation, leurs caractéristiques essentielles, leurs dimensions et, s'il s'agit d'immeubles, la désignation cadastrale de chacun des biens en cause[11].

511.162 Classement le cas échéant dans le domaine public. Les biens concernés peuvent être classés, s'il y a lieu, dans le domaine public de la collectivité bénéficiaire[12].

Le décret mentionne ceux des biens transférés qui sont classés dans le domaine public et, éventuellement, ceux dont l'entretien présente le caractère d'une dépense obligatoire[13].

§ 3 Transfert d'office de voies privées

511.171 Procédé. Le code prévoit que la propriété des voies privées ouvertes à la circulation publique dans des ensembles d'habitations et dans des zones d'activités ou commerciales peut être transférée d'office dans le domaine public de la commune sur le territoire de laquelle ces voies sont situées[14].

A. Conditions de fond

511.181 Première condition de fond : une voie ouverte à la circulation. Le transfert d'office ne peut porter que sur des voies « ouvertes à la circulation »[15]. La condition d'ouverture de ces voies à la circulation publique traduit la volonté de leurs propriétaires d'accepter l'usage public de leur bien et de renoncer à son usage purement privé[16].

Cette exigence n'est pas satisfaite lorsque le propriétaire des voies choisit d'en interdire l'accès au public, même quand la fermeture est postérieure à l'engagement de la procédure[17]. Il en va notamment ainsi lorsque de nombreux riverains propriétaires des

1. C. urb., art. 318-6, al. 2.
2. C. urb., art. R. 318-7, al. 1er.
3. C. urb., art. R. 318-7, al. 2.
4. V. ss no 511.141.
5. C. urb., art. R. 318-8, al. 1er.
6. C. urb., art. R. 318-8, al. 2.
7. V. ss no 511.72.
8. V. ss no 511.81.
9. C. urb., art. L. 318-2.
10. C. urb., art. R. 318-9, al. 1er.
11. V. ss no 511.71.
12. C. urb., art. L. 318-2.
13. C. urb., art. R. 318-9, al. 2.
14. C. urb., art. L. 318-3, al. 1er – P. S. Hansen, « Le transfert d'office dans la voirie communale des voies privées ouvertes à la circulation publique », *JCP Adm.* 2016, no 2292.
15. C. urb., art. L. 318-3, al. 1er.
16. CE 13 oct. 2016, *La Colle-sur-Loup (Cne)*, req. no 381574, *Lebon T.* ; *BJDU* 2017. 26, concl. B. Bonhert ; *JCP Adm.* 2016, no 2292, note Ph. Hansen.
17. CE 17 juin 2015, *Noisy-le-Grand (Cne)*, req. no 373187, *Lebon T.* ; *BJDU* 2015. 310, concl. N. Escaut ; *JCP Adm.* 2015, no 2244, concl. : arrêt indiquant « que le transfert des voies privées dans le domaine public communal prévu par ces dispositions est subordonné à l'ouverture de ces voies à la circulation publique, laquelle traduit la volonté de leurs propriétaires d'accepter l'usage public de leur bien et de renoncer à son usage purement privé ; que le propriétaire d'une voie privée ouverte à la circulation est en droit d'en interdire à tout moment l'usage au public ; que, par suite, l'administration ▶

voies ont adressé au maire une pétition manifestant leur opposition à ce que leur chemin soit affecté à la circulation publique, et ont saisi les juridictions judiciaires d'une demande tendant à interdire aux habitants d'un groupement d'habitations non titulaires d'un droit de passage d'emprunter le chemin avec leurs véhicules, même si cette opposition n'a été formalisée que par certains propriétaires, qu'elle n'a pas été matérialisée par une barrière ou que le chemin avait bénéficié du raccordement à plusieurs réseaux de service public ou d'une desserte de la part des services postaux [1].

Constitue une voie privée ouverte à la circulation publique le terrain contigu à une telle voie qui en est un accessoire indispensable [2].

511.182 **Seconde condition de fond : une voie située dans un ensemble d'habitations ou dans une zone d'activité ou commerciale.** Le transfert d'office ne peut intervenir que si les voies concernées sont « situées dans des ensembles d'habitations et dans des zones d'activités ou commerciales » [3].

Une voie privée située dans un lotissement constitue un ensemble d'habitations au sens de ces dispositions [4].

B. Procédure

1° Initiative

511.191 **Commune.** L'initiative de la procédure appartient à la commune. Il s'agit d'un pouvoir propre qu'elle peut exercer sans demande préalable formée par les propriétaires intéressés.

Elle peut également exercer ce pouvoir à la suite d'une demande qui lui est présentée. À cet égard, il est loisible à tout intéressé de demander à la commune de mettre en œuvre la procédure, en particulier :

- les propriétaires intéressés [5], notamment une association syndicale gestionnaire des voies d'un lotissement [6] ;
- tout habitant de la commune [7].

2° Enquête publique

511.201 **Exigence.** Une enquête publique doit être mise en œuvre préalablement à la prise de décision [8]. Elle vise principalement à recueillir l'avis des propriétaires concernés.

511.202 **Ouverture de l'enquête.** L'enquête publique est ouverte par l'autorité exécutive de la collectivité territoriale ou de l'EPCI [9].

L'enquête est ouverte à la mairie de la commune sur le territoire de laquelle les voies sont situées [10].

Le maire ouvre cette enquête, après délibération du conseil municipal, le cas échéant à la demande des propriétaires intéressés [11].

511.203 **Dossier d'enquête publique.** Le dossier soumis à l'enquête comprend obligatoirement les éléments suivants [12] :

- la nomenclature des voies et des équipements annexes dont le transfert à la commune est envisagé (1) ;
- une note indiquant les caractéristiques techniques de l'état d'entretien de chaque voie (2) ;
- un plan de situation (3) ;
- un état parcellaire (4).

Avis du dépôt du dossier à la mairie est notifié dans les conditions prévues par l'article R. 141-7 du code de la voirie routière aux personnes privées ou publiques propriétaires des voies dont le transfert est envisagé [13].

511.204 **Avis du conseil municipal.** Le conseil municipal doit donner son avis sur le projet de transfert des voies privées dans un délai de quatre mois [14].

511.205 **Déroulement de l'enquête.** L'enquête a lieu conformément aux dispositions des articles R. 141-4, R. 141-5 et R. 141-7 à R. 141-9 du code de la voirie routière [15].

511.206 **Commissaire enquêteur.** Les dispositions de l'article R. 318-7, visant à assurer l'indépendance et l'impartialité du commissaire enquêteur [16], sont applicables à l'enquête publique réalisée en vue du transfert de voies privées [17].

▶ ne peut transférer d'office des voies privées dans le domaine public communal si les propriétaires de ces voies ont décidé de ne plus les ouvrir à la circulation publique et en ont régulièrement informé l'autorité compétente avant que l'arrêté de transfert ne soit pris, quand bien même cette décision serait postérieure à l'engagement de la procédure de transfert ».

1. CE 13 oct. 2016, *La Colle-sur-Loup (C^ne^)*, req. n° 381574, *Lebon T. ; BJDU* 2017. 26, concl. B. Bonhert ; *JCP Adm.* 2016, n° 2292, note Ph. Hansen.
2. CE 19 sept. 2016, *Infosino (M.)*, req. n° 386950, *Lebon T. ; BJDU* 2016. 434, concl. R. Victor.
3. C. urb., art. L. 318-3, al. 1er.
4. CE 10 févr. 1992, *Choquette et Gonzales (Mme)*, req. n° 107113, *Lebon T.*
5. C. urb., art. R. 318-10, al. 2.
6. Rép. min. n° 7560, *JO Sénat Q* 2 juill. 1998, p. 2164.
7. CAA Lyon, 21 juin 2012, *Charles Muller (M.) c/Marsannay-la-Côte (Cne)*, req. n° 11LY00363, NP.
8. C. urb., art. L. 318-3, al. 1er.
9. C. urb., art. L. 318-3, al. 1er.
10. C. urb., art. R. 318-10, al. 1er.
11. C. urb., art. R. 318-10, al. 2.
12. C. urb., art. R. 318-10, al. 3 à 7.
13. C. urb., art. R. 318-10, al. 9.
14. C. urb., art. R. 318-10, al. 8.
15. C. urb., art. R. 318-10, al. 10.
16. V. ss n° 511.144.
17. C. urb., art. R. 318-10, al. 11.

511.207 Opposition des propriétaires. L'opposition des propriétaires intéressés doit être formulée, au cours de l'enquête publique, dans les conditions fixées à l'article R. 141-8 du code de la voirie routière[1].

3° Décision

a. Adoption

511.211 Autorité compétente. La décision de transfert d'office des voies est prise par délibération du conseil municipal si aucun propriétaire n'a fait connaître son opposition[2].

Elle est prise par arrêté préfectoral, à la demande de la commune, si un propriétaire intéressé a fait connaître son opposition[3].

511.212 Pouvoir d'appréciation. Il résulte des termes mêmes de l'article L. 318-3 du code de l'urbanisme que la procédure d'incorporation d'office dans le domaine public d'une commune de voies ouvertes à la circulation publique dans un lotissement ne revêt qu'un caractère facultatif[4].

b. Contenu

511.221 Transfert, classement, alignement. La décision de l'autorité administrative portant transfert des voies privées vaut classement dans le domaine public et éteint, par elle-même et à sa date, tous droits réels et personnels existant sur les biens transférés[5].

L'acte comporte également approbation d'un plan d'alignement dans lequel l'assiette des voies publiques est limitée aux emprises effectivement livrées à la circulation publique[6].

c. Conséquences financières

511.231 Absence d'indemnisation des propriétaires dépossédés. Le code prévoit que le transfert s'opère « sans indemnité » pour les propriétaires[7].

L'absence d'indemnisation se justifie par la circonstance que les propriétaires continueront d'utiliser la voie considérée mais sans supporter le coût de son entretien. Cette absence d'indemnisation n'est pas contraire à la Constitution[8].

511.232 Subvention pour la commune. Lorsque l'entretien des voies transférées entraînera pour la commune une charge excédant ses capacités financières, une subvention pourra lui être allouée[9].

d. Recours contre la décision de transfert (ou de refus de transfert)

511.241 Délai de recours. Le délai de recours contentieux contre une décision de transfert dans le domaine public communal d'une voie privée ouverte à la circulation publique, prise sur le fondement de l'article L. 318-3 du code de l'urbanisme, ne peut courir, pour les propriétaires intéressés, qu'à compter de la date à laquelle celle-ci leur a été notifiée, peu important que cette décision ait été par ailleurs publiée ou affichée[10].

511.242 Intérêt à agir contre un refus. La qualité de riverain donne intérêt à agir contre le refus de transférer une voie privée dans le domaine public[11].

1. C. urb., art. R. 318-11.
2. C. urb., art. L. 318-3, al. 3.
3. C. urb., art. L. 318-3, al. 3.
4. CAA Paris, 8 juill. 2004, *Julia*, req. n° 00PA00332, NP.
5. C. urb., art. L. 318-3, al. 2.
6. C. urb., art. L. 318-3, al. 4.
7. C. urb., art. L. 318-3, al. 1er – Civ. 3e, 9 déc. 1987, n° 86-15.396, P.
8. Cons. const., déc. n° 2010-43 QPC du 6 octobre 2010 *A. (Épx)* : absence de violation, notamment, de l'article 17 de la DDHC.
9. C. urb., art. L. 318-3, al. 5.
10. CE 13 oct. 2016, *La Colle-sur-Loup (Cne)*, req. n° 381574, *Lebon T.* ; *BJDU* 2017. 26, concl. B. Bonhert ; *JCP Adm.* 2016, n° 2292, note Ph. Hansen.
11. CE 27 mai 2020, *Meret*, req. n° 433608, *Lebon T.* ; *JCP Adm.* 2020, n° 2226, chron. O. Le Bot.

CHAPITRE

512. Études, concertations et consultations préalables

SECTION 0
ORIENTEUR

512.00 **Sommaire du chapitre.**

512.03 Bibliographie indicative.

Contributions. X. Latour, « Le droit applicable à l'organisation de l'espace urbain et la lutte contre la délinquance », *Mél. Ph. Godfrin*, Mare & Martin, 2014, p. 263.

Articles. G. Godfrin, « Urbanisme et délinquance », *Constr.-Urb.* 2007, n° 10. – J.-Ph. Brouant, « L'irruption de la sûreté dans le champ du droit de l'urbanisme. À propos des études de sécurité publique », *AJDA* 2008. 18 – E. H. Ziegler, « Villes américaines, planification urbaine et prévention situationnelle de la délinquance », *DAUH* 2008. 115.

512.05 Étude préalable. Au stade de la conception du projet d'aménagement, une étude préalable portant sur la faisabilité technique et financière du projet doit être mise en œuvre. Elle a pour objet de se projeter dans la transformation de l'espace concerné afin d'envisager ce qui est du domaine du possible, tant juridiquement que matériellement. Elle peut être réalisée par la personne publique elle-même (en régie) ou confiée à un tiers (par un marché).

Concrètement, elle débute par une identification des besoins et des objectifs. Elle prend en compte l'ensemble des thématiques concernés, notamment la démographie, l'économie, les aspects paysagers, environnementaux et architecturaux, les questions de transport ou encore les forces et faiblesses du site. Elle aboutit à un diagnostic qui devient le support du futur projet d'aménagement.

512.06 Réalisation d'études et participation du public. Le code impose la réalisation d'études sectorielles qui visent, notamment, à apprécier l'impact du projet sur l'environnement. Leur réalisation peut être confiée à des tiers [1].

Différents procédés de participation du public peuvent ou doivent être mis en œuvre afin de recueillir l'avis de la population sur le projet envisagé.

SECTION 1
ÉTUDES IMPOSÉES POUR LES OPÉRATIONS SOUMISES À ÉVALUATION ENVIRONNEMENTALE

512.11 Champ d'application. Deux études doivent être réalisées pour toute action ou opération d'aménagement faisant l'objet d'une évaluation environnementale [2].

512.12 Étude de faisabilité sur le potentiel de développement en énergies renouvelables. Les opérations d'aménagement concernées doivent faire l'objet d'une « étude de faisabilité sur le potentiel de développement en énergies renouvelables de la zone », en particulier sur l'opportunité de la création ou du raccordement à un réseau de chaleur ou de froid ayant recours aux énergies renouvelables et de récupération [3].

512.13 Étude d'optimisation de la densité des constructions. Les opérations d'aménagement concernées doivent faire l'objet d'une « étude d'optimisation de la densité des constructions dans la zone concernée », en tenant compte de la qualité urbaine ainsi que de la préservation et de la restauration de la biodiversité et de la nature en ville [4].

512.14 Prise en compte dans l'étude d'impact. Un décret détermine les modalités de prise en compte des conclusions de ces études dans l'étude d'impact prévue à l'article L. 122-3 du code de l'environnement [5].

Il résulte de cette rédaction que les études environnementales doivent être réalisées avant l'étude d'impact, afin de pouvoir être prise en compte par celle-ci.

SECTION 2
ÉTUDE DE SÉCURITÉ PUBLIQUE

512.21 Objet. Le code de l'urbanisme impose la réalisation d'une étude de sécurité publique avant la mise en œuvre des opérations de construction et d'aménagement de grande ampleur. L'objectif est d'intégrer dans ces opérations les exigences de sécurité [6].

§ 1
Opérations soumises à l'étude de sécurité publique

512.31 Champ d'application. L'étude de sécurité publique doit être mise en œuvre pour les « projets d'aménagement et la réalisation des équipements collectifs et des programmes de construction qui,

1. V. s^{s} n° 522.12.
2. Sur les opérations concernées, v. s^{s} n°s 214.31 s. – C. urb., art. L. 300-1-1.
3. C. urb., art. L. 300-1-1, 1°.
4. C. urb., art. L. 300-1-1, 2°.
5. C. urb., art. L. 300-1-1, al. 4.
6. G. Godfrin, « Urbanisme et délinquance », *Constr.-Urb.* 2007, n° 10. – J.-Ph. Brouant, « L'irruption de la sûreté dans le champ du droit de l'urbanisme. À propos des études de sécurité publique », *AJDA* 2008. 18.

par leur importance, leur localisation ou leurs caractéristiques propres peuvent avoir des incidences sur la protection des personnes et des biens contre les menaces et les agressions »[1]. La liste précise des opérations qui en relèvent est fixée à l'article R. 114-1.

A. Opérations soumises à étude de sécurité publique dans les agglomérations de plus de 100 000 habitants

512.41 Opérations d'aménagement de plus de 70 000 m². Dans une agglomération de plus de 100 000 habitants au sens du recensement général de la population, est soumise à l'étude de sécurité publique l'opération d'aménagement qui, en une ou plusieurs phases, a pour effet de créer une surface de plancher supérieure à 70 000 mètres carrés[2].

512.42 ERP de première ou deuxième catégorie. Dans une agglomération de plus de 100 000 habitants, est soumise à l'étude de sécurité publique[3] :

– la création d'un établissement recevant du public (ERP) de première ou de deuxième catégorie au sens de l'article R. 143-19 du CCH ;

– ainsi que les travaux et aménagements soumis à permis de construire exécutés sur un ERP existant de première ou de deuxième catégorie ayant pour effet soit d'augmenter de plus de 10 % l'emprise au sol, soit de modifier les accès sur la voie publique.

Sont soumis à la même obligation les établissements d'enseignement du second degré de troisième catégorie[4].

512.43 Construction de plus de 70 000 m². Dans une agglomération de plus de 100 000 habitants, est soumise à l'étude de sécurité publique l'opération de construction ayant pour effet de créer une surface de plancher supérieure ou égale à 70 000 mètres carrés[5].

B. Opérations soumises à étude de sécurité publique en dehors des agglomérations de plus de 100 000 habitants

512.51 Création d'un établissement d'enseignement du second degré. En dehors des agglomérations de plus de 100 000 habitants, est soumise à l'étude de sécurité publique la création d'un établissement d'enseignement du second degré de première, deuxième ou troisième catégorie au sens de l'article R. 143-19 du CCH[6].

512.52 Création d'une gare et travaux sur une gare existante. En dehors des agglomérations de plus de 100 000 habitants, est soumise à l'étude de sécurité publique[7] :

– la création d'une gare ferroviaire, routière ou maritime de première ou deuxième catégorie ;

– ainsi que les travaux soumis à permis de construire exécutés sur une gare existante de même catégorie et ayant pour effet soit d'augmenter de plus de 10 % l'emprise au sol, soit de modifier les accès sur la voie publique.

C. Opérations soumises à étude de sécurité publique sur l'ensemble du territoire national

512.61 Opérations d'un certain seuil situé dans un périmètre délimité par le préfet. Sur l'ensemble du territoire national, est soumise à l'étude de sécurité publique la réalisation d'une opération d'aménagement ou la création d'un ERP dès lors que les deux conditions suivantes sont remplies[8] :

– d'une part le projet se situe à l'intérieur d'un périmètre délimité par arrêté préfectoral (arrêté motivé du préfet ou, à Paris, du préfet de police, pris après avis du conseil local de sécurité et de prévention de la délinquance ou à défaut du conseil départemental de prévention) ;

– d'autre part le projet excède des seuils définis dans cet arrêté.

512.62 Projets de rénovation urbaine. Sur l'ensemble du territoire national, sont soumises à l'étude de sécurité publique celles des opérations des projets de rénovation urbaine mentionnés à l'article 8 du décret du 9 février 2004[9] relatif à l'Agence nationale pour la rénovation urbaine comportant la démolition d'au moins 500 logements déterminées par arrêté du préfet ou, à Paris, du préfet de police, en fonction de leurs incidences sur la protection des personnes et des biens contre les menaces et agressions[10].

1. C. urb., art. L. 114-1.
2. C. urb., art. R. 114-1, 1°, a.
3. C. urb., art. R. 114-1, 1°, b.
4. C. urb., art. R. 114-1, 1°, b.
5. C. urb., art. R. 114-1, 1°, c.
6. C. urb., art. R. 114-1, 2°, a.
7. C. urb., art. R. 114-1, 2°, b.
8. C. urb., art. R. 114-1, 3°.
9. Décr. n° 2004-123, 9 févr. 2004 relatif à l'Agence nationale pour la rénovation urbaine, *JO* 11 févr., n° 1.
10. C. urb., art. R. 114-1, 4°.

§ 2
Contenu de l'étude de sécurité publique

A.
Éléments devant figurer dans l'étude de sécurité publique

1°
Diagnostic

512.71 **Contenu.** L'étude de sécurité publique comprend d'abord « un diagnostic précisant le contexte social et urbain et l'interaction entre le projet et son environnement immédiat »[1].

Selon la circulaire relative à l'étude de sécurité publique[2], le diagnostic permet de répondre à deux grands types de question :

- d'une part l'identification et la compréhension du contexte social et urbain dans lequel s'insère le projet ;

- d'autre part la nature et le niveau de risques encourus par les personnes et les biens (atteintes aux intérêts fondamentaux, atteintes à l'intégrité physique des personnes, atteintes à l'ordre publique et à la tranquillité, atteintes au sentiment de sécurité, atteintes aux biens).

512.72 **Contenu dans l'hypothèse de travaux ou aménagements relatifs à un ERP.** Dans les cas où une étude de sécurité publique est exigée en raison de travaux ou aménagements sur un ERP existant, « le diagnostic ne porte que sur l'interaction entre le projet et son environnement immédiat »[3].

Si une étude a été réalisée depuis moins de quatre ans pour le même établissement, elle est jointe au dossier de demande de permis de construire, la nouvelle étude ne portant alors que sur la partie de l'établissement donnant lieu à modification de plus de 10 % de l'emprise au sol ou modifiant les accès sur la voie publique[4].

2°
Analyse des risques

512.81 **Contenu.** L'étude de sécurité publique comprend « l'analyse du projet au regard des risques de sécurité publique pesant sur l'opération »[5].

Selon la circulaire relative à l'étude de sécurité publique, l'analyse du projet se fait dans un double objectif[6] :

- d'une part l'identification des risques qui sont susceptibles d'être produits par le projet lui-même ;

- d'autre part l'analyse de la manière dont le projet répond aux risques mis en avant dans le diagnostic.

3°
Mesures proposées

512.91 **Contenu.** L'étude de sécurité publique comprend « les mesures proposées », en ce qui concerne, notamment, « l'aménagement des voies et espaces publics » et, lorsque le projet porte sur une construction, « l'implantation, la destination, la nature, l'architecture, les dimensions et l'assainissement de cette construction et l'aménagement de ses abords », pour[7] :

- prévenir et réduire les risques de sécurité publique mis en évidence dans le diagnostic (a) ;

- faciliter les missions des services de police, de gendarmerie et de secours (b).

Selon la circulaire relative à l'étude de sécurité publique[8], les préconisations de l'étude se déduisent de l'ensemble des éléments recueillis lors de l'étude et peuvent être de trois ordres :

- des préconisations architecturales et urbaines, pouvant concerner la fréquentation des espaces, la fluidité des circulations ou encore la résidentialisation des logements ;

- des préconisations techniques prenant en compte la protection des accès, le développement des équipements de vidéoprotection ou encore la qualité de l'éclairage ;

- des préconisations d'ordre organisationnel comprenant notamment les démarches de gestion urbaine de proximité.

512.92 **Vidéosurveillance.** L'étude se prononce sur l'opportunité d'installer ou non un système de vidéoprotection[9].

B.
Sanction d'une étude ne satisfaisant pas aux conditions (ERP)

512.101 **Refus de permis.** Lorsque l'opération porte sur un établissement recevant du public, « le permis de construire ne peut être délivré » si l'autorité compétente a constaté, après avis de la commission compétente en matière de sécurité publique,

1. C. urb., art. R. 114-2, 1°.
2. Circ. 1er oct. 2007 relative à l'application de l'article L. 111-3-1 (ancien) du code de l'urbanisme, INT/K/07/00103/C, p. 8.
3. C. urb., art. R. 114-2, dernier al.
4. C. urb., art. R. 114-2, dernier al.
5. C. urb., art. R. 114-2, 2°.
6. Circ. 1er oct. 2007, INT/K/07/00103/C, p. 9-10.
7. C. urb., art. R. 114-2, 3°.
8. Circ. 1er oct. 2007, INT/K/07/00103/C, p. 10 – également : Circ. 6 sept. 2010 relative à la réalisation des études de sécurité publique lors des opérations de rénovation urbaine, NOR : MTSV1019478C, annexe 4, p. 9.
9. C. urb., art. R. 114-2, al. 2.

que l'étude remise « ne remplit pas les conditions » relatives à son contenu[1].

En l'absence de réponse dans un délai de deux mois, l'avis de la commission compétente en matière de sécurité publique est réputé favorable[2].

§ 3
Communicabilité de l'étude de sécurité publique

A.
Absence de communicabilité pour le public

512.111 **Document non communicable.** L'étude de sécurité publique « n'est pas un document communicable » pour l'application du livre III du CRPA[3].

B.
Communicabilité au maire

512.121 **Document communicable.** Le maire « peut obtenir communication » de l'étude de sécurité publique[4].

SECTION 3
ÉTUDE DE L'IMPACT SUR L'ÉCONOMIE AGRICOLE

512.131 **Étude préalable.** Afin de limiter la consommation de terres agricoles, l'article L. 112-1-3 du code rural[5] impose la réalisation d'une étude préalable pour les projets susceptibles d'avoir des conséquences négatives importantes sur l'économie agricole. Son champ d'application et son contenu sont détaillés aux articles D. 112-1-18 du code rural.

1. C. urb., art. L. 114-2 ; – également : C. urb., art. R. 424-5-1 : « Lorsque la demande porte sur un projet qui doit faire l'objet d'une étude de sécurité en application de l'article R. 114-1, elle est rejetée si l'autorité compétente constate, par arrêté motivé pris après avis de la sous-commission départementale pour la sécurité publique de la commission consultative départementale de sécurité et d'accessibilité, que l'étude remise ne remplit pas les conditions et les objectifs définis par l'article R. 114-2 ».
2. C. urb., art. R. 114-3.
3. C. urb., art. L. 114-3, al. 1er.
4. C. urb., art. L. 114-3, al. 2.
5. C. rur., art. L. 112-1-3 ; créé par L. n° 2014-1170, 13 oct. 2014, art. 28 – C. Hernandez-Zakine et R. Durand, *RD rur.* 2017, ét. 3, « compensation collective agricole : un dispositif juridique inachevé » – C. Le Guyader et M.-L. Treffot, « Des différentes compensations aux atteintes aux milieux naturels. Les compensations sectorielles », *JCP N* 2018, n° 1177.

§ 1
Champ d'application

512.141 **Nature de l'opération.** L'étude préalable concerne deux types d'opérations[6] :

– d'une part, les projets de travaux, d'ouvrages ou d'aménagements publics et privés qui, par leur nature, leurs dimensions ou leur localisation, sont susceptibles d'avoir des conséquences négatives importantes sur l'économie agricole ;

– d'autre part, les projets d'installations agrivoltaïques.

512.142 **Emplacement et ampleur de l'opération.** L'étude préalable ne s'impose que pour les projets présentant cumulativement les trois caractéristiques suivantes[7].

Premièrement, le projet est soumis, par sa nature, ses dimensions ou sa localisation, à une « étude d'impact de façon systématique » dans les conditions prévues à l'article R. 122-2 du code de l'environnement.

Deuxièmement, « l'emprise » du projet est située en tout ou partie :

– soit sur une zone agricole, forestière ou naturelle, délimitée par un document d'urbanisme opposable et qui est ou a été affectée à une activité agricole au sens de l'article L. 311-1 dans les cinq années précédant la date de dépôt du dossier de demande d'autorisation, d'approbation ou d'adoption du projet ;

– soit sur une zone à urbaniser délimitée par un document d'urbanisme opposable qui est ou a été affectée à une activité agricole au sens de l'article L. 311-1 dans les trois années précédant la date de dépôt du dossier de demande d'autorisation, d'approbation ou d'adoption du projet ;

– soit, en l'absence de document d'urbanisme délimitant ces zones, sur toute surface qui est ou a été affectée à une activité agricole dans les cinq années précédant la date de dépôt du dossier de demande d'autorisation, d'approbation ou d'adoption du projet.

Troisièmement, « la surface prélevée » de manière définitive sur les zones précédemment mentionnées est supérieure ou égale à un seuil fixé par défaut à cinq hectares.

Par arrêté pris après avis de la commission prévue aux articles L. 112-1-1, L. 112-1-2 et L. 181-10, le préfet peut déroger à ce seuil en fixant un ou plusieurs seuils départementaux compris entre un et

6. C. rur., art. L. 112-1-3, al. 1er (mod par L. n° 2023-175, 10 mars 2023) – art. D. 112-1-18.
7. C. rur., art. D. 112-1-18, I.

dix hectares, tenant notamment compte des types de production et de leur valeur ajoutée.

Il y a lieu de prendre en compte la surface globale en cas d'opération fractionnée [1].

512.143 Opération fractionnée. Lorsqu'un projet est constitué de plusieurs travaux, installations, ouvrages ou autres interventions au sens du dernier alinéa du III de l'article L. 122-1 du code de l'environnement, la surface prise en compte est celle prélevée pour la réalisation de l'ensemble du projet [2].

§ 2
Mise en œuvre de l'étude préalable

A.
Prise en charge de l'étude préalable

512.151 Prise en charge par le maître d'ouvrage. L'étude préalable est prise en charge par le maître d'ouvrage [3].

B.
Contenu de l'étude préalable

512.161 Cinq éléments. L'étude préalable comprend cinq éléments [4] :

– une description du projet et la délimitation du territoire concerné (1°) ;

– une analyse de l'état initial de l'économie agricole du territoire concerné (2°, précisant que l'analyse porte sur la production agricole primaire, la première transformation et la commercialisation par les exploitants agricoles et justifie le périmètre retenu par l'étude) ;

– l'étude des effets positifs et négatifs du projet sur l'économie agricole de ce territoire (3°, précisant que l'étude intègre une évaluation de l'impact sur l'emploi ainsi qu'une évaluation financière globale des impacts, y compris les effets cumulés avec d'autres projets connus) ;

– les mesures envisagées et retenues pour éviter et réduire les effets négatifs notables du projet (4°, précisant que l'étude établit que ces mesures ont été correctement étudiées ; elle indique, le cas échéant, les raisons pour lesquelles elles n'ont pas été retenues ou sont jugées insuffisantes ; elle tient compte des bénéfices, pour l'économie agricole du territoire concerné, qui pourront résulter des procédures d'aménagement foncier mentionnées aux articles L. 121-1 et suivants) ;

1. V. s[s] n° 512.143.
2. C. rur., art. D. 112-1-18, II.
3. C. rur., art. L. 112-1-3, al. 2.
4. C. rur., art. D. 112-1-19.

– le cas échéant, les mesures de compensation collective envisagées pour consolider l'économie agricole du territoire concerné, l'évaluation de leur coût et les modalités de leur mise en œuvre (5°).

512.162 Hypothèse d'une opération fractionnée. En cas d'opération fractionnée [5], l'étude préalable porte sur l'ensemble du projet [6].

À cet effet, lorsque sa réalisation est fractionnée dans le temps, l'étude préalable de chacun des projets comporte une appréciation des impacts de l'ensemble des projets [7].

Lorsque les travaux sont réalisés par des maîtres d'ouvrage différents, ceux-ci peuvent demander au préfet de leur préciser les autres projets pour qu'ils en tiennent compte [8].

512.163 Hypothèse d'une étude d'impact ou d'une évaluation environnementale prévue par le code de l'urbanisme. Les documents évaluant les impacts des projets sur l'environnement prescrits par le code de l'environnement tiennent lieu de l'étude préalable prévue à l'article D. 112-1-19 s'ils satisfont à ses prescriptions [9].

§ 3
Transmissions et consultations

A.
Transmission au préfet

512.171 Transmission par le maître d'ouvrage. L'étude préalable est adressée par le maître d'ouvrage au préfet par tout moyen permettant de rapporter la preuve de sa date de réception [10].

B.
Transmission à la CDPENAF et avis de la commission

512.181 Transmission par le préfet. Le préfet transmet l'étude préalable à la CDPENAF [11].

512.182 Avis de la commission. La commission émet un avis motivé sur les points suivants [12] :

– l'existence d'effets négatifs notables du projet sur l'économie agricole ;

5. V. s[s] n° 512.143.
6. C. rur., art. D. 112-1-19, al. 7.
7. C. rur., art. D. 112-1-19, al. 7.
8. C. rur., art. D. 112-1-19, al. 7.
9. C. rur., art. D. 112-1-20.
10. C. rur., art. D. 112-1-21, I, al. 1er.
11. C. rur., art. D. 112-1-21, I, al. 2.
12. C. rur., art. D. 112-1-21, I, al. 2.

– la nécessité de mesures de compensation collective ;

– et la pertinence et la proportionnalité des mesures proposées par le maître d'ouvrage.

Le cas échéant, la commission propose des adaptations ou des compléments à ces mesures et émet des recommandations sur les modalités de leur mise en œuvre [1].

512.183 Délai pour émettre l'avis. La commission dispose d'un délai de deux mois pour émettre son avis.

À l'expiration d'un délai de deux mois à compter de sa saisine, l'absence d'avis sur les mesures de compensation proposées vaut absence d'observation [2].

C. Transmission aux autres préfets concernés

512.191 Projets susceptibles d'affecter plusieurs départements. Lorsque les conséquences négatives des projets concernés sont susceptibles d'affecter l'économie agricole de plusieurs départements, le maître d'ouvrage adresse l'étude préalable au préfet du département dans lequel se situent la majorité des surfaces prélevées, qui procède à la consultation des préfets des autres départements concernés par le projet et recueille leurs avis. Ces avis sont rendus après consultation dans chaque département de la commission départementale de la préservation des espaces naturels, agricoles et forestiers [3].

Il peut prolonger le délai de deux mois prévu à l'alinéa précédent d'un mois en cas de besoin [4].

D. Avis motivé du préfet

512.201 Délai pour émettre l'avis. À compter de la réception du dossier, le préfet dispose d'un délai de quatre mois pour notifier son avis au maître d'ouvrage ainsi que, le cas échéant, à l'autorité décisionnaire du projet [5].

À défaut d'avis formulé dans ce délai, le préfet est réputé n'avoir aucune observation à formuler sur l'étude préalable [6].

512.202 Émission de l'avis. L'avis porte sur l'étude préalable établie par le maître d'ouvrage [7].

Le préfet doit rendre un avis motivé [8].

Lorsque l'avis de plusieurs préfets est requis [9], le préfet du département dans lequel se situe la majorité des surfaces prélevées est chargé de la notification de ces avis dans les mêmes conditions [10].

512.203 Publicité de l'avis lorsque le préfet impose des mesures de compensation. Lorsque le préfet estime que l'importance des conséquences négatives du projet sur l'économie agricole impose la réalisation de mesures de compensation collective, son avis et l'étude préalable sont publiés sur le site internet de la préfecture [11].

Lorsque l'avis de plusieurs préfets est requis [12], les avis des préfets des départements et l'étude préalable sont publiés sur le site internet de chacune des préfectures des départements concernés par le projet dès lors que l'un des préfets consultés estime que l'importance des conséquences négatives du projet sur l'économie agricole impose la réalisation de mesures de compensation collective [13].

§ 4 Mise en œuvre des mesures de compensation

512.211 Prise en charge par le maître d'ouvrage. Les mesures de compensation sont prises en charge par le maître d'ouvrage [14].

512.212 Obligation du maître d'ouvrage d'informer le préfet de leur mise en œuvre. Le maître d'ouvrage informe le préfet de la mise en œuvre des mesures de compensation collective selon une périodicité adaptée à leur nature [15].

SECTION 4 ÉVALUATION DES INCIDENCES NATURA 2000 (LE CAS ÉCHÉANT)

512.221 Champ d'application. Lorsqu'ils sont susceptibles d'affecter de manière significative un site Natura 2000, individuellement ou en raison de leurs effets cumulés, doivent faire l'objet d'une évaluation de leurs incidences au regard des objectifs de conservation du site [16] :

– les documents de planification qui, sans autoriser par eux-mêmes la réalisation d'activités, de tra-

1. C. rur., art. D. 112-1-21, I, al. 2.
2. C. rur., art. D. 112-1-21, I, al. 2.
3. C. rur., art. D. 112-1-21, II.
4. C. rur., art. D. 112-1-21, II.
5. C. rur., art. D. 112-1-21, III, al. 1er.
6. C. rur., art. D. 112-1-21, III, al. 2.
7. C. rur., art. D. 112-1-21, III, al. 1er.
8. C. rur., art. D. 112-1-21, III, al. 1er.
9. V. ss no 512.191.
10. C. rur., art. D. 112-1-21, III, al. 1er.
11. C. rur., art. D. 112-1-21, III, al. 3.
12. V. ss no 512.191.
13. C. rur., art. D. 112-1-21, III, al. 3.
14. C. rur., art. L. 112-1-3, al. 2.
15. C. rur., art. D. 112-1-22.
16. C. env., art. L. 414-4.

vaux, d'aménagements, d'ouvrages ou d'installations, sont applicables à leur réalisation (1°) ;

– les programmes ou projets d'activités, de travaux, d'aménagements, d'ouvrages ou d'installations (2°).

512.222 **Méthode d'évaluation.** Il doit être tenu compte, pour évaluer les incidences d'un projet sur l'état de conservation d'un site d'importance communautaire, des mesures, prévues par le projet, de nature à supprimer ou réduire les effets dommageables de celui-ci sur le site. En revanche, il n'y a pas lieu de tenir compte, à ce stade, des mesures compensatoires envisagées, le cas échéant, dans l'étude d'incidences, si le projet répond aux conditions posées par le III de l'article L. 414-4 du code de l'environnement[1].

512.223 **Sauvegarde de la zone.** Les sites Natura 2000 font l'objet de mesures destinées à conserver ou à rétablir dans un état favorable à leur maintien à long terme les habitats naturels et les populations des espèces de faune et de flore sauvages qui ont justifié leur délimitation. Les sites Natura 2000 font également l'objet de mesures de prévention appropriées pour éviter la détérioration de ces mêmes habitats naturels et les perturbations de nature à affecter de façon significative ces mêmes espèces[2].

A été annulé pour méconnaissance de ces exigences l'acte de création d'une ZAC qui aurait conduit à une détérioration de 25 hectares d'habitats naturels, dont 14 d'habitats prioritaires, et aurait ainsi porté atteinte à l'état de conservation des habitats qui ont justifié la délimitation du site, alors même qu'ils ne représentent qu'un faible pourcentage de la superficie totale de ce site[3].

SECTION 5
ÉVALUATION ENVIRONNEMENTALE

512.230 **Renvoi.** Les opérations d'aménagement de grande envergure doivent être précédées d'une évaluation environnementale[4].

1. CE 13 déc. 2012, *Min. Écologie, Développement durable, Transports et Logement c/S^té Résidence Porte des neiges*, req. n° 349541, *Lebon T.*
2. C. env., art. L. 414-4, V.
3. CAA Marseille, 31 juill. 2014, *S^té Résidence Porte des neiges*, req. n° 13MA05107, NP (arrêt devenu définitif en l'absence d'admission du pourvoi formé à son encontre : CE 3 juin 2015, req. n° 384900, NP).
4. V. s^s n°s 214.31 s.

SECTION 6
CONCERTATION

512.241 **Concertation obligatoire ou facultative.** Le code prévoit deux procédures distinctes :

– l'une, obligatoire, est mise en œuvre pour les projets d'aménagement de grande ampleur ;

– l'autre, facultative, peut être mise en œuvre pour les projets d'aménagement (ou de construction) de dimensions plus restreintes.

§ 1
Certains projets d'aménagement sont soumis à une procédure de concertation obligatoire

512.250 **Renvoi.** Une procédure de concertation obligatoire doit être mise en œuvre préalablement à aux projets d'aménagement de grande envergure.

Font obligatoirement l'objet d'une concertation les projets d'aménagement suivants[5] :

– la création d'une ZAC ;

– les projets et opérations d'aménagement ayant pour effet de modifier de façon substantielle le cadre de vie ;

– et les projets de renouvellement urbain.

La procédure de concertation obligatoire est mise en œuvre selon les modalités définies aux articles L. 103-3 s. du code de l'urbanisme[6].

§ 2
Les autres projets d'aménagements (ou de travaux) peuvent être soumis à une procédure de concertation facultative

A.
Champ d'application de la procédure de concertation facultative

1°
Concertation facultative mais pouvant être rendue obligatoire par l'autorité administrative

512.261 **Concertation spontanée.** Les projets de travaux ou d'aménagements soumis à permis de construire ou à permis d'aménager, autres que ceux mentionnés au 3° de l'article L. 103-2 (projets et opérations d'aménagement ou de construction ayant pour effet de modifier de façon substantielle le cadre de vie), situés sur un territoire couvert par un SCOT, par un PLU ou par un document d'urbanisme en

5. V. s^s n° 213.21.
6. V. s^s n°s 213.101 s.

tenant lieu ou par une carte communale peuvent faire l'objet de la concertation prévue à l'article L. 103-2[1].

Cette faculté de concertation a été ouverte par la loi ALUR. Elle ne se limite pas aux projets publics et peut donc également être mise en œuvre pour les projets privés.

Elle a été instituée en vue de réduire les risques contentieux entourant une opération en permettant aux personnes pouvant être impactées par cette opération de présenter leurs observations avant le dépôt de la demande de permis et ainsi, le cas échéant, de conduire le porteur du projet à en tenir compte dans la finalisation de celui-ci.

512.262 Concertation pouvant être rendue obligatoire. La concertation préalable à la demande de permis est en principe facultative. Toutefois, l'autorité compétente, mentionnée aux 1° à 3° de l'article L. 103-3 (préfet lorsque l'opération relève de l'initiative de l'État, organe délibérant de la collectivité dans les autres cas[2]) peut prendre une décision ou une délibération définissant ceux des projets de travaux ou d'aménagements qui sont soumis à cette concertation[3].

L'autorité compétente se base pour cela sur les paramètres suivants[4] :

- leur importance ;
- leur impact potentiel sur l'aménagement de la commune ;
- ou la sensibilité du lieu où ils seront implantés.

2°
Concertation exclue pour les opérations sensibles intéressant la défense nationale ou la sécurité publique

512.271 Exclusion pour préserver les intérêts de la défense nationale ou de la sécurité publique. Les dispositions de l'article L. 300-2 ne sont pas applicables aux opérations ayant reçu la qualification[5] :

- d'opération sensible intéressant la défense nationale en application de l'article L. 2391-1 du code de la défense ;
- ou celle d'opération sensible intéressant la sécurité nationale en application de l'article L. 112-3 du code de la sécurité intérieure.

1. C. urb., art. L. 300-2, al. 1er.
2. Ou encore le représentant légal de la société SNCF Réseau mentionnée à l'article L. 2111-9 du code des transports ou de sa filiale mentionnée au 5° du même article lorsque l'opération est à l'initiative de l'une de ces deux sociétés.
3. C. urb., art. L. 300-2, al. 6.
4. C. urb., art. L. 300-2, al. 6.
5. C. urb., art. L. 300-2, al. 9.

B.
Déroulement de la procédure de concertation facultative

1°
Première étape : engagement de la concertation

512.281 Concertation préalablement au dépôt de la demande. La concertation est réalisée préalablement au dépôt de la demande de permis[6] :

- soit à l'initiative de l'autorité compétente pour statuer sur la demande de permis ;
- soit, avec l'accord de celle-ci, à l'initiative du maître d'ouvrage.

512.282 Dossier. Lorsque la concertation est réalisée à l'initiative du maître d'ouvrage, celui-ci transmet à l'autorité compétente pour statuer un dossier de présentation du projet[7].

Celui-ci comporte au moins les éléments suivants[8] :

- une description de la localisation du projet dans l'environnement et sur le terrain concerné ;
- sa destination ;
- les caractéristiques des constructions ou aménagements envisagés, comprenant un avant-projet architectural dans le cas où le projet comporte des bâtiments ;
- la desserte du projet par les équipements publics et l'aménagement de ses abords.

2°
Deuxième étape : concertation sur le projet

512.291 Mise à disposition du public. L'autorité compétente met le dossier à la disposition du public dans des conditions lui permettant d'en prendre connaissance et de formuler des observations ou propositions. Celles-ci sont enregistrées et conservées[9].

La délibération par laquelle le conseil municipal ou l'organe délibérant de l'EPCI arrête le dossier définitif d'un projet d'aménagement constitue un acte préparatoire, insusceptible de recours[10].

6. C. urb., art. L. 300-2, al. 1er.
7. C. urb., art. L. 300-2, al. 2.
8. C. urb., art. L. 300-2, al. 2.
9. C. urb., art. L. 300-2, al. 3.
10. CE 30 mars 2016, *Molinier (M.)*, req. n° 383037, *Lebon* ; *BJCL* 2016. 526, concl. X. Domino : le Conseil d'État indique que la délibération par laquelle le conseil municipal ou l'organe délibérant de l'EPCI arrête, en application de l'article L. 300-2 du code de l'urbanisme dans sa rédaction alors en vigueur, le dossier définitif d'un projet d'aménagement, ne permet pas, par elle-même, la réalisation des opérations d'aménagement, lesquelles ne pourront être engagées qu'à la suite de leur déclaration d'utilité publique ou d'une autre décision de les réaliser. Par conséquent, cette délibération revêt le caractère d'une mesure préparatoire, insusceptible de faire l'objet d'un recours pour excès de pouvoir, quand même ▶

512.292 Bilan de la concertation. À l'issue de la concertation préalable, l'autorité compétente pour statuer sur la demande de permis établit le bilan de la concertation[1].

Cette autorité transmet le bilan de la concertation au maître d'ouvrage dans un délai maximum de 21 jours à compter de la date de clôture de la concertation[2].

512.293 Prise en compte du bilan de la concertation. Le maître d'ouvrage établit un document expliquant comment il a pris en compte les observations et propositions ressortant du bilan[3].

Le bilan de la concertation est joint à la demande de permis[4].

512.294 Hypothèse dans laquelle le projet doit faire l'objet d'une évaluation environnementale. Pour les projets devant faire l'objet d'une évaluation environnementale et pour lesquels la concertation préalable est réalisée, il n'y a pas lieu d'organiser l'enquête publique mentionnée à l'article L. 123-1 du code de l'environnement[5]. Cette dispense permet d'accélérer la procédure.

Dans ce cas, le document établi par le maître d'ouvrage expliquant comment il a pris en compte les observations et propositions ressortant du bilan[6] et l'avis de l'autorité administrative compétente de l'État en matière d'environnement sont joints aux documents qui font l'objet de la mise à disposition du public pour la troisième étape[7].

3°
Troisième étape : concertation sur la demande de permis et les autres pièces du dossier

512.301 Mise à disposition du public. La demande de permis de construire ou de permis d'aménager, l'étude d'impact et le bilan de la concertation font l'objet d'une mise à disposition du public selon les modalités prévues à l'article L. 123-19 du code de l'environnement[8].

▶ celui-ci se bornerait à soulever des moyens tirés de vices dans la procédure de concertation ayant précédé l'adoption de la délibération.

1. C. urb., art. R. 300-1, al. 1er.
2. C. urb., art. R. 300-1, al. 2.
3. C. urb., art. R. 300-1, al. 3.
4. C. urb., art. L. 300-2, al. 3.
5. C. urb., art. L. 300-2, al. 4.
6. V. ss no 512.293.
7. C. urb., art. R. 300-2.
8. C. urb., art. L. 300-2, al. 5.

C.
Hypothèse où le projet concerne également la création d'une ZAC

512.311 Mise en place simultanée de la concertation obligatoire et de la concertation facultative. Lorsqu'elle vise un projet situé dans le périmètre d'une ZAC, la concertation mise en œuvre à titre facultative peut être conduite simultanément à la concertation – mise en œuvre à titre obligatoire – visant la création de cette ZAC[9].

Cette faculté de mettre en œuvre simultanément les deux procédures ne s'applique qu'aux projets dont les caractéristiques sont connues de façon suffisamment précise au moment de la création de la ZAC pour permettre le respect et la pleine application des dispositions du présent article et des droits mentionnés aux 1°, 3° et 4° du II de l'article L. 120-1 du code de l'environnement[10].

SECTION 7
CONSULTATIONS

§ 1
Consultations référendaires

512.321 Possibilité de consultation locale sur un projet. L'État peut « consulter les électeurs d'une aire territoriale déterminée » afin de recueillir leur avis sur « un projet d'infrastructure ou d'équipement susceptible d'avoir une incidence sur l'environnement » dont la réalisation est subordonnée à la délivrance d'une autorisation relevant de sa compétence, y compris après une déclaration d'utilité publique[11].

512.322 Application. La possibilité offerte à l'État d'organiser une consultation sur un projet d'aménagement a été mise en œuvre à une reprise. Elle a concerné le projet d'aéroport de Notre-Dame-des-Landes en 2016[12].

§ 2
Consultation de la chambre d'agriculture, de l'INAO et du CNPF

512.331 Cas prévu par le code rural. Les opérations d'aménagement prévoyant une réduction des

9. C. urb., art. L. 300-2, al. 7.
10. C. urb., art. L. 300-2, al. 8.
11. C. env., art. L. 123-20 s.
12. Décr. no 2016-503, 23 avr. 2016 relatif à la consultation des électeurs des communes de la Loire-Atlantique sur le projet de transfert de l'aéroport de Nantes-Atlantique sur la commune de Notre-Dame-des-Landes, *JO* 24 avr., no 12.

espaces agricoles ou forestiers ne peuvent être rendus publics ou approuvés qu'après avis de la chambre d'agriculture, de l'Institut national de l'origine et de la qualité dans les zones d'appellation d'origine contrôlée et, le cas échéant, du Centre national de la propriété forestière[1].

Ces avis sont rendus dans un délai de trois mois à compter de la saisine. En l'absence de réponse à l'issue de ce délai, l'avis est réputé favorable[2].

Le défaut de consultation entache d'un vice de procédure l'acte décidant la réalisation de l'opération d'aménagement[3].

1. C. rur., art. L. 112-3, al. 1er et 3.
2. C. rur., art. L. 112-3, al. 2.
3. TA Dijon, 27 juin 2007, *Assoc. de défense de la qualité de la vie à Marsannay la Côte*, req. nº 0501405, NP.

CHAPITRE

513. Mise en compatibilité des documents d'urbanisme

SECTION 0

ORIENTEUR

513.00 Sommaire du chapitre.

513.01 Textes applicables.

> Procédures de mise en compatibilité des documents d'urbanisme aux opérations d'aménagement

• **C. urb.**, art. L. 300-6 s.

513.03 Bibliographie indicative.

Articles. J.-F. Joye, « La procédure intégrée pour le logement, nouvelle procédure de modification rapide des normes d'urbanisme », *DAUH* 2014. 81.

513.05 S'adapter au document d'urbanisme ou adapter le document. Il arrive assez fréquemment que le projet d'aménagement ne soit pas cohérent avec tout ou partie des règles et orientations définies par un document d'urbanisme applicable.

Deux solutions s'offrent alors.

Soit des adaptations peuvent être apportées au projet d'aménagement. Elles sont alors mises en œuvre pour lever les incompatibilités. Le projet s'adapte au document.

Soit ces adaptations sont impossibles car elles reviendraient à dénaturer le projet. Dans ce cas, il convient de se rapprocher de la collectivité responsable du document d'urbanisme afin d'envisager la possibilité qu'elle fasse évoluer son document pour lever les obstacles au projet.

513.06 **Deux procédures.** Deux procédures sont prévues pour la mise en compatibilité des documents d'urbanisme :

- une procédure de droit commun ;
- et une procédure intégrée pour le logement.

SECTION 1

PROCÉDURE DE DROIT COMMUN : DÉCLARATION DE PROJET (C. URB., ART. L. 300-6)

513.11 **Objet.** La déclaration de projet permet à des collectivités publiques de déclarer d'intérêt général[1] :

- une action ou d'une opération d'aménagement (1°) ;
- la réalisation d'un programme de construction (2°) ;
- l'implantation d'une installation de production d'énergies renouvelables, d'une installation de stockage d'électricité, d'une installation de production d'hydrogène renouvelable ou bas-carbone, y compris leurs ouvrages de raccordement, ou d'un ouvrage du réseau public de transport ou de distribution d'électricité (3°) ;
- l'implantation d'une installation industrielle de fabrication, d'assemblage ou de recyclage des produits ou des équipements, y compris de petites et moyennes entreprises, qui participent aux chaînes de valeur des activités dans les secteurs des technologies favorables au développement durable, définis par un décret en Conseil d'État[2], y compris des entrepôts de logistique situés sur le site et nécessaires au fonctionnement de cette installation (4°) ;
- l'implantation d'une installation de recherche et développement ou d'expérimentation de nouveaux produits ou procédés qui participent directement aux chaînes de valeurs des activités dans les secteurs des technologies favorables au développement durable mentionnées au 4° (5°).

Les points 3° à 5° ont été ajoutés par la loi du 23 octobre 2023.

513.12 **Collectivités publiques compétentes.** Une déclaration de projet peut être adoptée par une collectivité publique agissant seule[3] :

- l'État ;
- les établissements publics de l'État ;
- les collectivités territoriales ;
- les groupements de collectivités territoriales.

Une déclaration de projet peut également être prise par décision conjointe d'une collectivité territoriale ou d'un groupement de collectivités territoriales et de l'État[4].

1. C. urb., art. L. 300-6, al. 1er à 6 ; mod. par L. n° 2023-973, 23 oct. 2023.
2. Ces secteurs sont définis à l'article R. 300-14, créé par décr. n° 2024-704, 5 juill. 2024. Sont concernés :
1° Les secteurs des technologies de décarbonation du bâtiment, incluant notamment les technologies de matériaux bas-carbone et de matériaux isolants, les pompes à chaleur, et les technologies et les composants électroniques servant à la maîtrise énergétique ;
2° Les secteurs des technologies de décarbonation des mobilités, incluant notamment les technologies des véhicules électriques et bas-carbone, incluant les cycles et les technologies de décarbonation des transports ferroviaires, maritimes, fluviaux et aéronautiques ;
3° Les secteurs des technologies de décarbonation de l'industrie, incluant notamment la capture, le transport, les terminaux de traitement et de chargement, le stockage et l'utilisation du carbone, les fours électriques et les chaudières électriques, les pompes à chaleur servant à l'électrification de l'industrie, les composants électroniques et technologies servant à la maîtrise énergétique ;
4° Les secteurs des technologies de décarbonation de l'agriculture, incluant notamment les engrais organiques, les technologies de décarbonation de la production d'engrais, les biosolutions en substitution aux intrants fossiles et les équipements bas-carbone servant à l'agriculture, en ce compris les tracteurs et les machines agricoles ;
5° Les secteurs des technologies de production, de réseau et de stockage de l'énergie bas-carbone, incluant les équipements et composants, notamment celles liés à l'énergie nucléaire – y compris les activités liées au cycle du combustible – et aux énergies renouvelables et de récupération, incluant : l'éolien, le photovoltaïque, le gaz renouvelable et bas carbone, l'hydroélectricité, les énergies marines, l'hydrogène, les réseaux électriques, les réseaux de chaleur et de froid, les batteries, la géothermie, la chaleur biomasse et le solaire thermique, la chaleur fatale issue de la valorisation énergétique des déchets, de l'industrie, des centres de données et des stations de traitement des eaux usées ;
6° Les secteurs des technologies de production de produits biosourcés incluant notamment le pré-traitement de la biomasse, et les technologies de production de biocarburants renouvelables, de carburants de synthèse et/ ou à base de carbone recyclé ;
7° Les secteurs des technologies de production et transformation des matières premières nécessaires à la production des équipements et des composants des technologies listées au présent article, notamment toute la filière de transformation du bois ;
8° Les secteurs des technologies de recyclage des déchets de matériaux, pouvant inclure des unités de préparation des déchets, des unités mettant en œuvre une technologie de recyclage, et des unités de mise en forme post-transformation de la matière recyclée. La collecte des déchets et la transformation de la matière recyclée en matériaux et objets ne sont pas comprises comme des technologies de recyclage de matériaux au titre du présent article.
3. C. urb., art. L. 300-6, al. 1er.
4. C. urb., art. L. 300-6, al. 11.

513.13 Enquête publique, évaluation environnementale. La déclaration de projet doit être précédée d'une enquête publique réalisée conformément au chapitre III du titre II du livre Ier du code de l'environnement[1].

Lorsque l'action, l'opération d'aménagement ou le programme de construction est susceptible d'avoir des incidences notables sur l'environnement, les dispositions nécessaires pour mettre en compatibilité les documents d'urbanisme ou pour adapter les règlements et servitudes font l'objet d'une évaluation environnementale[2].

513.14 Procédure. Les articles L. 143-44 à L. 143-50 (relatifs à la mise en compatibilité du SCOT[3]) et L. 153-54 à L. 153-59 (relatifs à la mise en compatibilité du PLU[4]) sont applicables, sauf si la déclaration de projet adoptée par l'État, un de ses établissements publics, un département ou une région a pour effet de porter atteinte à l'économie générale du PADD du SCOT et, en l'absence de SCOT, du PLU[5].

513.15 Hypothèse d'une déclaration de projet prise par l'État. Lorsque la déclaration de projet est adoptée par l'État, elle peut procéder aux adaptations nécessaires des documents suivants[6] :

– SDRIF ;

– SAR ;

– PADDUC ;

– SRADDET ;

– charte de parc naturel régional ou de parc national ;

– schéma directeur d'aménagement et de gestion des eaux ;

– schéma d'aménagement et de gestion des eaux ;

– zone de protection du patrimoine architectural, urbain et paysager ;

– schéma régional de cohérence écologique ;

– PCAET.

Ces adaptations sont effectuées dans le respect des dispositions législatives et réglementaires applicables au contenu de ces règlements ou de ces servitudes[7].

Les adaptations proposées sont présentées dans le cadre des procédures prévues par les articles L. 143-44 à L. 143-50 et L. 153-54 à L. 153-59, auxquelles les autorités ou services compétents pour élaborer les documents d'urbanisme précédemment mentionnés sont invités à participer[8].

Lorsque les adaptations proposées portent sur le SDRIF, un SRADDET, un SAR ou le PADDUC, elles sont soumises pour avis, avant l'enquête publique, au conseil régional ou à l'Assemblée de Corse. Leur avis est réputé favorable s'il n'est pas émis dans le délai de trois mois. Cet avis est joint au dossier soumis à enquête publique. En cas d'avis défavorable, la déclaration de projet ne peut être prise que par décret en Conseil d'État[9].

513.16 Installation industrielle. Lorsqu'elle est prononcée par l'État, la déclaration de projet relative à une installation industrielle mentionnée au 4°, aux projets d'infrastructures directement liées à cette installation ou aux projets de création ou de modification d'ouvrages du réseau public de transport d'électricité ayant pour objet le raccordement de ladite installation « peut, lorsque la réalisation du projet nécessite ou est susceptible de nécessiter une dérogation au titre du c du 4° du I de l'article L. 411-2 du code de l'environnement, lui reconnaître, dans des conditions prévues par décret en Conseil d'État, le caractère de projet répondant à une raison impérative d'intérêt public majeur, au sens du même c »[10].

Sur le plan contentieux, cette reconnaissance[11] :

– ne peut être contestée qu'à l'occasion d'un recours dirigé contre la déclaration de projet, dont elle est divisible ;

– ne peut être contestée à l'appui d'un recours dirigé contre l'acte accordant la dérogation prévue audit c.

SECTION 2

PROCÉDURE INTÉGRÉE (C. URB., ART. L. 300-6-1)

513.21 Procédure simplifiée. La procédure intégrée pour le logement (PIL) a été instaurée par une ordonnance du 3 octobre 2013[12]. Elle permet de simplifier les démarches administratives nécessaires à la réalisation d'un projet d'aménagement en réunissant en une seule procédure :

– la procédure applicable à ce projet ;

– la mise en compatibilité de certains documents d'urbanisme requise pour la réalisation du projet ;

– et, si nécessaire, l'adaptation de certains autres types de documents sectoriels (lorsque cette adapta-

1. C. urb., art. L. 300-6, al. 1er.
2. C. urb., art. L. 300-6, al. 12.
3. V. ss nos 224.241 s.
4. V. ss nos 235.261 s.
5. C. urb., art. L. 300-6, al. 7.
6. C. urb., art. L. 300-6, al. 8.
7. C. urb., art. L. 300-6, al. 8.
8. C. urb., art. L. 300-6, al. 9.
9. C. urb., art. L. 300-6, al. 10.
10. C. urb., art. L. 300-6, al. 13 ; créé par L. n° 2023-973, 23 oct. 2023.
11. C. urb., art. L. 300-6, al. 13.
12. Ord. n° 2013-888, 3 oct. 2013 relative à la procédure intégrée pour le logement, *JO* 4 oct., n° 13.

tion est rendue nécessaire à la suite de la mise en compatibilité des documents d'urbanisme).

513.22 Mise en compatibilité et adaptations. La procédure intégrée facilite la mise en compatibilité des documents d'urbanisme rendue nécessaire par certaines opérations d'aménagement. Elle ne visait initialement que les opérations ayant pour objet la construction de logements. Son utilisation a par la suite été étendue à d'autres objets.

§ 1
Mise en compatibilité de documents d'urbanisme

A.
Champ d'application de la procédure intégrée

1°
Documents d'urbanisme concernés

513.31 Liste. La procédure intégrée concerne les documents suivants[1] :

- le SDRIF ;
- le PADDUC ;
- un SAR ;
- un SCOT ;
- un PLU ou un document en tenant lieu.

2°
Objet de la mise en compatibilité

a.
Objets prévus par le code de l'urbanisme

513.41 Objets permanents. La procédure intégrée peut être mise en œuvre lorsque la mise en compatibilité du document d'urbanisme concerné est rendue nécessaire par l'une des raisons suivantes[2] :

– la réalisation dans une unité urbaine d'une opération d'aménagement ou d'une construction comportant principalement des logements et présentant un caractère d'intérêt général (1°) ;

– la réalisation d'un projet immobilier de création ou d'extension de locaux d'activités économiques, présentant un caractère d'intérêt général en raison de son intérêt majeur pour l'activité économique locale ou nationale et au regard de l'objectif de développement durable (2°) ;

– la réalisation d'une grande opération d'urbanisme, au sens de l'article L. 312-3, présentant un caractère d'intérêt général (3°) ;

1. C. urb., art. L. 300-6-1, I, al. 1er.
2. C. urb., art. L. 300-6-1, I.

– la réalisation d'une opération de revitalisation de territoire mentionnée à l'article L. 303-2 du CCH (4°) ;

– la réalisation d'une OIN (5°) ;

– la réalisation d'une opération de requalification des copropriétés dégradées (6°).

b.
Objets prévus ponctuellement par des législations extérieures au code de l'urbanisme

513.51 Objets limités dans le temps. Le législateur a pu ouvrir la procédure intégrée à des opérations ponctuelles nécessitant une mise en œuvre rapide.

513.52 Jeux olympiques de 2024. La loi relative à l'organisation des jeux Olympiques et Paralympiques de 2024 a prévu que lorsqu'elles sont nécessaires à la préparation, à l'organisation ou au déroulement des *JO*, les constructions et les opérations d'aménagement, dont celles ne contenant que pour partie un ouvrage ou un équipement olympique ou paralympique, peuvent être réalisées selon la procédure définie aux II à VI de l'article L. 300-6-1 du code de l'urbanisme[3].

Par dérogation aux III et IV du même article, la participation du public relative aux procédures de mise en compatibilité et d'adaptation est assurée conformément au I de l'article 9 de la loi[4].

Lorsque la mise en compatibilité des documents d'urbanisme impose l'adaptation d'un plan, d'un programme ou d'une servitude d'utilité publique mentionnés au IV de l'article L. 300-6-1 du code de l'urbanisme, la procédure de participation du public, portant à la fois sur l'adaptation de ces documents et sur la mise en compatibilité des documents d'urbanisme, est organisée par le préfet selon les modalités définies au I de l'article 9 de la loi[5].

La loi ÉLAN a ajouté un alinéa précisant que le présent article s'applique aux constructions et opérations d'aménagement dont la liste est fixée par décret, situées à proximité immédiate d'un site nécessaire à la préparation, à l'organisation ou au déroulement des jeux Olympiques ou Paralympiques, lorsque ces constructions et opérations d'aménagement sont de nature à affecter les conditions de desserte, d'accès, de sécurité ou d'exploitation dudit site pendant les épreuves olympiques ou paralympiques[6].

3. L. n° 2018-202, 26 mars 2018 relative à l'organisation des jeux Olympiques et Paralympiques de 2024, *JO* 27 mars, n° 1, art. 12, al. 1er.
4. L. n° 2018-202, 26 mars 2018, art. 12, al. 2.
5. L. n° 2018-202, 26 mars 2018, art. 12, al. 3.
6. L. n° 2018-202, 26 mars 2018, art. 12, al. 4 – Deux sites ont été fixés par : Décr. n° 2019-95, 12 févr. 2019 pris pour l'application de l'article 20 de la loi n° 2018-1021 du 23 novembre 2018 portant évolution du logement, de l'aménagement et du numérique, *JO* 14 févr., n° 42, art. 1er.

513.53 Construction ou extension d'établissements pénitentiaires. Pour la réalisation des opérations d'extension ou de construction d'établissements pénitentiaires entrées en phase d'études avant le 31 décembre 2022, la participation du public aux décisions ayant une incidence sur l'environnement concernant les projets définis à l'article L. 122-1 du code de l'environnement s'effectue dans les conditions définies à l'article L. 123-19 du même code[1].

La synthèse des observations et propositions déposées par le public est réalisée dans un délai d'un mois à compter de la clôture de la participation électronique du public par un ou plusieurs garants nommés par la Commission nationale du débat public dans les conditions fixées aux I et III de l'article L. 121-1-1 dudit code. Elle mentionne les réponses et, le cas échéant, les évolutions proposées par le maître d'ouvrage ou la personne publique responsable pour tenir compte des observations et propositions du public[2].

Le maître d'ouvrage verse l'indemnité relative à la mission des garants à la Commission nationale du débat public, qui la transfère ensuite à ces derniers. Le présent article n'est pas applicable à l'enquête préalable à la DUP mentionnée au second alinéa de l'article L. 110-1 du code de l'expropriation[3].

Une opération d'extension ou de construction d'un établissement pénitentiaire entrée en phase d'études avant le 31 décembre 2022 peut être réalisée selon la procédure définie aux II à VI de l'article L. 300-6-1 du code de l'urbanisme[4].

Par dérogation au même article L. 300-6-1, la participation du public relative aux procédures de mise en compatibilité et d'adaptation est assurée conformément au I du présent article[5].

B.
Engagement de la procédure intégrée

513.61 Première possibilité : engagement par l'État et ses établissements publics. L'engagement de la procédure intégrée peut être décidé par l'État ou ses établissements publics[6].

S'agissant de l'autorité compétente, la procédure est engagée et menée[7] :

– par le préfet lorsqu'elle est engagée par l'État ;

– par l'autorité compétente en vertu des statuts de l'établissement ou, dans le silence de ceux-ci, par l'organe délibérant, lorsqu'elle est engagée par un établissement public de l'État.

513.62 Seconde possibilité : engagement par les collectivités territoriales ou leurs groupements. L'engagement de la procédure intégrée peut être décidé par les collectivités territoriales ou leurs groupements lorsque ces derniers sont compétents pour élaborer les documents d'urbanisme à mettre en compatibilité, ou pour autoriser ou réaliser l'opération d'aménagement ou de construction[8].

S'agissant de l'autorité compétente, la procédure est engagée et menée[9] :

– par le président de l'organe délibérant, lorsqu'elle est engagée par une collectivité territoriale ou par un groupement de collectivités territoriales ;

– par le président du conseil exécutif, lorsqu'elle est engagée par la collectivité de Corse.

C.
Déroulement de la procédure

1°
Renvoi à la procédure d'évolution de droit commun

513.71 Procédure pour les SCOT, PLU et SDRIF. Lorsque la mise en compatibilité porte sur un SCOT, un PLU ou un document en tenant lieu ou sur le SDRIF, les dispositions des articles L. 123-22, L. 123-23 (relatifs à la mise en compatibilité du SDRIF[10]), L. 143-44 à L. 143-50 (relatifs à la mise en compatibilité du SCOT[11]) et L. 153-54 à L. 153-59 (relatifs à la mise en compatibilité du PLU[12]) sont respectivement applicables sous réserve des dispositions du présent article[13] exposées ci-dessous[14].

513.72 Procédure pour le PADDUC et le SAR. Lorsque la mise en compatibilité concerne le PADDUC ou un SAR, les dispositions des articles L. 4424-15-1[15] et L. 4433-10-6 du CGCT[16] sont respectivement applicables sous réserve des dispositions du présent article[17], exposées ci-dessous[18].

1. L. n° 2019-222, 23 mars 2019 de programmation 2018-2022 et de réforme pour la justice, *JO* 24 mars, n° 2, art. 90, I, al. 1er.
2. L. n° 2019-222, 23 mars 2019, art. 90, I, al. 2.
3. L. n° 2019-222, 23 mars 2019, art. 90, I, al. 3.
4. L. n° 2019-222, 23 mars 2019, art. 90, III, al. 1er.
5. L. n° 2019-222, 23 mars 2019, art. 90, III, al. 2.
6. C. urb., art. L. 300-6-1, II.
7. C. urb., art. R. 300-15, al. 1er à 3.
8. C. urb., art. L. 300-6-1, II.
9. C. urb., art. R. 300-15, al. 1er, 4 et 5.
10. V. ss nos 262.202 s.
11. V. ss nos 224.241 s.
12. V. ss nos 235.261 s.
13. C. urb., art. L. 300-6-1, III, al. 1er.
14. V. ss nos 513.81 s.
15. V. ss nos 263.321 s.
16. V. ss n° 264.112.
17. C. urb., art. L. 300-6-1, III, al. 2.
18. V. ss nos 513.81 s.

2°
Adaptations par rapport à la procédure d'évolution de droit commun

513.81 **Projet de la personne publique.** Pour la mise en œuvre des dispositions mentionnées ci-dessus[1], l'opération d'aménagement ou la construction objet de la procédure intégrée constitue le projet de la personne publique engageant cette procédure[2].

513.82 **Examen conjoint.** L'examen conjoint[3] a lieu à l'initiative de l'autorité menant la procédure intégrée[4].

513.83 **Concertations et approbations du SDRIF.** Lorsque la procédure intégrée est engagée par la région d'Ile-de-France, le président du conseil régional transmet le dossier de mise en compatibilité au préfet, qui dispose d'un délai de deux mois pour approuver la mise en compatibilité du SDRIF[5].

Lorsque la procédure intégrée est engagée par un établissement public de l'État, une collectivité territoriale autre que la région d'Ile-de-France ou un groupement de collectivités, l'autorité conduisant la procédure soumet pour avis le projet de mise en compatibilité du SDRIF à l'organe délibérant du conseil régional. Cet avis est réputé favorable s'il n'est pas rendu dans un délai de deux mois après sa transmission[6]. L'autorité conduisant la procédure transmet le dossier de mise en compatibilité, assorti de cet avis, au préfet. La mise en compatibilité du SDRIF est approuvée par le préfet dans les deux mois ou, en cas d'avis défavorable de l'organe délibérant du conseil régional, par décret en Conseil d'État[7].

Lorsque la procédure intégrée est engagée par l'État, le préfet soumet pour avis le projet de mise en compatibilité du SDRIF à l'organe délibérant du conseil régional. Cet avis est réputé favorable s'il n'est pas rendu dans un délai de deux mois après la transmission du projet de mise en compatibilité par le préfet[8]. La mise en compatibilité du schéma directeur est approuvée par arrêté du préfet ou, en cas d'avis défavorable de l'organe délibérant du conseil régional, par décret en Conseil d'État[9].

513.84 **Procédure de mise en compatibilité conjointe à plusieurs documents.** Lorsque la mise en compatibilité de plusieurs documents d'urbanisme est nécessaire, les procédures de mise en compatibilité applicables à chacun de ces documents peuvent être menées conjointement[10].

513.85 **Enquête publique.** Une enquête publique doit être mise en œuvre[11].

513.86 **Gel des procédures de modification et de révision.** Lorsqu'une procédure intégrée est engagée, les dispositions du document d'urbanisme dont la mise en compatibilité est requise ne peuvent faire l'objet d'une modification ou d'une révision entre l'ouverture de l'enquête publique organisée dans le cadre de la procédure intégrée et la décision procédant à la mise en compatibilité[12].

513.87 **Service express régional métropolitain.** Lorsque la mise en compatibilité des documents mentionnés à l'article L. 300-6-1 est rendue nécessaire par la réalisation d'un projet de service express régional métropolitain, les I et III à VI de l'article L. 300-6-1 s'appliquent[13]. L'engagement de la procédure intégrée peut être décidé :

– soit par l'État ;

– soit par les collectivités territoriales ou leurs groupements compétents pour élaborer les documents d'urbanisme à mettre en compatibilité ou compétents pour autoriser ou réaliser le projet de service express régional métropolitain.

§ 2
Adaptations de documents sectoriels induites par la mise en compatibilité d'un document d'urbanisme

513.91 **Procédure simplifiée.** La mise en compatibilité de documents d'urbanisme dans le cadre de la procédure intégrée peut impliquer par voie de conséquence l'adaptation de certains documents sectoriels. Le législateur a prévu dans cette hypothèse une procédure simplifiée d'adaptation[14].

A.
Champ d'application

513.101 **Documents concernés.** Les documents concernés sont les suivants[15] :

– DTA ;

1. V. s[s] n°s 513.71 et s[s] n° 513.72.
2. C. urb., art. L. 300-6-1, III, al. 3.
3. Prévu à l'article L. 143-44 pour le SCOT, à l'article L. 153-54 pour le PLU et à l'article L. 123-22 pour le SDRIF.
4. C. urb., art. R. 300-20 pour le SCOT, art. R. 300-22 pour le PLU et art. R. 300-24 pour le SDRIF.
5. C. urb., art. R. 300-26, I.
6. C. urb., art. R. 300-26, II, al. 1er.
7. C. urb., art. R. 300-26, II, al. 2.
8. C. urb., art. R. 300-26, III, al. 1er.
9. C. urb., art. R. 300-26, III, al. 2.
10. C. urb., art. L. 300-6-1, III, al. 4.
11. C. urb., art. L. 300-6-1, III, al. 5 ; v. s[s] n°s 513.165 s.
12. C. urb., art. L. 300-6-1, III, al. 5.
13. C. urb., art. L. 300-6-3 ; créé par L. n° 2023-1269, 27 déc. 2023, art. 13.
14. C. urb., art. L. 300-6-1, IV.
15. C. urb., art. L. 300-6-1, IV, al. 1er à 15.

– SRADDET ;

– schéma directeur d'aménagement et de gestion des eaux ;

– schéma d'aménagement et de gestion des eaux ;

– règlement de la zone de protection du patrimoine architectural, urbain et paysager ;

– règlement d'une aire de mise en valeur de l'architecture et du patrimoine ;

– plan de valorisation de l'architecture et du patrimoine mentionné à l'article L. 631-4 du code du patrimoine ;

– plan de prévention des risques naturels prévisibles, relatifs aux risques d'inondation à cinétique lente dans les zones urbaines d'un plan local d'urbanisme mentionné à l'article L. 562-1 du code de l'environnement, hors champs d'expansion des crues ;

– plan de prévention des risques naturels prévisibles, mentionné à l'article L. 562-1 du code de l'environnement, relatif aux risques liés aux cavités souterraines et aux marnières dans l'hypothèse d'un comblement de la cavité ou de la marnière ;

– plan de prévention des risques miniers mentionné à l'article L. 174-5 du nouveau code minier dans l'hypothèse d'un comblement des cavités minières ou d'une étude du sous-sol démontrant l'absence de telles cavités ;

– schéma régional de cohérence écologique ;

– PCAET ;

– plan de mobilité ;

– PLH.

B. Autorité compétente pour procéder aux adaptations

513.111 Compétence de l'État. Les adaptations nécessaires sont apportées par l'État[1].

C. Limite s'imposant aux adaptations apportées

513.121 Limites générales. Les adaptations apportées ne doivent pas méconnaître[2] :

– les objectifs fixés par les documents adaptés ;

– ni porter atteinte à l'intérêt culturel, historique ou écologique des zones concernées.

Elles ne peuvent pas modifier la vocation de l'ensemble de la zone où se situe le projet mais seulement prévoir des exceptions ponctuelles et d'ampleur limitée à cette vocation[3].

1. C. urb., art. L. 300-6-1, IV, al. 16.
2. C. urb., art. L. 300-6-1, IV, al. 17.
3. C. urb., art. L. 300-6-1, IV, al. 17.

513.122 Limites propres au PPRI. Lorsque la procédure intégrée conduit à l'adaptation d'un plan de prévention des risques d'inondation, le projet d'aménagement ou de construction prévoit les mesures de prévention, de protection et de sauvegarde nécessaires pour assurer la sécurité des personnes et des biens ; il ne peut aggraver les risques considérés[4].

D. Procédure

513.131 Engagement de la procédure. Les adaptations proposées sont présentées par l'État[5].

513.132 Deux procédures. Deux procédures sont envisagées, selon le cas[6] :

– soit celles prévues aux articles L. 123-22, L. 123-23 (relatifs à la mise en compatibilité du SDRIF[7]), L. 143-44 à L. 143-50 (relatifs à la mise en compatibilité du SCOT[8]) et L. 153-54 à L. 153-59 (relatifs à la mise en compatibilité du PLU[9]) ;

– soit celles prévues aux articles L. 4424-15-1 (relatifs à la mise en compatibilité du PADDUC[10]) ou L. 4433-10-6 (relatifs à la mise en compatibilité du SAR[11]) du CGCT.

513.133 Participation d'autorités. Participent à la procédure[12] :

– les autorités ou services compétents pour élaborer les documents sectoriels concernés ;

– ainsi que le comité régional « trame verte et bleue » lorsque l'adaptation porte sur le schéma régional de cohérence écologique.

L'avis des autorités ou services sur les adaptations des documents est réputé émis lorsque l'autorité ou le service compétent pour élaborer le document adapté relève de la personne qui procède aux adaptations[13].

513.134 Enquête publique. Une enquête publique doit être mise en œuvre[14].

513.135 Avis. À l'issue de l'enquête publique, les adaptations sont soumises, chacun en ce qui le concerne, à l'avis des autorités mentionnées ci-dessus[15] :

– autorités ou services compétents pour élaborer les documents sectoriels concernés ;

4. C. urb., art. L. 300-6-1, IV, al. 18.
5. C. urb., art. L. 300-6-1, IV, al. 19.
6. C. urb., art. L. 300-6-1, IV, al. 19.
7. V. s[s] n°s 262.202 s.
8. V. s[s] n°s 224.241 s.
9. V. s[s] n°s 235.261 s.
10. V. s[s] n°s 263.321 s.
11. V. s[s] n° 264.112.
12. C. urb., art. L. 300-6-1, IV, al. 19.
13. C. urb., art. R. 300-19.
14. C. urb., art. L. 300-6-1, IV, al. 20 – V. s[s] n°s 513.165 s.
15. V. s[s] n° 513.133. – C. urb., art. L. 300-6-1, IV, al. 21.

– comité régional « trame verte et bleue » lorsque l'adaptation porte sur le schéma régional de cohérence écologique.

Ces autorités rendent leur avis au plus tard deux mois après leur saisine. À défaut, cet avis est réputé favorable [1].

513.136 Approbation des adaptations. Les mesures d'adaptation, éventuellement modifiées pour tenir compte des avis qui ont été joints au dossier, des observations du public et du rapport du commissaire ou de la commission d'enquête sont approuvées [2] :

– par arrêté préfectoral ;

– ou par décret en Conseil d'État, si le document adapté a été approuvé dans cette forme.

513.137 Gel des procédures de modification et révision. Les documents sectoriels relevant de la procédure d'adaptation ne peuvent faire l'objet d'une modification ou d'une révision portant sur les dispositions dont l'adaptation est requise dans le cadre de la procédure intégrée entre l'ouverture de l'enquête publique organisée dans le cadre de la procédure intégrée et la décision procédant à l'adaptation des documents [3].

§ 3 Évaluation environnementale et enquête publique

A. Évaluation environnementale

513.141 Évaluation en l'absence d'étude d'impact analysant les incidences sur l'environnement. Les dispositions de mise en compatibilité et d'adaptation des documents font l'objet d'une évaluation environnementale préalablement à la réalisation de l'examen conjoint si l'étude d'impact du projet n'a pas inclus l'analyse de l'incidence de ces dispositions sur l'environnement [4].

513.142 Dossier transmis à l'autorité environnementale. L'autorité conduisant la procédure intégrée transmet pour avis à l'autorité environnementale [5] un dossier comprenant les pièces suivantes [6] :

– le dossier de demande d'autorisation ainsi que l'étude d'impact du projet ;

– le dossier de mise en compatibilité des documents d'urbanisme et, le cas échéant, le dossier d'adaptation des documents sectoriels ;

– si elle n'est pas incluse dans l'étude d'impact, l'analyse des incidences environnementales des dispositions de mise en compatibilité des documents d'urbanisme et, s'il y a lieu, des dispositions d'adaptation des documents sectoriels. Cette analyse comprend les éléments du rapport de présentation des documents d'urbanisme concernés par la mise en compatibilité et, s'il y a lieu, les éléments mentionnés à l'article R. 122-20 du code de l'environnement [7].

513.143 Avis de l'autorité environnementale. L'autorité environnementale se prononce sur les points suivants [8] :

– l'étude d'impact du projet ;

– l'analyse des incidences environnementales des dispositions de mise en compatibilité des documents d'urbanisme et le cas échéant, des dispositions d'adaptation des documents sectoriels.

L'avis est émis par l'autorité environnementale dans les trois mois suivant la date de sa saisine [9].

Cet avis, ou à défaut l'information relative à l'absence d'observation émise dans le délai, est mis en ligne dès sa signature sur le site internet de l'autorité [10].

Cet avis, ou l'information relative à l'absence d'observation, est adressé à l'autorité conduisant la procédure intégrée, qui le transmet à l'autorité compétente pour prendre la décision d'autorisation du projet [11].

B. Enquête publique

513.151 Procédure d'enquête publique. Une enquête publique doit être mise en œuvre dans les formes prévues par le chapitre III du titre II du livre Ier du code de l'environnement [12].

1° Autorité ouvrant et organisant l'enquête publique

513.161 Autorité compétente pour la mise en compatibilité d'un SCOT. Le projet de mise en compatibilité du SCOT est soumis à enquête publique [13] :

1. C. urb., art. L. 300-6-1, IV, al. 21.
2. C. urb., art. L. 300-6-1, IV, al. 22.
3. C. urb., art. L. 300-6-1, IV, al. 23.
4. C. urb., art. L. 300-6-1, V.
5. Définie à l'article R. 122-6 du code de l'environnement.
6. C. urb., art. R. 300-17, II.
7. C. urb., art. R. 300-17, II.
8. C. urb., art. R. 300-17, I.
9. C. urb., art. R. 300-17, III.
10. C. urb., art. R. 300-17, III.
11. C. urb., art. R. 300-17, III.
12. C. urb., art. R. 300-21, R. 300-23 et R. 300-25.
13. C. urb., art. R. 300-21.

- par le président de l'établissement public mentionné à l'article L. 143-16, lorsque la procédure intégrée est engagée par cet établissement ;

- par le préfet, lorsque la procédure intégrée est engagée par l'État, un établissement public de l'État, une collectivité territoriale ou un groupement de collectivités autre que celui compétent pour élaborer le SCOT.

L'enquête publique est ouverte et organisée par le préfet si, outre la mise en compatibilité du SCOT, est prévue l'adaptation d'un document sectoriel[1].

513.162 Autorité compétente pour la mise en compatibilité d'un PLU. Le projet de mise en compatibilité du PLU est soumis à enquête publique[2] :

- par le président de l'établissement compétent en matière de PLU ou par le maire, lorsque la procédure intégrée pour le logement est engagée respectivement par cet établissement ou par la commune ;

- par le préfet, lorsque la procédure intégrée pour le logement ou la procédure intégrée pour l'immobilier d'entreprise est engagée par l'État, un établissement public de l'État, une collectivité territoriale ou un groupement de collectivités autres que la collectivité ou l'EPCI compétent pour élaborer le PLU.

L'enquête publique est ouverte et organisée par le préfet si, outre la mise en compatibilité du PLU, est prévue l'adaptation d'un document sectoriel[3].

513.163 Autorité compétente pour la mise en compatibilité de plusieurs documents. Lorsque la mise en compatibilité à réaliser dans le cadre d'une procédure intégrée pour le logement concerne plusieurs documents d'urbanisme, il est procédé à une enquête publique unique dès lors que, conformément aux dispositions de l'article L. 123-6 du code de l'environnement, les autorités compétentes ont désigné d'un commun accord celle d'entre elles qui sera chargée d'ouvrir et d'organiser cette enquête. Cet accord est affiché pendant un mois au siège des autorités compétentes et lorsqu'il s'agit d'un EPCI ou d'un syndicat mixte, dans chacune des mairies des communes membres concernées. Mention de cet affichage est insérée en caractères apparents dans un journal diffusé dans le département[4].

L'enquête publique est ouverte et organisée par le préfet si, outre la mise en compatibilité des documents d'urbanisme, est prévue l'adaptation d'un document sectoriel[5].

513.164 Autorité compétente pour la mise en compatibilité du SDRIF. Le projet de mise en compatibilité du SDRIF est soumis à enquête publique par le président du conseil régional[6].

L'enquête publique est ouverte et organisée par le préfet si, outre la mise en compatibilité du SDRIF, est prévue l'adaptation d'un document sectoriel[7].

513.165 Autorité compétente pour la mise en compatibilité d'un document d'urbanisme et l'adaptation d'un document sectoriel. Lorsque la mise en compatibilité d'un document d'urbanisme s'accompagne de l'adaptation de documents sectoriels, il est procédé à une seule enquête publique, ouverte et organisée par le préfet[8].

Les dispositions des deuxième et troisième alinéas du I de l'article L. 123-6 du code de l'environnement sont applicables à cette enquête[9].

2°
Possibilité de modifier le projet pour tenir compte des résultats de l'enquête

513.171 Modification du projet. À l'issue de l'enquête publique, des modifications peuvent être apportées[10] :

- au projet pour lequel a été engagée la procédure intégrée ;

- au dossier de mise en compatibilité du ou des documents d'urbanisme concernés ;

- et, le cas échéant, au dossier des adaptations du ou des documents sectoriels concernés.

Ces éléments peuvent être modifiés pour tenir compte[11] :

- du procès-verbal d'examen conjoint ;

- des avis joints au dossier d'enquête publique ;

- des observations du public et des résultats de l'enquête ;

- du rapport et des conclusions du commissaire-enquêteur ou de la commission d'enquête.

§ 4
Instruction immédiate des autorisations en cas de projet suffisamment précis

513.181 Faculté d'instruction immédiate. Lorsque le projet d'opération d'aménagement ou de construction est suffisamment précis à la date de la décision d'engagement de la procédure intégrée, les pièces nécessaires à la délivrance des autorisations requises pour sa réalisation peuvent être transmises

1. C. urb., art. R. 300-21, al. 1er – V. ss no 513.165.
2. C. urb., art. R. 300-23.
3. C. urb., art. R. 300-23, al. 1er – V. ss no 513.165.
4. C. urb., art. R. 300-27.
5. C. urb., art. R. 300-27 – V. ss no 513.165.
6. C. urb., art. R. 300-25.
7. C. urb., art. R. 300-25 – V. ss no 513.165.
8. C. urb., art. L. 300-6-1, IV, al. 20.
9. C. urb., art. L. 300-6-1, IV, al. 20.
10. C. urb., art. R. 300-18.
11. C. urb., art. R. 300-18.

dès cette date par l'autorité ayant décidé l'engagement de la procédure pour instruction aux autorités compétentes pour délivrer ces autorisations [1]. Cette possibilité d'instruction en temps masqué permet un gain de temps dans l'enchaînement des décisions, l'instruction des autorisations pouvant être mise en œuvre sans attendre le terme de la procédure intégrée.

513.182 Transmission des informations et pièces. L'autorité qui conduit la procédure intégrée [2] transmet à l'autorité compétente pour délivrer le permis de construire ou d'aménager, dès la décision d'engagement de la procédure intégrée, les informations et les pièces requises [3] :

- pour les projets soumis à permis de construire, les informations et pièces mentionnées à l'article R. 431-4 ;
- pour les projets soumis à permis d'aménager, les informations et pièces mentionnées aux articles R. 441-1 à R. 441-8-1 et R. 442-3 à R. 442-8.

Les informations et pièces sont transmises dans les conditions prévues à l'article R. 423-2 [4].

Dans le cas où l'autorité compétente pour délivrer le permis n'est pas le maire, les informations et pièces sont également transmises au maire en vue de l'enregistrement de la demande de permis, de l'affichage en mairie d'un avis de dépôt de demande de permis dans les conditions prévues aux articles R. 423-3 à R. 423-6 et des transmissions prévues aux articles R. 423-7 à R. 423-13-1 [5].

513.183 Instruction et décision. Les accords, avis ou décisions recueillis par l'autorité compétente (pour délivrer le permis) en application des articles R. 423-50 à R. 423-54 sont transmis à l'autorité qui conduit la procédure intégrée [6].

La demande de permis de construire ou de permis d'aménager est instruite et la décision de l'autorité compétente est délivrée dans les conditions prévues par le code de l'urbanisme [7].

SECTION 3
PROJET INDUSTRIEL D'INTÉRÊT NATIONAL MAJEUR

513.191 Origine et objet. La procédure de mise en compatibilité des documents d'urbanisme pour permettre la réalisation d'un projet industriel d'intérêt national majeur (PINM) a été instituée par la loi n° 2023-973 du 23 octobre 2023 relative à l'industrie verte.

§ 1
Identification des projets et initiative

513.201 Champ d'application et reconnaissance d'un PINM. La procédure peut être appliquée à un projet industriel qui revêt, eu égard à son objet et à son envergure, notamment en termes d'investissement et d'emploi, une importance particulière pour la transition écologique ou la souveraineté nationale [8].

La qualification de « projet d'intérêt national majeur » est réalisée par voie de décret [9].

513.202 Accords des collectivités territoriales. La procédure de mise en compatibilité ne peut être engagée qu'après accord [10] :

- du maire de la commune dans laquelle le projet industriel pourrait être implanté, ou du président de l'EPCI concerné lorsqu'un PLUI est applicable sur le territoire de celle-ci ;
- et du président de la région correspondante lorsque son document de planification doit être mis en compatibilité.

L'autorité compétente de l'État les sollicite en leur transmettant les données essentielles du projet industriel ainsi que, lorsqu'une mise en compatibilité est requise, les données essentielles des modifications de leur document de planification ou d'urbanisme nécessaires à la réalisation du projet et les motifs de ces modifications [11].

Leur accord est réputé donné s'il n'est pas émis dans un délai d'un mois à compter de cette transmission [12].

En cas de réponse contradictoire entre la commune ou l'EPCI et la région, il est fait droit à la décision de la commune ou de l'EPCI [13].

513.203 Signalement de projets par la région. Chaque région peut signaler au ministre chargé de l'industrie les projets qui lui semblent susceptibles d'être reconnus d'intérêt national majeur, après avoir recueilli, si la localisation du projet est déjà connue, l'avis des communes et des EPCI sur le territoire desquels ces projets pourraient être implantés [14].

1. C. urb., art. L. 300-6-1, VI, al. 1er.
2. V. ss nos 513.61 et 513.62.
3. C. urb., art. R. 300-16, al. 1er.
4. C. urb., art. R. 300-16, al. 1er.
5. C. urb., art. R. 300-16, al. 2.
6. C. urb., art. R. 300-16, al. 3.
7. C. urb., art. R. 300-16, al. 4.
8. C. urb., art. L. 300-6-2, I ; créé par L. n° 2023-973, 23 oct. 2023.
9. C. urb., art. L. 300-6-2, I.
10. C. urb., art. L. 300-6-2, II.
11. C. urb., art. L. 300-6-2, II.
12. C. urb., art. L. 300-6-2, II.
13. C. urb., art. L. 300-6-2, II.
14. C. urb., art. L. 300-6-2, III.

Le ministre chargé de l'industrie l'informe, dans un délai de trois mois[1] :

- des projets retenus, dont la qualification de projets d'intérêt national majeur est faite par décret dans les trois mois ;

- et des motivations qui ont conduit à ne pas retenir les autres projets.

513.204 Documents concernés. La procédure PINM permet la modification ou à la révision des documents suivants[2] :

- SDRADDET ;
- SDRIF ;
- PADDUC ;
- SAR ;
- SCOT ;
- PLU ;
- carte communale.

§ 2 Procédure

513.211 Déclenchement. Lorsque l'autorité administrative compétente de l'État considère qu'un document d'urbanisme ou un schéma régional ne permet pas la réalisation d'un PINM, elle transmet à la collectivité territoriale ou la personne publique compétente pour adopter ce document un dossier qui indique ou rappelle la nécessité de la mise en compatibilité et ses motifs et qui précise les modifications qu'elle estime nécessaires pour y parvenir[3].

L'autorité administrative compétente de l'État engage sans délai la procédure de mise en compatibilité du document en cause[4].

513.212 Évaluation environnementale. L'évaluation environnementale du projet de mise en compatibilité est effectuée dans les conditions prévues pour les mises en compatibilité engagées en application du second alinéa des articles L. 143-42 ou L. 153-51[5].

Le porteur du projet procède à l'analyse des incidences notables sur l'environnement du projet de mise en compatibilité et transmet le dossier nécessaire à l'évaluation environnementale à l'autorité administrative compétente de l'État, qui le transmet ensuite à l'autorité environnementale[6].

L'avis de l'autorité environnementale ou sa décision de ne pas soumettre le projet à une évaluation environnementale est transmis à la collectivité territoriale ou à la personne publique compétente pour adopter le document qui fait l'objet de la procédure de mise en compatibilité[7].

513.213 Examen conjoint. Le projet de mise en compatibilité fait l'objet d'un examen conjoint[8] :

- par l'État, par la collectivité territoriale ou la personne publique compétente pour adopter le document ;

- et par les PPA.

513.214 Participation du public. Le projet de mise en compatibilité est soumis à la procédure de participation du public prévue à l'article L. 123-19 du code de l'environnement[9].

513.215 Avis de la collectivité. À l'issue de la procédure de participation du public, l'autorité administrative compétente de l'État en présente le bilan devant l'organe délibérant de la collectivité territoriale ou de la personne publique compétente pour adopter le document[10].

L'organe délibérant rend un avis sur le projet de mise en compatibilité. Cet avis est réputé favorable s'il n'est pas émis dans le délai d'un mois[11].

513.216 Adoption. Le projet de mise en compatibilité est adopté par décret[12].

513.217 Gel des procédures. Le document dont la mise en compatibilité est requise pour permettre la réalisation d'un PINM ne peut faire l'objet d'une modification ou d'une révision portant sur les dispositions faisant l'objet de cette mise en compatibilité entre la date de la mise à la disposition du public et la date d'entrée en vigueur du décret procédant à la mise en compatibilité[13].

513.218 Autorisations d'urbanisme. Lorsque le PINM est suffisamment précis à la date de la décision d'engagement de la procédure de mise en compatibilité, les pièces nécessaires à la délivrance des autorisations requises pour sa réalisation peuvent être transmises, dès cette date, à l'autorité compétente pour délivrer ces autorisations, en vue de leur instruction[14].

Cela permet d'accélérer la réalisation du projet en procédant à un examen des demandes d'autorisation d'urbanisme sans attendre l'issue de la procédure de mise en compatibilité.

1. C. urb., art. L. 300-6-2, III.
2. C. urb., art. L. 300-6-2, IV.
3. C. urb., art. L. 300-6-2, V, al. 1er.
4. C. urb., art. L. 300-6-2, V, al. 2.
5. C. urb., art. L. 300-6-2, VI, al. 1er. Sur ces procédures, v. s[s] n°s 214.111 et s.
6. C. urb., art. L. 300-6-2, VI, al. 2.
7. C. urb., art. L. 300-6-2, VI, al. 3.
8. C. urb., art. L. 300-6-2, VII.
9. C. urb., art. L. 300-6-2, VIII.
10. C. urb., art. L. 300-6-2, IX.
11. C. urb., art. L. 300-6-2, IX.
12. C. urb., art. L. 300-6-2, X.
13. C. urb., art. L. 300-6-2, XI.
14. C. urb., art. L. 300-6-2, XII.

SECTION 4

EXIGENCE QUE LE PLU SOIT RENDU PUBLIC POUR LA SIGNATURE D'UNE CONVENTION DANS LES ZONES DE RÉSORPTION DE L'HABITAT

513.221 **Exigence.** Dans les zones de résorption de l'habitat insalubre qui ont pour objet la construction de logements, les clauses de la convention mentionnée à l'article D. 522-1 du CCH (répartissant la charge financière des opérations) ne pourront être signées que postérieurement à la décision par laquelle le PLU est rendu public[1].

1. C. urb., art. R. 318-13.

CHAPITRE

514. Protection des occupants d'immeubles concernés par les opérations

SECTION 0
ORIENTEUR

514.00 Sommaire du chapitre.

514.01 Textes applicables.

• **C. urb.,** art. L. 314-1 s.

514.03 Bibliographie indicative.

Contributions. N. Foulquier, « La dimension sociale du renouvellement urbain, en particulier le relogement des habitants », *Le renouvellement urbain en Europe*, « Les Cahiers du GRIDAUH », 2014, n° 27, p. 101 – F. Zitouni, « Les personnes publiques initiatrices d'opérations d'aménagement et l'obligation de relogement des occupants », *Mél. H. Jacquot*, PU Orléans, 2006, p. 597.

514.05 Protection des occupants. La mise en œuvre d'une opération d'aménagement va souvent impliquer la suppression d'habitations ou de locaux professionnels et générer des préjudices pour les personnes installées dans son périmètre. Aussi le législateur a-t-il imposé à la personne publique compétente (celle qui a pris l'initiative de l'opération) des obligations de protection des occupants, définies aux articles L. 314-2 et suivants du code de l'urbanisme.

514.06 Notion d'occupants. La notion d'occupants, dans ce cadre, vise deux catégories[1] :

– d'une part les occupants au sens de l'article L. 521-1 du CCH ;

– d'autre part les preneurs de baux professionnels, commerciaux et ruraux.

Les personnes ne relevant pas de l'une ou de l'autre de ces catégories ne bénéficient pas du droit à la protection des occupants[2].

514.07 Notion d'opérations. L'article L. 314-1 du code de l'urbanisme, qui fixe le champ d'application de l'obligation de relogement des occupants, limite celle-ci aux évictions rendues nécessaires par l'une des « opérations » d'aménagement définies dans le Livre III de ce code. Le fait de viser uniquement les « opérations » d'aménagement sans mentionner les « actions » d'aménagement[3] soulève une incertitude sur l'application de l'obligation à ces dernières. Toutefois, compte tenu de l'objet de ce régime, qui est d'offrir une protection aux personnes physiques et

1. C. urb., art. L. 314-1, al. 2.
2. Civ. 3e, 11 sept. 2013, n° 12-23.034, P : à propos d'une société exerçant son activité professionnelle dans les locaux dont elle est propriétaire.
3. Sur la différence entre ces deux notions, v. ss n° 5.08.

morales contraintes de quitter un lieu en raison d'un aménagement réalisé par la puissance publique, il semble justifié de l'appliquer aussi bien aux « opérations » qu'aux « actions ».

SECTION 1
SITUATION GÉNÉRALE

§ 1
Cas où les travaux nécessitent l'éviction définitive des occupants

514.11 Notion d'éviction définitive. L'éviction est regardée comme définitive si elle présente un caractère irréversible. Elle l'est aussi si elle est supérieure à trois ans[1].

514.12 Droit aux dispositions protégeant les expropriés. Si les travaux nécessitent l'éviction définitive des occupants, ceux-ci bénéficient des dispositions applicables en matière d'expropriation[2].

514.13 Droit au relogement, droit de préférence, droit de priorité. Si les travaux nécessitent l'éviction définitive des occupants, tous les occupants de locaux à usage d'habitation, professionnel ou mixte ont droit au relogement[3].

Celui-ci s'exerce dans les conditions suivantes.

Premièrement, il doit être fait à chacun d'eux au moins deux propositions portant sur des locaux satisfaisant à la fois aux normes d'habitabilité[4] et de localisation[5], le bien devant, par commodité, se situer à proximité. L'inobservation de l'obligation d'adresser aux expropriés une proposition de relogement n'est pas détachable de la phase judiciaire de la procédure d'expropriation, de sorte que l'action en responsabilité délictuelle engagée, après le dessaisissement du juge de l'expropriation, pour la réparation des préjudices de toutes natures résultant de cette faute relève de la compétence des juridictions judiciaires[6].

Deuxièmement, ils bénéficient des droits de priorité et de préférence prévus aux articles L. 423-1 à L. 423-5 du code de l'expropriation, même dans le cas où ils ne sont pas propriétaires.

Troisièmement, ils bénéficient, à leur demande, d'un droit de priorité pour l'attribution ou l'acquisition :

– d'un local dans les immeubles compris dans l'opération ;

– ou de parts ou actions d'une société immobilière donnant vocation à l'attribution, en propriété ou en jouissance, d'un tel local.

Toute offre de relogement, définitive ou provisoire, doit être notifiée au moins six mois à l'avance. L'occupant doit faire connaître son acceptation ou son refus dans un délai de deux mois, faute de quoi il est réputé avoir accepté l'offre[7].

514.14 Droit de priorité pour les commerçants, artisans et industriels. Outre les droits précités, les commerçants, artisans et industriels ont un droit de priorité défini à l'article L. 314-5[8].

§ 2
Cas où les travaux nécessitent l'éviction provisoire des occupants

514.21 Notion d'éviction provisoire. L'éviction provisoire est celle dont la durée est inférieure à trois ans[9]. Une éviction provisoire dont la durée se prolonge au-delà de trois ans se transforme en éviction définitive ouvrant droit à l'application de l'article L. 314-5[10].

A.
Droit au relogement ou à la relocalisation provisoire

1°
Droit à un relogement provisoire (individus)

514.31 Logement adapté et à proximité. Si les travaux nécessitent l'éviction provisoire des occupants, il doit être pourvu à leur relogement provisoire dans un local compatible avec leurs besoins, leurs ressources et, le cas échéant, leur activité antérieure, et satisfaisant aux conditions de localisation prévues à l'article 13 *bis* de la loi du 1er septembre 1948[11, 12].

Toute offre de relogement, définitive ou provisoire, doit être notifiée au moins six mois à l'avance. L'occupant doit faire connaître son acceptation ou son refus dans un délai de deux mois, faute de quoi il est réputé avoir accepté l'offre[13].

1. C. urb., art. L. 314-3, al. 2.
2. C. urb., art. L. 314-2, al. 1er.
3. C. urb., art. L. 314-2, al. 1er.
4. Définies au troisième alinéa de l'article L. 322-1 du CCH.
5. Fixées à l'article 13 *bis* de la loi n° 48-1360 du 1er septembre 1948.
6. Trib. confl., 11 avr. 2022, *Cts Bauer c/Bordeaux Métropole*, n° 4245, *Lebon T.* ; *RDI* 2022. 510, obs. R. Hostiou.
7. C. urb., art. L. 314-7, al. 1er.
8. V. ss nos 514.101 s.
9. C. urb., art. L. 314-3, al. 2.
10. Sur cet article, v. ss nos 514.12 s.
11. L. n° 48-1360, 1er sept. 1948 portant modification et codification de la législation relative aux rapports des bailleurs et locataires ou occupants de locaux d'habitation ou à usage professionnel et instituant des allocations de logement, *JO* 2 sept., p. 8659.
12. C. urb., art. L. 314-3, al. 1er.
13. C. urb., art. L. 314-7, al. 1er.

514.32 Bail précaire. Nonobstant toutes dispositions ou stipulations contraires, le relogement provisoire peut donner lieu à un bail à titre précaire pour la durée des travaux[1].

2°
Droit à la réinstallation provisoire (commerçants, artisans et industriels)

514.41 Droit à la réinstallation provisoire. Le commerçant, l'artisan ou l'industriel a droit à une réinstallation provisoire[2].

514.42 Droit à indemnisation en l'impossibilité d'une réinstallation provisoire. Lorsque la réinstallation provisoire n'est pas possible, le commerçant, l'artisan ou l'industriel bénéficie, en lieu et place, d'une indemnisation des pertes financières résultant de la cessation temporaire d'activité[3].

B.
Droit à la réintégration dans les lieux et reprise du bail

514.51 Réintégration. Les occupants disposent d'un droit à réintégration après les travaux dans le local qu'ils ont évacué[4].

Au cas où les occupants bénéficient de ce droit, le propriétaire doit les mettre en demeure, par LRAR ou par acte extrajudiciaire et dès l'achèvement des travaux, de lui faire connaître, dans le délai d'un mois et dans la même forme, s'ils entendent user de ce droit. La notification doit mentionner, à peine de nullité, la forme et le délai de la réponse[5].

514.52 Reprise du bail. Les baux des locaux évacués pendant la période d'exécution des travaux sont considérés comme ayant été suspendus et reprennent cours à la date à laquelle la réintégration aura été possible. Toutefois, ces dispositions ne sont pas applicables lorsque le bailleur et l'occupant ont décidé d'un commun accord le report définitif du bail sur un local équivalent[6].

C.
Remboursement des frais de déménagement et de réinstallation

514.61 Prise en charge des frais. Les occupants sont remboursés de leurs frais normaux de déménagement et de réinstallation[7].

§ 3
Cas où les travaux ne nécessitent pas l'éviction des occupants

514.71 Droit au maintien. La réalisation des travaux n'implique pas nécessairement le départ des occupants. Dans certains cas, les travaux peuvent se dérouler en leur présence. À cet égard, le code prévoit que si les travaux ne nécessitent pas l'éviction des occupants, ceux-ci ont droit au maintien sur place[8].

A.
Droits et obligations de l'occupant

514.81 Supporter les travaux en contrepartie d'une diminution du loyer. Lorsque les travaux peuvent être réalisés en présence des occupants, ceux-ci sont tenus d'accepter les contraintes qui en résultent et de faciliter leur réalisation ; en contrepartie, ils bénéficient le cas échéant d'une diminution de leur loyer.

514.82 Obligations. Selon la nature des travaux, et sous réserve d'un préavis de trois mois, les occupants sont tenus à certaines obligations[9] :

– soit évacuer la partie des locaux intéressés par lesdits travaux ;

– soit permettre l'accès du local et d'accepter notamment le passage des canalisations ne faisant que le traverser.

514.83 Droit. Pendant la durée des travaux, le loyer est, s'il y a lieu, réduit dans les conditions définies au deuxième alinéa de l'article 1724 du code civil. La réduction du loyer est à la charge de la personne publique qui a pris l'initiative des travaux[10].

B.
Hypothèse d'une perte du bien par expropriation ou préemption

514.91 Droit à un nouveau bail. En cas d'expropriation ou d'exercice du droit de préemption dans le cas visé à l'article L. 213-5, un nouveau bail doit être proposé aux occupants. Ce bail doit permettre, le cas échéant, la poursuite des activités antérieures[11].

1. C. urb., art. L. 314-3, al. 2.
2. V., impl., C. urb., art. L. 314-3, al. 3.
3. C. urb., art. L. 314-3, al. 3.
4. C. urb., art. L. 314-3, al. 4.
5. C. urb., art. L. 314-7, al. 2.
6. C. urb., art. L. 314-3, al. 4.
7. C. urb., art. L. 314-3, al. 5.
8. C. urb., art. L. 314-4, al. 1er.
9. C. urb., art. L. 314-4, al. 2.
10. C. urb., art. L. 314-4, al. 3.
11. C. urb., art. L. 314-4, al. 4.

SECTION 2

Situation des commerçants, artisans et industriels

§ 1
Droit à réinstallation après éviction

514.101 Droits de priorité. Dans le cas où les travaux nécessitent l'éviction définitive de commerçants, artisans et industriels, ceux-ci disposent de deux droits de priorité.

D'une part, ils disposent d'un droit de priorité pour l'attribution de « locaux de même nature » compris dans l'opération lorsque l'activité considérée est compatible avec les dispositions du PLU ou du document d'urbanisme en tenant lieu[1].

D'autre part, les professionnels auxquels n'a pas été offert cette réinstallation ont un droit de priorité pour acquérir « un local » dans un immeuble compris dans l'opération ou des parts ou actions d'une société immobilière donnant vocation à l'attribution, en propriété ou en jouissance, d'un tel local, lorsque l'activité considérée est compatible avec les dispositions du PLU ou du document d'urbanisme en tenant lieu[2].

514.102 Modalités d'exercice. L'exercice de ces droits de priorité rend applicables les dispositions du deuxième alinéa de l'article L. 322-12 du code de l'expropriation[3].

Les priorités jouent en faveur des titulaires de baux à usage des mêmes activités que celles dont l'installation est prévue dans les locaux nouveaux. Pour les commerces de chaque nature, les priorités sont données aux titulaires des baux les plus anciens[4].

§ 2
Droit à indemnisation

514.111 Indemnisation avant transfert de propriété. L'indemnisation des commerçants et artisans afférente à l'activité qu'ils exercent dans un immeuble devant être acquis ou exproprié en vue de sa démolition dans le cadre d'une opération d'aménagement doit, sur leur demande, intervenir avant l'acte portant transfert de propriété et, par dérogation aux dispositions de l'article L. 322-2 du code de l'expropriation, être fondée sur la situation existant avant le commencement de l'opération. Cette indemnité obéit pour le surplus au régime des indemnités d'expropriation[5].

514.112 Conditions du droit à indemnisation. Pour bénéficier de l'indemnisation avant transfert de propriété, l'intéressé doit remplir des conditions de fond et de forme[6].

S'agissant des conditions de fond, l'intéressé doit justifier d'un « préjudice causé par la réduction progressive des facteurs locaux de commercialité à l'intérieur de l'opération » et « résultant directement de celle-ci »[7].

S'agissant des conditions de forme, le professionnel doit s'engager[8] :

– à cesser son activité et, s'il est locataire, à quitter les lieux dès le versement de l'indemnité ;

– et à ne pas se réinstaller sur le territoire concerné par l'opération avant que les bénéficiaires du droit de priorité visé à l'article L. 314-5 aient été appelés à exercer leur droit.

514.113 Effet du versement de l'indemnité. À compter de la notification au propriétaire du versement de l'indemnité, le bail est résilié de plein droit, sans autre indemnité et nonobstant toute clause contraire[9].

Un mois après le versement de l'indemnité, les détenteurs sont tenus de quitter les lieux et peuvent être expulsés[10].

514.114 Évaluation de la valeur des immeubles libérés selon cette procédure. Dans l'hypothèse où, indemnisés avant le transfert de propriété, un ou plusieurs commerçants ou artisans ont libéré les lieux, la valeur des immeubles ou parties d'immeubles ainsi libérés doit être estimée en prenant en compte la situation d'occupation qui existait avant l'indemnisation du ou des commerçants ou artisans[11].

§ 3
Aide à la reconversion

514.121 Aide en l'absence d'indemnisation directe. Les commerçants et artisans dont la situation est compromise de façon irrémédiable du fait d'une opération d'équipement collectif engagée par une collectivité publique ou un organisme en dépendant, et en priorité, du fait d'une opération de rénovation urbaine, « peuvent recevoir une aide pour leur

1. C. urb., art. L. 314-5, al. 1er.
2. C. urb., art. L. 314-5, al. 2.
3. C. urb., art. L. 314-5, al. 3.
4. C. urb., art. L. 314-5, al. 4.
5. C. urb., art. L. 314-6, al. 1er.
6. C. urb., art. L. 314-6, al. 2 à 4.
7. C. urb., art. L. 314-6, 1°.
8. C. urb., art. L. 314-6, 2°.
9. C. urb., art. L. 314-6, al. 5.
10. C. urb., art. L. 341-6, al. 6, renvoyant à l'article L. 231-1 du code de l'expropriation.
11. C. urb., art. L. 314-6, al. 7.

reconversion lorsqu'ils ne bénéficient pas d'une indemnisation directe »[1].

SECTION 3

CHANGEMENT DE NATURE DE L'ACTIVITÉ ÉCONOMIQUE

514.131 Changement autorisé par l'autorité judiciaire. Dans le cas où des dispositions législatives ou réglementaires s'opposent à l'exercice, dans le local qu'il a le droit de réintégrer après travaux, de l'activité prévue au bail, le titulaire du bail d'un local commercial, industriel ou artisanal peut, si le bail ne le prévoit pas, « être autorisé par l'autorité judiciaire à changer la nature de son commerce ou de son industrie », sous réserve des dispositions législatives ou réglementaires qui s'opposeraient à l'exercice dans ce local de la nouvelle activité choisie[2].

1. C. urb., art. L. 318-8 – Cet article reprend une disposition de la loi Royer : L. n° 73-1193, 27 déc. 1973 d'orientation du commerce et de l'artisanat, art. 52, al. 1er.

2. C. urb., art. L. 314-8.

CHAPITRE

515. Fonds d'aménagement foncier et urbain (outre-mer)

SECTION 0

ORIENTEUR

515.00 **Sommaire du chapitre.**

515.01 **Textes applicables.**

• **C. urb.**

art. L. 340-2

art. R. 340-1

515.05 **Collectivités concernées.** Un fonds régional d'aménagement foncier et urbain (FRAFU) a été institué dans chacune des collectivités d'outre-mer suivantes : Guadeloupe, Guyane, Martinique, La Réunion et Mayotte[1].

SECTION 1

DES FONDS DÉDIÉS AU FINANCEMENT DES PROJETS

515.11 **Objet.** Les FRAFU ont pour objet de faciliter la constitution de réserves foncières et la réalisation des équipements nécessaires à l'aménagement d'espaces déjà urbanisés ou qui ont vocation à l'être en vertu des documents d'urbanisme applicables[2]. Ces dispositifs permettent la coordination des interventions financières des contributeurs suivants : l'État, les collectivités territoriales et l'Union européenne[3].

Il participe également au financement des études préalables à la réalisation de ces opérations[4].

1. C. urb., art. L. 340-2, al. 1er.
2. VOIR à l'article R. 340-5 la liste des postes pouvant être financés.
3. C. urb., art. L. 340-2, al. 1er ; art. R. 340-1.

515.12 **Convention.** Une convention confiant la charge de regrouper les fonds et de verser les aides peut être passée avec une institution financière choisie par les contributeurs[5].

Cette institution financière est chargée de regrouper les fonds, de gérer et de verser les subventions et avances sur subventions[6].

SECTION 2

ORGANES

515.21 **Comité de gestion et d'engagement.** Le comité de gestion et d'engagement[7] :

– détermine les orientations générales du fonds[8] ;

– arrête une programmation financière et physique prévisionnelle pour trois ans des projets éligibles aux aides accordées par le fonds régional d'aménagement foncier et urbain ;

– statue sur les demandes d'aide.

515.22 **Comité permanent.** Le comité permanent peut être chargé par délégation du comité de gestion et d'engagement de statuer sur chaque demande d'aide. En cas de désaccord entre ses membres, il demande au comité de gestion et d'engagement de statuer en dernier ressort. Le comité permanent ins-

4. C. urb., art. L. 340-2, al. 2.
5. C. urb., art. L. 340-2, al. 3.
6. C. urb., art. R. 340-3, al. 1er.
7. C. urb., art. R. 340-4, al. 3 à 5.
8. Il s'appuie pour ce faire, d'une part, sur les objectifs des SAR prévus à l'article L. 4433-7 du CGCT, des contrats établis par le décret n° 83-32 du 21 janvier 1983 relatif aux contrats de plan entre l'État et les collectivités territoriales ou des personnes morales autres que les entreprises publiques et privées et des contrats établis dans le cadre de la programmation des aides européennes et, d'autre part, sur les programmes départementaux et locaux de l'habitat lorsqu'ils existent.

truit les demandes d'aides dans le cadre des documents établis par le comité de gestion et d'engagement. Il exécute les autres missions qui peuvent lui être confiées par le comité de gestion et d'engagement[1].

Le comité permanent est chargé de soumettre au comité de gestion et d'engagement, au plus tard le 1er mars de chaque année après consultation des représentants des maîtres d'ouvrage sociaux, le bilan de l'intervention du fonds régional d'aménagement foncier et urbain de l'année précédente. Ce bilan porte notamment sur le fonctionnement et les règles d'intervention du fonds. Il propose, le cas échéant, au comité de gestion et d'engagement des modifications des modalités d'intervention du fonds[2].

1. C. urb., art. R. 340-4, al. 8.

2. C. urb., art. R. 340-4, al. 9.

TITRE

52. Les modes de réalisation des opérations d'aménagement (régie, mandat d'aménagement, concession d'aménagement)

SECTION 0

ORIENTEUR

52.00 Sommaire du titre.

52.05 Trois modes de réalisation. Trois modes de réalisation des opérations d'aménagement sont ouverts aux collectivités publiques, qui peuvent le cas échéant être panachés :

- la régie ;
- le mandat d'aménagement ;
- et la concession d'aménagement.

Avec les deux premiers procédés, la personne publique garde la responsabilité globale des opérations et assume le risque financier. Avec la concession d'aménagement, l'étude et la réalisation des opérations sont confiées par la personne publique à un aménageur, avec possibilité d'un transfert de risque sur celui-ci.

CHAPITRE

521. Réalisation de l'opération d'aménagement en régie

SECTION 0

ORIENTEUR

521.00 **Sommaire du chapitre.**

521.03 **Bibliographie indicative.**

Encyclopédies. *DP constr.-urb., ét.* : « Opérations d'aménagement ».

SECTION 1

PROCÉDÉ DE LA RÉGIE DIRECTE

521.11 **Prise en charge des opérations par la collectivité publique.** La régie directe consiste, pour la personne publique, à réaliser elle-même les opérations d'aménagement. La collectivité publique assume elle-même la conduite des opérations, avec son propre personnel, ses propres moyens, ses propres services (généraux et techniques) et sur son propre budget.

SECTION 2

PROCÉDÉ OCCUPANT UNE PLACE RÉDUITE

521.21 **Procédé rarement utilisé.** Le procédé de la régie directe est rarement utilisé pour la mise en œuvre des opérations d'aménagement. Les collectivités publiques préfèrent le plus souvent faire appel à des aménageurs professionnels, publics ou privés, qui disposent de la compétence et de l'expertise nécessaires.

521.22 **Procédé rarement utilisé à titre exclusif.** Même lorsque les collectivités publiques souhaitent recourir à la technique de la régie directe, la mise en œuvre de ce procédé se fait rarement à titre exclusif. La personne publique sera souvent amenée à faire appel à des prestataires extérieurs sur des questions précises, comme l'assistance à maîtrise d'ouvrage (pour régler des difficultés techniques) ou la réalisation d'une étude préalable.

521.23 **Procédé surtout utilisé par les petites collectivités.** Le procédé de la régie directe est surtout utilisé par les petites collectivités, qui ne disposent ni d'aménageurs publics pouvant prendre en charge les opérations, ni des moyens de faire appel à des aménageurs privés. La régie directe présente, dans ce cas, un intérêt important en réduisant les coûts de l'opération [1].

1. F. Proux, « La régie communale de plus en plus prisée », *Gaz. cnes* 24 nov. 2015 [en ligne].

CHAPITRE

522. Mandat d'aménagement

SECTION 0
ORIENTEUR

522.00 **Sommaire du chapitre.**

522.01 **Texte applicable.**

• **C. urb.,** art. L. 300-3

522.03 **Bibliographie indicative.**

Encyclopédies. *DP constr.-urb., ét.* : « Opérations d'aménagement ».

Articles. F. Llorens et P. Soler-Couteaux, « Un nouveau venu dans la famille des mandats : le mandat d'aménagement », *Rev. CMP* 2014, repère 7.

SECTION 1
OBJET DE LA CONVENTION D'AMÉNAGEMENT : UN MANDAT

522.11 **Confier à un tiers certaines tâches de l'opération d'aménagement.** L'État, les collectivités territoriales et leurs établissements publics peuvent, par convention de mandat passée avec toute personne publique ou privée et dans les conditions prévues par le code de la commande publique, lui confier le soin de faire procéder en leur nom et pour leur compte à une ou plusieurs missions nécessaires à une opération d'aménagement[1].

522.12 **Missions pouvant être confiées au tiers.** Trois missions peuvent être confiées au tiers par la convention d'aménagement[2] :

- « la réalisation d'études », notamment d'études préalables nécessaires à une opération d'aménagement (1°) ;

- « la réalisation de travaux et la construction d'ouvrages ou de bâtiments de toute nature », lorsque ces travaux ou constructions n'entrent pas dans le champ d'application du livre IV de la deuxième partie du code de la commande publique (2°) ;

- « l'achat et la revente de biens fonciers ou immobiliers » dans le respect de la loi du 2 janvier 1970[3] réglementant les conditions d'exercice des activités relatives à certaines opérations portant sur les immeubles et les fonds de commerce (3°).

522.13 **Passation par écrit et exécution personnelle du mandat.** Le mandat fait l'objet d'une convention écrite entre le mandant et le mandataire, qui est soumis à l'obligation d'exécution personnelle du contrat de mandat[4].

SECTION 2
CONTENU DE LA CONVENTION D'AMÉNAGEMENT

522.21 **Cinq éléments.** La convention de mandat doit déterminer les cinq éléments suivants[5] :

- l'objet du contrat (1°) ;

- les conditions techniques, administratives et financières de la réalisation des prestations ou travaux du mandataire (2°) ;

- les conditions dans lesquelles l'État, la collectivité territoriale ou leurs établissements publics exercent un contrôle des prestations d'études ou un contrôle

1. C. urb., art. L. 300-3, I, al. 1er.
2. C. urb., art. L. 300-3, I, al. 1er à 4.
3. L. n° 70-9, 2 janv. 1970 réglementant les conditions d'exercice des activités relatives à certaines opérations portant sur les immeubles et les fonds de commerce, *JO* 4 janv., p. 142.
4. C. urb., art. L. 300-3, I, al. 5.
5. C. urb., art. L. 300-3, II.

technique des travaux ou assurent la direction technique des travaux et procèdent à la réception des ouvrages ou bâtiments (3°) ;

– le cas échéant, les conditions dans lesquelles l'État, la collectivité territoriale ou leurs établissements publics mettent à la disposition de la personne publique ou privée désignée par la convention de mandat les fonds nécessaires ou procèdent au remboursement des dépenses exposées par elle (4°, précisant que dans ce dernier cas, la convention de mandat précise, s'il y a lieu, les garanties exigées) ;

– les conditions dans lesquelles la conclusion des marchés peut être confiée au mandataire (5°, précisant que le mandataire peut être chargé de procéder, au nom et pour le compte de la personne publique, aux paiements afférents aux marchés publics nécessaires à l'exécution du mandat).

CHAPITRE

523. Concession d'aménagement

SECTION 0
ORIENTEUR

523.00 Sommaire du chapitre.

523.01 Textes applicables.

• C. urb.

art. L. 300-4 s.

art. R. 300-4 s.

523.03 Bibliographie indicative.

Encyclopédies. *DP constr.-urb., ét.* : « Opérations d'aménagement » – *J.-Cl. Constr.-Urb.*, fasc. 13-75 : « Opérations d'urbanisme », par F. Benchendikh, janv. 2021.

Ouvrages. J. Debouverie, *La concession d'aménagement et ses alternatives*, « Pratique du droit », Le Moniteur, 2019.

Articles. F. Llorens et P. Soler-Couteaux, « Concessions d'aménagement : la fin d'une exception », *Rev. CMP* 2016, repère 7 – T. Pez, « Le risque, les concessions et les marchés », *RFDA* 2016. 237 – K. Ben Khelil et F. Tenailleau, « La recomposition du paysage des concessions », *JCP Adm.* 2016, n° 2062.

523.04 Question essentielle.

> La passation de la concession d'aménagement est-elle soumise aux règles de publicité et de mise en concurrence ?

* V. s[s] n°s 523.71 s.

523.05 Notion. L'État et les collectivités territoriales, ainsi que leurs établissements publics, peuvent concéder la réalisation des opérations d'aménagement[1]. En pratique, les concessions portent sur des opérations d'envergure, de longue durée et présentant un coût élevé.

SECTION 1 CARACTÈRES DE LA CONCESSION D'AMÉNAGEMENT

523.11 Objet et nature. La concession d'aménagement est un contrat par lequel une personne publique confie à un tiers la réalisation d'une opération d'aménagement. Par ce contrat, la personne publique à l'initiative de l'opération délègue l'étude et la réalisation de celle-ci à un aménageur.

523.12 Concessionnaire. La réalisation des opérations d'aménagement peut être concédée « à toute personne y ayant vocation »[2]. La formule est large. Elle inclut aussi bien les aménageurs publics, quelle que soit leur forme juridique (SPA, SPLA, etc.) que les aménageurs privés.

523.13 Opérations d'aménagement concernées. La concession peut porter sur toutes les opérations d'aménagement prévues par le code de l'urbanisme[3].

523.14 Missions confiées au concessionnaire. Les missions du concessionnaire sont définies par le code de façon large[4].

Premièrement, il assure « la maîtrise d'ouvrage des travaux, bâtiments et équipements concourant à l'opération prévus dans la concession », ainsi que « la réalisation des études et de toutes missions nécessaires à leur exécution ». Cette formule n'inclut pas les études préalables portant sur la faisabilité de l'opération, lesquelles interviennent en amont de la phase d'exécution[5].

Deuxièmement, le concessionnaire peut être chargé par le concédant « d'acquérir des biens nécessaires à la réalisation de l'opération, y compris, le cas échéant, par la voie d'expropriation ou de préemption ». Il ressort de cette formule que les biens peuvent être acquis à l'amiable. Ils peuvent également être acquis par des procédés d'acquisition forcée (expropriation, préemption) dès lors que le traité de concession le prévoit (le cas échéant dans un avenant[6]), même si le concessionnaire est une personne privée[7]. Le concessionnaire ne peut alors exercer ces prérogatives de puissance publique que dans le but en vue desquels elles lui ont été attribuées[8].

Troisièmement, le concessionnaire procède « à la vente, à la location ou à la concession » des biens immobiliers situés à l'intérieur du périmètre de la concession. Il assure ainsi la commercialisation des terrains, ce qui représente une source de rémunération du cocontractant et un élément de l'équilibre économique du contrat.

SECTION 2 CONTENU DU TRAITÉ DE CONCESSION D'AMÉNAGEMENT

§ 1 Éléments indispensables

523.21 Deux séries d'éléments. Le traité de concession doit, au minimum, définir « les obligations de chacune des parties »[9]. Cette exigence implique de mentionner notamment les règles relatives aux caractéristiques essentielles du contrat et aux conditions de sa rupture anticipée.

523.22 1re série d'éléments : caractéristiques essentielles du contrat. Le traité de concession doit mentionner ses caractéristiques essentielles[10] :

- l'objet du contrat ;
- sa durée ;
- et les conditions dans lesquelles il peut éventuellement être prorogé, ou modifié.

523.23 2nde série d'éléments : conditions de la rupture anticipée du contrat. Le contrat de concession doit prévoir les conditions d'une éventuelle rupture anticipée[11] :

- les conditions de rachat de la concession par le concédant ;

1. C. urb., art. L. 300-4, al. 1er.
2. C. urb., art. L. 300-4, al. 1er.
3. C. urb., art. L. 300-4, al. 1er.
4. C. urb., art. L. 300-4, al. 3.
5. Sur ces études v. s[s] n° 512.05.
6. CAA Bordeaux, 31 déc. 2007, *Lai Yen Kang*, req. n° 05BX01566, NP.
7. PAR EX. : CE 30 déc. 2013, *S[té] immobilière d'économie mixte de la ville de Paris et Paris (Ville)*, req. n° 355556, *Lebon ; RJEP* 2014. 23, concl. A. Lallet ; *Revue de droit rural* 2014. 37, concl., p. 40, note P. Tifine.
8. Par exemple, un pouvoir d'expropriation conféré pour éradiquer la lutte contre l'habitat insalubre ne peut pas être utilisé à une autre fin (CE 30 déc. 2013, *S[té] immobilière d'économie mixte de la ville de Paris et Paris (Ville)*, req. n° 355556).
9. C. urb., art. L. 300-5, I, al. 1er.
10. C. urb., art. L. 300-5, I, 1°.
11. C. urb., art. L. 300-5, I, 2°.

- les conditions de résiliation de la concession par le concédant ;

- les conditions de déchéance par le concédant.

Il peut également prévoir les conditions et les modalités d'indemnisation du concessionnaire[1].

§ 2
Éléments de nature financière

523.31 **Possibilités d'éléments financiers.** Outre le contenu minimum mentionné ci-dessus, le traité de concession peut comporter des éléments complémentaires portant sur des dispositions financières.

A.
Éléments devant figurer dans le contrat lorsque le concédant participe au financement de l'opération

523.41 **Trois éléments.** Le concédant peut décider de participer au coût de l'opération, sous forme d'apport financier ou d'apport en terrains. Dans ce cas de figure, le traité de concession précise doit, à peine de nullité, préciser trois éléments[2] :

- les modalités de cette participation financière, qui peut prendre la forme d'apports en nature ou d'un apport financier (1°) ;

- le montant total de cette participation et, s'il y a lieu, sa répartition en tranches annuelles (2°) ;

- les modalités du contrôle technique, financier et comptable exercé par le concédant (3°).

523.42 **Contrôle exercé par le concédant.** Pour que l'autorité concédante puisse exercer son contrôle technique, financier et comptable sur les sommes engagées, le concessionnaire doit lui fournir chaque année un compte rendu financier[3]. Celui-ci comporte notamment, en annexe, les éléments suivants[4] :

- le bilan prévisionnel actualisé des activités, objet de la concession, faisant apparaître, d'une part, l'état des réalisations en recettes et en dépenses et, d'autre part, l'estimation des recettes et dépenses restant à réaliser (a) ;

- le plan de trésorerie actualisé faisant apparaître l'échéancier des recettes et des dépenses de l'opération (b) ;

- un tableau des acquisitions et cessions immobilières réalisées pendant la durée de l'exercice (c).

L'ensemble de ces documents est soumis à l'examen de l'organe délibérant du concédant ou à l'autorité administrative lorsque le concédant est l'État. Le concédant a le droit de contrôler les renseignements fournis, ses agents accrédités pouvant se faire présenter toutes pièces de comptabilité nécessaires à leur vérification. Si le concédant est une collectivité territoriale ou un groupement de collectivités territoriales, dès la communication de ces documents et, le cas échéant, après les résultats du contrôle diligenté par le concédant, ces documents sont soumis, dans un délai de trois mois, à l'examen de l'organe délibérant, qui se prononce par un vote[5].

523.43 **Approbation de l'apport.** La participation financière (dans toutes ses caractéristiques : forme, montant et modalités) est approuvée par l'organe délibérant du concédant ou par l'autorité administrative lorsque celui-ci est l'État[6].

523.44 **Révision de l'apport.** Toute révision de la participation financière doit faire l'objet d'un avenant au traité de concession, approuvé par l'organe délibérant du concédant ou par l'autorité administrative lorsque celui-ci est l'État[7].

B.
Éléments devant figurer dans le contrat lorsque l'opération d'aménagement bénéficie de subventions

523.51 **Subventions versées par des autorités autres que le concédant.** L'opération d'aménagement peut bénéficier, avec l'accord préalable du concédant, de subventions versées par l'État, des collectivités territoriales et leurs groupements ou des établissements publics[8].

523.52 **Contrôle du concédant.** Lorsque l'opération bénéficie de subventions versées par des personnes publiques, le traité de concession est soumis aux dispositions du II, même si le concédant ne participe pas au financement de l'opération[9]. Il en résulte que :

- le traité doit préciser les caractéristiques des subventions : nature, montant, modalités[10] ;

- l'utilisation des subventions donne lieu à un contrôle de la part du concédant[11] ;

- leur versement suppose une approbation préalable de la part du concédant[12] ;

1. C. urb., art. L. 300-5, I, 2°.
2. C. urb., art. L. 300-5, II, al. 1er à 4.
3. C. urb., art. L. 300-5, II, 3°.
4. C. urb., art. L. 300-5, II, 3°.

5. C. urb., art. L. 300-5, II, al. 11.
6. C. urb., art. L. 300-5, II, al. 12.
7. C. urb., art. L. 300-5, II, al. 12.
8. C. urb., art. L. 300-5, III.
9. C. urb., art. L. 300-5, III.
10. V. s^s n° 523.41.
11. V. s^s n° 523.42.
12. V. s^s n° 523.43.

– doit être conclu un avenant au traité de concession en cas de révision des subventions[1].

523.53 Contrôle des personnes publiques versant les subventions. Le concessionnaire doit rendre compte de l'utilisation des subventions reçues aux personnes publiques qui les ont allouées[2].

§ 3
Cas d'une concession d'aménagement conclue avec une SEML

523.61 Obligation de prévoir trois éléments complémentaires. Le traité de concession d'aménagement liant une société d'économie mixte locale à une collectivité territoriale, un groupement de collectivités territoriales ou une autre personne publique doit comprendre les éléments mentionnés au II de l'article L. 300-5 du code de l'urbanisme[3]. Il doit aussi prévoir, à peine de nullité, les trois éléments suivants[4] :

– les conditions dans lesquelles le concédant peut consentir des avances justifiées par un besoin de trésorerie temporaire de l'opération (4°, précisant que ces avances doivent être en rapport avec les besoins réels de l'opération mis en évidence par le compte rendu financier visé à l'article L. 300-5 du code de l'urbanisme ; ces avances font l'objet d'une convention approuvée par l'organe délibérant du concédant et précisant leur montant, leur durée, l'échéancier de leur remboursement ainsi que leur rémunération éventuelle ; le bilan de la mise en œuvre de cette convention est présenté à l'organe délibérant du concédant en annexe du compte rendu annuel à la collectivité) ;

– les modalités de rémunération de la société ou de calcul du coût de son intervention, librement négociées entre les parties (5°) ;

– les pénalités applicables en cas de défaillance de la société ou de mauvaise exécution du traité de concession (6°).

523.62 Hypothèse d'une subvention. Le traité de concession peut prévoir les conditions dans lesquelles d'autres collectivités territoriales apportent, le cas échéant, leur aide financière pour des actions et opérations d'aménagement public visées aux articles L. 300-1 à L. 300-5 du code de l'urbanisme. Un accord spécifique est conclu entre le concédant et la collectivité qui accorde la subvention[5].

1. V. s[s] n° 523.44.
2. C. urb., art. L. 300-5, III.
3. V. s[s] n°s 523.21 s.
4. CGCT, art. L. 1523-2.
5. CGCT, art. L. 1523-2, al. 8.

SECTION 3
PASSATION DE LA CONCESSION D'AMÉNAGEMENT

§ 1
Exigences de publicité et mise en concurrence

523.71 Exigences imposées par le droit de l'Union européenne. L'attribution des concessions d'aménagement est soumise par le concédant à une procédure de publicité permettant la présentation de plusieurs offres concurrentes[6].

Ces obligations de publicité et de mise en concurrence préalables résultent d'une réforme réalisée en 2005[7]. Avant celle-ci, la passation des concessions d'aménagement n'était soumise à aucune obligation de publicité ni de mise en concurrence. À la suite de l'arrêt *Telaustria* rendu par la Cour de justice en 2000[8], le législateur, à l'invitation de la Commission européenne[9], a modifié le régime des concessions d'aménagement afin de soumettre leur passation à ces exigences.

523.72 Deux procédures. Le code distingue deux procédures de passation selon que la convention transfère ou ne transfère pas un risque économique sur le concessionnaire.

A.
Procédure applicable lorsque la concession transfère un risque économique sur le concessionnaire

1°
Notion de concession transférant un risque économique

523.81 Existence d'un risque. La notion de concession transférant un risque économique s'entend

6. C. urb., art. L. 300-4, al. 2.
7. L. n° 2005-809, 20 juill. 2005 relative aux concessions d'aménagement.
8. CJCE 7 déc. 2000, *Telaustria Verlags GmbH et a.*, aff. C-324/98 : jugeant que si les concessions de service public sont exclues du champ des directives communautaires, les entités adjudicatrices sont pour leur part tenues de respecter les principes fondamentaux du traité ; – CJCE 12 juill. 2001, *Ordine degli Architetti e.a.*, aff. C-399/98 : requalification de contrats conclus dans le cadre d'opérations d'urbanisme en marchés publics ; – sur l'application de ces principes par une juridiction française : CAA Bordeaux, 9 nov. 2004, S[té] *SODEGIS*, n° 01BX00381, *Lebon T.* (annulation d'une convention publique d'aménagement).
9. Commission européenne, avis motivé contestant la compatibilité avec le droit communautaire des dispositions du code de l'urbanisme relatives aux conditions et aux modalités d'octroi régissant les conventions d'aménagement, 5 févr. 2004 (avis cité dans le projet de loi n° 2352 relatif aux concessions d'aménagement).

de l'hypothèse dans laquelle « le concessionnaire assume un risque économique lié à l'opération d'aménagement »[1].

Par exemple, le risque économique est caractérisé dans le cas d'une concession conclue pour une durée de 10 ans, lorsque le concessionnaire assume le risque principal de l'opération en finançant la majeure partie des opérations de construction immobilière et de réalisations de locaux à vocation économique (30 millions d'euros sur un coût total estimé à 50 millions d'euros). Ni la circonstance que la commune prenne à sa charge le coût des équipements publics (20 millions d'euros), ni l'attribution, par la commune d'avances de trésorerie destinées à compenser un éventuel déficit de l'opération et pouvant donner lieu à remboursement partiel en cas de déficit moindre que celui prévu ou d'excédent, ne sont de nature à établir que la commune supporterait en fait le risque financier de l'opération d'aménagement. Le risque de la commune n'est pas non plus établi par l'existence des clauses de rachat, de résiliations et de déchéance, aucune de ces clauses n'obligeant la commune à se substituer automatiquement au concessionnaire en cas de défaillance de celui-ci[2].

2°
Règles de passation

a.
Application des règles prévues par le code de la commande publique

523.91 **Renvoi au code.** La procédure de passation est celle définie par le code de la commande publique, plus exactement sa troisième partie, relative aux concessions[3]. Ces règles sont complétées par des dispositions spécifiques.

b.
Règles complétées par des dispositions spécifiques

523.101 **Publication de l'avis.** Préalablement à la passation d'une concession d'aménagement, le concédant publie un avis conforme au modèle fixé par les autorités européennes dans deux supports[4] :

- d'une part une publication habilitée à recevoir des annonces légales ;

- d'autre part une publication spécialisée dans les domaines de l'urbanisme, des travaux publics ou de l'immobilier.

523.102 **Document adressé au candidat.** Le concédant adresse à chacun des candidats un document comportant les informations suivantes[5] :

- les caractéristiques essentielles de la concession d'aménagement ;

- le programme global prévisionnel des équipements et des constructions projetés ;

- les conditions de mise en œuvre de l'opération.

L'envoi de ce document se fait sans préjudice des articles R. 3122-7 à R. 3122-12, R. 3123-14, R. 3123-15, R. 3124-2 et R. 3124-3 du code de la commande publique[6].

523.103 **Choix du concessionnaire dans les collectivités territoriales.** Lorsque le concédant est une collectivité territoriale ou un groupement de collectivités territoriales, l'organe délibérant désigne en son sein à la représentation proportionnelle à la plus forte moyenne les membres composant la commission chargée d'émettre un avis sur les propositions reçues, préalablement à l'engagement de la négociation prévue à l'article L. 3124-1 du code de la commande publique. Il désigne la personne habilitée à engager ces discussions et à signer la convention. Cette personne peut recueillir l'avis de la commission à tout moment de la procédure[7].

L'organe délibérant choisit le concessionnaire, sur proposition de la personne habilitée à mener les discussions et à signer la convention et au vu de l'avis ou des avis émis par la commission[8].

B.
Procédure applicable lorsque la concession ne transfère pas un risque économique sur le concessionnaire

1°
Notion de concession ne transférant pas un risque économique

523.111 **Absence de risque.** La notion de concession ne transférant pas un risque économique s'entend de celle dans laquelle le concessionnaire n'assume pas de risque économique lié à l'opération d'aménagement[9].

2°
Procédure de passation

523.121 **Procédure variable en fonction du seuil.** Deux procédures de passation sont prévues, selon

1. C. urb., art. R. 300-4.
2. CAA Versailles, 18 oct. 2012, *Laumet*, req. n° 11VE00109, NP.
3. C. urb., art. R. 300-4.
4. C. urb., art. R. 300-5.
5. C. urb., art. R. 300-7.
6. C. urb., art. R. 300-7.
7. C. urb., art. R. 300-9, al. 1er.
8. C. urb., art. R. 300-9, al. 2.
9. C. urb., art. R. 300-11-1 – Sur la notion de transfert de risque économique, v. ss n° 523.81.

que le montant total des produits de l'opération d'aménagement est supérieur ou inférieur au seuil européen applicable aux marchés publics de travaux, soit 5 548 000 euros HT[1].

a. Procédure applicable lorsque le montant est égal ou supérieur au seuil

523.131 Renvoi à la procédure fixée par le code de la commande publique ou le CGCT. Lorsque le montant total des produits de l'opération d'aménagement faisant l'objet du contrat est égal ou supérieur au seuil européen applicable aux marchés publics de travaux, la concession d'aménagement est passée en application des règles prévues :

– par le code de la commande publique (plus exactement sa deuxième partie) pour l'État et ses établissements publics[2] ;

– par le CGCT[3] pour les collectivités territoriales, leurs établissements publics et leurs groupements[4].

523.132 Adaptations. Les règles précitées, fixées soit par le code de la commande publique, soit par le CGCT, font l'objet d'adaptations[5] :

– les dispositions des articles L. 2113-10 et L. 2113-11 du code de la commande publique ne sont pas applicables (1°) ;

– les dispositions des chapitres Ier et III du titre IX du livre Ier et du chapitre III du titre IX du livre III de la deuxième partie du code de la commande publique, et les articles L. 2196-4 à L. 2196-6, L. 2396-3 et L. 2396-4 du même code ne sont pas applicables (2°) ;

– par dérogation à l'article R. 2131-18 du code de la commande publique, l'avis d'appel à la concurrence fait l'objet d'une publication supplémentaire dans une publication spécialisée dans les domaines de l'urbanisme, des travaux publics ou de l'immobilier (3°) ;

– le programme fonctionnel mentionné à l'article R. 2161-24 du code de la commande publique indique au minimum les caractéristiques essentielles de la concession d'aménagement, le programme global prévisionnel des équipements et des constructions projetés ainsi que les conditions de mise en œuvre de l'opération (4°) ;

– les critères d'attribution sont définis et appréciés de manière : a) à tenir compte du coût global de l'opération au regard de son bilan prévisionnel intégrant la totalité des recettes et des dépenses ; et b) à prendre en considération le respect des exigences de développement durable exprimées par la personne publique, notamment en matière de qualité architecturale, de performance environnementale, de mixité sociale et de diversité des fonctions urbaines (5°) ;

– la commission d'appel d'offres mentionnée à l'article L. 1414-2 du CGCT est composée conformément aux dispositions de l'article R. 300-9 du code de l'urbanisme (6°)[6].

b. Procédure applicable lorsque le montant est inférieur au seuil

523.141 Procédure définie par le concédant. Lorsque le montant total des produits de l'opération d'aménagement faisant l'objet du contrat est inférieur au seuil européen de passation des marchés publics de travaux, la procédure est beaucoup moins contraignante. Elle n'est pas régie par les textes mais laissée à la définition de l'autorité concédante.

Le code exige seulement que la concession fasse l'objet, préalablement à son attribution, « d'une publicité et d'une procédure adaptée » dont les modalités sont fixées par le concédant en fonction de la nature et des caractéristiques du besoin à satisfaire, du nombre ou de la localisation des opérateurs économiques susceptibles d'y répondre ainsi que des circonstances du lancement de la procédure[7].

§ 2 Dispositions particulières pour la passation des concessions d'aménagement

A. ZAC : possibilité d'attribuer la concession avant la création de la zone

523.151 Chronologie des actes. Une règle particulière ayant trait à la passation doit être mentionnée, qui concerne la chronologie des actes lorsque l'opération d'aménagement est destinée à être réalisée dans une ZAC.

Le code précise que, dans ce cas de figure, l'attribution de la concession d'aménagement peut intervenir avant la création de la zone, dès lors que deux conditions sont remplies[8] :

– d'une part la personne publique à l'initiative de la ZAC doit avoir arrêté le bilan de la concertation prévue à l'article L. 300-2 ;

1. Avis 31 déc. 2017 relatif aux seuils de procédure et à la liste des autorités publiques centrales en droit de la commande publique, NOR : ECOM1734747V.
2. C. urb., art. R. 300-11-2, I, 1°.
3. Plus exactement ses articles L. 1414-1 à L. 1414-4.
4. C. urb., art. R. 300-11-2, I, 2°.
5. C. urb., art. R. 300-11-2, II.
6. V. s[s] n° 523.103.
7. C. urb., art. R. 300-11-13.
8. C. urb., art. L. 300-4, al. 2.

– d'autre part, elle doit avoir délibéré sur les enjeux et l'objectif de l'opération, son périmètre d'intervention, son programme et son bilan financier prévisionnel.

B.
Concession d'aménagement passée par l'État

523.161 **Arrêté interministériel.** Lorsque la concession est accordée au nom de l'État, elle est consentie par arrêté conjoint du ministre chargé de l'urbanisme, du ministre de l'intérieur et du ministre de l'économie et des finances, après consultation des collectivités territoriales intéressées [1].

SECTION 4
EXÉCUTION DU TRAITÉ DE CONCESSION

§ 1
Absence d'exigence d'un rapport d'activité

523.171 **Mise à l'écart d'une règle du code de la commande publique.** L'article L. 3131-5 du code de la commande publique (qui impose au concessionnaire de produire chaque année un rapport comportant notamment les comptes retraçant la totalité des opérations afférentes à l'exécution du contrat de concession et une analyse de la qualité des ouvrages) n'est pas applicable aux concessions d'aménagement [2].

§ 2
Passation de contrats par le concessionnaire

A.
Première hypothèse : concessionnaire soumis au code de la commande publique

523.181 **Application du code.** Lorsque le concessionnaire est soumis au code de la commande publique, les contrats d'études, de maîtrise d'œuvre et de travaux conclus par lui pour l'exécution de la concession sont soumis à la procédure prévue par le code de la commande publique pour la passation des marchés publics.

B.
Seconde hypothèse : concessionnaire non soumis au code de la commande publique

523.191 **Exigences de publicité et mise en concurrence.** Lorsque le concessionnaire n'est pas soumis au code de la commande publique, les contrats d'études, de maîtrise d'œuvre et de travaux conclus par lui pour l'exécution de la concession sont soumis à une procédure de publicité et de mise en concurrence [3] définies aux articles R. 300-12 s.

523.192 **Détermination de la procédure par le concessionnaire.** Quelle que soit la valeur estimée du besoin, les contrats sont conclus par le concessionnaire selon une procédure « dont il détermine librement les modalités » en fonction [4] :

– de la nature et des caractéristiques du besoin à satisfaire ;

– du nombre ou de la localisation des opérateurs économiques susceptibles d'y répondre ;

– ainsi que des circonstances de l'achat. La procédure ainsi définie doit garantir le respect des exigences de publicité et de mise en concurrence.

523.193 **Information de l'autorité concédante.** Le concessionnaire informe le concédant, dans un délai de trente jours à compter de la conclusion du contrat, du nom du titulaire ainsi que du montant du contrat [5].

1. C. urb., art. R. 300-11-9.
2. C. urb., art. L. 300-5, IV.
3. C. urb., art. L. 300-5-1.
4. C. urb., art. R. 300-12.
5. C. urb., art. R. 300-13.

CHAPITRE

524. Concession d'aménagement pour la redynamisation commerciale

SECTION 0
ORIENTEUR

524.00 Sommaire du chapitre.

524.01 Texte applicable.

• **C. urb.**, art. L. 300-9

524.03 Bibliographie indicative.

Encyclopédies. *DP constr.-urb., ét.* : « Opérations d'aménagement ».

Ouvrage. J. Debouverie, *La concession d'aménagement et ses alternatives*, « Pratique du droit », Le Moniteur, 2019.

Articles. F. Benchendikh, « Le nouveau contrat de l'article L. 300-9 du Code de l'urbanisme issu de la loi 3DS », *DAUH* 2023. 13 – P.-É Spitz et O. Toubiana, « L'extension de la concession d'aménagement à la redynamisation commerciale : un nouvel outil à la disposition des collectivités », *Gaz. Cnes*, Club finances, 29 avril 2022 [en ligne].

524.05 Origine. La loi 3DS [1] a étendu le procédé de la concession d'aménagement à la redynamisation commerciale des centres-villes en introduisant un article L. 300-9 nouveau dans le code de l'urbanisme. Cet article permet aux pouvoirs publics de confier à une personne tierce, par voie de contrat, la mise en œuvre d'actions et opérations de revitalisation commerciale ou artisanale. Ce régime spécifique a été institué au motif que le cadre général prévu pour les concessions d'aménagement n'autorisait pas la conclusion de telles conventions : d'une part, les interventions envisagées pouvaient difficilement être regardées comme des opérations d'aménagement au sens de l'article L. 300-1 du code de l'urbanisme ; d'autre part, l'article L. 300-4 prévoit seulement la concession d'opérations d'aménagement mais non d'actions d'aménagement.

SECTION 1
CHAMP D'APPLICATION ET OBJET

524.11 Deux secteurs. L'article L. 300-9 est applicable à deux types de secteur [2] :

– d'une part, les secteurs d'intervention délimités d'une ORT ;

– d'autre part, les espaces urbains délimités au titre du droit de préemption commercial.

524.12 Objet. Dans le périmètre d'une ORT, le concessionnaire peut se voir confier la réalisation des actions ou opérations suivantes [3] :

– actions ou opérations contribuant à l'aménagement des espaces et des équipements publics de proximité et prenant en compte les problèmes d'accessibilité, de desserte des commerces et des locaux artisanaux de centre-ville et de mobilité ainsi que l'objectif de localisation des commerces en centre-ville [4] ;

– actions destinées à moderniser ou à créer des activités ou des animations économiques, commerciales, artisanales, touristiques ou culturelles, sous la responsabilité d'un opérateur [5] ;

1. L. n° 2022-217, 21 févr. 2022 relative à la différenciation, la décentralisation, la déconcentration et portant diverses mesures de simplification de l'action publique locale, *JO* 22 févr., n° 3.
2. C. urb., art. L. 300-9, al. 1er.
3. C. urb., art. L. 300-9, al. 1er.
4. CCH, art. L. L. 303-2, III, 6°.
5. CCH, art. L. L. 303-2, III, 8°.

– actions ou opérations favorisant, en particulier en centre-ville, la création, l'extension, la transformation ou la reconversion de surfaces commerciales ou artisanales[1].

Au sein des espaces urbains délimités au titre du droit de préemption commercial, le cocontractant peut se voir confier la réalisation d'actions ou d'opérations ayant pour objet de favoriser « la diversité », « le maintien » ou « le développement » d'activités artisanales et commerciales de proximité[2].

SECTION 2
ÉLÉMENTS ESSENTIELS DU CONTRAT

524.21 **Parties au contrat.** Le contrat est conclu entre une personne publique (État, collectivité territoriale ou établissement public) et « une personne y ayant vocation »[3].

524.22 **Contenu du contrat.** Le contrat prévoit[4] :

– le « programme des actions ou opérations à réaliser », notamment foncières ou immobilières ;

– ainsi que « les conditions d'acquisition, de cession et, le cas échéant, de construction, de réhabilitation, de démolition et de gestion » des locaux concernés.

SECTION 3
PASSATION DU CONTRAT

524.31 **Renvoi à la concession de droit commun.** Le contrat est conclu « dans les mêmes formes que celles prévues aux articles L. 300-4 et L. 300-5 »[5].

SECTION 4
DÉLÉGATION DU DPU ET DU DP COMMERCIAL

524.41 **Délégation au cocontractant.** Le DPU, y compris le DPU renforcé, et le DP commercial peuvent être délégués au cocontractant dans les conditions prévues aux articles L. 211-2-3 et L. 214-1-1[6].

SECTION 5
APPEL À UNE PERSONNE Y AYANT VOCATION

524.51 **Passation et objet du contrat.** Par un contrat conclu dans les mêmes formes que celles prévues aux articles L. 300-4 et L. 300-5, il peut être confié à une « personne y ayant vocation » la réalisation d'actions nécessaires[7] :

– au traitement d'un immeuble faisant l'objet d'un arrêté pris en application des articles L. 511-11 ou L. 511-19 du CCH ou d'un îlot ou d'un ensemble cohérent d'îlots comprenant au moins un tel immeuble ;

– à une opération programmée d'amélioration de l'habitat ;

– à un plan de sauvegarde ;

– ou à une opération de requalification de copropriétés dégradées.

524.52 **Contenu du contrat.** Le contrat prévoit[8] :

– les actions ou les opérations, notamment foncières ou immobilières, à réaliser ;

– ainsi que les conditions d'acquisition, de cession et, le cas échéant, de démolition, de construction, de réhabilitation et de gestion des logements, des locaux ou des équipements concernés.

1. CCH, art. L. L. 303-2, III, 9°.
2. C. urb., art. L. 300-9, al. 1er.
3. C. urb., art. L. 300-9, al. 1er.
4. C. urb., art. L. 300-9, al. 2.
5. C. urb., art. L. 300-9, al. 1er – V. ss nos 523.21 s.
6. C. urb., art. L. 300-9, al. 3.
7. C. urb., art. L. 300-10, I, al. 1er ; créé par L. no 2024-322, 9 avr. 2024.
8. C. urb., art. L. 300-10, I, al. 2 ; créé par L. no 2024-322, 9 avr. 2024.

TITRE

53. Les procédés et procédures d'aménagement foncier (ZAC, PSMV, restauration immobilière...)

SECTION 0
ORIENTEUR

53.00 Sommaire du titre.

53.05 Des procédés variés. Le livre III du code de l'urbanisme prévoit plusieurs procédures opérationnelles :

– la zone d'aménagement concernée (ZAC) ;

– le plan de sauvegarde et de mise en valeur (PSMV) et la restauration immobilière ;

– des procédures applicables aux opérations de grande ampleur (OIN, PIM, PPA et GOU) ;

– les opérations de réhabilitation des ensembles commerciaux, de l'immobilier de loisir et des zones d'activité économique ;

– l'aménagement par les associations foncières urbaines (AFU).

CHAPITRE

531. Zone d'aménagement concertée (ZAC)

SECTION 0 ORIENTEUR

531.00 Sommaire du chapitre.

531.01 Textes applicables.

• **C. urb.**

art. L. 311-1 s.

art. R. 311-1 s.

531.02 Jurisprudence de référence.

> Indépendance entre la procédure de concession d'aménagement et la procédure d'expropriation

• **CE, sect., 11 juill. 2011,** *Sté d'équipement du département de Maine-et-Loire Sodemel et ministre de l'intérieur, de l'outre-mer, des collectivités territoriales et de l'immigration*, req. n° 320735, *Lebon*.

> Exigence, pour la qualification de ZAC, que l'opération revête une certaine importance

• **CE, sect., 28 juill. 1993,** *Chamonix-Mont-Blanc (Cne)*, req. n° 124099, *Lebon*.

531.03 Bibliographie indicative.

Thèses. C. Hortus, *Les zones d'aménagement concerté à usage d'habitation*, th. Paris II, 1974 – F. Steichen, *L'aménageur privé et la ZAC, ou la consécration d'un marché de l'aménagement*, th. Nice, 1994.

Encyclopédies. *DP constr.-ubr., ét.* : « Opérations d'aménagement » – *J.-Cl. Constr.-Urb.*, fasc. 13-80 : « Zones d'aménagement concerté », par S. Marie, juill. 2021.

Monographie. S. Demeure, J.-Y. Martin et M. Ricard, *La ZAC : Zone d'aménagement concerté*, 2e éd., « Guides juridiques », Le Moniteur, 2008.

Contributions. Dossier « Les 25 ans de la zone d'aménagement concerté », *Droit et ville* 1993, n° 36.

> Articles

Généralité. X. Couton, « La ZAC, cette fringante quinquagénaire ! », *Constr.-Urb.* 2017, repère 11 – F. Déhu, « Les apports de la loi ELAN pour la réalisation d'opérations d'aménagement en zone d'aménagement concerté (ZAC) », *RDI* 2019. 76 – S. Elkan, « Les meilleures ZAC ont une fin », *Ét. fonc.* 1997, n° 77, p. 26 – É. Fatôme, « Le nouveau régime juridique des ZAC », *BJDU* 2000. 394 – J.-P. Gilli, « Les opérations d'urbanisme inachevées à l'expiration de la concession », *RFDA* 1989. 670.

Participation ZAC. B. Perrineau, « Faut-il réformer le régime spécifique de financement des équipements publics dans les ZAC ? », *Constr.-Urb.* 2013, comm. 3 – L. Santoni et X. Couton, « La ZAC dans la tourmente des nouveaux textes », *Constr.-Urb.* 2012, ét. 7.

531.04 Questions essentielles.

> Un cahier des charges de cession unique peut-il être prévu pour l'ensemble des cessions

* V. s^s^ n° 531.412

> Quels équipements et dépenses justifient le paiement de la participation ZAC ?

* V. s^s^ n°s 531.491 s.

> Dans quels cas la ZAC peut-elle être modifiée ?

* V. s^s^ n°s 531.581 s.

> L'aménageur peut-il obtenir réparation en cas de suppression d'une ZAC ?

* V. s^s^ n°s 531.641 s.

531.05 Procédé créé en 1967. Le procédé de la ZAC a été institué par la loi du 30 décembre 1967 d'orientation foncière[1]. Son régime a été maintes fois modifié par les réformes législatives ultérieures.

531.06 Procédé utilisé pour les opérations d'une certaine envergure. Le procédé de la ZAC est utilisé pour les opérations publiques présentant une certaine envergure. Il permet de créer entièrement un quartier ou de le rénover. Il demeure, pour ces opérations, l'outil d'aménagement le plus employé.

531.07 Un interventionnisme fort de la puissance publique. Le procédé de la ZAC représente l'une des formes les plus poussées d'interventionnisme de la personne publique dans l'aménagement de son territoire. Le procédé de la ZAC lui permet en effet de développer sa propre conception de l'aménagement d'un secteur plutôt que de s'en remettre aux initiatives privées (même canalisées par un document d'urbanisme très détaillé comme peut l'être le PLU).

SECTION 1
CARACTÉRISTIQUES GÉNÉRALES DE LA ZAC

§ 1
Définition de la ZAC

531.11 Définition légale. Les ZAC « sont les zones à l'intérieur desquelles une collectivité publique ou un établissement public y ayant vocation décide d'intervenir pour réaliser ou faire réaliser l'aménagement et l'équipement des terrains, notamment de ceux que cette collectivité ou cet établissement a acquis ou acquerra en vue de les céder ou de les concéder ultérieurement à des utilisateurs publics ou privés »[2].

Il ressort de cette définition trois critères.

531.12 1er critère : une initiative publique. La ZAC est initiée par une collectivité publique ou un établissement public y ayant vocation[3].

Plus exactement, l'initiative de création d'une ZAC peut être prise par trois personnes publiques[4] :

- l'État ;
- une collectivité territoriale ;
- ou un établissement public ayant vocation, de par la loi ou ses statuts, à réaliser ou à faire réaliser l'objet de la zone.

En pratique, rares sont les ZAC créées par l'État. Peut être citée, parmi les rares exemples, la ZAC du terminal français du tunnel sous la Manche à Coquelles, dans le département du Pas-de-Calais.

531.13 2e critère : l'opération. La ZAC a pour objet de réaliser (ou faire réaliser) « l'aménagement et l'équipement » de terrains que la personne publique a acquis ou acquerra[5].

La jurisprudence a déduit de cette formule que le procédé de la ZAC ne peut être utilisé que pour les opérations présentant une certaine envergure.

Cette condition est satisfaite, par exemple, dans le cas d'une opération visant :

- à rénover un centre-ville[6] ;
- à transformer un secteur de devenir un pôle d'attraction commercial et industriel[7] ;
- pour partie à urbaniser un secteur et, pour partie, à mettre en valeur les zones naturelles attenantes aux secteurs à urbaniser notamment par la réalisation d'équipements publics[8].

Elle ne l'est pas si les aménagements présentent une ampleur trop limitée, comme dans le cas d'une prétendue ZAC comportant seulement l'agrandissement d'un hôtel et la construction d'une annexe

1. L. n° 67-1253, 30 déc. 1967 d'orientation foncière, *JO* 3 janv., p. 3.
2. C. urb., art. L. 311-1, al. 1er.
3. C. urb., art. L. 311-1, al. 1er.
4. C. urb., art. R. 311-1, al. 1er.
5. C. urb., art. L. 311-1, al. 1er.
6. CE 11 mai 1984, *Évrard*, req. n° 35217, *Lebon.*
7. CE 31 mars 1989, *S^té^ d'ingénierie et de développement économique*, req. n° 88113, *Lebon T.*
8. CE 7 juill. 2000, *SCI Cité Haute en Provence*, req. n° 205229, *Lebon T.* : arrêt soulignant « que, compte tenu de ses caractéristiques et de l'importance des travaux d'équipement qu'elle nécessite, une telle opération constitue une opération d'aménagement et d'équipement au sens des dispositions susrappelées de l'article L. 311-1 du code de l'urbanisme et peut, dès lors, faire l'objet d'une zone d'aménagement concerté ».

pour cet hôtel sur un terrain adjacent, le tout formant une zone de moins d'un hectare au total[1].

On note également que la formule ne définit pas précisément les objets susceptibles d'être poursuivis à travers une ZAC, conférant de ce fait un important pouvoir d'appréciation à l'autorité administrative pour déterminer ce qui en relève : créer un quartier d'habitation, mettre en place une zone industrielle, restructurer un quartier, aménager une station de ski dans le cadre d'une UTN, etc.

531.14 **3e critère : la finalité (revente ou concession des terrains).** Une fois les terrains aménagés et équipés, ils sont cédés ou concédés à des utilisateurs publics ou privés[2].

§ 2
Réglementation applicable à l'intérieur de la ZAC

531.21 **Application des règles d'urbanisme.** Une fois créée, la ZAC se trouve soumise aux règles prévues par les documents d'urbanisme et le code de l'urbanisme[3].

En revanche, l'acte de création lui-même n'est pas soumis au respect du PLU[4].

SECTION 2
CRÉATION DE LA ZAC

§ 1
Délimitation de la ZAC et lieu d'implantation

531.31 **La ZAC peut être instituée dans un secteur urbain ou naturel.** La création d'une ZAC n'est pas subordonnée à sa localisation dans une zone urbaine ou d'urbanisation future. Le code ne limitant pas la possibilité de créer des ZAC à certaines parties du territoire, celles-ci peuvent être instituées sur tout type de zones : urbaines, à urbaniser ou encore naturelles[5].

531.32 **La ZAC peut être instituée qu'il existe ou non un PLU.** Si le code de l'urbanisme précise que la réalisation d'une ZAC (constructions et travaux) doit respecter le PLU, il n'impose en revanche pas qu'un tel document ait été approuvé pour instituer la zone (ni même pour l'aménager)[6].

En outre, si un PLU a été approuvé, l'acte de création de la ZAC n'est pas soumis au respect du PLU[7].

531.33 **Possibilité d'une ZAC discontinue.** Une même ZAC peut être créée sur plusieurs emplacements territorialement distincts[8]. Cette formule autorise ainsi la pratique des ZAC multi-sites, permettant l'aménagement de terrains distincts les uns par rapport aux autres. L'intérêt peut être d'assurer l'équilibre économique de l'opération, en alliant un site (excédentaire) dédié à l'activité commerciale et un site (déficitaire) destiné à l'accueil de logements, notamment sociaux.

531.34 **Possibilité d'instituer une ZAC dans un secteur couvert par le DPU.** Une ZAC peut être instituée dans un secteur couvert par le droit de préemption urbain. La procédure ZAC et la procédure DPU sont en effet indépendantes.

Toutefois, lorsque la ZAC est créée par une commune, celle-ci peut, afin de protéger l'aménageur, exclure du champ d'application du DPU les cessions de terrain réalisées par celui-ci[9].

531.35 **Possibilité qu'une ZAC inclût des terrains d'un lotissement.** Dans une décision inédite et ancienne, le Conseil d'État avait posé « qu'aucune disposition législative ou réglementaire n'interdit qu'une zone d'aménagement concerté inclue des terrains compris dans un lotissement approuvé »[10].

531.36 **Espaces ne pouvant donner lieu à création d'une ZAC.** Lorsque la commune n'est pas couverte par un PLU, le principe de constructibilité limitée[11] fait obstacle à la création d'une ZAC en dehors des parties urbanisées de la commune[12].

Lorsqu'une commune est soumise à la loi Littoral ou à la loi Montagne, le principe d'extension limitée de l'urbanisation peut faire obstacle à la création d'une ZAC[13].

Une cour a estimé que l'acte de création d'une ZAC pouvait être contrôlé au regard de l'article L. 101-1 du code de l'urbanisme, aux termes duquel

1. CE, sect., 28 juill. 1993, *Chamonix-Mont-Blanc (Cne)*, req. no 124099, *Lebon ; BJDU* 1994. 27, concl. S. Lasvignes ; *AJDA* 1993. 688, chron. Ch. Maugüé et L. Touvet : arrêt soulignant « que, compte tenu de ses caractéristiques et de la faible importance des travaux d'équipement qu'elle nécessite, une telle opération ne constitue pas une opération d'aménagement et d'équipement au sens des dispositions précitées de l'article L. 311-1 du code de l'urbanisme ; que sa réalisation ne pouvait faire l'objet de la création d'une zone d'aménagement concerté ».
2. C. urb., art. L. 311-1, al. 1er.
3. V. ss nos 531.181 s.
4. V. ss no 531.131.
5. Rép. min. no 10942, *JOAN Q* 3 nov. 2003, p. 8452.
6. Rép. min. no 10942, *JOAN Q* 3 nov. 2003, p. 8452.
7. V. ss no 531.131.
8. C. urb., art. L. 311-1, al. 5.
9. V. ss nos 422.301 s.
10. CE 12 mai 1989, *Martel et a.*, req. no 82323, NP.
11. V. ss nos 112.11 s.
12. CAA Paris, 4 juin 2002, *Lefoulon*, req. no 98PA01316, NP.
13. CE 9 oct. 1989, *Fédération des sociétés pour l'étude et l'aménagement de la nature dans le Sud-Ouest*, req. no 82094, NP.

les collectivités publiques « harmonisent leurs prévisions et leurs décisions d'utilisation de l'espace dans le respect réciproque de leur autonomie »[1].

531.37 Contrôle juridictionnel sur la délimitation du périmètre. S'il appartient à l'autorité administrative compétente de décider de la réalisation d'une ZAC à un emplacement déterminé et d'en fixer le périmètre, l'appréciation qu'elle est ainsi amenée à porter sur ces différents points peut être censurée par le juge de l'excès de pouvoir dans le cas où elle est entachée d'une erreur manifeste ou fondée sur des faits matériellement inexacts[2].

A par exemple été annulée pour erreur manifeste d'appréciation la création d'une ZAC de 33 hectares et 56 000 m^2 de surface de plancher en bordure du massif des Maures, dans le périmètre d'une zone naturelle d'intérêt écologique faunistique et floristique (ZNIEFF)[3].

§ 2 Procédures de création d'une ZAC

531.41 Deux procédures. Le code prévoit deux procédures de création d'une ZAC :

- soit la ZAC est créée par la délibération approuvant ou révisant le PLU ;
- soit (hypothèse la plus courante), elle est créée par un acte distinct de la délibération approuvant ou révisant le PLU.

A. Première procédure : création de la ZAC par un acte distinct de la délibération approuvant le PLU

531.51 Procédure ordinaire. Dans la procédure ordinaire, qui est la plus couramment utilisée, la ZAC est instituée par un acte spécifique par lequel la collectivité compétente approuve le périmètre et le programme de la zone.

1° Initiative de la création de la ZAC

531.61 État, collectivité territoriale ou établissements publics y ayant vocation. La ZAC est créée sur une initiative publique : soit par l'État, soit par une collectivité territoriale, soit par un établissement public y ayant vocation[4].

2° Études et concertations préalables

531.70 Renvoi. Comme toute opération d'aménagement, la création d'une ZAC doit être précédée d'études et de concertations préalables[5].

531.71 Précisions sur l'étude de sécurité publique. Lorsque l'opération doit faire l'objet d'une étude de sécurité publique en application de l'article R. 114-1[6] :

- la personne publique qui a pris l'initiative de la création de la ZAC, ou son concessionnaire, est entendue par la sous-commission départementale pour la sécurité publique de la commission consultative départementale de sécurité et d'accessibilité, prévue par le décret du 8 mars 1995[7], en vue de préciser les éléments essentiels qui devront être pris en compte dans l'étude[8] ;
- l'étude doit être reçue par cette sous-commission avant le commencement des travaux de réalisation des voies et espaces publics[9].

3° Dossier de création de ZAC

a. Autorité compétente pour constituer le dossier

531.81 Personne publique ayant pris l'initiative. Le dossier est constitué par la personne publique qui a pris l'initiative de la création de la ZAC[10].

b. Contenu du dossier

531.91 Cinq éléments. Le dossier de création d'une ZAC se compose de cinq éléments. Un dossier incomplet entache d'un vice de forme ou de procédure l'acte de création de la zone[11].

531.92 1er élément : rapport de présentation. Le dossier de présentation comprend un rapport de présentation[12]. Celui-ci :

1. CAA Bordeaux, 11 févr. 2014, *Emmanuel de Saint Pol*, req. n° 12BX02488, NP.
2. CAA Lyon, 31 déc. 1996, *Assoc. d'information et de défense de l'environnement (AIDE)*, req. n° 93LY01323, *Lebon T.*
3. CAA Lyon, 31 déc. 1996, *Assoc. d'information et de défense de l'environnement (AIDE)*, req. n° 93LY01323, *Lebon T.*
4. V. ss n° 531.12.
5. V. ss nos 512.05 s.
6. V. ss nos 512.31 s.
7. Décr. n° 95-260, 8 mars 1995 relatif à la commission consultative départementale de sécurité et d'accessibilité, *JO* 10 mars, p. 3754.
8. C. urb., art. R. 311-5-1.
9. C. urb., art. R. 311-6, al. 5.
10. C. urb., art. R. 311-2, al. 1er.
11. CE 6 déc. 1985, *SA de promotion immobilière Jean Ache et a.*, req. n° 49088, *Lebon T.*
12. C. urb., art. R. 311-2, a.

– expose notamment l'objet et la justification de l'opération ;

– comporte une description de l'état du site et de son environnement (la jurisprudence ayant précisé que cet environnement comprend le cas échéant les autres opérations d'urbanisme en cours ou en projet autour du site[1]) ;

– indique le programme global prévisionnel des constructions à édifier dans la zone ;

– et énonce les raisons pour lesquelles, au regard des dispositions d'urbanisme en vigueur sur le territoire de la commune et de l'insertion dans l'environnement naturel ou urbain, le projet faisant l'objet du dossier de création a été retenu.

531.93 **2e élément : plan de situation.** Le dossier de présentation comprend un plan de situation[2].

531.94 **3e élément : délimitation du périmètre.** Le dossier de présentation comprend un plan de délimitation du ou des périmètres composant la zone[3].

531.95 **4e élément (le cas échéant) : étude d'impact.** Le dossier de présentation comprend l'étude d'impact définie à l'article R. 122-5 du code de l'environnement lorsque celle-ci est requise en application des articles R. 122-2 et R. 122-3-1 du même code[4], c'est-à-dire si la ZAC dépasse une certaine superficie[5].

L'absence l'étude d'impact entache d'un vice de procédure l'acte de création de la ZAC[6]. Il peut aller de même, selon son ampleur, d'une insuffisance d'étude d'impact[7].

531.96 **5e élément : exigibilité de la taxe d'aménagement.** Le dossier doit préciser si la part communale ou intercommunale de la taxe d'aménagement sera ou non exigible dans la zone[8].

c.

Approbation du dossier

531.101 **Approbation par l'autorité compétente pour le créer.** Le dossier doit être approuvé par l'autorité compétente pour créer la zone.

531.102 **1re situation : la commune ou l'EPCI a constitué le dossier.** Si le dossier a été constitué par la commune ou l'EPCI (la commune ou l'EPCI ayant pris l'initiative de la création de la zone), le dossier est approuvé par son organe délibérant[9].

Pour simplifier la procédure de création, la délibération approuvant le dossier de la zone porte en même temps création de celle-ci[10].

Dans cette même démarche de simplification, la délibération approuvant le dossier de zone peut également tirer le bilan de la concertation, en application de l'article L. 103-6[11].

531.103 **2nde situation : le dossier a été constitué par une autre personne publique.** Lorsque le dossier a été constitué par une personne publique autre que la commune ou l'EPCI, cette personne publique (qui a pris l'initiative de la création de la zone) adresse le dossier de création à l'autorité compétente pour la créer[12].

En outre, dans le cas où la création de la zone est de la compétence du préfet, elle l'adresse également à la commune ou à l'EPCI compétent en vue de recueillir son avis[13].

Le conseil municipal de la commune sur le territoire de laquelle il est envisagé de créer la zone ou l'organe délibérant de l'EPCI compétent émet un avis sur le dossier de création[14]. L'avis est réputé émis à l'issue d'un délai de trois mois à compter de la réception par le maire ou le président de l'EPCI du dossier de création[15].

4°

Acte de création de la ZAC

a.

Personne publique compétente pour créer la ZAC

531.111 **Compétence de principe des communes et EPCI.** L'acte de création d'une ZAC est en principe pris par les communes et EPCI. Le code prévoit que le périmètre et le programme de la ZAC sont approuvés par délibération du conseil municipal ou de l'organe délibérant de l'EPCI[16].

531.112 **Compétence du préfet.** Sont créées par le préfet[17] :

1. CE 3 sept. 2009, *Nort-sur-Erdre (Cne) et a.*, req. no 309162, *Lebon T. ; BJDU* 2010. 432, concl. R. Keller. Arrêt sanctionnant l'omission de mentionner la présence à proximité du projet de ZAC, tant d'un second projet de ZAC que d'un projet de lotissement.
2. C. urb., art. R. 311-2, b.
3. C. urb., art. R. 311-2, c.
4. C. urb., art. R. 311-2, d.
5. V. ss no 214.32.
6. CE 10 juill. 1996, *Assoc. « Comité Cinq Cantons-Barre »*, req. no 155711, *Lebon T.*
7. PAR EX. : CAA Versailles, 3 août 2010, *Noisy-le-Grand (Cne)*, req. no 08VE02168, NP.
8. C. urb., art. R. 311-2, al. 7.
9. C. urb., art. R. 311-2, al. 1er.
10. C. urb., art. R. 311-3, al. 1er.
11. Sur cette concertation, v. ss no 531.70. – C. urb., art. R. 311-2, al. 1er.
12. C. urb., art. R. 311-3, al. 2.
13. C. urb., art. R. 311-3, al. 2.
14. C. urb., art. R. 311-4, al. 1er.
15. C. urb., art. R. 311-4, al. 2.
16. C. urb., art. L. 311-1, al. 2.
17. C. urb., art. L. 311-1, al. 3.

– d'une part, les ZAC réalisées à l'initiative de l'État, des régions, des départements ou de leurs établissements publics et concessionnaires ;

– d'autre part les ZAC situées, en tout ou partie, à l'intérieur d'un périmètre d'opération d'intérêt national.

La ZAC est créée par le préfet après avis du conseil municipal de la ou des communes concernées ou de l'EPCI compétent [1].

b.
Contenu de l'acte de création de la ZAC

531.121 **Trois éléments obligatoires.** L'acte qui crée la ZAC doit contenir les éléments suivants [2] :

– il délimite le ou les périmètres de la zone ;

– il indique le programme global prévisionnel des constructions à édifier à l'intérieur de la zone ;

– il mentionne le régime applicable au regard de la part communale ou intercommunale de la taxe d'aménagement.

531.122 **Un élément facultatif.** Afin d'accélérer la réalisation de la ZAC, la décision qui approuve le périmètre et le programme de la zone peut également approuver l'aménagement et l'équipement de celle-ci [3].

c.
Absence de soumission au PLU de l'acte créant la ZAC

531.131 **Pas de soumission au PLU.** L'acte de création de la zone, la délibération approuvant le dossier de réalisation et la délibération approuvant le programme des équipements publics, qui fixent seulement la nature et la consistance des aménagements à réaliser, ne sont pas tenus de respecter les dispositions du règlement du PLU en vigueur à la date de leur adoption [4].

Il en résulte, contrairement à la solution qui prévalait avant la loi SRU [5], qu'une ZAC peut être créée même si elle ne respecte pas le règlement du PLU [6]. En revanche, sa réalisation ne sera possible que si elle est compatible avec le PLU [7].

d.
Publicité de l'acte créant la ZAC

531.141 **Affichage.** L'acte qui crée la ZAC est affiché pendant un mois en mairie ou au siège de l'EPCI compétent et, dans ce cas, dans les mairies des communes membres concernées. Mention de cet affichage est insérée en caractères apparents dans un journal diffusé dans le département [8].

531.142 **Publication.** L'acte qui crée la ZAC fait l'objet d'une publication.

Lorsqu'il s'agit d'une délibération du conseil municipal d'une commune de 3 500 habitants et plus, il est publié au recueil des actes administratifs mentionné à l'article R. 2121-10 du CGCT. Lorsqu'il s'agit d'une délibération de l'organe délibérant d'un EPCI comportant au moins une commune de 3 500 habitants et plus, il est publié au recueil des actes administratifs mentionné à l'article R. 5211-41 du CGCT si un tel recueil existe [9].

Lorsqu'il s'agit d'un arrêté préfectoral, il est publié au recueil des actes administratifs de l'État dans le département [10].

531.143 **Mention du lieu où le dossier peut être consulté.** Chacune des formalités de publicité mentionne le ou les lieux où le dossier peut être consulté [11].

531.144 **Déploiement des effets juridiques.** Les effets juridiques attachés à la création de la zone ont pour point de départ l'exécution de l'ensemble des formalités d'affichage [12].

La date à prendre en compte pour l'affichage en mairie ou au siège de l'EPCI compétent est celle du premier jour où il est effectué [13].

531.145 **Effets sur le concessionnaire et les propriétaires voisins.** Une décision de création de ZAC, bien qu'elle n'ait pas un caractère réglementaire :

– ne crée pas un droit au maintien de la zone au profit de la société chargée, par une convention conclue avec la commune sur le territoire de laquelle se trouve cette zone, de son aménagement et de son équipement [14] ;

– ne créé pas de droits au profit des propriétaires voisins (et par suite, peut être légalement modifiée) [15].

1. C. urb., art. L. 311-1, al. 3.
2. C. urb., art. R. 311-5, al. 1er.
3. C. urb., art. L. 311-1, al. 4.
4. CE, avis, 4 juill. 2012, *Biglione et Perrin*, req. n° 356221, *Lebon ; BJDU* 2012. 355, concl. C. Landais ; *Dr. adm.* 2012, comm. 93, note J.-L. Pissaloux.
5. CE 31 janv. 2001, *Blotzheim (Cne) et Sarl du Parc d'activités de Blotzheim*, req. n° 207389, *Lebon T.*
6. CE 26 juill. 2011, *Sté Innov Immo et a.*, req. n° 320457, *Lebon ; BJDU* 2011. 373, concl. M. Vialettes.
7. V. ss n° 531.191.
8. C. urb., art. R. 311-5, al. 2.
9. C. urb., art. R. 311-5, a.
10. C. urb., art. R. 311-5, b.
11. C. urb., art. R. 311-5, al. 6.
12. C. urb., art. R. 311-5, al. 7.
13. C. urb., art. R. 311-5, al. 7.
14. CE 22 juin 1984, *SCI Palaiseau-Villebon*, req. n° 44287, *Lebon T.*
15. CE 2 déc. 1977, *Comité de défense de l'environnement de Mâcon-Nord*, req. n° 00843, *Lebon.*

531.146 Absence d'effets sur les droits à construire. La création d'une ZAC n'a pas pour effet, à elle seule, de désigner comme constructible le secteur qu'elle concerne [1].

B. Seconde procédure : création de la ZAC par la délibération approuvant ou révisant le PLU

531.151 ZAC créée par la délibération approuvant ou révisant le PLU. Les dispositions régissant la première procédure de création de ZAC - par un acte distinct de la délibération approuvant ou révisant le PLU [2] - ne sont pas applicables lorsque la ZAC est créée selon la seconde procédure, à savoir par une délibération d'approbation ou de révision d'un PLU [3].

Dans ce cas, la ZAC est créée :
- soit par la délibération approuvant le PLU [4] ;
- soit par la délibération révisant le PLU [5].

531.152 Conditions de création de la ZAC et prise d'effets. Les conditions de création d'une ZAC par la délibération approuvant ou révisant le PLU sont exposées dans les dispositions relatives au PLU, de même que la prise d'effets de cette création [6].

§ 3 Effets d'une création de la ZAC

A. Droit de délaissement

531.161 Droit du propriétaire d'un terrain situé dans le périmètre de la ZAC d'exiger de la collectivité publique son acquisition. À compter de la publication de l'acte créant une ZAC, les propriétaires des terrains compris dans cette zone peuvent mettre en demeure la collectivité publique ou l'établissement public qui a pris l'initiative de la création de la zone de procéder à l'acquisition de leur terrain, dans les conditions et délais prévus à l'article L. 230-1 [7].

531.162 Envoi de la mise en demeure. La mise en demeure doit être adressée à la personne compétente :
- le concessionnaire, si le contrat de concession l'a prévu ;
- la personne publique, dans les autres cas.

Est irrecevable la demande de délaissement formée par le propriétaire de terrains compris dans une ZAC dès lors que le propriétaire n'a pas adressé une mise en demeure à la collectivité publique ayant pris l'initiative de la création de la zone mais à son concessionnaire qui, aux termes du contrat de concession, n'avait pas qualité de mandataire de la commune compétent pour recevoir cet acte, un tel mandat d'acquérir les biens dans l'exercice de la procédure de délaissement ne pouvant lui être donné qu'en vertu du contrat de concession [8].

531.163 Terrains bâtis ou non bâtis. Le droit de délaissement s'applique tant aux terrains non bâtis qu'aux terrains bâtis [9].

B. Sursis à statuer sur les demandes d'autorisation

531.171 Mesure conservatoire. À compter de la publication de l'acte créant une ZAC, lorsque des travaux, des constructions ou des installations sont susceptibles de compromettre ou de rendre plus onéreux l'aménagement et l'équipement de la zone, le sursis à statuer peut être prononcé dans les conditions définies à l'article L. 424-1 [10].

SECTION 3 RÉALISATION DE LA ZAC

§ 1 Soumission des opérations aux règles d'urbanisme

A. Application des règles d'urbanisme

531.181 Soumission aux règles d'urbanisme. L'aménagement et l'équipement de la zone sont réalisés dans le respect des règles d'urbanisme applicables [11].

1° Commune dotée d'un PLU

531.191 Soumission au PLU. Lorsque la commune est couverte par un PLU, la réalisation de la ZAC (c'est-à-dire des équipements et aménagements) est soumise aux dispositions du PLU [12].

1. Civ. 3e, 28 avr. 2011, no 10-16.034, P.
2. V. ss nos 531.51 s.
3. C. urb., art. R. 311-1, al. 2.
4. C. urb., art. L. 151-7-2.
5. C. urb., art. L. 153-31, 5°.
6. V. ss nos 231.391 s.
7. C. urb., art. L. 311-2, 1° – Sur ces conditions et délais, v. ss nos 45.07 s.
8. Civ. 3e, 9 juin 1999, no 98-70.145, P.
9. Civ. 3e, 7 mai 1996, no 95-70.031, P.
10. C. urb., art. L. 311-2, 2° – V. ss no 344.231.
11. C. urb., art. R. 311-6, al. 1er.
12. CE 26 juill. 2011, *Ste Innov Immo et a.*, req. no 320457, *Lebon ; BJDU* 2011. 373, concl. M. Vialettes.

Ainsi, dans l'hypothèse où le règlement de PLU a précisé, comme le permet l'article L. 151-42[1], d'une part la localisation et les caractéristiques des espaces publics à conserver, à modifier ou à créer dans les ZAC, d'autre part la localisation prévue pour les principaux ouvrages publics, les installations d'intérêt général et les espaces verts des ZAC, la réalisation de la ZAC est subordonnée au respect de ces prescriptions[2].

531.192 Adaptation du PLU pour permettre la réalisation de la ZAC. Il appartient aux autorités compétentes de prendre les dispositions nécessaires pour que les autorisations individuelles d'urbanisme qui ont pour objet l'aménagement et l'équipement effectifs de la zone puissent, conformément aux principes de droit commun, être accordées dans le respect des règles d'urbanisme, et notamment des dispositions du règlement du PLU applicables à la date de leur délivrance[3]. Ainsi, s'il y a lieu, le PLU devra être adapté pour être rendu compatible avec la ZAC.

2°
Commune non dotée d'un PLU

531.201 Soumission au RNU. Lorsque la commune n'est pas couverte par un PLU, la réalisation de la ZAC est soumise au RNU (notamment à la règle de la constructibilité limitée) et, le cas échéant, à la carte communale.

3°
Compatibilité avec le SCOT

531.211 Rapport de compatibilité. Les opérations d'aménagement (au nombre desquelles figure les ZAC) doivent être compatibles avec le DOO du SCOT[4]. Cela concerne notamment les conditions d'ouverture à l'urbanisation.

B.
Absence de droit acquis au maintien de la réglementation

531.221 La ZAC ne confère pas de droit acquis au maintien de la réglementation. Une ZAC ne confère pas de droit acquis au maintien de la réglementation[5]. Il en résulte que les terrains situés dans son périmètre sont sujets aux évolutions que connaissent tant les dispositions nationales que les documents d'urbanisme locaux. Par exemple, une ZAC instituée avant l'entrée en vigueur de la loi Littoral se trouve immédiatement soumise aux dispositions de cette loi[6].

C.
Le cas des anciens plans d'aménagement de zone (PAZ)

531.231 Présentation des PAZ. Avant la loi SRU[7], les ZAC étaient le plus souvent régies par un plan d'aménagement de zone (PAZ) déterminant le régime juridique applicable[8]. La rédaction de ces plans était souvent inutilement précise, ce qui à la fois générait des risques contentieux et obligeait à de fréquentes modifications de ces documents.

531.232 Suppression des PAZ. La loi SRU a intégré les ZAC dans le droit commun de l'aménagement urbain. Il en résulte que son régime, au niveau local, est défini par le PLU. Les PAZ, qui définissaient ce régime sous l'ancien état du droit, n'existent plus dans les ZAC crées postérieurement à cette loi.

531.233 Disparition des PAZ (intégration dans les PLU). Un régime transitoire a été défini pour les PAZ adoptés ou en cours d'adoption au moment de l'entrée en vigueur de la loi SRU.

Les PAZ qui ont été arrêtés en vue d'être soumis à enquête publique avant son entrée en vigueur sont demeurés soumis aux dispositions législatives antérieures. Le code a prévu l'intégration des PAZ aux PLU dès l'approbation de ces derniers[9].

Concernant les PAZ approuvés avant l'entrée en vigueur de la loi SRU, le code a prévu que ces plans demeurent applicables jusqu'à l'approbation d'un PLU[10]. Tant que le PLU n'est pas approuvé, ces plans[11] :

- ont les mêmes effets que les PLU pour la zone intéressée ;
- sont soumis au régime juridique des PLU ;

1. V. s[s] n° 231.1391.
2. C. urb., art. L. 311-6, al. 1er – Jusqu'à la loi n° 2005-809 du 20 juillet 2005 relative aux concessions d'aménagement, la détermination de ces éléments dans le PLU était obligatoire. Depuis l'entrée en vigueur de cette loi, elle présente un caractère facultatif.
3. CE, avis, 4 juill. 2012, *Biglione et Perrin*, req. n° 356221, *Lebon ; BJDU* 2012. 355, concl. C. Landais ; *Dr. adm.* 2012, comm. 93, note J.-L. Pissaloux.
4. V. s[s] n° 222.43.
5. CE 13 nov. 2009, *SNC Domaine de Sausset-les-Pins et SCP Laureau-Jeannerot*, req. n° 309093, *Lebon T.*
6. CE 13 nov. 2009, *SNC Domaine de Sausset-les-Pins et SCP Laureau-Jeannerot*, req. n° 309093, *Lebon T.*
7. L. n° 2000-1208, 13 déc. 2000 relative à la solidarité et au renouvellement urbains.
8. Avant la loi SRU, le code de l'urbanisme admettait que des ZAC puissent ne pas comporter de PAZ, mais à condition d'appliquer les règles du POS. Ce cas de figure se rencontrait rarement car les règles du POS s'avéraient le plus souvent inadaptées à la vocation de la ZAC.
9. C. urb., art. L. 311-7, al. 9.
10. C. urb., art. L. 311-7, al. 1er.
11. C. urb., art. L. 311-7, al. 2 à 8.

– peuvent faire l'objet d'une modification, d'une modification simplifiée ou d'une mise en compatibilité.

En prévoyant l'intégration des PAZ dans les PLU, les dispositions de l'article L. 311-7 ont organisé l'extinction de ces plans.

Intégrées aux PLU, leurs anciennes dispositions peuvent être modifiées ou supprimées au même titre que n'importe quelle disposition du PLU. À cet égard, il apparaît opportun que le PLU remplace les dispositions précises qui se trouvaient dans les PAZ par des règles générales et laisse aux cahiers des charges le soin de prévoir des prescriptions plus détaillées.

§ 2 Modes de réalisation de la ZAC et coordination avec les propriétaires de la zone (conventions d'association)

531.241 **Deux modes de réalisation.** Le code prévoit deux modes de réalisation de la ZAC[1] :

– soit l'aménagement et l'équipement de la zone sont conduits directement par la personne publique qui a pris l'initiative de sa création ;

– soit les opérations sont concédées par cette personne publique, dans les conditions précisées aux articles L. 300-4 et L. 300-5[2].

531.242 **Coordination avec les propriétaires : les conventions d'association.** La personne publique à l'initiative de la ZAC ou le concessionnaire peut conclure avec des propriétaires de terrains situés à l'intérieur de la zone une convention définissant les conditions dans lesquelles ces propriétaires participent à l'aménagement[3].

L'hypothèse vise en pratique le cas de propriétaires n'ayant pas acquis leur terrain de l'aménageur.

Cette convention est distincte de la convention de participation financière[4].

1. C. urb., art. L. 311-5, al. 1er ; art. R. 311-6, al. 2 à 4.
2. V. ss nos 523.05 s.
3. C. urb., art. L. 311-5, al. 2.
4. C. urb., art. L. 311-5, al. 2 – Sur cette convention, v. ss nos 531.531 s.

§ 3 Approbation du dossier de réalisation et du programme des équipements publics

A. Approbation du dossier de réalisation de la ZAC

1° Constitution du dossier de réalisation

531.251 **Autorité compétente.** Le dossier de réalisation est constitué par la personne publique qui a pris l'initiative de la création de la ZAC[5].

2° Contenu du dossier de réalisation

531.261 **Trois éléments obligatoires.** Le dossier de réalisation présente un caractère plus détaillé et une dimension plus opérationnelle que le dossier de création. Il comprend trois éléments[6] :

– le projet de programme des équipements publics à réaliser dans la zone (a, précisant que lorsque le programme comporte des équipements dont la maîtrise d'ouvrage et le financement incombent normalement à d'autres collectivités ou établissements publics, le dossier doit comprendre les pièces faisant état de l'accord de ces personnes publiques sur le principe de la réalisation de ces équipements, les modalités de leur incorporation dans leur patrimoine et, le cas échéant, sur leur participation au financement) ;

– le projet de programme global des constructions à réaliser dans la zone (b) ;

– les modalités prévisionnelles de financement de l'opération d'aménagement, échelonnées dans le temps (c). Même si ces modalités présentent un caractère prévisionnel, elles doivent être relativement précises. Elles présentent en outre un caractère échelonné, la vente des premiers terrains pouvant par exemple servir à financer l'aménagement des suivants.

531.262 **Possibilité de compléter l'étude d'impact ou l'autorisation environnementale.** Le dossier de réalisation complète en tant que de besoin le contenu de l'étude d'impact mentionnée à l'article R. 311-2 ou le cas échéant la ou les parties de l'évaluation environnementale du PLU portant sur le projet de ZAC, conformément au III de l'article L. 122-1-1 du code de l'environnement notamment en ce qui concerne les éléments qui ne pouvaient être connus au moment de la constitution du dossier de création[7].

5. C. urb., art. R. 311-7, al. 1er.
6. C. urb., art. R. 311-7, al. 1er à 4.
7. C. urb., art. R. 311-7, al. 5.

L'étude d'impact mentionnée à l'article R. 311-2 ou le cas échéant la ou les parties de l'évaluation environnementale du PLU portant sur le projet de ZAC ainsi que les compléments éventuels prévus à l'alinéa précédent sont joints au dossier de toute enquête publique ou de toute mise à disposition du public concernant l'opération d'aménagement réalisée dans la zone [1].

3°
Approbation du dossier de réalisation

a.
Procédure d'approbation

531.271 **Personne publique compétente.** Le dossier de réalisation est approuvé par la personne publique qui a pris l'initiative de la création de la ZAC [2].

531.272 **Organe compétent.** Le dossier est approuvé, sauf lorsqu'il s'agit de l'État, par son organe délibérant [3].

b.
Publicité de l'acte d'approbation

531.281 **Renvoi aux règles prévues pour l'acte créant la ZAC.** L'acte qui approuve le dossier de réalisation fait l'objet des mesures de publicité et d'information édictées par l'article R. 311-5 [4].

c.
Nature de l'acte d'approbation

531.291 **Un acte préparatoire.** Le Conseil d'État a précisé la nature de l'acte approuvant le dossier de réalisation, et le régime contentieux qui en résulte [5].

Il indique que l'acte approuvant le dossier de réalisation constitue une mesure seulement préparatoire aux actes qui définiront ultérieurement les éléments constitutifs de cette zone, notamment l'acte approuvant le programme des équipements publics à réaliser à l'intérieur de la zone. Il en résulte que cet acte n'est pas au nombre des actes qui peuvent faire l'objet d'un recours pour excès de pouvoir.

Il en va de même :

- du refus d'abroger l'acte d'approbation ;
- et des documents constituant le dossier de réalisation [6], qui sont dépourvus de tout caractère décisionnel.

1. C. urb., art. R. 311-7, al. 6.
2. C. urb., art. R. 311-7, al. 1er.
3. C. urb., art. R. 311-7, al. 1er.
4. C. urb., art. R. 311-9 – Sur ces règles, v. ss nos 531.141 s.
5. CE, avis, 4 juill. 2012, *Biglione et Perrin*, req. no 356221, *Lebon ; BJDU* 2012. 355, concl. C. Landais ; *Dr. adm.* 2012, comm. 93, note J.-L. Pissaloux.
6. V. ss no 531.261.

Les illégalités qui affectent l'acte d'approbation sont seulement susceptibles d'entacher d'irrégularité la procédure d'adoption des décisions qu'il prépare.

B.
Approbation du programme des équipements publics de la ZAC

531.301 **Caractère public des équipements.** Les équipements à l'intérieur d'une ZAC sont publics. Le dossier de réalisation de la ZAC comporte d'ailleurs une pièce obligatoire intitulée : « Programme des équipements publics ». Ce programme fixe ce que l'aménageur va réaliser ou financer.

1°
Contenu du programme

531.311 **Description du programme.** Le programme des équipements publics décrit les caractéristiques du programme :

- la localisation des équipements concernés ;
- leur nature ;
- leur coût ;
- le calendrier de réalisation ;
- et la collectivité publique qui en assurera la maîtrise d'ouvrage, la prise en charge et la gestion.

531.312 **Accord des autres personnes publiques participant au financement.** Lorsque le programme comporte des équipements dont la maîtrise d'ouvrage et le financement incombent normalement à d'autres collectivités ou établissements publics que la personne publique ayant pris l'initiative de la création de la ZAC, le dossier doit comprendre les pièces faisant état de l'accord de ces collectivités ou établissements sur le principe de la réalisation de ces équipements, les modalités de leur incorporation dans leur patrimoine et, le cas échéant, sur leur participation au financement [7].

531.313 **Cas des équipements sportifs (ZAC et zones de rénovation urbaine).** Le programme des équipements sportifs inclus dans le programme des équipements publics des ZAC ou des zones de rénovation urbaine doit tenir compte des équipements existant dans la commune et les communes voisines [8].

Le préfet soumet ce programme pour avis au chef du service départemental relevant du ministre chargé des sports. Cet avis est réputé favorable s'il n'est pas émis dans le délai de deux mois [9].

7. C. urb., art. R. 311-7, a.
8. C. urb., art. R. 318-14, al. 1er.
9. C. urb., art. R. 318-14, al. 2.

Lorsque le PLU autorise l'implantation d'installation soumises à autorisation, le préfet peut, en accord avec la commune ou l'établissement public groupant plusieurs communes et ayant compétence en matière d'urbanisme, décider que les équipements sportifs devront être, en tout ou en partie, réalisés à l'extérieur de la zone[1].

2°
Approbation du programme

531.321 **Acte d'approbation.** Le programme des équipements publics est approuvé[2] :

– par le conseil municipal ou l'organe délibérant de l'EPCI compétent ;

– ou, lorsque la création de la zone relève de sa compétence, par le préfet, après avis du conseil municipal ou de l'organe délibérant de l'EPCI.

L'avis du conseil municipal ou de l'organe délibérant de l'EPCI est réputé émis à l'issue d'un délai de trois mois à compter de la réception par le maire ou le président de l'établissement du dossier de réalisation[3].

531.322 **Publicité de l'acte d'approbation.** L'acte qui approuve le programme des équipements publics fait l'objet des mesures de publicité et d'information édictées par l'article R. 311-5[4].

3°
Modification du programme des équipements

531.331 **Procédures.** L'évolution des données de base d'une opération d'aménagement peut conduire la personne publique qui a pris l'initiative de la création d'une ZAC à apporter des modifications à certains aspects du projet d'aménagement, notamment le contenu et les modalités de financement des équipements publics. Une réponse ministérielle distingue deux types de procédures applicables en fonction de l'ampleur de la modification[5] :

– lorsque la modification du programme est significative et résulte notamment d'une évolution importante du périmètre et du programme de la ZAC, il convient de recourir à la procédure de modification prévue à l'article R. 311-12, al. 2, du code de l'urbanisme qui permet d'adapter la ZAC dans les formes prescrites pour la création de la zone[6] ;

– lorsque la modification est limitée, sans incidence sur le programme des ouvrages et équipements d'infrastructure et de superstructure à réaliser, le financement et la répartition de la maîtrise d'ouvrage de ces équipements ainsi que sur les modalités de leur incorporation dans le patrimoine des personnes publiques concernées, seule une délibération de l'autorité compétente est nécessaire pour modifier le dossier de réalisation de la ZAC, en particulier le programme des équipements publics, dans les conditions prévues à l'article R. 311-7. Dans ce cas, cette décision de modification du programme est soumise aux conditions de publicité requises à l'article R. 311-9[7].

§ 4
Acquisition des terrains

531.341 **Plusieurs modes d'acquisition.** L'acquisition des terrains situés dans le périmètre de la ZAC peut être réalisée selon plusieurs procédés.

A.
Acquisition amiable

531.351 **Vente.** L'acquisition de terrains peut être réalisée de gré à gré, par un contrat de vente.

B.
Acquisition par délaissement

531.361 **Exercice par le propriétaire de son droit de délaissement.** Un terrain peut être acquis par l'aménageur suite à l'exercice par le propriétaire de son droit de délaissement[8].

C.
Acquisition par voie de préemption

531.371 **Exigence que le terrain soit couvert par le DPU.** Un terrain situé dans le périmètre d'une ZAC peut être acquis par voie de préemption s'il se trouve dans le périmètre du droit de préemption urbain[9].

531.372 **Exercice du droit de préemption.** Le DPU peut être exercé par son titulaire.

Il peut aussi être délégué[10] :

– à la personne publique qui a pris l'initiative de la création de la ZAC ;

– au concessionnaire[11] ;

– à un établissement public y ayant vocation.

1. C. urb., art. R. 318-14, al. 3.
2. C. urb., art. R. 311-8, al. 1er.
3. C. urb., art. R. 311-8, al. 2.
4. C. urb., art. R. 311-9 – Sur ces règles, v. ss nos 531.141 s.
5. Rép. min. no 4463, *JO Sénat Q* 25 juin 2015, p. 1525.
6. V. ss no 531.591.
7. V. ss no 531.322.
8. V. ss no 531.161.
9. V. ss no 422.31.
10. V. ss nos 424.191 s.
11. V. ss no 523.14.

531.373 **Absence de droit de rétrocession.** Lorsqu'un terrain est compris dans une ZAC, il ne pourra être fait application des dispositions de l'article L. 213-11 [1]. Il en résulte en particulier que l'ancien propriétaire ne dispose pas de droit de rétrocession lorsque le titulaire du droit de préemption décide, dans un délai de cinq ans, d'utiliser le bien préempté pour un objet autre que ceux mentionnés au premier alinéa de l'article L. 210-1 [2].

D.
Acquisition par voie d'expropriation

531.381 **Pouvoir d'exproprier.** Les terrains peuvent être acquis par voie d'expropriation.

L'expropriation peut être mise en œuvre par la personne publique.

En outre, dans le cas d'une concession d'aménagement, l'acte déclarant d'utilité publique les acquisitions de terrains bâtis ou non situés dans une ZAC peut prévoir que l'expropriation sera réalisée par l'aménageur [3], serait-ce une personne privée.

Toujours dans le cas d'une concession d'aménagement, les immeubles expropriés en vue de la réalisation de l'opération peuvent être cédés de gré à gré et sans aucune formalité par l'expropriant à l'aménageur, à condition que le prix de vente soit au moins égal au prix d'achat majoré des frais exposés par l'expropriant [4].

531.382 **Indépendance entre la procédure de création de ZAC et la procédure d'expropriation.** La procédure de création de ZAC est indépendante de la procédure d'expropriation [5]. En conséquence :

- les moyens tirés des irrégularités qui entacheraient la procédure de création de la ZAC sont inopérants à l'encontre de l'arrêté de cessibilité [6] ;

- une DUP de la réalisation d'une ZAC peut être adoptée avant l'approbation de l'acte créant cette ZAC [7].

Néanmoins, en cas d'annulation de l'acte créant la ZAC, cette annulation prive de fondement légal la DUP d'acquisitions d'immeubles dans le périmètre de cette zone. La ZAC n'ayant plus d'existence légale à la suite de cette annulation, la DUP se retrouve entachée d'illégalité [8].

531.383 **Indépendance entre la procédure de concession d'aménagement et la procédure d'expropriation.** L'illégalité d'un acte administratif, qu'il soit ou non réglementaire, ne peut être utilement invoquée à l'appui de conclusions dirigées contre une décision administrative que si cette dernière a été prise pour son application ou s'il en constitue la base légale. Les actes, DUP et arrêtés de cessibilité, tendant à l'acquisition par voie d'expropriation des terrains nécessaires à la réalisation d'une ZAC ne sont pas des actes pris pour l'application de la délibération approuvant la convention par laquelle une commune confie à une société l'aménagement de cette zone, laquelle ne constitue pas davantage leur base légale. Par suite, présente un caractère inopérant l'exception d'illégalité de la délibération approuvant la convention d'aménagement à l'appui d'une contestation de la DUP, alors même que cette déclaration est prise pour permettre la réalisation de cette opération d'aménagement et qu'elle précise que l'expropriation est réalisée au profit de la société chargée de l'aménagement de la zone [9].

§ 5
Exécution des travaux et réalisation des équipements de la ZAC

531.391 **Réalisation des travaux.** Une fois la maîtrise foncière réalisée, l'aménageur exécute les travaux et équipements prévus dans le programme de la ZAC (construction des voies, réalisation des espaces publics, viabilisation des parcelles, installation de luminaires, etc.).

531.392 **Envoi préalable de l'étude de sécurité publique.** Les travaux ne peuvent débuter qu'après envoi de l'étude de sécurité publique [10].

§ 6
Cession des terrains aménagés

A.
Modalités de cession des terrains

531.401 **Trois modalités.** Une fois les terrains équipés, l'aménageur va en céder la propriété ou en concéder l'usage par l'un des trois procédés suivants :

- la vente ;

1. C. urb., art. L. 311-3.
2. V. s[s] n°s 424.1101 s.
3. C. urb., art. R. 311-10, 1°.
4. C. urb., art. R. 311-10, 2°.
5. CE 8 juin 1988, *Amiens (Ville) c/Crépin*, req. n° 67428, *Lebon T.*
6. CE 8 juin 1988, *Amiens (Ville) c/Crépin*, req. n° 67428, *Lebon T.*
7. CE 4 oct. 1989, *Assoc. de défense des pavillons de la rue du Tage et de l'environnement Tage-Kellermann*, req. n° 68619, *Lebon T.*
8. CE 18 févr. 1998, *SA GRC EMIN*, req. n° 126326, NP.
9. CE, sect., 11 juill. 2011, *S[té] d'équipement du dpt de Maine-et-Loire Sodemel et min. Intérieur, Outre-mer, Collectivités territoriales et Immigration*, req. n° 320735, *Lebon* ; *BJCP* 2011. 387, concl. D. Hedary ; *JCP Adm.* 2012, n° 2053, note C. Deves ; *Contrats. Marchés publ.* 2011, comm. 302, note P. Devillers.
10. V. s[s] n° 531.71.

– la mise en location ;
– ou la concession.

531.402 Nature du contrat. Si le contrat de cession est conclu entre deux personnes privées, dont chacune agit pour son propre compte (en d'autres termes, aucune n'agit comme mandataire de la personne publique), ce contrat est un contrat de droit privé passé par deux personnes privées [1].

Si le contrat est conclu entre une personne publique et une personne privée (ou entre une personne privée et une autre personne privée agissant comme mandataire d'une personne publique) et satisfait aux conditions d'administrativité, il constitue un contrat administratif [2].

531.403 Possibilité d'exclure ces cessions du champ du DPU. Lorsqu'une ZAC a été créée, la commune peut exclure du champ d'application du droit de préemption urbain les cessions de terrain par la personne chargée de l'aménagement de la ZAC [3]. En conséquence, le titulaire du DPU ne peut exercer ce droit sur ces cessions, et l'aménageur n'est pas tenu d'adresser à la commune une déclaration d'intention d'aliéner préalablement à chacune d'entre elles.

B. Cahier des charges de cession de terrains

1° Établissement d'un cahier des charges pour chaque cession ou concession

531.411 Obligation d'établir un cahier des charges pour chaque cession ou concession. Le code prévoit que : « Les cessions ou concessions d'usage de terrains à l'intérieur des ZAC font l'objet d'un cahier des charges » [4]. Il ressort de cette rédaction que l'adoption d'un tel document constitue une obligation, et ce pour chaque cession ou concession (une cession ou concession pouvant le cas échéant porter sur plusieurs lots [5]). Chacune d'entre elle doit ainsi donner lieu à l'établissement d'un cahier des charges qui lui est propre.

Se trouve en conséquence exclue la possibilité d'adopter un cahier des charges unique au niveau de la ZAC qui s'appliquerait à l'ensemble des cessions ou concessions intervenant au sein de celle-ci.

531.412 Possibilité d'un cahier des charges type. L'aménageur peut se doter d'un cahier des charges type, un modèle qu'il décline ensuite, en l'adaptant le cas échéant, à chaque cession ou concession [6].

2° Contenu du cahier des charges de cession des terrains

a. Surface de plancher autorisée (et densité minimale des constructions)

531.421 Détermination par le cahier des charges. Le cahier des charges de cession de terrains [7] :

– indique le nombre de mètres carrés de surface de plancher dont la construction est autorisée sur la parcelle cédée ;

– ainsi que, le cas échéant, la densité minimale de constructions qui s'applique à chaque secteur et définie par le règlement du PLU [8].

531.422 Détermination par parcelle et non par lot. En imposant seulement de déterminer la surface autorisée au niveau de la « parcelle », le premier alinéa de l'article L. 311-6 n'implique pas que le cahier des charges de cession de terrains précise le nombre de mètres carrés de surface de plancher dont la construction serait autorisée sur chacun des lots qui composent la parcelle cédée [9]. Cette solution est conforme à la lettre du texte mais contredit la finalité de celui-ci, qui est de disposer de la vision la plus précise de l'étendue du droit à construire.

531.423 Nature réglementaire de cette détermination. Le Conseil d'État a reconnu le « caractère réglementaire » [10] des dispositions du cahier des charges de cession de terrains déterminant le nombre de mètres carrés de surface de plancher dont la construction est autorisée sur la parcelle cédée.

1. TC 23 oct. 1995, *Sté Canal+ Immobilier et a.*, req. n° 02964, *Lebon.*
2. À PROPOS d'un contrat conférant des prérogatives de puissance publique à la société cessionnaire, agissant pour le compte de la personne public concédante : Civ. 1re, 7 mars 2000, n° 98-11.219, P.
3. V. ss nos 422.301 s.
4. C. urb., art. L. 311-6.
5. CE 23 mai 2018, *Sté Le Parc des Moulins*, req. n° 406010, *Lebon T.*
6. CAA Marseille, 9 oct. 2009, *Beaume*, req. n° 07MA02159, NP : arrêt indiquant que les dispositions applicables « ne sauraient faire obstacle à l'adoption, par l'organe délibérant de la commune ou de l'établissement public [...], d'un cahier des charges "type" dont l'objet est non pas de fixer les règles applicables à une parcelle cédée mais de définir des modalités générales applicables à toutes cessions ou concessions de terrains inclus dans la zone d'aménagement concerté ».
7. C. urb., art. L. 311-6, al. 1er.
8. V. ss n° 231.1242.
9. CE 23 mai 2018, *Sté Le Parc des Moulins*, req. n° 406010, *Lebon T.*
10. CE 23 mai 2018, *Sté Le Parc des Moulins*, req. n° 406010, *Lebon T.*

Il se base pour cela sur deux dispositions :

- d'une part le premier alinéa de l'article L. 311-6, précité ;

- d'autre part une disposition relative à la présentation d'une demande de permis de construire dans une ZAC, prévoyant que la demande est accompagnée « d'une copie de celles des dispositions du cahier des charges de cession de terrain qui indiquent le nombre de mètres carrés de surface de plancher dont la construction est autorisée sur la parcelle cédée »[1].

Il en a déduit que lorsque, notamment, la zone a été créée au sein d'une commune couverte par une carte communale, l'autorité chargée de la délivrance du permis de construire[2] :

- ne peut, en principe, légalement délivrer un tel permis sur une parcelle ainsi cédée dans cette zone en l'absence d'une telle détermination ;

- ne peut légalement délivrer le permis si la surface de plancher du projet excède celle dont la construction a été autorisée par le cahier des charges de cession du terrain.

b.
Prescriptions techniques, urbanistiques et architecturales

531.431 Possibilité de fixer de telles prescriptions. Le cahier des charges de cession de terrains peut fixer des prescriptions techniques, urbanistiques et architecturales imposées pour la durée de la réalisation de la zone[3].

531.432 Régime des anciennes « zone d'habitation » et « zone industrielle ». Dans les zones d'habitation et dans les zones industrielles, créées avant l'institution des ZAC, les dispositions destinées à assurer l'unité d'urbanisme et d'architecture dans la zone considérée qui sont incluses dans les cahiers des charges de concession et dans les cahiers des charges de cession de terrains approuvés doivent, postérieurement à la fin de la concession, être incorporées au PLU, s'il en existe un, par décision du préfet[4]. Le régime juridique des PLU est applicable aux dispositions ainsi incorporées[5].

Lorsque la commune n'est pas dotée d'un PLU, les dispositions des cahiers des charges destinées à assurer l'unité d'urbanisme et d'architecture dans la zone peuvent être modifiées par décision du préfet. Cette décision est prise après enquête publique réalisée conformément au chapitre III du titre II du livre Ier du code de l'environnement et délibération du conseil municipal ou de l'organe délibérant de l'établissement groupant plusieurs communes et ayant compétence en matière d'urbanisme[6].

531.433 Impossibilité de définir des règles relatives au contenu du dossier de permis de construire. Il n'appartient pas aux auteurs des règlements d'urbanisme d'imposer aux demandeurs de permis de construire des formalités autres que celles prévues par le code de l'urbanisme ni de modifier les compétences déterminées par celui-ci. Par suite, en imposant au pétitionnaire de fournir certains documents et en imposant au constructeur de communiquer à l'aménageur pour visa une copie du dossier de demande de permis de construire, un cahier des charges de cession des terrains ajoute illégalement une prescription à celles prévues par le code de l'urbanisme en ce qui concerne les pièces qui doivent être produites par le pétitionnaire et les formalités qui s'imposent à lui[7].

c.
Respect des dispositions d'urbanisme

531.441 Soumissions aux règles d'urbanisme. Le cahier des charges ne peut déroger aux règles d'urbanisme, notamment celles posées par les documents locaux d'urbanisme[8].

3°
Approbation du cahier des charges de cession de terrains

531.451 Possibilité d'une approbation du cahier des charges. L'autorité compétente (le maire ou le président de l'EPCI, dans les cas où la création de la zone relève de la compétence du conseil municipal ou de l'organe délibérant de l'EPCI ; le préfet dans les autres cas) « peut approuver le cahier des charges »[9].

Jusqu'à la loi ÉLAN, l'approbation présentait un caractère obligatoire, impliquant l'intervention de la personne publique sur chaque vente. Du fait de sa lourdeur, cette procédure a été rendue facultative[10].

531.452 Publicité de l'approbation. Lorsque le cahier des charges de cession de terrains a fait l'objet

1. C. urb., art. R. 421-23, a.
2. CE 23 mai 2018, *Sté Le Parc des Moulins*, req. n° 406010, *Lebon T.*
3. C. urb., art. L. 311-6, al. 1er.
4. C. urb., art. L. 318-9, al. 1er ; art. R. 318-15, al. 1er.
5. C. urb., art. L. 318-9, al. 1er.
6. C. urb., art. L. 318-9, al. 2 – également : C. urb., art. R. 318-15, al. 2.
7. CAA Marseille, 17 juill. 2020, *SAS Golf resort Terre blanche*, req. n° 19MA01371, NP (arrêt devenu définitif en l'absence d'admission du pourvoi formé à son encontre : CE 20 oct. 2021, req. n° 444593, NP).
8. À PROPOS d'un PAZ (la solution valant également pour les PLU) : CE 31 mars 1989, *Assoc. pour la protection et l'amélioration du cadre de vie du secteur des 16 arpents c/Verrières-le-Buisson (Cne)*, req. n° 83538, *Lebon T.*
9. C. urb., art. L. 311-6, al. 2.
10. L. n° 2018-1021, 23 nov. 2018 portant évolution du logement, de l'aménagement et du numérique (ÉLAN), *JO* 24 nov., n° 1, art. 9.

d'une approbation, mention de cette dernière ainsi que du lieu où il peut être consulté est affichée pendant un mois en mairie ou au siège de l'EPCI compétent et, dans ce cas, dans les mairies des communes membres concernées[1].

Une même mention est en outre publiée dans les recueils suivants[2] :

- au recueil des actes administratifs mentionné à l'article R. 2121-10 du CGCT, lorsqu'il s'agit d'une décision du maire d'une commune de 3 500 habitants et plus (a) ;
- au recueil des actes administratifs mentionné à l'article R. 5211-41 du CGCT, s'il existe, lorsqu'il s'agit d'une décision du président d'un EPCI comportant au moins une commune de 3 500 habitants et plus (b) ;
- au recueil des actes administratifs de l'État dans le département, lorsqu'il s'agit d'une décision du préfet (c).

531.453 Effet : opposabilité aux demandes d'autorisation d'urbanisme. Si le cahier des charges de cession de terrains a été approuvé, et après qu'il a fait l'objet de mesures de publicité, ses dispositions relatives à la surface de plancher autorisée et aux prescriptions techniques, urbanistiques et architecturales « sont opposables aux demandes d'autorisation d'urbanisme »[3], et ce à l'expiration du délai d'affichage d'un mois prévu par le premier alinéa de l'article D. 311-11-1[4].

4°
Caducité du cahier des charges

531.461 Régime actuel : caducité à la suppression de la ZAC. Le cahier des charges de cession de terrains devient caduc à la date de la suppression de la zone[5].

Néanmoins, la caducité du cahier des charges de cession de terrains ne fait pas obstacle à ce que les stipulations de ces cahiers des charges continuent de régir, pour celles qui présentent un caractère contractuel, les rapports entre les propriétaires qui y ont consenti[6].

531.462 Régime pour les cahiers des charges adoptés avant la loi SRU. Le troisième alinéa de l'article L. 311-6 prévoit qu'il ne s'applique pas aux cahiers des charges de cession de terrains signés avant l'entrée en vigueur de la loi SRU[7].

Il en résulte que les cahiers des charges annexés aux actes de vente signés avant l'entrée en vigueur de cette loi restent soumis aux dispositions antérieures.

Une réponse ministérielle distingue à cet égard deux types de cahiers des charges[8] :

- la plupart prévoyaient d'eux-mêmes que leurs règles étaient applicables pour la durée de la zone ; dans ce cas, « il y a lieu de considérer qu'elles deviennent caduques lors de la suppression de la zone » ;
- d'autres, au contraire, avaient un caractère pérenne ; dans ce cas, « les cahiers des charges continuent à s'appliquer y compris après la suppression de la zone, comme des contrats de droit privé » ; ils « ne prévalent pas sur le plan local d'urbanisme, mais doivent être combinés avec celui-ci, comme toutes les servitudes privées ».

§ 7
Mention du bornage dans l'acte de vente

531.471 Mention du bornage. Toute promesse unilatérale de vente ou d'achat, tout contrat réalisant ou constatant la vente d'un terrain indiquant l'intention de l'acquéreur de construire un immeuble à usage d'habitation ou à usage mixte d'habitation et professionnel sur ce terrain « mentionne si le descriptif de ce terrain résulte d'un bornage »[9].

Lorsque le terrain est issu d'une division effectuée à l'intérieur d'une ZAC par la personne publique ou privée chargée de l'aménagement, « la mention du descriptif du terrain résultant du bornage est inscrite dans la promesse ou le contrat »[10].

531.472 Action en nullité à défaut de mention. Le bénéficiaire en cas de promesse de vente, le promettant en cas de promesse d'achat ou l'acquéreur du terrain peut intenter l'action en nullité sur le fondement de l'absence de l'une ou l'autre mention mentionnée à l'article L. 115-4 selon le cas, avant l'expiration du délai d'un mois à compter de l'acte authentique constatant la réalisation de la vente[11].

SECTION 4
PARTICIPATION AU COÛT DES ÉQUIPEMENTS PUBLICS DE LA ZAC

531.481 TA ou participation ZAC. Les équipements publics des ZAC peuvent être financés par deux contributions :

1. C. urb., art. D. 311-11-1, al. 1er.
2. C. urb., art. D. 311-11-1, al. 2 à 5.
3. C. urb., art. L. 311-6, al. 2.
4. C. urb., art. D. 311-11-2.
5. C. urb., art. L. 311-6, al. 3.
6. Civ. 3e, 4 mars 2021, no 19-22.987, P.
7. L. no 2000-1208, 13 déc. 2000 relative à la solidarité et au renouvellement urbains, *JO* 14 déc., no 2.
8. Rép. min. no 61682, *JOAN Q* 20 avr. 2010, p. 4494.
9. C. urb. art. L. 115-4, al. 1er.
10. C. urb. art. L. 115-4, al. 2.
11. C. urb. art. L. 115-5, al. 1er.

– soit la taxe d'aménagement (TA), participation de droit commun[1] ;

– soit la participation ZAC (« participation aux coûts d'équipements de la zone »[2]), participation spécifique aux ZAC[3].

§ 1
Champ d'application de la participation ZAC

531.491 **Critères.** Il ne peut être mis à la charge de l'aménageur de la zone que « le coût » des « équipements publics » à réaliser pour « répondre aux besoins » des futurs habitants ou usagers des constructions à édifier dans la zone[4]. Il résulte de cette rédaction que le champ d'application de la participation ZAC se détermine sur la base de deux critères :

– d'une part les équipements concernés ;

– d'autre part le coût réel de ceux-ci.

A.
Équipements concernés

531.501 **Des équipements publics.** Seuls les équipements « publics » entrent dans le champ de la participation ZAC[5]. Cette exigence exclut la prise en charge des équipements privés.

531.502 **Des équipements à réaliser.** Seuls les équipements publics « à réaliser » entrent dans le champ de la participation ZAC[6]. N'en relèvent ainsi que les équipements futurs, non encore réalisés.

531.503 **Des équipements répondant aux besoins des futurs habitants ou usagers des constructions à édifier dans la zone.** N'entrent dans le champ d'application de la participation ZAC que les équipements devant être réalisés « pour répondre aux besoins des futurs habitants ou usagers des constructions à édifier dans la zone »[7].

Les équipements doivent être situés à l'intérieur du périmètre de la ZAC, ou, s'ils se situent en dehors de ce périmètre, être réalisés dans l'intérêt principal des constructeurs[8].

Tel est le cas, par exemple, de la réalisation d'un carrefour qui a pour objet exclusif la desserte de la ZAC, est réalisé dans l'intérêt principal des futurs habitants et usagers de la zone et répond à leurs besoins en termes de sécurité routière. La seule circonstance que cet aménagement profite également à l'ensemble des usagers d'une route départementale n'est pas de nature à remettre en cause la légalité de la participation mise à la charge de l'aménageur[9].

En revanche, tel n'est pas le cas des travaux suivants réalisés en dehors du périmètre de la ZAC :

– aménagement d'un carrefour qui n'est pas réalisé dans l'intérêt principal de la ZAC[10] ;

– réfection d'une rue qui ne dessert pas la ZAC[11] ;

– création d'une crèche destinée à accueillir une cinquantaine d'enfants alors que la ZAC ne comporte que 20 logements[12] ;

– renforcement des capacités de traitement d'une station d'épuration située à 3 km et d'un réseau d'adduction en eau potable situé à 1 km de la ZAC[13].

B.
Dépenses concernées

531.511 **Frais devant avoir un lien direct et exclusif avec la réalisation des équipements.** Ne relèvent de la participation ZAC que les frais ayant un lien direct et exclusif avec la réalisation des équipements.

Tel n'est pas le cas :

– des frais d'études générales pré-opérationnelles, des frais financiers, des frais de commercialisation et des frais généraux exposés par l'aménageur qui n'ont pas été exposés spécifiquement pour la construction des équipements publics destinés aux usagers de la zone[14] ;

– des frais de communication et de publicité (en l'occurrence des frais de communication et de publicité engagés par l'aménageur de la ZAC du Port Fréjus dans l'intérêt collectif et général de l'image de la ZAC)[15].

531.512 **Frais proportionnels à l'utilité que va en retirer la ZAC.** Lorsque la capacité des équipements

1. Sur la taxe d'aménagement, v. s^{s} n°s 552.05 s.
2. Formule utilisée au troisième alinéa de l'article L. 311-4.
3. Prévue à l'article L. 311-4 du code de l'urbanisme.
4. C. urb., art. L. 311-4, al. 1er.
5. C. urb., art. L. 311-4, al. 1er.
6. C. urb., art. L. 311-4, al. 1er.
7. C. urb., art. L. 311-4, al. 1er.
8. CE 28 juill. 1989, *C^{té} urbaine de Brest*, req. n° 73779, *Lebon.*
9. CAA Marseille, 16 avr. 2009, *Sarl Lotibat*, req. n° 07MA00985, NP.
10. CE 28 juill. 1989, *C^{té} urbaine de Brest*, req. n° 73779, *Lebon* – également : CAA Paris, 27 sept. 1994, *SA des automobiles Citroën*, req. n° 92PA00291, *Lebon T.*
11. CAA Versailles, 24 févr. 2005, req. n° 02VE03965, NP.
12. CAA Marseille, 25 nov. 1999, *Aix-en-Provence (C^{ne}) c/S^{té} Sefra*, req. n° 97MA00830, NP.
13. CAA Marseille, 17 mars 2005, *Mosca*, req. n° 00MA00178, NP.
14. CE 23 déc. 2010, *S^{té} d'équipement du biterrois et de son littoral*, req. n° 307124, *Lebon T. ; BJDU* 2011. 51, concl. L. Olleon ; *Constr.-Urb.* févr. 2011, p. 22, obs. X. Couton.
15. CAA Marseille, 28 nov. 2005, *SCI Bleu marine*, req. n° 02MA01345, NP.

programmés excède les besoins de l'opération, « seule la fraction du coût proportionnelle à ces besoins peut être mise à la charge de l'aménageur »[1].

Lorsqu'un équipement doit être réalisé pour répondre aux besoins des futurs habitants ou usagers des constructions à édifier dans plusieurs opérations successives devant faire l'objet de ZAC ou de conventions de PUP, « la répartition du coût de cet équipement entre différentes opérations peut être prévue dès la première, à l'initiative de l'autorité publique qui approuve l'opération »[2].

§ 2
Versement de la participation ZAC

A.
Hypothèse dans laquelle le constructeur a acquis son terrain auprès de l'aménageur

531.521 Paiement par le constructeur, à l'aménageur. Dans l'hypothèse la plus courante, le constructeur a acquis son terrain auprès de l'aménageur. Dans la mesure où l'aménageur a financé les travaux, c'est à lui qu'est versée la participation ZAC.

Techniquement, celle-ci correspondra à une fraction prélevée sur le prix de cession du terrain.

531.522 Paiement en numéraire ou par cession gratuite de terrains. Le constructeur s'acquittera habituellement de sa participation par le paiement d'une somme d'argent.

La participation peut également être réalisée sous la forme d'une cession gratuite de terrain, sur le fondement de l'article L. 311-4 du code de l'urbanisme, dans la mesure où elle est destinée à répondre aux besoins des futurs habitants ou usagers des constructions à édifier dans la zone et ne fait pas double emploi avec une participation financière demandée par ailleurs pour répondre à ceux-ci[3].

B.
Hypothèse dans laquelle le constructeur n'a pas acquis son terrain auprès de l'aménageur

531.531 Signature d'une convention. Lorsqu'une construction est édifiée sur un terrain préexistant à la création de la ZAC, le constructeur n'en est pas moins tenu au paiement d'une participation. Celle-ci ne peut être versée à l'occasion de la cession du terrain puisque celui-ci n'a pas fait l'objet d'une cession, location ou concession d'usage consentie par l'aménageur de la zone.

Dans un tel cas de figure, une convention est conclue entre la commune ou l'EPCI compétent pour créer la ZAC et le constructeur. Cette convention, signée par l'aménageur, précise les conditions dans lesquelles le constructeur participe au coût d'équipement de la zone[4].

Le montant de la participation ZAC obéit aux critères mentionnés au premier alinéa de l'article L. 311-3, c'est-à-dire a vocation à couvrir le coût de réalisation des équipements publics répondant aux besoins des futurs habitants ou usagers des constructions à édifier[5].

531.532 Versement par le constructeur, à l'aménageur ou la personne publique. La participation aux coûts d'équipement de la zone peut être versée directement à l'aménageur ou à la personne publique qui a pris l'initiative de la création de la zone si la convention conclue avec le constructeur le prévoit[6].

Avant la loi ÉLAN, le constructeur versait la participation à la personne publique, qui la reversait ensuite à l'aménageur. Désormais, le code autorise le paiement direct à l'aménageur, contribuant à accélérer le paiement de celui-ci.

531.533 Convention jointe au dossier de permis. La convention fixant la participation ZAC constitue une pièce obligatoire du dossier de permis de construire ou de lotir[7].

§ 3
Mention au registre des taxes et contributions d'urbanisme

531.541 Registre. Mention des contributions exigées, des taxes et contributions versées ou obtenues dans le cadre de la réalisation des ZAC est portée sur le registre prévu à l'article R. 332-41 dans les conditions que déterminent cet article et l'article R. 332-42[8].

§ 4
Absence de « redevance ZAC »

531.551 Illégalité. Un prélèvement qualifié de « redevance de ZAC » prévu par la convention de réalisation d'une ZAC, mis à la charge des propriétaires de terrains inclus dans le périmètre de la ZAC, assis sur la surface de plancher construite ou à cons-

1. C. urb., art. L. 311-4, al. 2.
2. C. urb., art. L. 311-4, al. 3.
3. CE 3 juin 2013, *Renouard*, req. n° 351612, *Lebon T.*
4. C. urb., art. L. 311-5, al. 4.
5. V. s[s] n°s 531.491 s.
6. C. urb., art. L. 311-4, al. 5.
7. C. urb., art. L. 311-4, al. 4.
8. C. urb., art. R. 311-11.

truire, perçu annuellement au profit de la commune et destiné à financer le fonctionnement de structures spécifiques à cette zone, ne répond ni aux critères d'une redevance pour service rendu aux propriétaires de la zone, ni aux caractéristiques des contributions aux dépenses d'exécution des équipements publics prévues par les dispositions du code de l'urbanisme. Il constitue dès lors, en l'absence de texte législatif l'ayant institué, un prélèvement fiscal dépourvu de base légale[1].

SECTION 5
SUPPRESSION OU MODIFICATION D'UNE ZAC

531.561 **Évolution.** Différentes circonstances peuvent rendre nécessaire une modification voire une suppression de la ZAC.

§ 1
Modification de la ZAC

A.
Notion de modification

531.571 **Formes de la modification.** La modification de la ZAC peut avoir pour objet, par exemple, de réduire son périmètre. Tel sera le cas, notamment, en cas de difficultés financières rencontrées, le périmètre de la ZAC apparaissant trop large et les équipements à réaliser trop coûteux, compromettant ainsi son équilibre économique[2].

À l'inverse, la collectivité publique peut souhaiter étendre le périmètre de la zone en incluant certains abords de celle-ci dans le programme d'aménagement.

La modification peut également porter sur l'objet de la ZAC[3].

531.572 **Ampleur de la modification.** Seules les modifications importantes, touchant aux éléments essentiels de la ZAC tels qu'ils ont été définis dans l'acte constitutif, imposent de mettre en œuvre la procédure de modification.

Les adaptations de portée limitée peuvent être réalisées sans recourir à cette procédure. Tel est le cas, par exemple :

– du dossier de réalisation procédant à des adaptations qui avaient été envisagées dès la création de la zone et qui ne modifie pas les limites de la zone initialement envisagées[4] ;

– de l'arrêté qui retire du périmètre de la zone un lot qui représente seulement 1,7 % du périmètre de celle-ci et qui ne devait pas être livré avant dix ans[5].

B.
Causes de modification

531.581 **Absence de limites.** Le code ne définit pas, et donc ne limite pas les causes permettant de procéder à la modification d'une ZAC.

531.582 **Absence de droit acquis au maintien de la zone en l'état.** L'acte créant une ZAC ne créé pas de droits au profit des propriétaires voisins et par suite, ne fait pas obstacle à une modification de celle-ci[6].

C.
Procédure de modification

531.591 **Alignement sur la procédure de création.** La modification d'une ZAC est prononcée dans les formes prescrites pour la création de la zone[7].

La méconnaissance d'une exigence entache d'un vice de forme ou de procédure la délibération procédant à la modification[8].

531.592 **Publicité.** La décision qui modifie l'acte de création de la zone fait l'objet des mesures de publicité et d'information édictées par l'article R. 311-5[9].

§ 2
Suppression de la ZAC

531.601 **Nature.** Au niveau de sa nature, la décision de suppression d'une ZAC consiste en une mesure d'abrogation ou de retrait de l'acte ayant institué cette zone.

1. CAA Lyon, 22 mars 1994, *Risoul (Cne)*, req. n° 91LY00305, *Lebon*.
2. J.-B. Auby, « Aménagement : remèdes juridiques pour redresser les ZAC », *lemoniteur.fr*, 14 févr. 1997 [en ligne].
3. CE 2 déc. 1977, *Comité de défense de l'environnement de Mâcon-Nord*, req. n° 00843, *Lebon* : autorisation de bâtiment à usage professionnel dans une zone initialement réservée à l'habitation.
4. CAA Versailles, 2 déc. 2010, *Buffet*, req. n° 08VE02972, NP.
5. CAA Paris, 24 mars 2022, *SCI Harpim*, req. n° 21PA04765, NP ; *Constr.-urb.* 2022, comm. 51, note X. Couton.
6. CE 2 déc. 1977, *Comité de défense de l'environnement de Mâcon-Nord*, req. n° 00843, *Lebon*.
7. C. urb., art. R. 311-12, al. 2 – Sur ces exigences, v. ss nos 531.41 s.
8. PAR EX. : CAA Versailles, 30 déc. 2010, *Buffet*, req. n° 08VE02922, NP : annulation d'une délibération modifiant la ZAC non précédée d'une étude d'impact suffisante.
9. C. urb., art. R. 311-12, al. 3 – Sur ces mesures, v. ss nos 531.141 s.

A. Causes de la suppression d'une ZAC

531.611 Motifs. Les motifs permettant la suppression d'une ZAC ne sont pas définis, et par conséquent limités par le code. Toutefois, à la différence de la modification d'une ZAC, et parce que les conséquences sont nettement plus importantes, l'autorité administrative a l'obligation d'indiquer les motifs conduisant à cette décision[1].

La suppression d'une ZAC peut par exemple intervenir :

– pour un motif financier, en particulier lorsque les travaux de réalisation de celle-ci n'ont pas encore débuté[2] ;

– pour tenir compte des observations du préfet estimant que l'acte de création ne respectait pas les règles d'urbanisme applicables[3].

531.612 Absence de droit acquis au maintien d'une ZAC. Une décision de création de ZAC ne crée pas un droit au maintien de la zone au profit de la société chargée, par une convention conclue avec la commune sur le territoire de laquelle se trouve cette zone, de son aménagement et de son équipement[4]. Par suite, elle ne fait pas obstacle à la suppression de celle-ci si un motif le justifie.

B. Moment de la suppression d'une ZAC

531.621 Avant ou pendant sa réalisation. La décision de supprimer une ZAC peut intervenir lorsqu'aucun travaux n'a encore débuté[5]. La suppression peut également être décidée alors que de tels travaux ont débuté. En pratique, une telle décision est envisagée comme une ultime mesure lorsque la modification de la ZAC ne permettra pas de rétablir l'équilibre financier.

C. Procédure de suppression d'une ZAC

531.631 Deux étapes. La procédure de suppression d'une ZAC comporte deux étapes[6].

Elle débute par une « proposition » de suppression. La proposition comprend un « rapport de présentation » qui expose les motifs de la suppression.

Lorsque la proposition de suppression émane d'une personne publique autre que l'autorité ayant pris l'initiative de la création, cette proposition est soumise à l'avis de cette autorité.

La décision de suppression de la ZAC est prononcée « par l'autorité compétente, en application de l'article L. 311-1, pour créer la zone ».

531.632 Absence de concertation. Au regard des textes alors applicables, une cour a jugé que la décision de suppression d'une ZAC ne figure pas parmi les catégories d'actes pour lesquels l'organisation d'une concertation préalable est obligatoire[7].

531.633 Publicité. La décision qui supprime la zone fait l'objet des mesures de publicité et d'information édictées par l'article R. 311-5[8].

D. Indemnisation de l'aménageur (ou d'une autre personne) victime de la décision de suppression

1° Responsabilité extracontractuelle

531.641 Responsabilité pour faute. La victime d'un agissement fautif de l'administration (notamment un aménageur) peut engager la responsabilité de celle-ci lorsque cet agissement a généré un dommage.

Aucune réparation n'est allouée en l'absence de faute. À titre d'exemple, ne constitue pas une faute le délai de transmission des pièces à la préfecture pour l'exercice du contrôle de légalité, eu égard à l'importance et à la complexité du dossier (par suite, le fait que le conseil municipal ait attendu sept mois pour retirer la délibération créant la ZAC n'est pas de nature à engager la responsabilité de la commune à l'égard d'une SCI ayant déjà déposé des demandes de permis de construire)[9].

531.642 Responsabilité sans faute. La victime d'un agissement légal de l'administration peut engager sa responsabilité sans faute pour rupture de l'égalité devant les charges publiques si elle justifie d'un préjudice anormal et spécial[10].

1. V. s[s] n° 531.631.
2. CAA Paris, 2 févr. 2006, *Puteaux (C[ne])*, req. n° 03PA00122, NP.
3. CAA Lyon, 18 mai 1993, *SARL Le Pré de Bâtis, SCI Le Pré de Bâtis et SA G2DC*, req. n° 92LY00111, NP.
4. CE 22 juin 1984, *SCI Palaiseau-Villebon*, req. n° 44287, *Lebon T.*
5. PAR EX. : CAA Paris, 2 févr. 2006, *Puteaux (C[ne])*, req. n° 03PA00122, NP.
6. C. urb., art. R. 311-12, al. 1er.
7. CAA Paris, 2 févr. 2006, *Puteaux (C[ne])*, req. n° 03PA00122, NP.
8. C. urb., art. R. 311-12, al. 3 – Sur ces mesures, v. s[s] n°s 531.141 s.
9. CAA Lyon, 18 mai 1993, *SARL Le Pré de Bâtis, SCI Le Pré de Bâtis et SA G2DC*, req. n° 92LY00111, NP.
10. PAR EX. : CE 15 avr. 1992, *SCI Vallières et a. c/C[té] urbaine de Lyon*, req. n° 66843, *Lebon* : conditions non remplies en l'espèce.

La condition d'anormalité du préjudice est difficile à satisfaire dans la mesure où le juge oppose au demandeur une exception de risque acceptée. Cette exception exclut la réparation du préjudice si la victime du dommage a accepté en connaissance de cause de se placer dans une situation l'exposant à un risque, notamment un risque de perte en cas d'abandon de l'opération d'aménagement. En application de cette exception, le juge rejette la demande d'indemnisation présentée par un aménageur :

- qui a déposé une demande de permis de construire à une date antérieure à la réalisation des conditions suspensives auxquelles était subordonnée son acquisition des terrains en cause, c'est-à-dire à une date où elle ne pouvait ignorer les aléas importants qui affectaient encore, au moins pour plusieurs semaines, l'utilité des dépenses engagées, compte tenu notamment de l'exercice normal par le préfet de son contrôle de légalité [1] ;
- qui a fait l'acquisition de terrains avant même l'intervention de l'arrêté de création de la ZAC [2] ;
- qui connaissait les risques de remise en cause de l'opération (le premier projet avait été annulé, une partie de la population était opposée au second projet, le retournement de la conjoncture dans le secteur de l'immobilier était prévisible) [3].

2°

Responsabilité contractuelle

531.651 **Méconnaissance du contrat.** La responsabilité contractuelle de l'administration peut être engagée dans l'hypothèse où celle-ci a méconnu ses obligations contractuelles.

En matière d'aménagement, la mise en œuvre de ce régime de responsabilité suppose que la convention d'aménagement ait été formée. Tel n'est pas le cas :

- lorsqu'aucune convention n'a été conclue [4] ;
- ou encore lorsque la convention supposait une approbation préfectorale, laquelle n'est pas intervenue [5].

SECTION 6

CONSULTATION DES CONSEILS D'ARRONDISSEMENT DANS LES COMMUNES PLM ET DES COMMUNES ASSOCIÉES DANS LES COMMUNES FUSIONNÉES

531.661 **Cas où la consultation est obligatoire.** Dans les communes de Paris, Lyon et Marseille, les conseils d'arrondissement doivent être consultés préalablement aux décisions relatives à la création d'une ZAC (initiative, dossier de réalisation), à l'approbation du programme des équipements publics et à la suppression ou modification de celle-ci [6]. Le maire de la commune consulte le ou les conseils d'arrondissement dans le ressort territorial desquels la réalisation de la zone est prévue en tout ou partie [7].

De même, plusieurs articles du CGCT imposent de procéder à la consultation des conseils consultatifs ou commissions consultatives existant dans les communes issues d'une fusion, des conseils des communes déléguées existant dans les communes nouvelles, ou des conseils d'arrondissement des communes de Paris, Marseille et Lyon, sur un projet de zone d'habitation, de zone de rénovation urbaine, de zone de réhabilitation, de zone industrielle et de zone artisanale [8]. Dans tous les cas, la consultation se déroule selon la procédure définie pour la consultation des conseils d'arrondissement [9].

531.662 **Procédure de consultation.** Le conseil d'arrondissement émet son avis dans le délai fixé par le maire de la commune. Ce délai ne peut être inférieur à quinze jours à compter de la saisine du conseil d'arrondissement [10]. Cet avis est réputé favorable s'il n'intervient pas dans le délai prévu [11].

La demande d'avis est accompagnée des documents au vu desquels le conseil municipal sera appelé à délibérer [12]. L'avis du conseil d'arrondissement ou à défaut le document justifiant qu'il a été saisi dans les délais nécessaires est joint au projet de délibération et annexé à la délibération du conseil municipal. Il est également joint au dossier soumis à l'enquête publique ou tenu à la disposition du public [13].

1. CAA Lyon, 18 mai 1993, *SARL Le Pré de Bâtis, SCI Le Pré de Bâtis et SA G2DC*, req. n° 92LY00111, NP.
2. CE 15 avr. 1992, *SCI Vallières et a. c/Cté urbaine de Lyon*, req. n° 66843, *Lebon*.
3. CE 12 déc. 2003, *SIFOM*, req. n° 242649, NP.
4. CE 22 janv. 2007, *Sté Ficogest*, req. n° 271962, NP.
5. CE 15 avr. 1992, *SCI Vallières et a. c/Cté urbaine de Lyon*, req. n° 66843, *Lebon*.
6. C. urb., art. R. 318-18 ; – également : les articles R. 318-19 et R. 318-20.
7. C. urb., art. R. 318-17.
8. C. urb., art. R. 318-16.
9. C. urb., art. R. 318-16.
10. C. urb., art. R. 318-21, al. 1er.
11. C. urb., art. R. 318-21, al. 2.
12. C. urb., art. R. 318-22, al. 1er.
13. C. urb., art. R. 318-22, al. 2.

CHAPITRE

532. Plan de sauvegarde et de mise en valeur et restauration immobilière

SECTION 0 ORIENTEUR

532.00 Sommaire du chapitre.

532.01 Textes applicables.

• C. urb.

art. L. 313-1 s.

art. R. 313-1 s.

532.03 **Bibliographie indicative.**

Encyclopédies. *DP constr.-urb.*, ét. : « Restauration immobilière » – *J.-Cl. Constr.-Urb.*, fasc. 15 : « Restauration immobilière », par X. Couton, févr. 2010, mis à jour juin 2012 ; fasc. 15-10 : « Secteurs sauvegardés », par X. Couton, févr. 2010, mis à jour juin 2012.

532.04 **Questions essentielles.**

> Le PSMV et l'ORI s'imposent-ils aux autorisations d'urbanisme ?

* V. s[s] n°s 532.211 et 532.311

> Le propriétaire d'un immeuble situé dans le périmètre d'une opération de restauration immobilière peut-il refuser de réaliser les travaux prévus ?

* V. s[s] n°s 532.341 s.

> Quels avantages fiscaux s'attachent à une ORI ?

* V. s[s] n°s 532.361 s.

532.05 **Origine.** Le plan de sauvegarde et de mise en valeur (PSMV) et le régime de la restauration immobilière ont tous deux été instaurés par la loi Malraux[1].

532.06 **Application aux propriétaires privés ou publics.** Les dispositions relatives au PSMV et aux opérations de restauration immobilière ne s'appliquent pas uniquement aux personnes privées.

Elles sont également applicables aux collectivités publiques, qu'elles soient propriétaires ou locataires des immeubles situés dans les secteurs et périmètres concernés[2].

SECTION 1
PLAN DE SAUVEGARDE ET DE MISE EN VALEUR (PSMV)

532.11 **Origine.** Les plans de sauvegarde et de mise en valeur (PSMV) ont été créés en 1962 par la loi Malraux en réponse aux opérations de rénovation urbaine qui, menées au bulldozer, conduisaient à la destruction des quartiers anciens[3]. Ce dispositif a ainsi été instauré pour préserver les quartiers possédant un intérêt patrimonial.

532.12 **Nature et objet.** Le PSMV constitue un document de planification.

Il a pour objet principal de protéger des secteurs qui doivent être conservés, restaurés et mis en valeur en raison de l'intérêt patrimonial qu'ils présentent.

L'objectif premier consiste ainsi à préserver les qualités patrimoniales d'un tissu urbain caractéristique.

Il vise également à répondre aux fonctions urbaines contemporaines en matière d'habitat, de services ou encore de transport.

Le PSMV présente ainsi une double nature, patrimoniale et urbanistique, intégrant ces deux dimensions dans un document unique qui se substitue au PLU dans les zones où il s'applique.

On dénombre à ce jour une centaine de PSMV[4].

Bien que le PSMV constitue un document d'urbanisme, les dispositions qui le régissent figurent, eu égard à son objet et au lien l'unissant aux opérations de restauration immobilière, dans le livre du code de l'urbanisme relatif à l'aménagement foncier.

§ 1
Champ d'application

532.21 **Site patrimonial remarquable.** Un PSMV peut être établi sur tout ou partie d'un « site patrimonial remarquable » classé en application de l'article L. 631-3 du code du patrimoine[5].

§ 2
Contenu du PSMV

532.31 **Différentes parties.** Le PSMV[6] :

– comprend un rapport de présentation et un règlement ;

– peut comporter des orientations d'aménagement et de programmation relatives à des immeubles bâtis ou non bâtis ou ensembles d'immeubles, assorties le cas échéant de documents graphiques.

– est accompagné d'annexes.

A.
Rapport de présentation

532.41 **Objet calqué sur le rapport de présentation du PLU.** Le rapport de présentation est établi conformément aux dispositions applicables en matière de PLU[7].

1. L. n° 62-903, 4 août 1962 complétant la législation sur la protection du patrimoine historique et esthétique de la France et tendant à faciliter la restauration immobilière, *JO* 7 août, p. 7813.
2. C. urb., art. L. 313-14.
3. L. n° 62-903, 4 août 1962.
4. Ministère de la Culture, *Protection des sites patrimoniaux. État des lieux*, 2021, p. 14 – parmi les plus significatifs : le PSMV du centre ancien de Besançon, qui inclut notamment la citadelle Vauban de Besançon, inscrite sur la liste du patrimoine mondial de l'UNESCO depuis 2008 ; le PSMV du Vieux Lyon, classé dans la liste du patrimoine de l'humanité de l'UNESCO depuis 1998 ; et le PSMV de Vézelay.
5. C. urb., art. L. 313-1, I, al. 1er ; art. R. 313-1.
6. C. urb., art. R. 313-2.
7. C. urb., art. R. 313-3, al. 1er – V. s[s] n°s 231.11 s.

532.42 Contenu. Le rapport de présentation explique les choix retenus pour établir le PSMV et leur compatibilité avec le PADD du PLU lorsqu'il en existe un [1].

Il est fondé sur un diagnostic comprenant les éléments suivants [2] :

- un inventaire du patrimoine historique, urbain, architectural, archéologique, artistique et paysager ;
- une analyse de l'architecture par immeuble ou par groupe d'immeubles présentant des caractéristiques architecturales homogènes, y compris des éléments d'architecture et de décoration situés à l'intérieur et à l'extérieur des immeubles, des modes constructifs et des matériaux.

B. Règlement

532.51 Règles écrites et documents graphiques. Le règlement comprend des règles écrites et des documents graphiques qui sont définis à l'article R. 313-5 [3].

532.52 Objet calqué sur le règlement de PLU. Le règlement du PSMV est établi conformément aux dispositions applicables en matière de PLU [4].

1° Éléments devant figurer dans le règlement

532.61 Règles. Le règlement du PSMV comprend les éléments mentionnés au 2° du I de l'article L. 631-4 du code du patrimoine [5], c'est-à-dire :

- des prescriptions relatives à la qualité architecturale des constructions neuves ou existantes, notamment aux matériaux ainsi qu'à leur implantation, leur volumétrie et leurs abords ;
- des règles relatives à la conservation ou à la mise en valeur du patrimoine bâti et des espaces naturels ou urbains ;
- la délimitation des immeubles, espaces publics, monuments, sites, cours et jardins, l'identification des plantations et mobiliers urbains à protéger et à conserver, à mettre en valeur ou à requalifier pour des motifs d'ordre culturel, historique ou architectural et les prescriptions permettant d'assurer leur conservation ou leur restauration ;
- un document graphique faisant apparaître le périmètre couvert par le plan, une typologie des constructions, les immeubles protégés, bâtis ou non, dont la conservation, la restauration, la mise en valeur ou la requalification est imposée et, le cas échéant, les conditions spéciales relatives à l'implantation, à la morphologie, aux dimensions des constructions et aux matériaux du clos et couvert.

532.62 Documents graphiques. Le règlement du PSMV comporte des documents graphiques [6].

Le modèle de légende du document graphique est fixé par arrêté conjoint des ministres chargés de la culture et de l'urbanisme, après avis de la Commission nationale du patrimoine et de l'architecture [7].

2° Éléments pouvant figurer dans le règlement

532.71 Démolition ou modification des immeubles. Le règlement du PSMV peut préciser les conditions dans lesquelles la démolition ou la modification des immeubles ou des parties intérieures ou extérieures d'immeubles est imposée à l'occasion d'opérations d'aménagement publiques ou privées [8]. Il peut comporter l'indication des immeubles ou des parties intérieures ou extérieures d'immeubles dont la démolition, l'enlèvement ou l'altération sont interdits et dont la modification est soumise à des conditions spéciales [9].

Antérieurement à la loi SRU, les dispositions de l'article L. 313-1 du code de l'urbanisme prévoyaient que les PSMV comportaient notamment l'indication des immeubles ou parties d'immeubles « dont la démolition, l'enlèvement, la modification ou l'altération sont interdits ». Il résulte des dispositions du III de l'article L. 313-1 du code de l'urbanisme telles que modifiées par la loi SRU, éclairée par ses travaux préparatoires, que si les PSMV peuvent identifier les immeubles ou parties intérieures ou extérieures d'immeubles dont la démolition, l'enlèvement ou l'altération sont interdits et dont la modification est soumise à des conditions spéciales, « ils ne peuvent désormais en interdire toute modification de façon générale et absolue » [10].

532.72 Protection d'éléments particuliers. Le règlement du PSMV peut protéger les éléments d'architecture et de décoration, les immeubles par nature ou les effets mobiliers attachés à perpétuelle demeure, au sens des articles 524 et 525 du code civil, situés à l'extérieur ou à l'intérieur d'un immeuble [11].

1. C. urb., art. R. 313-3, al. 2.
2. C. urb., art. R. 313-3, al. 3 et 4.
3. C. urb., art. R. 313-2, al. 3.
4. C. urb., art. R. 313-5, al. 1er – V. ss nos 231.211 s. (règlement du PLU).
5. C. urb., art. R. 313-5, al. 2.
6. C. urb., art. R. 313-2, al. 3.
7. C. urb., art. D. 313-5-1 – Arr. 10 oct. 2018 fixant le modèle de légende du document graphique du règlement du plan de sauvegarde et de mise en valeur, NOR : MICC1821343A.
8. C. urb., art. L. 313-1, III, 2° ; art. R. 313-5, al. 3.
9. C. urb., art. L. 313-1, III, 1°.
10. CE 22 juill. 2021, *Synd. des copropriétaires de l'immeuble situé 9, place Hoche à Versailles*, req. n° 438247, *Lebon T.* ; *BJDU* 2022. 42, concl. M. Sirinelli.
11. C. urb., art. L. 313-1, IV ; art. R. 313-5, al. 4.

Le propriétaire et l'affectataire domanial peuvent proposer à l'architecte des Bâtiments de France le recensement de nouveaux éléments dans le PSMV. L'architecte des Bâtiments de France saisit l'autorité administrative qui modifie le PSMV, après accord de l'organe délibérant de l'autorité compétente en matière de PLU [1].

532.73 Possibilités d'adaptations mineures. Le règlement du PSMV peut prévoir la possibilité d'adaptations mineures de ses prescriptions à l'occasion de l'examen d'une demande d'autorisation de travaux en application de l'article L. 632-1. En cas de mise en œuvre de cette possibilité, l'accord de l'architecte des Bâtiments de France est spécialement motivé sur ce point [2].

C. Orientations d'aménagement et de programmation

532.81 Objet calqué sur les OAP du PLU. Les orientations d'aménagement et de programmation peuvent, par quartier ou par secteur, prévoir les actions et opérations d'aménagement mentionnées au 1° de l'article L. 151-7 [3].

D. Annexes

532.91 Objet calqué sur les annexes du PLU. Les annexes du PSMV comprennent les mêmes informations que celles prévues pour les annexes du PLU [4], c'est-à-dire les servitudes d'utilité publique de la zone concernée [5].

§ 3 Élaboration du PSMV

A. Établissement du projet de PSMV

1° Autorité compétente pour conduire la procédure

532.101 Conduite conjointe État-collectivité compétente en matière de PLU. En principe, la procédure d'élaboration du PSMV est conduite conjointement par le préfet et par le maire ou le président de l'EPCI compétent en matière de PLU, de document d'urbanisme en tenant lieu et de carte communale [6].

532.102 Conduite par l'autorité compétente en matière de PLU. Par exception le préfet peut, par arrêté, confier l'élaboration d'un PSMV à l'autorité compétente en matière de PLU, de document d'urbanisme en tenant lieu et de carte communale qui en fait la demande [7]. L'État lui apporte si nécessaire son assistance technique et financière [8].

2° Initiative de la mise à l'étude du PSMV

532.111 Initiative du préfet ou de l'autorité compétente en matière de PLU. Le PSMV est mis à l'étude par arrêté du préfet sur proposition ou après accord de l'organe délibérant de l'autorité compétente en matière de PLU, de document d'urbanisme en tenant lieu et de carte communale. L'arrêté décidant la mise à l'étude délimite le périmètre d'étude du PSMV [9].

532.112 Initiative de la commune membre d'un EPCI. Lorsque l'élaboration du PSMV relève de la compétence d'un EPCI, la commune membre de cet établissement dont le territoire est intégralement ou partiellement couvert par le périmètre d'un site patrimonial remarquable peut demander à ce qu'il soit couvert par un PSMV. Elle peut également conduire les études préalables à l'élaboration du PSMV, avec l'assistance technique et financière de l'État si elle la sollicite. Après un débat au sein de l'organe délibérant de l'EPCI, celui-ci délibère sur l'opportunité d'élaborer le PSMV [10].

En cas de refus de l'organe délibérant, et lorsque la Commission nationale du patrimoine et de l'architecture a recommandé, en application de l'article L. 631-3 du même code, l'élaboration d'un PSMV sur tout ou partie du périmètre classé au titre des sites patrimoniaux remarquables, le préfet peut demander à ce dernier d'engager la procédure d'élaboration d'un PSMV sur ce périmètre [11].

3° Effet de la mise à l'étude du PSMV

532.121 Mise en révision du PLU. L'acte décidant la mise à l'étude du PSMV met en révision le PLU, lorsqu'il existe. Jusqu'à l'approbation du PSMV, le PLU mis en révision peut être modifié dans les conditions prévues aux articles L. 153-37, L. 153-40, L. 153-42 et L. 153-43 du code de l'urbanisme

1. C. urb., art. L. 313-1, IV.
2. C. urb., art. R. 313-5, al. 5.
3. C. urb., art. R. 313-4 – V. s^{s} n° 231.281 (OAP du PLU).
4. C. urb., art. R. 313-6.
5. V. s^{s} n° 231.1641.
6. C. urb., art. L. 313-1, II, al. 2 ; art. R. 313-7, al. 1er.
7. C. urb., art. L. 313-1, II, al. 2 ; art. R. 313-7, al. 2.
8. C. urb., art. L. 313-1, II, al. 2.
9. C. urb., art. R. 313-7, al. 3.
10. C. urb., art. L. 313-1, I, al. 2.
11. C. urb., art. L. 313-1, I, al. 3 ; art. R. 313-7, al. 4.

ou faire l'objet de révisions dans les conditions définies à l'article L. 153-34[1].

4°
Publicité de la mise à l'étude du PSMV

532.131 Mesures de publicité. L'arrêté décidant de la mise à l'étude du plan fait l'objet de mesures de publicité[2].

5°
Architecte chargé de la conception du projet

532.141 Désignation de l'architecte. L'architecte chargé de concevoir un projet de PSMV est désigné par le préfet en accord avec l'autorité compétente en matière de PLU, de document d'urbanisme en tenant lieu et de carte communale[3].

Lorsque l'État a confié l'élaboration de ce plan à l'autorité compétente en matière de PLU, de document d'urbanisme en tenant lieu et de carte communale, cette autorité désigne l'architecte chargé du projet en accord avec le préfet[4].

B.
Concertations et enquête publique

532.151 Bilan de la concertation. Le bilan de la concertation prévue aux articles L. 103-3 à L. 103-5 est présenté devant l'organe délibérant de l'autorité compétente en matière de PLU, de document d'urbanisme en tenant lieu et de carte communale, qui en délibère[5].

532.152 Procédures d'association et de concertation. Les dispositions des sections 4 et 5 du chapitre II du titre III du livre Ier de la partie législative du code de l'urbanisme sont applicables[6]. Les procédures d'association et de concertation prévues par ces dispositions doivent donc être mises en œuvre lors de l'élaboration du projet de PSMV[7].

532.153 Consultations en cas de réduction des espaces agricoles et forestiers. Lorsqu'il prévoit une réduction des espaces agricoles ou forestiers, le projet de PSMV fait l'objet des consultations prévues à l'article R. 153-6[8].

532.154 Consultation de la commission du site patrimonial remarquable et le cas échéant de la commune. Le maire ou le président de l'EPCI compétent en matière de PLU, de document d'urbanisme en tenant lieu et de carte communale soumet, pour avis, le projet de PSMV à la commission locale du site patrimonial remarquable prévue au II de l'article L. 631-3 du code du patrimoine[9]. Le cas échéant, le projet est également soumis à l'avis de la commune concernée[10].

Au vu de l'avis de la commission locale, et le cas échéant de la commune concernée, l'organe délibérant de l'autorité compétente en matière de PLU, de document d'urbanisme en tenant lieu et de carte communale délibère sur le projet de PSMV[11].

Le préfet transmet ce projet au ministre chargé de la culture. Il est ensuite soumis pour avis à la Commission nationale du patrimoine et de l'architecture[12].

532.155 Enquête publique. Après avis de l'organe délibérant de l'autorité compétente en matière de PLU ou de document en tenant lieu et de la Commission nationale du patrimoine et de l'architecture, le projet de PSMV est soumis à enquête publique par l'autorité administrative dans les formes prévues au chapitre III du titre II du livre Ier du code de l'environnement[13].

Le dossier soumis à enquête publique par le préfet est composé des pièces mentionnées à l'article R. 313-2 et des avis émis par les collectivités ou organismes associés ou consultés[14].

L'enquête concernant un PSMV vaut enquête préalable à la déclaration d'utilité publique des opérations, acquisitions ou expropriations prévues par ce plan lorsque le dossier soumis à l'enquête comprend, en outre, les pièces mentionnées à l'article R. 112-4 ou à l'article R. 112-5 du code de l'expropriation pour cause d'utilité publique. Dans ce cas, l'enquête publique est également organisée dans les formes prévues par le chapitre III du titre II du livre Ier du code de l'environnement[15].

Lorsque l'État a confié l'élaboration ou la révision du PSMV à la commune ou à l'EPCI compétent en matière de PLU, de document d'urbanisme en tenant lieu et de carte communale, l'enquête publique est conduite par cette autorité[16].

1. C. urb., art. L. 313-3, II, al. 1er.
2. V. s^{s} n° 532.201.
3. C. urb., art. R. 313-7, al. 5.
4. C. urb., art. R. 313-7, al. 5.
5. C. urb., art. R. 313-7, al. 6.
6. C. urb., art. R. 313-8.
7. Sur ces procédures, v. s^{s} n°s 212.131 s.
8. C. urb., art. R. 313-9.
9. C. urb., art. R. 313-10, al. 1er.
10. C. urb., art. L. 313-1, II, al. 2.
11. C. urb., art. R. 313-10, al. 2.
12. C. urb., art. R. 313-10, al. 3.
13. C. urb., art. L. 313-1, II, al. 2.
14. C. urb., art. R. 313-11, al. 1er.
15. C. urb., art. R. 313-11, al. 2.
16. C. urb., art. R. 313-11, al. 3.

C.
Approbation du plan

532.161 **Délibération sur le projet de plan (le cas échéant).** Au vu des résultats de l'enquête et après avis de la commission locale, l'organe délibérant de la commune ou de l'EPCI compétent en matière de PLU, de document d'urbanisme en tenant lieu et de carte communale se prononce sur le projet de plan. Cette formalité n'est pas obligatoire lorsque le projet n'est pas modifié après l'enquête et lorsque le commissaire enquêteur ou la commission d'enquête n'a pas émis un avis défavorable ou demandé des modifications substantielles [1].

532.162 **Approbation du plan.** Le PSMV, éventuellement modifié, est approuvé par l'État [2] :

– soit par arrêté du préfet, en cas d'avis favorable de l'organe délibérant de la commune ou de l'EPCI compétent en matière de PLU, de document d'urbanisme en tenant lieu et de carte communale (1°) ;

– soit par décret en Conseil d'État pris sur le rapport du ministre chargé de l'urbanisme, du ministre chargé du patrimoine et du ministre chargé des collectivités territoriales, après avis de la Commission nationale du patrimoine et de l'architecture, dans le cas contraire (2°).

532.163 **Publicité.** L'arrêté ou le décret approuvant le plan fait l'objet de mesures de publicité [3].

§ 4
Évolution du PSMV

A.
Révision du PSMV

532.171 **Initiative de la révision.** La révision d'un PSMV est prescrite par arrêté du préfet, sur proposition ou après accord de l'organe délibérant de la commune ou de l'EPCI compétent [4].

532.172 **Procédure de révision.** La révision du PSMV a lieu dans les mêmes formes que celles prévues pour son élaboration [5], c'est-à-dire dans les formes prévues par les articles R. 313-7 à R. 313-14 [6].

532.173 **Publicité.** L'arrêté ou le décret révisant le plan fait l'objet de mesures de publicité [7].

B.
Modification du PSMV

532.181 **Changement limité.** Le PSMV peut être modifié sous réserve que la modification envisagée ne porte pas atteinte à son économie générale ou ne réduise pas un espace boisé classé [8].

532.182 **Initiative de l'État ou de l'autorité compétente en matière de PLU.** La modification d'un PSMV est effectuée par le préfet, à la demande ou après consultation de l'organe délibérant de la commune ou de l'EPCI compétent en matière de PLU, de document d'urbanisme en tenant lieu et de carte communale [9].

532.183 **Concertations.** Doivent être consultés [10] :

– l'architecte des Bâtiments de France ;

– et la commission locale du site patrimonial remarquable.

Doit également être mise en œuvre une enquête publique réalisée dans les conditions prévues par l'article R. 313-11 [11].

532.184 **Procédures d'association et de concertation.** Comme lors de l'élaboration du plan [12], les dispositions des sections 4 et 5 du chapitre II du titre III du livre Ier de la partie législative du code de l'urbanisme sont applicables [13].

532.185 **Approbation.** La modification du plan est approuvée dans les formes prévues par les articles R. 313-13 [14] et R. 313-14 [15].

532.186 **Publicité.** L'arrêté ou le décret modifiant le plan fait l'objet de mesures de publicité [16].

532.187 **Modification pouvant être réalisée pendant une procédure de révision.** Entre la mise en révision d'un PSMV et l'approbation de cette révision, il peut être décidé une ou plusieurs modifications [17].

C.
Mise à jour du PSMV

532.191 **Mise à jour pour la modification des annexes.** La mise à jour du PSMV est effectuée dans les conditions prévues à l'article R. 153-18 chaque

1. C. urb., art. R. 313-12.
2. C. urb., art. L. 313-1, II, al. 2 ; art. R. 313-13.
3. V. s^s^ n° 532.201.
4. C. urb., art. R. 313-15, al. 1er.
5. C. urb., art. L. 313-1, II, al. 3.
6. C. urb., art. R. 313-15, al. 2.
7. V. s^s^ n° 532.201.
8. C. urb., art. L. 313-1, VI.
9. C. urb., art. L. 313-1, VI ; art. R. 313-16, al. 1er.
10. C. urb., art. L. 313-1, VI ; art. R. 313-16, al. 1er.
11. C. urb., art. R. 313-16, al. 1er – V. s^s^ n° 532.155.
12. V. s^s^ n° 532.152.
13. C. urb., art. R. 313-16, al. 2.
14. V. s^s^ n° 532.162.
15. V. s^s^ n° 532.213. – C. urb., art. R. 313-16, al. 3.
16. V. s^s^ n° 532.201.
17. C. urb., art. R. 313-16, al. 4.

fois qu'il est nécessaire de modifier le contenu des annexes[1].

§ 5
Publicité du PSMV

532.201 Mesures de publicité. L'arrêté décidant de la mise à l'étude du PSMV et l'arrêté ou le décret approuvant, modifiant ou révisant ce plan font l'objet des mesures de publicité prévues par la section 7 du chapitre III du titre V du livre Ier[2].

§ 6
Effets du PSMV

532.211 Le PSMV tient lieu de PLU. Sur le périmètre qu'il recouvre, le PSMV tient lieu de PLU[3]. Par suite, il est opposable aux demandes d'autorisation et d'occupation du sol à condition d'avoir été rendu public[4].

532.212 Compatibilité avec le PLU. Le PSMV doit être compatible avec le PADD du PLU, lorsqu'il existe[5].

Lorsque le projet de PSMV comporte des dispositions qui ne sont pas compatibles avec le PADD du PLU, il ne peut être approuvé que si l'enquête publique a porté à la fois sur le projet de PSMV et sur la révision du PLU. L'approbation du PSMV emporte alors révision du PLU[6].

532.213 Classements et déclassements de voie (dispense d'enquête publique). L'approbation du PSMV dispense de l'enquête publique préalable aux classements et déclassements de voies et places publiques départementales et communales prévus à ce plan, sous réserve que celui-ci précise la catégorie dans laquelle elles doivent entrer et que ces classements et déclassements figurent parmi les opérations soumises à l'enquête prévue au II de l'article L. 313-1[7].

Cette dispense n'est applicable à la voirie départementale et communale que si l'acte d'approbation est accompagné de l'avis conforme, selon le cas, du président du conseil départemental ou du maire, relatif à ce classement ou déclassement[8].

532.214 Autorisation d'occupation du domaine public. Il résulte des articles L. 313-1 et L. 313-2 du code de l'urbanisme que la légalité d'une autorisation d'occupation domaniale située dans le périmètre d'un PSMV n'est subordonnée à sa compatibilité avec ce plan et à l'accord de l'architecte des bâtiments de France que lorsqu'elle emporte autorisation de réaliser des travaux ayant pour effet de modifier l'état des immeubles. En revanche, les dispositions d'un PSMV ne sont pas opposables à une demande qui a pour seul objet de solliciter une autorisation d'occupation du domaine public sans modification de l'état des immeubles[9].

SECTION 2
OPÉRATIONS DE RESTAURATION IMMOBILIÈRE

532.221 Origine. Le régime de la restauration immobilière a été instauré en 1962 par la loi Malraux[10].

532.222 Objet. Le régime de la restauration immobilière a pour objet la restauration d'immeubles anciens.

532.223 Constitutionnalité. Le Conseil d'État a refusé de renvoyer au Conseil constitutionnel une QPC relatives aux articles L. 313-4 et suivants du code de l'urbanisme, estimant que les moyens soulevés à leur encontre n'étaient pas sérieux[11].

§ 1
Immeubles et travaux concernés

A.
Immeubles concernés

532.231 Texte. Les opérations de restauration immobilière (ORI) consistent en des travaux « ayant pour objet ou pour effet la transformation des conditions d'habitabilité d'un immeuble ou d'un ensemble d'immeubles »[12].

532.232 Immeubles dégradés. Les opérations de restauration immobilière portent sur des immeubles dégradés nécessitant des travaux de remise en état, de modernisation, ou de démolition.

1. C. urb., art. R. 313-17 – Sur la procédure prévue par l'article R. 153-18, v. s^s^ n°s 235.401 s.
2. C. urb., art. R. 313-18 – Sur ces mesures, v. s^s^ n°s 235.241 s.
3. C. urb., art. L. 313-1, I, al. 1er.
4. VOIR sous le régime antérieur : CE 28 juill. 1995, *Paris (Ville)*, req. n° 115670, *Lebon T.*
5. C. urb., art. L. 313-1, V.
6. C. urb., art. L. 313-1, V.
7. C. urb., art. R. 313-14.
8. C. urb., art. R. 313-14.
9. CE 5 juill. 2022, *SARL Ice Thé*, req. n° 459089, *Lebon T.* ; *BJDU* 2022. 383, concl. R. Victor ; *JCP Adm.* 2022, n° 2296, note Ch. Roux ; *AJDA* 2022. 2246, note N. Foulquier, I. Lamouri et N. Wagner.
10. L. n° 62-903, 4 août 1962.
11. CE 30 oct. 2023, *Brassart*, req. n° 474408, *Lebon T.* ; *Constr.-Urb.* 2023, comm. 132, note X. Couton ; *JCP Adm.* 2024, n° 2070, note R. Hostiou.
12. C. urb., art. L. 313-4, al. 1er.

Ces opérations ne peuvent concerner les immeubles en bon état.

532.233 **Destination de l'immeuble.** Une opération de restauration immobilière a pour objet la transformation des conditions d'habitabilité d'un immeuble ou d'un ensemble d'immeubles mais « elle ne peut avoir pour objet ou pour effet de contraindre un propriétaire à transformer en habitation un local dont la destination est commerciale ». Elle « ne fait cependant pas obstacle à ce qu'un local à usage commercial présent dans un immeuble ou ensemble d'immeubles principalement destiné à l'habitation et devenu impropre à une activité commerciale, soit transformé, dans le cadre de l'opération de restauration immobilière, en habitation à des fins d'amélioration des conditions d'habitabilité de l'immeuble ou de l'ensemble d'immeubles »[1].

De même, un hôtel constitue une habitation pour l'application de l'article L. 313-4 du code de l'urbanisme[2].

532.234 **Absence d'exigence que les immeubles soient situés à proximité ou se trouvent dans un état comparable.** Aucune disposition législative ou réglementaire ni aucun principe n'impose que les immeubles visés par l'opération soient situés à proximité les uns des autres ou se trouvent dans un état comparable[3].

532.235 **Présence d'une ZAC.** Une ORI peut être instaurée à l'intérieur du périmètre d'une ZAC[4].

B.
Nature et cadre des travaux

532.241 **Nature des travaux.** Les travaux de réhabilitation peuvent être de différentes sortes. Il peut s'agir de travaux[5] :

- de rénovation, y compris énergétique lorsqu'elle conduit à une amélioration de la performance énergétique du logement ou du ou des immeubles concernés ;
- de réhabilitation ou de démolition ayant pour objet ou pour effet de garantir la salubrité, l'intégrité ou l'habitabilité d'un ou de plusieurs immeubles ainsi que la sécurité des personnes, notamment au regard du risque d'incendie, par l'aménagement d'accès pour les services de secours et d'issues pour l'évacuation.

532.242 **Cadre des travaux.** Les opérations de restauration immobilière sont menées dans les conditions définies par la section 3 du chapitre III[6].

§ 2
Personnes à l'origine des travaux

532.251 **Initiative publique ou privée.** Les opérations de restauration immobilière sont engagées à l'initiative[7] :

- soit des collectivités publiques ;
- soit d'un ou plusieurs propriétaires, groupés ou non en association syndicale.

A.
Initiative publique

532.261 **Collectivités publiques.** Les opérations de restauration immobilière peuvent être engagées à l'initiative de « collectivités publiques »[8]. Celles-ci peuvent ainsi imposer aux propriétaires de mettre en œuvre les travaux de rénovation (ce sous peine d'expropriation[9]).

532.262 **Délégation par une commune de ses attributions.** Lorsque la commune fait partie d'un EPCI y ayant vocation, elle peut, en accord avec cet établissement, lui déléguer les attributions qui lui sont conférées au titre du régime sur la restauration immobilière[10].

B.
Initiative privée

532.271 **Un ou plusieurs propriétaires.** Les opérations de restauration immobilière peuvent être engagées[11] :

- à l'initiative d'un propriétaire seul ;
- ou à l'initiative de plusieurs propriétaires.

532.272 **Regroupement en AFU.** En cas de pluralité de propriétaires, ceux-ci peuvent se grouper en association syndicale[12].

1. CE 17 juin 2020, *Mâcon (C^{ne}) et min. Cohésion des territoires et des relations avec les collectivités territoriales*, req. n° 427957, *Lebon T. ; BJDU* 2020. 344, concl. S. Hoynck.
2. CAA Douai, 24 nov. 2022, *Brassart*, req. n° 21DA02274, NP (arrêt devenu définitif en l'absence d'admission du pourvoi formé à son encontre : CE 30 oct. 2023, *Brassart*, req. n° 474408, *Lebon T. ; Constr.-Urb.* 2023, comm. 132, note X. Couton ; *JCP Adm.* 2024, n° 2070, note R. Hostiou).
3. CAA Versailles, 23 juin 2016, *SCI GEMA*, req. n° 14VE01438, NP.
4. CE 9 janv. 1985, *Wasservogel*, req. n° 44207, *Lebon*.
5. C. urb., art. L. 313-4, al. 1er ; mod. par L. n° 2024-322, 9 avr. 2024.
6. V. ss nos 532.371 s.
7. C. urb., art. L. 313-4, al. 1er.
8. C. urb., art. L. 313-4, al. 1er.
9. V. ss n° 532.341.
10. C. urb., art. L. 313-4-3.
11. C. urb., art. L. 313-4, al. 1er.
12. C. urb., art. L. 313-4, al. 1er.

Les propriétaires se regroupent généralement en association foncière urbaine (AFU) :

– soit une AFU libre[1] ;

– soit une AFU autorisée[2] ;

– soit une AFU constituée d'office en l'absence d'accord de l'ensemble des propriétaires[3].

§ 3
Périmètre des travaux

532.281 **PSMV ou DUP.** Les opérations de restauration immobilière ne peuvent porter que sur des immeubles dont la valeur patrimoniale a été reconnue. Pour cela les opérations doivent[4] :

– soit être prévues par un plan de sauvegarde et de mise en valeur (PSMV) approuvé[5] ;

– soit être déclarées d'utilité publique.

A.
Opérations réalisées dans un secteur couvert par un PSMV

532.291 **Conditions.** Les opérations de restauration immobilière peuvent être prévues par un PSMV. Il faut, pour cela :

– que le secteur soit couvert par un PSMV approuvé ;

– et que le PSMV ait prévu ces opérations, en indiquant les immeubles ou parties intérieures ou extérieures d'immeubles dont la démolition ou la modification peut être imposée à l'occasion d'opérations d'aménagement publiques ou privées[6].

B.
Opérations réalisées après déclaration d'utilité publique

1°
Adoption de la DUP

532.301 **Initiative.** Lorsque l'opération nécessite une déclaration d'utilité publique (c'est-à-dire lorsqu'elle se trouve en dehors du périmètre d'un PSMV), celle-ci est prise à l'initiative[7] :

– soit de la commune ou de l'EPCI compétent pour réaliser les opérations de restauration immobilière ;

– soit de l'État avec l'accord de la commune ou de l'EPCI compétent en matière de PLU.

532.302 **Procédure.** La DUP est prise dans les conditions fixées par le code de l'expropriation[8].

532.303 **Enquête publique.** L'enquête préalable à la DUP est organisée par le préfet dans les formes prévues par le titre Ier du livre Ier du code de l'expropriation[9].

Le dossier d'enquête publique doit contenir les éléments exigés par l'article R. 11-3 du code de l'expropriation, notamment les caractéristiques principales des ouvrages les plus importants et l'appréciation sommaire des dépenses. L'appréciation sommaire des dépenses prévues au 5° de l'article R. 11-3 du code de l'expropriation n'impose pas, eu égard à la faible incidence financière de ces lacunes ou imprécisions, la mention du coût prévisionnel des relogements temporaires imposés par l'opération de restauration immobilière ni le chiffrage des coûts induits par des interventions limitées touchant d'autres immeubles[10].

Outre les éléments prévus par le code de l'expropriation, le dossier soumis à enquête comprend les éléments suivants[11] :

– un plan permettant de connaître la situation du ou des bâtiments concernés et de leur terrain d'assiette à l'intérieur de la commune (1°) ;

– la désignation du ou des immeubles concernés (2°) ;

– l'indication du caractère vacant ou occupé du ou des immeubles (3°) ;

– une notice explicative (4°, précisant que cette notice : a) indique l'objet de l'opération ; b) présente, au regard notamment des objectifs de transformation des conditions d'habitabilité et de mise en valeur du patrimoine, le programme global des travaux par bâtiment, y compris, s'il y a lieu, les démolitions rendues nécessaires par le projet de restauration ; lorsque l'opération s'inscrit dans un projet plus vaste prévoyant d'autres opérations de restauration immobilière, la notice présente ce projet d'ensemble ; c) comporte des indications sur la situation de droit ou de fait de l'occupation du ou des bâtiments) ;

– une estimation de la valeur des immeubles avant restauration faite par le directeur départemental ou, le cas échéant, régional des finances publiques et l'estimation sommaire du coût des restaurations (5°).

532.304 **Acte déclaratif d'utilité publique.** L'acte déclarant d'utilité publique les opérations de restauration immobilière est pris par le préfet.

En cas de recours, le juge administratif exerce un contrôle sur le caractère d'utilité publique des opérations. Présente par exemple un tel caractère une opération tendant à mettre aux normes d'habitabi-

1. V. s[s] n°s 542.41 s.
2. V. s[s] n°s 542.51 s.
3. V. s[s] n° 542.173.
4. C. urb., art. L. 313-4, al. 2.
5. Sur les PSMV, v. s[s] n°s 532.11 s.
6. C. urb., art. L. 313-1, III, 2° – V. s[s] n° 532.71.
7. C. urb., art. L. 313-4-1.
8. C. urb., art. L. 313-4-1.
9. C. urb., art. R. 313-23.
10. CE 24 janv. 1994, *Bouchakour*, req. n° 133575, *Lebon*.
11. C. urb., art. R. 313-24.

lité des immeubles anciens, et à réduire la densité très élevée de cet îlot en préservant l'essentiel du bâti traditionnel[1].

2°
Effets de la DUP sur les autorisations d'urbanisme

532.311 Respect de la DUP. Les travaux exécutés sur des immeubles dont la restauration a été déclarée d'utilité publique ne peuvent faire l'objet d'un permis de construire, d'aménager ou de démolir ou d'une décision de non-opposition à une déclaration préalable que s'ils sont compatibles avec la déclaration d'utilité publique[2].

3°
Détermination du programme des travaux

532.321 Adoption de l'arrêté. Après le prononcé de la DUP, la personne qui en a pris l'initiative arrête, pour chaque immeuble à restaurer, le programme des travaux à réaliser dans un délai qu'elle fixe[3].

532.322 Notification de l'arrêté. L'arrêté est notifié à chaque propriétaire[4].

Lorsque le programme de travaux concerne des bâtiments soumis à la loi du 10 juillet 1965[5] fixant le statut de la copropriété des immeubles bâtis, l'arrêté est notifié à chaque copropriétaire et au syndicat des copropriétaires, pris en la personne du syndic[6].

4°
Enquête parcellaire

532.331 Objet. L'enquête parcellaire[7] a pour objet d'identifier avec précision les parcelles concernées par l'opération et de rechercher les propriétaires de celles-ci.

532.332 Procédure. L'enquête parcellaire est organisée par le préfet dans les formes prévues par le titre III du livre Ier du code de l'expropriation[8].

532.333 Notifications. Lors de l'enquête parcellaire, l'autorité expropriante qui a pris l'initiative de la DUP de l'opération notifie à chaque propriétaire, ou copropriétaire, le programme détaillé des travaux à réaliser sur le bâtiment et son terrain d'assiette[9].

Cette notification est effectuée à l'occasion de la notification individuelle du dépôt en mairie du dossier de l'enquête parcellaire. Elle comporte l'indication du délai dans lequel doivent être réalisés les travaux[10].

Lorsque le programme de travaux concerne des bâtiments soumis à la loi du 10 juillet 1965[11] fixant le statut de la copropriété des immeubles bâtis, le programme portant sur les parties communes est également notifié au syndicat des copropriétaires, pris en la personne du syndic[12].

5°
Choix du propriétaire de réaliser les travaux

532.341 Réaliser les travaux pour ne pas être exproprié. Si un propriétaire ou copropriétaire fait connaître son intention de réaliser les travaux dont le détail lui a été notifié pour information, ou d'en confier la réalisation à l'organisme chargé de la restauration, « son immeuble n'est pas compris dans l'arrêté de cessibilité »[13].

532.342 Conditions. Pour bénéficier de cette possibilité, les propriétaires doivent produire à l'autorité expropriante les éléments suivants[14] :

– une note précisant un échéancier prévisionnel et le délai maximal d'exécution des travaux, qui ne peut être supérieur à celui fixé par l'autorité expropriante (a) ;

– la date d'échéance des baux et, s'il y a lieu, les offres faites aux locataires de reporter leur bail sur un local équivalent, dans les conditions prévues à l'article L. 313-7 (b).

Faute de produire ces éléments, le propriétaire est réputé avoir opté pour la cession de son bien. Tel est le cas, par exemple, lorsque le propriétaire :

– ne fait pas connaître son intention de réaliser les travaux[15] ;

– mentionne son intention de ne réaliser qu'une partie des travaux[16].

1. À PROPOS du Vieux Nice : CE 24 janv. 1994, *Bouchakour*, req. n° 133575, *Lebon*.
2. C. urb., art. R. 313-25.
3. C. urb., art. L. 313-4-2, al. 1er. Pour un exemple, v. CAA Bordeaux, 16 nov. 2023, *Lamouchi*, req. n° 21BX02681, NP ; *Constr.-Urb.* 2024, comm. 14, note X. Couton.
4. C. urb., art. L. 313-4-2, al. 2.
5. L. n° 65-557, 10 juill. 1965 fixant le statut de la copropriété des immeubles bâtis, *JO* 11 juill., p. 5950.
6. C. urb., art. L. 313-4-2, al. 2.
7. Prévue par l'article R. 131-6 du code de l'expropriation.
8. C. urb., art. R. 313-26.
9. C. urb., art. L. 313-4-2, al. 3 ; art. R. 313-27, al. 1er.
10. C. urb., art. R. 313-27, al. 2.
11. L. n° 65-557, 10 juill. 1965 fixant le statut de la copropriété des immeubles bâtis, *JO* 11 juill., p. 5950.
12. C. urb., art. L. 313-4-2, al. 3.
13. C. urb., art. L. 313-4-2, al. 3.
14. C. urb., art. R. 313-28.
15. CAA Marseille, 14 déc. 2009, *Haddad*, req. n° 07MA02985, NP.
16. CAA Versailles, 23 juin 2016, *SCI GEMA*, req. n° 14VE01438, NP : propriétaire se bornant à produire un programme relatif au seul ravalement de la façade de l'immeuble alors que les travaux à réaliser portaient également sur la toiture, la cage d'escalier, les réseaux, la mise en sécurité incendie et ascenseur et, s'agissant des parties privatives, la mise aux normes de confort, d'habitabilité et de sécurité des logements.

Dans ce cas, les immeubles concernés pourront être expropriés après édiction d'un arrêté de cessibilité.

Les immeubles expropriés en vue de leur restauration peuvent être cédés de gré à gré ou concédés temporairement à des personnes de droit privé ou de droit public, à la condition qu'elles les utilisent aux fins prescrites par le cahier des charges annexé à l'acte de cession ou de concession temporaire[1].

6°
Relogement temporaire des occupants évincés

532.351 **Procédé exceptionnel.** Dans le cadre des actions et opérations mentionnées à l'article L. 421-5-3 (lutte contre l'habitat dégradé)[2], les occupants évincés définitivement peuvent, « à titre exceptionnel » et « sous réserve de leur accord », bénéficier d'un relogement temporaire dans les constructions temporaires et démontables mentionnées au même article L. 421-5-3, pour une durée maximale de deux ans[3].

§ 4
Avantages fiscaux

532.361 **Incitation fiscale.** Les propriétaires réalisant les travaux sous le régime de la restauration immobilière bénéficient d'avantages fiscaux s'ils réalisent des travaux de rénovation dans les secteurs concernés et ouvrent ensuite les biens qui en ont fait l'objet au marché locatif[4].

532.362 **Attestation de l'ABF pour bénéficier de l'avantage fiscal.** Lorsque l'opération est située dans le périmètre d'un site patrimonial remarquable classé en application de l'article L. 631-1 du code du patrimoine, l'architecte des bâtiments de France accompagne, s'il y a lieu, pour l'application du 3° du I de l'article 156 du code général des impôts ou de l'article 199 *tervicies* du même code, son accord sur les travaux projetés d'une attestation certifiant que ces travaux constituent la restauration complète de l'immeuble concerné[5].

1. C. expr., art. L. 411-1, al. 1er, 3°.
2. V. ss nos 321.171 s.
3. C. urb., art. L. 314-2, al. 3 ; créé par L. n° 2024-322, 9 avr. 2024.
4. CGI, art. 199 *tervicies*, VIII.

SECTION 3
MISE EN ŒUVRE DES OPÉRATIONS (RÈGLES COMMUNES AU PSMV ET AUX ORI)

§ 1
Autorisation des travaux

532.371 **Régime de droit commun.** Les travaux prévus par le PSMV ou les opérations de restauration immobilière sont soumis à autorisation d'urbanisme dans les conditions de droit commun[6].

§ 2
Surveillance des travaux

532.381 **Visite des immeubles par des hommes de l'art.** Les immeubles situés dans le périmètre d'un site patrimonial remarquable ou concernés par une opération de restauration immobilière peuvent être visités par des hommes de l'art spécialement habilités à cet effet par arrêté du maire sur proposition du préfet[7].

532.382 **Choix des hommes de l'art.** Les hommes de l'art pouvant être habilités sont choisis parmi[8] :

– les fonctionnaires en activité ou en retraite des services techniques du ministère des affaires culturelles et du ministère chargé de l'urbanisme ainsi que parmi les architectes et ingénieurs non fonctionnaires de ces services ou des collectivités locales ;

– les membres de l'ordre des architectes et de l'ordre des géomètres experts.

532.383 **Exercice des visites.** Les hommes de l'art habilités sont astreints aux règles concernant le secret professionnel et prêtent serment[9].

Ils doivent être munis, lors de chaque visite, d'un ordre de mission les habilitant à exercer leurs fonctions ainsi que d'une carte d'identité revêtue de leur photographie[10].

5. C. urb., art. 313-29.
6. Sur ces conditions, v. ss nos 32.05 s.
7. C. urb., art. R. 313-33.
8. C. urb., art. R. 313-34.
9. C. urb., art. R. 313-35 – Ils prêtent serment dans les conditions fixées par la section 4, intitulée « Prestation de serment des hommes de l'art » (C. urb., art. R. 313-35). Cette section se compose d'un article unique rédigé comme suit : « En application de l'article L. 313-12, les fonctionnaires et agents commissionnés par le ministre chargé des monuments et des sites prêtent le serment prévu à l'article R. 610-1. Les articles R. 610-2 et R. 610-3 leur sont applicables » (C. urb., art. R. 313-38).
10. C. urb., art. R. 313-35.

L'homme de l'art informe de l'objet, du jour et de l'heure de la visite des lieux, par LRAR, le propriétaire et le locataire ou occupant ou gardien du local. Elle doit être fixée entre 8h00 et 19h00 et en dehors des dimanches et jours fériés. Un délai minimum de 20 jours doit être observé entre la date d'envoi de la lettre recommandée et la date prévue pour la visite[1].

Le propriétaire, le locataire, l'occupant ou le gardien du local est tenu de laisser visiter les lieux sur présentation de l'ordre de mission[2]. Ils ne peuvent s'opposer à la visite[3] sous peine de commettre une contravention[4].

Le propriétaire ou son représentant peut toujours assister à la visite s'il le désire[5].

532.384 **Sanction des obstacles au droit de visite.** Les propriétaires, locataires ou occupants ou gardiens d'immeubles visés par les articles L. 313-1 à L. 313-14 et généralement toutes personnes qui s'opposeront à la visite des lieux par les hommes de l'art dans les conditions prévues à la présente section seront punis de l'amende prévue pour les contraventions de la 4e classe. En cas de récidive, l'amende pourra être portée à celle prévue pour les contraventions de la 5e classe[6].

En cas d'infraction, les articles L. 480-2 à L. 480-9 sont applicables[7].

Les infractions sont constatées[8] :

- d'une part, par les personnes visées à l'article L. 480-1, al. 1er[9] ;
- d'autre part, par les fonctionnaires et les agents commissionnés à cet effet par le ministre chargé de la culture, et assermentés.

Les procès-verbaux dressés par ces personnes font foi jusqu'à preuve du contraire[10].

§ 3
Droits et obligations des locataires et occupants

532.391 **Régime.** La situation des locataires et occupants des immeubles faisant l'objet des travaux prévus par un PSMV ou s'inscrivant dans des opérations de restauration immobilières est régie par trois séries de dispositions[11] :

- les articles L. 314-2 à L. 314-9, qui fixent leurs droits ;
- les articles L. 313-6 à L. 313-15, qui énoncent les obligations pesant sur eux ;
- auxquels il convient d'ajouter des dispositions propres aux baux commerciaux prévues par le code de commerce.

A.
Protection des locataires et occupants

532.400 **Renvoi.** L'article L. 313-5 renvoi, s'agissant des droits reconnus au bénéfice des locataires et occupants, aux dispositions des articles L. 314-2 à L. 314-9 applicables à toute opération d'aménagement[12].

B.
Obligations pesant sur les locataires et occupants

532.411 **Ne pas s'opposer à l'exécution des travaux.** Les locataires ou les occupants de bonne foi des locaux à usage d'habitation, ainsi que les locataires de locaux à usage commercial, industriel ou artisanal ne peuvent s'opposer à l'exécution des travaux[13].

532.412 **Évacuer les locaux.** Si l'exécution des travaux l'exige, les locataires et occupants sont, sous réserve des dispositions de l'article L. 313-7 et des articles 3 et 12 de la loi du 1er septembre 1948[14] modifiés sur les loyers, tenus d'évacuer tout ou partie des locaux[15].

Dans ce cas, le bailleur doit donner à chaque locataire ou occupant un préavis de six mois pour quitter les lieux loués[16].

532.413 **Changer de local.** Le bailleur d'un local à usage d'habitation ou à usage professionnel peut, en cours de bail, reprendre les lieux en tout ou en partie pour exécuter des travaux nécessitant l'évacuation des lieux s'il offre de reporter le bail sur un local équivalent dans le même immeuble ou dans un autre immeuble. Cette offre précise les caracté-

1. C. urb., art. R. 313-36, al. 1er.
2. C. urb., art. R. 313-36, al. 2.
3. C. urb., art. L. 313-10.
4. V. ss no 532.384.
5. C. urb., art. R. 313-36, al. 2.
6. C. urb., art. R. 313-37.
7. C. urb., art. L. 313-11 – Cela emporte l'application des règles prévues en matière d'infraction d'urbanisme (édiction d'un arrêté interruptif de travaux, régime des peines, procédure, etc.) – V. ss nos 615.251 s.
8. C. urb., art. L. 313-12.
9. V. ss nos 615.111 s.
10. C. urb., art. L. 313-12.
11. C. urb., art. L. 313-5.
12. Sur ces dispositions, v. ss nos 514.05 s.
13. C. urb., art. L. 313-6, al. 1er.
14. L. no 48-1360, 1er sept. 1948 portant modification et codification de la législation relative aux rapports des bailleurs et locataires ou occupants de locaux d'habitation ou à usage professionnel et instituant des allocations de logement, *JO* 2 sept., p. 8659.
15. C. urb., art. L. 313-6, al. 2.
16. C. urb., art. L. 313-6, al. 3.

ristiques du local offert. Elle doit être notifiée au moins un an à l'avance [1].

Le locataire doit, dans un délai de deux mois [2] :

– soit faire connaître son acceptation ;

– soit saisir les motifs de son refus à la juridiction prévue au chapitre V de la loi du 1er septembre 1948 [3], faute de quoi il est réputé avoir accepté l'offre.

Cette offre ne fait pas obstacle au droit à réintégration prévu par l'article L. 314-3 [4].

C. Dispositions propres aux baux commerciaux

532.421 Dispositions du code de commerce. Les dispositions du code de commerce et de la loi du 1er septembre 1948 [5] relatifs aux baux commerciaux s'appliquent aux travaux prévus par un PSMV et une ORI en application de l'article L. 313-14 du code de l'urbanisme.

Ces dispositions ne s'appliquent pas seulement aux personnes privées. Elles sont également applicables aux collectivités publiques, qu'elles soient propriétaires ou locataires des immeubles situés dans les secteurs et périmètres concernés [6].

532.422 Droit de refuser le renouvellement du bail. Le bailleur a le droit de refuser le renouvellement du bail pour effectuer des travaux nécessitant l'évacuation des lieux, à charge de payer au locataire évincé l'indemnité d'éviction prévue à l'article L. 145-14 [7].

Toutefois, le bailleur peut se soustraire au paiement de cette indemnité en offrant au locataire évincé un local correspondant à ses besoins et possibilités, situé à un emplacement équivalent [8].

Le cas échéant, le locataire perçoit une indemnité compensatrice de sa privation temporaire de jouissance et de la moins-value de son fonds. Il est en outre remboursé de ses frais normaux de déménagement et d'emménagement [9].

532.423 Droit de reprendre les lieux. Le bailleur d'un local à usage commercial, industriel ou artisanal peut, au cours du bail originaire ou d'un bail renouvelé, reprendre les lieux en tout ou partie pour exécuter des travaux nécessitant l'évacuation des lieux, s'il offre de reporter le bail sur un local équivalent dans le même immeuble ou dans un autre immeuble. Cette offre précise les caractéristiques du local offert, lequel doit permettre la continuation de l'exercice de l'activité antérieure du locataire. L'offre doit être notifiée un an à l'avance [10].

Le locataire doit, dans un délai de deux mois [11] :

– soit faire connaître son acceptation ;

– soit saisir les motifs de son refus à la juridiction compétente, faute de quoi il est réputé avoir accepté l'offre.

Il a droit à une indemnité de dépossession [12].

1. C. urb., art. L. 313-7, al. 1er.
2. C. urb., art. L. 313-7, al. 2.
3. L. no 48-1360, 1er sept. 1948.
4. C. urb., art. L. 313-7, al. 2.
5. L. no 48-1360, 1er sept. 1948.
6. C. urb., art. L. 313-14.
7. C. com., art. L. 145-18, al. 1er et 2.
8. C. com., art. L. 145-18, al. 3.
9. C. com., art. L. 145-18, al. 4.
10. C. com., art. L. 145-6, al. 1er.
11. C. com., art. L. 145-6, al. 2.
12. C. com., art. L. 145-7.

CHAPITRE

533. Procédures applicables aux opérations de grande ampleur

SECTION 0 ORIENTEUR

533.00 Sommaire du chapitre.

533.01 Textes applicables.

> Projet d'intérêt majeur

• **C. urb.,** art. L. 350-1 s.

> Projet partenarial d'aménagement (PPA) et Grande opération d'urbanisme (GOU)

• **C. urb.,** art. L. 312-1 s.

533.03 Bibliographie indicative.

Encyclopédies. *DP constr.-urb., ét.* : « Projet partenarial d'aménagement (PPA) et grande opération d'urbanisme (GOU) » – *J.-Cl. Constr.-Urb.*, fasc. 13-76 : « Urbanisme opérationnel. – Introduction », par F. Benchendikh, 2022.

> Articles

PPA et GOU. S. Baillarguet, « Le projet partenarial d'aménagement et la grande opération d'urbanisme », *RDI* 2019. 145 – L. Santoni, « Les PPA et les GOU explicités par circulaire », *Constr.-Urb.* 2019, comm 44 – P. Soler-Couteaux, « Projet partenarial d'aménagement et grande opération d'urbanisme : grain de sel ou grain de sable dans le partenariat ? », *Rev. CMP* 2019, repère 2.

PIM. X. Couton, « Les nouveaux outils entre acteurs publics dans la loi ALUR », *Constr.-Urb.* 2014, dossier 6.

533.05 Opérations de grande envergure. Le code de l'urbanisme offre un cadre juridique pour les opérations d'aménagement public de grande envergure.

Les plus importantes d'entre elles, soulevant des enjeux nationaux, sont mises en œuvre sous le régime de l'opération d'intérêt national (OIN) qui en confère la maîtrise à l'État.

Pour les autres opérations d'envergure, sont prévues des techniques de contractualisation entre collectivités publiques permettant de coordonner leurs interventions en vue de sa réalisation.

SECTION 1
OPÉRATIONS D'INTÉRÊT NATIONAL

533.10 Renvoi. La technique de l'OIN confère à l'État des prérogatives particulières pour la mise en œuvre des opérations d'aménagement se rapportant à des enjeux nationaux[1].

SECTION 2
COORDINATION DE L'ACTION DES COLLECTIVITÉS PUBLIQUES (CONTRACTUALISATION OPÉRATIONNELLE)

§ 1
Projet d'intérêt majeur

533.21 Origine et vocation. Le projet d'intérêt majeur (PIM) a été créé par la loi ALUR en 2014[2]. Il vise, au moyen d'un contrat, à coordonner l'action de l'État et des collectivités locales sur des territoires à forts enjeux. Il se situe sur un plan intermédiaire entre, d'une part, la technique des opérations d'intérêt national (OIN), conduites par l'État et réservées aux opérations de très grande envergure et, d'autre part, les techniques d'aménagement de droit commun telles que la ZAC, conduites à l'échelle d'une collectivité pour des opérations à enjeu purement local.

533.22 Objet. Le contrat est passé « pour la réalisation d'un projet d'intérêt majeur qui comporte la réalisation d'actions ou d'opérations d'aménagement et, le cas échéant, de projets d'infrastructure »[3].

533.23 Pratique. La technique du PIM n'a pas rencontré un grand succès. Un rapport parlementaire relevait en 2022 qu'« Aucun PIM n'a été conclu, notamment du fait d'une procédure de consultation et d'enquête publique complexe, d'un encadrement strict du contenu du PIM, ainsi que d'un régime dérogatoire peu incitatif »[4].

A.
Contenu du contrat de PIM

533.31 Cinq éléments. Le contrat conclu en application de l'article L. 350-1 comprend les éléments suivants[5] :

– une présentation du projet d'intérêt majeur, de ses objectifs et de la manière dont il contribue au développement urbain durable du territoire dans lequel il s'insère (1°) ;

– le nombre de logements et le pourcentage de logements sociaux à réaliser dans le cadre du projet (2°, précisant que ces objectifs quantitatifs sont fixés après consultation du comité régional de l'habitat) ;

– la stratégie foncière à mettre en œuvre pour permettre la réalisation du projet ainsi que, le cas échéant, les modalités de mobilisation des terrains appartenant aux signataires du contrat et nécessaires pour la conduite du projet (3°) ;

– la liste des actions et des opérations d'aménagement et, le cas échéant, des projets d'infrastructure mentionnés au premier alinéa de l'article L. 350-1 ainsi que les conditions de leur mise en œuvre et l'échéancier prévisionnel de leur réalisation (4°) ;

– les conditions générales de financement du projet (5°).

B.
Formation du contrat de PIM

1°
Parties au contrat

533.41 Parties originaires. Le contrat est conclu entre[6] :

– d'une part, l'État ;

– et, d'autre part, les communes et les EPCI à fiscalité propre pour les objets relevant des compétences qui leur ont été transférées.

1. V. s^s n°s 051.141 s.
2. L. n° 2014-366, 24 mars 2014 pour l'accès au logement et un urbanisme rénové, *JO* 26 mars, n° 1, art. 168.
3. C. urb., art. L. 350-1, al. 1er.
4. Rapp. d'information AN n° 5121 sur l'évaluation de la loi ÉLAN, 23 févr. 2022, p. 20.
5. C. urb., art. L. 350-3.
6. C. urb., art. L. 350-1, al. 1er.

533.42 Parties pouvant rejoindre le contrat à leur demande. La région et les départements territorialement intéressés peuvent également, à leur demande, être signataires du contrat[1].

533.43 Parties invitées à rejoindre le contrat. À la demande de l'une des personnes publiques mentionnées aux deux premiers alinéas, les contrats peuvent être signés par tout établissement public de l'État et toute société publique locale susceptible de prendre part à la réalisation du projet d'intérêt majeur[2].

2°
Consultations et enquête publique

533.51 Consultations. Avant la signature du contrat, le PIM est soumis pour avis[3] :

- au président du conseil régional ;
- au président du conseil départemental ;
- et aux présidents des EPCI compétents en matière de programme local de l'habitat ou en matière de PLU.

Peut être également recueilli l'avis de tout organisme ou association ayant compétence en matière d'habitat, d'urbanisme, de déplacement, d'aménagement ou d'environnement[4].

533.52 Enquête publique. Le projet fait l'objet d'une enquête publique réalisée conformément au chapitre III du titre II du livre Ier du code de l'environnement[5].

C.
Effets du contrat de PIM

1°
Création de ZAD

533.61 Possibilité de créer des ZAD. Pour la mise en œuvre de la stratégie foncière prévue au 3° de l'article L. 350-3[6], le contrat peut prévoir la création de zones d'aménagement différé (ZAD), dont il dresse la liste et fixe le périmètre. Il désigne les bénéficiaires des droits de préemption ainsi institués[7].

La délibération du conseil municipal ou de l'organe délibérant de l'EPCI qui autorise le maire ou le président de l'EPCI à signer le contrat emporte, pour l'application de l'article L. 212-1, avis favorable de la commune ou de l'EPCI sur la création des ZAD prévues au contrat[8].

533.62 Exercice du droit de préemption au sein de la ZAD. Dans les ZAD prévues au contrat, la commune est titulaire d'un droit de préemption à titre subsidiaire lorsqu'elle n'est pas bénéficiaire d'un droit de préemption à titre principal[9].

Le bénéficiaire du droit de préemption à titre principal informe la collectivité territoriale et le propriétaire du bien de sa décision d'exercer ou non son droit de préemption dans le délai de deux mois suivant la déclaration préalable d'aliénation faite par le propriétaire dans les conditions prévues à l'article L. 213-2[10].

Lorsque le bénéficiaire du droit de préemption à titre principal renonce à exercer ce droit, le délai fixé au même article L. 213-2, à l'expiration duquel le silence gardé vaut renonciation à l'exercice du droit de préemption, est porté à trois mois pour permettre au titulaire du droit de préemption à titre subsidiaire de faire usage de ce droit[11].

2°
Opérations d'aménagement et projets d'infrastructures

533.71 Possibilité de prévoir des opérations d'aménagement et des projets d'infrastructure. Le contrat de PIM peut valoir déclaration de projet des actions ou des opérations d'aménagement et des projets d'infrastructures mentionnés au 4° de l'article L. 350-3 pour l'application de l'article L. 300-6. Le contrat précise les actions, les opérations et les projets pour lesquels il vaut déclaration de l'intérêt général[12].

533.72 Compatibilité avec les documents d'urbanisme. Les actions ou opérations d'aménagement ou les projets d'infrastructures sont compatibles, s'il y a lieu, avec le SDRIF, les SAR ou le PADDUC[13].

Si ces actions, ces opérations d'aménagement ou ces projets d'infrastructure ne sont pas compatibles avec les SCOT, les schémas de secteurs et les PLU, l'autorité administrative engage les procédures de mise en compatibilité prévues aux articles L. 143-44 (pour le SCOT)[14] et L. 153-54 (pour le PLU)[15]. L'enquête publique mentionnée à l'article L. 350-2 est organisée dans les conditions prévues à ces mêmes articles[16].

1. C. urb., art. L. 350-1, al. 2.
2. C. urb., art. L. 350-1, al. 3.
3. C. urb., art. L. 350-2, al. 1er.
4. C. urb., art. L. 350-2, al. 2.
5. C. urb., art. L. 350-2, al. 3.
6. V. s^s^ n° 533.31.
7. C. urb., art. L. 350-4, al. 1er.
8. C. urb., art. L. 350-4, al. 2.
9. C. urb., art. L. 350-4, al. 3.
10. C. urb., art. L. 350-4, al. 3.
11. C. urb., art. L. 350-4, al. 3.
12. C. urb., art. L. 350-5, al. 1er.
13. C. urb., art. L. 350-5, al. 2.
14. V. s^s^ n°s 224.241 s.
15. V. s^s^ n°s 235.261 s.
16. C. urb., art. L. 350-5, al. 3.

3°
Intervention d'un établissement public de l'État ou d'une SPL

533.81 Réalisation de projets ou opérations par un établissement public de l'État. Lorsque le contrat de PIM le prévoit, un établissement public de l'État, signataire du contrat, peut réaliser certaines actions ou opérations d'aménagement ou certains projets d'infrastructure prévus au contrat en application du 4° de l'article L. 350-3[1].

533.82 Réalisation de projets ou opérations par une SPL. Lorsque le contrat de PIM le prévoit, une société publique locale[2], signataire du contrat, peut réaliser certaines actions ou opérations d'aménagement ou certains projets d'infrastructure prévus au contrat, en application du 4° de l'article L. 350-3. Elle agit dans les strictes conditions définies par les dispositions qui la régissent[3].

D.
Publicité et communication du contrat

533.91 Renvoi au CGCT. Les règles de publicité et de communication définies aux articles L. 2121-24 et L. 2121-26 du CGCT sont applicables aux contrats de PIM[4].

§ 2
Projet partenarial d'aménagement et grande opération d'urbanisme (PPA et GOU)

533.101 Une alternative entre l'opération d'intérêt national et l'initiative propre de la collectivité. Pour dépasser l'alternative entre l'intervention seule d'une collectivité et la création d'une opération d'intérêt national, la loi ÉLAN[5] a instauré deux nouveaux outils en 2018[6] :

– le projet partenarial d'aménagement (PPA), qui permet de réunir et faire s'engager les partenaires opérationnels et financiers autour d'un contrat ;

– la Grande opération d'urbanisme (GOU), qui permet, si besoin, d'adapter le régime juridique de l'urbanisme en privilégiant les outils opérationnels permettant de maîtriser la qualité urbaine et environnementale des projets.

À la suite de la loi Climat, l'ordonnance du 6 avril 2022[7] a ouvert ces procédés d'aménagement à la recomposition des territoires littoraux exposés au recul du trait de côte.

A.
Projet partenarial d'aménagement (PPA)

533.111 Encadrement juridique réduit. Le projet partenarial d'aménagement fait l'objet d'un encadrement juridique particulièrement réduit. Il se limite à deux articles législatifs comportant une rédaction ouverte, témoignant d'une volonté du législateur de laisser aux parties une grande liberté pour déterminer son contenu, sa procédure d'élaboration et ses effets.

1°
Notion de PPA

533.121 Un acte contractuel. Le PPA constitue un acte contractuel. Le code le désigne comme un « contrat de projet partenarial d'aménagement »[8].

533.122 Objet. Le PPA vise à ce que les collectivités, l'État et ses établissements publics concernés puissent se mettre d'accord sur un programme d'aménagement ainsi que sur des moyens humains et financiers pour le réaliser[9].

533.123 Vocation. Le PPA est conçu comme un outil visant à renforcer la gouvernance et mener à bien une ou plusieurs opérations d'aménagement destinées à répondre aux différents objectifs locaux, communaux, intercommunaux, départementaux, régionaux et nationaux en termes de production de logements et de développement durable des territoires urbanisés. Pour cela, il mobilise l'ensemble des autres acteurs d'un territoire dans la conduite de ces opérations d'aménagement[10].

533.124 Réaliser des opérations au long court non pris en charge par l'initiative privée. Les PPA sont conçus comme concernant uniquement des opérations de grande ampleur nécessitant de mobiliser des moyens importants sur une ou plusieurs décennies[11].

1. C. urb., art. L. 350-6, al. 1er.
2. Mentionnée aux articles L. 327-1 du code de l'urbanisme ou L. 1531-1 du CGCT.
3. C. urb., art. L. 350-6, al. 2.
4. C. urb., art. L. 350-7.
5. L. n° 2018-1021, 23 nov. 2018 portant évolution du logement, de l'aménagement et du numérique (ÉLAN), *JO* 24 nov., n° 1, art. 1er.
6. Voir étude d'impact de la loi ÉLAN, p. 22 s.
7. Ord. n° 2022-489, 6 avr. 2022 relative à l'aménagement durable des territoires littoraux exposés au recul du trait de côte, *JO* 7 avr., n° 7.
8. C. urb., art. L. 312-1.
9. Étude d'impact de la loi ÉLAN, p. 24.
10. Circ. 4 févr. 2019 relative à l'accompagnement par l'État des projets d'aménagement des territoires, NOR : LOGL1905862J, annexe 1, p. 5.
11. Étude d'impact de la loi ÉLAN, p. 24.

La raison d'être d'un PPA (complété éventuellement d'une GOU) est de remettre sur le marché des secteurs stratégiques pour le développement urbain mais qui, dans leur état actuel, nécessitent une intervention des pouvoirs publics faute que ces opérations soient prises en charge par les opérateurs privés (en raison des risques financiers, des montants en jeu et de la durée - et du caractère incertain - d'un retour sur investissement). Tel est le cas des friches industrielles héritées des XIXe et XXe siècles, des zones d'activités incorporées dans le tissu urbain demandant une relocalisation en périphérie, ou encore des structures urbaines inadaptées aux besoins actuels, qui nécessitent des interventions lourdes pour retrouver une valeur sur le marché immobilier (dépollution des sols, infrastructures à reprendre voire à aménager, remaniements fonciers, expropriation) [1].

2°
Parties au contrat de PPA

a.
Signataires initiaux

533.131 État et collectivités. Le contrat de PPA est conclu entre, d'une part, l'État et, d'autre part, un ou plusieurs établissements publics ou collectivités territoriales suivants [2] :

- un EPCI à fiscalité propre (1°) ;
- un établissement public territorial au sens de l'article L. 5219-2 du CGCT (2°) ;
- la collectivité « la Ville de Paris » (3°) ;
- la métropole de Lyon (4°) ;
- une ou plusieurs communes membres de l'établissement public ou de la collectivité territoriale signataire du contrat de PPA, mentionné aux 1°, 2° et 4° du présent article (5°, précisant que leur signature est de droit si elles en font la demande).

b.
Autres signataires rejoignant le contrat

533.141 Parties rejoignant le contrat à leur demande. D'autres collectivités territoriales que celles mentionnées à l'article L. 312-1 peuvent, à leur demande, être signataires du contrat de PPA, de même que les établissements publics intéressés [3].

533.142 Parties rejoignant le contrat à la demande des signataires déjà existants. Sur proposition d'un ou plusieurs signataires, le contrat peut être signé par toute société publique locale, par toute société d'économie mixte ainsi que par toute autre personne publique ou tout acteur privé implantés dans son périmètre territorial et susceptibles de prendre part à la réalisation des opérations prévues par ce même contrat [4].

Ces opérateurs ne peuvent être mis en situation de conflit d'intérêts [5]. Par exemple, une SEM, qui aurait vocation à candidater en tant que titulaire d'un contrat de concession pour la mise en œuvre du PPA, ne pourrait pas en être signataire. En revanche, un propriétaire privé, qui détient un foncier dont l'aménagement serait susceptible de participer au projet d'ensemble, pourrait être signataire du contrat [6].

3°
Élaboration du contrat de PPA

533.151 Initiative. Le code ne comporte pas de dispositions sur l'initiative du contrat de PPA. Celui-ci peut donc être initié tant par l'État que par les collectivités locales.

533.152 Procédure. Le code ne comporte pas de dispositions sur la procédure d'élaboration du PPA.

533.153 Association des communes. La seule précision présente dans le code tient à ce que « les communes concernées sont associées à l'élaboration du contrat de projet partenarial d'aménagement » [7].

4°
Contenu et effets du contrat de PPA

533.161 Liberté des parties. Le code ne contient pas de dispositions sur le contenu du contrat du PPA. Celui-ci est donc défini librement par les parties dans la limite toutefois des compétences qu'elles exercent et de la finalité de ce contrat (qui est de « favoriser la réalisation d'opérations d'aménagement » : C. urb., art. L. 312-1, al. 1er). Il en résulte que cet instrument ne permet pas de déroger aux règles d'urbanisme.

Son contenu est fixé au cas par cas au regard des objectifs spécifiques à chaque opération et des parties prenantes réunies dans le contrat. Une large part est donc laissée à la négociation locale.

Pour autant, souligne la circulaire, « le PPA doit être un outil d'appui à l'aménagement opérationnel afin que l'opération se concrétise sur le terrain dans des délais accélérés par rapport au même projet qui ne bénéficierait pas d'un PPA. Son contenu doit donc être suffisamment engageant pour permettre une mise en œuvre efficace » [8].

1. Étude d'impact de la loi ÉLAN, p. 25.
2. C. urb., art. L. 312-1.
3. C. urb., art. L. 312-2, al. 2.
4. C. urb., art. L. 312-2, al. 2.
5. C. urb., art. L. 312-2, al. 2.
6. Circ. 4 févr. 2019, NOR : LOGL1905862J, annexe 1, p. 6.
7. C. urb., art. L. 312-2, al. 1er.
8. Circ. 4 févr. 2019, NOR : LOGL1905862J, annexe 1, p. 6.

Concrètement, l'engagement se traduit par la définition d'une feuille de route qui ordonnance les interventions et les responsabilités des parties prenantes et fixe un plan de financement de l'ensemble des actions pour enclencher le projet. Il vise à rechercher l'effet levier pour favoriser et accélérer la réalisation d'une opération d'aménagement autour de laquelle la collectivité souhaite fédérer l'ensemble des acteurs concernés.

533.162 Illustration. À titre indicatif, la circulaire indique que le contrat de PPA peut par exemple prévoir les éléments suivants [1] :

- une méthodologie de travail et un calendrier prévisionnel ;
- les modalités de la gouvernance et du suivi du contrat ;
- des engagements financiers de toute nature (fléchage de sources habituelles de financement ou financements spécifiques mobilisés du fait de la complexité du projet) ;
- des apports fonciers ;
- des engagements des différentes maîtrises d'ouvrage concernées sur la réalisation d'actions relevant de leur compétence mais contribuant à la réussite globale du projet ;
- la désignation d'un aménageur ;
- des actions de communication commune.

Une fiche technique élaborée par le ministère distingue par ailleurs deux types de PPA [2] :

- les PPA « de préfiguration » dont l'objectif principal est de mettre en place les conditions de réalisation du projet d'aménagement (ces PPA portent essentiellement sur des études préalables : plan guide, stratégie foncière, montage opérationnel et financier, études environnementales, participation du public. Ils doivent comporter une clause de revoyure visant à faire le bilan des études et premières actions réalisées et à examiner l'opportunité de prévoir un avenant pour conclure un PPA « opérationnel ») ;
- les PPA « opérationnels » dont l'objectif est la mise en œuvre effective d'opérations d'aménagement (à ce stade, la programmation urbaine et le bilan économique prévisionnel de l'opération d'aménagement sont connus et justifient, le cas échéant, le besoin de soutiens financiers).

En pratique, les PPA signés jusqu'à présent portent sur des enjeux variés :

- production d'opérations mixtes en zone tendue (Marseille) ;
- requalification de quartiers dégradés (Le Havre) ;
- revitalisation de cœurs de villes moyennes (Clermont-Ferrand) ;
- requalification d'une zone d'activités en entrée de ville (Cahors) ;
- reconstruction post-catastrophe (Le Teil) ;
- recyclage de friches (Mulhouse) ;
- ou encore adaptation des territoires au recul du trait de côte (Lacanau).

533.163 Avenants. Comme tout contrat, le contrat de PPA peut faire l'objet de modifications par voie d'avenant, notamment lorsqu'à sa signature, les parties ne sont pas encore en mesure de déterminer les besoins financiers de l'opération.

533.164 Possibilité de prévoir une Grande opération d'urbanisme (GOU). Le contrat de PPA peut prévoir une opération d'aménagement susceptible d'être qualifiée de GOU [3]. Dans ce cas, il en précise les dimensions et les caractéristiques [4].

533.165 Possibilité de cessions d'immeubles par l'État. Les immeubles bâtis et non bâtis qui font partie du domaine privé de l'État peuvent être cédés pour contribuer à la mise en œuvre des opérations d'aménagement définies à l'article L. 300-1 du code de l'urbanisme dont la réalisation est prévue par un contrat de PPA. Ces terrains sont cédés à l'amiable à la collectivité territoriale ou à l'établissement public cocontractant à l'initiative de l'opération d'aménagement ou à l'opérateur désigné dans ce contrat [5].

533.166 Permis d'aménager multisites (PAMS). Par dérogation à l'article L. 442-1, la réalisation d'une opération d'aménagement définie à l'article L. 300-1, prévue par un contrat de PPA, « peut donner lieu à la délivrance d'un permis d'aménager portant sur des unités foncières non contiguës » lorsque l'opération d'aménagement « garantit l'unité architecturale et paysagère des sites concernés » [6].

La totalité des voies et des espaces communs inclus dans le permis d'aménager peut faire l'objet d'une « convention de transfert » au profit de la commune ou de l'EPCI compétent [7].

B. Grande opération d'urbanisme (GOU)

533.171 Objet. La GOU n'est possible que pour certains PPA. Elle permet d'accélérer de manière massive la production de logements sur des secteurs tendus et à une échelle intercommunale, pour recon-

1. Circ. 4 févr. 2019, NOR : LOGL1905862J, annexe 1, p. 7.
2. Min. Logement, *Le projet partenarial d'aménagement. Un contrat au bénéfice du projet*, 2022, p. 3.
3. V. s[s] n°s 533.181 s.
4. C. urb., art. L. 312-2, al. 4.
5. CGPPP, art. L. 3211-6, al. 2.
6. C. urb., art. L. 312-2-1 ; créé par L. n° 2022-217, 21 févr. 2022. V. X. Couton, « Le permis d'aménager multisites et la loi 3DS », *DAUH* 2023. 37.
7. C. urb., art. L. 312-2-1 ; créé par L. n° 2022-217, 21 févr. 2022.

quérir des friches urbaines ou encore transformer des zones d'activités ou des quartiers dégradés[1].

533.172 Pratique. En 2022, seules deux GOU avaient été instaurées[2].

1°
Qualification d'une opération comme GOU

a.
Conditions de fond

533.181 Première condition. En premier lieu, une opération d'aménagement ne peut être qualifiée de « grande opération d'urbanisme » que si elle est prévue par un contrat de PPA[3].

533.182 Seconde condition. En second lieu, une opération d'aménagement ne peut être qualifiée de « grande opération d'urbanisme » que si, en raison de ses « dimensions ou de ses caractéristiques », sa réalisation requiert un engagement conjoint spécifique de l'État et d'une collectivité territoriale ou d'un établissement public cocontractant mentionné aux 1° à 4° de l'article L. 312-1[4].

Cette seconde condition (opération dont les « dimensions » ou « caractéristiques » requiert un engagement conjoint) confère un large pouvoir d'appréciation à l'autorité administrative pour décider les opérations qui en relèvent. Cette appréciation étant encadrée par des conditions légales, elle pourra néanmoins donner lieu à un contrôle de la part du juge administratif.

b.
Adoption de l'acte qualifiant une opération de GOU

533.191 Décision conjointe des autorités locales et étatiques. La qualification de grande opération d'urbanisme est décidée[5] :

- par délibération de l'organe délibérant de la collectivité territoriale ou de l'établissement public cocontractant mentionné à l'article L. 312-3 ;
- après avis conforme des communes dont le territoire est inclus en tout ou partie dans le périmètre de l'opération ;
- et avec l'accord du préfet dans le ou les départements concernés.

L'avis de la commune sur la qualification de GOU intervient par délibération de son organe délibérant, dans un délai de trois mois à compter de sa saisine par l'EPCI ou la collectivité territoriale. L'avis est réputé favorable s'il n'est pas intervenu avant l'expiration de ce délai[6].

L'avis de la commune peut être assorti de prescriptions relatives au projet de qualification, que l'établissement public ou la collectivité territoriale peut prendre en compte afin de modifier ledit projet. La commune peut conditionner son avis favorable au respect de ces prescriptions[7].

533.192 Contenu de la décision. L'acte décidant de la qualification de grande opération d'urbanisme fixe[8] :

- la durée et le périmètre de la GOU ;
- ainsi qu'une densité minimale de constructions, le cas échéant déclinée par secteur.

En cas d'avis conforme de la commune, la délibération qualifiant l'opération de GOU fait explicitement mention de l'accord de la commune sur les points suivants[9] :

- la qualification de GOU, le périmètre et la durée de cette GOU (1°) ;
- l'exercice de la compétence de délivrance des autorisations d'urbanisme des projets situés dans le périmètre de la GOU (2°) ;
- le transfert à l'autorité mentionnée au 4° de l'article L. 312-5 (autorité assumant la maîtrise d'ouvrage des équipements[10]) de la compétence de réalisation, de construction, d'adaptation ou de gestion d'équipements publics nécessaires à la GOU, et identifiés et localisés dans l'acte de qualification (3°) ;
- le transfert à l'autorité mentionnée au 1° *bis* de l'article L. 312-5 (collectivité ou établissement public signataire de la convention de PPA) de l'exercice du DPU et du DP commercial (4°) ;
- le cas échéant, la délimitation de secteurs dans une zone d'activité économique où est instauré le droit de préemption commercial (5°).

c.
Modification de l'acte ayant qualifié une opération de GOU

533.201 Parallélisme des formes et des procédures. L'acte peut être modifié selon les modalités prévues au premier alinéa de l'article L. 312-4 et à l'article L. 312-7[11].

Lorsqu'une modification du périmètre de la GOU étend ce périmètre à des terrains situés dans des

1. Circ. 4 févr. 2019, NOR : LOGL1905862J, annexe 1, p. 5.
2. Rapp. d'information AN n° 5121 sur l'évaluation de la loi ÉLAN, 23 févr. 2022, p. 23. Pour une description de l'une d'entre elles, v. rapp préc., p. 26.
3. C. urb., art. L. 312-3 – Sur les contrats de PPA, v. s[s] n°s 533.111 s.
4. C. urb., art. L. 312-3.
5. C. urb., art. L. 312-4, al. 1er.
6. C. urb., art. L. 312-7, al. 1er.
7. C. urb., art. L. 312-7, al. 2.
8. C. urb., art. L. 312-4, al. 2.
9. C. urb., art. L. 312-7, al. 3 à 8 ; mod. par L. n° 2023-973, 23 oct. 2023.
10. V. s[s] n° 533.225.
11. C. urb., art. L. 312-4, al. 2 – Sur ces modalités, v. s[s] n°s 533.191 et 533.192.

communes n'ayant pas été consultées lors de la création du périmètre initial, l'avis conforme de ces communes est recueilli selon les modalités prévues au premier alinéa de l'article L. 312-4 et à l'article L. 312-7[1].

2°
Effets de la qualification d'une opération comme GOU

533.211 Dérogations au droit commun de l'urbanisme. La qualification d'une opération comme GOU emporte, dans son périmètre, dérogations au droit commun de l'urbanisme sur plusieurs points dans l'objectif d'accélérer la mise en œuvre de celle-ci.

a.
Concentration des compétences

533.221 Compétence pour statuer sur les demandes d'autorisation d'urbanisme. L'autorité compétente pour délivrer le permis de construire, d'aménager ou de démolir et pour se prononcer sur un projet faisant l'objet d'une déclaration préalable est, conformément à l'article L. 422-3-1[2] :

– le président d'un établissement public mentionné aux 1° ou 2° de l'article L. 312-1 à l'initiative de la GOU ;

– ou, à Paris et à Lyon, le maire de Paris et le président de la métropole de Lyon.

533.222 Compétence pour exercer le droit de préemption. Le DPU et le DP commercial sont exercés par la collectivité ou l'établissement public signataire de la convention de PPA[3].

La collectivité territoriale ou l'établissement public peut déléguer l'exercice de ces droits à un établissement public y ayant vocation ou au concessionnaire d'une opération d'aménagement[4].

533.223 Compétence pour conclure les conventions de PUP. La collectivité ou l'établissement public signataire de la convention de PPA est seul compétent pour conclure, par décision de son organe délibérant, une ou plusieurs conventions de projet urbain partenarial[5], dans les conditions prévues au I de l'article L. 332-11-3[6].

La collectivité territoriale ou l'établissement public compétent pour statuer sur les demandes d'autorisation d'urbanisme au sein de la GOU[7] est seul compétent pour délimiter un ou plusieurs périmètres et conclure une ou plusieurs conventions au sens des II et III de l'article L. 332-11-3. Par dérogation au dernier alinéa du II du même article L. 332-11-3, la durée du périmètre ainsi délimité peut être supérieure à quinze ans sans pour autant pouvoir excéder la durée fixée par l'acte décidant de la qualification de grande opération d'urbanisme[8].

La collectivité territoriale ou l'établissement public compétent pour statuer sur les demandes d'autorisation d'urbanisme au sein de la GOU[9] est seul compétent pour recevoir une demande d'étude de projet d'aménagement ou de construction et pour organiser un débat au sein de l'organe délibérant, dans les conditions prévues au III de l'article L. 332-11-3[10].

533.224 Dérogation possible à la concentration des compétences. Par dérogation au 1° de l'article L. 312-5[11], la compétence en matière d'autorisations d'urbanisme peut s'exercer dans les conditions prévues à l'article L. 422-1 dans tout ou partie du périmètre de la GOU[12].

Dans ce cas, par dérogation au 5° de l'article L. 312-5[13], la compétence pour conclure une ou plusieurs conventions de PUP peut s'exercer dans les conditions prévues au 3° du I de l'article L. 332-11-3 dans tout ou partie du périmètre de la GOU[14].

Cette possibilité est ouverte par l'acte décidant de la qualification de GOU prévu à l'article L. 312-4 ou par tout acte ultérieur pris dans les mêmes formes[15].

533.225 Maîtrise d'ouvrage des équipements. L'EPCI ou la collectivité territoriale ayant qualifié l'opération de GOU est compétent pendant toute la durée de la GOU pour la réalisation, la construction, l'adaptation ou la gestion d'équipements publics relevant de la compétence de la commune d'implantation, nécessaires à la GOU, et identifiés et localisés dans l'acte de qualification. Cet établissement ou cette collectivité assure alors la maîtrise d'ouvrage de ces équipements[16].

Par dérogation à cette règle, cet établissement ou cette collectivité peut être compétent pour la réalisa-

1. C. urb., art. L. 312-4, al. 2 – Sur ces modalités, v. ss nos 533.191 et 533.192.
2. C. urb., art. L. 312-5, 1° – Sur l'article L. 422-3-1, v. ss no 341.91.
3. C. urb., art. L. 312-5, 1° *bis* ; créé par L. no 2022-217, 21 févr. 2022.
4. C. urb., art. L. 312-5, 1° *bis* ; créé par L. no 2022-217, 21 févr. 2022.
5. V. ss nos 553.101 s.
6. C. urb., art. L. 312-5, 5°, al. 1er.
7. V. ss no 533.221.
8. C. urb., art. L. 312-5, 5°, al. 2.
9. V. ss no 533.221.
10. C. urb., art. L. 312-5, 5°, al. 3.
11. V. ss no 533.221.
12. C. urb., art. L. 312-5-1, al. 1er ; créé par L. no 2023-973, 23 oct. 2023.
13. V. ss no 533.223.
14. C. urb., art. L. 312-5-1, al. 2.
15. C. urb., art. L. 312-5-1, al. 3.
16. C. urb., art. L. 312-5, 4°, al. 1er.

tion, la construction, l'adaptation ou la gestion des équipements pour une durée inférieure ou supérieure à la durée de la GOU, dès lors que la commune d'implantation desdits équipements publics a donné son accord[1].

Le délai et les modalités de remise à la commune d'implantation des équipements publics font l'objet d'un accord entre la commune et ledit établissement ou ladite collectivité[2].

b.
Autres adaptations

533.231 **Permis d'innover.** Il peut être dérogé aux règles applicables aux projets au moyen d'un permis d'innover[3].

533.232 **Opération réputée d'intérêt communautaire ou métropolitain.** La création et la réalisation des opérations d'aménagement est réputée d'intérêt communautaire, au sens des articles L. 5214-16, L. 5215-20 et L. 5216-5 du CGCT, ou d'intérêt métropolitain, au sens de l'article L. 5217-2 du même code[4].

533.233 **Droit de préemption ZAD.** L'acte décidant la qualification de GOU peut délimiter sur tout ou partie du périmètre de celle-ci une zone d'aménagement différé. Dans ce cas, cet acte désigne le titulaire du droit de préemption afférent[5].

Au sein du périmètre de la GOU, le droit de préemption ZAD peut être exercé pendant une période de dix ans, renouvelable une fois[6].

533.234 **Intervention d'EPA en dehors de leur périmètre.** L'existence d'une grande opération d'urbanisme autorise les EPA à y intervenir alors même que celle-ci se trouve située en dehors de leur périmètre géographique d'intervention[7]. Cette possibilité permet d'apporter des compétences opérationnelles en cas d'absence d'aménageurs locaux en capacité de conduire les opérations, soit par intervention directe d'un EPA, soit en constituant une société filiale associant la collectivité territoriale et un EPA[8].

533.235 **Prise de possession anticipée.** La prise de possession d'un ou de plusieurs immeubles bâtis ou non bâtis dont l'acquisition est nécessaire à l'opération peut être autorisée dans les conditions prévues au second alinéa de l'article L. 522-1 du code de l'expropriation (prise de position anticipée)[9].

C.
Participation du public

533.241 **Participation par voie électronique.** Les projets répondant aux objectifs de l'opération et les évolutions de plan ou de programme nécessaires pour en permettre la réalisation peuvent faire l'objet de la procédure de participation du public par voie électronique[10].

D.
Opérations de recomposition des territoires littoraux exposés au recul du trait de côte

533.251 **Origine.** La loi Climat[11] a introduit dans le code de l'urbanisme diverses dispositions visant à s'adapter aux conséquences de l'érosion côtière, notamment en limitant la constructibilité dans les zones exposées au recul du trait de côte et en reconnaissant aux autorités un droit de préemption spécifique dans ces territoires. À la suite de ce texte a été adoptée l'ordonnance du 6 avril 2022 relative à l'aménagement durable des territoires littoraux exposés au recul du trait de côte[12]. Au titre des dispositions édictées en faveur de cet aménagement figure l'extension des procédés du PPA et de la GOU à la recomposition des territoires littoraux exposés à ce recul.

1°
Délimitation des secteurs de relocalisation

533.261 **Délimitation au sein d'un PPA.** Lorsqu'un contrat de PPA prévoit une opération d'aménagement ayant pour objet de mettre en œuvre « la recomposition spatiale du territoire » d'une ou plusieurs communes exposées au recul du trait de côte, il peut délimiter sur le territoire qu'il couvre « des secteurs de relocalisation » de constructions, d'ouvrages ou d'installations menacés par l'évolution du trait de côte[13].

1. C. urb., art. L. 312-5, 4°, al. 2.
2. C. urb., art. L. 312-5, 4°, al. 3.
3. C. urb., art. L. 312-5, 2°. Sur le permis d'innover, v. s[s] n°s 363.171 s.
4. C. urb., art. L. 312-5, 3°.
5. C. urb., art. L. 312-6, al. 1er.
6. C. urb., art. L. 312-6, al. 1er – Dans le régime de droit commun, la durée d'exercice du DPZAD est de six ans renouvelable sans limite, v. s[s] n°s 423.241 s.
7. V. s[s] n° 541.152.
8. Circ. 4 févr. 2019, NOR : LOGL1905862J, annexe 1, p. 9.
9. C. urb., art. L. 312-5, 6° ; créé par L. n° 2024-322, 9 avr. 2024.
10. C. urb., art. L. 312-5, 7° ; créé par L. n° 2024-322, 9 avr. 2024.
11. L. n° 2021-1104, 22 août 2021 portant lutte contre le dérèglement climatique et renforcement de la résilience face à ses effets, *JO* 24 août, n° 1.
12. Ord. n° 2022-489, 6 avr. 2022 relative à l'aménagement durable des territoires littoraux exposés au recul du trait de côte, *JO* 7 avr., n° 7.
13. C. urb., art. L. 312-8, al. 1er ; créé par ord. n° 2022-489, 6 avr. 2022.

S'agissant de la procédure, la délimitation de ces secteurs fait l'objet d'une « délibération motivée » du conseil municipal de chaque commune concernée ou de l'organe délibérant de l'établissement public cocontractant mentionné à l'article L. 312-1 compétent en matière de PLU, de document d'urbanisme en tenant lieu ou de carte communale[1].

533.262 Délimitation au sein d'une GOU. Le cas échéant, les secteurs de relocalisation mentionnés au premier alinéa « peuvent être délimités au sein du périmètre d'une grande opération d'urbanisme », par l'acte qualifiant cette opération dans les conditions prévues à l'article L. 312-4[2].

2°
Régime applicable dans les secteurs délimités

533.271 Dérogations. La délimitation d'un secteur de relocalisation autorise l'autorité compétente à déroger à l'intérieur de celui-ci à certaines règles du code de l'urbanisme ayant pour objet la protection du littoral. Ces dérogations sont subordonnées, selon leur ampleur, soit à l'accord du préfet, soit à l'autorisation du ministre.

a.
Dérogations aux règles applicables sur l'ensemble du territoire communal des communes littorales

533.281 Conditions communes. Les dérogations aux règles applicables sur l'ensemble du territoire communal des communes littorales sont soumises à trois conditions communes.

Premièrement, la CDNPS doit être consultée[3].

Deuxièmement, le préfet doit donner son accord[4]. Cet accord doit être refusé « lorsque ces constructions, ouvrages et installations sont de nature à porter atteinte à l'environnement ou aux paysages »[5].

Troisièmement, une exigence de proportionnalité doit être respectée. Les dérogations, en effet, ne peuvent être apportées que « dans la mesure nécessaire » à la relocalisation de constructions, d'ouvrages ou d'installations menacés par l'évolution du trait de côte[6].

1. C. urb., art. L. 312-8, al. 2 ; créé par ord. n° 2022-489, 6 avr. 2022.
2. C. urb., art. L. 312-8, al. 3 ; créé par ord. n° 2022-489, 6 avr. 2022.
3. C. urb., art. L. 312-8, al. 9, al. 1er ; créé par ord. n° 2022-489, 6 avr. 2022.
4. C. urb., art. L. 312-8, al. 9, al. 1er ; créé par ord. n° 2022-489, 6 avr. 2022.
5. C. urb., art. L. 312-8, al. 9, dernier al. ; créé par ord. n° 2022-489, 6 avr. 2022.
6. C. urb., art. L. 312-8, al. 9, al. 1er ; créé par ord. n° 2022-489, 6 avr. 2022.

533.282 Dérogation à l'exigence d'extension de l'urbanisation en continuité avec les agglomérations et villages existants. Si les conditions communes sont remplies, il peut être dérogé aux dispositions du premier alinéa de l'article L. 121-8 (exigence d'extension de l'urbanisation en continuité avec les agglomérations et villages existants), dès lors que les biens sont relocalisés en dehors[7] :

– des espaces proches du rivage ;

– des espaces remarquables ;

– et d'une bande d'une largeur d'un kilomètre à compter de la limite haute du rivage.

533.283 Dérogation à l'exigence d'urbanisation en densification dans les secteurs déjà urbanisés autres que les agglomérations et village. Si les conditions communes sont remplies, il peut être dérogé aux dispositions du deuxième alinéa de l'article L. 121-8 (exigence d'urbanisation en densification dans les secteurs déjà urbanisés autres que les agglomérations et village) pour permettre « d'étendre le périmètre bâti existant » de ces secteurs[8], dès lors[9] :

– que les biens sont relocalisés en dehors des espaces proches du rivage et des espaces remarquables ;

– et que cette extension aboutit au plus à la création d'un village, au sens de l'article L. 121-8 (compte tenu, le cas échéant, des précisions apportées par le SCOT en vertu du second alinéa de l'article L. 121-3).

533.284 Dérogation à l'obligation de prévoir des coupures d'urbanisation. Si les conditions communes sont remplies, il peut être dérogé à l'obligation fixée à l'article L. 121-22 de prévoir des coupures d'urbanisation dans les SCOT et les PLU, sauf en ce qui concerne[10] :

– les espaces proches du rivage ;

– et les espaces remarquables.

b.
Dérogations concernant les espaces proches du rivage

533.291 Dérogations concernées. Les dérogations envisagées par le 5e alinéa de l'article L. 312-9 consistent à appliquer dans les espaces proches du rivage[11] :

– d'une part, les dispositions du deuxième alinéa de l'article L. 121-8 ;

– d'autre part, les dérogations mentionnées aux 2° et 3° de cet article.

7. C. urb., art. L. 312-9, al. 9, 1° ; créé par ord. n° 2022-489, 6 avr. 2022.
8. Ce que l'article L. 121-8 interdit.
9. C. urb., art. L. 312-9, al. 9, 2° ; créé par ord. n° 2022-489, 6 avr. 2022.
10. C. urb., art. L. 312-9, al. 9, 3° ; créé par ord. n° 2022-489, 6 avr. 2022.
11. C. urb., art. L. 312-9, al. 9, al. 5 ; créé par ord. n° 2022-489, 6 avr. 2022.

533.292 **Conditions plus sévères.** Compte tenu de la zone concernée, les conditions permettant d'apporter des dérogations sont nettement plus strictes[1].

S'agissant des conditions de forme, sont exigées :

- non seulement l'autorisation du ministre chargé de l'urbanisme ;
- mais aussi l'avis conforme de la CDNPS.

L'autorisation du ministre doit être refusée lorsque les constructions, ouvrages et installations envisagées « sont de nature à porter atteinte à l'environnement ou aux paysages »[2].

Quant aux conditions de fond, la dérogation :

- ne peut être accordée qu'« à titre exceptionnel » ;
- et ne peut s'appliquer dans certains secteurs (la bande des 100 mètres, les zones délimitées par le PLU comme exposées au recul du trait de côte et les espaces remarquables).

1. C. urb., art. L. 312-9, al. 9, al. 5 ; créé par ord. nº 2022-489, 6 avr. 2022.

2. C. urb., art. L. 312-8, al. 9, dernier al. ; créé par ord. nº 2022-489, 6 avr. 2022.

CHAPITRE

534. Opérations de réhabilitation des ensembles commerciaux, de l'immobilier de loisir et des zones d'activité économiques

SECTION 0 ORIENTEUR

534.00 **Sommaire du chapitre.**

534.01 **Textes applicables.**

> Réhabilitation d'ensembles commerciaux dans les quartiers prioritaires

• **C. urb.,** art. L. 300-7

> Opérations de réhabilitation de l'immobilier de loisir (ORIL)

• **C. urb.,** art. L. 318-5

> Réhabilitation des zones d'activité économique

• **C. urb.**

art. L. 300-8

art. L. 318-8-1 s.

534.03 **Bibliographie indicative.**

Article. X. Couton, « Loi "Climat et résilience" et zones d'activité : un embryon de cadre juridique pour lutter contre l'obsolescence », *Constr.-urb.* 2021, ét. 11.

SECTION 1 RÉHABILITATION D'ENSEMBLES COMMERCIAUX DANS LES QUARTIERS PRIORITAIRES

534.11 **Origine et objet.** La loi du 5 mars 2007[1] relative à la prévention de la délinquance a institué un régime visant à la réhabilitation des ensembles commerciaux dégradés situés dans les quartiers prioritaires de la politique de la ville. Le dispositif comporte deux étapes :

– une première étape invitant les propriétaires à procéder eux-mêmes à la réhabilitation ;

– une substitution de la puissance publique en cas de carence des propriétaires privés.

1. L. nº 2007-297, 5 mars 2007 relative à la prévention de la délinquance, *JO* 7 mars, nº 1.

§ 1
Première étape : propriétaires de l'ensemble commercial invités à procéder à la réhabilitation

534.21 Conditions de fond. La mise en demeure de procéder à la réhabilitation d'un ensemble commercial est subordonnée à trois conditions [1] :

- l'ensemble commercial est situé dans un des quartiers prioritaires de la ville ;

- l'ensemble se caractérise par un état de dégradation ou d'absence d'entretien par son ou ses propriétaires ;

- cet état compromet la rénovation urbaine du quartier.

534.22 Mise en demeure. Si les conditions précitées sont remplies, l'autorité administrative (le préfet, le maire après avis du conseil municipal ou le président de l'EPCI compétent après avis de l'organe délibérant de l'établissement) peut mettre en demeure le ou les propriétaires de procéder à la réhabilitation de cet ensemble commercial [2].

§ 2
Seconde étape : substitution de la puissance publique

534.31 Conditions de la substitution. La puissance publique peut se substituer aux propriétaires défaillants dans deux hypothèses [3] :

- soit le ou les propriétaires n'ont pas manifesté dans un délai de trois mois la volonté de se conformer à la mise en demeure ;

- soit les travaux de réhabilitation n'ont pas débuté dans un délai d'un an.

534.32 Modalités de la substitution. En cas de défaillance des propriétaires, la collectivité publique se substitue à eux pour réhabiliter l'ensemble commercial. La substitution s'opère par voie d'expropriation de l'ensemble commercial considéré.

L'expropriation des locaux peut être engagée dans les conditions prévues par le code de l'expropriation au profit de l'État, de la commune, de l'EPCI ou d'un établissement public d'aménagement créé en application des articles L. 321-1 ou L. 326-1 [4].

L'enquête publique porte sur le projet d'expropriation et sur le projet de réhabilitation de l'ensemble commercial [5].

1. C. urb., art. L. 300-7, al. 1er.
2. C. urb., art. L. 300-7, al. 1er. SUR le contenu de la mise en demeure : C. urb., art. R. 300-28.
3. C. urb., art. L. 300-7, al. 2.
4. C. urb., art. L. 300-7, al. 2.

SECTION 2

OPÉRATIONS DE RÉHABILITATION DE L'IMMOBILIER DE LOISIR (ORIL)

§ 1
Présentation du dispositif des ORIL

534.41 Un outil contre le vieillissement de l'immobilier de loisir. L'immobilier de loisirs regroupe le parc de la location touristique proposée sous forme d'appartements meublés individuels ou organisés en résidence de tourisme. Il s'agit le plus souvent de résidences secondaires sous le régime de la copropriété. Dans certaines stations de montagne et du littoral, ce mode d'hébergement constitue la grande majorité de l'offre touristique. Toutefois, plusieurs facteurs liés au statut de multipropriété, et notamment l'insuffisance de l'entretien, ont conduit à une dégradation de cette offre qui amène progressivement à la sortie du marché de ces logements qui ne correspondent plus aux exigences de la clientèle et sont de surcroît peu performants au regard des normes environnementales [6].

Des mesures ont été prises pour encourager la réalisation de travaux :

- des mesures fiscales d'incitations, sous forme de réduction d'impôts ;

- des mesures d'aides locales aux propriétaires, par le dispositif des opérations de réhabilitation de l'immobilier de loisir (ORIL), institué par la loi SRU [7].

534.42 Objet. Les opérations de réhabilitation de l'immobilier de loisir (ORIL) ont pour objet [8] :

- l'amélioration du parc immobilier touristique ;

- et l'amélioration des espaces publics, du stationnement, des équipements d'infrastructures et du traitement de l'environnement.

534.43 Objectifs. Les ORIL tendent [9] :

- à améliorer l'offre qualitative des logements locatifs à destination de la clientèle touristique et du personnel saisonnier ;

- ainsi qu'à maintenir ou à développer l'offre de services de proximité.

534.44 Modalités. Les ORIL se concrétisent par l'attribution d'aides publiques aux propriétaires ou aux personnes en charge des travaux en contrepartie de la réhabilitation des logements locatifs.

5. C. urb., art. L. 300-7, al. 2.
6. Rép. min. n° 08479, *JO Sénat Q* 16 juill. 2009, p. 1801.
7. L. n° 2000-1208, 13 déc. 2000 relative à la solidarité et au renouvellement urbains, *JO* 14 déc., n° 2, art. 186.
8. C. urb., art. L. 318-5, al. 1er.
9. C. urb., art. L. 318-5, al. 2.

§ 2
Création des ORIL

A.
Autorités compétentes

534.51 Création par la commune ou l'EPCI. Les ORIL sont créées par délibération du conseil municipal ou de l'organe délibérant de l'EPCI compétent[1].

B.
Contenu de la délibération créant une ORIL

534.61 1er élément : caractéristiques de l'opération. La délibération créant une ORIL précise d'abord les caractéristiques de l'opération[2] :

– le périmètre de l'opération ;

– les conditions de financement de l'opération, le cas échéant les aides susceptibles d'être accordées par les collectivités territoriales ou leurs groupements ;

– l'objectif et le délai maximal de réhabilitation de logements ;

– les actions d'accompagnement et d'amélioration du cadre de vie prévues.

534.62 2e élément : bénéficiaires des aides. La délibération précise les bénéficiaires des aides[3]. Ceux-ci peuvent être :

– les propriétaires, dès lors qu'ils respectent les obligations d'occupation et de location de logements définies par la délibération ;

– les personnes physiques ou morales ayant la charge des travaux de réhabilitation ou de la mise en marché locatif durable ;

– les personnes physiques ou morales qui s'engagent à acquérir des lots de copropriétés et à réaliser des travaux de restructuration et de réhabilitation dans le but de réunir des lots contigus, dès lors qu'ils respectent les obligations d'occupation et de location des logements définies par la délibération ;

– le syndicat des copropriétaires ayant la charge des travaux relatifs aux parties communes.

534.63 3e élément : engagements pris par les bénéficiaires des aides. La délibération précise[4] :

– les engagements souscrits par les bénéficiaires, en contrepartie des aides qui leur sont accordées par les collectivités et leurs groupements en matière de travaux, d'occupation et de mise en location des logements ;

– ainsi que les modalités de remboursement de ces aides en cas de non-respect de ces engagements.

1. C. urb., art. L. 318-5, al. 3.
2. C. urb., art. L. 318-5, al. 4 à 8.
3. C. urb., art. L. 318-5, al. 9 à 13.
4. C. urb., art. L. 318-5, al. 14.

§ 3
Hypothèse de cession d'un lot d'un immeuble compris dans une ORIL

534.71 Obligation d'information en cas de vente. En cas de vente d'un lot de copropriété d'un immeuble situé dans le périmètre d'une ORIL et soumis aux dispositions de la loi du 10 juillet 1965 fixant le statut de la copropriété des immeubles bâtis[5], le propriétaire vendeur notifie, avant toute publicité, son intention de vendre au syndic de la copropriété, en indiquant le prix souhaité et les conditions de la vente projetée. Cette information est notifiée dans un délai de dix jours ouvrés par le syndic à chaque copropriétaire par tout moyen permettant d'en accuser réception, aux frais du syndic. Lors de sa notification aux copropriétaires, le syndic précise que cette information est donnée par le vendeur à titre indicatif et ne constitue pas une offre de vente[6].

534.72 Obligation d'information en cas de cessions d'usufruit ou de nue-propriété. L'obligation d'information précédemment mentionnée[7] s'applique également aux cessions d'usufruit ou de nue-propriété, pour lesquelles sont notamment précisées la consistance et la valeur des biens concernés[8].

SECTION 3
RÉHABILITATION DES ZONES D'ACTIVITÉ ÉCONOMIQUE

534.81 Origine et objet. La procédure de réhabilitation des zones d'activité économique a été instituée par la loi Climat[9]. Il permet à l'administration d'ordonner aux propriétaires de biens laissés à l'abandon dans les zones économiques de procéder à leur réhabilitation sous peine d'expropriation.

§ 1
Notion de zones d'activité économique

534.91 Renvoi au CGCT. Sont considérées comme des zones d'activité économique, pour la mise en œuvre de ce régime, « les zones d'activité industrielle, commerciale, tertiaire, artisanale, touristique, portuaire ou aéroportuaire » mentionnées aux arti-

5. L. n° 65-557, 10 juill. 1965 fixant le statut de la copropriété des immeubles bâtis, *JO* 11 juill., p. 5950.
6. C. urb., art. L. 318-6, al. 1er.
7. V. s[s] n° 534.71.
8. C. urb., art. L. 318-6, al. 2.
9. L. n° 2021-1104, 22 août 2021 portant lutte contre le dérèglement climatique et renforcement de la résilience face à ses effets, *JO* 24 août, n° 1, art. 220.

cles L. 3641-1, L. 5214-16, L. 5215-20, L. 5216-5, L. 5217-2 et L. 5219-1 du CGCT[1].

§ 2
Inventaire de l'état du sol au sein de chaque zone d'activité économique

534.101 Autorité compétente pour établir l'inventaire. L'autorité compétente en matière de création, d'aménagement et de gestion des zones d'activité économique « est chargée d'établir un inventaire des zones situées sur le territoire sur lequel elle exerce cette compétence »[2].

534.102 Contenu de l'inventaire. L'inventaire comporte, pour chaque zone d'activité économique, les éléments suivants[3] :

- « un état parcellaire » des unités foncières composant la zone d'activité économique, comportant la surface de chaque unité foncière et l'identification du propriétaire (1°) ;
- « l'identification des occupants » de la zone d'activité économique (2°) ;
- le « taux de vacance » de la zone d'activité économique, calculé en rapportant le nombre total d'unités foncières de la zone d'activité au nombre d'unités foncières qui ne sont plus affectées à une activité assujettie à la CFE prévue à l'article 1447 du CGI depuis au moins deux ans au 1er janvier de l'année d'imposition et qui sont restées inoccupées au cours de la même période (3°).

534.103 Procédure d'établissement de l'inventaire. Après consultation des propriétaires et occupants des zones d'activité économique pendant une période de trente jours, l'inventaire est arrêté par l'autorité compétente[4].

Il est ensuite transmis[5] :

- à l'autorité compétente en matière de SCOT ;
- à l'autorité compétente en matière de PLU ou de document en tenant lieu ;
- et à l'autorité compétente en matière de PLH.

534.104 Actualisation tous les six ans. L'inventaire est actualisé « au moins tous les six ans »[6].

§ 3
Procédure de réhabilitation des biens dégradés

A.
Conditions de mise en œuvre

534.111 Les zones concernées. L'article L. 300-8 s'applique à deux types de zones d'activité économique[7] :

- d'une part, celles faisant l'objet d'un contrat de projet partenarial d'aménagement, mentionné à l'article L. 312-1[8] ;
- d'autre part, celles situées dans le périmètre des secteurs d'intervention délimités par une convention d'ORT, mentionnée à l'article L. 303-2 du CCH.

534.112 L'état des biens. Dans les zones précitées, la procédure de l'article L. 300-8 peut être mise en œuvre « lorsque l'état de dégradation ou l'absence d'entretien » par les propriétaires des locaux identifiés dans l'inventaire mentionné à l'article L. 318-8-2 du code de l'urbanisme[9] « compromettent la réalisation d'une opération d'aménagement ou de restructuration de la zone d'activité »[10].

B.
Procédure

534.121 Mise en demeure. Si les conditions mentionnées ci-dessus sont remplies, l'autorité compétente (le préfet ; le maire, après avis du conseil municipal ; ou le président de l'EPCI compétent, après avis de l'organe délibérant) « peut mettre en demeure les propriétaires de procéder à la réhabilitation des locaux, terrains ou équipements concernés »[11].

534.122 Expropriation en l'absence d'exécution des travaux. Lorsque les propriétaires n'ont pas manifesté dans un délai de trois mois la volonté de se conformer à la mise en demeure ou lorsque les travaux de réhabilitation n'ont pas débuté dans un délai d'un an, « une procédure d'expropriation peut être engagée », dans les conditions prévues par le code de l'expropriation, au profit de l'État, de la commune, de l'EPCI ou d'un EPA créé en application des articles L. 321-14 ou L. 326-1[12].

1. C. urb., art. L. 318-8-1.
2. C. urb., art. L. 318-8-2, al. 1er.
3. C. urb., art. L. 318-8-2, al. 2 à 5.
4. C. urb., art. L. 318-8-2, al. 6.
5. C. urb., art. L. 318-8-2, al. 6.
6. C. urb., art. L. 318-8-2, al. 7.
7. C. urb., art. L. 300-8, al. 1er.
8. V. ss no 533.121.
9. V. ss no 534.102.
10. C. urb., art. L. 300-8, al. 1er.
11. C. urb., art. L. 300-8, al. 1er.
12. C. urb., art. L. 300-8, al. 1er.

CHAPITRE

535. Association foncière urbaine (AFU)

SECTION 0
ORIENTEUR

535.00 Renvoi. Les opérations d'aménagement peuvent être réalisées au moyen du procédé de l'association foncière urbaine[1].

1. V. ss nos 542.05 s.

TITRE

54. Les organismes d'exécution (acquisition de terrains et réalisation des opérations d'aménagement)

SECTION 0
ORIENTEUR

54.00 **Sommaire du titre.**

54.03 **Bibliographie indicative.**

Monographie. A. Cocquière, *Les établissements publics d'aménagement*, L'Harmattan 2014.

Articles. V. Guinot et Ph. Proot, « Les établissements publics fonciers : entre aménagement et mise en concurrence », *BJDU* 2014. 3 – S. Marie, « L'établissement public foncier entre l'État et les collectivités territoriales », *RDI* 2012. 68.

54.05 **Acquérir et aménager.** Les organismes d'exécution exercent deux missions :

- acquérir les terrains nécessaires ;
- et réaliser les opérations d'aménagement.

Certains organismes sont uniquement chargés de la maîtrise du foncier (avec en plus, le cas échéant, la préparation des opérations d'aménagement) :

- établissements publics fonciers de l'État (EPFE) ;
- établissements publics fonciers locaux (EPFL) ;
- établissements publics fonciers et d'aménagement de l'État (EPFAE) ;
- associations foncières urbaines (AFU) ;
- organismes de foncier solidaire (OFS).

D'autres sont uniquement chargés de la réalisation des opérations d'aménagement (le code prévoyant que l'État et les collectivités territoriales, ainsi que leurs établissements publics, peuvent concéder la réalisation des opérations d'aménagement à toute personne y ayant vocation[1] :

- établissements publics d'aménagement (EPA) ;
- établissements publics locaux d'aménagement (EPL) ;
- sociétés publiques locales d'aménagement (SPLA) et sociétés publiques locales d'aménagement d'intérêt national (SPLA-IN) ;
- organismes plus spécifiques par leur objet ou leur champ géographique d'intervention (établissement public d'aménagement de Paris-Saclay ; agence nationale de la cohésion des territoires ; SEM d'aménagement à opération unique).

D'autres enfin sont chargés à la fois de l'acquisition de terrains et de la réalisation des opérations d'aménagement :

- établissements publics fonciers et d'aménagement de l'État (EPFAE) ;
- établissement public Paris La Défense.

1. C. urb., art. L. 300-4, al. 1er.

CHAPITRE

541. Établissements publics fonciers et d'aménagement de l'État

SECTION 0 ORIENTEUR

541.00 **Sommaire du chapitre.**

541.01 Textes applicables.

• **C. urb.**

art. L. 321-1 s.

art. R. 321-1 s.

541.03 Bibliographie indicative.

Articles. J. Roos, « Les établissements publics d'aménagement : le droit aménagé », *JCP Adm.* 2024, nº 2050.

SECTION 1
RÈGLES PROPRES À CHAQUE CATÉGORIE D'ÉTABLISSEMENT

§ 1
Établissements publics fonciers de l'État (EPFE)

541.11 Maîtrise du foncier. Le rôle des EPFE est d'acquérir la maîtrise du foncier préalablement à la réalisation d'opérations d'aménagement[1].

Treize EPFE ont été constitués, couvrant 60 % de la population française[2].

A.
Missions des EPFE

1°
Vocation principale : mise en place de stratégies foncières

a.
Stratégies foncières

541.21 Objet. Les EPFE mettent en place des stratégies foncières afin de mobiliser du foncier et de favoriser le développement durable, la lutte contre l'étalement urbain et la limitation de l'artificialisation des sols. Ces stratégies contribuent à la réalisation de logements, notamment de logements sociaux, en tenant compte des priorités définies par les PLH[3].

Dans le cadre de leurs compétences, ils peuvent contribuer[4] :

– au développement, au maintien ou à la transformation des activités économiques, notamment pour faciliter les projets d'implantations industrielles ;

– aux politiques de protection contre les risques technologiques et naturels et d'adaptation des territoires au recul du trait de côte ;

– ainsi qu'à titre subsidiaire, à la préservation des espaces naturels et agricoles en coopération avec la SAFER et les autres organismes chargés de la préservation de ces espaces, dans le cadre de conventions.

541.22 Acquisitions foncières. Les établissements publics fonciers sont compétents[5] :

– pour réaliser toutes acquisitions foncières et immobilières dans le cadre de projets conduits par les personnes publiques ;

– et pour réaliser ou faire réaliser toutes les actions de nature à faciliter l'utilisation et l'aménagement ultérieur, au sens de l'article L. 300-1, des biens fonciers ou immobiliers acquis.

Ils sont compétents pour constituer des réserves foncières et pour procéder à toute acquisition ou cession de baux commerciaux, de fonds de commerce ou de fonds artisanaux[6].

541.23 Utilisation des biens acquis. Les biens acquis par les établissements publics fonciers ont vocation à être cédés ou à faire l'objet d'un bail[7].

1. Pour une description concrète de leur rôle et de celui des EPFL, v. s[s] nº 511.13.

2. VOIR la fiche du Cerema sur les EPFE, 2015 [en ligne : cerema.fr].
3. C. urb., art. L. 321-1, al. 3.
4. C. urb., art. L. 321-1, al. 4 ; mod. par L. nº 2023-973, 23 oct. 2023.
5. C. urb., art. L. 321-1, al. 5.
6. C. urb., art. L. 321-1, al. 6 ; mod. par L. nº 2023-973, 23 oct. 2023.
7. C. urb., art. L. 321-1, al. 7.

b.
Relations avec l'État, les collectivités territoriales et leurs établissements publics

541.31 Relations formalisées dans des conventions. L'action des établissements publics fonciers pour le compte de l'État, des collectivités territoriales et de leurs groupements ou d'un autre établissement public s'inscrit dans le cadre de conventions [1].

541.32 Appui aux collectivités territoriales. Les EPF peuvent appuyer les collectivités territoriales et leurs groupements en matière d'observation foncière, notamment dans le cadre des observatoires de l'habitat et du foncier prévus au III de l'article L. 302-1 du CCH [2].

2°
Conduite d'une opération de requalification de copropriétés dégradées d'intérêt national

541.41 Opération confiée par l'État. L'État peut confier à un EPFE la conduite d'une opération de requalification de copropriétés dégradées d'intérêt national, en application de l'article L. 741-2 du CCH [3].

La décision est prise par décret en Conseil d'État, après avis du conseil d'administration de l'EPF concerné. L'avis est réputé favorable en l'absence de réponse dans un délai de trois mois [4].

541.42 En quoi consiste la conduite de l'opération ? La conduite de l'opération comporte deux aspects [5] :

- la coordination des actions des personnes publiques signataires de la convention mentionnée à l'article L. 741-1 du CCH, ainsi que la préparation de ladite convention (1°) ;

- la réalisation de tout ou partie des actions mentionnées aux 1°, 4°, 5° et 6° du même article L. 741-1 (2°).

541.43 Concours d'autres établissements publics. Pour conduire une opération, les EPFE peuvent bénéficier du concours d'autres établissements [6] :

- Grand Paris Aménagement ;

- les établissements publics d'aménagement ;

- et les établissements publics fonciers et d'aménagement de l'État.

Ce concours s'organise selon des modalités fixées par convention entre les établissements concernés [7].

3°
Missions supplémentaires dans les départements de la Guadeloupe et de la Martinique

541.51 Enjeu territorial. Dans les départements de la Guadeloupe et de la Martinique, les EPFE peuvent exercer, en sus de leurs compétences, les missions visées aux 1°, 3°, 4° et 5° de l'article 5 de la loi du 30 décembre 1996 [8] relative à l'aménagement, la protection et la mise en valeur de la zone des cinquante pas géométriques, lorsque les agences créées à l'article 4 de cette même loi cessent leurs activités [9].

B.
Création et évolution des EPFE

1°
Création des EPFE

a.
Conditions de fond

541.61 Enjeu territorial. Des EPFE peuvent être créés « dans les territoires où les enjeux d'intérêt général en matière d'aménagement et de développement durables le justifient » [10]. La formule présente une certaine plasticité et offre à l'État un large pouvoir d'appréciation pour apprécier l'opportunité de créer un EPFE. L'esprit de cette condition est de limiter la création des EPFE aux territoires à forts enjeux en termes, notamment, de logements, de développement local ou de renouvellement urbain.

541.62 Condition propre à la région Île-de-France. Une condition est propre à la région d'Île-de-France : celle-ci ne peut compter qu'un seul EPFE [11].

b.
Règles de forme et de compétence

541.71 Règles de forme et de compétence. Les EPFE sont créés par décret en Conseil d'État après avis des autorités suivantes [12] :

- les conseils régionaux situés dans leur périmètre de compétence ;

- les conseils départementaux situés dans leur périmètre de compétence ;

1. C. urb., art. L. 321-1, al. 9.
2. C. urb., art. L. 321-1, al. 8.
3. C. urb., art. L. 321-1-1, al. 1er.
4. C. urb., art. L. 321-1-1, al. 1er.
5. C. urb., art. L. 321-1-1, al. 2 à 4.
6. C. urb., art. L. 321-1-1, al. 5.
7. C. urb., art. L. 321-1-1, al. 5.
8. L. n° 96-1241, 30 déc. 1996 relative à l'aménagement, la protection et la mise en valeur de la zone dite des cinquante pas géométriques dans les départements d'outre-mer, *JO* 1er janv., p. 24.
9. C. urb., art. L. 321-12.
10. C. urb., art. L. 321-1, al. 1er.
11. C. urb., art. L. 321-1, al. 2.
12. C. urb., art. L. 321-2, I, al. 1er.

– les organes délibérants des EPCI à fiscalité propre compétents en matière PLU situés dans leur périmètre de compétence ;

– les conseils municipaux des communes de 20 000 habitants et plus non membres de ces EPCI, situés dans leur périmètre de compétence ;

– les comités régionaux de l'habitat et de l'hébergement compétents.

L'avis est réputé favorable s'il n'est pas émis dans un délai de trois mois [1].

Les statuts et le périmètre d'un EPFE sont modifiés dans les mêmes formes [2].

Une procédure dérogatoire est prévue pour permettre l'extension du périmètre d'un EPFE à la collectivité territoriale ou l'EPCI responsable dans le cadre d'un PPA ou d'une ORT [3].

541.72 **Accord local en cas de superposition à un EPFL.** La superposition, totale ou partielle, d'un EPFE avec des EPFL est soumise à l'accord des EPCI à fiscalité propre et des communes non membres de ces derniers dont le territoire est concerné par la superposition [4].

À défaut de décision à l'expiration d'un délai de trois mois à compter de leur saisine, leur accord est réputé acquis [5].

2°
Évolution des EPFE (création de filiales, acquisitions et prises de participation dans d'autres organismes)

541.81 **Pouvoir.** Les EPFE sont habilités à créer des filiales et à acquérir ou céder des participations dans des sociétés, groupements ou organismes dont l'objet concourt à la réalisation de leurs missions [6].

541.82 **Approbation préfectorale.** Les délibérations du conseil d'administration et du bureau, relatives à la création de filiales et aux acquisitions ou cessions de participations, sont soumises à la seule approbation du préfet [7].

C.
Pouvoirs des EPFE

541.91 **Expropriation, préemption, priorité.** Les EPFE peuvent [8] :

– agir par voie d'expropriation et exercer les droits de préemption et de priorité définis dans le code de l'urbanisme, dans les cas et conditions prévus par le même code ;

– exercer le droit de préemption prévu par le 9° de l'article L. 143-2 du code rural.

541.92 **Emplacements réservés.** Les EPFE peuvent agir dans le cadre des emplacements réservés prévus à l'article L. 151-41 du code de l'urbanisme [9].

541.93 **Droit de délaissement.** Les EPFE gèrent les procédures afférentes aux droits de délaissement prévues aux articles L. 230-1 à L. 230-6, à la demande des collectivités territoriales avec lesquelles ils ont conclu une convention en application du dernier alinéa de l'article L. 321-1 [10].

D.
Programme pluriannuel d'intervention

541.101 **Obligation d'établir un programme pluriannuel d'intervention.** L'EPFE doit élaborer un programme pluriannuel d'intervention.

541.102 **Contenu.** Le programme pluriannuel d'intervention comporte deux volets [11] :

– il définit ses actions, leurs modalités et les moyens mis en œuvre (1°) ;

– il précise les conditions de cession du foncier propres à garantir un usage conforme aux missions de l'établissement (2°).

L'EPFE élabore son programme pluriannuel d'intervention en tenant compte de deux paramètres [12] :

– les orientations stratégiques définies par l'autorité administrative compétente de l'État (1°) ;

– les priorités énoncées dans les documents d'urbanisme ainsi que des objectifs de réalisation de logements précisés par les programmes locaux de l'habitat (2°).

541.103 **Approbation et révision du programme.** Le conseil d'administration de l'EPFE approuve le programme pluriannuel d'intervention et procède à sa révision [13].

En cas de modification des orientations stratégiques de l'État, le programme pluriannuel d'intervention est, si nécessaire, révisé et approuvé dans un délai fixé par décret [14].

La délibération approuvant le programme pluriannuel d'intervention devient exécutoire dans les conditions prévues par décret [15]. À défaut d'approbation par le conseil d'administration du programme plu-

1. C. urb., art. L. 321-2, I, al. 1er.
2. C. urb., art. L. 321-2, I, al. 2 ; créé par L. n° 2022-217, 21 févr. 2022.
3. Pour le détail de cette procédure : C. urb., art. L. 321-2, II ; créé par L. n° 2022-217, 21 févr. 2022.
4. C. urb., art. L. 321-1, al. 1er.
5. C. urb., art. L. 321-1, al. 1er.
6. C. urb., art. L. 321-3, al. 1er.
7. C. urb., art. L. 321-3, al. 2.
8. C. urb., art. L. 321-4, al. 1er.
9. C. urb., art. L. 321-4, al. 2.
10. C. urb., art. L. 321-4, al. 2.
11. C. urb., art. L. 321-5, I.
12. C. urb., art. L. 321-5, II.
13. C. urb., art. L. 321-6, al. 1er.
14. C. urb., art. L. 321-6, al. 1er.
15. C. urb., art. L. 321-7, al. 1er.

riannuel d'intervention initial ou révisé dans les délais prévus par ce décret, il peut être adopté par l'autorité administrative compétente de l'État. Le programme pluriannuel d'intervention est alors exécutoire dès son adoption [1].

541.104 Bilan annuel du programme. L'EPFE établit chaque année un bilan. Le bilan porte sur ses actions, les modalités d'intervention et les moyens mis en œuvre, tels que définis dans le programme pluriannuel d'intervention [2].

Le bilan annuel est transmis, chaque année, avant le 1er juillet, au comité régional de l'habitat et de l'hébergement compétent pour la région dans laquelle l'établissement exerce son activité [3].

E.
Composition du conseil d'administration de l'EPFE

541.111 Membres. Le conseil d'administration est composé [4] :

- de représentants de l'État ;
- et, pour au moins la moitié, de membres représentant les collectivités territoriales et les EPCI à fiscalité propre.

Le décret qui crée l'établissement peut prévoir la possibilité pour d'autres personnes d'assister de manière permanente aux réunions du conseil d'administration [5].

Chaque chambre consulaire et le conseil économique, social et environnemental sont représentés au conseil d'administration avec voix consultative [6].

541.112 Désignation des membres représentants les collectivités territoriales et EPCI. Les régions et les départements sont chacun représentés au conseil d'administration par un ou plusieurs membres désignés, respectivement, par leur organe délibérant [7].

Les EPCI à fiscalité propre et les communes non membres de ces établissements sont représentés directement ou indirectement. Les modalités de désignation de leurs représentants indirects sont fixées aux alinéas 3 à 6 [8].

F.
Organisation et fonctionnement

541.121 Approbation des délibérations. La liste des délibérations du conseil d'administration transmises à l'autorité administrative compétente de l'État en vue de leur approbation ainsi que les conditions dans lesquelles ces délibérations deviennent exécutoires sont fixées par décret [9].

541.122 Directeur général de l'EPFE. Au sein de chaque EPFE, un directeur général est chargé de l'administration de l'établissement [10].

§ 2
Établissements publics d'aménagement (EPA)

A.
Objectifs, mission et compétences

1°
Objectifs et mission des EPA

541.131 Objectifs. Les EPA ont pour objet de favoriser l'aménagement et le développement durable de territoires présentant un caractère d'intérêt national [11].

541.132 Mission principale. Pour répondre aux objectifs d'aménagement et de développement durable des territoires, les EPA ont pour mission principale de conduire toute action de nature à favoriser l'aménagement, le renouvellement urbain et le développement économique de leur territoire, dans le respect de la diversité des fonctions urbaines, de la mixité sociale dans l'habitat ainsi que de la protection de l'environnement [12].

2°
Compétences des EPA

a.
Interventions dans son périmètre de compétence

541.141 Acquisitions et opérations d'aménagement. Les EPA sont compétents pour réaliser et faire réaliser les opérations d'aménagement prévues par le code de l'urbanisme et les acquisitions foncières et immobilières ainsi que celles de baux commerciaux, de fonds de commerce ou de fonds artisanaux nécessaires à ces opérations [13].

Ces opérations et acquisitions peuvent être réalisées par les EPA [14] :

- soit pour leur compte ;

1. C. urb., art. L. 321-7, al. 2.
2. C. urb., art. L. 321-6, al. 4.
3. C. urb., art. L. 321-6, al. 4.
4. C. urb., art. L. 321-8, al. 1er.
5. C. urb., art. L. 321-8, al. 2.
6. C. urb., art. L. 321-8, al. 2.
7. C. urb., art. L. 321-9, al. 1er.
8. C. urb., art. L. 321-9, al. 2.
9. C. urb., art. L. 321-10.
10. C. urb., art. L. 321-11.
11. C. urb., art. L. 321-14, al. 1er.
12. C. urb., art. L. 321-14, al. 2.
13. C. urb., art. L. 321-14, al. 3 ; mod. par L. n° 2023-973, 23 oct. 2023.
14. C. urb., art. L. 321-14, al. 3.

– soit, par voie de convention passée avec eux, pour celui de l'État, des collectivités territoriales et de leurs groupements ou d'un autre établissement public.

541.142 Stratégie de développement économique et promotion du territoire. Pour favoriser le développement économique de leur territoire, les EPA peuvent proposer une stratégie de développement économique et assurer sa coordination et sa mise en œuvre. Ils agissent, pour cela, par voie de convention passée avec les collectivités territoriales et leurs groupements ainsi qu'avec tout opérateur économique public ou privé[1].

Ils peuvent également assurer la promotion de leur territoire auprès des opérateurs économiques[2].

541.143 Compétences particulières dans le cadre d'opérations de restructuration urbaine. Pour la mise en œuvre de leurs compétences, les EPA peuvent dans le cadre d'opérations de restructuration urbaine, réaliser les opérations suivantes[3] :

– réaliser des opérations immobilières et les acquisitions foncières nécessaires à ces opérations (1°) ;

– se voir déléguer par l'Agence nationale de la cohésion des territoires la maîtrise d'ouvrage des opérations définies au IV de l'article L. 1231-2 du CGCT et accomplir les actes de disposition et d'administration nécessaires à la réalisation de son objet (2°) ;

– se voir déléguer l'instruction et le traitement des demandes d'aides à la réhabilitation de l'habitat privé dans les conditions prévues à l'article L. 321-1-3 du CCH, la gestion comptable et financière ainsi que l'instruction et le traitement des demandes d'aides dans les conditions prévues aux articles 10 et 10-2 de la loi du 1er août 2003[4] d'orientation pour la ville et la rénovation urbaine (3°) ;

– assurer, de manière accessoire, des actions d'insertion professionnelle et sociale en faveur des habitants des grands ensembles ou quartiers d'habitat dégradé, mentionnés au 3° de l'article 42 de la loi du 4 février 1995[5] d'orientation pour l'aménagement et le développement du territoire (4°).

541.144 Possibilités de missions complémentaires et accessoires. Sous réserve des compétences dévolues à d'autres personnes publiques, les EPA peuvent conduire des missions présentant un caractère complémentaire, à condition qu'elles revêtent un intérêt directement utile aux missions principales qu'il exerce, en vue de favoriser le développement durable de leur territoire[6].

La mission est conduite par l'EPA, soit pour son compte, soit par voie de convention passée avec eux, pour celui de l'État, des collectivités territoriales ou leurs groupements[7].

Elle est exercée à titre accessoire[8].

541.145 Compétence (transitoire) de distribution de chaleur et de froid. Afin de favoriser le développement durable de leur territoire, et dans le prolongement de leur mission d'aménagement, les EPA sont compétents pour assurer un service de distribution de chaleur et de froid. Cette compétence est exercée à titre transitoire, dans une durée compatible avec celle des opérations d'aménagement, et dans la perspective d'un transfert du réseau à une autre entité compétente[9].

541.146 Coordination des acquisitions avec les EPFE. Dans le ressort territorial des EPFE, des conventions peuvent prévoir les conditions dans lesquelles les EPA et les EPFE réalisent les acquisitions foncières nécessaires à l'exercice des missions des EPA[10].

b. Interventions en dehors de son périmètre de compétence

541.151 Acquisitions et opérations d'aménagement complémentaires et utiles à la stratégie mise en œuvre dans le périmètre de compétence. Les EPA peuvent, en dehors du périmètre de compétence défini dans leurs statuts, procéder à des acquisitions foncières et immobilières et à des opérations d'aménagement complémentaires et utiles à la stratégie mise en œuvre dans ce périmètre[11].

L'autorité administrative compétente de l'État (en l'occurrence le ministre chargé de l'urbanisme et le ministre chargé du budget, par arrêté conjoint[12]) autorise les EPA à procéder à l'aménagement de terrains situés hors de leur périmètre de compétence. La décision est prise après avis du ou des EPCI à fiscalité propre, compétents en matière de PLU ou de SCOT, et du ou des conseils municipaux de la ou des communes non membres de ces établissements concernés. L'avis du ou des EPCI et de la ou des communes est réputé favorable à l'expiration d'un délai de trois mois[13].

1. C. urb., art. L. 321-14, al. 4.
2. C. urb., art. L. 321-14, al. 4.
3. C. urb., art. L. 321-14, al. 5 à 9.
4. L. n° 2003-710, 1er août 2003 d'orientation et de programmation pour la ville et la rénovation urbaine, *JO* 2 août, n° 7.
5. L. n° 95-115, 4 févr. 1995 d'orientation pour l'aménagement et le développement du territoire, *JO* 5 févr., p. 1973.
6. C. urb., art. L. 321-14, al. 10.
7. C. urb., art. L. 321-14, al. 10.
8. C. urb., art. L. 321-14, al. 10.
9. C. urb., art. L. 321-14, al. 11.
10. C. urb., art. L. 321-14, al. 11.
11. C. urb., art. L. 321-23, I, al. 1er.
12. C. urb., art. R. 321-20.
13. C. urb., art. L. 321-23, I, al. 2.

Lorsqu'un EPA réalise une opération d'aménagement en dehors de son périmètre de compétence, un représentant de chaque EPCI à fiscalité propre et un représentant de chaque commune non membre de ces établissements concernés assistent au conseil d'administration avec voix consultative à chaque fois que des décisions relatives à cette opération lui sont soumises[1].

541.152 Participer à une OIN ou une GOU. Dans le cadre d'une OIN ou d'une GOU, les EPA peuvent, en dehors du périmètre de compétence défini par leurs statuts[2] :

– réaliser et faire réaliser, pour le compte de l'État, des collectivités territoriales et de leurs groupements ou d'un autre établissement public, des opérations d'aménagement et les acquisitions foncières et immobilières nécessaires à ces opérations lorsqu'ils sont titulaires d'une concession d'aménagement passée sur le fondement de la section 4 du chapitre II du titre Ier de l'ordonnance du 29 janvier 2016[3] relative aux contrats de concession ou de la section 4 du chapitre II du titre Ier de la première partie de l'ordonnance du 23 juillet 2015[4] relative aux marchés publics (1°) ;

– créer des sociétés publiques locales d'aménagement d'intérêt national définies à l'article L. 327-1 du code de l'urbanisme ou des sociétés d'économie mixte d'aménagement à opération unique définies à l'article L. 32-10-1 et acquérir ou céder des participations dans ces sociétés (2°).

Lorsqu'elle se réalise dans le cadre d'une OIN, l'intervention d'un EPA hors de son périmètre est autorisée par arrêté des ministres chargés de l'urbanisme et du budget, après avis conforme des EPCI à fiscalité propre compétents en matière de PLU ou de SCOT, des établissements publics territoriaux et des conseils municipaux des communes situées dans le périmètre de l'opération d'intérêt national[5].

Lorsqu'elle se réalise dans le cadre d'une GOU, l'intervention d'un EPA hors de son périmètre est autorisée par arrêté des ministres chargés de l'urbanisme et du budget, après avis conforme de l'établissement public ou de la collectivité territoriale ayant décidé de la qualification de GOU en application de l'article L. 312-4, et après avis conforme des conseils municipaux des communes dont le territoire est inclus en tout ou partie dans le périmètre de la grande opération d'urbanisme[6].

L'avis des établissements publics et des communes est réputé favorable à l'expiration d'un délai de deux mois. Il peut être assorti de prescriptions relatives aux modalités d'intervention de l'EPA. Les établissements publics, collectivités et communes mentionnés aux quatrième et avant-dernier alinéas du présent II peuvent conditionner leur avis favorable au respect de ces prescriptions[7].

541.153 Études, conseils et expertises. Les EPA peuvent, en dehors du périmètre de compétence défini dans leurs statuts[8] :

– conduire les études préalables à la formation des contrats de projet partenarial d'aménagement ;

– et réaliser des missions de conseil et d'expertise entrant dans le cadre de leurs compétences.

B.
Création et évolution des EPA

1°
Création des EPA

a.
Condition de fond

541.161 Intérêt national. Des EPA peuvent être créés pour favoriser l'aménagement et le développement durable de territoires présentant un caractère d'intérêt national[9].

b.
Règles de forme et de compétence

541.171 Compétence de l'État. Les EPA sont créés par décret en Conseil d'État[10].

541.172 Avis. Les EPA sont créés après avis des autorités suivantes[11] :

– les conseils régionaux situés dans leur périmètre de compétence ;

– les conseils départementaux situés dans leur périmètre de compétence ;

– les organes délibérants des EPCI à fiscalité propre situés dans leur périmètre de compétence ;

– les conseils municipaux des communes de 20 000 habitants et plus non membres de ces établissements, situés dans leur périmètre de compétence.

L'avis est réputé favorable s'il n'est pas émis dans un délai de trois mois[12].

1. C. urb., art. L. 321-23, I, al. 3.
2. C. urb., art. L. 321-23, II, al. 1er à 3.
3. Ord. n° 2016-65, 29 janv. 2016 relative aux contrats de concession, *JO* 30 janv., n° 66.
4. Ord. n° 2015-899, 23 juill. 2015 relative aux marchés publics, *JO* 24 juill., n° 38.
5. C. urb., art. L. 321-23, II, al. 4.
6. C. urb., art. L. 321-23, II, al. 4.
7. C. urb., art. L. 321-23, II, al. 5.
8. C. urb., art. L. 321-23, III.
9. C. urb., art. L. 321-14, al. 1er.
10. C. urb., art. L. 321-15.
11. C. urb., art. L. 321-15.
12. C. urb., art. L. 321-15.

2°
Création de filiales et prises de participation dans des organismes

541.181 **Pouvoir.** Les EPA sont habilités à créer des filiales et à acquérir ou céder des participations dans des sociétés, groupements ou organismes dont l'objet concourt à la réalisation de leurs missions[1].

541.182 **Approbation préfectorale.** Les délibérations du conseil d'administration et du bureau, relatives à ces créations de filiales et à ces acquisitions ou cessions de participations, sont soumises à la seule approbation du préfet[2].

C.
Pouvoirs des EPA

541.191 **Expropriation, préemption, priorité.** Les EPA peuvent agir par voie d'expropriation et exercer les droits de préemption et de priorité définis dans le code de l'urbanisme dans les cas et conditions prévus par celui-ci[3].

D.
Composition des EPA

541.201 **Membres.** Le conseil d'administration de l'EPA est composé[4] :

– de représentants de l'État ;

– et, pour au moins la moitié, de membres représentant les collectivités territoriales et EPCI à fiscalité propre, désignés dans les conditions définies à l'article L. 321-22.

Il peut être complété par des personnalités qualifiées[5].

541.202 **Désignation des membres.** Lorsque, en raison de leur nombre, les EPCI à fiscalité propre et les communes non membres de ces établissements ne peuvent être tous représentés directement au conseil d'administration, leurs représentants sont désignés indirectement suivant les modalités fixées aux alinéas 2 à 5 de l'article L. 321-22[6].

E.
Organisation et fonctionnement

541.211 **Approbation des délibérations.** La liste des délibérations du conseil d'administration de l'établissement qui sont transmises à l'autorité administrative compétente de l'État en vue de leur approbation ainsi que les conditions dans lesquelles elles deviennent exécutoires sont fixées par décret[7].

541.212 **Directeur général de l'EPA.** Au sein de chaque EPA, un directeur général est chargé de l'administration de l'établissement[8].

§ 3
Établissements publics fonciers et d'aménagement de l'État (EPFAE)

541.221 **Deux EPFAE.** Le code de l'urbanisme prévoit l'existence de deux EPFAE :

– l'un propre à l'aménagement du Grand Paris ;

– l'autre spécifique à la Guyane et à Mayotte.

A.
Grand Paris Aménagement

1°
Objet et compétences

541.231 **Objet.** Grand Paris Aménagement est un établissement public de l'État qui a pour mission principale de conduire toute action de nature à favoriser l'aménagement, le renouvellement et le développement urbains et durables du territoire de la région d'Ile-de-France[9].

a.
Compétences de base

541.241 **Acquisitions, aménagement et maîtrise d'ouvrages.** Grand Paris Aménagement est compétent pour réaliser[10] :

– toutes interventions foncières et toutes opérations immobilières pour son compte ou par convention passée avec eux, pour l'État, les collectivités territoriales, les établissements publics ou personnes publiques ou privées y ayant vocation (1°) ;

– toutes actions ou opérations d'aménagement au sens du code de l'urbanisme, pour son compte, ou pour celui de l'État, de collectivités territoriales, d'établissements publics ou de personnes publiques ou privées y ayant vocation (2°) ;

– tous ouvrages de bâtiment ou d'infrastructure, en qualité de mandataire au sens de l'article 3 de la loi du 12 juillet 1985 relative à la maîtrise d'ouvrage

1. C. urb., art. L. 321-16, al. 1er.
2. C. urb., art. L. 321-16, al. 2.
3. C. urb., art. L. 321-17.
4. C. urb., art. L. 321-21.
5. C. urb., art. L. 321-21.
6. C. urb., art. L. 321-22, al. 1er.
7. C. urb., art. L. 321-24.
8. C. urb., art. L. 321-27.
9. C. urb., art. L. 321-29, I, al. 1er.
10. C. urb., art. L. 321-29, I, al. 2 à 5.

publique et ses rapports avec la maîtrise d'œuvre privée (3°).

541.242 Requalification de propriétés dégradées. Grand Paris Aménagement peut[1] :

- mener des opérations de requalification des copropriétés dégradées mentionnées à l'article L. 741-1 du CCH ;

- ou apporter son concours à l'EPF d'Ile-de-France pour la réalisation d'opérations de requalification des copropriétés dégradées d'intérêt national.

541.243 Acquisition d'espaces naturels (à titre secondaire). Afin de favoriser la protection et la mise en valeur de l'environnement, Grand Paris Aménagement peut procéder, à titre secondaire, à des acquisitions foncières d'espaces naturels, agricoles ou forestiers dont la préservation doit être assurée[2].

541.244 Missions complémentaires pour le développement durable. Grand Paris Aménagement peut conduire des missions présentant un caractère complémentaire à ses missions principales en vue de favoriser le développement durable du territoire. Il exerce ces missions à titre accessoire[3].

541.245 Compétences des EPA. Grand Paris Aménagement peut exercer les compétences dévolues aux établissements publics d'aménagement, telles que définies à l'article L. 321-14[4].

541.246 Conseil et expertise en dehors de la région d'Île-de-France. En dehors du territoire de la région d'Ile-de-France, Grand Paris Aménagement peut réaliser des missions de conseil et d'expertise entrant dans le cadre de ses compétences[5].

b.
Compétences dans le cadre d'une OIN ou d'une GOU, en dehors de la région d'Île-de-France

541.251 Compétences. Dans le cadre d'une OIN au sens de l'article L. 102-12 ou d'une GOU au sens de l'article L. 312-3, Grand Paris Aménagement peut, en dehors du territoire de la région d'Ile-de-France, exercer les compétences suivantes[6] :

- réaliser et faire réaliser, pour le compte de l'État, des collectivités territoriales et de leurs groupements ou d'un autre établissement public, des opérations d'aménagement et les acquisitions foncières et immobilières nécessaires à ces opérations lorsqu'il est titulaire d'une concession d'aménagement passée sur le fondement de la section 4 du chapitre II du titre Ier de l'ordonnance du 29 janvier 2016[7] relative aux contrats de concession ou de la section 4 du chapitre II du titre Ier de la première partie de l'ordonnance du 23 juillet 2015[8] relative aux marchés publics (1°) ;

- créer des SPLA-IN définies à l'article L. 327-1 du code de l'urbanisme ou des sociétés d'économie mixte d'aménagement à opération unique définies à l'article L. 32-10-1 et acquérir ou céder des participations dans ces sociétés (2°).

541.252 Règles de forme et de compétence. Lorsqu'elle se réalise dans le cadre d'une OIN, l'intervention de Grand Paris Aménagement hors de son périmètre est autorisée par arrêté des ministres chargés de l'urbanisme et du budget, après avis conforme des EPCI à fiscalité propre compétents en matière de PLU ou de SCOT, des établissements publics territoriaux et des conseils municipaux des communes situées dans le périmètre de l'opération d'intérêt national[9].

Lorsqu'elle se réalise dans le cadre d'une GOU, l'intervention de Grand Paris Aménagement hors de son périmètre est autorisée par arrêté des ministres chargés de l'urbanisme et du budget, après avis conforme de l'établissement public ou de la collectivité territoriale ayant décidé de la qualification de grande opération d'urbanisme en application de l'article L. 312-4, et après avis conforme des conseils municipaux des communes dont le territoire est inclus en tout ou partie dans le périmètre de la grande opération d'urbanisme[10].

L'avis des établissements publics et des communes est réputé favorable à l'expiration d'un délai de deux mois. Il peut être assorti de prescriptions relatives aux modalités d'intervention de Grand Paris Aménagement. Les établissements publics, collectivités et communes mentionnés aux quatrième et avant-dernier alinéas du présent II peuvent conditionner leur avis favorable au respect de ces prescriptions[11].

c.
Interventions en dehors de son périmètre de compétence (études préalables)

541.261 Études préalables à la formation de contrats. Grand Paris Aménagement peut, en dehors de son périmètre de compétence défini par ses statuts, conduire les études préalables à la formation de contrats de projet partenarial d'aménagement[12].

1. C. urb., art. L. 321-29, I, al. 6.
2. C. urb., art. L. 321-29, I, al. 7.
3. C. urb., art. L. 321-29, I, al. 8.
4. C. urb., art. L. 321-29, I, al. 9 – V. s[s] n°s 541.141 s.
5. C. urb., art. L. 321-29, I, al. 10.
6. C. urb., art. L. 321-29, II, al. 1er à 3.
7. Ord. n° 2016-65, 29 janv. 2016 relative aux contrats de concession, *JO* 30 janv., n° 66.
8. Ord. n° 2015-899, 23 juill. 2015 relative aux marchés publics, *JO* 24 juill., n° 38.
9. C. urb., art. L. 321-29, II, al. 4.
10. C. urb., art. L. 321-29, II, al. 5.
11. C. urb., art. L. 321-29, II, al. 6.
12. C. urb., art. L. 321-29, III.

d.
Pouvoir d'agir par voie d'expropriation, de préemption et de priorité

541.271 Pouvoirs. Grand Paris Aménagement peut agir par voie d'expropriation et exercer les droits de préemption et de priorité définis dans le code de l'urbanisme, dans les cas et conditions prévus par le même code[1].

2°
Organisation et fonctionnement

541.281 Création de filiales et prises de participation dans d'autres organismes. Grand Paris Aménagement est habilité à créer des filiales et à acquérir ou céder des participations dans des sociétés, groupements ou organismes dont l'objet concourt à la réalisation de ses missions[2].

Les délibérations du conseil d'administration, relatives à ces créations de filiales et à ces acquisitions ou cessions de participations, sont soumises à la seule approbation du préfet[3].

541.282 Mise en œuvre des orientations arrêtées par l'État. L'autorité administrative compétente de l'État définit les orientations stratégiques de l'État. Ces orientations sont mises en œuvre par Grand Paris Aménagement dans le cadre d'un contrat d'objectifs signé avec l'État[4].

541.283 Approbation préfectorale. La liste des délibérations du conseil d'administration qui sont transmises à l'autorité administrative compétente de l'État en vue de leur approbation ainsi que les conditions dans lesquelles elles deviennent exécutoires sont fixées par décret[5].

3°
Composition de Grand Paris Aménagement

541.291 Composition du conseil d'administration. Le conseil d'administration de Grand Paris Aménagement est composé[6] :

– de représentants de collectivités territoriales et d'EPCI à fiscalité propre de la région d'Ile-de-France (1°) ;

– de représentants de l'État (2°).

En cas de mutualisation, mise en œuvre au titre de l'article L. 321-41, le président du conseil d'administration de l'établissement mutualisé avec Grand Paris Aménagement est membre de droit du conseil d'administration[7].

Le conseil d'administration peut être complété par des personnalités qualifiées[8].

Afin d'assurer une relation équilibrée des intérêts en présence, le nombre de représentants désignés au titre du 2° est égal au moins au nombre total des représentants désignés au titre du 1° et des quatrième et avant-dernier alinéas du présent I[9].

Les EPCI à fiscalité propre sont représentés au conseil d'administration directement ou indirectement. Les modalités de désignation de leurs représentants indirects sont fixées aux deuxième à dernier alinéas du II de l'article L. 321-33[10].

541.292 Directeur général. Le directeur général de Grand Paris Aménagement est chargé de l'administration de l'établissement[11].

B.
EPFAE en Guyane et à Mayotte

541.301 Instauration. Les départements de Guyane et de Mayotte comprennent chacun un établissement public foncier et d'aménagement.

Ces établissements ont été créés après consultation des conseils régionaux, des conseils départementaux, des EPCI à fiscalité propre compétents en matière de PLU ainsi que des conseils municipaux[12].

541.302 Missions et régime identiques pour l'essentiel à ceux de Grand Paris Aménagement. Les établissements de Guyane et de Mayotte exercent les mêmes missions et relèvent du même régime que Grand Paris Aménagement[13] à l'exception de ses articles L. 321-32 (relation avec l'État) et L. 321-34 (direction de l'établissement), sous réserve des dispositions mentionnées ci-dessous[14].

541.303 Contrats de concession et de cession. Chacun des établissements peut se voir confier, par convention, la mission de passer, au nom de l'État, des contrats de concession et de cession pour l'aménagement et la mise en valeur agricole des terres domaniales[15].

1. C. urb., art. L. 321-31.
2. C. urb., art. L. 321-30, al. 1er.
3. C. urb., art. L. 321-30, al. 2.
4. C. urb., art. L. 321-32.
5. C. urb., art. L. 321-35.
6. C. urb., art. L. 321-33, I, al. 1er à 3.
7. C. urb., art. L. 321-33, I, al. 4.
8. C. urb., art. L. 321-33, I, al. 5.
9. C. urb., art. L. 321-33, I, al. 6.
10. C. urb., art. L. 321-33, II, al. 1er.
11. C. urb., art. L. 321-34.
12. C. urb., art. L. 321-36-1, al. 1er, précisant que l'avis de chaque collectivité ou établissement est réputé favorable s'il n'est pas rendu dans un délai de trois mois à compter de la notification du début de la consultation par le représentant de l'État.
13. V. ss nos 541.231 s.
14. C. urb., art. L. 321-36-1, al. 2.
15. C. urb., art. L. 321-36-2.

541.304 **Programme pluriannuel d'intervention.** Chacun des établissements élabore un programme pluriannuel d'intervention, dans les conditions prévues aux articles L. 321-5 à L. 321-7[1].

Le conseil d'administration approuve le programme pluriannuel d'intervention et chacune de ses tranches annuelles. Il procède à la révision de ce programme[2].

541.305 **Composition du conseil d'administration.** Le conseil d'administration de chacun des établissements est composé, en nombre égal[3] :

- de représentants du conseil régional et du conseil départemental, désignés par leur assemblée délibérante et de représentants des communes et des EPCI à fiscalité propre compétents en matière de PLU compris dans le périmètre de compétence de l'établissement, désignés dans les conditions prévues à l'article L. 321-22 (1°) ;
- de représentants de l'État (2°).

À Mayotte, le président du conseil d'administration est nommé par décret parmi les membres mentionnés au 2°[4].

541.306 **Directeur général.** Un directeur général est chargé de l'administration de l'établissement[5].

541.307 **Ressources.** L'établissement est financé par les ressources suivantes[6] :

- toute ressource fiscale affectée par la loi (1°) ;
- les dotations, subventions, avances, fonds de concours ou participations apportées par l'Union européenne, l'État, les collectivités territoriales, leurs établissements publics, les sociétés nationales ainsi que toutes personnes publiques ou privées intéressées (2°) ;
- le produit des emprunts qu'il est autorisé à contracter (3°) ;
- les subventions obtenues en lieu et place des collectivités territoriales, des établissements publics et des sociétés intéressés en exécution des conventions passées avec ceux-ci (4°) ;
- le produit de la vente de ses biens meubles et immeubles, ainsi que les revenus nets de ceux-ci (5°) ;
- les dons et legs (6°) ;
- les rémunérations de prestations de services et les remboursements d'avances et de préfinancements divers consentis par l'établissement (7°).

541.308 **Transfert de parcelles de l'État à l'EPFAE de Mayotte.** Jusqu'au 31 décembre 2020, l'État a pu transférer à titre gratuit des terrains lui appartenant à l'EPFAE de Mayotte en vue de la réalisation d'opérations de construction de bâtiments scolaires, de logements sociaux et d'infrastructures publiques de première nécessité[7].

SECTION 2

RÈGLES COMMUNES AUX EPFE, EPA ET EPFAE

§ 1 Nature, tutelle et décret constitutif

541.311 **Nature d'EPIC.** Les EPFE, les EPA et l'EPFAE Grand Paris Aménagement ont un caractère industriel et commercial[8]. Cette qualification, purement réglementaire, ne lie pas le juge administratif.

541.312 **Tutelle du ministre chargé de l'urbanisme.** Ces établissements sont placés sous la tutelle du ministre chargé de l'urbanisme[9].

541.313 **Décret constitutif.** Le décret constitutif de l'établissement public détermine son objet, son périmètre de compétence et éventuellement sa durée[10].

Il fixe ses statuts, notamment en ce qui concerne les éléments suivants[11] :

- la composition du conseil d'administration, celle du bureau et la désignation de son président le cas échéant ;
- les pouvoirs du conseil d'administration ;
- les délégations au bureau sous réserve des dispositions de l'article R. 321-6 et au directeur général sous réserve de celles du I de l'article R. 321-9 ;
- les modalités de publicité des délibérations et des décisions sous réserve des dispositions de l'article R. 321-12.

§ 2 Organes

A. Conseil d'administration

541.321 **Réunions.** Le conseil d'administration des EPFE, des EPA et de l'EPFAE Grand Paris Aménagement se réunit au moins deux fois par an[12].

Le conseil d'administration est convoqué par son président qui fixe l'ordre du jour et dirige les débats. Le préfet compétent peut soumettre au conseil d'administration toute question dont l'examen lui paraît

1. C. urb., art. L. 321-36-3, al. 1er.
2. C. urb., art. L. 321-36-3, al. 2.
3. C. urb., art. L. 321-36-4, al. 1er à 3.
4. C. urb., art. L. 321-36-4, al. 4.
5. C. urb., art. L. 321-36-5.
6. C. urb., art. L. 321-36-6.
7. C. urb., art. L. 321-36-6-1.
8. C. urb., art. R. 321-1, al. 1er.
9. C. urb., art. R. 321-1, al. 2.
10. C. urb., art. R. 321-1, al. 3.
11. C. urb., art. R. 321-1, al. 4 à 8.
12. C. urb., art. R. 321-3, al. 1er.

utile. Le président est tenu de l'inscrire à l'ordre du jour de la séance du conseil d'administration la plus proche[1].

La convocation du conseil d'administration est de droit si la moitié des membres au moins ou le préfet compétent adressent la demande écrite à son président[2].

541.322 Membres. Pour chaque membre du conseil d'administration, un membre suppléant est désigné dans les mêmes conditions[3].

Des dispositions sont prises pour éviter les conflits d'intérêts[4].

541.323 Délégation au bureau. Le conseil d'administration des EPFE et des EPA peut déléguer le cas échéant ses pouvoirs au bureau, à l'exception des décisions concernant les domaines suivants[5] :

– la définition de l'orientation de la politique de l'établissement (1°) ;

– l'approbation du programme pluriannuel d'intervention ou du projet stratégique et opérationnel (2°) ;

– l'approbation du budget (3°) ;

– l'autorisation des emprunts (4°) ;

– l'arrêt du compte financier et l'affectation des résultats (5°) ;

– la mise en œuvre des investissements au-delà d'un seuil fixé dans le règlement intérieur (6°) ;

– l'adoption du règlement intérieur, qui définit notamment les conditions de fonctionnement du bureau (7°) ;

– la fixation de la domiciliation du siège (8°).

S'ajoutent à cette liste[6] :

– pour les EPFE, la fixation du montant de la ressource fiscale spécifique autorisée par la loi ;

– pour les EPA, le recours à l'arbitrage.

B. Directeur

541.331 Nomination. Les directeurs généraux des EPFE, des EPA et de l'EPFAE Grand Paris Aménagement sont nommés par arrêté du ministre chargé de l'urbanisme après avis du préfet compétent et du président du conseil d'administration pour une durée de cinq ans renouvelable. Il peut être mis fin à leurs fonctions dans les mêmes formes avant l'expiration de leur mandat[7].

Les avis du préfet compétent et du président du conseil d'administration sont réputés favorables s'ils n'ont pas été émis dans le délai d'un mois[8].

541.332 Incompatibilités. Les fonctions de directeur général sont incompatibles avec celles de membre du conseil d'administration[9].

541.333 Compétences. Le directeur général d'un EPFE, d'un EPA ou de l'EPFAE Grand Paris Aménagement est ordonnateur des dépenses et des recettes[10].

Il exerce en outre les compétences suivantes[11] :

– préparer et passer les contrats, les marchés publics et contrats de concession, les actes d'acquisition, d'aliénation, d'échange et de location (1°) ;

– préparer et conclure les transactions (2°) ;

– représenter l'établissement dans les actes de la vie civile et commerciale et ester en justice (3°) ;

– ouvrir et organiser celles des enquêtes publiques prévues aux articles L. 123-1 et L. 123-2 du code de l'environnement qui sont requises pour les décisions ressortant de la compétence de l'établissement (4°).

Il exerce, plus largement, les attributions inhérentes à la fonction de chef d'établissement[12] :

– il est chargé de l'instruction préalable des affaires qui sont de la compétence de l'établissement ;

– il prépare et exécute les décisions du conseil d'administration et du bureau ;

– il prépare et présente le budget ;

– il recrute le personnel et a autorité sur lui.

Il peut déléguer sa signature[13].

Il prépare et présente le programme pluriannuel d'intervention ou le programme stratégique et opérationnel et le bilan annuel[14].

Le directeur général, dans les limites des compétences qui lui ont été déléguées, peut, par délégation du conseil d'administration, être chargé d'exercer au nom de l'EPFE, de l'EPA ou de l'EPFAE Grand Paris Aménagement les droits de préemption dont l'établissement est titulaire ou délégataire et le droit de priorité dont l'établissement est délégataire[15].

541.334 Présence aux réunions du conseil d'administration. Le directeur général assiste de droit aux réunions du conseil d'administration et du bureau[16].

1. C. urb., art. R. 321-3, al. 2.
2. C. urb., art. R. 321-3, al. 3.
3. C. urb., art. R. 321-4.
4. C. urb., art. R. 321-5.
5. C. urb., art. R. 321-6, al. 1er à 9.
6. C. urb., art. R. 321-6, al. 10 et 11.
7. C. urb., art. R. 321-8, al. 1er.
8. C. urb., art. R. 321-8, al. 2.
9. C. urb., art. R. 321-8, al. 3.
10. C. urb., art. R. 321-9, I, al. 1er.
11. C. urb., art. R. 321-9, I, al. 2 à 6.
12. C. urb., art. R. 321-9, I, al. 7.
13. C. urb., art. R. 321-9, I, al. 7.
14. C. urb., art. R. 321-9, II.
15. C. urb., art. R. 321-10.
16. C. urb., art. R. 321-9, II.

§ 3
Recours à l'arbitrage et à la transaction

541.341 **Transaction.** Les EPFE, les EPA et l'EPFAE Grand Paris Aménagement sont autorisés à transiger[1].

541.342 **Arbitrage.** Les EPA et l'EPFAE Grand Paris Aménagement sont autorisés à compromettre[2].

§ 4
Publication des actes

541.351 **Règlements.** Les actes à caractère réglementaire pris par délibération du conseil d'administration ou du bureau des EPFE, des EPA et de l'EPFAE Grand Paris Aménagement ou par le directeur général par délégation du conseil d'administration ou en vertu de ses compétences propres en application des lois et règlements sont publiés dans un recueil tenu par l'établissement dans les conditions fixées par le règlement intérieur[3].

541.352 **Décisions relatives aux droits de préemption et de priorité.** Les décisions relatives à l'exercice du droit de préemption ou de priorité font, en plus de la publication prévue à l'alinéa précédent, l'objet d'un affichage dans les mairies concernées par celles-ci pendant une durée de deux mois[4].

§ 5
Programme pluriannuel d'intervention et projet stratégique opérationnel.

541.361 **Définition des orientations stratégiques par l'État.** Le ministre chargé de l'urbanisme définit les orientations stratégiques de l'État devant être prises en compte, respectivement, par le programme pluriannuel d'intervention et par le projet stratégique opérationnel[5].

Il les notifie au président du conseil d'administration, au directeur général ainsi qu'au préfet compétent, chargé de veiller à leur prise en compte lors de l'élaboration de ces documents[6].

Le ministre chargé de l'urbanisme définit les orientations stratégiques prévues à l'article L. 321-32[7].

541.362 **Contenu et bilan du projet stratégique et opérationnel.** Le projet stratégique et opérationnel comporte les éléments suivants[8] :

- un document présentant les orientations stratégiques et opérationnelles à long terme de l'établissement sur son territoire de compétence, assorties des moyens techniques et financiers susceptibles d'être mobilisés et intégrant un calendrier indicatif de réalisation (1°) ;
- un document planifiant à moyen terme, sous la forme d'un programme prévisionnel d'aménagement (PPA), les actions, opérations et projets à réaliser, leur localisation, l'échéancier prévisionnel de leur réalisation ainsi que les perspectives financières à leur achèvement (2°).

Le projet stratégique et opérationnel fait l'objet d'un bilan annuel permettant d'examiner l'état d'avancement des opérations et d'actualiser leurs perspectives financières[9].

541.363 **Approbation et révision.** L'approbation, respectivement, du programme pluriannuel d'intervention et du projet stratégique opérationnel intervient dans un délai de deux ans à compter de la création de l'établissement[10].

Le programme pluriannuel d'intervention et le projet stratégique et opérationnel sont révisés dans un délai maximum de cinq ans à compter de leur approbation[11].

En cas de modification des orientations stratégiques de l'État, le programme pluriannuel d'intervention ou le projet stratégique opérationnel est, si nécessaire, révisé et approuvé dans un délai de neuf mois suivant la date de notification au président du conseil d'administration et au directeur général de ces modifications[12].

La délibération approuvant le programme pluriannuel d'intervention ou le projet stratégique opérationnel devient exécutoire dans un délai de trois mois à compter de sa transmission au préfet compétent[13].

Si, dans ce délai, le préfet compétent notifie, par lettre motivée au président de l'établissement public, les modifications qu'il estime nécessaire d'apporter au programme pluriannuel d'intervention ou au programme stratégique opérationnel dont les dispositions ne seraient pas compatibles avec les orientations stratégiques données, celui-ci ne devient exécutoire qu'après que lui a été transmise la délibération apportant les modifications demandées[14].

1. C. urb., art. R. 321-11, al. 1er.
2. C. urb., art. R. 321-11, al. 2.
3. C. urb., art. R. 321-12, al. 1er.
4. C. urb., art. R. 321-12, al. 2.
5. C. urb., art. R. 321-13, I, al. 1er.
6. C. urb., art. R. 321-13, I, al. 2.
7. C. urb., art. R. 321-13, II.
8. C. urb., art. R. 321-14, al. 1er à 3.
9. C. urb., art. R. 321-14, al. 4.
10. C. urb., art. R. 321-15, I, al. 1er.
11. C. urb., art. R. 321-15, I, al. 2.
12. C. urb., art. R. 321-15, I, al. 3.
13. C. urb., art. R. 321-15, II, al. 1er.
14. C. urb., art. R. 321-15, II, al. 2.

§ 6
Bilan annuel

541.371 Mise en œuvre et transmission. Font l'objet d'un bilan annuel[1] :

– les actions des EPFE et des EPA ;

– leurs modalités ;

– et les moyens mis en œuvre définis dans le programme pluriannuel d'intervention ou dans le projet stratégique et opérationnel.

Le bilan est annuel est transmis par l'établissement[2] :

– au préfet compétent ;

– et, pour les EPFE, au comité régional de l'habitat et de l'hébergement compétent pour la région dans laquelle l'établissement exerce son activité.

§ 7
Contrôle et approbation par le préfet

A.
Préfet compétent

541.381 Activité s'exerçant dans le ressort d'un seul département. Les EPFE, les EPA et l'EPFAE Grand Paris Aménagement, ainsi que les filiales dont ils détiennent directement ou indirectement plus de la moitié du capital social ou des droits de vote à l'assemblée générale, sont soumis au contrôle du préfet du département lorsque leur activité s'exerce dans le cadre de ce seul ressort territorial[3].

541.382 Activité s'exerçant dans le ressort de plusieurs départements dans une seule région. Lorsque l'activité de l'établissement s'étend sur plusieurs départements et n'excède pas le périmètre régional, le contrôle est exercé par le préfet de région[4].

541.383 Autres cas. Dans les autres cas, les établissements sont soumis au contrôle du préfet désigné en application de l'article 66 du décret du 29 avril 2004[5] relatif aux pouvoirs des préfets, à l'organisation et à l'action des services de l'État dans les régions et départements[6].

1. C. urb., art. R. 321-16.
2. C. urb., art. R. 321-16.
3. C. urb., art. R. 321-17, al. 1er, précisant que ce contrôle s'exerce sans préjudice de l'application des dispositions du décret n° 55-733 du 26 mai 1955 relatif au contrôle économique et financier de l'État et du décret n° 2012-1246 du 7 novembre 2012 relatif à la gestion budgétaire et comptable publique.
4. C. urb., art. R. 321-17, al. 1er.
5. Décr. n° 2004-374, 29 avr. 2004 relatif aux pouvoirs des préfets, à l'organisation et à l'action des services de l'État dans les régions et départements, *JO* 30 avr., n° 6.

B.
Approbation préfectorale

1°
Actes concernés

541.391 EPFE et EPA. Sont transmises au préfet compétent et soumises à son approbation[7] :

– les délibérations du conseil d'administration et du bureau des EPFE et des EPA relatives aux prévisions budgétaires, aux emprunts, aux opérations à entreprendre, aux créations de filiales, aux acquisitions de participations, aux procédures de transaction, à l'exercice du droit de préemption ou de priorité ainsi que les décisions du directeur général prises pour l'exercice de ce droit ;

– les délibérations du conseil d'administration des EPA relatives aux procédures d'arbitrage.

541.392 Grand Paris Aménagement. Sont transmises au préfet compétent et soumises à son approbation les délibérations du conseil d'administration de l'établissement public Grand Paris Aménagement relatives[8] :

– aux prévisions budgétaires ;

– aux projets d'emprunt ;

– aux créations de filiales ;

– aux acquisitions de participations ;

– aux procédures d'arbitrage et de transaction ;

– et à la convention prévue au premier alinéa de l'article L. 321-41 du code de l'urbanisme[9].

541.393 Caractère exécutoire des délibérations transmises et nouvelle délibération. Les délibérations transmises au préfet et soumises à son approbation sont exécutoires dans les conditions prévues à l'article R. 321-19[10].

Le préfet compétent peut demander au conseil d'administration d'en délibérer à nouveau préalablement à son approbation[11].

2°
Approbation

541.401 Délibérations visées à l'article R. 321-18. L'absence de rejet ou d'approbation expresse dans le délai d'un mois après réception par le préfet compétent des délibérations visées à l'article R. 321-18 vaut approbation tacite[12].

6. C. urb., art. R. 321-17, al. 2.
7. C. urb., art. R. 321-18, I, al. 1 et 2.
8. C. urb., art. R. 321-18, II.
9. Sur cette convention, portant mutualisation des moyens entre établissements, v. s[s] n°s 541.471 s.
10. V. s[s] n° 541.401 – C. urb., art. R. 321-18, III.
11. C. urb., art. R. 321-18, III.
12. C. urb., art. R. 321-19, I.

541.402 **Décisions relatives aux droits de préemption et de priorité.** Les délibérations du conseil d'administration ou du bureau et les décisions du directeur général relatives à l'exercice du droit de préemption ou de priorité sont exécutoires de plein droit dès leur transmission au préfet compétent si l'exercice par l'établissement du droit de préemption ou de priorité est prévu dans une convention mentionnée aux articles L. 321-1 et L. 321-14, qu'il a préalablement approuvée [1].

Lorsque l'exercice par l'établissement du droit de préemption ou de priorité n'est pas prévu par une de ces conventions, l'absence de rejet ou d'approbation expresse des délibérations ou décisions susmentionnées dans le délai de dix jours après réception vaut approbation tacite [2].

541.403 **Délibérations relatives à la création de filiales et aux prises de participation (EPFE et EPA).** Par dérogation aux dispositions du I (prévoyant une possibilité d'approbation tacite), les délibérations du conseil d'administration des EPFE et des EPA relatives à la création de filiales et aux acquisitions de participations prévues aux articles L. 321-3 et L. 321-17 ne sont exécutoires qu'après approbation par arrêté conjoint des ministres chargés de l'économie, du budget et de l'urbanisme lorsque ces acquisitions de participations ou les capitaux investis dans les filiales créées sont supérieurs à un seuil fixé par arrêté de ces ministres [3] à 12 millions d'euros [4].

Lorsque les acquisitions ou participations portent sur la majorité des parts ou actions et sont inférieures au seuil précité, elles sont exécutoires de plein droit [5].

Lorsque les acquisitions ou participations portent sur la minorité des parts ou actions et sont inférieures au seuil précité, elles ne sont exécutoires qu'après approbation par le préfet compétent dans les conditions fixées au I du présent article [6].

541.404 **Délibérations relatives à la création de filiales et aux prises de participation (Grand Paris Aménagement).** Par dérogation aux dispositions du I (prévoyant une possibilité d'approbation tacite), les délibérations du conseil d'administration de l'établissement public Grand Paris Aménagement relatives aux créations de filiales, prises, extensions ou cessions de participations financières ne sont exécutoires qu'après approbation par arrêté conjoint des ministres chargés de l'économie, du budget et de l'urbanisme [7].

Lorsque les prises, extensions ou cessions sont inférieures à un seuil fixé par arrêté de ces ministres et sont relatives à des sociétés, groupements ou organismes dont le siège et l'activité sont en rapport avec les champs de compétence de l'établissement, ces délibérations sont exécutoires à l'expiration d'un délai d'un mois partant de la date la plus tardive de leur réception par ces mêmes ministres, à moins que l'un de ceux-ci n'y fasse opposition dans ce délai [8].

§ 8
Gestion budgétaire et comptable

541.411 **Agent comptable.** L'agent comptable est nommé par le préfet compétent, après avis du directeur départemental des finances publiques [9].

541.412 **Régime budgétaire et comptable.** Les EPFE sont soumis aux dispositions des titres Ier et III du décret du 7 novembre 2012 [10] relatif à la gestion budgétaire et comptable publique [11].

Par dérogation aux dispositions de l'article 3 du décret du 7 novembre 2012 [12] relatif à la gestion budgétaire et comptable publique, les EPE et l'établissement public Grand Paris Aménagement sont soumis aux dispositions des titres Ier et III de ce décret, à l'exception des 1° et 2° de l'article 175 et des articles 178 à 185, 204 à 208, 220 à 228 de ce même décret, ainsi qu'aux dispositions du décret du 26 mai 1955 [13] relatif au contrôle économique et financier de l'État [14].

541.413 **Régies de recettes et régies d'avance.** Il peut être institué au sein de ces établissements publics des régies de recettes et des régies d'avances dans les conditions prévues par le décret du 26 juillet 2019 [15] relatif aux régies de recettes et aux régies d'avances des organismes publics [16].

541.414 **Contrôle de l'État.** Ces établissements publics sont soumis aux dispositions du décret du

1. C. urb., art. R. 321-19, II.
2. C. urb., art. R. 321-19, II.
3. C. urb., art. R. 321-19, III, al. 1er.
4. Arr. 14 mai 2008 relatif aux acquisitions par les établissements publics fonciers visés au b de l'article L. 321-1 du code de l'urbanisme de participations dans des sociétés, groupements ou organismes dont l'objet concourt directement à la réalisation de leurs missions, NOR : DEVU0802216A.
5. C. urb., art. R. 321-19, III, al. 2.
6. C. urb., art. R. 321-19, III, al. 3.
7. C. urb., art. R. 321-19, IV, al. 1er.
8. C. urb., art. R. 321-19, IV, al. 2.
9. C. urb., art. R. 321-21, al. 1er.
10. Décr. n° 2012-1246, 7 nov. 2012 relatif à la gestion budgétaire et comptable publique, *JO* 10 nov., n° 8.
11. C. urb., art. 321-21, al. 2.
12. Décr. n° 2012-1246, 7 nov. 2012 relatif à la gestion budgétaire et comptable publique, *JO* 10 nov., n° 8.
13. Décr. n° 55-733, 26 mai 1955 relatif au contrôle économique et financier de l'État, *JO* 1er juin, p. 5547.
14. C. urb., art. R. 321-21, al. 3.
15. Décr. n° 2019-798, 26 juill. 2019 relatif aux régies de recettes et d'avances des organismes publics, *JO* 28 juill., n° 36.
16. C. urb., art. R. 321-21, al. 4.

9 août 1953[1] relatif au contrôle de l'État sur les entreprises publiques nationales et certains organismes ayant un objet d'ordre économique ou social[2].

541.415 Approbation et contrôle du compte financier. L'agent comptable produit, selon des modalités fixées par arrêté du ministre chargé du budget, le compte financier et les pièces annexes au plus tard à l'expiration du quatrième mois qui suit la clôture de l'exercice. Le compte financier est visé par le directeur général, arrêté par le conseil d'administration et approuvé par le préfet compétent[3].

SECTION 3
ÉTABLISSEMENT PUBLIC D'AMÉNAGEMENT DE PARIS-SACLAY

§ 1
Présentation générale

541.421 Établissement public de l'État. L'Établissement public d'aménagement de Paris-Saclay est un établissement public de l'État[4].

541.422 Régime des EPA sous réserve de règles particulières. L'Établissement public d'aménagement de Paris-Saclay est régi par les dispositions applicables aux EPA créés en application de l'article L. 321-14[5], sous réserve des dispositions mentionnées ci-dessous[6].

541.423 Objet et tutelle. L'établissement public a pour objet l'impulsion et la coordination du développement du pôle scientifique et technologique de Paris-Saclay, ainsi que son rayonnement international. À ce titre, il est placé sous la tutelle conjointe des ministres chargés de l'urbanisme, de l'enseignement supérieur et de la recherche[7].

541.424 Périmètre d'intervention. L'établissement public d'aménagement de Paris-Saclay exerce ses missions dans les communes dont la liste figure à l'annexe A de la loi du 3 juin 2010[8] relative au Grand Paris. Le périmètre d'intervention de l'établissement peut être modifié par décret en Conseil d'État, après consultation des organes délibérants des communes et des établissements publics de coopération intercommunale territorialement concernés[9].

§ 2
Missions

541.431 Deux missions. L'établissement est chargé de deux missions[10] :

- conduire toute action susceptible de favoriser les activités d'enseignement, de recherche et d'innovation et leur valorisation industrielle ;

- réaliser des opérations d'aménagement du pôle scientifique et technologique de Paris-Saclay.

A.
Missions d'aménagement

541.441 Missions appartenant à tout EPA. L'établissement public d'aménagement de Paris-Saclay exerce les missions appartenant à tout EPA prévues à l'article L. 321-14[11].

B.
Autres missions

541.451 Neuf missions. L'établissement public d'aménagement de Paris-Saclay exerce, outre la mission d'aménagement, neuf autres missions[12] :

- réaliser des investissements destinés à favoriser l'implantation d'organismes exerçant des activités d'enseignement supérieur et de recherche et d'entreprises (1°) ;

- participer à la collecte de fonds auprès de tiers afin de contribuer aux activités de développement du pôle (2°) ;

- mettre à disposition des organismes d'enseignement supérieur et de recherche et des entreprises des services mutualisés, notamment en matière d'hébergement et de restauration (3°) ;

- assurer des missions d'assistance aux maîtres d'ouvrage et aux pouvoirs adjudicateurs d'opérations immobilières ayant pour objet le développement du pôle scientifique et technologique (4°) ;

- soutenir les initiatives de ces organismes et entreprises relatives à la circulation des connaissances, la mobilité professionnelle, la diffusion des offres

1. Décr. n° 53-707, 9 août 1953 relatif au contrôle de l'État sur les entreprises publiques nationales et certains organismes ayant un objet d'ordre économique ou social, *JO* 10 août, p. 7051.
2. C. urb., art. R. 321-21, al. 5.
3. C. urb., art. R. 321-22.
4. C. urb., art. L. 321-37, al. 1er.
5. V. ss nos 541.131 s.
6. C. urb., art. L. 321-37, al. 1er.
7. C. urb., art. L. 321-37, al. 2.
8. L. n° 2010-597, 3 juin 2010 relative au Grand Paris, *JO* 5 juin, n° 1.
9. C. urb., art. L. 321-37, al. 3.
10. C. urb., art. L. 321-38, al. 1er.
11. C. urb., art. L. 321-38, al. 2 – Sur ces missions, v. ss nos 541.131 s.
12. C. urb., art. L. 321-38, al. 3 à 12.

d'emploi et les rapprochements entre les milieux scientifiques et économiques (5°) ;

- en concertation avec les collectivités territoriales et leurs groupements, favoriser la couverture par des réseaux de communications électroniques en très haut débit du pôle scientifique et technologique (6°) ;

- contribuer à la promotion de l'image de marque du pôle, notamment à l'étranger (7°) ;

- en concertation avec les collectivités territoriales, les syndicats des eaux, la chambre interdépartementale d'agriculture d'Ile-de-France, la SAFER de l'Ile-de-France et l'agence de l'eau Seine-Normandie, contribuer à assurer les conditions du maintien de l'activité agricole, la protection des espaces naturels, agricoles et forestiers et la pérennité du patrimoine hydraulique (8°, précisant que dès lors que des projets d'urbanisation affectent l'écoulement des eaux superficielles ou souterraines, l'établissement prend les mesures permettant le maintien de l'équilibre hydrographique du plateau de Saclay et des vallées concernées par l'écoulement des eaux du plateau) ;

- encourager les partenariats avec les collectivités territoriales ou leurs groupements, les organismes d'enseignement supérieur et de recherche ainsi que les entreprises des secteurs d'activité concernés sur l'ensemble du territoire national (9°).

§ 3
Organisation

541.461 Comité consultatif. Il est institué, auprès du conseil d'administration, un comité consultatif qui comprend notamment des personnalités qualifiées dans les domaines de l'environnement, des activités agricoles, de l'urbanisme et de la culture, ainsi qu'un député et un sénateur [1].

Le comité consultatif est saisi par le conseil d'administration, en tant que de besoin, des projets de l'établissement public et des orientations envisagées pour agir en faveur du développement économique, de la culture, de la protection des espaces naturels, agricoles et forestiers et des transports [2].

Il peut être saisi de tout autre sujet par le conseil d'administration et peut également émettre des propositions [3].

1. C. urb., art. L. 321-39.
2. C. urb., art. L. 321-39.

SECTION 4
MUTUALISATION DES MOYENS ENTRE ÉTABLISSEMENTS PUBLICS

541.471 Possibilité d'une mutualisation. Les établissements publics mentionnés au chapitre Ier du titre II du livre III (EPFE, EPA, EPFAE, établissement public d'aménagement de Paris-Saclay) peuvent recourir, pour l'exercice de tout ou partie de ses compétences, aux moyens d'un autre établissement public mentionné au même chapitre. Cette faculté a été ouverte par la loi du 28 février 2017 [4].

541.472 Modalités. La mutualisation doit être prévue par les statuts des établissements concernés [5].

Une convention, approuvée par les conseils d'administration respectifs des établissements concernés, détermine les modalités et les conditions financières du recours à ces moyens [6].

Les statuts de ces établissements peuvent également prévoir que les établissements concernés ont le même directeur général ou que le directeur général adjoint ou délégué de l'établissement qui fournit les moyens mentionnés dans la convention est également directeur général de l'établissement qui a recours à ces moyens [7].

541.473 Hypothèse d'un transfert préalable de moyens. Lorsque la mise en œuvre de la mutualisation par des établissements publics déjà existants implique un transfert préalable obligatoire de moyens, les conditions du transfert de tout ou partie du personnel, des biens immobiliers et mobiliers, des contrats, des créances et des droits et obligations d'un établissement au profit d'un autre qui lui fournit ensuite ces moyens (selon les modalités prévues au premier alinéa) sont déterminés par décret en Conseil d'État pris après avis des conseils d'administration des établissements concernés. Ce transfert s'effectue à titre gratuit et ne donne lieu ni au versement de la contribution prévue au I de l'article 879 du CGI ni à la perception d'impôts, de droits ou de taxes de quelque nature que ce soit [8].

3. C. urb., art. L. 321-39.
4. L. n° 2017-257, 28 févr. 2017 relative au statut de Paris et à l'aménagement métropolitain, *JO* 1er mars, n° 2, art. 43.
5. C. urb., art. L. 321-41, al. 1er.
6. C. urb., art. L. 321-41, al. 1er, précisant que l'établissement qui fournit ces moyens les facture aux coûts complets.
7. C. urb., art. L. 321-41, al. 2.
8. C. urb., art. L. 321-41, al. 3.

CHAPITRE

542. Associations foncières urbaines (AFU)

SECTION 0 ORIENTEUR

542.00 Sommaire du chapitre.

542.01 Textes applicables.

• **C. urb.**

art. L. 322-1 s.

art. R. 322-1 s.

542.03 Bibliographie indicative.

Encyclopédies. *DP constr.-urb., ét.* : « AFU » – *J.-Cl. Constr.-Urb.*, fasc. 20-10 : « Associations foncières urbaines. – Champ d'application et caractéristiques », par J. Hugot, janv. 2017, mis à jour G. Daudré, mars 2024 ; fasc. 20-20 : « Associations foncières urbaines. – Modalités de constitution », par J. Hugot et G. Daudré, mars 2024 ; fasc. 20-30 : « Associations foncières urbaines. – Modalités de fonctionnement », par J. Hugot et G. Daudré, mars 2024.

Monographie. J. Breton, *Les associations foncières urbaines, réalités juridiques et perspectives d'avenir*, Ordre des géomètres-experts, 1980.

> Articles

AFU. F. Bouyssou, « Les associations foncières urbaines et la loi du 18 juillet 1985 », *RFDA* 1986. 354 – J. Foret, « Pour l'urbanisme de concertation : l'association foncière urbaine », *Droit et ville* 1979, p. 170 – C. Gueydan, « Les associations foncières urbaines, modèle pour l'urbanisme opérationnel ? », *Droit et ville* 2020/2. 99 – R. Pellas, « Associations foncières urbaines, régime fiscal et financier », *AJPI* 1986. 405.

Remembrement. A. Bonnard, « Le charme discret des AFU de remembrement », *Ét. fonc.* 1994, n° 64, p. 2 – S. Lamy-Willing, « Le remembrement urbain », *Constr.-Urb.* 2018, ét. 4.

542.04 Question essentielle.

> Quels sont les objets susceptibles d'être poursuivis par une AFU ?

* V. s[s] n°s 542.21 s.

542.05 Un organisme et un outil d'aménagement. L'association foncière urbaine (AFU) présente une double nature.

D'une part, elle constitue une personne morale, plus exactement une association syndicale de propriétaires fonciers souhaitant s'impliquer dans l'aménagement et la valorisation de leurs terrains.

D'autre part, elle constitue un outil d'aménagement. Au même titre, par exemple, que la ZAC, elle permet de réaliser un projet d'aménagement :

– engager des opérations d'aménagement et de valorisation de terrains ou de bâtiments ;

– exécuter des travaux ;

– gérer des opérations d'urbanisme ;

– gérer des équipements.

542.06 Particularités du procédé. Le procédé de l'AFU est principalement utilisé pour aménager des terrains et les équiper en vue d'y construire ensuite des logements ou des locaux d'activité.

Sous cette forme, il présente des particularités marquées :

- il conduit à réorganiser la trame parcellaire des terrains figurant dans son périmètre ;
- les terrains se trouvant dans ce périmètre peuvent le cas échéant y être intégrés de force ;
- les propriétaires sont impliqués dans l'opération.

SECTION 1
PRÉSENTATION GÉNÉRALE DES AFU

§ 1
Des associations syndicales ayant pour objet l'aménagement urbain

542.11 Des associations syndicales. Les AFU sont des associations syndicales, constituées entre propriétaires[1]. Les associations syndicales de propriétaires (ASP) sont des groupements de propriétaires fonciers constitués en vue d'effectuer des travaux spécifiques d'amélioration ou d'entretien intéressant l'ensemble de leurs propriétés[2].

En tant qu'associations syndicales, les AFU sont régies par les dispositions de l'ordonnance du 1er juillet 2004[3] relative aux associations syndicales de propriétaires.

542.12 Des associations syndicales ayant pour objet l'aménagement urbain. Les AFU ont pour objet l'aménagement urbain. Elles sont constituées pour l'exécution de certains travaux et opérations énumérés à l'article L. 322-2[4].

Eu égard à cet objet, elles sont également régies par les articles L. 322-1 s. du code de l'urbanisme.

§ 2
Travaux et opérations pour l'exécution desquels peut être constituée une AFU

542.21 Cinq travaux et opérations. Une AFU peut être constituée pour l'exécution de cinq catégories de travaux ou opérations[5].

542.22 1re catégorie : AFU de remembrement. Une AFU peut être constituée pour le remembrement de parcelles et la modification corrélative de l'assiette des droits de propriété, des charges et des servitudes y attachées, ainsi que la réalisation des travaux d'équipement et d'aménagement nécessaires[6].

542.23 2e catégorie : AFU de regroupement de parcelles. Une AFU peut être constituée pour le groupement de parcelles[7]. Ce regroupement a pour objet :

- soit d'en conférer l'usage à un tiers, notamment par bail à construction ;
- soit d'en faire apport ou d'en faire la vente à un établissement public ou société de construction ou d'aménagement.

Chacun des membres de l'association peut choisir d'être payé, en tout ou en partie, en espèces ou par remise d'un ou plusieurs immeubles ou fractions d'immeubles, lorsque les règles applicables à l'organisme constructeur ou aménageur ne s'y opposent pas.

L'intérêt du procédé tient au regroupement de parcelles. Il permet aux propriétaires de valoriser celles-ci : en apportant leurs terrains à l'opération, ils donnent à ceux-ci une valeur supérieure à celle qu'ils avaient envisagées séparément. Le procédé est également intéressant pour l'aménageur, en le dispensant d'avoir à traiter individuellement avec chaque propriétaire.

L'inconvénient tient à sa difficulté de mise en œuvre. En effet le procédé nécessite un consensus des propriétaires concernés. Celui-ci étant difficile à obtenir, cette forme d'AFU s'avère en pratique très peu utilisée.

542.24 3e catégorie : AFU d'ouvrages collectifs. Une AFU peut être constituée pour la construction, l'entretien et la gestion d'ouvrages d'intérêt collectif tels que voirie, aires de stationnement, et garages enterrés ou non, chauffage collectif, espaces verts plantés ou non, installations de jeux, de repos ou d'agrément[8].

Cette forme d'AFU est surtout utilisée pour la gestion des parties communes des lotissements.

542.25 4e catégorie : AFU de sites patrimoniaux et de restauration immobilière. Une AFU peut être constituée pour la conservation, la restauration et la mise en valeur des sites patrimoniaux remarquables ainsi que la restauration immobilière[9].

1. C. urb., art. L. 322-1.
2. Ord. n° 2004-632, 1er juill. 2004 relative aux associations syndicales de propriétaires, *JO* 2 juill., n° 13, art. 1er : « Peuvent faire l'objet d'une association syndicale de propriétaires la construction, l'entretien ou la gestion d'ouvrages ou la réalisation de travaux, ainsi que les actions d'intérêt commun, en vue : a) De prévenir les risques naturels ou sanitaires, les pollutions et les nuisances ; b) De préserver, de restaurer ou d'exploiter des ressources naturelles ; c) D'aménager ou d'entretenir des cours d'eau, lacs ou plans d'eau, voies et réseaux divers ; d) De mettre en valeur des propriétés ».
3. Ord. n° 2004-632, 1er juill. 2004.
4. V. ss nos 542.21 s.
5. C. urb., art. L. 322-2.
6. C. urb., art. L. 322-2, 1° – pour des ex. : Cerema, *Aménager avec les propriétaires fonciers. Les associations foncières urbaines*, 2017, spéc. p. 13 et 32-33 [en ligne : cerema.fr].
7. C. urb., art. L. 322-2, 1°.
8. C. urb., art. L. 322-2, 3°.
9. Régies par les articles L. 313-1 à L. 313-14, les articles 3 et 12 de la loi n° 48-1360 du 1er septembre 1948 modifiée et les articles L. 145-6, L. 145-18 et L. 145-28 du code de commerce. Sur ce régime, v. ss nos 532.05 s. – C. urb., art. L. 322-2, 5°.

542.26 **5e catégorie : AFU de remembrement pour une restructuration urbaine.** Une AFU peut être constituée pour le remembrement foncier ou le groupement de parcelles en vue de la restructuration urbaine des grands ensembles et quartiers d'habitat dégradé mentionnés au premier alinéa du 3 de l'article 42 de la loi du 4 février 1995 [1] d'orientation pour l'aménagement et le développement du territoire [2].

SECTION 2
LES FORMES CLASSIQUES D'AFU

542.31 **Trois formes classiques.** Jusqu'à la loi ALUR, le code de l'urbanisme ne prévoyait que trois formes d'AFU, correspondant à trois modes de constitution [3] :

- l'AFU libre (AFUL) ;
- l'AFU autorisée (AFUA) ;
- l'AFU constituée d'office (AFUCO).

La loi ALUR en a ajouté une quatrième : l'AFU de projet (AFUP) [4].

§ 1
L'AFU libre (AFUL)

542.41 **Renvoi au droit commun.** La constitution de l'AFUL ne fait l'objet d'aucune disposition dans le code de l'urbanisme. Celle-ci obéit donc au droit commun de la constitution des ASP. Il en résulte qu'une telle AFU naît du consentement unanime des propriétaires, lequel doit être constaté par écrit [5].

Les statuts de l'association définissent son nom, son objet, son siège et ses règles de fonctionnement. Ils comportent la liste des immeubles compris dans son périmètre et précisent ses modalités de financement et le mode de recouvrement des cotisations [6].

La déclaration de l'ASP est faite à la préfecture du département ou à la sous-préfecture de l'arrondissement où l'association a prévu d'avoir son siège. Deux exemplaires des statuts sont joints à la déclaration. Il est donné récépissé de celle-ci dans un délai de cinq jours [7]. Un extrait des statuts doit, dans un délai d'un mois à compter de la date de délivrance du récépissé, être publié au Journal officiel [8].

542.42 **Publication au fichier immobilier.** L'acte constitutif des AFUL ainsi que les actes constatant les adhésions ultérieures sont publiés au fichier immobilier dans les conditions et délais prévus par les décrets nos 55-22 du 4 janvier 1955 et 55-1350 du 14 octobre 1955 [9, 10].

§ 2
L'AFU autorisée (AFUA)

542.51 **Notion.** L'AFUA est une AFU autorisée par l'autorité administrative.

A.
Création de l'AFUA

1°
Conditions de fond

542.61 **Deux conditions.** L'autorité administrative ne peut autoriser une AFU que si deux conditions de fond sont remplies.

a.
Condition de majorité

542.71 **Proportion variable selon les travaux.** La première condition tient à la proportion des propriétaires ayant adhéré à l'association. Une majorité (simple ou qualifié) des propriétaires situées dans le périmètre envisagé, voire l'unanimité de ceux-ci doivent consentir au projet.

Pour les travaux spécifiés aux 1° (AFU de remembrement) [11], 2° (AFU de regroupement de parcelles) [12] et 5° (AFU de sites patrimoniaux et de restauration immobilière) [13] de l'article L. 322-2, les deux tiers au moins des propriétaires détenant ensemble les deux tiers au moins de la superficie doivent avoir adhéré à l'association [14].

Pour les travaux spécifiés au 3° de l'article L. 322-2 (AFU d'ouvrages collectifs) [15], la majorité des propriétaires détenant ensemble la moitié au moins de la superficie doivent avoir adhéré à l'association [16].

1. L. n° 95-115, 4 févr. 1995 d'orientation pour l'aménagement et le développement du territoire, *JO* 5 févr., p. 1973.
2. C. urb., art. L. 322-2, 6°.
3. Eux-mêmes prévus par le droit commun des ASP ; v. Ord. n° 2004-632, 1er juill. 2004, art. 2.
4. V. ss nos 542.251 s.
5. Ord. n° 2004-632, 1er juill. 2004, art. 7, al. 1er.
6. Ord. n° 2004-632, 1er juill. 2004, art. 7, al. 2.
7. Ord. n° 2004-632, 1er juill. 2004, art. 8, al. 1er.
8. Ord. n° 2004-632, 1er juill. 2004, art. 8, al. 2.
9. Décr. n° 55-22, 4 janv. 1955 portant réforme de la publicité foncière, *JO* 7 janv., p. 346 ; – Décr. n° 55-1350, 14 oct. 1955 pour l'application du décret n° 55-22 du 4 janvier 1955 portant réforme de la publicité foncière, *JO* 15 oct., p. 10125.
10. C. urb., art. R. 322-2-1.
11. V. ss n° 542.22.
12. V. ss n° 542.23.
13. V. ss n° 542.25.
14. C. urb., art. L. 322-3, 1°, a.
15. V. ss n° 542.24.
16. C. urb., art. L. 322-3, 1°, b.

Pour les opérations spécifiées au 6° de l'article L. 322-2 (AFU de remembrement pour une restructuration urbaine) [1], tous les propriétaires doivent avoir adhéré à l'association [2].

542.72 Condition pouvant être écartée. Par dérogation aux règles de majorité fixées à l'article L. 322-3, l'autorité administrative peut autoriser une AFU de remembrement, à la demande ou avec l'accord de la moitié au moins des propriétaires, lorsque la localisation ou la configuration des parcelles limite de façon importante l'utilisation des droits à construire prévus par les documents d'urbanisme [3].

b.
Engagement d'acquérir les biens délaissés

542.81 Condition. La seconde condition est la suivante : un engagement doit être pris d'acquérir les immeubles ou fractions d'immeubles en copropriété délaissés par les propriétaires non adhérents [4].

L'engagement peut être souscrit [5] :
- soit par toute personne physique ou morale ;
- soit par l'AFU.

L'engagement souscrit doit être joint au projet d'acte d'association soumis à l'enquête prévue à l'article 12 de l'ordonnance du 1er juillet 2004 [6], à moins que celui-ci ne prévoie que l'association y sera engagée [7].

542.82 Condition écartée pour les AFU de restructuration urbaine. La condition tenant à l'engagement d'acquérir les biens délaissés n'est pas applicable aux travaux spécifiés au 6° de l'article L. 322-2 [8].

2°
Condition de forme et de procédure

a.
Accord ou avis de la commune ou de l'EPCI

542.91 Accord si la commune est couverte par un PLU ; avis si la commune n'est pas couverte par un PLU ou si l'AFU se situe à l'intérieur d'une OIN. L'autorité administrative recueille, préalablement à la création de l'association, l'accord de l'assemblée délibérante de l'autorité compétente en matière de PLU lorsque la commune concernée est couverte par un PLU ou un PLUI [9].

Dans les autres cas, ou si l'association foncière urbaine est située à l'intérieur d'un périmètre d'opération d'intérêt national, l'autorité administrative recueille l'avis de l'assemblée délibérante [10].

542.92 Recueil de l'accord ou de l'avis. Saisi d'un projet d'acte d'association, le préfet l'adresse, dans le délai d'un mois, au maire afin de recueillir l'accord ou l'avis, selon les cas, du conseil municipal. Cette formalité n'est pas obligatoire si la délibération du conseil municipal est jointe au projet [11].

542.93 Délai. L'accord est réputé acquis ou, le cas échéant, l'avis est réputé favorable au terme d'un délai de deux mois à compter de la réception du projet d'acte d'association [12].

b.
Enquête publique et convocation à l'assemblée générale

542.101 Édiction de l'arrêté. Dans le délai de deux mois à compter de l'accord ou de l'avis ou, lorsque cet accord ou cet avis est joint au projet d'association, à compter de la réception de ce projet, le préfet prend un arrêté ouvrant l'enquête publique et convoquant les propriétaires en assemblée générale ou, à défaut, notifie au demandeur les raisons pour lesquelles il estime que le dossier n'est pas susceptible d'être instruit [13].

542.102 Publicité de l'arrêté. L'arrêté est affiché dans toutes les communes sur le territoire desquelles s'étend le périmètre de l'association. Un extrait de l'arrêté indiquant les dates d'ouverture et de clôture de l'enquête publique, les lieux du dépôt des pièces du dossier d'enquête et des registres destinés à recevoir les observations et leurs heures d'ouverture au public ainsi que les informations prescrites par les 2° et 3° de l'article 8 du décret du 3 mai 2006 [14] est inséré dans un journal d'annonces légales du département [15].

L'arrêté est en outre notifié à chacun des propriétaires dont les terrains sont susceptibles d'être inclus dans le périmètre de l'association. À défaut d'information sur le propriétaire, la notification est faite à son locataire et, à défaut de locataire, elle est déposée en mairie [16].

1. V. ss n° 542.26.
2. C. urb., art. L. 322-3, 1°, c.
3. C. urb., art. L. 322-3-1.
4. C. urb., art. L. 322-3, 2° – Sur les conditions d'exercice du droit de délaissement, v ss nos 542.121 s.
5. C. urb., art. L. 322-3, 2°.
6. Ord. n° 2004-632, 1er juill. 2004 relative aux associations syndicales de propriétaires, *JO* 2 juill., n° 13.
7. C. urb., art. R. 322-3, I.
8. V. ss n° 542.26. – C. urb., art. L. 322-3, 2°.
9. C. urb., art. L. 322-3-2.
10. C. urb., art. L. 322-3-2.
11. C. urb., art. R. 322-3, II, al. 1er.
12. C. urb., art. R. 322-3, II, al. 1er.
13. C. urb., art. R. 322-3, II, al. 2.
14. Décr. n° 2006-504, 3 mai 2006 portant application de l'ordonnance n° 2004-632 du 1er juillet 2004 relative aux associations syndicales de propriétaires, *JO* 5 mai, n° 3.
15. Décr. n° 2006-504, 3 mai 2006, art. 9, al. 1er et 2.
16. Décr. n° 2006-504, 3 mai 2006, art. 9, al. 3.

Lorsqu'un des immeubles compris dans le périmètre envisagé est un immeuble bâti en copropriété, la notification est faite à chacun des copropriétaires[1].

Lorsqu'un immeuble compris dans le périmètre envisagé est en indivision, l'ensemble des indivisaires est compté pour un seul propriétaire[2].

3°
Acte instituant l'AFUA

542.111 Arrêté autorisant la création. L'arrêté préfectoral autorisant la création de l'AFU intervient dans le délai de deux mois à compter de l'assemblée générale des propriétaires[3].

542.112 Publication au fichier immobilier. L'acte constitutif de l'association est publié au fichier immobilier dans les conditions et délais prévus par les décrets du 4 janvier 1955 et du 14 octobre 1955[4].

B.
Exercice du droit de délaissement

1°
Conditions d'exercice du droit de délaissement et modalités d'indemnisation

542.121 Situation générale. Les propriétaires d'immeubles compris dans le périmètre d'une AFUA et n'ayant pas adhéré à l'association peuvent délaisser ces immeubles moyennant indemnité[5].

Le droit de délaissement doit être exercé dans le délai de trois mois à partir de la publication de la décision administrative autorisant l'association[6].

À défaut d'accord amiable, l'indemnité est fixée comme en matière d'expropriation[7].

542.122 AFU ayant pour objet le groupement de parcelles. Lorsque l'association a pour objet le groupement de parcelles, il est possible à tous les propriétaires d'immeubles compris dans le périmètre syndical de délaisser, moyennant indemnité, leurs propriétés ou leurs quote-parts de propriété sur les parcelles groupées, dans le délai de trois mois à partir de la publication de l'arrêté pris (sur le fondement de l'article L. 322-7, al. 4) pour constater la compatibilité du projet aux règles d'urbanisme et l'accomplissement des formalités requises[8].

À défaut d'accord amiable, l'indemnité est fixée comme en matière d'expropriation[9].

2°
Protection des droits des créanciers

542.131 Droits des créanciers reportés sur l'indemnité de délaissement. Les droits des créanciers régulièrement inscrits sur l'immeuble délaissé avant la publication au fichier immobilier de l'acte de délaissement sont reportés sur l'indemnité de délaissement, compte tenu du rang de préférence qui leur est reconnu[10].

542.132 Contestation de l'indemnité acceptée par le débiteur. Si l'indemnité fixée à l'amiable est inférieure au total des créances pour le recouvrement desquelles il a été pris inscription, les créanciers inscrits peuvent exiger que l'indemnité acceptée par leur débiteur soit soumise au juge[11].

3°
Délaissement des biens des absents

542.141 Mise en œuvre par les envoyés en possession. Le délaissement des biens des absents est valablement opéré par les envoyés en possession provisoire après autorisation du tribunal judiciaire donnée sur simple requête, le ministère public entendu[12].

§ 3
L'AFU constituée d'office (AFUCO)

542.151 Constitution d'office à défaut d'accord. Une AFU peut être constituée d'office par l'autorité administrative. Cette faculté n'est possible qu'à défaut d'accord amiable entre les propriétaires intéressés ou de constitution d'une AFU libre ou autorisée[13].

A.
Cas dans lesquels une AFU peut être constituée d'office

542.161 Cinq cas. Une AFU peut être constituée d'office par l'autorité administrative dans cinq hypothèses. Quatre d'entre elles varient en fonction de l'objet de l'AFU. La cinquième, qui présente un caractère transversal, concerne toutes les AFU.

1. C. urb., art. R. 322-3, III, al. 1er.
2. C. urb., art. R. 322-3, III, al. 2.
3. C. urb., art. R. 322-3, IV.
4. Décr. no 55-22, 4 janv. 1955 ; – Décr. no 55-1350, 14 oct. 1955 ; – C. urb., art. R. 322-3, V.
5. C. urb., art. L. 322-5, al. 1er.
6. C. urb., art. L. 322-5, al. 1er.
7. C. urb., art. L. 322-5, al. 1er. Sur ces règles, v. ss nos 424.771 s.
8. C. urb., art. L. 322-5, al. 2.
9. C. urb., art. L. 322-5, al. 2. Sur ces règles, v. ss nos 424.771 s.
10. C. urb., art. L. 322-5, al. 3.
11. C. urb., art. L. 322-5, al. 4.
12. C. urb., art. L. 322-5, al. 5.
13. C. urb., art. L. 322-4, al. 1er.

1°
Cas propres à telle ou telle AFU au regard de son objet

542.171 Constitution d'office d'une AFU de remembrement. Quand une AFU a pour objet le remembrement de parcelles[1], elle peut être constituée d'office dans deux cas de figure[2] :

– d'une part lorsque, par application des règles d'urbanisme, l'implantation et le volume des constructions doivent respecter une discipline spéciale dont la disposition actuelle des parcelles compromettrait ou empêcherait la réalisation ;

– d'autre part lorsqu'il est équitable de répartir sur un ensemble de propriétés la charge des prélèvements de terrains opérés par voie de cession ou d'expropriation au profit des emprises publiques, ainsi que la charge des servitudes attachées à la présence des ouvrages construits sur ces emprises[3].

542.172 Constitution d'office d'une AFU pour l'entretien et la gestion d'ouvrages d'intérêt collectif. Quand une AFU a pour objet l'entretien et la gestion d'ouvrages d'intérêt collectif dans les ensembles immobiliers[4], elle peut être constituée d'office lorsque le défaut d'entretien ou de gestion de ces ouvrages (aménagés à l'initiative privée ou à l'initiative publique) peut avoir des conséquences nuisibles à l'intérêt public[5].

542.173 Constitution d'office d'une AFU pour des sites patrimoniaux remarquables et la restauration immobilière. Quand une AFU a pour objet la conservation, la restauration et la mise en valeur des sites patrimoniaux remarquables ainsi que la restauration immobilière[6], elle peut être constituée d'office lorsque la restauration porte sur des parties d'immeubles visibles de l'extérieur[7].

1. V. s[s] n° 542.22.
2. C. urb., art. L. 322-4, 1°.
3. L'article L. 322-4, 1° ajoute un troisième cas de figure : « lorsqu'il convient de procéder à des modifications de limites de lots dans un lotissement à la suite de l'application des dispositions des articles L. 315-3 à L. 315-5 ». Les dispositions auxquelles il est renvoyé ont toutefois été abrogées par : Ord. n° 2005-1527, 8 déc. 2005 relative au permis de construire et aux autorisations d'urbanisme, *JO* 9 déc., n° 30, art. 22.
4. V. s[s] n° 542.24.
5. C. urb., art. L. 322-4, 2° – L'article L. 322-4, 2° ajoute un second cas de figure : « pour la construction d'ouvrages d'intérêt collectif à l'exécution desquels l'autorité compétente aurait subordonné la modification d'un lotissement par application des articles L. 315-3 à L. 315-5 ». Les dispositions auxquelles il est renvoyé ont toutefois été abrogées par : Ord. n° 2005-1527, 8 déc. 2005, art. 22.
6. V. s[s] n° 542.25.
7. C. urb., art. L. 322-4, 3°.

542.174 Constitution d'office d'une AFU de restructuration urbaine. Quand une AFU a pour objet des remembrements ou regroupements de parcelles en vue d'une restructuration urbaine[8], elle peut être constituée d'office lorsque la disposition actuelle des parcelles compromettrait ou empêcherait la mise en œuvre d'un programme de restructuration urbaine d'un grand ensemble ou d'un quartier d'habitat dégradé mentionné au premier alinéa du 3 de l'article 42 de la loi du 4 février 1995[9, 10].

2°
Cas concernant indistinctement toutes les AFU quel que soit leur objet

542.181 Constitution d'office pour réparer le dommage résultant d'une servitude de vue. Quel que soit son objet, une AFU peut être constituée d'office afin de faire participer à la réparation du dommage direct, matériel et certain que peuvent supporter les propriétaires de parcelles frappées de servitudes *non aedificandi* édictées dans le but de réserver une vue, les propriétaires de parcelles qui bénéficient directement de cette servitude[11].

Dans ce cas, la commune est de droit membre de l'association[12].

B.
Procédure de constitution d'office d'une AFU

542.191 Renvoi au droit commun. En l'absence de dispositions spécifiques à la constitution d'office des AFU, celle-ci s'effectue dans les conditions posées par les articles 43 et suivants de l'ordonnance du 1er juillet 2004 relative aux associations syndicales de propriétaires[13].

C.
Effets de la création d'une AFUCO

542.201 Adhésion d'office de tous les propriétaires. La création d'une AFUCO emporte adhésion à celle-ci de tous les propriétaires de terrains situés dans son périmètre.

Aucun droit de délaissement n'est prévu. La seule possibilité offerte au propriétaire souhaitant se retirer d'une AFUCO consiste à vendre son terrain.

8. V. s[s] n° 542.26.
9. L. n° 95-115, 4 févr. 1995 d'orientation pour l'aménagement et le développement du territoire, *JO* 5 févr., p. 1973.
10. C. urb., art. L. 322-4, 5°.
11. C. urb., art. L. 322-4, 4°.
12. C. urb., art. L. 322-4, 4°.
13. Ord. n° 2004-632, 1er juill. 2004 relative aux associations syndicales de propriétaires, *JO* 2 juill., n° 13.

§ 4
Organisation et fonctionnement des AFUL, AFUA et AFUCO

A.
Organes des AFU

542.211 **Assemblée des propriétaires.** En application du droit commun des ASP, l'assemblée des propriétaires réunit les propriétaires de terrains situés dans le périmètre de l'association [1].

Lorsqu'un ou plusieurs des immeubles compris dans le périmètre d'une AFU sont régis par la loi du 10 juillet 1965 [2] fixant le statut de la copropriété des immeubles bâtis, les travaux sur lesquels porte l'objet de l'association sont réputés rendus obligatoires au sens du e de l'article 25 de ladite loi [3].

Dans chaque copropriété, les copropriétaires peuvent charger un ou plusieurs d'entre eux, un mandataire *ad hoc* ou le syndic de la copropriété, dûment mandaté, de les représenter à l'assemblée des propriétaires de l'association. Un même syndic ne peut être mandaté par les copropriétaires de plus d'une copropriété [4].

542.212 **Conseil du syndic.** L'organe portant le titre de « syndicat » pour les ASP de droit commun porte celui de « conseil du syndic » dans le cas des AFU [5].

Il est composé de membres élus par l'assemblée des propriétaires en son sein dans les conditions fixées par ses statuts [6].

542.213 **Président.** Le président et le vice-président sont élus par le syndicat parmi ses membres dans les conditions prévues par les statuts de l'association. Leur mandat s'achève avec celui des membres du syndicat. Le syndicat peut les révoquer en cas de manquement à leurs obligations [7].

Le président de l'AFU exerce les compétences définies par l'article 23 de l'ordonnance du 1er juillet 2004 [8] :

– il prépare et exécute les délibérations de l'assemblée des propriétaires et du syndicat ;

– il en convoque et préside les réunions ;

– il est le chef des services de l'association et son représentant légal ;

– il en est l'ordonnateur ;

– il peut déléguer certaines de ses attributions à un directeur nommé par lui et placé sous son autorité ;

– il élabore un rapport sur l'activité de l'association et sa situation financière.

Le président peut se faire assister par une personne physique ou morale, agissant en qualité de prestataire de services. Le contrat passé à cet effet définit les missions et le mode de rémunération du prestataire de services. Il est conclu dans les conditions définies par le décret du 3 mai 2006 [9, 10].

B.
Dispositions financières

542.221 **AFU bénéficiant d'une hypothèque légale sur les immeubles des associés pour le paiement de ses créances.** Les créances de toutes natures exigibles d'une AFU à l'encontre d'un associé, qu'il s'agisse de provisions ou de paiements définitifs, sont garanties par une hypothèque légale sur les immeubles de l'associé compris dans le périmètre de l'association. Les conditions d'inscription et de mainlevée de cette hypothèque sont celles qui sont prévues à l'article 19 de la loi du 10 juillet 1965 [11] fixant le statut de la copropriété des immeubles bâtis [12].

542.222 **AFU bénéficiant d'un droit d'opposition lors de la mutation d'un immeuble situé dans son périmètre.** Lors de la mutation à titre onéreux d'un bien compris dans une AFU, avis de la mutation doit être donné, dans les conditions prévues à l'article 20 de la loi précitée du 10 juillet 1965 [13], à l'association. Celle-ci peut en faire opposition dans les conditions prévues audit article pour obtenir le paiement des sommes restant dues par l'ancien propriétaire [14].

542.223 **Recouvrement des taxes des AFUA.** Le recouvrement des taxes des associations autorisées est fait comme en matière de contributions directes [15].

Toutefois, l'association a la faculté de décider que les règlements peuvent être faits, pour tout ou partie, par remise d'immeuble. Les personnes publiques, si elles en sont d'accord, peuvent également s'acquitter sous cette forme de leur contribution [16]. Lorsque l'association décide que les taxes sont réglées par remise d'immeubles, la délibération détermine les valeurs de référence. Une convention, passée entre l'association et l'associé, stipule notamment le mon-

1. Ord. n° 2004-632, 1er juill. 2004 relative aux associations syndicales de propriétaires, art. 19.
2. L. n° 65-557, 10 juill. 1965 fixant le statut de la copropriété des immeubles bâtis, *JO* 11 juill., p. 5950.
3. C. urb., art. L. 322-9-1, al. 1er.
4. C. urb., art. L. 322-9-1, al. 2.
5. C. urb., art. R. 322-2.
6. Ord. n° 2004-632, 1er juill. 2004, art. 21.
7. Ord. n° 2004-632, 1er juill. 2004, art. 22.
8. C. urb., art. L. 322-4-1.
9. Décr. n° 2006-504, 3 mai 2006 portant application de l'ordonnance n° 2004-632 du 1er juillet 2004 relative aux associations syndicales de propriétaires, *JO* 5 mai, n° 3.
10. C. urb., art. L. 322-4-1.
11. L. n° 65-557, 10 juill. 1965.
12. C. urb., art. L. 322-9, al. 1er.
13. L. précitée n° 65-557, 10 juill. 1965.
14. C. urb., art. L. 322-9, al. 2.
15. C. urb., art. L. 322-9-2, al. 1er.
16. C. urb., art. L. 322-9-2, al. 2.

tant des taxes dues et la valeur de l'immeuble cédé à l'association, ainsi que le délai dans lequel cette cession doit intervenir. Le receveur de l'association est tenu informé et veille, sous sa responsabilité, à l'exécution de la convention susvisée[1].

Si la remise d'immeuble n'est pas intervenue dans les délais prévus, le montant des taxes dues par le propriétaire est exigible immédiatement[2].

542.224 Règlement des dépenses de l'AFU sous forme de remise d'immeuble. Les règlements des dépenses de l'AFU peuvent être faits par remise d'immeuble, sous réserve de l'acceptation du créancier. Les modalités de règlement figurent au contrat créateur de la dépense[3].

C. Réalisation des travaux

542.231 Délégation de la maîtrise d'ouvrage. Sous réserve que les statuts de l'association le permettent, celle-ci peut déléguer la maîtrise d'ouvrage sur les travaux qu'elle a pour objet d'entreprendre. La convention prévoyant cette délégation doit être approuvée par l'assemblée des propriétaires[4].

542.232 Assistance technique. Une assistance technique peut être apportée aux AFU par l'État, des collectivités territoriales, des établissements publics ou des personnes privées, physiques ou morales[5], dans les conditions fixées à l'article R. 322-5. Il en résulte deux conséquences :

– d'une part, une personne publique ou privée ne peut prendre en charge tout ou partie des études nécessaires au fonctionnement d'une AFU que dans le cadre d'une convention passée avec le conseil des syndics et approuvée par l'assemblée générale[6] ;

– d'autre part, cette assistance technique autorise la personne qui l'a consentie à être représentée avec voix consultative aux délibérations de l'assemblée générale et du conseil des syndics ou, en cas d'association constituée d'office, à la commission administrative gérant l'association[7].

D. AFU constituée sous le régime de l'ordonnance du 31 décembre 1958

542.241 Possibilité de changement de régime. Les associations syndicales créées en application de l'ordonnance du 31 décembre 1958[8] continuent à être régies par les dispositions de ce texte jusqu'à l'achèvement des travaux pour l'exécution desquels elles ont été constituées. Toutefois, elles peuvent décider de se placer sous l'empire des dispositions des articles L. 322-1 à L. 322-10[9].

La décision est prise dans les conditions prévues par l'article 14 de l'ordonnance du 1er juillet 2004 ; son entrée en vigueur est subordonnée à la modification des statuts[10].

SECTION 3 L'AFU DE PROJET (AFUP)

§ 1 Présentation générale

542.251 Remembrement et aménagement. La formule de l'AFU de projet a été instaurée par la loi ALUR[11].

L'AFUP est une AFUA qui a pour objet de permettre la cession des terrains inclus dans son périmètre, après avoir réalisé un projet associant deux opérations[12] :

– une opération de remembrement (au sens des 1° et 2° de l'article L. 322-2) ;

– et une opération d'aménagement (au sens de l'article L. 300-1).

542.252 Régime. L'AFUP est régie par les dispositions applicables aux AFU[13] sous réserve des articles L. 322-13 à L. 322-16[14], exposés ci-dessous.

§ 2 Création de l'AFUP

542.261 Initiative de l'autorité publique. L'instauration d'une AFUP débute par une initiative d'une des deux autorités suivantes[15] :

– soit la commune ou l'EPCI compétent en matière de PLU (par délibération) ;

– soit le préfet dans le cadre d'une opération d'intérêt national (par arrêté).

1. C. urb., art. R. 322-38.
2. C. urb., art. L. 322-9-2, al. 3.
3. C. urb., art. L. 322-9-3.
4. C. urb., art. R. 322-40.
5. C. urb., art. L. 322-10.
6. C. urb., art. R. 322-5, al. 1er.
7. C. urb., art. R. 322-5, al. 2.
8. Ord. n° 58-1445, 31 déc. 1958 poursuite des infractions à la règlementation relative aux plans d'urbanisme, aux lotissements et à la décentralisation industrielle, *JO* 4 janv., p. 217.
9. C. urb., art. L. 322-11, al. 1er.
10. C. urb., art. L. 322-11, al. 2.
11. L. n° 2014-366, 24 mars 2014, art. 163.
12. C. urb., art. L. 322-12, al. 1er.
13. V. ss nos 542.11 s.
14. C. urb., art. L. 322-12, al. 2.
15. C. urb., art. L. 322-13, art. R. 322-4.

L'une ou l'autre de ces autorités peuvent délimiter des « périmètres de projet » au sein desquels les propriétaires fonciers sont incités à se regrouper en AFUP et les AFUP à mener leurs opérations de façon concertée[1].

Leur rôle de ces autorités consiste ainsi, fort de la vision globale qu'elles ont du territoire et de ses enjeux, à inviter des propriétaires à exploiter - dans l'intérêt général comme dans leur intérêt propre - les potentialités de leurs parcelles.

542.262 Demande des propriétaires. Les propriétaires intéressés à la création d'une AFUP adressent la demande d'autorisation à l'autorité administrative[2].

Le dossier de la demande de création comprend notamment le projet de statuts et le périmètre des opérations envisagé, qui peut intégrer tout ou partie des unités foncières sur lesquelles porte le projet de l'association. Les statuts doivent être conformes au second alinéa de l'article 7 de l'ordonnance du 1er juillet 2004[3] relative aux associations syndicales de propriétaires[4].

Une copie du dossier est transmise à la commune ou à l'EPCI compétent en matière de PLU, sur le territoire duquel est prévu le projet de l'association[5].

542.263 Enquête publique. L'autorité administrative soumet le projet de création de l'association à enquête publique, conformément à l'article 12 de l'ordonnance du 1er juillet 2004[6,7].

Le dossier d'enquête publique comprend les éléments prévus pour l'enquête publique précédant la constitution d'une AFUA[8]. À ce titre, il peut notamment comprendre, le cas échéant, les prescriptions mentionnées à l'article L. 322-6[9].

Il comporte également un projet d'aménagement, comprenant les éléments suivants[10] :

- ce projet d'aménagement présenté sous forme de plans, schémas ou coupes (1°) ;

- un rapport de présentation, qui expose l'objet et la justification de l'opération, comporte une description de l'état du site et de son environnement, indique le programme global des constructions à édifier dans la zone et, le cas échéant, son échéancier prévisionnel ; il énonce également les raisons pour lesquelles le projet a été retenu, au regard des règles d'urbanisme en vigueur sur le territoire de la commune ou de l'établissement public de coopération intercommunale compétent en matière de PLU, des orientations du plan local de l'habitat, lorsqu'il existe, et de l'insertion dans l'environnement naturel ou urbain (2°) ;

- le cas échéant, un programme prévisionnel des équipements publics à réaliser pour répondre aux besoins des futurs habitants ou usagers des constructions à édifier dans la zone (3°) ;

- un bilan financier prévisionnel, comportant, le cas échéant, les modalités de participation aux équipements publics (4°).

542.264 Avis ou accord de l'organe délibérant de la commune ou de l'EPCI. L'AFUP ayant la nature d'une AFUA, l'acte autorisant sa création doit être précédé, selon les cas, de l'avis ou de l'accord de la commune ou de l'EPCI compétent en matière de PLU[11].

542.265 Autorisation de l'AFUP. Après enquête publique, l'autorité administrative peut, après avoir recueilli l'accord du conseil municipal ou de l'organe délibérant de l'EPCI, autoriser la création de l'association foncière urbaine[12].

Lorsque le projet de l'association est prévu dans le cadre d'une OIN, l'autorité administrative peut, sur avis du conseil municipal ou de l'organe délibérant de l'EPCI, autoriser la création de l'AFUP[13].

L'AFUP ayant la nature d'une AFUA, l'acte de création peut imposer des prescriptions[14].

L'acte autorisant la création de l'AFUP est publié, affiché dans chaque commune sur le territoire de laquelle s'étend le périmètre de l'association et notifié aux propriétaires[15].

§ 3
Modification des conditions initiales d'une AFUP

A.
Principe : renvoi au droit commun

542.271 Renvoi à l'ordonnance du 1er juillet 2004. Le code[16] prévoit que les dispositions relatives à la modification des conditions initiales de l'AFUP sont régies par la section 1 du chapitre IV du titre III de l'ordonnance du 1er juillet 2004[17].

1. C. urb., art. L. 322-13.
2. C. urb., art. L. 322-14, al. 1er.
3. Ord. no 2004-632, 1er juill. 2004.
4. C. urb., art. L. 322-14, al. 2.
5. C. urb., art. L. 322-14, al. 3.
6. Ord. no 2004-632, 1er juill. 2004.
7. C. urb., at. L. 322-15, al. 1er.
8. C. urb., at. L. 322-15, al. 1er – V. ss no 542.301.
9. V. ss nos 542.321 s. (projet de remembrement et détermination des ouvrages soumis à destruction ou changement d'usage).
10. C. urb., art. R. 332-6-1.
11. C. urb., art. L. 322-15, al. 2 – V. ss nos 542.91 s.
12. C. urb., art. L. 322-15, al. 2.
13. C. urb., art. L. 322-15, al. 3.
14. V. ss no 542.352.
15. C. urb., art. L. 322-15, al. 4.
16. C. urb., art. L. 322-16, al. 1er.
17. Ord. no 2004-632, 1er juill. 2004.

B. Dérogation au droit commun pour permettre la distraction d'un terrain aménagé inclus dans le périmètre d'une AFUP

542.281 **Statuts pouvant autoriser la distraction de terrains.** Par dérogation aux dispositions de l'ordonnance du 1er juillet 2004, les statuts peuvent prévoir la possibilité pour l'assemblée générale de l'AFUP d'approuver la distraction de terrains à vendre du périmètre de l'association [1].

L'hypothèse concerne la situation dans laquelle un membre de l'association souhaite vendre tout ou partie de ses terrains aménagés à un acquéreur qui ne veut pas être inclus dans le périmètre de l'AFUP et souhaite les distraire du périmètre de l'association.

Les statuts peuvent ainsi prévoir que l'AFUP autorise la distraction des terrains à vendre du périmètre de l'association et fixe les conditions financières dans lesquelles le vendeur reste redevable des emprunts et des participations prévues.

542.282 **Proposition de distraction.** Un membre de l'association souhaitant vendre tout ou partie de ses terrains aménagés à un acquéreur qui ne veut pas être inclus dans le périmètre de l'AFUP peut adresser une demande de distraction dans les conditions prévues par les statuts de l'association [2].

La proposition de distraction est soumise à l'assemblée générale des propriétaires [3].

542.283 **Exigence de majorité qualifiée.** L'assemblée générale des propriétaires se prononce dans les conditions de majorité qualifiée prévues au deuxième alinéa de l'article L. 322-16 [4], c'est-à-dire :

- soit à la majorité des propriétaires représentant au moins les deux tiers de la superficie des terrains de l'association ;

- soit par au moins les deux tiers des propriétaires représentant plus de la moitié des superficies des terrains.

Cette mesure n'a pas à être précédée d'une enquête publique préalable.

542.284 **Exigence de majorité simple si la distraction porte sur une surface représentant moins du dixième de la surface incluse dans le périmètre de l'association.** Si la proposition de distraction porte sur une surface représentant moins du dixième de la surface incluse dans le périmètre de l'association, la décision de distraction est prise à la majorité des propriétaires membres de l'association [5].

542.285 **Modification.** Selon le code de l'urbanisme [6], la délibération de l'assemblée des propriétaires est transmise à l'autorité administrative (qui a autorisé l'AFUP) qui modifie en conséquence le périmètre par acte publié et notifié dans les conditions prévues à l'article 13 du décret du 3 mai 2006 [7].

SECTION 4 RÈGLES PARTICULIÈRES APPLICABLES AUX AFU EN FONCTION DE LEUR OBJET

542.291 **Règles adaptées à l'objet.** La vocation des AFU consiste à réaliser l'objet en vue duquel elles ont été constituées. Compte tenu de la diversité de ces objets, des règles spécifiques ont été définies pour chaque catégorie d'AFU tant en ce qui concerne leur constitution que la réalisation de leur objet.

§ 1 Règles particulières aux AFU de remembrement

A. Constitution des AFU de remembrement (dossier d'enquête publique)

542.301 **Dossier d'enquête publique pour la constitution d'une AFU de remembrement libre.** Le dossier soumis à l'enquête publique inclut les éléments suivants [8] :

- un projet d'acte d'association ;

- un plan parcellaire indiquant le tracé du ou des périmètres intéressés, accompagné de l'état des propriétaires de chaque parcelle avant remembrement ;

- une notice explicative de l'utilité du remembrement des propriétés pour parvenir à une meilleure utilisation du sol eu égard notamment aux prescriptions d'urbanisme ;

- une estimation du coût des études déjà réalisées et à prévoir ;

- le cas échéant, le projet d'aménagement à exécuter par l'association et son estimation sommaire ainsi qu'une étude d'impact, lorsque celle-ci est requise en application de l'article R. 122-2 du code de l'environnement.

1. C. urb., art. L. 322-16, al. 2.
2. C. urb., art. R. 322-19-1, al. 1er.
3. C. urb., art. R. 322-19-1, al. 2.
4. C. urb., art. R. 322-19-1, al. 2.
5. C. urb. (C. urb., art. L. 322-16, al. 3 ; art. R. 322-19-1, al. 3.
6. C. urb., art. L. 322-16, al. 4 ; art. R. 322-19-2.
7. Décr. n° 2006-504, 3 mai 2006.
8. C. urb., art. R. 322-6.

542.302 Dossier d'enquête publique pour la constitution d'office d'une AFU de remembrement. Lorsqu'il peut être fait application de l'article L. 322-4, 1° (constitution d'office d'une AFU de remembrement[1]), le projet d'arrêté du préfet portant constitution d'office d'une AFU est joint au dossier d'enquête sur la constitution de l'association autorisée en vue de recueillir les observations éventuelles des intéressés[2].

À ce projet, qui comporte les indications mentionnées à l'article 7 du décret du 3 mai 2006[3], sont joints les éléments suivants[4] :

- une notice explicative justifiant l'application de l'article L. 322-4, 1° ;
- le cas échéant des extraits du PLU et du règlement d'urbanisme applicables ;
- une estimation du coût de l'opération.

B. Réalisation de l'objet de l'AFU de remembrement

542.311 Objet. L'AFU de remembrement a pour objet la redistribution des propriétés urbaines :

- soit en elle-même (hypothèse correspondant au 1° de l'article L. 322-2[5]) ;
- soit en vue d'une restructuration urbaine (hypothèse correspondant au 6° de l'article L. 322-2[6]).

542.312 Régime du lotissement pour les AFUL. Les AFUL de remembrement suivent le régime applicable aux lotissements. La mise en œuvre des opérations est donc subordonnée à l'obtention préalable d'un permis d'aménager lorsqu'est prévue la réalisation de voies ou espaces communs[7].

542.313 Régime spécifique pour les AFUA et AFUCO. Les AFUA et AFUCO de remembrement ne sont pas soumis à la réglementation sur les lotissements[8]. Les opérations sont régies par des dispositions propres exposées ci-dessous.

1. V. s^s n° 542.171.
2. C. urb., art. R. 322-23, al. 1er.
3. Décr. n° 2006-504, 3 mai 2006.
4. C. urb., art. R. 322-23, al. 2 à 4.
5. V. s^s n° 542.22.
6. V. s^s n° 542.26.
7. C. urb., art. R. 421-19, b.
8. C. urb., art. R. 441-1, b, excluant de la notion de lotissement les divisions effectuées dans le cadre d'une opération de remembrement réalisée par une AFUA ou AFUCO ; – également, le confirmant pour les AFUCO : C. urb., art. R. 322-24, al. 1er.

1° Première étape : établissement du projet de remembrement et détermination des ouvrages soumis à destruction ou changement d'usage

542.321 Deux éléments. Il appartient à l'association[9] :

- d'une part de déterminer les bâtiments ou les ouvrages dont le remembrement nécessite soit la destruction soit le changement de l'usage éventuellement après réparation, aménagement ou transformation (a) ;
- d'autre part d'établir le projet de remembrement (b).

Les dispositions du deuxième alinéa a) de l'article L. 322-7 sont, le cas échéant, applicables aux AFU dont l'objet porte sur des travaux spécifiés au 6° de l'article L. 322-2[10].

a. Détermination des ouvrages soumis à destruction ou changement d'usage

542.331 Détermination. L'association détermine les bâtiments ou les ouvrages dont le remembrement nécessite soit la destruction soit le changement de l'usage éventuellement après réparation, aménagement ou transformation[11].

542.332 Mode de cession. Les bâtiments ou ouvrages concernés peuvent être cédés à l'amiable. Dans ce cas, l'acte amiable portant cession du bâtiment ou de l'ouvrage à l'association produit les mêmes effets que l'acte de cession amiable en matière d'expropriation en ce qui concerne l'extinction des droits réels et personnels[12].

À défaut d'accord amiable des propriétaires sur leur cession, ces bâtiments ou ouvrages font l'objet d'une expropriation dans les conditions fixées par le code de l'expropriation[13].

b. Établissement du projet de remembrement

542.341 Projet. L'association établit le projet de remembrement[14].

542.342 Étape préalable : connaissance de l'état du foncier. En vue de l'établissement du projet de remembrement, le président de l'association requiert le service de la publicité foncière de lui délivrer dans

9. C. urb., art. L. 322-6.
10. AFU de remembrement pour une restructuration urbaine, v. s^s n° 542.26 – C. urb., art. L. 322-6, al. 12 – V. s^s n° 542.26 (AFU de remembrement pour une restructuration urbaine).
11. C. urb., art. L. 322-6, a.
12. C. urb., art. L. 322-6, al. 3.
13. C. urb., art. L. 322-6, al. 3.
14. C. urb., art. L. 322-6, b.

les trois mois pour chacun des immeubles compris dans le périmètre de remembrement les renseignements suivants :

– les actes et décisions judiciaires publiés au fichier immobilier portant ou constatant mutation de ces immeubles ou constatant l'existence de saisies, résolutions, restrictions au droit de disposer et, en général, de tous droits réels ou personnels [1] ;

– les inscriptions d'hypothèques grevant lesdits immeubles, le tout, du chef tant des propriétaires désignés dans la réquisition que de toute autre personne devenue propriétaire et révélée par les actes et décisions judiciaires visés au 1° [2].

Il le requiert, en outre, de lui délivrer des renseignements complémentaires, au fur et à mesure qu'interviennent jusqu'à la date de clôture des opérations de remembrement, de nouvelles formalités de publicité de la nature de celles qui sont énoncées à l'alinéa qui précède et qui concernent les mêmes immeubles [3].

Les derniers extraits doivent être délivrés au plus tard dans les quinze jours qui suivent la date de clôture des opérations de remembrement [4].

542.343 Critères présidant à l'élaboration du projet. Le projet de remembrement est établi dans l'intérêt commun eu égard aux possibilités d'utilisation du sol à l'intérieur du périmètre de remembrement [5].

Saisi d'un recours contre l'arrêté préfectoral approuvant un plan de remembrement urbain, le juge administratif vérifie qu'une parcelle a été à bon droit classée par le conseil des syndics de l'AFU dans une catégorie regroupant les terrains partiellement viabilisés. Il vérifie également, au regard du principe d'égalité, que les critères retenus par l'association foncière urbaine assurent une répartition équitable des droits des propriétaires [6].

542.344 Transmission du projet à l'autorité administrative. Après établissement du projet, l'association le transmet au préfet [7].

2°
Deuxième étape : appréciation de l'autorité administrative et recueil de l'avis ou de l'accord

542.351 Recueil de l'avis ou de l'accord. Le préfet recueille, préalablement à l'approbation du plan de remembrement, l'accord de l'assemblée délibérante de l'autorité compétente en matière de PLU lorsque la commune concernée est couverte par un PLU. Cet accord porte sur le plan de remembrement et sur les prescriptions d'urbanisme propres à l'opération. Dans les autres cas, ou si l'association est située à l'intérieur d'un périmètre d'opération d'intérêt national, le préfet recueille l'avis de l'assemblée délibérante [8].

Le préfet saisit, dans un délai de quinze jours, le maire ou le président de l'EPCI en vue de recueillir l'accord ou l'avis de l'organe délibérant. L'accord est réputé acquis ou, le cas échéant, l'avis est réputé favorable au terme d'un délai de deux mois à compter de la réception du projet de remembrement [9].

Cette formalité n'est pas obligatoire si l'accord ou l'avis est joint au projet [10].

542.352 Vérification de la compatibilité du projet avec la réglementation d'urbanisme et ajout de prescriptions. Le préfet vérifie la compatibilité du projet avec la réglementation de l'urbanisme [11].

Il impose, en tant que de besoin, des prescriptions propres à l'opération, en complément de la réglementation d'urbanisme applicable à la zone considérée [12]. Ces prescriptions peuvent être édictées par le préfet, soit à son initiative, soit à la demande de la commune, soit à celle de l'association.

Ces prescriptions deviennent caduques au terme de dix années à compter de l'arrêté mentionné à l'article R. 322-17 approuvant le plan de remembrement, si à cette date, le périmètre de l'association est couvert par un PLU ou un document d'urbanisme en tenant lieu [13].

Si le projet est compatible avec les règles d'urbanisme applicables, le préfet le soumet, avec les prescriptions, à une enquête publique réalisée conformément au code de l'expropriation [14].

542.353 Information des membres sur les règles de construction. Le secrétariat de l'association doit tenir à la disposition des associés [15] :

– les documents d'urbanisme indiquant les possibilités d'utilisation du sol à l'intérieur du périmètre de remembrement, ainsi éventuellement que les disciplines d'architecture à respecter par les constructeurs ;

– les prescriptions d'urbanisme propres à l'opération qu'il est envisagé d'apporter (en application du cinquième alinéa de l'article L. 322-6).

1. C. urb., art. R. 322-7, 1°.
2. C. urb., art. R. 322-7, 2° ; mod. par décr. n° 2021-1888, 29 déc. 2021.
3. C. urb., art. R. 322-7, al. 4.
4. C. urb., art. R. 322-7, al. 5.
5. C. urb., art. R. 322-8, al. 1er.
6. CE 13 mai 1996, *Min. Équipement, Logement, Aménagement du territoire et Transports et a. c/Abraham et a.*, req. n° 90586, *Lebon.*
7. C. urb., art. L. 322-6, b ; art. R. 322-8, al. 2.
8. C. urb., art. L. 322-6-1.
9. C. urb., art. R. 322-8, al. 2.
10. C. urb., art. R. 322-8, al. 2.
11. C. urb., art. L. 322-6, b.
12. C. urb., art. L. 322-6, al. 5.
13. C. urb., art. R. 322-10, al. 13.
14. C. urb., art. L. 322-6, b ; art. R. 322-8, al. 2.
15. C. urb., art. R. 322-8-1.

3°
Troisième étape : enquête publique portant sur le projet de remembrement

a.
Cadre de l'enquête publique

542.361 **Régime de l'enquête publique.** L'enquête publique prévue a lieu dans les formes prévues au titre III du livre Ier du code de l'expropriation[1].

542.362 **Délai pour ouvrir l'enquête publique.** L'enquête publique est ouverte dans le délai de trois mois à compter de l'accord ou de l'avis ou, si l'accord ou l'avis est joint au projet, à compter de la transmission du projet au préfet[2].

b.
Dossier d'enquête publique

542.371 **Éléments devant figurer dans tout dossier.** Le dossier mis à l'enquête comporte au moins les éléments suivant[3] :

– le plan et l'état parcellaires avant remembrement désignant les immeubles, conformément à l'article 7 du décret du 4 janvier 1955[4] modifié avec l'indication des charges, servitudes et autres droits réels grevant les parcelles et les bâtiments (1°) ;

– une notice rappelant les dispositions des articles L. 322-6 et R. 322-9 (2°) ;

– une notice sur le mode d'évaluation des valeurs des parcelles avant remembrement (3°) ;

– un état des valeurs des parcelles avant remembrement et des quotes-parts de ces valeurs en cas de copropriété (4°) ;

– un état des constructions à démolir (5°) ;

– le plan et l'état parcellaires après remembrement désignant les immeubles conformément à l'article 7 du décret du 4 janvier 1955[5] modifié avec l'indication des charges, servitudes et autres droits réels à maintenir, reporter ou instituer (6°) ;

– une notice sur le mode d'évaluation des valeurs des parcelles après remembrement (7°) ;

– un état des valeurs des parcelles après remembrement ou des quotes-parts de ces valeurs en cas de copropriété (8°) ;

– le tableau comparatif par propriétaires avant et après remembrement des valeurs respectives des parcelles ou des quotes-parts de ces valeurs en cas de copropriété, avec l'indication des soultes (9°) ;

– un état des terrains faisant l'objet avant remembrement d'une affectation à des usages publics et un état des terrains à affecter après remembrement à ces mêmes usages (10°) ;

– un état des dépenses faites ou à faire comprenant, le cas échéant, le coût d'acquisition et de démolition des bâtiments ou ouvrages dont la destruction est indispensable au remembrement et les propositions d'indemnisation en ce qui concerne les droits réels et personnels éteints en application de l'article L. 322-6 (11°) ;

– les prescriptions propres à l'opération, en complément de la réglementation d'urbanisme applicable (12°).

542.372 **Éléments supplémentaires devant figurer dans le dossier dans le cas des AFUP.** Dans le cas d'une AFUP, le dossier comporte également les éléments suivants[6] :

– la composition et l'organisation du projet, la prise en compte des constructions ou paysages avoisinants, le traitement minéral et végétal des voies et espaces publics et collectifs et les solutions retenues pour le stationnement des véhicules (1°) ;

– l'organisation et l'aménagement des accès au projet (2°) ;

– le traitement des parties du terrain situées en limite du projet (3°) ;

– les équipements à usage collectif et notamment ceux liés à la collecte des déchets (4°) ;

– un plan de l'état actuel du terrain remembré à aménager et de ses abords faisant apparaître les constructions et les plantations existantes, les équipements publics qui desservent le terrain (5°) ;

– un plan coté dans les trois dimensions faisant apparaître la composition d'ensemble du projet et les plantations à conserver ou à créer (6°).

c.
Examen des observations par le conseil des syndics

542.381 **Transmission du dossier à l'AFU.** À l'issue de l'enquête, dans un délai de quinze jours à compter de la réception du rapport du commissaire-enquêteur, le préfet renvoie le dossier au président de l'association et porte à sa connaissance les observations présentées[7].

542.382 **Décision du conseil des syndics.** Le conseil des syndics prend une décision relativement aux observations transmises. La décision est motivée. Elle est notifiée aux intéressés par LRAR[8].

La notification doit, à peine de nullité, contenir l'indication du délai et reproduire, en caractères apparents, les dispositions de l'alinéa 10[9].

1. C. urb., art. R. 322-10, al. 1er.
2. C. urb., art. R. 322-8, al. 3.
3. C. urb., art. R. 322-10, al. 2 à 13.
4. Décr. n° 55-22, 4 janv. 1955 portant réforme de la publicité foncière, *JO* 7 janv., p. 346.
5. Décr. n° 55-22, 4 janv. 1955.
6. C. urb., art. R. 322-10-1.
7. C. urb., art. R. 322-11, al. 1er.
8. C. urb., art. R. 322-11, al. 5 ; art. L. 322-6, al. 8.
9. C. urb., art. L. 322-6, al. 11.

S'agissant de son régime contentieux, la décision est seulement susceptible d'être contestée directement devant le juge de l'expropriation en ce qu'elle porte sur l'évaluation des parcelles remembrées, ou les privilèges, hypothèques ou autres droits réels qui les affectent. Elle n'est pas susceptible de faire l'objet d'un recours en excès de pouvoir dès lors qu'elle revêt le caractère d'une mesure préparatoire de l'arrêté par lequel le préfet, après que le juge de l'expropriation a statué sur les contestations dont il a été saisi et que le conseil des syndics, au vu des décisions judiciaires, a modifié le plan, approuve le plan de remembrement. Son illégalité peut cependant être invoquée à l'appui d'une demande d'annulation de l'arrêté préfectoral [1].

542.383 Intervention le cas échéant du juge de l'expropriation. La juridiction de l'expropriation est compétente pour statuer sur les contestations relatives à l'évaluation des parcelles remembrées [2]. Elle statue aussi sur les contestations soulevées à l'occasion du remembrement et afférentes aux privilèges, hypothèques et autres droits réels [3].

La juridiction de l'expropriation est saisie par les intéressés par LRAR adressée au secrétariat de la juridiction [4].

Les intéressés disposent d'un délai de deux mois pour saisir la juridiction [5]. Faute d'avoir saisi la juridiction dans ce délai, les intéressés sont réputés avoir accepté l'évaluation des parcelles remembrées et avoir renoncé à toutes contestations relatives aux privilèges, hypothèques et autres droits réels [6].

Les requérants doivent simultanément adresser une copie de cette lettre au président de l'association qui dispose alors d'un délai de quinze jours pour transmettre au juge le projet de remembrement [7].

Une fois la demande introduite, il est procédé comme en matière d'expropriation [8]. Les réclamations des intéressés et la décision motivée du conseil des syndics sont soumises aux mêmes règles de procédure que les demandes, offres et mémoires prévus par le livre III du code de l'expropriation [9].

d.
Possibilité de scinder l'enquête publique en deux

542.391 Faculté offerte au conseil des syndics. Le conseil des syndics peut décider de scinder l'instruction du projet de remembrement en deux étapes de manière que la fixation définitive des valeurs des parcelles anciennes puisse intervenir avant la mise à l'enquête du projet de redistribution parcellaire [10].

542.392 Première enquête sur la valeur des anciennes parcelles. Lorsque le conseil des syndics utilise la faculté de scission de l'enquête publique, il saisit le préfet aux fins d'ouverture d'une première enquête sur la fixation des valeurs des parcelles anciennes [11].

Le dossier mis à l'enquête comporte les pièces énumérées aux 1° à 5°, 11° et 12° de l'article R. 322-10 [12].

542.393 Seconde enquête sur la redistribution parcellaire et les valeurs des nouvelles parcelles. La seconde enquête porte sur la redistribution parcellaire et les valeurs des nouvelles parcelles. Elle est ouverte lorsque les valeurs des parcelles anciennes ont fait l'objet de décisions définitives. Le dossier mis à l'enquête comporte les pièces énumérées aux 6° à 10° de l'article R. 322-10 [13].

542.394 Examen des observations par le conseil des syndics. En cas d'observations formulées au cours de l'une ou de l'autre de ces enquêtes, il est procédé comme il est dit aux articles R. 322-11 et R. 322-12 [14].

4°
Quatrième étape : adoption du plan de remembrement

a.
Plan de remembrement arrêté par le conseil des syndics

542.401 Contenu. Le plan de remembrement arrêté par le conseil des syndics après rectification, le cas échéant, en exécution de décisions judiciaires devenues définitives, comprend les éléments suivants :

– les plans et états parcellaires nouveaux désignant les immeubles conformément à l'article 7 du décret du 4 janvier 1955 [15] modifié et indiquant le cas échéant les bâtiments ou ouvrages à conserver [16] ;

– un tableau pour chaque propriétaire des parcelles ou quotes-parts de parcelles avant et après remembrement, avec l'indication des soultes ; dans le cas où des créanciers hypothécaires ou privilégiés ont été révélés avant la clôture de l'enquête ce tableau

1. CE 13 mai 1996, *Min. Équipement, Logement, Aménagement du territoire et Transports et a. c/Abraham et a.*, req. n° 90586, *Lebon*.
2. Prévue à l'article L. 311-5 du code de l'expropriation.
3. C. urb., art. L. 322-6, al. 8.
4. C. urb., art. R. 322-12, al. 1er.
5. C. urb., art. L. 322-6, al. 9.
6. C. urb., art. L. 322-6, al. 10.
7. C. urb., art. R. 322-12, al. 1er.
8. Sur ces règles, v. ss nos 424.771 s.
9. C. urb., art. R. 322-12, al. 2.
10. C. urb., art. R. 322-14, al. 1er.
11. C. urb., art. R. 322-14, al. 2.
12. C. urb., art. R. 322-14, al. 2 – V. ss n° 542.371.
13. C. urb., art. R. 322-14, al. 3 – V. ss n° 542.371.
14. C. urb., art. R. 322-14, al. 4 – Sur ces dispositions, v. ss nos 542.381 s.
15. Décr. n° 55-22, 4 janv. 1955.
16. C. urb., art. R. 322-15, 1°.

doit faire apparaître les concordances nécessaires à l'application de l'article R. 322-9 [1] ;

- le cas échéant, un état des droits réels qui seront éteints par l'arrêté du préfet prévu à l'article R. 322-17 moyennant indemnité due par l'association [2] ;

- le cas échéant, un état des droits réels, à l'exception des hypothèques, reportés ou attribués sur les parcelles après remembrement [3] ;

- le cas échéant, un état des bâtiments ou ouvrages, d'une part, à conserver, d'autre part, restant à détruire par l'association [4] ;

- les prescriptions propres à l'opération en complément de la réglementation d'urbanisme applicable [5].

542.402 **Publicité foncière.** Le tableau et les états mentionnés aux 2° à 5° ci-dessus sont, en vue de la publicité foncière, soumis à des règles de forme précisées à l'article R. 322-20 [6].

542.403 **Mise en concordance du cadastre et du fichier immobilier.** Le président de l'association se conforme aux dispositions prises en application de l'article 29 du décret du 14 octobre 1955 [7] modifié pour assurer la concordance du cadastre et du fichier immobilier [8].

b. Transmission au préfet

542.411 **Envoi.** Le plan de remembrement arrêté par le conseil des syndics [9] est envoyé au préfet [10].

542.412 **Consultation des services compétents.** Le préfet consulte en tant que de besoin les autorités et services publics habilités à demander que soient prescrites les contributions mentionnées à l'article L. 332-12. À défaut de réponse dans le délai d'un mois, ces autorités et services publics sont réputés n'avoir aucune proposition de contribution à formuler [11].

c. Arrêté préfectoral

542.421 **Éléments principaux.** Par arrêté, le préfet [12] :

- approuve le plan de remembrement de l'AFU, qui demeure annexé à l'arrêté ;

- prononce les transferts et attributions de propriétés ainsi que les reports et attributions de droits réels qui résultent de ce plan ;

- prononce la clôture des opérations de remembrement.

542.422 **Éléments financiers.** L'arrêté énumère celles des contributions prévues à l'article L. 332-12 qu'il met, le cas échéant, à la charge de l'AFU de remembrement [13].

Dans le cas où sont exigées la participation pour le financement d'équipements publics exceptionnels [14], l'arrêté en fixe le montant et énonce le mode d'évaluation de ce dernier [15].

Lorsque la participation forfaitaire inclut le versement de la participation prévue à l'article L. 332-9 dans sa rédaction antérieure à l'entrée en vigueur de la loi du 29 décembre 2010 [16] de finances rectificative pour 2010, dans les programmes d'aménagement d'ensemble et que l'association s'en acquitte en tout ou en partie, conformément à l'article L. 332-10 dans sa rédaction antérieure à l'entrée en vigueur de la loi du 29 décembre 2010 [17] de finances rectificative pour 2010, sous forme d'exécution de travaux ou d'apport de terrain [18], l'arrêté mentionne [19] :

- d'une part, les caractéristiques de travaux et leur valeur déterminées d'un commun accord par l'association et le préfet ;

- et, d'autre part, la superficie des terrains à apporter ainsi que leur valeur déterminée par le directeur départemental ou, le cas échéant, régional des finances publiques.

542.423 **Délai d'adoption.** L'arrêté préfectoral intervient dans un délai de deux mois à compter de la réception du plan de remembrement par le préfet [20].

Toutefois, dans le cas où il est envisagé de modifier les prescriptions d'urbanisme propres à l'opération qui ont été soumises à l'enquête publique, l'approbation du plan de remembrement ne peut intervenir qu'après que le conseil municipal a été de nouveau saisi dans les conditions prévues à l'article R. 322-8 [21].

542.424 **Publicité de l'arrêté.** L'arrêté du préfet est remis sur émargement au président de l'associa-

1. C. urb., art. R. 322-15, 2°.
2. C. urb., art. R. 322-15, 3°.
3. C. urb., art. R. 322-15, 4° ; mod. par décr. n° 2021-1888, 29 déc. 2021.
4. C. urb., art. R. 322-15, 5°.
5. C. urb., art. R. 322-15, 6°.
6. C. urb., art. R. 322-15, al. 8 – V. s^s n° 542.425.
7. Décr. n° 55-1350, 14 oct. 1955.
8. C. urb., art. R. 322-16.
9. V. ss n° 542.401.
10. C. urb., art. R. 322-17, al. 1er.
11. C. urb., art. R. 322-17, al. 2.
12. C. urb., art. R. 322-17, al. 3 à 7 ; art. L. 322-6, al. 5.
13. C. urb., art. R. 322-17, al. 8.
14. V. ss nos 553.11 s.
15. C. urb., art. R. 322-17, al. 9.
16. L. n° 2010-1658, 29 déc. 2010 de finances rectificative pour 2010, *JO* 30 déc., n° 2.
17. L. n° 2010-1658, 29 déc. 2010.
18. V. ss n° 551.23.
19. C. urb., art. R. 322-17, al. 10 à 12.
20. C. urb., art. R. 322-17, al. 13.
21. C. urb., art. R. 322-17, al. 13.

tion le jour même de sa signature en vue des mesures de publicité foncière[1].

Il est, en outre, publié au recueil des actes administratifs et, pendant un délai de deux mois à compter de cette publication, toute personne intéressée peut prendre connaissance du plan de remembrement approuvé qui est déposé en mairie[2].

Le président de l'association notifie, par LRAR, aux titulaires de droits réels autres que les créanciers hypothécaires ou privilégiés l'extrait du plan de remembrement approuvé par le préfet qui les concerne[3].

542.425 **Mesures de publicité foncière.** À la date de clôture des opérations de remembrement et nonobstant tout recours juridictionnel, le président de l'association requiert le service de la publicité foncière de publier l'arrêté préfectoral qui prononce les transferts et attributions de propriété et les reports et attributions de droits réels ainsi que, le cas échéant, les prescriptions propres à l'opération mentionnées à l'article R. 322-15-6°[4].

À cet effet, il dépose, outre une copie, trois expéditions certifiées exactement collationnées, dont l'une est établie sur une formule du modèle arrêté par le directeur général des finances publiques et le directeur chargé de l'urbanisme, de l'arrêté ainsi que du tableau et des états prévus aux 2° à 5° de l'article R. 322-15 annexés audit arrêté[5].

La désignation des immeubles est faite conformément à l'article 7 du décret du 4 janvier 1955[6] modifié[7].

La désignation des propriétaires et des autres titulaires de droits réels est faite conformément aux articles 5 et 6 du décret du 4 janvier 1955[8] modifié et certifiée dans les conditions prévues aux articles 38, 81 et 82 du décret du 14 octobre 1955[9] modifié sous peine de refus de dépôt[10].

Pour assurer le renouvellement de la publicité prévu à l'article L. 322-6, l'énumération des droits réels reportés est complétée sous la même sanction, par l'indication des actes ou décisions judiciaires qui leur ont donné naissance, avec les références (date, volume, numéro) des formalités exécutées au fichier immobilier[11].

1. C. urb., art. R. 322-18, al. 1er.
2. C. urb., art. R. 322-18, al. 2.
3. C. urb., art. R. 322-18, al. 3.
4. C. urb., art. R. 322-20, al. 1er.
5. C. urb., art. R. 322-20, al. 2.
6. Décr. n° 55-22, 4 janv. 1955.
7. C. urb., art. R. 322-20, al. 3.
8. Décr. n° 55-22, 4 janv. 1955.
9. Décr. n° 55-1350, 14 oct. 1955.
10. C. urb., art. R. 322-20, al. 4.
11. C. urb., art. R. 322-20, al. 5.

5°
Effets de l'arrêté préfectoral approuvant le plan de remembrement

a.
Extinction des droits réels sous réserve de report

542.431 **Principe d'extinction des servitudes et droits réels.** L'arrêté préfectoral éteint par lui-même et à sa date, pour les immeubles qu'il concerne, les servitudes ainsi que les droits réels conférés aux preneurs par les baux à construction et les baux emphytéotiques, moyennant indemnité due par l'association foncière urbaine et fixée, à défaut d'accord amiable, comme en matière d'expropriation[12]. Cet arrêté produit les mêmes effets à l'égard des autres droits réels[13].

Toutefois, ces droits peuvent être reportés sur les immeubles ou droits indivis de propriété après remembrement[14].

542.432 **Possibilité de report de droits réels.** Les droits réels peuvent être reportés à condition que leur publicité soit renouvelée[15].

Lorsque les droits réels dont sont grevés séparément plusieurs immeubles appartenant à un même propriétaire sont reportés sur l'immeuble ou les immeubles transférés ou attribués à ce propriétaire après remembrement, ces droits s'exercent selon les besoins sur la totalité, une quote-part ou une fraction matérielle de l'immeuble ou des immeubles expressément désignés. Les quotes-parts et les fractions matérielles sont déterminées compte tenu de la valeur relative de chacun des immeubles qui étaient grevés des droits réels reportés[16].

Les droits réels reportés conservent l'ordre qu'ils avaient sur les immeubles qu'ils grevaient antérieurement[17].

b.
Renouvellement des inscriptions hypothécaires et privilèges

542.441 **Informations des détenteurs d'hypothèques ou privilèges sur les biens concernés.** Dès la clôture des opérations de remembrement et au plus tard quinze jours après la délivrance des derniers extraits prévus à l'article R. 322-7, dernier alinéa, le président de l'AFU notifie une information à tous les titulaires de créances hypothécaires ou privilégiées inscrites[18].

12. C. urb., art. L. 322-6, al. 6. Sur ces règles, v. ss nos 424.771 s.
13. C. urb., art. L. 322-6, al. 6.
14. C. urb., art. L. 322-6, al. 6.
15. C. urb., art. L. 322-6, al. 6 – V. ss n° 542.425.
16. C. urb., art. R. 322-9, al. 1er.
17. C. urb., art. L. 322-6, al. 6.
18. C. urb., art. R. 322-21, I, al. 1er.

La notification est faite par LRAR[1] au domicile élu par le créancier dans les documents déposés au service de la publicité foncière ou, à défaut de domicile élu, au domicile indiqué dans ces documents[2].

Elle informe les intéressés que, par application de l'article L. 322-6[3] :

- les inscriptions prises sur les immeubles compris dans le périmètre de remembrement avant la clôture des opérations se trouvent périmées du jour de cette clôture en tant qu'elles grèvent lesdits immeubles ;

- et qu'il leur appartient de procéder au renouvellement de ces inscriptions pour maintenir leurs hypothèques ou privilèges.

Les biens antérieurement grevés et ceux qui sont transférés ou attribués à l'ancien propriétaire par l'arrêté de remembrement doivent être désignés de façon détaillée dans la notification[4].

542.442 Renouvellement des inscriptions d'hypothèques ou de privilèges. Les inscriptions d'hypothèques prises avant la clôture des opérations sur les immeubles remembrés ne conservent leur rang antérieur sur les immeubles transférés ou attribués que si elles sont renouvelées, à la diligence de leur bénéficiaire, dans le délai de six mois, à dater du jour de cette clôture[5].

En cas d'exercice d'une hypothèque sur une soulte, le renouvellement n'a lieu que pour les sommes au paiement desquelles l'immeuble transféré ou attribué continue d'être affecté[6].

Le renouvellement qui conserve l'hypothèque jusqu'à la date fixée par le créancier conformément aux dispositions de l'article 2434 du code civil s'opère par le dépôt au service de la publicité foncière de deux bordereaux, dont un exemplaire établi sous peine de rejet sur formule réglementaire, signés et certifiés exactement collationnés, contenant exclusivement sous peine de refus de dépôt, les éléments suivants[7] :

- les réquisitions et indications liminaires prévues à l'article 61, paragraphe I, du décret du 14 octobre 1955[8] (1°) ;

- une copie, certifiée collationnée par le président de l'association, de la notification faite en exécution du premier alinéa du présent article (2°) ;

- la désignation des immeubles grevés (3°) ;

- le nom et le domicile de la personne à laquelle le rejet doit éventuellement être notifié (4°) ;

- le cas échéant, le capital et les accessoires de la créance garantie, s'ils sont inférieurs à ceux qui ont fait l'objet de l'inscription antérieure (5°).

La radiation des inscriptions antérieures en tant qu'elles grèvent les immeubles remembrés est effectuée par le service de la publicité foncière au vu de ces bordereaux[9].

542.443 Modalités. Lorsque le droit d'un créancier inscrit est reporté, il s'exerce, le cas échéant, sur la soulte due au propriétaire, laquelle, en cas de pluralité d'immeubles remembrés, est rattachée à chacun des immeubles anciens grevés d'hypothèques en proportion de sa valeur relative[10].

c.
Extinction des baux

542.451 Effet extinctif des contrats de louage. L'arrêté préfectoral met fin dans les mêmes conditions (c'est-à-dire par lui-même et à sa date) aux contrats de louage dont ces immeubles étaient l'objet[11].

542.452 Baux commerciaux. Si le bail éteint était soumis aux dispositions du chapitre V du titre IV du livre Ier du code de commerce, l'AFU devra au preneur une indemnité calculée selon les règles fixées par ces dispositions à moins qu'elle ne préfère lui offrir le bail d'un local équivalant à celui dont la jouissance lui a été retirée[12].

542.453 Droit au relogement. En ce qui concerne les locaux d'habitation ou professionnels, quelle que soit la nature du titre d'occupation, le droit au relogement est exercé comme en matière d'expropriation[13].

6°
Dissolution de l'AFU de remembrement

542.461 Éléments excluant la dissolution. L'AFU ne peut être dissoute avant[14] :

- la dernière notification par le président faite en application de l'article R. 322-21 (1°) ;

- le paiement des indemnités éventuellement dues par l'association au titre de l'article L. 322-6 (2°) ;

- la destruction complète des bâtiments ou ouvrages mentionnés à l'article L. 322-6 (3°).

1. C. urb., art. R. 322-21, I, al. 1er.
2. C. urb., art. R. 322-21, I, al. 3.
3. C. urb., art. R. 322-21, I, al. 1er.
4. C. urb., art. R. 322-21, I, al. 2.
5. C. urb., art. R. 322-21, II, al. 1er ; mod. par décr. no 2021-1888, 29 déc. 2021.
6. C. urb., art. R. 322-21, II, al. 2 ; mod. par décr. no 2021-1888, 29 déc. 2021.
7. C. urb., art. R. 322-21, II, al. 3 à 8 ; al. 3 mod. par décr. no 2021-1888, 29 déc. 2021.
8. Décr. no 55-1350, 14 oct. 1955.
9. C. urb., art. R. 322-21, II, al. 9 ; mod. par décr. no 2021-1888, 29 déc. 2021.
10. C. urb., art. R. 322-9, al. 2 ; mod. par décr. no 2021-1888, 29 déc. 2021 ; – ÉGALEMENT : C. urb., art. L. 322-6, al. 6.
11. C. urb., art. L. 322-6, al. 7.
12. C. urb., art. L. 322-6, al. 7.
13. C. urb., art. L. 322-6, al. 7. Sur ces règles, v. ss nos 424.771 s.
14. C. urb., art. R. 322-19.

§ 2
Règles particulières aux AFU de regroupement de parcelles

A.
Constitution des AFUA de regroupement de parcelles

542.471 **Projet d'acte de constitution.** Le projet d'acte d'association soumis à l'enquête prévue à l'article 12 de l'ordonnance du 1er juillet 2004[1] doit préciser, les pouvoirs conférés à l'association, selon que celle-ci a pour objet[2] :

- soit la passation du bail à construction et son exécution ;
- soit la représentation des associés en vue de la réalisation du transfert de propriété par apport à une société de construction ou d'aménagement ;
- soit à la réalisation du transfert de propriété par vente à un établissement public ou une société de construction ou d'aménagement.

542.472 **Pièces complémentaires.** En plus de l'engagement d'acquérir les parcelles faisant l'objet d'un délaissement[3], doivent être jointes les pièces suivantes[4] :

- une déclaration précisant la nature juridique, civile ou commerciale de la société et son objet (a) ;
- un plan parcellaire indiquant le périmètre des terrains intéressés par le projet d'association accompagné de l'état des propriétaires de chaque parcelle (b) ;
- une notice précisant la finalité de l'opération projetée et faisant ressortir l'utilité, tant pour les propriétaires que pour la commune, du groupement des parcelles, eu égard notamment aux prescriptions d'urbanisme (c) ;
- le cas échéant, une notice sur les bâtiments ou ouvrages à acquérir par l'association foncière urbaine en application de l'article L. 322-7 ainsi que l'estimation du coût des dépenses d'acquisition de ces constructions (d) ;
- une estimation du coût des études déjà réalisées ou envisagées (e).

B.
Réalisation du regroupement de parcelles

542.481 **Objet.** L'AFU de regroupement de parcelles a pour objet de regrouper des parcelles en vue, ensuite :

- soit d'en faire l'objet d'un bail à construction ;
- soit d'en faire un apport à une société de construction et d'aménagement ;
- soit de les vendre à telle société de construction et d'aménagement ou à un établissement public.

1°
Première étape : établissement du projet de remembrement et détermination des ouvrages soumis à destruction ou changement d'usage

542.491 **Deux éléments.** Il appartient à l'association[5] :

- d'une part de déterminer les bâtiments ou les ouvrages dont le groupement de parcelles nécessite soit la destruction, soit le changement de l'usage, éventuellement après réparation, aménagement ou transformation (a) ;
- d'autre part d'établir, selon le cas, le projet de contrat de bail à construction, le projet d'acte d'apport ou le projet d'acte de vente de parcelles groupées (b).

542.492 **Régime.** Sont applicables en matière de groupement de parcelles les alinéas 5, 6, 7 et 8 de l'article L. 322-6[6].

a.
Détermination des ouvrages soumis à destruction ou à changement d'usage

542.501 **Détermination.** L'association détermine les bâtiments ou les ouvrages dont le groupement de parcelles nécessite soit la destruction, soit le changement de l'usage, éventuellement après réparation, aménagement ou transformation[7].

542.502 **Mode de cession.** Les bâtiments et ouvrages concernés peuvent être cédés à l'amiable. Dans ce cas, l'acte amiable portant cession d'un bâtiment ou d'un ouvrage à l'AFU produit les mêmes effets que l'acte de cession amiable en matière d'expropriation en ce qui concerne l'extinction des droits réels et personnels[8].

À défaut d'accord amiable des propriétaires sur leur cession, ces bâtiments ou ouvrages font l'objet d'une expropriation dans les conditions fixées par le code de l'expropriation pour cause d'utilité publique[9].

b.
Établissement du projet

542.511 **Nature du projet.** L'association établit, selon le cas[10] :

- le projet de contrat de bail à construction ;

1. Ord. n° 2004-632, 1er juill. 2004.
2. C. urb., art. R. 322-25, al. 1er à 4.
3. V. ss n° 542.81.
4. C. urb., art. R. 322-25, al. 5 à 10.
5. C. urb., art. L. 322-7, al. 1er à 3.
6. C. urb., art. L. 322-7, al. 5 – V. ss nos 542.421 s.
7. C. urb., art. L. 322-7, a.
8. C. urb., art. L. 322-7, a.
9. C. urb., art. L. 322-7, a.
10. C. urb., art. L. 322-7, b.

– le projet d'acte d'apport ;

– ou le projet d'acte de vente de parcelles groupées.

c.
Constitution du dossier

542.521 Pièces dans le cas d'un projet de groupement de parcelles en vue d'en conférer l'usage à un tiers par bail à construction. Le projet de groupement de parcelles en vue d'en conférer l'usage à un tiers par bail à construction comprend, en sus du projet de bail à construction, les pièces suivantes [1] :

– une déclaration précisant l'identité du preneur du bail à construction (a) ;

– une notice justifiant l'intérêt de l'opération et décrivant les principales caractéristiques du ou des immeubles dont la construction est envisagée (b) ;

– le plan de masse des constructions à édifier et éventuellement de celles à modifier, coté dans les trois dimensions, ainsi que la description graphique des façades (c) ;

– le certificat d'urbanisme délivré en application du deuxième alinéa de l'article L. 410-1 (d) ;

– une notice sur le mode d'évaluation des parcelles et un état précisant leur valeur avant groupement (e) ;

– le cas échéant, le projet d'état descriptif de division et le projet de règlement de copropriété (f) ;

– un état des dépenses faites ou à faire par l'association comprenant notamment le montant des indemnités de délaissement et, le cas échéant, le coût d'acquisition des bâtiments ou ouvrages existants (g).

542.522 Pièces dans le cas d'un projet de groupement de parcelles, en vue d'en faire apport à une société de construction ou d'aménagement. Le projet de groupement de parcelles, en vue d'en faire apport à une société de construction ou d'aménagement comprend, en sus du projet d'acte d'apport, les pièces suivantes [2] :

– une notice justifiant l'intérêt de l'opération et décrivant les principales caractéristiques du ou des immeubles dont la construction est envisagée ou de l'opération d'aménagement projeté (a) ;

– s'il s'agit de constructions, le plan masse des constructions édifiées, et éventuellement de celles à modifier, coté dans les trois dimensions, ainsi que la description graphique des façades ou, s'il s'agit d'un lotissement, le nombre maximum de lots, la surface de plancher hors œuvre maximale dont la construction est envisagée dans le lotissement, ainsi que les pièces mentionnées aux d), e), f), i) et j) de l'article R. 322-5 (b) [3] ;

– le certificat d'urbanisme délivré en application du deuxième alinéa de l'article L. 410-1 (c) ;

– les statuts de la société qui bénéficiera de l'apport (d) ;

– une notice sur le mode d'évaluation des parcelles et un état précisant leur valeur avant groupement (e) ;

– une notice précisant les conditions de rémunération de l'apport par l'attribution aux membres de l'association de parts ou actions de la société (f) ;

– l'état descriptif de division et le projet de règlement de copropriété (g) ;

– un état des dépenses faites ou à faire par l'association comprenant notamment le montant des indemnités de délaissement et, le cas échéant, le coût d'acquisition des bâtiments ou ouvrages existants (h) ;

– le contrat de promotion immobilière lorsqu'il est exigé en application du titre IV de la loi du 16 juillet 1971 [4] modifiée, ou l'écrit en tenant lieu ainsi que les devis descriptifs et les conditions d'exécution technique des travaux, les moyens et conditions de financement, le délai de réalisation et les éventuelles garanties de bonne fin ou d'achèvement relatifs, selon le cas, à l'opération de construction ou à l'opération de lotissement (i).

542.523 Pièces dans le cas d'un projet de groupement en vue de la vente des parcelles à un établissement public ou une société de construction ou d'aménagement. Lorsque le projet de groupement est envisagé en vue de la vente des parcelles à un établissement public ou une société de construction ou d'aménagement les associés doivent, dans un délai d'un mois à compter de la notification, par lettre recommandée avec demande d'avis de réception, de l'arrêté du préfet autorisant la création de l'association, faire connaître au président de l'association, par lettre recommandée avec demande d'avis de réception, leur option soit pour un paiement en monnaie, soit pour la remise d'une ou plusieurs fractions d'immeubles [5]. Les associés n'ayant pas opté dans ce délai sont rémunérés en monnaie [6].

Deux scénarios sont alors possibles.

Si tous les associés ont opté ou sont réputés avoir opté pour la vente des parcelles moyennant un prix payé en monnaie, le projet de groupement de parcelles comprend, en sus du projet d'acte de vente, les pièces ci-après [7] :

– les statuts de l'établissement public ou la société qui bénéficiera de la vente des parcelles (a) ;

1. C. urb., art. R. 322-26.
2. C. urb., art. R. 322-27.
3. Ce renvoi à l'article R. 322-5 est erroné.
4. L. n° 71-579, 16 juill. 1971 relative à diverses opérations de construction, *JO* 17 juill., p. 7047.
5. C. urb., art. R. 322-27-1.
6. C. urb., art. R. 322-27-1.
7. C. urb., art. R. 322-28.

– une notice sur le mode d'évaluation des parcelles et un état précisant leur valeur avant groupement (b) ;

– un état des dépenses faites ou à faire par l'association, comprenant notamment le montant des indemnités de délaissement et, le cas échéant, le coût d'acquisition des bâtiments ou ouvrages dont la destruction est indispensable à la réalisation de l'opération projetée (c).

En revanche, lorsque les associés ou seulement certains d'entre eux ont opté pour une rémunération sous forme de remise d'une ou plusieurs fractions d'immeubles, le projet du groupement de parcelles comprend, en sus des pièces prévues à l'article R. 322-28, les pièces suivantes[1] :

– une notice décrivant les principales caractéristiques du ou des immeubles dont la construction est envisagée ou de l'opération d'aménagement projeté (a) ;

– le plan masse des constructions à édifier et éventuellement de celles à modifier, coté dans les trois dimensions, ainsi que la description graphique des façades (b) ;

– le certificat d'urbanisme délivré en application du deuxième alinéa de l'article L. 410-1 (c) ;

– s'il s'agit de constructions, le projet de règlement de copropriété et l'état descriptif de division ou, s'il s'agit d'un lotissement, le nombre maximum de lots, la surface de plancher dont la construction est envisagée dans le lotissement ainsi que les pièces mentionnées aux d), e), f), i) et j) de l'article R. 315-5 (d)[2].

2°
Transmission du projet aux associés

542.531 Notification du projet. Le président de l'association notifie à chaque associé, par LRAR, le projet de groupement de parcelles[3].

542.532 Observations des associés. Dans un délai de deux mois à compter de la notification du projet, les associés peuvent adresser leurs observations au président par LRAR[4].

Il est ensuite procédé comme il est indiqué pour le projet de remembrement aux quatre derniers alinéas de l'article R. 322-11 et aux articles R. 322-12 et R. 322-13[5].

1. C. urb., art. R. 322-28-1.
2. Ce renvoi à l'article R. 315-5 est erroné. L'article a été abrogé par le décret n° 2007-18 du 5 janvier 2007 (art. 13, V).
3. C. urb., art. R. 322-28-2, al. 1er.
4. C. urb., art. R. 322-28-2, al. 2.
5. C. urb., art. R. 322-28-2, al. 3 – V. ss n° 542.383.

3°
Adoption du projet de groupement

542.541 Projet de groupement arrêté par le conseil des syndics. Le projet de groupement de parcelles est arrêté par le conseil des syndics après rectification, le cas échéant, en exécution de décisions judiciaires devenues définitives[6].

542.542 Transmissions. Le projet arrêté par le conseil des syndics est adressé au préfet[7].

Le préfet transmet dans les huit jours au maire le projet en vue de recueillir son avis motivé. Faute d'être parvenu au préfet dans le délai de deux mois, cet avis est réputé favorable[8].

542.543 Arrêté préfectoral. Le contrat de bail, l'acte d'apport ou l'acte de vente ne peut être passé qu'après que le préfet a constaté, par arrêté, que le projet respecte les dispositions législatives et réglementaires sur l'urbanisme et que les formalités prévues notamment par la présente section ont été régulièrement accomplies[9].

C.
Dispositions financières

542.551 Loyer périodique (bail à construction). S'il est stipulé dans le bail à construction un loyer périodique payable en monnaie, l'association le répartit entre ses membres au prorata des valeurs des parcelles avant groupement[10].

542.552 Compensation. Par dérogation, le cas échéant, à l'article 24 du décret du 7 novembre 2012[11] relatif à la gestion budgétaire et comptable publique, il peut y avoir compensation, dans les mains du receveur, pour chaque associé, entre les charges lui incombant et la quote-part des recettes lui revenant[12].

D.
Dissolution de l'AFU

542.561 Circonstances excluant la dissolution (bail à construction). Une AFU de regroupement de parcelles en vue d'en conférer l'usage à un tiers par bail à construction ne peut être dissoute avant le terme de ce bail et, lorsque celui-ci prévoit que les

6. C. urb., art. R. 322-28-3, al. 1er.
7. C. urb., art. R. 322-28-3, al. 1er.
8. C. urb., art. R. 322-28-3, al. 1er.
9. C. urb., art. L. 322-7, b ; art. R. 322-28-3, al. 2.
10. C. urb., art. R. 322-29, al. 1er.
11. Décr. n° 2012-1246, 7 nov. 2012 relatif à la gestion budgétaire et comptable publique, *JO* 10 nov., n° 6.
12. C. urb., art. R. 322-29, al. 2.

associés deviendront propriétaires en fin de bail des constructions édifiées, avant l'adoption définitive de l'état descriptif de division et du règlement de copropriété [1].

Le président de l'association doit assurer la publication de ces deux documents conformément aux dispositions du décret du 4 janvier 1955 [2] et du décret du 14 octobre 1955 [3, 4].

§ 3

Règles particulières aux AFU de conservation, de restauration et de mise en valeur des secteurs sauvegardés ainsi que de restauration immobilière

542.571 **Détermination des constructions devant être détruites.** L'association décide, s'il y a lieu, la destruction des constructions qui serait nécessaire à l'intérieur du périmètre de l'association ; à défaut d'accord amiable, les indemnités dues aux propriétaires, locataires ou occupants de ces constructions sont fixées comme en matière d'expropriation [5].

542.572 **Constitution d'une association autorisée.** Au projet d'acte d'association soumis à l'enquête prévue à l'article 12 de l'ordonnance du 1er juillet 2004 [6] doit être jointe, en sus des pièces mentionnées à l'article R. 322-3, une notice faisant ressortir l'utilité commune tant des frais de restauration que des dépenses à exposer pour une meilleure utilisation de l'îlot au sens de l'article L. 312-1 [7]. En outre, le projet d'acte d'association doit rappeler les dispositions de l'article L. 322-8 [8].

Pour l'application des articles L. 313-2, L. 313-3 et L. 313-4, les associations autorisées « sont soumises aux dispositions des articles R. 313-4 à R. 313-20, R. 313-25 à R. 313-27 et R. 313-29 à R. 313-32 » [9].

L'acceptation prévue à l'article R. 313-29 est donnée par le conseil des syndics [10].

Les dispositions des articles 46 et 49 du décret du 3 mai 2006 [11] ne sont pas applicables aux associations autorisées prévues à la présente sous-section [12].

542.573 **Association créée d'office.** Lorsqu'il y a lieu à application de l'article L. 322-4,3° (constitution d'office d'une AFU pour une restauration de parties d'immeubles visibles de l'extérieur [13]), il est procédé comme il est dit aux articles 74 et 75 du décret du 3 mai 2006 [14].

L'association constituée d'office « est soumise aux dispositions des articles R. 313-4 à R. 313-20, R. 313-25 à R. 313-27 et R. 313-30 à R. 313-32 » [15].

SECTION 5

MENTION DU BORNAGE DANS L'ACTE DE VENTE

542.581 **Mention du bornage.** Toute promesse unilatérale de vente ou d'achat, tout contrat réalisant ou constatant la vente d'un terrain indiquant l'intention de l'acquéreur de construire un immeuble à usage d'habitation ou à usage mixte d'habitation et professionnel sur ce terrain « mentionne si le descriptif de ce terrain résulte d'un bornage » [16]. Lorsque le terrain est issu d'un remembrement réalisé par une association foncière urbaine, « la mention du descriptif du terrain résultant du bornage est inscrite dans la promesse ou le contrat » [17].

542.582 **Action en nullité à défaut de mention.** Le bénéficiaire en cas de promesse de vente, le promettant en cas de promesse d'achat ou l'acquéreur du terrain peut intenter l'action en nullité sur le fondement de l'absence de l'une ou l'autre mention mentionnée à l'article L. 115-4 [18] selon le cas, avant l'expiration du délai d'un mois à compter de l'acte authentique constatant la réalisation de la vente [19].

1. C. urb., art. R. 322-30.
2. Décr. no 55-22, 4 janv. 1955.
3. Décr. no 55-1350, 14 oct. 1955.
4. C. urb., art. R. 322-30.
5. C. urb., art. L. 322-8. Sur ces règles, v. ss nos 424.771 s.
6. Ord. no 2004-632, 1er juill. 2004.
7. Ce renvoi à l'article L. 312-1 est erroné. – C. urb., art. R. 322-31, al. 1 et 2.
8. V. ss no 542.571. – C. urb., art. R. 322-31, al. 3.
9. C. urb., art. R. 322-32, al. 1er – Ces renvois sont erronés.
10. C. urb., art. R. 322-32, al. 2.
11. Décr. no 2006-504, 3 mai 2006.
12. C. urb., art. R. 322-32, al. 3.
13. V. ss no 542.173.
14. C. urb., art. R. 322-33, al. 1er.
15. Ces renvois sont erronés. – C. urb., art. R. 322-33, al. 2.
16. C. urb. art. L. 115-4, al. 1er.
17. C. urb. art. L. 115-4, al. 2.
18. V. ss nos 372.531 s.
19. C. urb. art. L. 115-5, al. 1er.

CHAPITRE

543. Établissements publics fonciers locaux (EPFL)

SECTION 0
ORIENTEUR

543.00 **Sommaire du chapitre.**

543.01 **Textes applicables.**

• **C. urb.**, art. L. 326-1 s.

543.05 **Maîtrise du foncier.** Le rôle des EPFL est d'acquérir la maîtrise du foncier préalablement à la réalisation d'opérations d'aménagement[1].

23 EPFL ont été constitués[2].

543.06 **Nature d'EPIC.** Les EPFL sont des établissements publics locaux à caractère industriel et commercial[3].

543.07 **Périmètre d'intervention.** Les EPFL interviennent sur le territoire des communes ou des EPCI qui en sont membres. À titre exceptionnel, ils peuvent intervenir à l'extérieur de ce territoire pour des acquisitions nécessaires à des actions ou opérations menées à l'intérieur de celui-ci[4].

1. Pour une description concrète de leur rôle et de celui des EPFE, v. s[s] n° 511.13.
2. VOIR la fiche du Cerema sur les EPFE, 2015 [en ligne : cerema.fr].
3. C. urb., art. L. 324-1, al. 4.
4. C. urb., art. L. 324-1, al. 5.

SECTION 1

Missions et compétences des EPFL

§ 1
Missions des EPFL

543.11 **Mise en place de stratégies foncières.** Les EPFL mettent en place des stratégies foncières afin de mobiliser du foncier et de favoriser le développement durable, la lutte contre l'étalement urbain et la limitation de l'artificialisation des sols. Ces stratégies contribuent à la réalisation de logements, notamment de logements sociaux, en tenant compte des priorités définies par les PLH[1].

Dans le cadre de leurs compétences, ils peuvent contribuer[2] :

– au développement, au maintien ou à la transformation des activités économiques ;

– aux politiques de protection contre les risques technologiques et naturels et d'adaptation des territoires au recul du trait de côte ;

– ainsi que, à titre subsidiaire, à la préservation des espaces naturels et agricoles en coopération avec SAFER et les autres organismes chargés de la préservation de ces espaces, au travers de conventions.

543.12 **Place dans la chaîne de l'aménagement.** Les compétences des EPFL sont exclusivement foncières : achat, portage, gestion, remise en état, dépollution et revente des terrains (soit à la collectivité, soit à son opérateur). L'EPF réalise les études, et les travaux inhérents à ces actions. Il peut fournir toutes prestations techniques et d'ingénierie à ses membres dans le cadre de ses compétences.

Dans la chaîne de l'aménagement, l'EPF se situe entre :

– d'une part, les organismes de planification et d'études (services d'État, agence d'urbanisme, services d'urbanisme des collectivités locales...), qui définissent les orientations stratégiques et élaborent les documents de programmation et de planification ;

– et, d'autre part, les opérateurs qui viabilisent les terrains, construisent les bâtiments et les commercialisent. L'EPFL n'est pas un aménageur[3].

1. C. urb., art. L. 324-1, al. 2.
2. C. urb., art. L. 324-1, al. 3 ; mod. par L. n° 2023-973, 23 oct. 2023.
3. Ministère de l'Équipement, *Guide sur les établissements publics fonciers locaux*, avr. 2003, p. 7.

§ 2
Compétences des EPFL

A.
Une compétence principale d'acquisitions foncières

543.21 **Vocation première.** Les EPFL sont compétents pour réaliser, pour leur compte, pour le compte de leurs membres ou de toute personne publique, toute acquisition foncière ou immobilière en vue[4] :

– de la constitution de réserves foncières en application des articles L. 221-1 et L. 221-2 ;

– ou de la réalisation d'actions ou d'opérations d'aménagement au sens de l'article L. 300-1.

Les acquisitions réalisées vont permettre aux collectivités locales aussi bien de constituer des réserves foncières que de réaliser à court ou moyen terme des actions et opérations d'aménagement.

1°
Modes d'action

543.31 **Acquisitions foncières dans les espaces naturels sensibles et les espaces agricoles et naturels périurbains.** Dans les espaces agricoles et naturels périurbains[5], les EPFL peuvent procéder, en coopération avec la SAFER et après information des communes et des EPCI concernés, aux acquisitions foncières nécessaires à la protection d'espaces agricoles et naturels périurbains, le cas échéant en exerçant, à la demande et au nom du département[6] :

– le droit de préemption prévu par l'article L. 215-1[7] ;

– ou, en dehors des zones de préemption des espaces naturels sensibles, le droit de préemption prévu par le 9° de l'article L. 143-2 du code rural[8] ainsi que toute acquisition ou cession de baux commerciaux, de fonds de commerce ou de fonds artisanaux.

543.32 **Acquisitions amiables.** Les EPFL peuvent acquérir les terrains à l'amiable.

543.33 **Droits de préemption et de priorité par délégation.** Les EPFL peuvent exercer, par délégation de leurs titulaires, les droits de préemption et de priorité définis par le code de l'urbanisme dans les cas et conditions qu'il prévoit[9].

4. C. urb., art. L. 324-1, al. 4.
5. Périmètres délimités en application de l'article L. 113-16 – V. s[s] n°s 153.11 s.
6. C. urb., art. L. 324-1, al. 4 ; mod. par L. n° 2023-973, 23 oct. 2023.
7. V. s[s] n°s 431.05 s.
8. V. s[s] n°s 153.131 s.
9. C. urb., art. L. 324-1, al. 8.

543.34 Pouvoir d'exproprier. Les EPFL peuvent agir par voie d'expropriation[1].

543.35 Emplacements réservés. Les EPFL peuvent agir dans le cadre des emplacements réservés prévus à l'article L. 151-41[2].

543.36 Gestion des procédures de délaissement. Les EPFL gèrent les procédures de délaissement prévues aux articles L. 230-1 à L. 230-6 à la demande de leurs collectivités[3].

543.37 Filiales et prises de participation. Les EPFL sont habilités à créer des filiales et à acquérir ou à céder des participations dans des sociétés, groupements ou organismes dont l'objet concourt à la réalisation de leurs missions[4].

2°
Cadre de l'action foncière des EPFL

543.41 Soumission aux dispositions sur la transparence des opérations immobilières. Les acquisitions et cessions foncières et immobilières réalisées par ces établissements pour leur propre compte ou pour le compte d'une collectivité territoriale, d'un EPCI ou d'un syndicat mixte sont soumises aux dispositions relatives à la transparence des opérations immobilières de ces collectivités ou établissements[5].

543.42 Convention conclue avec l'État pour l'exercice du droit de préemption. L'exercice du droit de préemption, en application du deuxième alinéa de l'article L. 210-1, s'inscrit dans le cadre de conventions passées avec le préfet[6].

B.
Compétences secondaires des EPFL

543.51 Appui en matière d'observation foncière. Les EPFL peuvent appuyer les collectivités territoriales et leurs groupements en matière d'observation foncière, notamment dans le cadre des observatoires de l'habitat et du foncier prévus au III de l'article L. 302-1 du CCH[7].

543.52 Préparation d'un aménagement. Les EPFL sont compétents pour réaliser ou faire réaliser toutes les actions de nature à faciliter l'utilisation et l'aménagement ultérieur, au sens du même article L. 300-1, des biens fonciers ou immobiliers acquis[8], en procédant à des remembrements fonciers ou du désenclavement.

C.
Nécessité d'un accord préalable de la collectivité

543.61 EPFL conçu comme un exécutant. Sauf si une convention a été conclue avec l'État pour l'exercice du droit de préemption[9], aucune opération de l'EPFL ne peut être réalisée sans l'avis favorable de la commune sur le territoire de laquelle l'opération est prévue. Cet avis est réputé donné dans un délai de deux mois à compter de la saisine de la commune[10].

L'établissement public n'est qu'un instrument au service de la collectivité. La décision est prise par celle-ci, l'établissement se bornant à sa mise en œuvre.

SECTION 2
CRÉATION ET ÉVOLUTION DES EPFL

§ 1
Création des EPFL

A.
Condition de fond

543.71 Enjeux d'intérêt général. Les EPFL sont créés en considération d'enjeux d'intérêt général en matière d'aménagement et de développement durables[11].

B.
Règles de procédure et de compétence

1°
Initiative des collectivités

543.81 Délibérations concordantes. La procédure de création débute par des délibérations concordantes des organes délibérants d'EPCI à fiscalité propre ainsi que, le cas échéant, de conseils municipaux de communes non membres de l'un de ces établissements[12].

Les régions et chacun de leurs départements peuvent participer à la création de l'établissement public ou y adhérer[13].

1. C. urb., art. L. 324-1, al. 8.
2. C. urb., art. L. 324-1, al. 8.
3. C. urb., art. L. 324-1, al. 8.
4. C. urb., art. L. 324-10, al. 1er – Sur les modalités, v. ss nos 543.241 s.
5. C. urb., art. L. 324-1, al. 7.
6. C. urb., art. L. 324-1, al. 6.
7. C. urb., art. L. 324-1, al. 9.
8. C. urb., art. L. 324-1, al. 4.
9. V. ss no 543.42.
10. C. urb., art. L. 324-1, al. 10.
11. C. urb., art. L. 324-1.
12. C. urb., art. L. 324-2, al. 1er.
13. C. urb., art. L. 324-2, al. 1er.

543.82 Contenu des délibérations. Les délibérations fixent les éléments suivants[1] :

– la liste des membres de l'établissement ;

– les modalités de fonctionnement ;

– la durée ;

– le siège ;

– la composition de l'assemblée générale ou, dans le cas prévu au deuxième alinéa de l'article L. 324-3, du conseil d'administration de l'EPF, en tenant compte de l'importance de la population des communes et des EPCI membres.

2°
Création par arrêté préfectoral

543.91 Arrêté préfectoral régional ou interrégional. L'EPFL est créé par le préfet de région[2].

Lorsque les EPCI et les communes appartiennent à plusieurs régions, la décision est prise par arrêté interpréfectoral[3].

543.92 Délai et motivation. Le préfet de région dispose d'un délai de trois mois à compter de la transmission des délibérations pour donner son accord ou motiver son refus après avoir recueilli l'avis du comité régional de l'habitat et de l'hébergement compétent[4].

Cette motivation est fondée sur les éléments suivants[5] :

– les données locales relatives aux périmètres existants ou proposés d'EPF ou de SCOT ;

– les données locales relatives à l'évaluation des besoins fonciers correspondant aux enjeux territoriaux en matière d'urbanisme, d'habitat, de développement économique, de déplacements et d'environnement ;

– l'avis du comité régional de l'habitat et de l'hébergement.

Le préfet de région ne peut fonder son refus uniquement sur l'existence d'un EPFE actif sur un périmètre voisin de celui de l'EPFL qu'il est envisagé de créer[6].

543.93 Contenu. La décision de création comporte les éléments mentionnés à l'alinéa 2[7].

§ 2
Évolution du périmètre

A.
Extension du périmètre

543.101 Initiative. L'extension du périmètre d'un EPFL à un EPCI à fiscalité propre ou, le cas échéant, à une commune non membre d'un tel établissement est arrêtée par le préfet de région au vu des délibérations[8] :

– d'une part, de l'organe délibérant de cet EPCI ou du conseil municipal de cette commune ;

– et, d'autre part, de l'EPFL.

543.102 Renvoi à la procédure de création. L'extension est soumise à l'accord du préfet de région selon les conditions prévues au premier alinéa de l'article L. 324-2[9].

B.
Fusion de communes ou d'EPCI membres de l'EPFL

543.111 Fusion d'EPCI. En cas de fusion des EPCI membres de l'EPFL en un seul EPCI, l'EPFL est maintenu, sous réserve que l'EPCI résultant de la fusion soit à fiscalité propre[10].

543.112 Fusion d'EPCI à fiscalité propre ou de communes. En cas de fusion d'EPCI à fiscalité propre ou de fusion de communes, qui sont déjà membres d'un EPFL, l'EPCI ou la commune issu de la fusion est membre de plein droit de l'EPFL[11].

C.
Fusion ou modifications avec des communes ou EPCI non membres

543.121 Trois situations. En cas de fusion d'EPCI à fiscalité propre dont au moins un est membre d'un EPFL, l'EPCI issu de la fusion est membre de plein droit de cet EPFL, à titre transitoire, pour la partie de son territoire correspondant à l'établissement ou aux établissements publics de coopération intercommunale qui en étaient membres[12].

En cas de création d'une commune nouvelle dont au moins une des anciennes communes qui la cons-

1. C. urb., art. L. 324-2, al. 1er.
2. C. urb., art. L. 324-2, al. 1er.
3. C. urb., art. L. 324-2, al. 1er.
4. C. urb., art. L. 324-2, al. 1er.
5. C. urb., art. L. 324-2, al. 1er.
6. C. urb., art. L. 324-2, al. 1er ; mod. par L. no 2022-217, 21 févr. 2022.
7. C. urb., art. L. 324-2, al. 3 – V. ss no 543.82.
8. C. urb., art. L. 324-2-1 A, al. 1er.
9. C. urb., art. L. 324-2-1 A, al. 2 – V. ss nos 543.91 s.
10. C. urb., art. L. 324-2-1 B, al. 1er ; mod. par L. no 2022-217, 21 févr. 2022.
11. C. urb., art. L. 324-2-1 B, al. 2 ; mod. par L. no 2022-217, 21 févr. 2022.
12. C. urb., art. L. 324-2-1 C, al. 1er ; mod. par L. no 2022-217, 21 févr. 2022.

tituent est membre d'un EPFL, la commune nouvelle est membre de plein droit de cet établissement, à titre transitoire, pour la partie de son territoire correspondant à la ou aux anciennes communes qui en étaient membres[1].

En cas d'adhésion d'une commune membre d'un EPFL à un EPCI à fiscalité propre, l'EPCI devient membre de l'EPFL, à titre transitoire, pour la partie de son territoire correspondant à la commune concernée, en lieu et place de cette dernière[2].

543.122 Procédure. Dans les trois cas, l'organe délibérant de l'EPCI ou le conseil municipal de la commune se prononce, dans un délai de six mois, sur son adhésion à l'EPFL[3].

Le préfet de région arrête le nouveau périmètre de l'EPFL au vu de ces délibérations. L'assemblée générale et, le cas échéant, le conseil d'administration de l'établissement public foncier local demeurent en fonction jusqu'à la première réunion de l'assemblée générale constituée dans les conditions prévues par l'arrêté du préfet de région[4].

Par dérogation au cinquième alinéa de l'article L. 324-1, en cas de délibération défavorable de l'organe délibérant de l'EPCI ou du conseil municipal de la commune, l'EPFL demeure compétent sur les seuls territoires des communes ou EPCI qui en étaient membres antérieurement, jusqu'à la fin du deuxième exercice budgétaire plein qui suit cette délibération[5].

§ 3 Modification des statuts

543.131 Majorité qualifiée. Les statuts de l'EPFL peuvent être modifiés en assemblée générale par un vote de la majorité des deux tiers des délégués des membres de l'établissement, présents ou représentés[6].

SECTION 3 ORGANISATION ET FONCTIONNEMENT DE L'EPFL

§ 1 Programme pluriannuel d'intervention

543.141 Contenu du PPI. L'établissement public foncier élabore un programme pluriannuel d'intervention qui[7] :

– d'une part définit ses actions, leurs modalités et les moyens mis en œuvre (1°) ;

– d'autre part précise les conditions de cession du foncier propres à garantir un usage conforme aux missions de l'établissement (2°).

543.142 Paramètres pris en compte pour son établissement. Le programme pluriannuel d'intervention tient compte[8] :

– des priorités énoncées dans les documents d'urbanisme ;

– ainsi que des objectifs de réalisation de logements précisés par les PLH.

543.143 Transmission au préfet de région. Le programme pluriannuel d'intervention est transmis au préfet de région[9].

543.144 Bilan annuel. Le bilan annuel des actions de l'établissement, de ses modalités d'intervention et des moyens mis en œuvre, définis dans le programme pluriannuel d'intervention, est transmis, chaque année, avant le 1er juillet, au comité régional de l'habitat et de l'hébergement compétent pour la région dans laquelle l'établissement exerce son activité[10].

§ 2 Organes

A. Assemblée générale

1° Composition de l'assemblée générale

543.151 Représentation des membres. Chaque membre de l'EPFL est représenté dans l'assemblée générale[11].

543.152 Mandat. Le mandat des délégués et de leurs suppléants éventuels au sein de l'établissement suit, quant à sa durée, le sort des organes délibérants qui les ont désignés[12].

Par dérogation, dans les cas mentionnés à l'article L. 324-2-1 C[13], les mandats des délégués et de leurs suppléants éventuels au sein de l'établissement sont maintenus jusqu'à la désignation, par l'organe délibérant de l'EPCI ou de la commune issu de la fusion, de leurs représentants au sein de l'EPFL[14].

1. C. urb., art. L. 324-2-1 C, al. 2.
2. C. urb., art. L. 324-2-1 C, al. 3 ; mod. par L. n° 2022-217, 21 févr. 2022.
3. C. urb., art. L. 324-2-1 C, al. 4.
4. C. urb., art. L. 324-2-1 C, al. 5.
5. C. urb., art. L. 324-2-1 C, al. 6.
6. C. urb., art. L. 324-2-1.
7. C. urb., art. L. 324-2-2, I.
8. C. urb., art. L. 324-2-2, II.
9. C. urb., art. L. 324-2-2, al. 5.
10. C. urb., art. L. 324-2-2, al. 6.
11. C. urb., art. L. 324-3, al. 1er.
12. C. urb., art. L. 324-3, al. 1er.
13. V. ss nos 543.121 s.
14. C. urb., art. L. 324-3, al. 1er.

2°
Attributions de l'assemblée générale

543.161 **Élection du CA.** L'assemblée générale élit en son sein un conseil d'administration[1].

543.162 **Règles de vote du produit de la taxe spéciale d'équipement.** L'assemblée générale vote le produit de la taxe spéciale d'équipement à percevoir dans l'année à une majorité comprenant plus de la moitié des délégués présents ou représentés des communes ou des établissements publics de coopération intercommunale[2].

543.163 **Exercice des attributions du CA si tous les membres sont représentés au sein de celui-ci.** Lorsque tous les membres de l'établissement sont représentés au conseil d'administration, celui-ci exerce les attributions dévolues à l'assemblée générale[3].

B.
Conseil d'administration

543.171 **Attributions.** Le conseil d'administration règle par ses délibérations les affaires de l'établissement[4].

À cet effet, il exerce notamment les fonctions suivantes[5] :

- il détermine l'orientation de la politique à suivre, approuve le programme pluriannuel d'intervention et les tranches annuelles et procède à leur révision (1°) ;

- il vote l'état prévisionnel des recettes et des dépenses, autorise les emprunts, approuve les comptes et se prononce sur l'affectation du résultat (2°) ;

- il nomme le directeur sur proposition du président et met fin à ses fonctions dans les mêmes conditions (3°).

543.172 **Président et vice-présidents du conseil d'administration.** Le conseil d'administration élit en son sein un président et un ou plusieurs vice-présidents[6].

Le président convoque le conseil d'administration, fixe l'ordre du jour et dirige les débats[7].

543.173 **Délégation au directeur.** Le conseil d'administration peut déléguer au directeur, dans les conditions qu'il détermine, ses pouvoirs de décision, à l'exception de ceux prévus aux 1°, 2° et 3° de l'article L. 324-5[8].

Le directeur peut à ce titre être chargé d'exercer au nom de l'établissement les droits de priorité et de préemption dont l'établissement est délégataire ou titulaire. Il rend compte de cet exercice au conseil d'administration à chacune de ses réunions[9].

C.
Directeur de l'établissement

543.181 **Attributions.** Le directeur exerce les attributions suivantes[10] :

- il est ordonnateur des dépenses et des recettes ;

- il représente l'établissement en justice et dans tous les actes de la vie civile ;

- il passe des contrats et signe tous les actes pris au nom de l'établissement ;

- il prépare et exécute les décisions de l'assemblée générale et du conseil d'administration ;

- il recrute le personnel et a autorité sur lui.

Le conseil d'administration peut lui déléguer l'exercice de certaines de ses attributions[11].

543.182 **Délégation de signature.** Le directeur de l'établissement peut déléguer sa signature[12].

543.183 **Incompatibilité.** La fonction de directeur est incompatible avec celle de délégué à l'assemblée générale et de membre du conseil d'administration[13].

D.
Prévention des conflits d'intérêts

543.191 **Membres de l'AG et du CA.** Les membres, titulaires ou suppléants, de l'assemblée générale et du conseil d'administration sont soumis à des interdictions visant à prévenir les conflits d'intérêts[14] :

- ils ne peuvent prendre ou conserver aucun intérêt dans les entreprises privées traitant avec l'EPFL ;

- ils ne peuvent occuper aucune fonction dans ces entreprises ;

- ils ne peuvent assurer des prestations pour ces entreprises ;

- ils ne peuvent, en aucun cas, prêter leur concours, à titre onéreux, à l'établissement.

1. C. urb., art. L. 324-3, al. 1er.
2. C. urb., art. L. 324-4.
3. C. urb., art. L. 324-3, al. 2.
4. C. urb., art. L. 324-5, al. 1er.
5. C. urb., art. L. 324-5, al. 1er.
6. C. urb., art. L. 324-5, al. 5.
7. C. urb., art. R. 324-1.
8. C. urb., art. R. 324-2.
9. C. urb., art. R. 324-2.
10. C. urb., art. L. 324-6.
11. V. ss no 543.173.
12. C. urb., art. L. 324-6.
13. C. urb., art. R. 324-4.
14. C. urb. art. R. 324-3.

§ 3
Fonctionnement

A.
Régime des actes

543.201 **Contrôle de légalité.** Les actes et délibérations de l'établissement public sont soumis au contrôle de légalité prévu par les articles L. 2131-1 à L. 2131-11 du CGCT[1].

B.
Quorum et représentation

543.211 ***Quorum.*** L'assemblée générale et le conseil d'administration ne délibèrent valablement que lorsque la majorité de leurs membres sont présents ou représentés[2].

Si le *quorum* n'est pas atteint, l'assemblée générale ou le conseil d'administration sont de nouveau convoqués avec le même ordre du jour dans un délai de dix jours. L'assemblée ou le conseil délibèrent alors valablement quel que soit le nombre de membres présents[3].

543.212 **Représentation par un autre membre.** Les membres empêchés d'assister à une séance peuvent se faire représenter dans les conditions définies par l'article L. 2121-20 du CGCT[4].

C.
Budget et compatibilité

1°
Budget

543.221 **Renvoi aux règles du CGCT pour l'état prévisionnel des recettes et des dépenses.** L'état prévisionnel des recettes et des dépenses est établi, voté, réglé et exécuté conformément aux dispositions du chapitre Ier du titre unique du livre VI de la première partie du CGCT[5].

543.222 **Recettes.** Les recettes de l'établissement public comprennent notamment les ressources suivantes[6] :

– le produit de la taxe spéciale d'équipement mentionnée à l'article 1607 *bis* du CGI (1°) ;

– la contribution prévue à l'article L. 302-7 du CCH (2°) ;

– les contributions qui lui sont accordées par l'État, les collectivités locales et les établissements publics ainsi que toutes autres personnes morales publiques ou privées intéressées (3°) ;

– les emprunts (4°) ;

– la rémunération de ses prestations de services, les produits financiers, le produit de la gestion des biens entrés dans son patrimoine et le produit de la vente des biens et droits mobiliers et immobiliers (5°) ;

– le produit des dons et legs (6°).

2°
Comptabilité

543.231 **Renvoi au CGCT et au CJF.** Les dispositions des articles L. 1617-2, L. 1617-3 et L. 1617-5 du CGCT sont applicables à l'établissement public[7].

Celui-ci est, en outre, soumis à la première partie du livre II du code des juridictions financières[8].

543.232 **Comptable public.** Le comptable de l'établissement public est un comptable public de l'État nommé par le préfet après avis conforme du directeur départemental des finances publiques[9].

D.
Création de filiales et prises de participation

543.241 **Approbation par le préfet de région.** Les délibérations du conseil d'administration et du bureau des EPFL relatives à la création de filiales et aux acquisitions ou cessions de participations sont soumises à la seule approbation du préfet de région[10].

Si le périmètre de l'établissement est situé sur les territoires de plusieurs régions, les délibérations sont transmises aux préfets de ces régions et font l'objet d'une approbation conjointe[11].

543.242 **Délai d'approbation.** Le silence gardé par le préfet de région dans le délai d'un mois après réception des délibérations relatives à la création de filiales et aux acquisitions ou cessions de participations vaut approbation tacite[12].

Pendant ce délai, le préfet peut demander au conseil d'administration de délibérer à nouveau en lui indiquant le motif de cette demande. Le délai est alors interrompu[13].

1. C. urb., art. L. 324-6, al. 1er.
2. C. urb., art. L. 324-7, al. 2.
3. C. urb., art. L. 324-7, al. 2.
4. C. urb., art. L. 324-7, al. 2.
5. C. urb., art. L. 324-8, al. 1er.
6. C. urb., art. L. 324-8, al. 2 à 7.
7. C. urb., art. L. 324-9, al. 2.
8. C. urb., art. L. 324-9, al. 2.
9. C. urb., art. L. 324-9, al. 1er.
10. C. urb., art. L. 324-10, al. 2.
11. C. urb., art. R. 324-5, al. 3.
12. C. urb., art. R. 324-5, al. 1er.
13. C. urb., art. R. 324-5, al. 2.

CHAPITRE

544. Établissements publics locaux d'aménagement (EPLA)

SECTION 0
ORIENTEUR

544.00 Sommaire du chapitre.

544.01 Textes applicables.

• **C. urb.,** art. L. 326-1 s.

544.05 Dénomination. Les établissements publics régis par les articles L. 326-1 et suivants du code de l'urbanisme connaissent de deux dénominations :

- établissements publics locaux d'aménagement (EPLA) ;
- et établissements publics locaux de rénovation urbaine (EPLRU).

Ils forment une seule et même catégorie d'établissements, soumis à un régime unique.

Seule la notion générique d'EPLA sera utilisée dans les développements ci-dessous.

SECTION 1
NATURE ET MISSIONS DES EPLA

§ 1
Nature des EPLA

544.11 Nature d'EPIC. Les EPLA ont la nature d'établissements publics locaux à caractère industriel et commercial[1].

§ 2
Missions des EPLA

544.21 Compétences en matière d'aménagement. Les EPLA sont compétents pour conduire, pour le compte exclusif de leurs membres, des opérations et actions de rénovation urbaine et de développement économique au sens de la loi du 1er août 2003[2] d'orientation et de programmation pour la ville et la rénovation urbaine[3].

544.22 Compétences en matière d'aides à la rénovation. Les EPLA peuvent se voir déléguer des compétences en matière d'aides à la construction[4] :

- d'une part, ils peuvent se voir déléguer l'instruction et le traitement des demandes d'aides à la réhabilitation de l'habitat privé dans les conditions prévues à l'article L. 321-1-3 du CCH ;
- d'autre part, ils peuvent se voir déléguer la gestion comptable et financière ainsi que l'instruction et le traitement des demandes d'aides prévues par les fonds locaux de requalification des quartiers anciens dégra-

1. C. urb., art. L. 326-1, al. 1er.
2. L. n° 2003-710, 1er août 2003 d'orientation et de programmation pour la ville et la rénovation urbaine, *JO* 2 août, n° 7.
3. C. urb., art. L. 326-1, al. 1er.
4. C. urb., art. L. 326-1, al. 2.

dés, dans les conditions prévues à l'article 10-2 de la loi du 1er août 2003 [1] d'orientation pour la ville et la rénovation urbaine.

SECTION 2
CRÉATION DES EPLA

544.31 Initiative des communes et EPCI. La création d'un EPLA nécessite des délibérations concordantes des communes et EPCI concernés [2].

Ces délibérations, adoptées par les organes délibérants des collectivités et EPCI compétents, fixent les éléments suivants [3] :

- la liste des membres de l'établissement ;
- les modalités de fonctionnement ;
- les conditions de modification statutaire ;
- la durée, les modalités de dissolution, le siège et la composition du conseil d'administration de l'établissement.

544.32 Arrêté préfectoral de création. L'EPLA est créé par le préfet au vu des délibérations concordantes précitées [4].

Lorsque les EPCI et les communes appartiennent à plusieurs départements, la décision est prise par arrêté conjoint des préfets concernés [5].

La décision de création comporte les éléments mentionnés à l'alinéa 2 [6], à savoir : liste des membres de l'établissement ; modalités de fonctionnement ; conditions de modification statutaire ; durée, modalités de dissolution, siège et composition du conseil d'administration de l'établissement.

SECTION 3
ORGANISATION ET FONCTIONNEMENT DES EPLA

§ 1
Organes de l'EPLA

A.
Conseil d'administration de l'EPLA

544.41 Attributions. Le conseil d'administration de l'EPLA règle par ses délibérations les affaires de l'établissement [7].

À cet effet, il prend notamment les décisions suivantes [8] :

- il détermine l'orientation de la politique à suivre ;
- il vote l'état prévisionnel des recettes et des dépenses, autorise les emprunts, approuve les comptes et se prononce sur l'affectation du résultat ;
- il nomme le directeur général sur proposition du président et après avis du préfet.

544.42 Président et vice-présidents. Le conseil d'administration élit en son sein un président et un ou plusieurs vice-présidents [9].

544.43 *Quorum*. Le conseil d'administration ne délibère valablement que lorsque la majorité de ses membres sont présents ou représentés. Les membres empêchés d'assister à une séance peuvent se faire représenter dans les conditions définies par l'article L. 2121-20 du CGCT [10].

B.
Directeur de l'EPLA

544.51 Compétences. Le directeur de l'établissement assure les compétences suivantes [11] :

- il est ordonnateur des dépenses et des recettes ;
- il représente l'établissement en justice et dans tous les actes de la vie civile ;
- il passe des contrats et signe tous les actes pris au nom de l'établissement ;
- il prépare et exécute les décisions du conseil d'administration ;
- il recrute le personnel et a autorité sur lui.

544.52 Délégation de signature. Le directeur de l'établissement peut déléguer sa signature [12].

§ 2
Règles budgétaires et comptables

544.61 État prévisionnel. L'état prévisionnel des recettes et des dépenses est établi, voté, réglé et exécuté conformément aux dispositions du chapitre Ier du titre unique du livre VI de la première partie du CGCT [13].

544.62 Recettes de l'établissement. Les recettes de l'établissement public comprennent les ressources suivantes [14] :

- les contributions qui lui sont accordées par l'État, les collectivités territoriales et les établissements publics

1. L. no 2003-710, 1er août 2003.
2. C. urb., art. L. 326-2, al. 1er.
3. C. urb., art. L. 326-2, al. 2.
4. C. urb., art. L. 326-2, al. 1er.
5. C. urb., art. L. 326-2, al. 1er.
6. C. urb., art. L. 326-2, al. 3.
7. C. urb., art. L. 326-3, al. 1er.
8. C. urb., art. L. 326-3, al. 2 à 4.
9. C. urb., art. L. 326-3, al. 5.
10. C. urb., art. L. 326-6, al. 2.
11. C. urb., art. L. 326-5.
12. C. urb., art. L. 326-5.
13. C. urb., art. L. 326-4, al. 1er.
14. C. urb., art. L. 326-4, al. 2 à 6.

ainsi que toutes autres personnes morales publiques ou privées intéressées ;

- les emprunts ;

- la rémunération de ses prestations de services, les produits financiers, le produit de la gestion des biens entrés dans son patrimoine et le produit de la vente des biens et droits mobiliers et immobiliers ;

- le produit des dons et legs.

544.63 **Comptable de l'établissement.** Le comptable de l'EPLA est un comptable public de l'État nommé par le préfet après avis conforme du directeur départemental des finances publiques[1].

Les dispositions des articles L. 1617-2, L. 1617-3 et L. 1617-5 du CGCT, relatives aux comptables publics locaux, sont applicables à l'établissement public. Celui-ci est, en outre, soumis à la première partie du livre II du code des juridictions financières[2].

§ 3
Régime des actes

544.71 **Contrôle de légalité.** Les actes et délibérations de l'EPLA sont soumis au contrôle de légalité prévu par les articles L. 2131-1 à L. 2131-11 du CGCT[3].

1. C. urb., art. L. 326-7, al. 1er.
2. C. urb., art. L. 326-7, al. 1er.
3. C. urb., art. L. 326-6, al. 1er.

CHAPITRE

545. Sociétés publiques locales d'aménagement (SPLA) et sociétés publiques locales d'aménagement d'intérêt national (SPLA-IN)

SECTION 0 ORIENTEUR

545.00 **Sommaire du chapitre.**

545.01 **Textes applicables.**

• **C. urb.,** art. L. 327-1 s.

545.03 **Bibliographie indicative.**

Encyclopédie. *J.-Cl. Constr.-Urb.*, fasc. 580 : « Sociétés d'économie mixte locales. – Sociétés publiques locales. – Sociétés publiques locales d'aménagement », par E. Guillet, sept. 2012, mis à jour mars 2024.

Contribution. C. Devès, « Société publique locale et *"in house"* : les difficultés d'un couple », *Mél. A.-S. Mescheriakoff*, Bruylant 2013, p. 89.

Articles. J.-F. Auby, « Les sociétés publiques locales », *RFDA* 2012. 99 – T. Bangui, « L'effectivité du contrôle analogue des sociétés publiques locales », *Rev. CMP* 2012, ét. 4 – Cl. Devès, « La société publique locale d'aménagement : impasse juridique ou ballon d'essai ? », *JCP Adm.* 2006, n° 1215 – Cl. Devès, « La loi n° 2010-559 du 28 mai 2010 pour le développement des sociétés publiques locales : évolution ou régression des règles de la commande publique ? », *JCP Adm.* 2010, n° 2229 – Cl. Devès, « Les SPL sous l'œil de l'Autorité de la concurrence », *AJCT* 2012. 93 – Cl. Devès, « Les sociétés publiques locales au pied du mur des compétences », *JCP Adm.* 2019, n° 2020 – G. Durand, « Le point sur… une nouvelle SPL, la société publique locale d'aménagement d'intérêt national (SPLA-IN) », *AJCT* 2017. 260 – M. Karpenschif, « SPLA, SPL, SLP : où en est-on du développement de l'économie mixte locale ? », *JCP Adm.* 2009, n° 2230 – M. Karpenschif, « Les sociétés publiques locales : passeport pour un véritable PPPI ? », *JCP Adm.* 2010, n° 2348 – G. Le Chatelier, « L'essor des sociétés publiques locales (SPL) passe par une modification de la loi », *AJCT* 2018. 263 – S. Nicinski, « La loi du 28 mai 2010 pour le développement des sociétés publiques locales », *AJDA* 2010. 1759 – M. Peltier, « La société publique locale d'aménagement », *AJDA* 2006. 2371 – J.-M. Peyrical, « La société publique locale d'aménagement d'intérêt national. Vers une nouvelle conception de l'intervention de l'État ? », *AJDA* 2018. 672 – L. Santoni, « Les SEM, les SPL et l'aménagement urbain », *Constr.-Urb.* 2019, comm. 2 – Ph. Terneyre, « Les sociétés publiques locales », *JCP Adm.* 2011, n° 2396 – Y. Wels, « SPL et SPLA : entre clarifications et imprécisions réglementaires, circulaire du 29 avril 2011 », *JCP Adm.* 2011, n° 2209 – E. Westphal et Y. Wels, « Sociétés publiques locales : « Petits meurtres entre amis » au Palais Royal », *Dr. adm.* 2019. 35.

545.05 **De l'aménagement « in house ».** Les sociétés publiques locales d'aménagement (SPLA) et sociétés publiques locales d'aménagement d'intérêt national (SPLA-IN) ont pour objet d'assurer des opérations d'aménagement pour les collectivités publiques[1]. Les SPLA sont créées par des collectivités territoriales, les SPLA-IN par l'État et des collectivités territoriales.

L'intérêt de cette forme juridique est le même dans les deux cas : il s'agit de réaliser des prestations intégrées tout en respectant la jurisprudence européenne sur les prestations « *in house* ». Selon cette jurisprudence, une personne publique peut se dispenser de l'application des règles de publicité et de mise en concurrence pour la passation de certains contrats lorsque le cocontractant peut être considéré comme un simple prolongement administratif de la personne publique elle-même. Toutefois, cette faculté n'est admise qu'à deux conditions : d'une part, la collectivité doit exercer sur la structure cocontractante un

1. Les SPLA ont été instituées par la loi n° 2006-872 du 13 juillet 2006 portant engagement national pour le logement (art. 20, V), les SPLA-IN par la loi n° 2017-257 du 28 février 2017 relative au statut de Paris et à l'aménagement métropolitain (art. 47).

contrôle analogue à celui qu'elle exerce sur ses propres services ; d'autre part la structure doit réaliser l'essentiel de son activité avec les collectivités qui la détiennent[1].

Une circulaire de 2011 en précise les modalités de mise en œuvre[2].

SECTION 1

RÈGLES COMMUNES AUX SPLA ET AUX SPLA-IN

545.11 Forme juridique. Les SPLA et les SPLA-IN revêtent la forme de sociétés anonymes régies par le livre II du code de commerce[3].

Elles sont soumises aux dispositions du CGCT sur les sociétés d'économie mixte locales (SEML)[4], sous réserve des articles L. 327-1 s. du code de l'urbanisme[5], exposés ci-dessous.

545.12 Compétences exclusivement exercées pour le compte des collectivités actionnaires. Les SPLA et les SPLA-IN exercent leurs activités exclusivement pour le compte de leurs actionnaires et sur le territoire des collectivités territoriales et des groupements de collectivités territoriales qui en sont membres. La réalisation de l'objet de ces sociétés concourt à l'exercice d'au moins une compétence de chacune des collectivités territoriales et de chacun des groupements de collectivités territoriales qui en sont actionnaires[6].

Les SPLA peuvent également exercer leurs activités pour le compte d'une SPLA-IN sur laquelle au moins un de leurs membres exerce un contrôle analogue à celui qu'il exerce sur ses propres services[7].

545.13 Missions et moyens. Les SPLA et les SPLA-IN sont compétentes pour[8] :

- réaliser, outre toute opération d'aménagement prévue au dernier alinéa de l'article L. 327-2[9] ou aux 1° et 2° de l'article L. 327-3 du code de l'urbanisme[10], les opérations de requalification de copropriétés dégradées prévues à l'article L. 741-1 du CCH ;
- réaliser des études préalables, procéder à toute acquisition et cession d'immeubles en vue de constituer des réserves foncières en application des articles L. 221-1 et L. 221-2 du code de l'urbanisme ;
- procéder à toute opération de construction ou de réhabilitation immobilière en vue de la réalisation des objectifs énoncés à l'article L. 300-1 ;
- ou procéder à toute acquisition et cession de baux commerciaux, de fonds de commerce ou de fonds artisanaux dans les conditions prévues au chapitre IV du titre Ier du livre II.

Les SPLA et les SPLA-IN peuvent exercer, par délégation de leurs titulaires, les droits de préemption et de priorité définis par le code de l'urbanisme et agir par voie d'expropriation dans les conditions fixées par des conventions conclues avec l'un de leurs membres[11].

SECTION 2

RÈGLES APPLICABLES AUX SPLA

545.21 Création de sociétés à capitaux exclusivement publics. Les collectivités territoriales et leurs groupements peuvent créer, dans le cadre des compétences qui leur sont attribuées par la loi, des SPLA dont ils détiennent la totalité du capital[12].

545.22 Contrôle de la société. L'une des collectivités (ou un des groupements de collectivités territoriales) participant au capital de la SPLA en détient au moins la moitié des droits de vote[13]. Il s'agit de la collectivité dite « de tutelle » de la SPLA.

545.23 Compétences pour réaliser toute opération ou action d'aménagement. Les SPLA sont compétentes pour réaliser toute opération ou action d'aménagement au sens du code de l'urbanisme[14].

SECTION 3

RÈGLES APPLICABLES AUX SPLA-IN

545.31 Création de sociétés à capitaux exclusivement publics. L'État ou l'un de ses établissements publics (EPA[15] et EPFAE[16]) peut créer, avec au moins une collectivité territoriale ou un groupement de collectivités territoriales, une SPLA-IN dont ils détiennent la totalité du capital[17].

La création d'une SPLA-IN, l'acquisition ou la cession des participations dans une telle société par les établissements publics mentionnés aux mêmes sec-

1. CJCE 18 nov. 1999, *Tecka*, aff. C-107/98 – CJCE 7 déc. 2000, *ARGE Gewässerschutz*, aff. C-94/99 – CJCE 13 oct. 2005, *Parking Brixen*, aff. C-458/03.
2. Circ. 29 avr. 2011 sur le régime juridique des sociétés publiques locales (SPL) et des sociétés publiques locales d'aménagement (SPLA), NOR :COTB1108052C.
3. C. urb., art. L. 327-1, al. 1er.
4. CGCT, art. L. 1521-1 s.
5. C. urb., art. L. 327-1, al. 2.
6. C. urb., art. L. 327-1, al. 3.
7. C. urb., art. L. 327-1, al. 4.
8. C. urb., art. L. 327-1, al. 5.
9. V. s^s n° 545.23.
10. V. s^s n° 545.33.
11. C. urb., art. L. 327-1, al. 5.
12. C. urb., art. L. 327-2, al. 1er.
13. C. urb., art. L. 327-2, al. 2.
14. C. urb., art. L. 327-2, al. 3.
15. V. s^s n°s 541.131 s.
16. V. s^s n°s 541.221 s.
17. C. urb., art. L. 327-3, al. 1er.

tions 2 et 3 interviennent dans les conditions prévues aux articles L. 321-16 ou L. 321-30[1].

545.32 Contrôle de la société. Une des collectivités territoriales (ou un des groupements de collectivités territoriales) participant à la SPLA-IN détient au moins 35 % du capital et des droits de vote de la société[2]. Elle assume le rôle de collectivité de tutelle.

545.33 Compétences pour organiser, réaliser ou contrôler toute opération ou action d'aménagement. La SPLA-IN est compétente pour organiser, réaliser ou contrôler :

– toute action ou opération d'aménagement, au sens du présent code, relevant de la compétence de l'État ou de l'un de ses établissements publics (EPE et EPFAE) ou de la compétence d'une collectivité territoriale ou d'un groupement de collectivités territoriales actionnaire[3] ;

– toute action ou opération de construction ou de réhabilitation d'équipements d'intérêt collectif et de services publics relevant de la compétence d'une collectivité territoriale ou d'un groupement de collectivités territoriales actionnaire[4].

545.34 Cession des actions en cas de transformation, de fusion ou de rattachement de la collectivité actionnaire à une autre collectivité. L'article L. 1541-3 du CGCT s'applique aux collectivités territoriales ou au groupement de collectivités territoriales compétent actionnaires de la SPLA-IN[5].

Il en résulte qu'en cas de transformation, de fusion ou de rattachement de la collectivité territoriale (ou du groupement) actionnaire de la SPLA-IN à une autre collectivité publique (collectivité territoriale ou groupement), ou encore en cas de transfert à celle-ci de sa compétence lui donnant qualité d'actionnaire, cette collectivité publique lui rachète ses actions, et ce à leur valeur.

1. C. urb., art. L. 327-3, al. 2.
2. C. urb., art. L. 327-3, al. 3.
3. C. urb., art. L. 327-3, 1° ; mod. par L. n° 2022-217, 21 févr. 2022.
4. C. urb., art. L. 327-3, 2° ; mod. par L. n° 2022-217, 21 févr. 2022.
5. C. urb., art. L. 327-3, al. 5.

CHAPITRE

546. Autres organismes d'exécution

SECTION 0
ORIENTEUR

546.00 **Sommaire du chapitre.**

546.01 **Textes applicables.**

> Agence nationale de la cohésion des territoires (ANCT)

• **CGCT,** art. L. 1231-1 s.

> Établissement public Paris La Défense

• **C. urb.,** art. L. 328-1 s.

> Organismes de foncier solidaire

• **C. urb.,** art. L. 329-1

> Société d'économie mixte d'aménagement à opération unique

• **C. urb.,** art. L. 32-10-1

> Société des Grands Projets

• **L. n° 2010-597, 3 juin 2010** relative au Grand Paris, *JO* 5 juin, n° 1, art. 7 s.

• **Décr. n° 2010-756, 7 juill. 2010** relatif à la Société du Grand Paris, *JO* 8 juill., n° 2.

546.03 **Bibliographie indicative.**

Articles. Cl. Devès, « La loi n° 2014-744 du 1er juillet 2014 permettant la création de sociétés d'économie mixte à opération unique : innovation ou fuite en avant ? », *JCP Adm.* 2014, n° 2266 – G. Eckert, « La SEMOP, instrument du renouveau de l'action publique locale ? », *AJDA* 2014. 1941 – G. Clamour, « La création des sociétés d'économie mixte à opération unique », *Rev. CMP* 2014, n° 214 – M. Marques et Ph. Gonzague, « Les sociétés d'économie mixte à objet unique », *Dr. adm.* 2014, ét. 15 – P. Pintat, « Une nouvelle forme de contractualisation pour les opérations publiques : la SEM à opération unique », *Contrats publics* 2014, n° 143 – G. Durand, « Les premiers pas de la société d'économie mixte à opération unique (SEMOP) », *RTD com.* 2016. 33 – S. Colmant et C. Lissajoux, « Une contribution au renouveau de l'interventionnisme local : les SEMOP », *JCP Adm.* 2017, n° 2134.

SECTION 1

AGENCE NATIONALE DE LA COHÉSION DES TERRITOIRES (ANCT)

§ 1
Présentation générale

546.11 **Origine.** L'agence nationale de la cohésion des territoires (ANCT) a été instituée par une loi du 22 juillet 2019[1]. Elle remplace, pour l'exercice des compétences en matière d'aménagement, l'établissement public d'aménagement et de restructuration des espaces commerciaux et artisanaux (créé par la loi du 14 novembre 1996[2] et dissous au 1er janvier 2020 en conséquence de la création de l'ANCT).

546.12 **Statut et champ d'intervention.** L'ANCT est une institution nationale publique, créée sous la forme d'un établissement public de l'État[3].

Elle exerce ses missions sur l'ensemble du territoire national. Son action cible prioritairement[4] :

– d'une part, les territoires caractérisés par des contraintes géographiques, des difficultés en matière démographique, économique, sociale, environnementale ou d'accès aux services publics, avec une attention particulière accordée aux zones mentionnées à

1. L. n° 2019-753, 22 juill. 2019 portant création d'une Agence nationale de la cohésion des territoires, *JO* 23 juill., n° 1.
2. L. n° 96-987, 14 nov. 1996 relative à la mise en œuvre du pacte de relance pour la ville, *JO* 15 nov., p. 16656, art. 25.
3. CGCT, art. L. 1231-1, al. 1er.
4. CGCT, art. L. 1231-1, al. 1er.

l'article 174 du traité sur le fonctionnement de l'Union européenne ;

– et, d'autre part, les projets innovants.

546.13 Objet. Sans préjudice des compétences dévolues aux collectivités territoriales et à leurs groupements et en articulation avec ces collectivités et groupements, l'ANCT a pour mission, en tenant compte des particularités, des atouts et des besoins de chaque territoire, de conseiller et de soutenir les collectivités territoriales et leurs groupements mentionnés à l'article L. 5111-1 du CGCT dans la conception, la définition et la mise en œuvre de leurs projets, notamment dans les domaines suivants [1] :

– l'accès aux services publics ;

– l'accès aux soins dans le respect des articles L. 1431-1 et L. 1431-2 du code de la santé publique ;

– le logement ;

– les mobilités ;

– la mobilisation pour les quartiers prioritaires de la politique de la ville et les quartiers urbains en difficulté ;

– la revitalisation, notamment commerciale et artisanale, des centres-villes et centres-bourgs ;

– la transition écologique ;

– le développement économique ;

– le développement des usages numériques.

§ 2 Compétence en matière d'aménagement et de restructuration des espaces commerciaux et artisanaux

546.21 Compétence spécifique. L'ANRT assume diverses missions (exposées à l'article L. 1231-2 du CGCT). Parmi celles-ci figure l'aménagement et la restructuration de certains espaces (IV de l'article précité).

A. Mission

546.31 Espaces concernés. La compétence en matière d'aménagement et de restructuration concerne deux types d'espaces [2] :

– d'une part des espaces commerciaux et artisanaux ;

– d'autres part des espaces incluant à titre accessoire des espaces de services.

La compétence s'exerce également sur les locaux qui se trouvent dans ces espaces [3].

1. CGCT, art. L. 1231-2, al. 1er.
2. CGCT, art. L. 1231-2, IV, al. 1er.
3. CGCT, art. L. 1231-2, IV, al. 1er.

546.32 Zones concernées. La compétence s'exerce dans les zones suivantes [4] :

– les zones mentionnées à l'article 42 de la loi du 4 février 1995 [5] d'orientation pour l'aménagement et le développement du territoire et aux II et III de l'article 44 *quindecies* A du CGI (zones caractérisées par des handicaps géographiques, économiques ou sociaux) ;

– les territoires retenus au titre du programme national de requalification des quartiers anciens dégradés mentionné à l'article 25 de la loi du 25 mars 2009 [6] de mobilisation pour le logement et la lutte contre l'exclusion ;

– et les secteurs d'intervention définis dans le cadre des ORT.

B. Moyens

546.41 Maîtrise d'ouvrage des opérations. Pour mettre en œuvre sa compétence en matière d'aménagement, l'agence assure, la maîtrise d'ouvrage d'actions et d'opérations tendant à la création, l'extension, la transformation, la reconversion, la gestion ou l'exploitation de surfaces commerciales, artisanales et de services ainsi que de tous les locaux implantés sur ces dernières. Si la requalification de ces zones, territoires ou secteurs le nécessite, elle peut également intervenir à proximité de ceux-ci [7].

Cette action s'exerce après accord des organes délibérants des communes ou des EPCI ou des syndicats mixtes concernés [8].

546.42 Pouvoir d'accomplir tout acte de disposition et d'administration nécessaire à la réalisation de sa mission. L'agence peut accomplir tout acte de disposition et d'administration nécessaire à la réalisation de sa mission d'aménagement et de restructuration [9].

Elle peut notamment exercer les prérogatives suivantes [10] :

– acquérir des fonds commerciaux ou artisanaux en qualité de délégataire du droit de préemption sur les fonds de commerce et artisanaux dans les conditions prévues au chapitre IV du titre Ier du livre II du code de l'urbanisme ou, le cas échéant, par voie d'expropriation, des immeubles ou droits réels immobiliers nécessaires aux opérations correspondant à son objet (1°) ;

4. CGCT, art. L. 1231-2, IV, al. 1er.
5. L. n° 95-115, 4 févr. 1995 d'orientation pour l'aménagement et le développement du territoire, *JO* 5 févr., p. 1973.
6. L. n° 2009-323, 25 mars 2009 de mobilisation pour le logement et la lutte contre l'exclusion, *JO* 27 mars, n° 1.
7. CGCT, art. L. 1231-2, IV, al. 2.
8. CGCT, art. L. 1231-2, IV, al. 2.
9. CGCT, art. L. 1231-2, IV, al. 3.
10. CGCT, art. L. 1231-2, IV, al. 3 à 8.

– céder les immeubles ou les fonds ainsi acquis (2°) ;
– confier la gestion des fonds commerciaux ou artisanaux acquis à un ou plusieurs locataires gérants (3°) ;
– gérer et exploiter, directement ou indirectement, les locaux mentionnés au 1° (4°) ;
– conclure des transactions (5°).

SECTION 2
ÉTABLISSEMENT PUBLIC PARIS LA DÉFENSE

546.51 Nature. « Paris La Défense » est un établissement public local à caractère industriel et commercial[1].

Il est né au 1er janvier 2018 de la fusion des compétences de deux établissements :
– l'établissement Public d'Aménagement de La Défense Seine Arche (EPADESA) ;
– et l'établissement Public de Gestion et d'Animation de La Défense (Defacto).

546.52 Enjeux. L'ordonnance du 3 mai 2017[2] portant création de l'établissement public Paris La Défense a transféré la gouvernance de l'État vers les collectivités locales.

Les enjeux sont tout à la fois de conforter l'attractivité du premier quartier d'affaires d'Europe et de transformer celui-ci en un quartier de vie.

Ces objectifs impliquent notamment la rénovation, voire le renouvellement des ouvrages et espaces publics du quartier.

§ 1
Missions de l'établissement public Paris La Défense

546.61 Particularité. À la différence des autres organismes d'aménagement, Paris La Défense présente la particularité d'exercer, en plus de ses compétences en matière d'aménagement, des compétences de gestion quotidienne des activités du quartier.

A.
Mission d'aménagement dans le périmètre de l'OIN d'aménagement du quartier d'affaires de La Défense

546.71 Mission principale. Dans la limite du territoire couvert par l'OIN d'aménagement du quartier d'affaires de La Défense, Paris La Défense a pour mission principale de conduire toute action de nature à favoriser l'aménagement, le renouvellement et le développement urbains et durables dans un périmètre couvrant une partie des communes de La Garenne-Colombes et Nanterre[3].

Le périmètre prévu à l'article L. 328-2 correspond au périmètre de l'OIN mentionnée au 6° de l'article R. 102-3[4].

546.72 Compétences. Dans le périmètre de l'OIN, l'établissement public est compétent pour y réaliser[5] :
– toutes opérations foncières ou immobilières nécessaires à ses opérations (1°) ;
– toutes actions ou opérations d'aménagement au sens du code de l'urbanisme, pour son compte ou pour celui de collectivités territoriales, d'établissements publics ou de personnes publiques ou privées (2°) ;
– tous ouvrages de bâtiment ou d'infrastructure, en qualité de mandataire au sens de l'article 3 de la loi du 12 juillet 1985 relative à la maîtrise d'ouvrage publique et ses rapports avec la maîtrise d'œuvre privée (3°).

546.73 Missions complémentaires. À titre accessoire et sous réserve des compétences dévolues à d'autres personnes publiques, il peut poursuivre, pour son compte, ou par voie de convention passée avec eux, pour celui de l'État, des collectivités territoriales ou de leurs groupements, des missions présentant un caractère complémentaire et un intérêt directement utile à sa mission principale d'aménagement, de renouvellement et de développement urbains en vue de favoriser le développement durable du territoire couvert[6].

B.
Mission d'aménagement et de gestion dans le périmètre de l'OIN d'aménagement de Nanterre et de La Garenne-Colombes

1°
Mission d'aménagement

546.81 Mission détenue par le seul établissement. Dans la limite du territoire couvert par l'OIN d'aménagement de Nanterre et de La Garenne-

1. C. urb., art. L. 328-1.
2. Ord. n° 2017-717, 3 mai 2017 portant création de l'établissement public Paris La Défense, *JO* 4 mai, n° 92.
3. C. urb., art. L. 328-2, al. 1er – Ces missions peuvent être exercées en dehors de ce périmètre, sous réserve qu'il s'agisse d'interventions en continuité avec des opérations en cours dans celui-ci (C. urb., art. L. 328-5).
4. C. urb., art. R. 328-14, al. 1er – V. ss nos 051.301 et ss n° 051.172.
5. C. urb., art. L. 328-2, al. 2 à 5.
6. C. urb., art. L. 328-2, al. 6.

Colombes, Paris La Défense exerce la mission prévue à l'article L. 328-2 [1] à titre exclusif sur un périmètre couvrant une partie des communes de Courbevoie et Puteaux [2].

Le périmètre prévu à l'article L. 328-3 correspond au périmètre de l'OIN mentionnée au 2° de l'article R. 102-3 [3].

2°
Mission de gestion

546.91 Mission détenue par le seul établissement. Dans le périmètre ainsi délimité, Paris La Défense exerce, à titre exclusif, la mission de gestion des ouvrages et espaces publics ainsi que des services d'intérêt général [4].

546.92 Éléments relevant de la gestion. Cette gestion comprend les éléments suivants [5] :

- l'exploitation, l'entretien et la maintenance des ouvrages et espaces publics et des services d'intérêt général, y compris leur remise en état ou leur renouvellement (1°) ;
- l'animation et la promotion du site dont le périmètre est mentionné au premier alinéa du présent article, en vue notamment de favoriser son rayonnement international auprès des acteurs économiques (2°) ;
- la préservation de la sécurité des personnes et des biens (3°, précisant qu'à cette fin, Paris La Défense peut, dans les conditions fixées au chapitre III du titre II et au titre V du livre II du code de la sécurité intérieure, acquérir, installer et entretenir des dispositifs de vidéoprotection).

Le président du CA de l'établissement public peut notamment exercer le pouvoir de réglementation en matière d'arrêt ou de stationnement des véhicules et en matière de propreté des voies et espaces publics [6].

546.93 Modalités de la gestion. Paris La Défense est habilité à gérer les ouvrages, espaces publics et services d'intérêt général lui appartenant ou, dans le cadre de conventions passées avec eux, ceux appartenant à l'État ou aux collectivités territoriales et à leurs groupements [7].

Les ouvrages, espaces publics et services d'intérêt général qui sont confiés par l'État ou par les collectivités territoriales et leurs groupements à Paris La Défense sont mis à sa disposition. Paris La Défense assume à leur égard l'ensemble des obligations du propriétaire et possède les pouvoirs de gestion définis aux articles L. 1321-2 et L. 1321-3 du CGCT [8].

546.94 Missions accessoires. À titre accessoire et sous réserve des compétences dévolues à d'autres personnes publiques, Paris La Défense peut poursuivre, pour son compte ou par voie de convention passée avec eux, pour celui de l'État, des collectivités territoriales ou de leurs groupements, des missions présentant un caractère complémentaire et un intérêt directement utile à sa mission de gestion [9].

§ 2
Modes d'acquisition des biens et constitution de réserves foncières

546.101 Modes d'acquisitions des terrains. Paris La Défense peut agir par voie d'expropriation et exercer les droits de préemption et de priorité définis dans le code l'urbanisme dans les cas et conditions prévus par ce code [10].

Il peut également acquérir les terrains de gré à gré.

546.102 Réserves foncières. L'établissement peut constituer des réserves foncières au sens du code de l'urbanisme et dans les conditions que ce code prévoit [11].

§ 3
Organisation et fonctionnement de l'établissement public Paris La Défense

A.
Organes

1°
Conseil d'administration

a.
Composition

546.111 17 membres. L'établissement public Paris La Défense est administré par un conseil de 17 membres dotés chacun d'un suppléant.

1. V. s[s] n°s 546.71 s.
2. C. urb., art. L. 328-3, al. 1er – Ces missions peuvent être exercées en dehors de ce périmètre, sous réserve qu'il s'agisse d'interventions en continuité avec des opérations en cours dans celui-ci (C. urb., art. L. 328-5).
3. C. urb., art. R. 328-14, al. 2 – V. s[s] n° 051.172.
4. C. urb., art. L. 328-3, al. 1er – Ces missions peuvent être exercées en dehors de ce périmètre, sous réserve qu'il s'agisse d'interventions en continuité avec des opérations en cours dans celui-ci (C. urb., art. L. 328-5).
5. C. urb., art. L. 328-3, al. 2 à 5.
6. C. urb., art. L. 328-4, réservant néanmoins (en son II) une possibilité pour les maires de s'opposer au transfert de ce pouvoir.
7. C. urb., art. L. 328-3, al. 6.
8. C. urb., art. L. 328-3, al. 7.
9. C. urb., art. L. 328-3, al. 8.
10. C. urb., art. L. 328-7, al. 1er.
11. C. urb., art. L. 328-7, al. 2.

546.112 15 membres représentant les collectivités territoriales et leurs groupements. L'établissement public comprend 15 membres représentant les collectivités territoriales et leurs groupements désignés en leur sein par leur organe délibérant[1] :

– neuf représentants du département des Hauts-de-Seine ;

– un représentant de la région d'Ile-de-France ;

– un représentant de la métropole du Grand Paris ;

– un représentant de la commune de Paris ;

– un représentant des communes de Courbevoie, Nanterre et Puteaux.

Ces membres sont désignés pour la durée du mandat électif dont ils sont investis, sans préjudice de l'application des articles L. 2121-33, L. 3121-23 et L. 4132-22 du CGCT. Leur fonction cesse avec celui-ci. Leur mandat est renouvelable[2].

546.113 2 personnalités qualifiées. L'établissement public comporte deux personnalités qualifiées[3] :

– une personnalité qualifiée nommée, en raison de ses compétences en matière d'aménagement, par le ministre chargé de l'urbanisme ;

– et une personnalité qualifiée nommée, en raison de ses compétences en matière de développement économique, par le ministre chargé de l'économie.

Les personnalités qualifiées sont désignées pour une durée de six ans. Leur mandat est renouvelable[4].

546.114 Personnes pouvant assister avec voix consultative. Des représentants du personnel de l'établissement peuvent assister au conseil d'administration avec voix consultative[5].

Si dans le cadre de ses missions d'aménagement[6], Paris La Défense intervient sur le territoire de la commune de La Garenne-Colombes, un représentant de la commune assiste au conseil d'administration avec voix consultative à chaque fois que des décisions relatives à cette intervention lui sont soumises[7].

546.115 Remplacement d'un membre. En cas de vacance d'un siège pour quelque cause que ce soit, il est procédé dans les deux mois au remplacement du membre qui a cessé de faire partie du conseil par un nouveau membre désigné, pour la durée du mandat restant à courir s'il s'agit d'un membre représentant les collectivités, ou pour une durée de six ans s'il s'agit d'une personnalité qualifiée, selon les mêmes modalités que celles ayant présidé à la désignation de celui qu'il remplace[8].

546.116 Conflits d'intérêts. Des dispositions ont été prévues pour prévenir les conflits d'intérêts[9].

546.117 Gratuité du mandat. Les membres du conseil d'administration exercent leur mandat à titre gratuit[10].

b.

Répartition des droits de vote au sein du conseil d'administration

546.121 Droits de vote des membres représentant les collectivités publiques. Tous les représentants au conseil d'administration des collectivités territoriales et leurs groupements, mentionnés au premier alinéa du I, dont la collectivité ou le groupement est signataire de la convention mentionnée à l'article L. 328-10, disposent d'au moins un droit de vote. À défaut de signature de ladite convention, ils disposent d'une voix consultative[11].

Les droits de vote attribués aux représentants des collectivités territoriales et leurs groupements, dont la collectivité ou le groupement est signataire de la convention mentionnée à l'article L. 328-10, sont majorés, aux termes de cette convention ou, à défaut en considération de la part que la contribution de ces collectivités et leurs groupements représente dans l'ensemble des contributions mentionnées au même article[12].

Toutefois, la majoration prévue à l'alinéa précédent ne peut conduire à remettre en cause la majorité des droits de vote dont disposent les représentants du département des Hauts-de-Seine sous réserve que ce dernier apporte au moins la moitié des contributions prévues par la convention mentionnée à l'article L. 328-10[13].

En l'absence de notification de cette convention au ministre chargé de l'urbanisme, tous les représentants au conseil d'administration des collectivités territoriales et leurs groupements, mentionnés au premier alinéa du I disposent d'un droit de vote sans aucune majoration possible en application du deuxième alinéa du présent II[14].

546.122 Modalités de la majoration. Le représentant de chaque collectivité territoriale ou leurs groupements signataire de la convention prévue à l'article L. 328-10[15] dispose d'un droit de vote

1. C. urb., art. L. 328-8, I, al. 1er ; art. R. 328-1°.
2. C. urb., art. R. 328-2, al. 1er.
3. C. urb., art. L. 328-8, I, al. 2 ; art. R. 328-2°.
4. C. urb., art. R. 328-2, al. 2.
5. C. urb., art. L. 328-8, I, al. 3.
6. Mentionnées à l'article L. 328-2.
7. C. urb., art. L. 328-8, I, al. 4.
8. C. urb., art. R. 328-2, al. 3.
9. C. urb., art. R. 328-3.
10. C. urb., art. R. 328-5.
11. C. urb., art. L. 328-8, II, al. 1er.
12. C. urb., art. L. 328-8, II, al. 2.
13. C. urb., art. L. 328-8, II, al. 3.
14. C. urb., art. L. 328-8, II, al. 4.
15. V. ss nos 546.201 s.

majoré en considération de la part que cette collectivité territoriale ou ce groupement représente dans l'ensemble des contributions prévues au même article, sans que la somme des droits de vote ainsi majorés n'excède une valeur égale à 25, et dans la limite et les conditions prévues au II de l'article L. 328-8.

Cette majoration procède de l'attribution proportionnelle d'un ensemble de 10 droits de vote supplémentaires auxquels s'ajoutent, le cas échéant, ceux des personnes publiques mentionnées au premier alinéa du I l'article L. 328-8 qui n'ont pas signé ladite convention.

Lorsque cette convention n'a pas défini la majoration des droits de vote en application du I de l'article L. 328-10, les droits de vote sont attribués proportionnellement à la plus forte moyenne.

Le ministre chargé de l'urbanisme arrête, au vu de la convention qui lui a été notifiée en application du même article et pour chacune des personnes publiques concernées, la valeur ainsi majorée des droits de vote de leurs représentants [1].

En l'absence de notification de la convention mentionnée à l'article L. 328-10, les 15 représentants des collectivités publiques au conseil d'administration disposent chacun d'un droit de vote. Aucune majoration n'est appliquée [2].

546.123 **Droit de vote des personnalités qualifiées.** Chacune des deux personnalités qualifiées dispose d'un droit de vote [3].

c.
Président du conseil d'administration

546.131 **Élection.** Le conseil d'administration élit son président en son sein parmi les représentants des collectivités [4].

Il élit également des vice-présidents [5].

Le président et les vice-présidents sont élus pour une durée de quatre ans [6].

d.
Prise de décision au sein du conseil d'administration

546.141 **Modalités.** Les modalités de la prise de décision sont détaillées à l'article R. 328-6 du code de l'urbanisme. Il fixe les règles de convocation, de *quorum*, de participation par visioconférence et rend possible une consultation écrite en cas d'urgence.

Le conseil d'administration se réunit au moins trois fois par an.

1. C. urb., art. R. 328-1°.
2. C. urb., art. R. 328-10, 2°.
3. C. urb., art. R. 328-1, 2°.
4. C. urb., art. L. 328-8, III, al. 1er.
5. C. urb., art. R. 328-4.
6. C. urb., art. R. 328-4, al. 3.

e.
Compétences du conseil d'administration

546.151 **Compétences.** Le conseil d'administration élit son président [7].

Il règle par ses délibérations les affaires de l'établissement [8].

À cet effet, il exerce notamment les attributions suivantes [9] :

- il approuve le document d'engagement mentionné à l'article L. 328-12 ;
- il nomme le directeur général dans les conditions précisées à l'article L. 328-13 et met fin à ses fonctions dans les mêmes conditions.

L'article R. 328-7 ajoute que le conseil d'administration [10] :

- vote le budget et le cas échéant les budgets annexes (1°) ;
- autorise les emprunts (2°) ;
- autorise la conclusion des conventions passées avec l'État, les collectivités territoriales et les établissements publics, et des conventions d'assistance à maîtrise d'ouvrage passées avec les pouvoirs adjudicateurs d'opérations immobilières ayant pour objet le développement du quartier d'affaires (3°) ;
- arrête le compte financier (4°) ;
- décide des créations de filiales et des prises, extensions et cessions de participation financière (5°) ;
- fixe les orientations générales de l'établissement public et approuve le document d'engagement mentionné à l'article L. 328-12 ainsi que la liste des opérations à entreprendre et leurs modalités de financement (6°) ;
- détermine les conditions générales de recrutement du personnel placé sous l'autorité du directeur général (7°) ;
- fixe, en tant que de besoin, les conditions dans lesquelles il peut être esté en justice pour le compte de l'établissement public (8°) ;
- approuve les transactions (9°) ;
- approuve le recours à l'arbitrage (10°) ;
- adopte son règlement intérieur, qui définit, le cas échéant, les conditions de fonctionnement du conseil d'exploitation appelé à rendre des avis sur l'élaboration et l'approbation des budgets annexes (11°) ;
- fixe le siège de l'établissement public (12°).

546.152 **Possibilité de déléguer certains pouvoirs au directeur général.** Le conseil d'administration peut déléguer au directeur général, dans les conditions qu'il détermine, ses pouvoirs de décision, à l'excep-

7. V. s^s n° 546.131.
8. C. urb., art. L. 328-8, III, al. 2 ; art. R. 328-7, I, al. 1er.
9. C. urb., art. L. 328-8, III, al. 2.
10. C. urb., art. R. 328-7, I.

tion de ceux prévus aux 1°, 2°, 4°, 5°, 6°, 8°, 10°, 11° et 12°[1].

f.
Contrôle du préfet de région sur le conseil d'administration

546.161 Modalités. Le préfet de la région d'Ile-de-France assiste de droit aux séances du conseil d'administration[2].

Les procès-verbaux et délibérations lui sont adressés[3].

Le préfet des Hauts-de-Seine le supplée en tant que de besoin[4].

2°
Conseil de développement

546.171 Représentation des usagers. Un conseil de développement représentant les personnes physiques et morales utilisatrices régulières des équipements et espaces publics gérés par l'établissement est consulté à un rythme fixé par le conseil d'administration et au moins annuel, sur les orientations retenues par l'établissement public pour l'exercice de ses compétences[5].

Sa composition, son organisation et son fonctionnement sont précisés à l'article R. 328-8.

3°
Directeur général

a.
Mandat

546.181 Nomination. Le directeur général est nommé sur proposition du président par le conseil d'administration et après avis motivé du préfet de région, pour un mandat de cinq ans renouvelable et révocable[6].

546.182 Vacance ou empêchement. En cas de vacance du poste ou d'empêchement du directeur général, un directeur général par intérim peut être nommé par le conseil d'administration convoqué à cet effet[7].

546.183 Incompatibilités. Les fonctions de directeur général sont incompatibles avec celles de membre du conseil d'administration ou de membres des assemblées délibérantes des collectivités publiques représentées au conseil d'administration[8].

b.
Attributions

546.191 Compétences propres. Le directeur général est chargé de l'administration de l'établissement[9].

Il est ordonnateur des dépenses et des recettes. Il est chargé de l'instruction préalable des affaires qui sont de la compétence de l'établissement. Il prépare et exécute les décisions du conseil d'administration. Il prépare et présente le budget. Il recrute le personnel et a autorité sur lui. Il peut déléguer sa signature[10].

Il est notamment compétent pour[11] :

– préparer et passer les contrats, les marchés publics et contrats de concession, les actes d'acquisition, d'aliénation, d'échange et de location (1°) ;

– préparer et conclure les transactions (2°) ;

– représenter l'établissement dans les actes de la vie civile et commerciale et ester en justice (3°) ;

– ouvrir et organiser celles des enquêtes publiques prévues aux articles L. 123-1 et L. 123-2 du code de l'environnement qui sont requises pour les décisions ressortant de la compétence de l'établissement (4°).

Le directeur général assiste de droit aux réunions du conseil d'administration[12].

Il prépare et présente le document d'engagement et le bilan annuel[13].

546.192 Compétences déléguées par le conseil d'administration. Le conseil d'administration peut déléguer au directeur général l'exercice de certaines attributions[14].

Le directeur général peut également, par délégation du conseil d'administration, être chargé d'exercer au nom de l'établissement les droits de préemption dont l'établissement est titulaire ou délégataire et le droit de priorité dont l'établissement est délégataire[15].

B.
Répartition des charges et dépenses d'investissement pour la mission de gestion

546.201 Répartition pouvant être définie par voie de convention. Les collectivités territoriales et leurs groupements mentionnés au premier alinéa

1. C. urb., art. R. 328-7, II.
2. C. urb., art. L. 328-8, IV.
3. C. urb., art. L. 328-8, IV.
4. C. urb., art. L. 328-8, IV.
5. C. urb., art. L. 328-9.
6. C. urb., art. L. 328-13, al. 2.
7. C. urb., art. R. 328-9, I, al. 7.
8. C. urb., art. R. 328-9, I, al. 8.
9. C. urb., art. L. 328-13, al. 1er.
10. C. urb., art. R. 328-9, I, al. 1er.
11. C. urb., art. R. 328-9, I, al. 2 à 6.
12. C. urb., art. R. 328-9, II.
13. C. urb., art. R. 328-9, II.
14. V. ss no 546.152.
15. C. urb., art. R. 328-9, III.

du I de l'article L. 328-8 peuvent contribuer aux charges et dépenses d'investissement afférentes à la mission de gestion [1].

Ces contributions, qui présentent alors un caractère obligatoire, sont établies par une convention conclue pour une durée de dix ans entre les collectivités territoriales et leurs groupements et notifiée au ministre chargé de l'urbanisme [2].

Les engagements pris dans le cadre de cette convention garantissent le financement du document d'engagement et du programme pluriannuel d'investissement prévus à l'article L. 328-11. Ils peuvent être révisés à cet effet [3].

La convention peut définir la majoration des droits de vote prévue au II de l'article L. 328-8 [4].

546.202 Répartition en l'absence de convention. En l'absence de notification de la convention au ministre chargé de l'urbanisme, les charges et dépenses d'investissement résultant pour les collectivités territoriales et leurs groupements de l'exercice de la mission mentionnée à la seconde phrase du premier alinéa de l'article L. 328-3 sont réparties comme suit [5].

- 9/11 pour le département des Hauts-de-Seine ;
- 1/11 pour la commune de Courbevoie ;
- 1/11 pour la commune de Puteaux.

Ces contributions présentent un caractère obligatoire [6].

C.
Programmation à dix ans

546.211 Document d'engagement. Paris La Défense élabore et approuve un document d'engagement qui définit les engagements à dix ans de l'établissement public, notamment au titre des investissements de mise aux normes nécessaires, ainsi que les objectifs, la stratégie et les moyens qui seront mis en œuvre par l'établissement, les collectivités territoriales et leurs groupements, pour les atteindre [7].

546.212 Contrôle du respect du document d'engagement. Le préfet de région veille à l'application du document d'engagement [8].

1. C. urb., art. L. 328-10, I, al. 1er – Mission mentionnée à la seconde phrase du premier alinéa de l'article L. 328-3 (v. ss no 546.91).
2. C. urb., art. L. 328-10, I, al. 2.
3. C. urb., art. L. 328-10, I, al. 3.
4. C. urb., art. L. 328-10, I, al. 4.
5. C. urb., art. L. 328-10, II ; art. R. 328-10, 1°.
6. C. urb., art. L. 328-10, II.
7. C. urb., art. L. 328-11.
8. C. urb., art. L. 328-12, al. 1er.

D.
Contrôle du préfet

546.221 Respect du document d'engagement. Le préfet contrôle le respect du document d'engagement [9].

546.222 Respect des intérêts nationaux. Lorsqu'il estime qu'une décision du conseil d'administration porte manifestement atteinte aux intérêts nationaux, et en particulier aux intérêts patrimoniaux de l'État, ou au bon fonctionnement des services publics, le préfet de la région d'Ile-de-France, dans un délai de quinze jours suivant la transmission de cette délibération, suspend le caractère exécutoire de cette décision. Il en informe le conseil d'administration. La délibération mentionnée n'est pas exécutée. Elle est inscrite à l'ordre du jour du prochain conseil d'administration [10].

Au cours de celui-ci, le préfet de la région d'Île de France communique aux administrateurs les éléments démontrant que la délibération porte une atteinte excessive aux intérêts nationaux et en particulier aux intérêts patrimoniaux de l'État ou au bon fonctionnement des services publics [11].

La nouvelle délibération est prise à la majorité des deux tiers des suffrages exprimés comprenant les représentants d'au moins deux des collectivités territoriales et de leurs groupements mentionnés au premier alinéa du I de l'article L. 328-8 [12].

546.223 Contrôle budgétaire et de légalité. Le contrôle de légalité et le contrôle budgétaire des actes et délibérations de l'établissement public sont exercés par le préfet de la région d'Ile-de-France dans les conditions prévues par le CGCT [13].

E.
Budget et comptabilité

546.231 Gestion financière et comptable. En matière de gestion financière et comptable, l'établissement est soumis aux règles applicables aux entreprises de commerce. Les dispositions financières, budgétaires et comptables prévues par le CGCT sont applicables à l'établissement dans les conditions et sous les réserves énoncées par les dispositions qui lui sont propres du code de l'urbanisme [14].

9. V. ss no 546.212.
10. C. urb., art. L. 328-12, al. 2, art. R. 328-11, al. 1er.
11. C. urb., art. R. 328-11, al. 2.
12. C. urb., art. L. 328-12, al. 2 ; art. R. 328-11, al. 3.
13. C. urb., art. L. 328-14 ; mod. par ord. no 2022-1421, 10 nov. 2022.
14. C. urb., art. L. 328-14, II ; mod. par ord. no 2022-1421, 10 nov. 2022.

546.232 **Budget.** Les ressources de l'établissement comprennent les recettes suivantes[1] :

– les contributions de ses membres, prévues à l'article L. 328-10 (1°) ;

– les dotations, subventions, avances, fonds de concours ou participations susceptibles d'être apportées par l'État, l'Union européenne, les établissements publics, les collectivités territoriales ou leurs groupements (2°) ;

– le produit des emprunts (3°) ;

– la rémunération des prestations de services (4°) ;

– le produit de la gestion des biens entrés dans son patrimoine (5°) ;

– le produit de cession des biens et droits mobiliers et immobiliers (6°) ;

– le revenu des biens et droits mobiliers et immobiliers (7°) ;

– les dons et legs (8°) ;

– toutes autres ressources autorisées par les lois et règlements (9°).

546.233 **Régime juridique.** L'établissement est soumis aux dispositions du titre Ier du décret du 7 novembre 2012[2] relatif à la gestion budgétaire et comptable publique ainsi qu'à celles prévues aux articles R. 2221-35 à R. 2221-52 du CGCT[3].

Il peut être institué au sein de l'établissement public des régies de recettes et des régies d'avances dans les conditions prévues par le décret du 26 juillet 2019[4] relatif aux régies de recettes et aux régies d'avances des organismes publics[5].

F.
Régime des actes

546.241 **Publication des règlements.** Les actes à caractère réglementaire pris par délibération du conseil d'administration de Paris La Défense ou par le directeur général par délégation du conseil d'administration ou en vertu de ses compétences propres en application des lois et règlements sont publiés dans un recueil tenu par l'établissement dans les conditions fixées par le règlement intérieur[6].

546.242 **Affichage (préemption, priorité).** Les décisions relatives à l'exercice du droit de préemption ou de priorité font, en plus de la publication prévue à l'alinéa précédent, l'objet d'un affichage dans les mairies concernées par celles-ci pendant une durée de deux mois[7].

G.
Transaction et arbitrage

546.251 **Autorisation.** Paris La Défense est autorisé à transiger et à compromettre[8].

L'autorisation est délivrée par le conseil d'administration[9].

SECTION 3
ORGANISMES DE FONCIER SOLIDAIRE

§ 1
Missions des organismes de foncier solidaire

A.
Mission principale : acquérir des terrains pour les mettre à bail

546.261 **Acquérir des terrains pour réaliser des logements et équipements collectifs.** Créés par la loi ALUR dans le but de dynamiser la construction de logements[10], les organismes de foncier solidaire ont pour objet principal, représentant tout ou partie de leur activité, de gérer des terrains ou des biens immobiliers dont ils sont propriétaires, le cas échéant après avoir procédé à leur acquisition, en vue de réaliser, y compris par des travaux de réhabilitation ou de rénovation, des logements destinés à des personnes aux ressources modestes, sous conditions de plafond, et des équipements collectifs conformément aux objectifs de l'article L. 301-1 du CCH[11]. À titre subsidiaire, sur des terrains préalablement acquis ou gérés au titre de leur activité principale, les organismes de foncier solidaire peuvent intervenir en vue de réaliser ou de faire réaliser des locaux à usage commercial ou professionnel, afin de favoriser la mixité fonctionnelle[12].

L'organisme de foncier solidaire peut bénéficier de la décote prévue à l'article L. 3211-7 du CGPPP[13]. Cela signifie que l'État peut céder des terrains à l'organisme pour un prix inférieur à leur valeur.

1. C. urb., art. L. 328-15.
2. Décr. n° 2012-1246, 7 nov. 2012 relatif à la gestion budgétaire et comptable publique, *JO* 10 nov., n° 6.
3. C. urb., art. R. 328-13, al. 1er.
4. Décr. n° 2019-798, 26 juill. 2019 relatif aux régies de recettes et d'avances des organismes publics, *JO* 28 juill., n° 36.
5. C. urb., art. R. 328-13, al. 2.
6. C. urb., art. R. 328-12, al. 2.
7. C. urb., art. R. 328-12, al. 3.
8. C. urb., art. R. 328-12, al. 1er.
9. V. ss n° 546.151.
10. L. n° 2014-366, 24 mars 2014 pour l'accès au logement et un urbanisme rénové, art. 164.
11. C. urb., art. L. 329-1, al. 1er ; mod. par L. n° 2022-217, 21 févr. 2022.
12. C. urb., art. L. 329-1, al. 2 ; mod. par L. n° 2022-217, 21 févr. 2022.
13. C. urb., art. L. 329-1, al. 5.

546.262 Mise à bail des terrains acquis (baux réels solidaires). À la différence des autres organismes fonciers ou d'aménagement, l'organisme de foncier solidaire reste propriétaire des terrains[1].

Il consent au preneur, dans le cadre d'un bail de longue durée des droits réels en vue de la location ou de l'accession à la propriété des logements, à usage d'habitation principale ou à usage mixte professionnel et d'habitation principale, ou des locaux à usage commercial ou professionnel[2]. Le bail est conclu[3] :

– sous des conditions de prix de cession et, le cas échéant, de plafonds de ressources et de loyers ;

– et, s'il y a lieu avec obligation de construire ou de réhabiliter, rénover ou gérer des constructions existantes.

B.
Missions complémentaires

546.271 Accompagnement des bénéficiaires. L'organisme de foncier solidaire peut avoir pour objet l'accompagnement des bénéficiaires des baux réels solidaires qu'il consent[4].

546.272 Montages d'opérations immobilières. L'organisme de foncier solidaire peut avoir pour objet le montage d'opérations immobilières, hors du cadre des baux réels solidaires[5].

§ 2
Quels sont les organismes de foncier solidaire ?

A.
Caractéristiques de l'organisme

546.281 Organismes sans buts lucratifs. L'organisme concerné peut être une personne morale de droit public ou de droit privé[6].

Son objet doit être autre que le partage de bénéfice[7].

Il en résulte que deux types d'organisme peuvent se voir reconnaître la qualité d'organisme de foncier solidaire[8] :

– d'une part les organismes sans but lucratif ;

– d'autre part les organismes HLM[9] et les sociétés d'économie mixte de construction et de gestion de logements sociaux[10].

Il peut exercer l'activité d'organisme de foncier solidaire à titre principal ou accessoire[11].

546.282 Condition de pérennité. Pour se voir reconnaître le statut d'organisme de foncier solidaire, une personne morale de droit public ou de droit privé ayant cet objet doit être en mesure de garantir la pérennité des baux accordés dans le cadre de l'exercice de cette activité[12].

En pratique, cette exigence concerne quasi exclusivement les personnes privées. Elle a pour effet de limiter la reconnaissance de la qualité d'organisme de foncier solidaire aux structures présentant une importance suffisante pour inscrire leur action sur le long terme.

546.283 Gouvernance. La gouvernance de l'organisme considéré doit être est définie et organisée par les statuts ou documents constitutifs conformément à son objet[13].

546.284 Activité relative au bail réel solidaire. En ce qui concerne l'activité relative au bail réel solidaire, sa gestion est conforme aux principes suivants[14] :

– les résultats réalisés par l'activité relative au bail réel solidaire sont entièrement affectés au maintien et au développement de cette activité et, le cas échéant, des activités relevant du service d'intérêt économique général défini à l'article L. 411-2 du CCH (a) ;

– les réserves financières obligatoires constituées au titre de l'activité liée au bail réel solidaire sont consacrées exclusivement à l'activité de gestion des baux réels solidaires signés par l'organisme. L'organisme de foncier solidaire doit y affecter la part de ses bénéfices nécessaire à assurer la pérennisation de l'ensemble des baux réels solidaires qu'il a conclus (b) ;

– la comptabilité interne de l'organisme de foncier solidaire permet de distinguer le résultat relevant de l'activité relative au bail réel solidaire et celui des autres activités qu'il exerce (c).

En ce qui concerne l'activité relative au bail réel solidaire d'activité, sa gestion est conforme aux principes suivants[15] :

– le caractère subsidiaire de cette activité est apprécié au regard de la surface de plancher pouvant être

1. C. urb., art. L. 329-1, al. 4.
2. C. urb., art. L. 329-1, al. 4 ; mod. par L. n° 2022-217, 21 févr. 2022.
3. C. urb., art. L. 329-1, al. 4 ; mod. par L. n° 2022-217, 21 févr. 2022.
4. C. urb., art. R. 329-1, al. 2.
5. C. urb., art. R. 329-1, al. 2.
6. C. urb., art. R. 329-1, al. 1er.
7. C. urb., art. R. 329-3, 1°.
8. C. urb., art. L. 329-1, al. 3.
9. CCH, art. L. 411-2.
10. CCH, art. L. 481-1.
11. C. urb., art. L. 329-1, al. 3.
12. C. urb., art. R. 329-1, al. 1er.
13. Sur son objet, v. ss n° 546.281 – C. urb., art. R. 329-3, 2°.
14. C. urb., art. R. 329-3, 3° ; mod. par décr. n° 2024-838, 16 juill. 2024.
15. C. urb., art. R. 329-3, 4° ; créé par décr. n° 2024-838, 16 juill. 2024.

affectée au bail réel solidaire d'activité, qui doit être limitée à 30 % de la surface totale de plancher affectée au logement en bail réel solidaire au sein d'une même opération immobilière (a) ;

- les bénéfices réalisés par l'activité relative au bail réel solidaire d'activité sont entièrement affectés au maintien et au développement de cette activité et de l'activité relative au bail réel solidaire de l'organisme et, le cas échéant, des activités relevant du service d'intérêt économique général défini à l'article L. 411-2 du code de la construction et de l'habitation (b) ;

- la comptabilité interne de l'organisme de foncier solidaire permet de distinguer le résultat de l'activité relative au bail réel solidaire d'activité et celui des autres activités qu'il exerce (c).

B. Statuts de l'organisme

546.291 Mention de l'article L. 329-1. Les statuts de l'organisme ou ses documents constitutifs en tenant lieu se réfèrent expressément aux dispositions de l'article L. 329-1[1].

546.292 Éléments devant notamment être mentionnés. En conséquence de la soumission à l'article L. 329-1, doivent notamment être mentionnées les mentions suivantes[2] :

- le périmètre géographique d'intervention de l'organisme (1°, précisant que dans le cas où celui-ci dépasse les limites administratives de la région du siège social de l'organisme, les statuts ou documents constitutifs doivent le mentionner expressément) ;

- la part des bénéfices issus des activités autres que celles liées au bail réel solidaire qui sont, le cas échéant, affectées aux réserves obligatoires mentionnées au b du 3° de l'article R. 329-3 (2°) ;

- les conditions dans lesquelles les décisions de gestion relatives aux baux réels solidaires et aux baux réels solidaires d'activité, consentis par l'organisme de foncier solidaire sont prises en cas de suspension ou de retrait de l'agrément de cette activité et les modalités de dévolution des biens de l'organisme liés à son activité de gestion de baux réels solidaires et de baux réels solidaires d'activité dans le délai d'un an suivant le retrait de cet agrément (3°).

C. Agrément de l'organisme

546.301 Compétence du préfet de région. Les organismes de foncier solidaire sont agréés par le préfet de région[3] après avis de l'instance prévue à l'article L. 364-1 du CCH[4].

Lorsque l'organisme de foncier solidaire exerce son activité dans plusieurs régions, un agrément doit être délivré par le préfet de chacune des régions concernées[5].

546.302 Dossier d'agrément. À l'appui de sa demande d'agrément, l'organisme fournit les pièces et renseignements suivants[6] :

- ses statuts ou ses documents constitutifs en tenant lieu (1°) ;

- la composition de son organe de décision et la description de l'activité professionnelle de chacune des personnes physiques membres de cet organe (2°) ;

- l'organigramme de l'organisme, la description de la qualification des personnels salariés et de la part des activités confiées à des bénévoles (3°) ;

- le commissaire aux comptes désigné par l'organisme (4°) ;

- le budget de l'année en cours, les comptes financiers des deux exercices clos, sauf si l'organisme a été créé plus récemment et le budget prévisionnel au regard des perspectives de développement à cinq ans de l'exercice à venir (5°) ;

- le programme des actions envisagées par l'organisme. Ce programme justifie du besoin de logement en accession sociale à la propriété sur le territoire concerné par l'agrément compte tenu de la population de ménages considérée (6°) ;

- un descriptif des moyens humains et matériels dont dispose l'organisme pour la réalisation de son objet social, notamment sa capacité technique et financière à assurer ses missions (7°) ;

- un descriptif des missions que l'organisme envisage de confier à des tiers et les partenariats qu'il envisage de nouer afin de remplir ces missions (8°) ;

- la description des conditions d'attribution et de contrôle de l'affectation des biens objets d'un bail réel solidaire et, le cas échéant, d'un bail réel solidaire d'activité, ainsi que les modalités d'information des preneurs de ces baux (9°) ;

- le cas échéant, les agréments prévus aux articles L. 365-2, L. 365-3 et L. 365-4 du CCH (10°) ;

- une copie de l'avis de l'instance prévue à l'article L. 364-1 du CCH saisie par ses soins (12°).

546.303 Envoi de la demande d'agrément. La demande d'agrément accompagnée des pièces prévues à l'article R. 329-7 est adressée par le représentant légal de l'organisme au préfet de région par LRAR, ou par voie électronique[7].

1. C. urb, art. R. 329-4, al. 1er.
2. C. urb, art. R. 329-4, al. 1er à 4.
3. C. urb., art. L. 329-1, al. 2.
4. C. urb., art. R. 329-6.
5. C. urb., art. L. 329-6, al. 2.
6. C. urb., art. R. 329-7.
7. C. urb., art. R. 329-8.

546.304 **Délai pour se prononcer.** Le préfet de région dispose d'un délai de trois mois à compter de la réception du dossier complet pour se prononcer sur la demande[1].

546.305 **Durée de l'agrément.** L'agrément est délivré sans limitation de durée[2]. En contrepartie, l'organisme fait l'objet d'un contrôle de l'État pouvant conduire, en cas de manquement, à la suspension ou au retrait de l'agrément.

§ 3
Facilités pour l'exercice de la mission des organismes de foncier solidaire

A.
Possibilité de recevoir des apports

546.311 **Apport de toute personne publique ou privée.** L'organisme de foncier solidaire peut recevoir des apports, en nature ou en numéraire, de toute personne publique ou privée[3].

546.312 **Régime lorsque les apports proviennent d'un fonds de dotation.** Lorsque les apports proviennent d'un organisme mentionné à l'article 140 de la loi du 4 août 2008[4] de modernisation de l'économie (c'est-à-dire d'un fonds de dotation), l'ensemble des dispositions de cet article sont applicables à ces apports[5].

B.
Possibilité de déléguer l'exercice de ses missions complémentaires

546.321 **Missions confiées à un tiers.** L'organisme de foncier solidaire peut décider de confier à un tiers la réalisation de ses missions complémentaires[6], lesquelles ne sont pas réservées par l'article L. 329-1 à un organisme de foncier solidaire[7].

1. C. urb., art. R. 329-10.
2. C. urb., art. L. 329-6, al. 2.
3. C. urb., art. R. 329-2.
4. L. n° 2008-776, 4 août 2008 de modernisation de l'économie, *JO* 5 août, n° 1.
5. C. urb., art. R. 329-2.
6. V. s^s n°s 546.271 s.
7. C. urb., art. R. 329-5.

§ 4
Contrôle des organismes de foncier solidaire

A.
Contrôle à travers le bilan annuel

546.331 **Établissement du rapport.** L'organisme de foncier solidaire établit chaque année un rapport d'activité, qui est soumis à l'approbation de son organe de décision[8].

546.332 **Contenu du rapport.** Ce rapport contient les éléments suivants[9] :

– un compte rendu de l'activité de l'organisme de foncier solidaire, qui porte tant sur son fonctionnement interne que sur ses rapports avec les tiers, notamment ceux à qui a été confiés l'exercice de missions complémentaires (1°) ;

– les comptes financiers de l'activité relative au bail réel solidaire et de l'activité relative au bail réel solidaire d'activité, certifiés par le commissaire aux comptes (2°) ;

– la liste des preneurs d'un bail réel solidaire ou d'un bail réel solidaire d'activité signé avec l'organisme, comportant, le cas échéant, les baux réels solidaires signés dans le cadre d'une vente réalisée au titre de l'article L. 443-7 du CCH (3°) ;

– un bilan de l'activité de suivi des preneurs d'un bail réel solidaire ou d'un bail réel solidaire d'activité (4°) ;

– la description des modalités d'information des preneurs de nouveaux baux réels solidaires et baux réels solidaire d'activité (5°) ;

– si l'organisme de foncier solidaire fait appel public à la générosité, le compte d'emploi des ressources collectées auprès du public prévu à l'article 4 de la loi du 7 août 1991[10], qui précise notamment l'affectation des dons par type de dépenses et qui mentionne les informations relatives à son élaboration (6°) ;

– la liste des libéralités reçues (7°) ;

– les éléments mentionnés à l'article R. 302-15 du CCH permettant d'effectuer le décompte des logements faisant l'objet d'un bail réel solidaire mentionnés au dernier alinéa du IV de l'article L. 302-5 du CCH (8°) ;

– la répartition, par opération immobilière réalisée, du nombre de logements en bail réel solidaire et du nombre de locaux en bail réel solidaire d'activité,

8. C. urb., art. R. 329-11, al. 1er.
9. C. urb., art. R. 329-11, al. 2 à 10.
10. L. n° 91-772, 7 août 1991 relative au congé de représentation en faveur des associations et des mutuelles et au contrôle des comptes des organismes faisant appel à la générosité publique, *JO* 10 août, p. 10616.

en précisant les surfaces de plancher qui leur sont dévolues (9°) ;

– un compte rendu de la mise en œuvre des conditions d'attribution et de contrôle de l'affectation des biens objets d'un bail réel solidaire ou d'un bail réel solidaire d'activité (10°).

546.333 Envoi du rapport. Le rapport d'activité est adressé, au plus tard le 31 juillet de chaque année[1] :

– au préfet qui a délivré l'agrément ;

– et à chacun des préfets des départements dans lesquels intervient l'organisme foncier solidaire.

546.334 Sanction d'un rapport incomplet ou de l'absence d'envoi du rapport. Lorsque le rapport d'activité n'a pas été notifié dans le délai de 6 mois, ou lorsque le rapport est incomplet, l'autorité administrative peut mettre en demeure l'organisme de foncier solidaire de se conformer à ses obligations dans un délai d'un mois[2].

B. Contrôle à tout moment

546.341 Contrôle des conditions d'exercice de l'activité. Le préfet qui a délivré l'agrément peut à tout moment contrôler les conditions d'exercice de l'activité de l'organisme[3].

C. Contrôle des modifications statutaires

546.351 Notification des modifications statutaires. Toute modification des statuts ou des documents constitutifs en tenant lieu est notifiée sans délai au préfet qui a délivré l'agrément[4]. Le préfet vérifie que les conditions posées pour son obtention demeurent réunies.

Il informe l'instance prévue à l'article L. 364-1 du CCH de cette modification[5].

§ 5 Suspension ou retrait de l'agrément

A. Pouvoir de suspension et de retrait

546.361 Motifs de retrait. Le préfet de région peut à tout moment suspendre ou retirer l'agrément[6] :

– si l'organisme ne satisfait plus aux conditions de délivrance de cet agrément ;

– ou s'il constate un manquement grave à ses obligations.

546.362 Notion de manquement grave aux obligations. Constituent notamment des manquements graves de l'organisme de foncier solidaire à ses obligations[7] :

– la violation des règles de gestion financière prévues aux articles R. 329-3 et R. 329-4 (1°) ;

– la violation des dispositions du VI de l'article 140 de la loi n° 2008-776 du 4 août 2008 relatives à l'établissement et à la publicité des comptes annuels et à la mission du commissaire aux comptes (2°) ;

– le fait pour l'organisme de foncier solidaire de disposer ou de consommer tout ou partie de la dotation en capital ou des fonds affectés dont il bénéficie dans le cas où les statuts ou documents constitutifs n'autorisent pas à les consommer, et, dans le cas où les statuts ou documents constitutifs prévoient cette possibilité, le fait d'en disposer ou d'en consommer tout ou partie en violation des conditions fixées par les clauses statutaires ou pour une cause étrangère à la réalisation des objets ou des missions d'intérêt général poursuivis (3°) ;

– le fait pour l'organisme de foncier solidaire de ne pas avoir adressé les rapports d'activité à l'autorité administrative ou d'avoir adressé des rapports d'activité incomplets, durant deux exercices consécutifs, malgré la mise en demeure qui lui a été faite en application de l'article R. 329-11 (4°) ;

– le fait pour l'organisme de foncier solidaire de conclure un bail réel solidaire avec des preneurs ne respectant pas les conditions de ressources, de loyers ou de cession de prix prévues aux articles L. 255-2 et L. 255-4 du CCH ou de donner son agrément à la cession de ces droits sans respecter les conditions prévues aux articles L. 255-10 et suivants dudit code (5°) ;

– le fait pour l'organisme de foncier solidaire de conclure un bail réel solidaire d'activité en méconnaissance des conditions prévues aux articles L. 256-1, L. 256-2, L. 256-3, L. 256-4, L. 256-6 et L. 256-7 du CCH (6°).

B. Procédure contradictoire

546.371 Garanties. Les décisions mentionnées à l'article R. 329-14 sont prises à l'issue d'une procédure contradictoire au cours de laquelle les responsables de l'organisme sont mis à même d'être entendus et de faire part de leurs observations. Ils peuvent

1. C. urb., art. R. 329-11, al. 1er.
2. C. urb., art. R. 329-11, dernier al.
3. C. urb., art. R. 329-12.
4. C. urb., art. R. 329-13, al. 1er.
5. C. urb., art. R. 329-13, al. 2.
6. C. urb., art. R. 329-14, al. 1er.
7. C. urb., art. R. 329-16.

se faire représenter ou assister lors de cette procédure[1].

C.
Décision de suspension ou de retrait

546.381 **Suspension de l'agrément.** L'arrêté prononçant la suspension précise sa durée[2].

L'organisme de foncier solidaire transmet sans délai au préfet de région copie de tous les actes relatifs aux baux réels solidaires qu'il a consentis[3].

L'organisme ne peut conclure de nouveau bail réel solidaire pendant la durée de la suspension[4].

546.382 **Retrait de l'agrément.** En cas de retrait de l'agrément, l'organisme de foncier solidaire dispose d'un délai d'un an pour procéder à la cession de ses actifs affectés aux baux réels solidaires et aux baux réels solidaire d'activité à un autre organisme de foncier solidaire[5].

§ 6
Dissolution de l'organisme foncier solidaire

546.391 **Dévolution à un autre organisme foncier solidaire.** En cas de dissolution de l'organisme foncier solidaire, l'ensemble des droits et obligations de l'organisme, notamment les baux réels solidaires et les baux réels solidaires d'activité signés par lui et les biens immobiliers objets de tels baux, ainsi que les réserves affectées mentionnées à l'article R. 329-4, sont dévolus à un autre organisme foncier solidaire[6].

546.392 **Dévolution prononcée le cas échéant par le préfet.** À défaut de décision de l'organisme avant sa dissolution, la dévolution est prononcée par le préfet de région[7].

SECTION 4
SOCIÉTÉ D'ÉCONOMIE MIXTE D'AMÉNAGEMENT À OPÉRATION UNIQUE

546.401 **Un partenariat public-privé institutionnalisé.** La formule de la société d'économie mixte d'aménagement à opération unique (SEMAOP) a été créée par la loi ATR du 7 août 2015[8].

Elle constitue une forme de société d'économie mixte à opération unique (SEMOP)[9], c'est-à-dire une société disposant, après mise en concurrence, d'un capital mixte public-privé ayant pour seul et unique objet la mission que la personne publique va lui confier. Elle représente une société éphémère, disparaissant une fois l'objet réalisé.

§ 1
Création de la SEMAOP

546.411 **Participants.** Une SEMAOP peut être créée par L'État, un établissement public d'aménagement (EPA) ou un établissement publics fonciers et d'aménagement de l'État (EPFAE), avec une ou plusieurs collectivités territoriales ou un groupement de collectivités territoriales compétent et avec au moins un actionnaire opérateur économique[10].

L'opérateur économique est sélectionné après une mise en concurrence dans les conditions définies à l'article L. 1541-2 du CGCT.

546.412 **Objet.** La SEMAOP est constituée, pour une durée limitée, à titre exclusif en vue de la conclusion et de l'exécution d'un contrat dont l'objet unique est la réalisation d'une opération de construction, de développement du logement ou d'aménagement, avec l'État ou l'un de ses établissements publics (EPA ou EPFAE) et la collectivité territoriale ou le groupement de collectivités territoriales compétent[11].

Cet objet unique ne peut être modifié pendant toute la durée du contrat[12].

§ 2
Régime juridique de la SEMAOP

546.421 **Une société anonyme soumise à des règles spécifiques.** La SEMAOP revêt la forme d'une société anonyme régie par le livre II du code de commerce et par le titre II du livre V de la première partie du CGCT[13].

Elle est composée, par dérogation à l'article L. 225-1 du code de commerce, d'au moins trois actionnaires[14].

Elle ne peut pas prendre de participation dans des sociétés commerciales[15].

1. C. urb., art. R. 329-15.
2. C. urb., art. R. 329-14, al. 1er.
3. C. urb., art. R. 329-14, al. 2.
4. C. urb., art. R. 329-14, al. 2.
5. C. urb., art. R. 329-14, al. 3.
6. C. urb., art. R. 329-17.
7. C. urb., art. R. 329-17.
8. L. n° 2015-991, 7 août 2015 portant nouvelle organisation territoriale de la République, art. 62.
9. Les autres formes sont la SEMOP de droit commun (CGCT, art. L. 1541-1) et la société d'économie mixte hydroélectrique à opération unique ou SEMHP (C. énergie, art. L. 521-18).
10. C. urb., art. L. 32-10-1, I.
11. C. urb., art. L. 32-10-1, II, al. 1er.
12. C. urb., art. L. 32-10-1, II, al. 2.
13. C. urb., art. L. 32-10-1, III.
14. C. urb., art. L. 32-10-1, III.
15. C. urb., art. L. 32-10-1, III.

Pour l'application de l'article L. 32-10-1 du code de l'urbanisme, les dispositions de l'article L. 1541-2 du CGCT qui se réfèrent à la collectivité territoriale ou au groupement de collectivités territoriales s'appliquent également à l'État ou à l'un de ses établissements publics[1].

L'article L. 1541-3 du CGCT s'applique à la ou aux collectivités territoriales ou au groupement de collectivités territoriales compétent actionnaire d'une SEMAOP[2].

546.422 Conseil d'administration ou de surveillance. Les statuts de la SEMAOP fixent le nombre de sièges d'administrateur ou de membre du conseil de surveillance dont dispose chaque actionnaire. Ils sont attribués en proportion du capital détenu, ce nombre étant, le cas échéant, arrondi à l'unité supérieure[3].

546.423 Président du conseil d'administration ou du conseil de surveillance. Le président du conseil d'administration ou du conseil de surveillance est un représentant de l'État ou de l'un de ses établissements publics (EPA ou EPFAE) ou de la collectivité territoriale ou du groupement de collectivités territoriales compétent[4].

546.424 Répartition des parts. L'État ou l'un de ses établissements publics (EPA ou EPFAE) détient avec la collectivité territoriale ou le groupement de collectivités territoriales entre 34 % et 85 % du capital de la société et 34 % au moins des voix dans les organes délibérants[5].

La part de capital de l'ensemble des actionnaires opérateurs économiques ne peut être inférieure à 15 %[6].

§ 3
Dissolution de la SEMAOP

546.431 Arrivée du terme ou réalisation de l'objet. La SEMAOP est dissoute de plein droit[7] :

– au terme du contrat avec l'État ou l'un de ses établissements publics (EPA ou EPFAE) et la collectivité territoriale ou le groupement de collectivités territoriales compétent ;

– ou dès que l'objet de ce contrat est réalisé ou a expiré.

1. EPA ou EPFAE. – C. urb., art. L. 32-10-1, VIII.
2. C. urb., art. L. 32-10-1, IX.
3. C. urb., art. L. 32-10-1, IV.
4. C. urb., art. L. 32-10-1, V.
5. C. urb., art. L. 32-10-1, VI.
6. C. urb., art. L. 32-10-1, VI.
7. C. urb., art. L. 32-10-1, VI.

SECTION 5
SOCIÉTÉ DES GRANDS PROJETS

546.441 Origine et nature. La Société du Grand Paris (SGP) a été créée par la loi du 3 juin 2010 relative au Grand Paris[8]. Elle constitue un établissement public de l'État à caractère industriel et commercial[9]. Elle a été renommée Société des Grands Projets en 2023[10].

Elle est régie par les articles 7 et suivants de la loi du 3 juin 2010[11] relative au Grand Paris et par le décret du 7 juillet 2010[12] relatif à la Société du Grand Paris.

§ 1
Missions de la Société des Grands Projets

A.
Compétences en matière de transports publics

1°
Mission principale

546.451 Réseau de transport public. La SGP a pour mission principale de « concevoir et d'élaborer le schéma d'ensemble et les projets d'infrastructures composant le réseau de transport public du Grand Paris et d'en assurer la réalisation », qui comprend[13] :

– la construction des lignes, ouvrages et installations fixes ;

– la construction et l'aménagement des gares, y compris d'interconnexion ;

– ainsi que l'acquisition des matériels roulants conçus pour parcourir ces infrastructures et, dans les conditions de l'article 16, leur entretien et leur renouvellement, dans les conditions prévues par la loi relative au Grand Paris.

546.452 Acquisitions de biens pour la réalisation de la mission. Pour mener à bien cette mission principale, la SGP peut acquérir, au besoin par voie d'expropriation ou de préemption, les biens de toute nature, immobiliers et mobiliers, nécessaires à la création et à l'exploitation des infrastructures du réseau de transport public du Grand Paris[14].

8. L. n° 2010-597, 3 juin 2010 relative au Grand Paris, *JO* 5 juin, n° 1, art. 7, I.
9. L. n° 2010-597, 3 juin 2010, art. 7, I.
10. L. n° 2023-1269, 27 déc. 2023.
11. L. n° 2010-597, 3 juin 2010.
12. Décr. n° 2010-756, 7 juill. 2010 relatif à la Société du Grand Paris, *JO* 8 juill., n° 2.
13. L. n° 2010-597, 3 juin 2010, art. 7, II.
14. L. n° 2010-597, 3 juin 2010, art. 7, II.

2°
Autre mission en matière de transport : veiller au maillage cohérent du territoire

546.461 Offre de transport. Sans préjudice des compétences du Syndicat des transports d'Ile-de-France, la SGP veille au maillage cohérent du territoire par une offre de transport de surface permettant la desserte des gares du réseau de transport public du Grand Paris [1].

B.
Assistance du préfet dans la préparation et la mise en œuvre des contrats de développement territorial

546.471 Mission d'assistance. La SGP assiste le représentant de l'État dans la région pour la préparation et la mise en cohérence des contrats de développement territorial prévus par l'article 21 de la loi [2].

C.
Compétences en matière d'aménagement et de construction

546.481 Énoncé de la mission. La SGP peut conduire des opérations d'aménagement ou de construction [3].

546.482 Incidences de l'existence d'un contrat de développement territorial sur la possibilité de conduire l'opération et le périmètre d'intervention du SGP. Lorsque les opérations d'aménagement ou de construction interviennent sur le territoire des communes signataires d'un contrat de développement territorial, la SGP ne peut conduire de telles opérations que si ce contrat le prévoit. Dans ce cas, ce dernier prévoit également, dans le ressort territorial des établissements publics d'aménagement autres que l'établissement public « Agence foncière et technique de la région parisienne », lequel de ces établissements publics ou de l'établissement public « Société des Grands Projets » conduit ces opérations d'aménagement ou de construction [4].

Lorsque les opérations d'aménagement ou de construction interviennent sur le territoire des communes non signataires d'un contrat de développement territorial, la SGP peut, après avis des communes et EPCI compétents concernés, conduire ces opérations dans un rayon inférieur à 400 mètres autour des gares nouvelles du réseau de transport public du Grand Paris [5].

546.483 Exercice des compétences des EPA. Pour la réalisation de sa mission d'aménagement et de construction, la SGP exerce les compétences reconnues aux établissements publics d'aménagement [6].

546.484 Exécution de la mission par un tiers. Dans le respect des règles de publicité et de mise en concurrence prévues par le droit de l'UE, des objectifs du développement durable, de la diversité des fonctions urbaines et de la mixité sociale dans l'habitat, la SPG peut, par voie de convention, exercer sa mission d'aménagement et de construction par l'intermédiaire de toute personne privée ou publique ayant des compétences en matière d'aménagement ou de construction [7].

D.
Missions complémentaires ou connexes

546.491 Missions confiées par l'État ou les collectivités territoriales. La SGP peut se voir confier par l'État, les collectivités territoriales ou leurs groupements, par voie de convention, toute mission d'intérêt général présentant un caractère complémentaire ou connexe aux missions définies aux II à V [8].

§ 2
Moyens de la Société des Grands Projets

546.501 Moyens financiers. La SGP bénéficie notamment des ressources suivantes [9] :

– les dotations en capital apportées par l'État (1°) ;

– les autres dotations, subventions, avances ou participations apportées par l'État et les dotations, subventions, avances, fonds de concours ou participations apportés par l'Union européenne, les collectivités territoriales et leurs groupements, les établissements publics ou toute autre entité, sous forme de terrains, d'ouvrages ou d'espèces (2°) ;

– les emprunts sur les marchés financiers (3°) ;

– les participations des aménageurs et constructeurs aux coûts des gares en application des articles L. 311-4, L. 332-9 et L. 332-11-3 du code de l'urbanisme et des articles 13 et 22 de la loi sur le Grand Paris (4°) ;

– les produits de la cession, de l'occupation, de l'usage ou de la location de ses biens mobiliers et

1. L. n° 2010-597, 3 juin 2010, art. 7, III.
2. L. n° 2010-597, 3 juin 2010, art. 7, IV.
3. L. n° 2010-597, 3 juin 2010, art. 7, V, al. 1er.
4. L. n° 2010-597, 3 juin 2010, art. 7, V, al. 2.
5. L. n° 2010-597, 3 juin 2010, art. 7, V, al. 3.
6. L. n° 2010-597, 3 juin 2010, art. 7, V, al. 4.
7. L. n° 2010-597, 3 juin 2010, art. 7, V, al. 5.
8. L. n° 2010-597, 3 juin 2010, art. 7, VI.
9. L. n° 2010-597, 3 juin 2010, art. 9.

immobiliers, dont les produits des baux commerciaux conclus dans les gares (5°) ;

– les produits des redevances domaniales dues pour l'occupation de ses biens ou ouvrages immobiliers (6°) ;

– les produits des redevances et produits pour services rendus (7°) ;

– les produits de toute autre redevance ou taxe éventuellement créée ou affectée à son profit par la loi (8°) ;

– les dons et legs (9°) ;

– tous autres concours financiers (10°).

546.502 **Moyens juridiques : création de filiales, prises de participation et signatures de conventions de coopération ou de mandat.** La SGP peut créer des filiales ou prendre des participations dans des sociétés, groupements ou organismes dont l'objet concourt à la réalisation des missions définies aux II à VI[1].

Pour l'exercice de ses compétences définies aux II à VII, la SGP peut conclure, à titre gratuit ou onéreux, des conventions de coopération ou de mandat avec des établissements publics de l'État. Les conventions ainsi conclues peuvent avoir pour objet la mise en œuvre des procédures de recrutement, de gestion et de rémunération de ses personnels ainsi que la mise en œuvre des procédures de passation de contrats avec des opérateurs économiques publics ou privés pour répondre à ses besoins en matière de fournitures, de travaux ou de services[2].

§ 3
Organisation et fonctionnement de la Société des Grands Projets

A.
Organes de la Société des Grands Projets

1°
Directoire

546.511 **Attributions.** La SGP est dirigée par un directoire[3]. Ses attributions sont fixées aux articles 14 et suivants du décret du 7 juillet 2010[4] relatif à la Société du Grand Paris.

546.512 **Composition.** Le directoire comprend trois membres nommés, après avis du conseil de surveillance, par un décret qui confère à l'un d'eux la qualité de président du directoire. La nomination de ce dernier ne peut intervenir qu'après son audition par les commissions permanentes compétentes de l'Assemblée nationale et du Sénat[5].

Le président du directoire porte le titre de directeur général[6].

Les trois membres du directoire sont nommés pour une durée de cinq ans. Leur mandat est renouvelable[7].

2°
Conseil de surveillance

546.521 **Composition.** Le conseil de surveillance comprend 21 membres[8] :

– onze représentants de l'État (nommés par les ministres nommés au 1° de cet article) ;

– le président du conseil régional d'Ile-de-France (2°) ;

– les présidents des conseils départementaux des huit départements de la région Ile-de-France (3°) ;

– un maire d'une commune de la région Ile-de-France ou un président d'EPCI de cette région (4°).

Les membres nommés au titre des 1° et 4° le sont par décret pour une durée de cinq ans renouvelable[9].

546.522 **Conflits d'intérêts.** Des dispositions sont prévues pour prévenir les conflits d'intérêts[10].

546.523 **Président et vice-président du conseil de surveillance.** Le conseil de surveillance élit un président ainsi qu'un vice-président parmi ses membres âgés de moins de 70 ans au jour de cette élection[11].

Les mandats de président et de vice-président du conseil de surveillance sont de cinq ans et sont renouvelables. Ils prennent fin en même temps que celui des membres du conseil de surveillance nommés par décret. Le président est chargé de convoquer le conseil de surveillance et d'en diriger les débats. En cas d'absence ou d'empêchement, il est remplacé par le vice-président[12].

546.524 **Attributions.** Le conseil de surveillance exerce le contrôle permanent de la gestion de l'établissement public[13].

Les décisions importantes de l'établissement sont soumises à son approbation préalable[14].

546.525 **Fonctionnement.** Les règles de fonctionnement du conseil de surveillance sont fixées à l'arti-

1. L. n° 2010-597, 3 juin 2010, art. 7, VII.
2. L. n° 2010-597, 3 juin 2010, art. 7, VIII.
3. L. n° 2010-597, 3 juin 2010, art. 8, I.
4. Décr. n° 2010-756, 7 juill. 2010.
5. L. n° 2010-597, 3 juin 2010, art. 8, II.
6. Décr. n° 2010-756, 7 juill. 2010, art. 13, al. 2.
7. Décr. n° 2010-756, 7 juill. 2010, art. 12, al. 1er et 2.
8. Décr. n° 2010-756, 7 juill. 2010, art. 3.
9. Décr. n° 2010-756, 7 juill. 2010, art. 3, dernier al.
10. Décr. n° 2010-756, 7 juill. 2010, art. 5.
11. Décr. n° 2010-756, 7 juill. 2010, art. 6.
12. Décr. n° 2010-756, 7 juill. 2010, art. 7.
13. Décr. n° 2010-756, 7 juill. 2010, art. 8.
14. Décr. n° 2010-756, 7 juill. 2010, art. 9.

cle 10 du décret du 7 juillet 2010[1] relatif à la Société du Grand Paris.

546.526 **Comité stratégique.** Il est institué auprès du conseil de surveillance un comité stratégique composé des représentants des communes et des établissements publics compétents en matière d'aménagement ou d'urbanisme dont le territoire est, pour tout ou partie, situé sur l'emprise d'un projet d'infrastructure du réseau de transport public du Grand Paris ou dans le périmètre d'un contrat de développement territorial prévu par l'article 21[2].

Le comité peut être saisi de tout sujet par le conseil de surveillance. Il peut émettre des propositions et demander que des questions soient inscrites à l'ordre du jour d'une réunion du conseil de surveillance[3].

Ses règles d'organisation et de fonctionnement sont déterminées par les articles 22 et 23 du décret du 7 juillet 2010[4] relatif à la Société du Grand Paris.

B. Contrôle économique et financier de l'État

546.531 **Principe du contrôle.** La SGP est soumise « au contrôle économique et financier de l'État »[5].

546.532 **Modalités du contrôle.** Les modalités du contrôle économique et financier de l'État sont prévues aux articles 24 à 27 du décret du 7 juillet 2010[6] relatif à la Société du Grand Paris. Ce contrôle s'exerce principalement à travers le rôle de commissaire du gouvernement que le préfet de région assume au sein de l'établissement.

1. Décr. n° 2010-756, 7 juill. 2010.
2. Loi relative au Grand Paris, art. 8, V, al. 1er – sur sa composition précise : décr. n° 2010-756, 7 juill. 2010, art. 21.
3. Loi relative au Grand Paris, art. 8, V, al. 3.
4. Décr. n° 2010-756, 7 juill. 2010 relatif à la Société du Grand Paris, *JO* 8 juill., n° 2.
5. L. n° 2010-597, 3 juin 2010, art. 8, IV.
6. Décr. n° 2010-756, 7 juill. 2010.

TITRE

55. Le financement de l'aménagement public (participations d'urbanisme)

SECTION 0

Orienteur

55.00 **Sommaire du titre.**

55.05 **Qui finance l'aménagement public ?** L'aménagement public présente un coût. Les collectivités publiques l'assument et le répercutent ensuite sur les constructeurs et lotisseurs qui bénéficient *in fine* des travaux réalisés. Ceux-ci sont astreints à participer au financement de l'aménagement :

– soit par le biais de la taxe d'aménagement (TA) ;

– soit par celui d'une participation de nature non fiscale.

CHAPITRE

551. Présentation générale du financement de l'aménagement

SECTION 0 ORIENTEUR

551.00 Sommaire du chapitre.

551.01 Textes applicables.

> Contributions exigibles

• C. urb.

art. L. 332-6 s.

art. L. 332-12

> Registre des taxes et contributions d'urbanisme

• C. urb.

art. L. 332-29

art. R. 332-41

> Prescription des participations d'urbanisme

• C. urb.

art. L. 332-28

art. L. 332-30

> Financement des équipements propres par le bénéficiaire de l'autorisation d'urbanisme

• **C. urb.**

art. L. 322-6

art. L. 332-15

551.02 Jurisprudence de référence.

> Caractère limitatif des contributions exigibles

• **CE, sect., 4 févr. 2000,** *EPAD*, req. n° 202981, *Lebon.*

551.03 Bibliographie indicative.

Encyclopédies. *DP constr.-urb.*, ét. : « Participations d'urbanisme » – *J.-Cl. Constr.-Urb.*, fasc. 26-20 : « Permis de construire. – Taxes, charges et participations », par G. Ricard, févr. 2024.

Thèses. F. Bouyssou, *La fiscalité de l'urbanisme en droit français*, « Bibliothèque de science financière », LGDJ, 1972 – D. Wattine, *Le financement des équipements publics et le droit de l'urbanisme*, th. Bordeaux, 1994.

Monographie. Collectif, *Qui doit payer la ville ?*, ADEF, 1996.

Contributions. F. Bouyssou, « Réflexions sur vingt ans de fiscalité de l'urbanisme », *Mél. P.-M. Gaudemet*, Economica, 1984, p. 717 – F. Bouyssou, « Cinquante ans de fiscalité de l'urbanisme », *Mél. H. Jacquot*, PU Orléans, 2006, p. 93.

> Articles

Généralités. J. Comby, « Qui doit payer l'urbanisation ? », *Ét. fonc.* déc. 1994, p. 22 – M. Degoffe, « La nature juridique des participations d'urbanisme », *Constr.-Urb.* 2007, ét. 15 – V. Dussart, « L'effectivité des objectifs de la fiscalité de l'urbanisme », *Droit et Ville* 2022. 125 – Th. Vilmin, « Qui finance l'aménagement urbain, le contribuable ou le bénéficiaire ? », *Rev. éco. et fin.* 2006, n° 86, p. 167.

Loi ÉLAN. N. Gonzalez Gharbi, « Les dispositions de la loi ÉLAN en matière de fiscalité immobilière et de participations d'urbanisme », *Constr.-Urb.* 2019, ét. 16 – J.-P. Strebler, « Loi ÉLAN : les réajustements concernant les participations d'urbanisme », *RDI* 2019. 154.

LF pour 2021. N. Gonzalez Gharbi, « La réforme de la fiscalité de l'urbanisme par la loi de finances pour 2021 : verte et pas mûre ? », *Constr.-urb.* 2021, ét. 4 – J.-Ph. Strebler, « Réforme de la fiscalité de l'urbanisme », *RDI* 2021. 64.

551.04 Questions essentielles.

> Quelles sont les participations exigibles ?

* V. s^s n°s 551.41 s.

> Quel acte administratif prescrit la participation d'urbanisme ?

* V. s^s n°s 551.121 s.

> Quelles sont les conditions de l'action en répétition de l'indu ?

* V. s^s n°s 551.151 s.

> Qu'est-ce qu'un « équipement propre », dont la prise en charge incombe au bénéficiaire ?

* V. s^s n°s 551.181 s.

551.05 Équipements publics et équipements propres. Une réponse ministérielle a rappelé que : « Par principe, le financement des équipements publics et de leur extension est assuré par le budget des collectivités locales. Par exception, les articles L. 332-6 et L. 332-6-1 du Code de l'urbanisme énumèrent de manière exhaustive les contributions pouvant être mises à la charge des constructeurs pour contribuer à financer les équipements publics d'infrastructures induits par l'urbanisation ainsi que les équipements propres aux opérations d'aménagement prévus à l'article L. 332-15 du Code de l'urbanisme »[1].

SECTION 1

FINANCEMENT DES ÉQUIPEMENTS PUBLICS

§ 1

Principe et modalités de financement des équipements publics

551.11 Financer la réalisation d'équipements publics. La réalisation d'équipements publics (voirie, réseaux, éclairage...) présente un coût pour la collectivité publique. Il apparaît justifié qu'une partie de celui-ci soit reportée sur leurs bénéficiaires dans la mesure où les aménagements réalisés conduisent à accroître la valeur de leur bien. En cela, les participations peuvent être considérées comme « la contrepartie financière d'un service rendu »[2].

551.12 Taxes et participations d'urbanisme. Les équipements publics réalisés sont financés au moyen de deux types de contributions :

– d'une part des taxes d'urbanisme, qui constituent des prélèvements de nature fiscale ;

– d'autre part des participations d'urbanisme, qui ne présentent pas de caractère fiscal.

Du fait de leur différence de nature, il ne saurait y avoir de compensation entre une dette non fiscale d'une commune (remboursement d'une participation financière indue) et une créance fiscale (la taxe locale d'équipement, qui constitue l'ancêtre de la taxe d'aménagement)[3].

La notion de participation d'urbanisme est souvent utilisée au sens large, désignant alors toutes les contributions exigibles, c'est-à-dire à la fois les participations d'urbanisme au sens strict et les taxes d'urbanisme.

1. Rép. min. n° 13734, *JO Sénat Q* 23 janv. 2020, p. 409.
2. Rép. min. n° 40835, *JOAN Q* 18 févr. 2014, p. 1588.
3. CE 22 juin 1987, *Van de Maele*, req. n° 69759, n° 69796, *Lebon T.*

§ 2
Contributions exigibles

A.
Réformes de 2010 et 2020

1°
Réforme de 2010

551.21 Objectifs. Une importante réforme est intervenue en 2010 [1]. Deux objectifs étaient poursuivis :

- d'une part simplifier et clarifier l'état du droit ;

- d'autre part encourager les projets économes en foncier, conformément à l'objectif d'utilisation économe du sol consacré par la loi SRU et approfondi par les réformes ultérieures (notamment la loi ALUR).

Le législateur a en outre estimé que la réforme réalisée ne devait pas aboutir à accroître la pression fiscale.

551.22 Création de la TA et du VSD. Le premier volet de la réforme a consisté à créer deux nouvelles taxes :

- la taxe d'aménagement (TA) ;

- et le versement pour sous-densité (VSD).

La TA a été conçue comme se substituant aux taxes antérieures en apportant un rendement équivalent à celles-ci pour le financement des équipements publics.

Le VSD (ultérieurement supprimé par la loi de finances pour 2021) [2] poursuivait davantage un objectif d'orientation des conduites que de rendement. Il n'était pas conçu comme devant générer d'importantes recettes. Son instauration, facultative, permettait aux collectivités publiques d'inciter à une densification du bâti en taxant l'étalement urbain.

551.23 Suppression d'anciennes taxes et participations. La TA ayant pour vocation de se substituer à la dizaine de taxes et participations qui existaient auparavant, celles-ci ont été supprimées. La suppression est intervenue en trois temps.

Ont d'abord été supprimées au 1er mars 2012 [3] :

- la taxe locale d'équipement (TLE) ;

- la taxe complémentaire à la TLE en Ile-de-France ;

- la taxe départementale pour le financement des dépenses des conseils d'architecture, d'urbanisme et de l'environnement ;

- la taxe spéciale d'équipement routier de la Savoie ;

- la taxe départementale des espaces naturels sensibles (TDENS) ;

- et la participation dans les programmes d'aménagement d'ensemble (PAE). La LFR pour 2010 a toutefois prévu que cette dernière participation demeure exigible si elle a été instituée par une commune avant le 1er mars 2012 et tant que le conseil municipal n'a pas décidé de clore le PAE [4].

A ensuite été supprimée, au 1er juillet 2012 [5], la participation pour raccordement à l'égout (PRE) [6].

Enfin, ont été supprimées au 1er janvier 2015 trois participations d'urbanisme [7] :

- la participation pour non-réalisation d'aires de stationnement (PNRAS) ;

- la participation pour voirie et réseaux (PVR) ;

- et la participation des riverains en Alsace et Moselle.

551.24 Maintien de certaines participations. Ont été maintenues les participations et redevances suivantes :

- la participation pour réalisation d'équipements publics exceptionnels (PEPE), cumulable avec la TA ;

- la participation PUP, alternative à la TA ;

- la participation ZAC, alternative à la TA ;

- la redevance pour création de bureaux en Ile-de-France (RCB IDF), devenue taxe sur la création de bureaux en Ile-de-France (TCB-IDF) [8], cumulable avec la TA ;

- et la redevance d'archéologie préventive (RAP), cumulable avec la TA.

551.25 Inconstitutionnalité des cessions gratuites de terrains. Une participation d'urbanisme en nature a été déclarée inconstitutionnelle en 2010. Elle permettait aux communes d'imposer aux constructeurs, par une prescription incluse dans l'autorisation d'occupation du sol, la cession gratuite d'une partie de leur terrain (jusqu'à 10 % de celui-ci) en vue d'affecter la portion ainsi cédée à un usage public (par exemple l'élargissement d'une voie). Le Conseil constitutionnel a censuré le dispositif au motif que le législateur conférait un très large pouvoir d'appréciation à l'administration et ne définissait pas les

1. L. n° 2010-1658, 29 déc. 2010 de finances rectificative pour 2010, *JO* 30 déc., n° 2.
2. V. s^s n° 551.32.
3. L. n° 2010-1658, 29 déc. 2010, art. 28.
4. L. n° 2010-1658, 29 déc. 2010, art. 28, I, B, 4 – voir : A. Bercis-Gaugain, « Vie et mort d'un instrument moribond. Ou comment parvenir jusqu'à la clôture de son programme d'aménagement d'ensemble ? », *Constr.-Urb.* 2011, ét. 7.
5. L. n° 2012-354, 14 mars 2012 de finances rectificative pour 2012, *JO* 15 mars, n° 1, art. 30.
6. Elle a été remplacée par la participation pour le financement de l'assainissement collectif (PFAC), qui juridiquement n'est pas une participation d'urbanisme puisqu'elle a pour fait générateur le raccordement à l'égout et non le permis de construire (v. s^s n°s 553.681 s.).
7. L. n° 2010-1658, 29 déc. 2010, art. 28.
8. L. n° 2015-1786, 29 déc. 2015 de finances rectificative pour 2015, *JO* 30 déc., n° 2, art. 50.

usages publics auxquels pouvaient être affectés les terrains en cause[1].

2°
Réforme de 2020

551.31 Loi de finances pour 2021. La loi de finances pour 2021[2] est venue opérer une importante réforme du financement de l'aménagement. Celle-ci comporte plusieurs axes.

551.32 Premier axe : suppression du VSD. La loi de finances pour 2021 a supprimé le VSD au 1er janvier 2021[3].

551.33 Deuxième axe : recodification au sein du CGI et du LPF. La loi de finances pour 2021 a prévu l'adoption d'une ordonnance avant le 1er juillet 2022 pour[4] :

- recodifier dans le CGI et le LPF les dispositions (qui se trouvaient jusque-là dans le code de l'urbanisme) relatives à la TA, à la RAP et à la TCB-IDF ;
- et faciliter la gestion de ces impositions par la DGFIP.

Cette ordonnance est intervenue le 14 juin 2022[5]. Elle a transféré des DDT(m) à la DGFIP la gestion de la TA et de la TAP (créée à cette occasion) et déplacé vers le CGI les dispositions qui les régissent.

551.34 Troisième axe : amélioration du régime de la TA. La loi de finances pour 2021 a modifié de façon significative le régime de la TA[6].

1. Cons. const. 22 sept. 2010, n° 2010-33 QPC, *Sté Esso SAF*, [Cession gratuite de terrain], non-conformité totale, *JO* 23 sept., p. 17292, *Rec.* 245 ; *AJDA* 2010. 1732 ; *AJDA* 2010. 2384, note F. Rolin ; *D.* 2011. 136, note E. Carpentier ; *D.* 2011. 2298, obs. B. Mallet-Bricout et N. Reboul-Maupin ; *AJDI* 2011. 111, chron. S. Gilbert ; *RDI* 2010. 574, obs. P. Soler-Couteaux ; *AJCT* 2010. 136, obs. A. Vincent ; *RFDA* 2010. 1257, chron. A. Roblot-Troizier et T. Rambaud.
2. L. n° 2020-1721, 29 déc. 2020 de finances pour 2021, *JO* 30 déc., n° 1.
3. L. n° 2020-1721, 29 déc. 2020, art. 155, I B et VI A (abrogation de la section relative au VSD). Ce mécanisme, facultatif (les collectivités compétentes étant libres de l'instaurer ou de ne pas l'instaurer), était dû lorsque le projet du constructeur n'atteignait pas la densité de construction prescrite dans le secteur concerné (zone U ou zone UA). Son objectif était ainsi d'inciter à une utilisation économe de l'espace en taxant la sous-utilisation du potentiel foncier. Durant ses dix années d'application, il a été peu utilisé.
4. L. n° 2020-1721, 29 déc. 2020, art. 155, V.
5. Ord. n° 2022-883, 14 juin 2022 relative au transfert à la direction générale des finances publiques de la gestion de la taxe d'aménagement et de la part logement de la redevance d'archéologie préventive. Sur la ratification de cette ordonnance, v. L. n° 2023-1322, 29 déc. 2023, art. 106, III.
6. V. ss n° 552.05.

B.
Liste limitative des contributions exigibles

1°
Contributions exigibles

a.
Contributions exigibles des constructeurs

551.41 Liste. Les contributions exigibles à l'occasion de la délivrance d'une autorisation de construire sont fixées à l'article L. 332-6 du code de l'urbanisme. Elles sont les suivantes :

- taxe d'aménagement[7] ;
- participation instituée dans les périmètres fixés par une convention de PUP[8] ;
- participation pour la réalisation d'équipements publics exceptionnels[9] ;
- redevance d'archéologie préventive[10], plus exactement son volet logement, c'est-à-dire la taxe d'archéologie préventive (TAP).

Figure également dans cette liste la réalisation des équipements propres mentionnés à l'article L. 332-15[11]. Cette obligation revêt néanmoins une nature différente puisqu'elle met à la charge du bénéficiaire non pas une obligation de payer mais une obligation de réaliser des travaux.

b.
Contributions exigibles des bénéficiaires d'un permis d'aménager ou d'une AFU

551.51 Liste. Sont fixées à l'article L. 332-12 du code de l'urbanisme les contributions exigibles pouvant être mis à la charge :

- des bénéficiaires de permis d'aménager, par le permis d'aménager ;
- ou de l'association foncière urbaine, par l'acte administratif approuvant le plan de remembrement ;
- ou de l'association foncière urbaine de projet par l'acte autorisant sa création.

Ces contributions sont les suivantes :

- la participation pour équipements publics exceptionnels (PEPE) dans les conditions prévues à l'article L. 332-8[12] ;
- la participation PAE dans les périmètres où elle demeure[13] ;
- la taxe d'aménagement[14] ;

7. C. urb., art. L. 332-6, 1°, y ajoutant la participation PAE dans les secteurs qui y demeurent soumis – V. ss n° 551.23.
8. C. urb., art. L. 332-6, 1°.
9. C. urb., art. L. 332-6, 1° ; L. 332-6-1, c ; art. L. 332-8.
10. C. urb., art. L. 332-6, 5°.
11. C. urb., art. L. 332-6, 3°.
12. C. urb., art. L. 332-12, b.
13. C. urb., art. L. 332-12, c.
14. C. urb., art. L. 332-12, e.

– la participation instituée dans les périmètres fixés par une convention de PUP[1].

551.52 Absence de cumul avec les participations des constructeurs. Il ne peut être perçu sur les constructeurs aucune des contributions ou participations qui ont été mises à la charge du bénéficiaire du permis d'aménager ou de l'AFU de remembrement ou de l'AFU de projet[2].

c.
Substitution de contributions

551.61 Jurisprudence Hallal. Lorsque le juge du plein contentieux, saisi d'une demande tendant à la décharge d'une participation d'urbanisme, constate que la décision prévoyant le versement de cette participation aurait pu être prise, en vertu du même pouvoir d'appréciation, sur le fondement d'un autre texte que celui dont la méconnaissance est invoquée, il peut, le cas échéant d'office, substituer ce fondement à celui qui a servi de base légale à la décision attaquée, sous réserve que l'intéressé ait disposé des garanties dont est assortie l'application du texte sur le fondement duquel la participation aurait dû lui être demandée[3].

2°
Caractère limitatif des contributions exigibles

551.71 Caractère limitatif. Les contributions pouvant être mises à la charge des bénéficiaires d'autorisations d'occupation ou d'utilisation du sol sont énoncées de façon limitative par les articles L. 332-6 et L. 332-12.

S'agissant de l'article L. 332-6, ce caractère limitatif est expressément énoncé par son alinéa 1er, énonçant que « les bénéficiaires d'autorisations de construire ne peuvent être tenus que des obligations suivantes : »[4]. Comme l'indique le Conseil d'État, ces dispositions « fixent de façon limitative les contributions qui peuvent être mises à la charge des constructeurs à l'occasion de la délivrance du permis de construire »[5].

S'agissant de l'article L. 332-12, le caractère limitatif des contributions n'est pas énoncé (« Peuvent être mis à la charge... »). Celles-ci sont néanmoins considérées comme présentant un tel caractère[6], notamment en raison du premier alinéa de cet article renvoyant (mais de façon assez vague) aux dispositions de l'article L. 332-6[7].

551.72 Caractère limitatif des contributions exigées. Le caractère limitatif des participations d'urbanisme s'entend de l'impossibilité de réclamer au constructeur ou à l'aménageur une contribution non prévue dans le code de l'urbanisme. Dès lors qu'une contribution est prévue par le code de l'urbanisme, elle est exigible alors même qu'elle ne se trouverait pas mentionnée à l'article L. 332-6 ou à l'article L. 332-12.

Ce cas de figure concerne la taxe sur la création de bureaux en Ile-de-France (TCB-IDF), non prévue à l'article L. 332-6 mais néanmoins exigible à l'occasion de la délivrance d'une autorisation d'urbanisme[8].

551.73 Conséquence du caractère limitatif. Il résulte du caractère limitatif des participations exigibles « qu'aucune autre participation » ne peut être demandée aux constructeurs[9].

Cette règle « s'applique alors même que l'autorité administrative au profit de laquelle une telle participation serait versée ne serait pas celle qui délivre le permis de construire »[10].

Enfin, eu égard « au caractère d'ordre public des dispositions de l'article L. 332-6 du code de l'urbanisme, toute stipulation contractuelle qui y dérogerait serait entachée de nullité »[11]. Comme le résume une réponse ministérielle, les articles L. 332-6 et L. 332-12 « ne prévoient pas la possibilité d'accepter des offres de concours et interdisent tout versement spontané de contributions financières destinées à couvrir le coût des équipements publics générés par leurs opérations [...] »[12]. La collectivité publique ne peut

1. C. urb., art. L. 332-12, al. 8, précisant que cette participation peut être mise à la charge des « bénéficiaires de permis d'aménager ».
2. C. urb., art. L. 332-12, al. 9.
3. CE 12 juill. 2013, *Chasse-sur-Rhône (Cne)*, req. no 348967, *Lebon T.*
4. C. urb., art. L. 332-6, al. 1er.
5. CE, sect., 4 févr. 2000, *EPAD*, req. no 202981, *Lebon.*
6. Rép. min. no 96903, *JOAN Q* 21 mars 2017, p. 2457 : « Les articles L. 332-6 et suivants du code de l'urbanisme énumèrent limitativement les contributions d'urbanisme exigibles des constructeurs et lotisseurs » – déjà, utilisant la même formule : Rép. min. no 6006, *JO Sénat Q* 12 févr. 2009, p. 389.
7. C. urb., art. L. 332-12, al. 1er : « Les dispositions des articles L. 332-6 et L. 332-7 sont applicables dans les conditions suivantes aux bénéficiaires de permis d'aménager et aux associations foncières urbaines de remembrement autorisées ou constituées d'office, ainsi qu'aux associations foncières urbaines de projet ».
8. V. ss nos 553.321 s.
9. CE, sect., 4 févr. 2000, *EPAD*, req. no 202981, *Lebon.*
10. CE, sect., 4 févr. 2000, *EPAD*, req. no 202981, *Lebon.*
11. CE, sect., 4 févr. 2000, *EPAD*, req. no 202981, *Lebon* – par ex. : CE 10 oct. 2007, *Biot (Cne)*, req. no 268205, *Lebon T.* ; CE 8 déc. 2021, *Sté Zohra*, req. no 435492, NP.
12. Rép. min. no 96903, *JOAN Q* 21 mars 2017, p. 2457. En revanche, ainsi que le précise une réponse ministérielle, « les règles précitées, qui ne concernent que les constructions nouvelles, ne sont pas applicables au financement de l'extension des réseaux publics, notamment d'eau potable et d'assainissement, nécessaires au raccordement de constructions existantes. Ainsi, la prise en charge du coût de ▶

donc ni exiger ni accepter du pétitionnaire des contributions en nature (cession de gratuite de terrain[1], fourniture de travaux) ou financières non prévues par le code.

Le caractère indu d'une contribution ouvre droit à une action en répétition de l'indu[2].

C. Contributions pouvant être exigées quel que soit le zonage

551.81 **Zonage sans incidence.** Une réponse ministérielle a précisé que « le zonage des PLU ou des cartes communales est sans incidence sur le financement des équipements correspondant aux besoins des constructions. Quel que soit le zonage des documents d'urbanisme, la commune peut mettre en place les différents régimes de participations qui lui permettent de demander aux constructeurs ou aux propriétaires de contribuer au financement de ces équipements »[3].

► l'extension du réseau public d'eau, réalisée à l'initiative d'une commune pour desservir un hameau existant, incombe à cette collectivité territoriale, compte tenu du caractère d'équipement public d'intérêt général de ce réseau (CE 24 mai 1991, req. n° 89-675, *Mme Carrère*). Toutefois, lorsque le financement d'une extension de réseau destinée à desservir des constructions existantes n'est pas prévu au budget communal, les propriétaires de ces constructions intéressés à la réalisation des travaux peuvent prendre d'eux-mêmes l'initiative de proposer à la commune le versement d'une contribution financière dont ils déterminent le montant en recourant à la technique de l'offre de concours (CE 9 mars 1983, req. n° 25061, *SA Sté lyonnaise des eaux*) » (rép. min. n° 6006, *JO Sénat Q* 12 févr. 2009, p. 389).

1. CE 8 déc. 2021, *Sté Zohra*, req. n° 435492, NP. V. également Rép. min. n° 10029, *JOAN Q* 31 oct. 2023, p. 9792 : « au titre de la contribution aux charges d'équipement public aucune "cession gratuite" de terrain, y compris pour la réalisation de voie publique, ne peut être mise en œuvre à l'occasion d'opérations de construction ou d'aménagement. Il en est de même pour les cessions amiables à titre onéreux incluses, par une prescription au regard des participations d'urbanisme, dans l'autorisation d'urbanisme dès lors qu'elles ne sont pas prévues par des dispositions législatives et qu'aucun cadre législatif ne définit les usages publics auxquels doivent être affectés les terrains ni ne garantit qu'aucune atteinte ne soit portée au droit de propriété. En conclusion, en l'état du droit un porteur de projet immobilier ne peut céder une partie de son terrain à une commune – gratuitement ou à sa valeur vénale, et même de manière librement consentie – au titre de sa contribution aux charges d'équipement public dans le cadre d'un projet qui a fait l'objet d'une demande d'autorisation d'urbanisme ».
2. V. ss nos 551.151 s.
3. Rép. min. n° 34112, *JOAN Q* 27 juill. 2004, p. 5826.

§ 3 Connaissance des participations d'urbanisme

A. Registre des taxes et contributions d'urbanisme

551.91 **Obligation d'un registre.** Il est ouvert en mairie un registre des taxes et contributions d'urbanisme[4].

551.92 **Contenu et tenu du registre.** Ce registre, à feuillets non mobiles, est coté et paraphé par le maire[5].

Il contient les informations relatives aux contributions prescrites par les actes mentionnés à l'article L. 332-28 ainsi que celles exigées dans le cadre de la réalisation des ZAC ou des PUP[6].

Les informations sont portées sur ce registre dans l'ordre chronologique de leur inscription[7].

Elles portent sur :

– la nature, le montant ou la valeur des contributions prescrites en application du 2° de l'article L. 332-6-1, de l'article L. 332-9 dans sa rédaction antérieure à l'entrée en vigueur de la loi du 29 décembre 2010[8] de finances rectificative pour 2010 et du c de l'article L. 332-12, les références de l'acte ayant prescrit la contribution ainsi que la dénomination et l'adresse du redevable et du bénéficiaire de chaque contribution[9] ;

– la nature, le montant ou la valeur des contributions exigées dans le cadre de la réalisation des zones d'aménagement concerté ou des zones couvertes par une convention de projet urbain partenarial, la dénomination et l'adresse du redevable et du bénéficiaire de chaque contribution[10] ;

– la nature, le montant ou la valeur des taxes et contributions de toute nature versées ou obtenues en application des articles L. 311-4, L. 332-6 et L. 332-11-3, la date de chaque versement ou obtention de contribution, les références de l'acte en raison duquel est effectué ou la contribution obtenue, la dénomination et l'adresse de la personne qui s'en est acquittée et de celle du bénéficiaire[11].

4. C. urb., art. R. 332-41, al. 1er ; art. L. 332-29.
5. C. urb., art. R. 332-41, al. 2.
6. C. urb., art. L. 332-29 – Pour le détail des informations exigées, C. urb., art. R. 322-41, al. 3 à 6.
7. C. urb., art. R. 332-41, al. 3.
8. L. n° 2010-1658, 29 déc. 2010.
9. C. urb., art. R. 332-41, 1°.
10. C. urb., art. R. 332-41, 2°, ajoutant qu'une copie de la convention prévoyant chaque contribution est annexée au registre.
11. C. urb., art. R. 332-41, 3°.

Dans tous les cas, l'inscription mentionne la date à laquelle elle est portée sur le registre[1].

551.93 Communication au maire des informations permettant la mise à jour du registre. Les éléments à porter sur le registre et les conventions à y annexer sont communiqués au maire[2] :

- par les autorités ayant prescrit les contributions mentionnées au 1° de l'article R. 332-41 (1°)[3] ;
- par les autorités ou services publics ayant exigé les contributions mentionnées au 2° du même article (2°)[4] ;
- par les bénéficiaires des taxes et contributions mentionnées au 3° du même article (3°)[5].

551.94 Consultation du registre. Le registre est mis à la disposition du public en mairie[6].

B. Certificat d'urbanisme

551.101 Demande de certificat d'urbanisme. Un certificat d'urbanisme peut être demandé pour connaître la liste des taxes et participations applicables sur un terrain donné[7].

551.102 Effet du certificat d'urbanisme. La circonstance que l'auteur du certificat d'urbanisme a omis de mentionner une participation ou une taxe légalement applicable à la date de la délivrance de ce document n'est pas de nature à créer, au profit du bénéficiaire d'un permis de construire, un droit acquis à ne pas acquitter les sommes dues à ce titre lors de la délivrance du permis[8].

§ 4 Prescription des participations d'urbanisme

A. Fait générateur

551.111 Fait générateur : l'autorisation d'urbanisme. Le fait générateur de la contribution réside dans l'autorisation d'urbanisme[9] :

- permis de construire ;
- permis d'aménager ;
- prescriptions faites par l'autorité compétente à l'occasion d'une déclaration préalable ;
- ou acte approuvant un plan de remembrement.

Les déclarations préalables emportent les effets du permis de construire pour l'application du titre III du livre III du code de l'urbanisme[10], c'est-à-dire les dispositions relatives au financement de l'aménagement.

Aucune contribution n'est due en l'absence d'autorisation (faute de fait générateur)[11].

551.112 Exclusion du renouvellement d'un permis saisonnier. Les taxes et participations d'urbanisme ne sont pas exigibles en cas de renouvellement d'un permis saisonnier[12].

B. Acte prescrivant la participation

551.121 Contribution prescrite dans l'autorisation d'urbanisme. La contribution est prescrite dans l'autorisation d'urbanisme, qui en fixe le montant[13].

551.122 Contribution prescrite dans un arrêté distinct en cas d'autorisation tacite. En cas de permis tacite ou de décision de non-opposition à une déclaration préalable, un arrêté pris spécifiquement « fixe les participations exigibles du ou des bénéficiaires de la décision tacite »[14].

L'arrêté est adopté dans le délai de deux mois à compter de l'intervention du permis tacite ou de la décision de non-opposition[15].

551.123 Informations nécessaires à l'établissement de la participation. Le préfet communique le dossier qui lui a été transmis dans les conditions prévues à l'article L. 424-7[16] au responsable du service de l'État dans le département, chargé de l'urbanisme, dans les délais permettant à celui-ci de déterminer l'assiette et de liquider les impositions dont la

1. C. urb., art. R. 332-41, al. 7.
2. C. urb., art. R. 332-42.
3. V. s^s n° 551.92.
4. V. s^s n° 551.92.
5. V. s^s n° 551.92.
6. C. urb., art. L. 332-29 ; art. R. 332-41, al. 1er.
7. V. s^s n° 313.14.
8. V. s^s n° 314.62.
9. C. urb., art. L. 332-28.
10. C. urb., art. L. 332-28-1.
11. CE 29 juin 2016, *S^té d'aménagement du domaine de Château Barrault*, req. n° 375020, *Lebon T.*
12. V. s^s n° 363.13.
13. C. urb., art. L. 332-28 – dans le même sens : C. urb., art. R. 424-7, al. 1er : « Lorsque la décision met à la charge du bénéficiaire du permis une ou plusieurs des contributions mentionnées à l'article L. 332-28, elle fixe le montant de chacune d'elles » ; – également : C. urb., art. A. 424-5, al. 1er : « Lorsque l'arrêté met à la charge du ou des bénéficiaires du permis une ou plusieurs des contributions mentionnées à l'article L. 332-28, il précise la nature et le montant ou la valeur estimée de chacune d'elles ».
14. C. urb., art. A. 424-5, al. 2.
15. C. urb., art. L. 424-6 – également, de façon redondante : C. urb., art. R. 424-8 : « En cas de permis tacite ou de décision de non-opposition à une déclaration préalable, la décision prévue par l'article L. 424-6 fixe les participations exigibles du bénéficiaire du permis ou de la décision prise sur la déclaration préalable dans les conditions prévues par l'article précédent ».
16. V. s^s n° 346.231.

délivrance du permis ou la non-opposition à une déclaration préalable constitue le fait générateur[1].

C. Effets de l'illégalité d'une participation d'urbanisme

1° Illégalité de fond

551.131 Absence d'effet sur la légalité de l'autorisation de construire. L'illégalité des prescriptions exigeant des taxes ou des contributions aux dépenses d'équipements publics « est sans effet sur la légalité des autres dispositions de l'autorisation de construire »[2].

551.132 Adoption d'un nouvel arrêté fixant le montant des participations. Lorsque l'une des prescriptions exigeant des taxes ou des contributions aux dépenses d'équipements publics est annulée pour illégalité, « l'autorité qui a délivré l'autorisation prend, compte tenu de la décision juridictionnelle devenue définitive, un nouvel arrêté portant la prescription d'une taxe ou d'une contribution aux dépenses d'équipements publics »[3].

Cette disposition ne prévoit pas l'intervention de l'intéressé dans le processus de décision[4]. L'administration fixe de plein droit, sans démarche de sa part, le montant des participations.

2° Illégalité de forme

551.141 Illégalité dans le mode d'évaluation de la participation. Lorsque le juge a prononcé la décharge d'une contribution prévue à l'article L. 332-6-1 du code de l'urbanisme au motif que les dispositions de l'autorisation d'urbanisme portant prescription de cette contribution étaient entachées d'une irrégularité et que cette irrégularité ne conduit pas à réputer la contribution sans cause, l'autorité compétente peut de nouveau mettre cette contribution à la charge du bénéficiaire de l'autorisation d'urbanisme par une prescription financière légalement prise. Tel est notamment le cas lorsque le permis de construire n'énonce pas le mode d'évaluation des contributions mises à la charge de son bénéficiaire (ainsi que l'imposait, avant la réforme des autorisations d'urbanisme de 2007, l'article R. 421-29 dans sa rédaction alors applicable)[5].

1. C. urb., art. R. 332-27, al. 1er.
2. C. urb., art. L. 332-7, al. 1er.
3. C. urb., art. L. 332-7, al. 2.
4. Rép. min. n° 116713, *JOAN Q* 4 oct. 2011, p. 10588.
5. CE 4 juill. 2018, *SCI JM6*, req. n° 396985, *Lebon T.*

§ 5 Restitution des sommes indûment versées

551.151 Action en répétition de l'indu. « Les taxes et contributions de toute nature qui sont obtenues ou imposées en violation des dispositions des articles L. 311-4 et L. 332-6 sont réputées sans cause ; les sommes versées ou celles qui correspondent au coût de prestations fournies sont sujettes à répétition »[6].

L'action en répétition ainsi ouverte par l'article L. 332-30 « est exclusive de toute autre action fondée sur l'illégalité des participations visées par ces dispositions », y compris lorsque ces participations ont été obtenues ou imposées par une convention et que cette dernière est, dès lors, entachée de nullité[7].

551.152 Condition : une contribution indue. L'action en répétition de l'indu est subordonnée à la condition que les taxes ou contributions aient été « obtenues ou imposées en violation des dispositions des articles L. 311-4 et L. 332-6 »[8].

Une contribution est ouverte à répétition dès lors qu'elle présente un caractère indu[9]. Ce caractère indu peut résulter, par exemple, de ce que :

- la participation n'est pas de celles limitativement énumérées par le code de l'urbanisme[10] ;
- son auteur n'est pas compétent pour l'imposer[11] ;
- aucune autorisation d'urbanisme n'a été délivrée (donc aucun fait générateur n'est intervenu)[12] ;
- la participation se rapporte à des équipements qui n'ont pas été réalisés dans l'intérêt principal du constructeur[13] ;
- la participation pour réalisation d'équipements publics exceptionnels (PEPE) a été imposée alors que l'une des conditions posées (en l'occurrence le carac-

6. C. urb., art. L. 332-30, al. 1er.
7. CE 29 juin 2016, *Sté d'aménagement du domaine de Château Barrault*, req. n° 375020, *Lebon T.*
8. C. urb., art. L. 332-30, al. 1er.
9. PAR EX. : CAA Bordeaux, 22 juin 2017, *Sarl Oxygène*, req. n° 15BX00870, NP : arrêt indiquant que les sommes bénéficiant à la commune doivent « être regardées sans cause au sens de cet article, dès lors qu'elles correspondent à des participations qui ne sont pas prévues par l'article L. 332-15 du code de l'urbanisme ».
10. V. ss nos 551.71 s.
11. CE 12 avr. 1991, *Mallemort (Cne)*, req. n° 73795, *Lebon T.* : contribution imposée par la commune alors qu'elle ne pouvait l'être que par le préfet.
12. CE 29 juin 2016, *Sté d'aménagement du domaine de Château Barrault*, req. n° 375020, *Lebon T.*
13. CE 29 juin 1990, *Sarl du Clos*, req. n° 57232, NP : participation mise à la charge d'un lotisseur pour des travaux de construction d'une station d'épuration à laquelle seront reliées des habitations extérieures au lotissement – également : CAA Paris, 27 sept. 1994, *SA des automobiles Citroën*, req. n° 92PA00291, *Lebon T.*

tère industriel, commercial, agricole ou artisanal de l'installation) n'était pas remplie[1].

Peu importe que la contribution :

- ait été unilatéralement imposée ;
- ou ait été acceptée par le pétitionnaire[2] (son acceptation – par une convention – n'effaçant pas le caractère indu de la contribution).

551.153 **Exercice de l'action.** L'action en répétition de l'indu est ouverte :

- à la personne ayant acquitté les participations ;
- mais aussi aux acquéreurs successifs de biens[3].

L'action se prescrit par cinq ans :

- pour la personne ayant acquitté les participations contestées, à compter du dernier versement ou de l'obtention des prestations indûment exigées[4] ;
- pour les acquéreurs successifs de biens, à compter de l'inscription sur le registre des taxes et participation attestant que « le dernier versement a été opéré » ou « la prestation obtenue »[5].

Une réclamation formée avant la fin de ce délai interrompt la prescription[6].

Il résulte du premier alinéa de l'article L. 332-30 du code de l'urbanisme que l'action en répétition de l'indu doit être exercée contre la personne bénéficiaire des contributions aux dépenses d'équipements publics imposées aux constructeurs sous la forme de participations financières ou de réalisation de travaux, qui peut notamment être l'autorité concédante d'un service public[7].

551.154 **Effets de l'action.** Si elle est fondée, l'action en répétition de l'indu conduit à ordonner à l'administration de rembourser au requérant les montants correspondant aux participations indûment mises à sa charge[8]. De façon évidente, cette action ne lui ouvre pas droit au remboursement de l'ensemble des participations[9].

Les sommes à rembourser portent intérêt au taux légal majoré de cinq points[10]. Les intérêts sont capitalisés un an après la réception de la demande préalable, puis à chaque échéance annuelle à compter de cette date[11].

551.155 **Communication au service d'urbanisme des informations nécessaires.** Le responsable du service de l'État dans le département, chargé de l'urbanisme, « reçoit, s'il y a lieu, à sa demande, tous dossiers transmis dans les conditions prévues à l'article L. 424-7[12], lorsqu'il est saisi d'une réclamation relative aux impositions dont la délivrance du permis ou la non-opposition à une déclaration préalable constitue le fait générateur ». Il disposera ainsi de tous les éléments nécessaires pour répondre à la réclamation.

§ 6
Compétence de la commune ou de l'EPCI

551.161 **Compétence de l'EPCI.** Lorsque la commune fait partie d'un EPCI ou d'un syndicat mixte compétent pour la réalisation des équipements donnant lieu à participation d'urbanisme, la participation est instituée, dans les mêmes conditions, par l'établissement public qui exerce la compétence considérée, quel que soit le mode de gestion retenu. La participation est versée à l'établissement public[13].

SECTION 2
FINANCEMENT DES ÉQUIPEMENTS PROPRES PAR LE BÉNÉFICIAIRE DE L'AUTORISATION D'URBANISME

551.171 **Prise en charge par le bénéficiaire.** Les bénéficiaires d'autorisations d'urbanisme peuvent être tenus de réaliser et de financer les équipements propres à l'opération[14].

Il en résulte que les équipements propres sont pris en charge par le bénéficiaire de l'autorisation, alors que les équipements publics sont pris en charge par la collectivité publique avec répercussion de tout ou partie de ce coût sur les bénéficiaires. Cette dualité de régime implique de déterminer au cas par cas la nature (propre ou publique) des équipements concernés.

1. CE 29 juin 2016, *Sté d'aménagement du domaine de Château Barrault*, req. n° 375020, *Lebon T.*
2. CAA Bordeaux, 22 juin 2017, *Sarl Oxygène*, req. n° 15BX00870, NP : arrêt indiquant que l'action en répétition « concerne non seulement les taxes et contributions imposées aux constructeurs en violation des dispositions des articles L. 311-4 et L. 332-6 du code de l'urbanisme mais, également, celles qui sont obtenues d'eux, avec leur accord, en méconnaissance des mêmes textes ».
3. C. urb., art. L. 332-30, al. 2.
4. C. urb., art. L. 332-30, al. 1er.
5. C. urb., art. L. 332-30, al. 2.
6. CAA Nantes, 4 févr. 1998, *SNC Capioni*, req. n° 95NT00735, *Lebon T.*
7. CE 30 déc. 2015, *Sté La Pierre d'Angle*, req. n° 377258, *Lebon T.*
8. PAR EX. : CE 29 juin 1990, *Sarl du Clos*, req. n° 57232, NP.
9. CE 7 nov. 1979, *SCI L'Orée du bois*, req. n° 12844, *Lebon.*
10. C. urb., art. L. 332-30, al. 3 – pour un ex., et à la date à prendre en compte : CE 29 juin 2016, *Sté d'aménagement du domaine de Château Barrault*, req. n° 375020, *Lebon T.* (la date de référence est ici 1993, et non 2007 comme le soutenait l'administration, avec un effet radical sur la majoration des intérêts et leur capitalisation).
11. CAA Bordeaux, 22 juin 2017, *Sarl Oxygène*, req. n° 15BX00870, NP.
12. V. ss n° 346.231.
13. C. urb., art. L. 332-13.
14. C. urb., art. L. 322-6, 3°.

§ 1
Pouvoir d'imposer au bénéficiaire la prise en charge des équipements propres

A.
Le dispositif

551.181 Notion d'équipements propres. Les équipements propres à l'opération sont mentionnés à l'article L. 332-15 : il s'agit de « tous travaux nécessaires à la viabilité et à l'équipement de la construction, du terrain aménagé ou du lotissement », notamment en ce qui concerne[1] :

- la voirie ;
- l'alimentation en eau, gaz et électricité ;
- les réseaux de télécommunication ;
- l'évacuation et le traitement des eaux et matières usées ;
- l'éclairage ;
- les aires de stationnement ;
- les espaces collectifs ;
- les aires de jeux ;
- et les espaces plantés.

551.182 Pouvoir d'exiger du bénéficiaire la prise en charge des équipements propres, et uniquement de ces équipements. L'autorité qui délivre l'autorisation de construire, d'aménager, ou de lotir exige, en tant que de besoin, du bénéficiaire de celle-ci « la réalisation et le financement » des travaux portant sur les équipements propres[2]. Ces obligations s'étendent « au branchement » des équipements propres à l'opération sur les équipements publics qui existent au droit du terrain sur lequel ils sont implantés et notamment aux opérations réalisées à cet effet en empruntant des voies privées ou en usant de servitudes[3].

Ainsi, « seul peut être mis à la charge du bénéficiaire d'une autorisation d'urbanisme le coût des équipements propres à son projet. Dès lors que des équipements excèdent, par leurs caractéristiques et leurs dimensions, les seuls besoins constatés et simultanés d'un ou, le cas échéant, plusieurs projets de construction et ne peuvent, par suite, être regardés comme des équipements propres au sens de l'article L. 332-15 précité, leur coût ne peut être, même pour partie, supporté par le titulaire de l'autorisation »[4]. Il en va de même « pour les équipements que la collectivité publique prévoit, notamment dans le document d'urbanisme, d'affecter à des besoins excédant ceux du projet de construction »[5].

551.183 Possibilité de prévoir un raccordement au réseau public empruntant des voies ou emprises publiques. L'autorisation d'urbanisme peut prévoir un raccordement aux réseaux d'eau ou d'électricité empruntant, en tout ou partie, des voies ou emprises publiques[6].

Cette possibilité peut être mise en œuvre à deux conditions de fond[7] :

– d'une part que ce raccordement n'excède pas cent mètres ;

– d'autre part que les réseaux correspondants, dimensionnés pour correspondre exclusivement aux besoins du projet, ne soient pas destinés à desservir d'autres constructions existantes ou futures (en conséquence de cette exigence, un transformateur électrique, alors même que sa puissance a été dimensionnée pour répondre aux besoins du projet, constitue non un équipement propre mais un équipement public s'il pourra être utilisé pour alimenter d'autres utilisateurs d'électricité[8]).

Par ailleurs, elle ne peut être mise en œuvre[9] :

– qu'avec l'accord du demandeur ;

– et dans les conditions définies par l'autorité organisatrice du service public de l'eau ou de l'électricité.

Lorsqu'il a été fait application de cette possibilité, « les réseaux financés par un pétitionnaire, dimensionnés pour répondre exclusivement aux besoins de son projet, bien qu'ils soient publics, ne peuvent pas être destinés à desservir d'autres constructions existantes ou futures »[10].

551.184 Obligations pouvant être imposées aux AFU lors de l'approbation d'un plan de remembrement. L'autorité qui approuve le plan de remembrement[11] peut imposer les mêmes obligations (pren-

1. C. urb., art. L. 332-15, al. 1er.
2. C. urb., art. L. 332-15, al. 1er.
3. C. urb., art. L. 332-15, al. 2.
4. CE 30 déc. 2021, *Sté Ranchère*, req. n° 438832, *Lebon T.* ; *BJDU* 2022. 116, concl. S. Hoynck ; *Constr.-urb.* 2022, comm. 14, note L. Santoni ; *RDI* 2022. 251, obs. J.-Ph. Strebler – déjà, dans le cas d'un lotissement : CE 17 mai 2013, *Sté Isère Développement Environnement*, req. n° 337120, *Lebon T.* : arrêt indiquant que seul peut être mis à la charge du bénéficiaire d'une autorisation de lotir le coût des équipements propres à son lotissement. Dès lors que des équipements excèdent, par leurs caractéristiques et leurs dimensions, les seuls besoins constatés et simultanés d'un ou, le cas échéant, plusieurs lotissements et ne peuvent, par suite, être regardés comme des équipements propres au sens de l'article L. 332-15, leur coût ne peut être, même pour partie, supporté par le lotisseur.
5. CE 30 déc. 2021, *Sté Ranchère*, req. n° 438832.
6. C. urb., art. L. 332-15, al. 4.
7. C. urb., art. L. 332-15, al. 4.
8. CAA Bordeaux, 22 juin 2017, *Sarl Oxygène*, req. n° 15BX00870, NP. En l'espèce, le pétitionnaire a droit au remboursement des sommes qu'il a versé à ENEDIS, pour la réalisation du transformateur électrique, en application d'une convention conclue avec la commune mettant à sa charge les frais des travaux de renforcement et d'extension du réseau électrique nécessaires à l'alimentation de sa parcelle.
9. C. urb., art. L. 332-15, al. 4.
10. Rép. min. n° 20936, *JOAN Q* 6 août 2013, p. 8489.
11. V. ss nos 542.401 s.

dre en charge les équipements propres) aux associations foncières urbaines de remembrement autorisées ou constituées d'office[1].

B. Distinction entre équipements propres et équipements publics

1° Critères de distinction

551.191 Équipements propres et équipements publics. Il résulte des dispositions de l'article L. 332-15 « que relèvent des équipements propres à l'opération ceux qui sont nécessaires à la viabilité et à l'équipement de la construction ou du terrain jusqu'au branchement sur le réseau public qui existe au droit du terrain, en empruntant, le cas échéant, des voies privées ou en usant de servitudes, ou, dans les conditions définies au quatrième alinéa de l'article L. 332-15 [...], en empruntant, en tout ou partie, des voies ou emprises publiques, sous réserve dans ce dernier cas que le raccordement n'excède pas cent mètres. En revanche, pour l'application de ces dispositions, les autres équipements de raccordement aux réseaux publics, notamment les ouvrages d'extension et, le cas échéant, le renforcement des réseaux existants, ont le caractère d'équipements publics »[2].

2° Applications

a. en matière de réseau électrique

551.201 Équipements propres et équipements publics. S'agissant d'un raccordement électrique[3], relèvent des équipements propres à l'opération ceux qui sont nécessaires à la viabilité et à l'équipement de la construction ou du terrain jusqu'au branchement sur le réseau public d'électricité qui existe au droit du terrain :

- en empruntant, le cas échéant, des voies privées ;
- ou en usant de servitudes ;
- ou en empruntant, en tout ou partie, des voies ou emprises publiques, sous réserve dans ce dernier cas que le raccordement n'excède pas cent mètres.

En revanche, ont le caractère d'équipements publics les autres équipements de raccordement aux réseaux publics d'électricité, notamment les ouvrages d'extension ou de branchement en basse tension, et, le cas échéant, le renforcement des réseaux existants[4].

551.202 Illustration. Ne portent pas sur des équipements propres dont la commune peut demander la prise en charge par le bénéficiaire d'une future autorisation de construire sur le fondement de l'article L. 332-15 du code de l'urbanisme, les travaux d'extension et de renforcement du réseau public d'électricité dans un cas où le réseau basse tension le plus proche se situe à 185 mètres de la parcelle assiette du projet et que la desserte en énergie électrique de ce projet exige la construction d'un réseau et de branchements remis gratuitement au concessionnaire, d'un réseau haute tension et d'un poste de distribution électrique[5].

b. Applications en matière de réseau d'alimentation en eau potable

551.211 Équipements propres et équipements publics. Ne sauraient être qualifiés d'équipement propre au sens des articles L. 332-6 et L. 332-15 du code de l'urbanisme, les ouvrages d'extension du réseau en vue du raccordement d'une construction au réseau public de distribution d'eau dès lors que cette construction nécessite une extension du réseau empruntant des voies ou emprises publiques sur une distance supérieure à cent mètres[6].

551.212 Équipement devenant public si la commune a délivré un permis alors qu'elle aurait dû le refuser sur le fondement de l'article L. 111-11. Si l'extension du réseau public ne présente pas un caractère d'intérêt général, dès lors qu'elle n'aura pour seul objet que de desservir une construction, cette circonstance aurait dû conduire le maire à refuser de délivrer le permis de construire, sur le fondement des dispositions de l'article L. 111-11 du code de l'urbanisme[7]. Cette circonstance ne permet pas à la commune, alors que le permis de construire a été délivré et qu'il est devenu définitif, de refuser de prendre en charge le financement de l'extension, dès lors qu'elle présente le caractère d'un équipement public[8].

1. C. urb., art. L. 332-15, al. 5.
2. CAA Douai, 28 mars 2019, *Courcelles-sous-Moyencourt (Cne)*, req. n° 17DA01025, NP.
3. PAR EX. : CE 26 déc. 2012, *Sté Établissements Laval et Lecamus*, req. n° 351680, NP.
4. PAR EX. : CE 26 déc. 2012, *Sté Établissements Laval et Lecamus*, req. n° 351680, NP.
5. CE 26 déc. 2012, *Sté Établissements Laval et Lecamus*, req. n° 351680, NP – également, pour un raccordement de 200 m et 260 m : CAA Marseille, 18 avr. 2018, *Synd. départemental d'énergie de la Corse du Sud*, req. n° 16MA00523, NP.
6. CAA Douai, 28 mars 2019, *Courcelles-sous-Moyencourt (Cne)*, req. n° 17DA01025, NP.
7. Sur cet article, imposant le refus du permis lorsque le terrain n'est pas desservi et qu'il n'est pas prévu de réaliser des travaux pour sa desserte, v. ss nos 112.761 s.
8. CAA Douai, 28 mars 2019, *Courcelles-sous-Moyencourt (Cne)*, req. n° 17DA01025, NP.

c.
Applications en matière de réseau d'évacuation des eaux usées

551.221 Canalisation constituant l'équipement propre d'un lotissement. Une canalisation mise en place pour assurer la constructibilité des parcelles, inondables, comprises dans le terrain d'assiette d'un lotissement constitue un équipement propre au lotissement au sens du 3° de l'article L. 332-6 et de l'article L. 332-15 du code de l'urbanisme, alors même qu'elle traverse le terrain d'assiette sans le desservir et qu'elle contribue à l'évacuation des eaux pluviales en provenance d'autres terrains situés en amont[1].

d.
Applications en matière de voirie

551.231 Équipement public si la voie est prévue par le PLU. Même si elle est réalisée dans le but de desservir les seules constructions autorisées par le permis de construire, une voie ne constitue pas, compte tenu de la destination que lui a affectée la commune dans le document d'urbanisme, un équipement propre au sens de l'article L. 332-15 du code de l'urbanisme.

§ 2
Absence d'action en répétition en cas de classement ultérieur dans la voirie et les réseaux publics

551.241 Pas de restitution des sommes. En cas de classement ultérieur dans la voirie et les réseaux publics, les travaux exigés au titre des équipements propres n'ouvrent pas droit à l'action en répétition prévue à l'article L. 332-30[2].

1. CE 24 avr. 2012, *SARL Angles Habitat*, req. n° 340954, *Lebon T.*

2. C. urb., art. L. 332-15, al. 5 – Sur l'action en répétition, v. ss nos 551.151 s.

CHAPITRE

552. Taxe d'aménagement (TA)

SECTION 0

ORIENTEUR

552.00 **Sommaire du chapitre.**

552.01 Textes applicables.

- **C. urb.,** art. L. 331-1 s.
- **CGI ,** art. 1635 *quater* A s.

552.03 Bibliographie indicative.

Encyclopédies. *DP constr.-urb., ét.* : « Participations d'urbanisme » – *J.-Cl. Constr.-Urb.*, fasc. 26-20 : « Permis de construire. – Taxes, charges et participations », par G. Ricard, févr. 2024.

Articles. P. Beltrame, « La nouvelle fiscalité de l'urbanisme et de l'aménagement », *Les Nouvelles Fiscales* 2012, n° 1091, p. 22 – Ph. Billet, « La réforme de la fiscalité de l'urbanisme », *JCP N* 2011, n° 2097 – P. Galan, « Réforme de la fiscalité de l'urbanisme : la taxe d'aménagement », *Dr. et Part.* 2012. 78 – Y. Jégouzo et J.-P. Lebreton, « La réforme de la fiscalité de l'urbanisme », *AJDA* 2011. 209 – E. Kornprobst, « Réforme de la fiscalité de l'urbanisme : les substitutions de taxes à l'horizon 2012 », *RDI* 2011. 248 – B. Poujade, « La réforme de la fiscalité de l'urbanisme : une simplification encore imparfaite », *BJDU* 2011. 175 – J.-Ph. Strebler, « La réforme de la fiscalité de l'urbanisme : au-delà d'un apparent toilettage fiscal, une nouvelle approche du financement des équipements publics », *BJCL* 2011. 161 et 2011. 230 – J.-Ph. Strebler, « Le transfert de la gestion de la taxe d'aménagement et de la taxe d'archéologie préventive à la direction générale des finances publiques. Ordonnance n° 2022-883 du 14 juin 2022 », *RDI* 2022. 562 – J.-Ph. Strebler, « La contestation des secteurs à taux majoré de la part locale de la taxe d'aménagement », *RDI* 2024. 432.

552.04 Questions essentielles.

> La TA existe-t-elle de plein droit ?
* V. s[s] n°s 552.21 s.

> Quelles sont les opérations soumises à la TA ?
* V. s[s] n°s 552.231 s.

> Quelle est l'assiette de la TA ?
* V. s[s] n°s 552.541 s.

> Quel est le taux de la TA ?
* V. s[s] n°s 552.691 s.

> Qui sont les redevables de la TA ?
* V. s[s] n°s 552.251 s. et 552.1031

> À compter de quelle date la TA devient-elle exigible ?
* V. s[s] n° 552.531

> Dans quels cas le redevable peut-il obtenir une décharge, réduction ou restitution de la taxe ?
* V. s[s] n°s 552.1061 s.

552.05 Origine et réforme. La taxe d'aménagement (TA) a été créée en 2010[1] en remplacement de la TLE, à laquelle elle s'est substituée le 1er mars 2012.

Son régime a fait l'objet d'une importante réforme par la loi de finances pour 2021, autour d'un double objectif d'efficience et de lutte contre l'artificialisation des sols. Cette réforme comprend quatre grands volets :

– l'incitation aux opérations de renaturation ;
– l'assouplissement du régime de la TA majorée ;

1. L. n° 2010-1658, 29 déc. 2010, art. 28 – Sur la réforme de la fiscalité de l'aménagement, v. s[s] n°s 551.21 s.

– d'autres mesures en faveur de la densification urbaine ;

– la gestion de la fiscalité de l'aménagement.

Sur le fondement de cette loi a été adoptée l'ordonnance du 14 juin 2022 relative au transfert à la DGFIP de la gestion de la TA et de la part logement de la RAP[1]. Celle-ci a eu pour objectif principal de simplifier la gestion de la taxe en la rapprochant du régime des impôts fonciers. Cela s'est traduit, notamment, par le transfert du code de l'urbanisme vers le CGI et le LPF de la plupart des dispositions applicables.

La date d'entrée en vigueur de la réforme a été fixée au 1er janvier 2023[2].

552.06 Financer les équipements publics et privilégier les projets économes en espace. La TA n'a pas pour seul objet de financer les équipements publics induits par le développement de l'urbanisation. Elle vise aussi à orienter les comportements en favorisant les projets et opérations les plus économes en utilisation de l'espace. Comme le précise l'article L. 331-1 du code de l'urbanisme, la TA vise à « financer les actions et opérations contribuant à la réalisation des objectifs définis à l'article L. 101-2 »[3]. Cependant, comme le souligne Vincent Dussart, « la réalité budgétaire et comptable locale est différente. (...). Le principe d'universalité budgétaire empêche l'affectation des recettes fiscales à des dépenses bien précises. L'affectation de la taxe d'aménagement aux objectifs du droit de l'urbanisme s'apparente donc plus à une pétition de principe qu'à une réalité budgétaire concrète »[4].

552.07 Élément du prix de revient de l'immeuble. La TA constitue un élément du prix de revient de l'ensemble immobilier au sens de l'article 302 *septies* B du CGI[5].

1. Ord. n° 2022-883, 14 juin 2022 relative au transfert à la direction générale des finances publiques de la gestion de la taxe d'aménagement et de la part logement de la redevance d'archéologie préventive, *JO* 15 juin, n° 3.
2. L. n° 2020-1721, 29 déc. 2020, art. 155, VI B et D. L'entrée en vigueur de certaines dispositions avaient néanmoins été avancées au 1er janvier 2021 (art. 155, VI A) ou 1er janvier 2022 (art. 141, II ; art. 160, XI, A). L'ordonnance du 14 juin 2022 s'est alignée sur cette date d'entrée en vigueur (ord. n° 2022-883 du 14 juin 2022, art. 16) en prévoyant néanmoins des mesures transitoires pour les autorisations d'urbanisme et procédures en cours (ord. n° 2022-883, 14 juin 2022, art. 12 à 14).
3. C. urb., art. L. 331-1, al. 1er.
4. V. Dussart, « L'effectivité des objectifs de la fiscalité de l'urbanisme », *Droit et Ville* 2022. 125, § 12.
5. C. urb., art. L. 331-1, al. 2 – également : CGI, art. 302 *septies* B, II ; mod. par ord. n° 2022-883, 14 juin 2022.

SECTION 1
INSTAURATION DE LA TAXE D'AMÉNAGEMENT

552.11 Procédure. Perçoivent ou peuvent percevoir la TA[6] :

– les communes ou EPCI (ainsi que la métropole de Lyon) ;

– les départements (ainsi que la collectivité de Corse) ;

– et la région d'Île-de-France.

Selon la collectivité concernée, la TA soit est instaurée de plein droit, soit nécessite une délibération spécifique.

La TA peut ainsi comporter trois parts :

– la part communale ou intercommunale ;

– la part départementale ;

– et, en Île-de-France, une part régionale.

§ 1
Instauration de la part communale ou intercommunale de la TA

552.21 Part communale ou intercommunale. La part locale de la TA sera communale ou intercommunale selon que la compétence en matière de PLU relève de la compétence de la commune ou de la compétence de l'EPCI.

A.
Instauration d'office ou par voie de délibération spéciale

1°
Communes

a.
Communes dotées d'un PLU

552.31 Instauration de plein droit. La TA est instituée de plein droit dans les communes dotées d'un PLU, sauf renonciation expresse décidée par délibération[7].

552.32 Hypothèse d'une annulation du PLU. La circulaire de 2013 estime que : « La compétence en matière d'instauration et de perception de la taxe d'aménagement est définitivement acquise, même en cas d'annulation partielle ou totale d'un PLU ayant pour effet de réintroduire le règlement national d'urbanisme (RNU) sur tout ou partie du territoire communal »[8].

6. C. urb., art. L. 331-1, al. 1er.
7. CGI, art. 1635 *quater* A, I, 1°, al. 1er (anc. c. urb., art. L. 331-2, 1°) ; mod. par ord. n° 2022-883, 14 juin 2022.
8. Circ. 18 juin 2013, NOR : ETLL1309352C, p. 10.

b. Communes non dotées d'un PLU

552.41 Instauration par délibération spéciale. La TA peut être instituée par délibération du conseil municipal dans les communes non dotées d'un PLU[1].

552.42 Entrée en vigueur. Lorsqu'une commune non couverte par un PLU approuve un tel document au 1er juillet et procède aux formalités prévues à l'article R. 153-21 du code de l'urbanisme avant le 1er janvier de l'année suivante, la TA est instituée, sauf délibération contraire prise dans les conditions prévues par le 1° du I du même article 1635 *quater* A, à compter du 1er janvier de la deuxième année qui suit[2].

2° EPCI

552.51 Communautés urbaines et métropoles. La TA est instituée de plein droit dans les communautés urbaines et les métropoles[3] (y compris la métropole de Lyon[4]) sauf renonciation expresse décidée par délibération[5].

552.52 Autres EPCI. Les autres EPCI compétents en matière de PLU peuvent se substituer à leurs communes membres, avec leur accord exprimé dans les conditions prévues au II de l'article L. 5211-5 du CGCT, pour instituer la TA par délibération[6].

B. Reversement à l'EPCI ou aux communes membres

1° Hypothèse où la part locale a été instituée par la commune

552.61 Reversement à l'EPCI. La commune « reverse tout ou partie de la taxe » à l'EPCI dont elle est membre, « compte tenu de la charge des équipements publics relevant, sur le territoire de cette commune, de sa compétence »[7].

Le reversement est mis en œuvre dans les conditions prévues par délibérations concordantes du conseil municipal et de l'organe délibérant de l'EPCI[8].

2° Hypothèse où la part locale a été instituée par l'EPCI

552.71 Reversement aux communes. Les EPCI « reversent tout ou partie de la taxe d'aménagement à leurs communes membres ou groupements de collectivités, compte tenu de la charge des équipements publics relevant de leurs compétences »[9]. Le reversement est mis en œuvre par une délibération de l'organe délibérant de l'EPCI.

3° Obligation de reversement

552.81 Caractère obligatoire. Compte tenu de la rédaction des dispositions précitées et de leur finalité (attribuer le produit de la TA à la personne publique ayant la charge d'équipements publics), l'obligation de reversement s'impose dans les deux cas[10]. Le non-reversement « peut constituer un enrichissement sans cause »[11]. La clé de partage entre les communes et l'EPCI se fait au prorata des dépenses exposées.

C. Affectation du produit de la TA en section d'investissement

552.91 Communes et EPCI. Le produit de la TA est affecté en section d'investissement du budget des communes ou des EPCI[12].

552.92 Métropole de Lyon et ville de Paris. Le produit de la TA est affecté en section d'investissement du budget principal de la métropole de Lyon et de la Ville de Paris[13]. Il n'en va différemment que pour les produits mentionnés au II de l'article 1586 du CGI[14].

1. CGI, art. 1635 *quater* A, I, 2° (anc. c. urb., art. L. 331-2, 2°) ; mod. par ord. n° 2022-883, 14 juin 2022.
2. CGI, art. 328 R. ; créé par décr. n° 2023-165, 7 mars 2023.
3. Empêchant donc dans ce cas l'instauration par les communes de la part communale, que ce soit d'office (si elles sont couvertes d'un PLU) ou par délibération motivée.
4. Ainsi que le précise CGI, art. 1656, I *bis* ; mod. par ord. n° 2022-883, 14 juin 2022.
5. CGI, art. 1635 *quater* A, I, 1°, al. 2 (anc. c. urb., art. L. 331-2, 3°) ; art. créé par ord. n° 2022-883, 14 juin 2022.
6. CGI, art. 1635 *quater* A, II (anc. c. urb., art. L. 331-2, 4°) ; art. créé par ord. n° 2022-883, 14 juin 2022.
7. CGI, art. 1379, I, 16° et II, 5° (anc. c. urb., art. L. 331-2, al. 8 ; mod. par L. n° 2021-1900, 30 déc. 2021) ; art. mod. par ord. n° 2022-883, 14 juin 2022.
8. CGI, art. 1379, I, 16° et II, 5° (anc. c. urb., art. L. 331-2, al. 8 ; mod. par L. n° 2021-1900, 30 déc. 2021) ; art. mod. par ord. n° 2022-883, 14 juin 2022.
9. CGI, 1379-0 *bis*, IX, 3 (anc. c. urb., art. L. 331-2, al. 9) ; art. mod. par ord. n° 2022-883, 14 juin 2022.
10. Avant la loi n° 2021-1900 du 30 déc. 2021, le code de l'urbanisme disposait que la part communale de la TA « peut » être reversé (c. urb., art. L. 331-2, al. 8). La formule a été modifiée pour exprimer plus clairement que le reversement constitue une obligation et non une faculté.
11. Circ. 18 juin 2013, NOR : ETLL1309352C, p. 11.
12. C. urb., art. L. 331-2.
13. C. urb., art. L. 331-2.
14. C. urb., art. L. 331-2 – Sur ces produits, v. ss n° 552.102.

§ 2
Instauration de la part départementale de la TA

A.
Collectivités concernées par la part départementale

552.101 **Départements.** La part départementale de la TA peut être instituée par les départements[1].

552.102 **Métropole de Lyon et Ville de Paris.** Dans le périmètre de la métropole de Lyon, la métropole est substituée au département du Rhône pour la perception de la TA. Les produits perçus à ce titre reviennent à la métropole de Lyon, en sus de ceux qui lui échoient en vertu du 1 du IX de l'article 1379-0 *bis*[2].

De même, sur le territoire de la ville de Paris, la ville de Paris est substituée au département de Paris. Les produits perçus à ce titre reviennent à la ville de Paris, en sus de ceux qui lui échoient en vertu du premier alinéa du 16° de l'article 1379[3].

B.
Modalité d'instauration et durée de validité

552.111 **Adoption d'une délibération spéciale.** La part départementale de la TA est instituée par délibération du conseil départemental ou de l'Assemblée de Corse[4]. Elle n'existe pas de plein droit et nécessite donc cette délibération pour être instituée.

C.
Affectation

552.121 **Recette de fonctionnement.** Le produit de la part départementale de la taxe a le caractère d'une recette de fonctionnement[5].

D.
Politiques et dépenses pouvant être financées par la part départementale de la TA

1°
Liste

552.131 **Une taxe affectée.** La part départementale de la TA revêt la nature d'une taxe affectée. Il s'ensuit que le produit de celle-ci ne peut être utilisé que pour le financement des catégories de dépenses expressément prévues[6]. Celles-ci sont au nombre de deux.

552.132 **1re catégorie : affectation à la politique des espaces naturels sensibles.** La part départementale de la TA peut être instituée pour financer la politique de protection des espaces naturels sensibles (ENS) prévue à l'article L. 113-8[7] ainsi que les dépenses qui y sont liées[8]. Ces dépenses sont limitativement énumérées par le 1°, la part départementale de la TA pouvant servir :

– pour l'acquisition, par voie amiable, par expropriation ou par exercice du droit de préemption mentionné à l'article L. 215-4, de terrains ou ensembles de droits sociaux donnant vocation à l'attribution en propriété ou en jouissance de terrains, ainsi que pour l'aménagement et l'entretien de tout espace naturel, boisé ou non, appartenant au département, sous réserve de son ouverture au public dans les conditions prévues à l'article L. 215-21 (a) ;

– pour sa participation à l'acquisition, à l'aménagement et la gestion des terrains du Conservatoire du littoral, pour sa participation à l'acquisition de terrains par une commune ou par un établissement public de coopération intercommunale compétent, ainsi qu'à l'entretien des terrains acquis par l'une et l'autre de ces personnes publiques ou par l'agence des espaces verts de la région d'Ile-de-France dans l'exercice du droit de préemption, par délégation ou par substitution, prévu aux articles L. 215-4 à L. 215-8 (b) ;

– pour l'aménagement et l'entretien d'espaces naturels, boisés ou non, appartenant aux collectivités publiques ou à leurs établissements publics et ouverts au public, ou appartenant à des propriétaires privés à la condition qu'ils aient fait l'objet d'une convention passée en application de l'article L. 113-6 (c) ;

– pour l'aménagement et la gestion des parties naturelles de la zone dite des cinquante pas géométriques, définie à l'article L. 121-45 (d) ;

– pour l'acquisition, l'aménagement et la gestion des sentiers figurant sur un plan départemental des itinéraires de promenade et de randonnée, établi dans les conditions prévues à l'article L. 361-1 du code de l'environnement, ainsi que des chemins et servitudes de halage et de marchepied des voies d'eau domaniales concédées qui ne sont pas ouvertes à la circulation générale et pour l'acquisition, par voie amiable ou par exercice du droit de préemption mentionné à l'article L. 215-4, l'aménagement et la gestion des

1. C. urb., art. L. 331-3, al. 1er.
2. CGI, art. 1586, II, 1° (anc. c. urb., art. L. 331-3, al. 16).
3. CGI, art. 1586, II, 2° (anc. c. urb., art. L. 331-3, al. 17).
4. C. urb., art. L. 331-3, al. 1er.
5. C. urb., art. L. 331-3, al. 16.
6. V. ss no 552.141.
7. Sur la politique de protection des ENS, v. ss nos 152.05 s.
8. C. urb., art. L. 331-3, 1°.

chemins le long des autres cours d'eau et plans d'eau (e) ;

– pour l'acquisition par un département, une commune, un établissement public de coopération intercommunale ou le Conservatoire du littoral, de bois et forêts ou de droits sociaux donnant vocation à l'attribution en propriété ou en jouissance de bois et forêts, sous réserve de leur ouverture au public dans les conditions prévues à l'article L. 215-21 (f) ;

– pour l'acquisition, l'aménagement et la gestion des espaces, sites et itinéraires figurant au plan départemental des espaces, sites et itinéraires relatifs aux sports de nature, établi en application de l'article L. 311-3 du code du sport, sous réserve que l'aménagement ou la gestion envisagés maintiennent ou améliorent la qualité des sites, des paysages et des milieux naturels (g) ;

– pour l'acquisition, la gestion et l'entretien des sites Natura 2000 désignés à l'article L. 414-1 du code de l'environnement et des territoires classés en réserve naturelle au sens de l'article L. 332-1 du même code (h) ;

– pour les études et inventaires du patrimoine naturel nécessaires à l'élaboration et à la mise en œuvre de la politique de protection et de gestion des espaces naturels sensibles destinés à être ouverts au public (i) ;

– pour l'acquisition de sites destinés à la préservation de la ressource en eau, leur aménagement et leur gestion (j) ;

– pour les travaux contribuant à la préservation ou à la remise en bon état des continuités écologiques identifiées dans les schémas prévus à l'article L. 371-3 du code de l'environnement (k) ;

– pour l'acquisition de terrains nus, bâtis ou aménagés et de gisements artificialisés en vue d'y réaliser des travaux de transformation et, le cas échéant, de dépollution, d'entretien et d'aménagement pour leur conversion en espaces naturels par un département, une commune, un établissement public de coopération intercommunale ou un opérateur public, notamment le Conservatoire de l'espace littoral et des rivages lacustres, les établissements publics fonciers ou l'agence des espaces verts de la région d'Île-de-France (l).

552.133 2nde catégorie : affectation aux dépenses des CAUE. La part départementale de la TA peut être instituée pour financer les dépenses des conseils d'architecture, d'urbanisme et de l'environnement[1] en application de l'article 8 de la loi du 3 janvier 1977 sur l'architecture[2].

1. Sur les CAUE, v. s^s^ n° 043.31.
2. C. urb., art. L. 331-3, 2°. V. L. n° 77-2, 3 janv. 1977 sur l'architecture, *JO* 4 janv., p. 71.

2°
Portée de la liste

552.141 Caractère limitatif des dépenses pouvant être financées par la part départementale de la TA. La part départementale de la TA ayant la nature d'une taxe affectée[3], elle ne peut être utilisée pour le financement de dépenses autres que celles expressément prévues.

Une réponse ministérielle indique en ce sens : « La liste des utilisations possibles de la fraction de la part départementale de la taxe d'aménagement affectée aux espaces naturels sensibles, visées à l'article L. 142-2 précité, est limitative car cette taxe constitue une recette de nature fiscale. Par conséquent, son utilisation ne peut être interprétée que de manière stricte et restrictive, conformément à une jurisprudence administrative fiscale constante »[4].

552.142 Illustration : exclusion des projets immobiliers de grande dimension. À titre d'illustration, la fraction de la part départementale de la TA affectée aux ENS ne peut être utilisée pour financer des projets immobiliers (touristiques ou pédagogiques) de grande dimension (plus de trois millions d'euros), faute que cet objet relève des affectations limitativement énumérées[5].

§ 3
Instauration de la part régionale de la TA (Île-de-France)

A.
Champ d'application

552.151 Limitation à l'Île-de-France. Il résulte de la rédaction de l'article L. 331-4 du code de l'urbanisme et de l'article 1635 *quater* A du CGI, qui ne mentionnent que la région d'Île-de-France, que la part régionale de la TA ne peut être instaurée que dans cette seule région. Les autres régions ne peuvent bénéficier du produit de cette taxe.

B.
Modalité d'instauration et durée de validité

552.161 Délibération spéciale. La part de la TA versée à la région d'Ile-de-France est instituée par délibération du conseil régional[6]. Elle n'existe pas

3. Sur cette notion, le rapport du Conseil des prélèvements obligatoires : *Les taxes affectées : des instruments à mieux encadrer*, juill. 2018 [en ligne : https://www.ccomptes.fr].
4. Rép. min. n° 16026, *JOAN Q* 3 sept. 2013, p. 9235.
5. Rép. min. n° 16026, *JOAN Q* 3 sept. 2013, p. 9235.
6. CGI, art. 1635 *quater* A, I, 2° ; créé par ord. n° 2022-883, 14 juin 2022.

de plein droit et nécessite donc cette délibération pour être instituée.

C.
Dépenses pouvant être financées par la part régionale de la TA

552.171 **Taxe affectée.** À l'instar de la part départementale[1], la part régionale de la TA est affectée à certaines dépenses. Plus spécifiquement, elle ne peut être instaurée qu'en vue de financer des équipements collectifs, principalement des infrastructures de transport, rendus nécessaires par l'urbanisation[2]. Elle ne peut, par suite, être instaurée à d'autres fins.

D.
Affectation de la part régionale de la TA

552.181 **Section d'investissement.** Le produit de la TA est affecté en section d'investissement du budget de la région d'Ile-de-France[3].

§ 4
Entrée en vigueur des délibérations relatives à la TA

A.
Adoption avant le 1er juillet

1°
Règle générale

552.191 **Adoption avant le 1er juillet pour une entrée en vigueur au 1er janvier.** Les délibérations des communes, des EPCI, des départements ou de la région d'Ile-de-France relatives à la TA, autres que celles fixant le taux de cette taxe, « doivent être prises avant le 1er juillet pour être applicables à compter de l'année suivante »[4]. Cela inclut les délibérations instaurant la TA, la supprimant ou y renonçant, mais aussi celles relatives au reversement de celle-ci d'une commune à un EPCI ou d'un EPCI à une commune.

Les délibérations relatives à la TA « produisent leurs effets tant qu'elles ne sont pas rapportées ou modifiées »[5].

1. V. ss no 552.131.
2. C. urb., art. L. 331-4, al. 1er.
3. C. urb., art. L. 331-4, al. 2.
4. CGI, art. 1639 A *bis*, VI, al. 1er ; créé par ord. no 2022-883, 14 juin 2022 – Avant l'ordonnance du 14 juin 2022, la date était fixée au 30 novembre (C. urb., anc. art. L. 331-5).
5. CGI, art. 1639 A *bis*, VI, al. 2 ; créé par ord. no 2022-883, 14 juin 2022.

2°
Cas particuliers des fusions d'EPCI et communes nouvelles

552.201 **Cas d'une fusion d'EPCI.** L'EPCI issu de la fusion en application de l'article L. 5211-41-3 du CGCT ou, lorsque le périmètre du nouvel EPCI a été fixé par arrêté du préfet, les conseils municipaux des communes membres ou l'organe délibérant du ou des EPCI « doivent prendre, avant le 1er juillet de l'année de la fusion, les délibérations applicables à compter de l'année suivante en matière de taxe d'aménagement »[6]. Si les délibérations ne sont pas prises, les délibérations adoptées antérieurement par chaque EPCI préexistant « sont maintenues pour la première année suivant celle de la fusion »[7].

552.202 **Cas de création d'une commune nouvelle.** La commune nouvelle ou, par des délibérations de principe concordantes prises avant le 1er juillet de l'année précédant celle de sa création, les communes et, le cas échéant, l'EPCI participant à sa création « prennent les délibérations applicables à compter de l'année suivante sur son territoire et relatives à la » TA[8]. À défaut de délibérations prises, les délibérations adoptées antérieurement par les communes et, le cas échéant, par l'EPCI participant à la création de la commune « sont maintenues pour l'année où la création de la commune prend fiscalement effet »[9].

B.
Transmission aux services fiscaux

552.211 **Transmission(s).** Les délibérations relatives à la TA, autres que celles fixant le taux de cette taxe, « sont notifiées aux services fiscaux dans un délai de deux mois à compter de la date à laquelle elles ont été adoptées »[10].

Le Conseil d'État[11] distingue la transmission réalisée au titre du contrôle de légalité et la transmission aux services en charge du recouvrement de la taxe.

6. CGI, art. 1639 A *quater*, III, 1 ; mod. par ord. no 2022-883, 14 juin 2022.
7. CGI, art. 1639 A *quater*, III, 2 ; mod. par ord. no 2022-883, 14 juin 2022.
8. CGI, art. 1640, IV, A ; mod. par ord. no 2022-883, 14 juin 2022.
9. CGI, art. 1640, IV, B ; mod. par ord. no 2022-883, 14 juin 2022.
10. CGI, art. 1639 A, VI, al. 1er ; créé par ord. no 2022-883, 14 juin 2022.
11. CE 5 mars 2018, *Min. Cohésion des territoires c/Garcia-Azorin (Mme)*, req. no 410670, *Lebon T.* ; *RD fisc.* 2018, comm. 356, concl. R. Victor.

La transmission réalisée au titre du contrôle de légalité conditionne le caractère exécutoire de la délibération adoptée. Ainsi que l'indique le Conseil, une délibération instituant la TA ou fixant son taux est applicable à une opération de construction ou d'aménagement à la double condition :

- qu'elle ait été adoptée avant le 1er juillet de l'année qui précède celle au cours de laquelle cette opération a été autorisée ;
- et qu'elle ait fait l'objet, à la date de l'autorisation d'urbanisme qui constitue le fait générateur de la TA, de la transmission au préfet au titre du contrôle de légalité.

En revanche, le caractère exécutoire des délibérations n'est pas subordonné au respect de l'obligation de transmission aux services de l'État chargés du recouvrement de la taxe.

Ces délibérations « produisent leurs effets tant qu'elles ne sont pas rapportées ou modifiées »[1].

§ 5
Instauration de la TA pour au moins trois ans

552.221 Durée minimale. Les délibérations instaurant la TA « ne peuvent être rapportées pendant une durée de trois ans à compter de l'année qui suit celle de la délibération »[2].

Cette durée minimale permet d'assurer une stabilité du droit et la prévisibilité de celui-ci pour les personnes qui y sont soumises.

Cette durée minimale de trois ans prévue pour la validité des décisions par lesquelles la taxe est instaurée « fait obstacle à ce que la collectivité concernée revienne, avant le terme de cette durée minimale, sur la décision qu'elle a initialement prise »[3].

En revanche, elle « ne rend [...] pas cette décision caduque une fois ce terme expiré »[4].

La personne publique compétente est tenue d'adopter une délibération expresse pour supprimer la taxe une fois qu'elle est instaurée et ne saurait, par suite, légalement fixer une durée déterminée pendant laquelle la taxe s'applique[5].

En l'absence de nouvelle délibération à l'issue de cette durée de trois ans, et tant que la collectivité publique n'a pas expressément décidé la suppression de la taxe, la délibération instaurant la TA doit être regardée comme tacitement reconduite d'année en année[6].

Toutefois, une commune soumise au RNU ayant délibéré pour renoncer à la TA alors que la loi ne l'y obligeait pas, n'est pas tenue d'attendre le délai de trois ans pour instaurer la taxe puisque sa délibération est inopérante[7].

SECTION 2
OPÉRATIONS ET PERSONNES IMPOSABLES

§ 1
Opérations soumises au paiement de la TA

A.
Opérations concernées

552.231 Liste des opérations concernées. Donnent lieu au paiement de la TA, à moins qu'elles ne relèvent des exonérations prévues par la loi[8], les opérations suivantes soumises à un régime d'autorisation en vertu du code de l'urbanisme[9] :

- les opérations d'aménagement ;
- les opérations de construction ;
- les opérations de reconstruction et d'agrandissement des bâtiments ;
- les installations ou aménagements de toute nature.

552.232 Précision sur la notion de « travaux de reconstruction ». Selon la doctrine administrative[10], doivent être regardés comme travaux de reconstruction :

- non seulement la reconstruction totale ou partielle d'un bâtiment suite à une démolition ou une destruction ;
- mais aussi les travaux ayant pour effet d'apporter une modification importante au gros œuvre des locaux existants ou des travaux d'aménagement interne qui, par leur importance équivalent à une reconstruction.

Si la reconstruction, dans un bâtiment existant, s'accompagne de création de nouvelles surfaces de plancher, les nouvelles surfaces sont taxées. Par con-

1. CGI, art. 1639 A, VI, al. 1er ; créé par ord. nº 2022-883, 14 juin 2022.
2. CGI, art. 1635 *quater* A, III (anc. c. urb., art. L. 331-2, al. 10) ; créé par ord. nº 2022-883, 14 juin 2022.
3. CE 9 mars 2016, *Dpt de la Savoie*, req. nº 391190, *Lebon T.* ; *JCP Adm.* 2016, nº 2135, note Ph. Billet.
4. CE 9 mars 2016, *Dpt de la Savoie*, req. nº 391190.
5. CE 9 mars 2016, *Dpt de la Savoie*, req. nº 391190.
6. CE 9 mars 2016, *Dpt de la Savoie*, req. nº 391190 – dans le même sens : circ. 18 juin 2013, NOR : ETLL1309352C, p. 10 : « Le délai de 3 ans ne vaut que pour une instauration ou une renonciation expressément délibérée. À l'issue de ces trois années, si aucune décision contraire n'est intervenue, ces délibérations sont reconduites automatiquement d'année en année ».
7. Circ. 18 juin 2013, NOR : ETLL1309352C, p. 10.
8. V. ss nos 552.261 s.
9. CGI, art. 1635 *quater* B, al. 1er (anc. c. urb., art. L. 331-6, al. 1er) ; créé par ord. nº 2022-883, 14 juin 2022.
10. Circ. 18 juin 2013, NOR : ETLL1309352C, p. 8.

tre, des travaux qui affectent le gros œuvre peuvent être qualifiés de reconstruction sans générer de création de nouvelles surfaces. Dans ce cas, il n'y aura pas de taxation.

La jurisprudence a précisé que doit être regardée comme une reconstruction « une opération comportant la construction de nouveaux bâtiments à la suite de la démolition totale des bâtiments existants ». Elle ajoute que dans ce cas, la TA « est assise sur la totalité de la surface de la construction nouvelle, sans qu'il y ait lieu d'en déduire la surface supprimée »[1]. Il en va de même lorsque l'opération consiste en la reconstruction après destruction totale d'une partie divisible de bâtiments existants[2].

552.233 Précisions sur la notion d'« agrandissement ». L'agrandissement d'une construction est une extension physique, que ce soit par adjonction ou par surélévation. Doit être regardée comme un agrandissement « une opération ayant pour conséquence une augmentation nette de la surface d'un bâtiment préexistant ». Dans ce cas, la TA est assise sur la surface créée, déduction faite, le cas échéant, de la surface supprimée[3].

B. Cas d'un changement de destination

552.241 Pas de taxation en principe. Par mesure de simplification, le changement de destination des surfaces autrefois constitutives de SHOB (par exemple des garages, combles et sous-sols non aménageables) et autorisées antérieurement au 1er mars 2012 n'entre pas dans le champ d'application de la TA. Ces changements, comme par exemple la transformation d'un garage en chambre, sont considérés comme déjà existantes et ne peuvent donc être taxés[4].

552.242 Taxation pour les locaux agricoles. Sont assujetties à la TA les opérations de construction soumises à déclaration préalable ou à permis de construire « qui ont pour effet de changer la destination des locaux mentionnés au 3° du I de l'article 1635 *quater* D »[5], c'est-à-dire des locaux agricoles[6].

Tel est le cas par exemple :

– de la transformation d'une grange en habitation[7] ;

– des opérations de reconstruction nécessitant une autorisation d'urbanisme ayant pour effet un changement de destination de surfaces de plancher agricoles (comme la transformation de fenils en ateliers de loisirs pour un artiste)[8].

§ 2 Redevables de la TA

552.251 Principe. Le redevable de la TA est « la personne bénéficiaire » de l'autorisation d'urbanisme « à la date d'exigibilité de celle-ci »[9]. Il peut s'agir, le cas échéant, d'une personne à qui l'autorisation a été transférée.

552.252 Cas d'une construction sans autorisation ou en infraction aux obligations résultant de l'autorisation. En cas de construction sans autorisation ou en infraction aux obligations résultant de l'autorisation de construire ou d'aménager, le redevable de la taxe est « la personne responsable de la construction »[10].

SECTION 3 EXONÉRATIONS DE LA TA

552.261 Exonérations automatiques et exonérations facultatives. Le CGI distingue les exonérations de droit et les exonérations facultatives. Les premières sont expressément prévues par le code et s'appliquent de façon automatique. Les secondes peuvent être décidées, dans les cas autorisés par celui-ci, par la collectivité locale ou l'établissement public compétent.

§ 1 Exonérations de plein droit

552.271 Liste des exonérations et collectivités concernées. La liste des exonérations de plein droit est fixée à l'article 1635 *quater* D du CGI.

1. CE 25 mars 2021, *SCCV Villa Florence et a.*, req. n° 431603, *Lebon T. ; BJDU* 2021. 179, concl. É. Bokdam-Tognetti.
2. CE 31 mars 2022, *SCI Aix Lesseps et Tubingen*, req. n° 460168, *Lebon T. ; Constr.-urb.* 2022, comm. 60, note N. Gonzalez Gharbi ; *RDI* 2022. 310, obs. Ph. Strebler ; *BJDU* 2022. 352, concl. K. Ciavaldini ; *BJDU* 2022. 357, obs. S. Ferrari ; *Revue de droit fiscal* 2022, comm. 245, note A. Ralkos.
3. CE 31 mars 2022, *SCI Aix Lesseps et Tubingen*, req. n° 460168.
4. Rép. min. n° 3694, *JOAN Q* 17 avr. 2018, p. 3232 – dans le même sens : circ. 18 juin 2013, NOR : ETLL1309352C, p. 9.
5. CGI, art. 1635 *quater* B, al. 2 (anc. c. urb., art. R. 331-3) ; créé par ord. n° 2022-883, 14 juin 2022.
6. V. ss n° 552.321.
7. Rép. min. n° 3694, *JOAN Q* 17 avr. 2018, p. 3232.
8. CE 14 janv. 2021, *Min. Cohésion des territoires c/Perrier*, req. n° 436578, NP.
9. CGI, art. 1635 *quater* C (anc. c. urb., art. L. 331-6, al. 2) ; créé par ord. n° 2022-883, 14 juin 2022.
10. CGI, art. 1635 *quater* C (anc. c. urb., art. L. 331-6, al. 2) ; créé par ord. n° 2022-883, 14 juin 2022.

A. Constructions et aménagements destinés à être affectés à un service public ou d'utilité publique

552.281 **Liste et régime.** Sont exonérés de la taxe les constructions et aménagements « destinés à être affectés à un service public ou d'utilité publique »[1]. La liste et le régime de cette première exonération sont fixés par l'article 318 E du CGI[2].

1° Liste

552.291 **Cinq catégories.** L'article 318 E du CGI énumère cinq opérations considérées comme des « constructions et aménagements destinés à être affectés à un service public ou d'utilité publique » au sens du 1° de l'article L. 331-7 et se trouvant, par suite, exonérés de la TA.

552.292 **Première catégorie : les constructions édifiées par une personne publique et exonérées de la TFPB.** Sont exonérées de la TA les constructions édifiées par l'État, les collectivités territoriales et leurs groupements et exonérées de la taxe foncière sur les propriétés bâties (TFPB) en application du 1° de l'article 1382 du CGI[3].

L'exemption de TFPB des constructions appartenant à l'État ou aux collectivités territoriales nécessite qu'elles soient affectées à un service public ou d'utilité générale et qu'elles ne produisent pas de revenus. Cette condition est appréciée strictement par les services de la DGFiP, selon une jurisprudence administrative constante. Pratiquement, ces revenus ne doivent pas dépasser l'euro symbolique[4].

L'interprétation par l'administration fiscale des termes du seul article 1382 du CGI ne lui est pas opposable dans un litige en matière de TA, alors même que l'assiette de cette dernière est définie par référence aux règles applicables en matière de TFPB[5].

552.293 **Deuxième catégorie : constructions édifiées par des personnes chargées d'une maîtrise d'ouvrage publique.** Sont exonérées de la TA les constructions publiques édifiées par des personnes pour le compte d'une personne publique[6].

L'exonération de ces opérations a pour objet d'assurer la neutralité fiscale entre les différentes formes de réalisation de l'investissement public, c'est-à-dire à faire en sorte que l'exonération s'applique tant lorsque la construction est réalisée en maîtrise d'ouvrage directe que lorsque sa réalisation est confiée à un tiers.

Plusieurs conditions sont posées[7].

En premier lieu, la construction doit être édifiée pour le compte de l'État, des collectivités territoriales ou de leurs groupements.

En deuxième lieu, elle doit être édifiée en vertu :

- d'un marché de partenariat ;
- d'un bail emphytéotique administratif ;
- d'un marché public ;
- ou d'une autorisation d'occupation du domaine public assortie de droits réels.

En troisième lieu, la construction doit avoir été incorporée au domaine de la personne publique conformément aux clauses du contrat, au plus tard à l'expiration de ce contrat[8].

En quatrième lieu, la construction doit être exonérée de la TFPB en application du 1° de l'article 1382 du CGI, À cet égard, la condition relative à l'absence de production de revenus prévue par cet article doit être appréciée au regard de la personne publique au domaine de laquelle l'immeuble doit être incorporé[9] et non pas au regard de la personne privée titulaire du contrat qui, par essence même, est lucratif.

552.294 **Troisième catégorie : constructions destinées à recevoir une affectation d'assistance, de bienfaisance, de santé, d'enseignement ou culturelle, scientifique ou sportive.** Sont exonérées de la TA les constructions destinées à recevoir une affectation d'assistance, de bienfaisance, de santé, d'enseignement ou culturelle, scientifique ou sportive[10].

Outre cette condition relative à la destination de la construction, deux autres conditions sont exigées.

D'une part, la construction doit avoir été édifiée par, ou, dans le cadre d'un des contrats, marchés, baux ou autorisations mentionnés au 2°[11].

1. CGI, art. 1635 *quater* D, I, 1° (anc. c. urb., art. L. 331-7, 1°) ; créé par ord. n° 2022-883, 14 juin 2022.
2. CGI, art. 318 E (anc. c. urb., art. R. 331-4) ; créé par décr. n° 2023-165, 7 mars 2023.
3. CGI, art. 318 E, 1°.
4. Circ. 18 juin 2013, NOR : ETLL1309352C, p. 14.
5. CE 3 déc. 2018, *Synd. interdépartemental d'assainissement de l'agglomération parisienne*, req. n° 406683, *Lebon T.* ; *Revue de droit fiscal* 2019, comm. 230, concl. E. Bokdam-Tognetti.
6. CGI, art. 318 E, 2°, al. 1er.
7. CGI, art. 318 E, 2°, al. 1er.
8. Cette condition n'est pas satisfaite dans le cas d'un contrat de LEFA ne comportant pas de clause prévoyant l'incorporation de l'immeuble en cause au domaine de cet établissement public, mais seulement la possibilité d'un tel transfert de propriété au bénéfice de ce dernier, sous la forme d'un droit de préférence reconnu au preneur en cas de cession de l'immeuble : CE 21 nov. 2019, *Sté Alliance foncière*, req. n° 426696, NP.
9. CGI, art. 318 E, 2°, al. 2.
10. CGI, art. 318 E, 3°.
11. Sur ces contrats, v. ss n° 552.293.

D'autre part, la construction doit avoir été édifiée pour le compte :

- des établissements publics n'ayant pas un caractère industriel ou commercial (a) ;

- des groupements d'intérêt public exerçant une activité à caractère administratif, des fondations de coopération scientifique et des fondations partenariales (b) ;

- des associations, des unions d'associations ou des fondations reconnues d'utilité publique (c) ;

- des établissements congréganistes légalement reconnus ou autorisés (d) ;

- des associations déclarées qui ont pour but exclusif l'assistance ou la bienfaisance ou dont l'objet et la gestion présentent un caractère désintéressé au sens du premier alinéa du 1 *bis* de l'article 206 du CGI (e) ;

- des organismes mentionnés à l'article R. 111-1 du CSS (f), c'est-à-dire les caisses de sécurité sociale ;

- des mutuelles, des unions de mutuelles ou des fédérations d'union de mutuelles, dont les statuts sont établis conformément aux articles L. 114-4 et suivants du code de la mutualité (g).

Ces différentes notions font l'objet de précisions dans la circulaire de 2013 [1].

552.295 Quatrième catégorie : édifices cultuels. Sont exonérées de la TA :

- les constructions édifiées par les associations cultuelles ou unions d'associations cultuelles et, en Guyane et à Mayotte, par les missions religieuses ou, dans le cadre d'un des contrats, marchés, baux ou autorisations mentionnés au 2° [2], pour le compte de ces associations, unions ou missions [3] ;

- les constructions édifiées par des groupements autres que des associations cultuelles et des missions religieuses mentionnées au 4° ou, dans le cadre d'un des contrats, marchés, baux ou autorisations mentionnés au 2°, pour leur compte, destinées à être exclusivement affectées à l'exercice public d'un culte [4] ;

- les constructions édifiées dans les départements du Bas-Rhin, du Haut-Rhin ou de la Moselle par les établissements publics du culte et par les associations ayant pour objet exclusif l'exercice d'un culte non reconnu ou, dans le cadre d'un des contrats, marchés, baux ou autorisations mentionnés au 2°, pour le compte de ces établissements et associations [5].

Ce classement des édifices cultuels à l'article 318 E du CGI n'apparaît pas justifié car elle conduit à regarder ces derniers comme répondant à une mission de service public ou d'utilité publique.

1. Circ. 18 juin 2013, NOR : ETLL1309352C, p. 15-17.
2. Sur ces contrats, v. ss n° 552.293.
3. CGI, art. 318 E, 4°.
4. CGI, art. 318 E, 5°.
5. CGI, art. 318 E, 6°.

Selon la doctrine administrative, l'exonération concerne non seulement les lieux de culte mais également toutes les constructions édifiées par les organismes mentionnés dans la limite de leur objet statutaire, comme des églises, chapelles, temples, synagogues, évêchés, séminaires, presbytères ou encore salles de catéchisme [6].

552.296 Cinquième catégorie : bâtiments diplomatiques ou consulaires et d'organisations internationales. Sont exonérées de la TA [7] :

- les constructions édifiées soit par les États étrangers ou, dans le cadre d'un des contrats, marchés, baux ou autorisations mentionnés au 2° [8], pour leur compte, à usage de locaux diplomatiques ou consulaires ou pour la résidence d'un chef de poste consulaire de carrière ;

- soit par les organisations internationales intergouvernementales ou, dans le cadre d'un des mêmes contrats, pour leur compte, pour la réalisation de leur objet sous réserve des accords passés entre la France et ces organisations.

2°
Régime

552.301 Conditions pour bénéficier de l'exonération. Outre les conditions définies pour chacune des catégories mentionnées ci-dessus [9], le bénéfice de la dérogation prévue pour les constructions destinées à être affectées à un service public ou d'utilité publique est subordonné à deux exigences supplémentaires relatives aux organismes constructeurs :

- d'une part, l'organisme constructeur doit s'engager, pour lui et ses ayants cause, à conserver à la construction la même affectation pendant une durée minimale de cinq ans à compter de l'achèvement de cette construction [10] ;

- d'autre part, l'organisme doit avoir une activité strictement conforme à leur objet légal ou statutaire [11].

552.302 Cas des sociétés immobilières de copropriété. Lorsque le constructeur est une société immobilière de copropriété [12], il n'est pas tenu compte, pour l'imposition à la TA, des locaux destinés à être

6. Circ. 18 juin 2013, NOR : ETLL1309352C, p. 17.
7. CGI, art. 318 E, 7°.
8. Sur ces contrats, v. s^s n° 552.293.
9. V. s^s n°s 552.291 s.
10. CGI, art. 1635 *quater* D, I, 1° (anc. c. urb., art. R. 331-4, al. 18) ; créé par ord. n° 2022-883, 14 juin 2022.
11. CGI, art. 318 F, al. 2 (anc. c. urb., art. R. 331-4, al. 19).
12. Les sociétés immobilières de copropriété sont définies à l'article 1655 *ter* du CGI comme les sociétés qui ont, en fait, pour unique objet soit la construction ou l'acquisition d'immeubles ou de groupes d'immeubles en vue de leur division par fractions destinées à être attribuées aux associés en propriété ou en jouissance, soit la gestion de ces immeubles ou groupes d'immeubles ainsi divisés, soit la ▶

attribués aux organismes mentionnés à l'article 318 E et qui reçoivent l'une des affectations prévues au même article[1]. Il s'ensuit que les associés sont assujettis à la TA à la place de la société.

B. Constructions de locaux d'habitation et d'hébergement (PLAI et LLTS)

552.311 **Exonération.** Sont exonérées de la TA les constructions de locaux d'habitation et d'hébergement mentionnés aux articles 278 *sexies* et 296 *ter* du CGI et, en Guyane et à Mayotte, les constructions de mêmes locaux, dès lors qu'ils sont financés dans les conditions définies par décret[2].

552.312 **Organismes HLM.** Afin de se conformer au droit de l'Union européenne sur les aides publiques, l'ordonnance du 14 juin 2022 a prévu que les organismes HLM, les SEM mentionnées à l'article L. 481-1 du CCH et les sociétés anonymes de coordination entre les organismes HLM sont exonérés au titre du 2° du I du présent article pour les constructions ou les aménagements réalisés au titre du service d'intérêt général défini aux neuvième à treizième alinéas de l'article L. 411-2 du CCH[3].

Le bénéfice de l'exonération prévue au 2° du I, pour les constructions ou les aménagements qui ne sont pas réalisés au titre de ce service d'intérêt général, est subordonné au respect du règlement (UE) n° 1407/2013 de la Commission du 18 décembre 2013 relatif à l'application des articles 107 et 108 du traité sur le fonctionnement de l'Union européenne aux aides de minimis[4].

552.313 **Notions d'habitation et d'hébergement.** Une habitation ou un logement est une unité de vie complète (comprenant salle de bain, cuisine, toilettes) pouvant se présenter sous la forme d'une maison ou d'un appartement[5].

Un hébergement est une structure d'accueil[6].

552.314 **Champ de l'exonération.** Concrètement, les exonérations concernent[7] :

– les logements locatifs financés par un prêt locatif aidé d'intégration (PLAI) ;

– les logements locatifs très sociaux (LLTS) dans les départements d'Outre-mer (DOM) ;

– ainsi que les logements adaptés financés en PLAI tels que les résidences sociales (surfaces financées avec le prêt et comprises dans la convention « aide personnalisée au logement »).

L'exonération s'applique tant lorsque ces logements sont vendus en l'état de futur achèvement (VEFA) que lorsqu'ils sont vendus totalement achevés à des organismes de logements sociaux bénéficiant des dispositions de l'article 278 *sexies* 2° du CGI.

552.315 **Portée de l'exonération.** L'exonération totale concerne non seulement l'habitation mais aussi ses annexes[8] :

– caves ;

– celliers en rez-de-chaussée ;

– appentis ;

– aires de stationnement closes et couvertes y compris les voies de circulation permettant l'accès aux emplacements de stationnement et les aires nécessaires aux manœuvres des véhicules.

C. Exploitations et coopératives agricoles et centres équestres

552.321 **Exploitations et coopératives agricoles.** Dans les exploitations et coopératives agricoles, sont exonérées de la TA[9] :

– les surfaces de plancher des serres de production ;

– les surfaces de plancher des locaux destinés à abriter les récoltes, à héberger les animaux[10], à ranger et à entretenir le matériel agricole ;

► location pour le compte d'un ou plusieurs des membres de la société de tout ou partie des immeubles ou fractions d'immeubles appartenant à chacun de ces membres. Pour cela, ces sociétés sont réputées, quelle que soit leur forme juridique, ne pas avoir de personnalité distincte de celle de leurs membres pour l'application des impôts directs, des droits d'enregistrement, de la taxe de publicité foncière exigible sur les actes qui donnent lieu à la formalité fusionnée en application de l'article 647, ainsi que des taxes assimilées. Notamment, les associés ou actionnaires sont personnellement soumis à l'impôt sur le revenu ou à l'impôt sur les sociétés, suivant le cas, pour la part des revenus sociaux correspondant à leurs droits dans la société.

1. CGI, art. 318 F, al. 1er (anc. c. urb., art. R. 331-4, al. 17).
2. CGI, art. 1635 *quater* D, I, 2° (anc. c. urb., art. L. 331-7, 2°) ; créé par ord. n° 2022-883, 14 juin 2022. Sur ce décret, v. CGI, Ann. III, art. 328 Q, créé par décr. n° 2022-1412, 7 nov. 2022.
3. CGI, art. 1635 *quater* D, II, al. 1er ; créé par ord. n° 2022-883, 14 juin 2022 ; mod par L. n° 2023-1322, 29 déc. 2023.
4. CGI, art. 1635 *quater* D, II, al. 2 ; créé par ord. n° 2022-883, 14 juin 2022 ; mod par L. n° 2023-1322, 29 déc. 2023.
5. Circ. 18 juin 2013, NOR : ETLL1309352C, p. 18.
6. Circ. 18 juin 2013, NOR : ETLL1309352C, p. 19.
7. Circ. 18 juin 2013, NOR : ETLL1309352C, p. 19.
8. Circ. 18 juin 2013, NOR : ETLL1309352C, p. 19.
9. CGI, art. 1635 *quater* D, I, 3° (anc. c. urb., art. L. 331-7, 3°) ; créé par ord. n° 2022-883, 14 juin 2022.
10. Ce qui s'entend des locaux hébergeant « les animaux de l'exploitation agricole, ainsi que, le cas échéant, ceux pris en pension à titre d'activité complémentaire » (CE 19 févr. 2024, *Aragon Mennechet*, req. n° 471114, *Lebon T. ; Droit fiscal* 2024, comm. 222, concl. C. Guibé, note O. Le Bot) – PAR EX., pour des chevaux : CAA Nancy, 1er oct. 2020, *Min. Cohésion des territoires c/SCI De Guise*, req. n° 19NC00384, NP.

– les surfaces de plancher des locaux de production et de stockage des produits à usage agricole ;

– et les surfaces de plancher des locaux de transformation et de conditionnement des produits provenant de l'exploitation.

La doctrine administrative estime que le champ de l'exonération est circonscrit aux constructions liées à l'exploitation ou à la coopérative. Elle en déduit que lorsque des serres ou des locaux destinés à abriter les récoltes ou à héberger les animaux ne sont pas liés à des exploitations ou coopératives agricoles, leur surface est taxable[1].

Selon la jurisprudence, l'exonération s'applique « sans qu'il soit nécessaire que la personne projetant d'exécuter des travaux soumis à autorisation ait elle-même la qualité d'exploitant agricole »[2].

552.322 Centres équestres. Dans les centres équestres de loisir, sont exonérées de la TA les surfaces des bâtiments affectées aux activités équestres[3].

La doctrine administrative estime que seules les constructions liées aux activités équestres bénéficient de l'exonération. Tel est le cas, par exemple, des manèges ou locaux de stockage. En revanche, sont taxables les surfaces des bâtiments d'accueil, à usage de bureaux et toutes les surfaces où s'exerce une activité commerciale (club-house, salle de restaurant, etc.)[4].

552.323 Changement de destination. Le changement de destination des locaux agricoles soumis à déclaration préalable ou à permis de construire est assujetti à la TA[5].

552.324 Conformité avec le droit de l'UE. Pour se conformer avec les règles européennes sur les aides publiques, l'ordonnance du 14 juin 2022 a prévu que le bénéfice des exonérations concernant les exploitations agricoles et les centres équestres est subordonné[6] :

– pour la première, au respect du règlement (UE) nº 1408/2013 relatif à l'application des articles 107 et 108 du TFUE aux aides *de minimis* dans le secteur de l'agriculture ;

– et, pour la seconde, au respect du règlement (UE) nº 1407/2013 relatif à l'application des articles 107 et 108 du TFUE aux aides *de minimis*.

1. Circ. 18 juin 2013, NOR : ETLL1309352C, p. 19.
2. CAA Nancy, 1er oct. 2020, *Min. Cohésion des territoires c/ SCI De Guise*, req. nº 19NC00384, NP.
3. CGI, art. 1635 *quater* D, I, 4° (anc. c. urb., art. L. 331-7, 3°) ; créé par ord. nº 2022-883, 14 juin 2022.
4. Circ. 18 juin 2013, NOR : ETLL1309352C, p. 19.
5. V. ss nº 552.242.
6. CGI, art. 1635 *quater* D, II, al. 4 ; créé par ord. nº 2022-883, 14 juin 2022.

D. Constructions et aménagements réalisés dans les périmètres des OIN

552.331 Exonération. Sont exonérés de la TA les constructions et aménagements réalisés dans les périmètres des OIN lorsque le coût des équipements publics[7] a été mis à la charge des constructeurs ou des aménageurs[8]. L'exonération s'applique ainsi lorsque les équipements concernés ont été réalisés ou seront pris en charge par l'aménageur ou le constructeur[9].

Elle vise à éviter les doubles impositions, l'une au titre de la charge foncière, l'autre au titre de la TA.

Elle ne joue pas lorsque le constructeur ou l'aménageur est une collectivité territoriale ou un EPCI[10].

552.332 Équipements concernés. L'exonération concerne deux catégories d'équipements :

– les voies publiques intérieures à la ou les zones concernées et les réseaux publics rendus nécessaires par la ou les opérations d'aménagement et de construction et desservant la ou les zones concernées[11] ;

– les espaces verts et les aires de stationnement publics correspondant aux seuls besoins des futurs habitants ou usagers des constructions à édifier dans la ou les zones concernées[12].

552.333 Attestation de l'aménageur. Une attestation de l'aménageur, remise à l'acquéreur lors de la cession du terrain à bâtir ou des droits à construire ou lors du dépôt de la demande d'autorisation de construire, certifie qu'il a réalisé ou prendra en charge l'intégralité des travaux mentionnés ci-dessus ou qu'ils seront, totalement ou partiellement, pris en charge par le constructeur[13].

Dans le cas contraire, c'est-à-dire dans les cas où la collectivité territoriale réalise une partie de ces équipements publics ou dans le cas de cession d'un terrain par un propriétaire qui n'est pas l'aménageur, la collectivité pourra percevoir la TA, même si ces constructions sont situées dans le périmètre d'une OIN.

Cette attestation n'a pas de durée limitée dans le temps. Toutefois, elle doit être actualisée et correspondre à la situation de financement des équipements publics au moment du dépôt de l'autorisation de construire, en fonction des équipements publics à réaliser et de la personne (collectivité, aménageur ou constructeur) qui les prendra en charge.

7. Pour la liste des équipements concernés, v. ss nº 552.332.
8. CGI, art. 1635 *quater* D, I, 5° (anc. c. urb., art. L. 331-7, 4°) ; créé par ord. nº 2022-883, 14 juin 2022.
9. CGI, art. 318 G, a (anc. c. urb., art. R. 331-5, al. 1er).
10. CGI, art. 318 G, a (anc. c. urb., art. R. 331-5, al. 1er).
11. CGI, art. 318 G, a (anc. c. urb., art. R. 331-5, a).
12. CGI, art. 318 G, b (anc. c. urb., art. R. 331-5, b).
13. CGI, art. 318 G, al. 4 (anc. c. urb., art. R. 331-5, al. 4).

552.334 Exonération inapplicable aux parts départementales et régionales de la TA. L'exonération concernant les OIN ne s'applique pas à la part de la TA instituée, le cas échéant, par les départements ou par la région d'Ile-de-France[1].

E.
Constructions et aménagements réalisés dans les ZAC

1°
Exonération

552.341 Constructions et aménagements mis à la charge des constructeurs et aménageurs. Sont exonérés de la TA les constructions et aménagements réalisés dans les ZAC lorsque le coût des équipements publics[2] a été mis à la charge des constructeurs ou des aménageurs[3].

Cette exonération vise à éviter les doubles impositions, l'une au titre de la charge foncière, l'autre au titre de la TA. Si le minimum des équipements publics concernés n'est pas exigé de l'aménageur, la part communale ou intercommunale de la TA demeure exigible.

552.342 Exonération inapplicable aux parts départementales et régionales de la TA. L'exonération concernant les ZAC ne s'applique pas à la part de la TA instituée, le cas échéant, par les départements ou par la région d'Ile-de-France[4].

2°
Équipements concernés

552.351 Liste réglementaire des équipements concernés. La liste des équipements concernés est fixée par l'article 318 H du CGI.

Dans les ZAC « autres que de rénovation urbaine », l'exonération est subordonnée à la condition que soit pris en charge par l'aménageur ou le constructeur au moins le coût des équipements publics suivants :

- les voies et les réseaux publics intérieurs à la zone[5] ;
- les espaces verts et les aires de stationnement correspondant aux seuls besoins des futurs habitants ou usagers de la zone[6].

Dans les ZAC « de rénovation urbaine », l'exonération est subordonnée à la condition que soit pris en charge par l'aménageur ou le constructeur au moins le coût des équipements publics suivants :

- les voies d'accès aux immeubles inclus dans le périmètre de rénovation et les réseaux qui leur sont rattachés[7] ;
- les espaces verts et les aires de stationnement correspondant aux seuls besoins des habitants des immeubles concernés[8].

552.352 Liste pouvant être complétée par une délibération de la commune ou de l'EPCI. La liste réglementaire des équipements concernés peut être complétée par une délibération du conseil municipal ou de l'organe délibérant de l'EPCI valable pour une durée minimale de trois ans[9].

3°
Régime

552.361 Mention dans l'acte de création de la ZAC. Sur le constat que le programme des équipements publics de la ZAC comprendra le minimum des équipements publics visés à l'article L. 331-7, 5°, la mention de l'exonération de la TA doit figurer dans l'acte de création de la ZAC[10].

Est entaché d'illégalité un acte de création de ZAC mentionnant l'exigibilité de la TA alors que l'aménageur financera les équipements publics visés à l'article L. 331-7, 5°[11].

F.
Constructions et aménagements réalisés dans les périmètres délimités par une convention de PUP

552.371 Exonération. Sont exonérés de la TA les constructions et aménagements réalisés dans les périmètres délimités par une convention de PUP, dans les limites de durée prévues par cette convention, en application de l'article L. 332-11-4 du code de l'urbanisme[12].

L'exonération de la TA prend effet dès l'exécution des formalités prévues au premier alinéa de l'article R. 332-25-2 du code de l'urbanisme[13], la date à

1. CGI, art. 1635 *quater* D, III (anc. c. urb., art. L. 331-8, al. 1er) ; créé par ord. nº 2022-883, 14 juin 2022.
2. Sur les équipements publics concernés, v. ss nos 552.351 s.
3. CGI, art. 1635 *quater* D, I, 6° (anc. c. urb., art. L. 331-7, 5°) ; créé par ord. nº 2022-883, 14 juin 2022.
4. CGI, art. 1635 *quater* D, III (anc. c. urb., art. L. 331-8, al. 1er) ; créé par ord. nº 2022-883, 14 juin 2022.
5. CGI, art. 318 H, 2°, a (anc. c. urb., art. R. 331-6, 1°, a).
6. CGI, art. 318 H, 2°, b (anc. c. urb., art. R. 331-6, 1°, b).
7. CGI, art. 318 H, 1°, a (anc. c. urb., art. R. 331-6, 2°, a).
8. CGI, art. 318 H, 1°, b (anc. c. urb., art. R. 331-6, 2°, b).
9. CGI, art. 1635 *quater* D, I, 6° (anc. c. urb., art. L. 331-7, 5°) ; créé par ord. nº 2022-883, 14 juin 2022.
10. C. urb., art. R. 311-2, al. 7 – V. ss nº 531.96.
11. Circ. 18 juin 2013, NOR : ETLL1309352C, p. 21.
12. CGI, art. 1635 *quater* D, I, 7° (anc. c. urb., art. L. 331-7, 6°) ; créé par ord. nº 2022-883, 14 juin 2022 – Sur le régime des conventions de PUP, v. ss nos 553.101 s.
13. V. ss nº 553.172.

prendre en compte pour l'affichage étant celle du premier jour où celui-ci est effectué[1].

552.372 Durée d'exonération. La durée d'exonération de la TA est fixée par la convention de PUP. Elle ne peut excéder dix ans[2].

En lieu et place de la TA s'appliquera la participation PUP.

552.373 Exonération inapplicable aux parts départementales et régionales de la TA. L'exonération concernant les conventions de PUP ne s'applique pas à la part de la TA instituée, le cas échéant, par les départements ou par la région d'Ile-de-France[3].

G.
Aménagements prescrits par un PPR

552.381 Exonération. Sont exonérés de la TA les aménagements prescrits par un plan de prévention des risques (PPR) sur des biens construits ou aménagés conformément aux dispositions du code de l'urbanisme avant l'approbation de ce plan et mis à la charge des propriétaires ou exploitants de ces biens[4].

Trois plans de prévention des risques sont concernés[5] :

– le plan de prévention des risques naturels prévisibles (PPRNP) ;

– le plan de prévention des risques technologiques (PPRT) ;

– et le plan de prévention des risques miniers (PPRM).

552.382 Conditions. La réalisation de travaux sur des constructions situées dans un PPR peut donner lieu à une exonération de plein droit si les constructions existantes et les travaux remplissent quatre conditions cumulatives[6] :

– la construction existante doit avoir été régulièrement édifiée avant l'approbation du PPR ;

– les travaux génèrent de la surface taxable nouvelle ;

– les aménagements doivent être prescrits par le PPRNP ou le PPRT (exemple : un plan de prévention des risques inondation interdisant la présence de pièces habitables en rez-de-chaussée) ;

– les travaux d'aménagement sont mis à la charge des propriétaires ou bénéficiaires de ces constructions.

En conséquence, si des travaux ne relevant pas des obligations du PPR (telle une surélévation) ont lieu sur une construction régulièrement édifiée avant l'approbation d'un PPR, la surface correspondant à cette surélévation sera taxée.

H.
Reconstruction à l'identique d'un bâtiment détruit ou démoli et reconstruction de locaux sinistrés

552.391 Reconstruction à l'identique d'un bâtiment détruit ou démoli. Est exonérée de la TA la reconstruction à l'identique d'un bâtiment détruit ou démoli depuis moins de dix ans dans les conditions prévues au premier alinéa de l'article L. 111-15[7], sous réserve du 2° de l'article 1635 *quater* S du CGI[8].

Un bâtiment détruit ou démoli depuis moins de dix ans, reconstruit à l'identique sur un même terrain, est exonéré si les trois conditions suivantes sont remplies[9] :

– le bâtiment reconstruit a la même destination, le même aspect extérieur, la même surface de plancher, les mêmes dimensions et la même implantation[10] (sauf cas de dangerosité avérée) ;

– la construction précédente avait été régulièrement autorisée ;

– il n'y a pas eu de remise de taxe concernant les locaux détruits ou voués à la démolition en cas de catastrophe naturelle[11].

552.392 Reconstruction de locaux sinistrés. Est exonérée de la TA[12] :

– soit la reconstruction sur un même terrain de locaux sinistrés comprenant, à surface de plancher égale, des aménagements rendus nécessaires en application des dispositions d'urbanisme ;

– soit la reconstruction sur d'autres terrains de la même commune ou des communes limitrophes des bâtiments de même nature que les locaux sinistrés dont le terrain d'implantation a été reconnu comme extrêmement dangereux et classé inconstructible.

Le contribuable doit justifier que les indemnités versées en réparation des dommages occasionnés à l'immeuble ne comprennent pas le montant de la TA normalement exigible sur les reconstructions[13].

1. CGI, art. 318 I.
2. V. s[s] n° 553.186.
3. CGI, art. 1635 *quater* D, III (anc. c. urb., art. L. 331-8, al. 1er) ; créé par ord. n° 2022-883, 14 juin 2022.
4. CGI, art. 1635 *quater* D, I, 8° (anc. c. urb., art. L. 331-7, 7°) ; créé par ord. n° 2022-883, 14 juin 2022.
5. CGI, art. 1635 *quater* D, I, 8° (anc. c. urb., art. L. 331-7, 7°).
6. Circ. 18 juin 2013, NOR : ETLL1309352C, p. 22.
7. V. s[s] n°s 113.281 s.
8. CGI, art. 1635 *quater* D, I, 9° (anc. c. urb., art. L. 331-7, 8°) ; créé par ord. n° 2022-883, 14 juin 2022.
9. Circ. 18 juin 2013, NOR : ETLL1309352C, p. 23.
10. PAR EX. (condition non satisfaite) : CE 27 déc. 2019, *Min. de la cohésion des territoires c/Hameroux*, req. n° 420404, NP.
11. C. urb., art. L. 331-30, 4°.
12. CGI, art. 1635 *quater* D, I, 9° (anc. c. urb., art. L. 331-7, 8°).
13. CGI, art. 1635 *quater* D, I, 9° (anc. c. urb., art. L. 331-7, 8°).

Ces conditions d'exonération sont cumulatives. En cas d'affectation partielle du nouvel immeuble à une destination différente de l'immeuble ancien, l'exonération n'est applicable qu'à la partie recevant l'ancienne affectation. De même, si la surface de la construction est supérieure à celle du bâtiment sinistré, l'excédent doit être soumis à la taxe dans les conditions de droit commun.

Peuvent être qualifiés de sinistres les destructions de constructions résultant d'un des évènements suivants[1] :

- un incendie, une inondation, une tempête, une catastrophe naturelle, une catastrophe technologique ou un attentat ;

- ainsi que la démolition de bâtiments suite à des malfaçons du constructeur, après expertise judiciaire.

I. Constructions de moins de 5 m²

552.401 Exonération. Sont exonérées de la TA les constructions dont la surface est inférieure ou égale à 5 mètres carrés[2].

Cette exonération vise principalement les abris de jardin. Elle a été établie à fin de simplification.

J. Dixième exonération de droit : surfaces de stationnement au-dessus ou en dessous des immeubles

552.411 Exonération. Sont exonérées de la TA les surfaces annexes, à usage de stationnement, aménagées au-dessus ou en-dessous des immeubles ou intégrées au bâti, dans un plan vertical[3]. Cette exonération vise à inciter à une gestion économe des sols en intégrant les places de stationnement dans la construction plutôt qu'à côté de celle-ci.

§ 2 Exonérations facultatives

A. Possibilité pour les collectivités locales d'exonérer de TA sept catégories de constructions ou aménagements

552.421 Exonérations sur délibération des collectivités locales. Les collectivités compétentes peuvent exonérer de la TA sept catégories de constructions ou aménagements[4].

Cette exonération peut être totale ou partielle[5].

Elle peut être décidée, pour la part de la TA lui revenant, par chacune des collectivités compétentes, plus exactement par son organe délibérant[6] :

- organes délibérants des communes ou des EPCI à fiscalité propre ;
- conseils départementaux ;
- conseil régional de la région d'Ile-de-France.

L'exonération est décidée par voie de délibération[7].

552.422 Cas de la métropole de Lyon et de la Ville de Paris. Le législateur a pris en compte la situation particulière de la métropole de Lyon et de la Ville de Paris, qui perçoivent à la fois la part communale ou intercommunale de la TA et la part départementale de cette taxe.

Pour les autorisations d'urbanisme délivrées depuis le 1er janvier 2017, les exonérations adoptées par la métropole de Lyon s'appliquent simultanément à la part de TA perçue en application du 1° du 1 du IX de l'article 1379-0 *bis* du CGI et à celle qui lui revient en application du II de l'article 1586[8].

De même, pour les autorisations d'urbanisme délivrées depuis le 1er janvier 2020, les exonérations adoptées par la Ville de Paris relatives à la part de TA perçue en application du 16° du I de l'article 1379 s'appliquent également à celle qui lui revient en application du II de l'article 1586[9].

552.423 Durée des exonérations. Les exonérations délibérées par la collectivité sont valables un an et reconductibles tacitement d'année en année.

1. Circ. 18 juin 2013, NOR : ETLL1309352C, p. 22.
2. CGI, art. 1635 *quater* D, I, 10° (anc. c. urb., art. L. 331-7, 9°) ; créé par ord. n° 2022-883, 14 juin 2022.
3. CGI, art. 1635 *quater* D, I, 11° (anc. c. urb., art. L. 331-7, 10°) ; créé par ord. n° 2022-883, 14 juin 2022.
4. CGI, art. 1635 *quater* E (anc. c. urb., art. L. 331-9) ; créé par ord. n° 2022-883, 14 juin 2022.
5. CGI, art. 1635 *quater* E, I, al. 1er (anc. c. urb., art. L. 331-9, al. 1er) ; créé par ord. n° 2022-883, 14 juin 2022.
6. CGI, art. 1635 *quater* E, I, al. 1er (anc. c. urb., art. L. 331-9, al. 1er).
7. CGI, art. 1635 *quater* E, I, al. 1er (anc. c. urb., art. L. 331-9, al. 1er).
8. CGI, art. 1635 *quater* E, III (anc. c. urb., art. L. 331-8, al. 11) ; créé par ord. n° 2022-883, 14 juin 2022.
9. CGI, art. 1635 *quater* E, III (anc. c. urb., art. L. 331-8, al. 12) ; créé par ord. n° 2022-883, 14 juin 2022.

Elles doivent être décidées avant le 1er juillet pour pouvoir s'appliquer au 1er janvier de l'année suivante[1].

552.424 Exonération sur tout le territoire de la collectivité. Il n'y a pas de sectorisation des exonérations : elles s'appliquent uniformément sur le territoire de la commune, du département et sur l'ensemble des départements de la région Île de France[2].

552.425 Hypothèse d'une construction à cheval entre deux communes ou deux départements. Les constructions situées sur le territoire de deux communes ou de deux départements sont taxées sous réserve des exonérations propres à chaque commune ou chaque département, au prorata de la surface taxable située sur chaque commune ou département[3].

B. Liste des catégories de constructions ou aménagements pouvant faire l'objet d'une exonération facultative de TA

552.431 Sept catégories. L'article 1635 *quater* E du CGI dresse une liste des catégories de constructions ou aménagements pouvant être exonérées de TA par les collectivités locales.

1° Locaux d'habitation et d'hébergement aidés

552.441 Exonération. Peuvent être exonérés de TA les locaux d'habitation et d'hébergement mentionnés au 1° du I de l'article 1635 *quater* I qui ne bénéficient pas de l'exonération prévue au 2° du I de l'article 1635 *quater* D[4].

552.442 Notions de logement et d'hébergement. On distingue l'hébergement du logement, tant sur le plan juridique que sur le plan financier, et tant en ce qui concerne les modes de financement des établissements et leur mode de gestion qu'au niveau du statut des occupants.

Les caractéristiques de l'hébergement sont les suivantes :

– l'hébergement ne donne pas lieu à l'établissement d'un bail ou titre d'occupation ainsi qu'au versement d'un loyer, ce qui n'exclut pas une participation des familles ou personnes accueillies, fixée par le gestionnaire en fonction des ressources disponibles des intéressés ;

– l'accueil en hébergement n'est pas soumis à condition de ressources préalables ;

– les personnes hébergées n'ont pas droit au maintien dans les lieux, l'hébergement étant par nature transitoire.

552.443 Types de logements et d'hébergements concernés. Les types de logements et d'hébergements concernés sont les suivants[5].

En relèvent, en premier lieu, les logements aidés, c'est-à-dire les surfaces des logements sociaux et leurs annexes financés par un prêt locatif à usage social (PLUS), un prêt locatif social (PLS) ou un prêt social de location-accession (PSLA).

En relèvent, en deuxième lieu, les logements adaptés suivants, pour les surfaces des logements et des espaces collectifs financées en PLS (ou PLUS) et comprises dans la convention APL :

– les résidences sociales ;

– les logements foyers pour personnes âgées ;

– les logements foyers pour personnes handicapées.

Sont également concernés les annexes à ces logements, dans la mesure où elles sont nécessaires aux résidents considérés comme occupant leur logement à titre d'habitation principale, tels que les locaux médicaux, les services communs.

En relèvent, en troisième lieu, les surfaces des hébergements locatifs :

– les hébergements d'urgence financés en prêt pour le logement d'urgence (PLU) ;

– les hébergements d'urgence financés en prêt expérimental ;

– les centres d'hébergement et de réinsertion sociale (CHRS) ;

– les résidences hôtelières à vocation sociale (sur agrément du préfet) ;

– les parties consacrées au logement des établissements d'enseignement aux jeunes handicapés ou présentant des difficultés d'adaptation, et conventionnées avec le préfet.

En relèvent, en quatrième lieu, les logements vendus en l'état de futur achèvement ou complètement achevés à des organismes de logements sociaux.

En revanche, n'en relèvent pas les logements ne bénéficiant pas de la TVA à taux réduit de l'article 278 *sexies* du CGI[6] :

– les logements financés à l'aide d'un prêt à l'accession sociale (PAS) ;

– les logements financés en prêt locatif intermédiaire (PLI) ;

1. V. ss no 552.701.
2. Circ. 18 juin 2013, NOR : ETLL1309352C, p. 24.
3. Circ. 18 juin 2013, NOR : ETLL1309352C, p. 24.
4. CGI, art. 1635 *quater* E, I, 1° (anc. c. urb., art. L. 331-9, 1°) ; créé par ord. no 2022-883, 14 juin 2022 – Sur l'exonération (de plein droit) prévue au 2° du I de l'article 1635 *quater* D pour certains types de logements et hébergements aidés, v. ss nos 552.311 s.
5. Circ. 18 juin 2013, NOR : ETLL1309352C, p. 24-25.
6. Circ. 18 juin 2013, NOR : ETLL1309352C, p. 31-32.

– les logements financés en prêt conventionné (accession ou locatif) ;

– les logements de fonction dans les résidences sociales.

552.444 Une exonération pour toute la catégorie. La délibération d'exonération totale ou partielle vaut pour toute la catégorie des logements et hébergements aidés. La collectivité locale ne peut décider d'en privilégier ou d'en exclure certains en fonction du type de prêt[1].

552.445 Exemple. La circulaire de 2013 donne un exemple[2] :

– il porte sur un immeuble de 14 logements financés par un prêt PLUS, d'une superficie de 1 400 m², y compris le stationnement en sous-sol ;

– le taux communal est de 3 %.

La part communale se calcule comme suit :

1 400 m² × 330 € = 462 000 € × 3 % = 13 860 €.

Si la commune décide :

– une exonération facultative totale sur ces locaux, la TA sera égale à 0 euro (700 m² × 0 = 0 €) ;

– d'exonérer 50 % des surfaces, la TA sera égale à 6 930 euros (700 m² × 330 € × 3 %).

552.446 Organismes HLM. Afin de se conformer au droit de l'Union européenne sur les aides publiques, l'ordonnance du 14 juin 2022 a prévu que les organismes HLM, les SEM mentionnées à l'article L. 481-1 du CCH et les sociétés anonymes de coordination entre les organismes HLM mentionnées à l'article L. 423-1-1 du même code sont exonérés au titre du 1° du I du présent article[3] :

– pour les constructions ou aménagements réalisés au titre du service d'intérêt général défini aux neuvième à treizième alinéas de l'article L. 411-2 du CCH (1°) ;

– pour les autres constructions ou aménagements, sous réserve du respect du règlement (UE) n° 1407/2013 relatif à l'application des articles 107 et 108 du TFUE aux aides *de minimis*.

2°
Surfaces des locaux à usage d'habitation principale bénéficiant d'un prêt à taux zéro

552.451 Exonération. Peuvent être exonérées de TA, dans la limite de 50 % de leur surface, les surfaces des locaux à usage d'habitation principale qui ne bénéficient pas de l'abattement mentionné au 2° du I de l'article 1635 *quater* I[4] et qui sont financés à l'aide du prêt à taux zéro prévu à l'article L. 31-10-1 du CCH[5].

552.452 Fonctionnement. L'exonération facultative mentionnée au 2° de l'article L. 331-9 « concerne les locaux financés au moyen d'un prêt à taux zéro plus (PTZ+). Les cent premiers m² de ces constructions, y compris leurs annexes[6], bénéficient d'un abattement sur la valeur forfaitaire d'assiette : cette valeur est diminuée de moitié, soit 330 euros/m²[7]. Au-delà des cent premiers m², les surfaces sont imposées à la pleine valeur forfaitaire d'assiette, soit 660 euros/m²[8]. Les collectivités ont alors la faculté d'exonérer jusqu'à 50 % des surfaces excédant les cent premiers m². L'exonération vaut pour toutes les constructions bénéficiant de ce prêt, réalisées sur le territoire de la commune, de l'EPCI, du département ou de la région Île de France »[9].

552.453 Exemple. La circulaire de 2013 donne un exemple[10] :

– il porte sur une maison individuelle de 160 m² située hors Ile-de-France, bénéficiant d'un prêt à taux zéro ;

– le taux communal est de 5 % ;

– une délibération de la commune décide une exonération partielle sur 40 % des surfaces aidées.

La part communale se calcule comme suit :

100 m² × 330 € × 5 % = 1 650 € ;

24 m² (40 % de 60 m²) sont exonérés = 0 € ;

36 m² × 660 € × 5 % = 1 188 € ;

TOTAL pour la part communale = 2 838 €.

3°
Locaux à usage industriel et artisanal

552.461 Exonération. Peuvent être exonérés de TA les locaux à usage industriel et artisanal mentionnés au 3° du I de l'article 1635 *quater* I[11].

Cette exonération facultative de tout ou partie des surfaces industrielles s'ajoute à l'abattement forfaitaire d'assiette de 50 % de l'article 1635 *quater* I, I, 3°[12].

1. Circ. 18 juin 2013, NOR : ETLL1309352C, p. 25.
2. Circ. 18 juin 2013, NOR : ETLL1309352C, p. 25.
3. CGI, art. 1635 *quater* E, II, al. 1er à 3 ; créé par ord. n° 2022-883, 14 juin 2022.
4. Sur l'abattement prévu au 2° du I de l'article 1635 *quater* I, v. ss n° 552.601.
5. CGI, art. 1635 *quater* E, I, 2° (anc. c. urb., art. L. 331-9, 2°) ; créé par ord. n° 2022-883, 14 juin 2022.
6. Celliers en rez-de-chaussée, appentis, bûchers, ateliers familiaux, locaux de piscine, stationnements clos et couverts des habitations principales.
7. Valeur à la date d'entrée en vigueur de la loi.
8. Valeur à la date d'entrée en vigueur de la loi.
9. Circ. 18 juin 2013, NOR : ETLL1309352C, p. 25.
10. Circ. 18 juin 2013, NOR : ETLL1309352C, p. 26.
11. CGI, art. 1635 *quater* E, I, 3° (anc. c. urb., art. L. 331-9, 3°) ; créé par ord. n° 2022-883, 14 juin 2022 – Sur cette catégorie de locaux, v. ss n° 552.621.
12. V. ss n° 552.621.

552.462 **Champ d'application.** L'exonération s'étend aux annexes des locaux concernés : bureaux, aires de stationnement intérieures, etc.

Elle ne s'étend pas aux aires de stationnement extérieures [1].

552.463 **Respect du droit de l'UE.** Afin de respecter les règles européennes sur les aides publiques, l'ordonnance du 14 juin 2022 a prévu que le bénéfice de cette exonération est subordonné au respect du règlement (UE) n° 1407/2013 relatif à l'application des articles 107 et 108 du TFUE aux aides *de minimis* [2].

552.464 **Exemple.** La circulaire de 2013 donne un exemple [3] :

– il porte sur un bâtiment industriel de 1000 m² situé hors Ile-de-France, comprenant 600 m² de locaux de production, 100 m² de bureaux, 300 m² de stationnement intérieur et 15 emplacements de stationnement à l'extérieur ;

– une délibération du conseil municipal décide une exonération partielle de la commune sur 40 % des surfaces industrielles ;

– le taux communal est de 5 %.

Modalités de calcul du bâtiment [4] : 400 m² × 0 € × 5 % = 0 € 600 m² × 330 € × 5 % = 9 900 €.

Modalités de calcul des places de stationnement extérieures : 15 × 2 000 € × 5 % = 1 500 €.

TOTAL pour la part communale = 9 900 € + 1 500 € = 11 400 €.

4°
Commerces de détail

552.471 **Exonération.** Peuvent être exonérés de TA les commerces de détail d'une surface de vente inférieure à 400 mètres carrés [5].

Selon la définition de l'INSEE, un commerce de détail consiste à vendre des marchandises dans l'état où elles sont achetées (ou après transformations mineures), généralement à une clientèle de particuliers, quelles que soient les quantités vendues. Le seuil de 400 m² a été fixé pour favoriser le petit commerce en centre-ville. Aucune collectivité ne peut fixer un autre seuil.

552.472 **Champ d'application.** L'exonération s'entend par cellule ou boutique. Ainsi, dans une galerie commerciale, si la commune le décide, il y aura autant d'exonérations que de commerces de détail d'une surface de vente inférieure à 400 m².

Les surfaces annexes (bureaux, stationnement intérieur, réserves...) bénéficient également de l'exonération facultative [6].

552.473 **Respect du droit de l'UE.** Afin de respecter les règles européennes sur les aides publiques, l'ordonnance du 14 juin 2022 a prévu que le bénéfice de cette exonération est subordonné au respect du règlement (UE) n° 1407/2013 relatif à l'application des articles 107 et 108 du TFUE aux aides *de minimis* [7].

5°
Monuments historiques

552.481 **Exonération.** Peuvent être exonérés de TA les immeubles classés parmi les monuments historiques ou inscrits à l'inventaire supplémentaire des monuments historiques [8].

L'exonération ne peut concerner que des surfaces créées.

6°
Abris de jardin, pigeonniers et colombiers

552.491 **Exonération.** Peuvent être exonérées de TA les constructions et installations suivantes soumises à déclaration préalable [9] :

– les abris de jardin ;

– les serres de jardin destinées à un usage non professionnel dont la surface est inférieure ou égale à 20 m² ;

– les pigeonniers et colombiers soumis à déclaration préalable.

7°
Maisons de santé

552.501 **Exonération.** Peuvent être exonérées de TA les « maisons de santé » [10] constituées entre des professionnels médicaux, auxiliaires médicaux ou pharmaciens [11].

552.502 **Respect du droit de l'UE.** Afin de respecter les règles européennes sur les aides publiques,

1. Circ. 18 juin 2013, NOR : ETLL1309352C, p. 26.
2. CGI, art. 1635 *quater* E, II, al. 4 ; créé par ord. n° 2022-883, 14 juin 2022.
3. Circ. 18 juin 2013, NOR : ETLL1309352C, p. 26.
4. On applique d'abord l'exonération partielle sur la surface totale, la surface restante bénéficiant ensuite de l'abattement 50 %.
5. CGI, art. 1635 *quater* E, I, 4° (anc. c. urb., art. L. 331-9, 4°) ; créé par ord. n° 2022-883, 14 juin 2022.
6. Circ. 18 juin 2013, NOR : ETLL1309352C, p. 27.
7. CGI, art. 1635 *quater* E, II, al. 4 ; créé par ord. n° 2022-883, 14 juin 2022.
8. CGI, art. 1635 *quater* E, I, 5° (anc. c. urb., art. L. 331-9, 5°) ; créé par ord. n° 2022-883, 14 juin 2022.
9. CGI, art. 1635 *quater* E, I, 6° (anc. c. urb., art. L. 331-9, 8°) ; créé par ord. n° 2022-883, 14 juin 2022.
10. SUR cette structure : CSP, art. L. 6323-3.
11. CGI, art. 1635 *quater* E, I, 7° (anc. c. urb., art. L. 331-9, 9°) ; créé par ord. n° 2022-883, 14 juin 2022.

l'ordonnance du 14 juin 2022 a prévu que le bénéfice de cette exonération est subordonné au respect du règlement (UE) n° 1407/2013 relatif à l'application des articles 107 et 108 du TFUE aux aides *de minimis*[1].

SECTION 4
FAIT GÉNÉRATEUR ET LIQUIDATION DE LA TA

§ 1
Fait générateur de la TA

552.511 Principe. Le fait générateur de la taxe est, selon les cas :

– la date de délivrance de l'autorisation initiale de construire ou d'aménager[2] ;

– la date de la naissance d'une autorisation tacite de construire ou d'aménager[3] ;

– la date de la décision de non-opposition à une déclaration préalable[4].

L'ordonnance du 14 juin 2022 a supprimé la référence au permis modificatif comme fait générateur de la TA et précisé que celui-ci est attaché à la délivrance de l'autorisation « initiale ». Il en résulte que la délivrance d'un permis modificatif ne constitue plus un fait générateur autonome mais se trouve rattaché à l'autorisation initiale qu'il vient modifier.

552.512 Cas d'une construction sans autorisation ou en infraction aux obligations résultant de l'autorisation. En cas de constructions ou d'aménagements sans autorisation ou en infraction aux obligations résultant de l'autorisation de construire ou d'aménager, le fait générateur est[5] :

– la date du procès-verbal constatant l'achèvement ;

– ou, à défaut d'un tel procès-verbal, la date d'achèvement des constructions ou des aménagements en cause[6].

§ 2
Liquidation de la TA

552.521 Valeur et taux à prendre en compte. Les règles applicables à l'établissement de la TA relatives aux exonérations, aux abattements, aux valeurs par mètre carré et aux taux « sont celles en vigueur à la date du fait générateur »[7]. Pour leur part, les caractéristiques présentées par la construction « s'apprécient à la date d'exigibilité prévue à l'article 1635 *quater* G »[8].

552.522 Incidences d'un CU. Conformément au quatrième alinéa de l'article L. 410-1 du code de l'urbanisme, « si l'autorisation est déposée dans un délai de dix-huit mois à compter de la délivrance d'un certificat d'urbanisme et si le régime de taxation résultant de la valeur, du taux et des exonérations figurant dans ce certificat d'urbanisme est plus favorable, ce régime est appliqué »[9]. Cette mesure vaut aussi pour les exonérations facultatives : l'exonération facultative la plus favorable doit être appliquée au redevable, même si cette exonération est entrée en vigueur postérieurement à la date de délivrance du certificat d'urbanisme[10].

Toutefois, la circonstance que l'auteur du certificat d'urbanisme a omis de mentionner une participation ou une taxe légalement applicable à la date de la délivrance de ce document, ou a donné une indication inexacte, n'est pas de nature à créer, au profit du bénéficiaire d'un permis de construire, un droit acquis à ne pas acquitter les sommes dues à ce titre lors de la délivrance du permis[11].

SECTION 5
EXIGIBILITÉ DE LA TA

552.531 Date d'émission du titre. La TA est exigible, selon le cas :

– à la date « d'achèvement des opérations imposables », étant précisé que cette date s'entend de la date « de réalisation définitive des opérations » au sens du I de l'article 1406 du CGI[12] ;

– à la date « du procès-verbal constatant l'achèvement »[13].

Une réponse ministérielle a précisé que « La date de réalisation définitive du changement d'affectation est celle où l'état d'avancement des travaux de construction est tel qu'il permet une utilisation du local conforme à l'usage prévu, c'est-à-dire, s'agissant d'une construction affectée à l'habitation,

1. CGI, art. 1635 *quater* E, II, al. 4 ; créé par ord. n° 2022-883, 14 juin 2022.
2. CGI, art. 1635 *quater* F, I, 1° (anc. c. urb., art. L. 331-6, al. 3) ; créé par ord. n° 2022-883, 14 juin 2022.
3. CGI, art. 1635 *quater* F, I, 2° (anc. c. urb., art. L. 331-6, al. 3) ; créé par ord. n° 2022-883, 14 juin 2022.
4. CGI, art. 1635 *quater* F, I, 3° (anc. c. urb., art. L. 331-6, al. 3) ; créé par ord. n° 2022-883, 14 juin 2022.
5. CGI, art. 1635 *quater* F, I, 4° (anc. c. urb., art. L. 331-6, al. 3) ; créé par ord. n° 2022-883, 14 juin 2022.
6. Précision apportée par l'ordonnance du 14 juin 2022.
7. CGI, art. 1635 *quater* F, II, al. 1er (anc. c. urb., art. L. 331-20, al. 1er) ; créé par ord. n° 2022-883, 14 juin 2022.
8. CGI, art. 1635 *quater* F, II, al. 1er ; créé par ord. n° 2022-883, 14 juin 2022.
9. CGI, art. 1635 *quater* F, II, al. 2 (anc. c. urb., art. L. 331-20, al. 1er) ; créé par ord. n° 2022-883, 14 juin 2022.
10. Circ. 18 juin 2013, NOR : ETLL1309352C, p. 47.
11. V. ss n° 314.62.
12. CGI, art. 1635 *quater* G, 1° (anc. c. urb., art. L. 331-20, al. 1er) ; créé par ord. n° 2022-883, 14 juin 2022.
13. CGI, art. 1635 *quater* G, 2° (anc. c. urb., art. L. 331-20, al. 1er) ; créé par ord. n° 2022-883, 14 juin 2022.

lorsqu'elle est habitable (gros œuvres terminés, maçonneries, couverture et fermetures extérieures achevées, branchements effectifs) même si des travaux accessoires restent à effectuer. Dès lors une construction est considérée comme achevée par l'administration fiscale bien qu'aucune déclaration attestant l'achèvement des travaux (DAACT) n'ait été déposée par le propriétaire auprès des services d'urbanisme de la mairie »[1].

552.532 Majoration de 10 % en cas de retard de paiement. Afin de sanctionner tout retard dans le paiement des créances, une majoration de 10 % est appliquée sur les sommes restant dues par le débiteur à la date limite de paiement[2].

Cette majoration, perçue au profit de l'État, a pour objet d'inciter les redevables à s'acquitter rapidement de leurs dettes.

SECTION 6
ASSIETTE DE LA TA

552.541 Constructions et aménagements. La détermination de la base d'imposition de la TA s'opère de façon différente :

– pour les constructions, d'une part ;

– et pour les installations et aménagement, d'autre part.

Un abattement est prévu pour certaines catégories de constructions. Aucun abattement n'est prévu pour les installations et aménagements.

§ 1
Assiette de la TA pour les constructions

552.551 Une valeur déterminée forfaitairement sur la surface de la construction. L'assiette de la TA est constituée par « le produit de la surface de la construction par la valeur par mètre carré de cette surface »[3]. Un abattement est appliqué sur cette valeur pour certains locaux.

A.
Détermination de la « surface de la construction »

552.561 Surface taxable. La surface taxable correspond à la surface de la construction. On l'appelle également la surface de plancher fiscale.

1. Rép. min. n° 102 ; *JO Sénat Q* 30 mars 2023, p. 2152.
2. L. n° 2010-1658, 29 déc. 2010 de finances rectificative pour 2010, art. 55, III, B.
3. CGI, art. 1635 *quater* H, 1°, al. 1er (anc. c. urb., art. L. 331-10, 1°) ; créé par ord. n° 2022-883, 14 juin 2022.

552.562 Définition juridique. La surface de la construction « s'entend de la somme des surfaces de plancher de chaque niveau clos et couvert, calculées à partir du nu intérieur des façades du bâtiment dans des conditions définies par décret »[4].

Pour la détermination de la surface de la construction, sont déduites[5] :

– les surfaces correspondant à l'épaisseur des murs entourant les embrasures des portes et fenêtres donnant sur l'extérieur (a) ;

– les vides et les trémies afférentes aux escaliers et ascenseurs (b) ;

– les surfaces de plancher sous une hauteur de plafond inférieure ou égale à 1,80 mètre (c).

Relèvent notamment de cette définition les places de stationnements de véhicules intérieures aux locaux d'habitation individuelle. Ces derniers sont compris dans la surface taxable afin d'anticiper les éventuelles transformations de ces surfaces en une autre destination, sans autorisation, et par conséquent sans taxation[6].

552.563 Indication de la surface taxable dans la demande d'autorisation d'urbanisme. La « Déclaration des éléments nécessaires au calcul des impositions » doit être présente dans le dossier d'autorisation d'urbanisme[7] et remplie, c'est-à-dire comporter la mention de la surface taxable créée. En cas de non-création de surface taxable, il doit être porté la mention « néant » ou « 0 m² ». La déclaration doit être signée et datée.

À défaut de présence de tous ces éléments, le dossier est déclaré incomplet et une demande de pièce complémentaire est adressée au pétitionnaire.

S'agissant du délai pour se conformer à ses obligations déclaratives :

– le redevable de la TA déclare les éléments nécessaires à l'établissement de celle-ci « dans les quatre-vingt-dix jours à compter de la date à laquelle la taxe devient exigible »[8] ;

– le redevable des acomptes de TA déclare les éléments nécessaires à l'établissement de ceux-ci « avant

4. CGI, art. 1635 *quater* H, 1°, al. 2 (anc. c. urb., art. L. 331-10, al. 3) ; créé par ord. n° 2022-883, 14 juin 2022.
5. CGI, art. 318 J. (anc. c. urb., art. R. 331-7) ; créé par décr. n° 2023-165, 7 mars 2023.
6. EN CE SENS : rép. min. n° 1366, *JO Sénat Q* 19 avr. 2018, p. 1923 : précisant qu'un tel changement de destination sans taxation a un impact sur le budget des collectivités locales en même temps qu'il génère un important contentieux, coûteux en moyens humains et en modalités de gestion. C'est pourquoi, pour pallier cette situation, la totalité des surfaces des maisons individuelles est taxable et n'est plus « retaxée » en cas de changement de destination.
7. Pour le permis de construire, v. ss n° 361.391 – Pour le permis d'aménager, v. ss n° 371.241.
8. CGI, art. 1635 *quater* P, al. 1er ; créé par ord. n° 2022-883, 14 juin 2022.

le septième mois qui suit celui de la délivrance de l'autorisation d'urbanisme »[1].

552.564 **Surfaces existantes avant le 1er mars 2012.** Concernant les constructions existantes avant le 1er mars 2012 (date d'entrée en vigueur de la nouvelle surface taxable), la transformation des surfaces auparavant constitutives de SHOB (combles et sous-sols non aménageables, garages, caves, locaux techniques), non taxées par définition lors de leur création, ne génère pas de nouvelles surfaces taxables et n'est donc pas imposable.

Par exception, les changements de destination de surfaces agricoles anciennement constitutives de SHOB en une autre destination faisant l'objet d'une autorisation d'urbanisme sont assimilés à des opérations de construction[2] et sont taxables[3].

B.
Application à la surface taxable d'une valeur forfaitaire par mètre carré

552.571 **Valeur forfaitaire fixée par arrêté ministériel.** La valeur par mètre carré de la surface de la construction est actualisée chaque année par arrêté ministériel[4].

En 2024, cette valeur est de 914 dans les communes de la région d'Île-de-France, et de 1036 dans les autres communes françaises[5].

C.
Application d'un abattement sur la valeur forfaitaire de certaines constructions

552.581 **Abattement de 50 % dans trois cas de figure.** Un abattement de 50 % est appliqué sur la valeur par mètre carré de la surface de la construction dans trois cas de figure[6]. Les valeurs résultant de l'application de l'abattement sont arrondies, s'il y a lieu, à l'euro inférieur[7].

1. CGI, art. 1635 *quater* P, al. 2 ; créé par ord. n° 2022-883, 14 juin 2022.
2. C. urb., art. R. 331-3.
3. V. ss n° 552.242.
4. CGI, art. 1635 *quater* H, 1°, al. 3 (anc. c. urb., art. L. 331-11) ; créé par ord. n° 2022-883, 14 juin 2022 – Plus exactement, cet alinéa prévoit que les valeurs par mètre carré sont actualisées au 1er janvier de chaque année « en fonction du dernier indice du coût de la construction » publié par l'INSEE. Il précise que les valeurs « sont arrondies, s'il y a lieu, à l'euro inférieur ».
5. CGI, art. 1635 *quater* H, 1°, al. 1er (anc. c. urb., art. L. 331-11) ; créé par ord. n° 2022-883, 14 juin 2022 ; mod par décr. n° 2024-496, 30 mai 2024.
6. CGI, art. 1635 *quater* I (anc. c. urb., art. L. 331-12) ; créé par ord. n° 2022-883, 14 juin 2022.

1°
Locaux d'habitation et d'hébergement aidés

552.591 **Abattement.** Un abattement de 50 % est appliqué sur la valeur par mètre carré de la surface de la construction des locaux d'habitation et d'hébergement aidés[8].

552.592 **Organismes HLM.** Afin de se conformer au droit de l'Union européenne sur les aides publiques, l'ordonnance du 14 juin 2022 a prévu que les organismes HLM, les SEM mentionnées à l'article L. 481-1 du CCH et les sociétés anonymes de coordination entre les organismes HLM mentionnées à l'article L. 423-1-1 du même code bénéficient de cet abattement[9] :

– d'une part, pour les constructions réalisées au titre du service d'intérêt général défini aux neuvième à treizième alinéas de l'article L. 411-2 du CCH (1°) ;

– d'autre part, pour les autres constructions, sous réserve du respect du règlement (UE) n° 1407/2013 du 18 décembre 2013, relatif à l'application des articles 107 et 108 du TFUE aux aides *de minimis*.

2°
Cent premiers mètres carrés des locaux d'habitation et leurs annexes à usage d'habitation principale

a.
Fonctionnement

552.601 **Abattement.** Un abattement de 50 % est appliqué sur la valeur par mètre carré de la surface de la construction pour les cent premiers mètres carrés des locaux d'habitation et leurs annexes à usage d'habitation principale[10].

Cet abattement ne peut être cumulé avec l'abattement visé au 1°[11] : il s'applique ainsi aux logements à usage d'habitation principale autres que les logements sociaux aidés, qu'ils soient destinés à l'occupation par le constructeur ou mis en location. En revanche, l'abattement est susceptible d'être appliqué à des locaux différents, chacun pour ce qui le concerne, quand bien même la construction de ces différents locaux a fait l'objet d'un unique permis de construire[12].

7. CGI, art. 1635 *quater* I, III ; créé par ord. n° 2022-883, 14 juin 2022.
8. CGI, art. 1635 *quater* I, I, 1° (anc. c. urb., art. L. 331-12, 1°) ; créé par ord. n° 2022-883, 14 juin 2022. Sur la notion de logements et hébergements aidés, v. ss n° 552.443.
9. CGI, art. 1635 *quater* II, al. 1er à 3 ; créé par ord. n° 2022-883, 14 juin 2022.
10. CGI, art. 1635 *quater* I, I, 2° (anc. c. urb., art. L. 331-12, 2°) ; créé par ord. n° 2022-883, 14 juin 2022.
11. CGI, art. 1635 *quater* I, I, 2° (anc. c. urb., art. L. 331-12, 2°).
12. CE 19 déc. 2019, *SCI de construction vente Capitole Promotion*, req. n° 419800, *Lebon T.* ; *BJDU* 2020. 113, concl. K. Ciavaldini ; *Revue de droit fiscal* 2020, comm. 363, concl.

Les places extérieures de stationnement de ces logements ne peuvent bénéficier de l'abattement.

552.602 Appréciation par logement. L'abattement sur les cent premiers mètres carrés s'apprécie par logement. Cette surface de 100 m² doit donc être multipliée par le nombre de logements du programme de construction projeté pour déterminer la surface bénéficiant de l'abattement de 50 %[1].

S'agissant de logements collectifs, généralement construits sous le régime de la VEFA, les promoteurs ignorent, lors du dépôt de la demande de permis de construire, d'une part à qui seront vendus les appartements et, d'autre part, si ces appartements seront utilisés comme résidence principale ou pas. Dans ces conditions, ils n'ont d'autre solution que de déclarer systématiquement et intégralement les appartements à construire comme destinés à un usage de résidence principale. Même si, jusqu'ici, l'administration semble s'accommoder de cette pratique, il n'en reste pas moins qu'elle n'est guère satisfaisante dans la mesure où elle fait peser un risque financier sur les programmes. À supposer même que les promoteurs envisagent d'effectuer ultérieurement une déclaration rectificative, ils ne disposent d'aucun moyen de vérifier l'usage réel de l'appartement qui a été vendu.

À cette difficulté, mise en évidence dans une question au gouvernement, une réponse ministérielle a précisé que : « Le droit fiscal de l'urbanisme présente par nature un caractère déclaratif. Le juge administratif assimile la demande de permis de construire à une déclaration d'un fait générateur d'un impôt. Les éléments d'assiette ainsi déclarés pour le calcul de la taxe d'aménagement peuvent être remis en cause par l'administration, notamment la qualification de résidence principale, dans l'hypothèse où les constructions autorisées ont en réalité la destination de résidence secondaire. Elle dispose pour cela d'une possibilité de contrôle *a posteriori* dans le cadre du droit de reprise qui s'exerce jusqu'au 31 décembre de la troisième année qui suit, selon les cas, celle de la délivrance de l'autorisation de construire ou d'aménager, celle de la décision de non-opposition ou celle à laquelle l'autorisation est réputée avoir été accordée. L'administration ne peut toutefois modifier ainsi les bases d'assiette déclarées par le constructeur qu'en mettant en œuvre la procédure de rectification contradictoire prévue par les articles L. 55 et suivants du livre des procédures fiscales. Cette procédure permet au constructeur de faire valoir pleinement le bien-fondé des éléments d'assiette qu'il a déclarés. Même en cas de construction sans autorisation, la procédure de taxation d'office accorde au contrevenant un délai de trente jours pour formuler ses observations, notamment pour préciser si la construction projetée est destinée à l'habitation principale ou secondaire, avant notification du principal des taxes et des pénalités. La définition de la résidence principale doit s'entendre au sens large. Elle peut ainsi être celle du constructeur, du futur propriétaire ou celle du futur locataire »[2].

1. Circ. 18 juin 2013, NOR : ETLL1309352C, p. 32.

552.603 Exemple. La circulaire de 2013 donne un exemple[3] :

– il concerne un immeuble collectif de trente logements non aidés de 3 200 m² situé hors Ile-de-France ;
– le taux communal est de 5 %.

Le calcul est le suivant :

3 000 m²[4] × 330 €[5] × 5 % = 49 500 €

200 m²[6] × 660 €[7] × 5 % = 6 600 €

TOTAL = 56 100 €

b.

Cas des constructions déjà existantes sur une unité foncière : modalités de calcul

552.611 Principe général. Les surfaces taxables nouvellement créées relèvent, dans le cas d'une extension, de la nature de la construction dont elles relèveraient pour la délivrance d'un permis de construire global sur l'existant et les surfaces nouvelles[8].

552.612 Cas des locaux d'habitation principale et de leurs annexes. Pour des opérations d'agrandissement, même s'il s'agit d'annexes non accolées, les surfaces taxables nouvellement créées sont ajoutées à la surface taxable des constructions existantes pour déterminer les valeurs forfaitaires applicables pour chaque mètre carré de surface taxable formant le nouveau projet[9].

La circulaire de 2013 donne trois exemples concrets illustrant le mode de calcul[10].

552.613 Cas des nouveaux locaux à usage d'habitation principale. S'il s'agit de la création d'un ou plusieurs bâtiments nouveaux à usage d'habitation principale, accolé(s) ou non, le calcul ne prendra pas en compte la construction existante. Il s'agit d'un nouveau projet : le calcul tiendra compte de l'abattement afférent à la nouvelle construction[11].

2. Rép. min. nº 16025, *JOAN Q* 14 janv. 2014, p. 472.
3. Circ. 18 juin 2013, NOR : ETLL1309352C, p. 32.
4. 30 × 100 m² (les cent premiers mètres carrés).
5. 660 euros (valeur de la loi nº 2010-1658, hors Ile-de-France, non actualisée) divisée par deux (pour appliquer l'abattement de 50 %).
6. Mètres carrés excédant les « cent premiers mètres carrés » et, par suite, ne bénéficiant pas de l'abattement.
7. Valeur forfaitaire sans abattement.
8. Circ. 18 juin 2013, NOR : ETLL1309352C, p. 32.
9. Circ. 18 juin 2013, NOR : ETLL1309352C, p. 33.
10. Circ. 18 juin 2013, NOR : ETLL1309352C, p. 33-34.
11. Circ. 18 juin 2013, NOR : ETLL1309352C, p. 34.

3°
Locaux à usage industriel ou artisanal, entrepôts et hangars, parcs de stationnement couverts

552.621 Abattement. Un abattement de 50 % est appliqué sur la valeur par mètre carré de la surface de la construction pour les locaux industriels (au sens du A du I de l'article 1500) ou les locaux à usage artisanal (mentionnés au premier alinéa de l'article 1499-00 A) et leurs annexes, les entrepôts et hangars non ouverts au public faisant l'objet d'une exploitation commerciale et les parcs de stationnement couverts faisant l'objet d'une exploitation commerciale[1].

a.
Définition des termes employés

552.631 Locaux industriels. La notion de locaux industriels est définie au sens du A du I de l'article 1500 du CGI. Elle s'étend à leurs annexes[2].

552.632 Notion d'artisan. La notion de locaux à usage artisanal est définie par référence au premier alinéa de l'article 1499-00 A. Elle s'étend à leurs annexes[3].

La liste des activités artisanales seules susceptibles de donner lieu à immatriculation au répertoire des métiers est annexée au décret du 17 juin 2008[4] portant modification du décret du 2 avril 1998 relatif à la qualification artisanale et au répertoire des métiers[5].

552.633 Notion d'entrepôts et hangars. Les entrepôts et hangars constituent des locaux servant au stockage de biens, de matériels ou de marchandises ou à usage de réserves. Le public ne peut y avoir accès. Il peut s'agir notamment d'entrepôts de logistique, de locaux de stockage de denrées pour un « *drive* » ou pour une entreprise de vente par internet[6].

552.634 Notion de parc de stationnement couvert. Sont considérés comme parcs de stationnement couverts faisant l'objet d'une exploitation commerciale, les surfaces de stationnement couvertes mais non obligatoirement closes, construites par une collectivité, une entreprise privée ou un particulier et faisant l'objet d'une exploitation commerciale. Sont comprises dans les surfaces de stationnement, les rampes et voies de circulation permettant l'accès aux emplacements de stationnement et les aires nécessaires aux manœuvres des véhicules[7].

b.
Champ d'application de l'abattement

552.641 Application aux extensions et aux annexes. L'abattement ne s'applique pas uniquement à la construction principale. Il s'applique également à son extension.

Il en est de même pour les bureaux, les stationnements intérieurs et tous autres locaux accessoires aux activités industrielles ou artisanales considérés comme des annexes[8].

Le bénéfice de l'abattement s'applique à des locaux demeurés vacants faute de locataire. En ce sens, le Conseil d'État a jugé « que le droit à l'abattement de 50 % prévu au 3° (...) s'apprécie à la date de délivrance du permis de construire ou de la décision de non-opposition, au regard de la destination de la construction telle qu'elle a été précisée dans la demande de permis ou la déclaration, de ses caractéristiques et de tout autre élément pertinent porté à cette date à la connaissance de l'administration. La seule circonstance que la construction édifiée conformément à l'autorisation délivrée demeure vacante est sans incidence sur le bénéfice de cet abattement »[9]. Cette solution, rendue sous l'empire des anciennes dispositions, demeure valable au regard des nouvelles.

552.642 Conformité avec le droit de l'UE. Afin de respecter les règles européennes sur les aides publiques, l'ordonnance du 14 juin 2022 a prévu que le bénéfice de cet abattement est subordonné au respect du règlement (UE) n° 1407/2013 relatif à l'application des articles 107 et 108 du TFUE aux aides *de minimis*[10].

4°
Quel régime pour les locaux mixtes ?

552.651 Abattement pour les affectations qui en bénéficient. Les locaux regroupant plusieurs affectations sont taxés selon chaque affectation : ils peuvent faire l'objet pour certaines destinations d'une taxation de droit commun et pour d'autre, d'un abattement[11].

1. CGI, art. 1635 *quater* I, I, 3° (anc. c. urb., art. L. 331-12, 3°) ; créé par ord. n° 2022-883, 14 juin 2022.
2. CGI, art. 1635 *quater* I, I, 3° (anc. c. urb., art. L. 331-12, 3°).
3. CGI, art. 1635 *quater* I, I, 3° (anc. c. urb., art. L. 331-12, 3°).
4. Décr. n° 2008-565, 17 juin 2008 portant modification du décret n° 98-247 du 2 avril 1998 relatif à la qualification artisanale et au répertoire des métiers, *JO* 19 juin, n° 19.
5. Décr. n° 98-247, 2 avr. 1998 relatif à la qualification artisanale et au répertoire des métiers, *JO* 3 avr., p. 5172.
6. Circ. 18 juin 2013, NOR : ETLL1309352C, p. 35.
7. Circ. 18 juin 2013, NOR : ETLL1309352C, p. 35.
8. Circ. 18 juin 2013, NOR : ETLL1309352C, p. 35.
9. CE 27 mars 2023, *Min. de la transition écologique c/Sté Color*, req. n° 463961, NP.
10. CGI, art. 1635 *quater* I, II, al. 4 (anc. c. urb., art. L. 331-12, 3°) ; créé par ord. n° 2022-883, 14 juin 2022.
11. Circ. 18 juin 2013, NOR : ETLL1309352C, p. 35.

Par exemple, dans le cas d'un restaurant :

- les locaux affectés à la préparation des plats (transformation de produits) relèvent de l'activité artisanale ; ils sont taxés avec abattement ;

- le restaurant en tant que tel est un commerce ; ce local commercial est taxé sans abattement.

Par exemple, dans le cas d'une grande surface commerciale :

- les surfaces ouvertes au public sont considérées comme commerciales, donc taxées sans abattement ;

- les réserves, lieu de stockage des denrées, sont taxées avec abattement.

552.652 Abattement pour les locaux accessoires et les annexes. Les locaux accessoires ou les annexes de chacune des destinations sont taxés comme le local principal. Si le local bénéficie de l'abattement, les locaux accessoires ou annexes en bénéficient également.

§ 2 Assiette de la TA pour les installations et aménagements

552.661 Une valeur déterminée forfaitairement. L'assiette de la TA est constituée par « la valeur des aménagements et installations, fixée forfaitairement dans les conditions prévues à l'article 1635 *quater* J »[1].

A. Valeur forfaitaire pour les installations et aménagements autres que les aires de stationnement

552.671 Valeur forfaitaire pour les emplacements de tentes, caravanes et RML. Pour les emplacements de tentes, caravanes et résidences mobiles de loisirs, la valeur forfaitaire est fixée à 3 000 euros par emplacement[2].

Cette disposition s'applique pour les terrains de campings comme pour les aires naturelles. Par ailleurs, si ultérieurement une construction soumise à autorisation est édifiée sur un de ces emplacements déjà imposé, cette opération est taxable au titre de la construction[3].

552.672 Valeur forfaitaire pour les emplacements des HLL. Pour les emplacements des habitations légères de loisirs, la valeur forfaitaire est fixée à 10 000 euros par emplacement[4].

Dans les campings ou parcs résidentiels de loisirs (PRL) dont le dossier de demande d'autorisation a été déposé après le 1er mars 2012, les HLL ne sont plus taxées selon la surface mais au nombre d'emplacements. Pour les déclarations préalables concernant des HLL, déposées après le 1er mars, dans des campings ou PRL existants, la construction est taxée selon sa surface[5].

552.673 Valeur forfaitaire pour les piscines. Pour les piscines, la valeur forfaitaire a été fixée à 250 euros par mètre carré au 1er janvier 2023. Ce montant est actualisé le 1er janvier de chaque année en fonction du dernier indice du coût de la construction[6]. Il atteint donc 258 euros par mètre carré au 1er janvier 2024.

Les piscines ne constituent pas de la surface de plancher. Tous les bassins des piscines, qu'ils soient couverts, d'une manière amovible ou non, indépendamment de la hauteur sous plafond, ou qu'ils soient non couverts, sont taxables selon la superficie du bassin et la valeur forfaitaire précitée[7].

552.674 Valeur forfaitaire pour les éoliennes. Pour les éoliennes d'une hauteur supérieure à 12 mètres, la valeur forfaitaire est fixée à 3 000 euros par éolienne[8].

La taxe est calculée selon le nombre d'éoliennes supérieures à 12 mètres et non en vertu de leur surface intérieure. Toutefois, s'il existe près de l'éolienne un local technique clos et couvert, d'une hauteur sous plafond supérieure à 1,80 mètre, ce local sera taxé en tant que construction[9].

552.675 Valeur forfaitaire des panneaux photovoltaïques. Pour les panneaux photovoltaïques au sol, la valeur forfaitaire est fixée à 10 euros par mètre carré[10].

Il s'agit de la surface des panneaux et non de leur surface projetée au sol. Si le projet est accompagné d'autres constructions, celles-ci sont taxées en tant que construction c'est-à-dire en fonction de leur surface de plancher close et couverte si leur hauteur sous plafond est supérieure à 1,80 mètre[11].

1. CGI, art. 1635 *quater* H, 2° (anc. c. urb., art. L. 331-10, 2°) ; créé par ord. n° 2022-883, 14 juin 2022.
2. CGI, art. 1635 *quater* J, 1° (anc. c. urb., art. L. 331-13, 1°) ; créé par ord. n° 2022-883, 14 juin 2022.
3. Circ. 18 juin 2013, NOR : ETLL1309352C, p. 29.
4. CGI, art. 1635 *quater* J, 2° (anc. c. urb., art. L. 331-13, 2°) ; créé par ord. n° 2022-883, 14 juin 2022.
5. Circ. 18 juin 2013, NOR : ETLL1309352C, p. 29.
6. CGI, art. 1635 *quater* J, 3° (anc. c. urb., art. L. 331-13, 3°) ; créé par ord. n° 2022-883, 14 juin 2022 ; mod par L. n° 2022-1499, 1er déc. 2022.
7. Circ. 18 juin 2013, NOR : ETLL1309352C, p. 29.
8. CGI, art. 1635 *quater* J, 4° (anc. c. urb., art. L. 331-13, 4°) ; créé par ord. n° 2022-883, 14 juin 2022.
9. Circ. 18 juin 2013, NOR : ETLL1309352C, p. 30.
10. CGI, art. 1635 *quater* J, 5° (anc. c. urb., art. L. 331-13, 5°) ; créé par ord. n° 2022-883, 14 juin 2022.
11. Circ. 18 juin 2013, NOR : ETLL1309352C, p. 30.

B.
Valeur forfaitaire pour les aires de stationnement

552.681 Une valeur pouvant être majorée. Pour les aires de stationnement non comprises dans la surface mentionnée au 1° de l'article 1635 *quater* H, la valeur forfaitaire a été fixée à 3 000 euros par emplacement au 1er janvier 2023. Ce montant est actualisé au 1er janvier de chaque année en fonction du dernier indice du coût de la construction[1].

Cette valeur peut être augmentée jusqu'à 6 000 euros par délibération de l'organe délibérant des EPCI à fiscalité propre compétent en matière de PLU et des communes[2]. La valeur forfaitaire ainsi déterminée sert également d'assiette de la TA pour la part versée au profit des départements ou de la région d'Ile-de-France[3]. Elle est actualisée chaque année[4].

552.682 Champ d'application. Sont concernées les aires identifiées de stationnement des automobiles, situées en extérieur ou dans un bâtiment couvert ou semi-couvert et non totalement clos.

Les aires de stationnement affectées aux deux roues ne sont pas prises en compte.

Les aires de stockage extérieures de véhicules neufs ou d'occasion en attente de commercialisation, dans un garage ou une concession automobile, font partie intégrante de l'activité : elles ne sont donc pas considérées comme aires de stationnement. Ne sont pas davantage considérées comme des aires de stationnement les aires de stockage des matériels agricoles ou des camping-cars avant vente[5].

552.683 Une base unique sur toute la commune. La base imposable par aire de stationnement est unique sur toute la commune et ne peut être modulée par secteurs[6].

552.684 Nombre d'emplacements déterminé lors du dépôt de la demande de permis. La taxation n'est pas établie à partir des normes de places de stationnement définies par le PLU, mais d'après le nombre de places effectives déclarées dans la demande de permis de construire ou d'aménager. Ainsi, les lotisseurs peuvent être soumis à la TA s'ils créent des emplacements de stationnement identifiés hors voirie (quel que soit le régime juridique de cette voie), c'est-à-dire non situés sur la chaussée[7].

552.685 Pas d'exonération ou d'abattement pour les logements aidés. Les aires de stationnement extérieures des logements sociaux financés avec un prêt aidé de l'État ne bénéficient pas des abattements et exonérations propres au logement social[8].

552.686 Transformation d'une place de stationnement en surface de stationnement close et couverte. La transformation d'un emplacement de stationnement en surface de stationnement close et couverte est taxable au titre de la construction, même si cet emplacement a été précédemment assujetti à la TA[9].

SECTION 7
TAUX D'IMPOSITION DE LA TA

552.691 Trois régimes. Le taux d'imposition de la TA est fixé par la collectivité locale ou l'établissement public compétent. Trois régimes sont prévus par le CGI :

– un régime pour la part communale ou intercommunale de la TA ;

– un régime pour la part départementale de la TA ;

– un régime pour la part régionale de la TA (Île-de-France).

§ 1
Taux d'imposition de la part communale ou intercommunale de la TA

A.
Taux de base et sectorisation

1°
Vote du taux de base

a.
Délibération devant intervenir avant le 30 juillet

552.701 Date butoir. Le conseil municipal ou l'organe délibérant de l'EPCI à fiscalité propre vote le taux de TA dans les conditions prévues au II de l'article 1639 A[10], c'est-à-dire avant le 30 juillet[11].

1. CGI, art. 1635 *quater* J, 6° (anc. c. urb., art. L. 331-13, 6°) ; créé par ord. n° 2022-883, 14 juin 2022 ; mod par L. n° 2022-1726, 30 déc. 2022.
2. CGI, art. 1635 *quater* K, 6°, al. 1er (anc. c. urb., art. L. 331-13, 6°) ; créé par ord. n° 2022-883, 14 juin 2022.
3. CGI, art. 1635 *quater* K, 6°, al. 2 (anc. c. urb., art. L. 331-13, 6°) ; créé par ord. n° 2022-883, 14 juin 2022.
4. CGI, art. 1635 *quater* K, 6°, al. 3.
5. Circ. 18 juin 2013, NOR : ETLL1309352C, p. 30.
6. Circ. 18 juin 2013, NOR : ETLL1309352C, p. 30.
7. Circ. 18 juin 2013, NOR : ETLL1309352C, p. 30.
8. Circ. 18 juin 2013, NOR : ETLL1309352C, p. 30.
9. Circ. 18 juin 2013, NOR : ETLL1309352C, p. 30.
10. CGI, art. 1635 *quater* L, I, 1 (anc. c. urb., art. L. 331-14, al. 1er) ; créé par ord. n° 2022-883, 14 juin 2022.
11. Avant l'ordonnance du 14 juin 2022, cette date était fixée au 30 novembre.

Le taux s'applique à compter du 1er janvier de l'année suivante.

552.702 Fourchette du taux de base. Le taux de TA fixé par la commune ou l'établissement « ne peut être inférieur à 1 % et ne peut excéder 5 % »[1].

b.
Délibération pouvant fixer des taux différenciés par secteurs

552.711 Possibilité d'une sectorisation des taux. La commune ou l'EPCI (plus exactement son organe délibérant) peut appliquer un taux unique sur l'ensemble de son territoire.

Il peut également « fixer des taux différents par secteur de leur territoire »[2]. L'article L. 331-14 du code de l'urbanisme comportait la précision selon laquelle l'organe délibérant peut fixer des taux différents « selon les aménagements à réaliser » dans chaque secteur. L'ordonnance du 14 juin 2022 a supprimé cette précision.

552.712 Encadrement de la différenciation des taux. Lorsque la collectivité décide de fixer des taux différents selon les secteurs, le taux de base peut être différencié dans la fourchette applicable au taux de base.

Cela signifie que les taux :

– ne peuvent pas être inférieurs à 1 % (voire être nul dans un secteur) ;

– ni être supérieurs à 5 %.

Ils peuvent, le cas échéant, comporter deux décimales après la virgule[3].

552.713 Mise en œuvre de la différenciation. La commune n'a nul besoin de motiver sa sectorisation des taux lorsqu'ils sont compris entre 1 % et 5 %[4].

Le taux déterminé s'applique à toutes les autorisations, indépendamment des besoins des futurs usagers ou habitants. Toutefois, la sectorisation des taux ne doit pas conduire à une rupture d'égalité devant la charge de l'impôt : ainsi, à l'intérieur d'un même secteur comportant les mêmes équipements publics, il ne peut y avoir des taux différents selon les parcelles puisque tous les constructeurs doivent contribuer également au financement des mêmes équipements publics. De même, en cas d'aménagement d'une voie, le taux de la part communale de la taxe d'aménagement doit être le même de part et d'autre de la voie[5].

La sectorisation des taux peut s'appliquer à toutes les communes, qu'elles soient régies par un PLU, une carte communale ou soumises au RNU[6].

552.714 Détermination des secteurs. La circulaire de 2013 indiquait que la définition du secteur géographique de chaque taux « est totalement libre. Il est cependant souhaitable, pour des raisons de clarté et de simplicité, que le tracé du secteur respecte les limites des parcelles cadastrales »[7]. La réforme opérée par la loi de finances pour 2021 a repris cette idée en ajoutant à l'article L. 331-14 un alinéa 3 précisant que pour l'application de cet article, et de l'article L. 331-15, « les secteurs sont définis et présentés par référence aux documents cadastraux à la date de la délibération les instituant, selon des modalités définies par décret »[8]. L'ordonnance du 14 juin 2022 a maintenu cette formule[9].

Le décret en question précise la méthode de détermination de ces secteurs de territoire *infra*-communal pour lesquels un taux spécifique est applicable[10].

En premier lieu, ces secteurs sont définis « par référence au plan cadastral » à la date de délibération les instituant[11]. Plus précisément, ils peuvent être délimités :

– soit « par unités de découpage cadastral », c'est-à-dire par section cadastrale entière ;

– soit « par unités foncières cadastrales », c'est-à-dire par parcelle.

Lorsque la délibération est prise par un EPCI ou par la métropole de Lyon, « chaque secteur peut couvrir une ou plusieurs communes ou fractions de communes ». Dans ce dernier cas, les secteurs *infra*-communaux sont délimités par unité de découpage cadastral[12].

En deuxième lieu, chaque secteur *infra*-communal est défini par référence aux sections qui le composent. La délibération précise les références cadastrales de chacune des sections entièrement incluses dans un secteur. Celles-ci sont désignées par un préfixe composé de trois caractères numériques suivi de la référence de la section composée de deux caractères alphabétiques. Un secteur peut être constitué d'une section cadastrale unique, prise dans sa totalité[13].

1. CGI, art. 1635 *quater* M, I (anc. c. urb. art. L. 331-14, al. 2) ; créé par ord. n° 2022-883, 14 juin 2022.
2. CGI, art. 1635 *quater* L, I, 2, al. 1er (anc. c. urb., art. L. 331-14, al. 2) ; créé par ord. n° 2022-883, 14 juin 2022.
3. Circ. 18 juin 2013, NOR : ETLL1309352C, p. 36.
4. Circ. 18 juin 2013, NOR : ETLL1309352C, p. 36.
5. Circ. 18 juin 2013, NOR : ETLL1309352C, p. 36.
6. Circ. 18 juin 2013, NOR : ETLL1309352C, p. 36.
7. Circ. 18 juin 2013, NOR : ETLL1309352C, p. 37.
8. C. urb., art. L. 331-14, al. 3 ; abrogé par ord. n° 2022-883, 14 juin 2022.
9. CGI, art. 1635 *quater* L, I, 2, al. 2 (anc. c. urb., art. L. 331-14, al. 3) ; créé par ord. n° 2022-883, 14 juin 2022.
10. V. CGI, art. 328 W (anc. décr. n° 2021-1452, 4 nov. 2021 pris pour l'application des articles L. 331-14 et L. 331-15 du code de l'urbanisme, *JO* 6 nov., n° 24) ; créé par décr. n° 2023-165, 7 mars 2023.
11. CGI, art. 328 W, al. 1er.
12. CGI, art. 328 W, al. 2.
13. CGI, art. 328 W, al. 3.

En troisième lieu, le cas échéant, chaque secteur *infra*-communal peut être défini à l'échelle de la parcelle cadastrale. La délibération précise les références cadastrales de chacune des parcelles, au sein de leurs sections respectives. Ces parcelles sont désignées par le préfixe de la section contenant la parcelle, la section contenant la parcelle ainsi que le numéro de la parcelle. Un secteur peut être constitué d'une ou plusieurs parcelles, prises dans leur totalité[1].

En quatrième lieu, la limite entre deux secteurs ne peut traverser une ou plusieurs parcelles, chaque parcelle ne pouvant qu'être entièrement incluse dans le périmètre d'un seul secteur[2].

Lorsque la compétence revient à l'EPCI, celui-ci peut instituer des secteurs correspondant à une commune ou, dans une commune, définir plusieurs secteurs, voire même créer des secteurs situés sur deux communes[3].

552.715 Report géographique des secteurs. Lorsqu'une différenciation des taux par secteurs a été décidée, leur délimitation doit être annexée au PLU[4].

Le report de la sectorisation des taux sur un document graphique en annexe du PLU est effectué dans le cadre de la procédure de mise à jour (sans enquête publique). La doctrine administrative estime que « le non-report n'a aucune incidence sur la validité de la délibération de sectorisation du taux »[5]. La circulaire ajoute que : « La délibération peut aussi être jointe dans les annexes du PLU. De même, la légende de la carte peut faire référence à la date de délibération, celle-ci étant consultable en mairie comme toutes les délibérations »[6].

Le ministère formule à cet égard une recommandation : « Pour des raisons de sécurité juridique et pour permettre une meilleure gestion des secteurs dans le temps, il est conseillé de prendre une seule délibération de sectorisation à la fois, avec un plan associé »[7].

c.
Hypothèse où aucune délibération n'est adoptée

552.721 Application du taux de 1 %. En l'absence de délibération fixant le taux de la taxe, ce dernier est fixé à 1 % dans les communes ou les EPCI où la taxe est instituée de plein droit[8].

Cette hypothèse concerne uniquement l'absence d'adoption de toute délibération. Elle ne s'applique pas à l'absence d'adoption d'une nouvelle délibération. Comme l'a précisé le Conseil d'État, il résulte des termes de l'article L. 331-14 du code de l'urbanisme « que le taux de 1 % prévu » par « cet article ne s'applique qu'en l'absence de toute délibération communale fixant le taux de la taxe d'aménagement. En revanche, dès lors que le conseil municipal a fait usage de la possibilité qui lui est offerte par le deuxième alinéa du même article et qu'il a fixé un taux supérieur à 1 %, sa délibération, en l'absence de nouvelle délibération adoptée dans les conditions prévues au premier alinéa, est reconduite de plein droit chaque année »[9].

2°
Hypothèse d'une construction à cheval entre deux secteurs ou entre deux communes

552.731 Construction à cheval entre deux secteurs. Pour le calcul de la part communale ou intercommunale de la TA, si le projet de construction ou d'aménagement est réalisé dans des secteurs comportant des taux différents (donc situées « à cheval » sur deux secteurs), « il est fait application du taux le moins élevé »[10].

Par exemple, dans le cas d'un projet de construction dont 93,2 % de la surface se situe dans un secteur à taux majoré à 20 %, et 6,8 % dans un secteur à 5 %, la mise en œuvre de ces dispositions se traduit par l'application du taux de 5 % sur toute la surface du projet pour le calcul de TA[11]. Il peut en résulter un important préjudice financier pour la commune. Afin d'éviter de telles situations, « il appartient aux collectivités d'engager une réflexion quant à leur politique d'aménagement avant toute sectorisation ou majoration du taux de la taxe d'aménagement. Cette réflexion doit passer par une estimation du coût des équipements publics dans la zone concernée et par une sectorisation de la taxe d'aménagement en fonction des terrains qui nécessitent ces équipements. Elle peut être menée en collaboration avec les services de l'État compétents en matière de planification et de fiscalité de l'urbanisme qui peuvent conseiller les collectivités. Par ailleurs, lorsqu'il s'agit d'équiper des zones conséquentes, une réflexion

1. CGI, art. 328 W, al. 4.
2. CGI, art. 328 W, al. 5.
3. Circ. 18 juin 2013, NOR : ETLL1309352C, p. 36.
4. CGI, art. 1635 *quater* L, I, 2, al. 2 (anc. c. urb., art. L. 331-14, al. 3) ; créé par ord. n° 2022-883, 14 juin 2022 – En revanche, lorsque la commune ou l'EPCI n'a pas décidé de différenciation par secteur, aucun report géographique n'est imposé par les dispositions du code de l'urbanisme.
5. Circ. 18 juin 2013, NOR : ETLL1309352C, p. 37.
6. Circ. 18 juin 2013, NOR : ETLL1309352C, p. 37.
7. Circ. 18 juin 2013, NOR : ETLL1309352C, p. 37.
8. CGI, art. 1635 *quater* L, I, 1 (anc. c. urb., art. L. 331-14, al. 5) ; créé par ord. n° 2022-883, 14 juin 2022.
9. CE 24 avr. 2019, *Min. Cohésion des territoires et relations avec les collectivités c/Boy (M.)*, req. n° 417980, *Lebon T.*
10. CGI, art. 1635 *quater* L, I, 1 (anc. c. urb., art. R. 331-8) ; créé par ord. n° 2022-883, 14 juin 2022.
11. Rép. min. n° 48293, *JOAN Q* 20 mai 2014, p. 4106.

peut être menée pour déterminer l'outil fiscal le plus judicieux au regard des objectifs d'urbanisation fixés et des enjeux financiers. Ainsi, il peut être proposé la mise en place soit d'un projet urbain partenarial (PUP) soit d'une sectorisation de la TA avec majoration du taux et selon un périmètre approprié. Le choix de l'outil va dépendre des capacités de la collectivité à privilégier le préfinancement des équipements publics ou le portage financier »[1].

552.732 Construction à cheval entre deux communes. Les constructions situées sur le territoire de deux communes sont taxées selon le taux propre à chaque commune, au prorata de la surface taxable située sur chaque commune.

B.
Taux majoré de la part communale ou intercommunale de la TA

552.741 Majoration sectorisée. Le taux de la part communale ou intercommunale de la TA peut être augmenté jusqu'à 20 % « dans certains secteurs »[2].

1°
Conditions de fond

552.751 Travaux importants dans certains secteurs. La majoration est possible dans certains secteurs « si l'importance des constructions nouvelles édifiées dans ces secteurs rend nécessaire la réalisation de travaux substantiels de voirie ou de réseaux, de restructuration ou de renouvellement urbain pour renforcer l'attractivité des zones concernées et pour réduire les incidences liées à l'accroissement local de la population, ou la création d'équipements publics généraux »[3].

Trois hypothèses sont ainsi visées :

– la réalisation de travaux substantiels de voirie ou de réseaux[4] ;

– la réalisation de travaux substantiels de restructuration ou de renouvellement urbain pour renforcer l'attractivité des zones concernées et réduire les incidences liées à l'accroissement local de la population[5] ;

– la création d'équipements publics généraux[6].

Les travaux et équipements concernés sont « notamment les travaux de recomposition et d'aménagement des espaces publics permettant »[7] :

– « d'améliorer la qualité du cadre de vie » ;

– « de lutter contre les îlots de chaleur urbains » ;

– « de renforcer la biodiversité » ;

– « ou de développer l'usage des transports collectifs et des mobilités actives ».

552.752 Notion de travaux rendus nécessaires. La majoration ne peut être décidée que si la réalisation des travaux est rendue nécessaire « en raison de l'importance des constructions nouvelles édifiées » dans les secteurs concernés[8].

Il est ainsi exigé que la réalisation des équipements soit rendue nécessaire pour le fonctionnement du secteur urbain considéré, en raison du nombre important de nouvelles constructions édifiées.

552.753 Suppression de l'exigence de proportionnalité. La loi de finances pour 2021 a supprimé l'exigence de proportionnalité dont il résultait que seule la part du coût de la fraction de l'équipement ou des travaux utiles au secteur peut lui être imputée[9].

2°
Conditions de forme

a.
Motivation de la délibération

552.761 Exigence de motivation. Le code impose que la majoration soit prise par une délibération « motivée »[10].

1. Rép. min. n° 48293, *JOAN Q* 20 mai 2014, p. 4106.
2. CGI, art. 1635 *quater* N (anc. c. urb., art. L. 331-15) ; créé par ord. n° 2022-883, 14 juin 2022. V. J.-Ph. Strebler, « La contestation des secteurs à taux majoré de la part locale de la taxe d'aménagement », *RDI* 2024. 432.
3. CGI, art. 1635 *quater* N, al. 1er (anc. c. urb., art. L. 331-15, al. 1er) ; créé par ord. n° 2022-883, 14 juin 2022.
4. C'est-à-dire « des travaux importants de création ou de renforcement d'infrastructure de voirie ou de réseaux (notamment eau potable, électricité, assainissement, éclairage public, station d'épuration, etc.) » (Circ. 18 juin 2013, NOR : ETLL1309352C, p. 37).
5. Hypothèse ajoutée par la loi de finances pour 2021, élargissant ainsi les possibilités de décider une majoration.
6. C'est-à-dire « des équipements de superstructure pouvant profiter à l'ensemble des habitants de la collectivité mais nécessaires à la satisfaction des besoins des habitants et usagers des constructions attendues dans le secteur (exemples : marché couvert, salle des fêtes, salle de sport, piscine, parking, bibliothèque, gare RER ou *TER*, etc.) » (Circ. 18 juin 2013, NOR : ETLL1309352C, p. 37).
7. CGI, art. 1635 *quater* N, al. 2 (anc. c. urb., art. L. 331-15, al. 2) ; créé par ord. n° 2022-883, 14 juin 2022.
8. CGI, art. 1635 *quater* N, al. 1er (anc. c. urb., art. L. 331-15, al. 1er) ; créé par ord. n° 2022-883, 14 juin 2022.
9. Elle a abrogé l'ancien alinéa 2, aux termes duquel : « Il ne peut être mis à la charge des aménageurs ou constructeurs que le coût des équipements publics à réaliser pour répondre aux besoins des futurs habitants ou usagers des constructions à édifier dans ces secteurs ou, lorsque la capacité des équipements excède ces besoins, la fraction du coût proportionnelle à ceux-ci » – sur l'interprétation jurisprudentielle de cette condition : CE 9 nov. 2020, *SCI V3J Promotion*, req. n° 438285, *Lebon T.* ; *BJDU* 2021. 126, concl. R. Victor.
10. CGI, art. 1635 *quater* N, al. 1er (anc. c. urb., art. L. 331-15, al. 1er) ; créé par ord. n° 2022-883, 14 juin 2022.

552.762 **Contenu de la motivation.** Pour motiver le recours à un taux majoré supérieur à 5 %, « il n'est pas nécessaire d'établir une estimation précise, ni de faire un avant-projet sommaire des travaux »[1].

Par exemple, dans l'hypothèse d'une majoration reposant sur la troisième hypothèse (création d'équipements publics généraux), il est possible « d'indiquer la nécessité de réaliser certains équipements publics importants (à énumérer) pour accueillir les futurs habitants ou usagers du secteur. On peut citer, à titre d'exemples, la mise en place des réseaux publics humides ou secs, l'agrandissement de la station d'épuration, la construction d'une salle de classe, d'une crèche ou d'une partie de crèche, etc. »[2].

b.
Date d'adoption

552.771 **Adoption au 30 juillet.** La majoration doit être votée par une délibération prise dans les conditions prévues au II de l'article 1639 A, c'est-à-dire avant le 30 juillet[3].

3°
Réalisation des travaux

552.781 **Délai pour réaliser les travaux.** Aucun délai n'est imparti pour la réalisation des aménagements rendus nécessaires. Ceux-ci doivent néanmoins être réalisés dans un délai raisonnable, d'autant plus que la TA aura été très fortement augmentée[4].

552.782 **Suppression de la majoration une fois les travaux réalisés.** Le maintien du taux majoré ne se justifie plus lorsque les équipements publics l'ayant nécessité sont réalisés et financés[5].

4°
Éviction d'autres contributions

552.791 **Contributions concernées.** En cas de vote d'un taux supérieur à 5 % dans un ou plusieurs secteurs, les contributions mentionnées au d du 2° et au 3° de l'article L. 332-6-1 du code de l'urbanisme, dans leur rédaction antérieure à l'entrée en vigueur de la loi n° 2014-1655 du 29 décembre 2014 de finances rectificative pour 2014 (taxe pour le financement des dépenses des conseils d'architecture, d'urbanisme et de l'environnement ; participation demandée pour la réalisation des équipements des SPIC concédés, affermés ou exploités en régie rendus nécessaires pour la réalisation de l'opération) « ne sont plus applicables dans ce ou ces secteurs »[6].

§ 2
Taux d'imposition de la part départementale de la TA

552.801 **Fixation du taux.** Les conseils départementaux ayant institué la TA votent le taux de la taxe dans les conditions prévues au II de l'article 1639 A[7], c'est-à-dire avant le 30 juillet[8]. Le taux s'applique à compter du 1er janvier de l'année suivante.

552.802 **Un taux de 2,5 % maximum, unique pour tout le département.** Le taux de la part départementale de la taxe ne peut excéder 2,5 %[9].

Il n'est pas prévu de sectorisation du taux ni de majoration de celui-ci. Par conséquent, un taux unique s'applique sur l'ensemble du département.

552.803 **Ventilation du produit de la taxe.** Les conseils départementaux fixent les taux de répartition de la part départementale de la TA entre la politique de protection des ENS et les conseils d'architecture, d'urbanisme et de l'environnement[10].

Cette détermination est prise[11] :

– soit dans la délibération fixant le taux de la part départementale de la TA ;

– soit dans une autre délibération prise, au plus tard, lors de l'établissement du budget annuel du département (c'est-à-dire avant le 15 avril).

§ 3
Taux d'imposition de la part régionale de la TA (Île-de-France)

552.811 **Fixation du taux.** Le conseil régional d'Ile-de-France ayant institué la TA vote le taux de la taxe dans les conditions prévues au II de l'article 1639 A[12], c'est-à-dire avant le 30 juillet[13]. Le taux s'applique à compter du 1er janvier de l'année suivante.

1. Circ. 18 juin 2013, NOR : ETLL1309352C, p. 38.
2. Circ. 18 juin 2013, NOR : ETLL1309352C, p. 38.
3. CGI, art. 1635 *quater* N, al. 1er ; créé par ord. n° 2022-883, 14 juin 2022.
4. Circ. 18 juin 2013, NOR : ETLL1309352C, p. 38.
5. Circ. 18 juin 2013, NOR : ETLL1309352C, p. 38.
6. CGI, art. 1635 *quater* N, III (anc. c. urb., art. L. 331-15, al. 3) ; créé par ord. n° 2022-883, 14 juin 2022.
7. CGI, art. 1635 *quater* L, II (anc. c. urb., art. L. 331-17, al. 1er) ; créé par ord. n° 2022-883, 14 juin 2022.
8. Avant l'ordonnance du 14 juin 2022, cette date était fixée au 30 novembre.
9. CGI, art. 1635 *quater* M, II (anc. c. urb., art. L. 331-17, al. 3) ; créé par ord. n° 2022-883, 14 juin 2022.
10. C. urb., art. L. 331-17 ; mod. par ord. n° 2022-883, 14 juin 2022.
11. C. urb., art. L. 331-17.
12. CGI, art. 1635 *quater* L, III (anc. c. urb., art. L. 331-18, al. 1er) ; créé par ord. n° 2022-883, 14 juin 2022.
13. Avant l'ordonnance du 14 juin 2022, cette date était fixée au 30 novembre.

552.812 Un taux de 1 % minimum pouvant être différent selon les départements. Le taux de la part régionale de la taxe ne peut excéder 1 %[1] et peut être différent selon les départements[2].

SECTION 8

ÉTABLISSEMENT ET LIQUIDATION DE LA TA

§ 1
Une compétence de l'État

A.
Compétence exclusive de l'État

552.821 Compétence de l'État. Les services fiscaux sont compétents pour établir et liquider la TA.

Les sommes sont ensuite reversées aux collectivités après prélèvement de frais d'assiette et de recouvrement[3].

552.822 Incompétence des communes, y compris pour informer les administrés des montants dus. La compétence exclusive des services de l'État pour établir et liquider la TA emporte l'incompétence corrélative des communes dans ces matières. La doctrine administrative estime que cette incompétence interdit aux communes de donner des informations sur la taxation qui sera appliquée. Selon une réponse ministérielle, « les communes compétentes pour accorder les autorisations d'urbanisme ne peuvent mentionner la nature et le montant de la taxe lors de la délivrance de ces autorisations, mais sont tenues de transmettre à ces services de l'État les informations nécessaires à l'établissement et à la liquidation de la taxe. Il appartient aux services de l'État, et non aux communes, d'informer les bénéficiaires d'autorisations d'urbanisme du montant de la taxe à acquitter. Cette information est communiquée au contribuable par lettre simple dès vérification du calcul et au plus tard six mois après le fait générateur de la taxe »[4].

B.
Services compétents

552.831 Services de l'État compétents. La compétence pour liquider et recouvrer la TA revient à la DGFIP[5]. L'article L. 255 A du LPF dispose en ce sens que les parts communale, départementale et régionale de la TA et les pénalités afférentes « sont assises, liquidées et recouvrées en vertu d'un titre de perception individuel ou collectif émis par le responsable des services fiscaux dans le département ». Il ajoute que ce responsable « peut déléguer sa signature aux agents placés sous son autorité »[6].

C.
Reversement du produit de la TA aux collectivités locales

552.841 Reversement des taxes collectées. La TA et, le cas échéant, ses acomptes sont versés aux collectivités territoriales et EPCI bénéficiaires[7], et ce de façon mensuelle[8].

552.842 Prélèvement de frais d'assiette et de recouvrement de 3 %. L'État effectue un prélèvement de 3 % sur le montant de la TA au titre des frais d'assiette et de recouvrement[9].

552.843 Rapport annuel permettant aux collectivités de prévoir les recettes de la TA. Avant le 1er mars de chaque année, les services fiscaux communiquent aux collectivités territoriales et EPCI bénéficiaires de la TA les éléments concernant l'année civile précédente nécessaires à l'établissement des prévisions de recettes, en vue de la préparation de leur budget[10].

Les éléments communiqués sont[11] :

– les surfaces totales imposables telles que définies au 1° de l'article 1635 *quater* H du CGI (a) ;

– les surfaces imposables ayant fait l'objet de l'abattement prévu au I de l'article 1635 *quater* I du CGI (b) ;

– les montants imposables correspondants à chaque type d'installations et d'aménagements mentionnés à l'article 1635 *quater* J du CGI (c) ;

– le montant des taxes liquidées (d).

1. CGI, art. 1635 *quater* M, III (anc. c. urb., art. L. 331-18, al. 2) ; créé par ord. n° 2022-883, 14 juin 2022.
2. CGI, art. 1635 *quater* L, III (anc. c. urb., art. L. 331-18, al. 2) ; créé par ord. n° 2022-883, 14 juin 2022.
3. V. s[s] n°s 552.841 s.
4. Rép. min. n° 11288, *JO Sénat Q* 23 oct. 2014, p. 2388.
5. Jusqu'à la loi de finances pour 2021, la compétence pour liquider la TA revenait aux services de l'État chargés de l'urbanisme. La réforme opérée par ce texte et l'ordonnance du 14 juin 2022 ont conduit à un transfert à la DGFIP de l'ensemble des compétences (établissement, liquidation, contrôle).
6. LPF, art. L. 255 A, al. 1er ; mod. par ord. n° 2022-883, 14 juin 2022.
7. CGI, art. 1635 *quater* T (anc. c. urb., art. L. 331-33, al. 3) ; créé par ord. n° 2022-883, 14 juin 2022.
8. CGI, art. 328 U ; créé par décr. n° 2023-165, 7 mars 2023.
9. CGI, art. 1647, XX (anc. c. urb., art. L. 331-33, al. 2) ; créé par ord. n° 2022-883, 14 juin 2022.
10. CGI, art. 1639 A, II, al. 2 (anc. c. urb., art. L. 331-34) ; créé par ord. n° 2022-883, 14 juin 2022.
11. CGI, art. 328 V ; créé par décr. n° 2023-165, 7 mars 2023.

§ 2
Établissement de la TA

A.
Déclaration des informations par le bénéficiaire de l'autorisation

552.851 Régime déclaratif. Les informations nécessaires à l'établissement de la TA sont fournies par le bénéficiaire de l'autorisation dans un formulaire intitulé « Déclaration des éléments nécessaires au calcul des impositions »[1].

La taxation est réalisée en fonction de la déclaration. Toutefois, les éléments déclarés sont susceptibles d'être contrôlés ultérieurement par le biais de justificatifs que le service liquidateur peut exiger dans le délai de reprise[2].

552.852 Vérification de la complétude de la déclaration. Il revient aux services compétents de vérifier la complétude du dossier[3].

Est d'abord vérifiée la présence de la « déclaration des éléments nécessaires au calcul des impositions ». Si elle n'est pas présente dans le dossier de la demande, le dossier est déclaré incomplet. Une demande de pièce complémentaire doit alors être faite au titre du permis de construire ou de la déclaration préalable.

Est ensuite vérifiée que la déclaration des éléments nécessaires au calcul des impositions est remplie. Elle doit comporter la surface créée[4], être signée et datée. À défaut, le dossier est déclaré incomplet.

Le service compétent vérifie que le dossier de demande d'autorisation comporte la date et le lieu de naissance pour les personnes physiques et le numéro de SIRET pour les personnes morales[5]. Ces éléments sont un facteur déterminant pour le recouvrement des taxes. S'ils ne figurent pas dans l'imprimé de demande d'autorisation, l'information est requise par téléphone ou par messagerie (si l'adresse électronique est mentionnée) dès le dépôt du dossier. Si cette tentative se révèle infructueuse, en dernier ressort, un incomplet est effectué dans le délai d'un mois à compter de la réception ou du dépôt du dossier à la mairie.

Enfin, est vérifiée la cohérence entre la surface de plancher et la surface taxable indiquées dans le dossier. Si les surfaces de plancher et la surface taxable ne sont pas cohérentes au vu du projet, un incomplet est réalisé motivé par l'incohérence du dossier. Toutefois, si l'instructeur a un doute sur la surface taxable, la procédure contradictoire est effectuée. Cette procédure ne remet pas en cause les délais d'instruction du permis ou de la déclaration préalable.

1. V. s[s] n° 552.563.
2. V. s[s] n° 552.862.
3. Circ. 18 juin 2013, NOR : ETLL1309352C, p. 44-45.
4. En cas de non-création de surface, elle doit porter la mention « néant » ou « 0 m^2 ».
5. Si plusieurs débiteurs sont solidaires du paiement de la taxe, il convient d'indiquer au dossier la date et le lieu de naissance de chacun des débiteurs s'il s'agit de personnes physiques, ou leur numéro SIRET s'il s'agit de personnes morales.

B.
Transmission aux services de l'État des documents et renseignements nécessaires

552.861 Documents et renseignements à transmettre. Les autorités compétentes pour délivrer les autorisations d'urbanisme fournissent au responsable des services fiscaux dans le département les procès-verbaux constatant les infractions[6].

Elles fournissent également, sur demande[7] :

– un exemplaire du formulaire de la déclaration ou de la demande d'autorisation et ses pièces jointes (a) ;

– selon les cas, une copie de la décision ou la date à laquelle l'autorisation ou la décision de non-opposition à déclaration préalable est devenue tacite et, le cas échéant, le certificat d'urbanisme applicable (b).

552.862 Trois cas de figure. Une fois la déclaration préalable ou le permis accordé, trois cas de figure peuvent se rencontrer[8].

Premier cas de figure : la déclaration des éléments nécessaires au calcul des impositions est bien remplie. Dans ce cas, le dossier peut être taxé.

Deuxième cas de figure : la déclaration présente des incohérences ou la déclaration est insuffisamment remplie. Dans ce cas, la construction ne peut être taxée avec les éléments fournis. Le dossier fiscal doit être complété.

En aucun cas, l'agent ne doit compléter lui-même la déclaration ou la modifier. Il appartient au seul pétitionnaire de le faire. Si le bénéficiaire du permis ou de la déclaration préalable a indiqué son numéro de téléphone, l'agent peut inviter le pétitionnaire, par téléphone, à venir compléter sa déclaration. En cas de non-réponse ou si le dossier présente de grandes insuffisances, une procédure contradictoire sera entamée.

Troisième cas de figure : la déclaration présente tous les éléments nécessaires pour taxer mais est sujette à caution. La construction est taxée au vu des éléments présents dans le dossier. Un contrôle pourra être effectué ultérieurement.

6. CGI, art. 328 T, 1° ; créé par décr. n° 2023-165, 7 mars 2023.
7. CGI, art. 328 T, 2° ; créé par décr. n° 2023-165, 7 mars 2023.
8. Circ. 18 juin 2013, NOR : ETLL1309352C, p. 45-46.

§ 3
Information du contribuable et de la collectivité sur le montant dû

552.871 Envoi au redevable dans les six mois. Le redevable est informé du montant des taxes dues dès la vérification du calcul et au maximum 6 mois après la délivrance du permis ou de la décision de non-opposition[1].

552.872 Information de la commune. La commune est informée du montant liquidé et des échéances de versement pour compléter le registre mentionné à l'article R. 332-41 du code de l'urbanisme, de même que l'EPCI compétent en matière de TA[2]. Elle peut obtenir communication du montant des sommes dues et payées à la collectivité ou l'établissement par chaque redevable[3].

§ 4
Procédure de rescrit

552.881 Objet. Prévue par l'article L. 80 du LPF, la procédure de rescrit permet au porteur d'un projet d'obtenir une prise de position de l'administration sur les règles applicables à sa situation relativement à la TA. Il peut ensuite se prévaloir de cette prise de position à l'égard de l'autorité administrative.

A.
Champ d'application de la procédure de rescrit

552.891 Procédure limitée aux grands projets. La procédure de rescrit ne peut être utilisée que pour un projet supérieur à 50 000 m² de surface taxable[4].

B.
Demande de rescrit

552.901 Une demande présentée de bonne foi. La demande de rescrit consiste pour « un redevable de bonne foi », à partir « d'une présentation écrite, précise et complète de la situation de fait », à demander à l'administration « de prendre formellement position sur sa situation au regard des dispositions relatives à la taxe d'aménagement »[5].

552.902 Délai pour déposer la demande. La demande doit être déposée avant le dépôt de la demande d'autorisation d'urbanisme[6].

C.
Réponse de l'administration

552.911 Autorité compétente. La décision sur la demande de rescrit est prise par les services fiscaux.

552.912 Délai pour se prononcer. L'administration fiscale répond de manière motivée dans un délai de trois mois[7].

552.913 Portée de la réponse. La garantie attachée à la réponse de l'administration est détaillée à l'article L. 80 A du LPF.

SECTION 9
CONTRÔLE ET SANCTIONS EN MATIÈRE DE TA

§ 1
Autorités compétentes

552.921 Services fiscaux. Les agents des services fiscaux sont seuls compétents pour mettre en œuvre les procédures de contrôle et de sanction prévues par le LPF.

§ 2
Droit de reprise

552.931 Notion. Le droit de reprise désigne le pouvoir dont dispose l'administration fiscale de vérifier et corriger les erreurs commises par les contribuables. En matière de TA, ce droit s'exerce dans un délai de 3 ans, porté à 6 en cas de construction irrégulière.

A.
Délai de reprise de droit commun

552.941 Délai de 3 ans. Le droit de reprise de l'administration s'exerce jusqu'au 31 décembre de la troisième année qui suit la délivrance de l'autorisation d'urbanisme[8]. L'ordonnance du 14 juin 2022 a abaissé ce délai de 4 à 3 ans.

Ce délai de reprise permet de liquider les taxes en cas, par exemple, de non-réponse lorsqu'un dossier

1. Circ. 18 juin 2013, NOR : ETLL1309352C, p. 48.
2. Circ. 18 juin 2013, NOR : ETLL1309352C, p. 48.
3. LPF, art. L. 133 ; créé par ord. n° 2022-883, 14 juin 2022.
4. LPF, art. L. 80 B, 13° (anc. c. urb., art. L. 331-20-1) ; créé par ord. n° 2022-883, 14 juin 2022.
5. LPF, art. L. 80 B, 13° (anc. c. urb., art. L. 331-20-1).
6. LPF, art. L. 80 B, 13° (anc. c. urb., art. L. 331-20-1).
7. LPF, art. L. 80 B, 13° (anc. c. urb., art. L. 331-20-1).
8. LPF, art. L. 175 A, al. 1er (anc. c. urb., art. L. 331-21, al. 1er) ; créé par ord. n° 2022-883, 14 juin 2022.

ne présente pas les éléments nécessaires pour la taxation ou requiert de demander les justificatifs.

552.942 Interruption du délai. Conformément à l'article L. 189 du LPF, la prescription est interrompue par la notification d'une proposition de rectification, par la déclaration ou la notification d'un procès-verbal, de même que par tout acte comportant reconnaissance des insuffisances, inexactitudes, omissions ou dissimulation des éléments déclarés de la part des contribuables et par tous les autres actes interruptifs de droit commun.

La jurisprudence a précisé que le délai dont dispose l'administration pour exercer son droit de reprise est interrompu, notamment, à la date à laquelle le pli contenant un titre de perception émis en vue du recouvrement de la TA a été présenté à l'adresse du contribuable[1].

L'interruption de la prescription d'assiette a pour effet de faire courir un nouveau délai d'assiette de même nature et de même durée que le délai initial[2].

B. Délai de reprise en cas de construction irrégulière

552.951 Délai de 6 ans. En cas de construction ou d'aménagement sans autorisation ou en infraction aux obligations résultant d'une autorisation de construire, le droit de reprise s'exerce jusqu'au 31 décembre de la sixième année qui suit celle de l'achèvement des constructions ou aménagements en cause[3].

§ 3 Procédure de rectification contradictoire ou de taxation d'office

A. Cas où une demande d'autorisation d'urbanisme a été déposée : rectification contradictoire

552.961 Présentation. La demande de justificatifs est prévue par les articles L. 10 et L. 11 du LPF. Le redevable dispose de trente jours pour produire les pièces et ses observations. À l'issue de ce délai, si le redevable produit les justifications requises, la taxation initiale est conservée, sauf exception. À défaut de production des documents requis, la procédure de rectification contradictoire prévue par l'article L. 55 du LPF (lorsque l'administration des impôts constate une insuffisance, une inexactitude, une omission ou une dissimulation dans les éléments servant de base au calcul de la taxe) est engagée.

552.962 Mise en œuvre en matière de TA. Lorsqu'une demande d'autorisation de construire a été déposée, la procédure de rectification contradictoire peut être mise en œuvre[4].

Le redevable dispose d'un délai de 30 jours pour présenter des justifications. À l'issue de ce délai, si le redevable produit les justifications requises, la taxation initiale est conservée, sauf exception. À défaut de production des documents requis, une procédure contradictoire sera engagée.

Lorsqu'une demande d'autorisation de construire a été déposée et que la construction ne respecte pas l'autorisation, la procédure de rectification contradictoire des bases d'assiette déclarées, prévue par l'article L. 57 du LPF, peut être mise en œuvre. Cette procédure fait toujours suite à un procès-verbal d'infraction[5].

B. Cas où aucune autorisation d'urbanisme n'a été déposée : taxation d'office

552.971 Procédure. Si aucune déclaration n'a été déposée, l'administration ne recourt pas à la procédure de rectification mais met directement en œuvre celle de taxation d'office[6].

La procédure n'est applicable que si le contribuable n'a pas régularisé sa situation dans les trente jours de la notification d'une mise en demeure[7].

Cette procédure fait toujours suite à un procès-verbal constatant l'infraction[8].

Ce document est communicable au contribuable. En effet, l'administration a l'obligation de communiquer au contribuable qui le demande, avant la mise en recouvrement, un document utilisé pour établir l'imposition[9]. Dans la mesure où le procès-verbal d'infraction est utilisé pour l'établissement de la TA,

1. CE 6 déc. 2021, *Min. de la cohésion des territoires et des relations avec les collectivités territoriales c/SNC Résidence Seniors*, req. n° 438975, *Lebon T.* ; *BJDU* 2022. 199, concl. C. Guibé.
2. Circ. 18 juin 2013, NOR : ETLL1309352C, p. 49.
3. LPF, art. L. 175 A, al. 2 (anc. c. urb., art. L. 331-21, al. 1er) ; créé par ord. n° 2022-883, 14 juin 2022.
4. LPF, art. L. 56, 1° (anc. c. urb., art. L. 331-22, al. 1er) ; mod. par ord. n° 2022-883, 14 juin 2022.
5. Circ. 18 juin 2013, NOR : ETLL1309352C, p. 49 – pour un schéma : l'annexe 5 de la circulaire.
6. LPF, art. L. 66, 6° (anc. c. urb., art. L. 331-22, al. 2) ; créé par ord. n° 2022-883, 14 juin 2022.
7. LPF, art. L. 68, al. 1er (anc. c. urb., art. L. 331-22, al. 2) ; mod. par ord. n° 2022-883, 14 juin 2022.
8. Circ. 18 juin 2013, NOR : ETLL1309352C, p. 49 – pour un schéma : l'annexe 6 de la circulaire.
9. CE 3 déc. 1990, *Min. c/S.A. Antipolia*, req. n° 103101, *Lebon*.

il appartient à l'administration de communiquer cette pièce au contribuable qui en fait la demande ou, si elle n'en dispose pas, de l'inviter à présenter sa demande à l'autorité judiciaire [1].

§ 4
Majoration de 80 % en cas de construction irrégulière

552.981 Amende fiscale. En cas de construction ou d'aménagement sans autorisation, le montant des droits mis à la charge du contribuable est majoré de 80 % [2].

SECTION 10
ÉMISSIONS DES TITRES DE PERCEPTION ET RECOUVREMENT DE LA TA

552.991 Opérations de recettes. Sans préjudice des dispositions de l'article R. 247-6 [3], sont applicables à la TA les articles 112 à 119,122 et 124 du décret n° 2012-1246 du 7 novembre 2012 relatif à la gestion budgétaire et comptable publique [4].

§ 1
Émission des titres de perception de la TA

A.
Cadre général

552.1001 Renvoi au LPF. La TA est recouvrée dans les conditions prévues à l'article L. 255 A du LPF [5].

552.1002 Un ou deux titres de perception selon le montant. Le recouvrement de la TA fait l'objet de l'émission [6] :

– de deux titres de perception correspondant à deux fractions égales à la moitié de la somme totale à acquitter lorsque le montant excède 1 500 euros ;

– d'un titre unique lorsque le montant n'excède pas 1 500 euros.

552.1003 Date d'émission des titres. Lorsqu'un seul titre doit être émis, celui-ci l'est dans un délai de 90 jours après la date d'exigibilité de la taxe [7].

Lorsque deux titres doivent être émis [8] :

– le premier titre doit être émis dans un délai de 90 jours après la date d'exigibilité de la taxe ;

– le second titre doit être émis six mois après la date d'émission du premier titre.

B.
Pénalités

552.1011 Titre distinct. Les pénalités dont la TA peut être assortie font l'objet de l'émission d'un titre unique de perception distinct de celui de la taxe. Les sommes recouvrées sont versées au profit des collectivités territoriales ou des EPCI percevant la TA correspondant à ces pénalités [9].

C.
Acompte

552.1021 Construction de plus de 5 000 m². Le décalage de la date d'exigibilité de la taxe à l'achèvement des travaux est susceptible d'induire un retard dans la perception des recettes par les collectivités locales dans le cas de projets d'envergure importante. Afin d'en neutraliser les effets, l'ordonnance du 14 juin 2022 a instauré deux acomptes, respectivement de 50 % et de 35 % de la taxe effectivement due, en cas de construction supérieure à 5 000 m² [10].

552.1022 Modalités. La TA retenue pour le paiement des acomptes est calculée en retenant les caractéristiques présentées par la construction appréciées à la date du fait générateur [11].

Les premier et second acomptes sont exigibles respectivement le 9e et le 18e mois suivant celui de la délivrance de l'autorisation d'urbanisme [12].

Leur montant est arrondi à l'euro le plus proche ; la fraction d'euro égale à 0,50 est comptée pour 1 [13].

Ils s'imputent sur le montant définitif de la TA due. Lorsque le montant de la somme imputable est

1. CE 10 déc. 2021, *M. Martinez*, req. n° 431472, *Lebon T. ; BJDU* 2022. 120, concl. E. Bokdam-Tognetti.
2. CGI, art. 1728, I, ▶ (anc. c. urb., art. L. 331-23) ; créé par ord. n° 2022-883, 14 juin 2022.
3. V. s^s n° 552.1043 (remises et transactions à titre gracieux).
4. LPF, art. R. 255 A-1, créé par décr. n° 2023-117, 20 févr. 2023.
5. CGI, art. 1679 *octies*, al. 1er ; créé par ord. n° 2022-883, 14 juin 2022.
6. CGI, art. 1679 *octies*, al. 2 (anc. c. urb., art. L. 331-24, al. 2) ; créé par ord. n° 2022-883, 14 juin 2022.
7. CGI, art. 1679 *octies*, al. 3 (anc. c. urb., art. L. 331-24, al. 3) ; créé par ord. n° 2022-883, 14 juin 2022.
8. CGI, art. 1679 *octies*, al. 3 (anc. c. urb., art. L. 331-24, al. 3).
9. CGI, art. 1679 *octies*, al. 4 ; créé par ord. n° 2022-883, 14 juin 2022.
10. CGI, art. 1679 *nonies*, al. 1er à 3 ; créé par ord. n° 2022-883, 14 juin 2022.
11. CGI, art. 1679 *nonies*, al. 4 ; créé par ord. n° 2022-883, 14 juin 2022.
12. CGI, art. 1679 *nonies*, al. 5 ; créé par ord. n° 2022-883, 14 juin 2022.
13. CGI, art. 1679 *nonies*, al. 6 ; créé par ord. n° 2022-883, 14 juin 2022.

supérieur au montant de la taxe effectivement due, l'excédent est restitué[1].

Le recouvrement de chaque acompte fait l'objet d'un titre unique de perception émis à compter de sa date d'exigibilité[2].

§ 2
Redevables de la TA

552.1031 Bénéficiaires de l'autorisation. Sont tenus au paiement de la TA les bénéficiaires de l'autorisation[3].

552.1032 Solidarité avec les bénéficiaires de l'autorisation. Sont solidaires du paiement de la taxe les établissements qui sont garants de l'achèvement de la construction[4]. Sont par ailleurs solidaires du paiement de la taxe et des pénalités afférentes les époux et les partenaires liés par un PACS[5].

552.1033 Cas d'un permis de construire valant division. Lorsqu'un permis de construire a été délivré à plusieurs personnes physiques ou morales pour la construction de bâtiments dont le terrain d'assiette doit faire l'objet d'une division en propriété ou en jouissance avant l'achèvement des travaux conformément à l'article R. 431-24, « les redevables de la taxe d'aménagement dont ce permis est le fait générateur sont les titulaires de celui-ci, chacun d'entre eux étant redevable de l'intégralité de la taxe due à raison de l'opération de construction autorisée ». Dans une telle hypothèse, l'administration compétente peut mettre cette taxe à la charge « soit de l'un quelconque des bénéficiaires du permis, soit de chacun de ces bénéficiaires à la condition alors que le montant cumulé correspondant aux différents titres de perception émis n'excède pas celui de la taxe due à raison de la délivrance du permis »[6]. Les circonstances que le terrain ait fait l'objet d'une division avant la demande de permis et que l'administration dispose de la répartition des surfaces de plancher entre les bénéficiaires ne sont pas de nature à priver l'administration de cette faculté[7].

§ 3
Recouvrement de la TA

552.1041 Comptables publics compétents. La TA et la pénalité dont elle peut être assortie sont recouvrées par les comptables publics compétents de la DGFIP.

552.1042 Titre d'annulation. Lorsque la TA acquittée en tout ou partie par le redevable et répartie entre les collectivités territoriales et les établissements publics bénéficiaires fait l'objet d'un titre d'annulation, « le versement indu donne lieu à une compensation sur le produit de la taxe, que le comptable répartit entre ces mêmes bénéficiaires »[8].

Un titre de perception est émis à l'égard des collectivités territoriales ou des EPCI bénéficiaires pour les montants indûment reversés « si la compensation n'a pas permis de solder le montant de l'indu ». Le comptable peut recouvrer ce titre « par voie de compensation ou par voie d'un prélèvement sur les avances » prévues au chapitre VII du titre III du livre III de la deuxième partie du CGCT[9].

552.1043 Remises et transactions à titre gracieux. Les remises et transactions à titre gracieux relatives à la TA s'effectuent dans les conditions prévues aux articles 120 et 121 du décret n° 2012-1246 du 7 novembre 2012 relatif à la gestion budgétaire et comptable publique[10].

SECTION 11
CONTRÔLE ET RÉCLAMATION EN MATIÈRE DE TA

§ 1
Contrôles

552.1051 Renvoi au droit commun. La TA « est contrôlée suivant les modalités et sous les garanties et sanctions prévues en matière de contributions directes »[11].

1. CGI, art. 1679 *nonies*, al. 7 ; créé par ord. n° 2022-883, 14 juin 2022.
2. CGI, art. 1679 *nonies*, al. 8 ; créé par ord. n° 2022-883, 14 juin 2022.
3. V. s^s n° 552.251.
4. CGI, art. 1691 *bis*, A (anc. c. urb., art. L. 331-25, 1°) ; créé par ord. n° 2022-883, 14 juin 2022.
5. CGI, art. 1691 *bis*, I, 3° (anc. c. urb., art. L. 331-25, 2°) ; créé par ord. n° 2022-883, 14 juin 2022.
6. CE 19 juin 2019, *Min. Cohésion des territoires et relations avec les collectivités territoriales c/Liagre (M.)*, req. n° 413967, *Lebon T. ; Constr.-Urb.* 2019, comm. 127, note N. Gonzalez-Gharbi.
7. CE 17 mars 2022, *Ministre de la transition écologique c/M. et Mme Souissi*, req. n° 453610, *Lebon T. ; BJDU* 2022. 280, concl. L. Domingo ; *RDI 2022. 299, obs. P. Soler-Couteaux ; Constr.-urb. 2022, comm. 75, note N. Gonzalez Gharbi.*
8. LPF, art. L. 205 A, al. 1er (anc. c. urb., art. L. 331-26) ; créé par ord. n° 2022-883, 14 juin 2022.
9. LPF, art. L. 205 A, al. 2 (anc. c. urb., art. L. 331-26) ; créé par ord. n° 2022-883, 14 juin 2022.
10. LPF, art. R. 247-6 ; mod. par décr. n° 2023-117, 20 févr. 2023.
11. CGI, art. 1635 *quater* Q (anc. c. urb., art. L. 331-31) ; créé par ord. n° 2022-883, 14 juin 2022.

§ 2
Contentieux de la taxe (assiette)

A.
Cas de décharge, réduction et restitution de la taxe

552.1061 **Deux cas.** Le CGI prévoit deux cas dans lesquels le redevable de la taxe peut en obtenir la décharge, la réduction ou la restitution totale ou partielle.

552.1062 **Premier cas : constructions démolies sur décision judiciaire.** Le redevable de la TA peut en obtenir la décharge, la réduction ou la restitution totale ou partielle « si les constructions sont démolies en vertu d'une décision du juge civil »[1].

Il en va ainsi que ces constructions aient été édifiées légalement ou illégalement (sans autorisation, notamment)[2].

La doctrine administrative estime qu'« en cas d'annulation du permis d'une construction achevée, il n'y a pas de restitution des taxes »[3]. Le libellé du 3° de l'article L. 331-30 n'implique pas nécessairement une telle solution.

552.1063 **Deuxième cas : locaux détruits ou devant être détruits après une catastrophe naturelle.** Le redevable de la TA peut en obtenir la décharge, la réduction ou la restitution totale ou partielle « dans le cas de catastrophe naturelle, lorsque les locaux ont été détruits ou ont subi des dégâts tels qu'après expertise ou décision administrative, ils sont voués à la démolition »[4].

La décharge ou la réduction s'applique, sur demande du contribuable, sur le montant total de la taxe dont le dernier versement n'est pas arrivé à échéance à la date du sinistre[5].

Le contribuable doit justifier que les indemnités versées en réparation des dommages occasionnés à l'immeuble ne comprennent pas le montant des taxes d'urbanisme dues lors de la construction[6].

Si une telle remise est accordée, le 9° du I de l'article 1635 *quater* D (exonérant de la part communale ou intercommunale de la TA un bâtiment reconstruit à l'identique après démolition ou destruction)[7] ne s'applique pas à la reconstruction du bâtiment[8].

B.
Délais et procédure de réclamation

552.1071 **Renvoi au droit commun.** En matière d'assiette, les réclamations relatives à la TA « sont présentées, instruites et jugées selon les règles applicables en matière d'impôts directs locaux »[9].

1. CGI, art. 1635 *quater* S, 1° (anc. c. urb., art. L. 331-30, 3°) ; créé par ord. n° 2022-883, 14 juin 2022.
2. Circ. 18 juin 2013, NOR : ETLL1309352C, p. 55.
3. Circ. 18 juin 2013, NOR : ETLL1309352C, p. 55.
4. CGI, art. 1635 *quater* S, 2° (anc. c. urb., art. L. 331-30, 4°) ; créé par ord. n° 2022-883, 14 juin 2022.
5. CGI, art. 1635 *quater* S, 2° (anc. c. urb., art. L. 331-30, 4°) ; créé par ord. n° 2022-883, 14 juin 2022.
6. CGI, art. 1635 *quater* S, 2° (anc. c. urb., art. L. 331-30, 4°) ; créé par ord. n° 2022-883, 14 juin 2022.
7. V. s[s] n° 552.391.
8. CGI, art. 1635 *quater* S, 2° (anc. c. urb., art. L. 331-30, 4°) ; créé par ord. n° 2022-883, 14 juin 2022.
9. CGI, art. 1635 *quater* R, 2° (anc. c. urb., art. L. 331-31) ; créé par ord. n° 2022-883, 14 juin 2022.

CHAPITRE

553. Contributions de nature non fiscale (participations d'urbanisme)

SECTION 0
ORIENTEUR

553.00 Sommaire du chapitre.

553.01 **Textes applicables.**

> Participation pour réalisation d'équipements publics exceptionnels (PEPE)

• **C. urb.**, art. L. 332-8

> Participation PUP (projet urbain partenarial)

• **C. urb.**

art. L. 332-11-3

art. L. 332-11-4

art. R. 332-25-1 s.

> Taxe sur la création de bureaux en Ile-de-France (TCB-IDF)

• **C. urb.**

art. L. 520-1 s.

art. R. 520-1 s.

art. A. 520-1 s.

> Redevance d'archéologie préventive (RAP)

• **C. patr.**

art. L. 542-2 s.

art. R. 542-3 s.

> Participation pour le financement de l'assainissement collectif (PFAC ou PAC)

• **CSP,** art. L. 1331-7 s.

553.03 Bibliographie indicative.

Encyclopédies. *DP constr.-urb., ét.* : « Participations d'urbanisme » ; ét. : « Archéologie » ; ét. : « Projet urbain partenarial » ; ét. : « Projet urbain partenarial » – *J.-Cl. Constr.-Urb.*, fasc. 26-20 : « Permis de construire. – Taxes, charges et participations », par G. Ricard, févr. 2024.

> Articles

PUP. O. Chambord, « La réforme de la fiscalité de l'urbanisme par l'introduction du projet urbain partenarial », *JCP Adm.* 2009, n° 2234 – A. Droal, « Un pas vers la contractualisation », *Gaz. cnes* 22 sept. 2008. 1949 – G. Godfrin, « Participations d'urbanisme contractualisées : la fin d'un tabou ? », *Constr.-Urb.* 2008, repère 9 – Y. Pittard, « Le projet urbain partenarial », *DAUH* 2010. 75 – J.-Ph. Strebler, « Le projet urbain partenarial : les risques d'une réforme inaboutie », *BJDU* 2009. 178 – J.-Ph. Strebler, « Le projet urbain partenarial, contribution "souple" au financement des équipements publics », *RDI* 2009. 178.

RAP. F. Bouyssou et P. Galan, « Les redevances d'archéologie préventive : une nouvelle stratification de la fiscalité de l'urbanisme », *JCP N* 2001, n° 1582 – P. Derrez, La redevance d'archéologie préventive, opérations immobilières 2009, n° 12, p. 38 – C. Saujot, « La loi n° 2001-44 du 17 janvier 2001 relative à l'archéologie préventive », *JCP* 2001, n° 1351 – C. Saujot, « La redevance d'archéologie préventive à nouveau modifiée (L. du 9 août 2004, art. 17) », *JCP N* 2004, n° 1533 – P.-L. Frier, « La réforme de l'archéologie », *AJDA* 2001. 182 – P.-L. Frier, « L'archéologie préventive, suite et fin ?... », *AJDA* 2004. 1587 – N. Wagener, « La réforme du droit de l'archéologie », *RDI* 2017. 68.

553.04 Questions essentielles.

> Quelles opérations sont soumises à la Participation pour réalisation d'équipements publics exceptionnels ?

* V. s[s] n°s 553.21 s.

> Qui, de la collectivité publique ou du promoteur, est à l'origine de la passation d'une convention de PUP ?

* V. s[s] n°s 553.132 s.

> Comment se calcule le montant de la TCB-IDF ?

* V. s[s] n°s 553.381 s.

> Quelles opérations sont soumises à la RAP ?

* V. s[s] n°s 553.601 s.

> Comment le montant de la PFAC est-il calculé ?

* V. s[s] n°s 553.771 s.

553.05 **Diversité des participations non fiscales.** Diverses participations d'urbanisme de nature non fiscales sont prévues par le code de l'urbanisme :

– la participation pour réalisation d'équipements publics exceptionnels (PEPE) ;

– la participation PUP ;

– la participation ZAC ;

– la taxe sur la création de bureaux en Ile-de-France (TCB-IDF) ;

– la redevance d'archéologie préventive (RAP), plus exactement sa part logement, c'est-à-dire la taxe d'archéologie préventive (TAP).

Doit également y être ajoutée, bien qu'elle ne constitue plus une participation d'urbanisme (puisqu'elle n'est pas liée à l'autorisation d'urbanisme) la participation pour le financement de l'assainissement collectif (PFAC).

SECTION 1
PARTICIPATION POUR RÉALISATION D'ÉQUIPEMENTS PUBLICS EXCEPTIONNELS (PEPE)

553.11 **Texte.** Une participation spécifique (la PEPE) peut être exigée des bénéficiaires des autorisations de construire qui ont pour objet la réalisation de toute installation à caractère industriel, notamment relative aux communications électroniques, agricole, commercial ou artisanal « qui, par sa nature, sa situation ou son importance, nécessite la réalisation d'équipements publics exceptionnels »[1].

§ 1
Champ d'application de la PEPE

A.
Première condition : une installation à caractère industriel, agricole, commercial ou artisanal

553.21 **Nature des installations.** La première condition est relative à la nature des installations concernées. La PEPE n'est due que pour les installations à caractère[2] :

– industriel, notamment relative aux communications électroniques ;

– agricole ;

– commercial ;

– ou artisanal.

553.22 **Illustrations.** Par exemple, a été regardé comme ne présentant pas un caractère industriel, agricole, commercial ou artisanal un programme immobilier comprenant un complexe hôtelier, plusieurs golfs et des habitations[3].

1. C. urb., art. L. 332-8, al. 1er.
2. C. urb., art. L. 332-8, al. 1er.
3. CE 29 juin 2016, *Sté d'aménagement du domaine de Château Barrault*, req. n° 375020, *Lebon T.*

À l'inverse, ont été regardés comme présentant un tel caractère :

- une porcherie[1] ;
- une résidence de tourisme[2].

B. Seconde condition : une installation nécessitant la réalisation d'équipements publics exceptionnels.

553.31 Formulation de la condition. La seconde condition tient à ce que l'installation concernée, « par sa nature, sa situation ou son importance », « nécessite la réalisation d'équipements publics exceptionnels »[3].

553.32 Charge de la preuve. Il appartient à l'autorité qui impose le versement de la participation au coût de la réalisation d'équipements publics exceptionnels de justifier qu'une telle réalisation est rendue nécessaire par l'opération projetée[4].

553.33 Délai entre la mise en activité de l'installation et la réalisation des travaux exceptionnels. Il n'est pas exigé que les travaux rendus nécessaires par l'installation aient été réalisés avant sa construction ou concomitamment à celle-ci. Ces travaux peuvent rentrer dans le champ d'application de la PEPE même s'ils sont réalisés après la fin de sa mise en activité[5].

553.34 Condition satisfaite. Ont été regardées comme des installations nécessitant la réalisation d'équipement publics exceptionnels :

- un lotissement comprenant des installations commerciales et artisanales, ayant nécessité l'aménagement d'un carrefour et la réalisation d'un très grand rond-point afin de permettre sa desserte[6] ;
- une porcherie, ayant nécessité l'élargissement et le renforcement d'une voie qui, construite sur un terrain de nature instable, n'était pas prévue pour le passage de camions[7] ;
- ou encore la création d'un giratoire d'un rayon extérieur de 15 mètres, le déplacement et l'élargissement d'une partie d'un chemin rural et la réfection de la partie restante de ce chemin ainsi que la réalisation d'un éclairage adéquat, la réalisation de ces ouvrages ayant été rendue nécessaire pour la desserte, dans un secteur rural, d'une résidence de tourisme comprenant 130 logements[8].

553.35 Condition non satisfaite. N'ont pas été regardées comme des installations nécessitant la réalisation d'équipement publics exceptionnels :

- des aménagements courants de la voirie[9], dès lors qu'ils profitent à l'ensemble des usages de la route (même s'ils ont pour effet d'améliorer les conditions d'accès à une installation donnée)[10] ;
- l'aménagement d'un giratoire qui n'a pas été réalisé pour assurer la seule desserte de la construction contestée[11] ;
- une extension du réseau d'eau potable et d'électricité[12].

C. Conditions satisfaites par détermination de la loi pour les éoliennes rendant nécessaires des moyens de détection militaires supplémentaires

553.41 Installations regardées par détermination de la loi comme répondant aux deux conditions. Depuis 2015[13], le code prévoit que lorsque l'autorisation de construire a pour objet l'implantation des installations de production d'électricité à partir de l'énergie mécanique du vent dont la situation ou l'importance rend nécessaires des moyens de détection militaires supplémentaires, ces moyens constituent un équipement public exceptionnel[14].

§ 2 Fait générateur de la PEPE

553.51 Délivrance de l'autorisation d'urbanisme. Le fait générateur de la PEPE réside, comme pour

1. CAA Bordeaux, 13 déc. 2010, *Saint-Alpinien (Cne)*, req. n° 10BX00504, NP.
2. CAA Nantes, 13 févr. 2015, *SCI Le village de la mer*, req. n° 13NT03270, NP.
3. C. urb., art. L. 332-8, al. 1er.
4. CAA Bordeaux, 13 déc. 2010, *Saint-Alpinien (Cne)*, req. n° 10BX00504, NP ; – CAA Nantes, 13 févr. 2015, *SCI Le village de la mer*, req. n° 13NT03270, NP.
5. PAR EX. : CAA Bordeaux, 13 déc. 2010, *Saint-Alpinien (Cne)*, req. n° 10BX00504, NP : travaux entrepris un an après la mise en activité d'une porcherie.
6. CE 6 mars 2006, *SNC Le triangle*, req. n° 266346, *Lebon T.* ; *BJDU* 2006. 44, concl. S. Verclytte.
7. CAA Bordeaux, 13 déc. 2010, *Saint-Alpinien (Cne)*, req. n° 10BX00504, NP.
8. CAA Nantes, 13 févr. 2015, *SCI Le village de la mer*, req. n° 13NT03270, NP.
9. CAA Nancy, 2 avr. 1998, *SNC Lidl*, req. n° 95NC00819, NP.
10. CAA Nantes, 21 juill. 2014, *Sté Parc Résidentiel de Coat Moor*, req. n° 13NT01351, NP.
11. CAA Marseille, 1er oct. 2015, *Sanary-sur-Mer (Cne)*, req. n° 14MA01799, NP.
12. CAA Marseille, 10 juill. 2017, *Moussa*, req. n° 16MA02079, NP (arrêt devenu définitif en l'absence d'admission du pourvoi formé à son encontre : CE 21 déc. 2017, req. n° 414168, NP).
13. L. n° 2015-992, 17 août 2015 relative à la transition énergétique pour la croissance verte, *JO* 18 août, n° 1, art. 141.
14. C. urb., art. L. 332-8, al. 3.

toute participation d'urbanisme, dans la délivrance d'une autorisation d'urbanisme[1].

553.52 Prescription de la PEPE. La PEPE est prescrite dans l'autorisation d'urbanisme (ou, en cas d'autorisation tacite, dans un arrêté distinct)[2]. Ni l'achèvement, ni le démarrage des travaux ne constituent une condition de la prescription, par l'autorisation de construire, de la PEPE[3].

Aucune délibération préalable n'est nécessaire pour mettre en place la PEPE, cette dernière étant étroitement liée au type de projet et à l'équipement public à réaliser en conséquence[4].

§ 3
Fixation du montant de la PEPE

A.
Montant de la PEPE ne pouvant excéder le coût des équipements exceptionnels réalisés

553.61 Plafond. Le montant de la PEPE ne peut excéder le coût réel de l'équipement public[5],

B.
Autorité compétente pour déterminer le montant de la PEPE

553.71 Situation normale. En principe, le montant de la PEPE est déterminé par l'autorité qui délivre l'autorisation d'urbanisme.

553.72 Cas où la réalisation des équipements n'est pas de la compétence de l'autorité qui délivre l'autorisation. Lorsque la réalisation des équipements publics exceptionnels n'est pas de la compétence de l'autorité qui délivre le permis de construire, celle-ci détermine le montant de la PEPE, après accord de la collectivité publique à laquelle incombent ces équipements ou de son concessionnaire[6].

553.73 Cas des éoliennes rendant nécessaires des moyens de détection militaires supplémentaires. Dans le cas des éoliennes rendant nécessaires des moyens de détection militaires supplémentaires, le montant de la PEPE est fixé par convention par l'autorité militaire[7].

§ 4
Cumul avec la taxe d'aménagement

553.81 Cumul possible. La PEPE est cumulable avec la TA.

§ 5
Action en répétition de l'indu

553.91 Remboursement des sommes indues. L'action en répétition de l'indu[8] est ouverte lorsque les travaux réalisés ne rentrent pas dans le champ de la PEPE[9].

553.92 Hypothèse où les travaux ne sont pas réalisés dans les délais prévus. L'absence de réalisation des travaux dans les délais prévus ne permet pas de réputer sans cause une telle contribution[10].

SECTION 2
PARTICIPATION PUP (PROJET URBAIN PARTENARIAL)

553.101 Participation autorisée. La participation de projet urbain partenarial (PUP) constitue une participation d'urbanisme Elle est prévue par l'article L. 332-6 du code de l'urbanisme, qui fixe limitativement la liste des participations pouvant être exigées des constructeurs[11].

Elle présente la particularité de présenter une nature contractuelle.

553.102 Objet de la conventions PUP. La convention de projet urbain partenarial (PUP) a pour objet de faire supporter par des personnes privées le coût de réalisation d'équipements publics. C'est « un outil financier souple qui permet, en dehors d'une zone d'aménagement concerté (ZAC), l'apport de participations à des équipements publics rendus nécessaires par une opération de construction ou d'aménagement »[12]. La convention de PUP constitue un moyen de préfinancer les équipements publics. Elle facilite ainsi la réalisation de projets que les personnes publiques seraient réticentes à accepter en raison du coût que leur réalisation fera peser sur les deniers publics.

1. V. s^s n° 551.111.
2. V. s^s n°s 551.121 s.
3. CE 4 juill. 2018, *SCI JM6*, req. n° 396985, *Lebon T.*
4. Rép. min. n° 373, *JO Sénat Q* 21 déc. 2017, p. 4611.
5. Rép. min. n° 28340, *JOAN Q* 23 oct. 1995, p. 4441.
6. C. urb., art. L. 332-8, al. 2.
7. C. urb., art. L. 332-8, al. 3.
8. V. s^s n°s 551.151 s.
9. PAR EX. : CAA Nancy, 2 avr. 1998, *SNC Lidl*, req. n° 95NC00819, NP.
10. CE 4 juill. 2018, *SCI JM6*, req. n° 396985, *Lebon T.*
11. C. urb., art. L. 332-6, 1° – V. s^s n°s 551.41 s.
12. Rép. min. n° 118850, *JOAN Q* 27 déc. 2011, p. 13719.

553.103 Origine et régime. Le dispositif a été instauré en 2009 par la loi Boutin[1] afin de remplacer celui du PAE, supprimé au 1er mars 2012[2].

Il est régi par les articles L. 332-11-3 et L. 332-11-4 et R. 332-25-1 s. du code de l'urbanisme.

§ 1
Convention PUP

553.111 Convention unique ou conventions successives. Le code distingue :

– la convention unique de PUP, portant sur la réalisation d'une opération unique[3] ;

– les conventions successives de PUP, conclues pour la réalisation d'opérations successives[4].

A.
Convention unique de PUP

1°
Un montage possible uniquement dans les zones urbaines et les zones à urbaniser

553.121 Condition. Le code n'autorise la signature de convention de PUP que « dans les zones urbaines et les zones à urbaniser »[5]. Il s'agit des zones U et AU des PLU.

553.122 Délimitation du périmètre. Un document graphique joint à la convention de PUP fait apparaître le ou les périmètres concernés[6].

2°
Formation de la convention

a.
Initiative de la convention

553.131 Cadre. L'initiative de l'opération (aménagement ou construction) appartient toujours au constructeur ou à l'aménageur.

L'initiative de la convention elle-même ne fait l'objet d'aucune disposition dans le code. Elle appartient donc tant au constructeur ou à l'aménageur qu'à la commune[7].

553.132 Initiative privée. Le PUP repose souvent sur une initiative privée pour réaliser une opération privée qui peut cependant avoir un enjeu et un intérêt communal. Le propriétaire, constructeur ou aménageur propose la signature d'une telle convention si son projet nécessite la réalisation d'équipements publics difficiles à financer *a posteriori* par la seule taxe d'aménagement (TA) et si cette convention peut faire avancer plus rapidement son projet.

553.133 Initiative publique. La collectivité publique sera à l'origine d'une convention de PUP lorsqu'elle y trouve un intérêt. Son intérêt principal peut tenir à la possibilité :

– de percevoir une somme supérieure à celle qui résulterait de la TA ;

– et surtout de prévoir des modalités de financement échelonnées.

Lorsque la commune ou l'EPCI a délimité un périmètre de prise en charge des équipements publics, défini ces équipements et les modalités de partage de leurs coûts, elle a l'obligation de proposer un projet de convention au demandeur satisfaisant aux conditions légales[8].

b.
Concertation préalable facultative

553.141 Possibilité de demander une concertation préalable. Avant la conclusion de la convention de PUP, les personnes ayant qualité pour déposer une demande de permis de construire ou d'aménager peuvent demander à la personne publique compétente pour la signer qu'elle étudie le projet d'aménagement ou de construction et que ce projet fasse l'objet d'un débat au sein de l'organe délibérant[9].

La demande est assortie d'un dossier comportant les éléments suivants[10] ;

– la délimitation du périmètre du projet d'aménagement ou de construction ;

– la définition du projet ;

– ainsi que la liste des équipements publics à réaliser pour répondre aux besoins des futurs habitants ou usagers des constructions à édifier dans le périmètre.

553.142 Caractère facultatif de la concertation préalable. L'autorité compétente « peut faire droit » à la demande de consultation préalable[11], cette rédaction signifiant qu'elle peut choisir de ne pas y faire droit. La collectivité publique apprécie ainsi de

1. L. n° 2009-323, 25 mars 2009 de mobilisation pour le logement et la lutte contre l'exclusion, *JO* 27 mars, n° 1, art. 43.
2. V. ss n° 551.23.
3. C. urb., art. L. 332-11-3, I.
4. C. urb., art. L. 332-11-3, II.
5. C. urb., art. L. 332-11-3, I, al. 1er.
6. C. urb., art. R. 332-25-1, al. 2 – Sur la délimitation du périmètre de la convention, v. ss n° 553.185.
7. Circ. 18 juin 2013 relative à la réforme de la fiscalité de l'aménagement, NOR : ETLL1309352C, p. 80.
8. CE 8 avr. 2024, *Société Promologis*, req. n° 472443, *Lebon T. ; Constr.-Urb.* 2024, comm. 63, note L. Santoni ; *JCP Adm.* 2024, act. 208, note F. Eddazi ; *BJDU* 2024. 238, concl. Th. Janicot.
9. C. urb., art. L. 332-11-3, III, al. 1er ; mod. par L. n° 2023-973, 23 oct. 2023.
10. C. urb., art. L. 332-11-3, III, al. 2.
11. C. urb., art. L. 332-11-3, III, al. 1er.

façon discrétionnaire s'il y a lieu d'accéder ou non à cette demande.

c.
Absence d'obligation de publicité et mise en concurrence

553.151 **Passation simple.** Eu égard à l'objet de la convention de PUP, qui consiste à assurer le préfinancement d'équipements publics nécessaires à la réalisation d'une opération, sa passation n'est pas soumise aux règles de mise en concurrence et de publicité[1].

d.
Signature de la convention

553.161 **Signataires privés.** La convention comprend, d'un côté, le ou les signataires privés, qui seront les contributeurs[2] :

- propriétaire(s) des terrains ;
- aménageur(s) ;
- constructeur(s).

Le signataire de la convention est habituellement le porteur du projet (aménageur ou constructeur). Il peut également être le propriétaire du terrain s'il n'est pas lui-même porteur du projet.

553.162 **Signataires publics.** La convention de PUP comprend, d'un autre côté, la personne publique compétente :

- en principe la commune ou l'EPCI compétent en matière de PLU[3] ;
- dans le périmètre d'une OIN, le préfet[4] ;
- dans le périmètre d'une GOU, la collectivité territoriale ou l'établissement public cocontractant sauf dans le cas prévu à l'article L. 312-5-1[5].

Deux collectivités peuvent co-signer un PUP. Dans le cas d'une OIN, la convention « peut être tripartite si la commune doit réaliser certains équipements »[6]. En dehors de ce cas, deux communes peuvent signer un PUP. Toutefois, met en garde la circulaire, « en cas de problèmes entre les collectivités, la situation peut devenir délicate à gérer. Mieux vaut donc conclure un PUP par commune ou créer un EPCI qui a reçu délégation desdites communes pour le PUP »[7].

Si les compétences d'un EPCI n'incluent pas l'élaboration du PLU, cet EPCI « ne pourra pas signer une convention de PUP. Il reviendra alors à la commune de passer avec l'opérateur cette convention. Après paiement de la participation, la commune reversera à chaque EPCI maître d'ouvrage, la quote-part qui lui revient »[8]. Par ce biais, la convention de PUP permettra de financer à la fois les équipements publics relevant du ressort de la commune, et ceux relevant du ressort de l'EPCI.

Les élus locaux ayant un terrain entrant dans le champ de l'opération devront prendre garde à tout conflit d'intérêts sous peine de se rendre coupable du délit de prise illégale d'intérêt[9].

553.163 **Moment de la signature.** La proposition de convention et les négociations se font presque toujours en amont du dépôt de la demande d'autorisation de construire : le PUP est essentiellement un outil de préfinancement des équipements publics. Mais rien n'empêche que le PUP soit négocié après le dépôt de la demande d'autorisation, lors de l'instruction[10].

Une cour a précisé que si une convention de PUP peut être conclue en vue du financement de tout ou partie des équipements publics nécessaires à la réalisation d'un projet de construction, « sa conclusion ne peut légalement intervenir postérieurement à la délivrance de la ou des autorisations d'urbanisme autorisant la réalisation de ce projet »[11].

e.
Publicité de la convention

553.171 **Mise à disposition du public.** La convention de PUP, accompagnée du document graphique faisant apparaître le ou les périmètres concernés, est tenue à la disposition du public[12] :

- en mairie ;
- ou au siège de l'établissement public compétent et, dans ce cas, dans les mairies des communes membres concernées.

553.172 **Affichage.** Mention de la signature de la convention ainsi que du lieu où le document peut être consulté est affichée pendant un mois[13] :

- en mairie ;

1. CAA Nantes, 17 oct. 2013, *Ben-Ammar*, req. n° 12MA02696, NP.
2. C. urb., art. L. 332-11-3, I, al. 1er.
3. C. urb., art. L. 332-11-3, I, 3° – Dans ce cas, et dans la mesure où l'acte engage les finances de la commune, le conseil municipal ou l'organe délibérant de l'EPCI compétent autorise le maire ou le président de l'établissement public à signer la convention (C. urb., art. R. 332-25-1, al. 1er).
4. C. urb., art. L. 332-11-3, I, 1°.
5. C. urb., art. L. 332-11-3, I, 2° ; mod. par L. n° 2023-973, 23 oct. 2023. Sur ce cas, v. ss n° 533.224.
6. Circ. 18 juin 2013, NOR : ETLL1309352C, p. 81.
7. Circ. 18 juin 2013, NOR : ETLL1309352C, p. 81.
8. Rép. min. n° 96806, *JOAN Q* 16 août 2011, p. 8793.
9. Rép. min. n° 2255, *JO Sénat Q* 8 nov. 2012, p. 2543.
10. Circ. 18 juin 2013, NOR : ETLL1309352C, p. 80.
11. CAA Marseille, 27 mai 2016, *Aspères (Cne)*, req. n° 15MA01414, NP.
12. C. urb., art. R. 332-25-1, al. 2.
13. C. urb., art. R. 332-25-2, al. 1er.

– ou au siège de l'établissement public compétent et, dans ce cas, dans les mairies des communes membres concernées.

Le bénéfice de l'exonération de la part communale ou intercommunale de la TA est subordonné à la condition que la délivrance de l'autorisation de construire ou d'aménager, qui constitue le fait générateur de la taxe, ne soit pas antérieure au premier jour d'affichage de la convention de PUP. Il s'ensuit qu'une convention de PUP ne peut, sans méconnaître les dispositions de l'article L. 332-6 du code de l'urbanisme qui interdisent de mettre à la charge des constructeurs à la fois le versement de la TA et celui de la participation instituée dans les périmètres fixés par les conventions de PUP, être conclue ni affichée en vue du financement de tout ou partie des équipements publics nécessaires à la réalisation d'un projet de construction postérieurement à la date de délivrance de la ou des autorisations d'urbanisme relatives à ce projet[1].

553.173 Publication. Mention de la signature de la convention ainsi que du lieu où le document peut être consulté est publiée[2] :

– sous forme électronique dans les conditions prévues à l'article L. 2131-1 du CGCT, lorsqu'il s'agit d'une délibération du conseil municipal d'une commune de 3 500 habitants et plus ou d'une délibération de l'organe délibérant d'un EPCI à fiscalité propre (a) ;

– au recueil des actes administratifs de l'État dans le département, lorsqu'il s'agit d'une convention signée par le représentant de l'État (b).

3°
Contenu de la convention

a.
Éléments obligatoires

553.181 Liste des équipements à financer. La convention de PUP doit prévoir la liste des équipements à financer. Cette exigence se déduit de l'article L. 332-11-3, posant que la convention peut être conclue « lorsqu'une ou plusieurs opérations d'aménagement ou de construction nécessitent la réalisation d'équipements autres que les équipements propres mentionnés à l'article L. 332-15 », c'est-à-dire d'équipements publics[3]. La convention doit donc prévoir :

– la liste précise des équipements à réaliser (il peut n'y avoir qu'un seul équipement) ;

– le coût prévisionnel de chaque équipement ;

– le montant total prévisionnel ;

– et les délais de réalisation.

Les équipements concernés sont des équipements à réaliser. Toutefois, si l'équipement a été fractionné financièrement entre plusieurs opérations, il peut s'agir aussi d'équipements en cours de réalisation ou déjà réalisés (et donc non entièrement financés). Le coût global des équipements publics doit être assumé par la collectivité territoriale qui demeure toujours le maître d'ouvrage[4].

Seuls les équipements publics peuvent faire l'objet d'une convention de PUP. En effet, conformément aux règles régissant les participations d'urbanisme, le code limite expressément le champ d'application de la participation PUP aux « équipements autres que les équipements propres mentionnés à l'article L. 332-15 »[5]. Les équipements internes à une opération constituent, selon la définition de l'article L. 332-15 du code de l'urbanisme, des équipements propres à l'opération, de nature privée, jusqu'à leur point de raccordement sur les équipements publics passant au droit du terrain d'assiette de l'opération. Ces équipements propres internes à une opération sont réalisés par l'aménageur ou le constructeur[6].

553.182 Montant de la participation. La convention de PUP doit indiquer le montant de la participation mise à la charge du constructeur ou de l'aménageur[7]. La participation PUP est ainsi mise à la charge du constructeur ou de l'aménageur par voie de convention et non pas, comme c'est le cas pour les autres participations d'urbanisme, par voie d'acte administratif (dans l'arrêté de permis ou dans une décision distincte en cas de non-opposition à une déclaration préalable).

Contrairement aux autres participations d'urbanisme, le code ne fixe pas de mode de calcul pour déterminer le montant de la participation PUP. Pour préserver la liberté des parties, il ne fait pas référence à des éléments comme la surface de plancher ou la superficie des terrains et ne fixe pas de taux préétabli.

S'applique en revanche le critère de droit commun, selon lequel ne peut être mis à la charge des propriétaires fonciers, des aménageurs ou des constructeurs que le coût des équipements publics à réaliser pour répondre aux besoins des futurs habitants ou usagers des constructions à édifier dans le périmètre fixé par la convention ou, lorsque la capacité des équipements programmés excède ces besoins, la fraction du coût proportionnelle à ceux-ci[8]. La par-

1. CAA Nantes, 25 nov. 2022, *C^ne^ de Chantepie*, req. n° 20NT00261, NP ; *RDI* 2023. 254, obs. J.-Ph. Strebler.
2. C. urb., art. R. 332-25-2, al. 1er.
3. C. urb., art. L. 332-11-3, I, al. 1er.
4. Circ. 18 juin 2013, NOR : ETLL1309352C, p. 83.
5. C. urb., art. L. 332-11-3, I, al. 1er.
6. Rép. min. n° 17748, *JOAN Q* 23 avr. 2013, p. 4507.
7. C. urb., art. L. 332-11-3, I, al. 1er, prévoyant « la prise en charge financière » de tout ou partie des équipements à réaliser pour les besoins de l'opération.
8. C. urb., art. L. 332-11-3, II, al. 3.

ticipation au PUP « nécessite donc un lien direct entre la réalisation de ces équipements et l'opération d'aménagement ou de construction envisagée. Son montant est proportionné à l'usage qui en sera retiré par les usagers et futurs habitants » [1]. En d'autres termes, les équipements publics finançables par la participation PUP « sont en relation directe avec les besoins des futurs usagers ou habitants du périmètre du PUP. Outre les réseaux, la construction d'une salle de classe, d'une crèche ou d'une partie de crèche notamment, peut être rendue nécessaire pour satisfaire les besoins des nouveaux habitants et par conséquent être financée en tout ou partie par le PUP. Par contre, il ne peut permettre de financer, même pour partie, des équipements généraux de la commune (marché, salle des fêtes, parking...) » [2].

Selon la circulaire : « On peut imaginer qu'une collectivité privilégie certains types d'opérations (logements sociaux, par exemple). La prise en charge du manque à gagner devra être supportée par la collectivité et ne pas être répercutée sur d'autres constructeurs ou aménageurs » [3].

La loi ne prévoit pas que la participation PUP doit être au moins égale à la TA, puisque, au moment de la négociation, les détails de l'opération ne sont pas tous connus : la TA ne peut donc être calculée. « On comprendrait mal, cependant, l'intérêt d'une collectivité à demander une participation inférieure à la TA, sauf avantage du préfinancement » [4].

Le montant de la participation est calculé « déduction faite des subventions reçues » [5]. La déduction du FCTVA est une possibilité mais pas une obligation, s'agissant d'une recette d'investissement non affectée à telle ou telle opération.

Le montant peut s'entendre toutes taxes comprises dans la mesure où la commune ne récupère pas la TVA [6].

Il arrive bien souvent que le coût des équipements soit supérieur aux besoins de l'opération. Dans ce cas, il appartient à la collectivité de déterminer quelle part doit être prise en charge pour les besoins de l'opération dans le cadre de la convention PUP et de déterminer ensuite la part qui sera financée :

- soit par d'autres opérations qui donneront lieu également à des conventions PUP ;
- soit par la TA ;
- soit par le budget général de la collectivité en l'absence d'institution de cette taxe.

Un arrêt rendu en 2023 par la cour administrative d'appel de Toulouse illustre, de façon précise et détaillée, la façon dont se calcule le montant des participations [7].

553.183 Modalités de paiement. La participation peut être acquittée sous deux formes [8] :

- soit sous forme de contribution financière ;
- soit sous forme de terrains bâtis ou non bâtis.

Concernant cette dernière modalité :

- il n'est pas exigé que le terrain se situe dans le périmètre de la convention (il peut donc parfaitement se trouver en dehors de celui-ci, et convenir à la collectivité publique pour la réalisation d'un projet) ;
- en cas d'apport de terrains bâtis, le bâtiment doit être existant avant la convention (le constructeur ou l'aménageur ne peut réaliser ce bâtiment dans le cadre de la convention et le remettre à la collectivité en guise de paiement).

Le paiement en nature de travaux est exclu. Il en résulte que les équipements publics ne peuvent pas être réalisés par l'aménageur ou le constructeur (sauf bien entendu les équipements de voirie et réseaux internes à l'opération : ceux-ci pouvant, le cas échéant, être ultérieurement transférés à la collectivité compétente selon les règles de droit commun). Comme le souligne la circulaire, « le PUP reste un outil uniquement financier et la collectivité doit réaliser ces équipements sous sa propre maîtrise d'ouvrage » [9].

La convention peut prévoir que la contribution financière est versée directement à la personne publique assurant la maîtrise d'ouvrage des équipements publics [10].

553.184 Délais de paiement. La convention fixe les délais de paiement [11]. La plus grande liberté est accordée aux contractants pour déterminer ces délais.

La participation peut notamment :

- être versée avant l'engagement des travaux ;
- ou échelonnée pendant leur réalisation.

Le dispositif doit permettre d'assurer le préfinancement des équipements publics [12].

553.185 Périmètre de la convention. « Le périmètre doit correspondre au(x) terrain(s) d'assiette de ou des opération(s) de construction(s) ou d'aménagement. Il doit être joint en annexe à la convention puisque sa délimitation très précise est nécessaire pour déterminer le périmètre d'exonération de la part communale de la taxe d'aménagement (TA). Le périmètre de la convention n'est pas le périmètre des équipements publics à réaliser » [13].

1. Rép. min. n° 10736, *JO Sénat Q* 11 sept. 2014, p. 2080.
2. Rép. min. n° 66232, *JOAN Q* 6 avr. 2010, p. 4087.
3. Circ. 18 juin 2013, NOR : ETLL1309352C, p. 82.
4. Circ. 18 juin 2013, NOR : ETLL1309352C, p. 87.
5. Circ. 18 juin 2013, NOR : ETLL1309352C, p. 82.
6. Circ. 18 juin 2013, NOR : ETLL1309352C, p. 82.
7. CAA Toulouse, *Sté City Star Aménagement*, req. n° 21TL20520, NP ; *Constr.-Urb.* 2023, comm. 42, note X. Couton.
8. C. urb., art. L. 332-11-3, III, al. 4.
9. Circ. 18 juin 2013, NOR : ETLL1309352C, p. 83.
10. C. urb., art. L. 332-11-3, III, al. 5.
11. C. urb., art. L. 332-11-3, III, al. 4.
12. Circ. 18 juin 2013, NOR : ETLL1309352C, p. 84.
13. Circ. 18 juin 2013, NOR : ETLL1309352C, p. 84.

553.186 Durée d'exonération de la TA. La convention doit prévoir la durée d'exonération de la part communale de la TA.

L'exonération est obligatoire afin d'éviter une double imposition, l'une qui interviendrait au titre de la TA et l'autre au titre de la convention PUP.

Le code encadre sa durée maximale. Dans les communes où la TA a été instituée, les constructions édifiées dans le périmètre délimité par une convention de PUP « sont exclues du champ d'application de cette taxe pendant un délai fixé par la convention, qui ne peut excéder dix ans »[1].

Le législateur n'a pas entendu fixer la durée minimale de l'exonération, souhaitant laisser le soin aux partenaires de la déterminer en fonction des différentes situations rencontrées. La convention de PUP doit, en effet, rester un outil souple et négocié, ce qui est sa vocation première.

Lors d'une opération de construction, la durée d'exonération est négociée entre la collectivité et le constructeur qui est lui-même le redevable de la part communale de la TA.

En revanche, lors d'une opération d'aménagement, ce n'est pas l'aménageur qui sera redevable de la taxe, mais le futur constructeur. Or l'aménagement d'un secteur peut nécessiter du temps et la délivrance des permis n'intervient qu'après la réalisation d'un certain nombre d'équipements. Une durée d'exonération de TA trop courte pourrait être perçue comme pénalisant les futurs constructeurs qui devront payer, d'une part, la participation PUP par le biais de la charge foncière et, d'autre part, la TA, lors de la construction. Aussi, dans le cas d'opérations d'aménagement, « la durée d'exonération doit être examinée et négociée entre la collectivité et l'aménageur, en fonction des équipements financés par la convention PUP afin de ne pas pénaliser les futurs constructeurs »[2].

b.
Éléments facultatifs

553.191 Restitution des sommes en l'absence de réalisation des travaux. La convention de PUP peut prévoir que si les équipements publics dont la liste a été fixée ne sont pas réalisés dans les délais, les sommes représentatives du coût des travaux non réalisés sont restituées au cocontractant de la collectivité (sur le modèle de ce qui se pratiquait en matière de PAE)[3].

553.192 Possibilité de conclure des avenants. La convention de PUP peut prévoir la possibilité de passer des avenants pour tenir compte des modifications qui pourraient survenir.

L'avenant doit être approuvé par les différentes parties au contrat.

Il peut conduire, avec leur accord, à accroître le montant de la participation[4]. Il peut porter sur un équipement public supplémentaire directement ou uniquement induit par la réalisation de l'opération et rendu nécessaire pour la satisfaction des besoins des futurs habitants. Dans le cas contraire, l'équipement public ne peut être mis à la charge de l'aménageur ou du constructeur. Le fait de rajouter un équipement ultérieurement doit être particulièrement justifié et sa nécessité démontrée. Enfin, son montant doit être proportionné à l'usage qui en sera retiré par les usagers et futurs habitants. Le principe de proportionnalité doit être respecté.

L'avenant peut également conduire à diminuer le montant de la participation[5].

L'avenant ne doit pas conduire à introduire une durée d'exonération de la part communale de la TA au-delà de 10 ans. En effet, dans cette hypothèse, la signature d'un nouveau PUP, spécifique à l'équipement public à réaliser, devra être envisagée[6].

c.
Modèle de convention PUP

553.201 Circulaire. Un modèle de convention de PUP est proposé dans la circulaire de 2013[7].

4°
Résiliation de la convention de PUP

553.211 Modalités. Du fait de sa nature conventionnelle, la participation PUP ne peut pas être remise en cause par voie de délibération.

Lorsqu'une collectivité souhaite revenir sur un PUP, elle doit dénoncer la convention et rembourser les montants qui lui ont déjà été versés en accord avec les différents signataires.

B.
Conventions de PUP successives

1°
Champ d'application

553.221 Équipements desservant des terrains autres que ceux concernés par l'opération. Des conventions de PUP successives peuvent être conclues dans l'hypothèse où des équipements publics ayant

1. C. urb., art. L. 332-11-4.
2. Circ. 18 juin 2013, NOR : ETLL1309352C, p. 87.
3. Circ. 18 juin 2013, NOR : ETLL1309352C, p. 84.
4. Rép. min. nº 10736, *JO Sénat Q* 11 sept. 2014, p. 2080.
5. Rép. min. nº 19893, *JOAN Q* 21 mai 2013, p. 5297.
6. Rép. min. nº 10736, *JO Sénat Q* 11 sept. 2014, p. 2080.
7. Circ. 18 juin 2013, NOR : ETLL1309352C, p. 89 s.

vocation à faire l'objet d'une première convention de PUP desservent des terrains autres que ceux mentionnés dans le projet de convention[1].

2°
Acte fixant l'articulation des conventions successives

a.
Délibération ou arrêté

553.231 Délibération ou arrêté. Lorsque des conventions successives ont vocation à être conclues, un acte unilatéral fixe les modalités de leur articulation. L'acte est pris par l'autorité compétente[2] :

- conseil municipal ou organe délibérant de l'EPCI compétent en matière de PLU, par voie de délibération ;
- organe délibérant de la collectivité territoriale ou de l'établissement public cocontractant mentionné à l'article L. 312-3, par voie de délibération, dans le périmètre des GOU, sauf dans le cas prévu à l'article L. 312-5-1[3] ;
- préfet, par voie d'arrêté, dans le cadre des OIN.

b.
Contenu de la décision

553.241 Premier élément : modalités de partage des coûts. L'acte fixant *a priori* l'articulation des conventions à venir détermine les modalités de partage des coûts des équipements publics[4].

553.242 Second élément : délimitation du périmètre. L'acte fixant *a priori* l'articulation des conventions à venir détermine un périmètre à l'intérieur duquel les propriétaires fonciers, les aménageurs ou les constructeurs qui s'y livrent à des opérations d'aménagement ou de construction participent, dans le cadre de conventions, à la prise en charge des équipements publics, qu'ils soient encore à réaliser ou déjà réalisés, dès lors qu'ils répondent aux besoins des futurs habitants ou usagers de leurs opérations[5].

Dans la situation la plus fréquente (lorsque la convention relève de la commune ou de l'EPCI), le périmètre est délimité par délibération du conseil municipal ou de l'organe délibérant de l'établissement public, pour une durée maximale de quinze ans[6].

Dans le cadre des OIN, le périmètre est délimité par arrêté préfectoral, pour une durée maximale de quinze ans[7].

Dans le périmètre des GOU, le périmètre de la convention est délimité par décision de l'organe délibérant de la collectivité territoriale ou de l'établissement public cocontractant pour une durée pouvant être supérieure à quinze ans sans pour autant pouvoir excéder la durée fixée par l'acte décidant de la qualification de GOU[8].

3°
Passation des conventions

553.250 Renvoi. Chaque convention de PUP est conclue dans les conditions prévues pour la signature d'une convention unique[9]. Les règles concernant les parties, le contenu et la possibilité d'un débat préalable s'appliquent à chacune de ces conventions.

553.251 Conventions pouvant se rapporter à des programmes d'équipements publics différents. Les conventions successivement établies peuvent viser des programmes d'équipements publics différents lorsque les opérations de construction attendues dans chaque périmètre de convention ne nécessitent pas les mêmes besoins en équipements[10].

553.252 Passation de la première convention. Pour la passation de la première convention, n'est pas exigée la détermination préalable des modalités de partage des coûts et le périmètre concerné[11].

C.
Contestation d'une convention PUP

553.261 Passation de la première convention. La convention de PUP constituant un contrat administratif, les tiers peuvent la contester en formant à son encontre un recours Tarn-et-Garonne[12].

§ 2
La participation PUP

553.271 Une participation d'urbanisme. La participation PUP n'est pas une taxe d'urbanisme. Elle doit être considérée comme une participation contractuelle. Toutes les dispositions générales en matière de participations d'urbanisme lui sont donc appli-

1. C. urb., art. L. 332-11-3, II, al. 1er.
2. C. urb., art. L. 332-11-3, II, al. 1er ; mod. par L. n° 2023-973, 23 oct. 2023.
3. Sur ce cas, v. ss n° 533.224.
4. C. urb., art. L. 332-11-3, II, al. 1er.
5. C. urb., art. L. 332-11-3, II, al. 1er.
6. C. urb., art. L. 332-11-3, II, al. 2.
7. C. urb., art. L. 332-11-3, II, al. 2.
8. C. urb., art. L. 332-11-3, II, al. 2.
9. V. ss nos 553.131 et s.
10. C. urb., art. L. 332-11-3, II, al. 1er.
11. CE 12 mai 2023, *Kapoustine*, req. n° 469019, *Lebon T.* – CE 12 mai 2023, *Société Massonex*, req. n° 464062, *Lebon T.* ; *JCP Adm.* 2023, n° 2348, concl. M. Le Coq ; *BJDU* 2023. 254, concl. ; *BJDU* 2023. 260, obs. S. Ferrari ; *Constr.-Urb.* 2023, comm. 91, note N. Gonzalez Gharbi.
12. CE 12 mai 2023, *Kapoustine*, req. n° 469019 – CE 12 mai 2023, *Société Massonex*, req. n° 464062.

cables (comme la règle de non-cumul ou le droit à restitution de l'indu)[1].

553.272 Montant et paiement. Sont fixés par la convention de PUP :

- le montant de la participation[2] ;
- les modalités de paiement[3] ;
- et le délai de paiement[4].

553.273 Non-cumul avec la TA. La participation PUP n'est pas cumulable avec la TA[5] durant la période d'exonération prévue par la convention de PUP[6].

§ 3
Autorisations et certificats d'urbanisme dans le périmètre d'une convention de PUP

A.
Autorisations d'urbanisme dans le périmètre d'une convention de PUP

553.281 Production de la convention à l'appui de la demande. Lorsque les travaux projetés font l'objet d'une convention de PUP ou portent sur une construction à édifier dans un périmètre de PUP, la demande de permis[7] ou la déclaration préalable[8] est accompagnée d'un extrait de la convention précisant le lieu du PUP et la durée d'exonération de la TA.

Cette exigence s'impose en cas de construction ou d'agrandissement d'un bâtiment susceptible d'être soumis à la TA. Un projet qui aboutit à une création de surface nette de 15 mètres carrés, qui résulte pour l'essentiel, en R + 1 et en R + 2, de la fermeture de deux coursives ouvertes sur la cour intérieure, entre, en conséquence, dans son champ d'application[9].

553.282 Arrêté de permis ou décision de non-opposition. La circulaire souligne qu'« aucun montant de participation n'est à prescrire dans l'arrêté », « le fait générateur de la participation étant la signature de la convention »[10].

B.
Certificat d'urbanisme dans le périmètre d'une convention de PUP

1°
Mentions du CU

553.291 Mention de la participation PUP. Lorsque le terrain est situé dans un projet urbain partenarial, l'arrêté indique au titre des participations : « Participation conventionnelle Projet urbain partenarial » sans mentionner ni date ni montant[11].

2°
Demande d'autorisation délivrée sous l'empire d'un CU positif

553.301 Exonération de TA. Lorsque le dépôt d'une demande d'autorisation a lieu pendant la durée de validité d'un CU mentionnant la participation PUP et l'exonération de la part communale de la TA, « cette dernière est inexigible pendant la durée de validité du CU alors même que l'exonération est arrivée à son terme »[12].

553.302 Cas des permis et déclarations préalables (hormis les lotissements et les DP « divisions »). Concernant les permis et les déclarations préalables, hormis les lotissements et les DP « divisions », la circulaire distingue deux situations[13] :

- si le permis (ou la DP) est déposé avant la date de fin de l'exonération de la part communale de la TA, ou si le permis (ou la DP) est déposé après la date de fin de l'exonération de la part communale de la TA mais durant la période de validité du certificat d'urbanisme, il y a exonération de la part communale de la TA ;
- si le permis (ou la DP) est déposé après la durée de validité du CU et après la date de fin de l'exonération de la part communale de la TA, l'autorisation est taxable.

553.303 Cas des permis d'aménager un lotissement et des DP « divisions ». Concernant les permis d'aménager un lotissement et les DP « divisions », la circulaire distingue deux situations[14] :

- si un permis de construire ou une déclaration préalable est déposé avant la date de fin d'exonération de la part communale de la TA dans un permis d'aménager un lotissement ou une DP « divisions » bénéficiant d'un CU en cours de validité, le permis (ou la DP) est exonéré de la part communale de la

1. Circ. 18 juin 2013, NOR : ETLL1309352C, p. 87.
2. V. s[s] n° 553.182.
3. V. s[s] n° 553.183.
4. V. s[s] n° 553.184.
5. C. urb., art. L. 332-6, 1°.
6. V. s[s] n° 553.186.
7. C. urb., art. R. 431-23-2 (permis de construire), art. R. 441-4-1 (permis d'aménager).
8. C. urb., art. R. 431-36, renvoyant à l'article R. 431-23-2.
9. CAA Paris, 6 oct. 2022, *Commune de Saint-Ouen-sur-Seine*, req. n° 21PA06150, NP ; *RDI* 2022. 681, obs. ; P. Soler-Couteaux.
10. Circ. 18 juin 2013, NOR : ETLL1309352C, p. 87.
11. Circ. 18 juin 2013, NOR : ETLL1309352C, p. 87.
12. Circ. 18 juin 2013, NOR : ETLL1309352C, p. 87.
13. Circ. 18 juin 2013, NOR : ETLL1309352C, p. 88.
14. Circ. 18 juin 2013, NOR : ETLL1309352C, p. 88.

TA ; de même, si le permis de construire (ou une DP) est déposé après la date de fin d'exonération de la part communale de la TA dans un permis d'aménager un lotissement ou une DP « divisions » bénéficiant d'un CU toujours en cours de validité ;

– si le permis est déposé dans un permis d'aménager un lotissement ou une DP « divisions » après la durée de validité du CU du permis d'aménager un lotissement ou de la DP « divisions » et après la date de fin de l'exonération de la part communale de la TA, le permis est taxable.

SECTION 3
PARTICIPATION ZAC

553.310 **Renvoi.** Le constructeur d'un terrain situé dans le périmètre d'une ZAC est tenu au versement d'une participation ZAC [1], qu'il est acquis son terrain auprès de l'aménageur [2] ou que son terrain préexistait à l'aménagement de la zone [3].

553.311 **Exonération de la TA.** Les constructions et aménagements réalisés dans le périmètre d'une ZAC sont exonérés du paiement de la TA lorsque le coût des équipements mentionnés à l'article 318 H du CGI a été mis à la charge des constructeurs ou des aménageurs [4].

SECTION 4
TAXE SUR LA CRÉATION DE BUREAUX EN ILE-DE-FRANCE (TCB-IDF)

553.321 **Participation autorisée.** La taxe sur la création de bureaux en Ile-de-France (TCB-IDF) constitue une participation d'urbanisme. Elle n'est pas prévue à l'article L. 332-6 du code de l'urbanisme (qui fixe limitativement la liste des participations pouvant être exigées des constructeurs) [5] mais a bien pour fait générateur la délivrance d'une autorisation d'urbanisme.

553.322 **Texte et origine.** Le régime de la TCB-IDF est fixé aux articles L. 520-1 s. du code de l'urbanisme. Cette taxe a remplacé au 1er janvier 2016 l'ancienne redevance pour la création de locaux à usage de bureaux, de commerces ou de stockage en Ile-de-France (RCB-IDF) [6].

1. V. ss nos 531.481 s.
2. V. ss nos 531.521 s.
3. V. ss nos 531.531 s.
4. V. ss nos 552.341 s.
5. V. ss nos 551.41 s.

553.323 **Affectation à la région.** Le produit de la TCB-IDF est attribué à la région d'Ile-de-France pour être pris en recettes au budget d'équipement de la région [7].

§ 1
Champ d'application de la TCB-IDF

A.
Territoire

553.331 **Région Île-de-France.** La TCB-IDF s'applique uniquement à la région d'Île-de-France [8].

B.
Locaux concernés

553.341 **Locaux soumis à la TCB-IDF.** La TCB-IDF frappe [9] :

– les locaux à usage de bureaux [10] ;
– les locaux commerciaux [11] ;
– et les locaux de stockage [12].

553.342 **Locaux exonérés de la TCB-IDF.** Sont exonérés de la TCB-IDF [13] :

– les locaux à usage de bureaux qui font partie d'un local d'habitation à usage d'habitation principale (1°) ;

– les locaux affectés au service public et appartenant ou destinés à appartenir à l'État, à des collectivités territoriales ou à des établissements publics ne présentant pas un caractère industriel et commercial (2°) ;

– les locaux utilisés par des organismes de sécurité sociale ou d'allocations familiales et appartenant ou destinés à appartenir à ces organismes ou à des sociétés civiles constituées exclusivement entre ces organismes (3°) ;

– dans les établissements industriels, les locaux à usage de bureaux qui sont soit dépendants de locaux de production, soit d'une superficie inférieure à 1 000 mètres carrés (4°) [14] ;

6. L. n° 2015-1786, 29 déc. 2015 de finances rectificative pour 2015, *JO* 30 déc., n° 2, art. 50, V.
7. C. urb., art. L. 520-3.
8. C. urb., art. L. 520-1.
9. C. urb., art. L. 520-1.
10. Définis au 1° du III de l'article 231 *ter* du CGI.
11. Définis au 2° du III de l'article 231 *ter* du CGI.
12. Définis au 3° du III de l'article 231 *ter* du CGI.
13. C. urb., art. L. 520-6.
14. Est réputé établissement industriel un établissement dont l'activité nécessite d'importants moyens techniques lorsqu'elle consiste dans la fabrication ou la transformation de biens (C. urb., art. R. 520-4).

– les locaux spécialement aménagés pour l'exercice d'activités de recherche (5°)[1] ;

– les bureaux utilisés par les membres des professions libérales et les officiers ministériels (6°) ;

– les locaux affectés aux associations (7°) ;

– les locaux mentionnés au 1° du V de l'article 231 *ter* du CGI (8°), c'est-à-dire les locaux situés en zones franches urbaines-territoires entrepreneurs (ZFU-TE).

553.343 Précisions sur les points 6° et 7° (locaux utilisés par les membres des professions libérales et les officiers ministériels, ou affectés aux associations). Les personnes passibles de la taxe en raison de la construction de locaux à usage de bureaux ou en raison du changement d'affectation en de tels locaux de locaux précédemment affectés à d'autres usages, « sont exonérées de ladite taxe à la condition de justifier »[2] :

– d'une utilisation exclusive de ces locaux par des membres d'une profession libérale réglementée ou des officiers ministériels ;

– ou de leur affectation exclusive à une association constituée dans les formes prévues à l'article 10 de la loi du 1er juillet 1901.

Les propriétaires de locaux exonérés de la taxe sur ce fondement sont tenus, si le motif qui a entraîné l'exonération vient à cesser, d'en faire la déclaration, dans les conditions prévues par l'article R. 520-11[3].

C. Opérations concernées

553.351 Construction, reconstruction ou agrandissement des locaux. La taxe est due à l'occasion des opérations suivantes[4] :

– construction de locaux ;

– reconstruction de locaux ;

– agrandissement de locaux.

Ces opérations sont soumises à la taxe si elles emportent création ou augmentation de la surface de construction[5].

553.352 Changement d'affectation. Est assimilée à la construction de locaux[6] :

– l'affectation à usage de bureaux de locaux précédemment affectés à un autre usage (1°) ;

– l'affectation à usage de locaux commerciaux de locaux précédemment affectés à un usage autre que de bureaux ou de locaux commerciaux (2°) ;

– l'affectation à usage de locaux de stockage de locaux précédemment affectés à un usage autre que de bureaux, de locaux commerciaux ou de locaux de stockage (3°).

Ces changements d'affectation sont soumis à la taxe, y compris lorsque le changement d'affectation des locaux est réalisé sans travaux[7].

Sont également soumis à la taxe les changements en raison desquels un local, relevant du champ d'application de la taxe, cesse de bénéficier d'une des exonérations prévues à l'article L. 520-6[8].

553.353 Exonération en cas de reconstruction après sinistre ou expropriation. Les propriétaires de locaux, soit détruits à la suite d'un sinistre, soit expropriés pour cause d'utilité publique, ont le droit de reconstituer en exonération de la taxe une superficie de construction équivalente à celle des locaux détruits ou expropriés[9].

Le changement d'affectation n'est pas autorisé[10].

Le propriétaire est exonéré dans la limite d'un montant correspondant à la surface de construction égale à celle des locaux sinistrés ou expropriés à laquelle est appliqué le tarif de la circonscription où étaient situés ces locaux[11].

553.354 Permis précaire. Les opérations soumises à permis précaire ne sont pas exonérées de la TDB-IDF. Néanmoins, le propriétaire peut se voir rembourser la taxe si les locaux sont démolis dans les six mois qui suivent l'expiration du délai de précarité[12].

§ 2 Redevable et fait générateur de la TCB-IDF

A. Redevable de la TCB-IDF

553.361 Propriétaire désigné. La taxe est due par le propriétaire des locaux ou le titulaire d'un droit réel portant sur ces locaux à la date du fait générateur[13].

1. Sont considérés comme locaux de recherche les locaux et leurs annexes de toute nature utilisés pour des activités ayant le caractère de recherches fondamentales ou de recherches appliquées comportant des aménagements particuliers les rendant impropres à une autre utilisation (C. urb., art. R. 520-5).
2. C. urb., art. R. 520-6, al. 1er.
3. C. urb., art. R. 520-6, al. 2.
4. C. urb., art. L. 520-1.
5. C. urb., art. R. 520-1.
6. C. urb., art. L. 520-2.
7. C. urb., art. R. 520-2, al. 1er.
8. C. urb., art. R. 520-2, al. 2.
9. C. urb., art. L. 520-13, 2°.
10. C. urb., art. R. 520-15.
11. C. urb., art. R. 520-15.
12. V. ss no 553.562.
13. C. urb., art. L. 520-5, al. 1er.

553.362 **Propriétaire non désigné.** Lorsque le nom du propriétaire des locaux n'est pas mentionné dans la déclaration de travaux ou si celle-ci n'a pas été déposée, le titre de perception peut être émis au nom du maître de l'ouvrage ou, à défaut, du responsable des travaux[1].

Dans ce cas, le maître de l'ouvrage ou le responsable des travaux peut demander le remboursement du montant de la taxe au propriétaire[2].

553.363 **Hypothèse d'une cession du local avant la date d'exigibilité de la taxe.** En cas de cession des locaux avant la date d'exigibilité de la taxe, le redevable de celle-ci peut en demander le remboursement au nouveau propriétaire[3].

B.
Fait générateur de la TCB-IDF

553.371 **Délivrance de l'autorisation ou début des travaux.** Le fait générateur de la taxe réside dans la délivrance, expresse ou tacite, de l'autorisation de construire ou d'aménager[4]. La taxe est due à cette date[5].

Pour les opérations qui ne sont pas soumises à un régime d'autorisation, le fait générateur réside dans la réalisation des travaux du changement d'affectation[6]. Dans ce cas la taxe est due[7] :

– au début des travaux ou au changement d'affectation ;

– au début des travaux lorsqu'un changement d'affectation s'accompagne de travaux.

553.372 **Travaux sans autorisation ou en infraction de l'autorisation.** Pour les opérations soumises à un régime d'autorisation, en cas de constructions ou d'aménagements sans autorisation ou en infraction aux obligations résultant de l'autorisation de construire ou d'aménager, « le fait générateur est constitué par l'établissement du procès-verbal constatant l'achèvement des constructions ou des aménagements en cause »[8].

1. C. urb., art. L. 520-5, al. 2.
2. C. urb., art. L. 520-5, al. 3.
3. C. urb., art. L. 520-5, al. 4.
4. C. urb., art. L. 520-4.
5. C. urb., art. L. 520-4.
6. C. urb., art. L. 520-4.
7. C. urb., art. L. 520-4 ; art. R. 520-3, al. 1er.
8. C. urb., art. R. 520-3, al. 2.

§ 3
Assiette et tarifs de la TCB-IDF

A.
Assiette de la TCB-IDF

1°
Principe

553.381 **Taxe assise sur la surface de la construction.** La taxe est assise sur la surface de construction définie à l'article 1635 *quater* H du CGI[9], c'est-dire comme en matière de TA.

553.382 **Exclusion des locaux mis à la disposition du personnel.** Ne sont pas pris en considération pour établir l'assiette de la taxe les locaux de caractère social ou sanitaire mis à la disposition du personnel[10].

2°
Cas des opérations de reconstruction

553.391 **Taxe assise sur les seuls mètres carrés supplémentaires.** Les opérations de reconstruction d'un immeuble, en ce compris les opérations de réhabilitation conduisant à la production d'un immeuble neuf au sens du 2° du 2 du I de l'article 257 du CGI, ne sont assujetties à la taxe qu'à raison des mètres carrés de surface de construction qui excèdent la surface de construction de l'immeuble avant reconstruction ou réhabilitation[11].

B.
Tarifs de la TCB-IDF

553.401 **Quatre circonscriptions.** Le code distingue quatre circonscriptions pour la détermination des tarifs de la TCB-IDF[12] :

– la première circonscription correspondant à Paris et au département des Hauts-de-Seine (1°) ;

– la deuxième circonscription correspondant aux communes de la métropole du Grand Paris, mentionnée à l'article L. 5219-1 du CGCT, autres que les communes de la première circonscription (2°) ;

– la troisième circonscription, correspondant aux communes de l'unité urbaine de Paris, autres que les communes des première et deuxième circonscriptions (3°) ;

– la quatrième circonscription, correspondant aux communes de la région d'Ile-de-France autres que

9. C. urb., art. L. 520-7, I ; mod. par ord. n° 2022-883, 14 juin 2022.
10. C. urb., art. L. 520-7, III.
11. C. urb., art. L. 520-7, III.
12. C. urb., art. L. 520-8.

les communes des première, deuxième et troisième circonscriptions (4°).

553.402 **Tarifs.** Le code de l'urbanisme a fixé les tarifs pour l'année 2016 et prévu une actualisation de ceux-ci chaque année au 1er janvier par le ministre chargé de l'urbanisme[1].

Tarifs de la TCB-IDF au 1er janvier 2024, en euros/m² (Arr. 1er déc. 2023, NOR : TREL2331595A, art. 2).

	1re circ.	2e circ.	3e circ.	4e circ.
Bureaux	455,75 €	102,57 €	57,00 €	0 €
Locaux commerciaux	147,02 €	91,19 €	36,50 €	0 €
Locaux de stockage	15,99 €	15,99 €	15,99 €	15,99 €

553.403 **Corrections.** Les communes de la première circonscription éligibles à la fois, pour l'année précédant celle de l'imposition, à la dotation de solidarité urbaine et de cohésion sociale (DSU)[2] et au bénéfice du fonds de solidarité des communes de la région d'Ile-de-France (FSRIF)[3] sont classées pour le calcul de la taxe dans la deuxième circonscription[4].

Lorsque ces communes perdent leur éligibilité soit à la DSU, soit au bénéfice FSRIF, elles bénéficient, au titre de l'année suivant cette perte d'éligibilité et pendant les deux années suivantes, d'un abattement, respectivement, des trois quarts, de la moitié et du quart de l'augmentation du tarif de la taxe liée à cette perte d'éligibilité[5].

L'augmentation du tarif de la redevance est égale à la différence entre le tarif applicable après cette perte d'éligibilité et le tarif de la deuxième circonscription[6].

C. Plafonnement de la TCB-IDF

553.411 **Plafond fixé à 30 % du coût de l'opération.** Le montant de la taxe ne peut excéder 30 % de la part du coût de l'opération imputable à l'acquisition et à l'aménagement de la surface de construction, au sens de l'article 1635 *quater* H du CGI[7] (c'est-à-dire comme en matière de TA).

553.412 **Calcul du coût de l'opération.** La « part du coût de l'opération imputable à l'acquisition et à l'aménagement de la surface de construction » comprend les éléments suivants[8] :

– le coût d'acquisition du terrain d'assiette (1°) ;

– les coûts d'aménagement du terrain permettant le passage d'un terrain brut à un terrain constructible (2°) ;

– les coûts de démolition totale ou partielle de l'immeuble bâti (3°).

Ces coûts s'entendent hors TVA déductible[9].

Lorsqu'une opération réalisée sur un terrain partiellement bâti a pour objet d'augmenter la surface de construction et qu'elle ne relève pas des dispositions du II de l'article L. 520-7 (reconstruction d'un immeuble), les coûts ne sont retenus qu'à proportion de l'extension de surface sur la surface totale de construction après extension[10].

§ 4 Établissement de la TCB-IDF

553.421 **Services compétents.** La taxe est établie par les services de l'État chargés de l'urbanisme dans le département[11].

553.422 **Procédure.** La taxe est établie au vu d'un formulaire adressé par le propriétaire des locaux.

A. Formulaire de déclaration des travaux

553.431 **Obligation déclarative.** La construction de locaux à usage de bureaux, de locaux commerciaux ou de locaux de stockage doit faire l'objet d'une déclaration de la part du propriétaire[12].

553.432 **Formulaire.** La déclaration s'effectue au moyen d'un formulaire établi par arrêté du ministre chargé de l'urbanisme[13]. Il comporte les éléments suivants[14] :

– l'identité, la qualité et les coordonnées du déclarant (1°) ;

– l'identité et les coordonnées du propriétaire des locaux ou du titulaire de droits réels sur ces locaux (2°) ;

– les références du terrain, les caractéristiques et l'affectation des locaux existants (3°) ;

1. C. urb., art. L. 520-8, II.
2. CGCT, art. L. 2334-15.
3. CGCT, art. L. 2531-12.
4. C. urb., art. L. 520-8, III, al. 1er.
5. C. urb., art. L. 520-8, III, al. 2.
6. C. urb., art. L. 520-8, III, al. 3 ; mod. par ord. nº 2022-883, 14 juin 2022.
7. C. urb., art. L. 520-9.
8. C. urb., art. R. 520-8, al. 1er à 4.
9. C. urb., art. R. 520-8, al. 5.
10. C. urb., art. R. 520-9.
11. C. urb., art. L. 520-10.
12. C. urb., art. L. 520-11.
13. Le formulaire n'a pas encore été adopté. Les déclarations continuent d'être réalisées au moyen de l'ancien formulaire relatif à la RCB-IDF (Cerfa nº 14600*01 : *Déclaration pour le calcul de la redevance relative à la création de bureaux et locaux commerciaux en Île-de-France*).
14. C. urb., art. R. 520-12.

- les caractéristiques et l'affectation des locaux projetés (4°) ;

- l'indication des surfaces de construction non passibles de la taxe ou exonérées (5°) ;

- le détail et la justification des éléments mentionnés à l'article R. 520-8 (6°), relatifs au coût de l'opération, qui permettent de fixer le plafond de la taxe ;

- pour l'application de l'article L. 520-12, le montant de la taxe versée au titre d'une précédente affectation (7°).

553.433 **Dépôt du formulaire.** Lorsque les travaux sont soumis à un régime d'autorisation, le formulaire doit être déposé au plus tard à la date de la délivrance de l'autorisation d'urbanisme, ou de la naissance d'une autorisation tacite de construire ou d'aménager, ou de la décision de non-opposition à une déclaration préalable[1].

Lorsque les travaux ne sont pas soumis à un régime d'autorisation, le formulaire de déclaration est adressé par le propriétaire des locaux aux services compétents (services de l'État mentionnés à l'article L. 520-10) dans le délai d'un mois à compter de la date du début des travaux ou du changement d'affectation[2].

Le formulaire est considéré comme déposé tardivement dans les cas suivants[3] :

- il n'est pas joint à la demande d'autorisation d'urbanisme au plus tard à la date de la délivrance de l'autorisation de construire ou d'aménager ou du permis modificatif, ou de la naissance d'une autorisation tacite de construire ou d'aménager, ou de la décision de non-opposition à une déclaration préalable (1°) ;

- la transmission aux services de l'État est effectuée plus d'un mois après la date du fait générateur de la taxe, pour les travaux non soumis à autorisation (2°) ;

- un procès-verbal constatant l'achèvement des constructions ou des aménagements a été établi, pour les constructions ou les aménagements réalisés sans autorisation ou en infraction aux obligations résultant de l'autorisation de construire ou d'aménager (3°).

B. Transmission du formulaire

553.441 **Travaux ayant donné lieu à une autorisation.** Les autorités compétentes pour délivrer les autorisations d'urbanisme transmettent aux services de l'État mentionnés à l'article L. 520-10 les pièces suivantes[4] :

- une copie du formulaire de déclaration préalable ou de demande d'autorisation (1°) ;

- le formulaire de déclaration mentionné à l'article R. 520-12 (2°) ;

- selon les cas, une copie de la décision ou la date à laquelle l'autorisation ou la décision de non-opposition à déclaration préalable est devenue tacite (3°).

La transmission doit intervenir dans le délai d'un mois à compter de la date[5] :

- soit de la délivrance de l'autorisation de construire ou d'aménager ou du permis modificatif ;

- soit de la naissance d'une autorisation tacite de construire ou d'aménager ;

- soit de la décision de non-opposition à une déclaration préalable.

553.442 **Travaux sans autorisation ou en infraction aux obligations résultant de l'autorisation.** Pour les constructions ou les aménagements réalisés sans autorisation ou en infraction aux obligations résultant de l'autorisation de construire ou d'aménager, les services de l'État ayant établi le procès-verbal constatant l'achèvement des travaux de construction ou des aménagements en cause le transmettent sans délai aux services mentionnés à l'article L. 520-10[6].

C. Établissement de la taxe

553.451 **Principe.** Au vu des informations figurant dans la déclaration, la taxe est établie par les services compétents.

553.452 **Changement d'affectation.** L'article L. 520-12 comporte un mécanisme de déduction en cas de changement d'affectation des locaux :

- d'une part lorsque des locaux précédemment affectés à un usage de locaux de stockage sont affectés à un usage de locaux commerciaux ;

- d'autre part lorsque des locaux précédemment affectés à un usage de locaux commerciaux ou de locaux de stockage sont affectés à un usage de bureaux.

Dans ces deux cas de figure, la taxe due est diminuée du montant de la taxe versée au titre des usages antérieurs[7].

La preuve du versement de la taxe incombe au redevable[8]. Cette exigence implique, notamment en cas de changement de propriétaires, de conserver un justificatif des paiements.

1. C. urb., art. R. 520-13, 1°.
2. C. urb., art. R. 520-11.
3. C. urb., art. R. 520-13.
4. C. urb., art. R. 520-10, I.
5. C. urb., art. R. 520-10, I, al. 1er.
6. C. urb., art. R. 520-10, II.
7. C. urb., art. L. 520-12, al. 1er.
8. C. urb., art. L. 520-12, al. 2.

D. Procédure de rescrit

553.461 Objet. Instituée par la loi du 10 août 2018 pour un État au service d'une société de confiance[1], la procédure de rescrit permet au porteur d'un projet d'obtenir une prise de position de l'administration sur les règles applicables à sa situation relativement à la TCB-IDF. Il peut ensuite se prévaloir de cette prise de position à l'égard de l'autorité administrative.

1° Champ d'application de la procédure de rescrit

553.471 Procédure limitée aux grands projets. La procédure de rescrit ne peut être utilisée que pour un projet supérieur à 50 000 m² de surface de construction[2].

2° Demande de rescrit

553.481 Une demande présentée de bonne foi. La demande de rescrit consiste pour un redevable de bonne foi, à partir d'une présentation écrite, précise et complète de la situation de fait, à demander à l'administration de l'État chargée de l'urbanisme dans le département de prendre formellement position sur l'application à sa situation des règles du code de l'urbanisme relatives à la TCB-IDF[3].

553.482 Une demande par projet. Le redevable ne peut présenter qu'une seule demande pour son projet[4].

553.483 Formes de la demande. La demande de rescrit précise le nom ou la raison sociale de son auteur, son adresse ainsi que les références cadastrales de l'unité foncière faisant l'objet de la demande[5].

Elle indique les dispositions législatives dont le demandeur entend bénéficier[6].

Elle fournit une présentation précise et complète de la situation de fait qui fait l'objet de la demande ainsi que toutes les informations et pièces nécessaires[7].

553.484 Délai pour déposer la demande. La demande doit être déposée[8] :

– avant le dépôt de la demande d'autorisation mentionnée à l'article L. 520-4 du code de l'urbanisme ;

– ou, à défaut, avant le début des travaux ou le changement d'usage des locaux.

553.485 Envoi de la demande. La demande est présentée au service de l'État chargé de l'urbanisme compétent dans le département ou, le cas échéant, dans la région d'Ile-de-France, par tout moyen conférant date certaine à sa réception[9].

553.486 Demande incomplète. Si la demande est incomplète, le service invite son auteur, dans les mêmes formes, à fournir les éléments complémentaires nécessaires[10].

3° Réponse de l'administration

553.491 Délai pour se prononcer. L'administration répond de manière motivée dans un délai de trois mois[11].

Ce délai court à compter de la date de réception de la demande de rescrit ou de la réception des éléments complémentaires demandés[12].

553.492 Portée de la réponse. La réponse est opposable par le demandeur à l'administration qui l'a émise jusqu'à ce que survienne un changement de fait ou de droit qui en affecte la validité ou jusqu'à ce que l'administration notifie au demandeur une modification de son appréciation[13].

553.493 Production de la décision à l'appui d'une demande d'autorisation d'urbanisme. La décision sur la demande de rescrit est jointe par le demandeur au dossier de demande de permis de construire, de permis d'aménager ou de la déclaration préalable[14].

§ 5 Contrôle et sanctions

A. Contrôle

553.501 Services de contrôle. Le contrôle de la taxe est assuré par les services de l'État chargés de l'urbanisme dans le département[15].

1. L. n° 2018-727, 10 août 2018 pour un État au service d'une société de confiance, *JO* 11 août, n° 1, art. 21, I, 3°.
2. C. urb., art. L. 520-13-1 ; mod. par ord. n° 2022-883, 14 juin 2022.
3. C. urb., art. L. 520-13-1.
4. C. urb., art. L. 520-13-1.
5. C. urb., art. R. 520-15-1, al. 1er.
6. C. urb., art. R. 520-15-1, al. 2.
7. C. urb., art. R. 520-15-1, al. 3.
8. C. urb., art. L. 520-13-1 ; mod. par ord. n° 2022-883, 14 juin 2022.
9. C. urb., art. R. 520-15-1, al. 4.
10. C. urb., art. R. 520-15-1, al. 5.
11. C. urb., art. L. 520-13-1.
12. C. urb., art. R. 520-15-1, al. 5.
13. C. urb., art. L. 520-13-1.
14. C. urb., art. R. 520-15-1, al. 7.
15. C. urb., art. L. 520-14, al. 1er.

553.502 **Délai de reprise.** Le droit de reprise des services de contrôle s'exerce jusqu'au 31 décembre de la sixième année qui suit l'année du fait générateur[1].

B. Sanction d'un manquement aux obligations déclaratives

553.511 **Dépôt tardif.** Le montant de la taxe ou du complément de taxe due est assorti d'une pénalité de 10 %[2] :

- en cas de dépôt tardif de la déclaration prévue à l'article L. 520-11 ;

- ou en cas de dépôt dans les trente jours suivant la réception d'une mise en demeure, notifiée par LRAR, d'avoir à déposer la déclaration dans ce délai.

553.512 **Absence de dépôt malgré une mise en demeure.** Le montant de la taxe ou du complément de taxe due est assorti d'une pénalité de 80 % lorsque la déclaration prévue à l'article L. 520-11 n'a pas été déposée dans les trente jours suivant la réception d'une mise en demeure, notifiée par LRAR, d'avoir à déposer la déclaration dans ce délai[3].

C. Procédure de rectification

553.521 **Hypothèse où la déclaration a été déposée.** Lorsque la déclaration prévue à L. 520-11 a été déposée, la procédure de rectification contradictoire prévue à l'article L. 55 du LPF peut, nonobstant l'article L. 56 du même livre, être mise en œuvre par les services de l'État chargés de l'urbanisme dans le département[4].

553.522 **Hypothèse où la déclaration n'a pas été déposée.** Si la déclaration n'a pas été déposée, les bases ou les éléments servant au calcul de la taxe et des sanctions applicables sont portés à la connaissance du redevable trente jours au moins avant la mise en recouvrement[5].

553.523 **Effet : interruption du délai de recouvrement.** La notification d'une proposition de rectification[6] ou de l'information[7] interrompt le délai de recouvrement prévu au deuxième alinéa de l'article L. 520-17[8].

Le titre de perception est alors émis par le directeur du service de l'État chargé de l'urbanisme avant le 31 décembre de la troisième année suivant celle de cette notification[9].

§ 6 Recouvrement de la TCB-IDF

A. Émission d'un titre de perception

553.531 **Délai pour l'émission du titre.** Pour le recouvrement de la taxe et de la pénalité, un titre de perception est émis par le directeur du service de l'État chargé de l'urbanisme avant le 31 décembre de la troisième année suivant celle du fait générateur[10].

Ce délai est prorogé en cas de mise en œuvre de la procédure de rectification[11].

553.532 **Exigibilité de la taxe à compter de l'émission du titre.** La taxe et la pénalité sont exigibles à la date d'émission du titre de perception[12].

B. Opérations de recouvrement

553.541 **Recouvrement selon les règles applicables aux créances non fiscales.** La taxe et la pénalité dont elle peut être assortie sont recouvrées par les comptables publics compétents dans les mêmes conditions que les créances étrangères à l'impôt[13], c'est-à-dire dans les conditions prévues pour les recettes de l'État mentionnées aux articles 112 à 124 du décret du 7 novembre 2012 relatif à la gestion budgétaire et comptable publique[14].

553.542 **Prescription.** L'action en recouvrement du comptable se prescrit conformément aux dispositions de l'article L. 274 du LPF[15].

C. Reversement à la région

553.551 **Reversement.** Le comptable public compétent reverse à la région d'Ile-de-France le produit de la taxe encaissée[16].

1. C. urb., art. L. 520-14, al. 2.
2. C. urb., art. L. 520-15, 1°.
3. C. urb., art. L. 520-15, 2°.
4. C. urb., art. L. 520-16, al. 1er.
5. C. urb., art. L. 520-16, al. 2.
6. C. urb., art. L. 520-16, al. 1er.
7. C. urb., art. L. 520-16, al. 2.
8. C. urb., art. R. 520-16.
9. C. urb., art. R. 520-16.
10. C. urb., art. L. 520-17, al. 2.
11. V. ss no 553.523.
12. C. urb., art. L. 520-17, al. 3.
13. C. urb., art. L. 520-17, al. 1er.
14. C. urb., art. R. 520-17.
15. C. urb., art. L. 520-18.
16. C. urb., art. L. 520-19, al. 1er.

D.
Hypothèse d'un remboursement au redevable

553.561 Remboursement de la taxe en cas de décharge. Lorsqu'une taxe fait l'objet d'une décharge, totale ou partielle, le versement indu fait l'objet d'un remboursement au redevable par le comptable public compétent[1].

Lorsque le produit de la taxe qui a fait l'objet d'une décharge, totale ou partielle, a été reversé à la région d'Ile-de-France et que le comptable public compétent n'en obtient pas le remboursement spontané, un titre de perception est émis à l'égard de la région d'Ile-de-France pour le montant indûment reversé. Le comptable peut recouvrer ce titre par voie de compensation avec le produit de la taxe qu'il recouvre[2].

553.562 Remboursement de la taxe en cas de permis précaire. Les propriétaires des locaux construits à titre précaire pour une durée limitée peuvent être remboursés de la taxe lors de la démolition de ces locaux[3].

Les conditions sont précisées à l'article R. 520-14.

Deux types de constructions précaires sont envisagées :

– d'une part celles réalisées à la suite d'un agrément à titre précaire et pour une durée limitée dans les conditions prévues par l'article R. 510-11 ;

– d'autre part celles réalisées d'un permis de construire délivré dans les conditions fixées par les articles L. 433-1 à L. 433-5.

Les taxes afférentes à ces constructions sont remboursées à la demande du redevable si celui-ci justifie que les locaux en cause ont été démolis dans les six mois à compter de l'expiration du délai de précarité.

E.
Remise gracieuse accordée au redevable

553.571 Remise de la pénalité. Après avis des services de l'État chargés de l'urbanisme et de la région d'Ile-de-France, le comptable public compétent peut faire droit à une demande de remise gracieuse, partielle ou totale, de la pénalité prévue à l'article L. 520-15[4].

1. C. urb., art. L. 520-19, al. 2.
2. C. urb., art. L. 520-19, al. 3.
3. C. urb., art. L. 520-13, 1°.
4. C. urb., art. L. 520-20.

§ 7
Recours en matière de TCB-IDF

553.581 Cas où le redevable peut obtenir la décharge, la réduction ou la restitution de la taxe. Le redevable de la taxe peut en obtenir la décharge, la réduction ou la restitution totale ou partielle dans trois hypothèses[5] :

– s'il établit que la surface de construction prévue n'a pas été entièrement construite (1°) ;

– s'il établit que la construction n'a pas été entreprise et s'il renonce au bénéfice du permis de construire ou de la non-opposition à la déclaration préalable prévue à l'article L. 421-4 (2°) ;

– si une erreur a été commise dans l'assiette ou le calcul de la taxe (3°).

553.582 Régime des réclamations. Les réclamations concernant la taxe sont présentées, instruites et jugées dans les conditions prévues aux articles 117 à 119 du décret du 7 novembre 2012[6] relatif à la gestion budgétaire et comptable publique, dans sa rédaction en vigueur à la date de publication de la loi du 29 décembre 2015[7] de finances rectificative pour 2015[8].

553.583 Autorité compétente pour statuer sur les réclamations. Les responsables des services de l'État mentionnés à l'article L. 520-10 sont compétents pour statuer sur les réclamations[9].

Ils peuvent déléguer cette compétence aux agents placés sous leur autorité[10].

SECTION 5
REDEVANCE D'ARCHÉOLOGIE PRÉVENTIVE (RAP) ET TAXE D'ARCHÉOLOGIE PRÉVENTIVE (TAP)

553.591 Participation autorisée. La redevance d'archéologie préventive (RAP) constitue une participation d'urbanisme. Elle est en effet prévue par l'article L. 332-6 du code de l'urbanisme, qui fixe limitativement la liste des participations pouvant être exigées des constructeurs[11].

553.592 Nature juridique. Juridiquement, la RAP ne constitue pas une redevance car elle ne constitue pas la contrepartie d'une prestation rendue à un

5. C. urb., art. L. 520-21.
6. Décr. n° 2012-1246, 7 nov. 2012 relatif à la gestion budgétaire et comptable publique, *JO* 10 nov., n° 6.
7. L. n° 2015-1786, 29 déc. 2015.
8. C. urb., art. L. 520-22.
9. C. urb., art. R. 520-18, al. 1er.
10. C. urb., art. R. 520-18, al. 2.
11. C. urb., art. L. 332-6, 5° – V. ss nos 551.41 s.

usager. Elle s'analyse en un impôt, c'est-à-dire une contribution forfaitaire[1].

553.593 RAP « filière urbanisme ». La RAP « filière urbanisme » ou « part logement » est exigible à l'occasion de la délivrance d'une autorisation d'urbanisme. Elle est dénommée « taxe d'archéologie préventive » (TAP) depuis l'ordonnance du 14 juin 2022[2].

Elle se distingue de la RAP « filière culture », applicable aux autres travaux affectant le sous-sol[3].

L'ordonnance du 14 juin 2022 a transféré dans le CGI les dispositions relatives à la TAP[4]. Elle a également confié sa gestion à la DGFIP et aligné son régime sur celui de la taxe d'aménagement. Des dispositions transitoires ont été prévue pour organiser le passage de l'ancien régime au nouveau[5].

§ 1
Champ d'application de la TAP

A.
Opérations incluses dans la TAP

553.601 Autorisation de travaux affectant le sous-sol. La TAP est due au titre « des opérations mentionnées à l'article 1635 *quater* B affectant le sous-sol soumises à une autorisation ou à une déclaration préalable en application du code de l'urbanisme »[6].

B.
Opérations exonérées de la TAP

553.611 Deux opérations. Sont exonérés de la TAP :

– les constructions et aménagements mentionnés aux 1° à 4° et 8° à 11° du I de l'article 1635 *quater* D[7], qui fixe les cas d'exonérations de la taxe d'aménagement ;

– les aménagements liés à la pose et à l'exploitation de câbles sous-marins de transport d'information[8].

553.612 Conditions. Le bénéfice de l'exonération de la TAP des constructions et aménagements mentionnés aux 2° à 4° du I de l'article 1635 *quater* D est subordonné au respect des mêmes dispositions que celles appliquées pour l'exonération de la TA[9].

§ 2
Fait générateur de la TAP

553.621 Délivrance de l'autorisation. Le fait générateur de la TAP est celui mentionné au I de l'article 1635 *quater* F[10], y compris pour les aménagements situés dans le domaine public maritime jusqu'à un mille calculé à compter de la laisse de basse mer[11].

§ 3
Montant de la TAP

553.631 Assiette. L'assiette de la TAP est constituée par la valeur de l'ensemble immobilier servant d'assiette à la TA déterminée selon les modalités prévues aux articles 1635 *quater* H à 1635 *quater* K[12].

Ce renvoi aux dispositions régissant la TA conduit à asseoir la TAP sur :

– la valeur, déterminée forfaitairement par mètre carré, de la surface de la construction ;

– la valeur des aménagements et installations (piscines, éoliennes, etc.), déterminée forfaitairement.

553.632 Taux. Le taux de la TAP est de 0,40 % de la valeur de l'ensemble immobilier[13].

§ 4
Liquidation et recouvrement de la TAP

A.
Liquidation de la TAP

553.641 Renvoi au régime de la TA. La TAP est liquidée selon les mêmes modalités que celles prévues au II de l'article 1635 *quater* F, relatif à la TA[14].

1. Cons. const. 16 janv. 2001, n° 2000-439 DC, *Loi relative à l'archéologie préventive*, conformité, *JO* 18 janv., p. 931 : décision qualifiant les RAP d'« impositions de toutes natures » au sens de l'article 34 de la Constitution.
2. Ord.n° 2022-883, 14 juin 2022 relative au transfert à la direction générale des finances publiques de la gestion de la taxe d'aménagement et de la part logement de la redevance d'archéologie préventive.
3. C. patr., art. L. 524-2.
4. Les dispositions relatives à la RAP « filière culture » demeurent dans le code du patrimoine. Dans la mesure où elle n'a pas la nature d'une participation d'urbanisme, cette imposition ne sera pas analysée ici.
5. Ord. n° 2022-883 du 14 juin 2022, art. 15.
6. CGI, art. 235 *ter* ZG, I ; créé par ord. n° 2022-883, 14 juin 2022.
7. CGI, art. 235 *ter* ZG, III, 1° ; créé par ord. n° 2022-883, 14 juin 2022 ; mod. par L. n° 2023-1322, 29 déc. 2023.
8. CGI, art. 235 *ter* ZG, III, 2° ; créé par ord. n° 2022-883, 14 juin 2022.
9. CGI, art. 235 *ter* ZG, III, al. 4 ; créé par ord. n° 2022-883, 14 juin 2022.
10. Relatif à la TA – V. s[s] n° 552.511.
11. CGI, art. 235 *ter* ZG, IV, al. 1er ; créé par ord. n° 2022-883, 14 juin 2022.
12. CGI, art. 235 *ter* ZG, VI, al. 1er ; créé par ord. n° 2022-883, 14 juin 2022.
13. CGI, art. 235 *ter* ZG, VI, al. 2 ; créé par ord. n° 2022-883, 14 juin 2022.
14. CGI, art. 235 *ter* ZG, IV, al. 2 ; créé par ord. n° 2022-883, 14 juin 2022.

B. Recouvrement de la TAP

1° Exigibilité de la TAP

553.651 Date d'achèvement des opérations. La TAP est exigible à la date d'achèvement des opérations imposables dans les conditions prévues à l'article 1635 *quater* G, relatif à la TA[1].

2° Personnes redevables de la TAP

553.661 Personne qui réalise les opérations. La TAP est due par la personne qui réalise les opérations de constructions ou d'aménagement à la date d'exigibilité de la taxe[2].

3° Déclaration et recouvrement de la TAP

553.671 Obligations déclaratives. Le redevable de la TAP déclare les éléments nécessaires à l'établissement de celle-ci selon les mêmes modalités que celles prévues pour la TA au premier alinéa de l'article 1635 *quater* P[3].

553.672 Recouvrement selon le régime de la TA. La TAP est recouvrée par les comptables publics compétents et contrôlée selon les mêmes procédures et sous les mêmes sanctions, garanties, sûretés et privilèges que la TA prévue à l'article 1635 *quater* A. Les réclamations sont présentées, instruites et jugées selon les règles applicables à cette dernière[4].

553.673 Titre unique. Le recouvrement de la TAP fait l'objet de l'émission d'un titre unique de perception selon les mêmes modalités que la TA et dans les conditions prévues aux deuxième et troisième alinéas de l'article 1679 *octies* du CGI ainsi qu'à l'article L. 255 A du LPF[5].

553.674 Déduction d'un diagnostic mis en œuvre au titre de la RAP. En cas de demande de la réalisation de diagnostic mentionnée à l'avant-dernier alinéa de l'article L. 524-4 du code du patrimoine, le montant de la RAP acquittée à ce titre en application des articles L. 524-1 et suivants du même code est déduit, sur demande du redevable, de la TAP due pour la réalisation des travaux et des aménagements[6].

SECTION 6 Participation pour le financement de l'assainissement collectif (PFAC ou PAC)

553.681 Une contribution ne constituant pas une participation d'urbanisme. Ayant remplacée au 1er juillet 2012[7] l'ancienne participation de raccordement à l'égout (PRE), la participation pour le financement de l'assainissement collectif (PFAC ou PAC) ne constitue pas juridiquement une participation d'urbanisme. En effet, à la différence de la PRE, la PFAC a pour fait générateur le raccordement à l'égout et non le permis de construire. Lorsqu'elle est instituée, elle n'est plus mentionnée dans les arrêtés de permis de construire ou d'aménager.

553.682 Objet. La PAC a pour objet de financer le raccordement à l'assainissement collectif, c'est-à-dire au réseau public de collecte des eaux usées. Elle tient compte de l'économie réalisée par les propriétaires qui, grâce à ce raccordement, se trouvent dispensés des frais liés à l'installation d'un assainissement individuel (fosse septique).

§ 1 Instauration de la PAC

553.691 Instauration par la commune ou l'EPCI. La PAC n'est pas due de plein droit. Présentant un caractère facultatif[8], elle ne s'impose qu'à la condition d'avoir été instaurée par la collectivité publique compétente.

La décision de l'instaurer peut être prise par les collectivités suivantes[9] :

- la commune ;
- la métropole de Lyon ;
- l'EPCI ou le syndicat mixte compétent en matière d'assainissement collectif.

La décision est prise par une délibération du conseil municipal, du conseil de la métropole de Lyon ou de l'organe délibérant de l'EPCI[10].

1. CGI, art. 235 *ter* ZG, V ; créé par ord. n° 2022-883, 14 juin 2022.
2. CGI, art. 235 *ter* ZG, II ; créé par ord. n° 2022-883, 14 juin 2022.
3. CGI, art. 235 *ter* ZG, VII ; créé par ord. n° 2022-883, 14 juin 2022.
4. CGI, art. 235 *ter* ZG, VIII, al. 1er ; créé par ord. n° 2022-883, 14 juin 2022.
5. CGI, art. 235 *ter* ZG, VIII, al. 2 ; créé par ord. n° 2022-883, 14 juin 2022.
6. CGI, art. 235 *ter* ZG, VIII ; créé par ord. n° 2022-883, 14 juin 2022. Sur la présentation de cette demande, v. CGI, section II du chapitre III du titre premier de la première partie du livre premier de l'annexe 3, art. 54 et 55.
7. L. n° 2012-354, 14 mars 2012 de finances rectificative pour 2012, *JO* 15 mars, n° 1, art. 30, V.
8. Rép. min. n° 21793, *JO Sénat Q* 3 mai 2012, p. 1060.
9. CSP, art. L. 1331-7, al. 1er.
10. CSP, art. L. 1331-7, al. 4.

553.692 **Fixation des modalités de calcul de la PAC.** Une délibération de l'organe délibérant détermine les modalités de calcul de la PAC[1].

Selon une circulaire, le montant de la PAC « pourra être différencié pour tenir compte de l'économie réelle réalisée par le propriétaire selon qu'il s'agit de constructions nouvelles ou de constructions existantes nécessitant une simple mise aux normes. À moins d'une installation exceptionnellement en mauvais état, la PAC pour les immeubles existant devrait être inférieure à celle relative à un immeuble neuf. De même, si l'installation est conforme, il ne devrait pas y avoir de PAC en tant que financement de l'équipement public »[2].

En cas de création d'une commune nouvelle, les délibérations concernant les modalités de calcul de cette participation qui étaient en vigueur sur le territoire de chaque ancienne commune sont maintenues au titre de l'année de création de la commune nouvelle[3].

§ 2 Articulation entre la PAC et d'autres participations

553.701 **Non-cumul.** La PAC ne peut pas se cumuler avec d'autres participations ayant le même objet.

A. PAC et taxe d'aménagement

1° Constructions existantes

553.711 **Question du cumul sans objet.** La question du cumul entre la PAC et la TA est sans objet pour les constructions existantes. En effet, la TA n'étant due que pour les opérations de construction, de reconstruction ou d'agrandissement, les constructions existantes ne sont pas soumises à cette taxe. Seule la PAC est le cas échéant exigible pour ces constructions[4].

2° Constructions nouvelles

553.721 **1re hypothèse : la commune n'a pas adopté le taux majoré de la TA pour des raisons d'assainissement.** Dans l'hypothèse où la commune n'a pas adopté le taux majoré de la TA pour des raisons d'assainissement, les deux participations sont dues[5] :

– la PAC pour financer l'assainissement ;

– la TA pour financer les équipements autres que l'assainissement.

553.722 **2nde hypothèse : la commune a adopté la TA au taux majoré pour des raisons d'assainissement.** La PAC et la TA au taux majoré pour des raisons d'assainissement « ne peuvent se cumuler »[6]. Il en résulte que la PAC ne s'applique pas aux opérations soumises à la TA au taux majoré.

B. PAC et PUP

553.731 **Non-cumul.** La PAC ne peut se cumuler avec une participation PUP finançant déjà l'assainissement des eaux usées[7].

C. PAC et réalisation des travaux d'assainissement par l'aménageur (ZAC)

553.741 **Non-cumul.** Si le programme des équipements publics comporte un programme d'assainissement public mis à la charge de l'aménageur, il ne peut y avoir de PAC, car il y aurait cumul de participations d'assainissement (charges foncières comprenant un volet « assainissement » et PAC) pour un même équipement public[8].

Dans un tel cas de figure, la PAC est diminuée à proportion du coût des équipements pris en charge par l'aménageur[9].

§ 3 Champ d'application de la PAC

553.751 **Immeubles soumis à l'obligation de raccordement au réseau.** La PAC concerne les « immeubles soumis à l'obligation de raccordement au réseau public de collecte des eaux usées en application de l'article L. 1331-1 »[10].

553.752 **Immeubles nouveaux ou anciens.** La PAC concerne tant les immeubles nouveaux que les immeubles anciens. D'une part, l'article L. 1331-7 du

1. CSP, art. L. 1331-7, al. 4.
2. Circ. 18 juin 2013, NOR : ETLL1309352C, p. 39.
3. CSP, art. L. 1331-7, al. 6.
4. AINSI : Rép. min. n° 21793, *JO Sénat Q* 3 mai 2012, p. 1060 : « À compter du 1er juillet 2012, si elle est instaurée, la participation pour assainissement collectif sera exigible lors du raccordement des constructions existantes, que la taxe d'aménagement soit ou non instituée » – voir les termes strictement identiques de la Circ. 18 juin 2013, NOR : ETLL1309352C, p. 40.
5. Circ. 18 juin 2013, NOR : ETLL1309352C, p. 41.
6. Circ. 18 juin 2013, NOR : ETLL1309352C, p. 40.
7. Circ. 18 juin 2013, NOR : ETLL1309352C, p. 41.
8. Circ. 18 juin 2013, NOR : ETLL1309352C, p. 41.
9. V. s^s^ n° 553.801.
10. CSP, art. L. 1331-7, al. 1er.

CSP fait uniquement référence au raccordement au réseau sans opérer de distinction selon que l'immeuble soit nouveau ou déjà existant. D'autre part, son fait générateur réside dans le raccordement au réseau et non dans la délivrance d'une autorisation d'urbanisme. Pour ces raisons, cette participation ne se limite pas aux immeubles nouveaux mais s'applique également aux immeubles anciens nouvellement raccordés.

§ 4
Versement de la PAC

A.
Fait générateur et redevable de la PAC

553.761 **Fait générateur de la PAC.** Le fait générateur de la PAC réside dans le raccordement au réseau.

Elle est exigible à compter de la date du raccordement au réseau public de collecte des eaux usées de l'immeuble, de l'extension de l'immeuble ou de la partie réaménagée de l'immeuble, dès lors que ce raccordement génère des eaux usées supplémentaires [1].

553.762 **Redevable.** La PAC est due par le propriétaire de l'immeuble faisant l'objet du raccordement [2].

B.
Montant de la PAC

553.771 **Critères.** Le montant de la PAC dépend principalement de l'économie réalisée par le propriétaire. Il fait ensuite l'objet de corrections et d'un plafonnement. Enfin, les travaux de raccordement réalisés par un aménageur dans une ZAC justifient de réduire la participation à hauteur du coût de ces derniers.

1°
Critère principal : l'économie réalisée par le propriétaire

553.781 **Texte.** La PAC est imposée aux propriétaires des immeubles entrant dans son champ d'application « pour tenir compte de l'économie par eux réalisée en évitant une installation d'évacuation ou d'épuration individuelle réglementaire ou la mise aux normes d'une telle installation » [3].

553.782 **Origine de l'économie.** Il ressort du premier alinéa de l'article L. 1331-7 que l'économie réalisée peut tenir à ce que le raccordement évite :

– soit la réalisation d'une installation d'évacuation ou d'épuration individuelle réglementaire (c'est-à-dire d'une installation individuelle de type fosse septique) ;

– soit la mise aux normes d'une telle installation.

553.783 **Appréciation de l'économie.** Apprécier l'économie réalisée suppose de confronter deux données :

– d'une part le coût qu'aurait revêtu la réalisation d'une installation individuelle ou sa mise aux normes ;

– d'autre part le coût qu'a présenté le raccordement au réseau collectif, c'est-à-dire le coût du réseau d'assainissement (l'équipement public) et le coût du branchement (équipement propre) [4].

Comme l'a relevé une réponse ministérielle, le coût d'un assainissement non collectif (ANC) est très variable selon la configuration des lieux et la filière choisie et selon les aides accordées par les agences de l'eau et l'Agence nationale de l'habitat (Anah) [5].

Pour la détermination du coût de référence de l'ANC, la collectivité peut s'appuyer sur l'autorité organisatrice du service public d'assainissement non collectif (SPAN) [6]. Elle peut également prendre différents éléments dans son évaluation, notamment des devis établis par des entrepreneurs [7].

Ce coût s'apprécie au jour du raccordement et, par conséquent, au regard des besoins d'assainissement compte tenu du nombre de personnes occupant les lieux. Il ne prend pas en compte un accroissement potentiel de l'occupation de l'immeuble [8].

2°
Correction et plafonnement

553.791 **Deux éléments.** La PAC s'élève au maximum à 80 % du coût d'une installation individuelle. Ce coût est diminué, le cas échéant, du montant du remboursement dû par le même propriétaire en application de l'article L. 1331-2 [9], c'est-à-dire des frais ayant été réclamés au propriétaire pour l'exécution des parties des branchements situées sous la voie publique.

1. CSP, art. L. 1331-7, al. 4.
2. CSP, art. L. 1331-7, al. 1er.
3. CSP, art. L. 1331-7, al. 1er.
4. Circ. 18 juin 2013, NOR : ETLL1309352C, p. 39.
5. Rép. min. n° 1724, *JO Sénat Q* 31 oct. 2013, p. 3155.
6. Rép. min. n° 1724, *JO Sénat Q* 31 oct. 2013, p. 3155.
7. CAA Marseille, 6 janv. 2009, *Saint-Alexandre (Cne)*, req. n° 06MA02886, NP.
8. CE 26 oct. 1988, *Annecy (Cne) c/Sté Richardson Frères*, req. n° 42111, *Lebon T.* – CAA Bordeaux, 17 sept. 1996, *Saint-Cyprien (Cne)*, req. n° 94BX00313, *Lebon T.*
9. CSP, art. L. 1331-7, al. 3.

553.792 Plafonnement à 80 % du coût d'une installation individuelle. Le montant de la PAC ne peut excéder 80 % du coût de fourniture et de pose d'une installation individuelle d'assainissement[1]. Cela signifie que si un pourcentage moindre est appliqué pour la PAC (exemple 70 %), « le montant de la participation plus le coût du branchement ne peuvent excéder 80 % »[2].

553.793 Répercussion du coût du branchement. Le coût du branchement peut être mis à la charge du propriétaire[3].

Dans l'appréciation du plafond des 80 %, le coût d'une installation individuelle est diminué du montant du remboursement dû par le même propriétaire en application de l'article L. 1331-2[4]. Il en résulte que : « La PFAC est cumulable avec le montant dû par le propriétaire au titre du remboursement pour les dépenses réalisées par la commune pour exécuter la partie des branchements situés sous la voie publique »[5].

Comme l'explique une réponse ministérielle, précisant le mode d'emploi de ces dispositions : « La loi impose à la collectivité de déduire les frais de branchement du coût de fourniture et de pose d'une installation d'assainissement non collectif. Le montant de la PFAC doit ensuite être fixé dans la limite de 80 % du montant issu de l'opération précitée »[6].

En précisant qu'il doit s'agir du « même propriétaire », entre l'opération visée à l'article L. 1331-2 et celle visée à l'article L. 1331-7, le troisième alinéa de l'article L. 1331-7 du CSP soulève une interrogation quant à la portée de l'obligation de déduction du montant des frais de branchement du montant de la PAC. Une réponse ministérielle apporte l'éclairage suivant : « Au regard des débats parlementaires lors de l'examen de la loi du 14 mars 2012[7] de finances rectificative pour 2012, la similitude visée par le législateur concerne moins l'identité du propriétaire que la désignation de l'immeuble faisant l'objet du raccordement. En outre, on ne peut pas envisager d'exclure cette déduction dès lors qu'il y aurait un changement de propriétaire entre les deux opérations, sous peine de rompre l'égalité des citoyens devant les charges publiques. Ainsi, et sous réserve de l'interprétation souveraine du juge, il convient d'opter pour une lecture souple et de procéder à la déduction prévue à l'article L. 1331-7 dès lors qu'il s'agit d'un seul et même immeuble, indépendamment de l'identité du propriétaire »[8].

3°
Prise en compte des frais exposés par l'aménageur (ZAC)

553.801 Diminution de la participation à hauteur du coût pris en charge par l'aménageur. Lorsque dans une ZAC, l'aménageur supporte tout ou partie du coût de construction du réseau public de collecte des eaux usées compris dans le programme des équipements publics de la zone, la participation pour le financement de l'assainissement collectif est diminuée à proportion du coût ainsi pris en charge[9].

4°
Absence d'autres critères

553.811 Éléments non pris en compte. Dans la mesure où ils sont sans influence sur l'économie réalisée, ne peuvent être pris en compte :

- ni la situation financière des propriétaires[10] ;
- ni la nature (public ou privé) du maître d'ouvrage[11] ;
- ni la destination des logements et constructions[12] (à vocation professionnelle ou d'habitation, à vocation d'habitation sociale, etc.).

§ 5
Recouvrement et réclamations

553.821 Régime des contributions directes. Les sommes dues par le propriétaire au titre de la PAC sont recouvrées comme en matière de contributions directes[13].

Les réclamations sont présentées et jugées comme en matière de contributions directes[14].

1. CSP, art. L. 1331-7, al. 3.
2. Circ. 18 juin 2013, NOR : ETLL1309352C, p. 39.
3. CSP, art. L. 1331-2, al. 4.
4. CSP, art. L. 1331-7, al. 3.
5. Rép. min. n° 7617, *JO Sénat Q* 17 juill. 2014, p. 1715.
6. Rép. min. n° 7617, *JO Sénat Q* 17 juill. 2014, p. 1715 – dans le même sens : Rép. min. n° 7617, *JO Sénat Q* 17 juill. 2014, p. 1715 : la commune doit « déduire le montant du remboursement des frais de branchement du montant de la PFAC, la somme des deux ne pouvant dépasser 80 % du coût de fourniture et de pose d'une installation d'assainissement autonome ».
7. L. n° 2012-354, 14 mars 2012 de finances rectificative pour 2012, *JO* 15 mars, n° 1.
8. Rép. min. n° 7617, *JO Sénat Q* 17 juill. 2014, p. 1715.
9. CSP, art. L. 1331-7, al. 2.
10. CAA Bordeaux, 17 sept. 1996, *Saint-Cyprien (Cne)*, req. n° 94BX00313, *Lebon T.*
11. Rép. min. n° 20065, *JOAN Q* 20 mai 2014, p. 4103.
12. Rép. min. n° 20065, *JOAN Q* 20 mai 2014, p. 4103.
13. CSP, art. L. 1331-9, al. 1er.
14. CSP, art. L. 1331-9, al. 2.

SECTION 7

CESSION DE TERRAINS OU DE LOCAUX POUR L'INSTALLATION DES POSTES D'ÉLECTRICITÉ OU DE GAZ

§ 1
Deux modalités

553.831 Accepter l'installation de postes d'énergie. Les constructeurs et lotisseurs « sont tenus de supporter sans indemnité l'installation, sur le terrain de l'opération projetée, des postes de transformation de courant électrique ou des postes de détente de gaz nécessaires pour l'opération » [1].

553.832 Alternative : proposition d'un local. S'ils le préfèrent, les constructeurs et lotisseurs peuvent offrir pour les besoins de l'installation « un local adéquat leur appartenant », moyennant paiement d'une indemnité globale et une fois versée par l'organisme tenu d'assurer la distribution publique d'électricité ou de gaz [2].

Le montant forfaitaire au mètre carré de cette indemnité est fixé par arrêté du ministre chargé de l'urbanisme et du ministre du développement industriel et scientifique [3].

§ 2
Libre disposition des postes par les distributeurs d'électricité ou de gaz

553.841 Recours, actions en justice et poursuites pénales. Les distributeurs d'électricité ou de gaz ont la libre disposition des postes de transformation ou de détente installés en exécution de l'article R. 332-16, notamment pour alimenter le réseau de distribution publique [4].

1. C. urb., art. R. 332-16.
2. C. urb., art. R. 332-16.
3. C. urb., art. R. 332-16.
4. C. urb., art. R. 332-16.

LIVRE

6. LE CONTENTIEUX DE L'URBANISME

SECTION 0
ORIENTEUR

6.00 **Sommaire du livre.**

6.03 **Bibliographie indicative.**

Thèse. Y. Tanguy, *Le règlement des conflits en matière d'urbanisme*, « Bibliothèque de science administrative », LGDJ, 1979.

Contributions. Collectif, *Le contentieux de l'urbanisme en Europe*, « Les Cahiers du GRIDAUH », 2017, n° 30.

Articles. J.-B. Auby, « L'évolution contemporaine du contentieux de l'urbanisme », *Justices* 1995, n° 2, p. 115 – J.-C. Bonichot, « Le Conseil d'État, juge de cassation dans le domaine de l'urbanisme », *DAUH* 1998. 27 – Y. Pittard, « Les procédures contentieuses », *Droit et ville* 2007, n° 64, p. 91.

6.05 **Actions en justice et poursuites pénales.** Le contentieux de l'urbanisme renvoie aux actions en justice et poursuites pénales mises en œuvre dans le domaine de l'urbanisme.

Ces cas de recours au juge visent à contester un acte, demander une réparation ou obtenir le prononcé d'une sanction.

6.06 **Trois domaines.** Le contentieux de l'urbanisme porte principalement sur trois domaines :

- le contentieux des autorisations d'urbanisme ;
- le contentieux des documents d'urbanisme ;
- et le contentieux de la préemption.

Ceux-ci sont mis en œuvre devant le juge administratif, le juge pénal et le juge civil.

6.07 **Importance du contentieux administratif de l'urbanisme.** En raison du nombre considérable des décisions prises en matière d'urbanisme (planification urbaine, urbanisme opérationnel, autorisations d'occupation du sol, préemption, etc.) ainsi que des enjeux, souvent importants (économiques, environnementaux...) attachés à ces décisions, il n'est pas surprenant que le contentieux auquel elles donnent naissance soit abondant. On estime que sur le million de décisions relatives à l'occupation des sols délivrées chaque année, entre 1,2 et 1,6 % d'entre elles font l'objet d'un recours[1]. En termes de volume, le contentieux

1. D. Estrosi Sassone, *Projet de loi portant évolution du logement, de l'aménagement et du numérique*, 4 juill. 2018, Doc. parl., Sénat, Rapp. n° 630, p. 297.

de l'urbanisme représente environ 5 % du contentieux administratif[1].

6.08 Particularités du contentieux administratif de l'urbanisme : entre application du droit commun et règles dérogatoires. Si, pour l'essentiel, le contentieux de l'urbanisme est soumis aux règles procédurales de droit commun, celles-ci, au fil des années, ont été de plus en plus écartées, au bénéfice de dispositions particulières visant à apporter toujours plus de sécurité aux professionnels de l'immobilier.

Deux rapports ont servi d'inspiration directe aux réformes les plus récentes :

- d'une part le rapport Labetoulle[2] pour l'ordonnance de 2013[3] ;

- d'autre part le rapport Maügué[4] pour le décret de 2018 et les dispositions spécifiques au contentieux contenues dans la loi ELAN[5].

Témoignant de la place accordée aux règles dérogatoires, l'article L. 778-2 du code de justice administrative dispose : « Le jugement des litiges relatifs aux documents d'urbanisme et aux autorisations d'urbanisme est régi par les dispositions du livre VI du code de l'urbanisme et par celles du présent code ». L'article L. 600-13 étend les dispositions de ce livre « aux recours pour excès de pouvoir formés contre les permis de construire qui tiennent lieu d'autorisation au titre d'une autre législation » (en particulier le permis de construire valant autorisation d'exploitation commerciale), « sauf disposition contraire de cette dernière ».

1. Rapport public du Conseil d'État 2018, p. 34, faisant état de 13 000 décisions rendues en 2017.
2. Accessible en ligne : www.cohesion-territoires.gouv.fr.
3. Ord. n° 2013-638, 18 juill. 2013 relative au contentieux de l'urbanisme, *JO* 19 juill., n° 24.
4. Accessible en ligne : www.cohesion-territoires.gouv.fr.
5. Les innovations introduites par le décret du 17 juillet 2018 ont été validées par le Conseil d'État : CE 3 juill. 2020, *Conseil national des Barreaux et a. et Synd. des avocats de France*, n° 424293, *Lebon T. ; JCP Adm.* 2020, n° 2280, chron. O. Le Bot.

TITRE

61. Le contentieux des autorisations d'urbanisme

SECTION 0
ORIENTEUR

61.00 Sommaire du titre.

61.03 Bibliographie indicative.

Thèse. F. Nicoud, Du contentieux administratif de l'urbanisme. Étude visant à préciser la fonction du contentieux de l'urbanisme dans l'évolution du droit du contentieux administratif général, PUAM 2006.

Contributions. D. Labetoulle, « Droit du contentieux de l'urbanisme et droit du contentieux administratif », Mél. J. Waline, Dalloz 2002, p. 629 – A. Lanza, « Paradoxes sur l'accès au prétoire dans le contentieux de l'urbanisme », Mél. J. Mas, Économica 1996, p. 215.

> Articles

Loi ÉLAN. P. Cornille, « De quelques innovations de la loi ÉLAN en matière de contentieux du permis de construire, de certificat d'urbanisme, et de copropriété », Constr.-urb 2019, ét. 8 – A. Gayet et C. Lherminier, « Les évolutions du droit et du contentieux de l'urbanisme après la loi ÉLAN », *JCP Adm.* 2019, n° 2017 – D. Gillig, « Le contentieux des autorisations d'urbanisme après la loi ÉLAN », *Constr.-Urb.* 2019, ét. 5 – B. Hachem, « Lettre ouverte à ceux qui souhaitent (encore) restreindre le droit au recours en matière d'urbanisme », *JCP Adm.* 2018, n° 2185 – J.-C. Le Coustumer, « Les recours abusifs contre les autorisations de construire-état des lieux et perspectives », *LPA* 10 mai 2018, n° 94, p. 68 – Ch. Maugüé et C. Barrois de Sarigny, « Le contentieux de l'urbanisme : vers une spécificité encore plus marquée », *BJDU* 2019. 3 – Ch. Maugüé et C. Barrois de Sarigny, « L'année 2018, une nouvelle étape pour le contentieux de l'urbanisme ? », *AJCT* 2019. 16 – Ch. Maugüé et C. Barrois de Sarigny, « 2018 : une nouvelle étape de la spécificité du contentieux de l'urbanisme », *RFDA* 2019. 33 – R. Noguellou, « La réforme du contentieux de l'urbanisme », *AJDA* 2019. 107 – J-M. Petit, « La loi ELAN du 23 nov. 2018 : le nouvel équilibre entre le droit au recours effectif et le développement de la construction », *D.* 2018. 2322 – M. Revert, « Le volet contentieux de l'urbanisme de la loi ÉLAN », *RDI* 2019. 64 – F. Rolin, « Réformer le contentieux de l'urbanisme, pour quoi faire ? », *DAUH* 2019. 25 – C. Wiels, « La réforme du contentieux d'urbanisme après la loi ELAN, suite et fin ? », *BJDU* 2019. 74.

Délai de jugement. F. Polizzi, « La mise en place d'un délai de jugement des recours contre certains permis est-elle réaliste et efficace ? », *AJDA* 2018. 1718.

Défense. J.-C. Le Coustumer, « Faire face efficacement au contentieux des autorisations d'urbanisme », *AJCT* 2015. 257.

CHAPITRE

611. Contentieux de l'annulation des autorisations d'urbanisme

SECTION 0 ORIENTEUR

611.00 **Sommaire du chapitre.**

611.01 Textes applicables.

- **C. urb.**

art. L. 600-1 s.

art. R. 600-1 s.

611.02 Jurisprudence de référence.

> **Recours contre les prescriptions**

- **CE, sect., 13 mars 2015,** *Ciaudo*, req. n° 358677, *Lebon*.

> **Obligation de notification du recours**

- **CE, sect., avis, 1er mars 1996,** *Assoc. Soisy Étiolles Environnement*, req. n° 175126, *Lebon T.*

- **CE, sect., avis, 6 mai 1996,** *Andersen*, req. n° 178473, *Lebon*.

> **Régularisation sous l'égide du juge**

- **CE, sect., avis, 2 oct. 2020,** *Barrieu (M.)*, req. n° 438318, *Lebon*.

611.03 Bibliographie indicative.

Encyclopédies. *DP constr.-urb.*, ét. : « Permis de construire » – *J.-Cl. Constr.-Urb.*, fasc. 26-50 : « Permis de construire. – Contentieux administratif », par G. Liet-Veaux, avr. 2009, mis à jour mars 2011 ; fasc. 27-11 : « Permis de construire. – Notification des recours », par G. Liet-Veaux, janv. 2009, mis à jour janv. 2011 ; fasc. 27-15 : « Permis de construire. – Déféré préfectoral et sanctions administratives », par G. Liet-Veaux, nov. 2009.

Ouvrages. F.-C. Bernard, *Guide des contentieux de l'urbanisme*, 2e éd., « Guides », LexisNexis, 2018.

Contributions. H. et O. Cayla, « D'un voisinage à l'autre ? La question épineuse de l'intérêt pour agir du commerçant dans le contentieux du permis de construire », *Mél. J.-A. Mazères*, Litec 2009, p. 81 – D. Labetoulle, « Retour sur l'ordonnance du 18 juillet 2013 relative au contentieux de l'urbanisme », *Mél. Ch. Debouy*, PU de Poitiers, p. 279 – S. Marie, « L'intérêt à agir dans le contentieux des autorisations d'urbanisme : la réforme de 2013 a-t-elle rompu avec le libéralisme traditionnel du juge administratif ? », *L'intérêt à agir dans le contentieux de l'urbanisme, de l'aménagement et de l'environnement*, Actes de la journée d'étude franco-japonaise de Nantes du 7 septembre 2017, « Les Cahiers du Gridauh », n° 32, 2018, p. 11.

> **Articles (réformes)**

Ordonnance du 18 juillet 2003. J.-C. Bonichot, « Légalité et sécurité en matière d'urbanisme : Les propositions du groupe de travail Labetoulle », *BJDU* 2013. 243 – A. Catherine, « Les Conséquences de la redéfinition restrictive de l'intérêt à agir en matière d'urbanisme », *Constr.-Urb.* 2016, ét. 11 – P. Cornille, « Propos iconoclastes sur l'ordonnance n° 2013-368 du 18 juillet 2013 relative au contentieux de l'urbanisme », *Constr.-Urb.* 2013, n° 134 – É. Crépey, Les nouvelles règles du procès en matière d'urbanisme, *AJDA* 2013. 1905 – N. Fouilleul, « Recours abusifs : du rapport Labetoulle à l'ordonnance relative au contentieux de l'urbanisme », *BJDU* 2013. 323 – D. Gillig, « Réforme du contentieux de l'urbanisme. Regards critiques sur l'ordonnance n° 2013-368 du 18 juillet 2013 relative au contentieux de l'urbanisme », *JCP Adm.* 2013, n° 2279 – N. Granier-Calvet et T. Rombauts-Chabrol, « L'intérêt à agir en contentieux administratif de l'urbanisme. Entre innovations et particularismes », *JCP Adm.* 2018, n° 2266 – D. Labetoulle, « Bande à part ou éclaireur ? », *AJDA* 2013. 1897 – D. Labetoulle, « Une nouvelle réforme du contentieux de l'urbanisme », *RDI* 2013. 508 – S. Marie, « Recours abusifs et recours "mafieux" : la chasse est ouverte ! », *AJDA* 2013. 1909 – C. Mialot, « La Réforme du contentieux de l'urbanisme du point de vue du requérant », *AJDA* 2013. 2337 – R. Noguellou, « Contentieux de l'urbanisme : il faut modifier le comportement des acteurs », *AJDA* 2013. 1188 – Jérôme Tremeau, « La régulation de l'accès au prétoire : la redéfinition de l'intérêt à agir », *AJDA* 2013. 1901.

Décret du 17 juillet 2018. D. Gillig, « La Réforme du contentieux de l'urbanisme opérée par le décret du 17 juillet 2018 », *Constr.-Urb.* 2018, ét. 9 – F. Polizzi, « La Mise en place d'un délai de jugement des recours contre certains permis est-elle réaliste et efficace ? », *AJDA* 2018. 1718 – P. Soler-Couteaux, « Le Décret n° 2018-617 du 17 juillet 2018 portant modification du Code de justice administrative et du Code de l'urbanisme », *RDI* 2018. 468 – C. Wiels, « Le décret du 17 juillet 2018 portant modification du Code de justice et du Code de l'urbanisme, ou la réforme avant la réforme », *BJDU* 2019. 71.

Loi Élan. E. Baron, « Focus sur l'évolution des conditions de régularisation des autorisations d'urbanisme (C. urb., art. L. 600-5-1) », *JCP Adm.* 2019, n° 2018 – P. Cornille, « De quelques innovations de la loi ÉLAN en matière de contentieux du permis de construire, de certificat d'urbanisme, et de copropriété », *Constr.-urb.* 2019, ét. 8 – D. Gillig, « Le contentieux des autorisations d'urbanisme après la loi ÉLAN », *Constr.-urb.* 2019, ét. 5.

> **Articles (thèmes)**

Regard (souvent critique) sur l'évolution générale du contentieux administratif de l'urbanisme. Ph. Billet, « Sécurisation des autorisations d'urbanisme : mesure(s) et contrepoids », *Environnement* 2013, alerte 127 – M. Boul, « L'office du juge de l'urbanisme : vers un juge-administrateur ? », *JCP Adm.* 2019, n° 2188 – É. Carpentier, « Que reste-t-il du recours pour excès de pouvoir en matière d'autorisations d'urbanisme ? », *RDP* 2015 – É. Carpentier, « Le droit de l'urbanisme aléatoire dans les prétoires (de la limitation des recours au contrôle de proportionnalité) », *RDI* 2020. 20 – C. Debouy, « Vingt ans de réformes depuis la loi Bosson : construction d'un contentieux administratif spécial de l'urbanisme ? », *JCP Adm.* 2014, n° 2233 – S. Ferrari, « Le jugement et ses suites : quelles conséquences pour une décision d'annulation ? », *JCP Adm.* 2019, n° 2189 – J.-M. Février, « Le droit au juge à l'épreuve de l'évolution du contentieux de l'urbanisme », *JCP Adm.* 2019, n° 2182 – G. Kalflèche, « Pour l'instauration de référés spéciaux en droit de l'urbanisme », *JCP Adm.* 2019, n° 2186 – C. Morot, « L'altération du recours pour excès de pouvoir en urbanisme : quelles limites ? » *JCP Adm.* 2019, n° 2190 – O. Renaudie, « Accès au juge et contentieux de l'urbanisme : la question délicate de la suppression de l'appel », *RDP* 2020. 5 – G. Kalflèche, « Les restrictions de l'intérêt à agir des particuliers en droit de l'urbanisme : une réforme inutile ? », *RDP* 2020. 17 – F. Poulet, « L'intérêt à agir des associations », *RDP* 2020. 31 –

O. Mamoudy, « L'instruction : faire vite, mais à quel prix ? », *RDP* 2020. 43 – J. Martin, « Existe-t-il une limite à la régularisation des autorisations d'urbanisme ? », *RDP* 2020. 55 – M. Morales, « Restriction des droits d'accès au juge : les droits conventionnels et constitutionnels au recours en renfort ? », *JCP Adm.* 2019, n° 2185 – R. Noguellou, « Le contentieux de l'urbanisme », *AJDA* 2020. 230 – R. Radiguet, « Restrictions des droits d'accès au juge par la procédure administrative contentieuse en droit de l'urbanisme », *JCP Adm.* 2019, n° 2183 – T. Rombauts-Chabrol, « Restrictions des droits d'accès au juge par la réforme de l'intérêt à agir : vers un contentieux subjectif ? », *JCP Adm.* 2019, n° 2184 – B. Hachem, « La préoccupante indifférence du Conseil constitutionnel face aux atteintes au droit au recours en matière d'urbanisme, l'exemple des associations », *JCP Adm.* 2022, n° 2342 – S. Lapprand, « Le contentieux des autorisations d'urbanisme : chronique d'une mort annoncée ou vers un difficile équilibre des intérêts ? », *JCP Adm.* 2022, n° 2358 – P. Soler-Couteaux, « Le recours au juge : restrictions et garanties », *RFDA* 2023. 383 – X. Couton, « Un contentieux de l'urbanisme réformé mais des projets toujours pas "*bankable*" », *Constr.-Urb.* 2023, repère 3 – A. Courrèges, « Contentieux administratif – Le laboratoire du contentieux administratif », *Dr. adm.* 2023, repère 2 – D. Botteghi, « Le ministère chargé de l'urbanisme et les réformes du droit de l'urbanisme depuis 10 ans », *DAUH* 2024. 13 – X. de Lesquen, « Le contentieux de l'urbanisme : avant-garde ou déviance », *DAUH* 2024. 59.

Recours abusifs. S. Hansen, « Le recours abusif dans le contentieux de l'urbanisme », *BJDU* 2005. 234 – N. Marcon, « Les stratégies contentieuses des requérants en urbanisme : mythe et réalité », *DAUH* 2024. 25.

Instruction. F. Polizzi, « L'instruction des recours en droit de l'urbanisme. Le point de vue du juge », *DAUH* 2024. 43.

Transaction. J. Aillet et E. Vital-Durand, « La transaction dans le contentieux administratif des autorisations d'urbanisme », *Constr.-Urb.* 2014, étude 9 ; O. Le Bot, « Les modes alternatifs de règlement des litiges en droit public de la construction », *RRJ* 2012. 877 – A. de Dieuleveult et M. Randrianatoavina, « Le traitement fiscal de l'indemnité transactionnelle perçue dans le cadre du contentieux des autorisations d'urbanisme », *RDI* 2023. 218.

Office du juge. M. Ricard, « L'office du juge administratif en contentieux de l'urbanisme », *in* J.-F. Lafaix (dir.), *Le renouvellement de l'office du juge administratif*, Berger-Levrault 2017, p. 79 – N. Ach, « Le contentieux de l'urbanisme ou la quintessence de l'effet utile », *JCP Adm.* 2023, n° 2355 – É. Carpentier, « L'office du juge : perfectionnements et insuffisances », *RFDA* 2023. 386 – A. Weinkopf, « L'effet utile en contentieux de l'urbanisme. Le point de vue d'une avocate », *JCP Adm.* 2023, n° 2356.

Annulation partielle. P.-E. Durand, « L'annulation partielle des autorisations d'urbanisme », *AJDA* 2012. 129 – G. Godfrin, « Annulation partielle d'une autorisation d'urbanisme », *Constr.-Urb.* 2008, n° 120 – M. Le Coq, « Annulation partielle des autorisations d'urbanisme. Les réponses de la jurisprudence », *AJDA* 2014. 1191 – F. Polizzi, « L'annulation partielle d'une autorisation d'urbanisme », *BJDU* 2012. 251.

Régularisation. R. Bonnefont, « La régularisation des autorisations d'urbanisme dans l'intérêt d'une bonne administration de la justice et de l'urbanisme », *AJCT* 2015. 388 – R. Micalef, « L'incidence des pouvoirs du juge administratif sur l'évolution du mécanisme de régularisation des autorisations d'urbanisme », *BJDU* 2020. 81 – M. Richard, « Une arme de régularisation massive ? L'article L. 600-5-1 du Code de l'urbanisme », *AJDA* 2016. 2359 – C. Zaccaron Guérin, « La neutralisation dynamique d'un vice d'incompétence a-t-elle un effet utile ? », *AJDA* 2023. 2149 – R. Noguelou, « La régularisation dans le contentieux des autorisations d'urbanisme », *RFDA* 2023. 763.

Injonction. É. Carpentier, « To do or not to do... Le juge peut-il enjoindre de délivrer une autorisation d'urbanisme en conséquence de l'annulation de son refus ? », *AJDA* 2018. 484 – B. Hachem, « Pour la fin de l'inhibition du pouvoir d'injonction du juge administratif », *AJDA* 2014. 197 – N. Luyckx-Gürsoy, « L'annulation d'une décision de refus de permis de construire contenant tous les motifs de refus doit-elle conduire le juge à ordonner la délivrance du permis refusé ? », *BJDU* 2017. 285 – A. Tirard-Rouxel, « L'apport de la loi Macron au contentieux du refus de permis de construire », *BJDU* 2016. 395.

Certificat d'urbanisme. W. Desbourdes, « Mettre fin à l'incohérence du contentieux de l'annulation des certificats d'urbanisme », *RFDA* 2024. 155.

Intérêt à agir. H. Pauliat, « Intérêt à agir des personnes morales en matière d'urbanisme et d'environnement : une approche libérale pour les personnes privées, restrictive pour les personnes publiques », *JCP Adm.* 2024, n° 2067.

Assurance. M. Raunet, F. Gouhier et A.-L. Dorey, « La garantie permis de construire est-elle une solution ? », *RDI* 2024. 439.

611.04 Questions essentielles.

> Comment s'apprécie l'exigence d'un intérêt à agir en cas de recours formé par un tiers ?

* V. s^s n°s 611.251 s.

> Dans quel délai le recours doit-il être formé ?

* V. s^s n°s 611.351 s.

> Quelle est la façon la plus sûre de notifier le recours ?

* V. s^s n°s 611.672 s.

> À quels risques s'expose l'auteur d'un recours abusif ?

* V. s^s n°s 611.1021 s.

> Quels sont les vices régularisables sous l'égide du juge ?

* V. s^s n°s 611.1161 s.

> Après annulation d'un refus, sur la base de quels textes l'administration se prononce-t-elle la demande d'autorisation ?

* V. s^s n° 611.1502

> Le juge administratif annulant un refus d'autorisations d'urbanisme peut-il enjoindre à l'autorité compétente la délivrance de celle-ci ?

* V. s^s n°s 611.1511 s.

> Un jugement rendu en matière d'autorisations d'urbanisme peut-il faire l'objet d'un recours en appel ou d'un recours en cassation ?
* V. ss nos 611.1571 s.

> Quelles conséquences résultent de l'absence d'enregistrement d'une transaction ?
* V. ss no 611.1641

611.05 **Recours pour excès de pouvoir.** Le contentieux de l'annulation des autorisations d'urbanisme emprunte la voie du recours pour excès de pouvoir. Ce recours juridictionnel a pour objet d'obtenir l'annulation d'une décision administrative en raison de son illégalité.

611.06 **Données statistiques.** Le rapport Maugüé soulignait qu'« il ne faut pas surestimer l'importance quantitative du nombre des recours – le nombre total de recours représente de 1,2 à 1,6 % des permis ; 50 % des permis attaqués correspondent à des constructions individuelles, entre un quart et un tiers à des habitats collectifs : 10 % des recours émanent d'associations, 10 autres % des préfets (...) »[1].

SECTION 1 Introduction du recours

§ 1 Juridiction compétente

A. Compétence de principe du tribunal administratif

611.11 **Compétence de première instance.** Dans le contentieux des autorisations d'urbanisme, le recours pour excès de pouvoir relève en principe de la compétence des tribunaux administratifs.

Le tribunal administratif territorialement compétent est celui dans le ressort duquel se trouve l'immeuble objet du litige[2]. Si la décision ne porte pas sur un immeuble, la compétence revient au tribunal administratif dans le ressort duquel se trouve le siège de l'auteur de l'acte[3].

B. Compétence dérogatoire de la cour administrative d'appel et du Conseil d'État

1° Compétence dérogatoire de la CAA

611.21 **Compétence de première instance.** La compétence de première instance revient aux cours administratives d'appel dans un certain nombre de contentieux ne générant qu'un faible nombre de recours. Cette dérogation à la compétence de principe des tribunaux administratifs se justifie par la volonté de confier un contentieux technique à une juridiction unique, et ainsi favoriser la spécialisation de cette juridiction dans ce contentieux.

611.22 ***JO* 2024.** Relèvent de la compétence de première instance de la CAA de Paris les recours relatifs aux actes d'urbanisme et autorisations d'urbanisme pris pour l'organisation des jeux Olympiques et Paralympiques de 2024[4]. Cette compétence ne concerne toutefois que les opérations pouvant être regardées, au vu notamment du dossier de candidature de Paris pour ces Jeux, comme étant « nécessaires », même pour partie, à la préparation, à l'organisation ou au déroulement de cet événement[5].

611.23 **Urbanisme commercial.** Les CAA sont compétentes pour connaître en premier et dernier ressort des litiges relatifs[6] :

– aux décisions prises par la CNAC en application de l'article L. 752-17 du code de commerce ;

– ainsi qu'aux décisions prises par la CNACi en application de l'article L. 212-10-3 du code du cinéma.

La CAA territorialement compétente pour connaître de ces recours est celle dans le ressort de laquelle a son siège[7] :

– la CDAC qui a pris la décision ;

– ou la CDACi qui a pris la décision.

611.24 **Éoliennes terrestres.** Les CAA sont compétentes pour connaître, en premier et dernier ressort, des litiges portant sur les décisions relatives aux installations de production d'électricité utilisant l'énergie mécanique du vent classées au titre de l'article L. 511-2 du code de l'environnement, à leurs ouvrages connexes, ainsi qu'aux ouvrages de

1. Ch. Maugüé, Rapp. *Propositions pour un contentieux des autorisations d'urbanisme plus rapide et plus efficace*, 11 janv. 2018, p. 4.
2. CJA, art. R. 312-7, al. 1er : « Les litiges relatifs aux déclarations d'utilité publique, au domaine public, aux affectations d'immeubles, au remembrement, à l'urbanisme et à l'habitation, au permis de construire, d'aménager ou de démolir, au classement des monuments et des sites et, de manière générale, aux décisions concernant des immeubles relèvent de la compétence du tribunal administratif dans le ressort duquel se trouvent les immeubles faisant l'objet du litige ».
3. CJA, art. R. 312-1.
4. CJA, art. R. 311-2, 5°.
5. CE 17 oct. 2022, *Association France Nature Environnement Ile-de-France et autres*, req. no 459219, *Lebon T.* ; *BJDU* 2023. 69, concl. S. Hoynck ; *Constr.-Urb.* 2022, comm. 129, note L. Santoni – CE 17 oct. 2022, *Association Collectif pour le Triangle de Gonesse*, req. no 464620, *Lebon T.*
6. CJA, art. R. 311-3, al. 1er.
7. CJA, art. R. 311-3, al. 2.

raccordement propres au producteur et aux premiers postes du réseau public auxquels ils sont directement raccordés [1].

2°
Compétence dérogatoire du Conseil d'État (éoliennes off-shore)

611.31 **Éoliennes off-shore.** Depuis la loi du 7 décembre 2020 [2, 3], le Conseil d'État est compétent pour connaître en premier et dernier ressort des recours juridictionnels formés contre les décisions relatives [4] :

– aux installations de production d'énergie renouvelable en mer ainsi qu'à leurs ouvrages connexes ;

– aux ouvrages des réseaux publics d'électricité afférents ;

– et aux infrastructures portuaires rendues nécessaires pour la construction, le stockage, le pré-assemblage, l'exploitation et la maintenance de ces installations et ouvrages.

La liste de ces décisions est fixée à l'article R. 311-1-1 du CJA, créé par décret du 12 mars 2021 [5].

§ 2
Acte attaqué

611.41 **Exigence d'un acte décisoire.** Le recours pour excès de pouvoir ne peut être formé qu'à l'encontre d'un acte administratif décisoire. Il en résulte l'irrecevabilité du recours formé contre un acte dépourvu de ce caractère.

A.
Recours recevable contre un acte décisoire

611.51 **Acte décisoire.** Le recours pour excès de pouvoir est recevable contre une décision administrative. Il y a décision lorsqu'une mesure administrative comporte une norme exprimant la volonté de son auteur soit de modifier l'ordonnancement juridique (en plus ou en moins), soit de le maintenir inchangé (par un refus).

1. CJA, art. R. 311-5.
2. L. n° 2020-1525, 7 déc. 2020 d'accélération et de simplification de l'action publique, *JO* 8 déc., n° 1.
3. La compétence de premier et dernier ressort revenait, auparavant, à la CAA de Nantes (anc. art. R. 311-4 du CJA).
4. CJA, art. L. 311-13.
5. Décr. n° 2021-282, 12 mars 2021 portant application de l'article L. 311-13 du code de justice administrative, *JO* 14 mars, n° 35.

1°
Autorisations d'urbanisme

a.
Permis et décision de non-opposition à déclaration préalable

611.61 **Recours recevable.** Les autorisations d'urbanisme constituent des actes susceptibles de recours. Peuvent ainsi faire l'objet d'un recours pour excès de pouvoir :

– un permis de construire, d'aménager ou de démolir ;

– une décision de non-opposition à déclaration préalable.

b.
Prescriptions assortissant une autorisation

611.71 **Données du problème et jurisprudence antérieure.** Une autorisation d'urbanisme est habituellement assortie de prescriptions. Elle comporte ainsi une partie « autorisation » par laquelle l'autorité administrative autorise le projet, et une partie « prescriptions » qui imposent des obligations à la charge du pétitionnaire (employer tels matériaux, établir une servitude de passage sur le fonds voisin, réaliser des places de stationnement, utiliser telle couleur de peinture, etc.). Une question se pose relativement à ce type de décision conditionnelle : le bénéficiaire d'une autorisation peut-il former une demande d'annulation ciblant uniquement les prescriptions dont cette autorisation est assortie ?

Depuis un arrêt de principe de 1962, la jurisprudence l'excluait fermement [6]. Le Conseil d'État estimait que les prescriptions dont est assortie une autorisation d'urbanisme forment avec celle-ci un ensemble indivisible. Ces prescriptions étaient ainsi regardées comme indissociables de l'autorisation litigieuse. Le raisonnement était le suivant : sans les prescriptions dont elle est assortie, l'autorisation en cause n'aurait pas été délivrée ; aussi le juge trahirait-il la volonté de l'auteur de l'acte et lui ferait-il perdre son essence en retranchant une condition ayant conditionné son édiction. Il en résultait l'irrecevabilité d'une demande d'annulation ciblant uniquement les prescriptions assortissant une autorisation [7] – sauf pour les prescriptions de nature financière (celles-ci se présentant davantage comme une conséquence de l'autorisation que comme une condition de celle-ci) [8]. Si de telles conclusions étaient formulées, le juge, qui ne peut statuer *ultra petita*, devait déclarer la requête irrece-

6. CE, sect., 12 oct. 1962, *min. Construction c/Cie immobilière de la région parisienne, Lebon* 537.
7. PAR EX. : CE 8 janv. 1988, *Mazar*, req. n° 73051, NP.
8. CE, sect., 13 nov. 1981, *Plunian*, req. n° 16504, *Lebon*.

vable[1]. Cette solution avait pour conséquence de placer le bénéficiaire d'une autorisation d'urbanisme assortie de prescriptions illégales (ou suspectées de l'être) devant un choix binaire : soit il acceptait ces prescriptions et s'y conformait, baissant les bras devant une possible illégalité, soit il demandait l'annulation de l'autorisation dans son ensemble et, une fois celle-ci obtenue (en raison de l'illégalité de ladite prescription), formulait une nouvelle demande que l'autorité administrative devait instruire en tenant compte des motifs du jugement d'annulation.

Le Conseil d'État est revenu sur cette solution dans un arrêt de section du 13 mars 2015.

611.72 Admission du recours contre les prescriptions. Depuis 2015, le Conseil d'État admet « que le titulaire d'une autorisation d'urbanisme est recevable à demander l'annulation d'une ou de plusieurs prescriptions dont celle-ci est assortie »[2].

En l'espèce, une autorisation d'urbanisme portant sur un ravalement de façade imposait à la pétitionnaire de repeindre les bords des fenêtres de la même couleur que les volets. L'intéressée a formé un recours contre l'autorisation délivrée, en demandant l'annulation de cette seule prescription. Rompant avec la jurisprudence antérieure, la section a admis la recevabilité de ces conclusions.

611.73 Opérance des moyens. Ne peuvent être invoqués par le requérant qui demande l'annulation d'une ou de plusieurs prescriptions dont l'autorisation est assortie que les vices propres, de fond ou de formes, entachant les prescriptions contestées. Selon la formule employée, le requérant « peut utilement soulever à l'appui de telles conclusions tout moyen relatif au bien-fondé des prescriptions qu'il critique ou au respect des exigences procédurales propres à leur édiction »[3]. Cela signifie qu'un moyen visant l'autorisation elle-même, dans sa globalité (par exemple l'incompétence de son auteur ou un défaut de motivation non propre à la prescription contestée) ne saurait être utilement soulevé à son encontre. Seul un vice de fond (ou, plus rarement, de forme) qui lui est propre pourra être regardé comme opérant. Cela emporte une conséquence concrète sur le cadre du débat contentieux : en présence de conclusions aux fins d'annulation partielle, celui-ci portera, dans l'essentiel des cas, sur le bien-fondé de la prescription elle-même.

1. CE 5 nov. 1975, *Secrétaire d'État à la Culture c/S^té Pavita*, req. n° 95530, *Lebon*.
2. CE, sect., 13 mars 2015, *Ciaudo*, req. n° 358677, *Lebon ; JCP Adm.* 2015. 2246, chron. O. Le Bot ; *AJDA* 2015. 551 ; *ibid.* 985, chron. J. Lessi et L. Dutheillet de Lamothe ; *RDI* 2015. 375, obs. P. Soler-Couteaux ; *ibid.* 377, obs. P. Soler-Couteaux ; *AJCT* 2015. 388, étude R. Bonnefont.
3. CE, sect., 13 mars 2015, *Ciaudo*, req. n° 358677.

611.74 Conséquences de l'illégalité de la prescription. Une prescription illégale ne sera annulée « que s'il résulte de l'instruction qu'une telle annulation n'est pas susceptible de remettre en cause la légalité de l'autorisation d'urbanisme et qu'ainsi ces prescriptions ne forment pas avec elle un ensemble indivisible »[4]. Il n'est donc pas permis de faire l'économie d'un débat sur la divisibilité de la prescription litigieuse. La question disparaît au stade de la recevabilité des conclusions mais rejaillit pour déterminer les conséquences de l'illégalité constatée.

2° Certificat d'urbanisme

611.81 Acte susceptible de recours. Malgré sa vocation principalement informative, le certificat d'urbanisme est doté de certains effets juridiques justifiant qu'il puisse faire l'objet d'un recours[5].

3° Autres décisions administratives

611.91 Variétés des autres décisions susceptibles de recours. Le contentieux de l'urbanisme regarde comme décisoire une grande variété d'actes administratifs, en dehors de la catégorie des autorisations d'urbanisme et des certificats d'urbanisme. Au nombre de ces actes figurent notamment :

– la lettre du service instructeur indiquant au pétitionnaire que son projet n'est pas subordonné à l'obtention d'un permis de construire[6] ;

– une demande de pièce complémentaire par le service instructeur[7] ;

– la lettre par laquelle l'autorité compétente constate la caducité du permis de construire[8] ou refuse de la constater[9] ;

– le refus de délivrance d'une attestation de permis de construire tacite[10] ;

4. CE, sect., 13 mars 2015, *Ciaudo*, req. n° 358677.
5. CE 6 juin 2012, *Vidal (Ép^x)*, req. n° 329123, *Lebon ; AJDA* 2012. 2019, note J. Tremeau ; *AJCT* 2012. 515, obs. R. Bonnefont ; *BJDU* 4/2012, p. 288, concl. C. Landais : arrêt affirmant « qu'eu égard aux effets qu'ils sont susceptibles d'avoir pour leurs destinataires et pour les tiers intéressés, les certificats d'urbanisme [...] doivent être regardés, que la demande à laquelle ils répondent ait ou non précisé une opération particulière, comme des décisions administratives susceptibles de faire l'objet d'un recours pour excès de pouvoir ».
6. CE 8 avr. 1987, *Monnot*, req. n° 56504, *Lebon T.* (recours formé par un voisin).
7. V. s^s n° 334.131.
8. CE 5 déc. 1984, *SCI Le Pavois*, req. n° 41573, *Lebon T.*
9. CE 27 mars 2000, *Synd. des copropriétaires de l'immeuble « Le Lympia »*, req. n° 205430, *Lebon T.*
10. CE 12 févr. 2020, *S^té Le Toit parisien*, req. n° 421949, *Lebon T.*

– le refus de retirer un permis de construire[1] ;

– le certificat de non-opposition à un projet ayant fait l'objet d'une déclaration préalable[2] ;

– la décision attestant de l'absence d'opposition à une déclaration d'achèvement et de conformité des travaux[3].

B. Recours irrecevable contre un acte non décisoire

611.101 Actes non décisoires. Les recours formés contre des actes non décisoires ne peuvent pas faire l'objet d'un recours pour excès de pouvoir.

1° Actes préparatoires (avis, accord, refus d'accord)

611.111 Absence de contestation directe. Les actes préparatoires participent à la procédure d'élaboration d'une décision et sont dépourvus par eux-mêmes d'incidence juridique immédiate. Par suite, le recours dirigé à leur encontre présente un caractère irrecevable. Tel est le cas, par exemple, du recours dirigé contre :

– le refus d'accord opposé par le préfet à une demande d'extension limitée de l'urbanisation d'un espace proche du rivage[4] ;

– l'avis (favorable ou défavorable) de la CNAC délivré préalablement à la décision prise par l'autorité administrative sur la demande de permis de construire valant autorisation d'exploitation commerciale, seule décision susceptible de recours contentieux[5] ;

– la délibération du conseil municipal d'une commune non couverte par un document d'urbanisme déclarant l'intérêt communal d'un projet de construction dans les parties non urbanisées de celle-ci[6].

611.112 Possible contestation indirecte. Si le recours contre une mesure préparatoire est irrecevable, il est néanmoins possible d'en contester la légalité à l'appui du recours formé contre la décision au vu de celle-ci.

Par exemple, lorsque la délivrance d'une autorisation administrative est subordonnée à l'accord préalable d'une personne publique et qu'un tel accord est refusé, des moyens tirés de sa régularité et de son bien-fondé peuvent, quel que soit le sens de la décision prise par l'autorité compétente pour statuer sur la demande d'autorisation, être invoqués devant le juge saisi de cette décision[7].

2° Mesures d'information

611.121 Renseignements. Les actes purement informatifs ne peuvent pas faire l'objet d'un recours. Tel est le cas, par exemple :

– de la lettre par laquelle le maire repousse la clôture du délai d'instruction de la demande, lorsque la demande de permis de construire n'est pas susceptible de faire l'objet d'un permis tacite[8] ;

– sous l'ancien état du droit, de la mention, dans un certificat de conformité pour des travaux de construction d'un hôtel-restaurant, de ce que l'établissement est inclus dans une zone exposée aux risques d'avalanches et est susceptible de faire l'objet d'une mesure d'évacuation si les circonstances l'exigent[9].

611.122 Mises en garde, mises en demeure ne faisant pas grief. Les mises en garde et mises en demeure ne faisant pas grief ne sont pas susceptibles de recours. Tel est le cas, par exemple, de :

– la lettre invitant un propriétaire à enlever un abri de jardin illégalement édifié[10] ;

– la lettre d'un maire mettant un particulier en demeure de démolir un mur de clôture[11] ;

– la mise en demeure de solliciter un permis de construire pour l'implantation de mobil-homes[12] ;

1. CE 11 déc. 2000, *Baudet*, req. n° 212329, *Lebon T.* ; CE 27 sept. 2022, M. Bourgon, req. n° 456071, *Lebon T.* ; *BJDU* 2022. 56, concl. Ph. Ranquet ; *Constr.-Urb.* 2022, comm. 119, obs. X. Couton ; *JCP Adm.* 2022, n° 2306, chron. O. Le Bot ; *RDI* 2022. 679, obs. P. Soler-Couteaux.
2. CE 12 déc. 2012, *SCEA Pochon*, req. n° 339220, *Lebon T.* : arrêt précisant que les conclusions dirigées contre l'attestation doivent être requalifiées en conclusions dirigées contre l'autorisation tacite.
3. V. s[s] n° 353.292.
4. CE 26 oct. 2001, *Eisenchteter (M. et Mme)*, req. n° 216471, *Lebon* ; *AJDA* 2002. 118, chron. M. Guyomar et P. Colin ; *BJDU* 2001. 339, concl. S. Austry, obs. J.-C. Bonichot.
5. CE 25 mars 2020, *S[té] Le Parc du Béarn*, req. n° 409675, *Lebon T.* : la nature d'acte préparatoire de l'avis emporte l'irrecevabilité du recours formé à son encontre quelle que soit la qualité du requérant (v. ainsi, en cas de recours formé par la commune d'implantation du projet, CE 24 janv. 2022, *S[té] Année Distribution et a.*, req. n° 440164, *Lebon T.* ; *BJDU* 2022. 286, concl. F. Dieu ; 2022. 291, obs. S. Ferrari ; *RDI* 2022. 243, obs. M. Revert ; *JCP Adm.* 2022, n° 2166, chron. O. le Bot ; *Dr. adm.* 2022, comm. 19, note G. Eveillard).
6. V. s[s] n° 112.262.
7. CE 26 oct. 2001, *Eisenchteter (M. et Mme)*, req. n° 216471, *Lebon* ; *AJDA* 2002. 118, chron. M. Guyomar et P. Colin ; *BJDU* 2001. 339, concl. S. Austry, obs. J.-C. Bonichot.
8. CE 29 juil 1994, *Fournier*, req. n° 123342, *Lebon T.*
9. CE 27 juill. 1979, *Blanc et min. Équipement*, req. n° 06875 ; 06995, *Lebon*.
10. CE 17 juin 1988, *Saurois*, req. n° 73044, *Lebon T.*
11. CE 29 juin 1990, *Hirner-Darnis*, req. n° 88249, *Lebon T.*
12. CE 27 juill. 1988, *Min. Urbanisme*, req. n° 62233, *Lebon T.*

– la lettre demandant la mise en conformité d'une clôture à l'arrêté d'autorisation et signalant la possibilité d'engager des poursuites judiciaires[1] ;

– la lettre par laquelle le maire fait connaître à un constructeur qu'il tombera sous le coup des dispositions pénales du code de l'urbanisme s'il entreprend les constructions envisagées malgré la péremption de son permis[2].

611.123 **Projet.** La simple mention dans les documents graphiques d'un PLU des projets de tracé des voies de circulation ne constitue pas une décision susceptible d'être déférée au juge de l'excès de pouvoir[3].

3°
Actes superfétatoires

611.131 **Autorisation délivrée sans être requise.** Une autorisation superfétatoire ne constitue pas une décision susceptible de recours.

Ainsi, par exemple :

– dans le cas où un abattage d'arbres ne relève pas des cas dans lesquels une autorisation d'abattage est requise, l'acte autorisant cette opération n'est pas susceptible de recours[4] ;

– dans le cas où l'installation d'une antenne en bord de voie ferrée n'est pas soumise à déclaration préalable, l'acte autorisant cette installation n'est pas susceptible de recours[5].

4°
Acte ne faisant pas grief

611.141 **Irrecevabilité.** Est irrecevable le recours dirigé contre un acte ne faisant pas grief comme, par exemple, la décision de majorer le délai d'instruction d'une autorisation d'urbanisme[6].

C.
Recours recevable contre un acte de droit souple

611.151 **Jurisprudence GISTI.** En vertu de la jurisprudence GISTI, les « documents de portée générale » émanant d'autorités publiques, matérialisés ou non, tels que les circulaires, instructions, recommandations, notes, présentations ou interprétations du droit positif peuvent être déférés au juge de l'excès de pouvoir lorsqu'ils sont susceptibles d'avoir des « effets notables » sur les droits ou la situation d'autres personnes que les agents chargés, le cas échéant, de les mettre en œuvre[7].

611.152 **Application au contentieux de l'urbanisme.** La jurisprudence GISTI a été appliquée dans une affaire où des pétitionnaires s'étaient vu refuser un projet immobilier au motif que leur terrain se trouvait identifié sur une « carte d'aléa mouvement de terrain » publiée sur le site internet d'une préfecture. Le recours formé par les intéressés contre cette carte a été déclaré recevable au regard « des effets notables » susceptibles d'être produits « sur la situation et les intérêts des propriétaires des parcelles classées en zone d'aléa fort »[8].

§ 3
Intérêt à agir

611.161 **Nature de l'intérêt.** Selon la formule traditionnellement employée par le Conseil d'État, le recours pour excès de pouvoir n'est ouvert qu'aux personnes pouvant justifier d'un « intérêt direct et personnel ».

A.
Intérêt à agir en cas de recours formé par le pétitionnaire

611.171 **Intérêt à agir reconnu.** Il est expressément prévu par le code de l'urbanisme que les dispositions par lesquelles il détermine les conditions de l'intérêt à agir ne s'appliquent pas « aux décisions contestées par le pétitionnaire »[9]. Il en résulte qu'à son égard, l'intérêt à agir s'apprécie au regard des critères de droit commun du contentieux administratif, tels que posés par la jurisprudence.

1. CE 25 mai 1988, *Pouey*, req. n° 70720, *Lebon T.*
2. CE 16 avr. 1975, *Louveciennes (Ville)*, req. n° 94329, *Lebon*.
3. CE 14 mai 1990, *Chevassus*, req. n° 87317, *Lebon T.*
4. CE 29 juin 1984, *Assoc. de sauvegarde de l'église de Castels et du château de Fages*, req. n° 39485, *Lebon T.* : irrecevabilité du recours formé, en l'espèce, par une association de défense de l'environnement.
5. CAA Douai, 16 nov. 2017, *Dusart*, req. n° 15DA01455, NP.
6. V. s^s n° 334.302.
7. CE, sect., 12 juin 2020, GISTI, n° 418142, *Lebon ; JCP Adm.* 2020, n° 2226, chron. O. Le Bot.
8. CE 13 juill. 2023, *Ministre de la transition écologique et de la cohésion des territoires c/Rayssac*, req. n° 455800, *Lebon T.* ; *BJDU* 2023. 432, concl. S. Hoynck ; *JCP Adm.* 2023, n° 2336, chron. O. Le Bot ; *JCP Adm.* 2024, n° 2009, note H. Pauliat. On notera que le recours a en outre été considéré comme fondé, un rapport d'expertise ayant établi que le terrain des requérants ne peut être regardé comme situé dans une zone d'aléa fort mais seulement une zone d'aléa faible ou, éventuellement, moyenne.
9. C. urb., art. L. 600-1-2, al. 2 – Par conséquent, n'est pas requise de ce dernier la production d'un titre de propriété ou justifiant l'occupation régulière du bien (C. urb., art. R. 600-4, al. 3), cette exigence ne s'imposant qu'aux recours formés par les tiers (v. s^s n° 611.311).

De ce fait, le pétitionnaire justifie d'un intérêt à agir contre une décision défavorable prise à son encontre, en particulier :

- un refus de délivrer l'autorisation sollicitée ;
- ou une décision de sursis à statuer.

Il peut également agir contre les prescriptions assortissant l'autorisation d'urbanisme qui lui a été délivrée.

B.
Intérêt à agir en cas de recours formé par l'État, une association ou une collectivité locale

611.181 **Critères de droit commun.** L'intérêt à agir ne fait l'objet d'aucune définition législative dans le cas d'un recours formé par l'État, une association, une collectivité territoriale ou un EPCI[1]. Il en résulte qu'à leur égard, l'intérêt à agir s'apprécie au regard des critères de droit commun du contentieux administratif. Notamment, il s'apprécie, conformément au principe prévalant dans celui-ci[2], en se plaçant à la date d'introduction du recours.

1°
Intérêt à agir du préfet

611.191 **Intérêt présumé.** Le préfet ayant pour mission constitutionnelle de contrôler la légalité des actes des collectivités territoriales[3], son intérêt à agir est présumé lorsqu'il défère à un tribunal administratif une autorisation d'urbanisme délivrée par une commune ou un EPCI.

2°
Intérêt à agir d'une collectivité territoriale ou d'un établissement public

611.201 **Décision venant l'affecter.** Une collectivité territoriale ou un EPCI ne justifie d'un intérêt à contester une décision relative à l'occupation ou l'utilisation du sol que si cette décision vient l'affecter négativement de façon suffisamment directe et personnelle.

Par exemple, la commune de Boulogne-Billancourt justifie, en qualité de commune voisine des installations du stade Roland-Garros à Paris, d'un intérêt à contester le permis de construire délivré à la fédération française de tennis en vue de l'extension dudit stade[4].

3°
Intérêt à agir d'une association

a.
Association devant être constituée avant l'affichage de la demande du pétitionnaire

611.211 **Statuts déposés un an avant.** Une association n'est recevable à agir contre une décision relative à l'occupation ou l'utilisation des sols que si le dépôt des statuts de l'association en préfecture est intervenu au moins un an avant l'affichage en mairie de la demande du pétitionnaire[5] ou de publication par voie électronique de celle-ci[6]. Ces dispositions ont pour objet d'interdire le recours aux associations *ad hoc*, constituées spécialement en vue de contester un acte[7].

Pour permettre au juge d'apprécier le respect de cette exigence, la requête doit, à peine d'irrecevabilité, être accompagnée[8] :

- des statuts de l'association ;
- ainsi que du récépissé attestant de sa déclaration en préfecture.

b.
Appréciation de l'intérêt à agir d'une association

611.221 **Critères de droit commun.** L'intérêt à agir d'une association s'apprécie par rapport aux critères de droit commun, du moins lorsque l'association agit pour la défense des intérêts collectifs dont elle a la charge[9].

1. C. urb., art. L. 600-1-2, qui exclut expressément ces catégories de requérants des personnes soumises à ses dispositions.
2. CE 6 oct. 1965, *Marcy*, Rec. *Lebon* 493.
3. CE, sect., 28 févr. 1997, *Le Port (C^ne)*, req. n° 167483, *Lebon*,
4. CE 17 juin 1987, *Boulogne-Billancourt (Ville)*, req. n° 39073, *Lebon*.
5. C. urb., art. L. 600-1-1.
6. V. s^s n° 332.53.
7. Dans sa version initiale, l'article L. 600-1-1 a imposé que l'association soit constituée antérieurement à l'affichage de la demande du pétitionnaire (art. institué par L. n° 2006-872, 13 juill. 2006 portant engagement national pour le logement). Cette dérogation au droit commun du contentieux administratif a été validée par le Conseil constitutionnel (Cons. const., déc. n° 2011-138 QPC du 17 juin 2011, *Assoc. Vivraviry*, *D.* 2011. 1942, note O. Le Bot). L'exigence d'antériorité a été durcie par la loi ÉLAN, qui impose désormais que les statuts de l'association aient été déposés un an au moins avant l'affichage de la demande du pétitionnaire. Ce durcissement a été validé par le Conseil constitutionnel (Cons. const. 1er avr. 2022, n° 2022-986 QPC, *Assoc. La Sphinx* [Recours des associations contre les décisions relatives à l'occupation ou l'utilisation des sols], conformité, *JO* 2 avr., n° 83 ; *RDI* 2022. 305, obs. M. Revert ; *JCP Adm.* 2022, n° 2342, note B. Hachem ; *Titre VII* 2022, n° 9 (en ligne), chron. É. Cartier ; *Énergie – Environnement – Infrastructures* 2022, alerte 56, obs. Ph. Billet ; *Dr. adm.* 2022, com. 39, note A. Meynaud-Zeroual).
8. C. urb., art. R. 600-4, al. 2.
9. Son intérêt s'apprécie dans les conditions posées à l'article L. 600-1-2 lorsqu'elle agit en tant que propriétaire ou occupant d'un local (v. s^s n° 611.272).

c.
Cas d'une association agrée

611.231 **Intérêt à agir présumé.** Toute association de protection de l'environnement agréée au titre de l'article L. 141-1[1] (ainsi que les fédérations départementales des associations agréées de pêche et de protection du milieu aquatique et les associations agréées de pêcheurs professionnels) justifient d'un intérêt pour agir contre toute décision administrative ayant un rapport direct avec leur objet et leurs activités statutaires et produisant des effets dommageables pour l'environnement sur tout ou partie du territoire pour lequel elles bénéficient de l'agrément dès lors que cette décision est intervenue après la date de leur agrément[2].

Par exemple, une association agréée pour l'ensemble d'un département justifie d'un intérêt lui donnant qualité pour demander l'annulation d'un permis de construire accordé dans ce département aux fins de rénovation et de reconstruction d'un bâtiment comprenant neuf logements et situé à proximité immédiate du littoral, dès lors que la décision attaquée présente un rapport direct avec l'objet statutaire de la requérante, lequel inclut la préservation du littoral[3].

d.
Cas d'une association non agréée

611.241 **Deux conditions.** Une association non agréée ne justifie d'un intérêt pour agir contre une autorisation d'urbanisme qu'à deux conditions :

– d'une part une condition relative à l'objet ;

– d'autre une condition relative à son champ d'intervention.

611.242 **Objet.** Il doit exister un rapport entre l'objet de l'association et celui de l'acte attaqué. Pour cela, l'objet de l'association, tel qu'il ressort de ses statuts, doit être défini de façon suffisamment précise et être pertinent par rapport à l'autorisation contestée. Il ne doit pas être conçu de façon trop large ou générale[4].

La plupart des exemples fournis par la jurisprudence concernent les associations de défense de l'environnement, d'un site ou du cadre de vie. Par exemple :

– une association de défense de l'environnement et du cadre de vie d'un quartier d'une commune ayant pour objet « la mise en œuvre de tous les moyens disponibles pour la sauvegarde et l'amélioration du cadre de vie de ses habitants », a intérêt à agir contre un permis autorisant la construction de trois maisons d'habitation sur un terrain jusqu'alors non bâti[5] ;

– une association de défense de la nature[6] ne justifie pas d'un intérêt à agir pour demander l'annulation d'un permis de construire pour l'édification d'une maison d'habitation en bordure d'une zone urbanisée[7].

S'agissant d'une association de défense du petit commerce, la condition relative à l'objet est satisfaite dans le cas d'une association dont les statuts ciblent précisément les projets commerciaux et les autorisations d'urbanisme qui leur sont délivrées, notamment hors régime AEC[8].

1. V. s[s] n°s 044.21 s.
2. C. env., art. L. 142-1, al. 2.
3. CE 8 févr. 1999, *Fédération des assoc. de protection de l'environnement et de la nature des Côtes d'Armor*, req. n° 176779, *Lebon T.*
4. CE 29 janv. 2003, *Union des propriétaires pour la défense des Arcs*, req. n° 199692, *Lebon T.* – Selon l'article 3 de ses statuts, l'association « Union des propriétaires pour la défense des Arcs » a pour objet « la représentation et la défense, dans tous les domaines, des intérêts des propriétaires, dans le cadre de l'intérêt général et notamment : / de réunir ses adhérents pour promouvoir et faciliter de bonnes relations et créer des liens de solidarité, / d'informer les adhérents des projets et du devenir des Arcs, / d'assurer leur représentativité auprès du public, des administrations, de la commune, de toutes parties intervenant aux Arcs et, si besoin est, leur défense en justice, / d'étudier toutes les questions concernant les Arcs ou pouvant exercer une influence sur la station, / d'assurer la défense de la station et des propriétaires par tous moyens légaux, / de contribuer à la vie et à l'animation des Arcs et à la promotion du site ». En estimant qu'un objet social aussi général, qui ne vise pas précisément les questions d'urbanisme ni même la défense du site, ne conférait pas à l'Union des propriétaires pour la défense des Arcs un intérêt de nature à lui donner qualité pour demander l'annulation du permis de construire litigieux, la cour administrative d'appel a, selon le Conseil d'État, fait une exacte application des règles relatives à l'intérêt pour agir.
5. CE 20 oct. 2017, *Assoc. de défense de l'environnement et du cadre de vie du quartier Épi d'or*, req. n° 400585, *Lebon T.* Le Conseil d'État estime que le projet autorisé, par sa nature, le nombre de constructions autorisées, le choix d'implantation retenu et la densification qu'il induit est susceptible de porter atteinte au cadre de vie des habitants du quartier dont l'association requérante a pour objet d'assurer la sauvegarde. Cette dernière justifie, par suite, d'un intérêt lui conférant qualité pour agir contre ce permis de construire.
6. L'association dénommée « Société de protection de la nature du Languedoc-Roussillon – Comité de l'Aude » a, aux termes de l'article 2 de ses statuts, « pour but : d'une façon générale de promouvoir toute action et de s'associer à toute initiative tendant à assurer la conservation du sous-sol, du sol, des eaux, de l'atmosphère, de la flore, de la faune et, en général, de tout milieu naturel présentant un intérêt spécial et qu'il importe de préserver contre tout effet de dégradation naturelle et de soustraire à toute intervention artificielle susceptible d'en altérer l'aspect, la composition et l'évolution ».
7. CE 25 mai 1990, *Bauret*, req. n° 104519, *Lebon T.*
8. CE 1er déc. 2023, *Association En Toute Franchise Département du Var*, req. n° 466492, *Lebon T.* ; *BJDU* 2024. 118, concl. M. Boutron ; *JCP Adm.* 2024, n° 2065, chron. O. Le Bot ; ▶

Concernant la version des statuts à prendre en compte, le Conseil d'État a affirmé que l'article L. 600-1-1, dans sa version issue de la loi ENL, impose au juge administratif, lorsque la condition relative à l'antériorité de l'association est remplie, « d'apprécier si l'association requérante justifie d'un intérêt lui donnant qualité pour agir contre la décision qu'elle attaque en se fondant sur les statuts tels qu'ils ont été déposés à la préfecture antérieurement à la date de l'affichage en mairie de la demande du pétitionnaire »[1]. Il donne toutefois à cet article une portée qu'il n'a pas. L'article L. 600-1-1, dans sa rédaction issue de la loi ENL, impose seulement que l'association soit constituée avant l'affichage de la demande du pétitionnaire. Il ne pose nullement que l'intérêt à agir de l'association, au regard de son objet, doive lui-même s'apprécier en prenant en compte la version des statuts prévalant avant l'affichage de la demande. Dans sa rédaction issue de la loi ÉLAN, l'article L. 600-1-1 impose désormais que l'association soit constituée un an avant l'affichage de la demande en mairie. Transposer à cette nouvelle rédaction la solution du Conseil d'État reviendrait à imposer que l'intérêt à agir de l'association s'apprécie au regard des statuts existant un an avant l'affichage de la demande.

611.243 Champ d'intervention géographique. Le champ d'intervention de l'association requérante doit être en rapport avec l'acte contesté. La jurisprudence exige en effet une adéquation entre le ressort territorial de l'association et l'ampleur du projet. Sur ce point, une autorisation d'urbanisme n'ayant, en général, qu'un impact strictement local, seule une association ayant un champ d'action local justifie normalement d'un intérêt à le contester. Il convient néanmoins de prendre en compte la nature et l'ampleur du projet contesté.

Sur la base de ce critère géographique, une association ayant un champ d'intervention communal et, *a fortiori*, infracommunal (à l'échelle d'un secteur ou d'un quartier) est recevable à contester le permis de construire d'une simple maison[2] et, à plus forte raison, un projet immobilier de grande importance[3].

À l'inverse, une association dont le champ est national[4] ou régional[5] est irrecevable à agir contre une autorisation d'urbanisme, sauf dans les rares cas où le projet autorisé présente une ampleur qui excède le cadre strictement local, comme l'autorisation de construire une centrale nucléaire[6] ou la délivrance d'une autorisation sur un site protégé[7].

La même appréciation s'impose pour une association départementale. Il convient d'apprécier si l'enjeu est strictement communal (ce qui sera, de loin, l'hypothèse la plus courante) ou de niveau départemental (dans des cas plus rares). Dans le

► *Constr.-Urb.* 2024, comm. 4, note M.-A. Rénaux. En l'espèce, l'association s'est donnée pour objet statutaire d'assurer, dans l'ensemble du département, « la défense et la préservation du cadre de vie contre toute atteinte qui y serait portée par la planification ou l'autorisation de surfaces destinées au commerce », notamment en veillant « à la légalité des autorisations d'urbanisme portant sur des surfaces destinées au commerce, y compris celles ne nécessitant pas la saisine de la commission départementale d'aménagement commercial ».

1. CE 29 mars 2017, *Assoc. Garches à vous*, req. n° 395419, *Lebon T.*
2. PAR EX. : CAA Lyon, 11 mars 1997, *Saint-Gervais (Cne)*, req. n° 96LY00528, NP : cour affirmant « que l'association s'est, par ses statuts, donnée pour but de contribuer au développement harmonieux de l'habitat dans le respect des sites et paysages sur le seul territoire de la commune de Saint-Gervais ; que, par suite, compte tenu de son objet ainsi géographiquement circonscrit, elle justifie d'un intérêt lui donnant qualité pour contester le permis litigieux alors même que ce permis ne concerne qu'une opération limitée à une seule construction à usage d'habitation ».
3. CE 21 juill. 1989, *Fédération des assoc. du Sud-Est pour l'environnement et a.*, req. n° 95755, *Lebon T.* : arrêt reconnaissant l'intérêt à agir du Syndicat de défense du Cap d'Antibes contre le permis de construire un immeuble de plus de 20 000 m² de surface de plancher.
4. CE 5 nov. 2004, *Assoc. Bretagne Littoral environnement urbanisme bleu*, req. n° 264819, NP : en l'absence de limitation géographique résultant de ses statuts, l'association doit être regardée comme ayant un objet national quelle que soit sa dénomination ; dès lors, elle ne justifie pas d'un intérêt à agir contre le permis de construire une maison individuelle.
5. CE 31 oct. 1990, *Union régionale pour la défense de l'environnement, de la nature, de la vie et de la qualité de la vie en France-Compté*, req. n° 95083, *Lebon* : arrêt jugeant que l'objet social de l'Union régionale pour la défense de l'environnement, de la nature, de la vie et de la qualité de la vie en Franche-Comté, qui porte notamment « sur tous les problèmes relatifs à l'urbanisme et à l'équipement » pour la région Franche-Comté, ne confère pas à cette association un intérêt lui donnant qualité pour demander l'annulation d'un arrêté par lequel le maire de la ville de Raddon-et-Chapendu (Haute-Saône) a accordé un permis de construire en vue de l'agrandissement et de la modification des façades d'un bâtiment d'habitation – CE 27 mai 1991, *Fédération régionale des assoc. de protection de la nature et de l'environnement dans le nord de la France*, req. n° 113203, *Lebon T.* : « dès lors que l'activité de la fédération s'exerce dans tout le Nord de la France, c'est-à-dire à un niveau régional, cette fédération ne justifie pas d'un intérêt lui donnant qualité pour demander l'annulation d'un permis de construire concernant le projet d'une construction d'une maison à Ambleteuse dans le champ de visibilité d'un monument historique classé » – CE 21 juill. 1989, *Fédération des assoc. du Sud-Est pour l'environnement et a.*, req. n° 95755, *Lebon T.*
6. CE 20 juin 1984, *Assoc. Les Amis de la Terre*, req. n° 35552, *Lebon*.
7. CE 10 févr. 1997, *Assoc. de défense, de protection et de valorisation du patrimoine naturel et historique de Corse*, req. n° 140841, *Lebon T.*

premier cas, son intérêt à agir sera refusé[1]. Dans le second, il sera reconnu[2].

611.244 Précaution. Lorsqu'une association prend l'initiative d'un recours, la prudence lui commande de déposer une requête collective. En effet, l'éventuelle irrecevabilité qui pourrait lui être opposée ne mettrait pas obstacle à la recevabilité de la requête, en tant qu'elle a été déposée par des personnes physiques justifiant d'un intérêt individuel[3].

1. CE 25 juin 2003, *Saillagouse (Cne)*, req. n° 233119, *Lebon T.* : arrêt jugeant qu'une association pour la protection de l'environnement dont l'objet consiste à défendre les sites et le cadre de vie dans l'ensemble d'un département ne justifie pas d'un intérêt lui donnant qualité pour demander l'annulation d'un permis de construire délivré en vue de permettre l'édification d'un bâtiment sur le territoire d'une commune du département – CE 12 avr. 2022, *Browaeys*, req. n° 451778, *Lebon T. ; RDI* 2022. 429, obs. M. Revert ; *JCP Adm.* 2022, n° 2183, concl. M. Sirinelli : une association s'étant donné pour objet statutaire « d'assurer la protection de la nature et de l'environnement de l'île de Noirmoutier, de sauvegarder sa flore, sa faune, ses réserves naturelles, en tenant compte du milieu dont elles dépendent, de veiller au bon équilibre des intérêts humains, sociaux, culturels, scientifiques, économiques, sanitaires et touristiques » ne justifie pas d'un intérêt suffisant pour introduire un recours contre un permis autorisant la construction d'une maison individuelle sur un terrain comportant déjà une construction, dans une zone elle-même urbanisée.
2. CE 17 févr. 2010, *Sté Local Parc Loisirs*, req. n° 305871, *Lebon T.* : eu égard, d'une part, à l'objet social de l'association requérante, qui a pour but notamment la défense de l'environnement dans le département, et d'autre part, à la portée de la mesure litigieuse, qui autorise une extension significative de la superficie et de la capacité d'accueil d'un camping situé en bordure d'un marais en site inscrit du littoral oléronais, cette association justifie d'un intérêt à agir contre la décision d'autorisation – CE 1er déc. 2023, *Association En Toute Franchise Département du Var*, req. n° 466492, *Lebon T. ; BJDU* 2024. 118, concl. M. Boutron ; *JCP Adm.* 2024, n° 2065, chron. O. Le Bot ; *Constr.-Urb.* 2024, comm. 4, note M.-A. Rénaux : intérêt à agir reconnu à une association départementale de défense du petit commerce contre le permis autorisant la construction, sur un terrain unique, d'un ensemble comportant un parking et trois bâtiments destinés à accueillir des activités artisanales et commerciales totalisant une surface de plancher de 7 000 m², eu égard « à la nature et l'importance des constructions autorisées ».
3. CE 12 juill. 2002, *Milla (M. et Mme)*, req. n° 233335, NP ; *RDI* 2002. 429, obs. P. Soler-Couteaux ; *Constr.-Urb.* 2002, n° 256, obs. P. Cornille : « Considérant que M. et Mme X..., voisins du bâtiment, objet du permis de construire attaqué, ont intérêt à son annulation et à la suspension de son exécution ; qu'ainsi la demande de suspension est recevable alors même que l'association "Bien vivre aux Remetières", qui l'a également signée, serait dépourvue de qualité pour agir ».

C. Intérêt à agir en cas de recours formé par un tiers (autre que l'État, une association ou une collectivité locale)

611.251 Appréhension législative. L'intérêt à agir des tiers contre une autorisation d'urbanisme fait l'objet d'une appréhension législative depuis 2013[4]. Le code pose une définition législative de l'intérêt à agir et détermine la date à laquelle s'apprécie cette exigence.

1° Définition législative de l'intérêt à agir du tiers

611.261 Texte. Le tiers n'est recevable à former un recours pour excès de pouvoir contre une décision relative à l'occupation ou à l'utilisation du sol régie par le code de l'urbanisme « que si la construction, l'aménagement ou le projet autorisé sont de nature à affecter directement les conditions d'occupation, d'utilisation ou de jouissance du bien » qu'elle détient ou occupe régulièrement ou pour lequel elle bénéficie d'une promesse de vente, de bail, ou d'un contrat préliminaire mentionné à l'article L. 261-15 du CCH[5].

Bien qu'elle s'inscrive pour l'essentiel dans la continuité de la jurisprudence[6], cette rédaction a été conçue par le législateur comme devant conduire à une appréciation plus exigeante de la condition d'intérêt à agir.

a. Champ d'application

611.271 Actes. L'article L. 600-1-2 s'applique en cas de recours contre « une décision relative à l'occupation ou à l'utilisation du sol » régie par le code de l'urbanisme[7]. Avant la loi ÉLAN, son champ d'application se limitait aux recours formés contre les permis de construire, d'aménager et de démolir.

611.272 Requérants. L'article L. 600-1-2 ne s'applique pas au recours formé par :

– l'État[8] ;

4. Ord. n° 2013-638, 18 juill. 2013 relative au contentieux de l'urbanisme, *JO* 19 juill., n° 24 – Sur l'état du droit antérieur : R. Noguellou, « Intérêt pour agir et contentieux de l'urbanisme », *Mél. R. Hostiou*, Litec 2008, p. 435 – C. Vigouroux, « Intérêt pour agir et urbanisme : où en est la jurisprudence ? », *BJDU* 1994. 3.
5. C. urb., art. L. 600-1-2, al. 1er.
6. EN CE SENS : J. Trémeau, « La régulation de l'accès au prétoire : la redéfinition de l'intérêt pour agir », *AJDA* 2013. 1901 ; D. Gillig, « Réforme du contentieux de l'urbanisme – Regards critiques sur l'ordonnance n° 2013-638 du 18 juillet 2013 relative au contentieux de l'urbanisme », *JCP Adm.* 2013, n° 2279.
7. C. urb., art. L. 600-1-2, al. 1er.
8. C. urb., art. L. 600-1-2, al. 1er.

– une collectivité territoriale ou un groupement de collectivité territoriale[1] ;

– une association[2], à tout le moins lorsque le recours est formé par l'association au nom des intérêts collectifs qu'elle s'est donnée pour mission de défendre (lorsque l'association agit en qualité de propriétaire ou occupant d'un bien immobilier, les dispositions de cet article lui sont applicables)[3] ;

– le pétitionnaire[4].

Il s'applique ainsi au recours formé par le tiers autre que l'État, une collectivité territoriale, un groupement de collectivité territoriale ou une association.

b.

Exigence d'une lésion

611.281 Requérant affecté dans ses conditions d'occupation, d'utilisation ou de jouissance. L'intérêt à agir n'est reconnu que si la construction, l'aménagement ou le projet autorisé sont de nature à « affecter directement les conditions d'occupation, d'utilisation ou de jouissance » du bien du requérant[5].

Il en résulte que les considérations autres que l'atteinte aux conditions d'occupation, d'utilisation ou de jouissance du bien présentent un caractère inopérant. Par exemple, à un requérant soutenant qu'en sa qualité de conseiller municipal, il aurait un intérêt lui donnant qualité pour agir compte tenu de l'importance et du coût du projet de construction contesté, de la gravité des illégalités qu'il allègue, et de l'inopportunité de la transformation du quartier où sera construit le nouveau siège de la métropole, une cour administrative d'appel répond « que de telles considérations ne sont toutefois pas de la nature de celles qui peuvent lui donner un intérêt à agir contre un permis de construire délivré par le maire, quelles que soient la finalité de la construction et la qualité de personne publique du pétitionnaire, au regard des dispositions seules désormais applicables de l'article L. 600-1-2 du code de l'urbanisme »[6].

Par ailleurs, il n'est pas exigé que le requérant « apporte la preuve du caractère certain des atteintes qu'il invoque »[7]. Il en résulte qu'une lésion présentant un caractère éventuel doit être prise en compte.

Les difficultés transitoires de circulation et les nuisances liées au chantier de démolition et de construction d'un bâtiment « ne sont pas au nombre des atteintes susceptibles d'affecter directement les conditions d'occupation, d'utilisation ou de jouissance du bien »[8].

611.282 Bien du requérant. L'atteinte doit affecter le requérant (dans ses conditions d'occupation, d'utilisation ou de jouissance) relativement à un bien[9] :

– qu'il détient ;

– pour lequel il bénéficie d'une promesse de vente, de bail, ou d'un contrat préliminaire mentionné à l'article L. 261-15 du CCH ;

– ou qu'il occupe régulièrement.

Dans ce dernier cas, l'occupation doit, en vertu du texte même de l'article L. 600-1-2, être régulière[10]. La jurisprudence a précisé qu'« une personne occupant un bien immobilier sans en être propriétaire ni faire état d'un droit ou titre l'y autorisant ne justifie pas, eu égard au caractère irrégulier de cette occupation, d'un intérêt légitime de nature à lui donner qualité pour demander l'annulation d'une autorisation d'urbanisme, sauf à ce que, à la date à laquelle elle saisit le juge administratif, elle puisse faire état d'une contestation sérieuse devant le juge compétent sur la perte de son droit d'occupation »[11].

Une personne qui ne fait état ni d'un acte de propriété, ni d'une promesse de vente, ni d'un contrat préliminaire sur le bien « ne justifie pas d'un intérêt de nature à lui donner qualité pour demander l'annulation d'une décision relative à l'occupation ou à l'utilisation du sol régie par le code de l'urbanisme, sauf à ce qu'elle puisse sérieusement revendiquer la propriété de ce bien devant le juge compétent »[12].

611.283 Démonstration de l'atteinte. Le requérant ne peut pas se contenter d'alléguer l'existence d'une atteinte mais doit la démontrer. Par exemple, l'intérêt à agir n'est pas reconnu à deux sociétés qui se bornent à faire valoir la proximité de leurs terrains et les nuisances susceptibles d'être causées par le projet qu'elles contestent, sans apporter d'élé-

1. C. urb., art. L. 600-1-2, al. 1er.
2. C. urb., art. L. 600-1-2, al. 1er.
3. CE 26 juin 2019, *Assoc. Comité national pour l'éducation artistique*, req. nº 421785, NP.
4. C. urb., art. L. 600-1-2, al. 2.
5. C. urb., art. L. 600-1-2, al. 1er.
6. CAA Douai, 1er juin 2017, *Picard*, req. nº 15DA01923, NP.
7. CE 10 juin 2015, *Brodelle*, req. nº 386121, *Lebon ; JCP Adm.* 2015, nº 2305, chron. O. Le Bot.
8. CAA Toulouse, 16 mai 2024, *Sté Optique Austerlitz*, req. nº 23TL00118, NP.
9. C. urb., art. L. 600-1-2, al. 1er.
10. Avant sa consécration législative, cette condition avait été reconnue par la jurisprudence – CE 27 févr. 1985, *SA Grands travaux et constructions immobilières*, req. nº 39357, *Lebon T.*
11. CE 26 juin 2019, *Assoc. Comité national pour l'éducation artistique*, req. nº 421785, NP.
12. CE 25 janv. 2023, *Société Touche Automobiles*, req. nº 445937, *Lebon T. ; BJDU* 2023. 140, concl. N. Agnoux ; *JCP Adm.* 2023, comm. 2255, note F. Eddazi ; *RDI* 2023. 197, obs. P. Soler-Couteaux.

ments suffisamment précis de nature à établir qu'il en serait résulté une atteinte directe aux conditions d'occupation, d'utilisation ou de jouissance de leur bien, sur lesquelles elles n'ont apporté aucune précision [1].

La seule existence d'un litige d'ordre civil opposant le bénéficiaire du permis au voisin qui le conteste ne suffit pas à conférer à ce dernier un intérêt à agir [2].

611.284 Appréciation de l'intérêt à agir en cas de recours contre un permis modificatif. Lorsque le requérant, sans avoir contesté le permis initial ou après avoir épuisé les voies de recours contre le permis initial, ainsi devenu définitif, forme un recours contre un permis de construire modificatif, son intérêt pour agir doit être apprécié au regard de la portée des modifications apportées par le permis modificatif au projet de construction initialement autorisé [3].

c.
Débat contentieux sur l'intérêt à agir et office du juge

611.291 Débat contentieux sur l'intérêt à agir. Le Conseil d'État a donné aux juges (et aux parties) un mode d'emploi sur la façon d'appliquer l'article L. 600-1-2 [4] :

– au requérant, il appartient « de préciser l'atteinte qu'il invoque » pour justifier d'un intérêt lui donnant qualité pour agir, en faisant état de « tous éléments suffisamment précis et étayés » de nature à établir que cette atteinte est susceptible d'affecter directement les conditions d'occupation, d'utilisation ou de jouissance de son bien ;

– au défendeur, il appartient, s'il entend contester l'intérêt à agir du requérant, d'apporter « tous éléments de nature à établir que les atteintes alléguées sont dépourvues de réalité » ;

– au juge enfin, il revient de former sa conviction sur l'intérêt à agir au vu des éléments ainsi versés au dossier par les parties, en écartant le cas échéant les allégations qu'il jugerait insuffisamment étayées mais « sans pour autant exiger de l'auteur du recours qu'il apporte la preuve du caractère certain des atteintes qu'il invoque » au soutien de la recevabilité de celui-ci.

611.292 Rejet par ordonnance. Lorsque le requérant, pour justifier d'un intérêt à agir, n'a pas fait apparaître suffisamment clairement en quoi les conditions d'occupation, d'utilisation ou de jouissance de son bien sont susceptibles d'être directement affectées par le projet litigieux, le juge peut rejeter la requête comme manifestement irrecevable par ordonnance [5].

Toutefois, dans la mesure où une irrecevabilité tenant à l'insuffisante démonstration de l'intérêt pour agir est susceptible de régularisation (il est en effet possible à l'auteur du recours de renforcer la motivation qu'il développe sur ce point), le juge ne peut faire usage de ce pouvoir sans avoir au préalable invité le requérant à régulariser sa requête en apportant les précisions permettant d'en apprécier la recevabilité au regard des exigences de l'article L. 600-1-2 du code de l'urbanisme [6]. Ainsi, lorsque l'auteur d'un recours formé contre une autorisation d'urbanisme ne justifie pas suffisamment de son intérêt à agir au regard de l'article L. 600-1-2, le juge doit l'inviter à fournir des précisions complémentaires sur ce point ; il ne peut immédiatement rejeter la requête par ordonnance. Ce n'est qu'à l'issue du délai imparti au requérant pour se justifier davantage qu'il pourra, si l'intérêt pour agir n'apparaît toujours pas établi, rejeter sa requête par ordonnance.

611.293 Illustration (secteur rural). À titre d'exemple, l'intérêt à agir n'est pas reconnu lorsque la propriété du requérant, située dans un secteur demeuré à l'état naturel [7] :

– est séparée de celle des bénéficiaires du permis par une parcelle longue de 67 mètres ;

– et que sa maison est distante d'environ 200 mètres de la maison d'habitation dont la construction est autorisée par le permis qu'il conteste.

d.
Situations particulières

611.301 Voisin immédiat. Le Conseil d'État a posé « qu'eu égard à sa situation particulière, le voisin immédiat justifie, en principe, d'un intérêt à agir lorsqu'il fait état devant le juge, qui statue au vu de l'ensemble des pièces du dossier, d'éléments relatifs à la nature, à l'importance ou à la localisation du

1. CE 27 janv. 2020, *S^té^ AG-Zinate*, req. n° 423529, *Lebon T.*
2. CE 19 janv. 2024, *S^té^ de développement rural*, req. n° 469266, NP ; *Constr.-Urb.* 2024, comm. 30, note L. Santoni.
3. CE 17 févr. 2023, *Racine*, req. n° 454284, *Lebon T. ; BJDU* 2023. 180, concl. S. Hoynck, obs. D. Botteghi : arrêt étendant la solution antérieure (CE 17 mars 2017, *Malsoute*, req. n° 396362, *Lebon T. ; JCP Adm.* 2017, n° 2206 chron. O. Le Bot).
4. CE 10 juin 2015, *Brodelle*, req. n° 386121, *Lebon ; JCP Adm.* 2015, n° 2305, chron. O. Le Bot.
5. CE 10 févr. 2016, *Peyret*, req. n° 387507, *Lebon T. ; AJDA* 2016. 286 ; *ibid.* 971, concl. A. Bretonneau ; *JCP Adm.* 2016, n° 2240, chron. O. Le Bot.
6. CE 14 oct. 2021, M. Perinet, n° 441415, *Lebon T. ; BJDU* 2022. 136, concl. A. Skzryerbak ; *JCP Adm.* 2022, n° 2061, chron. O. Le Bot ; *RDI* 2021. 681, obs. P. Soler-Couteaux ; *Constr.-Urb.* 2022, comm. 30, note L. Santoni.
7. CE 18 mars 2019, *Montségur-sur-Lauzon (C^ne^)*, req. n° 422460, *Lebon T. ; JCP Adm.* 2019, n° 2222, chron. O. Le Bot.

projet de construction »[1]. « Il en va de même lorsque le requérant est un syndicat de copropriétaires »[2].

Contrairement à ce qui a pu être soutenu, cette formule ne consacre pas une présomption d'intérêt à agir automatique du voisin immédiat. En effet, l'invocation de cette qualité ne suffit pas à elle seule à se voir reconnaître un intérêt ; d'autres éléments sont nécessaires pour l'établir. Aussi s'agit-il plutôt d'une facilité dans l'établissement de cet intérêt ou d'une présomption conditionnée (en ce qu'elle est subordonnée à la justification de certains éléments).

Concrètement, l'intérêt à agir du voisin immédiat sera reconnu s'il établit qu'il se trouvera affecté par le projet de construction en raison de sa nature, de son importance ou de sa localisation. Il n'a pas à exposer de façon précise et détaillée les raisons pour lesquelles le projet en cause affectera ses conditions d'occupation, d'utilisation ou de jouissance. L'atteinte qu'il subit ressort en effet de la nature des choses, plus exactement de la proximité immédiate avec le projet.

Par exemple, l'occupant d'un bien immobilier situé à proximité immédiate de la parcelle du projet justifie d'un intérêt à agir contre le permis de construire un immeuble de plus de 10 mètres, qui affectera sa vue, son cadre de vie et la jouissance paisible de son bien[3].

611.302 **Propriétaire d'un terrain nu.** Le propriétaire d'un terrain non construit est recevable, quand bien même il ne l'occuperait ni ne l'exploiterait, à former un recours pour excès de pouvoir contre une autorisation d'urbanisme si, au vu des éléments versés au dossier, il apparaît que la construction projetée est, eu égard à ses caractéristiques et à la configuration des lieux en cause, de nature à affecter directement les conditions de jouissance de son bien[4].

En l'espèce, saisi une seconde fois d'un pourvoi après une première cassation, le Conseil d'État juge que le requérant, propriétaire de plusieurs parcelles non construites (dont une parcelle se trouvant à une centaine de mètres des terrains d'assiette des projets litigieux – visant à la construction de maisons d'habitation sur l'île de Batz) justifie d'un intérêt à agir. Il estime que les constructions autorisées sont de nature à porter atteinte aux conditions de jouissance de son bien en ce qu'elles altéraient la qualité d'un site aux caractéristiques particulières, essentiellement naturel et identifié comme un espace remarquable, à l'intérieur duquel se trouvent leurs terrains d'assiette et ses propres terrains[5].

611.303 **Entreprise.** Dans le cas d'un permis de construire simple délivré à une entreprise[6], une société concurrente n'est recevable à le contester que si elle fait valoir à l'appui de son recours des considérations d'urbanisme[7]. Cela signifie que son intérêt à agir ne sera pas admis si elle se contente d'indiquer que l'ouverture ou l'agrandissement de l'enseigne concurrente viendra affecter son activité[8]. En revanche, cet intérêt pourra être reconnu si la construction projetée affectera les conditions d'exploitation de la société requérante[9], par exemple en modifiant les voies ou les conditions de circulation.

611.304 **Syndicat professionnel.** Un syndicat professionnel peut avoir intérêt à agir contre une autorisation d'urbanisme à condition d'être lésée de façon suffisamment directe et certaine par sa délivrance.

Par exemple, un syndicat viticole dont l'objet statutaire est notamment d'assurer la protection des terrains à vocation viticole justifie d'un intérêt lui donnant qualité pour demander l'annulation de l'arrêté accordant le permis de construire un bâtiment d'accueil et un laboratoire dans une zone viticole[10].

611.305 **Syndicat de copropriétaires.** Le Conseil d'État a jugé, avant l'introduction de l'article L. 600-1-2 du code de l'urbanisme, que le syndicat des copropriétaires d'une résidence a intérêt à contester la légalité du permis de construire un immeuble situé en vis-à-vis de ladite résidence[11].

La jurisprudence rendue postérieurement à l'adoption de cet article reconnaît aux syndicats de copro-

1. CE 13 avr. 2016, *Bartolomei*, req. n° 389798, *Lebon ; JCP Adm.* 2016, n° 2240, chron. O. Le Bot.
2. CE 24 févr. 2021, *Synd. des copropriétaires de la Résidence la Dauphine et a.*, req. n° 432096, *Lebon T. ; BJDU* 2021. 221, concl. M. Sirinelli ; *JCP Adm.* 2021, n° 2111, note F. Polizzi ; *JCP Adm.* 2021, n° 2169, chron. O. Le Bot.
3. CE 13 avr. 2016, *Bartolomei*, req. n° 389798, *Lebon ; JCP Adm.* 2016, n° 2240, chron. O. Le Bot.
4. CE 28 avr. 2017, *Fontenay*, req. n° 393801, *Lebon T.*
5. CE 3 avr. 2020, *Fontenay c/Île de Batz (Cne)*, req. n° 419139, *Lebon T. ; Énergie-Environnement-Infrastructures* 2020, comm. 27, note M. Guérin ; *JCP Adm.* 2020, n° 2271, note S. Colmant ; *LPA* 23 oct. 2020, n° 213, p. 10, note P.-L. Niel ; *BJCL* 2020. 350, concl. S. Hoynck ; *AJDA* 2021. 1431, chron. C. Malverti et C. Beaufils.
6. Dans le cas d'un permis de construire valant autorisation d'exploitation commerciale, v. ss n° 611.342.
7. V. H. et O. Cayla, « D'un voisinage à l'autre ? La question épineuse de l'intérêt pour agir du commerçant dans le contentieux du permis de construire », *Mél. J.-A. Mazères*, Litec 2009, p. 81.
8. CE 22 févr. 2002, *Sté France Quick SA*, req. n° 216088, *Lebon T.* : arrêt soulignant que la société requérante (Quick), « qui ne justifie d'aucun autre intérêt que celui tiré de la concurrence commerciale avec la société bénéficiaire du permis de construire » (Mc Donald's) « n'est pas recevable à contester ce permis devant le juge de l'excès de pouvoir ».
9. V., énonçant ce principe : CE 22 févr. 2002, *Sté France Quick SA*, req. n° 216088, *Lebon T.*
10. CE 5 déc. 1994, *Synd. viticole de Pessac-Léognan et a.*, req. n° 130382, *Lebon.*
11. CE 29 déc. 1993, *Synd. des copropriétaires de la résidence Le Gonfanon*, req. n° 140385, *Lebon T.*

priétaires ayant la qualité de voisin d'un projet de construction, la facilité reconnue au profit du voisin immédiat pour établir l'intérêt à agir[1].

611.306 **Ordre des architectes.** Afin de lutter contre les signatures de complaisance, la loi reconnaît au Conseil national et aux conseils régionaux de l'Ordre des architectes qualité pour agir à l'encontre d'un permis de construire délivré en méconnaissance de l'obligation de recourir à un architecte[2]. En dehors de cette hypothèse, l'intérêt à agir de l'ordre des architectes s'apprécie selon les critères fixés à l'article L. 600-1-2 du code de l'urbanisme[3].

611.307 **Éoliennes.** L'intérêt à agir contre un permis de construire des éoliennes ne s'apprécie pas de façon fondamentalement différente des autres autorisations délivrées en matière d'urbanisme.

La jurisprudence de principe retient deux critères[4]. En premier lieu, il est indispensable que les éoliennes soient visibles depuis la propriété du requérant. En d'autres termes, l'intérêt à agir n'est pas reconnu si les éoliennes n'apparaîtront pas dans son champ de vision. En second lieu, il est exigé (la visibilité n'emportant pas à elle seule reconnaissance de l'intérêt à agir) que les éoliennes affectent les conditions de jouissance de son bien – par leur distance, la configuration des lieux ou les nuisances, notamment sonores, qu'elles pourraient provoquer. Ainsi, la visibilité constitue une condition nécessaire mais non suffisante.

Par exemple, l'intérêt à agir contre un permis autorisant la construction d'un parc éolien d'une hauteur de 116 mètres n'est pas reconnue aux propriétaires d'un château dès lors que, d'une part, le parc éolien n'apparaîtra qu'à partir du deuxième étage du château et, d'autre part, que celui-ci est situé à 2,5 kilomètres du parc éolien[5].

e.
Production des pièces établissant la qualité pour agir du requérant

611.311 **Justification de l'occupation ou de la détention du bien.** Pour permettre au juge d'apprécier la qualité pour agir du requérant, la requête doit être accompagnée de tout acte de nature à établir le caractère régulier de l'occupation ou de la détention de son bien par le requérant. Il peut s'agir[6] :
- du titre de propriété ;
- de la promesse de vente ;
- du bail ;
- du contrat préliminaire mentionné à l'article L. 261-15 du CCH ;
- du contrat de bail ;
- ou de tout autre acte de nature à établir le caractère régulier de l'occupation ou de la détention de son bien par le requérant.

611.312 **Invitation à régulariser.** Les dispositions des articles L. 600-1-1 et L. 600-1-2 ne peuvent être opposées sans que l'auteur de la requête soit invité à la régulariser en produisant les pièces requises[7].

611.313 **Régularisation en appel.** En principe, le requérant ne peut produire pour la première fois en appel le titre ou l'acte justifiant de sa qualité. Il n'en va autrement que lorsque le juge d'appel annule le jugement et statue sur la demande de première instance par la voie de l'évocation[8].

2°
Date d'appréciation de l'intérêt à agir

a.
Appréciation à la date d'affichage de la demande

611.321 **Principe.** « Sauf pour le requérant à justifier de circonstances particulières, l'intérêt pour agir contre un permis de construire, de démolir ou d'aménager s'apprécie à la date d'affichage en mairie de la demande du pétitionnaire »[9] ou de publication par voie électronique de celle-ci[10].

Cette dérogation au principe suivant lequel l'intérêt à agir s'apprécie à la date d'introduction du recours vise à faire obstacle au comportement de certains plaideurs qui, ayant connaissance d'un projet de construction, se portaient acquéreurs ou locataires d'un immeuble situé à proximité du terrain d'assiette afin de pouvoir contester celui-ci en qualité de voisin – et le cas échéant de monnayer le désistement de leur recours.

611.322 **Non prise en compte d'une construction autorisée mais non encore réalisée.** Il résulte des termes mêmes de l'article L. 600-1-3 du code de

1. V. s[s] n° 611.301.
2. L. n° 77-2, 3 janv. 1977 sur l'architecture, *JO* 4 janv., p. 71, art. 26.
3. CE 26 juill. 2018, *Conseil régional de l'ordre des architectes de Bretagne*, req. n° 418298, *Lebon T.* ; *JCP Adm.* 2019, n° 2035, chron. O. Le Bot.
4. CE 15 avr. 2005, req. n° 273398, *Assoc. des citoyens et contribuables de la C[té] des cnes Saâne-et-Vienne*, *Lebon T.*
5. CE 16 mai 2018, *S[té] P&T Technologie*, n° 408950, *Lebon T.* ; *JCP Adm.* 2018, n° 2333, chron. O. Le Bot.
6. C. urb., art. R. 600-4, al. 1er.
7. CE 3 juill. 2020, *Conseil national des Barreaux et a. et Synd. des avocats de France*, req. n° 424293, *Lebon T.* ; *JCP Adm.* 2020, n° 2280, chron. O. Le Bot.
8. CE 22 avr. 2022, *Mme Corso*, req. n° 451156, *Lebon T.* ; *BJCL* 2022. 363, concl. L. Domingo ; *RDI* 2022. 425, obs. M. Revert ; *AJDA* 2022. 1526, note F. Avenel ; *Constr.-Urb.* 2022, comm. 64, note X. Couton.
9. C. urb., art. L. 600-1-3.
10. V. s[s] n° 332.53.

l'urbanisme que, sauf circonstances particulières, l'intérêt pour agir d'un requérant contre un permis de construire s'apprécie au vu des circonstances de droit et de fait à la date d'affichage en mairie de la demande du pétitionnaire, « sans qu'il y ait lieu de tenir compte de circonstances postérieures, qu'elles aient pour effet de créer, d'augmenter, de réduire ou de supprimer les incidences de la construction, de l'aménagement ou du projet autorisé sur les conditions d'occupation, d'utilisation ou de jouissance » mentionnées à l'article L. 600-1-2 du code de l'urbanisme. À ce titre, « il y a lieu de procéder à cette appréciation au vu des constructions environnantes dans leur état à cette date »[1].

Ainsi, si une construction est susceptible de venir s'interposer entre le terrain d'assiette du projet et le bien du requérant, il n'y a pas lieu d'en tenir compte. L'intérêt à agir du requérant s'apprécie directement au regard du préjudice qu'est de nature à lui causer le projet de construction qu'il conteste, sans prendre en considération une construction qui pourrait advenir entre les deux et qui, en faisant écran, lui ferait le cas échéant perdre cet intérêt. On peut estimer que cette approche se justifie non seulement au regard de la lettre de l'article L. 600-1-3, mais aussi du fait que l'on ne peut jamais être certain qu'une construction autorisée sera effectivement réalisée.

b.
La réserve des « circonstances particulières ».

611.331 **Réserve.** La règle selon laquelle l'intérêt à agir contre une autorisation d'urbanisme s'apprécie à la date d'affichage de la demande ne s'applique pas au requérant lorsque celui-ci peut « justifier de circonstances particulières »[2]. La notion de « circonstances particulières » n'est pas définie.

De telles circonstances ont été reconnues à une reprise par le Conseil d'État, dans un cas où le requérant était devenu propriétaire d'un terrain contigu au terrain d'assiette du projet, par voie successorale, après la date de délivrance du permis contesté[3]. Selon le tribunal administratif de Marseille, caractérisent également des circonstances particulières les renseignements erronés donnés par une commune indiquant à des pétitionnaires qu'aucun projet n'était en cours d'instruction sur les terrains voisins au moment où ils ont signé la promesse de vente[4].

En revanche, le fait que le requérant ait acquis un terrain voisin de la parcelle objet du permis de construire postérieurement à sa délivrance ne caractérise pas, à lui seul, de telles circonstances[5].

D.
Appréciation particulière de l'intérêt à agir pour les permis de construire valant autorisation d'exploitation commerciale

611.341 **Deux catégories.** Le code de l'urbanisme distingue deux catégories de requérants s'agissant du PCAEC[6].

611.342 **Recours formé par un tiers ordinaire.** Lorsqu'il est saisi par une personne mentionnée à l'article L. 600-1-2[7], le juge administratif ne peut être saisi de conclusions tendant à l'annulation de ce permis « qu'en tant qu'il vaut autorisation de construire »[8]. L'intérêt pour agir s'apprécie en conséquence au regard du projet de construction autorisée.

611.343 **Recours formé par un professionnel ou une autre personne.** Lorsqu'il est saisi par une personne mentionnée à l'article L. 752-17 du code de commerce (le demandeur, le préfet, tout membre de la CDAC, tout professionnel dont l'activité, exercée dans les limites de la zone de chalandise définie pour chaque projet, est susceptible d'être affectée par le projet ou toute association les représentant), le juge administratif ne peut être saisi de conclusions tendant à l'annulation de ce permis « qu'en tant qu'il tient lieu d'autorisation d'exploitation commerciale »[9]. Cela signifie qu'un professionnel devra faire valoir un intérêt d'ordre commercial et non un intérêt d'ordre urbanistique.

§ 4
Délai de recours

A.
Durée du délai

611.351 **Délai de deux mois.** Le délai de recours contentieux de droit commun s'applique. Il en résulte

1. CE 21 sept. 2022, Société Maison Camp David, req. n° 461113, *Lebon T.* ; *BJDU* 2022. 440, concl. L. Domingo ; *JCP Adm.* 2022. 2306, chron. O. Le Bot ; *JCP Adm.* 2023, n° 2030, note F. Eddazi ; *RDI* 2022. 612, obs. P. Soler-Couteaux.
2. C. urb., art. L. 600-1-3.
3. CE 8 juin 2021, *Rizzy*, req. n° 437788, NP.
4. TA Marseille, 12 févr. 2024, M. Six, req. n° 2108218, NP ; *AJDA* 2024. 1123, Concl. F. Giocanti.
5. CE 13 déc. 2021, *Sté Ocean's Dream Resort*, req. n° 450241, *Lebon T.* ; *JCP Adm.* 2022, n° 2061, chron. O. Le Bot ; *Constr.-urb.* 2022, comm. 15, note X. Couton ; *JCP Adm* 2022. 2171, note B. Hachem ; *BJDU* 2022. 211, concl. A. Skzryerbak.
6. V. s^s n° 325.41.
7. V. ss nos 611.261 s.
8. C. urb. art. L. 600-1-4, al. 2 – V. ss n° 611.891.
9. C. urb. art. L. 600-1-4, al. 2 – V. ss n° 611.892.

que le recours doit être formé dans un délai de deux mois[1], y compris lorsqu'est en cause un PCAEC[2].

B.
Point de départ du délai de recours

1°
Point de départ du délai de recours pour le pétitionnaire

611.361 **Notification.** En application de l'article R. 421-1 du CJA, le délai de recours contentieux commence à courir, à l'égard du pétitionnaire, à compter de la notification de la décision individuelle qu'il entend contester (refus de permis, sursis à statuer, dispositions financières du permis, opposition à déclaration préalable, etc.).

La notification doit mentionner les « délais de recours » et les « voies de recours ». La jurisprudence a donné à cette dernière notion une portée large. Elle implique de « mentionner, le cas échéant, l'existence d'un recours administratif préalable obligatoire[3] ainsi que l'autorité devant laquelle il doit être porté ou, dans l'hypothèse d'un recours contentieux direct, indiquer si celui-ci doit être formé auprès de la juridiction administrative de droit commun ou devant une juridiction spécialisée et, dans ce dernier cas, préciser laquelle »[4].

611.362 **Sanction d'une notification irrégulière.** L'article R. 421-5 du CJA précise que : « Les délais de recours contre une décision administrative ne sont opposables qu'à la condition d'avoir été mentionnés, ainsi que les voies de recours, dans la notification de la décision ». Toutefois, alors que cet article prévoit une absence de déclenchement du délai de recours faute de notification comportant les informations requises, le Conseil d'État a considéré qu'un délai de recours est néanmoins déclenché dans un tel cas de figure, et qu'il court pour une durée d'un an[5].

611.363 **Preuve de la notification.** Lorsque le pli recommandé contenant une décision prise à la suite d'une demande d'autorisation de construire est envoyé à l'adresse que le pétitionnaire a indiquée dans sa demande, la notification est régulière et ouvre le délai de recours même en cas de retour de ce courrier à son expéditeur en raison du caractère erroné ou incomplet de cette adresse. Il incombe toutefois à l'administration d'apporter la preuve de la régularité de la notification. Cette preuve peut résulter soit de mentions précises, claires et concordantes portées sur l'enveloppe, soit, à défaut, d'une attestation du service postal ou d'autres éléments de preuve établissant les raisons pour lesquelles le préposé du service postal n'a pu délivrer le pli[6].

2°
Point de départ du délai de recours pour les tiers

a.
Principe : délai courant à compter de l'affichage régulier de l'autorisation sur le terrain

611.371 **Texte.** « Le délai de recours contentieux à l'encontre d'une décision de non-opposition à une déclaration préalable ou d'un permis de construire, d'aménager ou de démolir court à l'égard des tiers à compter du premier jour d'une période continue de deux mois d'affichage sur le terrain des pièces mentionnées à l'article R. 424-15 »[7]. La circonstance que le maire ait lui-même notifié à des tiers la décision en cause ne fait pas courir le délai de recours[8].

L'affichage doit être continu et régulier[9].

S'il est initialement irrégulier (faute d'être visible depuis la voie publique ou de comporter les mentions requises) mais est ensuite régularisé, le délai commence à courir à compter de cette régularisation.

1. CJA, art. R. 421-1.
2. CE 23 déc. 2016, *Sté MDVP Distribution*, req. nº 398077, *Lebon ; BJDU* 2017. 95, concl. F. Dieu ; *Constr.-Urb.* 2017, comm. 24, note X. Couton ; *JCP Adm.* 2019, nº 2036, note J.-M. Talau.
3. Sur ces cas, v. ss nos 611.471 s.
4. CE 15 nov. 2006, *Toquet*, req. nº 264636, *Lebon T.* – sur la mention du RAPO, v. l'arrêt de principe CE 1er avr. 1992, *Abit*, req. nº 88068, *Lebon* 144. Rappelons qu'aucune juridiction spécialisée n'existe dans le contentieux de l'urbanisme.
5. CE, ass., 13 juill. 2016, *Czabaj*, req. nº 387763, *Lebon ; AJDA* 2016. 1479 ; *ibid.* 1629, chron. L. Dutheillet de Lamothe et G. Odinet ; *AJFP* 2016. 356, et les obs. ; *AJCT* 2016. 572, obs. M.-C. Rouault ; *RDT* 2016. 718, obs. L. Crusoé ; *RFDA* 2016. 927, concl. O. Henrard ; *RTD com.* 2016. 715, obs. F. Lombard ; *JCP Adm.* 2017, nº 2053, chron. O. Le Bot.
6. CE 6 avr. 2007, *SCI Apa*, req. nº 288945, NP.
7. C. urb., art. R. 600-2 – Sous l'ancien état du droit (avant le 1er octobre 2007), le délai de recours était déclenché par une double formalité : d'une part l'affichage sur le terrain, d'autre part l'affichage en mairie. Le fait de lier le déclenchement du délai de recours à l'affichage en mairie pouvait exposer le bénéficiaire de l'autorisation à de l'insécurité juridique. En effet, en l'absence d'accomplissement de cette formalité, ou en cas d'affichage incomplet par la commune, le délai de recours n'était pas déclenché. En outre, il pouvait être difficile d'établir la preuve que l'affichage en mairie avait été réalisé.
8. CE 26 sept. 2007, *Synd. des copropriétaires de l'immeuble du 2 rue de la paroisse*, req. nº 288514, *Lebon T.*
9. Sur les exigences à satisfaire pour assurer la régularité de l'affichage, ainsi que la preuve de l'affichage, v. ss nos 346.101 s.

b.
Hypothèse d'un affichage irrégulier ou d'un défaut d'affichage de l'autorisation

611.381 **Défaut d'affichage.** En l'absence d'affichage, le délai de recours n'est en principe pas déclenché.

Toutefois, il est déclenché, et court alors pour un délai d'un an, lorsque le requérant peut être regardé comme ayant eu une connaissance acquise de l'existence de l'autorisation qu'il conteste [1].

En outre, la possibilité de recours cesse au plus tard six mois après la fin des travaux autorisés [2].

611.382 **Affichage ne comportant pas les informations substantielles.** En imposant que figurent sur le panneau d'affichage du permis de construire diverses informations sur les caractéristiques de la construction projetée [3], les dispositions du code de l'urbanisme « ont pour objet de permettre aux tiers, à la seule lecture de ce panneau, d'apprécier l'importance et la consistance du projet, le délai de recours contentieux ne commençant à courir qu'à la date d'un affichage complet et régulier » [4].

Il s'ensuit deux conséquences :

– d'une part, les mentions prévues par l'article A. 424-16 doivent, en principe, obligatoirement figurer sur le panneau d'affichage [5] ;

– d'autre part, une erreur affectant l'une de ces mentions ne conduit à faire obstacle au déclenchement du délai de recours « que dans le cas où cette erreur est de nature à empêcher les tiers d'apprécier l'importance et la consistance du projet » [6]. En revanche, la circonstance qu'une telle erreur puisse affecter l'appréciation par les tiers « de la légalité du permis » est « dépourvue d'incidence à cet égard », dans la mesure où l'objet de l'affichage n'est pas de permettre par lui-même d'apprécier la légalité de l'autorisation de construire [7].

Le Conseil d'État opère ainsi une distinction en fonction de l'effet du vice. S'il est substantiel (affectant la connaissance du projet dans les circonstances de l'espèce), le délai de recours n'est pas déclenché. S'il est véniel (portant sur un élément secondaire ou, plus exactement, n'affectant pas la connaissance du projet dans les circonstances de l'espèce), le délai de recours est déclenché nonobstant l'erreur commise [8]. Cette solution se justifie par la circonstance que la finalité de l'affichage est seulement d'offrir aux tiers une connaissance des caractéristiques essentielles du projet, et non de leur permettre d'apprécier à sa seule lecture la légalité de l'opération autorisée. Autrement dit, l'affichage vise à leur donner une connaissance du projet pour, s'ils l'estiment utiles, consulter le dossier en mairie et engager le cas échéant une procédure contentieuse à l'encontre du permis.

Constitue par exemple un élément substantiel l'indication de la hauteur de la construction. Par conséquent, l'affichage ne peut être regardé comme complet et régulier si la mention de la hauteur « fait défaut » ou si elle est « affectée d'une erreur substantielle », alors qu'aucune autre indication ne permet aux tiers d'estimer cette hauteur [9]. Pour apprécier si la mention de la hauteur de la construction figurant sur le panneau d'affichage est affectée d'une erreur substantielle, il convient de se référer à la hauteur maximale de la construction par rapport au sol naturel telle qu'elle ressort de la demande de permis de construire [10].

À l'inverse, ne revêt pas un caractère substantiel l'indication de l'adresse de la mairie où peut être consultée le dossier [11].

En tout état de cause, la possibilité de recours cesse au plus tard six mois après la fin des travaux autorisés [12].

611.383 **Affichage ne comportant pas la mention des voies de recours.** Une omission ou erreur dans l'indication des voies et délais de recours conduit à ne pas déclencher le délai de recours contentieux de 2 mois mais, à la place, le délai raisonnable Czabaj d'un an.

Transposant la jurisprudence Czabaj [13] aux contentieux des autorisations d'urbanisme, le Conseil d'État affirme « que le principe de sécurité juridique, qui implique que ne puissent être remises en

1. CAA Bordeaux, 30 avr. 2019, *Couve*, req. n° 17BX00818, NP.
2. V. s^s n° 611.385.
3. V. s^s n° 346.121.
4. CE 16 oct. 2019, *Gaillard (M. et Mme) et Tepelian (M. et Mme)*, req. n° 419756, *Lebon T. ; JCP Adm.* 2020. 2070, chron. O. Le Bot – dans le même sens : CE 25 févr. 2019, *Vanoverberghe (M. et Mme)*, req. n° 416610, *Lebon T. ; BJDU* 2019. 204, concl. J. Burguburu.
5. CE 16 oct. 2019, *Gaillard (M. et Mme) et Tepelian (M. et Mme)*, req. n° 419756.
6. CE 16 oct. 2019, *Gaillard (M. et Mme) et Tepelian (M. et Mme)*, req. n° 419756.
7. CE 16 oct. 2019, *Gaillard (M. et Mme) et Tepelian (M. et Mme)*, req. n° 419756.
8. PAR EX., à propos d'une erreur sur la superficie du terrain d'assiette : CE 16 oct. 2019, *Gaillard (M. et Mme) et Tepelian (M. et Mme)*, req. n° 419756, *Lebon T. ; JCP Adm.* 2020. 2070, chron. O. Le Bot.
9. CE 25 févr. 2019, *Vanoverberghe (M. et Mme)*, req. n° 416610, *Lebon T. ; BJDU* 2019. 204, concl. J. Burguburu – dans le même sens : CE 6 juill. 2012, *Ramaye*, req. n° 339883, *Lebon T. ; BJDU* 2012. 393, concl. X. de Lesquen ; *LPA* 30 oct. 2012, n° 217, p. 8, note P. Dutrieux.
10. CE 25 févr. 2019, *Vanoverberghe (M. et Mme)*, req. n° 416610, *Lebon T. ; BJDU* 2019. 204, concl. J. Burguburu.
11. CE 16 oct. 2020, *S^{té} Chemin de Trabacchina*, n° 429357, *Lebon T. ; JCP Adm.* 2021, n° 2049, chron. O. Le Bot.
12. V. s^s n° 611.385.
13. V. s^s n° 611.362.

cause sans condition de délai des situations consolidées par l'effet du temps, fait obstacle à ce que puisse être contesté indéfiniment par les tiers un permis de construire, une décision de non-opposition à une déclaration préalable, un permis d'aménager ou un permis de démolir ; que, dans le cas où l'affichage du permis ou de la déclaration, par ailleurs conforme aux prescriptions de l'article R. 424-15 du code de l'urbanisme, n'a pas fait courir le délai de recours de deux mois prévu à l'article R. 600-2, faute de mentionner ce délai conformément à l'article A. 424-17, un recours contentieux doit néanmoins, pour être recevable, être présenté dans un délai raisonnable à compter du premier jour de la période continue de deux mois d'affichage sur le terrain ; qu'en règle générale et sauf circonstance particulière dont se prévaudrait le requérant, un délai excédant un an ne peut être regardé comme raisonnable »[1].

Par ailleurs, en application de la théorie de la connaissance acquise, « l'exercice par un tiers d'un recours administratif ou contentieux contre un permis de construire montre qu'il a connaissance de cette décision et a, en conséquence, pour effet de faire courir à son égard le délai de recours contentieux, alors même que la publicité concernant ce permis n'aurait pas satisfait aux exigences prévues par l'article A. 424-17 du code de l'urbanisme »[2].

En tout état de cause, la possibilité de recours cesse au plus tard six mois après la fin des travaux autorisés[3].

611.384 Affichage ne mentionnant pas l'obligation de notification du recours. Selon le Conseil d'État, la mention relative à l'obligation de notification, qui est destinée à mieux informer les éventuels requérants de leur obligation de notification et des risques d'irrecevabilité qu'ils encourent à ne pas l'accomplir, « n'est pas au nombre des éléments dont la présence est une condition au déclenchement du délai de recours contentieux ». Cette mention concerne en effet une règle de procédure qui doit être accomplie postérieurement à l'introduction du recours. Elle ne peut, par suite, être assimilée aux éléments substantiels portant sur la nature et la consistance de la construction projetée ou sur les voies et délais de recours, dont la connaissance est indispensable pour permettre aux tiers de préserver leurs droits et d'arrêter leur décision de former ou non un recours contre l'autorisation de construire. Dès lors, « l'absence de mention dans l'affichage de l'obligation de notification du recours [...] n'empêche pas le déclenchement du délai de recours contentieux mentionné à l'article R. 600-2 » du code de l'urbanisme[4].

611.385 Forclusion au plus tard six mois après l'achèvement des travaux. « Aucune action en vue de l'annulation d'un permis de construire ou d'aménager ou d'une décision de non-opposition à une déclaration préalable n'est recevable à l'expiration d'un délai de six mois à compter de l'achèvement de la construction ou de l'aménagement »[5].

« Sauf preuve contraire, la date de cet achèvement est celle de la réception de la déclaration d'achèvement mentionnée à l'article R. 462-1 »[6].

Il résulte de ces dispositions que six mois après la déclaration d'achèvement des travaux, un recours formé contre la décision les autorisant est irrecevable pour tardiveté.

En principe, en l'absence d'établissement d'une DAT, le bénéficiaire de l'autorisation ne peut se prévaloir de l'article R. 600-3, la construction ne pouvant être considérée comme achevée au sens et pour l'application de ces dispositions[7]. Le Conseil d'État indique en ce sens que la tardiveté ne peut être opposée à une demande d'annulation que si le bénéficiaire de l'autorisation produit devant le juge l'avis de réception de la déclaration prévue par l'article R. 462-1 du code de l'urbanisme[8].

Néanmoins, il admet que, pour combattre la présomption qui résulte de la production par le bénéficiaire de cet avis de réception, le demandeur peut, par tous moyens, apporter devant le juge la preuve que les travaux ont été achevés à une date postérieure à celle de la réception de la déclaration[9].

c.
Hypothèse d'une modification ou d'une prorogation de l'acte attaqué en cours d'instance

611.391 Délai courant à compter de la notification de la nouvelle autorisation au requérant. Il peut arriver qu'en cours d'instance, l'autorité administrative modifie l'autorisation attaquée, la remplace ou encore décide sa prorogation. Dans ces hypothèses, il revient au bénéficiaire de l'autorisation :

– de notifier cette nouvelle décision à l'auteur du recours (il en va ainsi tant en cas de modification ou

1. CE 9 nov. 2018, *Valière*, req. n° 409872, *Lebon T. ; JCP Adm.* 2019. 2077, chron. O. Le Bot.
2. CE 15 avr. 2016, *Marcon*, req. n° 375132, *Lebon ; AJDA* 2016. 754 ; *JCP Adm.* 2016, n° 2306, chron. O. Le Bot.
3. V. s[s] n° 611.385.
4. CE, avis, 19 nov. 2008, *S[té] Sahelac et Juventin (Mme)*, req. n° 317279, *Lebon ; BJDU* 2009. 48, concl. B. Bourgeois-Machureau.
5. C. urb., art. R. 600-3, al. 1er.
6. Sur la DAT, v. s[s] n° 353.161. – C. urb., art. R. 600-3, al. 2.
7. CAA Marseille, 27 sept. 2012, *Bonhomme*, req. n° 10MA04041, NP.
8. CE 6 déc. 2013, *Gouaty (Mme)*, req. n° 358843, *Lebon T.*
9. CE 6 déc. 2013, *Gouaty (Mme)*, req. n° 358843, *Lebon T.*

de remplacement de l'autorisation attaquée[1] qu'en cas de prorogation de celle-ci[2]) ;

– et de procéder à son affichage sur le terrain.

Cette jurisprudence se justifie par une volonté d'éviter :

– que le recours formé contre la décision initiale se heurte à un non-lieu à statuer ;

– et qu'un deuxième recours, dirigé contre la nouvelle décision, soit rejeté pour tardiveté (le requérant découvrant trop tard son existence)[3].

Pour les tiers, le délai de recours contre cet acte commence à courir à compter de l'affichage régulier du permis. Pour l'auteur du recours initial, le délai de recours commence à courir à compter de l'accomplissement de cette double formalité (notification de la décision et affichage sur le terrain)[4].

À défaut de notification, le délai de recours pourra néanmoins commencer à courir si le requérant, avant de saisir le juge, a accompli un acte de procédure ou une action (par exemple une demande de déféré provoqué[5]) révélant de sa part la connaissance de la décision (théorie de la connaissance acquise).

d.

Hypothèse dans laquelle la commune forme un recours contre un acte pris par le préfet

611.401 **Délai déclenché.** Les dispositions de l'article R. 600-2 du code de l'urbanisme « ont pour objet d'assurer la connaissance par les tiers des éléments indispensables pour leur permettre de préserver leurs droits et d'arrêter leur décision de former ou non un recours contre l'autorisation de construire, à savoir, d'une part, la connaissance de l'existence d'un permis de construire, des principales caractéristiques de la construction autorisée et de l'adresse de la mairie où le dossier peut être consulté et, d'autre part, celle du délai de recours relatif à cette décision ». Toutefois, lorsque le préfet est compétent pour se prononcer sur une demande de permis de construire et que ce permis est délivré par le préfet après consultation du maire et du fait d'un désaccord entre celui-ci et le responsable du service de l'État dans le département chargé de l'instruction de la demande, la commune ne saurait être regardée comme un tiers au sens de l'article R. 600-2. La seule circonstance que les modalités d'affichage du permis de construire sur le terrain prévues par ces dispositions n'auraient pas été respectées ne fait, par suite, pas par elle-même obstacle à ce que le délai de recours contre cette décision commence à courir à son égard[6].

Cette solution a été rendue sous l'empire des dispositions prévalant avant la réforme de 2007, lorsque le délai de recours était subordonné à l'accomplissement d'une double formalité : affichage en mairie et affichage sur le terrain. Son maintien postérieurement à la réforme de 2007 est incertain.

e.

Hypothèse d'un retrait du retrait

611.411 **Notification du retrait.** Lorsqu'une autorité administrative décide de retirer une décision de retrait d'un permis de construire prise à la demande d'un tiers, à l'égard duquel elle crée des droits, ce tiers doit être regardé, de même que le bénéficiaire du permis ainsi rétabli, comme le destinataire de la décision retirant le retrait du permis de construire. Dès lors, « cette décision ne peut être opposée à ce tiers que si elle lui a été régulièrement notifiée et le délai de recours contentieux prévu à l'article R. 421-1 du code de justice administrative ne peut commencer à courir à son égard qu'à la même condition »[7].

3°

Point de départ du délai de recours en cas de déféré préfectoral

611.421 **Transmission de l'acte.** Le préfet défère au tribunal administratif les actes mentionnés à l'article L. 2131-2[8] qu'il estime contraires à la légalité dans les deux mois suivant leur transmission[9].

611.422 **Hypothèse d'une transmission incomplète.** Lorsque la transmission de l'acte[10] ne comporte pas le texte intégral de cet acte ou n'est pas accompagnée des documents annexes nécessaires pour mettre le préfet à même d'en apprécier la portée et la légalité, il appartient au préfet de demander à l'exécutif de la collectivité ou de l'établissement public dont l'acte est en cause, dans le délai de deux mois suivant sa réception, de compléter cette transmission[11].

1. CE 23 mars 1973, *Compagnie d'assurances L'Union*, req. n° 80513, *Lebon* – dans le même sens : CE 24 oct. 1984, *Assoc. des amis de sites de la baie de Bandol*, req. n° 36531, *Lebon*.
2. CE 5 oct. 1983, *SCI Ludon-Medoc*, req. n° 40699, *Lebon T.*
3. V. les explications données par D. Labetoulle, « Grand témoin », *RFDA* 2023. 6.
4. CE 23 mai 2011, *Paris Habitat*, req. n° 339610, *Lebon T.* – CE 16 oct. 2020, *Campbell-Lendrum*, req. n° 424775, NP.
5. CE 25 mai 2005, *Banon (Cne)*, req. n° 270273, *Lebon T.*
6. CE 9 mars 2016, *Chapet (Cne)*, req. n° 384341, *Lebon T.*
7. CE 1er févr. 2023, *Houssieaux*, req. n° 461478, NP ; *RDI* 2023. 198, obs. P. Soler-Couteaux.
8. Ce qui inclut le permis de construire et les autres autorisations d'utilisation du sol ainsi que le certificat d'urbanisme (CGCT, art. L. 2131-2, 6°).
9. CGCT, art. L. 2131-6, al. 1er.
10. Sur cette exigence, v. ss nos 346.81 s.
11. CE 15 mai 2013, *Office public de l'habitat de Nice et des Alpes-Maritimes*, req. n° 357031, *Lebon T.*

Dans ce cas, le délai de deux mois imparti au préfet pour déférer l'acte au tribunal administratif court à compter[1] :

- soit de la réception du texte intégral de l'acte ou des documents annexes réclamés ;
- soit de la décision, explicite ou implicite, par laquelle l'exécutif refuse de compléter la transmission initiale.

En revanche, à défaut d'une demande tendant à son retrait, son réexamen ou sa modification pouvant être regardée comme un recours gracieux dirigé contre l'acte, ou d'une demande tendant à ce que la transmission soit complétée, présentées par le préfet dans le délai de deux mois de la réception de l'acte, le délai qui lui est imparti pour déférer cet acte au tribunal administratif court à compter de cette réception[2].

611.423 Cas des permis tacites et décisions de non-opposition. Les dispositions de l'article L. 424-8 du code de l'urbanisme, dont il résulte qu'une décision de non-opposition à une déclaration préalable est exécutoire dès qu'elle est acquise, sans qu'il y ait lieu de rechercher si elle a été transmise au préfet, ne dérogent pas à celles de l'article L. 2131-6 du CGCT, en vertu desquelles le préfet défère au tribunal administratif les actes mentionnés à l'article L. 2131-2 qu'il estime contraires à la légalité dans les deux mois suivant leur transmission. Une commune doit être réputée avoir satisfait à l'obligation de transmission, dans le cas d'une décision tacite de non-opposition, si elle a transmis au préfet la déclaration préalable faite par le pétitionnaire, en application de l'article R. 423-7 du code de l'urbanisme. Il lui appartient également, en vertu de l'article R. 423-42 du même code, d'adresser au préfet copie des éventuelles modifications du délai d'instruction. Le délai du déféré court alors de la date à laquelle la décision est acquise. Dans l'hypothèse où la commune ne satisfait à l'obligation de transmission que postérieurement à cette date, le délai du déféré court à compter de la date de cette transmission[3].

Les mêmes principes s'appliquent en cas de permis tacite[4].

611.424 Cas d'un permis tacite délivré après retrait d'une décision initiale de refus. En cas de retrait d'une décision de refus de permis de construire, et dès lors que le pétitionnaire confirme sa demande, il appartient à la commune d'informer le préfet de cette confirmation[5].

Le délai de deux mois imparti au préfet par les dispositions de l'article L. 2131-6 du CGCT court, sous réserve que le préfet soit en possession de l'entier dossier de demande, à compter de la date du permis tacite si le préfet a eu connaissance de la confirmation de la demande avant la naissance du permis[6].

Dans le cas contraire, sous la même réserve que le préfet soit en possession de l'entier dossier de demande, le délai court à compter de la date à laquelle le préfet est informé par la commune de l'existence du permis tacite, soit par la transmission du certificat délivré le cas échéant par le maire en application de l'article R. 424-13 du code de l'urbanisme, soit par la transmission, postérieurement à la naissance du permis, de la confirmation de sa demande par le pétitionnaire[7].

611.425 Cas dans lequel la commune a fait appel aux services de l'État. Lorsqu'une commune a fait appel aux services de l'État pour l'instruction d'un dossier de permis de construire sur le fondement des dispositions de l'article L. 422-8 du code de l'urbanisme, « cette demande d'instruction ne constitue, en l'absence de toute demande expressément formulée en ce sens par la commune auprès des services instructeurs, ni une transmission faite aux services de l'État en application des articles L. 2131-1 et L. 2131-2 du code général des collectivités territoriales, ni une transmission au préfet au titre de l'obligation posée par l'article R. 423-7 du code de l'urbanisme ; qu'une telle demande n'est donc pas de nature à faire courir le délai du déféré préfectoral ; que, dans l'hypothèse où les services instructeurs ont transmis le dossier, après naissance d'un permis tacite, aux services de la préfecture chargés du contrôle de légalité, cette transmission ne peut se substituer à celle que le maire doit obligatoirement faire au préfet en application des dispositions de l'article R. 423-7 du code de l'urbanisme, sauf dans le cas où elle aurait été faite sur demande expresse de la commune »[8].

C. Prorogation du délai de recours

611.431 Prorogation dans les conditions de droit commun. Le délai de recours contentieux peut être prorogé dans les conditions de droit commun, c'est-à-dire par :

- exercice d'un recours administratif[9] ;

1. CE 15 mai 2013, *Office public de l'habitat de Nice et des Alpes-Maritimes*, req. n° 357031, *Lebon T.*
2. CE 15 mai 2013, *Office public de l'habitat de Nice et des Alpes-Maritimes*, req. n° 357031, *Lebon T.*
3. CE 23 oct. 2013, *SARL Prestig'Immo*, req. n° 344454, *Lebon T.* ; *Constr.-Urb.* 2013, comm. 171, note D. Dutrieux.
4. CE 6 mai 2015, *Pallanca*, req. n° 366004, *Lebon T.*
5. V. ss n° 352.351.
6. CE 5 févr. 2020, *SCI de L'Aire et du Cros*, req. n° 426160, *Lebon T.*
7. CE 5 févr. 2020, *SCI de L'Aire et du Cros*, req. n° 426160, *Lebon T.*
8. CE 17 déc. 2014, *Min. Égalité des territoires et Logement c/ Mollans-sur-Ouvèze (Cne)*, req. n° 373681, *Lebon T.*
9. CRPA, art. L. 411-2, al. 2.

– demande au préfet d'exercer un déféré (que l'on appelle déféré « provoqué » ou « sur demande ») [1] ;

– saisine d'une juridiction incompétente (qu'il s'agisse d'une juridiction administrative, d'une juridiction judiciaire ou encore d'une juridiction étrangère) [2] ;

– ou demande d'aide juridictionnelle [3].

Le délai de recours se trouve prorogé si la cause de prorogation (recours administratif, demande de déféré, saisine d'une juridiction incompétente ou demande d'aide juridictionnelle) intervient avant l'expiration du délai de recours. Le délai de recours recommence à courir à compter de la décision provoquée par cette initiative (décision prise sur recours administratif, décision du préfet, décision d'incompétence, décision sur la demande d'aide juridictionnelle).

Dans le cas où le bénéficiaire du permis forme un recours administratif contre certaines prescriptions de cette autorisation, l'effet prorogatoire ne joue qu'à l'égard de celles-ci. Il se trouve donc exclu à l'égard des prescriptions non contestées [4].

611.432 Prorogation du délai de recours au profit du préfet. Sauf dans le cas où des dispositions législatives ou réglementaires ont organisé des procédures particulières, toute décision administrative peut faire l'objet, dans le délai imparti pour l'introduction d'un recours contentieux, d'un recours gracieux ou hiérarchique qui interrompt le cours de ce délai. Les dispositions de l'article L. 424-5 du code de l'urbanisme, qui limitent le délai pendant lequel une autorisation de construire peut être retirée, spontanément ou à la demande d'un tiers, par l'autorité qui l'a délivrée, n'ont ni pour objet ni pour effet de faire obstacle, d'une part, à ce que le préfet puisse former un recours gracieux, jusqu'à l'expiration du délai dont il dispose pour déférer un tel acte au tribunal administratif, et, d'autre part, à ce que le cours de ce délai soit interrompu par ce recours gracieux [5].

611.433 La fraude n'est pas une cause de prorogation. La circonstance qu'une décision administrative a été obtenue par fraude a pour seul effet de permettre à son auteur de la rapporter à tout moment [6], sans proroger au bénéfice de tout intéressé le délai de recours contentieux [7].

611.434 Absence de double prorogation. Il résulte d'un principe général qu'un second recours administratif ne conserve pas le délai de recours contentieux. Par suite, en cas d'annulation du retrait d'un permis de construire, qui a pour effet de rétablir l'acte initial à compter de l'annulation, l'exercice par des tiers d'un second recours gracieux contre ce permis n'a pas pour effet de conserver les délais de recours contentieux [8].

D. Conséquences de l'expiration du délai de recours

1° Irrecevabilité du recours

a. Irrecevabilité du recours contre l'acte devenu définitif

611.441 Forclusion. La requête introduite après l'expiration du délai de recours est irrecevable pour tardiveté, alors même que l'acte attaqué serait incontestablement illégal. Le requérant est forclos. Il en résulte que la décision qui n'a pas été contestée en temps utile acquiert un caractère définitif [9].

b. Irrecevabilité du recours contre une décision confirmative

611.451 Recours irrecevable. L'irrecevabilité frappant la décision initiale s'étend aux décisions ulté-

1. CE, sect., 25 janv. 1991, *Brasseur*, req. n° 80969, *Lebon* – CE 22 juill. 2021, Sté Grenadines, req. n° 436105, NP. Pour le requérant, un nouveau délai de recours commence à courir à compter du refus exprès ou implicite du préfet.
2. CE 25 mai 1928, *Reynaud, Lebon* – CE, sect., 31 janv. 1958, *Vally, Lebon*. Pour proroger le délai, la saisine doit bien entendu porter sur le même objet que la demande ensuite portée devant la juridiction administrative compétente (CE 7 mai 1975, *Codis*, req. n° 93179, *Lebon T*).
3. Décr. n° 91-1266, 19 déc. 1991, art. 38 et 39 – CE, sect., avis, 28 juin 2013, *Davodi*, req. n° 363460, *Lebon*.
4. CE 2 juin 2023, *SCI du 90-94 avenue de la République*, req. n° 461645, *Lebon ; BJCL* 2023. 417, concl. N. Agnoux ; *Constr.-Urb.* 2023, comm. 80, note L. Santoni ; *Constr.-Urb.* 2023, comm. 82, note X. Couton ; *AJDA* 2023. 1385, chron. D. Pradines et A. Goin ; *JCP Adm.* 2023, n° 2226, note S. Avallone ; *JCP Adm.* 2023, n° 2225, note O. Le Bot ; *RDI* 2023. 483, obs. P. Soler-Couteaux ; *RDI* 2023. 442, obs. M. Revert. En l'espèce, les prescriptions contestées au moyen d'un recours gracieux dans le délai de recours contentieux ont bénéficié d'une conservation du délai de recours juridictionnel. En revanche, les prescriptions non contestées par cette voie ont acquis un caractère définitif deux mois après la notification de l'arrêté de permis. Le recours contentieux formé à leur encontre après l'expiration de ce délai a donc présenté un caractère tardif.
5. CE 5 mai 2011, *Min. d'État, min. Écologie, Développement durable et Mer, en charge des technologies vertes et des négociations sur le climat c/Bertaud*, req. n° 336893, *Lebon T. ; BJDU* 2011. 225, concl. C. Legras ; *Dr. adm.* 2011, comm. 71, note M.-T. Viel ; *JCP Adm.* 2011, n° 2364, note M.-C. Rouault.
6. V. ss n° 611.461.
7. CE 7 juill. 2004, *de Maulnont*, req. n° 234497, *Lebon T.*
8. V. ss n° 352.323.
9. CE 28 juill. 2011, *Bourg Saint-Maurice (Cne)*, req. n° 336945, *Lebon* : arrêt indiquant qu'« une décision administrative devient définitive à l'expiration du délai de recours contentieux ou, si elle a fait l'objet d'un recours contentieux dans ce délai, à la date à laquelle la décision rejetant ce recours devient irrévocable ».

rieures qui ne viendraient que confirmer celle-ci (décisions dites « confirmatives » ou « purement confirmatives »). En pratique, la question concerne le plus souvent les demandes adressées à l'administration - plus exactement la réponse qui leur est donnée, à savoir un refus.

611.452 Notion. Une décision est regardée comme confirmative (ou purement confirmative) si trois conditions sont réunies[1] :

- l'administration a statué sur une demande qui avait le même objet que la précédente ;

- la demande reposait sur la même cause juridique ;

- l'état du droit ou les circonstances de fait n'ont pas connu depuis cette demande, de changement ayant une incidence sur l'appréciation à porter sur celle-ci.

Il résulte de la première exigence qu'une décision refusant de mettre fin à une mesure n'est pas regardée comme confirmative de cette mesure (elle n'a pas le même objet[2]).

Il résulte de la troisième exigence qu'une décision ne sera pas regardée comme confirmative si elle a trait à une situation susceptible de changement, par exemple une délimitation du domaine public naturel, un refus de concours de la force publique ou un refus de prendre, de modifier ou d'abroger un acte réglementaire[3].

611.453 Application à un refus d'autorisation. Le refus opposé à un projet strictement identique à un projet précédent est regardé comme une décision confirmative.

Tel est le cas, par exemple, d'une demande de permis de construire présentée le 4 septembre, portant sur un projet identique à celui que le pétitionnaire avait présenté le 30 mars et qui avait fait l'objet d'une décision de refus du maire le 7 juin. Le juge administratif estime qu'en l'absence de toute modification dans les circonstances de fait ou dans la réglementation d'urbanisme applicable, la décision du maire du 27 novembre rejetant la demande présentée par la société le 4 septembre avait, alors même que la notice explicative jointe à cette demande avait été complétée, le caractère d'une décision purement confirmative de sa décision du 7 juin. Elle n'a, dès lors, pu avoir pour effet de rouvrir le délai de recours contentieux[4].

2°
Tempérament : recours contre le refus de retirer ou d'abroger une autorisation d'urbanisme obtenue par fraude

611.461 Possibilité de retirer sans condition de délai un acte obtenu par fraude. Un acte obtenu par fraude peut être retiré par l'autorité administrative sans condition de délai[5], c'est-à-dire quand bien même les délais de recours (deux mois) ou de retrait (trois mois) seraient expirés.

611.462 Possibilité de demander sans condition de délai le retrait d'un acte obtenu par fraude. Toute personne intéressée peut demander le retrait de l'autorisation obtenue par fraude, et ce sans condition de délai. L'autorité administrative dispose d'une faculté - et non d'une obligation - de retirer un acte obtenu par fraude[6]. Il lui appartient ainsi d'apprécier l'opportunité de procéder ou non au retrait demandé.

611.463 Possibilité de contester le refus de retirer un acte obtenu par fraude. Le refus de faire droit à la demande de retrait d'un acte obtenu par fraude peut être contesté devant le juge administratif dans le délai de droit commun.

En ce sens, le Conseil d'État a posé qu'« un tiers justifiant d'un intérêt à agir est recevable à demander, dans le délai du recours contentieux, l'annulation de la décision par laquelle l'autorité administrative a refusé de faire usage de son pouvoir d'abroger ou de retirer un acte administratif obtenu par fraude, quelle que soit la date à laquelle il l'a saisie d'une demande à cette fin »[7].

Cette possibilité de recours s'avère doublement limitée. D'une part, le cadre du litige se limite à la seule question de savoir si l'acte a été obtenu par fraude. Aucun autre moyen de légalité ne pourra en conséquence être soulevé à l'encontre de l'acte attaqué. D'autre part, le juge n'exercera qu'un contrôle restreint qui, de surcroît, prendra en considération les inconvénients qui s'attacherait à une remise en cause de l'acte contesté. Ainsi que l'indique le Conseil d'État, il incombe au juge, d'une part, « de vérifier la réalité de la fraude alléguée » et, d'autre part, « de contrôler que l'appréciation de l'administration sur l'opportunité de procéder ou non à l'abrogation ou au retrait n'est pas entachée d'erreur manifeste, compte tenu notamment de la gravité de la fraude et des atteintes aux divers intérêts publics ou privés en

1. CE 16 mai 1969, *Linglet*, req. n° 74039, *Lebon T.* ; – CE, sect., 16 nov. 1983, *Tribier*, req. n° 28951, *Lebon*.
2. CE 20 nov. 1974, *Belounis*, req. n° 92820, *Lebon*.
3. CE 27 avr. 2011, *Assoc. pour une formation médicale indépendante*, req. n° 334396, *Lebon T.*
4. CE 1er août 2013, *Cne de Gramond*, req. n° 366497, NP.
5. V. ss n° 352.241.
6. CE, ass., 10 févr. 1961, *Chabran, Lebon*.
7. CE 5 févr. 2018, *Ste Cora*, req. n° 407149, *Lebon T.* ; *AJDA* 2018. 946 ; *AJCT* 2018. 451, obs. M. Bahouala ; – également : R. Noguellou, « Contentieux des permis de construire : un recours à tout moment », *AJDA* 2018. 700.

présence susceptibles de résulter soit du maintien de l'acte litigieux soit de son abrogation ou de son retrait ». Ce *self-restraint* quant au contrôle exercé se justifie par la circonstance que l'autorité administrative dispose d'une faculté – et non une obligation – de retirer un acte obtenu par fraude. Il ressort de ce qui précède que cette possibilité de recours n'aboutira quasiment jamais à la remise en cause de l'acte attaqué.

Dans le cas où le refus de l'administration d'abroger ou de retirer l'acte obtenu par fraude résulte d'une décision implicite, le délai de recours contentieux court dès la naissance de cette décision implicite, sans que l'absence d'accusé de réception de la demande y fasse obstacle[1].

§ 5
Cas de recours administratifs préalables obligatoires

611.471 RAPO. En principe, l'exercice d'un recours administratif avant un recours contentieux présente un caractère facultatif. Néanmoins, deux cas de recours administratif préalable obligatoire (RAPO) ont été institués dans le contentieux des autorisations d'urbanisme. Ils ont pour effet d'imposer l'exercice préalable de ces recours à peine d'irrecevabilité du recours contentieux.

A.
RAPO contre l'avis de l'ABF dans un site patrimonial remarquable ou aux abords d'un monument historique

611.481 Champ d'application. Le domaine du RAPO contre un avis de l'ABF concerne les travaux situés :

– dans le périmètre d'un site patrimonial remarquable[2] ;

– ou dans les abords d'un monument historique[3].

611.482 Recours préalable obligatoire. Le recours administratif organisé aux articles R. 424-14 du code de l'urbanisme (en cas de contestation par le pétitionnaire) et R. 423-68 (en cas de contestation par l'autorité compétente en matière d'autorisations d'urbanisme) présente le caractère d'un RAPO. Il en résulte qu'il doit être formé, le cas échéant, avant tout recours contentieux[4].

Saisi d'une QPC critiquant cette obligation de recours préalable, le Conseil constitutionnel a estimé qu'elle ne méconnaît pas les droits et libertés que la Constitution garantit[5].

611.483 Formation du recours. Le RAPO est formé devant le préfet de région[6].

Il peut être exercé par le pétitionnaire ou par l'autorité compétente pour statuer sur la demande d'autorisation d'urbanisme :

– le pétitionnaire dispose d'un délai de 2 mois à compter de la notification du refus de permis de construire ou de l'opposition à déclaration préalable fondé sur un refus d'accord de l'ABF[7] ;

– l'autorité compétente dispose d'un délai de 7 jours à compter de la réception de l'accord, de l'accord assorti de prescriptions ou du refus d'accord de l'ABF[8].

Le recours doit être formé par LRAR[9].

611.484 Instruction du recours. En cas de saisine par le pétitionnaire, le préfet de région adresse notification de la demande dont il est saisi au maire s'il n'est pas l'autorité compétente, et à l'autorité compétente en matière d'autorisations d'urbanisme[10].

En cas de saisine par l'autorité compétente en matière d'autorisation, le préfet de région statue après avis de la commission régionale du patrimoine et de l'architecture[11].

611.485 Décision prise sur recours. Le préfet de région doit se prononcer dans un délai de deux mois[12].

1. CE 22 juin 2022, *Sté Corim Associés et Cne de Juvignac*, req. n° 443625, *Lebon T.* ; *BJDU* 2022. 422, concl. S. Hoynck ; *Constr.-Urb.* 2022, comm. 92, note L. Santoni.
2. C. patr., art. L. 632-2, II.
3. C. patr., art. L. 621-32, al. 3, qui renvoie aux modalités prévues à l'article L. 632-2.
4. CE 30 juin 2010, *SARL Château d'Épinay*, req. n° 334747, *Lebon T.* – *CAA Lyon, 22 févr. 2022, Cne de Megève, req. n° 21LY02757, NP ; RDI 2022. 303, note P. Soler-Couteaux.*
5. Cons. const. 27 janv. 2023, n° 2022-1032 QPC.
6. Dans la collectivité de Corse, lorsque le recours est formé par l'autorité compétente en matière d'autorisations d'urbanisme, les attributions conférées au préfet de région par l'article R. 423-68 sont exercées par le préfet de Corse (C. urb., art. R. 423-68, al. 5).
7. C. urb., art. R. 424-14, al. 1er, précisant que le demandeur précise lors de sa saisine s'il souhaite faire appel à un médiateur désigné dans les conditions prévues au III de l'article L. 632-2 du code du patrimoine – Dans ce cas, le préfet de région saisit le médiateur qui transmet son avis dans le délai d'un mois à compter de cette saisine (C. urb., art. R. 424-14, al. 1er).
8. C. urb., art. R. 423-68, al. 2 – L'autorité compétente pour délivrer l'autorisation transmet au préfet de région le dossier accompagné de son projet de décision (C. patr., art. L. 632-2, II).
9. C. urb., art. R. 424-14, al. 1er ; art. R. 423-68, al. 2.
10. C. urb., art. R. 424-14, al. 3.
11. C. urb., art. R. 423-68, al. 3.
12. C. urb., art. R. 423-68, al. 1er et R. 424-14, al. 3.

En l'absence de décision expresse dans ce délai, le silence du préfet vaut :

– rejet du recours (confirmation de la décision de refus de l'autorité compétente) lorsque le recours émane du pétitionnaire [1] ;

– acceptation du recours et approbation du projet de décision transmis par l'autorité compétente lorsque celle-ci est à l'origine du recours [2].

En cas de saisine par le pétitionnaire, si le préfet de région infirme le refus d'accord de l'ABF, l'autorité compétente en matière d'autorisations d'urbanisme statue à nouveau dans le délai d'un mois suivant la réception de la décision du préfet de région [3].

En cas de saisine par l'autorité compétente en matière d'autorisations d'urbanisme, la décision expresse du préfet de région est notifiée à l'autorité compétente, ainsi qu'au maire s'il n'est pas l'autorité compétente et au demandeur [4].

611.486 Contestation de la décision prise par le préfet sur recours. L'ancien article R. 421-38-4 du code de l'urbanisme, repris en substance aux articles R. 423-68 et R. 424-14 du même code, subordonne toute contestation de la position prise sur un permis de construire au regard de la protection d'un édifice classé ou inscrit à l'exercice préalable d'un recours administratif contre l'avis de l'ABF devant le préfet de région. Le Conseil d'État en déduit « si l'avis de celui-ci se substitue alors à celui de l'architecte des bâtiments de France, l'ouverture d'un tel recours administratif, qui est un préalable obligatoire à toute contestation de la position ainsi prise au regard de la protection d'un édifice classé ou inscrit, n'a ni pour objet ni pour effet de permettre l'exercice d'un recours contentieux contre cet avis ; que la régularité et le bien-fondé de l'avis de l'architecte des bâtiments de France ou, le cas échéant, de la décision du préfet de région ne peuvent être contestés qu'à l'appui d'un recours pour excès de pouvoir dirigé contre la décision de refus du permis de construire et présenté par une personne ayant un intérêt pour agir » [5].

En d'autres termes, tant l'avis de l'ABF que la décision du préfet de région demeurent des actes préparatoires. Il en résulte qu'ils ne peuvent être contestés directement. En revanche, leur légalité peut être mise en cause à l'appui du recours formé contre la décision de refus de permis.

1. C. urb., art. R. 424-14, al. 3.
2. C. patr., art. L. 632-2, II.
3. C. urb., art. R. 424-14, al. 4.
4. C. urb., art. R. 423-68, al. 4.
5. CE 19 févr. 2014, *Min. Culture*, req. n° 361769, *Lebon T.*

B.
RAPO en cas de contestation d'une décision de la commission départementale d'aménagement commercial

611.491 Permis de construire tenant lieu d'autorisation d'aménagement commercial. À peine d'irrecevabilité, la saisine de la CNAC par les personnes mentionnées à l'article L. 752-17 du code du commerce est un préalable obligatoire au recours contentieux dirigé contre la décision de l'autorité administrative compétente pour délivrer le PCAEC [6]. Le recours contentieux formé sans saisine préalable de la CNAC est entaché d'irrecevabilité [7].

L'exigence de RAPO s'étend au recours formé contre le refus de permis de construire modificatif lorsque le projet initial avait été soumis à l'avis de la CDAC [8].

611.492 Champ du RAPO. Le champ du RAPO concerne les PCAEC contestés par les personnes mentionnées à l'article L. 752-17 du code du commerce, sauf le préfet et le maire de la commune d'implantation du projet [9]. Le RAPO s'impose ainsi :

– au membre de la commission départementale ;

– au demandeur de l'autorisation ;

– et au concurrent ou à l'association représentant les concurrents.

611.493 Délai de recours. Le recours administratif doit être formé dans un délai d'un mois [10].

Dans un avis contentieux, le Conseil d'État a précisé que pour les professionnels mentionnés au I de l'article L. 752-17 du code de commerce, la saisine de la CNAC est, en vertu du même article et des dispositions analogues de l'article L. 425-4 du code de l'urbanisme, un préalable obligatoire à tout recours contentieux contre un permis de construire valant autorisation d'exploitation commerciale. Eu égard au délai d'un mois dans lequel cette saisine doit intervenir, il sera exceptionnel qu'elle soit régulièrement introduite avant que le délai de recours contre le permis soit expiré. Même alors, cette saisine n'aurait pas pour effet d'interrompre le délai de recours contentieux. En revanche, dans tous les cas où la CNAC, régulièrement saisie, est amenée à rendre son avis après la délivrance du permis de construire valant autorisation d'exploitation commerciale, la publication de cet avis dans les

6. C. urb., art. L. 425-4, al. 2.
7. CE, avis, 15 avr. 2019, *Sté Difradis*, req. n° 425854, *Lebon ; BJDU* 2019. 274, note S. Ferrari ; *BJDU* 2019. 268, concl. F. Dieu.
8. CE 18 nov. 2020, *Sté MG Patrimoine et a.*, req. n° 420857, *Lebon T. ; BJDU* 2021. 285, concl. R. Chambon.
9. C. com., art. L. 752-17, I, al. 3.
10. C. com., art. L. 752-17, al. 1er.

conditions fixées à l'article R. 752-39 du code de commerce ouvre, à l'égard des requérants mentionnés au I de l'article L. 752-17 du code de commerce, y compris si le délai déclenché dans les conditions prévues par l'article R. 600-2 du code de l'urbanisme est expiré, un délai de recours de deux mois contre le permis[1].

611.494 Acte pris par la CNAC sur recours : un acte préparatoire. Tout acte pris par la CNAC sur un recours introduit devant elle contre un avis favorable délivré par une CDAC, qu'il soit exprès ou tacite et qu'il ait ou non la nature d'un avis, revêt le caractère d'un acte préparatoire, insusceptible de faire l'objet d'un recours pour excès de pouvoir. Il en va notamment ainsi des actes par lesquels la Commission nationale rejette, que ce soit ou non à bon droit, le recours comme irrecevable. La régularité et le bien fondé d'un tel acte de la Commission nationale sont, en revanche, susceptibles d'être critiqués au soutien d'un recours contre le permis de construire ultérieurement délivré, en tant qu'il vaut autorisation d'exploitation commerciale[2].

611.495 Absence d'examen des règles d'urbanisme. Le contrôle exercé par la CNAC se limite aux règles relatives à l'aménagement commercial. Il ne s'étend pas au respect de la réglementation d'urbanisme et ne saurait la conduire à apprécier la légalité d'autorisations d'urbanisme[3].

611.496 Cas où la CNAC déclare le recours irrecevable. Le Conseil d'État a précisé l'office de la cour administrative d'appel au regard de l'exigence de recours administratif préalable devant la CNAC[4].

Il appartient à la cour administrative d'appel saisie d'une requête dirigée contre un permis de construire valant autorisation d'exploitation commerciale de s'assurer, le cas échéant d'office, au vu des pièces du dossier qui lui est soumis et indépendamment de la position préalablement adoptée par la CNAC :

– d'une part, que le requérant est au nombre de ceux qui ont intérêt pour agir devant le juge administratif et notamment, s'il s'agit d'un concurrent, que son activité, exercée dans les limites de la zone de chalandise du projet, est susceptible d'être affectée par celui-ci ;

– d'autre part, si le projet a fait l'objet d'un avis favorable de la CDAC, que le requérant a, préalablement à l'introduction de sa requête, déposé contre cet avis un recours devant la Commission nationale qui respecte les conditions de recevabilité fixées aux articles L. 752-17 et R. 752-30 à R. 752-32 du code de commerce.

Si la CNAC a, sur l'un ou l'autre des deux points mentionnés ci-dessus, porté une appréciation qui l'a conduite à rejeter comme irrecevable le recours dont le requérant l'avait saisie, alors que la cour administrative d'appel juge recevable la requête, le rejet pour irrecevabilité prononcé par la CNAC doit être regardé comme une irrégularité entachant la procédure de délivrance du permis de construire.

Il appartient toutefois à la cour administrative d'appel, saisie d'un moyen en ce sens, d'apprécier, au vu de l'ensemble des circonstances de l'espèce et, notamment, de la teneur des autres recours le cas échéant examinés sur le fond par la CNAC, si cette irrégularité est susceptible d'avoir eu une incidence sur le sens de la décision attaquée, l'obligation de saisir préalablement la CNAC avant toute introduction d'un recours contentieux ne constituant pas, en tout état de cause, une garantie pour les personnes intéressées.

§ 6
Absence de conclusion d'une transaction

611.501 Condition de recevabilité. Si une personne a, par voie de transaction, pris l'engagement de ne pas former un recours contre une autorisation d'urbanisme donnée, le recours qu'elle viendrait à introduire contre celle-ci sera entaché d'irrecevabilité[5].

§ 7
Obligation de notification du recours

611.511 Objet. L'auteur d'un recours contre une autorisation d'urbanisme est tenu d'adresser dans un bref délai une copie de ce recours au bénéficiaire de cette autorisation et à l'autorité qui l'a édictée. Le but de cette formalité « est d'alerter tant l'auteur d'une décision d'urbanisme que son bénéficiaire de l'existence d'un recours contentieux formé contre cette décision, dès son introduction »[6]. Le

1. CE 23 déc. 2016, *Sté MDVP Distribution*, req. n° 398077, *Lebon ; BJDU* 2017. 95, concl. F. Dieu ; *Constr.-Urb.* 2017, comm. 24, note X. Couton ; *JCP Adm.* 2019, n° 2036, note J.-M. Talau.
2. CE, avis, 15 avr. 2019, *Sté Difradis*, req. n° 425854, *Lebon ; BJDU* 2019. 274, note S. Ferrari ; *BJDU* 2019. 268, concl. F. Dieu.
3. CE 28 juin 1996, *Association des commerçants et artisans de Frontignan*, req. n° 160667, *Lebon T.*
4. CE, avis, 15 avr. 2019, *Sté Difradis*, req. n° 425854, *Lebon ; BJDU* 2019. 274, note S. Ferrari ; *BJDU* 2019. 268, concl. F. Dieu.
5. V. ss n° 611.1623.
6. CE 24 sept. 2014, *Mauro (M.)*, req. n° 351689, *Lebon T. ; BJDU* 2014. 490, concl. D. Hedary ; – également : CE, sect., 13 mars 2015, *Ciaudo*, req. n° 358677, *Lebon ; BJDU* 2015. ▶

bénéficiaire est ainsi informé le plus tôt possible de l'existence d'un recours contre cette autorisation et des risques qu'il encourt à la mettre en œuvre.

A. Recours concernés par l'obligation de notification

1° Recours soumis à l'obligation de notification

611.521 Recours contentieux. L'obligation de notification s'impose[1] :

- à un recours contentieux ;
- à un déféré préfectoral[2].

L'exigence s'impose ainsi, en premier lieu, aux recours de première instance formés par tout intéressé ou par le préfet en vue d'obtenir l'annulation d'une décision entrant dans le champ d'application de l'article R. 600-1.

611.522 Recours administratif. L'auteur d'un recours administratif « est [...] tenu de le notifier à peine d'irrecevabilité du recours contentieux qu'il pourrait intenter ultérieurement en cas de rejet du recours administratif »[3].

La circonstance qu'une personne forme successivement, ou même simultanément, un recours administratif et un recours contentieux contre le même acte ne la dispense pas du respect des formalités de notification propres à chaque catégorie de recours[4].

Une demande de déféré provoqué est soumise à l'obligation de notification[5].

611.523 Voie de recours contre la décision juridictionnelle. L'obligation de notification s'impose « en cas de demande tendant à l'annulation ou à la réformation d'une décision juridictionnelle concernant un certificat d'urbanisme, ou une décision relative à l'occupation ou l'utilisation du sol »[6].

La jurisprudence a précisé que l'obligation s'impose uniquement au recours contre une décision juridictionnelle constatant l'existence d'une autorisation d'urbanisme[7] ou, ce qui revient au même, rejetant la demande d'annulation formée contre celle-ci[8]. Sont visées, en substance, les voies de recours qui visent à contrarier le droit de construire. En conséquence, cette exigence ne s'applique pas au recours contre une décision juridictionnelle :

- qui annule, au moins partiellement, une décision valant autorisation d'occupation ou d'utilisation du sol[9] ;
- qui annule un refus d'autorisation d'urbanisme et enjoint à l'autorité compétente de délivrer cette autorisation[10].

En revanche, l'obligation de notification s'impose si, à l'issue de la décision juridictionnelle attaquée, le droit du pétitionnaire à obtenir une autorisation de construire a été reconnu. Il en est ainsi :

- lorsque les juges du fond ont constaté l'existence d'un permis de construire tacite et annulé, pour ce motif, la décision portant refus de permis[11] ;
- lorsque les juges du fond ont constaté l'absence de caducité d'un permis de construire[12] (donc ont annulé une décision constatant la caducité du permis en rétablissant par suite la validité de cette autorisation de construire)[13] ;

► 207, concl. A. Lallet ; *JCP Adm.* 2015, n° 2246, chron. O. Le Bot : arrêt indiquant que l'obligation de notification vise, « dans un but de sécurité juridique, à permettre au bénéficiaire d'une autorisation d'urbanisme, ainsi qu'à l'auteur de cette décision, d'être informés à bref délai de l'existence d'un recours contentieux dirigé contre elle ».

1. C. urb., art. R. 600-1, al. 1er.
2. CE, sect., avis, 1er mars 1996, *Assoc. Soisy Étiolles Environnement*, req. n° 175126, *Lebon T.*
3. C. urb., art. R. 600-1, al. 1er.
4. CE, sect., avis, 1er mars 1996, *Assoc. Soisy Étiolles Environnement*, req. n° 175126, *Lebon T.*
5. CE 28 juill. 2000, *SA Lapalun*, req. n° 211872, *Lebon T.*
6. C. urb., art. R. 600-1, al. 1er.
7. CE 8 avr. 2019, *Le Grand Village Plage (Cne)*, req. n° 427729, *Lebon T.* ; *BJDU* 2019. 263, concl. L. Dutheillet de Lamothe : arrêt indiquant que l'article R. 600-1 du code de l'urbanisme vise, dans un but de sécurité juridique, à permettre au bénéficiaire d'une autorisation d'urbanisme, ainsi qu'à l'auteur de cette décision, d'être informés à bref délai de l'existence d'un recours contentieux dirigé contre elle et doit, à cet égard, être regardé « comme s'appliquant également à un recours exercé contre une décision juridictionnelle constatant l'existence d'une telle autorisation ».
8. CE, sect., avis, 26 juill. 1996, *Triel-sur-Seine (Cne) et a. et Sté Horde-Batisseurs SA*, req. n° 180373, *Lebon.*
9. CE 18 oct. 2006, *Min. d'État, min. Intérieur et Aménagement du territoire c/Bègue et Saint-Leu (Cne)*, req. n° 264292, *Lebon T.*
10. CE 8 avr. 2019, *Le Grand Village Plage (Cne)*, req. n° 427729, *Lebon T.* ; *BJDU* 2019. 263, concl. L. Dutheillet de Lamothe : arrêt indiquant qu'une telle décision juridictionnelle « n'a ni pour effet de constater l'existence d'une telle autorisation ni, par elle-même, de rendre le requérant bénéficiaire de cette décision, titulaire d'une telle autorisation. Par suite, le défendeur à l'instance initiale qui forme un appel ou se pourvoit en cassation contre cette décision juridictionnelle n'est pas tenu de notifier son recours sur le fondement des dispositions de l'article R. 600-1 du code de l'urbanisme ».
11. CE 28 sept. 2011, *Grimaud (Cne)*, req. n° 335591, NP : arrêt précisant qu'en ce cas, les dispositions de l'article R. 600-1, qui ont pour objet de renforcer la sécurité juridique des titulaires d'autorisation de construire, imposent au requérant qui poursuit l'annulation d'une telle décision juridictionnelle de notifier sa requête au pétitionnaire ; – également : CE 19 avr. 2000, *Breuil-Bois-Robert (Cne)*, req. n° 176148, *Lebon.*
12. CE 14 janv. 2005, *SCCV Les mouettes*, req. n° 254766, NP.
13. CE 12 avr. 2023, *Société Cystaim V3*, req. n° 456141, *Lebon T.* ; *BJDU* 2023. 208, concl. F. Roussel ; *RDI* 2023. 369, obs. P. Soler-Couteaux.

– lorsque les juges du fond ont annulé le retrait d'une décision de non-opposition à déclaration préalable[1] ;

– lorsque le juge d'appel a annulé un jugement de tribunal administratif qui annulait une autorisation d'urbanisme[2].

2° Recours non soumis à l'obligation de notification

611.531 Demandes en référé. Les demandes en référé ne sont pas soumises à l'obligation de notification.

Il en va ainsi :

– des demandes en référé-liberté[3] ;

– comme des demandes en référé-suspension[4]. En revanche, la demande principale demeure soumise à l'obligation de notification, sous peine d'irrecevabilité des conclusions aux fins de suspension[5]. Lorsque la requête principale est irrecevable, il incombe au juge des référés de soulever d'office l'irrecevabilité de la requête en annulation si cette irrecevabilité « ressort des pièces du dossier qui lui est soumis et n'est pas susceptible d'être couverte en cours d'instance »[6].

611.532 Voies de recours dirigées contre un jugement ne constatant pas l'existence d'une autorisation. Ne sont pas soumis à l'obligation de notification les voies de recours dirigées contre un jugement ne constatant pas l'existence d'une autorisation[7].

611.533 Interventions. Une intervention n'est pas soumise à l'obligation de notification[8].

611.534 Permis modificatif, décision modificative ou mesure de régularisation (art. L. 600-5-2). L'obligation de notification n'est pas applicable aux parties initiales en cas de contestation d'un permis modificatif, d'une décision modificative ou d'une mesure de régularisation dans les conditions prévues par l'article L. 600-5-2[9]. Les parties ayant été invitées à présenter leurs observations sur la mesure de régularisation, il serait inutile d'imposer à l'auteur du recours contre celle-ci de le leur notifier[10].

En revanche, l'obligation de notification s'impose lorsque la mesure de régularisation est contestée par un tiers[11].

B. Actes concernés par l'obligation de notification

1° Actes administratifs soumis à l'obligation de notification

611.541 Formule. L'article R. 600-1 soumet à l'obligation de notification les recours formés « à l'encontre d'un certificat d'urbanisme, ou d'une décision relative à l'occupation ou l'utilisation du sol régie par le présent code »[12].

a. Certificat d'urbanisme

611.551 Obligation de notification. Étant expressément visés par l'article R. 600-1 du code de l'urbanisme, les certificats d'urbanisme (quel que soit leur objet) entrent dans le champ d'application de l'obligation de notification.

b. Décision relative à l'occupation ou l'utilisation du sol

611.561 Évolution de la formule. Rétablissant la formule initiale[13], le décret du 17 juillet 2018[14]

1. CE 14 nov. 2012, *Lunel (Cne)*, req. n° 342389, *Lebon T.*
2. VOIR imposant la notification du pourvoi en cassation dirigé contre l'arrêt de la cour : CE 20 févr. 2002, *SCI Sedemathoge*, req. n° 208100, *Lebon T.*
3. VOIR (impl.) : CE, ord., 11 oct. 2001, *Saint-Bauzille-de-Putois (Cne)*, req. n° 238869, *Lebon T.*
4. CE 21 juin 2002, *Assoc. seine-et-marnaise pour la sauvegarde de la nature*, req. n° 200000, NP ; – CE 29 juill. 2002, *Thierry*, req. n° 237370, NP ; *Constr.-Urb.* 2002, comm. n° 284, obs. P. Cornille.
5. CE 15 mai 2001, *Loches (Cne)*, req. n° 231802, NP ; *AJDA* 2001. 465, chron. M. Guyomar et P. Collin ; *RDI* 2001. 403, obs. L. Derepas.
6. CE 1er mars 2004, *Socquet-Juglard*, req. n° 258505, *Lebon T.* 818 ; *RDI* 2004. 220, obs. P. Soler-Couteaux – également : CE 18 févr. 2009, *Assoc. de sauvegarde de Sens et de sa région*, req. n° 317707, NP : arrêt affirmant « que, saisi d'une demande de suspension d'un permis de construire, le juge des référés doit rechercher si la requête en annulation dirigée contre ce permis de construire est recevable et notamment si cette requête, et éventuellement le recours administratif qui l'a précédée, ont été notifiées au titulaire du permis dans les conditions fixées par l'article R. 600-1 du code de l'urbanisme ».
7. V. ss n° 611.523.
8. CE 30 juill. 1997, *Fanartzis (Mlle) et Warin*, req. n° 159648, *Lebon T.*
9. C. urb., art. R. 600-1, al. 4 ; ajouté par décr. n° 2019-303, 10 avr. 2019, art. 1er.
10. CE 28 mai 2021, *Viallat (M. et Mme)*, req. n° 437429, *Lebon T. ; BJDU* 2021. 297, concl. V. Villette ; *JCP Adm.* 2021, n° 2260, chron. O. Le Bot.
11. CE 28 mai 2021, *Viallat (M. et Mme)*, req. n° 437429, *Lebon T. ; BJDU* 2021. 297, concl. V. Villette ; *JCP Adm.* 2021, n° 2260, chron. O. Le Bot.
12. C. urb., art. R. 600-1, al. 1er.
13. Celle utilisée à l'article L. 600-3 du Code de l'urbanisme, et conservée à l'article R. 600-1 du Code de l'urbanisme lors du basculement de cette disposition de la loi vers le règlement opéré par le décret n° 2000-389 du 4 mai 2000.
14. Décr. n° 2018-617, 17 juill. 2018 portant modification du code de justice administrative et du code de l'urbanisme, *JO* 18 juill., n° 15.

soumet à l'obligation de notification le recours formé contre « une décision relative à l'occupation ou l'utilisation du sol » régie par le code de l'urbanisme. Il met ainsi fin au choix qui avait été fait en 2007[1] de remplacer cette notion par une énumération limitative des décisions concernées, à savoir les permis de construire, permis d'aménager et décision de non-opposition à une déclaration préalable. La technique de l'énumération limitative avait été justifiée par le souci de mettre un terme aux hésitations auxquelles avait donné lieu la référence antérieure à la notion de « décision relative à l'occupation ou à l'utilisation du sol régie par le présent code ».

En rétablissant cette formule, le décret du 17 juillet 2018 tend à élargir le champ d'application de l'obligation de notification. Par exemple, devrait être soumise à l'obligation de notification la décision autorisant la création d'une unité touristique nouvelle, ainsi que l'avait jugée la jurisprudence[2] avant que le changement de formule opéré par le décret du 5 janvier 2007 ne conduise à l'exclure du champ de l'article R. 600-1[3].

611.562 Sens de la formule. La notion de décision relative à l'occupation ou l'utilisation du sol est entendue par la jurisprudence comme recouvrant uniquement les décisions d'urbanisme positives[4].

611.563 Actes concernés. Relèvent notamment de la notion de décision relative à l'occupation ou à l'utilisation du sol :

- un permis de construire, d'aménager ou de démolir ;
- une décision de non-opposition à déclaration préalable ;
- un permis modificatif[5] ;
- une autorisation de transfert d'un permis de construire[6] ;
- le refus de constater la caducité d'un permis de construire (« qui a nécessairement pour effet de confirmer la validité d'une décision valant autorisation d'occupation ou d'utilisation du sol au sens de l'article » R. 600-3)[7] ;
- un permis de construire valant autorisation d'exploitation commerciale, contesté par un professionnel[8] ;
- la décision autorisant la création d'une unité touristique nouvelle[9] ;
- les refus de retrait[10] ou d'abrogation ;
- les refus de constat de caducité.

2°
Actes administratifs non soumis à l'obligation de notification

611.571 Refus d'autorisation et décisions assimilées. La jurisprudence estime que le refus de délivrance d'une autorisation ne rentre pas dans le champ de l'article R. 600-1. En effet, contrairement à l'indication contenue dans une circulaire du 22 avril 1994, le Conseil d'État a considéré que le législateur n'avait entendu viser, « conformément à l'objectif de sécurité juridique poursuivi par la loi, que les décisions valant autorisation d'occupation ou d'utilisation du sol qui sont régies par le code de l'urbanisme »[11].

Ainsi, n'est pas soumis à l'obligation de notification le recours formé contre un refus d'autorisation :

- refus de permis de construire[12] ;
- refus d'autorisation de lotir[13] ;
- décision d'opposition à déclaration préalable[14].

1. Décr. n° 2007-18, 5 janv. 2007, pris pour l'application de l'ordonnance n° 2005-1527 du 8 décembre 2005 relative au permis de construire et aux autorisations d'urbanisme, *JO* 6 janv., n° 12.
2. CE 28 juill. 2004, *Assoc. fédération pour les espaces naturels et l'environnement catalan et Assoc. Cerdagne notre terre*, req. n° 246750, *Lebon T. ; AJDA* 2004. 2359 ; *RDI* 2004. 455, obs. P. Soler-Couteaux.
3. CE 9 oct. 2015, *Lauzet-sur-Ubaye (Cne)*, req. n° 384804, *Lebon T. ; AJDA* 2016. 508, note G. Godfrin ; *AJDA* 2015. 1887.
4. V. ss n° 611.571.
5. CE 22 nov. 2006, *Drompt (Mlle) et SCI L'Imprévue du Lys*, req. n° 279068, *Lebon T. ; BJDU* 2006. 384, concl. I. de Silva.
6. CE, avis, 3 nov. 1997, *Préfet des Alpes-Maritimes c/Roquebrune-Cap-Martin (Cne)*, req. n° 189228, *Lebon ; D.* 1998. 8 ; *BJDU* 6/1997, p. 454.
7. CE 27 mars 2000, *Synd. des copropriétaires de l'immeuble « Le Lympia »*, req. n° 205430, *Lebon T.*
8. CE 23 déc. 2016, *Sté MDVP Distribution*, req. n° 398077, *Lebon ; BJDU* 2017. 95, concl. F. Dieu ; *Constr.-Urb.* 2017, comm. 24, note X. Couton ; *JCP Adm.* 2019, n° 2036, note J.-M. Talau – En revanche, l'obligation ne s'impose pas en cas de recours contre un acte valant uniquement autorisation d'exploitation commerciale, qui est délivrée au titre d'une législation extérieure au code de l'urbanisme : CE 6 mars 1998, *Depond*, req. n° 184841, *Lebon ; RDI* 1998. 235, obs. J. Morand-Deviller et L. Touvet ; – CE 13 oct. 2003, *Sarl Les Jaffrous*, req. n° 257879, NP.
9. CE 28 juill. 2004, *Assoc. fédération pour les espaces naturels et l'environnement catalan et Assoc. Cerdagne notre terre*, req. n° 246750, *Lebon T. ; AJDA* 2004. 2359 ; *RDI* 2004. 455, obs. P. Soler-Couteaux.
10. CE 27 sept. 2022, *M. Bourgon*, req. n° 456071, *Lebon T. ; BJDU* 2022. 56, concl. Ph. Ranquet ; *Constr.-Urb.* 2022, comm. 119, obs. X. Couton ; *JCP Adm.* 2022, n° 2306, chron. O. Le Bot ; *RDI* 2022. 679, obs. P. Soler-Couteaux.
11. CE, avis, 6 mai 1996, *Sarl Nicolas Hill Immobilier*, req. n° 178426, *Lebon ; AJDA* 1996. 566 ; *RFDA* 1996. 1027, concl. J.-C. Bonichot ; *BJDU* 1996. 68, concl. J.-C. Bonichot.
12. CE, avis, 6 mai 1996, *Sarl Nicolas Hill Immobilier*, req. n° 178426.
13. CAA Paris, 26 juin 1997, *Lejour*, req. n° 95PA03113, NP.
14. CE 21 oct. 2009, *Auboin*, req. n° 331053, NP.

De même, ne sont pas soumis à l'obligation de notification le recours formé contre les décisions assimilées à un refus :

– un arrêté retirant un permis de construire[1] ;

– une décision de sursis à statuer à une demande de permis de construire[2] ;

– un arrêté constatant la caducité d'une autorisation[3] ;

– un certificat d'urbanisme négatif[4].

Est également exclu du champ de l'obligation de notification le refus du maire d'user des pouvoirs de police qu'il tient de l'article L. 480-1 du code de l'urbanisme[5].

611.572 Document d'urbanisme. Le recours contre un document d'urbanisme n'est pas soumis à l'obligation de notification[6].

611.573 Recours formé par le bénéficiaire d'une autorisation. Les dispositions de l'article R. 600-1 n'exigent pas que le bénéficiaire d'une autorisation d'urbanisme notifie à l'auteur de cette décision le recours contentieux qu'il forme pour la contester lorsqu'elle est assortie de prescriptions ou pour contester ces prescriptions elles-mêmes[7].

611.574 Taxes et participations d'urbanisme. Les dispositions divisibles d'un permis de construire mettant à la charge du pétitionnaire une participation pour non-réalisation d'aires de stationnement ne sont pas constitutives d'une « décision relative à l'utilisation ou l'occupation du sol », tout comme les taxes d'urbanisme dans leur ensemble[8].

1. CAA Paris, 29 avr. 1997, *Flocher*, req. nº 95PA04021, *Lebon T.* ; – CAA Nantes, 30 avr. 2014, *Holtz*, req. nº 12NT02773, NP.
2. CAA Nantes, 30 avr. 2014, *Holtz*, req. nº 12NT02773, NP.
3. CAA Paris, 11 juill. 1997, *Rosny-sous-Bois (Cne)*, req. nº 96PA01188, NP (permis de construire) ; – CE 25 sept. 2013, M. Maunoury, req. nº 351103, *Lebon T.* ; *BJDU* 2013. 460, concl. X. de Lesquen (décision de non-opposition à déclaration préalable).
4. CE 1er avr. 2010, *Roques (Mme) et Hirigoyen*, req. nº 334113, *Lebon T.*
5. CE 6 mars 2009, *Sté immobilière d'Ornon SA*, req. nº 305905, *Lebon T.*
6. Dans sa version issue du décret nº 2000-389 du 4 mai 2000, l'article R. 600-1 prévoyait expressément l'obligation de notifier le recours formé contre un « document d'urbanisme ». La délimitation des contours de cette notion avait soulevé des difficultés. Le décret nº 2007-18 du 5 janvier 2007 (pris pour l'application de l'ordonnance nº 2005-1527 du 8 décembre 2005 relative au permis de construire et aux autorisations d'urbanisme) a supprimé l'obligation de notifier les recours dirigés contre des documents d'urbanisme.
7. CE, sect., 13 mars 2015, *Ciaudo*, req. nº 358677, *Lebon* ; *BJDU* 2015. 207, concl. A. Lallet ; *JCP Adm.* 2015, nº 2246, chron. O. Le Bot.
8. CE 24 mars 2006, *Saint-Denis-de-la-Réunion (Ville)*, req. nº 261591, *Lebon T.*

611.575 Projet d'intérêt général. Le recours formé contre un arrêté préfectoral qualifiant un projet de projet d'intérêt général (PIG) n'est pas soumis à l'obligation de notification[9].

611.576 Décision de préemption. Les recours tendant à l'annulation des décisions d'exercice du droit de préemption ne sont pas au nombre de ceux visés par les dispositions de l'article R. 600-1 du code de l'urbanisme[10].

611.577 Acte de police du maire. Ni la décision d'un maire d'user des pouvoirs de police qu'il tient de l'article L. 480-1 du code de l'urbanisme pour faire dresser procès-verbal d'une infraction aux règles d'urbanisme, ni son refus d'en faire usage ne constituent des décisions relatives à l'occupation ou l'utilisation du sol au sens des dispositions de l'article R. 600-1[11].

C. Modalités de la notification du recours

1° Destinataires de la notification

611.581 Auteur et titulaire. Le requérant est tenu « de notifier son recours à l'auteur de la décision et au titulaire de l'autorisation »[12].

a. Auteur de la décision

611.591 Autorité ayant délivrée l'autorisation. L'auteur de l'autorisation est l'autorité qui l'a délivrée :

– soit la commune ou l'EPCI ;

– soit le préfet.

611.592 Cas particulier : permis délivré par le maire au nom de l'État. Lorsqu'un permis de construire est délivré par le maire au nom de l'État, la notification du recours peut être faite :

– soit au maire, qui est l'auteur de la décision contestée[13] ;

– soit au préfet, qui constitue dans ce cas son supérieur hiérarchique[14].

611.593 Cas particulier : notification à une autorité incompétente. En cas de notification du recours à une autorité incompétente, dans la mesure où la

9. CE 18 nov. 2009, *Saint-Denis-lès-Sens (Cne)*, req. nº 309096, *Lebon T.* ; *BJDU* 2009. 396, concl. N. Boulouis ; *JCP Adm.* 2010, nº 15, p. 47, note Ph. Billet.
10. CE 13 oct. 2003, *Altkirch (Cne)*, req. nº 247676, *Lebon T.*
11. CE 30 avr. 2024, *Isaia*, req. nº 468912, NP.
12. C. urb., art. R. 600-1.
13. CE 22 avr. 2005, *Letouzey (Épx)*, req. nº 257743, *Lebon T.*
14. CE 13 juill. 2011, *SARL Love Beach*, req. nº 320448, *Lebon T.*

notification n'a pas le caractère d'une « demande » au sens du CRPA :

– la notification n'est pas regardée comme ayant été réalisée (non-application de l'article L. 114-2 du CRPA) ;

– l'autorité incompétemment saisie n'est pas tenue de transmettre la notification à l'autorité compétente (non-application de l'article L. 114-3 du CRPA)[1].

611.594 Cas particulier : disparition de l'autorité ayant délivrée l'autorisation. Il peut arriver que l'autorité ayant délivrée l'autorisation disparaisse, notamment en cas de fusion de communes ou d'EPCI. Dans un tel cas de figure, la notification peut régulièrement être faite[2] :

– soit à cette autorité, alors même que son existence juridique aurait pris fin ;

– soit à la personne publique qui vient à ses droits.

611.595 Cas particulier : notification au maire d'arrondissement. Eu égard au rôle dévolu dans l'instruction des demandes d'autorisation d'utilisation du sol au maire d'arrondissement, élu de la personne morale que constitue la Ville de Paris, la notification d'un recours gracieux ou d'un recours contentieux contre un permis de construire délivré par le maire de Paris, au maire de l'arrondissement dans lequel se situe le terrain d'assiette du projet, à l'adresse de la mairie d'arrondissement, doit être regardée comme une notification faite à l'auteur de la décision au sens de l'article R. 600-1 du code de l'urbanisme, alors même que l'affichage de ce permis sur ce terrain ne fait pas mention de cette adresse[3].

b. Titulaire de l'autorisation

611.601 Identification. Le titulaire de l'autorisation est celui désigné comme tel par l'acte attaqué[4].

Il s'agit généralement du demandeur.

611.602 Cas particulier : permis délivré à plusieurs bénéficiaires (indivision notamment). Lorsqu'un permis de construire est délivré à plusieurs bénéficiaires, la notification doit être effectuée à l'égard de chacun des bénéficiaires du permis, tels que désignés, avec leur adresse, dans l'acte attaqué[5].

En particulier, dans le cas où le permis est délivré aux membres d'une indivision, la notification doit être faite[6] :

– à ceux des co-indivisaires qui ont présenté la demande de permis et dont le nom, comme l'adresse, figure dans l'acte attaqué ;

– ou, lorsque les co-indivisaires ont désigné un mandataire, à ce dernier à l'adresse figurant dans l'acte attaqué.

611.603 Cas particulier : transfert de permis. En cas de transfert de permis, il convient de distinguer l'hypothèse d'un recours formé contre le permis lui-même et celle d'un recours formé contre la décision de transfert.

Le recours contre une décision de transfert de permis de construire doit être notifié au bénéficiaire de ce transfert, seul titulaire, après que celui-ci a été opéré, d'une décision valant autorisation d'occupation du sol[7]. Il n'y a pas lieu de notifier le recours contre la décision de transfert au bénéficiaire initial de l'autorisation.

En revanche, le recours contre le permis de construire doit être notifié au titulaire de l'autorisation. Cette formalité est régulièrement accomplie dès lors que la notification du recours est adressée au titulaire de l'autorisation tel qu'il est désigné par l'acte attaqué, sans qu'ait d'incidence la circonstance que l'autorisation a été transférée à un nouveau bénéficiaire antérieurement à cette notification[8]. Cette solution est justifiée par la circonstance que le requérant n'a pas nécessairement connaissance du transfert.

La cour administrative d'appel de Lyon a jugé que si les dispositions de l'article R. 600-1 du code de l'urbanisme « dispensent le tiers qui demande au juge l'annulation d'un permis de construire de rechercher l'identité du titulaire actuel de l'autorisation et permettent de s'acquitter de la formalité de notification du recours auprès du seul titulaire désigné dans l'acte initial, elles admettent toutefois, eu égard à

1. CAA Lyon, 29 sept. 2015, *Issanlas (C^ne)*, req. n° 14LY00938, NP : en l'espèce, saisine du préfet de l'Aveyron alors que la notification aurait dû être faite au préfet de l'Ardèche.
2. CE 12 mai 2003, *District du Plateau de Saclay*, req. n° 240611, *Lebon T.*
3. CE 30 janv. 2024, *M. Halimi*, req. n° 471649, *Lebon T. ; Constr.-Urb.* 2023, comm. 27, obs. X. Couton.
4. CE 24 sept. 2014, *Mauro (M.)*, req. n° 351689, *Lebon T. ; BJDU* 2014. 490, concl. D. Hedary : arrêt évoquant une notification « faite au titulaire de l'autorisation désigné par l'acte attaqué ».
5. CE 4 déc. 2017, *Clément (Mme) et a.*, req. n° 407165, *Lebon T. ; BJDU* 2018. 133, concl. G. Odinet. par ex., dans le cas d'un permis de construire valant division parcellaire délivré à plusieurs bénéficiaires : CE 5 mars 2014, *Lesostri (M.)*, req. n° 370552, *Lebon T. ; BJDU* 2014. 304, concl. M. Vialettes.
6. CE 4 déc. 2017, *Clément (Mme) et a.*, req. n° 407165, *Lebon T. ; BJDU* 2018. 133, concl. G. Odinet – CE 15 juill. 2020, Fabre, req. n° 433332, NP.
7. CE, avis, 3 nov. 1997, *Préfet des Alpes-Maritimes c/Roquebrune-Cap-Martin (C^ne)*, req. n° 189228, *Lebon T.*
8. CE 23 avr. 2003, *Assoc. « Nos villages » et Lefaux (Mme)*, req. n° 251608, *Lebon T.* : le Conseil d'État en déduit qu'en jugeant que le recours contre le permis de construire accordé le 30 juillet 2002 à M. V. devait être notifié par ses auteurs non à ce dernier, mais à la société I. à laquelle le permis avait été transféré le 1er août 2002, le juge des référés a entaché son ordonnance d'une erreur de droit.

l'objectif de sécurité juridique qu'elles visent, que soit regardée comme régulière, en cas de transfert du permis de construire, la notification du recours auprès du seul nouveau titulaire du permis de construire et de l'auteur de la décision »[1].

611.604 Cas particulier : société en voie de constitution. La circonstance qu'à la date où ont été délivrés le permis de démolir et l'autorisation de lotir contestés, la société bénéficiaire de ces autorisations n'avait pas d'existence juridique et n'était pas immatriculée au registre du commerce est sans influence sur l'obligation de notification qui pesait sur le requérant dès lors que les décisions attaquées portaient la mention de la société titulaire de l'autorisation et de son adresse, mettant ainsi l'intéressé en mesure de notifier son recours[2].

611.605 Cas particulier : notification au conjoint. Une notification est régulière si elle est faite au conjoint du bénéficiaire[3].

611.606 Cas particulier : notification au mandataire du pétitionnaire et particularités du mandat d'ouvrage public. En principe, la notification au mandataire du titulaire de l'autorisation est irrégulière[4].

Il en va différemment dans le cas de la maîtrise d'ouvrage public, où le mandataire dispose d'un pouvoir allant au-delà de la représentation du mandant et effectue pour lui des tâches de louage d'ouvrage (prestations de services). Ainsi, dans le cas où l'Agence de maîtrise d'ouvrage des travaux du ministère de la justice a sollicité un permis de construire pour le compte du ministère en tant que maître d'ouvrage délégué en application de la loi du 12 juillet 1985[5] relative à la maîtrise d'ouvrage publique, le requérant a pu régulièrement notifier son recours soit à l'agence, soit au ministère, alors même que celui-ci ne serait mentionné ni dans le permis de construire attaqué, ni dans la demande d'autorisation[6].

611.607 Notification à l'avocat. La notification de l'appel exercé contre un jugement ayant rejeté un recours contre une décision d'urbanisme à l'avocat qui avait représenté en première instance l'auteur et/ou le titulaire de l'autorisation ne vaut pas notification régulière de l'appel à l'auteur et/ou au titulaire de la décision, exigée par l'article R. 600-1 du code de l'urbanisme[7].

En revanche, dans le cas où l'auteur d'un pourvoi en cassation contre un arrêt de cour expédie une copie de son pourvoi à l'adresse du bénéficiaire du permis litigieux telle qu'elle était mentionnée dans les visas de l'arrêt, la notification adressée par le requérant doit être regardée comme ayant satisfait aux exigences de l'article R. 600-1 du code de l'urbanisme, en dépit de la circonstance que le bénéficiaire du permis litigieux n'a pas reçu cette notification, l'adresse mentionnée dans les visas de l'arrêt correspondant en réalité non à son adresse personnelle mais à celle de son avocat devant la cour[8].

2°
Formes de la notification

a.
Principe : notification par LRAR

611.611 LRAR. La notification doit intervenir par lettre recommandée avec accusé de réception[9].

b.
Admission d'une notification par un procédé équivalent

611.621 Procédé offrant des garanties équivalentes. Le Conseil d'État admet que l'obligation de notification puisse être réalisée par un procédé « présentant des garanties équivalentes » au certificat de dépôt d'une LRAR[10].

611.622 Exemples de procédés regardés comme offrant des garanties équivalentes. Présentent une garantie équivalente au certificat de dépôt d'une lettre recommandée auprès des services postaux :

– la preuve du dépôt auprès des services postaux d'un pli Chronopost[11] ;

1. CAA Lyon, 6 févr. 2024, *Sarl Alta Mauna*, req. n° 23LY00963, NP.
2. CAA Paris, 23 juin 1998, *Ernault de Moulins*, req. n° 97PA01949, *Lebon T.*
3. CE 7 août 2008, *Libourne (C^ne)*, req. n° 288966, *Lebon T. ; Dr. adm.* mai 2009, n° 5, p. 51, obs. E. Glaser ; *JCP Adm.* 15 oct. 2008, n° 42, p. 46, note Ph. Billet : arrêt indiquant que, eu égard à l'objet de la procédure prévue à l'article R. 600-1 du code de l'urbanisme, la notification à M. S. au domicile commun des époux du recours d'un tiers contre l'autorisation d'urbanisme de Mme S., qui aurait dû être adressée à cette dernière et non, comme elle l'a été, à son conjoint, a cependant satisfait à l'obligation de notification prévue par ces dispositions.
4. CAA Bordeaux, 18 déc. 2003, *Préfet de La Réunion*, req. n° 01BX02047, NP.
5. L. n° 85-704, 12 juill. 1985 relative à la maîtrise d'ouvrage publique et à ses rapports avec la maîtrise d'œuvre privée., *JO* 13 juill., p. 7914.
6. CE 31 déc. 2008, *Min. d'État, min. Écologie, Développement et Aménagement durables c/Synd. des copropriétaires de l'immeuble « Les Jardins d'Arago »*, req. n° 305881, *Lebon T. ; Dr. adm.* févr. 2009, n° 2, p. 36, note A. Courrèges.
7. CE 28 août 2011, *Torrenti*, req. n° 341749, *Lebon T. ; BJDU* 2012. 214, concl. N. Boulouis.
8. CE 15 oct. 2014, *Landon (M.) et Petiot (M.)*, req. n° 366065, *Lebon T.*
9. C. urb., art. R. 600-1, al. 2.
10. CE, sect., avis, 6 mai 1996, *Andersen*, req. n° 178473, *Lebon.*
11. CE 28 avr. 2000, *Gilloire (Ép^x)*, req. n° 198565, *Lebon T.*

– le dépôt à la mairie d'une copie dudit recours, attesté par l'apposition sur cette copie d'un timbre humide portant la date de dépôt[1] ;

– une notification réalisée par exploit d'huissier[2].

611.623 Exemples de procédés non regardés comme offrant des garanties équivalentes. Ne présentent une garantie équivalente au certificat de dépôt d'une lettre recommandée auprès des services postaux :

– un envoi par télécopie, dont le contenu est contesté par le destinataire[3] ;

– l'envoi d'un message par voie électronique sans que puisse être établi que le requérant y a joint une copie du recours ni si un accusé de réception lui est parvenu[4].

c.
Adresse de la notification

611.631 Adresse du titulaire de l'autorisation. La notification doit être faite à l'adresse du bénéficiaire telle qu'elle est indiquée sur l'autorisation d'urbanisme contestée[5].

Ainsi, est régulière une notification faite :

– non pas à l'adresse personnelle du bénéficiaire de l'autorisation, mais à l'adresse de l'architecte auquel il avait donné mandat lorsque cette adresse est mentionnée sur l'autorisation comme étant celle à laquelle le bénéficiaire est domicilié[6] ;

– à l'adresse indiquée, ne correspondant plus à l'adresse de la société pétitionnaire, alors même que les auteurs du recours avisés par les services de la Poste de l'échec de leur notification à la seule adresse connue de la société à l'époque, n'aient pas cherché sa nouvelle adresse afin de renouveler la notification de leur recours[7].

En revanche, lorsque la notification est faite au titulaire de l'autorisation désigné par l'acte attaqué, à une autre adresse que celle qui est mentionnée dans cet acte, elle ne peut être regardée comme étant régulièrement accomplie que s'il est établi que son destinataire a effectivement réceptionné le pli. Si le pli non réclamé est retourné à l'expéditeur, la notification est irrégulière[8]. De même, une notification à une entreprise de BTP est irrégulière si elle est faite non à l'adresse figurant sur l'autorisation contestée mais à une autre adresse de l'entreprise[9].

611.632 Notification à une entreprise. Dans le cas où le titulaire de l'autorisation d'urbanisme est une société, la notification peut lui être adressée tant à l'adresse mentionnée dans l'acte attaqué qu'à son siège social[10].

3°
Délai pour notifier

611.641 Délai de 15 jours. La notification du recours doit intervenir « dans un délai de quinze jours francs à compter du dépôt du déféré ou du recours »[11].

611.642 Délai de 15 jours. Il s'agit d'un délai franc[12]. Ainsi, dans le cas d'une requête enregistrée le 31 janvier, le délai expirait le 15 février 2008 à minuit. Le 16 février 2008 étant un samedi, la date d'expiration du délai se trouvait reportée au lundi 18 février 2008[13].

611.643 Prise en compte de la date d'envoi. La notification du recours à l'auteur de la décision et, s'il y a lieu, au titulaire de l'autorisation est réputée accomplie « à la date d'envoi » de la lettre recommandée avec accusé de réception[14].

Cette date est établie par le certificat de dépôt de la lettre recommandée auprès des services postaux[15].

Dans la mesure où c'est la date de dépôt du pli qui compte et non celle de sa réception, il est recommandé d'accomplir cette formalité avant le dépôt de la requête, de telle sorte que la preuve de celle-ci

1. CAA Bordeaux, 24 oct. 2002, *Fastre*, req. n° 02BX00798, NP ; – dans le même sens, pour une notification au préfet : CAA Marseille, 14 oct. 1999, *Florenchie*, req. n° 96MA12466, NP.
2. CAA Marseille, 14 oct. 1999, *Florenchie*, req. n° 96MA12466, NP ; – CAA Bordeaux, 8 déc. 2009, *Feraud*, req. n° 08BX01434, NP.
3. CAA Lyon, 20 oct. 1998, *Théoule-sur-Mer (Cne)*, req. n° 95LY01922, *Lebon T.*
4. CE 3 mars 2008, *Laporte (Mme) et a.*, req. n° 278168, *Lebon T.*
5. CE 24 sept. 2014, *Mauro (M.)*, req. n° 351689, *Lebon T. ; BJDU* 2014. 490, concl. D. Hedary : arrêt indiquant « que cette formalité peut être regardée comme régulièrement accomplie dès lors que la notification est faite au titulaire de l'autorisation désigné par l'acte attaqué, à l'adresse qui y est mentionnée » ; – dans le même sens : CE 15 juill. 2020, *Fabre*, req. n° 433332, NP.
6. CE 24 sept. 2014, *Mauro (M.)*, req. n° 351689, *Lebon T. ; BJDU* 2014. 490, concl. D. Hedary.
7. CAA Douai, 14 mai 2008, *SCI Les époux*, req. n° 07DA00950, NP.
8. CAA Marseille, 1er juill. 2016, *Lesec*, req. n° 15MA00027, NP.
9. TA Châlons-en-Champagne, 20 juin 2013, *Chaste*, req. n° 1200550, NP.
10. CE 20 oct. 2021, *M. Champeau et a.*, req. n° 444581, *Lebon T. ; BJDU* 2022. 65, concl. M. Sirinelli ; *Constr.-urb.* 2021, comm. 115, note X. Couton ; *JCP Adm.* 2022, n° 2073, note M. Lei.
11. C. urb., art. R. 600-1, al. 1er.
12. C. urb., art. R. 600-1, al. 1er.
13. CE 18 déc. 2008, *Sté GNC Holding*, req. n° 314971, NP.
14. C. urb., art. R. 600-1, al. 3.
15. C. urb., art. R. 600-1, al. 3 – Sur la preuve par des procédés offrant des garanties équivalentes, v. ss nos 611.621 s.

puisse être apportée dès la saisine de la juridiction et sans risque d'omettre par la suite sa mise en œuvre.

611.644 Régularisation d'un recours administratif non notifié. Il peut être remédié à l'omission des formalités de notification du recours administratif dans le délai de quinze jours que prévoit l'article R. 600-1[1].

611.645 Requérant ayant présenté une demande d'aide juridictionnelle : délai de 15 jours courant à compter du délai de recours prorogé. En raison des dispositions particulières régissant l'octroi de l'aide juridictionnelle, lesquelles ont pour objet de rendre effectif le principe à valeur constitutionnelle du droit d'exercer un recours, l'irrecevabilité instituée par l'article R. 600-1 du code de l'urbanisme « ne peut être opposée à un requérant qui a sollicité le bénéfice de cette aide que pour autant que, dans le délai de quinze jours suivant le dépôt de sa requête présentée dans le délai prorogé par sa demande d'aide juridictionnelle, il n'a pas notifié cette requête au titulaire de l'autorisation d'utilisation du sol contestée ainsi qu'à l'autorité administrative qui a délivré cette autorisation »[2].

4°
Contenu de la notification

611.651 Communication du texte intégral du recours. L'article R. 600-1 du code de l'urbanisme impose au requérant « de notifier son recours », ce qui aurait pu se comprendre comme une simple exigence d'informer les destinataires de l'existence de celui-ci. Le Conseil d'État a toutefois retenu une lecture plus exigeante en imposant de communiquer le texte intégral du recours[3].

Aussi revient-il au requérant, dans la notification faite à l'auteur de la décision attaquée et au titulaire de celle-ci :

– d'informer qu'un recours a été formé contre cette décision ;

– et de joindre une copie de ce recours « tel qu'il a été déposé devant la juridiction »[4].

La circonstance que ce recours ne contienne l'exposé d'aucun fait ni d'aucun moyen est sans incidence sur le respect de cette obligation[5].

611.652 Modèle de lettre de notification. Un modèle de lettre de notification est proposé en annexe[6].

611.653 Absence d'obligation de joindre les pièces. L'article R. 600-1 n'impose pas de joindre les pièces annexées à la requête[7].

611.654 Admission d'une notification reprenant le texte du recours. Faisant preuve de souplesse, le Conseil d'État estime que satisfait à l'obligation de motivation la lettre recommandée avec accusé de réception, signée par des membres de l'association requérante, envoyée au maire et à la société bénéficiaire de la décision, reprenant intégralement l'exposé des faits et moyens ainsi que les conclusions de la demande signée par la présidente de l'association et introduite le même jour devant le tribunal administratif[8].

5°
Auteur de la notification

611.661 Requérant. Le recours doit être notifié par le requérant[9].

Il peut également l'être en son nom par son avocat. L'avocat qui omet de notifier le recours commet une faute de nature à engager sa responsabilité[10].

611.662 Cas d'un recours collectif. Les dispositions de l'article R. 600-1 du code de l'urbanisme ne font pas obligation à chacun des signataires d'un recours collectif dirigé contre la même autorisation d'urbanisme d'en notifier la copie à l'auteur de la décision attaquée et à son bénéficiaire[11].

1. V. s[s] n° 611.712.
2. CE 10 janv. 2001, *Coren (Mme)*, req. n° 211878, *Lebon ; BJDU* 2001. 61, concl. S. Austry.
3. CE, sect., avis, 1er mars 1996, *Assoc. Soisy Étiolles Environnement*, req. n° 175126, *Lebon* : avis contentieux indiquant : « Il résulte des termes mêmes employés par l'article [R. 600-1] du code de l'urbanisme que le législateur a fait obligation au préfet en cas d'exercice par lui d'un déféré, comme à l'auteur d'un recours contentieux, de notifier, dans les hypothèses visées audit article, "son recours" à l'auteur de la décision contestée et, s'il y a lieu, au titulaire de l'autorisation. Il suit de là que c'est une copie du texte intégral du recours qui doit être notifiée et non une simple lettre informant l'auteur de la décision et s'il y a lieu, le titulaire de l'autorisation, de l'existence d'un recours ou du déféré préfectoral ».
4. CE 28 nov. 2014, *Giuliani (Mme) et Cachan (C[ne])*, req. n° 367968, *Lebon T. ; BJDU* 2015. 117, concl. A. Lallet.
5. CE 28 nov. 2014, *Giuliani (Mme) et Cachan (C[ne])*, req. n° 367968.
6. V. s[s] n°s 8.21 s.
7. CE 8 juill. 2016, *S[té] Éco Delta développement*, req. n° 376344, NP.
8. CE 2 juill. 2008, *Assoc. Collectif Cité Benoit*, req. n° 307696, *Lebon T. ; BJDU* 2008. 274, concl. F. Lenica ; *LPA* 15 oct. 2008, n° 207, p. 9, note A. Ziani ; – également : CE 22 mars 2010, *Seghier (Mme)*, req. n° 324763, *Lebon T. ; BJDU* 2010. 292, concl. M. Guyomar.
9. C. urb., art. R. 600-1.
10. CE 30 déc. 2010, *Goury*, req. n° 326737, NP.
11. CAA Paris, 19 juin 2008, *S[té] foncière Saint Petersbourg et Vanves (C[ne])*, req. n° 06PA02829, NP – CAA Marseille, 20 mars 2014, *SAS Parc Solaire Le Fangas I*, req. n° 12MA02908, NP.

D. Preuve de la notification du recours

1° Mode de preuve

611.671 **Preuve que la notification a été réalisée.** Pour justifier du respect de l'article R. 600-1 du code de l'urbanisme, il suffit au requérant de produire à la juridiction le certificat « de dépôt » de la lettre recommandée avec accusé de réception (ou de tout autre procédé équivalent[1]). Il n'a pas à produire l'accusé « de réception » du pli[2].

La preuve de l'accomplissement de cette formalité doit être apportée tant pour le recours contentieux que pour le recours gracieux qui l'a le cas échéant précédé[3].

611.672 **Preuve du contenu de la notification.** La production du certificat de dépôt de la lettre recommandée suffit à justifier de l'accomplissement de la formalité de notification « lorsqu'il n'est pas soutenu devant le juge qu'elle aurait eu un contenu insuffisant au regard de l'obligation d'information qui pèse sur l'auteur du recours »[4].

Il résulte de cette formule que deux situations peuvent se rencontrer.

Si les défendeurs ne contestent pas le contenu de la notification, celle-ci est regardée comme régulière.

Si les défendeurs en contestent le contenu, il ne leur suffit pas d'alléguer que celui-ci était insuffisant. Il est nécessaire qu'ils aient, à réception d'un pli jugé incomplet, inviter l'expéditeur à le compléter par l'envoi de la totalité des documents requis. Faute de l'avoir fait en temps utile, ils perdent la possibilité de se prévaloir de ce moyen de défense dans l'instance contentieuse. Ainsi, par exemple, lorsque le destinataire de la notification soutient que la notification qui lui a été adressée ne comportait pas la copie de ce recours, mais celle d'un recours dirigé contre un autre acte, « il lui incombe d'établir cette allégation en faisant état des diligences qu'il aurait vainement accomplies auprès de l'expéditeur pour obtenir cette copie ou par tout autre moyen »[5]. À titre d'exemple, de telles diligences sont regardées comme satisfaites dans le cas où le destinataire du pli a adressé à l'expéditeur, 13 jours après réception de celui-ci, un courrier informant l'expéditeur de ce qu'il avait omis de joindre la copie du recours administratif et en lui demandant, en conséquence, de lui transmettre ce document[6].

611.673 **Précaution.** La meilleure manière pour le requérant de se prémunir d'une éventuelle contestation ultérieure consiste à faire certifier par un commissaire de justice la nature et le contenu des pièces insérées dans l'enveloppe, avant de confier celle-ci aux services postaux, ou de faire signifier le recours par exploit de commissaire de justice.

Il est à noter qu'une cour administrative d'appel a admis que le nombre de feuilles contenues dans le pli puisse être déduit du montant de l'affranchissement, celui-ci étant fonction du poids de l'enveloppe, et donc du nombre de feuilles présentes dans celle-ci[7]. Il est donc recommandé, en l'absence de recours à un commissaire de justice, de conserver une facture du montant de l'affranchissement.

2° Délai pour produire

611.681 **Délai pour produire.** La notification du recours doit être réalisée dans les 15 jours qui suivent son introduction[8]. En revanche, la justification auprès de la juridiction que cette formalité a été accomplie n'est pas enfermée dans un délai. Néanmoins, il y a lieu de produire la preuve de cette notification dès que celle-ci a été réalisée, à défaut de quoi la juridiction invitera le requérant à régulariser[9].

1. Sur les procédés équivalents, v. s[s] n°s 611.621 s.
2. CE, avis, 3 mars 2009, *Leconte*, req. n° 321157, *Lebon T.* – Avis contentieux indiquant : « Il résulte de ces dispositions que pèse sur l'auteur d'un recours contentieux à l'encontre notamment d'un permis de construire, une obligation d'information à l'égard tant de l'auteur de la décision contestée que du pétitionnaire, distincte du recours exercé et des formalités qu'il implique, et consistant à notifier aux intéressés une copie du recours, dans un délai de quinze jours francs à compter de son enregistrement au greffe de la juridiction. En prévoyant que cette notification est réalisée par lettre recommandée avec demande d'avis de réception, l'article R. 600-1 du code de l'urbanisme n'a eu d'autre objet que de faciliter la preuve de l'envoi dans le délai imparti, la formalité de la notification étant réputée accomplie à la date apposée par les services postaux sur le certificat de dépôt de la lettre recommandée au moment où la remise leur en est faite ».
3. CE 31 mars 2021, *Kahn*, req. n° 435708, NP.
4. CE 15 mai 2013, *Assoc. santenoise de défense de l'environnement naturel « Vivre… à l'orée de l'Arc Boise »*, req. n° 352308, *Lebon T. ; BJDU* 2013. 305, concl. X. de Lesquen.
5. CE 5 mars 2014, *Assoc. « S[té] pour la protection des paysages et de l'esthétique de la France » et a.*, req. n° 369996, *Lebon T. ; BJDU* 2014. 304, concl. M. Vialettes.
6. CAA Nantes, 2 févr. 2018, *Sarl Éric Nauleau Immobilier*, req. n° 16NT03100, NP. V., pour un cas où les diligences accomplies sont insuffisantes : CE 15 mai 2013, *S[té] civile de construction et de vente Le Clos de Bonne brise*, req. n° 341235, NP ; *BJDU* 2013. 282, concl. A. Lallet.
7. CAA Nantes, 2 août 2023, *Coeuret*, req. n° 22NT01327, NP.
8. V. s[s] n° 611.641.
9. V. s[s] n°s 611.721 s.

3°
Cas particulier : requérant se désistant et produisant les pièces justificatives à l'occasion d'un nouveau recours

611.691 Nouveau recours recevable. Dans le cas où un requérant forme un recours sans justifier du respect de l'obligation de notification, il peut régulièrement se désister et présenter dans le délai de recours une nouvelle requête ayant le même objet en respectant l'obligation de notification[1].

E.
Sanction du non-respect de l'obligation de notification

1°
Absence de notification

a.
Défaut de notification d'un recours contentieux

611.701 Irrecevabilité du recours en l'absence de notification. Le recours contentieux doit être notifié « à peine d'irrecevabilité »[2]. Ainsi, pour un déféré du préfet ou un recours contentieux, « l'omission des formalités de notification dans le délai légal de quinze jours francs entraîne dans tous les cas l'irrecevabilité de ce déféré ou de ce recours »[3].

611.702 Irrecevabilité du recours en l'absence de notification, même en cas de transmission de la requête dans les 15 jours. Lorsque l'auteur du recours n'a pas procédé à sa notification, la communication de la requête par le juge à l'auteur de la décision ou au titulaire de l'autorisation ne peut avoir pour effet de régulariser ce déféré ou ce recours, alors même qu'elle interviendrait dans le délai prévu par l'article R. 600-1 du code de l'urbanisme[4].

611.703 Inopposabilité de l'obligation de notification en l'absence de mention de celle-ci sur le panneau d'affichage. L'absence de mention, sur le panneau d'affichage de l'autorisation d'urbanisme, de l'obligation de notification du recours[5] fait obstacle à ce que soit opposée à l'auteur du recours l'irrecevabilité prévue par l'article R. 600-1[6].

Il appartient au juge, s'il est saisi de moyens en ce sens, y compris pour la première fois en appel, de vérifier si l'obligation de notification peut être opposée à la demande au regard des conditions fixées par l'article R. 424-15, qui prévoit que l'obligation de notification doit être mentionnée dans l'affichage du permis de construire[7].

b.
Défaut de notification d'un recours administratif

611.711 Incidence sur la recevabilité du recours contentieux. L'article R. 600-1 du code de l'urbanisme n'a ni pour objet, ni pour effet de frapper d'irrecevabilité un recours contentieux qui, même s'il a été précédé d'un recours administratif non assorti des formalités de notification, a été introduit dans le délai de recours contentieux de droit commun de deux mois. Dans cette hypothèse, la recevabilité du recours contentieux n'est donc subordonnée qu'à la notification de celui-ci, aux personnes désignées par la loi, dans les quinze jours francs suivants son enregistrement[8].

611.712 Incidence sur le délai de recours contentieux. Il résulte des dispositions de l'article R. 600-1 du code de l'urbanisme qu'à défaut de l'accomplissement des formalités de notification qu'elles prévoient, un recours administratif dirigé contre une décision relative à l'occupation ou l'utilisation du sol ne proroge pas le délai du recours contentieux[9].

Il ne peut être remédié à l'omission des formalités de notification du recours administratif que dans le délai de quinze jours qu'elles prévoient. Dans ce cas, la date à laquelle a été formé le recours administratif initial constitue le point de départ de la prorogation du délai de recours contentieux résultant de la formation, dans les formes requises, de ce recours administratif. En revanche, la présentation d'un nouveau recours administratif assorti des formalités de notification après l'expiration du délai de quinze jours ne pallie pas le défaut de notification du premier

1. CE 17 mars 2017, *Assoc. Novissen et a.*, req. n° 397107, *Lebon T. ; BJDU* 2017. 192, concl. S. von Coester.
2. C. urb., art. R. 600-1.
3. CE, avis, sect., 1er mars 1996, *Assoc. Soisy Étiolles Environnement*, req. n° 175126, *Lebon*.
4. CE, avis., sect., 6 mai 1996, *Andersen*, req. n° 178473, *Lebon* – CE 11 déc. 2000, *Baudet*, req. n° 212329, *Lebon T.*
5. V. ss n° 346.141.
6. CE, avis, 19 nov. 2008, *Sté Sahelac et Juventin (Mme)*, req. n° 317279, *Lebon ; BJDU* 2009. 48, concl. B. Bourgeois-Machureau ; – également : CE 28 mai 2014, *Grégoire de Bollemont (M. et Mme)*, req. n° 369456, *Lebon T.* : arrêt précisant que la règle selon laquelle l'irrecevabilité tirée de l'absence d'accomplissement des formalités de notification ne peut être opposée qu'à la condition que l'affichage du permis de construire ait fait mention de cette obligation, est applicable non seulement en première instance, mais également en appel et en cassation.
7. CE 4 nov. 2015, *Bordet et Unglas (MM.)*, req. n° 387074, *Lebon T.*
8. CE, avis, sect., 1er mars 1996, *Assoc. Soisy Étiolles Environnement*, req. n° 175126, *Lebon* ; – dans le même sens : CE 6 juill. 2005, *Corcia (Mme) et Assoc. des riverains des Hesperides et du Mourre-Rouge « À la pointe »*, req. n° 277276, *Lebon*.
9. CE 6 juill. 2005, *Corcia (Mme) et Assoc. des riverains des Hesperides et du Mourre-Rouge « À la pointe »*, req. n° 277276, *Lebon*.

recours et ne permet donc pas la prorogation du délai de recours contentieux[1].

2°
Absence de production de la preuve que la notification a été réalisée

a.
Principe : invitation à régulariser

611.721 Invitation à produire la preuve de la notification. Si le requérant n'a pas spontanément produit la preuve de la notification de son recours, il appartient à la juridiction, en application de l'article R. 612-1 du CJA, de l'inviter à régulariser, c'est-à-dire de justifier de l'accomplissement de la formalité prévue à l'article R. 600-1 du code de l'urbanisme.

Deux cas particuliers doivent être signalés.

Le premier concerne les requêtes collectives. Si l'un des auteurs du recours a été désigné comme représentant l'ensemble des requérants, l'invitation à régulariser lui est adressée. Lorsqu'aucun représentant n'a été désigné, cette qualité revient au premier dénommé sur la requête[2]. C'est à lui que devra donc être adressée l'invitation à régulariser. Toutefois, cette invitation ne peut intervenir que si l'intéressé a été préalablement informé qu'il est regardé comme le représentant unique des requérants[3].

Le second cas particulier concerne l'hypothèse dans laquelle le requérant invité à régulariser répond par une lettre annonçant les justificatifs demandés mais omet de les envoyer. Dans ce cas de figure, il appartient au greffe du tribunal, si les justificatifs annoncés ne figurent pas dans l'enveloppe reçue du requérant, d'en aviser ce dernier[4].

611.722 Absence de régularisation. Si le requérant ne défère pas à l'invitation à régulariser, c'est-à-dire ne justifie pas de l'accomplissement de la notification prévue à l'article R. 600-1, le juge rejette la requête pour irrecevabilité.

b.
Cas où une fin de non-recevoir a été opposée en défense

611.731 Invitation à régulariser sauf si FNR opposée en défense. Le juge ne peut opposer à un requérant le défaut de notification sans l'avoir auparavant invité à régulariser sa requête, « sauf si une fin de non-recevoir a été opposée sur ce point en défense »[5].

Il en résulte deux conséquences.

D'une part, le juge ne peut rejeter la requête sur le fondement de l'article R. 222-1 du CJA, le rejet par ordonnance étant exclue pour les irrecevabilités susceptibles d'être régularisées[6]. Le rejet par ordonnance ne pourra intervenir que si la régularisation apparaît impossible, notamment s'il ressort des pièces du dossier que la notification n'a pas été effectuée dans le délai de 15 jours[7] ou sans utiliser les procédés admis.

D'autre part, le requérant peut régulariser jusqu'à la clôture de l'instruction. En revanche, la production postérieurement à cette clôture des pièces justifiant de l'accomplissement de la notification ne sera pas prise en compte (sauf si le requérant n'était pas en mesure de la produire plus tôt)[8].

c.
Cas où l'invitation à régulariser a été faite en première instance mais non suivie d'effets

611.741 Absence de seconde chance en appel. Les justificatifs de la notification de la requête ne peuvent être apportés pour la première fois en appel alors que l'auteur de la requête avait été en première instance mis à même de le faire soit par une fin de non-recevoir opposée par le défendeur, soit par une invitation à régulariser adressée par le tribunal administratif[9].

§ 8
Effets de l'introduction du recours

611.751 Absence d'effet suspensif. L'introduction d'un recours pour excès de pouvoir contre une autorisation d'urbanisme n'a pas pour effet de suspendre l'exécution de cette autorisation. Celle-ci conserve sa force exécutoire et, par conséquent, son bénéficiaire peut légalement mettre en œuvre le projet qu'elle autorise nonobstant le recours formé à son encontre.

Il s'expose néanmoins à des risques. Le premier est de se rendre coupable du délit de construction sans autorisation d'urbanisme[10]. Celui-ci est caractérisé si le juge administratif annule le permis ou

1. CE 6 juill. 2005, *Corcia (Mme) et Assoc. des riverains des Hesperides et du Mourre-Rouge « À la pointe »*, req. n° 277276, *Lebon*.
2. CJA, art. R. 411-5.
3. CE 9 oct. 2002, *BM. et Alesandrini (Mme)*, req. n° 234417, *Lebon T.*
4. CE 26 mai 2009, *Kyung A Min épouse Loiseau (Mme)*, req. n° 316252, *Lebon T.*
5. CE 9 nov. 2011, *SCI Orsola*, req. n° 340694, NP.
6. CE 29 nov. 1999, *Laurent*, req. n° 171793, NP.
7. CE 5 avr. 2006, *Duguet (Mme)*, req. n° 266777, *Lebon T.*
8. CE 19 déc. 2008, *Montmeza et Lancon (Mme)*, req. n° 297716, *Lebon T. ; BJDU* 2009. 294, concl. J. Boucher.
9. CE 27 oct. 2008, *Assoc. Ploemeur vie et nature*, req. n° 301600, *Lebon T. ; BJDU* 2009. 365, concl. A. Courrèges ; – CE 4 nov. 2015, *Bordet et Unglas (MM.)*, req. n° 387074, *Lebon T.*
10. V. s^s^ n° 615.21.

en suspend l'exécution alors que les travaux ne sont pas terminés. Le second risque est d'ordre civil. Si le permis est annulé par le tribunal administratif, le tribunal judiciaire peut condamner le bénéficiaire du permis à réparer le préjudice subi par un tiers, voire ordonner la démolition de la construction[1].

En pratique, « les recours retardent, voire rendent impossibles les opérations ; ces recours ont un impact sur le coût des constructions. L'origine de ces difficultés tient en grande partie au mode de réalisation des opérations, par le biais de la vente en l'état futur d'achèvement – le recours à un financement bancaire et la commercialisation des logements avant leur réalisation s'accommodent mal d'un risque contentieux, tant les banquiers que les notaires attendant que le permis soit définitif avant de financer la construction et de passer les actes permettant la vente des biens immobiliers à usage d'habitation. Quoiqu'étant, en droit, non suspensifs, les recours ont en pratique un tel effet »[2].

611.752 Suspension du délai de validité de l'autorisation. Le recours formé contre une autorisation d'urbanisme suspend le délai de péremption de celle-ci jusqu'à ce qu'il soit statué sur sa légalité[3].

§ 9
Attestation de non-recours

611.761 Devant les tribunaux et les cours. Toute personne peut se faire délivrer par le greffe de la juridiction devant laquelle un recours est susceptible d'être formé contre une décision relative à l'occupation ou l'utilisation du sol, ou contre un jugement portant sur une telle décision, un document qui[4] :

– soit atteste de l'absence de recours contentieux ou d'appel portant sur cette décision devant cette juridiction ;

– soit, dans l'hypothèse où un recours ou un appel a été enregistré au greffe de la juridiction, indique la date d'enregistrement de ce recours ou de cet appel.

611.762 Devant le Conseil d'État. Toute personne peut se faire délivrer par le secrétariat de la section du contentieux du Conseil d'État un document attestant[5] :

– de l'absence de pourvoi contre un jugement ou un arrêt relatif à une décision relative à l'occupation ou l'utilisation du sol ;

– ou, dans l'hypothèse où un pourvoi a été enregistré, indiquant la date d'enregistrement de ce pourvoi.

611.763 Sécurisation. Avant l'adoption de l'article R. 600-7, les bénéficiaires d'autorisation disposaient de deux procédés pour s'assurer qu'aucun recours n'avait été introduit à l'encontre de celle-ci :

– soit mandater un huissier de justice afin que celui-ci vérifie, en consultant la liste des recours formés devant de la juridiction territorialement compétente, qu'aucune requête n'avait été déposée à l'encontre de l'autorisation concernée ;

– soit demander au tribunal la délivrance d'une attestation de non-recours (mais un tel document, non reconnu par le code, n'avait pas d'existence juridique et n'était pas délivré par toutes les juridictions).

Cette dernière pratique se trouve désormais institutionnalisée, apportant ainsi une plus grande sécurité aux porteurs de projets immobiliers. En cas de délivrance d'une attestation de non-recours, les intéressés ont l'assurance que la décision obtenue ne peut plus être contestée.

611.764 Nature de l'attestation. Juridiquement, l'attestation constitue une décision administrative. Une erreur entachant son contenu serait de nature à engager la responsabilité de l'État.

SECTION 2
MOYENS D'ANNULATION

§ 1
Moyens ne pouvant être utilement invoqués : les moyens inopérants

611.771 Notion. Un moyen est inopérant s'il ne serait pas susceptible – dans l'hypothèse où il était accueilli – d'avoir une influence sur la solution du litige. Dans la mesure où un tel moyen n'aura pas d'incidence sur le litige, il n'y a pas lieu d'examiner son bien-fondé. Le juge rejettera ce moyen en tant qu'il est « sans influence sur la légalité de la décision attaquée »[6] ou « ne peut utilement être invoqué »[7] à l'encontre de celle-ci.

611.772 Moyen sans rapport avec l'objet du litige. Présente un caractère inopérant le moyen sans rapport avec le litige.

1. V. s[s] n°s 614.31 s.
2. Ch. Maugüé, Rapp. *Propositions pour un contentieux des autorisations d'urbanisme plus rapide et plus efficace*, 11 janv. 2018, p. 3.
3. V. s[s] n°s 351.91 s.
4. C. urb., art. R. 600-7, al. 1er.
5. C. urb., art. R. 600-7, al. 2.
6. PAR EX. : CE 14 nov. 2011, *S[té] Waldijo*, req. n° 338212, NP : moyen tiré de ce que le permis de construire a été délivré avant l'autorisation d'exploitation commerciale.
7. PAR EX. : CE 13 juin 2013, *Ledet*, n° 366253, NP.

Tel est le cas lorsque la décision attaquée est étrangère au champ d'application de la norme invoquée, par exemple l'invocation :

- du principe de confiance légitime à une décision intervenue en dehors du champ du droit de l'UE [1] ;

- du moyen tiré de l'insuffisance de motivation d'une décision alors que l'administration n'avait pas l'obligation de la motiver [2] ;

- du moyen tiré de l'absence d'acte écrit alors que l'administration n'avait pas l'obligation d'agir par écrit [3] ;

- du moyen tiré de la violation des règles du PLU sur l'extension des constructions existantes alors que le permis contesté porte sur une construction nouvelle [4] ;

- de règles de droit privé à l'encontre d'un permis de construire [5] ;

- du moyen tiré de la violation d'un article du RNU non applicable du fait de l'existence d'un PLU [6] ;

- du moyen tiré de la violation d'une servitude de cours commune [7].

Tel est également le cas lorsque le texte invoqué :

- n'était pas applicable au moment de l'édiction de la décision attaquée [8] ;

- ou n'est pas applicable tout court [9].

Tel est enfin le cas lorsque le texte invoqué repose sur une législation distincte de celle dont relève la décision attaquée [10].

611.773 Administration tenue de prendre une décision en vertu d'une compétence liée. Présente un caractère inopérant le moyen (de forme, de procédure ou de légalité interne) invoqué à l'encontre d'une décision que l'administration était tenue de prendre en vertu d'une compétence liée (et dont l'annulation serait en conséquence inutile, l'administration ne pouvant, en droit, que reprendre la même décision). Tel est le cas, par exemple, lorsque le maire avait l'obligation :

- de refuser la délivrance du permis [11] ;

- de s'opposer à la déclaration préalable (notamment lorsque les travaux sont soumis à l'obligation d'obtenir un permis de construire [12]) ;

- de retirer un acte entaché d'illégalité [13].

611.774 Substitution d'une décision à la décision attaquée. Est inopérant le moyen dirigé contre les dispositions modifiées du permis initial, dès lors que le juge confirme la légalité du permis modificatif [14].

611.775 Vice régularisé. Les vices régularisés par un permis modificatif ne peuvent plus être utilement invoqués à l'appui d'un recours pour excès de pouvoir dirigé contre le permis initial [15].

611.776 Contenu de la demande, conditions d'exécution, d'affichage et caducité de l'autorisation. Est sans incidence sur la légalité du permis, et donc ne peut être utilement invoquée :

- la circonstance que les plans et indications de la demande pourraient ne pas être respectés ou que ces constructions risqueraient d'être ultérieurement transformées ou affectées à un usage non-conforme aux documents et aux règles générales d'urbanisme (sauf le cas d'éléments établissant l'existence d'une fraude à la date de la délivrance du permis) [16] ;

- la circonstance que les travaux réellement exécutés ne seraient pas conformes aux prescriptions du permis de construire [17] ;

- la circonstance qu'un permis de construire soit devenu caduc en raison de l'absence de commencement d'exécution des travaux [18] ;

- la circonstance que l'autorisation n'aurait pas été régulièrement affichée [19] ;

- la circonstance que les requérants auraient rencontré des difficultés pour consulter le dossier de l'autorisation de travaux [20].

1. CE 25 juill. 2013, *Jay*, req. n° 363322, NP.
2. CE 14 avr. 1961, *Cazes, Lebon.*
3. CE 12 oct. 2016, *Rubillard*, req. n° 395307, *Lebon T.*
4. CAA Nantes, 2 mai 2014, *Nora Bouzit*, req. n° 12NT02454, NP.
5. V. s[s] n° 342.152.
6. CAA Nantes, 12 déc. 2014, *Monot-Bellier*, req. n° 13NT02937, NP.
7. V. s[s] n° 364.84.
8. CE, ass., 5 mars 1976, *Tarlier*, rqe. n° 95983, *Lebon.*
9. CE 12 janv. 2009, *France Nature environnement*, req. n° 289080, NP (invocation d'une convention internationale à laquelle la France n'est pas partie).
10. V. s[s] n°s 342.131 et s.
11. CE 15 mars 1996, *Risoul (C[ne])*, req. n° 125248, NP.
12. CE 9 juill. 2014, *Chelles (C[ne])*, req. n° 373295, *Lebon ; BJDU* 2014. 395, concl. X. Domino.
13. CE 24 mai 1995, *S[té] civile du domaine agricole et résidentiel de Roumegou*, req. n° 134236, NP – CE 16 nov. 2009, *SCN Anse de Toulvern*, req. n° 322554, NP.
14. CE 8 déc. 1995, *Assoc. de défense des riverains de Central Park*, req. n° 122319, *Lebon T.*
15. V. s[s] n° 352.171.
16. CE 13 juill. 2012, *Égret (Mme)*, req. n° 344710, *Lebon T. ; BJCL* 2012. 370, concl. X. de Lesquen ; *Constr.-Urb.* 2012, com. 130, note X. Couton – dans le même sens : CAA Nantes, 2 mai 2014, *Charles*, req. n° 12NT00542, NP.
17. CE 4 févr. 1983, *L'Hôpital*, req. n° 37940, NP.
18. CE 15 oct. 2014, *Assoc. des riverains de la baie de Sainte-Marie*, req. n° 357392, *Lebon T.*
19. CAA Versailles, 23 oct. 2014, *Royer*, req. n° 12VE02236, NP (arrêt devenu définitif en l'absence d'admission du pourvoi formé à son encontre : CE 11 déc. 2015, req. n° 394296, NP) : arrêt de la CAA déclarant inopérant le moyen tiré de ce que l'affichage aurait été illisible.
20. CAA Versailles, 23 oct. 2014, *Royer*, req. n° 12VE02236.

611.777 Conditions de la concertation contestées par la voie de l'exception. Les autorisations d'occuper ou d'utiliser le sol « ne sont pas illégales du seul fait des vices susceptibles d'entacher » la délibération prévue à l'article L. 103-3 du code de l'urbanisme (définissant les objectifs et les modalités de la concertation lors de la révision d'un document d'urbanisme) « ou les modalités de son exécution »[1].

Il résulte de ces dispositions que lorsque les conditions d'application des modalités de la concertation sont invoquées à l'occasion de la contestation d'une autorisation d'urbanisme, le moyen tiré de ce que les modalités de concertation fixées par la délibération prévue n'ont pas été respectées est inopérant[2].

611.778 Autorisation délivrée au visa d'un document d'urbanisme n'étant plus en vigueur. Si une autorisation d'urbanisme ne peut être délivrée que pour un projet qui respecte la réglementation d'urbanisme en vigueur, elle ne constitue pas un acte d'application de cette réglementation. Il suit de là que le moyen tiré de ce qu'une autorisation d'urbanisme a été délivrée au visa d'un document d'urbanisme qui n'était plus en vigueur à la date de sa délivrance ne peut être utilement soulevé à l'appui d'un recours en annulation de cette autorisation « que si le requérant soutient également que cette autorisation méconnaît les dispositions pertinentes du document d'urbanisme en vigueur à la date de sa délivrance »[3].

§ 2
Moyens d'illégalité pouvant être invoqués

A.
Moyens de légalité externe

1°
Incompétence

611.781 Pouvoir d'édicter l'acte attaqué. Une décision relative à l'occupation ou l'utilisation des sols est entachée d'incompétence si elle est prise par une autorité qui n'avait pas le pouvoir légal de la prendre[4]. L'incompétence peut être matérielle, territoriale ou temporelle.

Dans le contentieux de l'urbanisme, l'incompétence résulte le plus souvent des conditions irrégulières dans lesquelles a été consentie une délégation[5].

611.782 Moyen d'ordre public. L'incompétence de l'auteur de l'acte constitue un moyen d'ordre public qu'il revient au juge de relever office s'il ressort des pièces du dossier.

2°
Vice de forme ou de procédure

a.
Diversité des vices de forme ou de procédure

611.791 Grande variété. Les vices de forme ou de procédure sont extrêmement variés.

611.792 Vices de forme. Un vice de forme peut tenir à la méconnaissance des règles relatives :

– à la recevabilité de la demande de permis ou de la déclaration préalable (qualité de son auteur, contenu de la demande, pièces l'accompagnant) ;

– à la procédure d'instruction de la demande ;

– à la motivation de la décision ;

– à la mention en caractères lisibles du nom, du prénom et de la qualité du signataire de l'autorisation.

611.793 Vice de procédure. Le vice de procédure est le plus souvent constitué par l'omission ou le mauvais accomplissement d'une consultation qui s'imposait à l'autorité administrative durant la procédure d'instruction de la demande[6].

Pour les projets de grande ampleur, ayant un impact sur l'environnement, il résultera de l'absence d'enquête publique ou d'étude d'impact, ou des conditions irrégulières dans lesquelles celle-ci a été réalisée.

Il pourra également résulter de l'absence de procédure contradictoire ou de l'irrégularité de celle-ci, pour les mesures soumises à cette formalité (en particulier le retrait d'une décision administrative et l'édiction d'un arrêté interruptif de travaux).

b.
Annulation des seuls vices de forme et de procédure substantiels (jurisprudence Danthony)

611.801 Exigence d'un vice substantiel. Dans l'arrêt Danthony, le Conseil d'État a posé que si les actes administratifs doivent être pris selon les for-

1. C. urb., art. L. 600-11, al. 2.
2. CAA Bordeaux, 4 avr. 2013, *Assoc. pour la sauvegarde du patrimoine martiniquais*, req. n° 12BX00153, NP.
3. CE 31 mai 2024, *SCI du Domaine de la Tour*, req. n° 467427, *Lebon T. ; Constr.-Urb.* 2024, comm. 79, note L. Santoni ; *BJDU* 2024. 223, concl. N. Agnoux ; *RDI* 2024. 481, obs. P. Soler-Couteaux.
4. Sur l'autorité compétente, v. s[s] n°s 341.05 s.
5. Sur les conditions de la délégation, v. s[s] n°s 341.31 s. (pour le maire) et s[so] 4580 (pour le préfet).
6. POUR DES EX., à propos des consultations mises en œuvre lors de l'instruction des demandes d'autorisations d'urbanisme, v. s[s] n°s 335.231 s.

mes et conformément aux procédures prévues par les lois et règlements, un vice affectant le déroulement d'une procédure administrative préalable, suivie à titre obligatoire ou facultatif, « n'est de nature à entacher d'illégalité la décision prise que s'il ressort des pièces du dossier qu'il a été susceptible d'exercer, en l'espèce, une influence sur le sens de la décision prise ou qu'il a privé les intéressés d'une garantie »[1].

Il en résulte que seuls les vices de forme et de procédure présentant un caractère substantiel entachent d'illégalité l'acte concerné. Sont regardés comme tels les vices qui :

- soit ont exercé une influence sur le sens de la décision prise ;
- soit ont privé les intéressés d'une garantie.

Un vice véniel (qui n'a pas eu d'influence sur le sens de la décision ni privé les intéressés d'une garantie) n'entache pas d'illégalité l'acte litigieux.

Il appartient au juge administratif d'écarter, le cas échéant de lui-même, un moyen tiré d'un vice de procédure qui, au regard de la jurisprudence Danthony, ne lui paraît pas de nature à entacher d'illégalité la décision attaquée. En statuant ainsi, le juge ne relève pas d'office un moyen qu'il serait tenu de communiquer préalablement aux parties[2].

611.802 Vice non danthonysable : défaut de motivation. L'obligation de motivation ne rentre pas dans le champ d'application de la jurisprudence Danthony[3]. Il en résulte que l'absence ou l'insuffisance de motivation d'un acte entache en tout état de cause celui-ci d'illégalité. En d'autres termes, un défaut de motivation n'est pas « danthonysable ».

611.803 Vices danthonysables à condition de ne pas affecter la compétence. L'application de la jurisprudence Danthony n'est pas exclue en cas d'omission d'une procédure obligatoire, à condition qu'une telle omission n'ait pas pour effet d'affecter la compétence de l'auteur de l'acte[4]. Par exemple, dans un cas où l'avis conforme de l'architecte des bâtiments de France doit être obtenu au préalable mais ne l'a pas été, le permis est entaché d'un vice affectant la compétence de l'autorité qui l'a délivré et est donc illégal[5].

611.804 Exemples de vices danthonysés dans les circonstances de l'espèce. À titre d'exemple, l'avis délivré par un maire sur un projet d'éoliennes est entaché d'irrégularité lorsque le maire est regardé comme intéressé par l'opération. Toutefois, le préfet a procédé à une instruction de près de 6 années et recueilli 17 avis émanant de différents services. En outre, le maire s'est borné à renseigner des rubriques relatives à des informations techniques portant sur les constructions existantes à proximité, les équipements de desserte des terrains, les participations d'urbanisme et concernant également l'aspect extérieur du projet, sans formuler de position personnelle. Dès lors, l'avis du maire émis en tout début de procédure n'a pas exercé une influence sur le sens des permis de construire (ni privé les intéressés d'une garantie)[6].

De même, la circonstance que la présidence d'une commission ait été assurée dans des conditions irrégulières n'entache pas la décision prise d'irrégularité dans la mesure où elle n'a pas été susceptible d'exercer, en l'espèce, une influence sur le sens de la décision prise (délivrance d'un permis) ni privé les intéressés d'une garantie[7].

De façon similaire, le défaut de procédure contradictoire préalablement au retrait d'un permis de construire n'entache pas cette mesure d'illégalité si l'intéressé a été informé que cette mesure pouvait intervenir et que son associé a été en mesure de présenter des observations[8].

611.805 Exemples de vices non danthonysés dans les circonstances de l'espèce. À titre d'exemple, est illégale :

- une décision de retrait d'un permis de construire dans le cas où le pétitionnaire n'a pas été mis en mesure de présenter d'observations sur cette mesure[9] ;
- le permis de construire une station d'épuration dans le cas où l'enquête publique qui devait être réalisée ne l'a pas été (privant d'une garantie le public concerné par l'édification de la construction autorisée), alors même qu'une enquête publique se serait déroulée dans le cadre de l'instruction du dossier d'autorisation d'installation classée dès lors que, en tout état de cause, cette dernière enquête, réalisée postérieurement à la délivrance du permis contesté, avait seulement pour objet d'informer le public sur l'augmentation de la capacité de production et de stockage de l'installation et sur la mise aux normes de la station d'épuration[10] ;

1. CE 23 déc. 2011, *Danthony*, req. n° 335477, *Lebon*.
2. CE 17 févr. 2012, *Sté Chiesi SA*, req. n° 332509, *Lebon*.
3. CE 7 déc. 2016, *Caisse d'assurance retraite et de santé du travail d'Aquitaine*, req. n° 386304, *Lebon T.*
4. CE 23 déc. 2011, *Danthony*, req. n° 335477, *Lebon*.
5. CAA Marseille, 20 mars 2015, *Bollène (Cne)*, req. n° 13MA02239, NP.
6. CAA Douai, 10 sept. 2015, *Cousin*, req. n° 14DA00417, NP.
7. CAA Paris, plénière, 18 juin 2012, *Fondation d'entreprise Louis Vuitton pour la création*, req. n° 11PA00758, NP (arrêt devenu définitif en l'absence d'admission du pourvoi formé à son encontre : CE 25 mars 2013, req. n° 361977, NP).
8. CAA Marseille, 14 janv. 2015, *Fermaud*, req. n° 14MA01473, NP.
9. V. ss n° 352.294.
10. CAA Nantes, 12 déc. 2014, *Assoc. Nature et patrimoine Centre Bretagne*, req. n° 13NT03426, NP.

– le permis délivré après un avis d'enquête publique dépourvu de motivation[1] ;

– le permis de construire un centre de stockage de déchets délivré par le préfet au vu de l'avis émis par un adjoint au maire titulaire d'une délégation irrégulière, cette irrégularité, qui est relative à la compétence de l'auteur de l'avis ainsi émis, étant susceptible, dans les circonstances de l'espèce, d'avoir eu une incidence sur le contenu de l'avis ainsi rendu au nom du maire ainsi que sur le sens de la décision litigieuse[2].

B. Moyens de légalité interne

1° Erreur de droit

611.811 Méconnaissance de règles nationales. L'autorisation d'urbanisme ou le refus d'autorisation est entaché d'une erreur de droit en cas de méconnaissance des règles contenues dans le code de l'urbanisme.

611.812 Méconnaissance des règles locales. L'autorisation d'urbanisme ou le refus d'autorisation est entaché d'une erreur de droit en cas de méconnaissance des règles contenues dans les documents locaux d'urbanisme, en particulier le PLU.

611.813 Tactique contentieuse : obtenir la mise à l'écart de règles locales. Dans l'hypothèse où il apparaîtrait au requérant qu'il ne peut utilement contester la décision dont il entend poursuivre l'annulation (qu'il s'agisse d'une décision d'octroi ou d'une décision de refus) sur le fondement de la réglementation locale d'urbanisme dont il a été fait application, il est de son intérêt de rechercher s'il ne lui serait pas possible, par la voie de l'exception d'illégalité, d'en faire écarter l'application par le juge.

Si tel devait être le cas, conformément aux dispositions de l'article L. 600-12 du code de l'urbanisme, c'est par référence au document d'urbanisme immédiatement antérieur que serait alors appréciée la légalité de la décision litigieuse, à charge pour lui, si la contestation porte sur une autorisation accordée, d'établir que celle-ci n'était pas susceptible d'être légalement accordée sur le fondement des dispositions d'urbanisme redevenues applicables.

2° Erreur d'appréciation

a. Moyen tiré de l'erreur d'appréciation

611.821 Moyen fréquemment invoqué. Il est extrêmement fréquent que le permis de construire qui a été accordé ou le refus qui a été opposé soient contestés au motif que la décision litigieuse serait entachée d'une erreur d'appréciation commise par l'administration, notamment quant à la conception architecturale du projet ou aux conditions de son insertion dans son environnement.

b. Degré de contrôle sur l'appréciation administrative

611.831 Variation de l'intensité du contrôle. Lorsqu'il s'exerce sur l'appréciation des faits à laquelle s'est livrée l'autorité administrative pour fonder sa décision, le contrôle exercé par le juge varie dans son intensité.

611.832 Contrôle normal. Le juge exerce un contrôle plein et entier de la qualification juridique des faits lorsque la compétence de l'administration était étroitement liée. Il en va ainsi dans deux cas de figure.

D'une part, le contrôle normal est exercé toutes les fois qu'un texte fait obligation à l'autorité administrative, face à une situation définie, de prendre sa décision dans un sens déterminé.

D'autre part, le contrôle normal est mis en œuvre lorsque l'exercice d'un pouvoir discrétionnaire est soumis à une condition légale. Tel est le cas, par exemple, lorsque l'autorité compétente a refusé une autorisation au motif que le projet porte atteinte au caractère des lieux avoisinants[3]. Cette hypothèse concerne le plus souvent des décisions défavorables (refus, prescriptions, sursis à statuer).

611.833 Contrôle restreint. Lorsque les textes reconnaissent à l'administration un large pouvoir d'appréciation, le juge, afin de ne pas se substituer à l'administration, refuse de contrôler si l'auteur de l'acte a correctement qualifié les faits au regard des dispositions juridiques applicables. Dans un tel cas

1. CAA Douai, 9 avr. 2014, *SNC Le moulin de Sehen*, req. n° 12DA01458, NP : « Considérant qu'en revanche, les conclusions en l'espèce très succinctement motivées ayant conduit à l'avis favorable du commissaire enquêteur ne sont pas à la mesure des enjeux du projet et des critiques émises par l'association Groupement de défense de l'environnement de l'arrondissement de Montreuil-sur-Mer ; que, dans ces conditions, et même si ce vice n'a pas, en l'espèce, exercé d'influence sur le sens de la décision prise par le préfet, il a privé le public de la garantie qui s'attache à l'expression d'une position personnelle du commissaire enquêteur dont le caractère se manifeste par la motivation des conclusions et non seulement par l'avis rendu ».
2. CE 10 juin 2015, *Synd. départemental de traitement des déchets ménagers de l'Aisne « Valor'Aisne »*, req. n° 368127,368233, NP.
3. CE, sect., 7 6 mai 1970, *SCI Résidence « Reine Mathilde »*, req. n° 72946, *Lebon* ; – par ex. : CAA Paris, 17 févr. 1998, *Franchet*, req. n° 96PA00800, NP.

de figure, c'est uniquement si la qualification est entachée d'une « erreur manifeste d'appréciation » qu'il acceptera de la censurer.

Ce contrôle est principalement exercé lorsque l'autorité administrative dispose d'un pouvoir discrétionnaire et qu'elle l'utilise, non pas pour refuser une autorisation, mais pour l'accorder. Ce pouvoir discrétionnaire trouve son origine soit dans les dispositions du RNU, soit dans les dispositions à caractère permissif que peut comporter le règlement du PLU. L'élément de fait – le respect du caractère des lieux avoisinants ou l'atteinte à la salubrité ou la sécurité publique par exemple – ne constitue pas une condition légale puisque, même en cas d'atteinte à ce caractère, l'autorité administrative n'est nullement tenue de refuser le permis (« le permis de construire peut être refusé si... »). L'autorité administrative a exercé son pouvoir d'appréciation dans un certain sens, et la juridiction ne peut donc se substituer à elle, en se faisant juge de l'opportunité de cette appréciation. C'est la raison pour laquelle l'annulation ne sera prononcée que s'il lui apparaît que la décision prise résulte d'une erreur manifeste d'appréciation commise par l'autorité administrative[1].

Par exemple, le juge de l'excès de pouvoir exerce un tel contrôle sur le non-exercice de la faculté d'accorder ou d'imposer une dérogation à une règle générale du PLU[2].

3°
Détournement de pouvoir

611.841 **Moyen rarement retenu.** Dans le contentieux de l'urbanisme (comme dans les autres contentieux), le moyen reposant sur le détournement de pouvoir est rarement retenu. D'une part, il est difficile à établir. D'autre part, il n'emporte annulation de l'acte attaqué que si le motif étranger à l'intérêt général que pouvait légalement poursuivre l'autorité compétente a présenté un caractère déterminant dans la décision prise.

611.842 **Illustrations.** Est par exemple entaché de détournement de pouvoir l'arrêté du maire ayant eu pour mobile, en accordant un permis de construire, de faire échec aux effets d'un jugement ordonnant la suspension d'un précédent permis[3].

1. POUR le RNU : CE, ass., 29 mars 1968, *Sté du lotissement de la plage de Pampelonne*, req. n° 59004, *Lebon* 211, concl. Vught – pour le plu : CE 28 juill. 1999, *Assoc. Fourras Environnement Écologie*, req. n° 189941, NP.
2. CE 12 mai 2022, *Commune de Tassin-la-Demi-Lune*, req. n° 453502, *Lebon T. ; BJDU* 2022. 274, concl. M. Sirinelli ; *RDI* 2022. 419, obs. P. Soler-Couteaux.
3. CE 10 juill. 1996, *Sté « Le Saint Alexis » et Saint-Paul de la Réunion (Cne)*, req. n° 139435, *Lebon*.

4°
Exception d'illégalité

611.851 **Notion.** L'exception d'illégalité d'une autorisation d'urbanisme consiste à mettre en cause à titre incident, à l'occasion du recours formé contre celle-ci, une disposition dont elle constitue l'application ou qui lui sert de base légale.

L'exception d'illégalité constitue un moyen de légalité interne, même si un vice d'illégalité externe est invoqué à son soutien[4].

a.
Conditions de l'exception d'illégalité

611.861 **Acte support ou acte d'application.** L'auteur d'un recours contre une autorisation d'urbanisme ne peut exciper de l'illégalité d'un acte que si cet acte constitue la base légale de l'autorisation attaquée ou si l'autorisation contestée a été prise en application de cet acte.

611.862 **Illustration : mise en cause de la légalité du PLU à l'occasion d'un recours contre une autorisation d'urbanisme prise sur son fondement.** La légalité du PLU peut être incidemment mise en cause à l'occasion d'un recours formé contre un permis de construire délivré sur son fondement. Ainsi, à la condition de faire valoir que ce permis méconnaît les dispositions d'urbanisme pertinentes remises en vigueur par l'effet de la déclaration d'illégalité, il peut être utilement soutenu devant le juge qu'un permis de construire a été délivré sous l'empire d'un document d'urbanisme illégal. Cette règle s'applique que le document ait été illégal dès l'origine ou que son illégalité résulte de circonstances de fait ou de droit postérieures Par suite, un tribunal ne commet pas d'erreur de droit en se plaçant à la date de délivrance du permis de construire attaqué pour apprécier la légalité du PLU sous l'empire duquel il a été délivré[5].

La légalité du PLU peut également être incidemment mise en cause à l'occasion d'un recours formé contre un certificat d'urbanisme[6].

611.863 **Illustration : mise en cause de la légalité du futur PLU à l'occasion d'un recours contre une décision de sursis à statuer prise sur son fondement.** Un sursis à statuer ne peut être opposé à une demande de permis de construire qu'en vertu d'orientations ou de règles que le futur PLU pourrait légalement prévoir, et à la condition que la construction, l'ins-

4. CE 10 juill. 1995, *La Tremblade (Cne) et Garde des Sceaux, min. Justice*, req. n° 148139, *Lebon T.*
5. CE 2 oct. 2019, *Limonest (Cne) et Galland (M.)*, req. n° 420808, *Lebon T. ; BJDU* 2020. 41, concl. R. Decout-Paolini ; *JCP Adm.* 2019, n° 2367, note F. Polizzi.
6. V. ss n° 313.22.

tallation ou l'opération envisagée soit de nature à compromettre ou à rendre plus onéreuse son exécution. Par suite, ne commet pas d'erreur de droit la cour qui, pour apprécier la légalité d'une décision de sursis à statuer, examine la légalité du futur PLU[1]. Même si la règle en cause n'est pas encore applicable (et, même, est encore susceptible d'évolution), le fait qu'elle puisse être opposée à l'administré justifie à lui seul que sa légalité puisse être contrôlée.

611.864 Illustration : absence de mise en cause de la légalité de l'autorisation de lotir à l'occasion d'un recours contre un permis de construire. Une autorisation d'occupation des sols délivrée sur l'un des lots issus d'une division foncière ayant donné lieu à une autorisation de lotir n'est pas prise pour l'application de la décision par laquelle l'administration a délivré l'autorisation de lotir, cette dernière ne constituant pas davantage la base légale de la première. Par suite, l'illégalité de la décision d'autorisation de lotir ne peut être utilement invoquée par voie d'exception à l'appui de conclusions dirigées contre l'autorisation d'occupation des sols[2].

b.
Limitation du jeu de l'exception d'illégalité

611.871 Limitation de la possibilité d'invoquer des vices de forme et de procédure (documents d'urbanisme). Le législateur et la jurisprudence ont limité la possibilité d'invoquer des vices de forme et de procédure par la voie de l'exception[3].

611.872 Limitation de la possibilité de contester les conditions de la concertation. Les modalités de la concertation ne peuvent être contestées par la voie de l'exception à l'appui d'un recours formé contre une autorisation d'urbanisme[4].

§ 3
Cristallisation des moyens

611.881 Objet et origine. Comme le savent fort bien les professionnels de l'immobilier, les recours ayant à peu près systématiquement pour effet de geler la réalisation des projets autorisés, les requérants ont tout intérêt à ce que la procédure contentieuse dure longtemps. Aussi, pour allonger le délai de l'instruction, avaient-ils tendance à ne pas faire valoir d'emblée l'ensemble de leurs moyens et à égrener ceux-ci au fil de mémoires successifs.

Pour lutter contre ce phénomène, un mécanisme de cristallisation des moyens a été instauré dans le contentieux de l'urbanisme par le décret du 1er octobre 2013[5] qui permettait au juge, sur demande motivée, de fixer une date au-delà de laquelle des moyens nouveaux ne pourraient plus être invoqués. Le décret JADE du 2 novembre 2016 a étendu ce mécanisme à tout le contentieux administratif, abrogeant en conséquence les dispositions spécifiques prévues par le code de l'urbanisme[6]. Le décret de 2018 a rétabli des dispositions propres au contentieux de l'urbanisme, plus strictes que celles prévues dans le CJA puisque prévoyant une cristallisation des moyens de façon automatique et non pas à la discrétion du juge.

611.882 Cristallisation automatique, pouvant être différée. Lorsque la juridiction est saisie d'une requête relative à une décision d'occupation ou d'utilisation du sol, « les parties ne peuvent plus invoquer de moyens nouveaux passé un délai de deux mois à compter de la communication aux parties du premier mémoire en défense »[7] « par l'un quelconque des défendeurs »[8]. Ainsi, en cas de pluralité de défendeurs, comme c'est le cas dans le contentieux des autorisations d'urbanisme (ont cette qualité l'auteur de l'acte et le bénéficiaire de celui-ci), c'est à compter de la production du premier mémoire en défense – et non pas de la production de l'ensemble des mémoires en défense – que commence à courir le délai de cristallisation. La date de communication aux parties du premier mémoire en défense au sens de l'article R. 600-5 du code de l'urbanisme est celle de sa notification[9].

Cette limitation du droit de produire conduit à interdire aux parties (spécialement au requérant) d'invoquer des nouveaux moyens après cette date.

Néanmoins, la date de cristallisation des moyens peut être différée à l'initiative du juge. En effet, celui-ci « peut, à tout moment, fixer une nouvelle date de cristallisation des moyens lorsque le jugement de l'affaire le justifie »[10]. Il est ainsi en mesure de reporter la date de cristallisation lorsqu'il l'estime

1. CE 22 juill. 2020, *La Queue-Les-Yvelines (Cne)*, req. n° 427163, *Lebon ; JCP Adm.* 2020, n° 2280, chron. O. Le Bot.
2. CE 22 déc. 2022, Commune de Bonneville-sur-Touques, req. n° 458524, *Lebon T. ; Constr.-Urb.* 2023, comm. 14, note L. Santoni ; *BJDU* 2023. 117, concl. A. Skzryerbak ; *RDI* 2023. 249, obs. P. Soler-Couteaux.
3. V. ss nos 621.151 s.
4. V. ss n° 611.777.
5. Décr. n° 2013-879, 1er oct. 2013 relatif au contentieux de l'urbanisme, issu des propositions formulées par le groupe de travail du président Labetoulle.
6. CJA, art. R. 611-7-1.
7. C. urb., art. R. 600-5, al. 1er.
8. CE 6 oct. 2021, *Mme Maillard et a.*, req. n° 445733, *Lebon T. ; BJDU* 2022. 60, concl. Ph. Ranquet ; *JCP Adm.* 2022, n° 2061 chron. O. Le Bot.
9. CE 31 janv. 2022, *Assoc. le comité de quartier les Aubes*, req. n° 437455, NP.
10. C. urb., art. R. 600-5, al. 3.

utile[1]. Cette faculté se transforme en obligation dans le cas particulier où le moyen est fondé sur une circonstance de fait ou un élément de droit dont la partie concernée n'était pas en mesure de faire état avant l'expiration du délai de deux mois à compter de la communication aux parties du premier mémoire en défense et est susceptible d'exercer une influence sur le jugement de l'affaire[2].

611.883 Cas où un permis modificatif, une décision modificative ou une mesure de régularisation est contesté dans les conditions prévues à l'article L. 600-5-2. Lorsqu'un permis modificatif, une décision modificative ou une mesure de régularisation est contesté dans les conditions prévues à l'article L. 600-5-2[3], « les parties ne peuvent plus invoquer de moyens nouveaux à son encontre passé un délai de deux mois à compter de la communication aux parties du premier mémoire en défense le concernant »[4].

En ce cas également, le juge « peut, à tout moment, fixer une nouvelle date de cristallisation des moyens lorsque le jugement de l'affaire le justifie »[5].

611.884 Mécanisme de cristallisation applicable aux voies de recours. Le mécanisme de cristallisation s'applique à la demande tendant à « l'annulation ou à la réformation d'une décision juridictionnelle » concernant une décision d'utilisation ou d'occupation du sol[6].

Sur ce point, le Conseil d'État a précisé l'articulation entre le mécanisme de cristallisation et le pouvoir de régularisation d'une autorisation d'urbanisme sous l'égide du juge.

Il confirme tout d'abord l'application du mécanisme en cas d'exercice d'un appel. Il ressort en effet de l'article R. 600-5 du code de l'urbanisme que, tant à l'appui d'un recours contre un jugement avant dire droit recourant à l'article L. 600-5-1 du code de l'urbanisme qu'à l'appui d'un recours contre le jugement mettant fin à l'instance, les parties ne peuvent plus invoquer de moyens nouveaux à l'appui de leurs conclusions passé un délai de deux mois à compter de la communication aux parties, faite par un dispositif permettant d'en attester la date de réception, du premier mémoire en défense présenté dans l'instance par l'un quelconque des défendeurs. La circonstance que le délai de recours « puisse ne pas être expiré », notamment compte tenu des dispositions de l'article R. 811-6 CJA prévoyant que le délai d'appel contre un jugement avant dire droit court jusqu'à l'expiration du délai d'appel contre le jugement qui règle définitivement le fond du litige, ou même que ce jugement ne soit pas encore intervenu, « est sans incidence à cet égard »[7].

L'application du mécanisme emporte des conséquences sur l'invocabilité d'un moyen nouveau, présenté après la cristallisation, relatif à la légalité de l'autorisation initiale[8] :

– d'une part, dans l'instance contre le jugement avant-dire droit, le moyen est irrecevable : selon le Conseil, un moyen nouveau (dirigé contre le permis de construire initialement attaqué, et présenté après l'expiration du délai prévu à l'article R. 600-5 du code de l'urbanisme à l'appui des conclusions de la requête dirigée contre un jugement avant-dire), ne peut « qu'être écarté comme irrecevable », la circonstance que le délai d'appel ouvert contre le jugement contesté, qui courait jusqu'à l'expiration du délai d'appel contre le second jugement en vertu de l'article R. 811-6 du CJA, n'était pas expiré, ce second jugement n'étant lui-même pas encore intervenu, « étant à cet égard (...) sans incidence, peu important que l'article L. 600-5-2 ait imposé aux parties de contester le permis de régularisation délivré à la suite du premier jugement dans le cadre de l'instance qui se poursuivait ainsi devant le tribunal administratif » ;

– d'autre part, dans l'instance contre le jugement ayant mis fin à l'instance, un moyen nouveau dirigé contre l'autorisation initiale est inopérant : le Conseil d'État indique sur ce point que si, le même moyen avait également été soulevé par les appelants à l'appui des conclusions de leur requête dirigée contre le jugement mettant fin à l'instance, « ce moyen, qui était (...) sans incidence sur la légalité de la mesure de régularisation seule en cause dans cette instance, devait être écarté comme inopérant ».

Le tribunal administratif de Lyon a jugé qu'à la suite d'une cassation s'opère une cristallisation automatique des moyens, laquelle fait obstacle à l'invocation de moyens nouveaux devant le juge de renvoi[9].

611.885 Mécanisme de cristallisation non applicable aux décisions contestées par le pétitionnaire. L'article R. 600-5 n'est pas applicable aux décisions contestées par le pétitionnaire[10].

1. Le Conseil d'État s'est basé sur cette possibilité pour estimer que le mécanisme ne porte pas atteinte aux droits de la défense : CE 3 juill. 2020, *Conseil national des Barreaux et a. et Synd. des avocats de France*, n° 424293, *Lebon T.* ; *JCP Adm.* 2020, n° 2280, chron. O. Le Bot.
2. CE 8 avr. 2022, *M. et Mme Thiebault*, req. n° 442700, *Lebon T.* ; *BJDU* 2022. 274, concl. E. de Moustier ; *BJDU* 2022. 301, obs. Ph. Ranquet.
3. V. ss n° 611.1281.
4. C. urb., art. R. 600-5, al. 2.
5. C. urb., art. R. 600-5, al. 3.
6. C. urb., art. R. 600-5, al. 1er.
7. CE 24 juin 2022, *M. Mayan et Mme Paolinetti*, req. n° 456348, *Lebon T.* ; *BJDU* 2022. 427, concl. M. Sirinelli.
8. CE 24 juin 2022, *M. Mayan et Mme Paolinetti*, req. n° 456348.
9. TA Lyon, 25 avr. 2023, *Goncalves*, req. n° 2205263, NP ; *JCP Adm.* 2023, n° 2355, note P. Borges-Pinto.
10. C. urb., art. R. 600-5, al. 4.

611.886 Mécanisme de cristallisation applicable aux PCAEC. La cristallisation des moyens prévue par les dispositions de l'article R. 600-5 du code de l'urbanisme s'applique au recours formé contre un permis de construire valant autorisation d'exploitation commerciale par une personne mentionnée à l'article L. 752-17 du code de commerce[1]. Il s'agit là d'une conséquence du principe selon lequel les règles propres au contentieux de l'urbanisme s'étendent au domaine de l'aménagement commercial[2].

§ 4
Conclusions et moyens dans le contentieux de l'aménagement commercial

611.891 Recours formé par une personne mentionnée à l'article L. 752-17 du code de commerce (demandeur, préfet, concurrent) : conclusions dirigées contre l'AEC. Lorsqu'il est saisi par une personne mentionnée à l'article L. 752-17 du code de commerce d'un recours pour excès de pouvoir dirigé contre le permis de construire valant autorisation d'exploitation commerciale, « le juge administratif ne peut être saisi de conclusions tendant à l'annulation de ce permis qu'en tant qu'il tient lieu d'autorisation d'exploitation commerciale »[3].

« Les moyens relatifs à la régularité de ce permis en tant qu'il vaut autorisation de construire sont irrecevables à l'appui de telles conclusions »[4].

611.892 Recours formé par une autre personne : conclusions dirigées contre le permis de construire. Lorsqu'il est saisi par une personne mentionnée à l'article L. 600-1-2 d'un recours pour excès de pouvoir dirigé contre le permis de construire mentionné à l'article L. 425-4, « le juge administratif ne peut être saisi de conclusions tendant à l'annulation de ce permis qu'en tant qu'il vaut autorisation de construire »[5].

« Les moyens relatifs à la régularité de ce permis en tant qu'il tient lieu d'autorisation d'exploitation commerciale sont irrecevables à l'appui de telles conclusions »[6]. Il en résulte que des moyens tirés de la méconnaissance des dispositions du code de commerce ne peuvent être utilement invoqués à l'appui d'une requête dirigée contre un permis relevant de l'article L. 425-4 du code de l'urbanisme en tant qu'il vaut autorisation de construire. Par exemple, un requérant ne peut utilement soutenir que les modifications apportées au projet litigieux nécessitaient qu'une nouvelle demande soit formée par la société bénéficiaire de l'autorisation devant la CDAC afin que cette dernière procède à une nouvelle instruction du projet[7].

§ 5
Date à laquelle s'apprécient les moyens

611.901 Jour de l'édiction de l'acte ; impossibilité de différer le jugement dans l'attente de nouvelles règles. La légalité d'un acte administratif s'apprécie au regard des textes législatifs et réglementaires en vigueur à la date de son intervention. Par suite, le juge ne saurait surseoir à statuer sur la légalité d'un refus de permis de construire jusqu'à la publication de nouvelles règles d'urbanisme[8].

SECTION 3
POUVOIRS DU JUGE

§ 1
Annulation, assortie le cas échéant d'une injonction d'exécution

A.
Annulation rétroactive ou, par exception, différée

611.911 Annulation rétroactive. Si l'acte attaqué est illégal, le juge (sauf s'il procède à une substitution de base légale ou une substitution de motifs[9]) prononce en principe son annulation rétroactive[10].

611.912 Annulation différée (jurisprudence « AC ! »). Le juge administratif se reconnaît la faculté de moduler dans le temps les effets d'une annulation[11]. L'usage de cette faculté est conçu comme devant être tout à fait exceptionnel. Pour apprécier s'il y a lieu pour le juge d'en faire usage, il lui appartient de mettre en balance les inconvénients, au cas d'espèce, de la rétroactivité (pour les intérêts publics

1. CE 4 avr. 2023, *Société Distribution Casino France*, req. n° 460754, *Lebon T.* ; *JCP Adm.* 2023, n° 2254, note F. Polizzi ; *RDI* 2023. 378, obs. M. Revert.
2. Sur ce principe, v. s^s n° 6.08.
3. C. urb., art. L. 600-1-4, al. 1er.
4. C. urb., art. L. 600-1-4, al. 1er ; – par ex. : CAA Bordeaux, 11 juill. 2019, *S^té Issoudun Distribution*, req. n° 17BX03415, NP.
5. C. urb., art. L. 600-1-4, al. 2.
6. C. urb., art. L. 600-1-4, al. 2 ; – par ex. : CAA Nantes, 9 juill. 2018, *Adam*, req. n° 18NT01385, NP.
7. CE, avis, 7 mars 2018, *Bloch*, req. n° 404079, *Lebon* ; *AJDA* 2018. 535 ; *ibid.* 1051, concl. X. Domino ; *RDI* 2018. 294, obs. P. Soler-Couteaux ; *ibid.* 302, obs. M. Revert ; *AJCT* 2018. 410, obs. P. Jacquemoire ; *BJDU* 2018. 186, note X. de Lesquen.
8. CE 26 janv. 1979, *SCI « Le Fragonard »*, req. n° 6086, *Lebon.*
9. V. s^s n°s 611.991 s.
10. CE 26 déc. 1925, *Rodière*, req. n° 88369, *Lebon.*
11. CE, ass., 11 mai 2004, *Assoc. AC !*, req. n° 255886 *Lebon.*

et privés en présence) et ceux qu'aurait (au regard des exigences de la légalité et du droit à un recours effectif) une limitation dans le temps des effets d'une annulation. S'il résulte de ce bilan que les inconvénients de la rétroactivité sont plus importants, le juge peut, à titre exceptionnel, y déroger : soit en décidant que « tout ou partie des effets de cet acte antérieurs à son annulation devront être regardés comme définitifs », soit même, le cas échéant, en décidant que « l'annulation ne prendra effet qu'à une date ultérieure qu'il détermine ».

Rarissimes sont les applications positives de cette jurisprudence dans le contentieux des autorisations d'urbanisme[1].

B. Annulation totale ou partielle

611.921 **Ampleur de l'annulation.** L'annulation peut être totale ou partielle.

L'annulation totale consiste à annuler l'ensemble de l'acte.

L'annulation partielle consiste à annuler certaines dispositions de l'acte.

611.922 **Deux cas d'annulation partielle.** L'annulation partielle d'une autorisation d'urbanisme est possible dans deux cas :

– d'une part, lorsque les dispositions illégales sont divisibles des autres dispositions de l'acte ;

– d'autre part, même en l'absence de divisibilité, lorsque les dispositions illégales sont régularisables.

1° Première variante : annulation partielle en cas de dispositions divisibles

611.931 **Exigence de divisibilité.** Le juge peut limiter l'annulation à certaines dispositions de l'acte attaqué à condition :

– que seules ces dispositions soient illégales ;

– que le requérant a formulé des conclusions aux fins d'annulation partielle de ces dispositions ;

– et qu'elles soient divisibles des autres dispositions de l'acte[2].

611.932 **Divisibilité en cas d'actes comprenant en réalité plusieurs autorisations.** Lorsque les éléments d'un projet de construction ou d'aménagement ayant une vocation fonctionnelle autonome auraient pu faire l'objet d'autorisations distinctes, en raison de l'ampleur et de la complexité du projet, le juge de l'excès de pouvoir peut prononcer une annulation partielle de l'autorisation d'urbanisme du fait de la divisibilité des éléments composant le projet litigieux[3].

Ce premier fondement à l'annulation partielle est d'origine jurisprudentielle. Il repose sur la divisibilité de l'acte attaqué, en l'occurrence le fait qu'il comprend en réalité plusieurs autorisations distinctes.

Par exemple, le juge a pu limiter l'annulation aux dispositions autorisant la construction d'un abri de jardin, qui constitue un élément du permis de construire en litige ayant une vocation fonctionnelle autonome et qui est physiquement distinct de l'autre élément dénommé « passage couvert »[4].

En revanche, la mise en œuvre de cette jurisprudence est exclue en l'absence de divisibilité des éléments de l'autorisation[5]. Ainsi, dans le cas d'une opération portant sur la construction de quatre immeubles, dont un devait être implanté dans la bande littorale, le juge annule l'ensemble des permis dans la mesure où ils étaient indivisibles[6].

611.933 **Divisibilité en cas d'actes comportant plusieurs décisions.** Lorsqu'un acte comporte plusieurs décisions, chacune de celles-ci peut être regardée comme divisible de l'ensemble. Tel est le cas, par exemple :

– d'un arrêté accordant un permis de construire pour une partie des constructions faisant l'objet de la demande et le rejetant pour l'autre[7] ;

– d'un arrêté qui, d'une part, autorise quelques modifications à un permis délivré antérieurement pour la construction d'un centre de thalassothérapie et, d'autre part, accorde un permis de construire pour la réalisation d'une seconde tranche de travaux[8].

En revanche, et par exemple, le « principe de desserte à respecter » énoncé dans une OAP n'est pas divisible des autres dispositions avec lesquelles il

1. POUR un refus de la mettre en œuvre : CE 1er juill. 2009, *SCI Château de Ledeuix*, req. n° 309133, *Lebon T.* ; *BJDU* 2009. 263, concl. A. Courrèges.
2. La question de la divisibilité concerne notamment les prescriptions assortissant les autorisations – V. s^s^ n° 611.74.
3. CE 1er mars 2013, *Fritot (M. et Mme) et a.*, req. n° 350306, *Lebon* ; *BJDU* 2013. 224, concl. X. de Lesquen ; *Dr. env.* 2013. 227, note L. Deldique et D. Deharbe ; *JCP Adm.* 2013, n° 2183, note Ph. Billet ; *Constr.-Urb.* 2013, comm. 54.
4. CAA Douai, 24 nov. 2016, *Rainneville (C^ne^)*, req. n° 15DA00120, NP.
5. PAR EX. : CAA Lyon, 31 mai 2016, *Claix (C^ne^)*, req. n° 14LY04021, NP : « en prononçant une annulation seulement partielle du permis de construire litigieux, alors qu'y faisait obstacle l'interdépendance des différents éléments du projet [...], le tribunal a méconnu son office ».
6. CE 8 mars 2004, *S^té^ des constructions immobilières de Bretagne, S^té^ foncière immobilière Atlantique*, req. n° 248079, NP ; *BJDU* 2004. 352, concl. F. Séners, obs. L. Touvet.
7. CE 4 janv. 1985, *SCI « Résidence du port »*, req. n° 47248, *Lebon*.
8. CE, sect., 16 févr. 1979, *SCI « Cap Naïo »*, req. n° 03646, *Lebon*.

forme un ensemble complet et cohérent. Par suite, les conclusions à fin d'annulation partielle dirigées contre ce principe sont irrecevables[1].

2°
Seconde variante : annulation partielle en cas de vice régularisable

a.
Origine et objet du mécanisme d'annulation partielle pour régularisation

611.941 Fondement textuel. Lorsque certaines dispositions d'une autorisation d'urbanisme sont illégales, elles peuvent faire l'objet d'une annulation partielle si le vice en cause est susceptible de régularisation.

Cette possibilité d'annulation partielle, applicable même en l'absence de divisibilité des dispositions en cause, a été reconnue par le législateur en 2006[2]. Elle se trouve codifiée à l'article L. 600-5 du code de l'urbanisme.

611.942 Description du mécanisme. Le pouvoir d'annulation partielle aux fins de régularisation concerne l'hypothèse dans laquelle le juge administratif[3] :

– est saisi de conclusions dirigées contre un permis de construire, de démolir ou d'aménager ou contre une décision de non-opposition à déclaration préalable ;

– et estime, après avoir constaté que les autres moyens ne sont pas fondés, qu'un vice n'affectant qu'une partie du projet peut être régularisé.

Dans ce cas de figure, le juge[4] :

– limite à cette partie la portée de l'annulation qu'il prononce ;

– et, le cas échéant, fixe le délai dans lequel le titulaire de l'autorisation pourra en demander la régularisation, même après l'achèvement des travaux.

b.
Conditions de mise en œuvre du mécanisme d'annulation partielle pour régularisation

611.951 Trois conditions. Le mécanisme d'annulation partielle peut être mis en œuvre lorsque le juge « estime, après avoir constaté que les autres moyens ne sont pas fondés, qu'un vice n'affectant qu'une partie du projet peut être régularisé »[5].

Le mécanisme peut ainsi être utilisé à trois conditions :

– une illégalité affecte une partie identifiable du projet ;

– cette illégalité est susceptible d'être régularisée par l'autorité compétente ;

– aucun autre moyen n'est fondé.

En outre, il n'est pas nécessaire que la partie illégale du projet soit divisible du reste de ce projet.

611.952 Première condition : un vice affectant une partie identifiable du projet. Le mécanisme d'annulation partielle suppose qu'une illégalité affecte « une partie du projet »[6], « une partie identifiable du projet » précise le Conseil d'État[7] (par exemple, à propos d'un permis de construire une éolienne, une illégalité affectant uniquement le poste de livraison électrique de celle-ci[8]).

Ainsi, la circonstance qu'une illégalité n'affecte pas l'un seulement des bâtiments autorisés par le même permis de construire ne fait pas par elle-même obstacle à une annulation partielle de ce permis lorsque cette illégalité affecte une partie identifiable du projet[9].

611.953 Deuxième condition : un vice régularisable. Le mécanisme d'annulation partielle ne peut être mis en œuvre que lorsque le vice concerné affectant une partie du projet « peut être régularisé »[10].

Jusqu'à la loi ÉLAN, l'article L. 600-5 prévoyait que la régularisation intervienne au moyen d'un permis modificatif[11]. La possibilité d'une régularisation était par conséquent soumise aux conditions et limites prévues par le régime du permis modificatif[12]. En particulier, seules des modifications d'une ampleur limitée pouvaient être apportées[13].

La loi ÉLAN a supprimé de l'article L. 600-5 la notion de permis modificatif, ne laissant subsister que celle de régularisation. Celle-ci est plus large et permet d'affranchir les possibilités de régularisation

1. CAA Toulouse, 21 déc. 2023, *Berrone*, req. n° 21TL24729, NP.
2. L. n° 2006-872, 13 juill. 2006 portant engagement national pour le logement, *JO* 16 juill., n° 1, art. 11.
3. C. urb., art. L. 600-5.
4. C. urb., art. L. 600-5.
5. C. urb., art. L. 600-5.
6. C. urb., art. L. 600-5.
7. CE 1er mars 2013, *Fritot (M. et Mme) et a.*, req. n° 350306, *Lebon ; BJDU* 2013. 224, concl. X. de Lesquen ; *Dr. env.* 2013. 227, note L. Deldique et D. Deharbe ; *JCP Adm.* 2013, n° 2183, note Ph. Billet ; *Constr.-Urb.* 2013, comm. 54.
8. CAA Nantes, 17 janv. 2014, *Fritot*, req. n° 13NT00947, NP ; – arrêt de renvoi de : CE 1er mars 2013, *Fritot (M. et Mme) et a.*, req. n° 350306, *Lebon ; BJDU* 2013. 224, concl. X. de Lesquen ; *Dr. env.* 2013. 227, note L. Deldique et D. Deharbe ; *JCP Adm.* 2013, n° 2183, note Ph. Billet ; *Constr.-Urb.* 2013, comm. 54.
9. CE 11 juill. 2014, *Paris (Ville)*, req. n° 358164, NP.
10. C. urb., art. L. 600-5.
11. CE 1er mars 2013, *Fritot (M. et Mme) et a.*, req. n° 350306.
12. V. ss nos 352.101 s.
13. CE 1er oct. 2015, *Toulouse (Cne)*, req. n° 374338, *Lebon T. ; BJDU* 2015. 421, concl. X. de Lesquen. Sur cette exigence, propre à tout permis modificatif, v. ss nos 352.101 s.

des limites attachées au permis modificatif. Le Conseil d'État en a tiré les conséquences, comme il l'avait fait précédemment au titre de l'article L. 600-5-1[1], en affirmant qu'un vice entachant le bien-fondé de l'autorisation d'urbanisme est susceptible d'être régularisé, « même si cette régularisation implique de revoir l'économie générale du projet en cause, dès lors que les règles d'urbanisme en vigueur à la date à laquelle le juge statue permettent une mesure de régularisation qui n'implique pas d'apporter à ce projet un bouleversement tel qu'il en changerait la nature même »[2]. Ainsi, si la régularisation a normalement pour objet de corriger un vice, le pétitionnaire peut aussi profiter de celle-ci pour apporter à son projet des modifications. Celles-ci peuvent être très importantes, la seule limite tenant à ce que la nature du projet initial soit respectée.

Dans la rédaction antérieure à la loi ÉLAN, le Conseil d'État avait considéré que « la seule circonstance que ces modifications portent sur des éléments tels que son implantation, ses dimensions ou son apparence ne fait pas, par elle-même, obstacle à ce qu'elles fassent l'objet d'un permis modificatif »[3]. Au regard de cette exigence, et à titre d'exemple, la jurisprudence a considéré que peut faire l'objet d'une régularisation le vice tenant à :

– la violation des dispositions du PLU imposant au pétitionnaire des obligations en matière de créations de places de stationnement[4] ;

– la méconnaissance de l'article L. 152-6 du code de l'urbanisme (dérogation aux règles du PLU relatives à l'implantation, au gabarit ou aux aires de stationnement)[5].

N'est pas regardé comme régularisable le vice tenant à ce qu'une autorisation a été délivrée en méconnaissance de l'obligation[6], pour le pétitionnaire, de présenter une demande portant sur les travaux irrégulièrement effectués en même temps que les nouveaux travaux envisagés sur le même bâtiment[7].

Pour apprécier le caractère régularisable du vice, le juge doit prendre en compte la possibilité de revoir l'économie générale du projet, et non du seul projet existant[8].

1. V. s^{s} n° 611.1162.
2. CE 29 juill. 2021, *S^té^ HLM Erilia*, req. n° 439704, NP.
3. CE 1er oct. 2015, *Toulouse (C^ne^)*, req. n° 374338.
4. CE 23 févr. 2011, *SNC Hôtel de la Bretonnerie*, req. n° 325179, *Lebon T. ; Dr. adm.* 2011, comm. 54, note A. Perrin.
5. CE 22 juill. 2020, *S^té^ Altarea Cogedim IDF*, req. n° 426139, *Lebon T. ; BJDU* 2020. 433, concl. O. Fuchs.
6. Posée par la jurisprudence *Thalamy* – V. s^{s} n° 343.71.
7. CE 6 oct. 2021, *S^té^ Maresias*, req. n° 442182, *Lebon T. ; BJDU* 2021. 431, concl. V. Villette ; *Constr.-urb.* 2021, comm. 127, note. L. Santoni ; *Dr. adm.* 2022, comm. 11, note J. Martin ; *RDI* 2021. 609, obs. P. Soler-Couteaux ; *JCP Adm.* 2021, n° 2350, note F. Polizzi.

Le juge ne peut faire application de l'article L. 600-5 lorsque l'autorisation d'urbanisme contestée a été obtenue par fraude[9].

611.954 **Absence d'exigence que la partie illégale soit divisible du projet.** Le mécanisme d'annulation partielle pour régularisation peut être mis en œuvre « sans qu'il soit nécessaire que la partie illégale du projet soit divisible du reste de ce projet »[10].

Il peut par exemple être utilisé, à propos du permis de construire une éolienne, pour régulariser le vice entachant le poste de livraison électrique destiné à injecter l'énergie produite par l'éolienne au réseau électrique, alors même que ce poste de livraison n'est pas divisible du reste du projet[11].

611.955 **Nature du vice.** Selon le Conseil d'État, « la circonstance qu'une autorisation d'urbanisme soit entachée d'une illégalité externe, notamment d'incompétence, ne fait pas obstacle à l'application des dispositions de l'article L. 600-5 du code de l'urbanisme »[12]. Aussi, par exemple, le juge peut-il annuler l'autorisation de lotissement prise par le maire d'une commune, portant sur un projet à cheval sur le territoire de deux communes, en tant seulement qu'il concerne la partie du projet située sur le territoire de l'autre commune, dès lors que cette illégalité n'affecte qu'une partie identifiable du projet, relative à l'aménagement d'une voie d'accès, et qu'elle est susceptible d'être régularisée[13].

611.956 **Troisième condition : caractère infondé des autres moyens.** Le juge ne peut mettre en œuvre le mécanisme d'annulation partielle qu'« après avoir constaté que les autres moyens ne sont pas fondés »[14].

Il ne peut donc y être recouru que si aucun autre moyen invoqué par le demandeur (ou le cas échéant d'ordre public) n'apparaît fondé.

S'agissant de la motivation requise sur ce point, lorsque le juge décide, sur le fondement de l'article

8. CE 11 mars 2024, *Commune de Nouméa*, req. n° 463413, *Lebon T. ; Constr.-Urb.* 2024, comm. 54, note X. Couton ; *JCP Adm.* 2024, n° 2177, note F. Polizzi.
9. V. s^{s} n° 611.1181.
10. CE 1er mars 2013, *Fritot (M. et Mme) et a.*, req. n° 350306 ; – également : CE 1er oct. 2015, *Toulouse (C^ne^)*, req. n° 374338 : arrêt indiquant que l'application des dispositions de l'article L. 600-5 « n'est pas subordonnée à la condition que la partie du projet affectée par ce vice soit matériellement détachable du reste de ce projet ».
11. CAA Nantes, 17 janv. 2014, *Fritot*, req. n° 13NT00947, NP ; – arrêt de renvoi de : CE 1er mars 2013, *Fritot (M. et Mme) et a.*, req. n° 350306.
12. CE 27 nov. 2013, *Assoc. Bois-Guillaume Réflexion*, req. n° 358765, *Lebon T. ; Constr.-Urb.* 2014, comm. 6, note P. Cornille.
13. CE 27 nov. 2013, *Assoc. Bois-Guillaume Réflexion*, req. n° 358765.
14. C. urb., art. L. 600-5.

L. 600-5, de limiter à une partie du projet l'annulation de l'autorisation d'urbanisme qu'il prononce, il lui appartient de constater préalablement qu'aucun des autres moyens présentés devant lui susceptibles de fonder une annulation totale de cette autorisation ne peut être accueilli et d'indiquer dans sa décision pour quels motifs ces moyens doivent être écartés[1].

611.957 Absence d'exigence que les travaux ne soient pas achevés. La mise en œuvre du mécanisme est possible « même après l'achèvement des travaux »[2].

611.958 Possibilité de mise en œuvre après une régularisation sous l'égide du juge (annulation partielle après un sursis à statuer). Les mécanismes de l'article L. 600-5-1 (sursis à statuer aux fins de régularisation) puis de l'article L. 600-5 (annulation partielle du permis de régularisation) peuvent être mis en œuvre successivement. Le Conseil d'État rappelle en effet qu'il résulte des articles L. 600-5 et L. 600-5-1 du code de l'urbanisme, éclairés par les travaux parlementaires ayant conduit à l'adoption de la loi ÉLAN, que, lorsque le ou les vices affectant la légalité de l'autorisation d'urbanisme dont l'annulation est demandée sont susceptibles d'être régularisés, le juge administratif doit, en application de l'article L. 600-5-1 du code de l'urbanisme, surseoir à statuer sur les conclusions dont il est saisi contre cette autorisation, sauf à ce qu'il fasse le choix de recourir à l'article L. 600-5 du code de l'urbanisme, si les conditions posées par cet article sont réunies, ou que le bénéficiaire de l'autorisation lui ait indiqué qu'il ne souhaitait pas bénéficier d'une mesure de régularisation[3]. Il ajoute qu'il « n'en va pas différemment lorsque l'autorisation d'urbanisme contestée devant le juge est une mesure de régularisation qui lui a été notifiée pendant le délai qu'il avait fixé en mettant antérieurement en œuvre l'article L. 600-5-1 du code de l'urbanisme ». En conséquence, un tribunal administratif ne commet pas d'erreur de droit en faisant application, par un second jugement, de l'article L. 600-5 du code de l'urbanisme après avoir fait application, par un premier jugement, de l'article L. 600-5-1, en laissant ainsi au pétitionnaire un délai après le second jugement pour demander la régularisation d'un vice affectant le permis de régularisation qu'il avait obtenu, dans le délai imparti par le premier jugement, pour régulariser un autre vice qui affectait le permis de construire initial[4]. Le Conseil d'État ajoute que cette mise en œuvre successive des articles L. 600-5-1 et L. 600-5 du code de l'urbanisme ne méconnaît pas le droit à un recours effectif garanti par les articles 6 et 13 de la convention européenne des droits de l'homme[5].

c. Mise en œuvre du mécanisme d'annulation partielle pour régularisation

611.961 Obligation pour le juge de mettre en œuvre le mécanisme d'annulation partielle. « Le refus par le juge de faire droit à une demande d'annulation partielle est motivé »[6]. Par cette rédaction, le législateur a entendu rendre obligatoire la mise en œuvre du mécanisme d'annulation partielle lorsque les conditions énoncées à l'article L. 600-5 sont remplies. Il revient au juge de motiver un refus en justifiant que l'une au moins des conditions énoncées n'est pas remplie, faisant ainsi obstacle à son application.

611.962 Possibilité de mise en œuvre d'office. La mise en œuvre de l'article L. 600-5 n'est pas subordonnée à la présentation de conclusions en ce sens[7].

611.963 Pouvoir propre. Le pouvoir d'annulation partielle aux fins de régularisation constitue un pouvoir propre du juge. Il en résulte que le juge qui met en œuvre les pouvoirs que lui confèrent les dispositions de l'article L. 600-5 du code de l'urbanisme se borne à exercer son office. Par suite, il n'est pas tenu de recueillir les observations des parties avant de mettre en œuvre ces pouvoirs, et il ne soulève pas un moyen d'ordre public qu'il devrait communiquer aux parties en application de l'article R. 611-7 du CJA[8].

1. CE 16 oct. 2017, *Besançon (M.) et a.*, req. n° 398902, *Lebon T. ; BJDU* 2018. 42, concl. G. Odinet.
2. C. urb., art. L. 600-5 – Cette précision a été apportée par la loi ÉLAN (L. n° 2018-1021, 23 nov. 2018, art. 80) pour contourner la jurisprudence subordonnant la mise en œuvre de l'article L. 600-5 à la condition que les travaux autorisés par le permis initial ne soient pas achevés (CE 1er oct. 2015, *Toulouse (Cne)*, req. n° 374338, *Lebon T. ; BJDU* 2015. 421, concl. X. de Lesquen).
3. V. ss n° 611.1201.
4. CE 17 mars 2021, *Venturin (Mme)*, req. n° 436073, *Lebon T. ; JCP Adm.* 2021, n° 2168, note F. Polizzi ; *BJDU* 2021. 212, concl. V. Villette ; *Constr.-Urb* 2021, comm. 63, note. L. Santoni ; *Dr. adm.* 2021, comm. 38, note B. Defoort.
5. CE 17 mars 2021, *Venturin (Mme)*, req. n° 436073.
6. C. urb., art. L. 600-5 – Cette précision a été apportée par la loi ÉLAN (L. n° 2018-1021, 23 nov. 2018, art. 80) pour contourner la jurisprudence estimant que la mise en œuvre du mécanisme d'annulation partielle pour régularisation constituait pour le juge une faculté (CE 15 oct. 2014, *SCI des Fins et Annecy (Cne)*, req. n° 359175, *Lebon T. ; BJDU* 2015. 42, concl. M. Vialettes).
7. CE 15 oct. 2014, *SCI des Fins et Annecy (Cne)*, req. n° 359175, *Lebon T. ; BJDU* 2015. 42, concl. M. Vialettes.
8. CE 4 oct. 2013, *Andrieu (M.) et Perrée (Mme)*, req. n° 358401, *Lebon T. ; BJDU* 2013. 472, concl. M. Vialettes ; *Dr. adm.* févr. 2014, n° 2, p. 43, note J.-M. Staub.

611.964 **Décision du juge.** Lorsque les conditions énoncées à l'article L. 600-5 sont remplies, le juge[1] :

- limite à la partie du projet entaché du vice la portée de l'annulation qu'il prononce ;
- et, le cas échéant, fixe le délai dans lequel le titulaire de l'autorisation pourra en demander la régularisation, même après l'achèvement des travaux.

Le jugement rendu dessaisit le juge et clot le litige. En effet, ce jugement ne constitue pas un sursis à statuer mais une décision définitive.

Dans l'attente de la régularisation, le titulaire de l'autorisation ne dispose que d'une autorisation partielle, qu'il peut mettre en œuvre dans cette mesure. Il devra toutefois, pour pouvoir réaliser la partie qui se trouvait entachée d'un vice, obtenir le permis modificatif exigé. Pour cela, il lui appartient de présenter une demande de régularisation (l'administration ne peut procéder d'office à la régularisation), le cas échéant avant l'expiration du délai qui lui a été imparti par le juge.

d.
Contestation de la mesure prise

611.971 **Hypothèse où aucune voie de recours n'a été formée contre le jugement.** Si le jugement prononçant l'annulation partielle n'a pas fait l'objet d'un appel, la compétence pour contester la mesure de régularisation intervenue relève du tribunal administratif. En effet, les règles habituelles de compétence s'appliquent dans un tel cas de figure : le nouvel acte est contesté dans le cadre d'une nouvelle instance.

611.972 **Hypothèse où un appel a été formé contre le jugement (après annulation partielle pour régularisation).** Lorsque le jugement prononçant l'annulation partielle est contesté en appel, le juge d'appel est compétent pour connaître tant de ce jugement que de la mesure de régularisation qui a été le cas échéant adoptée à la suite de celui-ci.

En ce sens, le Conseil d'État indique[2] que lorsqu'un tribunal administratif, après avoir écarté comme non fondés les autres moyens de la requête, a retenu l'existence d'un ou plusieurs vices entachant la légalité du permis dont l'annulation lui était demandée et, après avoir estimé que ce ou ces vices étaient régularisables par un permis modificatif, « a décidé de faire usage des pouvoirs qu'il tient de l'article L. 600-5 du code de l'urbanisme en prononçant une annulation partielle du permis attaqué » et en fixant, le cas échéant, le délai dans lequel le titulaire du permis en cause pourra en demander la régularisation :

- « l'auteur du recours formé contre le permis est recevable à faire appel du jugement en tant qu'en écartant certains de ses moyens et en faisant usage de l'article L. 600-5, il a rejeté sa demande d'annulation totale du permis » ;
- « le titulaire du permis et l'autorité publique qui l'a délivré étant pour leur part recevables à contester le jugement en tant qu'en retenant l'existence d'un ou plusieurs vices entachant la légalité du permis attaqué, il n'a pas complètement rejeté la demande du requérant ».

Lorsque le juge d'appel est saisi dans ces conditions d'un appel contre le jugement du tribunal administratif et qu'un permis modificatif a été délivré aux fins de régulariser les vices du permis relevés par ce jugement, « il résulte des dispositions de l'article L. 600-5-2 du code de l'urbanisme (...) que le bénéficiaire ou l'auteur de cette mesure de régularisation la lui communique sans délai, les parties de première instance comme les tiers, en application des dispositions de l'article R. 345-1 du code de justice administrative, ne pouvant contester cette mesure que devant lui tant que l'instance d'appel est en cours ». Par suite, « si un recours pour excès de pouvoir a été formé contre cette mesure de régularisation devant le tribunal administratif, ce dernier la transmet (...) à la cour administrative d'appel saisie de l'appel contre le permis initial ».

Il appartient alors au juge d'appel de se prononcer, « dans un premier temps, sur la légalité du permis initial tel qu'attaqué devant le tribunal administratif » :

- s'il estime qu'aucun des moyens dirigés contre ce permis, soulevés en première instance ou directement devant lui, n'est fondé, « le juge d'appel doit annuler le jugement, rejeter la demande d'annulation dirigée contre le permis et, s'il est saisi de conclusions en ce sens, statuer également sur la légalité de la mesure de régularisation » ;
- si au contraire, il estime fondés un ou plusieurs des moyens dirigés contre le permis initial mais que les vices affectant ce permis ne sont pas régularisables, « le juge d'appel doit annuler le jugement en tant qu'il ne prononce qu'une annulation partielle du permis et annuler ce permis dans son ensemble, alors même qu'une mesure de régularisation est intervenue postérieurement au jugement de première instance, cette dernière ne pouvant alors, eu égard aux vices affectant le permis initial, avoir pour effet de le régulariser ». Il doit par suite également « annuler cette mesure de régularisation par voie de conséquence ».

1. C. urb., art. L. 600-5.
2. CE, sect., 15 févr. 2019, *Cogolin (Cne)*, req. n° 401384, *Lebon ; Constr.-Urb.* 2019, comm. 73, note X. Couton ; *JCP Adm.* 2019, n° 2239, note M. Cornille ; *AJDA* 2019. 752, chron. C. Malverti et C. Beaufils ; *BJDU* 2019. 186, concl. L. Dutheillet de Lamothe ; *RDI* 2019. 235, note M. Revert ; *RFDA* 2019. 543, concl.

Dans les autres cas, c'est-à-dire lorsque le juge d'appel estime que le permis initialement attaqué est affecté d'un ou plusieurs vices régularisables, « il statue ensuite sur la légalité de ce permis en prenant en compte les mesures prises le cas échéant en vue de régulariser ces vices, en se prononçant sur leur légalité si elle est contestée » :

– au terme de cet examen, s'il estime que le permis ainsi modifié est régularisé, le juge rejette les conclusions dirigées contre la mesure de régularisation ;

– s'il constate que le permis ainsi modifié est toujours affecté d'un vice, il peut faire application des dispositions de l'article L. 600-5 ou de l'article L. 600-5-1 du code de l'urbanisme pour permettre sa régularisation.

611.973 **Hypothèse où un appel a été formé contre le jugement (après annulation totale de l'autorisation).** La solution précédemment indiquée s'applique également lorsque le tribunal administratif a prononcé l'annulation totale du permis de construire sans faire usage de l'article L. 600-5. Le Conseil d'État indique en effet qu'il résulte des dispositions de l'article L. 600-5-2 que, lorsque le juge d'appel est saisi d'un appel contre un jugement d'un tribunal administratif ayant annulé un permis de construire en retenant l'existence d'un ou plusieurs vices entachant sa légalité et qu'un permis modificatif, une décision modificative ou une mesure visant à la régularisation de ces vices a été pris, « seul le juge d'appel est compétent pour connaître de sa contestation » dès lors que ce permis, cette décision ou cette mesure lui a été communiqué ainsi qu'aux parties. Par suite, « si un recours pour excès de pouvoir a été formé contre ce permis, cette décision ou cette mesure devant le tribunal administratif », il incombe à ce dernier « de le transmettre (...) à la cour administrative d'appel saisie de l'appel contre le jugement relatif au permis initial »[1].

611.974 **Hypothèse où un pourvoi a été formé contre le jugement (après annulation partielle de l'autorisation).** En cas d'exercice d'un pourvoi contre un jugement prononçant l'annulation partielle d'un permis de construire et alors qu'est intervenue, à la suite de ce jugement, une mesure de régularisation au titre de l'article L. 600-5 du code de l'urbanisme, il est loisible au Conseil d'État, après cassation de ce jugement et évocation de l'affaire, de statuer également, dans l'intérêt d'une bonne administration de la justice, sur le recours pour excès de pouvoir formé contre cette mesure[2].

1. CE 15 déc. 2021, *Mme Trunkenwald et a.*, req. n° 453316, *Lebon T.* ; *BJDU* 2022. 157, concl. O. Fuchs ; *JCP Adm.* 2022, comm. 2088, note F. Polizzi ; *Procédures* 2022, comm. 52, obs. S. Deygas.

C.
Mesure complémentaire à l'annulation : injonction d'exécution

611.981 **Détermination des mesures à prendre.** L'annulation peut être assortie d'une injonction d'exécution sur le fondement des articles L. 911-1 ou L. 911-2 du CJA. L'injonction peut consister :

– soit à prendre une décision dans un sens déterminé[3] ;

– soit à prendre une nouvelle décision après instruction[4].

L'injonction d'exécution peut être prononcée d'office par le juge.

611.982 **Contestation par l'administration.** L'autorité administrative qui a pris une décision sur injonction du juge administratif, qu'il lui ait été ordonné de prendre une mesure dans un sens déterminé ou de statuer à nouveau sur la demande d'un administré, n'a qualité[5] :

– ni pour demander l'annulation ou la suspension de sa propre décision ;

– ni pour exercer une voie de recours contre une décision juridictionnelle rejetant la demande de tiers tendant aux mêmes fins.

Il appartient seulement à cette autorité, si elle s'y croit fondée, d'exercer les voies de recours ouvertes contre la décision juridictionnelle qui a prononcé l'injonction[6].

§ 2
Substitution de base légale ou de motifs

A.
Substitution de base légale

611.991 **Mécanisme.** La substitution de base légale concerne l'hypothèse où l'administration ne s'est pas fondée sur le bon texte. L'acte est fondé sur un texte inadéquat alors qu'un autre texte, non retenu par son auteur, est de nature à lui donner une base juridique appropriée. Au lieu d'annuler l'acte pour défaut de base légale, le juge peut (à la demande de l'administration ou de sa propre initiative) remplacer celle-ci par une base juridique appropriée (comme

2. CE 10 oct. 2022, *Guedel*, req. n° 452955, *Lebon T.* ; *JCP Adm.* 2022, n° 2312, obs. F. Polizzi ; *Dr. adm.* 2023, comm. 7, note J. Martin ; *BJDU* 2023. 264, concl. M. Sirinelli ; *RDI* 2022. 675, obs. P. Soler-Couteaux.
3. CJA, art. L. 911-1.
4. CJA, art. L. 911-2.
5. CE 15 oct. 2018, *Les Sables-d'Olonne*, req. n° 416670, *Lebon T.*
6. CE 15 oct. 2018, *Les Sables-d'Olonne*, req. n° 416670, *Lebon T.*

le ferait l'administration à la suite de l'annulation). Il rejette le recours après avoir procédé à ce remplacement d'un texte par un autre, c'est-à-dire après avoir réalisé cette substitution de base légale.

Le plus souvent, le juge procède à une substitution de base légale après y avoir été invité par le défendeur.

611.992 Conditions. Plusieurs conditions sont requises pour que le juge puisse procéder à une substitution de base légale :

- le texte à substituer doit avoir une « portée équivalente » à celle de la base légale inadéquate [1] ;
- l'administration doit disposer « du même pouvoir d'appréciation » sur le fondement des deux textes en cause [2] (ce qui n'est pas le cas si elle bénéficie d'un pouvoir discrétionnaire dans l'un, et agit au titre d'une compétence liée dans l'autre) ;
- l'intéressé doit avoir disposé « des garanties dont est assortie l'application du texte substitué » [3].

En outre, dans le cas où le juge envisage d'office de procéder à la substitution, il doit au préalable inviter les parties à formuler leurs observations [4].

611.993 Illustration. Par exemple, dans le cas où arrêté de permis de construire met à la charge du pétitionnaire une participation d'urbanisme sur la base d'un texte qui ne le permet pas, le juge peut procéder à une substitution de base légale si le montant de cette participation est dû en vertu d'un autre texte conférant à l'administration le même pouvoir d'appréciation [5].

B. Substitution de motifs

611.1001 Mécanisme (jurisprudence Hallal). Qu'elle ait agi en situation de compétence liée ou dans un cas de compétence discrétionnaire, l'administration peut présenter une demande de substitution de motifs, afin que soit substitué au motif illégal ayant justifié la décision un autre motif (de droit ou de fait) permettant de justifier légalement celle-ci au moment où elle a été prise.

611.1002 Conditions. La substitution de motifs ne peut intervenir que si elle est demandée par l'administration. Le juge ne peut y procéder d'office.

Pour être admis, le motif substitué doit, comme le motif initial, être fondé sur la situation existant à la date de la décision attaquée. Il appartient au juge (après avoir mis à même l'auteur du recours de présenter ses observations sur la substitution ainsi sollicitée) de rechercher si un tel motif est de nature à fonder légalement la décision, puis d'apprécier si l'administration aurait pris la même décision si elle s'était fondée initialement sur ce motif.

Dans l'affirmative, il peut procéder à la substitution demandée « sous réserve toutefois qu'elle ne prive pas le requérant d'une garantie procédurale liée au motif substitué » (par exemple si, compte tenu du nouveau motif, la décision aurait dû être précédée de la consultation d'un organisme ou de l'observation d'une procédure contradictoire) [6].

En tout état de cause, une substitution ne saurait être demandée pour remédier au vice résultant :

- d'une insuffisance de motivation [7] ;
- d'une incompétence [8] ;
- ou d'une irrégularité de forme [9].

611.1003 Illustrations. Par exemple, l'administration s'oppose à un raccordement électrique au motif que le terrain se trouve en zone inondable. Devant le juge, l'administration s'aperçoit que ce motif est illégal et change de justification : le nouveau motif tient à ce qu'aucun permis de construire n'a été délivré. Elle demande au juge de remplacer l'ancien motif par le nouveau. Les conditions de la substitution de motifs étant réunies, le juge y procède [10].

§ 3 Neutralisation de motifs

611.1011 Refus d'un PC pour plusieurs motifs dont un seul est illégal. La neutralisation de motifs intervient lorsque la décision attaquée est explicitement fondée sur plusieurs motifs : l'un au moins est légal, mais un ou plusieurs autres motifs sont illégaux (et entachent de ce fait la décision d'illégalité). Par exemple, un refus de permis de construire est fondé sur deux motifs dont un seul justifie légalement le refus. Si l'administration aurait pu prendre la décision de refus en se fondant sur l'autre motif, le juge neutralise (généralement d'office) le motif illégal et rejette le recours [11].

1. CE 11 juin 1993, *Sté Landrieu*, req. n° 89497, *Lebon*.
2. CE, sect., 3 déc. 2003, *El Bahi*, req. n° 240267, *Lebon*.
3. CE, sect., 3 déc. 2003, *El Bahi*, req. n° 240267, *Lebon*.
4. CE, sect., 3 déc. 2003, *El Bahi*, req. n° 240267, *Lebon*.
5. CE 7 juill. 2010, *EARL des Noëls*, req. n° 311477, *Lebon T.*
6. CE, sect., 6 févr. 2004, *Hallal*, req. n° 240560, *Lebon*.
7. CE 25 avr. 2007, *Rosenthal*, req. n° 290197, *Lebon T.*
8. CE 16 mai 2007, *Joseph*, req. n° 304966, *Lebon T.*
9. CE 31 mars 2010, *Delasara*, req. n° 306122, *Lebon T.*
10. CAA Marseille, 25 nov. 2010, *Cornillon Confoux (Cne)*, n° 08MA4785, NP ; – pour d'autres ex. : CAA Douai, 25 mars 2014, *Mouy (Cne)*, req. n° 13DA00889, NP – CAA Versailles, 30 avr. 2014, *Hallac*, req. n° 13VE02325, NP – CAA Versailles, 30 avr. 2014, *Holtz*, req. n° 12NT02773, NP – CAA Bordeaux, 3 nov. 2020, *Poitiers (Cne)*, req. n° 19BX03698, NP – CAA Marseille, 24 janv. 2022, *Sté FPV Lucciana*, req. n° 20MA03352, NP.
11. CE 2 févr. 1977, *SCI Faidherbe Lepère*, req. n° 01472, *Lebon T.* ; – CE 14 déc. 1979, *Sté d'alimentation d'Alsace et de Lorraine*, req. n° 12265, *Lebon T.*

§ 4
Condamnation de l'auteur d'un recours abusif

611.1021 Deux fondements. Le juge administratif peut condamner l'auteur d'un recours abusif par deux procédés :

- le prononcé d'une amende pour recours abusif ;
- ou l'engagement de sa responsabilité.

A.
Condamnation à une amende pour recours abusif

611.1031 Fondement. Le juge peut condamner le requérant à une amende d'un montant maximum de 10 000 euros s'il estime que son recours présente un caractère abusif[1].

611.1032 Pouvoir propre du juge. Le prononcé d'une amende pour recours abusif constitue un pouvoir propre du juge ; il s'ensuit qu'une demande tendant au prononcé d'une amende est irrecevable[2].

611.1033 Motivation. Le juge n'a pas à motiver spécialement sa décision de condamner le requérant à une amende.

611.1034 Conditions. Un requérant qui a obtenu entière satisfaction ne peut être condamné[3].

En pratique, le juge use très modérément de ce pouvoir et, pour ne pas contrarier le droit à un recours effectif, ne sanctionne que l'acharnement procédural et la quérulence contentieuse (des requêtes successives présentées par un requérant sur le même objet malgré les précédents rejets, une requête manifestement fantaisiste qui ne constitue pas un acte isolé du requérant[4]).

Le Conseil d'État veille à un usage extrêmement modéré et circonspect de ce pouvoir par les juges du fond[5].

611.1035 Pratique. Dans le contentieux des autorisations d'urbanisme comme dans les autres contentieux, les applications de l'article R. 741-12 du CJA présentent un caractère tout à fait exceptionnel[6].

1. CJA, art. R. 741-12.
2. CE 24 janv. 1986, *Rosset*, req. nº 41283, *Lebon T.*
3. CE 28 juin 1993, *Padritge*, req. nº 66031, *Lebon T.* : possibilité de condamner le requérant qui a obtenu une satisfaction seulement partielle.
4. PAR EX., dans le contentieux administratif général : CE 28 nov. 2006, *Bidalou*, req. nº 299089, NP.
5. PAR EX. : CE 4 févr. 2019, *Raymond*, req. nº 417885, *Lebon T. ; JCP Adm.* 2019, nº 2222, chron. O. Le Bot.

B.
Engagement de responsabilité de l'auteur d'un recours abusif

611.1041 Origine et objet. Par dérogation au principe excluant la recevabilité des conclusions reconventionnelles en excès de pouvoir[7], le législateur a admis que le titulaire d'une autorisation d'urbanisme à l'encontre de laquelle un recours est introduit a la possibilité de demander au juge administratif d'engager la responsabilité de son auteur[8].

Il faut noter que, de façon surprenante, le juge judiciaire s'est également reconnu le pouvoir d'engager la responsabilité civile d'un justiciable en raison d'un recours abusivement formé par celui-ci devant le juge administratif[9].

1°
Champ d'application

611.1051 Quant aux personnes. L'article L. 600-7 ne contient plus de limitations quant aux personnes dont la responsabilité peut être engagée[10].

611.1052 Quant aux recours. L'article L. 600-7 s'applique aux « recours pour excès de pouvoir ».

611.1053 Quant aux actes. L'article L. 600-7 s'applique aux recours formés « contre un permis de construire, de démolir ou d'aménager ».

Il s'ensuit qu'il est inapplicable au recours formé contre un acte autre, par exemple :

- le refus de constater la caducité d'un permis de construire[11] ;
- ou un transfert de permis[12].

2°
Recevabilité des conclusions

611.1061 Présentation par mémoire distinct. Les conclusions indemnitaires doivent être présen-

6. POUR UN EX. : CAA Versailles, 5 juin 2014, *Thierry*, req. nº 12VE01176, NP.
7. CE, sect., 24 nov. 1967, *Noble*, req. nº 66271, *Lebon* (conclusions reconventionnelles à fin d'indemnité pour recours abusif).
8. C. urb., art. L. 600-7 ; créé par ord. nº 2013-638, 18 juill. 2013, art. 2.
9. V. s^s^ n°s 611.1081 s.
10. Dans sa version initiale, cet article ne s'appliquait pas aux associations de protection de l'environnement agréées. Cette limitation a été supprimée par la loi ÉLAN (L. nº 2018-1021, 23 nov. 2018, art. 80).
11. CAA Marseille, 10 oct. 2019, *Ripoche*, req. nº 17MA04703, NP.
12. CAA Marseille, 12 mai 2016, *Boughalmi*, req. nº 14MA05185, NP.

tées « par un mémoire distinct »[1], ce à peine d'irrecevabilité[2].

611.1062 Demande ne pouvant être formée que par le titulaire de l'autorisation. Seul le bénéficiaire de l'autorisation est recevable à formuler des conclusions indemnitaires[3]. La commune qui a délivré l'autorisation litigieuse est irrecevable à présenter des conclusions sur le fondement de l'article L. 600-7[4].

611.1063 Présentation en appel. La demande « peut être présentée pour la première fois en appel »[5].

3°
Conditions d'engagement de la responsabilité du requérant

611.1071 Deux conditions. L'engagement de la responsabilité du requérant est subordonné à deux conditions. Le recours doit être mis en œuvre dans des conditions[6] :

– qui traduisent un comportement abusif de la part du requérant ;

– et qui causent un préjudice au bénéficiaire du permis.

Les conditions étaient plus strictes dans la version initiale[7]. La formulation des conditions a été modifiée par le législateur[8] dans l'objectif de rendre plus facile l'engagement de la responsabilité des requérants.

611.1072 Comportement abusif du requérant. Le requérant doit avoir fait preuve d'un comportement « abusif ». La jurisprudence n'a pas encore fourni de précision sur le sens et la portée de cette notion.

Une cour a estimé qu'une association a fait preuve d'un comportement abusif en présentant un recours entaché de nombreuses irrecevabilités (excédant notamment son objet social), présenté après un rejet – également pour irrecevabilité – d'un précédent recours formé contre un premier permis d'aménager accordé au bénéficiaire[9].

611.1073 Préjudice porté au bénéficiaire. Il appartient au bénéficiaire de l'autorisation contestée d'établir la réalité du préjudice qu'il allègue.

Une cour a admis l'existence d'un préjudice moral d'une SCI familiale qui, dans l'attente de pouvoir disposer d'un permis ayant acquis un caractère définitif, n'a toujours pas pu mener à bien son projet d'aménagement et de vente d'une parcelle à lotir. L'association auteure du recours a été condamnée à verser à la SCI des dommages et intérêts d'un montant de 3 000 euros[10].

C.
Action du constructeur devant le juge civil contre le requérant auteur d'un recours devant le juge administratif

611.1081 Abus de droit. Sur le fondement de l'abus de droit, le juge civil s'est reconnu compétent pour engager la responsabilité d'un requérant à raison d'un recours formé par celui-ci devant la juridiction administrative causant un préjudice au bénéficiaire de l'autorisation[11].

Cette solution n'apparaît pas satisfaisante car un tribunal civil n'est assurément pas le mieux placé pour apprécier le caractère abusif d'un recours introduit devant une juridiction administrative.

Malgré la mise en place d'un mécanisme spécifique, devant le juge administratif, d'engagement de la responsabilité des auteurs de recours abusifs[12], la Cour de cassation a maintenu sa jurisprudence[13].

611.1082 Pratique. Extrêmement rares sont les décisions judiciaires ayant reconnues la responsabilité d'un justiciable à raison d'un recours exercé devant le juge administratif.

1. C. urb., art. L. 600-7.
2. PAR EX. : CAA Marseille, 6 juin 2014, *Évora*, req. n° 12MA03608, NP.
3. V. la rédaction de l'article L. 600-7 : lorsque le recours « est mis en œuvre dans des conditions qui [...] causent un préjudice au bénéficiaire du permis, *celui-ci* peut demander [...] de condamner l'auteur de celui-ci à lui allouer des dommages et intérêts ».
4. CAA Marseille, 24 nov. 2016, *Guinebault*, req. n° 15MA00453, NP.
5. C. urb., art. L. 600-7.
6. C. urb., art. L. 600-7.
7. L'article L. 600-7 exigeait un recours formé « dans des conditions qui excèdent la défense des intérêts légitimes du requérant et qui causent un préjudice excessif au bénéficiaire du permis ».
8. L. n° 2018-1021, 23 nov. 2018 portant évolution du logement, de l'aménagement et du numérique (ÉLAN), art. 80.
9. CAA Versailles, 3 oct. 2019, *Assoc. des contribuables du dourdannais en Hurepoix*, req. n° 18VE01741, NP (arrêt devenu définitif en l'absence d'admission du pourvoi formé à son encontre : CE 10 juin 2020, req. n° 436447, NP).
10. CAA Versailles, 3 oct. 2019, *Assoc. des contribuables du dourdannais en Hurepoix*, req. n° 18VE01741, NP (arrêt devenu définitif en l'absence d'admission du pourvoi formé à son encontre : CE 10 juin 2020, req. n° 436447, NP).
11. Civ. 3e, 9 mai 2012, req. n° 11-13.597, P III, n° 71 ; *AJDA* 2012. 980 ; *D.* 2012. 1338 – Civ. 3e, 5 juin 2012, *Sté Finareal*, req. n° 11-17.919, *Constr.-Urb.* 2012, comm. 129, note P. Cornille.
12. V. ss nos 611.1041 s.
13. Civ. 1re, 16 nov. 2016, req. n° 16-14.152, P : une cour d'appel décide à bon droit que l'article L. 600-7 du code de l'urbanisme, qui permet, dans des conditions strictement définies, au bénéficiaire d'un permis de construire de solliciter, devant le juge administratif saisi d'un recours pour excès de pouvoir contre ce permis, des dommages-intérêts ▶

Néanmoins, la portée réelle de cette jurisprudence doit être appréciée à la lumière d'une pratique insidieuse qu'elle a suscitée chez les professionnels de l'immobilier, consistant à assigner devant le tribunal judiciaire les auteurs de recours en leur réclamant des dommages et intérêts faramineux. Les requérants, impressionnés par les montants réclamés, préfèrent souvent renoncer à leur recours plutôt que de prendre le risque de se retrouver ruinés. Cette pratique est réelle mais, n'apparaissant pas dans les décisions de justice, présente une certaine invisibilité.

La Cour de cassation ne semble pas disposer à y mettre un frein[1]. Un changement est toutefois en train de s'amorcer au niveau des cours d'appel[2].

SECTION 4 INSTRUCTION DE LA DEMANDE

§ 1 Réouverture de l'instruction

611.1091 **Production tardive.** Le juge est tenu de rouvrir l'instruction et de soumettre au débat contradictoire une production tardive lorsque[3] :

– cette production contient l'exposé d'une circonstance de fait ou d'un élément de droit dont la partie qui l'invoque n'était pas en mesure de faire état avant la clôture de l'instruction ;

– et qui est susceptible d'exercer une influence sur le jugement de l'affaire.

Par exemple, le juge est tenu de rouvrir l'instruction en cas de production tardive :

– d'un avis du bureau prévention de la préfecture, délivré postérieurement à la clôture de l'instruction (énonçant notamment que la construction projetée concourt à la sécurité des occupants et permet la mise en œuvre des matériels des sapeurs-pompiers) et susceptible, eu égard au motif d'annulation retenu, exclusivement tiré de l'erreur manifeste d'appréciation qu'aurait commise le maire en considérant que le projet litigieux satisfaisait aux exigences de l'article R. 111-2 du code de l'urbanisme, d'exercer une influence sur le jugement de l'affaire[4] ;

– d'un permis modificatif, intervenu en régularisation du permis initial, que la partie n'était pas en mesure de produire avant la clôture de l'instruction[5] (toutefois l'obligation de régularisation ne s'impose pas si ce permis doit en réalité être regardé comme un nouveau permis[6]).

§ 2 Mesures d'instruction

611.1101 **Mesures de droit commun.** Si les productions des parties ne lui paraissent pas suffisantes pour statuer en connaissance de cause, il arrive que le juge mette en œuvre une des mesures d'instruction prévues par le CJA ou admises par la jurisprudence : expertise (généralement ordonnée en référé)[7], visite sur les lieux[8], séance orale d'instruction, *amicus curiae*[9], etc.

611.1102 **Géoportail.** Le juge peut se fonder sur les données publiques du site Géoportail sans les communiquer aux parties. Toutefois, il n'est autorisé à le faire que si leur consultation conduit à « conforter » son appréciation des pièces du dossier (ce qui suppose

▶ contre l'auteur du recours, n'a ni pour objet ni pour effet d'écarter la compétence de droit commun du juge judiciaire pour indemniser, sur le fondement de l'article 1382, devenu 1240 du code civil, le préjudice subi du fait d'un recours abusif.

1. Civ. 2e, 5 mars 2015, req. no 14-13.491, NP : l'arrêt attaqué de la cour d'appel « retient que s'il est indéniable que le montant particulièrement élevé des dommages-intérêts réclamés était de nature à déstabiliser les intimés, voire à faire pression sur eux, il n'en reste pas moins que la société pouvait légitimement considérer que les recours en annulation dirigés contre son permis de construire ne reposaient sur aucun moyen sérieux, n'avaient pour objet que de lui nuire et retarder la mise en œuvre de son projet immobilier puisqu'il ressort de la lecture du jugement rendu le 22 avril 2013 par le tribunal administratif de Marseille qu'un seul des très nombreux moyens soulevés a été jugé recevable et *bien fondé* ; qu'il ne saurait donc être reproché à la société d'avoir fait preuve de légèreté blâmable, de témérité ou encore d'avoir commis une erreur grossière ». La Cour de cassation estime « qu'en l'état de ces constatations et énonciations, la cour d'appel a pu déduire que la société n'avait pas commis de faute dans l'exercice de son droit d'agir en justice ».
2. V. Aix-en-Provence, 30 janv. 2024, no 20/00834, NP : arrêt condamnant à 6 000 euros de dommages et intérêts, pour abus du droit d'agir en justice, le promoteur ayant assigné devant le juge civil l'auteur d'un recours formé devant le juge administratif contre le permis de construire dont il était bénéficiaire et auquel il réclamait plus de 15 millions d'euros de dédommagement.
3. CE 12 juill. 2002, *Leniau (M. et Mme)*, req. no 236125, *Lebon*.
4. CE 1er juill. 2019, *Sté Aurèle et a. et Paris (Ville)*, req. no 418110, *Lebon T.*
5. CE 30 mars 2015, *Sté Éole-Res et min. Égalité des territoires et Logement*, req. no 369431, *Lebon T.*
6. CE 28 avr. 2017, *Bayonne (Cne) et Sté ICB Investimmo Côte Basque*, req. no 395867, *Lebon T.* ; *BJCL* 2017. 391, concl. S. von Coester.
7. V. ss no 613.311.
8. V. ss no 112.52.
9. Pour les deux dernières modalités, v. (à la lumière des conclusions du rapporteur public) CE 1er déc. 2023, *Commune de Gorbio*, req. no 448905, *Lebon T.* ; *BJDU* 2024. 45, concl. M. Boutron ; *RDI* 2024. 49, obs. P. Soler-Couteaux ; *JCP Adm.* 2024, no 2007, note F. Polizzi ; *Constr.-Urb.* 2024, comm. 1, note X. Couton ; *AJDA* 2024. 493, chron. A. Goin et L. Cadin ; *Dr. adm.* 2024, comm. 20, note O. Le Bot.

que celles-ci donnaient déjà une certaine inclination, qui doit apparaître dans la motivation de la décision) [1].

§ 3
Régularisation en cours d'instance

611.1111 **Mesure de régularisation.** Une régularisation peut remédier en cours d'instance au vice entachant le permis initial.

A.
Régularisation sans sursis à statuer

611.1121 **Régularisation par les défendeurs à l'instance.** Au cours de l'instruction, les défendeurs à l'instance peuvent prendre l'initiative de remédier d'eux-mêmes au vice entachant l'autorisation contestée. Le titulaire de l'autorisation adresse une demande de permis de construire modificatif. L'autorité compétente y fait droit en délivrant le permis modificatif demandé.

611.1122 **Prise en compte de la régularisation par le juge.** Il appartient à la commune ou au titulaire de l'autorisation de produire le permis de construire modificatif délivré en cours d'instance.

Le juge peut se fonder sur ces éléments sans être tenu de surseoir à statuer, dès lors qu'il a préalablement invité les parties à présenter leurs observations sur la question de savoir si ces éléments permettent une régularisation [2].

Au cours de cette instance (donc sans avoir à engager une nouvelle action en justice de façon distincte), l'auteur du recours pourra en contester la légalité en faisant valoir, notamment, que le permis de construire initial n'était pas régularisable.

B.
Régularisation d'une autorisation d'urbanisme après sursis à statuer

1°
Objet et origine du mécanisme de régularisation sous l'égide du juge

611.1131 **Régularisation sous l'égide du juge.** L'article L. 600-5-1 du code de l'urbanisme prévoit un mécanisme de régularisation d'une autorisation d'urbanisme, sous l'égide du juge, au cours de l'instruction. Il est mis en œuvre lorsque le juge identifie un vice susceptible d'être régularisé. Dans ce cas de figure, le juge sursoit à statuer afin de laisser au titulaire de l'autorisation contestée la possibilité de présenter une demande de régularisation et à l'administration de mettre en œuvre une telle mesure.

Si le vice est régularisé dans le délai accordé, la requête sera rejetée. S'il ne l'est pas, l'autorisation attaquée sera annulée.

611.1132 **Origine.** Reprenant une proposition du rapport Labetoulle de 2013 [3], le mécanisme de régularisation sous l'égide du juge a été instauré par l'ordonnance du 18 juillet 2013 relative au contentieux de l'urbanisme [4].

2°
Champ d'application du mécanisme de régularisation sous l'égide du juge

611.1141 **Autorisations concernées.** Le mécanisme de régularisation sous l'égide du juge s'applique aux recours formés contre un permis de construire, de démolir ou d'aménager ou contre une décision de non-opposition à déclaration préalable [5].

Dans la mesure où il définit les pouvoirs et les devoirs du juge, le mécanisme de régularisation sous l'égide du juge s'applique notamment aux permis de construire valant autorisation d'exploitation commerciale [6].

611.1142 **Recours concernés.** L'article L. 600-5-1 vise les « conclusions » dirigées contre une autorisation d'urbanisme, sans autre précision sur les recours concernés.

Néanmoins, le Conseil d'État a exclu son application aux procédures de référé, les délais nécessaires à sa mise en œuvre étant incompatibles avec un traitement rapide de la demande [7].

611.1143 **Juridictions concernées.** Le juge peut mettre en œuvre les pouvoirs qu'il tient de l'article

1. CE 30 avr. 2024, *M. Del Valle*, req. n° 465124, *Lebon T.* ; *RDI* 2024. 414, obs. M. Revert ; *JCP Adm.* 2024. 2231.
2. CE 22 févr. 2018, *SAS Udicité*, req. n° 389518, *Lebon T.* ; *BJDU* 2018. 204, concl. N. Polge.
3. D. Labetoulle, *Construction et droit au recours : pour un meilleur équilibre*, rapp., avr. 2013, p. 12.
4. Ord. n° 2013-638, 18 juill. 2013 relative au contentieux de l'urbanisme, *JO* 19 juill., n° 24, art. 2.
5. C. urb., art. L. 600-5-1.
6. CE 23 déc. 2016, *Sté MDVP Distribution*, req. n° 398077, *Lebon* ; *BJDU* 2017. 95, concl. F. Dieu ; *Constr.-Urb.* 2017, comm. 24, note X. Couton ; *JCP Adm.* 2019, n° 2036, note J.-M. Talau.
7. CE 22 mai 2015, *SCI Paolina*, req. n° 385183, *Lebon T.* ; *BJDU* 2015. 349, concl. X. de Lesquen ; *LPA* 9 juill. 2015, n° 136, p. 11, note P.-L. Niel : arrêt indiquant que, « même dans l'hypothèse où le moyen de nature à créer un doute sérieux est relatif à une illégalité qui serait susceptible d'être régularisée en application de ces dispositions, il n'appartient pas, eu égard à son office, au juge des référés, qui statue en urgence, de faire usage des pouvoirs conférés au juge du fond par l'article L. 600-5-1 du code de l'urbanisme et de surseoir à statuer pour permettre au bénéficiaire de régulariser l'autorisation contestée ».

L. 600-5-1 du code de l'urbanisme pour la première fois en appel, alors même que l'autorisation d'urbanisme en cause a été annulée par les premiers juges [1].

3°
Conditions de mise en œuvre du mécanisme de régularisation sous l'égide du juge

611.1151 **Deux conditions.** La mise en œuvre du mécanisme de régularisation sous l'égide du juge est subordonnée à deux conditions [2] :

– d'une part, un vice entachant l'acte est susceptible d'être régularisé ;

– d'autre part, les autres moyens ne sont pas fondés.

En outre, l'autorisation litigieuse ne doit pas avoir été obtenue par fraude.

a.
Un vice régularisable

611.1161 **Condition.** Le mécanisme de régularisation en cours d'instance ne peut être mis en œuvre que lorsque le vice concerné affectant une partie du projet « est susceptible d'être régularisé » [3]. Cette première condition est formulée de manière identique à l'article L. 600-5 du code de l'urbanisme concernant le mécanisme d'annulation partielle aux fins de régularisation [4].

611.1162 **Notion de régularisation et ampleur de celle-ci.** Jusqu'à la loi ÉLAN, l'article L. 600-5-1 prévoyait que la régularisation intervienne au moyen d'un permis modificatif. La possibilité d'une régularisation était par conséquent soumise aux conditions et limites prévues par le régime du permis modificatif [5]. En particulier, seules des modifications d'une ampleur limitée pouvaient être apportées.

La loi ÉLAN a supprimé de l'article L. 600-5-1 la notion de permis modificatif, ne laissant subsister que celle de régularisation. Celle-ci est plus large et permet d'affranchir les possibilités de régularisation des limites attachées au permis modificatif.

Le Conseil d'État en a tiré les conséquences en affirmant qu'un vice entachant le bien-fondé de l'autorisation d'urbanisme est susceptible d'être régularisé « même si cette régularisation implique de revoir l'économie générale du projet en cause, dès lors que les règles d'urbanisme en vigueur à la date à laquelle le juge statue permettent une mesure de régularisation qui n'implique pas d'apporter à ce projet un bouleversement tel qu'il en changerait la nature même » [6]. Ainsi, si la régularisation a normalement pour objet de corriger un vice, le pétitionnaire peut aussi profiter de celle-ci pour apporter à son projet des modifications. Celles-ci peuvent être très importantes, la seule limite tenant à ce que la nature du projet initial soit respectée.

Si le lien avec le permis initial est rompu, il n'est plus possible de parler de régularisation mais plutôt de projet entièrement nouveau. Il en résulte deux conséquences :

– d'une part, le mécanisme de régularisation en cours d'instance ne peut être mis en œuvre [7] ;

– d'autre part, si le pétitionnaire entend mettre en œuvre ce nouveau projet, il lui appartiendra de présenter une nouvelle demande de permis.

Pour apprécier si le lien avec le permis initial est rompu ou au contraire respecté, le juge pourra « prendre en compte plusieurs indices relatifs au projet, notamment sa destination, ses dimensions, son implantation ou encore les caractéristiques principales de son insertion dans l'environnement » [8].

Pour apprécier le caractère régularisable du vice, le juge doit prendre en compte la possibilité de revoir l'économie générale du projet, et non du seul projet existant [9].

611.1163 **Appréciation.** Le caractère régularisable du vice s'apprécie « eu égard à la nature et à la portée » de celui-ci [10].

En outre, le moment auquel se place le juge n'est pas le même selon qu'il s'agisse d'un vice de forme ou d'un vice de fond [11] :

– un vice de procédure, dont l'existence et la consistance sont appréciées au regard des règles applicables à la date de la décision litigieuse, doit en principe être réparé selon les modalités prévues à cette même date ;

– s'agissant des vices entachant le bien-fondé du permis de construire, le juge doit se prononcer sur leur caractère régularisable au regard des dispositions en vigueur à la date à laquelle il statue et constater, le

1. CE 22 févr. 2018, *SAS Udicité*, req. n° 389518, *Lebon T.* ; *BJDU* 2018. 204, concl. N. Polge.
2. C. urb., art. L. 600-5-1.
3. C. urb., art. L. 600-5-1.
4. V. s^s n° 611.953.
5. V. s^s n°s 352.101 s.
6. CE, sect., avis, 2 oct. 2020, *Barrieu (M.)*, req. n° 438318, *Lebon* ; *JCP Adm.* 2020, n° 2272, note J. Leplanois ; *Constr.-Urb.* 2020, comm. 121, note L. Santoni ; *Dr. adm.* 2020, comm. 52, note J. Martin ; *BJDU* 2021. 50, concl. O. Fuchs ; *BJDU* 2021. 56, note F. Poulet.
7. PAR EX. : CAA Bordeaux, 13 oct. 2020, *Rond et Rochette*, req. n° 18BX02822, NP.
8. O. Fuchs, concl. préc.
9. CE 11 mars 2024, *Commune de Nouméa*, req. n° 463413, *Lebon T.* ; *Constr.-Urb.* 2024, comm. 54, note X. Couton ; *JCP Adm.* 2024, n° 2177, note F. Polizzi.
10. CE 22 févr. 2017, *Bonhomme (Mme) et a.*, req. n° 392998, *Lebon T.* ; *BJDU* 2017. 187, concl. S. von Coester ; *JCP Adm.* 2017, n° 2250, note E. Vital-Durand ; *Constr.-Urb.* 2017, comm. 52, note P. Cornille.
11. CE 3 juin 2020, *SCI Alexandra*, req. n° 420736, *Lebon T.*

cas échéant, qu'au regard de ces dispositions, le permis ne présente plus les vices dont il était entaché à la date de son édiction.

611.1164 Régularisation pouvant prendre la forme d'une dérogation aux règles du PLU. La mesure de la régularisation prise au titre de l'article L. 600-5-1 du code de l'urbanisme peut, le cas échéant, prendre la forme d'une dérogation aux règles du PLU, sur le fondement notamment de l'article L. 152-6[1], à la condition que le pétitionnaire ait formé une demande en ce sens conformément à l'article R. 431-31-2[2].

611.1165 Illustrations. À par exemple été regardé comme régularisable le vice tenant :

– à l'absence de mise à disposition du public de l'étude d'impact prévue par l'article L. 122-1 du code de l'environnement avant la délivrance du permis de construire[3] ;

– au non-respect des règles de distance par rapport aux limites séparatives[4] ;

– au non-respect des règles d'emprise au sol fixées par le cahier des charges d'un lotissement[5].

À l'inverse, n'est pas regardé comme régularisable le vice tenant, par exemple :

– à ce qu'une autorisation a été délivrée en méconnaissance de l'obligation[6], pour le pétitionnaire, de présenter une demande portant sur les travaux irrégulièrement effectués en même temps que les nouveaux travaux envisagés sur le même bâtiment[7] ;

– à ce que le projet ne satisfait pas aux exigences d'insertion dans le tissu urbain existant[8].

b.
Caractère infondé des autres moyens

611.1171 Condition. La seconde condition tient au caractère infondé des autres moyens. Cette condition est formulée de manière identique à l'article L. 600-5 du code de l'urbanisme concernant le mécanisme d'annulation partielle aux fins de régularisation. Sa portée peut donc être appréciée à la lumière de la jurisprudence rendue sur le fondement de l'article L. 600-5[9].

Il revient au juge de constater préalablement qu'aucun des autres moyens (soulevés par le requérant, ou le cas échéant d'ordre public) n'est fondé[10].

c.
Autorisation non obtenue par fraude

611.1181 Pas de régularisation en cas de fraude. Le juge ne peut faire application des articles L. 600-5 et L. 600-5-1 du code de l'urbanisme lorsque l'autorisation d'urbanisme dont il est saisi a été obtenue par fraude[11].

d.
Indifférence de l'achèvement des travaux

611.1191 Possibilité de mise en œuvre malgré l'achèvement des travaux. Le mécanisme de régularisation sous l'égide du juge peut être mis en œuvre « même après l'achèvement des travaux »[12].

4°
Obligation pour le juge de mettre en œuvre le mécanisme de régularisation

611.1201 Obligation si les conditions sont remplies. « Le refus par le juge de faire droit à une demande de sursis à statuer est motivé »[13]. Par cette rédaction, le législateur a entendu rendre obligatoire la mise en œuvre du mécanisme de régularisation

1. V. s^s n°s 232.251 s.
2. CE 17 déc. 2020, *SCCV Lapeyre*, req. n° 432561, *Lebon T. ; BJDU* 2021. 133, concl. O. Fuchs.
3. CE 3 juin 2020, *S^{té} Compagnie immobilière méditerranée*, req. n° 427781, *Lebon T.*
4. CE 22 févr. 2017, *Bonhomme (Mme) et a.*, req. n° 392998, *Lebon T. ; BJDU* 2017. 187, concl. S. von Coester ; *JCP Adm.* 2017, n° 2250, note E. Vital-Durand ; *Constr.-Urb.* 2017, comm. 52, note P. Cornille.
5. CE 12 févr. 2020, *C^{ne} de Sanary-sur-Mer*, req. n° 408232, NP.
6. Posée par la jurisprudence *Thalamy* – V. s^s n° 343.71.
7. CE 6 oct. 2021, *S^{té} Maresias*, req. n° 442182, *Lebon T. ; BJDU* 2021. 431, concl. V. Villette ; *Constr.-urb.* 2021, comm. 127, note. L. Santoni ; *Dr. adm.* 2022, comm. 11, note J. Martin ; *RDI* 2021. 609, obs. P. Soler-Couteaux ; *JCP Adm.* 2021, n° 2350, note F. Polizzi.
8. CE 13 janv. 2023, *Office public de l'habitat Paris Habitat et Ville de Paris*, req. n° 450446, *Lebon T. ; BJDU* 2023. 103, concl. M. Boutron ; *JCP Adm.* 2023, n° 2152, note O. Le Bot ; *Constr.-Urb.* 2023, comm. 30, note L. Santoni ; *Énergie – Environnement – Infrastructures* 2023, comm. 24, obs. R. Micalef.
9. V. s^s n° 611.956.
10. CE, avis, 18 juin 2014, *S^{té} Batimalo et a.*, req. n° 376760, *Lebon ; JCP Adm.* 2014, n° 950, note G. Eveillard ; *JCP Adm.* 2014, n° 2298, note D. Gillig ; *RJEP* 2014, comm. 50, note. E. Crépey – CE 5 févr. 2021, *Boissery (M. et Mme)*, req. n° 430990, *Lebon T. ; BJDU* 2021. 195, concl. L. Domingo.
11. CE 11 mars 2024, *Commune de Saint-Raphaël*, req. n° 464257, *Lebon T. ; Constr.-Urb.* 2024, comm. 53, note X. Couton ; *JCP Adm.* 2024, act. 162, note F. Polizzi.
12. C. urb., art. L. 600-5-1 – Précision issue de la loi ÉLAN (L. n° 2018-1021, 23 nov. 2018, art. 80), reprenant une solution admise par le Conseil d'État (CE 22 févr. 2017, *Bonhomme (Mme) et a.*, req. n° 392998, *Lebon T. ; BJDU* 2017. 187, concl. S. von Coester ; *JCP Adm.* 2017, n° 2250, note E. Vital-Durand ; *Constr.-Urb.* 2017, comm. 52, note P. Cornille).
13. C. urb., art. L. 600-5-1 – Cette précision a été apportée par la loi ÉLAN (L. n° 2018-1021, 23 nov. 2018, art. 80) pour contourner la jurisprudence estimant que la mise en œuvre du mécanisme d'annulation partielle pour régularisation constituait pour le juge une faculté (CE 28 déc. 2017, *S^{té} PCE et a.*, req. n° 402362, *Lebon T*). Le législateur a retenu la même solution concernant le pouvoir d'annulation partielle (v. s^s n° 611.961).

sous l'égide du juge lorsque les conditions énoncées à l'article L. 600-5-1 sont remplies.

Comme l'indique le Conseil d'État, il résulte des dispositions de l'article L. 600-5-1, éclairées par les travaux parlementaires, que lorsque le ou les vices affectant la légalité de l'autorisation d'urbanisme dont l'annulation est demandée, sont susceptibles d'être régularisés, « le juge doit surseoir à statuer sur les conclusions dont il est saisi contre cette autorisation »[1]. Toutefois, ajoute-t-il, le juge n'est pas tenu de surseoir à statuer dans deux hypothèses[2] :

– d'une part, si les conditions de l'article L. 600-5 du code de l'urbanisme sont réunies[3] et qu'il fait le choix d'y recourir ;

– d'autre part, si le bénéficiaire de l'autorisation lui a indiqué qu'il ne souhaitait pas bénéficier d'une mesure de régularisation.

611.1202 Motivation d'un refus. Le juge n'est tenu de motiver son refus que lorsqu'il est saisi d'une demande de régularisation[4].

5°
Mise en œuvre du mécanisme de régularisation sous l'égide du juge

a.
Première étape : sursis à statuer

611.1211 Sursis à statuer (jugement avant-dire droit). Si les conditions énoncées à l'article L. 600-5-1 sont remplies et, en particulier, qu'une régularisation s'avère possible, le juge « sursoit à statuer [...] jusqu'à l'expiration du délai qu'il fixe pour cette régularisation »[5].

Concrètement, le juge rend un jugement avant dire droit par lequel il fixe un délai pour cette régularisation et sursoit à statuer sur le recours dont il est saisi. Le juge peut préciser, par son jugement avant-dire droit, les modalités de cette régularisation[6].

611.1212 Observations des parties. Avant de surseoir à statuer, le juge invite les parties à présenter leurs observations sur la possibilité de régulariser le ou les vices affectant la légalité de l'autorisation d'urbanisme[7].

Un délai suffisant doit leur être accordé. Un délai de trois jours, dont seulement un jour ouvré, a pu être regardé comme suffisant[8].

Lorsque cette invitation à présenter des observations intervient alors que l'affaire est déjà inscrite au rôle d'une audience, deux possibilités sont offertes au juge : soit rayer l'affaire du rôle ; soit différer la clôture de l'instruction, le cas échéant à la date de l'audience, afin de permettre aux parties de présenter leurs observations lors de celle-ci[9].

Ni l'invitation à présenter des observations, ni la communication par le juge des observations reçues en réponse à cette invitation n'ont, par elles-mêmes, pour effet de rouvrir l'instruction si elle était close[10].

611.1213 Contestation du jugement avant dire droit (par le requérant). Lorsque le juge a décidé de surseoir à statuer en faisant usage des pouvoirs qu'il tient de l'article L. 600-5-1 du code de l'urbanisme, l'auteur du recours formé contre ce jugement avant dire droit peut contester celui-ci[11] :

– en tant qu'il a écarté comme non fondés les moyens dirigés contre l'autorisation d'urbanisme initiale ;

– et également en tant qu'il a fait application de ces dispositions de l'article L. 600-5-1.

Toutefois, à compter de l'intervention de la mesure de régularisation dans le cadre du sursis à statuer prononcé par le jugement avant dire droit, les conclusions dirigées contre ce jugement en tant qu'il

1. CE, sect., avis, 2 oct. 2020, *Barrieu (M.)*, req. n° 438318, *Lebon ; JCP Adm.* 2020, n° 2272, note J. Leplanois ; *Constr.-Urb.* 2020, comm. 121, note L. Santoni ; *Dr. adm.* 2020, comm. 52, note J. Martin ; *BJDU* 2021. 50, concl. O. Fuchs ; *BJDU* 2021. 56, note F. Poulet.
2. CE, sect., avis, 2 oct. 2020, *Barrieu (M.)*, req. n° 438318, *Lebon ; JCP Adm.* 2020, n° 2272, note J. Leplanois ; *Constr.-Urb.* 2020, comm. 121, note L. Santoni ; *Dr. adm.* 2020, comm. 52, note J. Martin ; *BJDU* 2021. 50, concl. O. Fuchs ; *BJDU* 2021. 56, note F. Poulet.
3. Annulation partielle (v. s[s] n°s 611.941 s.).
4. CE 14 déc. 2022, *Société Eolarmor*, req. n° 448013, *Lebon T. ; BJDU* 2023. 43, concl. N. Agnoux ; *JCP Adm.* 2023, n° 2029, note F. Polizzi ; *AJDA* 2023. 434, chron. Th. Janicot et R. Wadjinny-Green ; *RDI* 2023. 120, obs. P. Soler-Couteaux.
5. C. urb., art. L. 600-5-1.
6. CE 27 mai 2019, *Min. Cohésion des territoires et S[té] MSE La Tombelle*, req. n° 420554, *Lebon T.*
7. C. urb., art. L. 600-5-1.
8. CE 13 janv. 2023, *Office public de l'habitat Paris Habitat et Ville de Paris*, req. n° 450446, *Lebon T. ; BJDU* 2023. 103, concl. M. Boutron ; *JCP Adm.* 2023, n° 2152, note O. Le Bot ; *Constr.-Urb.* 2023, comm. 30, note L. Santoni ; *Énergie – Environnement – Infrastructures* 2023, comm. 24, obs. R. Micalef.
9. CE 13 janv. 2023, *Office public de l'habitat Paris Habitat et Ville de Paris*, req. n° 450446 ; confirmant CE 6 avr. 2018, *Association NARTECS*, req. n° 402714, *Lebon T.*
10. CE 10 oct. 2022, *Société Horizon et autre*, req. n° 455573, *Lebon ; JCP Adm.* 2023, n° 2072, chron. O. Le Bot ; *JCP Adm.* 2023, n° 2012, note D. Di Fransesco ; *RDI* 2022. 677, obs. P. Soler-Couteaux ; *Procédures* 2022, comm. 291, obs. S. Deygas – CE 17 févr. 2023, *Bechevet*, req. n° 452560, NP.
11. CE 5 févr. 2021, *Boissery (M. et Mme)*, req. n° 430990, *Lebon T. ; BJDU* 2021. 195, concl. L. Domingo – dans le même sens : CE 19 juin 2017, *Synd. des copropriétaires de la résidence Butte Stendhal et a.*, req. n° 394677, *Lebon T. ; Constr.-Urb.* 2017, comm. 116, note X. Couton ; *JCP Adm.* 2017, n° 2331, concl. A. Bretonneau ; *JCP Adm.* 2017, n° 2268, chron. O. Le Bot.

met en œuvre les pouvoirs que le juge tient de l'article L. 600-5-1 du code de l'urbanisme sont privées d'objet[1].

Elles deviennent également sans objet lorsque le second jugement, qui clôt l'instance, n'a pas fait l'objet d'un recours et devient ainsi définitif[2].

611.1214 Contestation du jugement avant dire droit (par le bénéficiaire ou l'autorité administrative). Lorsque le juge a décidé de surseoir à statuer en faisant usage des pouvoirs qu'il tient de l'article L. 600-5-1 du code de l'urbanisme, le bénéficiaire de l'autorisation initiale d'urbanisme et l'autorité qui l'a délivrée peuvent contester le jugement avant dire droit en tant qu'il a jugé que cette autorisation était affectée d'un vice entachant sa légalité[3].

Ils peuvent également contester ce jugement en tant qu'il fait application de l'article L. 600-5-1. Ces conclusions sont cependant privées d'objet à compter de la délivrance du permis destiné à régulariser le vice. L'annulation du jugement en tant qu'il a fait application de l'article L. 600-5-1 peut cependant toujours être prononcée par voie de conséquence de son annulation en tant qu'il a jugé que l'autorisation initiale d'urbanisme était affectée d'un vice[4].

b.
Deuxième étape : intervention (ou non) d'une mesure de régularisation

611.1221 Absence d'exigence de présenter une demande de régularisation. Il ne résulte pas des dispositions de l'article L. 600-5-1 du code de l'urbanisme que le bénéficiaire du permis de construire doive solliciter de l'autorité compétente la délivrance du permis modificatif (ou plus largement de la mesure de régularisation) que le juge administratif, statuant avant dire droit, a estimé nécessaire pour régulariser le permis de construire initial[5]. Par suite, l'administration peut prendre une mesure de régularisation en conséquence du jugement avant-dire droit sans avoir été saisie d'une demande par le titulaire de l'autorisation.

De même, dans le cas où le bénéficiaire du permis présente une demande de permis modificatif, celui-ci peut être regardé comme régularisant le permis initial même si cet objet régularisateur n'était pas expressément mentionné dans la demande[6]. Il faut, néanmoins, que cet objet soit établi par les éléments du dossier[7].

611.1222 Nécessité d'une décision de la part de l'autorité compétente. Le Conseil d'État indique qu'une autorisation d'urbanisme irrégulière peut être régularisée « dans le cas où le bénéficiaire de l'autorisation initiale notifie en temps utile au juge une décision individuelle de l'autorité administrative compétente valant mesure de régularisation à la suite d'un jugement décidant, en application de l'article L. 600-5-1 du code de l'urbanisme, de surseoir à statuer sur une demande tendant à l'annulation de l'autorisation initiale. En revanche, la seule circonstance que le vice dont est affectée l'autorisation initiale et qui a justifié le sursis à statuer résulte de la méconnaissance d'une règle d'urbanisme qui n'est plus applicable à la date à laquelle le juge statue à nouveau sur la demande d'annulation, après l'expiration du délai imparti aux intéressés pour notifier la mesure de régularisation, est insusceptible, par elle-même, d'entraîner une telle régularisation et de justifier le rejet de la demande »[8].

Ainsi, la mesure de régularisation L. 600-5-1 doit nécessairement prendre la forme d'une décision individuelle, c'est-à-dire d'une prise de position de l'autorité administrative sur le projet de construction concerné. À cet égard, pour conclure que le projet respecte

1. CE 5 févr. 2021, *Boissery (M. et Mme)*, req. n° 430990, *Lebon T. ; BJDU* 2021. 195, concl. L. Domingo – dans le même sens : CE 19 juin 2017, *Synd. des copropriétaires de la résidence Butte Stendhal et a.*, req. n° 394677, *Lebon T. ; Constr.-Urb.* 2017, comm. 116, note X. Couton ; *JCP Adm.* 2017, n° 2331, concl. A. Bretonneau ; *JCP Adm.* 2017, n° 2268, chron. O. Le Bot.
2. CE 14 mai 2024, *M. Petit*, req. n° 475663, *Lebon T. ; BJDU* 2024. 257 concl. E. de Moustier.
3. CE 10 juill. 2023, *Mme d'Asta et Commune de Neauphle-le-Château*, req. n° 463914, *Lebon T.*
4. CE 10 juill. 2023, *Mme d'Asta et Commune de Neauphle-le-Château*, req. n° 463914, *Lebon T.*
5. CE 19 juin 2017, *Synd. des copropriétaires de la résidence Butte Stendhal et a.*, req. n° 394677.
6. CE 30 juin 2023, *Société AFC Promotion*, req. n° 463230, *Lebon T. ; BJDU* 2023. 334, concl. M. Le Coq ; *AJDA* 2023. 1731, note O. Le Bot ; *Constr.-Urb.* S2023, comm. 92, note X. Couton. En l'espèce, pour juger que le permis modificatif sollicité à la suite du premier jugement n'avait pu régulariser le vice constaté par ce premier jugement et annuler en conséquence le permis de construire initial, le tribunal s'est fondé sur le seul motif que le dossier de demande de permis modificatif ne spécifiait pas qu'il était sollicité à cette fin. Pour le Conseil d'État, « En déduisant de cette seule circonstance que le permis de construire modificatif délivré ne pouvait être regardé comme ayant régularisé le vice dont était entaché le permis de construire initial, sans rechercher s'il ne résultait pas d'autres éléments du dossier, tels que la chronologie dans laquelle s'inscrivait la demande de permis modificatif ou les échanges intervenus avec la commune à l'occasion de son instruction, qu'il avait en l'espèce eu cet objet, le tribunal a commis une erreur de droit ». Sur ce point, v. ss n° 352.162.
7. CE 17 juin 2024, *Sté Rondis*, req. n° 471711, NP.
8. CE 4 mai 2023, *Société Octogone*, req. n° 464702, *Lebon ; BJDU* 2023. 298, concl. E. de Moustier ; *Constr.-Urb.* 2023, comm. 69, note L. Santoni ; *Dr. adm.* 2023, comm. 32, note J. Martin ; *Actu-juridique.fr*, 5 juill. 2023, note O. Le Bot ; *LPA* juill.-août 2023, n° 7-8, p. 73, note O. Le Bot ; *RDI* 2023. 437, obs. P. Soler-Couteaux ; *JCP Adm.* 2023, n° 2293, note F. Polizzi.

les exigences applicables, l'administration peut parfaitement se borner à tirer les conséquences d'une évolution réglementaire intervenue entre la délivrance de l'autorisation initiale et le moment où elle se prononce (le pétitionnaire pouvant ainsi, de façon opportuniste, tirer profit d'une évolution de la réglementation favorable à son projet, ainsi que cela a été admis par la jurisprudence[1]). Mais il est nécessaire qu'elle le fasse par un acte spécifique, constatant que l'illégalité dont se trouvait entachée l'autorisation initiale a été levée. Il en résulte que la seule évolution du cadre juridique, sans prise de position de l'autorité compétente, ne permet pas de regarder le vice comme ayant été régularisé pour la mise en œuvre de l'article L. 600-5-1 du code de l'urbanisme[2].

611.1223 Possibilité de profiter de la demande de régularisation pour modifier en opportunité le projet. Le Conseil d'État a estimé, dans un arrêt du 17 mars 2021, que si les mesures prises ont normalement pour objet de corriger un vice de légalité, le pétitionnaire peut également profiter de celles-ci pour apporter à son projet des modifications non requises par la régularisation proprement dite[3]. Ce faisant, le Conseil avait suivi son rapporteur public Vincent Villlette, qui lui proposait de consacrer la possibilité, « pour le pétitionnaire, de redéfinir très largement son projet au stade de la régularisation, que cette redéfinition découle ou non de l'illégalité décelée ». Vincent Villette justifiait cette approche par le fait qu'« il apparaît très difficile de distinguer, parmi les modifications apportées, celles qui procèdent directement du vice de celles qui doivent être regardées comme autonomes. La réalité se présente le plus souvent sous la forme d'un continuum, la modification d'un aspect du projet impliquant – par ricochet – de remodeler le projet sur d'autres points »[4]. Cette raison a justifié, aux yeux du Conseil d'État, de regarder la notion de régularisation comme permettant des modifications n'ayant pas nécessairement pour objet la correction d'illégalités.

c.

Troisième étape : jugement

c1)

Deux hypothèses

611.1231 Absence de régularisation notifiée dans le délai. Si aucune régularisation n'est intervenue dans le délai fixé (ou, plus exactement, ne lui a été notifié dans ce délai), « le juge peut à tout moment statuer sur la demande d'annulation de ce permis et, le cas échéant, y faire droit si aucune mesure de régularisation ne lui a été notifiée »[5]. Si une notification intervient toutefois avant qu'il ait statué, le juge a l'obligation de prendre en compte les mesures de régularisation ainsi tardivement portées à sa connaissance. Le Conseil d'État indique en ce sens que le juge « ne saurait se fonder sur la circonstance que ces mesures lui ont été adressées alors que le délai qu'il avait fixé dans sa décision avant dire droit était échu pour ne pas en tenir compte dans son appréciation de la légalité du permis attaqué »[6]. Cela signifie que le délai fixé par le juge pour que lui soit notifiée la mesure de régularisation ne présente pas un caractère impératif. Tant que le juge ne s'est pas prononcé, il reste donc possible de lui notifier une mesure de régularisation et il sera tenu de la prendre en compte.

Dans l'hypothèse où une demande de régularisation a été présentée par le bénéficiaire de l'autorisa-

1. V. s[s] n° 352.154.
2. CE 4 mai 2023, *Société Octogone*, req. n° 464702, Dans cette affaire, le pétitionnaire se voit délivrer un permis de construire. Sur recours formé par une association, le tribunal estime qu'un seul moyen est fondé. Il s'agit d'un moyen reposant sur la méconnaissance d'un article du règlement du PLU de la commune, en l'occurrence l'article UA 10, relatif à la hauteur des bâtiments. Estimant que ce vice est régularisable, le tribunal administratif met en œuvre l'article L. 600-5-1 : par un jugement avant dire droit du 16 février 2021, il sursoit à statuer sur les conclusions dont il est saisi et accorde au pétitionnaire un délai de cinq mois pour régulariser le projet au regard de cette règle de hauteur.Il se trouve que, durant ce délai, le conseil municipal modifie le règlement du PLU et, en particulier, son article UA 10. Estimant que son projet est conforme à la nouvelle rédaction de cet article, le pétitionnaire se prévaut de la modification ainsi intervenue et fait valoir qu'elle doit être regardée comme une mesure de régularisation au sens de l'article L. 600-5-1.Le tribunal administratif a refusé de regarder cette modification réglementaire comme une mesure de régularisation. Le Conseil d'État a validé ce raisonnement : en jugeant que la seule évolution de l'article UA 10 du règlement du PLU « ne permettait pas de régulariser les permis de construire litigieux, en l'absence de mesure individuelle de régularisation prise par la commune de Cépet après la modification du plan local d'urbanisme, et en annulant en conséquence les décisions attaquées, le tribunal administratif n'a pas commis d'erreur de droit ».
3. CE 17 mars 2021, *Venturin (Mme)*, req. n° 436073, *Lebon T.* ; *JCP Adm.* 2021, n° 2168, note F. Polizzi ; *BJDU* 2021. 212, concl. V. Villette ; *Constr.-Urb* 2021, comm. 63, note. L. Santoni ; *Dr. adm.* 2021, comm. 38, note B. Defoort.
4. V. Villette, concl. préc.
5. CE 16 févr. 2022, *Min. de la Cohésion des territoires et des relations avec les collectivités territoriales et S[té] MSE La Tombelle*, req. n° 420554, *Lebon* ; *RDI* 2022. 237, obs. P. Soler-Couteaux ; *JCP Adm* 2022, n° 2166, chron. O. Le Bot ; *BJDU* 2022. 217, concl. S. Hoynck ; – déjà : CE 9 nov. 2021, *S[té] civile de construction vente Lucien Viseur*, req. n° 440028, *Lebon T.* ; *BJDU* 2022. 72, concl. Ph. Ranquet ; *JCP Adm.* 2021, n° 2392, note F. Polizzi ; *RDI* 2022. 122, obs. P. Soler-Couteaux.
6. CE 16 févr. 2022, *Min. de la Cohésion des territoires et des relations avec les collectivités territoriales et S[té] MSE La Tombelle*, req. n° 420554.

tion et qu'un refus lui a été opposé par l'autorité compétente, ce refus ne peut être contesté devant le juge saisi du recours contre le permis initial[1]. Il ne peut l'être que dans le cadre d'une nouvelle instance, qui doit être regardée comme dirigée contre le refus d'autoriser le projet dans son ensemble, y compris les modifications qu'il était envisagé d'y apporter[2].

611.1232 **Régularisation.** Si une mesure de régularisation est notifiée au juge dans le délai qu'il avait fixé pour celle-ci, le juge « statue après avoir invité les parties à présenter leurs observations »[3] et, le cas échéant, après avoir répondu aux moyens critiquant la mesure de régularisation intervenue[4].

c2)

Aspects procéduraux

611.1241 **Formation de jugement.** Lorsque le mécanisme de régularisation sous l'égide du juge est mis en œuvre, deux décisions de justice vont se succéder : la décision avant-dire droit par laquelle la juridiction fixe un délai pour la régularisation et sursoit à statuer sur le recours dont il est saisi ; puis la décision définitive par laquelle elle se prononce sur le fond de l'affaire à l'expiration du délai imparti pour procéder à la régularisation. Le principe d'impartialité impose-t-il que cette seconde décision soit rendue par une formation de jugement composée différemment de la première ?

Le Conseil d'État a répondu par la négative : « Il ne résulte d'aucun texte ni d'aucun principe général du droit que la composition d'une formation de jugement statuant définitivement sur un litige doive être distincte de celle ayant décidé, dans le cadre de ce même litige, de surseoir à statuer par une décision avant-dire droit dans l'attente d'une mesure de régularisation en application de l'article L. 600-5-1 du code de l'urbanisme »[5].

Ainsi, les deux formations de jugement peuvent être composées de façon identique, c'est-à-dire, concrètement, comprendre les mêmes membres. Cette solution se justifie à la fois sur le plan juridique (les questions abordées ne sont pas les mêmes dans la décision avant dire-droit et dans la décision définitive) et sur le plan de la bonne administration de la justice (il est préférable que les mêmes magistrats interviennent aux deux stades du processus, afin d'assurer une continuité dans le traitement de l'affaire).

611.1242 **Frais irrépétibles.** Il résulte de l'article L. 761-1 du CJA que le paiement des sommes exposées et non comprises dans les dépens ne peut être mis à la charge que de la partie perdante. Dans le cas d'une requête contre un permis de construire rejetée à la suite d'une régularisation intervenue en cours d'instance, cette circonstance ne peut conduire à regarder les requérants comme la partie perdante[6]. Ainsi, le requérant qui a contesté une autorisation d'urbanisme illégale au moment de l'introduction du recours ne peut pas être regardée comme la partie perdante. Son action était justifiée, l'administration a procédé à la régularisation en conséquence de celle-ci ; il ne saurait être condamné pour l'avoir exercée.

c3)

Non mise en œuvre du L. 600-5-1 à l'égard de la mesure de régularisation

611.1251 **Possibilité non admise.** Si l'article L. 600-5 du code de l'urbanisme peut être utilisé après une mise en œuvre de l'article L. 600-5-1[7], en revanche, l'article L. 600-5-1 ne peut pas être utilisé de façon successive, une première fois pour remédier aux vices du permis de construire initial, et une seconde pour remédier à ceux de la mesure de régularisation[8].

d.

4e étape (le cas échéant) : exercice d'une voie de recours contre le jugement

611.1261 **Moyens invocables.** Lorsque le juge a fait usage de la faculté de surseoir à statuer ouverte par l'article L. 600-5-1 du code de l'urbanisme, qu'une mesure de régularisation a été prise et que le juge a mis fin à l'instance par un second jugement, l'auteur d'un recours contre ce jugement peut contester la légalité de la mesure de régularisation par des moyens propres et au motif que le permis initial n'était pas

1. CE 9 nov. 2021, *S^{té} civile de construction vente Lucien Viseur*, req. n° 440028, *Lebon T. ; BJDU* 2022. 72, concl. Ph. Ranquet ; *JCP Adm.* 2021, n° 2392, note F. Polizzi ; *RDI* 2022. 122, obs. P. Soler-Couteaux.
2. CE 9 nov. 2021, *S^{té} civile de construction vente Lucien Viseur*, req. n° 440028.
3. C. urb., art. L. 600-5-1.
4. V. s^{s} n° 611.1281.
5. CE 17 janv. 2024, *Association Bien vivre en pays d'Urfé*, req. n° 462638, *Lebon T. ; BJDU* 2024. 90, concl. M. Lange ; *JCP Adm.* 2024, n° 2136, chron. O. Le Bot.
6. CE 28 mai 2021, *Viallat (M. et Mme)*, req. n° 437429, *Lebon T. ; BJDU* 2021. 297, concl. V. Villette ; *JCP Adm.* 2021, n° 2260, chron. O. Le Bot. Cet arrêt revient sur la jurisprudence antérieure : CE 19 juin 2017, *Synd. des copropriétaires de la résidence Butte Stendhal et a.*, req. n° 394677, *Lebon T. ; Constr.-Urb.* 2017, comm. 116, note X. Couton ; *JCP Adm.* 2017, n° 2331, concl. A. Bretonneau ; *JCP Adm.* 2017, n° 2268, chron. O. Le Bot.
7. V. s^{s} n° 611.958.
8. CAA Marseille, 5 janv. 2023, *SCI Demeure Sainte-Croix et autres c/Ministre de la transition écologique et de la cohésion des territoires et société Saint-Saturnin Roussillon Ferme*, req. n° 19MA03660, NP ; *BJDU* 2023. 271.

régularisable. Par suite, les moyens écartés par le jugement avant dire droit doivent être regardés comme inopérants pour contester le jugement mettant fin à l'instance dès lors que ces moyens étaient dirigés contre le permis de construire initial et non contre la mesure de régularisation [1].

611.1262 Annulation par voie de conséquence du second jugement (estimant que le vice a été régularisé). Lorsqu'un premier jugement (sursoyant à statuer en vue de la régularisation d'une autorisation d'urbanisme) est annulé, le second jugement (estimant que le vice a été régularisé) est annulé par voie de conséquence [2].

611.1263 Cas où les voies de recours ont changé. Le droit de former un recours contre un jugement est définitivement fixé au jour où ce jugement est rendu. Les voies selon lesquelles ce droit peut être exercé en sont des éléments constitutifs et continuent, à moins qu'une disposition expresse y fasse obstacle, à être régies par les textes en vigueur à la date à laquelle le jugement susceptible d'être attaqué est intervenu.

Toutefois, il résulte des particularités de la procédure organisée par l'article L. 600-5-1 du code de l'urbanisme, qui fait intervenir dans la même instance un jugement avant-dire droit de sursis à statuer fixant un délai de régularisation et un jugement statuant au terme de ce délai, que, pour des motifs de bonne administration de la justice et par exception aux principes rappelés ci-dessus, « les voies de recours contre le jugement qui met un terme au litige suivent celles qui sont ouvertes contre le jugement avant-dire-droit » [3].

1. CE 19 juin 2017, *Synd. des copropriétaires de la résidence Butte Stendhal et a.*, req. nº 394677, *Lebon T. ; Constr.-Urb.* 2017, comm. 116, note X. Couton ; *JCP Adm.* 2017, nº 2331, concl. A. Bretonneau ; *JCP Adm.* 2017, nº 2268, chron. O. Le Bot.
2. CE 25 sept. 2020, *Poncet (M.) et Petitti (Mme)*, req. nº 432511, *Lebon T. ; BJDU* 2021. 45, concl. S. Roussel : « Lorsque le juge administratif, saisi de conclusions à fin d'annulation d'une autorisation d'urbanisme, estime par un premier jugement, après avoir constaté que les autres moyens ne sont pas fondés, qu'un vice entraînant l'illégalité de l'acte attaqué est susceptible d'être régularisé et sursoit en conséquence à statuer par application de l'article L. 600-5-1 du code de l'urbanisme, les motifs de ce premier jugement qui écartent les autres moyens sont au nombre des motifs qui constituent le soutien nécessaire du dispositif du jugement qui clôt finalement l'instance, si ce second jugement rejette les conclusions à fin d'annulation en retenant que le vice relevé dans le premier jugement a été régularisé, dans le délai imparti, par la délivrance d'une mesure de régularisation. Dans ces conditions, il appartient au juge d'appel ou de cassation, saisi de conclusions dirigées contre ces deux jugements, s'il annule le premier jugement, d'annuler en conséquence, le cas échéant d'office, le second jugement ».

e.

Cas d'une cassation avec renvoi

611.1271 Office du juge de cassation. Le juge de cassation a la faculté, lorsqu'il censure une erreur commise par les juges du fond dans la mise en œuvre de l'article L. 600-5-1 du code de l'urbanisme, d'annuler l'arrêt attaqué en tant qu'il rejette les conclusions présentées par le bénéficiaire du permis litigieux tendant à l'application de cet article et de laisser subsister cet arrêt en tant qu'il juge que le permis est entaché de divers vices [4].

611.1272 Office du juge de renvoi. Si la cour administrative d'appel à qui l'affaire est renvoyée après cassation afin qu'elle se prononce à nouveau sur les conclusions tendant à l'application des dispositions de l'article L. 600-5-1 constate, après avoir recueilli les observations des parties, que les vices ont été régularisés par une mesure de régularisation, ou envisage de surseoir à statuer en fixant un délai en vue de leur régularisation, il lui appartiendra de se prononcer sur le bien-fondé des moyens invoqués par les demandeurs de première instance autres que ceux qu'elle a accueillis par son premier arrêt [5].

C.
Contestation de la mesure de régularisation prise en cours d'instance

1°
Contestation à l'occasion de l'instance déjà ouverte contre le permis initial

a.

Logique de tunnélisation

611.1281 Objet. Lorsqu'un permis modificatif, une décision modificative ou une mesure de régularisation intervient « au cours d'une instance » portant sur un recours dirigé contre une autorisation d'urbanisme initialement obtenue et que ce permis modificatif, cette décision modificative ou cette mesure de régularisation ont été communiqués aux parties à cette instance, « la légalité de cet acte ne peut être contestée par les parties que dans le cadre de cette même instance » [6]. Il en résulte que lorsqu'une décision modificative ou de régularisation est prise en

3. CE 25 juin 2024, *de Braquilanges*, req. nº 490864, *Lebon T. ; BJDU* 2024. 262, concl. M. Boutron ; *RDI* 2024. 487, obs. P. Soler-Couteaux ; *Constr.-Urb.* 2024, comm. 91, note X. Couton.
4. CE 22 févr. 2018, *SAS Udicité*, req. nº 389518, *Lebon T. ; BJDU* 2018. 204, concl. N. Polge.
5. CE 22 févr. 2018, *SAS Udicité*, req. nº 389518.
6. C. urb., art. L. 600-5-2 – Créé par la loi nº 2018-1021 du 23 novembre 2018 (loi ÉLAN), art. 80.

cours d'instance, elle ne peut être contestée que dans le cadre de l'instance principale ouverte contre l'autorisation qu'elle vient modifier ou régulariser et ne peut donc pas être contestée dans le cadre d'une action distincte.

611.1282 Objectif. L'objectif des dispositions de l'article L. 600-5-2, qui s'inspirent de la jurisprudence Butte Stendhal[1], « est d'éviter les recours en cascade en attrayant dans l'instance contre le permis initial la contestation du permis modificatif ou de régularisation »[2]. Dans une logique de tunnélisation ou de corridors, se trouvent ainsi limitées les possibilités de recours parallèles contre des actes relatifs au même projet.

Pour bien comprendre l'intérêt de cette logique, il suffit d'appréhender à quoi ressemblerait le contentieux de la régularisation en son absence. S'il n'y avait pas de tunnélisation, coexisteraient une instance contre l'autorisation initiale, et une autre instance, distincte, contre la mesure de régularisation intervenue. Il en résulterait deux inconvénients : d'une part, un risque de contrariété de jugements et, d'autre part, un allongement de la durée des procédures.

b.
Champ d'application

611.1291 Régularisation spontanée ou au titre de l'article L. 600-5-1. L'article L. 600-5-2 s'applique tant lorsque l'administration prend spontanément une mesure de régularisation en cours d'instance que lorsqu'elle l'édicte après un sursis à statuer mis en œuvre par le juge au titre de l'article L. 600-5-1.

611.1292 Requérants concernés. L'article L. 600-5-2 s'applique uniquement aux recours formés « par les parties »[3]. Il ne s'étend pas aux recours formés par les tiers à l'instance initiale[4].

1. CE 19 juin 2017, Syndicat des copropriétaires de la résidence Butte Stendhal et autres, req. nº 398531, *Lebon T.* ; *RDI* 2017. 422, obs. P. Soler-Couteaux.
2. A. Skzryerbak, *BJDU* 2023. 189, concl. CE 1er févr. 2023, *M. et Mme Fetita et autres*, req. nº 459243. Dans le même sens, le rapport sur la loi ÉLAN à l'Assemblée nationale indiquait qu'il s'agit d'« éviter les recours "en cascade", qui prolongent l'incertitude pour le bénéficiaire de l'autorisation » (AN, rapp. nº 971 sur le projet de loi ÉLAN, 19 mai 2018, p. 324), et la rapporteure publique Marie Sirinelli souligne que l'objectif consiste « à éviter la multiplication des instances, et à raccourcir les délais contentieux par un examen concomitant des actes concernant un même projet » (M. Sirinelli, *BJDU* 2023. 264, concl. sur CE 10 oct. 2022, *Guedel*, req. nº 452955).
3. C. urb., art. L. 600-5-2.
4. Lorsque la régularisation a pris la forme d'un permis modificatif, l'intérêt à agir de ces tiers s'apprécie au regard de la portée des modifications apportées (v. ss nº 611.284). En outre, seules peuvent être contestées ces modifications et non le permis initial (v. ss nº 352.181).

c.
Effets

611.1301 En présence d'une régularisation. Lorsqu'une régularisation intervient en cours d'instance, la mesure ainsi prise doit être contestée devant le tribunal administratif saisi du recours contre le permis initial.

Il en va de même si le jugement avant dire droit a fait l'objet d'un appel[5]. Cet appel ne remet pas en cause la compétence du tribunal pour examiner la légalité de la mesure de régularisation.

611.1302 En l'absence de régularisation. Si l'autorité compétente refuse d'accorder une régularisation, ce refus ne peut être contesté qu'à l'occasion d'une nouvelle instance[6]. Aucune tunnélisation ne s'applique dans un tel cas de figure.

d.
Délai et forme du recours contre la mesure de régularisation

611.1311 Régularisation L. 600-5-1. Les requérants parties à l'instance ayant donné lieu à la décision avant dire droit sont « recevables à contester la légalité de la mesure de régularisation produite dans le cadre de cette instance, tant que le juge n'a pas statué au fond, sans condition de délai »[7].

611.1312 Régularisation spontanée. Les parties à une instance portant sur un recours dirigé contre une autorisation d'urbanisme initialement obtenue sont recevables à contester la légalité d'un permis modificatif, d'une décision modificative ou d'une mesure de régularisation intervenue au cours de cette instance, lorsqu'elle leur a été communiquée, tant que le juge n'a pas statué au fond, « sans condition de forme ni de délai ». Si cette contestation prend la forme d'un recours pour excès de pouvoir présenté devant la juridiction saisie de la décision initiale ou qui lui est transmis en application de l'article R. 351-3 du CJA, « elle doit être regardée comme un mémoire produit dans l'instance en cours. La circonstance qu'elle ait été enregistrée comme une requête distincte est toutefois sans incidence sur la régularité du jugement ou de l'arrêt attaqué, dès lors qu'elle a été jointe à l'instance en cours pour y statuer par une même décision »[8].

5. CE 5 févr. 2021, *Boissery (M. et Mme)*, req. nº 430990, *Lebon T.* ; *BJDU* 2021. 195, concl. L. Domingo.
6. V. ss nº 611.1231.
7. CE 16 févr. 2022, *Min. de la Cohésion des territoires et des relations avec les collectivités territoriales et Société MSE La Tombelle*, req. nº 420554.
8. CE 1er févr. 2023, *M. et Mme Fetita*, req. nº 459243, *Lebon T.* ; *BJDU* 2023. 189, concl. A. Skzryerbak, note S. Ferrari ; *JCP Adm.* 2023, nº 2105, note F. Polizzi.

611.1313 Notification du recours et cristallisation des moyens. L'obligation de notification ne s'applique pas à la contestation du permis de régularisation[1].

La cristallisation des moyens s'applique deux mois à compter de la communication du premier mémoire concernant le permis de régularisation[2].

e.
Régularisation postérieure à l'instance (L. 600-5)

611.1320 Renvoi. En cas de régularisation postérieure à l'instance, c'est-à-dire à la suite d'une annulation (qu'elle soit partielle, en particulier au titre de l'article L. 600-5, voire totale[3]), la mesure ainsi prise relève normalement de la compétence du tribunal administratif.

Toutefois, si le jugement prononçant cette annulation a fait l'objet d'un appel, la compétence pour contester cette mesure relèvera, conformément à la logique de tunnélisation du juge d'appel[4].

Il en va de même si le Conseil d'État évoque l'affaire après cassation[5].

2°
Moyens invocables contre la mesure de régularisation

611.1331 Moyens dirigés contre la mesure de régularisation. À compter de la décision par laquelle le juge fait usage de la faculté de surseoir à statuer ouverte par l'article L. 600-5-1, « seuls des moyens dirigés contre la mesure de régularisation notifiée, le cas échéant, au juge peuvent être invoqués devant ce dernier »[6].

La légalité du permis initial ne peut plus être contestée.

Le débat contentieux ne peut porter que sur la mesure de régularisation elle-même.

Comme l'indique le Conseil d'État, « les parties peuvent, à l'appui de la contestation de l'acte de régularisation, invoquer des vices qui lui sont propres et soutenir qu'il n'a pas pour effet de régulariser le vice que le juge a constaté dans sa décision avant dire droit. Elles ne peuvent en revanche soulever aucun autre moyen, qu'il s'agisse d'un moyen déjà écarté par la décision avant dire droit ou de moyens nouveaux, à l'exception de ceux qui seraient fondés sur des éléments révélés par la procédure de régularisation »[7].

1. V. s[s] n° 611.534.
2. V. s[s] n° 611.883.
3. V. s[s] n° 611.971.
4. V. s[s] n°s 611.972 et 611.973.
5. V. s[s] n° 611.974.
6. CE, avis, 18 juin 2014, *S[té] Batimalo et a.*, req. n° 376760, *Lebon ; JCP Adm.* 2014, n° 950, note G. Eveillard ; *JCP Adm.* 2014, n° 2298, note D. Gillig ; *RJEP* 2014, comm. 50, note. E. Crépey.

SECTION 5
JUGEMENT DE LA DEMANDE

§ 1
Exercice par le juge de ses pouvoirs (sauf non-lieu à statuer)

A.
Non-lieu à statuer en cas de disparition de l'objet du litige

611.1341 Notion et variantes. Il y a non-lieu à statuer lorsque le litige perd sa raison d'être en cours d'instance. Il se produit dans deux cas de figure.

Soit le litige perd son objet : par exemple, la décision attaquée disparaît – du fait de son retrait ou de son abrogation[8], de sa caducité ou de sa péremption[9].

Soit le litige perd son intérêt car l'administration a donné satisfaction au justiciable : elle a pris, en cours d'instance, la décision demandée[10]. Si le requérant obtient satisfaction au moyen d'un acte proche mais ne correspondant pas exactement à celui sollicité, le litige est regardé comme conservant un objet[11]. Si, dans un tel cas de figure, le requérant formule des conclusions aux fins de non-lieu, celles-ci seront interprétées comme un désistement[12].

611.1342 Office du juge. Parce que le non-lieu à statuer constitue une décision grave (le juge ne statue pas sur la demande), il ne peut intervenir que si la disparition de l'objet ou de l'intérêt du litige est absolument définitive : il ne serait pas envisageable qu'à la faveur d'une circonstance (retrait d'un retrait, réformation du jugement d'annulation...), l'objet ou l'intérêt du litige puisse réapparaître alors que le juge a déjà opposé le non-lieu et ne peut donc plus juger l'affaire. Ainsi, un non-lieu à statuer ne peut être constaté en conséquence d'un retrait que si celui-ci présente un caractère « définitif »[13].

7. CE 16 févr. 2022, *Min. de la Cohésion des territoires et des relations avec les collectivités territoriales et Société MSE La Tombelle*, req. n° 420554.
8. CE 19 avr. 2000, *Borusz*, req. n° 207469, *Lebon*.
9. CE 19 nov. 1999, *Assoc. Bien vivre au Mesnil*, req. n° 172976, *Lebon T.*
10. CE 26 sept. 2016, *De Simencourt*, req. n° 385627, *Lebon T. ; BJDU* 2017. 54, concl. G. Pelissier.
11. CE 26 sept. 2016, *De Simencourt*, req. n° 385627 : le recours contre la décision de refus conserve un objet « lorsque l'autorisation finalement accordée ne peut être regardée comme équivalant à l'autorisation initialement sollicitée et refusée, en raison notamment des modifications que le pétitionnaire a apportées à sa demande pour tenir compte des motifs du refus qui lui a été initialement opposé ».
12. PAR EX. : CE 27 juin 2007, *Assant*, req. n° 277827, NP.
13. CE 19 avr. 2000, *Borusz*, req. n° 207469, *Lebon*.

En outre, le non-lieu n'est prononcé que si la satisfaction du requérant est totale. Dans le cas contraire (satisfaction partielle), le juge demeure saisi du reste du litige[1].

B. Intervention volontaire

611.1351 Conditions de l'intervention. Une personne souhaitant participer à l'instance en qualité d'intervenant volontaire, soit au soutien du demandeur, soit au soutien du défendeur, doit justifier d'un intérêt à intervenir[2].

Il a été jugé que cet intérêt s'apprécie, comme pour le requérant[3], à la date d'affichage en mairie de la demande du pétitionnaire[4].

Une maire d'arrondissement « ne justifie pas d'un intérêt suffisant au maintien du jugement attaqué », alors même qu'il donne un avis sur le projet de construction (à côté, d'ailleurs, de nombreux autres organismes ou autorités) et que le terrain d'assiette se trouve dans l'arrondissement qu'il dirige[5].

C. Exercice par le juge de ses pouvoirs

611.1361 Diversité des pouvoirs. Le juge exerce par jugement les pouvoirs qui lui sont dévolus :

- annulation de l'acte[6] ;
- prononcé d'une injonction d'exécution[7] ;
- annulation de l'acte aux fins de régularisation[8] ;
- substitution de base légale ou de motifs[9] ;
- jugement avant dire-droit en vue de permettre la régularisation d'un vice en cours d'instance[10] ;
- condamnation de l'auteur d'un recours abusif[11].

1. PAR EX., dans le contentieux de l'établissement de l'impôt : CE 26 juill. 1982, *Eliot*, req. n° 14509, *Lebon*.
2. CE, sect., 25 juill. 2013, *Ofpra*, req. n° 350661, *Lebon ; AJDA* 2013. 1969, chron. X. Domino et A. Bretonneau ; *JCP Adm.* 2013, n° 2369, chron. O. Le Bot.
3. V. s^s n° 611.321.
4. TA Pau, 19 janv. 2021, *Syndicat des copropriétaires de la résidence Toki Hobian*, req. n° 1802871, NP.
5. CE 13 janv. 2023, *Office public de l'habitat Paris Habitat et Ville de Paris*, req. n° 450446, *Lebon T. ; BJDU* 2023. 103, concl. M. Boutron ; *JCP Adm.* 2023, n° 2152, note O. Le Bot ; *Constr.-Urb.* 2023, comm. 30, note L. Santoni ; *Énergie – Environnement – Infrastructures* 2023, comm. 24, obs. R. Micalef.
6. V. s^s n°s 611.911 s.
7. V. s^s n° 611.981.
8. V. s^s n°s 611.941 s.
9. V. s^s n°s 611.991 s.
10. V. s^s n°s 611.1131 s.
11. V. s^s n°s 611.1021 s.

§ 2 Délai de jugement

611.1371 Principe : absence de délai de jugement. En principe, en application du droit commun du contentieux administratif, le jugement des recours introduits en matière d'autorisations d'urbanisme n'est enfermé dans aucun délai.

611.1372 Exception : délai de dix mois pour les bâtiments de plus de 2 logements et les lotissements. Le juge statue dans un délai de dix mois sur les recours contre[12] :

- les permis de construire un bâtiment comportant plus de deux logements ;
- les permis d'aménager un lotissement ;
- les décisions refusant la délivrance de ces autorisations[13].

La cour administrative d'appel statue dans le même délai[14].

Le respect du délai n'est pas prescrit à peine de dessaisissement de la juridiction[15].

Aucun délai ne s'impose au juge de cassation.

§ 3 Obligation pour le juge de se prononcer sur tous les moyens

A. Obligation générale en cas de jugement de rejet

611.1381 Obligation de répondre à tous les moyens en cas de rejet au fond de la requête. Lorsque le juge rejette un recours sur le fond (et non au titre de la compétence ou de la recevabilité), il a l'obligation de répondre à tous les moyens invoqués par le demandeur[16].

Toutefois, il n'a pas l'obligation de répondre à un moyen inopérant ni de rejeter explicitement un moyen d'ordre public infondé.

12. C. urb., art. R. 600-6, al. 1er.
13. Ce troisième cas de figure a été ajouté par le décret n° 2022-929 du 24 juin 2022.
14. C. urb., art. R. 600-6, al. 2.
15. CE 3 juill. 2020, *Conseil national des Barreaux et a. et Synd. des avocats de France*, n° 424293, *Lebon T. ; JCP Adm.* 2020, n° 2280, chron. O. Le Bot – F. Polizzi, « La mise en place d'un délai de jugement des recours contre certains permis est-elle réaliste et efficace ? », *AJDA* 2018. 1718.
16. PAR EX. : CE 23 mai 2001, *Assoc. pour la défense de l'environnement du pays arédien et du Limousin*, req. n° 201938, *Lebon T.* (réponse à vingt-et-un moyens) ; – CE 27 oct. 2000, *Centre hospitalier de Seclin*, req. n° 208640, *Lebon* (irrégularité de l'arrêt n'ayant pas répondu à un moyen).

Cette obligation générale du contentieux administratif s'applique dans le contentieux de l'urbanisme.

B. Obligation propre au contentieux de l'urbanisme en cas de jugement d'annulation

1° Dérogation à la pratique de l'économie de moyens

611.1391 La pratique de l'économie de moyens. Dans le contentieux administratif général, il est de jurisprudence constante que, « sauf dispositions législatives contraires, le juge de l'excès de pouvoir n'est en principe pas tenu, pour faire droit aux conclusions à fin d'annulation dont il est saisi, de se prononcer sur d'autres moyens que celui qu'il retient explicitement comme étant fondé »[1].

Ce principe (ou cette pratique) dit de l'« économie des moyens » est justifié par la considération suivante : « Le motif par lequel le juge de l'excès de pouvoir juge fondé l'un quelconque des moyens de légalité soulevés devant lui ou des moyens d'ordre public qu'il relève d'office suffit à justifier l'annulation de la décision administrative contestée »[2]. Ainsi, un seul moyen - fondé - suffisant à annuler l'acte, ne pèse sur le juge nulle obligation d'en retenir (ni par conséquent d'en examiner) d'autres.

611.1392 Dérogation à la pratique de l'économie de moyens dans le contentieux de l'urbanisme. La pratique de l'économie de moyens présente l'inconvénient, évident, de ne pas informer l'administration sur les autres vices dont sa décision peut, le cas échéant, se trouver entachée. Prenons le cas d'une décision entachée à la fois d'une violation de la loi et d'un défaut de motivation. Le juge annule la décision pour vice de forme. Ignorant que cette décision était également entachée d'un vice d'illégalité interne, elle reprend la même décision en prenant soin de la motiver suffisamment. En cas de nouveau recours, le juge en prononcera l'annulation pour violation de la loi.

C'est précisément pour éviter cet inconvénient que le principe de l'économie de moyens a été écarté par le législateur dans le contentieux de l'urbanisme : « Lorsqu'elle annule pour excès de pouvoir un acte intervenu en matière d'urbanisme ou en ordonne la suspension, la juridiction administrative se prononce sur l'ensemble des moyens de la requête qu'elle estime susceptibles de fonder l'annulation ou la suspension, en l'état du dossier »[3]. Comme l'indique le Conseil d'État, ces dispositions « ont pour objet de permettre que les parties à un litige mettant en cause un acte intervenu en matière d'urbanisme soient éclairées sur l'ensemble des vices susceptibles d'entacher la légalité de cet acte »[4].

2° Champ d'application de l'obligation de répondre à tous les moyens

a. Quant aux contentieux concernés

611.1401 Contentieux de l'urbanisme. L'obligation de répondre à tous les moyens s'impose lorsque la juridiction est saisie d'un acte « intervenu en matière d'urbanisme »[5].

Le champ de cette obligation ne se limite donc pas au seul contentieux des autorisations d'urbanisme. Il s'étend par exemple à :

– la délibération par laquelle un conseil municipal institue sur le territoire de la commune un droit de préemption urbain renforcé[6] ;

– un arrêté interruptif de travaux[7].

b. Quant aux recours

611.1411 Pouvoirs exercés. L'obligation de répondre à tous les moyens s'impose lorsque la juridiction « annule pour excès de pouvoir » l'acte attaqué ou « en ordonne la suspension »[8]. Elle ne s'applique pas lorsque la juridiction exerce un pouvoir autre que l'annulation ou la suspension.

Ainsi, elle ne s'impose pas lorsque le juge se borne à apprécier la légalité d'un acte dans le cadre d'un recours en interprétation[9].

c. Application en appel

611.1421 Annulation d'une autorisation. En cas d'appel, il appartient au juge d'appel, saisi d'un jugement par lequel un tribunal administratif a pro-

1. CE, sect., 21 déc. 2018, *Sté Éden*, req. n° 409678, *Lebon ; JCP Adm.* 2019, n° 2077, chron. O. Le Bot.
2. CE, sect., 21 déc. 2018, *Sté Éden*, req. n° 409678, *Lebon*.
3. C. urb., art. L. 600-4-1 ; créé par L. n° 2000-1208, 13 déc. 2000, art. 37.
4. CE 16 juin 2004, *Sté Laboratoire de biologie végétale Yves Rocher*, req. n° 254172, *Lebon T.*
5. C. urb., art. L. 600-4-1.
6. CE 4 févr. 2002, *SARL Constructions Transactions Mauro*, req. n° 217258, *Lebon.*
7. CE 10 oct. 2003, *Soisy-sous-Montmorency (Cne) et SA pour l'aide à l'accession à la propriété des locataires*, req. n° 242373, *Lebon T.*
8. C. urb., art. L. 600-4-1.
9. CE 10 oct. 2003, *Soisy-sous-Montmorency (Cne) et SA pour l'aide à l'accession à la propriété des locataires*, req. n° 242373, *Lebon T.*

noncé l'annulation d'un permis de construire en retenant plusieurs moyens, de se prononcer sur le bien-fondé de tous les moyens d'annulation retenus au soutien de leur décision par les premiers juges et d'apprécier si l'un au moins de ces moyens justifie la solution d'annulation. Dans ce cas, le juge d'appel n'a pas à examiner les autres moyens de première instance[1].

En revanche, dans l'hypothèse où il estime qu'aucun des moyens retenus par le tribunal administratif n'est fondé, le juge d'appel, saisi par l'effet dévolutif des autres moyens de première instance, examine ces moyens. Il lui appartient[2] :

- de les écarter si aucun d'entre eux n'est fondé ;
- et, à l'inverse de se prononcer, si un ou plusieurs d'entre eux lui paraissent fondés, sur l'ensemble de ceux qu'il estime, en l'état du dossier, de nature à confirmer, par d'autres motifs, l'annulation prononcée par les premiers juges[3].

611.1422 **Annulation d'un refus d'autorisation.** Saisi d'un jugement ayant annulé une décision refusant une autorisation d'urbanisme, il appartient au juge d'appel, pour confirmer cette annulation, de se prononcer sur les différents motifs d'annulation que les premiers juges ont retenus, dès lors que ceux-ci sont contestés devant lui[4].

En revanche, si le juge d'appel estime qu'un des motifs de la décision de refus litigieuse est fondé et que l'administration aurait pris la même décision si elle avait retenu ce seul motif, il peut, sans méconnaître les articles L. 424-3 et L. 600-4-1 du code de l'urbanisme, rejeter la demande d'annulation de cette décision et infirmer en conséquence le jugement attaqué devant lui, sans être tenu de statuer sur la légalité des autres motifs retenus par l'autorité administrative et sur lesquels les premiers juges se sont prononcés[5].

d.
Application en cassation

611.1431 **Principe et exception.** En principe, il revient au juge de cassation d'accueillir un pourvoi dirigé contre une décision juridictionnelle fondée sur plusieurs motifs, dont l'un, ne présentant pas un caractère surabondant, est erroné.

Par exception, lorsque l'annulation prononcée par la décision juridictionnelle est justifiée par l'un des moyens retenus, le juge de cassation rejette le pourvoi après censure du motif erroné. Cette exception s'applique notamment au cas où la pluralité de motifs est imposée par l'article L. 600-4-1 du code de l'urbanisme[6].

3°
Portée de l'obligation de répondre à tous les moyens

611.1441 **Réponse à tous les moyens.** La juridiction « se prononce sur l'ensemble des moyens de la requête qu'elle estime susceptibles de fonder l'annulation ou la suspension, en l'état du dossier »[7].

Cette exigence est par exemple regardée comme satisfaite lorsque le juge, après avoir identifié un moyen comme fondé, indique « qu'aucun autre moyen de la requête n'est susceptible, en l'état du dossier, de fonder l'annulation de la décision attaquée »[8].

Le juge peut également écarter de façon implicite les moyens autres que ceux expressément regardés comme fondés. Appliquant de façon souple l'article L. 600-4-1 du code de l'urbanisme, le Conseil d'État estime en effet que celui-ci n'est pas méconnu dans le cas où le juge s'abstient de mentionner expressément dans ses motifs les moyens autres que celui qu'il a retenu pour annuler ou suspendre l'acte intervenu en matière d'urbanisme. Le Conseil considère que, dans un tel cas de figure, les moyens non mentionnés ont implicitement été écartés[9].

611.1442 **Interdiction de laisser en suspens le sort de certains moyens.** Le juge ne peut recourir à une formule laissant en suspens le sort des moyens non expressément examinés. Ainsi, même si un tribunal administratif a retenu plusieurs moyens pour fonder l'annulation d'un permis de construire, il ne respecte pas l'obligation fixée à l'article L. 600-4-1 s'il précise que cette annulation intervient « sans qu'il soit besoin de statuer sur les autres moyens de la requête »[10] (une telle motivation laissant en effet entendre que d'autres moyens invoqués auraient éventuellement pu conduire à l'annulation de la décision attaquée).

611.1443 **Cas d'un refus d'autorisation justifié par plusieurs motifs.** Une décision rejetant une demande d'autorisation d'urbanisme pour plusieurs motifs ne peut être annulée par le juge de l'excès de

1. CE 28 mai 2001, *Bohars (Cne) et SARL Minoterie Francès*, req. n° 218374, *Lebon*.
2. CE 28 mai 2001, *Bohars (Cne) et SARL Minoterie Francès*, req. n° 218374, *Lebon*.
3. CE 28 mai 2001, *Bohars (Cne) et SARL Minoterie Francès*, req. n° 218374, *Lebon*.
4. CE 22 mars 2024, *Société AC Promotions*, req. n° 463970, *Lebon T.*
5. CE 22 mars 2024, *Société AC Promotions*, req. n° 463970.
6. CE, sect., 22 avr. 2005, *Barcarès (Cne)*, req. n° 257877, *Lebon*.
7. C. urb., art. L. 600-4-1.
8. CE 21 déc. 2001, *Sté immobilière pour l'automobile et la mécanique*, req. n° 179211, *Lebon T.*
9. CE 8 avr. 2009, *Banon (Cne)*, req. n° 307515, *Lebon ; BJDU* 2010. 36, concl. Struillou ; *JCP Adm.* 2009, n° 2113, note G. Pellissier.
10. CE 16 juin 2004, *Sté Laboratoire de biologie végétale Yves Rocher*, req. n° 254172, *Lebon T.*

pouvoir à raison de son illégalité interne, réserve faite du détournement de pouvoir, que si chacun des motifs qui pourraient suffire à la justifier sont entachés d'illégalité. En outre, en application de l'article L. 600-4-1 du code de l'urbanisme, le tribunal administratif saisi doit, lorsqu'il annule une telle décision de refus, se prononcer sur l'ensemble des moyens de la demande qu'il estime susceptibles de fonder cette annulation, qu'ils portent d'ailleurs sur la légalité externe ou sur la légalité interne de la décision. En revanche, lorsqu'il juge que l'un ou certains seulement des motifs de la décision de refus en litige sont de nature à la justifier légalement, le tribunal administratif peut rejeter la demande tendant à son annulation sans être tenu de se prononcer sur les moyens de cette demande qui ne se rapportent pas à la légalité de ces motifs de refus [1].

§ 4
Notification du jugement d'annulation au procureur de la République

611.1451 **Jugement d'annulation.** Copie du jugement par lequel le tribunal administratif prononce l'annulation d'une décision accordant un permis de construire, d'aménager ou de démolir est transmise sans délai au procureur de la République près le tribunal judiciaire territorialement compétent [2].

611.1452 **Décision d'appel.** Copie des décisions d'appel qui annulent ou réforment un jugement par lequel un tribunal administratif s'est prononcé sur un recours pour excès de pouvoir dirigé contre un permis de construire, d'aménager ou de démolir ou une mesure de police est transmise sans délai au procureur de la République près le tribunal judiciaire territorialement compétent [3].

§ 5
Effets d'un jugement d'annulation

A.
Effets de l'annulation d'un refus d'autorisation

1°
Absence de délivrance automatique de l'autorisation ou de délivrance par le juge

611.1461 **Absence de délivrance automatique de l'autorisation.** Par elle-même, l'annulation en excès de pouvoir d'un refus d'autorisation ne confère pas au demandeur l'autorisation qu'il avait sollicitée et qui lui a été refusée de façon illégale [4].

611.1462 **Absence de délivrance de l'autorisation par le juge.** À la différence du juge de plein contentieux, qui peut délivrer lui-même une autorisation refusée à tort [5], le juge de l'excès de pouvoir est dépourvu de ce pouvoir.

Or, dans le contentieux des autorisations d'urbanisme, le juge administratif exerce un office d'excès de pouvoir. Par conséquent, il ne dispose pas du pouvoir de délivrer lui-même un permis de construire ou toute autre autorisation d'occupation ou d'utilisation du sol illégalement refusée.

2°
Administration se trouvant de nouveau saisie de la demande

a.
Nouvel examen de la demande

611.1471 **Administration saisie de plein droit.** L'annulation par le juge de l'excès de pouvoir de la décision qui a refusé de délivrer un permis de construire, ou qui a sursis à statuer sur une demande de permis de construire, « impose à l'administration, qui demeure saisie de la demande, de procéder à une nouvelle instruction de celle-ci, sans que le pétitionnaire ne soit tenu de la confirmer » [6].

611.1472 **Pétitionnaire pouvant confirmer sa demande.** Bien évidemment, le pétitionnaire a tout loisir pour confirmer sa demande. Il a même intérêt à le faire car cette réitération lui permet de bénéficier du mécanisme de l'autorisation tacite. En effet, « un nouveau délai de nature à faire naître une autorisation tacite ne commence à courir qu'à dater du jour de la confirmation de sa demande par l'intéressé. En vertu des dispositions [...] de l'article R. 424-1 du code de l'urbanisme, la confirmation de la demande de permis de construire par l'intéressé fait courir un délai de trois mois, à l'expiration duquel le silence gardé par l'administration fait naître un permis de construire tacite » [7].

1. CE 22 mars 2024, *Société AC Promotions*, req. n° 463970, *Lebon T.*
2. CJA, art. R. 751-10.
3. CJA, art. R. 751-11.
4. CE, sect., 7 déc. 1973, *Entreprise Fayolle et fils*, req. n° 88106, *Lebon* – CE, sect., 7 déc. 1973, *Min. Agr. c/SCA des Nigritelles*, req. n° 88252, *Lebon* – CE 18 janv. 1974, *Ministre de l'Aménagement du territoire c/Société foncière Biarritz-Anglet*, req. n° 88665, *Lebon*.
5. PAR EX. : CE 29 mai 2015, *Assoc. Nonant Environnement*, req. n° 381560, *Lebon*.
6. CE 28 déc. 2018, *Assoc. du Vajra Triomphant Mandarom Aumisme*, req. n° 402321, *Lebon T.* ; *BJDU* 2019. 125, concl. A. Iljic ; *Dr. adm.* 2019, comm. 19, note B. Henry ; *JCP Adm.* 2019, n° 2138, note F. Polizzi.
7. CE 28 déc. 2018, *Assoc. du Vajra Triomphant Mandarom Aumisme*, req. n° 402321.

L'absence de confirmation fait obstacle à la naissance d'une autorisation tacite[1].

b.
Règles applicables au nouvel examen

611.1481 Règles applicables au moment de l'annulation (cristallisation). L'article L. 600-2 du code de l'urbanisme prévoit que lorsqu'un refus opposé à une demande d'autorisation d'occuper ou d'utiliser le sol ou l'opposition à une déclaration préalable a fait l'objet d'une annulation juridictionnelle, la demande d'autorisation ou la déclaration confirmée par l'intéressé « ne peut faire l'objet d'un nouveau refus ou être assortie de prescriptions spéciales sur le fondement de dispositions d'urbanisme intervenues postérieurement à la date d'intervention de la décision annulée », et ce sous réserve[2] :

- « que l'annulation soit devenue définitive » ;
- « et que la confirmation de la demande ou de la déclaration soit effectuée dans les six mois suivant la notification de l'annulation au pétitionnaire ».

Cet article a été introduit par le législateur en 1994. Il a mis en place un mécanisme de cristallisation s'inspirant d'une proposition du rapport du Conseil d'État « L'urbanisme : pour un droit plus efficace » publié en 1992. Il n'a pas été modifié depuis son adoption[3].

611.1482 Objet et intérêt de la cristallisation. Le mécanisme de la cristallisation protège le pétitionnaire contre un changement de réglementation qui lui serait défavorable entre le moment où il a présenté son projet initial (plus exactement le jour où il s'est vu opposer un refus de celui-ci) et le jour où il renouvelle sa demande à la suite de l'annulation contentieuse de ce refus.

Comme l'explique Laurent Domingo, l'article L. 600-2 du code de l'urbanisme « a été adopté afin de parer aux refus abusifs suivis d'une modification des règles d'urbanisme destinée à tenir en échec durablement des projets de construction qui étaient pourtant conformes au droit alors en vigueur. L'objectif est de permettre au pétitionnaire de poursuivre son projet d'urbanisme sur la base de cet état du droit initialement applicable »[4].

611.1483 Champ d'application. Le mécanisme de la cristallisation s'applique en cas d'annulation :

- d'un refus d'autorisation d'urbanisme (ainsi que le prévoit expressément l'article L. 600-2) ;
- mais aussi d'une décision de sursis à statuer[5].

611.1484 Conditions. L'article L. 600-2 du code de l'urbanisme prévoit l'inopposabilité des règles postérieures à la décision de refus annulée « sous réserve que l'annulation soit devenue définitive et que la confirmation de la demande ou de la déclaration soit effectuée dans les six mois suivant la notification de l'annulation au pétitionnaire ». Il subordonne ainsi le bénéfice du mécanisme de cristallisation à deux conditions.

La *première condition* tient à ce que la demande soit confirmée dans les six mois suivant la notification de l'annulation au pétitionnaire.

La confirmation peut intervenir de deux manières. D'une part, elle peut prendre la forme d'une réitération expresse de la demande. D'autre part, elle peut revêtir une forme implicite si, à l'appui de son recours formé contre la décision de refus, le pétitionnaire avait présenté des conclusions aux fins d'injonction. La jurisprudence estime en effet que lorsque le juge, à la suite de l'annulation du refus, fait droit à des conclusions tendant à ce qu'il soit enjoint à l'administration de réexaminer cette demande, ces conclusions aux fins d'injonction du requérant doivent être regardées comme confirmant sa demande initiale[6]. Il est néanmoins préférable qu'il réitère sa

1. CE 13 déc. 1996, *C^ne^ de Leognan*, req. n° 133459, NP : arrêt indiquant « que l'annulation par jugement du 20 octobre 1988 d'une précédente décision refusant à la société l'autorisation de lotir son terrain, qui a eu pour effet de saisir à nouveau la commune de la demande de la société ne saurait, en tout état de cause, avoir conféré à celle-ci du fait de l'expiration du délai d'instruction de sa demande initiale, une autorisation de lotir tacite ».
2. C. urb., art. L. 600-2 ; créé par L. n° 94-112, 9 févr. 1994, art. 3.
3. Raison pour laquelle il fait référence à la « déclaration de travaux » et non à la « déclaration préalable ».
4. L. Domingo, *BJDU* 2024. 51, concl. sur CE 13 nov. 2023, *Commune de Saint-Didier-au-Mont-d'Or*, req. n° 466407, *Lebon*.
5. CE 9 mars 2016, *Beaulieu (C^ne^)*, req. n° 383060, *Lebon ; JCP Adm.* 2017, n° 2052, concl. R. Decout-Paolini ; *BJDU* 2016. 221, concl. R. Decout-Paolini : arrêt posant qu'une décision de sursis à statuer prise sur le fondement de l'article L. 123-6 du code de l'urbanisme doit être regardée comme un refus au sens de l'article L. 600-2 de ce code. Il s'ensuit qu'une demande d'autorisation ne peut, à la suite de l'annulation de la décision de sursis à statuer dont elle avait fait l'objet, donner lieu à un nouveau sursis à statuer sur le fondement d'une délibération arrêtant le projet de PLU de la commune intervenue postérieurement à la décision initiale de sursis qui a été annulée. Pour une confirmation, v. CE 13 nov. 2023, *Commune de Saint-Didier-au-Mont-d'Or*, req. n° 466407, *Lebon ; BJDU* 2024. 51, concl. L. Domingo ; *JCP Adm.*, 2024, n° 2014, note O. Le Bot ; *RDI* 2024. 46, obs. P. Soler-Couteaux.
6. CE 23 févr. 2017, *Néri (M. et Mme) et SARL Côte d'Opale*, req. n° 395274, *Lebon T. ; BJDU* 2017. 173, concl. B. Bourgeois-Machureau ; *Constr.-Urb.* 2017, comm. 51, note. X. Couton : le Conseil d'État en déduit que « la condition posée par l'article L. 600-2 du code de l'urbanisme imposant que la demande ou la déclaration soit confirmée dans les six mois suivant la notification de l'annulation au pétitionnaire doit être regardée comme remplie lorsque la juridiction enjoint à l'autorité administrative de réexaminer la demande présentée par le requérant ; que, dans un tel cas, l'autorité administrative compétente doit, sous réserve que ▶

demande afin de pouvoir bénéficier le cas échéant du mécanisme de l'autorisation tacite[1].

En cas de confirmation expresse, le délai de six mois durant lequel la confirmation doit intervenir court à compter de la notification de la décision rendant définitive l'annulation du refus de permis[2]. Sur ce point, dans l'hypothèse particulière où l'annulation prononcée fait l'objet d'un pourvoi en cassation, le délai court à compter de la date de notification de la décision du Conseil d'État ou, s'agissant d'une décision de refus d'admission du pourvoi en cassation (qui, en application de l'article R. 822-3 du CJA, n'a à être notifiée qu'au requérant ou à son mandataire), à compter de la date à laquelle cette décision est communiquée pour information au pétitionnaire par le secrétariat du contentieux du Conseil d'État[3].

En cas de confirmation tacite, celle-ci est réputée être intervenue, même si cela n'a pas été expressément indiqué par la jurisprudence, au moment où l'annulation est notifiée.

L'article L. 600-2, qui a un caractère dérogatoire, est d'interprétation stricte. Ne peut être considérée comme une confirmation de la demande d'autorisation initiale, au sens et pour l'application de cet article, une demande impliquant la modification du projet « dépassant de simples ajustements ponctuels »[4]. Une telle demande doit être regardée comme portant sur un nouveau projet et doit, dans ces conditions, être appréciée non au regard des règles d'urbanisme en vigueur à la date de la décision illégale de refus de permis de construire, mais au regard des règles applicables à la date de cette nouvelle demande.

La *seconde condition* posée pour bénéficier du mécanisme de cristallisation tient à ce que « l'annulation soit devenue définitive »[5]. Le Conseil d'État a explicité la portée de cette expression dans un arrêt du 13 novembre 2023 : « le pétitionnaire ne peut bénéficier de façon *définitive* du mécanisme institué par l'article L. 600-2 du code de l'urbanisme que si l'annulation juridictionnelle de la décision de refus ou d'opposition est elle-même devenue *définitive*, c'est-à-dire, au sens et pour l'application de ces dispositions, si la décision juridictionnelle prononçant cette annulation est devenue irrévocable »[6]. La formule jurisprudentielle ainsi employée comporte deux enseignements.

Le premier tient au sens donné à la notion de décision juridictionnelle définitive, qui doit être entendue, dans le cadre de l'article L. 600-2, comme une décision juridictionnelle irrévocable. En principe, la décision définitive est celle qui a été rendue en dernier ressort, même si elle fait l'objet d'un recours en cassation ou si le délai pour former un pourvoi n'a pas expiré[7]. Mais ici, de façon dérogatoire – comme lorsqu'il s'agit d'apprécier l'autorité d'une condamnation pénale pour le juge administratif[8] –, la notion de décision définitive est entendue comme celle de décision irrévocable, c'est-à-dire celle à l'encontre de laquelle les voies de l'appel et/ou de la cassation ont été soit épuisées soit délaissées.

Le second enseignement est lié au précédent. Il concerne la portée du mécanisme de cristallisation selon que l'annulation soit ou ne soit pas devenue définitive. Dans le cas où l'annulation est devenue définitive, donc qu'elle ne peut plus être remise en cause par une juridiction supérieure, le pétitionnaire peut bénéficier du mécanisme de cristallisation de façon elle-même définitive. C'est ce à quoi fait référence le Conseil d'État lorsqu'il évoque la possibilité de « bénéficier de façon définitive du mécanisme institué par l'article L. 600-2 du code de l'urbanisme ». En revanche, lorsque l'annulation n'est pas (encore) devenue définitive, l'autorisation délivrée revêt un caractère précaire dans la mesure où elle est susceptible d'être retirée si la décision d'annulation est remise en cause par le juge d'appel ou de cassation. En ce sens, le Conseil d'État indique que « dans le cas où l'autorité administrative a délivré le permis sollicité ou pris une décision de non-opposition sur le fondement de ces dispositions, elle peut retirer cette autorisation si le jugement ou l'arrêt prononçant l'annulation du refus ou de l'opposition fait l'objet d'un sursis à exécution ou est annulé, sous réserve que les motifs de la nouvelle décision juridictionnelle ne fassent pas par eux-mêmes obstacle à un autre refus, dans le délai de trois mois à compter de la notification à l'administration de cette nouvelle décision juridictionnelle. L'administration doit, avant de procéder à ce

▶ l'annulation soit devenue définitive et que le pétitionnaire ne dépose pas une demande d'autorisation portant sur un nouveau projet, réexaminer la demande initiale sur le fondement des dispositions d'urbanisme applicables à la date de la décision annulée, en application de l'article L. 600-2 du code de l'urbanisme ».

1. V. s[s] nº 611.1472.
2. CE 4 mars 2009, *Beaumettes (C[ne])*, req. nº 319974, *Lebon T.*
3. CE 8 juin 2016, *Odin (M.) et a.*, req. nº 388740, *Lebon T.* ; *BJCL* 2016. 469, concl. R. Decout-Paolini.
4. CE 14 déc. 2022, *Société Eolarmor*, req. nº 448013, *Lebon T.* ; *BJDU* 2023. 43, concl. N. Agnoux ; *JCP Adm.* 2023, nº 2029, note F. Polizzi ; *AJDA* 2023. 434, chron. Th. Janicot et R. Wadjinny-Green ; *RDI* 2023. 120, obs. P. Soler-Couteaux.
5. C. urb., art. L. 600-2.
6. CE 13 nov. 2023, *Commune de Saint-Didier-au-Mont-d'Or*, req. nº 466407, *Lebon* ; *BJDU* 2024. 51, concl. L. Domingo ; *JCP Adm.*, 2024, nº 2014, note O. Le Bot ; *RDI* 2024. 46, obs. P. Soler-Couteaux.
7. CE, ass., 27 oct. 1995, *Mattio*, req. nº 150703, *Lebon*.
8. CE 10 janv. 2001, *Paeamara*, req. nº 225564, *Lebon*.

retrait, inviter le pétitionnaire à présenter ses observations »[1].

Il va de soi que, pour éviter le risque d'un retrait, les pétitionnaires auront intérêt à se garder de confirmer leur demande initiale dans les deux mois qui suivent la notification du jugement d'annulation. Pour éviter les complications générées par une telle mesure, il est préférable d'attendre l'expiration du délai d'exercice des voies de recours, ou le cas échéant l'épuisement des voies de recours, avant de confirmer cette demande.

611.1485 Effets sur les règles applicables. Le mécanisme de cristallisation emporte l'inopposabilité au pétitionnaire des règles postérieures à la date du refus initial, qu'il s'agisse des règles d'un PLU, d'une règle générale d'urbanisme ou encore d'un plan de prévention des risques[2].

Comme le souligne une réponse ministérielle, « le pétitionnaire qui s'est vu opposer un refus et qui a obtenu l'annulation de ce refus a le droit de voir sa demande réexaminée au regard des dispositions d'urbanisme en vigueur à la date de ce refus. Par conséquent, l'autorité compétente reste saisie de la demande initiale et procède à une nouvelle instruction du PC sur le fondement des dispositions d'urbanisme applicables au terrain le jour de la décision de refus, alors même que les dispositions du plan local d'urbanisme auraient changé entre la date de ladite décision et celle de son annulation juridictionnelle »[3].

1. CE 13 nov. 2023, *Commune de Saint-Didier-au-Mont-d'Or*, req. n° 466407, *Lebon ; BJDU* 2024. 51, concl. L. Domingo ; *JCP Adm.*, 2024, n° 2014, note O. Le Bot ; *RDI* 2024. 46, obs. P. Soler-Couteaux. Ainsi, si la décision juridictionnelle annulant le refus d'autorisation est elle-même annulée ou fait l'objet d'un sursis à exécution, l'autorisation d'urbanisme délivrée sur le fondement de l'article L. 600-2 peut être retirée. Trois conditions doivent être remplies pour ce faire. La première est une condition de délai : le retrait doit intervenir dans les trois mois qui suivent la notification de la décision d'appel ou de cassation. Ce délai défini de façon prétorienne est aligné sur celui prévu par la loi pour le retrait des autorisations d'urbanisme (v. s^s n° 352.221). La deuxième condition, non mentionnée mais qui se déduit de la logique du retrait, est une condition de fond : l'autorisation en cause doit être contraire aux règles d'urbanisme applicables au moment de sa délivrance, donc notamment – et en particulier – aux règles d'urbanisme nouvelles redevenues opposables du fait de la mise à l'écart du mécanisme de cristallisation. Toutefois, précise le Conseil d'État sur ce point, les motifs de la nouvelle décision ne doivent pas faire eux-mêmes obstacles à un autre refus. La troisième condition est de nature procédurale : avant de procéder au retrait, la commune doit mettre en œuvre une procédure contradictoire en invitant le pétitionnaire à présenter des observations sur la mesure envisagée.
2. Sur ce dernier point, v. CE 12 juin 2002, *Préfet de la Charente-Maritime*, req. n° 244634, *Lebon*.
3. Rép. min. n° 15668, *JO Sénat Q* 30 déc. 2010, p. 3369.

611.1486 Effets sur la possibilité d'opposer un sursis. L'article L. 600-2 du code de l'urbanisme ne fait pas obstacle, par lui-même, à ce que la demande de permis de construire fasse l'objet du sursis à statuer prévu par l'article L. 111-7. Toutefois, le prononcé de ce sursis ne peut être fondé, dans une telle hypothèse, sur la circonstance que la réalisation du projet de construction litigieux serait de nature à compromettre ou à rendre plus onéreuse l'exécution d'un PLU intervenu « postérieurement » à la date de la décision de refus annulée[4].

C.

Prise en compte des motifs de l'annulation

611.1491 Impossibilité de refuser de nouveau l'autorisation pour un motif jugé illégal. L'autorité de chose jugée s'attachant au dispositif d'un jugement, devenu définitif, annulant un refus de permis de construire ainsi qu'aux motifs qui en sont le support nécessaire fait « obstacle à ce que, en l'absence de modification de la situation de droit ou de fait, le permis de construire sollicité soit à nouveau refusé par l'autorité administrative ou que le permis accordé soit annulé par le juge administratif, pour un motif identique à celui qui avait été censuré par le tribunal administratif »[5].

Il ressort de la formule jurisprudentielle employée que cette autorité s'impose à l'administration comme au juge lui-même.

Elle s'impose d'abord à l'administration. Ainsi, l'administration ne peut pas opposer un nouveau refus en se basant sur un motif censuré par le juge (or, l'administration comme le juge examinent normalement tous les motifs de refus[6]). Il n'est possible d'opposer un refus sur la base d'un motif censuré qu'en cas de changements survenus dans les circonstances de droit ou de fait.

L'autorité de la chose jugée s'impose également au juge. Ainsi, lorsqu'un tribunal administratif a (par un jugement définitif) annulé un refus de permis de construire au motif de l'erreur d'appréciation commise par l'autorité administrative en retenant que le projet était de nature à porter atteinte au caractère ou à l'intérêt des lieux avoisinants, et qu'à la suite de ce jugement l'autorité administrative a délivré le permis de construire sollicité, une cour s'affranchit de l'autorité de la chose jugée s'attachant au jugement définitif si elle prononce l'annulation de ce permis au motif que le projet était de nature à porter atteinte au caractère ou à

4. CE 16 juill. 2010, *SARL Francimo*, req. n° 338860, *Lebon T. ; BJDU* 2010. 379, concl. D. Hedary.
5. CE 12 oct. 2018, *S^té Néoen*, req. n° 412104, *Lebon T. ; JCP Adm.* 2019, n° 2077, chron. O. Le Bot.
6. V. s^s n° 611.1501.

l'intérêt des lieux avoisinants[1]. Selon la même logique, lorsqu'un tribunal administratif a annulé un refus de permis de construire en jugeant que les motifs invoqués par l'autorité administrative (en l'occurrence la violation de l'article R. 111-2 et de l'article L. 111-3 du code de l'urbanisme) étaient illégaux, et qu'à la suite de ce jugement l'autorité administrative a délivré le permis de construire sollicité, la cour ne commet pas d'erreur de droit en écartant les moyens tirés de la violation de ces deux articles, sans qu'il soit besoin d'examiner leur bien-fondé[2].

L'autorité de chose jugée ne vaut que s'il s'agit du même projet[3].

3°
Pouvoir d'enjoindre la délivrance de l'autorisation

a.
Cadre juridique rendant possible l'injonction de délivrance

611.1501 Premier élément : indication par l'administration de tous les motifs de refus, et par le juge de tous les moyens fondés. Comme l'a souligné le Conseil d'État, les dispositions introduites au deuxième alinéa de l'article L. 424-3 du code de l'urbanisme par l'article 108 de la loi du 6 août 2015[4] visent à imposer à l'autorité compétente de faire connaître tous les motifs susceptibles de fonder le rejet de la demande d'autorisation d'urbanisme ou de l'opposition à la déclaration préalable[5]. Combinées avec les dispositions de l'article L. 600-4-1 du code de l'urbanisme (faisant obligation au juge qui fait droit à une demande d'annulation de répondre à tous les moyens qu'il estime fondés)[6], « elles mettent le juge administratif en mesure de se prononcer sur tous les motifs susceptibles de fonder une telle décision »[7].

1. CE 12 oct. 2018, *Sté Néoen*, req. n° 412104, *Lebon T.* ; *JCP Adm.* 2019, n° 2077, chron. O. Le Bot : en procédant ainsi sans relever aucun changement qui aurait affecté la réalité de la situation de fait, tenant notamment à la consistance ou à l'implantation du projet, mais en se bornant à prendre en compte d'autres documents que ceux qui avaient été soumis au tribunal dans l'instance portant sur le refus de permis, la cour a commis une erreur de droit.
2. CE 29 sept. 2021, *Sté Grand Fosse*, req. n° 438525, NP.
3. CE 28 juill. 1999, *Association Fouras Environnement Écologie*, req. n° 189941, NP.
4. L. n° 2015-990, 6 août 2015 pour la croissance, l'activité et l'égalité des chances économiques, dite loi Macron, *JO* 7 août, n° 1.
5. V. s[s] n° 344.151.
6. V. s[s] n°s 611.1392 s.
7. CE, avis, 25 mai 2018, *Préfet des Yvelines et a.*, req. n° 417350, *Lebon* ; *Dr. adm.* 2018, comm. 41, note M. Morales.

611.1502 Second élément : cristallisation des règles d'urbanisme applicables au moment du refus initial. Lorsque le juge administratif a annulé une décision de refus et que l'administration se retrouve en conséquence saisie de la demande initiale, elle doit confronter celle-ci aux règles applicables au moment de la décision d'annulation[8].

611.1503 Volonté du législateur : faire obstacle à ce qu'un nouveau refus puisse être opposé. Il ressort des travaux parlementaires de la loi du 6 août 2015 que les dispositions introduites au deuxième alinéa de l'article L. 424-3 « ont pour objet de permettre d'accélérer la mise en œuvre de projets conformes aux règles d'urbanisme applicables en faisant obstacle à ce qu'en cas d'annulation par le juge du refus opposé à une demande d'autorisation d'urbanisme ou de l'opposition à la déclaration préalable, et compte tenu de ce que les dispositions de l'article L. 600-2 du même code [...] conduisent à appliquer le droit en vigueur à la date de la décision annulée, l'autorité compétente prenne une nouvelle décision de refus ou d'opposition »[9].

b.
Principe de l'injonction de délivrance (et exceptions)

611.1511 Principe de l'injonction de délivrance. Lorsque le juge annule un refus d'autorisation ou une opposition à une déclaration après avoir censuré l'ensemble des motifs que l'autorité compétente a énoncés dans sa décision conformément aux prescriptions de l'article L. 424-3 du code de l'urbanisme ainsi que, le cas échéant, les motifs qu'elle a pu invoquer en cours d'instance, « il doit », s'il est saisi de conclusions à fin d'injonction ou d'office, « ordonner à l'autorité compétente de délivrer l'autorisation ou de prendre une décision de non-opposition »[10].

S'agissant de la motivation, il n'est pas tenu de préciser qu'aucun changement dans les circonstances de fait ne s'est produit faisant obstacle à cette délivrance[11].

611.1512 Exceptions à l'injonction de délivrance. Dans deux cas de figure, le juge n'est pas

8. V. s[s] n°s 611.1481 s.
9. CE, avis, 25 mai 2018, *Préfet des Yvelines et a.*, req. n° 417350, *Lebon* ; *Dr. adm.* 2018, comm. 41, note M. Morales.
10. CE, avis, 25 mai 2018, *Préfet des Yvelines et a.*, req. n° 417350. Pour un exemple, v. CE 13 nov. 2023, *Commune de Saint-Didier-au-Mont-d'Or*, req. n° 466407, *Lebon* ; *BJDU* 2024. 51, concl. L. Domingo ; *JCP Adm.*, 2024, n° 2014, note O. Le Bot ; *RDI* 2024. 46, obs. P. Soler-Couteaux.
11. CE 26 avr. 2024, *Cne de Tarnos*, req. n° 469342, NP ; *RDI* 2024. 416, obs. M. Revert.

tenu d'ordonner la délivrance du permis ou de la décision de non-opposition[1] :

– d'une part « si les dispositions en vigueur à la date de la décision annulée » qui, eu égard aux dispositions de l'article L. 600-2 demeurent applicables à la demande, « interdisent de l'accueillir pour un motif que l'administration n'a pas relevé » ;

– d'autre part « si, par suite d'un changement de circonstances, la situation de fait existant à la date du jugement y fait obstacle ».

c.
Contestation de l'autorisation délivrée sur injonction de délivrance

611.1521 **Contestation par les tiers.** L'autorisation d'occuper ou d'utiliser le sol délivrée sur injonction de délivrance peut être contestée par les tiers « sans qu'ils puissent se voir opposer les termes du jugement ou de l'arrêt »[2].

En cas de jugement rejetant le recours, l'autorité administrative n'est pas recevable à exercer une voie de recours contre celui-ci[3].

611.1522 **Absence de contestation par l'administration.** L'autorité administrative qui a pris une décision sur injonction du juge administratif n'a pas qualité pour former un recours contre sa propre décision[4].

d.
Contestation du jugement ordonnant la délivrance de l'autorisation

611.1531 **Contestation par l'administration.** L'administration qui a pris la décision de refus est recevable à former une voie de recours contre le jugement qui, après annulation de celui-ci, lui ordonne la délivrance de l'autorisation sollicitée[5].

611.1532 **Annulation du jugement ordonnant la délivrance : possibilité de retirer l'autorisation.** En cas d'annulation, par une nouvelle décision juridictionnelle, du jugement ou de l'arrêt ayant prononcé une injonction de délivrer l'autorisation sollicitée et sous réserve que les motifs de cette décision ne fassent pas par eux-mêmes obstacle à un nouveau refus de cette autorisation, l'autorité compétente peut la retirer dans un délai raisonnable qui ne saurait, eu égard à l'objet et aux caractéristiques des autorisations d'urbanisme, excéder trois mois à compter de la notification à l'administration de la décision juridictionnelle. Elle doit, avant de procéder à ce retrait, inviter le pétitionnaire à présenter ses observations[6].

B.
Effets de l'annulation d'une autorisation de construire

611.1541 **Disparition rétroactive de l'autorisation.** L'annulation contentieuse d'une autorisation de construire emporte disparition rétroactive de celle-ci. L'autorisation cessant d'exister, le pétitionnaire perd le droit de construire sur son fondement.

611.1542 **Démolition de la construction.** Les tiers, et tout particulièrement celui qui, le cas échéant, a pris l'initiative de faire disparaître le permis de construire de l'ordonnancement juridique, peuvent ne pas se contenter de cette simple disparition et souhaiter faire produire à celle-ci des conséquences autres que purement juridiques.

À cet égard, le juge administratif est incompétent pour ordonner la démolition d'une construction implantée sur une propriété privée. Le juge judiciaire « est seul compétent pour sanctionner les infractions aux règles d'urbanisme et à la législation relative au permis de construire et pour ordonner, le cas échéant [...], la démolition des installations litigieuses »[7].

611.1543 **Interruption des travaux, absence d'illicéité des travaux réalisés.** Si les travaux ont déjà débuté, le bénéficiaire du permis est tenu de les interrompre[8].

En revanche, l'annulation du permis n'a pas pour effet de rendre illicites les actes de construction réalisés avant cette annulation[9].

611.1544 **Nouvelle demande.** S'il souhaite réaliser ou poursuivre le projet, le pétitionnaire est tenu de présenter une nouvelle demande de permis de construire ou une nouvelle déclaration préalable – et obtenir l'autorisation sollicitée.

Si l'autorisation a été annulée pour un motif d'illégalité externe ou un détournement de pouvoir, il peut présenter un projet identique à condition de s'assurer cette fois que les règles initialement méconnues se trouvent respectées.

1. CE, avis, 25 mai 2018, *Préfet des Yvelines et a.*, req. n° 417350.
2. CE, avis, 25 mai 2018, *Préfet des Yvelines et a.*, req. n° 417350.
3. V. s^s n° 611.982.
4. V. s^s n° 611.982.
5. V. s^s n° 611.982.
6. CE, avis, 25 mai 2018, *Préfet des Yvelines et a.*, req. n° 417350, *Lebon ; Dr. adm.* 2018, comm. 41, note M. Morales.
7. CE 29 juin 1983, *Maignan*, req. n° 35518, *Lebon* – Sur l'action en démolition ouverte devant le juge judiciaire, v. s^s n°s 614.31 s.
8. Bordeaux, 21 févr. 2008, req. n° 07/004980, NP.
9. Crim. 15 févr. 1995, req. n° 94-80.739, NP.

Si l'autorisation a été annulée en raison d'un vice de fond, le pétitionnaire devra présenter un projet modifié remédiant à celui-ci.

611.1545 Annulation des seules prescriptions financières. En cas d'annulation portant uniquement sur les participations financières, l'autorité administrative adopte d'un nouvel arrêté fixant le montant des participations[1].

611.1546 Incidence sur un refus de permis. Il arrive que l'autorité compétente en matière d'autorisations d'urbanisme prenne successivement deux actes, l'un autorisant une opération, l'autre (qui lui est antérieur ou postérieur) la refusant. L'autorité compétente s'est ainsi ravisée à quelques jours, semaines ou mois d'intervalle : soit elle a initialement refusé le projet puis décide finalement de l'autoriser ; soit elle l'autorise dans un premier temps avant de le refuser dans un second.

Dans un tel cas de figure, ce qui a été jugé dans le jugement d'annulation du permis s'impose-t-il dans l'instance dirigée contre le refus de permis ?

Selon le Conseil d'État, l'autorité de chose jugée s'attachant au dispositif d'un jugement, devenu définitif, annulant un permis de construire ainsi qu'aux motifs qui en sont le support nécessaire « fait obstacle à ce que, en l'absence de modification de la situation de droit ou de fait, le refus opposé antérieurement ou ultérieurement par l'autorité administrative à la demande d'un permis ayant le même objet soit annulé par le juge administratif dès lors que ce refus est fondé sur le même motif que celui ayant justifié l'annulation du permis de construire. Alors même que la légalité d'un refus de permis s'apprécie à la date à laquelle il a été pris, il appartient ainsi au juge de l'excès de pouvoir de prendre acte de l'autorité de la chose jugée s'attachant, d'une part, à l'annulation juridictionnelle devenue définitive du permis de construire ayant le même objet, délivré postérieurement à la décision de refus, et, d'autre part, aux motifs qui sont le support nécessaire de cette annulation »[2].

Ainsi, dès lors que le refus de permis et l'annulation du permis reposent sur le même motif, le jugement d'annulation du permis s'impose au recours dirigé contre le refus de permis. Plus exactement, du fait de l'autorité de la chose jugée dont il est doté, ce jugement empêche que le refus de permis fasse l'objet d'une annulation. Tout cela est fort logique : le projet étant déclaré illégal pour tel motif, l'acte l'ayant refusé pour le même motif est légal ou, plus précisément, ne peut être annulé[3]. Il ne pourrait en aller différemment, comme le précise le Conseil d'État, qu'en cas de changement dans la situation de droit ou de fait entre l'édiction du premier acte et l'intervention du second[4].

C.
Effets de l'annulation d'un retrait d'autorisation

611.1551 Rétablissement de l'autorisation. L'annulation du retrait d'une autorisation d'urbanisme emporte rétablissement de cette autorisation à la date de sa délivrance, et ce avec un délai de validité repartant à zéro[5].

611.1552 Recours gracieux formé contre l'autorisation rétablie. Le recours gracieux formé contre l'autorisation rétablie est dépourvue d'effet prorogatoire[6].

D.
Effets de l'annulation d'une demande de pièces complémentaires

611.1560 Renvoi. L'annulation d'une demande illégale de pièces complémentaires ne rend pas le demandeur titulaire d'une autorisation implicite[7].

§ 6
Voies de recours ouvertes contre un jugement rendu dans le contentieux des autorisations d'urbanisme

A.
Suppression de l'appel dans les zones tendues

1°
Suppression du droit d'appel

611.1571 Origine et objet. Afin de réduire le délai de traitement des recours qui retardent inévi-

1. V. s^s n° 551.132.
2. CE 21 sept. 2023, *Société Alpes Constructions Contemporaines*, req. n° 467076, *Lebon ; BJDU* 2024. 25, concl. L. Domingo ; *JCP Adm.* 2023, n° 2336, chron. O. Le Bot ; *RDI* 2023. 622, obs. M. Revert ; *JCP Adm.* 2023. 2341, note F. Polizzi.
3. V., par analogie, CE 4 oct. 1972, *Société Civile Immobilière de Construction des 5 et 5 bis rue des Chalets à Bourges*, req. n° 81445, *Lebon* : l'annulation d'un acte empêche, en raison de l'autorité de la chose jugée dont elle est revêtue, à l'adoption d'un acte identique fondé sur les mêmes motifs.
4. Sur cette réserve, v., par analogie, CE 18 mars 1983, *Ministre de l'environnement et du cadre de vie c/SCI Résidence du parc*, req. n° 20208, *Lebon*.
5. V. s^s n°s 352.321 s.
6. V. s^s n° 352.323.
7. V. s^s n° 334.131.

tablement la réalisation des opérations de construction, le décret du 1er octobre 2013[1] relatif au contentieux de l'urbanisme a introduit dans le code un article R. 811-1-1 qui supprime le droit d'appel, pour certaines opérations réalisées en tout ou partie sur le territoire d'une des communes mentionnées à l'article 232 du Code général des impôts et son décret d'application.

Sont ainsi visées les communes assujetties à la taxe annuelle sur les logements vacants, applicable dans les zones d'urbanisation continue de plus de 50 000 habitants où existent de sérieuses difficultés d'accès au logement (territoires dits en « zone tendue »). La liste de ces communes, au nombre de 3697, est fixée par le décret du 10 mai 2013[2].

La suppression de l'appel, qui devait initialement s'appliquer jusqu'au « 1er décembre 2018 » (rédaction initiale de l'article R. 811-1-1), a été prolongée jusqu'au « 31 décembre 2022 » par le décret du 17 juillet 2018[3], puis au « 31 décembre 2027 » par le décret du 24 juin 2022[4].

611.1572 **Critique.** La suppression du droit d'appel se justifie par une volonté de réduire le délai de traitement des recours pouvant retarder les opérations de construction de logements. Pour autant, cette dérogation au principe du double degré de juridiction n'apparaît pas satisfaisante sur le plan de l'accès au juge[5]. En effet, le contentieux de l'urbanisme présentant un caractère éminemment factuel, le contrôle de cassation donne difficilement prise à la censure d'une éventuelle erreur commise par le juge du fond. Le recours formé contre le décret du 24 juin 2022 prolongeant la suppression de l'appel a été rejeté par le Conseil d'État[6].

2° Champ d'application

a. Version initiale

611.1581 **Texte.** Dans sa version initiale, l'article R. 811-1-1 du CJA prévoyait que les tribunaux administratifs statuent en premier et dernier ressort sur les recours « contre les permis de construire ou de démolir un bâtiment à usage principal d'habitation » ou « contre les permis d'aménager un lotissement » lorsque ces autorisations sont délivrées en zone tendue.

611.1582 **Actes concernés.** La jurisprudence a précisé que, dans sa version initiale, l'article R. 811-1-1 du CJA s'appliquait[7] :

– aux recours formés contre les autorisations d'urbanisme ;

– mais également, lorsque ces autorisations ont été accordées, aux recours formés contre les retraits de ces autorisations ainsi que les recours formés contre les refus de retrait.

En revanche, il ne s'applique pas aux recours formés :

– contre des refus de délivrer ces autorisations[8] ;
– contre le refus de constater leur péremption[9] ;
– contre des décisions de sursis à statuer[10] ;
– contre des certificats de conformité[11].

611.1583 **Notion de bâtiment à usage principal d'habitation.** La jurisprudence a également dû préciser la notion de « bâtiment à usage principal d'habitation ». Celle-ci s'entend, lorsque la construction est destinée à plusieurs usages, de tout bâtiment à

1. Décr. n° 2013-879, 1er oct. 2013 relatif au contentieux de l'urbanisme, *JO* 2 oct., n° 11.
2. Décr. n° 2013-392, 10 mai 2013 relatif au champ d'application de la taxe annuelle sur les logements vacants instituée par l'article 232 du code général des impôts, *JO* 12 mai, n° 4 ; mod par Décret n° 2023-822 du 25 août 2023.
3. Décr. n° 2018-617, 17 juill. 2018 portant modification du code de justice administrative et du code de l'urbanisme, *JO* 18 juill., n° 15, art. 3.
4. Décr. n° 2022-929, 24 juin 2022 portant modification du code de justice administrative et du code de l'urbanisme, *JO* 25 juin 2022, n° 17. V. X. Couton, « Décret n° 2022-929 du 24 juin 2022 – Un nouveau pas en avant vers la pérennisation des régimes dérogatoires », *Constr.-Urb.* 2022, comm. 91.
5. Pour une critique : É. Crépey, « Les nouvelles règles du procès en matière d'urbanisme », *AJDA* 2013. 1905 ; S. Deygas, « La limitation du droit d'appel dans certains contentieux l'urbanisme s'étend et se prolonge », *Procédures* août 2022, comm. 215.
6. CE 14 juin 2023, *FNUJA*, req. n° 466933, *Lebon T. ; BJDU* 2023. 356, concl. R. Chambon ; *Procédures* 2023, comm. 262, obs. S. Deygas ; *JCP Adm.* 2023, act. 407, note P. Mozol.
7. CE 26 avr. 2022, *Sté Immobilière Aire Saint-Michel*, req. n° 452695, *Lebon T. ; BJDU* 2022. 303, concl. Ph. Ranquet – déjà : CE 19 juin 2020, *Sté Fourseasons Group*, req. n° 424967, NP.
8. CE 25 nov. 2015, *Montreuil (Cne) – SCI La Capsulerie*, req. n° 390370, *Lebon T.* – dans le même sens et le précisant : CE 3 mars 2021, *La Garde (Cne)*, req. n° 441112, NP : « Il résulte des termes mêmes de l'article R. 811-1-1 de ce code qu'il ne vise que des jugements statuant sur des recours dirigés contre des autorisations de construire, de démolir ou d'aménager et non les jugements statuant sur des recours formés contre des refus d'autorisation. La circonstance qu'un jugement annulant un refus d'autorisation d'urbanisme enjoigne à l'autorité compétente de délivrer cette autorisation n'ayant ni pour objet ni pour effet de constater l'existence d'une telle autorisation non plus que, par elle-même, d'en rendre le requérant bénéficiaire, elle est sans incidence à cet égard ».
9. CE 22 nov. 2022, *Syndicat des copropriétaires de l'immeuble 153 rue de Saussure*, req. n° 461869, *Lebon T.*
10. CE 8 nov. 2017, *SAS Ranchère*, req. n° 409654, *Lebon T. ; AJDA* 2017. 2229.
11. CE 26 avr. 2022, *Sté Immobilière Aire Saint-Michel*, req. n° 452695, *Lebon T. ; BJDU* 2022. 303, concl. Ph. Ranquet.

usage principal d'habitation « dont plus de la moitié de la surface de plancher est destinée à l'habitation »[1].

En relève par exemple :

– un immeuble destiné à recevoir 18 logements collectifs pour une surface de 997 m^2 et des bureaux pour une surface de 988 m^2[2] ;

– un centre d'hébergement d'urgence[3] ;

– une résidence pour étudiants[4] ;

– une résidence pour personnes âgées[5].

N'en relève pas :

– une résidence hôtelière de tourisme[6] ;

– une tente démontable, destinée à accueillir des réceptions[7] ;

– un établissement pour personnes âgées dépendantes[8].

Si le permis de construire porte sur une construction existante, il n'est concerné par la suppression du droit d'appel que si les travaux autorisés ont « pour objet la réalisation de logements supplémentaires »[9] (et plus précisément s'ils « consacrent plus de la moitié de la surface de plancher autorisée à l'habitation »[10]). Si les travaux sur une construction existante ont fait l'objet d'un permis de construire modificatif, le régime des voies de recours sera celui du permis de construire initial auquel il se rattache[11].

1. CE 20 mars 2017, *Driassa*, req. n° 401463, *Lebon T.*
2. CE 20 mars 2017, *Driassa*, req. n° 401463, *Lebon T.*
3. CE 19 juin 2017, *Synd. des copropriétaires de la résidence Butte Stendhal et a.*, req. n° 394677, *Lebon T.* ; *Constr.-Urb.* 2017, comm. 116, note X. Couton ; *JCP Adm.* 2017, n° 2331, concl. A. Bretonneau ; *JCP Adm.* 2017, n° 2268, chron. O. Le Bot.
4. CE 17 déc. 2020, *SCCV Lapeyre*, req. n° 432561, *Lebon T.* ; *BJDU* 2021. 133, concl. O. Fuchs.
5. CE 28 sept. 2020, *Assoc. des riverains de la rue des Carmélites*, req. n° 430969, NP.
6. CE 29 déc. 2014, *Poussan (Cne)*, req. n° 385051, NP.
7. CE 9 oct. 2015, *Virchien*, req. n° 393032, *Lebon T.*
8. CE 30 déc. 2015, *d'Aurelle de Paladines*, req. n° 390346, NP.
9. CE 16 mai 2018, *Féron*, req. n° 414777, *Lebon* – CE 26 févr. 2021, *Sté Neretzat*, req. n° 443224, NP.
10. CE 2 juin 2023, *SCI du 90-94 avenue de la République*, req. n° 461645, *Lebon* ; *BJCL* 2023. 417, concl. N. Agnoux ; *Constr.-Urb.* 2023, comm. 80, note L. Santoni ; *Constr.-Urb.* 2023, comm. 82, note X. Couton ; *AJDA* 2023. 1385, chron. D. Pradines et A. Goin ; *JCP Adm.* 2023, n° 2226, note S. Avallone ; *JCP Adm.* 2023, n° 2225, note O. Le Bot ; *RDI* 2023. 483, obs. P. Soler-Couteaux ; *RDI* 2023. 442, obs. M. Revert. En l'espèce, le bâtiment comportait une surface de 862 m^2, exclusivement destinée au commerce ; le permis litigieux a autorisé la construction d'une surface nouvelle de 414 m^2, entièrement destinée à l'habitation. Alors même que le bâtiment continue d'être affecté principalement au commerce (à hauteur des deux tiers), le permis en cause a été regardé comme portant sur un immeuble à usage principal d'habitation.
11. CE 16 mai 2018, *Féron*, req. n° 414777, *Lebon.*

Concernant les permis d'aménager un lotissement, la suppression temporaire de l'appel s'applique à tous les permis, quelle que soit la destination des constructions qui ont vocation à être édifiées sur les lots qui en sont issus[12].

b.
Version applicable depuis le 1er septembre 2022

611.1591 **Texte.** Depuis le 1er septembre 2022, l'article R. 811-1-1 du CJA s'applique aux recours formés, dans les zones tendues, contre :

– d'une part, les permis de construire ou de démolir un bâtiment comportant plus de deux logements, les permis d'aménager un lotissement, les décisions de non-opposition à une déclaration préalable autorisant un lotissement ou les décisions portant refus de ces autorisations ou opposition à déclaration préalable (1°) ;

– d'autre part, les actes de création ou de modification des ZAC, et l'acte approuvant le programme des équipements publics, lorsque la ZAC à laquelle ils se rapportent porte principalement sur la réalisation de logements (2°).

Le point 3° vise par ailleurs toute une série de décisions, dont il dresse la liste, « afférentes à une action ou une opération d'aménagement (...) située en tout ou partie sur le territoire d'une des communes » se trouvant en zone tendue, « et dans le périmètre » d'une OIN ou d'une GOU.

c.
Auteur du recours

611.1601 **Qualité indifférente.** L'article R. 811-1-1 du CJA s'applique non seulement au recours formé par des tiers contre une autorisation d'urbanisme mais aussi à celui exercé par son bénéficiaire contre les prescriptions dont elle est assortie[13].

B.
Qualité pour exercer une voie de recours

611.1611 **Cas particulier : qualité du préfet pour agir contre un jugement annulant une décision prise sur son avis conforme.** L'annulation de la décision par laquelle le maire ou le président de l'EPCI, se conformant, en application de l'article L. 422-5 du code de l'urbanisme, à l'avis négatif du préfet, rejette la demande de permis ou s'oppose à la déclaration préalable, est susceptible de préjudicier aux intérêts dont le législateur a confié la défense au représentant de l'État en subordonnant la réalisation du pro-

12. CE 8 nov. 2017, *Assoc. Les amis de la terre – Val d'Oise*, req. n° 410433, *Lebon T.*
13. CE 2 juin 2023, *SCI du 90-94 avenue de la République*, req. n° 461645.

jet à son accord. Par suite, l'État a la qualité de défendeur à l'instance devant le tribunal administratif et, dès lors, le ministre chargé de l'urbanisme a qualité pour relever appel du jugement ayant annulé le refus opposé par le maire, sur avis négatif du préfet, à une demande de permis construire[1].

SECTION 6

TRANSACTIONS DANS LE CONTENTIEUX DES AUTORISATIONS D'URBANISME

§ 1

Notion et régime des transactions

611.1621 **Notion.** Selon la définition civiliste, reprise en droit public, la transaction « est un contrat par lequel les parties terminent une contestation née, ou préviennent une contestation à naître »[2], et ce en se faisant « des concessions réciproques et équilibrées »[3].

Dans le cas le plus fréquent (celui d'une transaction conclue entre l'auteur du recours et le bénéficiaire de l'autorisation), ces concessions réciproques prendront souvent la forme :

– pour le titulaire de l'autorisation, du paiement d'une somme d'argent ;

– et, pour l'auteur du recours contre cette autorisation (ou celui qui envisage de former un recours contre celle-ci), de son engagement à se désister de son recours ou à renoncer à former un recours[4].

Plus rarement, la transaction est conclue entre le requérant et la commune[5].

Les transactions conclues avec des associations ne peuvent pas avoir pour contrepartie le versement d'une somme d'argent, sauf lorsque les associations agissent pour la défense de leurs intérêts matériels propres[6].

611.1622 **Formation.** La transaction est consignée dans un acte écrit[7], un *instrumentum* (auquel les parties donnent parfois le nom de « protocole d'accord » ou « compromis »).

611.1623 **Force et autorité.** La transaction a, entre les parties, « l'autorité de la chose jugée en dernier ressort »[8].

Il en résulte qu'elle lie les parties quant au litige qu'elle a contractuellement éteint :

– un recours qui porterait sur les mêmes questions serait irrecevable ;

– et si l'accord intervient en cours d'instance, le juge prononcera d'office (si d'aventure le requérant persiste dans ses conclusions au lieu de se désister) le non-lieu à statuer[9].

611.1624 **Homologation de la transaction.** La transaction est dotée de la force obligatoire s'attachant aux conventions légalement formées. Elle peut en outre acquérir la force exécutoire qui s'attache aux décisions de justice si elle fait l'objet d'une homologation par le juge[10].

Si elles l'estiment utile, notamment si l'exécution de l'accord est susceptible de se heurter à des difficultés particulières, les parties ayant conclu un accord de médiation peuvent, en application de l'article L. 213-4 du CJA, demander l'homologation de l'accord au juge. Il appartient alors au tribunal de vérifier que les parties consentent effectivement à l'accord, que l'objet de celui-ci est licite, qu'il ne porte pas atteinte à des droits dont les parties n'ont pas la libre disposition, qu'il ne constitue pas de la part de la collectivité publique une libéralité et ne méconnaît pas d'autres règles d'ordre public. En cas d'homologation de l'accord, le tribunal constate le non-lieu à statuer sur la requête ou, dans le cas où la partie requérante aurait déclaré se désister de sa requête, donne acte de ce désistement[11].

1. CE 16 oct. 2020, *Dalmasso (M. et Mme)*, req. n° 427620, *Lebon T. ; BJDU* 2021. 190, concl. G. Odinet.
2. C. civ., art. 2044.
3. CRPA, art. L. 423-1 – La jurisprudence avait déjà fait des concessions un élément nécessaire du contrat de transaction : CE 11 sept. 2006, *Théoule-sur-Mer (Cne)*, req. n° 255273, *Lebon*.
4. V. O. Le Bot, « Les modes alternatifs de règlement des litiges en droit public de la construction », *RRJ* 2012. 877.
5. PAR EX. : TA Poitiers, 12 juill. 2018, *Breyne*, req. n° 1701757, NP. Saisi d'un recours formé contre un permis d'aménager, le tribunal administratif a proposé aux parties une médiation, qu'elles ont acceptées. Un accord a été trouvé, ayant pour objet principal de déterminer précisément la localisation d'un espace boisé classé prévu au plan de zonage du PLU pour tenir compte, d'une part, de ce que ce plan ne mentionne pas les parcelles cadastrales et, d'autre part, de l'implantation réelle de la haie ainsi protégée.
6. C. urb., art. L. 600-8, al. 3.
7. Sur cette exigence : CRPA, art. L. 423-1.
8. CE, ass., avis, 6 déc. 2002, *Synd. intercommunal des établissements du second cycle du second degré du district de l'Haÿ-les-Roses*, req. n° 249153, *Lebon* : avis contentieux employant cette formule forte reprise de l'article 2052 du code civil dans sa rédaction alors applicable.
9. CE 30 oct. 1974, *Saint-Pierre-les-Bois (Cne)*, req. n° 88044, *Lebon* – CAA Paris, 5 juin 2001, *Min. Intérieur c/Sté d'HLM Travail et Propriété*, req. n° 97PA03592, NP – CAA Lyon, 27 déc. 2001, *Dépt du Puy-de-Dôme*, req. n° 97LY01921, NP.
10. CE, ass., avis, 6 déc. 2002, *Synd. intercommunal des établissements du second cycle du second degré du district de l'Haÿ-les-Roses*, req. n° 249153, *Lebon*.
11. PAR EX. : TA Poitiers, 12 juill. 2018, *Breyne*, req. n° 1701757, NP.

§ 2
Obligation d'enregistrement des transactions

A.
Obligation d'enregistrement

611.1631 Formalité. Toute transaction par laquelle une personne ayant demandé ou ayant l'intention de demander au juge administratif l'annulation d'un permis de construire, de démolir ou d'aménager s'engage à se désister de ce recours ou à ne pas introduire de recours en contrepartie du versement d'une somme d'argent ou de l'octroi d'un avantage en nature doit être enregistrée conformément à l'article 635 du CGI[1]. Il s'agit en effet d'un revenu qui, en tant que tel, est imposable et doit donc être déclaré[2].

611.1632 Délai. L'enregistrement doit être réalisé dans un délai d'un mois[3]. Ce délai d'enregistrement « est un délai de rigueur qui ne peut être prorogé et dont l'inobservation entraîne l'application de la sanction légale, quel que soit le motif du retard »[4].

611.1633 Forme. La transaction doit donner lieu à un enregistrement et non à une publication. Par suite, le dépôt de la transaction à un service de publicité foncière ne peut être regardé comme satisfaisant à cette exigence[5].

B.
Sanction d'un défaut d'enregistrement ou d'un enregistrement tardif

611.1641 Sommes indues. La contrepartie prévue par une transaction non enregistrée (ou non enregistrée dans le délai d'un mois) est réputée sans cause[6].

La référence à l'absence de cause « ne renvoie pas à la notion de cause au sens du code civil, dans sa rédaction antérieure à celle issue de l'ordonnance du 10 février 2016, mais signifie que la transaction est tenue par le législateur pour illégale et que les sommes perçues en exécution de cette transaction sont indues »[7].

611.1642 Ouverture d'une action en répétition de l'indu. En l'absence d'accomplissement de la formalité, les sommes versées ou celles qui correspondent au coût des avantages consentis sont sujettes à répétition[8].

L'action en répétition se prescrit par cinq ans à compter du dernier versement ou de l'obtention de l'avantage en nature[9].

Les acquéreurs successifs de biens ayant fait l'objet du permis concerné par la transaction peuvent également exercer l'action en répétition à raison du préjudice qu'ils ont subi[10].

611.1643 Constitutionnalité. Le Conseil constitutionnel a considéré que l'article L. 600-8 du code de l'urbanisme ne méconnaît aucun droit et liberté que la Constitution garantit[11].

SECTION 7
MÉDIATION DANS LE CONTENTIEUX DES AUTORISATIONS D'URBANISME

§ 1
Notion

611.1651 Accord recherché par un tiers. La médiation s'entend de « tout processus structuré, quelle qu'en soit la dénomination, par lequel deux ou plusieurs parties tentent de parvenir à un accord en vue de la résolution amiable de leurs différends, avec l'aide d'un tiers, le médiateur, choisi par elles ou désigné, avec leur accord, par la juridiction »[12].

§ 2
Origine de la médiation

A.
Médiation à l'initiative des parties

611.1661 Rôle des parties. La médiation peut être mise en œuvre à l'initiative des parties[13].

1. C. urb., art. L. 600-8, al. 1er.
2. Sur le régime fiscal applicable, v. A. de Dieuleveult et M. Randrianatoavina, « Le traitement fiscal de l'indemnité transactionnelle perçue dans le cadre du contentieux des autorisations d'urbanisme », *RDI* 2023. 218.
3. CGI, art. 635, 9°.
4. Civ. 3e, 20 déc. 2018, req. no 17-27.814, P.
5. Com. 4 avr. 2024, no 22-20.616, P.
6. C. urb., art. L. 600-8, al. 2.
7. Civ. 3e, 20 déc. 2018, req. no 17-27.814, P.
8. C. urb., art. L. 600-8, al. 2. Com. 4 avr. 2024, no 22-20.616, P.
9. C. urb., art. L. 600-8, al. 2.
10. C. urb., art. L. 600-8, al. 4.
11. Cons. const. 14 sept. 2023, no 2023-1060 QPC ; *Constr.-Urb.* 2023, comm. 119, note N. Gonzalez Gharbi.
12. CJA, art. L. 213-1.
13. CJA, art. L. 213-5.

B.
Médiation à l'initiative du juge

1°
Médiation suggérée par le juge

611.1671 **Invitation faite aux parties.** La médiation peut être mise en œuvre à l'initiative du juge[1]. En effet, lorsque celui-ci entrevoit la possibilité d'une résolution amiable du litige dont il est saisi, il a la possibilité d'inviter les parties à s'engager dans cette voie. Si elles l'acceptent, il sursoit à statuer en attendant l'issue de la médiation[2].

2°
Effets sur les délais

611.1681 **Délai de recours.** Il résulte des dispositions du CJA relatives à la médiation, éclairés par les travaux préparatoires, que le législateur a entendu permettre à toute partie de régler son litige de manière négociée avant ou après la saisine du juge. L'interruption des délais de recours, prévue par l'article L. 213-6, « ne s'applique qu'à la médiation organisée à l'initiative des parties avant la saisine du juge », afin de préserver leur droit de saisir ultérieurement ce dernier[3]. Par suite, elle ne s'applique pas à celle mise en œuvre à l'initiative du juge.

611.1682 **Délai pour former un référé-suspension.** Il résulte des dispositions applicables « que le législateur n'a pas entendu conférer à la médiation organisée à l'initiative du juge un effet interruptif du délai fixé par l'article L. 600-3 du code de l'urbanisme pour saisir le juge des référés » sur le fondement de l'article L. 521-1 du CJA[4].

Cela signifie, concrètement, que le délai pour former un référé-suspension continue de courir nonobstant la mise en œuvre de la médiation. La demande présentée sur le fondement de l'article L. 521-1 ne sera donc recevable que dans les deux mois qui suivent la production du premier mémoire en défense. Passé ce délai, elle ne le sera plus, sauf si le juge décide de reporter la date de cristallisation des moyens (notamment s'il souhaite donner une nouvelle chance au requérant après l'échec de la médiation ou si les travaux de construction qui étaient au point mort s'apprêtent à démarrer). Dans une telle hypothèse, « le délai dans lequel une requête en annulation d'une autorisation d'urbanisme peut être assortie d'une demande de suspension est rouvert jusqu'à l'expiration du nouveau délai ainsi fixé pour la cristallisation des moyens »[5].

§ 3
Issue de la médiation

611.1691 **Accord.** En cas de succès, la médiation donne lieu à la conclusion d'un accord de médiation qui s'apparente à une transaction[6].

1. CJA, art. L. 213-7.
2. Pour un exemple de mise en œuvre relativement à une déclaration préalable, en l'occurrence en référé, v. TA Strasbourg, ord., 13 sept. 2018, *Henry*, req. n° 1805318, NP ; *AJCT* 2018. 461, obs. T. Goutal. La réussite de la médiation a conduit le requérant à se désister de sa demande (TA Strasbourg, ord., 15 nov. 2018, *Henry*, req. n° 1805318, NP).
3. CE 13 nov. 2023, *M. Giudice*, n° 471898, *Lebon T.* ; *BJDU* 2024. 59, concl. L. Domingo ; *JCP Adm.* 2024, n° 2065, chron. O. Le Bot ; *Procédures* 2024, comm. 25, obs. S. Deygas ; *JCP Adm.* 2024, n° 2078, note F. Eddazi.
4. CE 13 nov. 2023, *M. Giudice*, n° 471898.
5. CE 13 nov. 2023, *M. Giudice*, n° 471898.
6. V. s[s] n° 611.1621 – F. Nicoud, « Modes alternatifs de règlement des conflits et contentieux de l'urbanisme : l'exemple de l'article L. 600-8 du Code de l'urbanisme », *Dr. adm* 2021, étude 4.

CHAPITRE

612. Contentieux indemnitaire des autorisations d'urbanisme

SECTION 0

ORIENTEUR

612.00 Sommaire du chapitre.

612.03 **Bibliographie indicative.**

Encyclopédies. *DP constr.-urb., ét.* : « Permis de construire » – *J.-Cl. Constr.-Urb.*, fasc. 26-50 : « Permis de construire. Contentieux administratif », par G. Liet-Veaux, avr. 2009, mis à jour mars 2011 – Rép. resp. puiss. publ., v° *Urbanisme. Responsabilité*, par R. Noguellou, oct. 2021, actualisation juin 2022.

Thèses. G. Calonec, *La réparation du préjudice urbanistique*, th. Nantes, 1981 – P. Galan, *Le contentieux de la responsabilité publique en matière d'urbanisme*, th. Toulouse, 1981 – A. Parmentier-Luget, *La responsabilité administrative en matière d'urbanisme*, th. Poitiers, 1997.

Ouvrage. F.-C. Bernard, *Guide des contentieux de l'urbanisme*, 2e éd., « Guides », LexisNexis 2018.

612.04 **Questions essentielles.**

> Quels sont les faits générateurs de responsabilité de l'administration ?
* V. ss nos 612.51 s.

> Comment le juge apprécie-t-il la causalité entre le fait de l'administration et le préjudice subi ?
* V. ss nos 612.131 s.

> Le préjudice moral peut-il être indemnisé ?
* V. ss no 612.222

> Quelles sont les causes exonératoires de responsabilité ?
* V. ss nos 612.271 s.

612.05 **Difficulté d'engager la responsabilité de la puissance publique.** Les personnes s'estimant victimes de dommages en raison de l'exercice par l'administration de ses compétences en matière d'autorisations d'urbanisme obtiennent assez rarement réparation, les conditions d'engagement de sa responsabilité apparaissant difficiles à satisfaire.

SECTION 1
ENGAGEMENT DU RECOURS EN RESPONSABILITÉ

§ 1
Exigence d'une décision préalable

612.11 **Refus d'indemniser.** Lorsque la requête « tend au paiement d'une somme d'argent » (ce qui est le cas d'un recours en responsabilité), « elle n'est recevable qu'après l'intervention de la décision prise par l'administration sur une demande préalablement formée devant elle »[1]. Il ressort de ces dispositions « qu'en l'absence d'une décision de l'administration rejetant une demande formée devant elle par le requérant ou pour son compte, une requête tendant au versement d'une somme d'argent est irrecevable »[2].

Ainsi, le recours en responsabilité ne peut être engagé qu'à l'encontre d'une décision de l'autorité compétente refusant l'indemnisation du préjudice. Avant de saisir le juge, la victime d'un dommage doit adresser à l'administration une demande d'indemnisation et se voir opposer un refus total ou partiel[3]. Le refus est exprès si l'administration répond explicitement. Il est implicite si l'administration ne répond pas à la demande dans les deux mois suivant sa réception.

612.12 **Possibilité d'une liaison en cours d'instance.** Dans l'hypothèse où le requérant a saisi le juge sans disposer d'une décision de refus, la jurisprudence admet une liaison en cours d'instance, c'est-à-dire la production ou l'intervention d'une telle décision postérieurement à l'introduction de la requête.

Certes, le second alinéa de l'article R. 421-1 du CJA dispose que la demande portant sur le paiement d'une somme d'argent n'est recevable « qu'après » l'intervention de la décision prise par l'administration. Cette rédaction paraissait emporter l'irrecevabilité des requêtes introduites avant l'intervention de cette décision.

Toutefois, faisant preuve de libéralisme, le Conseil d'État estime que « les termes du second alinéa de l'article R. 421-1 du code de justice administrative n'impliquent pas que la condition de recevabilité de la requête tenant à l'existence d'une décision de l'administration s'apprécie à la date de son introduction »[4]. Cette condition s'apprécie au moment où le juge se prononce sur la requête : elle « doit être regardée comme remplie si, à la date à laquelle le juge statue, l'administration a pris une décision, expresse ou implicite, sur une demande formée devant elle ». Par suite, en déduit le Conseil, « l'intervention d'une telle décision en cours d'instance régularise la requête » : il en va ainsi « sans qu'il soit nécessaire que le requérant confirme ses conclusions » et « alors même que l'administration aurait auparavant opposé une fin de non-recevoir fondée sur l'absence de décision »[5].

1. CJA, art. R. 421-1, al. 2.

2. CE, avis, sect., 27 mars 2019, *Consorts Rollet*, no 426472, *Lebon ; JCP Adm.* 2019, no 2222, chron. O. Le Bot. L'avis contentieux précise que la requête « est irrecevable et peut être rejetée pour ce motif même si, dans son mémoire en défense, l'administration n'a pas soutenu que cette requête était irrecevable, mais seulement que les conclusions du requérant n'étaient pas fondées ».
3. POUR un rappel : CE, avis, 19 févr. 2021, no 439366, *Lebon T. ; JCP Adm.* 2021, no 2169, chron. O. Le Bot.
4. CE, avis, sect., 27 mars 2019, *Consorts Rollet*, no 426472.
5. CE, avis, sect., 27 mars 2019, *Consorts Rollet*, no 426472.

§ 2
Absence de renonciation à agir

612.21 Renonciation à une action indemnitaire. Une personne peut, par voie de transaction, s'engager à ne pas rechercher la responsabilité d'une autorité administrative, et ce en contrepartie d'un avantage consenti par celle-ci ou du versement d'une somme d'argent. La formation d'une telle transaction prévient un différend à naître. Par suite, elle rend irrecevable un recours en responsabilité sur le litige que la transaction a contractuellement éteint[1].

§ 3
Recours présenté dans les quatre années suivant le fait générateur du dommage (déchéance quadriennale des dettes publiques)

612.31 Déchéance quadriennale des dettes publiques. La déchéance quadriennale des dettes publiques correspond à un mode d'extinction des dettes des collectivités publiques lorsque celles-ci n'ont fait l'objet d'aucune demande de paiement ou d'action contentieuse dans un délai de quatre années révolues. En vertu de l'article 1er de la loi du 31 décembre 1968[2], les créances détenues sur les collectivités publiques (en vertu, notamment, d'un fait générateur de responsabilité) se retrouvent de plein droit éteintes quatre ans après la survenance du fait générateur de celles-ci (plus exactement le 31 décembre de la quatrième année qui suit celle au cours de laquelle est intervenu ce fait générateur).

Il en résulte que la personne s'estimant victime d'un dommage résultant d'une décision administrative ou d'un agissement administratif doit agir dans les quatre années qui suivent sa notification (dans le cas d'une décision)[3] ou sa survenance (dans le cas d'un agissement).

La créance détenue, le cas échéant, par le titulaire d'un permis de construire jugé illégal par la juridiction administrative, au titre du préjudice lié à la condamnation, par une juridiction judiciaire, à démolir le bâtiment litigieux ou à indemniser les préjudices qu'il a causés, se prescrit à compter du premier jour de l'année suivant celle au cours de laquelle la décision de la juridiction judiciaire est passée en force de chose jugée[4].

612.32 Interruption du cours de la prescription. La prescription est interrompue par « tout recours formé devant une juridiction, relatif au fait générateur, à l'existence, au montant ou au paiement de la créance [...] »[5].

La date à prendre en compte pour savoir si la prescription est interrompue par la demande indemnitaire est la date d'envoi du courrier et non la date de sa réception par l'administration[6].

612.33 Autorité ou personne pouvant opposer la déchéance quadriennale des dettes publiques. Il résulte des dispositions de loi du 31 décembre 1968[7] que l'administration ne peut renoncer à opposer la prescription, sauf à en relever le créancier selon la procédure ou pour les motifs qu'elles prévoient. Ces dispositions ne déterminent pas l'autorité ayant qualité pour l'opposer ni ne régissent les formes dans lesquelles cette autorité peut l'invoquer devant la juridiction du premier degré. Ni ces dispositions, ni aucun élément tenant à la nature de la prescription ne font obstacle à ce que celle-ci soit opposée par une personne ayant reçu de l'autorité compétente une délégation ou un mandat à cette fin. En particulier, l'avocat, à qui l'administration a donné mandat pour la représenter en justice et qui, à ce titre, est habilité à opposer pour la défense des intérêts de cette dernière toute fin de non-recevoir et toute exception, doit être regardé comme ayant été également mandaté pour opposer l'exception de prescription aux conclusions du requérant tendant à la condamnation de cette administration à l'indemniser[8].

1. CE 18 oct. 1946, *Sté coopérative stockage de blé, Lebon T.* – CE 11 juin 1947, Bise, *Lebon* – CE 11 févr. 1952, *Sté La paternelle, Lebon* – pour un ex. en matière d'urbanisme : CAA Versailles, 17 déc. 2020, *Berton*, req. nº 19VE00193, NP (absence d'irrecevabilité en l'espèce, la commune n'étant pas partie à la transaction conclue).
2. L. nº 68-1250, 31 déc. 1968 relative à la prescription des créances sur l'État, les départements, les communes et les établissements publics, *JO* 3 janv. 1969, p. 76.
3. CE, sect., 5 déc. 2014, *Scionzier (Cne)*, req. nº 359769, *Lebon ; Dr. adm.* 2015, comm. 22, note D. Jouve. L'arrêt précise que lorsqu'est demandée l'indemnisation du préjudice résultant de l'illégalité d'une décision administrative, le fait générateur de la créance doit être rattaché non à l'exercice au cours duquel la décision a été prise mais à celui au cours duquel elle a été valablement notifiée. Il ajoute : la circonstance que cette notification n'ait pas été accompagnée de la mention des voies et délais de recours, si elle fait obstacle, en vertu des textes applicables, à ce que le délai de recours contentieux puisse être opposé à une demande tendant à l'annulation de la décision en cause, est sans incidence pour l'application de la loi nº 68-1250 du 31 décembre 1968.
4. CE 22 oct. 2012, *Oudin (M. et Mme) et GAEC de la Vallée*, req. nº 330650, *Lebon T. ; JCP Adm.* 2013, nº 2023, note D. Gillig ; *BJDU* 2013. 63, concl. F. Aladjidi.
5. L. nº 68-1250, 31 déc. 1968, art. 2.
6. CE 5 oct. 2015, *Min. Agriculture, Agroalimentaire et Forêt c/M. Querbes*, req. nº 384884, *Lebon ; BJCL* 2015. 697, concl. B. Dacosta ; *JCP Adm.* 2016, nº 2007, note L. Cochet.
7. L. nº 68-1250, 31 déc. 1968.
8. CE, sect., 5 déc. 2014, *Scionzier (Cne)*, req. nº 359769, *Lebon ; Dr. adm.* 2015, comm. 22, note D. Jouve.

SECTION 2

CONDITIONS D'ENGAGEMENT DE LA RESPONSABILITÉ DE L'ADMINISTRATION

§ 1

Faute ou rupture de l'égalité devant les charges publiques

A.

Exigence d'une faute dans le régime de la responsabilité pour faute

612.41 **Régime de droit commun.** L'engagement de la responsabilité de l'administration à raison de l'exercice de ses compétences dans le domaine des autorisations d'urbanisme obéit en principe à un régime de responsabilité pour faute. Cela signifie que l'engagement de sa responsabilité est subordonné, en premier lieu, à la commission d'une faute, entendue comme un manquement à une obligation préexistante.

1°

Diversité des fautes

a.

Décision illégale

612.51 **Illégalité fautive.** Appliquant la jurisprudence Driancourt (selon laquelle toute illégalité est fautive au sens du droit de la responsabilité[1]), le juge estime que tout acte illégal pris par l'autorité administrative dans l'exercice de ses compétences en matière d'autorisations d'urbanisme a le caractère d'une faute.

612.52 **Illustrations.** Revêt la nature d'une faute :

– la délivrance d'une autorisation d'urbanisme illégale[2] ;

– la délivrance d'une autorisation d'urbanisme ambiguë quant à sa portée[3] ;

– un refus illégal de permis[4] ;

– le refus illégal d'un transfert de permis[5] ;

– un refus illégal de prorogation[6] ;

– un retrait illégal[7] ;

– la décision illégale d'ordonner l'interruption des travaux[8] ;

– un sursis à statuer illégal[9] ;

– un certificat d'urbanisme illégal (p. ex. comportant la mention du classement illégal d'une parcelle[10] ou omettant de mentionner les restrictions résultant de la loi Littoral[11]) ;

– l'absence ou le retard à constater une infraction d'urbanisme[12].

b.

Agissements fautifs

612.61 **Promesses non tenues.** La commune commet une faute :

– en incitant une entreprise à engager les travaux de construction d'une usine en cause en l'absence même de permis de construire[13] ;

– en donnant des assurances précises et constantes à un lotisseur pendant plusieurs années, puis en ne respectant pas ses promesses de rétrocession d'un terrain à celui-ci[14].

612.62 **Renseignements inexacts.** La commune commet une faute en délivrant des renseignements inexacts. Il en va ainsi, par exemple, de la délivrance

1. CE, sect., 26 janv. 1973, *Paris (Ville) c/Driancourt*, req. n° 84768, *Lebon* 77.
2. CE 27 avr. 1977, *Vve Chalot (Dame)*, req. n° 98463, *Lebon T.*
3. CE 3 févr. 2003, *Weber*, req. n° 239624, NP : en l'espèce, par un arrêté dénué de toute motivation particulière ou prescription spéciale, le maire a délivré au pétitionnaire un permis de construire l'immeuble objet de sa demande, laquelle portait sur l'édification d'une maison d'habitation et d'un garage, mais après avoir, d'une part, de sa propre initiative, diminué de la superficie du garage la superficie totale de la construction indiquée par le pétitionnaire sur le formulaire de demande qu'il avait signé et, d'autre part, biffé le garage sur les plans joints à ce formulaire. Le Conseil d'État estime « qu'en procédant de la sorte, sans mentionner explicitement dans l'arrêté qu'il entendait rejeter la demande de permis de construire en tant qu'elle portait sur l'édification d'un garage, le maire de la commune d'Ittenheim a pris une décision insuffisamment motivée et ambiguë qui constitue une faute de nature à engager la responsabilité de la commune ».
4. CE 24 oct. 1990, *SCI « Le Grand Large » et a.*, req. n° 52874, *Lebon* ; – CE 12 juill. 2017, *Sté Negocimmo*, req. n° 394941, *Lebon T.*
5. CE 8 nov. 1989, *Degouy*, req. n° 73407, *Lebon.*
6. CE 28 oct. 1987, *SCI « Résidence Neptune »*, req. n° 60333, *Lebon.*
7. CE 4 juin 1982, *Min. Environnement et cadre de vie c/ Junique et a.*, req. n° 23675, *Lebon.*
8. CE 28 oct. 1987, *SCI « Résidence Neptune »*, req. n° 60333, *Lebon* ; – CE 24 oct. 1990, *SCI « Le Grand Large » et a.*, req. n° 52874, *Lebon* ; – CE 10 juin 1994, *Banque nationale de Paris*, req. n° 80108, *Lebon T.*
9. CAA Lyon, 4 déc. 2012, *Saint Genis Pouilly (Cne)*, req. n° 12LY01445, NP.
10. CE 18 févr. 2019, *L'Houmeau (Cne)*, req. n° 414233, *Lebon T.* ; *BJDU* 2010. 199, concl. Ch. Touboul.
11. CE 7 mai 2007, *Sté immobilière de la Banque de Bilbao et de Viscaya d'Ilbarritz*, req. n° 282311, NP.
12. V. ss n° 615.141.
13. CE 26 sept. 2007, *Sté procédé et matériel de construction*, req. n° 247277, NP.
14. CE 16 mars 1977, *SA de construction Beausite*, req. n° 97644, *Lebon T.* V. également, de façon proche, à propos de l'espérance légitime d'obtenir un permis de construire : CEDH 18 nov. 2010, *Consorts Richet et Le Ber c/France*, req. n° 18990/07.

d'une notice de renseignements qui ne mentionne l'existence d'aucune réserve pour équipement public frappant le terrain d'assiette[1].

En revanche ne commet pas de faute la commune qui délivre une note de renseignement le 1er décembre 2006 à une SCI, indiquant que le PLU a classé le terrain du projet en zone constructible mais qui ne mentionne pas l'existence d'un recours contentieux formé le 22 septembre 2006 contre ce PLU[2].

612.63 **Absence de prise en compte de risques.** Le maire commet une faute en délivrant une autorisation d'urbanisme dans une zone exposée à un risque sans l'assortir des prescriptions de nature à prévenir ce risque.

Ainsi, par exemple, commet une faute la délivrance par le maire d'un permis de construire dépourvu de prescriptions spéciales malgré une connaissance suffisamment précise des risques d'inondation[3].

612.64 **Obstruction.** Une attitude d'obstruction à un projet immobilier est constitutive d'une faute.

Tel est le cas, par exemple, lorsque le titulaire d'une autorisation de défrichement et d'un permis de construire se voit empêché de les exécuter par des manifestations de la population encouragées par la municipalité, et que l'État s'abstient d'apporter le concours de la force publique pour disperser les manifestants[4].

2°
Degré de la faute

612.71 **Principe d'une faute simple.** La faute simple suffit à engager la responsabilité de l'administration.

612.72 **Exigence d'une faute lourde.** L'exigence d'une faute lourde ne subsiste que pour l'activité de contrôle exercé par le préfet sur les actes des collectivités locales. La jurisprudence estime que l'abstention d'un préfet à déférer au tribunal administratif un acte d'une collectivité locale n'est susceptible d'engager la responsabilité de l'État que si cette abstention revêt le caractère d'une faute lourde[5].

B.
Exigence d'un préjudice anormal et spécial dans le régime de la responsabilité sans faute

612.81 **Condition de mise en œuvre : anormalité et spécialité du préjudice.** La jurisprudence administrative a reconnu, dans quelques décisions, la responsabilité sans faute de l'administration à raison de l'exercice de ses compétences en matière d'autorisations d'urbanisme. Il s'agit d'un régime de responsabilité sans faute pour rupture de l'égalité devant les charges publiques. Il s'ensuit que la mise en œuvre de ce régime de responsabilité est subordonnée à l'existence d'un préjudice anormal et spécial subi par la victime, sans qu'il soit nécessaire d'établir l'existence d'une faute.

612.82 **Carence à faire respecter la réglementation.** La responsabilité sans faute de l'administration a été reconnue en raison d'une abstention – non fautive – à assurer le respect de la réglementation.

En l'espèce, un particulier avait construit deux baraquements et une dalle en béton faite sans permis et en méconnaissance des servitudes d'urbanisme concernant le terrain d'assiette.

Le juge constate qu'aucune faute n'a été commise. Par suite, la responsabilité de l'administration ne peut pas être recherchée sur le fondement de la faute.

En revanche, le juge relève que le défaut d'application de la législation et de la réglementation a causé au propriétaire du terrain voisin un préjudice qui, en raison de son caractère spécial et anormal, ne saurait être regardé comme une charge lui incombant normalement et qui est de nature à lui ouvrir droit à réparation[6].

612.83 **Ordre adressé au pétitionnaire de modifier son projet pour préserver un site archéologique.** À la suite de la mise à jour de vestiges archéologiques au cours des fouilles réalisées sur un terrain sur lequel une SCI avait obtenu un permis de construire le 2 mars 1981, les services locaux du ministère des affaires culturelles ont demandé à ladite SCI

1. CE 27 juill. 2001, *Sté européenne d'achat immobilier*, req. n° 212050, NP.
2. CE 9 oct. 2015, *SCI Casa di Fiori*, req. n° 367604, NP : le Conseil d'État affirme « qu'eu égard à son objet, un tel document n'avait pas à mentionner l'existence de recours contentieux formés contre le plan local d'urbanisme ; que, dès lors, la SCI n'est pas fondée à soutenir que c'est à tort que le tribunal administratif a estimé que la commune n'avait commis aucune faute en ne mentionnant pas, dans cette note de renseignement, l'existence d'un recours contentieux formé le 22 septembre 2006 contre le plan local d'urbanisme ».
3. CE 2 oct. 2002, *Min. Équipement, Transports et Logement c/Grondin (M. et Mme)*, req. n° 232720, *Lebon T.* – également : CE 22 févr. 1989, *Min. Équipement c/Faure, Margerit, Blanc et Chaldival (Épx)*, req. n° 82298, NP.
4. CE 24 juill. 1987, *Sté immobilière de Verneuil-Vernouillet*, req. n° 44229, *Lebon.*
5. CE 21 juin 2000, *Min. Équipement, Transports et Logement c/Roquebrune-Cap-Martin (Cne)*, req. n° 202058, *Lebon.*
6. CE, ass., 20 mars 1974, *Min. Aménagement du territoire, Équipement, Logement et Tourisme c/Navarra (Sieur)*, req. n° 90547, *Lebon.*

de procéder à des modifications de la construction envisagée de façon à permettre la sauvegarde de ces vestiges. Un permis de construire modificatif a dû être demandé et a été accordé le 22 octobre 1981. Les travaux ont, en conséquence, été différés. Le préjudice subi par la SCI de ce fait a revêtu un caractère anormal et spécial et a rompu, à son détriment, l'égalité devant les charges publiques[1].

§ 2
Caractères du préjudice

612.91 Caractères du préjudice indemnisable. Le Conseil d'État pose qu'« un comportement fautif de l'administration ne saurait ouvrir droit à réparation que dans la mesure où il entraîne un préjudice personnel, direct et certain »[2]. Le préjudice est en principe d'ordre financier même si des réparations du préjudice moral ont pu intervenir. Il est en outre exigé, dans le régime de la responsabilité sans faute, que le préjudice en cause revête un caractère anormal et spécial.

A.
Préjudice personnel

612.101 Caractère personnel du préjudice. Seule la victime du préjudice peut prétendre à une indemnisation de celui-ci.

B.
Préjudice certain

1°
Exigence d'un préjudice certain

612.111 Caractère certain du préjudice. Seul un préjudice certain ouvre droit à réparation[3].

Présentent un caractère certain :

– le préjudice présent, d'ores et déjà constitué ;

– et le préjudice futur, dont la réalisation apparaît certaine (par exemple la hausse du coût de la construction et le coût des immobilisations[4]).

612.112 Absence de réparation du préjudice éventuel. Un préjudice présentant un caractère purement éventuel ne saurait ouvrir droit à réparation[5].

612.113 Perte de la valeur vénale d'un bien (préjudice actuel même sans projet de vente). La perte de valeur vénale d'un bien constitue un préjudice actuel même si son propriétaire ne fait pas état d'un projet de vente[6].

612.114 Appréciation souveraine des juges du fond. Le caractère certain ou au contraire éventuel du préjudice relève de l'appréciation souveraine des juges du fond. Cette appréciation n'est pas susceptible d'être discutée utilement devant le juge de cassation[7], sauf dénaturation[8].

2°
Illustrations

612.121 Droit à une subvention. Présente un caractère éventuel le préjudice reposant sur l'absence d'obtention d'une subvention dès lors que l'intéressé n'avait pas réalisé les démarches pour l'obtenir[9].

612.122 Perte de valeur vénale. La perte de valeur vénale de parcelles déclarées illégalement inconstructibles par des certificats d'urbanisme ne saurait être réparé si ce préjudice « ne présente qu'un caractère purement éventuel »[10].

612.123 Pertes de bénéfices ou manque à gagner résultant de l'impossibilité de réaliser une opération immobilière. Systématisant sa jurisprudence dans une formule de principe, le Conseil d'État a affirmé[11] :

– « que la perte de bénéfices ou le manque à gagner découlant de l'impossibilité de réaliser une opération immobilière en raison d'un refus illégal de permis de construire revêt un caractère éventuel et ne peut, dès lors, en principe, ouvrir droit à réparation »[12] ;

1. CE 20 janv. 1989, *Min. Culture et Communication c/SCI « Villa Jacob »*, req. n° 79367, *Lebon*.
2. CE 15 juin 1992, *Montmorot (Cne) et Bourdy*, req. n° 94528, *Lebon T.*
3. PAR EX. : CE 12 mars 1990, *Sarl Peupliers Sainfoins*, req. n° 67060, NP.
4. CE 12 nov. 1975, *SCI « Résidence du pays d'Oc »*, req. n° 94825, *Lebon T.*
5. V. s^{s} n° 612.122.
6. CE 24 juill. 2019, *Lebeau (M. et Mme)*, req. n° 417915, *Lebon T. ; BJDU* 2020. 118, concl. S. Hoynick ; *Contr.-urb.* 2019, comm. 108, note P. Cornille.
7. CE 11 juin 1999, *SCI Barateau et SARL Barateau*, req. n° 171407, *Lebon T.*
8. CE 24 sept. 2012, *Niel*, req. n° 342236, NP.
9. PAR EX. (à propos d'aides versées par l'Agence nationale pour l'amélioration de l'habitat) : CE 24 sept. 2012, *Niel*, req. n° 342236, NP.
10. CE 12 mars 1990, *Sarl Peupliers Sainfoins*, req. n° 67060, NP.
11. CE 4 juin 2016, *Longueville (Cne)*, req. n° 371274, *Lebon T. ; BJDU* 2016. 296, concl. M. Vialettes ; *JCP Adm.* 2016, n° 2223, note L. Pernet et E. Vital-Durand.
12. PAR EX. : CE 15 juin 1983, *Gerles*, req. n° 33670, *Lebon T.* : cas d'un refus illégal de construire une surface de vente ; le pétitionnaire ne peut prétendre à la réparation du préjudice commercial résultant pour lui de la privation des bénéfices qu'il espérait retirer de l'exploitation du commerce projeté, la réalisation de ce bénéfice ne présentant qu'un caractère purement éventuel.

– « qu'il en va toutefois autrement si le requérant justifie de circonstances particulières, tels que des engagements souscrits par de futurs acquéreurs ou l'état avancé des négociations commerciales avec ces derniers, permettant de faire regarder ce préjudice comme présentant, en l'espèce, un caractère direct et certain ; qu'il est fondé, si tel est le cas, à obtenir réparation au titre du bénéfice qu'il pouvait raisonnablement attendre de cette opération »[1].

Le Conseil d'État a notamment appliqué cette formule de principe à l'impossibilité de réaliser un lotissement[2].

C. Préjudice direct (lien de causalité)

612.131 **Exigence d'un lien direct.** Dans le régime de la responsabilité pour faute, le préjudice subi par la victime doit découler directement de la faute commise par l'administration[3].

1° Préjudice résultant d'une décision autorisant illégalement un projet

a. Préjudice directement causé par l'autorisation illégale (bénéficiaire de l'autorisation)

612.141 **Frais rendus inutiles.** Les frais exposés inutilement par le porteur d'un projet immobilier pour l'élaboration de celui-ci sont regardés comme générant un préjudice directement imputable à la faute commise par l'administration ayant illégalement délivrée l'autorisation demandée. Ces frais investis en pure perte présentent ainsi un caractère indemnisable[4].

D'un point de vue temporel, sont indemnisables les préjudices survenus entre la délivrance de l'autorisation et le constat de son illégalité par le juge (suspension, annulation ou déclaration d'illégalité rendue sur renvoi préjudiciel)[5].

Sont par exemple concernés :

– les frais exposés pour les travaux de terrassement, les honoraires d'architecte et les frais de publicité[6] ;

– le prix d'acquisition du terrain, déduction faite de sa valeur vénale (ainsi que l'illustre une affaire dans laquelle la commune a délivré un permis de construire une maison d'habitation en zone agricole alors que seuls les agrandissements ou aménagements n'y étaient possibles en vertu du PLU[7]).

Dans le cas où l'annulation d'une autorisation illégale contraint seulement le promoteur à présenter une nouvelle demande pour un projet respectant la réglementation d'urbanisme en vigueur, celui-ci ne peut prétendre qu'à l'indemnisation des charges exposés pour le premier projet « correspondant à des prestations ou à des travaux qui ne présentent pas d'utilité » pour le nouveau projet[8].

612.142 **Démolition de la construction sur décision judiciaire.** Lorsque le juge judiciaire ordonne la démolition de la construction illégalement autorisée, le propriétaire a droit à réparation tant du coût de la démolition du bâtiment que du coût de la construction de celui-ci[9].

1. PAR EX. : CE 24 oct. 1990, *SCI « Le Grand Large » et a.*, req. n° 52874, *Lebon T.*
2. CE 12 juill. 2017, *Sté Negocimmo*, req. n° 394941, *Lebon T.* – Le Conseil affirme que « la perte de bénéfices ou le manque à gagner découlant de l'impossibilité de réaliser une opération immobilière en raison du refus illégal opposé à la demande de lotissement revêt un caractère éventuel et ne peut, dès lors, en principe, ouvrir droit à réparation ; qu'il en va, toutefois, autrement si le requérant justifie de circonstances particulières, telles que des engagements souscrits par de futurs acquéreurs des lots ou l'état avancé des négociations commerciales avec ces derniers, permettant de faire regarder ce préjudice comme présentant, en l'espèce, un caractère direct et certain ; que ce dernier est alors fondé, si tel est le cas, à obtenir réparation au titre du bénéfice qu'il pouvait raisonnablement attendre de cette opération » – auparavant, dans le même sens : CE 12 déc. 2008, *Marchand*, req. n° 280554, *Lebon T. ; BJDU* 2009. 54, concl. E. Glaser.
3. Dans le régime, plus rare, de la responsabilité sans faute, il doit découler du fait de l'administration.
4. CE 27 avr. 1977, *Vve Chalot (Dame)*, req. n° 98463, *Lebon T.* : arrêt mentionnant « les frais et dépenses de toute nature engagées [...] pour la construction de l'immeuble et qui se sont révélés inutiles en raison [...] de l'abandon du projet de construction » consécutif à l'annulation du permis en cause – également : CE 7 mai 1986, *SCI « ILOT B 10 »*, req. n° 52976, NP : arrêt relevant « que le préjudice subi par la société civile immobilière "ILOT B 10" correspond aux sommes qu'elle a exposées inutilement pour la réalisation des immeubles entre la date de délivrance du permis et celle du jugement ordonnant qu'il soit sursis à son exécution et qui peuvent être regardées comme la conséquence directe du permis irrégulièrement délivré, déduction faite de la valeur vénale des terrains acquis et des constructions réalisées ».
5. CE 7 mai 1986, *SCI « ILOT B 10 »*, req. n° 52976, NP.
6. CAA Nantes, 30 déc. 1999, *Sté Pierre Noury SA*, req. n° 94NT00747, NP.
7. CE 10 juill. 2012, *Aussaresse*, req. n° 324575, NP ; *BJDU* 2012. 472, concl. C. Legras. Le juge relève que le bénéficiaire, qui ne pourra y mener à bien son projet de construction de sa résidence principale, a acquis pour 39 600 euros le terrain en cause, d'une superficie de 3 829 mètres carrés. Le prix au mètre carré aurait été de 3 euros si la transaction avait porté sur un terrain agricole. Le juge relève « que le préjudice résultant du prix d'acquisition du terrain, déduction faite de sa valeur vénale, est, en l'espèce, la conséquence directe de la faute résultant de la délivrance d'un permis de construire illégal ; qu'il y a lieu de chiffrer à la somme de 28 000 euros le préjudice que le requérant a subi à ce titre ».
8. CE 1er juill. 1987, *SCI La Résidence*, req. n° 58395, NP.
9. CE 14 févr. 2007, *Wibert*, req. n° 284515, NP (réparation à hauteur de 90 000 euros).

Il a également droit à réparation des frais exposés à l'occasion de l'instance judiciaire[1].

612.143 Travaux de consolidation. Lorsque le permis de construire délivré sur un terrain instable est illégal faute de comporter les prescriptions techniques nécessaires, le bénéficiaire a droit au remboursement du coût des travaux qu'il a dû réaliser pour consolider la construction. Il en va ainsi tant des travaux réalisés par des entreprises que des travaux qu'il a le cas échéant réalisé lui-même[2].

Il en va de même dans le cas où un lotisseur a dû procéder à des travaux de consolidation pour une autorisation de lotir délivrée sur un terrain instable[3].

612.144 Perte de la valeur vénale du bien. Le préjudice est direct si la diminution de la valeur d'un bien est la conséquence directe de l'illégalité commise par l'autorisation d'urbanisme illégale.

Tel est le cas, par exemple, lorsque l'administration délivre un permis de construire dans un secteur exposé à des crues, les inondations successives ayant provoqué des dommages à la construction illégalement autorisée[4].

Tel est encore le cas lorsqu'une commune classe un terrain en zone constructible par une délibération contraire à l'article L. 121-8 du code de l'urbanisme (extension de l'urbanisation en continuité dans les communes soumises à la loi Littoral). Le terrain, acquis par une personne qui a obtenu un permis de construire, se trouve annulé pour méconnaissance de l'article L. 121-8 du code de l'urbanisme. La cour administrative d'appel a jugé que l'acquéreur avait, lors de l'acquisition des parcelles, une assurance suffisante, donnée par la commune et par l'État, de leur constructibilité tant au regard du POS que de l'article L. 121-8 du code de l'urbanisme et que le préjudice résultant pour la société de la différence entre le prix d'acquisition des terrains et leur valeur réelle trouvait son origine directe non dans les actes de cession de ces terrains, mais dans la modification illégale du POS de la commune. En retenant ainsi l'existence d'un lien de causalité directe entre les illégalités commises par l'administration et le préjudice subi par l'acquéreur, alors même qu'elle relevait par ailleurs que les actes de cession n'avaient été assortis d'aucune condition suspensive ou résolutoire, la cour administrative d'appel a exactement qualifié les faits qui lui étaient soumis[5].

b. Préjudice non directement causé par l'autorisation illégale (bénéficiaire de l'autorisation)

612.151 Frais exposés avant la délivrance de l'autorisation. Les frais engagés avant la délivrance de l'autorisation ne peuvent être regardés comme générant un préjudice directement causé par cette autorisation.

Ainsi, la perte en capital qu'un promoteur soutient avoir subie du fait que le terrain lui aurait été vendu au prix d'un terrain constructible, de même que les frais engagés pour cette acquisition et les frais financiers de l'emprunt contracté à cette fin ne peuvent être regardés comme la conséquence du permis irrégulièrement délivré[6].

612.152 Dépenses non liées à l'illégalité relevée. Les dépenses non liées à l'illégalité relevée ne peuvent donner lieu à indemnisation. Ainsi, dans le cas d'une illégalité résultant du défaut de prescriptions assortissant une autorisation (en l'occurrence l'absence de prescriptions techniques spéciales pour un permis de construire délivré sur un terrain instable), le prix d'acquisition du terrain et les frais financiers liés à cette acquisition ne sont pas en relation directe avec la délivrance du permis[7].

612.153 Manque à gagner. Du fait de l'annulation pour excès de pouvoir du permis de construire, le bénéficiaire doit être regardé comme n'ayant jamais obtenu un droit à construire. Par suite, le bénéfice qu'il aurait pu retirer de la construction envisagée

1. CE 8 oct. 2008, *S^té Rand Kar et Laskar*, req. n° 295343, *Lebon T.* – Le Conseil d'État affirme « que les frais utilement exposés par le bénéficiaire d'une autorisation individuelle d'urbanisme à l'occasion d'une instance judiciaire engagée par des tiers et à l'issue de laquelle le juge judiciaire ordonne, à raison de l'illégalité de cette autorisation, la démolition d'une construction ainsi que l'indemnisation des préjudices causés aux tiers par celle-ci, sont susceptibles d'être pris en compte dans le préjudice résultant de l'illégalité fautive de l'autorisation, mais à l'exclusion de ceux relatifs aux astreintes prononcées, le cas échéant, pour pallier une carence dans l'exécution de la décision juridictionnelle ; qu'il en va de même des frais afférents à une instance en appréciation de légalité introduite, au cours du procès judiciaire, devant la juridiction administrative, afin qu'il soit statué sur la légalité de l'autorisation ; qu'en revanche, les frais exposés lors de la présente procédure introduite par le bénéficiaire de l'autorisation et tendant à la réparation du préjudice subi par celui-ci relèvent du champ d'application de l'article L. 761-1 du code de justice administrative ».
2. CE 29 nov. 1999, *Diennet*, req. n° 187749, NP.
3. CE 3 nov. 1989, *SNC Sanz-Samenayres et a.*, req. n° 80974, *Lebon T.* : indemnisation au titre des travaux de remise en état des habitations et du lotissement, des honoraires de l'expert et des indemnités diverses dues aux acquéreurs des lots et à leurs cocontractants.
4. CE 2 oct. 2002, *Min. Équipement, Transports et Logement c/Grondin (M. et Mme)*, req. n° 232720, *Lebon T.*
5. CE 8 avr. 2015, *Min. Égalité des territoires et Logement c/ Crozon (C^ne) et S^té Masarin*, req. n° 367167, *Lebon T.*
6. CE 21 sept. 1990, *SCI Hameau du Beauvoir*, req. n° 67776, NP – dans le même sens : CE 5 févr. 1988, *Min. Équipement c/SCI Les jardins de la Selva*, req. n° 78758, NP.
7. CE 29 nov. 1999, *Diennet*, req. n° 187749, NP.

« serait résulté d'une opération elle-même illégale ». Par suite, il ne saurait dès lors, en tout état de cause, prétendre à être indemnisé de son manque à gagner sur cette opération[1].

Il en va de même dans le cas d'une autorisation de lotir[2] ou de l'acte de création d'une ZAC[3].

612.154 Abandon d'un projet de lotissement en raison de l'opposition des propriétaires de lots. Dans l'hypothèse où l'arrêté de lotir est annulé pour illégalité, le lotisseur ne peut engager la responsabilité de l'administration si, dans les circonstances de l'espèce, l'impossibilité de mettre en œuvre son projet résulte, non pas de cet arrêté illégal, mais de l'opposition d'un certain nombre de propriétaires au nouveau découpage des lots rendu nécessaire par la publication du nouveau POS de la commune[4].

612.155 Manque à gagner résultant de la législation ou de la réglementation. N'est pas indemnisable le manque à gagner résultant de l'application des règles d'urbanisme et non pas de la délivrance d'une autorisation d'urbanisme. Le juge estime que, dans un tel cas de figure, la cause adéquate de ce chef de préjudice réside dans les règles d'urbanisme, qui font obstacle au projet.

Ainsi, le manque à gagner résultant de la privation des bénéfices escomptés des ventes de maisons envisagées par un promoteur qui n'est pas la conséquence de l'illégalité du permis qui lui a été délivré mais de l'inconstructibilité des terrains d'assiette n'est pas susceptible de donner lieu à indemnisation[5].

De même, dans la mesure où la délivrance d'une autorisation de lotir n'emporte pas délivrance de permis de construire dans le périmètre du lotissement, le titulaire de cette autorisation ne peut se prévaloir d'aucun droit acquis à une utilisation à des fins de construction des parcelles en cause. Il en résulte que l'inconstructibilité de certains lots résultant de la proximité avec une exploitation agricole n'ouvre pas au profit du lotisseur un droit à indemnisation du manque à gagner[6].

612.156 Acquéreurs de lots (ZAC). Dans le cas d'une ZAC illégalement créée, le préjudice subi par les acquéreurs de lots trouve son origine directe non pas dans les actes ayant permis l'aménagement de la zone puis ultérieurement la vente des terrains, qui ne conféraient aucun droit à construire, mais dans les contrats de vente passés entre les acquéreurs et l'aménageur de la zone. Ces derniers pouvaient prévoir, en particulier, que la vente n'était conclue que sous réserve de l'obtention des permis de construire. Par suite, les préjudices que les intéressés soutiennent avoir subis et dont ils pouvaient demander réparation en poursuivant l'aménageur devant le juge judiciaire, ne peuvent pas être regardés comme étant la conséquence directe des fautes commises par la commune et par l'État[7].

c.
Préjudice directement causé par l'autorisation illégale (tiers)

612.161 Préjudice subi par un voisin. Les tiers à un permis de construire illégal peuvent rechercher la responsabilité de la personne publique au nom de laquelle a été délivré le permis, si le projet de construction est réalisé. Ils ont droit, sous réserve du cas dans lequel le permis a été régularisé, à obtenir réparation de tous les préjudices qui trouvent directement leur cause dans les illégalités entachant la décision[8].

612.162 Nuisances sonores. Une affaire jugée par la cour administrative d'appel de Nantes en 2020[9] concerne la situation d'un appartement mitoyen d'un porche constituant l'unique voie d'accès aux constructions édifiées en vertu de permis illégaux, dotées chacune d'un garage et d'une place de stationnement et desservies également par un parking collectif de 8 places. La cour relève que le passage des véhicules sous ce porche, lequel était jusqu'alors utilisé seulement et occasionnellement par des piétons, ainsi que dans l'étroite voie d'accès des constructions provoque des nuisances sonores importantes qui trouvent directement leur cause dans la délivrance des permis de construire illégaux.

Les propriétaires de cet appartement ont droit à l'indemnisation des travaux d'isolation phonique qu'ils ont dû réaliser.

En revanche, une fois les travaux d'isolation acoustique réalisés, il ne subsiste pas de nuisances sonores d'une importance telle qu'elles feraient perdre de la valeur à cet appartement, lequel se trouve en zone urbaine, le long d'un axe routier. Par suite, ses proprié-

1. CE 7 mai 2007, *Sté immobilière de la Banque de Bilbao et de Viscaya d'Ilbarritz*, req. n° 282311, NP.
2. CE 12 déc. 1996, *SA Sorrel Chamoux*, req. n° 119835, NP.
3. CE 6 févr. 2006, *Sté d'aménagement de Port Leman*, req. n° 268973, *Lebon T.*
4. CE 26 nov. 1993, *SCI « Les jardins de Bibémus »*, req. n° 108851, *Lebon.*
5. CE 21 sept. 1990, *SCI Hameau du Beauvoir*, req. n° 67776, NP – CE 7 mars 2011, *Sté Sun Valley*, req. n° 337563, NP.
6. CE 3 févr. 2016, *Haberer*, req. n° 374695, NP – également : CE 12 déc. 1996, *SA Sorrel Chamoux*, req. n° 119835, NP.
7. CE 28 oct. 2009, *Min. Transports, Équipement, Tourisme et Mer c/Therme et Le Rayol-Canadel (Cne) c/Therme*, req. n° 299753, *Lebon T.*
8. CE 24 juill. 2019, *Lebeau (M. et Mme)*, req. n° 417915, *Lebon T.* ; *BJDU* 2020. 118, concl. S. Hoynick ; *Contr.-urb.* 2019, comm. 108, note P. Cornille.
9. CAA Nantes, 22 sept. 2020, *Lebeau*, req. n° 19NT03103, NP (arrêt devenu définitif en l'absence d'admission du pourvoi formé à son encontre : CE 31 oct. 2021, req. n° 446775, NP).

taires ne peuvent prétendre au versement de l'indemnité supplémentaire qu'ils demandent correspondant à une perte de valeur du bien qui n'est pas établie.

612.163 **Perte de vue et d'ensoleillement.** Dans un cas où l'édification d'un bâtiment autorisé par permis de construire porte à l'environnement, aux vues et à l'ensoleillement d'une maison d'habitation située à proximité une atteinte sensiblement plus grave que celle qui aurait résulté d'une construction conforme au POS, la faute commise par l'administration dans la délivrance de ce permis est génératrice pour les propriétaires de cette maison d'un préjudice indemnisable [1].

612.164 **Préjudice d'exploitation et perte de la valeur vénale d'une maison de retraite.** Le permis de construire illégalement délivré pour la construction d'un supermarché (autorisant une longueur de 51 mètres alors que le POS imposait une longueur maximum de 30 mètres) a provoqué des préjudices d'exploitation pour une maison de retraite située à proximité et une perte de la valeur vénale du bâtiment [2].

2°
Préjudice résultant d'une décision refusant illégalement un projet

a.
Préjudice directement causé par le refus illégal (pétitionnaire)

612.171 **Indemnisation des frais rendus inutiles.** Les frais exposés inutilement par le porteur d'un projet immobilier pour l'élaboration de celui-ci sont regardés comme générant un préjudice directement imputable à la faute commise par l'administration ayant illégalement refusé la délivrance de l'autorisation demandée. Ces frais investis en pure perte présentent ainsi un caractère indemnisable :

- honoraires de géomètres [3] ;
- honoraires d'architecte [4] ;
- frais d'acquisitions foncières.

À titre d'exemple, dans le cas où l'administration avait donné son accord à la construction d'une tour et s'est ravisée par la suite, le promoteur a droit au remboursement [5] :

- des frais d'acquisitions foncières et de libération du sol, déduction faite de la valeur vénale du terrain d'assiette, lequel n'est pas inconstructible ;

- des frais d'étude et de gestion exposés, déduction faite d'une part des frais engagés antérieurement à l'accord préalable et d'autre part des frais exposés en vue de la présentation de la demande de permis du bâtiment de substitution ;

- des frais financiers exposés ;

- de la quote-part du coût de la réalisation des services généraux de l'ensemble immobilier où devait être implantée la tour, déduction faite de la valeur vénale de ces installations et à l'exclusion de la quote-part des charges annuelles d'exploitation afférentes à ces services résultant du règlement de copropriété de l'ensemble immobilier, quote-part dont la société ne justifie pas qu'elle ait été contrainte de la supporter.

612.172 **Indemnisation du retard dans la réalisation d'un projet.** Un refus illégal de permis de construire ayant conduit à retarder de quatre ans la réalisation d'un projet (l'administration ayant finalement fait droit à la seconde demande de permis), ce refus a entraîné pour le promoteur l'immobilisation pendant quatre ans de la somme qu'il avait payée au vendeur au moment de la signature de l'acte de vente conditionnel et la perte des revenus qu'il aurait pu tirer, pendant la même période, du réemploi du bénéfice réalisé en cas de vente [6]. Ces préjudices sont directement liés au refus illégal et présentent, par suite, un caractère indemnisable.

Dans le même sens, le préjudice résultant de l'interruption de chantier et des frais financiers liés au retard apporté à la commercialisation d'un lotissement pendant la période comprise entre le 10 juillet 1981, date de la décision illégale de refus du permis et le 4 janvier 1984, date du jugement d'annulation, est directement imputable à cette décision [7].

612.173 **Indemnisation de travaux supplémentaires exigés par l'administration mais non mentionnés dans les prescriptions du permis.** Est illégal un arrêté interruptif de travaux pris au motif que ces travaux n'étaient pas conformes à l'avis rendu par la commission départementale des sites, alors que les prescriptions de cet avis n'avaient pas été reprises dans les réserves annexées au permis de construire. Cette illégalité est constitutive d'une faute susceptible d'engager la responsabilité de l'État au nom duquel l'arrêté a été pris, et entraîne réparation de sa conséquence directe, à savoir le préjudice résultant, pour le destinataire de l'arrêté, des travaux supplémentaires que, pour reprendre au plus vite

1. CE 14 déc. 1988, *Bosc*, req. n° 67353, NP.
2. CE 13 févr. 2004, *Sté Aigue marine*, req. n° 254589, NP.
3. CE 15 juin 1983, *Gerles*, req. n° 33670, *Lebon T.*
4. CE 15 juin 1983, *Gerles*, req. n° 33670, *Lebon T.* – pour un ex. : CAA Lyon, 16 oct. 2018, *Bounechada*, req. n° 16LY02563, NP.
5. CE 17 juin 1983, *Min. Environnement et cadre de vie c/SCI Italie-Vandrezanne*, req. n° 27694, *Lebon.*
6. CE 26 oct. 1988, *Min. Équipement, Logement, Aménagement du territoire et Transports c/SCI « Les Moulins d'Hyères »*, req. n° 79400, *Lebon.*
7. CE 12 mai 1989, *SCI Construction de Kerdual*, req. n° 83671, NP.

son activité commerciale, il a exécuté en vue d'obtenir la levée de l'interdiction édictée par cet arrêté[1].

b.
Préjudice non directement causé par le refus illégal (pétitionnaire)

612.181 Manque à gagner résultant de la législation ou de la réglementation et non de l'autorisation illégale. N'est pas indemnisable le manque à gagner résultant de l'application des règles d'urbanisme et non pas du refus illégal de délivrer une autorisation d'urbanisme. Le juge estime que, dans un tel cas de figure, la cause adéquate de ce chef de préjudices réside dans les règles d'urbanisme, qui font obstacle au projet.

Ainsi, si, en refusant illégalement d'accorder au pétitionnaire le permis de construire qu'il avait demandé, un maire a commis une faute de nature à engager la responsabilité de l'administration, le préjudice dont l'intéressé demande réparation, causé par la privation des bénéfices qu'il pouvait attendre de la vente des immeubles dont il envisageait la construction, ne peut être regardé comme la conséquence directe de la faute de service ainsi commise s'il est entièrement imputable à la modification des règles du POS résultant de la révision de ce plan[2].

De même, si, en refusant illégalement d'accorder à un promoteur le permis de construire qu'il avait demandé, le maire a commis une faute de nature à engager la responsabilité de l'administration, le préjudice dont le promoteur demande réparation et égal à la différence entre le prix qu'il aurait obtenu du terrain dont s'agit si le permis de construire ne lui avait pas été illégalement refusé en 1975, et le prix qu'elle en a obtenu après délivrance du permis accordé en 1980, ne peut être regardé comme la conséquence directe de la faute de service ainsi commise mais est entièrement imputable à la modification des règles du POS de la commune de Dinard résultant de la révision de ce plan[3].

Dans de tels cas de figure, le principe de non-indemnisation des servitudes d'urbanisme exclut que le constructeur puisse obtenir réparation des préjudices résultant de la réglementation[4].

612.182 Projet ne pouvant légalement aboutir. Dans le cas où l'autorité administrative pouvait légalement rejeter la demande d'autorisation pour un autre motif (que celui reconnu illégal), l'illégalité commise ne présente pas de lien de causalité direct avec les préjudices résultant de l'impossibilité de mettre en œuvre le projet immobilier projeté[5].

Plus largement, le porteur du projet ne peut prétendre à une indemnisation au titre de la privation des bénéfices d'une opération qui n'aurait pu légalement aboutir[6].

612.183 Refus illégal d'arrêté de lotir. Le préjudice est reconnu comme direct lorsque le dommage subi par le lotisseur a été causé par le refus illégal de lotir, l'expropriation qui a suivi le refus ayant empêché définitivement le lotisseur de réaliser son projet[7]. On relève de cette décision que deux éléments ont contribué à la survenance du dommage : d'une part le refus de lotir, d'une part l'expropriation du terrain d'assiette du projet. Le juge estime que le préjudice résulte directement du refus de lotir puisque, en l'absence de cette décision, l'expropriation n'aurait pu être mise en œuvre. Alors même que l'expropriation constitue la *causa proxima* dans la survenance du préjudice, elle ne constitue pas la cause adéquate de celui-ci.

612.184 Impossibilité du projet résultant d'une obstruction. L'obstruction de la commune à un projet, par deux refus illégaux de prorogation et un arrêté interruptif de travaux illégal, a directement empêché toute construction pendant sept ans, exposant la société à supporter inutilement des frais financiers[8].

612.185 Refus illégal d'autoriser un transfert de permis. Un arrêt de 1989 illustre l'appréciation du lien de causalité s'agissant d'un refus d'autoriser un transfert de permis de construire. En l'espèce, M. D. a obtenu le 23 juillet 1979 un permis de construire une maison à usage d'habitation. Se trouvant dans l'impossibilité de réaliser la construction projetée par suite de difficultés financières et alors que le POS de la commune en cours d'élaboration classait le terrain concerné en zone inconstructible, M. D. a conclu, le 21 août 1979, une promesse de vente sous la condition qu'il serait autorisé à transférer ledit permis de construire à l'acheteur. Par un arrêté du 7 novembre 1979, le maire a illégalement refusé ce transfert. Selon le Conseil d'État, le refus de l'acheteur d'acquérir le terrain de M. D. est la conséquence directe de la décision illégale du maire de faire obstacle au transfert du permis dont M. D. était titulaire[9].

1. CE 10 juin 1994, *Banque nationale de Paris*, req. n° 80108, *Lebon T.*
2. CE 7 mars 1990, *Min. Urbanisme, Logement et Transports c/Bore de Loisy*, req. n° 69881, *Lebon T.*
3. CE, sect., 29 sept. 1989, *Lamarche-Jacomet (Mme)*, req. n° 72331, *Lebon.*
4. PAR EX. : CE 13 janv. 1995, *SCI pour les réalisations de l'aménagement de Banyuls-sur-Mer*, req. n° 63534, NP. – V. ss n° 623.11.
5. CE 12 juill. 2017, *Sté Negocimmo*, req. n° 394941, *Lebon T.*
6. CE 3 févr. 2016, *Haberer*, req. n° 374695, NP.
7. CE 12 déc. 2008, *Marchand*, req. n° 280554, *Lebon T.* ; *BJDU* 2009. 54, concl. E. Glaser.
8. CE 28 oct. 1987, *SCI « Résidence Neptune »*, req. n° 60333, *Lebon.*
9. CE 8 nov. 1989, *Degouy*, req. n° 73407, *Lebon.*

c.
Préjudice non directement causé par le refus illégal (tiers)

612.191 Absence de lien direct pour l'architecte pour un refus illégal opposé à ses clients. Dans l'hypothèse où l'administration refuse illégalement la délivrance d'un permis de construire, les préjudices dont la réparation est demandée par l'architecte, qui n'était lié dans l'opération qu'à la société pétitionnaire, n'ont pu résulter que des stipulations de la convention qu'il avait passée avec cette société, ou des conditions dans lesquelles cette convention a été appliquée. Ils ne sauraient dès lors être regardés comme procédant directement du comportement de l'administration [1].

3°
Préjudice résultant d'un fait administratif

612.201 Carence. Une affaire illustre l'appréciation du lien de causalité s'agissant d'un dommage résultant d'une carence administrative.

Au mois de juin et de juillet 1977, une municipalité a non seulement invité la population de la commune à s'opposer aux travaux de défrichement que la société requérante était autorisée à effectuer en vue de la construction d'un programme de logements, mais a, de surcroît, apporté un concours actif aux manifestations et à la mise en place de barrages routiers qui ont empêché l'exécution de ces travaux. Ces circonstances ont interdit à la société requérante d'utiliser l'autorisation de défrichement dont elle était titulaire depuis 1967 et dont la validité expirait le 13 juillet 1977, date à laquelle les manifestations ont cessé. Faute d'avoir pu procéder au défrichement, la société propriétaire des terrains s'est trouvée dans l'impossibilité d'achever le programme de construction des logements pour lequel elle possédait un permis de construire. En effet, toute nouvelle autorisation de défrichement lui a été refusée et les terrains ont ensuite été rendus inconstructibles par un nouveau POS. Le Conseil d'État estime qu'il y a lieu, dans les circonstances de l'espèce, d'admettre que la perte de valeur vénale subie ainsi par les terrains trouve sa cause directe et certaine dans les événements survenus en juin et juillet 1977 qui engagent la responsabilité de la commune et celle de l'État au titre du refus du concours de la force publique [2].

1. CE 9 déc. 1983, *Gillet*, req. n° 26445, *Lebon*.
2. CE 24 juill. 1987, *Sté immobilière de Verneuil-Vernouillet*, req. n° 44229, *Lebon* – sur le chiffrage des dommages : CE 11 févr. 1991, *Sté immobilière de Verneuil-Vernouillet*, req. n° 44229, NP.

612.202 Report d'une construction. Les services locaux du ministère des affaires culturelles ayant demandé au bénéficiaire d'un permis de construire de procéder à des modifications de la construction envisagée de façon à permettre la sauvegarde de vestiges présents sur le terrain, un permis de construire modificatif a dû être demandé et a été accordé. Ce préjudice, qui est exclusivement imputable aux exigences de modification du permis de construire initial formulées par l'administration, est de nature à ouvrir droit à réparation à l'intéressé [3].

D.
Préjudice anormal et spécial (responsabilité sans faute)

612.210 Renvoi. Lorsque la demande indemnitaire est présentée sur le fondement de la responsabilité sans faute, la victime du dommage doit faire valoir, outre le caractère personnel, certain et direct du préjudice, le caractère anormal et spécial de celui-ci [4].

E.
Formes du préjudice

612.221 Préjudice matériel. Le préjudice subi est généralement d'ordre matériel, c'est-à-dire financier.

612.222 Préjudice moral. Il arrive que soit reconnue la réparation du préjudice moral (en particulier le trouble dans les conditions d'existence) à titre complémentaire du préjudice matériel [5].

F.
Preuve du préjudice

612.231 Charge pesant sur le demandeur. La charge de la preuve pèse sur le demandeur. Aussi revient-il à la personne qui s'estime victime d'un dommage résultant de l'exercice par l'administration de ses compétences en matière d'autorisations d'urbanisme d'établir la réalité du préjudice qu'elle invoque, mais aussi le caractère personnel, certain et direct de celui-ci.

3. CE 20 janv. 1989, *Min. Culture et Communication c/SCI « Villa Jacob »*, req. n° 79367, *Lebon*.
4. V. s^s n° 612.81.
5. PAR EX. : CE 27 avr. 1977, *Vve Chalot (Dame)*, req. n° 98463, *Lebon T.* ; – CE 29 nov. 1999, *Diennet*, req. n° 187749, NP – CE 2 oct. 2002, *Min. Équipement, Transports et Logement c/Grondin (M. et Mme)*, req. n° 232720, *Lebon T.* ; – CE 10 juill. 2012, *Aussaresse*, req. n° 324575, NP ; *BJDU* 2012. 472, concl. C. Legras ; – CAA Paris, 29 janv. 2009, *Aouizerzate*, req. n° 06PA04099, NP.

Ne peut prétendre à une indemnisation celui qui « n'apporte aucune preuve de l'existence du préjudice dont il demande réparation »[1].

SECTION 3

JUGEMENT SUR LA DEMANDE INDEMNITAIRE

§ 1
Personne publique responsable

A.
Détermination de la personne publique responsable

612.241 Détermination. La personne publique responsable est celle qui a contribué au dommage par ses actes ou agissements.

L'essentiel des affaires portant sur des cas de responsabilité pour faute à raison d'une décision illégale, la personne publique responsable est, dans ces situations, celle au nom de laquelle a été prise la décision fautive[2] :

– la commune en principe ;

– l'État si la décision a été prise au nom de l'État.

612.242 Partage de responsabilité. Un partage de responsabilité est décidé s'il existe une pluralité de personnes publiques responsables. Par exemple :

– l'État, responsable à 80 % pour avoir pris une décision illégale, la commune à hauteur de 20 % en raison de ses agissements[3] ;

– la commune, responsable à 50 % pour avoir organisé des manifestations empêchant un promoteur de débuter les travaux autorisés, l'État, responsable à 50 % pour s'être abstenu d'apporter le concours de la force publique[4] ;

– la commune et l'État solidairement responsable des dommages causés par la mise en œuvre de l'article L. 121-3, al. 3, du code de l'urbanisme (urbanisation dans les espaces proches du rivage autorisée à la fois par le préfet et la commune)[5].

B.
Personne consultée

612.251 Absence de responsabilité. Une faute commise dans le cadre de la procédure d'instruction d'une demande d'autorisation d'urbanisme n'est susceptible d'engager, à l'égard du pétitionnaire, que la responsabilité de la personne publique qui délivre ou refuse de délivrer l'autorisation sollicitée, quand bien même la faute entacherait un avis émis par une autre personne au cours de l'instruction de la demande[6].

C.
Mise à disposition de services

612.261 État. Lorsqu'une commune a décidé de confier l'instruction des permis de construire en son nom au service de l'État mis gratuitement à sa disposition, la responsabilité de l'État ne peut pas être engagée, sauf si le service commet une faute en refusant ou en négligeant d'exécuter un ordre ou une instruction du maire[7].

612.262 EPCI. Un EPCI peut mettre ses services à la disposition d'une commune membre dans le cadre d'une convention de mise à disposition ayant pour objet l'instruction des demandes d'autorisation d'urbanisme. Cette convention peut contenir une clause exonératoire de responsabilité des services instructeurs. Dans un tel cas de figure, la responsabilité revient à la seule commune, à l'exclusion de l'EPCI. Ce dernier ne peut donc être appelé en garantie par la commune à l'occasion d'une action indemnitaire formée à son encontre[8].

§ 2
Atténuation de la responsabilité en cas de faute de la victime

612.271 Responsabilité atténuée. La responsabilité de l'administration est atténuée si la victime a commis une faute ayant contribué à la survenance

1. CE 15 juin 1992, *Montmorot (Cne) et Bourdy*, req. nº 94528, *Lebon T.* ; – dans le même sens : CE 26 nov. 1993, *SCI « Les jardins de Bibémus »*, req. nº 108851, *Lebon* ; – CE 10 juill. 2012, *Aussaresse*, req. nº 324575, NP ; *BJDU* 2012. 472, concl. C. Legras (arrêt relevant que le requérant « n'établit pas la réalité du préjudice résultant de l'obligation dans laquelle il se serait trouvé d'acquitter des loyers supplémentaires en raison du retard subi par son projet de construction de sa résidence principale, du fait de la délivrance d'un permis illégal ultérieurement retiré »).
2. PAR EX. : CE 26 oct. 1973, *SCI Résidence Arcole*, req. nº 87909, *Lebon* : responsabilité de l'État, au nom duquel le permis est délivré, alors même que la faute a été commise par les services municipaux dans le cadre de la procédure d'instruction.
3. CE 20 juill. 2007, *Sté Immobart*, req. nº 278611, *Lebon.*
4. CE 11 févr. 1991, *Sté immobilière de Verneuil-Vernouillet*, req. nº 44229, NP.
5. CE 7 févr. 2003, *Secrétaire d'État au logement c/SNC Empain Graham*, req. nº 223882, *Lebon T.*
6. CE 9 nov. 2015, *Vandenbeuck (M.)*, req. nº 380299, *Lebon T.* ; – arrêt revenant sur : CE 5 févr. 1988, *Pessoz*, req. nº 65561, *Lebon*.
7. CE 27 oct. 2008, *Poilly-lez-Gien (Cne)*, req. nº 297432, *Lebon ; BJDU* 2009. 370, concl. A. Courrèges.
8. CAA Toulouse, 21 sept. 2023, *Toulouse Métropole*, req. nº 21TL23620, NP ; *Constr.-Urb.* 2023, comm. 111, note L. Santoni.

de son dommage. L'exonération de responsabilité peut être totale ou partielle.

A. Imprudence de la victime

1° Construction sur un terrain exposé à un risque

612.281 Construction sur un terrain soumis à des risques d'inondation. Dans le cas où un maire a délivré un permis dépourvu de prescriptions spéciales malgré une connaissance suffisamment précise des risques d'inondation, est de nature à exonérer pour moitié la responsabilité de l'administration, l'imprudence commise par les propriétaires en ne vérifiant pas si leur parcelle était exposée aux crues éventuelles du cours d'eau situé à proximité [1].

612.282 Construction sur un terrain instable. Les bénéficiaires d'un arrêté de lotir, auxquels l'autorisation de lotir n'a pu avoir pour effet de donner une garantie sur la résistance du sol, n'ignoraient pas les risques entraînés par l'existence de l'ancienne galerie et ont commis une grave imprudence en entreprenant, sans avoir procédé à des sondages préalables, l'aménagement du lotissement et la vente des terrains. Ils ont ainsi commis une faute de nature à atténuer, à hauteur de 50 %, la responsabilité de l'administration dans la survenance du préjudice qu'ils ont subi du fait de l'obligation mise à leur charge par les tribunaux de l'ordre judiciaire de remédier aux désordres créés par l'affaissement des terrains d'assise du lotissement [2].

2° Imprudence d'un professionnel de l'immobilier

a. Projet portant sur un terrain présentant un risque d'inconstructibilité

612.291 Permis de construire illégal. En accordant illégalement un permis de construire 42 maisons individuelles, l'administration a commis une faute qui engage sa responsabilité. Toutefois, en présentant une demande de permis pour un projet dont elle ne pouvait ignorer qu'il n'était pas conforme aux dispositions du plan d'urbanisme alors en vigueur, la SCI a elle-même commis une faute qui exonère partiellement l'administration de sa responsabilité (en l'occurrence à hauteur de 25 %) [3].

De même, dans l'hypothèse où le maire délivre un certificat d'urbanisme négatif indiquant que le terrain d'assiette du projet n'est pas constructible mais accorde ultérieurement un permis de construire sur le terrain, les fautes qu'il a commises sont atténuées (de moitié) par l'imprudence dont a fait preuve la SCI qui, compte tenu du certificat d'urbanisme négatif délivré par la commune, n'a pas effectué les diligences nécessaires pour s'assurer que le terrain qu'elle se proposait d'acquérir était bien constructible [4].

612.292 Certificat d'urbanisme illégal. Les caractéristiques objectives des parcelles concernées et leur implantation en zone naturelle du POS de la commune, mentionnée par les certificats d'urbanisme litigieux, auraient dû attirer l'attention de la société requérante, qui, en sa qualité de professionnelle de l'immobilier, ne pouvait ignorer les particularités du site. En se portant cependant acquéreur desdites parcelles au prix du terrain à bâtir, elle a commis des imprudences fautives qui, dans les circonstances de l'espèce, exonèrent la commune de sa responsabilité pour un tiers [5].

b. Projet présentant un risque d'aléa

612.301 Abandon d'un projet. En incitant fermement et « sous peine de rupture des pourparlers » un promoteur à s'engager à ses frais dans l'étude d'un programme immobilier tel que celui qui était projeté et pour la réalisation duquel il fallait notamment modifier les dispositions du POS, et à présenter des « plans explicites » et le bilan de l'opération, la commune a commis une faute de nature à engager sa responsabilité à l'égard du promoteur. Toutefois, l'imprudence commise par ce dernier en engageant des frais dans une opération dont il ne pouvait ignorer le caractère aléatoire, atténue de moitié la responsabilité de la commune [6].

c. Absence de garanties

612.311 Abandon d'un projet. Une SCI commet une faute en acquérant sans garantie un terrain soumis à des restrictions particulières aux droits de construire du fait de l'application de la loi littoral. En l'occurrence, le terrain, dont le maire de la commune était l'un des vendeurs, avait été rendu construc-

1. CE 2 oct. 2002, *Min. Équipement, Transports et Logement c/Grondin (M. et Mme)*, req. n° 232720, *Lebon T.*
2. CE 3 nov. 1989, *SNC Sanz-Samenayres et a.*, req. n° 80974, *Lebon T.*
3. CE 21 sept. 1990, *SCI Hameau du Beauvoir*, req. n° 67776, NP.
4. CE 25 avr. 2003, *SCI Le Mas de Valescure*, req. n° 237888, NP.
5. CE 7 mai 2007, *Sté immobilière de la Banque de Bilbao et de Viscaya d'Ilbarritz*, req. n° 282311, NP.
6. CE 16 nov. 1998, *Sille*, req. n° 175142, *Lebon.*

tible par le PLU approuvé moins de six mois avant la vente. En outre, le contrat de vente exonérait le vendeur de tout risque en cas d'impossibilité de construire et plaçait l'acquéreur dans l'impossibilité d'agir, le cas échéant, contre le vendeur. Dans ces conditions, « et eu égard aux éléments d'incertitude affectant la légalité du plan local d'urbanisme et du permis de construire délivré », la SCI a commis une imprudence exonérant entièrement la commune de sa responsabilité[1].

3°
Absence d'imprudence

612.321 Méconnaissance d'un plan non publié. Une propriétaire ne commet aucune faute en sollicitant un permis de construire non conforme aux dispositions du plan d'aménagement, d'embellissement et d'extension de la ville qui, n'ayant pas été publié au journal officiel, ne lui était pas opposable, ni en interrompant la construction de l'immeuble pour lequel elle avait sollicité un permis, après avoir pris connaissance des conclusions du commissaire du gouvernement près le tribunal administratif de Paris qui tendaient à l'annulation de ce permis[2].

612.322 Absence de renoncement à une condition suspensive. Le pétitionnaire ne fait pas preuve d'imprudence en renonçant à se prévaloir du bénéfice d'une condition suspensive. Ainsi, lorsque la vente d'un terrain a été conclue sous condition suspensive d'obtention d'un permis de construire et que cette vente ne peut se réaliser en raison du refus (illégal) de la commune de délivrer le permis nécessaire, la commune ne saurait se soustraire à sa responsabilité en prétendant que le pétitionnaire aurait commis une faute en ne renonçant pas à la condition suspensive[3].

612.323 Absence d'insertion d'une condition suspensive (appréciation au cas par cas). Le caractère exonératoire de l'omission d'insérer dans l'acte d'acquisition d'un terrain une condition suspensive tenant à l'obtention du permis de construire s'apprécie au cas par cas.

Le Conseil d'État l'a clairement souligné dans un arrêt du 14 octobre 2015. En l'espèce, pour refuser la réparation du préjudice causé à l'acquéreur d'un terrain par la délivrance d'un certificat d'urbanisme positif sans statuer sur la légalité de ce certificat d'urbanisme, une cour a retenu que l'acquéreur était, en tout état de cause, en droit d'introduire dans l'acte de vente une condition suspensive relative à l'obtention du permis de construire et qu'en s'abstenant de le faire, il avait commis une imprudence fautive, de nature à exonérer la commune de toute responsabilité. En s'abstenant de rechercher si, dans les circonstances de l'espèce, l'acquéreur avait été effectivement en mesure d'introduire une telle clause, compte tenu notamment des conditions dans lesquelles il avait pu se porter acquéreur du terrain, la cour n'a pas légalement justifié son arrêt en tant qu'il retient une imprudence de l'acquéreur. Au surplus, si une telle imprudence, à la supposer constituée, était de nature à atténuer la responsabilité de la commune, la cour ne pouvait, sans commettre une erreur de qualification juridique, lui attribuer un effet totalement exonératoire[4].

Sur renvoi, la cour a jugé que la commune n'est pas fondée à soutenir que la SCI, qui n'avait l'expérience d'aucune autre opération foncière, aurait commis une imprudence fautive en se portant acquéreur du terrain sans adjoindre à l'acte notarié d'acquisition du terrain de condition suspensive relative à l'obtention du permis de construire[5].

B.
Victime du dommage s'étant placée dans une situation illégale

612.331 Construction sur la base d'un permis annulé. La responsabilité de l'administration ne saurait être engagée pour la réparation des dommages qui ne trouvent pas leur cause dans l'illégalité d'un permis mais découlent directement et exclusivement de la situation irrégulière dans laquelle la victime s'est elle-même placée, indépendamment des faits commis par la puissance publique. Tel est le cas, par exemple, d'une société qui poursuit des travaux sur la base d'un permis de construire annulé et malgré un arrêté interruptif de travaux et une ordonnance du juge civil ordonnant leur cessation[6]. Le préjudice lié aux frais engagés pour les travaux ne peut donner lieu à aucune indemnisation.

612.332 Construction sur la base d'un permis périmé. Un maire commet une faute en revenant sur un arrêté par lequel il constatait la péremption d'un permis de construire. Toutefois, si, en prenant illégalement cet arrêté, le maire a commis une faute de nature à engager la responsabilité de la com-

1. CE 9 oct. 2015, *SCI Casa di Fiori*, req. n° 367604, NP.
2. CE 27 avr. 1977, *Vve Chalot (Dame)*, req. n° 98463, *Lebon T.*
3. CE 4 juin 2016, *Longueville (Cne)*, req. n° 371274, *Lebon T.* ; *BJDU* 2016. 296, concl. M. Vialettes ; *JCP Adm.* 2016, n° 2223, note L. Pernet et E. Vital-Durand.
4. CE 14 oct. 2015, *SCI Les Colonnades*, req. n° 375538, *Lebon T.*
5. CAA Bordeaux, 5 juill. 2016, *SCI Les Colonnades*, req. n° 15BX03433, NP (arrêt devenu définitif en l'absence d'admission du pourvoi formé à son encontre : CE 22 mars 2017, req. n° 404092, NP).
6. CAA Lyon, 9 juill. 2013, *EURL Gescofi*, req. n° 12LY02382, NP.

mune, les requérants, professionnels de l'immobilier, qui ne pouvaient ignorer que la péremption de leur permis de construire était définitivement acquise sans qu'il fût besoin pour le maire de la constater par l'arrêté rapporté, ont eux-mêmes commis une faute en exécutant des travaux sur le fondement de cet arrêté illégal. Cette faute exonère totalement la commune de sa responsabilité[1].

1. CAA Lyon, 26 nov. 2009, *Baillod et Taieb*, req. n° 07LY01503, NP (arrêt devenu définitif en l'absence d'admission du pourvoi formé à son encontre : CE 23 juill. 2010, req. n° 335934, NP).

CHAPITRE

613. Contentieux en référé des autorisations d'urbanisme

SECTION 0 ORIENTEUR

613.00 **Sommaire du chapitre.**

613.01 **Textes applicables.**

• **CJA**

art. L. 511-1 s.

art. R. 511-1 s.

613.02 **Jurisprudence de référence.**

> Définition de l'urgence au sens du référé-suspension

• **CE, sect., 28 févr. 2001,** *Préfet des Alpes-Maritimes*, req. nº 229562, *Lebon* 110.

> Appréciation globale de l'urgence dans le cadre du référé-suspension

• **CE, sect., 19 janv. 2001,** *Confédération nationale des radios libres*, req. nº 228815, *Lebon* 29.

> Référé-mesures utiles pour ordonner à un maire de faire obstacle à une construction entreprise sans permis

• **CE, sect., 6 févr. 2004,** *Masier*, req. nº 256719, *Lebon* 45.

613.03 **Bibliographie indicative.**

Thèse. B. Hachem, *L'office du juge des référés en droit de l'urbanisme*, « Bibliothèque de droit de l'urbanisme et de l'environnement », LGDJ, 2014.

Ouvrages. F.-C. Bernard, *Guide des contentieux de l'urbanisme*, 2e éd., « Guides », LexisNexis 2018 – O. Le Bot, *Le guide des référés administratifs et des autres procédures d'urgence devant le juge administratif*, 3e éd., « Guides Dalloz », Dalloz, 2023.

Articles. C. Debouy, « La suspension des décisions en matière d'urbanisme par la procédure du référé administratif », *CJEG* 2002. 65 – G. Kalflèche, « Pour l'instauration de référés spéciaux en droit de l'urbanisme », *JCP Adm.* 2019, nº 2186 – A. Meynaud-Zeroual, « Variations sur un même thème : l'urgence en contentieux de l'urbanisme », *RDI* 2020. 422.

Encyclopédies. *DP constr.-urb., ét.* : « Permis de construire » – *J.-Cl. Constr.-Urb.*, fasc. 26-51 : « Permis de construire. – Contentieux administratif. – Procédures d'urgence », par G. Liet-Veaux, janv. 2011.

613.04 **Questions essentielles.**

> L'auteur d'une demande de suspension dirigée contre un permis de construire doit-il faire la preuve de l'urgence ?

* V. ss nos 613.71 s.

> Quelle est la portée d'une mesure de suspension ordonnée en référé-suspension ?

* V. ss nos 613.221 s.

613.05 **Procédures conçues pour des cas nécessitant une intervention rapide.** « Le référé n'est pas une voie rapide pour requérants impatients »[1]. Cette mise en garde du président Labetoulle traduit bien l'esprit des référés d'urgence : l'intervention du juge des référés n'est légitime que si le juge du fond statuant selon la procédure normale interviendra dans des délais qui ne lui permettront pas d'assurer une garantie effective des droits des plaideurs. Par suite, c'est uniquement lorsque le requérant justifie, dans son cas particulier, d'une situation d'urgence qu'il aura droit à l'intervention du juge administratif de l'urgence à la place du juge administratif de droit commun. C'est uniquement s'il établit le besoin d'obtenir rapidement une mesure, dans son cas particulier, que l'accès au juge de l'urgence sera justifié ; à défaut il devra attendre l'intervention du juge du fond statuant selon la procédure normale.

Perdre de vue cette donnée fondamentale expose les justiciables à bien des déconvenues.

613.06 **Procédures concernées.** Dans le contentieux des autorisations d'urbanisme, l'essentiel des demandes introduites en référé visent à obtenir la suspension de la décision attaquée, le plus souvent par le biais du référé-suspension, mais parfois aussi au moyen des procédures spéciales de suspension. Si l'utilisation du référé-liberté et du référé-mesures utiles est plus rare, des applications intéressantes méritent néanmoins d'être mentionnées. Les référés constat, expertise et provision peuvent également être mis en œuvre dans ce contentieux, mais de façon anecdotique.

SECTION 1
LE RÉFÉRÉ-SUSPENSION DANS LE CONTENTIEUX DES AUTORISATIONS D'URBANISME

§ 1
Caractères généraux du référé-suspension

613.11 **Origine.** Héritier de la procédure du « sursis à exécution », le référé-suspension est codifié à l'article L. 521-1 du CJA.

613.12 **Nature.** Le référé-suspension représente un recours accessoire à un recours principal en annulation ou en réformation. Il ne peut donc être engagé de façon autonome mais seulement en complément d'un recours pour excès de pouvoir ou d'un recours de plein contentieux. Le recours principal tend à l'annulation ou la réformation de l'acte attaqué ; le référé-suspension vise à la suspension provisoire de celui-ci dans l'attente du jugement au principal.

613.13 **Objet.** Si les conditions d'octroi sont satisfaites, la mesure ordonnée conduit à neutraliser provisoirement les effets d'une décision administrative en attendant qu'il soit statué sur la requête au

1. D. Labetoulle, « Le référé nouveau est arrivé », *AJDA* 2001. 211.

principal. La vocation de cette voie de droit consiste ainsi à préserver l'effet utile du recours au fond ; à faire en sorte que, lorsque le juge du principal intervient, son action ne soit pas privée d'utilité. Par exemple, l'annulation d'un permis de construire ne sert à rien si la construction illégalement autorisée est entièrement achevée ; la suspension (prononcée dans un délai de quelques semaines ou de quelques jours) permet de préserver la portée de la décision qui sera prise par le juge du principal.

613.14 Opportunité de présenter une demande de suspension. Lorsque le recours tend à l'annulation d'une autorisation d'occupation du sol, sauf cas particulier, le requérant a tout intérêt à « spéculer » sur la lenteur de la justice administrative, et à s'abstenir de prendre l'initiative d'une demande de suspension qui conduira le juge, à bref délai, à se prononcer sur la légalité de l'autorisation, et ce, même si l'ordonnance est rendue « en l'état de l'instruction ». Les constructeurs savent bien, en effet, que l'incertitude qui pèse sur une opération, non seulement en compromet la commercialisation, mais également met souvent obstacle à sa réalisation, compte tenu de l'impossibilité d'obtenir les concours financiers nécessaires.

Lorsqu'il sera de l'intérêt du requérant de prendre l'initiative d'une demande de suspension (et ce sera en particulier le cas lorsque le recours tend à l'annulation d'une décision de refus d'autorisation d'occupation du sol qui lui a été opposée), il lui faudra veiller à justifier, de façon circonstanciée, de l'urgence attachée à l'obtention d'une décision positive.

§ 2
Recevabilité du référé-suspension

A.
Conditions générales de recevabilité

613.21 Conditions générales. L'introduction du référé-suspension est soumise aux conditions de recevabilité propres à tout référé d'urgence[1].

B.
Conditions spécifiques

613.31 Absence d'exécution complète de la décision attaquée. Pour être recevable, la demande en référé-suspension doit présenter un objet au jour où elle est introduite. Il en résulte qu'est irrecevable la demande dirigée contre une décision entièrement exécutée à la date de l'introduction du recours, c'est-à-dire ayant épuisé tous ses effets[2]. Une telle décision peut toujours faire l'objet d'une annulation (qui permettra le cas échéant, l'allocation d'une réparation) mais elle ne peut faire l'objet d'une suspension.

Par exemple, est regardée comme une décision entièrement exécutée (justifiant, selon le moment où cette exécution complète intervient, l'irrecevabilité de la demande ou le non-lieu à statuer) :

– le permis de construire si les travaux autorisés par le permis sont achevés[3] (la solution valant également pour un permis de démolir si la démolition est intervenue) ;

– l'autorisation de défrichement si le défrichement est intervenu[4].

613.32 Exercice d'un recours au fond recevable. Le référé-suspension présentant un caractère accessoire, il n'est recevable que si le recours au fond l'est également (ce dont le juge des référés doit s'assurer, le cas échéant d'office[5]). Par exemple, est irrecevable la demande de suspension dirigée contre une autorisation d'urbanisme lorsque le recours principal n'a pas été notifié à l'auteur de la décision et au titulaire de l'autorisation[6].

Le demandeur doit joindre à sa demande de suspension une copie du recours au fond[7].

613.33 Délai spécial pour agir. Un recours dirigé contre une décision de non-opposition à déclaration préalable ou contre un permis de construire, d'aménager ou de démolir ne peut être assorti d'une requête en référé-suspension que jusqu'à l'expiration du délai fixé pour la cristallisation des moyens soulevés devant le juge saisi en premier ressort[8].

Ainsi, le requérant qui entend déposer une demande de suspension accessoirement à son recours au fond doit le faire avant l'expiration du délai de cristallisa-

1. SUR ces conditions : O. Le Bot, *Le guide des référés administratifs et des autres procédures d'urgence devant le juge administratif*, 3e éd., « Guides Dalloz », Dalloz, 2023.

2. PAR EX. : CE, ord., 22 févr. 2001, *Moret*, req. n° 230408, *Lebon T.* 1098.
3. CE, sect., 11 oct. 1963, *Aguzou, Lebon* 485 ; *AJDA* 1963. 626, chron. J. Fourré et M. Puybasset ; *AJDA* 1963. 630, note G. Braibant ; – CE 14 janv. 2011, *Sdis de l'Isère*, req. n° 319146, NP : le permis est regardé comme entièrement exécuté lorsque sont achevés les travaux de construction auquel se rapporte le permis, c'est-à-dire le gros œuvre et les aménagements et revêtements extérieurs. Les travaux d'aménagement intérieur ne sont pas pris en compte pour apprécier le caractère exécuté ou non du permis de construire dans la mesure où ils sont étrangers à l'autorisation de construire.
4. CE 13 mars 1963, *Bernière, Lebon* 166.
5. CE 1er mars 2004, *Socquet-Juglard*, req. n° 258505, *Lebon T.* 818 ; *RDI* 2004. 220, obs. P. Soler-Couteaux.
6. CE 15 mai 2001, *Loches (Cne)*, req. n° 231802, NP ; *AJDA* 2001. 465, chron. M. Guyomar et P. Collin ; *RDI* 2001. 403, obs. L. Derepas.
7. CJA, art. R. 522-1, al. 2.
8. C. urb., art. L. 600-3, al. 1er ; ajouté par L. n° 2018-1021, 23 nov. 2018, art. 80.

tion des moyens[1]. La cristallisation prend effet, soit par l'intervention d'une ordonnance prise sur le fondement des dispositions de droit commun[2], soit par la communication aux parties du premier mémoire en défense[3].

Il appartient au juge des référés de s'assurer, le cas échéant d'office, en se fondant sur la chronologie de la procédure dans l'instance au fond engagée par le requérant et alors même que cette circonstance ne ressortirait pas des pièces du dossier de la demande en référé, que le délai fixé pour la cristallisation des moyens soulevés devant le juge de l'excès de pouvoir saisi en premier ressort n'est pas expiré[4].

Une médiation mise en œuvre à l'initiative du juge n'a pas pour effet d'interrompre le délai imparti au demandeur pour former un référé-suspension[5].

§ 3
Conditions d'octroi de la suspension dans le régime de droit commun

613.41 **Deux conditions.** L'article L. 521-1 du CJA subordonne la possibilité d'obtenir la suspension d'une décision administrative à deux conditions cumulatives. Le demandeur doit d'abord justifier de l'urgence à obtenir la suspension de cette décision sans pouvoir attendre l'intervention du jugement au fond. Il doit également faire valoir, à l'encontre de la décision attaquée, un ou plusieurs moyens de nature à faire naître un doute sérieux quant à sa légalité.

A.
Condition d'urgence

1°
Présentation générale de la condition d'urgence au sens de l'article L. 521-1

613.51 **Définition de l'urgence.** L'urgence se définit, dans le référé-suspension, au regard du caractère accessoire de ce recours, dont l'objet est d'obtenir des mesures strictement provisoires dans l'attente d'un jugement au fond. Pour qu'il y ait urgence, il est nécessaire que l'écoulement du temps risque de préjudicier gravement aux intérêts du demandeur avant que le juge du fond puisse assurer leur protection. À défaut, l'intervention du juge de l'urgence ne se justifierait pas puisque le tribunal statuant au fond et dans les formes habituelles pourrait prendre dans les délais requis les mesures nécessaires. Dans cette procédure, l'urgence naît de la nécessité de sauvegarder des droits et intérêts menacés dans l'attente du jugement au fond.

La situation doit être pressante, le demandeur devant faire état d'une « urgence justifiant que, sans attendre le jugement de la requête au fond, l'exécution de la décision soit suspendue »[6]. Lorsqu'il est saisi sur le fondement de l'article L. 521-1 du CJA, le juge des référés vérifie ainsi que le juge du fond ne pourra pas statuer avant que la décision attaquée ait produit des effets difficilement réversibles.

Le Conseil d'État a explicité la notion d'urgence dans l'arrêt Confédération nationale des radios libres, en affirmant que la condition d'urgence à laquelle est subordonné le prononcé d'une mesure de suspension doit être regardée comme remplie lorsque la décision administrative contestée « préjudicie de manière suffisamment grave et immédiate à un intérêt public, à la situation du requérant ou aux intérêts qu'il entend défendre »[7]. L'urgence s'analyse ainsi en un préjudice (porté à la situation du requérant, aux intérêts qu'il entend défendre ou à l'intérêt public) qui doit être suffisamment grave et immédiat.

La décision ne provoque pas seulement une gêne ou un désagrément pour le requérant ; elle doit affecter de façon substantielle sa situation.

613.52 **Établissement de l'urgence.** En principe, c'est au demandeur qu'il appartient de faire la preuve de l'urgence. Il lui appartient d'accorder une attention particulière à la motivation de cette exigence. Il doit faire état, dès sa requête introductive d'instance, d'éléments précis et circonstanciés de nature à convaincre le juge de la pertinence de sa demande. Il lui revient d'exposer des éléments de fait concrets, chiffrés le cas échéant, étayés par des documents justificatifs établissant la réalité de son préjudice (par exemple des éléments de comptabilité).

Par dérogation à cette exigence, le Conseil d'État a, dans un certain nombre d'hypothèses, établi des présomptions d'urgence. Il pose que telle catégorie d'acte (comme la délivrance d'un permis de construire) crée « en principe », en raison de son objet et de sa portée une situation d'urgence. Le requérant

1. Sur ce délai (en principe deux mois à compter de la communication aux parties du premier mémoire en défense), v. ss nos 611.881 s.
2. CJA, art. R. 611-7-1.
3. C. urb., art. R. 600-5 – CE 25 sept. 2019, *Fosses (Cne)*, req. n° 429680, *Lebon T.* ; *BJDU* 2019. 410, concl. R. Decout-Paolini.
4. CE 14 avr. 2023, *Mme Gallimard*, req. n° 460040, *Lebon T.* ; *BJDU* 2023. 282, concl. Th. Janicot ; *RDI* 2023. 373, obs. P. Soler-Couteaux.
5. V. ss n° 611.1682.
6. CE, sect., 19 janv. 2001, *Confédération nationale des radios libres*, req. n° 228815, *Lebon* 29, concl. L. Touvet ; *AJDA* 2001. 150, chron. M. Guyomar et P. Collin ; *D.* 2001. 1414, note B. Seiller ; *D.* 2002. 2220, obs. R. Vandermeeren ; *RFDA* 2001. 378, concl. L. Touvet ; *CJEG* 2001. 161, concl.
7. CE, sect., 19 janv. 2001, *Confédération nationale des radios libres*, req. n° 228815.

qui conteste un acte concerné par une présomption d'urgence se trouve ainsi libéré de la charge de la preuve[1]. Il s'agit toutefois d'une présomption simple, susceptible d'être renversée (même si cela est extrêmement rare en pratique) si l'administration fait état d'éléments justifiant d'en écarter l'application dans les circonstances de l'espèce[2].

613.53 Appréciation globale de l'urgence. L'urgence s'apprécie de manière globale, le juge devant prendre en compte tous les intérêts en présence[3]. Pour qualifier l'urgence ou l'absence d'urgence de la situation, le juge ne doit pas centrer son analyse sur les seuls intérêts du requérant (intérêt particulier, intérêt collectif ou intérêt général). Il doit également tenir compte des intérêts susceptibles de s'opposer à la reconnaissance de l'urgence (intérêt général ou intérêt des tiers). Cette appréciation est dite « globale » dès lors que le juge intègre dans son analyse l'ensemble des intérêts en présence : l'urgence à prononcer une mesure de suspension est confrontée à l'urgence qu'il peut exister à ne pas prononcer cette mesure. En cas de bilan défavorable au requérant, l'intérêt général dont le défendeur a la charge ou l'intérêt des tiers pourra faire obstacle à la reconnaissance de l'urgence[4].

2°
Appréciation de la condition d'urgence dans le contentieux des autorisations d'urbanisme

a.
Décision de sursis à statuer sur une demande de permis de construire

613.61 Justification de l'urgence par le demandeur. Il appartient au juge des référés, saisi de conclusions à fin de suspension d'une décision de surseoir à statuer sur une demande de permis de construire, « d'apprécier et de motiver l'urgence, compte tenu de l'incidence immédiate du sursis à statuer sur la situation concrète de l'intéressé »[5].

À titre d'exemple, la condition d'urgence a été regardée comme satisfaite :

– lorsque le sursis est susceptible d'entraîner la levée de la promesse de vente[6] ;

– à propos d'un sursis concernant une déclaration préalable pour l'implantation d'une antenne-relais, eu égard, à l'intérêt public qui s'attache à la couverture du territoire national par le réseau de téléphonie mobile, aux intérêts propres de la société de téléphonie requérante, qui a pris à cet égard des engagements vis-à-vis de l'État, et à la circonstance que le territoire de la commune n'est que partiellement couvert par le réseau de téléphonie mobile[7].

b.
Délivrance d'une autorisation d'urbanisme

613.71 Urgence présumée. Le deuxième alinéa de l'article L. 600-3 du code de l'urbanisme, créé par la loi ÉLAN, reconnaît une présomption d'urgence en cas de demande de suspension dirigée contre une décision de non-opposition à déclaration préalable ou contre un permis de construire, d'aménager ou de démolir.

Il reprend, ce faisant, une solution posée par la jurisprudence.

613.72 Présomption d'urgence de la délivrance d'un permis de construire. Avant sa consécration textuelle[8], la jurisprudence avait reconnu une présomption d'urgence en cas de demande de suspension dirigée contre un permis de construire.

Le Conseil d'État avait posé qu'eu égard au caractère difficilement réversible de la construction d'un bâtiment, l'urgence est en principe reconnue lorsque la demande de suspension porte sur un arrêté accordant un permis de construire[9], alors même que le requérant n'a pas « explicitement développé

1. CE 1er oct. 2001, *Meddah*, req. n° 234918, NP.
2. PAR EX. : CE 9 févr. 2011, *Chastanet*, req. n° 338831, NP.
3. CE, sect., 28 févr. 2001, *Préfet des Alpes-Maritimes*, req. n° 229562, *Lebon* 110 ; *AJDA* 2001. 461, chron. M. Guyomar et P. Collin ; *AJDA* 2001. 465, chron. M. Guyomar et P. Collin ; *D.* 2002. 2222, obs. R. Vandermeeren ; *RFDA* 2001. 399, concl. P. Fombeur ; *Coll. terr.* 2001, comm. n° 126, note T. Célerier ; *BDEI* 2001. 9, concl. A. Seban ; *RDP* 2001. 758, obs. C. Guettier.
4. PAR EX., à propos d'un arrêté autorisant l'ouverture d'une décharge : CE, sect., 28 févr. 2001, préfet des Alpes-Maritimes, req. n° 229562, *Lebon* 110, préc.
5. CE 23 janv. 2004, *Meyreuil (Cne)*, req. n° 257779, NP ; *BJDU* 2004. 63, concl. I. de Silva ; – dans le même sens : CE 12 juin 2013, *Lambesc (Cne)*, req. n° 358922, *Lebon T. ; Constr.-Urb.* 2013, comm. 118, obs. P. Cornille : un sursis à statuer ne crée une situation d'urgence que si le requérant justifie, en invoquant des circonstances particulières, que cette décision affecte gravement sa situation.
6. CE 23 janv. 2004, *Meyreuil (Cne)*, req. n° 257779.
7. CE 3 févr. 2011, *Sté Orange France SA*, req. n° 342988, NP ; – dans le même sens : CE 23 janv. 2012, *SFR*, req. n° 352694, NP.
8. V. ss n° 613.71.
9. VOIR (impl.) : CE 27 juill. 2001, *Meudon (Cne)*, req. n° 231991, *Lebon T.* 1115 ; et CE 27 juill. 2001, *Tulle (Cne)*, req. n° 230231, *Lebon T.* 1115 ; *BJDU* 2001. 381, concl. D. Chauvaux ; *RDI* 2001. 542, obs. P. Soler-Couteaux – V. (expl.) CE 9 juin 2004, *Magniez*, req. n° 265457, *Lebon T.* 821 – CE 20 avr. 2005, *Lille (Ville)*, req. n° 278186, NP – CE 21 oct. 2005, *Marel*, req. n° 280188, NP ; *BJDU* 2006. 55, concl. H. Mitjaville : précisant « que la construction d'un bâtiment autorisée par un permis de construire présente un caractère difficilement réversible et que, par suite, lorsque la suspension d'un permis de construire est demandée sur le fondement des dispositions de l'article L. 521-1 du Code de justice administrative, la condition d'urgence est en principe satisfaite » – CE 15 juin 2007, *Arnaud*, req. n° 300208, *Lebon T.* 1010 ; *AJDA* 2007. 1215 – CE 9 févr. 2011, *Chastanet*, req. n° 338831, NP.

les motifs de l'urgence qui s'attachait à la suspension du permis de construire »[1] ou qu'il n'a présenté une demande de suspension que plusieurs mois après la délivrance de celui-ci[2]. Il en va ainsi alors même que la construction litigieuse, intervenant dans un domaine particulier (tel que la construction d'éoliennes), est soumise à une obligation légale de remise en état des lieux au terme de l'exploitation des installations en cause[3].

S'agissant de son champ d'application, la présomption d'urgence s'applique lorsque les travaux « vont commencer ou ont déjà commencé sans être pour autant achevés »[4]. Elle commence à jouer lorsque les travaux ont commencé, vont commencer ou « sont susceptibles de commencer »[5]. La présomption s'applique même si le début des opérations porte sur l'abattage d'arbres, qui aurait pu être réalisé sans autorisation administrative préalable[6]. La présomption cesse de jouer lorsque les travaux sont achevés, ou du moins que les travaux objet de la contestation sont achevés[7].

La présomption s'applique quelle que soit la qualité du requérant[8] :

- voisin[9] ;
- association[10] ;
- ou encore gestionnaire de la voie publique[11].

613.73 Renversement de la présomption (permis de construire). Présentant un caractère simple, et non pas irréfragable[12], la présomption peut être renversée « au cas où le pétitionnaire ou l'autorité qui a délivré le permis justifient de circonstances particulières, qui peuvent tenir à l'intérêt s'attachant à ce que la construction projetée soit édifiée sans délai ou au caractère aisément réversible des travaux autorisés par la décision litigieuse »[13].

Ainsi, la présomption d'urgence peut-elle être renversée, et l'urgence exclue :

- lorsque les travaux autorisés consistent en des travaux de restauration nécessaires pour garantir la sauvegarde d'un immeuble classé au titre des monuments historiques[14] ;
- pour l'autorisation de construire un centre d'hébergement modulaire compte tenu de son caractère provisoire (il sera démonté au bout de trois ans) et du contexte d'urgence sociale résultant d'une insuffisance des capacités d'accueil[15] ;
- pour une décision autorisant la construction d'une passerelle le long d'un bâtiment existant dès lors que cette passerelle, de faible dimension, vise à permettre un accès des personnes handicapées au bâtiment et que, en regard, la requérante fait seulement valoir en termes généraux que cet ouvrage offrira à ses utilisateurs un point de vue sur sa propriété et pourra être la source de désagréments[16] ;
- pour une décision autorisant la rénovation d'un stade, dès lors que l'exécution de cette décision « ne donnera lieu, pendant les six premiers mois, qu'à des travaux d'installation des équipements et de préparation du chantier et, d'autre part, qu'un report supplémentaire de la date d'ouverture du chantier de rénovation du stade [...] entraînerait un coût financier considérable pour la [commune], notamment du fait du préjudice subi par les entreprises bénéficiaires des contrats conclus pour l'opération, et risquerait de compromettre la réalisation du projet, alors que le stade ne peut, en l'état, accueillir de compétitions sportives dans des conditions conformes aux normes nationales et européennes en la matière »[17] ;

1. CE 25 oct. 2002, *Le Thoronet (Cne)*, req. n° 243702, NP ; *AJDA* 2003. 351.
2. CE 14 mars 2003, *Assoc. Air pur environnement*, req. n° 251335, *Lebon T.* ; – CE 21 oct. 2005, *Marel*, req. n° 280188, NP ; *BJDU* 2006. 55, concl. H. Mitjaville.
3. CE 29 janv. 2008, *Sté EDF c/Assoc. Forum des Monts d'Orb*, req. n° 307870, *Lebon T.* ; *AJDA* 2008. 221 ; *BJDU* 2008. 63, concl. N. Escaut : l'obligation de démantèlement en fin d'exploitation est sans incidence sur le caractère difficilement réversible de la construction.
4. CE 9 juin 2004, *Magniez*, req. n° 265457, *Lebon T.* 821 ; – CE 20 avr. 2005, *Lille (Ville)*, req. n° 278186, NP ; – CE 13 janv. 2006, *Assoc. Transparence*, req. n° 275021, NP ; – CE 15 juin 2007, *Arnaud*, req. n° 300208, *Lebon T.* 1010 ; *AJDA* 2007. 1215 ; – CE 9 févr. 2011, *Chastanet*, req. n° 338831, NP.
5. CE 17 déc. 2010, *Andrieux*, req. n° 340177, NP.
6. CE 9 juin 2004, *Magniez*, req. n° 265457, *Lebon T.* 821.
7. CE 26 juin 2002, *Demblans*, req. n° 240487, *Lebon T.* 863 ; *AJDA* 2002. 766 ; *RDI* 2002. 4 32, obs. P. Soler-Couteaux : construction pour l'essentiel terminée, seul l'enduit extérieur prévu par le permis de construire n'étant pas encore réalisé : absence d'urgence, alors même « que l'objet du litige portait sur le principe même de l'implantation de la construction dans une partie non urbanisée de la commune ».
8. CE 16 janv. 2008, *Conseil général de la Haute-Garonne*, req. n° 305696, NP.
9. CE 27 juill. 2001, *Meudon (Cne)*, req. n° 231991, *Lebon T.* 1115 ; et CE 27 juill. 2001, *Tulle (Cne)*, req. n° 230231, *Lebon T.* 1115 ; *RDI* 2001. 542, obs. P. Soler-Couteaux ; *BJDU* 2001. 381, concl. D. Chauvaux.
10. CE 13 janv. 2006, *Assoc. Transparence*, req. n° 275021, NP ; – CE 29 janv. 2008, *Sté EDF c/Assoc. Forum des Monts d'Orb*, req. n° 307870, *Lebon T.* ; *AJDA* 2008. 221 ; *BJDU* 2008. 63, concl. N. Escaut.
11. CE 16 janv. 2008, *Conseil général de la Haute-Garonne*, req. n° 305696, NP.
12. VOIR, le confirmant après la consécration de la présomption par la loi ÉLAN, CE 26 mai 2021, *Frangi*, req. n° 436902, *Lebon T.* ; *BJDU* 2021. 291, concl. S. Hoynck ; *JCP Adm.* 2021, n° 2260, chron. O. Le Bot.
13. CE 9 févr. 2011, *Chastanet*, req. n° 338831, NP.
14. CE 28 sept. 2011, *SCI 30 rue de Thionville*, req. n° 345699, *Lebon T.* ; *AJDA* 2011. 1868.
15. TA Paris, ord., 22 avr. 2016, *Coordination pour la sauvegarde du Bois de Boulogne*, req. n° 1604896, NP.
16. CE 22 mars 2010, *Seghier*, req. n° 324763, *Lebon T.* ; *AJDA* 2010. 646.
17. CE 20 avr. 2005, *Lille (Ville)*, req. n° 278186, NP : relevant en outre que le jugement sur le fond « devrait intervenir dans un délai n'excédant pas quatre mois ».

– pour l'autorisation de construire une unité de méthanisation de déchets non dangereux (en remplacement d'une porcherie causant de fortes nuisances olfactives), qui contribuera à la réduction des émissions de gaz à effet de serre et permettra le traitement et la valorisation de biodéchets [1].

En revanche, la présomption d'urgence est maintenue lorsque ni l'administration ni le pétitionnaire n'invoquent de circonstances particulières [2], ou lorsque les circonstances particulières invoquées sont insuffisantes. N'ont pas été regardées comme des circonstances suffisantes pour renverser cette présomption la circonstance, invoquée par la commune ou le bénéficiaire de l'autorisation :

– que l'exploitation de l'installation classée a été autorisée par arrêté préfectoral et qu'elle constitue un progrès technique pour la préservation de l'environnement [3] ;

– que les sept éoliennes autorisées par le permis « présentaient à la fois un intérêt public national et un intérêt public local pour la commune » [4] ;

– que l'arrêt des travaux emporterait un risque d'éboulement alors que, d'une part, la poursuite de l'exécution du permis n'a pas pour objet de pallier ce risque et, d'autre part, que la suspension de son exécution ne ferait obstacle ni à la mise en œuvre par le pétitionnaire de toute mesure nécessaire pour prévenir les risques résultant du chantier engagé, ni à l'adoption par les autorités compétentes de mesures appropriées pour prévenir toute atteinte à la sécurité publique [5] ;

– que la demande de suspension ait été introduite plusieurs mois après l'enregistrement du recours au fond [6].

613.74 Présomption d'urgence de la décision de non-opposition à déclaration préalable. Avant sa consécration textuelle [7], la jurisprudence avait reconnu une présomption d'urgence en cas de demande de suspension dirigée contre une décision de non-opposition à déclaration préalable. Le Conseil d'État avait posé qu'eu égard au caractère difficilement réversible d'une construction autorisée par une décision de non-opposition à déclaration préalable, la condition d'urgence doit en principe être constatée lorsque les travaux vont commencer ou ont déjà commencé sans être pour autant achevés [8].

La présomption peut être renversée « notamment dans le cas où le bénéficiaire de l'arrêté justifie du caractère limité des travaux en cause ou de l'intérêt s'attachant à la réalisation rapide du projet envisagé » [9].

613.75 Présomption d'urgence de la délivrance d'un permis d'aménager. Avant sa consécration textuelle [10], la jurisprudence avait reconnu une présomption d'urgence en cas de demande de suspension dirigée contre un permis d'aménager. Le Conseil d'État avait posé que la condition d'urgence est en principe regardée comme satisfaite lorsque la demande de suspension porte sur un permis d'aménager délivré à un lotisseur [11].

c.
Retrait d'un permis de construire

613.81 Absence d'urgence si le requérant invoque uniquement un risque non avéré de péremption. Il n'y a pas d'urgence à suspendre un retrait de permis de construire lorsque le requérant invoque uniquement un risque – non avéré – de péremption du permis. En effet, dans la mesure où une décision de retrait du permis de construire a pour effet d'interrompre le délai de péremption du permis de construire, jusqu'à ce que le tribunal administratif se soit prononcé au fond sur la légalité de cette décision, l'urgence à suspendre ne peut résulter de l'invocation par le demandeur d'un risque de péremption [12].

d.
Refus d'une autorisation d'urbanisme

613.91 Refus d'un permis de construire. L'urgence à suspendre un refus de permis de construire n'est pas présumée. En conséquence, il appartient au requérant demandant la suspension d'un tel refus de faire état d'éléments justifiant l'atteinte grave et immédiate que cette décision porte à sa situation ou aux intérêts qu'il invoque.

1. CE 26 mai 2021, *Frangi*, req. n° 436902, *Lebon T. ; BJDU* 2021. 291, concl. S. Hoynck ; *JCP Adm.* 2021, n° 2260, chron. O. Le Bot.
2. CE 9 juin 2004, *Magniez*, req. n° 265457, *Lebon T.* 821 ; – CE 17 déc. 2010, *Andrieux*, req. n° 340177, NP.
3. CE 13 janv. 2006, *Assoc. Transparence*, req. n° 275021, NP.
4. CE 29 janv. 2008, *Sté EDF c/Assoc. Forum des Monts d'Orb*, req. n° 307870, *Lebon T. ; AJDA* 2008. 221 ; *BJDU* 2008. 63, concl. N. Escaut.
5. CE 16 févr. 2011, *Copropriété « Les Bleuets » et copropriété « Primevère »*, req. n° 341422, *Lebon T. ; AJDA* 2011. 358 ; *RDI* 2011. 350, obs. P. Soler-Couteaux ; *AJCT* 2011. 203, obs. R. Bonnefont.
6. CE 6 oct. 2021, *Mme Maillard et a.*, req. n° 445733, *Lebon T. ; BJDU* 2022. 60, concl. Ph. Ranquet ; *JCP Adm.* 2022, n° 2061 chron. O. Le Bot.
7. V. ss n° 613.71.
8. CE 25 juill. 2013, *SARL Lodge At Val*, req. n° 363537, *Lebon T.*
9. CE 25 juill. 2013, *SARL Lodge At Val*, req. n° 363537, *Lebon T.*
10. V. ss n° 613.71.
11. CE 3 juill. 2009, *Lelin*, req. n° 321634, *Lebon T.* – *AJDA* 2009. 1345.
12. CE 30 juill. 2003, *Min. Équipement c/Thenault*, req. n° 255368, *Lebon T.* 923 ; *AJDA* 2004. 47 ; *BJDU* 2003. 411, concl. C. Maugüé.

Dans l'hypothèse où le requérant parvient à justifier d'une atteinte grave et immédiate, l'urgence à exécuter peut néanmoins faire obstacle à la reconnaissance de l'urgence à suspendre. Ainsi, si le rejet par le préfet de sa demande de permis de construire une éolienne comporte pour le pétitionnaire des conséquences dommageables, du fait du retard qu'elle implique pour la réalisation de son projet et la perception par lui des revenus qu'il escompte en retirer ainsi que des risques que ce retard peut entraîner sur la prise en compte de son projet par EDF, l'octroi du permis sollicité et l'installation de l'éolienne, avant l'intervention du jugement à rendre sur la légalité de la décision préfectorale, « porterait atteinte à l'intérêt public qui s'attache à la protection contre une atteinte non justifiée de la zone naturelle dans laquelle [l'intéressé] souhaite l'installer ». Le Conseil d'État en déduit « que, dans ces conditions, l'urgence, qui doit [...] s'apprécier globalement, ne justifie pas la suspension de ladite décision »[1].

De même, le juge tend à reconnaître l'urgence à suspendre un refus de permis de construire lorsqu'une promesse de vente (ou de bail à long terme) a été conclue sous condition suspensive d'obtention d'un permis de construire et que la caducité de la promesse est imminente[2].

A également été reconnue l'urgence à suspendre un refus de permis de construire :

– en raison des circonstances de l'espèce résultant notamment de l'ancienneté de la demande de permis de construire et de l'existence de refus successifs annulés par les jugements devenus définitifs[3] ;

– eu égard à l'obligation contractuelle imposée par l'assureur du propriétaire, aux termes de laquelle le versement du solde de l'indemnité d'assurance destinée à la reconstruction du bâtiment en cause lui serait versé à condition que celle-ci soit achevée dans un délai de deux ans à compter de la date du sinistre, compte tenu du risque financier encouru par le requérant et du temps nécessaire pour mener à bien la reconstruction[4].

613.92 Opposition à déclaration préalable (situation générale). L'urgence à suspendre une opposition à déclaration préalable n'est pas présumée. En conséquence, il appartient au requérant demandant la suspension d'une telle décision de faire état d'éléments justifiant l'atteinte grave et immédiate que cette décision porte à sa situation ou aux intérêts qu'il invoque. L'urgence est par exemple reconnue à propos d'une opposition à un projet de clôture, lorsqu'il apparaît que la pose de la clôture, objet de la déclaration est indispensable à l'activité de l'entreprise[5].

613.93 Opposition à déclaration préalable (antenne-relais). La couverture du territoire par le réseau de téléphonie mobile constituant une priorité nationale, l'urgence est très facilement reconnue en cas de recours dirigé par un opérateur contre un refus d'installation qui lui est opposé[6].

613.94 Refus d'un permis de démolir. Il n'y a pas d'urgence à suspendre le refus de permis de démolir :

– lorsque le requérant invoque que son obtention est nécessaire pour la réalisation d'une construction autorisée par un permis de construire, alors que le risque allégué de péremption du permis de construire n'est pas encouru en l'espèce[7] ;

– lorsque le requérant invoque l'éventualité de la perte du bénéfice de la promesse de vente, alors que ledit refus entraîne le maintien des effets de la condition suspensive et non pas la caducité de la promesse de vente[8].

613.95 Refus de délivrer une autorisation d'urbanisme de régularisation. Dans l'hypothèse où la demande de suspension est dirigée contre un refus de délivrer une autorisation d'urbanisme permettant la régularisation d'une construction irrégulièrement réalisée, le juge des référés doit prendre en compte, dans son appréciation de l'urgence, le risque de démolition d'office par l'autorité administrative en cas de condamnation à démolir prononcée par une juridiction judiciaire[9].

e.

Délivrance d'une autorisation de travaux à un ERP

613.101 Urgence présumée. La condition d'urgence est en principe regardée comme satisfaite lorsque la demande de suspension porte sur une

1. CE 25 nov. 2002, *Min. Équipement c/Astoul*, req. n° 248423, *Lebon T.* 862 ; *AJDA* 2003. 1290, note P.-P. Danna ; *BJDU* 2002. 472, concl. C. Maugüé ; *Dr. adm.* 2003/2, comm. n° 50, obs. C. Maugüé.
2. PAR EX. : CE 14 oct. 2009, *Sté Eurovia Lorraine*, req. n° 327930, NP ; – également, en l'absence de condition suspensive mais privant la propriétaire de la moitié de ses revenus : CE 29 janv. 2010, *Lagravère*, req. n° 330480, NP.
3. CE 9 mai 2001, *Scy-Chazelles (Cne)*, req. n° 230705, NP ; – dans le même sens : CE 1er oct. 2008, *Soliers (Cne)*, req. n° 315865, NP.
4. CE 25 mai 2011, *Berck-sur-Mer (Cne)*, req. n° 342124, NP.
5. CE 21 oct. 2009, *Auboin*, req. n° 331053, NP.
6. CE 22 août 2002, *SFR*, req. n° 245622, NP – également : CE 24 juill. 2019, *Sté Free mobile*, req. n° 426475, NP – CE 24 févr. 2022, Société Hivory, req. n° 454047, *Lebon T.* ; *RDI* 2022. 235, obs. P. Soler-Couteaux ; *JCP Adm* 2022, n° 2166, chron. O. Le Bot.
7. CE 8 avr. 2009, *SCI Saint-Cloud-Gounod*, req. n° 317990, *Lebon T.* ; *AJDA* 2009. 739 ; *RDI* 2009. 499, obs. P. Soler-Couteaux.
8. CE 8 avr. 2009, *SCI Saint-Cloud-Gounod*, préc. : promesse de vente d'un terrain assortie d'une condition suspensive relative à l'obtention d'un permis de démolir la construction qu'il supporte, condition dont il est stipulé qu'elle est consentie dans l'intérêt exclusif de l'acquéreur.
9. CE 5 mai 2006, *Sté SCEA La Frenaie*, req. n° 285655, *Lebon T.* 1014.

autorisation de travaux pour construire, aménager ou modifier un établissement recevant du public (ERP)[1].

f. Procès-verbal d'infraction et arrêté interruptif de travaux

613.111 Mesures contestées par son destinataire. Il appartient au requérant qui conteste l'arrêté interruptif de travaux pris à son encontre de justifier que la mesure contestée préjudicie de façon suffisamment grave à sa situation.

L'urgence n'est pas caractérisée lorsque le requérant n'apporte aucune justification des conséquences concrètes de l'exécution de cette décision interruptive au regard de sa situation et de ses intérêts, indiquant seulement que les travaux engagés n'avaient qu'une ampleur très limitée[2].

613.112 Contestation d'un refus de dresser procès-verbal et de prendre un arrêté interruptif de travaux. La demande de suspension dirigée contre le refus du maire de dresser un procès-verbal et de prendre un arrêté interruptif de travaux ne bénéficie pas d'une présomption d'urgence[3].

g. Mise en demeure administrative

613.121 Présomption d'urgence (en cas de démolition). Eu égard « à la gravité des conséquences qu'emporte une mise en demeure, prononcée en application de l'article L. 481-1 du code de l'urbanisme, lorsqu'elle prescrit une mise en conformité qui implique nécessairement la démolition de constructions »[4], la condition d'urgence « est en principe satisfaite en cas de demande de suspension de son exécution présentée, sur le fondement des dispositions de l'article L. 521-1 du code de justice administrative, par le propriétaire de l'immeuble qui en est l'objet ». Il ne peut en aller autrement « que dans le cas où l'autorité administrative justifie de circonstances particulières faisant apparaître, soit que l'exécution de la mesure de démolition n'affecterait pas gravement la situation du propriétaire, soit qu'un intérêt public s'attache à l'exécution rapide de cette mesure »[5].

S'agissant de son champ d'application, la présomption d'urgence ainsi reconnue concerne non pas toutes les mises en demeure adressées sur le fondement de l'article L. 480-1 du code de l'urbanisme mais uniquement celles qui, selon la formule employée, « implique nécessairement » la démolition de constructions. Dans un tel cas de figure, la présomption devrait semble-t-il bénéficier à toutes les dispositions de l'acte attaqué et non pas uniquement à celles ordonnant la démolition.

B. Condition de doute sérieux sur la légalité de l'acte attaqué

613.131 Notion. La seconde condition posée à l'article L. 521-1 du CJA tient à l'exigence d'un « doute sérieux » quant à la légalité de l'acte attaqué. La notion de doute est subjective. Centrée sur le ressenti du juge, elle renvoie à une appréciation personnelle. L'un des moyens invoqués doit faire naître un doute ou une hésitation dans son esprit. L'exigence que ce doute soit « sérieux » vient durcir et, en un sens, objectiviser cette condition. Il est exigé que le juge considère que l'illégalité soit vraisemblable ou plus que probable.

Au regard de cet office, le juge des référés n'a pas à analyser les moyens invoqués d'une façon aussi approfondie que le juge du fond, ni à acquérir la certitude que l'un des moyens est fondé. Il fait droit à la demande de suspension (à condition que la condition d'urgence soit également satisfaite) lorsqu'il estime que l'un des moyens invoqués est susceptible d'entraîner l'annulation de la décision.

Son office est ainsi différent de celui du juge du fond ; il est plus restreint. Il peut donc arriver, sans que cela soit anormal, qu'un juge du fond, à l'issue d'une instruction approfondie, opte pour une appréciation différente de celle du juge des référés. Un acte dont la légalité est simplement douteuse peut tout à fait, après une instruction complète, ne pas apparaître illégal[6].

613.132 Pratique. En pratique, pour justifier de l'existence d'un doute sérieux quant à la légalité de la décision attaquée, le requérant fait un copier-coller de l'argumentation juridique qu'il a développée dans son recours au fond.

Il peut ajouter des moyens par rapport à son recours au fond, ou ne pas reproduire tous les moyens qui y figurent, mais une telle façon de procéder ne présente aucun intérêt.

1. CE 28 déc. 2001, *SARL Tourangerie*, req. n° 238600, NP.
2. CE 30 juill. 2003, *Crest Voland (Cne)*, req. n° 253104, NP.
3. CE 23 sept. 2019, *Pétré*, req. n° 424270, *Lebon T. ; BJDU* 2019. 404, concl. A. Iljic.
4. Sur ce pouvoir, v. ss n° 615.763.
5. CE 11 déc. 2023, *Société Brunetière*, n° 470207, *Lebon T. ; JCP Adm.* 2024, n° 2065, chron. O. Le Bot ; *BJDU* 2024. 185, concl. D. Pradines ; *RDI* 2024. 109, obs. P. Soler-Couteaux.
6. PAR EX. : CE, sect., 11 juill. 2001, *Sté Trans-Éthylène*, req. n° 231692, *Lebon* (décision du juge des référés admettant un doute sérieux) et CE 24 oct. 2001, *Marennes (Cne)*, req. n° 228543, *Lebon T.* (décision du juge du fond rejetant la demande d'annulation).

§ 4
Conditions d'octroi de la suspension dans les régimes spéciaux de suspension

613.141 **Conditions plus faciles.** Deux procédures spéciales permettent d'obtenir la suspension de la décision attaquée à des conditions plus faciles que celles énoncées à l'article L. 521-1 du CJA :

- d'une part le référé-étude d'impact ;
- d'autre part le déféré-suspension.

A.
Référé-étude d'impact

613.151 **Objet.** Le référé « étude d'impact » vise à obtenir la suspension d'une décision autorisant ou approuvant un projet d'aménagement dans l'hypothèse où l'étude d'impact requise par les textes n'a pas été réalisée.

613.152 **Champ d'application.** Il résulte des dispositions des articles L. 122-2 et L. 122-1 du code de l'environnement que « la procédure de suspension prévue à l'article L. 122-2 du code de l'environnement est susceptible de s'appliquer à l'ensemble des autorisations et des décisions d'approbation de projets d'aménagement soumis à étude d'impact »[1]. Un acte entre dans le champ d'application de la procédure « non seulement lorsque l'étude d'impact est systématiquement exigée par la réglementation en vigueur mais également lorsqu'elle aurait dû être réalisée au terme d'un examen au cas par cas »[2].

Il appartient au juge, afin de déterminer si la demande qui lui est présentée sur ce fondement entre dans les prévisions de l'article L. 122-12 du Code de l'environnement, d'apprécier « si, en l'état de l'instruction et eu égard à la portée de la décision litigieuse, une étude d'impact était nécessaire »[3]. La procédure peut ainsi être mise en œuvre à l'encontre d'un permis de construire soumis à étude d'impact[4].

Dans ces conditions, lorsqu'est présenté un moyen tiré de l'absence d'étude d'impact et que le juge constate l'absence d'une telle étude, il fait droit à la demande, alors même que le requérant ne se prévaut pas des dispositions de l'article L. 122-2 du code de l'environnement, sans s'interroger sur l'existence ou non d'une urgence à suspendre l'exécution de la décision[5].

613.153 **Condition pour obtenir la suspension.** Le juge fait droit à la demande de suspension dès lors que l'acte attaqué n'a pas été précédé de l'étude d'impact exigée[6]. Aucune autre condition n'est requise. L'absence d'étude d'impact suffit à obtenir la suspension de l'autorisation ou de la décision d'approbation du projet d'aménagement.

Une étude d'impact comportant tous les éléments requis par la législation et la réglementation, mais les développant de façon insuffisante ou les présentant de manière inadaptée, n'est pas regardée comme une absence d'étude d'impact et, par suite, ne permet pas la mise en œuvre de l'article L. 554-11 du CJA[7].

Les dispositions de l'article 122-2 du code de l'environnement exigent une absence d'étude d'impact. Cette condition est satisfaite :

- en l'absence totale d'étude d'impact[8] (cette situation se produisant notamment lorsque l'administration a cru, à tort, en être dispensée[9]) ;
- lorsque l'étude produite ne comporte, même de façon sommaire, aucun des éléments d'information requis par la loi[10].

613.154 **Recevabilité avant cristallisation.** Une demande de suspension n'est recevable, quel qu'en soit le fondement, que jusqu'à l'expiration du délai fixé pour la cristallisation des moyens soulevés devant le juge saisi en premier ressort[11]. La circonstance que, par un jugement avant-dire-droit, le juge ait constaté l'absence d'étude d'impact et accordé aux

1. CE 13 juill. 2007, *Synd. intercommunal pour l'enlèvement et le traitement des ordures ménagères de la région de Tournan-en-Brie*, req. n° 294603, *Lebon T.* 1004 ; *AJDA* 2007. 1443 ; *ibid.* 2210, note C. Cans.
2. CE 18 déc. 2015, *Sté routière Chambard*, req. n° 389238, *Lebon T.* ; *AJDA* 2015. 2468 ; *RTD eur.* 2017. 319, obs. D. Ritleng.
3. CE 18 déc. 2015, *Sté routière Chambard*, req. n° 389238, préc.
4. CE 13 juill. 2007, *Synd. intercommunal pour l'enlèvement et le traitement des ordures ménagères de la région de Tournan-en-Brie*, req. n° 294603 – *a contrario* : CE 10 juin 2015, *Brodelle*, req. n° 386121, *Lebon*.
5. CE 17 avr. 2023, *Commune de Mérignac*, req. n° 468789, *Lebon T.* ; *BJDU* 2023. 291, concl. Ph. Ranquet ; *RDI* 2023. 434, obs. P. Soler-Couteaux.
6. C. envir., art. L. 122-2.
7. VOIR (exemples ne concernant pas des autorisations d'urbanisme) : CE 28 sept. 1984, *Rondeau*, req. n° 35638, NP : à propos de l'autorisation d'exploiter une porcherie ; – CE 14 déc. 1992, *Groupement foncier agricole du domaine des Plaines*, req. n° 125570, NP (à propos d'une ZAC) – CE 22 oct. 1993, *Assoc. des viticulteurs d'Alsace*, req. n° 139364, NP : à propos d'un arrêté préfectoral déclarant d'utilité publique une déviation et emportant modification d'un POS.
8. CE 19 juin 1985, *Le Breton*, req. n° 64249, *Lebon T.* 695.
9. CE 16 avr. 1982, *Min. Industrie c/Aubagne (Cne)*, req. n° 32789, *Lebon T.* 715 ; – CE 8 nov. 1989, Chaneac, req. n° 104156, NP ; *RDI* 1990. 70, obs. C. Morel et M. Laroque.
10. CE, sect., 29 juill. 1983, *Roquevaire (Cne)*, req. n° 38795, *Lebon* 353 ; *AJDA* 1983. 537, chron. B. Lasere et J.-M. Delarue ; – dans le même sens : CE 15 juill. 2010, *Comité de quartier Jean Bouin*, req. n° 340558, NP : réservant « l'exception du cas où, en raison de sa gravité, [l'insuffisance d'une étude d'impact] équivaut à une absence ».
11. V. ss n° 613.33.

parties un délai pour régulariser ce vice est sans incidence sur le calcul de ce délai[1].

B. Déféré-suspension

1° Déféré-suspension formé par le préfet

613.161 Demande de suspension formée par le préfet. Le préfet peut assortir son déféré d'une demande de suspension d'exécution de l'acte attaqué[2].

La demande peut être introduite exclusivement par le préfet (ou par un agent ayant reçu de celui-ci une délégation)[3].

613.162 Unique condition : doute sérieux. Le juge fait droit à la demande de suspension « si l'un des moyens invoqués paraît, en l'état de l'instruction, propre à créer un doute sérieux quant à la légalité de l'acte attaqué »[4]. La condition est identique à celle prévalant en matière de référé-suspension et fait l'objet d'une approche semblable. Elle a par exemple été regardée comme remplie dans le cas d'un permis de construire délivré malgré l'avis défavorable du préfet[5].

Aucune condition d'urgence n'est exigée par les dispositions de l'article L. 2131-6, alinéa 3, du CGCT[6]. Par suite, commet une erreur de droit le juge des référés qui rejette une demande au motif que le préfet ne justifie pas de l'urgence à obtenir la mesure sollicitée[7].

613.163 Suspension automatique si la demande est présentée dans les 10 jours suivant la transmission de l'acte. Jusqu'à ce que le président du tribunal administratif ou le magistrat délégué par lui ait statué, la demande de suspension « en matière d'urbanisme » formulée par le préfet « dans les dix jours à compter de la réception de l'acte » entraîne la suspension de celui-ci. Au terme d'un délai d'un mois à compter de la réception, si le juge des référés n'a pas statué, l'acte redevient exécutoire[8].

Il en résulte que l'effet suspensif résulte de l'exercice d'un déféré assorti d'une demande de suspension contre l'un des actes concernés. En outre, l'effet suspensif ne joue que si la demande de suspension est formulée par le préfet dans les 10 jours qui suivent la réception de l'acte.

Afin de limiter l'atteinte à la libre administration des collectivités territoriales, l'effet suspensif est limité dans le temps. À l'expiration d'un délai d'un mois, l'acte redevient exécutoire. Pour la même raison, l'effet suspensif ne joue pas lorsque la demande de suspension est présentée au stade de l'appel[9].

2° Déféré-suspension formé par la commune ou l'EPCI

613.171 Application des règles prévues pour le préfet. Lorsque la commune ou l'EPCI défère à un tribunal administratif une décision relative à un permis de construire ou d'aménager et assortit son recours d'une demande de suspension, il peut demander qu'il soit fait application des dispositions prévues aux troisième et quatrième alinéas de l'article L. 2131-6 du CGCT[10].

Il est, dans ce cas, fait application des dispositions prévues au profit du préfet[11].

§ 5 Procédure de jugement

A. Procédure de jugement du référé-suspension

613.181 Règles de droit commun des référés d'urgence. Les demandes présentées sur le fondement de l'article L. 521-1 du CJA sont jugées selon la procédure applicable aux référés d'urgence[12].

La qualité de juge des référés est définie à l'article L. 511-2 du CJA. Sont juges des référés les présidents de TA ou de CAA ainsi que les magistrats qu'ils désignent à cet effet « et qui, sauf absence ou empêchement, ont une ancienneté minimale de deux ans et ont atteint au moins le grade de premier conseiller ». Pour les litiges relevant de la compétence du Conseil d'État, sont juges des référés le président de la section du contentieux « ainsi que les conseillers d'État qu'il désigne à cet effet ».

1. CE 17 avr. 2023, *Commune de Mérignac*, req. n° 468789, *Lebon T.* ; *BJDU* 2023. 291, concl. Ph. Ranquet ; *RDI* 2023. 434, obs. P. Soler-Couteaux.
2. CJA, art. L. 554-1, renvoyant à CGCT, art. L. 2131-6, al. 3.
3. TA Versailles, 1er avr. 1982, *Wantiez, Lebon* 480.
4. CGCT, art. L. 2131-6, al. 3.
5. CE 30 déc. 2002, *Jeandey*, req. n° 239380, *Lebon T.* ; *RDI* 2003. 200, obs. P. Soler-Couteaux ; *BJDU* 2003. 34, concl. D. Piveteau.
6. CE 23 avr. 2003, *Roquebrune-Cap-Martin (Cne)*, req. n° 251946, *Lebon T.* 912.
7. CE 11 mars 2005, *Min. Intérieur c/Avion (Cne)*, req. n° 276181, *Lebon* 101 ; *AJDA* 2005. 1198 ; *BJCL* 2005. 337, concl. F. Séners.
8. CGCT, art. L. 2131-6, al. 4.
9. CE 8 févr. 2017, *Min. Logement et Habitat durable c/ Chens-sur-Léman (Cne)*, req. n° 402417, *Lebon*.
10. C. urb., art. L. 600-3, al. 3.
11. Sur ces dispositions, v. ss nos 613.162 s. – par ex. : CAA Marseille, 21 juin 2007, *Synd. d'agglomération nouvelle Ouest Provence*, req. n° 06MA01896, NP.
12. O. Le Bot, *Le guide des référés administratifs et des autres procédures d'urgence devant le juge administratif*, 3e éd., « Guides Dalloz », Dalloz, 2023,

La demande peut être jugée selon deux procédures. S'il apparaît d'emblée que la requête n'a aucune chance de succès, elle est rejetée par une ordonnance dite « de tri » rendue sans instruction ni audience[1]. Le tri peut être mis en œuvre dans deux cas de figure : d'une part le défaut d'urgence, d'autre part lorsqu'il apparaît « manifeste » que la demande est entachée d'incompétence, d'irrecevabilité ou est mal fondée. L'ordonnance de tri, rendue au vu de la requête (donc sans transmission à l'administration) intervient généralement très rapidement ; elle est rendue dans les jours qui suivent l'introduction de la demande. Si la requête n'a pas été rejetée par une ordonnance de tri (c'est-à-dire qu'elle a été jugée suffisamment sérieuse après un premier examen), elle est mise à l'instruction[2]. L'instruction débute par l'échange de mémoires écrits. Elle se poursuit à l'audience – qui, à la différence des procédures au fond, fait partie intégrante de l'instruction (celle-ci n'étant close qu'à l'issue de l'audience).

Pour accélérer la prise d'effet de sa décision, le juge a la possibilité de décider qu'elle sera exécutoire « aussitôt qu'elle aura été rendue »[3], donc sans attendre sa notification.

613.182 **Délai de jugement.** Lorsque la demande de suspension est dirigée contre un permis de construire ou d'aménager, le juge des référés statue sur cette demande dans un délai d'un mois[4].

Dans les autres cas, il statue « dans les meilleurs délais »[5].

Tous contentieux confondus, le délai moyen de jugement est de 20 jours en référé-suspension.

613.183 **Obligation de se prononcer sur l'ensemble des moyens de la requête.** Saisi d'une demande de suspension dirigée contre une autorisation d'urbanisme, le juge des référés est tenu de se prononcer sur l'ensemble des moyens de la requête qu'il estime de nature à faire naître un doute sérieux sur la légalité de l'autorisation contestée[6].

B.
Procédures spéciales de suspension

1°
Référé-étude d'impact

613.191 **Application de la procédure de droit commun.** Les règles d'instruction et de jugement des référés-étude d'impact sont celles applicables aux référés d'urgence.

2°
Déféré

613.201 **Application en principe de la procédure de droit commun.** Le Conseil d'État considère que les demandes introduites par le préfet au titre de l'article L. 554-1 du CJA obéissent, « notamment pour leur instruction, leur jugement et l'exigence de tenue d'une audience publique préalable, au régime de droit commun des demandes de suspension de l'exécution des décisions administratives »[7]. Les règles d'instruction et de jugement des demandes régissant les référés d'urgence s'appliquent donc en principe aux demandes de suspension sur déféré.

613.202 **Exclusion de certaines règles.** Les règles consubstantielles aux référés d'urgence ne peuvent s'étendre aux demandes de suspension sur déféré. Ainsi, la procédure de tri ne peut être mise en œuvre dans le cadre de cette procédure[8]. La faculté de réexamen prévue à l'article L. 521-4 du CJA et limitée aux seuls référés d'urgence devrait, pour la même raison, être exclue.

Par ailleurs, le juge se voit impartir un délai de jugement d'un mois[9], délai regardé comme indicatif[10].

Enfin, l'article L. 2131-6, alinéa 3, du CGCT indique que le juge « fait droit » à la demande lorsque la condition d'octroi est satisfaite (et non pas « peut » ordonner la suspension comme cela est prévu à l'article L. 521-1 du CJA).

§ 6
Décision du juge du référé-suspension

A.
Suspension de la décision attaquée

1°
Pouvoirs du juge

613.211 **Suspension pour l'avenir.** Du fait de son caractère provisoire, la suspension d'une décision administrative « n'emporte pas les mêmes conséquences qu'une annulation prononcée par le juge administratif, laquelle a une portée rétroactive »[11]. Il en résulte que la mesure de suspension ne prend

1. CJA, art. L. 522-3.
2. CJA, art. L. 522-1.
3. CJA, art. R. 522-13.
4. C. urb., art. L. 600-3, al. 4.
5. CJA, art. L. 511-1.
6. V. s[s] n°s 611.1392 s.

7. CE 23 avr. 2003, *Roquebrune-Cap-Martin (C[ne])*, req. n° 251946, *Lebon T.* 912.
8. CE 11 mars 2005, *Min. Intérieur c/Avion (C[ne])*, req. n° 276181, *Lebon ; AJDA* 2005. 1198 ; *BJCL* 2005. 337, concl. F. Séners.
9. CGCT, art. L. 2131-6, al. 3.
10. CE 13 mai 1987, *Comité de sauvegarde du patrimoine de Montpellier*, req. n° 73110, NP.
11. CE 13 juin 2003, *Chakir*, req. n° 243615, *Lebon* 253 ; *BJCL* 2003. 675, concl. I. de Silva – CE 22 juill. 2011, *Min. Éducation nationale c/Pratdessus*, req. n° 341731, NP.

effet que pour l'avenir ; les effets passés de l'acte ne peuvent pas être remis en cause par le juge des référés.

613.212 Suspension totale ou partielle. La suspension totale consiste à suspendre la décision attaquée dans l'ensemble de ses dispositions. Elle représente la modalité de suspension la plus fréquemment mise en œuvre.

La suspension partielle consiste à suspendre certaines dispositions seulement ou certains effets de la décision attaquée. Cette faculté est consacrée par le texte de l'article L. 521-1 du CJA, qui reconnaît au juge des référés le pouvoir d'ordonner la suspension de la décision attaquée « ou de certains de ses effets ». La suspension partielle peut intervenir à la demande du requérant, lorsque celui-ci souhaite que soient suspendues les dispositions de la décision qui lui sont défavorables et que continuent à être appliquées, afin de pouvoir s'en prévaloir, les dispositions qui lui sont favorables. Par exemple, le bénéficiaire d'un permis de construire assorti de prescriptions demande au juge des référés la suspension non pas de l'intégralité de la décision attaquée mais des seules prescriptions dont l'autorisation de construire est assortie. La suspension partielle peut être décidée par le juge lorsqu'il résulte de l'instruction que les conditions d'octroi ne sont satisfaites que pour certaines dispositions de la décision attaquée (détachables du reste de celle-ci). La mesure de suspension ne concernera alors que les dispositions de l'acte qui satisfont aux conditions énoncées à l'article L. 521-1 du CJA.

613.213 Durée de la suspension. La suspension de l'acte attaqué est limitée dans le temps, le juge neutralisant provisoirement les effets de celle-ci. Il s'ensuit que la mesure prononcée comporte nécessairement un terme à l'intervention duquel elle cessera de produire ses effets. En vertu des dispositions de l'article L. 521-1, alinéa 2, du CJA : « La suspension prend fin au plus tard lorsqu'il est statué sur la requête principale en annulation ou en réformation de la décision ».

613.214 Célérité dans le jugement de la requête au principal. Lorsque la suspension est prononcée, il est statué sur la requête au principal « dans les meilleurs délais »[1].

2°
Effets de la mesure de suspension

a.
Suspension d'une décision positive

613.221 Mesure suffisante. La suspension d'une décision positive a pour conséquence immédiate de la priver, provisoirement, de ses effets.

1. CJA, art. L. 521-1, al. 2.

Dans bien des cas, la suspension d'une décision positive est à elle seule suffisante et ne requiert pas de mesures d'exécution. Elle n'appelle alors de la part de la puissance publique qu'une obligation d'abstention, une obligation de ne pas méconnaître, par ses actes et ses agissements, ce qui a été jugé en référé.

613.222 Interdiction de prendre une décision identique sans avoir remédié au vice. Lorsqu'une décision positive a été suspendue sur le fondement de l'article L. 521-1 du CJA, « l'administration ne saurait légalement reprendre une même décision sans qu'il ait été remédié au vice que le juge des référés avait pris en considération pour prononcer la suspension »[2]. L'édiction d'une décision identique[3], ou qui ne remédie qu'à une partie des vices identifiés[4] méconnaît l'autorité qui s'attache aux ordonnances de référé et se trouve par suite entachée d'erreur de droit.

En d'autres termes, après suspension d'une première décision, l'administration qui souhaite adopter une nouvelle décision ayant un objet semblable devra tenir « compte de la chose décidée par le juge des référés »[5].

613.223 Adoption d'une mesure modificative. L'autorité administrative ne peut être regardée comme méconnaissant l'autorité de l'ordonnance de référé lorsque, à la suite de la suspension d'un permis de construire, elle délivre au pétitionnaire un permis de construire modificatif ne remédiant qu'à une partie seulement des vices sur lesquels le juge des référés s'est fondé pour prononcer cette mesure[6]. En effet, dans un tel cas de figure, l'administration ne délivre pas un nouveau permis susceptible d'exécution mais se contente d'apporter des corrections au permis initial. Si, après une première suspension, la commune délivrait au pétitionnaire un nouveau permis en ne remédiant qu'à certains des vices relevés, l'autorité de l'ordonnance de référé serait méconnue. Mais lorsque la commune délivre

2. CE, sect., 5 nov. 2003, *Assoc. Convention vie et nature pour une écologie radicale*, req. nº 259339, *Lebon* 444, concl. F. Lamy ; *AJDA* 2003. 2253, chron. F. Donnat et D. Casas ; *AJDA* 2003. 2225, tribune P. Cassia ; *RFDA* 2004. 601, concl. F. Lamy ; *RTD eur.* 2004. 333, chron. D. Ritleng ; *RTD eur.* 2004. 363, chron. J. Dutheil de La Rochère, N. Grief et E. Saulnier ; *Dr. adm.* 2004, comm. nº 34, obs. M. Vialettes ; *JCP* 2004. I. 164, note P. Cassia.
3. CE, sect., 5 nov. 2003, *Assoc. Convention vie et nature pour une écologie radicale*, req. nº 259339, préc.
4. TA Rennes, 10 mai 2007, *Vannes (Cne)*, req. nº 0602902, *Lebon T.* ; *RFDA* 2007. 1086, concl. N. Tronel.
5. CE, ord., 2 févr. 2009, *Assoc. pour la protection des animaux sauvages*, req. nº 324321, *Lebon* ; *AJDA* 2009. 232.
6. CAA Versailles, 20 déc. 2007, *Andrésy (Cne)*, req. nº 05VE01421, *Lebon T.* 1006 ; *JCP Adm.* 2008, nº 2037, obs. G. Pellissier.

un permis de construire modificatif, elle ne peut être regardée comme ayant pris la même décision que celle ayant fait l'objet de la mesure de suspension ni, par suite, comme ayant méconnu l'autorité de l'ordonnance de référé.

b.
Suspension d'une décision de rejet

613.231 **Mesures d'exécution.** La suspension d'une décision de rejet a par elle-même un effet purement platonique. Son exécution nécessite, en conséquence, l'adoption de mesures par l'autorité administrative. Le juge prescrit ces mesures d'office ou à la demande du requérant.

613.232 **Deux types d'injonctions.** Lorsque l'autorité compétente se trouve dans une situation de compétence liée pour tirer les conséquences de la mesure de suspension, le juge lui enjoint de prendre une décision dans un sens déterminé. Il a par exemple enjoint à un maire d'ordonner l'interruption de travaux de construction entrepris au vu d'un permis de construire périmé[1].

Dans l'hypothèse où l'autorité compétente dispose d'un pouvoir d'appréciation pour tirer les conséquences de la mesure de suspension, le juge des référés ne peut enjoindre à l'administration d'adopter une décision déterminée mais, seulement, de statuer de nouveau sur la demande dont elle était saisie, dans un délai déterminé[2]. Lorsque le juge ordonne ainsi de réexaminer la demande de permis de construire, il ne résulte d'aucun texte ni d'aucun principe que cette mesure ferait « courir un délai de nature à faire naître une autorisation tacite »[3]. Autrement dit, comme devant le juge de l'excès de pouvoir[4], une confirmation par le pétitionnaire est nécessaire afin de faire courir le délai de naissance d'un permis tacite.

613.233 **Exigence d'un caractère provisoire des mesures prescrites.** L'article L. 511-1 du CJA dispose : « Le juge des référés statue par des mesures qui présentent un caractère provisoire ». En effet, le juge des référés n'est pas le juge du fond. « Il ne peut ordonner qu'une mesure provisoire, précisément parce qu'il n'a pas jugé que la décision était illégale, mais seulement qu'elle semblait illégale »[5].

Il résulte d'une jurisprudence constante que l'ordonnance suspendant un refus d'autorisation ne fait pas bénéficier le pétitionnaire requérant, fût-ce à titre conservatoire, de la décision positive qui lui a été refusée. Même saisi d'une demande l'invitant à enjoindre à l'autorité administrative de délivrer l'autorisation, le juge des référés ne peut y faire droit. Il peut seulement ordonner à l'administration de prendre une nouvelle décision, après nouvelle instruction, mais non de délivrer l'autorisation sollicitée. À cet égard, on peut noter que, saisi d'un pourvoi, le Conseil d'État a estimé que « le juge des référés du tribunal administratif a pu, sans erreur de droit, et notamment sans méconnaître l'article L. 911-1 du Code de justice administrative, ordonner la suspension de l'exécution d'une décision administrative de refus assortie d'une injonction ; qu'en enjoignant au maire de statuer sur la demande de permis de construire présentée [...] sans lui enjoindre de délivrer le permis de construire sollicité, il n'a pas davantage commis d'erreur de droit »[6]. La solution donnée en référé ne fait ici que reprendre les principes qui étaient, jusqu'à peu, arrêtés par le juge du fond. Celui-ci se refusant à ordonner à l'administration de délivrer une autorisation d'urbanisme après annulation d'un refus, le juge des référés ne pouvait lui-même adresser une telle injonction après suspension d'un tel refus.

Les principes applicables au principal ont toutefois changé : le juge du fond peut désormais, dans certaines hypothèses, ordonner la délivrance de l'autorisation après annulation du refus[7]. Cette solution est-elle transposable au référé, compte tenu de l'exigence d'un caractère provisoire des mesures ordonnées[8] ? S'il est vrai que la jurisprudence admet la possibilité pour le juge des référés d'ordonner la délivrance d'autorisations, celles-ci ne le sont qu'à titre provisoire[9]. Or, la délivrance – puis l'exécution – d'une autorisation de construire peuvent difficilement être regardées comme présentant un tel caractère.

613.234 **Portée de l'autorisation d'urbanisme délivrée pour exécuter une décision prise en référé.**

1. CE 9 mai 2001, *Delivet et Samzun*, req. n° 231076, *Lebon T.* 1103 ; *AJDA* 2001. 465, chron. M. Guyomar et P. Collin ; *RDI* 2001. 399, obs. P. Soler-Couteaux ; *RDI* 2002. 269, obs. L. Derepas ; *BJDU* 20010. 287, concl. S. Austry ; *LPA* 22 janv. 2003, n° 16, p. 12, note N. Nahmias.
2. PAR EX. : CE 9 mai 2001, *Scy-Chazelles (Cne)*, req. n° 230705, NP ; *RDI* 2001. 400, obs. P. Soler-Couteaux : injonction de statuer de nouveau, dans un délai d'un mois, sur une demande de permis de construire.
3. CE 20 juill. 2023, *Société Développement d'études foncières et immobilières*, req. n° 467318, *Lebon T.* ; *JCP Adm.* 2023, n° 2336, chron. O. Le Bot ; *JCP Adm.* 2023. act. 521, note P. Soler-Couteaux.
4. V. s^s n° 611.1461.
5. E. Glaser, concl sur CE 13 févr. 2006, *Fontenay-le-Comte (Cne)*, req. n° 285184, *AJDA* 2006. 1126 ; *AJFP* 2006. 223 ; *BJCL* 2006. 293.
6. CE 9 mai 2001, *Scy-Chazelles (Cne)*, req. n° 230705, *RDI* 2001. 400, obs. P. Soler-Couteaux – CE 29 janv. 2010, *Lagravère*, req. n° 330480.
7. V. s^s n°s 611.1501 s.
8. CJA, art. L. 511-1.
9. CE, ord., 9 janv. 2006, *min. d'État, Min. Intérieur et Aménagement du territoire c/Daaji*, req. n° 288745, *Lebon T.* 1011 – CE, sect., 28 févr. 2001, *Philippart et Lesage*, req. n°s 230112 et 230520, *Lebon* 112 ; *D.* 2002. 2225, obs. R. Vandermeeren ; *RFDA* 2001. 390, concl. D. Chauvaux.

Une décision intervenue pour l'exécution de l'ordonnance par laquelle le juge des référés d'un tribunal administratif a suspendu l'exécution d'un acte administratif « revêt, par sa nature même, un caractère provisoire jusqu'à ce qu'il soit statué sur le recours en annulation présenté parallèlement à la demande en référé ; qu'il en est notamment ainsi lorsque l'administration décide, à l'issue du réexamen faisant suite à la décision de suspension d'un refus prise par le juge des référés, de faire droit à la demande »[1].

Le Conseil d'État détaille les conséquences qui résultent de ce caractère précaire et réversible dans le cas d'un « permis de construire provisoire » (c'est-à-dire un permis délivré pour l'exécution d'une ordonnance de référé ayant suspendu le refus de l'attribuer).

Le Conseil affirme d'abord « qu'un permis de construire délivré à la suite du réexamen ordonné en conséquence d'une mesure de suspension prise sur le fondement de l'article L. 521-1 du code de justice administrative et pour l'exécution de l'ordonnance du juge des référés revêt un caractère provisoire ».

Il précise ensuite les cas dans lesquels un tel permis peut être « retiré »[2] :

- d'une part lorsqu'il est mis fin à la suspension (par une nouvelle décision du juge des référés dans les conditions prévues à l'article L. 521-4 ou du fait de l'exercice d'un recours en cassation contre son ordonnance) ;

- d'autre part par l'intervention du jugement au principal (soit lorsque le bénéficiaire du permis se désiste de son recours en annulation, mettant ainsi un terme à l'instance engagée au fond, soit lorsque le jugement au fond infirme la solution donnée en référé).

Il résulte de cette possibilité de retrait que le détenteur d'un permis délivré en exécution d'une ordonnance de référé s'expose à un risque important (celui d'être privé de titre juridique) s'il décide de mettre en œuvre sur son fondement le projet de construction qu'il autorise. Tenant compte de ce risque, le Conseil d'État encadre la mesure de retrait que l'administration peut prononcer de deux garanties :

- d'une part, elle ne peut intervenir que dans un délai de trois mois (délai posé ici de façon prétorienne, s'inspirant de celui posé à l'article L. 424-5 du code de l'urbanisme pour les retraits de permis de construire « définitifs ») ;

- d'autre part, le pétitionnaire doit être mis à même de présenter des observations (garantie là encore posée de façon prétorienne, l'obligation de mettre en œuvre une procédure contradictoire n'étant prévue par le CRPA que pour les décisions créatrices de droit - qualité qui n'est pas certaine pour un permis pourvu d'une force seulement provisoire).

B.
Rejet de la demande de suspension

613.241 Confirmation du recours au fond sous peine de désistement. En cas de rejet d'une demande de suspension présentée sur le fondement de l'article L. 521-1 au motif qu'il n'est pas fait état d'un moyen propre à créer, en l'état de l'instruction, un doute sérieux quant à la légalité de la décision, il appartient au requérant, sauf lorsqu'un pourvoi en cassation est exercé contre l'ordonnance rendue par le juge des référés, de confirmer le maintien de sa requête à fin d'annulation ou de réformation dans un délai d'un mois à compter de la notification de ce rejet. À défaut, le requérant est réputé s'être désisté[3].

Afin d'être informé de ce risque de désistement d'office, la notification de l'ordonnance de rejet mentionne qu'à défaut de confirmation du maintien de sa requête dans le délai d'un mois, le requérant est réputé s'être désisté[4].

§ 7
Voies de recours ouvertes contre l'ordonnance de référé-suspension

A.
Voies de recours pour le référé-suspension de droit commun

1°
Recours en cassation

613.251 Champ d'application. Une ordonnance rendue par le juge des référés d'un tribunal administratif ou d'une cour administrative d'appel au titre

1. CE, sect., 7 oct. 2016, *Bordeaux (Cne)*, req. n° 395211, *Lebon ; AJDA* 2016. 1895 ; *AJDA* 2016. 2155, chron. L. Dutheillet de Lamothe et G. Odinet ; *RDI* 2017. 42, obs. P. Soler-Couteaux ; *AJCT* 2017. 106, obs. P. Peynet ; *RFDA* 2016. 1177, concl. X. de Lesquen ; *JCP Adm.* 2017, n° 2125, note O. Le Bot.
2. L'utilisation de ce terme signifiant d'ailleurs que seule l'administration peut remettre en cause le permis provisoire qui avait été délivré : celui-ci ne cesse pas automatiquement de produire ses effets par l'intervention du jugement au fond ni même par l'infirmation de l'ordonnance de référé (par le juge du fond, par le juge de cassation ou par le juge des référés lui-même au titre de l'article L. 521-4).
3. CJA, art. R. 612-5-2, al. 1er.
4. CJA, art. R. 612-5-2, al. 2.

de l'article L. 521-1 du CJA peut faire l'objet d'un pourvoi en cassation. Il en va ainsi, en application de l'article L. 523-1, pour les décisions d'admission comme pour les décisions de rejet, que celles-ci interviennent au titre de la procédure de l'article L. 522-3 (ordonnance de tri) ou de l'article L. 521-1 (ordonnance rendue après instruction).

613.252 **Pourvoi incident.** Lorsque le juge des référés a fait droit à une demande de suspension d'un acte d'urbanisme, est irrecevable un pourvoi incident formé à l'encontre des motifs par lesquels le juge a, au titre de l'article L. 600-4-1 du code de l'urbanisme, écarté certains moyens du demandeur[1].

613.253 **Régularisation en cours d'instance devant le juge du principal.** Eu égard à la nature de la procédure de référé et au caractère provisoire de la suspension susceptible d'être ordonnée par le juge du référé-suspension, dans l'attente de l'intervention du jugement au fond, l'intervention du jugement qui, faisant application de l'article L. 600-5-1 du code de l'urbanisme, statue sur le bien-fondé des différents moyens soulevés à l'appui du recours pour excès de pouvoir dirigé contre un permis de construire et impartit un délai pour régulariser un vice affectant la légalité de ce permis, rend, alors même qu'il est frappé d'appel, sans objet les conclusions du pourvoi en cassation dirigé contre l'ordonnance par laquelle le juge des référés a statué sur la demande de suspension de ce permis de construire[2].

2°
Réexamen

613.261 **Mécanisme.** Lorsque le juge du référé-suspension a suspendu l'exécution d'une décision administrative, l'article L. 521-4 du CJA lui permet, à la demande de tout intéressé, de modifier sa décision ou d'y mettre fin lorsqu'une personne intéressée fait valoir devant lui un « élément nouveau ».

L'intérêt de ce mécanisme peut être illustré par une affaire concernant un refus de permis de construire. Par une ordonnance du 27 juin 2007, le juge des référés du tribunal administratif de Grenoble a, à la demande des syndicats de copropriétaires requérants, suspendu l'exécution de l'arrêté du 20 février 2007 par lequel le maire avait délivré à une société un permis de construire un bar, restaurant, discothèque, en jugeant qu'était de nature à créer un doute sérieux sur la légalité de cette décision le moyen tiré du caractère insuffisant du nombre de places de stationnement prévues. Saisi par cette société sur le fondement de l'article L. 521-4 du CJA, le juge des référés a, dans un premier temps, confirmé sa décision par une ordonnance du 23 août 2007 puis, saisi à nouveau, a mis fin aux effets de cette suspension par une ordonnance du 17 janvier 2008 (la production d'un avenant conclu entre la commune et le demandeur établissant le nombre de stationnements pour l'opération de construction projetée)[3].

De même, l'élément nouveau peut résider dans un permis de construire modificatif qui constituera un changement de circonstances de droit permettant au pétitionnaire de demander au juge des référés de lever la mesure de suspension s'il a corrigé l'ensemble des vices qui l'avaient fondée[4].

613.262 **Office du juge en cas de permis modificatif ou de mesure de régularisation.** Lorsque le juge des référés a suspendu un permis de construire en relevant l'existence d'un ou plusieurs vices propres à créer un doute sérieux quant à sa légalité et qu'il est ensuite saisi d'une demande tendant à ce qu'il soit mis fin aux effets de cette suspension dans le cadre de l'article L. 521-4, au motif qu'un permis modificatif ou une mesure de régularisation, produit dans le cadre de cette nouvelle instance, régularise le ou les vices précédemment relevés, il appartient à ce juge, pour apprécier s'il est possible de lever la suspension du permis ainsi modifié[5] :

– après avoir mis en cause le requérant ayant initialement saisi le juge du référé-suspension ;

– de tenir compte, d'une part, de la portée du permis modificatif ou de la mesure de régularisation sur les vices précédemment relevés et, d'autre part, des vices allégués ou d'ordre public dont le permis modificatif ou la mesure de régularisation serait entaché et qui seraient de nature à y faire obstacle.

B.
Voies de recours dans les procédures spéciales de suspension

613.271 **Référé-étude d'impact.** Les demandes introduites sur le fondement de l'article L. 554-11 du CJA obéissent au régime de droit commun des

1. CE 6 oct. 2023, *Société EP Immo*, req. n° 471190, *Lebon T.*
2. CE 9 nov. 2023, *Mme Burgaud*, req. n° 469380, *Lebon T.*
3. V. la décision du Conseil d'État confirmant cette dernière mesure : CE 2 juill. 2008, *Synd. des copropriétaires de la résidence Le Rond-point des pistes 1*, req. n° 312836, *Lebon T.* ; *AJDA* 2008. 1361.
4. CE 24 févr. 2003, *Perrier*, req. n° 251928, *Lebon* ; *BJDU* 4/2003, p. 271 – CE 16 nov. 2011, *Ferret*, req. n° 340475, NP.
5. CE 16 juin 2023, *Société Mésange*, req. n° 470160, *Lebon T.* ; *BJDU* 2023. 363, concl. E. de Moustier ; *RDI* 2023. 554, obs. P. Soler-Couteaux.

demandes de suspension des décisions administratives[1]. Elles peuvent donc faire l'objet :

- d'un recours en cassation devant le Conseil d'État[2] ;

- et d'une demande de réexamen[3].

613.272 **Déféré-suspension.** La décision rendue peut en principe faire l'objet d'un recours en appel devant la cour administrative d'appel territorialement compétente[4]. Le Conseil d'État saisi à tort d'une demande d'appel renvoie l'affaire à la cour administrative d'appel compétente[5].

L'appel est exclu, et le recours en cassation devient le seul possible lorsque la demande de référé porte sur une matière dans laquelle le tribunal statue en premier et dernier ressort[6].

SECTION 2
LE RÉFÉRÉ-MESURES UTILES DANS LE CONTENTIEUX DES AUTORISATIONS D'URBANISME

613.281 **Conditions et pouvoir.** Le référé-mesures utiles, codifié à l'article L. 521-3 du CJA, vise au prononcé d'une mesure « utile » autre qu'une mesure de suspension. Il est expressément défendu au juge saisi sur ce fondement de « faire obstacle à l'exécution » d'une décision administrative.

Deux séries de conditions sont posées par l'article L. 521-3 du CJA. D'une part, il doit être utile et urgent pour le demandeur d'obtenir la mesure sollicitée. Le juge examine généralement ces deux conditions dans une même formule, sans les distinguer, en indiquant que la mesure sollicitée présente, ou ne présente pas, un caractère d'urgence et d'utilité. D'autre part, le juge ne peut faire droit à la demande que si le prononcé de la mesure sollicitée ne se heurte pas à une contestation sérieuse.

Si les conditions d'octroi sont satisfaites, le juge des référés prononce une mesure utile qui prend la forme d'une injonction à titre principal. Celle-ci peut avoir pour destinataire une personne publique, une personne privée voire un tiers.

613.282 **Faire cesser des travaux entrepris sans permis.** Le référé-mesures utiles ne sert quasiment pas en droit de l'urbanisme. Une application tout à fait efficace de cette procédure mérite toutefois d'être mentionnée. Elle concerne l'hypothèse dans laquelle des travaux sont réalisés sans permis de construire ou en méconnaissance des prescriptions d'urbanisme. Saisi par tout intéressé (voisin, association de défense de l'environnement...), le juge des référés peut enjoindre au maire de la commune de faire établir un procès-verbal constatant l'infraction aux règles d'urbanisme, de prendre un arrêté interruptif de travaux et d'en transmettre copie au procureur de la République, en somme d'appliquer l'article L. 480-1 du Code de l'urbanisme, qui place le maire en situation de compétence liée pour mettre en œuvre les pouvoirs que lui confère cette disposition en cas de travaux réalisés en méconnaissance des prescriptions d'urbanisme[7].

Cette utilisation du référé-mesures utiles n'est guère possible si le bâtiment est entièrement démoli au jour où le juge statue[8].

Lorsque le juge des référés a suspendu l'exécution d'un permis de construire sur le fondement de l'article L. 521-1 du CJA, l'administration peut légalement prendre un arrêté modifiant ce permis afin de remédier aux vices retenus par le juge des référés pour en suspendre l'exécution. Si le juge des référés est alors saisi, sur le fondement de l'article L. 521-3, de conclusions lui demandant d'enjoindre à l'autorité compétente de prendre les mesures prévues aux articles L. 480-1 et L. 480-2 du code de l'urbanisme pour interrompre les travaux effectués après la délivrance du permis modificatif, « il lui appartient, afin d'apprécier l'utilité des mesures sollicitées, de prendre en compte la mesure dans laquelle le permis modificatif a remédié aux vices retenus par l'ordonnance de suspension à l'encontre du permis initial »[9].

1. CE 14 mars 2001, *Goutrens (Cne)*, req. n° 230134, *Lebon* 126 ; *AJDA* 2001. 465, chron. M. Guyomar et P. Collin ; *D.* 2001. 1364, et les obs. ; *RFDA* 2001. 832, concl. D. Chauvaux ; *BJDU* 2001. 104, concl. D. Chauvaux ; *RDP* 2001. 15, concl.
2. La cour administrative d'appel saisie à tort doit transmettre le pourvoi au Conseil d'État : CE 21 déc. 2001, *Établissement public pour l'aménagement de la région de La Défense (Épad) c/Puteaux (Cne)*, req. n° 232084, préc.
3. CE 21 déc. 2001, *Établissement public pour l'aménagement de la région de La Défense (Épad) c/Puteaux (Cne)*, req. n° 232084, *Lebon* 654 ; *RDI* 2002. 273, obs. P. Soler-Couteaux.
4. CE 14 mars 2001, *Centre de gestion de la fonction publique territoriale du Vaucluse*, req. n° 230487, *Lebon* 121 ; *AJDA* 2001. 465, chron. M. Guyomar et P. Collin ; *D.* 2001. 1363, et les obs. ; – CE 9 avr. 2004, *Bobigny (Cne)*, req. n° 265180, NP – pour un ex. : CAA Versailles, ord., 9 oct. 2015, *Mantes-la-Ville (Cne)*, req. n° 15VE02893, NP.
5. CE 14 mars 2001, *Centre de gestion de la fonction publique territoriale du Vaucluse*, req. n° 230487, *Lebon* 121 ; *AJDA* 2001. 465, chron. M. Guyomar et P. Collin ; *D.* 2001. 1363, et les obs.
6. CE 6 avr. 2007, *Min. Intérieur c/Centre de gestion de la fonction publique territoriale des Hautes Alpes*, req. n° 297812, *Lebon T.* ; *AJDA* 2007. 832 ; *Dr. adm.* 2007, comm. n° 143, obs. E. Glaser – CE 29 déc. 2014, *SCI Mica*, req. n° 375744, *Lebon T.*
7. CE, sect., 6 févr. 2004, *Masier*, req. n° 256719, *Lebon* 45 ; *AJDA* 2004. 1047 ; *D.* 2004. 678, et les obs. ; *RDI* 2004. 221, obs. P. Soler-Couteaux ; *RFDA* 2004. 1170, concl. J.-H. Stahl ; *BJDU* 2004. 139, concl.
8. CE 5 juill. 2013, *Defloraine*, req. n° 359503, NP.
9. CE 27 juill. 2006, *Min. Transports, Équipement, Tourisme et Mer c/Patoulle*, req. n° 287836, *Lebon* ; *RDI* 2006. 393, obs. P. Soler-Couteaux ; *JCP Adm.* 2006, n° 1290, comm. Ph. Billet.

SECTION 3
LE RÉFÉRÉ-LIBERTÉ DANS LE CONTENTIEUX DES AUTORISATIONS D'URBANISME

613.291 **Absence d'utilisation.** Codifié à l'article L. 521-2 du CJA, le référé-liberté n'a pas connu d'applications notables dans le contentieux des autorisations d'urbanisme.

613.292 **Délivrance d'un permis de construire ne portant pas atteinte au droit de propriété.** Reprenant une jurisprudence constante, le juge du référé-liberté affirme que le permis de construire, dont l'objet est d'assurer la conformité de la construction projetée avec la réglementation applicable, est accordé sous réserve des droits des tiers. Il en déduit qu'il n'est ainsi susceptible de porter par lui-même aucune atteinte au droit de propriété[1]. En l'espèce, une demande de suspension d'un permis de construire sur un terrain était introduite sur le fondement de l'article L. 521-2 du CJA par un tiers affirmant être le véritable propriétaire du terrain. Si l'intéressé entend ainsi faire valoir que l'édification d'une construction en violation de ses droits réels immobiliers constituerait une emprise irrégulière, la délivrance du permis litigieux ne saurait être regardée, par elle-même, comme comportant une telle emprise ni, par voie de conséquence, comme portant atteinte à une liberté fondamentale.

SECTION 4
LES RÉFÉRÉS PROVISION, CONSTAT ET EXPERTISE DANS LE CONTENTIEUX DES AUTORISATIONS D'URBANISME

§ 1
Référé provision

613.301 **Objet.** L'objet du référé-provision, codifié à l'article R. 541-1 du CJA, est de « permettre le versement rapide d'une provision, assortie le cas échéant d'une garantie, dans les cas où la créance invoquée par le demandeur n'apparaît pas sérieusement contestable »[2]. La procédure permet le règlement rapide des litiges de nature financière, le détenteur d'une créance pouvant obtenir le versement d'une provision correspondant à tout ou partie de son montant, c'est-à-dire soit une avance à valoir sur la créance, soit une somme correspondant à la totalité de celle-ci.

1. CE, ord., 11 oct. 2001, *Saint-Bauzille-de-Putois (Cne)*, req. n° 238869, *Lebon.*
2. CE, sect., 10 juill. 2002, *SARL Grey Diffusion*, req. n° 244411, *Lebon.*

613.302 **Condition.** Le référé-provision ne connaît qu'une seule condition d'octroi, tenant au caractère non sérieusement contestable de l'obligation de payer. L'exigence se trouve expressément énoncée à l'article R. 541-1 du CJA, selon lequel le juge des référés peut accorder une provision au créancier qui l'a saisi « lorsque l'existence de l'obligation n'est pas sérieusement contestable ». Aucune autre condition n'est requise par la loi ou la jurisprudence[3].

613.303 **Applications.** L'obligation de payer peut trouver son origine dans un contrat, dans une loi, dans un règlement ou encore dans un fait dommageable générateur de responsabilité (les dommages et intérêts auxquels il ouvre droit seront regardés comme une créance sur la collectivité concernée). À titre d'exemple, l'exigence d'une obligation de payer non sérieusement contestable est remplie – au titre de dommages et intérêts – dans le cas où l'administration oppose illégalement un refus à un constructeur demandant un permis de construire modificatif[4].

§ 2
Référé-constat et référé-expertise

613.311 **Objet et condition.** Le référé-constat[5] et le référé-expertise[6] ont pour objet de préparer une action, généralement indemnitaire ou contractuelle, susceptible d'être engagée devant le juge du fond. En pratique, ces référés sont utilisés avant l'introduction d'une action au principal, afin de se constituer des éléments de preuve dans la perspective de sa mise en œuvre.

Ces deux procédures obéissent à la même condition, tenant à l'utilité de la mesure (de constat ou d'expertise) sollicitée par le requérant. Si la désignation d'un expert, aux fins de constater des faits ou de réaliser une expertise, présente un intérêt dans la perspective d'un recours au fond (relevant de la compétence de la juridiction administrative), alors cette exigence est satisfaite. Aucune condition d'urgence n'est requise.

Si la condition d'utilité est remplie, le juge désigne un expert aux fins de décrire des faits ou de réaliser une expertise.

613.312 **Illustrations.** À titre d'exemple, une commune ayant refusé de réceptionner les ouvrages d'irrigation d'un lotissement en raison de désordres

3. En particulier, l'octroi d'une provision par le juge des référés n'est aucunement subordonné à l'urgence ou à la nécessité pour le demandeur de l'obtenir : CE 20 déc. 2006, *SNC Cannes Esterel*, req. n° 283352, *Lebon T.*
4. CE 17 déc. 2003, *Cannes (Cne) c/SNC Cannes Esterel*, req. n° 255235, NP.
5. CJA, art. R. 531-1.
6. CJA, art. R. 532-1.

constatés par elle et récusé par le lotisseur, le juge des référés estime que l'expertise demandée par le lotisseur « présenterait un caractère d'utilité dans l'hypothèse d'un litige ultérieur susceptible d'opposer [le lotisseur] à la commune »[1].

Le juge du fond pourra s'appuyer sur les conclusions de l'expert. Par exemple, le juge de l'excès de pouvoir a annulé le classement d'un terrain en zone d'aléa fort alors qu'il ressort de l'expertise réalisée qu'il n'aurait dû être classé qu'en zone d'aléa moyenne ou faible[2].

1. CAA Lyon, 21 déc. 1992, *SA d'HLM Carpi*, req. n° 92LY00909, *Lebon T.* 1214.
2. CE 13 juill. 2023, *Ministre de la transition écologique et de la cohésion des territoires c/Rayssac*, req. n° 455800, *Lebon T. ; BJDU* 2023. 432, concl. S. Hoynck ; *JCP Adm.* 2023, n° 2336, chron. O. Le Bot ; *JCP Adm.* 2024, n° 2009, note H. Pauliat.

CHAPITRE

614. Contentieux civil des autorisations d'urbanisme

SECTION 0

ORIENTEUR

614.00 **Sommaire du chapitre.**

614.01 Textes applicables.

> Action d'un tiers

• **C. urb.**, art. L. 480-13

• **C. civ.**

art. 1240

art. 1253

> Action du préfet, d'une commune ou d'un EPCI

• **C. urb.**

art. L. 480-14

art. L. 600-6

614.03 Bibliographie indicative.

Encyclopédies. *DP constr.-urb.*, ét. : « Permis de construire » – *J.-Cl. Constr.-Urb.*, fasc. 27-20 : « Permis de construire. – Contentieux judiciaire », par Th. Fossier, juin 2020.

Thèse. D. Moreno, *Le juge judiciaire et le droit de l'urbanisme*, « Bibliothèque de droit public », LGDJ, 1991.

Ouvrages. F.-C. Bernard, *Guide des contentieux de l'urbanisme*, 2e éd., « Guides », LexisNexis, 2018.

Contributions. H. Périnet-Marquet, « Code civil et droit de l'urbanisme », *Mél. H. Jacquot*, PU d'Orléans 2006, p. 447 – Y. Pittard, « Le nouvel article L. 480-13 du Code de l'urbanisme : la neutralisation d'une bombe à retardement ? », *Mél. R. Hostiou*, Litec 2008, p. 447.

> Articles

Généralités. C. Atias et J.-L. Bergel, « Urbanisme et droit civil », *AJDA*, nº spéc. 1993. 73 – B. Brobenko, « Le contentieux civil », *Les Cahiers du GRIDAUH*, nº 11 : « État de droit et urbanisme », 2004, p. 213 – F. Chenot, « Le contentieux judiciaire des servitudes d'urbanisme à l'épreuve de la séparation des pouvoirs : de la difficulté d'une sanction réelle des permis de construire illicites », *Les Cahiers du GRIDAUH*, nº 31 : « Les servitudes collectives et la propriété privée », 2017, p. 99 – J. Fabre et N. Meyer-Fabre, « Construction neuve : les troubles visuels de voisinage ou la recherche du critère d'anormalité », *AJPI* 1988. 149 – H. Périnet-Marquet, « Les méandres du contentieux civil de l'urbanisme », *LPA* 17 juill. 1996, p. 45 – J.-P. Théron, « Responsabilité pour trouble anormal de voisinage en droit public et en droit privé », *JCP* 1976. I. 2802 – Ch. Gijsbers, « Violation du cahier des charges d'un lotissement : peut-on éviter la démolition ? », *RDI* 2023. 14 – « Développement urbain et trouble anormal de voisinage : définition et caractérisation des principaux préjudices (partie I) », C. Chabot et D. Richard, *Constr.-Urb.* 2023, étude 2 – C. Chabot, D. Richard et N. Gonzalez Gharbi, « Développement urbain et trouble anormal de voisinage : évaluation des principaux préjudices (partie II) », *Constr.-Urb.* 2023, ét. 7.

Sur la modification de l'article L. 480-13 par la loi ENL. P. Cornille et N. Rousseau, « Quelle sécurisation des constructeurs et des constructions par la loi ENL ? », *Constr.-Urb.* 2006, chron. 14 – O. Herrnberger, « Le sort des constructions illégales après la loi ENL », *JCP N* 2007, nº 1172 – Cl. Le Marchand, « Action en démolition et en responsabilité : la fin d'un cauchemar ? C'est selon », *Constr.-Urb.* 2006, chron. 8 – L. Peironet-Colloc'h et J.-Ph. Meng, « La réforme des autorisations d'urbanisme : le volet de sécurisation par la loi ENL », *Dr et Patr.* 2007. 50 – S. Pérignon, « La sécurisation des autorisations d'urbanisme et des constructions existantes », *AJDA* 2006. 1551 – H. Périnet-Marquet, « Régularisation, contentieux et préemption : trois difficultés d'interprétation de la loi ENL », *Constr.-Urb.* 2006, chron. 9 – P. Soler-Couteaux, « L'impact de la loi ENL sur le droit de l'urbanisme », *RDI* 2006. 407.

Sur la modification de l'article L. 480-13 par la loi Macron. Ph. Billet, « Le cantonnement des démolitions, espoir pour l'illégalité ou désespoir des requérants abusifs », *RDI* 2015. 221 – R. Busson, « L'article L. 480-13 après la loi Macron ou comment un objectif mal défini accroît l'illisibilité du droit », *RDI* 2015. 560 – D. Gillig, « L'action civile en démolition de l'article L. 480-13 du Code de l'urbanisme : le serpent de mer du droit de l'urbanisme ? », *Constr-Urb.* 2015, nº 9.

Sur le trouble anormal de voisinage. Ch. Broche, « La loi relative aux troubles anormaux de voisinage : un texte pour mieux vivre ensemble ? », *Le Defrénois* 18 juill. 2024, n° 26, p. 14, n° DEF220y2 – D. Charbonnel, « La loi du 15 avril 2024 visant à adapter le droit de la responsabilité civile aux enjeux actuels : les conditions d'un vivre-ensemble équilibré ? », *JCP Adm.* 2024, n° 2216 – C. Latil, « Les troubles anormaux du voisinage : le régime de responsabilité fait son entrée dans le Code civil ! », *JCP N* 2024, n° 1129 – N. Vermeulen, « Trouble anormal du voisinage : il faut que tout change pour que rien ne change », *AJDI* 2024. 507.

614.04 Questions essentielles.

> L'annulation du permis emporte-t-elle obligation de démolir la construction qu'il autorisait ?

* V. ss nos 614.31 s.

> Le trouble anormal de voisinage peut-il être réparé s'il préexistait à l'installation de la victime ?

* V. ss nos 614.271 s.

> Si l'action en responsabilité est fondée, le juge civil ordonne-t-il la démolition de la construction ou la réparation du préjudice subi ?

* V. ss nos 614.331 s.

614.05 Réparer ou faire cesser l'atteinte à des droits privés. Une personne physique ou morale (ayant généralement la qualité de voisin) peut subir un préjudice du fait d'une construction édifiée sans permis de construire ou en violation d'une servitude d'urbanisme. Il dispose, dans ce cas de figure, de la possibilité d'engager la responsabilité du constructeur ou du propriétaire afin d'obtenir l'indemnisation du dommage ou la cessation du trouble.

On rappellera que, devant le juge civil, une action peut également être mise en œuvre par un constructeur à l'encontre de l'auteur d'un recours abusif formé contre le permis qui lui a été délivré[1].

SECTION 1
Fondements de l'action en responsabilité

614.11 Diversité des fondements. La victime d'un préjudice résultant de l'édification d'une construction peut obtenir réparation de celui-ci sur plusieurs fondements :

- violation d'une règle d'urbanisme ;
- trouble anormal de voisinage ;
- violation d'une règle de droit privé.

1. V. ss nos 611.1081 s.

§ 1
Actions en responsabilité fondées sur la violation d'une règle d'urbanisme (C. civ, art. 1240 et C. urb., art. L. 480-13)

614.21 Deux situations. L'action en responsabilité peut être mise en œuvre au titre de la méconnaissance d'une règle ou d'une servitude d'urbanisme. Le droit privé considère en effet que le respect de la législation d'urbanisme constitue un droit pour le voisin d'une construction et plus généralement pour les tiers[2]. En conséquence leur ouvre-t-il une action en responsabilité devant le juge civil en vue de sanctionner la méconnaissance de ce droit qui se traduit, si elle est fondée, par le prononcé d'une mesure visant, soit à la cessation du dommage, soit à l'indemnisation de celui-ci. Cette action reposera :

– sur l'article L. 480-13 du code de l'urbanisme si le permis a été annulé ;

– sur l'article 1240 du code civil en cas de violation d'une règle ou d'une servitude d'urbanisme sans annulation du permis de construire.

A.
Si le propriétaire ou le constructeur n'a pas commis de faute (sa construction est conforme à un permis qui est annulé après coup), l'action est fondée sur l'article L. 480-13 du code de l'urbanisme

1°
Présentation générale

614.31 Hypothèse concernée. Le régime de responsabilité prévu par l'article L. 480-13, en vigueur depuis le 1er janvier 1977, correspond à l'hypothèse dans laquelle la construction a été édifiée sur la base d'un permis de construire régulièrement délivré. Le constructeur a ainsi entrepris les travaux en vertu d'une autorisation d'urbanisme.

Il s'avère toutefois, après coup, que le permis est illégal. L'annulation du permis par la juridiction administrative va alors permettre à un tiers d'engager une action en vue d'obtenir :

– soit la démolition de la construction (mais celle-ci ne peut être ordonnée que dans certaines zones spécialement protégées) ;

– soit l'obtention de dommages et intérêts.

Ce fondement de responsabilité apparaît peu équitable dans la mesure où il conduit à faire supporter par le propriétaire une faute ayant été commise par l'administration. Certes, le propriétaire peut ensuite

2. Sur le principe : Civ. 1re, 9 juin 1959, P I, n° 291.

se retourner contre l'administration qui a illégalement autorisé la construction mais cette action ne lui permettra que l'obtention de dommages et intérêts. Les indemnités versées peuvent en effet compenser le préjudice subi si le propriétaire a été condamné par le juge civil à verser à un tiers des dommages et intérêts. En revanche, s'il doit démolir la construction, après s'y être installé, avoir réalisé des aménagements, vendu le cas échéant le précédent bien dans lequel il habitait, son préjudice ne pourra être effacé par l'allocation de dommages et intérêts.

En outre, ce régime expose le propriétaire à un risque de démolition de sa construction. Il en résulte que la prudence amènera le bénéficiaire du permis à stopper tous travaux si celui-ci fait l'objet d'un recours devant le juge administratif.

614.32 Constitutionnalité. Une QPC a été renvoyée au Conseil constitutionnel au motif que l'article L. 480-13 soumettrait la possibilité d'obtenir la démolition d'une construction à des conditions trop strictes. Le Conseil constitutionnel a relevé d'une part, qu'en interdisant l'action en démolition prévue au 1° de l'article L. 480-13 en dehors des zones qu'il a limitativement retenues, le législateur a entendu réduire l'incertitude juridique pesant sur les projets de construction et prévenir les recours abusifs susceptibles de décourager les investissements. Il a ainsi poursuivi un objectif d'intérêt général. Il a relevé que, d'autre part, l'action en démolition demeure ouverte dans les zones dans lesquelles, compte tenu de leur importance pour la protection de la nature, des paysages et du patrimoine architectural et urbain ou en raison des risques naturels ou technologiques qui y existent, la démolition de la construction édifiée en méconnaissance des règles d'urbanisme apparaît nécessaire. Il en a déduit que les dispositions contestées ne portent pas d'atteinte disproportionnée aux droits des victimes d'obtenir réparation de leur préjudice, ni d'atteinte au droit à un recours juridictionnel effectif[1].

La Cour de cassation a par ailleurs refusé de transmettre une QPC critiquant cette fois le dispositif du côté des propriétaires concernés, dans le cas particulier où ceux-ci disposent d'une autorisation d'exploitation sur leur bien[2]. La cour a estimé que les moyens d'inconstitutionnalité soulevés étaient dépourvus de caractère sérieux, en se basant sur trois motifs :

– l'autorisation de construire et l'autorisation d'exploiter relèvent de législations distinctes, de sorte que l'annulation de l'une « est, en tant que telle, sans incidence directe » sur l'autre ;

– la condamnation à démolir nécessite du demandeur la démonstration d'un lien de causalité entre la violation de la règle d'urbanisme et le préjudice subi ;

– il relève de l'office du juge judiciaire de vérifier si la règle d'urbanisme dont la méconnaissance a justifié l'annulation du permis de construire est toujours opposable au pétitionnaire, et, le cas échéant, si celui-ci n'a pas régularisé la situation au regard de celles qui lui sont désormais applicables.

614.33 Unique action en démolition en cas de permis régulièrement délivré. Lorsque la construction a été édifiée sur la base d'un permis régulièrement délivré (qui se retrouve ultérieurement annulé), sa démolition ne peut être recherchée que sur le fondement de l'article L. 480-13 et, par suite, aux conditions que définit cet article.

Il en résulte que dans un tel cas de figure, le juge ne peut ordonner la démolition sur la base de l'article 1240 du code civil. En d'autres termes, lorsqu'une démolition ne peut être ordonnée au titre de l'article L. 480-13 du code de l'urbanisme au motif qu'elle n'est pas située dans l'un des périmètres spécialement protégés énumérés au 1° de ce texte, le juge ne saurait – dans le seul but de contourner les conditions qu'il pose – ordonner la démolition sur le fondement de l'article 1240 du code civil[3].

2°
Conditions de l'action en démolition (1° de l'article L. 480-13)

614.41 Conditions strictes. L'action en démolition prévue au 1° de l'article L. 480-13 est soumise à des conditions strictes[4], expliquant qu'elle soit rarement mise en œuvre avec succès.

a.
Première condition : une construction édifiée conformément à un permis de construire

614.51 Condition. L'action en démolition de l'article L. 480-13 ne peut être mise en œuvre que dans l'hypothèse où la construction a été édifiée sur la base d'un permis de construire[5].

614.52 Exclusion d'une construction réalisée sans permis. L'action en démolition de l'article L. 480-13 ne peut pas être mise en œuvre lorsqu'une construction a été réalisée sans permis alors qu'un tel permis était exigé en vertu du code de l'urbanisme.

1. Cons. const. 10 nov. 2017, n° 2017-672 QPC, *Assoc. Entre Seine et Brotonne et a.* [Action en démolition d'un ouvrage édifié conformément à un permis de construire], conformité, *JO* 11 nov., n° 103.
2. Civ. 3e, 25 avr. 2024, n° 24-10.256, P. ; *JCP N* 2024, n° 1124, note A.-C. Richter.
3. V., annulant l'arrêt qui a violé l'article L. 480-13 par refus d'application, Civ. 3e, 21 mars 2019, n° 18-13.288, P.
4. Celles-ci ont été durcies par la loi ENL afin de sécuriser les autorisations d'urbanisme (L. n° 2006-872, 13 juill. 2006 portant engagement national pour le logement, *JO* 16 juill., n° 1).
5. C. urb., art. L. 480-13, 1°, al. 1er.

Elle est également exclue pour les travaux qui excèdent ceux qu'autorisait le permis.

Elle l'est enfin, à tout le moins devant le juge pénal, lorsqu'un permis a été obtenu par fraude. La Cour de cassation estime qu'un permis obtenu frauduleusement est inexistant et exclut toute application de l'article L. 480-13 du code de l'urbanisme[1].

614.53 Exclusion d'une construction réalisée sur le fondement d'une décision de non-opposition à déclaration préalable. L'action en démolition de l'article L. 480-13 ne peut pas être mise en œuvre lorsqu'une construction a été édifiée sur la base d'une déclaration préalable. La Cour de cassation estime en ce sens qu'une cour d'appel retient une lecture correcte les dispositions de l'article L. 480-13 en affirmant qu'elles ne concernent que les « propriétaires ayant obtenu un permis de construire » et non ceux qui, ayant déposé une déclaration préalable, bénéficient « d'une décision, tacite ou expresse, de non-opposition »[2].

b. Deuxième condition : un permis annulé par la juridiction administrative

614.61 Annulation préalable. L'action sur le fondement du 1° de l'article L. 480-13 ne peut être engagée « que si, préalablement, le permis a été annulé pour excès de pouvoir par la juridiction administrative »[3]. Cette condition impose une action en deux temps :

– d'abord un recours pour excès de pouvoir devant le juge administratif et une annulation prononcée par celui-ci ;

– ensuite la saisine du juge civil.

614.62 Annulation par le juge administratif. L'annulation doit être prononcée par le juge administratif. Ainsi, lorsqu'une construction a été irrégulièrement édifiée sans permis de construire, la délivrance ultérieure d'un permis tacite fait obstacle à une mesure de démolition de l'ouvrage tant que ce permis n'a pas été annulé pour excès de pouvoir par la juridiction administrative. Encourt dès lors la cassation l'arrêt de la cour d'appel qui, saisie d'une poursuite pour construction sans permis de stands de ball-trap dans une zone inconstructible contre un prévenu s'étant, postérieurement aux faits poursuivis, prévalu de l'obtention d'un permis tacite résultant d'un défaut de réponse de la mairie à la demande de régularisation qu'il lui avait adressée, se prononce elle-même sur la validité de ce permis tacite, le déclare illégal et ordonne la démolition des constructions incriminées[4].

De même, lorsqu'une construction a été irrégulièrement édifiée sans permis de construire, la délivrance ultérieure d'un permis tacite fait obstacle à une mesure de démolition de l'ouvrage tant que ce permis n'a pas été annulé pour excès de pouvoir par la juridiction administrative[5].

614.63 Auteur du recours. Il n'est pas exigé que l'auteur de l'action devant le juge civil soit nécessairement la personne ayant saisi le juge administratif. L'auteur de l'action devant le juge civil peut ainsi se prévaloir du jugement d'annulation devant le juge civil et en bénéficier alors même qu'il n'a pas lui-même formé le recours pour excès de pouvoir devant le juge administratif.

614.64 Enchaînement des deux actions. Les dispositions précitées n'énoncent pas une condition de recevabilité. La condition de fond qu'elles énoncent paraît devoir s'apprécier au jour où le juge civil statue.

De manière générale, le justiciable est invité à attendre que le juge administratif ait rendu son jugement d'annulation avant de saisir le tribunal judiciaire.

S'il agit devant le juge civil avant que le jugement d'annulation n'ait été rendu, le texte de l'article L. 480-13, 1° devrait conduire à regarder cette condition comme satisfaite si le jugement d'annulation a été rendu au jour où le tribunal judiciaire statue sur la demande. L'impossibilité de rejeter comme irrecevable une action judiciaire intentée avant le prononcé du jugement administratif résulte en outre de l'article R. 424-19 (al. 1er) du code de l'urbanisme, prévoyant que le recours devant la juridiction civile en application de l'article L. 480-13 suspend le délai de péremption de l'autorisation d'urbanisme jusqu'à ce qu'il soit statué sur le recours[6]. La suspension du délai de péremption du permis ne se conçoit que sur un permis exécutoire et, donc, qui n'a pas été annulé. Par suite, attacher un effet suspensif à cette action judiciaire signifie nécessairement qu'elle peut être introduite à un moment où le permis n'a pas encore été annulé par le juge administratif.

c. Troisième condition : méconnaissance des règles d'urbanisme ou des servitudes d'utilité publique

614.71 Condition. L'action en démolition ne peut être mise en œuvre que « du fait de la méconnaissance des règles d'urbanisme ou des servitudes d'utilité publique »[7].

1. Crim. 8 déc. 2020, n° 19-84.245, P.
2. Civ. 3e, 12 avr. 2018, n° 17-16.645, NP.
3. C. urb., art. L. 480-13, 1°, al. 1er.
4. Crim. 18 juin 1997, n° 96-83.082, P.
5. Crim. 8 sept. 2009, n° 09-82.036, NP.
6. V. ss nos 351.91 s.
7. C. urb., art. L. 480-13, 1°, al. 1er.

La jurisprudence retient une acception large de cette notion puisqu'elle n'est pas limitée à la violation des règles de fond (par exemple, dans les communes littorales, le principe d'urbanisation en continuité[1]) et inclut également la méconnaissance des règles de procédure. En effet, selon la Cour de cassation, il résulte des articles L. 480-13 du code de l'urbanisme et 1240 du code civil « que toute méconnaissance des règles d'urbanisme ou des servitudes d'utilité publique peut servir de fondement à une action en démolition d'une construction édifiée conformément à un permis de construire ultérieurement annulé, dès lors que le demandeur à l'action démontre avoir subi un préjudice personnel en lien de causalité directe avec cette violation »[2].

614.72 Exclusion des règles de droit privé. L'action en démolition ne peut pas reposer sur la méconnaissance des règles de droit privé, par exemple les stipulations d'un cahier des charges entre colotis[3] qui, approuvé ou non, a toujours (selon la Cour de cassation) un caractère contractuel[4].

d.
Quatrième condition : une construction édifiée dans une zone protégée

614.81 Limitation à certaines zones. Afin de sécuriser les constructions, et empêcher que tout permis annulé aboutisse mécaniquement à la démolition de la construction édifiée sur son fondement, le législateur[5] a limité le champ de l'action en démolition aux projets situés dans une zone protégée.

Une construction édifiée en dehors d'une zone protégée ne peut donner lieu à une action en démolition sur le fondement du 1° de l'article L. 480-3. En revanche, une action en réparation pourra être engagée sur le fondement du 2° de ce même article.

614.82 Zones concernées. Les zones entrant dans le champ d'application du 1° de l'article L. 480-13 du code de l'urbanisme sont listées aux points a à n. Relèvent du champ d'application géographique de l'action en démolition[6] :

– les espaces, paysages et milieux caractéristiques du patrimoine naturel et culturel montagnard mentionnés à l'article L. 122-9 et au 2° de l'article L. 122-26, lorsqu'ils ont été identifiés et délimités par des documents réglementaires relatifs à l'occupation et à l'utilisation des sols (a) ;

– les espaces terrestres et marins, sites et paysages remarquables ou caractéristiques du patrimoine naturel et culturel du littoral et les milieux nécessaires au maintien des équilibres biologiques mentionnés à l'article L. 146-6, lorsqu'ils ont été identifiés et délimités par des documents réglementaires relatifs à l'occupation et à l'utilisation des sols, sauf s'il s'agit d'une construction en bois antérieure au 1er janvier 2010, d'une superficie inférieure à 1 000 mètres carrés, destinée à une exploitation d'agriculture biologique satisfaisant aux exigences ou conditions mentionnées à l'article L. 641-13 du code rural et bénéficiant d'une appellation d'origine protégée définie à l'article L. 641-10 du même code (b) ;

– la bande de trois cents mètres des parties naturelles des rives des plans d'eau naturels ou artificiels d'une superficie inférieure à 1000 hectares mentionnée à l'article L. 122-12 du code de l'urbanisme (c) ;

– la bande littorale de cent mètres mentionnée aux articles L. 121-16, L. 121-17 et L. 121-19 (d) ;

– les cœurs des parcs nationaux délimités en application de l'article L. 331-2 du code de l'environnement (e) ;

– les réserves naturelles et les périmètres de protection autour de ces réserves institués en application, respectivement, de l'article L. 332-1 et des articles L. 332-16 à L. 332-18 du code de l'environnement (f) ;

– les sites inscrits ou classés en application des articles L. 341-1 et L. 341-2 du code de l'environnement (g) ;

– les sites désignés Natura 2000 en application de l'article L. 414-1 du code de l'environnement (h) ;

– les zones qui figurent dans les plans de prévention des risques technologiques mentionnées au 1° de l'article L. 515-16 d code de l'environnement, celles qui figurent dans les plans de prévention des risques naturels prévisibles mentionnés aux 1° et 2° du II de l'article L. 562-1 du même code ainsi que celles qui figurent dans les plans de prévention des risques miniers prévus à l'article L. 174-5 du code minier, lorsque le droit de réaliser des aménagements, des ouvrages ou des constructions nouvelles et d'étendre les constructions existantes y est limité ou supprimé (i) ;

1. Civ. 3e., 30 mars 2023, *Sté les lofts de Palombaggia*, n° 21-19.318, NP ; *RDI* 2023. 374, obs. M. Revert.
2. Civ 3e, 11 janv. 2023, n° 21-19.778, P. ; *RDI* 2023. 202, obs. M. Revert ; *D.* 2023. 875, note P. Abadie. En l'espèce, viole ces textes la cour d'appel qui, pour rejeter une demande en démolition d'un parc éolien formée par des associations de protection de la nature, retient que l'annulation du permis de construire par le juge administratif était motivée par une insuffisance de l'étude d'impact relative à la présence d'un couple d'aigles royaux et non par la méconnaissance de règles de fond en matière d'utilisation des espaces.
3. Civ. 3e, 3 avr. 2002, n° 00-21.156, NP.
4. V. ss nos 372.721 s.
5. L. n° 2015-990, 6 août 2015 pour la croissance, l'activité et l'égalité des chances économiques (dite « loi Macron »), *JO* 7 août, n° 1, art. 111.
6. C. urb., art. L. 480-13, pts a à n.

– les périmètres des servitudes relatives aux installations classées pour la protection de l'environnement instituées en application de l'article L. 515-8 du code de l'environnement, lorsque les servitudes instituées dans ces périmètres comportent une limitation ou une suppression du droit d'implanter des constructions ou des ouvrages (j) ;

– les périmètres des servitudes sur des terrains pollués, sur l'emprise des sites de stockage de déchets, sur l'emprise d'anciennes carrières ou dans le voisinage d'un site de stockage géologique de dioxyde de carbone instituées en application de l'article L. 515-12 du code de l'environnement, lorsque les servitudes instituées dans ces périmètres comportent une limitation ou une suppression du droit d'implanter des constructions ou des ouvrages (k) ;

– les sites patrimoniaux remarquables créés en application des articles L. 631-1 et L. 631-2 du code du patrimoine (l) ;

– les abords des monuments historiques prévus aux articles L. 621-30 et L. 621-31 du même code (m) [1] ;

– les secteurs délimités par le PLU en application des articles L. 151-19 et L. 151-23 du code de l'urbanisme (n).

Ainsi, la démolition ne peut être obtenue que dans les zones à enjeux. En dehors de celles-ci, seul le versement de dommages et intérêts peut être recherché.

614.83 Date à laquelle s'apprécie la localisation de la construction. Lorsqu'il est saisi d'une demande de démolition d'une construction édifiée conformément à un permis de construire qui a été annulé, c'est à la date à laquelle il statue que le juge doit apprécier la condition de localisation dans l'une des zones énumérées au 1° de l'article L. 480-13 du code de l'urbanisme [2].

614.84 Absence d'exigence de violation des règles propres à la zone. La condamnation à démolir une construction édifiée en méconnaissance d'une règle d'urbanisme ou d'une servitude d'utilité publique et dont le permis de construire a été annulé « est subordonnée à la seule localisation géographique de la construction à l'intérieur de l'une des zones visées, sans qu'il soit nécessaire que la construction ait été édifiée en violation du régime particulier de protection propre à cette zone » [3]. Ainsi, il suffit que le terrain se trouve situé à l'intérieur d'une zone protégée, peu importe que les règles propres à cette zone aient été méconnues.

614.85 Condition non opposable au préfet. La condition tenant à ce que la construction litigieuse ait été édifiée dans une zone protégée n'est pas opposable au préfet [4].

614.86 Stratégie de défense. En défense, le propriétaire peut mettre en cause la légalité de l'acte ayant institué ou délimité la zone concernée.

e. Cinquième condition : préjudice direct et personnel du demandeur

614.91 Condition commune à toute action en responsabilité. L'existence d'un préjudice n'est pas énoncée dans le texte de l'article L. 480-13, 1° du code de l'urbanisme. Néanmoins, la Cour de cassation estime « que le juge judiciaire ne peut ordonner la démolition d'une construction sur le fondement de l'article L. 480-13 du Code de l'urbanisme que s'il constate l'existence d'un préjudice direct et personnel en relation directe avec la violation de la règle d'urbanisme invoquée » [5].

À cet égard, elle précise « que la violation de la règle d'urbanisme ne peut être causale que si cette règle tendait à éviter le préjudice subi » [6].

En outre, le juge civil, saisi d'une demande de démolition sur le fondement de l'article L. 480-13 du code de l'urbanisme ne peut faire droit à cette demande qu'à la condition de caractériser l'existence d'un préjudice personnel des demandeurs en relation directe avec l'infraction aux règles d'urbanisme invoquée « et non avec la seule présence de la construction » [7].

Systématisant ces éléments, la Cour de cassation a indiqué que « la condamnation à démolir susceptible d'être prononcée par le juge judiciaire sur le fondement de l'article L. 480-13 du code de l'urbanisme n'est pas subordonnée à la seule condition que le permis de construire délivré ait été annulé, mais exige du demandeur à l'action qu'il démontre avoir subi un préjudice personnel en lien de causalité directe, non pas avec la seule présence des constructions environnantes ne respectant pas les règles d'urbanisme ou les servitudes d'utilité publique, mais avec la violation de la règle d'urbanisme méconnue » [8].

1. Si aucun périmètre n'a été délimité par l'autorité administrative, la protection s'applique dans un rayon de 500 mètres autour du monument concerné. Par suite, dans un tel cas de figure, toute construction située à l'intérieur de cette zone peut être démolie, et ce même si elle n'est pas visible depuis le monument bénéficiant de la protection. V. Civ. 3e, 16 nov. 2022, no 21-24.473, P.
2. Civ. 3e, 11 févr. 2021, no 20-13.627, P.
3. Civ. 3e, 11 janv. 2023, *Association Protection des paysages et ressources de l'Escandorgue et du Lodèvois (APPREL) c/ Sté Énergie renouvelable du Languedoc*, no 21-19.778 ; *RDI* 2023. 203, obs. M. Revert.
4. V. ss no 614.392.
5. Civ. 3e, 30 nov. 2011, no 11-16.213, NP.
6. Civ. 3e, 30 nov. 2011, no 11-16.213, NP (condition non remplie en l'espèce).
7. Civ. 3e, 30 nov. 2011, no 11-16.213, NP.
8. Civ. 3e, 25 avr. 2024, no 24-10.256, P. ; *JCP N* 2024, no 1124, note A.-C. Richter.

614.92 **Illustration.** À titre d'exemple, le préjudice peut résulter :

– de la présence d'un mur de bois de grande hauteur et de l'altération du caractère naturel et sauvage des lieux[1].

f.
Sixième condition : délai pour agir

614.101 **Deux ans après l'annulation du permis.** L'action en démolition doit être engagée dans le délai de deux ans qui suit la décision devenue définitive de la juridiction administrative[2].

g.
Une action formée contre le propriétaire

614.111 **Action uniquement contre le propriétaire.** L'action en démolition prévue par le 1° de l'article L. 480-13 peut uniquement être engagée contre le « propriétaire »[3].

Elle ne peut être engagée contre le bénéficiaire du permis de construire si, au jour de l'action, celui-ci n'a pas ou plus la qualité de propriétaire.

h.
Cas d'une éolienne

614.121 **Démolition par le juge judiciaire.** Lorsque le permis autorisant la construction d'une éolienne a été annulé par la juridiction administrative, le juge judiciaire est, en application de l'article L. 480-13 du code de l'urbanisme, compétent pour ordonner la démolition de l'éolienne implantée en méconnaissance des règles d'urbanisme[4].

3°
Conditions de l'action indemnitaire (2° de l'article L. 480-13)

a.
Première condition : une construction édifiée conformément à un permis de construire

614.131 **Condition.** L'action indemnitaire de l'article L. 480-13 ne peut être mise en œuvre que dans l'hypothèse où la construction a été édifiée sur la base d'un permis de construire[5].

Cette condition étant la même que pour l'action en démolition, les solutions dégagées pour celle-ci relativement à cette condition sont transposables à l'action indemnitaire[6].

b.
Deuxième condition : annulation préalable du permis par le juge administratif ou constat de son illégalité

614.141 **Annulation ou constat d'illégalité.** L'action indemnitaire fondée sur le 2° de l'article L. 480-13 ne peut être mise en œuvre « que si, préalablement, le permis a été annulé pour excès de pouvoir ou si son illégalité a été constatée par la juridiction administrative »[7].

Est donc exigée, comme pour l'action en démolition, un jugement préalable du juge administratif[8].

Par ailleurs, la formulation de la condition est plus large dans le cadre de l'action en dommages et intérêts puisqu'elle est admise dans deux cas de figure :

– elle l'est d'abord lorsque le permis de construire a été « annulé » par le juge administratif ;

– elle l'est également lorsque son illégalité a été « constatée » par le juge administratif, c'est-à-dire par voie d'exception ou sur renvoi préjudiciel.

c.
Troisième condition : préjudice direct et personnel

614.151 **Condition.** Dans la mesure où l'action tend au versement de « dommages et intérêts » et est expressément qualifiée d'« action en responsabilité civile », elle est soumise à l'existence d'un préjudice direct et personnel, alors même que cette condition n'est pas posée dans le texte de l'article L. 480-13, 2°.

d.
Quatrième condition : violation d'une règle ou d'une servitude d'urbanisme

614.161 **Condition non mentionnée.** À la différence de l'action en démolition prévue au 1° de l'article L. 480-13, l'action indemnitaire prévue au 2° du même article ne formule pas de condition relative à la méconnaissance de règles ou de servitudes d'urbanisme.

L'absence de formulation d'une telle condition pour l'action indemnitaire semble procéder d'un oubli. Il appartiendra à la jurisprudence d'apporter des précisions sur ce point.

e.
Cinquième condition : délai pour agir

614.171 **Deux ans après l'achèvement des travaux.** L'action en responsabilité civile doit être enga-

1. Civ. 3e., 30 mars 2023, *Sté les lofts de Palombaggia*, no 21-19.318, NP ; *RDI* 2023. 374, obs. M. Revert.
2. C. urb., art. L. 480-13, 1°, dernier al.
3. C. urb., art. L. 480-13, 1°, al. 1er.
4. Civ. 1re, 14 févr. 2018, no 17-14.703, P. Pour le prononcé d'une telle mesure, v. Nîmes, 7 déc. 2023, no 23/00353, NP.
5. C. urb., art. L. 480-13, 2°, al. 1er.
6. V. ss nos 614.51 s.
7. C. urb., art. L. 480-13, 2°, al. 1er.
8. Sur la portée de cette condition, v. ss no 614.64.

gée au plus tard deux ans après l'achèvement des travaux[1].

f. Une action dirigée contre le constructeur

614.181 **Notion.** L'action indemnitaire prévue par le 2° de l'article L. 480-13 est dirigée contre le « constructeur »[2] alors que l'action en démolition prévue par le 1° du même article est dirigée contre le « propriétaire »[3].

B. Si le constructeur a commis une faute (a violé une servitude d'urbanisme), l'action est engagée sur le fondement de l'article 1240 du code civil

614.191 **Hypothèse concernée.** Dans l'hypothèse où le constructeur a commis une faute (en l'occurrence a méconnu une servitude d'urbanisme), sa responsabilité peut être recherchée sur le fondement du droit commun de la responsabilité civile, c'est-à-dire de l'article 1240 du code civil[4], aux termes duquel : « Tout fait quelconque de l'homme, qui cause à autrui un dommage, oblige celui par la faute duquel il est arrivé à le réparer ».

1° Première condition : violation d'une servitude d'urbanisme

614.201 **Faute.** La faute s'entend de la méconnaissance par le constructeur d'une règle ou d'une servitude d'urbanisme[5].

614.202 **Origine des règles.** La règle dont la méconnaissance engage la responsabilité du constructeur peut être :

- une règle nationale ;
- une règle locale ;
- une règle du règlement du lotissement ;
- ou encore les prescriptions du permis de construire.

614.203 **Règle impérative ou permissive.** La règle dont la méconnaissance engage la responsabilité du constructeur peut être une règle impérative ou une règle permissive.

La possibilité d'invoquer le manquement à une règle de nature permissive a été reconnue à propos de l'article R. 111-27 du code de l'urbanisme, prévoyant que le permis de construire peut être refusé ou n'être accordé que sous réserve de l'observation de prescriptions spéciales si les constructions, par leur situation, leur architecture, leurs dimensions ou l'aspect extérieur des bâtiments ou ouvrages à édifier ou à modifier, sont de nature à porter atteinte au caractère ou à l'intérêt des lieux avoisinants, aux sites, aux paysages naturels ou urbains, ainsi qu'à la conservation des perspectives monumentales[6]. Alors que cet article ne crée pas à proprement parler une servitude d'urbanisme (une limitation au droit de construire fondée sur un critère objectif, à la différence par exemple d'une règle de prospect), la violation de cet article peut être invoquée au soutien d'une action en démolition engagée sur le fondement de l'article 1240 du code civil[7].

614.204 **Preuve de la faute.** La faute résultant de la violation d'une règle d'urbanisme recherchée sur le fondement de l'article 1240 du code civil peut être établie par tous moyens[8].

614.205 **Absence d'incidence d'un certificat de conformité des travaux.** La délivrance d'un certificat attestant de la conformité de travaux à un permis de construire ne fait pas disparaître la faute résultant de la violation d'une règle d'urbanisme[9].

614.206 **Effets d'un permis de régularisation sur l'existence d'une faute (action civile devant le juge pénal).** La délivrance d'un permis de régularisation ne fait pas disparaître la faute tenant à la violation d'une servitude d'urbanisme. Elle conduit en revanche à limiter le préjudice réparable à celui survenu entre l'accomplissement des travaux et leur régularisation par le permis modificatif[10].

2° Seconde condition : un préjudice causé par la violation de la servitude d'urbanisme

614.211 **Énoncé de la condition.** L'auteur de l'action introduite sur le fondement de l'article 1240 du code civil doit démontrer l'existence d'un préju-

1. C. urb., art. L. 480-13, 2°, al. 1er.
2. C. urb., art. L. 480-13, 2°, al. 1er.
3. V. ss no 614.111.
4. Anc. art. 1382.
5. Civ. 3e, 18 févr. 1981, no 79-15.366, P : arrêt indiquant que la construction a été « réalisée dans des conditions irrégulières ».
6. V. ss no 116.51.
7. Civ. 3e, 28 mars 2001, no 99-13.781, P ; *BJDU* 2001. 283 : cet arrêt revient sur la jurisprudence antérieure refusant que l'article R. 111-27 puisse servir de base à une action sur le fondement de l'article 1240 du code civil au motif qu'il ne prescrit aucune obligation ou interdiction objectivement définie et n'institue par lui-même aucune servitude (Civ. 3e, 19 juill. 1982, no 81-12.129).
8. Civ 3, 23 oct. 2013, no 12-24.919, P.
9. Civ 3, 23 oct. 2013, no 12-24.919, P.
10. Crim. 13 nov. 2013, no 12-84.430, P.

dice personnel en relation directe avec la violation des servitudes d'urbanisme[1].

Le juge ne peut engager la responsabilité du constructeur qu'après avoir constaté que cette condition relative au lien de causalité est remplie[2].

De manière générale, le lien de causalité est apprécié de façon stricte par la jurisprudence.

614.212 Préjudice ne résultant pas de la simple existence d'une violation des servitudes d'urbanisme. Le préjudice ne peut être déduit de la seule violation des servitudes d'urbanisme.

Ainsi, alors même qu'une SCI a violé les dispositions du code de l'urbanisme en édifiant une clôture sans déclaration préalable et en dépassement de la limite fixée par le POS, le juge peut rejeter l'action de la commune fondée sur l'article 1240 du code civil en estimant que la commune ne démontre pas l'existence d'un préjudice résultant de la violation de ces dispositions[3]. La jurisprudence judiciaire estime ainsi que la méconnaissance d'une règle du PLU par le constructeur n'établit pas par elle-même l'existence d'un préjudice pour la commune.

614.213 Préjudice ne résultant pas de la seule existence de la construction. Le préjudice ne peut être déduit de la seule existence d'une construction.

Il en va ainsi même dans l'hypothèse où le permis de construire a été annulé. En ce sens, selon la Cour de cassation, les particuliers ne peuvent invoquer devant les juridictions de l'ordre judiciaire la violation des règles d'urbanisme, alors même que la juridiction administrative a prononcé l'annulation du permis de construire, « qu'à la condition d'établir l'existence d'un préjudice personnel en relation directe avec l'infraction » et non avec la seule présence des constructions dont le permis a été annulé[4].

614.214 Lien de causalité établi par le juge pénal (autorité de la chose jugée). Une cour d'appel ne peut, sans violer le principe de l'autorité absolue de la chose jugée au pénal sur le civil, retenir que la preuve du lien de causalité entre le préjudice et la violation de la règle d'urbanisme n'est pas rapportée alors qu'une décision pénale avait définitivement retenu que la véranda édifiée en contravention avec le règlement du POS avait occasionné un préjudice direct aux propriétaires de la maison contiguë[5].

614.215 Préjudice résultant de la construction (propriété voisine). À titre d'exemple, le préjudice subi par les voisins d'une construction consistant en une perte de vue et d'ensoleillement est directement lié à la méconnaissance d'une règle d'implantation de la construction par rapport aux limites séparatives[6].

De même, la condition est remplie lorsque le juge relève que le propriétaire voisin subit un préjudice tenant à des nuisances phoniques d'intensité importante et à un défaut d'ensoleillement affectant sept pièces de la maison, et que ces nuisances sont imputables partiellement à la violation de la règle d'urbanisme[7].

614.216 Préjudice résultant de la construction (association de défense de l'environnement). Une association agréée ayant pour objet statutaire la protection de l'environnement est fondée à demander la démolition d'une construction édifiée, en vertu d'un permis de construire déclaré illégal par la juridiction administrative, dans une zone inconstructible protégée pour la qualité de son environnement, sur des parcelles classées en espaces boisés à conserver, cette violation de la règle d'urbanisme, en portant atteinte à la vocation et à l'activité au plan départemental de l'association, lui causant un préjudice personnel et direct[8].

614.217 Absence de contrôle de proportionnalité. Dans un arrêt du 4 avril 2024, la Cour de cassation a exclu l'exercice d'un contrôle de proportionnalité dans le contentieux de la responsabilité extracontractuelle[9]. La solution, qui revêt une portée

1. V. p. ex. Civ. 3e, 4 avr. 2024, no 22-21.132, P ; *Responsabilité civile et assurances* 2024, comm. 138, note L. Vitale ; *Contrats Concurrence Consommation* juin 2024, comm. 91, note L. Leveneur ; *JCP G* 2024, act. 652, avis Ph. Brun ; *D.* 2024. 1311, note M. Cormier ; *Constr.-Urb.* 2024, repère 6 par M.-L. Pagès-De Varenne.
2. Civ. 3e, 11 févr. 1998, no 96-10.257, P : encourt la cassation l'arrêt qui se borne à constater l'existence d'un préjudice résultant d'une construction édifiée sans permis de construire, sans rechercher s'il existait une relation directe de cause à effet entre l'infraction à une règle d'urbanisme et le préjudice personnel.
3. Civ. 3e, 25 mars 1998, no 96-12.410, P.
4. Civ. 3e, 29 janv. 1992, no 90-10.113, P : en l'espèce, une cour d'appel qui relève que le préjudice résultant de l'irrégularité de la construction était inexistant, justifie légalement sa décision en déboutant les demandeurs de leur action en démolition.
5. Civ. 3e, 11 mai 2000, no 98-18.791, P.
6. Civ. 3e, 13 sept. 2006, no 04-15.420, NP.
7. Civ. 3e, 30 sept. 1988, no 96-19.771, P.
8. Civ. 3e, 26 sept. 2007, no 04-20.636, P.
9. Civ. 3e, 4 avr. 2024, no 22-21.132, P ; *Responsabilité civile et assurances* 2024, comm. 138, note L. Vitale ; *Contrats Concurrence Consommation* juin 2024, comm. 91, note L. Leveneur ; *JCP G* 2024, act. 652, avis Ph. Brun ; *D.* 2024. 1311, note M. Cormier : « En application de l'article 1382, devenu 1240, du code civil et du principe de la réparation intégrale, tout fait quelconque de l'homme, qui cause à autrui un dommage, oblige celui par la faute duquel il est arrivé à le réparer, de sorte que la victime doit être indemnisée sans perte ni profit » (pt 3) ; « Il en résulte que le juge du fond, statuant en matière extra-contractuelle, ne peut apprécier la réparation due à la victime au regard du caractère disproportionné de son coût pour le responsable du dommage » (pt 4).

générale, a été rendue à l'occasion d'une demande de démolition pour violation d'une servitude d'urbanisme. En l'espèce, une construction excédait de 70 centimètres la hauteur autorisée par le permis de construire, obstruant la vue du voisin et générant pour lui une perte d'ensoleillement. À la demande de celui-ci, la cour d'appel a ordonné de mettre en conformité la construction en abaissant le faîtage du toit de 70 centimètres. À l'appui de son pourvoi, le propriétaire condamné reprochait à la cour d'appel d'avoir ordonné la mise en conformité de la construction sans s'être assurée que le coût de sa mise en œuvre n'était pas disproportionné. La Cour de cassation a refusé d'accueillir son argumentation et rejeté le pourvoi.

La solution a vocation à valoir également dans le contentieux de la responsabilité contractuelle, remettant en cause, ce faisant, la solution retenue dans deux arrêts de 2022 ayant admis que le juge mette en œuvre un contrôle de proportionnalité lorsqu'il est saisi d'une demande de démolition pour violation du cahier des charges d'un lotissement[1],

3°
Délai de prescription

614.221 **Cinq ans.** L'action en responsabilité sur le fondement de l'article 1240 du code civil se prescrit par cinq ans[2].

§ 2
Action en responsabilité fondée sur le trouble anormal de voisinage

A.
Présentation générale du trouble anormal de voisinage

614.231 **Fondement.** La responsabilité du constructeur peut être engagée si la construction réalisée provoque dans le voisinage un trouble anormal. Il s'agit d'un régime de responsabilité sans faute, ce qui signifie que la responsabilité du constructeur peut être engagée même s'il n'a pas commis de faute et sans qu'il soit besoin d'établir qu'il aurait commis une faute[3].

Dans un premier temps, ce régime a été forgé de manière prétorienne par la jurisprudence. La Cour de cassation mentionnait en tant que fondement, dans ses décisions, « le principe selon lequel nul ne doit causer à autrui un trouble anormal de voisinage »[4] (ou, antérieurement, « le principe que nul ne doit causer à autrui un trouble anormal de voisinage »[5]).

Depuis la loi du 15 avril 2024, ce régime de responsabilité dispose d'une assise textuelle, à l'article 1253 du code civil, dont l'alinéa 1er dispose : « Le propriétaire, le locataire, l'occupant sans titre, le bénéficiaire d'un titre ayant pour objet principal de l'autoriser à occuper ou à exploiter un fonds, le maître d'ouvrage ou celui qui en exerce les pouvoirs qui est à l'origine d'un trouble excédant les inconvénients normaux de voisinage est responsable de plein droit du dommage qui en résulte »[6].

614.232 **Absence d'application de l'article L. 480-13.** La théorie du trouble anormal de voisinage constitue un fondement autonome de responsabilité. Elle est indépendante de l'article L. 480-13 du code de l'urbanisme et, par suite, n'est pas soumise aux conditions posées par celui-ci (notamment l'annulation préalable du permis de construire)[7]. Elle est également indépendante de l'article 1240 du code civil, qui repose sur la notion de faute.

Ces solutions, dégagées à un moment où la théorie du trouble anormal du voisinage disposait d'un fondement jurisprudentiel, ont vocation à être maintenues après la loi du 15 avril 2024 qui a donné à celle-ci une assise textuelle.

614.233 **Compétence judiciaire.** Il résulte de la loi des 16-24 août 1790 et du décret du 16 fructidor an III que, sauf dispositions législatives contraires, la responsabilité qui peut incomber à l'État ou aux autres personnes morales de droit public, en raison des dommages imputés à leurs services publics administratifs, est soumise à un régime de droit public et relève, en conséquence, de la compétence de la juridiction administrative. Dès lors, méconnaît ces dispositions la cour d'appel qui, pour rejeter l'exception d'incompétence présentée par une commune, retient que, si le contentieux de la légalité des permis de construire relève de la compétence de la juridiction administrative, les demandeurs entendent fonder leurs demandes sur l'article 544 du code civil et sur l'article 1382 du même code, dans sa rédaction antérieure à celle issue de l'ordonnance n° 2016-131 du 10 février 2016, et non sur une éventuelle illégalité du permis de construire[8].

1. Civ. 3e, 13 juill. 2022, nos 21-16.408 et 21-16.407, P. ; *D.* 2022. 1647, note T. Genicon ; *RDI* 2022. 591, note (critique) J.-L. Bergel.
2. C. civ., art. 2224.
3. Civ. 1re, 23 mars 1982, n° 81-10.010, P.
4. PAR EX. : Civ. 3e, 11 févr. 1998, n° 96-10.257, P.
5. PAR EX. : Civ. 3e, 5 oct. 1994, n° 92-12.031, P.
6. C. civ., art. 1253 ; créé par L. n° 2024-346, 15 avr. 2024.
7. Civ. 3e, 20 juill. 1994, n° 92-21.801, P ; – Civ. 3e, 20 oct. 2021, n° 19-23.233, NP.
8. Civ. 3e, 9 mars 2022, n° 19-24.594, P.

B. Conditions d'engagement de la responsabilité au titre du trouble anormal de voisinage

1° Un rapport de voisinage

614.241 Bien situé dans un rayon exposé au trouble. Le trouble anormal de voisinage suppose en premier lieu un rapport de voisinage avec la source de la nuisance. Cela signifie que la victime du préjudice, qu'elle soit propriétaire, locataire ou plus généralement occupant, doit se trouver exposée aux nuisances invoquées. Il s'ensuit qu'elle doit se trouver à proximité du lieu générant la nuisance, sans qu'une proximité immédiate ou une contiguïté soit nécessairement exigée.

2° Anormalité du trouble

614.251 Notion. Un trouble anormal de voisinage est un trouble qui excède les inconvénients normaux de voisinage [1].

Vivre à proximité de constructions génère nécessairement des désagréments liés à la présence de personnes ou à l'exercice d'activités au sein de celles-ci. Ces contraintes inhérentes à la vie en collectivité sont en principes normales. Mais elles deviennent anormales lorsqu'elles atteignent un certain niveau d'intensité ou dépassent un certain seuil.

614.252 Appréciation *in concreto*. L'appréciation du caractère excessif du trouble doit s'apprécier *in concreto* et non dans l'absolu [2].

614.253 Critères pris en compte pour apprécier la normalité ou l'anormalité du trouble. Différents critères sont pris en compte pour apprécier le caractère normal ou au contraire anormal du trouble généré.

En premier lieu, est pris en compte l'état de l'environnement. Au regard de ce critère, et à titre d'exemple, ne présente pas un caractère anormal :

– la présence d'installations industrielles dans une zone industrielle [3] ;

– la perte d'ensoleillement dans un quartier urbanisé (notamment dans un centre-ville aux rues étroites [4] ou encore pour un appartement situé au 1er étage dans un secteur urbanisé au sein d'un lotissement [5]) ;

– la perte de vue (perte de vue sur la mer à raison de la construction d'une villa dans un lotissement qui autorise la construction de maisons d'habitation [6], perte de vue sur des collines [7], perte de vue dans un milieu urbanisé ou en voie d'urbanisation [8]) ;

– les odeurs dégagées par une porcherie dans un secteur rural à vocation agricole [9].

En deuxième lieu, est prise en compte la durée du trouble. Si la nuisance est brève est sporadique, la gêne ou le désagrément sera normal. Si elle est fréquente et longue, le trouble sera anormal.

En troisième lieu, est prise en compte l'intensité du trouble. À cet égard, présente par exemple un caractère anormal :

– les nuisances sonores émises par un parc d'attraction largement supérieures à la moyenne autorisée [10] ;

– les nuisances sonores résultant de travaux de démolition entraînant pendant près d'un an des bruits d'une grande intensité [11] ;

– les nuisances sonores provenant d'un stade, constituées par les cris, sifflets, klaxons et autres cornes et tambours des spectateurs, quand elles se produisaient après 21h et plus de six fois par an [12].

614.254 Indifférence de l'existence d'une réglementation, du respect d'une réglementation ou de l'obtention d'une autorisation. L'anormalité du trouble de voisinage doit être appréciée indépendamment des normes en vigueur, de sorte que l'absence de réglementation et d'interdiction expresse n'exclut pas le trouble anormal de voisinage [13].

De même, le respect d'une réglementation n'exclut pas l'existence du trouble. S'agissant d'un régime de responsabilité sans faute à prouver [14], le respect des dispositions légales n'exclut pas l'existence de troubles excédant les inconvénients normaux du voisinage [15]. Par exemple, ne fait pas obstacle à la reconnaissance du trouble anormal de voisinage :

– le fait pour un entrepreneur d'avoir exécuté des travaux de démolition sans imprudence ni négligence [16] ;

1. Civ. 3e, 5 oct. 1994, n° 92-12.031, P.
2. Civ. 3e, 12 oct. 2010, n° 09-16.283, NP.
3. Civ. 3e, 12 oct. 2010, n° 09-16.283, NP.
4. PAR EX. : Civ. 2e, 11 févr. 1976, n° 74-13.718, P.
5. Civ. 3e, 21 oct. 2009, n° 08-16.692, P.
6. Civ. 1re, 8 juin 2004, n° 02-20.906, P.
7. Civ. 3e, 20 oct. 2021, n° 19-23.233, NP.
8. Civ. 3e, 9 nov. 2023, n° 22-15.403, NP. La Cour de cassation affirme que la cour d'appel « [a]yant (…) fait ressortir que nul n'était assuré, en milieu urbain ou en voie d'urbanisation, de conserver son environnement qu'un plan d'urbanisme pouvait toujours remettre en cause, elle en a souverainement déduit que la perte de vue, dont rien ne démontrait la nature d'intérêt ou le caractère d'exception, ne caractérisait pas, dans ces circonstances, l'anormalité du trouble invoqué ».
9. Civ. 2e, 19 mars 1997, n° 95-15.922, NP.
10. Civ. 2e, 31 mai 2000, n° 98-17.532, P.
11. Civ. 2e, 10 janv. 1968, n° 65-12.331, P.
12. Civ. 3e, 2 déc. 2014, n° 12-24.609, NP.
13. Civ. 3e, 2 déc. 2014, n° 12-24.609, NP.
14. V. ss n° 614.231.
15. Civ. 3e, 12 oct. 2005, n° 03-19.759, P.
16. Civ. 2e, 10 janv. 1968, n° 65-12.331, P.

– la circonstance que la vue plongeante sur un appartement voisin respecte les règles de distance [1] ;

– le fait que la construction a été réalisée conformément aux règles d'urbanisme [2].

Inversement, la méconnaissance de la réglementation ne suffit pas, à elle seule, à caractériser le trouble [3].

Enfin, la circonstance que la construction ou l'activité (par exemple une ICPE) ait été permise par une autorisation administrative n'exclut nullement l'existence d'un trouble anormal de voisinage, l'autorisation étant toujours délivrée sous réserve du droit des tiers [4].

614.255 Diversité des troubles. La notion de trouble anormal de voisinage recouvre une grande variété de situations.

Le trouble peut résulter de la réalisation de travaux [5].

Il résultera le plus souvent de l'existence d'une construction générant, pour une propriété voisine :

– perte de vue [6] ;

– perte d'intimité [7] ;

– perte d'ensoleillement [8] ;

– dépréciation de sa valeur [9] ;

– endommagement (fissuration, effondrement [10]) ;

– dégradation de son environnement [11].

Le trouble peut également résulter de l'activité exercée au sein d'une construction lorsque celle-ci génère :

– des nuisances sonores [12] ;

– des émissions de fumées corrosives [13] ;

– des émissions de poussière [14] ;

– une pollution lumineuse [15] ;

– des nuisances olfactives [16] ;

– dans le cas d'un bâtiment d'élevage, des odeurs nauséabondes, des bruits d'animaux et de machines et la présence envahissante d'insectes [17].

3°
Préjudice causé par le trouble anormal de voisinage

614.261 Existence d'un préjudice. La réparation du trouble anormal de voisinage s'appuyant sur un régime de responsabilité, l'existence d'un préjudice doit être rapporté.

Cette condition présente toutefois une autonomie relative. Dès lors qu'un trouble (anormal) est reconnu, le préjudice est automatiquement caractérisé.

Bien évidemment, le simple constat d'un préjudice ne suffit pas à engager la responsabilité de l'auteur d'une construction sans permis. Par suite, encourt la cassation l'arrêt qui se borne à constater l'existence d'un préjudice résultant d'une construction édifiée sans permis de construire, sans constater le caractère anormal des troubles de voisinage [18].

614.262 Lien de causalité entre l'ouvrage et le préjudice. Le préjudice doit directement résulter de l'ouvrage litigieux [19]. Le lien de causalité est automatiquement reconnu lorsque le trouble anormal de voisinage est établi.

L'appréciation de la nécessité ne s'impose que lorsque plusieurs facteurs ont généré un dommage afin de déterminer l'importance relative de chacun d'eux dans sa survenance.

4°
Postériorité du trouble

614.271 Exclusion législative du trouble résultant d'une activité antérieure. La responsabilité de l'auteur du trouble de voisinage n'est pas engagée

1. Civ. 3e, 7 févr. 2007, n° 05-21.405, NP.
2. Civ. 3e, 9 mai 2001, n° 99-16.260, NP.
3. Civ 3e, 16 mars 2023, n° 21-25.372, NP.
4. Civ. 3e, 25 nov. 2008, n° 07-16.624, NP.
5. Civ. 2e, 10 janv. 1968, n° 65-12.331, P.
6. Civ. 3e, 26 janv. 1993, n° 91-15.352, NP – Civ. 3e, 14 mars 2024, n° 19-21.361, NP.
7. Civ. 3e, 7 févr. 2007, n° 05-21.405, NP – Civ. 3e, 6 avr. 2022, n° 21-12.953, NP.
8. Civ. 3e, 28 juin 1989, n° 87-16.661, NP ; – Civ. 3e, 20 oct. 2021, n° 19-23.233, NP (construction faisant de l'ombre à une piscine).
9. Civ. 3e, 26 janv. 1993, n° 91-15.352, NP.
10. Civ. 1re, 23 mars 1982, n° 81-10.010, P.
11. Civ. 3e, 9 mai 2001, n° 99-16.260, NP.
12. Civ. 3e, 18 juin 2008, n° 07-15.268, NP – Civ. 3e, 23 mai 2024, n° 19-19.444, NP (rotations d'hélicoptères).
13. Civ. 1re, 1er mars 1977, n° 75-12.174, P.
14. Civ. 2e, 28 janv. 1971, n° 69-14.085, P.
15. Civ. 2e, 27 janv. 1993, n° 91-18.966, NP : pylônes de neuf mètres de hauteur éclairant des cours de tennis la nuit, présentant une nuisance esthétique par l'atteinte qu'ils portent au site et à la vision panoramique sur la baie de Villefranche ; – CE 10 mars 1997, *Lormont (Cne) c/Consorts Raynal*, req. n° 150861, *Lebon* : horticulteurs victimes de perturbations apportées au cycle végétal par un éclairage public de forte puissance.
16. Civ. 2e, 7 oct. 1999, n° 97-20.617, NP (odeurs provoquées par un élevage de volailles et de moutons) – Civ. 2e, 15 juin 2000, n° 98-19.030, NP (odeurs provoquées par un élevage d'animaux en stabulation libre) – CE 25 nov. 1987, *Synd. intercommunal pour le traitement des ordures ménagères de l'agglomération caennaise c/Zawadzki et Mihulka*, req. n° 50179, *Lebon* (odeurs générées par une usine d'incinération d'ordures ménagères).
17. Civ. 3e, 7 déc. 2023, n° 22-22.137, NP. Arrêt indiquant que la cour d'appel a rappelé, à bon droit, que les dispositions de l'article L. 110-1 du code de l'environnement visant à définir et protéger le patrimoine sensoriel des campagnes françaises, « concernent la protection des espaces, ressources et milieux naturels » et « n'ont ni pour objet ni pour effet d'exonérer les exploitants agricoles de la responsabilité qu'ils encourent lorsque les nuisances générées par leur exploitation excèdent, compte tenu de la situation des fonds, les inconvénients normaux du voisinage ».
18. Civ. 3e, 11 févr. 1998, n° 96-10.257, P.
19. Civ. 3e, 30 mars 2023, n° 21-25.901, NP.

lorsque ce trouble existait déjà au moment où la personne qui s'en plaint s'est installée dans les lieux ou en a pris possession.

Cette exclusion de responsabilité est posée au second alinéa de l'article 1253 du code civil.

614.272 Champ d'application. Depuis la loi du 15 avril 2024, l'exclusion de responsabilité n'est pas limitée à un type donné d'activité. L'article 1253 du code civil, dans sa rédaction issue de ce texte, dispose en son alinéa second que la responsabilité n'est pas engagée lorsque le trouble anormal provient d'activités, « quelle qu'en soit la nature », existant antérieurement[1].

Sous l'empire de la législation antérieure, seules les activités économiques bénéficiaient de cette exclusion[2]. Elle ne s'appliquait pas aux autres activités[3].

614.273 Conditions. Aux termes du second alinéa de l'article 1253 du code civil, la responsabilité « n'est pas engagée lorsque le trouble anormal provient d'activités, quelle qu'en soit la nature, existant antérieurement à l'acte transférant la propriété ou octroyant la jouissance du bien ou, à défaut d'acte, à la date d'entrée en possession du bien par la personne lésée. Ces activités doivent être conformes aux lois et aux règlements et s'être poursuivies dans les mêmes conditions ou dans des conditions nouvelles qui ne sont pas à l'origine d'une aggravation du trouble anormal »[4].

L'exclusion ainsi prévue à l'article 1253 est subordonnée à la réunion de trois conditions.

Premièrement, le trouble anormal provient d'activités « existant antérieurement » :

- à l'acte transférant la propriété ou octroyant la jouissance du bien ;
- ou, à défaut d'acte, à la date d'entrée en possession du bien par la personne lésée.

Deuxièmement, ces activités s'exercent en conformité avec les dispositions législatives ou réglementaires en vigueur[5].

Troisièmement, ces activités se sont poursuivies « dans les mêmes conditions ou dans des conditions nouvelles qui ne sont pas à l'origine d'une aggravation du trouble anormal ». Sous l'empire de la législation antérieure, cette condition, formulée de façon similaire, avait par exemple été regardée comme non remplie dans des cas :

- de changement des conditions d'exploitation[6] ;
- ou d'augmentation des nuisances[7].

Pour les activités agricoles, la troisième condition est définie de façon plus stricte[8].

614.274 Exemple (scierie). Sous l'empire de la législation antérieure, un juge, après avoir constaté qu'une scierie existait avant la délivrance du permis de construire au profit des propriétaires du fonds voisin, que cette activité s'exerçait en conformité avec la réglementation et que l'exploitation continuait dans les conditions d'autrefois, a pu en déduire que l'exploitant de la scierie pouvait se prévaloir vis-à-vis de ses voisins des dispositions de l'article L. 113-8 du CCH[9].

5°
Délai de prescription

614.281 Durée. L'action en responsabilité intentée sur le fondement du trouble anormal de voisinage doit être exercée dans le délai de droit commun, c'est-à-dire cinq ans[10].

614.282 Point de départ. Le délai court à compter de la réalisation du dommage ou de la date à laquelle il est révélé à la victime, si celle-ci établit qu'elle n'en avait pas eu précédemment connaissance[11]. Ainsi, dans le cas de nuisances sonores provenant d'une usine, le point de départ du délai doit être fixé au démarrage de l'exploitation de celle-ci, et non pas au jour auquel la victime a pu se convaincre (en l'occurrence à la suite d'une expertise mesurant le nombre de décibels) de la réalité de la faute de la société qui l'exploite[12].

§ 3
Action en responsabilité fondée sur la violation d'une règle ou d'une servitude de droit privé

614.291 Fondement. La responsabilité du constructeur peut être mise en œuvre pour méconnaissance de règles de droit privé.

1. C. civ., art. 1253, al. 2.
2. V. CCH, ancien art. L. 113-8 ; créé par ord. n° 2020-71, 29 janv. 2020, abrogé par L. n° 2024-346, 15 avr. 2024. Cet article reprenait le texte de l'ancien article L. 112-16 du CCH.
3. Civ. 3e, 8 juill. 1992, n° 90-11.170, P.
4. C. civ., art. 1253, al. 2.
5. Condition non satisfaite, à titre d'exemple, dans le cas d'un élevage ne respectant pas les dispositions applicables : Civ. 2e, 7 oct. 1999, n° 97-20.617, NP.
6. PAR EX. : Civ. 2e, 15 juin 2000, n° 98-19.030, NP : exploitant agricole passant d'une activité céréalière à une activité d'élevage.
7. PAR EX. : Civ. 2e, 17 juill. 1991, n° 90-15.747, P.
8. C. rural, art. L. 311-1-1 ; créé par L. n° 2024-346, 15 avr. 2024, indiquant que les activités agricoles concernées doivent être conformes aux lois et aux règlements « et s'être poursuivies dans les mêmes conditions, dans des conditions nouvelles qui ne sont pas à l'origine d'une aggravation du trouble anormal ou dans des conditions qui résultent de la mise en conformité de l'exercice de ces activités aux lois et aux règlements ou sans modification substantielle de leur nature ou de leur intensité ».
9. Civ. 3e, 27 avr. 2000, n° 98-18.836, P.
10. C. civ., art. 2224 – Civ. 3e, 6 avr. 2023, n° 22-12.928, NP.
11. Civ. 3e, 6 avr. 2023, n° 22-12.928, NP.
12. Civ. 3, 6 avr. 2023, n° 22-12.928, NP.

A.
Violation du cahier des charges d'un lotissement

614.301 **Sanction.** En cas de construction édifiée dans le lotissement au mépris des clauses du cahier des charges, un coloti peut obtenir la démolition de cette construction [1] ou la réparation du préjudice subi [2].

614.302 **Conditions.** Selon la formule employée par la Cour de cassation, « le cahier des charges du lotissement constitue le titre commun des parties et autorise le coloti en cas d'infraction commise par un autre coloti, à requérir le respect de ce titre contractuel et à exiger la destruction de ce qui a été réalisé en contravention » [3].

Il en va ainsi même en l'absence de préjudice subi par le demandeur. La Cour de cassation indique, en ce sens, « que les stipulations du cahier des charges ont toujours, entre colotis, un caractère contractuel et que leur violation doit être sanctionnée même en l'absence de préjudice » [4] ou « que, quelle que soit sa date, le cahier des charges d'un lotissement constitue un document contractuel dont les stipulations s'imposent aux colotis et dont la violation doit être sanctionnée, même en l'absence de préjudice subi par le propriétaire voisin coloti » [5]. Il en résulte que les demandeurs, sont, « en leur qualité de colotis, fondés à demander le respect du cahier des charges du lotissement, sans avoir à justifier d'un préjudice » [6].

Il n'appartient pas au juge d'exercer un contrôle de proportionnalité avant de prononcer une mesure de démolition [7].

614.303 **Délai de prescription.** L'action tendant à obtenir la démolition d'une construction édifiée en violation d'une charge réelle grevant un lot au profit des autres lots en vertu d'une stipulation du cahier des charges d'un lotissement est une action réelle immobilière soumise à la prescription trentenaire [8].

L'action en réparation du préjudice personnel que prétend avoir subi le propriétaire d'un lot en raison de la violation des stipulations du cahier des charges est une action personnelle soumise à la prescription quinquennale [9].

Dans les deux cas, le délai commence à courir à compter du jour où le titulaire d'un droit a connu ou aurait dû connaître les faits lui permettant de l'exercer [10].

614.304 **Droit à la démolition ou à la remise en état.** En partant du principe selon lequel « la démolition est la sanction d'un droit réel transgressé » [11], la jurisprudence a déduit, comme l'explique Jean-Louis Bergel, « que les propriétaires de lots d'un lotissement sont toujours en droit d'exiger une sanction en nature des violations du cahier des charges, c'est-à-dire la démolition ou la mise en conformité des ouvrages irréguliers, voire la cessation d'une activité interdite » [12].

Par exemple, en cas de violation d'une stipulation d'un cahier des charges relative à la hauteur, le juge peut ordonner :

– en cours de travaux, l'interruption de ces derniers et la démolition de la partie de construction déjà édifiée [13] ;

– une fois les travaux achevés, l'abaissement de la hauteur du toit [14].

B.
Violation d'une servitude de droit privé

1°
Servitude de passage

614.311 **Responsabilité.** La responsabilité du constructeur peut être engagée pour violation d'une servitude de passage contractuellement établie [15].

1. Par ex. : Civ. 3e, 27 mars 1991, n° 89-19.667, P – Civ. 3e, 21 janv. 2016, n° 15-10.566, P – Civ. 3e, 15 mars 2018, n° 17-13.495, NP.
2. Ch. Gijsbers, « Violation du cahier des charges d'un lotissement : peut-on éviter la démolition ? », *RDI* 2023. 14.
3. Civ. 3e, 27 mars 1991, n° 89-19.667, *Épx Sobiri c/ Épx Moreau*, P.
4. Civ. 3e, 24 oct. 1990, *Épx de Juglart c/M. Jonckheere*, n° 89-15.142, P. Pour une formule proche, v. Civ. 3e, 14 juin 2000, *M. Fiebig c/Cts Grude – Syndicat des copropriétaires du lotissement Rossu Marina à Porto-Vecchio*, n° 98-23.087, NP ; *Constr.-Urb.* 2000, comm. 252, note D. Larralde.
5. Civ. 3e, 25 mars 1997, n° 94-16.959, NP.
6. Civ. 3e, 14 mars 2006, n° 05-11.334, NP ; *Constr.-Urb.* 2006, comm. 121, note P. Cornille.
7. V. ss n° 614.217.
8. C. civ., art. 2227 ; Civ. 3, 6 avr. 2022, n° 21-13.891, P. ; *RDI* 2023. 14, note Ch. Gijsbers ; *RDI* 2022. 390, obs. J.-L. Bergel et L. Tranchant ; *Le Defrénois* 2 juin 2022, p. 13, note I. Boismery ; *RTD civ.* 2022. 656, note W. Dross ; *AJDI* 2022. 451, note A. de Dieuleveult ; *Constr.-Urb.* 2022, comm. 110, note Ch. Sizaire ; *Loyers et Copropriété* 2022, comm. 164, obs. A. Lebatteux.
9. C. civ., art. 2224 ; Civ. 3, 6 avr. 2022, n° 21-13.891,
10. C. civ., art. 2224 et 2227.
11. Civ. 3e, 4 oct. 1989, *Allegre c/Soci*, n° 87-14.837, P. ; *D.* 1991. 26, obs. A. Robert ; *RDI* 1990. 470, obs. J.-L. Bergel ; *RTD civ.* 1990. 682, obs. F. Zenati.
12. J.-L. Bergel, *RDI* 2022. 591, note sous Civ. 3e, 13 juill. 2022, nos 21-16.408 et 21-16.407, P.
13. Civ. 3e, 26 oct. 2017, n° 16-13.540, NP.
14. Civ. 3e, 4 avr. 2024, n° 22-21.132, P ; *Responsabilité civile et assurances* 2024, comm. 138, note L. Vitale ; *Contrats Concurrence Consommation* juin 2024, comm. 91, note L. Leveneur ; *JCP G* 2024, act. 652, avis Ph. Brun ; *D.* 2024. 1311, note M. Cormier.
15. PAR EX. : Civ. 3e, 8 déc. 1993, n° 92-14.138, NP.

614.312 **Absence d'exigence d'annulation d'une autorisation d'urbanisme.** Lorsque l'action est fondée sur la méconnaissance de règles de droit privé, il n'est pas exigé que le permis ait été préalablement annulé par la juridiction administrative. Ainsi, viole l'article L. 480-13 du code de l'urbanisme la cour d'appel qui, pour rejeter une demande de démolition d'un garage, retient qu'il convenait que le permis de construire ait été préalablement annulé par la juridiction administrative alors qu'elle relevait que le demandeur se prévalait d'une servitude de passage pour accéder à son fonds enclavé[1].

2°
Servitude de cour commune

614.321 **Démolition.** Le non-respect d'une servitude de cours commune par le propriétaire du fonds dominant est de nature à justifier la démolition de l'ouvrage, dans la mesure nécessaire au respect de la convention des parties[2]. Ainsi, lorsqu'une servitude instaurée pour autoriser la construction d'une piscine interdit de bâtir sur une bande de cinq mètres entre la piscine et le fonds voisin, le juge ordonne la démolition de la plage et du local technique implantés à l'intérieur de cette bande d'inconstructibilité[3].

SECTION 2
MESURES ORDONNÉES POUR FAIRE CESSER LE TROUBLE

§ 1
Mesures ordonnées sur le fondement de l'article 1240 du code civil

A.
Modalités de la réparation

1°
Principe d'une réparation en nature

614.331 **Remise en état des lieux.** Le principe est celui de la réparation intégrale du dommage, qui implique la remise des lieux dans leur état antérieur. Sur ce fondement, le juge peut par exemple ordonner :

– de faire cesser des travaux d'exhaussement et remettre les lieux dans leur état antérieur[4] ;

– la démolition des aménagements, la remise en état des lieux et l'enlèvement de caravanes[5] ;

– la démolition d'une construction (par exemple des cheminées irrégulièrement édifiées[6]).

La réparation en nature étant le principe, la réparation par versement de dommages et intérêts ne peut remplacer la remise en état des lieux que si celle-ci n'est pas possible. Par suite :

– les juges qui ordonnent la démolition réclamée par la partie civile, au seul titre de l'action civile, sont tenus de faire droit à la demande présentée en ce sens[7] ;

– le juge ne peut se contenter de prévoir l'allocation de dommages et intérêts à la victime si la mise en conformité de l'ouvrage est possible[8] ;

– le juge ne peut refuser d'ordonner la démolition au seul motif que cette mesure serait disproportionnée au regard du trouble qu'elle viendrait supprimer[9] ;

– le juge ne peut refuser d'ordonner la démolition au seul motif que cette dernière entraînerait des inconvénients sociaux[10].

En d'autres termes, la démolition est un droit pour le demandeur dès l'instant qu'elle est possible et que la construction illicite lui cause un préjudice personnel.

614.332 **Exigence de remise en état à concilier avec le droit à la protection du domicile.** La Cour européenne des droits de l'homme estime que la démolition d'une habitation constitue une ingérence dans l'exercice du droit au respect de la vie privée et familiale et du droit à la protection du domicile garantis par l'article 8 de la convention européenne des droits de l'homme[11].

Il en résulte que le juge civil ne peut ordonner la démolition d'une construction à usage d'habitation que si cette mesure ne porte pas une atteinte disproportionnée aux droits protégés par l'article 8 de la convention[12].

Cette jurisprudence ne s'applique que si la construction en cause constitue un domicile. Aussi ne concerne-t-elle pas à une construction n'ayant pas ce caractère. Il en résulte par exemple qu'ayant retenu qu'une SCI, qui avait fait réaliser sans autorisation des travaux d'aménagement sur un terrain qu'elle avait acquis en connaissance de son classement en zone naturelle du PLU, ne démontrait pas que ses membres y étaient établis depuis plusieurs années (ce dont il résulte qu'ils n'avaient pas entretenu avec les lieux des liens suffisamment étroits et continus pour

1. Civ. 3e, 23 mai 2002, no 00-20.861, P.
2. Civ. 3, 28 mars 2024, no 22-13.993, P.
3. Civ. 3, 28 mars 2024, no 22-13.993, P.
4. Civ. 3e, 4 avr. 2019, nos 18-11.207, 18-11.208, P.
5. Civ. 3e, 7 avr. 2016, no 15-15.011, P.
6. Crim. 9 avr. 2002, no 01-81.142, P.
7. Crim. 9 sept. 2008, no 07-88.699, P.
8. Civ. 3e, 7 juin 1979, no 78-10.427, P.
9. Civ. 3e, 18 févr. 1981, no 79-15.366, P.
10. Civ. 3e, 30 sept. 1998, no 96-19.771, P.
11. CEDH 17 oct. 2013, *Winterstein et a. c/France*, req. no 27013/07.
12. Civ. 3e, 17 déc. 2015, no 14-22.095, P.

qu'ils soient considérés comme étant leur domicile), le juge peut ordonner, à la demande d'une commune, la démolition des aménagements, la remise en état des lieux et l'enlèvement de caravanes, l'ingérence de la commune, qui visait à la protection de l'environnement, n'étant pas disproportionnée[1].

2°
Versement de dommages et intérêts

614.341 En remplacement de la réparation en nature. Le juge opte pour la réparation par équivalent (comme mode exclusif de réparation) dans deux cas de figure :

- d'une part lorsque la réparation en nature est impossible ;
- d'autre part si la construction est conforme aux nouvelles règles d'urbanisme en vigueur[2].

614.342 À titre complémentaire de la réparation en nature. Le juge peut opter pour la réparation par versement de dommages et intérêts en plus de la réparation en nature.

B.
Personne condamnée

614.351 Auteur des faits. La condamnation est prononcée à l'encontre de la personne qui se trouve à l'origine du dommage. Il s'agit généralement du propriétaire ou du constructeur.

614.352 Condamnation *in solidum*. Le juge peut condamner plusieurs personnes à la réparation du dommage.

Par exemple, dans le cas où les travaux litigieux sont imputables tant au locataire de la parcelle qu'au nu-propriétaire (qui avait consenti en connaissance de cause un bail pour exercer une activité incompatible avec le classement de la parcelle) et à l'usufruitier de cette parcelle (qui en percevait les revenus et était ainsi bénéficiaire des travaux irréguliers réalisés), le juge peut les condamner *in solidum* à cesser les travaux et à remettre les lieux en état[3].

§ 2
Mesures ordonnées au titre de l'article L. 480-13 du code de l'urbanisme

614.361 Action engagée sur le fondement du 1° de l'article L. 480-13. Lorsque l'action a été engagée contre le propriétaire sur le fondement du 1° de l'article L. 480-13 du code de l'urbanisme, le juge ordonne la démolition de la construction.

614.362 Action engagée sur le fondement du 2° de l'article L. 480-13. Lorsque l'action a été engagée contre le constructeur sur le fondement du 2° de l'article L. 480-13 du code de l'urbanisme, le juge ordonne le versement de dommages et intérêts.

§ 3
Mesures ordonnées au titre du trouble anormal de voisinage

614.371 Appréciation du juge. Le juge fixe souverainement les modalités de la réparation du trouble anormal de voisinage[4].

Il lui arrive de combiner dans une même espèce réparation en nature et versement de dommages et intérêts[5].

614.372 Exemples. À titre d'exemple, le juge a pu :

- ordonner la démolition partielle d'un mur pour le mettre en conformité avec la hauteur autorisée par le permis de construire[6] ;
- ordonner le déplacement d'un hangar à une distance d'au moins quinze mètres de la maison d'habitation des voisins[7] ;
- interdire à une association d'organiser des rencontres sur un plateau sportif après 21h à l'exception de six samedis annuels[8] ;
- ordonner le versement de dommages et intérêts[9].

614.373 Personne condamnée. La réparation incombe à l'auteur du trouble anormal de voisinage. Celui-ci est généralement le propriétaire du bâtiment.

Peut néanmoins être engagée, en tout ou partie, la responsabilité d'une personne autre que le propriétaire, par exemple un entrepreneur réalisant des travaux de démolition entraînant des nuisances sonores[10].

§ 4
Mesures ordonnées en référé

614.381 Prévention d'un dommage et cessation d'un trouble manifestement illicite (référé). Le président du tribunal judiciaire peut « toujours, même

1. Civ. 3e, 7 avr. 2016, no 15-15.011, P.
2. Civ. 3e, 25 nov. 1998, no 97-10.148, P.
3. Civ. 3e, 4 avr. 2019, nos 18-11.207, 18-11.208, P.
4. Civ. 3e, 5 janv. 2017, no 15-25.241, NP.
5. PAR EX. : Civ. 2e, 14 janv. 2010, no 09-12.110, NP.
6. Civ. 3e, 3 déc. 1997, no 96-13.702, NP – V. également Civ. 3e, 14 mars 2024, no 19-21.361, NP (ordre de réduire la hauteur d'un mur privant le voisin d'une vue directe sur la baie).
7. Civ. 2e, 14 janv. 2010, no 09-12.110, NP.
8. Civ. 3e, 2 déc. 2014, no 12-24.609, NP.
9. Civ. 2e, 10 janv. 1968, no 65-12.331, P.
10. Civ. 2e, 10 janv. 1968, no 65-12.331, P.

en présence d'une contestation sérieuse, prescrire en référé les mesures conservatoires ou de remise en état qui s'imposent, soit pour prévenir un dommage imminent, soit pour faire cesser un trouble manifestement illicite »[1].

Sur le fondement de ce texte, le juge des référés peut ordonner :

– l'interruption de travaux mis en œuvre par un coloti non conformes aux stipulations du cahier des charges, alors même que ces travaux ont été autorisés par un permis de construire[2] ;

– l'interruption de travaux mis en œuvre sur la base d'autorisations administratives ayant été annulées[3] ;

– l'interruption et la suppression des travaux entrepris sur une parcelle indivise sans le consentement de tous les indivisaires[4] ;

– la suspension de travaux provoquant un trouble anormal de voisinage (perte d'ensoleillement)[5].

SECTION 3 PARTICULARITÉ DES ACTIONS INTRODUITES PAR LE PRÉFET OU LA COMMUNE

§ 1 Action intentée par le préfet

A. Premier fondement à l'action préfectorale : annulation d'un acte

614.391 Suite d'un déféré. Lorsque le préfet a exercé avec succès un déféré contre une autorisation d'urbanisme, il peut saisir le juge civil d'une action en démolition obéissant aux conditions de droit commun[6].

614.392 Conditions. L'action peut être introduite « lorsque la juridiction administrative, saisie d'un déféré préfectoral, a annulé par une décision devenue définitive un permis de construire pour un motif non susceptible de régularisation »[7].

Dans un tel cas de figure, le préfet « peut engager une action civile en vue de la démolition de la construction dans les conditions et délais définis par le 1° de l'article L. 480-13 »[8].

À la différence des particuliers[9], le préfet peut obtenir le prononcé de cette démolition alors même que la construction n'est pas située dans une zone protégée[10].

B. Second fondement à l'action préfectorale : infraction liée à la méconnaissance d'un plan de prévention des risques

614.401 Construction dans une zone interdite. Le fait de construire ou d'aménager un terrain dans une zone interdite par un plan de prévention des risques naturels prévisibles approuvé ou de ne pas respecter les conditions de réalisation, d'utilisation ou d'exploitation prescrites par ce plan est puni des peines prévues à l'article L. 480-4 du code de l'urbanisme[11].

Dans un tel cas de figure, le tribunal judiciaire peut être saisi en application de l'article L. 480-14 du code de l'urbanisme par le préfet[12].

§ 2 Action intentée par les communes et EPCI

A. Fondements de droit commun

614.411 Premier fondement : infraction aux règles d'urbanisme. La commune ainsi que l'EPCI compétent en matière d'urbanisme peuvent exercer les droits reconnus à la partie civile en ce qui concerne les faits commis sur leur territoire et constituant une infraction d'urbanisme[13].

614.412 Deuxième fondement : responsabilité civile pour faute. Une commune ou un EPCI peut introduire une action en responsabilité sur le fondement des dispositions générales de l'article 1240 du code civil. Le juge ne fera droit à sa demande que si la collectivité subit directement et personnellement

1. C. pr. civ., art. 835.
2. Civ. 3e, 17 nov. 2004, no 03-15.193, P (trouble manifestement illicite).
3. Civ. 3e, 13 juill. 1999, no 96-19.057, P (prévention d'un dommage imminent).
4. Civ. 3e, 24 oct. 1990, no 88-18.233, P (trouble manifestement illicite).
5. Civ. 3e, 23 oct. 1991, no 89-19.604, P (dommage imminent).
6. Pendant longtemps, cette action était réservée aux seuls tiers. Elle a été ouverte au préfet par la loi ENL (L. no 2006-872, 13 juill. 2006, art. 12).
7. C. urb., art. L. 600-6, al. 1er.
8. C. urb., art. L. 600-6, al. 1er.
9. V. ss nos 614.81 s.
10. C. urb., art. L. 600-6, al. 2, indiquant que le préfet « peut également engager cette action lorsque la construction n'est pas située dans les zones mentionnées aux a à n du même 1° ».
11. V. ss no 615.871.
12. C. env., art. L. 562-5, II, 4° – Sur cette action, v. ss nos 614.421 s.
13. C. urb., art. L. 480-1, al. 6.

un préjudice en raison de la violation d'une servitude d'urbanisme, ces conditions apparaissant difficiles à satisfaire.

B. Fondement spécifique

614.421 Conditions de fond. La commune ou l'EPCI compétent en matière de PLU peut saisir le tribunal judiciaire en vue de faire ordonner la démolition ou la mise en conformité d'un ouvrage édifié ou installé[1] :

– sans l'autorisation d'urbanisme exigée ;

– en méconnaissance de cette autorisation ;

– ou, pour les aménagements, installations et travaux dispensés de toute formalité au titre du code de l'urbanisme, en violation de l'article L. 421-8.

Le Conseil constitutionnel a ajouté une condition par la formulation d'une réserve : la démolition ne saurait être ordonnée lorsque le juge peut, en application de l'article L. 480-14, ordonner à la place sa mise en conformité (entendue ici comme sa régularisation) et que celle-ci est acceptée par le propriétaire[2]. À titre d'exemple, cette condition n'est pas satisfaite dans le cas où un hangar agricole a été construit dans une zone N n'admettant pas de constructions agricoles[3].

L'article L. 480-14 du code de l'urbanisme attribue à la commune une action autonome ne nécessitant pas la démonstration d'un préjudice personnel et direct causé par les constructions irrégulières[4].

614.422 Délai. L'action de la commune ou de l'EPCI se prescrit par dix ans à compter de l'achèvement des travaux[5].

614.423 Action ouverte à la commune ou à l'EPCI. Dans le cas où la compétence en matière de PLU est exercée par l'EPCI, la commune a, concurremment avec celui-ci, qualité pour agir en démolition ou en mise en conformité d'un ouvrage sur le fondement de l'article L. 480-14 du code de l'urbanisme[6].

614.424 Cas où le litige porte sur l'existence d'un permis tacite (partage des compétences juridictionnelles). S'il n'appartient qu'à la juridiction judiciaire de statuer sur l'action d'une commune tendant, sur le fondement de l'article L. 480-14 du code de l'urbanisme, à la démolition d'une construction irrégulièrement édifiée sur une propriété privée, il appartient à la juridiction administrative de statuer sur l'existence d'un permis de construire tacite, né du silence gardé par l'administration à l'expiration du délai d'instruction de la confirmation de la demande de permis de construire formée par le pétitionnaire sur le fondement de l'article 600-2 du code de l'urbanisme, avant que le jugement d'annulation de la décision qui a refusé de délivrer le permis de construire ne soit définitif[7].

614.425 Action ouverte au préfet en cas de méconnaissance d'un PPR. L'action prévue à l'article L. 480-14 peut être mise en œuvre par le préfet en cas de méconnaissance d'un plan de prévention des risques[8].

1. C. urb., art. L. 480-14.
2. Cons. const. 31 juill. 2020, n° 2020-853 QPC, *M. Antonio O.*, [Action en démolition d'un ouvrage irrégulièrement édifié ou installé], conformité, réserve, *JO* 1er août, n° 135 ; *RFDA* 2021. 1071, note J. Trémeau ; *RDI* 2020. 530, obs. G. Beaussonie.
3. Civ. 3e, 20 avr. 2022, n° 21-13.491, *Sté Montcalm c/Cne de Castelginest*, NP ; *RDI* 2022. 427, obs. M. Revert.
4. Civ. 3e, 16 mai 2019, n° 17-31.757, P.
5. C. urb., art. L. 480-14.
6. Civ. 3e, 21 janv. 2021, n° 20-10.602, P.
7. Civ. 3e, 27 mai 2021, n° 20-23.287, P.
8. V. ss n° 614.401.

CHAPITRE

615. Contentieux pénal de l'urbanisme

SECTION 0
ORIENTEUR

615.00 **Sommaire du chapitre.**

615.01 Textes applicables.

> Infractions d'urbanisme et éléments de procédure

• C. urb.

art. L. 480-1 s.

art. L. 600-1 ; L. 610-1 s.

art. R. 610-1 s.

615.02 Jurisprudence de référence.

> La compétence pour constater les infractions est exercée par le maire en tant qu'agent de l'État

• **CE, sect., 16 nov. 1992,** *Paris (Ville)*, req. nº 96016, *Lebon.*

> Monopole de compétence des juridictions judiciaires pour apprécier la régularité d'un procès-verbal d'infraction

• **CE, sect., 6 févr. 2004,** *Masier*, req. nº 256719, *Lebon* 45.

615.03 Bibliographie indicative.

Thèse. D. Moreno, *Le juge judiciaire et le droit de l'urbanisme*, LGDJ, « Bibliothèque de droit public », 1991.

Encyclopédie. *DP constr.-urb.*, ét. : « Permis de construire » – *J.-Cl. Constr.-Urb.*, fasc. 27-20 : « Permis de construire. – Contentieux judiciaire », par Th. Fossier, juin 2020 ; fasc. 7-35 : « Infractions pénales en matière d'urbanisme », par F. Archer, mai 2016, mis à jour oct. 2021 ; fasc. 27-15 : « Permis de construire. – Déféré préfectoral et sanctions administratives », par G. Livet-Veaux, nov. 2009.

Monographies. F.-C. Bernard, *Guide des contentieux de l'urbanisme*, 2e éd., « Guides », LexisNexis, 2018 – T. Fossier et J-H. Robert, *Droit répressif de l'urbanisme*, Economica, 2020, 338 p.

Contributions. C. Ambroise-Castérot, « Cet obscur droit pénal de l'urbanisme et de la construction », *Mél. G. Giudicelli-Delage*, Dalloz 2016, p. 441.

Articles. Ph. Bonfils, « Le droit pénal de l'urbanisme : risques et opportunités », *BJDU* 2007. 95 – C. de Jacobet de Nombel, « Le droit pénal de l'urbanisme à l'épreuve des principes du droit criminel », *Dr. pén.* 2013, dossier 7 – A. Caston et M. Poumarède, « L'obligation de démolir l'immeuble », *RDI* 2020. 647 – S. Pérignon et L. Peironet, « La mesure de démolition ordonnée par le juge répressif », *Defrénois* 2000. 37093, p. 65 – B. Phémolant, « Le risque pénal en droit de l'urbanisme », *RDI* 2001. 425 – M. Ricard, « Le droit pénal de l'urbanisme ou petite histoire des abominations commises au nom du peuple français », *Gaz. Pal.* 27-28 févr. 1998, p. 40 – M. Rouchayrolle, « Le risque pénal en droit de l'urbanisme. Les infractions », *RDI* 2001. 416 – G. Roujou de Boubée, « Le risque pénal en droit de l'urbanisme. Les sanctions », *RDI* 2001. 421 – C. Wiels, « Les nouvelles dispositions sur le contentieux en matière d'astreinte résultant de la loi engagement dans la vie locale et proximité, un renforcement des pouvoirs de police en matière d'urbanisme », *BJDU* 2020. 155 – *Gaz. Pal.* 2022, nº 39, numéro spécial « Droit pénal de l'urbanisme », avec les contributions de F. Fourment, « L'imputation des infractions en droit pénal de l'urbanisme », p. 59 ; L. de Graëve, « Les mesures de restitution en droit de l'urbanisme, des objets pénaux en quête de reconnaissance et d'indépendance », p. 63 ; S. Detraz, « Le juge pénal, juge du permis de construire », p. 67 ;

L. Saenko, « Infractions au droit de l'urbanisme et prescription de l'action publique : une rencontre impossible ? », p. 71 ; E. Dreyer, « Pour une dépénalisation du droit de l'urbanisme ! », p. 74.

615.04 Questions essentielles.

> Quelles sont les différentes infractions d'urbanisme ?

* V. s^s n°s 615.11 s.

> Quelles sont les infractions autres que les infractions d'urbanisme ?

* V. s^s n°s 615.841 s.

> Quelles autorités disposent du pouvoir d'ordonner l'interruption des travaux à titre conservatoire ?

* V. s^s n°s 615.251 s.

> Quelles peines et mesures de réparation peuvent être ordonnées par le tribunal correctionnel ?

* V. s^s n°s 615.521 s.

> Le maire peut-il ordonner la démolition d'une construction irrégulière ?

* V. s^s n°s 615.763 s.

615.05 Objet. Le droit pénal des autorisations d'urbanisme a pour objet de réprimer les infractions commises en la matière et de faire cesser et/ou réparer les préjudices qui en ont résulté.

615.06 Repères statistiques. Environ 1 800 condamnations pour infraction au code de l'urbanisme sont prononcées chaque année par les juridictions judiciaires. Les condamnations pour infraction aux dispositions relatives aux autorisations représentent environ 75 % du total[1].

En moyenne, une centaine de procès-verbaux d'infraction au code de l'urbanisme sont établis chaque année dans chaque département. Les situations sont toutefois extrêmement variables, le nombre de procès-verbaux dressés oscillant entre une dizaine et un millier selon les départements[2].

SECTION 1
INFRACTIONS EXISTANTES EN MATIÈRE D'AUTORISATIONS D'URBANISME

615.11 Infractions prévues par le code de l'urbanisme. Le code de l'urbanisme définit des infractions incriminant la méconnaissance des règles applicables aux autorisations d'urbanisme.

Elles se distinguent des infractions prévues par le code pénal qui peuvent être mises en œuvre le cas échéant pour sanctionner une corruption, une escroquerie ou une prise illégale d'intérêt intervenue à l'occasion d'une procédure d'urbanisme[3]. Ces infractions prévues par le code pénal seront examinées dans une section distincte, de même que celles prévues par le code de l'environnement.

615.12 Une incrimination par renvoi. Le code de l'urbanisme utilise la technique de l'incrimination par renvoi, ce qui rend assez complexe et peu lisible le dispositif pénal.

615.13 Infractions générales et infractions spéciales. Une classification habituelle conduit à distinguer, parmi les infractions prévues par le code de l'urbanisme en matière d'autorisations d'urbanisme :

– d'une part, les infractions générales ;

– d'autre part, les infractions spéciales.

§ 1
Infractions générales prévues par le code de l'urbanisme

A.
Méconnaissance des règles sur les autorisations d'urbanisme (C. urb., art. L. 480-4)

615.21 Règles concernées. L'article L. 480-4 incrimine « le fait d'exécuter des travaux mentionnés aux articles L. 421-1 à L. 421-5 et L. 421-5-3 »[4] :

– « en méconnaissance des obligations imposées par les titres Ier à VII » du livre IV (sur les autorisations d'urbanisme) ;

– « ou en méconnaissance des prescriptions imposées par un permis de construire, de démolir ou d'aménager ou par la décision prise sur une déclaration préalable ».

Sur ce dernier point, l'article L. 480-4 incrimine notamment, de façon spécifique :

– l'« inexécution, dans les délais prescrits, de tous travaux d'aménagement ou de démolition imposés par les autorisations visées au premier alinéa »[5] ;

– l'« inobservation, par les bénéficiaires d'autorisations accordées pour une durée limitée ou à titre précaire, des délais impartis pour le rétablissement des lieux dans leur état antérieur ou la réaffectation du sol à son ancien usage »[6] ;

1. Étude d'impact du projet de loi relatif à l'engagement dans la vie locale et à la proximité de l'action publique, 10 sept. 2019 (NOR : TERX1917292L/Bleue-2), art. 14, p^t 1.1.
2. Étude d'impact du projet de loi relatif à l'engagement dans la vie locale et à la proximité de l'action publique, 10 sept. 2019 (NOR : TERX1917292L/Bleue-2), art. 14, p^t 1.1.
3. V. s^s n°s 615.842 s.
4. Qui listent les travaux soumis à autorisation préalable (permis), à déclaration préalable ou qui sont dispensés de formalités au titre du code de l'urbanisme – V. s^s n°s 32.05 s. – C. urb., art. L. 480-4, al. 1er.
5. C. urb., art. L. 480-4, 1°.
6. C. urb., art. L. 480-4, 2°.

– l'« inexécution, dans les délais prescrits par la mise en demeure prévue à l'article L. 121-22-5 [1], des travaux de démolition et de remise en état rendus nécessaires par le recul du trait de côte » [2].

615.22 Illustrations. Constitue par exemple une méconnaissance de l'autorisation d'urbanisme :

– le fait de réaliser des travaux sans l'autorisation requise (soit qu'elle n'ait pas été demandée [3], soit qu'elle ait été demandée mais pas obtenue [4], soit qu'elle ait été obtenue mais soit périmée [5] ou ait été suspendue [6], soit qu'elle ait été obtenue par fraude [7]) ;

– le fait de construire uniquement la maison d'habitation accessoire à un bâtiment agricole et non le bâtiment agricole lui-même [8] ;

– une construction non conforme au projet [9] ou aux prescriptions dont est assorti le permis.

B. Méconnaissance des règles d'urbanisme (C. urb., art. L. 610-1)

1° Infractions concernées

615.31 Méconnaissance des règles du PLU. En cas d'infraction aux dispositions des PLU, les articles L. 480-1 à L. 480-9 sont applicables, « les obligations mentionnées à l'article L. 480-4 s'entendant également de celles résultant des plans locaux d'urbanisme » [10].

Ainsi, par exemple, « le fait d'affecter à une utilisation contraire aux dispositions du plan local d'urbanisme des constructions régulièrement édifiées en vue d'une autre affectation constitue une violation de ce plan et le délit prévu à l'article L. 610-1 du code de l'urbanisme » [11]. Dans cette affaire, deux individus avaient acquis, à travers leur société, des parcelles supportant des immeubles préexistants, situées dans l'enceinte d'un ancien site industriel. Ils ont ensuite utilisé les immeubles ainsi acquis pour développer une activité artisanale. Dans la mesure où le PLU interdit l'exercice d'une telle activité dans la zone où se situent ces parcelles, l'infraction est caractérisée, alors même qu'aucun travaux n'a été réalisé sur l'immeuble litigieux.

615.32 Méconnaissance des règles nationales d'urbanisme. Constituent des infractions la méconnaissance des règles nationales d'urbanisme suivantes :

– exécution de travaux ou d'utilisation du sol en méconnaissance des obligations imposées par les articles L. 111-1 à L. 111-10, L. 111-15, L. 111-23, L. 115-3 et L. 131-1 à L. 131-7 ainsi que par les règlements pris pour leur application (1°) ;

– coupes et abattages d'arbres effectués en infraction aux dispositions de l'article L. 421-4, sur les territoires des communes, parties de communes ou ensemble de communes où l'établissement d'un PLU a été prescrit mais où ce plan n'a pas encore été rendu public (2°) ;

– exécution de travaux ou d'utilisation du sol en infraction aux dispositions des articles L. 113-11 et L. 113-12 relatifs à la protection des espaces naturels sensibles des départements (3°) ;

– exécution, dans une ZAC, de travaux dont la réalisation doit obligatoirement être précédée d'une étude de sécurité publique en application de l'article L. 114-1, avant la réception de cette étude par la commission compétente en matière de sécurité publique (4°).

2° Régime

615.41 Hypothèse de l'annulation d'un document d'urbanisme. En cas d'annulation d'un document d'urbanisme, le respect de la réglementation

1. V. ss n° 126.482.
2. C. urb., art. L. 480-4, 3°.
3. Crim. 3 juin 2009, n° 08-86.212, NP (changement de destination réalisée sans permis de construire) ; – Crim. 13 déc. 2005, n° 04-87.274, NP (création d'un chalet) ; – Crim, 22 oct. 2019, n° 18-86.775, NP (mur édifié sans déclaration préalable dans un secteur protégé).
4. Crim. 1er juill. 1976, n° 75-92.983, P : arrêt précisant qu'aussi longtemps que le permis de construire légalement exigible n'a pas été obtenu, la construction ne peut être licitement entreprise. Par suite, l'illégalité alléguée de la décision de refus du permis, à la supposer démontrée, ne peut suppléer à l'autorisation requise et enlever à la construction sans permis son caractère punissable ; – dans le même sens : Crim. 6 oct. 1993, n° 92-85.984, P : arrêt indiquant que l'exercice d'un recours contre un arrêté du maire portant refus de permis de construire est sans effet sur l'exercice d'une poursuite pour défaut de permis de construire, le délit prévu par l'article L. 480-4 du Code de l'urbanisme étant caractérisé dès lors que la construction est édifiée sans qu'un permis ait été préalablement accordé.
5. Crim. 21 janv. 2014, n° 12-87.933, NP.
6. V. ss n° 615.51.
7. Crim. 4 nov. 1998, n° 97-82.569, P : arrêt précisant qu'un permis de construire obtenu frauduleusement équivaut à son absence.
8. Crim. 18 nov. 2008, n° 08-82.868, NP : en l'espèce, les deux constructions étaient indissociables : d'une part, le bâtiment de gardiennage n'a de raison d'être que du fait de l'édification du bâtiment d'élevage des escargots ; d'autre part, la délivrance du permis de construire a été conditionnée par la réunion des deux bâtiments sur le même terrain.
9. Crim. 25 janv. 1995, n° 94-81.316, P ; – Crim. 5 janv. 1993, n° 92-83.260, P.
10. C. urb., art. L. 610-1, al. 1er – par ex. : Crim. 13 déc. 2005, n° 04-87.274, NP (implantation d'un mobil-home en méconnaissance des règles du PLU).
11. Crim. 27 févr. 2024, n° 23-82.639, P ; *RDI* 2024. 336, obs. C. de Jacobet de Nombel.

(et, par suite, l'existence d'une infraction) s'apprécie au regard du document immédiatement antérieur[1] ou, à défaut d'un tel document, du RNU[2].

615.42 Absence d'infraction en cas de travaux réalisés conformément à l'autorisation délivrée. L'article L. 610-1 n'est pas applicable « lorsque le bénéficiaire d'une autorisation définitive relative à l'occupation ou l'utilisation du sol, délivrée selon les règles du présent code, exécute des travaux conformément à cette autorisation »[3]. Il retrouve en revanche application « en cas de fraude »[4].

Le juge estime que la construction n'est pas illégale lorsque le permis de construire qui l'a autorisée est annulé après qu'elle fut terminée (le juge estimant que l'annulation du permis de construire n'a pu avoir pour effet de rendre illicites les actes de construction réalisés antérieurement) et en l'absence de fraude alléguée[5].

615.43 Date à laquelle s'apprécie la réglementation applicable. La réglementation applicable s'apprécie, ni au jour de la délivrance de l'autorisation d'urbanisme ni à celui de l'exécution des travaux mais au jour de l'achèvement de ces derniers. Par suite, dans l'hypothèse où un PLU est modifié durant leur réalisation, le responsable commet une infraction d'urbanisme en ne respectant pas la nouvelle règle posée (en l'espèce, une règle portant de 7 à 15 le nombre de places de stationnement exigées pour le projet)[6].

§ 2
Infractions spéciales prévues par le code de l'urbanisme

615.51 Poursuite des travaux malgré un ordre d'interruption ou une suspension de l'autorisation. En cas de continuation des travaux nonobstant la décision judiciaire ou l'arrêté en ordonnant l'interruption, les personnes visées au deuxième alinéa de l'article L. 480-4 encourent une amende de 75 000 euros et une peine de trois mois d'emprisonnement[7].

Ces peines sont également applicables en cas de continuation des travaux nonobstant la décision de la juridiction administrative prononçant la suspension ou le sursis à exécution de l'autorisation d'urbanisme[8].

615.52 Obstacle au droit de visite. Est puni de six mois d'emprisonnement et de 7 500 euros d'amende le fait de faire obstacle aux fonctions exercées par les autorités, fonctionnaires et agents habilités à exercer les missions[9] :

– de contrôle administratif prévues au chapitre Ier du titre VI du livre IV ;

– ou de recherche et de constatation des infractions prévues par le code de l'urbanisme.

Cette infraction a la nature d'un délit. Elle est par exemple constituée lorsque le prévenu s'oppose de manière persistante à toutes les demandes de contact et d'explications de la part de l'administration et des autorités en charge de l'enquête[10].

On notera en outre qu'une infraction ayant la nature d'une contravention est spécifiquement prévue s'agissant de l'obstacle au droit de visite des terrains de campings[11].

615.53 Vente ou location dans un lotissement sans permis d'aménager. Constitue une infraction le manquement aux règles régissant la commercialisation d'un lotissement. Cette infraction peut donner lieu au prononcé d'une sanction[12] et à une mesure de mise en conformité[13].

615.54 Perte ou destruction d'une plaque commémorative. Constitue une infraction la perte ou la destruction d'une plaque commémorative au cours des travaux[14].

SECTION 2
CARACTÉRISATION DES INFRACTIONS D'URBANISME

§ 1
Élément intentionnel

615.61 Intention coupable. Aux termes de l'article L. 121-3 du code pénal : « Il n'y a point de crime ou de délit sans intention de le commettre »[15].

La jurisprudence entend de façon large la notion d'intention en la définissant comme la violation

1. Crim. 10 nov. 2015, n° 14-85.517, P.
2. Crim. 29 janv. 2019, n° 18-83.296, NP.
3. C. urb., art. L. 610-1, al. 7.
4. C. urb., art. L. 610-1, al. 7.
5. Crim. 15 févr. 1995, n° 94-80.739, NP.
6. Crim. 14 févr. 2023, n° 22-81.034, NP ; *Dr. pénal* 2023, comm. 65, note J.-H. Robert ; *RDI* 2023. 297, obs. C.de Jacobet de Nombel.
7. C. urb., art. L. 480-3, al. 1er.
8. C. urb., art. L. 480-3, al. 2.
9. C. urb., art. L. 480-12.
10. Crim. 17 janv. 2017, n° 16-82.400, NP.
11. C. urb., art. R. 480-6 : « Le fait d'entraver l'exercice du droit d'inspection, prévu par l'article R. 443-12, des terrains aménagés pour le camping et des terrains sur lesquels se trouvent des caravanes dont le stationnement a été autorisé ou aurait dû l'être est puni de l'amende prévue pour les contraventions de la 5e classe ».
12. V. ss n° 615.541.
13. V. ss nos 615.671 s.
14. V. ss n° 382.31.
15. C. pén., art. L. 121-3, al. 1er.

volontaire d'une prescription légale ou réglementaire[1].

L'intention coupable est donc aisée à établir puisqu'elle se déduit, en matière d'infractions d'urbanisme, de la violation des dispositions applicables. Cette intention est par exemple établie en cas d'exécution de travaux de construction sans déclaration préalable et en méconnaissance des prescriptions du POS de la commune par l'acquéreur d'une maison individuelle et de poursuite par lui desdits travaux au mépris de l'arrêté du maire en ordonnant l'interruption[2].

§ 2
Durée de l'infraction

615.71 Infraction continue. Une infraction continue (telle l'infraction générale prévue à l'article L. 480-4, al. 1er) s'accomplit pendant tout le temps où les travaux sont exécutés. Sa perpétration débute dès le commencement des travaux et s'étend jusqu'à leur achèvement[3].

Il n'est pas nécessaire que la construction soit achevée pour que l'infraction soit constituée[4].

615.72 Infraction instantanée. L'infraction instantanée est celle qui se déroule en un laps de temps très court. Tel est le cas, par exemple, de la coupe d'un arbre. Le délai de prescription commence à courir à compter de sa réalisation[5].

§ 3
Absence d'incidence d'une régularisation *a posteriori*

615.81 Impossibilité d'une régularisation postérieure. La violation des règles d'urbanisme est constituée dès l'établissement du procès-verbal d'infraction, peu important que certains manquements aient été régularisés avant l'achèvement des travaux[6].

En d'autres termes, « une mesure de régularisation ne peut avoir pour effet de faire disparaître l'infraction »[7]. Le délit demeure donc constitué nonobstant une mesure de régularisation prise *a posteriori* comme, par exemple, l'obtention d'un permis de construire[8].

En revanche, la délivrance d'un permis de régularisation fait obstacle à ce que le juge ordonne la démolition de la construction[9].

§ 4
Absence d'incidence d'une attestation de conformité des travaux

615.91 Élément sans incidence. Ni la déclaration d'achèvement et de conformité des travaux ni l'attestation certifiant que la conformité des travaux avec le permis de construire n'a pas été contestée, n'ont d'effet sur l'action publique[10].

SECTION 3
PREUVE DES INFRACTIONS D'URBANISME

615.101 Modes de preuve. Les infractions d'urbanisme sont presque toujours établies par procès-verbal. Les faits peuvent néanmoins être établis par d'autres moyens.

§ 1
Preuve des infractions d'urbanisme par procès-verbal

A.
Agents compétents pour constater les infractions d'urbanisme

1°
Situation générale

615.111 Agents compétents. Les infractions d'urbanisme sont constatées[11] :

– par tous officiers ou agents de police judiciaire ;

– ainsi que par tous les fonctionnaires et agents de l'État et des collectivités publiques commissionnés à cet effet par le maire ou le ministre chargé de l'urbanisme suivant l'autorité dont ils relèvent et assermentés.

1. Crim. 12 juill. 1994, n° 93-85.262, P : arrêt indiquant que la seule constatation de la violation en connaissance de cause d'une prescription légale ou réglementaire implique de la part de son auteur l'intention coupable exigée par l'article 121-3, alinéa 1er, du code pénal.
2. Crim. 12 juill. 1994, n° 93-85.262, P.
3. À PROPOS d'une construction sans permis : Crim. 11 févr. 1971, n° 70-92.521, P.
4. Crim. 25 janv. 1995, n° 93-85.804, NP.
5. V. s[s] n° 615.471.
6. Crim. 16 janv. 2018, n° 17-81.157, P.
7. Crim. 25 janv. 1995, n° 93-85.804, NP.
8. Crim. 19 mars 1992, n° 91-83.290, P ; – Crim. 18 juin 1997, n° 96-83.082, P.
9. V. s[s] n° 615.623.
10. Crim. 3 déc. 2019, n° 18-86.032, P.
11. C. urb., art. L. 480-1, al. 1er ; – Pour les infractions prévues aux dispositions des titres Ier, II, III, IV et VI du livre IV du code de l'urbanisme et art. L. 610-4, al. 1er ; – Pour les infractions aux dispositions du RNU et aux articles L. 610-1 et L. 610-2. L'article L. 610-4 renvoie, à tort, aux articles L. 113-8 et L. 113-15.

615.112 Modalités d'assermentation. Les fonctionnaires et agents de l'État et des collectivités publiques commissionnés par le ministre chargé de l'urbanisme ou par les maires sont assermentés et exercent leurs fonctions dans les conditions fixées aux articles R. 610-1 à R. 610-3[1].

Avant d'entrer en fonctions, ces fonctionnaires et agents prêtent le serment suivant devant le tribunal judiciaire dans le ressort duquel ils sont domiciliés, au siège de ce tribunal ou, le cas échéant, de l'une de ses chambres de proximité : « Je jure de bien et fidèlement remplir mes fonctions et de ne rien révéler ou utiliser de ce qui sera porté à ma connaissance à l'occasion de leur exercice »[2].

En cas de mutation, « il n'y a pas lieu à nouvelle prestation de serment »[3]. Une nouvelle décision d'habilitation est cependant nécessaire en ce qui concerne « les fonctionnaires et agents commissionnés par les maires »[4].

Les fonctionnaires et agents assermentés « doivent être porteurs de leur commission au cours de l'accomplissement de leur mission »[5]. La mention de la prestation de serment « est apposée sur cette commission par le greffier du tribunal judiciaire »[6].

2° Cas d'infractions portant sur les monuments historiques et les sites patrimoniaux, l'archéologie préventive, une zone à risques ou les espaces boisés

615.121 Infractions mentionnées à l'article L. 480-4. Les infractions mentionnées à l'article L. 480-4 peuvent être constatées par les agents commissionnés à cet effet par le préfet de région[7] et assermentés aux conditions suivantes[8] :

- d'une part, elles doivent affecter des immeubles soumis aux dispositions législatives du code du patrimoine relatives aux monuments historiques, aux abords des monuments historiques ou aux sites patrimoniaux remarquables ou aux dispositions législatives du code de l'environnement relatives aux sites ;
- d'autre part, elles doivent consister soit dans le défaut de permis de construire, soit dans la non-conformité de la construction ou des travaux au permis de construire accordé.

615.122 Infractions aux prescriptions relatives à l'archéologie préventive. Il en est de même des infractions aux prescriptions établies en application des articles L. 522-1 à L. 522-4 du code du patrimoine[9], relatives à l'archéologie préventive.

615.123 Infractions relatives à un espace boisé. Les fonctionnaires et agents contractuels de l'administration des eaux et forêts sont compétents pour constater par procès-verbaux les infractions aux dispositions du code de l'urbanisme relatives à la conservation et à la création d'espaces boisés[10].

615.124 Infractions relatives à une zone à risque au regard d'un PPRNP. L'infraction consistant à construire ou à aménager un terrain dans une zone interdite par un plan de prévention des risques naturels prévisibles approuvé ou à ne pas respecter les conditions de réalisation, d'utilisation ou d'exploitation prescrites par ce plan peut être constatée, outre les APJ et les OPJ, par les fonctionnaires et agents commissionnés à cet effet par l'autorité administrative compétente et assermentés[11].

B. Obligation de constater les infractions d'urbanisme

1° Compétence liée des autorités étatiques pour constater les infractions d'urbanisme

615.131 Compétence liée. Les autorités de l'État se trouvent dans une situation de compétence liée pour constater les infractions d'urbanisme dont ils ont connaissance (C. urb., art. L. 480-1, al. 3 : lorsque l'autorité administrative et, au cas où il est compétent pour délivrer les autorisations, le maire ou le président de l'EPCI compétent ont connaissance d'une infraction de la nature de celles que prévoient les articles L. 480-4[12] et L. 610-1[13], « ils sont tenus d'en faire dresser procès-verbal »).

Le Conseil d'État indique qu'il résulte des articles L. 480-1, L. 480-2 et L. 480-4 du code de l'urbanisme « que le maire est tenu de dresser un procès-verbal en application de l'article L. 480-1 du code de l'urbanisme lorsqu'il a connaissance d'une infraction mentionnée à l'article L. 480-4, résultant soit de l'exécution de travaux sans les autorisations prescrites par le livre IV du code, soit de la méconnaissance des autorisations délivrées »[14]. Le maire est également tenu de

1. C. urb., art. R. 480-3, al. 1er.
2. C. urb., art. R. 610-1.
3. C. urb., art. R. 610-2, al. 1er.
4. C. urb., art. R. 610-2, al. 2.
5. C. urb., art. R. 610-3, al. 1er.
6. C. urb., art. R. 610-3, al. 2.
7. C. urb., art. R. 480-3, al. 2.
8. C. urb., art. L. 480-1, al. 2.
9. C. urb., art. L. 480-1, al. 2.
10. C. urb., art. L. 610-4, al. 2.
11. C. env., art. L. 562-5, II, 1°.
12. V. ss nos 615.21 s. (méconnaissance des règles sur les autorisations d'urbanisme).
13. V. ss nos 615.31 s. (méconnaissance des règles d'urbanisme).
14. CE 23 sept. 2019, *Pétré*, req. no 424270, *Lebon T.* ; *BJDU* 2019. 404, concl. A. Iljic.

dresser un procès-verbal lorsqu'il a connaissance d'une infraction mentionnée à l'article L. 610-1 du code de l'urbanisme, résultant de la méconnaissance des dispositions du PLU[1].

615.132 Autorité compétente. S'agissant d'une mission de police judiciaire, la compétence pour constater les infractions appartient aux autorités de l'État.

Elle est exercée par le maire (ou le président de l'EPCI) en tant qu'agent de l'État et, par suite, sous le contrôle hiérarchique du préfet[2].

Le transfert de la compétence en matière de planification de l'urbanisme à un EPCI n'a pas d'incidence sur la compétence du maire au titre de la police de l'urbanisme. Il en va de même lorsque le territoire est couvert par un PLUI[3].

615.133 Constat d'une infraction prescrite ? La plupart des infractions à la législation de l'urbanisme constituent, au regard de la loi pénale, des délits pour lesquels la prescription de l'action publique est de six ans révolus à compter du jour où ils ont été commis[4]. Selon une réponse ministérielle, les maires « sont dispensés de dresser procès-verbal pour les infractions couvertes par ce délai de prescription ». Elle ajoute : « Pour les infractions non couvertes par ce délai, les maires sont tenus, en application de l'article L. 480-1 du code de l'urbanisme, de dresser ou faire dresser procès-verbal et de transmettre copie de ce dernier au ministère public. En tout état de cause, un procès-verbal doit être également établi, en cas de doute par le maire, de l'expiration ou non du délai de prescription, le procureur ou le tribunal appréciant si l'infraction était ou non prescrite »[5].

2°
Moyens de sanctionner ou de remédier à un refus ou une inertie de constater une infraction d'urbanisme

615.141 Engagement de responsabilité. Le manquement à l'obligation de constater les infractions dont les autorités de l'État ont connaissance engage leur responsabilité[6].

Il en va de même en cas de retard à constater les infractions[7].

615.142 Injonction de constater une infraction. Lorsque le maire refuse de faire constater une infraction (et de prendre un arrêté interruptif de travaux ainsi que de saisir le ministère public), tout intéressé peut former un référé-suspension contre ce refus[8].

En cas de carence à agir non formalisée dans une décision, la voie du référé-mesures utiles peut être utilisée[9].

C.
Établissement du procès-verbal

1°
Objet du procès-verbal

615.151 Description des faits. La mission des agents verbalisateurs « est limitée au seul constat des faits »[10]. Le procès-verbal, qui fait foi jusqu'à preuve du contraire[11], a pour objet d'établir leur matérialité.

2°
Lieux concernés

a.
Situation générale

615.161 Constat de l'infraction en tous lieux. Les fonctionnaires et agents mentionnés à l'article L. 480-1 recherchent et constatent les infractions d'urbanisme « en quelque lieu qu'elles soient commises »[12].

b.
Restrictions pour l'accès aux locaux professionnels et domiciles

615.171 Cas des locaux professionnels. Les agents verbalisateurs sont tenus d'informer le procureur de la République, qui peut s'y opposer, avant d'accéder aux établissements et locaux professionnels[13].

Ils ne peuvent pénétrer dans ces lieux avant 6 heures et après 21 heures[14].

En dehors de ces heures, ils y accèdent lorsque les locaux sont ouverts au public[15].

615.172 Visite des domiciles. Les domiciles et les locaux comportant des parties à usage d'habitation ne peuvent être visités qu'entre 6 heures et 21 heures[16] :

– avec l'assentiment de l'occupant ;

1. CE 23 sept. 2019, *Pétré*, req. n° 424270.
2. CE, sect., 16 nov. 1992, *Paris (Ville)*, req. n° 96016, *Lebon*.
3. Rép. min. n° 8681, *JOAN Q* 2 mai 1989, p. 2045.
4. V. s[s] n°s 615.461 s.
5. Rép. min. n° 1363, *JOAN Q* 15 mai 1989, p. 2258.
6. CE 10 mai 1996, *Agnel et a.*, req. n° 133195, *Lebon T.* : en l'espèce, responsabilité du maire en tant qu'agent de l'État.
7. CE 21 oct. 1983, *Min. Environnement et Cadre de vie c/ Gueden (M. et Mme)*, req. n° 31728, *Lebon*.
8. V. s[s] n° 613.112.
9. V. s[s] n° 613.282.
10. Rép. min. n° 45788, *JOAN Q* 29 mars 2005, p. 3304.
11. V. s[s] n° 615.221.
12. C. urb., art. L. 480-17, I, al. 1er.
13. C. urb., art. L. 480-17, I, al. 2.
14. C. urb., art. L. 480-17, I, al. 2.
15. C. urb., art. L. 480-17, I, al. 2.
16. C. urb., art. L. 480-17, II.

– ou, à défaut, en présence d'un officier de police judiciaire agissant conformément aux dispositions du code de procédure pénale relatives aux visites domiciliaires, perquisitions et saisies de pièces à conviction.

Dans le premier cas, l'assentiment doit faire l'objet d'une déclaration écrite de la main de l'intéressé. Si celui-ci ne sait pas écrire, il en est fait mention au procès-verbal, ainsi que de son assentiment[1].

Dans le second (refus d'accès à la propriété), l'agent doit consigner le refus opposé par l'occupant dans le procès-verbal et demander la mise en œuvre d'une visite domiciliaire aux conditions posées par le code de procédure pénale.

615.173 Pratique consistant à établir un constat depuis la voie publique pour les infractions visibles depuis l'extérieur. En pratique, dans l'hypothèse « la plus simple et la plus fréquente, les constatations des infractions au code de l'urbanisme sur les constructions ou travaux visibles de l'extérieur sont effectuées depuis la voie publique et ne nécessitent donc pas l'accord d'une quelconque personne »[2].

3°
Contenu du procès-verbal

615.181 Mentions obligatoires. Le procès-verbal doit mentionner :

- la date ;
- le lieu ;
- et décrire la matérialité des faits.

Des plans, croquis et photos peuvent y être annexés.

615.182 Absence d'obligation de faire signer le procès-verbal. Il ne résulte d'aucun texte, ni d'aucun principe substantiel de procédure pénale, que le procès-verbal constatant une infraction en matière d'urbanisme doive être signé de la personne mise en cause ni notifié à celle-ci par lettre recommandée afin de lui permettre de présenter ses observations[3].

D.
Transmission du procès-verbal

1°
Transmission au ministère public

615.191 Transmission immédiate. Copie du procès-verbal constatant une infraction est transmise « sans délai » au ministère public[4].

1. C. urb., art. L. 480-17, II.
2. Rép. min. n° 19439, *JO Sénat Q* 2 févr. 2006, p. 309.
3. Crim. 10 oct. 2006, n° 06-81.841, P.
4. C. urb., art. L. 480-1, al. 4.

Une transmission tardive n'entache pas la procédure de nullité[5].

2°
Absence de transmission au contrevenant ou à un tiers

615.201 Absence de transmission au contrevenant. Aucune disposition n'impose la transmission du procès-verbal au contrevenant ou à l'architecte des travaux[6].

En outre, une telle transmission n'est possible qu'avec l'accord du Procureur[7].

615.202 Absence de transmission à un tiers ou au contrevenant, sauf accord du Procureur. Le procès-verbal de constatation d'une infraction au code de l'urbanisme fait partie intégrante de la procédure pénale. Dès lors, « il est couvert par le secret de l'enquête et de l'instruction selon les dispositions [...] du code de procédure pénale. Sa communication à un tiers ou au contrevenant [...] est subordonnée à l'autorisation du procureur de la République »[8].

Selon la même logique, dans le cas où le propriétaire n'est pas identifié comme responsable des travaux litigieux lors du constat de l'infraction, il « ne peut se voir délivrer une expédition du procès-verbal par le greffe pénal qu'en qualité de partie [...] ou en qualité de tiers [...] »[9].

3°
Possibilité de transmission au maire

615.211 Transmission autorisée. Une réponse ministérielle indique qu'il ressort des dispositions du code de l'urbanisme et du code de procédure pénale « que la transmission du procès-verbal au maire est possible et ne porte pas atteinte au principe du secret de la procédure et de l'instruction. Les maires sont en effet dans une situation particulière. Ils concourent à l'action pénale en qualité d'agents de l'État et, sous le contrôle hiérarchique du préfet, en disposant du pouvoir d'interrompre les travaux dans l'attente de la décision du juge judiciaire. Cette interruption ne peut intervenir qu'après qu'un procès-verbal, constatant une infraction aux règles du code de l'urbanisme, a été dressé et elle se fonde sur les énonciations de celui-ci »[10].

5. Crim. 3 nov. 2004, n° 04-82.713, P.
6. Crim. 25 janv. 1995, n° 93-85.804, NP – également, v. s^s n° 615.182.
7. V. s^s n° 615.202.
8. Rép. min. n° 13589, *JO Sénat Q* 31 mars 2005, p. 930.
9. Rép. min. n° 45788, *JOAN Q* 29 mars 2005, p. 3304.
10. Rép. min. n° 13589, *JO Sénat Q* 31 mars 2005, p. 930.

4°
Force probante du procès-verbal

615.221 **Force probante des PV.** Les procès-verbaux dressés par les agents verbalisateurs[1] « font foi jusqu'à preuve du contraire »[2].

5°
Contestation de la régularité du procès-verbal

615.231 **Compétence judiciaire.** Le procès-verbal dressé en application de l'article L. 480-1 du code de l'urbanisme a le caractère d'un acte de procédure pénale dont la régularité ne peut être appréciée que par les juridictions judiciaires[3].

Le juge administratif rejette pour incompétence le recours demandant l'annulation d'un procès-verbal d'infraction[4]. De même, le procès-verbal d'infraction ayant le caractère d'un acte de police judiciaire, « le litige relatif à l'indemnisation du préjudice né de son établissement ou de sa transmission à l'autorité judiciaire relève de la juridiction judiciaire, sans qu'il soit besoin de déterminer si le dommage trouve son origine dans une faute de service ou dans une faute personnelle détachable »[5].

615.232 **Irrégularité du procès-verbal.** Le procès-verbal ne sera déclaré irrégulier par la juridiction pénale que si l'exception de nullité soulevée à son encontre est fondée[6].

§ 2
Preuve des infractions d'urbanisme par d'autres moyens que les procès-verbaux

615.241 **Admission d'autres modes de preuve.** La Cour de cassation précise que les procès-verbaux prévus par le code de l'urbanisme ne sont pas le seul mode de preuve des infractions d'urbanisme[7].

Elle affirme, de façon plus générale, que « les infractions en matière d'urbanisme peuvent être prouvées par tous moyens »[8].

Il en résulte que si ces infractions sont constatées par tous officiers ou agents de la police judiciaire, ainsi que par tous fonctionnaires et agents de l'État et des collectivités publiques commissionnés à cet effet, il n'en résulte pas pour autant que les dispositions, plus générales du code de procédure pénale ne soient pas applicables en la matière et que les autres modes de preuve de l'infraction ne sont pas admissibles[9].

Par exemple, peuvent ainsi être utilisées des images prises par satellite publiées sur internet, par des sites tels que Google maps[10].

SECTION 4
ORDRE D'INTERROMPRE LES TRAVAUX (MESURE CONSERVATOIRE)

§ 1
Autorité pouvant interrompre les travaux

615.251 **Autorités compétentes.** L'interruption des travaux à des fins conservatoires (dans l'attente du jugement) peut être ordonnée :
- par l'autorité judiciaire ;
- et par l'autorité administrative.

A.
Interruption judiciaire des travaux

1°
Situation générale

615.261 **Autorités judiciaires ayant le pouvoir d'ordonner l'interruption des travaux.** L'interruption des travaux peut être ordonnée sur réquisition du ministère public agissant à la requête[11] :
- du maire ;
- du fonctionnaire compétent ;
- ou de l'une des associations visées à l'article L. 480-1.

Elle peut également être ordonnée d'office[12] :
- par le juge d'instruction saisi des poursuites ;
- ou par le tribunal correctionnel.

615.262 **Procédure.** L'autorité judiciaire statue après avoir entendu le bénéficiaire des travaux ou l'avoir dûment convoqué à comparaître dans les quarante-huit heures[13].

La décision judiciaire est exécutoire sur minute et nonobstant toute voie de recours[14].

1. V. s[s] n° 615.111.
2. C. urb., art. L. 480-1, al. 1er et art. 610-4, al. 1er.
3. CE, sect., 6 févr. 2004, *Masier*, req. n° 256719, *Lebon* 45 ; *AJDA* 2004. 1047 ; *D.* 2004. 678, et les obs. ; *RDI* 2004. 221, obs. P. Soler-Couteaux ; *RFDA* 2004. 1170, concl. J.-H. Stahl ; *BJDU* 2004. 139, concl.
4. CE 1er avr. 2015, *Mendoza (Mme) et a.*, req. n° 369404, *Lebon T.*
5. Trib. confl., 11 oct. 2021, *M. Kruplewicz c/L'État*, n° 4220, *Lebon T. ; BJDU* 2022. 131, concl. E. Bokdam-Tognetti.
6. PAR EX. (exception non fondée en l'espèce) : Crim. 12 juin 2018, n° 17-85.826, NP.
7. Crim. 1er déc. 1981, n° 81-90.898, P.
8. Crim. 22 août 1994, n° 93-85.240, NP.
9. Crim. 24 janv. 2012, n° 11-86.309, NP.
10. Rép. min. n° 3005, *JO Sénat Q* 5 mars 2020, p. 1159.
11. C. urb., art. L. 480-2, al. 1er.
12. C. urb., art. L. 480-2, al. 1er.
13. C. urb., art. L. 480-2, al. 2.
14. C. urb., art. L. 480-2, al. 2.

Le maire est avisé de la décision judiciaire et en assure, le cas échéant, l'exécution [1].

2°
Cas des infractions aux prescriptions sur l'archéologie préventive

615.271 **Conditions.** Pour les infractions aux prescriptions établies en application des articles L. 522-1 à L. 522-4 du code du patrimoine (archéologie préventive), l'interruption des travaux peut être ordonnée aux conditions précédemment exposées [2] sur saisine [3] :

- du préfet de région ;
- ou du ministre chargé de la culture.

615.272 **Procédure.** La procédure est celle définie à l'alinéa 2 de l'article L. 480-2 [4].

B.
Interruption administrative des travaux

1°
Cas dans lesquels l'autorité administrative a la faculté d'ordonner l'interruption des travaux

a.
Situation générale

615.281 **Conditions.** « Dès qu'un procès-verbal relevant l'une des infractions prévues à l'article L. 480-4 du code de l'urbanisme a été dressé, le maire peut, si l'autorité judiciaire ne s'est pas encore prononcée, ordonner par arrêté motivé l'interruption des travaux » [5].

Il résulte de ces dispositions que le maire ne peut édicter un arrêté interruptif de travaux que si un procès-verbal constatant l'infraction a été dressé [6] et à condition que l'autorité judiciaire ne se soit pas encore prononcée.

Le maire ne peut ordonner l'interruption des travaux pour des motifs autres que l'existence d'une infraction (comme, par exemple, l'illégalité du permis de construire [7]). Il en résulte notamment qu'il commet une faute engageant la responsabilité de l'État s'il met en œuvre ses pouvoirs pour des travaux reconnus par le juge pénal (serait-ce ultérieurement) conformes aux autorisations accordées [8].

En outre, lorsque le maire a connaissance d'une infraction mentionnée à l'article L. 610-1 du code de l'urbanisme, résultant de la méconnaissance des dispositions du PLU, il ne saurait, dans cette hypothèse, prendre un arrêté interruptif pour des travaux exécutés conformément aux autorisations d'urbanisme en vigueur à la date de sa décision, même s'il estime que les travaux en cause méconnaissent les règles d'urbanisme et notamment le PLU [9]. En d'autres termes, le maire en tant qu'agent de l'État ne peut s'opposer à l'exécution de travaux qu'il a lui-même autorisé en tant qu'exécutif communal. L'autorisation délivrée fait obstacle à l'édiction d'un arrêté interruptif.

L'édiction d'un arrêté interruptif de travaux n'est nullement subordonnée à l'existence d'une urgence [10].

Enfin, l'ordre d'interrompre les travaux ne peut intervenir que si ceux-ci ne sont pas achevés [11].

615.282 **Transmission au ministère public.** Copie de l'arrêté est transmise sans délai au ministère public [12].

615.283 **Absence de compétence liée pour interrompre des travaux entrepris sur la base d'un permis périmé.** Lorsqu'il constate la péremption d'un permis de construire et la réalisation de travaux postérieurement à celle-ci, le maire se trouve dans une situation relevant du troisième alinéa de l'article L. 480-2 (faculté d'ordonner l'interruption des travaux) et non du dixième alinéa de cet article (obligation d'ordonner l'interruption des travaux [13]).

Cette solution se justifie par la circonstance que, concernant la péremption d'un permis et la réalisation de travaux postérieurement à celle-ci, le maire est nécessairement conduit à porter une appréciation sur les faits.

Dans la mesure où une telle situation relève du troisième alinéa de l'article L. 480-2 et non de son alinéa 10, le maire peut ordonner l'interruption de travaux mais ne se trouve pas en situation de compétence liée pour prescrire leur interruption [14].

1. C. urb., art. L. 480-2, al. 4.
2. V. s^{s} n° 615.261.
3. C. urb., art. L. 480-2, al. 1er.
4. V. s^{s} n° 615.262.
5. C. urb., art. L. 480-2, al. 3.
6. CE 10 janv. 1996, *Populaire*, req. n° 125314, *Lebon T.* – par ex., s'agissant de travaux entrepris en méconnaissance d'une autorisation d'urbanisme : CE 23 sept. 2019, *Pétré*, req. n° 424270, *Lebon T. ; BJDU* 2019. 404, concl. A. Iljic. : arrêt soulignant qu'en cas de méconnaissance des autorisations délivrées, « le maire peut [...] prescrire par arrêté l'interruption des travaux » sans être tenu de le faire.
7. CE 14 déc. 1981, *SARL « European Homes »*, req. n° 15499, *Lebon*.
8. CE 26 juin 2013, *SCI d'Anjou*, req. n° 344331, *Lebon T. ; BJDU* 2013. 369, concl. X. de Lesquen.
9. CE 23 sept. 2019, *Pétré*, req. n° 424270, *Lebon T. ; BJDU* 2019. 404, concl. A. Iljic.
10. CE 15 avr. 1992, *SCI Chaptal*, req. n° 67407, *Lebon T.*
11. CAA Marseille, 23 févr. 2023, *GFA La Capucine*, req. n° 20MA02004, NP ; *AJDA* 2023. 1412, concl. G. Roux.
12. C. urb., art. L. 480-2, al. 3.
13. Sur les cas dans lesquels s'impose l'obligation d'ordonner l'interruption des travaux, v. s^{s} n° 615.301.
14. CE 29 déc. 2006, *Min. Transports, Équipement, Tourisme et Mer*, req. n° 271164, *Lebon*.

615.284 Arrêté pris par le maire en tant qu'agent de l'État. Lorsqu'il exerce le pouvoir d'interruption des travaux qui lui est attribué par l'article L. 480-2 du code de l'urbanisme, le maire agit en qualité d'autorité de l'État[1]. Il en résulte :

- qu'une faute commise dans l'exercice de ces pouvoirs engage la responsabilité de l'État[2] ;
- que le pouvoir d'introduire une voie de recours contre le jugement de tribunal administratif dirigé contre l'arrêté interruptif de travaux appartient au ministre compétent[3] ;
- et que le préfet peut se substituer au maire en cas de carence de celui-ci[4].

615.285 Pouvoir de substitution du préfet. Les pouvoirs qui appartiennent au maire, en vertu des alinéas 1er à 8 de l'article L. 480-2 (saisir l'autorité judiciaire d'une demande d'interruption des travaux[5], prendre un arrêté interruptif de travaux[6], lever l'interdiction[7], prendre toutes mesures de coercition nécessaires[8]) « ne font pas obstacle au droit du préfet de prendre, dans tous les cas où il n'y aurait pas été pourvu par le maire et après une mise en demeure adressée à celui-ci et restée sans résultat à l'expiration d'un délai de vingt-quatre heures, toutes les mesures prévues aux précédents alinéas »[9].

Dans le cas où le préfet (ou l'un des agents à qui ses compétences ont été déléguées[10]) fait usage de ces pouvoirs, « il reçoit, au lieu et place du maire, les avis et notifications prévus aux alinéas 5 et 6 »[11].

615.286 Motivation et contradictoire. L'arrêté interruptif de travaux constitue une mesure de police. Par suite, il doit être :

- motivé[12] ;
- et précédé d'une procédure contradictoire[13].

Le maire est dispensé de l'obligation de motivation en cas d'« urgence absolue »[14].

1. CE 8 nov. 2000, *EURL Les Maisons Traditionnelles*, req. nº 197505, *Lebon T.*
2. CE 14 déc. 1981, *SARL « European Homes »*, req. nº 15499, *Lebon* : arrêt précisant que l'illégalité entachant les arrêtés par lesquels un maire a ordonné l'interruption de travaux ne saurait, par suite, engager la responsabilité de la commune.
3. CE 8 nov. 2000, *EURL Les Maisons Traditionnelles*, req. nº 197505, *Lebon T.* : arrêt abandonnant la jurisprudence antérieure (CE 2 mars 1994, *Saint-Tropez (Cne)*, req. nº 135448, *Lebon T*).
4. V. ss nº 615.285.
5. V. ss nº 615.261.
6. V. ss nº 615.281.
7. V. ss nº 615.362.
8. V. ss nos 615.341 s.
9. C. urb., art. L. 480-2, al. 9.
10. V. ss nº 615.631.
11. C. urb., art. L. 480-2, dernier al.
12. CRPA, art. L. 212-2, 1° ; C. urb., art. L. 480-2, al. 3, évoquant l'exigence d'un arrêté « motivé ».
13. CRPA, art. L. 121-1.
14. CRPA, art. L. 211-6.

Il est dispensé de l'organisation d'une procédure contradictoire en cas « d'urgence ou de circonstances exceptionnelles ». Cette situation d'urgence s'apprécie tant au regard des conséquences dommageables des travaux litigieux que de la brièveté d'exécution de ces travaux[15].

615.287 Abrogation implicite en cas de délivrance d'un PC modificatif. Dans le cas où un maire ordonne l'interruption de travaux au motif que ceux-ci étaient effectués en méconnaissance du permis de construire et qu'il délivre par la suite un permis de construire modificatif régularisant au moins une partie des travaux en cause, l'intervention du permis de construire modificatif a implicitement mais nécessairement pour effet d'abroger l'arrêté ordonnant l'interruption des travaux[16].

b.
Cas des infractions aux prescriptions sur l'archéologie préventive

615.291 Renvoi aux conditions prévues pour le maire. Pour les infractions aux prescriptions établies en application des articles L. 522-1 à L. 522-4 du code du patrimoine (archéologie préventive), le préfet de région ou le ministre chargé de la culture peut, dans les mêmes conditions que celles prévues pour les infractions prévues à l'article L. 480-4[17], ordonner par arrêté motivé l'interruption des travaux ou des fouilles[18].

2°
Cas dans lesquels le maire a l'obligation d'ordonner l'interruption des travaux

a.
Compétence liée en cas de travaux sans autorisation

615.301 Construction ou aménagement sans autorisation. L'obligation d'ordonner l'interruption des travaux s'impose dans deux cas de figure[19].

Le premier cas est celui « de constructions sans permis de construire ou d'aménagement sans permis d'aménager » (dans un cas où un tel permis était exigé[20]). Ce premier cas de figure recouvre, par exemple, la construction ou l'aménagement réalisé sur la base d'un permis périmé[21].

15. CE 10 mars 2010, *Thevenet (M. et Mme)*, req. nº 324076, *Lebon T.*
16. CE 16 oct. 2019, *Melio (M.)*, req. nº 423275, *Lebon T.* ; *BJDU* 2020. 23, concl. A. Iljic ; *Dr. adm.* 2020, comm. 10, note C. Cubaynes ; *BJDU* 2020. 26, note S. Ferrari ; *JCP Adm.* 2020, nº 2023, note F. Polizzi.
17. V. ss nº 615.281.
18. C. urb., art. L. 480-2, al. 3.
19. C. urb., art. L. 480-2, al. 10.
20. CE 2 mars 1994, *Saint-Tropez (Cne)*, req. nº 135448, *Lebon T.*
21. CE 15 avr. 1992, *SCI Chaptal*, req. nº 67407, *Lebon T.*

Le second cas de figure est celui de « constructions ou d'aménagement poursuivis malgré une décision de la juridiction administrative suspendant le permis de construire ou le permis d'aménager ».

Dans ces deux hypothèses, le code prévoit que « le maire prescrira par arrêté »[1] :

- l'interruption des travaux ;
- ainsi que, le cas échéant, l'exécution, aux frais du constructeur, des mesures nécessaires à la sécurité des personnes ou des biens.

Il ressort de cette formule que le maire se trouve en situation de compétence liée pour prendre l'arrêté qu'il prévoit en cas de construction ou aménagement entrepris sans autorisation[2].

615.302 **Transmission au ministère public.** Copie de l'arrêté du maire est transmise sans délai au ministère public[3].

b.
Comment remédier à la carence du maire ?

615.311 **Saisine du juge.** À la demande de tout intéressé, le juge du référé-mesures utiles peut ordonner au maire d'édicter un arrêté interruptif de travaux dans une hypothèse où il se trouve tenu de le faire[4].

615.312 **Substitution du préfet.** Lorsque le maire ne prend pas un arrêté interruptif de travaux (ordonnant l'interruption des travaux et prescrivant les mesures de sécurité nécessaires) dans une hypothèse où il se trouve tenu de le faire, le préfet, après une mise en demeure adressée au maire et restée sans résultat à l'expiration d'un délai de 24 heures, « prescrira ces mesures et l'interruption des travaux » par arrêté (c urb., art. L. 480-2, al. 10). Il ressort de cette formule que le préfet se trouve tenu d'exercer ces pouvoirs en cas de carence du maire (alors que la substitution ne constitue pour lui qu'une faculté lorsque le maire agit en situation de pouvoir discrétionnaire[5]).

Copie de son arrêté est transmise sans délai au ministère public[6].

c.
Motivation et contradictoire

615.321 **Exigences à respecter mais non sanctionnées.** L'arrêté interruptif de travaux pris au titre d'une compétence liée est soumis à l'obligation de motivation et à la mise en œuvre préalable d'une procédure contradictoire[7]. Néanmoins, la violation de ces exigences ne peut être sanctionnée sur le plan contentieux. En effet, le maire agissant ici en situation de compétence liée, les moyens tirés de la méconnaissance de l'obligation de motivation ou du défaut de procédure contradictoire présentent un caractère inopérant[8].

3°
Légalité de l'arrêté conditionnée par l'existence d'une infraction

615.331 **Qualification juridique des faits.** S'agissant du contrôle sur la qualification juridique des faits, l'arrêté interruptif de travaux constitue une décision administrative dont la légalité est subordonnée au caractère d'infraction pénale des faits qui lui servent de fondement[9].

615.332 **Incidence d'un jugement judiciaire sur la légalité de l'arrêté interruptif de travaux.** Si, en principe, l'autorité de la chose jugée au pénal ne s'impose aux autorités et juridictions administratives qu'en ce qui concerne les constatations de fait que les juges répressifs ont retenues et qui sont le support nécessaire de leurs décisions, il en va autrement lorsque la légalité d'une décision administrative est subordonnée à la condition que les faits qui servent de fondement à cette décision constituent une infraction pénale. Dans cette hypothèse, l'autorité de la chose jugée s'étend exceptionnellement à la qualification juridique donnée aux faits par le juge pénal. Il en va ainsi pour l'application de l'article L. 480-2 du code de l'urbanisme relatif aux arrêtés interruptifs de travaux[10].

§ 2
Mesures coercitives (saisie de matériel, apposition de scellés...)

615.341 **Possibilité de prendre des mesures de coercition.** « Le maire peut prendre toutes mesures de coercition nécessaires pour assurer l'application immédiate de la décision judiciaire ou de son arrêté, en procédant notamment à la saisie des matériaux approvisionnés ou du matériel de chantier »[11].

1. C. urb., art. L. 480-2, al. 10.
2. CE 23 sept. 2019, *Pétré*, req. n° 424270, *Lebon T. ; BJDU* 2019. 404, concl. A. Iljic.
3. C. urb., art. L. 480-2, al. 10.
4. V. s^s n° 613.282.
5. V. s^s n° 615.285.
6. C. urb., art. L. 480-2, al. 10.
7. V. s^s n° 615.286.
8. V. s^s n° 611.773.
9. CE 10 oct. 2003, *Soisy-sous-Montmorency (C^{ne}) et SA pour l'aide à l'accession à la propriété des locataires*, req. n° 242373, *Lebon T.*
10. CE 10 oct. 2003, *Soisy-sous-Montmorency (C^{ne}) et SA pour l'aide à l'accession à la propriété des locataires*, req. n° 242373, *Lebon T.* – dans le même sens : CE 12 déc. 2012, *Min. Écologie c/Arditty*, req. n° 340581, NP.
11. C. urb., art. L. 480-2, al. 7.

Si ces dispositions autorisent le maire à prendre toutes les mesures de coercition nécessaires, c'est à seule fin de permettre « l'application immédiate de la décision judiciaire ou de son arrêté »[1].

615.342 Mise en œuvre par les agents compétents. La saisie et, s'il y a lieu, l'apposition des scellés sont effectuées par l'un des agents visés à l'article L. 480-1 du code de l'urbanisme qui dresse procès-verbal[2].

§ 3
Délit en cas de poursuite des travaux malgré un ordre d'interruption

615.351 Infraction spéciale. La poursuite des travaux malgré un ordre d'interruption constitue une infraction spéciale d'urbanisme[3].

§ 4
Fin de l'ordre d'interrompre les travaux

615.361 1er motif : fin de l'ordre sur mainlevée judiciaire. « L'autorité judiciaire peut à tout moment, d'office ou à la demande, soit du maire ou du fonctionnaire compétent, soit du bénéficiaire des travaux, se prononcer sur la mainlevée ou le maintien des mesures prises pour assurer l'interruption des travaux »[4].

L'autorité judiciaire est compétente pour se prononcer même avant que l'action publique ait été mise en mouvement[5].

Le juge d'instruction peut ordonner la mainlevée partielle d'un arrêté municipal ordonnant la cessation immédiate des travaux de construction entrepris par le prévenu. Il en est ainsi notamment lorsque la mainlevée est effectuée pour permettre de prendre des mesures conservatoires ou de sécurité[6].

615.362 2nd motif : classement sans suite. « Lorsque aucune poursuite n'a été engagée, le procureur de la République en informe le maire qui, soit d'office, soit à la demande de l'intéressé, met fin aux mesures par lui prises »[7].

Il résulte de ces dispositions que, lorsque le procureur de la République décide de classer sans suite le dossier ayant fait l'objet du procès-verbal d'infraction, le maire est tenu de mettre fin, d'office ou à la demande de l'intéressé, aux mesures prises par lui[8]. Si la décision de classement oblige le maire à abroger l'arrêté interruptif de travaux, elle n'a pas par elle-même pour conséquence de rendre sans effet cet arrêté. Ainsi, celui-ci ne cesse pas de produire ses effets par la seule décision de classement[9]. Un arrêté du maire tirant les conséquences de la décision de classement est nécessaire.

615.363 3e motif : non-lieu ou relaxe. « En tout état de cause, l'arrêté du maire ordonnant l'interruption des travaux cesse d'avoir effet en cas de décision de non-lieu ou de relaxe »[10].

SECTION 5
MISE EN MOUVEMENT DE L'ACTION PUBLIQUE

§ 1
Mise en mouvement de l'action publique par le parquet

615.371 Pouvoir de poursuivre. Le ministère public dispose du pouvoir de mettre en mouvement l'action publique en vue de la répression des infractions d'urbanisme[11].

615.372 Possibilité de ne pas poursuivre. Le principe d'opportunité des poursuites permet au ministère public de ne pas poursuivre une personne à l'encontre de laquelle a été dressé un procès-verbal. En ce sens, le code de procédure pénale indique que le procureur de la République décide s'il est opportun[12] :

– soit d'engager des poursuites (1°) ;

– soit de mettre en œuvre une procédure alternative aux poursuites (2°)[13] ;

– soit de classer sans suite la procédure dès lors que les circonstances particulières liées à la commission des faits le justifient (3°).

615.373 Alternatives aux poursuites. Les procédures alternatives pouvant être mises en œuvre en matière d'infractions d'urbanisme sont organisées par deux articles du code de procédure pénale.

Sur le fondement de l'article 41-1 du CPP, le procureur peut notamment :

– décider d'un rappel à la loi (1°) ;

– demander à l'auteur des faits de régulariser sa situation au regard de la loi ou des règlements (3°) ;

– ou demander à l'auteur des faits de réparer le dommage résultant de ceux-ci (4°).

1. CE 8 juin 2001, *S^té^ Lidl*, req. n° 231561, NP.
2. C. urb., art. L. 480-2, al. 8. V. s^s^ n° 615.111.
3. V. s^s^ n° 615.51.
4. C. urb., art. L. 480-2, al. 4.
5. Crim. 28 janv. 1986, n° 85-90.845, P.
6. Crim. 5 mai 1981, n° 81-90.615, P.
7. C. urb., art. L. 480-2, al. 6.
8. CE 7 août 2008, *SCI La Haie Maheas*, req. n° 311211, NP.
9. CE 10 mai 1985, *Aigues-Mortes (C^ne^)*, req. n° 32293, *Lebon*.
10. C. urb., art. L. 480-2, al. 4.
11. CPP, art. 31, art. 40-1, 1° ; également : art. 1er, al. 1er.
12. CPP, art. 40-1.
13. V. s^s^ n° 615.373.

Sur le fondement de l'article 41-2 du CPP, le procureur de la république peut proposer une « composition pénale » à la personne physique auteur des faits si celle-ci reconnaît avoir commis un ou plusieurs délits punis à titre de peine principale d'une peine d'amende ou d'une peine d'emprisonnement d'une durée inférieure ou égale à cinq ans, ainsi que, le cas échéant, une ou plusieurs contraventions connexes.

§ 2
Mise en mouvement de l'action publique à l'initiative d'une victime de l'infraction

615.381 **Constitution de partie civile.** L'action publique peut être mise en mouvement par la partie lésée dans les conditions déterminées par le code de procédure pénale[1], c'est-à-dire lorsqu'une victime de l'infraction se constitue partie civile.

L'action civile peut être exercée en même temps que l'action publique et devant la même juridiction[2], c'est-à-dire devant la juridiction pénale.

La constitution de partie civile entraîne ainsi automatiquement la mise en mouvement de l'action publique.

A.
Qui peut se constituer partie civile ?

615.391 **Victimes de l'infraction.** L'action civile en réparation du dommage causé par une infraction appartient à tous ceux qui ont personnellement souffert du dommage directement causé par l'infraction[3].

Elle est recevable pour tous chefs de dommages, aussi bien matériels que corporels ou moraux, qui découleront des faits objets de la poursuite[4].

1°
Constitution de partie civile par un particulier

615.401 **Exigence d'un préjudice direct et personnel.** S'il est vrai que les dispositions du code de l'urbanisme relatives au permis de construire ont été édictées en vue de l'intérêt général, leur méconnaissance peut aussi causer à des particuliers un préjudice direct et personnel de nature à servir de fondement à une action civile devant la juridiction répressive[5].

615.402 **Voisins (illustrations).** Un voisin victime des effets d'une infraction d'urbanisme est recevable à se constituer partie civile. Par exemple, la Cour de cassation estime recevable la constitution de partie civile dans une affaire où :

– des travaux exécutés sans permis de construire ont été pour des voisins la cause de nuisances intolérables[6] ;

– la vue sur la mer dont jouissait un couple depuis sa résidence a été en grande partie masquée par la nouvelle construction (leur causant ainsi un préjudice découlant directement de l'infraction consistant en une construction édifiée sans permis)[7] ;

– les voisins d'un établissement industriel édifié sans autorisation dans une zone réservée à l'habitation ont subi, en raison de nuisances sonores, des dommages à leur santé[8].

615.403 **Syndicat de copropriétaires (illustration).** Un syndicat de copropriétaires victime des effets d'une infraction est recevable à se constituer partie civile.

Tel est le cas, par exemple, lorsque l'infraction commise par le prévenu a participé à la désorganisation de la gestion tant matérielle que juridique de la copropriété et a causé au syndicat un préjudice réel et certain découlant directement de l'infraction[9].

2°
Constitution de partie civile par une association

615.411 **Association agréée pour la protection de l'environnement.** Toute association agréée de protection de l'environnement peut exercer les droits reconnus à la partie civile en ce qui concerne les faits qui tout à la fois[10] :

– constituent une infraction mentionnée à l'alinéa 1er de l'article L. 480-1[11] ou aux alinéas premier et second de l'article L. 610-1[12] ;

– et portent un préjudice direct ou indirect aux intérêts collectifs qu'elle a pour objet de défendre.

615.412 **Association de droit commun.** La possibilité, offerte par l'article L. 480-1, alinéa 5, du code de l'urbanisme, aux associations agréées de protection de l'environnement d'exercer les droits de la partie civile en ce qui concerne les infractions en matière de permis de construire qui portent un préjudice direct ou indirect aux intérêts collectifs qu'elles ont pour objet de défendre, n'exclut pas le droit, pour une association

1. CPP, art. 1er, al. 2.
2. CPP, art. 3, al. 1er.
3. CPP, art. 2, al. 1er.
4. CPP, art. 3, al. 2.
5. Crim. 22 août 1994, nº 93-83.821, P.
6. Crim. 17 janv. 1984, nº 81-92.858, P.
7. Crim. 22 août 1994, nº 93-83.821, P.
8. Crim. 15 juin 1994, nº 93-83.929, P.
9. Crim. 15 avr. 2008, nº 07-84.150, P.
10. C. urb., art. L. 480-1, al. 5 ; art. L. 610-1, al. 8.
11. Infractions prévues aux dispositions des titres Ier, II, III, IV et VI du livre IV du code de l'urbanisme.
12. V. ss nos 615.31 s.

non agréée, qui remplit les conditions prévues par l'article 2 du code de procédure pénale, de se constituer partie civile à l'égard des mêmes faits [1].

Satisfait par exemple à ces conditions, en raison de la spécificité du but et de l'objet de sa mission, une association, qui ne poursuit pas la défense des intérêts de ses membres mais dont l'objet statutaire est la protection de l'environnement, du cadre de vie, de la faune et de la flore d'un village [2].

615.413 Perte ou destruction d'une plaque commémorative. Toute association ou fondation reconnue d'utilité publique telle que définie à l'article 2-4 du code de procédure pénale peut exercer les droits reconnus à la partie civile en ce qui concerne les faits constituant une infraction à l'article L. 451-3 (perte ou destruction d'une plaque commémorative au cours des travaux [3]) et portant un préjudice direct ou indirect aux intérêts collectifs qu'elle a pour objet de défendre [4].

3°
Constitution de partie civile par les communes et EPCI

615.421 Principe. La commune ainsi que l'EPCI compétent en matière d'urbanisme peuvent exercer les droits reconnus à la partie civile, en ce qui concerne les faits qui tout à la fois [5] :

- sont commis sur leur territoire ;
- et constituent une infraction à l'alinéa premier de l'article L. 480-1 [6] ou à l'article L. 610-1 [7].

615.422 Absence d'exigence d'un préjudice direct et personnel. L'article L. 480-1, al. 6, du code de l'urbanisme n'exige pas que le préjudice que la commune ou l'EPCI invoque soit personnel et direct [8].

615.423 Habilitation du maire par le conseil municipal. L'action civile exercée par la commune n'est recevable que si le maire a, comme l'exige le CGCT [9], été spécialement habilité par le conseil municipal à cette fin. Il revient au juge de s'assurer que cette habilitation a bien été délivrée [10].

Il en va de même lorsque l'action est introduite par le président de l'EPCI. Celui-ci doit avoir été spécialement habilité par l'organe délibérant de l'EPCI.

La Cour de cassation a précisé que, sous peine d'irrecevabilité de l'action civile, l'habilitation à agir [11] :

- doit être précise et indiquer, soit que la délégation concerne le contentieux en cause, soit qu'elle concerne tous les contentieux de la commune ;
- doit avoir été prise antérieurement à son introduction.

4°
Constitution de partie civile par d'autres personnes morales

a.
Ademe, ONF, Conservatoire du littoral, Office français de la biodiversité, parcs nationaux, agences de l'eau, Centre des monuments nationaux et Agence nationale pour la gestion des déchets radioactifs

615.431 Constitution de partie civile. L'Agence de l'environnement et de la maîtrise de l'énergie, l'Office national des forêts, le Conservatoire du littoral, l'Office français de la biodiversité, les parcs nationaux, les agences de l'eau, le Centre des monuments nationaux et l'Agence nationale pour la gestion des déchets radioactifs peuvent exercer les droits reconnus à la partie civile en ce qui concerne les faits portant un préjudice direct ou indirect aux intérêts qu'ils ont pour objet de défendre et constituant une infraction aux dispositions législatives relatives (notamment) à l'urbanisme, ainsi qu'aux textes pris pour leur application [12].

Un établissement public qui ne relève d'aucune de ces catégories n'est pas fondé à se constituer partie civile sur le fondement de l'article L. 132-1 du code de l'environnement. Son action civile exercée contre l'auteur d'une infraction prévue par le code de l'urbanisme ne sera recevable qu'aux conditions de droit commun [13], c'est-à-dire si l'établissement justifie d'un préjudice personnel, résultant directement de cette infraction [14].

b.
Chambres d'agriculture, PNR, centre national de la propriété forestière, communautés d'habitants et associations de conservation des connaissances traditionnelles

615.441 Constitution de partie civile. Les chambres d'agriculture, les parcs naturels régionaux, le Centre national de la propriété forestière, les personnes morales désignées (par le décret en Conseil d'État prévu au premier alinéa de l'article L. 412-10)

1. Crim. 12 sept. 2006, n° 05-86.958, P.
2. Crim. 12 sept. 2006, n° 05-86.958, P.
3. V. s^{s} n° 382.31.
4. C. urb., art. L. 480-4, al. 7.
5. C. urb., art. L. 480-1, al. 6 ; C. urb., art. L. 610-1, dernier al.
6. Infractions prévues aux dispositions des titres Ier, II, III, IV et VI du livre IV du code de l'urbanisme.
7. V. s^{s} n°s 615.31 s.
8. Crim. 9 avr. 2002, n° 01-82.687, P.
9. CGCT, art. L. 2122-22, 16°.
10. Crim. 16 juin 2015, n° 14-83.990, P.
11. Crim. 28 janv. 2004, n° 02-88.471, P.
12. C. env., art. L. 132-1, al. 1er.
13. V. s^{s} n° 615.401.
14. Crim. 12 déc. 1996, n° 96-80.125, P.

pour recueillir le consentement préalable donné en connaissance de cause des communautés d'habitants et les associations régulièrement déclarées exerçant des activités dans le domaine de la conservation des connaissances traditionnelles inscrites dans leurs statuts depuis au moins trois ans peuvent également exercer les droits reconnus à la partie civile dans les conditions prévues au premier alinéa de l'article L. 131-1 du code de l'environnement[1].

B.
Modalités de l'action civile devant le juge pénal

615.451 Option offerte à la victime. Pour obtenir réparation du dommage causé par une infraction, la victime du dommage dispose d'une option.

Elle peut d'abord, en se constituant partie civile, rechercher la réparation de ses préjudices devant le juge pénal. Si elle opte pour ce choix, l'action publique est automatiquement déclenchée[2].

La victime peut également préférer la réparation de ses préjudices devant le juge civil[3]. Une action distincte du procès pénal devra alors être mise en œuvre à cette fin devant le tribunal civil.

615.452 Jugement sur l'action civile. Lorsque la victime de l'infraction choisit la première option, le jugement sur l'action civile intervient selon des modalités spécifiques[4].

SECTION 6
DÉLAI DE PRESCRIPTION DE L'ACTION PUBLIQUE

§ 1
Durée du délai de prescription

615.461 Délai de 6 ans. Les infractions d'urbanisme ont la nature de délits. À leur égard, le code de procédure pénale prévoit que l'action publique se prescrit par six années révolues à compter du jour où l'infraction a été commise[5].

615.462 Question d'ordre public. Il appartient au ministère public d'établir que l'action publique n'est pas éteinte par la prescription et aux juges de s'assurer du moment où les délits ont été consommés et de fixer le point de départ de la prescription[6].

§ 2
Point de départ du délai de prescription

A.
Infraction instantanée

615.471 Jour de son accomplissement. Le délai de prescription commence à courir à compter du jour de son accomplissement dans le cas d'une infraction instantanée (p. ex. un abattage d'arbres).

B.
Infraction continue

615.481 Jour où les travaux prennent fin. Le délai de prescription commence à courir à compter du jour où elle a pris fin dans le cas d'une infraction continue. Il court ainsi à compter de la date d'achèvement des travaux dans le cas :

- d'une construction sans permis[7] ;
- d'une construction sans déclaration préalable[8] ;
- d'une construction en méconnaissance du PLU[9].

Tant que les travaux ne sont pas terminés, le délai de prescription n'est pas déclenché[10]. Ainsi, le délit de construction sans permis (qui s'accomplit pendant tout le temps où les travaux sont exécutés) s'étend jusqu'à l'achèvement des travaux, peu importe que ceux d'entre eux restant à exécuter ne soient pas, par eux-mêmes, subordonnés à l'obtention d'un permis de construire[11].

615.482 Cas d'un projet portant sur un ensemble. Lorsqu'un projet porte sur plusieurs constructions nettement distinctes, le délai de prescription s'apprécie bâtiment par bâtiment[12].

Il s'apprécie en revanche de façon globale lorsque les différents éléments de l'opération sont liés. Ainsi, en cas d'infraction aux prescriptions d'un permis de

1. V. s[s] n° 615.431. – C. env., art. L. 132-1, al. 3.
2. V. s[s] n° 615.381.
3. V. s[s] n°s 614.05 s.
4. V. s[s] n°s 615.711 s.
5. CPP, art. 8, al. 1er – Le délai de prescription des délits a été porté de 3 à 6 ans par la loi n° 2017-242 du 27 février 2017 portant réforme de la prescription en matière pénale (art. 1er).
6. Crim. 23 sept. 2014, n° 13-86.053, P.
7. Crim. 20 mai 1992, n° 90-87.350, P.
8. Crim. 27 mai 2014, n° 13-80.574, P.
9. Crim. 27 mai 2014, n° 13-80.574, P.
10. Crim. 27 mai 2014, n° 13-80.574, P : la Cour de cassation indique que les infractions d'exécution de travaux sans déclaration préalable et en méconnaissance du PLU s'accomplissant pendant tout le temps où les travaux sont exécutés et jusqu'à leur achèvement, la prescription de l'action publique ne court qu'à compter du jour où les installations sont en état d'être affectées à l'usage auquel elles sont destinées.
11. Crim. 18 mai 1994, n° 93-84.557, P.
12. Crim. 23 avr. 2013, n° 12-85.352, NP : la Cour de cassation rappelle que le délai de prescription « court à compter de l'achèvement de l'ensemble des travaux pour chaque opération ». En l'espèce, le projet portait sur la réalisation de cinq tours. La prescription était acquise pour quatre tours mais non pour la cinquième. La circonstance que la prescription ne soit pas acquise pour cette dernière tour, fonctionnellement distincte des autres, ne remet pas en cause la prescription acquise pour les quatre autres.

construire délivré pour la construction d'un ensemble immobilier comprenant une partie à usage d'habitation et une partie à usage commercial, qui ont été réalisées successivement, la prescription ne court qu'à compter de la date d'achèvement de l'ensemble des travaux[1].

615.483 **Critères.** Le juge se fonde sur l'ensemble des éléments du dossier pour apprécier si les travaux sont achevés. Il ne saurait se baser uniquement sur la déclaration d'achèvement des travaux[2].

Par exemple, le juge peut se baser, pour estimer que la prescription de l'action publique n'est pas acquise, sur le fait que les factures et les attestations produites sont insuffisantes à démontrer que l'intéressé occupait le logement et que l'achèvement des travaux était effectivement intervenu[3].

§ 3 Interruption et suspension du délai de prescription

A. Interruption du délai de prescription

615.491 **Causes d'interruption.** Le délai de prescription de l'action publique est interrompu par[4] :

– tout acte, émanant du ministère public ou de la partie civile, tendant à la mise en mouvement de l'action publique, prévu aux articles 80, 82, 87, 88, 388, 531 et 532 du CPP (1°), par exemple le « soit-transmis » par lequel le procureur de la République invite à remettre en état la construction dans un délai déterminé (qui a le caractère d'un acte de poursuite interruptif de prescription en ce qu'il manifeste la volonté du ministère public de poursuivre, en l'absence de régularisation, l'exercice de l'action publique)[5] ;

– tout acte d'enquête émanant du ministère public, tout procès-verbal dressé par un officier de police judiciaire ou un agent habilité exerçant des pouvoirs de police judiciaire tendant effectivement à la recherche et à la poursuite des auteurs d'une infraction (2°), par exemple la demande d'avis adressée par le procureur à la direction départementale de l'équipement[6] ;

– tout acte d'instruction prévu aux articles 79 à 230 du CPP, accompli par un juge d'instruction, une chambre de l'instruction ou des magistrats et officiers de police judiciaire par eux délégués, tendant effectivement à la recherche et à la poursuite des auteurs d'une infraction (3°) ;

– tout jugement ou arrêt, même non définitif, s'il n'est pas entaché de nullité (4°).

615.492 **Effet de l'interruption.** Tout acte, jugement ou arrêt ayant un effet interruptif[7] fait courir un délai de prescription d'une durée égale au délai initial[8].

B. Suspension du délai de prescription

615.501 **Question préjudicielle au juge administratif.** La prescription de l'action publique est suspendue lorsqu'un obstacle de droit met la partie poursuivante dans l'impossibilité d'agir. À ce titre, le délai de prescription se trouve suspendu à compter du jugement ayant sursis à statuer jusqu'à la date de la décision de la juridiction administrative saisie d'une question préjudicielle[9].

§ 4 Effets de la prescription devant le juge pénal

615.511 **Suppression du caractère délictueux.** La prescription de l'action publique ôte aux faits poursuivis tout caractère délictueux[10]. Il en résulte qu'un bâtiment réalisé sans permis « doit être considéré comme implanté régulièrement »[11].

SECTION 7 JUGEMENT DU TRIBUNAL CORRECTIONNEL

§ 1 Jugement du tribunal correctionnel sur l'action publique

A. Prononcé d'une peine

1° Peines prononcées à titre principal

a. Sanctions prévues à l'article L. 480-4

615.521 **Les infractions concernées.** Les sanctions prévues à l'article L. 480-4 s'appliquent en cas de méconnaissance des règles sur les autorisations d'urbanisme[12]. Toutefois, ces sanctions ne sont pas

1. Crim. 6 oct. 1987, n° 86-96.174, P.
2. Crim. 16 janv. 2018, n° 17-81.896, P.
3. Crim. 16 janv. 2018, n° 17-81.896, P.
4. CPP, art. 9-2, al. 1er à 5.
5. Crim. 13 janv. 2009, n° 08-84.459, P.
6. Crim. 14 mai 2008, n° 07-87.776, P ; – Crim. 26 févr. 2002, n° 01-84.186, NP ; – Crim. 8 févr. 2005, n° 04-82.714, NP.
7. V. ss n° 615.491.
8. CPP, art. 9-2, al. 6.
9. Crim. 28 mars 2000, n° 99-84.367, P.
10. Crim. 27 oct. 1993, n° 92-82.374, P.
11. Crim. 27 oct. 1993, n° 92-82.374, P.
12. C. urb., art. L. 480-4, al. 1er, 1 et 2 – Sur ces infractions, v. ss n° 615.21.

applicables aux infractions relatives à l'affichage des permis ou des déclarations préalables[1].

Les sanctions prévues à l'article L. 480-4 s'appliquent également aux infractions prévues à l'article L. 610-1, relatives à la méconnaissance des règles d'urbanisme[2].

615.522 Les sanctions prévues. Les infractions précédemment mentionnées[3] sont punies d'une amende comprise entre 1 200 euros et un montant qui ne peut excéder[4] :

- soit, dans le cas de construction d'une surface de plancher, une somme égale à 6 000 euros par mètre carré de surface construite, démolie ou rendue inutilisable au sens de l'article L. 430-2 ;

- soit, dans les autres cas, un montant de 300 000 euros.

En cas de récidive, outre la peine d'amende ainsi définie, un emprisonnement de six mois pourra être prononcé[5].

b.
Personnes pouvant être condamnées au titre de l'article L. 480-4

615.531 Liste des personnes responsables. Peuvent être condamnées les catégories de personnes suivantes[6] :

- les utilisateurs du sol ;
- les bénéficiaires des travaux ;
- les architectes ;
- les entrepreneurs ;
- ou autres personnes responsables de l'exécution desdits travaux.

615.532 Notion de bénéficiaire des travaux. La notion de bénéficiaire des travaux ne fait l'objet d'une définition ni dans la loi ni dans la jurisprudence. Entendue comme la personne au profit de laquelle sont réalisés les travaux, la qualité de bénéficiaire des travaux revient le plus souvent au propriétaire[7].

À titre d'exemple, ont été regardés comme bénéficiaires des travaux irrégulièrement édifiés :

- une femme s'agissant de travaux réalisés sur le terrain dont elle est propriétaire, alors même que le permis de construire a été demandé et obtenu par son mari[8] ;

- trois personnes qui ont formé ensemble une SCI possédant un terrain agricole alors même qu'une seule d'entre elles a réalisé les travaux litigieux (installation d'une tôle entre deux cabanons et fermeture de cet agrandissement par des portes vitrées, doublement du volume d'un cabanon, construction d'une cheminée et aménagement de l'ensemble en lieu d'habitation)[9] ;

- l'individu qui préside une société elle-même gérante d'une SCI (travaux consistant en la construction d'une villa et d'une piscine alors que le permis n'avait été accordé que pour une rénovation)[10] ;

- le mari édifiant sans permis une construction sur un terrain dont il est copropriétaire avec son épouse et qui est, en sa qualité de propriétaire indivis du terrain, l'un des bénéficiaires des travaux[11] ;

- le conjoint du propriétaire d'un bien immobilier qui, ayant obtenu un permis de construire l'autorisant à agrandir ce bien, participe, après démolition, à l'exécution des travaux d'édification du nouvel immeuble, dans lequel il s'installe une fois les travaux achevés[12] ;

- le prévenu qui, marié sous le régime de la communauté réduite aux acquêts, a construit une maison d'habitation selon un projet élaboré par lui en sa qualité d'architecte sur un terrain ayant fait l'objet d'une donation en nue-propriété à son épouse[13].

615.533 Cas de travaux réalisés par un locataire. Dans le cas de travaux irrégulièrement réalisés par un locataire, la responsabilité pénale de celui-ci n'est pas la seule susceptible d'être engagée. En effet, outre celle d'autres intervenants (comme, par exemple, un entrepreneur ayant réalisé les travaux), peut également l'être, le cas échéant, celle du propriétaire lorsque celui-ci a la qualité de responsable des travaux ou de bénéficiaire de ces travaux (ce qu'il appartient au juge d'établir)[14]. Tel est le cas, par exemple :

1. C. urb., art. L. 480-4, al. 8.
2. Sur ces infractions, v. ss nos 615.31 s. – C. urb., art. L. 610-1, dont l'alinéa 1er renvoie à l'article L. 480-4.
3. V. ss no 615.521.
4. C. urb., art. L. 480-4, al. 1er.
5. C. urb., art. L. 480-4, al. 1er.
6. C. urb., art. L. 480-4, al. 2.
7. Crim. 4 nov. 1987, no 87-80.318, P : s'il est exact que l'infraction de construction sans permis ou non conforme au permis de construire est exclusive de toute question de propriété, les juges qui constatent que le propriétaire d'un bien immobilier avait obtenu un permis de construire dont les prescriptions n'ont pas été respectées, alors qu'il avait toujours cette qualité et que le certificat de conformité lui a été refusé, constatent par là même qu'il était bénéficiaire des travaux sans avoir à rechercher si les modifications ont été effectuées par un tiers justifiant d'un titre l'habilitant à solliciter un permis de construire.
8. Crim. 6 mars 2001, no 00-86.421, NP.
9. Crim. 15 mai 2001, no 00-86.918, NP.
10. Crim. 21 janv. 2003, no 02-84.163, NP.
11. Crim. 18 févr. 1986, no 85-93.163, P.
12. Crim. 13 janv. 2009, no 08-86.216, P.
13. Crim. 6 nov. 2012, no 12-80.841, P.
14. En cas de travaux réalisés par le locataire, le juge ne saurait estimer que le propriétaire est automatiquement, ès qualité, responsable des travaux ou bénéficiaire de ceux-ci (Crim. 11 juin 2014, no 13-85.548, NP). Dès lors, ne justifie pas sa décision le juge qui condamne le propriétaire de l'immeuble dans lequel des travaux ont été effectués irrégulièrement par un locataire, sans constater que le propriétaire en ait été le bénéficiaire ou qu'il ait été responsable de leur exécution à un autre titre (Crim. 18 nov. 1992, no 92-81.976, P).

– du propriétaire d'un terrain nu mis à bail à des entreprises de travaux publics et de transports sur lequel celles-ci ont illégalement installé des constructions (en l'occurrence un hangar et des containers), lorsque le propriétaire ne s'y est pas opposé alors qu'il avait le pouvoir, selon les stipulations des baux, de contraindre les preneurs à respecter les règles d'urbanisme lors de leurs travaux, dont il est donc le véritable bénéficiaire, du fait du cadre juridique qu'il a mis en place et des loyers qui en sont la contrepartie et que ses preneurs lui versent[1] ;

– du propriétaire d'une maison d'habitation qui loue celle-ci pour y exploiter une auberge et autorise à cette fin le preneur à réaliser des travaux effectués avec son accord sans permis de construire, qui est bien le bénéficiaire des travaux[2].

En revanche, la responsabilité pénale du propriétaire ne saurait être engagée lorsque celui-ci n'a pas la qualité de responsable des travaux ou de bénéficiaire de ces travaux. Par exemple, le propriétaire ne saurait être condamné lorsqu'il n'apparaît pas que celui-ci ait autorisé sa locataire à réaliser les travaux malgré le refus de permis. Le juge estime que sa seule qualité de propriétaire et le fait qu'il n'ait pas imposé à sa locataire de remettre les lieux en l'état ne suffisent pas à établir qu'il était bénéficiaire des travaux effectués sans permis par sa locataire, ou à le rendre responsable à un autre titre de leur exécution[3].

615.534 **Cas où l'individu acquiert un bien après qu'aient été réalisés irrégulièrement des travaux sur celui-ci.** Les peines prévues par l'article L. 480-4 du code de l'urbanisme ne peuvent être prononcées à l'encontre de celui qui a acquis des parts sociales dans une SARL, puis en est devenu le gérant postérieurement à l'achèvement de travaux qu'elle avait irrégulièrement entrepris, dès lors qu'il n'a pas bénéficié en connaissance de cause de leur exécution et n'en a pas été responsable à un titre quelconque[4].

c.
Sanctions prévues à l'article L. 480-4-1 (commercialisation d'un lotissement)

615.541 **Infractions et peines.** Est puni d'une amende de 15 000 euros le fait de vendre ou de louer des terrains bâtis ou non bâtis compris dans un lotissement[5] :

– sans avoir obtenu un permis d'aménager ou sans avoir respecté les obligations imposées par l'article L. 442-3, lorsque le lotissement est soumis à une déclaration préalable ;

– ou sans s'être conformé aux prescriptions imposées par le permis d'aménager ou par la décision prise sur la déclaration préalable.

d.
Peines encourues par les personnes morales

615.551 **Infractions concernées.** Les personnes morales peuvent être déclarées responsables dans les conditions prévues par l'article 121-2 du code pénal des infractions suivantes définies aux articles L. 480-3, L. 480-4, L. 480-4-1, L. 480-12, L. 510-2 et L. 610-1 du code de l'urbanisme[6].

615.552 **Peines encourues.** Les peines encourues par les personnes morales sont les suivantes[7] :

– l'amende, suivant les modalités prévues par l'article 131-38 du code pénal (1°) ;

– les peines mentionnées aux 2°, 3°, 4°, 5° et 9° de l'article 131-39 du code pénal (2°). L'interdiction mentionnée au 2° de l'article 131-39 du code porte sur l'activité dans l'exercice ou à l'occasion de laquelle l'infraction a été commise[8].

e.
Sanctions prévues par le code de l'environnement

615.561 **Peines.** Le code de l'environnement détermine les peines encourues pour les infractions qu'il édicte[9].

2°
Peines prononcées à titre complémentaire

615.571 **Publication du jugement de condamnation.** En cas de condamnation d'une personne physique ou morale pour une infraction prévue aux articles L. 480-4 et L. 610-1, le tribunal « pourra ordonner la publication de tout ou partie du jugement de condamnation, aux frais du délinquant, dans deux journaux régionaux ou locaux diffusés dans tout le département, ainsi que son affichage dans les lieux qu'il indiquera »[10].

Il résulte de ces dispositions que la publication ne peut être ordonnée que dans des journaux régionaux ou locaux diffusés dans tout le département. En conséquence, le juge ne peut ordonner la publication dans un quotidien national[11].

615.572 **Perte ou destruction d'une plaque commémorative.** En cas de méconnaissance des obligations imposées par l'article L. 451-3 (perte ou la

1. Crim. 24 oct. 2017, n° 16-87.178, P.
2. Crim. 9 avr. 1992, n° 91-86.021, P.
3. Crim. 9 mars 1999, n° 98-81.705, NP.
4. Crim. 3 mars 1993, n° 92-85.010, P.
5. C. urb., art. L. 480-4-1, al. 1er.
6. C. urb., art. L. 480-4-2, al. 1er.
7. C. urb., art. L. 480-4-2, al. 2.
8. C. urb., art. L. 480-4-2, dernier al.
9. V. ss nos 615.851 s.
10. C. urb., art. L. 480-5, al. 3.
11. Crim. 3 nov. 2004, n° 04-82.713, P.

destruction d'une plaque commémorative au cours des travaux)[1], le tribunal ordonne à titre de peine complémentaire, en cas de perte ou de destruction de la plaque commémorative au cours des travaux, à la charge du maître d'ouvrage, « la gravure et l'installation d'une nouvelle plaque apposée dans les conditions du deuxième alinéa dudit article »[2].

3°
Office du juge dans le prononcé d'une sanction

a.
Le pouvoir du juge : liberté de prononcer la peine et contrôle de la légalité des actes administratifs

615.581 **Liberté du juge de prononcer ou de ne pas prononcer la peine.** Les mesures prévues à l'article L. 480-4 du code de l'urbanisme ne s'imposent pas aux juges du fond qui apprécient souverainement s'il convient ou non de les ordonner[3].

615.582 **Contrôle de la légalité d'un acte administratif par le juge pénal.** Les juridictions pénales sont compétentes pour interpréter les actes administratifs, réglementaires ou individuels et pour en apprécier la légalité lorsque, de cet examen, dépend la solution du procès pénal qui leur est soumis[4]. À cet égard, le rejet par le tribunal administratif d'un recours en annulation formé contre un règlement administratif assorti d'une sanction pénale ne fait pas nécessairement obstacle à ce qu'il soit fait droit à l'exception d'illégalité dudit acte devant les tribunaux judiciaires[5].

b.
Les principes de fond : rétroactivité *in mitius* et principe *ne bis in idem*

615.591 **Rétroactivité *in mitius*.** La loi pénale plus douce s'applique de façon rétroactive, c'est-à-dire aux faits commis avant son entrée en vigueur et non jugés de façon définitive. Ainsi, ne peut être condamné le prévenu qui a réalisé une construction sans permis de construire (qui était exigé au moment de son édification) dès lors qu'une loi et un décret intervenus postérieurement n'exigent plus, pour la construction incriminée, qu'une simple déclaration préalable et que sous l'empire de la réglementation antérieure la construction en cause n'était pas soumise à cette dernière formalité[6].

1. V. s^s^ n° 382.31.
2. C. urb., art. L. 480-4, al. 6.
3. Crim. 5 févr. 1985, n° 84-92.609, P.
4. C. pén., art. 111-5.
5. Crim. 4 mars 1986, n° 85-93.836, P.
6. Crim. 17 févr. 1987, n° 86-91.184, P.

615.592 **Principe *ne bis in idem*.** En vertu du principe *ne bis in idem*, nul ne peut être poursuivi ou puni pénalement deux fois à raison des mêmes faits. Ne méconnaît pas ce principe la cour d'appel :

– qui condamne un prévenu pour réalisation irrégulière d'affouillement ou d'exhaussement du sol et de violation du POS dès lors que ces incriminations visent à l'application de réglementations distinctes et à la protection d'intérêts juridiquement différents, afférents pour les uns aux travaux, pour les autres, à l'occupation du sol et qu'une seule peine a été prononcée[7] ;

– qui, après avoir examiné un ensemble de travaux, condamne le prévenu pour construction sans permis de construire et pour violation du POS, qui protègent des intérêts juridiquement distincts, dès lors qu'une seule peine a été prononcée[8].

B.
Mesures de mise en conformité ou de remise en état

1°
Principes régissant les mesures de mise en conformité ou de remise en état

a.
Nature : des mesures réelles destinées à faire cesser une situation illicite

615.601 **Absence de nature de sanction.** La mise en conformité des lieux ou des ouvrages, la démolition de ces derniers ou la réaffectation du sol, prévues par l'article L. 480-5 du code de l'urbanisme, constituent des mesures à caractère réel destinées à faire cesser une situation illicite, et non des sanctions pénales[9].

Elles constituent des mesures de restitution[10].

615.602 **Conséquences.** Comme la mise en conformité ou la remise en état constituent des mesures à caractère réel, elles sont attachées au bien. Cela signifie qu'elles doivent être exécutées quand bien même le bien est cédé à un autre propriétaire[11].

Comme ces mesures ne constituent pas des sanctions pénales :

– elles ne sont pas soumises à la prescription de la peine[12] ;

7. Crim. 3 mai 2017, n° 16-84.240, P.
8. Crim. 8 déc. 2015, n° 14-85.548, P.
9. Crim. 23 nov. 1994, n° 93-81.605, P ; – Crim. 6 nov. 2012, n° 12-82.449, P.
10. Civ. 3e, 22 nov. 2006, n° 05-14.833, P.
11. Civ. 3e, 9 sept. 2009, n° 07-20.189, P : arrêt soulignant que ces mesures sont opposables aux acquéreurs des constructions illégales sans qu'ils aient à être mis en cause dans la procédure conduisant à leur prononcé.
12. Crim. 23 nov. 1994, n° 93-81.605, P.

– elles ne peuvent être prononcées à titre de peine principale[1] ;

– elles peuvent faire l'objet de garanties contractuelles de la part de l'acquéreur du bien illégalement construit[2].

b. Articulation avec la demande de réparation au titre de l'action civile

615.611 Possibilité de cumuler les deux actions. Une mesure de remise en état des lieux peut être sollicitée à titre de mesure à caractère réel destinée à faire cesser une situation illicite, mais aussi à titre de réparation du préjudice subi par une partie civile. Aucune disposition du code de l'urbanisme ne s'oppose à ce que la remise en état soit ordonnée cumulativement au titre de l'action publique et au titre de l'action civile[3].

615.612 Pouvoir variable du juge selon le fondement choisi. Lorsque les parties civiles formulent dans leurs conclusions une demande de remise en état à titre de réparation de leur préjudice, cette demande est regardée comme sollicitée, non pas à titre de mesure à caractère réel destinée à faire cesser une situation illicite, mais à titre de réparation du préjudice subi[4]. Par suite, au regard de ce fondement (l'article 1240 du code civil) et de la finalité qui en résulte (réparer un préjudice, et non pas faire cesser une situation illicite) s'impose le principe de la réparation intégrale du préjudice[5]. Le juge est tenu d'ordonner la remise en état (alors que lorsqu'il est saisi au titre de l'action publique, il dispose d'un pouvoir d'appréciation quant au prononcé de la mesure[6]).

2° Mesures de mise en conformité ou de remise en état dans le régime général

a. Conditions de fond

615.621 Condamnation pour une infraction prévues aux articles L. 610-1 et L. 480-4. Les mesures de mise en conformité ou de remise en état ne peuvent être prononcées qu'en cas de condamnation d'une personne physique ou morale pour une infraction prévue aux articles L. 480-4 et L. 610-1[7].

D'une part, ces mesures ne peuvent être prononcées que pour les infractions prévues aux articles L. 480-4 et L. 610-1. Par exemple, elles ne peuvent être prononcées pour le délit, prévu par l'article L. 480-3 du code de l'urbanisme, de continuation de travaux nonobstant l'arrêté en prescrivant l'interruption (les juges ne pouvant, sans excéder leurs pouvoirs, prononcer d'autres peines ou mesures que celles prévues par la loi)[8].

D'autre part, ces mesures ne peuvent être prononcées qu'en cas de condamnation du prévenu.

615.622 Cas d'un changement d'affectation. Les infractions aux dispositions des plans locaux d'urbanisme « peuvent donner lieu à mise en conformité des lieux ou des ouvrages, la seule circonstance que l'infraction porte sur l'utilisation de bâtiments de manière non conforme à celle autorisée par le PLU ne faisant pas obstacle à ce qu'une telle mesure à caractère réel soit prononcée »[9]. Ainsi, quand un changement d'affectation, même non soumis à autorisation d'urbanisme, conduit à méconnaître une règle de fond, le juge peut ordonner la remise en état des lieux. Tel est le cas, par exemple, lorsqu'un bâtiment se trouve situé dans un secteur où le PLU n'autorise que des activités aquacoles mais que le propriétaire décide d'entreprendre dans celui-ci une activité commerciale de restauration[10].

615.623 Cas d'une construction entreprise sans permis (absence de permis de régularisation). Dans le cas d'une construction entreprise sans permis, si la délivrance d'un permis de régularisation n'enlève pas à la construction son caractère délictuel[11], elle fait obstacle à ce que le juge prononce la démolition du bâtiment, tant au titre de l'action publique que de l'action civile. La démolition ne devient possible que si le permis de régularisation est annulé. En ce sens, la Cour de cassation, après avoir visé les articles 480-5 et 480-13 du code de l'urbanisme, affirme « qu'il résulte de ces textes que, lorsqu'une construction a été irrégulièrement édifiée sans autorisation, la délivrance ultérieure d'une autorisation, si elle ne fait pas disparaître l'infraction consommée, fait obstacle à une mesure de démolition ou de remise en état des lieux, tant qu'elle n'a pas été annulée »[12].

1. Crim. 6 nov. 2012, nº 12-82.449, P : arrêt rappelant qu'il résulte de l'article 131-11 du code pénal que seules les peines complémentaires peuvent être prononcées à titre principal.
2. Civ. 3e, 22 nov. 2006, nº 05-14.833, P.
3. Crim. 8 déc. 2020, nº 19-84.245, P : annulation de l'arrêt qui, pour rejeter une demande de remise en état formée par la partie civile, énonce qu'il n'y a pas lieu de faire droit à cette demande dès lors qu'une telle mesure a déjà été prononcée sur l'action publique.
4. Crim. 8 déc. 2020, nº 19-84.245, P.
5. V. ss nº 615.714.
6. V. ss nº 615.641.
7. C. urb, art. L. 480-5, al. 1er.
8. Crim. 18 mai 2005, nº 04-84.950, P.
9. Crim. 6 févr. 2024, nº 23-81.748, P. ; *RDI* 2024. 288, obs. C. de Jacobet de Nombel.
10. Crim. 6 févr. 2024, nº 23-81.748.
11. V. ss nº 615.81.
12. Crim. 16 déc. 2014, nº 13-86.482, NP.

La jurisprudence a précisé que le contenu et la portée d'un permis de construire tacite ne peuvent être démontrés que par le pétitionnaire, sur la base et dans les limites de la demande qu'il a faite. Par suite, le juge condamne le prévenu à une remise en état après avoir relevé que rien dans les pièces qu'il revenait à ce dernier de communiquer n'établit que ledit permis modificatif concerne l'ensemble des irrégularités détaillées dans le procès-verbal et la prévention[1].

b. Procédure

615.631 **Consultation préalable.** Le tribunal se prononce au vu des observations écrites ou après audition[2] :

– du maire[3] ;

– ou du fonctionnaire compétent (c'est-à-dire le préfet ou un chef de service auquel il délègue cette compétence)[4].

Le respect de cette formalité s'impose à peine d'irrégularité du jugement rendu[5]. La simple audition de l'avocat de la commune, partie civile, ne peut satisfaire aux exigences de ce texte[6].

Néanmoins, dans un cas où le maire avait sollicité expressément la remise en état des lieux dans la citation délivrée aux prévenus, il a été considéré que le tribunal n'est pas tenu d'entendre lui-même le maire (cette demande équivalent à un avis favorable à la démolition)[7].

La formalité est regardée comme accomplie dès lors que l'avis a été sollicité. La circonstance qu'il n'a pas été émis n'entache pas la procédure d'irrégularité[8]. L'article L. 480-5 du code de l'urbanisme, qui prévoit que le tribunal statue sur les mesures de démolition ou de remise en état au vu des observations écrites ou après avis du maire ou du fonctionnaire compétent, n'implique pas que, lorsque la délivrance du permis de construire relève de la compétence du maire, celui-ci soit seul habilité, à l'exclusion du représentant de l'administration, à fournir son avis sur les mesures de remise en état prévues par la loi[9].

Les mesures prévues au premier alinéa « peuvent être ordonnées selon les mêmes modalités en cas de condamnation pour une infraction prévue aux mêmes articles L. 480-4 et L. 610-1 »[10] :

– selon la procédure simplifiée de l'ordonnance pénale prévue aux articles 495 à 495-6 du CPP ;

– ou selon la procédure de la comparution sur reconnaissance préalable de culpabilité prévue aux articles 495-7 à 495-16 du CPP.

615.632 **Hypothèse d'une extinction de l'action publique.** L'extinction de l'action publique résultant du décès du prévenu, de la dissolution de la personne morale mise en cause ou de l'amnistie « ne fait pas obstacle à l'application des dispositions de l'article L. 480-5 »[11].

Si le tribunal correctionnel n'est pas saisi lors de cette extinction, « l'affaire est portée devant le tribunal judiciaire du lieu de la situation de l'immeuble, statuant comme en matière civile »[12].

Le tribunal est saisi par le ministère public « à la demande du maire ou du fonctionnaire compétent ». Dans les deux cas, il statue « au vu des observations écrites ou après audition de ces derniers », l'intéressé ou ses ayants droit ayant été mis en cause dans l'instance[13].

La demande précitée est recevable « jusqu'au jour où l'action publique se serait trouvée prescrite »[14].

c. Prononcé des mesures de mise en conformité ou de remise en état

615.641 **Pouvoir d'appréciation du juge.** La mise en conformité des lieux ou des ouvrages, leur démolition ou la réaffectation du sol, prévues par l'article L. 480-5 du code de l'urbanisme, qui a pour objet de réglementer l'usage des biens conformément à l'intérêt général, sont des mesures à caractère réel, desti-

1. Crim. 24 sept. 2019, n° 18-86.164, P.
2. C. urb., art. L. 480-5, al. 1er.
3. Qui peut déléguer cette compétence à ses adjoints (Rép. min. n° 80687, *JOAN Q* 4 avr. 2017, p. 2779).
4. L'autorité administrative habilitée à exercer les attributions qui sont définies aux articles L. 480-2 (alinéas 1er et 4), L. 480-5, L. 480-6 (alinéa 3) et L. 480-9 (alinéas 1er et 2), est le préfet (C. urb., art. R. 480-4, al. 1er). – Le préfet « peut déléguer, en ce qui concerne les matières relevant de leur compétence », l'exercice des attributions mentionnées à l'alinéa 1er « aux chefs des services départementaux des administrations civiles de l'État ou à leurs subordonnés ainsi qu'aux agents relevant du ministère de la culture et de l'environnement » (C. urb., art. R. 480-4, al. 2).
5. Crim. 12 oct. 1994, n° 93-85.324, P : en l'espèce, aucune mention de l'arrêt ni du jugement n'établit que le maire, le préfet ou son représentant aient été entendus ou appelés à fournir leurs observations écrites. La Cour de cassation en déduit qu'a été méconnue une prescription essentielle dont l'inobservation a porté atteinte aux intérêts de la personne poursuivie.
6. Crim. 20 févr. 1992, n° 91-83.826, P.
7. Crim. 15 sept. 2015, n° 14-88.048, P.
8. C. urb., art. L. 480-5, al. 1er : indiquant que le tribunal statue au vu des observations écrites ou après audition du maire ou du fonctionnaire compétent, « même en l'absence d'avis en ce sens de ces derniers ».
9. Crim. 6 juin 1991, n° 90-84.037, P.
10. C. urb., art. L. 480-5, al. 2 ; créé par L. n° 2021-1104 du 22 août 2021.
11. C. urb., art. L. 480-6, al. 1er.
12. C. urb., art. L. 480-6, al. 2.
13. C. urb., art. L. 480-6, al. 3.
14. C. urb., art. L. 480-6, al. 4.

nées à faire cesser une situation illicite, « et qui relèvent d'une faculté dont les juges ne doivent aucun compte »[1].

Dans la mesure où ils « ne doivent aucun compte », les juges :

– ne sont pas tenus de motiver leur décision ni de répondre aux conclusions déniant la nécessité de la démolition[2] ;

– peuvent ordonner la démolition malgré un avis du maire défavorable à une telle mesure[3] (maire estimant que la construction irrégulière est régularisable à la faveur du nouveau POS).

Les juges se décident au regard de la finalité de la mesure, à savoir faire cesser une situation illicite. Ils prendront en compte, notamment, l'atteinte à l'environnement, les risques pour la sécurité publique ou encore les possibilités de régularisation.

615.642 **Étendue de la mesure de remise en état.** Dans un cas où les poursuites ont porté sur des constructions nouvelles mais non la construction existante, le juge ne peut « ordonner la remise en état de l'ensemble des constructions sans (...) caractériser en quoi la construction existante (...) formait avec les seules constructions objet de la déclaration de culpabilité un tout indivisible, lequel suppose un ensemble d'éléments ne pouvant subsister les uns sans les autres »[4].

615.643 **Exigence de proportionnalité en cas de bâtiment à usage d'habitation.** Conformément à la jurisprudence *Winterstein* de la Cour européenne des droits de l'homme[5], il revient au juge saisi d'une demande de démolition d'une construction à usage d'habitation de tenir compte des effets qu'une telle mesure emporterait sur le droit au respect de la vie privée et familiale et du domicile du prévenu et de sa famille[6]. Le juge doit refuser le prononcer de cette mesure si les effets de cette mesure (mise d'une famille à la rue) apparaissent disproportionnés au regard de ses avantages (rétablissement de la légalité).

d.
Mesures pouvant être prononcées

615.651 **Mesures.** Le juge peut ordonner[7] :

– soit la mise en conformité des lieux ou celle des ouvrages avec les règlements, l'autorisation ou la déclaration en tenant lieu ;

– soit la démolition des ouvrages ou la réaffectation du sol en vue du rétablissement des lieux dans leur état antérieur.

615.652 **Illustrations.** À titre d'exemple, le juge peut, sur le fondement de l'article L. 480-5, ordonner :

– l'enlèvement de containers installés sur un terrain nu et la démolition d'un hangar édifié sur celui-ci[8] ;

– la démolition totale d'une construction[9].

e.
Destinataire de la mesure

615.661 **Contrevenant.** La démolition des ouvrages en vue du rétablissement des lieux dans leur état antérieur incombe aux bénéficiaires des travaux à l'époque où l'infraction a été commise[10]. Il en va ainsi même si le prévenu a perdu ultérieurement cette qualité par suite :

– de la cession du bien à un tiers[11] ;

– ou de la liquidation de sa société[12].

3°
Mesures de mise en conformité en cas d'infraction sur la commercialisation des lotissements

615.671 **Délai pour s'exécuter.** Lorsque les prescriptions imposées n'ont pas été respectées, « le tribunal peut impartir un délai au lotisseur pour mettre les travaux en conformité avec lesdites prescriptions, sous peine d'une astreinte » prononcée et exécutée dans les conditions prévues par les articles L. 480-7 et L. 480-8[13].

615.672 **Substitution à l'expiration du délai.** Si, à l'expiration du délai fixé par le jugement, les travaux n'ont pas été mis en conformité, l'autorité compétente « peut faire effectuer les travaux d'office », aux frais et risques financiers de l'aménageur[14].

4°
Exécution de la condamnation

a.
Délai pour exécuter la condamnation

615.681 **Fixation par le tribunal.** « Le tribunal impartit au bénéficiaire des travaux irréguliers ou de l'utilisation irrégulière du sol un délai pour l'exécu-

1. Crim. 21 oct. 2003, n° 03-80.802, P.
2. Crim. 15 oct. 1997, n° 96-84.280, P.
3. Crim. 10 janv. 1996, n° 95-81.909, NP.
4. Crim. 16 mai 2023, n° 22-83.634, P. ; *RDI* 2023. 415, obs. C. de Jacobet de Nombel.
5. V. s[s] n° 614.332.
6. Crim. 31 janv. 2017, n° 16-82.945, P.
7. C. urb., art. L. 480-5, al. 1[er].
8. Crim. 24 oct. 2017, n° 16-87.178, P.
9. Crim. 20 mars 1990, n° 89-83.663, P.
10. Crim. 8 mars 2016, n° 15-82.513, P.
11. Crim. 20 nov. 2001, n° 01-81.403, NP.
12. Crim. 8 mars 2016, n° 15-82.513, P.
13. Sur ces conditions, v. s[s] n°s 615.691 s. – C. urb., art. L. 480-4-1, al. 2.
14. C. urb., art. L. 480-4-1, al. 3.

tion de l'ordre de démolition, de mise en conformité ou de réaffectation »[1]. La mention de ce délai est nécessaire[2].

Le tribunal doit également fixer le point de départ de ce délai[3].

Celui-ci ne court qu'à compter du jour où la décision, devenue définitive, est exécutoire[4].

« L'exécution provisoire de l'injonction peut être ordonnée par le tribunal »[5].

b.

Possibilité d'une condamnation sous astreinte

615.691 **Pouvoir du juge.** Le tribunal « peut assortir son injonction d'une astreinte »[6].

615.692 **Objet et motivation.** L'astreinte assortissant l'ordre de mise en conformité d'une construction irrégulièrement édifiée ne constitue ni une réparation civile[7] ni une sanction[8] mais une mesure comminatoire destinée à contraindre son débiteur à exécuter une décision de justice. Par suite, une telle mesure n'a pas à être motivée au regard des ressources et des charges du prévenu[9].

615.693 **Début et fin de l'astreinte.** Au cas où le délai impartit au bénéficiaire des travaux pour se conformer à l'injonction n'est pas observé, l'astreinte prononcée « court à partir de l'expiration dudit délai jusqu'au jour où l'ordre a été complètement exécuté »[10].

615.694 **Montant.** Le montant de l'astreinte peut atteindre, au maximum, 500 euros par jour de retard[11].

Les juges ne peuvent, pour contraindre l'intéressé à exécuter la mesure prescrite, prononcer une astreinte dont le montant dépasse le taux fixé par la loi[12].

615.695 **Révision.** Si l'exécution « n'est pas intervenue dans l'année de l'expiration du délai », le tribunal peut, sur réquisition du ministère public, « relever à une ou plusieurs reprises, le montant de l'astreinte, même au-delà du maximum de 500 euros par jour de retard »[13]. Il s'agit du seul cas de révision de l'astreinte[14].

L'avis de l'administration n'a pas à être recueilli. S'il l'est, ce n'est qu'à titre surabondant[15].

L'astreinte ne peut être révisée qu'en vue du relèvement de son taux[16].

Les décisions relatives au relèvement de l'astreinte doivent être rendues publiquement après examen en audience publique[17].

615.696 **Permis de régularisation.** La délivrance d'un permis de construire, postérieurement à une décision judiciaire ordonnant la démolition sous astreinte d'un immeuble édifié irrégulièrement, ne fait pas disparaître la cause de l'astreinte pour la période précédant la délivrance du permis[18].

615.697 **Liquidation.** Les astreintes « sont liquidées au moins une fois chaque année » et « recouvrées par l'État, pour le compte de la ou des communes aux caisses desquelles sont reversées les sommes perçues, après prélèvement de 4 % de celles-ci pour frais d'assiette et de recouvrement »[19].

La partie civile est irrecevable à présenter une demande de liquidation de l'astreinte[20].

615.698 **Recouvrement.** Le produit de l'astreinte est recouvré par émission d'un titre de perception.

Le titre de perception émis pour le recouvrement de l'astreinte doit, si les pièces auxquelles il se réfère ne sont pas jointes, comporter lui-même les indications sur les bases de la liquidation de la créance et les éléments de calcul sur lesquels il se fonde. Tel est le cas si le titre fait expressément référence à l'arrêt ayant ordonné la mesure de remise en état sous astreinte et précise le nombre de jours de retard pris en compte pour le calcul de la somme recouvrée. Par ailleurs, en application de l'article 55 de la loi de finances rectificative pour 2010, la signature de

1. C. urb., art. L. 480-7, al. 1er.
2. Crim. 6 oct. 1993, n° 92-85.984, P : arrêt indiquant que, lorsque, par application de l'article L. 480-5 du code de l'urbanisme, les juges ordonnent la démolition des ouvrages irrégulièrement édifiés ou la remise en état des lieux, ils sont tenus, en vertu de l'article L. 480-7, de prévoir le délai dans lequel la mesure doit être exécutée et à l'expiration duquel l'astreinte prononcée commencera à courir.
3. Crim. 18 mars 1986, n° 85-92.296, P : arrêt précisant que les juges, qui condamnent le bénéficiaire d'une construction irrégulièrement édifiée, doivent fixer le point de départ du délai qu'ils lui impartissent pour la remise en état des lieux.
4. Crim. 8 nov. 2016, n° 15-86.889, P.
5. C. urb., art. L. 480-7, al. 1er. Sur la constitutionnalité du mécanisme d'exécution des mesures provisoires, v. Cons. const. 10 juill. 2024, n° 2024-1099 QPC.
6. C. urb., art. L. 480-7, al. 1er.
7. Crim. 25 avr. 1988, n° 87-84.027, P.
8. Crim. 6 févr. 2024, n° 22-82.833, P.
9. Crim. 6 févr. 2024, n° 22-82.833, P.
10. C. urb., art. L. 480-7, al. 2 ; – Crim. 25 avr. 1988, n° 87-84.027, P : arrêt rappelant que l'astreinte court depuis l'expiration du délai imparti pour la mise en conformité jusqu'au jour où celle-ci sera complètement exécutée.
11. C. urb., art. L. 480-7, al. 1er.
12. Crim. 18 mars 1986, n° 85-92.296, P.
13. C. urb., art. L. 480-7, al. 3.
14. C. urb., art. L. 480-7, al. 2 : précisant que l'astreinte « ne peut être révisée que dans le cas prévu au troisième alinéa du présent article ».
15. Crim. 20 févr. 1979, n° 78-91.967, P.
16. Crim. 20 mars 1990, n° 89-83.663, P.
17. Crim. 2 juin 1981, n° 80-94.399, P.
18. Crim. 3 juin 1980, n° 79-92.781, P.
19. C. urb., art. L. 480-8.
20. Crim. 16 déc. 2014, n° 13-87.390, P.

l'auteur du titre de perception doit figurer non pas sur l'acte lui-même mais sur un état revêtu de la formule exécutoire, produit en cas de contestation[1].

« L'état nécessaire au recouvrement des astreintes prononcées par le tribunal en application de l'article L. 480-8 est établi et recouvré dans les conditions prévues aux articles 112 à 124 du décret du 7 novembre 2012 relatif à la gestion budgétaire et comptable publique »[2].

Le contentieux du recouvrement de l'astreinte relève de la juridiction répressive et non du juge civil[3] ni du juge administratif[4].

La prescription décennale est applicable au recouvrement de l'astreinte[5].

L'obligation de démolition étant indivisible par nature, son exécution par la voie de l'astreinte, après le décès du condamné, peut être poursuivie pour le tout contre l'un quelconque de ses ayants cause sous réserve du recours de celui-ci contre ses cohéritiers[6].

615.699 Prise en compte de la bonne conduite du contrevenant ou des difficultés d'exécution. Le tribunal « peut autoriser le reversement ou dispenser du paiement d'une partie des astreintes pour tenir compte du comportement de celui à qui l'injonction a été adressée et des difficultés qu'il a rencontrées pour l'exécuter »[7].

La remise ou le reversement de l'astreinte n'est susceptible d'être décidée qu'une fois la démolition réalisée[8].

c.
Exécution forcée

615.701 Réalisation des travaux par la puissance publique en cas d'inaction du contrevenant. Afin d'assurer l'application d'une mesure de démolition ou de remise en état, l'administration est investie du privilège d'exécution forcée : le code de l'urbanisme prévoit que le maire ou le préfet a la possibilité de faire exécuter d'office les travaux qui n'auraient pas été effectués dans le délai prescrit par le juge.

Plus précisément, il prévoit que : « Si, à l'expiration du délai fixé par le jugement, la démolition, la mise en conformité ou la remise en état ordonnée n'est pas complètement achevée, le maire ou le fonctionnaire compétent peut faire procéder d'office à tous travaux nécessaires à l'exécution de la décision de justice aux frais et risques du bénéficiaire des travaux irréguliers ou de l'utilisation irrégulière du sol »[9].

615.702 Une obligation. Le Conseil d'État estime qu'il résulte des dispositions des articles L. 480-5, L. 480-7 et L. 480-9 du code de l'urbanisme que, au terme du délai fixé par la décision du juge pénal prise en application de l'article L. 480-5 du code de l'urbanisme, « il appartient au maire ou au fonctionnaire compétent, de sa propre initiative ou sur la demande d'un tiers, sous la réserve mentionnée au deuxième alinéa de l'article L. 480-9 du code, de faire procéder d'office à tous travaux nécessaires à l'exécution de cette décision de justice »[10]. L'obligation prend effet à l'expiration du délai fixé par le juge pénal, indépendamment du prononcé éventuel d'une astreinte par le juge ou de sa liquidation par l'État[11].

Le maire ne peut refuser d'exercer ces pouvoirs que pour deux motifs[12] :

– d'une part des motifs tenant à la sauvegarde de l'ordre ou de la sécurité publics ;

– d'autre part si une régularisation est possible[13].

Dans le cas où, sans motif légal, l'administration refuse de faire procéder d'office aux travaux nécessaires à l'exécution de la décision du juge pénal, sa responsabilité pour faute peut être poursuivie. En cas de refus légal, et donc en l'absence de toute faute de l'administration, la responsabilité sans faute de l'État peut être recherchée, sur le fondement du principe d'égalité devant les charges publiques, par un tiers qui se prévaut d'un préjudice revêtant un caractère grave et spécial[14].

615.703 Motivation et contradictoire. L'arrêté décidant l'exécution d'office des travaux constitue une mesure de police. Par conséquent[15] :

– il doit être motivé[16] ;

– et être précédé d'une procédure contradictoire[17].

1. Crim. 27 juin 2017, n° 16-84.189, P.
2. C. urb., art. R. 480-5.
3. Crim. 24 mars 2015, n° 14-84.300, P : incompétence du juge de l'exécution.
4. TC 17 oct. 1988, *Leroy et SA Coopérative d'habitations à loyer modéré « La maison familiale »*, req. n° 02538, *Lebon T.*
5. Crim. 8 nov. 2016, n° 15-86.889, P.
6. Crim. 23 nov. 1994, n° 93-81.605, P.
7. C. urb., art. L. 480-7, al. 4.
8. Crim. 10 janv. 2001, n° 00-82.892, P.
9. C. urb., art. L. 480-9, al. 1er.
10. CE 13 mars 2019, *Spotbeen*, req. n° 408123, *Lebon T.* ; *BJDU* 2019. 212, concl. L. Dutheillet de Lamothe ; *JCP Adm.* 2019, n° 2180, note L. Seurot.
11. CE 5 avr. 2022, *SCI Familiale Triguel*, req. n° 447631, *Lebon T.* ; *RDI* 2022. 356, obs. P. Soler-Couteaux ; *BJDU* 2022. 364, concl. C. Malverti.
12. CE 13 mars 2019, *Spotbeen*, req. n° 408123, *Lebon T.* ; *BJDU* 2019. 212, concl. L. Dutheillet de Lamothe ; *JCP Adm.* 2019, n° 2180, note L. Seurot.
13. V. ss n° 363.134 – également : Rép. min. n° 40837, *JOAN Q* 11 mars 2014, p. 2436 : précisant que si l'obtention d'un permis de régularisation est exclue, l'exécution du jugement pénal doit être mise en œuvre.
14. CE 13 mars 2019, *Spotbeen*, req. n° 408123, *Lebon T.* ; *BJDU* 2019. 212, concl. L. Dutheillet de Lamothe ; *JCP Adm.* 2019, n° 2180, note L. Seurot.
15. CAA Nancy, 3 avr. 2014, *Hermann*, req. n° 13NC00630, NP.
16. CRPA, art. L. 211-2, 1°.
17. CRPA, art. L. 121-1.

615.704 Réalisation des travaux. Le maire ou le fonctionnaire compétent agit au nom de l'État[1]. Par conséquent, « il appartient à l'État, non à la commune, d'avancer le coût des travaux nécessaires à l'exécution de la décision de justice ordonnant la démolition »[2]. Pour obtenir le remboursement des frais avancés pour cette démolition, l'État émettra un titre de recettes.

En pratique, les travaux de démolition sont réalisés par des entreprises privées avec laquelle la puissance publique conclut un contrat ayant cet objet.

615.705 Dommages dans la réalisation des travaux. Les conséquences dommageables de travaux de démolition ne concernent pas le fonctionnement du service public de la Justice au sens de l'article L. 781-1 du code de l'organisation judiciaire. Par suite, la réparation des dommages qui en résultent relèvent de la compétence du juge administratif[3].

La disparition lors des opérations de démolition d'éléments de décoration est constitutive[4] :

– soit d'une faute administrative non détachable de l'exécution forcée réalisée dans l'exercice des pouvoirs de l'administration ;

– soit d'une exécution fautive de l'expulsion mettant en cause la responsabilité de l'huissier de justice chargé de l'expulsion.

615.706 Expulsion préalable des occupants. L'alinéa 2 de l'article L. 480-9 du code de l'urbanisme apporte une limitation au pouvoir d'exécution d'office dans le but de protéger les droits des tiers – en particulier, ceux des occupants – sur les biens litigieux. Il prévoit que lorsque les travaux envisagés sont susceptibles de porter atteinte à des droits acquis par des tiers sur les lieux ou ouvrages visés par la décision de justice, l'autorité administrative ne peut procéder aux travaux qu'après décision du tribunal judiciaire qui, le cas échéant, ordonne l'expulsion des occupants[5].

Ces dispositions visent, par exemple, le cas du locataire. En revanche, elles ne s'appliquent pas à l'acquéreur du bien concerné : celui-ci n'est pas un tiers au sens de ces dispositions[6].

La demande d'expulsion peut être présentée par le maire ou le préfet[7].

L'administration qui, en application de l'article L. 480-9 du code de l'urbanisme, fait procéder d'office à la démolition ordonnée par la juridiction pénale après avoir obtenu du tribunal judiciaire une décision d'expulsion, contradictoire à l'égard des derniers occupants, tiers, détenteurs de droits acquis sur les ouvrages, agit dans l'exercice des pouvoirs qu'elle tient du code de l'urbanisme ; les décisions de démolition n'ont pas à être réitérées à l'encontre de ce tiers[8].

§ 2
Le jugement du tribunal correctionnel sur l'action civile

615.711 Fondements de la réparation. Devant le juge pénal, l'action civile en responsabilité est fondée sur l'article 1240 du code civil.

615.712 Délai de prescription. Lorsque l'action civile est exercée devant une juridiction répressive, elle se prescrit selon les règles de l'action publique[9].

Une fois ce délai passé, il n'est plus possible d'obtenir réparation du préjudice devant le juge pénal. L'action devra être engagée devant le juge civil, où elle se prescrit selon les règles du code civil[10].

615.713 Absence d'avis du maire. Le juge pénal n'est pas tenu de recueillir l'avis du maire préalablement à sa décision sur l'action civile[11].

Cette obligation ne s'impose que pour les mesures qu'il prononce relativement à l'action publique[12].

615.714 Modalités de la réparation. Le principe de la réparation intégrale du préjudice s'impose[13]. Il peut se traduire par la remise en état des lieux ou l'allocation de dommages et intérêts.

Concernant la démolition, en vertu du principe de la réparation intégrale du dommage, les juges qui ordonnent la démolition réclamée par la partie civile, au seul titre de l'action civile, sont tenus de faire droit à la demande présentée en ce sens[14]. Le juge n'ordonne toutefois la démolition que si celle-ci est

1. CAA Paris, 31 déc. 2001, *de L'Homelle (Mme)*, req. n° 9802712, NP.
2. Rép. min. n° 8729, *JO Sénat Q* 13 mars 2014, p. 703.
3. Civ. 3e, 26 janv. 2005, n° 03-17.418, P.
4. Civ. 3e, 9 sept. 2009, n° 07-20.189, P.
5. C. urb., art. L. 480-9, al. 2.
6. Civ. 3e, 29 févr. 2012, n° 10-27.889, P : il en résulte qu'une cour d'appel méconnaît ces dispositions lorsque, ayant constaté que la propriétaire actuelle de la construction l'habitait, déboute la commune de sa demande d'expulsion faute pour cette dernière de faire état de travaux de mise en conformité nécessitant l'expulsion d'un tiers.
7. Civ. 3e, 5 mars 2014, n° 13-12.540, P.
8. Civ. 3e, 9 sept. 2009, n° 07-20.189, P.
9. CPP, art. 10, al. 1er.
10. CPP, art. 10, al. 1er.
11. Crim. 9 avr. 2002, n° 01-81.142, P – Crim. 9 sept. 2008, n° 07-88.699, P.
12. V. ss n° 615.631.
13. Crim. 8 déc. 2020, n° 19-84.245, P : arrêt rappelant, au visa de l'article 1240 du code civil, que : « Le préjudice résultant d'une infraction doit être réparé dans son intégralité, sans perte ni profit pour aucune des parties ».
14. Crim. 9 sept. 2008, n° 07-88.699, P ; – également : Crim. 15 janv. 1997, n° 96-82.264, P : encourt la cassation l'arrêt qui, pour refuser de faire droit à la demande de démolition ▶

nécessaire à la réparation du préjudice[1]. Le juge peut, dans le cadre de son pouvoir d'appréciation, estimer que la remise en état des lieux sollicitée par la partie civile ne constitue pas une mesure propre à réparer le dommage né de l'infraction au code de l'urbanisme[2]. Par exemple, dans le cas où une maison construite sans permis s'intègre parfaitement à l'environnement, le juge refuse d'ordonner la démolition demandée par une association de protection de l'environnement et alloue à celle-ci un euro de dommages et intérêts[3].

De manière générale, le juge ordonne la mesure en rapport avec le préjudice dont se prévaut la victime. Ce préjudice n'étant pas le même pour un voisin, une commune, l'ONF ou une chambre d'agriculture, la mesure de réparation pourra varier en fonction de la personne qui exerce l'action civile. En d'autres termes, il peut arriver que les modalités de la réparation dépendent de la qualité de l'auteur de l'action civile.

615.715 Acquisition du caractère exécutoire du jugement. Lorsque la mesure de mise en conformité des lieux a été prononcée à titre de condamnation civile, cette mesure est immédiatement exécutoire[4]. Aussi n'est-il pas sursis à son exécution jusqu'à ce que la décision soit définitive[5].

À l'inverse, lorsque la démolition a été prononcée dans le cadre de l'action publique, elle ne devient exécutoire qu'à compter du jour où le jugement passe en force de chose jugée[6].

615.716 Incidence d'une régularisation. Lorsque le prévenu a été condamné pour avoir édifié illégalement une construction, et que cette construction se trouve régularisée *a posteriori*, le juge statuant sur l'action civile est tenu de rechercher l'étendue du préjudice subi entre la date de la constatation de la construction irrégulièrement entreprise et celle de sa régularisation[7].

▶ de l'ouvrage irrégulier formée par la partie civile à titre de réparation du préjudice et pour limiter le montant des dommages-intérêts retient, d'une part, que cette construction ne peut porter atteinte à l'environnement en raison du « mitage » du paysage dès lors que celui-ci s'est poursuivi au mépris de la législation sur l'aménagement du littoral, d'autre part, que compte tenu du « contexte de favoritisme et de laxisme répété des autorités » le préjudice subi par la partie civile ne peut qu'être « limité à une somme quasi symbolique ».

1. Crim. 1er sept. 2015, nº 14-84.353, P.
2. Crim. 1er sept. 2015, nº 14-84.353, P.
3. Crim. 12 juin 2019, nº 18-81.874, P.
4. CPP, art. 569.
5. Crim. 3 nov. 2009, nº 08-88.178, P.
6. Crim. 18 mai 2005, nº 04-86.697, NP.
7. Crim. 13 nov. 2013, nº 12-84.430, P.

SECTION 8
MISE EN DEMEURE ADMINISTRATIVE

615.721 Régime de droit commun et habitat léger de loisir. Le code de l'urbanisme comporte deux régimes de mise en demeure permettant de contraindre l'auteur d'une infraction d'urbanisme à régulariser sa situation :

– d'une part le régime de droit commun ;

– d'autre part un régime propre à l'habitat léger de loisir.

§ 1
Régime de mise en demeure de droit commun

615.731 Origine et objet. La loi du 27 décembre 2019[8] relative à l'engagement dans la vie locale et à la proximité de l'action publique a institué dans le code de l'urbanisme un chapitre intitulé « Mise en demeure, astreinte et consignation ». Les dispositions qu'il contient confèrent aux autorités compétentes en matière d'autorisations d'urbanisme des moyens de contraindre le contrevenant à régulariser sa situation au regard des règles d'urbanisme[9].

Elles ont été adoptées en vue de faire cesser rapidement les infractions d'urbanisme, par la voie administrative, sans préjudice de l'intervention du juge pénal. Comme l'indiquait le rapport sénatorial sur le projet de loi, elles visent à ne plus dépendre uniquement d'une répression pénale, jugée « légitime » en ce que « les questions d'urbanisme touchent aux droits associés à la propriété et au domicile » mais qui « se heurte à la charge excessive que représente ce contentieux pour la justice pénale (...) » et aboutit, *de facto*, à ce que « Ces atteintes au droit restent ainsi souvent impunies (...) »[10]. L'instauration de ce mécanisme nouveau part ainsi du constat des insuffisances de la répression pénale, dénoncées depuis longtemps[11], et cherche à y remédier en conférant à l'autorité compétente en matière d'autorisations d'urbanisme le pouvoir de mettre en œuvre une réaction rapide.

8. L. nº 2019-1461, 27 déc. 2019 relative à l'engagement dans la vie locale et à la proximité de l'action publique, *JO* 28 déc., nº 1.
9. C. Wiels, « Les nouvelles dispositions sur le contentieux en matière d'astreinte résultant de la loi engagement dans la vie locale et proximité, un renforcement des pouvoirs de police en matière d'urbanisme », *BJDU* 2020. 155.
10. Rapp. S. nº 12, 2 oct. 2019, p. 122.
11. H. Périnet-Marquet, « L'inefficacité des sanctions du droit de l'urbanisme », *D.* 1991, chron. p. 37 – J.-P. Gili, « Le juge judiciaire et le droit de l'urbanisme », *AJDA* 1993. 55 – J.-H. Robert, « Évolutions récentes du droit pénal de l'urbanisme », *AFDUH* 1998. 15.

Une QPC a été présentée à l'encontre des dispositions qui le régissent, que le Conseil d'État a refusé de transmettre faute de caractère sérieux des moyens invoqués [1].

Le régime mis en place a été sensiblement modifié par une loi du 9 avril 2024 [2].

615.732 Mesures pouvant être prises. L'autorité compétente dispose du pouvoir d'agir en deux temps.

Dans un premier temps, elle adresse au contrevenant une mise en demeure de régulariser sa situation.

Si celle-ci est demeurée sans effet à l'expiration du délai qui lui a été imparti, elle peut, dans un second temps :

– procéder d'office à la réalisation des mesures prescrites ;

– et ordonner à l'intéressé de consigner une somme d'argent correspondant au montant des travaux à réaliser.

615.733 Des mesures facultatives, complémentaires à l'action pénale. Les pouvoirs ainsi conférés à l'autorité administrative peuvent être mis en œuvre « [i]ndépendamment des poursuites pénales qui peuvent être exercées » pour réprimer l'infraction constatée [3]. Ils peuvent ainsi être utilisés nonobstant le déclenchement d'une procédure pénale.

Leur mise en œuvre est en outre conçue comme une faculté [4].

A.
Phase I : mise en demeure de régulariser

1°
Conditions

a.
Constat d'une infraction d'urbanisme

615.741 Champ d'application. La procédure de mise en demeure administrative a pour objet de faire cesser une infraction d'urbanisme. Par conséquent, les dispositions qui la régissent prévoient qu'elle peut être engagée « Lorsque des travaux mentionnés aux articles L. 421-1 à L. 421-5 et L. 421-5-3 ont été entrepris ou exécutés » [5] :

– « en méconnaissance des obligations imposées par les titres Ier à VII du présent livre et les règlements pris pour leur application ainsi que des obligations mentionnées à l'article L. 610-1 » ;

– « ou en méconnaissance des prescriptions imposées par un permis de construire, de démolir ou d'aménager ou par la décision prise sur une déclaration préalable ».

615.742 Application aux travaux et changements de destination. Il résulte des dispositions applicables, « prises dans leur ensemble et eu égard à leur objet, que, si elles font référence aux "travaux", elles sont cependant applicables à l'ensemble des opérations soumises à permis de construire, permis d'aménager, permis de démolir ou déclaration préalable ou dispensée, à titre dérogatoire, d'une telle formalité et qui auraient été entreprises ou exécutées irrégulièrement. Il en est notamment ainsi pour les changements de destination qui, en vertu de l'article R. 421-17 du code de l'urbanisme, sont soumis à déclaration préalable lorsqu'ils ne sont pas soumis à permis de construire » [6]. Ainsi, le pouvoir de mise en demeure administrative ne se limite pas aux seules opérations impliquant la réalisation de travaux (constructions, démolitions, aménagements). Il s'étend également aux changements de destination alors même que ces derniers, comme cela est fréquent, ne s'accompagnent d'aucuns travaux.

615.743 Établissement d'un procès-verbal. La mise en œuvre du pouvoir de mise en demeure administrative suppose qu'un procès-verbal d'infraction ait au préalable été dressé en application de l'article L. 480-1 [7].

b.
Procédure contradictoire et motivation

615.751 Deux garanties. Le pouvoir dont dispose l'autorité administrative peut s'avérer lourd de conséquences pour son destinataire. Aussi le prononcé d'une mesure est-elle subordonnée à une double garantie.

615.752 Procédure contradictoire. La première garantie tient à la mise en œuvre d'une procédure contradictoire préalablement à l'intervention de la mesure. En effet, celle-ci ne peut être prononcée par l'autorité administrative qu'« après avoir invité l'intéressé à présenter ses observations » [8].

1. CE 21 sept. 2023, *Sté Getir France*, req. n° 470176, NP.
2. L. n° 2024-322, 9 avr. 2024 visant à l'accélération et à la simplification de la rénovation de l'habitat dégradé et des grandes opérations d'aménagement.
3. C. urb., art. L. 481-1, I, al. 1er et IV, al. 1er ; art. L. 481-3, I, al. 1er.
4. V. l'étude d'impact sur le projet de loi relatif à l'engagement dans la vie locale et à la proximité de l'action publique, 10 sept. 2019 (NOR : TERX1917292L/Bleue-2), qui évoque une « nouvelle faculté d'action, et non une obligation » (pt 4.3).
5. C. urb., art. L. 481-1, I, al. 1er.
6. CE 23 mars 2023, *Ville de Paris*, req. n° 468360, *Lebon ; Le* Defrénois, 27 avr. 2023, n° 17, p. 21, note O. Le Bot ; *BJCL* 2023. 269, concl. S. Hoynck ; *JCP Adm.* 2023, n° 2167, note D. Florent et F. Jourdan ; *BJDU* 2023. 163, note D. Botteghi ; *RDI* 2023. 309, obs. P. Soler-Couteaux ; *Constr.-Urb.* 2023, comm. 58, note L. Santoni ; *JCP G* 2023, n° 588, note Ph. Hansen et B. Marx.
7. C. urb., art. L. 481-1, I, al. 1er.
8. C. urb., art. L. 481-1, I, al. 1er.

615.753 **Motivation.** La seconde garantie réside dans l'obligation de motiver la décision litigieuse. Elle repose sur les dispositions générales de l'article L. 211-2 du CRPA, imposant la motivation des décisions individuelles qui « constituent une mesure de police ». Le prononcé d'une mise en demeure constitue en effet une mesure de police et non pas une sanction ; elle a pour but de faire cesser un trouble à l'ordre public et non pas de punir une faute.

2°
Prononcé de la mise en demeure

a.
Mesures pouvant être ordonnées

615.761 **Deux types de mesures.** Le maire dispose du pouvoir de mettre en demeure le contrevenant[1] :

– « soit de procéder aux opérations nécessaires à la mise en conformité de la construction, de l'aménagement, de l'installation ou des travaux en cause aux dispositions dont la méconnaissance a été constatée » ;

– « soit de déposer, selon le cas, une demande d'autorisation ou une déclaration préalable visant à leur régularisation ».

Ces dispositions envisagent ainsi deux types de mesures pour remédier à l'irrégularité constatée :

– soit la mise en conformité de la construction (par une opération matérielle) ;

– soit la régularisation (par l'obtention d'une autorisation d'urbanisme).

L'intéressé est mis en demeure de remédier à l'irrégularité selon l'une des modalités qui lui est indiquée.

615.762 **La régularisation.** La régularisation concerne l'hypothèse dans laquelle l'autorisation d'urbanisme nécessaire n'a pas été obtenue (soit qu'elle n'a pas été demandée, soit qu'elle a été demandée mais refusée, soit qu'elle a été délivrée pour des travaux différents). Elle consiste à présenter une demande de permis ou à adresser une déclaration préalable à l'autorité compétente en vue d'obtenir la délivrance d'une autorisation d'urbanisme correspondant aux travaux réalisés.

615.763 **La mise en conformité.** Le Conseil d'État a affirmé qu'il résulte des dispositions applicables, « éclairées par les travaux parlementaires préalables à l'adoption de la loi du 27 décembre 2019 relative à l'engagement dans la vie locale et à la proximité de l'action publique dont elles sont issues, que, dans le but de renforcer le respect des règles d'utilisation des sols et des autorisations d'urbanisme, le législateur a entendu, que, lorsqu'a été dressé un procès-verbal constatant que des travaux soumis à permis de construire, permis d'aménager, permis de démolir ou déclaration préalable ou dispensés, à titre dérogatoire, d'une telle formalité ont été entrepris ou exécutés irrégulièrement, l'autorité compétente pour délivrer l'autorisation d'urbanisme puisse, dans le cadre de ses pouvoirs de police spéciale et indépendamment des poursuites pénales qui peuvent être exercées pour réprimer l'infraction constatée, mettre en demeure l'intéressé, après avoir recueilli ses observations, selon la nature de l'irrégularité constatée et les moyens permettant d'y remédier, soit de solliciter l'autorisation ou la déclaration nécessaire, soit de mettre la construction, l'aménagement, l'installation ou les travaux en cause en conformité avec les dispositions dont la méconnaissance a été constatée, y compris, si la mise en conformité l'impose, en procédant aux démolitions nécessaires »[2]. Ainsi, le Conseil d'État affirme que les dispositions de l'article L. 481-1 du code de l'urbanisme confèrent au maire le pouvoir d'ordonner au contrevenant de démolir les constructions irrégulières. Il estime, ce faisant, que la notion de « mise en conformité » inclut celle de « démolition ».

Pour compenser la rigueur de cette solution, critiquée par la doctrine[3], le Conseil d'État a reconnu une présomption d'urgence au référé-suspension formé contre une mesure de démolition[4].

b.
Délai pour s'exécuter

615.771 **Fixation d'un délai.** L'autorité compétente met en demeure l'intéressé de procéder à la régularisation « dans un délai qu'elle détermine »[5].

615.772 **Détermination de la durée.** Le délai imparti par la mise en demeure est fonction[6] :

– de la nature de l'infraction constatée ;

– et des moyens d'y remédier.

Il peut être prolongé par l'autorité compétente, pour une durée qui ne peut excéder un an, « pour tenir compte des difficultés que rencontre l'intéressé pour s'exécuter »[7].

1. C. urb., art. L. 481-1, I, al. 1er.

2. CE 22 déc. 2022, Commune de Villeneuve-lès-Maguelone, req. n° 463331, *Lebon T.* ; *JCP Adm.* 2023, n° 2084, note O. Le Bot ; *BJDU* 2023. 125, concl. A. Skzryerbak ; *BJDU* 2023. 129, obs. S. Ferrari ; *RDI* 2023. 194, obs. P. Soler-Couteaux.
3. V. P. Soler-Couteaux et O. Le Bot, commentaires précités.
4. V. s^{s} n° 613.121.
5. C. urb., art. L. 481-1, I.
6. C. urb., art. L. 481-1, II.
7. C. urb., art. L. 481-1, II.

c.
Astreinte

615.781 **Fixation d'une astreinte.** L'astreinte peut être prévue « dès la mise en demeure »[1].

L'astreinte peut également être prononcée, à tout moment, « après l'expiration du délai imparti par la mise en demeure », le cas échéant prolongé, s'il n'y a pas été satisfait, après que l'intéressé a été invité à présenter ses observations[2].

615.782 **Montant de l'astreinte.** Un double plafond est prévu.

D'une part, le montant maximal de l'astreinte ne peut excéder 500 euros par jour de retard[3]. Son montant est modulé en tenant compte de l'ampleur des mesures et travaux prescrits et des conséquences de la non-exécution[4].

D'autre part, le montant total des sommes résultant de l'astreinte ne peut excéder 25 000 euros[5].

615.783 **Liquidation de l'astreinte.** En cas d'inexécution dans le délai fixé, l'astreinte est liquidée chaque trimestre[6].

En cas de recours dirigé contre le titre exécutoire liquidant l'astreinte, le requérant ne peut contester la régularité de la décision prononçant l'astreinte, dès lors que cette décision est devenue définitive[7].

615.784 **Durée de l'astreinte.** S'agissant de sa durée, l'astreinte court[8] :

– à compter de la date de la notification de l'arrêté la prononçant ;

– et jusqu'à ce qu'il ait été justifié de l'exécution des opérations nécessaires à la mise en conformité ou des formalités permettant la régularisation.

615.785 **Recouvrement de l'astreinte.** Le recouvrement de l'astreinte est engagé par trimestre échu[9].

Les sommes dues au titre de l'astreinte sont recouvrées, dans les conditions prévues par les dispositions relatives aux produits communaux, au bénéfice de la commune sur le territoire de laquelle est implanté l'immeuble ayant fait l'objet de l'arrêté[10]. Dans le cas où l'arrêté a été pris par le président d'un EPCI, l'astreinte est recouvrée au bénéfice de l'établissement public concerné[11].

L'autorité compétente peut, lors de la liquidation trimestrielle de l'astreinte, consentir une exonération partielle ou totale de son produit si le redevable établit que la non-exécution de l'intégralité de ses obligations est due à des circonstances qui ne sont pas de son fait[12].

B.
Phase II : mise en œuvre d'office des mesures et consignation d'une somme d'argent

615.791 **Mise en demeure restée sans effet.** Dans l'hypothèse où la mise en demeure est « restée sans effet au terme du délai imparti », l'autorité administrative peut :

– d'une part, mettre en œuvre d'office les mesures prescrites[13] ;

– et, d'autre part, imposer à l'intéressé la consignation d'une somme d'argent équivalant au montant des travaux à réaliser[14].

Le second de ces pouvoirs était prévu dans le dispositif initial instauré par la loi du 27 décembre 2019. Le premier a été ajouté par la loi du 9 avril 2024.

1°
Mise en œuvre d'office des mesures prescrites

615.801 **Conditions.** L'autorité compétente « peut procéder d'office à la réalisation des mesures prescrites, aux frais de l'intéressé », à deux conditions[15] :

– d'une part, la mise en demeure « est restée sans effet au terme du délai imparti » ;

– d'autre part, les travaux litigieux « ont produit des installations qui présentent un risque certain pour la sécurité ou pour la santé ».

615.802 **Pouvoir pouvant aller jusqu'à la démolition.** S'il n'existe « aucun moyen technique permettant de régulariser les travaux entrepris ou exécutés », en conformité avec les règlements, les obligations ou les prescriptions mentionnées au I du présent article, « l'autorité compétente peut procéder à la démolition complète des installations » qui présentent un risque certain pour la sécurité ou pour la santé, aux frais de l'intéressé, « après y avoir été autorisée par un jugement du président du tribunal judiciaire statuant selon la procédure accélérée au fond »[16].

1. C. urb., art. L. 481-1, III, al. 1er.
2. C. urb., art. L. 481-1, III, al. 2.
3. C. urb., art. L. 481-1, III, al. 1er.
4. C. urb., art. L. 481-1, III, al. 3.
5. C. urb., art. L. 481-1, III, al. 4.
6. V. ss no 615.785.
7. CAA Paris, 25 avr. 2023, *Cotteret*, req. no 22PA00969, NP ; *BJDU* 2023. 352, concl. F. Doré.
8. C. urb., art. L. 481-2, I.
9. C. urb., art. L. 481-2, I.
10. C. urb., art. L. 481-2, II.
11. C. urb., art. L. 481-2, II.
12. C. urb., art. L. 481-2, III.
13. C. urb., art. L. 481-1, IV (paragraphe ajouté par la loi no 2024-322 du 9 avril 2024, art. 13).
14. C. urb., art. L. 481-3, I, al. 1er.
15. C. urb., art. L. 481-1, IV, al. 1er, créé par L. no 2024-322, 9 avr. 2024.
16. C. urb., art. L. 481-1, IV, al. 3.

615.803 **Protection des occupants.** Lorsque les installations en cause sont occupées, l'occupant de celles-ci « bénéficie du régime de protection des occupants »[1] prévu par le CCH[2].

2°
Consignation d'une somme d'argent équivalant au montant des travaux à réaliser

615.811 **Mesures de consignation.** Lorsque la mise en demeure est restée sans effet au terme du délai imparti, l'autorité compétente en matière d'autorisations d'urbanisme « peut obliger l'intéressé à consigner entre les mains d'un comptable public une somme équivalant au montant des travaux à réaliser », laquelle sera restituée à l'intéressé au fur et à mesure de l'exécution des mesures prescrites[3].

615.812 **Recouvrement.** Pour le recouvrement de la somme que l'autorité compétente a ordonné à l'intéressé de consigner, il est procédé comme en matière de créances étrangères à l'impôt et au domaine et l'État bénéficie d'un privilège de même rang que celui prévu à l'article 1920 du CGI[4].

615.813 **Contentieux.** L'opposition devant le juge administratif à l'état exécutoire pris en application d'une mesure de consignation ordonnée par l'autorité compétente « n'a pas de caractère suspensif »[5].

§ 2
Régime de mise en demeure propre aux terrains de campings et PRL

A.
Non-respect des prescriptions en matière d'hygiène et de sécurité ou des prescriptions fixées par l'autorisation

615.821 **Interdictions.** Il est interdit, dans les terrains de camping et dans les parcs résidentiels de loisirs[6] :

– d'entreposer ou d'ajouter, tant sur les emplacements que sur les parties communes, des objets usagés, des abris de bois, de tôle ou d'autres matériaux ;

– de laisser en état de délabrement les habitations légères de loisirs, les résidences mobiles de loisirs, les caravanes ou tout autre véhicule ;

– de ne pas entretenir la végétation.

B.
Procédure

615.831 **Mise en demeure par le maire.** Si les prescriptions de sécurité et d'hygiène, les prescriptions fixées par l'autorisation, le permis d'aménager ou la décision de non-opposition à la déclaration préalable ne sont pas respectées, « le maire peut mettre en demeure le propriétaire ou l'exploitant, par décision motivée, de procéder aux aménagements ou aux réparations nécessaires »[7].

La mise en demeure informe les intéressés qu'ils peuvent « présenter des observations écrites ou, sur leur demande, des observations orales » et qu'ils peuvent « se faire assister par un conseil ou représenter par un mandataire de leur choix »[8].

615.832 **Fermeture par le préfet.** En cas de refus ou de silence du propriétaire ou de l'exploitant pendant un délai d'un mois à compter de la réception de la mise en demeure, « le préfet peut ordonner la fermeture temporaire du terrain et l'évacuation des emplacements » tant que les aménagements ou les réparations nécessaires n'auront pas été effectués[9].

Lorsque les travaux à réaliser nécessitent la délivrance d'un permis d'aménager, « la décision de fermeture temporaire ne peut intervenir que si la demande de permis d'aménager n'a pas été déposée dans le délai de six mois à compter de la mise en demeure ou si, déposée dans ce délai, elle a été refusée »[10].

SECTION 9
INFRACTIONS PRÉVUES PAR D'AUTRES CODES

§ 1
Infractions de droit commun prévues par le code pénal (escroquerie, extorsion corruption, prise illégale d'intérêt)

615.841 **Infractions entachant les procédures d'urbanisme.** Les infractions de droit commun définies par le code pénal peuvent donner lieu à des applications en matière d'urbanisme lorsque les délits qu'il prévoit sont commis à l'occasion de procédures d'urbanisme.

615.842 **Escroquerie (recours abusif).** Lorsque la stratégie contentieuse mise en œuvre par l'auteur d'un recours contre une autorisation d'urbanisme

1. C. urb., art. L. 481-1, IV, al. 2.
2. Sur ce régime, v. ss nos 514.05 et s.
3. C. urb., art. L. 481-3, I, al. 1er.
4. C. urb., art. L. 481-3, I, al. 2.
5. C. urb., art. L. 481-3, II.
6. C. urb., art. R. 480-7, al. 1er à 4.
7. C. urb., art. R. 480-7, al. 5.
8. C. urb., art. R. 480-7, al. 6.
9. C. urb., art. R. 480-7, al. 7.
10. C. urb., art. R. 480-7, al. 8.

revêt la nature d'une escroquerie, la victime de celle-ci peut déposer plainte afin d'obtenir du tribunal correctionnel la condamnation de son auteur et le versement de dommages et intérêts [1].

615.843 **Faux et usage de faux.** Constitue un faux entrant dans les prévisions de l'article 441-1 du code pénal l'altération frauduleuse de la vérité, préjudiciable à autrui, accompli dans un document qui a pour effet d'établir la preuve d'un fait ayant des conséquences juridiques. Tel est le cas d'une demande de permis de construire faussement attribuée à un architecte et portant la signature contrefaite de celui-ci, un tel document pouvant porter atteinte à la réputation professionnelle de la personne qui est censée l'avoir signé et étant de nature à engager sa responsabilité [2].

§ 2
Infractions environnementales

A.
Infractions relatives à un parc national

1°
Infractions et peines

615.851 **Infraction réalisée et tentative d'infraction.** Est puni de deux ans d'emprisonnement et de 75 000 euros d'amende le fait de contrevenir aux dispositions des articles L. 331-4, L. 331-4-1, L. 331-5, L. 331-6, L. 331-14, L. 331-15 et L. 331-16 du code de l'environnement [3] :

- en effectuant, dans le cœur d'un parc national ou dans les espaces ayant vocation à le devenir, des travaux, constructions ou installations interdits ou sans autorisation ou en méconnaissance des prescriptions dont l'autorisation est assortie ;

- ou en se livrant, dans le cœur d'un parc, à des activités interdites ou en méconnaissance de la réglementation dont elles sont l'objet.

Le montant de l'amende peut être porté jusqu'au double de l'avantage tiré de la commission de l'infraction [4].

La tentative de l'infraction est punie des mêmes peines [5].

Le premier alinéa de l'article 131-38 du code pénal s'applique uniquement aux amendes prévues au présent article exprimées en valeur absolue [6].

615.852 **Procédure.** En cas d'infraction, commise par une personne physique ou une personne morale, aux dispositions des articles L. 331-4, L. 331-4-1, L. 331-5, L. 331-6, L. 331-14, L. 331-15 et L. 331-16, les dispositions des articles L. 480-2, L. 480-3 et L. 480-5 à L. 480-9 du code de l'urbanisme sont applicables, sous réserve des dispositions suivantes [7] :

- dans le cas prévu au premier alinéa de l'article L. 480-2 du code de l'urbanisme, le ministère public ne peut agir qu'à la requête du maire, du fonctionnaire compétent ou de l'établissement public du parc national (1°) ;

- lorsque le tribunal fait application des dispositions de l'article L. 480-5 du même code, il statue soit sur la mise en conformité des lieux avec les prescriptions formulées par l'établissement public du parc national dans ses observations, soit sur le rétablissement des lieux dans leur état antérieur (2°).

2°
Obstacle à travaux ou mesures de restauration des écosystèmes d'un parc national

615.861 **Infraction et peines.** Le fait, pour le propriétaire ou l'exploitant de terrains ou d'ouvrages de s'opposer à l'exécution de travaux ou de mesures de restauration des écosystèmes prescrits ou ordonnés par l'établissement public du parc national en application de l'article L. 331-9 est puni de deux ans d'emprisonnement et de 100 000 euros d'amende, ce montant pouvant être porté jusqu'au double de l'avantage tiré de la commission de l'infraction [8].

Le premier alinéa de l'article 131-38 du code pénal s'applique uniquement aux amendes exprimées en valeur absolue [9].

B.
Infractions relatives à un PPRNP

615.871 **Infractions et peines.** Est puni des peines prévues à l'article L. 480-4 du code de l'urbanisme le fait [10] :

- de construire ou d'aménager un terrain dans une zone interdite par un plan de prévention des risques naturels prévisibles approuvé ;

1. Crim. 22 janv. 2014, n° 12-88.042, *RDI* 2014. 351, obs. G. Roujou de Boubée – I. Rey-Lefebvre, « Comment un petit escroc a berné des géants de l'immobilier », *LeMonde.fr*, 10 août 2018.
2. Crim. 13 oct. 1999, n° 99-81.107, P.
3. C. env., art. L. 331-26, al. 1er.
4. C. env., art. L. 331-26, al. 1er.
5. C. env., art. L. 331-26, al. 2.
6. C. env., art. L. 331-26, al. 3.
7. C. env., art. L. 331-28.
8. C. env., art. L. 331-27, al. 1er.
9. C. env., art. L. 331-27, al. 2.
10. C. env., art. L. 562-5, I.

– ou de ne pas respecter les conditions de réalisation, d'utilisation ou d'exploitation prescrites par ce plan.

615.872 Procédure. Les dispositions des articles L. 460-1, L. 480-1, L. 480-2, L. 480-3, L. 480-5 à L. 480-9, L. 480-12 et L. 480-14 du code de l'urbanisme sont applicables, sous la seule réserve des conditions suivantes[1] :

– les infractions sont constatées, en outre, par les fonctionnaires et agents commissionnés à cet effet par l'autorité administrative compétente et assermentés (1°) ;

– pour l'application de l'article L. 480-5 du code de l'urbanisme, le tribunal statue au vu des observations écrites ou après audition du maire ou du fonctionnaire compétent, même en l'absence d'avis de ces derniers, soit sur la mise en conformité des lieux ou des ouvrages avec les dispositions du plan, soit sur leur rétablissement dans l'état antérieur (2°) ;

– le droit de visite prévu à l'article L. 461-1 du code de l'urbanisme est ouvert aux représentants de l'autorité administrative compétente (3°) ;

– le tribunal judiciaire peut également être saisi en application de l'article L. 480-14 du code de l'urbanisme par le préfet (4°).

C.
Infractions relatives à une zone naturelle

615.881 Infractions et peines. Est puni de l'amende prévue pour les contraventions de la 5e classe le fait, en infraction à la réglementation d'une réserve naturelle, de ne pas respecter les prescriptions dont peuvent être assorties les autorisations délivrées pour des travaux, constructions, installations ou aménagements[2].

Est puni des peines prévues pour les contraventions de la 5e classe le fait de ne pas respecter les dispositions de la décision de classement comme réserve naturelle réglementant ou interdisant les travaux publics ou privés, y compris ceux qui sont faits sur des bâtiments, la recherche ou l'exploitation de matériaux ou minerais, les activités industrielles, commerciales, artisanales ou publicitaires, les activités photographiques, cinématographiques, radiophoniques ou de télévision, le survol de la réserve[3].

615.882 Cas des personnes morales. Les personnes morales déclarées responsables pénalement encourent, outre l'amende, la peine de confiscation de la chose qui a servi ou était destinée à commettre l'infraction ou de la chose qui en est le produit[4].

Elles encourent, en outre, lorsqu'elles sont déclarées responsables pénalement, la peine d'interdiction, pour une durée de trois ans au plus, d'émettre des chèques autres que ceux qui permettent le retrait de fonds par le tireur auprès du tiré ou ceux qui sont certifiés[5].

615.883 Récidive. La récidive des contraventions prévues aux articles R. 332-73 à R. 332-75 est réprimée conformément aux articles 132-11 et 132-15 du code pénal[6].

D.
Installation d'une caravane dans un espace protégé

615.891 Parc national et réserve naturelle. Constitue une contravention le fait de stationner une caravane :

– au cœur d'un parc national[7] ;

– ou dans une réserve naturelle[8].

615.892 Espace boisé. Constitue une contravention le fait de stationner dans une forêt de protection, en dehors des voies et aires prévues à cet effet[9].

§ 3
Manquement à la législation sur les ICPE

615.901 Infractions spécifiques. Les infractions aux dispositions réglementant, dans les territoires faisant l'objet d'un PLU approuvé ou d'un document en tenant lieu, l'ouverture, l'extension et les modifications aux conditions d'exploitation des établissements dangereux, insalubres ou incommodes sont punies des peines et sanctions prévues par la législation relative aux installations classées[10].

1. C. env., art. L. 562-5, II.
2. C. env., art. R. 332-73, 7°.
3. C. env., art. R. 332-74, 3°.
4. C. env., art. R. 332-77, al. 1er.
5. C. env., art. R. 332-77, al. 2.
6. C. env., art. R. 332-79.
7. C. env., art. R. 331-64, 2°.
8. C. env., art. R. 332-70, 2°.
9. C. forestier, art. R. 163-11, al. 1er.
10. C. urb., art. L. 610-2, al. 3.

TITRE

62. Le contentieux des documents d'urbanisme

SECTION 0

ORIENTEUR

62.00 Sommaire du titre.

CHAPITRE

621. Contentieux de l'excès de pouvoir (documents d'urbanisme)

SECTION 0

ORIENTEUR

621.00 **Sommaire du chapitre.**

621.01 Textes applicables.

> Dispositions particulières dans le contentieux de l'excès de pouvoir (exception d'illégalité, régularisation, effets d'une annulation)

• **C. urb.**

art. L. 600-1

art. L. 600-9

art. L. 600-11 s.

621.02 Jurisprudence de référence.

> Modalités d'application de l'article L. 600-12-1 du code de l'urbanisme

• **CE, sect., avis, 2 oct. 2020,** *SCI du Petit Bois*, req. n° 436934, *Lebon*.

> Modalités d'application de l'article L. 600-9 du code de l'urbanisme

• **CE, sect., 22 déc. 2017,** *Sempy (Cne) c/Merlot (M.)*, req. n° 395963, *Lebon*.

> Point de départ du délai de recours contre l'acte d'approbation d'un document d'urbanisme

• **CE, sect., 28 juin 1996,** *Fédération pour les espaces naturels et l'environnement catalan*, req. n° 160434, *Lebon*.

621.03 Bibliographie indicative.

Thèses. N. Chauvin, *L'illégalité du plan d'occupation des sols*, Litec, 1996.

Encyclopédies. *J.-Cl. Constr.-Urb.*, fasc. 7-66 : « Plan local d'urbanisme. – Contentieux », par Ch. Denizeau, déc. 2016 – *DP constr.-urb.*, ét. : « Plan local d'urbanisme ».

Monographies. F.-C. Bernard, *Guide des contentieux de l'urbanisme*, 2e éd., « Guides », LexisNexis, 2018 – T. Célérier, *Guide de la légalité des POS, jurisprudence commentée*, « Gestion locale et urbanisme », EFE, 1998, 257 p.

> Articles (réformes)

Loi du 9 février 1994. J.-B. Auby, « La loi du 9 février 1994 et le contentieux de l'urbanisme », *RFDA* 1995. 25 – Ph. Benoît-Cattin, « Le contentieux de l'urbanisme après la loi Bosson du 9 février 1994 », *JCP N* 1994. I. 207 – F. Bouyssou, « Nouvelles dispositions en matière d'urbanisme », *AJDA* 1994. 208 – Y. Jegouzo, « Les modifications apportées au droit de l'urbanisme par la loi du 9 février 1994 », *RDI* 1994. 153 – C. Le Marchand, « Loi du 9 février 1994 portant diverses dispositions en matière d'urbanisme et de construction », *JCP N* 1994. I. 307.

Loi ALUR. Ph. Billet, « ALUR et contentieux de l'urbanisme », *JCP* 2014, n° 2264.

Loi ÉLAN. A. Gayet et C. Lherminier, « Les évolutions du droit et du contentieux de l'urbanisme après la loi ÉLAN », *JCP Adm.* 2019, n° 2017 – C. Maugüé et C. Barrois de Sarigny, « L'année 2018, une nouvelle étape pour le contentieux de l'urbanisme ? », *AJCT* 2019. 16 – R. Noguellou, « La réforme du contentieux de l'urbanisme », *AJDA* 2019. 107 – M. Revert, « Le volet contentieux de l'urbanisme de la loi ÉLAN », *RDI* 2019. 64 – F. Rolin, « Réformer le contentieux de l'urbanisme, pour quoi faire ? », *DAUH* 2019. 25.

> Articles (questions diverses)

Contrôle de légalité interne. N. Calderaro et J. Quinette, « Élargissement du contrôle des POS », *RFDA* 1990. 234 – P. Comte, « Réflexions sur l'utilisation de l'erreur manifeste d'appréciation dans le contentieux des POS », *RFDA* 1990. 72 – P.-P. Danna, « Vers une évolution du contrôle de la légalité interne des documents d'urbanisme », *RFDA* 2000. 367 – P. Lamorlette et J.-P. Demouveaux, « L'erreur manifeste d'urbanisme », Et. fonc., mars 1994, n° 62, p. 20 – L. Yousry, « Le contrôle du détournement de pouvoir en matière de POS », *RFDA* 1989. 545.

Exception d'illégalité. F. Barloy, « La restriction des moyens de légalité invocables : la mort programmée du vice de procédure et de l'exception d'illégalité », *JCP Adm.* 2019, nº 2187 – D. Labouysse, « L'exception d'illégalité de la règle d'urbanisme locale », *Constr.-Urb.* 2015, ét. 10.

Conséquences d'une annulation. P. Boulisset et S. Zarli, « Les conséquences de l'annulation du POS ou du PLU pour la commune », *AJDA* 2011. 1060.

621.04 **Questions essentielles.**

> La jurisprudence CFDT s'applique-t-elle aux documents d'urbanisme ?

* V. s^s nº 621.212

> L'annulation d'un PLU emporte-t-elle l'annulation des autorisations d'urbanisme délivrées sur son fondement ?

* V. s^s n°s 621.351 s.

> L'autorité compétente en matière de PLU peut-elle classer des parcelles en zone N après annulation d'un précédent classement en zone N entaché d'erreur manifeste d'appréciation ?

* V. s^s nº 621.441

SECTION 1
MISE EN CAUSE DE LA LÉGALITÉ DU DOCUMENT D'URBANISME PAR VOIE D'ACTION

§ 1
Conditions de recevabilité du recours

A.
Actes attaquables

1°
Actes décisoires

621.11 **Actes susceptibles de recours.** Le recours pour excès de pouvoir est recevable contre les actes dotés d'une portée décisoire. Il peut ainsi être formé contre :

– la délibération prescrivant l'adoption ou la révision d'un document d'urbanisme[1] ;

– la délibération approuvant l'élaboration, la modification ou la révision du document d'urbanisme[2].

En revanche, le recours pour excès de pouvoir est irrecevable contre un acte non décisoire et, *a fortiori*, contre un acte superfétatoire[3].

2°
Cas des actes préparatoires

a.
Irrecevabilité du recours directement formé contre un acte préparatoire

621.21 **Actes insusceptibles de recours.** Dans le contentieux des documents d'urbanisme, le juge rejette comme irrecevables tous les recours réputés dirigés contre un acte préparatoire, insusceptible de faire l'objet d'une contestation immédiate dans la mesure où il n'est qu'un élément de la procédure d'élaboration d'une décision.

621.22 **Illustrations.** Est par exemple irrecevable, en tant qu'il est dirigé contre un acte préparatoire, le recours formé contre :

– la délibération par laquelle le conseil municipal se prononce en faveur du classement d'une parcelle en zone agricole, cette délibération étant intervenue dans le cadre de la procédure d'élaboration du document d'urbanisme[4] ;

– la délibération par laquelle le conseil municipal arrête le projet de POS révisé de la commune, qui constitue un élément de la procédure d'élaboration de ce plan[5] ;

– de l'arrêté soumettant un projet de POS à enquête publique[6].

b.
Possibilité de contester la légalité d'un acte préparatoire par voie d'exception

621.31 **Contestation indirecte.** La légalité d'un acte préparatoire peut être discutée à l'occasion du recours formé contre la décision prise au vu de

1. POUR un PLU : CE 5 mai 2017, *Saint-Bon-Tarentaise (C^ne)*, req. nº 388902, *Lebon ; BJDU* 2017. 230, concl. L. Dutheillet de Lamothe : arrêt relevant qu'une telle délibération, qui porte, d'une part, sur les objectifs, au moins dans leurs grandes lignes, poursuivis par la commune en projetant d'élaborer ou de réviser ce document d'urbanisme et, d'autre part, sur les modalités de la concertation avec les habitants et les associations locales, est susceptible de recours devant le juge de l'excès de pouvoir.
2. PAR EX. : CE 25 nov. 2015, *Cazedarnes (C^ne)*, req. nº 372659, *Lebon T. ; JCP Adm.* 2016, nº 2156, concl. J. Lessi.
3. À PROPOS d'une délibération par laquelle le conseil municipal décide l'engagement d'une procédure de modification du PLU et autorise le maire à exécuter cette décision : CAA Nantes, 18 janv. 2022, *Mme Bailhache et Assoc. de valorisation et de défense du patrimoine en presqu'île guérandaise « Patrimoine en presqu'île » c/commune de Guérande*, req. nº 20NT03250, NP ; *Constr.-urb.* 2022, comm. 26, note X. Couton : arrêt relevant que, dans la mesure où le maire est seul compétent pour engager une procédure de modification du PLU et n'a pas à y être préalablement habilité par le conseil municipal, une telle délibération « présente un caractère superfétatoire et n'est, par suite, pas susceptible de faire l'objet d'un recours pour excès de pouvoir ».
4. CE 12 sept. 2008, *Brasi*, req. nº 315544, NP.
5. CE 25 févr. 1998, *Évreux (C^ne) et SCI du Bois-Jolet*, req. nº 150708, *Lebon T.*
6. CE 7 févr. 1990, *Lamy (M. et Mme)*, req. nº 81691, NP.

celui-ci. Ainsi, la légalité des actes préparatoires à l'élaboration, la modification ou la révision d'un document d'urbanisme peut être discutée à l'appui d'un recours dirigé contre la délibération du conseil municipal prise au terme de la procédure [1].

621.32 **Limites.** La possibilité de contester un acte préparatoire par voie d'exception a été considérablement réduite par l'article L. 600-1 du Code de l'urbanisme et la jurisprudence Fédération des finances et affaires économiques de la CFDT [2].

B.
Intérêt à agir

621.41 **Intérêt reconnu.** La jurisprudence reconnaît l'intérêt à agir :

– des habitants d'une commune, contre l'ensemble des dispositions du PLU de cette commune [3] (la transposition de cette jurisprudence aux PLUI présentant un caractère incertain) ;

– au propriétaire de parcelles contre les dispositions du PLU définissant le zonage de celles-ci [4] ;

– à une association syndicale qui a pour but l'assainissement des palus d'une commune et qui devra, pour l'exécution de ses travaux, se conformer à la réglementation édictée par le POS de la commune, contre l'arrêté rendant public ce POS [5] ;

– à une commune limitrophe d'une zone industrielle située sur le territoire de la commune voisine, contre la délibération du conseil municipal de celle-ci approuvant la révision de son POS en vue de procéder à une extension de ladite zone [6] ;

– à une commune limitrophe à une zone prévue pour l'implantation d'une aire d'accueil des gens du voyage [7] ;

– à une association de défense de l'environnement ou du cadre de vie, contre l'ensemble des dispositions du PLU [8].

C.
Délai pour agir

621.51 **Durée du délai.** Le délai de recours est de deux mois [9].

621.52 **Point de départ du délai.** Le délai de recours court à compter du jour où le PLU acquiert une force exécutoire [10].

621.53 **Prorogation du délai.** Le délai de recours peut être prorogé selon les conditions de droit commun [11].

La cause la plus fréquente de prorogation correspond à l'introduction d'un recours gracieux avant l'expiration du délai de recours contentieux. Un nouveau délai de recours contentieux recommence alors à courir à compter de la décision expresse ou tacite de l'administration. Plus précisément, ce délai :

– est de deux mois, à l'égard de l'auteur du recours gracieux, si l'administration a accusé réception du recours dans les conditions posées à l'article L. 112-3 du CRPA ;

– est d'un an, à l'égard de l'auteur du recours gracieux, si l'administration n'a pas accusé réception du recours dans les conditions posées à l'article L. 112-3 du CRPA [12] ;

– est de deux mois, à l'égard des tiers, dans tous les cas [13].

D.
Absence d'obligation de notification du recours

621.61 **Obligation supprimée.** L'obligation de notification du recours formé à l'encontre d'un document d'urbanisme a été supprimée au 1er octobre 2007 [14].

1. CE 12 mai 1997, *Mathonnet (M. et Mme)*, req. n° 157044, NP.
2. V. ss nos 621.151 s.
3. CE 2 oct. 2017, *Montpellier Méditerranée Métropole et Lattes (Cne)*, req. n° 398322, *Lebon T.* ; *BJCL* 2017. 694, concl. Ch. Touboul ; *BJDU* 2018. 33, note É. Cobourg-Cozé ; *Dr. adm.* 2018, étude n° 6, note A. Bellotti ; *LPA* 5 sept. 2018, n° 177-178, p. 5, note. P.-L. Niel. Cet arrêt applique aux PLU la solution qui avait été dégagée pour les POS (CE 9 mars 1990, Stockhausen et Trudelle, req. n° 42563, *Lebon T*).
4. CE 2 oct. 2017, *Montpellier Méditerranée Métropole et Lattes (Cne)*, req. n° 398322, *Lebon T.* ; *BJCL* 2017. 694, concl. Ch. Touboul ; *BJDU* 2018. 33, note É. Cobourg-Cozé ; *Dr. adm.* 2018, étude n° 6, note A. Bellotti ; *LPA* 5 sept. 2018, n° 177-178, p. 5, note. P.-L. Niel.
5. CE 28 mars 1979, *Assoc. synd. autorisée des Palus de Latresne*, req. n° 04283, *Lebon T.*
6. CE 19 mars 1993, *Saint-Égrève (Cne)*, req. n° 119147, *Lebon T.*
7. CAA Douai, 13 août 2012, *Pinterville (Cne)*, req. n° 11DA01741, NP.
8. PAR EX. : CE 19 mars 2008, *Saint-Cast-le-Guildo (Cne)*, req. n° 296504, NP : le Conseil d'État reconnaît l'intérêt à agir d'une association qui, en vertu de ses statuts, a pour objet d'agir dans le domaine de l'environnement, de l'aménagement harmonieux et équilibré du territoire et de l'urbanisme, et, exerce son action sur le territoire de la commune, contre la délibération du conseil municipal approuvant la révision partielle du PLU.
9. CJA, art. R. 421-1, al. 1er.
10. Sur la date à prendre en compte, v. ss n° 233.442.
11. V. ss n° 611.431.
12. CE 3 juin 2020, *Écharroudi (Mme)*, req. n° 428222, *Lebon T.* ; *JCP Adm.* 2020, n° 2271, note C. Braud ; *JCP Adm.* 2020, n° 2226, chron. O. Le Bot.
13. CE 8 juin 2016, *Derenemesnil*, req. n° 387547, *Lebon T.* ; *JCP Adm.* 2016, n° 2306, chron. O. Le Bot.
14. Décr. n° 2007-18, 5 janv. 2007 pris pour l'application de l'ordonnance n° 2005-1527 du 8 décembre 2005 relative au permis de construire et aux autorisations d'urbanisme, *JO* 6 janv., n° 12, art. 12-1.

§ 2
Moyens invocables

A.
Moyens de légalité externe

1°
Incompétence

621.71 Incompétence positive. Le moyen d'incompétence, qui présente un caractère d'ordre public, n'est que très exceptionnellement fondé. Il peut l'être, par exemple :

– en cas de méconnaissance du transfert des compétences d'une commune à un EPCI ;

– ou en cas d'adoption par le maire d'une décision relevant de la compétence du conseil municipal.

621.72 Incompétence négative. Une commune commet une incompétence négative en s'estimant lié par l'avis du préfet dans le choix d'un zonage[1].

2°
Vice de forme ou de procédure

a.
Diversité des vices de forme ou de procédure

621.81 Grande variété des vices. Les irrégularités procédurales susceptibles d'être invoquées à l'encontre de la délibération approuvant un document d'urbanisme sont tellement nombreuses qu'il est exclu de prétendre à une présentation exhaustive de celles-ci.

621.82 Vices propres. Indépendamment des irrégularités trouvant leur origine dans la méconnaissance des dispositions régissant la procédure applicable aux documents d'urbanisme, il en est un certain nombre qui peuvent entacher, intrinsèquement, la délibération d'approbation du document. Ainsi, celle-ci pourra être annulée pour les motifs suivants :

– le délai de convocation du conseil municipal n'a pas été respecté ;

– le caractère trop imprécis de l'ordre du jour ;

– l'absence de note explicative de synthèse ;

– l'absence d'information suffisante en cours de séance ;

– la participation d'un conseiller « intéressé » si celle-ci a eu une influence sur le sens de la délibération ;

– le non-respect du règlement intérieur ;

– l'absence d'affichage en mairie de la délibération prescrivant la révision et définissant les modalités de la concertation.

1. V. s[s] n° 212.153.

621.83 Concertation et consultations. Les irrégularités entachant la concertation et les consultations entachent d'un vice de procédure le document d'urbanisme adopté.

621.84 Évaluation environnementale. L'absence ou l'insuffisance de l'évaluation environnementale entache d'un vice de forme la délibération approuvant le document d'urbanisme.

621.85 Enquête publique. L'enquête publique est source de fréquentes irrégularités.

Très nombreuses sont les annulations de documents d'urbanisme fondées sur le caractère insuffisant des mesures de publicité de l'avis d'enquête. La composition du dossier soumis à l'enquête, ainsi que les modalités du déroulement de celle-ci, peuvent également fonder l'annulation de la délibération d'approbation[2]. Si le commissaire-enquêteur n'est pas tenu de répondre à chacune des observations formulées au cours de l'enquête, il lui faut nécessairement, sous peine d'entacher d'illégalité la délibération d'approbation du document, rédiger des conclusions motivées, en précisant si elles sont favorables ou non. Il apparaît ainsi qu'en cas de méconnaissance de cette exigence par le commissaire-enquêteur, la commune ou l'EPCI en sera la victime, alors même qu'il s'agit là d'un élément sur lequel il n'a aucune maîtrise.

621.86 Modification substantielle du projet après l'enquête publique. À peine d'illégalité, les modifications apportées au document postérieurement à l'enquête publique ne doivent pas porter atteinte à son économie générale.

621.87 Insuffisance du rapport de présentation. Les exigences du juge, quant au contenu du rapport de présentation, sont devenues telles qu'extrêmement nombreux sont les PLU qui ont été annulés (ou qui auraient pu l'être) sur ce fondement[3]. Considérant que le rapport de présentation constitue, en quelque sorte, la motivation du PLU et procure aux administrés « le moyen de comprendre l'économie générale du plan et de s'assurer que certaines normes ou préoccupations supérieures ont été respectées »[4], le juge attache en effet la plus grande attention au respect des dispositions du code de l'urbanisme qui en définissent le contenu, ce contenu s'étant d'ailleurs considérablement enrichi, au fil des modifications de celles-ci.

2. Sur les exigences s'imposant au commissaire-enquêteur, v. s[s] n° 233.363.
3. POUR l'annulation du PLUI de la métropole toulousaine, en raison notamment des insuffisances significatives du rapport de présentation au regard des objectifs de consommation des espaces et de la justification de leur modération dans le PADD : CAA Bordeaux, 15 févr. 2022, *Toulouse Métropole c/Soulé et a.*, req. n° 21BX02287, NP.
4. B. Lasserre, concl. sur CE 22 nov. 1985, *Min. Urbanisme c/ Daniau, JCP* 1986. II, n° 20633.

En premier lieu, le juge va s'assurer que le rapport de présentation comporte bien tous les éléments qui doivent y figurer, étant précisé qu'une omission dans le rapport de présentation sera sans conséquence si l'élément manquant peut être trouvé dans une autre pièce du dossier.

En second lieu, d'un point de vue qualitatif, le juge vérifiera si les développements contenus dans le rapport de présentation sont de nature à satisfaire aux exigences légales et réglementaires.

Il n'entre pas dans le cadre de ces développements de présenter le contenu du rapport de présentation en distinguant selon que le PLU doit ou non faire l'objet d'une évaluation environnementale. On se bornera donc à indiquer qu'il appartient au requérant, dans un premier temps, de déterminer si le PLU qu'il entend contester devait ou non faire l'objet d'une telle évaluation. Si tel est le cas, il lui faut ensuite, dans un second temps, vérifier si le rapport de présentation présente un contenu suffisant au regard des exigences légales et réglementaires.

b. Exigence d'un vice de forme ou de procédure substantiel

621.91 Jurisprudence Danthony. Dans le prolongement de l'article 70 de la loi du 17 mai 2011[1] de simplification et d'amélioration de la qualité du droit qui dispose que : « Lorsque l'autorité administrative, avant de prendre une décision, procède à la consultation d'un organisme, seules les irrégularités susceptibles d'avoir exercé une influence sur le sens de la décision prise au vu de l'avis rendu peuvent, le cas échéant, être invoquées à l'encontre de la décision », le Conseil d'État a jugé que « ces dispositions énoncent, s'agissant des irrégularités commises lors de la consultation d'un organisme, une règle qui s'inspire du principe selon lequel, si les actes administratifs doivent être pris selon les formes et conformément aux procédures prévues par les lois et règlements, un vice affectant le déroulement d'une procédure administrative préalable, suivie à titre obligatoire ou facultatif, n'est de nature à entacher d'illégalité la décision prise que s'il ressort des pièces du dossier qu'il a été susceptible d'exercer, en l'espèce, une influence sur le sens de la décision prise ou qu'il a privé les intéressés d'une garantie », précisant que « l'application de ce principe n'est pas exclue en cas d'omission d'une procédure obligatoire, à condition qu'une telle omission n'ait pas pour effet d'affecter la compétence de l'auteur de l'acte »[2].

Cette jurisprudence a été complétée, le Conseil d'État ajoutant : « il appartient au juge administratif d'écarter, le cas échéant de lui-même, un moyen tiré d'un vice de procédure qui, au regard de ce principe, ne lui paraît pas de nature à entacher d'illégalité la décision attaquée ; en statuant ainsi, le juge ne relève pas d'office un moyen qu'il serait tenu de communiquer préalablement aux parties »[3].

621.92 Applications de la jurisprudence Danthony. À plusieurs reprises, la jurisprudence Danthony a reçu application dans le contentieux des PLU.

Ainsi, après avoir relevé l'insuffisance de la note de synthèse jointe à la convocation des conseillers municipaux à la réunion au cours de laquelle a été approuvée la révision du PLU, le Conseil d'État a neutralisé ce vice propre en considérant que cette insuffisance « n'a pas, dans les circonstances particulières de l'espèce, exercé une influence sur le sens de la délibération et n'a pas, par elle-même, privé les membres du conseil municipal d'une garantie »[4].

De la même façon, à propos de la révision simplifiée d'un PLU approuvée sans qu'ait été consulté le Centre national de la propriété forestière, alors que la réduction des espaces forestiers opérée imposait une telle consultation, il a été jugé qu'au vu des pièces du dossier, il n'apparaissait pas que le défaut de celle-ci, dépourvu d'effets sur la compétence du conseil municipal, avait pu exercer ou priver quiconque d'une garantie[5].

On peut noter que cette jurisprudence a également reçu application, sur le fondement des mêmes considérations, pour ne pas tirer les conséquences des lacunes dont étaient entachées les conclusions d'un commissaire enquêteur[6].

Le Conseil d'État a également appliqué cette jurisprudence dans un arrêt du 22 décembre 2017[7]. En l'espèce, une carte communale avait été adoptée le 10 février 2012 en omettant de consulter au préa-

1. L. n° 2011-525, 17 mai 2011 de simplification et d'amélioration de la qualité du droit, *JO* 18 mai, n° 1.

2. CE, ass., 23 déc. 2011, *Danthony et a.*, req. n° 335033, *Lebon* 649 ; *AJDA* 2012. 7 ; *AJDA* 2012. 195, chron. X. Domino et A. Bretonneau ; *AJDA* 2012. 1484, étude C. Mialot ; *D.* 2013. 324, obs. O. Boskovic, S. Corneloup, F. Jault-Seseke, N. Joubert et K. Parrot ; *AJDI* 2014. 16, étude S. Gilbert ; *AJDI* 2015. 25, chron. S. Gilbert ; *AJCT* 2015. 388, étude R. Bonnefont ; *RFDA* 2012. 284, concl. G. Dumortier ; *RFDA* 2012. 296, note P. Cassia ; *RFDA* 2012. 423, étude R. Hostiou.

3. CE 17 févr. 2012, *Sté Chiesi SA*, req. n° 332509, *Lebon* avec les concl. ; *AJDA* 2012. 353 ; *AJDA* 2013. 1733, chron. X. Domino et A. Bretonneau ; *RFDA* 2012. 296, note P. Cassia ; *RDSS* 2012. 532, concl. M. Vialettes.

4. CE 17 juill. 2013, *Sté SFR et a.*, req. n° 350380, *Lebon ; AJDA* 2013. 1548 ; *AJDA* 2326, note J.-B. Sibileau.

5. CAA Lyon, 24 avr. 2012, *Roybon (Cne)*, req. n° 11LY02039, *AJDA* 2012. 1470.

6. CAA Paris, 13 juin 2013, *Pommeuse (Cne)*, req. n° 12PA05113, *RDI* 2013. 546, obs. P. Soler-Couteaux.

7. CE, sect., 22 déc. 2017, *Sempy (Cne)*, req. n° 395963, *Lebon ; AJDA* 2018. 7 ; *AJDA* 272, chron. S. Roussel et Charline Nicolas ; *RDI* 2018. 175, obs. P. Soler-Couteaux ; *AJCT* 2018. 229, obs. A.-S. Juilles ; *RFDA* 2018. 357, concl. J. Burguburu ; *ibid.* 370, note R. Noguellou.

lable la commission d'agriculture. L'avis litigieux a été sollicité par la commune après coup, et produit par celle-ci en cours d'instance. Après avoir rappelé les critères de la jurisprudence Danthony, le Conseil souligne que « la chambre d'agriculture, saisie par la commune, a émis, le 15 janvier 2015, un avis défavorable sur la carte communale adoptée par la délibération attaquée ; que, dans ces conditions, eu égard aux conséquences du projet de carte communale sur les réductions d'espaces agricoles et naturels au profit de l'urbanisation du bourg, notamment à proximité d'exploitations, l'omission de la consultation de la chambre d'agriculture avant l'adoption de la carte communale a été susceptible d'exercer, en l'espèce, une influence sur le sens de la délibération du conseil municipal de Sempy ». On relèvera, car cela est notable, que le juge de l'excès de pouvoir apprécie ici la légalité de l'acte attaqué en se basant sur un avis produit postérieurement à celui-ci.

L'omission d'associer une personne publique au processus d'élaboration du document entache d'un vice de procédure l'acte approuvant ce document. Lorsque ce vice a privé le requérant d'une garantie ou est susceptible d'avoir exercé une influence sur le sens de la décision prise, l'acte d'approbation est entaché d'illégalité[1].

Lorsqu'un organisme disposant du droit d'être consulté à sa demande a formulé une telle demande sans que la collectivité responsable de l'élaboration du document y donne suite, l'acte approuvant le document d'urbanisme est entaché d'un vice de procédure. Lorsque ce vice a privé le requérant d'une garantie ou est susceptible d'avoir exercé une influence sur le sens de la décision prise, l'acte d'approbation est entaché d'illégalité[2].

L'omission d'une nouvelle consultation en cas de modification du projet de plan après mise en œuvre des consultations n'est de nature à vicier la procédure et à entacher d'illégalité la décision prise à l'issue de l'enquête publique que si elle a pu avoir pour effet de nuire à l'information du public ou si elle a été de nature à exercer une influence sur cette décision[3].

B. Moyens de légalité interne

621.101 Erreur de droit. L'erreur de droit est retenue par le juge chaque fois que le requérant parvient à établir que le contenu du PLU a été déterminé dans des conditions méconnaissant une norme supérieure dont le respect s'imposait aux auteurs du document. Il en va ainsi dans toute une série d'hypothèses.

Il en va d'abord ainsi chaque fois que n'ont pas été respectées les dispositions du code délimitant le champ d'application respectif des diverses procédures prévues pour faire évoluer le contenu de ces documents.

C'est également le cas si le contenu du PLU méconnaît les dispositions du code de l'urbanisme propres au littoral, à la montagne ou aux aérodromes.

En revanche, « le règlement sanitaire départemental n'est pas au nombre des règles dont le respect s'impose aux auteurs d'un plan d'occupation des sols en vertu des dispositions législatives et réglementaires applicables »[4]. En conséquence, est inopérant le moyen tiré de la méconnaissance du règlement sanitaire départemental, invoqué à l'encontre d'un POS qui avait classé en zone UA, où était admise la construction d'immeubles collectifs, des terrains situés à proximité d'une exploitation agricole.

Par ailleurs, si la commune est couverte par un SCOT, le PLU doit être compatible avec lui. Si elle n'est pas couverte par un SCOT, le PLU doit respecter le principe d'urbanisation limitée posé par article L. 142-4 du code de l'urbanisme.

De façon générale, sera jugée illégale toute prescription édictée par un règlement de PLU contraire au code de l'urbanisme ou qui serait insusceptible de trouver son fondement légal dans ce code ou dans une autre disposition législative ou réglementaire[5].

621.102 Erreur manifeste d'appréciation. Lorsqu'il est saisi d'une contestation portant sur le zonage, fondée, non pas sur la violation d'une norme supérieure, mais sur des considérations tendant à remettre en cause le parti d'urbanisme retenu, le juge n'exerce qu'un contrôle minimum. Le PLU ne sera donc annulé ou jugé illégal que si ce parti d'urbanisme lui paraît entaché d'une erreur manifeste d'appréciation.

Il est de jurisprudence constante, d'une part que les auteurs des documents d'urbanisme ne sont pas liés par les modalités existantes d'utilisation du sol[6], d'autre part, que le requérant ne saurait utilement faire référence au principe d'égalité des citoyens devant la loi, pour conclure à l'illégalité du zonage[7].

1. CAA Nantes, 10 oct. 2014, *Jalladeau*, req. n° 13NT00915, NP – CAA Versailles, 11 mai 2015, *Orsay (Cne)*, req. n° 14VE00472, NP.
2. CE 25 janv. 1989, *Saint-Palais-sur-Mer (Cne)*, req. n° 78605, NP.
3. V. ss n° 233.332.
4. CE 7 janv. 2004, *Nouque*, req. n° 229101, *Lebon T.*
5. V. ss nos 231.1811 s.
6. CE 6 déc. 1996, *Sainte-Adresse (Cne) c/Binard (M.)*, req. n° 141189, NP ; *BJDU* 1997. 90, concl. J. Arrighi de Casanova, obs. L. Touvet.
7. CE 25 nov. 1994, *Le Rouge de Guerdavid (Mme)*, req. n° 125293, NP ; *BJDU* 1994. 21, concl. S. Daël : arrêt indiquant « qu'il est de la nature de toute réglementation ▶

Le zonage ne sera donc jugé illégal qu'à la condition que la configuration des lieux, l'état des équipements ou encore, par exemple, le parti d'urbanisme retenu dans les secteurs proches révèlent qu'une erreur grossière aurait été commise dans l'application des dispositions du code[1].

621.103 Détournement de pouvoir. Pour établir le détournement de pouvoir, le requérant devra parvenir à démontrer que les auteurs du document d'urbanisme ont obéi à des considérations étrangères à celles qui doivent, normalement, inspirer l'élaboration d'un tel document. En pratique, ce moyen apparaît invoqué beaucoup plus fréquemment dans le contentieux des documents d'urbanisme que dans les contentieux d'une autre nature.

Peuvent être cités de rares exemples dans lesquels le détournement de pouvoir allégué a été regardé comme établi.

Tel est le cas lorsque les dispositions insérées dans un PLU, à l'occasion d'une modification ou d'une révision de celui-ci, apparaissent comme ayant « été spécialement édictées non pas dans un but d'intérêt général mais pour régulariser des constructions édifiées dans ce secteur et dont le permis avait été annulé » et « qu'aucun motif d'intérêt général n'est d'ailleurs invoqué par la commune pour justifier la nécessité d'une telle réglementation »[2].

Il en va de même si la prohibition des installations classées édictée par un PLU est fondée sur des motifs tendant à l'interdiction d'une opération déterminée[3].

▶ d'urbanisme de distinguer des zones où les possibilités d'usage du sol sont différentes ; que, dès lors que cette délimitation ne repose pas [...] sur une appréciation manifestement erronée, elle ne porte pas une atteinte illégale au principe d'égalité des citoyens devant la loi » – également : CE 17 juin 1998, *Daviet (Mme)*, req. n° 169216, NP : arrêt affirmant « qu'il est de la nature de toute réglementation d'urbanisme de distinguer des zones où les possibilités de construire sont différentes, ainsi que des zones inconstructibles ; que, dès lors que cette délimitation ne repose pas [...] sur une appréciation manifestement erronée, elle ne porte pas d'atteinte illégale au principe d'égalité des citoyens devant la loi ».

1. PAR EX. : CE 17 févr. 2014, *Mitry-Mory (C^ne^)*, req. n° 371008, NP (PLU contesté par voie d'action) ; – CE 29 déc. 1993, *Malissard (C^ne^) c/Serret*, req. n° 125720, NP (classement en zone N entachée d'une erreur manifeste d'appréciation eu égard, d'une part, à la localisation des parcelles, situées à proximité d'un important lotissement, non loin du centre du village et entourées de terrains sur lesquels des constructions à usage d'habitation ont été édifiées, d'autre part, à l'état des équipements publics existants les desservant, notamment la voirie et l'alimentation en eau et au peu d'intérêt desdites parcelles pour l'agriculture).
2. CE 7 avr. 1999, *Assoc. Noisy-Qualité de vie*, req. n° 155796, NP ; *Constr.-Urb.* 1999. 22, obs. D. Larralde ; – CE 4 mai 1998, *Saint-Sauveur-sur-École (C^ne^)*, req. n° 154718, *Lebon ; BJDU* 3/1998, p. 174, concl. J.-H. Stahl.

§ 3
Date à laquelle s'apprécient les moyens

621.111 Principe. En principe, la légalité d'un document d'urbanisme s'apprécie à la date à laquelle il a été édicté.

621.112 Demande d'abrogation. En application de la jurisprudence Américains accidentels[4], le juge de l'excès de pouvoir se place au jour du jugement pour apprécier la légalité du refus d'abroger un document d'urbanisme[5].

§ 4
Procédure

621.121 Absence de mise en cause de la commune si la compétence en matière de PLU revient à l'EPCI (incidence pour l'appel). Dès lors qu'une commune est dessaisie de la compétence afférente à l'élaboration de son PLU, le tribunal administratif n'est pas tenu, sauf circonstances particulières, de l'appeler à présenter des observations dans le cadre d'une instance relative à une demande d'annulation, pour excès de pouvoir, de la délibération de l'EPCI compétent approuvant ce document. Quand bien même elle aurait été appelée à présenter de telles observations, cette circonstance ne lui confère pas la qualité de partie à l'instance et elle n'est pas recevable à relever appel du jugement qui annule la délibération[6].

SECTION 2
MISE EN CAUSE DE LA LÉGALITÉ DU DOCUMENT D'URBANISME PAR VOIE D'EXCEPTION

§ 1
Mécanisme de l'exception d'illégalité

621.131 Contestation incidente de la légalité du document d'urbanisme. Le mécanisme de l'exception d'illégalité consiste, à l'appui d'un recours formé contre un acte, à mettre en cause de façon incidente la

3. CAA Marseille, 15 déc. 2005, *Synd. d'agglomération nouvelle Ouest Provence [Sanop]*, req. n° 05MA02730, NP ; *AJDA* 2006. 668, note S. Deliancourt – CAA Lyon, 19 nov. 2014, *CHU de Clermont-Ferrand*, req. n° 14LY00659, NP ; *AJDA* 2015. 538, note C. Devès.
4. CE, ass., 19 juill. 2019, *Association des Américains accidentels*, req. n° 424216, *Lebon ; JCP Adm* 2020, n° 2036, chron. O. Le Bot ; *AJDA* 2019. 1986, chron. C. Malverti et C. Beaufils ; *JCP G* 2019, n° 1193, note B. Defoort.
5. TA Montpellier, 30 sept. 2021, *Asso. des Riverains et Amis du Grand Travers*, req. n° 1906946, NP.
6. CAA Paris, 16 déc. 2021, *C^ne^ de Villeneuve-le-Roi*, req. n° 21PA00767, NP.

légalité de l'acte qui dont il constitue l'application[1]. Ainsi, par exemple, à l'appui d'un recours formé contre un permis de construire ou un certificat d'urbanisme, le requérant peut mettre en cause la légalité du PLU sur le fondement duquel ce permis a été délivré[2].

En revanche, l'exception d'illégalité ne peut être utilement soulevée si l'acte attaqué ne constitue pas l'application du document d'urbanisme incidemment contesté. Ainsi :

– dans la mesure où une déclaration d'utilité publique ne constitue pas une mesure d'application d'un document d'urbanisme, est inopérant le moyen tiré de l'illégalité du document d'urbanisme à l'encontre de la déclaration d'utilité publique, alors même que ce document ou sa modification aurait eu pour objet de rendre possible l'opération déclarée d'utilité publique[3] ;

– dans la mesure où un POS, s'il doit être compatible avec un schéma directeur d'aménagement et d'urbanisme, n'en constitue cependant pas une mesure d'application, il ne peut utilement être excipé de l'illégalité d'un schéma directeur à l'encontre d'une délibération d'un conseil municipal approuvant la révision du POS de la commune, alors même que la disposition du schéma directeur dont l'illégalité est invoquée aurait eu pour objet de rendre possible cette révision[4] ;

– le moyen tiré de l'illégalité de la délibération prescrivant l'adoption ou la révision du PLU ne peut, eu égard à son objet et à sa portée, être utilement invoqué contre la délibération approuvant le PLU[5].

§ 2
Moyens invoqués à l'appui de l'exception

A.
Vices de fond et compétence : moyens invocables sans limitation de délai

621.141 Caractère perpétuel de l'exception d'illégalité. La possibilité de mettre en cause les vices de légalité interne et de compétence dont se trouveraient entachés les documents d'urbanisme servant de fondement à l'acte attaqué est ouverte de façon perpétuelle[6]. Cela signifie que ces vices peuvent être invoqués par voie d'exception à l'encontre de documents d'urbanisme devenus définitifs.

B.
Vices de forme et de procédure : moyens invocables de façon limitée dans le temps

1°
Limitation législative du jeu de l'exception d'illégalité

a.
Présentation du dispositif

621.151 Neutraliser les vices de forme et de procédure passé un certain temps. Issue de la loi du 9 février 1994[7], la limitation du jeu de l'exception d'illégalité est destinée à améliorer la sécurité juridique. Elle est inspirée des propositions contenues dans le rapport établi par le Conseil d'État, en 1992, L'urbanisme : pour un droit plus efficace, communément dénommé « Rapport Labetoulle »[8].

Cet article a pour objet de limiter dans le temps la possibilité d'invoquer, par voie d'exception, les vices de forme ou de procédure pouvant affecter les documents d'urbanisme. Il « prive les requérants de la faculté d'invoquer par voie d'exception, devant les juridictions administratives, certains vices de procédure ou de forme susceptibles d'affecter les actes d'urbanisme qu'il énumère, dont les plans locaux d'urbanisme »[9].

Il vise ainsi à neutraliser les vices de forme et de procédure passé un certain temps. Il empêche par exemple la remise en cause d'une autorisation d'urbanisme au seul motif qu'un organisme n'aurait pas été consulté trois ans auparavant au moment de la révision du PLU.

621.152 Constitutionnalité. Le Conseil constitutionnel estime que la limitation apportée au jeu de l'exception d'illégalité[10] ne porte pas une atteinte inconstitutionnelle au droit au recours, eu égard à la

1. CE, sect., 10 févr. 1967, *S^té^ des établissements Petitjean et a.*, req. n° 59125, *Lebon* : arrêt indiquant « que, si les requérants peuvent invoquer à l'appui de conclusions dirigées contre une décision administrative l'illégalité dont serait entaché un règlement devenu définitif faute d'avoir été attaqué dans le délai du recours pour excès de pouvoir, un tel moyen ne peut être accueilli que dans la mesure où la décision dont l'annulation est demandée constitue une mesure d'application de celle dont l'illégalité est invoquée par voie d'exception et où sa légalité est subordonnée à celle du premier texte ».
2. PAR EX. : CE 29 déc. 1993, *Malissard (C^ne^) c/Serret*, req. n° 125720, NP.
3. CE, sect., 25 févr. 2005, *Assoc. « Préservons l'avenir à Ours Mons Taulhac » et a.*, req. n° 248060, *Lebon*.
4. CE 15 oct. 2007, *Fédération départementale de l'hôtellerie de plein air de Charente-Maritime*, req. n° 269301, *Lebon T.*
5. V. s^s^ n° 233.252.
6. PAR EX. : CE 15 févr. 1999, *Union régionale hospitalière privée Nord-Est*, req. n° 173403, *Lebon T.*
7. L. n° 94-112, 9 févr. 1994 portant diverses dispositions en matière d'urbanisme et de construction, *JO* 10 févr., p. 2271.
8. L. n° 94-112, 9 févr. 1994 – D. Labouysse, « L'exception d'illégalité de la règle d'urbanisme locale », *Constr.-Urb.*, juill.-août 2015, p. 15.
9. CE 5 mai 2014, *SCA de Château-l'Arc et a.*, req. n° 362021, *Lebon T.* ; *BJDU* 2015. 54, concl. D. Hedary ; *Dr. adm.* 2015, comm. 19, note G. Eveillard.
10. C. urb., art. L. 600-1.

finalité poursuivie et aux conditions dont sa mise en œuvre est assortie[1].

b.

Champ d'application

621.161 **Documents d'urbanisme.** La limitation prévue à l'article L. 600-1 s'applique aux documents d'urbanisme suivants[2] :

- SCOT ;
- PLU ;
- carte communale ;
- ou document d'urbanisme en tenant lieu (elle s'applique ainsi à un PPRNP[3]).

Elle s'applique également à l'acte prescrivant l'élaboration ou la révision[4] d'un document d'urbanisme[5]. Aussi un vice de procédure entachant la délibération prescrivant l'élaboration ou la révision d'un PLU ne peut-il être invoqué par voie d'exception que dans un délai de six mois suivant la date de prise d'effet de cette délibération, y compris à l'appui d'un recours dirigé directement contre la délibération approuvant ce document[6].

621.162 **Acte de création d'une ZAC.** La limitation prévue à l'article L. 600-1 s'applique également à l'acte créant une zone d'aménagement concerté[7].

621.163 **Participations fiscales.** Le Conseil d'État a précisé que les dispositions de l'article L. 600-1 « sont opposables dans le contentieux des participations fiscales prévues par le code de l'urbanisme »[8].

c.

La limitation est opposable six mois après la prise d'effet du document

621.171 **Délai.** L'inopérance prévue à l'article L. 600-1 s'applique « après l'expiration d'un délai de six mois à compter de la prise d'effet du document en cause »[9] ou de l'acte créant la ZAC[10].

Cette limitation est toutefois inopposable lorsque l'acte d'urbanisme contesté par voie d'exception fait l'objet d'un recours en annulation encore pendant devant une juridiction du fond[11]. Dans un tel cas de figure, un moyen contestant par voie d'exception sa régularité formelle ou procédurale est donc recevable même plus de six mois après sa prise d'effet.

d.

La limitation concerne uniquement les vices de forme et de procédure

621.181 **Limitation aux vices de forme et de procédure.** L'inopérance prévue à l'article L. 600-1 concerne les moyens tirés des vices de forme ou de procédure du document d'urbanisme (ou de l'acte créant la ZAC) contesté par voie d'exception[12].

Ainsi, par exemple, en application de ces dispositions, les requérants ne peuvent invoquer, par la voie de l'exception, l'illégalité de la délibération par laquelle le conseil municipal a décidé de créer une ZAC, à raison d'une insuffisance de l'étude d'impact jointe à son rapport de présentation[13].

621.182 **Inapplication aux vices de fond.** L'inopérance prévue à l'article L. 600-1 concerne uniquement les moyens tirés des vices de forme ou de procédure. Elle ne s'applique pas aux vices de légalité interne ni au moyen tiré de l'incompétence de l'auteur de l'acte[14]. Par suite, l'article L. 600-1 ne fait pas obstacle à l'invocation de ces moyens à tout moment[15].

e.

La limitation ne concerne pas les vices de forme et de procédure essentiels

621.191 **Vices exclus du mécanisme.** Le législateur a considéré que certaines règles de forme et de procédure devaient échapper au mécanisme d'inopérance prévus par l'article L. 600-1 dans la mesure où elles jouent, dans le processus d'adoption ou d'évolution des documents d'urbanisme (ou de création d'une ZAC), un rôle plus important que d'autres règles de forme et de procédure. Aussi a-t-il prévu

1. Cons. const. 21 janv. 1994, n° 93-335 DC, *Loi portant diverses dispositions en matière d'urbanisme et de construction*, non-conformité partielle, *JO* 26 janv., p. 1382.
2. C. urb., art. L. 600-1, al. 1er.
3. CE 30 déc. 2011, *Vacher*, req. n° 324310, *Lebon T. ; BJDU* 2012. 112, concl. C. Roger-Lacan.
4. Y compris la révision simplifiée : CAA Bordeaux, 15 nov. 2017, *Pariente*, req. n° 15BX02795, NP.
5. C. urb., art. L. 600-1, al. 2.
6. CE 23 déc. 2014, *Laffrey (Cne)*, req. n° 368098, *Lebon T. ; BJDU* 2015. 123, concl. M. Vialettes.
7. C. urb., art. L. 600-1, al. 2.
8. CE 7 juill. 2004, *BRED*, req. n° 211297, NP.
9. C. urb., art. L. 600-1, al. 1er.
10. C. urb., art. L. 600-1, al. 2.
11. CE 5 mai 2014, *SCA de Château-l'Arc et a.*, req. n° 362021, *Lebon T. ; BJDU* 2015. 54, concl. D. Hedary ; *Dr. adm.* 2015, comm. 19, note G. Eveillard.
12. C. urb., art. L. 600-1, al. 1er.
13. CAA Paris, 12 nov. 1999, *Assoc. Défense et promotion des puces de Saint-Ouen*, req. n° 97PA01458, NP.
14. PAR EX., rappelant le champ d'application de l'article L. 600-1 et refusant d'appliquer cet article à un moyen qui n'en relève pas : CAA Nantes, 24 mars 1999, *Assoc. Manche-Nature*, req. n° 97NT02524, NP (arrêt devenu définitif en l'absence d'admission du pourvoi formé à son encontre : CE 24 nov. 1999, req. n° 208109, NP) ; – dans le même sens : CE 2 févr. 2004, *Assoc. des cinq cantons La Barre*, req. n° 215763, NP.
15. V. ss n° 621.141.

que ce mécanisme ne s'applique pas lorsque le vice concerne[1] :

– soit la méconnaissance substantielle ou la violation des règles de l'enquête publique sur les SCOT, les PLU et les cartes communales ;

– soit l'absence du rapport de présentation ou des documents graphiques.

621.192 1er vice de forme opérant : violation des règles de l'enquête publique. Présente un caractère opérant, à l'appui d'une exception d'illégalité, le moyen tiré de la méconnaissance substantielle ou la violation des règles de l'enquête publique sur les SCOT, les PLU et les cartes communales[2].

La formule utilisée par le législateur a pu laisser dubitatif. En effet, est pour le moins singulière la différence introduite entre « méconnaissance substantielle » et « violation » des règles de l'enquête publique. Si, à l'évidence, toute méconnaissance substantielle des règles de l'enquête publique constitue une violation de celles-ci, l'inverse n'est pas vrai. Pour autant, dans la jurisprudence comme la pratique contentieuse, cette distinction législative est semble-t-il demeurée sans conséquences. Le plus important, dans la formule, tient à la notion de vice affectant l'enquête publique.

Par exemple, présente un caractère opérant le moyen tiré :

– de l'absence d'enquête publique préalablement à la révision d'un POS[3] ;

– d'une omission dans la composition du dossier d'enquête publique[4] ;

– ou encore de l'absence d'affichage de l'avis d'enquête publique[5].

621.193 2nd vice de forme opérant : absence du rapport de présentation ou des documents graphiques. Présente un caractère opérant, à l'appui d'une exception d'illégalité, le moyen tiré de l'absence[6] :

– du rapport de présentation ;

– ou des documents graphiques.

Ces dispositions ne jouent qu'en l'« absence » du rapport de présentation ou des documents graphiques. Aussi ne concernent-elles pas l'hypothèse d'une insuffisance du rapport de présentation ou des documents graphiques. Le Conseil d'État a ainsi jugé, à propos du rapport de présentation, que le moyen tiré de son insuffisance ne peut être invoqué, par voie d'exception, au-delà du délai de six mois[7].

f.
Incidences de l'article L. 600-1 sur l'autorité compétente en matière d'autorisation d'urbanisme

621.201 Incidences sur l'examen des demandes. L'article L. 600-1 du code de l'urbanisme concerne le traitement contentieux des recours. Néanmoins, il emporte également des incidences sur les dispositions que prend en compte l'autorité administrative saisie d'une demande de délivrance d'une autorisation d'urbanisme.

Saisi d'une demande d'autorisation, le maire est tenu, lorsqu'il y statue après l'expiration d'un délai de six mois à compter de sa prise d'effet, de se fonder sur le document d'urbanisme en vigueur dès lors que sa légalité n'est affectée que par des vices de procédure ou de forme au sens des dispositions précitées de l'article L. 600-1, réserve étant faite de ceux qui sont mentionnés à ses trois derniers alinéas[8].

Toutefois, si le maire est ainsi tenu, lorsqu'il statue sur une demande d'autorisation après l'expiration d'un délai de six mois à compter de la prise d'effet du document d'urbanisme, de se fonder sur ce document dès lors que sa légalité ne serait affectée que par des vices de procédure ou de forme, il n'en va pas de même, en vertu des dispositions de l'article L. 600-12, lorsqu'est intervenue une décision juridictionnelle déclarant ce document illégal, pour quelque motif que ce soit[9].

2°
Limitation jurisprudentielle du jeu de l'exception d'illégalité

621.211 Arrêt CFDT. Dans un arrêt d'assemblée du 18 mai 2018, le Conseil d'État a fortement limité la possibilité de se prévaloir par voie d'exception de l'illégalité externe (plus exactement, du vice de forme ou de procédure) du règlement servant de support à l'acte attaqué[10]. Le Conseil d'État y a posé le principe suivant : après l'expiration du délai de recours contentieux, la contestation d'un règlement « peut être formée par voie d'exception à l'appui de conclusions dirigées contre une décision administrative ultérieure prise pour l'application de

1. C. urb., art. L. 600-1, al. 3 à 5.
2. C. urb., art. L. 600-1, al. 4.
3. CAA Lyon, 17 juin 2014, *Souvignargues (C^ne^)*, req. n° 12LY24872, NP.
4. CAA Marseille, 20 oct. 2011, *Beuzer*, req. n° 09MA3334, NP.
5. CAA Nantes, 22 avr. 2003, *Guidel (C^ne^)*, req. n° 01NT01127, NP.
6. C. urb., art. L. 600-1, al. 3 à 5.
7. CE, avis, 9 mai 2005, *Marangio*, req. n° 277280, *Lebon* – pour un ex. : CAA Versailles, 15 oct. 2009, *Assoc. des riverains et amis de la ZAC du Pont de la puce*, req. n° 08VE00751, NP.
8. CE, avis, 9 mai 2005, *Marangio*, req. n° 277280, *Lebon*.
9. CE 10 oct. 2011, *Ramatuelle (C^ne^)*, req. n° 329623, *Lebon ; BJDU* 2011. 453, concl. M. Vialettes.
10. CE, ass., 18 mai 2018, *Féd. des finances et affaires économiques de la CFDT*, req. n° 414583, *Lebon ; AJDA* 2018. 1009 ; *ibid.* 1206, chron. S. Roussel et Charline Nicolas ; *AJFP* 2018. 278 ; *RFDA* 2018. 649, concl. A. Bretonneau ; *JCP Adm.* 2018, n° 2333, chron. O. Le Bot.

l'acte réglementaire ou dont ce dernier constitue la base légale. Elle peut aussi prendre la forme d'un recours pour excès de pouvoir dirigé contre la décision refusant d'abroger l'acte réglementaire, comme l'exprime l'article L. 243-2 du Code des relations entre le public et l'administration aux termes duquel "l'administration est tenue d'abroger expressément un acte réglementaire illégal ou dépourvu d'objet, que cette situation existe depuis son édiction ou qu'elle résulte de circonstances de droit ou de fait postérieures, sauf à ce que l'illégalité ait cessé". Si, dans le cadre de ces deux contestations, la légalité des règles fixées par l'acte réglementaire, la compétence de son auteur et l'existence d'un détournement de pouvoir peuvent être utilement critiquées, il n'en va pas de même des conditions d'édiction de cet acte, les vices de forme et de procédure dont il serait entaché ne pouvant être utilement invoqués que dans le cadre du recours pour excès de pouvoir dirigé contre l'acte réglementaire lui-même et introduit avant l'expiration du délai de recours contentieux ». Cette limitation du jeu de l'exception d'illégalité s'applique lorsque l'acte réglementaire est définitif mais aussi lorsqu'il ne l'est pas et qu'à la date où le moyen est soulevé, le délai de recours à son encontre n'est pas expiré[1].

621.212 Application aux documents d'urbanisme. Le Conseil d'État considère que la jurisprudence CFDT ne s'applique qu'en l'absence de texte spécifique.

Elle s'applique donc lorsqu'est en cause le refus d'abroger un document d'urbanisme car cette hypothèse n'est pas visée par l'article L. 600-1 du code de l'urbanisme[2].

En revanche, elle ne s'applique pas lorsqu'est en cause l'exception d'illégalité d'un document d'urbanisme. Cette situation étant expressément prévue par l'article L. 600-1, ce sont les prévisions de cet article (et non la jurisprudence CFDT) que le juge doit appliquer dans un tel cas de figure[3].

1. CE 1er mars 2023, *M. Staes et autre*, req. n° 462648, *Lebon T.* ; *JCP Adm.* 2023, n° 2181, chron. O. Le Bot.
2. CE 24 mars 2021, *Giret (M.)*, req. n° 428462, *Lebon T.* ; *BJDU* 2021. 218, concl. C. Barrois de Sarigny.
3. CE 18 févr. 2019, *L'Houmeau (Cne)*, req. n° 414233, *Lebon T.* ; *BJDU* 2020. 199, concl. Ch. Touboul.

SECTION 3
RÉGULARISATION DU DOCUMENT D'URBANISME EN COURS D'INSTANCE ET TECHNIQUE DE L'ANNULATION PARTIELLE

§ 1
Régularisation en cours d'instance à l'initiative du juge

A.
Régularisation de droit commun (C. urb., art. L. 600-9)

621.221 Origine et objet. Introduit par la loi ALUR[4], l'article L. 600-9 du code de l'urbanisme permet au juge de surseoir à statuer sur des conclusions dirigées contre un document d'urbanisme en vue de permettre à l'administration de remédier en cours d'instance à un vice dont celui-ci se trouve entaché[5].

1°
Conditions de mise en œuvre de la régularisation de droit commun

621.231 Documents concernés. Le mécanisme de régularisation à l'initiative du juge peut être mis en œuvre lorsque le juge est saisi de conclusions dirigées contre[6] :

- un SCOT ;
- un PLU ;
- ou une carte communale.

621.232 Vice régularisable. Le mécanisme de régularisation ne peut être mis en œuvre que si le juge a constaté qu'une illégalité entachant l'élaboration ou la révision du document attaqué est susceptible d'être régularisée[7].

Articulant ces dispositions avec la jurisprudence Danthony, le Conseil d'État a précisé que peuvent faire l'objet d'une régularisation sur le fondement de l'article L. 600-9 les vices de forme ou de procédure affectant un document d'urbanisme de nature à entacher d'illégalité ce document, c'est-à-dire ceux qui ont été susceptibles d'exercer une influence sur son sens ou qui ont privé les intéressés d'une garantie[8].

4. L. n° 2014-366, 24 mars 2014, art. 137, II.
5. F. Rolin, « La régularisation des documents d'urbanisme à la demande du juge », *AJDA* 2017. 25.
6. C. urb., art. L. 600-9, al. 1er.
7. C. urb., art. L. 600-9, al. 1er.
8. CE, sect., 22 déc. 2017, *Sempy (Cne) c/Merlot (M.)*, req. n° 395963, *Lebon* ; *JCP Adm.* 2018, n° 2141, chron. O. Le Bot.

621.233 Autres moyens infondés. Le mécanisme de régularisation ne peut être mis en œuvre que si le juge a constaté que les autres moyens soulevés à son encontre ne sont pas fondés[1]. À cet égard, il appartient au juge d'indiquer, dans la décision avant-dire droit par laquelle il sursoit à statuer sur le recours dont il est saisi, pour quels motifs ces moyens doivent être écartés[2].

621.234 Restrictions en fonction de la nature du vice. Le pouvoir de mettre en œuvre le mécanisme de régularisation est soumis à des restrictions dans deux cas de figure.

D'une part, en cas d'illégalité autre qu'un vice de forme ou de procédure, pour les SCOT et les PLU, le sursis à statuer ne peut être prononcé que si l'illégalité est susceptible d'être régularisée par une procédure de modification[3].

D'autre part, en cas d'illégalité pour vice de forme ou de procédure, le sursis à statuer ne peut être prononcé que si l'illégalité a eu lieu, pour les SCOT et les PLU, après le débat sur les orientations du PADD[4].

621.235 Observations des parties. Le mécanisme ne peut être mis en œuvre par le juge qu'après avoir invité au préalable les parties à présenter leurs observations sur cette possibilité[5], c'est-à-dire sur le principe de l'application de l'article L. 600-9[6].

2°
Décision de sursis à statuer

621.241 Une faculté pour le juge. Le juge dispose de la faculté de mettre en œuvre le mécanisme de régularisation mais il n'est pas tenu de le faire[7].

La commune ou l'EPCI auteur du PLU contesté peut lui suggérer d'exercer ces pouvoirs. Le juge n'est tenu ni de faire droit à cette demande, ni d'y répondre.

Le juge peut aussi décider de mettre en œuvre ces pouvoirs de sa propre initiative.

621.242 Décision de surseoir à statuer. S'il décide de mettre en œuvre les pouvoirs que lui confèrent l'article L. 600-9, le juge sursoit à statuer jusqu'à l'expiration du délai qu'il fixe pour cette régularisation[8]. La décision avant-dire droit détermine les modalités de la régularisation du vice que le juge a relevé[9]. Durant ce temps, le document d'urbanisme reste applicable[10].

621.243 Contestation de la décision de surseoir à statuer. L'auteur du recours contre le PLU peut contester la décision avant-dire droit en tant qu'elle écarte comme non-fondés certains de ses moyens et également en tant qu'elle fait application des dispositions de l'article L. 600-9[11].

Toutefois, à compter de la délibération régularisant le vice relevé, les conclusions dirigées contre la décision avant-dire droit en tant qu'elle met en œuvre les pouvoirs que le juge tient de l'article L. 600-9 sont privées d'objet[12].

621.244 Mise en œuvre en appel. Le juge peut mettre en œuvre les pouvoirs qu'il tient de l'article L. 600-9 du code de l'urbanisme pour la première fois en appel, alors même que le document d'urbanisme en cause a été annulé par les premiers juges[13].

621.245 Cas dans lequel l'administration a spontanément transmis les éléments indiquant qu'elle a procédé à la régularisation. Dans le cas où l'administration lui transmet spontanément des éléments visant à la régularisation d'un vice de forme ou de procédure de nature à entraîner l'annulation de l'acte attaqué, le juge peut se fonder sur ces éléments sans être tenu de surseoir à statuer, dès lors qu'il a préalablement invité les parties à présenter leurs observations sur la possibilité que ces éléments permettent une régularisation en application de l'article L. 600-9 du code de l'urbanisme. Toutefois, si les éléments spontanément transmis ne sont pas suffisants pour permettre au juge de regarder le vice comme ayant été régularisé, il peut, notamment après avoir invité les parties à présenter leurs observations sur le principe de l'application de l'article L. 600-9, surseoir à statuer en vue d'obtenir l'ensemble des éléments permettant la régularisation[14].

621.246 Annulation partielle et sursis à statuer. Le juge peut, dans une même décision, à la fois[15] :

– exercer son pouvoir d'annulation partielle ;

– et inviter à régulariser pour les dispositions illégales du document contesté susceptibles de régularisation.

1. C. urb., art. L. 600-9, al. 1er.
2. CE 18 déc. 2020, *Sté Fonimmo-ID*, req. n° 421987, *Lebon T.* ; *BJDU* 2021. 139, concl. C. Barrois de Sarigny.
3. C. urb., art. L. 600-9, 1°.
4. C. urb., art. L. 600-9, 2°.
5. C. urb., art. L. 600-9, al. 1er.
6. CE, sect., 22 déc. 2017, *Sempy (Cne) c/Merlot (M.)*, req. n° 395963.
7. Il en va différemment dans le contentieux des autorisations d'urbanisme, dans lequel le juge a l'obligation de mettre en œuvre le mécanisme de régularisation. V. ss n° 611.1201.
8. C. urb., art. L. 600-9, al. 1er.
9. CE, sect., 22 déc. 2017, *Sempy (Cne) c/Merlot (M.)*, req. n° 395963.
10. C. urb., art. L. 600-9, al. 1er.
11. CE 18 déc. 2020, *Sté Fonimmo-ID*, req. n° 421987.
12. CE 18 déc. 2020, *Sté Fonimmo-ID*, req. n° 421987.
13. CE, sect., 22 déc. 2017, *Sempy (Cne) c/Merlot (M.)*, req. n° 395963.
14. CE, sect., 22 déc. 2017, *Sempy (Cne) c/Merlot (M.)*, req. n° 395963.
15. CE 12 oct. 2016, *Kerwer*, req. n° 387308, *Lebon* ; *BJDU* 2017. 7, concl. R. Decout-Paolini : arrêt précisant « que la circonstance que le juge décide l'annulation partielle d'une ▶

3°
Décision de régularisation

621.251 Date à laquelle se place l'administration. Eu égard à l'objet et à la portée de l'article L. 600-9 du code de l'urbanisme, il appartient à l'autorité compétente de régulariser le vice de forme ou de procédure affectant la décision attaquée en faisant application des dispositions en vigueur à la date à laquelle cette décision a été prise[1].

En revanche, la compétence de l'autorité appelée à approuver la régularisation doit être appréciée au regard des dispositions en vigueur à la date de cette approbation[2].

621.252 Forme de la régularisation. La régularisation consiste le plus souvent à apporter des modifications à la délibération attaquée approuvant le document d'urbanisme ou le faisant évoluer.

Toutefois, lorsque le vice relevé par le jugement avant dire droit porte uniquement sur le défaut d'accomplissement d'une procédure consultative, la mise en œuvre de cette procédure peut suffire à la régularisation du vice. Si les avis émis n'impliquent pas une modification de la délibération attaquée, le vice est régularisé sans qu'une nouvelle délibération soit nécessaire[3]. C'est uniquement si les avis impliquent de modifier cette délibération qu'une nouvelle délibération devra être adoptée.

621.253 Notification de la décision de régularisation. Si la régularisation intervient dans le délai fixé, elle est notifiée au juge, qui statue après avoir invité les parties à présenter leurs observations[4].

4°
Contestation de la décision de régularisation

621.261 Contestation de la décision de régularisation. Il résulte de l'article L. 600-9 du code de l'urbanisme que les parties à l'instance ayant donné lieu à la décision de sursis à statuer en vue de permettre la régularisation de l'acte attaqué ne peuvent contester la légalité de l'acte pris par l'autorité administrative en vue de cette régularisation que dans le cadre de cette instance et qu'elles ne sont, en revanche, pas recevables à présenter devant le tribunal administratif une requête tendant à l'annulation de cet acte. Elles peuvent, à l'appui de la contestation de l'acte de régularisation, invoquer des vices affectant sa légalité externe et soutenir qu'il n'a pas pour effet de régulariser le vice que le juge a constaté dans sa décision avant-dire droit. Elles ne peuvent soulever aucun autre moyen, qu'il s'agisse d'un moyen déjà écarté par la décision avant-dire droit ou de moyens nouveaux, à l'exception de ceux qui seraient fondés sur des éléments révélés par la procédure de régularisation[5].

B.
Régularisation du PLU en matière d'évaluation environnementale (C. env., art. L. 191-1)

621.271 Régularisation d'un PLU ou PLUI soumis à évaluation environnementale. Si le juge administratif, saisi de conclusions dirigées contre un plan ou programme soumis à évaluation environnementale en application du 1° de l'article L. 122-5 du code de l'environnement (ce qui inclut les PLU et PLUI), estime, après avoir constaté que les autres moyens ne sont pas fondés, qu'une illégalité entachant l'élaboration, la modification ou la révision de cet acte est susceptible d'être régularisée, il peut, après avoir invité les parties à présenter leurs observations, surseoir à statuer jusqu'à l'expiration du délai qu'il fixe pour cette régularisation et pendant lequel le plan ou programme reste applicable[6].

Si la régularisation intervient dans le délai fixé, elle est notifiée au juge, qui statue après avoir invité les parties à présenter leurs observations[7].

Ce mécanisme de régularisation en cours d'instance, inspiré de l'article L. 600-9 du code de l'urbanisme, a été créé par la loi du 8 novembre 2019 relative à l'énergie et au climat[8].

C.
Régularisation d'une DUP emportant mise en compatibilité du PLU

621.281 Création prétorienne. La régularisation en cours d'instance d'une DUP emportant mise en compatibilité d'un document d'urbanisme n'est pas prévue par les textes. Le Conseil d'État a décidé de

▶ délibération approuvant un plan local d'urbanisme au motif que certaines dispositions divisibles de ce plan sont entachées d'illégalité ne saurait faire obstacle, par elle-même, à ce que, pour le reste de la délibération, il fasse application des dispositions de l'article L. 600-9 du code de l'urbanisme, si les conditions qu'elles posent sont remplies ».

1. CE, sect., 22 déc. 2017, *Sempy (C^ne) c/Merlot (M.)*, req. n° 395963.
2. CE 29 juill. 2020, *SCI L'Harmas*, req. n° 428158, *Lebon T.* ; *BJDU* 2020. 480, concl. G. Odinet.
3. PAR EX. : CE 31 mai 2021, *Godet*, req. n° 433431, NP.
4. C. urb., art. L. 600-9, al. 4.
5. CE 29 juin 2018, *Sempy (C^ne)*, req. n° 395963, *Lebon* ; *Dr. adm.* 2018, comm. 52, note M. Boul ; *Revue de droit rural* 2018, comm. 181, concl. J. Burguburu.
6. C. env., art. L. 191-1, al. 1er.
7. C. env., art. L. 191-1, al. 2.
8. L. n° 2019-1147, 8 nov. 2019 relative à l'énergie et au climat, *JO* 9 nov., n° 1. art. 32.

l'instituer de façon prétorienne, en s'inspirant pour cela du régime défini par le législateur pour la régularisation des vices entachant les autorisations d'urbanisme (art. L. 600-5 et L. 600-5-1 du code de l'urbanisme) et les documents d'urbanisme (art. L. 600-9 du code de l'urbanisme) [1].

1° Conditions et mise en œuvre

621.291 **Conditions.** Si le juge administratif, saisi de conclusions dirigées contre un arrêté déclarant d'utilité publique et urgents des travaux et approuvant la mise en compatibilité d'un PLU, estime, après avoir constaté que les autres moyens ne sont pas fondés, qu'une illégalité entachant l'élaboration ou la modification de cet acte est susceptible d'être régularisée, il peut, qu'il soit ou non saisi de conclusions en ce sens, après avoir invité les parties à présenter leurs observations, surseoir à statuer jusqu'à l'expiration du délai qu'il fixe pour cette régularisation [2].

Le juge peut préciser, par son jugement avant dire droit, les modalités de cette régularisation, qui implique l'intervention d'une décision prise par l'auteur de l'arrêté et valant mesure de régularisation du vice dont est entaché l'arrêté. Si la régularisation intervient dans le délai fixé, elle est notifiée au juge, qui statue après avoir invité les parties à présenter leurs observations [3].

621.292 **Illustration.** Dans l'affaire Commune de Grabels, la DUP contestée emportant mise en compatibilité d'un PLU était entachée d'un vice de légalité externe tenant aux conditions dans lesquelles l'autorité environnementale avait délivré son avis. Après avoir relevé qu'aucun autre moyen que le vice relatif à l'autorité environnementale n'est susceptible de fonder l'annulation de l'arrêté attaqué, le Conseil d'État a affirmé, dans une première décision, que ce vice de procédure « peut être réparé par la consultation, à titre de régularisation, d'une autorité présentant les garanties d'objectivité requises » et accordé en conséquence un délai à l'autorité compétente pour procéder à une régularisation [4]. Le vice ayant été réparé, le Conseil d'État a, dans une seconde décision, rejeté le recours formé contre la DUP [5].

621.293 **Cas d'un vice de procédure.** Un vice de procédure, dont l'existence et la consistance sont appréciées au regard des règles applicables à la date de l'arrêté attaqué, « doit en principe être réparé selon les modalités prévues à cette même date. Si ces modalités ne sont pas légalement applicables, notamment du fait de l'illégalité des dispositions qui les définissent, il appartient au juge de rechercher si la régularisation peut être effectuée selon d'autres modalités, qu'il lui revient de définir en prenant en compte les finalités poursuivies par les règles qui les ont instituées et en se référant, le cas échéant, aux dispositions en vigueur à la date à laquelle il statue » [6].

621.294 **Pouvoir utilisable pour la première fois en appel.** La faculté de surseoir à statuer en vue de permettre la régularisation d'un vice peut être mise en œuvre pour la première fois en appel [7].

621.295 **Décision distincte sur l'utilité publique.** Le juge qui met en œuvre le pouvoir de régulariser dispose de la faculté de réserver pour la seconde décision l'appréciation de l'utilité publique [8].

2° Contestation

621.301 **Mesure de régularisation.** À compter de la décision par laquelle le juge administratif sursoit à statuer jusqu'à l'expiration du délai qu'il fixe pour régulariser un arrêté déclarant d'utilité publique et urgents des travaux et approuvant la mise en compatibilité du PLU, seuls des moyens dirigés contre la mesure de régularisation notifiée, le cas échéant, au juge peuvent être invoqués devant ce dernier. À ce titre, les parties peuvent, à l'appui de la contestation de la mesure de régularisation, invoquer des vices qui lui sont propres et soutenir qu'elle n'a pas pour effet de régulariser le vice que le juge a constaté dans sa décision avant dire droit. En revanche, elles ne peuvent soulever aucun autre moyen, qu'il s'agisse d'un moyen déjà écarté par la décision avant dire droit ou de moyens nouveaux, à l'exception de ceux qui seraient fondés sur des éléments révélés par la procédure de régularisation [9].

1. CE 9 juill. 2021, *C^ne de Grabels*, req. n° 437634, *Lebon ; BJDU* 2021. 317, concl. S. Roussel ; *Constr.-urb.* 2021, com. 106, note L. Santoni ; *JCP Adm.* 2022, n° 2384, chron. O. Le Bot.
2. CE 29 mai 2024, *Département du Val-d'Oise*, req. n° 467449, *Lebon T. ; RDI* 2024. 447, obs. R. Hostiou.
3. CE 29 mai 2024, *Département du Val-d'Oise*, req. n° 467449.
4. CE 9 juill. 2021, *C^ne de Grabels*, req. n° 437634.
5. CE 21 juill. 2022, *Commune de Grabels*, req. n° 437634, *Lebon ; BJDU* 2022. 434, concl. Ph. Ranquet ; *RFDA* 2022. 840, concl. ; *RDI* 2022. 574, note R. Hostiou ; *JCP Adm.* 2022, n° 2350, note D. Di Fransesco.
6. CE 9 juill. 2021, *C^ne de Grabels*, req. n° 437634.
7. CE 11 déc. 2023, *SCI Safa et autres*, req. n° 466593, *Lebon T. ; BJDU* 2024. 191, concl. D. Pradines ; *RDI* 2024. 78, obs. R. Hostiou. La même solution avait été retenue au titre de l'article L. 600-9 (v. s^s n° 621.244).
8. CE 11 déc. 2023, *SCI Safa et autres*, req. n° 466593.
9. CE 21 juill. 2022, *Commune de Grabels*, req. n° 437634, *Lebon ; BJDU* 2022. 434, concl. Ph. Ranquet ; *RFDA* 2022. 840, concl. ; *RDI* 2022. 574, note R. Hostiou ; *JCP Adm.* 2022, n° 2350, note D. Di Fransesco.

3°
Voies de recours

621.311 **Contrôle de cassation.** L'appréciation du juge du fond tant sur le caractère régularisable du vice que sur la mise en œuvre de ce pouvoir ou sur la fixation du délai pour procéder à cette régularisation est souveraine, sous réserve du contrôle par le juge de cassation de l'erreur de droit et de la dénaturation[1].

621.312 **Cas d'une cassation sans renvoi.** Lorsque le Conseil d'État, juge de cassation, règle une affaire comme juge d'appel, après avoir annulé l'arrêt attaqué en tant qu'il rejetait les conclusions tendant à ce qu'il soit sursis à statuer, il lui appartient d'examiner le bien-fondé des autres moyens des demandeurs de première instance[2].

§ 2
Annulation partielle du document d'urbanisme

621.321 **Technique de l'annulation partielle.** Si, après avoir écarté les autres moyens, le juge administratif estime que le vice concerne une partie déterminée du document, il peut limiter à cette partie la portée de l'annulation qu'il prononce[3].

D'origine jurisprudentielle, cette technique de l'annulation partielle a été inscrite à l'article L. 600-9 par la loi ALUR[4].

Elle peut être mise en œuvre à condition :

– qu'un seul moyen soit fondé (les autres moyens invoqués à l'encontre du document d'urbanisme présentent un caractère infondé) ;

– que cette illégalité concerne une partie déterminée du document ;

– et que cette partie entachée d'illégalité soit divisible du reste du document.

621.322 **Vices et documents pouvant donner lieu à annulation partielle.** L'annulation partielle peut être prononcée lorsque le vice affecte « notamment »[5] :

– un plan de secteur ;

– le programme d'orientations et d'actions du PLU ;

– ou les dispositions relatives à l'habitat ou aux transports et déplacements des orientations d'aménagement et de programmation.

L'adverbe « notamment » signifie que les trois hypothèses pour lesquelles l'article L. 600-9, al. 5, prévoit la possibilité d'une annulation partielle ne présentent pas un caractère limitatif. Celle-ci peut ainsi être prononcée :

– pour d'autres documents que le PLU ;

– et pour d'autres situations que celles mentionnées (par exemple, le juge peut prévoir l'annulation du document « en tant » qu'il s'applique à certaines parcelles[6] ou « en tant » qu'il comporte certaines dispositions[7]).

621.323 **Annulation partielle et sursis à statuer.** La technique de l'annulation partielle peut se cumuler avec celle de la régularisation en cours d'instance[8].

SECTION 4
AMPLEUR DE L'ANNULATION

621.331 **Annulation totale.** Le document d'urbanisme est annulé dans sa totalité si le vice dont il se trouve entaché affecte l'ensemble de ses dispositions. Tel sera le cas, par exemple, en cas d'approbation du document par une autorité incompétente ou d'absence d'enquête publique.

Il en va de même si le vice relevé entache d'illégalité des dispositions non divisibles du reste du document.

621.332 **Annulation partielle.** Le juge limitera l'annulation aux seules dispositions entachées d'illégalité si celles-ci sont divisibles du reste du document d'urbanisme[9].

L'annulation peut ainsi être limitée :

– à certains secteurs (divisibilité géographique) ;

– ou à certaines dispositions (divisibilité matérielle).

1. CE 29 mai 2024, *Département du Val-d'Oise*, req. n° 467449, *Lebon T.* ; *RDI* 2024. 447, obs. R. Hostiou.
2. CE 29 mai 2024, *Département du Val-d'Oise*, req. n° 467449. Sur l'office du juge d'appel au titre de l'article L. 600-5-1, v. s^{s} n° 611.1272.
3. C. urb., art. L. 600-9, al. 5.
4. L. n° 2014-366, 24 mars 2014, art. 137, I, 18°.
5. C. urb., art. L. 600-9, al. 5.
6. Tel est le cas notamment lorsqu'un élu a abusé de sa position pour obtenir un classement avantageux des terrains dont il est propriétaire : le juge annule uniquement le document « en tant » qu'il opère le classement des parcelles litigieuses, c'est-à-dire dans cette seule mesure. par ex. : CE 6 nov. 2006, *Assoc. Les amis du château d'Henonville*, req. n° 277829, NP ; *BJDU* 2007. 146, concl. C. Devys – CAA Bordeaux, 16 juill. 2013, *Chartier*, req. n° 13BX00065, NP.
7. PAR EX. : CE 17 juill. 2013, *SFR*, req. n° 350380, *Lebon T.* : annulation de la délibération approuvant le PLU en tant qu'elle interdit l'installation d'antennes-relais sans justifier ce choix.
8. V. s^{s} n° 621.246.
9. V. s^{s} n°s 621.321 s.

SECTION 5

EFFETS DE L'ANNULATION OU DE LA DÉCLARATION D'ILLÉGALITÉ D'UN DOCUMENT D'URBANISME

§ 1

Effets sur le droit opposable

621.341 Remise en vigueur du document d'urbanisme immédiatement antérieur. L'annulation ou la déclaration d'illégalité d'un SCOT, d'un PLU, d'un document d'urbanisme en tenant lieu ou d'une carte communale « a pour effet de remettre en vigueur » le SCOT, le PLU, le document d'urbanisme en tenant lieu ou la carte communale « immédiatement antérieur » [1].

Ce principe s'applique sous réserve de l'application des articles L. 600-12-1 et L. 442-14 [2].

621.342 Mise à l'écart des dispositions illégales et application du document antérieur ou, à défaut, du RNU. Le Conseil d'État a précisé la règle à prendre en compte lorsqu'une disposition d'un PLU est entachée d'illégalité [3] :

– « En vertu d'un principe général, il incombe à l'autorité administrative de ne pas appliquer un règlement illégal. Ce principe trouve à s'appliquer, en l'absence même de toute décision juridictionnelle qui en aurait prononcé l'annulation ou les aurait déclarées illégales, lorsque les dispositions d'un document d'urbanisme, ou certaines d'entre elles si elles en sont divisibles, sont entachées d'illégalité, sauf si cette illégalité résulte de vices de forme ou de procédure qui ne peuvent plus être invoqués par voie d'exception en vertu de l'article L. 600-1 du code de l'urbanisme » ;

– « Ces dispositions doivent ainsi être écartées, sous le contrôle du juge de l'excès de pouvoir, par l'autorité chargée de délivrer des certificats d'urbanisme ou des autorisations d'utilisation ou d'occupation des sols, qui doit alors se fonder, pour statuer sur les demandes dont elle est saisie, sur les dispositions pertinentes du document immédiatement antérieur ou, dans le cas où celles-ci seraient elles-mêmes affectées d'une illégalité dont la nature ferait obstacle à ce qu'il en soit fait application, sur le document encore antérieur ou, à défaut, sur les règles générales fixées par les articles L. 111-1 et suivants et R. 111-1 et suivants du code de l'urbanisme ».

1. C. urb., art. L. 600-12.
2. C. urb., art. L. 600-12.
3. CE 18 févr. 2019, *L'Houmeau (Cne)*, req. n° 414233, *Lebon T.* ; *BJDU* 2019. 199, concl. C. Touboul.

621.343 Remise en vigueur à compter de la lecture du jugement. L'annulation d'un document d'urbanisme prend effet à la date du « prononcé » du jugement, c'est-à-dire à la date de sa lecture, qui est mentionnée dans le jugement et donc antérieure à la date de sa notification à la commune [4]. C'est donc cette date qui doit servir de référence pour appliquer l'article L. 600-12 du code de l'urbanisme qui prévoit que l'annulation ou la déclaration d'illégalité d'un document d'urbanisme a pour effet de remettre en vigueur le document d'urbanisme immédiatement antérieur. Ainsi, « les autorisations d'occupation du sol délivrées entre la lecture du jugement et la notification à la commune devront être délivrées au regard des règles remises en vigueur à compter de la lecture du jugement d'annulation. Cette solution permet de donner une date objective et facilement identifiable, notamment pour les pétitionnaires, à l'annulation du document d'urbanisme » [5].

621.344 Avis conforme du préfet lorsque l'annulation ne remet pas en vigueur un document antérieur. Lorsque l'annulation n'a pas pour effet de remettre en vigueur un document d'urbanisme antérieur, l'autorité saisie d'une demande de permis ou d'une déclaration préalable doit recueillir l'avis conforme du préfet [6].

§ 2

Effets sur les autorisations délivrées

A.

Neutraliser les vices sans rapport avec le projet

621.351 État du droit antérieur. La question des effets de l'annulation ou de la déclaration d'illégalité d'un document d'urbanisme sur les autorisations délivrées sur son fondement était réglée par la jurisprudence jusqu'à la loi Élan. Dans l'arrêt Courbevoie, le Conseil d'État avait posé que la déclaration d'illégalité du POS par voie d'exception ou son annulation n'entraîne pas de plein droit l'annulation du permis de construire délivré sur son fondement. Dans un tel cas de figure, si un requérant peut sou-

4. CE 18 déc. 2009, *Abraham*, req. n° 307272, NP ; *BJDU* 2010. 464, concl. J.-P. Thiellay.
5. Rép. min. n° 6593, *JO Sénat Q* 20 déc. 2018, p. 6595. La réponse ministérielle ajoute que cette solution « impliquera certes une vigilance de la commune à la suite de l'audience, mais le maire dispose également de la possibilité de retirer les autorisations qui auraient alors été illégalement accordées entre la date de lecture et de notification. Ce retrait peut intervenir jusqu'à trois mois à compter de la date de l'autorisation (article L. 424-5 du code de l'urbanisme) ».
6. V. s[s] n° 335.83.

tenir qu'un permis de construire a été délivré sous l'empire d'un document d'urbanisme illégal, c'est à la condition que le requérant fasse en outre valoir que ce permis méconnaît les dispositions pertinentes ainsi remises en vigueur par application de l'article L. 600-12 du code de l'urbanisme[1].

En pratique, il était fréquent que le permis de construire ne soit pas compatible avec le document antérieur, aboutissant alors à son illégalité.

621.352 **Réforme par la loi ÉLAN.** Pour sécuriser davantage les autorisations d'urbanisme dans un tel cas de figure, le rapport Maugüé a proposé « de couper le lien entre l'illégalité du document d'urbanisme et le permis de construire lorsque cette illégalité ne résulte pas de motifs qui affectent le projet autorisé » (prop. n° 17). Le législateur a repris cette proposition en insérant dans le code de l'urbanisme, par la loi ÉLAN, un article L. 600-12-1 prévoyant que : « L'annulation ou la déclaration d'illégalité » d'un document d'urbanisme « sont par elles-mêmes sans incidence sur les décisions relatives à l'occupation ou l'utilisation du sol [...] délivrées antérieurement à leur prononcé dès lors que ces annulations ou déclarations d'illégalité reposent sur un motif étranger aux règles d'urbanisme applicables au projet ».

B.
Distinction en fonction de la nature du vice

621.361 **Apprécier si le vice est en rapport avec les règles applicables à l'autorisation.** Il résulte de l'article L. 600-12-1 que l'annulation ou la déclaration d'illégalité d'un document local d'urbanisme « n'entraine pas l'illégalité des autorisations d'urbanisme » délivrées lorsque cette annulation ou déclaration d'illégalité repose « sur un motif étranger aux règles d'urbanisme applicables au projet en cause ». Il en résulte l'office suivant pour le juge saisi d'un moyen tiré de l'illégalité du document d'urbanisme à l'appui d'un recours contre une autorisation d'urbanisme : il lui appartient de vérifier « si l'un au moins des motifs d'illégalité du document local d'urbanisme est en rapport direct avec les règles applicables à l'autorisation d'urbanisme ». À cet égard, une distinction est établie en fonction de la nature du vice[2].

621.362 **Vice de légalité externe.** Un vice de légalité externe (affectant le PLU) est en principe étranger aux règles applicables à l'autorisation d'urbanisme[3].

Il n'en va différemment que si ce vice « a été de nature à exercer une influence directe sur des règles d'urbanisme applicables au projet »[4] (on peut songer, par exemple, à une insuffisance de l'évaluation environnementale ou de l'enquête publique ayant eu des incidences sur un classement de parcelles ou des dispositions de fond).

621.363 **Vice de légalité interne.** Un vice de légalité interne (affectant le PLU) n'est en principe pas étranger aux règles applicables à l'autorisation d'urbanisme.

Il n'en va différemment, indique le Conseil, que si le vice en cause « concerne des règles qui ne sont pas applicables au projet »[5] (il pourrait s'agir, par exemple, de règles relatives aux espaces boisés ou aux emplacements réservés alors que le terrain d'assiette du projet ne comporte ni boisement ni emplacements réservés).

621.364 **Contrôle de cassation.** Saisi d'un moyen tiré de l'illégalité du document local d'urbanisme à l'appui d'un recours contre une autorisation d'urbanisme, les juges du fond apprécient souverainement, sous réserve de dénaturation, si le vice de légalité externe invoqué a été de nature à exercer une influence directe sur des règles d'urbanisme applicables au projet[6].

C.
Conséquences à tirer selon que le vice affectant le PLU soit étranger ou non aux règles applicables au projet

1°
Vice étranger aux règles applicables au projet

621.371 **Vice sans incidence sur l'autorisation délivrée.** Dans l'arrêt du 2 octobre 2020, le Conseil d'État ne précise pas les conséquences d'un vice étranger, vraisemblablement car celles-ci sont clairement énoncées dans le texte de l'article L. 600-12-1. Ses dispositions indiquent que, dans un tel cas de figure, l'annulation ou la déclaration d'illégalité du document d'urbanisme « sont par elles-mêmes sans incidence sur les décisions relatives à l'occupation ou l'utilisation du sol [...] délivrées antérieurement à leur prononcé »[7].

1. CE, sect., 7 févr. 2008, *Courbevoie (Cne)*, req. n° 297227, *Lebon ; JCP Adm.* 2008. 2113, note D. Bailleul ; *Dr. adm.* 2008, comm. 61.
2. CE, sect., avis, 2 oct. 2020, *SCI du Petit Bois*, req. n° 436934, *Lebon ; JCP Adm.* 2020, n° 2049, chron. O. Le Bot.
3. Pour une confirmation, v. CE 5 févr. 2024, *Société Doubs Ouest Énergies 2*, req. n° 463620, *Lebon T. ; Constr.-Urb.* 2024, comm. 42, note L. Santoni.
4. CE, sect., avis, 2 oct. 2020, *SCI du Petit Bois*, req. n° 436934.
5. CE, sect., avis, 2 oct. 2020, *SCI du Petit Bois*, req. n° 436934.
6. CE 5 avr. 2024, *Syndicat des copropriétaires du 78 allée des Demoiselles*, req. n° 466748, *Lebon T. ; BJDU* 2024. 199, concl. F. Roussel ; *RDI* 2024. 356, obs. P. Soler-Couteaux.
7. C. urb., art. L. 600-12-1, al. 1er.

Cela signifie que la légalité de l'autorisation d'urbanisme s'appréciera au regard du document en vigueur entaché d'illégalité, et non du document antérieur.

2°
Vice non étranger aux règles applicables au projet

a.
Vice affectant la totalité du document

621.381 Document antérieur remis en vigueur dans son intégralité. Dans l'hypothèse d'un vice non étranger aux règles applicables au projet en cause, la première situation est celle où les motifs retenus pour l'annulation du document d'urbanisme ou la déclaration de son illégalité affectent la légalité de « la totalité » du document d'urbanisme. Dans ce cas, la légalité de l'autorisation contestée doit être appréciée au regard « de l'ensemble » du document antérieur remis en vigueur[1]. Ainsi, si un vice non étranger entache d'illégalité la totalité du document d'urbanisme, celui-ci est remis en vigueur dans son intégralité.

b.
Vice affectant une partie du document

621.391 Vice limité à une partie du document. Dans l'hypothèse d'un vice non étranger aux règles applicables au projet en cause, la seconde situation est celle où le vice affecte une partie divisible du document, soit territorialement, soit matériellement[2].

D'une part, lorsque les motifs affectent seulement « une partie divisible du territoire » que couvre le document d'urbanisme, ce sont les dispositions du document antérieur « relatives à cette zone géographique » qui sont remises en vigueur.

D'autre part, si les motifs n'affectent que « certaines règles divisibles » du document d'urbanisme, la légalité de l'autorisation contestée n'est appréciée au regard du document antérieur que pour « les seules règles équivalentes nécessaires pour assurer le caractère complet et cohérent du document ».

621.392 Vice limité à une partie du document. Il résulte de la formule employée par le Conseil d'État qu'une remise en vigueur du document antérieur est possible sous réserve de divisibilité, entendue comme une cohérence entre les dispositions du document en vigueur et celles du document antérieur. Le Conseil indique à cet égard qu'une disposition du règlement du PLU ou une partie du document graphique qui lui est associé ne peut être regardée comme étant divisible « que si le reste du plan forme avec les éléments du document d'urbanisme immédiatement antérieur le cas échéant remis en vigueur, un ensemble complet et cohérent »[3].

c.
Exception d'illégalité

621.401 Exception dirigée contre les dispositions remises en vigueur. Dans l'hypothèse où un motif d'illégalité non étranger aux règles d'urbanisme applicables au projet « est susceptible de conduire à remettre en vigueur tout ou partie du document local d'urbanisme immédiatement antérieur », le moyen tiré de l'exception d'illégalité du document d'urbanisme à l'appui d'un recours en annulation d'une autorisation d'urbanisme ne peut être utilement soulevé que si le requérant soutient également que « cette autorisation méconnaît les dispositions pertinentes ainsi remises en vigueur »[4].

§ 3
Effets sur les refus d'autorisation d'urbanisme

621.411 Annulation par voie de conséquence. L'article L. 600-12-1 n'est pas applicable aux décisions de refus de permis ou d'opposition à déclaration préalable. Pour ces décisions, l'annulation ou l'illégalité du document d'urbanisme leur ayant servi de fondement entraîne l'annulation de ladite décision[5], sauf au juge à procéder, le cas échéant, à une substitution de base légale ou de motifs dans les conditions de droit commun[6].

§ 4
Effets sur les règles applicables aux lotissements

621.421 Effets sur la cristallisation des règles. L'annulation d'un document d'urbanisme pour un motif étranger aux règles d'urbanisme applicables au lotissement ne fait pas obstacle au maintien des règles au vu desquelles le permis d'aménager a été accordé ou la décision de non-opposition a été prise[7].

621.422 Effets sur la péremption automatique des documents du lotissement. La caducité automa-

1. CE, sect., avis, 2 oct. 2020, *SCI du Petit Bois*, req. n° 436934.
2. CE, sect., avis, 2 oct. 2020, *SCI du Petit Bois*, req. n° 436934.
3. CE, sect., avis, 2 oct. 2020, *SCI du Petit Bois*, req. n° 436934 – déjà, subordonnant la remise en vigueur de la règle antérieure à l'exigence qu'elle soit cohérente avec les règles du document au vu duquel le permis a été délivré : CE 13 nov. 2002, *SA Foncière Paris Neuilly*, req. n° 185637, *Lebon T.*
4. CE, sect., avis, 2 oct. 2020, *SCI du Petit Bois*, req. n° 436934.
5. C. urb., art. L. 600-12-1, al. 2.
6. CE 16 mai 2011, *Sté L. G. D. Développement*, req. n° 324967, *Lebon T.* ; *BJDU* 2011. 206, concl. C. Legras.
7. V. ss n° 372.301.

tique des documents du lotissement passé un délai de 10 ans ne se trouve pas remise en cause par l'annulation du PLU [1].

§ 5
Effets sur l'adoption d'un nouveau PLU

A.
Adoption d'un nouveau PLU en totalité ou de façon partielle

621.431 Illégalité limitée à une portion d'une commune, ou à une commune d'un EPCI. La commune doit reprendre son PLU lorsque celui-ci a été reconnu illégal sur une partie de son territoire [2].

Un EPCI peut approuver un nouveau PLU lorsque celui-ci a été reconnu illégal sur une des communes qu'il couvre [3].

B.
Réitération dans le nouveau PLU d'un classement déclaré illégal dans le précédent

621.441 Réitération possible en fonction du nouveau parti d'aménagement. En cas d'annulation du classement de parcelles en zone naturelle pour erreur manifeste d'appréciation, le nouveau PLU qui classe de nouveau ces parcelles en zone naturelle ne méconnaît pas l'autorité de la chose jugée compte tenu du nouveau parti d'aménagement retenu. En l'espèce, un jugement avait annulé le classement de trois parcelles en zone ND pour erreur manifeste d'appréciation au motif que ces parcelles devaient « être regardées comme faisant partie d'une zone urbanisée ». Le nouveau PLU a classé ces parcelles en zone N. Pour le Conseil d'État, un tel classement ne méconnaît pas l'autorité absolue de chose jugée s'attachant tant au dispositif du jugement d'annulation qu'aux motifs qui en constituent le soutien nécessaire dès lors que « le parti d'aménagement choisi par les auteurs du nouveau plan local d'urbanisme retenait notamment, dans son projet d'aménagement et de développement durables, une limitation des possibilités de construire, afin de respecter des objectifs de préservation des milieux naturels, de limitation du mitage de l'espace et d'utilisation économe des espaces naturels, de nature à justifier que les parcelles litigieuses ne soient pas classées en zone urbaine alors même que leur configuration et leur aspect n'avaient pas évolué » [4].

SECTION 6
VOIES DE RECOURS

§ 1
Appel

621.451 Règles de droit commun. Le jugement d'excès de pouvoir portant sur un document d'urbanisme peut faire l'objet d'un appel dans les conditions de droit commun.

§ 2
Tierce opposition

621.461 Propriétaires de parcelles. Les propriétaires de parcelles situées dans les zones concernées par l'annulation d'un PLU ne justifient pas en cette seule qualité d'un droit les rendant recevables à former tierce opposition [5].

Il en va ainsi alors même :

– que l'annulation du PLU a pour effet de rendre ses parcelles inconstructibles [6] ;

– ou qu'il serait titulaire d'un certificat d'urbanisme (lequel ne lui donne pas un droit à construire suffisamment caractérisé pour le rendre recevable à former tierce opposition à une telle décision d'annulation) [7].

621.462 Partie à un contentieux contre une autorisation d'urbanisme. Un requérant n'est, en règle générale et sauf circonstances particulières dont il se prévaudrait, pas recevable à former tierce-opposition à une décision ayant fait droit, totalement ou partiellement, à une demande d'annulation d'un document d'urbanisme « au seul motif qu'il est partie à un litige portant sur la légalité d'une autorisation de construire qui lui a été délivrée sur le fondement de dispositions annulées de ce document » [8].

1. V. s^{s} n° 372.901.
2. V. s^{s} n° 233.201.
3. V. s^{s} n° 233.202.

4. CE 18 déc. 2020, *Eisenchteter (M.)*, req. n° 421988, *Lebon T.* ; *BJDU* 2021. 95, concl. C. Barrois de Sarigny.
5. CE 16 nov. 2009, *S^{té} les résidences de Cavalière*, req. n° 308624, *Lebon T.*
6. CE 27 sept. 2022, *Mme Tessalonikos*, req. n° 451013, *Lebon T.* ; *JCP Adm.* 2022, n° 2306, chron. O. Le Bot ; *BJCL* 2022. 769, concl. Ph. Ranquet.
7. CE 27 sept. 2022, *Mme Tessalonikos*, req. n° 451013, *Lebon T.* ; *JCP Adm.* 2022, n° 2306, chron. O. Le Bot ; *BJCL* 2022. 769, concl. Ph. Ranquet.
8. CE 21 juin 2017, *S^{té} centrale photovoltaïque Font de Leu*, req. n° 396427, *Lebon T.* ; *JCP Adm.* 2017, n° 2331, concl. L. Dutheillet de Lamothe.

Il peut toutefois en aller différemment dans des « circonstances particulières ». Tel est le cas lorsque deux délibérations sont adoptées par un conseil municipal : une délibération déclarant d'intérêt général un projet de centrale photovoltaïque et la mise en compatibilité du POS, et une délibération portant révision du PLU en tant qu'elle classe le secteur concerné par le projet[1]. En l'espèce, ces délibérations avaient pour unique objet de permettre la réalisation du projet de centrale photovoltaïque, pour lequel un permis de construire, faisant l'objet d'un recours juridictionnel qui n'avait pas donné lieu à une décision de justice irrévocable, a ensuite été délivré. L'annulation de ces délibérations compromet ce projet de construction dans des conditions de nature à préjudicier aux droits de la société pétitionnaire. Ainsi, compte tenu de ces circonstances particulières, la société était recevable à former tierce-opposition.

1. CE 21 juin 2017, *S^té^ centrale photovoltaïque Font de Leu*, req. n° 396427.

CHAPITRE

622. Contentieux de l'urgence (documents d'urbanisme)

SECTION 0 ORIENTEUR

622.00 **Sommaire du chapitre.**

622.01 **Textes applicables.**

> Référé-suspension

• **CJA,** art. L. 521-1

> Référé-évaluation environnementale et référé-enquête publique

• **C. env.**

art. L. 122-11

art. L. 123-16

622.02 **Jurisprudence de référence.**

> Pouvoirs d'appréciation du juge dans le référé-enquête publique

• **CE, sect., 16 avr. 2012,** *Conflans-Sainte-Honorine (C^ne^)*, req. n° 355792, *Lebon*.

622.03 **Bibliographie indicative.**

Encyclopédies. *J.-Cl. Constr.-Urb.*, fasc. 7-66 : « Plan local d'urbanisme. – Contentieux », par Ch. Denizeau, déc. 2016 – *DP constr.-urb., ét.* : « Plan local d'urbanisme ».

Ouvrages. F.-C. Bernard, *Guide des contentieux de l'urbanisme*, 2e éd., « Guides », LexisNexis, 2018 – O. Le Bot, *Le guide des référés administratifs et des autres procédures d'urgence devant le juge administratif*, 3e éd., « Guides Dalloz », Dalloz, 2023.

Article. J.-L. Oki, « Référé-suspension et actes réglementaires d'urbanisme », *RDI* 2018. 261.

SECTION 1 RÉFÉRÉ-SUSPENSION DE DROIT COMMUN

§ 1 Conditions du recours

622.10 **Renvoi.** Le référé-suspension de droit commun[1] peut être introduit accessoirement à un recours pour excès de pouvoir formé contre un document d'urbanisme[2].

1. CJA, art. L. 521-1.
2. Sur le mécanisme du référé-suspension, son objet et ses conditions de mise en œuvre, v. ss nos 613.11 s.

§ 2
Applications rares dans le contentieux des documents d'urbanisme

622.21 **Défaut d'urgence.** Il est difficile d'obtenir la suspension d'un document d'urbanisme au moyen du référé-suspension de droit commun car la condition d'urgence n'est quasiment jamais regardée comme satisfaite. Cela s'explique par deux éléments :

– d'une part, les effets concrets du document sur les situations individuelles n'interviendront qu'à l'occasion des décisions prises sur son fondement (ce qui empêche que le préjudice qu'il génère puisse être regardé comme immédiat) ;

– d'autre part, l'intérêt à exécuter le document l'emporte souvent sur l'intérêt à le suspendre[1].

622.22 **Condition d'urgence non satisfaite (illustrations).** La demande de suspension dirigée contre un document d'urbanisme (plus exactement la délibération l'approuvant) ne satisfait pas à la condition d'urgence lorsque :

– l'association requérante « ne fournit aucun élément de nature à [...] établir la gravité et l'immédiateté » du préjudice et alors que les atteintes irréversibles aux zones agricoles et aux zones boisées qu'elle allègue « ne ressortent pas davantage des pièces du dossier »[2] ;

– l'association requérante fait valoir les atteintes à la qualité du paysage et à la sécurité publique ainsi que l'accélération de l'urbanisation qu'il permettrait, alors que, en premier lieu, si le PLU litigieux réduit les espaces boisés classés de 217 à 11 hectares, les espaces en cause ont été classés en zone naturelle et bénéficient par ailleurs d'autres dispositifs de protection (ainsi la quasi disparition des espaces classés en espaces boisés n'a pas pour effet de permettre que ce site, eu égard aux protections dont il bénéficie, en soit affecté dans des conditions de nature à justifier une urgence à suspendre l'exécution du PLU) ; en second lieu, les espaces naturels ou agricoles que le PLU ouvre à l'urbanisation sont d'une surface très limitée, de l'ordre de 3,5 hectares ; en troisième lieu, si deux zones ouvertes à urbanisation sont soumises à un aléa très fort de feu de forêt, le règlement du PLU prévoit que, dans ces secteurs, les constructions et installations sont autorisées « sous réserve de la réalisation d'aménagements destinés à la réduction de la vulnérabilité et d'amélioration de la défendabilité des constructions » et après avis conforme du SDIS[3] ;

– l'association requérante fait seulement valoir que l'entrée en vigueur du PLU est de nature, compte tenu des autorisations qu'il permet de délivrer, à aggraver les atteintes portées aux espaces naturels et agricoles, notamment au littoral, et à mettre en danger les personnes en ne les empêchant pas de résider dans des zones à risques[4].

622.23 **Urgence reconnue (illustration).** La condition d'urgence peut être reconnue lorsqu'un changement de zonage empêche un projet de construction ancien. En ce sens, le Conseil d'État a considéré qu'un juge dénature les pièces du dossier en refusant l'urgence à suspendre alors que la société requérante[5] :

– présentait devant lui les éléments montrant l'ancienneté de ses projets de construction sur la parcelle en cause pour laquelle elle a obtenu un permis de construire, ultérieurement contesté devant le tribunal administratif ;

– et invoquait le caractère grave et immédiat de l'atteinte portée à ses intérêts par un changement de classement de la parcelle qui rend impossible le projet de construction pour lequel elle a acquis la parcelle.

622.24 **Présomption d'urgence : recours contre une décision préfectorale ayant suspendu l'entrée en vigueur d'un PLU et demandé des modifications de ce plan.** Le Conseil d'État[6] a reconnu une présomption d'urgence en cas de référé-suspension dirigé contre une décision préfectorale suspendant l'entrée en vigueur d'un PLU et demandant des modifications sur le fondement de l'article L. 153-25 du code de l'urbanisme[7]. Cette présomption résulte de ce que l'exécution du plan est différée tant que la commune ou l'EPCI qui en est l'auteur ne lui a pas apporté les modifications demandées par le préfet.

Le Conseil d'État en déduit que, dès lors que le juge des référés, saisi d'une demande de suspension de l'exécution de la décision du préfet prise sur le fondement de ces dispositions, estime qu'un moyen est propre à créer un doute sérieux sur la légalité de l'une des demandes de modification du PLU, il lui appartient de suspendre la décision préfectorale contestée en tant qu'elle a enjoint à la commune ou à l'EPCI d'apporter la modification en cause[8].

1. VOIR, rappelant l'obligation d'une mise en balance des urgences : CE 30 mai 2007, *Correns (Cne)*, req. n° 298365, NP.
2. CE 11 janv. 2006, *Assoc. de défense du site caussolois*, req. n° 282217, NP ; *AJDA* 2006. 565 ; *BJDU* 2006. 59, concl. F. Séners.
3. CE 22 oct. 2018, *Assoc. Bien vivre en Provence*, req. n° 417139, NP ; *BJDU* 2007. 223, concl. F. Séners.
4. CE 5 nov. 2004, *Assoc. pour la sauvegarde du patrimoine martiniquais*, req. n° 260229, *Lebon T.* ; *BJDU* 2004. 471, concl. I. de Silva.
5. CE 3 janv. 2003, *SCI Rotanna*, req. n° 248458, *Lebon T.*
6. CE 30 déc. 2020, *Cté de cnes de la Ténarèze*, req. n° 441075, *Lebon T.* ; *BJDU* 2021. 151, concl. S. Hoynck, note F. Poulet.
7. Sur cet article, v. ss nos 233.461 s.
8. CE 30 déc. 2020, *Cté de cnes de la Ténarèze*, req. n° 441075, *Lebon T.* ; *BJDU* 2021. 151, concl. S. Hoynck, note F. Poulet. ▶

SECTION 2
LES RÉFÉRÉS-SUSPENSIONS SPÉCIAUX

§ 1
Référé-enquête publique

622.31 **Objet.** Le référé « enquête publique » vise à obtenir la suspension d'une décision d'aménagement devant être précédée d'une enquête publique dans l'hypothèse où le commissaire-enquêteur a émis un avis défavorable.

Il est régi par les articles L. 123-16 et L. 123-1-B du code de l'environnement, auxquels renvoie l'article L. 554-12 du CJA.

A.
Engagement du référé « enquête publique »

622.41 **Recours accessoire.** Le référé « enquête publique » représente un recours accessoire à une demande principale en annulation, laquelle doit être recevable. Les règles sont, sur ce point, identiques à celles applicables au référé-suspension.

622.42 **Mise en œuvre avec un référé-suspension.** Dans la mesure où elle présente le même objet que la procédure de suspension de droit commun, et a vocation à être fréquemment mise en œuvre en même temps que celle-ci, le Conseil d'État admet qu'une requête puisse contenir des conclusions fondées à la fois sur l'article L. 521-1 et sur l'article L. 554-12 du CJA[1].

622.43 **Actes attaqués.** Le référé « enquête publique » peut être dirigé contre « une décision d'aménagement soumise à une enquête publique préalable »[2].

Entrent notamment dans le champ d'application de cette disposition :

– les projets de carte communale, dès lors que l'article R. 124-6 du code de l'urbanisme soumet leur adoption à enquête publique[3] ;

– l'approbation d'un PLU, soumis à enquête publique en vertu de l'article L. 123-10 du code de l'urbanisme[4].

En revanche, ne peuvent faire l'objet d'un tel référé les actes dont l'adoption n'est pas subordonnée à une enquête publique préalable[5].

B.
Conditions d'octroi du référé

622.51 **Deux situations.** Les conditions sont distinctes au titre de l'article L. 123-16 du code de l'environnement (conclusions défavorables de l'enquête publique) et de l'article L. 123-1-B du même code (absence de participation du public).

1°
Première situation : conclusions défavorables de l'enquête publique

622.61 **Deux conditions.** Le premier alinéa de l'article L. 123-16 du Code de l'environnement prévoit que le juge administratif des référés, saisi d'une demande de suspension d'une décision prise « après des conclusions défavorables du commissaire enquêteur ou de la commission d'enquête », fait droit à cette demande si elle comporte « un moyen propre à créer, en l'état de l'instruction, un doute sérieux quant à la légalité de celle-ci »[6]. Il résulte de ces dispositions que deux conditions cumulatives sont exigées : des conclusions défavorables d'une part, un doute sérieux sur la légalité de la décision prise d'autre part.

622.62 **Première condition : conclusions défavorables.** Le commissaire-enquêteur ou la commission d'enquête doit avoir rendu un avis défavorable.

Satisfont à cette condition :

– les conclusions défavorables ;

– les conclusions favorables assorties de réserves[7] ;

– les conclusions par lesquelles le commissaire-enquêteur subordonne son avis favorable à certaines conditions que l'auteur de la décision n'a pas prises en compte[8] ;

▶ En l'espèce, en estimant qu'était de nature à créer un doute sérieux quant à la légalité de la décision attaquée le moyen dirigé contre la demande de modification du plan en tant qu'il porte classement de la voie d'accès au projet d'abattoir de Condom, mais en rejetant l'ensemble des conclusions dont il était saisi au motif que la préfète aurait pris la même décision si elle n'avait retenu que les deux premiers motifs qui lui paraissaient de nature à fonder légalement sa décision, le juge des référés a méconnu son office.

1. CE 13 juin 2003, *Assoc. de défense de la vallée du Loing*, req. n° 252542, NP.
2. CJA, art. L. 554-12.
3. CE 19 mars 2008, *Min. Transports c/Assoc. pour la sauvegarde du Gers*, req. n° 305593, *Lebon T.* ; *AJDA* 2008. 674.
4. CE 13 juill. 2007, *Carrières et Matériaux*, req. n° 298772, *Lebon T.* 1004 ; *AJDA* 2007. 1440 ; *RDI* 2007. 448, obs. P. Soler-Couteaux.
5. CE 11 juin 2004, *Biarritz (Cne)*, req. n° 263241, NP ; *AJDA* 2004. 1887, note P. Proot.
6. C. env., art. L. 123-16, al. 1er.
7. CE 18 oct. 2013, *Centre national d'information indépendante sur les déchets*, req. n° 366508, *Lebon T.* ; *AJDA* 2013. 2055 – TA Grenoble, ord., 20 avr. 2007, *Féd. Rhône-Alpes de protection de la nature*, req. n° 0701073, NP ; *AJDA* 2007. 1473, note M. Dreifuss.
8. CE 13 mars 1989, *Roussillon (Cne)*, req. n° 92144, *Lebon T.* 851.

– un premier avis défavorable, alors même que le second avis émis est favorable[1].

En revanche, la condition n'est pas satisfaite :

– lorsque l'avis défavorable invoqué se rapporte à une autre décision que la décision contestée[2] ;

– lorsque l'avis favorable est accompagné de recommandations, lesquels ne sont que de simples vœux[3] ;

– lorsque les réserves dont est assorti l'avis favorable portent sur des questions étrangères à la législation prévoyant l'enquête publique[4].

622.63 Seconde condition : doute sérieux. Le requérant doit faire état d'un moyen propre à créer un doute sérieux quant à la légalité de la décision attaquée[5].

La demande est rejetée si la condition relative au doute sérieux n'est pas satisfaite[6].

622.64 Absence de condition d'urgence. L'urgence n'est pas au nombre des conditions auxquelles est subordonné le prononcé d'une mesure de suspension sur le fondement de l'article L. 123-16, alinéa 1er, du code de l'environnement[7].

2°
Seconde situation : absence de participation du public par voie électronique

622.71 Unique condition. Le juge administratif des référés « fait droit à toute demande de suspension d'une décision prise sans que la participation du public sous l'une des formes mentionnées à l'article L. 123-1-A ait eu lieu, alors qu'elle était requise »[8].

L'unique condition tient à l'absence de participation du public dans une hypothèse où celle-ci était exigée, sans que le requérant ait à justifier de l'urgence ou à faire état d'un doute sérieux quant à la légalité de la décision attaquée[9].

C.
Jugement du référé « enquête publique »

622.81 Alignement sur la procédure du référé-suspension. La procédure applicable au référé « enquête publique » est celle régissant le référé-suspension[10].

D.
Décision du juge du référé « enquête publique »

622.91 Conditions remplies. Le juge « fait droit » à la demande de suspension, selon les termes de l'article L. 123-16, alinéa 1er, du code de l'environnement, dès lors que les conditions d'octroi sont satisfaites. Cette formule impérative était initialement analysée comme faisant peser sur le juge une obligation de suspendre lorsque les conditions sont réunies[11]. Mais depuis un arrêt de Section de 2012, la suspension n'est plus de droit mais facultative dans un tel cas de figure. Le Conseil d'État reconnaît en effet au juge des référés le pouvoir, « à titre exceptionnel », de rejeter une demande satisfaisant aux deux conditions d'octroi, lorsque la suspension de la décision attaquée « porterait à l'intérêt général une atteinte d'une particulière gravité »[12].

622.92 Conditions non remplies. Lorsque les conditions nécessaires à la mise en œuvre de l'article L. 554-12 du CJA ne sont pas satisfaites, le juge rejette la requête.

Toutefois, si le requérant a présenté dans la même requête des conclusions en référé-suspension, le juge

1. CAA Lyon, 3 oct. 1996, req. no 95LY01310, *Lebon T.* 1034.
2. CAA Nantes, 25 juin 1997, *SCI Gambardière*, req. no 95NT01557, NP : le moyen tiré du caractère défavorable de l'avis préalable à une déclaration d'utilité publique est inopérant au soutien d'une demande dirigée non contre la déclaration d'utilité publique prise après cet avis mais contre l'arrêté de cessibilité ultérieurement adopté.
3. CE 1er févr. 1995, *Banet*, req. no 140298, NP : arrêt indiquant « qu'en exprimant diverses recommandations, relatives notamment à la nécessité de conserver autant qu'il est possible le cadre naturel, le commissaire enquêteur a formulé des voeux qui ne sauraient être assimilés, ni à des réserves, ni à des conditions auxquelles aurait été subordonné le caractère favorable de l'avis émis ».
4. CE 27 juill. 2005, *Min. Équipement c/Lafitte*, req. no 273870, NP.
5. PAR EX. : CE 30 avr. 29 mars 2004, *Soignolles-en-Brie (Cne)*, req. no 258563, *Lebon T.* 809 ; *AJDA* 2004. 1263, note S. Hul ; *RDI* 2004. 262, obs. L. Fonbaustier ; – CE 17 févr. 2014, *Mitry-Mory (Cne)*, req. no 371008, NP.
6. CE 2 mai 2007, *min. Écologie*, req. no 295024, *Lebon T. ; AJDA* 2007. 948 ; – CE 31 juill. 2009, *Assoc. Espérance Environnement*, req. no 318521, NP.
7. CE 29 mars 2004, *Soignolles-en-Brie (Cne)*, req. no 258563, *Lebon T.* 809 ; *AJDA* 2004. 1263, note S. Hul ; *RDI* 2004. 262, obs. L. Fonbaustier.
8. C. env., art. L. 123-1-B ; créé par L. no 2023-973, 23 oct. 2023. Pour la version antérieure, envisageant à la fois l'absence de participation du public et l'absence d'enquête publique, C. env., art. L. 123-16, ancien al. 2, supprimé par la loi du 23 octobre 2023.
9. V. par comparaison, sous l'empire de l'ancien alinéa 2 de l'article L. 123-16, CE 11 juin 2004, *Biarritz (Cne)*, req. no 263241, NP ; *AJDA* 2004. 1887, note P. Proot.
10. Solution dégagée pour les voies de recours (CE 21 nov. 2001, *Synd. départemental d'ordures ménagères de l'Aude*, req. no 233329, *Lebon T.* 1093) mais qui revêt une portée générale.
11. CE 29 mars 2004, *Soignolles-en-Brie (Cne)*, req. no 258563, *Lebon T.* 809 ; *AJDA* 2004. 1263, note S. Hul ; *RDI* 2004. 262, obs. L. Fonbaustier.
12. CE, sect., 16 avr. 2012, *Conflans-Sainte-Honorine (Cne)*, req. no 355792, *Lebon ; AJDA* 2012. 943, chron. (critique) X. Domino et A. Bretonneau ; *RDI* 2012. 415, obs. P. Soler-Couteaux ; *Dr. adm.* 2012, comm. no 59, obs. F. Melleray.

se prononce dans la même décision sur la demande de suspension selon les dispositions de l'article L. 521-1 du CJA (urgence et doute sérieux)[1].

E.
Voies de recours ouvertes

622.101 **Cassation.** Les ordonnances prises par le juge des référés du tribunal administratif sur le fondement de l'article L. 554-12 du CJA sont susceptibles de faire l'objet d'un recours en cassation devant le Conseil d'État[2].

§ 2
Référé « évaluation environnementale »

622.111 **Objet.** Le référé « évaluation environnementale » vise à obtenir la suspension d'une décision d'approbation d'un plan ou d'un programme dans l'hypothèse où l'évaluation environnementale prescrite n'a pas été réalisée.

A.
Engagement du référé « évaluation environnementale »

622.121 **Recours accessoire.** Le référé « évaluation environnementale » représente un recours accessoire à une demande principale en annulation, laquelle doit être recevable. Les règles sont, sur ce point, identiques à celles applicables au référé-suspension.

622.122 **Mise en œuvre avec un référé-suspension.** Par analogie avec la solution retenue pour le référé « étude d'impact » et le référé « enquête publique », une même requête peut contenir des conclusions fondées à la fois sur l'article L. 521-1 du CJA et sur l'article L. 122-11 du code de l'environnement[3].

622.123 **Actes attaqués.** Le référé « évaluation environnementale » peut être dirigé contre toute décision d'approbation d'un plan ou d'un programme visé à l'article L. 122-4 du code de l'environnement.

B.
Condition d'octroi

622.131 **Unique condition.** Aux termes de l'article L. 122-11 du code de l'environnement, le juge « fait droit » à la demande de suspension dès que l'absence d'évaluation environnementale requise « est constatée ».

L'unique condition d'octroi correspond ainsi à l'absence de réalisation d'une évaluation environnementale dans une hypothèse où celle-ci était exigée, sans que le requérant ait à justifier de l'urgence ou à faire état d'un doute sérieux quant à la légalité de la décision attaquée[4].

C.
Jugement du référé « évaluation environnementale »

622.141 **Alignement sur le référé-suspension.** À défaut de disposition spécifique et par analogie avec la solution retenue pour les référés « étude d'impact » et « enquête publique », la procédure applicable au référé « évaluation environnementale » est celle régissant le référé-suspension.

D.
Décision du juge du référé « évaluation environnementale »

622.151 **Condition remplie.** Aux termes de l'article L. 122-11 du code de l'environnement, le juge « fait droit » à la demande de suspension dès que l'absence d'évaluation environnementale requise « est constatée ». Toutefois, le Conseil d'État estime que le prononcé de la suspension ne revêt pas un caractère automatique. Il affirme en effet que le juge saisi sur ce fondement « doit en principe faire droit aux demandes de suspension [...] dès lors qu'il constate l'absence de l'évaluation environnementale, lorsqu'elle est requise »[5]. Par la formule « en principe », il réserve la possibilité, déjà consacrée pour le référé « enquête publique »[6], que le juge ne suspende pas l'acte attaqué alors même que l'évaluation environnementale requise n'a pas été réalisée. Une telle faculté n'a vocation à être mise en œuvre que de façon exceptionnelle, lorsqu'un motif impérieux d'intérêt général le commande.

622.152 **Condition non remplie.** Lorsque les conditions nécessaires à la mise en œuvre de l'article L. 122-11 du code de l'environnement ne sont pas satisfaites, le juge rejette la demande de suspension présentée sur ce fondement. Par analogie avec la solution retenue pour le référé « étude d'impact »

1. CE 13 juin 2003, *Assoc. de défense de la vallée du Loing*, req. n° 252542, NP.
2. CE 21 nov. 2001, *Synd. départemental d'ordures ménagères de l'Aude*, req. n° 233329, *Lebon T.* 1093.
3. VOIR (impl.) : CE 19 juin 2015, *Saint-Leu (Cne)*, req. n° 386291, *Lebon : BJCL* 2015. 718, obs. B. Poujade, concl. X. de Lesquen.
4. SUR l'appréciation de cette condition : CE 19 juin 2015, *Saint-Leu (Cne)*, req. n° 386291, *Lebon : BJCL* 2015. 718, obs. B. Poujade, concl. X. de Lesquen.
5. CE 19 juin 2015, *Saint-Leu (Cne)*, req. n° 386291, *Lebon*, pt 6 : *BJCL* 2015. 718, obs. B. Poujade, concl. X. de Lesquen.
6. V. ss n° 622.91.

et le référé « enquête publique », si le requérant a présenté dans la même requête des conclusions en référé-suspension, le juge se prononce dans la même décision sur la demande de suspension selon les dispositions de l'article L. 521-1 du CJA (urgence et doute sérieux).

E.
Voies de recours ouvertes

622.161 **Recours en cassation.** Les ordonnances prises par le juge des référés du tribunal administratif sur le fondement de l'article L. 122-11 du code de l'environnement sont susceptibles de faire l'objet d'un recours en cassation devant le Conseil d'État[1].

1. PAR EX. : CE 19 juin 2015, *Saint-Leu (Cne)*, req. no 386291, *Lebon ; BJCL* 2015. 718, obs. B. Poujade, concl. X. de Lesquen – CE 4 mai 2016, *Pelletier*, req. no 396129, NP.

CHAPITRE

623. Contentieux indemnitaire des documents d'urbanisme

SECTION 0 ORIENTEUR

623.00 **Sommaire du chapitre.**

623.01 **Texte applicable.**

> Non-indemnisation des servitudes d'urbanisme

• **C. urb.**, art. L. 105-1

623.02 **Jurisprudence de référence.**

> Indemnisation d'une servitude d'urbanisme ayant le caractère d'une charge spéciale et exorbitante

• **CE, sect., 3 juill. 1998,** Bitouzet, req. n° 158592, *Lebon*.

623.03 **Bibliographie indicative.**

Thèse. Ch. Schwing, *Recherche sur l'adéquation du droit de l'urbanisme français à la Convention européenne des droits de l'Homme*, PUAM, 2004.

Encyclopédies. *J.-Cl. Constr.-Urb.*, fasc. 7-66 : « Plan local d'urbanisme. – Contentieux », par Ch. Denizeau, déc. 2016 – *DP constr.-urb., ét.* : « Plan local d'urbanisme ».

Articles. F. Aloka, « Le principe de non-indemnisation des servitudes d'urbanisme », *BJDU* 2019. 84 – J.-B. Auby, « Le principe de non-indemnisation des servitudes instituées en application du Code de l'urbanisme », *Droit et Ville* 1981, n° 10, p. 169 – F. Bouyssou, « Respect du droit de propriété et droit de l'urbanisme », *AJDA* 2003. 2135 – R. Hostiou, « La non-indemnisation des servitudes d'urbanisme », *AJDA*, n° spéc., 1993. 27 – G. Liet-Veaux, « L'indemnisation des servitudes d'urbanisme : prélude à une réforme législative », *Rev. adm.* 1984. 461.

623.04 **Questions essentielles.**

> Dans quels cas une servitude d'urbanisme peut-elle, par dérogation, être indemnisée ?

* V. s^{s} n°s 623.41 s.

> Dans quelle mesure une faute dans le zonage permet-elle à la victime de celle-ci d'obtenir réparation ?

* V. s^{s} n°s 623.81 s.

SECTION 1

NON-INDEMNISATION DES SERVITUDES D'URBANISME

§ 1

Principe de non-indemnisation des servitudes d'urbanisme

A.

Objet et justification du principe de non-indemnisation des servitudes d'urbanisme

623.11 Non-indemnisation. L'article L. 105-1 du code de l'urbanisme pose un principe de non-indemnisation des servitudes d'urbanisme. Il prévoit que les servitudes instituées par application du code de l'urbanisme n'ouvrent droit « à aucune indemnité »[1].

623.12 Justifications. Le principe de non-indemnisation des servitudes d'urbanisme a été introduit dans le code de l'urbanisme par la loi du 31 décembre 1976[2]. Il avait, avant cette date, été consacré par divers textes[3].

Ce principe vise à permettre aux collectivités publiques de mettre en œuvre leurs politiques d'urbanisme sans avoir à compenser les restrictions qu'elles apportent au droit de construire à l'occasion de l'adoption ou de la modification des documents d'urbanisme ou, plus largement, de l'édiction de dispositions limitant et encadrant les possibilités d'utilisation et d'occupation du sol.

Il s'agit là d'un corollaire du principe selon lequel les administrés n'ont pas de droit acquis au maintien d'une réglementation. Les collectivités publiques doivent avoir la liberté de modifier les prescriptions et les zonages même si cela doit conduire à contrarier des projets envisagés par des personnes privées. En effet, obliger les personnes publiques à indemniser les limitations apportées au droit de construire rendrait impossible la mise en œuvre des politiques d'urbanisme.

B.

Champ d'application du principe de non-indemnisation des servitudes d'urbanisme

623.21 Servitudes prises en matière d'urbanisme. Le principe de non-indemnisation concerne les servitudes instituées « par application du code de l'urbanisme en matière de voirie, d'hygiène et d'esthétique ou pour d'autres objets » et concernant, notamment[4] :

- l'utilisation du sol ;
- la hauteur des constructions ;
- la proportion des surfaces bâties et non bâties dans chaque propriété ;
- l'interdiction de construire dans certaines zones et en bordure de certaines voies ;
- la répartition des immeubles entre diverses zones.

Le Conseil d'État a précisé que cet article subordonne le principe qu'il édicte de non-indemnisation des servitudes d'urbanisme à la condition que celles-ci « aient été instituées légalement, aux fins de mener une politique d'urbanisme conforme à l'intérêt général et dans le respect des règles de compétence, de procédure et de forme prévues par la loi »[5].

C.

Illustrations

623.31 Perte de constructibilité. À titre d'exemple, le propriétaire d'une parcelle devenue inconstructible à la suite de la révision du PLU ne peut prétendre à une indemnisation du préjudice subi du fait de la perte de constructibilité de son terrain[6].

623.32 Inclusion dans un périmètre pouvant donner lieu à sursis à statuer. La servitude résultant de l'intervention d'une décision prenant en considération, en application des dispositions de l'article L. 424-1, 2°, la mise à l'étude d'un projet de travaux publics[7], constitue l'une des servitudes mentionnées à l'article L. 105-1 du code de l'urbanisme, lesquelles n'ouvrent en principe pas droit à réparation[8].

1. C. urb., art. L. 105-1, al. 1er (ancien art. L. 160-5).
2. L. n° 76-1285, 31 déc. 1976 portant réforme de l'urbanisme, *JO* 1er janv. 1977, p. 4.
3. Décr.-L. 25 juill. 1935, L. 28 déc. 1941 et L. 15 juin 1943.
4. C. urb., art. L. 105-1, al. 1er.
5. CE, sect., 3 juill. 1998, *Bitouzet*, req. n° 158592, *Lebon ; BJDU* 1998. 363, concl. R. Abraham.
6. CE, sect., 29 sept. 1989, *Lamarche-Jacomet (Mme)*, req. n° 72331, *Lebon*.
7. V. ss nos 344.181 s.
8. CE, sect., 15 déc. 1989, *Min. Urbanisme, Logement et Transports c/Mazin (Épx)*, req. n° 75336, *Lebon*.

§ 2
Exceptions (très limitées) au principe de non-indemnisation des servitudes d'urbanisme

A.
Exceptions générales

1°
Exceptions générales d'origine textuelle

623.41 Deux exceptions. Une indemnité est due s'il résulte des servitudes instituées « une atteinte à des droits acquis ou une modification à l'état antérieur des lieux déterminant un dommage direct, matériel et certain »[1]. Ces conditions apparaissent difficiles à satisfaire.

623.42 Conditions satisfaites. Lorsque, après l'intervention d'un arrêté préfectoral autorisant un lotissement, une servitude nouvelle a pour effet de rendre inconstructibles des lots résultant du lotissement en cours de réalisation, cette servitude est de nature à porter atteinte à des droits acquis. Dans la mesure où des dépenses ont été engagées par la société bénéficiaire de l'autorisation de lotissement, elles peuvent ouvrir droit à une indemnisation sur la base de l'article L. 160-5 du code de l'urbanisme[2].

623.43 Conditions non satisfaites. Un aménageur ne tient de la convention d'aménagement de ZAC qui le lie à une commune aucun droit au maintien des règles d'urbanisme à l'intérieur de la zone. Par suite, la commune ne porte atteinte à aucun droit acquis tiré de ses stipulations contractuelles en délivrant un certificat d'urbanisme négatif en conséquence de l'entrée en vigueur de la loi Littoral[3].

De même, ne porte atteinte à des droits acquis ni ne modifie l'état antérieur des lieux :

- le classement de parcelles en zone inconstructible[4] ;

- ou la limitation du droit de construire aux abords d'une maison d'arrêt[5].

623.44 Absence d'indemnisation des servitudes environnementales. Les deux exceptions prévues au second alinéa de l'article L. 105-1 ne concernent que les servitudes instaurées en application du code de l'urbanisme. Par suite, elles ne peuvent jouer pour l'indemnisation d'une servitude instaurée par un plan de prévention des risques en application du code de l'environnement[6].

623.45 Fixation de l'indemnité. À défaut d'accord amiable, l'indemnité est fixée par le tribunal administratif[7].

Celui-ci tient compte de la plus-value donnée aux immeubles par la réalisation du PLU approuvé ou du document en tenant lieu[8].

2°
Exception générale d'origine jurisprudentielle : charge spéciale et exorbitante

623.51 Jurisprudence Bitouzet. L'article L. 105-1 ne fait pas obstacle à ce que le propriétaire dont le bien est frappé d'une servitude prétende à une indemnisation « dans le cas exceptionnel où il résulte de l'ensemble des conditions et circonstances dans lesquelles la servitude a été instituée et mise en œuvre, ainsi que de son contenu, que ce propriétaire supporte une charge spéciale et exorbitante, hors de proportion avec l'objectif d'intérêt général poursuivi »[9].

Ce régime de responsabilité a été dégagé de manière prétorienne par le Conseil d'État dans l'arrêt Bitouzet afin de sauver l'article L. 105-1 d'un constat d'incompatibilité avec l'article 1er du Premier protocole additionnel à la convention européenne des droits de l'homme. Sa conformité à la Constitution a également été reconnue au regard de la réserve introduite par la jurisprudence Bitouzet[10].

623.52 Conditions remplies. Les conditions posées dans la jurisprudence Bitouzet étant extrêmement strictes (il faut que la servitude touche un nombre très limité de personnes, de manière très importante ou intense), les cas de mise en œuvre positive de celle-ci sont rarissimes.

1. C. urb., art. L. 105-1, al. 2.
2. CE, sect., 4 mars 1977, *Ministre de l'Équipement c/Société anonyme Constructions Simottel*, req. n° 01822, *Lebon*.
3. CE 13 nov. 2009, *SNC Domaine de Sausset-les-Pins et SCP Laureau-Jeannerot*, req. n° 309093, *Lebon T.*
4. CE 6 juin 2012, *Vidal (M. et Mme)*, req. n° 329123, *Lebon T.* ; *BJDU* 2012. 288, concl. C. Landais.
5. CE 2 juill. 1999, *Valentini (Mme) et a.*, req. n° 176894, *Lebon T.*
6. CE, sect., 29 déc. 2004, *Sté d'aménagement des coteaux de Saint-Blaine*, req. n° 257804, *Lebon*.
7. C. urb., art. L. 105-1, al. 2.
8. C. urb., art. L. 105-1, al. 2.
9. CE, sect., 3 juill. 1998, *Bitouzet*, req. n° 158592, *Lebon* ; *BJDU* 1998. 363, concl. R. Abraham.
10. CE 16 juill. 2010, *SCI La Saulaie*, req. n° 334665, *Lebon* : arrêt affirmant « qu'il résulte des termes de la loi du 2 février 1995, éclairés par ses travaux préparatoires, que le législateur a entendu faire supporter par le propriétaire concerné l'intégralité du préjudice résultant de l'inconstructibilité de son terrain nu résultant des risques naturels le menaçant, sauf dans le cas où ce propriétaire supporterait une charge spéciale et exorbitante hors de proportion avec l'objectif d'intérêt général poursuivi » (décision rendue en QPC).

Au niveau du Conseil d'État, la première application positive n'est intervenue qu'en 2016.

En l'espèce une société a acquis en 1987 et 1989 des terrains d'assiette, en vue d'une opération d'aménagement importante, après que le POS d'une commune eut été modifié, conformément aux engagements pris par cette commune, afin de le rendre compatible avec ce projet d'aménagement. Cette société a engagé d'importants travaux en vue de la réalisation de ce projet qui bénéficiait, à l'origine, du soutien de la commune. Le projet n'a pu aboutir en raison du défaut de raccordement des terrains d'assiette au réseau d'assainissement, lequel n'a pu être opéré faute que la commune ait procédé à la réalisation de la canalisation prévue à cet effet. S'il était loisible à la commune de décider, en 2005, d'abroger le POS tel que révisé en 1987 et d'approuver, conjointement avec le préfet, une carte communale procédant au classement de terrains en zone naturelle non constructible pour le motif d'intérêt général tiré de la préservation du caractère rural de cette zone, l'approbation de cette carte a eu, en l'espèce, pour effet, en procédant au classement en zone inconstructible de la totalité des terrains dont la société requérante est propriétaire, d'amoindrir la valeur vénale de sa propriété, laquelle occupe une partie substantielle du territoire de la commune, et de compromettre définitivement ses projets d'aménagement. Elle doit, ainsi, être regardée comme ayant fait peser sur cette société, qui a été seule affectée par ce classement, une charge spéciale et exorbitante, hors de proportion avec l'objectif d'intérêt général poursuivi [1].

Après expertise, le Conseil d'État a condamné l'État et la commune à verser à la société d'aménagement du domaine de Château Barrault, pour moitié chacun, la somme de 3 000 000 euros [2].

623.53 Conditions non remplies. À titre d'exemple, n'a pas été regardée comme répondant aux conditions posées la jurisprudence Bitouzet la servitude résultant :

– de l'application de la loi littoral, dès lors que les contraintes d'inconstructibilité résultant de ce texte concernent tous les terrains situés sur le littoral français et, par suite, ne peuvent être regardées comme revêtant un caractère spécial [3] ;

– d'un classement en zone inconstructible visant à prévenir des risques d'inondations [4] ;

– d'un classement en zone naturelle protégée [5] ;

– des dispositions d'un PLU régissant l'affectation des sols selon les usages principaux qui peuvent en être faits et la nature des activités qui peuvent y être exercées [6] ;

– ou encore de la limitation du droit de construire à proximité d'une maison d'arrêt [7].

B. Exception spécifique : servitude de passage sur le littoral

623.61 Fondement spécifique. Le code de l'urbanisme prévoit expressément l'indemnisation des servitudes de passage sur le littoral [8].

SECTION 2 Responsabilité à raison des conditions de réalisation d'une enquête publique

623.71 Absence de responsabilité de l'État à raison des agissements du commissaire enquêteur. La responsabilité de l'État ne peut être engagée en raison des irrégularités commises par le commissaire enquêteur lors de la mission qu'il a réalisée dans le

1. CE 29 juin 2016, *S^té^ Château Barrault, S^té^ d'aménagement du domaine de Château Barrault*, req. n° 375020, *Lebon T.* ; *BJDU* 2017. 41, concl. R. Victor.
2. CE 30 janv. 2019, S^té^ *Château Barrault*, req. n° 375020, NP.
3. CE 13 nov. 2009, *SNC Domaine de Sausset-les-Pins et SCP Laureau-Jeannerot*, req. n° 309093, *Lebon T.* (inconstructibilité de deux lots d'une ZAC résultant des dispositions sur la sauvegarde des espaces remarquables) ; – CE 27 juin 2007, *Mielle*, req. n° 280693, *Lebon T.* ; *BJDU* 2007. 233, concl. F. Séners (inconstructibilité dans la bande des 100 mètres) – également, dans la même affaire, la confirmation par la Cour de Strasbourg : CEDH 6 oct. 2016, *Malfatto et mieille c/France*, req. n° 40886/06.
4. CE 6 juin 2012, *Vidal (M. et Mme)*, req. n° 329123, *Lebon T.* ; *BJDU* 2012. 288, concl. C. Landais.
5. CE 10 mai 2007, *Desplanques*, req. n° 270588, NP : « Considérant qu'en jugeant que le classement de la parcelle appartenant à M. Desplanques en zone ND avec protection d'espace boisé classé n'avait, compte tenu de l'intérêt général qui s'attache à la préservation des abords du château et du parc de la Malmaison et alors que le terrain en cause accueille déjà une construction, pas fait supporter à l'intéressé une charge spéciale et exorbitante hors de proportion avec cet objectif d'intérêt général, et qu'il en résultait que le requérant ne remplissait pas les conditions fixées par l'article L. 160-5 du code de l'urbanisme pour obtenir une réparation, la cour n'a entaché son arrêt ni d'une erreur de qualification juridique ni d'une erreur de droit ».
6. CE 2 juin 2023, *Clary*, req. n° 449820, *Lebon T.* ; *RDI* 2023. 439, obs. M. Revert. En l'espèce, le PLU limite, dans une zone donnée, l'affectation des sols à l'exercice d'activités agricoles. Le maire invite le propriétaire d'un terrain se trouvant dans cette zone à retirer les nombreux bus et véhicules qui s'y trouvent. Le juge estime que le propriétaire ne peut prétendre à une indemnisation : en effet, si le permis de construire délivré sur ce terrain autorise une destination donnée de la construction, il ne protège pas les conditions d'occupation du reste de la parcelle.
7. CE 2 juill. 1999, *Valentini (Mme) et a.*, req. n° 176894, *Lebon T.*
8. V. s^s^ n°s 125.291 s.

cadre de l'élaboration du projet de PLU de la commune[1].

SECTION 3
RESPONSABILITÉ À RAISON D'UN ZONAGE ILLÉGAL

§ 1
Peu de place pour la responsabilité en l'absence de faute

623.81 **Principe de non-indemnisation.** Conformément au principe de non-indemnisation des servitudes d'urbanisme[2], un changement de zonage n'ouvre pas droit à réparation au profit d'un propriétaire dont le droit de construire se trouve restreint voire supprimé.

Sur ce point, un parlementaire avait, dans une question au gouvernement, exprimé une préoccupation fréquemment rencontrée chez les propriétaires, à savoir que les PLU « prévoient des zonages très précis, selon lesquels certains terrains sont destinés à la construction et par conséquent valorisés, d'autres au contraire, pour des raisons tenant à des besoins collectifs ou à la protection de l'environnement, sont déclarés non constructibles et voient leur valeur profondément diminuée par rapport aux précédents. Même si ces décisions font l'objet d'enquêtes publiques qui, en principe, permettent une appréciation officielle par les habitants et les propriétaires concernés, elles n'en créent pas moins des inégalités de traitement des patrimoines immobiliers qui peuvent être très choquantes et sont, matériellement et juridiquement, injustifiables. Il serait donc souhaitable de remédier à ces inégalités en faisant obligation aux collectivités qui en sont les auteurs d'accorder des compensations aux préjudices subis par les propriétaires concernés ». Le ministère a opposé le principe de non-indemnisation des servitudes d'urbanisme et prévu qu'il n'était pas prévu de revoir cette législation[3].

623.82 **Indemnisation exceptionnelle (jurisprudence Bitouzet).** La jurisprudence Bitouzet[4] admet, de façon tout à fait exceptionnelle, l'indemnisation des préjudices résultant d'un document d'urbanisme lorsque celui-ci fait peser sur un particulier une charge spéciale et exorbitante, hors de proportion avec l'objectif d'intérêt général poursuivi.

Ces conditions draconiennes ne sont quasiment jamais regardées comme satisfaites.

Un arrêt de 2016 fournit une illustration (rare) d'un cas où celles-ci ont été considérées comme remplies[5].

623.83 **Indemnisation : cas particulier (inclusion dans un périmètre de protection des eaux de source).** Les restrictions apportées à l'utilisation d'une parcelle résultant d'une modification du zonage au document d'urbanisme local, constituent un préjudice indemnisable au sens de l'article L. 1321-3 du code de la santé publique, dès lors qu'elles sont la conséquence de l'inclusion de ces parcelles dans un périmètre de protection rapprochée ou éloignée en application des dispositions de l'article L. 1321-2 du même code[6].

§ 2
Responsabilité en présence d'une faute dans le zonage

623.91 **Classement d'un terrain soumis à un risque important.** Le classement en zone constructible d'un terrain situé à proximité d'une installation classée (en l'occurrence un dépôt d'ammoniac liquéfié), sans disposition restrictive, constitue une faute, le danger qu'elle représente ne pouvant être ignoré par l'autorité administrative. Il en résulte une responsabilité de l'État à l'égard du lotisseur n'ayant pu mener à bien son projet, la circonstance que celui-ci connaissait l'existence de cette installation à proximité du terrain qu'il lotissait ne pouvant ni exonérer l'administration des conséquences de sa faute ni atténuer sa responsabilité[7].

623.92 **Classement d'un terrain inconstructible en vertu de la loi littoral.** Commet une faute de nature à engager sa responsabilité la commune qui classe un terrain en zone constructible par une délibération contraire aux dispositions du code de l'urbanisme propres au littoral[8].

SECTION 4
ASPECTS PROCÉDURAUX

623.101 **Engagement du recours.** L'engagement du recours obéit aux règles exposées dans le chapitre

1. CE 13 mars 2019, *Villeuneuve-le-Comte (C^{ne})*, req. n° 418170, *Lebon T. ; Constr.-Urb.* 2019, comm. 60, note L. Santoni. Arrêt précisant que la responsabilité de l'État ne peut être engagée à raison des irrégularités commises.
2. V. s^{s} n°s 623.11 s.
3. Rép. min. n° 63756, *JOAN Q* 15 oct. 2001, p. 5967.
4. V. s^{s} n°s 623.51 s.
5. V. s^{s} n° 623.52.
6. Civ. 3e, 9 oct. 2013, n° 12-13.694, P.
7. CAA Lyon, 21 mai 1991, *Min. Équipement, Logement, Transports et Mer c/S^{té} d'ingénierie immobilière Sud*, req. n° 90LY00330, *Lebon T.*
8. CE 8 avr. 2015, *Min. Égalité des territoires et Logement c/ Crozon (C^{ne}) et S^{té} Masarin*, req. n° 367167, *Lebon T.*

relatif au contentieux indemnitaire des autorisations d'urbanisme[1].

623.102 Déchéance quadriennale. Concernant le délai de prescription de quatre ans à compter du fait générateur du dommage, dans le cas d'une créance dont le fait générateur est l'illégalité de la délibération approuvant le PLU, ne peuvent être regardés comme se prononçant sur le fait générateur, et donc comme ayant interrompu le cours du délai[2] :

– ni les courriers faisant état de la possibilité de délivrer des permis malgré l'annulation du PLU ainsi que des suites données au contrôle de légalité ;

– ni les arrêtés acceptant ou refusant de délivrer des permis.

1. V. s^s n°s 612.11 s.

2. CE 19 juin 2024, *Société Les Jardins Fleury*, req. n° 473965, *Lebon T.*

CHAPITRE

624. Contentieux pénal des documents d'urbanisme

SECTION 0
ORIENTEUR

624.00 **Sommaire du chapitre.**

624.03 **Bibliographie indicative.**

Encyclopédies. *J.-Cl. Constr.-Urb.*, fasc. 7-66 : « Plan local d'urbanisme. – Contentieux », par Ch. Denizeau, déc. 2016 – *DP constr.-urb., ét.* : « Plan local d'urbanisme ».

Ouvrage. F.-C. Bernard, *Guide des contentieux de l'urbanisme*, 2e éd., « Guides », LexisNexis, 2018.

SECTION 1
MANQUEMENT AU SECRET PROFESSIONNEL (CABINET ASSISTANT LA COLLECTIVITÉ)

624.11 **Infractions.** « Toute personne qui effectue, à la demande et pour le compte d'une collectivité publique, les études nécessaires à la préparation de documents d'urbanisme est tenue au secret professionnel. Les infractions sont passibles des sanctions prévues à l'article 226-13 du code pénal »[1].

SECTION 2
PRISE ILLÉGALE D'INTÉRÊT

624.21 **Délit.** Le fait, par « une personne dépositaire de l'autorité publique ou chargée d'une mission de service public ou par une personne investie d'un mandat électif public », de « prendre, recevoir ou conserver, directement ou indirectement, un intérêt quelconque dans une entreprise ou dans une opération dont elle a, au moment de l'acte, en tout ou partie, la charge d'assurer la surveillance, l'administration, la liquidation ou le paiement », est puni de cinq ans d'emprisonnement et d'une amende de 500 000 euros, dont le montant peut être porté au double du produit tiré de l'infraction[2].

Ces dispositions n'exigent pas que l'intérêt pris par le prévenu (alors maire dans le cas d'espèce) soit en contradiction avec l'intérêt communal[3].

L'élément légal de l'infraction correspond à une opération dont l'agent public a l'administration ou la surveillance[4].

624.22 **Applications.** Un arrêt du 23 février 2011 illustre un cas de prise illégale d'intérêt[5].

En l'espèce, le maire a joué un rôle majeur dans la conduite de la procédure de révision du document d'urbanisme :

– il a poursuivi la transformation du POS en PLU en siégeant au sein de la commission de révision, en adressant des courriers aux divers organismes et administrations concernés et en présidant les réunions d'information ;

– s'il n'a pas pris part au vote des délibérations des 8 septembre 2005 et 7 août 2006 au cours desquelles le PLU a été présenté puis adopté, il a néanmoins présidé lesdites séances du conseil municipal, a pris une part active dans la détermination de la zone à urbaniser et a assuré le suivi de cette opération.

1. C. urb., art. L. 610-2.

2. C. pén., art. 432-12, al. 1er.
3. Crim. 19 mars 2008, n° 07-84.288, P (arrêt concernant la vente de terrains communaux).
4. Crim. 22 oct. 2008, n° 08-82.068, P (arrêt concernant le versement de subventions à une association dont un conseiller municipal est président et qui a participé au vote des subventions).
5. Crim. 23 févr. 2011, n° 10-82.880, NP.

La difficulté tient à ce que le maire avait anticipé l'achat de terrains appartenant à la zone à urbaniser, les statuts de la société d'aménagement dont il est actionnaire majoritaire ayant été signés dès le 16 septembre 2005 et comportant un état des actes accomplis pour le compte de cette société en formation mentionnant des actes sous seing privé d'acquisitions desdits terrains.

Dans ces conditions, et dès lors que le maire a seul l'administration de l'ensemble des affaires de la commune, en application de l'article L. 2122-18 du CGCT, notamment celles relevant de ses pouvoirs de préparation et d'exécution du PLU, le délit de prise illégal d'intérêts était caractérisé en tous ses éléments, tant matériels qu'intentionnel.

SECTION 3
CORRUPTION

624.31 Définition. La corruption est constituée lorsqu'une personne investie d'une fonction déterminée, publique ou privée, sollicite ou accepte un don, une offre ou une promesse en vue d'accomplir, retarder ou omettre d'accomplir un acte entrant, d'une façon directe ou indirecte, dans le cadre de ses fonctions.

Le code pénal distingue la corruption passive[1] et la corruption active[2].

624.32 Application en matière de documents d'urbanisme. À titre d'exemple, le délit de corruption sera constitué si :

– un maire accepte une somme d'argent en vue de rendre constructible un terrain ;

– un promoteur demande au maire de rendre constructible un terrain en contrepartie du versement d'une somme d'argent.

1. C. pén., art. 432-11.
2. C. pén., art. 433-1.

TITRE

63. Le contentieux de la préemption

SECTION 0
ORIENTEUR

63.00 **Sommaire du titre.**

63.05 **Cinq contentieux.** Les décisions de préemption peuvent donner lieu à cinq contentieux distincts :

- le contentieux (administratif) de l'annulation des décisions de préemption ;
- le contentieux (administratif) de l'urgence ;
- le contentieux (administratif) de la responsabilité ;
- le contentieux civil ;
- et le contentieux pénal.

CHAPITRE

631. Contentieux de l'annulation des décisions de préemption

SECTION 0

ORIENTEUR

631.00 Sommaire du chapitre.

631.03 Bibliographie indicative.

Encyclopédie. *DP constr.-urb., ét.* : « Droits de préemption ».

Ouvrages. F.-C. Bernard, *Guide des contentieux de l'urbanisme*, 2e éd., « Guides », LexisNexis, 2018.

Contributions. C. Saint Alary Houin, « Le vendeur, l'acheteur et le préempteur... de quelques effets d'une préemption irrégulière », *Mél. Ph. Malinvaud*, Litec, 2007, p. 509 – J.-F. Struillou, « Remarque sur l'efficacité des annulations pour excès de pouvoir dans le contentieux de la préemption », *Mél. H. Jacquot*, PU Orléans, 2006, p. 545.

Articles. É. Carpentier, « Les conséquences de l'illégalité des préemptions », *BJCL* 2003. 710 – É. Carpentier, « Motivation des décisions de préemption et conséquences des annulations : questions anciennes, nouvelles réponses ? », *BJDU* 2006. 238 – C. Debouy, « Les conséquences de l'illégalité de la décision de préemption », *AJDI* 1998. 34 – F. Dieu, « Le juge administratif et le juge judiciaire face à l'annulation des décisions de préemption », *Constr.-Urb.* 2010, ét. 15 – S. Pérignon, « Contentieux des décisions de préemption », *JCP N* 1998. I. 756 – R. Vandermeeren, « Le contentieux des droits de préemption : excès de recours ou excès d'illégalité ? », *AJDA* 2008. 734.

631.04 Question essentielle.

> Quelles catégories de requérants ont intérêt à agir contre une décision de préemption ?

* V. ss nos 631.11 s.

631.05 Recours administratif. Préalablement à un recours contentieux, l'acquéreur du bien ou le propriétaire de celui-ci peuvent former un recours gracieux auprès de la collectivité publique ayant exercé son droit de préemption sur ce bien.

L'introduction du recours administratif obéit aux conditions de droit commun.

631.06 Recours pour excès de pouvoir. Le recours pour excès de pouvoir a pour objet l'annulation de la décision de préemption en raison de son illégalité.

631.07 Importance du contentieux et des annulations. Les décisions de préemption font quasiment toutes l'objet d'un recours [1] et les annulations sont relativement fréquentes [2].

SECTION 1

RECEVABILITÉ DU RECOURS

§ 1

Intérêt à agir

631.11 Vendeur. Toute décision de préemption d'un bien apporte une limitation au droit de propriété du vendeur et affecte à ce titre les intérêts de celui-ci. Il a dès lors intérêt à en demander l'annula-

1. Conseil d'État, étude sur *Le droit de préemption*, déc. 2007, La Documentation française, 2008, p. 41 (évoquant un taux de recours de 90 % à Paris).
2. Conseil d'État, étude sur *Le droit de préemption*, déc. 2007, La Documentation française, 2008. Le rapport évoquait un taux d'annulation « de 40 %, contre 24 % en moyenne pour l'ensemble des contentieux » (p. 41), et expliquait que près de la moitié des annulations résultaient d'un défaut ou d'une insuffisance de motivation (p. 42). Il est probable que le taux d'annulation ait sensiblement diminué depuis, la jurisprudence *Commune de Meung-sur-Loire* de 2008 (v. ss no 421.171) ayant assoupli l'exigence de motivation.

tion pour excès de pouvoir. Cet intérêt existe aussi bien lorsque le prix fixé par le juge de l'expropriation est inférieur à celui figurant dans la déclaration d'intention d'aliéner que dans le cas où la préemption s'est faite à ce dernier prix. La circonstance que le transfert de propriété a eu lieu à la date à laquelle le vendeur introduit un recours pour excès de pouvoir contre la décision ne fait pas disparaître l'atteinte portée à ses intérêts et est, dès lors, sans effet sur son intérêt à agir [1].

631.12 Acquéreur évincé (et acquéreurs secondaires). Dans le cas où a été conclue une promesse de vente concernant un terrain ayant ensuite fait l'objet d'une décision de préemption, le titulaire de la promesse de vente a intérêt à contester cette décision. La circonstance que la promesse de vente serait devenue caduque est sans incidence sur l'intérêt qu'il avait en sa qualité d'acquéreur évincé, dès lors que la promesse de vente n'est devenue caduque que postérieurement à la décision de préemption [2].

Lorsque le titulaire de la promesse de vente (qui avait donc la qualité d'acquéreur initial) a, par un nouvel acte, passé avec l'accord du vendeur, substitué dans les effets de la promesse de vente dont il était bénéficiaire un autre acquéreur (moyennant l'engagement de ce dernier de lui verser une commission lors de la réalisation de la vente), le nouvel acquéreur justifie d'un intérêt à agir contre la décision de préemption [3].

L'intérêt à agir contre une décision de préemption ne se limite pas aux titulaires d'une promesse de vente mais peut être reconnu à ceux qui bénéficient d'un droit suffisamment certain et direct sur le bien préempté tel celui qui s'est engagé à racheter le bien au titulaire d'un droit de préférence qui l'aurait lui-même acquis du vendeur [4].

631.13 Locataire. Le locataire de locaux faisant partie d'un bien préempté justifie à ce titre d'un intérêt à agir contre la décision par laquelle une collectivité publique a décidé de faire usage de son droit de préemption sur ce bien [5].

631.14 Association. Une association peut, en fonction de son objet social, se voir reconnaître un intérêt à agir.

Ainsi, une association de contribuables dont l'objet social est « de surveiller l'utilisation par les collectivités et leurs représentants des deniers publics [...] » a intérêt à contester une décision de préemption prise par une collectivité territoriale dès lors qu'elle engage les finances de cette collectivité et porte ainsi atteinte aux intérêts que cette association entend défendre [6].

En revanche, une association ayant pour objet « la défense de l'habitat pavillonnaire » dans une commune ne lui confère pas un intérêt à demander l'annulation de décisions par lesquelles cette commune décide de faire usage de son droit de préemption [7].

631.15 Contribuable local. La qualité de contribuable local confère un intérêt à agir à l'encontre de la décision d'exercer le droit de priorité dans la mesure où elle entraîne une dépense pour la collectivité. Il en va ainsi quand bien même l'immeuble serait acquis à un prix inférieur à sa valeur réelle [8]. La solution est transposable à l'exercice du droit de préemption.

631.16 Tiers non intéressé. Seront considérées comme des tiers dépourvus d'intérêt à agir toutes les personnes ne justifiant pas d'un lien suffisamment étroit avec la décision de préemption.

Ainsi, une société candidate à la reprise de l'activité d'une entreprise en liquidation judiciaire, mais dont la candidature n'a pas été retenue, ne peut être regardée comme un acquéreur potentiel auquel aurait fait grief la décision de préemption des terrains et immeubles de l'entreprise en liquidation [9].

§ 2
Délai de recours

A.
Destinataires de la décision

631.21 Notification régulière. Lorsque la décision de préemption a été régulièrement notifiée à son destinataire, l'intéressé peut former un recours à son encontre dans un délai de deux mois à compter de cette notification [10].

631.22 Notification irrégulière ou absence de notification. Lorsque la décision de préemption n'a

1. CE 21 mai 2008, *Houilles (Cne)*, req. n° 296156, *Lebon T.* ; *BJDU* 2008. 136, concl. A. Courrèges.
2. CE 16 déc. 1994, *Sparsbach (Cne)*, req. n° 126637, *Lebon* ; – CE 24 juill. 2009, *Sté Finadev*, req. n° 316158, *Lebon T.* ; *BJDU* 2009. 289, concl. A. Courrèges.
3. CE 30 juill. 1997, *Sté Nouvelle Étude Berry et Attali*, req. n° 157313, *Lebon T.*
4. CE 1er juill. 2009, *Assoc. la fourmi vouvrillonne et Feray*, req. n° 319238, *Lebon T.*
5. CE 6 oct. 1999, *Assoc. tendance nationale union islamique en France et SCI tendance nationale union islamique en France*, req. n° 185577, *Lebon T.*
6. CE 1er juill. 2009, *Assoc. la fourmi vouvrillonne et Feray*, req. n° 319238, *Lebon T.*
7. CE 22 févr. 1995, *Assoc. de défense de l'habitat pavillonnaire à Poissy*, req. n° 126119, NP.
8. CAA Nantes, 18 juin 2021, *Uguen (M.) c/Deauville (Cne)*, req. n° 20NT01550, NP.
9. CE 22 févr. 1995, *La Ciotat (Cne)*, req. n° 136900, *Lebon T.*
10. CJA, art. R. 421-1.

pas été notifiée de façon régulière (faute de mention des voies et délais de recours), le vendeur ou l'acquéreur évincé[1] dispose d'un délai raisonnable d'un an pour la contester à compter de la date à laquelle une décision expresse lui a été notifiée ou de la date à laquelle il est établi qu'il en a eu connaissance[2].

B.
Tiers

631.31 Deux mois à compter de la publication. Les tiers à la décision peuvent former un recours à son encontre dans un délai de deux mois à compter de sa publication[3].

§ 3
Absence d'obligation de notification

631.41 Obligation inapplicable en matière de préemption. Les recours tendant à l'annulation des décisions d'exercice du droit de préemption ne sont pas soumis à l'obligation de notification des recours[4].

SECTION 2
MOYENS DU RECOURS

631.51 Légalité interne et externe. L'auteur du recours peut mettre en cause la légalité interne et la légalité externe de la décision attaquée, notamment :

– l'incompétence de l'auteur de l'acte, en cas de délégation irrégulière du pouvoir de préempter ;
– le défaut de motivation de la décision[5] ;
– la méconnaissance des exigences procédurales[6] ;
– l'insuffisance des motifs d'intérêt général[7] ;
– le non-respect du délai durant lequel peut intervenir la préemption[8] ;
– le défaut d'avis du service des domaines[9] ;
– la méconnaissance du champ d'application du droit de préemption ;
– ou encore le détournement de pouvoir[10].

631.52 Admission limitée de l'exception d'illégalité. L'illégalité de la délibération ayant institué un DPU ne peut être utilement soulevée par voie d'exception à l'appui du recours formé contre la décision de mettre en œuvre ce droit que si cette délibération n'a pas acquis un caractère définitif[11].

SECTION 3
EFFETS DE L'ANNULATION D'UNE DÉCISION DE PRÉEMPTION

631.61 Conséquences sur le bien préempté. L'annulation de la décision de préemption emporte des conséquences différentes selon que le transfert de propriété du bien soit intervenu ou non[12].

1. À qui doit être notifiée la décision – V. s^s n°s 424.701 s.
2. CE 16 déc. 2019, *Torregrossa (M. et Mme)*, req. n° 419220, *Lebon T.* : arrêt appliquant aux décisions de préemption la jurisprudence Czabaj (CE, ass., 13 juill. 2016, *Czabaj*, req. n° 387763, *Lebon ; JCP Adm.* 2017, n° 2053, chron. O. Le Bot).
3. Sur les modalités de la publication, v. s^s n° 424.691. – CJA, art. R. 421-1.
4. V. s^s n° 611.576.
5. V. s^s n°s 411.31 s.
6. V. s^s n°s 424.671 s.
7. V. s^s n°s 421.21 s.
8. V. s^s n° 424.651.
9. V. s^s n° 424.506.
10. V. s^s n° 421.44.
11. V. s^s n° 422.124.
12. Pour le DPU et le DPZAD, v. s^s n°s 424.1211 s. – Pour le DPENS, v. s^s n° 431.441.

CHAPITRE

632. Contentieux de la préemption en référé

SECTION 0
ORIENTEUR

632.00 **Sommaire du chapitre.**

632.01 **Textes applicables.**

> Référé-suspension, référé-liberté, référé-provision

• CJA

art. L. 521-1

art. L. 521-2

art. R. 541-1

632.03 **Bibliographie indicative.**

Encyclopédie. *DP constr.-urb., ét.* : « Droits de préemption ».

Monographies. F.-C. Bernard, *Guide des contentieux de l'urbanisme*, 2e éd., « Guides », LexisNexis, 2018 – O. Le Bot, *Le guide des référés administratifs et des autres procédures d'urgence devant le juge administratif*, 3e éd., « Guides Dalloz », Dalloz, 2023.

Article. L. Dardalhon, « L'usage des référés à l'encontre des décisions d'exercice du droit de préemption », *AJDA* 2005. 2277.

632.04 **Question essentielle.**

> Quels sont les effets de la suspension d'une décision de préemption ?

* V. ss no 632.52

SECTION 1
RÉFÉRÉ-SUSPENSION

§ 1
Conditions du recours

632.10 **Renvoi.** Le référé-suspension de droit commun[1] peut être introduit accessoirement à un recours pour excès de pouvoir dirigé contre une décision de préemption[2].

§ 2
Applications dans le contentieux de la préemption

A.
Recevabilité du recours

632.21 **Exigence que la décision ne soit pas entièrement exécutée.** Une condition de recevabilité particulière doit être mentionnée du fait de son importance dans le contentieux de la préemption. Elle tient à ce que le litige conserve un objet ou, en d'autres termes, que la décision attaquée n'ait pas été entièrement exécutée.

Dans la jurisprudence administrative, la décision de préemption est regardée comme une décision entièrement exécutée (justifiant, selon le moment où cette exécution complète intervient, l'irrecevabilité de la demande ou le non-lieu à statuer) à la double condition que le transfert de propriété au profit de la commune ait été prononcé et que celle-ci se soit acquittée de la somme

1. CJA, art. L. 521-1.
2. Sur le mécanisme du référé-suspension, son objet et ses conditions de mise en œuvre, v. ss nos 613.11 s.

due[1]. De même, il n'y a plus lieu de statuer sur la décision de préemption si, postérieurement à l'introduction du pourvoi, le juge judiciaire a annulé le cahier des conditions de vente sur adjudication du bien et la procédure subséquente (y compris la vente elle-même). Dans ce cas, en effet, les décisions de préemption ne sont plus susceptibles de recevoir exécution[2].

À l'inverse, la décision de préemption n'est pas regardée comme une décision entièrement exécutée :

- en cas d'intervention au cours de la procédure d'un accord amiable sur le prix[3] ;

- en cas de renonciation du propriétaire à l'aliénation de son bien[4] ;

- si le transfert de propriété a été opéré à la date à laquelle le juge statue, celui-ci pouvant toujours, dans cette hypothèse, prendre des mesures destinées à préserver l'effet utile de l'intervention du juge du fond[5]. Le juge des référés peut en effet empêcher la collectivité publique titulaire du droit de préemption de faire usage de certaines des prérogatives qui s'attachent au droit de propriété de nature à éviter que l'usage ou la disposition qu'elle fera de ce bien jusqu'à ce qu'il soit statué sur le litige au fond rendent irréversible la décision de préemption. C'est uniquement si la collectivité publique dispose du bien, par exemple en le revendant à un tiers ou en lui apportant une transformation substantielle (par la réalisation du projet d'intérêt général objet de la préemption) que la décision de préemption pourra être regardée comme entièrement exécutée[6].

B. Condition d'urgence

1° Situation de l'acquéreur évincé

632.31 Urgence présumée. Le juge des référés estime qu'« eu égard à l'objet d'une décision de préemption et à ses effets vis-à-vis de l'acquéreur évincé, la condition d'urgence doit en principe être constatée lorsque celui-ci en demande la suspension »[7].

La présomption joue même lorsqu'il n'y a pas d'accord sur le prix et que, par conséquent, aucun transfert de propriété n'est intervenu à la date de la décision de préemption[8].

632.32 Cas dans lesquels la présomption ne joue pas. La présomption d'urgence ne joue pas :

- lorsque l'acquéreur est entré en possession du bien ou du droit objet de la décision de préemption litigieuse[9] ;

- lorsque le propriétaire du bien préempté renonce, implicitement ou explicitement, à son aliénation, empêchant ainsi la collectivité publique titulaire du droit de préemption de l'acquérir (dans ce cas, l'urgence ne peut être regardée comme remplie au profit de l'acquéreur évincé que si celui-ci fait état de circonstances caractérisant la nécessité pour lui de réaliser à très brève échéance le projet qu'il envisage sur les parcelles considérées)[10] ;

- si la collectivité publique titulaire du droit de préemption ne respecte pas le délai qui lui est imparti par l'article L. 213-14 pour payer ou consigner le prix d'acquisition (la décision de préemption ne peut plus être exécutée et le vendeur peut aliéner librement son bien, de sorte que la condition d'urgence n'est, en tout état de cause, pas remplie)[11].

1. CE 4 févr. 1994, *Gallenmuller*, req. n° 139705, *Lebon T.* ; *BJDU* 1994. 106, concl. Fraticci : le transfert de propriété n'est pas suffisant pour regarder la décision de préemption comme ayant été entièrement exécutée. Il faut également qu'il y ait eu paiement du prix.
2. CE 1er avr. 2010, *Salbris (Cne)*, req. n° 328294, *Lebon T.* ; *BJDU* 2010. 130, concl. A. Courrèges.
3. CE 23 juill. 2003, *Sté Atlantique terrains*, req. n° 254837, *Lebon T.* 818 ; *AJDA* 2004. 102, note J.-P. Demouveaux ; *BJDU* 2003/6. 422, concl. P. Fombeur, obs. J.-C. Bonichot.
4. CE 12 nov. 2007, *Sté Globe Invest*, req. n° 295798, *Lebon T.* 1009 ; *AJDA* 2007. 2176 ; *RDI* 2008. 167, obs. P. Soler-Couteaux.
5. CE 23 juin 2006, *Sté Actilor*, req. n° 289549, *Lebon* 304 ; *AJDA* 2006. 2026, note R. Graëffly ; *AJDI* 2007. 150, obs. J.-F. Struillou ; *RDI* 2006. 398, obs. P. Soler-Couteaux ; *RDI* 2006. 400, obs. P. Soler-Couteaux ; *BJDU* 2006/5. 358, concl. C. Devys, obs. J.-C. Bonichot.
6. CE 23 juin 2006, *Sté Actilor*, req. n° 289549.
7. CE 13 nov. 2002, *Hourdin*, req. n° 248851, *Lebon* 396 ; *AJDA* 2003. 695 ; *RDI* 2003. 205, obs. P. Soler-Couteaux ; *BJDU* 2002. 460, concl. J.-H. Stahl ; – CE 26 janv. 2005, *Clech*, req. n° 273955, NP ; *AJDA* 2005. 742 ; *BJDU* 2005. 146, obs. J.-C. Bonichot ; – CE 23 nov. 2005, *Pont de l'Arche (Cne)*, req. n° 280574, NP ; *AJDA* 2006. 217 ; – CE 23 janv. 2006, *Blauzac (Cne)*, req. n° 284788, NP ; *AJDA* 2006. 1006 ; *Rev. sociétés* 2006. 798, note N. Mathey ; – CE 12 nov. 2009, *Sté Comilux et Sté Chavest*, req. n° 327451, *Lebon T.* ; *AJDA* 2009. 2143 ; *AJDI* 2010. 737, obs. A. Lévy ; *RDI* 2010. 120, obs. P. Soler-Couteaux : indiquant que la société requérante « bénéficie, en sa qualité d'acquéreur évincé, d'une présomption d'urgence ».
8. CE 26 janv. 2005, *SCI Chopin-Leturc*, req. n° 272126, *Lebon T.* 1030 ; *AJDA* 2005. 623 ; *BJDU* 2005. 142, concl. C. Devys.
9. CE 27 avr. 2011, *SARL LB prestations de services*, req. n° 342329, *Lebon T.* ; *AJDA* 2011. 874 ; *RDI* 2011. 413, obs. P. Soler-Couteaux ; *AJCT* 2011. 422, obs. G. Forest.
10. CE 29 juin 2020, *SCI Eaux Douces*, req. n° 435502, *Lebon T.* : solution justifiée par le raisonnement suivant : si la circonstance que le propriétaire d'un bien a, à la suite de la réception de la décision de préemption à un prix inférieur à celui qui figure dans la déclaration d'intention d'aliéner, renoncé à l'aliénation de ce bien, dans les conditions prévues par l'article R. 215-10 du code de l'urbanisme, fait obstacle à ce que le titulaire du droit de préemption en poursuive l'acquisition, la décision de préemption continue toutefois d'empêcher que la vente soit menée à son terme au profit de l'acquéreur évincé.
11. CE 29 juin 2020, *SCI Eaux Douces*, req. n° 435502, *Lebon T.* : solution justifiée par le fait que la méconnaissance du délai ▶

632.33 **Caducité de la promesse de vente.** La circonstance que la promesse de vente comporte une clause de caducité dont le délai est atteint ou dont la mise en œuvre résulterait de l'exercice par la commune de son droit de préemption « n'est pas de nature, par elle-même, à priver de tout caractère d'urgence la suspension de la décision de préemption, cette clause ne faisant pas obstacle à ce que, d'un commun accord, les parties donnent suite aux engagements contenus dans la promesse au-delà du délai prévu ». Il peut ainsi subsister pour l'acquéreur évincé une urgence à obtenir la suspension de la décision de préemption [1].

632.34 **Renversement de la présomption.** La présomption d'urgence reconnue au bénéfice de l'acquéreur évincé étant une présomption simple, elle peut être renversée si l'administration fait état de circonstances particulières tenant, notamment, à la nécessité de réaliser immédiatement le projet ou l'opération qui a motivé l'exercice du droit de préemption.

Ces circonstances particulières peuvent par exemple tenir [2] :

– s'agissant du droit de préemption urbain, à l'intérêt s'attachant à la réalisation rapide du projet qui a donné lieu à l'exercice du droit de préemption ;

– ou, s'agissant du droit de préemption dans les espaces naturels sensibles, aux nécessités de l'intervention rapide de mesures de protection de milieux naturels fragiles.

Ainsi, la demande de suspension présentée par l'acquéreur évincé satisfait à la condition d'urgence lorsque l'administration « ne fait état d'aucune circonstance particulière caractérisant la nécessité pour elle de réaliser immédiatement le projet qui a motivé l'exercice du droit de préemption » [3] ou lorsque les circonstances qu'elle invoque n'apparaissent pas suffisantes pour faire échec à la présomption d'urgence. N'ont pas été regardées comme suffisantes pour renverser la présomption d'urgence l'invocation, par la commune :

– de la nécessité pour elle d'implanter sur la parcelle litigieuse le siège de la communauté de communes [4] ;

– des projets en cours de réalisation sur la parcelle contiguë et de la dynamique générale de développement du quartier [5] ;

– de la nécessité pour elle de réaliser au plus vite l'opération en vue de laquelle le droit de préemption a été exercé sur un immeuble qui se trouve en zone d'aménagement concerté et qui lui donne une occasion unique de poursuivre son programme d'extension de parc de logements sociaux, ces éléments n'étant « pas constitutifs de circonstances particulières caractérisant la nécessité pour elle de réaliser immédiatement ladite opération alors, au surplus, que la décision de préemption ne vise pas la délibération [...] approuvant le dossier de réalisation de la zone et ne mentionne pas dans ses motifs la volonté de réaliser cette opération » [6].

2°
Situation du propriétaire du bien préempté

632.41 **Urgence à prouver.** Le propriétaire du bien préempté justifie de l'urgence à obtenir la suspension de la décision de préemption lorsqu'il établit devant le juge un besoin urgent de liquidités pour faire face à ses charges. L'urgence est par exemple satisfaite :

– lorsqu'il justifie d'un « besoin de vendre rapidement son immeuble, afin de s'acquitter de ses obligations fiscales relatives aux droits de succession » [7] ;

– compte tenu de l'âge et de la situation financière du vendeur, qui avait trouvé un acquéreur disposé à lui payer le prix sans recours à l'emprunt, alors que la communauté d'agglomération ne faisait état d'aucune circonstance particulière caractérisant la nécessité de réaliser immédiatement le projet ayant motivé l'exercice du droit de préemption [8] ;

– lorsque d'une part la vente de l'immeuble permettra à l'un des deux associés d'une SCI « de dégager des revenus nécessaires pour faire face à ses dépenses alors que, pour des raisons de santé, il a

▶ de quatre mois prévu par l'article L. 213-14 du code de l'urbanisme pour payer ou consigner le prix d'acquisition entraîne la caducité de la décision de préemption, dont le titulaire du droit de préemption ne peut plus poursuivre l'exécution.

1. CE 31 mai 2007, *SCI Russie*, req. n° 298545, *Lebon T.* 1011 ; *AJDA* 2007. 1104 ; *RDI* 2007. 366, obs. P. Soler-Couteaux : confirmant et précisant CE 13 nov. 2002, *Hourdin*, req. n° 248851, *Lebon ; AJDA* 2003. 695 ; *RDI* 2003. 205, obs. P. Soler-Couteaux ; *BJDU* 2002/6. 460, concl. J.-H. Stahl, obs. J.-C. Bonichot ; *Constr.-Urb.* 2003/4. 22, obs. P. Cornille, et CE 22 avr. 2005, *Choisy-le-Roi (Ville)*, req. n° 274054, NP ; *RDI* 2005. 355, obs. P. Soler-Couteaux ; *BJDU* 2005. 424, concl. J.-H. Stahl.
2. CE 29 juin 2020, *SCI Eaux Douces*, req. n° 435502, *Lebon T.*
3. CE 13 nov. 2002, *Hourdin*, req. n° 248851, *Lebon ; AJDA* 2003. 695 ; *RDI* 2003. 205, obs. P. Soler-Couteaux ; *BJDU* 2002/6. 460, concl. J.-H. Stahl, obs. J.-C. Bonichot ; *Constr.-Urb.* 2003/4. 22, obs. P. Cornille.
4. CE 14 nov. 2007, *SCI du Marais*, req. n° 305620, *Lebon T. ; AJDA* 2007. 2175 ; *RDI* 2008. 63, obs. P. Soler-Couteaux.
5. CE 12 nov. 2009, *Sté Comilux et Sté Chavest*, req. n° 327451, *Lebon T. ; AJDA* 2009. 2143 ; *AJDI* 2010. 737, obs. A. Lévy ; *RDI* 2010. 120, obs. P. Soler-Couteaux.
6. CE 22 avr. 2005, *Choisy-le-Roi (Ville)*, req. n° 274054, NP ; *RDI* 2005. 355, obs. P. Soler-Couteaux ; *BJDU* 2005. 424, concl. J.-H. Stahl.
7. CE 14 nov. 2003, *Colladant*, req. n° 258248, *Lebon T.* 924 ; *AJDA* 2004. 895 ; *RDI* 2004. 215, obs. P. Soler-Couteaux.
8. CE 14 févr. 2014, *Cté d'agglo. d'Annemasse, Les Voirons, Agglomération*, req. n° 368220, NP.

cessé toute activité professionnelle mais ne pourra pas percevoir de pension » avant plusieurs mois, et que, d'autre part, « la décision de préemption risque de faire perdre à la SCI la possibilité de réaliser la promesse de vente signée pour un montant de 835 000 euros alors que la décision de préemption propose un prix de cession de 424 600 euros »[1].

632.42 Exigence d'immédiateté du préjudice. Le juge des référés refuse de reconnaître l'urgence à suspendre en l'absence d'effet immédiat de la mesure relative à l'exercice du droit de préemption.

Ainsi, il n'y a pas d'urgence à suspendre la délibération du conseil municipal décidant du principe de la vente d'un bien acquis depuis moins de dix ans par l'exercice du droit de préemption, sans information de l'acquéreur évincé, dès lors que ce n'est qu'après la mise en œuvre d'un processus de vente par adjudication que l'article L. 213-11 du code de l'urbanisme fait obligation à la commune de procéder à cette information[2].

De même, la condition d'urgence n'est pas satisfaite, faute d'immédiateté du préjudice, lorsque la commune a manifesté son intention de préempter sans indiquer dans le délai de 2 mois (prescrit par l'article R. 213-8 du code de l'urbanisme) le prix auquel elle entend acquérir le bien et que, par suite, sa décision ne peut avoir pour effet de s'opposer à ce que le compromis de vente conclu par la société requérante soit mis à exécution[3].

C. Décision du juge

632.51 Suspension totale ou partielle. La suspension de la décision attaquée peut être totale ou partielle.

La suspension partielle peut être décidée par le juge lorsqu'il résulte de l'instruction que les conditions d'octroi ne sont satisfaites que pour certaines dispositions de la décision attaquée (détachables du reste de celle-ci). La mesure de suspension ne concernera alors que les dispositions de l'acte qui satisfont aux conditions énoncées à l'article L. 521-1 du CJA. Par exemple, saisi d'une demande dirigée contre une décision de préemption portant sur quatre parcelles différentes, le juge des référés peut ne suspendre les effets de la décision attaquée que pour la seule parcelle satisfaisant à la condition d'urgence[4].

La lettre de l'article L. 521-1 autorise en outre le juge des référés à suspendre certains des « effets » de la décision attaquée, l'expression étant plus large qu'une référence aux « dispositions » de celle-ci. Au regard de cette terminologie, le juge des référés a pu décider que la suspension d'une décision de préemption (opérée en vue de réaliser des travaux de consolidation et d'aménagement des berges d'une rivière) « ne fait pas obstacle à ce que la commune prenne les mesures conservatoires qui s'avéreraient nécessaires, notamment en poursuivant les travaux de consolidation des berges qu'elle a entrepris »[5].

632.52 Effets de la suspension. Lorsque le juge des référés suspend l'exécution d'une décision de préemption, cette mesure a pour conséquence, selon les cas, non seulement de faire obstacle à la prise de possession du bien préempté au bénéfice de la collectivité publique titulaire du droit de préemption, mais également de permettre aux signataires de la promesse de vente de mener la vente à son terme, sauf si le juge, faisant usage du pouvoir que lui donnent ces dispositions de ne suspendre que certains des effets de l'acte de préemption, décide de limiter la suspension à la première des deux catégories d'effets susmentionnées[6].

SECTION 2 Référé-liberté

632.61 Applications rarissimes. Les applications du référé-liberté sont extrêmement rares dans le

1. CE 22 avr. 2005, *Choisy-le-Roi (Ville)*, req. n° 274054, NP ; *RDI* 2005. 355, obs. P. Soler-Couteaux ; *BJDU* 2005. 424, concl. J.-H. Stahl.
2. CE 15 juin 2001, *Nice (Ville) c/Dutto*, req. n° 231104, *Lebon T.* 1111 ; *RDI* 2001. 539, obs. L. Derepas.
3. CE 16 mai 2001, *Saint-Suliac (Cne)*, req. n° 229739, *Lebon* 240 ; *D.* 2001. 2000 ; *RDI* 2001. 402, obs. L. Derepas – CE 9 avr. 2004, SCI Abimar, req. n° 262660, NP ; *BJDU* 2004. 305, concl. C. Devys.
4. CE 23 juill. 2003, *Sté Atlantique Terrains*, req. n° 254837, *Lebon T.* 925 ; *BJDU* 2003. 422, concl. P. Fombeur.
5. CE 18 juill. 2006, *Bessac*, req. n° 291569, *Lebon T.* 1015 ; *RDI* 2006. 397, obs. P. Soler-Couteaux.
6. CE 23 juill. 2003, *Sté Atlantique terrains*, req. n° 254837, *Lebon T.* 818 ; *AJDA* 2004. 102, note J.-P. Demouveaux ; *BJDU* 2003. 422, concl. P. Fombeur, obs. J.-C. Bonichot – pour des ex. : TA Paris, ord., 15 oct. 2008, *SCI L'île d'Ylang-Ylang*, req. n° 0814530, NP (obstacle à la prise de possession du bien par la collectivité publique et autorisation des particuliers à finaliser la vente) ; – TA Rennes, ord., 17 mars 2004, *Guillerm*, req. n° 0400757, NP : obstacle à la prise de possession du bien par la collectivité publique et autorisation des signataires de la promesse de vente à mener à « mener la vente à son terme, ceci à leurs risques et périls, compte tenu du caractère provisoire de la mesure de suspension » ; – TA Paris, ord., 6 avr. 2016, *SCCV du 56, rue de l'Église*, req. n° 1603812/9, NP : « dans les circonstances de l'espèce, il y a lieu de limiter les effets de la suspension à l'obstacle mis à la prise de possession et au transfert de propriété de l'immeuble du 56, rue de l'Église au bénéfice de la ville de Paris ; qu'il n'y a, en revanche, pas lieu de permettre aux signataires de la promesse de vente de mener la vente à son terme ».

contentieux de la préemption en raison de l'extrême rigueur des conditions énoncées à l'article L. 521-2 du CJA.

Notamment, pour apprécier le degré de gravité de l'atteinte à une liberté fondamentale, le juge des référés prend en considération les restrictions apportées par la loi à son exercice. En conséquence, il porte un regard spécifique sur les libertés fondamentales qui font l'objet d'un strict encadrement légal : la gravité de l'atteinte doit être relativisée lorsqu'elle est prévue par la loi ; elle devient plus difficile à qualifier lorsque la loi reconnaît à l'administration des pouvoirs étendus pour en limiter l'exercice. Le principe en a été posé dans l'ordonnance commune de Montreuil-Bellay du 12 novembre 2001. Le juge affirme que pour apprécier le degré de gravité que peut revêtir l'atteinte portée à une liberté fondamentale, « il y a lieu de prendre en compte les limitations de portée générale qui ont été introduites par la législation pour permettre certaines interventions jugées nécessaires de la puissance publique dans les relations entre particuliers »[1].

Les limitations apportées par le législateur ont donc pour effet d'élever le seuil à partir duquel la gravité est caractérisée. L'atteinte doit apparaître d'autant plus grave que la législation permet à l'administration de limiter valablement la liberté en question. Elle peut faire l'objet d'atteintes plus importantes avant que ne soit caractérisée la gravité, du fait de l'étendue des pouvoirs reconnus à l'administration. Dans une telle hypothèse, l'atteinte à la liberté fondamentale résulte d'abord de l'ensemble de la législation avant d'être le résultat du comportement de l'administration.

Par exemple, lorsqu'elle agit au titre de pouvoirs conférés par la loi, l'administration ne porte pas une atteinte « grave » :

– à la liberté contractuelle et au droit de propriété, en mettant en œuvre, même de façon irrégulière, son droit d'acquisition prioritaire d'un bien immobilier[2] ;

– à la liberté contractuelle, en mettant en œuvre, même de façon irrégulière, son droit de préemption urbain[3].

632.62 Application positive. Une application, dans le domaine du droit de préemption, doit être mentionnée[4]. En l'espèce, une commune préempte un bien mais ne règle pas le prix d'acquisition dans le délai de six mois. Pourtant, elle s'oppose à la demande de rétrocession présentée par les anciens propriétaires. Sur recours en référé-liberté introduit par ces derniers, le juge des référés va mettre un terme à l'inertie de l'administration. Après avoir constaté une atteinte au droit des requérants de disposer de leur bien immobilier, il enjoint à la commune, sous astreinte, de procéder à la rétrocession.

SECTION 3
RÉFÉRÉ-PROVISION

632.71 Réparation du préjudice. Un acquéreur évincé par une décision de préemption illégale est en droit d'obtenir réparation des préjudices qui résultent pour lui, de façon directe et certaine, de cette décision[5]. Encore faut-il qu'il apporte les justifications appropriées sur la réalité et l'origine du préjudice qu'il invoque. À défaut de quoi il ne justifie pas d'une obligation d'indemnisation qui présenterait un caractère non sérieusement contestable et lui ouvrirait droit à l'obtention d'une provision sur le fondement de l'article R. 541-1 du CJA[6].

1. CE, ord., 12 nov. 2001, *Montreuil-Bellay (C^ne^)*, req. n° 239840, *Lebon* 551 ; *Dr. adm.* 2002, comm. n° 41, note M. Lombard.
2. CE, ord., 12 nov. 2001, *Montreuil-Bellay (C^ne^)*, req. n° 239840.
3. CE, ord., 8 août 2002, *Da Costa*, req. n° 249409, NP ; *RDI* 2002. 555, obs. P. Soler-Couteaux ; *AJDI* 2002. 555, note P. Soler-Couteaux ; *Constr.-Urb.* 2002, comm. n° 305, note P. Benoit-Cattin ; *Contrats Marchés publ.* 2002, comm. n° 236, note P. Soler-Couteaux.
4. TA Nice, ord., 22 janv. 2004, *Pesce*, req. n° 0400222, NP ; *AJDA* 2004. 1833, note S. Pérignon.
5. V. s^s^ n° 633.81.
6. CE 17 déc. 2007, *Montreuil (C^ne^)*, req. n° 304626, *Lebon T.* ; *AJDA* 2008. 14 ; *BJDU* 2008. 455, concl. A. Courrèges.

CHAPITRE

633. Contentieux indemnitaire de la préemption

SECTION 0

Orienteur

633.00 **Sommaire du chapitre.**

633.03 **Bibliographie indicative.**

Encyclopédie. *DP constr.-urb., ét.* : « Droits de préemption ».

Monographie. F.-C. Bernard, *Guide des contentieux de l'urbanisme*, 2e éd., « Guides », LexisNexis, 2018.

Article. J.-F. Struillou, « Responsabilité de la puissance publique et droit de préemption », *RDI* 2022. 495.

SECTION 1

Responsabilité de l'administration à l'égard du vendeur du bien préempté

§ 1 Responsabilité pour faute

A. Responsabilité pour faute en raison d'une décision de préemption illégale

633.11 **Principe.** À l'issue d'une procédure de préemption qui n'a pas abouti, le propriétaire du bien en cause peut, si la décision de préemption est entachée d'illégalité, obtenir réparation du préjudice que lui a causé de façon directe et certaine cette illégalité[1].

1° Illégalité de la décision de préemption

633.21 **Nature de l'illégalité.** L'illégalité génératrice de responsabilité est généralement une illégalité interne.

1. CE 10 mars 2010, *Lévy c/Cté urbaine de Strasbourg*, req. no 323081, *Lebon T.* ; *BJDU* 2010. 215, concl. A. Courrèges ; *JCP Adm.* 2010, no 2278, note D. Dutrieux.

La responsabilité peut également être engagée à raison d'un vice de légalité externe entachant la décision de préemption. Toutefois, une telle faute ne peut donner lieu à la réparation du préjudice subi par le vendeur ou l'acquéreur évincé lorsque, les circonstances de l'espèce étant de nature à justifier légalement la décision de préemption, le préjudice allégué ne peut être regardé comme la conséquence du vice dont cette décision est entachée[1].

2°
Préjudice

a.
Préjudice subi en cas de renonciation de la collectivité

633.31 Différence entre le prix de la promesse de vente et la valeur du bien à la date de la décision de renonciation. Lorsque le propriétaire a cédé le bien après renonciation de la collectivité, « son préjudice résulte en premier lieu, dès lors que les termes de la promesse de vente initiale faisaient apparaître que la réalisation de cette vente était probable, de la différence entre le prix figurant dans cet acte et la valeur vénale du bien à la date de la décision de renonciation »[2].

Les termes de la promesse de vente doivent faire apparaître que la réalisation de cette vente était « probable ». À titre d'exemple, cette exigence n'est pas satisfaite lorsque le bénéficiaire de la promesse de vente n'a pas déposé auprès des autorités compétentes les demandes d'autorisations permettant la réalisation des conditions suspensives[3].

Concernant la « valeur vénale » du bien, « il est possible de se référer au prix auquel le propriétaire finit par revendre son bien. Il est en effet supposé refléter l'état du marché »[4]. La jurisprudence précise en ce sens que « le prix de vente effectif peut être regardé comme exprimant cette valeur vénale », mais à la double condition[5] :

– qu'« un délai raisonnable sépare la vente de la renonciation, eu égard aux diligences effectuées par le vendeur » ;

– et « que ce prix de vente ne s'écarte pas anormalement de cette valeur vénale » (ce afin de parer à d'éventuelles manœuvres frauduleuses au détriment de la collectivité publique).

1. CE 27 juin 2005, *CU de Lyon*, req. n° 260562, NP.
2. CE 10 mars 2010, *SCI GFM*, req. n° 323543, *Lebon T.* ; *BJDU* 2010. 117, concl. A. Courrèges.
3. CE 6 oct. 1999, *Sarl CMED*, req. n° 183722, NP.
4. A. Skzryerbak, concl. sur CE 13 juin 2022, *Sté Immotour*, req. n° 437160, *Lebon T.* ; *BJDU* 2022. 370.
5. CE 15 mai 2006, *Fayet (Cne)*, req. n° 266495, *Lebon* 250 ; *BJDU* 2006. 267, concl. J.-H. Stahl ; *Coll. terr.* 2006, n° 121, note L. Erstein.

633.32 Impossibilité de disposer du prix figurant dans la promesse de vente entre la date de cession prévue par cet acte et la date de vente effective. En second lieu, le propriétaire subit un autre préjudice qui résulte, lorsque la vente initiale était suffisamment probable, « de l'impossibilité dans laquelle il s'est trouvé de disposer du prix figurant dans la promesse de vente entre la date de cession prévue par cet acte et la date de vente effective », dès lors que cette dernière a eu lieu « dans un délai raisonnable » après la renonciation de la collectivité[6].

En revanche, lorsque la vente « n'a pas eu lieu dans un tel délai », quelles qu'en soient les raisons, le terme à prendre en compte pour l'évaluation de ce second préjudice doit être fixé à la date de la décision de renonciation[7].

b.
Préjudice subi en dehors d'une hypothèse de renonciation de la collectivité

633.41 Différence entre le prix prévu dans la DIA et le prix de vente. Le préjudice du vendeur du bien illégalement préempté résulte le plus souvent de la différence entre le prix prévu dans la DIA et le prix de vente. Par exemple, dans un cas où une décision de préemption a été annulée pour absence de motif d'intérêt général, le juge administratif condamne la commune à verser au vendeur une indemnité correspond à la différence entre le prix stipulé par la promesse de vente et celui fixé par le juge de l'expropriation pour l'acquisition du bien par la commune[8].

Le lien de causalité entre l'illégalité de la décision de préemption et le préjudice est bien établi si, au moment où cette décision a été prise, la promesse de vente existait et était valide et qu'elle apparaît comme la seule cause de l'échec de la transaction[9].

c.
Préjudice moral

633.51 Réparation. La jurisprudence admet la réparation du préjudice moral et du trouble dans les conditions d'existence[10].

6. CE 10 mars 2010, *SCI GFM*, req. n° 323543.
7. CE 10 mars 2010, *SCI GFM*, req. n° 323543.
8. CE 30 juill. 1997, *Commune de Montreuil-sous-bois c/ Consorts Breuille*, req. n° 160968, *Lebon* (arrêt précisant que le montant de l'indemnisation a été ainsi fixé « en l'absence de tout élément, fourni par la commune, de nature à remettre en cause l'évaluation de leur préjudice à laquelle se sont livrés » les vendeurs).
9. CE 7 mai 2015, *Leal*, req. n° 371915, NP ; *RDI* 2015. 611, obs. P. Soler-Couteaux.
10. PAR EX. : CE 19 juin 2013, *Dépt de l'Herault*, req. n° 350715, NP.

B. Responsabilité pour faute pour d'autres motifs que l'illégalité de la décision de préemption

633.61 Variété des fautes. Toute faute commise par l'autorité administrative ayant généré un dommage au vendeur est de nature à engager sa responsabilité.

633.62 Décision constatant illégalement la caducité d'une DIA. La faute peut tenir à une décision constatant illégalement la caducité d'une DIA, ainsi que l'illustre une décision du 19 février 1997. En l'espèce, le vendeur subit un préjudice résultant de ce que la vente d'un immeuble a été retardée de plusieurs années, du fait d'une décision du maire prononçant illégalement, dans une zone d'intervention foncière, la caducité d'une DIA, qui a conduit l'acquéreur de l'immeuble à différer l'achat jusqu'à l'aboutissement de la procédure judiciaire qu'il a engagée contre cette décision. La décision du maire a constitué une faute de nature à engager la responsabilité de la puissance publique[1].

§ 2 Responsabilité sans faute à raison d'une décision de préemption légale

633.71 Principe. La jurisprudence a reconnu, à côté du régime de responsabilité pour faute, un second fondement indemnitaire reposant sur l'atteinte au droit au respect des biens protégé par l'article 1er du Premier protocole additionnel à la CEDH. L'atteinte au droit de propriété du vendeur en cas de préemption légale sans réalisation d'équipements publics sur la parcelle préemptée est caractérisée par la privation d'une indemnisation raisonnablement en rapport avec la valeur des biens ou d'une espérance légitime d'une cession de ces biens à un prix plus favorable. Néanmoins, l'éventualité de la prise de valeur du terrain postérieurement à la préemption est sans incidence sur l'appréciation de l'atteinte portée au droit de propriété du propriétaire initial protégé par l'article premier du Premier protocole additionnel à la CEDH[2].

633.72 Application dans l'arrêt du 10 mars 2010. Dans cette affaire, par deux décisions de préemption prises en 1992 en vue de la réalisation d'équipements publics, la communauté urbaine de Strasbourg a procédé à l'acquisition de parcelles appartenant à des propriétaires pour un montant, fixé par le juge de l'expropriation, sensiblement inférieur à celui qui avait été proposé par l'acquéreur évincé. En l'absence de toute réalisation d'équipements publics sur les parcelles en question, les vendeurs ont cherché, en 2003, à engager la responsabilité de la communauté urbaine de Strasbourg sur le fondement de l'article 1er du Premier protocole additionnel à la CEDH, en vue de la réparation du préjudice qu'ils estimaient avoir subi du fait de l'écart entre le prix très avantageux auquel leurs terrains auraient pu être vendus et leur prix d'acquisition par la communauté urbaine. Leur demande a été rejetée.

Le juge estime que prix initialement proposé par l'acquéreur évincé n'était pas en rapport avec la valeur vénale des terrains et que cet acquéreur n'aurait, en conséquence et dans les circonstances particulières de cette vente, pas nécessairement maintenu son offre d'acquisition. Ces faits établissaient ainsi que les vendeurs ne justifiaient avoir été privés, en raison de l'échec de cette vente, ni d'une indemnisation raisonnablement en rapport avec la valeur de leurs biens, ni de l'espérance légitime d'une cession de ces mêmes biens à un prix plus favorable. Dès lors, les décisions de préemption litigieuses n'ont pas fait peser sur les requérants une charge disproportionnée de nature à caractériser une méconnaissance des stipulations de l'article 1er du Premier protocole additionnel.

En outre, alors que l'augmentation de la valeur vénale des terrains postérieurement à la préemption doit être prise en compte s'agissant de l'acquéreur évincé, elle ne saurait, avoir d'incidence sur l'appréciation de l'atteinte portée aux droits protégés par l'article premier du premier protocole additionnel à l'égard du propriétaire initial[3].

1. CE 19 févr. 1997, *Pré-Saint-Gervais (Cne)*, req. n° 133249, *Lebon* : le Conseil ajoute que dans ces conditions, le moyen tiré de ce que, en s'abstenant de souscrire une nouvelle DIA, les victimes de cette faute auraient, par leur comportement, directement été à l'origine du préjudice qu'ils ont subi du fait du retard apporté à la cession définitive de l'immeuble en cause, n'est pas fondé.
2. CE 10 mars 2010, *Lévy c/Cté urbaine de Strasbourg*, req. n° 323081, *Lebon T.* ; *BJDU* 2010. 215, concl. A. Courrèges ; *JCP Adm.* 2010, n° 2278, note D. Dutrieux.
3. CE 10 mars 2010, *Lévy c/Cté urbaine de Strasbourg*, req. n° 323081.

SECTION 2

RESPONSABILITÉ DE L'ADMINISTRATION À L'ÉGARD DE L'ACQUÉREUR ÉVINCÉ

§ 1

Responsabilité pour faute en raison de l'illégalité de la décision de préemption

A.

Faute correspondant à l'illégalité de la décision de préemption

633.81 Principe. Un acquéreur évincé par une décision de préemption illégale [1] est en droit d'obtenir réparation des préjudices qui résultent pour lui, de façon directe et certaine, de cette décision [2].

B.

Préjudices indemnisables

633.91 Principe de la réparation intégrale. En vertu du principe de la réparation intégrale des préjudices, tout préjudice résultant de façon directe et certaine de la décision de préemption illégale doit être réparé [3].

633.92 Indemnisation de charges. S'agissant de charges, telles que des loyers, que l'acquéreur évincé n'aurait pas supportées s'il avait acquis l'immeuble en cause, il lui appartient non seulement d'établir qu'elles sont la conséquence directe et certaine de décision de préemption illégale, sans notamment que s'interpose une décision de gestion qu'il aurait prise, mais encore de montrer, par exemple par la production d'un bilan financier approprié, en quoi et dans quelle mesure ces charges excèdent celles auxquelles l'acquisition du bien préempté l'auraient exposé [4].

633.93 Dépenses de prestataires en vue de réaliser un projet de lotissement. Dans le cas où un propriétaire a élaboré un projet de lotissement auquel il a dû renoncer du fait de la mise en œuvre (illégale) du droit de préemption, le propriétaire a droit à l'indemnisation des frais exposés auprès de divers prestataires pour l'élaboration de ce projet, qui présentent un lien direct et certain avec l'opération envisagée [5].

633.94 Absence de réparation du préjudice éventuel. Le préjudice purement éventuel ne saurait ouvrir droit à indemnisation [6].

633.95 Préjudice moral. La jurisprudence admet la réparation du préjudice moral et le trouble dans les conditions d'existence [7].

§ 2

Responsabilité sans faute

633.101 Principe d'une responsabilité sans faute. L'acquéreur évincé peut engager la responsabilité de la commune sur la base de la responsabilité sans faute s'il subit un préjudice anormal et spécial.

633.102 Conditions non satisfaites (illustration). En exerçant son droit de préemption sur des immeubles, situés à l'intérieur d'une zone d'aménagement différé, qu'un promoteur se proposait d'acquérir en vue de la réalisation d'un ensemble immobilier, une commune n'a pas fait subir à ce promoteur d'aléas ou de sujétions excédant ceux que doivent normalement supporter les vendeurs ou les acquéreurs de terrains situés en zone urbaine [8].

633.103 Conditions satisfaites (illustration). La responsabilité sans faute de la commune peut être engagée du fait des décisions légales de préemption puis de renonciation à l'exercice de ce droit [9].

1. Sur la nature de l'illégalité, v. s^s^ n° 633.21.
2. CE 17 déc. 2007, *Montreuil (C^ne^)*, req. n° 304626, *Lebon T. ; BJDU* 2008. 455 concl. A. Courrèges. par ex. : CE 28 juill. 1999, *Michel (Mme)*, req. n° 186409, NP.
3. CE 28 juill. 1999, *Michel (Mme)*, req. n° 186409, NP.
4. CE 17 déc. 2007, *Montreuil (C^ne^)*, req. n° 304626.
5. CE 28 juill. 1999, *Michel (Mme)*, req. n° 186409, NP.
6. VOIR, à propos d'un manque à gagner résultant de l'abandon du projet : CE 28 juill. 1999, *Michel (Mme)*, req. n° 186409, NP.
7. CE 28 juill. 1999, *Michel (Mme)*, req. n° 186409, NP (préjudice non caractérisé en l'espèce) ; – CAA Lyon, 24 avr. 2012, *Vinay (C^ne^)*, req. n° 11LY01186, NP (préjudice moral caractérisé en l'espèce).
8. CE 7 mai 1986, *SA « Études Malesherbes »*, req. n° 49938, *Lebon T.* : en l'espèce, la responsabilité de la commune ne pouvait pas davantage être recherchée sur le fondement de la faute. En effet, la création de la zone d'aménagement différé avait été demandée par le conseil municipal quelques mois avant la promesse de vente consentie à la société requérante et cette demande était mentionnée sur le certificat d'urbanisme qui lui avait été délivré. Dans ces circonstances, le préjudice allégué par le promoteur ne saurait ouvrir droit à réparation en l'absence de faute.
9. Pour la première application à ce titre, v. CE 13 juin 2022, *Société Immotour*, n° 437160, *Lebon T., Dr. adm.* 2022, comm. 44, note O. Le Bot ; *JCP N* 2023. 1017, note O. Le Bot ; *BJDU* 2022. 370, concl. A. Skzryerbak ; *BJDU* 2022. 375, obs. F. Poulet ; *RDI* 2022. 454, obs. J.-F. Struillou ; *JCP Adm.* 2022, n° 2285, note F. Stanislas.

§ 3

Absence de responsabilité sur le fondement de l'atteinte au droit au respect des biens

633.111 Absence d'indemnisation du titulaire d'une promesse de vente. Une promesse unilatérale de vente ne constitue pas un bien au sens des stipulations de l'article 1er du Premier protocole additionnel à la CEDH. Ces stipulations n'impliquent donc pas l'indemnisation de titulaires d'une promesse unilatérale de vente qui n'ont pu procéder à l'acquisition des biens objet de la promesse[1].

SECTION 3

Responsabilité de l'administration à l'égard de l'acquéreur évincé et du vendeur (non-utilisation du bien préempté)

633.121 Régime législatif de responsabilité. Lorsque le titulaire du droit de préemption a fait usage de son droit pour, au final, ne pas utiliser le bien préempté, le code de l'urbanisme ouvre une action en dommages et intérêts au profit de l'ancien propriétaire ou de l'acquéreur évincé[2].

1. CE 8 déc. 2000, *Meirone (Épx)*, req. no 188046, *Lebon T.*
2. V. ss nos 424.1171 s.

CHAPITRE

634. Contentieux civil de la préemption

SECTION 0
ORIENTEUR

634.00 **Sommaire du chapitre.**

634.03 **Bibliographie indicative.**

Encyclopédie. *DP constr.-urb., ét.* : « Droits de préemption ».

Monographie. F.-C. Bernard, *Guide des contentieux de l'urbanisme*, 2e éd., « Guides », LexisNexis, 2018.

SECTION 1
COMPÉTENCE JUDICIAIRE SUR LA VENTE DU BIEN

634.11 **Principe.** Le Tribunal des conflits affirme « que la vente d'un bien immobilier entre particuliers constitue un contrat de droit privé ; que les contestations qui s'y rapportent relèvent de la compétence des tribunaux de l'ordre judiciaire ; qu'il n'en va pas autrement quand, par l'effet du droit de préemption ouvert aux communes par l'article L. 211-1 du code de l'urbanisme, la collectivité locale se trouve substituée à l'acheteur et exerce par suite les droits de celui-ci »[1].

1. TC 19 déc. 1996, *Duhamel et a. c/Douai (Ville)*, req. n° 02994, NP.

634.12 **Illustrations.** Le juge judiciaire est par exemple compétent pour connaître d'une demande :

– de versement de dommages et intérêts en raison du paiement tardif du prix d'acquisition du bien préempté[2] ;

– tendant à faire constater que la commune a accepté l'offre de vente contenue dans la DIA[3] ;

– visant à ordonner la réalisation de la vente (la commune, après exercice de son droit de préemption, refusant d'acquérir le bien)[4].

SECTION 2
RÉSOLUTION DE LA VENTE EN CONSÉQUENCE DE L'ANNULATION DE LA DÉCISION DE PRÉEMPTION

§ 1
Principe

634.21 **Vente annulée par voie de conséquence.** Une décision de préemption qui est annulée est réputée n'être jamais intervenue. Dès lors, la vente elle-même doit être annulée par voie de conséquence[5] (de même, le cas échéant, que l'arrêt de la cour d'appel ayant ordonné la réalisation de cette vente)[6].

2. TC 19 déc. 1996, *Duhamel et a. c/Douai (Ville)*, req. n° 02994, NP.
3. CE 13 mai 1996, *Franconville-la-Garenne (Cne)*, req. n° 152472, *Lebon*.
4. Civ. 3e, 25 mai 2005, n° 01-14.398, NP : en l'espèce, la décision de la cour d'appel ordonnant la vente a toutefois été annulée en cassation du fait de l'annulation de la décision de préemption pour illégalité.
5. Civ. 3e, 25 mai 2005, n° 01-14.398, NP.
6. Civ. 3e, 25 mai 2005, n° 01-14.398, NP.

§ 2
Cas où la vente a été conclue sous condition suspensive

634.31 Compromis. L'annulation de la décision de préemption étant rétroactive, la commune était censée avoir renoncé à préempter. Par suite, lorsque la vente est conclue sous condition suspensive de l'absence d'exercice de tout droit de préemption, la condition est réalisée[1] et l'une des parties au compromis de vente peut assigner l'autre en vue de la réitération de la vente[2].

634.32 Promesse unilatérale. Lorsque le bénéficiaire d'une promesse unilatérale de vente sous condition suspensive du non-exercice d'un droit de préemption n'a pas levé l'option, l'annulation par la juridiction administrative de la décision de préemption ne lui confère aucun droit à l'annulation de la vente conclue entre le promettant et le titulaire du droit de préemption[3]. Le droit à l'annulation de cette vente n'existe que s'il a levé cette option dans le délai qui lui avait été accordé pour ce faire.

1. Civ. 3e, 22 juin 2005, n° 03-20.473, NP.
2. Civ. 3e, 30 janv. 2013, n° 11-28.578, NP.
3. Civ. 3e, 22 sept. 2010, n° 09-14.817, P.

CHAPITRE

635. Contentieux pénal de la préemption

SECTION 0 ORIENTEUR

635.00 **Sommaire du chapitre.**

SECTION 1 PRISE ILLÉGALE D'INTÉRÊT

635.11 **Délit.** Le code pénal prévoit un délit de prise illégale d'intérêt[1].

635.12 **Applications.** Le délit est par exemple constitué :

- en cas de mise en œuvre du droit de préemption dans l'intérêt du maire qui s'est vu rétrocéder une partie des terrains non utilisés[2] ;
- en cas de renonciation à l'exercice du droit de préemption pour permettre l'acquisition d'un bien par le fils du maire[3].

SECTION 2 DISCRIMINATION

635.21 **Délit de discrimination.** Les articles 225-1 s. du code pénal établissent un délit de discrimination.

635.22 **Illustration.** La discrimination est constituée lorsque la commune préempte une maison d'habitation en vue d'empêcher l'acquisition de celle-ci par un couple d'origine maghrébine[4].

1. V. s[s] n° 624.21.
2. Crim. 19 mars 2008, n° 07-84.288, P.
3. Crim. 5 déc. 2001, n° 01-80.577, NP.
4. Grenoble, 1re ch. corr., 8 nov. 2006, n° 06/00053, NP.

LIVRE

7. L'URBANISME COMMERCIAL (ET L'IMPLANTATION DES CINÉMAS)

SECTION 0
ORIENTEUR

7.00 **Sommaire du livre.**

7.05 **Origine et objet.** L'urbanisme commercial trouve son origine dans la loi Royer du 27 décembre 1973[1]. Cette législation a pour objet de soumettre à autorisation préalable la création et l'extension des commerces d'une certaine taille. Un régime proche a été défini pour l'implantation des cinémas[2].

Les dispositions qui s'y rapportent sont codifiées dans le code du commerce[3] et le code du cinéma[4]. Leur intégration dans le code de l'urbanisme a été à plusieurs reprises envisagée.

1. L. n° 73-1193, 27 déc. 1973 d'orientation du commerce et de l'artisanat, dite « loi Royer », *JO* 30 déc., p. 14139.
2. Régime autonome depuis la loi n° 2014-626 du 18 juin 2014 relative à l'artisanat, au commerce et aux très petites entreprises, dite « loi Pinel ».
3. C. com., art. L. 750-1 s.
4. CCIA, art. L. 212-6.

TITRE

71. L'autorisation d'exploitation commerciale

SECTION 0 ORIENTEUR

71.00 Sommaire du titre.

71.03 Bibliographie indicative.

Encyclopédies. *DP constr.-urb.*, ét. : « Urbanisme commercial » – *J.-Cl. Constr.-Urb.*, fasc. 12 : « Aménagement commercial. – Obtention et mise en œuvre de l'autorisation d'aménagement commercial », par A. Dutoit, S. Encinas et G. Le Fouler, 2022.

Monographies. B. Boullé, D. Grosse, V. Guinot, *L'urbanisme commercial : planification, AEC, commissions d'aménagement commercial*, 3e éd., « Guides juridiques », Le Moniteur, 2020 – J.-A. Fresneau, *Urbanisme commercial. Guide juridique et pratique*, 4e éd., « Gestion locale et Urbanisme », EFE, 2019.

> Articles

Lois ALUR et ACTPE. F. Bouyssou, « La réforme de l'urbanisme commercial par la loi "artisanat-commerce" », *RDI* 2014. 389 – J.-F. Joye, « La réforme de l'urbanisme commercial par la loi du 18 juin 2014. Un peu plus d'urbanisme, un peu moins de commerce », *AJDA* 2014. 1994 – D. Moreno, « Intégration de l'urbanisme commercial dans l'urbanisme général : une réforme presque aboutie… », *BJDU* 2014. 335 – D. Moreno, « Droit de l'urbanisme et activités commerciales. Comment reconquérir les centralités ? », *DAUH* 2020. 11 – M.-A. Renaux, « L'aménagement commercial après la loi Pinel », *Constr.-Urb.* 2014, ét. 7 – J.-M. Talau, « Revue de détail des questions sur l'urbanisme commercial après les lois ALUR et ACTPE », *JCP Adm.* 2015, nº 2014.

Loi ÉLAN. R. Vandermeeren, « Une nouvelle réforme pour l'urbanisme commercial », *JCP Adm.* 2019, nº 2016 – M.-A. Renaux, « Cinq ans après l'adoption de la loi ELAN : quel bilan en matière d'aménagement commercial ? », *Constr.-Urb.* 2023, ét. 11.

Loi Climat et résilience. M.-A. Renaux, « Les implantations commerciales confrontées au principe d'interdiction d'artificialisation supplémentaire », *Constr.-Urb.* 2021, étude 14 – J. Waltuch, « Aménager sans artificialiser : le défi de l'aménagement commercial après la loi climat », *RDI* 2021. 523 – V. Zalewski-Sicard, « Autorisation commerciale et lutte contre l'artificialisation des sols », *JCP N* 2021, nº 1312.

PCAEC. J-F. Giacuzzo, « Permis valant autorisation d'exploitation commerciale », *AJDA* 2020. 1886.

CHAPITRE

711. Commissions d'aménagement commercial

SECTION 0 ORIENTEUR

711.00 Sommaire du chapitre.

711.01 Textes applicables.

> CDAC

• **C. com.**

art. L. 751-2 s.

art. R. 751-1 s.

> CNAC

• **C. com.**

art. L. 751-5

art. L. 751-7

art. R. 751-6

711.03 Bibliographie indicative.

Encyclopédies. *DP constr.-urb.*, ét. : « Urbanisme commercial » – fasc. 12 : « Aménagement commercial. – Obtention et mise en œuvre de l'autorisation d'aménagement commercial », par A. Dutoit, S. Encinas et G. Le Fouler, 2022.

Monographies. B. Boullé, D. Grosse, V. Guinot, *L'urbanisme commercial : planification, AEC, commissions d'aménagement commercial*, 3e éd., « Guides juridiques », Le Moniteur, 2020 – J.-A. Fresneau, *Urbanisme commercial. Guide juridique et pratique*, 4e éd., « Gestion locale et Urbanisme », EFE, 2019.

SECTION 1 COMMISSIONS DÉPARTEMENTALES D'AMÉNAGEMENT COMMERCIAL

711.11 Composition. La composition des CDAC est fixée par le code du commerce[1].

711.12 Conflit d'intérêts. Tout membre de la commission départementale d'aménagement commercial informe le préfet des intérêts qu'il détient et de la fonction qu'il exerce dans une activité économique[2].

Aucun membre de la commission départementale ne peut délibérer dans une affaire où il a un intérêt personnel ou s'il représente ou a représenté une ou des parties[3].

Tout membre de la commission, même sans droit de vote, remplit un formulaire relatif aux fonctions et mandats qu'il exerce, à ceux qu'il a exercés dans les trois années précédant sa désignation, ainsi qu'à ses intérêts au cours de cette même période[4]. Aucun membre, même sans droit de vote, ne peut siéger s'il n'a remis au président de la commission ce formulaire dûment rempli ou s'il a omis de mentionner des intérêts, fonctions ou mandats[5].

711.13 Présidence. La commission départementale d'aménagement commercial est présidée par le préfet[6].

1. C. com., art. L. 751-2 et R. 751-1 et R. 751-2. En raison d'une contrariété avec le droit de l'UE et après un renvoi préjudiciel, le Conseil d'État a annulé l'article R. 751-1 « en tant » qu'il s'applique aux personnalités qualifiées désignées par la CCI et la chambre de métiers et de l'artisanat (CE 22 nov. 2021, *Conseil national des centres commerciaux*, req. n° 431724, NP ; *BJDU* 2022. 190, concl. R. Chambon). Ces membres disparaissent ainsi de la composition des CDAC afin d'éviter l'intervention de concurrent potentiel dans le processus d'autorisation.
2. C. com., art. L. 751-3, al. 1er.
3. C. com., art. L. 751-3, al. 2.
4. C. com., art. R. 751-4, al. 1er.
5. C. com., art. R. 751-4, al. 2.
6. C. com., art. L. 751-2, I.

711.14 **Secrétariat.** Le secrétariat de la commission départementale est assuré par les services placés sous l'autorité du préfet[1].

711.15 **Représentation du maire par un adjoint.** Le « pouvoir » par lequel le maire désigne l'un de ses adjoints pour le représenter lors d'une séance donnée de la CDAC ne présente pas, faute de permanence, un caractère réglementaire. Par suite, le caractère exécutoire de ce « pouvoir » n'est pas subordonné, en application des dispositions de l'article L. 2131-1 du CGCT, à une publication ou à un affichage préalable[2].

SECTION 2

COMMISSION NATIONALE D'AMÉNAGEMENT COMMERCIAL

711.21 **Composition.** La composition de la CNAC est déterminée par le code de commerce[3].

711.22 **Conflits d'intérêts, incompatibilités et respect du secret.** Les membres de la CNAC se conforment aux obligations de dépôt des déclarations prévues au 6° du I de l'article 11 de la loi du 11 octobre 2013[4] relative à la transparence de la vie publique. Leurs déclarations d'intérêts sont tenues à la disposition de l'ensemble des autres membres de la Commission nationale d'aménagement commercial par le président[5].

Aucun membre de la Commission ne peut participer à des débats ou à une délibération dans une affaire dans laquelle lui-même ou une personne morale, au sein de laquelle il a au cours des trois années précédant la délibération exercé des fonctions ou détenu un mandat, a eu un intérêt ou représenté une partie intéressée au cours de la même période[6]. Le mandat de membre de la CNAC est incompatible avec toute fonction exercée dans le cadre d'une activité économique ou financière en relation avec le secteur du commerce[7].

Les membres de la CNAC, ainsi que toutes les personnes physiques ou morales qui, à quelque titre que ce soit, participent, même occasionnellement, à l'activité de celle-ci, sont tenus au secret professionnel pour les faits, les actes et les renseignements dont ils peuvent avoir connaissance en raison de leurs fonctions[8].

La CNAC peut suspendre le mandat d'un de ses membres ou y mettre fin si elle constate, à la majorité des trois quarts des autres membres, qu'il se trouve dans une situation d'incompatibilité, qu'il est empêché d'exercer ses fonctions ou qu'il a manqué à ses obligations[9].

711.23 **Présidence.** La commission élit en son sein un président et deux vice-présidents[10].

1. C. com., art. R. 751-5.
2. CE 4 déc. 2013, *Société Bricoman et Société Immochan France*, req. n° 349277, *Lebon T.*
3. C. com., art. L. 751-5 et R. 751-6.
4. L. n° 2013-907, 11 oct. 2013 relative à la transparence de la vie publique, *JO* 12 oct., n° 2.
5. C. com., art. L. 751-7, I.
6. C. com., art. L. 751-7, II, al. 1er.
7. C. com., art. L. 751-7, II, al. 2.
8. C. com., art. L. 751-7, III.
9. C. com., art. L. 751-7, IV.
10. C. com., art. L. 751-5, dernier al.

CHAPITRE

712. Attribution des commissions d'aménagement commercial

SECTION 0
ORIENTEUR

712.00 Sommaire du chapitre.

2° Recours contre une autorisation d'exploitation commerciale ne nécessitant pas de permis de construire 712.311 à 712.316

3° Recours en cassation 712.321 à 712.322

712.01 Textes applicables.

• **C. com.**

art. L. 750-1 s.

art. R. 751-1 s.

712.03 Bibliographie indicative.

Monographies. B. Boullé, D. Grosse, V. Guinot, *L'urbanisme commercial : planification, AEC, commissions d'aménagement commercial*, 3e éd., « Guides juridiques », Le Moniteur, 2020 – J.-A. Fresneau, *Urbanisme commercial. Guide juridique et pratique*, 4e éd., « Gestion locale et Urbanisme », EFE, 2019.

Articles. M.-A. Renaux, « Les implantations commerciales confrontées au principe d'interdiction d'artificialisation supplémentaire », *Constr.-urb.* 2021, ét. 14 – J. Waltuch, « Aménager sans artificialiser : le défi de l'aménagement commercial après la loi climat », *RDI* 2021. 523 – V. Zalewski-Sicard, « Autorisation commerciale et lutte contre l'artificialisation des sols », *JCP N* 2021, no 1312 – R. Noguellou, « Évolution majeure de l'urbanisme commercial », *RDI* 2022. 129 – E. Sacksick, « Les commerces de demain et le réchauffement climatique », *JCP Adm.* 2024, no 2256.

Encyclopédies. *DP constr.-urb.*, ét. : « Urbanisme commercial » – *J. Cl. Urb.-Constr.*, fasc. 12 : « Aménagement commercial. – Obtention et mise en œuvre de l'autorisation d'aménagement commercial », par A. Dutoit, S. Encinas et G. Le Fouler, 2022 ; fasc. 12-10 : « Aménagement commercial. – Les contentieux », par A. Dutoit, S. Encinas et G. Le Fouler, 2022.

712.04 Questions essentielles.

> Sur la base de quels critères une autorisation d'exploitation commerciale est-elle accordée ou refusée ?

* V. ss nos 712.151 s.

> La saisine de la CNAC préalablement à un recours contentieux contre une décision de CDAC constitue-t-elle un préalable obligatoire ?

* V. ss no 712.212

> Quels sont les recours contentieux ouverts contre les décisions des commissions d'aménagement commercial ?

* V. ss nos 712.261 s.

SECTION 1

COMPÉTENCE CONSULTATIVE DES CDAC : POSSIBILITÉ POUR LE MAIRE DE SAISIR POUR AVIS LES CDAC SUR UN PROJET

712.11 Mise en œuvre à titre facultatif. Dans les communes de moins de 20 000 habitants et, pour les projets qui engendrent une artificialisation des sols, dans toutes les communes, le maire ou le président de l'EPCI compétent en matière d'urbanisme peut, lorsqu'il est saisi d'une demande de permis de construire un équipement commercial dont la surface est comprise entre 300 et 1 000 mètres carrés, proposer au conseil municipal ou à l'organe délibérant de cet établissement de saisir la CDAC afin qu'elle statue sur la conformité du projet aux critères énoncés à l'article L. 752-6[1].

La saisine pour avis de la CDAC sur ces projets présente un caractère strictement facultatif. Elle n'est possible que pour les communes visées et les projets indiqués (entre 300 et 1000 mètres carrés de surface). Elle est exclue dans les secteurs d'intervention d'une opération de revitalisation de territoire[2].

712.12 Décision de mettre en œuvre la procédure consultative. Lorsqu'il est décidé la mise en œuvre de la procédure consultative, le conseil municipal ou l'organe délibérant de l'EPCI prend une délibération motivée. Celle-ci est transmise au pétitionnaire sous un délai de trois jours et affichée pendant un mois à la porte de la mairie de la commune d'implantation[3]. Le conseil municipal ou l'organe délibérant de l'EPCI doit délibérer dans le délai d'un mois suivant la réception de la demande de permis de construire[4].

La demande d'avis est adressée au secrétariat de la commission départementale par l'autorité compétente pour délivrer le permis de construire ou par le président de l'établissement public mentionné à l'article L. 143-16 du code de l'urbanisme soit par lettre recommandée avec demande d'avis de réception, soit par voie administrative contre décharge, soit par voie électronique. Elle est motivée et accompagnée de la délibération mentionnée au troisième alinéa de l'article L. 752-4[5].

712.13 Procédure devant la CDAC. La CDAC se prononce dans un délai d'un mois[6].

1. C. com., art. L. 752-4, I, al. 1er ; mod. par L. no 2021-1104, 22 août 2021. Dans ces communes, lorsque le maire ou le président de l'établissement public compétent en matière d'urbanisme est saisi d'une demande de permis de construire un équipement commercial visé à l'alinéa précédent, il notifie cette demande dans les huit jours au président de l'établissement public prévu à l'article L. 143-16 du code de l'urbanisme sur le territoire duquel est projetée l'implantation. Celui-ci peut proposer à l'organe délibérant de saisir la commission départementale d'aménagement commercial afin qu'elle statue sur la conformité du projet aux critères énoncés à l'article L. 752-6 (C. com., art. L. 752-4, I, al. 2).
2. C. com., art. L. 752-4, II – voir, rappelant ce champ d'application : C. com., art. R. 752-21.
3. C. com., art. L. 752-4, I, al. 3 ; R. 752-22. V. CE 27 févr. 2024, *Sté Bruno bâtiments*, req. no 459519, NP ; *Constr.-Urb.* 2024, comm. 44, note M.-A. Renaux : dans les circonstances de l'espèce, l'absence de transmission au pétitionnaire dans les trois jours n'a pas privé celui-ci d'une garantie au sens de la jurisprudence Danthony.
4. C. com., art. R. 752-22.
5. C. com., art. R. 752-23.
6. C. com., art. L. 752-4, I, al. 5.

Dès réception de la demande d'avis, le secrétariat de la commission fait connaître au demandeur du permis de construire la date et le numéro d'enregistrement de son dossier et le délai imparti à la commission pour statuer. Le demandeur est en outre informé que, si aucune décision ne lui a été notifiée dans le délai d'un mois, l'avis est réputé favorable[1]. Le secrétariat de la commission invite le pétitionnaire à transmettre sans délai à la commission toutes pièces susceptibles de permettre à la commission d'apprécier les effets du projet au regard des critères fixés à l'article L. 752-6[2]. Le délai d'instruction court à compter de la réception par le secrétariat de la commission de la demande d'avis[3].

Dix jours au moins avant la réunion, chacun des membres de la commission reçoit, par tout moyen, communication de la demande d'avis, accompagnée : 1° De l'arrêté préfectoral fixant la composition de la commission ; 2° De l'ordre du jour de la réunion ; 3° De la lettre d'enregistrement de la demande prévue à l'article R. 752-24 ; 4° Du formulaire prévu à l'article R. 751-4 ; 5° Des pièces transmises, le cas échéant, par le demandeur[4]. Dans le même délai, la date et l'ordre du jour de la réunion sont publiés au recueil des actes administratifs de la préfecture[5]. Cinq jours au moins avant la réunion, chacun des membres de la commission reçoit, par tout moyen, les rapports d'instruction[6]. La communication de ces documents aux élus appelés à siéger dans la commission vaut transmission à leurs représentants[7].

La commission entend le demandeur à sa demande. Elle peut également entendre, à son initiative ou sur demande écrite au secrétariat de la commission, toute personne dont l'avis présente un intérêt pour l'examen de l'avis dont elle est saisie[8].

La commission ne peut délibérer que si au moins la majorité de ses membres sont présents. Si ce *quorum* n'est pas atteint, la commission est réputée ne pas s'être réunie[9].

Dans les dix jours suivant la réunion de la commission ou la date de l'avis tacite, l'avis de la commission est notifié par le préfet au demandeur, à l'autorité compétente pour délivrer le permis de construire et, s'il s'agit d'une personne distincte, à l'auteur de la demande d'avis soit par lettre recommandée avec demande d'avis de réception, soit par la voie administrative contre décharge, soit par courrier électronique[10].

712.14 Portée de l'avis. En cas d'avis défavorable de la CDAC ou, le cas échéant, de la CNAC, le permis de construire ne peut être délivré[11].

712.15 Recours. En cas d'avis négatif, le promoteur peut saisir la CNAC qui se prononce dans un délai d'un mois[12]. Un tel recours ne peut être présenté que par le demandeur[13].

Le silence de la commission nationale vaut confirmation de l'avis de la commission départementale[14]. Néanmoins, en cas de silence de la commission nationale, la naissance d'un avis tacite en application de l'article L. 752-4 ne fait pas obstacle à ce que la commission se prononce expressément et émette un avis se substituant à l'avis tacite précédemment rendu[15].

Les avis, qu'ils soient favorables ou défavorables, rendus sur le fondement de l'article L. 752-4 du code de commerce, par la CNAC dans le cadre de la procédure de délivrance des permis de construire, ont le caractère d'actes préparatoires et ne constituent pas, par eux-mêmes, des décisions susceptibles de faire l'objet d'un recours pour excès de pouvoir[16].

SECTION 2 COMPÉTENCE DES CDAC POUR AUTORISER LES PROJETS (AUTORISATION D'EXPLOITATION COMMERCIALE)

712.21 Deux régimes. L'ouverture d'un magasin ou d'un ensemble commercial peut relever de deux procédures distinctes. Si cette ouverture ne nécessite pas de permis de construire, l'autorisation d'exploitation commerciale est délivrée par la CDAC sous la forme d'une décision (AEC). Si l'ouverture nécessite un permis de construire (parce que le projet implique de réaliser une construction ou une extension), elle relève du régime du permis de construire valant autorisation d'exploitation commerciale (PCAEC). Sous ce régime, issu de la loi Pinel[17], le porteur du projet présente à la commune une demande unique por-

1. C. com., art. R. 752-24, al. 1er.
2. C. com., art. R. 752-24, al. 2.
3. C. com., art. R. 752-24, al. 3.
4. C. com., art. R. 752-25, al. 1er à 6.
5. C. com., art. R. 752-25, al. 7.
6. C. com., art. R. 752-25, al. 8.
7. C. com., art. R. 752-25, al. 9.
8. C. com., art. R. 752-26.
9. C. com., art. R. 752-27.
10. C. com., art. R. 752-28.
11. C. com., art. L. 752-4, I, al. 4.
12. C. com., art. L. 752-4, I, al. 6 – également : C. com., art. R. 752-31, al. 4 : un avis rendu sur le fondement de l'article L. 752-4 ne peut faire l'objet d'un recours qu'en cas d'avis défavorable.
13. C. com., art. R. 752-31, al. 4.
14. C. com., art. L. 752-4, I, al. 6.
15. CE 21 sept. 2015, *Sté LIDL*, req. nº 376359, *Lebon T. ; BJCL* 2015. 678, concl. G. Dumortier.
16. CE 15 déc. 2010, *Sté Montludis*, req. nº 334627, *Lebon T.*
17. L. nº 2014-626 du 18 juin 2014 relative à l'artisanat, au commerce et aux très petites entreprises. Ce régime est entré en ►

tant à la fois sur le volet urbanisme et sur le volet commercial[1]. Il est à noter que la loi 3DS a prévu que pour une durée de six ans et à titre expérimental, certains EPCI puissent, au titre de leur compétence d'urbanisme, exercer la compétence dévolue aux CDAC en examinant eux-mêmes les demandes d'aménagement commercial[2].

§ 1
Champ d'application des projets soumis à autorisation

A.
Projets inclus dans le champ de l'autorisation commerciale

712.31 Liste des opérations incluses. Sont soumis à une autorisation d'exploitation commerciale les projets ayant pour objet[3] :

– la création d'un magasin de commerce de détail d'une surface de vente supérieure à 1 000 mètres carrés, résultant soit d'une construction nouvelle, soit de la transformation d'un immeuble existant (1°) ;

– l'extension de la surface de vente d'un magasin de commerce de détail ayant déjà atteint le seuil des 1 000 mètres carrés ou devant le dépasser par la réalisation du projet (2°, précisant qu'est considérée comme une extension l'utilisation supplémentaire de tout espace couvert ou non, fixe ou mobile, et qui n'entrerait pas dans le cadre de l'article L. 310-2) ;

– tout changement de secteur d'activité d'un commerce d'une surface de vente supérieure à 2 000 mètres carrés (3°, précisant que ce seuil est ramené à 1 000 mètres carrés lorsque l'activité nouvelle du magasin est à prédominance alimentaire) ;

– la création d'un « ensemble commercial » tel que défini à l'article L. 752-3[4] et dont la surface de vente totale est supérieure à 1 000 mètres carrés (4°)[5] ;

– l'extension de la surface de vente d'un ensemble commercial ayant déjà atteint le seuil des 1 000 mètres carrés ou devant le dépasser par la réalisation du projet (5°) ;

– la réouverture au public, sur le même emplacement, d'un magasin de commerce de détail d'une surface de vente supérieure à 2 500 mètres carrés dont les locaux ont cessé d'être exploités pendant trois ans (6°, précisant que ce délai ne coure, en cas de procédure de redressement judiciaire de l'exploitant, que du jour où le propriétaire a recouvré la pleine et entière disposition des locaux) ;

– la création ou l'extension d'un point permanent de retrait par la clientèle d'achats au détail commandés par voie télématique, organisé pour l'accès en automobile (7°), c'est-à-dire d'un *drive*[6]. Par dérogation, n'est pas soumise à autorisation d'exploitation commerciale la création d'un *drive* lorsque celui-ci est intégré à un magasin de détail ouvert au public à la date de publication de la loi ALUR (c'est-à-dire au 26 mars 2014) et n'emporte pas la création d'une surface de plancher de plus de 20 mètres carrés[7].

712.32 Notion d'ensemble commercial. Sont regardés comme faisant partie d'un même ensemble commercial, qu'ils soient ou non situés dans des bâtiments distincts et qu'une même personne en soit ou non le propriétaire ou l'exploitant, les magasins qui sont réunis sur un même site et qui[8] :

– soit ont été conçus dans le cadre d'une même opération d'aménagement foncier, que celle-ci soit réalisée en une ou en plusieurs tranches (1°) ;

– soit bénéficient d'aménagements conçus pour permettre à une même clientèle l'accès des divers établissements (2°) ;

– soit font l'objet d'une gestion commune de certains éléments de leur exploitation, notamment par la création de services collectifs ou l'utilisation habituelle de pratiques et de publicités commerciales communes (3°) ;

– soit sont réunis par une structure juridique commune, contrôlée directement ou indirectement par

▶ vigueur le 15 février 2015 (décr. n° 2015-165, 12 févr. 2015, art. 6). Sur les AEC délivrées durant cette période transitoire, v. décr. n° 2015-165, 12 févr. 2015, art. 4, IV ; L. n° 2014-626, 18 juin 2014, art. 39, III, mod. par L. n° 2015-990, 6 août 2015, art. 36, II ; CE 15 nov. 2017, *Sté Distribution Casino France*, req. n° 410117, inédit ; CE 14 nov. 2018, *Sté MGE Normandie et autres*, req. n° 409833, *Lebon T.*

1. La réforme réalisée par la loi Pinel a ainsi substitué au double régime d'autorisation qui prévalait auparavant (une autorisation des commissions d'aménagement commercial et une autorisation d'urbanisme) un régime d'autorisation unique portant à la fois sur l'exploitation commerciale et l'urbanisme (régime dit du permis de construire valant autorisation d'exploitation commerciale, ou PCAEC, donnant lieu à un avis – et non plus une décision – de la CDAC absorbé ensuite dans le permis de construire).
2. L. n° 2022-217, 21 févr. 2022 relative à la différenciation, la décentralisation, la déconcentration et portant diverses mesures de simplification de l'action publique locale, *JO* 22 févr., n° 3, art. 97 – R. Noguellou, « Évolution majeure de l'urbanisme commercial », *RDI* 2022. 129. Sur le régime applicable à cette expérimentation, v. décr. n° 2023-977, 23 oct. 2023.
3. C. com., art. L. 752-1, al. 1er à 9.
4. V. ss n° 712.32.
5. Pour l'application de l'article L. 752-1, il n'est pas tenu compte de la surface des pharmacies, des commerces de véhicules automobiles et de motocycles et des installations de distribution de carburants (C. com., art. R. 752-1, al. 1er).
6. V. p. ex., contrôlant si un aménagement donné constitue un drive, TA Grenoble, 3 août 2023, *Sté La Boite à outils*, req. n° 2100434, NP ; *Constr.-Urb.* 2024, comm. 32, note M.-A. Renaux ; *JCP Adm.* 2024, n° 2028, note O. Metzger.
7. C. com., art. L. 752-1, al. 10.
8. C. com., art. L. 752-3, I.

au moins un associé, exerçant sur elle une influence au sens de l'article L. 233-16 ou ayant un dirigeant de droit ou de fait commun (4°).

Toutefois, cette définition n'est pas applicable aux ZAC créées dans un centre urbain, en vertu de l'article L. 311-1 du code de l'urbanisme[1]. L'exclusion des ZAC de centre urbain a pour finalité de ne pas entraver les opérations de revitalisation des centres-villes.

712.33 **Notion de surface de vente.** La notion de surface de vente a fait l'objet d'une interprétation évolutive.

Dans une décision du 6 juin 2018, le Conseil d'État a indiqué qu'au sens de l'article R. 752-6 du code de commerce, la surface de vente est celle des lieux accessibles au public et directement liés à la vente[2]. En conséquence, et par exemple, il considérait que les surfaces du hall d'entrée d'un magasin et de sa caisse centrale peuvent légalement ne pas être intégrées dans la surface de vente d'un projet dès lors que ces surfaces ne sont pas utilisées pour présenter des produits à la vente[3].

Le Conseil d'État a abandonné cette lecture dans une décision du 16 novembre 2022[4]. Pour cela, le Conseil se base sur une disposition jusqu'alors assez confidentielle, définissant la notion de surface de vente au sens à la fois de la taxe sur les surfaces commerciales (TASCOM) et de l'urbanisme commercial. Il s'agit du troisième alinéa de l'article 3 de la loi du 13 juillet 1972 instituant des mesures en faveur de certaines catégories de commerçants et artisans âgés[5], qui définit « la surface de vente des magasins de commerce de détail, prise en compte pour le calcul de la taxe, et celle visée à l'article L. 720-5 du code de commerce » (devenu article L. 752-1 de ce code). Selon ce texte, la notion de surface de vente s'entend « des espaces affectés à la circulation de la clientèle pour effectuer ses achats, de ceux affectés à l'exposition des marchandises proposées à la vente, à leur paiement, et de ceux affectés à la circulation du personnel pour présenter les marchandises à la vente ». Précisant les quatre catégories ainsi visées, une circulaire publiée en 2023[6] indique que « toutes surfaces closes et/ou en extérieurs d'un commerce de détail ont vocation à intégrer la surface de vente, à condition de respecter l'une des conditions alternatives suivantes :

– Les espaces affectés à la circulation de la clientèle pour effectuer ses achats : sas d'entrée et arrières-caisses d'un seul et unique magasin au sein d'un même bâtiment, allées de circulation entre les rayons, les escalators et ascenseurs reliant directement le parc de stationnement au magasin, etc. ;

– Les espaces affectés à l'exposition de marchandise : l'emprise occupée par les rayonnages, les gondoles, les stands, etc. que ces derniers soient temporaires ou permanents ;

– Les espaces affectés au paiement des marchandises : les caisses physiques et/ou automatiques, les bornes de paiement, les appareils permettant de scanner directement les achats en rayon, etc. ;

– Les espaces affectés à la circulation du personnel pour présenter les marchandises : comptoirs de présentation, etc. »[7].

Elle ajoute que, *a contrario*, « ne sont pas considérés comme des espaces relevant de la surface de vente :

– Les réserves, locaux sociaux, les chambres froides, les laboratoires, les locaux techniques, les espaces de circulation affectés aux issues de secours ayant vocation à ne pas être accessibles au public durant les heures d'ouverture de l'équipement commercial ;

– L'intégralité des espaces relevant du parc de stationnement (que ce dernier soit aérien, en silo ou en infrastructure) ainsi que les espaces affectés aux abris vélos, motocycles et les aires de livraisons non accessibles au public »[8].

Au sens de la TASCOM (ces solutions ayant vocation à être transposées à l'urbanisme commercial), le Conseil d'État a considéré que :

– relève de la notion de surface de vente un sas d'entrée affecté à la circulation de la clientèle, en dépit du fait qu'il n'accueille aucune marchandise, dès lors qu'il a vocation à permettre aux clients de l'établissement de bénéficier de ses prestations commerciales et doit, par conséquent, être regardé comme affecté à la circulation de la clientèle pour effectuer ses achats[9] ;

– relèvent de la notion de surface de vente des emplacements mis, par une société exploitant des grands magasins, à la disposition de fournisseurs pour la vente de leurs marchandises[10] ;

– ne relève pas de la notion de surface de vente la surface qui n'est pas affectée à la circulation de la clientèle pour effectuer ses achats, et qui n'est davantage affectée ni à l'exposition ou au paiement de marchandises proposées à la vente par cette société, ni à la circulation de son personnel pour présenter les marchandises à la vente[11].

1. C. com., art. L. 752-3, II.
2. CE 6 juin 2018, *Sté Hurtevent LC*, req. n° 405608, *Lebon T.*
3. CE 6 juin 2018, *Sté Hurtevent LC*, req. n° 405608.
4. CE 16 nov. 2022, SAS Poulbric, req. n° 462720, NP ; *Revue de droit fiscal* 2023, comm. 208, concl. K. Ciavaldini.
5. L. n° 72-657, 13 juill. 1972.
6. Circulaire du 15 nov. 2023 relative aux modalités de calcul de la surface de vente en matière d'aménagement commercial, NOR : ECOI2316200C.
7. Circ., p. 3-4.
8. Circ., p. 4.
9. CE 16 nov. 2022, *SAS Poulbric*, req. n° 462720, NP ; *Revue de droit fiscal* 2023, comm. 208, concl. K. Ciavaldini.
10. CE 12 avr. 2019, *Société Printemps*, req. n° 411500, *Lebon T.* ; *Revue de droit fiscal* 2019, comm. 430, concl. E. Bokdam-Tognetti.
11. CE 3 juill. 2019, *SA Kereol*, req. n° 414009, NP.

Pour ne pas dépasser les seuils et ainsi échapper au régime d'autorisation préalable, les professionnels cherchent parfois à dissimuler un espace de vente en le présentant comme un espace de stockage. Dans un tel cas de figure, l'autorité administrative rectifie la qualification des lieux, par exemple en regardant comme un espace de vente un lieu qui, dans les plans qui lui sont soumis, est seulement séparé par une cloison et a ainsi pour vocation manifeste d'être utilisé comme espace de vente[1].

Pour les pépiniéristes et horticulteurs, la surface de vente est celle qu'ils consacrent à la vente au détail de produits ne provenant pas de leur exploitation[2].

B. Projets exclus du champ de l'autorisation commerciale

1° Projets exclus en raison de leur nature

712.41 **Liste des projets exclus.** Ne sont pas soumis à une autorisation d'exploitation commerciale :

– les regroupements de surfaces de vente de magasins voisins, sans création de surfaces supplémentaires, n'excédant pas 2 500 mètres carrés, ou 1 000 mètres carrés lorsque l'activité nouvelle est à prédominance alimentaire[3] ;

– les pharmacies et les commerces de véhicules automobiles ou de motocycles[4] ;

– les halles et marchés d'approvisionnement au détail, couverts ou non, établis sur les dépendances du domaine public et dont la création est décidée par le conseil municipal, les magasins accessibles aux seuls voyageurs munis de billets et situés dans l'enceinte des aéroports ainsi que les parties du domaine public affecté aux gares ferroviaires et routières situées en centre-ville d'une surface maximum de 2 500 mètres carrés[5].

2° Projets exclus en raison de leur localisation

712.51 **ORT.** Par dérogation à l'article L. 752-1, ne sont pas soumis à autorisation d'exploitation commerciale les projets mentionnés aux 1° à 6° du même article L. 752-1 qui ne sont pas considérés comme engendrant une artificialisation des sols et dont l'implantation est prévue dans un secteur d'intervention d'une ORT, comprenant un centre-ville identifié par la convention de ladite opération[6]. Cette convention peut toutefois soumettre à autorisation d'exploitation commerciale les projets mentionnés aux 1° à 6° de l'article L. 752-1 dont la surface de vente dépasse un seuil qu'elle fixe et qui ne peut être inférieur à 5 000 mètres carrés ou, pour les magasins à prédominance alimentaire, à 2 500 mètres carrés[7].

En outre, les opérations immobilières combinant un projet d'implantation commerciale et des logements situées dans un centre-ville compris dans l'un des secteurs d'intervention d'une opération mentionnée à l'article L. 303-2 du CCH ne sont pas soumises à une autorisation d'exploitation commerciale dès lors que la surface de vente du commerce est inférieure au quart de la surface de plancher à destination d'habitation[8].

712.52 **GOU.** Les regroupements de surfaces de vente de magasins situés dans le périmètre d'une GOU, qui comporte la transformation d'une zone d'activité économique afin d'en favoriser la mixité fonctionnelle au profit d'implantations, notamment industrielles, ne sont pas soumis à une autorisation d'exploitation commerciale lorsqu'ils remplissent les conditions cumulatives suivantes[9] :

– ils contribuent à la réalisation des objectifs de cette opération (1°) ;

– ils résultent du transfert de surfaces de vente autorisées, sans création de surfaces de vente supplémentaires (2°) ;

– ils n'engendrent pas une artificialisation des sols (3°).

Cette exemption s'applique à compter de la publication de l'acte décidant de la qualification de GOU et pendant toute la durée de l'opération[10].

§ 2 La demande et la décision d'autorisation d'exploitation commerciale

A. Auteur de la demande

712.61 **Qualité.** La demande d'autorisation d'exploitation commerciale est présentée[11] :

– soit par le ou les propriétaires du ou des terrains ou immeubles, par toute personne justifiant d'un titre du ou des propriétaires l'habilitant à exécuter

1. CE 19 juin 1996, *SNC Prodim Sud Gedial*, req. n° 128218, NP.
2. C. com., art. L. 752-1, 6°, al. 2 ; art. R. 752-1, al. 2.
3. C. com., art. L. 752-2, I.
4. C. com., art. L. 752-2, II.
5. C. com., art. L. 752-2, III.
6. C. com., art. L. 752-1-1, al. 1er ; mod. par L. n° 2021-1104, 22 août 2021.
7. C. com., art. L. 752-1-1, al. 2.
8. C. com., art. L. 752-2, IV.
9. C. com., art. L. 752-2, V, al. 1er à 4 ; créé par L. n° 2023-973, 23 oct. 2023.
10. C. com., art. L. 752-2, V, al. 5.
11. C. com., art. R. 752-4, al. 1er à 3.

les travaux ou par le mandataire d'une de ces personnes (a) ;

– soit par une personne ayant qualité pour bénéficier de l'expropriation pour cause d'utilité publique (b).

Dans le cas où un permis de construire n'est pas nécessaire, la demande d'autorisation d'exploitation commerciale peut également être présentée par toute personne justifiant d'un titre du ou des propriétaires l'habilitant à exploiter commercialement les immeubles ou par le mandataire de cette personne [1].

B. Contenu de la demande

1° Contenu commun à toute demande (avec ou sans PC)

712.71 Qualité du demandeur et nature du projet. La demande d'autorisation d'exploitation commerciale précise la qualité en laquelle le demandeur agit et la nature du projet [2].

712.72 Dossier et étude d'impact. La demande est accompagnée d'un dossier et d'une étude d'impact [3].

Le dossier comprend :

– des informations relatives au projet [4] ;

– des cartes et plans relatifs au projet [5] ;

– une présentation des effets du projet en matière d'aménagement du territoire [6] ;

– une présentation des effets du projet en matière de développement durable [7] ;

– une présentation des effets du projet en matière de protection des consommateurs [8] ;

– une présentation des effets du projet en matière sociale [9].

L'analyse d'impact comprend :

– des informations relatives à la zone de chalandise et à l'environnement proche du projet [10] ;

– une présentation de la contribution du projet à l'animation des principaux secteurs existants, notamment en matière de complémentarité des fonctions urbaines et d'équilibre territorial [11] ;

– une présentation des effets du projet en matière de protection des consommateurs [12] ;

– une présentation des effets du projet en matière d'artificialisation des sols et, pour tout projet engendrant une artificialisation des sols, la justification de l'insertion du projet dans l'urbanisation environnante, une description de la contribution du projet aux besoins du territoire et la justification que les mesures présentées permettent de compenser les atteintes (sauf GOU ou ORT) [13].

L'analyse d'impact précise, pour chaque information, ses sources, sauf carence justifiée, et, pour chaque calcul, sa méthode [14].

L'analyse d'impact est réalisée par un organisme indépendant habilité par le préfet [15]. Cette analyse évalue les effets du projet sur l'animation et le développement économique du centre-ville de la commune d'implantation, des communes limitrophes et de l'EPCI à fiscalité propre dont la commune d'implantation est membre, ainsi que sur l'emploi, en s'appuyant notamment sur l'évolution démographique, le taux de vacance commerciale et l'offre de mètres carrés commerciaux déjà existants dans la zone de chalandise pertinente, en tenant compte des échanges pendulaires journaliers et, le cas échéant, saisonniers, entre les territoires [16].

Le demandeur doit démontrer, dans l'analyse d'impact qu'aucune friche existante en centre-ville ne permet l'accueil du projet envisagé. En l'absence d'une telle friche, il doit démontrer qu'aucune friche existante en périphérie ne permet l'accueil du projet envisagé [17].

712.73 Notion de zone de chalandise. Constitue la zone de chalandise l'aire géographique au sein de laquelle l'équipement en cause exerce une attraction sur la clientèle. Elle est délimitée en tenant compte notamment de la nature et de la taille de l'équipement envisagé, des temps de déplacement nécessaires pour y accéder, de la présence d'éventuelles barrières géographiques ou psychologiques et de la localisation et du pouvoir d'attraction des équipements commerciaux existants [18].

En pratique, les zones de chalandise sont généralement délimitées sur la base d'un trajet domicile-commerce de 10 à 20 minutes en voiture [19].

1. C. com., art. R. 752-4, al. 4.
2. C. com., art. R. 752-5, al. 1er.
3. C. com., art. R. 752-6, I, al. 1er.
4. C. com., art. R. 752-6, I, 1°.
5. C. com., art. R. 752-6, I, 2°.
6. C. com., art. R. 752-6, I, 3°.
7. C. com., art. R. 752-6, I, 4°.
8. C. com., art. R. 752-6, I, 5°.
9. C. com., art. R. 752-6, I, 6°.
10. C. com., art. R. 752-6, II, 1°.
11. C. com., art. R. 752-6, II, 2°.
12. C. com., art. R. 752-6, II, 3°.
13. C. com., art. R. 752-6, II, 4° ; créé par décr. n° 2022-1312, 13 oct. 2022.
14. C. com., art. R. 752-6, dernier al.
15. C. com., art. L. 752-6, III – sur l'habilitation des organismes : C. com., art. R. 752-6-1, R. 752-6-2 et R. 752-6-3 ; – également : Arr. 19 juin 2019 fixant le contenu du formulaire de demande d'habilitation pour réaliser l'analyse d'impact mentionnée au III de l'article L. 752-6 du code de commerce, NOR : ECOI1915008A ; mod. par arr. 4 janv. 2022, NOR : TMEI2139249A.
16. C. com., art. L. 752-6, III.
17. C. com., art. L. 752-6, IV.
18. C. com., art. R. 752-3.
19. PAR EX. : CAA Douai, 29 sept. 2016, *SAS CSF*, req. n° 15DA01696, NP ; – CAA Douai, 17 nov. 2020, *Sté Planet Jeans*, req. n° 18DA02289, NP.

2°
Éléments supplémentaires du dossier en cas de projet non soumis à permis de construire

712.81 **Informations sur le demandeur et le terrain.** La demande précise, outre les éléments prévus à l'article R. 752-5, les informations suivantes[1] :

- pour le ou les demandeurs personnes physiques : nom, prénom, adresse, numéro de téléphone et adresse électronique (1°) ;

- pour le ou les demandeurs personnes morales : raison sociale, forme juridique, adresse, numéro de téléphone et adresse électronique, ainsi que les nom, prénom, numéro de téléphone et adresse électronique de leur représentant (2°) ;

- localisation, adresse et superficie du ou des terrains (3°).

712.82 **Informations sur le projet.** Le dossier déposé comprend, outre les informations prévues à l'article R. 752-6, les éléments suivants[2] :

- pour le ou les demandeurs : le numéro unique d'identification ou, si la société est en cours de constitution, une copie des statuts enregistrés auprès des services fiscaux (a) ;

- l'indication des terrains concernés, leur superficie totale et un extrait de plan cadastral (b) ;

- une description du projet précisant son inscription dans le paysage ou un projet urbain (c) ;

- une carte au 1/25 000 indiquant la localisation du projet (d) ;

- une vue aérienne ou satellite dûment légendée inscrivant le projet dans son quartier (e) ;

- une photographie axonométrique du site actuel et une présentation visuelle du projet permettant d'apprécier sa future insertion par rapport aux constructions avoisinantes et aux paysages, son impact visuel ainsi que le traitement des accès et du terrain (f) ;

- un document graphique représentant l'ensemble des façades du projet (g).

3°
Formulaire

712.91 **Modèle.** Un arrêté du ministre chargé du commerce fixe le modèle de la demande d'autorisation d'exploitation commerciale ou du dossier joint à la demande de permis de construire valant autorisation d'exploitation commerciale[3].

C.
Dépôt de la demande

1°
Dépôt des demandes de PCAEC

712.101 **Dépôt de la demande à la commune.** Pour les projets nécessitant un permis de construire, la demande accompagnée du dossier est déposée conformément aux dispositions des articles R. 423-2 et suivants du code de l'urbanisme[4].

712.102 **Dépôt de la demande.** Le dossier est transmis au secrétariat de la CDAC dans les conditions prévues à l'article R. 423-13-2 du code de l'urbanisme[5].

712.103 **Appréciation du caractère complet du dossier.** Si le dossier de demande d'autorisation d'exploitation commerciale (au sens des articles R. 752-4 à R. 752-6 du code de commerce) est complet, le secrétariat de la commission en informe le maire. À défaut d'information contraire communiquée au maire par le secrétariat de la commission dans le délai de quinze jours francs suivant la réception du dossier, celui-ci est réputé complet. Ce délai court à compter du jour de réception au secrétariat de la commission départementale de la demande d'autorisation d'exploitation commerciale[6].

Si le dossier de demande d'autorisation d'exploitation commerciale est incomplet, le secrétariat de la commission informe le maire des pièces manquantes qui doivent figurer dans ce dossier. Dans les trois jours suivant leur réception, le maire transmet les pièces manquantes au secrétariat de la commission[7].

712.104 **Point de départ du délai d'instruction de la demande et information des communes limitrophes.** Le délai d'instruction de la demande d'autorisation d'exploitation commerciale court à compter de la réception par le secrétariat de la CDAC d'un dossier complet.

Dès cette réception, le préfet, en application du I de l'article L. 751-2, informe, par tout moyen, les maires des communes limitrophes de la commune d'implantation incluses dans la zone de chalandise telle que mentionnée et définie aux articles L. 751-2 et R. 752-3[8].

1. C. com., art. R. 752-7, al. 1er à 4.
2. C. com., art. R. 752-7, al. 5 à 12.
3. C. com., art. R. 752-5, al. 2.
4. C. com., art. R. 752-9.
5. V. ss no 332.101. – C. com., art. R. 752-9.
6. C. com., art. R. 752-10, al. 1er.
7. C. com., art. R. 752-10, al. 2.
8. C. com., art. R. 752-10, al. 3.

2°
Dépôt des demandes d'aménagement commercial ne nécessitant pas de permis de construire

712.111 Dépôt au secrétariat de la CDAC. Pour les projets ne nécessitant pas de permis de construire, la demande accompagnée du dossier est adressée au secrétariat de la CDAC en deux exemplaires, dont un sur support dématérialisé[1].

S'agissant des modalités d'envoi, la demande est[2] :

- soit adressée par lettre recommandée avec demande d'avis de réception ;
- soit déposée contre décharge ;
- soit envoyée par voie électronique. Dans ce dernier cas, l'accusé de réception électronique est adressé sans délai.

712.112 Appréciation du caractère complet du dossier. Si le dossier est complet, le secrétariat de la commission fait connaître au demandeur la date et le numéro d'enregistrement de sa demande et la date avant laquelle la décision doit lui être notifiée. Le demandeur est en outre informé que, si aucune décision ne lui a été notifiée avant cette date, l'autorisation sera réputée accordée[3].

Si le dossier est incomplet, le secrétariat de la commission invite le demandeur, par lettre recommandée avec demande d'avis de réception ou, dans le cas prévu à l'article R. 752-8, par courrier électronique, à fournir les pièces manquantes[4].

À défaut de réception par le demandeur, dans le délai de quinze jours francs suivant la réception du dossier, d'une demande de production d'une pièce manquante, le dossier est réputé complet[5].

712.113 Point de départ du délai d'instruction de la demande et information des communes limitrophes. Le délai d'instruction de la demande court à compter de la réception par le secrétariat de la commission d'un dossier complet. Dès cette réception le préfet, en application du I de l'article L. 751-2, informe, par tout moyen, les maires des communes limitrophes de la commune d'implantation incluses dans la zone de chalandise telle que visée et définie aux articles L. 751-2 et R. 752-3[6].

3°
Nouvelle demande en cas de modification substantielle du projet en cours d'instruction ou durant sa réalisation

712.121 Dépôt d'une nouvelle demande. Une nouvelle demande est nécessaire lorsque le projet, en cours d'instruction ou lors de sa réalisation, subit, du fait du pétitionnaire, des modifications substantielles au regard des critères énoncés à l'article L. 752-6. Lorsqu'elle devient définitive, l'autorisation de modifier substantiellement le projet se substitue à la précédente autorisation d'exploitation commerciale accordée pour le projet[7].

4°
Pouvoir du préfet de suspendre l'enregistrement de la demande (ORT)

712.131 Les ORT. Créé par la loi ÉLAN, le dispositif des opérations de revitalisation de territoire (ORT) a pour objet de lutter contre le déclin des centres-villes et d'autres territoires urbains en difficulté, notamment en modernisant les locaux commerciaux et artisanaux qui s'y trouvent implantés[8].

712.132 Bloquer un projet contraire à une ORT. Afin de protéger les territoires bénéficiant d'une ORT, la loi ÉLAN a reconnu au préfet la faculté de suspendre, au cas par cas, sous des conditions strictement définies, l'enregistrement et l'examen de certaines demandes d'autorisation d'exploitation commerciale visant des implantations en dehors des secteurs d'intervention[9]. La suspension est d'une durée maximale de 3 ans, pouvant être prolongée d'un an.

La mise en œuvre ce pouvoir est conçue comme devant présenter un caractère exceptionnel[10].

D.
Examen de la demande d'autorisation d'exploitation commerciale

1°
Instruction de la demande

712.141 Études préalables des chambres professionnelles. La chambre de commerce et d'industrie, la chambre de métiers et de l'artisanat et la chambre d'agriculture peuvent réaliser, à la demande du préfet,

1. C. com., art. R. 752-11.
2. C. com., art. R. 752-11.
3. C. com., art. R. 752-12, al. 1er.
4. C. com., art. R. 752-12, al. 2.
5. C. com., art. R. 752-12, al. 3.
6. C. com., art. R. 752-12, al. 4.
7. C. com., art. L. 752-15, al. 3 – pour un ex. de modification jugée non substantielle : CE 6 juin 2018, *Sté Hurtevent LC*, req. n° 405608, *Lebon T.*
8. CCH, art. L. 303-2.
9. C. com., art. L. 751-1-2 ; art. R. 752-29-1 à R. 752-29-8.
10. Circ. 31 oct. 2019 sur la faculté de suspension, par arrêté préfectoral, de la procédure devant les commissions départementales d'aménagement commercial, NOR : ECOI1929035C.

des études spécifiques d'organisation du tissu économique, commercial et artisanal ou de consommation des terres agricoles préalablement à l'analyse du dossier de demande d'autorisation d'exploitation commerciale. Dans ce cas, le préfet adresse sa demande au plus tard un mois avant l'examen du dossier par la CDAC[1].

712.142 Convocation des membres. Dix jours au moins avant la réunion, chacun des membres de la commission départementale reçoit, par tout moyen, communication du dossier de la demande d'autorisation d'exploitation commerciale, accompagnée des éléments nécessaires à son appréciation[2].

712.143 Auditions. La commission entend le demandeur[3]. Elle procède également à d'autres auditions, à titre facultatif ou obligatoire[4].

712.144 Instruction par les services de l'État. L'instruction des demandes d'autorisation est faite par les services déconcentrés de l'État[5].

2°
Critères pris en compte pour autoriser ou refuser la demande

712.151 Objectifs généraux. Les objectifs généraux de la législation sur l'aménagement commercial sont énoncés à l'article L. 750-1 du code de commerce :

– « Les implantations, extensions, transferts d'activités existantes et changements de secteur d'activité d'entreprises commerciales et artisanales doivent répondre aux exigences d'aménagement du territoire, de la protection de l'environnement et de la qualité de l'urbanisme. Ils doivent en particulier contribuer au maintien des activités dans les zones rurales et de montagne ainsi qu'au rééquilibrage des agglomérations par le développement des activités en centre-ville et dans les zones de dynamisation urbaine » (al. 1er) ;

– « Dans le cadre d'une concurrence loyale, ils doivent également contribuer à la modernisation des équipements commerciaux, à leur adaptation à l'évolution des modes de consommation et des techniques de commercialisation, au confort d'achat du consommateur et à l'amélioration des conditions de travail des salariés » (al. 2).

a.
Critères d'appréciation

712.161 Énoncé des critères. Les critères d'appréciation à prendre en compte sont énoncés à l'article L. 752-6 du code de commerce. Ils ont été regardés comme ne méconnaissant par les règles européennes sur la liberté d'établissement et la libre prestation de service[6].

En matière d'aménagement du territoire, la CDAC prend en considération[7] :

– la localisation du projet et son intégration urbaine (a) ;

– la consommation économe de l'espace, notamment en termes de stationnement (b) ;

– l'effet sur l'animation de la vie urbaine, rurale et dans les zones de montagne et du littoral (c) ;

– l'effet du projet sur les flux de transports[8] et son accessibilité par les transports collectifs et les modes de déplacement les plus économes en émission de dioxyde de carbone (d) ;

– la contribution du projet à la préservation ou à la revitalisation du tissu commercial du centre-ville de la commune d'implantation, des communes limitrophes et de l'établissement public de coopération intercommunale à fiscalité propre dont la commune d'implantation est membre (e) ;

– les coûts indirects supportés par la collectivité en matière notamment d'infrastructures et de transports (f).

En matière de développement durable, la CDAC prend en considération[9] :

– la qualité environnementale du projet, notamment du point de vue de la performance énergétique et des émissions de gaz à effet de serre par anticipation du bilan prévu aux 1° et 2° du I de l'article L. 229-25 du code de l'environnement, du recours le plus large qui soit aux énergies renouvelables et à l'emploi de matériaux ou procédés éco-responsables, de la gestion des eaux pluviales, de l'imperméabilisation des sols et de la préservation de l'environnement (a)[10] ;

– l'insertion paysagère et architecturale du projet, notamment par l'utilisation de matériaux caractéristiques des filières de production locales (b)[11] ;

1. C. com., art. L. 751-2, V.
2. C. com., art. R. 752-13.
3. C. com., art. R. 752-14.
4. C. com., art. R. 752-14 ; art. L. 751-2, I et II.
5. C. com., art. L. 752-12.
6. CE 15 juill. 2020, *Sté BEMH*, req. n° 431703, *Lebon T.* V. déjà, auparavant : CE 11 févr. 2015, *Société Reims République Développement*, req. n° 370089, *Lebon T.* – CE 5 mars 2003, *Société Immaldi et Compagnie*, req. n° 225470, *Lebon T.*
7. C. com., art. L. 752-6, I, 1° – par ex. : CE 17 juill. 2013, *SAS Ugo*, req. n° 358380, NP – CE 8 déc. 2010, *Sté Prosport évasion*, req. n° 332341, NP.
8. PAR EX. : CE 9 mai 2011, *SCI Le Parc Alfred Daney*, req. n° 332642, NP.
9. C. com., art. L. 752-6, I, 2° – Les a et b du 2° s'appliquent également aux bâtiments existants s'agissant des projets mentionnés au 2° de l'article L. 752-1 (C. com., art. L. 752-6, 2°, dernier al.).
10. PAR EX. : CE 17 juill. 2013, *SAS Ugo*, req. n° 358380, NP.
11. PAR EX. : CE 27 juin 2011, *GIE Centre Commercial des Longs Champs et a.*, req. n° 336234, *Lebon T.* ; *JCP Adm.* 2011, n° 2316, note J.-M. Talau.

– les nuisances de toute nature que le projet est susceptible de générer au détriment de son environnement proche (c) [1].

En matière de protection des consommateurs, la CDAC prend en considération [2] :

– l'accessibilité, en termes, notamment, de proximité de l'offre par rapport aux lieux de vie (a) ;

– la contribution du projet à la revitalisation du tissu commercial, notamment par la modernisation des équipements commerciaux existants et la préservation des centres urbains (b) ;

– la variété de l'offre proposée par le projet, notamment par le développement de concepts novateurs et la valorisation de filières de production locales (c) ;

– les risques naturels, miniers et autres auxquels peut être exposé le site d'implantation du projet, ainsi que les mesures propres à assurer la sécurité des consommateurs (d) [3].

À titre accessoire, la commission peut prendre en considération la contribution du projet en matière sociale [4].

712.162 Appréciation de la conformité du projet aux objectifs, au vu des critères. Le Conseil d'État indique qu'il résulte des dispositions combinées de l'article L. 750-1 et de l'article L. 752-6 « que l'autorisation d'aménagement commercial ne peut être refusée que si, eu égard à ses effets, le projet contesté compromet la réalisation des objectifs énoncés par la loi ; qu'il appartient aux commissions d'aménagement commercial, lorsqu'elles statuent sur les dossiers de demande d'autorisation, d'apprécier la conformité du projet à ces objectifs, au vu des critères d'évaluation mentionnés à l'article L. 752-6 du code de commerce » [5].

b.
Compatibilité avec le SCOT ou le PLUI

712.171 Exigence de compatibilité. L'autorisation d'exploitation commerciale doit être compatible [6] :

– avec le DOO des SCOT ;

– ou, le cas échéant, avec les OAP « équipement commercial » des PLUI [7].

Il appartient aux commissions d'aménagement commercial, non de vérifier la conformité des projets d'exploitation commerciale qui leur sont soumis aux énonciations des SCOT, mais d'apprécier la compatibilité de ces projets avec les orientations générales et les objectifs qu'ils définissent pris dans leur ensemble, y compris ceux se présentant formellement comme régissant des actes distincts des autorisations d'exploitation commerciale, tels que par exemple des documents d'urbanisme [8].

Il en va ainsi même lorsque le SCOT comporte des objectifs chiffrés [9].

Comme l'expliquait Frédéric Dieu, « La caractéristique majeure du contrôle de compatibilité, du moins en droit de l'urbanisme, est (...) qu'il doit être effectué à un niveau global, ce qui nécessite de se placer à l'échelle de l'ensemble du territoire couvert et de l'ensemble des prescriptions du document pour mesurer si l'autorisation litigieuse est compatible ou non avec lui. Et, concrètement, l'incompatibilité ne peut être retenue si le projet ne porte atteinte qu'à des orientations ou objectifs secondaires ou porte faiblement atteinte à des orientations ou objectifs plus importants. Elle ne peut être non plus retenue lorsque, malgré ces atteintes, il satisfait un ou plusieurs objectifs prioritaires du SCOT. Sans être lointain, il s'agit donc d'un contrôle distancié et panoramique, par grandes masses plus que par petites touches, bref d'un contrôle, pourrait-on dire, macroscopique » [10].

712.172 Contrôle de cassation. La compatibilité d'une autorisation d'exploitation commerciale avec le DOO d'un SCOT ou, le cas échéant, avec les OAP des PLUI comportant les dispositions prévues au deuxième alinéa de l'article L. 151-6 du code de l'urbanisme relève de l'appréciation souveraine des juges du fond [11].

1. PAR EX. : CE 30 mai 2011, *SAS Vinli*, req. n° 336134, *Lebon T.* – CE 23 déc. 2013, *SCI Elomidel*, req. n° 353821, NP.
2. C. com., art. L. 752-6, I, 3°.
3. PAR EX., pour un risque d'inondations : CE 23 oct. 2013, *SAS Sotourdi*, req. n° 359260, NP.
4. C. com., art. L. 752-6, II.
5. CE 4 oct. 2010, *Synd. commercial et artisanal de l'agglomération senonaise et a. et S^té^ Sens distribution*, req. n° 333413, *Lebon ; Dr. adm.* janv. 2011, p. 50, note R. Noguellou ; *Constr.-Urb.* nov. 2010, p. 24, note M.-A. Renaux ; *BJCL* 2010. 828, concl. R. Keller ; *JCP Adm.* 2010, n° 2366, note M.-A. Renaux. V. dans le même sens CE 30 mai 2011, *SAS Vinli*, req. n° 336134, *Lebon T.*
6. C. urb., art. L. 752-6, I, al. 1er.
7. V. s^{s} n° 231.351.
8. CE 11 oct. 2017, *Fédération des artisans et commerçants de Caen « Les vitrines de Caen » – Assoc. des commerçants du centre commercial régional Mondeville 2 – Sté les Comptoirs de l'Univers*, req. n° 401807, *Lebon T.* ; *BJCL* 2017. 681, concl. F. Dieu ; *JCP Adm.* 2018, n° 2066, concl. F. Dieu.
9. CE 12 déc. 2012, *Sté Davalex*, req. n° 353496, *Lebon T.* ; *BJDU* 2013. 97, concl. G. Dumortier. Le Conseil d'État affirme que si les SCOT peuvent, en la matière, exprimer des objectifs sous forme quantitative, il appartient aux commissions d'aménagement commercial non de vérifier la « conformité » des projets d'exploitation commerciale qui leur sont soumis aux énonciations des SCOT (car ces objectifs sont des objectifs et non des règles) mais d'apprécier la « compatibilité » de ces projets avec les orientations générales et les objectifs qu'ils définissent.
10. F. Dieu, concl. préc., *JCP Adm.* 2018, n° 2066.
11. CE 6 juin 2018, *Sté Hurtevent LC*, req. n° 405608, *Lebon T.*

712.173 Absence d'autorisation en l'absence de SCOT. En l'absence de SCOT, il ne peut être délivrée d'autorisation d'exploitation commerciale[1].

C.
Absence d'artificialisation des sols

712.181 Principe. Depuis la loi Climat et résilience, entrée en vigueur le 25 août 2021, l'autorisation d'exploitation commerciale « ne peut être délivrée pour une implantation ou une extension qui engendrerait une artificialisation des sols »[2]. L'interdiction est absolue pour les projets aboutissant à la création ou à l'extension de plus de 10 000 m² de surface de vente. Elle peut être levée pour les aménagements inférieurs à ce seuil.

712.182 Exception. Par exception au principe énoncé ci-dessus, une autorisation d'exploitation commerciale qui engendre une artificialisation des sols peut être délivrée si le pétitionnaire démontre, à l'appui de l'analyse d'impact[3], que son projet satisfait aux trois exigences suivantes[4].

En premier lieu, il doit démontrer que son projet « s'insère en continuité avec les espaces urbanisés dans un secteur au type d'urbanisation adéquat ».

En deuxième lieu, il doit démontrer que son projet « répond aux besoins du territoire ».

En troisième lieu, il doit démontrer que le projet « obéit à l'un des critères suivants » (lesquels présentent donc un caractère alternatif) :

– l'insertion de ce projet, tel que défini à l'article L. 752-1, dans le secteur d'intervention d'une ORT ou dans un quartier prioritaire de la politique de la ville (1°) ;

– l'insertion du projet dans une opération d'aménagement au sein d'un espace déjà urbanisé, afin de favoriser notamment la mixité fonctionnelle du secteur concerné (2°) ;

– la compensation par la transformation d'un sol artificialisé en sol non artificialisé, au sens de l'avant-dernier alinéa de l'article L. 101-2-1 du code de l'urbanisme (3°) ;

– l'insertion au sein d'un secteur d'implantation périphérique ou d'une centralité urbaine identifiés dans le DOO du SCOT entré en vigueur avant le 24 août 2021 ou au sein d'une zone d'activité commerciale délimitée dans le règlement du PLUI entré en vigueur avant le 24 août 2021.

Concernant son champ d'application, cette exception est applicable uniquement aux projets ayant pour objet[5] :

– la création d'un magasin de commerce de détail ou d'un ensemble commercial d'une surface de vente inférieure à 10 000 m² (a) ;

– l'extension de la surface de vente d'un magasin de commerce de détail ou d'un ensemble commercial dès lors que la surface de vente totale dudit magasin ou ensemble commercial reste inférieure à 10 000 m² (b) ;

– l'extension de la surface de vente d'un magasin de commerce de détail ou d'un ensemble commercial ayant déjà atteint le seuil des 10 000 m² ou devant le dépasser par la réalisation du projet, dans la limite d'une seule extension par magasin ou ensemble commercial et sous réserve que l'extension de la surface de vente soit inférieure à 1 000 m² (c).

Pour tout projet d'une surface de vente supérieure à 3 000 m² et inférieure à 10 000 m², la dérogation n'est accordée qu'après avis conforme du préfet[6]. Dès lors que le dossier de demande est enregistré, le secrétariat de la commission départementale le transmet au préfet pour avis conforme[7].

712.183 Critères de l'artificialisation. Est considéré comme engendrant une artificialisation des sols un projet d'équipement commercial dont la réalisation engendre, sur la ou les parcelles cadastrales sur lesquelles il prend place, une augmentation des superficies des terrains artificialisés, au sens du neuvième alinéa de l'article L. 101-2-1 du code de l'urbanisme, par rapport à l'état de ces mêmes parcelles à la date du 23 août 2021[8].

E.
Décision ou avis de la CDAC sur la demande d'autorisation

1°
Règles communes aux deux régimes

712.191 Vote. La CDAC autorise les projets par un vote à la majorité absolue des membres présents. Le procès-verbal indique le sens du vote émis par chacun de ces membres[9].

Le préfet, qui préside la commission départementale, ne prend pas part au vote[10].

1. V. s^s n°s 222.111 s.
2. C. com., art. L. 752-6, V, al. 1er ; créé par L. n° 2021-1104, 22 août 2021. DANS le même sens : C. com., art. R. 752 ; créé par décr. n° 2022-1312, 13 oct. 2022.
3. V. s^s n° 712.72.
4. C. com., art. L. 752-6, V, al. 2 à 6 ; créé par L. n° 2021-1104, 22 août 2021.
5. C. com., art. L. 752-6, V, al. 7 à 10 ; créé par L. n° 2021-1104, 22 août 2021.
6. C. com., art. L. 752-6, V, al. 11 : créé par L. n° 2021-1104, 22 août 2021.
7. C. urb., art. R. 752-10-1 ; créé par décr. n° 2022-1312, 13 oct. 2022.
8. C. com., art. R. 752 ; créé par décr. n° 2022-1312, 13 oct. 2022.
9. C. com., art. L. 752-14, I, al. 1er ; art. R. 752-16, al. 1er.
10. C. com., art. L. 752-14, I, al. 2.

712.192 **Délai pour prendre la décision.** La CDAC se prononce dans un délai de deux mois à compter de sa saisine[1].

Passé ce délai, la décision est réputée favorable[2].

712.193 **Décision acceptant ou refusant le projet dans sa totalité.** Les commissions autorisent ou refusent les projets dans leur totalité[3].

En pratique, une large majorité des projets sont autorisés[4].

712.194 **Autorisation par m^2 (et par place pour les *drives*).** L'autorisation est accordée par mètre carré de surface de vente[5].

Pour les *drives*, l'autorisation « est accordée par piste de ravitaillement et par mètre carré d'emprise au sol des surfaces, bâties ou non, affectées au retrait des marchandises »[6]. Précisant la portée de cette disposition, le Conseil d'État indique que l'autorisation d'exploitation commerciale accordée à un *drive* porte[7] :

- d'une part, sur chacune de ses pistes de ravitaillement ;
- et d'autre part, sur la surface, exprimée en mètres carrés, des pistes de ravitaillement et des zones, bâties ou non bâties, dans lesquelles la clientèle est susceptible de se rendre à pied pour retirer ses achats au détail commandés par voie électronique.

712.195 **Motivation, tableau du projet et membre de la CDAC qui représentera la commission devant la CNAC en cas de recours.** L'avis ou la décision est motivé, signé par le président et indique le sens du vote émis par chacun des membres présents[8].

Lorsque cet avis ou décision est favorable, y est joint le tableau récapitulatif des caractéristiques du projet mentionnées à l'article R. 752-44. Le modèle de ce tableau est fixé par arrêté du ministre chargé de l'économie[9].

Pour l'application du deuxième alinéa de l'article L. 752-19, pour le cas où un recours serait exercé contre son avis ou sa décision, la commission désigne, à la majorité absolue de ses membres présents titulaires du droit de vote, celui d'entre eux qui exposera sa position devant la Commission nationale[10].

712.196 **Publicité de la décision.** La décision est notifiée dans les dix jours au maire et au pétitionnaire[11].

Dans les dix jours suivant la réunion de la commission ou la date de l'autorisation tacite, la décision ou l'avis de la commission est :

- notifié par le préfet au demandeur et, si le projet nécessite un permis de construire, à l'autorité compétente pour délivrer le permis de construire, soit par la voie administrative contre décharge, soit par lettre recommandée avec demande d'avis de réception, soit, dans le cas prévu à l'article R. 752-8, par courrier électronique[12] ;
- publié au recueil des actes administratifs de la préfecture[13].

Dans le même délai, lorsque le projet répond aux conditions prévues au III de l'article L. 752-17, la décision ou l'avis de la commission est notifié par le préfet à la CNAC[14] :

- soit par la voie administrative ;
- soit par lettre recommandée avec demande d'avis de réception ;
- soit par courrier électronique.

En cas de décision ou avis favorable, le préfet fait publier, dans les dix jours suivant la réunion de la commission ou la date de l'autorisation tacite, aux frais du demandeur, un extrait de cette décision ou de cet avis dans deux journaux régionaux ou locaux diffusés dans le département[15].

2°
Règles spécifiques à chacun des régimes

712.201 **Régime de l'AEC.** L'autorisation d'exploitation commerciale est délivrée préalablement à la réalisation du projet si le permis de construire n'est pas exigé[16].

712.202 **Régime du PCAEC.** Lorsque le projet est soumis à autorisation d'exploitation commerciale, le permis de construire tient lieu d'autorisation dès lors que la demande de permis a fait l'objet d'un avis favorable de la CDAC[17].

Le permis de construire est refusé si la commission a émis un avis défavorable[18].

La notification comprend des informations spécifiques dans le cas où la demande relève du permis de

1. C. com., art. L. 752-14, II, al. 1er.
2. C. com., art. L. 752-14, II, al. 2.
3. C. com., art. L. 752-22.
4. 86 %, par exemple, en 2018 (Min. cohésion *ter., Comprendre l'aménagement et l'urbanisme commercial*, fiche pratique, oct. 2020, p. 3 [en ligne]).
5. C. com., art. L. 752-15, al. 2.
6. C. com., art. L. 752-16.
7. CE 14 mai 2024, *Ministre de l'économie, des finances et de la souveraineté industrielle et numérique et Société Cora*, req. n° 469687, *Lebon T. ; Constr.-Urb.* 2024, comm. 91, note M.-A. Renaux.
8. C. com., art. R. 752-16, al. 2.
9. C. com., art. R. 752-16, al. 3.
10. C. com., art. R. 752-16, al. 4.
11. C. com., art. L. 752-14, II, al. IV.
12. C. com., art. 752-19, 1°.
13. C. com., art. 752-19, 2°.
14. C. com., art. 752-19, al. 4.
15. C. com., art. 752-19, al. 5.
16. C. com., art. L. 752-15, al. 1er.
17. V. ss n° 325.41.
18. V. ss n° 345.221.

construire valant autorisation d'exploitation commerciale[1].

F. Recours devant la CNAC

1° Introduction du recours

712.211 Objet du recours. Le recours formé devant la CNAC ne peut tendre qu'à l'annulation ou à la réformation de la décision prise par une CDAC. Un recours qui a pour objet la confirmation d'une décision de la CDAC est irrecevable[2].

712.212 Recours préalable facultatif ou obligatoire. Dans le régime du permis de construire valant autorisation d'exploitation commerciale, un recours contentieux ne peut être formé qu'après saisine préalable de la CNAC. Toutefois, cette obligation ne s'impose ni au préfet ni au maire de la commune d'implantation[3].

Dans le régime de l'autorisation d'exploitation commerciale ne nécessitant pas de permis de construire, la saisine de la commission nationale constitue, pour tous les requérants, un préalable obligatoire au recours contentieux[4].

712.213 Auteur du recours. Les personnes ayant qualité pour agir sont les mêmes dans les deux régimes, c'est-à-dire que l'autorisation d'exploitation commerciale nécessite ou non un permis de construire.

Le recours devant la CNAC peut être formé par[5] :

- le demandeur de l'autorisation ;
- le préfet ;
- tout membre de la CDAC ;
- tout professionnel dont l'activité, exercée dans les limites de la zone de chalandise définie pour chaque projet, est susceptible d'être affectée par le projet ;
- et toute association les représentant.

Concernant l'intérêt à agir des professionnels, le Conseil d'État a précisé que tout professionnel dont l'activité, exercée dans les limites de la zone de chalandise d'un projet, est susceptible d'être affectée par celui-ci, a intérêt à former un recours devant la CNAC contre l'autorisation donnée à ce projet par la CDAC puis, en cas d'autorisation à nouveau donnée par la CNAC, un recours contentieux. S'il en va ainsi lorsque le professionnel requérant est implanté dans la zone de chalandise du projet, un tel intérêt peut également résulter de ce que, alors même que le professionnel requérant n'est pas implanté dans la zone de chalandise du projet, ce dernier est susceptible, en raison du chevauchement de sa zone de chalandise et de celle de l'activité commerciale du requérant, d'avoir sur cette activité une incidence significative[6].

À titre d'exemple, des professionnels de l'immobilier ne justifient pas, en cette qualité, d'un intérêt à agir contre l'autorisation d'exploitation commerciale accordée à un magasin de décoration d'intérieur[7].

712.214 Délai de recours devant la CNAC. Le recours contre l'avis ou la décision de la CDAC doit être introduit dans un délai d'un mois[8]. Il s'agit d'un délai franc[9].

Le délai court :

- pour le demandeur, à compter de la notification de la décision ou de l'avis[10] ;
- pour le préfet et les membres de la commission départementale, à compter de la réunion de la commission ou, en cas de décision ou d'avis tacite, à compter de la date à laquelle l'autorisation est réputée accordée[11] ;
- pour toute autre personne mentionnée à l'article L. 752-17, à compter de la plus tardive des mesures de publicité prévues aux troisième et cinquième alinéas de l'article R. 752-19[12].

Le respect du délai de recours est apprécié à la date d'envoi du recours[13].

Un affichage irrégulier n'empêche pas le déclenchement du recours s'il porte sur un élément non substantiel[14].

712.215 Forme du recours devant la CNAC. Le recours est présenté au président de la CNAC par

1. V. s^s n° 334.381.
2. CE 7 oct. 2009, *S^té Distribution du Bourget et Assoc. pour la défense et la promotion des commerçants du Bourget*, req. n° 314763, *Lebon T.* ; *BJCL* 2009. 608, concl. Y. Struillou.
3. V. s^s n°s 611.491 s.
4. C. com., art. L. 752-17, II, al. 3.
5. C. com., art. L. 752-17, I, al. 1er et II, al. 1er.
6. CE 26 sept. 2018, *S^té Distribution Casino France*, req. n° 402275, *Lebon T.* ; *BJDU* 2019. 167, concl. F. Dieu ; *JCP Adm.* 2019, n° 2078, note B. Crottet – par ex. : CAA Douai, 29 nov. 2018, *S^té Juliane*, req. n° 16DA01711, NP 16DA01711.
7. CE 21 sept. 2020, *S^té L'avenir en Europe lotissement*, req. n° 427941, NP.
8. C. com., art. L. 752-17, I, al. 1er ; art. L. 752-17, II, al. 1er.
9. CAA Lyon, 1er déc. 2022, *Association pour la défense du commerce traditionnel de proximité et de protection des zones agricoles naturelles et humides*, req. n° 22LY01015, NP.
10. C. com., art. R. 752-30, 1°.
11. C. com., art. R. 752-30, 2°.
12. C. com., art. R. 752-30, 3°.
13. C. com., art. R. 752-30, al. 5.
14. CE 3 juill. 2013, *C^té de cnes Braconne et Charente et a.*, req. n° 356922, *Lebon T.* : en l'espèce, l'affichage renseignait suffisamment sur les caractéristiques essentielles du projet. La circonstance que le lieu de consultation du dossier soit erroné (mentionnant une commune à la place d'une autre) est sans effet sur le déclenchement du délai de recours.

tout moyen sécurisé ou, lorsqu'il est présenté par le préfet, par la voie administrative ordinaire [1].

À peine d'irrecevabilité, le recours est motivé et accompagné de la justification de la qualité et de l'intérêt donnant qualité pour agir de chaque requérant [2].

Lorsque le recours est présenté par plusieurs personnes, ses auteurs élisent domicile en un seul lieu. À défaut, les notifications, convocations ou autres actes sont valablement adressés au domicile du premier signataire [3].

Un avis rendu sur le fondement de l'article L. 752-4 ne peut faire l'objet d'un recours qu'en cas d'avis défavorable. Un tel recours ne peut être présenté que par le demandeur [4].

712.216 Notification du recours. À peine d'irrecevabilité de son recours, dans les cinq jours suivant sa présentation à la commission nationale, le requérant, s'il est distinct du demandeur de l'autorisation d'exploitation commerciale, communique son recours à ce dernier soit par lettre recommandée avec demande d'avis de réception, soit par tout moyen sécurisé [5].

S'il n'en est pas l'auteur, le préfet du département de la commune d'implantation est informé du dépôt du recours par le secrétariat de la commission nationale. Le préfet informe, par tout moyen, les membres de la commission départementale [6].

Pour les projets nécessitant un permis de construire, dans les sept jours francs suivant la réception du recours, le secrétariat de la commission nationale informe, par tout moyen, l'autorité compétente en matière de permis de construire du dépôt du recours [7].

712.217 Hypothèse d'un retrait du recours. Lorsqu'après l'expiration d'un délai de deux mois suivant sa réception par le président de la CNAC, un requérant retire son recours contre la décision ou l'avis de la commission départementale, la commission nationale peut néanmoins, selon les règles prévues au premier alinéa de l'article R. 752-38, décider de se prononcer sur le projet qui lui est soumis [8]. Elle conserve ainsi la faculté de se prononcer sur le projet qui lui a été soumis nonobstant le retrait du recours [9].

1. C. com., art. R. 752-31, al. 1er.
2. C. com., art. R. 752-31, al. 2.
3. C. com., art. R. 752-31, al. 3.
4. C. com., art. R. 752-31, al. 4.
5. C. com., art. R. 752-32, al. 1er.
6. C. com., art. R. 752-32, al. 2.
7. C. com., art. R. 752-32, al. 3.
8. C. com., art. R. 752-33.
9. CE 28 avr. 2023, *CNAC*, req. n° 469710, *Lebon T. ; BJDU* 2023. 246, concl. R. Chambon, note S. Ferrari ; *Constr.-Urb.* 2023, comm. 83, note M.-A. Renaux.

La CNAC informe les parties de sa décision dix jours au moins avant la réunion au cours de laquelle le projet sera examiné [10].

2°
Examen du recours

712.221 Convocation. La commission nationale se réunit sur convocation de son président [11].

Cinq jours au moins avant la réunion, chacun des membres reçoit, par tout moyen, l'ordre du jour ainsi que, pour chaque dossier [12] :

– l'avis ou la décision de la commission départementale (1°) ;

– le procès-verbal de la réunion de la commission départementale (2°) ;

– le rapport des services instructeurs départementaux (3°) ;

– le ou les recours à l'encontre de l'avis ou de la décision (4°) ;

– le rapport du service instructeur de la commission nationale (5°).

Le non-respect des règles de convocation peut entacher la décision prise d'irrégularité [13].

712.222 Instruction. La commission nationale peut recevoir des contributions écrites [14].

La commission nationale entend toute personne qui en fait la demande écrite au secrétariat, en justifiant les motifs de son audition, au moins cinq jours avant la réunion [15]. Les personnes suivantes sont dispensées de justifier les motifs de leur audition [16] :

– l'auteur du recours devant la commission nationale ;

– le demandeur de l'autorisation ;

– le membre de la CDAC mentionné au deuxième alinéa de l'article L. 752-19 [17] ;

– le maire de la commune d'implantation [18] ;

– le président de l'EPCI à fiscalité propre dont est membre la commune d'implantation ;

10. C. com., art. R. 752-33.
11. C. com., art. R. 752-35, al. 1er.
12. C. com., art. R. 752-35, al. 2 à 7.
13. CE 22 août 2023, *Sté ajaccienne des grands magasins*, req. n° 439718, NP ; *Constr.-Urb.* 2023, comm. 124, note M.-A. Renaux. V. également M.-A. Renaux, « Régularité de la convocation des membres de la CNAC : le point sur la jurisprudence après la décision du Conseil d'État du 22 août 2023 », *Constr.-Urb.* 2024, comm. 56.
14. C. com., art. R. 752-36, al. 1er.
15. C. com., art. R. 752-36, al. 2.
16. C. com., art. R. 752-36, al. 3.
17. C. com., art. L. 752-19, al. 2 : « À sa demande, la commission départementale d'aménagement commercial dont la décision ou l'avis fait l'objet du recours désigne, en son sein, un membre qui expose la position de la commission préalablement à la décision de la Commission nationale d'aménagement commercial ».
18. C. com., art. L. 752-19, al. 1er.

– et le président de l'établissement public compétent en matière de SCOT dont est membre la commune d'implantation.

La commission nationale peut entendre toute autre personne qu'elle juge utile de consulter. Elle peut entendre en deux groupes distincts les personnes défavorables et favorables au projet[1].

Le secrétariat de la commission nationale instruit et rapporte les dossiers[2].

Un commissaire du Gouvernement nommé par le ministre chargé du commerce assiste aux séances de la commission[3]. Le commissaire du Gouvernement présente et communique à la commission nationale les avis des ministres chargés de l'urbanisme et du commerce. Après audition des parties, il donne son avis sur les demandes[4].

712.223 ***Quorum.*** La commission nationale ne peut délibérer que si au moins six de ses membres sont présents[5].

Si ce *quorum* n'est pas atteint, une seconde réunion est convoquée. La commission nationale se réunit au minimum sept jours après la date d'envoi de la seconde convocation. La commission nationale ne peut valablement délibérer qu'en présence d'au moins quatre de ses membres. Si ce *quorum* n'est pas atteint, la commission nationale est réputée ne pas s'être réunie[6].

3°
Décision ou avis de la CNAC

712.231 **Une décision ou un avis qui se substitue à celui de la CDAC, un délai de 4 mois.** Dans le régime du permis de construire valant autorisation d'exploitation commerciale, la CNAC émet un avis sur la conformité du projet aux critères énoncés à l'article L. 752-6 du code de commerce, qui se substitue à celui de la commission départementale. En l'absence d'avis exprès de la commission nationale dans le délai de quatre mois à compter de sa saisine, l'avis de la CDAC est réputé confirmé[7].

Lorsque le projet ne nécessite pas de permis de construire, la CNAC rend une décision qui se substitue à celle de la commission départementale. En l'absence de décision expresse de la commission nationale dans le délai de quatre mois à compter de sa saisine, la décision de la CDAC est réputée confirmée[8].

Le délai de quatre mois prévu aux I et II de l'article L. 752-17 court à compter de la réception du recours par le secrétariat de la commission nationale[9].

712.232 **Règles de vote.** L'avis ou la décision est adopté à la majorité des membres présents. En cas de partage égal des voix, la voix du président est prépondérante[10].

712.233 **Contenu.** L'avis ou la décision est motivé, signé par le président et indique le nombre de votes favorables et défavorables ainsi que le nombre d'abstentions[11].

Lorsque cet avis ou décision est favorable, y est joint le tableau récapitulatif des caractéristiques du projet mentionnées à l'article R. 752-44. Le modèle de ce tableau est fixé par arrêté du ministre chargé de l'économie[12].

La commission autorise ou refuse les projets dans leur totalité[13].

En pratique, environ la moitié des projets est autorisé[14].

712.234 **Notification et publication.** Dans le délai d'un mois suivant la réunion de la commission nationale ou la date de la confirmation tacite, la décision ou l'avis est notifié au requérant, au demandeur, s'il est distinct du requérant, au préfet et, si le projet nécessite un permis de construire, à l'autorité compétente en matière de permis de construire[15].

L'avis ou la décision de la Commission nationale d'aménagement commercial mentionne, le cas échéant, la faculté pour le pétitionnaire de la saisir directement d'une nouvelle demande d'autorisation selon la procédure prévue à l'article L. 752-21[16].

Pour les projets relevant de l'article L. 752-1, dans les dix jours suivant la notification, la décision ou l'avis est publié au recueil des actes administratifs de la préfecture du département de la commune d'implantation. En cas d'avis ou de décision favorable, le préfet du département de la commune d'implantation fait publier dans le même délai, aux frais du demandeur, un extrait de cette décision ou de cet avis dans deux journaux régionaux ou locaux diffusés dans le département[17].

1. C. com., art. R. 752-36, al. 4.
2. C. com., art. R. 752-36, al. 5.
3. C. com., art. L. 752-19, al. 3.
4. C. com., art. R. 752-36, al. 5 – Le rapporteur doit exposer l'avis du ministre avant d'exprimer son propre avis : CE 16 mai 2011, *Cté d'agglo. du bassin d'Aurillac et Aurillac (Cne)*, req. n° 336104, *Lebon T. ; Constr.-Urb.* juill. 2011, p. 29, note M.-A. Renaux.
5. C. com., art. R. 752-37, al. 1er.
6. C. com., art. R. 752-37, al. 2.
7. C. com., art. L. 752-17, I, al. 2.
8. C. com., art. L. 752-17, II, al. 2.
9. C. com., art. R. 752-34, al. 1er.
10. C. com., art. L. 752-20, al. 1er ; art. R. 752-38, al. 1er.
11. C. com., art. R. 752-38, al. 2 ; art. L. 752-20, al. 2.
12. C. com., art. R. 752-38, al. 3.
13. C. com., art. L. 752-22.
14. CNAC, *Rapport d'activité 2023*, p. 7.
15. C. com., art. R. 752-39, al. 1er.
16. C. com., art. R. 752-43-1.
17. C. com., art. R. 752-39, al. 2.

Les décisions et avis de la commission nationale sont rendus publics par voie électronique[1].

712.235 Office de la CNAC en cas de dossier incomplet. Lorsqu'elle estime qu'une demande d'autorisation d'exploitation commerciale est incomplète, il appartient à la CNAC, non de refuser d'emblée pour ce motif l'autorisation, mais d'inviter la société à compléter dans cette mesure son dossier afin de combler les insuffisances constatées, puis, le cas échéant, de rejeter la demande en raison de lacunes persistantes[2].

4°
Présentation d'un nouveau projet devant la CNAC après un refus (saisine directe)

712.241 Demande tenant compte des motifs du rejet. Un pétitionnaire dont le projet a été rejeté pour un motif de fond par la CNAC ne peut déposer une nouvelle demande d'autorisation sur un même terrain, à moins d'avoir pris en compte les motivations de la décision ou de l'avis de la commission nationale[3]. Il en résulte que lorsqu'un projet soumis à PCAEC fait l'objet d'un avis défavorable de la CNAC pour un motif de fond, une nouvelle demande de PCAEC à raison d'un nouveau projet sur le même terrain ne peut être soumise, pour avis, à une CDAC que pour autant que le pétitionnaire justifie que sa demande comporte des modifications en lien avec la motivation de l'avis antérieur de la CNAC[4].

Lorsque la nouvelle demande ne constitue pas une modification substantielle au sens de l'article L. 752-15, elle peut être déposée directement auprès de la CNAC[5]. Cela permet au porteur du projet de présenter la demande directement devant la CNAC sans avoir à reprendre l'ensemble du processus devant une CDAC.

712.242 Règles de dépôt et d'examen de la nouvelle demande. Les règles de dépôt et d'examen de la nouvelle demande sont prévues aux articles R. 752-43-2 à R. 752-43-9 du code de commerce.

Il appartient à la CDAC, saisie du nouveau projet, de vérifier que le pétitionnaire justifie que sa demande comporte des modifications en lien avec la motivation de l'avis antérieur de la CNAC. Ensuite, et seulement dans l'hypothèse où cette condition préalable est remplie, il lui appartient de procéder au contrôle qui lui incombe du respect des autres exigences découlant du code de commerce, y compris, s'agissant des exigences de fond, de celles dont il avait été antérieurement estimé qu'elles avaient été méconnues ou dont il n'avait pas été fait mention dans l'avis de la CNAC[6].

S'agissant de l'exigence de motivation, en cas d'avis favorable, le nouvel avis doit mentionner les considérations de droit et de fait sur lesquelles la commission saisie du nouveau projet s'est fondée pour conclure au respect des exigences découlant du code de commerce et rendre un avis favorable à la nouvelle demande d'autorisation, sans nécessairement comporter de référence explicite ni à l'avis défavorable précédemment émis, ni aux éléments apportés par le pétitionnaire pour justifier que sa demande comporte des modifications en lien avec la motivation de l'avis antérieur de la CNAC, ni à l'ensemble des motifs de fond l'ayant justifié[7].

G.
Autosaisine de la CNAC sur les projets de plus de 20 000 m²

712.251 Pouvoir d'autosaisine. La CNAC peut se saisir de tout projet mentionné à l'article L. 752-1 dont la surface de vente atteint au moins 20 000 mètres carrés dans le délai d'un mois suivant l'avis émis par la CDAC ou suivant la décision rendue par la CDAC[8]. Le respect du délai d'un mois, non franc, dont dispose la CNAC pour s'autosaisir s'apprécie à la date à laquelle sa décision d'autosaisine est notifiée au demandeur. En cas de notification par voie de LRAR, le demandeur est réputé en avoir reçu notification à la date de la première présentation du courrier par lequel elle lui est adressée. La méconnaissance de ce délai constitue une irrégularité de nature à entacher la décision d'autosaisine d'irrégularité, faisant obstacle à ce que la CNAC puisse légalement substituer son avis à celui de la commission départementale[9].

712.252 Information de la CNAC de l'existence d'un projet entrant dans le champ d'application de son pouvoir d'autosaisine. Afin de permettre à la CNAC d'exercer le cas échéant son pouvoir d'autosaisine, la CDAC :

1. C. com., art. R. 752-39, al. 3.
2. CE 30 mai 2011, *Sté Frenodis*, req. n° 336055, *Lebon T.*
3. C. com., art. L. 752-21, al. 1er.
4. CE 7 oct. 2022, *Société civile immobilière Entrepôt Nîmes et Commune d'Arles*, req. n° 450615, *Lebon T.* ; *BJDU* 2023. 49, concl. R. Chambon ; *Constr.-Urb.* 2022, comm. 131, note M.-A. Renaux ; *RDI* 2023. 130, obs. J. Waltuch.
5. C. com., art. L. 752-21, al. 2.
6. CE 7 oct. 2022, *Société civile immobilière Entrepôt Nîmes et Commune d'Arles*, req. n° 450615.
7. CE 21 juill. 2023, *Société Distribution Casino France*, req. n° 461753, *Lebon T.* ; *BJDU* 2023. 418, concl. R. Chambon ; *RDI* 2023. 562, obs. M. Revert.
8. C. com., art. L. 752-17, V, al. 1er.
9. CE 17 juin 2024, *Ministre de l'économie et des finances et CNAC*, req. n° 461667, *Lebon T.* ; *Constr.-Urb.* 2024, comm. 94, obs. M.-A. Renaux ; *BJDU* 2024. 228, concl. J.-F. de Montgolfier.

– informe la CNAC de tout projet mentionné à l'article L. 752-1 dont la surface de vente atteint au moins 20 000 mètres carrés, dès son dépôt[1] ;

– doit, dès le dépôt du dossier de demande, informer la CNAC de tout projet mentionné à l'article L. 752-1 dont la surface de vente est supérieure à 20 000 mètres carrés ou ayant déjà atteint le seuil de 20 000 mètres carrés ou devant le dépasser par la réalisation du projet[2].

Lorsqu'un projet se rapporte à un équipement dont la surface de vente est supérieure à 20 000 mètres carrés, le secrétariat de la commission départementale doit, dans un délai de dix jours francs suivant la réception de la demande d'autorisation commerciale, adresser à la commission nationale un exemplaire dématérialisé de la demande accompagnée du dossier[3].

Il résulte de la combinaison des III, IV et V de l'article L. 752-17 du code de commerce, éclairés par les travaux préparatoires de la loi n° 2014-626 du 18 juin 2014 dont ils sont issus, que le législateur a entendu, en prévoyant que la CNAC est systématiquement informée des projets dont la surface de vente est supérieure ou égale à 20 000 mètres carrés et de ceux ayant déjà atteint ce seuil ou devant le dépasser par la réalisation du projet, que la Commission nationale puisse s'autosaisir de l'ensemble de ces projets, et non seulement de ceux dont la surface de vente devant être autorisée est supérieure ou égale à 20 000 mètres carrés[4].

712.253 **Information des membres de la CNAC.** Le secrétariat de la commission nationale informe, par tout moyen, les membres de la Commission nationale des demandes d'autorisation d'exploitation commerciale et des décisions ou avis des commissions départementales relevant du V de l'article L. 752-17[5].

Le délai d'un mois prévu au V de l'article L. 752-17[6] court à compter de la notification au secrétariat de la commission nationale de l'avis ou de la décision de la commission départementale[7].

712.254 **Exercice du pouvoir d'autosaisine.** Sur proposition de son président ou d'au moins de quatre de ses membres, la commission nationale, à la majorité absolue des membres présents, se saisit d'un projet en application du V de l'article L. 752-17[8].

Le président de la commission nationale notifie la décision de la commission nationale, par lettre recommandée avec demande d'avis de réception ou par courrier électronique sécurisé[9] :

– au préfet du département de la commune d'implantation ;

– au demandeur ;

– et, si le projet nécessite un permis de construire, à l'autorité compétente en matière de permis de construire.

Le respect du délai de saisine est apprécié à la date de la notification de la décision au demandeur[10].

712.255 **Avis ou décision.** La CNAC émet un avis ou rend une décision sur la conformité du projet aux critères énoncés à l'article L. 752-6. Cet avis ou cette décision se substitue à celui de la commission départementale. En l'absence d'avis ou de décision exprès de la commission nationale dans le délai de quatre mois à compter de sa saisine, l'avis de la commission départementale d'aménagement commercial est réputé confirmé[11].

Le délai de quatre mois court à compter de la notification de la décision de saisine au demandeur[12].

712.256 **Procédure.** Les articles R. 752-35 à R. 752-39 s'appliquent à la procédure prévue au V de l'article L. 752-17[13].

712.257 **Pouvoir d'autosaisine ne faisant pas obstacle à l'exercice de recours par tout intéressé.** La procédure prévue au V de l'article L. 752-17 ne fait pas obstacle aux recours exercés contre la décision ou l'avis de la commission départementale. La commission nationale se prononce sur l'ensemble des saisines et recours afférents à un projet par une seule décision ou un seul avis[14].

H.
Recours contentieux contre les décisions des commissions d'aménagement commercial

1°
Recours contre un PCAEC

a.
Auteur du recours

712.261 **Requérants.** Le recours peut être formé :

– soit par un voisin ;

– soit par une personne visée à l'article L. 752-17 du code de commerce.

1. C. com., art. L. 752-17, III.
2. C. com., art. L. 752-17, IV.
3. C. com., art. R. 752-40.
4. CE 20 juin 2022, *Ministre de l'économie, des finances et de la relance c/Société Laury-Chalonges Dis et CNAC*, req. n° 441707, *Lebon T.* ; *BJDU* 2022. 347, concl. R. Chambon ; *BJDU* 2022. 349, obs. S. Ferrari ; *Constr.-Urb.* 2022, comm. 93, note M.-A. Renaux.
5. C. com., art. R. 752-41, al. 1er.
6. V. ss n° 712.251.
7. C. com., art. R. 752-41, al. 2.
8. C. com., art. R. 752-42, al. 1er.
9. C. com., art. R. 752-42, al. 2.
10. C. com., art. R. 752-42, al. 3.
11. C. com., art. L. 752-17, V, al. 2.
12. C. com., art. R. 752-43, al. 1er.
13. C. com., art. R. 752-43, al. 2.
14. C. com., art. R. 752-43, al. 3.

Le voisin conteste l'acte en tant qu'il vaut permis de construire, la personne visée à l'article L. 752-17 en tant qu'il vaut autorisation d'exploitation commerciale[1].

712.262 Cas du maire. Concernant le maire, l'avis émis par la CDAC revêt la nature d'un avis conforme : s'il est négatif, le maire ne peut délivrer le permis ; s'il est positif, le maire doit délivrer le permis (plus exactement, ne peut s'opposer à sa délivrance pour un motif commercial mais seulement pour un motif d'urbanisme). Il peut ainsi arriver que l'avis émis par la CDAC oblige le maire à autoriser un projet auquel il n'est pas favorable, ou inversement le contraigne à refuser un projet qu'il aurait souhaité voir aboutir. Or, l'avis de la CDAC constitue un acte préparatoire et, à ce titre, un acte insusceptible de recours[2].

Le Conseil d'État a confirmé, dans un arrêt du 24 janvier 2022, que la nature d'acte préparatoire de l'avis emporte l'irrecevabilité du recours formé à son encontre, et cela quelle que soit la qualité du requérant y compris, donc, en cas de recours formé par la commune d'implantation du projet. Il affirme qu'il résulte des dispositions applicables que l'avis de la CDAC ou de la CNAC « a le caractère d'un acte préparatoire à la décision prise par l'autorité administrative sur la demande de permis de construire valant autorisation d'exploitation commerciale, seule décision susceptible de recours contentieux. Il en va ainsi que l'avis soit favorable ou qu'il soit défavorable » (p^t^ 3). Il ajoute qu'alors même qu'un PCAEC ne peut être légalement délivré par le maire que sur avis favorable de la CDAC ou de la CNAC « et qu'ainsi cet avis lie le maire s'agissant de l'autorisation d'exploitation commerciale sollicitée », « la commune d'implantation du projet n'est pas recevable à demander l'annulation pour excès de pouvoir de cet avis, qui, comme il a été dit, a le caractère d'acte préparatoire à la décision prise sur la demande de permis de construire valant autorisation d'exploitation commerciale ».

Le Conseil d'État innove néanmoins dans cet arrêt en ouvrant au maire la possibilité de contester sa propre décision dans son volet commercial, lui permettant ainsi indirectement de critiquer la position adoptée par la CDAC. Le Conseil d'État indique en ce sens que le maire est « recevable à contester, par la voie d'un recours pour excès de pouvoir, la décision qu'elle prend sur cette demande en tant seulement qu'elle se prononce sur l'autorisation d'exploitation commerciale sollicitée, pour autant qu'elle justifie d'un intérêt lui donnant qualité pour agir »[3]. Le schéma contentieux qui en résulte est assurément singulier puisqu'il conduit à reconnaître à une autorité le pouvoir de former un recours contre un acte qu'elle a elle-même édicté. Toutefois, ce n'est qu'en apparence que le maire agira dans ce cas contre la décision dont il est formellement l'auteur : son recours ciblera en réalité un acte ou plus exactement une appréciation (émanant de la CDAC) que la loi l'a contraint à incorporer dans sa propre décision.

b.
Recours préalable devant la CNAC

712.271 RAPO. Est soumise à une exigence de recours préalable devant la CNAC le recours contentieux formé par le demandeur de l'autorisation, un membre de la CDAC, un concurrent ou une association de commerçant[4].

c.
Juridiction compétente

712.281 Compétence des CAA. Les cours administratives d'appel sont compétentes pour connaître en premier et dernier ressort des litiges relatifs au permis de construire tenant lieu d'autorisation d'exploitation commerciale prévu à l'article L. 425-4[5].

Cette compétence ne vaut que pour les permis valant AEC. Elle est exclue pour les permis ne valant pas AEC. Un PC ne vaut AEC qu'à deux conditions : d'une part, le projet entre dans le champ d'application de la procédure d'AEC (la demande doit donc porter sur l'exploitation d'une surface de vente supérieure à 1 000 m^2) ; d'autre part, le permis a été précédé d'un avis favorable des commissions d'aménagement commercial. Une CAA n'est pas compétente si fait défaut la première condition[6] ou la seconde[7].

En outre, seul l'arrêté de permis peut faire l'objet d'un recours. Les commissions d'aménagement commercial n'émettant dans cette procédure que des avis, ceux-ci ne peuvent pas être contestés en tant que tels. Ils constituent en effet des actes préparatoires et non des décisions[8]. Il en va ainsi même des actes

1. V. s^s^ n° 712.301.
2. CE 25 mars 2020, *S^té^ le Parc du Béarn*, req. n° 409675.
3. CE 24 janv. 2022, *S^té^ Année Distribution et a.*, req. n° 440164, *Lebon T. ; BJDU* 2022. 286, concl. F. Dieu ; 2022. 291, obs. S. Ferrari ; *RDI* 2022. 243, obs. M. Revert ; *JCP Adm.* 2022, n° 2166, chron. O. le Bot ; *Dr. adm.* 2022, comm. 19, note G. Eveillard.
4. V. s^s^ n°s 611.491 s.
5. C. urb., art. L. 600-10 ; créé par L. n° 2014-626, 18 juin 2014, art. 58.
6. CE 24 juill. 2024, *Société Distribution Casino France*, req. n° 464565, *Lebon T.* : absence de compétence de la CAA pour un projet de 998 m^2, donc hors champ de la procédure d'AEC, alors même qu'il a été soumis pour avis à la CDAC.
7. CE 14 nov. 2018, *Vire-Normandie (C^ne^) et S^té^ LIDL*, req. n° 413246, *Lebon T. ; JCP Adm.* 2019, n° 2037, concl. S.-J. Lieber ; *JCP Adm.* 2019, n° 2036, note J.-M. Talau ; *BJDU* 2019. 329, note S. Ferrari.
8. CE, avis, 15 avr. 2019, *S^té^ Difradis*, req. n° 425854, *Lebon ; BJDU* 2019. 174, note S. Ferrari ; *BJDU* 2019. 268, concl. F. Dieu.

par lesquels la Commission nationale rejette, que ce soit ou non à bon droit, comme irrecevable le recours administratif dont elle a été saisie[1].

En cas de recours dirigé contre un refus de délivrance d'un permis de construire modificatif relatif à l'extension d'un ensemble commercial, la compétence revient aux CAA en premier et dernier ressort dès lors que le projet avait été soumis pour avis à une CDAC[2]. La cour n'a pas, pour retenir sa compétence, à rechercher au préalable si le projet à l'origine de la demande de permis modificatif emporte des modifications substantielles, au sens de l'article L. 752-15 du code de commerce, du projet qui avait antérieurement obtenu une autorisation d'exploitation commerciale[3].

La compétence des cours s'étend aux recours indemnitaires liés à un PC valant AEC[4] ainsi qu'aux recours visant les permis modificatifs[5].

d.
Délai de recours

712.291 **Durée du délai.** En l'absence de dispositions spécifiques, c'est le délai de droit commun qui s'applique, c'est-à-dire un délai de deux mois[6].

712.292 **Point de départ du délai.** Le délai commence à courir à compter de l'affichage régulier du permis sur le terrain[7].

Pour les professionnels mentionnés au I de l'article L.752-17 du code de commerce, la saisine de la CNAC est, en vertu du même article et des dispositions analogues de l'article L.425-4 du code de l'urbanisme, un préalable obligatoire à tout recours contentieux contre un permis de construire valant autorisation d'exploitation commerciale. Le Conseil d'État a relevé que, eu égard au délai d'un mois dans lequel cette saisine doit intervenir, « il sera exceptionnel qu'elle soit régulièrement introduite avant que le délai de recours contre le permis, déclenché (...), soit expiré. Même alors, cette saisine n'aurait pas pour effet d'interrompre le délai de recours contentieux ». En revanche, indique-t-il, dans tous les cas où la CNAC, régulièrement saisie, est amenée à rendre son avis après la délivrance du PCAEC, « la publication de cet avis (...) ouvre, à l'égard des requérants mentionnés au I de l'article L. 752-17 du code de commerce, y compris si le délai déclenché dans les conditions prévues par l'article R. 600-2 du code de l'urbanisme est expiré, un délai de recours de deux mois contre le permis »[8].

712.293 **Prorogation du délai par un recours gracieux formé contre le PCAEC.** Si le recours formé auprès de la CNAC à l'encontre de l'avis émis par la CDAC constitue un préalable obligatoire à l'introduction d'un recours pour excès de pouvoir contre la décision de l'autorité administrative sur la demande de PCAEC, « un tel recours préalable obligatoire ne peut être regardé », dès lors qu'il est dirigé contre l'avis préalable de la CDAC, et non contre la décision de l'autorité administrative, seule décision susceptible de recours contentieux, « comme ayant pour objet ou pour effet de faire obstacle à ce qu'un recours gracieux formé contre cette décision devant l'autorité administrative qui l'a prise, pour autant qu'il est formé dans le délai imparti pour l'introduction d'un recours contentieux, interrompe le cours de ce délai »[9].

e.
Instruction et jugement

712.301 **Conclusions et moyens dépendant de la qualité du demandeur.** La qualité du demandeur emporte des conséquences sur l'objet de la demande et les moyens pouvant être soulevés à l'appui du recours formé contre un permis de construire valant AEC.

Lorsque le recours est formé par une personne mentionnée à l'article L. 752-17 du code de commerce (préfet, demandeur, concurrent, etc.), le juge administratif ne peut être saisi de conclusions tendant à l'annulation de ce permis qu'en tant qu'il tient lieu d'AEC. Les moyens relatifs à la régularité de ce permis en tant qu'il vaut autorisation de construire sont irrecevables à l'appui de telles conclusions[10].

Lorsque le recours est formé par une personne mentionnée à l'article L. 600-1-2 (un voisin de la construction), le juge administratif ne peut être saisi de conclusions tendant à l'annulation de ce permis qu'en tant qu'il vaut autorisation de construire. Les moyens relatifs à la régularité de ce permis en tant

1. V. s[s] n° 611.494.
2. CE 18 nov. 2020, *S[té] MG Patrimoine et a.*, req. n° 420857, *Lebon T. ; BJDU* 2021. 285, concl. R. Chambon.
3. CE 18 nov. 2020, *S[té] MG Patrimoine et a.*, req. n° 420857.
4. CE 2 mars 2022, *S[té] Distaff*, req. n° 440079, *Lebon T. ; RDI* 2022. 245, obs. M. Revert ; *Constr.-urb.* 2022, comm. 43, note M.-A. Renaux ; *BJCL* 2022. 283, concl. F. Dieu.
5. CAA Lyon, 16 mars 2023, *S[té] Brico Calade*, req. n° 21LY02799, NP.
6. V. s[s] n° 611.351.
7. CE 23 déc. 2016, *S[té] MDVP Distribution*, req. n° 398077, *Lebon ; BJDU* 2017. 95, concl. F. Dieu ; *Constr.-Urb.* 2017, comm. 24, note X. Couton ; *JCP Adm.* 2019, n° 2036, note J.-M. Talau.
8. CE 23 déc. 2016, *S[té] MDVP Distribution*, req. n° 398077.
9. CE 7 oct. 2022, *Association En toute franchise département de l'Hérault*, req. n° 452959, *Lebon T. ; BJDU* 2023. 61, concl. R. Chambon ; *BJDU* 2023. 66, obs. S. Ferrari ; *Constr.-Urb.* 2022, comm. 130, note M.-A. Renaux ; *RDI* 2023. 131, obs. J. Waltuch.
10. C. urb., art. L. 600-1-4, al. 1er – par ex. : CAA Marseille, 20 déc. 2016, *SAS Artemis*, req. n° 15MA04760, NP.

qu'il tient lieu d'AEC sont irrecevables à l'appui de telles conclusions [1].

712.302 Cristallisation des moyens. Le mécanisme de cristallisation s'applique au recours formé contre un PCAEC [2].

712.303 Effets de l'annulation. Il résulte des termes mêmes de l'article L. 600-1-4 du code de l'urbanisme que les professionnels mentionnés au I de l'article L. 752-17 du code de commerce ne peuvent régulièrement saisir le juge administratif de conclusions tendant à l'annulation d'un permis valant autorisation d'exploitation commerciale qu'en tant que ce permis tient lieu d'une telle autorisation [3]. Le juge administratif, dont la décision ne saurait excéder la portée des conclusions qui lui sont soumises, ne peut par suite annuler le permis de construire que dans cette seule mesure. Toutefois, le permis de construire ne pouvant être légalement délivré que si le pétitionnaire dispose d'une autorisation d'urbanisme commercial, son annulation en tant qu'il tient lieu d'autorisation d'urbanisme commercial fait obstacle à la réalisation du projet [4].

Dans un tel cas, néanmoins, si les modifications nécessaires pour mettre le projet en conformité avec la chose jugée par la décision d'annulation sont sans effet sur la conformité des travaux projetés aux dispositions législatives et réglementaires mentionnées à l'article L. 421-6 du code de l'urbanisme, un nouveau permis de construire valant autorisation d'exploitation commerciale peut, à la demande du pétitionnaire, être délivré au seul vu d'un nouvel avis favorable de la CDAC compétente ou, le cas échéant, de la CNAC [5].

Le taux d'annulation des décisions de la CNAC est d'environ un tiers [6].

1. C. urb., art. L. 600-1-4, al. 2 – CE, avis, 7 mars 2018, *Bloch (Mme)*, req. n° 404079, *Lebon ; AJDA* 2018. 535 ; *ibid.* 1051, concl. X. Domino ; *RDI* 2018. 294, obs. P. Soler-Couteaux ; *ibid.* 302, obs. M. Revert ; *AJCT* 2018. 410, obs. P. Jacquemoire ; *BJDU* 2018. 186, note X. de Lesquen : avis contentieux indiquant « que les dispositions du code de commerce et du code de l'urbanisme constituent des législations indépendantes, répondant à des finalités distinctes ; que, par suite, des moyens tirés de la méconnaissance des dispositions du code de commerce ne peuvent être utilement invoqués à l'appui d'une requête dirigée contre un permis relevant de l'article L. 425-4 du code de l'urbanisme en tant qu'il vaut autorisation de construire ; que la requérante ne peut, par suite, utilement soutenir que les modifications apportées au projet litigieux nécessitaient qu'une nouvelle demande soit formée par la SNC Lidl devant la commission départementale d'aménagement commercial afin que cette dernière procède à une nouvelle instruction du projet ».
2. V. ss n° 611.886.
3. V. ss n° 712.301.
4. CE, avis, 7 mars 2018, *Bloch (Mme)*, req. n° 404079.
5. CE, avis, 7 mars 2018, *Bloch (Mme)*, req. n° 404079.
6. CNAC, *Rapport d'activité 2023*, p. 7.

712.304 Prononcé d'une injonction. En vertu des articles L. 911-1 et L. 911-2 du CJA, le juge administratif peut, s'il annule la décision prise par l'autorité administrative sur une demande de permis de construire valant AEC et en fonction des motifs qui fondent cette annulation, prononcer une injonction tant à l'égard de l'autorité administrative compétente pour se prononcer sur la demande de permis qu'à l'égard de la CNAC [7].

La circonstance qu'elle soit chargée par l'article R. 752-36 du code de commerce d'instruire les recours dont elle est saisie ne fait pas obstacle à ce que le juge administratif lui enjoigne, sur le fondement de l'article L. 911-1 du CJA, de prendre une mesure dans un sens déterminé si les motifs de la décision juridictionnelle l'impliquent nécessairement. Toutefois, l'annulation de la décision rejetant une demande de permis de construire valant autorisation d'exploitation commerciale sur le fondement d'un avis défavorable rendu par la CNAC n'implique, en principe, qu'un réexamen du projet par cette commission. Il n'en va autrement que lorsque les motifs de l'annulation impliquent nécessairement la délivrance d'un avis favorable [8].

712.305 Possibilité d'une régularisation en cours d'instance. Sont applicables au permis de construire valant AEC, comme à tout permis de construire, les règles qui gouvernent les pouvoirs et les devoirs du juge et notamment les dispositions de l'article L. 600-5-1 du code de l'urbanisme permettant une régularisation en cours d'instance par la délivrance d'un permis modificatif [9]. Il s'agit là d'une conséquence du principe selon lequel les règles propres au contentieux de l'urbanisme s'étendent au domaine de l'aménagement commercial [10].

2°
Recours contre une autorisation d'exploitation commerciale ne nécessitant pas de permis de construire

712.311 Juridiction compétente et acte contesté, RAPO. Pour les projets ne nécessitant pas de permis de construire, les décisions des CDAC ne peuvent pas faire l'objet d'un recours contentieux. En effet, ces décisions ne peuvent être contestées que par un recours administratif exercé devant la CNAC [11].

7. CE 22 nov. 2021, *Sté Taninges Distribution et CNAC*, req. n° 441118, *Lebon T. ; BJDU* 2022. 142, concl. R. Chambon ; Constr.-urb. 2022, comm. 30, note M.-A. Renaux ; *JCP Adm.* 2022, n° 2061, chron. O. Le Bot.
8. CE 22 nov. 2021, *Sté Taninges Distribution et CNAC*, req. n° 44111.
9. CE, avis, 7 mars 2018, *Bloch (Mme)*, req. n° 404079.
10. Sur ce principe, v. ss n° 6.08.
11. V. ss n° 712.212.

Seule la décision de la CNAC, qui s'y substitue[1], peut faire l'objet d'un recours contentieux. Celui-ci relève de la compétence de premier et dernier ressort des CAA[2]. Celle-ci s'étend par exemple à un litige relatif à l'appréciation portée par la CDAC sur la caducité d'une autorisation d'exploitation commerciale[3]. La cour territorialement compétente est celle dans le ressort de laquelle a son siège la commission départementale qui a pris la décision[4]. Le recours contentieux n'est ouvert qu'aux personnes qui ont elles-mêmes présenté le recours préalable devant la CNAC[5].

712.312 **Délai de recours.** En l'absence de dispositions spécifiques, c'est le délai de droit commun qui s'applique, c'est-à-dire un délai de deux mois[6].

Les décisions de la CNAC font l'objet, d'une part, d'une notification dans un délai de deux mois aux personnes intéressées et, d'autre part, de mesures d'affichage et de publication à destination des tiers. Il en résulte que le délai de recours contentieux contre ces décisions court[7] :

– s'agissant des personnes pour lesquelles une notification est prévue, à compter de celle-ci ;

– et, s'agissant des autres personnes, à compter de la plus tardive des deux dates correspondant, l'une, au premier jour de l'affichage et, l'autre, à la seconde des deux insertions effectuées dans la presse.

Dans le cas d'une décision implicite, le CJA prévoit que l'auteur du recours en excès de pouvoir n'est forclos qu'après un délai de deux mois à compter du jour de la notification d'une décision expresse de rejet si la mesure sollicitée ne peut être prise que par décision ou sur avis d'un organisme collégial[8]. Dans la mesure où la CNAC doit être regardée comme un organisme collégial, la survenance d'une décision implicite de cette commission ne fait pas courir le délai de recours contentieux[9].

Par ailleurs, lorsque la CNAC est saisie d'un RAPO contre une décision d'autorisation de la CDAC, son silence pendant 4 mois fait naître une décision implicite de rejet du recours se substituant à la décision de la CDAC et valant nouvelle autorisation du projet. Si la CNAC retire ensuite cette décision implicite pour y substituer une décision explicite faisant droit au recours administratif et refusant d'autoriser le projet, l'annulation par le juge de l'excès de pouvoir de cette décision explicite de la CDAC à la demande du pétitionnaire a pour effet de faire revivre la décision implicite autorisant le projet, qui peut également faire l'objet d'un recours pour excès de pouvoir[10].

712.313 **Auteur du recours.** Le recours ne peut être formé que par une des personnes ayant qualité pour saisir la CNAC, c'est-à-dire une des personnes mentionnées à l'article L. 752-17 du code de commerce[11].

712.314 **Absence d'obligation de notification.** L'autorisation d'exploitation commerciale ne constituant pas une autorisation d'urbanisme, le recours contentieux formé à son encontre n'est pas soumis à l'obligation de notification prévue par l'article R. 600-1 du code de l'urbanisme[12].

712.315 **Frais irrépétibles.** La personne exerçant un RAPO devant la CNAC contre l'avis favorable de la CDAC a la qualité de partie en défense devant la CAA (et aussi, en cas de recours en cassation, devant le Conseil d'État) en ce qu'elle concerne la décision du maire en tant qu'elle refuse l'autorisation d'exploitation commerciale sollicitée. Par suite, l'article L. 761-1 du CJA lui est applicable[13].

712.316 **Effets de l'annulation.** L'annulation d'une décision de la CNAC a pour effet de saisir à nouveau et directement la commission nationale[14]. Aussi revient-il à la commission de procéder à un nouvel examen de la demande d'autorisation dont elle se trouve à nouveau saisie, dans un délai de quatre mois[15].

3°
Recours en cassation

712.321 **Qualité de la CNAC pour se pourvoir en cassation.** La CNAC a qualité pour se pourvoir en cassation, au nom de l'État, contre un arrêt de cour administrative d'appel statuant sur un PC valant AEC.

1. V. s[s] n° 712.231.
2. CJA, art. R. 311-3, al. 1er.
3. CE 8 déc. 2021, S[té] *Nobladis*, req. n° 438150, NP ; *BJDU* 2022. 205, concl. F. Dieu.
4. CJA, art. R. 311-3, al. 2.
5. CE, sect., 28 juin 2013, *SAS Coutis*, req. n° 355812, *Lebon*.
6. CJA, art. R. 421-1, al. 1er.
7. CE 16 mai 2011, *Assoc. en toute franchise des Bouches-du-Rhône et a.*, req. n° 336227, *Lebon T.* ; *BJCL* 2011. 417, concl. R. Keller.
8. CJA, art. R. 421-3, 2°.
9. CE 4 juill. 2012, S[té] *Bridecar et a.*, req. n° 353314, *Lebon T.* ; *BJCL* 2012. 575, concl. G. Dumortier. En l'espèce, la décision implicite est intervenue le 20 décembre 2010. Le Conseil d'État en déduit que le moyen tiré de ce que la décision explicite du 13 janvier 2011 aurait été confirmative de la décision implicite ne peut qu'être écarté.
10. CE 11 févr. 2015, *SA Aubert France*, req. n° 373673, *Lebon T.*
11. V. s[s] n° 712.213.
12. CE 6 mars 1998, *Depond*, req. n° 184841, *Lebon* ; *RDI* 1998. 235, obs. J. Morand-Deviller et L. Touvet – CE 13 oct. 2003, *Sarl Les Jaffrous*, req. n° 257879, NP – V. s[s] n° 611.563.
13. CE 3 juill. 2020, S[té] *Rodrigue*, req. n° 420346, *Lebon T.*
14. CE 12 janv. 2005, S[té] *Cora Belgique et S[té] des supermarchés Match*, req. n° 260198, *Lebon T.*
15. PAR EX. : CE 17 déc. 2014, S[té] *Carrefour Property Development*, req. n° 373794, NP.

Ce recours est dispensé du ministère d'avocat au Conseil d'État[1].

712.322 Contrôle de cassation sur l'autorisation d'exploitation commerciale. Le juge de cassation exerce un contrôle limité à la dénaturation sur l'appréciation par les juges du fond des effets d'un projet au regard des objectifs posés par la règlementation en matière d'aménagement commercial[2].

1. CE 22 nov. 2021, *S^té^ Taninges Distribution et CNAC*, req. n° 441118.
2. CE 6 avr. 2016, *S^té^ commerciale de Taiarapu Est*, req. n° 367564, *Lebon T.*

CHAPITRE

713. Mise en œuvre de l'autorisation d'exploitation commerciale

SECTION 0 ORIENTEUR

713.00 Sommaire du chapitre.

713.01 Textes applicables.

> Mise en œuvre de l'autorisation d'aménagement commercial

• C. com.

art. L. 752-23

art. R. 752-20

art. 3. 752-44 s.

713.03 Bibliographie indicative.

Encyclopédies. *DP constr.-urb.*, ét. : « Urbanisme commercial » – *J.-Cl. Constr.-Urb.*, fasc. 12 : « Aménagement commercial. – Obtention et mise en œuvre de l'autorisation d'aménagement commercial », par A. Dutoit, S. Encinas et G. Le Fouler, 2022.

Ouvrages. B. Boullé, D. Grosse, V. Guinot, *L'urbanisme commercial : planification, AEC, commissions d'aménagement commercial*, 3e éd., « Guides juridiques », Le Moniteur, 2020 – J.-A. Fresneau, *Urbanisme commercial. Guide juridique et pratique*, 4e éd., « Gestion locale et Urbanisme », EFE, 2019.

SECTION 1 DURÉE DE VALIDITÉ DE L'AUTORISATION D'EXPLOITATION COMMERCIALE

713.11 Permis de construire valant AEC. Pour les projets nécessitant un permis de construire, l'autorisation d'exploitation commerciale est périmée dans un délai de trois ans à compter de la date à laquelle le permis de construire est devenu définitif :

– pour les surfaces de vente qui n'ont pas été ouvertes au public[1] ;

– pour les points permanents de retrait qui n'ont pas été ouverts à la clientèle[2].

Ce délai est prolongé de deux ans pour les projets qui portent sur la réalisation d'une surface de vente de plus de 2 500 mètres carrés jusqu'à 6 000 mètres carrés[3].

Il est prolongé de quatre ans pour les projets portant sur la réalisation d'une surface de vente de plus de 6 000 mètres carrés[4].

713.12 AEC sans permis de construire. Pour les projets ne nécessitant pas un permis de construire, l'autorisation d'exploitation commerciale est périmée dans un délai de trois ans à compter de la notification prévue à l'article R. 752-19 ou, le cas échéant, à l'article R. 752-39 :

– pour les surfaces de vente qui n'ont pas été ouvertes au public[5] ;

– pour les points permanents de retrait qui n'ont pas été ouverts à la clientèle[6].

En cas de recours devant la juridiction administrative contre l'autorisation d'exploitation commer-

1. C. com., art. R. 752-20, al. 2, 1°.
2. C. com., art. R. 752-20, al. 3, 2°.
3. C. com., art. R. 752-20, al. 4.
4. C. com., art. R. 752-20, al. 4.
5. C. com., art. R. 752-20, al. 6, 1°.
6. C. com., art. R. 752-20, al. 7, 2°.

ciale, le délai de trois ans est suspendu jusqu'au prononcé d'une décision juridictionnelle définitive[1].

SECTION 2
CERTIFICAT DE CONFORMITÉ À L'AEC

713.21 Obligation d'adresser un certificat de conformité un mois avant l'ouverture. Un mois avant la date d'ouverture au public du projet, le bénéficiaire communique au préfet, au maire et au président de l'EPCI à fiscalité propre dont la commune d'implantation est membre un certificat établi à ses frais par un organisme habilité par le préfet[2] attestant du respect de l'autorisation d'exploitation commerciale qui lui a été délivrée ou des articles L. 752-1-1 et L. 752-2[3].

En l'absence de délivrance du certificat dans le délai prescrit, l'exploitation des surfaces concernées est réputée illicite[4].

713.22 Critères au regard desquels s'apprécie la conformité. La conformité s'apprécie au regard des éléments caractéristiques du projet[5].

713.23 Éléments joints au certificat de conformité. Pour les projets ne nécessitant pas de permis de construire, sont joints au certificat de conformité[6] :

– l'autorisation d'exploitation commerciale (a) ;

– le justificatif de la date de sa notification en application de l'article R. 752-19, R. 752-39 ou R. 752-43-9 (b).

Pour les projets soumis à autorisation d'exploitation commerciale nécessitant un permis de construire, sont joints au certificat de conformité[7] :

– l'avis favorable de la commission d'aménagement commercial (a) ;

– l'arrêté accordant le permis de construire valant autorisation d'exploitation commerciale (b).

Le certificat de conformité comporte les références de l'arrêté préfectoral d'habilitation de l'organisme qui l'a établi[8].

713.24 Forme et contenu du certificat de conformité. La forme et le contenu du certificat de conformité sont précisés aux articles R. 752-44-8 à R. 752-44-13 du code de commerce.

713.25 Contrôle par le préfet. Pour les projets soumis à autorisation d'exploitation commerciale, le préfet dispose d'un délai de deux mois, à compter de la date de réception du certificat, pour contester la conformité de l'équipement commercial réalisé à l'autorisation d'exploitation commerciale délivrée[9]. Pour les projets réalisés en application des dispositions de l'article L. 752-1-1, le préfet dispose d'un délai de deux mois à compter de la date de réception des publications mentionnées à l'article R. 752-44-14 pour contester à l'équipement commercial réalisé le bénéfice des dispositions de l'article L. 752-1-1[10].

Dans le délai de deux mois, le préfet peut demander au porteur du projet toute explication relative à la conformité de l'équipement commercial réalisé avec l'autorisation d'exploitation commerciale délivrée ou à l'application, à l'équipement commercial réalisé, des dispositions de l'article L. 752-1-1[11]. Cette demande est sans incidence sur le cours du délai mentionné au premier alinéa[12].

Dans le délai de deux mois, le préfet, s'il estime, le cas échéant en l'absence de réponse satisfaisante à la demande prévue au 1°, que l'exigence de conformité prévue au premier alinéa de l'article L. 752-23 n'est pas satisfaite, met en demeure le porteur de projet de mettre son équipement commercial en conformité avec l'autorisation d'exploitation commerciale délivrée ou avec les dispositions de l'article L. 752-1-1[13]. Cette mise en demeure interrompt le délai mentionné au premier alinéa et vaut interdiction d'ouvrir au public l'équipement commercial réalisé, sauf mention expresse contraire du préfet[14]. L'ouverture au public malgré cette interdiction, constitue une exploitation illicite au sens du II de l'article L. 752-23, passible des mesures et sanctions prévues à ce titre[15]. En cas d'exploitation illicite révélée postérieurement au délai de deux mois prévu par cet article ou lorsque ce délai n'a pas couru, les dispositions du présent article ne font pas obstacle à la mise en œuvre des mesures et sanctions applicables[16].

713.26 Agents chargés du contrôle. Les agents habilités à réaliser les contrôles sont définis aux articles R. 752-44-18 et R. 752-44-19 du code de commerce.

1. C. com., art. R. 752-20, al. 8. Pour un exemple, v. CAA Lyon, 18 juin 2020, *SARL Bio Conviv'*, req. nº 19LY01108, NP.
2. C. com., art. R. 752-44-2 à R. 752-44-7.
3. C. com., art. L. 752-23, I, al. 1er.
4. C. com., art. L. 752-23, I, al. 2.
5. C. com., art. R. 752-44.
6. C. com., art. R. 752-44-1, 1°.
7. C. com., art. R. 752-44-1, 2°.
8. C. com., art. R. 752-44-1, dernier al.
9. C. com., art. R. 752-44-15.
10. C. com., art. R. 752-44-16.
11. C. com., art. R. 752-44-17, 1°.
12. C. com., art. R. 752-44-17, al. 3.
13. C. com., art. R. 752-44-17, 2°.
14. C. com., art. R. 752-44-17, al. 5.
15. C. com., art. R. 752-44-17, al. 6.
16. C. com., art. R. 752-44-17, al. 7.

SECTION 3
DÉMANTÈLEMENT EN CAS DE FIN D'EXPLOITATION SUR LES LIEUX

§ 1
Obligation de démantèlement

713.31 Obligation. Le propriétaire du site d'implantation bénéficiant de l'autorisation d'exploitation commerciale est responsable de l'organisation de son démantèlement et de la remise en état de ses terrains d'assiette s'il est mis fin à l'exploitation et qu'aucune réouverture au public n'intervient sur le même emplacement pendant un délai de trois ans, ce délai ne courant, en cas de procédure de redressement judiciaire de l'exploitant, que du jour où le propriétaire a recouvré la pleine et entière disposition des locaux[1].

Cette obligation de démantèlement a pour objet de lutter contre les friches industrielles.

713.32 Champ d'application. Un équipement commercial qui n'est pas ouvert au public n'est pas exploité à des fins commerciales[2].

Ne sont pas soumis à l'obligation de démantèlement et de remise en état mentionnée à l'article L. 752-1, les équipements commerciaux[3] :

– situés dans des immeubles qui ne sont pas destinés exclusivement au commerce (1°) ;

– situés dans des immeubles dont certains locaux font l'objet d'une exploitation commerciale (2°) ;

– faisant l'objet d'un programme de réhabilitation ou d'un changement effectif de destination (3°).

L'obligation cesse en cas de reprise de l'exploitation commerciale ou de survenue d'une des situations précédemment énumérées[4].

713.33 Notification de la fin d'exploitation. Lorsqu'un équipement commercial soumis à autorisation d'exploitation commerciale cesse d'être exploité à des fins commerciales, le propriétaire du site d'implantation notifie la date de la cessation d'exploitation commerciale au préfet du département de la commune d'implantation[5].

Le délai de trois ans prévu à l'article L. 752-1 court à compter de la date de cessation d'exploitation[6].

713.34 Modalités de démantèlement et de remise en état du site. À l'expiration du délai de trois ans prévu à l'article L. 752-1, le ou les propriétaires des immeubles notifient au préfet du département de la commune d'implantation les mesures prévues pour procéder au démantèlement et à la remise en état du site ainsi que le calendrier des opérations[7].

Les opérations de démantèlement et de remise en état du site comprennent[8] :

– le démantèlement des installations, y compris les fondations, équipements et aménagements réalisés pour les besoins et à l'occasion de l'exploitation commerciale (1°) ;

– la remise du site en un état qui soit compatible avec la réalisation du projet d'aménagement inscrit dans le document d'urbanisme opposable dans cette zone (2°) ;

– la valorisation ou l'élimination des déchets de démolition ou de démantèlement dans les filières dûment autorisées à cet effet (3°).

Ces opérations doivent être achevées dans les dix-huit mois suivant leur notification au préfet, sauf si, six mois au moins avant le terme du calendrier fixé initialement, le propriétaire du site justifie de difficultés techniques ou administratives indépendantes de sa volonté. Dans ce cas, le préfet peut proroger le délai des opérations de démantèlement et de remise en état[9].

Le préfet a trois mois pour répondre à la demande de prorogation par un arrêté motivé qui, le cas échéant, fixe la durée de la prorogation[10].

Le silence gardé par le préfet au-delà du délai de trois mois vaut accord de prorogation pour la durée demandée, dans la limite de dix-huit mois[11].

§ 2
Sanction de l'obligation de démantèlement

713.41 Contrôle du préfet. À l'expiration du délai de trois ans accordé au propriétaire du site pour procéder au démantèlement, le préfet s'assure des dispositions prévues par celui-ci pour mettre en œuvre, dans les délais prescrits, les opérations de démantèlement et de remise en état des terrains ou de transformation en vue d'une autre activité[12].

713.42 Demande d'explications et mise en demeure. En cas de non-respect des prescriptions des articles R. 752-45 et R. 752-46, le préfet demande au propriétaire du site d'implantation de lui fournir sous deux mois des explications quant aux mesures prévues et au calendrier des opérations[13].

1. C. com., art. L. 752-11, al. 11.
2. C. com., art. R. 752-45, al. 2.
3. C. com., art. R. 752-47, al. 1er à 4.
4. C. com., art. R. 752-47, al. 5.
5. C. com., art. R. 752-45, al. 1er.
6. C. com., art. R. 752-45, al. 3.
7. C. com., art. R. 752-46, al. 1er.
8. C. com., art. R. 752-46, al. 2 à 5.
9. C. com., art. R. 752-46, al. 6.
10. C. com., art. R. 752-46, al. 7.
11. C. com., art. R. 752-46, al. 8.
12. C. com., art. L. 752-11, al. 11.
13. C. com., art. R. 752-48, al. 1er.

Passé ce délai et en l'absence de justifications suffisantes, il met en demeure le propriétaire du site d'implantation de procéder aux opérations de démantèlement et de remise en état dans un délai qu'il fixe[1].

Il en informe l'autorité compétente en matière de permis de construire[2].

713.43 Consignation et exécution d'office des travaux. Si, à l'expiration du délai imparti dans la mise en demeure pour procéder aux opérations, le propriétaire des immeubles n'a pas réalisé les mesures nécessaires au démantèlement et à la remise en état, le préfet peut arrêter, à son encontre, deux types de mesures[3].

D'une part, il peut obliger à consigner entre les mains d'un comptable public, dans un délai qu'il détermine, une somme correspondant au montant prévisionnel des travaux ou opérations à réaliser[4]. Il est procédé au recouvrement de cette somme comme en matière de créances de l'État étrangères à l'impôt et au domaine. La somme consignée est restituée, le cas échéant, au fur et à mesure de l'exécution des travaux ou opérations et à échéance au moins trimestrielle[5].

D'autre part, le préfet peut faire procéder d'office, en lieu et place de la personne mise en demeure et aux frais de celle-ci, à l'exécution des mesures prescrites[6].

Lorsqu'il a été fait application du 1°, la somme consignée est utilisée pour régler les dépenses ainsi engagées. Le reliquat éventuel est restitué dans le délai de trois mois suivant la fin des opérations de démantèlement et de remise en état[7].

1. C. com., art. R. 752-48, al. 2 ; art. L. 752-11, al. 11.
2. C. com., art. R. 752-48, al. 3 ; art. L. 752-11, al. 11.
3. C. com., art. R. 752-49, al. 1er.
4. C. com., art. R. 752-49, 1° ; art. L. 752-11, al. 11.
5. C. com., art. R. 752-49, al. 3 et 4.
6. C. com., art. R. 752-49, 2° ; art. L. 752-11, al. 11.
7. C. com., art. R. 752-49, al. 6.

CHAPITRE

714. Infractions à la législation sur l'urbanisme commercial

SECTION 0

ORIENTEUR

714.00 Sommaire du chapitre.

714.01 Texte applicable.

• **C. com.,** art. L. 752-23

714.03 Bibliographie indicative.

Encyclopédies. *DP constr.-urb.*, ét. : « Urbanisme commercial » – *J.-Cl. Constr.-Urb.*, fasc. 12 : « Aménagement commercial. – Obtention et mise en œuvre de l'autorisation d'aménagement commercial », par A. Dutoit, S. Encinas et G. Le Fouler, 2022 ; fasc. 12-10 : « Aménagement commercial. – Les contentieux », par A. Dutoit, S. Encinas et G. Le Fouler, 2022.

Ouvrages. B. Boullé, D. Grosse, V. Guinot, *L'urbanisme commercial : planification, AEC, commissions d'aménagement commercial*, 3e éd., « Guides juridiques », Le Moniteur, 2020. – J.-A. Fresneau, *Urbanisme commercial. Guide juridique et pratique*, 4e éd., « Gestion locale et Urbanisme », EFE, 2019.

SECTION UNIQUE

INFRACTIONS ET MESURES CONSERVATOIRES

714.11 Constatation des infractions et établissement d'un rapport. Les agents mentionnés à l'article L. 752-5-1 et les agents habilités par la commune ou par l'EPCI à fiscalité propre s'il est compétent, constatent[1] :

– l'exploitation illicite d'une surface de vente ;

– ou, s'agissant de points permanents de retrait par la clientèle d'achats au détail (*drive*), l'exploitation d'une surface d'emprise au sol ou d'un nombre de pistes de ravitaillement non autorisé.

Ils établissent un rapport qu'ils transmettent au préfet[2].

Lorsqu'une infraction aux articles L. 752-1 et L. 752-23 et aux textes pris pour leur application est constatée, l'exploitant concerné en est informé, à charge pour lui, le cas échéant, d'informer le titulaire de l'autorisation d'exploitation commerciale. Il est invité à s'expliquer sous quinze jours francs, son silence valant acquiescement au constat d'infraction[3].

714.12 Mise en demeure et fermeture au public. Dans un délai de trois mois à compter de la transmission au pétitionnaire du constat d'infraction, le préfet met en demeure l'exploitant concerné[4] :

– soit de fermer au public les surfaces de vente exploitées illégalement en cas de création ;

– soit de ramener sa surface commerciale à l'autorisation d'exploitation commerciale accordée par la commission d'aménagement commercial compétente.

Sans préjudice de l'application de sanctions pénales, le préfet prend, à défaut, un arrêté ordonnant, dans un délai de quinze jours, la fermeture au public des surfaces de vente exploitées illicitement, jusqu'à régularisation effective[5].

Ces mesures sont assorties d'une astreinte journalière dont le montant ne peut excéder 150 euros par mètre carré exploité illicitement[6]. En ce qui concerne les *drives*, cette surface est égale à la somme des surfaces énoncées à l'article L. 752-16[7].

Est en outre puni d'une amende de 15 000 euros le fait de ne pas exécuter les mesures prises par le préfet[8].

1. C. com., art. L. 752-23, II, al. 1er.
2. C. com., art. L. 752-23, II, al. 1er.
3. C. com., art. R. 752-44-18, al. 2 ; art. R. 752-44-19, al. 2.
4. C. com., art. L. 752-23, II, al. 2.
5. C. com., art. L. 752-23, II, al. 2.
6. C. com., art. L. 752-23, II, al. 2.
7. C. com., art. L. 752-23, II, al. 3.
8. C. com., art. L. 752-23, II, al. IV.

TITRE

72. L'implantation des cinémas

SECTION 0 ORIENTEUR

72.00 **Sommaire du titre.**

72.05 **Dispositions.** Les dispositions régissant l'implantation des cinémas figuraient initialement dans le code du commerce, avec celles relatives à l'aménagement commercial. Depuis la loi Pinel[1], les règles d'implantation des cinémas font l'objet de dispositions propres placées sous l'examen de commissions d'aménagement cinématographique (et non plus des commissions d'aménagement commercial).

1. L. n° 2014-626, 18 juin 2014 relative à l'artisanat, au commerce et aux très petites entreprises, *JO* 19 juin, n° 1.

CHAPITRE

721. Composition des commissions d'aménagement cinématographique

SECTION 0

ORIENTEUR

721.00 Sommaire du chapitre.

721.01 Textes applicables.

> CNACi

• CCIA

art. L. 212-6-2 s.

art. R. 212-6 s.

> CDACi

• CCIA

art. L. 212-6-6

art. R. 212-6-12 s.

721.03 Bibliographie indicative.

Encyclopédies. *DP constr.-urb., ét.* : « Urbanisme commercial » – *J.-Cl. Constr.-Urb.*, fasc. 12-20 : « Aménagement commercial. – Aménagement cinématographique », par A. Dutoit, S. Encinas et G. Le Fouler, août 2020.

SECTION 1

COMPOSITION DES COMMISSIONS DÉPARTEMENTALES D'AMÉNAGEMENT CINÉMATOGRAPHIQUE (CDACI)

721.11 Membres. La composition des commissions départementales d'aménagement cinématographique (CDACi) est fixée par le code du cinéma [1].

721.12 Conflits d'intérêts. Tout membre de la CDACi informe le préfet des intérêts qu'il détient et de l'activité économique qu'il exerce [2].

Aucun membre de la CDACi ne peut délibérer dans une affaire où il a un intérêt personnel ou s'il représente ou a représenté une ou plusieurs parties [3].

Les membres de la CDACi remplissent un formulaire destiné à la déclaration des intérêts qu'ils détiennent et des fonctions qu'ils exercent dans une activité économique. Aucun membre ne peut siéger s'il n'a remis au président de la commission ce formulaire dûment rempli [4].

Est déclaré démissionnaire d'office par le président de la commission tout membre qui ne remplit pas les obligations prévues à l'article L. 212-6-3 [5].

721.13 Présidence et secrétariat. La CDACi est présidée par le préfet [6].

Le secrétariat est assuré par les services de la préfecture [7].

721.14 Secret des délibérations. Les membres de la CDACi gardent le secret tant sur les délibérations que sur les documents dont ils ont eu connaissance à l'occasion de leurs fonctions [8].

1. CCIA, art. L. 212-6-2 ; art. R. 212-6 s.
2. CCIA, art. L. 212-6-3, al. 1er.
3. CCIA, art. L. 212-6-3, al. 2.
4. CCIA, art. R. 212-6-7, al. 1er.
5. CCIA, art. R. 212-6-7, al. 2.
6. CCIA, art. L. 212-6-2, I.
7. CCIA, art. R. 212-6-8.
8. CCIA, art. R. 212-7-15.

SECTION 2
COMMISSION NATIONALE D'AMÉNAGEMENT CINÉMATOGRAPHIQUE (CNACI)

721.21 Membres. La composition de la CNACi est fixée par le code du cinéma[1].

721.22 Déclarations d'intérêt et incompatibilités. Les membres de la CNACi se conforment aux obligations de dépôt des déclarations prévues au 6° du I de l'article 11 de la loi du 11 octobre 2013[2] relative à la transparence de la vie publique. Leurs déclarations d'intérêts sont tenues à la disposition de l'ensemble des autres membres de la CNACi par le président[3].

Aucun membre de la CNACi ne peut participer à des débats ou à une délibération dans une affaire dans laquelle lui-même ou une personne morale au sein de laquelle il a, au cours des trois années précédant la délibération, exercé des fonctions ou détenu un mandat a eu un intérêt ou représenté une partie intéressée au cours de la même période[4].

La CNACi peut suspendre le mandat d'un de ses membres ou y mettre fin si elle constate, à la majorité des trois quarts des autres membres, qu'il se trouve dans une situation d'incompatibilité, qu'il est empêché d'exercer ses fonctions ou qu'il a manqué à ses obligations[5].

721.23 Présidence et secrétariat. Le secrétariat de la CNACi est assuré par le Centre national du cinéma et de l'image animée[6].

Le président du Centre national du cinéma et de l'image animée désigne, parmi les agents de l'établissement, le secrétaire et le secrétaire suppléant de la commission[7].

1. CCIA, art. L. 212-6-6.
2. L. n° 2013-907, 11 oct. 2013 relative à la transparence de la vie publique, *JO* 12 oct., n° 2.
3. CCIA, art. L. 212-6-7, al. 1er.
4. CCIA, art. L. 212-6-7, al. 2.
5. CCIA, art. L. 212-6-7, al. 3.
6. CCIA, art. R. 212-6-12, al. 1er.
7. CCIA, art. R. 212-6-12, al. 2.

CHAPITRE

722. Compétence des CDACi pour autoriser l'implantation de cinémas

SECTION 0

ORIENTEUR

722.00 **Sommaire du chapitre.**

722.01 **Textes applicables.**

• CCIA

art. L. 212-6-1 s.

art. R. 212-7-1 s.

art. A. 212-7-3-1 s.

722.03 **Bibliographie indicative.**

Encyclopédies. *DP constr.-urb., ét.* : « Urbanisme commercial » – *J.-Cl. Constr.-Urb.*, fasc. 12-20 : « Aménagement commercial. – Aménagement cinématographique », par A. Dutoit, S. Encinas et G. Le Fouler, août 2020.

722.04 **Question essentielle.**

> Sur la base de quels critères les demandes d'aménagement cinématographique sont-ils acceptés ou refusés ?

* V. s[s] n°s 722.91 s.

722.05 **Compétence.** La CDACi statue sur les demandes d'autorisation d'aménagement cinématographique qui lui sont présentées en application des articles L. 212-7 à L. 212-9[1].

SECTION 1

PROJETS SOUMIS À AUTORISATION

722.11 **Seuils.** Sont soumis à autorisation les projets ayant pour objet[2] :

– la création d'un établissement de spectacles cinématographiques comportant plusieurs salles et plus de 300 places et résultant soit d'une construction nouvelle, soit de la transformation d'un immeuble existant (1°) ;

– l'extension d'un établissement de spectacles cinématographiques comportant plusieurs salles et ayant déjà atteint le seuil de 300 places ou devant le dépasser par la réalisation du projet, à l'exception des extensions représentant moins de 30 % des places existantes et s'effectuant plus de cinq ans après la mise en exploitation ou la dernière extension (2°) ;

– l'extension d'un établissement de spectacles cinématographiques comportant plusieurs salles et ayant déjà atteint le seuil de 1 500 places ou devant le dépasser par la réalisation du projet (3°) ;

– l'extension d'un établissement de spectacles cinématographiques comportant déjà huit salles au moins ou devant dépasser ce seuil par la réalisation du projet (3° *bis*) ;

1. CCIA, art. L. 212-6-1.
2. CCIA, art. L. 212-7.

- la réouverture au public, sur le même emplacement, d'un établissement de spectacles cinématographiques comportant plusieurs salles et plus de 300 places et dont les locaux ont cessé d'être exploités pendant deux années consécutives (4°).

722.12 Notion de « même établissements de spectacles cinématographiques ». Pour l'appréciation des seuils, sont regardées comme faisant partie d'un même établissement de spectacles cinématographiques, qu'elles soient ou non situées dans des bâtiments distincts et qu'une même personne en soit ou non le propriétaire ou l'exploitant, les salles de spectacles cinématographiques qui sont réunies sur un même site et qui[1] :

- soit ont été conçues dans le cadre d'une même opération d'aménagement foncier, que celle-ci soit réalisée en une ou plusieurs tranches (1°) ;

- soit bénéficient d'aménagements conçus pour permettre à une même clientèle l'accès à celles-ci (2°) ;

- soit font l'objet d'une gestion commune des éléments de leur exploitation, notamment par la création de services collectifs ou l'utilisation habituelle de pratiques et publicités commerciales communes (3°) ;

- soit sont réunies par une structure juridique commune, contrôlée directement ou indirectement par au moins un associé, exerçant sur elle une influence au sens de l'article L. 233-16 du code de commerce ou ayant un dirigeant de droit ou de fait commun (4°).

722.13 Notion de zone d'influence cinématographique. Pour l'application des dispositions de l'article L. 212-9, la zone d'influence cinématographique d'un projet d'aménagement cinématographique correspond à l'aire géographique au sein de laquelle l'établissement de spectacles cinématographiques faisant l'objet d'une demande d'autorisation exerce une attraction sur les spectateurs[2].

Cette zone est délimitée en tenant compte notamment de la nature et de la taille de l'établissement envisagé, des temps de déplacement nécessaires pour y accéder, de la présence d'éventuelles barrières géographiques ou psychologiques, de la localisation et du pouvoir d'attraction des établissements de spectacles cinématographiques existants ainsi que de la localisation des établissements exploités sous la même enseigne que celle de l'établissement concerné[3].

1. CCIA, art. L. 212-8.
2. CCIA, art. R. 212-7-1, al. 1er.
3. CCIA, art. R. 212-7-1, al. 2.

SECTION 2
PRÉSENTATION DE LA DEMANDE

§ 1
Auteur de la demande

722.21 Qualité. La demande d'autorisation d'aménagement cinématographique est présentée[4] :

- soit par le propriétaire de l'immeuble ;

- soit par une personne justifiant d'un titre l'habilitant à construire sur le terrain ou à exploiter commercialement l'immeuble.

Les projets d'aménagement cinématographique ne sont soumis à l'examen de la commission départementale d'aménagement cinématographique qu'à la condition d'être accompagnés de l'indication de la personne qui sera titulaire de l'autorisation d'exercice délivrée en application des articles L. 212-2 à L. 212-5[5].

§ 2
Dossier

722.31 Éléments obligatoires. La liste des pièces à fournir est fixée à l'article art. A. 212-7-3-1 du code du cinéma. Les renseignements et documents à fournir se répartissent en plusieurs catégories. Doit notamment être fournie une étude destinée à permettre d'apprécier les effets prévisibles du projet au regard des critères prévus par l'article L. 212-9 et justifiant du respect des principes posés par l'article L. 212-6.

722.32 Éléments facultatifs. Le demandeur peut apporter tout élément complémentaire pour justifier de sa demande[6].

§ 3
Envoi ou dépôt de la demande

722.41 Modalités. La demande d'autorisation est[7] :

- soit adressée au préfet sous pli recommandé avec demande d'avis de réception ;

- soit déposée contre décharge au secrétariat de la CDACi ;

- soit adressée par voie électronique. Dans ce dernier cas, l'accusé de réception électronique est adressé sans délai.

4. CCIA, art. R. 212-7-2.
5. CCIA, art. L. 212-8-1.
6. CCIA, art. A. 212-7-3-2.
7. CCIA, art. R. 212-7-4.

722.42 Dossier complet. Le secrétariat de la CDACi s'assure du caractère complet des demandes d'autorisation d'aménagement cinématographique[1].

Dès réception de la demande, si le dossier est complet, le préfet fait connaître au demandeur son numéro d'enregistrement et la date avant laquelle la décision doit lui être notifiée. Le délai d'instruction court, sous réserve des dispositions de l'article R. 212-7-6, à compter du jour de la décharge ou de l'avis de réception ou de l'accusé de réception électronique prévus à l'article R. 212-7-4[2].

La lettre du préfet avise en outre le demandeur que, si aucune décision ne lui a été adressée avant la date mentionnée à l'alinéa précédent, l'autorisation est réputée accordée[3].

722.43 Dossier incomplet. Si le dossier est incomplet, le préfet, dans les quinze jours de la réception de la demande, invite l'intéressé, par lettre recommandée avec demande d'avis de réception, à fournir les pièces complémentaires[4].

Lorsque toutes ces pièces ont été produites, il est fait application de l'article R. 212-7-5 et le délai d'instruction court à compter de la réception de la dernière pièce complétant le dossier[5].

722.44 Avis de réception de la demande. Dans le cas où le demandeur n'a pas reçu, dans les quinze jours suivant la réception de sa demande par le secrétariat de la CDACi, la lettre prévue à l'article R. 212-7-5 ou à l'article R. 212-7-6, le délai d'instruction court à compter du jour de la décharge ou de l'avis de réception prévu à l'article R. 212-7-4[6].

§ 4
Présentation d'une nouvelle demande en cas de modification substantielle

722.51 Exigence. Une nouvelle demande d'autorisation est nécessaire lorsque le projet, en cours d'instruction ou de réalisation, subit des modifications substantielles concernant le nombre de salles et de places de spectateur. Il en est de même en cas de modification de la ou des enseignes désignées par le pétitionnaire[7].

1. CCIA, art. R. 212-7-8, al. 1er.
2. CCIA, art. R. 212-7-5, al. 1er.
3. CCIA, art. R. 212-7-5, al. 2.
4. CCIA, art. R. 212-7-6, al. 1er.
5. CCIA, art. R. 212-7-6, al. 2.
6. CCIA, art. R. 212-7-7.
7. CCIA, art. L. 212-10-2, al. 3.

SECTION 3
INSTRUCTION DE LA DEMANDE

722.61 Organe compétent. L'instruction des demandes d'autorisation est faite par les services déconcentrés de l'État[8], plus exactement la direction régionale des affaires culturelles du ministère de la culture[9].

722.62 Transmission des dossiers aux membres de la commission. Les dossiers sont transmis aux membres de la commission[10].

Les membres de la CDACi ont connaissance des demandes d'autorisation déposées au moins dix jours avant d'avoir à statuer[11].

722.63 Rapport. Le directeur régional des affaires culturelles, qui peut se faire représenter, rapporte les dossiers[12].

722.64 Auditions. La CDACi entend le demandeur à sa requête[13].

Elle peut entendre toute personne dont l'avis présente un intérêt pour la commission[14].

Toute autre personne souhaitant être entendue par la commission peut en faire la demande. Cette demande, formulée par écrit et notifiée au secrétariat de la commission au moins cinq jours avant la réunion de celle-ci, doit comporter les éléments justifiant, d'une part, de l'intérêt de la personne concernée à être entendue et, d'autre part, des motifs qui justifient son audition[15].

SECTION 4
MODALITÉS DU VOTE

722.71 *Quorum*. La CDACi ne peut délibérer que si au moins cinq de ses membres sont présents. Si ce *quorum* n'est pas atteint, il est procédé, sur le même ordre du jour, à une nouvelle convocation de la commission. Celle-ci ne peut valablement délibérer, à l'expiration d'un délai de trois jours après cette convocation, que si au moins quatre de ses membres sont présents[16].

Lorsqu'elle statue sur un projet dont la zone d'influence cinématographique dépasse les limites du département, la commission ne peut délibérer que si

8. CCIA, art. L. 222-10.
9. CCIA, art. R. 212-7-8, al. 2.
10. CCIA, art. R. 212-7-9 à R. 212-7-11.
11. CCIA, art. L. 212-10-1, II, al. 3.
12. CCIA, art. R. 212-7-12.
13. CCIA, art. R. 212-7-13, al. 1er.
14. CCIA, art. R. 212-7-13, al. 2.
15. CCIA, art. R. 212-7-13, al. 3.
16. CCIA, art. R. 212-7-14, al. 1er.

au moins la majorité de ses membres sont présents. Si ce *quorum* n'est pas atteint, il est procédé, sur le même ordre du jour, à une nouvelle convocation de la commission. Celle-ci ne peut valablement délibérer, à l'expiration d'un délai de cinq jours après cette convocation, qu'en présence, au moins, de quatre membres du département d'implantation et d'un tiers des membres de la commission[1].

722.72 **Vote.** La CDACi se prononce par un vote à bulletins nominatifs. Sa décision motivée, signée par le président, indique le sens du vote émis par chacun des membres[2].

La commission autorise les projets par un vote à la majorité absolue des membres présents[3].

Le préfet ne prend pas part au vote[4].

SECTION 5
DÉLAI POUR SE PRONONCER

722.81 **Deux mois, à défaut naissance d'une autorisation implicite.** La CDACi se prononce dans un délai de deux mois à compter de sa saisine[5].

Passé ce délai, la décision est réputée favorable[6].

SECTION 6
PRINCIPES ET CRITÈRES PRIS EN COMPTE POUR AUTORISER OU REFUSER LE PROJET

§ 1
Principes et critères

722.91 **Critères mis en œuvre à la lumière des principes.** Dans le cadre des principes définis à l'article L. 212-6, la CDACi se prononce sur les critères énoncés à l'article L. 212-9[7].

Comme le confirme la jurisprudence, l'autorisation d'aménagement ne peut être refusée que si, eu égard à ses effets, le projet contesté compromet la réalisation des objectifs et principes énoncés par la loi. Il appartient aux commissions d'aménagement cinématographique, lorsqu'elles se prononcent sur les dossiers de demande d'autorisation, d'apprécier la conformité du projet à ces objectifs et principes, au vu des critères mentionnés à l'article L. 212-9 du code du cinéma et de l'image animée[8].

En outre, si les décisions de la commission doivent être motivées, cette obligation n'implique pas que la commission soit tenue de prendre explicitement parti sur le respect, par le projet qui lui est soumis, de chacun des objectifs et critères d'appréciation fixés par le législateur[9].

A.
Principes

722.101 **Principes généraux.** Les principes régissant l'implantation des cinémas sont fixés à l'article L. 212-6 du code du cinéma :

– d'une part, les créations, extensions et réouvertures au public d'établissements de spectacles cinématographiques doivent répondre aux exigences de diversité de l'offre cinématographique, d'aménagement culturel du territoire, de protection de l'environnement et de qualité de l'urbanisme, en tenant compte de la nature spécifique des œuvres cinématographiques ;

– d'autre part, elles doivent contribuer à la modernisation des établissements de spectacles cinématographiques et à la satisfaction des intérêts du spectateur tant en ce qui concerne la programmation d'une offre diversifiée, le maintien et la protection du pluralisme dans le secteur de l'exploitation cinématographique que la qualité des services offerts.

B.
Critères

722.111 **Premier critère : diversité cinématographique.** Le premier critère correspond à l'effet potentiel sur la diversité cinématographique offerte aux spectateurs dans la zone d'influence cinématographique concernée[10]. Ce critère est évalué au moyen des indicateurs suivants :

– le projet de programmation envisagé pour l'établissement de spectacles cinématographiques objet de la demande d'autorisation et, le cas échéant, le respect des engagements de programmation éventuellement souscrits en application des articles L. 212-19 et L. 212-20[11] ;

– la nature et la diversité culturelle de l'offre cinématographique proposée dans la zone concernée, compte tenu de la fréquentation cinématographique[12] ;

1. CCIA, art. R. 212-7-14, al. 2.
2. CCIA, art. R. 212-7-17, al. 1er ; art. L. 212-10-1, I, al. 1er.
3. CCIA, art. L. 212-10-1, I, al. 1er.
4. CCIA, art. L. 212-10-1, I, al. 2.
5. CCIA, art. L. 212-10-1, II, al. 1er.
6. CCIA, art. L. 212-10-1, II, al. 2.
7. CCIA, art. L. 212-9, al. 1er.
8. CE 9 févr. 2011, *Sté NCO II et a.*, req. no 330727, *Lebon T.*
9. CE 9 févr. 2011, *Sté NCO II et a.*, req. no 330727, *Lebon T.* : principe énoncé à propos de la commission nationale, mais valable également pour les commissions départementales.
10. CCIA, art. L. 212-9, 1°.
11. CCIA, art. L. 212-9, 1°, a.
12. CCIA, art. L. 212-9, 1°, b – sur la mise en œuvre de ce critère dans le cas où la commission est saisie de deux projets concurrents : CE 15 oct. 2014, *Sté Royal Cinéma*, req. no 363457, *Lebon T.*

– la situation de l'accès des œuvres cinématographiques aux salles et des salles aux œuvres cinématographiques pour les établissements de spectacles cinématographiques existants[1].

Lorsqu'une autorisation s'appuie notamment sur le projet de programmation cinématographique, ce projet fait l'objet d'un engagement de programmation cinématographique souscrit en application du 3° de l'article L. 212-23[2].

Lorsque le projet présenté concerne l'extension d'un établissement définie aux 2°, 3° ou 3° *bis* de l'article L. 212-7, le respect de l'engagement de programmation cinématographique souscrit par l'exploitant de l'établissement de spectacles cinématographiques en application de l'article L. 212-23 fait l'objet d'un contrôle du Centre national du cinéma et de l'image animée, transmis à la commission d'aménagement cinématographique compétente pour l'instruction du dossier[3].

722.112 Second critère : aménagement culturel du territoire, protection de l'environnement et qualité de l'urbanisme. Le second critère correspond à l'effet du projet sur l'aménagement culturel du territoire, la protection de l'environnement et la qualité de l'urbanisme[4]. Ce critère est évalué au moyen des indicateurs suivants :

– l'implantation géographique des établissements de spectacles cinématographiques dans la zone d'influence cinématographique et la qualité de leurs équipements[5] ;

– la préservation d'une animation culturelle et le respect de l'équilibre des agglomérations[6] ;

– la qualité environnementale appréciée en tenant compte des différents modes de transports publics, de la qualité de la desserte routière, des parcs de stationnement[7] ;

– l'insertion du projet dans son environnement[8] ;

– la localisation du projet, notamment au regard des SCOT et des PLU[9].

722.113 Absence de critère tenant à la densité. Depuis l'entrée en vigueur de la loi du 4 août 2008, la densité de l'équipement en salles de spectacles cinématographiques dans la zone d'attraction du projet ne figure plus au nombre des critères au vu desquels s'apprécie la demande d'autorisation[10].

§ 2
Compatibilité avec le SCOT

722.121 Compatibilité avec le SCOT. Les règles relatives à la compatibilité de l'autorisation prévue à l'article L. 212-7 avec les SCOT sont fixées à l'article L. 142-1 du code de l'urbanisme[11].

722.122 Projet refusé en l'absence de SCOT. En l'absence de SCOT, l'autorisation ne peut être délivrée[12].

SECTION 7
DÉCISION DE LA COMMISSION DÉPARTEMENTALE

§ 1
Autorisation ou refus

722.131 Option. Les CDACi, soit autorisent le projet, soit le refusent.

Elles autorisent ou refusent les projets dans leur totalité[13].

722.132 Autorisation déterminée en nombre de salles et de spectateurs. La décision décrit le projet autorisé et mentionne le nombre de salles et de places autorisées[14].

En moyenne, les CDACi autorisent 85 % des projets présentés[15].

§ 2
Publicité de la décision

722.141 Notification de la décision. La décision est notifiée dans les dix jours au maire et au pétitionnaire. Elle est également notifiée au médiateur du cinéma[16].

722.142 Affichage de la décision. La décision de la CDACi est affichée, à l'initiative du préfet, pendant un mois à la porte de la mairie de la commune d'implantation. En cas d'autorisation tacite, une attestation du préfet est affichée dans les mêmes conditions[17].

L'exécution de cette formalité fait l'objet d'une mention au recueil des actes administratifs de la

1. CCIA, art. L. 212-9, 1°, c.
2. CCIA, art. L. 212-9, al. 12.
3. CCIA, art. L. 212-9, al. 13.
4. CCIA, art. L. 212-9, 2°.
5. CCIA, art. L. 212-9, 2°, a.
6. CCIA, art. L. 212-9, 2°, b.
7. CCIA, art. L. 212-9, 2°, c.
8. CCIA, art. L. 212-9, 2°, d.
9. CCIA, art. L. 212-9, 2°, e.
10. CE 9 févr. 2011, *Sté NCO II et a.*, req. n° 330727, *Lebon T.*
11. CCIA, art. L. 212-12.
12. V. ss nos 222.111 s.
13. CCIA, art. L. 212-6-9.
14. CCIA, art. L. 212-10-2, al. 2 ; R. 212-7-17, al. 2.
15. CNACi, *Rapport d'activité 2020*, p. 18.
16. CCIA, art. L. 212-10-1, II, al. 4 ; v. également art. R. 212-7-18, 1°.
17. CCIA, art. R. 212-7-18, 2°.

préfecture[1]. La décision de la commission, ou le cas échéant l'attestation, est notifiée par le préfet au médiateur du cinéma dans le délai de dix jours[2].

Lorsque la décision accorde l'autorisation demandée, le préfet fait publier, aux frais du bénéficiaire, un extrait de cette décision dans deux journaux régionaux ou locaux diffusés dans le département. Il en est de même de l'attestation préfectorale en cas d'autorisation tacite[3].

1. CCIA, art. R. 212-7-18, al. 6.
2. CCIA, art. R. 212-7-18, al. 7.
3. CCIA, art. R. 212-7-19, al. 1er et 2.

CHAPITRE

723. Recours contre une décision de la CDACi

SECTION 0

ORIENTEUR

723.00 Sommaire du chapitre.

723.01 Textes applicables.

• **CCIA**

art. L. 212-10-3 s.

art. R. 212-7-21 s.

723.03 Bibliographie indicative.

Encyclopédies. *DP constr.-urb., ét.* : « Urbanisme commercial » – *J.-Cl. Constr.-Urb.*, fasc. 12-20 : « Aménagement commercial. – Aménagement cinématographique », par A. Dutoit, S. Encinas et G. Le Fouler, août 2020.

SECTION 1

RECOURS PRÉALABLE OBLIGATOIRE

723.11 RAPO. La saisine de la CNACi est un préalable obligatoire à un recours contentieux, à peine d'irrecevabilité de ce dernier[1].

1. CCIA, art. L. 212-10-3, al. 2.

SECTION 2

INTRODUCTION DU RECOURS

§ 1 Auteur du recours et acte contesté

723.21 Auteur du recours. Le recours peut être formé par[2] :

- le maire de la commune d'implantation ;
- le président de l'EPCI mentionné au b du 1° du II de l'article L. 212-6-2 ;
- l'EPCI mentionné au e du même 1° ;
- le président du syndicat mixte mentionné au même e ;
- toute personne ayant intérêt à agir ;
- le médiateur du cinéma.

723.22 Acte contesté. En pratique, le recours est introduit contre une décision d'autorisation dans deux tiers des cas, et contre une décision de refus dans un tiers des cas[3].

§ 2 Délai de recours

723.31 Durée du délai. Le recours doit être formé dans un délai d'un mois[4].

723.32 Point de départ du délai. Pour le demandeur, le délai de recours court à compter de la date de notification de la décision de la CDACi[5].

Pour le préfet et les membres de la CDACi, le délai de recours court à compter de la date de la réu-

2. CCIA, art. L. 212-10-3, al. 1er et 3.
3. CNACi, *Rapport d'activité 2020*, p. 32.
4. CCIA, art. L. 212-10-3, al. 1er.
5. CCIA, art. R. 212-7-24, 1°.

nion de la commission ou de la date à laquelle l'autorisation est réputée accordée[1].

Pour le médiateur du cinéma, le délai de recours court à compter de la date de notification de la décision de la CDACi ou de la date de notification de l'attestation du préfet lorsque l'autorisation est réputée accordée[2].

Pour toute autre personne ayant intérêt à agir, le délai de recours court[3] :

- si le recours est exercé contre une décision de refus, à compter du premier jour de la période d'affichage en mairie (a) ;

- si le recours est exercé contre une décision d'autorisation, à compter de la plus tardive des mesures de publicité prévues aux articles R. 212-7-18 et R. 212-7-19 (b).

723.33 Pas de travaux ou de nouvelle demande avant l'expiration du délai. Avant l'expiration du délai de recours ou, en cas de recours, avant la décision de la CNACi, le permis de construire ne peut être accordé ni la réalisation entreprise et aucune nouvelle demande ne peut être déposée pour le même terrain d'assiette auprès de la CNACi[4].

§ 3
Forme du recours

723.41 Recours introduit par le préfet ou le médiateur du cinéma. Lorsqu'il est exercé par le préfet ou par le médiateur du cinéma, le recours devant la CNACi prévu à l'article L. 212-10-3 est fait en la forme administrative ordinaire[5].

723.42 Recours introduit par les autres demandeurs. Lorsqu'il est introduit par des personnes autres que le préfet ou le médiateur du cinéma, le recours est adressé, par lettre recommandée avec demande d'avis de réception, au président de la CNACi[6].

Sous peine d'irrecevabilité, le recours est motivé et fait état de l'intérêt à agir de chaque requérant[7].

Lorsqu'il est exercé par plusieurs personnes, celles-ci font élection de domicile en un seul lieu ; à défaut, les notifications, convocations ou autres actes sont valablement adressés au domicile du premier signataire[8].

§ 4
Information du préfet sur l'existence de recours

723.51 Information. Pour chaque recours exercé, le président de la CNACi informe le préfet du dépôt du recours[9].

SECTION 3
INSTRUCTION

723.61 Organe chargé de l'instruction. Le secrétariat de la CNACi instruit les recours, sous l'autorité du président de la commission[10].

723.62 Réunion des membres. La CNACi se réunit sur convocation de son président[11].

Les membres de la commission reçoivent l'ordre du jour, accompagné des procès-verbaux des réunions des commissions départementales d'aménagement cinématographique, des décisions de ces commissions, des recours et des rapports des services instructeurs[12].

La commission ne peut valablement délibérer qu'en présence de cinq membres au moins[13].

723.63 Rapport. Le secrétaire de la commission ou, en cas d'absence ou d'empêchement de celui-ci, le secrétaire suppléant rapporte les dossiers[14].

723.64 Auditions. La CNACi entend, à leur requête, le maire de la commune d'implantation, l'auteur de la demande d'autorisation ainsi que l'auteur ou l'un des auteurs du recours[15].

La commission peut entendre toute personne qu'elle juge utile de consulter[16].

Toute autre personne souhaitant être entendue par la commission peut en faire la demande. Cette demande, formulée par écrit et notifiée au secrétariat de la commission au moins cinq jours avant la réunion de celle-ci, doit comporter les éléments justifiant, d'une part, de l'intérêt de la personne concernée à être entendue et, d'autre part, des motifs qui justifient son audition[17].

723.65 Commissaire du Gouvernement. Un commissaire du Gouvernement nommé par le minis-

1. CCIA, art. R. 212-7-24, 2°.
2. CCIA, art. R. 212-7-24, 3°.
3. CCIA, art. R. 212-7-24, 4°.
4. CCIA, art. L. 212-10-4.
5. CCIA, art. R. 212-7-21.
6. CCIA, art. R. 212-7-22, al. 1er.
7. CCIA, art. R. 212-7-22, al. 2.
8. CCIA, art. R. 212-7-22, al. 3.
9. CCIA, art. R. 212-7-23.
10. CCIA, art. R. 212-7-25.
11. CCIA, art. R. 212-7-26, al. 1er.
12. CCIA, art. R. 212-7-26, al. 2.
13. CCIA, art. R. 212-7-26, al. 3.
14. CCIA, art. R. 212-7-27.
15. CCIA, art. R. 212-7-28, al. 1er ; art. L. 212-10-25.
16. CCIA, art. R. 212-7-28, al. 2.
17. CCIA, art. R. 212-7-28, al. 3.

tre chargé de la culture assiste aux séances de la CNACi[1].

Le commissaire du Gouvernement recueille l'avis du ministre chargé de la culture, qu'il présente à la CNACi. Il donne son avis sur les demandes examinées par la commission au regard des auditions effectuées[2].

SECTION 4
DÉCISION DE LA COMMISSION NATIONALE

723.71 Délai pour statuer. La CNACi se prononce dans un délai de quatre mois à compter de sa saisine[3].

Ce délai court à compter de la date de réception du recours[4].

723.72 Projet autorisé ou refusé dans sa totalité. La CNACi autorise ou refuse les projets dans leur totalité[5].

En pratique, elle autorise environ les 2/3 des projets et en refuse 1/3[6].

723.73 Pas de nouvelle demande pendant un an après un rejet au fond. En cas de rejet pour un motif de fond de la demande d'autorisation par la CNACi, il ne peut être déposé de nouvelle demande par le même pétitionnaire, pour un même projet et sur le même terrain, pendant une période d'un an à compter de la date de la décision de la commission nationale[7].

723.74 Notification de la décision. La décision de la CNACi, signée du président, est notifiée, dans un délai de deux mois, au ministre chargé de la culture, aux requérants et à l'auteur de la demande d'autorisation s'il n'est pas requérant[8].

723.75 Publicité de la décision. La décision de la commission est notifiée au préfet pour être affichée et publiée dans les conditions prévues aux articles R. 212-7-18 et R. 212-7-19[9].

La décision de la commission est portée à la connaissance du public par voie électronique[10].

1. CCIA, art. L. 212-10-6.
2. CCIA, art. R. 212-7-29.
3. CCIA, art. L. 212-10-3, al. 1er.
4. CCIA, art. R. 212-7-31, al. 2.
5. CCIA, art. L. 212-6-9.
6. CNACi, *Rapport d'activité 2020*, p. 34.
7. CCIA, art. L. 212-10-8.
8. CCIA, art. R. 212-7-31, al. 1er.
9. V. s^s n°s 722.142 s. – CCIA, art. R. 212-7-31, al. 3.
10. CCIA, art. R. 212-7-31, al. 4.

CHAPITRE

724. Recours contentieux contre la décision de la CNACi

SECTION 0
ORIENTEUR

724.00 Sommaire du chapitre.

724.01 Texte applicable.

> Juridiction compétente

• **CJA,** art. R. 311-3

724.03 Bibliographie indicative.

Encyclopédies. *DP constr.-urb., ét.* : « Urbanisme commercial » – *J.-Cl. Constr.-Urb.*, fasc. 12-20 : « Aménagement commercial. – Aménagement cinématographique », par A. Dutoit, S. Encinas et G. Le Fouler, août 2020.

SECTION UNIQUE
CARACTÈRES DU RECOURS

724.11 Acte contesté. Le recours contentieux ne peut être formé qu'à l'encontre de la décision de la CNACi. En effet, en raison de l'exigence de recours administratif préalable[1], les décisions prises par les commissions départementales constituent des actes insusceptibles de recours, la décision de la commission nationale se substituant à la décision de la commission départementale.

En moyenne, un tiers des refus exprimés par la CNACi sont contestés auprès des juridictions administratives, et près de la moitié des autorisations délivrées par la CNACi font l'objet de recours en annulation[2].

724.12 Juridictions compétentes. Les cours administratives d'appel sont compétentes pour connaître en premier et dernier ressort des litiges relatifs aux décisions prises par la CNACi en application de l'article L. 212-10-3 du code du cinéma et de l'image animée[3].

La cour administrative d'appel territorialement compétente pour connaître de ces recours est celle dans le ressort de laquelle a son siège la CDACi qui a pris la décision[4].

724.13 Délai de recours. En l'absence de dispositions spécifiques, c'est le délai de droit commun qui s'applique, c'est-à-dire deux mois[5].

724.14 Décision. Le taux d'annulation des décisions de la CNACi est d'environ un tiers[6].

724.15 Contrôle de cassation. Le juge de cassation exerce un contrôle limité à la dénaturation sur l'appréciation par les juges du fond des effets d'un projet au regard des objectifs et principes énoncés par la réglementation en matière d'aménagement cinématographique[7].

1. V. s[s] n° 723.11.

2. CNACi, *Rapport d'activité 2020*, p. 40.
3. CJA, art. R. 311-3, al. 1er.
4. CJA, art. R. 311-3, al. 2.
5. CJA, art. R. 421-1, al. 1er.
6. CNACi, *Rapport d'activité 2020*, p. 41.
7. CE 9 oct. 2020, Sté *Les Nemours et a.*, req. n° 421312, *Lebon T.*

CHAPITRE

725. Mise en œuvre de l'autorisation d'aménagement cinématographique

SECTION 0

ORIENTEUR

725.00 Sommaire du chapitre.

725.01 Textes applicables.

> Juridiction compétente

• CCIA

art. L. 212-13

art. R. 212-7-20

725.03 Bibliographie indicative.

Encyclopédies. *DP constr.-urb., ét.* : « Urbanisme commercial » – *J.-Cl. Constr.-Urb.*, fasc. 12-20 : « Aménagement commercial. – Aménagement cinématographique », par A. Dutoit, S. Encinas et G. Le Fouler, août 2020.

SECTION 1

OBTENTION PRÉALABLE DE L'AUTORISATION

725.11 Obtention avant un permis de construire. Lorsque le permis de construire porte sur un projet de création, d'extension ou de réouverture au public d'un établissement de spectacles cinématographiques soumis à l'autorisation prévue à l'article L. 212-7[1] :

– le permis ne peut être accordé avant la délivrance de cette autorisation ;

– et sa mise en œuvre ne peut être entreprise avant l'expiration des recours entrepris contre ladite autorisation.

SECTION 2

DURÉE DE L'AUTORISATION

725.21 Délais de péremption. Lorsque la réalisation d'un projet autorisé ne nécessite pas de permis de construire, l'autorisation est périmée pour les salles et pour les places de spectateurs qui n'ont pas été mises en exploitation dans un délai de trois ans à compter de la notification prévue à l'article R. 212-7-18 ou de la date à laquelle l'autorisation est réputée accordée en vertu de l'article L. 212-10-1[2]. Pour tenir compte des effets de la crise sanitaire, ce délai a été prolongé de 12 mois pour les autorisations en cours de validité à la date du 20 février 2021[3].

Lorsque la réalisation d'un projet autorisé est subordonnée à l'obtention d'un permis de construire, l'autorisation est périmée si le dossier de demande de permis de construire considéré comme complet au regard des articles R. 423-19 à R. 423-22 du code de l'urbanisme n'est pas déposé dans un délai de deux ans à compter de la date fixée au premier alinéa[4]. Lorsqu'une demande de permis de construire a été déposée dans le délai et les conditions prévus au deuxième alinéa, l'autorisation est périmée pour les salles et pour les places de spectateurs qui n'ont pas été mises en exploitation dans un délai de trois ans à compter de la date à laquelle le permis de construire est devenu définitif. Toutefois, ce délai est porté à cinq ans dans le cas où le projet a vocation à s'intégrer dans un ensem-

1. CCIA, art. L. 212-13 – dans le même sens : CCIA, art. L. 212-10-2, al. 1er : l'autorisation d'aménagement cinématographique est délivrée préalablement à la délivrance du permis de construire s'il y a lieu, ou avant la réalisation du projet si le permis de construire n'est pas exigé.
2. CCIA, art. R. 212-7-20, al. 1er.
3. Décr. nº 2021-181, 18 févr. 2021 prolongeant les délais de validité des autorisations d'aménagement cinématographique, *JO* 19 févr., nº 23.
4. CCIA, art. R. 212-7-20, al. 2.

ble commercial de plus de 6 000 mètres carrés, situé sur le même terrain[1].

725.22 Point de départ des délais. En cas de recours devant la CNACi, ces délais courent à compter de la date de la notification de la décision de la Commission[2].

725.23 Délivrance d'un permis modificatif. En cas de délivrance d'un permis modificatif, les délais de trois et cinq ans prévus ci-dessus « courent à compter de la date à laquelle le permis initial est devenu définitif »[3].

725.24 Suspension des délais. Reprenant une solution retenue pour les autorisations d'urbanisme, le code du cinéma prévoit qu'en cas de recours devant la juridiction administrative, les délais « sont suspendus jusqu'au prononcé d'une décision juridictionnelle irrévocable »[4].

SECTION 3
CESSIBILITÉ ET TRANSMISSIBILITÉ DE L'AUTORISATION

725.31 Autorisation ni cessible ni transmissible avant la mise en exploitation. L'autorisation d'aménagement cinématographique n'est ni cessible, ni transmissible tant que la mise en exploitation de l'établissement de spectacles cinématographiques n'est pas intervenue[5].

SECTION 4
PLACES DE STATIONNEMENT

725.41 Renvoi au code de l'urbanisme. Les règles relatives à l'emprise au sol des surfaces, bâties ou non, affectées aux aires de stationnement annexes d'un établissement de spectacles cinématographiques soumis à l'autorisation prévue à l'article L. 212-7 du code du cinéma, installé ou non sur le même site qu'un commerce soumis à l'autorisation prévue à l'article L. 752-1 du code de commerce, sont fixées par les articles L. 111-19 et L. 111-20 du code de l'urbanisme[6].

1. CCIA, art. R. 212-7-20, al. 4.
2. CCIA, art. R. 212-7-20, al. 3.
3. CCIA, art. R. 212-7-20, al. 5 ; créé par décr. n° 2022-256, 25 févr. 2022.
4. CCIA, art. R. 212-7-20, al. 6 ; créé par décr. n° 2022-256, 25 févr. 2022.
5. CCIA, art. L. 212-10-2, al. 4.
6. CCIA, art. L. 212-11.

CHAPITRE

726. Infractions à la législation sur l'implantation des cinémas

SECTION 0

ORIENTEUR

726.00 Sommaire du chapitre.

726.01 Textes applicables.

• **CCIA**

art. L. 414-4

art. R. 425-1

art. R. 434-1

726.03 Bibliographie indicative.

Encyclopédies. *DP constr.-urb., ét.* : « Urbanisme commercial » – *J.-Cl. Constr.-Urb.*, fasc. 12-20 : « Aménagement commercial. – Aménagement cinématographique », par A. Dutoit, S. Encinas et G. Le Fouler, août 2020.

SECTION UNIQUE

INFRACTIONS ET MESURES CONSERVATOIRES

726.11 Constatation des infractions. Les agents mentionnés à l'article L. 411-1 qui constatent l'exploitation illicite d'un nombre de salles ou de places de spectateur, au regard de l'article L. 212-10-2, établissent un rapport qu'ils transmettent au préfet[1].

726.12 Peines encourues. Sans préjudice de l'application des sanctions prévues par le code de l'urbanisme, est puni de l'amende prévue pour les contraventions de la cinquième classe le fait pour quiconque, sans être titulaire de l'autorisation requise ou en méconnaissance de ses prescriptions, soit d'entreprendre ou de faire entreprendre des travaux aux fins de réaliser un des projets prévus à l'article L. 212-7, soit d'exploiter ou de faire exploiter un établissement de spectacles cinématographiques soumis aux obligations édictées par cet article[2].

En cas d'exploitation irrégulière d'un établissement de spectacles cinématographiques, l'infraction est constituée par jour d'exploitation, par salle et par place de spectateur exploitée irrégulièrement[3].

S'il y a récidive, la peine d'amende prévue pour la récidive des contraventions de la cinquième classe est applicable[4].

726.13 Mise en demeure et fermeture. Le préfet peut, dans un délai d'un mois après réception du rapport mentionné à l'article L. 414-4, mettre en demeure l'exploitant de l'établissement de spectacles cinématographiques concerné de ramener le nombre de salles ou de places de spectateur au nombre figurant dans l'autorisation d'aménagement cinématographique accordée par la commission d'aménagement cinématographique compétente[5].

Il peut, à défaut, prendre un arrêté ordonnant, dans un délai de quinze jours, la fermeture au public de l'établissement exploité illicitement, jusqu'à régularisation effective. Ces mesures sont assorties d'une astreinte journalière de 150 euros par place de spectateur[6].

Est en outre puni d'une amende de 15 000 euros le fait de ne pas exécuter les mesures prises par le préfet prévues à l'article L. 425-1[7].

1. CCIA, art. L. 414-4.

2. CCIA, art. R. 434-1, al. 1er.
3. CCIA, art. R. 434-1, al. 2.
4. CCIA, art. R. 434-1, al. 3.
5. CCIA, art. L. 425-1, al. 1er.
6. CCIA, art. L. 425-1, al. 2.
7. CCIA, art. L. 434-1.

LIVRE

8. DOCUMENTS, EXEMPLES D'ACTES, SCHÉMAS

SECTION 0

ORIENTEUR

8.00 Sommaire des annexes.

SECTION 1

DOCUMENTS

8.11 Structure recommandée pour le règlement du PLU[1].

* V. s[s] n°s 231.501 s.

I. Destination des constructions, usage des sols et natures d'activité

1 Interdiction et limitation de certains usages et affectations des sols, constructions et activités, destinations et sous-destinations

2 Mixité fonctionnelle et sociale

II. Caractéristiques urbaine, architecturale, environnementale et paysagère

1. Ministère du logement, *Fiche technique 2 : La structure et le contenu du règlement*, oct. 2016, p. 3.

1 Volumétrie et implantation des constructions

2 Qualité urbaine, architecturale, environnementale et paysagère

3 Traitement environnemental et paysager des espaces non-bâtis et abords des constructions

4 Stationnement

III. Équipement et réseaux

1 Desserte par les voies publiques ou privées

2 Desserte par les réseaux

8.12 Liste des servitudes d'utilité publique affectant l'utilisation du sol.

* V. s[s] n°s 231.1651 s.

I.
Servitudes relatives à la conservation du patrimoine

A.
Patrimoine naturel

a. Forêts

Servitudes de protection des bois et forêts relevant du régime forestier et instituées en application des articles L. 275-13 à L. 275-17 du code forestier ;

Servitudes relatives aux forêts dites de protection instituées en application des articles L. 141-1 à L. 141-7 du code forestier ;

Prescriptions et interdictions auxquelles sont soumis les propriétaires en application des articles L. 142-1, L. 143-3 et L. 143-4 du code forestier.

b. Littoral maritime

Servitudes de passage sur le littoral instituées en application des articles L. 121-31 à L. 121-34 et L. 121-51.

c. Eaux

Servitudes prévues à l'article L. 215-4 du code de l'environnement ainsi qu'à l'article L. 151-37-1 du code rural et de la pêche maritime, y compris les servitudes instituées en application du décret n° 59-96 du 7 janvier 1959 validées dans les conditions prévues au IV de l'article L. 211-7 du code de l'environnement ;

Servitudes attachées à la protection des eaux potables instituées en vertu des articles L. 1321-2 et R. 1321-13 du code de la santé publique ;

Servitudes attachées à la protection des eaux minérales instituées en application des articles L. 1322-3 à L. 1322-13 du code de la santé publique.

d. Réserves naturelles et parcs nationaux

Réserves naturelles instituées par l'autorité administrative en application des articles L. 332-1 à L. 332-19-1 du code de l'environnement et périmètres de protection autour des réserves naturelles institués en application des articles L. 332-16 à L. 332-18 du code de l'environnement ;

Règles prévues au I de l'article L. 331-4 du code de l'environnement applicables dans le cœur d'un parc national.

e. Zones agricoles protégées

Zones agricoles protégées délimitées et classées en application de l'article L. 112-2 du code rural et de la pêche maritime ;

Zone de protection naturelle, agricole et forestière non urbanisable du plateau de Saclay délimitée par le décret n° 2013-1298 du 27 décembre 2013 pris en application de l'article L. 123-31 du code de l'urbanisme.

B.
Patrimoine culturel

a. Monuments historiques et sites patrimoniaux remarquables :

Immeubles classés et inscrits au titre des monuments historiques en application des articles L. 621-1 et suivants du code du patrimoine ;

Abords des monuments historiques définis à l'article L. 621-30 du même code ;

Sites patrimoniaux remarquables classés en application de l'article L. 631-1 du même code ;

Plans de valorisation de l'architecture et du patrimoine approuvés en application de l'article L. 631-4 du même code ;

Règlements des zones de protection du patrimoine architectural, urbain et paysager et des aires de mise en valeur de l'architecture et du patrimoine.

b. Monuments naturels et sites :

Sites inscrits en application de l'article L. 341-1 du code de l'environnement ;

Sites classés en application de l'article L. 341-2 du code de l'environnement.

C.
Patrimoine sportif

Terrains de sport dont le changement d'affectation est soumis à autorisation en application de l'article L. 312-3 du code du sport.

II.
Servitudes relatives à l'utilisation de certaines ressources et équipements

A.
Énergie

Servitudes applicables aux canalisations de transport de gaz, d'hydrocarbures et de produits chimiques en application de la section IV du chapitre V du titre V du livre V du code de l'environnement.

a. Électricité.

Périmètres à l'intérieur desquels ont été instituées des servitudes en application des articles L. 323-3 à L. 323-10 du code de l'énergie.

b. Gaz.

Servitudes applicables aux ouvrages de distribution de gaz instituées en application des articles L. 433-5 à L. 433-11 du code de l'énergie.

c. Énergie hydraulique.

Périmètres à l'intérieur desquels ont été instituées des servitudes en application des articles L. 521-7 à L. 521-13 du code de l'énergie.

d. Réseaux de chaleur et de froid.

Servitudes relatives aux canalisations de transport et de distribution de chaleur et de froid instituées en application des articles L. 721-1 et suivants du code de l'énergie.

B.
Mines et carrières

Périmètres à l'intérieur desquels sont applicables les dispositions des articles L. 153-3 à L. 153-8, L. 153-14 et L. 153-15 du code minier ;

Servitudes d'utilité publique prévues à l'article L. 174-5-1 du code minier ;

Servitudes relatives à la protection des stockages souterrains de gaz naturel, d'hydrocarbures liquides, liquéfiés ou gazeux ou de produits chimiques à destination industrielle prévues à l'article L. 264-1 du code minier.

C.
Canalisations

a. Transport de gaz, d'hydrocarbures et de produits chimiques

Servitudes relatives aux canalisations de transport de gaz, d'hydrocarbures et de produits chimiques instituées en application des articles L. 555-16, L. 555-27 et L. 555-28 du code de l'environnement, et de l'article 7 de la loi n° 49-1060 du 2 août 1949 relative à la construction d'un pipeline entre la Basse-Seine et la région parisienne et à la création d'une société des transports pétroliers par pipelines, ainsi que celles conservées en application de l'article L. 555-29 du code de l'environnement et mentionnées à l'article R. 555-30 de ce code.

b. Eaux et assainissement

Servitudes pour l'établissement de canalisations publiques d'eau ou d'assainissement instituées en application des articles L. 152-1 et L. 152-2 du code rural et de la pêche maritime ;

Servitudes de passage des conduites d'irrigation instituées en application des articles L. 152-3 à L. 152-6 du code rural et de la pêche maritime ;

Servitudes de passage des engins mécaniques et de dépôt pour l'entretien des canaux d'irrigation et de certains canaux d'assainissement instituées en application des articles L. 152-7 à L. 152-13 du code rural et de la pêche maritime ;

Servitudes d'écoulement des eaux nuisibles attachées aux travaux d'assainissement des terres par le drainage instituées en application des articles L. 152-20 à L. 152-23 du code rural et de la pêche maritime.

D.
Communications

a. Cours d'eau

Servitudes de halage et de marchepied instituées par les articles L. 2131-2 et L. 2131-3 du code général de la propriété des personnes publiques.

b. Navigation maritime

Champs de vue et servitudes instituées ou maintenues en application de la loi n° 87-954 du 27 novembre 1987 relative à la visibilité des amers, des feux et des phares et au champ de vue des centres de surveillance de la navigation maritime.

c. Transport ferroviaire ou guidé

Servitudes instituées en application des articles L. 2231-1 à L. 2231-9 du code des transports ;

Servitudes de visibilité sur les voies publiques instituées en application de l'article L. 114-6 du code de la voirie routière ;

Servitudes en tréfonds instituées en application des articles L. 2113-1 à L. 2113-3 du code des transports ;

d. Réseau routier

Servitudes de visibilité sur les voies publiques instituées en application de l'article L. 114-3 du code de la voirie routière ;

Servitudes grevant les terrains nécessaires aux routes nationales et aux autoroutes instituées en application de l'ordonnance n° 58-1311 du 23 décembre 1958 et du décret n° 58-1316 du 23 décembre 1958 ;

Servitudes attachées à l'alignement des voies publiques en application des articles L. 112-1 à L. 112-7 du code de la voirie routière ;

Servitudes relatives aux interdictions d'accès grevant les propriétés limitrophes, des autoroutes, des routes express et des déviations d'agglomérations en application des articles L. 122-2, L. 151-3 et L. 152-1 du code de la voirie routière.

e. Circulation aérienne

Servitudes aéronautiques de dégagement instituées en application des articles L. 6351-1 et L. 6351-2 à L. 6351-5 du code des transports ;

Servitudes aéronautiques de balisage instituées en application des articles L. 6351-1 et L. 6351-6 à L. 6351-8 du code des transports ;

Servitudes grevant les terrains nécessaires aux besoins de la navigation aérienne instituées en application de l'article L. 6353-1 du code des transports ;

Servitudes établies à l'extérieur des zones de dégagement en application de l'article L. 6352-1 du code des transports.

f. Remontées mécaniques et pistes de ski

Zones auxquelles s'applique la servitude de survol instituée par la loi du 8 juillet 1941 ;

Servitudes instituées en application des articles L. 342-20 à L. 342-23 du code du tourisme.

g. Associations syndicales autorisées, associations syndicales constituées d'office et leurs unions :

Servitudes de passage pour l'entretien d'ouvrages instituées en application du second alinéa de l'article 28 de l'ordonnance n° 2004-632 du 1er juillet 2004.

h. Transport par câble en milieu urbain

Servitudes instituées en application des articles L. 1251-3 à L. 1251-8 du code des transports.

E.
Communications électroniques

Servitudes de protection des centres radio-électriques d'émission et de réception contre les obstacles instituées en application des articles L. 54 à L. 56-1 et R. 21 à R. 26 du code des postes et des communications électroniques ;

Servitudes de protection des centres de réception radio-électriques contre les perturbations électromagnétiques instituées en application des articles L. 57 à L. 62-1 et R. 27 à R. 39 du code des postes et des communications électroniques ;

Servitudes attachées aux réseaux de télécommunications instituées en application des articles L. 45-9 et L. 48 du code des postes et des communications électroniques.

III.
Servitudes relatives à la défense nationale

Servitudes relatives aux ouvrages de défense des côtes ou de sécurité maritime instituées en application de l'article L. 5112-1 du code de la défense ;

Zones et polygones d'isolement créés en application des articles L. 5111-1 à L. 5111-7 du code de la défense ;

Servitudes concernant l'établissement de terrains d'atterrissage destinés en partie ou en totalité à l'armée de l'air et de l'espace instituées en application du décret du 30 octobre 1935 ;

Servitudes relatives à certaines installations de défense instituées en application de l'article L. 5114-1 du code de la défense ;

Servitudes pour l'exécution des exercices de tirs, marches, manœuvres ou opérations d'ensemble créées en application de l'article L. 2161-1 du code de la défense.

IV.
Servitudes relatives à la salubrité et à la sécurité publiques

A.
Salubrité publique

a. Cimetières

Servitudes relatives aux cimetières instituées par l'article L. 2223-5 du code général des collectivités territoriales.

b. Établissements conchylicoles

Périmètres de protection installés autour des établissements de conchyliculture et d'aquaculture et des gisements coquilliers en application de l'article 2 du décret-loi du 30 octobre 1935 sur la protection des eaux potables et les établissements ostréicoles.

B.
Sécurité publique

Plans de prévention des risques naturels prévisibles établis en application de l'article L. 562-1 du code de l'environnement, ou plans de prévention des risques miniers établis en application de l'article L. 174-5 du code minier ;

Documents valant plans de prévention des risques naturels prévisibles en application de l'article L. 562-6 du code de l'environnement ;

Servitudes instituées, en ce qui concerne la Loire et ses affluents, par les articles L. 2124-16 et suivants du code général de la propriété des personnes publiques ;

Servitudes d'inondation pour la rétention des crues du Rhin résultant de l'application de la loi n° 91-1385 du 31 décembre 1991 portant diverses dispositions en matière de transports ;

Servitudes résultant de l'application des articles L. 515-8 à L. 515-12 du code de l'environnement ;

Servitudes d'utilité publique instituées en application de l'article L. 211-12 du code de l'environnement ;

Servitudes d'utilité publique instituées en application de l'article L. 214-4-1 du code de l'environnement ;

Plans de prévention des risques technologiques établis en application de l'article L. 515-15 du code de l'environnement.

Servitudes d'utilité publique instituées en application de l'article L. 593-5 du code de l'environnement.

Servitudes d'utilité publique instituées en application de l'article L. 566-12-2 du code de l'environnement.

Servitudes de passage et d'aménagement instituées en application de l'article L. 134-2 du code forestier.

Servitudes d'utilité publique relatives aux « zones de danger », instituées en application des articles L. 567-4 à L. 567-6 du code de l'environnement.

8.13 Nomenclature ZAN.

* V. s[s] n°s 032.111 s.

Types de surface	Catégories de surface	Seuil de référence[a]
Surfaces artificialisées	1° Surfaces dont les sols sont imperméabilisés en raison du bâti (constructions, aménagements, ouvrages ou installations).	Supérieur ou égal à 50 m² d'emprise au sol
	2° Surfaces dont les sols sont imperméabilisés en raison d'un revêtement (artificiel, asphalté, bétonné, couvert de pavés ou de dalles). 3° Surfaces partiellement ou totalement perméables dont les sols sont stabilisés et compactés ou recouverts de matériaux minéraux, ou dont les sols sont constitués de matériaux composites (couverture hétérogène et artificielle avec un mélange de matériaux non minéraux). 4° Surfaces à usage résidentiel, de production secondaire ou tertiaire, ou d'infrastructures notamment de transport ou de logistique, dont les sols sont couverts par une végétation herbacée[b]. 5° Surfaces entrant dans les catégories 1° à 4°, qui sont en chantier ou en état d'abandon.	
Surfaces non artificialisées	6° Surfaces naturelles dont les sols sont soit nus (sable, galets, rochers, pierres ou tout autre matériau minéral, y compris les surfaces d'activités extractives de matériaux en exploitation) soit couverts en permanence d'eau, de neige ou de glace. 7° Surfaces à usage de cultures dont les sols sont soit arables ou végétalisés (agriculture), y compris si ces surfaces sont en friche, soit recouverts d'eau (pêche, aquaculture, saliculture). 8° Surfaces dont les sols sont végétalisés et à usage sylvicole. 9° Surfaces dont les sols sont végétalisés et qui constituent un habitat naturel. 10° Surfaces dont les sols sont végétalisés et qui n'entrent pas dans les catégories précédentes.	Supérieur ou égal à 2 500 m² d'emprise au sol ou de terrain

a Les infrastructures linéaires sont qualifiées à partir d'une largeur minimale de cinq mètres.
b Une surface végétalisée est qualifiée d'herbacée dès lors que moins de 25 % du couvert végétal est arboré.

8.14 Hiérarchie des normes des SCOT non « modernisés ».

* V. s[s] n°s 211.30 s.

C. urb., art. L. 131-1, ancien

« Les schémas de cohérence territoriale sont compatibles avec :

1° Les dispositions particulières au littoral et aux zones de montagne prévues aux chapitres I et II du titre II ou les modalités d'application de ces dispositions particulières lorsqu'elles ont été précisées pour le territoire concerné par une directive territoriale d'aménagement prévue par l'article L. 172-1 ;

2° Les règles générales du fascicule du schéma régional d'aménagement, de développement durable et d'égalité des territoires prévu à l'article L. 4251-3 du code général des collectivités territoriales pour celles de leurs dispositions auxquelles ces règles sont opposables ;

3° Le schéma directeur de la région d'Ile-de-France prévu à l'article L. 123-1 ;

4° Les schémas d'aménagement régional de la Guadeloupe, la Guyane, la Martinique, Mayotte et La Réunion prévus à l'article L. 4433-7 du code général des collectivités territoriales ;

5° Le plan d'aménagement et de développement durable de Corse prévu à l'article L. 4424-9 du code général des collectivités territoriales ;

6° Les chartes des parcs naturels régionaux prévues à l'article L. 333-1 du code de l'environnement ;

7° Les chartes des parcs nationaux prévues à l'article L. 331-3 du code de l'environnement ;

8° Les orientations fondamentales d'une gestion équilibrée de la ressource en eau et les objectifs de qualité et de quantité des eaux définis par les schémas directeurs d'aménagement et de gestion des eaux prévus à l'article L. 212-1 du code de l'environnement ;

9° Les objectifs de protection définis par les schémas d'aménagement et de gestion des eaux prévus à l'article L. 212-3 du code de l'environnement ;

10° Les objectifs de gestion des risques d'inondation définis par les plans de gestion des risques d'inondation pris en application de l'article L. 566-7 du code de l'environnement, ainsi qu'avec les orientations fondamentales et les dispositions de ces plans définies en application des 1° et 3° du même article L. 566-7 ;

11° Les directives de protection et de mise en valeur des paysages prévues à l'article L. 350-1 du code de l'environnement ;

12° Les dispositions particulières aux zones de bruit des aérodromes prévues à l'article L. 112-4 ».

C. urb., art. L. 131-2, ancien

« Les schémas de cohérence territoriale prennent en compte :

1° Les objectifs du schéma régional d'aménagement, de développement durable et d'égalité des territoires prévu à l'article L. 4251-3 du code général des collectivités territoriales ;

2° Les schémas régionaux de cohérence écologique prévus à l'article L. 371-3 du code de l'environnement ;

3° Les schémas régionaux de développement de l'aquaculture marine prévus à l'article L. 923-1-1 du code rural et de la pêche maritime ;

4° Les programmes d'équipement de l'État, des collectivités territoriales et des établissements et services publics ;

5° Les schémas régionaux des carrières prévus à l'article L. 515-3 du code de l'environnement ;

6° Les schémas départementaux d'accès à la ressource forestière ».

8.15 Hiérarchie des normes des PLU et cartes communales non « modernisés ».

* V. s[s] n°s 211.140 s.

C. urb., art. L. 131-4, ancien

« Les plans locaux d'urbanisme et les documents en tenant lieu ainsi que les cartes communales sont compatibles avec :

1° Les schémas de cohérence territoriale prévus à l'article L. 141-1 ;

2° Les schémas de mise en valeur de la mer prévus à l'article 57 de la loi n° 83-8 du 7 janvier 1983 ;

3° Les plans de mobilité prévus à l'article L. 1214-1 du code des transports ;

4° Les programmes locaux de l'habitat prévus à l'article L. 302-1 du code de la construction et de l'habitation ;

5° Les dispositions particulières aux zones de bruit des aérodromes conformément à l'article L. 112-4 ».

C. urb., art. L. 131-5, ancien

« Les plans locaux d'urbanisme et les documents en tenant lieu prennent en compte le plan climat-air-énergie territorial prévu à l'article L. 229-26 du code de l'environnement et les schémas départementaux d'accès à la ressource forestière ».

C. urb., art. L. 131-7, a. 1er, ancien

« En l'absence de schéma de cohérence territoriale, les plans locaux d'urbanisme, les documents en tenant lieu et les cartes communales sont compatibles, s'il y a lieu, avec les documents énumérés aux 1° à 10° de l'article L. 131-1 et prennent en compte les documents énumérés à l'article L. 131-2 ».

SECTION 2

EXEMPLES D'ACTES

8.21 Modèle de lettre de notification à l'auteur de l'acte (recours pour excès de pouvoir).

* V. s[s] n°s 611.511 s.

Monsieur le Maire de ▶ ....

Hôtel de ville

[▶ Adresse]

À ▶ ...., le ▶ ....

LRAR n° ▶ ....

Objet : Notification d'un recours (R. 600-1 du code de l'urbanisme)

Monsieur le Maire,

Je me permets de vous adresser la présente en ma qualité de Conseil de Monsieur ▶ ...., Madame ▶ ...., propriétaires de constructions à usage d'habitation sur des parcelles situées ▶ ....

Je vous prie de trouver ci-joint le recours pour excès de pouvoir enregistré au greffe du tribunal administratif de ▶ .... dirigé contre le permis de construire n° PC ▶ .... que vous avez délivré à ▶ ....

par un arrêté du ▶ .... autorisant la réalisation d'un immeuble collectif situé ▶ ....

Vous souhaitant bonne réception de la présente.

Je vous prie d'agréer, Monsieur le Maire, l'expression de mes sentiments dévoués.

Maître ▶ ....

Pièce jointe : recours en annulation

8.22 Modèle de lettre de notification au titulaire de l'autorisation (recours pour excès de pouvoir).

* V. s[s] n°s 611.511 s.

[▶ Adresse pétitionnaire]

(indiquée dans le formulaire Cerfa de demande d'autorisation d'urbanisme)

À ▶ ...., le ▶ ....

LRAR n° ▶ ....

Objet : Notification d'un recours (R. 600-1 du code de l'urbanisme)

Madame, Monsieur,

Je me permets de vous adresser la présente en ma qualité de Conseil de Monsieur ▶ ...., Madame ▶ ...., propriétaires de constructions à usage d'habitation sur des parcelles situées ▶ ....

Je vous prie de trouver ci-joint le recours pour excès de pouvoir enregistré au greffe du tribunal administratif de ▶ .... dirigé contre le permis de construire n° PC ▶ .... que vous avez délivré à ▶ .... par un arrêté du ▶ .... autorisant la réalisation d'un immeuble collectif situé ▶ ....

Vous souhaitant bonne réception de la présente.

Je vous prie d'agréer, Madame, Monsieur, l'expression de mes sentiments dévoués.

Maître ▶ ....

Pièce jointe : recours en annulation

8.23 Clauses types des cahiers des charges annexés aux actes de vente, de location, de concession temporaire ainsi qu'aux conventions de mise à disposition de terrains acquis par application des articles L. 113-24 et L. 113-25[1].

* V. s[s] n°s 153.211 s.

A. Cession

La présente cession est consentie par ▶ P......... [collectivité ou établissement public propriétaire] à ▶ A......... [acquéreur].

▶ A......... s'engage :

à faire un usage du terrain conforme aux objectifs et modalités du programme d'action approuvé par le conseil départemental pour la protection et la mise en valeur des espaces agricoles et naturels périurbains dans le périmètre duquel il est situé.

[▶ OU, lorsque le terrain acquis est situé également dans un espace naturel sensible :]

à aménager le terrain et à l'ouvrir au public conformément au programme d'action approuvé par le conseil départemental pour la protection et la mise en valeur des espaces agricoles et naturels périurbains dans le périmètre duquel il est situé.

▶ A......... s'engage notamment à ▶ ....

▶ A......... s'engage à ne pas procéder à la cession, la location ou la concession temporaire du terrain sans avoir obtenu l'accord du département. Le silence gardé par le département pendant deux mois à compter de la demande vaut accord.

En cas de cession, ▶ A......... s'engage à informer l'acquéreur potentiel des obligations résultant du présent cahier des charges qui lui seront transmises.

▶ P......... se réserve la faculté de saisir le juge judiciaire d'une demande tendant à la résiliation de la cession, de la location ou de la concession temporaire avec toutes conséquences de droit s'il constate que les conditions posées par le contrat ou que les clauses du cahier des charges n'ont pas été respectées.

B. Location, concession temporaire, mise à disposition

La présente location [▶ OU concession] est consentie par ▶ P......... [collectivité ou établissement public propriétaire] à ▶ L......... [locataire, concessionnaire, société d'aménagement foncier et de développement rural].

▶ L......... s'engage à faire du terrain qui lui est loué [▶ OU concédé] qui est mis à sa disposition un usage conforme aux objectifs et modalités du programme d'action approuvé par le conseil départemental pour la protection et la mise en valeur des espaces agricoles et naturels périurbains dans le périmètre duquel il est situé.

[▶ OU, lorsque le terrain acquis est situé également dans un espace naturel sensible :]

à aménager le terrain et à l'ouvrir au public conformément au programme d'action approuvé par le conseil départemental pour la protection et la mise en valeur des espaces agricoles et naturels périurbains dans le périmètre duquel il est situé.

▶ L......... s'engage notamment à......... ▶ P......... se réserve la faculté de saisir le juge judiciaire d'une demande tendant à la résiliation de la location, de la concession temporaire ou de la convention avec toutes conséquences de droit s'il constate que les conditions posées par le contrat ou que les clauses du cahier des charges n'ont pas été respectées.

1. C. urb., art. R. 113-29, annexe.

8.24 Mise en demeure d'acquérir (droit de délaissement),

* V. s[5] n° 451.11

[Ville]..., le [date]...

Monsieur le Maire

[adresse de la mairie]

Envoi par LRAR

Objet : Mise en demeure d'acquérir– Mise en œuvre du droit de délaissement

N[os] **Réf. :** Dossier n° XXX – Délaissement emplacement réservé

Monsieur le Maire,

Je viens vers vous en ma qualité de conseil de Monsieur X qui élit domicile au... et ses suites en mon cabinet.

Ces derniers sont propriétaires indivis de la parcelle cadastrée section X, anciennement cadastrées n° X, sise XXX, sur le territoire de votre commune.

Cette parcelle est située dans l'emprise d'un emplacement réservé d'une superficie totale de X m², qui a été inscrit dans le cadre du PLU en vigueur au bénéfice de la commune, en vue de la création d'un bassin de rétention.

Extrait graphique du PLU (localisant la parcelle)

C'est pourquoi, Monsieur X m'a saisi à l'effet d'engager la procédure de délaissement sur le fondement des dispositions de l'article L. 152-2 du code de l'urbanisme, dont l'alinéa premier dispose :

« Le propriétaire d'un terrain bâti ou non bâti réservé par un plan local d'urbanisme en application de l'article L. 151-41 peut, dès que ce plan est opposable aux tiers, et même si une décision de sursis à statuer qui lui a été opposée est en cours de validité, exiger de la collectivité ou du service public au bénéfice duquel le terrain a été réservé qu'il soit procédé à son acquisition dans les conditions et délais mentionnés aux articles L. 230-1 et suivants ».

Selon les dispositions du deuxième alinéa de l'article L. 230-1 du même code :

« La mise en demeure de procéder à l'acquisition d'un terrain bâti ou non est adressée par le propriétaire à la mairie de la commune où se situe le bien. Elle mentionne les fermiers, locataires, ceux qui ont des droits d'emphytéose, d'habitation ou d'usage et ceux qui peuvent réclamer des servitudes ».

Tel est l'objet de la présente.

Vous trouverez ci-dessous les éléments d'information indispensables à l'identification du bien en cause :

• **Identification du bien faisant l'objet de la mise en demeure d'acquérir :**

Parcelle cadastrée section X (anciennement cadastrée XXX) d'une contenance totale de X m² et supportant XX.

Située XX, en zone X de l'actuel PLU de la commune.

Grevée de l'emplacement réservé XX pour une surface de XX m², soit XX,XX % de sa contenance totale.

Sur le territoire de la commune de XX (XXXXX).

• **Identification du propriétaire :**

Monsieur X

Adresse

Domicilié auprès de la SCP X, dûment mandatée pour la représenter dans le cadre de la présente procédure.

• **Observations complémentaires :**

Monsieur X entend fixer le prix de sa parcelle à la somme totale de X euros, ce prix correspondant à une réalité de marché constaté dans le secteur pour des biens comparables.

Ce prix n'intègre pas l'éventuelle indemnité de remploi qui pourrait être due dans l'hypothèse où le juge de l'expropriation devrait être saisi.

Je me permets également de rappeler qu'en application de l'article L. 230-3 susvisé, il appartient à la commune de se prononcer dans un délai d'un an à compter de la réception de la présente mise en demeure et qu'à défaut d'accord amiable à l'expiration de ce délai d'un an, le juge de l'expropriation sera saisi aux fins de prononcer le transfert de propriété et de fixer le prix de l'immeuble délaissé.

À défaut d'accord amiable dans ce délai, ou de renoncement à ladite réserve, je vous indique être d'ores et déjà mandatée pour saisir le juge de l'expropriation afin qu'il fixe le prix de la parcelle cadastrée XXX et ordonne le transfert de propriété.

Conformément aux règles de mon ordre, je vous informe que vous pouvez transmettre la présente à l'un de mes confrères qui pourra, le cas échéant, prendre directement mon attache.

M'autorisant à rester dans l'attente de vous lire, et vous souhaitant parfaite réception de la présente mise en demeure,

Je vous prie d'agréer, Monsieur le Maire, l'expression de mes salutations distinguées.

Pour la SCP,

Signature

SECTION 3

SCHÉMAS

8.31 Implantation d'un bâtiment en bordure de voie (règle D > H).

* V. s[s] n°s 112.891 s.

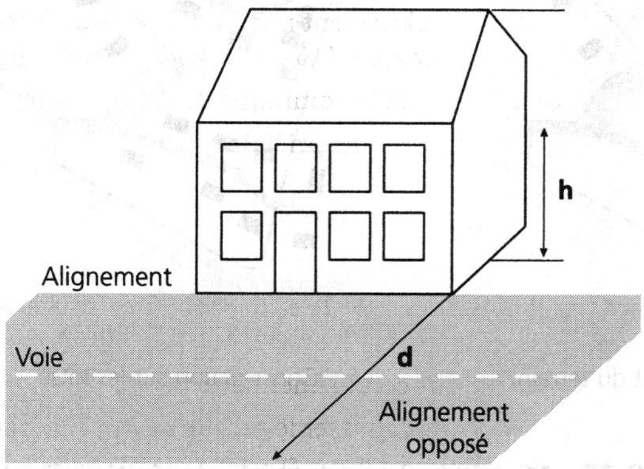

8.32 Implantation d'un bâtiment par rapport aux limites séparatives (C. urb., art. R. 111-17).

* V. s[s] n°s 112.931 s.

Option 1

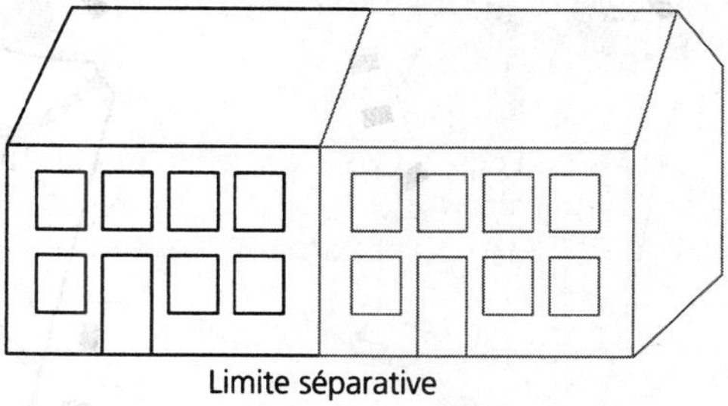

Option 2

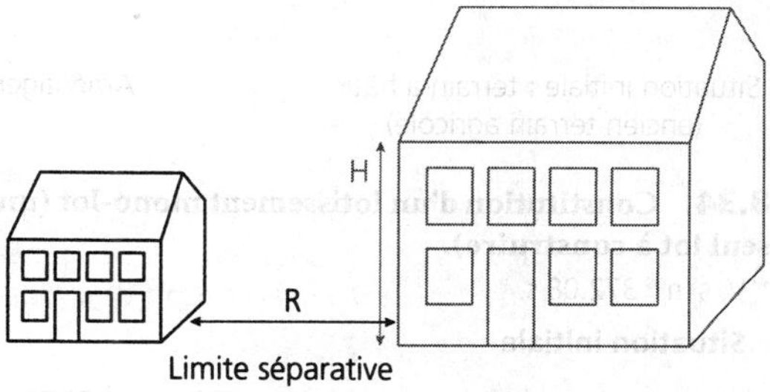

8.33 Étapes de constitution d'un lotissement comprenant plusieurs lots et des équipements communs.

* V. s[s] n°s 372.08 s.

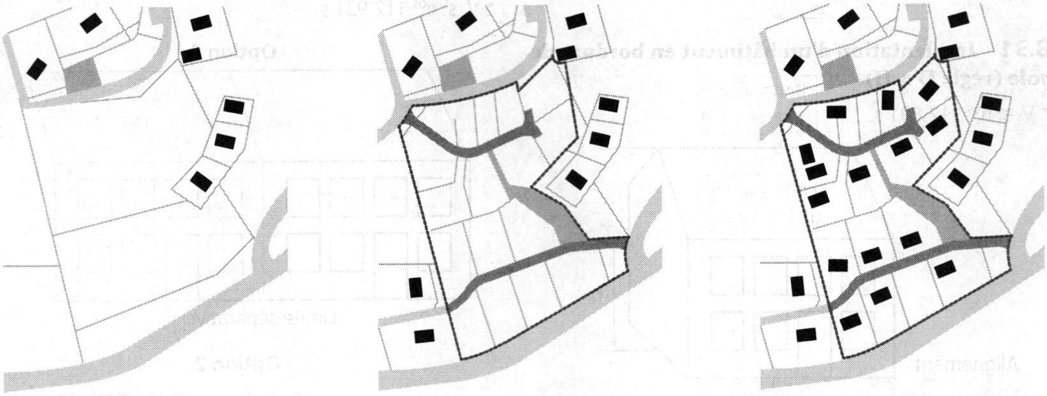

Situation initiale : terrain à bâtir (ancien terrain agricole) — Aménagement du terrain — Construction sur les lots

8.34 Constitution d'un lotissement mono-lot (un seul lot à construire).

* V. s[s] n°s 372.08 s.

Situation initiale

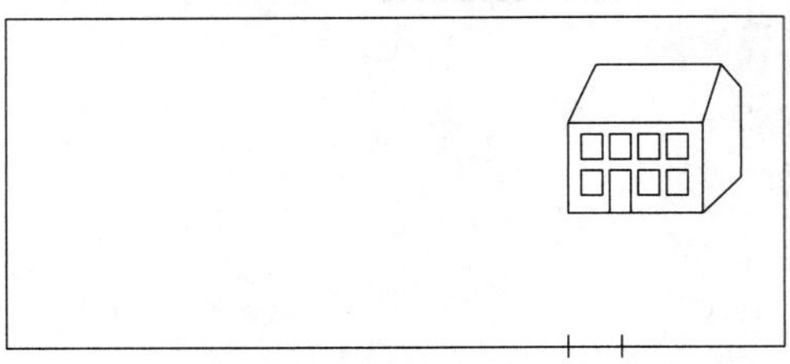

Détachement d'un lot à construire

Sans création de voies, espaces ou équipements communs

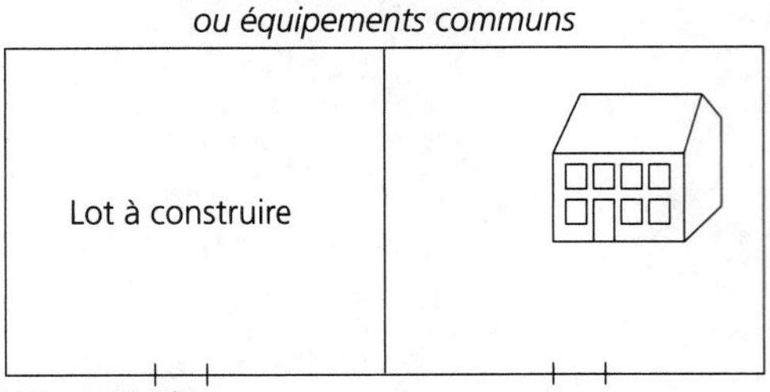

DP en principe
PA en secteur protégé

Avec création de voies, espaces ou équipements communs

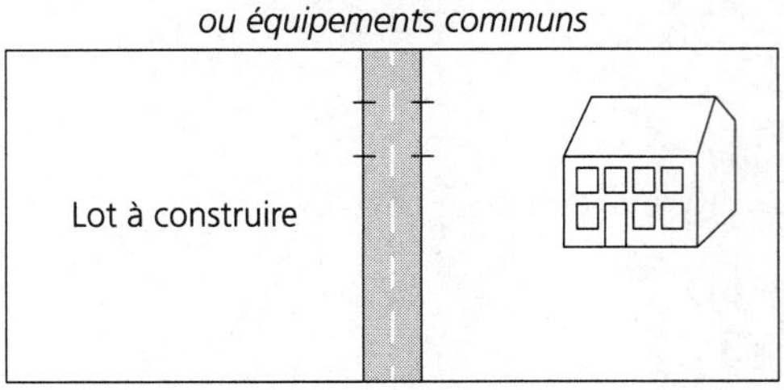

8.35 Modalités d'ouverture à l'urbanisation d'une zone AU.

* V. s[s] n°s 231.661 s.

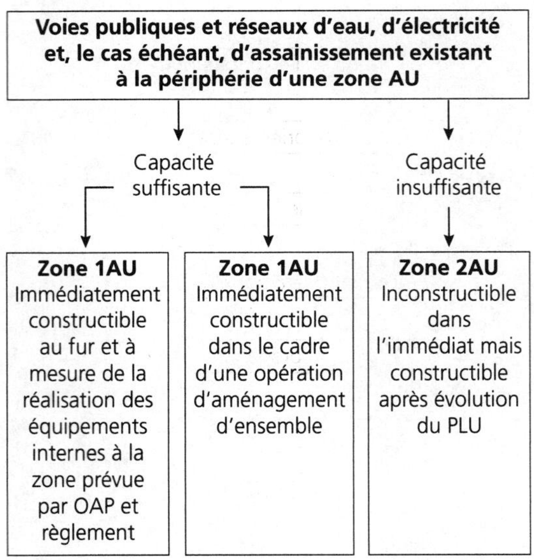

8.36 Procédure de préemption (DPU et DPZAD).

* V. ss nos 424.261 s.

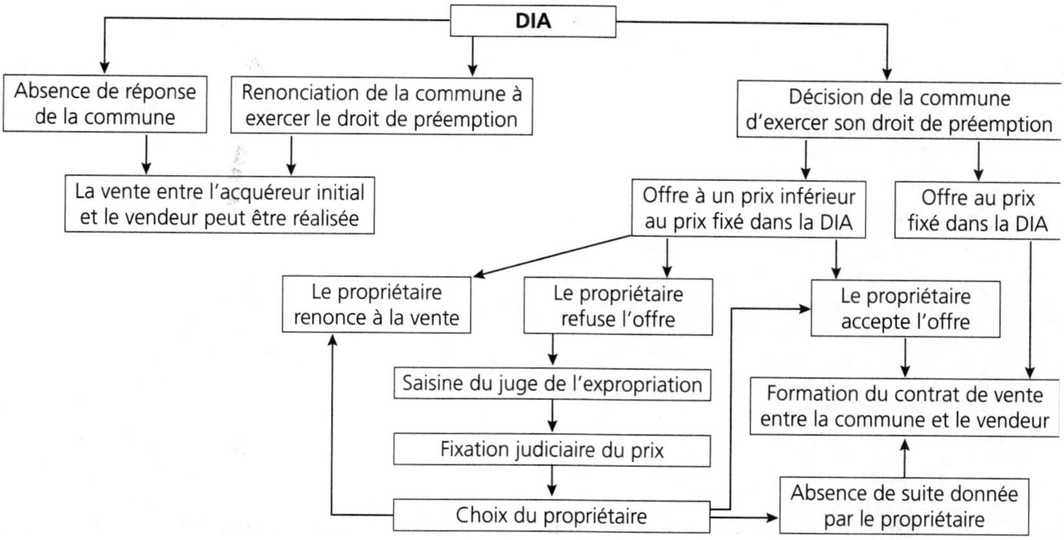

8.37 Procédure d'élaboration du PLU(i) : schéma simplifié.

* V. ss nos 233.221 s.

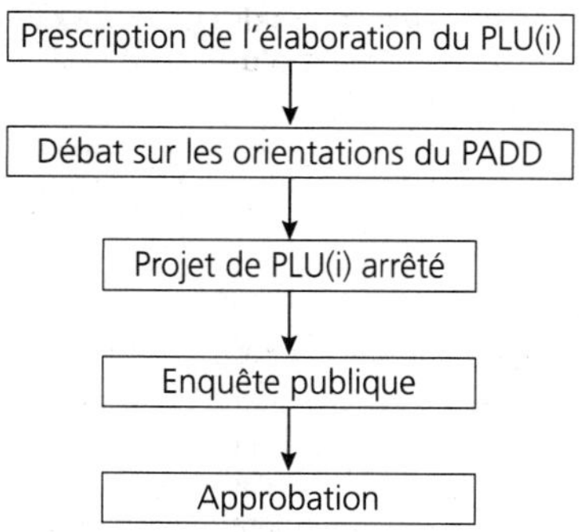

Principales abréviations utilisées

signifie

ABF Architecte des Bâtiments de France
Ae Autorité environnementale
AEC Autorisation d'exploitation commerciale
AFDUH *Annuaire français du droit de l'urbanisme et de l'habitat Dalloz* (devenu *DAUH* depuis mai 2001)
aff. affaire
AFU Association foncière urbaine
AFUA Association foncière urbaine autorisée
AFUCO Association foncière urbaine constituée d'office
AFUL Association foncière urbaine libre
AFUP Association foncière urbaine de projet
agglo. Agglomération
AJCT *Actualité juridique collectivités territoriales*
AJDA *Actualité juridique Droit administratif*
AJDI *Actualité juridique Droit immobilier*
AJPI *Actualité juridique Propriété immobilière* (jusqu'à décembre 1997)
al. alinéa
Anah Agence nationale de l'habitat
anc. ancien
Arr. Arrêté
Arr. interm. Arrêté interministériel
art. article(s)
ass. assemblée
Ass. nat. Assemblée nationale
ass. plén. assemblée plénière de la Cour de cassation
assoc. association

BJCL *Bulletin juridique des collectivités locales*
BJDU *Bulletin de jurisprudence de droit de l'urbanisme*
BO *Bulletin officiel*
Bull. *Bulletin*

C. aviat. Code de l'aviation civile
C. civ. Code civil
C. com. Code de commerce
C. énergie Code de l'énergie
C. expr. Code de l'expropriation pour cause d'utilité publique
C. for. Code forestier
C. patr. Code du patrimoine
C. pén. Code pénal
C. rur. Code rural et de la pêche maritime
C. tourisme Code du tourisme
C. transp. Code des transports
C. urb. Code de l'urbanisme
c/ Contre (Dupont c/Durand)
CA conseil d'administration
CAA Cour administrative d'appel
CADA Commission d'accès aux documents administratifs
CAUE Conseils d'architecture, d'urbanisme et de l'environnement
CCDSA Commission consultative départementale de sécurité et d'accessibilité

CCH	Code de la construction et de l'habitation
CCIA	Code du cinéma et de l'image animée
CDAC	Commission départementale d'aménagement commercial
CDNPS	Commission départementale de la nature, des paysages
CDPENAF	Commission départementale de la préservation des espaces naturels, agricoles et forestiers
CDPENAF	Commission départementale de préservation des espaces naturels, agricoles et forestiers
CE	Conseil d'État
CEDH	Cour européenne des droits de l'homme
CEREMA	Centre d'études et d'expertise sur les risques, l'environnement, la mobilité et l'aménagement
CGCT	Code général des collectivités territoriales
CGDD	Commissariat général au développement durable
CGI	Code général des impôts
chap.	chapitre
chron.	chronique, aussi partie « Chronique » dans divers recueils et revues
CINASPIC	Constructions et installations nécessaires aux services publics ou d'intérêt collectif
Circ.	Circulaire
Civ. 1re	Cour de cassation, première chambre civile
Civ. 2e	Cour de cassation, deuxième chambre civile
Civ. 3e	Cour de cassation, troisième chambre civile
CJA	Code de justice administrative
CJCE	Cour de justice de la communauté européenne (jusqu'en 2009)
CJUE	Cour de justice de l'Union européenne (depuis 2009)
CNAC	Commission nationale d'aménagement commercial
cne(s)	commune(s)
CNM	Conseil national de la montagne
CODERST	Conseil départemental de l'environnement et des risques sanitaires et technologiques
Coll. terr.	Revue *Collectivités territoriales – Intercommunalité*
Coll.	Ouvrage collectif
comm.	commentaire
concl.	conclusions
Cons. const.	Conseil constitutionnel
Contrats publics	*Contrats publics* (Le Moniteur)
COS	Coefficient d'occupation des sols
CPCE	Code des postes et des communications électroniques
CRDF	*Cahiers de la recherche sur les droits fondamentaux*
Crim.	Cour de cassation, chambre criminelle
CRPA	Code des relations entre le public et l'administration
CSP	Code de la santé publique
CSSPP	Commission supérieure des sites, perspectives et paysages
cté	communauté
D.	*Recueil Dalloz*
DAACL	Document d'aménagement artisanal, commercial et logistique
DAACT	Déclaration attestant l'achèvement et la conformité des travaux
DAUH	*Droit de l'aménagement, de l'urbanisme, de l'habitat* (depuis mai 2001)
DDASS	Direction départementale des affaires sanitaires et sociales
DDT	Direction départementale des territoires
DDTM	Direction départementale des territoires et de la mer
Déc.	Décision
Décr.	Décret
Délib.	Délibération
DGALN	Direction générale de l'aménagement, du logement et de la nature
DGFiP	Direction générale des finances publiques
DHUP	Direction de l'habitat, de l'urbanisme et des paysages
DIA	Déclaration d'intention d'aliéner
dir.	sous la direction de
Doc. parl.	Documents parlementaires
DOO	Document d'orientation et d'objectifs
DP constr.-urb	*Dictionnaire permanent construction et urbanisme*
DPARTC	Droit de préemption pour l'adaptation des territoires au recul du trait de côte
DPEANP	Droit de préemption EANP
DPENS	Droit de préemption dans les espaces naturels sensibles
dpt	département
DPU	Droit de préemption urbain
DPZAD	Droit de préemption ZAD
Dr. adm.	Revue *Droit administratif*
Dr. envir.	Revue *Droit de l'environnement*
Dr. et Patr.	Revue *Droit et patrimoine*
Dr. pénal	Revue *Droit pénal*
Droit et ville	Revue *Droit et ville*
DTA	Directive territoriale d'aménagement

DTADD Directive territoriale d'aménagement et de développement durables
DTU Documents techniques unifiés
DUP Déclaration d'utilité publique

EANP Espaces agricoles et naturels périurbains
EBC Espaces boisés classés
éd. édition
EDCE Études et documents du Conseil d'État
EHPAD Établissement d'hébergement pour personnes âgées dépendantes
ENS Espace naturel sensible
Envir. Revue *Environnement* (devenue *Environnement et développement durable* depuis janv. 2010)
EPA Établissement public d'aménagement
EPCI Établissement public de coopération intercommunale
EPF Établissement public foncier
EPFAE Établissements publics fonciers et d'aménagement de l'État
EPFE Établissement public foncier de l'État
EPFL Établissement public foncier local
EPLA Établissements publics locaux d'aménagement
EPT Établissement public territorial
ERP Établissement recevant du public
esp. espèce
Ét. fonc. Revue *Études foncières*
ét. étude

fasc. fascicule

GAJA Grands arrêts de la jurisprudence administrative
Gaz. cnes *Gazette des Communes*
Gaz. Pal. *La Gazette du Palais*
Géomètre Revue *Géomètre*
GIE Groupement d'intérêt économique
GIZC Gestion intégrée des zones côtières
GOU Grande opération d'urbanisme

HLL Habitation légère de loisirs
ICPE Installation classée pour la protection de l'environnement
IGH Immeuble de grande hauteur
instr. instruction

J.-Cl. Constr.-Urb. *Juris-Classeur Construction et Urbanisme*
JCP Adm. *Semaine juridique, édition Administration et collectivités territoriales*
JCP N *Semaine juridique, édition Notariale et immobilière*
JCP *Semaine juridique, édition générale*
JO *Journal officiel*
JOAN Q *Journal officiel, Assemblée nationale, Questions écrites*
JO Sénat Q *Journal officiel, Sénat, Questions écrites*
jur. Jurisprudence

Lebon *Recueil des décisions du Conseil d'État*
Lebon T. *Recueil des décisions du Conseil d'État, Table*
LPA *Les Petites affiches*
LPF Livre des procédures fiscales

Mél. *Mélanges*
min. ministre/ministère
mod. par modifié par
Mon. TP *Le Moniteur des travaux publics et du bâtiment*

NGF Nivellement général de la France
$n^{o(s)}$ numéro(s)
NOT. Notamment
Note techn. Note technique
NP non publié au *Bulletin des arrêts de la Cour de cassation* ou au *Lebon*

OAP Orientations d'aménagement et de programmation
OIN Opérations d'intérêt national
ONF Office national des forêts
OPAH Opération programmée d'amélioration de l'habitat
Ord. Ordonnance
ORI Opération de restauration immobilière
ORIL Opération de réhabilitation de l'immobilier de loisir
ORT Opération de revitalisation du territoire

P	publié au *Bulletin des arrêts de la Cour de cassation*
p.	page(s)
PADD	Projet d'aménagement et de développement durables
PADDUC	Plan d'aménagement et de développement durable de Corse
PAE	Programme d'aménagement d'ensemble
pan.	panorama de jurisprudence
PAZ	Plan d'aménagement de zone
PDU	Plan de déplacements urbains
PEB	Plan d'exposition au bruit
PEPE	Participation pour équipement public exceptionnel
PETR	Pôle d'équilibre territorial et rural
PIG	Projet d'intérêt général
PIM	Projet d'intérêt majeur
PLD	Plafond légal de densité
plén.	Plénière
PLH	Programme local de l'habitat
PLM	Paris Lyon Marseille
PLU	Plan local d'urbanisme
PLUi	Plan local d'urbanisme intercommunal
POA	Programme d'orientations et d'actions
POS	Plan d'occupation des sols
PPA	Projet partenarial d'aménagement
PPBE	Plan de prévention du bruit dans l'environnement
PPEANP	Périmètre de protection et de mise en valeur des espaces agricoles et naturels périurbains
PPR	Plan de prévention des risques
PPRL	Plan de prévention des risques littoraux
PPRNP	Plan de prévention des risques naturels prévisibles
PPRT	Plan de prévention des risques technologiques
PRL	Parc résidentiel de loisirs
PSMV	Plan de sauvegarde et de mise en valeur
pt(s)	point(s)
PU + ville	Presses universitaires
PUCA	Plan urbanisme construction architecture
PUP	Projet urbain partenarial
PVAP	Plan de valorisation de l'architecture et du patrimoine
PVR	Participation pour voirie et réseaux
QPC	Question prioritaire de constitutionnalité
Quot. jur.	*Le Quotidien juridique*
RAP	Redevance d'archéologie préventive
Rapp.	Rapport
RD fisc.	*Revue de droit fiscal*
RD publ.	*Revue du droit public et de la science politique en France et à l'étranger*
RD rur.	*Revue de droit rural*
RDI	*Revue de droit immobilier*
RDP	*Revue du droit public et de la science politique*
recomm.	recommandation
Rép. min.	Réponse ministérielle
Rép. resp. puiss. publ.	*Répertoire de la responsabilité de la puissance publique*
req.	Requête
Rev.	*Revue*
Rev. adm.	*Revue administrative*
Rev. CMP	*Revue Contrats et marchés publics*
Rev. éco. et fin.	*Revue économique et financière*
Rev. jur. Ouest	*Revue juridique de l'Ouest*
RF décentr.	*Revue française de la décentralisation*
RFDA	*Revue française de droit administratif*
RG	Numéro d'inscription au registre du greffe
RJ envir.	*Revue juridique de l'environnement*
RLCT	*Revue Lamy des collectivités territoriales*
RML	Résidence mobile de loisirs
RNU	Règlement national d'urbanisme
RTD com.	*Revue trimestrielle de droit commercial*
s.	et suivants
SAFER	Société d'aménagement foncier et d'établissement rural
SAP	Schéma d'aménagement de plage
SAR	Schéma d'aménagement régional
SCOT	Schéma de cohérence territoriale
SCV	Société de construction-vente
SDIS	Service départemental d'incendie et de secours

SDRIF Schéma directeur de la région Île-de-France
sect. trav. publ. section des travaux publics
sect. section(s)
SEMAOP Société d'économie mixte d'aménagement à opération unique
SEMOP Société d'économie mixte à opération unique
SHOB Surface hors œuvre brute
SHON Surface hors œuvre nette
SMVM Schéma de mise en valeur de la mer
SPIC Service public industriel et commercial
SPR Site patrimonial remarquable
SRADDET Schéma régional d'aménagement, de développement durable et d'égalité des territoires
S^té^ Société
STECAL Secteurs de taille et capacité d'accueil limitées
SUP Servitude d'utilité publique
synd. syndicat(s) / syndical(es)

T. confl. Tribunal des conflits
t. Tome
TA Tribunal administratif
TAP Taxe d'archéologie préventive
TGI Tribunal de grande instance (jusqu'en 2019)
th. thèse
TLE Taxe locale d'équipement
trib. tribune

UDAP Unité départementale de l'architecture et du patrimoine
UE Union européenne (depuis 1993)
UTN Unité touristique nouvelle
UTNL Unité touristique nouvelle locale
UTNS Unité touristique nouvelle structurante

v. voir
VEFA Vente en l'état futur d'achèvement
v^o^ *verbo*
VSD Versement pour sous-densité
v^ve^ veuve

ZAC Zone d'aménagement concerté
ZAD Zone d'aménagement différé
ZFU Zone franche urbaine
ZNIEFF Zone naturelle d'intérêt écologique, faunistique et floristique
ZPNAF Zone de protection naturelle, agricole et forestière
ZUP Zone à urbaniser en priorité

Index alphabétique

Plan local d'urbanisme (règlement)

PHOTOCOMPOSITION
SCM • Toulouse

Certifié PEFC
Ce produit est issu de forêts gérées durablement, de sources recyclées et contrôlées
PEFC
PEFC/18-31-280
www.pefc-france.org

723486 – (I) – OFM – P 40 – SCM – JB
Achevé d'imprimer en février 2025 par LEGO S.p.A.
Dépôt légal : février 2025
Imprimé en Italie